主编简介

朱福惠,男,1961 年生,湖南双峰人,武汉大学法学博士,曾任厦门大学法学院副院长,现任厦门大学法学院教授、宪法学与行政法专业博士生导师,兼任中国宪法学研究会副会长、厦门大学法学院公法研究所所长。在《中国法学》《现代法学》《法学评论》等刊物发表论文四十多篇,出版个人专著三本,主编多部图书。主要代表作为《宪法与制度创新》(法律出版社 2000 年版)《宪法至上——法治之本》(法律出版社 2000 年版)《宪法学原理》(主编,厦门大学出版社 2011 年版)。

王建学,男,1978 年生,河北平泉人,现任厦门大学法学院助理教授。自 1998 年起在厦门大学法学院连续求学十年,依次完成法学本科、硕士和博士阶段学习,2008 年获得法学博士学位。2008 年 9 月至 2010 年 7 月在中国人民大学法学院从事博士后研究。近年主要关注地方自治法、基本权利法、公法人的基本理论、宪法裁判与解释和法国宪法改革等问题。主要代表作为《作为基本权利的地方自治》(博士学位论文,厦门大学出版社 2010 年版),编有《近代中国地方自治法重述》(中国宪政史文献汇编系列丛书,法律出版社 2011 年版)。

副主编简介

陈泽荣,男,1970 年生,法学博士,资深律师,现任福建省青年联合会常务委员、厦门市政协委员、厦门市仲裁委员会仲裁员、厦门市医患调解委员会专家委员、厦门大学法学院兼职副教授、福建厦门建昌律师事务所主任。

邵自红,男,1976 年生,云南陆良人,现任厦门大学公共事务学院助理教授。曾先后于西南政法大学、厦门大学学习,于 2009 年获法学博士学位。主要关注公民权利的保障和宪法史等问题,著有《请愿权研究》(博士学位论文)。

世界各国宪法文本翻译与研究系列丛书

朱福惠　总主编

世界各国宪法
文本汇编 【亚洲卷】

Constitutions of the World (Asia)

朱福惠　王建学　主　编

陈泽荣　邵自红　副主编

厦门大学出版社　国家一级出版社
XIAMEN UNIVERSITY PRESS　全国百佳图书出版单位

亚洲卷译校者名录

（以姓氏汉语拼音首字母为序）

1. 陈琳，女，法学硕士，福建仰恩大学教师。

2. 陈鹏，男，清华大学法学院博士研究生。

3. 郭炜，女，厦门大学法学院宪法学与行政法学专业硕士。

4. 胡婧，女，厦门大学法学院宪法学与行政法学专业硕士研究生。

5. 黄素梅，女，法学博士，湖南工业大学讲师。

6. 李娟娟，女，厦门大学法学院宪法学与行政法学专业硕士。

7. 李楠，女，厦门大学法学院法律硕士。

8. 邵自红，男，法学博士，厦门大学公共事务学院助理教授。

9. 苏桔海，男，法学硕士，厦门市海沧区人民法院行政庭法官。

10. 孙群，女，厦门大学法学院宪法学与行政法学专业博士研究生。

11. 王建学，男，法学博士，厦门大学法学院助理教授。

12. 杨芳，女，厦门大学法学院法律硕士。

13. 叶超，男，厦门大学法学院宪法学与行政法学专业硕士。

14. 易卫中，男，法学博士，湖南工业大学法学院教师。

15. 俞俊峰，男，法学博士，贵州民族大学法学院副教授，中国社会科学院法学研究所博士后研究人员。

16. 张思怡，女，厦门大学法学院宪法学与行政法学专业硕士研究生。

17. 张琰，女，厦门大学法学院宪法学与行政法学专业硕士研究生。

18. 郑涛，男，厦门大学法学院宪法学与行政法学专业硕士研究生。

19. 朱福惠，男，法学博士，厦门大学法学院教授。

20. 左迪，男，厦门大学法学院宪法学与行政法学专业博士研究生。

丛书总序

宪法文本是宪法现象的集中体现，是宪法学研究最重要的素材，其他部门法学的研究也经常需要涉及宪法文本。同时，宪法文本也反映了一个国家的基本政治、法律、经济和社会状况，是了解一个国家宪政制度最有效的途径之一。基于这一考虑，我们规划了这一套丛书，即"世界各国宪法文本翻译与研究系列丛书"，组织翻译世界各国宪法文本，并在翻译的基础上进行综合与比较研究。

本套丛书就地区而言分为亚洲、欧洲、非洲、美洲和大洋洲部分。就内容而言，又分为各国宪法文本翻译和各国宪法文本研究两个部分。翻译的目的主要是为宪法学习者和宪法研究者提供基本的素材，以客观准确为标准；研究则汇集了译者对所译宪法文本的研究心得，带有主观性，供读者参考。

宪法文本的重要性毋庸赘言。近年来我国宪法学界在研究方法呈现多样化的同时，也愈加认识到文本的重要性，尤其是韩大元教授所倡导的宪法解释学在研究文本和强调文本重要性方面做了非常多的努力，形成了各种学术成果。本套丛书希望能够沿着这一思路进一步突出文本研究的学术风格。

参与本套丛书翻译与研究的主要是从事宪法学研究工作的厦门大学中青年教师和博士研究生，同时也吸收了本专业的部分优秀硕士研究生。他们的参与表明了一种学术责任和学术使命，因为翻译的过程异常辛苦，而研究则需要对资料的全面把握以及强烈的问题意识。翻译与研究的过程对于参与者自身而言也是学习和提高的过程，需要就其质量接受读者的批评和指正。为了保证丛书的质量，并使翻译和研究工作顺利进行，除了参与者的责任心以外，良好的工作制度也是不可缺少的保障。为此，每卷所涉及的国家大体上分为若干组，每组组长管理若干成员，形成由主编总体负责、组长和译者分工负责的机制，全体参与者每两周召开一次例会，及时讨论和解决翻译与研究过程中存在的问题。

对世界各国宪法文本进行翻译和研究是一项浩瀚的工程，尽管参与者尽了最大的努力，还是无法避免各种错误和疏漏，因此，敬请读者和学界同仁批评指正。

特别感谢厦门大学为本丛书的出版提供中央高校基本科研业务费资助！

特别感谢厦门建昌律师事务所陈泽荣博士为本丛书的出版提供科研经费资助！

特别感谢厦门大学法学院和厦门大学出版社为本丛书的出版提供帮助！

是为序。

朱福惠

2012 年 11 月

本卷序言

"世界各国宪法文本翻译与研究系列丛书"的第一本——《世界各国宪法文本汇编(亚洲卷)》,经过整个研究团队一年多的辛勤劳动终于付梓,作为本卷书的主编,在松了一口气的同时,我们也感到巨大的压力。

译事艰难,这是众所周知的,而翻译宪法文本则是难上加难。宪法文本中的每一个标题、每一个句子、每一个概念和每一个标点,都值得认真琢磨。如何在翻译过程中客观准确地表达出母本的含义,这是宪法文本翻译中最核心的问题。为了保证译本的准确性,整个研究团队采取了一切可能的措施:查找各种不同版本,选定最权威的官方版本作为翻译的母本,并将其他版本作为参考,翻译前对所译国家的宪法、政治、历史、文化和社会等各种背景进行调查,拟定翻译的规范格式,翻译过程中不断地交流翻译的技巧,共同研究和解决疑难问题,请教各方面专家的意见,翻译完成后不断地进行译法校对和文字校对,甚至要求译者去研读所译国家的特定宪法判决,等等。每一位译者在进行这项艰苦工作的同时都心怀对所译文本的敬意和对读者负责任的态度。但即便如此,本卷书恐怕也难免挂一漏万,错误和不当之处必然是存在的。因此,我们诚恳地希望读者不吝批评指正,关于本书的各种批评、意见和建议都是欢迎的。

本卷书的翻译之所以能够顺利完成,要归因于很多慷慨无私的帮助,特向以下机构和人员表示诚挚的谢意!

感谢下列机构提供官方宪法文本以及其他相关资料(排名不分先后):

乌兹别克斯坦共和国驻华大使馆

卡塔尔国驻华使馆

科威特驻华大使馆

孟加拉人民共和国驻华大使馆

阿塞拜疆驻华大使馆

亚美尼亚驻华大使馆

新加坡驻华大使馆

日本国驻华大使馆

斯里兰卡驻华使馆

塞浦路斯共和国驻华大使馆

印度驻华大使馆

特别感谢上海外国语大学中东研究所朱威烈教授提供阿拉伯语翻译方面的帮助!

感谢各位译者的认真负责,特别感谢阙成平、胡婧、郑涛、张思怡和张琰协助主编进行了部分文字的校对工作。

朱福惠　王建学

2012 年 11 月

目 录

（以音序排列）

阿富汗伊斯兰共和国宪法	1	孟加拉人民共和国宪法	390
阿拉伯联合酋长国宪法	14	缅甸联邦共和国宪法	415
阿拉伯叙利亚共和国宪法	27	尼泊尔临时宪法	452
阿曼基本法	36	日本国宪法	478
阿塞拜疆共和国宪法	42	塞浦路斯共和国宪法	484
巴基斯坦伊斯兰共和国宪法	60	沙特阿拉伯王国基本法	515
巴勒斯坦基本法	116	斯里兰卡民主社会主义共和国宪法	529
巴林王国宪法	126	塔吉克斯坦共和国宪法	582
不丹王国宪法	137	泰王国宪法	592
朝鲜民主主义人民共和国宪法	151	土耳其共和国宪法	635
大韩民国宪法	162	土库曼斯坦宪法	665
东帝汶民主共和国宪法	172	文莱达鲁萨兰国宪法	673
菲律宾共和国宪法	189	乌兹别克斯坦共和国宪法	689
格鲁吉亚宪法	208	新加坡共和国宪法	701
哈萨克斯坦共和国宪法	222	亚美尼亚共和国宪法	740
吉尔吉斯共和国宪法	237	也门共和国宪法	754
柬埔寨王国宪法	252	伊拉克共和国宪法	766
卡塔尔国永久宪法	263	伊朗伊斯兰共和国宪法	779
科威特国宪法	271	以色列国各基本法	795
老挝人民民主共和国宪法	281	印度宪法	814
黎巴嫩共和国宪法	288	印度尼西亚共和国宪法	912
马尔代夫共和国宪法	298	约旦哈希姆王国宪法	919
马来西亚联邦宪法	322	越南社会主义共和国宪法	929
蒙古国宪法	381	中华人民共和国宪法	942

阿富汗伊斯兰共和国宪法*

（2004年1月4日由大支尔格国民议会通过并生效）

以普慈特慈（至仁至慈）的安拉之名

序　言

我们阿富汗人民：

1. 笃信万能的安拉，仰仗其律法的仁慈，信仰神圣的伊斯兰教；

2. 认识到过去的不公正和过错以及加诸我们国家之上的诸多灾难；

3. 在承认全体阿富汗人民所作的牺牲、富有历史意义的斗争和正义的圣战以及为公平所作的反抗，并尊重为阿富汗人民的自由而牺牲的烈士的崇高地位的同时；

4. 肯定阿富汗作为一个独立统一的国家属于居住于该土地之上的所有民族这一事实；

5. 遵守《联合国宪章》，尊重《世界人权宣言》；

6. 为维护国家统一、保卫国家独立、捍卫国家主权及其领土完整；

7. 为了建立一个以人民意志和民主为基础的政府；

8. 为了建立一个没有压迫、暴政、歧视和暴力的，以法治为基础的，富于社会公平的，保护人权和尊严的，保障人民之基本权利和自由的市民社会；

9. 为了巩固这个国家的政治、社会、经济及国防各方面的制度；

10. 为了确保居住在此国领土上的人民能够有一个良好的环境并安居乐业；

11. 最后，为了恢复阿富汗在国际社会上应有的地位；

顺应时代的历史、文化和社会要求，由我们所选举的大支尔格国民议会代表于伊斯兰纪元1382年10月14日（公元2004年1月4日）在喀布尔市制定本宪法。

第一章　国家

第一条　[伊斯兰共和国]

阿富汗是一个伊斯兰共和国，是一个独立的、单一制的和不可分割的国家。

第二条　[宗教]

（一）阿富汗伊斯兰共和国国教为神圣的伊斯兰教。

（二）在法律规定的范围内，其他宗教的信徒享有信仰与参加各种宗教仪式的自由。

第三条　[法律和宗教]

阿富汗的任何法律都不得违背神圣的伊斯兰教教义和教规。

第四条　[主权、民族和国籍]

（一）阿富汗的国家主权属于阿富汗人民并由人民直接或通过其代表间接行使。

（二）阿富汗人民由所有阿富汗公民组成。

（三）阿富汗人由下列各民族组成：普什图族、塔吉克族、哈扎拉族、乌兹别克族、土库曼族、俾路支族、帕夏族、努里斯塔尼族、亚买克族、阿拉伯族、柯克孜族、基齐勒巴什族、古吉尔族及布拉吾族等。

（四）阿富汗人指阿富汗的每一个公民。

（五）不得剥夺任何阿富汗公民的国籍。

（六）国籍与庇护的相关事宜由法律规定。

第五条　[领土完整]

执行本宪法及其他法律的规定以保卫国家独立、捍卫国家主权、保卫领土完整、增强国防能力是国家的基本义务。

第六条　[目的]

国家致力于创造一个基于社会公正、保障人性尊严、保障人权、实现民主、确保部族间的民族团结和平等、促进各地区平衡发展之上的繁荣进步的社会。

---

* 译自阿富汗总统办公室官方网站所载的英文版（http://www.president.gov.af/）。译者：陈琳、俞俊峰。校对：郑涛、左迪。

第七条 ［国际法］

（一）国家必须遵守《联合国宪章》、阿富汗所签订的国际条约和国际协定以及《世界人权宣言》。

（二）取缔一切恐怖活动，禁止各种毒品和麻醉品的生产、交易和走私。

第八条 ［国家政策］

国家奉行以维护独立自主、国家利益、领土完整、互不侵略、睦邻友好、相互尊重以及权利平等为基础的国家政策。

第九条 ［自然资源］

（一）矿产以及其他一切地下资源为国家财产。

（二）公共财产的保护、使用、管理及其利用方法由法律规定。

第十条 ［私人投资］

国家鼓励和保护以市场经济为基础的私人资本投资及私人企业，并依法对其提供相应的保障。

第十一条 ［贸易］

有关国内及国外贸易之事宜，由法律根据国家经济及公共利益的需要进行规定。

第十二条 ［银行］

（一）阿富汗银行（Da Afghanistan Bank）是独立的国家中央银行。

（二）中央银行依法发行货币，制定并执行国家货币政策。

（三）中央银行就印钞事宜咨询国会下院（即人民院，Wolesi Jirga）的经济委员会。

（四）中央银行之组织与运作由法律规定。

第十三条 ［经济］

国家制订并执行有效的计划以促进产业发展、生产增长，提高公众生活水平及提供技术支持。

第十四条 ［农业和住房］

（一）国家必须在其财政资源允许的范围内制订并执行有效的计划以促进农业和畜牧业发展，改善农民和牧民的经济、社会以及生活的条件以及游牧民的居住及其生活条件。

（二）国家根据财政力量和法律的规定，采取必要措施为有需要的公民提供住房，向其分配公共财产。

第十五条 ［环境］

国家采取必要的措施保护森林和环境。

第十六条 ［语言］

（一）在普什图（Pashtu）语、达里（Dari）语、乌兹别帝（Uzbedi）语、图尔克马尼（Turkmani）语、巴鲁吉（Baluchi）语、帕夏（Pashaei）语、努里斯坦尼（Nuristani）语及其他国内使用的语言中，普什图（Pa-shtu）语、达里（Dari）语为官方语言。

（二）土耳其（Turkic）语（包括 Uzbaki 语和 Tur-men 语）、巴鲁吉（Baluchi）语、帕夏（Pashaei）语、努里斯坦尼（Nuristani）语和帕米尔（Pamiri［Alsana]）语——作为普什图（Pashtu）语、达里（Dari）语的补充——在普遍使用该语言的地区是第三官方语言。该规定的实施细则由法律特别规定。

（三）国家制订并执行有效的计划以巩固和发展阿富汗境内的各种语言。

（四）出版物、广播和电视可使用国内的任一语言。

第十七条 ［教育］

国家采取必要的措施发展国内各种水平的教育，发展宗教教育，建立清真寺、伊斯兰大学和宗教中心并改善其条件。

第十八条 ［纪年］

（一）国家的纪年以对先知之朝拜（the pilgrimage of the Prophet，PBUH）为依据①。

（二）政府机关工作时间以公历为准。

（三）星期五、伊斯兰纪年的 28 Asad 和 8 Sawr②为法定假日。其他假日由法律规定。

第十九条 ［国旗、国徽和国家标志］

（一）阿富汗国旗垂直分为三等分，由黑色、红色、绿色三种颜色组成，从左到右排列。

（二）每个色区的宽度是长度的一半。国徽位于旗面中心。

（三）阿富汗国徽由白色的指向麦加的祈祷壁龛（Mehrab）和讲道坛组成。

（四）两面旗帜位于国徽两侧。国徽的上部中央置有连着一个升起的太阳的圣谕："万物非主，唯有真主，穆罕默德是安拉的使者。"国名"阿富汗"与年份1298（公历）位于国徽下部。国徽的周围是两束麦穗。

（五）国旗和国家标志的使用由法律规定。

第二十条 ［国歌］

阿富汗国歌当以普什图（Pashtu）语写成，并提及"Allahu Arbar"及各民族名称。

第二十一条 ［首都］

阿富汗的首都是喀布尔市。

第二章　公民基本权利和义务

第二十二条 ［平等］

（一）禁止公民之间的任何歧视和特权。

（二）阿富汗公民不论性别而在法律面前都享有

---

① PBUH 意为："先知穆罕默德"或"穆圣"。

② 按公历纪年换算，28 Asad 为公历 8 月 19 日，8 Sawr 为公历 4 月 28 日。——左迪注

平等的权利、负有平等的义务。

第二十三条 ［生命］

生命是安拉的赠礼，是人类的自然权利。非依法律规定不得剥夺任何人的生命权利。

第二十四条 ［自由和人格尊严］

（一）自由是人类自然的权利。自由权不受限制，但影响他人权利或者公共利益而由法律另有规定者除外。

（二）自由和人格尊严不容侵犯。

（三）国家有义务尊重和保障人的自由和尊严。

第二十五条 ［无罪推定］

（一）无罪是原始状态。

（二）在有权法院作出有罪的终审判决前，嫌疑人是无罪的。

第二十六条 ［刑事责任］

（一）罪责自负。

（二）对嫌疑人的起诉、逮捕、拘留以及刑罚的执行不得及于他人。

第二十七条 ［刑罚］

（一）刑法不得溯及既往。

（二）法无明文规定，任何人不受追捕、逮捕或者拘留。

（三）未经有权法院依法判决，不得惩罚任何人。所作判决必须符合法律不得溯及既往的原则。

第二十八条 ［引渡］

（一）非依阿富汗所参加的相互引渡协议或者国际协定的规定，不得将任何被指控犯罪的阿富汗公民引渡给其他国家。

（二）阿富汗公民国籍不受剥夺。不得对任何阿富汗人在国内进行流放或将其驱逐出境。

第二十九条 ［刑讯逼供］

（一）严禁刑讯逼供。

（二）即使是为了查明真相亦不得刑讯逼供。也不得对任何被起诉、逮捕、收监及被判处刑罚的人实施刑讯逼供。

（三）严禁肉刑。

第三十条 ［强制与自首］

（一）任何通过强制手段获得的被告或者他人的供述、证言或者供词均属无效。

（二）所谓自首是指：嫌疑人在心智正常的情况下在有权法院指控前向其自愿招供。

第三十一条 ［辩护］

（一）任何被依法逮捕的人有权请人为其权利进行辩护或者为其所指控的案件进行辩护。

（二）被逮捕的被告有权知道所被指控的罪名，并在法定期限内被法庭传唤。

（三）刑事案件中，国家应当为经济上有困难的被告指定辩护人。

（四）辩护人和其被指控的当事人之间的对话、书信和电话通信的秘密不受侵犯。

（五）辩护人的义务和权利由法律规定。

第三十二条 ［债务的免除］

（一）公民的自由不因负债而受到限制或者剥夺。

（二）债务的偿还方式和手段由法律规定。

第三十三条 ［选举权］

（一）阿富汗公民有选举权和被选举权。

（二）行使前款权利的条件和方式由法律规定。

第三十四条 ［表达、新闻和媒体］

（一）表达自由不受侵犯。

（二）在遵守宪法明文规定的前提下，任何阿富汗人享有通过演讲、文字、图画或者其他方式表达其思想的权利。

（三）任何阿富汗人都依法享有印刷和出版自由，无须事先征得国家当局的同意。

（四）有关出版社、广播、电视、报社及其他大众媒体的管理由法律进行规定。

第三十五条 ［组织和政党］

（一）阿富汗公民依法享有为追求物质或精神利益而结社的自由。

（二）阿富汗公民依法享有组织政党的自由，但须满足以下前提：

1. 该政党的计划和章程不违背神圣伊斯兰教的精神及本宪法的规定和价值取向。

2. 该政党的组织机构和财政来源必须对外公开。

3. 该政党没有军事或者准军事目的和组织机构。

4. 该政党不依附于国外政党，也不从其处获得各种资源。

（三）严禁组建以种族、语言、伊斯兰教派划分、地区为组织基础或者以此划分为功能的政党。

（四）非依法定理由并据有权法院的合法判决，不得解散任何依法成立的政党。

第三十六条 ［示威游行］

出于合法和平的目的，阿富汗公民享有非武装的示威游行的权利。

第三十七条 ［通讯秘密］

（一）信件、电话、电报或者其他方式的通信和通讯的秘密和自由不容侵犯。

（二）非依法律规定授权，国家无权检查私人信件或监听私人通讯。

第三十八条 ［居所、家庭、搜查］

（一）私人住所不容侵犯。

（二）除非出现法律规定的情况并依法律规定的

方法,否则任何个人——包括国家工作人员——未经住户的允许或者没有法院的命令不得进入和检查私人住所。

(三)发现现行犯罪时,办案人员可以在未经法院事先准许的情况下进入房屋或者进行搜查。

(四)该办案人员必须在法定期限内取得法院搜查令。

第三十九条 [迁徙、定居和旅行]

(一)每个阿富汗公民都享有在国家任何地区迁徙及定居的自由,法律禁止的地区除外。

(二)阿富汗公民依法享有出入境的权利。

(三)国家保护身在海外的阿富汗公民的权利。

第四十条 [私有财产]

(一)财产不受侵犯。

(二)非依法律的规定,不得禁止任何人获得和利用财产。

(三)非依法律的规定和有权法院的命令,不得没收个人财产。

(四)仅在为公共利益需要的情况下,可以依法征收个人财产,但须在法律规定的范围内事先予以适当的补偿。

(五)公布和检查私人财产只有在有法律规定的情形下方可进行。

第四十一条 [外国人的财产]

(一)外国私人不得拥有阿富汗境内的不动产。

(二)准许合乎法律规定的、以投资为目的的不动产租赁。

(三)准许根据法律规定将不动产出售给外国驻阿富汗使团和阿富汗作为其成员的国际机构。

第四十二条 [税收和关税]

(一)每个阿富汗人都有依法纳税的义务。

(二)非依法律的规定不得征税。

(三)税率和缴税的办法由法律在遵从社会正义的基础上加以规定。

(四)本条规定亦适用于外国个人和外国机构。

(五)各种税收、关税及所得税必须上缴国库。

第四十三条 [教育]

(一)阿富汗公民享有受教育权。国家提供免费初等义务教育。

(二)政府制订并执行有效的计划以促进中等教育在阿富汗境内的平衡发展。实行中等义务教育。

(三)国家在使用方言的地区提供方言教育的机会。

第四十四条 [对妇女、牧民及文盲的教育]

国家制订并执行有效计划以平衡和促进妇女教育,提高游牧民的教育水平,消除文盲。

第四十五条 [统一的教育课程]

政府制订并执行统一的教育课程。这些课程必

须符合神圣的伊斯兰教教义的规定,必须建立在民族文化基础之上并符合学术原则。以阿富汗现有的伊斯兰教派为基础开设宗教课程。

第四十六条 [高等教育和学校]

(一)国家应当创办高等教育、普通教育和职业教育。

(二)阿富汗公民经国家准许得创办私人高等教育、普通教育和职业教育的机构,开设文化课程。

(三)政府准许外国人依法创办私人高等教育、普通教育和职业教育的机构。

(四)高等教育机构的准入条件和相关事宜由法律规定。

第四十七条 [科学、文化、文学和艺术]

(一)国家必须制订有效的计划以促进科学、文化、文学以及艺术的发展。

(二)国家依法保护作者、发明者和发现者的权利,鼓励并支持各领域的科学研究,促进其成果的有效应用。

第四十八条 [劳动]

(一)阿富汗公民享有劳动权。

(二)劳动时间、带薪假期、雇主和雇员的权利及其他相关事宜由法律规定。

(三)在法律规定范围之内,阿富汗公民有选择职业和工种的自由。

第四十九条 [强制劳动]

(一)禁止强制劳动。

(二)在战时、灾难时期或者人民生命和公共利益受到威胁时,积极参与劳动是每个阿富汗公民的首要义务之一。

(三)不得强迫儿童进行劳动。

第五十条 [公共管理、国家机构及信息]

(一)经国会授权之后,国家应采取必要措施建立一个强大健全的国家行政系统,并促使其改革。

(二)政府部门必须完全中立地严格依法开展工作。

(三)阿富汗公民依法享有获取政府信息的权利。

(四)该权利不受限制,但侵犯他人权利者除外。

(五)国家依法按照一定标准录取阿富汗公民为国家公务员,禁止任何歧视。

第五十一条 [损害赔偿]

(一)任何人因政府行为而受到不正当的损害时,都有通过法院诉讼主张赔偿的权利。

(二)非得有权法院的命令,政府不得主张免责,但出现法定情况者除外。

第五十二条 [卫生保健、医院、体育及运动]

(一)国家应当依法为阿富汗公民提供免费的防

疫和医疗服务,提供适当的医疗设施。

(二)国家依法鼓励并保护私人医疗服务和护理中心的创建和发展。

(三)国家应当采取必要的措施以促进体育,发展全国和地方的体育运动。

第五十三条 [弱势群体的保障]

(一)国家应当依法采取必要的措施为烈士的后代、孤儿和残障人士提供医疗服务和经济援助,使他们积极参与社会生活并回归社会。

(二)国家依法保障领取抚恤金者、残障者的权利和利益,同时为贫困的老人、生活无着的妇女和贫困的孤儿提供必要的援助。

第五十四条 [家庭]

(一)家庭作为社会的基本单位,受到国家保护。

(二)国家应当采取必要的措施确保家庭成员的身心健康,尤其是儿童和母亲的健康及儿童的抚养,并消除和神圣的伊斯兰教教义相违背的传统。

第五十五条 [国防及兵役]

(一)所有阿富汗公民均有保卫国家的义务。

(二)服兵役的条件由法律规定。

第五十六条 [法律的遵守]

(一)所有阿富汗公民都有遵守宪法、法律及公共法律法规的义务。

(二)不知晓法律不得作为借口。

第五十七条 [外国人的权利]

(一)国家依法保障在阿富汗居住的外国人的权利和自由。

(二)阿富汗境内的外国人必须依国际法遵守阿富汗的法律。

第五十八条 [人权委员会]

(一)为监督阿富汗的人权状况、保护和促进人权,国家应当建立阿富汗独立人权委员会。

(二)任何基本权利受到侵犯的个人可以向该委员会提起诉愿。

(三)该委员会得将侵犯基本权利的案件提交给法定部门,以帮助保护权利受侵犯人的权利。

(四)该委员会的组织和职能由法律规定。

第五十九条 [权利的滥用]

任何人不得滥用本宪法规定的权利和自由,破坏国家独立、领土完整、主权完整和民族团结。

第三章 总统

第六十条 [国家元首、副总统]

(一)阿富汗总统为阿富汗伊斯兰共和国国家元首,依本宪法的规定行使行政、立法和司法的权力。

(二)设副总统二人,分别任第一、第二副总统。

(三)总统候选人必须在申请候选资格时同时提名副总统的人选。

(四)副总统在总统缺位、辞职或者逝世时的职权,依本宪法的规定。

第六十一条 [直接选举]

(一)经自由、普遍、不记名、直接投票的选举方式,获得过半数选票者当选为总统。

(二)总统任期在选举后第五年的5月22日届满。

(三)新一任总统选举应当在总统任期结束前的三十至六十日内举行。

(四)如果无人在第一轮选举中获得过半数选票,那么决定性选举应当在第一轮选举结果公布后两周内举行。

(五)本轮竞选由第一轮得票最多的两名候选人参加。

(六)得多数票者当选为总统。

(七)在第一或者第二回合竞选中或者选举结束而选举结果公布前,候选人死亡的,依法举行新的选举。

(八)总统选举必须在独立选举委员会的监督下进行。

(九)该委员会依法建立并监督国家所有选举和公投活动。

第六十二条 [任职资格]

(一)总统候选人应当具备下列资格:

1. 本人为阿富汗公民、穆斯林,父母双方均为阿富汗公民,无他国国籍。

2. 成为候选人当日,年满四十周岁。

3. 无反人类罪、其他刑事犯罪或者被法院剥夺公民权利的记录。

(二)当选为总统不得超过两次。

(三)副总统同样适用本条规定。

第六十三条 [效忠宣誓]

当选的总统应于就职前面对国会议员和首席法官做如下效忠宣誓:

"以仁慈、富有同情心的安拉之名,以万能的真主之名,在阿富汗人民的代表之前,我宣誓遵守并维护神圣的伊斯兰教教义,遵守阿富汗宪法和其他法律并监督它们的执行;维护国家独立、国家主权和阿富汗领土的完整,维护阿富汗人民的基本权利和利益,在主的帮助和人民的支持下,为阿富汗人民的幸福和发展鞠躬尽瘁。"

第六十四条 [权力和义务]

总统的权力和义务如下:

1. 监督宪法执行。

2. 经国会批准,决定国家的基本政策。

3. 担任阿富汗军队总司令。

4. 经国会批准,宣战或者停火。

5. 作出必要决定以保卫领土完整和国家独立。

6. 经国会允许,向海外派遣军队。

7. 召集大支尔格国民议会,但有本宪法第六十八条规定的情况除外。

8. 经国会准许,宣布国家进入紧急状态或终止国家紧急状态。

9. 举行国会和大支尔格国民议会的开幕式。

10. 接受副总统的辞职。

11. 经下院批准,任命各部部长和总检察长、中央银行行长(阿富汗银行行长)、国家安全理事会长官和阿富汗红新月组织主席,解除其职务,接受其辞职。

12. 经下院批准,任命最高法院之首席法官及其组成人员。

13. 依法任免法官、军官、警官、国家安全人员及高级官员,接受其引退或者辞职。

14. 任命驻外国使团或者国际组织使团的负责人。

15. 接受驻阿外国使团的国书。

16. 签署法律和立法法令。

17. 依法发布有关缔结双边或多边国际条约的国书。

18. 依法减轻或赦免刑罚。

19. 依法授予奖章或者荣誉称号。

20. 依法设立各委员会以改善国家的行政条件。

21. 本宪法规定的其他权力和义务。

第六十五条　[发起公投]

(一)总统就重要的国家、政治、社会以及经济事务发起公投。

(二)发起公投不得违反本宪法及其修正案的规定。

第六十六条　[总统权力的限制]

(一)总统在执行本宪法规定的权力时须考虑阿富汗人民的最高利益。

(二)非依法律的规定,总统不得出售或赠予国家财产。

(三)在职期间,总统不得基于语言、种族、宗教、政治和区域的考虑而行为。

第六十七条　[总统的辞职]

(一)若总统辞职、被弹劾或逝世,或因重病而无法履行其职责,则第一副总统履行总统职责、行使总统权力。

(二)总统须亲自向国会宣布辞职。

(三)重病须由最高法院授权的医疗委员会予以证实。

(四)出现该情况时应当根据本宪法第六十一条

的规定在三个月内举行新总统选举。

(五)第一副总统行使临时总统的职权时,不得:

1. 修改宪法。

2. 免除各部长职务。

3. 发起公投。

(六)第二副总统得依本宪法的规定提名自己为总统候选人。

(七)总统缺位时,第一副总统的职权由总统决定。

第六十八条　[替任]

(一)若一名副总统辞职或者死亡,由总统经下院批准后,提名他人取代其成为副总统。

(二)总统和第一副总统同时死亡的,其职责根据宪法第六十七条的规定按照如下顺序依次承担:由第二副总统、上院议长分别承担;上院议长缺位的,由下院议长承担;下院议长缺位的,由外交部长承担。

第六十九条　[弹劾]

(一)总统依本条之规定对人民和下院负责。

(二)下院三分之一议员联合可以对总统就反人类罪、叛国罪或者其他犯罪提起诉讼。

(三)如果下院三分之二的议员投票认为必须对总统进行控诉,那么下院应当在一个月之内召集大支尔格国民议会。

(四)如果大支尔格国民议会以三分之二的多数支持该指控,则总统被免去职务,该案交由特别法庭审理。

(五)特别法庭由三名下院议员、大支尔格国民议会任命的三名最高法院成员和上院议长组成。

(六)诉讼由大支尔格国民议会任命一人主持。

(七)上述情况下,适用本宪法第六十七条之规定。

第七十条　[薪酬]

(一)总统的薪酬和开支由法律规定。

(二)总统任期届满后,依法享受总统的财政待遇,但被免职者除外。

第四章　内阁

第七十一条　[部长]

(一)内阁由总统领导下的各部部长组成。

(二)各部部长由总统任命,并由国会同意。

第七十二条　[任职资格]

担任部长必须具备以下资格:

1. 仅具有阿富汗一国国籍。如果被提名部长者具有他国国籍,则下院有权确认或者驳回其提名。

2. 受过高等教育、有丰富的工作经验和良好的声誉。

3. 年满三十五周岁。

4. 无反人类罪、其他刑事犯罪和被法院剥夺公民权利的记录。

第七十三条　[职务的冲突]

（一）可在国会之内或之外任命部长。

（二）如果国会成员被任命为部长，则其丧失议员资格，其空缺由他人依法填补。

第七十四条　[就职宣誓]

就职前，部长须面对总统做如下宣誓：

"以仁慈、富于同情心的安拉之名：我以万能的真主之名起誓，我支持神圣的伊斯兰教，遵守阿富汗宪法和法律，保障公民基本权利，维护国家独立、领土完整和阿富汗的民族团结，在万能的真主之面前尽我的责任，忠诚地履行赋予我的职责。"

第七十五条　[内阁的职责]

内阁履行如下职责：

1. 执行宪法、法律和法院的最终判决。

2. 维护国家独立、保卫领土完整和维护阿富汗在国际社会中的利益和声誉。

3. 维护公共法律法令，消除行政腐败。

4. 草拟预算、调控财政事务，并保护公共财产。

5. 制订并实施促进社会、文化、经济和科技进步的计划。

6. 财政年度末向国会报告工作完成的情况，并提出下一财政年度的主要计划。

7. 宪法和法律认可的其他职责。

第七十六条　[行政法规]

（一）为了执行主要国家政策、规制政府职权，政府应该制定并通过行政法规。

（二）行政法规不得与任何法律的规定及其精神相冲突。

第七十七条　[行政机关首脑]

（一）作为行政机关的首长和内阁成员，各部长应当在宪法和其他法律规定范围之内行使职权。

（二）部长就其职权向总统和下院负责。

第七十八条　[弹劾]

如果部长被指控犯有反人类罪、叛国罪或者其他刑事犯罪，则依本宪法第一百三十四条的规定将其案件交由特别法庭审理。

第七十九条

（一）下院休会期间，内阁得就紧急情况立法，但有关预算和财政事务者除外。

（二）立法法令一经总统签署则成为法律。

（三）立法法令必须在国会第一次会议开始后三十日内递交给国会。

（四）一旦国会反对，则立法无效。

第八十条　[职权限制]

各部长不得基于语言、地区、种族、宗教和党派的目的而行使其职权。

第五章　国会

第八十一条　[国会]

（一）阿富汗伊斯兰共和国国会是最高立法机关，代表全国，是全体阿富汗人民意志的体现。

（二）国会成员基于其对阿富汗人民的总体福利和最高利益的判断进行投票。

第八十二条　[两院]

（一）国会由上、下两院组成。

（二）任何人不得同时为上、下两院议员。

第八十三条　[下院议员]

（一）下院议员由人民以自由、普遍、不记名、直选的方式选举产生。

（二）下院议员任期在宣布当选之日起第五年的6月22日届满，同时新一届议会议员即任。

（三）新一届下院议员之选举必须在上届下院议员任期届满前的三十至六十日内举行。

（四）下院议员由各选区按人口比例选出，但总数不得超过二百五十人。

（五）选区划分和其他相关事项由选举法规定。

（六）选举法必须规定一定的方法以使选举制度能够为阿富汗人民选出具有普遍性和正义性的代表，同时各省至少选出一名妇女代表。

第八十四条　[上院]

1. 上院议员的选举和任命如下：

2. 各省议会各选出一名上院议员，任期四年。

3. 各省内区议会各选出一名上院议员，任期三年。

4. 总统从专家和阅历丰富之人中任命上院三分之一的议员，包括两名残疾人代表和两名来自科奇什（Kochis）①的代表，任期五年。

5. 总统任命之人数的百分之五十须为女性。

6. 被任命为上院议员者必须辞去此前所在议院的职务，其空缺由他人依法填补。

第八十五条　[任职资格]

1. 被提名或者任命为国会议员之人，除了具有选民资格外，还应具备下列资格：

2. 是阿富汗公民，或至少在成为候选人之前已取得阿富汗国籍十年以上。

---

①　科奇什（Kochis）原文来自波斯语的"Koch"，有移民的含义，指阿富汗的普什图族游牧民族。——王建学注

3. 无反人类罪、其他刑事犯罪或者被法院剥夺公民权利的记录。

4. 下院议员取得候选人资格之日须年满二十五周岁,上院议员取得候选人或任命的资格之日须年满三十五周岁。

第八十六条 〔独立选举委员会〕

独立选举监督委员会依法审查国会议员的资格。

第八十七条 〔主席〕

(一)立法期开始时,两院各选一人作为会议主席,各选两人作为第一和第二会议副主席,同时各选两人作为会议秘书和助理秘书,任期一年。

(二)上述人员组成相应议院的管理委员会。

(三)管理委员会的职责由有关处理各院内部事务的规章决定。

第八十八条 〔委员会〕

国会两院各依其相关内部规章设立委员会以研究讨论事项。

第八十九条 〔特别质询委员会〕

(一)如果下院三分之一的议员建议对内阁行为进行质询或者调查,则下院有权设立专门委员会。

(二)该委员会的组成和程序由下院内部规章决定。

第九十条 〔国会的权力〕

国会享有以下权力:

1. 批准、修改或废除法律和立法法令。

2. 批准经济、社会、文化和科技的发展计划。

3. 批准国家预算,批准借贷款。

4. 设立、调整行政机关。

5. 批准或废止国际条约和协议。

6. 宪法规定的其他权力。

第九十一条 〔下院的权力〕

下院享有如下的专属权力:

1. 依本宪法第九十二条的规定决定对各部长进行质询。

2. 如果上下院就国家发展计划、国家预算存在分歧,下院享有最终决定权。

3. 本宪法规定的各种任命批准权。

第九十二条 〔质询,不信任案〕

(一)如果下院十分之一的议员提议,可对各部长进行质询。

(二)如果对所给的答复不满意,则下院可考虑提出不信任案。

(三)对部长提出不信任案须有适当理由,并以详尽、直接的方式进行。

(四)不信任案经下院全体议员的过半数同意视为通过。

第九十三条 〔质疑〕

(一)国会各院的各委员会可就专门事项对各部长进行质疑。

(二)被质疑者可以口头或者书面进行答复。

第九十四条 〔立法,否决,有资格的投票〕

(一)法律指经国会两院批准、总统签署的文件,本宪法另有规定的除外。

(二)总统如果不同意国会所通过的议案,可在收到议案之日起十五日内以适当的理由将其退回下院。

(三)如果逾期总统没有退回或者退回后下院再次以三分之二票数通过该议案,则该议案视同总统已经同意,随即生效。

第九十五条 〔提案〕

内阁、国会议员可就颁布法律进行提案,有关规制最高法院司法事务领域的提案由内阁提起。

第九十六条 〔财政事务〕

预算和财政事务议案只能由内阁提出。

第九十七条 〔组织和程序〕

(一)内阁关于立法的提案应当首先递交给下院。

(二)当存在可预期的替代办法时,则包含增设新税种或国家收入减少的提案应列入下院议事日程。

(三)下院通过或否决整个提案,包括预算和财政事务的提案以及借贷款的提案。

(四)下院不得搁置上述提案一个月以上。

(五)提案经下院通过后递交给上院。

(六)上院应当在十五日内就提案作出决定。

(七)国会必须优先讨论那些内阁要求考虑的,亟待考虑并作出决定的内阁立法提案、条约和发展计划。

(八)如果一个提案为两院中一院的十名议员提出,并经所在议院五分之一的议员批准,则此提案应当列入该院议事日程。

第九十八条 〔预算〕

(一)国家预算和内阁发展计划应与上院的参考性意见一起递交给下院。

(二)下院的决定一经总统签署立即生效,而不论上院同意与否。

(三)如因特定原因预算未能在新的财政年度开始前得到批准,则前一年的预算继续适用,直到新的财政预算通过时为止。

(四)内阁在本财政年度结束前一季度内有责任向下院提出下一财政年度的预算,并递交本财政年度预算的简要账目。

(五)内阁依法应当在新一年的前六个月内向下院递交上一财政年度预算的翔实账目。

(六)下院不得搁置预算的批准一个月以上,不得搁置借贷款的批准十五日以上。

(七)如果期限届满时下院未就借贷款提案作出

任何决定,则视同批准。

第九十九条 ［预算辩论］

年度预算、发展计划或有关公共安全、领土完整、国家独立的事宜一经国会讨论,则未获批准前国会不得休会。

第一百条 ［联合委员会］

（一）若国会一院的决定为另一院所否决,则由两院各选等额人员组成联合委员会以解决分歧。

（二）联合委员会的决定经总统批准后生效。

（三）如果联合委员会未能就分歧达成一致意见,则被否决的决定视为无效。但如果该决定由下院首先作出,则其可在下个会期以过半数通过。

（四）该决定经总统签字后生效,无须递交上院。

（五）如果两院的分歧在于有关财政事务的立法,而联合委员会又未能达成一致意见,则下院可由该院以过半数投票通过。

（六）该法案一经总统签字则生效,无须递交上院。

第一百零一条 ［免责］

国会议员履行职权时所发表的言论不受法律追究。

第一百零二条 ［豁免］

（一）如果国会议员受到刑事指控,执法部门应当告知其所属议院后方可起诉。

（二）如果是现行犯,则执法部门无须取得其所属议院同意即可合法地追捕嫌疑人。

（三）出现以上两种情况,依法须拘留犯罪嫌疑人的,执法部门应立即告知其所属的议院。

（四）若指控发生在国会休会期间,则应获得其所属议院的管理委员会许可方可将其逮捕。该委员会决议应在所在议院举行第一次会议时讨论决定。

第一百零三条 ［部长的参会权］

（一）各部部长可参加国会各院的会议。

（二）国会各院可以要求各部部长参加本院会议。

第一百零四条 ［会议］

（一）国会两院分别同时召开本院会议。

（二）下列情况下,两院可召开联席会议:

1. 总统召集的立法会议或年度会议。

2. 总统认为有必要时。

（三）出现上述情况,下院议长主持国会联席会议。

第一百零五条 ［会议的公开］

（一）国会会议应当公开,国会主席或者至少十名以上的议员要求保密并取得国会的同意者除外。

（二）任何人不得强行进入国会大厦。

第一百零六条 ［表决］

国会各院投票所需法定人数为该院议员的过半数,决定由出席人员的过半数作出,但本宪法另有规定者除外。

第一百零七条 ［常务会议和特别会议］

（一）国会每年召集两次常务会议。

（二）国会会期每年为九个月。

（三）需要时国会得延长会期。

（四）国会休会期间,总统可以要求国会召开特别会议。

第一百零八条 ［死亡、辞职和罢免］

（一）一旦国会议员死亡、辞职或遭罢免,或因残疾或某种障碍以致永远无法履行其职责时,依法在相关选区举行选举以选出新的代表完成所余任期。

（二）上述情况下,依本宪法第八十七条的规定任命新的上院议员。

（三）有关国会议员出席或缺席的事宜由国会内部规章规定。

第一百零九条 ［选举法的修订］

有关选举法修订的提案不得在立法期内最后一年列入国会议事日程。

第六章 大支尔格国民议会

第一百一十条 ［组成与参加］

（一）大支尔格国民议会是阿富汗人民意志的最高代表。

（二）大支尔格国民议会组成如下:

1. 国会议员。

2. 各省、区议长。

（三）各部长、最高法院首席大法官和法官可以列席大支尔格国民议会,但无表决权。

第一百一十一条 ［权力］

出现下列情况时,应当召集大支尔格国民议会:

1. 有关国家独立、国家主权、领土完整和国家最高利益事宜的决定。

2. 修改本宪法的规定。

3. 依本宪法第六十九条的规定起诉总统。

第一百一十二条 ［议长］

大支尔格国民议会在其第一次会议上从其议员中选举一名议长、一名副议长、一名秘书和一名助理秘书。

第一百一十三条 ［表决］

（一）大支尔格国民议会表决的法定人数为其议员的过半数。

（二）大支尔格国民议会的决定须由出席议员的过半数通过,本宪法有明文规定的除外。

第一百一十四条 ［公开］

大支尔格国民议会之讨论应公开进行,但其四分之一议员要求保密并取得大支尔格国民议会同意的除外。

第一百一十五条　[免责与豁免]

大支尔格国民议会会期内，本宪法第一百零一条和第一百零二条的规定适用于所有的大支尔格国民议会议员。

第七章　司法机关

第一百一十六条　[司法独立]

（一）司法机关为阿富汗伊斯兰共和国独立的国家机构。

（二）司法机关由最高法院、高等法院和上诉法院组成。其权限及组成由法律规定。

（三）最高法院为最高司法机关，主管阿富汗伊斯兰共和国的司法机关。

第一百一十七条　[最高法院]

（一）最高法院由九名法官组成，由总统依照本宪法第五十条最后一款和第一百一十八条的规定经下院批准后任命，任期十年。第一次任命如下：

（二）其中三人任期四年，另三人任期七年，最后任命的三人与本届之后任命的最高法院法官任期均为十年。

（三）任何人不得两次被任命为最高法院法官。

（四）总统任命其中一名法官为最高法院首席大法官。

（五）最高法院法官任期届满前不被解职，但本宪法第一百二十七条规定的情况除外。

第一百一十八条　[任职资格]

最高法院法官必须具备下列资格：

1. 最高法院首席大法官和其他法官接受任命时年满四十周岁。

2. 为阿富汗公民。

3. 受过高等的法律教育或伊斯兰法学教育，在阿富汗司法系统领域内有丰富的专业知识和经验。

4. 具有高尚的道德品质和良好的声誉。

5. 无反人类罪、其他刑事犯罪或被法院剥夺公民权的记录。

6. 在职期间不得为任何党派的成员。

第一百一十九条　[就职宣誓]

最高法院法官在就职前应面对总统做如下宣誓：

"以仁慈的、富于同情心的安拉之名：我以万能的真主之名宣誓我将依神圣的伊斯兰教和本宪法以及其他法律的规定维护司法公正和正义，无比忠诚、正义和无偏私地履行司法职责。"

第一百二十条　[职责]

司法机关在其权限内参加各种诉讼，包括自然人

或者法人作为原告和被告提起的诉讼以及依法提起的其他诉讼。

第一百二十一条　[司法审查]

最高法院依内阁或法院的要求依法审查法律、立法法令、国际条约以及国际协定的合宪性，并解释上述文件。

第一百二十二条　[管辖权的保证]

（一）无论何种情况下，依本宪法的规定，任何法律不得将属于法院管辖范围内的案件转由其他机关审理。

（二）本规定不适用于处理与本宪法第六十九条、第七十八条、第一百二十七条规定的有关事务之特别法庭以及军事法庭。

（三）法院的组织和权限由法律规定。

第一百二十三条　[司法制度]

依本宪法的规定，有关法院的组织、权限、管理，以及法官的职责，由法律规定。

第一百二十四条　[行政管理]

司法机关的行政管理人员和其他官员应遵守国家有关官员和行政管理人员的法律规定，但其任命、免职、晋升、退休金、奖金和惩戒由最高法院依法加以规定。

第一百二十五条　[预算]

（一）司法机关的预算由最高法院咨询内阁后制定，作为国家预算的一部分由内阁递交给国会。

（二）执行司法机关的预算是最高法院的权限。

第一百二十六条　[薪酬]

最高法院法官任期结束后享受公务员的财政待遇，但担任国家和政治职务的除外。

第一百二十七条　[司法罢免]

（一）如下院三分之一以上议员要求就最高法院首席大法官或法官在职期间的刑事犯罪进行审判时，并经下院以三分之二以上的表决通过，嫌疑人应被免职。其案件交由特别法庭处理。

（二）特别法庭组建和审判的程序，由法律规定。

第一百二十八条　[审判公开]

（一）阿富汗法院实行公开审判。在法律规定的范围内，任何人得依法参加审判。

（二）法律有特别规定或者有必要保密的，法院可以进行不公开审判。但无论何种情况，审判结果必须予以公开。

第一百二十九条　[判决理由、死刑]

（一）法院必须说明判决的理由。

（二）法院的判决具有执行力，但未经总统核准的死刑判决除外。

第一百三十条　[审判依据]

（一）法院根据宪法和其他法律审理案件。

（二）审理案件过程中，发现宪法和法律均无规定可循，可在宪法规定范围内，依据哈奈斐（Hanafi）法学的规定作出一个最能够保证公平的判决。

第一百三十一条　［什叶教派法学审判］

（一）法院在处理涉及什叶教派信徒个人的事务时可依法适用什叶教派法学。

（二）同样，若本宪法和其他法律均未对案件加以规定而涉诉双方均为什叶教派信徒的，可依法适用哈奈斐法学予以解决。

第一百三十二条　［法官的任命］

（一）法官的任命由最高法院推荐并经总统批准。

（二）最高法院有权依法对法官予以任命、调任、晋升、处罚及建议退休。

（三）最高法院建立司法管理总局以完善司法机关的行政安排、司法事务，并促其完善。

第一百三十三条　［对法官的起诉］

（一）一旦法官被指控犯罪，最高法院应依法对被指控的法官所涉的案件进行调查。

（二）在听取法官辩护后，若最高法院认为指控是有根据的，应向总统建议免除该法官的职务。

（三）经总统批准，得免去该法官职务并依法对其进行处罚。

第一百三十四条　［检察院］

（一）根据法律规定，警察负责侦查犯罪，检察院负责调查和起诉。

（二）检察院是行政机关的一部分，其具有独立的职能。

（三）检察院的组织、职权和活动，由法律规定。

（四）对军队犯罪的侦查和调查由特别法规定。

第一百三十五条　［诉讼语言］

如果诉讼当事人不懂审判所用语言，他们有权通过翻译了解涉案材料和文件并在法庭上使用其母语。

第八章　行政

第一百三十六条　［原则］

（一）阿富汗伊斯兰共和国的行政依法以中央和地区行政机关为基础。

（二）中央行政机关分别由若干行政单位组成，各行政单位由部长领导。

（三）地方行政机关以省为单位。

（四）省的数量、区域、组成部分和结构以及相关的行政，由法律根据人口、社会和经济状况以及地理条件确定。

第一百三十七条　［地方分权］

政府在坚持中央集权制原则的前提下，依法将部分权力下放给地方机关以加快和促进地方经济、社会、文化事务的发展，促进人们参与国家发展。

第一百三十八条　［省议会］

（一）各省设立一个省议会。

（二）省议会议员由各省居民依法按人口比例以自由、直接、不记名投票和普选的方式选举产生，任期四年。

（三）各省议会从其成员中选举一人为议长。

第一百三十九条　［发展目标］

（一）省议会依法定方式参与、实现国家发展目标和完善省议会本身事务，并在本省范围内就重要事项提供建议。

（二）省议会与省行政机关相互配合履行职责。

第一百四十条　［区、镇议会］

（一）为组织人民活动并为其积极参加地方管理提供机会，依法设立区、镇议会。

（二）区、镇议员由当地居民以自由、普遍、不记名投票和直接选举的方式产生，任期三年。

（三）游牧民参与议会，由法律规定。

第一百四十一条　［市政府］

（一）设市政府以管理城市事务。

（二）市长和市议会成员由自由、普遍、无记名投票和直接选举的方式产生。

（三）有关市政府的事宜，由法律规定。

第一百四十二条　［行政机构］

为执行本宪法的规定和保证宪法价值的实现，国家设立相应机构。

第九章　紧急状态

第一百四十三条　［紧急状态的宣布］

（一）一旦由于战争、战争威胁、严重叛乱、自然灾害或其他类似情况，通过遵循本宪法已不能保护国家独立或生存，总统经国会确认后得宣布部分地区或者全国进入紧急状态。

（二）如紧急状态持续两个月以上，其期限的延长应由国会批准。

第一百四十四条　［内阁的权力］

在紧急状态下，总统经与国会议长及首席大法官商议，可将国会的部分权力授权给内阁。

第一百四十五条　［条款效力的中止］

在紧急状态下，总统经国会议长和最高法院院长的同意，可以中止或限制下列条款的执行：

1. 第二十七条第二款；

2. 第三十六条；

3. 第三十七条第二款；

4. 第三十八条第二款。

第一百四十六条　［修宪限制］

紧急状态期间不得修改宪法。

第一百四十七条　[任期的延长]

（一）如果紧急状态期间内总统任期或者立法期限届满，则新的选举延期举行。总统任期或立法期限的延长不超过四个月。

（二）如果紧急状态持续时间超过四个月，总统应当召集大支尔格国民议会以作出进一步的决定。

（三）紧急状态结束后，须在两个月内举行选举。

第一百四十八条　[紧急措施的失效]

紧急状态结束后，基于本宪法第一百四十四条和第一百四十五条的措施即刻失效。

第十章　宪法的修改

第一百四十九条　[伊斯兰，基本权利]

（一）不得修改有关神圣的伊斯兰教和共和国政体的基本规定。

（二）公民基本权利的修改，仅在为使其更有效时方得进行。

（三）考虑到新经验和时代的要求，经总统提议或国会议员过半数表决通过，可以根据宪法第六十七条和第一百四十六条的规定，对本条第一款、第二款以外的宪法内容进行修改。

第一百五十条　[委员会草案、大国民议会]

（一）为了处理有关修宪的提案，根据总统令，应组建由内阁、国会和最高法院成员组成的修宪委员会。由该委员会起草修宪草案。

（二）为批准宪法修正案，得以总统令根据宪法"大支尔格国民议会"一章的规定召集大支尔格国民议会。

（三）宪法修正案经大支尔格国民议会三分之二表决通过，并经总统签署后生效。

第十一章　其他规定

第一百五十一条　[经济限制]

（一）总统、副总统、部长、最高法院首席大法官及法官、中央银行行长、国家安全主任、省长及市长在职期间不得与政府或者私人订立营利性的商业契约。

（二）为满足个人需要的契约除外。

第一百五十二条　[任职限制]

总统、副总统、部长、国会议长及议员、最高法院首席大法官及法官，在职期间不得兼任其他职务。

第一百五十三条　[政党限制]

法官、检察官、武装部队官员和警官，以及国家安全官员在职期间不得为任何党派的成员。

第一百五十四条　[财产透明]

总统、副总统、部长和最高法院法官，以及总检察长任前和任后的财产，由依法组建的机构登记监管。

第一百五十五条　[薪酬]

各部长、国会议员、最高法院法官、检察长和法官应依法获得适当的薪酬。

第一百五十六条　[选举和公投]

依法组建独立选举委员会以组织监督各种选举和依法举行全国范围内的公投。

第一百五十七条　[宪法的实施]

依法组建独立宪法实施监督委员会以监督宪法的实施。该委员会成员由总统任命。

第十二章　过渡条款

第一百五十八条　[国父]

"国父"称号和权力由非常时期的大支尔格国民议会依本宪法的规定于伊斯兰历 1381 年（公元 2002年）授予阿富汗前国王穆罕默德·查希尔（Mohammad Zahir）陛下，并由其终生保有。

第一百五十九条　[过渡时期]

（一）宪法通过之日起至国会开幕式之日止的这一期间为过渡时期。

（二）过渡时期内，阿富汗伊斯兰过渡政府的主要事务有：

1. 在六个月内颁布有关总统、国会和地方议会选举的法令。

2. 在一年内颁布有关法院、基层行政组织之结构和权限的法令。

3. 建立独立选举委员会。

4. 实施行政和司法改革。

5. 采取必要措施准备本宪法规定的实施。

第一百六十条　[总统选举]

（一）第一任总统依本宪法的规定，应当在选举结果公布后三十日内就职。

（二）尽所有的努力以同时举行第一届总统和国会选举。

（三）国会组建完成前，本宪法规定的国会职权由内阁代行。过渡时期的最高法院依总统令组建。

第一百六十一条　[机构的组建]

（一）国会根据宪法一经组建完成即立即行使其权力。

（二）应当在下院第一次会议召开后三十日内组建内阁和最高法院。

（三）过渡时期的阿富汗共和国总统在被选出的总统就职前继续履行其职责。

（四）过渡时期的政府机关和司法机关在政府和

最高法院组建完成前依本宪法第一百五十九条第二款第四项①的规定继续履行其职责。

（五）从过渡时期开始以来生效的法令必须递交给第一次国会会议。如果这些法令未被国会否决则继续有效。

第一百六十二条 ［宪法的生效］

（一）本宪法经大支尔格国民议会批准后生效，并由过渡时期的伊斯兰共和国阿富汗总统签署后公布。

（二）本宪法生效后，任何与之相抵触的法律和法令无效。

---

① 原文为"第一百五十七条第三款"，但该条并无第三款。部分非官方英文版表述为"第一百五十九条第二款第四项"；从上下文来看这种表述更为合理，故作此修改。——王建学注

阿拉伯联合酋长国宪法*

[1971 年 12 月 2 日作为临时宪法生效，1972 年 2 月 10 日由联邦最高委员会以 1972 第 1 号、第 2 号、第 3 号决议修正，1976 年 11 月 28 日由联邦最高委员会以 1976 第 2 号修正案修正，1981 年 11 月 7 日由联邦最高委员会以 1981 第 2 号修正案修正，1996 年 12 月 2 日由联邦最高委员会以 1996 第 1 号宪法修正案修正并被批准为永久宪法，2003 年 9 月 15 日（伊斯兰历 1424 年 7 月 18 日）** 由联邦最高委员会以 2004 第 1 号宪法修正案修正]

我们，阿布扎比（Abu Dhabi）、迪拜（Dubai）、沙迦（Sharjah）、阿治曼（Ajman）、乌姆盖万（Umm AI Quwain）、哈伊马角（Ras AI-Khaimah）①、富查伊拉（Jujairah）的统治者：

鉴于我们与我们各酋长国的人民要求建立一个长期联邦，以便为各酋长国及其人民改善生活，争取更长期的稳定与更高的国际地位；

要求以一个独立、主权的联邦国家的形式在各阿拉伯酋长国之间建立更密切的联系，以便能够保卫联邦自身及各成员国的生存，并在相互尊重和互惠互利的基础上，与阿拉伯姊妹国家、所有其他友好的联合国成员国，以及国际大家庭的成员合作；

同样要求在未来若干年内将联邦统治建立在牢固的基础上，与当前各酋长国的现实及能力保持一致，竭尽所能使联邦能够自由地实现其目标，在不与上述目标相冲突的前提下维持各成员国的特点并为联邦的人民创造一种尊严而自由的宪政生活，逐步在伊斯兰阿拉伯社会中建立一个完整的、代议制的和民主的体制从而摆脱恐惧与忧虑；

鉴于实现上述要求是我们最大的愿望，对此我们已下最大决心，并要求将我们国家和人民提高到文明国家和民族中的适当地位；

基于上述理由，我们在至高无上的万能的真主

面前和在全体人民面前宣布，一致同意本宪法；并在宪法上签名，实施本宪法。②

愿真主，我们最好的保护人和保卫者，将成功赐予我们。

第一章　联邦及其构成要素与目标

第一条

（一）阿拉伯联合酋长国是一个独立、主权的联邦制国家，以下简称为"联邦"。联邦由下列酋长国组成：阿布扎比、迪拜、沙迦、阿治曼、乌姆盖万、哈伊马角、富查伊拉。

（二）任何其他独立的阿拉伯国家经获得最高委员会一致同意均可参加本联邦。在接受新成员国加入联邦之后，联邦最高委员会应在本宪法第六十八条所规定的数目之外设置分配给该成员国在联邦议会的席位。③

第二条

联邦对各成员酋长国国际边界线以内的领土及领海，以及对宪法规定由它管辖的一切事务行使主权。

第三条

成员酋长国在其领土和领海内对本宪法规定不

---

* 译自阿拉伯联合酋长国联邦议会事务部（United Arab Emirates Ministry of State for Federal National Council Affairs）网站所提供的官方英译本，同时整合了该文本之后所附的六条宪法修正案。译者：王建学。

** 2004 年第 1 号修正案的英文版未标明通过日期，其时间的确定方法是：由朱威烈教授根据阿拉伯语译出时间为伊斯兰历 1424 年 7 月 18 日，由译者换算为公元 2003 年 9 月 15 日。

① 原签署国并不包括哈伊马角（Ras AI-Khaimah），哈伊马角于 1972 年 2 月 10 日加入阿联酋，由此本段，第一条之第一款和第二款，第六十八条，及相关条款均作相应修正。

② 在 1996 年 12 月 2 日被批准为永久宪法时，原临时宪法的表述经过了若干修改，该段在 1996 年修改以前的原文是："基于上述理由，为了完成联邦永久宪法的准备工作，我们在至高无上的万能的真主面前和在全体人民面前宣布，一致同意本临时宪法；并在宪法上签名，在宪法规定的过渡时期实施临时宪法。"

③ 本款第二句为 1972 年 2 月 10 日修正时所增加。

属于联邦权限范围内的一切事务行使主权。

第四条

联邦不得放弃自己的主权或割让自己领土、领海的任何一部分。

第五条

联邦有自己的国旗、国徽和国歌。国旗和国徽由法律予以规定。各成员酋长国在各自领土内可保留和使用自己的国旗。

第六条

（一）联邦是大阿拉伯民族的一部分，通过宗教、语言、历史和共同的命运同它联结在一起。

（二）联邦的人民是一个民族，亦是阿拉伯民族的一部分。

第七条

伊斯兰教是联邦的官方宗教。伊斯兰教教法是联邦立法的主要来源。联邦的官方语言是阿拉伯语。

第八条

（一）联邦公民具有法律所规定的单一国籍。联邦公民在国外时受到联邦政府根据公认的国际准则所提供的保护。

（二）除法律规定的特殊情况外，不得剥夺或取消任何公民的国籍。

第九条

阿布扎比(Abu Dhabi)城为联邦之首都。①

第十条

联邦的目标是保持其独立和主权，保护其安全和稳定，防御对联邦或各成员酋长国的生存的任何侵略，保卫联邦人民的权利和自由，实现各酋长国为了共同利益而紧密合作、以便实现上述目的并促进各领域繁荣和进步，改善全体公民的生活，以及各酋长国在本宪法的框架内尊重其他酋长国在内部事务方面的独立和主权。

第十一条

（一）联邦各酋长国组成一个经济和关税实体。联邦法律规定为实现此一实体所适当的渐进性步骤。

（二）各酋长国之间资本自由转移和货物自由流通应予保障，除非通过联邦法律不受限制。

（三）对各成员酋长国之间的货物流通所征收的一切税收和费用，均应废止。

第十二条

联邦的对外政策是支持阿拉伯与伊斯兰的事业和利益，按照联合国宪章的原则与理想的国际标准，巩固同一切国家和民族的友谊与合作的纽带。

第二章　联邦的根本社会经济基础

第十三条

联邦与各成员酋长国在执行本章各条款的过程中应在其权限和能力范围内进行合作。

第十四条

平等、社会公正、保证全体公民的安全和机会平等，是社会的基础。互相合作与尊重是它们之间牢固的纽带。

第十五条

家庭是社会的基础。家庭建立在道德、宗教、伦理与爱国主义的基础之上。法律应保证家庭的存在，并保护家庭免受堕落败坏。

第十六条

（一）社会有责任保护儿童和母亲，保护未成年人以及因疾病、丧失工作能力、年老或被迫失业等一切原因而生活不能自理的人。为了他们自身的利益和社会利益，社会应负责帮助他们，使他们能够自食其力。

（二）上述事项应由福利和社会保障立法予以规定。

第十七条

教育是社会进步的根本因素。教育在初等阶段应为强制性的，在各阶段均应是免费的。法律应规定必要之规则，以宣传和普及各级教育并扫除文盲。

第十八条

任何个人和组织均可依照法律规定建立私立学校，但此类学校应服从有权公共机关之监督及其指导。

第十九条

（一）社会应保证所有公民享有有关疾病和传染病的医疗照顾和预防手段。

（二）社会应促进公立与私立医院、诊所与其他医疗机构的建立。

第二十条

社会应将劳动视为自身发展的根本基础。社会应努力保证公民可得到工作，并努力提供培训以便公民有工作之基础。为此，社会应通过制定保护雇

---

① 本条于 1996 年 12 月 2 日经过修正，修正之前的内容为：（一）联邦首都设在阿布扎比与迪拜交界地区，定名为"卡拉玛"。（二）第一年必须从联邦预算中拨款作为计划建设首都与技术研究的费用。开始建设的时间越早越好，并从宪法生效之日起七年内建成。（三）在联邦首都建成以前，阿布扎比是联邦的临时总部。

员权利和雇主利益之立法来提供适当之便利,此类立法应考虑国际劳工立法。

第二十一条

私有财产应受到保护。关于私有财产受保护的条件由法律规定。非根据法律规定,出于公共利益的需要并给予公正补偿,不得剥夺任何人的私有财产。

第二十二条

公共财产不受侵犯。保护公共财产是每个公民的义务。法律应规定违反该义务应受处罚的情形。

第二十三条

每个酋长国的自然资源与财富被视为该酋长国的公共财产。社会有责任出于国民经济之考虑保护并合理开发这些自然资源与财富。

第二十四条

(一)国民经济的基础是社会公正。它建立在公私活动之间真诚合作的基础上。国民经济的目标是实现经济发展,提高生产力,为公民提高生活水平和实现繁荣,均应在法律允许的范围内。

(二)联邦应鼓励合作与节约。

第三章 自由、权利与公共义务

第二十五条

联邦公民不分种族、民族、宗教信仰和社会地位,所有人在法律面前一律平等。

第二十六条

(一)保证所有公民的人身自由。非根据法律之规定,不得逮捕、搜查、拘留或监禁任何人。

(二)对任何人不得实行刑讯或施加有辱人格之待遇。

第二十七条

犯罪与刑罚应由法律加以规定。除非已经公布的相关法律,不得对任何故意或疏忽之行为施以刑罚。

第二十八条

(一)刑罚是个人性的。被告在经合法公正的审判被认定为有罪以前,应被推定为无罪。被告在审判期间有权委任辩护人。法律应对必须有辩护律师出庭的场合作出规定。

(二)禁止对被告进行肉体和精神上的虐待。

第二十九条

在法律规定的范围内,公民之迁移自由和居住自由应予保障。

第三十条

在法律规定的范围内,意见自由,以及以口头、书面或其他方式表达意见的自由,应予保障。

第三十一条

依法保障以邮件、电报或其他手段的通讯自由和通讯秘密。

第三十二条

依既有习惯保障举行宗教仪式的自由,但不得违反公共秩序与公共道德。

第三十三条

在法律范围内保障集会和结社的自由。

第三十四条

(一)每个公民都有在法律范围内选择工作、行业或职业的自由。应充分考虑有关上述专业及行业之组织的法规。除法律规定的例外情况且需支付报酬外,不得使任何人从事强制劳役。

(二)不得对任何人进行奴役。

第三十五条

公用职位在机会平等的基础上应依法向所有公民开放。公用职位应是委托给担任公职者的国家服务。公务人员在执行职责的过程中应以公共利益为唯一目的。

第三十六条

住宅不受侵犯。除根据法律之规定和在法律所列举的情形下,任何人不得未经住户之许可而进入其住宅。

第三十七条

不得将本国公民驱逐或流放出境。

第三十八条

禁止引渡公民和政治难民。

第三十九条

禁止普遍没收财产。以刑罚没收私人财产必须根据法院之合法判决。

第四十条

外国人在联邦享有之权利与自由,依有效国际宪章和联邦签署之条约与协定而定。他们应尽相应之义务。

第四十一条

人人就其根据本章列举的权利和自由所受到的侵害,均应有权申诉于有权机关,包括司法机关。

第四十二条

每个公民都有义务支付法律所确定的税赋和公共费用。

第四十三条

保卫联邦是每个公民的神圣义务。服兵役是公民的光荣职责,兵役应由法律规定。

第四十四条

遵守和执行宪法、法律和命令,遵守公共秩序和公共道德,乃是联邦所有居民的固有职责。

第四章 联邦机构

第四十五条

联邦机关包括:

1. 联邦最高委员会;

2. 联邦总统及其副总统;

3. 联邦部长会议;

4. 联邦议会;

5. 联邦之法院。

第一节 联邦最高委员会

第四十六条

(一)联邦最高委员会是联邦最高权力机关。它由构成联邦的各酋长国的统治者组成,或者在他们缺席时或被免除参加时由其委派代表。

(二)每个酋长国在参加联邦最高委员会的审议时只有一个单一表决权。

第四十七条

联邦最高委员会负责处理下列事项:

1. 对本宪法授予联邦权限范围内的一切事务制定总政策并对一切事务加以考虑,以实现联邦的目的和各成员酋长国的共同利益。

2. 在各项联邦法律颁布前加以批准,包括年度总预算法和决算法。

3. 批准依照本宪法的规定应由最高委员会批准和同意的法令。法令在批准以后始得由联邦总统颁布。

4. 批准条约与国际协定。此项批准应以法令为之。

5. 根据联邦总统的建议批准联邦部长会议主席的任命,接受其辞职,或将其免职。

6. 通过对联邦最高法院院长、法官的任命,在宪法规定的情况下接受其辞职或将其免职。上述行为应以法令为之。

7. 对联邦事务行使普遍的最高监督权。

8. 宪法或联邦法律规定的任何其他事项。

第四十八条

(一)最高委员会制定其内部规章,包括事务管理程序和决议表决程序。最高委员会的审议应秘密进行。

(二)最高委员会设总秘书处,由适当数量的官员组成,协助最高委员会履行职责。

第四十九条

(一)最高委员会关于实体问题的决议经五名成员的多数通过才能有效,但该多数中必须包括阿布扎比和迪拜两个酋长国。少数应服从上述多数的

意见。

(二)但委员会关于程序问题的决议经多数成员同意才能通过。此类问题在委员会内部规章中另行规定。

第五十条

最高委员会会议在联邦首都举行。会议也可在事先取得一致同意的任何其他地点举行。

第二节 联邦总统及其副总统

第五十一条

联邦最高委员会从委员会成员中选出联邦总统和副总统各一名。联邦副总统在总统因故缺席时行使总统的一切权力。

第五十二条

(一)总统和副总统任期为格雷果里历五年。连选得连任。

(二)总统和副总统应在就职时向最高委员会宣誓如下:

"我向全能的真主宣誓,我决心忠于阿拉伯联合酋长国,我决心遵守阿拉伯联合酋长国的宪法与法律,我决心保护联邦人民的利益,我决心忠诚地履行自己的职责,我决心维护联邦的独立与领土完整。"

第五十三条

(一)若总统或副总统之职位因逝世、辞职或由于任何原因不再继续担任其酋长国统治者而出现空缺,应在其职位空缺之日起一个月内召开最高委员会会议,选出补缺继任人,直至宪法第五十二条规定的任期届满。

(二)若最高委员会总统及其副总统两职位同时空缺,最高委员会任何一位成员或联邦部长会议主席均得立即召集最高委员会会议,选出新的总统和副总统,以补足这两个职位的空缺。

第五十四条

联邦总统承担下列职责:

1. 主持最高委员会并指导讨论。

2. 根据委员会程序规则召集最高委员会召开会议和终止其会议,该程序规则亦适用于最高委员会制定法规。当最高委员会成员之一请求时,总统必须召集委员会开会。

3. 在必要时召集最高委员会和部长会议之联席会议。

4. 签署并颁布经最高委员会批准的联邦法律、法令与决议。

5. 经最高委员会同意,任命总理、接受其辞职或将其免职。依照联邦总理之建议任命副总统与部长,接受其辞职或将其免职。

6. 经联邦部长会议同意,任命联邦外交代表以及其他高级文武官员、接受其辞职或将其免职,但联邦最高法院院长与法官除外。此类任命、免职及接受辞职事项应依照联邦法律以法令为之。

7. 签署联邦驻外国及国际组织外交代表的委任文书,接受外国派驻联邦外交代表及领事及其委任书。同时签署任命书与代表许可证书。

8. 通过联邦部长会议及主管部长监督联邦法律、法令、决议的执行。

9. 在对内、对外国和一切国际关系中代表联邦。

10. 根据本宪法和联邦法律之规定行使免刑、减刑以及核准死刑的权力。

11. 根据有关授勋、授奖的法律,授予文武勋奖。

12. 由最高委员会授予的其他一切权力,或依本宪法或联邦法律赋予的其他一切权力。

第三节 联邦部长会议

第五十五条

联邦部长会议由总理及其副总理和若干部长组成。

第五十六条

部长应从富有能力和经验的联邦公民中选任。

第五十七条

总理、副总理及部长在就职以前应向联邦总统宣誓如下:

"我向全能的真主宣誓,我决心忠于阿拉伯联合酋长国,我决定遵守阿拉伯联合酋长国的宪法与法律,我决心忠实地履行自己的职责,我决心全力保护联邦人民的利益,我决心全面维护联邦的生存和领土完整。"

第五十八条

法律应规定各部长的权限及其分工。联邦第一任部长会议应由下列部长组成:

1. 外交;
2. 内务;
3. 国防;
4. 财政、经济、工业;
5. 司法;
6. 教育;
7. 公共卫生;
8. 公共工程与农业;
9. 通讯、邮政、电报和电话;
10. 劳动与社会事务;
11. 信息;
12. 规划。

第五十九条

(一)总理负责主持部长会议。召集部长会议开会,指导其讨论,追究部长活动,并监督各部之间以及一切联邦执行机构的协调统一。

(二)副总理在总理因故缺席时行使总理之一切权力。

第六十条

(一)部长会议,以联邦执行机关的名义,在联邦总统和最高委员会的最高监督下,负责处理宪法与联邦法律规定的联邦权限范围内的一切内政外交事务。

(二)部长会议专门履行以下职责:

1. 贯彻执行联邦政府对内对外总政策。

2. 起草联邦法律草案并提交联邦议会,然后交由联邦总理提交最高委员会批准。

3. 编制联邦年度总预算草案和决算案。

4. 准备各种法令和决议的起草。

5. 颁布为实施联邦法律所必需的条例,但不得包含将法律修改、中止或延期施行的内容。在本宪法和联邦法律的范围内,颁布警察条例以及其他有关公共服务与管理之组织的条例。联邦法律的特别规定或部长会议本身,得授权主管部长或其他行政机关颁布此类条例。

6. 通过联邦或各酋长国一切有关机构,监督联邦法律、法令、决议及条例的执行。

7. 监督联邦法院判决之执行,监督联邦签订的国际条约与协议的执行。

8. 依法任免无须以法令任免的联邦雇员。

9. 对联邦各部及公共服务的工作以及对联邦雇员的行为和纪律实行总监督。

10. 法律或最高委员会在本宪法范围内赋予的一切其他职权。

第六十一条

部长会议之审议秘密进行。其决议应以多数票表决通过。若表决时赞成票与反对票相等,则以总理支持的一方为多数。少数服从多数的决定。

第六十二条

(一)总理、副总理或任何联邦部长在其任职期间均不得担任专业、商业或金融方面的职务,不得介入联邦政府或各酋长国政府为一方的任何商业交易,不得利用自己在内阁的职务与身份担任任何金融、商业公司的董事会成员。

(二)他们亦不得在任何一个酋长国兼任一个以上的官职,并应辞去任何其他地方官职。

第六十三条

部长会议成员应以维护联邦利益,促进公共福利,完全抵制个人利益为目的。部长会议成员不得利用职权设法为自己或与自己关系密切的人牟利。

第六十四条

（一）总理和部长就联邦对内对外总政策之执行对联邦总统和联邦最高委员会负集体责任。关于本部与本职活动，总理和部长对联邦总统与联邦最高委员会负个人责任。

（二）若总理辞职、免职、逝世或因故出缺，内阁应总辞职。联邦总统可要求各部长暂时留职，处理政府日常事务，直至新内阁组成。

第六十五条

部长会议应在每个财政年度开始时，向联邦总统提交一份供最高委员会讨论的包含下列内容的详细报告书：国内计划项目执行情况；联邦与其他国家以及国际组织的关系；内阁为巩固联邦之基础、加强其安全和稳定、在各领域实现其目标并取得进步所拟采取的最有效最切实的措施。

第六十六条

（一）部长会议应自行制定其内部规章，包括其程序规则。

（二）部长会议应设总秘书处，由适当数目的雇员组成，协助内阁处理其事务。

第六十七条

总理、副总理及其他部长的薪金应由法律规定。

第四节　联邦议会

第一目　总则

第六十八条①

联邦议会由四十名议员组成，其席位按如下方案分配给各成员酋长国：

阿布扎比　八席；

迪拜　　　八席；

沙加　　　六席；

哈伊马角　六席；

阿治曼　　四席；

乌姆盖万　四席；

富查伊拉　四席。

第六十九条

各酋长国有权自由决定选派代表本国参加联邦议会的公民的方法。

第七十条

联邦议会议员必须具备下列条件：

1. 必须为成员酋长国之一的公民，且永久居住于其所代表的酋长国。

2. 在选派时按格雷果里历必须年满二十一周岁。

3. 必须具有完全能力。品行良好且未曾被判定犯有不名誉之罪行，除非其已依法恢复名誉。

4. 必须具有足够的阅读和写作之知识。

第七十一条

联邦议会议员不得兼任包括部级职务在内的联邦公职。

第七十二条

（一）联邦议会议员任期为格雷果里历两年，从第一次会议召开之日起算。任期届满后，议会应全部改选，直到宪法第一百四十四条规定的过渡期结束。

（二）任期届满的任何议员均可再选。

第七十三条

联邦议会议员在就任于议会或其委员会之前，应在联邦议会公开宣誓如下：

"我向全能的真主宣誓，我决心忠实于阿拉伯联合酋长国，我决心遵守阿拉伯联合酋长国的宪法与法律，我决心忠诚地履行议会及其所属委员会的职务。"

第七十四条

（一）若任何议员之席位在任期届满前因故出缺，应在议会宣布出缺之日起两个月内选出补缺议员，但若任期届满前三个月出现议席空缺，则不再补选。

（二）补缺议员任职至其前任任期届满时为止。

第七十五条

联邦议会之会议应在联邦首都举行。在例外情况下，经多数议员决定，并取得内阁之同意，可在联邦任何其他地点举行。

第七十六条

联邦议会应裁决其议员委任的有效性。联邦议会亦应经五名议员之提议以多数议员之议决裁决是否取消其议员之资格。联邦议会有权接受其议员之辞职，辞职自议会接受辞呈之日起视为完成。

第七十七条

联邦议会议员不仅代表其所代表的酋长国，而且代表联邦全体人民。

第二目　议会的工作机构

第七十八条

（一）从每年11月第三周开始，联邦议会举行为期至少六个月的常会。必要时可召集特别会议。联邦议会的特别会议只讨论为召集此特别会议的特别事项。

---

① 联邦最高委员会以1972第2号决议批准哈伊马角加入阿联酋，以1972第3号决议在本条中增加了"哈伊马角（Ras Al-Khaimah)六席"之内容，并相应将原"三十四名议员"修正为"四十名议员"。——译者注

（二）虽有前款之规定，但在本宪法生效之日起六十日以内，联邦总统应召集联邦议会举行第一次常会。此次常会应按最高委员会以法令规定的时间闭幕。

第七十九条

（一）联邦总统在征得部长会议同意后以法令宣布联邦议会的召开和闭幕。联邦议会非经正式召集的会议，或在本宪法规定的地点以外举行的会议均属非法，一概无效。

（二）但若联邦议会在11月的第三周以前未被召集开常会，则其在11月21日应自行开会。

第八十条

（一）联邦总统应主持联邦议会常会的开幕式并在会上发表演说，总结国家之形势，回顾过去一年所发生的重大事件和重大事务，概述联邦政府在未来一年的计划和改革。联邦总统可委托其副总统或总理代为主持联邦议会常会开幕式或发表演说。

（二）联邦议会从其议员中选出一个委员会，起草对开幕词的答复，其中包括议会的意见和愿望，该答复书经议会批准后，提交联邦总统转交最高委员会。

第八十一条

联邦议会议员不得因其在议会或其委员会履行职责时发表的意见或看法而受到追究。

第八十二条

除"现行犯"外，在议会开会期间，未经议会之许可不得对其议员提起刑事诉讼。在议会闭会期间，如对其议员提起刑事诉讼必须通知议会。

第八十三条

联邦议会之议长和议员，自向议会宣誓之日起，有权领取法定的薪金，以及从其住地至议会开会地点的差旅费。

第八十四条

（一）联邦议会应设立一个由议长、第一副议长、第二副议长和两名监察员组成的主席团。上述人员均由议会从其议员中选举。

（二）若联邦议会任期届满，或根据第八十八条第二款之规定被解散，则议长及两名副议长的任期即告结束。

（三）在下次常会开会选出新的监察员后，上届监察员任期即告结束。若主席团的职位出缺，联邦议会应选出补缺之人，至所余任期届满。

第八十五条

（一）联邦议会应设秘书长一人，并由若干直接对议会负责的职员协助其工作。此类职员的服务条件及职权由议会以内部章程加以规定。

（二）联邦议会自行制定其内部章程，由联邦总统征得内阁同意后以法令加以颁布。

（三）内部章程规定联邦议会议长、两名副议长、监察员的职权，并就议会及其委员会、议员、秘书处、职员的一切有关事项，议会及其所属委员会的议事规则与表决程序，以及本宪法规定的其他事项作出一般规定。

第八十六条

联邦议会之会议公开举行。应政府之代表、议会议长或三分之一议员的要求，得举行秘密会议。

第八十七条

联邦议会的审议应有过半数议员的出席，否则无效。除规定需要特定多数通过者外，决议应由出席议员的绝对多数票表决通过。若赞成票与反对票相等，则以议长支持的一方为多数。

第八十八条

（一）联邦议会会议得由联邦总统经部长会议同意以颁布法令之方式而延期召开，但延期以一个月为限，且在同一会期只能延期一次，若取得议会之同意，可再延期一次。延期的时间不计入常会会期。

（二）联邦总统在征得部长会议同意后，得颁布法令解散议会，但解散法令必须规定在宣布解散之日起六十日内召集新的议会。不得以同一理由再次解散议会。

第三目　议会的职权

第八十九条

（一）在不与第一百一十条之规定相抵触的情况下，联邦法律草案，包括财政法案，在提交联邦总统转呈最高委员会批准以前，应提交联邦议会审议。

（二）联邦议会应讨论此类法案，并得表示同意、修改或加以否决。

第九十条

联邦议会应依照本宪法第八章的规定在常会期间审查联邦年度总预算法案及决算法案。

第九十一条

政府应将其同外国及国际组织签订的条约与协议连同适当之说明通知议会。

第九十二条

联邦议会得讨论与联邦事务有关的普遍议题，但部长通知其讨论与联邦最高利益相冲突的事项除外。总理和主管部长应参加讨论。联邦议会得表示其建议，得确定讨论的议题。若部长会议不批准此类建议，则应将其理由告知联邦议会。

第九十三条

总理、副总理或部长会议至少一名成员应在联邦议会代表联邦政府。总理、副总理或主管部长应依照议会内部章程规定的程序就其管辖的事项对联邦议会议员提出的任何问题作出答复和说明。

第五节　联邦与各酋长国的法院

第九十四条

公正是裁判的基础。法官独立审判,只服从法律和自己的良心。

第九十五条

联邦设联邦最高法院及若干联邦初审法院。

第九十六条

联邦最高法院由一名院长和若干名法官组成,总共不超过五人,由联邦总统经最高委员会批准后以法令加以任命。最高法院各法庭的数目,其顺序和程序,法官的服务和退休的条件,及其法官的任职资格等,均由法律予以规定。

第九十七条

联邦最高法院院长及法官在审理案件期间不得被免职。其任期仅得以下列理由之一始得终止:

1. 逝世。

2. 辞职。

3. 聘任或借调之期届满。

4. 达到退休年龄。

5. 因病永久丧失履职能力。

6. 以法定理由并按法定手续给予纪律处分而免职。

7. 经本人同意被任命其他职务。

第九十八条

联邦最高法院院长及法官在就职以前应在联邦司法部长出席的情况下向联邦总统宣誓,他们将毫无偏私地秉持正义,并忠于联邦的宪法和法律。

第九十九条

联邦最高法院对下列事项享有管辖权:

1. 联邦各成员酋长国之间,或一个或几个酋长国同联邦政府之间的各种纠纷,当这些纠纷由当事各方的任何一方提交最高法院时。

2. 审查联邦法律的合宪性,若一个或几个酋长国以违反联邦宪法为理由对联邦法律提出异议。

3. 审查各成员酋长国所颁布的立法,若联邦机构之一以违反联邦宪法或联邦法律为由提出异议。

4. 审查法律、法规及条例的合宪性,若任何国家法院在审理案件时提出此项要求。上述法院在审理该案时必须服从联邦最高法院的裁决。

5. 解释宪法之规定,若任何联邦机构或任何酋长国政府提出此项要求。这种解释应视为具有普遍约束力。

6. 应最高委员会的要求,根据有关法律,对经法令任命的联邦部长及高级官员在执行职务期间的行为进行审判。

7. 直接危害联邦利益的犯罪,如与国内外安全有关之犯罪,伪造任何联邦政府机关的文书档案或印章,伪造货币。

8. 联邦司法机关同各酋长国地方司法机关之间的管辖权冲突。

9. 一个酋长国司法机关同另一个酋长国司法机关之间的管辖权冲突。应由联邦法律规定有关的规则。

10. 本宪法规定的或联邦法律指定的一切其他管辖权。

第一百条

联邦最高法院应在联邦首都开庭。在必要时,可例外地在任何一个酋长国首都开庭。

第一百零一条

(一)联邦最高法院的判决为终审判决,并具有普遍约束力。

(二)若联邦最高法院在审查法律、立法、条例、规章等是否合宪时,判定联邦法规同联邦宪法不一致,或正在审议中的地方立法或章程含有同联邦宪法或联邦法律不一致的规定,则联邦或酋长国的有关机关必须采取必要步骤取消或修改此类宪法不一致。

第一百零二条

联邦设一个或若干个初审法院,其院址分别设在联邦永久首都和某些酋长国首都,以便对属于其管辖的下列案件行使司法权:

1. 联邦与个人之间的民事、商事及行政纠纷,无论联邦是原告还是被告。

2. 在联邦永久首都境内所发生的刑事犯罪,但本宪法第九十九条保留给联邦最高法院管辖的案件除外。

3. 联邦永久首都境内发生的个人之间的个人地位案件、民事和商事案件以及其他案件。

第一百零三条

(一)联邦初审法院的机构、组成、法庭、管辖权、诉讼程序、法官之宣誓、法官的服务条件、不服其判决而提出上诉的办法等一切有关事宜,均应由法律加以规定。

(二)法律得规定联邦最高法院的一个法庭应按照规定的情况和程序受理对上述法院判决提出的上诉。

第一百零四条

每个酋长国的地方司法机关对本宪法未指定给联邦管辖的一切案件拥有司法管辖权。

第一百零五条

(一)根据前条规定属于地方司法机关的管辖权,基于有关酋长国之请求,得通过颁布联邦法律,全部或部分地移交给联邦初审法院。

（二）联邦法律可以规定若干情况，经地方司法机关判决的刑事、民事、商事或其他案件，可向联邦法院提出上诉。但是，地方司法机关之终审判决才得上诉至联邦法院。

第一百零六条

（一）联邦设检察官一名，经部长会议同意后以联邦法令加以任命，并设立由若干成员组成的检察署协助其工作。

（二）有关联邦检察署成员的任命方法、级别、晋升、退休以及任职资格等事项，均应由法律加以规定。

（三）联邦刑事诉讼和审判法应规定这一机构的权限、工作程序，及其获得警察与公共安全部门之协助的权限。

第一百零七条

（一）对联邦法院已作出之判决，联邦总统基于司法部长之建议并在得到以司法部长为首、由联邦部长会议委任六名成员组成的委员会同意后，得在判决执行之前加以赦免，或在判决执行过程中加以减刑。上述委员会成员应从品行良好的公民中选出，任期三年，可以连任。

（二）上述委员会成员不领取报酬。委员会之审议应秘密进行。委员会决议以多数票表决通过。

第一百零八条

未经联邦总统核准，联邦司法机关终审判处的死刑不得执行。联邦总统得依据前条规定的程序以较轻之刑罚代替死刑。

第一百零九条

（一）非根据法律不得对普通刑事犯或特别刑事犯实行大赦。

（二）大赦之法律应考虑那些没有出路的犯罪，并应给予全部免刑或免除其未服满的刑期。

第五章　联邦立法与命令及有权机关

第一节　联邦法律

第一百一十条

（一）联邦法律之颁布应根据本条之规定及宪法其他适当规定。

（二）法律案经下列程序即成为法律：

1. 部长会议起草法律草案，提交联邦议会。

2. 部长会议将法律草案提交联邦总统同意后，提交最高委员会批准。

3. 经最高委员会批准后，由联邦总统签署并公布。

（三）1. 若联邦议会对法律草案提出修改，而联邦总统或最高委员会不同意，或者联邦议会将法律草案否决，则联邦总统或最高委员会应将该草案退回联邦议会。若联邦议会以联邦总统或最高委员会不同意之理由提出修改，或者联邦议会决定否决该草案，则联邦总统在最高委员会批准后可以颁布法律。

2. 本条所谓的"法律草案"指部长会议提交联邦总统的草案，其中包括联邦议会所作的修改。

（四）若形势紧迫要求颁布联邦法律，而联邦议会处于闭会期间，则联邦部长会议可在取得最高委员会及联邦总统同意后予以颁布，而不受以上各款规定的限制，但必须在联邦议会下次开会时通知联邦议会。

第一百一十一条

法律经最高委员会批准，应在联邦总统签署颁布之日起至多两星期内在联邦政府公报上公布。上述法律应在公布于公报后一个月开始生效，但该项法律本身对生效日期另有规定者除外。

第一百一十二条

法律的规定只适用于其生效以后发生的情况，此类法律不得具有溯及既往的效力。但在必要时，法律得在刑事案件以外作出相反之规定。

第二节　法令

第一百一十三条

（一）在最高委员会闭会期间，如遇刻不容缓的紧急情况必须立即颁布联邦法律，联邦总统和部长会议得以法令形式共同颁布具有法律效力的必要的法律，但其内容不得和本宪法的规定相抵触。

（二）上述法令应在一个星期以内提交最高委员会加以批准或否决。如获最高委员会批准，则其应具有法律之效力，并应在联邦议会下次开会时通知联邦议会。

（三）但若最高委员会未予批准，上述法令即不再具有法律之效力，但是最高委员会亦可作出决定，批准上述法令在此以前具有的效力，或者以其他方式调整其所具有的效力。

第三节　普通命令

第一百一十四条

除非部长会议确认，并由联邦总统或最高委员会依其职权加以批准，不得颁布任何命令。一切命令均应由联邦总统签署后公布于政府公报。

第一百一十五条

在最高委员会闭会期间，若出现必要之情形，最高委员会可以授权联邦总统及部长会议共同颁布属于最高委员会批准权的命令。但此类授权不得包括批准国际协定及条约，宣布实施或取消戒严法，宣布防御性战争，或任命联邦最高法院院长及法官。

第六章　各酋长国

第一百一十六条

各酋长国行使本宪法未指定给联邦的一切权力。各酋长国应共同致力于联邦的建构，并从联邦的存在、联邦的服务和联邦的保护中受益。

第一百一十七条

每个酋长国的统治目标是，维护各自领土范围内的安全和秩序，发展有益于居民的公用事业，提高社会和经济水准。

第一百一十八条

（一）联邦各成员酋长国应以立法尽快统一为目标而共同努力协调其各自在不同领域的立法。

（二）经最高委员会批准，两个或两个以上酋长国可结成一个政治或行政单位，或将其全部或部分公用事业予以统一，或成立一个单一的或联合的行政机构管理此类公用事业。

第一百一十九条

有关联邦各成员酋长国之间执行司法判决、请求法律协助、送达法律文件以及引渡逃犯等事项，均由联邦法律根据简便易行的原则予以规定。

第七章　联邦与各酋长国之间的立法、行政和国际管辖权的分工

第一百二十条

联邦对下列事项拥有排他性立法和行政管辖权：

1. 外交。
2. 国防和联邦武装部队。
3. 保卫联邦之安全免受内外威胁。
4. 有关联邦永久首都的安全、秩序和统治之事项。
5. 有关联邦官员和联邦法官之事项。
6. 联邦财政及联邦税费。
7. 联邦公债。
8. 邮政、电报、电话、无线电等通讯服务。
9. 最高委员会决定作为干线的联邦道路的建筑、维修和改造。此类道路上的交通管理机构。
10. 空中交通监管，签发飞机与飞行员执照。
11. 教育。
12. 公共健康及医疗服务。
13. 纸币及硬币。
14. 度量衡。
15. 电力设施。
16. 联邦国籍、护照、定居和移民。
17. 联邦财产及其一切有关事项。
18. 有关联邦的人口调查和统计。
19. 联邦情报。

第一百二十一条

在不违反前条各款规定的前提下，联邦对下列事项拥有完全的立法权：

劳动关系与社会治安；不动产所有权以及出于公共利益的征收征用；引渡罪犯；银行业；各类保险；农业与动物资源的保护；与刑法典、民事及商事交易法典、公司法、民刑事程序法典相关之重要立法；文化、技术及工业产权之保护；版权、印刷及出版权利；任何酋长国军队与武装力量需要以外的军火进口；不属联邦行政管辖的其他有关航空的事项；领水划界及公海航行之组织；建立免税区之组织与方法及在此方面排除联邦立法之适用。①

第一百二十二条

各酋长国对于上述两条未列为联邦排他管辖的一切事项拥有管辖权。

第一百二十三条

（一）作为第一百二十条第一款关于联邦就外交和国际关系事项排他管辖权的一个例外，联邦成员酋长国可同邻邦或毗邻地区签订有限的地方性行政协定。但这些协定不得违反联邦利益或联邦法律，而且应事先通知联邦最高委员会。如果最高委员会对上述协定不予批准，则必须暂时搁置，听候联邦最高法院尽快对反对意见作出裁决。

（二）各酋长国可以保留其参加石油输出国组织及阿拉伯石油输出国组织的成员资格，也可以参加上述两组织。

第一百二十四条

在签订可能影响任何一个酋长国地位的条约及国际协定之前，有关联邦机构应事先同该酋长国协商。若有争议，应提交联邦最高法院裁决。

第一百二十五条

（一）各酋长国政府应采取适当措施实施联邦颁布的法律以及联邦签订的条约和国际协定，包括为此目的颁布必要的地方法律、章程、决议和法令。

（二）联邦机构应监督各酋长国政府执行联邦法

---

①　本条由 2004 第 1 号修正案所修正。"建立免税区之组织与方法及在此方面排除联邦立法之适用"之内容是修正时所增加。——译者注

律、决议、条约、协定及司法判决。各酋长国之有关行政与司法机关应在此方面尽可能协助联邦机构。

第八章 联邦财政

第一百二十六条

联邦总收入由下列收入构成：

1. 根据联邦法律在联邦立法和行政管辖权限内征收的一切税费。

2. 联邦提供服务而收到的规费。

3. 联邦各成员酋长国依照下一条的规定，每年按联邦预算所交纳的款项。

4. 联邦财产的收益。

第一百二十七条

联邦各成员酋长国应按预算法规定的方式及数额从其年收入中按固定比例拨出一部分以抵偿联邦年度总预算的一部分支出。

第一百二十八条

编制联邦总预算及决算的方法由法律规定。财政年度的起始日期也由法律规定。

第一百二十九条

联邦年度预算草案，包括收支概算，应在财政年度开始前至少两个月提交联邦议会讨论并提出意见，然后将预算草案连同这些意见提交联邦最高委员会批准。

第一百三十条

年度总预算应以法律加以公布。若预算法在财政年度开始前尚未颁布，可根据上一财政年度拨款的十二分之一以联邦法令规定每月的临时拨款，并按上一财政年度末施行的法律规定征收岁入和拨付支出。

第一百三十一条

（一）一切预算外支出，一切超过概算的支出，以及预算拨款从一个项目转入另一个项目，应由法律予以规定。

（二）但在刻不容缓的紧急情况下，上述支出或转移可根据本宪法第一百一十三条的规定通过法令予以安排。

第一百三十二条

（一）联邦应根据某些酋长国的急需，从年度预算中拨款，作为酋长国建筑和建设项目、国内安全及社会事务的经费。

（二）上述项目的执行及拨款的分配，应在有关酋长国同意下，通过联邦主管机构并在其监督下进行。为此目的，联邦可建立一个专门基金。

第一百三十三条

（一）除非通过法律，不得征收、改变或废止联邦税。除在法律所确定的情形外，不得免除任何人的纳税义务。

（二）除在法律规定的范围内并根据法律的明文规定外，联邦不得向任何个人征收各种税捐费。

第一百三十四条

除非通过联邦法律，不得发行公债。非根据联邦法律，不得签订以联邦国库为担保、期限为一年或多年的借款。

第一百三十五条

已结束财政年度的联邦财政管理的最终审计报告，应在该财政年度结束后四个月内提交联邦议会根据审计长报告进行审议，然后送交最高委员会批准。

第一百三十六条

（一）联邦应成立一个独立的机构，以经法令任命的审计长为首，依法审查联邦及其各机构的账目，以及与之有关的其他账目。

（二）法律应调整该机构，并规定该机构的管辖权及其工作人员的权限，对该机构及其负责人和工作人员所提供的保障，以使他们得以最有效地履行职责。

第九章 武装部队及警戒部队

第一百三十七条

对于联邦任何一个酋长国的进攻，应视为对所有酋长国以及对联邦生存本身的进攻，联邦与地方一切武装力量必须互相配合，采取一切可能手段击退进攻。

第一百三十八条

（一）联邦拥有统一训练和统一指挥的陆、海、空军。陆、海、空军总司令和总参谋长由联邦以法令加以任免。

（二）联邦可拥有联邦警戒部队。

（三）联邦部长会议就一切军务直接对联邦总统及联邦最高委员会负责。

第一百三十九条

关于兵役，总动员与局部动员，士兵的权利及义务、纪律处分程序等事项，均应由法律加以规定；关于联邦警戒部队的具体条规，也由法律规定。

第一百四十条

经最高委员会批准，由联邦总统颁布联邦法令，宣布防御性战争。根据国际宪章的规定，禁止发动侵略战争。

第一百四十一条

（一）设立以联邦总统为主席的最高国防委员会。国防委员会成员包括联邦副总统，联邦总理，外交部长、国防部长、财政部长、内政部长、武装部队总司令、总参谋长。最高国防委员会应对下列一切事务提出建议和意见：国防，维护联邦的和平与安全，武装部队的编制、装备和发展，确定部队的营房和驻地。

（二）最高国防委员会可以邀请任何军事顾问、专家，以及它希望邀请的其他人参加会议，但他们在会议审议中没有决定权。最高国防委员会的一切有关事项，均由法律规定。

第一百四十二条（已废止）①

第一百四十三条

（一）任何酋长国在面临危险时，均有权要求联邦派军队或警戒部队支援，以维护其领土范围内的安全和秩序。此种要求应立即提交联邦最高委员会作出决定。

（二）为此目的，只要一个酋长国要求援助，而另一个酋长国同意援助，则联邦最高委员会可以指派任何一个酋长国的地方武装力量进行援助。

（三）如在最高委员会闭会期间，联邦总统和联邦部长会议可以共同采取刻不容缓的必要措施，可以召集最高委员会立刻复会。

第十章　最终条款与过渡条款

第一百四十四条

（一）在服从下列各款规定的条件下，本宪法之规定应在根据第一百五十二条规定生效之日起适用于格雷果里历五年的过渡期。②

（二）

1. 若最高委员会认为联邦的最高利益要求对本宪法进行修改，最高委员会应向联邦议会提出宪法修改草案。

2. 批准宪法修改草案程序和批准法律程序相同。

3. 联邦议会批准宪法修改草案，需以出席议员的三分之二多数票表决通过。

4. 联邦总统以最高委员会的名义并作为最高委员会的代表签署并颁布宪法修正案。

（三）在过渡时期，最高委员会应采取必要措施，起草一部永久宪法，以取代本临时宪法。在颁布永久宪法以前，最高委员会应将其草案提交联邦议会

讨论。

（四）在临时宪法生效期满前不超过六个月之内，最高委员会应召开联邦议会特别会议，在会上提出永久宪法。根据本条第二款规定的程序颁布永久宪法。

第一百四十五条

（一）除宣布实行戒严法及由此而规定的法律限制外，在任何情况下均不得中止执行本宪法任何条款。

（二）但在实行戒严法期间，亦不得中止联邦议会会议，也不得侵犯议会议员的豁免权。

第一百四十六条

（一）在法律所规定的必要情形下，根据联邦总统建议，经联邦部长会议和最高委员会同意，由联邦总统以命令宣布实行戒严法。任何此类总统令应在联邦议会下次会议上进行通知。

（二）当应实施戒严法的必要情形消灭，同样由联邦总统经最高委员会同意后以命令宣布解除戒严法。

第一百四十七条

本宪法之适用不影响各酋长国同各国及国际组织签订的条约或协定，除非有关各方同意修改或废除这些条约或协定。

第一百四十八条

（一）在本宪法生效之时已经存在的联邦各酋长国现行法律、规章、法令、指示及决议所规定的一切事项，在根据本宪法之规定进行修改或废止以前，应继续有效。

（二）各酋长国采取的措施和成立的机构，在根据本宪法之规定颁布法律对其进行修改以前，同样应继续有效。

第一百四十九条

作为本宪法第一百二十一条各款的一个例外，各酋长国在不违反本宪法第一百五十一条的条件下得颁布关于前条所规定事项的必要立法。

第一百五十条

联邦机构应尽快颁布本宪法述及的各项法律，以取代现行立法及规章，尤其是那些违反宪法的规定。

第一百五十一条

（一）本宪法之规定在效力上高于联邦各成员酋

---

① 本条于1976年11月28日经修正案所废止，以便使国家（联邦）有建立陆、海、空军的全权。原条文内容为："各酋长国有权建立地方警戒部队，一旦需要，立即成为联邦国防机器的组成部分，以保卫联邦，反对任何外来侵略。"——译者注

② 1976年11月28日联邦最高委员会1976第2号修正案、1981年11月7日联邦最高委员会1981第2号修正案的内容类似，均为将临时宪法之适用期延长五年。由于原临时宪法在1996年12月2日被批准为永久宪法，此款规定已在事实上被废止。——译者注

25

长国之宪法,根据本宪法颁布的联邦法律在效力上高于各酋长国颁布的立法、规章及决议。

(二)在相互抵触的情况下,与上位法不一致的下位法应视为无效,并在此限度内将其废除。在有争议的情况下,应提交联邦最高法院加以裁决。

第一百五十二条

本宪法自各统治者将其签署的声明书附加于本宪法之日起生效。

1971年7月18日,即伊斯兰历1391年5月15日,签署于迪拜。

(阿布扎比、迪拜、沙迦、阿治曼、乌姆盖万、哈伊马角、富查伊拉统治者签字)

(各酋长国统治者共同签署的声明书略)

阿拉伯叙利亚共和国宪法[*]

（1973 年 3 月 13 日制定，经 1980 年 3 月 29 日修正、
1991 年 7 月 3 日修正、2000 年 6 月 11 日修正）

序 言

阿拉伯民族在她还是一个统一民族时，曾在人类文明建设中发挥过巨大的作用。在民族团结的联系削弱后，她的文明地位随之下降，而殖民主义征服的浪潮摧毁了阿拉伯民族的统一，侵占了阿拉伯的领土，并掠夺了阿拉伯的资源。我们阿拉伯民族出于对自身能力的信念经受住了这些挑战，并改变了分裂、受剥削和落后的现实，我们相信我们有能力扭转这种现实并重返历史舞台，以便同其他获得解放的民族一道在建设文明和进步的事业中发挥自己独特的作用。

至本世纪上半叶结束，阿拉伯人民反对殖民主义争取民族解放的斗争已在若干国家内展开，并发挥了重大的作用。

阿拉伯人民并不认为独立是他们奋斗牺牲的目标和目的，而是一种加强战斗的手段，是在爱国和进步力量的领导下为实现阿拉伯民族统一、自由和社会主义三大目标，同帝国主义、犹太复国主义以及一切剥削势力进行持续战斗的新阶段。

在阿拉伯叙利亚地区，我国人民群众在赢得独立后继续战斗，不断前进，终于在阿拉伯复兴社会党的领导下取得了 1963 年 3 月 8 日革命的巨大胜利，使权力机关成为服务于建设统一的阿拉伯社会主义社会而斗争的工具。

阿拉伯复兴社会党是阿拉伯祖国的第一运动，她赋予了阿拉伯民族统一以深远的革命意义，把民族主义和社会主义斗争联系在一起。她代表阿拉伯民族对未来的意志和愿望，力求使其光荣的过去同阿拉伯民族结合在一起，使阿拉伯民族能在各国人民争取自由并赢得胜利的事业中发挥自己的作用。

通过党的激烈斗争，1970 年 11 月 16 日的纠正运动（corrective movement）[①]顺应了我国人民的要求和愿望。纠正运动是一次重大的质的发展，是党的精神、原则和目标的正确反映。她为实现我国广大群众十分关心的许多意义重大的设想创造了良好的条件。这主要是指，响应统一的号召，实现各阿拉伯共和国结成联邦国家，从而实现了阿拉伯共和国联盟，这在阿拉伯信仰中占有最突出的位置。这种统一向来是阿拉伯人民反对帝国主义、犹太复国主义、地方主义纠纷和分裂主义运动的共同斗争的精神支柱，并为阿拉伯人民反对控制和剥削的当代革命所强化。

在纠正运动的领导下，我国人民在巩固全国广大人民团结的道路上迈出了极为重要的一步。在阿拉伯复兴社会党的领导下，具有先进观念的全国进步阵线宣告成立，她是符合人民需要和利益、团结阿拉伯革命的政治统一战线组织。

本宪法的制定，标志着我国人民争取人民民主原则的斗争取得了圆满成功，她是指引人民向未来前进的指路明灯，是调整国家及其各种机构活动的规范，也是国家立法的本原。

本宪法基于下列主要原则：

1. 全阿拉伯革命是实现阿拉伯民族统一、自由和社会主义愿望的现实需要和长期发展趋势。阿拉伯叙利亚地区的革命是全阿拉伯革命的组成部分。她的一切政策方针都来自于阿拉伯革命的总战略。

2. 在分裂的现实下，任何阿拉伯国家单独的成就，都不可能得到充分的发挥，只能遭受歪曲和挫折，除非这些成就由阿拉伯统一来维护和支持。同样，帝国主义和犹太复国主义对任何阿拉伯国家的威胁和危害，也是对整个阿拉伯民族的威胁和危害。

3. 为建立社会主义制度而奋斗，不仅是出于满足阿拉伯的社会需要，也是出于动员阿拉伯人民潜在力量同帝国主义和犹太复国主义作斗争的根本需要。

---

[*] 主体内容译自 ICL 网站所载的 1973 年非官方英文版，译者还参考了《阿拉伯法律季刊》所载的 1973 年非官方法文版 [11 Arab L. Q. 383 (1996)]。译者：王建学。1980 年及之后共有三条修正案仅有阿拉伯语，由朱威烈教授帮助译出。阿拉伯语原文可见于阿拉伯叙利亚共和国人民议会网站。

[①] 1970 年 11 月 13 日，哈菲兹·阿萨德发动"纠正运动"，改组复兴社会党的地区领导和政府，自任总理，次年当选为总统。——译者注

4. 自由是神圣不可侵犯的权利,人民民主是保证公民行使自由权利的理想准则。正是这种自由权利使公民成为享有人格尊严的人,能为自己的祖国作出贡献,为建设祖国、保卫祖国,并为自己的民族作出牺牲。祖国的自由只能由自由的公民来维护,公民的自由只有获得经济上、社会上的解放才能实现。

5. 阿拉伯革命运动是世界民族解放运动的基本组成部分。我们阿拉伯人民的斗争是世界各国人民争取自由、独立和进步斗争的组成部分。

本宪法是我国人民群众行动的指南,我国人民将遵循宪法的原则和规定继续为解放和建设而奋斗,以加强我国人民斗争的地位,加速向美好的未来迈进。

第一章 基本原则

第一节 政治原则

第一条

(一)阿拉伯叙利亚共和国是人民民主和社会主义的主权国家。其领土的任何部分均不得放弃。阿拉伯叙利亚共和国是阿拉伯国家联盟的成员国。

(二)阿拉伯叙利亚地区是阿拉伯祖国的一部分。

(三)阿拉伯叙利亚的人民是阿拉伯民族的一部分。叙利亚人民为实现阿拉伯民族的全面统一而努力奋斗。

第二条

(一)阿拉伯叙利亚地区的政体是共和国体制。

(二)主权属于人民,由人民依照本宪法的规定行使。

第三条

(一)共和国总统的宗教信仰是伊斯兰教。

(二)伊斯兰教教法(Islamic Jurisprudence)是立法的本原。

第四条

阿拉伯语为官方语言。

第五条

大马士革(Damascus)是国家首都。

第六条

国旗、国徽和国歌遵照法律和各相关法令①解释。

第七条

宪法规定的誓词如下:

"我以全能的真主之名宣誓:忠诚维护人民民主共和体制,尊重宪法和法律,捍卫人民利益和祖国安全,为实现阿拉伯民族统一、自由和社会主义的目标而努力奋斗。"

第八条

社会和国家的领导党是阿拉伯复兴社会党(the Socialist Arab Baath Party)。阿拉伯复兴社会党领导爱国进步阵线谋求人民的团结,并领导人民为阿拉伯民族的目标服务。

第九条

民众组织和合作团体是吸收人民力量为社会发展和实现社会成员利益而努力的机构。

第十条

各级人民议会以民主方式选举产生。公民通过议会行使管理国家和领导社会的权利。

第十一条

军队和其他国防组织负责保卫祖国领土,捍卫统一、自由和社会主义的革命目标。

第十二条

国家为人民服务。国家机构保护公民的基本权利并致力于提高人民生活水平。国家支持各政治组织以实现自我发展。

第二节 经济原则

第十三条

(一)国家经济是社会主义计划经济,力求消灭一切剥削。

(二)地区经济计划应为实现阿拉伯祖国经济一体化服务。

第十四条

所有制由法律规定,应分为三类:

1. 公有制:包括自然资源、公用事业、国有化设施和企业,以及国家建立的设施和企业。国家负责为全民利益利用公有财产并监督对公有财产的管理。保护公有财产是公民的职责。

2. 集体所有制:包括群众和专业组织以及生产单位、合作社和其他社会团体所属的资产。法律对集体所有制提供保护和支持。

3. 个体所有制:属于个人所有的财产。法律规定个体所有制的社会使命是在发展计划的范围内为国民经济服务。不得以违反人民利益的方式利用私有财产。

第十五条

(一)除非出于公共利益需要并按法律规定付给合理赔偿,不得征用私有财产。

(二)准许资金充公。

(三)除非通过司法判决,不得实施私人扣押。

(四)准许法律规定作为合理赔偿的私人扣押。

---

① 已按 1980 年 3 月 29 日第 2 号法律调整。之前的规定为:"国旗、国徽和国歌是阿拉伯国家联盟的国旗、国徽和国歌。"

第十六条

土地占有最高限额由法律规定,以保障农民和农业工人不受剥削,保证生产的增加。

第十七条

依照法律保障继承权。

第十八条

储蓄是国民的义务,受国家保护、鼓励和支持。

第十九条

税赋按衡平法和累进制的原则课征,以实现平等和社会正义的原则。

第二十条

私人经济和合资经济的利用必须以满足社会需要、增加国民收入并使人民富裕为目的。

第三节 教育和文化原则

第二十一条

教育文化制度的目的在于造就社会主义和民族主义的阿拉伯新一代,使他们具有科学技术思想,热爱阿拉伯的历史和土地,为阿拉伯遗产而自豪,富于斗争精神,为实现阿拉伯民族统一、自由和社会主义的目标而奋斗,并为人类和阿拉伯的进步服务。

第二十二条

教育制度保证人民持续不断地进步,同时,适应人民不断发展的社会、经济和文化需要。

第二十三条

(一)民族社会主义教育是建设统一的阿拉伯社会主义社会的基础。这种教育的目的在于加强对道德价值观念的培养,实现阿拉伯民族的最高理想,推动社会发展,并为人类事业服务。国家鼓励和保护这种教育。

(二)鼓励艺术才能是社会进步和发展的基础之一。艺术创作必须建立在与人民生活紧密接触的基础上。国家鼓励和培养一切具有艺术才能的公民。

(三)体育是社会建设的基础。国家鼓励体育以造就德智体坚强的一代。

第二十四条

(一)科学、科学研究和一切科学成就是阿拉伯社会主义社会进步的基本因素。国家将不断扩大对科学事业的全面支持。

(二)国家保护为人民利益作出贡献的作家和发明家的一切权利。

第四节 自由、权利和公共义务

第二十五条

(一)自由是神圣不可侵犯的权利。国家保护公民的人身自由,并维护公民的尊严和安全。

(二)法律至上是社会和国家的一项基本原则。

(三)在权利和义务方面,所有公民在法律面前一律平等。

(四)国家确保公民机会均等的原则。

第二十六条

每个公民都有参加政治、经济、社会和文化生活的权利。参加办法由法律规定。

第二十七条

公民根据法律行使权利和享受自由。

第二十八条

(一)被告未经终审判决定罪前,应推定为无罪。

(二)除非根据法律,任何人不受监视或拘留。

(三)任何人不受肉体和精神上的虐待或人格上的侮辱。法律规定对违犯者的制裁办法。

(四)向法院起诉、上诉和辩护的权利受法律保护。

第二十九条

不根据法律不得定罪量刑。

第三十条

任何法律只对颁布后发生的事项具有约束力,不具有追溯效力。法律可以作相反的规定,但刑法除外。

第三十一条

住宅不受侵犯。除非根据法律规定,不得进入或搜查。

第三十二条

邮政、电报、电话通讯秘密受法律保护。

第三十三条

(一)不准驱逐公民出境。

(二)全体公民有权在国境内旅行和迁移,但根据法院判决或为公共卫生和安全法律所禁止者除外。

第三十四条

由于政治观点或为捍卫自由而遭受迫害的外国政治犯,一律不准引渡。

第三十五条

(一)保护宗教信仰自由,国家尊重一切宗教。

(二)国家保护举行宗教仪式的自由,但其仪式不得扰乱公共秩序。

第三十六条

(一)劳动是每个公民的权利和义务。国家负责为所有公民提供就业机会。

(二)国家保证公民有根据自己劳动的质和量获得相应报酬的权利。

(三)国家规定工人的劳动时间、社会保险、休息和休假的权利以及各种补偿和福利。

第三十七条

受教育是受国家保障的权利。初级教育是国民义务教育,所有教育一律免费。国家致力于使其他级别的教育成为国民义务教育,监督并引导教育同社会和生产的需要相结合。

第三十八条

任何公民均有以口头、书面及其他一切方式自由和公开表达自己观点的权利。任何公民均有为健全国家和民族结构、巩固社会主义制度提出监督性和建设性批评的权利。国家依法保障新闻、印刷和出版自由。

第三十九条

在宪法原则范围内,公民有以和平方式举行集会和游行示威的权利。上述权利的行使由法律规定。

第四十条

(一)保卫祖国安全是每一个公民的神圣职责。遵守宪法和社会主义制度是全体公民的义务。

(二)依照法律规定实行义务兵役制。

第四十一条

依法纳税和负担公共开支是公民的义务。

第四十二条

维护国家统一、保守国家机密是每一个公民的义务。

第四十三条

法律规定阿拉伯叙利亚公民资格。法律保障为阿拉伯叙利亚侨民及其子女以及其他阿拉伯国家的公民提供特殊便利。

第四十四条

(一)家庭是社会的基本单位,受国家保护。

(二)国家保护和鼓励自由婚姻,消除妨碍自由婚姻的物质和社会阻力。国家保护母亲和婴儿,关怀青少年,为青少年发展才能提供适宜的环境。

第四十五条

国家保障妇女有充分有效地参加政治、社会、文化和经济生活的一切机会。国家必须消除阻碍妇女发挥才能和参加建设阿拉伯社会主义社会的各种限制。

第四十六条

(一)国家对遭受非常变故的公民及其家庭或孤儿,以及年老、疾病或丧失劳动能力的公民,提供社会保险和救济。

(二)国家保护公民健康,并提供医疗保护设施。

第四十七条

国家保证文化、社会和卫生设施,特别关心向农村提供上述设施以提高农村生活水准。

第四十八条

群众有权建立联合的、社会的专业组织和生产合作社。其组织框架、相互之间的关系和工作的范围由法律规定。

第四十九条

群众组织依照法律的规定有效地参与各个部门

和地方议会的活动以实现下列目标:

1. 建设和保卫阿拉伯社会主义社会。

2. 制订计划和指导社会主义经济。

3. 改善劳动条件,发展安全、卫生、文化以及其他一切有关个人生活的事项。

4. 推动科学技术进步,发展生产手段。

5. 对政府机构实行群众监督。

第二章　国家权力

第一节　立法权

第五十条

(一)人民议会(People's Assembly, Majlis Al-Chaab)按本宪法规定的方式行使立法权。

(二)人民议会议员,按照选举法的规定,以普遍、秘密、直接和平等的投票方式选举产生。

第五十一条

人民议会每届任期四年,任期从第一次会议开幕之日算起。在战争情况下,人民议会任期可依法延长。

第五十二条

人民议会的任何议员均代表全体人民。议员行使职权不受任何限制,议员必须以自己的荣誉和良心履行职责。

第五十三条

法律规定选区和人民议会议员人数,工人和农民的代表至少占半数。法律规定划定工人和农民的条件。

第五十四条

凡年满十八周岁,列入公民登记名单,并符合选举法所规定的条件的公民均为选民。

第五十五条

法律规定选举和公民投票,并明确规定人民议会议员的候选资格。

第五十六条

国营工人包括公共部门工人可以提名本人竞选议员。除非法律另有规定,当选议员可以离职进入议会,其原来职位和工作应予保留。此种离职期间应视为在职。

第五十七条

选举法必须包含下列保证条款:

(一)选民有投票选举自己认可的候选人的自由和选举的合法性。

(二)候选人监督投票的权利。

(三)对以不正当手段影响投票人意志者的制裁办法。

第五十八条

（一）大选应在本届议会任期届满前九十日内举行。

（二）如未选出新议会，人民议会应依法召开。人民议会应在上述九十日期限届满后召开并继续行使职权直至新议会产生时为止。

第五十九条

如议员因故缺额，应在议员出缺后九十日内选举递补，但如在议会任期届满前不足六个月内出缺则不再举行补选。递补议员资格随同该届议会任期届满而终止。选举法规定议员出缺的条件。

第六十条

（一）人民议会应在选举结果公布后十五日内由共和国总统以法令宣布召开。如未发布召开议会的总统令，应依法于第十六日召开。

（二）人民议会第一次会议选举议长和议会秘书处成员。

第六十一条

人民议会每年举行三次常会。人民议会得召开非常会议。议会议事规则确定各次常会的日期和会期。根据议长的决定或共和国总统的书面要求或三分之一议员的要求，人民议会得举行非常会议。

第六十二条

根据最高宪法委员会调查，对议员资格提出异议的，人民议会应在接到通知后一个月内，对议员资格的合法性作出裁决。人民议会须以议员总额的过半数通过，始得裁决议员资格无效。

第六十三条

议员就职前，须在议会按宪法第七条所规定的誓词当众宣誓。

第六十四条

议员的报酬和津贴由法律规定。

第六十五条

人民议会制定内部体制，以确定议事规程和执行职务的方式。

第六十六条

议员在议会及其各种常设委员会活动中的任何行为或所发表的意见，或在公开或秘密会议上的表决，均不受刑事法院或民事法院的追究。

第六十七条

议员在议会任期内享有豁免权。未经议会事先许可，不得对议员采取任何刑事措施，但因现行犯罪被拘捕者除外。如在议会闭会期间，须经议长许可。但议会复会时，应立即将所采取的措施通知议会。

第六十八条

（一）议员不得利用议员资格从事任何其他活动。

（二）同议员资格不相兼任匹配的活动，由法律规定。

第六十九条

（一）议长有权代表人民议会提出异议，签署文件和发表讲话。

（二）人民议会有一支由议长管辖的特别警卫队。未获议长准许，其他任何武装力量不得进入议会大厦。

第七十条

根据议会内部体制规定，议员有权提出议案，并有权向内阁和所有部长提出询问和质询。

第七十一条

人民议会行使下列权力：

1. 提名共和国总统人选。

2. 批准法律。

3. 辩论内阁政策。

4. 批准总预算和发展计划。

5. 批准有关国家安全的条约和协定，即：和约及联盟条约，一切有关主权权利的条约或授予外国公司或机构特许权的各种协定，涉及承担未列入财政预算的财政支出的条约和协定，同现行法律的条款有抵触的条约和协定，以及要求颁布施行新立法的条约和协定。

6. 批准大赦。

7. 接受或拒绝议员的辞呈。

8. 撤销对内阁或部长的信任。

第七十二条

未通过质询不能撤销对内阁或部长的信任。任何撤销信任的动议，须由至少五分之一的议员提出始得成立。经过半数议员的赞同，人民议会得撤销对内阁或部长的信任。在议会通过对内阁的不信任案后，总理必须向共和国总统提出内阁总辞职。如议会通过对某位部长的不信任案，则该部长必须辞职。

第七十三条

人民议会得指定议员组成临时委员会，以便就属于议会管辖的问题收集情况及寻求事实依据。

第七十四条

预算草案应在财政年度开始前两个月提交人民议会。未经议会批准，预算不得生效。

第七十五条

预算应逐章进行表决。编制预算的办法由法律规定。

第七十六条

每一财政年度有一次预算，财政年度的起始日期由法律规定。

第七十七条

如人民议会未能在新财政年度开始前批准预算，上一财政年度的预算继续生效，至新财政年度预算被批准为止。国家的岁入按继续生效的法律规定征收。

第七十八条

除非依照法律的规定，不得改变预算各章的编排。

第七十九条

议会在审议预算时无权增加预算的收入和支出。

第八十条

议会在批准预算后，可以通过有关增加新的收入和支出的法律。

第八十一条

除非根据法律，不得任意征课赋税，改变税额或废除赋税。

第八十二条

财政年度决算应在该财政年度结束前两个月内提交议会。决算按法律规定。决算的结余或结欠经批准后列入预算。

第二节　行政机构

第一目　共和国总统

第八十三条

总统候选人必须年满三十四周岁，是享有民事权利和政治权利的叙利亚阿拉伯人。①

第八十四条

根据阿拉伯复兴社会党地区领导机构的建议，人民议会发布命令进行总统选举：

1. 将总统候选人提交全体公民进行公民投票。

2. 公民投票将根据人民议会议长的指示举行。

3. 新总统选举在现任总统任期届满前不少于一个月，不超过六个月内举行。②

4. 候选人获得总票数的绝对多数即当选为共和国总统。如候选人未能获得绝对多数票，议会将提名另一候选人。若上述情况发生，则在第一次公民投票结果公布后一个月内，以同样的程序进行选举。

第八十五条

共和国总统任期七年，自在职总统任期届满之日开始，按公历计算。

第八十六条

如共和国总统因故暂时不能行使职权，由副总统接替总统职务。

第八十七条

如共和国总统意欲辞去总统职务，必须向议会提交辞呈。

第八十八条

如共和国总统不能行使职权，由共和国第一副总统或总统指定的副总统代行总统职权。如共和国总统永久丧失行使总统职权的能力或因死亡或辞职而缺位，应根据本宪法第八十四条之规定，在不超过九十日的期限内举行公民投票选举新总统。如议会已被解散或离议会任期届满不足九十日，由第一副总统代行总统职权，直到新一届议会召开时为止。

第八十九条

如总统缺位而又无副总统，由总理行使共和国总统全部职权，直到九十日内举行公民投票选出新总统时为止。

第九十条

共和国总统在就职前，须按本宪法第七条之规定，向人民议会宣誓。

第九十一条

总统对同履行职务直接有关的行为不负责任，但叛国行为不在此列。对总统的指控必须由至少三分之一的议员提出，并经人民议会在特别秘密会议的公开表决中以三分之二的多数票通过决议，始得成立。对总统的审判只能由最高宪法委员会进行。

第九十二条

共和国总统的礼仪、特权和薪俸，均由法律规定。

第九十三条

（一）共和国总统监督宪法的遵守，并负责保证国家权力的正常行使和国家的连续性。

（二）共和国总统在宪法规定的范围内代表人民行使最高行政权力。

第九十四条

共和国总统会同内阁磋商制定国家的总政策，并监督其执行。

第九十五条

共和国总统任命一名或数名副总统，并委托其行使部分总统权力。总统任命总理、副总理、部长和副部长、接受内阁成员的辞呈并解除内阁成员的职务。

第九十六条

副总统就职前，须按本宪法第七条规定的誓词宣誓。

第九十七条

共和国总统召集并主持内阁会议。总统有权要求部长提出报告。

---

① 已按 2000 年 6 月 11 日第 9 号法律调整。之前的规定为"总统候选人必须年满四十周岁，具有阿拉伯叙利亚国籍并享有公民权利和政治权利。"

② 已按 1991 年 7 月 3 日第 18 号法律调整。之前的规定为："新总统选举应在本届总统任期届满前至少三十日，至多六十日内举行。"

阿拉伯叙利亚共和国宪法

第九十八条

共和国总统公布人民议会通过的法律。总统在收到法律文本后一个月内，得以说明理由的决定否决该项法律。如议会以三分之二的多数票再次通过该项法律，共和国总统必须予以公布。

第九十九条

共和国总统根据现行立法颁布法令、决定和命令。

第一百条

共和国总统根据人民议会的决议，宣布战争、总动员和媾和。

第一百零一条

共和国总统根据法律规定，有权宣布和终止紧急状态。

第一百零二条

共和国总统任命驻外使节，并接受外国使节呈递的国书。

第一百零三条

共和国总统为军队和武装力量的最高统帅。总统发布一切必要的决定和命令以行使这一权力。总统得将部分军事权力委托他人行使。

第一百零四条

共和国总统依照宪法规定，批准或废除国际条约和协定。

第一百零五条

共和国总统发布大赦令和复权决定。

第一百零六条

共和国总统授予勋章奖章。

第一百零七条

（一）共和国总统得以说明理由的决定宣布解散人民议会。大选应自议会解散之日起九十天内举行。

（二）总统不得以同一理由再次解散人民议会。

第一百零八条

（一）共和国总统有权要求人民议会召开非常会议。

（二）共和国总统得向议会提出咨文和发表声明。

第一百零九条

共和国总统依法任免国家文武官员。

第一百一十条

共和国总统得制定法律草案，并提交议会通过。

第一百一十一条

（一）在人民议会闭会期间，共和国总统得行使立法权力。由总统颁布的立法应提交人民议会第一次会议追认。

（二）如出于保卫国家利益和国家安全的特别紧急需要，即使在议会会议期间，共和国总统仍得行使立法权力。由总统颁布的立法应提交人民议会第一

次会议追认。

（三）人民议会有权以出席议员的三分之二多数所通过的法律，废除或修正第一款及第二款所述之立法，唯其出席议员人数不得少于议员总额的绝对多数，其所作出之废除或修正决议不得具有追溯效力。如果议会不废除或修正上述立法，即视为依法通过，无须进行表决。

（四）在两届议会交替时期，共和国总统行使立法权力。总统在此期间所颁布的立法，无须提交人民议会。在被修正或废除以前，其有效性如同现行法律。

第一百一十二条

关系国家最高利益的重大问题，共和国总统享有举行公民复决权。复决结果具有约束力，并于公布之日起生效。共和国总统公布复决结果。

第一百一十三条

在国家统一或祖国的安全和独立受到特别严重的威胁，并且国家机构履行宪法所规定的职责受到阻碍时，共和国总统得根据形势采取必要的紧急措施。

第一百一十四条

共和国总统得设置办公机构和各种专门会议和委员会，并规定上述机构的权力和管辖权限。

第二目　内阁会议

第一百一十五条

（一）内阁是国家最高行政管理机构。内阁由内阁会议主席、副主席和各部部长组成。内阁监督对法律和法规的执行并监督国家机构和行政部门的工作。

（二）内阁会议主席监督各部部长的活动。

（三）内阁会议主席、副主席、部长和副部长的薪俸和津贴由法律规定。

第一百一十六条

新内阁组成时，内阁会议主席、副主席、各部部长和副部长在就职前，须向共和国总统按本宪法第七条规定的誓词宣誓。内阁改组时，只有新任部长须在就职前宣誓。

第一百一十七条

内阁会议主席和各部部长对共和国总统负责。

第一百一十八条

（一）内阁组成后须立即向人民议会提出政府总政策和施政纲领。

（二）内阁每年向人民议会提出年度报告，说明发展计划执行情况和生产发展状况。

第一百一十九条

部长是部的最高行政长官。部长负责在本部事务中执行国家总政策。

33

第一百二十条

部长在任职期间不得兼任私营公司董事会的成员或代理人,不得参与任何工商业活动或从事自由职业。部长在任职期间不得直接或间接地参与同国家机关(包括各部、局)或国营公司签订合同、投标或承包工程的活动。

第一百二十一条

法律规定部长的民事和刑事责任。

第一百二十二条

共和国总统任期届满或因故永久不能履行总统职务,在新当选总统任命新内阁前,内阁应继续管理国家事务。

第一百二十三条

根据宪法和法律规定,共和国总统有权将利用职权进行犯罪的部长交付审判。

第一百二十四条

受指控的部长在起诉签发后,法院对其所受指控尚未作出裁决前,应停止执行部长职务。受指控的部长辞职或被免职不能阻止将其交付审判。审判程序由法律规定。

第一百二十五条

内阁成员可由人民议会议员兼任。

第一百二十六条

适用于部长的规定同样适用于副部长。

第一百二十七条

内阁具有下列权限:

1. 参与共和国总统制定国家总政策并负责执行。

2. 指导、协调和检查各部及一切国家机构的工作。

3. 编制国家总预算草案。

4. 制订法律草案。

5. 制订发展规划,发展生产,开发国家资源,以及一切旨在增强经济实力和提高国民收入的事项。

6. 根据宪法规定签订贷款协定。

7. 根据宪法规定缔结协定和条约。

8. 检查法律的实施,维护国家安全,保护公民权利和国家利益。

9. 根据法律和法规颁布行政决定,并监督对行政决定的执行。

第一百二十八条

除内阁权限外,内阁总理和部长还得行使现行立法所规定的职权,但以不与宪法赋予其他国家权力机构的权限相抵触为限。

第三节　地方人民议会

第一百二十九条

(一)依照法律规定,地方人民议会为地方行政单位的权力机构。

(二)地方行政单位由法律明文规定。

第一百三十条

地方人民议会的权限、地方人民议会的选举法和组织法、地方人民议会成员的权利和义务,以及一切有关的规则均由法律规定。

第三章　司法权

第一节　法官和检察官

第一百三十一条

司法权独立。共和国总统在最高司法会议协助下保证司法权独立。

第一百三十二条

共和国总统主持最高司法会议。最高司法会议的组织方法、权限和内部工作程序,由法律规定。

第一百三十三条

(一)法官独立。法官只服从法律。

(二)法官的荣誉、良心和公正是公共权利和自由的保证。

第一百三十四条

判决以阿拉伯叙利亚人民的名义宣布。

第一百三十五条

法律规定司法体制及其规范、法官等级以及各类各级法院的管辖权限。

第一百三十六条

法官的任命、晋升、调动、惩戒以及免职的条件,由法律规定。

第一百三十七条

检察署是单一的司法机构,受司法部长领导。其职能和权限由法律规定。

第一百三十八条

国务委员会行使行政司法管辖权。其法官的任命、提升、处分以及免职的条件由法律规定。

第二节　最高宪法法院

第一百三十九条

最高宪法法院由五名成员组成,其中一名任院长。最高宪法法院的全部成员均由共和国总统以法令任命。

第一百四十条

最高宪法法院成员不得兼任政府部长或人民议会议员。其他不得兼任的职务由法律规定。

第一百四十一条

最高宪法法院成员任期四年,可以连任。

第一百四十二条

除非依照法律规定,不得免除最高宪法法院成员的职务。

第一百四十三条

最高宪法法院主席和成员在就职前应在共和国总统面前,并由人民议会议长出席,作如下宣誓:

"我以全能的真主之名宣誓:遵守宪法和法律,公正忠诚地履行职责。"

第一百四十四条

在发生争议的情况下,最高宪法法院就人民议会议员选举的合法性作出裁决,并将结果向人民议会提出报告。

第一百四十五条

最高宪法法院应按下列各款规定,就法律是否符合宪法进行审查并作出裁决:

1. 在各项法律颁布以前,应共和国总统或四分之一人民议会议员的要求,就该项法律是否合宪进行审查。最高宪法法院应在接到该项申请之日起的十五日内作出裁决。在此情况下,颁布上述法律的期限因最高宪法法院的受理而推迟。但在紧急情况下,上述期限缩减为七日。

2. 如果有四分之一的议员在人民议会会期的十五日内对某一立法性法令的合宪性提出异议,最高宪法法院应在该项异议提出之日起的十五日内就该项立法性法令是否符合宪法作出裁决。

3. 如果最高宪法法院宣布某项法律或法令为违反宪法,则其中凡是违反宪法的条款应视为无效,并具有追溯效力,不承担任何责任。

第一百四十六条

最高宪法法院无权审查由共和国总统提交全国公民投票所通过的各项法律。

第一百四十七条

应共和国总统要求,最高宪法法院应就法案和立法性法令是否合宪以及法令草案是否合法提供法律意见。

第一百四十八条

关于最高宪法法院受理审议事项的程序和行使职权的规则,及其组织、成员资格、薪俸、豁免权、特权和职责,均由法律规定。

第三节 宪法的修改

第一百四十九条

(一)修改宪法的提议权同时属于共和国总统和人民议会,但人民议会须以三分之二的多数议员赞同方可提出宪法修正案。

(二)宪法修正案应包括需要修改的条款及其理由。

(三)人民议会收到宪法修正案后,应建立一个专门委员会予以研究。

(四)人民议会应对宪法修正案进行讨论,如获得三分之二多数议员赞成并经共和国总统核准,即视为最后通过,随即纳入宪法正文。

第四章 一般条款与过渡条款

第一百五十条

本宪法的序言应视为本宪法的组成部分。

第一百五十一条

本宪法生效之日起十八个月内不得对本宪法提出任何修改。

第一百五十二条

在最高宪法法院成立以前,有关人民议会议员选举的争议事项由议长提交最高法院全体会议审理。最高法院应将审议结果呈报人民议会议长。

第一百五十三条

在本宪法颁布前颁布的生效立法继续有效,直到对其条款作出相应修改时为止。

第一百五十四条

共和国现任总统任期七年,按公历计算,自宣布其当选为阿拉伯叙利亚共和国总统之日起算。

第一百五十五条

第一届人民议会选举应自宣布本宪法经全国公民投票通过之日起九十日内,依照本宪法规定举行。

第一百五十六条

本宪法由共和国总统在政府公报上予以公布,并自全国公民投票通过之日起开始生效。

伊斯兰历 1393 年萨法尔月 9 日
即公元 1973 年 3 月 13 日

阿曼基本法*

以至仁至慈的真主之名

苏丹法令　第101/96号公布国家基本法

朕,阿曼的苏丹,卡布斯·本·赛义德(Qaboos bin Said),

确认那些在过去指导国家政策的基本原则;

决心在各领域中为国家和国民的利益,继续努力用更好的成就来创造一个更美好的未来;

巩固阿曼的国际地位以及在建立和平,安全正义和与各国人民合作中所起的基础作用;

按照公共利益的迫切需要兹颁布如下:

第一条

兹根据所附表格颁布国家基本法。

第二条

本法令将在官方公报上公布,并在其刊登之日起生效。

签署日期:伊斯兰历1417年朱马达月24日
即公元1996年11月6日
卡布斯·本·赛义德
阿曼的苏丹

阿曼基本法

第一章　国家与政体

第一条

苏丹阿曼是独立自主的阿拉伯伊斯兰国家。首都为马斯喀特(Muscat)。

第二条

伊斯兰教为国教,伊斯兰教教法是立法的基础。

第三条

阿拉伯语为官方语言。

第四条

法律规定国家的国旗、象征、国徽和国歌。

第五条

国家的政体是苏丹(王位)世袭制。由萨义德·图尔基·本·赛义德·本·苏丹(Sayyid Turki bin Said bin Sultan)的直系男性后嗣继承。继承人必须是阿曼穆斯林信徒的合法儿子,且必须心智健全。

第六条

(一)皇室委员会(the Ruling Family Council)必须于先王去世后三日内确定君主的继承者。

(二)如果皇室委员会在君主的继承者的选择上不能达成一致意见,国防委员会(Defense Council)根据先王给皇室委员会的信中所指定的人来继承。

第七条

君主(苏丹)在就任以前,应在阿曼委员会和国防委员会的联席会议上进行如下宣誓:"我以全能的真主之名宣誓,尊重宪法和法律,维护国民的利益和自由,保卫国家的独立和领土完整。"

第八条

在苏丹选出并就任以前,内阁部门应该行使其职能。

第九条

苏丹法令以公平正义为基础。公民有权按照本基本法和法律规定的条件参与公共事务。

第二章　国家政策的基本原则

第十条

政治原则如下:

——维护国家主权独立和领土完整,保护其安全和稳定,抵御各种形式的外来侵略。

——加强相互合作关系,并重申所有国家和人民在相互尊重、共同利益、不干涉内政、遵守普遍公认的国际法准则和有利于国际和地区和平与安全的原则的基础上保持友好关系。

---

* 译自阿曼政府提供的英文版基本法,在其公共信息部网站载有该译本(http://www.omanet.om/english/government/basiclaw/overview.asp?cat=gov&subcat=blaw),但该版本注明为非官方译本,如与阿拉伯语冲突,应以阿拉伯语为准。译者:黄素梅。由王建学进行了若干修改。

——采用适当方法和工具来巩固我国的文化遗产,在历史上为之感到自豪的伊斯兰教舒拉(shura)的支柱、价值及其教义。

——建立健全管理制度,保证公民的正义、安宁和平等,保证社会秩序和保障国家的最高利益。

第十一条

经济原则如下:

——国家经济以公平和自由为原则。其实质是在公有制和私有制之间进行建设性和富有成果的合作。其目的是按照国家的总体规划和法律规定,以增加生产和提高人民生活水平来促进经济和社会发展。

——经济活动自由必须依法进行,并维护公共利益,以确保良好的国民经济。

——国家鼓励储蓄和信贷调控监督。

——所有自然资源和收入都应视为国家财产,并确保它们得到适当利用,同时考虑到国家的安全要求和经济利益。除非在法律允许的条件下和短时期内为保障国家利益,不允许在公共资源上作让步或投资。

——公共财产神圣不可侵犯。国家、公民和所有其他人都应加以保护。

——私有财产的保护。除在法律限制内,任何人不得处置他人财产。除非出于公用事业的需要并按照法律规定公正补偿,不得征用任何人的财产。

——继承是一项适用伊斯兰教法的权利。

——禁止没收财产。作为处罚的具体没收应由司法命令作出,并应按照法律规定的情况。

——税收和公共开支的依据是正义和国民经济的发展。

——公共税收的征收、修改和取消都应依法进行,除法律规定外,任何人都不得减免税收的全部或任何部分。

——禁止开征任何类型的具有溯及力的新税费。

第十二条

社会原则如下:

——正义、公平和所有阿曼人机会均等是国家主要原则且受国家保护。

——合作和互爱是公民之间的亲密纽带,加强民族团结是一种责任。国家应避免任何可能导致分裂、煽动叛乱或破坏民族团结的行为。

——家庭是社会的基础,法律规定其保护方式,维持其法律整体,加强其关系和价值,照顾其成员,提供适合发展其潜能和能力的合适条件。

——国家保障对公民及其家庭在突发事件,疾病,残疾和根据社会保障计划年老时的援助,并在承担国家灾害和重大灾难时,促进社会的团结。

——国家关心公众健康和防治疾病及传染病的治疗手段。致力于为每一位公民提供医疗保健,在其监督及法律规定下,鼓励建立私人医院、综合医院和医疗机构。国家还应保护环境及防治污染。

——国家颁布雇员和雇主保护法,并规定他们之间的关系。在法律范围内,每个公民都有权追求他选定的职业。除通过一项法律,并仅在进行公共服务且附有公平报酬时,不得强制任何人进行义务工作。

——公共服务是委托给实施者的一种国家服务。国家雇员在开展工作时,追求社会公共利益并服务于社会。根据法律规定,从事公共服务的公民一律平等。

第十三条

文化原则如下:

——教育是社会进步的基础,国家应加以传播和鼓励,使人人都能接受教育。

——教育的目标在于全面提高文化水平,发展科学思想,激起研究精神,应对经济和社会规划的要求,培养出在身体上和精神上都强大的一代,对民族、国家和传统都能引以为傲,并维护其成就。

——根据法律的规定,国家提供公共教育,消除文盲,鼓励私人学校和培训机构的设立并依法对其进行监督。

——国家促进和保存民族遗产,鼓励科学、艺术、文学和科学研究,并帮助其发扬光大。

第十四条

安全原则如下:

——和平是国家的目标,国家的安全是每一位公民义不容辞的责任。

——国防委员会审议涉及维护苏丹国的安全和防务的事宜。

——仅国家能建立军队、公安组织和任何其他部队。所有这些力量都属于国家,它们的任务是保护国家,确保其领土安全,保障公民的安全和安宁。任何组织或团体不得建立军事或准军事部队。法律规定兵役、总动员或者局部动员,以及军队、公安机关和国家决定建立的任何其他部队的权利、义务和纪律规则。

第三章 公共权利与义务

第十五条

国籍由法律规定。除按照法律规定的限制,不得改变或撤销。

第十六条

不得将任何苏丹人驱逐出境或阻止其回国。

第十七条

所有苏丹公民在法律面前一律平等并享有同等公共权利和义务。不得因性别、出身、肤色、语言、宗教、宗派、住所或社会地位而加以歧视。

第十八条

人身自由受法律保护。除法律规定外,限制居住地、迁徙及居住自由,及对任何人进行的逮捕、搜查、扣留或监禁都是非法的。

第十九条

在非依法指定的用作监狱的并有卫生保健和社会保健的地方进行的拘留或监禁是非法的。

第二十条

任何人不得遭受身体或精神折磨、诱供或有辱人格的待遇。法律规定犯此种罪行者应受惩罚。被证明为在酷刑、诱供、有辱人格及恐吓下获得的任何陈述或供认,应视为无效。

第二十一条

只能通过法律来认定犯罪或刑罚。除非依照行为前已经生效的法律,不得进行处罚。刑罚是个人性的。

第二十二条

被告在被合法审判证明有罪之前是无罪的。依法保证其行使辩护权。禁止对其进行身体或精神上的伤害。

第二十三条

被告在审讯期间有权指定能为自己辩护的人。法律规定被告必须由律师辩护的案件,需依法确保那些在经济上无法寻求司法救济者的权利。

第二十四条

任何被逮捕或拘留的人有权立即知晓其被逮捕或拘留的原因。他可以通知任何他想通知的人所发生的事情,或按法律规定的方式获得帮助。收到通知的人有权立即知晓对被逮捕或拘留者所受的指控。被逮捕或拘留者本人或其代表有权对限制其本人人身自由的行为提出请愿。法律规定其请愿权,并设定特定的时间,超出这一期限则应立即将其释放。

第二十五条

诉讼是受保护的权利,保障所有人享有诉讼权。法律规定行使这一权利的程序和条件。国家将尽可能保证司法机构贴近当事人且迅速处理案件。

第二十六条

在非自愿的情形下,在任何人身上进行的医学和科学实验是非法的。

第二十七条

公民住宅不受侵犯。除非在法律规定的情形下并依照法律规定的方式,任何人不得擅自闯入他人住宅。

第二十八条

国家保障依照王国风俗习惯自由举行各种形式的礼拜和宗教仪式,但以不违反公共秩序和道德者为限。

第二十九条

国家保障意见自由。任何苏丹人都有以口头、书面及其他方式表达自己意见的自由,但不得违反法律。

第三十条

一切邮件、电报、电话的通讯秘密均受保护,除法律有明确规定的情况外,不得监听、检查、泄露、延误或扣留。

第三十一条

在法律规定的范围内,新闻与出版自由应受保障。禁止任何导致社会冲突、有损国家安全以及人权的事件发生。

第三十二条

苏丹人有在法律范围之内集会的权利。

第三十三条

苏丹人有建立社团和政党的权利,但其宗旨必须合法,其活动方式必须是和平的,且其章程不得同本宪法之规定相抵触。禁止军事性质的任何秘密社团。禁止强迫他人加入社团。

第三十四条

苏丹人有按照法律规定的方式和条件就任何有关自身或有关公共事务的事项向政府机关请愿的权利。

第三十五条

依法在苏丹居住的外国人,其人身和财产均受法律保护。但他必须支持苏丹社会价值观和传统。

第三十六条

政治避难者不得被引渡。普通罪犯的引渡应依照国际协定和国际法进行。

第三十七条

保卫国家是神圣的职责。依法服兵役是苏丹公民的荣誉。

第三十八条

维护国家统一、保守国家机密是每一位苏丹公民应尽的义务。

第三十九条

苏丹公民有义务依法缴纳税款和公共费用。

第四十条

遵守国家基本法、法律和国家权力机构为实施基本法和法律所颁布的法令,尊重公共道德,是全体苏丹阿曼人的义务。

第四章 国家元首

第一节 苏丹①

第四十一条

苏丹（Sultan）是国家元首和军队的最高司令。他的人身神圣不可侵犯，必须受到尊重。他的命令必须服从。苏丹是民族团结的象征，以及民族团结的监护人和保护人。

第四十二条

苏丹履行以下职能：

1. 维护国家的独立和领土完整，保证其内外安全，维护其公民权利和自由，保障法律之治，制定国家的总政策。

2. 迅速采取措施，打击任何对国家安全或领土完整、人民的安全和利益，或者其制度顺利运行的威胁。

3. 对内和对外在一切国际关系中代表国家。

4. 主持或委任他人主持部长委员会。

5. 主持专门委员会或任命其主席。

6. 任免副总理、部长和同一级别的职位。

7. 任免副秘书长、总秘书长和同一级别的职位。

8. 任免高级法官。

9. 根据法律规定宣告紧急状态、全民动员、战争状态和媾和。

10. 签署和批准法律。

11. 根据法律规定签署（或授权签署人签署）国际条约和协定，并颁布批准国际条约和协定的命令。

12. 根据法律规定的限制和条件任免派往其他国家和国际组织的政治代表，并接受其他国家和国际组织的代表的国书或委派文书。

13. 豁免一切义务和责任。

14. 授予荣誉、勋章和军衔。

第四十三条

苏丹在部长委员会和专门委员会的协助下制定和实施国家的大政方针。

第二节 部长委员会

第四十四条

部长委员会，即内阁，是负责实施国家政策的机关，它尤其应：

1. 向苏丹提供经济、政治、社会以及与政府有关的行政和管理事项的建议，并提出法律和法令草案。

2. 提高公民的福利，并确保他们的健康和其他基本需要以改善他们在社会、文化和经济生活方面的水准。

3. 制定经济、社会和行政发展的目标和总政策，并提出使金融、经济和人力资源得到最佳利用的方法。

4. 讨论由相关部门编制的发展计划，将其提交给苏丹批准，并监督其执行情况。

5. 讨论内阁各部在其管辖范围内提出的建议，并作出适当的建议和决定。

6. 监督国家行政机构的顺利运行，其后续履行其职责情况，并协调其不同部门的活动。

7. 监督所有法律、法令、条例、决定、条约和协议以及法院判决的执行，确保其得到遵守。

8. 履行苏丹赋予或法律规定的其他职责。

第四十五条

总理负责主持内阁会议，也可以由副总理主持他不需要参加的会议。如果总理和他的委托人均缺席会议，苏丹将授权他认为合适的人主持会议。

第四十六条

内阁会议经大多数成员出席方为有效。其讨论秘密进行，其决议须由出席的多数成员通过方可生效。

第四十七条

内阁应当制定内部规定包括议事原则，应该有总秘书处和足够数量的工作人员来协助开展工作。

第三节 总理、副总理和部长

第四十八条

如果苏丹任命一位总理，其管辖范围和权力由任命法令规定。

第四十九条

任何指派的总理、副总理和部长都应该：

1. 依法拥有原始的阿曼国籍。

2. 按公历不少于三十周岁。

第五十条

总理、副总理和部长在出任前必须在苏丹面前发誓：

"我以全能的真主之名宣誓，忠于苏丹和国家，尊重国家基本法和其他适用的法律，全心保护国家领土完整和独立，维护国家和人民的利益，忠诚认真地履行我的职责。"

第五十一条

副总理和部长应监督和组织本部门事务，并落实政府的一般政策。同时还要制定出本部门的指导方针并监督其执行情况。

---

① 翻译母本，即公共信息部网站所载版本中，缺少第一节标题，另外本章其他各节虽有标题但无序号。此处由译者参考ICL版本增加了第一节标题，并为各节编号。

第五十二条

内阁大臣就国家总政策的执行集体向苏丹负政治责任。每一内阁大臣对其分别负责的部或单位的职责履行情况向苏丹单独负责。

第五十三条

禁止内阁大臣以他们的部长职位与股份公司的董事会主席或成员进行任何公开联合。在其管理或监督下的政府部门禁止处理与其有直接和间接利益关系的公司或组织的事务。要引导他们从国家的利益和公共福利方面考虑,而不应以任何方式为自己的利益或为与他们有特殊的关系的利益滥用职权。

第五十四条

副总理和部长在职及退休后的薪水遵照苏丹的旨意。

第五十五条

第四十九条、第五十条、第五十一条、第五十二条、第五十三条和第五十四条的规定适用于所有部长。

第四节 专门委员会

第五十六条

应设立专门委员会,其权力由苏丹命令加以规定,其成员由苏丹命令加以任命。

第五节 财政

第五十七条

法律规定下列相关事务及负责这些事务的组织:

1. 收集税费和其他公共资金以及支付程序。

2. 维护和管理国有财产,其处置情况,以及其中一部分财产得以转让的限制。

3. 国家总预算和决算。

4. 自主性和补充性预算及其决算。

5. 国家审计。

6. 国家取得或延长贷款。

7. 货币、金融和度量衡。

8. 国库承担的工资、养老金、补偿金、补贴和奖金。

第五章 阿曼委员会

第五十八条

(一)阿曼委员会(the Oman Council)由以下组成:

1. 舒拉理事会(the Shura Council);

2. 国家委员会(the State Council)。

(二)法律应当详细规定它们各自的管辖权、任期、会期和议事规则,还应该确定其成员数目、任职资格条件、选举或任命方式、解职的事由以及其他调整的规定。

第六章 司法机关

第五十九条

法律至上是国家统治的基础。法官的尊严、廉洁和公正是自由和权利的保证。

第六十条

司法独立,司法职责由不同类型和等级的法院依法行使。

第六十一条

除法律规定的情形外,法官在行使司法职能时只服从法律的权威。任何党派不得干涉诉讼或者司法审判事项;这种干预是一种犯罪行为,应受到法律制裁。法律应确定对行使司法职能的个人的要求,任命、调任和晋升的条件和程序,给予他们的保障,不得将他们去职的条件和其他一切相关规定。

第六十二条

法律规定法院的类型和等级,并指定法院的职能和管辖范围。军事法院只管辖由武装部队和安全部队成员犯下的军事罪行。除在戒严的情况下及在法律规定的范围内,其管辖范围不能扩展到其他人。

第六十三条

法院审判公开进行,除非法院出于公共秩序和道德考虑而秘密审判。在所有情况下,判决之宣告必须公开进行。

第六十四条

(一)公诉机关应当代表社会提起公诉,监督刑事侦查,负责刑法典的实施,指控犯罪和监督判决的执行。法律应规定公诉及其管辖权,以及适用于公诉机关公务人员的履职保障。

(二)在例外情形下,法律可特别授权公安部门按法律所规定的条件对有关轻罪案件提起诉讼。

第六十五条

法律调整法律职业。

第六十六条

司法机关应设立最高理事会,以监督法院及其辅助机构的正常运作。法律应规定理事会与法官和公诉工作有关的事务的权力。

第六十七条

法律规定行政争议的解决,它应通过全体陪审团或特别法庭裁决,其监管和行使职能的方式应当由法律规定。

第六十八条

法律应规定对司法机关之间在判决案件过程中的管辖权冲突的解决程序。

第六十九条

法律应规定赋予各部委和其他政府部门在制定和修改法律草案、法规及决议上的法律建议的权限。法律亦规定在法庭上代表国家、其他公共机构和组织出庭的方式。

第七十条

法律确定特定的司法机关以解决由于法律法规与国家基本法冲突而引起的争议，从而保证基本法的内容得到遵守。法律同时规定该司法机关的权力及所适用的程序。

第七十一条

判决应当以苏丹陛下的名义执行。忽视执行或阻碍判决执行的公共官员构成犯罪，依照法律加以处罚。判决受益人有权直接向法院提起刑事诉讼。

第七章　一般条款

第七十二条

本基本法的适用不妨碍苏丹阿曼与其他国家、国际组织和机构签订的协议和条约。

第七十三条

除非在戒严期间及在法律的限定内，不得中止本基本法的任何规定。

第七十四条

法律自公布之日起，两周内在官方报纸上刊登。除有特别规定，其刊登日期就是生效日期。

第七十五条

法律的规定只能适用于其生效日期以后的事件。除非另有规定，对生效前的事件没有效力。前述另有规定的例外不得包括刑法、税收和财政法律。

第七十六条

条约和协议在批准前不具有法律效力。在任何情况下，条约和协议不得有与其公布条款相抵触的秘密条款。

第七十七条

基本法生效后，现行的一切法律、条例、法令和决定只要与此法的条款不冲突，依然有效。

第七十八条

在其生效之日起两年内，主管机构应逐步制定那些为本基本法所必要的但仍未制定的法律。

第七十九条

法律和具有法律效力的程序，必须符合国家的基本法。

第八十条

任何国家机构不得发布违反现行的法律、法令，或国际条约和协定的土地法部分条文的规章、条例、决定或指示。

第八十一条

本法只能按与其制定相同的方式修改。

阿塞拜疆共和国宪法*

（1995 年 11 月 12 日全民公决通过，同年 12 月 27 日生效，
经过 2002 年 8 月 24 日和 2009 年 3 月 18 日两次全民公决修正）

我们阿塞拜疆人民，继承自己国家世代相传的传统，遵循"关于阿塞拜疆共和国国家独立"的宪法性法令所确立的原则，期望保障所有人和每个人的幸福安康，期望确立公正、自由与安全，认识到对过去、当代和下一代人的责任，运用主权权力庄严宣告下列目标：

维护阿塞拜疆共和国的独立、主权和领土完整；

保障宪法范围内的民主制度；

确立公民社会；

建立法制、世俗的国家，保障法律至上并体现人民的意志；

保障全体人民达到与经济、社会目标相一致的适当的生活水平；

忠于全人类共同的价值，与其他国家的人民在友谊、和平和安全的条件下生活，达到实现互利合作的目的。

为实现上述崇高的目标，通过全体公民投票的方式——全民公决通过本宪法。

第一部分　总则

第一章　人民的权力

第一条　[权力的来源]

1. 阿塞拜疆共和国国家权力的唯一来源是阿塞拜疆人民。

2. 阿塞拜疆人民是指居住在阿塞拜疆共和国领土内或者受阿塞拜疆及其法律的管辖与支配而居住在境外的公民。阿塞拜疆的这些法律并不排除国际法准则。

第二条　[人民主权]

1. 自由和独立地决定自己的命运并确立自己的政体是阿塞拜疆人民作为主权者的权力。

2. 阿塞拜疆人民通过直接的全民投票方式——全民公决行使主权者的权力，同时在普遍、平等和直接选举权基础上通过自由、秘密和个人投票选举产生人民代表间接行使主权者的权力。

第三条　[应当通过全民投票——全民公决决定的问题]

1. 阿塞拜疆人民可以通过全民公决决定涉及他们权利和利益的任何问题。

2. 下列问题只能通过全民公决的方式决定：

(1)通过阿塞拜疆共和国宪法和宪法修正案；

(2)改变阿塞拜疆共和国边界。

3. 下列问题不得通过全民公决决定：

(1)税收和国家预算；

(2)大赦和特赦；

(3)公职人员的选举、任命和批准，列入相应立法机关或者执法机关职能的公职人员的选举、任命或批准。

第四条　[代表人民的权利]

无论何人，非经人民选举产生的代表，无权代表人民，也无权以人民的名义演讲或者以人民的名义提出主张。

第五条　[人民的团结一致]

1. 阿塞拜疆人民是团结的整体。

2. 阿塞拜疆人民的团结一致是国家的基础。阿塞拜疆共和国是阿塞拜疆共和国所有公民共同的、不可分割的祖国。

第六条　[禁止篡夺国家权力]

1. 阿塞拜疆人民的任何一部分以及任何社会团体、组织和个人不得篡夺国家机关行使的权力。

2. 篡夺政权是对人民的严重犯罪。

＊ 根据阿塞拜疆共和国宪法法院网站俄文版译出。译者：朱福惠。部分译文参考阿塞拜疆共和国驻华大使馆为此项翻译而于 2010 年 12 月 11 日专门惠寄的英文版"阿塞拜疆共和国宪法"（Constitution of the Azerbaijan Republic）。

第二章 国家的基本原则

第七条 ［阿塞拜疆共和国］

1. 阿塞拜疆是民主的、法制的、世俗的和单一制的共和国。

2. 阿塞拜疆共和国的国家权力在国内事务中仅受法律限制,在国际事务中仅受阿塞拜疆共和国加入的国际条约规定的限制。

3. 阿塞拜疆共和国根据分权原则组织国家权力:

立法权由阿塞拜疆共和国米利·马吉利西①行使;

执行权属于阿塞拜疆共和国总统;

司法权由阿塞拜疆共和国法院行使。

4. 根据现行宪法的规定,立法权、行政权和司法权相互配合,并在各自权限范围内保持独立。

第八条 ［阿塞拜疆的国家元首］

1. 阿塞拜疆共和国总统是阿塞拜疆的国家元首。总统对内和对外代表阿塞拜疆。

2. 阿塞拜疆共和国总统是阿塞拜疆人民团结的象征和阿塞拜疆国家机构连续性的保障。

3. 阿塞拜疆共和国总统是国家独立、领土完整及遵守阿塞拜疆加入的国际条约的保证人。

4. 阿塞拜疆共和国总统是司法独立的保证人。

第九条 ［武装力量］

1. 为了保障国家安全,阿塞拜疆共和国建立武装力量和其他武装组织。

2. 阿塞拜疆共和国反对以战争方式作为侵犯其他国家之独立以及解决国际争端的手段。

3. 阿塞拜疆共和国总统是阿塞拜疆共和国武装力量的最高统帅。

第十条 ［国际关系的原则］

阿塞拜疆共和国根据公认的国际法准则建立同其他国家的关系。

第十一条 ［领土］

1. 阿塞拜疆共和国的领土是统一、不可侵犯和不可分割的。

2. 阿塞拜疆共和国的内水、属于阿塞拜疆共和国的里海部分(湖)、阿塞拜疆共和国领空均是阿塞拜疆共和国领土的组成部分。

3. 阿塞拜疆共和国的领土不可转让。阿塞拜疆共和国不得将领土之任何部分以任何方式转让给任何人,只有经过米利·马吉利西通过决议举行全民公决的方式,根据全体阿塞拜疆人民表达的意愿才能变

更国家边界。

第十二条 ［国家的最高目标］

1. 保障人和公民的权利和自由以及阿塞拜疆公民适当的生活水准,是国家的最高目标。

2. 本宪法所列举的人和公民的权利和自由应按照阿塞拜疆共和国加入的国际条约的规定加以实施。

第十三条 ［财产］

1. 在阿塞拜疆共和国境内的财产不受侵犯并受国家保护。

2. 财产可以为国家、私人和地方自治市所有。

3. 财产的使用不得损害人和公民的权利和自由、社会和国家的利益以及人的尊严。

第十四条 ［自然资源］

在不使任何自然人和法人的权利和利益受损害的情况下,自然资源属于阿塞拜疆共和国所有。

第十五条 ［经济发展和国家］

1. 阿塞拜疆共和国经济发展的社会目标在于以多种所有制形式为基础并服务于人民福利的提高。

2. 阿塞拜疆以市场关系为基础为经济发展创造条件,保障商业活动的自由,禁止经济关系中的垄断和不公平竞争。

第十六条 ［社会发展和国家］

1. 国家致力于改善所有人民和每一个公民的生活,并确保其社会保障和适当的生活条件。

2. 国家促进文化、教育、体育、科学和艺术的发展,保护环境、历史以及物质和精神遗产。

第十七条 ［家庭和国家］

1. 家庭作为社会的基本元素,受到国家的特别保护。

2. 照顾及教育儿童是父母的义务,国家监督父母履行义务。

3. 没有父母和监护人或者丧失父母照顾的儿童由国家照管。

4. 禁止儿童参加可能造成其生命、健康和道德受到威胁的活动。

5. 禁止未满十五周岁的儿童从事雇佣劳动。

6. 国家监督儿童权利的实现。

第十八条 ［宗教和国家］

1. 阿塞拜疆共和国的宗教与国家分离,所有宗教在法律面前一律平等。

2. 禁止损害人的尊严和违背人道主义原则的宗教(包括宗教教派)传播和宣传活动。

3. 国家教育体系具有非宗教的性质。

---

① 米利·马吉利西是议会的音译。——译者注

第十九条 ［货币单位］

1. 阿塞拜疆共和国的货币单位是马纳特。

2. 货币发行和停止流通的权力专属中央银行。阿塞拜疆共和国中央银行是国家的特殊财产。

3. 禁止在阿塞拜疆共和国境内使用马纳特之外的其他货币作为支付手段。

第二十条 ［国家债务的限制］

阿塞拜疆共和国不承认用于支持阿塞拜疆国家的叛乱或政变的债务为有效和应偿还的债务。

第二十一条 ［国家语言］

1. 阿塞拜疆共和国的国家语言是阿塞拜疆语。阿塞拜疆共和国保障阿塞拜疆语的发展。

2. 阿塞拜疆共和国保证人民自由使用和发展其他语言。

第二十二条 ［首都］

阿塞拜疆共和国的首都是巴库市。

第二十三条 ［阿塞拜疆的国家象征］

1. 阿塞拜疆共和国国旗、阿塞拜疆共和国国徽和阿塞拜疆共和国国歌是阿塞拜疆共和国的国家象征。

2. 阿塞拜疆共和国国旗由三个等宽条纹组成。上面的条纹为蓝色，中间的条纹为红色，下面的条纹为绿色。在国旗两面的红色条纹中间镶嵌着白色的月牙和八角星。国旗的宽度和长度之比为一比二。

3. 阿塞拜疆共和国国旗和阿塞拜疆共和国国徽的设计以及阿塞拜疆共和国国歌的歌词和歌曲，由阿塞拜疆共和国的宪法性法律规定。

第二部分 基本权利、自由与义务

第三章 人和公民的基本权利和自由

第二十四条 ［人和公民的权利和自由的基本原则］

1. 人人生而拥有不可侵犯、不受剥夺和不可转让的权利和自由。

2. 与权利和自由相对应的是每一个人对社会和其他人的责任和义务。

第二十五条 ［平等权］

1. 在法律和法院面前人人平等。

2. 男人和女人拥有平等的权利和自由。

3. 国家为任何人的权利和自由提供平等保护，不因种族、民族、宗教、语言、性别、出身、财产状况、职业、信仰以及参加政党、工会和公共组织的不同而有区别。禁止因为不同种族、民族、宗教、语言以及性别、出身、信仰、参加政治或社会组织而限制人和公民

的权利和自由。

4. 任何人不得因为上述原因而受到侵害、授予优惠待遇和特权或者拒绝授予优惠待遇和特权。

5. 每个人在国家机关和作为国家权力机关的代表在通过关于其权利与义务的决议方面的平等权利应受保障。

第二十六条 ［人和公民的权利和自由的保护］

1. 人人都有权采取不被法律禁止的方式和方法保护其权利和自由。

2. 国家保护每个人的权利和自由。

第二十七条 ［生命权］

1. 人人都有生命权。

2. 除了在国家受到武装袭击时消灭敌方士兵外，必须根据法院已经发生法律效力的判决或者法律规定的其他情形才能适用死刑，否则，任何人的生命权不可侵犯。

3. 死刑被完全废止以前只是作为特殊的惩罚方式而存在，仅仅适用于根据法律规定对国家和人的生命和人身发生的特别严重的犯罪。

4. 除非根据法律规定的必要的防卫、追捕罪犯、防止因犯从监禁地逃脱、防止针对国家的叛乱和国家政变、防止对国家的武装进攻的情形，禁止对人使用武器。

第二十八条 ［自由权］

1. 人人都有自由权。

2. 只有根据法律规定的程序并通过拘留、逮捕或剥夺自由的方式才能限制自由权。

3. 凡合法居住在阿塞拜疆共和国境内的人都有迁徙、选择居住地和离开阿塞拜疆共和国的自由。

4. 阿塞拜疆共和国的公民有权在任何时候自由地返回祖国。

第二十九条 ［财产权］

1. 人人都有财产权。

2. 无论何种形式的财产都不具有优先权。包括个人财产在内的所有形式的财产权均受法律的保护。

3. 每个人所有的财产可以是动产或不动产。财产权包括属于本人所有的财产或者与他人共有的财产以及使用和处分财产的权利。

4. 未经法院判决，不能剥夺任何人的个人财产。禁止没收全部财产。只有在为了国家需要并经预先公平补偿财产价值的前提下才允许将私人财产充作公用。

5. 国家保障继承权。

第三十条 ［知识产权］

1. 人人都有知识产权。

2. 版权、专利权和其他形式的知识产权受法律保护。

第三十一条 ［安全生活的权利］

1. 人人都有安全生活的权利。

2. 非依法律规定的情形,禁止侵害他人的生命、身体和精神健康、财产、住所,禁止对他人使用暴力。

第三十二条 ［私人生活不受侵犯的权利］

1. 人人都有私人生活不受侵犯的权利。

2. 人人有保护个人或家庭生活秘密的权利。非依法律规定,禁止干涉个人或家庭生活。人人都有维护个人和家庭生活不受非法干涉的权利。

3. 除法律规定的情形外,未经本人同意,禁止收集、保存、使用和传播任何人的私人生活信息。除法律规定的情形外,禁止未经本人同意或违背本人的意志对他人采取跟踪、拍摄视频、照相、录音或其他相似行为。

4. 国家保障人人都有保护通信、电话、邮政、电报或其他信息联络方式秘密的权利。此种权利为预防犯罪或者在刑事案件的侦查中为查明事实真相可依照法律规定的程序进行限制。

5. 除法律规定的情形外,每个人对于收集的有关其本人的信息有知悉的权利。每个人都有权要求修改或者删除收集到的有关其本人的与事实不符、不完整或者违反法律而收集到的信息。

第三十三条 ［住宅不受侵犯权］

1. 人人都有住宅不受侵犯的权利。

2. 非依法律规定或者法院判决,任何人不得违背居住者的意志进入其住宅。

第三十四条 ［婚姻权］

1. 每一个达到法定年龄的人都有建立家庭的权利。

2. 婚姻以自愿为基础。不能强迫任何人结婚。

3. 家庭和婚姻受国家保护。母亲、父亲和儿童受法律保护。国家对多子女家庭提供帮助。

4. 夫妻双方权利平等。抚养和教育子女既是父母的权利,也是其义务。

5. 尊重和赡养父母是子女的义务。年满十八周岁且有工作能力的子女应扶助无生活能力的父母。

第三十五条 ［劳动权］

1. 劳动是个人和社会福利的基础。

2. 人人都有根据其能力自由地选择工作种类、职业、职位和工作地点的权利。

3. 禁止强迫任何人劳动。

4. 自由签订劳动合同。禁止强迫任何人签订劳动合同。

5. 只有根据法院的判决才能强迫他人劳动,但须符合法律规定的条件和期限;军人在服兵役期间为执行长官的命令可以被强迫劳动;在国家处于紧急状态或战争状态期间,可以强迫公民从事规定的工作。

6. 人人都有在安全和健康的条件下工作的权利,有权不受歧视地获得不低于国家规定的最低工资水平的劳动报酬。

7. 失业者有权获得国家提供的社会补助金。

8. 国家应运用一切措施努力消除失业。

第三十六条 ［罢工权］

1. 人人都有单独或与他人共同罢工的权利。

2. 根据劳动合同工作的劳动者,其罢工的权利只有根据法律的规定才受限制。

士兵、在武装部队服务的公民或者在阿塞拜疆共和国其他武装组织服务的人没有罢工权。

3. 个人以及集体的劳动纠纷应当根据法律规定解决。

第三十七条 ［休息权］

1. 人人都有休息的权利。

2. 保障按照劳动合同工作的劳动者每天工作时间不超过法律规定的八小时并享受节假日休息的权利,保障每年至少一次二十一日的带薪休假。

第三十八条 ［社会保障权］

1. 人人都有社会保障权。

2. 为需要的人提供帮助首先是其家庭成员的义务。

3. 任何人在达到法定年龄或者具有疾病、残疾、丧失供养人、丧失劳动能力、失业以及法律规定的其他情形下均有社会保障权。

4. 最低养老金和社会福利金由法律规定。

5. 国家应为慈善事业、自愿的社会保险以及其他社会保障形式的发展创造条件。

第三十九条 ［在健康的自然环境中生存的权利］

1. 人人都有在健康的自然环境中生存的权利。

2. 人人都有权收集自然环境真实状况的信息,对于生态违法行为造成的健康或财产损害有权获得赔偿。

3. 任何人不得超出法律规定的限度对自然环境和自然资源造成威胁或损害。

4. 国家保障生态平衡并保护法律规定的野生动植物品种。

第四十条 ［文化权］

1. 人人都有参与文化生活、使用文化设施和文化产品的权利。

2. 人人都应当尊重和保护历史、文化和精神遗产,保护历史和文化古迹。

第四十一条 ［健康保障权］

1. 人人都有健康保障和医疗救助的权利。

2. 国家采取必要的措施发展各种所有制形式的医疗保健,保障良好的卫生防疫,为各种形式的医疗保险创造条件。

3. 公职人员隐瞒发生危害人民生命和健康的事实和情况，应当承担法律责任。

第四十二条 〔受教育权〕

1. 每个公民都有受教育的权利。

2. 国家确保普通中等教育为免费义务教育。

3. 国家监督教育体系。

4. 国家保障具有才干的人能够接受继续教育，而不受他们物质条件的限制。

5. 国家确立最低限度的教育标准。

第四十三条 〔住宅权〕

1. 禁止非法剥夺任何人的住宅。

2. 国家促进住房建设，采取特别措施实现住房权。

第四十四条 〔民族属性权〕

1. 人人都具有保留其民族属性的权利。

2. 禁止强制改变任何人的民族属性。

第四十五条 〔使用母语权〕

1. 人人都有使用母语的权利。人人都有根据自己的意愿使用任何一种语言接受培训、教育以及从事创作的权利。

2. 任何人不得被剥夺使用母语的权利。

第四十六条 〔维护荣誉和尊严权〕

1. 人人都有维护其荣誉和尊严的权利。

2. 人的尊严受国家保护。无论任何情况都不得作为侮辱人的尊严的依据。

3. 任何人都不得遭受刑讯逼供和残忍虐待，也不得遭受侮辱人的尊严的对待或处罚。未经本人同意不得对任何人进行医学、科学和其他实验。

第四十七条 〔思想和表达自由〕

1. 人人都有思想和表达自由。

2. 不得强迫任何人表达自己的思想和信仰，也不得强迫任何人放弃自己的思想和信仰。

3. 禁止煽动和宣扬种族、民族、宗教和社会的冲突与仇视。

第四十八条 〔宗教信仰自由〕

1. 人人都有信仰宗教的自由。

2. 人人都有权自由决定自己的宗教信仰，有权单独或与其他人共同信仰或者不信仰任何一种宗教，有权表达和传播自己信仰的宗教。

3. 如果不妨害公共秩序或违背公共道德，可以自由举行宗教仪式。

4. 宗教和宗教信仰不能成为违反法律的依据。

5. 不得强迫任何人表达（显示）其宗教观念和宗教信仰，也不得强迫任何人举行或者参加宗教仪式。

第四十九条 〔集会自由〕

1. 人人都有集会自由的权利。

2. 在预先通报相关国家机关后，人人都有权和其他人共同举行和平与不携带武器的集会、会议、示威、游行并组建纠察队。

第五十条 〔信息自由〕

1. 人人都有通过合法方式搜集、获取、传递、编辑和传播信息的自由。

2. 国家保障公众传媒的自由。禁止国家对包括出版在内的大众媒体进行审查。

3. 对大众媒体发布的侵犯其权利或损害其利益的信息进行反驳或回复的权利应予保障。

第五十一条 〔创作自由〕

1. 人人都有创作的自由。

2. 国家保障文学艺术、科学技术和其他形式的创作活动的自由。

第五十二条 〔公民权〕

阿塞拜疆共和国的公民是指与阿塞拜疆共和国有政治和法律关系，既有权利又履行义务的自然人。父母是阿塞拜疆共和国公民且本人出生在阿塞拜疆共和国的人是阿塞拜疆共和国公民。父母一方为阿塞拜疆共和国公民的人是阿塞拜疆共和国的公民。

第五十三条 〔公民权的保障〕

1. 无论任何情况，不得剥夺阿塞拜疆共和国公民的公民资格。

2. 无论任何情况，不得将阿塞拜疆共和国公民驱逐出阿塞拜疆共和国或引渡到外国。

3. 阿塞拜疆共和国为临时或永久居住在共和国境外的阿塞拜疆共和国公民提供法律保护和优惠待遇。

第五十四条 〔社会生活和国家政治生活的参与权〕

1. 阿塞拜疆共和国公民有自由地参与社会生活和国家的政治生活的权利。

2. 自主抵抗针对国家的叛乱或政变的图谋是阿塞拜疆共和国每个公民的权利。

第五十五条 〔国家治理的参与权〕

1. 阿塞拜疆共和国的公民有参与国家治理的权利。公民可以自己直接或者通过他们的代表间接行使该权利。

2. 阿塞拜疆共和国公民有在国家机关任职的权利。国家机关的公职人员应从阿塞拜疆共和国公民中选任。外国人和无国籍人只能根据法律规定的程序才能在国家机关任职。

第五十六条 〔选举权〕

1. 阿塞拜疆共和国的公民有选举和被选举进入国家机关以及参与全民公决的权利。

2. 被法院判决确认为无行为能力的人没有参加选举和全民公决的权利。

3. 军人、法官、国家机关的公职人员、神职人员、被法院生效判决剥夺自由的人以及本宪法和法律规定的其他人参加选举的权利应由法律限制。

第五十七条 ［请愿权］

1. 阿塞拜疆共和国公民有个人请愿权,包括以个人或者集体的名义向国家机关递交请愿书。国家机关应当根据法律规定的程序和期限对请愿予以答复。

2. 阿塞拜疆共和国公民有批评国家机关、国家机关的公职人员、政党、工会、其他社会团体、个别公民的工作和活动的权利。禁止因批评而受到追究,侮辱和诽谤不认为是批评。

第五十八条 ［结社权］

1. 人人都有与他人自由结社的权利。

2. 人人都有创建包括政党、工会和其他社会团体在内的任何团体的权利,也有参加已经成立的社团的权利。所有社团的活动自由应予保障。

3. 不得强迫任何人加入某一社团或成为某一社团的成员。

4. 禁止创建旨在阿塞拜疆共和国全境或部分地区内以暴力颠覆合法国家政权为目标的社团。从事违反宪法和法律活动的社团只有根据司法程序才能取缔。

第五十九条 ［从事企业经营活动的自由］

人人都可以根据法律的规定,运用个人能力、才华和财产,单独或者与其他人共同从事企业经营活动或者从事不为法律所禁止的其他形式的经济活动。

第六十条 ［权利和自由的司法保障］

1. 任何人的权利和自由都受到法院的保护。

2. 人人都可以对国家机关、政党、工会、其他社团以及国家机关公职人员的决定和作为(或不作为)向法院提起诉讼。

第六十一条 ［获得法律援助权］

1. 人人都有权获得专业的法律援助。

2. 在法律规定的案件中,法律援助是免费的,费用由国家负担。

3. 无论何人,从其被拘留、逮捕或因实施犯罪而被国家机关依职权提起公诉时起,均有权获得辩护人提供的帮助。

第六十二条 ［禁止变更司法管辖权］

人人都有权要求由法律规定的法院审理自己的案件。未经当事人同意,禁止在其他法院审理其案件。

第六十三条 ［无罪推定］

1. 人人都有无罪推定的权利。凡被指控犯罪的人,在其罪行未根据法定程序予以证明以及法院的判决没有发生法律效力之前应被推定无罪。

2. 犯罪嫌疑人不得被认为有罪。

3. 因实施犯罪而受到指控的人没有证明自己无罪的义务。

4. 违法获得的证据不得被法庭采用。

5. 未经法院判决,任何人的行为都不得被认定为有罪。

第六十四条 ［禁止对同一个犯罪行为施加两次以上处罚］

任何人都不得因同一罪行被施加两次以上处罚。

第六十五条 ［上诉权］

凡被法院判决有罪的人,有权根据法律规定的程序请求上级法院对案件重新审理,可以提出豁免和减轻处罚的请求。

第六十六条 ［禁止强迫指证亲属］

不得强迫任何人指证本人、妻子(丈夫)、子女、父母、兄弟和姐妹。没有指证义务的亲属的完整清单由法律规定。

第六十七条 ［被拘留、逮捕的人和刑事被告人的权利］

1. 凡被拘留、逮捕的人以及被国家机关依职权控告的刑事被告人,应立即被告知其权利和拘留、逮捕的理由以及产生的刑事责任。

2. 在法院作出判决前,应当听取刑事被告人的陈述。

第六十八条 ［损害赔偿请求权］

1. 因受犯罪行为和滥用国家权力侵害的人,其权利应受法律保护。受害人有权参加法庭调查并要求赔偿损失。

2. 因国家机关及其公职人员的违法行为或不作为造成损害的人有请求国家赔偿的权利。

第六十九条 ［外国人和无国籍人的权利］

1. 如果法律或者阿塞拜疆批准的国际条约没有其他规定,阿塞拜疆共和国境内的外国人和无国籍人与阿塞拜疆共和国公民平等享有所有权利并必须履行所有义务。

2. 长期或临时居住在阿塞拜疆共和国境内的外国人和无国籍人的权利和自由,只有根据国际法准则和阿塞拜疆共和国的法律才能予以限制。

第七十条 ［政治避难权］

1. 根据公认的国际法准则,阿塞拜疆共和国为外国人和无国籍人提供政治避难。

2. 禁止将因政治信仰而受到迫害以及在阿塞拜疆共和国不认为是犯罪的行为而受到追究的人引渡到其他国家。

第七十一条 ［人和公民的权利和自由的保障］

1. 尊重和保护宪法确认的人和公民的权利和自由是立法、执行和司法机关的义务。

2. 无论何人都不得限制人和公民的权利和自由的实现。限制任何一种权利和自由仅限于本宪法和法律规定的理由,此规定同样适用于对其他权利和自由的限制。

3. 在宣布战争、进入战争和紧急状态以及总动员的情况下,为履行阿塞拜疆共和国的国际义务可以部分和暂时限制人和公民的权利与自由的实现,但应将受限制的权利和自由预先告知公民。

4. 在任何情况下都不得强迫任何人表明其宗教和其他信仰、思想观点,并不得因信仰和思想观点而受到追究。

5. 本宪法的任何条款都不得被解释为废除人和公民的权利和自由。

6. 人和公民的权利和自由在阿塞拜疆共和国境内具有直接拘束力。

7. 侵犯人和公民的权利和自由的争议应由法院裁决。

8. 无论何人都不对其行为实施时不认为是违法的行为承担法律责任。如果违法行为发生后通过的法律规定此种行为不属于违法行为或者从轻处罚的,应适用新法。

9. 人人都可以实施不被法律所禁止的行为,不得强迫任何人实施法律没有作出规定的行为。

10. 国家机关只能根据本宪法并在法律规定的程序和权限范围内履行职能。

第四章 公民的基本义务

第七十二条 ［公民义务的基础］

1. 人人都从其享有的权利和自由中派生出对国家和社会应履行的直接义务。任何人的义务只能由本宪法或法律设定。

2. 每个人都必须遵守阿塞拜疆共和国的宪法和法律,尊重其他人的权利和自由,履行法律规定的其他义务。

3. 不懂法律不能成为免除责任的理由。

第七十三条 ［税收和其他国家征收］

1. 根据法律规定足额且及时缴纳税收和其他国家征收是每个公民的义务。

2. 不得强迫任何人缴纳没有法律依据或超出法律规定数额的税收和其他国家征收。

第七十四条 ［忠于祖国］

1. 对祖国忠诚是神圣的义务。

2. 通过选举和任命而任职于立法、执行和司法机关的工作人员有认真、勤恳地履行义务的职责,并应根据法律的规定宣誓。

3. 通过选举和任命而任职于立法、执行或司法机关的工作人员,应宣誓忠于阿塞拜疆共和国宪法,如果被指控犯有包括叛乱和政变在内的叛国罪,并且基于这些指控被判有罪,则应认为已被解除职务并在

今后不能再担任公职。

第七十五条 ［尊重国家象征］

1. 每个公民都有尊重阿塞拜疆共和国的国家象征——国旗、国徽和国歌的义务。

2. 作出不尊重国家象征的表示应承担法律责任。

第七十六条 ［保卫祖国］

1. 保卫国家是每一个公民的义务。公民应当根据法律规定服兵役。

2. 如果公民的信仰与服兵役相冲突,应当根据法律的规定允许选择其他服役来代替兵役。

第七十七条 ［保护历史和文化古迹］

保护历史和文化古迹是每个公民的义务。

第七十八条 ［保护自然环境］

保护自然环境是每个公民的义务。

第七十九条 ［禁止履行与法律相抵触的义务］

不得强迫任何人履行与阿塞拜疆共和国宪法和法律相抵触的义务。

第八十条 ［责任］

违反本宪法和阿塞拜疆共和国法律,滥用权利和自由以及不履行本宪法和阿塞拜疆共和国法律规定的义务,应负法律责任。

第三部分 国家权力

第五章 立法权

第八十一条 ［立法权的行使］

阿塞拜疆共和国的立法权由阿塞拜疆共和国米利·马吉利西行使。

第八十二条 ［阿塞拜疆共和国米利·马吉利西的组成人数］

阿塞拜疆共和国的米利·马吉利西由一百二十五名议员组成。

第八十三条 ［阿塞拜疆共和国米利·马吉利西议员的选举原则］

阿塞拜疆共和国米利·马吉利西的议员应按照简单多数选举制和普遍、平等与直接选举的原则,通过自由、个人和秘密投票的方式选举产生。

第八十四条 ［阿塞拜疆共和国米利·马吉利西议员的任期］

1. 阿塞拜疆共和国米利·马吉利西议员每届任期五年。在战争条件下由于军事行动不能按期举行阿塞拜疆共和国米利·马吉利西选举,议员的任期延续至军事行动结束。延长任期应由阿塞拜疆共和国宪法法院根据保障选举(全民公决)的国家机关的请

求作出决定。

2. 每届阿塞拜疆共和国米利·马吉利西的选举应在每五年后的11月第一个星期日举行。

3. 米利·马吉利西议员的任期仅限于阿塞拜疆共和国米利·马吉利西的每届任期。

4. 如果由新选举产生的议员接任离职的阿塞拜疆共和国米利·马吉利西议员，其任期仅限于该离职议员剩余的任期。

第八十五条 ［阿塞拜疆共和国米利·马吉利西议员候选人的资格］

1. 凡年满二十五周岁的阿塞拜疆共和国公民都可以根据法律规定被选举为阿塞拜疆共和国米利·马吉利西议员。

2. 具有双重国籍的人，对其他国家负有义务的人，担任行政或司法机关职务的人，不愿意放弃从事科研、教育和创作活动以外有报酬的工作的人，宗教人士，被法院确认无行为能力的人，因严重违法而被判决有罪的人，根据法院生效判决剥夺自由且正在监狱服刑的人，均不得被选举为阿塞拜疆共和国米利·马吉利西的议员。

第八十六条 ［阿塞拜疆共和国米利·马吉利西议员选举结果的审查和确认］

选举结果的准确性由阿塞拜疆共和国宪法法院根据法律的规定审查和确认。

第八十七条 ［阿塞拜疆共和国米利·马吉利西议员职权的终止］

1. 阿塞拜疆共和国米利·马吉利西议员的职权到新一届阿塞拜疆共和国米利·马吉利西召集第一次会议时终止。

2. 如果距阿塞拜疆共和国米利·马吉利西的职权终止的时间少于一百二十日，不得举行阿塞拜疆共和国米利·马吉利西议员的补缺选举。

3. 阿塞拜疆共和国米利·马吉利西在其八十三位议员的任职资格得到确认后开始具有权力。

第八十八条 ［阿塞拜疆共和国米利·马吉利西的全体会议］

1. 阿塞拜疆共和国米利·马吉利西每年例行举行春季和秋季两次全体会议。

阿塞拜疆共和国米利·马吉利西的第一次全体会议应自阿塞拜疆共和国米利·马吉利西八十三名议员的任职资格被确认后的一周之内召集。

如果阿塞拜疆共和国米利·马吉利西在选举结束后至3月10日仍未能确认八十三名议员的任职资格，则阿塞拜疆共和国米利·马吉利西举行第一次全体会议的日期应由宪法法院确定。

2. 阿塞拜疆共和国米利·马吉利西议长根据阿塞拜疆共和国总统或阿塞拜疆共和国米利·马吉利

西四十二名议员的请求，可以召集阿塞拜疆共和国米利·马吉利西临时全体会议。

3. 临时会议的议事日程应与召集会议的请求一致。审议议事日程确定的问题后，临时全体会议的工作即告结束。

4. 阿塞拜疆共和国米利·马吉利西的全体会议应当公开举行。但根据阿塞拜疆共和国米利·马吉利西八十三名议员的请求或根据阿塞拜疆共和国总统的提议，米利·马吉利西的全体会议可以不公开举行。

第八十九条 ［剥夺阿塞拜疆共和国米利·马吉利西议员的议员资格和阿塞拜疆共和国米利·马吉利西议员职权的丧失］

1. 阿塞拜疆共和国米利·马吉利西的代表在下列情况下应当剥夺其议员资格：

（1）在选举过程中显示选票计算结果错误；

（2）放弃阿塞拜疆共和国国籍或加入外国国籍；

（3）实施违法犯罪被法院作出有罪判决且已经发生法律效力；

（4）担任国家机关公职，成为宗教活动家，从事企业、商业或其他有偿活动（科研、教学和创作活动除外）；

（5）本人自愿辞职。

通过剥夺阿塞拜疆共和国米利·马吉利西议员资格的决定应根据法律的规定。

2. 阿塞拜疆共和国米利·马吉利西议员无履行职务的能力或出现法律规定的其他情形，应认定其丧失职权，但作出丧失职权决定的程序由法律规定。

第九十条 ［阿塞拜疆共和国米利·马吉利西议员的豁免权］

1. 阿塞拜疆共和国米利·马吉利西议员在任期内有个人豁免权。除非在实施犯罪的现场被当场抓获外，阿塞拜疆共和国米利·马吉利西议员在任职期间不被追究刑事责任、不受逮捕、不能通过司法程序适用行政处罚措施、不受搜查和检查。如果阿塞拜疆共和国米利·马吉利西议员在犯罪现场被逮捕，实施逮捕的机关必须立即通知阿塞拜疆共和国总检察长。

2. 只有根据阿塞拜疆共和国总检察长的提议并由阿塞拜疆共和国米利·马吉利西作出决定，才能终止阿塞拜疆共和国米利·马吉利西议员的豁免权。

第九十一条 ［阿塞拜疆共和国米利·马吉利西议员的免责权］

阿塞拜疆共和国米利·马吉利西议员对其在阿塞拜疆共和国米利·马吉利西的活动、投票和发言不承担责任。未经议员本人同意，不能要求议员提供相关的说明或记录。

第九十二条 ［阿塞拜疆共和国米利·马吉利西的工

作机构]

阿塞拜疆共和国米利·马吉利西应制定议事程序规则,设立相应的工作机构,包括选举议长和副议长,产生各种常设委员会和小组委员会,设立审计处。

第九十三条 [阿塞拜疆共和国米利·马吉利西的法案]

1. 阿塞拜疆共和国米利·马吉利西对属于其职权范围内的问题通过宪法性法律、法律和决议。

2. 阿塞拜疆共和国米利·马吉利西根据本宪法的规定通过宪法性法律、法律和决议。

3. 阿塞拜疆共和国米利·马吉利西议员的表决权由其本人行使。

4. 阿塞拜疆共和国米利·马吉利西的法律和决议不得规定对执行机关和法院的具体委托事项。

第九十四条 [阿塞拜疆共和国米利·马吉利西制定法律]

1. 下列事项由阿塞拜疆共和国米利·马吉利西制定法律规则:

(1)本宪法确认的人和公民的权利和自由的行使以及权利和自由的国家保障。

(2)阿塞拜疆共和国总统的选举。

(3)阿塞拜疆共和国米利·马吉利西的选举及其议员的地位。

(4)全民公决。

(5)司法制度和法官的地位,检察院,律师和公证。

(6)诉讼程序,法院判决的执行。

(7)地方自治政府的选举及其公务人员的地位。

(8)紧急状态和战争状态制度。

(9)国家奖励。

(10)自然人和法人的地位。

(11)民法的调整对象。

(12)交易,民事协议,代理和继承。

(13)财产权,包括国家、私人和地方自治政府的财产权制度,知识产权,其他财产权;债权。

(14)家庭关系,包括抚养和监护制度。

(15)税收、关税和征收及财政活动的原则。

(16)劳动关系和社会保障。

(17)确定犯罪和其他违法行为,规定实施犯罪和违法行为应承担的法律责任。

(18)国防和兵役。

(19)国家机关的公职。

(20)安全准则。

(21)行政区域制度,国界制度。

(22)国际条约的批准和废除。

(23)通讯和运输事务。

(24)统计、计量和标准。

(25)海关事务。

(26)商业事务和股票交易活动。

(27)银行事务,会计,保险。

2. 通过本条前款第(2)项、第(3)项、第(4)项规定问题的法律需获得八十三票以上的多数票赞同,通过其他问题的法律则只需获得六十三票以上的多数票赞同。

3. 本条第1款可由宪法性法律补充。

第九十五条 [阿塞拜疆共和国米利·马吉利西决定的问题]

1. 下列问题由阿塞拜疆共和国米利·马吉利西决定:

(1)阿塞拜疆共和国米利·马吉利西的工作机构;

(2)根据阿塞拜疆共和国总统的提议决定外交代表;

(3)行政区域的划分;

(4)批准和废除同阿塞拜疆共和国法律相冲突的国际条约和政府协定;

(5)根据阿塞拜疆共和国总统的提议批准阿塞拜疆共和国的财政预算并监督预算的执行;

(6)根据阿塞拜疆共和国总统提议选举阿塞拜疆共和国人权事务专员;

(7)根据阿塞拜疆共和国总统的提议批准阿塞拜疆共和国军事行动;

(8)根据本宪法的规定批准阿塞拜疆共和国总统的命令;

(9)根据阿塞拜疆共和国总统的提议,同意对阿塞拜疆共和国总理的任命;

(10)根据阿塞拜疆共和国总统的提议,任命阿塞拜疆共和国宪法法院、阿塞拜疆共和国最高法院和阿塞拜疆共和国上诉法院法官;

(11)根据阿塞拜疆共和国总统的提议,任免阿塞拜疆共和国总检察长;

(12)根据阿塞拜疆共和国宪法法院提议,通过弹劾撤销阿塞拜疆共和国总统的职务;

(13)根据阿塞拜疆共和国总统的提议,撤销法官的职务;

(14)决定阿塞拜疆共和国内阁的信任问题;

(15)根据阿塞拜疆共和国总统的提议,任免阿塞拜疆共和国中央银行董事会成员;

(16)根据阿塞拜疆共和国总统的提议,同意阿塞拜疆共和国武装力量执行与其职能不相关的任务;

(17)根据阿塞拜疆共和国总统的建议,同意宣布战争或缔结和平协定;

(18)决定全民公决;

(19)大赦；

(20)听取地方自治机关的工作报告。

2. 对本条第 1 款第(1)项至第(5)项规定的问题制定法律，须获得米利·马吉利西议员六十三票以上的多数票才能通过，如果本宪法没有规定例外程序，对其他问题通过决议须经过同样的程序。

3. 本宪法规定属于米利·马吉利西决定的其他问题、与阿塞拜疆共和国米利·马吉利西的工作机构相关的问题以及要求阿塞拜疆共和国米利·马吉利西表明态度的问题应当由米利·马吉利西通过决议。

4. 本条第 1 款可通过宪法性法律补充。

第九十六条 ［立法倡议权］

1. 立法倡议权（将法律草案以及其他议案提请阿塞拜疆共和国米利·马吉利西审议的权力）属于阿塞拜疆共和国米利·马吉利西议员、阿塞拜疆共和国总统、阿塞拜疆共和国最高法院、四万名有选举权的阿塞拜疆共和国公民、阿塞拜疆共和国总检察长以及纳赫切万自治共和国的米利·马吉利西。

2. 根据阿塞拜疆共和国总统、阿塞拜疆共和国最高法院、四万名有选举权的阿塞拜疆共和国公民、阿塞拜疆共和国总检察长以及纳赫切万自治共和国米利·马吉利西的立法倡议，提交阿塞拜疆共和国米利·马吉利西审议的法律草案或者决议草案，应当根据提交草案的种类提请审议并进行投票表决。

3. 在征得立法倡议权主体的同意后，可对法律草案或决议草案作出修改。

4. 根据阿塞拜疆共和国总统、阿塞拜疆共和国最高法院、四万名有选举权的阿塞拜疆共和国公民、阿塞拜疆共和国总检察长以及纳赫切万自治共和国米利·马吉利西的立法倡议提交审议的法律草案或者决议草案，阿塞拜疆共和国的米利·马吉利西应当在两个月之内举行投票表决。

5. 如果阿塞拜疆共和国总统、阿塞拜疆共和国最高法院、阿塞拜疆共和国总检察长以及纳赫切万自治共和国米利·马吉利西宣布其提交的法律草案或决议草案是紧急的，则举行投票的期限缩短为二十日。

6. 四万名有选举权的阿塞拜疆共和国公民行使立法倡议权的程序由法律规定。

7. 提出法律草案和决议草案应当说明理由并陈述通过该草案的目的。

第九十七条 ［法律签署的期限］

1. 法律草案应在通过之日起十四日内提交阿塞拜疆共和国总统签署。

2. 宣告为紧急的法律草案应在通过之日起二十四小时内提交阿塞拜疆共和国总统签署。

第九十八条 ［阿塞拜疆共和国米利·马吉利西法令

的生效］

阿塞拜疆共和国米利·马吉利西通过的法律和决议自公布之日起生效，但法律和决议本身另有规定者除外。

第六章 执行权

第九十九条 ［执行权的归属］

阿塞拜疆共和国的执行权属于阿塞拜疆共和国总统。

第一百条 ［阿塞拜疆共和国总统候选人的资格］

凡年满三十五周岁，在阿塞拜疆共和国境内连续居住十年以上，具有选举权，无严重犯罪的记录，没有其他国家的债务，受过高等教育，不具有双重国籍的阿塞拜疆共和国公民均能当选为阿塞拜疆共和国总统。

第一百零一条 ［阿塞拜疆共和国总统的选举原则］

1. 阿塞拜疆共和国总统每五年选举一次，根据普遍、平等和直接选举权的原则并通过自由、秘密和个人投票的方式选举产生。

2. 阿塞拜疆共和国总统获得参加投票的选民的过半数票即可当选。

3. 如果在第一轮投票中未能得到过半数的多数票，第二轮投票应在第一轮投票后的第二个星期日举行。在第一轮投票中得票最多的两名候选人参加第二轮投票，如果得票最多的候选人放弃其候选人资格，则其后得票最多的候选人参加第二轮投票。

4. 在第二轮投票中得到多数票的候选人当选为阿塞拜疆共和国总统。

5. 在战争情况下由于军事行动导致阿塞拜疆共和国总统选举不能按时举行，阿塞拜疆共和国总统的任期应当延长至军事行动结束，延长总统任期应由阿塞拜疆共和国宪法法院根据保障选举（全民公决）的国家机关的提议作出决定。

6. 本条适用的程序由法律规定。

第一百零二条 ［阿塞拜疆共和国总统的选举结果］

阿塞拜疆共和国总统的选举结果由阿塞拜疆共和国宪法法院自投票日后的十四日内正式宣布。

第一百零三条 ［阿塞拜疆共和国总统当选的宣誓］

1. 当选为阿塞拜疆共和国总统的人在阿塞拜疆共和国总统选举结果正式公布后的三日内，应在阿塞拜疆共和国宪法法院法官参加的情况下作出如下宣誓："我谨宣誓：履行阿塞拜疆共和国总统的职权，遵守阿塞拜疆共和国宪法，捍卫国家主权和领土完整，真诚地服务人民。"

2. 自宣誓之日起，阿塞拜疆共和国总统被视为开始履行其职权。

第一百零四条 ［阿塞拜疆共和国总统不能继续履行职权］

1. 阿塞拜疆共和国总统在辞职、由于疾病完全丧失履行职权的能力以及根据本宪法规定的情形和程序被免职的情况下，应被视为提前离职。

2. 阿塞拜疆共和国总统辞职，应向阿塞拜疆共和国宪法法院提交辞职声明。阿塞拜疆共和国宪法法院确认是阿塞拜疆共和国总统本人提出辞职声明的，应当通过接受阿塞拜疆共和国总统辞职的决定。从通过决定时起，总统被视为因辞职而离职。

3. 阿塞拜疆共和国米利·马吉利西收到阿塞拜疆共和国总统因健康状况完全丧失履行自己职权的能力的通报后，应当呈请阿塞拜疆共和国宪法法院查明该事实。阿塞拜疆共和国宪法法院应当以六票以上的多数票通过总统是否完全丧失履行职权的能力的决定，如果阿塞拜疆共和国宪法法院否认这一事实，该问题被视为已经终结。

第一百零五条 ［在总统辞职情况下阿塞拜疆共和国总统职权的行使］

1. 在阿塞拜疆共和国总统提前离职后的三个月内应当举行阿塞拜疆共和国总统临时选举。在新任阿塞拜疆共和国总统当选前，由阿塞拜疆共和国总理代行阿塞拜疆共和国总统的职权。

2. 阿塞拜疆共和国总理在代行总统职权期间离职，或因健康状况完全丧失履行职权的能力，应由阿塞拜疆共和国米利·马吉利西议长代行阿塞拜疆共和国总统的职权。

3. 如果阿塞拜疆共和国米利·马吉利西议长同样具有本条第2款规定的原因不能履行总统职权，阿塞拜疆共和国米利·马吉利西应当通过由其他官员代行阿塞拜疆共和国总统职权的决议。

第一百零六条 ［阿塞拜疆共和国总统的豁免权］

阿塞拜疆共和国总统具有豁免权，阿塞拜疆共和国总统的名誉和尊严受法律保护。

第一百零七条 ［免除阿塞拜疆共和国总统的职务］

1. 阿塞拜疆共和国总统实施了严重犯罪，阿塞拜疆共和国宪法法院根据阿塞拜疆共和国最高法院的结论在三十日内向阿塞拜疆共和国米利·马吉利西提出免除总统职权的建议。

2. 须有阿塞拜疆共和国米利·马吉利西议员九十五票以上的多数赞同才能通过免除阿塞拜疆共和国总统职权的决议。该决议应当由阿塞拜疆共和国宪法法院院长签署。如果阿塞拜疆共和国宪法法院院长未能在一周内签署该决议，该决议不发生法律效力。

3. 阿塞拜疆共和国米利·马吉利西应当在阿塞拜疆共和国宪法法院提出建议后的两个月之内作出免除阿塞拜疆共和国总统职权的决议。如果在此期限内没有通过该决议，对阿塞拜疆共和国总统的控告应视为已被驳回。

第一百零八条 ［阿塞拜疆共和国总统的保障］

1. 阿塞拜疆共和国总统及其家庭的保障由国家负担。阿塞拜疆共和国总统及其家庭的安全由专门警卫队保障。

2. 曾当选阿塞拜疆共和国总统的人的保障制度由宪法性法律规定。

第一百零九条 ［阿塞拜疆共和国总统的职权］

阿塞拜疆共和国总统：

(1)决定阿塞拜疆共和国米利·马吉利西的选举。

(2)提请阿塞拜疆共和国米利·马吉利西批准国家预算。

(3)批准国家经济和社会发展规划。

(4)经阿塞拜疆共和国米利·马吉利西同意后任免阿塞拜疆共和国总理。

(5)任免阿塞拜疆共和国内阁成员，在必要时主持阿塞拜疆共和国内阁会议。

(6)接受并决定阿塞拜疆共和国内阁辞职。

(7)建立属于阿塞拜疆共和国国家预算列支范围的中央和地方执行机构。

(8)废除阿塞拜疆共和国内阁、纳赫切万自治共和国内阁、中央与地方行政机构作出的决定和命令。

(9)向阿塞拜疆共和国米利·马吉利西提名任命阿塞拜疆共和国宪法法院、阿塞拜疆共和国最高法院和阿塞拜疆共和国上诉法院法官；任命阿塞拜疆共和国其他法院法官；经阿塞拜疆共和国米利·马吉利西同意任免阿塞拜疆共和国总检察长。

(10)向阿塞拜疆共和国米利·马吉利西提名任命阿塞拜疆共和国中央银行董事会成员或者提请免除其职务；从阿塞拜疆共和国中央银行董事会成员中任命阿塞拜疆共和国中央银行行长。

(11)提请阿塞拜疆共和国米利·马吉利西批准阿塞拜疆共和国的军事行动。

(12)任命或者免除阿塞拜疆共和国武装部队最高统帅部组成人员。

(13)组建阿塞拜疆共和国总统办公厅，并任命其负责人。

(14)向阿塞拜疆共和国米利·马吉利西提名选举阿塞拜疆共和国人权事务专员。

(15)向阿塞拜疆共和国米利·马吉利西提名阿塞拜疆共和国驻外国和国际组织的外交机构代表，任命和召回阿塞拜疆共和国驻外国和国际组织的外交代表。

(16)接受外国外交代表的到任和离任国书。

(17)签署政府间协议和国际条约,提请阿塞拜疆共和国米利·马吉利西批准或者废除与阿塞拜疆共和国法律相冲突的政府间协议和国际条约,签署批准书。

(18)决定全民公决。

(19)签署并公布法律。

(20)决定国籍问题。

(21)决定提供政治避难。

(22)执行特赦。

(23)授予国家奖励。

(24)授予最高军衔和最高专门衔级。

(25)宣布全国或局部地区总动员,同时根据总动员准许征兵入伍。

(26)决定阿塞拜疆共和国公民紧急服兵役,将预备役军人转化为紧急现役军人。

(27)设立阿塞拜疆共和国安全委员会。

(28)提请阿塞拜疆共和国米利·马吉利西同意运用阿塞拜疆共和国武装力量执行与其职能无关的任务。

(29)宣布紧急状态和战争状态。

(30)根据阿塞拜疆共和国米利·马吉利西的决定,宣布战争及缔结和平协定。

(31)设立属于阿塞拜疆共和国国家预算支出范围的专门警卫部队。

(32)按照行政程序决定本宪法规定不属于阿塞拜疆共和国米利·马吉利西和司法机关职权的问题。

第一百一十条 ［签署法律］

1. 阿塞拜疆共和国总统应在法律提交后的五十六日内签署该法律。如果阿塞拜疆共和国总统对该法律持有异议而不签署该法律,应在规定期限内将该法律连同异议退回阿塞拜疆共和国米利·马吉利西。

2. 如果阿塞拜疆共和国总统拒绝签署宪法性法律,则该法律不得发生法律效力。但如果阿塞拜疆共和国米利·马吉利西以九十五票多数两次通过以前以八十三票多数通过的法律,或者以八十三票多数再次通过以前以六十三票多数通过的法律,则该法律在再次投票通过后立即发生法律效力。

第一百一十一条 ［宣布战争状态］

如果出现阿塞拜疆共和国部分领土被实际占领、一个或数个国家对阿塞拜疆共和国宣战、发生武装袭击阿塞拜疆共和国的现实危险、封锁阿塞拜疆共和国领土或者有封锁阿塞拜疆共和国领土的现实威胁时,阿塞拜疆共和国总统应当宣布全国或部分地区进入战争状态,并在二十四小时内将相关命令提请阿塞拜疆共和国米利·马吉利西通过和批准。

第一百一十二条 ［宣布紧急状态］

发生自然灾害、传染病、兽疫、重大生态及其他灾难,发生旨在破坏阿塞拜疆共和国领土完整的行为,发生针对国家的叛乱或政变,发生暴力并导致社会秩序混乱,发生威胁公民生命和安全或国家机关正常活动的冲突,阿塞拜疆共和国总统应当宣布阿塞拜疆共和国局部地区进入紧急状态,并在二十四小时内将相关命令提请阿塞拜疆共和国米利·马吉利西通过和批准。

第一百一十三条 ［阿塞拜疆共和国总统法令］

1. 阿塞拜疆共和国总统根据米利·马吉利西的法律规则发布总统法令,对其他问题发布命令。

2. 阿塞拜疆共和国总统的法令和命令自公布之日起生效,但法令和命令本身另有规定者除外。

第一百一十四条 ［阿塞拜疆共和国内阁的地位］

1. 为行使执行权,阿塞拜疆共和国总统应当组建阿塞拜疆共和国内阁。

2. 阿塞拜疆共和国内阁是阿塞拜疆共和国总统的最高执行机构。

3. 阿塞拜疆共和国内阁向阿塞拜疆共和国总统负责并报告工作。

4. 阿塞拜疆共和国内阁的工作程序由阿塞拜疆共和国总统确定。

第一百一十五条 ［阿塞拜疆共和国内阁的组成］

阿塞拜疆共和国内阁由总理、副总理、部长和其他中央执行机关的负责人组成。

第一百一十六条 ［阿塞拜疆共和国内阁的辞职］

在阿塞拜疆共和国新当选总统就职开始履行职权之日起,阿塞拜疆共和国内阁应当向当选总统提出辞职。

第一百一十七条 ［阿塞拜疆共和国内阁会议］

阿塞拜疆共和国内阁会议通常由阿塞拜疆共和国总理主持。

第一百一十八条 ［阿塞拜疆共和国总理的任命程序］

1. 阿塞拜疆共和国总理经阿塞拜疆共和国米利·马吉利西同意后由阿塞拜疆共和国总统任命。

2. 阿塞拜疆共和国总统在开始履行职权后的一个月内或者在阿塞拜疆共和国内阁辞职后的两周内,应向阿塞拜疆共和国米利·马吉利西提名阿塞拜疆共和国总理候选人并提请审议。

3. 阿塞拜疆共和国米利·马吉利西应于候选人提名后的一周内通过阿塞拜疆共和国总理候选人的决定。如果违反上述程序或者三次否决阿塞拜疆共和国总统提名的总理候选人的任命,则阿塞拜疆共和国总统无须阿塞拜疆共和国米利·马吉利西同意而任命阿塞拜疆共和国总理。

第一百一十九条 ［阿塞拜疆共和国内阁的职权］

起草阿塞拜疆共和国国家预算草案并提交阿塞拜疆共和国总统；

保障阿塞拜疆共和国国家预算的执行；

保障金融信贷和货币政策的实行；

保障国家经济发展纲领的实施；

保障国家社会发展纲领的实施；

领导各部和中央执行机构，废除其法令；

决定阿塞拜疆共和国总统移交的属于其职权范围的其他问题。

第一百二十条 ［阿塞拜疆共和国内阁的法令］

1. 阿塞拜疆共和国内阁根据米利·马吉利西的法律规则发布决定，其他问题发布命令。

2. 如果阿塞拜疆共和国内阁的决定和命令没有规定例外程序，决定和命令自公布之日起生效。

第一百二十一条 ［阿塞拜疆共和国内阁成员候选人资格］

1. 凡年满三十周岁，具有选举权，受过高等教育，没有其他国家的债务的阿塞拜疆共和国公民可以被任命为阿塞拜疆共和国总理。

2. 凡年满二十五周岁，具有选举权，受过高等教育，没有其他国家的债务的阿塞拜疆共和国公民可以被任命为阿塞拜疆共和国副总理、部长和中央执行机构的负责人。

第一百二十二条 ［阿塞拜疆共和国内阁成员的资格］

阿塞拜疆共和国内阁总理、副总理、部长和中央执行机构的负责人，不能担任经过选举或任命的任何职务，不能从事企业、商业或其他有偿活动，但从事科学、教育和创作活动不在此限。除职务工资以及从事科学、教育和创作活动的报酬外，不得接受其他报酬。

第一百二十三条 ［阿塞拜疆共和国内阁总理的豁免权］

1. 阿塞拜疆共和国内阁总理在任期内享有人身豁免权。

2. 阿塞拜疆共和国内阁总理除在犯罪现场被当场抓获外不受逮捕和刑事追究，不得通过司法程序采取强制措施，不受搜查和人身检查。

3. 如果阿塞拜疆共和国内阁总理在犯罪现场被当场抓获，可以将其逮捕。但逮捕机关应立即将此情况通报阿塞拜疆共和国总检察长。

4. 只有阿塞拜疆共和国总统根据阿塞拜疆共和国总检察长的建议才能终止阿塞拜疆共和国内阁总理的豁免权。

第一百二十四条 ［地方的执行权］

1. 地方的执行权由地方执行机关的行政首长行使。

2. 地方行政首长由阿塞拜疆共和国总统任免。

3. 地方执行机关的职权范围由阿塞拜疆共和国总统决定。

第七章　司法权

第一百二十五条 ［司法权的行使］

1. 只有法院才能通过审判方式行使阿塞拜疆共和国的司法权。

2. 司法权由阿塞拜疆共和国宪法法院、阿塞拜疆共和国最高法院、阿塞拜疆共和国上诉法院、阿塞拜疆共和国普通地方法院和阿塞拜疆共和国专门法院行使。

3. 司法权通过宪法、民事诉讼、刑事诉讼以及法律规定的其他形式的诉讼来实现。

4. 阿塞拜疆共和国检察院和辩护人应参加刑事诉讼。

5. 法院的审级制度和诉讼程序由法律规定。

6. 禁止采用没有法律规定的非法定方式改变法院的职权，禁止设立特别法院。

7. 诉讼程序应保障查明事实真相。

第一百二十六条 ［法官候选人的资格］

1. 凡年满三十周岁，具有选举权、受过高等法律教育、从事法律专门职业不少于五年的阿塞拜疆共和国公民可以担任法官。

2. 法官不能担任经选举或任命产生的任何职务，不得从事除科学、教育和创作以外的企业、商业和其他有偿活动，不得参与政治活动或者加入政党，除职务工资以及从事科学、教育和创作活动的报酬外不得收受其他报酬。

第一百二十七条 ［法官独立，司法权行使的基本原则和条件］

1. 法官独立，只服从阿塞拜疆共和国宪法和法律，法官在任期内不被撤换。

2. 法官根据事实和法律公平、公正地审理案件，维护各方当事人在法律上的平等权。

3. 禁止对任何一方当事人进行直接或间接的诉讼程序的限制以及以某种理由对其非法影响、威胁和干涉。

4. 司法权的行使应当以公民在法律和法院面前人人平等为基础。

5. 所有法院审理案件向公众公开。只有在法院认为公开审理案件可能泄露国家、职业和商业秘密以及必须保护私人和家庭生活隐私时才允许不公开审理。

6. 除法律规定的情形外，刑事案件不允许缺席审理。

7. 诉讼程序的进行以辩论原则为基础。

8. 每个人的辩护权在诉讼程序的任何阶段都应当受到保障。

9. 司法裁判应建立在无罪推定的基础之上。

10. 在阿塞拜疆共和国,诉讼程序的进行使用阿塞拜疆共和国的国家语言或相应地区多数居民使用的语言。参与庭审的人不懂诉讼程序所使用的语言,应保障其全面了解案件事实和材料的权利,在法院提供翻译的帮助下参加诉讼并在法庭上使用母语。

第一百二十八条 〔法官的豁免权〕

1. 法官有豁免权。

2. 只有通过法律规定的程序才能追究法官的刑事责任。

3. 只有根据法律规定的原则和规则才能终止法官的职权。

4. 如果法官实施犯罪,阿塞拜疆共和国总统应当根据阿塞拜疆共和国最高法院的结论向阿塞拜疆共和国米利·马吉利西提出免除法官职务的建议。阿塞拜疆共和国最高法院应在阿塞拜疆共和国总统提出咨询请求后的三十日内将咨询结论提交共和国总统。

5. 阿塞拜疆共和国宪法法院、阿塞拜疆共和国最高法院、阿塞拜疆共和国上诉法院的法官只有当阿塞拜疆共和国米利·马吉利西以八十三票的多数通过才能作出免除其职务的决定,其他法官的免职决定应由阿塞拜疆共和国米利·马吉利西以六十三票的多数通过。

第一百二十九条 〔法院的判决及其执行〕

1. 法院以国家的名义作出判决,判决具有强制执行力。

2. 不执行法院的判决应承担法律责任。

3. 法院的判决建立在法律和证据的基础上。

第一百三十条 〔阿塞拜疆共和国宪法法院〕

1. 阿塞拜疆共和国宪法法院由九名法官组成。

2. 阿塞拜疆共和国宪法法院的法官由阿塞拜疆共和国米利·马吉利西根据阿塞拜疆共和国总统的提名任命。

3. 阿塞拜疆共和国宪法法院根据阿塞拜疆共和国总统、阿塞拜疆共和国米利·马吉利西、阿塞拜疆共和国内阁、阿塞拜疆共和国最高法院、阿塞拜疆共和国检察院以及纳赫切万自治共和国奥利·马吉利西的请求,对下列问题作出裁决:

(1)阿塞拜疆共和国的法律、阿塞拜疆共和国总统的法令和命令、阿塞拜疆共和国米利·马吉利西的决议、阿塞拜疆共和国内阁的决定和命令以及阿塞拜疆共和国中央执行机关的规范性法律文件是否符合阿塞拜疆共和国宪法。

(2)阿塞拜疆共和国总统的法令、阿塞拜疆共和国内阁决定以及中央执行机关的规范性法律文件是否符合阿塞拜疆共和国的法律。

(3)内阁的决定以及中央执行机关的规范性法律文件是否符合阿塞拜疆共和国总统的法令。

(4)法律规定的阿塞拜疆共和国最高法院的判决是否符合阿塞拜疆共和国宪法和法律。

(5)地方自治市的法令是否符合阿塞拜疆共和国宪法、阿塞拜疆共和国法律、阿塞拜疆共和国总统法令、阿塞拜疆共和国内阁的决定(在纳赫切万自治共和国,还应当包括是否符合纳赫切万自治共和国的宪法和法律、纳赫切万自治共和国内阁的决定)。

(6)尚未生效的阿塞拜疆共和国签署的国际条约是否符合阿塞拜疆共和国宪法;阿塞拜疆共和国签署的政府间协定是否符合阿塞拜疆共和国宪法和法律。

(7)纳赫切万自治共和国的宪法和法律,纳赫切万自治共和国奥利·马吉利西的决议、纳赫切万自治共和国内阁的决定是否符合阿塞拜疆共和国宪法;纳赫切万自治共和国的法律、纳赫切万自治共和国内阁的决定是否符合阿塞拜疆共和国的法律;纳赫切万自治共和国内阁的决定是否符合阿塞拜疆共和国总统的法令以及阿塞拜疆共和国内阁的决定。

(8)裁决立法、执行和司法机关的权限争议。

4. 阿塞拜疆共和国宪法法院应阿塞拜疆共和国总统、阿塞拜疆共和国米利·马吉利西、阿塞拜疆共和国内阁、阿塞拜疆共和国最高法院、阿塞拜疆共和国检察院、纳赫切万自治共和国奥利·马吉利西的请求,解释阿塞拜疆共和国的宪法和法律。

5. 恢复受到侵害的人的权利与自由,人人都有权根据法律规定的程序对侵犯其权利与自由的立法和执行机关的规范性法律文件、自治市和法院的命令向阿塞拜疆共和国宪法法院提起控诉,请求宪法法院按照本条第3款第(1)项至第(7)项的规定作出裁决。

6. 根据阿塞拜疆共和国法律规定的程序,法院可以就人的权利与自由的实现提请阿塞拜疆共和国宪法法院解释宪法和法律。

7. 阿塞拜疆共和国人权事务专员有权根据法律规定的程序对侵犯人的权利与自由的立法与执行机关的规范性法律文件、自治市和法院的命令请求阿塞拜疆共和国宪法法院对本条第3款第(1)项至第(7)项规定的问题作出裁决。

8. 阿塞拜疆共和国宪法法院行使本宪法规定的其他职权。

9. 阿塞拜疆共和国宪法法院对其职权范围内的问题作出裁决,阿塞拜疆共和国宪法法院的裁决在阿塞拜疆共和国境内具有拘束力,阿塞拜疆共和国宪法法院的判决应当公布。

10. 阿塞拜疆共和国宪法法院作出违反宪法的裁决后,法律、法律文件或其个别条款和阿塞拜疆共和国的政府间协议失效,阿塞拜疆共和国签署的国际条约在阿塞拜疆共和国宪法法院作出裁决期间不发生效力。

第一百三十一条 [阿塞拜疆共和国最高法院]

1. 阿塞拜疆共和国最高法院是审理民事、刑事和其他由普通与专门法院审理的案件的最高司法机关;通过受理上诉案件行使司法权;并对审判实践中的问题进行解释。

2. 阿塞拜疆共和国米利·马吉利西根据阿塞拜疆共和国总统的提名任命阿塞拜疆共和国最高法院法官。

3. 阿塞拜疆共和国最高法院的判决应公布。

第一百三十二条 [阿塞拜疆共和国上诉法院]

1. 阿塞拜疆共和国上诉法院是根据法律规定属于其管辖范围内案件的上级法院。

2. 阿塞拜疆共和国米利·马吉利西根据阿塞拜疆共和国总统的提名任命阿塞拜疆共和国上诉法院法官。

第一百三十三条 [阿塞拜疆共和国检察院]

1. 阿塞拜疆共和国检察院根据法律规定的程序监督法律的执行和实施;根据法律规定,对刑事案件提起公诉并主持侦查;出庭支持公诉;在法院提起其他诉讼;对法院的判决提出抗诉。

2. 阿塞拜疆共和国检察院是统一的、中央集中领导下的机构,地方检察院和专门检察院受阿塞拜疆共和国总检察长领导。

3. 阿塞拜疆共和国总检察长经阿塞拜疆共和国米利·马吉利西同意后由阿塞拜疆共和国总统任免。

4. 阿塞拜疆共和国副总检察长、检察官领导专门的共和国检察院,纳赫切万自治共和国检察官由阿塞拜疆共和国总统根据阿塞拜疆共和国总检察长的提名任免。

5. 阿塞拜疆共和国地区和专门检察官经阿塞拜疆共和国总统同意后由阿塞拜疆共和国总检察长任免。

第八章　纳赫切万自治共和国

第一百三十四条 [纳赫切万自治共和国的地位]

1. 纳赫切万自治共和国是阿塞拜疆共和国组成部分的自治国家。

2. 纳赫切万自治共和国的地位由本宪法规定。

3. 纳赫切万自治共和国是阿塞拜疆共和国不可分割的组成部分。

4. 阿塞拜疆共和国宪法、阿塞拜疆共和国法律、阿塞拜疆共和国总统法令和阿塞拜疆共和国内阁决定在纳赫切万自治共和国内具有约束力。

5. 纳赫切万自治共和国奥利·马吉利西①通过纳赫切万自治共和国的宪法和法律,但不得与阿塞拜疆共和国宪法和法律相抵触;纳赫切万自治共和国内阁通过的决定不得与阿塞拜疆共和国宪法和法律、阿塞拜疆共和国总统的法令以及阿塞拜疆共和国内阁的决定相抵触。

6. 纳赫切万自治共和国的宪法应由阿塞拜疆共和国总统提交阿塞拜疆共和国米利·马吉利西通过制定宪法性法律批准。

第一百三十五条 [纳赫切万自治共和国的权力分立]

1. 纳赫切万自治共和国的立法权由纳赫切万自治共和国奥利·马吉利西行使,执行权由纳赫切万自治共和国内阁行使,司法权由纳赫切万自治共和国法院行使。

2. 纳赫切万自治共和国奥利·马吉利西对阿塞拜疆共和国宪法和法律规定属于其职权范围内的事项自主作出决定;纳赫切万自治共和国内阁对阿塞拜疆共和国宪法、法律以及阿塞拜疆共和国总统法令规定属于其职权范围内的事项自主作出决定;纳赫切万自治共和国法院对阿塞拜疆共和国宪法和法律规定属于其职权范围内的事项自主作出决定。

第一百三十六条 [纳赫切万自治共和国的最高官员]

纳赫切万自治共和国奥利·马吉利西议长是纳赫切万自治共和国最高官员。

第一百三十七条 [纳赫切万自治共和国的奥利·马吉利西]

1. 纳赫切万自治共和国奥利·马吉利西由四十五名议员组成。

2. 纳赫切万自治共和国奥利·马吉利西任期为五年。

3. 纳赫切万自治共和国的奥利·马吉利西议长、副议长、常设委员会和其他委员会均由纳赫切万自治共和国的奥利·马吉利西选举产生。

第一百三十八条 [纳赫切万自治共和国奥利·马吉利西制定法律规则]

1. 纳赫切万自治共和国奥利·马吉利西对下列

---

① 奥利·马吉利西是纳赫切万自治共和国的立法机构。

事项制定法律规则：

(1)纳赫切万自治共和国奥利·马吉利西的选举；

(2)税收；

(3)纳赫切万自治共和国的经济发展目标；

(4)社会保障；

(5)自然环境的保护；

(6)旅游；

(7)卫生保健、科学和文化。

2. 本条第1款所列事项应由纳赫切万自治共和国奥利·马吉利西制定法律。

第一百三十九条 ［纳赫切万自治共和国奥利·马吉利西决定的问题］

1. 下列问题由纳赫切万自治共和国奥利·马吉利西作出决定：

(1)纳赫切万自治共和国奥利·马吉利西的工作机构；

(2)批准纳赫切万自治共和国的预算；

(3)批准纳赫切万自治共和国的经济和社会发展纲领；

(4)任免纳赫切万自治共和国总理；

(5)批准纳赫切万自治共和国内阁的组成；

(6)对纳赫切万自治共和国内阁信任投票。

2. 本条第1款所列问题应由纳赫切万自治共和国奥利·马吉利西通过决议。

第一百四十条 ［纳赫切万自治共和国内阁］

1. 纳赫切万自治共和国内阁的组成人员由纳赫切万自治共和国米利·马吉利西根据纳赫切万自治共和国总理的提名决定。

2. 纳赫切万自治共和国总理由纳赫切万自治共和国奥利·马吉利西根据阿塞拜疆共和国总统的提名任命。

3. 纳赫切万自治共和国内阁：

(1)制定纳赫切万自治共和国预算草案并提请纳赫切万自治共和国奥利·马吉利西批准；

(2)执行纳赫切万自治共和国预算；

(3)保障纳赫切万自治共和国经济纲领的实施；

(4)保障纳赫切万自治共和国社会纲领的实施；

(5)决定阿塞拜疆共和国总统移交的其他问题。

4. 纳赫切万自治共和国内阁可以发布决定和命令。

第一百四十一条 ［纳赫切万自治共和国的地方执行权］

纳赫切万自治共和国的地方行政首长由阿塞拜疆共和国总统根据纳赫切万自治共和国的奥利·马吉利西议长的提名任命。

第四部分　地方自治

第九章　地方自治市

第一百四十二条 ［地方自治组织］

1. 地方自治市行使自治权。

2. 自治市的组织基础是选举。

3. 本宪法规定自治市的地位，自治市的选举程序由法律规定。

第一百四十三条 ［自治市的工作机构］

1. 自治市通过市政会议、常设委员会和其他委员会开展工作。

2. 自治市市政会议由自治市市长召集。

第一百四十四条 ［自治市的职权］

1. 自治市市政会议决定下列问题：

(1)根据法律的规定认定自治市组成人员的职权、职权的丧失和终止；

(2)批准自治市的内部管理制度；

(3)自治市市长、副市长、常设委员会和其他委员会的选举；

(4)规定地方税和征收；

(5)批准地方预算和预算执行的报告；

(6)管理、使用和处分自治市的财产；

(7)接受并执行地方社会保障和社会发展纲领；

(8)接受并执行地方经济发展纲领；

(9)接受并执行地方生态规划。

2. 可以授权自治市行使立法权和执行权，为行使这些职权，需要授权机关拨付相应的财政经费。

此类权力的行使应受相应的立法和执行机关的监督。

第一百四十五条 ［自治市的决定］

1. 自治市市政会议审议问题应当作出决定。

2. 自治市市政会议的决定应由自治市市政会议成员的简单多数通过。

3. 有关地方税收和征收的决定，应由自治市市政会议成员的三分之二以上多数通过。

第一百四十六条 ［自治市独立性的保障］

1. 自治市独立行使职权，但须对居住在自治市区域范围内的公民负责。自治市市政会议成员的选举程序、职权的暂时停止与终止以及自治市市政会议的提前解散由法律规定。

2. 自治市独立行使职权不得损害阿塞拜疆共和国国家的主权。

3. 国家监督自治市的活动。

4. 根据法律规定的程序，自治市应当向阿塞拜

57

疆共和国米利·马吉利西提交工作报告。

5. 保障自治市获得司法保护,补偿因国家机关的决定而发生的额外开支。

第五部分　权利与法律

第十章　法律体系

第一百四十七条　[阿塞拜疆共和国宪法的法律效力]

1. 阿塞拜疆共和国宪法具有最高法律效力。

2. 阿塞拜疆共和国宪法具有直接的法律效力。

3. 阿塞拜疆共和国宪法是阿塞拜疆共和国法律体系的基础。

第一百四十八条　[构成阿塞拜疆共和国法律体系的法规范]

1. 法律体系由下列规范性法律文件组成:

(1)宪法;

(2)全民公决通过的法案;

(3)法律;

(4)命令;

(5)阿塞拜疆共和国内阁的决定;

(6)中央执行机关的规范性文件。

2. 阿塞拜疆共和国参加的国际条约是阿塞拜疆共和国法律体系的组成部分。

3. 纳赫切万自治共和国宪法和法律、纳赫切万自治共和国内阁的决定在纳赫切万自治共和国具有法律效力。

4. 纳赫切万自治共和国的法律体系应与阿塞拜疆共和国的法律体系保持一致。

5. 地方执行机关在自己的权限内可以制定规范性文件,但不得与列入法律体系的法规范相抵触。

第一百四十九条　[规范性法律文件]

1. 规范性法律文件应以公平和公正为基础(平等对待相同的利益)。

2. 全民公决通过的法案公布后,所有公民、立法机关、行政机关、司法机关、法人和自治市均须适用与执行。

3. 法律不得与宪法相抵触。只有公布的法律才能被所有公民、立法机关、行政机关、司法机关、法人和自治市适用与执行。

4. 阿塞拜疆共和国总统法令不得与阿塞拜疆共和国宪法和法律相抵触。只有公布的法令才能被所有公民、执行机关和法人适用与执行。

5. 阿塞拜疆共和国内阁的决定不得与阿塞拜疆共和国宪法、法律以及阿塞拜疆共和国总统法令相抵触。只有公布的决定才能被所有公民、中央和地方的

执行机关、法人适用与执行。

6. 中央执行机关的规范性文件不得同阿塞拜疆共和国宪法和法律、阿塞拜疆共和国总统法令、阿塞拜疆共和国内阁决定相抵触。

7. 改善自然人和法人法律地位、消灭或减少其法律责任的规范性法律文件,具有溯及力。其他规范性法律文件不具有溯及力。

8. 规范性法律文件应当公布。不得强迫任何人执行(遵守)未公布的规范性法律文件或以不执行(遵守)该规范性法律文件而承担责任。规范性法律文件公布的程序由宪法性法律规定。

第一百五十条　[自治市的规范性文件]

1. 自治市制定的规范性文件应以公平和公正为基础(平等对待相同的利益),不得与阿塞拜疆共和国宪法和法律、阿塞拜疆共和国总统法令、阿塞拜疆共和国内阁决定相抵触(在纳赫切万自治共和国,不得与纳赫切万自治共和国宪法和法律、纳赫切万内阁决定相抵触)。

2. 自治市通过的规范性文件对该区域以及居住在该区域的公民和法人具有约束力。

第一百五十一条　[国际法的法律效力]

阿塞拜疆共和国法律体系中的规范性法律文件(阿塞拜疆共和国宪法和全民公决通过的法案除外)与阿塞拜疆共和国参加的国际条约相抵触,应当适用国际条约的规定。

第十一章　阿塞拜疆共和国宪法的修改

第一百五十二条　[阿塞拜疆共和国宪法修改的程序]

只有经过全民公决才能修改阿塞拜疆共和国宪法文本。

第一百五十三条　[提议修改阿塞拜疆共和国宪法文本的程序]

如果阿塞拜疆共和国米利·马吉利西或阿塞拜疆共和国总统提议修改阿塞拜疆共和国宪法文本,应当预先征求阿塞拜疆共和国宪法法院对修正案的意见。

第一百五十四条　[阿塞拜疆共和国宪法法院职权的限制]

阿塞拜疆共和国宪法法院不得对全民公决通过的阿塞拜疆共和国宪法文本作出修改的裁决。

第一百五十五条　[阿塞拜疆共和国宪法修改提议权的限制]

不得提议对宪法第一条、第二条、第六条、第七条、第八条和第二十一条予以修改或者废除的全民公决,不得提议废除本宪法第三章规定的人和公民的权利和自由或者作出比阿塞拜疆共和国参加的国际条

约的规定更高程度的限制。

第十二章　阿塞拜疆共和国宪法的增补

第一百五十六条　［阿塞拜疆共和国宪法的增补程序］

1. 阿塞拜疆共和国米利·马吉利西采用宪法性法律的形式对阿塞拜疆共和国宪法进行增补,但须获得九十五票的多数才能通过。

2. 关于增补阿塞拜疆共和国宪法的宪法性法律须经过阿塞拜疆共和国米利·马吉利西的两次投票,且第二次投票须在第一次投票后经过六个月才能举行。

3. 关于增补阿塞拜疆共和国宪法的宪法性法律须根据本宪法的规定且在第一次和第二次投票后提请阿塞拜疆共和国总统签署。

4. 关于增补阿塞拜疆共和国宪法的宪法性法律在第二次投票后由阿塞拜疆共和国总统签署即生效。

5. 宪法性法律是阿塞拜疆共和国宪法不可分割的组成部分,但不得与阿塞拜疆共和国宪法文本规定的基本原则相抵触。

第一百五十七条　［阿塞拜疆共和国宪法增补的提议］

阿塞拜疆共和国总统或阿塞拜疆共和国米利·马吉利西六十三名以上议员能够提出增补阿塞拜疆共和国宪法的动议。

第一百五十八条　［阿塞拜疆共和国宪法增补提议的限制］

不得对本宪法第一部分的条款提出增补提议。

过渡条款

1. 阿塞拜疆共和国宪法自全民公决通过后正式公布之日起生效。本宪法生效之日,1978 年 4 月 21 日通过的阿塞拜疆共和国宪法(基本法)失效。

2. 本宪法生效前选举的阿塞拜疆共和国总统行使列入本宪法的阿塞拜疆共和国总统职权范围内的职权。

3. 本宪法第一百零一条第 5 款的规定适用于本宪法通过后当选的阿塞拜疆共和国总统。

4. 由阿塞拜疆共和国最高苏维埃人民代表大会产生的米利·马吉利西和阿塞拜疆共和国国民议会的议员在新选举产生的阿塞拜疆米利·马吉利西召开第一次会议之日任届届满。

新选出的阿塞拜疆米利·马吉利西的第一次会议须在阿塞拜疆共和国米利·马吉利西选举产生了不少于八十三名议员后的一周内召开。第一次阿塞拜疆共和国米利·马吉利西会议持续到 1996 年 3 月 31 日。

1995 年 8 月 15 日通过的阿塞拜疆共和国米利·马吉利西选举法第八十五条在根据该法律选举产生的米利·马吉利西任期届满前仍然有效。

5. 阿塞拜疆共和国内阁自本宪法通过之日起行使本宪法规定的职权。

6. 自本宪法通过之日起,阿塞拜疆共和国地方苏维埃人民代表的权力终止。

列入阿塞拜疆共和国法律范围内的阿塞拜疆共和国地方苏维埃人民代表大会的职权由地方执行机关行使。

7. 本宪法生效后的两年内应当制定地方自治政府和自治市选举的法律。

8. 本宪法通过前在阿塞拜疆共和国实施的法律和其他规范性法律文件,不与本宪法相抵触的部分仍然有效。

9. 本宪法通过前产生的阿塞拜疆共和国法院根据本宪法规定的职权和原则行使司法权。

10. 自本宪法生效之日起一年内,应制定符合宪法规定的关于法官的地位、司法组织和司法改革的法律,并应重新任命阿塞拜疆共和国法官。

在上述法律通过前,应根据本宪法生效前已有的立法任免法官。

11. 自本宪法生效之日起一年内,应制定关于阿塞拜疆共和国宪法法院的法律和设立阿塞拜疆共和国宪法法院。在本宪法规定的阿塞拜疆共和国宪法法院设立前,阿塞拜疆共和国宪法法院不对本宪法第一百三十条第 3 款第(7)项规定的事项行使职权,该事项由阿塞拜疆共和国最高法院裁决。

12. 自本宪法生效之日起,阿塞拜疆共和国高等仲裁法院更名为阿塞拜疆共和国经济法院,行使立法规定的职权。

巴基斯坦伊斯兰共和国宪法*

（1973 年 4 月 10 日巴基斯坦国民议会通过，更新至 2011 年 1 月 1 日宪法第十九修正案）

以至仁至慈的真主之名

序　言

全宇宙的主权只属于全能的真主，而巴基斯坦人民在真主规定的限度内行使权力是真主神圣的委托。

巴基斯坦人民的愿望是要建立这样的秩序：

国家将通过人民选举的代表行使其权力；

彻底贯彻伊斯兰教所规定的民主、自由、平等、容忍和社会公正的原则；

穆斯林能够在个人和集体领域内，依照《古兰经》和《逊奈》所规定的伊斯兰教教义和要求安排其生活；

为少数教派自由地信奉宗教、从事宗教活动并发展其文化作出充分的安排；

目前已纳入巴基斯坦版图的领土和今后可能纳入巴基斯坦版图的领土应组成一个按规定的权力和权限划分实行自治的联邦；

在法律面前人人地位平等，机会均等，在遵守法律和公共道德的前提下，实现社会、经济和政治公平，保障人民享有思想、表达、信仰、礼拜和结社自由的基本权利；

为保护少数教派以及落后和被压迫阶级的合法利益作出充分的安排；

充分保障司法独立；

保护联邦的领土完整及其独立以及包括领土、领海、领空主权在内的一切权利；

为了巴基斯坦人民繁荣幸福，在世界各国中获得其应得的荣耀，并为国际和平和人类的进步与幸福作出自己的全部贡献。

因此，我们巴基斯坦人民：

意识到我们在全能的真主和人类面前的责任；

认识到人民为巴基斯坦事业所作出的牺牲；

忠实于巴基斯坦的缔造者、伟大领袖穆罕默德·阿里·真纳关于巴基斯坦将是一个以伊斯兰社会公正原则为基础的民主国家的宣言；

致力于维护人民在反对压迫和暴虐的不懈斗争中所取得的民主；

受到通过建立新秩序，创立一个平等社会以维护我们国家和政治的统一和团结的决心的鼓舞；

由我们的国民议会代表制定并通过本宪法，将其献给我国全体人民。

第一编　前言

第一条　[共和国的领土]

（一）巴基斯坦为联邦共和国，其全称为巴基斯坦伊斯兰共和国，以下简称巴基斯坦。

（二）本宪法适用于下列的巴基斯坦领土①：

1. 俾路支（Balochistan）省②、开伯尔—普赫图赫瓦省（Khyber Pakhtunkhwa）③、旁遮普（Punjab）省和信德（Sindh）④省；

2. 伊斯兰堡联邦首都特区，以下简称联邦首都；

3. 联邦直辖部落地区；

---

* 译自巴基斯坦国民议会网站（http://www.pak.gov.pk/Constitution30April2010.pdf）所载的英文版，并根据 2011 年 1 月 1 日最新通过的宪法第十九修正案（http://www.nA.gov.pk/passed_bill/passed_bill_2010/constitution_nineteenth_amnd_act2010_221210.pdf）作相应修改。译者：孙群。

①　宪法第一修正案修改。

②　宪法第十八修正案修改，原为"Baluchistan"。

③　宪法第十八修正案修改，原为"North West Frontier"（西北边境省），将该国"西北边境省"正式更名为"开伯尔—普赫图赫瓦省"，西北边境省是巴基斯坦最小的一个省，共有 2000 万人口，其中 3/4 是普什图人，主要语言也为普什图语。新省名中的"普赫图赫瓦"，是普什图语的音译，意思为"普什图之地"，而"开伯尔"则代表着该省内有著名的开伯尔山。关于该地名的更改的相关报道，可见来源于国际在线《巴基斯坦边境小省　为改名字折腾半世纪》的相关报道。——译者注

④　宪法第十八修正案修改，原为"Sind"。

4. 通过归并或其他方式纳入或可能纳入巴基斯坦版图的邦和地区。

（三）议会可通过立法，确定合适的条件接纳新的邦或地区加入联邦。

第二条 ［伊斯兰教是巴基斯坦国教］

伊斯兰教是巴基斯坦国教。

第二 A 条 ［客观决议构成实质性的条款］

在附录中重申的客观性的决定中所包含的原则和条款，构成宪法实质有效的部分，需得到遵守。

第三条 ［消灭剥削］

国家将确保消灭各种形式的剥削并逐步实现各尽所能、按劳取酬的基本原则。

第四条 ［根据法律等拥有的个人权利］

（一）无论是巴基斯坦的公民还是任何在巴基斯坦境内的人都享有依法保护的不可剥夺的权利。

（二）特别是——

1. 非依据法律，不得采取任何有害于任何人的生命、自由、身体、名誉或财产的行为；

2. 不得阻止或妨碍任何人做未为法律所禁止之事；

3. 不得强迫任何人做法律所未要求之事。

第五条 ［效忠国家及遵守宪法和法律］

（一）忠于国家是每个公民的基本义务。

（二）遵守宪法和法律是每个公民和每个在巴基斯坦境内的人神圣①的义务。

第六条 ［叛国罪］

（一）②凡使用武力、以武力相威胁或利用其他违反宪法手段废除、颠覆、暂停、搁置本宪法或者企图阴谋废除、颠覆、暂停、搁置本宪法者均以叛国罪论处。

（二）凡支持、煽动或协助③本条第一款所列行为者，同样以叛国罪论处。

（二甲）④第一款和第二款所涉及的叛国行为不能被包括最高法院和高等法院在内的任何法院确定为有效。

（三）议会通过立法规定叛国罪的罚则。

第二编　基本权利和政策原则

第七条 ［国家的定义］

在本编中，除另有规定者外，"国家"指联邦政府、议会、省政府、省议会和依法有权征税的地方或其他机构。

第一章　基本权利

第八条 ［违反或损害基本权利的法律无效］

（一）任何法律，或者具有法律效力的习惯或惯例，凡与本章所规定的权利抵触者，其相抵触的部分无效。

（二）国家不得制定任何法律从而剥夺或取消本章所规定的权利，违反本款规定业已制定的任何法律，其违反的部分无效。

（三）本条规定不适用于下列法律：

1. 有关军队、警察或其他社会治安部队的成员执勤或内部纪律的法律；

2.⑤任何以下：

（1）附表一所列在本宪法生效前已生效的法律或对附表一所列法律进行修改的法律；

（2）其他附表一第一部分所列的法律。

上述法律或其任何条款不因同本章的任何规定不一致或相抵触而成为无效。

（四）尽管有第三款第 2 项的规定，有关立法机关应在本宪法生效之日起两年内，使附表一第二部分所规定的法律⑥同本章所规定的权利相一致。

但是，有关立法机关可以通过决议延长上述两年期限，但延长期不得超过六个月。

［解释条款］

如果处理这类法律的立法机构是议会，上述决议应由国民议会作出。

（五）除本宪法有明确规定者外，不得暂停实施本章所规定的权利。

第九条 ［人身安全］

非依据法律，不得剥夺任何人的生命或自由。

第十条 ［针对逮捕和拘留的保护措施］

（一）若未向被逮捕者本人说明逮捕理由，不得予以拘留，也不得剥夺被逮捕者向其所选择的律师寻求法律咨询和辩护的权利。

（二）被逮捕或被拘留后应在被捕后二十四小时内移送治安法官。上述时限不包括从逮捕地点送到最近的治安法庭的路程时间。在上述时限届满后，未经治安法官批准不得继续羁押被逮捕者。

---

① 1985 第 14 号总统令修改，原为"basic"（基本的）。

② 宪法第十八修正案修改。

③ 宪法第十八修正案新增。

④ 宪法第十八修正案新增。

⑤ 第四修正案修改。

⑥ 第四修正案修改，原为"除经济改革法律及与经济改革有关的法律外"。

（三）第一款和第二款的规定不适用于依法对被逮捕者或被拘留者实施的预防性羁押。

（四）针对危害巴基斯坦领土完整、国家安全或国防，或危害巴基斯坦外交事务、公共秩序、公共供应及公共服务的行为，不得制定任何预防性羁押法律。上述法律不得规定三个月①以上的拘留期。但是，经有关的检查委员会在听取被拘留者本人的陈述后，在上述期限届满前审查被拘留者的案情并提出报告，认为有充分的理由需予拘留者，不在此限。如果在上述三个月②期满后仍需继续拘留，须有关的检查委员会在每次拘留期期满以前审查被拘留者的案情并且提出报告，证明需继续拘留的充分的理由。

[解释条款一]

本条所说的"有关的检查委员会"：

（1）涉及根据联邦法律而被拘留者时，指由巴基斯坦首席法官任命的委员会。该委员会由一名主席和两名委员组成，他们都必须是现任或曾任最高法院或高等法院的法官。

（2）涉及根据省法律而被拘留者时，指由有关的高等法院首席法官任命的委员会。该委员会由一名主席和两名委员组成，他们都必须是现任或曾任高等法院的法官。

[解释条款二]

检查委员会的意见必须是该委员会过半数的意见。

（五）当依法实施预防性拘留时，下达拘留令的当局应在实施拘留后十五天③内，将下达拘留令的理由告知被拘留者，并且应尽早地向他提供对拘留令提出抗诉的机会。

但是，下达拘留令的当局可以出于公共利益拒绝公开有关事实。

（六）下达拘留令的当局应向有关的检查委员会提供一切有关案情的文件，但经有关政府的秘书签署证明书，证明出于公共利益需要不得提供者除外。

（七）在依法实施预防性拘留时，自第一次下达拘留令之日起二十四个月内，涉及危害公共秩序的活动被拘留者，其拘留期累计不得超过八个月，因其他行为而被拘留者，其拘留期累计不超过十二个月。

但是，本款的规定不适用于为敌人所雇用，或为敌人工作，或按敌人指示行动的任何人，或者正在或企图损害巴基斯坦国家统一、安全和国防的任何人，或者实施或已经实施联邦法律中所规定的一系列叛

国行为，或者参与反国家为目的的组织或反复从事反国家活动的组织的任何人。④

（八）有关的检查委员会决定被拘留者的拘留地点和为其家属提供合理的生活补助。

（九）本条的规定不适用于当时是敌国侨民的人。

第十 A 条⑤ ［公平审判权］

对公民的民事权利和义务进行裁判或刑事指控，公民有权获得公平的审判和正当程序的保护。

第十一条 ［禁止奴役、强迫劳动］

（一）奴役在巴基斯坦是不存在和被禁止的；任何法律不得允许或促使奴隶制度在巴基斯坦以任何形式出现。

（二）禁止任何形式的强迫劳动和贩卖人口。

（三）不满十四周岁的儿童不得在工厂、矿山劳动或者从事其他危险工作。

（四）本条的规定不得视为影响下列强制性服务：

1. 罪犯在服刑期间的惩罚性劳动；

2. 法定公共义务劳动。

但是，任何强制性服务不得是残酷或有损人尊严的。

第十二条 ［追溯性惩罚］

（一）任何法律不得规定：

1. 对依当时的法律不受处罚的作为或不作为给予处罚；

2. 对罪犯判处重于或不同于犯罪当时施行的法律所规定的刑罚。

（二）第一款或第二百七十条的规定不适用于1956 年 3 月 23 日宪法生效后规定废除或颠覆宪法犯罪的法律。

第十三条 ［禁止双重惩罚和自证其罪］

任何人：

1. 不得因同一罪行而受到一次以上的控告或惩罚；

2. 受控告时，不得强迫其自证其罪。

第十四条 ［人的尊严不可侵犯］

（一）人的尊严和私人住宅不受侵犯，但法律另有规定者除外。

（二）不得对任何人刑讯逼供。

第十五条 ［迁徙自由］

每个公民在遵守法律以公共利益为目的所规定的合理限制的前提下，有在巴基斯坦境内任何地方居

---

① 宪法第三修正案修改，原为"一个月"。

② 宪法第三修正案修改，原为"一个月"。

③ 宪法第三修正案修改，原为"一周"。

④ 宪法第三修正案新增。

⑤ 宪法第十八修正案新增。

住和迁徙的自由。

第十六条 ［集会自由］

所有公民都有非武装和平地举行集会的权利，但须遵守法律为了公共利益的需要所规定的合理限制。

第十七条 ［结社自由］①

（一）所有公民都有结社或成立团体的权利，但须遵守法律为了巴基斯坦的主权完整、公共道德或公共秩序的需要所规定的合理限制。

（二）每一个巴基斯坦公民都享有组织或参加政党的权利，但必须遵守法律根据巴基斯坦主权完整所规定的合理限制，同时联邦政府有权宣布政党正式成立或某政党侵犯巴基斯坦国家主权完整，联邦政府有权在宣布后十五日内将其提交最高法院进行最终裁决。

（三）每个政党必须依法说明其资金的来源。

第十八条 ［贸易、商业或职业自由］

每个公民都有依照法律规定的条件，从事任何合法的职业、经营任何合法的贸易或商业的权利：

但是，以下规定除外：

1. 通过许可证制度对贸易或专业进行的管理；或
2. 有利于贸易、商业或工业自由竞争的；或
3. 由联邦政府或省政府直接经营或由上述政府控制的公司排他性经营的贸易、商业、工业或者服务业。

第十九条 ［言论自由］

每个公民都有言论、表达及出版自由，但须遵守法律根据下列需要所规定的合理限制：伊斯兰教的荣耀，巴基斯坦或其任何地区的完整、安全或防务，同外国的友好关系，公共秩序，文明礼貌，公共道德，或者涉及藐视法庭、实施②或者唆犯罪的。

第十九A条③ ［知情权］

在遵守法律规定的合理限度内，每个公民有获得重要公共信息的权利。

第二十条 ［信仰自由和宗教活动自由］

在遵守法律、公共秩序和公共道德的前提下，

1. 每个公民有信仰、奉行和传播其宗教的权利；
2. 各种宗教及其教派都有建立、维持和管理其宗教机构的权利。

第二十一条 ［禁止对特别宗教的征税］

不得强迫任何人缴纳用于传播或维持不是他所信奉的宗教的特别税。

第二十二条 ［保护关于宗教的教育机构等］

（一）不得要求在任何教育机构学习的人接受不是他所信奉的宗教的教育，出席宗教仪式，或者参加

宗教礼拜。

（二）对宗教机构实行减免税时，对各种宗教机构一视同仁，不加歧视。

（三）除法律另有规定者外，

1. 不得阻碍任何教会或者教派在完全由它维持的教育机构里向属于本教派或教会的学生进行宗教教育；
2. 由国家财政资助的任何教育机构不得以种族、宗教、种姓或出生地为理由而拒绝录取学生。

（四）本条规定不妨碍任何政府当局为改变任何公民阶层的社会落后状况或教育落后状况作出规定。

第二十三条 ［财产条款］

每个公民都有在巴基斯坦任何地区获得、持有和转让财产的权利，但须遵守宪法的规定以及法律根据公共利益需要所规定的合理限制。

第二十四条 ［财产权的保护］

（一）非依据法律，不得剥夺任何人的财产。

（二）除由法律根据公共需要作出规定并依法给予赔偿者外，任何财产不得被征收或征用。上述法律应就赔偿金额、确定赔偿的原则及偿付方式作出规定。

（三）本条规定不影响下列法律的有效性——

1. 为防止对生命、财产或公共卫生的危害而允许征收或征用任何财产的法律。
2. 关于对任何个人以不正当或非法手段获得或占有的财产实行接收的法律。
3. 对依法属于敌产或视为敌产，或被疏散人员财产（不包括依法不再属于被疏散人员的财产）的获得、管理或处分的法律。
4. 根据公共利益的需要，或为确保对财产的适当管理，或为维护财产所有者的利益由国家在一定时期内接管财产的法律。
5. 关于为下列目的的获得任何种类财产的法律：

（1）向全体公民或特定阶层的公民提供教育和医疗；

（2）向全体公民或特定阶层的公民提供住宅以及道路、供水、下水道、煤气和电力等公共设施和公用事业；

（3）对因失业、疾病、年老体弱而无法维持生活的人提供生活补助。

6. 为实施第二百五十三条已经制定的法律或将制定的法律。

（四）本条所涉及的法律所规定的赔偿的合理性或依据该法确定的赔偿金额，均不得向法院提出异议。

第二十五条 ［平等权］

---

① 宪法第十八修正案修改。

② 宪法第四修正案修改，原为"诽谤"。

③ 宪法第十八修正案新增。

（一）所有公民在法律面前一律平等并享有同等的法律保护。

（二）禁止性别歧视①。

（三）本条规定不妨碍国家为保护妇女和儿童作出特殊规定。

第二十五A条　[教育权]

国家为所有年届五周岁至十六周岁的儿童提供义务教育，具体的方式由法律规定。②

第二十六条　[进入公共场所无歧视]

（一）在进入公共娱乐场所及游览胜地（但宗教专用者除外）方面，不得因种族、宗教、种姓、性别、住所或出生地不同，对任何公民实行歧视。

（二）第一款的规定不妨碍国家为妇女和儿童作出的特殊规定。

第二十七条　[防止公务系统的歧视]

（一）在任用巴基斯坦公务员时，不得因种族、宗教、种姓、性别、住所或出生地而对具备资格的公民实行歧视。

但是，自宪法生效之日起四十年③内，为了保证巴基斯坦公务系统的广泛代表性，可以规定为任何阶层或地区保留一定的公职名额。

但在上述保留职位或职务中，如有只适合于某一性别人员担任或履行的特殊职位或职务，可以对此类保留职位的任职人员规定性别限制。④

但是在公务系统中某个阶层或者地区的代表名额不足时，应由议会通过法案来调整。⑤

（二）第一款的规定不妨碍省政府及其各级地方政府或其他机关，作出关于公务员必须在被任命前的三年内居住在该省方可任用的规定。

第二十八条　[对语言、文字和文化的保护]

在遵守第二百五十一条规定的前提下，凡有自己语言、文字或文化的各地区的公民，有权保护和发展其语言、文字和文化，有权为此目的依法设立机构。

第二章　政策原则

第二十九条　[政策原则]

（一）本章所规定的原则通称政策原则。任何国家机关和当局以及代表国家机关或当局执行职责的

个人，必须遵守有关的政策原则。

（二）鉴于任何一项政策原则的遵循均取决于可获得的资源，因此，本章所规定的政策原则必须受资源充足性的制约。

（三）每年，总统应就联邦事务，省长应就本省事务，责成有关人员草拟关于遵循和执行政策原则情况的报告，并分别提交议会上下两院⑥或省议会；国民议会和参议院⑦或省议会的议事规则应对上述报告进行讨论的事宜作出规定。

第三十条　[政策原则的责任]

（一）决定国家机关或当局以及代表国家机关或当局履行职责人员的任何行动是否与政策原则相一致，是该国家机关或当局以及上述执行人员的责任。

（二）不得以与政策原则不一致为理由而对行动或法律的有效性提出异议，也不得以同一理由对国家、国家的任何机关或当局，或者任何个人提出指控。

第三十一条　[伊斯兰式的生活]

（一）国家应采取措施使巴基斯坦穆斯林能够按照伊斯兰教的根本原则和基本观念来安排个人生活和集体生活，并且为他们能够按照《古兰经》和逊奈的教导理解生活的意义提供方便。

（二）国家对巴基斯坦穆斯林致力于：

1. 实行古兰经和伊斯兰学的强制性教育，鼓励学习阿拉伯语并提供便利，保证古兰经的印刷出版准确无误；

2. 促进团结和遵守伊斯兰教道德准则；

3. 确保天课（Zakat）⑧、十一税（ushr）、宗教捐献品（auqaf）和清真寺（mosques）的适当组织安排。

第三十二条　[促进地方机构]

国家促进由本地区的民选代表组成地方政府机构，并使农民、工人和妇女代表在上述机构中占有一定名额。

第三十三条　[反对地方主义]

国家消除公民之间的教派、种族、部落和地方偏见。

第三十四条　[妇女充分地参与国家生活]

采取各种措施保证妇女充分参与各个方面的国家生活。

---

① 宪法第十八修正案删除"单独"（alone）。

② 宪法第十八修正案新增。

③ 根据1985第14号总统令修改为"二十年"，根据1999年宪法第六修正案修改为"四十年"。

④ 宪法第十八修正案将"；"改为"。"

⑤ 宪法第十八修正案新增该项。

⑥ 宪法第十八修正案修改。

⑦ 宪法第十八修正案新增"参议院"。

⑧ Zakat，天课，扎卡特（伊斯兰教徒每年一次的慈善捐款），1985第14号总统令新增。——译者注

第三十五条 ［保护家庭等］

国家保护婚姻、家庭、母亲和儿童。

第三十六条 ［保护少数教派］

国家保护少数教派的合法权益,包括少数教派的代表应在联邦和省公务系统中占有一定的名额。

第三十七条 ［促进社会正义和消除社会弊端］

国家应——

（一）特别关注对落后阶层或地区的教育和经济利益的促进;

（二）在最短时期内扫除文盲,提供免费义务中等教育;

（三）在择优录取基础上使人人享有接受职业技术教育以及高等教育的平等机会;

（四）确保高效率低费用的司法;

（五）为保障公正的人道的工作条件,为保障儿童和妇女不被雇佣从事不适合他们年龄和性别的工作,以及对就业妇女的生育福利作出规定;

（六）通过教育、训练、发展农业和工业以及其他方法,使各地区人民得以充分参加各种形式的国家活动,包括在巴基斯坦公务系统中任职;

（七）禁止卖淫、赌博和吸毒,禁止印刷、出版、传播和展览淫秽书刊和广告;

（八）禁止饮酒,但属于医疗用途和非穆斯林宗教用途者,不在此限;

（九）分散政府的行政管理权,以利于公务的高效处理,从而便利公众并满足其需求。

第三十八条 ［提高人民的生活水平］

国家应:

（一）通过提高人民的生活水平,防止财富、生产资料与分配手段集中于小部分人从而损害公共利益。通过公平调节雇主和雇员、地主和佃户之间的权利,从而不分性别、种姓、信仰或种族,保障全体人民的福利。

（二）根据国家现有的资源,为全体公民的工作、生活、休息与娱乐提供服务设施。

（三）通过强制性的社会保险或其他手段,对所有在巴基斯坦公务系统或其他方面服务的人员提供社会保险。

（四）不分性别、种姓、信仰或种族,对因体弱、疾病或失业而长期或临时无法谋生的公民提供食品、衣服、住宅、教育和医疗救济等基本生活必需品。

（五）缩小包括巴基斯坦各级公务员在内的个人收入所得的差距。①

（六）尽早地废除利息(riba)。②

确保联邦公务系统在各省的分配,包括由联邦政府创立或受其控制的自治组织和公司在内,应当对过去分配中存在的遗漏进行纠正。③

第三十九条 ［加入武装部队］

国家应使巴基斯坦各个部分的人民能够参加巴基斯坦武装部队。

第四十条 ［加强穆斯林世界联系和促进世界和平］

国家应在伊斯兰团结的基础上努力维护和加强穆斯林国家之间的兄弟关系,支持亚洲、非洲和拉丁美洲人民的共同利益,促进国际和平与安全,增进各国之间的亲善和友好关系,提倡通过和平方式解决国际争端。

第三编 巴基斯坦联邦

第一章 总统

第四十一条 ［总统］

（一）设巴基斯坦总统,总统为国家元首并代表共和国的团结。

（二）凡年满四十五周岁、有资格当选为国民议会议员的穆斯林,均有资格当选为总统。

（三）总统④由选举团依照附表二的规定选举产生,选举团由以下成员组成:

1. 议会两院议员;

2. 省议会的成员。⑤

（四）新总统的选举应在现任总统任期届满前至少三十日、至多六十日内举行。

但是,如因国民议会解散,总统选举不能按上述期限举行,应在议会大选后三十日内举行。

（五）因总统缺位而举行的补选,应在总统缺位之日起至多三十日内举行。

但是,如因国民议会解散,补选不能按上述期限举行,应在议会大选后三十日内举行。

（六）法院或其他当局不得对总统选举的有效性提出异议,也不得在法院或其他当局提出异议。

第四十二条 ［总统宣誓］

---

① 宪法第十八修正案将末尾的"和"删去。

② 宪法第十八修正案将末尾的";"改为"。"。

③ 该项为宪法第十八修正案新增。

④ 第十八修正案又删除了"to be elected afer the expiration of the term specified in clause 7",本条第(七)款到第(九)款根据宪法第十四修正案删除。

⑤ 本条根据 1985 第 14 号总统令修改。

65

总统在就职前,应按照附表三所规定的誓词在巴基斯坦首席法官面前宣誓。

第四十三条 ［总统就职的规定］

(一)总统不得在巴基斯坦公务系统中担任任何有收益的职务,也不得担任任何有权领受服务报酬的职位。

(二)总统不得成为议会议员或省议会议员的候选人;如果议会或省议会的议员当选为总统,他在议会或省议会的席位应在其就职之日空缺。

第四十四条 ［总统的任期］

(一)根据宪法规定,总统任期五年,自就职之日算起。

但是,任期届满的总统继续任职至新总统就职时为止。

(二)根据宪法规定,在职总统有资格再度当选,但连续任职不得超过两届。

(三)总统得以亲笔书信向国民议会议长提出辞职。

第四十五条 ［赦免权］

总统有权决定赦免和缓刑,并有权对任何法院、法庭或其他当局作出的判决,决定减免刑、暂缓执行或改判。

第四十六条 ［汇报］

总理应向总统汇报关于内政外交的情况和联邦政府拟向议会提出的所有立法建议。①

第四十七条 ［总统的罢免和弹劾②］

(一)不论本宪法有何规定,如果总统因身体或精神不适任职或者被控违宪或者严重行为不端,得依照本条的规定予以罢免。

(二)如果议会任何一院全体议员的过半数议员联名动议,可以向国民议会议长或参议院主席提交通过罢免或弹劾总统的书面报告;该报告应列举不适合任职或者受指控的详情。

(三)如果参议院主席收到根据第二款提出的报告,应立即转交国民议会议长。

(四)议长收到第二款或第三款所说的报告,应在三日内将该报告的副本送达总统。

(五)议长应在收到报告后至少七日、至多十四日内召集两院联席会议。

(六)联席会议可以调查或派员调查报告所依据的理由或指控。

(七)进行调查时,总统有权亲自或由其代表参与调查,并且有权亲自或由其代表出席联席会议。

(八)如果在审议调查结果后,联席会议以议会全体议员的三分之二多数票通过决议,宣布总统因无能力或犯有违宪罪或严重渎职,不再适合担任其职务,总统应在该决议通过后立即停职。

第四十八条 ［总统应根据建议行事］③

(一)总统在履行其职权时,应根据内阁或总理④的建议行事。

但是总统可以在十五日⑤内要求内阁或总理对该建议的全部或部分重新考虑。总统应在十日内按照重新考虑之后的建议行事。

(二)除第一款的规定外,总统有权行使宪法所授予的所有权力,无论基于何种理由都不能构成对总统行为有效性的质疑。⑥

(三)内阁、总理、各部部长以及国务部长是否向总统提出建议以及建议的内容,任何法院、法庭或当局无权对此进行审查。

(四)除第一款的规定外,总统解散国民议会时应当:

1. 在解散议会后九十日内,确定一个时间举行大选重新选举国民议会;

2. 任命一个过渡内阁。

(五)总理认为有必要进行全民公投,可提交两院联席会议,若联席会议批准了总理的提议,总理可以将这一事项以能够以"是"或"否"进行作答的问题方式提交公民投票。

(六)议会可以通过立法规定举行公民投票的程序和结果的统计。⑦

第四十九条 ［暂代职责］

(一)如因总统去世、辞职或免职而总统缺位,应由参议院主席代理总统,如参议院主席不能代行总统职权,由国民议会议长代理总统,直到依照第四十一条第三款的规定选出总统时为止。

(二)总统出国或因故不能履行其职务时,应由参议院主席代理总统,如果参议院主席也出国或因故不能代行总统职权,由国民议会议长代行总统职权,直到总统返回巴基斯坦,或者直到总统恢复履行职务时为止。

---

① 宪法第十八修正案修改。

② 根据 1985 第 14 号总统令添加"弹劾"(impeachment),并增加本条第(一)款和第(二)款。

③ 本条根据 1985 第 14 号总统令修改。

④ 根据宪法第八修正案修改,原为"the Prime Minister, or an appropriate Minister"。

⑤ 宪法第十八修正案新增"在十五日内","在十日内"。

⑥ 宪法第八修正案新增后半句。

⑦ 宪法第十八修正案新增第(四)款到第(六)款。

第二章 议会

议会的组成、任期和召集

第五十条 ［组成］

议会由两院，即国民议会和参议院组成。

第五十一条 ［国民议会］①

（一）国民议会有三百四十二个席位，其中包括为妇女和非穆斯林保留的席位。

（二）凡符合下列规定者均有选举权：

1. 巴基斯坦公民；

2. 年满十八周岁；

3. 为登记选民；

4. 未被管辖法院宣布为心智不健全者。

（三）除第四款规定外，第一款所指的国民议会席位应当按照以下方式分配给各省、各联邦直辖部落地区和联邦首都：

	席位	妇女	总数
俾路支（Balochistan）省	14	3	17
开伯尔—普赫图赫瓦（Khyber Pakhtunkhwa）省	35	8	43
旁遮普（Punjab）省	148	35	183
信德（Sindh）省	61	14	75
联邦直辖部落	12	/	12
联邦首都	2	/	2
总数	272	60	332

（四）除第三款规定的席位外，在国民议会中应当为非穆斯林保留十个席位。

（五）国民议会席位应当根据官方公布的最近一次人口统计，按照人口比例分配到各省、各联邦直辖部落地区和联邦首都。

（六）以选举国民议会为目的：

1. 普通席位必须在单一地方选区产生，并依据法律规定由直接选举产生；

2. 每一省作为单一的选区选举产生由第三款所规定的分配给每个省妇女的席位；

3. 为非穆斯林保留的席位在全国范围内产生；

4. 根据第三款规定分配给各省的为妇女保留的席位，基于每个政党在省议会所占席位，通过比例代表制在政党名单的候选人中产生。

但一个政党获取的席位应当包括无党派候选人在内或者应当在政府公报公示名单后三日内加入该政党的候选人。

5. 为非穆斯林保留的席位，基于每个政党在省议会所占席位，通过比例代表制在政党名单的候选人中产生。

但一个政党获取的席位应当包括无党派候选人在内或者应当在政府公报公示名单后三日内加入该政党的候选人。

第五十二条 ［国民议会的会期］

除被提前解散外，国民议会每届任期五年，自其第一次会议召开之日算起，任期届满即自行解散。

第五十三条 ［国民议会议长和副议长］

（一）大选后，国民议会第一次会议的唯一首要议程，是从其议员中选出一名议长和一名副议长；每当议长或副议长缺位时，国民议会应另选一名议员担任议长或副议长。

（二）当选为议长或副议长的议员在就职前，应在国民议会按照附表三所规定的誓词宣誓。

（三）议长缺位、缺席或因故不能履行职务时，由副议长代理议长；如果副议长也缺席或因故不能代理议长，应由国民议会按照事规则决定的议员主持会议。

（四）在审议关于罢免议长或副议长职务的决议时，该议长或副议长不得主持会议。

（五）议长得以亲笔书信向总统提出辞职。

（六）副议长得以亲笔书信向议长提出辞职。

（七）议长或副议长的职位在下列情况下空缺：

1. 本人辞职；

2. 停止担任议员；

3. 议会通过决议予以罢免，上述决议须由议会以全体议员的过半数票通过，并须至少于七天前通知本人。

（八）国民议会解散后，议长应继续任职至下届议会选出的新议长就职时为止。

第五十四条 ［召集和闭会］

（一）总统有权随时在他认为合适的时间和地点召集两院中的任何一院、两院或议会联席会议开会，并有权随时下令闭会。

（二）国民议会每年至少举行三次②常会，上次会期最后一次会议同预定的下次会期首次会议日期之间的间隔不得超过一百二十日。

但是，国民议会每年开会时间不得少于一百三十个③工作日。

---

① 宪法第十八修正案修改。

② 根据1985第14号总统令，由"二"改为"三"。

③ 根据宪法第十修正案修改，由"一百六十日"改为"一百三十日"。

[解释条款]①

本条中所说的"工作日"包括休会时间不超过两日的任何会议时间在内。

（三）应国民议会四分之一议员联名要求，议长应在接到上述要求的十四天内，在他认为合适的时间和地点召集国民议会开会；凡由议长召集的会议，必须由议长下令闭会。

第五十五条　[国民议会的选举和法定人数]

（一）除本宪法另有规定者外，国民议会的决议均须以出席并参加投票议员的过半数通过，但会议主持者只有在赞成与反对票数相等时才有投票权。

（二）在国民议会开会期间的任何时候，如果会议主持者发现出席议员不足全体议员的四分之一，应即宣布休会或推迟会议直到至少有四分之一的国民议会议员出席。

第五十六条　[总统讲话]②

（一）总统有权在两院或任何一院会议上发表讲话，并有权要求全体议员出席。

（二）总统有权向任何一院发出有关于未决法案等内容的咨文，该院应对此给予慎重的考虑。

（三）在国民议会选举产生后的首次会议和每年举行的第一次会议，总统应当在两院联席会议上发表讲话并告知议会召集的理由。

（四）对有关总统发表讲话进行讨论的程序和时间分配的规则应进行规定。

第五十七条　[在议会演讲]

总理、联邦部长、国务部长和总检察长有权在两院的任何一院或两院联席会议上发言或参加其活动，或者参加议会专门委员会的活动并被任命为其成员，但无表决权。

第五十八条　[国民议会的解散]③

（一）总统应根据总理的建议解散国民议会，如果在总理提出上述建议后四十八小时内未予解散，在上述时限届满后国民议会即自行解散。

[解释条款]

本条所说的"总理"不得视为包括处于下列状态的总理：对总理不信任案的决议已在国民议会提出但尚未表决，或上述决议已获通过，或系辞职后暂时留任者或国民议会解散后暂时留任者。

（二）除第四十八条第二款外，总统可在以下情况下解散国民议会：对总理的不信任案已经通过，根据宪法的规定，国民议会不能得到其成员过半数的支持。

第五十九条　[参议院]④

（一）参议院由一百零四位参议员组成，其中：

1. 十四名应由各省议会的议员选举产生；

2. 八名应由联邦直辖部落地区的国民议会议员按选举总统的方式选举产生；

3. 两个普通席位、一个妇女席位和一个专家席位，包括阿利姆（aalim）在内应按照总统以命令规定的方式，从联邦首都选举产生；

4. 四名女性议员由各省议会的议员选举产生；

5. 四名专家议员包括乌理玛（ulema）在内由各省议会的议员选举产生；

6. 四名非穆斯林的席位，分别由各省议会的议员选举产生，每省拥有一个席位。

但是第6项所规定的内容自宪法第十八修正案生效后的下一次参议院选举时生效。

（二）分配给各省的参议员席位的选举应按比例代表制、采用单一可转让选票进行。

（三）参议院不得解散，但参议员的任期满六年的，可基于以下的理由改选：

1. 第一款第1项的参议员，其中七名在头三年期满时改选，另七名在第二个三年期满时改选。

2. 第一款第2项的参议员，其中四名在头三年期满时改选，另四名在第二个三年期满时改选。

3. 第一款第3项的参议员：

（1）普通席位的一名在头三年期满时改选，另一名在第二个三年期满时改选；

（2）为专家保留的席位，在头三年届满时改选，而为妇女保留的席位应在第二个三年届满时改选。

4. 第一款第4项的参议员，其中两名在头三年期满时改选，另两名在第二个三年期满时改选。

5. 第一款第5项的参议员，其中两名在头三年期满时改选，另两名在第二个三年期满时改选。

6. 第一款第6项的参议员，其中两名在头三年期满时改选，另两名在第二个三年期满时改选。

但是选举委员会应通过抽签决定非穆斯林议员中的两位在第一次满三年的改选。

（四）通过补缺选举产生的参议院，其任期至补足其前任所余任期为止。

第六十条　[主席和副主席]

（一）参议院正式组成后，应在其第一次会议上，作为唯一的首要议程，从其参议员中选出一名主席和一名副主席；每当主席或副主席缺位时，参议院应另

---

① 宪法第四修正案增加该解释条款。

② 本条第一款和第二款根据1985第14号总统令修改，第三款和第四款根据宪法第八修正案修改。

③ 根据宪法第十八修正案修改。

④ 根据宪法第十八修正案修改。

选一名参议员担任主席或副主席。

（二）主席或副主席任期三①年，自其就职之日算起。

第六十一条 ［关于参议院的其他条款］

第五十三条第二款至第七款、第五十四条第二款和第三款以及第五十五条有关国民议会的规定，同样适用于参议院。但在适用于参议院时，上述条款中凡提到国民议会、议长和副议长之处，应分别如同提到参议院主席和副主席而生效，同时第五十四条第二款的一百三十日应当代替为一百一十日。②

有关议员的规定

第六十二条 ［议员资格］③

（一）凡符合下列条件的任何个人，均有资格当选或遴选为议员：

1. 巴基斯坦公民。

2. 作为国民议会议员，必须年满二十五周岁，已登记为选民并列入以下选民册：

（1）为竞选巴基斯坦任何地方为普通席位或为非穆斯林保留的席位；

（2）为竞选各省为妇女所保留的席位。

3. 作为参议员，必须年满三十周岁，并已在其竞选参议员的省、联邦首都或联邦直辖部落地区的任何地方登记为选民。

4. 具有良好的人品和不得违反伊斯兰戒令。

5. 拥有伊斯兰的充分知识和遵循由伊斯兰规定的义务并且禁绝重大罪行。

6. 睿智，正直，不挥霍，诚实，可靠，没有法庭对此作出相反的声明。

7. 在巴基斯坦建立后，未从事过反对国家统一和巴基斯坦意识形态的行为。

（二）第 4 项和第 5 项的资格不适用于非穆斯林，但是该人应当具有良好的道德名誉。

第六十三条 ［议会成员的失格］④

（一）凡有下列情况之一，应即取消其当选或担任议员的资格：

1. 被主管法院宣布为精神不健全者；

2. 尚未清偿债务的破产者；

3. 不再是巴基斯坦公民，或者取得外国公民资格；

4. 在巴基斯坦公务系统中担任任何有收益的职务，但法律规定不取消其兼任议员资格的除外；

5. 为法定团体，或任何由政府拥有或控制的团

体，或政府拥有控股权和控制利益的团体服务；

6. 根据 1951 年《巴基斯坦国籍法案》第 14B 条成为巴基斯坦公民，但根据查谟和克什米尔地区生效的法律不具有该地区立法议会成员资格的；

7. 被有管辖权的法院判定传播任何意见或者采取任何行为损害巴基斯坦的意识形态、主权、统一和安全，或者巴基斯坦司法的统一或独立，或者诽谤嘲笑司法或巴基斯坦武装力量，但是从他释放之日起满五年的除外；

8. 因道德败坏定罪并判有二年以上有期徒刑的，但是从他释放之日起满五年的除外；

9. 从以下机构因行为不当被开除的人：巴基斯坦公务系统、由联邦政府建立或者控制的服务性的公司或机构、省政府或各地方政府，但是从他被开除之日起满五年的除外；

10. 从以下机构因行为不当被罢免或者强制退休的人：巴基斯坦公务系统、由联邦政府建立或者控制的服务性的公司或机构、省政府或各地方政府，但是从他被罢免或强制退休之日起满三年的除外；

11. 为以下机构服务的人：巴基斯坦公务系统、法定团体，或任何由政府拥有或控制的团体，或政府拥有控股权和控制利益的团体，但是从他停止该服务之日起满二年的除外；

12. 依据当时生效的法律暂时不得当选为议会成员或省议会成员。

［解释条款］

本款所说的"法律"不包括根据第八十九条或第一百二十八条制定的条例。

（二）如果对某一议员是否已被取消议员资格产生疑问，议长或参议院主席应将问题提交选举委员会主席裁决；如果选举委员会主席认定该议员已被取消资格，该议员应即离职，其议席即告空缺。

（三）选举委员会应在收到请求或被视为已经收到请求九十日内进行裁决，如果选举委员会主席认定该议员已被取消资格，该议员应即离职，其议席即告空缺。

第六十三 A 条 ［取消资格的理由］⑤

（一）若由一个单一政党组成议会党团的成员：

1. 从他的政党辞职或者加入其他议会政党；

2. 对他所在政党所提出的以下相关的议案投反对票或弃权票：

---

① 根据宪法第八修正案，由"两"改为"三"。

② "同时第五十四条第二款的一百三十日应当代替为一百一十日"为根据宪法第一修正案新增。

③ 本条根据宪法第十八修正案修改。

④ 本条根据宪法第十八修正案修改。

⑤ 本条根据宪法第十八修正案修改。

（1）选举首相或者部长；

（2）信任案的投票；

（3）财政法案或者宪法修正案。

该党的领袖可通过书面的形式声明该成员脱离政党，同时党领袖可将该声明的副本送达主持官员、选举委员会主席和相关成员。

[解释条款]

"党领袖"指无论如何称呼，任何由该党声明为领袖的人。

（二）当他被选举或者被提名为组成议会党团的一个政党的候选人时，一院的成员应当被视为议会党团的成员。

（三）当收到第一款所说的声明时，议会的主持人办公室应当在二日内提交，若没有提交则视为已经提交，选举委员会主席应当在三十日内根据选举委员会作出的决定确认该声明。

（四）选举委员会确认该声明后，第一款所提到的成员不再是议会一院的成员，其席位空缺。

（五）任何政党认为选举委员会的决定侵害了其利益，则应当在三十日内向最高法院上诉，最高法院应当自申请之日起九十日内作出决定。

（六）本条的规定不适用于一院的议长或主席。

（七）出于本条之目的：

（1）"一院"指与联邦政府相关的国民议会或参议院，以及与省相关的省议会；

（2）"主持官员"指国民议会的议长，参议院的主席或省议会的议长；

（八）第六十三Ａ条在宪法第十八修正案生效后的下一次大选生效。

但是在上述第六十三Ａ条生效前，原宪法第六十三甲继续有效。

第六十四条　[席位空缺]

（一）议员得以亲笔书信向议长或参议院主席提出辞职，其议席即告空缺。

（二）如果议员未经议院同意连续四十天不出席所属议院的会议，该议院有权宣布该议员的席位空缺。

第六十五条　[誓言]

议会两院任何一院的当选议员须在按照附表三所规定的誓词在各该议院宣誓后，方可出席各该议院或参加投票。

第六十六条　[议员特权]

（一）依照本宪法和议会议事规则的规定，议员在议会有言论自由。任何议员不得因其在议会的发言或投票而受任何法院的追诉，任何人不因公布议会批

准公布的任何报告、文件、表决或会议记录而受任何法院的追诉。

（二）议会的豁免权、特权和在其他方面的权限，以及议员的豁免权和特权得随时由立法规定；在作出上述立法规定以前，国民议会及其各委员会和国民议会议员在本宪法生效前所享有的权力继续有效。

（三）议院有权立法规定，对拒绝该议院所属委员会主席的正当要求，不到该委员会作证或提供文件的人的制裁办法。

但是，上述立法：

1. 可以授权法院惩处拒绝作证或拒绝提供文件者；

2. 其生效与否取决于总统所发布的保密令。

（四）本条有关议员的规定，同样适用于有权在议会发言和参加议会活动的人。

（五）本条所说的"议会"，指两院的任何一院、两院联席会议，或各该院所属委员会。

一般程序

第六十七条　[程序规则]

（一）除遵守本宪法的规定外，议院有权自行制定关于议院工作程序和处理事务的规则。议院不因任何议席出现空缺而无权进行活动。议院的任何活动不应因某些无资格者的列席、投票或参加议事而无效。

（二）在第一款所谓的规则制定以前，议院的工作程序及其事务处理应依据总统制定的程序规则执行。

第六十八条　[议会讨论范围的限制]

议会不得讨论最高法院或高等法院的任何法官执行职务时的行为。

第六十九条　[法院不得调查议会的活动]

（一）不得因程序不合规定而对议会活动的有效性提出异议。

（二）本宪法直接授权或根据本宪法授权负责规定议会工作程序及其事务处理，或维持议会秩序的议会官员或议员，在行使上述权力时不受任何法院管辖。

（三）本条所说的"议会"，其含义和第六十六条的规定相同。

立法程序

第七十条　[法案的提出和通过]①

（一）凡属于联邦立法事项表第一部分规定事项的法案，可由两院的任何一院提出，若在该院获得通

---

①　本条根据宪法第十八修正案修改。

过,应交由另一院审议,若该法案在另一院获得不加修改的通过,应将该法案提请总统批准。

（二）如果一项法案按照第一款的方式交由另一院审议时该院作出了修改,那么该法案应退回提出法案的一院,若其通过另一院的修改,则应将该法案提请总统批准。

（三）若一院根据第一款收到法案九十日内未获通过或者否决,或根据第二款对法案的修改未获通过,那么提出该法案的一院可以提出召开联席会议,若该法案在联席会议获得出席人数的过半数通过,那么该法案应当提请总统批准。

（四）本条和本宪法后续的条款中"联邦立法事项表"指在附表四中所列的联邦立法事项。

第七十一条　［仲裁委员会］①

第七十二条　［联席会议程序］

（一）总统在同国民议会议长和参议院主席协商后,得制定关于两院联席会议工作程序和两院联络程序的规则。

（二）联席会议由国民议会议长主持,议长缺席时,由根据第一款制定的规则所确定的人员主持。

（三）根据第一款所制定的规则须提交联席会议审议。联席会议有权予以补充、变更、修正或另行制定新规则取代之。

（四）除本宪法另有规定者外,联席会议的一切决议均须以出席并参加投票议员的过半数票通过。

第七十三条　［财政法案的程序］

（一）财政法案不受第七十条限制,必须由国民议会提出:

若财政法案同时包括每年的财政预算案,则国民议会应将副本交由参议院,参议院应当在十四日内就该法案提出建议,送回国民议会。②

（一A）③国民议会应考虑参议院的建议,无论该建议是否体现于最终的议案,若其在国民议会上获得通过,应提请总统批准。

（二）为实现本章规定,凡包含有关处理下列事项的条款的任何法案或修正案,一概视为财政法案:

1. 征收、废除、免除、变更或调整任何税;

2. 联邦政府的借款或担保,或有关联邦政府财政义务的法律的修改;

3. 联邦统一基金的保管及其收付款项;

4. 应由联邦统一基金拨款以及对该拨款的取消或变更;

5. 联邦公共账目款项的收支与保管;

6. 联邦政府或省政府账目的审计;

7. 与上述规定事项有关的任何附属事项。

（三）仅就下列事项作出规定的任何法案不得视为财政法案:

1. 征收或改变罚款或任何其他罚金,执照费或任何服务费用的索取或缴纳;

2. 地方当局或机构,于地方需要征收、废除、免除、变更或调整任何税。

（四）关于某一法案是否为财政法案的问题,国民议会议长的裁定为最后裁定。

（五）每项提请总统批准的财政法案均须附有国民议会议长亲笔出具的、证明该法案为财政法案的证明书。上述证明书在任何意义上都是最后定论,不容提出异议。

第七十四条　［联邦政府同意的财政措施］

凡其后果将涉及联邦统一基金的支出或从联邦公共账目中提款,或影响到巴基斯坦货币或货币流通或巴基斯坦国家银行的机构或职能的一切财政法案、提案或修正案,不得在议会提出或动议,但由联邦政府提出或动议,或经联邦政府同意提出或动议者除外。

第七十五条　［总统对法案的批准］④

（一）总统应在收到提请其批准的法案后十日⑤内,

（1）批准该法案;

（2）除财政法案外的其他法案,可将其退回并对法案或其中任何条款提出异议,议会应当对该异议及其修改意见进行重新审议。

（二）⑥当总统将法案退回议会,应由联席会议对该法案重新审议。若再次由出席和投票的两院议员的过半数通过,则无论有无修正,该法案被视为已经两院通过,应提请总统,总统应在十日内批准,若总统未在该期限内批准,该法案应视为总统已批准。

（三）法案由总统或视为由总统批准⑦后,即成为法律,称为议会法令。

（四）凡依照本宪法规定业已批准或视为批准的议会法令及其规定,不得仅因未按本宪法规定听取建议、报请预先批准或同意而无效。

---

①　根据宪法第十八修正案删除。

②　本条根据宪法第十八修正案修改。

③　本条根据宪法第十八修正案新增。

④　本条根据1985第14号总统令修改。

⑤　根据宪法第十八修正案由"三十日"修改为"十日"。

⑥　本款根据宪法第十八修正案修改。

⑦　根据宪法第十八修正案插入"或视为由总统批准"。

第七十六条 ［法案不失效的情形］

（一）搁置在任何议院的法案，不因该院休会而失效。

（二）搁置在参议院，但尚未为国民议会所通过的法案，不因国民议会解散而失效。

（三）搁置在国民议会的法案，或国民议会已经通过但搁置在参议院的法案，随国民议会的解散而失效。

第七十七条 ［依法征税］

非由议会法令规定或根据议会法令授权，不得为联邦用途而征收捐税。

财政程序

第七十八条 ［联邦统一基金和公共账目］

（一）联邦政府的税收、借款及偿还贷款所得的全部款项均为联邦统一基金的组成部分。

（二）所有其他款项，即：

1. 联邦政府或者代表联邦政府所收得的款项；

2. 最高法院或由联邦批准设置的任何其他法院所收取或存放的款项；

均应记入联邦公共账目。

第七十九条 ［联邦统一基金和公共账目的管理］

联邦统一基金的管理及其款项的收付，联邦政府或代表联邦政府收得的其他款项的管理及其在联邦公共账目上的收付，以及与上述事项有关的附属事项，均由议会法令予以规定，在上述规定制定前，由总统制定相关的法规予以规定。

第八十条 ［年度预算报告］

（一）联邦政府应就每一财政年度的联邦政府预计的收支向国民议会提出报告，以下简称"年度预算报告"。

（二）年度预算报告应分别指出：

1. 用于本宪法规定应由联邦统一基金拨付的拨款金额；

2. 用于建议由联邦统一基金拨付的其他支出金额；

并且应将税收项内的支出同其他支出分开。

第八十一条 ［联邦统一基金拨付］

下列支出应由联邦统一基金拨付：

（一）总统的薪俸及与其职务有关的其他开支以及下列人员薪俸：

1. 最高法院法官；

2. 选举委员会主席；

3. 参议院主席和副主席；

4. 国民议会议长和副议长；

5. 审计长。

（二）行政经费，包括付给最高法院、审计总署、选举委员会主席办公室、选举委员会以及参议院和国民议会秘书处的官员和雇员薪金。

（三）应由联邦政府偿还的债务，包括利息、偿债基金费用、一次或分期偿还的贷款，与贷款有关的其他开支，以及以联邦统一基金为担保的借款的服务和偿还有关的其他开支。

（四）支付任何法院或法庭判决或裁定应由巴基斯坦承担的费用。

（五）本宪法或议会法令规定应由联邦统一基金拨付的任何其他费用。

第八十二条 ［年度预算报告的相关程序］

（一）年度预算报告规定应由联邦统一基金拨付的各项支出可以在国民议会讨论，但不提付表决。

（二）年度预算报告规定的其他支出应以拨款要求的形式提交国民议会审批；国民议会有权批准或拒绝批准任何拨款要求，或者规定削减数额后予以批准。

但是，自本宪法生效之日起或举行国民议会第二次大选之日起（以较晚者为准）十年内任何拨款要求的批准均应视为不削减其规定金额，但国民议会以全体议员的过半数票拒绝批准或决议削减其原规定金额予以批准者除外。

（三）一切拨款要求必须根据联邦政府的建议提出。

第八十三条 ［签署认证细目表］

（一）下列核准支出细目表须由总理签署认证：

1. 国民议会根据第八十二条批准或视为批准的拨款。

2. 应由联邦统一基金拨付的多项拨款，但每项拨款都未超过提交国民议会的报告原规定金额者。

（二）上述认证的拨款单须提交国民议会，但不得加以讨论或表决。

（三）除遵照本宪法规定外，由联邦统一基金拨付的支出，只有已列入认证拨款单，并按照第二款的规定提交国民议会后，方可视为已获正式批准。

第八十四条 ［补充拨款］

在任何财政年度中，如果发现：

（一）批准用于该财政年度的某项用途的拨款不足，或者某项新用途所需之拨款并未列入当年的年度预算报告；

（二）该财政年度中用于某项用途的经费支出已超过当年对该项用途的拨款额；

联邦政府有权批准从联邦统一基金中拨付，不论这项开支本宪法是否规定应从上述基金中拨付，并应向国民议会提交一项追加预算报告或超支预算报告，说明上述拨款的数额。第八十条至第八十三条关于年度预算报告的规定同样适用于上述报告。

第八十五条 ［部分拨款］

对于任何财政年度的预算支出,国民议会有权在完成第八十二条规定的对预算拨款的表决程序和第八十三条规定的对核准支出细目表的认证以前,不受以上关于财政事项条款的限制,提前拨出不超过四个月的所需经费。

第八十六条 ［国民议会解散期间的拨款权力］

在国民议会解散期间的任何时候,联邦政府有权在完成第八十二条规定的对预算拨款的表决程序和第八十三条规定的对核准支出细目表的认证以前,不受以上关于财政事项条款的限制,批准从联邦统一基金拨出不超过四个月的所需费用。

第八十七条 ［议会秘书处］

(一)两院分别设立各自的秘书处。但本款规定不得解释为不准设立两院共同职位。

(二)议会可以立法规定每个议院秘书处人员的聘任办法和待遇。

(三)在议会根据第二款制定规定之前,议长或参议院主席,经总统同意,可以制定有关国民议会或参议院秘书处人员的聘任办法和待遇的条例。

第八十八条 ［财政委员会］

(一)国民议会和参议院在经批准的拨款范围内的开支,由国民议会或参议院,按照其财政委员会的建议,掌握使用。

(二)财政委员会由议长或参议院主席,财政部长以及由国民议会或参议院选出的其他议员组成。

(三)财政委员会得自行制定其工作程序规则。

法令

第八十九条 ［总统制定法令的权力］

(一)在国民议会或参议院①闭会期间,总统如认为根据当时形势有必要立即采取措施,有权根据形势需要制定和颁布法令。

(二)根据本条颁布的法令具有如同议会法令的效力,并受有关议会立法权的同样限制,但是此类法令:

1. 均应按下列规定分别提交:

(1)国民议会,如果它涉及第七十三条第二款规定事项,此种法令自其颁布之日起届满一百二十日②时,或在上述期限届满前,因议会通过不赞成决议时,

---

① 宪法第十八修正案新增"或参议院"。
② 宪法第十八修正案将"四个月"改为"一百二十日"。
③ 本项为宪法第十八修正案新增。
④ 宪法第十八修正案将"四个月"改为"一百二十日"。
⑤ 本项为宪法第十八修正案新增。
⑥ 本款为宪法第十八修正案修改。
⑦ 根据1985第14号总统令修改。

自行作废;

如果国民议会决定再延长一百二十日,那么此法令延长期届满,或在此延长期届满前,因国民议会通过不赞成决议时,自行作废;

但是该期限只能延长一次。③

(2)两院,如果它涉及联邦立法事项第二部分或共同立法事项表的规定事项,此种法令自颁布之日起一百二十日④届满时,或者在上述期限届满前,因两院中任何一院通过不赞成决议时,自行作废;

如果两院中任何一院决定再延长一百二十日,那么此法令延长期届满,或在此延长期届满前,因两院的任何一院通过不赞成决议时,自行作废;

但是该期限只能延长一次。⑤

2. 可随时由总统予以撤销。

(三)⑥本条第二款的规定不能存在偏见,

1. 依据第二款第1项第(1)目提交的法令视为提交国民议会的法案;

2. 根据第二款第1项第(2)目提交两院的法令应视为其首次提交议会的法案。

第三章 联邦政府

第九十条 ［联邦政府的行政权力］⑦

(一)依照本宪法的规定,联邦行政权由联邦政府以总统的名义行使。联邦政府由总理和联邦部长若干人组成,并通过联邦首席执行官即总理行使联邦行政权。

(二)总理可直接地或者通过联邦部长履行其宪法规定的职权。

第九十一条 ［内阁］

(一)总理领导内阁部长帮助和建议总统执行其职权。

(二)国民议会应在议会大选后第二十一日自行召集,或者由总统提前召集。

(三)国民议会在选出议长和副议长后的唯一议程为不经辩论地从其穆斯林议员中选举一人担任总理。

(四)总理由国民议会以全体议员的过半数票选举产生。

但是,如果第一轮投票无任何议员获得过半数票,则应在第一轮投票中得票最多的两名议员中进行第二轮投票,获得出席投票议员的多数票的议员应被宣布当选为总理;

如果得票最多的两名或多名议员在第二轮投票中得票数相等,须在他们中间进行新一轮投票,直到其中一个获得出席投票议员的多数票为止。

(五)按照第四款规定当选的议员应由总统邀请就任总理,并应在就职前按照附表三所规定的誓词在总统面前宣誓。

但是总理任职的届数不受限制。

(六)内阁和国务部长集体向参议院和国民议会负责。

(七)当总理不能获得国民议会的多数信任时,总统应当召集国民议会并要求总理获得国民议会的多数人信任票。

(八)总理应当以亲笔书信的形式向总统辞职。

(九)若一位部长连续六个月不是国民议会的成员,当六个月期限届满时,将停止继续任职为部长,除非他又被重新选举为国民议会的议员,否则他将不得再被任命为部长。

但是本款不适用于部长是参议院议员的情形。

(十)本条中的任何内容不得解释由于国民议会解散而导致总理或其他的联邦部长不具备资格,或者阻止对其的任命。

第九十二条 ［联邦部长和国务部长］

(一)[1]依据第九十一条第九款和第十款的规定,总统应根据总理的提名在议会议员中任命联邦部长和国务部长:

但联邦部长和国务部长来自参议院的比例不得超过联邦部长总数的四分之一;

但包括国务部长在内增加的内阁的人数,不得超过议员总数的百分之一。

以上的修改自 2010 年宪法修正案生效后的第一次大选后方为生效。

(二)联邦部长和国务部长在就职前均须按照附表三所规定的誓词在总统面前宣誓。

(三)联邦部长或国务部长得以亲笔书信向总理提出辞职,也可由总统予以免职。

第九十三条 ［顾问］

(一)总统可根据总理的建议聘任不超过五位顾问,期限和条件由其自行决定。

(二)第五十七条之规定应当适用于顾问。

第九十四条 ［总理］

总统可要求总理继续任职到他的继任者就任总理职务时为止。

第九十五条 ［对总理的不信任案］

(一)对总理的不信任案,须由全体国民议会成员不少于百分之二十提出并经国民议会通过。

(二)第一款所说的议案应自其在国民议会提出之日起三日后或至多七日内方可提付表决。

(三)在国民议会审议向其提交的年度预算报告中的拨款要求期间,不得向国民议会提出第一款所说的议案。

(四)如果国民议会以全体议员的过半数票通过第一款所说的决议,总理应当终止任职。

第九十六条 ［对总理的不信任案］

根据 1985 第 14 号总统令删除。

第九十七条 ［联邦的权力］

依照本宪法的规定,联邦行政权包括属于议会立法权限的各项事务,包括对巴基斯坦内部及与之有关的外部地区的权利、权力和审判权的行使。

但是,上述权力,除本宪法或议会制定的法律有明确规定者外,不得包括也属于各省议会立法权限的事务。

第九十八条 ［下属机构］

议会有权根据联邦政府的建议,立法规定联邦政府下属官员或机构的职能。

第九十九条 ［联邦政府的行为］[2]

(一)联邦政府的所有行为须以总统的名义为之。

(二)以总统名义[3]制定和执行的命令和指示,须按联邦政府[4]制定的法规所规定的方式予以确认。凡按上述规定予以确认的命令或指示,不得以不是总统制定或执行的命令或指示为理由而对其有效性提出异议。

(三)联邦政府有权对联邦事务的分配和处理制定规则。

第一百条 ［巴基斯坦总检察长］

(一)总统应任命一名有资格担任最高法院法官的人担任巴基斯坦总检察长。

(二)总检察长的任期由总统任意确定,同时在其任期内不得从事任何私人执业活动。[5]

---

① 本款为宪法第十八修正案修改。
② 根据 1985 第 14 号总统令修改。
③ 宪法第十八修正案将"以他的名义"改为"以总统名义"。
④ 宪法第十八修正案将"总统"改为"联邦政府"。
⑤ 宪法第十八修正案新增后半句。

（三）总检察长的职责是就联邦政府向他提交或指定的法律事务向联邦政府提出建议，并履行联邦政府向他提交或指定的任何其他法律性质的职责。总检察长在履行其职责时有权出席巴基斯坦的所有法院和法庭。

（四）总检察长得以亲笔书信向总统提出辞职。

第四编　省

第一章　省长

第一百零一条　［省长的任命］

（一）各省设省长一名，由总统根据总理的建议任命。①

（二）只有有资格当选为国民议会议员，并且年满三十五周岁者同时为该省的登记选民和居民的②方可被任命为省长。

（三）省长任期由总统任意确定，其薪俸、津贴和特权由总统决定。③

（四）省长得以亲笔书信向总统提出辞职。

（五）④总统可以在本部分没有列明的紧急状态下⑤作出其认为适合省长履行职能的规定。

第一百零二条　［宣誓就职］

省长在就职前应按照附表三所规定的誓词在高等法院首席法官面前宣誓。

第一百零三条　［省长的条件］

（一）省长不得在巴基斯坦公务系统中担任任何有收益的职务，也不得担任任何有权领受服务报酬的职位。

（二）省长不得作为议会议员候选人或省议会议员候选人参加竞选；如果议会议员或省议会议员被任命为省长，他在议会或省议会的席位应在他就职之日空缺。

第一百零四条　［代理省长］⑥

省长因出国或因故不能履行其职责时，应由省议会议长代行其职责，若该议长出国，则由总统指定一

人代理省长直到其可以恢复履行职责时为止。

第一百零五条　［省长的职能］⑦

（一）除遵照本宪法的规定外，省长在履行其职责时，应基于和根据内阁或首席部长的建议行事，上述建议对省长具有约束力。

省长在十五日内要求内阁或首席部长对其提出的建议进行总体或其他的考虑，对其重新考虑后的建议，省长须在十日内执行。⑧

（二）关于首席部长或内阁⑨是否向省长提出过建议以及建议的内容，不得在任何法院进行追究。

（三）⑩除第一款规定外，省长有权解散省议会，但他应当：

1. 确定一个日期，自解散之日起不超过九十日，对省议会进行普选；

2. 指定一个临时内阁。

（四）第四十八条第二款同样适用于省长，凡上述条款中提到"总统"之处应读作"省长"。

第二章　省议会

第一百零六条　［省议会的组成］⑪

（一）各省均设省议会包括普通席位和为妇女、非穆斯林保留的席位，具体的名额如下：

	普通席位	妇女	非穆斯林	总数
俾路支（Balochistan）省	51	11	3	65
开伯尔—普赫图赫瓦（Khyber Pakhtunkhwa）省	99	22	3	124
旁遮普（Punjab）省	297	66	8	371
信德（Sindh）省	130	29	9	168

（二）凡符合下列规定条件的任何个人都有选举权：

1. 巴基斯坦公民；

2. 年满十八周岁；

3. 已登记为选民并列入省内某一地区的选民册；

---

① 本款根据宪法第十八修正案修改。

② 根据宪法第十八修正案新增"同时为该省的登记选民和居民的"。

③ 宪法第一修正案新增后半句。

④ 根据1985第14号总统令新增。

⑤ 根据1985第18号法案新增。

⑥ 宪法第十八修正案修改。

⑦ 本条根据1985第14号总统令修改。

⑧ 该段根据宪法第八修正案新增。

⑨ 根据宪法第八修正案由"内阁或一位部长"。

⑩ 该款根据2010第10号法案修改。

⑪ 宪法第十八修正案修改。

4. 未被管辖法院宣布为精神不健全者。

（三）为了省议会的选举：

1. 通过直接和自由投票对普通席位的选举由单一地区选民选举产生。

2. 每个省构成单一选区对根据第一款为各省对妇女和非穆斯林保留的席位进行选举。

3. 根据第一款为妇女和非穆斯林保留的席位应当根据比例代表制在政党候选人名单中确定，且依据政党在省议会的所有席位的总数基础上进行分配；

但是若议会的所有席位都由一党获得，则包括独立候选人在内的其他候选人应当在三日内加入该政党，并在政府公报上公布当选的候选人名单。

第一百零七条 ［省议会的会期］

省议会如未被提前解散，每届任期五年，自其第一次会议召开之日算起，任期届满即自行解散。

第一百零八条 ［议长和副议长］

普选后，省议会第一次会议的唯一首要议程是从其议员中选出一名议长和一名副议长。每当议长或副议长缺位时，省议会应另选一名议员担任议长或副议长。

第一百零九条 ［省议会的召集和闭会］

省长有权随时：

1. 在他认为合适的时间和地点召集省议会开会；

2. 下令闭会。

第一百一十条 ［省长发表讲话］

省长有权在省议会上发表讲话，并有权要求全体议员出席。

第一百一十一条 ［在省议会发言的权力］

总检察长有权在省议会上发言或参加其活动，或者参加省议会专门委员会的活动并被任命为成员，但无表决权。

第一百一十二条 ［省议会的解散］①

（一）省长应根据首席部长的建议解散省议会，如果在首席部长提出上述建议后四十八小时内未予解散，在上述时限届满后省议会即自行解散。

［解释条款］

本条所说的"首席部长"不得视为包括处于下列状态的首席部长：对首席部长不信任案的决议已在省议会提出但尚未表决，或上述决议已获通过，或系辞职后暂时留任者或省议会解散后暂时留任者。

（二）省长在事先征得总统同意的情况下可在以下情况下解散省议会：对首席部长的不信任案已经通

过，根据宪法的规定，省议会其他成员不能得到过半数的支持。

第一百一十三条 ［省议会议员的资格］②

第六十二条和第六十三条对国民议会议员当选资格的规定同样适用于省议会的议员，凡上述条款中提到"国民议会"之处应读作"省议会"。

第一百一十四条 ［省议会讨论的限制］

省议会不得讨论最高法院或高等法院的任何法官执行职务时的行为。

第一百一十五条 ［省政府的财政措施］

（一）财政法案、议案或修正案，如果制定并实施后将涉及省统一基金的支出或从省公共账目中拨款，不得在省议会提出或动议，但由省政府提出或动议，或经省政府同意而提出或动议者除外。

（二）为实施本条规定，凡包含有关处理下列事项的条款的任何法案或修正案，一概视为财政法案：

1. 征收、废除、免除、变更或调整任何税；

2. 省政府的借款或担保，或有关省政府财政义务法律的修改；

3. 省统一基金的保管及其收付款项；

4. 应由省统一基金拨款的规定以及对该拨款取消或变更的规定；

5. 省公共账目款项的收支与保管；

6. 与上述规定事项有关的任何附属事项。

（三）仅就下列事项作出规定的法案不得视为财政法案：

1. 征收或改变罚款或任何其他罚金，执照费或任何服务费用的索取或缴纳；

2. 地方当局或机构，出于地方需要征收、废除、免除、变更或调整任何税。

（四）关于某一法案是否为财政法案的问题，省议会议长的裁定为最后裁定。

（五）每项提请省长批准的财政法案均须附有省议会议长亲笔出具的、证明该法案为财政法案的证明书。上述证明书在任何意义上都是最后定论，不容提出异议。

第一百一十六条 ［省长对法案的批准］③

（一）任何法案经省议会通过后，应提请省长批准。

（二）省长应在收到提请其批准的法案后十日④内，

（1）批准该法案。

---

① 宪法第十八修正案修改。

② 根据 1985 第 14 号总统令修改。

③ 本条根据 1985 第 14 号总统令修改。

④ 根据宪法第十八修正案由"三十日"修改为"十日"。

（2）除财政法案外的其他法案，可将其退回并对法案或其中任何条款提出异议，省议会应当对该异议及其修改意见进行重新审议。

（3）①当总统将法案退回议会，省议会对该法案重新审议。若再次由出席和投票的议员的过半数通过，则无论有无修正，应提请省长，省长应在十日内批准，若省长未在该期限内批准，该法案应视为省长已批准。

（三）法案由省长或视为由省长批准②后即成为法律，称为省议会法令。

（四）凡依照本宪法规定业已批准或视为批准的省议会法令及其规定，不得仅因未按本宪法规定听取建议、报请预先批准或同意而无效。

第一百一十七条 ［法案不因休会而失效］

（一）搁置在省议会的法案不因省议会休会而失效。

（二）搁置在省议会的法案随省议会的解散而失效。

财政程序

第一百一十八条 ［省统一基金和公共账目］

（一）省政府的税收、借款及偿还贷款所得的全部款项均为省统一基金的组成部分。

（二）所有其他款项，即：

1. 省政府或者代表省政府所收得的款项；

2. 高等法院或由省设置的任何其他法院所收取或存放的款项；

均应记入省公共账目。

第一百一十九条 ［省统一基金和公共账目的管理］

省统一基金的管理及其款项收付，省政府或代表省政府收得的其他款项的管理及其在省公共账目上的收付，以及与上述事项有关的附属事项，均由省议会法令予以规定。在制定上述规定前，由省长制定法规予以规定。

第一百二十条 ［年度预算报告］

（一）省政府应就每一财政年度的省政府收支概算向省议会提出报告，在本章中简称"年度预算报告"。

（二）年度预算报告应分别指出：

1. 用于本宪法规定应由省统一基金拨付的支出金额；

2. 用于建议由省统一基金拨付的其他支出金额；

3. 并且应将税收项内的支出同其他支出分开。

第一百二十一条 ［省统一基金拨付］

下列支出应由省统一基金拨付：

1. 省长的薪俸及与其职务有关的其他开支，以及下列人员的薪俸：

（1）高等法院法官；和

（2）省议会议长和副议长。

2. 行政经费，包括付给高等法院和省议会秘书处的官员和雇员的薪津。

3. 应由省政府偿还的债务，包括利息、偿债基金费用、一次或分期偿还的借款本金、与借款有关的其他开支，以及同以省统一基金为担保的借款的服务和偿还有关的其他开支。

4. 支付任何法院或法庭、判决或裁定应由省承担的费用。

5. 本宪法或省议会法令规定应由省统一基金拨付的任何其他费用。

第一百二十二条 ［年度预算案的程序］

（一）年度预算报告规定应由省统一基金拨付的各项支出可以在省议会讨论，但不提付表决。

（二）年度预算报告规定的其他支出应以拨款要求的形式提交省议会审批；省议会有权批准或拒绝批准任何拨款要求，或者规定削减数额后予以批准。③

（三）一切拨款要求必须根据省政府的建议提出。

第一百二十三条 ［对拨款的签署认证］

（一）下列拨款须由首席部长签署认证：

1. 省议会根据第一百二十二条批准或视为批准的拨款。

2. 应由省统一基金拨付的多项拨款，但每项拨款都未超过提交省议会的报告原规定金额者。

（二）上述认证的拨款单须提交省议会，但不得加以讨论或表决。

（三）除遵照本宪法的规定外，由省统一基金拨付的支出，只有已列入认证拨款单并按照第二款的规定提交省议会后，方可视为已获正式批准。

第一百二十四条 ［附加拨款］

在任何财政年度中，如果发现：

（一）批准用于该财政年度的某项用途的拨款不足，或者某项新用途所需之拨款并未列入当年的年度预算报告；

（二）该财政年度中用于某项用途的经费支出已超过当年对该项用途的拨款额。

省政府有权批准从省统一基金中拨付，不管这项开支本宪法是否规定应从上述基金中拨付，并应向省议会提交一项追加预算报告或超支预算报告，说明上

---

① 本款根据宪法第十八修正案修改。

② 根据宪法第十八修正案插入"或视为由省长批准"。

③ 宪法第十八修正案删除"但是，自本宪法生效之日起或举行省议会第二次普选之日起（以何者较晚为准）的十年内，任何拨款要求，除省议会以全体议员的过半数票拒绝或决议削减原规定数额后予以批准者外，均应视为已被批准。"

述拨款的数额。第一百二十条至第一百二十三条关于年度预算报告的规定同样适用于上述报告。

第一百二十五条　[表决程序]

对于任何财政年度的预算支出，省议会有权在完成第一百二十二条规定的对预算拨款的表决程序和第一百二十三条规定的对支出细目表的认证以前，不受前述关于财政事项条款的限制，提前拨出不超过三个月的所需经费。

第一百二十六条　[省议会解散时的拨款]

在省议会解散期间的任何时候，省政府对于任何财政年度的预算开支，有权在完成第一百二十二条规定的对预算拨款的表决程序和第一百二十三条规定的对核准支出细目表的认证以前，不受以上关于财政事项条款的限制，批准从省统一基金拨出不超过四个月的所需经费。

第一百二十七条　[适用于省议会的其他条款]

除遵照本宪法的规定外，第五十三条第二款至第八款，第五十四条第二款和第三款，第五十五条，第六十三条至第六十七条，第六十九条，第七十七条，第八十七条和第八十八条的规定，在细节上作下列修改后，同样适用于省议会或其委员会、省议员或省政府以及与之有关的事项：

1. 凡上述条款中提到议会、议院或国民议会之处应读作省议会；

2. 凡上述条款中提到总统之处应读作省长；

3. 凡上述条款中提到联邦政府之处应读作省政府；

4. 凡上述条款中提到总理之处应读作首席部长；

5. 凡上述条款中提到联邦部长之处应读作省部长；

6. 凡上述条款中提到巴基斯坦国民议会之处应读作本宪法生效前夕存在的省议会；

7.① 第五十四条第二款的一百三十日应当读作一百日②。

法令

第一百二十八条　[省长制定法令的权力]

（一）在省议会闭会期间，省长如认为根据当时形势有必要立即采取措施，有权根据形势的需要制定和颁布法令。

（二）根据本条颁布的法令具有如同省议会法令的效力，并受有关省议会立法权的同样限制，但是此类法令：

1. 应提交省议会。此类法令自其颁布之日起九十日③届满时，或在上述期限届满前因省议会通过不赞成决议时，自行作废。

如果省议会决定再延长一百二十日，那么此法令延长期届满，或在此延长期届满前，因省议会通过不赞成决议时，自行作废；但是该期限只能延长一次。④

2. 可随时由省长予以撤销。

（三）提交省议会的上述法令应视同提交省议会的法案，但不影响第二款规定的适用。

第三章　省政府

第一百二十九条　[省政府的行政权]⑤

（一）依据本宪法的规定，省的行政权由省政府以省长的名义行使。省政府由首席部长和省各部部长组成，并通过首席部长行使省的行政权。

（二）首席部长可直接地或通过省部长履行其宪法规定的职责。

第一百三十条　[内阁]⑥

（一）首席部长领导部长帮助和建议省长执行其职权。

（二）省议会应在议会大选后第二十一日自行召集，或者由省长提前召集。

（三）省议会在选出议长和副议长后的唯一议程为不经辩论地从其穆斯林议员中选举一人担任首席部长。

（四）首席部长由省议会以全体议员的过半数票选举产生。

但是，如果第一轮投票无任何议员获得过半数票，则应在第一轮投票中得票最多的两名议员中进行第二轮投票，获得出席投票议员的多数票的议员应被宣布当选为首席部长；

如果得票最多的两名或多名议员在第二轮投票中得票数相等，须在他们中间进行新一轮投票，直到其中一个获得出席投票议员的多数票为止。

（五）按照由第四款规定当选的议员应由省长邀

---

① 本项根据宪法第一修正案新增。

② 宪法第十八修正案由"七十"改为"一百"。

③ 宪法第十八修正案由"三个月"改为"九十日"。

④ 本项为宪法第十八修正案新增。

⑤ 本条根据宪法第十八修正案修改。

⑥ 本条根据宪法第十八修正案修改。

请就任首席部长,并应在就职前按照附表三所规定的誓词在省长前宣誓。

但是首席部长任职的届数不受限制。

(六)内阁集体向省议会负责,且内阁的总数不得超过省议会议员总数的百分之十五或百分之十一;

但是前述的限制在宪法第十八修正案生效后的第一次大选时始为生效。

(七)当首席部长不能获得省议会的多数信任时,省长应当召集省议会并要求首席部长获得省议会的多数信任票。

(八)首席部长应当以亲笔书信的形式向省长辞职。

(九)若一位部长连续六个月不是省议会的成员,当六个月期限届满时,将停止继续任职为部长,除非他又被重新选举为省议会的议员,否则他将不得再被任命为部长。

(十)本条中的任何内容不得解释为由于省议会解散而导致首席部长或其部长不具备资格,或者阻止对其的任命。

(十一)首席部长不得聘用五人以上的顾问。

第一百三十一条 [向省长汇报]①

首席部长应向省长汇报关于省的行政情况和省政府拟向省议会提出的所有立法建议。

第一百三十二条 [省部长]②

(一)依据第一百三十条第九款和第十款③的规定,省长应根据首席部长的提名在议会议员中任命省的各部部长。

(二)省各部部长在就职前均须按照附表三所规定的誓词在省长面前宣誓。

(三)省各部部长得以亲笔书信向总理提出辞职,也可由省长根据首席部长的建议予以免职。

第一百三十三条 [首席部长的继续任职]

首席部长应继续任职到其继任者就任首席部长职务时为止。

第一百三十四条 [首席部长辞职]

根据1985第14号总统令删除。

第一百三十五条 [暂代首席部长]

根据1985第14号总统令删除。

第一百三十六条 [对首席部长的不信任案]④

(一)对首席部长不信任案,须有省议会全体成员不少于百分之二十提出并经省议会通过。

(二)第一款所说的议案应自其在省议会提出之日起三日后或至多七日内可提付表决。

(三)如果省议会以全体议员的过半数票通过第一款所说的决议,首席部长应当终止任职。

第一百三十七条 [省政府的其他权力]

依照本宪法的规定,省行政权应包括属于省议会立法权限的各项事务。

但是,涉及议会和省议会均有权立法的事务时,省的行政权应受到本宪法或议会法令明确赋予联邦政府或其机构的行政权制约和限制。

第一百三十八条 [关于下属机构]

省议会有权根据省政府的建议,立法规定省政府下属官员或机构的职能。

第一百三十九条 [省政府的行为]⑤

(一)省政府的所有行为须以省长的名义为之。

(二)以省长名义⑥制定和执行的命令和指示,须按省政府⑦制定的法规所规定的方式予以确认。凡按上述规定予以确认的命令或指示,不得以不是省长制定或执行的命令或指示为理由而对其有效性提出异议。

(三)省政府有权对省内事务的分配和处理制定规则。

第一百四十条 [省检察长]

(一)省长应任命一名有资格担任高等法院法官的人担任该省检察长。

(二)省检察长的职责是就省政府向他提交或指定的法律事务向省政府提出建议,并履行省政府向他提交或指定的任何其他法律性质的职责。

(三)检察长的任期由省长任意确定,同时在其任期内不得从事任何私人执业活动。⑧

(四)检察长得以亲笔书信向省长提出辞职。

第一百四十 A 条 [地方政府]⑨

(一)各省应通过法律建立地方政府体制,将政治、行政和财政的职责和权力授权给选举产生的地方

---

① 本条根据宪法第十八修正案修改。
② 根据1985第14号法案。
③ 2010第10号法案将"第七款和第八款"修改为"第九款和第十款"。
④ 本条根据1985第14号总统令修改。
⑤ 本条根据1985第14号总统令修改。
⑥ 宪法第十八修正案将"以他的名义"改为"以省长名义"。
⑦ 宪法第十八修正案将"省长"改为"省政府"。
⑧ 宪法第十八修正案新增后半句。
⑨ 该条宪法第十八修正案新增。

政府。

（二）对地方政府的选举应由巴基斯坦选举委员会举行。

第五编　联邦同各省的关系

第一章　立法权的划分

第一百四十一条　［联邦和省的法律界限］

根据宪法，议会有权制定适用于巴基斯坦全国或其任何部分的法律（包括具有域外法律效力的法律）。省议会有权制定适用于本省或其任何部分的法律。

第一百四十二条　［立法事项］

根据宪法：

1. 议会拥有就"联邦立法事项表"任何事项的专属立法权；

2. 议会及省议会，有权制定与犯罪、刑事程序和证据相关的法律；①

3. 除第二项外，省议会有权对"联邦立法事项表"未列入的事项制定法律，但议会无此权力；

4. 议会拥有为联邦内不属于任何省的地区的专属立法权。

第一百四十三条　［联邦和省法律的一致性］②

如果省议会法令的任何规定同议会有权制定的法令的任何规定相抵触，则应以上述议会法令（不论是先于或后于上述省议会法令通过）或现行法律为准，而上述省议会法令，其同有关议会法令或现行法律相抵触的部分一概无效。

第一百四十四条　［议会对省的立法权力］

如果一个③或一个以上的省议会通过关于议会可以就未列入附表四中联邦立法事项表④的任何事项立法的决议，则议会有权据此就有关事项予以立法规定。但是，上述任何法令可以由施行该法令的有关省以省议会法令予以修改或废除。

第二章　联邦和各省之间的行政关系

第一百四十五条　［总统指示省长的权力］

（一）总统可以指示任何一省的省长作为他的代理人，全面地或就某一特定事务，对总统指示中明确规定的、未划归任何省管辖的联邦地区行使职权。

（二）在省长履行第一款所谓的职权时，第一百零五条的规定不适用。

第一百四十六条　［联邦授权］

（一）不论本宪法有何规定，联邦政府经省政府同意，可以有条件地或无条件地将属于联邦行政权范围的、对任何事务的职责，委托给该省政府或其官员。

（二）议会法令，不论是否涉及省议会无权立法的事项，可以授予和规定省或其官员和机构的职权和职责。

（三）在根据本条授予或规定省或其官员和机构的职权和职责时，联邦应按双方协议的数额，向该省支付行使上述职权或履行上述任务所需的额外行政经费。如双方无法达成协议，可由巴基斯坦首席法官指定的一名仲裁人裁定。

第一百四十七条　［省政府委托］

不论本宪法有何规定，省政府经联邦政府同意，可以有条件地或无条件地将属于省行政权范围的任何事务的职责委托给联邦政府或其官员。

但是省政府将职责委托的行为须经省议会在六十日内批准。⑤

第一百四十八条　［省和联邦的义务］

（一）各省行使行政权时，应保证适用于各该省的联邦法律得到遵守。

（二）在不影响本章任何其他规定的情况下，在任何一省行使联邦行政权时必须顾及该省的利益。

（三）联邦负责保护每一个省免遭外部侵略和内部骚乱，确保各省政府按照宪法规定行事。

第一百四十九条　［联邦对省的指示］

（一）各省在行使其行政权时，不得妨碍或影响联邦行政权的行使。联邦行政权包括联邦政府在它认为必要时向省发布执行上述规定的指示。

（二）联邦行政权包括向省发布修建和维护具有全国意义或战略意义的交通设施的指示。

（三）联邦行政权包括向省发布为防止对巴基斯坦或其任何部分的和平、稳定或经济生活造成的严重威胁、应如何行使省的行政权的指示。

第一百五十条　［对公共法令的信任］

巴基斯坦全国都应完全相信公共法令和档案，以及每个省的司法记录。

---

① 第二项至第四项根据宪法第十八修正案修改。

② 根据宪法第十八修正案修改。

③ 根据宪法第十八修正案由"两个"改为"一个"。

④ 根据 2010 第 10 号法案由"任一列表"改为"联邦立法事项表"。

⑤ 该段根据宪法第十八修正案新增。

第一百五十一条 ［省际贸易］

（一）在遵守第二款规定的前提下，巴基斯坦境内的贸易、商业和往来自由进行。

（二）议会得根据公共利益的需要，通过立法对省与省之间或巴基斯坦任何部分内贸易、商业或往来的自由规定限制。

（三）省议会或省政府无权：

1. 制定任何法律或采取任何行政措施禁止或限制任何等级或种类的货物进入该省或从该省出口；

2. 对于本省制造或生产的产品和非本省制造或生产的同类产品分别规定有利于前者的税，或者，对于非本省制造或生产的同类产品，因制造和生产地区的不同而规定不同的税。

（四）省议会根据公共卫生、公共秩序或公共道德的需要，或出于动植物保护或为防止、缓解该省基本商品严重短缺的需要而规定合理限制，并经总统同意而制定的法令有效。

第一百五十二条 ［出于联邦目的而征用土地］

如果联邦出于某种属于议会立法范围事项的需要，认为有必要征用位于某省的任何土地，可以要求该省代为征用上述土地，费用由联邦负担。如果上述土地属该省所有，则按双方同意的条件将土地转让给联邦；如果双方无法达成协议，可由巴基斯坦首席法官指定的一名仲裁人裁定。

第三章　特别规定

第一百五十三条 ［共同利益委员会］

（一）设立由总统任命的共同利益委员会，在本章中简称为"委员会"。

（二）①委员会由下列人员组成：

1. 总理为委员会主席。

2. 各省的首席部长。

3. 由总理随时提名三名联邦政府成员。

（三）委员会应对议会负责，且应向两院提交年度报告②。

第一百五十四条 ［职能和程序规则］

（一）③委员会负责制定和调整关于"联邦立法事项表"第二部分规定事项的政策，并对有关机构实施监督和控制。

（二）总统宣誓就职三十日内应建立委员会。

（三）委员会常设秘书处，应至少在九十日内召开会议；

但是总理可因省进入紧急状态召集此会议。④

（四）委员会的决议应根据多数成员的意见作出。

（五）在议会通过立法就委员会工作程序作出规定之前，委员会得自行制定其程序规则。

（六）议会联席会议可以随时以决议形式通过联邦政府指示委员会一般地或就某一特定事务采取议会认为合理和适宜的措施。这些指示对委员会具有约束力。

（七）如果联邦政府或省政府对委员会的决定不满，可以提请议会联席会议裁决，后者对此作出的决议为最后决定。

第一百五十五条 ［关于水供给的控告］

（一）如果某省、联邦首都或联邦管辖部落地区，或上述地方的任何居民在自然水源供水或储水⑤方面的利益，已经或者可能因下列原因受到不利的影响：

1. 已经或准备采取的行政措施或已经或准备通过的立法；

2. 任何当局未能行使其利用、分配或控制来自该水源供水的任何权力；

联邦政府或有关的省政府可以向委员会提出书面控告。

（二）委员会收到此种控告并经审议后，或者作出自己的决定，或者请求总统指定一个他认为合适的，由灌溉、工程、行政、财务或法律等方面的专家组成的工作组，以下简称"工作组"。

（三）在议会通过立法对此作出规定之前，根据本宪法生效前夕业已生效的 1956 年巴基斯坦调查委员会法令(1956 第 6 号法令)的规定可以将上述委员会或工作组视同根据该法令指定的委员会而适用；该法令第五部分的一切规定适用于上述委员会，该法令第十部分中甲所规定的权力授予上述委员会。

（四）委员会在审议工作组的报告和补充报告后，应就委托工作组调查的一切事项作出决定。

（五）不论是否同任何法律相抵触，除第一百五十四条第五款规定的情况外，联邦政府及与争议事项有关的省政府必须忠实地按委员会规定的条件与期限执行委员会的决定。

（六）委员会正在审理或业已处理的争端，不得因当事一方的请求而移交任何法院审理，也不得因任何

---

① 该款根据宪法第十八修正案修改。

② 根据 2010 第 10 号法案新增后半句。

③ 第一款根据 2010 第 10 号法案修改。

④ 第二款和第三款根据宪法第十八修正案修改。

⑤ 根据 2010 第 10 号法案新增"或储水"。

个人的请求,而将根据本条规定正由、已由、可以由或应由委员会处理的控告移交任何法院审理。

第一百五十六条 [国家经济委员会]①

(一)总统应设立国家经济委员会,由以下成员组成:

1. 总理为委员会主席;

2. 首席部长,首席部长从每省任命的一个成员;

3. 四名由总理随时任命。

(二)国家经济委员会负责研究国家经济的总体情况,并向联邦政府和各省政府提供建议,负责制订关于财政、商业、社会和经济政策的计划,在制订上述计划时应遵循第二编第二章规定的政策原则。

(三)委员会的会议由主席召集,或由二分之一的成员提请召开。

(四)委员会每年至少召开两次会议,同时出席人数应达到全体成员的二分之一。

(五)委员会对议会负责,并向各院提交年度报告。

第一百五十七条 [电力]

(一)联邦政府有权在任何一省建设或责成建设水电站、热电站、变电站以及省际输电线路。

联邦政府在各省建设或责成建设水电站、热电站前,应就此询问该省政府的意见。②

(二)省政府可以:

1. 按国家电网向该省供电的数量,要求定量供电,以便在省内输送和分配;

2. 对省内的用电进行征税;

3. 建设本省专用的发电厂、变电站和输电线路;

4. 决定本省内分配电力的征税率。

(三)③若联邦政府与省政府对此条规定的事项产生争议,应提请共同利益委员会对此争议作出决定。

第一百五十八条 [天然气的优先满足]

在遵守本宪法生效日所承担的承诺和义务的前提下,天然气气井所在的省份可以优先满足本省对天然气的需求。

第一百五十九条 [广播和电视]

(一)联邦政府不应无理拒绝将关于广播和电视的下述必要职权委托给省政府:

1. 在本省内建设和使用发射台;

2. 规定和征收在本省内建设和使用发射台及使用接收装置的费用。

但是,本款的规定不得解释为要求联邦政府委托任何省政府来控制由联邦政府或由联邦政府授权的人员建立和管理的发射台的使用,或控制上述授权人员对接收装置的使用。

(二)不论本宪法有何规定,省政府在行使上述委托职权时,必须遵守联邦政府所规定的包括财政在内的条件。但是,联邦政府不得对省政府或由省政府授权的广播电视管理办法规定任何条件。

(三)任何有关广播电视的联邦法律必须保证本条上述规定的执行。

(四)关于对省政府规定的条件是否合法、联邦政府拒绝委托职权是否合理的争议,应由巴基斯坦首席法官指定的一名仲裁人裁决。

(五)本条规定不得解释为限制联邦政府行使本宪法赋予的保障巴基斯坦或其任何部分的和平与稳定不受严重威胁的权力。

第六编 财政、财产、合同与诉讼

第一章 财政

联邦和各省之间的岁入分配

第一百六十条 [国家财政委员会]

(一)总统应在本宪法生效之日起六个月内成立国家财政委员会。国家财政委员会由联邦政府财政部长、各省政府的财政部长以及总统征询各省省长意见后指定的其他人员组成。国家财政委员会每届任期不得超过五年。

(二)国家财政委员会负责就下列事项向总统提出建议:

1. 第三款所说的税收净收入在联邦和各省之间的分配;

2. 联邦政府向省政府发放补助金;

3. 联邦政府和省政府行使宪法赋予的借款权;

4. 总统提交委员会的任何其他财政问题。

(三)第二款第1项所谓的税指议会授权征收的下列税:

1. 所得税,包括公司税,但不包括对由联邦统一基金支付的报酬构成的收入所征收的税;

2. 销售和购买商品税④;

---

① 该条根据宪法第十八修正案修改。

② 该段根据宪法第十八修正案新增。

③ 该款根据宪法第十八修正案新增。

④ 该项根据宪法第五修正案修改。

3. 棉花出口税以及总统规定的其他出口税；

4. 总统规定的国产税；

5. 总统规定的其他税。

（三 A）①国家财政委员会对各省间的各项分配不得少于其之前的决定。

（三 B）联邦政府财政部长和省财政部长每半年对此决定进行审查，同时将其报告提交两院和省议会。

（四）总统在收到国家财政委员会的建议后，应即根据该委员会依照第二款第 1 项规定作出的建议，以命令形式规定应分配给各省的、第三款所谓的税收净收入份额。上述分配份额应拨付给各该省省政府，并且，不论第七十八条如何规定，不构成联邦统一基金的组成部分。

（五）国家财政委员会的建议以及建议采取的措施解释备忘录应一并提交议会两院和各省议会。

（六）在根据第四款发布命令以前的任何时间，总统如认为必要或有利，得以命令对关于联邦政府和各省之间税收分配的法律作出修改或变更。

（七）总统得以命令对需要援助的省份给予补助金，上述拨款应由联邦统一基金拨付。

第一百六十一条　[天然气和水电]

．（一）②除第七十八条的规定外

1. 由联邦政府向天然气气井征收的联邦天然气国产税的净收入，以及特许权使用费的净收入都不构成联邦统一基金的组成部分，而应拨付给天然气气井所在的省份。

2. 由联邦政府向油井征收的联邦天然气国产税的净收入不构成联邦统一基金的组成部分，而应拨付给油井所在的省份。

（二）由联邦政府或由联邦政府经营或管理的机构从水力发电站所获得的净利润应拨付给水电站所在的省份。

[解释条款]

在计算本条所说的"净利润"时，应从水电站的总线所供全部电力按公共利益委员会规定价格得到的收入中扣除该电站的全部经营费用，其中包括所有应付款项，如税、投资的利息或还本、折旧和报废、经常性费用以及公积金提留等。

第一百六十二条　[总统事先批准]

未经总统事先批准，凡有关对拨给任何省的全部或部分净收入实行征税或变相征税的任何法案或修正案，有关改变为实施所得税条例业已规定的"农业

收入"的含义的任何法案或修正案，以及影响本章前述任何条款规定的对各省分配或可能分配款项原则的任何法案或修正案，一律不得在国民议会提出或动议。

第一百六十三条　[对职业征税]

省议会可以通过法令，在议会法令随时规定的范围内，对从事专门职业、贸易、行业或受雇佣的人征税。上述省议会法令不得视为征收所得税。

其他财政规定

第一百六十四条　[补助金]

联邦或省可以为任何目的拨出补助金，不论该目的是否属于议会或省议会的立法权限。

第一百六十五条　[免税的财产]

（一）联邦政府的财产或收入不应按照省议会法令的规定纳税，省政府的财产或收入，除第二款另有规定者外，也不应按照议会法令或任何其他省的省议会法令纳税。

（二）如果某省政府或其代理在本省以外进行任何种类的贸易或商业，该省为该项贸易或商业而使用的任何财产，或从该项贸易或商业所得到的任何收入，应按照议会法令或贸易或商业所在省的省议会法令的规定纳税。

（三）本条规定不妨碍征收服务费用。

第一百六十五 A 条　[议会对某些公司收入的征税权]③

（一）为了排除疑惑，特此申明，无论是直接规定或根据联邦法律或现行的法律建立的公司、企业或其他组织机构，还是由联邦政府或省政府直接或间接拥有或控制的公司、企业或其他组织机构，不管此收入的最终目的是什么，议会都拥有且被视为一直拥有对此收入的征税权。

（二）在 1985 年生效前，由当局或个人发布命令，进行诉讼，采取行动或意图发布命令，进行诉讼，采取行动，行使源于第一款有关的法律授权或执行任何命令或打算执行由当局或个人依据上述的权力，尽管包括最高法院、高等法院在内的任何法院的判决被视为一直有效，但是上述行动不得在包括最高法院和高等法院内给予任何理由提出的异议。

（三）包括最高法院和高等法院在内的法院和法庭作出的每一项判决和命令与第一款、第二款不一致的，应被视为无效。

---

① 第三 A、第三 B 款根据宪法第十八修正案新增。

② 第一款根据 2010 第 10 号法案修改。

③ 根据 1985 第 11 号总统令新增。

第二章 借款和审计

第一百六十六条 [联邦政府借款]

联邦行政当局有权在由议会法令随时规定的限度内,以联邦统一基金担保借款,并且有权在由议会法令随时规定的限度内提供担保。

第一百六十七条 [省政府借款]

(一)根据本条规定,省行政当局有权在由省议会法令随时规定的限度内,以省统一基金担保借款,并且有权在由省议会法令随时规定的限度内提供担保。

(二)联邦政府有权按照它认为适当的条件,向任何一省提供贷款,并有权在第一百六十六条所规定的范围内,为任何一省的借款提供担保。向省提供的贷款均从联邦统一基金中拨付。

(三)任何省,凡未清偿联邦政府向其提供或为其担保的贷款者,非经联邦政府同意,不得再行借款。本款所说的同意,可由联邦政府按照它认为适当的条件作出。

(四)①在国家经济委员会规定的条件和限度内并基于省统一基金的安全,省可以进行国内或国际借贷。

审计和账目

第一百六十八条 [巴基斯坦审计长]

(一)设巴基斯坦审计长一人,由总统任命。

(二)审计长在就职前,应按照附表三所规定的誓词在巴基斯坦首席法官面前宣誓。

(三)②除非审计长立即辞职或者依据第五款而被免职,其任期为四年,从其上任之日起算或其年满六十五周岁之日起算(以二者先到之日期为准)。

(三A)③审计长的其他任职条件和任期由议会立法规定,在议会立法规定以前以总统令予以规定。

(四)凡担任审计长职务的人,在其停止担任该职务后的两年内,无资格担任任何巴基斯坦公职。

(五)只有依据免除最高法院法官职务的同样方式和同样理由,方可免除审计长的职务。

(六)审计长职位空缺、审计长出国或因故不能履行其职务,总统可任命审计机构中最高职位的人员为审计长履行其职责。④

第一百六十九条 [审计长的职能和权力]

审计长应对下列事项:

1. 联邦和省的账目;

2. 联邦或各省设立的任何机关或机构的账目;

行使议会法令直接规定或根据议会法令规定的职权,在议会立法规定以前,上述职权以总统令予以规定。

第一百七十条 [审计长的指示]

(一)联邦和各省的账目必须符合审计长经总统批准后所规定的格式、原则与方法。

(二)联邦、省政府以及其他由联邦政府、省政府建立控制的组织机构的审计账目由审计长管理,并决定审计的程度和性质。

第一百七十一条 [审计长报告]

审计长关于联邦账目的报告应提交总统,并由总统转送两院⑤。审计长关于任何省的账目的报告应提交给各该省省长,并由省长转送各该省省议会。

第三章 财产、合同、债务与诉讼

第一百七十二条 [无主物]

(一)凡无主物,一律属于所在省省政府所有,在其他情况下,均属联邦政府所有。

(二)在巴基斯坦大陆架或在巴基斯坦领海内水下的所有土地、矿藏以及其他资源均属联邦政府所有。

(三)⑥除现有的委托和义务外,省内的油田和天然气或者与领水毗邻的归属于省和联邦共同所有。

第一百七十三条 [获取财产和缔约的权力]

(一)联邦或省的行政权包括依照相应立法机关的立法规定授予、出售、支配或抵押属于联邦政府或省政府的任何财产的权力,以及代表联邦政府或省政府购买或征用任何财产和签订合同的权力。

(二)根据联邦或省的需要征用的财产应分别属于联邦政府或省政府。

(三)行使联邦或省的行政权所签订的合同,均应以总统或省长的名义签订。行使上述行政权所签订的合同和财产转让由总统或省长指示或授权的人员,按总统或省长指示或批准的方式,代表总统或省长执行。

(四)总统或省长对行使联邦或省的行政权所签订或执行的任何合同或保证,均不负有个人责任,任

---

① 该款根据宪法第十八修正案新增。

② 该款根据宪法第十八修正案修改。

③ 该款根据宪法第十八修正案新增。

④ 根据宪法第十八修正案修改。

⑤ 根据 2010 第 10 号法案将"国民议会"改为"两院"。

⑥ 本款根据宪法第十八修正案新增。

何代表总统或省长签订或执行任何上述合同或转让契约的个人,对上述合同或保证也不负个人责任。

(五)联邦政府或省政府转让土地的方式由法律规定。

第一百七十四条 ［案件和起诉］

联邦可以巴基斯坦的名义起诉或被起诉,各省可以本省的名义起诉或被起诉。

第七编　司法机关

第一章　法院

第一百七十五条 ［法院的建立和管辖权］

(一)设立巴基斯坦最高法院。各省分别设立高等法院,并在伊斯兰堡首都特区设高等法院①,并依照法律规定设立其他法院。

(二)法院的审判权必须由本宪法或法律直接赋予或依法授予。

(三)自本宪法生效之日起十四年内,司法部门应逐步同行政部门分开。

第一百七十五A条 ［最高法院、高等法院、联邦沙里亚法院的法官任命］

(一)巴基斯坦设司法委员会,以下简称"委员会",负责任命最高法院、高等法院、联邦沙里亚法院的法官。

(二)任命最高法院的法官,委员会应由以下人员组成:

1. 巴基斯坦首席法官为主席;

2. 两名最高法院的高级法官;

3. 一位前任首席法官,或一位由巴基斯坦首席法官提名并于两名成员法官磋商以后任命的前任最高法院的法官,任期为两年;

4. 联邦法律和司法部长;

5. 巴基斯坦总检察长;

6. 由巴基斯坦律师公会提名的最高法院的资深律师,任期为两年。

(三)除第一款或第二款外,总统应任命最高法院的最资深的法官为首席法官。

(四)委员会应当制定规则规范其程序。

(五)除第二款所规定的成员外,任命高等法院的法官还包括以下成员:

1. 将被任命的高等法院的首席法官。

2. 高等法院的最高法官。

3. 省法律部长。

4. 省律师公会提名的资深律师,任期为两年;

若任命高等法院的首席法官时,最资深的法官将由前任首席法官或者该法院的前任法官所代替时,应当由第二款所提到的巴基斯坦首席法官与两名委员会的成员法官进行磋商后提名;

若基于任何原因高等法院的首席法官缺位,应当以前述的条款所涉及的方式重新任命。

(六)除第二款所规定的成员外,任命伊斯兰堡首都特区高等法院的法官还包括以下成员:

1. 将被任命的高等法院的首席法官;

2. 高等法院的最高法官。

若首次任命伊斯兰堡高等法院的法官,其他四省高等法院的首席法官应是委员会成员。

除前述条款外,任命伊斯兰堡首都特区高等法院的法官时,第五款应当比照适用。

(七)任命联邦沙里亚法院的法官,第二款的委员会中应当包括联邦沙里亚法院的首席法官和该法院的高级法官。

除前述条款外,任命联邦沙里亚法院的法官时,第五款应当比照适用。

(八)当最高法院、高等法院或联邦沙里亚法院出现一个空缺时,由委员会全体人数过半数通过向议会委员会提出一名候选人。

(九)议会委员会(以下简称为"委员会")应包括以下成员:

1. 四名来自参议院;

2. 四名来自国民议会。

(十)除以上八名委员会成员,还包括四名来自财政席位,由该院的首长提名;两名来自两院,分别由反对派的领袖从反对派的席位提名。

(十一)秘书,参议院应当作为该委员会的秘书处。

(十二)该委员会在收到委任的提名后应在十四日内确认被提名者有该成员的半数通过,若期限届满,则视为已经确定。

若该委员会未在期限内有全体成员的四分之三多数通过对提名的确认,应提出其他人选。

(十三)委员会应促使该候选人被总统任命或被视为已经任命。

(十四)不得仅因席位空缺或因任何成员未出席会议而对该委员会的任何行为和决定,或对该委员会提出异议或认为无效。

(十五)委员会应制定规则规范其程序。

---

① 根据宪法第十八修正案新增"并在伊斯兰堡首都特区设高等法院"。

第二章　巴基斯坦最高法院

第一百七十六条 ［最高法院的组成］

最高法院由首席法官一人，称为巴基斯坦首席法官，及由议会法令确定的其他法官若干人组成。在议会立法规定以前，其他法官的人数可由总统确定。

第一百七十七条 ［最高法院法官的任命］

（一）①巴基斯坦首席法官由总统任命，其他法官由总统根据第一百七十五Ａ条任命。

（二）只有符合下列规定的巴基斯坦公民，方可任命为最高法院法官：

1. 曾任高等法院法官（包括本宪法生效以前任职于巴基斯坦的任何高等法院）满五年或累计满五年者；

2. 在高等法院（包括本宪法生效以前任职于巴基斯坦的任何高等法院）担任律师满十五年或累计满十五年者。

第一百七十八条 ［宣誓就职］

巴基斯坦首席法官和最高法院的任何其他法官在就职前，应分别在总统和首席法官主持下按照附表三所规定的誓词宣誓。

第一百七十九条 ［退休年龄］②

除提前辞职或依照宪法规定被免职外，最高法院法官应任职至六十五周岁。

第一百八十条 ［暂代首席法官］

凡有下列情况之一：

1. 巴基斯坦首席法官职位空缺；

2. 巴基斯坦首席法官出国或因故不能履职；

总统应任命最高法院法官中最资深者代理巴基斯坦首席法官。③

第一百八十一条 ［暂代法官］

（一）凡有下列情况之一：

1. 最高法院法官职位空缺；

2. 最高法院法官出国或因故不能履职；

总统可按第一百七十七条第一款规定的方式，任命一名有资格被任命为最高法院法官的高等法院法官暂时代理最高法院法官。

［解释条款］④

本条所谓的"高等法院法官"包括已经退休的高级法院法官。

（二）依照本条规定作出的任命在被总统撤销之前，一直有效。

第一百八十二条 ［任命临时法官］

凡因最高法院法官不足法定人数而不能开庭或不能继续开庭时，或由于任何其他原因需要临时增加最高法院法官的人数时，巴基斯坦首席法官得以书面形式：

1. 经总统批准，聘请任何曾任最高法院法官职务、离职不满三年者；

2. 经总统批准并征得某一高等法院首席法官同意，请求该高等法院的一名有资格被任命为最高法院法官的法官；

作为临时法官在规定期限内参加最高法院开庭，在其参加开庭工作期间，临时法官享有如同最高法院法官的权力和审判权。

第一百八十三条 ［最高法院的地址］

（一）除第三款规定的情况外，最高法院的永久所在地为伊斯兰堡。

（二）最高法院可以随时在巴基斯坦首席法官经总统批准后所规定的其他地点开庭。

（三）在作出最高法院设在伊斯兰堡的规定之前，最高法院所在地由总统指定。

第一百八十四条 ［最高法院的初审管辖权］

（一）最高法院对两个或两个以上政府间的争端拥有初审管辖权，任何其他法院均无此项管辖权。

［解释条款］

本款所说的"政府"指联邦政府和各省政府。

（二）最高法院在行使第一款赋予的管辖权时只作出宣告式判决。

（三）在不妨害第一百九十九条各项规定的前提下，最高法院在它认为涉及对第二编第一章赋予的基本权利的实施具有普遍意义的问题时，有权发布第一百九十九条规定的同类性质的命令。

第一百八十五条 ［最高法院的上诉管辖权］

（一）依照本款规定，最高法院拥有受理和裁决对高等法院的裁决、裁定、最后判决或宣判的上诉管辖权。

（二）凡属于下列情况之一，最高法院应受理对高等法院的任何裁决、裁定、最后判决或宣判的上诉：

1. 凡高等法院根据上诉撤销宣告被告人无罪的原判而判处被告人死刑或终身流放或无期徒刑，或经复审后改判上述重刑者；

2. 凡高等法院下令调取下级法院受理的案件的案卷自行审理后宣判被告人有罪并判处上述刑罚者；

---

① 根据宪法第十八修正案修改。

② 根据宪法第十七修正案修改。

③ 该段根据1985第14号总统令修改。

④ 该项根据1982第2号总统令新增。

3. 凡高等法院以藐视该高等法院罪惩处任何个人的判决;

4. 凡初审法院审理后上诉的纠纷案件所涉及的金额或价值在五百卢比或有关议会法令所规定的数额以上,并且对上诉的裁决、裁定或最后判决改变或者撤销下级法院原判者;

5. 凡原判直接或间接地涉及上述金额或价值的财产要求或争议的案件,提出上诉后的裁决、裁定或最后判决改变或撤销下级法院原判者;

6. 凡高等法院证明为涉及有关宪法解释的重大法律问题的案件。

(三)凡不适用第二款规定的,对高等法院裁决、裁定、最后判决或宣判的上诉,非经最高法院准许不予受理。

第一百八十六条 ［咨询管辖权］

(一)总统对于他认为具有普遍意义的重大法律问题需要征询最高法院意见时,得随时提交最高法院研究审议。

(二)最高法院对上述提交的问题应予研究审议,并将它对该问题的意见呈报总统。

第一百八十六 A 条 ［最高法院移转案件的权力］

最高法院可基于更加有利于案件的审理,将未决案件、上诉案或其他案件移交其他高等法院审理。

第一百八十七条 ［最高法院的指示］

(一)除第一百七十五条第二款外,①最高法院出于公正审判的需要,有权就它所受理的案件发布必要的指示或命令,包括传唤任何人出庭、要求查找或提供任何文件的命令。

(二)对于上述指示或命令,巴基斯坦全国必须一律执行,并且在各省,包括在行政区划上不属于各该省,但属各该省高等法院管辖范围的地区执行时,应视同各该省高等法院所发布的指示或命令。

(三)关于最高法院的上述指示或命令应由哪一所高等法院执行的问题发生争议时,最高法院的裁决为最后裁决。

第一百八十八条 ［最高法院的复查］

根据议会法令和最高法院自行制定的规则,最高法院有权对本院所作的判决或所发布的命令进行复查。

第一百八十九条 ［最高法院的决定对其他法院有约束力］

最高法院有关法律问题或对法律原则的解释,对

巴基斯坦所有其他法院具有约束力。

第一百九十条 ［对最高法院的协助］

巴基斯坦全国各级行政和司法当局均应向最高法院提供协助。

第一百九十一条 ［程序规则］

根据宪法和法律的规定,最高法院有权自行制定有关最高法院的诉讼程序规则。

第三章 高等法院

第一百九十二条 ［高等法院的组成］

(一)高等法院由首席法官一人和由法律规定的其他法官若干人组成,在作出上述法律规定前,高等法院法官的人数由总统确定。

(二)②Sind 和 Baluchistan 高等法院停止作为该省的普通高等法院。

(三)总统应以命令为 Sind 和 Baluchistan 省分别建立高等法院,同时应在命令中规定两个高等法院的主要席位,普通高等法院法官的调任和在建立两个高等法院前普通高等法院未决案件的移转,以及他认为对普通高等法院之终止与两个高等法院之建立所适宜的后继事务与附属事务。

(四)任何高等法院可以依照议会法令的规定,将在行政区划上不属于该省的地区纳入其管辖范围。

第一百九十三条 ［高等法院的任命］

(一)③高等法院的首席法官和其他法官由总统依据本法第一百七十五 A 条任命。

(二)凡年满四十五周岁并且符合下列规定条件之一的巴基斯坦公民,均有资格被任命为高等法院法官:

1. 担任高等法院(包括本宪法生效以前的巴基斯坦高级法院)辩护律师满十年或累计满十年;

2. 担任符合本款要求的法定文官满十年,并且担任巴基斯坦县级法官或行使县级法官职责满三年;

3. 在巴基斯坦司法部门任职满十年。

［解释条款］④

在计算担任高等法院辩护律师或在司法部门任职的年限时,应包括在其担任辩护律师前在司法部门任职的时间,同样也包括当其在司法部门任职前担任辩护律师的时间。

(三)本条所说的"县级法官"指拥有初审管辖权的主要民事法院的法官。

---

① 根据宪法第五修正案新增"除第一百七十五条第二款外"。

② 第二款和第三款根据宪法第五修正案修改。

③ 本款根据宪法第十八修正案修改。

④ 本段根据宪法第一修正案新增。

第一百九十四条 ［宣誓就职］

高等法院首席法官和其他法官在就职前,应分别在省长和首席法官的主持下,按照附表三所规定的誓词宣誓。

但伊斯兰堡高等法院的首席法官在就职前应当在总统和法院其他法官面前宣誓就职。①

第一百九十五条 ［退休年龄］②

除提前辞职或依照宪法规定被免职外,高等法院法官应任职至六十二周岁。

第一百九十六条 ［暂代法官］

凡有下列情况之一:

1. 高等法院首席法官职位空缺;

2. 高等法院首席法官出国或因故不能履职;

总统应任命该高等法院法官中最资深者,或者要求最高法院的一名法官代理首席法官。③

第一百九十七条 ［补选法官］

凡有下列情况之一:

1. 高等法院法官职位空缺;

2. 高等法院法官出国或因故不能履职;

3. 因故需要增加高等法院法官人数;

总统可以按照第一百九十三条第一款规定的方式,任命一名有资格被任命为高等法院法官的人为该法院的辅助法官,其任期由总统决定,但如法律对此有规定时,不得超过法定期限。

第一百九十八条 ［高等法院的所在地］

(一)在本宪法生效前夕存在的每个高等法院,其主要所在地保持不变。

(一A)④伊斯兰堡首都特区的高等法院应设在伊斯兰堡。

(二)⑤每个高等法院法官和法院应位于其主要所在地,其他的法庭可以在其司法权的范围内设立,巡回法院的法官应由首席法官提名。

(三)拉合尔⑥的高等法院应在巴哈瓦尔布尔(Bahawaipur)、木尔坦(Multan)和拉瓦尔品第(Rawalpindi)设法庭,信德(Sindh)的高等法院应在苏库尔(Sukkur)⑦设法庭,白沙瓦(Peshawar)高等法院应在阿伯塔巴德(Abbottabad)、闵格拉(Mingora)⑧、德拉伊斯梅尔汗(Dera Ismail Khan)设法庭,俾路支

(Baluchistan)高等法院应在锡比(Sibi)和图尔伯德(Turbat)设法庭。

(四)每个高等法院在其他地方设立法院需经与高等法院首席法官协商,并依据内阁的建议决定。

(五)第三款所涉及的法院或依据第四款所建立的法院包括由首席法官随时在任职满一年的法官中提名。

(六)省长在与省高院的首席法官就以下事项进行协商后可以制定规则:

1. 授予高等法院的每个法庭的司法管辖权的分配;

2. 一切突发的事件或有重大影响的事件。

第一百九十九条 ［高等法院的管辖权］

(一)高等法院在它认定法律没有规定其他适当补救办法时,可以根据宪法:

1. 应任何受害当事人的请求发布命令:

(1)在该法院管辖地区内直到联邦、省或地方当局事务的公务员履行职务,或者制止其做法律所不准许做的任何事情,或者要求其做法律需要做的任何事情;

(2)宣布任何履行联邦、省或地方当局职务的公务员在该法院管辖地区内所做的任何行为或采取的任何措施不符合法律授权因而无法律效力。

2. 应任何人的请求发布命令:

(1)指示将任何在该法院管辖地区内的被拘留者移送该高等法院,以便确认上述拘留是否符合法律授权或是否符合法定手续;

(2)要求任何在该法院管辖地区内担任或愿意担任某项公职的人说明他根据何项法律授权担任此职;

(3)应任何受害人的请求发布命令,对在该法院管辖范围内任何地区行使权力或职能的任何个人或机构乃至地方政府,就实现第二编第一章所赋予的任何基本权利作出相应指示。

(二)根据宪法,责成各高等法院实现第二编第一章所赋予的任何基本权利的权力不得被剥夺。

(三)⑨不得应申请或根据巴基斯坦武装部队成

---

① 本段根据 2010 第 10 法案新增。

② 本条根据宪法第十七修正案修改。

③ 本段根据 1985 第 14 号总统令修改。

④ 本款根据宪法第十八修正案新增。

⑤ 本款根据 1985 第 14 号总统令新增。

⑥ 拉合尔(Lahore),巴基斯坦的第二大城市,旁遮普省省会。

⑦ 巴基斯坦东南部城市。

⑧ 根据宪法第十八修正案新增"Mingora"、"Turbat"。

⑨ 根据宪法第一修正案修改。

员就其服役待遇和条件;在服役中发生的任何事情或对他作为巴基斯坦武装部队成员所采取的任何行动所提出的请求,或涉及巴基斯坦武装部队成员而提出的请求,而发布第一款所说的命令。

(四)凡属于下列情况者,即:

1. 向高等法院提出发布第一款第一项或第三项所谓的命令的请求时,

2. 如果发布临时命令将会妨害或干扰公共工程进行,或有损于公共利益,或妨碍政府税收的确定或征收时,

则该法院不得发布临时命令,除非在将上述请求通知法定司法官,并听取该司法官本人或其授权人员的意见后,该法院根据书面记录的理由认为该项临时命令:

(1)不会产生如上所述的后果;

(2)会产生根据记录判断无权管辖的命令或诉讼中止执行或中止进行的效果。

(五)除上下文另有规定者外,在本条中:

"个人"包括任何国家机构或法人团体,联邦政府或省政府直属或管辖下的任何当局,以及除最高法院、高等法院或依据有关巴基斯坦武装部队的法律而设立的法院或法庭以外的任何法院或法庭。

"法定司法官":

1. 如上述请求涉及联邦政府或联邦政府直属或下属机构时,指总检察长。

2. 在任何其他情况下,指上述请求所从提出的省的检察长。

第二百条 ［高等法院的案件移转］

(一)总统可以将任一高等法院法官从一所高等法院调至另一所高等法院,但只有在该法官本人同意,并经总统分别同巴基斯坦首席法官以及有关的两所高等法院的首席法官协商后才可调任。

［解释条款］

本条中的"法官"不包括首席法官,但包括第一百九十六条第二项中除了最高法院法官以外其他代理高等法院首席法官的法官。

(二)①按上款规定调至另一所高等法院任职的法官,在其于该法院任职期间,有权领受除原薪以外的、由总统以命令规定的补偿津贴。

(三)②无论任何时间基于任何原因增加高等法院的法官,该高等法院的首席法官可以要求其他高等法院的前任法官任职,在任职期间,该法官拥有和其他法官相同的权力。

上述法官被要求担任高等法院的法官,需得到总统在和巴基斯坦首席法官及高等法院首席法官协商后批准。

［解释条款］③

该条中,"高等法院"包括高等法院的派出法庭。

第二百零一条 ［高等法院对下级法院的约束力］

除遵守第一百八十九条的规定外,高等法院有关法律问题或解释法律原则的任何决定,对其所有下级法院均有约束力。

第二百零二条 ［程序规则］

根据宪法和法律的规定,高等法院有权自行制定有关高等法院或其任何下级法院的诉讼程序规则。

第二百零三条 ［对下级法院的监督］

每一所高等法院应对各自的下级法院实施监督。

第三 A 章 联邦沙里亚法院④

第二百零三 A 条 ［本章的条款优先于宪法其他条款］

无论宪法中规定任何内容,本章的条款有效。

第二百零三 B 条 ［定义］

本章中,除非有相抵触的规定,

1.⑤"首席法官"指该法院的首席法官;

2. "法院"指依据第二百零三 C 条建立的联邦沙里亚法院;

2甲."法官"指法院的法官。

3. "法律"则指包括任何具有法律效力的习惯或惯例,但不包括宪法,穆斯林个人法,有关法院、法庭的程序法,财政法律,任何有关征税和征费的法律以及银行或保险的惯例和程序,直到本章生效之日起十年⑥期满为止。

第二百零三 C 条 ［联邦沙里亚法院］

(一)本章以建立联邦沙里亚法院为目的。

(二)⑦本法院应包含不超过八名穆斯林的法

---

① 本款根据 1985 第 14 号总统令修改。

② 根据宪法第一修正案新增。

③ 该解释条款根据 1985 第 14 号总统令新增。

④ 本章根据 1980 第 1 号总统令修改。

⑤ 本款根据宪法第二修正案修改。

⑥ 根据 1985 第 14 号总统令由"五年"改为"十年"。

⑦ 本款根据宪法第二修正案修改。

官①,包括一名首席法官②,根据第一百七十五 A 条产生③,由总统任命。

(三)④首席法官应当是现任、曾经任或有资格被任命为最高法院的法官,或者曾经是高等法院的终身法官。

(三 A)法官成员中应包括不超过四名的现任或曾经是或具有高等法院法官资格者和不超过三名的对伊斯兰法律、伊斯兰教的研究或训导有至少十五年经验的⑤乌理玛(Ulema)。

(四)首席法官⑥和法官⑦任职不超过三年,但由总统决定可以延长该期限。

高等法院的法官被任命为本法院的法官应经他本人的同意并由总统和高等法院的首席法官协商后任命,除非他本人就是该法院的首席法官。⑧

(四 A)⑨若首席法官不再是最高法院的法官,或法官不再是高等法院的法官,他应亲笔以书面形式向总统辞职。

(四 B)⑩除非基于同最高法院同样的方式和理由,不得将首席法官和法官免职。

(六)⑪法院常驻伊斯兰堡,但也可以随时由首席法官征求总统同意后,将法院设在巴基斯坦境内的任何地方。

(七)首席法官和其他法官在就职前,应在总统或者由总统任命的人前按照附表三所规定的誓词宣誓。

(八)⑫当首席法官或法官外出或者不能履行职务时,总统应当任命其他人担任首席法官或法官之职。

(九)非最高法院法官的首席法官被授予与最高法院法官相同的工资、津贴和特权,同时非高等法院法官的法官被授予与高等法院法官相同的工资、津贴和特权。

若法官已经因服务于巴基斯坦的其他职位而获

得补助金,则该补助金的数额应从上述补助金中减去。

第二百零三 CC 条 ［乌理玛委员会和乌理玛成员］

根据 1981 第 5 号总统令新增,根据宪法第二修正案删除。

第二百零三 D 条 ［法院的权力、管辖权和职能］

(一)法院可主动⑬或依巴基斯坦公民、联邦政府或省政府的申请,检查和决定任何法律或条文是否与《古兰经》以及《逊奈》中的伊斯兰训诫相矛盾。

(一 A)法院根据第一款检查法律或其条款时,若其与伊斯兰教训诫相矛盾,若该法属于联邦立法表中的事项⑭或不属于联邦立法事项的应分别交由联邦政府或省政府,就具体的相矛盾的条款明确地通知联邦政府或省政府,并在进行法庭审理前给予该政府充分的陈述其观点的机会。

(二)如决定任何法律或其中的条文与伊斯兰训诫相矛盾,法院应作出以下决定:

1. 支持其观点的理由;

2. 相矛盾的程度,以及明确该决定生效的日期。

在上诉于最高法院期限届满前或上诉未决前,以上的决定不能视为有效。⑮

(三)如果法院认为任何法律与伊斯兰训诫相矛盾,则:

1. 总统就联邦立法表中的相关法律或省长就不在该表中的所列事项相关的法律应采取措施修改法律以使其与伊斯兰训诫保持一致。

2. 该法律或条文应在其相矛盾的程度内在该决定生效之日起终止其效力。

第二百零三 DD 条 ［法院的修正权和其他审判权］

(一)法院可以要求检查由刑事法庭审判的与惩戒令相关法律案件的记录,其中包括对定罪量刑或程序的正确性、公正性或恰当性的检查,当检查这些记

---

① 根据 1982 第 5 号总统令由"成员"改为"法官"。

② 根据 1982 第 5 号总统令由"主席"改为"首席法官"。

③ 根据宪法第十八修正案新增"根据第一百七十五 A 条产生"。

④ 根据宪法第三修正案修正。

⑤ 本句"对伊斯兰法律、伊斯兰教的研究或训导有至少十五年经验的"根据宪法第十八修正案修改。

⑥ 根据宪法第二修正案由"主席"改为"首席法官"。

⑦ 根据宪法第二修正案由"成员"改为"法官"。

⑧ 根据宪法第三修正案由"一年"改为"除非他本人就是该法院的首席法官"。

⑨ 根据宪法第二修正案新增。

⑩ 根据 2010 第 10 号法案修改。

⑪ 根据 2010 第 10 号法案删除第四 C 款和第五款。

⑫ 根据宪法第十八修正案修改。

⑬ 根据宪法第二修正案增加"可主动"。

⑭ 根据宪法第十八修正案由"在任一列表中"改为"联邦立法表中的事项"。

⑮ 该项根据宪法第八修正案添加。

录时,应当命令暂停对该判决的执行,如果被告被监禁,则应当交保释放。

(二)如果被法院要求检查的记录,法院得通过其认为恰当的命令并支持裁决。

本条的任何规定不得视为授权法院将无罪判决改为有罪判决,同时,本条的命令不得歧视被告,但是被告已经获得自辩的机会除外。

(三)根据法律授权的其他管辖权。

第二百零三 E 条 ［法院的权力和程序］

(一)法院在审理以下案件时,有权作为民事法庭根据 1908 年《民事程序法典》的规定审理:

1. 传唤任何人出庭并审查宣誓者;

2. 要求搜集和创制任何文件;

3. 搜集口供中的证据;和

4. 验证证据或文件。

(二)法庭有权自行决定和规范其审判的程序。

(三)法院享有高等法院的对蔑视法庭的处罚权。

(四)根据第二百零三 D 条第一款的任何一方当事人可由一位穆斯林的法律执业者代理,该法律执业者应当是高等法院的执业不少于五年的注册律师,或高等法院的律师或由一方当事人从该法院的法律专家小组中选择一位法律专家。

(五)第四款中的法律专家小组的成员应当是精通沙里亚法的阿利姆。

(六)法律执业者或法律专家在法院代表一方当事人时,并不为该方辩护,而是就他所知的与审判相关的伊斯兰的禁令作出陈述和解释,并向法院提交一份有关伊斯兰禁令说明的文件。

(七)法院可邀请巴基斯坦或国外的精通伊斯兰法的专家协助。

(八)根据第二百零三 D 条的申请不得收费。

(九)法院有权自行复查所有的决定和命令。

第二百零三 F 条 ［向最高法院上诉］

(一)根据第二百零三条之四,对法院的裁决不服的一方可以自该裁决作出后的六十日内,向最高法院提出上诉。

但是如果该上诉涉及联邦或省的利益时,则自该裁决作出后的六个月内向最高法院提出上诉。

(二)第二百零三 D 条的第二款和第三款,第二百零三 E 条的第四款和第八款的规定适用于最高法院。

(二 A)联邦沙里亚法院的裁决、决定或判决应当提交最高法院:

1. 如果联邦沙里亚法院对上诉至该院的无罪判决者判处死刑、终身监禁或十四年以上有期徒刑;

2. 联邦沙里亚法院作出的蔑视法庭的惩罚。

(二 B)联邦沙里亚法院的裁决、决定或判决上诉

至最高法院,前述的条款都不再适用,但最高法院同意上诉的除外。

(三)本条所规定的审判权由最高法院的沙里亚上诉法庭行使,该法庭包括:

1. 最高法院的三位穆斯林法官;和

2. 由总统咨询首席法官后任命的不超过两名的乌理玛作为特别成员,该乌理玛从联邦沙里亚法院的法官或乌理玛委员会中挑选。

(四)根据第三款第 2 项所任命者的任期由总统决定。

(五)第一款和第二款中的"最高法院"应被理解为沙里亚上诉法庭。

(六)在出席联邦沙里亚上诉法庭的审理,根据第三款第 2 项所任命者享有同最高法院法官相同的审判权和特权,其薪资由总统决定。

第二百零三 G 条 ［管辖权的限制］

根据第二百零三 F 条,包括最高法院、高等法院在内的任何法院或法庭不得拥有沙里亚法院的管辖权。

第二百零三 GG 条 ［判决对高等法院和下级法院的约束］

根据第二百零三 D 条和第二百零三 F 条,沙里亚法院根据本章规定所作出的判决应当约束高等法院和下级法院。

第二百零三 H 条 ［程序中止等］

(一)根据第二款的规定,本章的规定不得视为要求,任何法院或法庭在本章生效前的未决案件因是否与伊斯兰禁令相抵触而中止,应当继续审理并依据当时生效的法律作出判决。

(二)本章生效前根据第二百零三 B 条的规定在任何高等法院的未决案件应当转交联邦沙里亚法院审理。

(三)联邦沙里亚法院和最高法院在根据本章行使权力时无权认可一项禁令或者制定临时命令暂停其他法院或法庭的审理。

第二百零三 I 条 ［行政安排］

根据宪法第二修正案删除。

第二百零三 J 条 ［制定规则的权力］

(一)联邦沙里亚法院应制定规则以执行本章,并将规则公布在官方公报。

(二)为保证无偏见地行使上述权力,规则应当涉及以下内容:

1. 联邦沙里亚法院应向其所邀请的法律专家、技术人员和证人支付的报酬和出席费用;

2. 法律专家、技术人员和证人宣誓的形式;

3. 由主席和一个以上成员组成的审判小组的权力和职责;

4. 法院的决定应当以法院成员或者由组成审判小组的成员的多数意见的形式表述;

5. 组成审判小组成员的不同意见。

(三)根据第一款制定规则前,1979年《最高法院沙里亚法庭规则》与本章不抵触的部分有效。

第四章　有关法院的一般规定

第二百零四条　[藐视法院]①

(一)在本条中,"法院"指最高法院或高等法院。

(二)法院有权惩处下列任何人:

1. 以任何方式谩骂、干扰或妨碍法院工作程序或不服从法院命令者;

2. 诽谤法院或其行为会使法院或法官在履行其职责时招致憎恨、嘲笑或藐视者;

3. 其行为不利于法院审结案件者;

4. 其行为依法构成藐视法庭罪者。

(三)法院行使本条所赋予的权力的办法可制定法律规定,并由法院依据该法律制定细则。

第二百零五条　[法官的待遇]

最高法院或高等法院法官的报酬以及其他服务待遇和条件应按附表五的规定执行。

第二百零六条　[辞职]②

(一)最高法院或高等法院法官得以亲笔书信向总统提出辞职。

(二)高等法院的法官若未被任命为最高法院的议员,应视为退休,同时应获得以他任职为法官和为巴基斯坦公务系统服务的年限为基础的抚恤金。

第二百零七条　[法官不得为的行为]

(一)最高法院或高等法院法官不得:

1. 在巴基斯坦公务系统中兼任任何有收益的从而使其报酬增加的职务;

2. 兼任任何有权领受劳务报酬的职位。

(二)凡曾任最高法院或高等法院法官者,在其停止担任此职后的两年内不得在巴基斯坦公务系统中担任任何有收益的职务,但司法职务或准司法职务、选举委员会主席、法律委员会主任或委员、伊斯兰意识形态委员会主席或委员等职务除外。

(三)有关常任法官不得从事的活动:

1. 曾任最高法院常任法官者,不得在巴基斯坦的任何法院或任何当局充当诉讼辩护人或诉讼代理人;

2. 曾任高等法院常任法官者,不得在该法院管辖地区内的任何法院或任何当局充当诉讼辩护人或诉讼代理人;

3. 曾任1970年西巴基斯坦省(解散)令生效前夕存在的西巴基斯坦高等法院常任法官者,不得在该高等法院主要所在地或在其所属高等法院常设法庭的管辖地区内的任何法院或任何当局担任诉讼辩护人或诉讼代理人。

第二百零八条　[法院的服务人员]

最高法院和联邦沙里亚法院③经总统批准,和高等法院经有关省长的批准,可以制定该法院任命官员和公务人员以及他们的工作待遇和条件的规定。

第二百零九条　[最高司法委员会]

(一)设立巴基斯坦最高司法委员会,在本章中简称为"委员会"。

(二)委员会由下列人员组成:

1. 巴基斯坦首席法官;

2. 最高法院中仅次于首席法官的两名最资深的法官;

3. 两名最资深的高等法院首席法官。

[解释条款]

在执行本条款规定时,高等法院首席法官的资深应按他们被任命为首席法官的日期确定,但不包括被任命为代理首席法官④。若任命首席法官的日期相同时,则应按他们被任命为任何高等法院法官的日期确定。

(三)如果委员会正在审查其资格或行为的法官为委员会成员时,或者委员会的某一成员出国或因病或因故不能履行其职务时,应随时按下列规定指定代理委员:

1. 如果上述委员是最高法院法官,应指定资深程度仅次于第二款第2项所说最资深者的最高法院法官;

2. 如果上述委员是高等法院首席法官,应从其他高等法院首席法官中指定一名资深程度仅次于上述最资深者的另一高等法院首席法官。

(四)委员会委员之间对所审查的问题发生意见分歧时,应以多数委员的意见为准,委员会提交总统的报告应当表达多数人的意见。

---

① 根据1985第14号总统令修改。

② 本条根据宪法第五修正案修改。

③ 根据宪法第二修正案增加"和联邦沙里亚法院"。

④ 根据宪法第二修正案增加"不包括被任命为代理首席法官"。

（五）①根据任何来源提供的情况，委员会或总统如认为最高法院或高等法院的某一法官：

1. 由于身体或精神不健全而不能正常履行其职务时；

2. 可能犯有渎职罪；

总统应指示委员会或由委员会主动对上述问题进行调查。

（六）如果委员会在对上述问题进行调查后向总统提出报告时认为：

1. 该法官无能力履行其职务，或犯渎职罪属实；

2. 并建议应予免职；

总统可以免去该法官的职务。

（七）非依据本条的规定，不得罢免最高法院或高等法院的法官。

（八）委员会应颁布最高法院和高等法院法官必须遵守的行为守则。

第二百一十条　［委员会的权力］

（一）根据调查的需要，委员会在发布指示或命令传唤任何人到庭，要求查找或提供任何文件方面，与最高法院拥有相同的权力；上述指示或命令应视同最高法院发布的指示或命令予以执行。

（二）第二百零四条关于最高法院和高等法院的规定，同样适用于委员会。

第二百一十一条　［管辖权的界限］

对委员会审理的诉讼案件、委员会向总统提交的报告和根据第二百零九条第六款的规定免去法官职务，均不得在任何法院提出异议。

第二百一十二条　［行政法院或法庭］

（一）尽管有以上条款和规定，有关立法机关可以立法规定建立一所或多所行政法院或法庭对下列事项行使专属管辖权：

1. 有关现任或离任巴基斯坦公务员的待遇和工作条件以及对他们实施纪律处分的案件；

2. 有关政府或巴基斯坦公务员的民事侵权行为的案件，有关依法授权征收国家税或地方税的任何地方或其他当局及其公务人员在履行职责时的民事侵权行为的案件；

3. 有关对依法视为敌产的征用、管理和处置的案件。

（二）尽管有以上条款的规定，在依照第一款规定建立行政法院或法庭后，任何其他法院不得就属于行政法院或法庭管辖范围的任何事项发出禁令，发布命

令或受理任何诉讼。同时在行政法院或法庭建立前正在其他法院审理的案件应当撤销，但是最高法院正在审理的案件除外②。

但是，本款的规定不适用于根据省议会法令建立的行政法院或法庭，但议会应省议会以决议形式提出的请求者，不在此限。通过立法使上述规定同样适用于根据省议会法令建立的行政法院或法庭。

（三）对行政法院或法庭的裁决、裁定、命令或判决向最高法院提出的上诉，只有在最高法院认为该案件涉及其具有普遍意义的重大法律问题而允许上诉时方可成立。

第八编　选举

第一章　选举委员会主席和选举委员会

第二百一十三条　［选举委员会主席］

（一）设立选举委员会主席（在本编中简称为主席），由总统任命③。

（二）只有现任或曾任最高法院法官，以及现任或曾任高等法院法官并且按照第一百七十七条第二款第1项的规定有资格被任命为最高法院法官者，方可被任命为主席。

（二A）总理应与国民议会的反对派领袖协商后，向议会委员会提出作为委员会主席的候选人三名，对其进行听证和确认。

（二B）议会委员会百分之五十的成员来自财政委员会，其他的来自反对党，依据他们在议会的席位，由各自的领袖提名；

如果总理与反对党领袖无法达成共识，将分别向议会委员会提出候选人名单，由议会委员会确定人选；

若议会委员会的全体成员没有超过十二名，则其中的三分之一应当来自参议院；

若国民议会解散，选举委员会主席空缺，议会委员会应包括来自参议院的成员，以上条款应加以必要的变通适用。④

（三）主席拥有本宪法和法律赋予的权力和职责。

第二百一十四条　［宣誓就职］

主席在就职前，应按照附表三所规定的誓词在巴

---

① 根据宪法第十八修正案修改。

② 根据宪法第一修正案新增"但是最高法院正在审理的案件除外"。

③ 根据宪法第十八修正案删除"在他的指导下"。

④ 根据宪法第十八修正案增加第二A款和第二B款。

基斯坦首席法官主持下宣誓。

第二百一十五条 ［主席的任期］

（一）依照本条规定，主席任期五年①，自就职之日算起。

但是，上述修改直到现任的任期期满时始为生效。②

（二）只有按照第二百零九条关于法官免职的规定方式，方可免除主席职务。在将该条规定适用于本款目的时，该条中凡提到法官之处均应读作主席。

（三）主席得以亲笔书信向总统提出辞职。

第二百一十六条 ［主席不得为的行为］

（一）主席不得兼任下列任何职务：

1. 巴基斯坦公务系统中任何其他有报酬的职务；

2. 任何其他有权领受服务报酬的职务。

（二）凡担任主席职务的人，在其停止担任该职务后的两年内，不得在巴基斯坦公务系统中担任任何有报酬的职务。

但是：

1. 本款不得被解释为在被任命为主席前系现任最高法院或高等法院法官者其主席任期届满后不准重新担任法官职务；

2. 已废止③。

第二百一十七条 ［代理主席］

凡有下列情况之一：

1. 主席缺位；

2. 主席出国或因故不能履行其职责；

应由巴基斯坦首席法官所提名的最高法院法官代理主席。

第二百一十八条 ［选举委员会］④

（一）为进行议会两院和省议会大选以及其他由法律明确由选举产生的公职，应依照本条规定组成一个常设的选举委员会。

（二）选举委员会由下列人员组成：

1. 主席，担任委员会主席；

2. 委员四名，均应为曾任高等法院法官，根据第二百一十三条第二 A 款和第二 B 款任命。

（三）为某项选举而组成的选举委员会的职责是组织和进行选举，并为确保选举依照法律规定诚实

地、公正地、公平地进行以及杜绝舞弊行为作出必要的安排。

第二百一十九条 ［委员会的职责］

委员会⑤应负有如下职责：

1. 制定国民议会和省议会选举的选民册并且每年加以修订；

2. 组织和进行参议院的选举或进行议院或省议会的临时补缺选举；

3. 任命选举法庭；

4. 举行对国民议会和省议会，以及地方政府的大选；

5. 其他职责由议会以法令规定。⑥

第二百二十条 ［行政当局对委员会的协助］

联邦和各省的所有行政当局有责任协助主席和选举委员会履行职责。

第二百二十一条 ［工作人员］

在议会立法另行规定以前，选举委员会⑦经总统批准，可以制定关于由主席任命与主席或选举委员会职责有关的官员和公务人员及其工作待遇和条件的条例。

第二章　选举法和选举的进行

第二百二十二条 ［选举法律］

根据宪法，议会可以立法规定：

1. 第五十一条第三款和第四款所要求的国民议会席位的分配；

2. 由选举委员会划分选区；

3. 选民登记册的编制，关于选区居住年限的规定，对选民册异议的裁决，以及选民册的生效日期；

4. 选举的进行和选举诉讼，有关选举的质疑和争议的裁决；

5. 有关选举舞弊或其他与选举有关的违法行为的处置；

6. 为正常地组成议会两院和省议会所必要的其他有关事项。

但是，任何法律都不得具有剥夺或削弱本编所规定的主席或选举委员会任何权力的效力。

---

① 根据宪法第十八修正案由"三年"改为"五年"。

② 根据宪法第十八修正案删除"但是，国民议会可以通过决议延长主席的任期，但不得超过一年"。

③ 根据宪法第十八修正案删除"2. 经议会两院同意，曾任主席职务的人可以在其停止担任该职务后两年内再度被任命为主席"。

④ 根据宪法第十八修正案修改本条第一款和第二款。

⑤ 根据宪法第十八修正案由"主席"改为"委员会"。

⑥ 根据宪法第十八修正案新增第 4 项和第 5 项。

⑦ 根据 2010 第 10 号法案由"主席"改为"委员会"。

第二百二十三条 ［不得兼任］

（一）任何人不得同时兼任：

1. 议会两院的议员；

2. 议院和省议会的议员；

3. 两个或两个以上省议会的议员；

4. 任何议员不得在任一议院或任一省议会占有一个以上的议席。

（二）第一款的规定不妨碍一个人同时成为两个或两个以上议席的候选人，不论这些议席属于同一机构或分属不同的机构。但是，如果他在一个以上的议席获选，他应在当选的最后一个议席的结果宣布后三十日内，辞去一个议席以外的所有其他议席。如果他不这样辞去议席，除了他最后当选的议席之外，其他当选的议席在上述三十日期限届满时即全部宣告空缺，或者，如果他在同一天当选一个以上的议席，则除了他最后提名的议席之外，其他当选的议席在上述三十日期限届满时即全部宣告空缺。

［解释条款］

本款所说的"机构"，指议会两院任何一院或省议会。

（三）适用第二款规定的人，必须只保留一个议席而辞去其他所有他当选的议席后，方可就任其所当选的任何一院或省议会的议员。

（四）根据第二款规定，如果两院的任何一院或省议会的议员成为第二个议席的候选人，按照第一款的规定，他不得同时占有二个议席，因此，如果其第二个议席当选，则其第一个议席即宣告空缺。

第二百二十四条 ［选举时间和重新选举］

（一）除被提前解散者外，国民议会或省议会的大选应在议会任期届满前六十日内举行，选举结果至迟应在其任期届满前十四日内公布。①

（一A）因任期届满或依据第五十八条或第一百一十二条解散议会，总统或省长应任命看守内阁；

此看守内阁的总理由总统同即将解散的国民议会的总理和反对派领袖协商后选择，省的看管首席部长应由省长与即将解散的省议会的首席部长和反对派领袖协商后选择；

联邦看守内阁或省看守内阁的成员由看守内阁的首席部长或总理任命。

（一B）②看守内阁的成员包括看守内阁的总理和看守内阁的首席部长，但其直系亲属不能参加即将

产生议会的选举。

［解释条款］

本款中，"直系亲属"指配偶和子女。

（二）如果国民议会或省议会被解散，议会的大选应在议会解散后九十日内举行，选举结果至迟应在投票结束后十四日内公布。

（三）因参议院议员任期届满而进行改选，应在应改选议席正式空缺前至少三十日内举行。

（四）国民议会或省议会，除被提前解散者外，如果在其任期届满前至少一百二十日内议席出缺，应在议席空缺后六十日内举行补缺选举。

（五）参议院议席出缺时，应在议席空缺后三十日内举行补缺选举。

（六）③当在国民议会或省议会中为妇女或非穆斯林保留的席位因死亡、辞职或不符合资格而空缺，应将在出缺的政党提供的候选人名单中排于优先位置者提交宪法委员会。

第二百二十五条 ［选举争议］

有关议会任何一院或省议会选举的诉讼，必须按照议会法令所规定的方式提交议会法令所规定的选举法庭。

第二百二十六条 ［秘密投票］④

本宪法所规定的选举，除总理和首席部长的选举外，其他一切选举均以秘密投票方式进行。

第九编 伊斯兰条款

第二百二十七条 ［关于《古兰经》和逊奈］

（一）一切现行法律必须同《古兰经》和逊奈所规定的伊斯兰戒律保持一致。在本编中，《古兰经》和逊奈所规定的伊斯兰戒律简称为伊斯兰戒律。不得制定任何同上述戒律相抵触的法律。

［解释条款］⑤

在适用于穆斯林教派的人身法时，"古兰经和逊奈"指由该教派所解释的《古兰经》和逊奈。

（二）第一款的规定只能按本编所规定的方式实施。

（三）本编的任何规定不得影响有关非穆斯林公民个人或其公民地位的法律。

第二百二十八条 ［伊斯兰委员会］

（一）自本宪法生效之日起九十日内，应组成伊

---

① 根据宪法第十八修正案修改。

② 根据宪法第十八修正案增加第一A款和第一B款。

③ 本款根据宪法第十八修正案增加。

④ 本条根据2010第10号法案修改。

⑤ 根据宪法第三修正案新增。

95

斯兰意识形态委员会,在本编中简称为伊斯兰委员会。

(二)伊斯兰委员会由八至二十名[1]成员组成。委员会成员均由总统从精通古兰经和逊奈阐明的伊斯兰原则和哲学的人士中,或熟悉巴基斯坦的经济、政治、法律或行政问题的人士中任命。

(三)总统在任命伊斯兰委员会成员时应保证:

1.使委员会尽可能包括有各个学派的代表;

2.至少有两名委员为现任或曾任最高法院或高等法院法官;

3.至少有三名[2]委员为从事伊斯兰教的研究或教学工作十五年以上者;

4.至少有一名委员是妇女。

(四)[3]总统应任命成员中的一人为伊斯兰委员会主席。

(五)除第六款另有规定者外,伊斯兰委员会委员任期三年。

(六)任何委员得以亲笔书信向总统提出辞职,也可由总统根据伊斯兰委员会以全体委员的过半数通过的罢免决议予以免职。

第二百二十九条〔征询意见〕

总统或省长根据议院或省议会全体议员的五分之二提出要求,可以就议院或省议会的某一法案是否与伊斯兰戒律相抵触的问题,征询伊斯兰委员会的意见。

第二百三十条〔伊斯兰委员会职能〕

(一)伊斯兰委员会行使下列职能:

1.就如何使巴基斯坦穆斯林能够并且鼓励他们在任何方面按照《古兰经》和逊奈所阐明的伊斯兰原则和观念,安排其个人生活和集体生活的方式和方法,向议会和省议会提出建议;

2.就提交委员会咨询的法案是否同伊斯兰戒律相抵触的问题,向议院、省议会、总统或省长提出意见;

3.就使现行法律同伊斯兰戒律相一致的措施及其实施步骤提出建议;

4.以适当的形式对伊斯兰戒律进行编纂以赋予其立法效力,以供议会和省议会参考。

(二)当议会、省议会、总统或省长根据第二百二十九条规定就某一问题咨询伊斯兰委员会时,委员会应在收到该项咨询后的十五日内将提出意见的期限

通知有关议院、省议会、总统或有关省长。

(三)如果议院、省议会、总统或者省长认为根据公共利益的需要,提交伊斯兰委员会咨询的法案不能推迟到伊斯兰委员会提出意见后制定,则该项法案可以在委员会意见提出以前制定。

但是,任何一项法案在提交伊斯兰委员会征询意见后,如果委员会认为该项法案同伊斯兰戒律相抵触时,有关议院、省议会、总统或有关省长应对按上述规定提前制定的法案进行复议。

(四)伊斯兰委员会应在其任命后的七年内提出其最后报告,并且应提出每个年度的临时报告。无论临时报告或最后报告,都应提交议会两院和各省议会讨论。议会两院和各省议会应在收到这种报告后六个月内进行讨论,并应在收到最后报告两年内予以审议后制定相应的法律。

第二百三十一条〔程序规定〕

伊斯兰委员会的议事程序,由委员会自行制定并经总统批准的议事规则予以规定。

第十编　紧急状态条款

第二百三十二条〔宣布紧急状态〕

(一)如果总统认为,由于战争或者外来侵略或省政府无力控制的内部动乱,而出现威胁巴基斯坦或其任何部分安全的严重紧急情况,有权发表公告宣布紧急状态。

若因省政府无力控制的内部骚乱而宣布紧急状态,须由该省议会通过决议;

若总统自行决定发布紧急状态的公告,应在发布前分别交由两院在十日内通过。[4]

(二)不论本宪法有何规定,在宣布紧急状态的公告生效期间:

1.[5]议会有权为任何省或其任何部分就未列入联邦立法事项表所规定的任何事务制定法律;

2.联邦行政权应包括就各省行政权的行使方式向各该省发布指示;

3.联邦政府得以命令宣布,由联邦政府直接行使或指示省长代表联邦政府行使该省省政府的全部或者任一职权,以及除省议会以外,该省的任何机构或当局所拥有或行使的全部或任一权力,并且制定联邦政府认为对实施公告的规定所必要或需要的附带

---

① 根据宪法第四修正案由"十五"改为"二十"。

② 根据宪法第十八修正案由"四"改为"三"。

③ 根据宪法第三修正案修改。

④ 第二项和第三项根据宪法第十八修正案新增。

⑤ 第一项根据1985第14号总统令修改。

后续规定,包括全部或部分暂停施行宪法有关该省任何机构或当局的任何规定的条款。

但是,第 3 项的任何规定并不授权由联邦政府直接行使或指示省长代表联邦政府行使高等法院所拥有或行使的任何权力。也不得全部或部分暂停施行宪法有关高等法院的任何条款。

(三)议会就某一事项为省制定法律的权力。应包括制定法律,赋予或准允赋予联邦政府或其官员和当局管辖该事项的权力及职责。

(四)本条的任何规定并不限制省议会依照本宪法规定属于省议会立法权限制定法律的权力。但是,如果省法律的任何规定同议会依据本条而有权制定的议会法令的任何规定相抵触,不论该项议会法令是在省法律之前还是之后通过,均以议会法令的规定为准,同时,省法律中同该项议会法令相抵触的部分,在议会法令继续有效期间一律无效。

(五)议会依据宣布紧急状态的公告而有权制定的任何法律,在上述公告终止生效后届满六个月即自行失效。但是,在上述期限届满前依据该法的作为或不作为仍然有效。

(六)在宣布紧急状态的公告生效期间,议会有权通过立法延长国民议会任期,但不得超过一年,在上述公告终止生效后,延长国民议会任期不得超过六个月。

(七)总统应在紧急状态宣布后的三十日内召集议会联席会议并将上述公告提交联席会议审批:

1. 如果联席会议在收到上述公告后两个月内未通过决议予以批准,上述公告应在上述两个月期限届满时即自行失效;

2.① 根据第 1 项,对公告不予批准的决议由两院联席会议的全体成员过半数通过,该公告将失效。

(八)如果宣布紧急状态的公告发布时国民议会业已解散,上述公告的生效期应为四个月,而不受第七款规定的限制。但是,如果在上述期限届满前国民议会大选尚未举行,上述公告,除在上述期限届满前由参议院通过决议批准者外,应在上述期限届满时即自行失效。

第二百三十三条

(一)第十五条、第十六条、第十七条、第十八条、第十九条及第二十四条的规定,在紧急状态宣布生效期间,不得限制国家制定或采取按第七条明确规定国家无权制定的法律或无权采取的行政措施。但是,如

此制定的任何法律在上述公告被撤销或终止生效时,应即自行失效并视为已被废除。

(二)以紧急状态宣布生效期间,总统得以命令宣布,请求任何法院强制执行上述命令所提及的第二编第一章规定的基本权利的权力,以及有关实施或指控侵犯上述基本权利而向任何法院提起诉讼的权力,在上述公告生效期间一律暂停行使。可以规定上述命令对巴基斯坦全国有效,或者仅对某一局部地区生效。

(三)根据本条发布的每一项命令应分别由两院批准②,第二百三十二条第七款和第八款关于紧急状态宣布的规定同样适用于上述命令。

第二百三十四条 [因省脱离宪法控制而宣布紧急状态]

(一)如果总统根据某省省长③的报告,认为出现了使该省政府无法正常行使宪法规定职能的局势,总统可以发表公告,或者在分别由两院④就此通过决议的情况下,必须发表公告从而宣布:

1. 总统本人或指示该省省长代表总统行使该省省政府的全部或任何职能,并且行使除该省省议会以外的该省任何机构或当局所拥有或行使的全部或任何权力;

2. 宣布该省省议会的权力由议会代行,或须经议会批准方可行使;

3. 制定总统认为对实施公告的规定所必要或需要的附带后续规定,包括全部或部分暂停施行宪法有关该省任何机构或当局的任何规定的条款。

但是,本条的任何规定并不授权由总统本人或指示该省省长代表总统行使高等法院所拥有或行使的任何权力,也不得全部或部分地暂停施行宪法有关高等法院的任何规定。

(二)省长依照第一款规定行使职权时,第一百零五条的规定不适用。

(三)依据本条发布的公告应提交议会联席会议审批,并且在两个月届满时即自行失效。

但是,在上述期限届满以前,联席会议如通过决议予以批准,得以同一决议延长其生效期,每次延长的期限不得超过两个月;但是,依据本条发布的公告的生效期限累计不得超过六个月。

(四)如果依据本条规定发布公告时国民议会业已解散,上述公告的生效期应为三个月,而不受第三款规定的限制。但是,如果在上述期限届满前国民议

---

① 根据宪法第三修正案修改。

② 根据宪法第十八修正案由"两院联系会议"改为"分别由两院批准"。

③ 根据 2010 第 10 号法案删除"或其他人"。

④ 根据 2010 第 10 号法案由"议会联席会议"改为"分别由两院"。

会大选尚未举行,则上述公告,除在上述期限届满前由参议院通过决议批准者外,应在上述期限届满时即自行失效。

(五)如果依据本条发布的公告宣布该省省议会的权力由议会代行或须经议会批准方可行使,则:

1. 议会联席会议有权授予总统就属于该省省议会立法权限的任何事项制定法律的权力;

2. 议会联席会议或依据第1项规定得到授权的总统,有权立法规定授予或批准授予联邦政府或其官员和当局权力及职能;

3. 总统在议会闭会期间,有权批准从该省的统一基金中预付经费,不论该项支出是否属于本宪法规定的应由该项基金拨付的范围,但事后应提请议会联席会议审批;

4. 议会联席会议有权通过决议核准由总统依据第3项规定批准预付的经费。

(六)议会或总统依据本条规定发布的公告而有权制定的任何法律,在上述公告终止生效后届满六个月即自行失效。但是,在上述期限届满前,依据该法的作为或不作为不受影响。

第二百三十五条 〔因经济宣布紧急状态〕

(一)如果总统认为出现了巴基斯坦或其任何部分的经济生活、财政稳定或信用受到威胁的局势,经同各省省长或有关省长磋商后,有权发表公告宣布财政紧急状态,并规定在上述公告生效期间,联邦行政权应包括向任何省发布指示,要求各该省遵守指示中明确规定的财政原则,以及发布总统认为对巴基斯坦或其任何部分的经济生活、财政稳定或信用所必要的其他指示。

(二)上述指示可以包括有关削减任何省的全体或任何一类公务员薪津的规定,而不受本宪法任何规定的限制。

(三)在依据本条发布的公告生效期间,总统有权发布有关削减联邦的全体或任何一类公务员薪津的指示。

(四)第二百三十四条第三款和第四款关于依据该条发布的公告的规定,同样适用于依据本条发布的公告。

第二百三十六条 〔撤销公告〕

(一)依据本编规定发布的公告,可由其后发布的新公告予以修改或撤销。

(二)对依据本编规定发布的任何公告或命令的有效性,不得在任何法院提出异议。

第二百三十七条 〔议会就补偿立法〕

本宪法的任何规定不妨碍议会制定关于在采取

---

① 根据宪法第二修正案修改。

维护或恢复巴基斯坦任何地区秩序的措施时保护联邦政府或省政府公务员或其他个人的法律。

第十一编 宪法的修改

第二百三十八条 〔修改宪法〕

依照本编的规定,宪法可由议会法令进行修改。

第二百三十九条 〔宪法修正案〕①

(一)凡修改宪法的法案可由任何一院提出,当修宪法案由该院以全体议员的三分之二以上多数通过后,应送交另一院审议。

(二)根据第一款送交另外一院的修宪法案经过该院全体成员三分之二以上多数不加修改地通过,除第四款情形外,应提请总统批准。

(三)根据第一款送交另外一院的修宪法案经过该院全体成员三分之二以上多数加以修改地通过,应交还提出该修正案的议院复议;如果作出修改的法案得到提出该修正案的议院以全体议员的三分之二以上多数票通过,除第四款情形外,应提请总统批准。

(四)修宪法案若含有改变省界的内容,非经该省议会全体成员的三分之二以上多数通过,不得提请总统批准。

(五)宪法修正案不得以任何理由在任何法院提出异议。

(六)为了消除疑虑,据此宣布议会对宪法条款修改的权力没有受到限制。

第十二编 其他规定

第一章 公务

第二百四十条 〔任命公务系统〕

除遵照本宪法的规定外,巴基斯坦公务员的任命及其服务条件,应按下列规定执行:

1. 凡属于联邦公务系统者,与联邦事务和全巴基斯坦公务有关的职位,应由议会法令或根据议会法令规定;

2. 凡属于省公务系统者,与省事务有关的职位,应由各该省省议会法令或根据各该省省议会法令规定。

〔解释条款〕

本条所说的"全巴基斯坦公务"指联邦与各省的

共同公务,这种公务在本宪法开始生效前夕即已存在,或者可由议会法令规定设置。

第二百四十一条 ［现有法令继续有效］

在有关立法机关依据第二百四十条立法规定前,在本宪法开始生效前夕有效的一切规则和命令,只要同本宪法规定相一致,应继续有效,并且可由联邦政府或省政府随时予以修改。

第二百四十二条 ［公务员委员会］

(一)议会就联邦事务,各省议会就本省事务,均有权立法规定建立和组织公务员委员会。

(一 A)①联邦公务员委员会的委员长应由总统根据总理的建议②任命。

(一 B)省公务员委员会的委员长应由省长根据首席部长的建议任命。

(二)公务员委员会的职能由法律规定。

第二章 武装部队

第二百四十三条 ［军事指挥］③

(一)巴基斯坦武装部队由联邦政府控制和指挥。

(二)在不损害前述一般条款的前提下,巴基斯坦武装部队的最高指挥权属于总统。

(三)总统依法有权:

1. 建立和维持巴基斯坦陆、海、空三军及其预备役部队;

2. 授予军衔。

(四)总统根据总理的建议任命:

1. 参谋长联系委员会主席;

2. 陆军参谋长;

3. 海军参谋长;

4. 空军参谋长。

并规定他们的工资和津贴。

第二百四十四条 ［宣誓就职］

武装部队的所有成员均须按照附表三所规定的誓词宣誓。

第二百四十五条 ［武装部队的职能］

(一)武装部队应根据联邦政府的指示保卫巴基斯坦免遭外来侵略或战争威胁,并依法律规定,应政府的要求给予支援。

(二)④联邦政府根据第一款所发出的命令不得在任何法院提出异议。

(三)高等法院不得根据第一百九十九条的规定对政府根据第二百四十五条的规定的军事行动行使管辖权。

但是该条款不被视为对高等法院关于任何武装部队已经开始支援行为以前未决案件的管辖权产生影响。

(四)当武装部队已经开始支援行动当日或以后,在此期间暂停任何关于第三款的程序和高等法院任何未决案件。

第三章 部落地区

第二百四十六条 ［部落地区］

在本宪法中:

1. "部落地区"指在本宪法生效前夕为部落地区的巴基斯坦地区,包括:

(1)俾路支(Balochistan)省和开伯尔—普赫图赫瓦(Khyber Pakhtunkhwa)省的部落地区;

(2)原阿姆布、奇特拉尔、迪尔和斯瓦特各土邦;

(3)连接勒吉·马尔瓦特(Lakki Marwat)地区的部落地区;⑤

(4)连接坦克(Tank)地区的部落地区。⑥

2. "省辖部落地区"指:

(1)奇特拉尔、迪尔、斯瓦特(包括卡拉姆)各县,马拉甘德保护区,邻接哈扎拉县和原阿姆布土邦的部落地区;

(2)热布县、劳拉莱县(不包括杜基区)、查盖县的达尔班丁区和西比县的马里部落区和布格蒂部落区。

3. "联邦直辖部落地区"包括:

(1)邻接白沙瓦县的部落地区;

(2)邻接科哈特县的部落地区;

(3)邻接班努县的部落地区;

(4)邻接迪拉、伊斯迈尔、汗县的部落地区;

(5)马拉甘德特区的巴焦尔;

(6)穆赫曼德特区;

(7)开伯尔特区;

(8)库拉姆特区;

---

① 根据 1985 第 14 号总统令新增第一 A 款和第一 B 款。

② 根据宪法第十八修正案由"根据他的命令"改为"根据总理的建议"。

③ 根据宪法第十八修正案修改。

④ 根据宪法第七修正案新增。

⑤ 此项根据宪法第十八修正案增加。

⑥ 此项根据宪法第十八修正案增加。

(9)北瓦吉里斯坦特区；

(10)南瓦吉里斯坦特区。

第二百四十七条 ［部落地区的行政机构］

(一)依照本宪法的规定,联邦行政权的管辖范围包括联邦直辖部落地区；省行政权的管辖范围包括各该省的省辖部落地区。

(二)总统对于各省内某一部落地区的全部或任何部分的情况,有权随时向各该省省长发布他认为必要的指示,有关省长在行使根据本条规定的职权时必须遵照总统的指示行事。

(三)任何议会法令,除按照总统的指示外,不得在任何联邦直辖部落地区或其任何部分施行；任何议会法令或省议会法令,除根据该部落地区所在省的省长经总统批准所发布的指示外,不得在任何省辖部落地区或其任何部分施行；总统或省长在发布上述指示时,可以规定该法令在某一部落地区或其特定部分实施时应遵守指示中明确规定的例外和对法令的修改。

(四)不论本宪法有何规定,总统对属于议会立法权限的任何事项,有关省长经总统事先批准对属于省议会立法权限的任何事项,有权就该省内的省辖部落地区或其任何部分的和平与良好的治理制定条例。

(五)不论本宪法有何规定,总统有权就任何事项,为联邦直辖部落地区或其任何部分的和平与良好治理制定条例。

(六)总统有权随时发布命令,宣布某部落地区全部或其任何部分不再是部落地区,上述命令可以包含总统认为必要和适当的附带后续规定。

但是,在依据本款规定发布命令前,总统应以他认为适当的方式调查清楚以部落长老会(jirga)为其代表的有关部落地区人民的意见。

(七)除议会另行立法规定者外,最高法院和高等法院均不得对任何部落地区行使本宪法所规定的任何管辖权。

但是,本款的规定不影响最高法院或高等法院在本宪法生效前夕对部落地区业已行使的管辖权。

第四章　通则

第二百四十八条 ［对总统、省长、部长的保护］

(一)总统、省长、总理、联邦部长、国务部长、首席部长和省部长,不得因其行使职权时的行为或拟采取的措施而受任何法院的追诉。

但是本款规定不得解释为限制任何个人对联邦或省提起正当诉讼的权利。

(二)任何法院不得受理或审理对在职总统或省长提起的刑事诉讼。

(三)任何法院不得签署逮捕或关押在职总统或省长的传票。

(四)凡涉及要求在职总统或省长对其就职或之后以私人身份所作的行为或不作为给予救济的民事诉讼,只有在提起诉讼前至少六十日,按照法律规定的方式呈交或转交总统或省长的书面通知包括诉讼的性质、诉讼的原因,提起诉讼当事人的姓名、陈述、居住地址以及当事人所提出的诉讼请求,方可提起。

第二百四十九条 ［法律程序］

(一)涉及本宪法生效前夕属于联邦负责,但根据宪法规定已成为某省负责的事务的任何诉讼,应由有关的省取代联邦成为涉讼一方当事人。在本宪法生效前夕已由任何法院受理而尚未结案的此类诉讼,自本宪法生效之日起,应视为由有关的省取代联邦成为涉讼一方当事人。

(二)涉及本宪法生效前夕属于某省负责,但根据宪法规定已成为联邦负责的事务的任何诉讼,应由联邦取代该省成为涉讼一方当事人；在本宪法生效前夕已由任何法院受理而尚未结案的此类诉讼,自本宪法生效之日起,应视为由联邦取代该省成为一方的当事人。

第二百五十条 ［薪津］

(一)自本宪法生效之日起两年内,应通过立法对总统,国民议会或省议会议长、副议长和议员,参议院主席、副主席和参议员,总理,联邦部长,国务部长,首席部长,省部长以及选举委员会主席的薪津和特权作出规定。

(二)在作出上述立法规定以前:

1. 总统,国民议会或省议会议长、副议长和议员,联邦部长,国务部长①,首席部长,省部长以及选举委员会主席的薪津和特权应与总统,巴基斯坦国民议会或省议会议长、副议长和议员,联邦部长,国务部长,首席部长,省部长以及选举委员会主席在本宪法生效前夕所领受和享有的薪津和特权相同；

2. 参议院主席、副主席、总理和参议员的薪津和特权由总统以命令予以规定。

(三)担任下列职务人员的薪津和特权:

1. 总统；

2. 参议院主席或副主席；

3. 国民议会或省议会议长或副议长；

4. 省长；

5. 选举委员会主席；

---

① 根据宪法第一修正案删除"省长"。

6. 审计长。

在其任职期间不得作出对他们不利的变更。

（四）参议院主席或国民议会议长在代理总统期间，有权享有与总统同样的薪津和特权，但是不得行使主席、议长或议会议员的任何职权，也不得享受主席、议长或议会议员的薪津或特权。

第二百五十一条 ［民族语言］

（一）巴基斯坦的国语是乌尔都语，必须采取措施，使乌尔都语在本宪法生效后十五年内成为官方语言以及其他用途的通用语言。

（二）在依照第一款的规定作出用乌尔都语取代英语的安排以前，英语可以用作官方语言。

（三）在不影响国语的地位的情况下，各省议会可以立法规定有关讲授、发展和使用各省地方语言的措施。

第二百五十二条 ［关于主要港口或主要飞机场］

（一）总统得不受宪法或法律规定的限制，发布公告规定，自某特定之日起不超过三个月的期限内，某项法律，不论是联邦法律还是省法律，不得适用于某特定的主要港口或主要飞机场，或者某项法律依照明确规定的例外或修改而适用于某特定主要港口或主要飞机场。

（二）依据本条规定就任何法律所发布的指示不得影响该项法律在上述指示所规定的日期以前的施行。

第二百五十三条 ［限制财产的最大限度］

（一）议会有权立法：

1. 规定任何个人可以所有、持有、占有或控制财产或任何一类财产的最高限额；

2. 宣布该法律所明确规定的贸易、商业、工业或服务业不准任何个人经营或所有，只准完全或部分地由联邦政府或省政府，或由上述政府所控制的公司经营或所有。

（二）凡允许个人出于赢利目的而所有或占有的土地，多于本宪法生效前允许个人出于赢利目的合法拥有或占有土地的法律均属无效。

第二百五十四条 ［不得仅因未能在规定期限内完成而使该行动或事情的完成成为无效或无用］

凡宪法规定应在某特定的时期内完成的任何行动或事情，如果未在规定期限内完成，不得仅因未能在规定期限内完成而使该行动或事情的完成成为无效或无用。

第二百五十五条 ［宣誓就职］

（一）凡宪法规定要求任何个人宣誓时，必须优先使用乌尔都语①或以他本人所通晓的语言进行宣誓。

（二）凡宪法规定必须在指定人员主持下进行宣誓者，如果指定的主持人因故不能主持时，可由原定主持人所提名的人员代为主持。

（三）凡宪法规定须在就职前进行宣誓者，应视为在其进行宣誓之日已正式就职。

第二百五十六条 ［禁止私人军队］

禁止建立任何能够作为军事组织进行活动的私人组织，任何此类组织均属非法。

第二百五十七条 ［关于查漠和克什米尔地区］

当查漠和克什米尔地区人民决定加入巴基斯坦时，巴基斯坦和该地区的关系应当按照该土邦人民的愿望决定。

第二百五十八条 ［对省外地区的管理］

在议会立法另行规定前，总统有权依照本宪法的规定发布命令，对不属于任何省管辖的巴基斯坦地区的和平与良好治理作出规定。

第二百五十九条 ［奖励］

（一）任何公民未经联邦政府批准，不得接受任何外国授予的任何称号、荣誉或勋章。

（二）联邦政府或任何省政府均不得向任何公民授予称号、荣誉或勋章。但总统有权依照联邦法律的规定授予勋章以表彰英勇事迹、战功②、学术成就以及在体育或护理领域的成就③。

（三）除表彰英勇事迹、战功④或学术成就者外，在本宪法生效以前由巴基斯坦任何当局授予公民的所有称号、荣誉和勋章一律作废。

第五章　解释

第二百六十条 ［定义］

（一）在本宪法中，除上下文另有规定者外，下列词语的含义分别规定如下：

"议会法令"指由议会或国民议会通过并经总统批准或视为经总统批准的法令。

"省议会法令"指由某省省议会通过并经该省长批准的法令。

"农业收入"指所得税法所规定的农业收入。

"条"指宪法的条文。

---

① 根据 1985 第十四修正案添加"优先使用乌尔都语"。

② 根据宪法第一修正案增加"战功"。

③ 根据宪法第三修正案由"学术成就"修改为"学术成就以及在体育或护理领域的成就"。

④ 根据 1974 第 33 号法案增加"战功"。

"借款"指用支付年金的方式筹措的款项,"贷款"也应作此解释。

"主席"指参议院主席,包括代理参议院主席的人,但第四十九条除外。

"首席法官"在最高法院或高等法院,包括代理的首席法官。①

"公民"指依法规定的巴基斯坦公民。

"款"指条文中包含的款。

"公司税"指公司应支付的任何所得税,但下列条件适用于这样的所得税:

1. 农业收入不征收所得税。

2. 公司依法缴纳的税不得从该公司应付给个人的红利中扣除。

3. 为征收所得税而计算获得上述红利的个人的总收入时,或者先计算这些个人应支付的或应偿还这些个人的所得税时,不存在将上述由公司缴纳的税也考虑在内的任何规定。

"债"包括以年金偿还本金的任何债务和任何担保的债务,"债款"也应作此解释。

"遗产税"指对死者遗留下的财产按其估价或价值所征收的税。

"现行法律"其含义与第二百六十八条第七款的规定相同。

"联邦法律"指以议会的权力或根据议会的权力制定的法律。

"财政年度"指从7月1日开始的一年。

"货物"包括全部的材料、产品和物品。

"省长"指一个省的省长,包括暂时代理省长的任何人。

"担保"包括在本宪法生效以前承担的关于企业利润达不到规定金额时给予拨款的义务。

"议院"指参议院或国民议会。

"联席会议"指议会两院的联席会议。

"法官"在最高法院或高等法院,除法官和各该法院的首席法官外,还包括:

1. 最高法院代理法官;

2. 在高等法院的临时法官。

"武装部队成员"不包括暂时不受任何有关武装部队成员法律约束的人员。

"净收入"指在缴纳任何税时扣除成本并经审计

长认证的收入。

"宣誓"包括对誓词的确认。

"编"指本宪法的编。

"退休金"指发放给任何人本人或其亲属等人的任何类型的退休金,不论是否作过捐助,并包括按上述方式发放的退职金、养老金以及作为认购天灾基金后的还本(不论有无利息)所发放的年金等。

"人员"包括任何国家机构或法人团体。

"总统"指巴基斯坦总统,并包括暂时代理巴基斯坦总统或行使其职权的人,以及在根据宪法规定处理本宪法生效以前的任何事务方面,也包括巴基斯坦伊斯兰共和国临时宪法规定的总统。

"财产"包括对动产或不动产的任何权利,所有权或利益以及任何生产资料或工具。

"省法律"指以省议会的权力或根据省议会的权力制定的法律。

"报酬"包括薪金和退休金。

"附表"指本宪法的附表。

"巴基斯坦的安全"包括巴基斯坦及其每个部分的平安、幸福、稳定或统一,但不包括公共治安。

"巴基斯坦公职服务"指有关联邦或省的事务的任何服务、职位或职务,包括全巴基斯坦公职服务,武装部队公职服务或者由议会法令或省议会法令宣布为巴基斯坦公职服务的任何其他服务。但不包括议长,副议长,主席,副主席,总理,联邦部长,国务部长,首席部长,省部长,总检察长②,检察长③,议会秘书,法律委员会的主席或成员,伊斯兰意识形态委员会的主席或成员,总理特别助理,总理顾问,首席部长的特别助理,首席部长的顾问④或议院或省议会的议员的公职服务。

"议长"指国民议会或省议会的议长,也包括代理议长的任何人。

"征税"包括征收任何税,不论是全国性的、地方的还是特殊的,"税"也应作此解释。

"所得税"包括诸如超利润税或企业利润税的税收。

(二)在本宪法中"议会法令"或"联邦法令"或"省议会法令"或"省法律"应包括总统或省长颁布的指令。

(三)⑤在本宪法及任何法律和其他法律文件中,

---

① 根据宪法第一修正案增加该项。

② 根据宪法第一修正案增加"总检察长"。

③ 根据宪法第五修正案增加"检察长"。

④ 根据宪法第六修正案增加"法律委员会的主席或成员,伊斯兰意识形态委员会的主席或成员,总理特别助理,总理顾问,首席部长的特别助理,首席部长的顾问"。

⑤ 根据宪法第三修正案修改。

除非与以下主题和内容相矛盾:

1."穆斯林"是指一个人信任真主的单一性和独一性,信任穆罕默德先知的绝对和无条件的最终性(愿宁静与安详伴你左右),是最后的先知,反对任何人在穆罕默德(愿宁静与安详伴你左右)之后以任何形式声称自己为先知。

2."非穆斯林"指不信仰穆斯林的个人,其中包括基督教徒(Christian),印度教徒(Hindu),印度锡克教徒(Sikh),佛教徒(Budhist),帕西人(Parsi community)①,度卡谛亚尼(Quadiani group),拉赫里(Lahori group)[他们称自己为阿玛迪派(Ahmadis)教徒或指其他的],巴海(Bahai)教徒以及其他任何属于表列部落(scheduled caste)的个人。

第二百六十一条 [担任任何公职者不得视为是在他之前担任该职者的继任]

在执行本宪法的规定时,担任任何公职者不得视为是在他之前担任该职者的继任,也不得视为在他之后担任该职者的前任。

第二百六十二条 [按照公历]

在执行本宪法的规定时,时间一律按照公历计算。

第二百六十三条 [性别和单双数]

在本宪法中:

1. 表阳性的词应视为包括阴性;

2. 表单数的词应包括复数,而表复数的词应包括单数。

第二百六十四条 [废除法律的效力]

如果某项法律由宪法或根据宪法或因为宪法而被废除或视为已被废除,除宪法另有规定者外,不得因该项法律的废除而:

1. 恢复在有关废除该项法律的规定生效时已不生效或不存在的任何措施;

2. 影响该法律原先的实施,或者依据该法采取的任何正当措施,或所造成的任何损害;

3. 影响依据该法获得的、产生的或引起的任何权利、特权、义务或责任;

4. 影响因违反该法所判处的任何刑罚、没收或处分;

5. 影响对上述权利、特权、义务、责任、刑罚、没收或处分所进行的调查、法律诉讼或采取的纠正措施;

并且,上述调查、法律诉讼或纠正措施可以照常进行、继续进行或实施,上述刑罚、没收或处分可以照常执行,如同该法未被废除。

第六章 名称、开始生效和废除

第二百六十五条 [名称]

(一)本宪法的全称为巴基斯坦伊斯兰共和国宪法。

(二)在遵守第三款和第四款规定的情况下,本宪法应于1973年8月14日或者在这之前的、由总统在政府公报发布通知所规定日期开始生效,上述日期在本宪法中,简称为"生效日"。

(三)出于下列需要:

1. 组成第一届参议院;

2. 议会两院任何一院第一次会议或两院联席会议第一次会议的召开;

3. 举行总统和总理的选举;

4. 为实施本宪法必须在生效日以前完成的任何其他事项得以完成;

本宪法应在制定后立即生效,但是,当选总统或总理不得在生效日前正式就职。

(四)凡本宪法就实施其任何规定,或建立任何法院或机关,或任命上述法院或机关的任何法官或官员,或由某人在某地以何种方式或在何时根据上述规定完成的事项,授权制定规则或发布命令,则该项权力可以在本宪法制定后至生效前的任何时候行使。

第二百六十六条 [废除]

巴基斯坦伊斯兰共和国临时宪法连同一切有关增删修订该临时宪法的法令和总统令,特此宣布作废。

第七章 过渡条款

第二百六十七条 [总统排除困难的权力]

(一)在生效日以前或自生效日起三个月内的任何时候,为排除任何困难,或为使本宪法的规定生效,总统有权发布命令,宣布本宪法的规定在该命令所规定的期限内,须按他认为必要或适当的修改(不论增删修订)内容为准而生效。

---

① 在8—10世纪间,一部分坚持信仰琐罗亚斯德教的波斯人,不愿改信伊斯兰教而移居印度西海岸古吉拉特邦一带。这些波斯移民在印度被称为"帕西人"(Parsi),至今共有10万人左右,仍信琐罗亚斯德教,主要从事工商业,操古吉拉特语。虽然这些帕西人并非穆斯林,但这是我们在印度历史上最早见到的"帕西"(Parsi)一词,按《大英百科全书》的解释:"'帕西'(Parsi)一词,其意为波斯人(Persians),乃移居印度的波斯琐罗亚斯德教徒之后裔。"可见,自中世纪起在印度出现的"帕西"(Parsi)一词是"波斯人"之意。后来,随着伊斯兰教在南亚次大陆的广泛传播,在印度民间流行的语言中,"帕西"一词的词义逐渐扩大了范围。——译者注

（二）根据第一款的规定发布的命令必须立即提交议会两院审议，并且在两院分别通过不赞成的决议以前继续生效；如果两院意见有分歧，则在两院联席会议通过上述决议前继续生效。

第二百六十七 A 条　［排除困难的权力］①

若因实施 2010 第十八修正案的困难，以下关于该修正案以及使该修正案生效的事项应由两院联席会议，认为必须或有利的情况下通过增删修订的方式对修正案的条款作出直接的决议，明确规定在一定的期间内对该内容进行改变。

但是，此项权力在修正案生效后一年内有效。

第二百六十七 B 条　［排除疑虑］

为了排除疑虑，在此宣布删除第一百五十二 A 条，同时第一百七十九条和第一百九十五条根据宪法第七修正案替代，2003 第 3 号法令已被并应被视为已经被删除和替代。

第二百六十八条　［继续有效的法律］

（一）除本条另有规定者外，一切现行法律，凡依照宪法为可行，并作必要修改后，应继续有效，直至有关立法机关予以废除或修改时为止。

（二）附表六所列各项法律未经总统事先批准，一律不得废除或修改。

（三）为使任何现行法律的规定与本宪法规定（本宪法的第二编除外）相一致，自生效之日起两年内，总统可发布命令作出他认为必要的或适当的修改（不论增删修订），并且上述命令可以在命令本身所规定的生效日期发布，但上述生效日期不得规定在本宪法生效日之前。

（四）总统得授权任何省长就属于省议会立法权限的法律，在该省行使第三款授予总统的权力。

（五）依据第三款和第四款的规定行使的权力必须遵守有关立法机关的法令的规定。

（六）依照规定或授权执行现行法律的法院、法庭或当局，尽管上述现行法律尚未依照第三款或第四款的规定发布的命令予以修改，但在适用此类法律时应作一切必要的修改，以使之同本宪法的规定相一致。

（七）在本条中，"现行法律"指在生效日前夕在巴基斯坦或任何部分有效的或具有域外法律效力的全部法律（包括法令、枢密院令、命令、规则、法规、条例、建立高等法院特许令，任何具有法律效力的通告及其他法律文件）。

［解释条款］

在本条中，"有效"，就任何法律而言，指具有法律效力，不论该法律是否已经实施。

第二百六十九条　［法律、法案等的有效］

（一）兹特宣布，不论任何法院有何裁决，1971 年 12 月 20 日至 1972 年 4 月 20 日期间（含首尾两日）所颁布的一切公告、总统令、军事管制条例、军事管制令和任何其他法律，均属有关当局所合法制定，不得以任何理由在任何法院提出异议。

（二）任何当局或任何个人，凡在 1971 年 12 月 20 日至 1972 年 4 月 20 日期间（含首尾两日）为行使根据总统令、军事管制条例、军事管制令、法令、通告、规则、命令或地方法规获得的权力，或者为执行任何当局行使或据称行使上述权力时发布的任何命令或通过的任何判决而发布的命令、提起的诉讼或采取的措施，或者据称是如此发布的命令、提起的诉讼或采取的措施，不论任何法院有何裁决，均应视为并且永远是合法命令、合法诉讼或合法措施，不得以任何理由在任何法院提出异议。

（三）不得在任何法院对任何当局或任何个人因其为行使或据称行使第二款所说的权力，或者执行或依照在行使或据称行使上述权力时发布的命令或通过的判决而发布的命令、提起的诉讼或采取的措施，而提出任何指控或其他法律诉讼。

第二百七十条　［部分法律的暂时有效］

（一）议会得依照为属于联邦立法事项表第一部分事项立法所规定的方式立法宣布，所有在 1967 年 8 月 25 日至 1971 年 12 月 19 日期间（包含首尾两日）发布的公告、总统令、军事管制条例、军事管制令和其他法律为合法。

（二）不论任何法院有何裁决，对议会根据第一款的规定所制定的法律，不得以任何理由在任何法院提出异议。

（三）不受第一款的规定和任何法院作出的与之相反的裁决的限制，自生效日起两年内，对第一款所说的所有文件的有效性，不得以任何理由在任何法院提出异议。

（四）任何当局或任何个人，凡在 1969 年 3 月 25 日至 1972 年 12 月 19 日期间（含首尾两日）为行使根据总统令、军事管制条例、军事管制令、法令、通告、规则、命令或地方法规获得的权力，或者为执行任何当局行使或据称行使上述权力时发布的任何命令、通过的任何判决而发布的命令、提起的诉讼或采取的措施，不论任何法院有何裁决，均应视为并且永远是合法命令、合法诉讼或合法措施。但是，自生效日起两年内，对上述任何命令、诉讼或措施，议会得以两院的决议，在两院意见有分歧时，以两院联席会议所通过的决议，宣布无效，对此不得以任何理由在任何法院

---

①　根据宪法第十八修正案新增第二百六十七 A 条和第二百六十七 B 条。

提出异议。

第二百七十一条 ［首届国民议会］

（一）除须遵守第六十三条①、第六十四条和第二百二十三条的规定外，下述事项不受本宪法任何其他规定的限制：

1. 第一届国民议会由已在生效日前夕存在的巴基斯坦国民议会宣誓的人员组成，除非提前解散，该届国民议会任期应至 1977 年 8 月 14 日为止，并且本宪法中凡提到国民议会"全体议员"之处均应作同样的理解；

2. 当选并担任第一届国民议会议员的适格与不适格条件，如同巴基斯坦伊斯兰共和国临时宪法所规定的条件，但在生效日后为填补空缺而当选的议员不在此限。

但是，自生效日起三个月届满时，凡在巴基斯坦公务系统中担任有收益职务者，一律不得继续担任第一届国民议会议员。

（二）如果第一款第 1 项所说的人员，在生效日前夕兼任省议会议员，必须在辞去他所担任的两个议席中的一个之后，始得就任国民议会议员或省议会议员。

（三）因议员死亡、辞职、不符合资格或根据选举诉讼的最后裁决停止担任议员，而出现的第一届国民议会议席空缺，包括因同样原因而在生效日前存在的巴基斯坦国民议会出现的，但未在生效日前补选的议席空缺，可按生效日以前补缺选举的同样方式进行补选。

（四）第一款第 1 项所说的人员在未按照第六十五条的规定宣誓之前，不得出席国民议会或参加表决，并且，如果他未经国民议会议长根据所提出的理由准假而未在国民议会第一次会议召开之日起二十一日内进行宣誓，则其议席在上述期限届满时即告空缺。

第二百七十二条 ［第一届参议院的组成］

（一）除须遵守第六十三条②和第二百二十三条的规定外，下述事项不受本宪法任何其他规定的限制：

1. 在第一届国民议会依照本宪法规定继续存在期间，参议院由四十五名参议员组成，第五十九条的规定，应视同第一款第 1 项中的"十四"和同款第 2 项中的"五"分别改为"十"和"三"而生效，并且本宪法中凡提到参议院"全体议员"之处均应作同样的理解。

2. 当选为或遴选为参议院成员的议员应以抽签

方式分成两组。第一组由每省的五名参议员，联邦直辖部落地区的两名参议员和联邦首都的一名参议员组成。第二组由每省的五名参议员，联邦直辖部落地区的一名参议员和联邦首都的一名参议员组成。

3. 第一组和第二组参议员的任期应分别为两年和四年。

4. 在参议院议员各自任期届满时，为接替他们而当选或遴选的参议员的任期均应为四年。

5. 为填补空缺而当选或遴选的参议员，其任期至补足出缺议员未任满的任期为止。

6. 举行国民议会的第一次大选时，应即从每省增选四名参议员，并从联邦直辖部落地区增选两名参议员。

7. 根据第 6 项规定当选的参议员，以抽签方式确定其中半数参议员的任期应为第一组参议员的未任满的任期，另一半参议员的任期应为第二组参议员的未任满的任期。

第二百七十三条 ［首届省议会］

（一）除须遵守第六十三条③、第六十四条和第二百二十三条的规定外，下述事项不受本宪法任何其他规定的限制：

1. 根据本宪法规定，各省的第一届省议会由在生效日前夕存在的各该省省议会的议员组成，除非提前解散，该届省议会的任期应至 1977 年 8 月 14 日为止，并且本宪法中凡涉及省议会"全体议员"之处均应作同样的理解；

2. 第一届省议会议员的资格条件，如同巴基斯坦伊斯兰共和国临时宪法所规定的条件，但在生效日后为填补空缺而当选的议员不在此限。

但是，自生效日起三个月届满时，凡在巴基斯坦公务系统中担任有收益职务者一律不得继续担任省议会议员。

（二）因议员死亡、辞职、不符合资格或根据选举诉讼的最后裁决停止担任议员，而出现的第一届省议会议席空缺，包括因同样原因而在生效日前存在的该省省议会出现的，但未在生效日前补选的议席空缺，可按生效日以前补缺选举的同样方式进行补选。

（三）第一款第 1 项所说的省议员，在未按照第六十五条（参照第一百二十七条的解释）的规定宣誓之前不得出席省议会或参加表决，并且，如果他未经该省议会议长根据他所提出的理由准假而未在该省议会第一次会议召开之日起二十一日内进行宣誓，则其议席在上述期限届满时即告空缺。

---

① 根据宪法第四修正案增加"第六十三条"。
② 根据宪法第四修正案增加"第六十三条"。
③ 根据宪法第四修正案增加"第六十三条"。

105

第二百七十四条 ［财产、权力、债务和义务的归属］

（一）在生效日前夕归属总统或联邦政府所有的全部财产和资产，自生效之日起，应归属联邦政府所有，但是，如果上述财产和资产在生效日前根据某省政府的需要而使用，在这种情况下，应自生效日起归属该省政府所有。

（二）在生效日前夕归属某省政府所有的全部财产和资产，自生效之日起，应继续归属该省政府所有，但是，如果上述财产和资产在生效日前根据联邦政府的需要而使用，在这种情况下，应自生效日起归属联邦政府所有。

（三）联邦政府或某省政府的全部权力、债务和义务，不论是基于合同而产生的，还是在其他情况下产生的，自生效之日起，应继续分别为联邦政府或该省政府的权力、债务和义务，但是：

1. 有关在生效日前夕由联邦政府负责的，但根据本宪法规定已成为某省政府负责的任何事务的全部权力、债务和义务应转归该省政府；

2. 有关在生效日前夕由某省政府负责的，但根据本宪法规定已成为联邦政府负责的任何事务的全部权力、债务和义务应转归联邦政府。

第二百七十五条 ［巴基斯坦公务系统的继续任职］

（一）依照本宪法规定，并且在根据第二百四十条制定法律以前，凡在生效日前夕担任巴基斯坦公务员的人员，自生效日起，应继续担任巴基斯坦公务员，并且其服务条件和待遇应按照生效日前夕巴基斯坦伊斯兰共和国临时宪法的规定执行。

（二）第一款的规定同样适用于在生效日前夕担任下列职务的人员：

1. 巴基斯坦首席法官、最高法院法官、高等法院首席法官或法官；

2. 省长；

3. 省首席部长；

4. 国民议会或省议会的议长或副议长；

5. 选举委员会主席；

6. 巴基斯坦总检察长或省检察长；

7. 巴基斯坦审计长。

（三）不论本宪法有何规定，自生效日起六个月期限内，联邦部长、国务部长、省首席部长或省部长可以不是议会议员或省议会议员；并且，非省议员的省首席部长和省部长有权在省议会或其担任委员的所属委员会上发言并参加议事，但不得依据本款规定而享有表决权。

（四）凡依据本条规定继续任职，并且其就职誓词由附表三专门规定的人员，应在生效日后尽早在适宜人员主持下按就职誓词举行宣誓。

（五）在遵守本宪法和法律的规定的前提下：

1. 凡在生效日前夕行使管辖权和有关职能的所有民事、刑事和税务法院，自生效之日起继续行使各自的管辖权和职能；

2. 凡在生效日前夕行使职能的巴基斯坦全国所有的当局和官员（不论司法的、执行的、税务的还是行政的），自生效之日起继续行使其各自的职能。

第二百七十六条 ［总统宣誓就职］

不论本宪法有何规定，第一届总统可以在巴基斯坦首席法官缺席的情况下，按照附表三第四十条所规定的誓词在国民议会议长的主持下举行宣誓。

第二百七十七条 ［财政的过渡］

（一）经总统认证的至1974年6月30日结束的财政年度核准支出细目表，对该财政年度应由联邦统一基金拨付的支出继续有效。

（二）对于1973年7月1日开始的财政年度以前的任何财政年度的联邦政府支出（超过该年度核准支出的部分），总统可以批准从联邦统一基金中拨付。

（三）第一款和第二款的规定同样适用于省，但在适用于省时：

1. 上述规定中凡提到总统之处，均应读作省长；

2. 上述规定中凡提到联邦政府之处，均应读作省政府；

3. 上述规定中凡提到联邦统一基金之处，均应读作省统一基金。

第二百七十八条 ［在生效日前未完成的审计］

对于生效日前未完成审计或尚未审计的账目，审计长应行使如同根据本宪法规定受权而对其他账目行使的职权。第一百七十一条的规定在作必要的修改后可以同样适用。

第二百七十九条 ［税收的继续］

不论本宪法有何规定，凡根据生效日前夕有效的法律征收的全部税和费，应继续征收，直到有关立法机关通过立法予以改变或废除时为止。

第二百八十条 ［宣布紧急状态的继续］

1971年11月23日颁布的紧急状态公告应视为根据第二百三十二条颁布的紧急状态公告，并且在执行同条第七款和第八款的规定时，应视为在生效日颁布。为执行或据称为执行上述公告而制定的任何法律、规则或命令，均应视为合法制定，并不得以与第二编第一章所规定的权利不一致为由向任何法院提出异议①。

---

① 根据宪法第五修正案增加"并不得以与第二编第一章所规定的权利不一致为由向任何法院提出异议"。

附表一①

第八条第三款第 2 项不受第八条第一款和第二款规定限制的法律。

第一部分

一、总统令

1.《归并土地(财产)令》,1961 年(总统令 1961 第 12 号)。

2.《经济改革令》,1972 年(总统令 1972 第 1 号)。

二、条例

1.《土地改革条例》,1972 年。

2.《土地改革(俾路支省巴特运河支灌区)条例》,1972 年。

3.《经济改革(保护工业)条例》,1972 年。

4.《财产分配(Chitral)条例》,1974 年。

5.《对不动产纠纷的调解(Chitral)条例》,1974 年。

6.《迪尔和斯瓦特(财产转让和分配以及解决不动产纠纷)(修正)条例》,1974 年。

7.《不动产纠纷的调解(修正)条例》,1976 年。②

三、联邦法令

1.《土地改革(修正)法令》,1974 年(1974 第 30 号)。

2.《土地改革(修正)法令》,1975 年(1975 第 39 号)。

3.《对面粉的控制和发展法令》,1976 年(1976 第 57 号)。③

4.《对大米的控制和发展法令》,1976 年(1976 第 58 号)。

5.《对轧棉的控制和发展法令》,1976 年(1976 第 59 号)。

四、总统颁布的条例

《土地改革(修正)条例》,1975 年(1975 第 21 号),以及制定替代上述条例的联邦法令。

五、省法令

1.《土地改革(Baluchistan)(修正)法令》,1974 年(1974 Baluchistan 第 11 号法令)。

2.《土地改革(帕特菲德尔运河)(修正)法令》,1974 年(1974 Baluchistan 第 7 号法令)。

六、省条例

《土地改革(帕特菲德尔运河)(修正)法令》,1976 年(1976 第 7 号法令)。

第二部分

一、总统令

1.《矿产(获得与转让)令》,1961 年(总统令 1961 第 8 号)。

2.《公司(管理机构与董事选举)令》,1972 年(总统令 1972 第 2 号)。

3.《合作社(改革)令》,1972 年(总统令 1972 第 9 号)。

4.《人寿保险(国有化)令》,1972 年(总统令 1972 第 10 号)。

5.《军事管制(未决诉讼案件)令》,1972 年(总统令 1972 第 14 号)。

6.《归并土邦统治者(废除王室内库与特权)令》,1972 年(总统令 1972 第 15 号)。

7.《工业批准和执照(吊销)令》,1972 年(总统令 1972 第 16 号)。

8.《刑法修正(特别法庭)令》,1972 年(总统令 1972 第 20 号)。

二、条例

1.《拉瓦尔品第(征用财产)条例》,1959 年。

2.《巴基斯坦首都条例》,1960 年。

3.《审查(无主财产)所有权要求条例》,1961 年。

4.《所得税(核实申报与虚报)条例》,1969 年。

5.《不正当获得财产条例》,1969 年。

6.《公务员免职(特别规定)条例》,1969 年。

7.《生活超过公开来源(惩处)条例》,1969 年。

8.《政府农业土地(收回非法占有)条例》,1969 年。

9.《敌产(支付欠敌钱款)条例》,1970 年。

10.《收回(大面额)货币条例》,1971 年。

11.《无主财产价格与公共欠款(收回)条例》,1971 年。

12.《白沙瓦县和部落地区(调解纠纷)条例》,1971 年。

13.《穆斯林联盟大会派和人民同盟(基金审查)条例》,1971 年。

14.《外汇汇回本国条例》,1972 年。

15.《外国资产(申报)条例》,1972 年。

16.《公务员免职(审查申诉)条例》,1972 年。

17.《私立学校和学院(接管)条例》,1972 年。

18.《敌产(废除买卖契约)条例》,1972 年。

19.《迪尔和斯瓦特(财产转让和分配)条例》,1972 年。

20.《迪尔和斯瓦特(调解不动产纠纷)条例》,

---

① 附表一根据宪法第一修正案和宪法第四修正案修改。

② 根据宪法第五修正案新增。

③ 根据宪法第五修正案新增。

1972 年。

21.《西巴基斯坦工业发展公司(废除买卖契约或转让)条例》,1972 年。

22.《国家报业托拉斯(暂停理事与董事会)条例》,1972 年。

23.《合作银行(偿还借款)(旁遮普省)条例》,1972 年。

24.《合作社(偿还借款)(信德省)条例》,1972 年。

三、总统制定的条例

1.《船舶管理条例》,1959 年(1959 第 13 号)。

2.《查漠和克什米尔(财产管理)条例》,1961 年(1961 第 3 号)。

3.《穆斯林家庭法条例》,1961 年(1961 第 8 号)。

4.《巴基斯坦安全(修正)条例》,1961 年(1961 第 14 号)。

5.《巴基斯坦联合通讯社(接管)条例》,1961 年(1961 第 20 号)。

6.《贸易组织条例》,1961 年(1961 第 45 号)。

四、联邦法令

《电影审查法令》,1963 年(1963 第 18 号)。

五、西北边境省省长颁布的条例

1.《西北边境省政府教育与训练机构条例》,1971 年(西北边境省条例 1971 第 3 号)。

2.《西北边境省恰什玛右岸运河计划(控制和防止土地投机)条例》,1971 年(西北边境省条例 1971 第 5 号)。

3.《西北边境省戈玛尔·扎姆计划(控制和防止土地投机)条例》,1971 年(西北边境省条例 1971 第 8 号)。

附表二①

[第四十一条第三款]
总统选举

一、选举委员会主席负责组织主持总统选举,并担任选举监察官。

二、选举委员会主席应当任命选举官员主持国民议会成员的会议和省议会成员的会议。

三、选举委员会主席应在政府公报上发布通告规定:候选人提名和审查提名文件的日期、时间和地点;撤回候选人资格的最后日期;选举投票的日期、时间和地点。

四、在规定的提名日正午以前任何时候,两院的任何一院的任何议员可以提名符合资格的人为总统候选人,为此,他应向主席,或者在主席缺席的情况下,向选举委员会秘书提交由他本人作为提议人和任何一院的另一议员作为附议人签署的提名文件,并附

上由被提名人签署的表示同意被提名的声明。

但是,任何人,不论作为提议人还是附议人,不得在同一次选举时提交一份以上的提名文件。

五、提名文件应由主席在规定的地点、时间和日期予以审查。每个选举人或他授权的代理人,有权出席对提名文件的审查活动,并且有权对其他候选人的提名文件提出反对意见。

六、其提名文件经审查认为符合手续的候选人,可以在规定期限的最后一日正午以前随时撤回他的提名文件,但根据本款已经以通知撤回提名文件的候选人,不得取消其通知。

七、如果除一人以外其他所有的候选人都撤回各自的提名文件,则该候选人应由主席宣布当选为总统。

八、如果提名文件撤回后,没有任何有效提名的候选人继续竞选,则应重新开始有关选举的一切活动。

九、任何有效提名,并且未撤回其候选人资格的候选人,如果在投票开始之前死亡,主席应取消投票,有关选举的各项活动应如同进行一次新的选举那样全部重新开始。

但是,凡在取消投票时为有效提名的候选人不必重新提名。

凡在取消投票之前已经撤回其候选人资格的人,不再有资格在上述取消投票选举后重新开始的选举中被提名为候选人。

十、投票应当在国民议会和每个省议会会议中进行,每个主持选举的官员都在选举委员会主席的批准下分别任命。

十一、每张选票应当发给国民议会和每个省议会的每个成员,其应当根据下述的程序标记选票。

十二、投票应以秘密投票方式进行,采用一张选票,其上列明所有候选人的名字,投票人只需在其支持者的名字上作出记号。

十三、选票连同票根应装订成册,选票顺序编码仅印在票根上。装订成册的选票应送交监选官。

十四、由投票人画上记号的选票,应由其本人投入放在监选官面前的投票箱内。

十五、如果投票人不慎污损选票,可以将受污损的选票交还监选官。监选官在宣布这第一张选票作废并在票根上注明作废后,应发给该投票人第二张选票。

十六、凡有下列情形之一,选票即告无效:

1.该选票上出现了可辨认出该投票人的任何字迹或记号;

2.选票未经监选官缩写签字;

3.选票上任何一个候选人名字前面没有画上十

---

① 根据 1985 第 14 号总统令修改。

字形记号；

4. 十字形记号画在两个或两个以上候选人的名字前面；

5. 无法确定十字形记号画在哪个候选人的名字前面。

十七、投票结束后，在愿意在场的候选人或者他们授权的代表人在场的情况下，打开票箱取出选票，计算每个候选人所得的选票数，然后将选票连同计算选票情况报告书送交主席。

十八、（一）选举委员会主席应按以下方式确定选举结果：

1. 由议会投票支持的每个候选人的选票数。

2. 由省议会投票支持的每个候选人的选票数应乘以省议会全部席位中最少的席位数，再除以省议会的全部席位。

3. 根据第 2 项统计的选票数应加上根据第 1 项统计的选票数。

［解释条款］

本段中"全部席位"包括为非穆斯林和妇女保留的席位。

（二）应四舍五入到最接近的整数。

十九、选举委员会主席应根据第十八条宣布获得最多选票的候选人当选。

二十、如果有两名或两名以上的候选人获得相同的票数，则应当根据抽签决定最后的当选者。

二十一、投票选举结束，选举结果应由主席立即报告联邦政府，联邦政府应立即将上述选举结果在政府公报上公布。

二十二、主席经总统批准，可以在政府公报上发布通告，制定有关本附表规定事项的实施细则。

附表三

就职誓词

总统

［第四十二条］

（以至仁至慈的真主的名义）

我，_____，庄严宣誓，我是穆斯林并且相信全能的真主的归一和独一，真主的经典，神圣的古兰经是这些经典的最后一部，穆罕默德（安息吧！）作为最后先知的地位，而且在他之后绝不可能有任何先知，并且相信判决日以及神圣的古兰经和圣训的全部要求和教导；

我坚信并忠于巴基斯坦；

作为巴基斯坦总统，我一定遵照巴基斯坦伊斯兰共和国宪法和法律，始终为巴基斯坦的主权、统一、团结、幸福与繁荣，认真地、忠诚地竭尽全力履行我的义务和职责；

我努力维护创立巴基斯坦的基础——伊斯兰意识形态；

我决不允许我的个人利益影响我对公务的处理或决定；

我维护和捍卫巴基斯坦伊斯兰共和国宪法；

在任何情况下，我一定公正对待所有人，做到依法、秉公、不以感情或恶意用事；

除正常履行我作为巴基斯坦总统的职责的需要外，我决不直接或间接地向任何人传播或泄漏只有我作为总统才应当考虑或知道的任何情况。

愿万能的真主保佑我指引我（阿门）①。

总理

［第九十一条第五款②］

（以至仁至慈的真主的名义）

我，_____，庄严宣誓，我是穆斯林并且相信全能的真主的归一和独一，真主的经典，神圣的古兰经是这些经典的最后一部，穆罕默德（安息吧！）作为最后先知的地位，而且在他之后绝不可能有任何先知，并且，相信判决日以及神圣的古兰经和圣训的全部要求和教导；

我坚信并忠于巴基斯坦；

作为巴基斯坦总理，我一定遵照巴基斯坦伊斯兰共和国宪法和法律，始终为巴基斯坦的主权、统一、团结、幸福与繁荣，认真地、忠诚地竭尽全力履行我的义务和职责；

我努力维护创立巴基斯坦的基础——伊斯兰意识形态；

我决不允许我的个人利益影响我对公务的处理或决定；

我维护和捍卫巴基斯坦伊斯兰共和国宪法；

在任何情况下，我一定公正对待所有人，做到依法、秉公、不以感情或恶意用事；

除正常履行我作为总理的职责的需要外，我决不直接或间接地向任何人传播或泄漏只有我作为总理才应当考虑或知道的任何情况。

愿万能的真主保佑我指引我（阿门）③。

联邦部长（或国务部长）

［第九十二条第二款］

（以至仁至慈的真主的名义）

---

① 根据 1985 第 14 号总统令新增此段。
② 根据宪法第十八修正案由"第三款"改为"第五款"。
③ 根据 1985 第 14 号总统令新增此段。

我，_____，庄严宣誓，我坚信并忠于巴基斯坦：

作为联邦部长（或国务部长），我一定遵照巴基斯坦伊斯兰共和国宪法和法律，始终为巴基斯坦的主权、统一、团结、幸福与繁荣，认真地、忠诚地竭尽全力履行我的义务和职责；

我努力维护创立巴基斯坦的基础——伊斯兰意识形态；

我决不允许我的个人利益影响我对公务的处理或决定；

我维护和捍卫巴基斯坦伊斯兰共和国宪法；

在任何情况下，我一定公正对待所有人，做到依法、秉公、不以感情或恶意用事；

除正常履行我作为联邦部长（或国务部长）的职责的需要或经总理特别批准以外，我决不直接或间接地向任何人传播或泄漏只有我作为联邦部长（或国务部长）才应当考虑或知道的任何事情。

愿万能的真主保佑我指引我（阿门）[①]。

国民议会议长（或参议院主席）

[第五十三条第二款和第六十一条]

（以至仁至慈的真主的名义）

我，_____，庄严宣誓，我坚信并忠于巴基斯坦：

作为国民议会议长（或参议院主席）以及每当我被要求代理巴基斯坦总统时，我一定遵照巴基斯坦伊斯兰共和国宪法和法律，作为国民议会议长遵照本议会的规则（或作为参议院主席遵照参议院的规则），始终为巴基斯坦的主权、统一、团结、幸福与繁荣，认真地、忠诚地竭尽全力履行我的义务和职责；

我努力维护创立巴基斯坦的基础——伊斯兰意识形态；

我决不允许我的个人利益影响我对公务的处理或决定；

我维护和捍卫巴基斯坦伊斯兰共和国宪法；

在任何情况下，我一定公正对待所有人，做到依法、秉公、不以感情或恶意用事。

愿万能的真主保佑我指引我（阿门）[②]

国民议会副议长或参议院副主席

[第五十三条第二款和第六十一条]

（以至仁至慈的真主的名义）

我，_____，庄严宣誓，我坚信并忠于巴基斯坦：

每当我被要求代理国民议会议长（或参议院主席）时，我一定遵照巴基斯坦伊斯兰共和国宪法和法律，以及本议会（或参议院）的规则，始终为巴基斯坦的主权、统一、团结、幸福与繁荣，认真地、忠诚地竭尽全力履行我的义务和职责；

我努力维护创立巴基斯坦的基础——伊斯兰意识形态；

我决不允许我的个人利益影响我对公务的处理或决定；

我维护和捍卫巴基斯坦伊斯兰共和国宪法；

在任何情况下，我一定公正对待所有人，做到依法、秉公、不以感情或恶意用事。

愿万能的真主保佑我指引我（阿门）[③]。

国民议会（或参议院）议员

[第六十五条]

（以至仁至慈的真主的名义）

我，_____，庄严宣誓，我坚信并忠于巴基斯坦：

作为国民议会（或参议院）议员，我一定遵照巴基斯坦伊斯兰共和国宪法和法律，以及本议会（或参议院）的规则，始终为巴基斯坦的主权、统一、团结、幸福与繁荣，认真地、忠诚地竭尽全力履行我的职责；

我努力维护创立巴基斯坦的基础——伊斯兰意识形态；

我维护和捍卫巴基斯坦伊斯兰共和国宪法。

愿万能的真主保佑我指引我（阿门）[④]。

省长

[第一百零二条]

（以至仁至慈的真主的名义）

我，_____，庄严宣誓，我坚信并忠于巴基斯坦：

作为_____省省长，我一定遵照巴基斯坦伊斯兰共和国宪法和法律，始终为巴基斯坦的主权、统一、团结、幸福与繁荣，认真地、忠诚地竭尽全力履行我的义务和职责；

我努力维护创立巴基斯坦的基础——伊斯兰意识形态；

我决不允许我的个人利益影响我对公务的处理或决定；

我维护和捍卫巴基斯坦伊斯兰共和国宪法；

在任何情况下，我一定公正对待所有人，做到依法、秉公、不以感情或恶意用事；

[①] 根据 1985 第 14 号总统令新增此段。
[②] 根据 1985 第 14 号总统令新增此段。
[③] 根据 1985 第 14 号总统令新增此段。
[④] 根据 1985 第 14 号总统令新增此段。

除正常履行我作为_____省省长职责的需要外,我决不直接或间接地向任何人传播或泄漏只有我作为省长才应当考虑或知道的任何情况。

愿万能的真主保佑我指引我(阿门)①。

首席部长(或省部长)

[第一百三十条第五款②和第一百三十二条第二款]

(以至仁至慈的真主的名义)

我,_____庄严宣誓,我坚信并忠于巴基斯坦;

作为_____省政府的首席部长(或部长),我一定遵照巴基斯坦伊斯兰共和国宪法和法律,始终为巴基斯坦的主权、统一、团结、幸福与繁荣,认真地、忠诚地竭尽全力履行我的义务和职责;

我努力维护创立巴基斯坦的基础——伊斯兰意识形态;

我决不允许我的个人利益影响我对公务的处理或决定;

我维护和捍卫巴基斯坦伊斯兰共和国宪法;

在任何情况下,我一定公正对待所有人,做到依法、秉公、不以感情或恶意用事;

除正常履行我作为首席部长的职责的需要(或作为部长的职责的需要或经首席部长特别批准)外,我决不直接或间接地向任何人传播或泄漏只有我作为首席部长(或部长)才应考虑或知道的任何情况。

愿万能的真主保佑我指引我(阿门)③。

省议会议长

[第五十三条第二款和第一百二十七条]

(以至仁至慈的真主的名义)

我,_____,庄严宣誓,我坚信并忠于巴基斯坦;

作为_____省议会议长,我一定遵照巴基斯坦伊斯兰共和国宪法和法律,以及本议会的规则,始终为巴基斯坦的主权、统一、团结、幸福与繁荣,认真地、忠诚地竭尽全力履行我的义务和职责;

我努力维护创立巴基斯坦的基础——伊斯兰意识形态;

我决不允许我的个人利益影响我对公务的处理或决定;

我维护和捍卫巴基斯坦伊斯兰共和国宪法;

在任何情况下,我一定公正对待所有人,做到依法、秉公、不以感情或恶意用事。

愿万能的真主保佑我指引我(阿门)④。

省议会副议长

[第五十三条第二款和第一百二十七条]

(以至仁至慈的真主的名义)

我,_____,庄严宣誓,我坚信并忠于巴基斯坦:

每当我被要求代理_____省议会议长时,我一定遵照巴基斯坦伊斯兰共和国宪法和法律,以及本议会的规则,始终为巴基斯坦的主权、统一、团结、幸福与繁荣,认真地、忠诚地竭尽全力履行我的义务和职责;

我努力维护创立巴基斯坦的基础——伊斯兰意识形态;

我决不允许我的个人利益影响我对公务的处理或决定;

我维护和捍卫巴基斯坦伊斯兰共和国宪法;

在任何情况下,我一定公正对待所有人,做到依法、秉公、不以感情或恶意用事。

省议会议员

[第六十五条和第一百二十七条]

(以至仁至慈的真主的名义)

我,_____,庄严宣誓,我坚信并忠于巴基斯坦:

作为_____省议会议员,我一定遵照巴基斯坦伊斯兰共和国宪法和法律,以及本议会规则,始终为巴基斯坦的主权、统一、团结、幸福与繁荣,认真地、忠诚地竭尽全力履行我的职责;

我努力维护创立巴基斯坦的基础——伊斯兰意识形态;

我维护和捍卫巴基斯坦伊斯兰共和国宪法。

愿万能的真主保佑我指引我(阿门)⑤。

巴基斯坦审计长

[第一百六十八条第二款]

(以至仁至慈的真主的名义)

我,_____,庄严宣誓,我坚信并忠于巴基斯坦:

作为巴基斯坦审计长,我一定遵照巴基斯坦伊斯兰共和国宪法和法律,认真地、忠诚地,以我的全部学识、能力和判断力履行我的义务和职责,做到秉公、不以感情或恶意用事,决不允许我的个人利益影响我对公务的处理或决定。

---

① 根据 1985 第 14 号总统令新增此段。

② 根据宪法第十八修正案由"第一百三十一条第四款"改为"第一百三十条第五款"。

③ 根据 1985 第 14 号总统令新增此段。

④ 根据 1985 第 14 号总统令新增此段。

⑤ 根据 1985 第 14 号总统令新增此段。

愿万能的真主保佑我指引我(阿门)①。

巴基斯坦首席法官(或高等法院首席
法官或最高法院或高等法院的法官)

[第一百七十八条和第一百九十四条]

(以至仁至慈的真主的名义)

我,_____,庄严宣誓,我坚信并忠于巴基斯坦:

作为巴基斯坦首席法官(或巴基斯坦最高法院法官或_____省高等法院首席法官或法官),我一定遵照巴基斯坦伊斯兰共和国宪法和法律,认真地、忠诚地履行我的义务和职责;

我遵守最高司法委员会发布的行为准则;

我决不允许我的个人利益影响我对公务的处理或决定;

我维护和捍卫巴基斯坦伊斯兰共和国宪法;

在任何情况下,我一定公正对待所有人,做到依法、秉公、不以感情或恶意用事。

愿万能的真主保佑我指引我(阿门)②。

选举委员会主席

[第二百一十四条]

(以至仁至慈的真主的名义)

我,_____,庄严宣誓,作为选举委员会主席,我一定遵照巴基斯坦伊斯兰共和国宪法和法律,认真地、忠诚地、竭尽全力履行我的义务和职责,做到秉公、不以感情或恶意用事,决不允许我的个人利益影响我对公务的处理或决定。

愿万能的真主保佑我指引我(阿门)③。

武装部队成员

[第二百四十四条]

(以至仁至慈的真主的名义)

我,_____,庄严宣誓,我坚信并忠于巴基斯坦,拥护体现人民意志的巴基斯坦伊斯兰共和国宪法,决不从事任何政治活动,依照并根据法律的规定,在巴基斯坦陆军(或海军或空军)认真地、忠诚地为巴基斯坦服务。

愿万能的真主保佑我指引我(阿门)④。

附表四

[第七十条第四款]

立法事项表

联邦立法事项表

第一部分

一、在平时或战时联邦或联邦任何部分的防务;

联邦的陆、海、空军和由联邦建立或维持的任何其他武装力量;不是联邦正式武装部队,但是附属于联邦武装部队或与之配合行动的任何武装力量,包括民兵武装力量;联邦情报局;出于国防、外交或巴基斯坦或其任何部分的安全的需要而实施的预防性拘留;受这种拘留的人,由联邦法律宣布为防务或战争需要的人。

二、陆、海、空军的工厂;军营区内的地方自治,上述地区内军营区当局的设立与权力,上述地区内住房设施的管理,以及上述地区的划界。

三、外交事务,与其他国家签订的条约和协定,包括教育和文化条约和协定的执行,逃犯的引渡,包括将罪犯和被控告的人引渡给外国政府。

四、国籍,公民权和加入国籍。

五、迁出或迁入某省或联邦首都,或定居于某省或联邦首都。

六、准许进入巴基斯坦,从巴基斯坦移居国外和驱逐出境,包括对未在巴基斯坦定居的人在巴基斯坦迁移的管理,赴国外朝觐。

七、邮政和电报,包括电话、电报、广播和其他类似通讯手段,邮政储蓄银行。

八、货币、造币和法币。

九、外汇、支票、汇票、期票和其他类似票证。

十、联邦公债,包括以联邦统一基金担保的借款;外国货款和外援。

十一、联邦公务员和联邦公务员委员会。

十二、联邦退休金,即由联邦支付的或从联邦统一基金支付的退休金。

十三、联邦政纪检查委员会。

十四、联邦行政法院和法庭。

十五、由联邦管理或提供经费的图书馆、博物馆和其他类似机构。

十六、为下列目的,即为研究、专业或技术训练或促进特殊研究而设立的联邦机构和研究所。

十七、在外国的巴基斯坦留学生和在巴基斯坦的外国留学生的教育。

十八、核能源,包括:

1. 生产核能源的必需的矿物资源;

2. 核燃料的生产与核能源的生产和使用;

3. 游离辐射物。

4. 锅炉⑤。

十九、港口检疫、海员与海运医院以及与港口检

---

① 根据 1985 第 14 号总统令新增此段。

② 根据 1985 第 14 号总统令新增此段。

③ 根据 1985 第 14 号总统令新增此段。

④ 根据 1985 第 14 号总统令新增此段。

⑤ 根据宪法第十八修正案新增。

疫有关的医院。

二十、船舶和航海,包括在潮汐水域的船舶和航海;海事审判权。

二十一、①

二十二、飞机和航空,建立机场,空中交通和机场的管理和组织。

二十三、灯塔,包括灯塔船、标灯以及船舶和飞机安全的其他设施。

二十四、海上和空中的客运和货运。

二十五、版权、发明、设计和商标。

二十六、目前作为出口商品的鸦片。

二十七、经过联邦政府规定的边境海关的进口和出口,省际贸易和商业,对外贸易和商业。

二十八、巴基斯坦国家银行;银行业务,即除省级所有或管理的并且仅在本省经营银行业务的公司外,其他公司所经营的银行业务。

二十九、保险法(不包括省级办公保险)以及办理保险业务条例(不包括由省经营的保险业务);政府保险,不包括由省就属于省议会立法权限的任何事项所进行的保险。

三十、宗旨与业务不限于一省期货市场的证券交易所。

三十一、公司即贸易公司的组成、管理和清算。上述公司包括银行、保险和金融公司,但不包括由省所有或控制的并且只在本省经营业务的公司或省合作社;上述公司也包括其宗旨不限于一省,不论是贸易公司还是其他公司,但不包括大学。

三十二、国际条约、公约和协定以及国际仲裁。

三十三、②

三十四、国家公路和战略公路。

三十五、联邦测绘,包括地质测绘和联邦气象组织。

三十六、渔业和远洋捕捞。

三十七、用于联邦目的并且属于联邦或为联邦占有的工厂、土地和建筑物(不是陆、海、空军的工厂)。但是,除联邦法律另有规定者外,应遵守所在省省法律的规定。

三十八、

三十九、建立标准度量衡。

四十、

四十一、总统、国民议会、参议院和省议会的选举;选举委员会主席和选举委员会。

四十二、总统、国民议会议长和副议长、参议院主席和副主席、总理、联邦部长、国务部长的薪俸、津贴和特权,参议院和国民议会议员的薪俸、津贴和特权;对拒绝在参议院和国民议会各委员会面前作证或提供文件的人的惩处。

四十三、海关税,包括出口税。

四十四、国产税,包括盐税,但不包括对含酒精饮料、鸦片和其他麻醉品征收的税。

四十五、③

四十六、

四十七、除农业收入外的所得税。

四十八、公司税。

四十九、④销售与购买进口出口商品、制造、加工或消费的商品税,但服务业营业税除外⑤。

五十、资产资本价值税,不包括不动产⑥税。

五十一、石油、天然气和用于生产核能源的矿物税。

五十二、任何工厂、机器、企业、事业或设施的生产能力税,代替以上第四十四项、第四十七项、第四十八项和第五十项各项所规定的税,或者代替其中的任何一项或数项。

五十三、铁路、水路或航空的客货运终点站税;旅客客票税和货物运费税。

五十四、本部分所列任何事项的费用,但不包括任何法院的收费。

五十五、除最高法院外,本宪法明确规定或根据本宪法授予各级法院对本表所列事项的管辖权和权力,最高法院管辖权的扩大,以及授予最高法院补充权力。

五十六、违反有关本部分所列事项的法律的违法行为。

五十七、对本部分所列任何事项进行调查和统计。

五十八、根据本宪法属于议会立法权限或有关联邦的事项。

五十九、本部分所列任何事项的附属或补充

---

① 根据宪法第十八修正案删除"二十一、主要港口,即上述港口的宣布,划界及其港务当局的设立和权力"。

② 根据宪法第十八修正案删除"三十三、国家彩票。三十八、人口调查。四十、属于任何一省的警察部队成员的权力和管辖权延伸到另一省的任何地区,但未经另一省政府的同意,他省的警察不得在该省行使权力和管辖权;属于任何一省的警察部队成员的权力和管辖权延伸到本省以外的铁路地区"。

③ 根据宪法第十八修正案删除"四十五、财产继承税。四十六、遗产税。"

④ 根据宪法第五修正案修改。

⑤ 根据 2010 第 10 法案新增"但服务业营业税除外"。

⑥ 根据 2010 第 10 法案删除"资本盈利"。

事项。

第二部分

一、铁路。

二、石油和天然气，联邦法律宣布为易燃危险品的液体和物品。

三、在联邦控制下发展、由联邦法律宣布为公共利益所需之工业；在生效日前夕由联邦政府经营或管理的机构、组织、团体和公司，包括西巴基斯坦水电发展局和巴基斯坦工业发展公司[1]；上述机构、组织、团体和公司所属企事业、项目和计划；由联邦或联邦设立的公司全部或部分所有的企业、项目和事业。

四、电力。[2]

五、主要港口，对该港口的界限、组成和权力。

六、根据联邦法律建立的管理机构。

七、国民计划和国民经济协调，包括科学与技术研究的计划和协调。

八、监督和管理国债。

九、人口普查。

十、属于每个省的权力的界限和属于每个省警察权力的管辖权，但是在未得到该省省长的同意时，一个省的警察无权到另一个省行使管辖权，警察权力的行使和管辖权扩及该省外的铁路地区。

十一、法律、医学和其他专业。

十二、对高等教育和研究机构，科学和技术机构的标准。

十三、省际事务和省际合作。

十四、共同利益委员会。

十五、本表所列任何事项的费用，但不包括任何法院的收费。

十六、违反有关本表所列任何事项的法律的违法行为。

十七、对本表所列任何事项进行调查和统计。

十八、本表所列任何事项的附属或补充事项。

附表五

[第二百零五条]

法官的报酬、服务条件和待遇

最高法院

一、巴基斯坦首席法官月薪为九千九百卢比[3]，最高法院法官月薪为九千五百卢比[4]。其他更高的报酬由总统随时决定。[5]

二、最高法院法官应享有由总统规定的特权、津贴以及休假和退休金的权利，在总统作出上述规定以前，应享有巴基斯坦最高法院法官在生效日前夕享有的特权、津贴及其他权利。

三、[6]最高法院退休法官的退休金，按照他担任最高法院或高等法院法官的服务年限。

但是，总统可以随时增加以下所列的退休金的最低和最高限度。

法官	最低退休金	最高退休金
首席法官	七千卢比	八千卢比
其他法官	六千二百五十卢比	七千一百二十五卢比

四、[7]最高法院法官的遗孀按以下比例获得退休金：

1. 若该法官在退休后死亡，则应付给其百分之五十的净退休金；

2. 若该法官死于离退休前不足三年，同时死前任职于法官之职，则支付其百分之五十的按最低比例他可得的退休金。

五、该退休金将支付遗孀的终生，直到其改嫁为止。

六、若其遗孀死亡，则该退休金：

1. 支付给该法官未满二十一周岁的儿子，直到其满二十一周岁为止；

2. 支付给其未出嫁且未满二十一周岁的女儿，直到其满二十一周岁或出嫁时为止，以先出现者为准。

高等法院

一、高等法院首席法官月薪为九千四百卢比[8]，高等法院法官月薪为八千四百卢比[9]。其他更高的报酬由总统随时决定。[10]

二、高等法院法官应享有由总统规定的特权、津

---

[1] 根据宪法第五修正案修改。

[2] 根据宪法第十八修正案新增第四至第十三。

[3] 根据宪法第十二修正案由"七千九百卢比"改为"九千九百卢比"。

[4] 根据宪法第十二修正案由"七千四百卢比"改为"九千五百卢比"。

[5] 根据宪法第十二修正案新增"其他更高的报酬由总统随时决定"。

[6] 根据宪法第十二修正案修改。

[7] 根据1985第6号总统令新增四至六。

[8] 根据宪法第十二修正案由"七千二百卢比"改为"九千四百卢比"。

[9] 根据宪法第十二修正案由"六千五百卢比"改为"八千四百卢比"。

[10] 根据宪法第十二修正案新增"其他更高的报酬由总统随时决定"。

贴以及休假和退休金的权利。在总统作出上述规定以前,应享有高等法院法官在生效日前夕享有的特权、津贴及其他权利。

三、①高等法院法官在担任法官职务满五年后退休者,其退休金按照他担任法官的服务年限,并且,不得超出下表所列举的数额:

但是,总统可以随时提高以下所列的退休金的最低和最高限度。

法官	最低退休金	最高退休金
首席法官	五千六百四十卢比	七千零五十卢比
其他法官	五千零四十卢比	六千三百卢比

四、②高等法院法官的遗孀按以下比例获得退休金:

1. 若该法官在退休后死亡,则应付给其百分之五十的净退休金;

2. 若该法官死于离退休前不足三年,同时死前任职于法官之职,则支付其百分之五十的按最低比例他可得的退休金。

五、该退休金将支付遗孀的终生,直到其改嫁为止。

六、若其遗孀死亡,则该退休金:

1. 支付给该法官未满二十一周岁的儿子,直到其满二十一周岁为止;

2. 支付给其未出嫁且未满二十一周岁的女儿,直到其满二十一周岁或出嫁时为止,以先出现者为准。③

---

① 根据宪法第十二修正案修改。

② 根据1985第6号总统令新增四至六。

③ 根据宪法第十八修正案删除附表六和附表七。

巴勒斯坦基本法*

（2002 年 5 月 29 日巴勒斯坦立法委员会批准于拉马拉，
2003 年 3 月 18 日修正公布于拉马拉，2005 年 8 月 13 日修正公布于加沙）

以宽厚仁慈的真主之名

序　言

阿拉伯巴勒斯坦人民与其父辈及祖先一直以来生存于其上的土地持续地依附在一起，这是巴勒斯坦国民议会公布的《独立宣言》所表达的事实。此种依附力量因时间与空间的一贯性，通过保持并坚守民族认同之信仰以及对奇迹般的斗争之胜利而得以证明。为提升世界对阿拉伯巴勒斯坦人民之权利的认同、对其建立在与其他民族平等基础上的民族统一的认同，巴勒斯坦人民与其历史及土地的有机关联对自身的不懈努力加以确证。

在巴勒斯坦的民族家园中、在其祖先的土地上，经过持续激烈的斗争，诞生了巴勒斯坦民族权力机构，在斗争中，巴勒斯坦人民见证了成千上万的宝贵儿女为了其人民能够获得明确的民族权利，尤其是返回家园的权利、自决之权利以及以耶路撒冷为首都、在身居世界上任何地方的阿拉伯巴勒斯坦人民之唯一合法的代表即巴勒斯坦解放组织领导下建立独立的巴勒斯坦国的权利，牺牲为烈士，流血负伤，成为战争的囚徒。

按照《原则协议宣言》所规定的过渡时期框架，由立法、行政及司法所指称的巴勒斯坦民族权力机构之建立乃是最为紧要的民族任务。由通过自由且直接的普选建立的巴勒斯坦立法委员会通过一部对于过渡时期而言乃属适当的《基本法》，并以该《基本法》作为组织政府及人民之相互关系的基石。对于判断一个公民社会的典型特征而言，此乃第一步，而这一公民社会则是赢得独立的第一步。同时，这是为巴勒斯坦民族家园制定统一的立法及法律的基础。

本《基本法》构建了一个坚实的基础，代表全体人民的良知，包括其精神、其民族信仰及其民族忠诚。

《基本法》的章节包含了现代宪法的规则和原则，以所有人的正义和平等以及无歧视之实现满足公共及个人的权利和自由。此外，这些规则和原则确保法治，在行政、立法及司法之间谋求平衡，在协调其各自功能以实现更高的民族利益并以民族利益为指导原则的同时保障其各自独立，从而在各自的管辖权之间划定界限。

为过渡时期制定本临时《基本法》，乃是实现阿拉伯巴勒斯坦人民稳固的民族及历史权利的基础。不得以任何形式剥夺或取消巴勒斯坦人民为获得返回家园、自决之权利而继续斗争的权利，包括为建立以耶路撒冷（古德斯圣城，al-Quds 和谢里夫圣地，al-Sharif）为首都的巴勒斯坦国而斗争的权利，而耶路撒冷作为先知穆罕默德——愿宁静平和与他相伴——的夜行之地及耶稣——愿宁静平和与他相伴——的诞生地，是第一圣地及伊斯兰第三圣寺。

《基本法》之临时性不应剥夺任何巴勒斯坦人所享有的与其家园之土地上其他公民平等的权利，不论其身居何处。

本临时《基本法》的权威来自巴勒斯坦人民的意志、其稳固的权利、其不懈的斗争及他们民主权利的行使——以民族权力机构主席及巴勒斯坦立法委员会议员之选举为表征——并以此着手在巴勒斯坦组织并建立一个理想的、民主的立法生活。同时，立法委员会制定及修改本法的权力源自这样一个事实，即巴勒斯坦解放组织是阿拉伯巴勒斯坦人民唯一的合法代表。

《基本法》修正说明备忘录

《基本法》第一百一十一条规定立法委员会有权以全体议员的三分之二之同意修改《基本法》。委员

---

*　译自 http://www.palestinianbasiclaw.org 网站。译者：陈鹏。校对：王建学。将巴勒斯坦基本法译成中文并收入本书只是出于学术研究的目的，并不表明译者、校者、编者或出版者赞成或反对巴勒斯坦所谋求的独立地位。译者在译本中整合了以下两个文件：2002 年《巴勒斯坦基本法》（2003 年修正）（http://www.palestinianbasiclaw.org/2003-amended-basic-law），《巴勒斯坦基本法》2005 年修正案（http://www.palestinianbasiclaw.org/2005-amendments）。

116

会认为有必要修改《基本法》以允许在巴勒斯坦民族权力机构内增设总理（Prime Minister）一职，并对其权力以及对其工作的法律及政治上的控制加以规定，同时划定并厘清其与巴勒斯坦民族权力机构主席以及其与立法部门的关系。

本修正案需要对组织法的部分条款进行重新安排。因而，涉及民族权力机构主席之权力的章节在修正后的法律中成为第三章。涉及立法部门的章节被移至其后，从而成为第四章。

关于内阁的第五章则涉及了总理组织政府、获得立法委员会之信任的程序、内阁及其首脑的权力以及总理与民族权力机构主席的关系。

委员会在审查修正后的法律时决定，并无必要增加关于总理向民族权力机构主席报告所有关于政府组建、辞职及解散之事项的条款，因为这乃是政治惯例，无须在法律中以专门条款规定之。

艾哈迈德·库赖（阿布·阿拉），
巴勒斯坦立法委员会议长

第一章

第一条

巴勒斯坦是大阿拉伯世界的一部分，巴勒斯坦人民是阿拉伯民族的组成部分。阿拉伯统一是巴勒斯坦人民努力奋斗的目标。

第二条

权力来自人民，并将以分权原则为基础，以本《基本法》所规定的方式通过立法、行政及司法机关行使之。

第三条

巴勒斯坦的首都是耶路撒冷。

第四条

（一）巴勒斯坦的国教是伊斯兰教。其他宗教之神圣不可侵犯性应予以维持。

（二）伊斯兰教教法（Islamic Shari'a）应为立法的主要渊源。

（三）官方语言应为阿拉伯语。

第五条

巴勒斯坦的政府体制应为政治与政党多元主义基础之上的议会民主制。民族权力机构之主席应由人民直选产生。政府应对主席及巴勒斯坦立法委员会负责。

第六条

巴勒斯坦政府的基本原则应为法治原则。一切政府权力、机关、机构及个人皆应服从法律。

第七条

巴勒斯坦人的公民资格由法律规定之。

第八条

巴勒斯坦的国旗应为四色，并与巴勒斯坦解放组织所通过的尺寸及方案相一致。该旗帜应为国家的官方旗帜。

第二章　公共权利与自由

第九条

巴勒斯坦人在法律与司法面前一律平等，不得因种族、性别、肤色、宗教、政治观点或肢体残疾而加以歧视。

第十条

（一）基本人权与自由应受保护与尊重。

（二）巴勒斯坦民族权力机构应毫无迟延地努力加入地区性及国际人权保护宣言或公约。

第十一条

（一）个人自由是天赋人权，应受保障，不得侵犯之。

（二）非依法律并经司法判决，针对任何人的逮捕、搜查、监禁、限制自由或限制行动皆属违法。

第十二条

任何人在被逮捕或拘留时必须被告知理由。应立即以被逮捕或监禁者通晓的语言告知针对其进行的指控之内容。被逮捕或监禁者有权利联系律师，并立即在法院接受审判。

第十三条

（一）任何人不受胁迫或酷刑。应给予被剥夺自由的被告人及任何人以适当对待。

（二）违反本条第一款之规定所获得的陈述或供述皆属无效。

第十四条

除非保障被告人辩护权的法院证明其有罪，否则被告人应被认为无罪。所有刑事案件的被告人皆应有律师为其代理。

第十五条

刑罚只应针对个人。禁止集体刑罚。犯罪与刑罚仅能由法律规定。唯有司法判决方能施加刑罚，且刑罚只能适用于在法律生效后实施的行为。

第十六条

未经事前法律许可，针对任何人的医学或科学实验皆属非法。

为实现正当的人道之目的，人体器官移植及新的科学发展应由法律规制。

第十七条

住宅不受侵犯；非依有效的司法命令及法律之规定，不得监视或搜查住宅。

任何违反本条之规定的结果皆属无效。任何人

受违反本条之行为侵犯,皆可获得由巴勒斯坦民族权力机构保障的公正救济。

第十八条

信仰自由、崇拜自由以及宗教仪式的实施受保障,唯其不得危害公共秩序及公共道德。

第十九条

意见自由不受歧视。在对法律之规定加以正当考虑的前提下,每个人都有表达意见并以口头、书面或其他表达形式、艺术形式传播其意见的权利。

第二十条

居住与迁徙自由应在法律限度内受保障。

第二十一条

(一)巴勒斯坦的经济体制应以自由市场经济为原则。行政机关可设立受法律规制的公共公司。

(二)经济活动之自由受保障。其监督之规则及其限度由法律规定之。

(三)私人财产,包括不动产与动产,应受保护,非出于公共利益并依法律或司法判决给予公平补偿,不得予以征收。

(四)没收应依司法判决为之。

第二十二条

(一)社会保险、医疗保险、残疾人保险及退休保险应以法律规定之。

(二)烈士、在战争中被俘虏者、受伤者以及残疾人的福利之维持应以法律规定之。民族权力机构应保障上述人的教育、医疗及社会保险。

第二十三条

每位公民都有适足住房之权利。巴勒斯坦民族权力机构应保证无家可归者的住房。

第二十四条

(一)每位公民都有受教育之权利。至少应为未达基本教育水准者实施强制教育。公立学校及机构中的教育应当免费。

(二)民族权力机构应对所有级别的教育及其机构进行监督,并应努力改进教育体系。

(三)法律应以保障科学研究及文学、艺术及文化创作的方式保障大学、高等教育机构以及科学研究中心之独立。民族权力机构应鼓励并支持上述创作。

(四)私立学校及教育机构应服从民族权力机构所通过的课程安排,并应受其监督。

第二十五条

(一)每位公民都有工作之权利,这同时也是义务和荣耀。巴勒斯坦民族权力机构应当努力为任何有能力工作的人提供工作。

(二)工作关系之组织应为所有人保障公正,并为工作者提供福利、安全保障以及医疗和社会保险。

(三)组织工会是一项权利,应由法律规定之。

(四)罢工权利应在法律限度之内行使。

第二十六条

巴勒斯坦人应有以个人或组织之形式参与政治生活之权利。尤其是以下权利:

1. 依据法律组织、创立及加入政党。

2. 依据法律组织及创立工会、组织、社团、俱乐部及公众机构。

3. 为了通过普选获得代表,依据法律投票、提名候选人及成为选举候选人。

4. 依据机会平等原则担任公职。

5. 召开无警察在场的私人会议,在法律限度内举行公共会议、集会及游行。

第二十七条

(一)人人有权创立报纸及所有媒体,该权利受《基本法》保护。媒体的财政来源受法律监督。

(二)音频、视频、书面媒体之自由,印刷、出版、宣传及传播之自由,以及个人在这些领域从事工作的自由,皆受本《基本法》及其他相关法律保护。

(三)对媒体之审查应被禁止。非经法律规定并依司法判决,不得对媒体课以警告、停业、没收、取缔或限制。

第二十八条

不得将巴勒斯坦人驱逐出境,不得阻止或禁止其返回或离开祖国,也不得剥夺其国籍或将其交至其他外国实体。

第二十九条

母亲及儿童的福利是国家的义务。儿童应有以下权利:

1. 全面的保护及福利。

2. 不得被利用,无论出于何种目的,不得被允许从事有损安全、健康及教育的工作。

3. 保护其不受有害及残酷的对待。

4. 不受其家人殴打及残酷对待。

5. 当被课以剥夺自由之刑罚时,应与成年人相分离,并以符合其年龄以及有利于其改造的方式对待之。

第三十条

(一)将案件提交至法院是所有人受保护及保障的权利。任何巴勒斯坦人皆应有权向司法系统寻求救济。诉讼程序由法律规定之,以保证迅速解决案件。

(二)法律不得为行政决策或行政行为设定豁免,也不得包含对抗司法审查之条款。

(三)司法上的错误由民族权力机构救济之。此种救济之条件与方式由法律规定之。

第三十一条

应当设立独立的人权委员会,其组织、职责及管辖权由法律具体规定之。该委员会应向民族权力机构主席及巴勒斯坦立法委员会提交报告。

第三十二条

任何侵犯法律或《基本法》所保护的个人自由以及人的私人生活、权利或自由之神圣性的行为皆属犯罪。由此产生的刑事与民事案件不受任何制定法的限制。民族权力机构应当保障受侵害者得到公正救济。

第三十三条

享有平衡且清洁的环境是一项人权。为后代维护与保护巴勒斯坦的环境是国家的职责。

第三章　巴勒斯坦民族权力机构主席

第三十四条

巴勒斯坦民族权力机构主席应由巴勒斯坦人民按照《巴勒斯坦选举法》通过普遍且直接的选举选出。

第三十五条

主席于就职以前应在立法委员会前,在巴勒斯坦全国委员会主席及高等法院院长出席的情况下作以下宣誓:

"我向万能的真主宣誓,忠于祖国及其神圣领土,忠于人民及其民族遗产,尊重宪政体制及法律,充分保护巴勒斯坦人民的利益,真主为我证。"

第三十六条

巴勒斯坦民族权力机构主席任期四年。主席应有权指定自己为第二任主席,但连续任职不能超过两届。①

第三十七条

(一)如出现以下情形,则应视为主席空缺:

1. 死亡;

2. 向巴勒斯坦立法委员会提交辞呈,且获得立法委员会三分之二议员通过;

3. 失去法定资格,由高等宪法法院裁定,并由立法委员会三分之二议员通过。

(二)如果民族权力机构主席职位因上述原因空缺,巴勒斯坦立法委员会主席应当暂时接管民族权力机构主席的权力与职责,其期限不超过60日,在此期间内应当依据《巴勒斯坦选举法》自由且直接地选举新的主席。

第三十八条

民族权力机构主席应当按照本法之规定行使其行政职责。

第三十九条

民族权力机构主席是巴勒斯坦武装力量总司令。

第四十条

民族权力机构主席任免民族权力机构驻外代表。主席接受外国代表向巴勒斯坦民族权力机构递交的国书。

第四十一条

(一)巴勒斯坦立法委员会投票通过的法律,民族权力机构主席应当自收到转交的法律之日起30日内公布。在此期间内,主席可以向立法委员会退回法案,并载明其意见及反对理由。否则,法律将被视作已颁布,并在官方公报上发布。

(二)如果民族权力机构主席在时限内依前款之规定将法案退回立法委员会,则委员会应当再次就立法进行辩论。如果委员会议员以其三分之二的多数再次通过该法案,则该法案视作正式通过,并应立即发布于官方公报。

第四十二条

民族权力机构主席有权准予特赦或减刑。但大赦非经法律不得为之。

第四十三条

如遇不可拖延之必要情形,且立法委员会处于闭会期间,民族权力机构主席有权发布具有法律效力的法令。该法令应于法令发布后召集的第一个会期提交至立法委员会,否则,该法令的法律效力即终止。若该法令以上述方式提交至立法委员会,但立法委员会未予以批准,则法令的法律效力亦终止。

第四十四条

主席的薪金、津贴及酬劳由法律规定之。

第四十五条

民族权力机构主席任命总理,并授权总理组建政府。主席有权撤换总理或接受其辞呈,以及要求其召集内阁。

第四十六条

内阁应以本《基本法》规定的方式协助主席履行其职责、行使其权力。

第四章　立法权

第四十七条

(一)巴勒斯坦立法委员会是经由选举产生的立法机关。

(二)立法委员会应履行其《现行通令》所规定的立法及监督职责,唯其不得与本法之规定相抵触。

(三)立法委员会自选出之日起任期四年,应每四

---

① 此条经2005年修正。修正之前的内容是:"民族权力机构主席任期是过渡性的,任期届满后应依法律选举之。"

年举行一次选举。①

第四十七之二条

本届立法委员会的任期应于新选举出的立法委员会进行宪法宣誓后结束。②

第四十八条

(一)立法委员会应当由依法选出的八十八名议员组成。

(二)若立法委员会议员中的一名或数名死亡、辞职或失去资格,则应依法在相关地区举行部分选举以选举继任者。

第四十九条

每位议员在就职前皆应在委员会作以下宣誓:

"我向万能的真主宣誓,忠于祖国,保卫人民与国家的权利和利益,遵守法律,以最佳方式履行职责,真主为我证。"

第五十条

在第一次会议上,委员会应选举一名议长、两名副议长和一名秘书长。上述人等组成立法委员会主席团。在立法委员会主席团任职的同时,不得兼任民族权力机构主席、总理或其他任何政府职位。

第五十一条

委员会接受其议员递交的辞呈,并在不与本法及总体宪政原则相抵触的前提下,设立《现行通令》及向其议员进行询问的程序。在会期及小委员会会议期间,委员会独立负责维持秩序及安全。除非在情势需要时应议长或小委员会主席之要求,否则安全人员不得出席委员会。

第五十二条

巴勒斯坦民族权力机构主席宣布委员会第一次通常会期开幕,并致开幕辞。

第五十三条

(一)委员会议员不得因其在委员会会期或小委员会会期中所发表的意见、提及的事实、所投的票或任何在委员会之外为履行其议员职责而从事的行为,在民事或刑事审判程序中被调查。

(二)在免责期间,不得以任何形式干扰委员会议员,也不得搜查议员的行李、家庭、住所、汽车、办公室或其他动产及不动产。

(三)非出于本人自愿并经立法委员会同意,在委员会议员任职期间或任职结束后,不得要求委员会议员就其所采取的与委员会相关的行动、发表的言论以及因委员会议员身份而获得的信息作证。

(四)除现行犯情形外,不得对立法委员会议员施

加刑事措施。应立即将针对委员会议员的措施告知委员会,以便委员会就情势采取适当对策。若处于闭会期间,则由委员会主席团担负此责任。

(五)非经立法委员会允许,委员会议员不得放弃议会免责权。委员会议员身份终止后,并不丧失免责权,但应服从拥有议员身份时的限制。

第五十四条

(一)立法委员会议员不得以任何方式利用其委员会议员身份从事私人事务。

(二)立法委员会议员应当陈述自己、配偶及子女的详细财产状况,包括在巴勒斯坦境内及境外的不动产与动产以及债务状况。这些陈述应当由高等法院以密封信件的形式保存,未经高等法院允许且于允许范围内,不得接触之。

第五十五条

立法委员会议员、总理及各部部长的配置、权利及义务由法律规定之。③

第五十六条

委员会的所有议员均享有以下权利:

1. 向行政部门提出对其行使议员职权而言必不可少的正当要求。

2. 提出立法议案。已被驳回的议案不得在同一会期内再次提出。

3. 对政府、任何部长或类似级别的官员展开调查及质询。质询仅可在距质询案提交七日后讨论,除非被质询人同意立即答复或在短于七日的时间内答复。但是,遇有紧急情况且经民族权力机构主席同意后,七日的期限可缩短为三日。

第五十七条

(一)经质询以后,十名及十名以上的委员会议员可以提出不信任政府或任意部长之申请。对该申请所进行的投票不得早于该申请提交后的三日。经半数以上委员会议员同意,便可作出决定。

(二)不信任决定作出的结果是失去信任的政府之任期将终止。

第五十八条

委员会可设立特别委员会,或委托其中一个小委员会针对任意公共事务或公共机构开展资料收集以及事实认定之工作。

第五十九条

总体发展规划应由立法委员会批准。筹备规划以及向委员会提交规划的方式由法律规定之。

第六十条

---

① 此款经 2005 年修正。修正之前的内容是:"委员会的任期是过渡性的。"

② 本条系 2005 年修正时所增加。

③ 此条经 2005 年修正。修正之前的内容是:"立法委员会议员应当依法领取月薪。"

总预算及其中专款支出、附加预算、发展预算、公共机构及服务预算,以及任何政府投资占总资金百分之五十以上的项目之预算的筹备与批准,其细节规定应由法律规定之。

第六十一条

考虑到本《基本法》第九十条之规定:

1. 政府应在距财政年度开始至少两个月前将预算草案提交至立法委员会。

2. 在收到预算草案后一个月之内,立法委员会应当召集特别会议审议年度预算草案。立法委员会或者在新的财政年度开始之前对草案进行特别修正,或者将其退回给政府。退回的预算草案应当载明立法委员会的意见,以便达到立法委员会要求,并将草案再次提交给立法委员会以获得批准。

3. 立法委员会应当对总预算进行逐项投票。

4. 除非立法委员会与行政部门达成一致,否则款项不得在不同项目之间流转。

第六十二条

民族权力机构之预算的总决算应当在财政年度结束后一年内提交立法委员会。委员会应当对决算进行逐项投票。

第五章　行政权

第六十三条

内阁(即"政府")是最高执行及行政机关;内阁负有实施由立法机关批准之方案的责任。除本《基本法》所规定的民族权力机构主席的执行权之外,执行权与行政权皆属内阁之职权。

第六十四条

(一)内阁应包括一位总理以及不超过二十四位部长。

(二)任命时应当指定每位部长所主管的部门。

组建政府

第六十五条

(一)总理应当在得到巴勒斯坦民族权力机构主席任命后三周内组建政府。总理应有权将该期限延长至多两周。

(二)如果总理未能在规定期限内组建政府,或未能得到立法委员会的信任,民族权力机构主席应当于组建政府期限截止后或信任期满后两周内另行任命总理。前款规定适用于新的总理。

政府信任

第六十六条

(一)总理选定政府成员后,应当向立法委员会申请举行特别会议以投票决定是否信任政府。信任投票应当在听证以及就内阁提交的载明政府计划及政策书面声明进行审议后举行。会议应当于自申请提交日起一周内举行。

(二)信任投票应当针对总理及全体政府成员,除非立法委员会以绝对多数作出相反决定。

(三)当占巴勒斯坦立法委员会绝对多数的议员投赞成票时,政府即获信任。

第六十七条

获得信任后、就职之前,总理及政府成员应当按照本《基本法》第三十五条之规定,在民族权力机构主席前进行宪法宣誓。

总理的权力

第六十八条

总理应行使以下权力:

1. 组建及调整内阁构成,拒绝或接受任何成员的辞呈,或填补空缺职位。

2. 每周例会时或必要时,或应民族权力机构主席要求召集内阁,并设定日程。

3. 主持内阁会议。

4. 管理内阁事务。

5. 监督部长及隶属于政府的公共机构之工作。

6. 依照法律在总理职权范围内发布必要决定。

7. 签署并发布内阁通过的条例。

8. 应当指定一位部长担任副总理,该副总理在总理缺席时履行总理职责。

内阁的权力

第六十九条

内阁应当行使以下权力:

1. 在职权范围内且按照立法委员会批准的内阁计划设计总体政策。

2. 实施巴勒斯坦相关机构通过的总体政策。

3. 筹备提交至立法委员会的总预算。

4. 筹备行政部门,设定其组织结构,为其提供一切必要手段,对其开展监督及后续工作。

5. 对法律的实施开展后续工作,保证其与法律的规定一致,并为此采取必要行动。

6. 以各部及所有其他行政部门的职责及职权为依据,监督其行为,协调各部门之间的工作。

7. 负责维持公共秩序及国内安全。

8. 就政府相关部门关于第6项及第7项所罗列之事项的建议及政策,内阁可与各该部门讨论其相关职责的履行。

9.(1)部门、机构、机关及隶属于政府行政部门的类似行政单位的建立或撤销,法律另有规定者除外。

(2)任命第(1)目中所涉及的机构或部门的负责人,并依法律之规定对其进行监督。

10. 规定所有部、部门、机构及其他类似单位的相关职责。

11. 依法律之规定履行其他分配给内阁的职责。

第七十条

内阁有权向立法委员会提交法律草案，有权发布条例以及为实施法律而采取必要措施。

第七十一条

部长应行使以下权力并在其所主管的部门范围内行使之：

1. 为其所在部门提出总体政策并在该政策获得批准后监督其实施。

2. 监督部门事务，并就此发布必要的指示。

3. 按照划拨给各该部门的款项实施总体预算。

4. 就各该部门事务提出法案及立法议案，并提交给内阁。

5. 部长可在法律规定的限度内将特定权力委托给副部长或各该部门的高级官员。

第七十二条

（一）部长应当按照总体规划中为各该部门设立的目标，就各该部门的措施、政策、计划及绩效向内阁提交详细报告，包括与各该部门未来政策相关的建议及提议。

（二）此类报告应当每三个月提交一次，以便内阁可以及时获得信息，并掌握各部门的措施及政策方面的信息。

内阁会议

第七十三条

（一）应总理的邀请，内阁应每周或在必要时举行会议。除事先得到总理邀请外，总理及部长以外的人不得参会。

（二）内阁会议应制作记录。

总理及部长所负之责任

第七十四条

（一）总理就其行为及政府所实施之行为对民族权力机构主席负责。

（二）部长就其主管事项及其所负责部门的行为对总理负责。

（三）总理及政府成员分别以集体及个人形式向立法委员会负责。

第七十五条

（一）民族权力机构主席有权依法就总理任职期间实施的犯罪及总理的职务行为犯罪将总理提交调查。

（二）总理有权依法就第一款所罗列之事项将部长提交调查。

第七十六条

（一）在刑事起诉书签发后，被指控的总理或部长应立即中止任职。任职的中止不影响调查及后续程序的继续。

（二）总检察长或公诉机关的代表人应参与调查及起诉程序。如果进入了诉讼程序，则应在合适的特别法庭依照《刑法典》及《刑事程序法》的规定进行。

（三）上述规定适用于副部长、助理部长及其他类似级别的官员。

信任投票

第七十七条

（一）十位以上的立法委员会议员可以向议长提出申请，要求召集特别会议，以撤回对政府的信任，或在调查后撤回对总理及任何部长的信任。

（二）第一次会议应于自申请提交之日起三日后举行，最迟应于两周内举行。

第七十八条

（一）对总理及政府的不信任投票，应当由占巴勒斯坦立法委员会之绝对多数的议员投票赞成方可通过。

（二）对总理及政府的不信任投票之通过将导致总理及政府任期的终止。

（三）新政府成立及职务交接前，总理及政府将暂时行使其代理政府职权范围内的权力，在此期间内，总理及政府只能作出对于事务之开展而言乃属必要的决定。

第七十九条

（一）一旦立法委员会以绝对多数通过对总理或总理及全体政府成员的不信任案，则民族权力机构主席应于自不信任案投票之日起两周内任命新的总理以接替其前任。新的总理应当适用本章之规定。

（二）一旦立法委员会通过对一个或多个政府成员的不信任案，则总理应当于自投票之日起两周内召开的下一次会议中任命新的政府成员。

（三）（1）任何涉及一位或多位部长以上级别官员的变动都被视作内阁改组，只要这种变动影响的内阁成员数量少于内阁总成员的三分之一。（2）当内阁改组、增加部长或填补空缺职位时，新的部长应出席立法委员会的下一次会议，该会议应依本条之规定自内阁改组或空缺职位填补之日起两周内举行。

（四）总理及部长唯有在获得立法委员会信任后方可就职。

内阁成员的财政责任

第八十条

（一）总理及各部部长应当向民族权力机构主席提交关于其本人、其配偶及子女的详细财产状况的报告，包括在巴勒斯坦境内及境外的不动产、动产、股权、有息债券、现金以及债务状况，民族权力机构主席为保守总理及各部部长的秘密进行必要的安排。这些报告应当保密，唯有高等法院认为必要时方可接触之。

（二）总理与各部部长均不得买卖或租赁属于国家或公共机构的财产，或在任何有政府或行政组织参与的合同中获益，亦不得在任职期间担任任何公司的董事，除为总理及部长规定的薪金及相关津贴外，亦不得接受任何人给予的任何名目的其他薪金、财政嘉奖或酬金。

总理及各部部长的薪金及津贴

第八十一条

总理、各部部长及其他类似级别的官员的薪金应由法律规定之。

第八十二条

总理及各部部长应为享有全部公民权利及政治权利的巴勒斯坦人。

第八十三条

若有本条所规定的下述情形出现，则政府应被视作解散并重组：

1. 新一任立法委员会之开始任职。

2. 对总理、总理及政府以及三分之一以上的部长及以上级别官员的不信任案获通过。

3. 内阁三分之一以上成员的增加、改换、空缺或撤免。

4. 总理死亡。

5. 总理或三分之一以上的政府成员辞职。

6. 民族权力机构主席撤免总理。

警戒部队及警察

第八十四条

（一）警戒部队及警察是正规部队。警戒部队及警察是国家的武装力量。其职能限于保卫国家、服务人民、保护社会，及维护公共秩序、安全及公共道德。其职责的行使应在法律限度之内，尊重权利及自由。

（二）警戒部队及警察应由法律规制之。

地方行政

第八十五条

（一）法律将国家组织为若干地方行政单位，后者具有法人资格。每个地方行政单位皆应具备依法直选的地方议会。

（二）地方行政单位所负责之区域、其财政来源、其与中央的关系及其在筹备及实施发展规划中的作用，皆由法律规定之。地方行政单位的负责事项及地方行政单位的各种行为，由法律规定之。

（三）行政区域划分应考虑人口、地理、经济及政治因素，以维护地区一体性及区域利益。

公共行政

第八十六条

公共机构职员及政府人员的任命及其劳动关系应遵守法律之规定。

第八十七条

法律规定与公务员相关的所有事项。公务员部应与相关政府部门协力促进发展公共行政事务。公务员部的建议应在涉及公共行政及公务员制度的法律及条例草案中有所体现。

公共财政

第八十八条

公共租税的实施、修改及废除只能通过法律为之。除法律规定之情形外，不得全部或部分免除税收。

第八十九条

法律应规定公共资金的收取及使用。

第九十条

财政年度的开始与结束以及公共预算以法律规定之。如果在新的财政年度开始时公共预算仍未获通过，则应按照上一财政年度之预算的十二分之一实施按月支出。

第九十一条

（一）包括税款、关税、贷款、基金以及巴勒斯坦民族权力机构通过管理其财产或实施某些行为而获取的收益在内的所有政府收入均应归入国库。国库资金不得被用于法律规定之外的任何目的。

（二）巴勒斯坦民族权力机构可依法律之规定设立战略性财政储备，以应对波动及紧急状况。

第九十二条

公共借款须由法律决定。非经立法委员会允许，不得开展需要在后续阶段动用国库资金的项目。

第九十三条

（一）法律应当对金融主管部门、银行、证券市场、外汇、保险公司以及所有财政及信用机构作出规定。

（二）金融主管部门负责人由民族权力机构主席指定，并须经巴勒斯坦立法委员会批准。

第九十四条

授予利用自然资源及公共设施方面的特权及课以相关义务，应以法律规定之。法律亦应规定处理国家及其他公法人的不动产的方式与手段，以及相应的规则与程序。

第九十五条

与国库相关的薪金、酬金、退休金、津贴及补助金的发放，应由法律规定之。法律亦应规定对此负责之机构。不得在法律规定之限度外使用资金。

第九十六条

（一）应依法设立财政及行政审计局，对民族权力机构的所有部门和机构进行财政和行政监督，包括监督公共收入在预算限度内的征收及支出。

（二）审计局应当向民族权力机构主席及立法委

员会就其工作与观察提交年度报告,或应要求提交报告。

（三）财政及行政审计局的负责人应当由民族权力机构主席指定,并经巴勒斯坦立法委员会批准。

第六章 司法权

第九十七条

司法权应当独立,并由各级各类法院行使之。法律应规定法院的组织及管辖权。法院依法作出判决。司法判决应当公开,并以巴勒斯坦阿拉伯人民的名义执行之。

第九十八条

法官应当独立,在履行其职责时,除法律的权威外,不再服从任何权力。其他权力不得干扰裁判及司法事务。

第九十九条

（一）法官的任命、调离、借调、委派、晋升及调查应依照《司法法》为之。

（二）除《司法法》所许可的情形外,法官不受撤免。

第一百条

应当设立高等司法委员会。法律应规定其组成方式、职责及运作规则。包括公诉在内的涉及司法权的法律草案,应向高等司法委员会咨询。

第一百零一条

（一）伊斯兰教教法所规定的事项以及个人身份方面的事项,应当依法由伊斯兰教教法及宗教法院管辖。

（二）军事法院应以特别法律设立之。此类法院不得管辖除军事事务之外的事项。

第一百零二条

可依法律设立行政法院以解决行政争议及违纪惩戒案件。此类法院的其他管辖权及程序应由法律规定之。

第一百零三条

（一）应依法设立高等宪法法院,以解决:

1. 法律、条例及其他规则的合宪性。

2.《基本法》及立法的解释。

3. 司法机关与具有司法管辖权的行政部门之间发生的权限争议。

（二）法律应当规定高等宪法法院的组成及结构、运作程序以及判决的效力。

第一百零四条

高等法院应依据适当的法律暂时履行行政法院及高等宪法法院的职责,但属于其他司法机关管辖的除外。

第一百零五条

法院的庭审应当公开,但法院出于公共秩序或公共道德之考虑而决定秘密开庭的除外。在所有案件中,判决都应在公开审理中公布。

第一百零六条

司法判决应予执行。以任何方式阻止或妨碍司法判决之执行者应被视作犯罪从而被判处徒刑,如果被指控的个人是公共机构职员或从事公共服务,则应予以免职。权利受到侵害者可直接向有权的法院提起诉讼,民族权力机构应确保其获得公正救济。

公诉

第一百零七条

（一）总检察长应当由高等司法委员会提名,由总统决定任命之。

（二）总检察长应以巴勒斯坦阿拉伯人民的名义处理并承担公诉案件。总检察长的管辖权、职权以及职责应由法律规定之。

第一百零八条

（一）法律应当规定公诉机关的组成方式及其管辖权。

（二）法律应当规定公诉机关成员的任命、调离、撤免及责任机制。

第一百零九条

任何法院宣判的死刑非经民族权力机构主席批准不得执行。

第七章 紧急状态规定

第一百一十条

（一）当出现由战争、入侵、武装叛乱或自然灾害引起的对国家安全之威胁时,民族权力机构主席可通过法令宣布紧急状态,其期限不超过三十日。

（二）经立法委员会三分之二议员同意,紧急状态可延长三十日。

（三）宣布紧急状态的法令应当申明其目的、适用地区及期限。

（四）立法委员会应有权于紧急状态宣布后的第一次会期或于延长会期期间——不论何者先行召开——审查在紧急状态期间采取的程序及措施的全部或一部,并开展必要的质询。

第一百一十一条

除对宣布紧急状态的法令中所申明的目标之实现而言乃属必要之外,不得在宣布紧急状态期间限制基本的权利及自由。

第一百一十二条

出于紧急状态之宣布而实施之逮捕须满足以下最低限度要求:

1. 根据紧急状态法令实施的拘留应当自拘留实施之日起十五日内由总检察长或适当的法院审查之。

2. 被拘留者有权选择并指定律师。

第一百一十三条

在紧急状态期间,巴勒斯坦立法委员会不得被解散,其工作不得受妨碍,本条款亦不得停止执行。

第一百一十四条

本《基本法》实施之前在巴勒斯坦实施的关于紧急状态的规定皆应被废止,包括 1945 年颁布的《英国委任防卫紧急条例》。

第八章 一般及过渡条款

第一百一十五条

本《基本法》之规定适用于过渡时期,并可延长适用至巴勒斯坦国新宪法生效前。

第一百一十六条

法律应以巴勒斯坦阿拉伯人民的名义颁布之,并应即刻在官方公报上公布之。除法律自身另有规定外,法律应于公布之日起三十日后生效。

第一百一十七条

法律唯有在生效之后方可适用。但除刑罚事项外,在需要时亦可另作规定。

第一百一十八条

本法实施之前有效的巴勒斯坦法律、条例及决定,若不违反本《基本法》,则继续有效,直至其依法被修改或废止。

第一百一十九条

与修正后的本《基本法》相抵触的法律规定应予废止。

第一百二十条

修正后的本《基本法》唯有经过巴勒斯坦立法委员会三分之二的议员投票同意方可修改。

第一百二十一条

修正后的本《基本法》应与以官方公报公布的版本相同的版本生效之。

巴林王国宪法*

（2002 年 2 月 14 日经国民议会通过）

奉至仁至慈的真主之名

序　言

谨以真主之名，承蒙真主的福佑，朕，巴林王国的国王哈马德·本·伊萨·阿勒哈利法（Hamad Bin Isa Al Khalifa）按照人民的决定与信心，本着信仰、民族意识以及泛阿拉伯和国际责任；铭记我们对真主的义务，对祖国和人民的义务，遵照对基本原则、对全人类责任的承诺。

践行神圣地记载于《民族行动宪章》并以基本原则表现出的民意；依照我们伟大的人民赋予我们的修宪权；出于为我们深爱的祖国实现民主体制的愿望；为了一个更美好的未来而竭力奋斗，在政府与人民之间通过诚挚的和建设性的合作克服困难以使我们的祖国、人民将享有更好的福利、进步、发展、稳定和繁荣；坚信未来以及未来之奋斗乃是全体人民在下一阶段的首要目标；秉持我们的信仰，这一目标需要各种努力并发挥作用；为了完成这些使命，我们修改了现行宪法。①

本次修宪已将《民族行动宪章》所载的一切崇高价值和伟大的人道主义原则都包括在内。这些价值和原则明确了巴林人民在通往美好未来的胜利征途上的前进道路，明确了真主的谕示，在未来，所有政党和个人联盟团结一致，新的政府将在宽松的规则下致力于实现上述愿望，在当下以及未来，作为伟大阿拉伯民族的一员、作为海湾合作委员会的成员，新政府把宣誓遵守伊斯兰教作为一种信仰、一部法典和一种生活方式，新政府还将为实现正义、亲善与和平尽其全力。

修宪源于这样一种前提，即高贵的巴林人民坚信伊斯兰教能给当今乃至未来的世界带来救赎，坚信伊斯兰教不是慵懒与狂热的化身，而是明确阐述着一种信徒随时随地努力追求智慧的信仰，坚信《古兰经》记载了所有事务且无所不包。

为了实现这一目标，了解东西方的人类遗产显得尤为重要，并且从这些遗产中，吸收被认为是对我们的宗教、价值和传统有益的、与之相适应的遗产，我们深信社会和人类系统不是可以被原封不动移植的机械的工具和技术，而是一种信息，一种能够传递到人的内心、精神和意志的信息，一种能被人的反应和该人的社会环境左右的信息。因此，这些宪法修正案代表了我们深爱的祖国的先进文化思想。

宪法修正案明确了在舒拉（Shura）上确立的君主立宪制为巴林王国的政体，这一政体在伊斯兰是统治的最高形式，同时，修正案也明确了人民参与权力的执行，而这一规定是现代政治思想的基础。统治者通过其敏锐的洞察力选择一些有经验的人组成协商议会，一些自觉的、自由的和忠诚的人民通过选举选出代表组成众议院，因此，两院通过代表民意的国民议会一起实现民意。

这些宪法修正案无疑反映了国王与人民的共同意志，同时，也体现了蕴涵在《民族行动宪章》中人民的崇高理想和伟大的人道主义原则，通过的宪法修正案确保了人民通过他们的能力和运筹提高自己的地位，而这一情况是符合伟大历史的，同时，修正案也许可人民在世界文明国家中占据一席之地。

我们颁布的这部宪法包含那些已经根据《民族行动宪章》实施的修正案以及对那些未修正文本进行补充的修正案。

兹附有一个解释备忘录，此备忘录将被用于解释相关判断。

第一章　国家

第一条

（一）巴林王国是一个拥有完全主权、独立的伊斯兰阿拉伯国家，巴林王国的人民是阿拉伯民族的一部

---

* 译自巴林王国政府网站所载的官方版本，同一版本亦见于巴林驻日本大使馆网站、ICL 网站。译者：胡婧。

① 指巴林王国 1973 年宪法（1973 年 5 月 26 日通过、同年 12 月 6 日生效），2002 年巴林王国宪法乃以 1973 年宪法为基础进行大幅修正而成。——译者注

分,其领土是伟大的阿拉伯祖国的组成部分。其主权不得转让,其领土不准放弃。

(二)巴林王国的政体是世袭的君主立宪制,这一制度始于伊萨·本·苏莱曼·阿勒哈利法(Isa Bin Salman Al Khalifa)国王把王位传给他的长子哈马德·本·伊萨·阿勒哈利法国王。从此以后,王位将由长子一代又一代地加以继承,除非国王在有生之年根据继承法令在以下条款中的规定,指定长子之外的儿子继承王位。

(三)所有有关王位继承的规定均由特别诏令予以调整,特别诏令具有宪法性质,且只能通过宪法第一百二十条的规定才得修改。

(四)巴林王国实行民主制度,主权属于人民,一切权力来源于人民。主权以本宪法所规定的方式行使。

(五)一切公民,不论男女,均享有参加公共事务的权利,并享有包括选举权和被选举权在内的政治权利,唯应依照本宪法以及法律规定的条件和原则。非由法律规定,任何公民均不得被剥夺选举权或被选举权。

(六)本宪法仅得局部修改,并应以本宪法规定的方式进行。

第二条

巴林王国的国教是伊斯兰教。伊斯兰教教法(Shari'a)是立法渊源。官方语言是阿拉伯语。

第三条

国家的国旗、国徽、勋章、勋位和国歌均由法律规定。

第二章 社会的基本构成

第四条

正义是政府的基础。合作与相互尊重为公民之间提供了一条坚实的纽带。自由、平等、安全、信任、知识、社会团结和公民间的机会平等是社会的支柱,受国家保障。

第五条

(一)家庭是社会的基础,家庭的力量源自宗教、道德和爱国主义。法律保护家庭的法律地位,加强家庭的纽带关系,提升家庭的价值,根据家庭的特征,法律侧重保护母亲和儿童,倾向保护青少年以使其不被剥夺权利,还保障青少年免于受到道德、身体和精神上的忽视。国家特别关注青少年在体、德和智上的发展。

(二)国家确保协调妇女在家庭和社会工作中的职责,在不违背伊斯兰教教法的规定下,国家还保障妇女在政治、社会、文化和经济领域内与男性平等。

(三)国家保证为老人、病人、残疾人、孤儿、寡妇以及失业的公民提供必要的社会保障,同时为上述人员提供社会保险和医疗服务。这一规定努力使公民摆脱愚昧、恐惧和贫穷。

(四)继承权受保障,适用于伊斯兰教教法。

第六条

国家保护阿拉伯和伊斯兰传统。这一传统可以推动人类文明的进步,加强伊斯兰国家间的联系,还能实现阿拉伯民族统一和进步的愿望。

第七条

(一)国家倡导自然科学、人文科学和艺术,鼓励科学研究。国家保证为其公民提供教育服务和文化服务。教育在初级阶段是免费和强制性的,由法律加以具体规定。扫除文盲的必要计划应由法律规定。

(二)法律兼顾宗教和国家指令,针对教育的不同阶段和形式进行调整,并且在所有的教育阶段,法律的目的是在阿拉伯主义中提升公民的人格和自豪感。

(三)个人和机构在国家的监督下可以在法律规定的范围内开办私立学校和大学。

(四)国家保障学习场所不受侵犯。

第八条

(一)人人都享有医疗保健的权利。国家关心公共医疗,且通过建立各类医院和医疗保障机构,确保疾病预防和治疗的方法。

(二)个人和机构在国家的监督下、在法律规定的范围内可以开办私立医院、诊所或者是治疗中心。

第九条

(一)财产、资本和劳动在与伊斯兰教的正义原则相符合时,是社会和国家财富的基本组成要素,也是法律规定的具备社会功能的私人权利。

(二)公共财产不可侵犯,保护公共财产是全体公民的义务。

(三)保护私人所有权。在法律限度内,人人得以自由处分自己的财产。非在特定的情况下为了公共利益、以法定方式并给予公正补偿,不得剥夺任何人的财产。

(四)禁止公共没收,私人没收只能在法律规定的情形下且仅作为根据司法判决进行的惩罚。

(五)不动产的所有人与其承租人之间的关系应该由包含兼顾社会正义的经济原则的法律规定。

(六)国家应该竭力为低收入的公民提供住房。

(七)国家应该作出必要的安排以保证符合高产农业的土地开发,同时,应该努力提高农民的生产水平。法律规定帮助小农的方法,亦规定农民能够拥有土地的方法。

(八)国家应该采取必要的措施保护环境和野生动物。

第十条

（一）国民经济以社会公正为基础，通过国有企业和私人企业的公平合作巩固国民经济。国民经济的目标是在法律限度内根据有序的计划实现经济发展，保证公民繁荣。

（二）国家努力实现海湾合作委员会成员国和阿拉伯国家联盟成员国的经济联盟，在成员国之间实现和睦、合作、协调和相互援助。

第十一条

所有的自然资源归国家所有。国家应当在考虑国家安全和经济需要的同时保护和合理开采自然资源。

第十二条

国家对公害和天灾造成的后果承担责任，且国家还对因战争损害或因服兵役受损害的人进行补偿。

第十三条

（一）劳动是公民应尽的义务，是维护个人尊严和造福社会的需要。任何公民都有工作权，并有在公共秩序和风化的限度内选择职业的权利。

（二）国家保证公民的工作机会，保证工作条件的公平。

（三）非由法律规定在特定案件中因出于对国家紧急情况和公平的考虑，或是根据司法裁判，禁止强制劳动。

（四）法律在兼顾社会正义和经济基础的层面上协调雇主与雇员之间的关系。

第十四条

国家鼓励保险和储蓄，监督信贷的调控。

第十五条

（一）税收和公共成本建立在社会正义的基础上，依法纳税是法定义务。

（二）法律规定低收入者免于纳税以确保其最低限度的生活水平。

第十六条

（一）公共职业是国家赋予任职者的国家服务，国家雇员履行公职时应心系公共利益。外国人非由法律规定并在特定的情况下不得担任公职。

（二）在法律规定的条件下，每个公民均有权担任公职。

第三章　公共权利和义务

第十七条

（一）公民的国籍应由法律加以规定。人人固有地享有巴林国籍，非因叛国和其他法定情形不得被剥夺。

（二）禁止将公民从巴林驱逐，也禁止阻碍公民返回巴林。

第十八条

公民在人格尊严方面、在有关公共权利和义务的法律面前一律平等，不得基于性别、出身、语言、宗教和信仰而对公民进行歧视。

第十九条

（一）法律保障人身自由。

（二）任何人非由法律规定且在司法监督下不得被逮捕、扣留、监禁或者搜查，也不得被指定居住地或是被限制居住自由或行动自由。

（三）个人只能在监狱条例指定的医疗和社会保健机构或是司法机关控制的场所被拘留或者被监禁。

（四）禁止身体上或者精神上的虐待，禁止诱供，禁止非人对待，如果要进行以上方式的惩罚必须由法律明文规定。任何因虐待、诱供、非人对待或其他刑讯逼供得到的陈述或供认均属无效。

第二十条

（一）非由法律规定，禁止定罪判刑和惩罚，只有在法律生效之后进行的犯罪行为才能受到惩罚。

（二）刑罚只能施加于犯罪者本人。

（三）除非依照法律规定，在调查和审判的所有阶段充分保障了被告人的辩护权并经依法审判被证明有罪，任何被告人均为无罪。

（四）禁止对被告人加以身体或精神上的伤害。

（五）被告人必须有一名经该被告人同意的辩护律师。

（六）诉权由法律保障。

第二十一条

禁止引渡政治犯。

第二十二条

法律保障信仰自由。国家根据本国习惯保障宗教不受侵犯，保障人们自由举行宗教仪式和进行宗教游行集会的权利。

第二十三条

法律保障言论自由和科学研究自由。任何人在法定的规则和情形下都有权表达其观点，有权通过口头、书面或者其他方法发表其观点，但这些观点不得违背伊斯兰教教义的基本信仰，不得侵害民族团结，不得因此引发不和或是宗派主义。

第二十四条

合理地参照前条的规定，出版自由、印刷自由和发行自由在法定的规则和情况下得到保障。

第二十五条

住宅不可侵犯。没有得到占有者的同意，非在规定的紧急情况下采用法定的手段，不得进入或搜查他人的住宅。

第二十六条

法律保障通信、电报、电话和电子通信自由和通信秘密。通信非在法定的紧急情况依照程序且有法定的保证情形下不受检查,通信秘密不受侵犯。

第二十七条

根据法律规定的规则和情形,为了合法的目标,且通过和平的手段,在国家原则下可以自由地组成协会和联盟,但是,组成协会和联盟的行为不得侵犯宗教的基础和公共秩序。禁止强制他人加入或者退出任何协会或联盟。

第二十八条

(一)个人有权进行私人集会,且这种集会不需得到事先允许或者提前通知,但安全部队的成员不得参与私人集会。

(二)在法定的规则和情形下,允许公共聚会、游行和集会,但是集会的目的和方式必须是和平的,且不得损害公序良俗。

第二十九条

任何个人可以通过含有其署名的书面形式发表其对公共当局的意见。团体只有通过法定实体或者法人的形式才能发表其对公共当局的意见。

第三十条

(一)和平是国家的目标。国家的安全是整个阿拉伯祖国安全的一部分,保护国家安全是公民神圣的职责。服兵役是公民的光荣,同时也是法定的义务。

(二)只有国家可以组建武装部队、国民警卫队和公共安全服务队。公民只有在紧急情况下、以法定的方式才能组建以上部队。

(三)全国总动员或者局部动员应由法律规定。

第三十一条

本宪法规定的公共权利和自由只能通过法律进行规定或限制,并且,这种规定或限制不得损害该权利和自由的核心领域。

第四章　国家机构总则

第三十二条

(一)政体的基础是立法机关、行政机关和司法机关依据本宪法规定的相互分立与合作。上述三机关均不得转让本宪法赋予其权力的全部或部分。但是,本宪法允许在特殊时期、为了既定的目的限制代议机关的权力,限制该权力应当根据授权法的规定执行。

(二)立法权依照本宪法规定授予国王和国民议会。行政权由国王与内阁、各部大臣共同行使,此外,司法裁决依照本宪法之规定应以国王之名发布。

第一节　国王

第三十三条

(一)国王是国家元首,是国家的名义代表,其人

身不受侵犯。国王是宗教和祖国的忠实保卫者,是国家统一的象征。

(二)国王维护政府的合法性,维护宪法和法律的至上性,关心个体和组织的权利和自由。

(三)国王直接行使其权力或通过其大臣行使其权力。各部大臣通过的总政策由大臣向国王集体负责。每个大臣分别就其领导的部门个别负责。

(四)国王通过诏令任免首相,并根据首相的提议通过诏令任免大臣。

(五)内阁应在每一届国民议会立法周期开始时按照本条前述规定进行改组。

(六)国王通过诏令任免协商议会的议员。

(七)国王是武装部队的最高统帅。国王根据国家任务在境内外指挥和控制武装部队。武装部队直接受命于国王,且在军事上保持必要的秘密性。

(八)国王列席高等司法委员会。国王根据高等司法委员会的提议以诏令任命法官。

(九)国王根据法律的规定授予勋章奖章。

(十)国王经诏令设立、授予或免除文武衔级和其他荣誉称号,国王也可委派他人代表自己行使这些权力。

(十一)根据法律的规定,货币以国王之名发行。

(十二)国王于继承王位时在国民议会的特定会议上作如下宣誓:

"我向全能的真主起誓,我将尊重宪法和国家法律,捍卫人民的自由、利益和财产,保卫国家独立和领土完整。"

(十三)王室法庭隶属于国王。应颁布一项王室法令加以调整。王室法庭的预算和对预算调控的规则应由特别诏令进行规定。

第三十四条

(一)若国王出国而王位继承人又无能力代行国王职责,则国王应通过诏令指定一名代表,在他缺位期间代行他的权力。该诏令可包含出于国王利益考量的特别规定或可限制代表执行权力的范围。

(二)宪法第四十八条第二款的条件和规定应适用于国王的代表,如果国王的代表是大臣或协商议会议员或众议院议员,那么,该代表在担任国王代表期间不得参加所属部门的职务或议会的活动。

(三)国王的代表在行使权力前,应按上述条款规定的誓词宣誓,该誓词应同时包含以下词句:"并且我将效忠于国王。"如果在国民议会会期内,宣誓应在国民议会举行,如果在闭会期间,代表应向国王宣誓。即使王位继承人多次代表国王执行权力,他也只需宣誓一次。

第三十五条

(一)国王有权修改宪法、提出法案,也有权批准

和公布法律。

（二）任何法案，自协商议会和众议院提交国王之日起经过六个月而国王未将该法案送还议会要求重新审议，即被视为批准，国王应该予以公布。

（三）根据附在宪法修正案的规定，如在前款规定的期间内，国王经诏令将法律草案退还给协商议会和众议院重新审议，那么，国王必须决定法案是在本次会期还是在下次会期进行重新审议。

（四）如果协商议会和众议院，或国民议会，以各自议员总数的三分之二多数重新通过该法案，则国王应该批准该法案，并且应该在第二次通过法案的一个月内公布。

第三十六条

（一）禁止侵略战争。防御战争应以诏令宣布，该诏令在宣布的同时应立即提交国民议会以决定战争行为。

（二）国家安全状态或者戒严令必须以诏令公布。在任何情况下，戒严令公布的期间不得超过三个月。这个期限非由出席议会的多数议员同意不得修改。

第三十七条

（一）国王应经诏令缔结条约，并应以适当的申明将条约送交协商议会和众议院。条约一旦被缔结、批准并以政府公报的形式公布应具有法律效力。

（二）但是，和平条约和同盟条约，涉及国家领土、自然资源、主权、公民的公私权利的条约，商务、航运和居住条约，以及涉及承担未纳入预算的国家额外开支的条约，或包含修正巴林法律的条约，必须由法律公布才有效。

（三）条约无论何时都不得包含与已颁布的条款相冲突的秘密条款。

第三十八条

（一）如果在协商议会和众议院休会期间，或是在国民议会解散期间发生急需紧急措施的事件，国王有权颁布相关的具有法律效力的诏令，但这些诏令不得违背宪法。

（二）如果上述诏令在两院会期内颁布必须自颁布之日起一个月内提交协商议会和众议院，如两院已解散或立法期限届满，此类诏令应在下一届两院中任何一院召开第一次会议后的一个月内提交。如果这类诏令没有按规则提交，它们应自始失效，且不需发布相关规定。如果诏令已提交，但两院不予确认，诏令应自始失效。

第三十九条

（一）国王应以诏书制定执行法律所需的规则，但诏书中不得包含修改或中止法律或免除执行法律的条款。法律也可以规定以低于诏书的形式来颁布执行法律所必需的规则。

（二）国王应以与法律不相冲突的诏书规定为公共服务组织和行政部门所必需的限制性规则。

第四十条

国王应在法律规定的限度和情况下任免公务员、军官、派驻外国和国际组织的政治代表，国王应接受外国和国际组织的代表。

第四十一条

国王有权以诏令减免刑责。大赦唯依法律授予国王且大赦应只对发布大赦前的罪犯有效。

第四十二条

（一）国王应根据法律的规定发布众议院的选举命令。

（二）国王应根据敕令邀请国民议会监督，且应根据宪法的规定开始和结束选举。

（三）国王有权以附理由的诏令解散众议院。但不得以同样理由再次解散众议院。

第四十三条

国王有权对与国家利益有关的重要法律和问题举行公决。若经多数投票者赞同，这一问题即获得通过。公决的结果具有约束力，且自结果公布之日起生效，并应以政府公报形式公布。

第二节　行政权：内阁—大臣

第四十四条

内阁应由首相和各部大臣组成。

第四十五条

（一）现任大臣必须具有巴林王国国籍，根据公历计算必须年满三十周岁且享有完全的政治权利和公民权利。除非另有规定，本款有关大臣任职资格的规定也适用于首相。

（二）首相和各部大臣的薪金由法律规定。

第四十六条

首相和各部大臣在就任以前应根据宪法第七十八条的规定在国王面前宣誓。

第四十七条

（一）内阁应监督国家利益的实现，制定和执行政府的总政策，且监督政府各部门的工作过程。

（二）国王应主持其所参加的内阁会议。

（三）首相应监督内阁任务的履行情况和内阁的工作程序，执行内阁的决定，并协调各部以确保各部工作的统一。

（四）首相因任何原因去职均意味着全体大臣的辞职。

（五）内阁审议应秘密进行。内阁的决议在阁员多数出席且获得出席阁员的多数支持时应被采纳。票数相等时，以首相支持的一方获胜。少数应服从多数，否则少数应辞职。内阁决议在需要以相关诏令颁布时应提交国王批准。

第四十八条

（一）各部大臣应监督本部的事务并在本部门实施政府的总政策。大臣也应拟定本部的发展方针并监督方针的施行。

（二）大臣在任职期间不得兼任其他公职，亦不得间接地从事政府外的职业或经营工业、商业、金融业，大臣不得参与由政府或公共机构签订的合同，不得在担任部的职务时兼具公司的董事资格，除非作为一名不领取报酬的政府代表。同样，在任职期间，大臣不得购买或租赁国家财产即使是通过公开拍卖的形式，也不得将大臣本人的资产出租、出卖或与国家交换。

第四十九条

如果首相或大臣因故被免职，他应该继续履行其主管的重要事务的职责直到指定其继任者。

第五十条

（一）法律应该调整公共机构和市政部门以确保它们在国家的指导和监督下仍享有独立。法律应确保市政部门能管理和监督具有地方特色且在该市政地域范围内的事务。

（二）国家应指导公共福利机构在遵守国家总政策并符合全体公民利益的情况下谋取公共福利。

第三节　国民议会的立法权

第五十一条

国民议会由协商议会和众议院两部分组成。

第一目　协商议会

第五十二条

协商议会由国王诏令任命的四十名议员组成。

第五十三条

协商议会的议员必须是具有巴林王国国籍的公民，享有完全的政治权利和公民权利，属于议员候选人，在被任命之日依公历计算应年满三十五周岁，且经验丰富或者对国家有突出贡献。

第五十四条

（一）协商议会议员的任期四年，任期届满的议员可以连任。

（二）如果协商议会的议员在任期内因故出现缺额，国王应指定一人代替任职直到被替代议员的任期届满为止。

（三）协商议会的议员有权向协商议会主席申请辞职，且该主席应将此申请呈交国王。议员资格只有当国王答复申请之日起才终止。

（四）国王应指定协商议会主席，其任期与协商议会的任期相同，协商议会应在每一会期选出两个副主席。

第五十五条

（一）协商议会应在众议院召开时召开，且两院的会期应相同。

（二）如果众议院解散，那么协商议会的会议应当终止。

第二目　众议院

第五十六条

众议院由四十名符合法律规定的、经直接普遍秘密投票产生的议员组成。

第五十七条

众议院的议员必须具备如下条件：

1. 具有巴林王国国籍，享有完全的公民权利和政治权利，属于议员候选人。

2. 在选举之日，按照公历计算，必须年满三十周岁。

3. 能够流利地读写阿拉伯语。

4. 协商议会或众议院中选民的资格不得因该选民失去信用、不受尊敬或违反选民义务被议会决议废止。但是，如果在立法周期内废止选民资格的决议已过期，或者，如果议员候选人所属的议会采纳了取消阻碍候选人竞选的决议，且该决议包含决定废止候选人资格的会期，原被废止资格的选民重新获得候选人资格。

第五十八条

（一）众议院任期四年，从其第一次开会之日起计算。新一届众议院的选举应在上述任期届满前四个月内举行，但应注意本宪法第六十四条的规定。任期届满的议员可重新当选。

（二）国王在必要时可以通过诏令延长众议院的立法会期，但延长的时间不得超过两年。

第五十九条

（一）在众议院议员任期届满以前如因故出现议员缺额，应自众议院宣布缺额之日起两个月内举行补选，补选议员的任期持续到其前任任期届满时为止。

（二）如果议员缺额是在议会立法会期的最后六个月内发生，则不再进行补选。

第六十条

（一）众议院在其第一次会议召开之际应从议员中选出一名议长、两名副议长，且议长们的任期与众议院的任期相同。如果任一议长的位置出现缺额，众议院应另行补选，补选产生的议长任期到本届议会任期结束时为止。

（二）选举在任何情况下均应以出席议员的绝对多数通过。如果在第一轮投票中，无人获得绝对多数票，则应在得票最多的两名候选人中进行第二轮投票。如果有第三个候选人得票与第二名相同，则他应与那两名候选人一起参加第二轮选举。在这种情况下,选举应由简单多数决定。如果简单多数决出现得票相同,则由议会以抽签决定。

(三)众议院第一次会议在议长选出之前由最年长的议员主持。

第六十一条

众议院在年会的第一个星期内应成立为行使职能所必需的各种委员会。在众议院休会期间,这些委员会可执行各自的权力。

第六十二条

最高法院根据相关法律规定管辖有关众议院选举中的争议事项。

第六十三条

众议院是接受其议员辞职的主管机关。辞职唯当议会决定接受辞呈才被视为最后批准,且从接受辞呈之日起,该职位应出现缺额。

第六十四条

(一)如果众议院解散,新一届众议院的选举必须在上一届议会解散之日起四个月内举行。如果在四个月内未举行新一届众议院选举,则解散的议会应重新获得其全部的宪法性权力,并立即复会,就如未曾发生过解散,众议院应继续行使其职能直到新一届议会选举产生时为止。

(二)除了前款规定的情况,如果存在内阁认为不可能举行选举的阻碍因素,则国王有权推迟众议院的选举。

(三)如果前款提到的阻碍因素继续存在,则国王在采纳了内阁意见的情况下,有权保留解散的众议院,并邀请该众议院继续履行职责。上述众议院应被视为从持保留意见的诏令公布之日起延长了任期。众议院应履行其全部的宪法性权力。本宪法的规定包括有关议会任期和解散的内容应适用于上述众议院。上述众议院举行的会议被视为第一次会议。

第六十五条

(一)大臣应根据众议院五名以上的议员联合申请就其职权范围内的事项接受质询。

(二)质询案不得涉及质询者或其四等亲属的私人利益,也不得由其代理人提出质询案。

(三)质询应在质询案提出八日后进行辩论,除非被质询的大臣同意辩论提前。

(四)质询根据宪法第六十六条的规定可以导致大臣的不信任案,不信任案问题应提交众议院讨论。

第六十六条

(一)大臣们应对各自部门的工作向众议院负责。

(二)在就对某大臣提出的质询进行辩论后,信任案问题非经该大臣本人请求或十名以上众议院议员联合申请不得提出,且众议院唯有在信任案提出后经过七日方可作出决议。

(三)如果三分之二多数的众议院议员决定通过该大臣的不信任案,该大臣即被视为从不信任案通过之日起已辞职并应随即提交辞呈。

第六十七条

(一)有关首相的信任案问题不得在众议院提出。

(二)如果众议院中有三分之二的议员认为不可能与首相合作,这一问题将被提交至国民议会决定。

(三)国民议会在提交不可能与首相合作问题之日起七日后方可对该问题作出决议。

(四)如果国民议会三分之二多数议员认为与首相合作是不可能的,那么,该问题应提交给国王决定,国王或者辞退首相并重组政府,或者解散众议院。

第六十八条

众议院可就公共问题以书面形式向政府提出要求。如果政府认为自己不能满足这些要求,应以书面形式向议会说明理由。

第六十九条

(一)众议院有权随时组成调查委员会,或委派一名或数名议员就宪法所规定的属于众议院职权范围的任何事项进行调查,委员会或者被委派的议员应自调查开始之日起四个月内呈交调查结果。

(二)各部大臣和所有政府雇员必须按要求提供证明材料、文件和报告。

第三目 适用于两院的共同规定

第七十条

法律非由协商议会和众议院的共同同意通过,或者国民议会根据情况需要并经国王批准不得颁布。

第七十一条

国民议会除由国王决定提前召开外应在 10 月的第二个星期六召开。如果恰逢法定节假日,则应在该节假日之后的第一个工作日召开大会。

第七十二条

协商议会和众议院的正常会期至少持续七个月,且在预算案通过前不得闭会。

第七十三条

(一)作为第七十一条和第七十二条规定的例外,国民议会应在协商议会议员指派之日起一个月后召开,或者应在众议院选举完成后召开,除非国王决定在此之前召开会议。

(二)如果国民议会召开的日期晚于本宪法第七十一条中规定的每年召开的日期,那么本宪法第七十二条规定的会期应在考量前述两种日期相差天数的基础上予以缩短。

第七十四条

国王应该以诏令公布国民议会常会的会期。国王也有权委派继承人或其他人来公布会期、发布体现其利益的诏令,协商议会和众议院应从其议员中选出一个委员会编制草案回复诏令,且在草案通过后,协商议会和众议院均应向国王提交回复。

第七十五条

(一)如果国王认为必要,或者应协商议会或众议院大多数议员的要求,协商议会和众议院应根据诏令要求召开非常会议。

(二)两院非常会议只讨论事先决定的特别议程,不得讨论其他事项。

第七十六条

国王应以诏令宣布常会和非常会议闭会。

第七十七条

协商议会和众议院不按指定的时间和地点举行的会议一律无效,该会议通过的决议亦属无效。

第七十八条

协商议会或众议院的议员在任职前,应在公共会议上作出如下宣誓:

"我向全能的真主起誓,我将忠于国家、忠于国王,尊重宪法和国家法律,捍卫人民的自由、利益和财产,正直真诚地履行自己的职责。"

第七十九条

协商议会和众议院的会议应向公众公开。两院在政府、会议主席、议会议长或十名议员的要求下也可以秘密举行,且该要求应在秘密会议中进行辩论。

第八十条

(一)经过半数议员之出席,协商议会或众议院的会议方为有效。除存在规定特定多数的情况下,议会的决议须经出席议员的绝对多数表决通过。如果赞成和反对的票数相等,则该项决议将因会议主席、议会议长的支持而得以通过。如果表决涉及宪法问题,则该表决应由全体议员进行。

(二)如果在上述两种情况中,出席任一议院的议员少于法定人数,那么,该议院会议应在出席议员不少于议会议员总人数的四分之一时始为有效。

第八十一条

首相应将议案提交众议院,众议院有权通过、修正或否决该议案。该议案无论何时都应被递交给协商议会,协商议会有权通过、修正或否决该议案,也有权接受众议院提交的、否决的或修改的修正案。但是,在通过、修正或否决议案前,应对议案进行辩论,并由政府提出方案。

第八十二条

如果协商议会没有通过众议院呈交的议案,且无论协商议会的此项决议是以否决、修正、删减还是以添附的形式作出,协商议会的主席都应将该议案退回众议院让其复审。

第八十三条

如果众议院接受来自协商议会的议案,则协商议会的主席应将此项议案呈交首相,再由首相将该议案递交给国王。

第八十四条

众议院有权否决由协商议会对议案作出的修正,且坚持赞同未经修正的议案。在这种情况下,该议案应该被退回协商议会复审。协商议会有权接受众议院的决议,也有权坚持自己修正的决议。

第八十五条

如果两院针对同一议案两次出现异议,那么,国民议会应在协商议会主席的主持下召开联合会议审议有争议的条款。为通过议案,国民议会的决议必须由出席联会的多数议员通过,如果议案仍被否决,那么,在同一会期内该议案不得再次提交国民议会。

第八十六条

如果议案得以通过,协商议会的主席应将该议案提交给首相,首相再将议案呈交国王。

第八十七条

任何有关经济或财政问题、被政府列为紧急情形的议案都应被优先呈交给众议院,以使众议院在十五日内作出决议。经过十五日后,该议案将被转交协商议会,如众议院对该议案有意见,应将意见连同议案一并交给协商议会,协商议会在之后的十五日内作出决议。如果两院都不赞同该议案的某一问题,则此问题应被提交国民议会,协商议会在十五日内对此问题投票表决。如果国民议会在十五日内没有作出决议,国王有权以具有法律效力的诏令颁布该议案。

第八十八条

政府组成后应立即将其规划递交国民议会,且国民议会有权为规划提出合理的注意事项。

第八十九条

(一)协商议会或众议院的任何一名议员均代表人民、关心公共利益。在两院中或在委员会中,议员不得利用其工作中形成的任何权力。

协商议会或众议院的议员不必对他们在议会中发表的意见或观点负责,除非他们所发表的观点涉及对宗教教义的歧视、对国家统一的诋毁、对国王权威的藐视、对他人人身的攻击。

除了现行犯,在两院会期内非经议员所属议院的许可,议员不受拘留、调查、搜查、逮捕、拘禁或其他任何刑事制裁。在闭会期间,对议员的刑事制裁也应经相关议院议长的许可。

(二)如果议会或其主席、议长在接到请求许可的呈报后一个月内未作出是否许可的决定,则对议员的刑事制裁被视为许可。

(三)在议会会期内,根据前述规定所采取的任何刑事制裁措施必须通知议会，且在议会每年闭会期间对议员已采取的刑事制裁措施，一般应在复会的第一次会议上通知议会。

第九十条

国王有权以诏令推迟国民议会的举行，但推迟期不得超过两个月，且在同一会期内，类似的推迟行为不得再度出现。推迟时间不应计入本宪法第七十二条规定的会期内。

第九十一条

（一）协商议会或众议院的议员有权就大臣们各自职权范围内出现的问题以书面形式直接向大臣们提出询问并要求其澄清，且只有提出询问的议员有权对答复进行一次评论。如果大臣进行补充回答，该议员有权再次评论。

（二）议员的询问可以不涉及询问者本人或其四等亲属的利益，且询问不得由议员的代理人为之。

第九十二条

（一）协商议会或众议院的十五名议员联名有权要求提出宪法修正案。两院的所有议员均有权提交法律案。每个提案应提交给议会中的相关委员会以征求意见。如果议院认为该提案可适时接受，则议院应将议案提交政府形成宪法修正案草案或形成一项法律草案，且在同一会期或下一会期把该法律草案提交众议院。

（二）任何法律草案根据前款规定已被提交议院，但议院对此进行了否决，则该法律草案在同一会期内不得被再次提交。

第九十三条

（一）首相和各部大臣有权出席协商议会和众议院的各种会议，且两院无论在何时都必须聆听首相和各部大臣的发言。首相和各部大臣有权自主选择资深官员或他们的代表。

（二）议院有权要求有权大臣出席正在辩论与该大臣所属部的事项相关的会议。

第九十四条

（一）法律规定协商议会、众议院以及其委员会的活动程序，规定有关辩论、表决、询问、盘问和宪法规定的其他权力的原则，同样，法律还规定对违反规定、无正当理由不出席议会或委员会会议的议员的制裁办法。

（二）任一议院有权在适当情况下对上款提到的法律规定提出补充条款。

第九十五条

（一）维护协商议会和众议院的秩序是议长的职责。每一议会应拥有警卫，警卫由会议主席、议会议长领导。

（二）武装力量，非经议长请求，不得进入国民议

会或靠近议会大门。

第九十六条

协商议会和众议院议员的报酬应由法律规定。如果改变上述报酬，修改方案应在下一届立法任期生效。

第九十七条

协商议会的议员不得兼任众议院的议员，两院的议员也不得兼任公职。其他不得兼职的情况应由法律规定。

第九十八条

（一）协商议会或众议院的议员在任期内非由法律规定不得被委派到任何公司担任董事，不得参与政府或公共机构签订的合同。

（二）任职期间，议员非经公开拍卖、招标、根据公共利益申请征收不得购买或租用国家财产，也不得将自己的财产出租、出卖给国家或同国家交换。

第九十九条

如果协商议会和众议院的议员在其任期内丧失权能，或其议员资格应被废止，则其席位因其所属议院三分之二议员的决议而出现缺额。协商议会或众议院的议员资格也可以因丧失信用或违反议员职责而被废止。废止议员资格的决议必须由该议员所属议院的三分之二多数议员作出。如果决议是由协商议会作出的，则该决议还应呈交国王同意。

第一百条

协商议会和众议院议员在任期内不得被授予勋章或勋位。

第四目　关于召集国民议会的规定

第一百零一条

国民议会是由协商议会和众议院共同组成的一种会议形式，根据宪法的规定，国民议会的召开就如同国会的召开，国王有权以本人名义或根据首相的要求而召集国民议会。

第一百零二条

国民议会会议应分别由协商议会主席或在主席缺席时由众议院议长主持，或者在前两者缺席时由协商议会的副主席主持，或在协商议会副主席缺席时由众议院的副议长主持。

第一百零三条

在宪法要求特定多数的情况下，非由每个议会的多数议员出席，国民议会的两院联合会议不应被视为合法有效。决议应由出席会议的议员多数表决通过，如赞成与反对票相等，则取决于议长的决定。

第四节　司法权

第一百零四条

（一）法院的荣誉、法官的清廉公正是国之根本，是权利和自由的保障。

（二）法官在审判中不依附于任何权势，也不容许任何权势对司法活动进行干预。法律保证司法独立，规定对法官的保障条款。

（三）法律确定关于公诉机关的规定，以及关于公诉机关提供正式法律意见、起草立法、代表国家出庭以及履行这些任务的人员的规定。

（四）管理律师行业的规则由法律确定。

第一百零五条

（一）法律规定不同类型和层级的法院，同时，法律还应规定相关法院的职能和管辖权。

（二）军事法院的管辖权应限于审理武装部队、警卫、安全部队成员所犯的军事罪行。非在宣布戒严令时期并符合法律规定的限制，不得扩展至其他人。

（三）非由法律规定的特殊情形，庭审应公开进行。

（四）高等司法委员会应依法成立以监督法院及其内部机构的运作。高等司法委员会在决定司法机关人事问题和公诉机关问题方面的权力应由法律规定。

第一百零六条

（一）设立宪法法院，并应由以诏令委派的、由法律规定一定任期的一名院长和六名成员组成。该法院的职权即监督法律法规的合宪性。

（二）法律应作出规定以确保法院的成员不受解职，并明确法院所适用的程序。法律应保障政府、协商议会、众议院、私人和其他利害关系人可就法律法规的合宪性问题向法院提出异议的权利。宪法法院作的法律或法规违宪的判决，除法院另行指定生效日期以外，应直接生效。因此，如果宪法法院裁决刑法典某项规定违宪，则根据此项规定作出的判决应自始无效。

（三）国王在判断某项法律草案是否合宪前有权将该草案提交宪法法院。宪法法院的决定约束所有国家机关和一切个人。

第五章　财政事务

第一百零七条

（一）公共税收仅应由法律规定设定、修改和废止。个人仅得在法律规定的情况下方可免除或部分免除赋税。个人只有在法律规定的范围内才被要求交纳额外的税费。

（二）有关管理征收捐税、费用和其他公共基金以及支付程序的规则应由法律规定。

（三）维护管理和国家资产处分条件的规则以及转让国家财产的限制条件应由法律规定。

第一百零八条

（一）政府贷款由法律规定。国家有权在预算法规定的借贷限额内发放或者担保贷款。

（二）市政、公共机构等地方自治机构根据相关法律的规定有权发放、取得或担保贷款。

第一百零九条

（一）财政年度应由法律规定。

（二）政府应编制国家收入和支出的年度预算草案，并应将该草案在财政年度结束前至少两个月内提交众议院以审议和呈交协商议会审查草案的合宪性。经政府同意方可对预算草案进行修改。

（三）预算应逐项审议。编制预算可超出一个财政年度。政府的收入非由法律规定不得用于特殊目的。

（四）国家的总预算应由法律公布。

（五）如果预算法在财政年度开始前尚未公布，上一年度的预算应适用到新预算法公布之时，税收的收取、支出的分配均应按上一年度施行的法律办理。

（六）预算法或修改预算法的法律所规定的支出不得超出其最高限额。

第一百一十条

未列入预算或超过预算的支出均须由法律规定。

第一百一十一条

（一）因开发自然资源的需要，特别资金项目可由法律规定超过一个财政年度进行划拨。前述的法律所决定的分年度预算，应列入下一个国家年度预算。

（二）额外的预算持续超过一个预算年度的也应如前款规定的方式划拨。

第一百一十二条

预算法不得包含设立新税、增加现有税额、修改现行法律的词句，应避免颁布按本宪法规定应由法律规定内容的法律。

第一百一十三条

上年度国家财政事务的决算应在该财政年度结束后五个月内优先提交众议院。决议应由协商议会和众议院共同达成的附有评论的决议形式通过，且通过的决议应在政府公报上公布。

第一百一十四条

独立的政府预算、综合的附加预算及其决算应由法律规定，前述的预算决算也受制于国家预算决算的规制条款。同时，规制市政和地方公共机构预算决算的规则也应由法律规定。

第一百一十五条

政府应将国家财政经济状况的报告、强制执行预算的措施及其对新的预算草案的效果的说明连同年度预算草案一并提交众议院。

第一百一十六条

依法成立财政调控机构，且法律应保证该机构的独立性。财政调控机构应协助政府和众议院在预算的限额内调控国家税收的征收和支出的分配。该机构应向政府和众议院提交其工作的年度报告和意见。

第一百一十七条

（一）开发自然资源或兴建公共设施的协议必须按法律规定且限于有限期限内。预备程序应有利于勘探开发,有利于实现公开、竞争。

（二）专利权唯由法律规定在有限时间内才被授予。

第一百一十八条

法律应规定货币、金融制度,规定货币本位、度量衡和基准。

第一百一十九条

法律应规定属于国家财政开支的薪金、养老金、补偿费、补助费。

第六章 一般规定和最终规定

第一百二十条

（一）除本宪法第三十五条第二款、第三款和第四款的规定外,对本宪法任何条款的修正案必须由协商议会和众议院组成的国民议会议员的三分之二多数通过,且经国王批准。

（二）如果一项宪法修正案被否决,则自被否决之日起一年内该修正案不得再行提出。

（三）本宪法第二条、巴林王国君主世袭制原则、本宪法规定的两院体系和自由、平等的原则不得成为修改的对象。

（四）本宪法规定的国王权力不得在国王的代表执政期间被提议修改。

第一百二十一条

（一）本宪法的施行不影响巴林与外国及国际组织所缔结的条约和协定。

（二）除本宪法第三十条第二款的规定,所有法律、以诏令颁布的法律、诏令、法规、法令、通令,非按本宪法的规定进行修改或废止,在国民议会第一次会议召开前已颁布生效的应继续有效。

第一百二十二条

法律应在公布后两个星期内在政府公报上发表,并从发表之日起一个月后生效,如该法律本身另有规定,生效日期可以提前或推迟。

第一百二十三条

本宪法的任何条款非在戒严令的宣布期间并由法律规定的限度内不得停止执行。在戒严期间,协商议会或众议院会议不得中止,议员的豁免权也不受侵犯。

第一百二十四条

任何法律只对生效之后发生的情况有效,不得溯及既往。如经协商议会和众议院议员的多数同意,或者国民议会根据情况需要,法律可以溯及既往,但刑法除外。

第一百二十五条

宪法修正案应在政府公报上公布,并自其公布之日起生效。

哈马德·本·伊萨·阿勒哈利法

不丹王国宪法*

（2008 年 7 月 18 日通过）

序　言

我们不丹人民，为佛法僧三宝所庇护，为诸尊护法所保护，由智者领导，圣者竹巴赐予我们无穷的机遇，并给予陛下我们的国王吉格梅·凯萨尔·纳姆耶尔·旺楚克以引导。

我们庄严宣誓：维护不丹王国主权完整，保障人民的自由，维护公正与和平，增进人民的永久团结和幸福。

据此，谨于回历 2134 年五月十五日即 2008 年 7 月 18 日颁布并通过不丹王国宪法。

第一条 ［不丹王国］

1. 不丹是一个拥有独立主权的王国，主权属于不丹人民。

2. 不丹的政体为民主的君主立宪制。

3. 不丹的领土神圣不可侵犯。区域范围以及边界界线的任何变更，须得到议会全体议员四分之三以上赞同。

4. 不丹由二十个宗①组成，每一宗又包含格窝和村。任一宗或者格窝区域范围以及边界界线的变更，须得到议会全体议员四分之三以上的赞同。②

5. 不丹的国旗及国徽将在本宪法附件一中作出具体规定。

6. 不丹的国歌将在本宪法附件二中作出具体规定。

7. 不丹的国庆日为每年的 12 月 17 日。

8. 不丹的国语为宗卡语。

9. 本宪法为国家的最高法律。

10. 本宪法通过以前在不丹境内实施的一切法律继续有效，除非议会修改、变更或者废除这些法律。本宪法生效之前或生效之后制定的任何法律，都不能与宪法相抵触，否则无效。

11. 最高法院是宪法的捍卫者和宪法解释的最终权威。

12. 矿藏、水流、湖泊和森林等自然资源属于国家所有的财产。法律应对此作出具体规定。

13. 行政权、立法权和司法权应当分立。除非本宪法另有规定，任何一种权力都不能侵犯另一种权力。

第二条 ［君主制］

1. 国王陛下是国家元首，是不丹王国统一和人民团结的象征。

2. 宗教与世俗应在国王的领导下保持一致，国王作为佛教徒应支持宗教与世俗合一。

3. 不丹黄金王座的王位属于吉格梅·辛格·旺楚克国王的合法继承人。王位神圣不可侵犯，回历 2033 年 11 月 13 日即 1907 年 12 月 17 日，而且应当：

(1) 仅合法婚姻中出生的子女有权继承王位。

(2) 国王的直系后代在国王退位或者去世时享有王位继承权。继承依辈分顺序，王子相对于公主有优先权。同时应遵循以下规定：若年长的王子具有某些缺陷，选择并宣布最能胜任的王子或者公主为其王位继承人是国王的神圣职责。

(3) 若不存在本条第三款第二项所规定的继承人，可将王位授予国王去世时即将出生的王子或公

---

* 根据不丹政府网站（http://www.bhutan.gov.bt/government/index_new.php）发布的英文版译出。翻译：李娟娟。校对：朱福惠。

① 不丹全国被划分为西方区、中央区、南方区和东方区四个行政大区，行政大区下设宗（县），全国共被划分为二十个宗（县）。宗以下设置有格窝（区），人口较多的宗还设置有东（管理几个格窝）。格窝以下，不丹级别最低的地方行政机构是村。——译者注

② 不丹议会分为国民委员会和国民大会两院，前者相当于参议院，后者相当于众议院。

137

主。

(4)若国王无直系后代,可依直系继承的原则,并按照年长者相对于年幼者有优先权的规则,王位由与国王关系最近的旁系后代继承。

(5)由于身体或精神缺陷不得继承王位。

(6)与非不丹出生的公民结婚者不得继承王位。

4. 王位的继承人应当在位于普那卡宗①的夏宗法王②的圣物中获得绶带并取得王位。

5. 国王继承王位时,王室议员、议会议员以及本条第十九款所规定的公职人员应宣誓效忠国王。

6. 若国王已满六十五周岁且王室继承人已达法定年龄,国王应退位并让位于王子或公主。

7. 根据本条第九款的规定,在下列情形下应当成立摄政委员会:

(1)王位继承人不满二十一周岁;

(2)国王宣布暂时放弃行使王权;

(3)议会联席会议以不少于议会议员四分之三赞同作出国王因暂时的身体或精神缺陷而不能行使王权的决定。

8. 摄政委员会应集体行使王权以及本宪法规定的国王权力。其委员应当包括:

(1)枢密院任命的较年长的王室成员;

(2)首相;

(3)首席大法官;

(4)国民大会议长;

(5)国民委员会(National Council)主席;

(6)在野党领导人。

9. 虽具有本条第七款第二项或第三项规定的情形,但国王的假定继承人已满二十一周岁,则应代替摄政委员会成为法定的统治者。

10. 摄政委员会议员应向议会作忠实地履行职责的庄严宣誓。

11. 若王位继承人已年满二十一周岁,或者具有本条第七款第一项和第二项规定的情形,若国王恢复行使王权,应以公告的形式发布通告。如出现本条第七款第三项规定的情形,若国王已具备行使王权的能力而恢复行使王权,应以议会决议的形式发布通告。

12. 王室成员应为现任或前任君主、王后以及合法婚姻出生的子女。

13. 国王以及王室成员享有以下权利:

(1)根据议会立法向国家领取年金;

(2)为公务或个人使用的目的,要求提供王宫或公馆等权利和特权;

(3)王室年金以及依照本条第十三款第一项和第二项所提供的财产享有税收豁免权。

14. 由国王任命的两名成员、大臣委员会③提名的一名成员以及国民委员会提名的一名成员组成枢密院。枢密院应负责以下事项:

(1)与国王以及王室成员特权有关的一切事项;

(2)与王室成员管理有关的一切事项;

(3)对与王位以及王室相关的事项向国王提出建议;

(4)与王室财产有关的一切事项;

(5)国王指示的其他事项。

15. 国王神圣不可侵犯,其行为不受司法审判。

16. 国王有权行使以下权力:

(1)授予头衔、勋章,依照风俗传统为部长授予绶带和红巾;

(2)授予国籍、土地所有权和其他利益;

(3)决定大赦、特赦以及减刑;

(4)以法案或其他方式向议会提出议案;

(5)管理本宪法以及其他法律未规定的其他事项。

17. 国王通过接待国宾和进行国事访问以增进与他国的友好关系。

18. 国王应为不丹人民的幸福,保障和维护宪法的实施。

19. 国王应以亲笔签名盖章的委任状任命以下人员:

(1)依照第二十一条第四款的规定任命不丹王国首席大法官;

(2)依照第二十一条第五款的规定任命最高法院法官;

(3)依照第二十一条第十一款的规定任命高等法院首席大法官;

(4)依照第二十一条第十二款的规定任命高等法院法官;

(5)依照第二十四条第二款的规定任命选举委员会主席以及选举委员;

(6)依照第二十五条第二款的规定任命审计长;

(7)依照第二十六条第二款的规定任命皇家公务员委员会(Royal Civil Service Commission)主席及其

---

① 不丹最著名的佛教圣地。——译者注

② 夏宗·阿旺朗杰(Zhabdrung Ngawang Namgyal,1591—1651年),统一了不丹各部落,建立了第一个僧团组织,并制定了不丹的各种习俗、传统和礼仪。——译者注

③ 该机构于1999年由不丹第四位国王创建,在英语中是部长委员会或内阁的意思,是不丹的最高执行机构,该委员会目前由十位成员组成。——译者注

成员；

　　(8)依照第二十七条第二款的规定任命反腐败委员会主席及其成员；

　　(9)根据公务员晋升委员会（Service Promotion Board）的提名，任命国防力量首长；

　　(10)依照第二十九条第二款的规定任命总检察长；

　　(11)根据总理提名，任命不丹中央银行行长；

　　(12)依照第三十条第一款的规定任命薪俸委员会主席；

　　(13)根据总理提名，任命大臣委员会秘书；

　　(14)根据皇家公务员委员会提名，任命各议院秘书长；

　　(15)根据总理提名，任命大使及领事；

　　(16)根据总理提名，皇家公务员委员会依照相关法律并基于功绩与资历而推荐，任命各部部长；

　　(17)根据总理及皇家公务员委员会提名，任命东阁达格①。

　　20.若国王故意违反宪法或患永久精神疾病，应依照本条第二十一款、第二十二款、第二十三款、第二十四款和第二十五款规定的程序由议会联席会议决议宣布退位。

　　21.如不少于议会全体议员三分之二的多数赞同基于本条第二十款规定的理由向议会提交国王退位议案，议会应将这一议案提交联席会议讨论。

　　22.国王可亲自或通过代理人以口头或者书面的形式在议会联席会议上对这一议案作出回应。

　　23.不丹首席大法官主持本条第二十一款中提及的议会联席会议。

　　24.如果议会联席会议以不少于议会全体议员四分之三的多数赞同国王退位议案，应将该议案提交全民公决。

　　25.如果国王退位议案在王国的所有宗均获得简单多数赞同，国王必须退位，由其继承人继位。

　　26.非经全民公决，议会无权修改本条以及第一条第二款之规定。

第三条　[宗教传统]

　　1.佛教是不丹的传统宗教，其教义为和平、非暴力、同情和宽容。

　　2.国王是不丹所有宗教信仰的保护者。

　　3.宗教机构及个人应发扬国家宗教传统，保障政教分离，保证宗教独立于政治活动之外。

　　4.根据五大罗佩（Lopons）②提名，国王应依照竹巴噶举传统委任博学、德高望重且拥有精神导师的九项资格以及密宗的修行达到基堪布③层级的僧侣以圣职。

　　5.根据僧侣事务委员会的推荐，基堪布应任命拥有精神导师的九项资格和密宗的修行达到五大罗佩层级的僧侣以圣职。

　　6.僧侣事务委员会由以下人员组成：

　　(1)主席基堪布；

　　(2)中央寺院的五大罗佩；

　　(3)由公务员担任的僧侣事务委员会的秘书。

　　7.中央寺院和地方的寺庙有权从国家获得足够的资金以及其他设施。

第四条　[文化]

　　1.国家应尽力维护、保护、发扬遗址、故居、有重大历史意义或艺术价值的物品、寺庙、神殿、僧侣团体、圣物、朝圣地、语言、文学、音乐、影视艺术、宗教等文化遗产，以丰富公民的社交和文化生活。

　　2.国家应将文化视为有活力的力量，并努力促成并方便维系社会进步的传统价值观念和制度的不断发展。

　　3.国家应保护并支持有关本土的艺术、习惯、知识和文化的研究。

　　4.议会应为发展不丹的社会文化事业制定必需的法律。

第五条　[环境]

　　1.为了当代以及子孙后代的利益，所有不丹公民都是王国自然资源和环境的受托管理人。应通过采纳并支持适当的环境政策和措施保护自然环境，维护不丹的生物多样性，防止噪音、视觉及物理污染以及任何形式的生态退化是每个公民的基本义务。

　　2.王室政府应当：

　　(1)保护、改善国家的原始环境并维护生物多样性；

　　(2)防止污染及生态退化；

　　(3)在推动经济和社会适当发展的同时保护生态平衡及可持续发展；

　　(4)保障环境健康和安全。

　　3.为了保护国家自然资源以及防止生态退化，王室政府应保证不丹的森林总覆盖率永远不低于百分之六十。

　　4.为了保证自然资源的可持续利用、维护代际

---

　　①　东阁达格（Dzongdag）：宗的最高行政首长。——译者注

　　②　仅次于基堪布的高级僧官，其主要职责就是协助基堪布掌管全国的宗教事务。——译者注

　　③　基堪布（Je Khenpo）又称法王，寺院首领，地位仅次于国王，负责管理全国的宗教事务，任命僧官，参与讨论国家事务。——译者注

平等、重申国家的生物资源主权,议会应制定有关环境的法律。

5. 议会可以通过制定法律的形式宣告国家的某一处为国家公园、野生生物保护区、自然保护区、保护林、生物圈保留区、关键流域以及其他类型的保护区。

第六条 〔国籍〕

1. 父母双方为不丹公民的,本人自然取得不丹国籍。

2. 1958 年 12 月 31 日之前,包括 12 月 31 日定居于不丹,或者在不丹政府官方记录上登记姓名的,可以通过申请注册的方式取得不丹国籍。

3. 申请加入不丹国籍者应符合以下条件:

(1)在不丹合法居住不少于十五年;

(2)在国内或者国外没有因犯罪而被监禁的记录;

(3)能够读写宗卡语;

(4)熟悉不丹的文化、习惯、传统和历史;

(5)没有关于反对国王、国家和人民的言论或者行为的记录;

(6)宣布放弃他国国籍;

(7)依照规定庄严宣誓效忠宪法。

4. 以申请入籍方式取得的国籍根据不丹国王的皇室书面命令生效。

5. 若不丹公民取得外国国籍,其不丹国籍应终止。

6. 依据本条及国籍法令之规定,议会应以法律的形式规定有关国籍的其他事项。

第七条 〔基本权利〕

1. 人人都有生命、自由和人身安全权,除依法律规定的正当程序,上述权利不应被剥夺。

2. 不丹公民享有言论和表达自由。

3. 不丹公民享有信息自由。

4. 不丹公民享有思想、良心和宗教信仰自由。任何人都不应通过威胁或引诱的方式强迫他人改变信仰。

5. 不丹公民享有出版、广播电视及以其他形式传播信息的自由,其中,还包括享有以电子通讯的形式传播信息的自由。

6. 不丹公民享有选举权和被选举权。

7. 不丹公民享有在不丹境内迁徙和居住的自由。

8. 不丹公民有担任公职的平等机会。

9. 不丹公民享有财产权。除非依照议会立法,不丹公民无权将土地或其他不动产转让与非不丹公民。

10. 不丹公民享有从事合法行业、职业及业务的自由。

11. 不丹公民享有同工同酬的权利。

12. 不丹公民享有和平集会的自由。除非组成社团会损害国家的和平统一,公民享有结社自由。不丹公民享有不被强迫加入某一社团的自由。

13. 不丹境内的任何人都有权获得其创作科学、文学和艺术作品所产生的物质利益。

14. 除非为了公共利益的需要并依照法律规定予以公平补偿,任何人的财产不被征收或者征用。

15. 法律面前人人平等。任何人都有权获得法律平等而有效的保护。任何人都不因其种族、性别、语言、宗教信仰、政治主张或其他身份而受到歧视。

16. 任何被指控犯罪的人,在依法证明其有罪以前,有权被推定为无罪。

17. 不得对任何人施加酷刑和残酷的、不人道的、侮辱性的待遇或处罚。

18. 任何人都不得被处以死刑。

19. 任何人的隐私、家庭、住宅和通信不受非法干涉。任何人的荣誉和名誉不受非法侵害。

20. 任何人都不受非法逮捕和拘留。

21. 个人享有咨询权,亦有权选择不丹的律师作为其代理人。

22. 尽管宪法规定了以上权利,但与下列情形相关时,可以通过法律的形式对本条规定的权利予以合理限制:

(1)不丹的主权、安全、统一和完整;

(2)国家的和平、稳定与安宁;

(3)与其他国家的友好关系;

(4)基于种族、性别、语言、宗教信仰和地区等理由煽动暴乱;

(5)公开其所获得的与国家事务有关的信息,或者不履行公职;

(6)其他人的权利与自由。

23. 不丹境内的任何人都有权依照本条第二十二款以及法律规定的程序,对本条所授予权利之实施向高等法院或者最高法院提起诉讼。

第八条 〔基本义务〕

1. 不丹公民应当维持、保护和捍卫不丹的主权、领土完整、安全和统一。不丹公民应当响应议会的号召服兵役。

2. 不丹公民有义务维持、保护并尊重不丹的环境、文化和传统。

3. 不丹公民应当超越宗教、语言、地域和地区差异培养不丹人之间的宽容、尊重及友好情谊的精神。

4. 人人都应当尊重国旗与国歌。

5. 人人都不应当容许或参与伤害、酷刑、杀人、恐怖主义和虐待妇女儿童等行为,并应采取必要措施阻止此类行为。

6. 人人都应尽最大努力为意外事故受害者及自然灾害受害者提供帮助。

7. 人人都有保护公共财产的义务。

8. 人人都有依法纳税的义务。

9. 人人都有维护正义和反对腐败的义务。

10. 人人都有依法律规定活动的义务。

11. 人人都有遵守本宪法规定的义务。

第九条 〔国家政策原则〕

1. 国家应尽力实施本条规定的政策原则,以保障不丹人民在一个致力于和平与友好和繁荣进步的国家拥有良好的生活条件。

2. 国家应努力谋求全体国民的幸福。

3. 国家应以法治、保护人权和人性尊严为基础,努力创造一个摆脱压迫、歧视和暴力的公民社会,并保障公民的基本权利和自由。

4. 国家应致力于保障不丹人民的电话、电子计算机、明信片及其他形式的通讯信息不被截取或干扰。

5. 国家应努力提供公平、透明、高效的司法程序。

6. 为维护正义,使任何人不因经济或其他不利条件而无力行使诉权,国家应努力提供法律援助。

7. 国家应努力制定并执行政策以减少收入不均和财富集中,且在个人之间、居住在本国不同区域的人民之间促进公共资源的公平分配。

8. 国家应致力于保障所有宗根据不同需求得到公平对待,以使社会经济协调发展。

9. 国家应致力于实现经济自立,并推动经济的开放和创新。

10. 国家应通过公平的市场竞争和阻止商业垄断来鼓励、引导私营经济的发展。

11. 国家应致力于促进人民生活富足。

12. 国家应努力保障公民享有工作权、职业指导与培训权、公平的和适当的工作条件权。

13. 国家应努力保障公民享有休息和休假的权利,包括合理的工作时间限制、定期的带薪休假。

14. 国家应努力保障公民享有获得公平、合理报酬的权利。

15. 为了增加全体人民的知识,提高全民的价值观并提高技能,国家应努力提供教育资源以促进人的全面发展。

16. 国家应为所有儿童提供十年义务教育,保障大多数人可以接受职业技术教育,并保障人人都有接受高等教育的平等机会。

17. 国家应采取适当措施致力于保障妇女免受贩卖、卖淫、虐待、暴力以及在工作时间发生于公共和私人领域中的骚扰与威胁,消除针对妇女的各种形式的歧视和经济剥削。

18. 国家应采取适当措施致力于保障儿童免受贩卖、卖淫、虐待、暴力、有辱人格的对待,消除各种形式的歧视和经济剥削。

19. 国家应努力促进社会生活中的合作以及多代同堂的大家庭结构的完整。

20. 国家应为植根于佛教精神和普世人类价值观念的良好照顾型社会的真正的可持续发展努力创造条件。

21. 国家应在传统医学和现代医学两个方面为公民提供免费的基本的公共卫生服务。

22. 国家应努力为非自身原因而陷入疾病、残疾和生存困难的公民提供保障。

23. 国家应鼓励公民自由参加社会文化活动,促进科学艺术发展,鼓励科技创新。

24. 为了推动国际和平与安全,国家应努力促进与他国的友好合作,遵守国际法以及国际条约的义务,支持国际争端的和平解决。

第十条 〔议会〕

1. 不丹议会行使本宪法规定的立法权,议会由国王、国民委员会、国民大会组成。

2. 议会应通过公开审议政策、议题、法案和法规以及监督国家履行职权等方式保障政府维护国家利益并满足人民意愿。

3. 选举议员应遵守《王国选举法》的规定。

4. 任何人不能同时是国民委员会、国民大会、地方政府的议员。

5. 每次大选之后,由国王召集第一次议会会议。

6. 每届议会会议召开之前,国王应当在议会两院联席会议上举行欢迎和接待杰出人士和知名人士的仪式(Chibdrel)①。每届议会会议应以举行传统幸运吉祥的(Zhug-drel-phunsum tshog-pai ten-drel)仪式②开始,并以祈祷实现美好祝福或愿望(Tashi-mon-lam)的仪式结束。

7. 必要时,国王将出席或者参加两院会议以及两院联席会议。

8. 必要时,国王将向议会一院或两院发出咨询文件。

9. 收到咨询文件的议院应尽快考虑文件中所提及事项并将其意见提交国王。

10. 总理应向国王以及两院联席会议提交关于

---

① 参见术语表。——译者注

② 参见术语表。——译者注

国家状况的年度报告,其内容包括立法计划、年度计划和政府重要项目等。

11. 议会两院应制定各自的议事规则,每一议院的会议议程应按照其所制定的规则进行。每一议院的议事规则应对执行议会事务委员会的任命作出规定。

12. 若情况紧急,两院议长应根据国王的命令召集议会特别会议。

13. 每一议员有一个投票权。若正反意见所获票数相等,则议院议长享有最后决定权。

14. 每院至少三分之二的议员出席会议,国民委员会或者国民大会方可召开。

15. 议会会议应公开进行。但是,若公开会议议程会损害公共利益,为了公共秩序、国家安全以及其他情形的迫切需要,两院议长有权拒绝新闻媒体或者公众参与所有或特定议事程序。

16. 国民大会议长应主持两院联席会议。两院联席会议的地点在国民大会大厅。

17. 若某一议员职位由于任期届满以外的原因出现空缺,自空缺之日起九十日内应举行补缺议员的选举。

18. 议会议员应根据本宪法附件三的规定,在担任公职以前宣誓。

19. 总理、各部部长、国民大会议长及副议长、国民委员会主席及副主席应根据本宪法附件四的规定,在担任公职前宣誓或秘密宣誓。

20. 每一议员应维护议会礼仪及尊严,禁止一切诽谤行为和使用武力。

21. 议会议员或者委员会委员在履行职责和议会投票过程中发表的意见享有不被质询、逮捕、拘留、起诉的权利。任何人不因其根据议会授权制作或者发表报告、文件、记录等行为而受到处罚。

22. 此处所规定的豁免权不适用于与行使职权有关的腐败行为,为一定目的接受他人金钱和其他贵重物品而以特定方式发言或者表决的行为。

23. 至少获得议会两院全体议员各三分之二的赞同,才能撤销议员的豁免权。

24. 国民大会、国民委员会应自各自议院第一次会议召开之日起任期五年。当国民委员会任期届满时,若总理向国王建议,或者关于政府的不信任议案在国民大会获得通过,或者根据本宪法第十五条第十二款之规定,国民大会应提前解散。

25. 除了现有的国际惯例、盟约、条约和不丹加入的协定或协议依照本宪法第一条第十款的规定继续有效外,今后议会批准的国际惯例、盟约、条约和政府正式加入的协定或协议应视为王国的法律,除非其与本宪法相抵触。

第十一条 ［国民委员会］

1. 国民委员会由以下二十五名议员组成:

(1)二十个宗中每一宗所选出的一名议员;

(2)国王任命的五名杰出人士。

2. 除了具有立法职能外,国民委员会还具有审查以下事项的职能:需要国王、总理、国民大会处理的与国家安全与主权、国家与人民利益相关的事项。

3. 国民委员会候选人或者议员不应加入任何政党。

4. 国民委员会选举后的第一次会议,或者有补缺之必要时,国民委员会应从其议员中选举一名主席和一名副主席。

5. 国王应当用其本人签名盖章的授权令授予主席以职责。

6. 国民委员会一年应至少召开两次会议。

第十二条 ［国民大会］

1. 国民大会至多有五十五名议员,由每一宗根据其人口比例选举产生。为了使所有宗的议员均不少于两名并且不超过七名,议会应以法律的形式规定每一宗依据适当的划界分成若干选区,每一选区的选民都享有直接选举国民大会议员的权利。

2. 为了反映登记选民所发生的变化,每一宗所选议员人数应当依据每一宗最多不超过七名议员同时最少不少于两名议员的限制每十年进行重新分配。

3. 大选之后的第一次会议,或者有补缺之必要时,国民大会应从其议员中选举一名议长和一名副议长。

4. 国王应当用其本人签名盖章的授权令授予议长以职责。

5. 国民大会一年应至少召开两次会议。

第十三条 ［通过法案］

1. 议会通过的法案由国王批准后生效。

2. 财政法案和金融法案只能由国民大会通过,其他立法法案可由两院中的任一院通过。

3. 在两院中的任一院搁置的法案都不应因任一院闭会而失效。

4. 只有在两院都获得全体议员的简单多数赞同,法案始得通过;在两院联席会议上,须获得全体议员三分之二以上出席并赞同,法案始得通过。

5. 若某一法案已提交两院中的一院,或者已在一院获得通过,则应自这一法案通过之日起三十日内将法案提交另一院,以便该法案在下次议会会议中获得通过。但是,预算法案与紧急法案应在同一次议会会议上获得通过。

6. 若另一院也通过了此法案,则应自法案通过之日起十五日内提请国王批准该法案。

7. 若另一院未通过此法案,则应将法案以修正案或者再审议异议的形式退回起草法案的议院。若法案随后获得通过，则应自法案通过之日起十五日内提请国王批准该法案。

8. 若起草法案的议院拒绝接受另一院的修正案或异议，应将法案提交国王。国王应指令两院召开联席会议审议并表决该法案。

9. 若另一院在下次会议结束之前既不通过也不退回该法案，应视为已通过该法案。起草法案的议院应在十五日内将法案提交国王批准。

10. 国王若不批准该法案，则应以修正案或者审议异议的形式将法案退回，议会两院应当召开联席会议审议并表决该法案。

11. 若两院联席会议审议并表决通过该法案，应将该法案再次提交国王批准，国王必须批准该法案。

第十四条 ［财政、贸易与商业］

1. 非依法律，不得征收或变更税、费以及其他形式的课税。

2. 应成立一个统一基金保管依法律规定而为实现特定目的的未分配的所有公款，偿付国家开支。

3. 非依法律规定的拨款形式，不得从统一基金中提取公款。

4. 政府为了公共利益的需要可以依照法律规定增加贷款、转让财产或提供贷款担保。

5. 政府应适当管理货币体系和公共财政，以保证公共债务不会对后代施加不恰当的负担。

6. 政府应保证国内资源可以满足经常性支出的需要。

7. 外汇储备应至少可以满足一年内必要进口所需费用。

8. 年度预算以及上一财政年度预算报告应由财政部长提交国民大会。

9. 若国民大会在财政年度开始之前未批准预算案，在新的预算案获得批准前仍然执行上一财政年度的预算案。收入和支出应依照上一年度结束时的生效法律规定收取和分配。但是，若新预算案的一个或多个部分已获批准，所获批准的部分应予执行。

10. 未列入预算的开支和超过预算拨款的任何支出以及预算资金的转移，应当依照法律规定执行。

11. 超出一个财政年度的资金应根据法律的规定以及需要支出的种类拨付。在此种情况下，每一年度连续预算案应包括该年所拨付的资金。

12. 议会应成立一个救灾基金。国王有权为紧急或不可预见的人道主义援助之目的而使用该基金。

13. 国家应为宪法机关的独立管理制定适当的财务规定。

14. 除非本宪法或其他法律另有规定，商品和服务应当在任何宗之间自由流转。

15. 对外贸易以及商业活动应由法律规定。

16. 除非为了维护国家安全，议会不应制定允许垄断的法律。

第十五条 ［政党］

1. 政党应保证国家利益高于一切。为达到这一目的，应当基于人民渴望负担治理政府并促成良好治理的志愿和价值观为选举做准备。

2. 政党应推动国家统一、促进经济快速发展并保障国民幸福。

3. 候选人以及政党不应为获得选举胜利而提出地方分权、种族划分、宗教信仰划分等来煽动选民。

4. 若政党满足下列限定性条件和要求，选举委员会应对其进行注册登记：

（1）政党议员为不丹公民，且不存在本宪法规定的其他不适格条件；

（2）并非基于地域、性别、语言、宗教或社会出身而结成政党；

（3）有广泛的基础，拥有跨区域的全国性成员并获得支持的具有凝聚力和稳定性的全国性委员会；

（4）除了政党注册议员的捐赠，不接受其他金钱与资助，并且由选举委员会决定捐赠物的数量和价值；

（5）不接受外国机构包括政府、非政府、私人组织以及私人团体和个人的金钱或资助；

（6）政党议员应信仰和忠诚于本宪法，并且支持王国的主权、领土完整、安全以及统一；

（7）创设政党之目的在于促进民主的进步并推动政治、社会和经济的发展；

（8）未曾依据本条第十一款之规定被解散。

5. 所有已经注册登记的政党均应参加首轮选举，以确定两个政党竞选国民大会。

6. 若国民大会任期届满或者依照本条第十二款之规定解散，应举行首轮选举以选择两个政党参加大选。

7. 初选中得票数最高和次高的两大政党应为了本条第五款规定之目的宣布为参加大选竞选的两个政党。

8. 大选中获得国民大会多数席位的政党为执政党，而另一政党为反对党。然而，若出现临时空缺，经特别选举后反对党获得国民大会多数席位，应宣布反对党为执政党。

9. 选举应在距国民大会任期届满一百八十日之前举行。

10. 国民大会的议员不能通过个别或者团体的方式改变其政党归属。

11. 除非因以下事由并由最高法院作出判决，政党不被解散：

(1)政党的目标或者活动违反宪法规定；

(2)接受外国机构的金钱或者资助；

(3)议会或者生效法律规定的其他事由；

(4)违反选举法。

12.若国民大会的执政党依照本条第十一款的规定被迫解散，或者政府依照第十条第二十四款或第十七条第七款之规定被迫辞职，相应的，依照本条第一款至第八款之规定，国民大会也应予以解散。

13.依据本条第十四款之规定反对党尚处于选举过程中，国民大会应中止其职权，执政党及其候选人不应参加竞选。

14.若原来的反对党依据本宪法的规定被解散，则应依照以下规定选举新的反对党：

(1)自原来的反对党解散之日起六十日内；

(2)来自依照本条第四款之规定注册登记的政党；

(3)依照《选举法》的规定选举，补足因原来的反对党解散造成的某些选区席位空缺。

15.若已选举产生反对党并已补足席位，则国民大会应依照本宪法规定恢复行使职权。

16.根据法律，议会应当规定政党的组织形式、功能、道德标准和党内组织形式，并通过审计政党财务的形式保证政党资金的透明度。

第十六条 ［为公共竞选提供资金］

1.根据法律，议会应建立公共选举基金，每年拨付选举委员会认为适当的资金以资助参加国民委员会选举以及国民大会选举的候选人和登记政党。

2.公共选举基金应由选举委员会依照议会立法规定以无差别待遇的方式拨付给各政党以及候选人。

3.选举委员会应对政党及其候选人参加国民大会选举可能产生的总开支确定上限。

4.选举委员会应当依照《选举基金法案》对政党注册议员自愿提供的捐献数额确定上限。

5.政党及其候选人所获得的资金应依照议会立法或其他生效法律的规定，根据选举委员会要求接受监督和审计。

第十七条 ［政府组织形式］

1.国王应任命获得国民大会多数席位的政党领导人或该政党的提名人为政府总理。

2.总理任期不得超过两届。

3.国王应根据总理提名，从国民大会议员中任命各部部长，或者根据总理建议罢免各部部长。

4.总理或各部部长候选人应为选举产生的国民大会议员，且须为出生于不丹的公民。

5.由同一宗的不同选区选举产生的议员，最多只能有两名议员被任命为部长。

6.须经不少于国民大会全体议员三分之一赞同，才能提出对政府的不信任案。

7.若对政府的不信任案获得国民大会全体议员三分之二以上议员的赞同，国王应下令解散政府。

第十八条 ［反对党］

1.反对党应在保证政府及执政党依照宪法规定行使职权、实现有效管理、促进国家利益、满足国民意愿等方面发挥建设性作用。

2.反对党应促进国家的完整、统一、和谐以及社会各阶层的友好合作。

3.如果反对党对政府提出合理而庄严的反对意见，则反对党应当在议会努力推动具有建设性的和负责任的辩论。

4.反对党不得使政党利益高于国家利益，其目标应为增强政府工作的责任性和透明度。

5.反对党有权反对民选政府、表明反对政策立场以及询问政府的公务行为。

6.在国家面临外来威胁、遭受自然灾害以及国家利益和安全处于危险状态时，反对党应帮助和支持政府。

第十九条 ［临时政府］

1.不论国民大会何时被解散，国王均应任命一个临时政府暂时履行政府职能以保障选举委员会举行自由而公正的选举。临时政府行使职权的期限不得超过九十日。

2.临时政府从国民大会解散之日起十五日内由国王任命的首席顾问和其他顾问组成。不丹首席大法官为首席顾问。

3.一旦任命临时政府，国民大会解散前执政的总理以及各部部长应当辞职。

4.临时政府只能处理政府的日常事务，无权制定政策性决议以及同外国政府或组织签订协定。

5.应自国民大会解散之日起九十日内重新组建政府。

6.自新国民大会组建且新总理就任之日起，临时政府解散。

第二十条 ［行政机关］

1.政府应维护和巩固王国主权，实现有效管理，保证人民的和平、安全和幸福。

2.行政权属于大臣委员会，大臣委员会由总理领导的各部部长组成。部长的数量应由能保障有效管理所必需的部门数量决定。新设或者撤销任何部门应经议会批准。不得仅为任命部长之目的而新设部门。

3.根据第二条第十六款和第十九款之规定，无论国王要求以通常或者以其他方式要求大臣委员会重新考虑其建议,大臣委员会应当对国王行使包括国际事务在内的职权提供帮助或者建议。

4. 总理应保证国王经常了解国家及国际事务,并应国王之要求提交此类事务的信息和文件。

5. 大臣委员会应当:

(1)分析在国家和社会中发生的事件以及国内国际发生的重大事件的最新进展情况;

(2)明确规定国家行为的目标并确定为达到此目标所需的物质条件;

(3)部署、协调并保证政府政策的实现;

(4)在国内和国外代表不丹王国。

6. 大臣委员会必须是建立在宪法确立的民主价值观念和基本原则基础之上的高效的国民政府。

7. 大臣委员会集体向国王和议会负责。

8. 行政机关发布的任何命令、通告、条例和公告都不得违反、修改、更改、废止议会制定的法律或其他生效法律。

第二十一条　[司法机关]

1. 司法机关应当依照法治原则保障法官及时、不受威胁和利诱地行使职权,以维护司法公正和司法独立,并增强对司法的信任和信心。

2. 不丹的司法权属于皇家司法法院,包括最高法院、高等法院、宗法院、区法院以及根据国家司法委员会提名由国王随时设立的其他法院和法庭。

3. 最高法院是案件记录法院。

4. 经咨询国家司法委员会的意见,国王以其亲笔签名盖章的委任状从最高法院法官或杰出法学家中任命不丹首席大法官。

5. 经咨询国家司法委员会的意见,国王以其亲笔签名盖章的委任状从高等法院法官或杰出法学家中任命最高法院法官。

6. 法官的任期为:

(1)不丹首席大法官任期五年或年满六十五周岁,以先到为准;

(2)最高法院法官任期十年或年满六十五周岁,以先到为准。

7. 不丹最高法院由首席大法官和四位法官组成,为最高上诉法院,受理不服高等法院作出的所有判决、命令和决定而提起的上诉,并有权对高等法院的判决和裁定进行复审。

8. 若某些法律和事实问题的性质极为重大或对公众产生重大影响,需获得最高法院的裁决意见,国王有权将这些问题交付最高法院裁决,最高法院应对这些问题进行审理并向国王呈交裁决意见。

9. 最高法院根据自己的决定或者案件一方当事人、首席检察官的申请,撤销高等法院审理的涉及对

宪法解释有重大意义和重要价值的法律问题的悬而未决的案件,而由最高法院审理此案。

10. 最高法院和高等法院可以发布与案件相关的判决、命令、决定和令状。

11. 根据国家司法委员会提名,国王应当以其亲笔签名盖章的委任状从高等法院法官或杰出法学家中任命高等法院首席大法官。

12. 根据国家司法委员会提名,国王应当以其亲笔签名盖章的委任状从宗法院法官或杰出法学家中任命高等法院法官。

13. 高等法院首席法官以及法官的任期均为十年或年满六十五周岁,以先到为准。

14. 不丹高等法院由首席法官和八位法官组成,是宗法院以及法庭的上诉法院,并对不属于宗法院以及法庭管辖的案件行使初审管辖权。

15. 已被证明行为不当但国家司法委员会认为不应受到弹劾的法官,根据国家司法委员会的建议,国王应发布命令谴责该法官或者暂停其职务,但须保障高等法院和最高法院法官的独立性。

16. 议会有权通过法律设立公正、独立的行政裁判所和替代性纠纷解决机构。

17. 国王应以其亲笔签名盖章的委任状任命国家司法委员会委员。国家司法委员会由以下人员组成:

(1)作为委员会主席的不丹首席大法官;

(2)最高法院一级法官;

(3)国民大会的立法委员会主席;

(4)首席检察官。

18. 人人有权根据第七条第二十三款之规定对基于宪法或其他法律的规定所产生的案件向法院提起诉讼。

第二十二条　[地方政府]

1. 应当将权力分散并转让给民选地方政府,以促进人民直接参与社会、经济、环境卫生的发展与管理。

2. 不丹二十个宗中的每一宗都应设立地方政府,地方政府由宗议会、格窝委员会和村委员会组成。

3. 地方政府应通过对影响其区域范围内的事项进行公开辩论的形式保障地方利益在国家管理中得到实现。

4. 地方政府的目标为:

(1)为地方社区建成民主的和负责任的政府;

(2)为社区提供持续的供给和服务;

(3)鼓励社区或者社区组织参与地方政府事务;

(4)履行议会立法所规定的其他职责。

5. 地方政府应在其财力和行政能力的范围之内,努力实现本条所列目标。

6. 宗议会由以下人员组成：

(1)每一格窝选举产生的格普①和茫密②；

(2)该宗的村选举产生的一名代表；

(3)该宗的城镇选举产生的一名代表。

7. 为了选举格窝委员会，应将格窝分成若干村。由格窝人民选举产生的格普和茫密应为格窝委员会的成员，其中格普为格窝委员会主席。

8. 萨普③领导村委员会，由村的选民直接选举产生。萨普的权力和职责由议会立法规定。

9. 为了选举村委员会成员，应将村划分为若干选区。

10. 格窝委员会以及村委员会成员的数量为七人以上十人以下。

11. 宗议会应从其成员中选举主席一名。

12. 宗议会每年至少召开两次会议，格窝委员会和村委员会每年至少召开三次会议。

13. 全体成员三分之二以上出席才能召开地方政府会议。

14. 地方政府因任期届满以外的原因出现职位空缺时，应自空缺之日起三十日内举行补缺选举。

15. 地方政府成员应依照宪法附件三之规定，在担任公职之前举行就职宣誓。

16. 地方政府成员的选举应依照《选举法》的规定进行。

17. 地方政府成员或候选人不隶属于任何政党。

18. 地方政府应当：

(1)保持一个遵守法律的、有行政管理能力的政府和负责任的、透明的组织机构；

(2)有权依照议会立法规定的时限和程序征税、收费和募集资金；

(3)有权从中央政府获得年度补助金等足够的财政资源；

(4)获得国民收入的一部分以保障地方自治团体的自力更生和自给自足；

(5)获得中央政府支持以推动地方的整体和协调发展；

(6)根据议会立法规定的限制性条件，有权支配财产并承担为自己的利益贷款而产生的责任。

19. 行政机关应为地方政府配备公务员。

20. 每宗应当由一位属于文职人员的东阁达格担任行政长官。东阁达格不得具有政治立场，应为了人民和国家的利益履行职责。

21. 除非提前解散，宗议会、格窝委员会以及村

委员会的任期均为五年，期限从各自机关召开第一次会议之日起计算。

22. 东阁达格和地方政府的权力和职责由议会立法规定。

第二十三条　[选举]

1. 根据本宪法，人民的共同意愿是政府的基础并应通过定期选举的形式表达这一共同意愿。

2. 具备以下条件的人有选举权，可通过匿名投票的方式参加直接的和普遍的选举：

(1)有身份证证明其为不丹公民；

(2)年满十八周岁；

(3)选举日前，在选区国民登记处登记至少一年；

(4)无不丹生效法律所规定的其他不能选举的情形。

3. 根据本宪法，竞选职位的候选人应具备以下条件：

(1)不丹公民；

(2)已登记为选区选民；

(3)提名时已满二十五周岁但不满六十五周岁；

(4)未接受来自国外的官方、非官方、私人组织、私人团体和个人提供的金钱或其他资助；

(5)符合《选举法》规定的基本教育背景和其他资格条件。

4. 根据本宪法，凡具有以下情形的人丧失候选人或担任属于选举职位的成员的资格：

(1)与非不丹公民结婚；

(2)曾被开除公职；

(3)曾犯罪并被判处有期徒刑以上刑罚；

(4)无正当理由，未在法律规定的时间内，依据法律规定的方式缴纳选举费用；

(5)在《选举法》规定的中央政府、公共企业及公司中担任赢利职位；

(6)存在议会立法规定的其他情况。

5. 本条第四款规定的任何丧失资格的情形应由高等法院依照本条第七款规定的议会立法在选举诉讼中作出裁定。

6. 为保障选民的知情选择权，竞选职位的候选人应在提名之外提交一份载有以下内容的宣誓书：

(1)候选人的收入、财产、配偶、受抚养子女；

(2)履历表及学历；

(3)犯罪记录；

(4)提名之日前有无被判处一年以上有期徒刑的犯罪指控，且法庭已经审理这一指控。

---

① 格普(Gup)，格窝的行政首长。——译者注
② 茫密(Mangmi)，格窝的副行政首长。——译者注
③ 萨普(Thrompon)，村的行政首长。——译者注

7. 议会应当制定法律规定与选举有关的一切事项，包括质疑议会和地方政府选举合法性的选举诉讼、政党行为准则、竞选活动以及为顺利组建议会两院与地方政府所必需的其他事项。

第二十四条 ［选举委员会］

1. 选举委员会应当准备、维护和定期更新选民名单、选举计划表，监督、指导、控制并引导议会和地方政府选举，并且保持全民公决的自由与公平。

2. 选举委员会是由选举委员会主席以及两名选举委员组成的独立机构，由总理、不丹首席大法官、议长、国民委员会主席、反对党领导人联名推荐人选，并由国王任命。

3. 选举委员会主席以及选举委员的任期为五年或年满六十五周岁，以先到为准。

4. 选举委员会在议会议员选举和地方政府成员选举中负责选区划分。

5. 议会应制定法律确保选举委员会能举行选举，使国民大会或地方政府于解散后的九十日内重新组成。

但国民委员会在其任期届满之日起重新组成，宗议会、格窝委员会和村委员会自其提前解散之日起九十日内重新组成。

6. 选举委员会应根据《选举法》的规定行使职权。

第二十五条 ［皇家审计机关］

1. 皇家审计机关审计公共资源的节约使用以及使用的效能与效率，并提出报告。

2. 皇家审计机关具有独立性，由审计长领导。审计长人选由总理、不丹首席大法官、议长、国民委员会主席和反对党领导人从杰出人士中联名推荐，由国王任命。

3. 审计长任期五年或年满六十五周岁，以先到为准。

4. 皇家审计机关应不受威胁、利诱和不存偏见地审计所有政府部门与机关的账目，包括立法机关、司法机关、所有使用公共资金的公权力部门和机构、警察机关、国防部门以及属于不丹所有的收入、公共财产、预付款和储备金。

5. 审计长应向国王、总理、议会提交年度审计报告。

6. 议会应任命一个由五名正直的议员组成的公共账目委员会，负责审查审计长向议会提交的审计报告以及其他报告。

7. 皇家审计机关应依照《审计法》行使职权。

第二十六条 ［皇家公务员委员会］

1. 皇家公务员委员会应促进并保障公务员的独立性和非政治性，保证公务员高效、透明、负责地履行公共职责。

2. 皇家公务员委员会由主任和四名委员组成，由总理、不丹首席大法官、国民大会议长、国民委员会议长、反对党领导人从杰出人士中联名推荐，由国王任命。这些杰出人士应具有改善皇家公务员委员会工作的资格和经验。

3. 皇家公务员委员会主席及其他委员的任期为五年或年满六十五周岁，以先到为准。

4. 皇家公务员委员会应致力于保障公务员执行政府的政策和纲领，公务员应以最高伦理标准和诚信观念为指引提供专业服务，促进国家的有效治理和社会公正。

5. 皇家公务员委员会应致力于弘扬价值、提高生产力和促进公平，保证将职员招募、任命、安置、培训、调动、升迁的法规统一适用于所有公务员。

6. 皇家公务员委员会应保障所有公务员有权通过司法途径处理不服皇家公务员委员会的行政决定的申诉，依照本宪法第二十一条第十六款设立的行政法院应审理公务员的申诉。

7. 所有受到行政行为不利影响的公务员都有向皇家公务员委员会申请查阅的权利。

8. 皇家公务员委员会应定期开会，并成立具有政府中央人事部门功能的常设秘书处。

9. 委员会应向国王和总理提交有关政策和工作的年度报告。

10. 皇家公务员委员会应依照《公务员法》行使职权。

第二十七条 ［反腐败委员会］

1. 反腐败委员会由一名主席和两名委员组成，是具有独立性的机构，有权在王国采取必要措施预防和反对腐败行为。

2. 反腐败委员会主席及委员由总理、不丹首席大法官、国民大会议长、国民委员会主席和反对党领导人联名推荐，由国王任命。

3. 反腐败委员会主席及委员的任期为五年或年满六十五周岁，以先到为准。

4. 反腐败委员会应向国王、总理和议会提交有关其政策和工作的年度报告。

5. 以反腐败委员会的调查结果为依据提起的针对个人、团体或组织的诉讼，首席检察官办公室应迅速将其移送法院审判。

6. 反腐败委员会应依照《反腐败法》行使职权。

第二十八条 ［国防］

1. 国王为武装部队和民兵组织的最高统帅。

2. 皇家护卫队负责国王的安全，不丹皇家军队是现役职业常备军。这两支武装力量构成不丹防御安全威胁的核心力量。

3. 由内政部领导的不丹皇家警察是受过专门训练的武装力量,其主要职责是维护法律秩序并预防犯罪。同时,应将其视为国家安全保卫力量的重要组成部分。

4. 议会应制定法律规定成年公民有参加民兵组织的义务,以增强国家的防御能力。

5. 国家应负责维持武装部队,以保卫国家安全和保障人民幸福。

6. 除用于自卫或为了维护主权、国家安全和领土完整外,不丹不对他国使用武装力量。

第二十九条 〔总检察长〕

1. 总检察长办公室是独立机构,在宪法规定的职权范围内履行职责,处理移送总检察长办公室的其他法律问题。

2. 根据总理提名,国王以其亲笔签名盖章的委任状任命一名杰出法学家为总检察长。

3. 作为首席法律事务官员的总检察长是政府的法律顾问和法定代理人。

4. 在执行职务过程中,总检察长有权出席任何法院的法庭审理。

5. 总检察长依法有权提起诉讼和撤回案件。

6. 总检察长有权对议会提出的法律问题发表意见。

7. 总检察长应向国王和总理提交年度报告。

8. 总检察长办公室应依照《总检察长办公室法》行使职权。

第三十条 〔薪俸委员会〕

1. 薪俸委员会由一名主席领导,是具有独立性的机构,应当根据总理的建议组建。

2. 薪俸委员会应适当考虑国家经济状况及本宪法的其他规定,向政府提出关于修改皇家公务员、法官、议员、地方政府成员、宪法事务署工作人员以及其他公职人员的薪金、津贴、福利金及其他酬金的建议。

3. 薪俸委员会的建议只有得到大臣委员会批准才能得以实施,而且应遵守议会作出的限定和修改。

第三十一条 〔宪法事务署〕

1. 只有具备以下条件的人员才能担任宪法事务署的职务:

(1)出生于不丹的公民;

(2)未与非不丹公民结婚。

2. 根据本宪法,宪法事务署由下列人员组成:

(1)不丹首席大法官以及最高法院法官;

(2)高等法院首席法官以及法官;

(3)首席选举专员;

(4)审计长;

(5)皇家公务员委员会主席;

(6)反腐败委员会主席。

3. 宪法事务署不得具有政治立场。

4. 宪法事务署人员不得被连续委任。

5. 议会可以通过法律形式规定宪法事务署组成人员所必需的学历要求及其他任职资格。

6. 宪法事务署组成人员应根据本宪法附件三的规定,在担任公职前进行就职宣誓。

7. 宪法事务署组成人员的薪水、任期、行为标准及其他服务条件由法律规定。宪法事务署组成人员任职后,不得作出对其不利的有关薪金和福利金的修改。

第三十二条 〔弹劾〕

1. 宪法事务署组成人员只能通过议会弹劾而免职。

2. 如宪法事务署组成人员无行为能力、不称职或者行为严重不端,应予弹劾而免职,但须获得议会全体议员三分之二以上的多数赞同。

3. 不丹首席大法官应主持弹劾。弹劾不丹首席大法官由最高法院高级法官主持。

4. 总检察长应提交一份关于弹劾议长罪状的书面报告。

5. 弹劾程序应体现自然公正原则,并由议会制定法律作出规定。

第三十三条 〔紧急状态〕

1. 如不丹的主权、安全、领土完整或者某些区域遭受外部侵略或武装叛乱的威胁,国王有权根据总理的书面建议宣布进入紧急状态。

2. 国王有权根据总理的书面建议宣布全国或部分地区发生突发公共紧急事件或受到灾难威胁和影响。在这种情况下,政府有权采取紧急状态所要求的一切严厉措施。

3. 除非议会联席会议在下述期限内获得议会全体议员三分之二以上的赞同作出延期决定,依照本条第一款或第二款宣布的紧急状态自其宣布之日起有效期限不得超过二十一日。

4. 国民大会以全体议员四分之一以上赞同,在国民大会闭会期间向国王或者在国民大会开会期间向议长书面提出不同意宣布进入紧急状态或者不同意紧急状态延期的提议。

5. 国王或议长自收到提议之日起二十一日内必须在最早时间内召开议会两院联席会议,否则宣布进入紧急状态的命令自动失效。

6. 处于紧急状态时,中央政府有权对相关地方政府进行适当指导。

7. 处于紧急状态时,本宪法第七条第二款、第三款、第五款、第十二款、第十九款规定的权利中止实施。

8. 如国王认为不丹的国家金融稳定及信用遭到

威胁,国王有权根据总理的书面建议宣布进入金融紧急状态。应将该宣告在宣布进入金融紧急状态后二十一日内提交议会两院,但两院联席会议经全体议员不少于三分之二决议同意延长提交期间的除外。

9. 在紧急状态下不得修改本宪法。

第三十四条 〔全民公决〕

1. 全民公决应体现人民的意愿。经参加投票人员简单多数(包括二分之一)赞同,方可通过全民公决的决议。

2. 在以下情形下,国王有权要求进行全民公决:

(1)国王认为议会两院联席会议未能通过对国家具有重大意义的某项法案;

(2)应百分之五十以上的全体宗议会成员请求。

3. 税收的征收、变更、废止以及由议会立法决定的其他事项,不得进行全民公决。

4. 议会应以制定法律规定全民公决的程序。

第三十五条 〔宪法修正案和权威文本〕

1. 根据第二条第二十六款和第三十三条第九款,议会有权依照本条规定的程序通过增补、变更和废除条款的方式修改宪法。

2. 宪法的修改,由议会两院联席会议全体议员的简单多数提议,经下次议会两院联席会议不少于全体议员四分之三的赞同,由国王批准后通过。

3. 如议会认为国王未批准的某项宪法性法案对国家产生重大影响,有权依照第三十四条第一款、第二款、第四款的规定要求举行全民公决。

4. 在任何情况下,本宪法宗卡语文本和英语文本的含义发生分歧时,应认为两种文本具有同等效力,法院应当使两种文本的含义保持一致。

附件一:不丹国旗和国徽

国旗

上半部分与底部相连接的黄色代表世俗传统,象征国王的权威。国王的高尚行为提升了王国的地位。因此,黄色意味着国王是王国世俗和宗教基础的维护者。

下半部分延伸至顶部的橘红色代表宗教传统。象征佛教尤其是白教和宁玛教的盛行。

龙象征国王的名誉来自宗教和世俗传统的赋予。

白龙象征人民思想纯净,尽管各自具有不同的种族和语言起源,但都忠诚于国家、热爱祖国、有强烈的国家归属感。

国徽

圆形的国徽内部,在莲花上面有两尊交叉的金刚。它们分别位于左右两边雄性白龙和雌性白龙的侧面。在它们上面放着一个如意珠。两尊金刚交叉的地方放着其他四个珠宝。这些珠宝象征以佛教四

大金刚为精神基础的王国宗教和世俗传统。莲花象征纯洁,如意珠象征人民主权,两条龙象征王国的名义。

附件二:不丹国歌

神龙王国里弥漫着檀香,卫士保障着宗教与世俗共享。高贵而光荣的陛下,坚守着不变的理想,保障王权世代相传。如同佛祖教义的灿烂辉煌,人民将沐浴和平与幸福的阳光。

附件三:就职宣誓(确认)

"我_____神圣宣誓并确认我将忠诚地维护不丹主权和完整,认真履行为国王、国家和人民服务的职责,毫无恐惧、偏见并竭尽全力地行使职权,真诚信仰并忠诚于不丹王国宪法。"

附件四:保密宣誓(确认)

"我_____神圣宣誓并确认,除非为适当履行职责所必需,我不会直接或间接地向任何人传达、泄露我作为不丹王室政府所知晓或了解的任何事务。"

术语表

Chhoe-sid:宗教和政治(现存的和世俗的)。

Chhoe-sid-nyi:二元系统的宗教和政治(现存的和世俗的)。

Chibdrel:欢迎和接待杰出人士和知名人士的仪式。

Chiwog:格窝之下的一个单位。

Dakyen:授予官职和责任。

Dar:象征官职的绶带。

Drangpon:法官或皇家法院的法官。

Dratshang:僧侣机构。

Dratshang Lhentshog:僧侣事务委员会。

Druk:不丹。

Druk Gyalpo:不丹国王。

Druk-lu:夏宗法王(Zhabdrung Ngawang Namgyal)创立的竹巴噶举(Drukpa Kargyu)传统。

Dungkhag Court:街道法院。

Dzong:通常用作行政中心的要塞城市,传统上是僧侣的住处。

Dzongdag:宗的行政长官。

Dzongkha:不丹的国语。

Dzongkhag:宗。

Dzongkhag Tshogdu:宗议会。

Gewog:区。

Gewog Tshogde:区议会。

Goendey:僧侣团体。

Gup：格窝的首长。

Gyenja：协议。

Jabmi：律师。

Je Khenpo：基堪布。

Kargyu：佛祖教义四大命令之一。

Kasho：书面命令。

Ked-dzog：密宋发展和完成的阶段。

Kidu：国王或不丹政府授予的利益。

Lhakhang：寺庙。

Lhengye：部长。

Lhengye Zhungtshog：部长会议或内阁。

Lhentshog：委员会。

Lopon：老师。

Machhen：17 世纪统一不丹的夏宗·阿旺朗杰的圣物。

Mangmi：当选格窝的代表，其为副格普。

Nye：神圣的朝圣地。

Nyi-kyelma：授予的红巾（头衔、勋章）。

Nyingma：佛祖教义四大命令之一。

Pelden Drukpa：圣者。

Rabdeys：普那卡宋外的地方寺庙。

Tashi-mon-lam：实现志愿和愿望的教徒。

Ten-Sum：由标志、经文和舍利塔组成的圣物。

Thromde：村。

Thromde Tshogde：村委员会。

Thrompon：村行政首长或村长。

Triple Gem：佛、法、僧伽。

Tsa Thrim Chhenmo：最高宪法。

Tsawa-Sum：国王、国家和人民。

Tshogpa：委员会。

Yenlag Thromde：城镇。

Zhug-drel-phunsum tshog-pai ten-drel：传统幸运吉祥的仪式。

Zhung Dratshang：中央寺院。

朝鲜民主主义人民共和国宪法*

（1972 年 12 月 27 日朝鲜民主主义人民共和国第五届最高人民会议第一次会议通过，1992 年 4 月 9 日第九届三次会议修改，1998 年 9 月 5 日第十届一次会议修改，2009 年 4 月 9 日朝鲜第十二届最高人民会议一次会议修改）

序　言

朝鲜民主主义人民共和国是体现了伟大领袖金日成同志的思想和领导的主体的社会主义国家。

伟大领袖金日成同志是朝鲜民主主义人民共和国的创建者，是社会主义朝鲜的始祖。

金日成同志创立了永恒不灭的主体思想，在此旗帜下组织和领导了抗日革命斗争，树立了光荣的革命传统，完成了光复祖国的历史大业，在政治、经济、文化和军事领域奠定了建设自主独立国家的牢固基础并在此基础上建立了朝鲜民主主义人民共和国。

金日成同志提出了主体的革命路线，英明地领导了各阶段的社会革命和建设事业，把共和国加强和发展成为以人民群众为中心的社会主义国家，自主、自立、自卫的社会主义国家。

金日成同志阐明了国家建设和国家活动的根本原则，确立了最优越的社会制度和政治方式、社会管理体系和管理方法，打下了保证社会主义祖国繁荣昌盛和继承并完成主体革命事业的牢固基础。

金日成同志把"以民为天"作为座右铭，一向和人民在一起，为人民献出了一生，以崇高的仁德政治关爱和领导人民，把全社会变成了一个紧密团结的大家庭。

伟大领袖金日成同志是民族的太阳、祖国统一的救星。金日成同志把统一祖国作为民族至高无上的任务提了出来，并为其实现而呕心沥血。金日成同志把共和国建成了祖国统一的强大堡垒，同时，提出了统一祖国的根本原则和途径，把统一祖国的运动发展成为全民族运动，开辟了用全民族团结的力量完成祖国统一大业的道路。

伟大领袖金日成同志阐明了朝鲜民主主义人民共和国对外政策的基本理念，并以此为基础扩大和发展了国家的对外关系，大大提高了共和国的国际地位。金日成同志作为世界政治的元老，开创了自主的新时代，为加强和发展社会主义运动和不结盟运动，为世界和平与各国人民之间的友谊进行了积极活动，为人类的自主事业作出了不可磨灭的贡献。

金日成同志是思想理论和领导艺术的天才，是百战百胜的钢铁统帅，是伟大的革命家、政治活动家和伟人。

金日成同志的伟大思想和领导业绩是朝鲜革命的法宝，是朝鲜民主主义人民共和国繁荣昌盛的根本保证。

朝鲜民主主义人民共和国和朝鲜人民将在朝鲜劳动党的领导下，拥戴伟大领袖金日成同志为共和国的永恒主席，维护、继承并发展金日成同志的思想和业绩，把主体革命事业进行到底。

朝鲜民主主义人民共和国社会主义宪法，是把伟大领袖金日成同志的主体国家建设思想和国家建设业绩加以法律化的金日成宪法。

第一章　政治

第一条

朝鲜民主主义人民共和国是代表全体朝鲜人民利益的独立的社会主义国家。

第二条

朝鲜民主主义人民共和国是继承了在反对帝国主义侵略、争取祖国解放和人民自由幸福的光荣革命斗争中形成的光辉传统的革命的国家。

第三条

朝鲜民主主义人民共和国将主体思想和先军思

---

* 译自 ICL 网站所载的英文版（http://www. servat. unibe. ch/icl/kn__indx. html），同时参考了朝鲜民主主义人民共和国官方网站"我的祖国"（Naenara）（http://175.45.176.14/ch/great/constitution. php? 1）所载的中文版。译者：孙群。

想①,以人为中心的世界观,为实现人民群众的自主性的革命思想,作为自己活动的指导方针。

第四条

朝鲜民主主义人民共和国的权力属于工人、农民、劳动知识分子等所有劳动人民。

劳动人民通过自己的代表机关——最高人民会议和地方各级人民会议行使权力。

第五条

朝鲜民主主义人民共和国的一切国家机关均根据民主集中制原则组成并进行活动。

第六条

从郡人民会议到最高人民会议,各级国家权力机关根据普遍、平等、直接的原则,以秘密投票方式选举产生。

第七条

各级国家权力机关的议员应同选民保持密切联系,并对选民负责。

议员失去选举他的选民信任时可随时予以罢免。

第八条

朝鲜民主主义人民共和国的社会制度,是劳动人民做一切的主人,社会的一切都为劳动人民服务的以人民为中心的社会制度。

国家维护从剥削和压迫下获得解放,从而做了国家和社会主人的工人、农民、士兵、劳动知识分子等所有劳动人民的利益,并尊重和保障人权。

第九条

朝鲜民主主义人民共和国为在祖国北半部实现社会主义的全面胜利,通过加强人民政权,大力开展思想、技术、文化三大革命,实现社会主义的完全胜利而奋斗;并为按照自主、和平统一、民族大团结的原则实现祖国的统一而斗争。

第十条

朝鲜民主主义人民共和国建立在以工人阶级领导的工农联盟为基础的全国人民思想政治的统一之上。

国家加强思想革命,实现社会所有成员的革命化和工人阶级化,使全社会变成一个同志式地结合在一起的集体。

第十一条

朝鲜民主主义人民共和国在朝鲜劳动党的领导下进行一切活动。

第十二条

国家坚持阶级路线,加强人民民主专政,牢牢地保卫人民政权和社会主义制度免受内外敌对分子的破坏。

第十三条

国家坚持群众路线,在一切工作中贯彻青山里精神②和青山里方法③,通过上级帮助下级,深入群众找出解决问题的途径,使政治工作、树人的工作先行,激发群众的积极性。

第十四条

国家大力开展争获三大革命红旗等群众运动,最大限度地加速社会主义建设。

第十五条

朝鲜民主主义人民共和国保护旅外侨胞的民主民族权利和国际法规定的合法权益。

第十六条

朝鲜民主主义人民共和国保障外国人在我国境内的合法权益。

第十七条

自主、和平、友谊是朝鲜民主主义人民共和国对外政策的根本宗旨和对外活动原则。

国家根据完全平等、自主、互相尊重、互不干涉内政和互利的原则,同一切友好国家建立外交或政治、经济、文化关系。

国家同维护争取独立的世界人民加强团结,反对一切形式的侵略和干涉他国内政,积极支持和援助各国人民为维护国家的独立、实现民族与阶级的解放而进行的斗争。

第十八条

朝鲜民主主义人民共和国的法律,是劳动人民的意志和利益的表现,是管理国家的基本武器。

尊重并严格遵守和执行法律,是所有机关、企业、团体和公民的义务。

国家完善社会主义法律制度,培养社会主义遵纪守法的生活方式。

第二章 经济

第十九条

朝鲜民主主义人民共和国建立在社会主义生产关系和自立民族经济基础之上。

---

① 朝鲜新宪法反映了金正日十五年来对该国权力的掌握趋于成熟,他的"先军"(songun)思想,即军事优先战略,得到宪法认可的重要地位。——译者注

② 青山里精神,指"忠诚地为人民服务,对人民生活负责;改造所有社会成员的思想,使他们团结在党的周围,党要对每个人的命运负责到底;依靠人民群众的智慧和力量解决革命和建设中出现的所有问题"。

③ 青山里方法,指"贯彻群众路线、政治思想工作先行、干部深入实际、上级帮助下级,调动群众的自觉热情和创造性完成革命任务"。——译者注

朝鲜民主主义人民共和国宪法

第二十条

在朝鲜民主主义人民共和国,由国家和社会团体与合作社占有生产资料。

第二十一条

国家所有制是全民所有制。

国家所有的范围不受限制。

国家的一切自然资源、铁路与航空运输、邮电、通信设施及重要工厂和企业、港口、银行只归国家所有。

国家优先保护和发展在国家的经济发展中起主导作用的国家所有制。

第二十二条

社会团体与合作社所有制是由该社会团体与合作社的劳动者集体所有社会团体与合作社的财产。

土地、农业设备、船舶和中小型企业可以归社会团体与合作社所有。

国家保护社会团体与合作社所有制。

第二十三条

国家提高农民的思想觉悟和技术文化水平,按照加强全民所有制对集体所有制领导作用的方向,有机地结合两种所有制,改进对集体经济的领导和管理,以巩固和发展社会主义集体经济制度,根据合作社全体成员的意愿,逐步把合作社所有制转变为全民所有制。

第二十四条

个人所有是指属于公民个人所有的和由公民个人消费的财产。

个人所有,由社会主义的按劳分配和国家、社会提供的福利待遇构成。

由自留地和居民个人经营的副业所生产的产品以及通过其他合法的经营活动所得的收入,也属于个人所有。

国家保护个人所有,并依照法律保障其继承权。

第二十五条

朝鲜民主主义人民共和国以不断提高人民的物质及文化生活水平作为自己活动的最高准则。

我国已废除了征税,不断创造的社会物质财富完全用来提高劳动者的福利待遇。

国家为所有劳动者提供吃穿住所需的一切条件。

第二十六条

朝鲜民主主义人民共和国建立的自立民族经济,是人民社会主义生活幸福和祖国繁荣富强的牢固基础。

国家坚持社会主义自立民族经济建设路线,促进国民经济主体化、现代化和科学化,为把国民经济发展成为高度发达的主体经济,奠定与完全的社会主义社会相适应的物质技术基础而奋斗。

第二十七条

技术革命是社会主义经济发展的关键。

国家进行一切经济活动时始终把技术发展问题放在首位,促进科学技术发展和国民经济的技术改造,大力开展群众性技术革新运动,从繁重的体力劳动中解放劳动者,逐步缩小体力劳动和脑力劳动之间的差别。

第二十八条

国家为消灭城乡差别、工农差别而促进农业技术革命,实现农业的工业化和现代化,并增强郡的作用,加强对农村的领导和帮助。

国家用国家资金为合作农场建设生产设施和为农村建设新式住宅。

第二十九条

社会主义是依靠劳动人民的创造性劳动建设的。

在朝鲜民主主义人民共和国,劳动是从剥削和压迫中获得解放的劳动者自主的和创造性的劳动。

国家使不存在失业情况的我国劳动者的劳动变成更加愉快的为社会、集体和自身发挥积极性和创造性的豪迈劳动。

第三十条

劳动者一天的工作时间是 8 小时。

国家根据劳动的繁重程度和其他特殊情况,酌情缩短劳动者的工作时间。

国家做好劳动组织工作,加强劳动纪律,保证劳动者充分利用工作时间。

第三十一条

朝鲜民主主义人民共和国公民开始参加劳动的年龄是十六周岁。

国家禁止不到劳动年龄的少年从事劳动。

第三十二条

国家在领导和管理社会主义经济中,坚持政治领导同经济技术指导密切结合、国家的统一领导同各个单位的创造性密切结合、统一指挥同民主密切结合、政治道德鼓励同物质鼓励密切结合的原则。

第三十三条

国家运用依靠生产者的集体力量科学地合理地管理经济的社会主义经济管理形式——大安工作体系和以企业式方法领导农业的农业领导体系,领导和管理经济。

国家在经济管理中,按照大安工作体系的要求实施经济核算制,正确利用成本、价格、赢利等经济杠杆。

第三十四条

朝鲜民主主义人民共和国的国民经济是计划经济。

国家根据社会主义经济发展规律制定并执行国民经济发展计划,以保证积累和消费的适当比例,促进经济建设,不断提高人民生活水平,加强国防力量。

国家实行统一和详细的计划,保证生产的高速增长和国民经济的协调发展。

第三十五条

朝鲜民主主义人民共和国根据国民经济发展计划，编制和执行国家预算。

国家在所有领域开展增产节约运动，严格实行财政监督，有计划地增加国家积累，扩大和发展社会主义所有制。

第三十六条

朝鲜民主主义人民共和国的对外贸易由国家或社会团体与合作社进行。

国家根据完全平等和互利的原则发展对外贸易。

第三十七条

国家鼓励我国的机关、企业、团体同外国的法人或个人进行企业合营和合作，并鼓励在经济特区创办各种形式的企业。

第三十八条

国家为了保护自立民族经济，实行关税政策。

第三章 文化

第三十九条

朝鲜民主主义人民共和国繁荣发展的社会主义文化，为提高劳动者的创造能力，满足健康的文化生活需要服务。

第四十条

朝鲜民主主义人民共和国彻底进行文化革命，把所有人都塑造成具有渊博的自然与社会知识和高度文化技术水平的社会主义建设者，实现全社会的知识化。

第四十一条

朝鲜民主主义人民共和国建设为社会主义劳动者服务的真正具有人民性的革命的文化。

国家在建设社会主义民族文化中，反对帝国主义的文化渗透和复古主义倾向，保护并根据社会主义现实继承和发展民族文化遗产。

第四十二条

国家在一切领域清除旧社会的生活方式，全面确立新的社会主义生活方式。

第四十三条

国家运用社会主义教育学的原理，把后代培养成为为社会和人民而奋斗的坚定的革命者、德智体全面发展的共产主义新人。

第四十四条

国家保证人民教育事业和干部培训工作先行于其他一切工作，做到一般教育与技术教育、教育与生产劳动密切结合。

第四十五条

国家根据现代科学技术的发展趋势和社会主义建设的现实需要，在高水平上发展包括为期一年的学前义务教育在内的普遍的十一年制义务教育。

第四十六条

国家发展全日制教育体系和各种形式的在职培训体系，提高技术教育、社会科学教育、基础科学教育的科学理论水平，以培养称职的技术人才和专家。

第四十七条

国家对所有学生实行免费教育，对大学和专科学校实行奖学金制度。

第四十八条

国家加强社会教育，为所有劳动者创造各种学习条件。

第四十九条

国家用国家和社会的资金在托儿所和幼儿园抚育学龄前儿童。

第五十条

国家在科学研究工作中树立主体思想，积极吸收先进科学技术，开拓新的科学技术领域，把国家的科学技术提高到世界先进水平。

第五十一条

国家制定正确地发展科学技术的计划，并建立严格的规则，切实完成该计划，同时加强科学工作者、技术人员和生产者的创造性合作。

第五十二条

国家发展具有民族形式和社会主义内容的主体的革命文学艺术。

国家鼓励创作家、艺术工作者大量创作思想性强、艺术性高的作品，鼓励广大群众参加文艺活动。

第五十三条

国家根据人们要在精神上、体质上不断发展的要求，充分提供现代化文化设施，使所有劳动者充分享受社会主义文化生活。

第五十四条

国家保护我们的语言不受任何形式的扼杀民族语言的阴谋活动的影响，并根据时代的要求加以发展。

第五十五条

国家普及体育锻炼，使全体人民为从事劳动和献身国防做好准备，并根据我国国情和现代体育技术发展趋势发展体育技术。

第五十六条

国家巩固和发展普遍的免费医疗制度，加强医生分科制和预防医学制度，保护人的生命，增进劳动者的健康。

第五十七条

国家使环境保护措施先行于生产，保护和改善自然环境，防止环境污染，为人民创造文明卫生的生活环境和劳动条件。

第四章 国防

第五十八条

朝鲜民主主义人民共和国实行全民全国防卫体系。

第五十九条

朝鲜民主主义人民共和国武装力量的使命是保卫革命的领导,通过实施先军的革命路线维护劳动人民的利益;保卫社会主义制度和革命胜利果实,使之免受外来侵略;捍卫祖国的自由、独立与和平。

第六十条

国家在从思想和政治上武装军人和人民的基础上,贯彻以全军干部化、全军现代化、全民武装化为内容的自卫军事路线。

第六十一条

国家在军队内加强军事纪律和群众纪律,高度发扬官兵一致、军民一致的崇高的传统风尚。

第五章 公民的基本权利和义务

第六十二条

朝鲜民主主义人民共和国的公民,其条件依照国籍法规定。

公民无论居住何地,都受朝鲜民主主义人民共和国的保护。

第六十三条

朝鲜民主主义人民共和国公民的权利和义务,以"我为人人,人人为我"的集体主义原则为基础。

第六十四条

国家切实保障所有公民享有真正的民主权利和自由以及幸福的物质文化生活。

朝鲜民主主义人民共和国公民的权利和自由,随着社会主义制度的巩固和发展不断扩大。

第六十五条

公民在国家社会生活的所有领域都享有平等的权利。

第六十六条

十七周岁以上的所有公民,不分性别、民族、职业、居住期限、财产状况、文化程度、所属政党、政见以及宗教信仰,都有选举权和被选举权。

在军队里服役的公民也有选举权和被选举权。

经法院判决剥夺选举权的人和有精神病的人不得享有选举权和被选举权。

第六十七条

公民有言论、出版、集会、示威和结社的自由。

国家为民主政党、社会团体提供自由活动的条件。

第六十八条

公民有宗教信仰的自由。这一权利以允许建设宗教建筑、举行宗教仪式等来保障。不得利用宗教引进外来势力或破坏国家社会秩序。

第六十九条

公民可以请愿和提出控告。

国家对请愿和控告,必须按照法律规定公正地进行调查。

第七十条

公民有劳动的权利。

所有有劳动能力的公民都有权根据自己的愿望和才能选择职业,由国家保障安定的工作岗位和工作条件。

公民各尽所能地工作,按劳动的数量和质量获得报酬。

第七十一条

公民有休息的权利。这种权利,由工作时间制度、公休日制度、带薪休假制度和用国家费用进行静养与休养的制度以及不断增加的各种文化设施等来保证。

第七十二条

公民有享受免费医疗的权利;因年老、疾病或残疾而丧失劳动能力的人以及无人照顾的老人、儿童,有获得物质帮助的权利。这种权利由免费医疗制度、不断增加的医院和疗养所等医疗设施、国家的社会保险和社会保障制度来保证。

第七十三条

公民有受教育的权利。这种权利由先进的教育制度和国家为人民利益所采取的教育政策来保证。

第七十四条

公民有从事科学技术及文学艺术活动的自由。

国家奖励发明家和革新者。

著作权、发明权和专利权受法律的保护。

第七十五条

公民有居住、旅行的自由。

第七十六条

革命老战士、革命烈士和爱国烈士的家属,人民军军人家属,荣誉军人,受国家和社会的特别保护。

第七十七条

妇女享有同男子平等的社会地位和权利。

国家通过保障产前产后休假,缩短多子女母亲的工作时间,覆盖妇产医院、托儿所和幼儿园的广泛网络及其不断扩充以及其他各种措施,特别保护母亲和儿童。

国家为妇女创造参加工作的一切条件。

第七十八条

婚姻和家庭受国家的保护。国家对于社会的基层生活单位——家庭的巩固,予以深切的关注。

第七十九条

公民的人身和住宅不受侵犯,通信秘密受到保护。

非经法律程序,不得扣留或逮捕公民,不得搜查住房。

第八十条

朝鲜民主主义人民共和国对因争取和平与民主、民族独立与社会主义,以及争取科学文化活动自由的斗争而被迫逃亡到我国的外国人,给予庇护。

第八十一条

公民必须坚决维护人民在政治思想上的统一与团结。

公民必须珍视组织和集体,高度发扬为社会和人民忘我工作的作风。

第八十二条

公民必须遵守国家法律和社会主义生活规范,维护朝鲜民主主义人民共和国公民的荣誉和尊严。

第八十三条

劳动是公民的神圣义务和荣誉。

公民必须自觉地诚实地参加劳动,严格遵守劳动纪律和工作时间。

第八十四条

公民必须爱护国家财产和社会团体与合作社财产,同一切贪污、浪费现象作斗争,以主人翁的姿态管理好国家经济生活。

国家和社会团体与合作社的财产神圣不可侵犯。

第八十五条

公民要始终提高革命警惕,为国家的安全忘我斗争。

第八十六条

保卫祖国是公民最神圣的义务和最大的光荣。

公民必须保卫祖国,必须依照法律规定服兵役。

第六章 国家机构

第一节 最高人民会议

第八十七条

最高人民会议是朝鲜民主主义人民共和国的最高国家权力机关。

第八十八条

最高人民会议行使立法权。

最高人民会议闭会期间,其常任委员会也可以行使立法权。

第八十九条

最高人民会议由根据普遍、平等、直接选举的原则通过秘密投票方式选出的议员组成。

第九十条

最高人民会议任期五年。

最高人民会议的下届选举,在最高人民会议任期届满以前依照最高人民会议常任委员会的决定举行。因特殊原因不能如期举行选举时,其任期延长到举行选举时为止。

第九十一条

最高人民会议行使下列职权:

1. 修改并补充宪法;

2. 通过或修改并补充部门法;

3. 批准最高人民会议常任委员会在最高人民会议闭会期间通过的重要部门法;

4. 制定国家对内对外政策的基本原则;

5. 选举或罢免朝鲜民主主义人民共和国国防委员会委员长;

6. 选举或罢免最高人民会议常任委员会委员长;

7. 根据朝鲜民主主义人民共和国国防委员会委员长的提名,选举或罢免国防委员会第一副委员长、副委员长和委员;

8. 选举或罢免最高人民会议常任委员会副委员长、名誉副委员长、秘书长和委员;

9. 选举或罢免内阁总理;

10. 根据内阁总理的提名,任命内阁副总理、内阁各部门委员长、相和其他内阁成员;

11. 任免最高检察院检察长;

12. 选举或罢免最高法院院长;

13. 选举或罢免最高人民会议各专门委员会委员长、副委员长和委员;

14. 审批国家的国民经济发展计划及其执行情况的报告;

15. 审批国家预算及其执行情况的报告;

16. 根据需要,听取内阁和中央机关的工作报告,并采取相应的措施;

17. 决定有关部门向最高人民会议提交的条约的批准或废除。

第九十二条

最高人民会议举行定期会议和临时会议。

定期会议,由最高人民会议常任委员会每年召开一至两次。

临时会议,在最高人民会议常任委员会认为有必要时,或者三分之一以上的议员提议时召开。

第九十三条

最高人民会议须有三分之二以上的议员出席方可召开。

第九十四条

最高人民会议选举议长和副议长。

议长主持会议。

第九十五条

最高人民会议讨论的议案,由最高人民会议常任委员会、内阁和最高人民会议各专门委员会提出。

议员也可以提出议案。

第九十六条

每届最高人民会议第一次会议选举议员资格审查委员会;根据这一委员会提出的报告,通过确认其议员资格的决定。

第九十七条

最高人民会议发布法律、条例和决议。

最高人民会议发布的法律、条例和决议,用举手表决方式,以出席会议议员的过半数通过。

修改并补充宪法,须经最高人民会议三分之二以上议员赞成才能进行。

第九十八条

最高人民会议设法制委员会和预算委员会等必要的专门委员会。

最高人民会议各专门委员会由委员长、副委员长和委员组成。

最高人民会议各专门委员会协助最高人民会议工作,拟定或审查国家的政策方案和法案,采取有关执行措施。

最高人民会议闭会期间,最高人民会议各专门委员会在最高人民会议常任委员会的领导下进行工作。

第九十九条

最高人民会议议员不可侵犯。

最高人民会议议员除现行犯外非经最高人民会议或在其闭会期间非经其常任委员会许可,不受逮捕或刑事处罚。

第二节　朝鲜民主主义人民共和国国防委员会委员长

第一百条

朝鲜民主主义人民共和国国防委员会委员长是朝鲜民主主义人民共和国的最高领导人。

第一百零一条

朝鲜民主主义人民共和国国防委员会委员长任期与最高人民会议任期相同。

第一百零二条

朝鲜民主主义人民共和国国防委员会委员长指挥和统率一切武装力量,领导全部国防事业。

第一百零三条

朝鲜民主主义人民共和国国防委员会委员长有以下职责和权力:

1. 领导全国武装力量;

2. 亲自指导国防委员会的工作;

3. 任免国防领域的重要干部;

4. 批准或撤销与其他国家缔结的重要条约;

5. 颁布特赦令;

6. 宣布进入紧急状态、战争和发布国内动员令。

第一百零四条

朝鲜民主主义人民共和国国防委员会委员长发布命令。

第一百零五条

朝鲜民主主义人民共和国国防委员会委员长对最高人民会议负责。

第三节　国防委员会

第一百零六条

国防委员会是国家权力的最高军事领导机关。

第一百零七条

国防委员会由委员长、第一副委员长、副委员长和委员组成。

第一百零八条

国防委员会任期与最高人民会议任期相同。

第一百零九条

国防委员会有以下职责和权力:

1. 为执行先军革命路线制定重要的国家政策;

2. 领导全国武装力量和国防建设;

3. 监督朝鲜民主主义人民共和国国防委员会委员长发布命令以及国防委员会发布决议和指示的履行;

4. 废止与朝鲜民主主义人民共和国国防委员会委员长发布的命令以及国防委员会发布的决议和指示相违背的决议和指示;

5. 设立或取消国防领域的核心机构;

6. 制定军衔,并授予少将以上的衔级。

第一百一十条

国防委员会发布决议和指示。

第一百一十一条

国防委员会对最高人民会议负责。

第四节　最高人民会议常任委员会

第一百一十二条

最高人民会议常任委员会是最高人民会议闭会期间的最高权力机关。

第一百一十三条

最高人民会议常任委员会由委员长、副委员长、秘书长和委员组成。

第一百一十四条

最高人民会议常任委员会可以设若干名誉副委员长。

最高人民会议常任委员会名誉副委员长由长期从事国家建设事业并作出突出贡献的最高人民会议

议员担任。

第一百一十五条

最高人民会议常任委员会任期与最高人民会议任期相同。

最高人民会议常任委员会在最高人民会议任期届满，下届常任委员会选举产生之前，继续执行其任务。

第一百一十六条

最高人民会议常任委员会有以下职责和权力：

1. 召开最高人民会议；

2. 审查和通过在最高人民会议闭会期间提出的新部门法草案、条例草案、现行部门法和条例的修改补充草案，将通过并实行的重要部门法提交下届最高人民会议批准；

3. 审查和批准因特殊原因在最高人民会议闭会期间提出的国家国民经济发展计划和国家预算及其调整方案；

4. 解释宪法、现行法律和条例；

5. 监督国家机关守法、执法情况，并采取相应措施；

6. 撤销同宪法，最高人民会议法律和决议，国防委员会决议和命令，最高人民会议常任委员会命令、决议和指示相抵触的国家机关决议和指示，制止地方人民会议不适当的决议的执行；

7. 进行最高人民会议议员的选举工作，组织地方人民会议议员的选举工作；

8. 组织最高人民会议议员的工作；

9. 组织最高人民会议各专门委员会的工作；

10. 设立或撤销内阁委员会和省；

11. 最高人民会议闭会期间，根据内阁总理的提名，任免副总理、委员长、相和其他内阁成员；

12. 任免最高人民会议常任委员会专门委员会成员；

13. 选举或罢免最高法院审判员和人民陪审员；

14. 批准或废除同外国缔结的条约；

15. 决定并公布驻外使节的任免；

16. 制定勋章、奖章、荣誉称号和外交人员的衔级，授予勋章、奖章和荣誉称号；

17. 行使大赦权；

18. 设置或者变更行政单位和行政区划。

19. 进行同外国国会和国际议会机构的联系等对外工作。

第一百一十七条

最高人民会议常任委员会委员长组织和领导常任委员会的工作。

最高人民会议常任委员会委员长代表国家，接受外国使节的派遣国书和召回国书。

第一百一十八条

最高人民会议常任委员会召开全体会议和常务会议。

全体会议由全体委员组成，常务会议由委员长、副委员长和秘书长组成。

第一百一十九条

最高人民会议常任委员会全体会议讨论并决定在执行常任委员会任务和行使权力方面提出的重要问题。

常务会议讨论并决定全体会议委托的事宜。

第一百二十条

最高人民会议常任委员会发布政令、决议和指示。

第一百二十一条

最高人民会议常任委员会可以设立协助其工作的专门委员会。

第一百二十二条

最高人民会议常任委员会对最高人民会议负责。

第五节　内阁

第一百二十三条

内阁是国家最高权力的行政执行机关，是全面的国家管理机关。

第一百二十四条

内阁由总理、副总理、委员长、相和其他成员组成。

内阁任期与最高人民会议任期相同。

第一百二十五条

内阁有以下职责和权力：

1. 采取执行国家政策的措施；

2. 根据宪法和法律，制定、修改和补充有关国家管理的条例；

3. 领导内阁各委员会、省、内阁直属机关和地方人民委员会的工作；

4. 设立或撤销内阁直属机关、重要行政机关、经济组织和企业，采取改进国家管理机构的措施；

5. 编制国家国民经济发展计划并采取相应执行措施；

6. 编制国家预算，采取相应执行措施；

7. 组织开展工业、农业、建设、运输、邮电、商业、贸易、国土管理、城市管理、教育、科学、文化、保健、体育、劳动管理、环境保护、旅游及其他方面的工作；

8. 采取巩固货币制度和银行制度的措施；

9. 检查和监督建立国家管理秩序的工作；

10. 采取措施维持社会秩序，保护国家、社会及合作社的财产和利益，且保障公民权利；

11. 同外国签订条约，进行对外工作；

12. 撤销同内阁决议和指示相抵触的行政机关和经济组织的决议和指示。

第一百二十六条

内阁总理组织和领导内阁工作。

内阁总理代表朝鲜民主主义人民共和国政府。

第一百二十七条

内阁召开全体会议和常务会议。

内阁全体会议由内阁全体成员组成,常务会议由总理、副总理和总理任命的内阁成员组成。

第一百二十八条

内阁全体会议讨论和决定行政经济工作中的重要事宜。

常务会议讨论和决定内阁全体会议委托的事宜。

第一百二十九条

内阁发布决议和指示。

第一百三十条

内阁可以设立协助其工作的非常设专门委员会。

第一百三十一条

内阁对最高人民会议负责,最高人民会议闭会期间对最高人民会议常任委员会负责。

第一百三十二条

新当选的内阁总理代表内阁成员向最高人民会议宣誓。

第一百三十三条

内阁各委员会和省是内阁各部门执行机关,是中央各部门管理机关。

第一百三十四条

内阁各委员会和省在内阁的领导下,统一领导和管理各部门的工作。

第一百三十五条

内阁各委员会和省召开委员会会议和干部会议。

各委员会、省委员会会议和干部会议讨论和决定执行内阁决议和指示的措施及其他重要问题。

第一百三十六条

内阁各委员会和省发布指示。

第六节 地方人民会议

第一百三十七条

道(直辖市)、市(区)、郡人民会议是国家地方权力机关。

第一百三十八条

地方人民会议由根据普遍、平等、直接选举的原则,通过秘密投票方式选出的议员组成。

第一百三十九条

道(直辖市)、市(区)、郡人民会议任期四年。

地方人民会议的下届选举,在地方人民会议任期届满以前依照本级地方人民委员会的决定举行。

因特殊原因不能如期举行选举时,其任期延长到举行选举时为止。

第一百四十条

地方人民会议有以下职责和权力:

1. 审批地方国民经济发展计划及其执行情况的报告;

2. 审批地方预算及其执行情况的报告;

3. 制定本地区执行国家法律的措施;

4. 选举或罢免本级人民委员会委员长、副委员长、秘书长和委员;

5. 选举或罢免本级法院审判员和人民陪审员;

6. 撤销本级人民委员会、下级人民会议和人民委员会的不适当的决议和指示。

第一百四十一条

地方人民会议召开定期会议和临时会议。定期会议由本级人民委员会每年召开一至两次。

临时会议在本级人民委员会认为有必要时,或者三分之一以上议员提议时召开。

第一百四十二条

地方人民会议须有三分之二以上议员出席才能召开。

第一百四十三条

地方人民会议选举议长。议长主持会议。

第一百四十四条

地方人民会议通过决议。

第七节 地方人民委员会

第一百四十五条

道(直辖市)、市(区)、郡人民委员会是本级人民会议闭会期间的地方国家权力机关及其行政执行机关。

第一百四十六条

地方人民委员会由委员长、副委员长、秘书长和委员组成。地方人民委员会任期与本级人民会议任期相同。

第一百四十七条

地方人民委员会有以下职责和权力:

1. 召开人民会议;

2. 进行人民会议议员的选举工作;

3. 组织人民会议议员的工作;

4. 执行本级地方人民会议和上级人民会议的决议和指示,执行最高人民会议制定的法律、条例和决定,执行朝鲜民主主义人民共和国国防委员会委员长发布的命令,执行国防委员会发布的决议和指示,最高人民会议常任委员会发布的法令、决定和指示,以及执行内阁及其内阁委员会和省发布的决议和指示;

5. 组织和执行本地方的一切行政工作;

6. 制定本地方的国民经济发展计划并采取执行措施;

7. 编制本地方预算并采取执行措施;

8. 采取措施维持本地区的社会秩序,保护国家、社会及合作社的财产与利益,保障公民权利;

9. 检查和监督本地区建立国家管理秩序的工作;

10. 领导下级人民委员会的工作;

11. 撤销下级人民委员会的不适当的决议和指示,制止下级人民会议不适当的决议的执行。

第一百四十八条

地方人民委员会召开全体会议和常务会议。地方人民委员会全体会议由全体委员组成,常务会议由委员长、副委员长和秘书长组成。

第一百四十九条

地方人民委员会全体会议讨论和决定在执行自己任务与职权方面的重要问题。

常务会议讨论和决定全体会议委托的事宜。

第一百五十条

地方人民委员会发布决议和指示。

第一百五十一条

地方人民委员会可设协助自己工作的非常设专门委员会。

第一百五十二条

地方人民委员会对本级人民会议负责。

地方人民委员会服从上级人民委员会和内阁。

第八节 检察院和法院

第一百五十三条

检察工作由最高检察院,道(直辖市)、市(区)、郡检察院和特别检察院进行。

第一百五十四条

最高检察院检察长任期与最高人民会议任期相同。

第一百五十五条

检察员由最高检察院任免。

第一百五十六条

检察院有以下职责:

1. 监察国家机关、企业、团体和公民是否严格遵守国家法律;

2. 监察国家机关的决议和指示是否同宪法,最高人民会议法令和决议,国防委员会决议和命令,最高人民会议常任委员会政令、决议和指示,内阁决议和指示相抵触;

3. 揭发违法犯罪分子,追究其法律责任,以保护朝鲜民主主义人民共和国的政权和社会主义制度、国家及合作社的财产以及宪法赋予人民的权利和人民的生命财产。

第一百五十七条

检察工作由最高检察院统一领导,各级检察院服从上级检察院和最高检察院。

第一百五十八条

最高检察院对最高人民会议负责,最高人民会议闭会期间对其常任委员会负责。

第一百五十九条

审判由最高法院、道(直辖市)法院、人民法院和特别法院进行。

判决以朝鲜民主主义人民共和国的名义宣布。

第一百六十条

最高法院院长任期与最高人民会议任期相同。最高法院、道(直辖市)法院、人民法院的审判员和人民陪审员任期与本级人民会议任期相同。

第一百六十一条

特别法院院长和审判员由最高法院任免。特别法院人民陪审员由有关军人会议或职工会议选举。

第一百六十二条

法院有以下职责:

1. 通过审判活动,保护朝鲜民主主义人民共和国的政权和社会主义制度、国家及合作社的财产以及宪法赋予人民的权利与人民的生命财产;

2. 监督所有机关、企业、团体和公民严格遵守国家法律,同阶级敌人和一切违法分子进行积极的斗争;

3. 对财产纠纷的判决和裁定进行公证工作。

第一百六十三条

审判由一名审判员和两名人民陪审员组成的法庭进行,在特别情况下,可以由三名审判员组成法庭。

第一百六十四条

审判公开进行,保障被告人的辩护权。

审判可以依法不公开进行。

第一百六十五条

审判用朝鲜语进行。外国人在审判中可以使用本国语言。

第一百六十六条

法院独立进行审判,依据法律进行审判活动。

第一百六十七条

最高法院是朝鲜民主主义人民共和国的最高审判机关。

最高法院监督所有法院的审判工作。

第一百六十八条

最高法院对最高人民会议负责,在最高人民会议闭会期间对其常任委员会负责。

第七章 国徽、国旗、国歌、首都

第一百六十九条

朝鲜民主主义人民共和国国徽为椭圆形,周围是用写有"朝鲜民主主义人民共和国"字样的红带束起的稻穗,中间是雄伟的水电站,其上方有革命的圣山白头山和光芒四射的五角红星。

第一百七十条

朝鲜民主主义人民共和国国旗,中间是红色宽面,其上下各有一白色细条,再上下是蓝色宽边,红面靠旗杆一边有一白色圆圈,中间是五角红星。

旗面的长宽比例为一比二。

第一百七十一条

朝鲜民主主义人民共和国国歌是《爱国歌》。

第一百七十二条

朝鲜民主主义人民共和国首都是平壤。

大韩民国宪法 *

（1948 年 7 月 17 日公布施行，1952 年 7 月 7 日修正，1954 年 11 月 29 日修正，1960 年 6 月 15 日修正，1960 年 11 月 29 日修正，1960 年 12 月 26 日修正，1969 年 10 月 21 日修正，1972 年 12 月 27 日修正，1980 年 10 月 27 日修正，1987 年 10 月 29 日全民公决修正并于 1988 年 2 月 25 日生效）

序　言

我们，韩国人民，自豪于大韩的悠久历史和光荣传统，秉承 1919 年"三一独立运动"建立起来的大韩民国临时政府法统和 1961 年"四一九"反对非法政府的民主运动理念，立足国家的民主改革和国家的和平统一使命，决心以正义、人道主义和同胞来增进民族团结，消除所有社会陋习和非正义，以国民自律和公共和谐为根本加强基本自由和民主秩序，为全体国民提供包括政治、经济、社会和文化领域内的平等机会和更高发展，使每个国民完成和其自由、权利相对应的责任和义务，提高国民生活质量，致力于世界和平和人类繁荣，永远确保每个国民和其后代的安全、自由和幸福，现经国会议决并经全民公决，将 1948 年 7 月 12 日制定并已经八次修改的宪法进行修订。

1987 年 10 月 29 日

第一章　总纲

第一条

（一）大韩民国是民主共和国。

（二）大韩民国主权属于全体人民和国家。

第二条

（一）大韩民国人民的国籍由国家法律规定。

（二）按照法律规定保护海外人民是国家的责任。

第三条

大韩民国的领土包括朝鲜半岛及其附属岛屿。

第四条

大韩民国将会努力寻求统一，且本着自由民主的原则制定并执行和平统一政策。

第五条

（一）大韩民国将会努力维护国际和平、谴责一切侵略战争。

（二）武装力量承担保护国家和维护领土完整的任务，同时保持政治中立。

第六条

（一）一切其他条约的缔结和颁布都应在宪法的指导下完成，国际法的普遍规则和大韩民国国内法具有同等效力。

（二）盟国的地位由国际法和国际条约保障。

第七条

（一）所有国家的公务人员都服务于全体国民并向国民负责。

（二）政府公务人员的地位及政治中立性依法律的规定加以保障。

第八条

（一）公民有自由建立政党的权利，允许多党制存在。

（二）政党在其目标、组织以及活动上是民主的，且应有必要的组织安排来确保公民可以参与表达政治意愿。

（三）国家在法律规定的范围内，依法保护政党的合法权益并且提供运行经费。

（四）若政党的意图或活动违反了基本民主制度，政府有权向宪法法院申请解散，并且所有的政党的解散均应依照宪法法院的判决。

第九条

国家应致力于保护并且发展本国的文化遗产和国家文化。

第二章　公民的权利和义务

第十条

全体公民都有追求个人价值和维护个人自尊、追求幸福的权利，国家有义务确认和保证公民此项基本的不可侵犯的个人权利。

第十一条

（一）法律面前人人平等，不论性别、宗教、社会地

---

* 译自韩国国会网站所载的英文版（http://www.assembly.go.kr/），同一版本亦载于韩国宪法法院网站（http://english.ccourt.go.kr/home/att_file/download/Constitution_of_the_Republic_of_KoreA.pdf）。译者：郭炜。

位,全体公民在政治、经济、社会以及文化生活中享有同等权利。

（二）不存在任何特权阶级或者以任何形式建立的特权阶级。

（三）任何形式的荣誉只有被授予者才有权利享有,但不得被授予任何特权。

第十二条

（一）全体公民都享有人身自由。除了依照法律规定外,任何公民不受逮捕、拘留、调查或者审讯;除依照法律规定并遵守合法手续外,任何公民不受处罚、保安处分或强制劳役。

（二）任何公民不得被随意折磨或者被逼承认自己的犯罪事实。

（三）逮捕、拘留、抓捕或调查应根据检察官的申请并出示法官签发的授权令并按照特定法律程序进行。但现行犯、可处三年以上有期徒刑的犯罪嫌疑人在逃或有毁灭证据嫌疑的可在事后申请授权令。

（四）任何被逮捕或被拘留的人均有权得到法律咨询委员会的帮助,若犯罪嫌疑人未能得到法律咨询委员会的帮助,国家应按照法律有关规定,指定特定的法律咨询人为其服务。

（五）任何人不得在未被告知的情况下被任意逮捕或者拘留以及被剥夺得到法律援助的权利,依照法律规定应及时将当事人逮捕以及拘留的地点通知其家人。

（六）任何被逮捕或拘留的人均有权要求法庭重新审理其被逮捕或拘留的合法性。

（七）以下的认罪将不会被裁定为有罪的证据:刑讯、暴力、胁迫、过分延长的拘捕、欺瞒或其他方法而迫使其承认有罪的;或者其有罪供词是唯一证据的。

第十三条

（一）任何公民不得因行为时依法不构成犯罪的行为而受到追诉,同时也不得因同一犯罪行为受到重复处罚。

（二）不得限制公民的政治权利,任何人不得被随意剥夺财产。

（三）任何公民都不应因其亲属行为受到不公平对待。

第十四条

任何公民都有居住以及按照个人意愿自由迁徙的权利。

第十五条

任何公民都享有自由选择职业的权利。

第十六条

任何公民都不得擅闯民宅,但有法官根据公诉人要求而颁布的授权令而进行的搜查和追捕的情况除外。

第十七条

全体公民的隐私权是神圣不可侵犯的。

第十八条

全体公民都享有通信自由的权利。

第十九条

全体公民都享有良知自由的权利。

第二十条

（一）所有公民都享有宗教自由。

（二）国家不承认任何宗教作为国教,国家和宗教是分离的。

第二十一条

（一）任何公民都享有言论、出版、集会、结社自由。

（二）禁止对言论、出版和媒体、社团组织进行任何审查和审批。

（三）任何新闻媒体以及广播的播放标准均由国家依照法律规定。

（四）任何言论或者出版行为不得侵犯个人的基本权利或损害公共、社会道德。言论以及出版行为侵犯公民名誉或权利的,受害者可提出损害赔偿请求。

第二十二条

（一）所有公民都享有学习和追求艺术的自由。

（二）作者、发明者、科学家、工程师以及艺术家的作品都会受到国家法律的保护。

第二十三条

（一）全体公民都享有财产自由的权利。其内容和限制由法律规定。

（二）个人财产权的执行应符合公共福利的要求。

（三）任何在公共需要和补偿的前提下剥夺、使用、限制个人私人财产以及补偿都应按照国家法律的规定进行。

第二十四条

任何公民都依法享有选举的权利。

第二十五条

任何公民都依法享有被选举的权利。

第二十六条

（一）任何公民都依法享有向政府机构递交书面请愿的权利。

（二）政府有义务审查书面请愿。

第二十七条

（一）任何公民都有权依照宪法和法律的规定监督法官审判工作的公平公正性。

（二）非军人或非受雇于军队的公民在大韩民国领土范围内都不得受到军事法院的审判,但关于军事机密、哨兵、哨所、提供有毒饮食、俘虏和军事犯罪以及非特别戒严的情况除外。

（三）任何公民都有得到迅速审判的权利，除有充分理由，被告人均有权接受不拖延的公开审判。

（四）被告人在法院裁定其有罪前，都应当被视为无罪。

（五）刑事受害人有权在审讯过程中根据法律规定的条件作出陈述。

第二十八条

若被拘留过的犯罪嫌疑人依照法院裁定为不起诉或无罪释放的情况下，有权根据法律规定要求国家给予赔偿。

第二十九条

（一）若公民因公共官员履行公职时的不法行为受到损害，则其根据法律规定有权要求国家或公共组织给予合理赔偿。此时，机关公共官员不享有责任豁免。

（二）若属于因军人、军队雇员、警察或法律规定的其他公职人员在执行公务的过程中受到损害的，除根据法律规定获得补偿外，不得向国家和所在的部门要求赔偿。

第三十条

任何公民因他人犯罪行为受到人身损害或死亡的，都可依法得到国家的相关援助。

第三十一条

（一）任何公民都享有按照其能力接受教育的权利。

（二）任何抚养未成年人的公民都应至少确保未成年人接受基本教育的权利。

（三）义务教育是无偿的。

（四）教育的独立性、专业性、政治中立性以及更高一级的教育机构的自治权利都依法得到保障。

（五）国家应当促进公民终身教育。

（六）教育制度、学校教育和终身教育制度及其管理、财政以及教师的地位的有关事项均由法律规定。

第三十二条

（一）全体公民都享有工作的权利，国家应尽力确保工人就业及通过社会和经济手段确保工人得到最合理的工资，并且依照宪法和法律的规定实行最低工资制度。

（二）全体公民都负有劳动的义务。国家应根据民主的原则并依照法律规定决定劳动义务。

（三）工作环境的标准应由法律在保障人的尊严的前提下得以确定。

（四）女性劳动者应受到特别保护，且不应受到工种、工资以及工作条件的不公正的歧视待遇。

（五）青少年劳动应受到特别保护。

（六）工作机会应依照法律规定优先赋予为国家作出特别贡献的公民、伤残警察、军人烈属以及在行动中牺牲的警察的亲属。

第三十三条

（一）为提高工人工作条件，工人有建立自己独立的工会组织进行集体谈判以及集体行动的权利。

（二）公务员依据法律规定享有建立自己独立的组织进行集体谈判以及集体行动的权利。

（三）从事法律规定的防卫产业的工人的集体行动权可根据法律规定制定或不予认可。

第三十四条

（一）所有国民均享有作为人类生存的权利。

（二）国家负有加强社会保障、促进社会福利的义务。

（三）国家负有促进妇女福利和权益的义务。

（四）国家负有为提高老人和青少年福利实施各种政策的义务。

（五）国家按照法律规定保护身体残疾的人和因疾病、年老以及其他事由而无生活能力的国民。

（六）国家负有预防灾害和保护国民免受灾害的义务。

第三十五条

（一）所有国民享有舒适生活环境的权利，国家和国民均享有保护环境的义务。

（二）环境权的内容由法律规定。

（三）国家负有通过开发房地产的政策使国民享有舒适住宅环境的义务。

第三十六条

（一）婚姻和家庭生活应建立在维持个人尊严与两性平等的基础上，国家应在其能力范围内尽最大努力以实现上述目标。

（二）国家应尽力保护母亲。

（三）所有国民的健康应受国家保护。

第三十七条

（一）国民的自由和权利不因在宪法中未列举而被忽视。

（二）国民的自由和权利，只有在为维护国家安全、维持法律与公共秩序或为公共福利所必需时方可通过法律来限制。但设置这些限制时不得侵犯自由或权利的本质内容。

第三十八条

所有国民负有按照法律规定纳税的义务。

第三十九条

（一）所有国民负有按照法律规定保卫国家的义务。

（二）国民不因履行兵役义务而受到不利待遇。

第三章　国会

第四十条

立法权属于国会。

第四十一条

（一）国会由国民通过普遍、平等、直接和秘密选举产生的议员组成。

（二）国会议员的数量应由法律规定，但最低不能少于两百人。

（三）国会议员的选区、比例代表制以及其他有关选举的事项应当由法律规定。

第四十二条

国会议员的任期为四年。

第四十三条

国会议员不得兼任法律规定的其他公职。

第四十四条

（一）除现行犯外，国会议员在国会开会期间未经国会同意不受逮捕或拘禁。

（二）如果国会议员在会期前被逮捕或拘禁的，除现行犯外，若国会要求，应在会期中得到释放。

第四十五条

国会议员不因在国会中发表的正式观点或表决而受到追究。

第四十六条

（一）国会议员有义务保持高度廉洁。

（二）国会议员应以国家利益优先，并遵循自己的良心履行职务。

（三）国会议员不得滥用其职位通过与国家、公共组织、企业签订合同或处分的方式获得或帮助他人获得财产上的权利、利益或职位。

第四十七条

（一）国会每年召开常会一次，总统或四分之一以上的在籍国会议员可要求召开临时会议。

（二）国会常会会期不得超过一百日，临时会议会期不得超过三十日。

（三）若总统要求召开临时会议，应明示会议的会期和召开的理由。

第四十八条

国会选举产生一名议长和两名副议长。

第四十九条

除宪法或法律有特殊规定外，国会议案以在籍议员过半数出席且出席议员的过半数赞成为通过。若赞成票和反对票相同，则视为否决。

第五十条

（一）国会的会议应公开举行。但若过半数的出席议员或议长认为出于保障国家安全所必要，则可以不公开举行。

（二）未公开举行的会议，其内容的公布，由法律规定。

第五十一条

提交给国会的法案或其他议案不得因其未在会期内生效而被废弃。但国会议员的任期届满除外。

第五十二条

国会议员和政府可提出法案。

第五十三条

（一）国会通过的法律应移交政府，由总统在十五日内公布。

（二）总统若对法案有异议可在第一款所提期间内连同书面异议书退回国会要求国会重新审议。在国会休会期内，总统仍可行使该权力。

（三）总统不得要求对法案的一部分或其所提议的修正进行重新审议。

（四）经过国会重新审议，若原法案经在籍议员的过半数出席和出席议员的三分之二多数通过，则该法案通过成为法律。

（五）若总统未在第一款规定期间内公布法案或提出重新审议要求，则该法案仍通过成为法律。

（六）总统应立即公布第四款和第五款所通过的法律。若总统未在五日内公布第五款所通过的法律或按第四款退回议会的法律，则由国会议长公布该法律。

（七）除有特殊规定外，法律自公布之日起二十日后生效。

第五十四条

（一）国会审议和批准国家预算案。

（二）政府应编制每个财政年度的预算案，并在财政年度开始之前九十日内提交给国会。国会应在财政年度开始之前三十日内作出决议。

（三）若在财政年度开始前尚未通过预算案，在国会通过预算案之前，政府应依照上一年度的预算为下列目的支出经费：

1. 维持、运行由宪法和法律所确定的机构或设施；

2. 执行法律规定的必要支出；

3. 继续上一年度预算案所确定的项目。

第五十五条

（一）若须跨过一个财政年度继续支出时，政府须得到国会特定时限的批准。

（二）储备金应以其总额获得国会的同意。储备金的支出应得到下期国会的批准。

第五十六条

政府认为有必要变更预算时，可编制追加预算案提交国会。

第五十七条

未经政府同意，国会不得增加政府提交的预算案的支出总额或设置新的支出项目。

第五十八条

政府计划发行国债或缔结将导致国家预算外负担的合同时,应预先得到国会的批准。

第五十九条

税收的种类和税率由法律规定。

第六十条

(一)国会享有缔结和认可关于共同安全和互相援助条约、有关重大国际组织的条约、友好贸易通航条约、关于主权限制的条约、媾和条约、造成国家和国民重大财政负担的条约或者有关立法的条约的同意权。

(二)国会享有宣战、对外派遣武装部队、对外国军队在大韩民国驻扎的同意权。

第六十一条

(一)国会可监督国家机关或调查特定的国务事件,并可要求提交所需的相应文件或要求证人的出席、证言或陈述意见。

(二)监督和调查特定国务事件的程序由法律规定。

第六十二条

(一)国务院总理、国务院委员或者政府委员可出席国会或其委员会,报告政府事务或陈述意见、答复质询。

(二)若国会或其委员会要求,总理、国务委员或政府委员应出席国会并答复质询。

第六十三条

(一)国会可提出总理和国务委员的罢免案。

(二)第一款提及的罢免案由国会在籍议员三分之一以上提出,国会在籍议员过半数赞成即可获得通过。

第六十四条

(一)国会可在不同法律抵触的范围之内制定议事和内部条例。

(二)国会可审查议员的资格及对其进行纪律惩戒。

(三)议员的罢免需有在籍议员的三分之二以上赞成。

(四)第二款和第三款规定的处罚不得向法院提起诉讼。

第六十五条

(一)为防止总统、国务总理、国务委员、行政各部长官、宪法法院法官、法官、中央选举管理委员会委员、监察院长和监察委员及其他法律规定的公务员在履行职务中违反宪法或法律,国会可就对其弹劾进行表决。

(二)第一款规定的议决需在籍议员三分之一以上提议,且其表决须有国会在籍议员过半数赞成。总统的弹劾表决须有国会在籍议员过半数提议和国会在籍议员三分之二以上赞成。

(三)任何受到弹劾者应停止行使其权力,直至弹劾审判。

(四)弹劾决定仅限于决定公职的罢免,并不因此免除其民事或刑事责任。

第四章　政府

第一节　总统

第六十六条

(一)总统是国家元首,对外代表国家。

(二)总统负有维护国家独立、领土完整和国家持续性以及维护宪法的义务。

(三)总统负有忠实维护国家和平统一的义务。

(四)行政权属于以总统为首的政府。

第六十七条

(一)总统选举应以全体国民公平、直接和秘密投票的方式进行。

(二)第一款规定的选举中,若得票最高者为两人以上时,以在国会在籍议员过半数出席的公开会议中取得多数票者为当选者。

(三)若总统候选人为一人时,其得票数须超过有选举权人总数的三分之一,否则不得当选。

(四)获得总统竞选资格的公民须在选举之日前已满四十周岁。

(五)关于总统选举的具体事项由法律规定。

第六十八条

(一)现任总统任期届满之前四十到七十日内进行下一任总统的选举。

(二)若出现总统缺位或总统当选人死亡或其他任何理由被法院判决丧失总统资格的情况时,须在总统缺位、死亡或丧失资格之日起的六十日内选举出总统。

第六十九条

总统在就职宣誓时须作出以下誓言:"我向国民庄严宣誓,我将忠实履行总统职责,遵守宪法,保卫国家,为国家的和平统一、促进国民的自由和增加国民福利及民族文化的繁荣而努力。"

第七十条

总统任期为五年,不得连任。

第七十一条

总统缺位或总统因故无法履行职责时,总理或按法律规定的国务委员的优先次序代理其履行总统职责。

第七十二条

总统认为若有必要可就重要的外交政策、国防、国家统一或其他关系到国家命运的事项提起全民公决。

第七十三条

总统可决定和批准条约，接受或派遣外交使节，宣战及媾和。

第七十四条

（一）总统按宪法和法律的规定统率军队。

（二）军队的组织和编制由法律规定。

第七十五条

总统可就法律具体确定范围委任给的事项和为执行法律所需事项发布总统令。

第七十六条

（一）在因内乱、外侵、自然灾害或重大的财政、经济危机时，为国家的安全保障或维持社会秩序而有必要采取紧急措施且时间紧迫无法召开国会时，总统可作出所需的最低限度的财政、经济处分或就此发布具有法律效力的命令。

（二）若出现重大交战事故危害国家安全且为保卫国家而需采取紧急措施且无法召开国会时，总统可发布具有法律效力的命令。

（三）总统发布第一款和第二款规定的行动或命令时，应即时向国会报告并取得其批准。

（四）未获得批准，行动和命令将失效。此时，因该命令而修订或废止的法律从该命令未获承认时开始自然恢复效力。

（五）总统应将第三款和第四款事由即时公布。

第七十七条

（一）在战时、武装冲突或相当于此的全国紧急状态下，由于军事上的需要或者维护公共安全和秩序而动员军事力量的状况下，总统可发布戒严令。

（二）戒严令分为特别戒严和警戒戒严令两种。

（三）发布特别戒严令可按法律规定就令状制度、言论、出版、集会、结社自由、政府或法院的权限实施限制的特殊措施。

（四）宣布戒严时，总统应即时向国会通告。

（五）国会以在籍议员过半数赞成要求解除戒严时，总统应遵从。

第七十八条

总统根据宪法和法律规定任免公共官员。

第七十九条

（一）总统可根据法律规定实行特赦、减刑或复权。

（二）总统特赦须国会批准。

（三）关于特赦、减刑及复权的事项由法律规定。

第八十条

总统根据法律规定授予勋章及其他荣誉称号。

第八十一条

总统可出席国会发言，也可发表书面意见。

第八十二条

总统法律上的行为和军事上的行为均以书面作出，且该文书由总理和相关国务委员副署。

第八十三条

总统不得兼任国务总理、国务委员、行政各部长官及其他法律规定的公私职务。

第八十四条

总统除犯有叛乱或暴动罪外，在任职期间免受刑事追究。

第八十五条

关于前任总统的身份和待遇将由法律规定。

第二节　行政机构

第一目　总理和国务委员

第八十六条

（一）国务院总理由总统经国会批准任命。

（二）国务院总理辅佐总统并直接领导行政部门。

（三）军人除退役后，不得被任命为国务院总理。

第八十七条

（一）国务院组成人员由总统根据总理提名任命。

（二）国务院委员辅佐总统执行国务事务，并作为国务院的成员审议国务。

（三）总理可向总统建议罢免国务委员。

（四）军人除退役后不得被任命为国务委员。

第二目　国务院

第八十八条

（一）国务院审议行政权限范围内的重要政策。

（二）国务院由总统、总理和十五名以上三十名以下的国务委员组成。

（三）总统是国务会议的议长，总理是国务会议的副议长。

第八十九条

下列事项须经国务院审议：

1. 国务的基本计划和政府的总方针；

2. 宣战、媾和及其他重要的对外政策；

3. 宪法修正案、全民公投、条约和总统法令；

4. 预算、决算、处分国有财产的基本计划，产生国家债务的合同和其他重要的财政事务；

5. 紧急命令和紧急财政、经济处分行为，宣布和解除戒严；

6. 重要军事事务；

7. 要求召开国会临时会议；

8. 授予荣誉称号；

9. 特赦、减刑和恢复权利；

10. 行政部门的权限划分；

11. 关于政府内部权限委任或分配的基本计划；

12. 国务执行状况的评价和分析；

13. 各行政部门重要政策的形成和调整；

14. 解散政党；

15. 对向政府提出或要求政府公开相关政策的申请的审查；

16. 对总检察长、参谋长联席会议的参谋议长、各军参谋总长、国立大学校长、大使及其他法律规定的公务员、国营企业管理者的任命；

17. 其他由总统、国务总理或国务委员提出的事项。

第九十条

（一）为就国务重要事务提出的质询作出答复，可设立由国家元老组成的国家元老咨询会。

（二）国家元老咨询会的主席由上一任总统担任，若没有上一任总统，则由总统任命主席。

（三）国家元老咨询会的组织、职责和其他必要事项由相关的法律规定。

第九十一条

（一）为在国务会议审议前，就国家安全保障相关对外政策、军事政策及国内政策的形成对总统提出咨询的答复，可设立国家安全会议。

（二）国家安全会议由总统主持。

（三）国家安全会议的组织、职责及其他必要事项由相关法律规定。

第九十二条

（一）为就和平统一的政策对总统提出咨询的答复，可设立民主和平统一咨询会。

（二）民主和平统一咨询会的组织、职责及其他必要事项由相关法律规定。

第九十三条

（一）为就发展国民经济的重要政策对总统提出咨询的答复，可设立国民经济咨询会。

（二）国民经济咨询会的组织、职责及其他必要事项由相关法律规定。

第三目　行政部门

第九十四条

各行政部门长官由总统基于总理提名在国务委员中加以任命。

第九十五条

国务总理或各行政部门首脑根据法律授权、总统诏令或根据职权可发布国务总理法令或部门法令，但部长法令应在相关部门管辖范围内发布。

第九十六条

各行政部门的设置、组织和职责由相关法律规定。

第四目　监察院

第九十七条

在总统的直接监管之下设立监察院，并对国家的收支结算、国家及法律规定的社会团体的账目和行政机关及公务员职务进行监察。

第九十八条

（一）监察院包括院长在内，由五人以上十一人以下的监察委员组成。

（二）监察院院长由总统经国会批准任命，任期为四年，可连任且仅限于连任一次。

（三）监察委员由总统经院长提名任命，任期为四年，可连任且仅限于连任一次。

第九十九条

监察院须对每年年度收入、年度支出进行监察并须将监察结果向总统和下一年度国民大会报告。

第一百条

监察院的组织、职责，监察委员的资格，受监察公共官员的范围及其他必要事项由相关法律规定。

第五章　法院

第一百零一条

（一）司法权属于由法官组成的法院。

（二）法院包括最高法院和地方各级法院。

（三）法官资格由法律规定。

第一百零二条

（一）最高法院可设各级部门。

（二）最高法院可设最高法院大法官。但在有法律规定的情况下，也可任命其他法院的法官为最高法院大法官。

（三）最高法院和地方各级法院的组织由法律规定。

第一百零三条

法官须根据宪法和法律的规定以及良知独立审判。

第一百零四条

（一）最高法院首席大法官由总统根据议会的批准任命。

（二）最高法院大法官由总统根据首席大法官的提名并经国会批准任命。

（三）首席大法官外的法官和最高法院的法官由首席大法官根据最高法院法官会议的批准任命。

第一百零五条

（一）最高法院首席大法官的任期为六年，不得连任。

（二）最高法院大法官的任期为六年，可在有法律规定的情况下连任。

（三）最高法院首席大法官和最高法院大法官以外的法官的任期为十年，可在有法律规定的情况下连任。

（四）法官退休的年龄由法律规定。

第一百零六条

（一）任何法官非因弹劾、监禁劳役及以上的刑罚不得被罢免，在未有法律规定的情况下不得被辞退、减薪或受到其他不适当的处罚。

（二）若法官因身体或精神原因无法继续履行职责，则允许其根据法律规定退休。

第一百零七条

（一）若法律的合宪性在审判中受到质疑，则法院应提交宪法法院并根据其决定作出审判。

（二）若行政法令、规则或行为的合宪性或合法性在审判中受到质疑，则最高法院享有对其进行最终审查的权力。

（三）行政裁决可作为司法审判的前置程序。行政裁决的程序由法律规定，并应遵守司法程序的原则。

第一百零八条

最高法院可在法律规定的范围内制定司法程序、法院内部规范和法院行政事务规则。

第一百零九条

法院审理和审判应公开。但审理有关妨害国家安全、社会秩序或公序良俗的案件时法院可决定不公开审理。

第一百一十条

（一）军事法院是作为特殊法院并为管辖军事审判设立的。

（二）最高法院享有军事法院的终审权。

（三）军事法院的组织、权限和法官资格由法律规定。

（四）特殊戒严下的关于军人、军队雇员犯罪，军事间谍及法律规定的有关哨兵、哨所、提供有毒饮食、俘虏的犯罪的军事审判均不得上诉，但宣告死刑的情况除外。

第六章　宪法法院

第一百一十一条

（一）宪法法院审理以下事务：

1. 各级法院提交的法律合宪性问题；

2. 弹劾；

3. 解散政党；

4. 国家机关之间、国家机关和地方政府之间以及地方政府相互之间的权限争议；

5. 法律规定的宪法诉愿权。

（二）宪法法院由具有法官资格的九名法官组成并经总统任命。

（三）在第二款规定的法官中，三名从国会推选的人选中任命，三名从首席大法官提名的人选中

（四）宪法法院院长由总统经国会批准从法官中任命。

第一百一十二条

（一）宪法法院院长的任期为六年，并根据法律规定可连任。

（二）宪法法院院长不得加入政党，不得参与任何政治活动。

（三）宪法法院院长非因弹劾或监禁及以上的刑罚不得被罢免。

第一百一十三条

（一）宪法法院在作出法律违宪决定、弹劾决定、解散政党决定或批准宪法诉愿决定时，须经六名以上法官赞成。

（二）宪法法院可在法律规定的范围内制定相关司法程序、法院内部规范和有关行政事务规则。

（三）宪法法院的组织、职责和其他必要事项均由法律规定。

第七章　选举管理

第一百一十四条

（一）为公正地管理选举、全民公投和处理政党行政事务，可设选举管理委员会。

（二）中央选举委员会由总统任命的三人、国会推选的三人以及最高法院首席大法官指定的三人组成。委员长由委员选举产生。

（三）委员会委员的任期为六年。

（四）委员不得加入政党或参与政治活动。

（五）委员非因弹劾或监禁以上的刑罚不得被罢免。

（六）中央选举委员会在法律规定的范围内制定关于选举管理、全民公投或处理政党事务的规则，并在遵守法律的限度内制定内部规范。

（七）各级选举委员会的组织、职责和其他必要事项均由法律规定。

第一百一十五条

（一）各级选举委员会可就选举候选人名单等的选举事务和全民公决事务向相关行政机关作出必要指示。

（二）收到第一款规定指示的相关行政机关应遵从。

第一百一十六条

（一）选举活动应遵守法律规定并在各级选举委员会的管理下进行，并保障机会平等。

（二）选举经费非经法律规定不得由政党或选举候选人承担。

第八章 地方自治

第一百一十七条

（一）地方政府处理关于居民福利、财产管理的事务，并在法律和法规规定的范围内制定关于地方自治的规则。

（二）地方政府机构由法律规定。

第一百一十八条

（一）地方政府可设地方议会。

（二）地方议会的组织、权限、议员选举和地方政府首脑的选举办法以及其他关于地方政府组织活动的事项均由法律规定。

第九章 经济

第一百一十九条

（一）大韩民国的经济秩序以尊重企业和个人在经济事务中的自由和创造力为基础。

（二）国家为保持国家经济的均衡增长和稳定发展、确保适当的利益分配、防止市场垄断和滥用市场支配地位以及为通过协调经济主体实现经济民主化，可对经济事务进行规范和协调。

第一百二十条

（一）对矿产、所有其他重要的地下资源、海洋资源、水力和经济上可利用的自然力，可依法允许在一定的条件和时间内发掘、开发和使用。

（二）土地和自然资源受国家保护。国家为平衡其发展和使用而制订必要的计划。

第一百二十一条

（一）国家应努力实现耕者有其田。禁止租佃制。

（二）为提高农业生产率和保证农地的合理利用，或在不可避免的其他情况下，依法允许对农地进行租赁和委托经营。

第一百二十二条

国土是全民生产活动和日常生活的基础。国家为有效和均衡地利用、开发和保护国土，可在法律规定的条件下征收、限制或附加必要的义务。

第一百二十三条

（一）为保护和促进农业和渔业，国家应制订和实施一项全面发展和扶持农、渔行业的计划。

（二）国家有义务扶持地方经济，确保所有地区平衡发展。

（三）国家应保护和扶持中小型企业。

（四）为保护农民和渔民的利益，国家应努力平衡农渔产品的供需和完善其市场分配系统，确保农渔产品价格的稳定。

（五）国家应扶持农、渔民和中小企业自助组织，并保障其自主活动和发展。

第一百二十四条

国家保障消费者权益保护运动，旨在鼓励依法健全消费行为和提高产品质量。

第一百二十五条

国家发展对外贸易，并可予以规范和调整。

第一百二十六条

除法律规定，为满足国防和国民经济迫切需要外，私营企业不得被国有化或被当地政府转移所有权，也不得被国家控制或干预其经营。

第一百二十七条

（一）国家应通过发展科学技术，提供信息和人力资源，鼓励创新，谋求国民经济的发展。

（二）国家建立国家标准体系。

（三）总统可设立必要的咨询机构，以达到第一款所述目的。

第十章 宪法修改

第一百二十八条

（一）修改宪法的提议应由国会全体议员的多数或总统提出。

（二）有关延长总统任期或改变允许总统连任规定的修宪内容对在该提案出台时的应届总统无效。

第一百二十九条

宪法修正案（草案）应由总统公布，且公布期在二十日或以上。

第一百三十条

（一）国会应在修正案提议公布之日起六十日内作出决议，决议通过须经国会全体议员的三分之二以上同意。

（二）宪法修正案（草案）于国会决议通过后三十日内提交国会投票，应经过半数国会议员选举者的投票，并获得过半数投票参加者的同意。

（三）宪法修正案按第二款规定得到落实，该宪法修正案即被确定，总统应立即公布之。

附 则

第一条

本宪法于公元 1988 年 2 月 25 日实施。若为实施该宪法制定或修改必要的法律，依宪法选举总统和国会议员以及为执行本宪法而做的其他准备工作，可以于本宪法实施日之前实行。

第二条

（一）根据本宪法进行的第一次总统选举，应在本宪法实施日起四十日内进行。

（二）根据本宪法之规定，首任总统的任期从本宪法实施之日起算。

第三条

（一）依本宪法之规定，第一届国会议员的选举自本宪法颁布之日起六个月内举行。第一届国会议员的任期依本宪法自首次召集国民议会之日起算。

（二）本宪法公布之时，在任的国会议员之任期于第一款所规定的首次召集国民议会之日的前一日终止。

第四条

（一）本宪法施行之时在职的公务员和政府任命的企业人员，视为按本宪法规定任命。若公务员的选举程序和任命机关变更，最高法院首席大法官，审计、监察委员会主席依本宪法之规定仍行使职权至后继者被选出，公务员的任期于后继者出任之日的前一日终止。

（二）本宪法实施时在任的最高法院非首席大法官，最高法院判事以外的法官，不按第一款之规定，可视为按本宪法规定任命。

（三）本宪法规定的公务员任期和重任限制的规定，自公务员初次选出或任命时起适用。

第五条

本宪法实施之时已生效的法令和条约，若不违背本宪法，将继续有效。

第六条

本宪法实施之时存在的机关行使职权至新的权力机关依本宪法成立之时为止。

东帝汶民主共和国宪法*

（东帝汶制宪会议 2002 年 3 月 22 日通过并颁布，2002 年 5 月 20 日生效）

序　言

在东帝汶人民摆脱殖民统治和外国势力对祖国东帝汶的非法占领并获得自由之后，东帝汶独立革命阵线于 1975 年 11 月 28 日宣布东帝汶独立，并于 2002 年 5 月 20 日获得国际社会的正式承认。

东帝汶共和国宪法的准备和通过，是自 1975 年 10 月 7 日被入侵后东帝汶人民广泛地反抗侵略历史斗争的顶峰。

对敌斗争起初在东帝汶独立革命阵线的领导下进行，后来各种政治团体广泛地参与其中。尤其是 1987 年帝汶抵抗运动全国委员会与 1998 年帝汶抵抗运动全国委员会的成立，极大推进了对敌斗争。

抵抗运动由三个阵线组成。

武装抵抗阵线由光荣的帝汶岛民族自由武装联盟领导，其伟大的历史功绩广为流传。

秘密阵线以成千上万的男女同胞，尤其是以争取独立自由而捐躯的青年之生命为代价，机敏地摆脱了敌人恐怖主义的束缚。

外交战线在世界各地同步展开，为争取无限自由铺平了道路。

东帝汶天主教会以其一贯的文明与人本主义视角，尊严地承受着人民的苦难，站在维护人民最基本权利的一面。

最后，本宪法对所有为祖国而捐躯者表达了衷心的缅怀。

在此，制宪会议的各位成员，依其能力而于 2001 年 8 月 30 日被选举为人民的合法代表人。

基于 1999 年 8 月 30 日由联合国组织举行的东帝汶全民公决而确认的独立自决之愿望的结果。

全面认识到有必要构建一个民主以及制度性的文明。该文明适宜于这样一个国家：遵守法治，人们尊重宪法、法律和民主选举的机构，它们构成了这个国家无可置疑的根基。

阐释东帝汶人民对于上帝的深情厚谊、热情与忠诚，

现庄严重申与任何形式的专制、压迫、经济及社会或宗教的专制统治及压迫作斗争、捍卫国家独立的决心，尊重和保障人权及公民基本权利、确保国家机构间的分权原则以及建立多党民主制之必要原则的决心，以期建立一个正义、繁荣的国家和团结友爱的社会。

本制宪会议之全体成员于 2002 年 3 月 22 日出席会议，批准及制定本东帝汶共和国宪法。

第一编　基本原则

第一条　［共和国］

1. 东帝汶共和国是建立于法治原则、人民意志以及尊重人之尊严之上的民主、主权、独立和单一制的国家。

2. 1975 年 11 月 28 日是东帝汶共和国宣布独立的时间。

第二条　［主权与合宪性］

1. 主权属于人民，由人民依本宪法确定的方式及形式行使之。

2. 国家受治于宪法与法律。

3. 法律以及国家、地方政府的其他行为之有效性依赖于其符合宪法。

4. 国家承认和尊重不与宪法及处理特定的习惯法规范相关的法律相抵触的东帝汶规范与习惯。

第三条　［公民身份］

1. 东帝汶的公民身份有原始公民身份与继受公民身份两种。

2. 出生于东帝汶领土内的以下公民，具有东帝汶原始公民身份：

（1）其父或其母出生于东帝汶；

（2）其父母不详者、其父母为无国籍人或国籍不明者；

（3）其父或其母为外国人，在其年满十七周岁后，表明其愿意成为东帝汶公民者。

---

* 译自东帝汶政府网站所提供的官方英文版。译者：陈琳。

3. 不论其是否出生于外国,其父或其母为东帝汶公民者,被视为具有东帝汶原始公民资格:

(1)其父或其母为居住于海外的东帝汶人;

(2)其父或其母为在国外为国服务的东帝汶人。

4. 公民身份取得、丧失和重新取得,公民身份的登记和证明事项,由法律加以规定。

第四条 〔领土〕

1. 东帝汶共和国的领土包括国境线以内的所有地表、海域及空间,国境包括历史形成的帝汶岛东部,欧库西(Oecussi)飞地阿陶罗岛(Ataúro)和塔科岛(Taco)。

2. 领水的延伸及限制,专属经济区,东帝汶对毗连的海床、大陆架的权利由法律规定。

3. 国家非经公正地重新划定界线,不得放弃东帝汶领土或对领土的任何主权。

第五条 〔地方分权〕

1. 在有关地方组织事项上,国家遵循公共管理上的地方分权原则。

2. 法律设置和确定不同级别的地方区域,设置各种机关并确定各种机关的管理权限。

3. 欧库西(Oecussi)、安贝诺(Ambeno)以及阿陶罗(Ataúro)享有特别的行政管理权与经济待遇。

第六条 〔国家的目标〕

国家的基本目标是:

1. 捍卫及保障国家主权;

2. 保障及促进公民的基本权利和自由,保障和促进政府遵守法治原则;

3. 捍卫和保障政治民主以及公民在解决国家问题过程中的参与;

4. 保障经济的发展以及科学和技术的进步;

5. 通过建立公民物质与精神方面的福利制度,促进基于公正原则的社会之构建;

6. 保护环境与保存自然资源;

7. 尊重东帝汶人民的性格与文化遗产;

8. 促进同所有民族与国家间的友好关系之建立和发展;

9. 促进国内各部分、各地区的和谐、综合发展,以及产品的公平分配;

10. 促进、保障男女机会平等的有效实现。

第七条 〔普选与多党制〕

1. 人民通过普遍、自由、平等、直接、不记名及定期的选举以及本宪法所确定的其他方式行使政治权力。

2. 国家重视政党在实现民意、获得有组织地表达和实现公民参与国家治理方面所作的贡献。

第八条 〔国际关系〕

1. 在国际关系方面,东帝汶共和国将在国家独立、人民自决和独立、人民对其财富和自然资源享有永久主权、保障人权、相互尊重主权和领土完整、国家之间相互平等以及互不干涉他国内政的原则上对其自身事务进行管理。

2. 东帝汶共和国与其他民族建立友好合作关系,以实现和平解决争端,普遍、同步的军备控制,建立集体安全机制,建立能在不同民族间实现正义的国际经济新秩序。

3. 东帝汶共和国将与其他官方语言为葡萄牙语的国家保持紧密联系。

4. 东帝汶共和国将与邻国以及同处同一地区的国家保持密切联系与合作关系。

第九条 〔国际法〕

1. 东帝汶法律制度吸收国际法中的一般原则或习惯法的原则。

2. 国际公约、条约和协定中所规定的原则,在东帝汶各有权机关批准、签署或接受并在官方公报上公开后,将在国内法律体系中适用。

3. 任何与在国内适用的国际公约、条约和协定之条款相冲突的规则无效。

第十条 〔团结〕

1. 东帝汶共和国团结一切争取实现自由的民族。

2. 东帝汶共和国依照法律之规定,向因争取民族独立,社会自由,捍卫人权,实现民主、和平而受到迫害的外国人提供庇护。

第十一条 〔回报抵抗运动〕

1. 东帝汶共和国感谢和重视东帝汶人民反对外国统治的历史斗争,感谢和重视所有为国家独立作出贡献的人。

2. 国家感谢和重视天主教会在东帝汶共和国民族争取民族独立过程中的参与。

3. 国家为因战争致残者,孤儿或其他需依赖于为争取国家独立与主权献身者而生活的人提供特别保障,依法为所有参与反抗外国占领的斗争之人士提供保障。

4. 对民族英雄提供的保障由法律加以规定。

第十二条 〔国家与宗教派别〕

1. 国家承认和尊重不同宗教派别,各派别在遵守宪法和法律的前提下,在组织方面以及在各自的活动方面均享有自由。

2. 国家以对东帝汶人民之福祉有益的方式增进不同教派的合作。

第十三条 〔官方语言与民族语言〕

1. 德顿语(Tetum)和葡萄牙语为东帝汶共和国的官方语言。

2. 国家尊重和发展德顿语以及其他民族语言。

第十四条 ［国家标志］

1. 东帝汶共和国的国家标志是国旗、国徽和国歌。

2. 国徽和国歌由法律确定。

第十五条 ［国旗］

1. 国旗为矩形，包括两个底边重合的等腰三角形。其中一个三角形为黑色，其高等于与其底边重合之黄色三角形底边长度之三分之一，黄色三角形的高为国旗长度的一半。黑色三角形的中心有一颗白色的五角星，象征着光明与引导，五角星的一角向国旗底端倾斜。国旗的其他部分为红色。

2. 国旗中的各种颜色分别表示：

黄色——殖民主义的痕迹；

黑色——需要克服的反启蒙主义；

红色——争取民族自由的斗争；

白色——和平。

第二编 基本权利、义务、自由和保障

第一部分 一般原则

第十六条 ［普遍性和平等性］

1. 共和国公民，在法律面前人人平等，都享有同等的权利并承担同等的义务。

2. 任何人不得因肤色、人种、婚姻状况、性别、种族的起源、语言、社会或经济地位、政治或意识形态的信仰、宗教信仰、受教育状况、生理或心理状况而受歧视。

第十七条 ［性别平等］

妇女与男子在家庭生活、政治生活、经济生活、社会生活以及文化生活方面享有同等的权利。

第十八条 ［对儿童的保护］

1. 儿童有权获得由家庭、社会和国家提供的特别保护，尤其是免于任何形式的遗弃、歧视、暴力、压迫、性虐待以及剥削的保护。

2. 儿童享有国际社会公认的、受国家正式批准或认可的国际公约保障的所有权利。

3. 婚生子女与非婚生子女享有相同的权利，受到相同的社会保障。

第十九条 ［青年］

1. 国家促进和鼓励青年主动维护国家统一、重建、防务以及促进国家的发展。

2. 国家在可能的情况下促进对青年的教育、提升健康状况以及提供职业培训。

第二十条 ［老年人］

1. 所有老年人均享受国家提供的特别保护。

2. 对老年人的政策，包括通过积极地、有尊严地参与社区活动从而增加个人成长机会的经济、社会和文化措施。

第二十一条 ［残疾公民］

1. 残疾公民享有与其他公民相同的权利，承担相同的义务，除非因其残疾导致其不能行使该权利或履行该义务。

2. 国家依照法律，在可能的情况下增进对残疾公民的保障措施。

第二十二条 ［海外的东帝汶公民］

身处海外的东帝汶共和国公民，行使权利的行为受国家保护，同时应当承担与其不在国内之事实不相冲突的义务。

第二十三条 ［基本权利的解释］

本宪法所确认的基本权利并不排除由其他法律所保障的权利，且应当依照《世界人权宣言》的内容进行解释。

第二十四条 ［限制性的法律］

1. 权利、自由及保障，仅在为了保障其他由宪法所保障的权利或利益并依照法律之规定以及在宪法作出明确规定时方得限制。

2. 对公民权利、自由及保障进行限制的法律，应当具有普遍性和抽象性，且不得在程度上和范围上克减宪法之本质内容，且不得溯及既往。

第二十五条 ［例外状态］

1. 基本权利、自由与保障，仅在国家处于戒严状态或依宪法之规定已经宣布国家处于紧急状态的情况下，得被暂停行使。

2. 戒严状态或紧急状态仅在国家遭受实际的或紧迫的外国武力侵略、严重的骚乱致民主宪政秩序面临严重威胁，或发生骚乱或公共疾病时得宣布。

3. 在戒严状态或紧急状态宣告存续期间，特定的权利、自由和保障将被暂停实施。

4. 除有正当原因且在特别必要的情况下经合法展期外，暂停实施的期限不得超过三十日。

5. 不论何种情况下，戒严状态或紧急状态宣告，不得影响到生命权，体格的完整权，公民资格，刑法的非溯及既往性，刑事案件中的辩护权以及良心和宗教自由，免于酷刑、奴隶制或奴役的权利，免于残酷、非人道或有辱人格的对待或惩罚的权利，以及免于歧视对待的权利。

6. 国家权力应当在可能的情况下尽快恢复由正常的宪法机关行使。

第二十六条 ［获得司法救济的权利］

所有人为了保障他们受法律确认的权利的利益而获得司法救济的权利受法律保障。

司法不得因经济手段的缺乏而被拒绝。

第二十七条 ［专员］

1. 专员为独立机构，负责审查及解决公民针对公共机构提出的申诉，确保公共机构的行为符合法律，防止出现不公以及启动对不公进行救济的全部程序。

2. 公民可以向专员提出针对公共机构之任何部门的作为或不作为的申诉，专员应当对申诉进行审查，但专员不享有作出裁决的权力，而应当在其认为必需之时向有权机关提出建议。

3. 专员由国民议会议员以绝对多数支持任命，任期四年。

4. 专员的行为独立于宪法所规定的任何道义的或法律的救济方式。

5. 行政机关与公务员有义务配合专员的行为。

第二十八条 ［反抗与自保的权利］

1. 任何公民均有不服从及抵制非法命令或有损于其基本权利、自由和保障的命令。

2. 所有人自保的权利依法受到保障。

第二部分　人身权利、自由及保障

第二十九条 ［生命权］

1. 生命不可剥夺。

2. 国家尊重和保障生命权。

3. 东帝汶共和国废除死刑。

第三十条 ［人身自由、安全与尊严］

1. 人人均享有人身自由、安全与尊严。

2. 非依有效法律所明确规定的条件，任何人不受逮捕或拘禁，逮捕或拘禁的命令，应当在法律规定的期限内提交有权法官对之进行审查。

3. 任何失去自由的人，有权及时、清楚、准确地获知有关其被逮捕或被拘禁的原因以及享有何种权利，并有权直接或通过其亲属或信任的人，与律师接触。

4. 任何人均有免于酷刑和残酷、非人道或有损尊严的对待的权利。

第三十一条 ［刑事法的适用］

1. 非依法律之规定，任何人不受刑事审判。

2. 除非行为发生之时的法律规定为犯罪，任何人不因该行为而受审判和定罪处罚，也不得在当时法律没有明确规定的情况下接受保安措施之处分。

3. 除非在行为时法律已作出明确规定，否则，刑罚或保安措施不得被实施。

4. 任何人，不得因同一犯罪行为而接受一次以上的审判及定罪。

5. 刑法不得溯及既往，但新法对被告人有利的除外。

6. 被不公正地判决有罪者，有权依法获得公平赔偿的权利。

第三十二条 ［刑罚及保安措施的限制］

1. 东帝汶共和国不允许无限制的或无明确期限的终身监禁或判决或保安措施的存在。

2. 由于心理疾病之原因，保安措施可以依法院判决而合法延长。

3. 刑事责任自负。

4. 因刑事审判而被定罪需承担刑事责任或接受保安措施处置而应失去自由者，在符合该有罪判决和对该有罪判决的实施之必要限制的前提下，仍享有基本权利。

第三十三条 ［人身保护令］

1. 任何被非法剥夺人身自由者，有权申请人身保护令。

2. 人身保护令可以由被拘禁者本人或其他代其行使公民权利者申请。

3. 法院应当在收到人身保护令申请后的八日内，在双方出庭的情况下进行审理并作出裁判。

第三十四条 ［刑事程序中的保障］

1. 在作出有罪判决之前，任何被指控者均应被推定为无罪。

2. 被告人在刑事程序的任何阶段均有权挑选律师并获得律师的帮助，在何种情况下必须有律师出庭协助诉讼由法律规定。

3. 在刑事程序中，任何人获得听证及辩护的权利不受剥夺。

4. 通过酷刑、强制、侵犯身体或精神尊严的方式，或通过对私生活、住宅、通信或其他形式的交流之非法干预而获得的证据无效。

第三十五条 ［引渡与驱逐］

1. 非依法院裁决，不得引渡。

2. 基于政治原因的引渡不得进行。

3. 依引渡请求国之法律，如果被请求引渡者可能遭受死刑或终身监禁的刑罚，或基于任何依据可推定被请求引渡者可能遭受酷刑、非人道以及残酷之对待，则不得引渡。

4. 东帝汶共和国人不得被驱逐或被流放到境外。

第三十六条 ［荣誉权与隐私权］

任何人均享有荣誉、良好名声和名誉权，保护其公众形象、保护其本人及其家庭隐私的权利。

第三十七条 ［住宅及通信不受侵犯的权利］

1. 任何人的住宅、通信秘密以及其他方式的私人交流的秘密，非依法律之规定并作为刑事程序需要，不受侵犯。

2. 非依有权司法机关之书面命令以及依法律所规定的情况和方式,任何人不得违背房主之意志入侵其住宅。

3. 除非住宅内有严重威胁生命或人格尊严的情况发生,否则,任何违背其意愿的夜间进入行为均被明令禁止。

第三十八条 [个人信息的保障]

1. 任何公民均有权获知存入计算机系统的个人信息,有权进入有关其本人的机器或人工记录,并有权要求更正或更新该信息并有权知晓收集这些信息的目的。

2. 个人信息的概念以及占有这些个人信息的条件由法律规定。

3. 非经当事人同意,不得收集有关其私生活、政治及哲学信仰、宗教信仰、党派或工会成员、种族的信息。

第三十九条 [家庭、婚姻及母亲]

1. 家庭是社会的基本单位,是个人和谐发展的条件,受国家的保障。

2. 任何人均有组建家庭及过家庭生活的权利。

3. 当事各方依照法律规定的自由同意以及配偶间享有完全平等的权利是婚姻成立的基础。

4. 母亲的尊严有权获得保护,所有妇女在怀孕期间及分娩时有权获得特别保护,职业妇女依法律之规定,在产前及分娩后的足够期间内享有豁免于工作的权利,且薪资或其他利益不受不利影响。

第四十条 [言论与信息自由]

1. 任何人均享有表达自由及获得信息的权利,并有权获得公正告知的权利。

2. 表达自由以及信息自由权利的行使不受任何形式的检查。

3. 在对宪法以及对人格尊严给予谨慎尊重的前提下,法律可以对本节规定的权利和自由进行规制。

第四十一条 [新闻与大众媒体的自由]

1. 新闻与其他媒体的自由受法律保障。

2. 新闻自由应当包括,新闻工作者的言论自由与创作自由,获得重要信息源的自由,编辑自由,职业秘密与独立受保护,创立报纸、公开发行物和其他传播媒介的权利。

3. 禁止对大众媒体的垄断。

4. 政府保障大众媒体独立于政治权力和经济力量。

5. 政府为保护东帝汶民主共和国的文化与传统价值的传播以及不同阵线人民意见之表达的目的,应当保证一个中立的公共电台和电视服务的存在。

6. 电台与电视台必须在依法取得的许可证下运行。

第四十二条 [集会与示威自由]

1. 任何人和平、不携带武器集会的自由受保障,并无须获得事先许可。

2. 任何人均有依法示威的权利。

第四十三条 [结社自由]

1. 结社自由受保障,如果该结社之目的不在于激化暴力并依法进行。

2. 任何人均不得被违背其意愿,强迫加入某社团或保留在某社团之中。

3. 武装的、军事性质的或准军事性质的结社以及性质上具有种族主义的或排外性质的或宣扬恐怖主义的结社不得成立。

第四十四条 [迁徙自由]

1. 任何人均享有在国境内自由迁徙及在任何地方定居的权利。

2. 公民自由移民及回国的权利受到保障。

第四十五条 [良心、宗教及信仰自由]

1. 任何人的良心、宗教及信仰自由均受保障,政府与宗教派别相互独立。

2. 任何人均享有免于因宗教信仰之原因而被追诉或歧视的权利。

3. 因信仰原因而拒服兵役的权利受法律保障。

4. 在尊重不同宗教派别的前提下,传教自由受法律保障。

第四十六条 [政治参与的权利]

1. 所有公民均享有直接或通过民主选举产生的代表参与国家政治生活和公共事务的权利。

2. 组建政党的权利受法律规制。

3. 建立及组织政党受法律规制。

第四十七条 [选举权]

1. 年满十七周岁的公民享有选举权和被选举权。

2. 选举权的行使具有人身性并构成了公民的一项义务。

第四十八条 [请愿权]

基于保障其权利,捍卫宪法、法律或普遍利益之目的,任何公民均享有单独或与他人联合向主权机构或任何当局递交请愿、申诉、要求的权利。

第四十九条 [捍卫主权]

1. 为捍卫国家的独立、主权及领土的统一作贡献,既是公民的权利,也是公民的义务。

2. 公民应依法服兵役。

第三部分 经济、社会及文化权利和义务

第五十条 [劳动权]

1. 任何公民,不论性别,均享有劳动的权利和义

务,并享有自由选择职业的权利。

2. 劳动者享有安全与劳动保障、获得报酬、休息和休假的权利。

3. 禁止无正当理由或因政治、宗教或意识形态而开除工人。

4. 除非具有刑事法上的正当原因,禁止强制劳动。

5. 国家促进合作经营组织的建立,并对家庭产业提供支持以创造就业机会。

第五十一条 [罢工及禁止封闭工厂]

1. 任何工人均具有诉诸罢工的权利,此权利的行使受法律的规制。

2. 为了设备的安全及维护或为了满足社会的基本需求,法律得规定在罢工期间,工人应进行劳动的条件并得设定劳动的最低限度。

3. 法律禁止封闭工厂的行为。

第五十二条 [工会自由]

1. 为了保障其权利和利益,任何劳动者均有权组织或参加工会和职业联盟的权利。

2. 工会自由,包括组织工会的自由,工会成员身份自由以及工会内部组织和管理的自由。

3. 工会及工会联盟独立于政府和雇主。

第五十三条 [消费者权利]

1. 消费者享有获得良好品质之商品及服务、获得真实信息的权利,保障其健康、安全与经济利益的权利以及获得损害赔偿的权利。

2. 广告受法律规制,任何形式的欺骗、间接性的或误导性的广告不得进行。

第五十四条 [私有财产权]

1. 任何人均享有私有财产权,在其有生之年或死亡之时,有权依法律之规定转移其财产。

2. 私有财产不得用于有损于社会之目的。

3. 因公共利益而对财产的征用和征收,仅在依法提供了公平补偿的情况下进行。

4. 只有东帝汶共和国公民才能对土地享有所有权。

第五十五条 [纳税人的义务]

任何具有合法收入的公民,均负有为公共财政作贡献而纳税的义务。

第五十六条 [获得安全保障与社会救助的权利]

1. 任何公民依法享有获得社会保障与救助的权利。

2. 国家按照其资源状况,促进社会保障体制的建立。

3. 国家依法支持、监督社会团体及其他尊重公共利益的非营利组织的建立和运行。

第五十七条 [健康权]

1. 任何人均享有健康权和获得医疗服务的权利,也有义务保障和促进他人享有此种权利。

2. 国家促进普遍和一般的国家健康服务体系的建立,国家健康服务体系依法和依国家所承担的义务免费运行。

3. 国家健康服务体系将尽可能地采用非集中参与管理体制。

第五十八条 [住宅权]

任何人,为其本人及其家庭之目的,均享有拥有足以满足保健、安全标准,保持个体间亲密关系及保护家庭隐私之需的,足够大小的住房的权利。

第五十九条 [教育与文化权利]

1. 政府尊重和保障每个公民都享有的受教育和文化方面的权利。政府有责任依法建立与其能力相适应的、免费的、基础教育阶段的义务教育制度。

2. 所有人都享有平等的受教育与职业培训的权利。

3. 政府尊重和监督私立的和合作的教育。

4. 政府保障所有公民都能获得与其能力相适应的最高层次的教育,保障其科学研究与文化创造能力的发挥。

5. 任何人均享有文化娱乐与创造的权利,承担保留、保护以及尊重文化遗产的义务。

第六十条 [知识产权]

国家保障及保护文学、科学与艺术作品的创造、生产与商业化,提供对版权的法律保护。

第六十一条 [环境权]

1. 任何人均享有人道的、健康的以及生态上平衡的环境权利,同时负有保护环境、为了后代之利益而促进环境发展的义务。

2. 国家重视对自然资源之保护以及合理利用自然资源之必要性。

3. 国家提倡旨在保护环境以及保障经济可持续发展的行为。

第三编 政治权力机构

第一部分 一般原则

第六十二条 [政治权力的来源与行使]

政治权力属于人民,由人民依照宪法之规定行使。

第六十三条 [公民对政治生活的参与]

1. 男子与妇女直接、主动地参与政治生活既是统一和民主制度的要素,又是统一和民主制度的工具。

2. 法律应规定妇女与男子在行使公民权利与政

治权利方面的平等,以及在获得政治职位方面的非歧视待遇。

第六十四条 [更新原则]

任何人不得终身或者无限期地担任某一政治职务。

第六十五条 [选举]

1. 主权机关和地方政府通过自由、直接、不记名、选民亲自投票以及定期的普选产生。

2. 选民登记为强制的、由官方启动的、单一的、普遍的行为,并应为每次选举进行相应地更新。

3. 竞选受下列原则规制:

(1)自由进行游说;

(2)各受选人机会平等及受到平等对待;

(3)公正对待各公共团体提出的候选人;

(4)选举经费公开并受到监督。

4. 投票向委托的转变需遵循比例代表制原则。

5. 选举程序由法律规定。

6. 选民登记及选举行为应当由独立机构监督,该机构的权限、组成人员、组织机构及功能由法律规定。

第六十六条 [全民公决]

1. 在东帝汶共和国境外经登记的选民,可以被召集参加全民公决,就事关国家利益的事项表达自己的意见。

2. 全民公决由国民议会三分之一议员提议并经三分之二多数赞成,或由政府经谨慎权衡后提出,并由共和国总统召集。

3. 由宪法排他地授权由议会、政府及法院处理的事项,不得作为公民公决的内容。

4. 只有获得过半数登记选民之支持,全民公决的内容才具有约束力。

5. 全民公决的程序由法律规定。

第六十七条 [主权机关]

主权机关包括共和国总统、国民议会、政府和法院。

第六十八条 [身份的不兼容]

1. 共和国总统,国民议会议长,最高法院院长,行政、税务与审计高等法院院长,总检察长及政府成员身份互相之间不兼容。

2. 其他身份的不兼容,由法律规定。

第六十九条 [分权原则]

主权机关在处理相互关系以及在履行其职能时,应遵循宪法所确立的分权原则以及权力间的相互独立原则。

第七十条 [政党与反对党的权利]

1. 各政党通过直接与普选产生的民主代表,实现对政府权力的参与。

2. 民主反对党的权利,以及定期及直接获得与公共利益之重要程序相关的信息之权利受到尊重。

第七十一条 [行政机关]

1. 中央政府由在全国设置的不同层次的行政机关代表。

2. 欧库西实行特别的行政政策与经济制度。

3. 阿陶罗具有特殊的经济地位。

4. 东帝汶共和国的政治与行政机关由法律规定。

第七十二条 [地方政府]

1. 地方政府由代表机关及合作团体组成,以组织公民参与解决本地方的问题以及在不妨碍国家参与之前提下促进地方的发展为目的。

2. 地方政府机构的组织、权限、职能和人员构成由法律规定。

第七十三条 [立法及决议的公布]

1. 立法及决议由各主权机关在官方公报上公布。

2. 任何属于本条第一款所指称的立法或决议,或依其一般性质,属于主权机关或地方政府之决定者,未经公布不发生效力。

3. 其他立法与决议的公布形式,以及未能公布的后果,由法律规定。

第二部分　共和国总统

第一章　共和国总统的地位、选举以及任命

第七十四条 [定义]

1. 共和国总统是国家元首,是国家独立、统一以及民主制度顺利发挥功能的象征和保证人。

2. 共和国总统是国防部队的最高统帅。

第七十五条 [担任共和国总统的条件]

1. 只有满足以下条件者才有资格成为总统候选人:

(1)具有东帝汶共和国原始国籍;

(2)至少三十五周岁;

(3)具有完全行为能力;

(4)获得至少五千名选民提名。

2. 东帝汶共和国总统每届任期五年,在新当选总统宣誓就职后停止履行职责。

3. 东帝汶共和国总统可连任一届。

第七十六条 [选举]

1. 共和国总统通过普遍、自由、直接、不记名以及选民亲自参加的选举产生。

2. 获得不包括空白选票在内的所有有效选票之多数票者当选为共和国总统。

3. 如果选举中无候选人获得过半数选票，则应在第一次选举后的三十日内举行第二轮选举。

4. 只有在第一轮选举中得票最多的两位候选人（如果他们没有退出选举）才有资格进入第二轮选举。

第七十七条　[就职与宣誓]

1. 总统应在国民议会议长的主持下以及在国民议会议员和其他主权机关的代表在场的情况下举行宣誓及就职仪式。

2. 就职仪式应在在职总统任期届满的最后一日举行，如果选举是由于总统空缺导致的，则应当在选举结果公布后的第八日举行。

3. 总统应在宣誓仪式上作如下宣誓：

"我以我的名誉保证，向上帝和人民宣誓，我将忠诚履行宪法赋予我的职责，遵守和实施宪法、法律，将竭尽所能捍卫和巩固国家的独立和统一。"

第七十八条　[兼职的禁止]

共和国总统在全国范围内不得兼任任何政治或公共职务，也不得担任任何私人安排的职务。

第七十九条　[刑事责任与宪法义务]

1. 总统在履行职责时享有豁免权。

2. 总统在履行职责过程中明显及严重违反其宪法义务而构成犯罪的，应接受最高法院的讯问。

3. 当国民议会五分之一议员提议并获得三分之二多数之支持，国民议会应当启动对总统的刑事程序。

4. 最高法院全体法官应当在最长三十日的时间内作出裁决。

5. 有罪判决将导致总统丧失职位以及再次当选的资格。

6. 对于总统在非履行职责过程中的犯罪，最高法院也可对总统进行讯问，但总统仅在被判处监禁以上刑罚时才得被免职。

7. 依前款之规定，总统的豁免权得由国民议会依本条第三项规定而暂停行使。

第八十条　[总统的缺位]

1. 如果国民议会正在开会，则非经国民议会事先同意，总统不得离开东帝汶共和国的领域。

2. 如果总统违反前款之规定，则依前条之规定，可能导致总统丧失其职位。

3. 总统不超过十五日的私人访问，不需要经过国民议会的同意，但总统应当在此类访问前通知国民议会。

第八十一条　[总统的辞职]

1. 总统可向国民议会表达其意愿而辞去总统职务。

2. 一旦总统辞职的意愿通知了国民议会且国民议会在此后不带偏私地在其官方公报上公布，则辞职立即生效。

3. 一旦总统辞职，则其不能立即作为候选人参加其辞职后最近一次的总统选举，也不得参加辞职后五年内的总统选举。

第八十二条　[总统死亡、辞职或永久不适任]

1. 当出现共和国总统死亡、辞职或永久不适任的情况，总统权力由国民议会议长暂时行使，国民议会议长应当在国民议会临时议长的主持、国民议会议员及其他主权机关的代表出席的情况下进行宣誓。

2. 总统的永久不适任由最高法院宣布，最高法院负有证实总统的死亡以及宣布总统职位因此空缺的责任。

3. 因总统死亡、辞职或永久不适任而进行的新总统选举，应当在总统死亡、辞职或永久不适任被证实或宣布后的九十日之内举行。

4. 新当选的总统获得新的任期。

5. 如果新当选总统拒绝就任或者死亡或永久不适任，则本条的规定将再次适用。

第八十三条　[例外情况]

1. 如果总统死亡、辞职或永久不适任被证实或被宣布后，面临着即将到来的战争或此后长期处于紧急状态，或发生了技术上或物质上难以克服的困难，导致无法依第七十六条之规定进行总统选举，则新总统应由国民议会在九十日内从议员中选举产生。

2. 依前款之规定选举产生的总统在前任总统的剩余任期内任职，并得参加新一届总统竞选。

第八十四条　[继任与临时职位]

1. 当共和国总统出现了暂时性的职务障碍，则总统职责由国民议会议长暂时行使，或在国民议会议长出现障碍之时，由议长的替代者暂时行使。

2. 在国民议会议长或其替代者临时行使总统职权期间，国民议会应命令国民议会议长或其替代者自动暂停行使议长职权。

3. 共和国代理总统或临时总统国民议会方面的权力，应依议会议事规则之规定暂时由其他人行使。

第二章　权限

第八十五条　[权限]

以下权力专属于共和国总统：

1. 签署法律、公布国民议会批准的协定及签署国际条约的决议；

2. 行使本质上属于防卫部队最高统帅的职能；

3. 在收到法案后的三十日内将其否决的权力；

4. 在咨询国民议会中有议席的政党之领袖后，任命国民议会中的多数党或政党联盟提名的总理并主持总理的宣誓仪式；

5. 要求最高法院对法律规范进行预防性评估并

对其合宪性进行抽象审查,并对不作为作出违宪宣告;

6. 依第六十六条之规定,将事关国家利益的事项交付全民公决;

7. 在向国务委员会、政府以及最高防务与安全委员会咨询后,依国民议会之授权,宣布国家进入戒严状态或紧急状态;

8. 在政府提议并向国务委员会、最高防务与安全委员会咨询后依国民议会的授权,宣布战争与和平;

9. 在向政府咨询后发布赦免令和减刑令;

10. 依法律之规定,授予荣誉称号。

第八十六条 ［与其他机关相关的权力］

以下为总统享有的与其他机关相关的权力:

1. 担任最高防务与安全委员会主席;

2. 担任国务委员会主席;

3. 依法律之规定,确定总统选举与立法选举的日期;

4. 基于国家利益的迫切需要,召集国民议会特别会议;

5. 向国民议会和全国发表国情咨文;

6. 在出现了严重的制度危机,妨碍政府的组成或预算的批准超过六十日的情况下,在向占有议会议席的各政党、国务委员会咨询并在考虑了第一百条之规定的前提下,解散议会;

7. 在议会两次拒绝其施政计划后,解散政府以及将总理免职;

8. 依第一百零六条第二款之规定和总理的建议,任命政府成员,主持政府成员的宣誓及将政府成员免职;

9. 任命最高防务与安全委员会的两名成员;

10. 任命最高法院院长,主持高等行政、税务与审计法院院长的宣誓仪式;

11. 任命任期为四年的总检察长;

12. 依第一百三十三条第六款之规定,任命及罢免副总检察长;

13. 在政府提出建议后,任命及罢免防卫部队全体会议总长、防卫部队全体会议副总长以及防卫部队全体会议总长;

14. 任命国务委员会的五名成员;

15. 任命一名高等司法委员会成员以及一名高等公共检察委员会成员。

第八十七条 ［与国际关系相关的权力］

在国际关系方面,总统享有以下权力:

1. 在实际受到或可能受到侵略之时,在政府的建议下,并咨询最高防务与安全委员会后,依国民议会或国民议会常设委员会的授权,宣布战争、和平的权力;

2. 依政府之提议,任命或罢免大使、常设外交代表、特别使节的权力;

3. 接受资格证明及接受外国使节;

4. 在咨询政府后,就履行防务与安全方面的协议,进行任何谈判程序。

第八十八条 ［签署与否决］

1. 总统在收到国民议会通过并向其提交签署的法案后三十日内,可以签署或对其行使否决权,在基于充分理由的情况下行使否决权时,应当向国民议会提出对该法案进行重新评估的要求。

2. 如果国民议会在行使完全职能的九十日内以绝对多数支持票重新通过该法案,则共和国总统应在收到该法案之后的八日内签署该法案。

3. 行使完全职能的议会依前款之规定,通过与第九十五条所列事项相关的法案时,要求全体议员之三分之二以上出席。

4. 共和国总统应在收到政府提交签署的法令后的四十日内签署该法令,或以向政府送达文书的方式对之行使否决权,并应附有否决该法令的理由。

第八十九条 ［临时共和国总统的权力］

临时共和国总统不得行使第八十六条第七项、第八项、第九项、第十项、第十二项、第十三项、第十四项及第十五项授予的权力。

第三章 国务委员会

第九十条 ［国务委员会］

1. 国务委员会为共和国总统的政治咨询机构,受总统之领导。

2. 国务委员会由下列人员组成:

(1)未在任期内被罢免的前共和国总统;

(2)国民议会议长;

(3)总理;

(4)由国民议会依比例代表原则选举、并非主权机关成员的五名公民,其任期与立法机关的任期一致;

(5)由总统任命的、并非主权机关成员的五名公民。

第九十一条 ［国务委员会的职权、组织及功能］

1. 国务委员会的职权包括:

(1)就解散国民议会提出意见;

(2)就解散政府提出意见;

(3)就宣告战争与和平提出意见;

(4)就宪法所规定的任何其他事项提出意见,在总统要求时,就总统行使职权提出建议;

(5)草拟国务委员会的议事规则及程序。

2. 国务委员会会议不向公众公开。

3. 国务委员会的组织机构及各自的功能由法律规定。

第三部分 国民议会

第一章 地位与选举

第九十二条 〔定义〕

国民议会是代表所有东帝汶民主共和国人民的主权机关,是享有立法监督权及政治决定权的机关。

第九十三条 〔选举及组成〕

1. 国民议会通过普遍、自由、直接、不记名以及选民亲自参加的选举产生。

2. 国民议会由最少五十二名、最多六十五名议员组成。

3. 有关国民议会的组织、资格条件、提名以及选举的事项,由法律规定。

4. 国民议会议员每届任期五年。

第九十四条 〔豁免权〕

1. 国民议会议员不因其履行职责过程中的投票以及其所表达的意见而承担民事、刑事责任或接受惩戒处分。

2. 议员豁免权可由国民议会的议事规则取消。

第二章 职权

第九十五条 〔国民议会的职权〕

1. 就与国内或对外政策相关的基本事项制定法律是国民议会的权力。

2. 对以下事项制定法律的权力专属于国民议会:

(1)依第四条之规定确定东帝汶民主共和国的边界;

(2)对领水、专属经济区的边界,以及对毗连区、专属经济区所享有的权利;

(3)依第十四条第二款之规定,确定国家标志;

(4)公民资格;

(5)权利、自由及其保障;

(6)人的地位、能力以及家庭和继承;

(7)区域划分;

(8)选举与全民公决制度;

(9)政党与结社;

(10)国民议会议员的地位;

(11)在国家机关中任职者的地位;

(12)教育制度的基础;

(13)健康与社会保障制度的基础;

(14)暂停宪法保障的实施以及宣告国家处于戒严状态和紧急状态;

(15)防卫与安全政策;

(16)税收政策;

(17)预算制度。

3. 下列事项同样属于国民议会的权力:

(1)批准最高法院院长的任命,批准高等行政、税收与审计法院院长的任命;

(2)审议政府提交的发展报告;

(3)选举一名高等司法委员会委员以及一名高等公共检察委员会委员;

(4)审议国家计划与预算,审计国家计划与预算的执行;

(5)监督国家预算的执行;

(6)批准和废除协定,签署国际条约和公约;

(7)授予赦免;

(8)批准共和国总统进行国事访问;

(9)以国民议会议员三分之二多数之支持批准修改宪法;

(10)授权及确认宣告国家处于戒严状态或紧急状态;

(11)建议共和国总统将事关国家利益的事项交付全民公决。

4. 下列事项亦属于国民议会的职权范围:

(1)选举议长以及国民议会主席团的其他成员;

(2)选举国务委员会中的五名成员;

(3)准备及批准议会委员会的程序规则;

(4)设置国民议会的常设委员会及其他委员会。

第九十六条 〔授权立法〕

1. 国民议会得授权政府制定与下列事项相关的规范:

(1)界定犯罪、刑罚、保安措施以及各自的前提性的要求;

(2)规定民事与刑事诉讼程序;

(3)司法组织与治安法官的地位;

(4)有关公共服务的一般规则与组织,公务员的地位及国家责任;

(5)公共行政组织的一般基础;

(6)货币制度;

(7)银行与财政制度;

(8)规定环境保护与可持续发展政策的基础;

(9)与广播、电视以及其他大众媒体管制相关的一般规则;

(10)公民义务或军事义务;

(11)为公共目的的征收和征用之一般规则与规范;

(12)规定基于公共利益之需要对产品和石油进行的干预、征收、国有化、私有化的方式及途径,确定对之进行补偿的标准。

2. 作出立法授权的法律，应当明确授权的主题、意义、范围以及授权的期限，该期限可以续展。

3. 一项授权法不得被重复使用，如果政府被解散、立法期限届满或国民议会被解散，该授权法自动失效。

第九十七条 ［立法动议①］

立法的提案权属于：

1. 国民议会议员；

2. 国民议会中的团体；

3. 政府；

4. 在任一财政年度内，任何包括导致预算或批准的预算支出增加或收入减少内容的法案、草案或修正案不得被提出。

5. 如果某一法案或草案已被某一届议会拒绝，则在该届国民议会期间，不得再次提交审议。

6. 在某一届国民议会期间未被表决的法案或草案，除非是由于该届国民议会任期届满，否则不需要向下一届议会提交。

7. 倘若政府被解散，则立法草案失效。

第九十八条 ［国民议会通过的法律］

1. 除政府行使其专有立法权而通过的法规之外的规范，为了终止该规范的效力或为了对之进行修正，在该规范公布之后的三十日内，经五分之一的国民议会议员的申请，可以提交国民议会审议，该期间不包括国民议会的职能被暂停的期间。

2. 国民议会在其作出评估之前，可以暂停某一立法的全部或部分的实施。

3. 倘若国民议会在举行了十次全体会议后尚未作出最后决定，则暂停实施的决定将失效。

4. 如果终止其合法性的决定获得支持，则自该终止决议在官方公报上公布之日起，该立法将不再有效，在下一立法会议上将不再公布。

5. 一项立法被提交评估之后，如果国民议会未对之作出任何决议，或已经作出了应该修改的决定，但截至该相应会议结束之时，如果已经举行了十五次全体会议，仍未对之作出任何决定或对之进行修改，则该程序应当终止。

第三章 机构与职能

第九十九条 ［立法会期］

1. 立法机关的会期由五次立法会议组成，每次立法会议持续时间为一年。

2. 国民议会履行职能的常规期限由程序规则确

定。

3. 国民议会由议长发布通知召集。

4. 常设委员会认为必要时，或总统为针对特别事项发表演说发出通知之后，经三分之一的国民议会议员之提议，国民议会议长应当召集国民议会开会。

5. 如逢国民议会被解散，新选举产生的国民议会应当开始新一届立法议会，该届议会的任期应获得增加，增加的时间为立法议会完成选举日正在处理的事项所需的时间。

第一百条 ［议会的解散］

1. 国民议会在选举之后的六个月内不得被解散，在共和国总统任期的最后半年内不得被解散，国家处于戒严状态或紧急状态的时候国民议会也不得被解散，违反以上规定的解散命令无效。

2. 解散国民议会的议决，并不妨碍国民议会继续履行其职务直到新选出的国民议会举行第一次会议时为止。

第一百零一条 ［政府成员出席国民议会］

1. 政府成员享有出席国民议会全体会议并按程序规则发言的权利。

2. 政府成员出席国民议会回答议员质询的时间依程序规则确定。

3. 国民议会或其委员会有权要求政府成员参与其程序。

第四章 常设委员会

第一百零二条 ［常设委员会］

1. 在国民议会被解散或在开会期内或在宪法规定的其他情形下，常设委员会仍处于会期之内。

2. 常设委员会由国民议会议长主持，常设委员会由国民议会副议长以及由议会党团按其代表比例任命的国民议会议员组成。

3. 常设委员会的职权如下：

(1) 贯彻政府行为以及公共管理机构的行为；

(2) 与国民议会委员会的合作；

(3) 在其认为必要时采取相应步骤召集国民议会；

(4) 准备及组织国民议会的会议；

(5) 依第八十条之规定，就总统旅行提出同意的意见；

(6) 协调国民议会与其他国家的相似议会以及其他机构间的关系；

(7) 授权宣布戒严状态或紧急状态。

---

① 原文如此。

第四部分 政府

第一章 定义与组织

第一百零三条 ［定义］

政府是负责管理和执行国家一般政策的主权机关，是国家的最高公共行政机关。

第一百零四条 ［组成］

1. 政府由总理、部长及国务秘书组成。

2. 政府可以包括一名或多名副总理及副部长。

3. 部长及国务秘书的数量、称呼及职能由政府法令规定。

第一百零五条 ［部长理事会］

1. 部长理事会由总理和各部部长组成，如果设有副总理，还包括副总理。

2. 部长理事会由总理召集和主持。

3. 如果设有副部长，副部长和国务秘书可以被要求参加国务委员会，但不享有投票权。

第二章 组织与责任

第一百零六条 ［任命］

1. 总理由在议会中占多数席位的政党或政党联盟提名，并由共和国总统咨询在议会中占有席位的政党后任命。

2. 政府的其他成员由总理提名、总统任命。

第一百零七条 ［政府的责任］

政府依宪法及法律之规定，管理和执行对内对外政策，并对共和国总统及国民议会负责。

第一百零八条 ［政府纲领］

1. 获得任命后，政府应当编制其施政纲领，该纲领应当包括施政目标和任务，将要采取的措施以及在政府行为领域将要遵循的主要政治方针。

2. 在获得部长理事会的同意后，总理应当至迟在政府获得任命后的三十日内将政府的施政纲领提交国民议会审议。

第一百零九条 ［审议政府的施政纲领］

1. 政府的施政纲领应提交国民议会审议。如逢国民议会处于休会期，则应为此目的而召集国民议会开会。

2. 对政府施政纲领的辩论不得超过五日，在辩论结束前，任何议会团体可以提议拒绝接受该施政纲领，政府也可以要求进行信任投票。

3. 经可以行使全权的国民议会之绝对多数议员之赞成，方可否决政府的施政纲领。

第一百一十条 ［要求信任投票］

政府可以要求国民议会就一般政策的声明或对任何事关国家利益的事项举行信任投票。

第一百一十一条 ［不信任投票］

1. 国民议会在可以行使全权时，得依四分之一议员之提议，就政府履行其施政纲领的事项或任何其他事关国民利益的事项进行不信任投票。

2. 如果不信任投票未获通过，则其签名者在同一会期内不得提出其他的不信任动议。

第一百一十二条 ［解散政府］

1. 在以下情况下可以解散政府：

(1)新的立法会期已经开始；

(2)共和国总统接受了总理的辞职申请；

(3)总理死亡或由于身体出现了永久不适任的情况；

(4)政府施政纲领第二次被拒绝；

(5)信任投票未获通过；

(6)不信任投票需以国民议会可履行全权所需议员的绝对多数支持获得通过。

2. 共和国总统只有在依前款之规定，且认为系保证民主制度的正常运行所必需的情况下，在向国务委员会咨询后方可解除总理职务。

第一百一十三条 ［政府成员的刑事责任］

1. 政府成员若被提出可判处监禁两年以上的刑事指控，则他或她应当被暂停履行职务以便刑事程序能够进行。

2. 政府成员若被提出最高刑为两年以下监禁的刑事指控，则由国民议会决定该政府成员是否需要暂停履行职务以便刑事程序能够进行。

第一百一十四条 ［政府成员的豁免权］

除在当场发现有犯最高刑为两年以上监禁的严重犯罪之嫌疑外，未经国民议会同意，任何政府成员不受扣押或监禁。

第三章 职权

第一百一十五条 ［政府的职权］

1. 政府的职权包括：

(1)制定国家的一般政策，以及在获得国民议会的批准后，执行该政策；

(2)保障公民基本权利和自由的行使；

(3)维护公共秩序和社会纪律；

(4)制定国家规划和国家预算，在获得国民议会的批准后执行国家规划和国家预算；

(5)规制经济部门和社会主体的行为；

(6)准备、谈判条约和协定，加入、批准、继承以及宣布废除不属于由国民议会和共和国总统决定加入、批准、继承以及宣布废除的国际条约；

(7)制定和执行国家的对外政策；

(8)保证东帝汶民主共和国在对外关系中具有代

表者;

(9)引导国家的经济和社会部门;

(10)引导国家的劳工和社会保障政策;

(11)保障国家公共土地、国有财产的安全与统一;

(12)领导与协调各部以及向部长理事会负责的其他机构的工作;

(13)促进合作社的发展以及支持家庭生产;

(14)鼓励私营企业的原创精神;

(15)采取措施以及必要的安排以促进经济及社会的发展,以满足东帝汶人民的需要;

(16)行使本宪法及法律授予的其他权力。

2.关系到其他机关的以下权力同样属于政府行使的权力:

(1)向国民议会提交提案及决议草案;

(2)向共和国总统提出宣布战争或和平状态的建议;

(3)向共和国总统提出宣布国家进入戒严状态或紧急状态的建议;

(4)向共和国总统提出将有关国家利益的事项提交全民公决的建议;

(5)向共和国总统提出任命外交官、常设代表及特别使节的建议。

3.政府排他地享有就与其组织及职能相关事项、直接或间接地与国家管理相关事项的规范制定权。

第一百一十六条 〔部长理事会的职能〕

部长理事会的职能包括:

(1)制定政府政策的基本指导方针,制定执行这些政策的基本指导方针;

(2)就要求国民议会进行信任投票的提议进行商讨;

(3)批准法案及决议草案;

(4)批准法规,批准不需要提交国民议会的国际协定;

(5)批准由政府提出的将会导致公共收入或支出增加或减少的措施;

(6)批准国家规划。

第一百一十七条 〔政府成员的职能〕

1.总理的职能包括:

(1)是政府首脑;

(2)担任部长理事会主席;

(3)领导及引导政府的基本政策以及协调部长的行动,公正地对政府各部门的部长的行为负责;

(4)就政府的国内、国际政策向共和国总统提供信息;

(5)行使由本宪法或法律授予的其他职责。

2.部长的职能包括:

(1)执行为各部门制定的政策;

(2)在该部负责的领域内,协调政府与其他国家机关的关系。

3.政府法规应由总理及具体负责该事项的部长签名。

第五部分 法院

第一章 法院与司法

第一百一十八条 〔管辖权〕

1.法院是以人民的名义专理司法的主权机关。

2.在履行职能时,法院有权获得其他机关的协助。

3.法院判决具有约束力,其效力优于其他任何机关的决定。

第一百一十九条 〔独立〕

法院独立,只服从本宪法与法律。

第一百二十条 〔违宪审查〕

法院不得适用与宪法或宪法所包含的原则相冲突的规则。

第一百二十一条 〔法官〕

1.司法权排他地授予依法律设置的法官。

2.在履行职责时,法官独立,仅服从宪法、法律及本人的良心。

3.法官享有任职保障,除非由法律规定,不得被转任,暂停履行职责,退休或免职。

4.为保障法官的独立性,除法律规定的情形外,法官不因其判决或决定而承担责任。

5.司法组织及法官的地位由法律规定。

第一百二十二条 〔兼职的禁止〕

在任法官,除教学及法律研究外,不得履行其他职责,不论此种职责为公共职责还是私人职责。

第一百二十三条 〔法院的类型〕

1.东帝汶民主共和国设以下类型的法院:

(1)最高法院以及其他法院;

(2)高等行政、税收及审计法院以及其他初审行政法院;

(3)军事法院。

2.禁止设置其他法院,不得设置对特定类型的犯罪进行审判的特别法院。

3.设置海事法院及仲裁法院。

4.前述法院的建立、组织及职能由法律规定。

5.法律得将纠纷的非司法解决方式和途径制度化。

第一百二十四条 〔最高法院〕

1.最高法院是最高级别的法院,是法律得以统一实施的保证人,其管辖权及于共和国全境。

2. 最高法院有权对本质上属于法律事务、宪法问题及选举事务的事项行使司法权。

3. 最高法院院长由共和国总统从最高法院法官中任命，每届任期四年。

第一百二十五条 ［职能与组织］

1. 最高法院：

(1)依法律之规定，其各部分在特定的情况下分别作为一审法院；

(2)最高法院之整体，依法律的明确规定，在个别情况下作为唯一的二审法院。

2. 最高法院由职业法官、公共检察法官或公认的法学家组成，其数量由法律规定。法官的产生方式如下：

(1)国民议会选举一名；

(2)其他法官由高等司法委员会提名。

第一百二十六条 ［选举方面和宪法方面的职能］

1. 对下列宪法及法律上的事项进行裁决，属于最高法院的权限范围：

(1)对国家机关制定的规范性文件及立法性文件的违宪性、违法性进行审查并作出宣告；

(2)对法令及全民公决之合法性、合宪性作出预先确认；

(3)对不作为而导致的违宪情况作出确认；

(4)作为上诉法院，对一审法院针对一项规范所作的违宪性判决作出上诉判决；

(5)依本宪法及法律之规定，对组织政党及其他团体的合法性给予证明，命令政党进行登记或解散；

(6)行使由本宪法或法律授予的其他权力。

2. 在选举方面，最高法院的权力包括：

(1)确认某一总统候选人具备法律所要求的条件；

(2)依相应法律之规定，在选举程序的最后阶段，确认选举行为的合法性；

(3)确认和宣布选举结果。

第一百二十七条 ［任职资格］

1. 只有具有东帝汶国籍的职业法官、公共检察治安法官或公认的法学家可以出任最高法院法官；

2. 除前款规定外，法律可以设置其他要求。

第一百二十八条 ［高等司法委员会］

1. 高等司法委员会是法官的管理及惩戒机构，负责法官的任命、分配、转任及升迁。

2. 高等司法委员会由最高法院院长主持。高等司法委员会组成人员中：

(1)共和国总统任命一名；

(2)国民议会选举一名；

(3)政府任命一名；

(4)由法官从其同行中选举一名。

3. 最高司法委员会的职能、组织以及功能由法

律规定。

第一百二十九条 ［高等行政、税收与审计法院］

1. 高等行政、税收与审计法院在不妨碍最高法院之权限时，是行政、税收与审计法院体系中的最高法院。

2. 高等行政、税收与审计法院院长由该院法官从中选举产生，任期四年。

3. 高等行政、税收与审计法院作为一个单一法院，对公共支出的合法性进行审查，对公共账目进行审计。

4. 作为一审法院的行政、税收与审计法院以及高等行政、税收与审计法院，其职能包括：

(1)以解决因法律、财政以及行政关系引发的纠纷为目的而对行为作出裁决；

(2)就针对国家机关、各自的官员及代理人所作的决定而引起的争议进行判决；

(3)其他由法律授予的职能。

第一百三十条 ［军事法院］

1. 军事法院的职能是对本质上属于军事犯罪的行为行使一审管辖权。

2. 军事法院的职能、组织、组成以及功能由法律规定。

第一百三十一条 ［法庭审理］

除为了建立良好秩序从而保障个人尊严、公共道德、国家安全或法院的顺利运行外，法庭审理应当公开进行。

第二章　检察官

第一百三十二条 ［职能与地位］

1. 检察官的职责是：代表国家，通过提起刑事指控，保障未成年人、缺席者以及残疾者的权利，捍卫民主法制，促进法律的实施。

2. 检察官是具有等级差异的司法官员的集合体，它向总检察长负责。

3. 在履行职责时，检察官受法律约束，需要保持客观和中立，需要服从法律的指导和命令。

4. 检察官受与其相关的法律规范的约束，非依法律规定的情形，不得被暂停履行职责、开除或退休。

5. 总检察长办公室负责检察官的任命、分配、转任及升迁事项。

第一百三十三条 ［总检察长办公室］

1. 总检察长办公室是检察官的最高机构，其组成及职能由法律规定。

2. 总检察长办公室由总检察长领导，当总检察长缺席或依法不适任时，应依法律之规定替换。

3. 总检察长每届任期六年，由共和国总统依法律之规定任命。

4. 总检察长向国家元首负责，并应向国民议会提交年度报告。

5. 在三个实际案件中被判决违宪的法律，总检察官应当要求最高法院作出具有普遍约束力的宣告，确认该法律违宪。

6. 在咨询检察委员会后，总统可以任命副总检察长，也可将其免职或将其调任他职。

第一百三十四条 〔高等检察委员会〕

1. 高等检察委员会是总检察长办公室不可分割的组成部分。

2. 高等检察委员会由总检察长领导，由下列人员组成：

(1)共和国总统任命的一人；

(2)由国民议会选举的一人；

(3)由政府任命的一人；

(4)由检察治安法官从其同行中选举产生的一人。

3. 高等检察委员会的职责、组织及功能由法律规定。

第三章　律师

第一百三十五条 〔律师〕

1. 法律与司法援助是社会利益的组成部分，律师及辩护人应受此原则的约束。

2. 律师和辩护人的基本角色是帮助司法的良好实现、保障公民的权利和合法利益。

3. 律师的行为受法律约束。

第一百三十六条 〔律师行为的保障〕

1. 国家依照法律规定，保障与法律程序相关的文件不受侵犯。非依有权治安法官的批准，无论何时，不得针对律师采取搜查、没收、除名或其他司法措施。

2. 律师有权在保密性有保障的情况下与委托人进行接触，尤其当其委托人处于扣押或拘禁于军事或民事关押场所时。

第六部分　公共行政

第一百三十七条 〔公共行政的一般原则〕

1. 公共行政的目标在于：在尊重公民的合法权利、利益以及宪法制度的基础上，满足公共利益的需要。

2. 公共行政机构的设置应当避免过度官僚化，应当为公民提供更多可获得的服务，确保其在有效管理的过程中为个人利益作出贡献。

3. 法律应当确认公民的权利和对公民的保障，即对侵犯其合法权利和利益的行为提供防御。

第四编　经济与财政机构

第一部分　一般原则

第一百三十八条 〔经济组织〕

东帝汶的经济组织建立在公有制经济、私有制经济、合作社经济以及社会所有制经济共存基础上的自由经济制度之上。

第一百三十九条 〔自然资源〕

1. 土壤、底土、领海、大陆架以及专属经济区，乃为国民经济所必需，由国家所有，需依国家利益之需要，以公平、公正的方式加以利用。

2. 法律规定的开发第一款所列的各项经济资源的条件，应以建立强制性财政储备为导向。

3. 对自然资源的开发应注意保持生态的平衡，避免破坏生态系统。

第一百四十条 〔投资〕

在照顾国家利益的前提下，政府依法促进投资、优化环境以吸引外资。

第一百四十一条 〔土地〕

有关土地所有权、使用及开发作为经济要素之一的土地的事项，由法律规定。

第二部分　财政与税收制度

第一百四十二条 〔财政制度〕

财政制度由法律遵循鼓励节约、实现财政安全以及为经济和社会发展提供财政资源的原则设置。

第一百四十三条 〔中央银行〕

1. 国家建立国家中央银行。中央银行与其他机关共同负责制定和执行货币及财政政策。

2. 中央银行的职能、中央银行与国民议会以及政府的关系由法律规定，国家保障财政机构的自治。

3. 中央银行享有发行国家银币的专属权力。

第一百四十四条 〔税收制度〕

1. 国家建立旨在满足国家需要以及实现国家收入和财富的公平分配的财政制度。

2. 税收由法律确定，法律还应确定税率、税收利益及对纳税人的保障。

第一百四十五条 〔国家预算〕

1. 国家预算由政府编制、国民议会批准。

2. 预算法应规定基于效率、实效原则之上的国家财政收入与支出的分类制度，消除秘密拨款和秘密基金。

3. 预算的执行需接受高等行政、税收与审计法院和国民议会的监督。

第五编　国防与安全

第一百四十六条　［防卫部队］

1. 东帝汶的防卫力量,即东帝汶民族解放组织武装部队,只能由东帝汶共和国公民组成,负责为东帝汶民主共和国提供武装防卫,在东帝汶全境内仅有一套单一的组织系统。

2. 东帝汶民族解放组织武装部队在尊重宪法秩序的前提下,抵御任何外来侵略与威胁,保卫国家独立、领土完整以及东帝汶人民的自由与安全。

3. 东帝汶民族解放组织武装部队不具有党派属性,依法律之规定服从国家的主权机关,负有不干预政治事务的义务。

第一百四十七条　［警察与安全部队］

1. 警察负有捍卫国内法制、保障国内公民的安全、严格遵循非党派性的义务。

2. 预防犯罪应在尊重人权的前提下为之。

3. 与警察及其他安全部队相关的原则和规则由法律规定。

第一百四十八条　［高等国防与安全委员会］

1. 高等国防与安全委员会是总统有关防卫及主权事项的咨询机构。

2. 高等国防与安全委员会由共和国总统领导,由平民部分和军人部分组成,其中平民部分的人数应比军人部分多。

3. 高等防卫与安全委员会的设置、组织以及功能由法律规定。

第六编　宪法的保障与修改

第一部分　宪法保障

第一百四十九条　［合宪性的预先审查］

1. 共和国总统有权要求最高法院审查提交总统签署的法案的合宪性。

2. 对法案之合宪性进行预防性审查的请求,总统得在收到法案之日起的二十日内,最高法院应在二十五日之内作出裁决,如遇紧急情况,总统可以缩短该时限。

3. 倘最高法院裁决该法案违宪,则总统应向政府或国民议会送达该裁决,并要求国民议会依最高法院之裁决重新审议该立法。

4. 针对一项由国民议会通过并提交签署的法案之合宪性的裁决,可以在该法案经过必要的修改后,

依第八十八条之规定而被推翻。

第一百五十条　［合宪性的抽象审查］

违宪性宣告之请求可以由下列机关或人员提出:

(1)共和国总统;

(2)国民议会议长;

(3)当法院在三个实际案件中以某一法律违宪为由拒绝适用时,总检察长;

(4)总理;

(5)国民议会五分之一议员;

(6)专员。

第一百五十一条　［因不作为而导致的违宪］

共和国总统、总检察长以及专员,可以要求最高法院审查任何对于实施宪法之规定为必要的立法措施之不作为而导致的违宪性。

第一百五十二条　［关于合宪性的裁决上诉］

1. 最高法院享有对下列法院判决的上诉管辖权:

(1)基于某一规则违宪而拒绝适用该规则的判决;

(2)适用了在诉讼法中合宪性受到质疑的法律规则的判决。

2. 本条第一款第二项所规定的上诉,只有在诉讼中提出了该规则违宪之主张的当事人有权提出。

3. 提出上诉的制度由法律规定。

第一百五十三条　［最高法院的判决］

最高法院的判决不得上诉,并应当在官方公报上公开。最高法院的判决在处理违宪问题的诉讼中,对抽象监督和实质监督问题具有普遍约束力。

第二部分　宪法的修改

第一百五十四条　［修宪的提案权及时间限制］

1. 修改宪法的提案权属于国民议会议员及国民议会中的团体。

2. 只有在上一次修改本宪法的法律公布之日起的六年之后,国民议会方可对宪法进行再次修改。

3. 第一次修宪的六年间隔,从本宪法生效之日起算。

4. 国民议会可以在行使全权的会议上,以五分之四的多数同意修改宪法,而不受修宪时间间隔的限制。

5. 修宪提案只有在提交一百二十日后,国民议会方得对之进行辩论。

6. 任何其他修宪提议,均须在一修宪议案依本条前五项之规定提交后经过三十日后方可提交。

第一百五十五条　［批准与签署］

1. 宪法修正案的批准需获得在国民议会行使完

全职能的会议上的三分之二多数议员之支持。

2. 新宪法文本应与对之进行修改的法律一起公布。

3. 总统无权拒绝签署修改宪法的法律。

第一百五十六条 ［修宪事项的限制］

1. 修改宪法的法律应当尊重以下事项：

(1)国家独立与统一；

(2)公民权利、自由与保障；

(3)政府的共和形式；

(4)权力分立；

(5)法院独立；

(6)多党制以及民主反对党的权利；

(7)自由、普遍、直接、不记名以及定期选举主权机关官员的制度，比例代表制；

(8)行政的非集权化与地方分权原则；

(9)国旗；

(10)宣布国家独立的日期。

2. 前款第三项、第九项规定的事项可通过全民公决的方式加以修改。

第一百五十七条 ［修宪时机的限制］

国家处于戒严状态或紧急状态时，任何修宪程序均不得进行。

第七编 最终与过渡条款

第一百五十八条 ［条约、协定与联盟］

1. 本宪法生效之前，确认、加入与签署双边或多边公约、条约、协定或联盟的相关事项，由各相应有权机关逐一决定。

2. 任何在本宪法生效之前获得确认、签署或加入的条约、协定或联盟，非经东帝汶共和国依本条第一款之规定重新确认、签署或加入，对东帝汶共和国无约束力。

3. 任何在本宪法生效之前即已存在或开始的行动或协议，如其与本宪法第一百三十九条第一款规定的自然资源有关，在本宪法生效后，非经有权机关确认，不能获得东帝汶共和国的承认。

第一百五十九条 ［工作语言］

如有必要，在公共服务领域，印度尼西亚语与英语得作为与官方语言并行的工作语言。

第一百六十条 ［严重犯罪］

发生于1974年4月25日至1999年10月31日之间的，被认为属于反人类犯罪或战争罪的行为，需在国内或国际法庭内承担责任。

第一百六十一条 ［非法动用资产］

本宪法生效之前发生的非法动用动产或不动产的行为属犯罪行为，需依本宪法及法律之规定进行处理。

第一百六十二条 ［协调］

1. 接待、托管与协调委员会负责行使联合国东帝汶过渡行政当局第2001/10号规则所授予的权力。

2. 国民议会在必要时，可以重新界定接待、托管与协调委员会的权限、委任、目的。

第一百六十三条 ［过渡司法机构］

1. 东帝汶共和国当前集体存在的、由国内和国际法官共同组成的、享有对发生于1999年1月1日至11月25日间的严重犯罪行为进行调查之权力的司法机关，在审理这些案件所需的时期内，有权继续行使职权。

2. 本宪法生效之日前在东帝汶存在的法院，在本宪法生效后继续行使其职权，直到新的司法体系得以建立并开始履行其职能。

第一百六十四条 ［最高法院的过渡权力］

1. 最高法院开始履行其职能之后，其他法院在依宪法第一百二十九条之规定得以建立之前，法院的各权力由最高法院及其他法院行使。

2. 在最高法院得以建立并开始履行其职能前，本宪法授予最高法院的所有权力由在东帝汶存在的、级别最高的法院行使。

第一百六十五条 ［以前存在的法律、法规］

在东帝汶有效的法律、法规，除与本宪法或本宪法所包括的原则相冲突的之外，继续有效。

第一百六十六条 ［国歌］

在普通法律依本宪法第十四条第二款之规定确定国歌之前，"Pátria, Pátria, Pátria, Timor -Leste a nossa nação"将在官方仪式上演奏。

第一百六十七条 ［制宪会议的转变］

1. 制宪会议在东帝汶共和国宪法获得批准后转变为国民议会。

2. 第一届国民议会由八十八名议员组成。

3. 制宪会议议长的任期到国民议会依宪法之规定选出议长时届满。

第一百六十八条 ［第二过渡政府］

依联合国东帝汶过渡行政当局第2002/01号规则而组成的政府，其任期直到新政府由总统依本宪法之规定加以任命并宣誓就职后届满。

第一百六十九条 ［2002年的总统选举］

依联合国东帝汶过渡行政当局第2002/01号规则举行的总统选举，依本宪法之规定进行。

第一百七十条 ［宪法的生效］

东帝汶共和国宪法于2002年5月20日生效。

菲律宾共和国宪法*

（1987 年 2 月 2 日由全民公决通过，同年 2 月 11 日颁布并生效）

序 言

我们独立自主的菲律宾人民，恳求全能上帝的帮助，为建立一个公平人道的社会，建立一个体现我们的意愿的政府，促进共同的利益，继承和发扬我们的传统，确保我们及我们的后人能够在一个真实、正义、自由、爱、平等、和平的政权及法律规则下独立和民主，制定并颁布此宪法。

第一条 ［国家领土］

国家领土包括菲律宾群岛的全部岛屿和环绕这些岛屿的水域、岛屿，以及菲律宾拥有主权或管辖权的其他陆地、水域和空中领域，包括其领海、领空、海床、底土、岛屿架和其他海底区域。群岛四周之间和连接各岛的水域，不论其幅员如何，均为菲律宾内海的组成部分。

第二条 ［关于国家原则和政策的宣言］

原则

1. 菲律宾是一个民主共和国。人民拥有主权，政府的权力来源于人民。

2. 菲律宾摈弃以战争作为推行国家政策的工具，采纳公认的国际法准则作为本国法律的一部分，坚持与所有国家和平、平等、正义、自由、合作及友好的国家政策。

3. 文职当局的权力无论何时都高于军队。菲律宾武装部队是人民和国家的保卫者，其宗旨在于保卫国家主权和领土完整。

4. 政府的主要职责是服务和保护人民。政府可以号召人民保卫国家，为达到这个目的，可以依照法律规定征召所有的公民服兵役或公务。

5. 维持治安，保护生命、自由和财产，促进公共福利，是全体人民享有民主幸福的基本条件。

6. 政教分离原则不得违反。

国家政策

7. 国家奉行独立自主的外交政策。在与其他国家的交往中，首先应考虑国家主权、领土完整、民族利益和自决权。

8. 菲律宾出于民族利益考虑，奉行在其领土上无核武器的政策。

9. 为了确保国家的繁荣和独立，国家需促进建立公正和充满活力的社会秩序，并通过提供足够的公共服务，促进充分就业，提高所有人的生活水平和质量等的政策使人民摆脱贫困。

10. 国家需在发展的各个阶段，促进社会公正。

11. 国家尊重每一个人的尊严，保障人权得到充分尊重。

12. 国家承认家庭生活的神圣性，保护并加强家庭作为社会基本的自治机构。平等地保护母亲及自受孕起的胎儿的生命。父母自然的基本权利和义务是抚育青少年的公民能力和道德品质的发展，且该权利和义务应该得到政府的支持。

13. 国家承认青少年在国家建设中的重要作用，并促进和保护他们的身体、道德、精神、智力的发展及社会福利。国家应对青少年进行爱国主义和民族主义教育，鼓励他们积极参与公共和公民事业。

14. 国家承认女性在国家建设中的作用，并保障男女在法律面前的基本平等。

15. 国家保护和促进人们的健康权并培养他们的健康意识。

16. 国家保护和促进人民根据自然规律及和谐的要求，享有平衡和健康的生态环境的权利。

17. 为了培养人们的爱国主义及民族主义，促进社会的进步和推动整个人类的解放与发展，国家需把教育、科学技术、艺术和体育摆在优先发展的位置。

18. 国家肯定劳动者是主要的社会经济力量，并保护劳动者的权利和促进他们的福利。

19. 国家应发展由菲律宾人有效控制的独立自主的民族经济。

---

* 译自菲律宾最高法院所提供的官方英文版。译者：杨芳。

20. 国家承认私营经济是不可缺少的,鼓励私营企业并为其提供投资所需的优惠政策。

21. 国家促进农村的全面发展和土地改革。

22. 国家在国家统一和发展的范围内承认和促进少数民族的权利。

23. 国家应该鼓励非官方等社会基层组织促进国家福利的发展。

24. 国家承认通讯和信息在国家建设中的重要作用。

25. 国家保障基层政府的自治权。

26. 国家应保证担任公职人员机会的均等性,禁止法律意义上的政治王朝。

27. 国家应维持公职人员的廉洁性,并采取积极有效的手段打击贪污腐败。

28. 国家根据法律规定的合理条件,采取了凡涉及公共利益的活动一律公开的政策。

第三条 [人民的权利]

1. 任何人的生命、自由或财产非经法定程序不得剥夺,任何人都受到法律的平等保护。

2. 人民的人身、住宅、文件和财产不受任何性质和任何目的的无理搜查、扣押和没收的权利不得侵犯。除法官在审查控诉人及其所提供的证人于宣誓后所提出的指控或证词,并且具体说明要求搜查的地点和要求扣押或没收的人或物后,并确认有正当理由者外,不得签发搜查令或逮捕令。

3.(1)通信隐私不容侵犯,但依据合法的法院命令,或是为了公共安全的需要及其他法律另有规定的除外。

(2)任何违反本款及前款规定取得的证据,在诉讼中不管出于何种目的均不得采用。

4. 任何剥夺言论自由、表达自由、出版自由,人民和平的集会及向政府请愿的权利的法律都不得通过。

5. 任何关于设立国教或是禁止宗教自由活动的法律都不得通过。不抱歧视或偏见,自由信奉宗教及举行宗教仪式,应永远被容许。行使公民或政治权利不附带宗教考察要求。

6. 人们的居住及在法律允许的范围内的迁移自由不受侵犯,但依据合法的法院命令的除外。人们的旅行自由不受侵犯,但为了国家安全、公共安全或公共卫生的需要而法律另有规定者除外。

7. 人民知晓公共大事的权利应予承认。在遵守法律规定的限制条件下,应允许公民提供接触官方案卷,有关官方行动、交涉或决定的文件和记录,以及政府用作政策发展依据的研究资料的文件。

8. 人民包括受雇于政府和私营经济部门的人员,为合法目的组织工会、协会和社团的权利不得剥夺。

9. 不支付合理的赔偿,私人财产不得征作公共用途。

10. 任何损害契约义务的法律都不得通过。

11. 人们自由地向法院或准司法机构提起诉讼或获得法律援助的权利不得因为其贫困而丧失。

12.(1)任何因为犯罪而受到调查的人,均应被告知其有权保持沉默或是聘请独立的有律师执业资格证的律师。如果其不能负担律师费用,应向其免费提供律师服务。这些权利不能放弃,但有律师在场或是书面放弃的除外。

(2)不得对犯罪嫌疑人使用酷刑、强迫、暴力、威胁、恐吓或是其他违背其自由意志的手段。秘密的拘留所,单独拘禁及不准与外界接触等类似监禁方式均是被禁止的。

(3)任何违背本款或是本条第十七款取得的口供,均不得作为对其不利的证据。

(4)法律应规定对违反本款的刑事或是民事处分,及对蒙受拷问等摧残的受害人及其家庭给予赔偿。

13. 除了因犯罪证据确凿而被判处无期徒刑外,任何人在定罪前都可以缴纳保释金而予以保释或是依法被保释。即使人身保护令的权利被中止施行,被保释的权利也不受影响。不得规定过高的保释金。

14.(1)非经法律程序,不得迫使任何人承担刑事责任。

(2)在任何刑事诉讼中,被告在最终定罪之前应推定为无罪,并享有由其本人和辩护人进行陈述、被告知其所受控告的性质和原因、要求迅速进行公正和公开的审判,同证人对质,要求以强制程序保证证人出庭并提供对其有利的证据等权利。但在传讯后,尽管被告缺席,审讯仍需继续进行,但以已正式通知被告且缺席为无理者为条件。

15. 人身保护令的特权不得中止施行,但因国家遭受侵略或发生叛乱,及为维护公共安全的需要除外。

16. 任何人均有权要求司法机关、准司法机关或行政机关迅速处理其案件。

17. 不得强迫任何人作不利于本人的证词。

18.(1)任何人不得仅因其个人的政治信仰和愿望而被监禁;

(2)对于被告,除经正式定罪判处应受的刑罚外,不得施加任何形式的非自愿的劳役。

19.(1)不得判处过重的罚款,也不得判处残酷的、侮辱性的或不人道的刑罚。除非国会对非处死不可的滔天罪行日后另行规定,否则不得判处死刑。任何已经判处的死刑一律改判无期徒刑。

(2)对在押犯人或被拘留者施加折磨肉体、精神或侮辱性刑罚,或使用低于标准的非人待遇的服刑设施,应受法律制裁。

20. 任何人都不得因为债务或是未缴纳人头税而被监禁。

21. 任何人都不得因为同一罪行受到两次处罚。一种行为在依据法律法规被判处有罪或是无罪后,不得对同一行为再次进行追诉。

22. 任何溯及既往的法律或是侵犯公民权的法律都不得颁布。

第四条 〔公民资格〕

1. 符合以下条件的均为菲律宾公民:

(1)本宪法通过时已是菲律宾公民;

(2)父母一方为菲律宾公民;

(3)其母亲为菲律宾人,本人于 1973 年 1 月 17 日前出生,并在成年后选择了菲律宾国籍;

(4)依法取得菲律宾国籍者。

2. 自然出生的菲律宾公民是指那些从出生开始便不需要采用任何手续即获得菲律宾公民身份的人。依第一款第三种方式选择菲律宾国籍的人视为自然出生的菲律宾公民。

3. 菲律宾国籍可能依照法律规定丧失或是重新取得。

4. 与外国人结婚的菲律宾公民保留菲律宾国籍,但其以行为或是默认放弃菲律宾国籍者除外。

5. 双重国籍不利于国家利益,应依法处置。

第五条 〔选举权〕

1. 除了依法被剥夺选举权外,凡年满十八周岁、在菲律宾居住满一年以及选举前在投票地区居住满六个月的菲律宾公民均享有选举权。选举权不对文化、财产等其他条件加以限制。

2.(1)国会应就保证投票的保密性和神圣性以及保证侨居国外的合格菲律宾选民投票的办法作出规定。

(2)国会还应对残疾人和没有接受过教育的人在没有其他人帮助时的投票办法作出规定。目前,根据现有法律规定他们享有投票权,为此选举委员会可能制定有关在委托授权投票时秘密投票的规定。

第六条 〔立法机关〕

1. 立法权属于由参议院和众议院组成的国会,但是人民创制权和公民复决权属于人民。

2. 参议院由二十四名议员组成,依照法律规定应从有资格的菲律宾选民中普遍选举产生。

3. 凡在菲律宾本土出生的公民,在选举日已年满三十五周岁,能读写,是正式登记的合格选民,以及选举日之前在菲律宾居住满两年,均可当选为参议员。

4. 参议员每届任期为六年,其任期自当选后的六月三十日正午起算,法律另有规定的除外。参议员连选连任不得超过两届。参议员在任期内自动放弃

其参议员的席位,不论多久都不得视为其当选任期连续性的中断。

5.(1)在法律另行规定以前,菲律宾众议院由不超过二百五十名众议员组成。众议员一部分从各省、市和大马尼拉区根据人口并按照统一和累进的比例划分的选区选出;另一部分根据法律,由正式登记的全国性的、地区性的和社会各界的政党或组织,依照法律规定,按政党名单代表制选出。

(2)按政党名单代表制选出的众议员人数占众议员总数的百分之二十。但在本宪法通过施行后的前三届众议院选举中,上述按政党名单代表制选举产生的议席的二分之一,将依照法律规定,从劳工、农民、城市贫民、少数民族、妇女、青年和社会各界中选出,但不包括宗教界。

(3)每个选区应尽量由毗连的整块的和邻接的地域组成,每个人口在二十五万人以上的城市或省,至少应有一名众议员。

(4)国会应在每次人口普查报告发表后的三年内,依照本款所规定的标准,重新分配各选区的众议员名额。

6. 凡菲律宾本土公民,在选举日已年满二十五周岁,具有读写能力,在本选区登记为合格选民(政党名单代表除外),选举日前已在该选区居住满一年的任何个人,均有资格当选为众议员。

7. 众议员任期为三年。在法律另行规定以前,其任期将自选举后的六月三十日正午起算。

众议员连续任职不得超过三届。众议员在任期内自动放弃执行职务的时间,不论多久,概不得视为其当选任期连续性的中断。

8. 在法律另行规定以前,参议员和众议员的定期选举应在五月的第二个星期一举行。

9. 如果参议员和众议员空缺,就依照法律规定举行特别选举填补缺额,补选的参议员或众议员,其任期为补足其前任未任满的任期。

10. 参议员和众议员的薪俸由法律规定。上述薪俸的任何增加,在通过此项增加额的国会参众两院议员任期届满之前不得生效。

11. 在国会举行会议期间,犯有可判六年以下有期徒刑的罪行的参议员或众议员,享有不受逮捕的特权。议员不得因其在国会或所属委员会上所作的发言或辩论而在任何其他地方受到质问或追究。

12. 任何参议员和众议员在其就职时均应公开其全部经济情况和商业利益,并应将他们所提出的法案可能引起的利益冲突通知其所属议院。

13. 参议员和众议员在其任期内不得在政府或其下属部门、代理机关或机构,包括政府所有或控制的公司或其附属机构中,兼任其他职位或职务;也不

得担任在其担任议员期间所设立的任何公职职位或收受由此而增加的薪俸。

14. 参议员和众议员不得在任何法院、选举法庭、准司法机构和其他行政单位亲自担任任何人的法律顾问。议员在任职期间，对于同政府或其下属部门、代理机关或机构、政府所有或控制的公司或其附属机构所签订的任何合同、所授予的特许权或特惠权，不得直接或间接地发生经济利害关系。议员也不得出于自身的经济利益或应他人之请利用职权对任何政府部门有待处理的任何事务进行干预。

15. 国会每年召开一次常会，除法律另行规定日期者外，常会于七月的第一个星期一开始，会期的天数由国会自行决定，可持续到下次常会开始前三十天为止，但星期六、星期日和法定假日不计在内。总统得随时召开国会特别会议。

16.(1)参议院和众议院应分别以各该院全体院的多数票选出参议院议长和众议院议长。参议院和众议院并得根据需要选出各该院的其他官员。

(2)各院的过半数议员构成处理事务的法定数。少于法定人数时需每天休会，并得按各院所规定的方式和处罚办法，敦促缺席议员出席。

(3)参议院和众议院需自行规定其议事规则和对不守秩序的议员的处分，并得以全体议员的三分之二多数同意勒令任何议员停职或予以开除，但停职处分的期限不得超过六十日。

(4)各院应保存其议事录，除认为影响国家安全者之外，应经常予以公布；应五分之一出席议员的要求，对任何问题的赞成和反对的票数都应记入议事录。各院应经常保存其议事活动档案。

(5)在国会开会期间，两院任何一院都不得在未征得另一院同意的情况下休会三日以上，也不得转移到任何别的地点开会。

17. 参议院和众议院应各组织一个选举法庭，全权负责裁决有关各该院议员的选举、计票和资格的一切争议。每个选举法庭由九人组成，其中三名由最高法院首席法官委任的最高法院法官担任，其他六名为各该院议员。参加选举法庭的议员将按比例从各个政党和根据政党名单代表制登记的政党或组织中选出。由资深的法官担任选举法庭的主席。

18. 国会设立任命委员会，由参议院议长担任当然主席，十二名参议员和十二名众议员任委员，由各院按比例从各个政党及根据政党名单代表制登记的政党和组织中选出，委员会主席不参加表决，但出现赞成和反对的票数相等的情况时除外。委员会在接到国会所提交的各项任命案后，应在会期内的三十内对上述各项任命作出决定。委员会以多数票表决通过决定。

19. 选举法庭和任命委员会应在参议院议长和众议院议长选出后三十日内组成。任命委员会只能在国会开会期间由其主席或多数委员会召开会议，以行使本宪法所赋予的职权。

20. 国会记录和账册应予保存，并依照法律规定向民众公布。国会账册应由审计署审计，审计署应每年一次公布国会支出明细账目以及每个议员的报销账目。

21. 参议院、众议院及其任何委员会，为有助于立法，得依照其正式公布的议事规则进行各种调查。在调查中应尊重受调查人的权利。

22. 各部门的首长经总统同意得自动应任何一院的要求出席各该院会议，并按照各院议事规则的规定，就涉及本部门的任何事项陈述意见。书面问题应至少在预定质询日期三日前送交参议院议长和众议院议长。质询范围不限于书面问题，也可以包括与之有关的其他问题，但如出于国家安全或公共利益的需要并有总统的书面申明时，质询应在内部会议上进行。

23.(1)国会举行两院联席会议，经两院分别表决，如获得全体议员三分之二多数通过，即可行使其宣布进入战争状态的专属权力。

(2)在国家处于战争状态或紧急状态时，国会得立法授权总统在一个有限时期内并在国会规定的限制范围内，行使必要和适当的权力以实行某项业已宣布的国家政策。总统的此项权力应行使至该次国会常会闭会时为止，但国会得通过决议提前收回此项权力。

24. 一切有关拨款、岁入和征税的法案，授权增加公债的法案，地方性法案和私人法案，一律由众议院提出，但参议院得提出修正案或经修正后加以同意。

25.(1)国会对于总统所提出的预算案内规定作为政府经费的拨款额不得予以增加，预算案的形式、内容和编制方式由法律规定。

(2)在总拨款法案中不得包含任何条款规定，但对其中某项拨款特别加以规定并且限于适用于该有关拨款者不在此限。

(3)通过对国会的拨款案时应严格遵守通过对其他部门和机构拨款的程序。

(4)特别拨款法案必须详细说明拨款用途，并须以获得国库证明的实有基金或通过法案中提议的相应税收所筹集的基金作为补偿。

(5)不得通过授权转移拨款的法律。但总统、参议院议长、众议院议长、最高法院首席法官和宪法规定的各委员会主席得由法律授权将对其拨款的其他项目的节余款额，转入总拨款法中为其各自机构所规定的任何项目。

(6)规定由个别官员自行处置的拨款只能用于公共目的,并且须有适当的凭证证明且遵守法律规定的准则。

(7)如果国会未能在某一财政年度结束以前通过下一财政年度的总拨款法案,则刚结束的财政年度的总拨款法应被视为重新颁布并继续有效,直到新财政年度总拨款法案通过时为止。

26.(1)国会通过的每一项法案,只应包含一个主题并应由法案名称予以表明。

(2)任何法案、非在不同日期经过三读,并于通过前三日将最后定稿的印刷文本分送各该院全体议员,任一议院不得予以通过而成为法律。但经总统证明,为应付公共灾难或紧急情况,有必要立即通过的法案不在此限。法案在最后一读时不得再提出任何修正案,并且在最后一读完毕后应立即进行表决,并应将赞成和反对的票数记入议事录。

27.(1)国会通过的每一项法案,在成为法律之前,应咨送总统。总统如果认可该法案,应予签署,如果不认可,则应予否决,并将原法案连同其发回理由详细记入议事录,并对该法案进行复议。如果复议时该议院全体议员的三分之二同意通过原法案,应将该法案连同总统的反对理由送交另一议院复议,如另一议院全体议员的三分之二也同意通过,该法案应立即成为法律。凡遇上述情形,各议院的表决应以投赞成票或反对票来决定,投赞成票或反对票的议员的姓名应记入议事录。总统应在法案送达三十日内将其对法案的否决通知创制该法案的议院,否则,该法案即视同总统已经签署而成为法律。

(2)总统有权否决有关拨款、财政收益及关税法案的一项或多项,但该否决不影响其他总统未否决的部分。

28.(1)税则应统一、公平。国会应制定累进税则。

(2)国会得立法授权总统在指定范围内,并遵守国会所规定的限制和约束,制定关税率、进口和出口限额、船舶吨税、码头税以及在政府的全国发展计划内的其他税或关税。

(3)慈善机构、教堂及其所属的牧师住宅或修道院、清真寺院、非赢利的公墓,以及所有实际上直接专用于宗教、慈善和教育目的的土地、建筑物及其添加部分,应予免税。

(4)非经国会全体议员过半数同意,不得通过准予免税的法律。

29.(1)除执行法律所规定的拨款外,不得从国库拨付任何款项。

(2)不得为支持任何教派、教堂、宗派、帮派机构、宗教系统组织,或为其利益或供其使用,也不得为支

持教士、牧师、僧侣,或其他宗教传道者和高级神职人员,或为其利益和供其使用,而直接或间接地调拨、动用、支付任何公款或公产。但上述教士、牧师、僧侣、高级神职人员等被委派到武装部队、服刑机关、公立孤儿院或麻风病院者,不在此限。

(3)为特定目的而征收的一切税款应视为特别基金,并限于该特定目的而支用。如果设立该项特别基金的目的业已实现或已予放弃,该基金的余款应转入政府总基金。

30.未经最高法院建议和同意,国会不得通过任何扩大本宪法规定的最高法院上诉管辖权的法律。

31.国会不得通过任何授予王族或贵族头衔的法律。

32.国会应尽早制定人民行使法律创制权和举行公民投票的制度,并规定这一制度的例外情况,使人民在提出请愿并在国会登记后直接地建议和制定法律,通过或否决国会和地方立法机关通过的法律法令或其中的部分内容。但上述请愿须得到登记选民总数至少百分之十的人的签名。其中每个选区必须有至少百分之三的登记选民签名。

第七条 [行政机关]

1.行政权力属于菲律宾总统。

2.凡菲律宾本土公民,且是经过登记的选民,能读写,在选举日年满四十周岁,及在选举前在菲律宾居住满十年,均有资格当选总统。

3.副总统的资格、任期、选举方法、免职方法均和总统相同,且与总统同时产生。

副总统可以被委任为内阁成员,这种委任无须经过确认。

4.总统和副总统均由人民直接选举产生,任期为六年,自选举后六月三十日正午起算,至六年后的同日正午为止。总统不得连选连任。任何人当选为总统并任职四年以上,均无资格再次竞选总统。

副总统不得连选连任超过两届。任期内自动离职,无论多久,均不得视为其任期连续性的中断。

总统和副总统的定期选举应于五月的第二个星期一举行,法律另外规定的除外。

每届总统和副总统选举的投票结果,由各省、市的检票委员会鉴定后送交国会,再交给参议院议长。参议院议长应在选举后三十日内,在参议院和众议院的公开联席会议上当众拆开全部检票证书。国会在确定检票证书的真实性并且符合法定程序后,即计算选票。

票数最多者即当选。若两个或是多个候选人票数相等且都为最多票数,则由国会两院全体议员分别投票,票数多者当选。

国会应制定检查检票证书的法规。

最高法院对有关选举，投票结果，总统或副总统的资格等一切争议均享有专属管辖权，并可以为此制定专门的法规。

5. 在任职前，总统、副总统以及代总统需进行以下宣誓或确认：

"我庄严地宣誓（或确认）：我将忠实并且尽职尽责地履行菲律宾总统（或是副总统或代理总统）的职责，维护和保卫宪法，执行法律，平等地对待每个人，为国家作出贡献。愿上帝佑助我。（如作确认，最后一句应予省略）。"

6. 总统应享有一座官邸。总统和副总统的薪酬由法律规定且在其任期内不得减少。在批准增加薪酬的总统任期届满前，不得增加薪酬。总统和副总统不得在其任期内接受政府或其他来源的薪酬。

7. 新当选的总统和副总统须在任期开始时即履行职责。

如总统当选人不合格，副总统应代为履行总统职权，直至选出合格的总统。

如总统未能选出，则副总统代行总统职权，直至选出合格的总统为止。

如总统任期开始时，总统当选人死亡或是永久丧失能力，总统职务移交副总统。

如果总统和副总统均未选出，或是不合格，或是死亡，或都永久丧失能力，则由参议院议长代行总统职权，如果参议院议长也不能履行职务，则由众议院议长代行总统职权，直至选出合格的总统或是副总统为止。

国会应立法规定，在总统或副总统死亡，或永久丧失能力，或上款所说人员不能履行职务时，应由何人代行总统职权，直至选出合格的总统或副总统。

8.（1）如果总统死亡，或永久丧失能力，或被免职，或辞职，应由副总统继任总统，完成所余任期。如果总统和副总统均死亡，或永久丧失能力，或被免职，或辞职，应由参议院议长代行总统职权。如果参议院议长不能履行职务，则由众议院议长代行总统职权，直至选出合格的总统和副总统为止。

（2）国会应立法规定，在代总统死亡，或永久丧失能力，或辞职时，应由何人代为履行总统职权，直至选出合格的总统和副总统。该总统代理人的资格的取得和丧失及对其权力的约束与代总统相同。

9. 当选的副总统在任期内缺位，总统应从参议院或是众议院的议员中提名副总统候选人，并由两院全体议员分别投票表决，票数过半数的被提名者即任职。

10. 国会应在总统和副总统缺位的第三日上午十时，依照国会议事规则，自行召开会议，并在七日内通过一项法律，规定自法律颁布之日起的四十五日至六十日内举行总统和副总统的特别选举。规定上述

特别选举的法案应视为属于本宪法第六条第二十六款第二项所规定的情况，由国会三读通过后即成为法律。特别选举所需拨款以任何现行拨款抵付并不受本宪法第六条第二十五款第四项规定的限制。上述国会的召开不得推迟，特别选举不得延期举行。但如果总统和副总统的缺位发生于下届总统选举前十八个月内，不必举行特别选举。

11.（1）在总统向参议院议长和众议院议长送达其不能履行总统职务的书面声明，直至其向参议院议长和众议院议长送达恢复履行总统职务的书面声明期间，由副总统或代总统代行总统职权。

（2）如果内阁成员的多数向参议院议长和众议院议长提交总统不能履行职务的书面声明，此时副总统应立即作为代总统履行总统职权。

（3）此后，如果总统向参议院议长和众议院议长送达不存在其不能履行职务的情形并将恢复行使职权的书面声明，而内阁成员的多数如果在五日内向参议院议长和众议院议长提交总统不能履行职务的书面证明，国会应处理该争议，并为此依法召开会议，如果在休会期间则无须召集，自行在四十八小时内复会，对该争议作出决定。

（4）如果国会在收到最后书面证明的十日内，若在休会期间则在要求复会的十二日内，在两院分别举行的投票表决中，全体议员的三分之二多数票确认总统不能履行职务时，则应由副总统代行总统职权；反之，总统将继续履行职权。

12. 如果总统身患重病，公众有权知道总统的健康状况。负责国家安全和外交的内阁成员及菲律宾武装部队总参谋长在总统患病期间仍可以与总统见面。

13.（1）在本宪法另有规定以前，总统、副总统及内阁成员及其次长和助理在其任期内不得兼任其他任何职务和职位，不得直接或间接地从事任何其他职业，不得经商，也不得直接或间接地同政府或其下属部门、代理机关或机构、政府所有或控制的公司或其附属机构所签订的合同及所授予的任何特许权或特惠权方面发生经济利害关系，并应在履行职务时严格避免利益冲突。

（2）在总统任期内，不得任命总统的配偶和四亲等以内的亲属和姻亲担任宪法规定的各种委员会委员、国会调查官，或任何部、局、署、政府所有或控制的公司及其附属公司的处室的部长、次长、主席或主任。

14. 代总统的任命有效，但当选总统在任职或复职九十日内取消其任命的除外。

15. 总统或代总统在下届总统选举前两个月直至其任期届满前，不得作出任何任命，但为了防止损害公共服务和公共安全而作出的行政职位的临时任

命除外。

16.(1)总统提名各行政部门的首长、大使、公使和领事,上校以上军官,以及本宪法授权总统任命的其他官员,并经国会任命委员会同意后予以任命。总统并得任命所有本宪法另行规定其任命方法的其他政府官员以及总统根据法律授权得予任命的官员。国会得依法将任命其他低级官员的权力授予总统本人、法院、各政府部门或机关、委员会或署的首长。

(2)总统有权在国会自行休会或强制休会时作出任命,但该项任命如果被国会任命委员会取消或是至国会下次休会,则应失效。

17. 总统统管所有的部、局及署等行政机关,并且确保法律的贯彻执行。

18.(1)总统是菲律宾海陆空军的总司令。必要时,总统得以命令军队镇压暴乱、抵御侵略和平定叛乱。在遇到侵略或叛乱时,为了公共安全的需要总统得以在不超过六十日的期限内停止实行人身保护令,或在菲律宾全国及任一地区实施军事戒严令。在宣布戒严状态或停止实行人身保护令的四十八小时内,总统应亲自或书面报告国会。国会在常会或特别会议上对总统报告进行联席投票,如有全体议员的过半数反对,得撤销上述宣布或停止实施,总统不得驳回国会的撤销决定。如果侵略或叛乱继续存在并出于公共安全的需要,国会得根据总统的提议,以同样的方式,延长戒严状态或停止实施人身保护令的期限,延长的期限由国会决定。

(2)国会如果在休会期间,应在宣布戒严状态或停止实施人身保护令的二十四小时内,依法自行复会。

(3)最高法院在任何公民依照正当程序提出请愿时,得审查宣布戒严状态或停止实施人身保护令或延长期限是否有充分的事实依据,并在受理后的三十日内作出裁决。

(4)戒严状态期间不得停止实施宪法,不得取代民事法院和立法议会的职能,不得在民事法院能够正常行使职能的情况下授权军事法庭和军事机构行使对平民的司法管辖权,不得自动停止实施人身保护令。

(5)停止实施人身保护令只适用于被法院指控犯有叛乱罪、侵略罪或与侵略罪有直接牵连的其他罪状的人员。

(6)任何在停止实施人身保护令期间被逮捕或拘留的人员应在三日内移交法院起诉,否则应将其释放。

19.(1)除了弹劾案件或本宪法另有规定时,总统有权在法院终审判决后,特许缓刑、减刑、赦免和退回罚款及没收的财产。

(2)总统在经过国会多数议员同意后,有权进行大赦。

20. 在事先获得货币委员会同意,并在法律规定的限制范围内,总统有权代表菲律宾共和国同外国缔结贷款协议或为贷款协议提供担保。货币委员会应在每个季度结束后的三十日内,对可能造成外债上升的政府、政府所有或控制的公司申请担保的贷款所作出的决定,以及其他法律有规定的事项,向国会提交一份详情报告。

21. 非经参议院以全体议员三分之二多数同意,任何国际款约或协定均属无效。

22. 总统应在每次国会常会召开后的三十日内向国会提出关于财政支出和财政预算来源包括现行和拟议的税务措施在内的预算,作为总拨款法案的依据。

23. 总统须在国会常会开幕时致词,并随时出席会议。

第八条 [司法机关]

1.(1)司法权属于最高法院和依法设立的下级法院。

(2)司法权包括由各法院解决有关正当合法权利的实际争议,以及裁决政府部门或代理机构是否存在无人管辖或超越权限等严重滥用权力问题的权力。

2. 国会有权界定、规定和分配各级法院的管辖权,但不得剥夺最高法院对于本条第五款所列举的管辖权。

任何有损于法官或其他司法人员的职位任期的法律,均不得通过。

3. 司法机关拥有财政自主权。不得以立法程序减少对司法机关的拨款,使其低于上一年度的拨款额,且此项拨款一经批准即自动、定期拨付。

4.(1)最高法院由一位首席法官和十四位陪审法官组成。最高法院审理案件应由全体法官出庭,或由三位、五位、七位法官组成分庭出庭审理案件。如果最高法院法官出现空缺,须在空缺出现后九十日内补齐。

(2)一切涉及同外国缔结的条约、协定或行政协议或法律是否违宪的案件,应由最高法院全庭审理;根据法院规则需要全庭审理的其他案件包括关于总统令、公告、命令、指令、条例是否违宪及其适用和有效性的案件,均应由实际参加案件审议和表决的法官以多数同意才能作出裁决。

(3)由分庭审理的案件,应由实际参加审议和表决的法官以多数同意、至少应有法官三人同意才能裁决。如果未能取得所要求的同意数,该案件应由全庭判决。但最高法院在全庭或分庭作出的判决中所制定的法律或原则,除最高法院全庭开庭外,不得被修改或推翻。

5. 最高法院有以下管辖权:

（1）对有关大使、其他外交使节和领事的案件，以及有关申请发布调卷重审令、制止管辖令、指示行为令、责问权限令和人身保护令的案件，行使初审管辖权。

（2）依照法律规定或法院规则，对下级法院关于下列案件的终审判决和裁决所提出的上诉或调卷重审令，进行复审、复查、驳回、改判或确认维持原则：

①一切有关条约、政府协定、法律、总统令、公告、命令、指令、法令或条例的合宪性或有效性的争议案件；

②一切有关税、关税、摊派费、通行费或任何与此有关的罚款合法性的案件；

③一切有关下级法院管辖权争议的案件；

④一切将被判处无期徒刑或更高刑罚的刑事案件；

⑤一切仅涉及法律错误或是法律问题的案件。

（3）为了公共利益，有权指派下级法官到其他岗位工作，但该种暂时指派除非征得法官本人同意，否则不得超过六个月。

（4）为了避免误判，有权变更管辖区或审判地点。

（5）颁布关于在一切法院中保护和行使宪法赋予的权利、辩护、诉讼手续和审判程序的规则，以及有关许可执行律师业务、律师协会和对贫困的当事人提供法律帮助的规则。这些规则应规定一种手续简便、费用低廉的程序，以便使案件得到迅速处理；这些规则对同级法院一律适用，不得减少、扩大、改变所规定的权利。特别法庭和准司法机构的程序规则，如未被最高法院否决，应继续有效。

（6）依照文官法规定，任命司法机关的官员和雇员。

6. 最高法院有权对所有法院及其工作人员进行监督。

7.（1）凡菲律宾本土公民，均可担任最高法院或下级法院的法官。此外，最高法院的法官还须年满四十周岁，并在菲律宾下级法院担任了至少十五年的法官或是从事律师业务至少十五年。

（2）国会应规定下级法院法官的任职条件，但是只有菲律宾本土公民同时为菲律宾律师协会的会员，才有资格成为法官。

（3）司法机关的法官必须被证明是适任、廉洁、诚实和独立的人。

8.（1）由最高法院监管的司法和律师理事会，由首席法官（为当然主席）、司法部长和国会的一名代表（为当然成员），以及一名律师协会代表、一名法律教授、一名退休的最高法院法官和一名私营部门的代表组成。

（2）理事会的正式成员是由总统经任命委员会同意任命的，任期四年。在第一届被任命的成员中，律师协会代表任期四年，法律教授任期三年，退休法官任期两年，私营部门代表任期一年。

（3）最高法院的书记员为理事会的当然秘书，负责理事会的会议记录。

（4）理事会的正式成员的薪酬由最高法院确定，最高法院应在年度预算中确定对理事会的拨款。

（5）理事会的主要职能是向司法机关推荐职位的候选人，并履行最高法院指定的其他职能。

9.（1）最高法院和下级法院的法官均由司法和律师理事会根据一个法官空缺至少提名三位候选人的原则提出，再由总统从三位候选人中选择任命法官，该项任命无须经过确认。

（2）总统应在下级法院法官候选人提出的九十天内公布其任命。

10. 最高法院首席法官和陪席法官及下级法院法官的薪酬由法律规定，且在其任职期间薪酬不得减少。

11. 最高法院及下级法院的法官，如果工作表现优良，应供职到七十周岁或无能力继续供职为止。最高法院全体法官会议有权对下级法官作出纪律处分的决定，或是在参与审议并表决该处分决定的多数法官的同意下取消该处分决定。

12. 最高法院的法官，及依法设立的其他法院的法官，不得被指派到执行准司法职能或是行政职能的机构任职。

13. 最高法院受理的以全庭或分庭审理的任何案件，在指定某一法官就该案起草法院意见之前，必须在评议中得出结论。结案时应发出由最高法院首席法官签署的关于上述结论的证明书，并应将其副本附在该案卷宗中并发给双方当事人。对上述判决或裁决不参与、不同意或弃权的法官必须说明其理由，所有下级合议制法院均应遵循上述规定。

14.（1）任何法院，在没有清楚地说明判决所依据的事实和法律之前，不得作出判决。

（2）法院如果不说明其判决的法律依据，不得拒绝对判决进行复审或复议的请求。

15.（1）在本宪法生效后，最高法院受理的案件，必须在受理之日起二十四个月内作出判决或裁定，除最高法院决定缩短期限外，所有下级合议制院应在十二个月内作出判决或裁定，而其他下级法院则须在三个月内作出判决或裁定。

（2）任何案件，在依法提交最后的答辩状、辩护状及备忘录后，应视为请求法院作出判决或裁定。

（3）若在规定期限内未作出判决或裁定，最高法院首席法官或主审法官应签发未能如期作出判决或裁定的说明书，并将其副本附在该案卷宗中，发给双方当事人。

（4）即使规定的期限届满，但是法院应在不损害未能在规定期限内审理完结而引起的责任的条件下，立即对案件作出判决或裁定。

16．最高法院应在每年国会开始的三十日内，向总统和国会递交法院年度工作报告。

第九条 ［宪法规定的委员会］

共同条款

1．宪法规定的委员会均为独立机构，包括文职委员会、选举委员会及审计委员会。

2．宪法规定的委员会的委员在其任期内不得兼任其他职位或职务，不得参与与其职务有关的私营企业的经营，也不得直接或间接地在同政府或其下属部门、代理机关或机构、政府所有或控制的公司或其附属机构所签订的任何合同或授予的特许权或特惠权发生经济利害关系。

3．委员会主席及委员的薪酬由法律规定，并在其任期内不得减少。

4．委员会应依法委任官员和雇员。

5．委员会享有财政自主权。委员会的年度预算一经批准即应自动且定期拨付。

6．各委员会的全体会议可以制定该委员会及其办事处受理诉求的规则，但上述规则不得减少、扩大或改变实体性权利。

7．各委员会应在收到向其提出的诉讼的六十日内，以全体委员的多数意见一致对争议问题作出决定。任何案件或问题，在按委员会制定的规则或是委员会本身提出的要求提交了最后的答辩状、辩护状或备忘录后，即视为请求委员会作出裁决。在本宪法另行规定以前，对于各委员会的任何决定、命令或裁定，当事人如不服，有权在收到结论副本后三十日内，请求最高法院发出调卷重审令。

8．各个委员会还须履行法律规定的其他职能。

文职委员会

1．（1）文职委员会管理文职工作，由一位主席和两位委员组成，主席和委员须均为菲律宾本土公民，任命时至少年满三十五周岁，有能力从事公共管理，并且在任命前的最近选举中未担任任何职位的候选人。

（2）委员会主席和委员在总统经任命委员会同意后任命，任期六年，不得连任。在第一届被任命的成员中，主席任期七年，一名委员任期五年，另一名委员任期为三年，均不得连任。任何补缺任命的委员，其任期至补足前任未满的任期为止。在任何情况下都不得任命或指定临时或代理委员。

2．（1）文职委员会管理所有的机关、机构和政府办事处，及政府所有或是管理的公司。

（2）文职人员的任命应尽可能根据品德和才能以考试进行，但具有政策决定、机密、高技术性质的职位除外。

（3）任何行政官员或雇员均不得被辞退或是暂停职务，法律另有规定的除外。

（4）任何行政官员或雇员须保证，均不得直接或间接参与竞选或党派竞争。

（5）政府雇员组织工会的权利不得被剥夺。

（6）政府的临时雇员应得到法律规定的保护。

3．文职委员会作为政府的首要人事机构，应建立职业服务机构，并采取能促进文职人员的品德、效率、诚信、积极性、上进心、礼仪的措施。文职委员会还应为了各个阶层的发展，巩固奖励体系，并使其成为人类发展计划的一部分。应向总统和国会提交关于人事的年度报告。

4．所有公共官员和雇员均须宣誓或是确认，其将维护和保卫本宪法。

5．国会应为政府官员和雇员，及在政府所有或控制的公司工作的员工的补偿提供标准，并考虑他们的责任性质、资格要求和地位。

6．任何在竞选中落选的候选人，在落选后一年内不得在任何政府部门，或是政府所有或控制的公司及其子公司任职。

7．任何经选举产生的官员，在其任期内不得以任何资格被任命为公共官员。

除依照法律规定或是属于其职位的主要职能外，任何经任命的官员不得担任其他公职，不得受雇于政府或下属部门，代理机关和机构，包括政府所有或控制的公司及其子公司。

8．（1）选举产生的或经任命的公共官员或雇员不得接受额外的、双重的或间接的补偿和赠与、报酬以及各种来自国外政府的利益，但法律特别规定或国会同意的除外。

（2）退休金和养老金不应视为额外的、双重的或间接的补偿。

选举委员会

1．（1）设立由主席一人和委员会六人组成的选举委员会，其主席和委员均应为菲律宾本土公民，任命时至少年满三十五周岁，有大学学位，并且任命前的最近选举中未担任任何选任性职位的候选人。但是，包括主席在内的多数成员必须是菲律宾律师协会会员，从事法律工作至少满十年。

（2）委员会主席和委员由总统经任命委员会同意后任命，任期七年，不得连任。在第一届被任命的委员中,三名委员任期七年,二名委员任期五年,一名委员任期三年,都不得连任。任何为补缺任命的委员,其任期至补足其前任未任满的任期为止。在任何情况下都不得任命或指定临时或代理委员。

2. 选举委员会有以下权力和职能:

(1)执行和实施有关选举、公民投票、人民创制权、公民复决和罢免的一切法律和条例。

(2)对有关选举、计票结果和选举产生的大区、省、市官员的资格的一切争议,行使专属的初审管辖权;对已具有普通管辖权的法院裁决的有关选举产生的官员的一切争议,以及已由具有有限管辖权的法院裁决的有关选举产生的官员的一切争议,行使上诉管辖权。

选举委员会对有关选举产生的市镇官员的选举争议作出的裁决、最后命令或裁定,是必须执行的最后决定,不得上诉。

(3)对除投票权以外的有关选举的一切行政问题,包括投票站的数量和地点,选举工作官员和监察员的任命,以及选民登记等问题作出决定。

(4)经总统同意,政府执行法律的机关和机构,包括菲律宾武装部队,为选举委员会的代理机关,以保障选举的自由、秩序、诚实、和平和可信。

(5)经过充分公布后,进行政党、组织、联盟的登记。登记时,除须符合其他规定条件外,还须提交各自的党纲或政纲和选举委员会鉴定合格的公民资格。任何宗教团体和教派不得登记为政党。凡谋求通过暴力或非法手段达到其目标,或拒绝拥护和遵守本宪法,或得到外国政府支持的政党和组织,也不得登记。

任何外国政府及其代理机构对政党、组织、联盟或候选人捐赠选举经费,均构成对菲律宾内政的干预,如果予以接受,将成为选举委员会取消其登记的理由,此外,还应受到法律规定的处罚。

(6)根据查证属实的申诉或法院宣布承认或取消民选资格的主动请求,对违反选举法的案件,包括一切形式的选举舞弊、违法行为和渎职行为进行调查,并在适当时候提出起诉。

(7)向国会推荐有效措施,以最大限度地减少选举费用,包括对张贴宣传材料的场所加以限制,防止、调查和惩处各种选举舞弊、违法行为和渎职行为,并在适当时候提出起诉。

(8)对于选举委员会所委托的官员或雇员,得因其违反、忽视或不服从委员会的指令、命令或决定而向总统建议撤销其职务或给予其他处分。

(9)向总统和国会提交关于每次选举、公民投票、人民创制权、公民复决或罢免的情况总结报告。

3. 选举委员会应包括全体会议或两个分组会议,并制定程序规则,以便迅速地处理有关选举的案件,包括选举结果公布前的一切争议。一切选举案件均应由分组会议审理和裁决,但进行复议时,应由选举委员会全体会议裁决。

4. 在选举期间,经营交通设施、公用事业、通讯或信息媒介的一切特许或许可的享有使用,以及政府或其下属部门、代理机关或机构、政府所有或控制的公司及其附属机构所授予的一切转让、特权和特许的享有和使用,得由选举委员会予以监督或管制。这种监督或管制的目的在于保证候选人能在竞选活动中享有平等的机会、时间、空间和答辩权,包括合理平等的比率,以进行自由的、有秩序的、诚实的、和平的和可信的选举。

5. 除根据选举委员会的建议外,总统不得对违反选举法律、规则和条例的人予以赦免、假释或缓刑。

6. 允许根据人民的自由选择而逐渐形成一种自由、公开的政党制度,但须遵守本宪法的规定。

7. 除依据本宪法关于政党名录的规定业已登记的政党、组织、联盟外,投给其他任何政党、组织、联盟的选票一律无效。

8. 凡是登记在政党名册的政党、组织或同盟,均不得参加选民委员会、检查委员会、监察委员会等类似的组织。但是其可以依照法律规定委派选举观察员。

9. 除了选举委员会特别规定外,选举期间应为选举日前九十日开始,直至选举日后三十日结束。

10. 真诚的公职候选人,不应受到任何骚扰和歧视。

11. 由选举委员会证明的用来支付定期选举或特别选举、公民投票、人民创制权、公民复决和罢免的资金,应列为固定拨款或特别拨款,且此项拨款一经批准,即根据选举委员会主席的证明自动拨款。

审计委员会

1.(1)审计委员会由一位主席和两位委员组成。审计委员会的主席和委员应为菲律宾本土公民,任命时至少年满三十五周岁,并为有十年以上审计经验的国家会计注册师或从事法律工作十年以上的菲律宾律师协会会员,并在任命的最近选举中未担任任何选任职位的候选人。审计委员会的全体成员应来自不同行业。

(2)委员会主席和委员由总统经任命委员会同意后任命,任期七年,不得连任。在第一届被任命的成员中,主席任期七年,一名委员任期五年,另一名委员任期三年,都不得连任。任何为补缺而任命的成员,其任期至补足其前任未任满的任期为止。在任何情况下都不得任命或指定临时或代理成员。

2.(1)审计委员会行使以下权力,履行以下职责:检查、审计和清理政府或其任何下属部门、代理机关和机构,包括政府所有或控制,但保持原有章程的公司的岁入和收益账目,以及它们所有或托管或所属的基金和财产的一切开支或使用账目;对下列机构和单位进行事后审核:

①本宪法授予财政自主权的机构、委员会和官署。

②自治的国立大专院校。

③由政府所有或控制的公司及其子公司。

④直接或间接地从政府或通过政府接受补贴或投资,法律规定以接受授予机关的审计为提供上述补贴或投资的条件的非政府单位。但是如果受审计机构和单位的内部管理制度不完善,审计委员会得采取必要和适当的补救措施,包括实施临时或特别的事前审计。审计委员会负责登记政府的各种总账册,并在法律规定的一定时期内保存属于政府总账的一切凭证。

(2)审计委员会在本条规定的范围内就下列事项行使其专属权:规定审计和检查的范围、方法和措施,公布会计和审计的规则和条例,包括制止和禁止不正当的、不必要的、过度的、浪费的或不合理的支出或使用政府基金和财产的规则和条例。

3. 任何使政府或其下属机构或公共投资可以逃避审计委员会监管的法律均不得通过。

4. 审计委员会应在法律规定的时间内,向总统和国会提交关于政府,政府下属部门、代理机关或机构,包括政府所有或控制的公司以及接受其审计的非政府单位的财务和运行状况的年度报告,并对提高上述单位的效率和效能提出建议。此外,审计委员会还应提交法律规定的其他报告。

第十条 [地方政府通则]

1. 菲律宾共和国的领土和行政区域划分为省、市、镇和公民会议。在穆斯林聚居的棉兰老和科迪耶拉山区,依照下文的规定设立若干自治区。

2. 领土和行政区域应享有地方自治权。

3. 国会应制定地方政府法典,该法典应规定建立一个更关心且负责的实行分权制的地方政府机构,这种分权制包括关于公民罢免权、公民创制权和公民复决权的有效机制,规定各地方政府单位的权力、责任和资源的分配;并规定地方政府官员的资格、选举、任命、免职、任期、权力职能和义务,以及地方各单位的组织和工作的其他有关事项。

4. 菲律宾总统对地方政府进行全面监督。省对所辖的市和自治区,市和镇对所辖的公民会议,应保证其活动在法律规定的职权范围内。

5. 地方政府有权在国会的准则和限制范围内,及在地方自治权的基本政策的范围内,通过征收税、费、捐等创造财政收入。上述税、费、捐等收入完全属

于地方政府。

6. 地方政府应依照法律规定在国家税收中占有适当的份额,且应自动拨付。

7. 地方政府对其辖区内的国家资源的开发利用所获得的收益,有权依照法律规定占有适当的份额,包括以直接分配的方式与当地居民分享此种收益。

8. 由选举产生的地方政府官员任期为三年,不得连任超过三届,但公民会议的官员除外,其任期由法律另外规定。地方政府官员在任期内自动声明放弃履行职务,不论多久,均不得视为其当选期连续性的中断。

9. 地方政府的立法机构,依照法律规定应由各界代表组成。

10. 非依照地方政府法典规定的标准,并在各直接有关行政区域的公民投票中获得多数票赞成,不得增设、分割、合并、撤销任何省、市、镇或公民会议,或对其边界作重大变更。

11. 国会得以依照法律规定,并根据本条第十款规定的公民的投票结果,设立大都市特区。大都市特区所辖的市和镇仍保留基本自治权,并可设立各自的地方行政机构和立法机构。大都市特区的司法权仅限于需要协调的基本服务。

12. 由法律规定的高度都市化城市和组成大都市的城市不受其所在省的管辖,其选民不得投票选举省的官员。上述规定对省属市的选民不适用,不得剥夺他们投票选举省的官员的权利。

13. 地方政府得以依照法律的规定,为了共同利益而联合,协调其优势、服务和资源。

14. 总统有权设立由地方政府官员、政府直属部门首脑和其他政府官员以及非政府组织代表组成的地区发展理事会或其他类似机构,以增强地方政府的自治权,加速地方和社会的发展。

自治区

15. 在本宪法和菲律宾共和国国家主权、领土完整的范围内,在穆斯林聚居的棉兰老和科迪耶拉山区设立若干自治区。自治区由具有特色的共同历史文化传统、经济社会结构,以及其他有关特征的省、市、镇和公民会议组成。

16. 总统应对自治区进行全面监督,以确保法律的贯彻实施。

17. 凡本宪法和法律未授予自治区的权力、职能和责任,均属于中央政府。

18. 国会在地区咨询委员会的协助和参与下,为各自治区制定组织法。地区咨询委员会的成员由总统根据各界提名的人选任命。组织法规定包括由选举产生并代表本区各政治单位的行政和立法机构的

自治区政府的基本机构,并依照本宪法和国家法律的有关规定,对负责审理有关个人、家庭和财产案件的专门法院作出规定。

在设立自治区的地区举行的公民投票中获得多数赞成票,该自治区即成立。且只有在该投票中投赞成票的省、市和地区才能成为该自治区的组成部分。

19. 根据本宪法选出的第一届国会应在两院组成后的十八个月内,在穆斯林聚居的棉兰老和科迪耶拉山区设立自治区。

20. 根据本宪法和国家法律及属地的司法权,自治区拥有以下立法权:

(1)行政组织;

(2)创造税收来源;

(3)国家土地和自然资源;

(4)私人、家庭和财产关系;

(5)本区城市和农村发展计划;

(6)经济、社会和旅游事业的发展;

(7)教育政策;

(8)保存和发展文化传统;

(9)法律授权的有关全面促进本地区人民福利的其他事项。

21. 地方警察机构有责任维持自治区的治安,其组织、维持、指导和使用应依照法律。自治区的防卫和安全是中央政府的职责。

第十一条 〔公职人员的责任〕

1. 公职是一种公众的信托。公职人员和雇员在任何时候都必须对人民负责,并以高度的责任感,正直,忠诚和高效为人民服务,本着爱国主义和正义的精神办事,生活朴素。

2. 总统、副总统、最高法院法官、宪法规定的委员会委员和调查官员,因违宪、叛国、受贿、贪污腐化或其他严重罪行,或违背公众信托,而被弹劾并判罪者,应被免职。其他公职人员和雇员依照法律免职,无须经过弹劾。

3.(1)众议院有提出一切弹劾案的专属权力。

(2)任何众议员或得到众议员赞同的任何公民都可以提出经核实的弹劾指控。这种指控应在会议期间十日内列入议事日程,并在之后三日内提交适当的委员会。委员会经过听讯后如多数委员赞成,应在接到指控后的六十日内向众议院提出报告和相应决议案,众议院应在接到报告后十日内安排对该决议案进行讨论的日期。

(3)对委员会主张的弹劾案的决议是赞成还是不赞成,均须全体议员的三分之一以上通过。每位议员的投票均应记录在案。

(4)由全体议员的三分之一提出的经核实的弹劾指控或弹劾议案,即符合弹劾条款的规定,参议院应

立即审理。

(5)一年内不得对同一官员提出超过一次的弹劾案。

(6)参议院有审理和裁决一切弹劾案的专属权。参议院议员审理弹劾案件时应宣誓和确认。如果审理菲律宾总统被弹劾的案件,则由最高法院的首席法官主持审理,但其无投票权。非经全体参议员三分之二的同意,不得宣判任何官员有罪。

(7)弹劾案件的判决仅限于将被弹劾者免职或是取消其担任菲律宾共和国任何职务的资格,但仍可依法对被弹劾者追究法律责任,提起追诉,审讯和惩处。

(8)国会应颁布有关弹劾的规则,以有效地实现本款规定的目的。

4. 现有的 Sandiganbayan 反腐败法庭,将依照法律规定继续运行并行使其司法管辖权。

5. 设立独立的调查处,由称为"Tanodbayan"的调查官一人,及其总助理一人,驻吕宋、比萨扬和棉兰老助理各一人组成。也可单独任命一名驻军队的助理。

6. 调查处的官员和雇员,除助理外,由调查官根据文职人员法任命。

7. 现有的"Tanodbayan"今后改称特别检察处继续存在,并继续运行和行使其权力,但根据本宪法设立的调查处享有的权力除外。

8. 调查官及其助理应是菲律宾本土公民,任命时至少年满四十周岁,被公认为正直独立,是菲律宾律师协会会员,并在任命前的最近选举中未担任任何选任职位的候选人。调查官必须曾任法官或在菲律宾任律师十年以上。

调查官及其助理在任期内必须遵守本宪法第九条第二款规定的限制。

9. 调查官及其助理应由总统从至少包括六名候选人的名单中任命,此后每一个空缺,均须从包括三名候选人的名单中任命,该任命无须经过确认。上述职位出现空缺时,应该在三个月内填补。

10. 调查官及其助理分别具有宪法规定的委员会的主席和委员的级别,并领取同等的薪酬,且在其任职期间薪酬不得减少。

11. 调查官及其助理的任期为七年,不得连任,且不得在其离职后的第一次选举中竞争任何职位。

12. 调查官及其助理,作为人民的保护者,对于以任何形式或方式提出的对政府或其下属部门、代理机关或机构,政府所有或控制的公司的公职人员或雇员的指控,应迅速及时地处理,并在适当情况下将所采取的行动和结果通知控诉人。

13. 调查处拥有以下权力、职能和职责:

(1)主动地或是根据任何人的指控,调查任何公

职人员、雇员、机关或代理机关出现的任何不合法的、不公正的、不适当的或是不称职的行为。

（2）主动地或根据指控，指示政府或其控制但保持原有章程的公司的任何公职人员或雇员，执行或迅速处理法律规定的行为或任务，制止、防止和纠正履行职务时的任何滥用职权或不正当行为。

（3）指示高级官员对犯错的公职人员或是雇员采取适当的惩罚措施，建议予以撤职、停职、降级、罚款、训斥或起诉，并保证其遵照执行。

（4）根据需要并遵守法律规定的限制条件，指示有关官员提供其所主管的机关签订或参与的涉及动用公款或公共财产的合同或交易文件的副本，并将其中的任何不正当行为通报审计委员会以便采取适当行动。

（5）要求任何政府机关为其履行职责和进行考核，提供相应的协助和信息，必要时得以调阅有关案卷文件。

（6）必要时郑重公布所调查的问题。

（7）确定政府工作效率低、作风拖拉、管理不善、营私舞弊和腐化堕落的原因，并提出革除弊端、提高效率和遵守高标准道德的建议。

（8）公布调查处的程序规则，并执行法律规定的其他权力、职能和职责。

14. 调查处享有财政自主权。年度拨款一经批准即自动地定期拨付。

15. 国家从公职人员或雇员，或从他们所任命的人员，或受让人那里收回他们非法获取的财产的权利，不得以既往权利、懈怠或禁止翻供为借口而予以阻挠。

16. 在下列人员任期内，任何政府所有或控制的银行和金融机构，不得直接或间接地向总统、副总统、内阁成员、国会议员、最高法院法官、宪法规定的委员会的成员、调查官或其他控制经济的公司，提供贷款、抵押或其他以商业为目的的住宅。

17. 公职人员或雇员应在就职时并在就职后依照法律规定，呈交其资产、债务和净值的宣誓申报书。总统、副总统、内阁成员、国会议员、最高法院法官、宪法规定的委员会的成员、其他宪法规定的机构的成员、将级军官，应按法律规定的方式向公众公开申报。

18. 任何时候公职人员和雇员都必须效忠国家和本宪法，任何在其任期内企图改变国籍或是取得他国移民身份的公职人员和雇员均依法处理。

第十二条 ［国民经济和国家资源］

1.（1）国家的经济目标是机会、收入和财富更为均等地分配；为了人民的利益，国家将保持生产的商品和提供的服务的稳定增长；提高生产力是提高人民，尤其是底层人民生活水平的关键。

（2）国家应在稳步发展农业和实行土地改革的基础上，通过发展在国内外市场具有竞争力，并能充分利用人力和自然资源的工业，以促进就业和工业化的发展。但国家应保护菲律宾人的企业，反对不公平的外国贸易竞争手段。

（3）为了实现上述目标，应给予一切经济部门和全国所有地区最适宜的发展机会。私人公司包括公司、合作社及类似的集体组织都应被鼓励并扩大其所有权基础。

2.（1）一切公有土地、水域、矿藏、煤、石油和其他矿物油，一切潜在的能源、渔场、森林或树林、野生物、动植物和其他自然资源，都属于国家所有。除了农田外，其他所有的自然资源均不得转让。国家应对一切自然资源的勘测、开发和利用实行全面的控制和监管。国家可以直接进行上述活动，也可与菲律宾公民，或由菲律宾公民占有百分之六十以上所有权的公司或社团进行合资、合作以及联合开发。上述合作不得超过二十五年，即使根据法律规定延长期限也不得超过二十五年。关于灌溉、供水、渔场以及除水力发电以外的工业用水的水源权利，可以使用效益作为提供这种权利的衡量标准及其年限。

（2）国家保护其群岛水域、领海和专属经济区的海洋水产资源，由菲律宾公民拥有其专属的使用权和收益权。

（3）国会得以通过立法允许菲律宾公民和渔业合作社小规模地利用自然资源，但为了维持生存的渔民和渔业工人对江河、湖泊、海湾和环礁湖享有优先利用权。

（4）国家将基于对本国经济增长或公共福利的贡献，并依据法律规定的一般条件，与外国公司签订大规模勘测、开发和利用矿产、石油或其他矿物油的技术或资金援助协议。通过该种协议，国家应促进当地科技的发展和利用。

（5）总统应将依据本款签订的合同，自其生效之日起三十日内通知国会。

3.（1）公有土地分为农田、森林或树林、矿区和国家公园。国有农田将依照法律并根据其用途作进一步分类。公有土地中仅农田可转让。私人公司或社团除了租赁外，不得获得可转让的公有土地，但租赁期限包括续租均不得超过二十五年，且面积不得超过一千公顷。菲律宾公民可租赁不超过五百公顷的土地，或通过购买、分配宅地等获得不超过十二公顷的土地。

（2）国会应在考虑自然资源保护、生态和开发及土地改革需要的基础上，通过立法规定可以获得、开发、持有或租赁的公有土地的面积和条件。

4. 国会应尽早立法规定森林和国家公园的明确

界限,并在土地上标明界线。此后,这些森林和国家公园应受到保护,非依法律规定不得增减。国会应规定在一定期限内禁止在危险的森林和分水岭区域伐木的措施。

5.(1)根据本宪法的规定及国家发展政策和计划,国家保护原住民对其祖传土地的权利,以保障他们的经济、社会和文化福利。

(2)国会可根据通过规定财产权或财产关系的习惯法的适用方法,来确定祖传土地的所有权和范围。

6. 财产的使用是一种社会职能,所有的经济力量均应为公共利益作出贡献。个人或私人组织,包括公司、合作社及其他类似的集体组织,均有权拥有、建立和经营企业,但须服从国家为了促进公平分配和为了公共利益的需要而进行的干预。

7. 私人土地只得过户或转让给具有取得或持有公有土地的资格的个人、公司或组织,但遗产继承除外。

8. 已经丧失菲律宾国籍的菲律宾本土公民,可不受本条第七款的限制,但仍须遵守法律规定的限制条件。

9.(1)国会可以设立一个由总统领导的经济计划机构,其可以在与适当公共机构、私营部门或是当地政府单位磋商后向国会提出建议,并持续全面地执行和协调国家发展计划和政策。

(2)在国会另行规定以前,国家经济发展署独立地行使政府计划机构的职能。

10.(1)国会应根据国家利益的需要,并根据经济计划机构的建议,将某些投资领域留给菲律宾公民或菲律宾公民拥有百分之六十及以上资本或国会规定的更高比例的公司和组织。国会应制定鼓励组织和经营资本由菲律宾人全部拥有的企业的办法。

(2)在授予关于国家经济和资源的权利、特权和特许权时,国家应给予菲律宾人优先权。

(3)国家应根据国家目标和重点的需要,对外国投资在主权和司法权范围内进行管理。

11. 任何有关公用事业经营的特许、执照或其他形式的证明,均只能授予菲律宾公民,或其资本的百分之六十以上根据菲律宾法律为菲律宾公民拥有的公司或社团。但这种特许、执照或证明并非独占,其期限不得超过五十年。且国会根据公共利益的需要可以对上述权利进行修改、变更或撤销。国家应鼓励公众参与公共事业的投资。外国投资者在任何公用事业公司董事会成员中的比例,不得超过他们在资本中所占份额的比例,这类公司或组织的一切行政管理人员必须是菲律宾公民。

12. 国家应鼓励优先雇佣菲律宾劳动力,使用本国材料和本地生产的货物,并采取办法使其更具有竞争力。

13. 国家应奉行有利于公共福利,并在平等和互惠的基础上的一切形式的贸易政策。

14. 国家人才库包括菲律宾人科学家、企业家、专业人员、经理、高级技术人员、技工和手艺工人,国家促进该人才库的发展。国家应鼓励实用技术的发展,并为了国家利益而对该种技术转让实行管制。菲律宾所有的专业人员,均应为菲律宾公民,法律另有规定的除外。

15. 国会应设立一个机构,促进作为社会公正和经济发展的工具的合作社的活力和发展。

16. 国会除了一般立法外,不得对私营公司的建立、组织和管理作出规定。为了公共利益和增强经济活力的需要,可以通过特别条款成立由政府所有或控制的公司。

17. 在国家处于紧急状态或为了公共利益需要时,在此期间国家可以根据合理的条件,暂时接管或直接指导私营公共事业或影响公共利益的工商业。

18. 国家可以建立有关国民利益和防卫的重要工业,在给予合理的补偿后,可以将公用事业或其他私营企业转为公有,由政府经营。

19. 国家应在公共利益需要时,控制或禁止垄断。不得成立企图限制贸易或进行不正当竞争的联合体。

20.(1)国会应设立一个独立的中央金融机构,该机构的成员必须是菲律宾本土公民,正直、诚实并具有爱国精神,其多数成员应来自私营经济部门,且还应符合法律规定的积极和消极的资格要求。该机构应规定货币、银行和信贷等领域的政策方向。其还应对银行实行全面监管,并依照法律规定对从事金融活动的公司或其他履行类似职能的机构进行管理。

(2)在国会另有规定以前,按照现有法律运行的菲律宾中央银行行使中央金融机构的职能。

21. 只有在符合法律和中央金融机构的规定时,才能向外国贷款。政府获得或担保外国贷款的信息,应告知公众。

22. 任何回避或违反本条款的行为,应被视为危害国家利益,应按照法律规定处以刑事或民事制裁。

第十三条 [社会主义和人权]

1.(1)国会应为了公共利益的需要,最优先制定通过平等地分配财富和分享权力,从而保护和加强人民的尊严,减少社会、经济、政治上的不平等和消除文化上的不平等的办法。

(2)因此,国家须对财产的取得、所有、使用、处理和增值进行管理。

2. 促进社会主义应包括在创始自由和自力更生

的基础上承担创造经济机会的义务。

劳工

3.（1）国家应该对劳工提供全面的保护，包括本地的、海外的、有组织的、无组织的，并为所有的劳工提供充分且平等的就业机会。

（2）国家还应保障工人组织工会，集体谈判和协商，和平的包括合法罢工的集体行为的权利。他们应享有职业安全保障、人道的工作条件及足以维持生活的工资的权利。他们还应依照法律规定参与影响其权利和利益的政策的制定过程。

（3）国家提倡工人和雇主分担责任和选择使用自愿方式解决争端的原则，包括调解和要求双方互相让步，以促进企业的安定。

（4）国家应调节工人和雇主的关系，承认劳工有分享生产成果合理份额的权利，企业有取得投资的合理利润和扩大发展企业的权利。

土地改革和自然资源

4. 国家应通过立法实行旨在使无地农民或固定农业工人有权直接或集体地获得所耕种的土地，并使其他农业工人有权获得收获的合理份额的土地改革计划。为此，国家鼓励并实行依照国会规定的优先权和合理的保留限额，考虑生态、开发或公平等因素，在给予合理补偿后，合理分配一切农田。在确定保留限额时，国家应尊重小地主的权利，应进一步采取措施鼓励自愿分田。

5. 国家承认农民、农业工人、地主合作社和其他的农民组织参加土地改革的计划、组织及管理的权利。国家通过提供适当的技术和科研，以及充分的财政、生产、销售和其他服务支持农业。

6. 只要符合法律规定，国家得根据土改或经营的原则，处理和利用其他自然资源，包括已出租的或已授予特许权的公有农田，但应尊重小规模开垦者的优先权和定居权，以及当地居民对祖传土地的权利。国家得利用公有农田，安抚无地农民和农业工人并按法律规定将公有农田分配给他们耕种。

7. 国家保护贫困渔民特别是当地渔民，优先利用内陆和近海的公共海产和渔业资源的权利。国家通过提供适当的技术和科研，以及充分的财政、生产、销售和其他服务支持渔业生产；并保护、发展和保存这些资源，保护的范围应包括使贫困渔民的近海渔场不受外来侵犯。渔场工人应得到他们在渔业劳动中的合理份额。

8. 国家应制定激励措施，鼓励土地拥有者将其在土改中获得的收入向工业投资，促进工业化，增加就业机会和使公有企业私有化。支付给土地拥有者

的作为土地补偿的证券应视为土地拥有者对其选择投资的企业的普通股。

城市土地改革和住房供给

9. 根据公共利益的需要，国家应通过立法同私营经济部门合作，持续地推行城市土地改革和住房供给计划，以使城市和安置区的贫民及无家可归的居民能以他们负担得起的价格获得体面的住房和基本的服务。国家应为他们创造足够的就业机会。在推行这项计划时，应尊重房地产小业主的权利。

10.（1）城市或农村的贫民除了依照法律规定的合理而人道的方式拆迁外，不得被从其住宅中驱逐。

（2）对被拆迁的城乡居民的安置，既要同他们充分协商，又必须与被安置地的居民协商。

卫生

11. 国家应采取全面综合性的措施来促进卫生的发展，并应确保人们能够负担必需品、卫生服务和其他必需的社会服务。并优先考虑贫困的老弱病残以及妇女儿童的需要。国家应保障为贫民提供免费的医疗服务。

12. 国家应制定并实行有效的食品和药品管理制度，并进行合适的卫生人力资源的开发和研究，以满足国家卫生方面的需求，并解决卫生方面的问题。

13. 国家应为残疾人设立一个特别的机构，以帮助他们恢复正常生活，自我发展，自力更生和返回社会。

妇女

14. 国家应考虑母亲保健的需要，通过提供安全健康的工作条件保护职业妇女，此种便利和机会将增进妇女的福利，促使她们更好地发掘自身潜力为国家服务。

人民组织的作用和权利

15.（1）国家应尊重独立的人民组织的地位，使人民能在民主的框架下，通过和平和合法的途径，寻求和保护他们共同合理的利益和愿望。

（2）人民组织是公民真诚组成的团体，其有能力为了公共利益而游行，且有明确的领导人物、会员及制度。

16. 人民及其组织合理有效地参与各种社会、政治和经济决策的权利不应被剥夺。国家还应通过立法建立适当的协商机构。

人权

17.（1）设立一个独立的机构——人权委员会。

(2)人权委员会应由一位主席和四位委员组成，主席和委员均应为菲律宾本土公民，且多数应该为菲律宾律师协会的成员。人权委员会的任期及其成员的其他资格要求由法律另外规定。

(3)在上述机构成立以前，现有的总统人权委员会应继续行使其现有职权。

(4)人权委员会的年度拨款，经批准后，应自动定期拨付。

18.人权委员会应行使下列权力和职能：

(1)调查，主动或是根据任何当事人的指控，对侵犯包括公民权利和政治权利的人权的行为进行调查。

(2)制定工作准则和程序规则，对违反这些准则和规则者得根据法院规则以藐视罪论处。

(3)采取适当的法律措施，保护所有菲律宾居民和海外侨民的人权，并采取预防性措施防止侵害人权，同时对人权被侵犯的无特权的人提供法律援助和保护。

(4)视察所有的监狱、看守所和拘留所。

(5)进行持续的调查研究、教育和宣传，以加强对人权的尊重。

(6)向国会提出关于促进人权和对人权受害者或其家属进行补偿的建议。

(7)监督政府对国际人权款约的义务的遵守。

(8)对任何人，如其证词或所提供的文件和其他证据，有助于委员会或其授权机关所进行的调查查明真相，有权决定免于起诉。

(9)在执行职务时，可以要求任何部门、机关或机构提供协助。

(10)依照法律的规定，对其官员和雇员进行任命。

(11)履行法律规定的其他职务和职能。

19.国会可以根据委员会的建议，对委员会管辖内的其他侵犯人权的案件作出决定。

第十四条 ［教育、科学、技术、艺术、文化和体育］

教育

1.国家应保护和促进所有公民接受各级教育的权利，并采取适当的措施使所有公民都能接受教育。

2.国家应该：

(1)建立、维持和支持一个被所有人和社会需要的全面的、适当的和综合的教育体系。

(2)建立和维持免费的中小学制度。对一切学龄儿童实行小学义务教育，但不限制父母教养子女的天然权利。

(3)为公立和私立学校符合条件的学生特别是贫苦学生，设立奖学金、学生贷款计划、津贴和其他奖励制度。

(4)鼓励非正规的、非正式的和因地制宜的学习制度，以及自学和举办业余教育，特别是适应社会需要的业余教育。

(5)为成年公民、残疾人和社会青年提供公民训练、职业培训和其他技能的培训。

3.(1)所有的教育机构均应把学习宪法作为正式课程的一部分。

(2)教育机构应向学生灌输爱国主义和民族主义，培养学生对人类的爱，尊重人权，评定民族英雄在历史发展中对国家的作用，教育他们作为公民的权利和责任，提高道德观和精神价值观，加强品德和纪律教育，鼓励批判和创造性思维，扩大科学技术的知识面，提高职业能力。

(3)根据父母或监护人的书面选择，可以对他们的孩子或被监护人通过宗教当局指派或批准的老师，在中小学的正式课程中，进行宗教教育，但政府不为此支付额外的费用。

4.(1)国家承认公立和私立的教育机构在教育体系中的互补作用，并对所有的教育机构进行适当的监督和管理。

(2)除了由宗教机构和传道会设立的教育机构外，其他教育机构均应只属于菲律宾公民，或菲律宾公民占有百分之六十以上份额的公司或组织。国会有权要求提高菲律宾人在所有教育机构中的比例。菲律宾公民拥有对教育机构的控制和管理权。

不得为外国人设立专门的教育机构，且任何学校中外国人不得超过学生总数的三分之一。上述条款不适用于为外国外交官及其亲属设立的学校，在法律另有规定以前，也不适用于为外国暂住民设立的学校。

(3)非股份、非营利的教育机构的所有实际、直接、完全用于教育目的的一切收入和资产均应免税。上述教育机构解散或不再作为法人存在时，其资产应依照法律规定处理。

私营教育机构包括合作社所有的教育机构，也应同样免税，但应受到法律规定的限制，包括股息的限制和再投资的限制。

(4)依照法律规定，所有真正、直接、完全用于教育目的的补贴、养老保险、捐赠、捐款应予免税。

5.(1)国家应考虑地区和部门的需要及情况，鼓励地方制定发展教育的政策和计划。

(2)所有的高等学校均享有学术自由。

(3)每个公民均有权根据公平、合理、平等的录取条件和学生条件，选择专业和课程。

(4)国家应加强教师在专业发展方面的权利。非教职人员和非学术人员均应得到国家的保护。

(5)国家应确保教育的最高预算优先权，且保证教育通过合理的报酬或职业上的满足的方法，来吸引和留住最优秀的人才。

语言

6. 菲律宾的国语是菲律宾语。随着菲律宾语的演化,其应在菲律宾语和其他语言的基础上得到更长远的发展和丰富。

按照法律规定和国会的认可,政府应采取措施开始并持续地倡导将菲律宾语作为官方交流的工具,并使用菲律宾语教学。

7.(1)为了交流和教学的目的,在法律没有另行规定以前,菲律宾的官方语言为菲律宾语和英语。

(2)地方语言是官方语言在地方的补充,因此在当地也是教学工具的补充。

(3)西班牙语和阿拉伯语应在自愿选择的基础上倡导。

8. 本宪法应采用菲律宾语和英语颁布,并被翻译成较大的地方语言及西班牙语和阿拉伯语。

9. 国会应设立一个民族语言委员会,其由各个地区和各界人员代表组成,主要承担协调和促进菲律宾语及其他语言的发展、宣传、保存的研究工作。

科学和技术

10. 科学和技术是国家进步和发展必不可少的要素。国家应为科学和技术的研究、开发、发明、创新和实际运用,以及科学技术的教育、训练和服务提供优先权。国家还应支持本土自力更生的科学和技术,及其在国家生产和生活中的运用。

11. 国家应采取包括减免税收的激励措施,鼓励私人参与基础和实用科学研究计划。应为优秀的大学生、研究员、科学家、发明家、技术员及有才能的市民提供奖学金、补助或其他任何形式的奖励。

12. 国家为了国家利益,应对技术转让进行控制,并促进一切来源的技术的运用。鼓励私人组织、当地政府、社会团体最广泛地参与科学技术的生产和运用。

13. 国家应保护和保障科学家、发明家、艺术家及其他有才能的市民对他们的知识产权、发明的专有权利,尤其是有利于人民的知识产权和发明的专有权,保护期间由法律规定。

艺术和文化

14. 国家应根据统一的多样化和艺术与知识的自由表达的原则,促进菲律宾文化的保存、丰富和蓬勃发展。

15. 国家应支持文学艺术。国家应保存、促进和普及民族历史和文化遗产及艺术创造。

16. 菲律宾所有的艺术和历史文化组成国家的文化宝藏,应受到国家保护,并对处置文化财富实行管制。

17. 国家应承认、尊重和保护本土的文化团体保护和发展其文化传统和习俗的权利。国家在制定民族发展政策和计划时应考虑上述权利。

18.(1)国家应通过教育系统、政府、民间的文化机构、奖学金、助学金及其他鼓励、公共文化会堂及其他公共场所等途径,保证人民都有接受文化的平等机会。

(2)国家应鼓励和支持对艺术与文化的研究和学习。

体育

19.(1)国家应促进体育教育,鼓励制订体育计划,举行竞赛和业余体育活动,及包括为国际竞赛进行的体育训练,通过体育培养有纪律、善于团队合作、出色的健康而机敏的公民。

(2)所有的教育机构均应和体育组织或其他组织合作,在全国定期举行体育活动。

第十五条 〔家庭〕

1. 国家承认菲律宾家庭是国家的基础。因此,国家应加强家庭的团结并促进其全面发展。

2. 婚姻是不可违背的社会制度,也是家庭的基础,应受到国家的保护。

3. 国家保护——

(1)夫妻根据他们宗教信仰和做父母的责任,组建家庭的权利。

(2)子女得到帮助的权利,包括获得适当的关心和营养,及避免遭受任何形式的有害于他们成长的忽视、虐待、凌辱、剥削和其他情况。

(3)家庭得到足以维持生计的工资和收入的权利。

(4)家庭或家庭组织参与有关家庭的计划或政策的制定和执行的权利。

4. 家庭有义务照顾老年人,但是国家也应通过社会保险对老年人进行照顾。

第十六条 〔一般条款〕

1. 菲律宾国旗由一个太阳和三颗星,及红、白、蓝三色组成,并已被人民尊奉、被法律承认。

2. 国会可以通过立法为国家制定真正象征人民的理想、历史和传统的新国名、新国歌或新国徽。但该项法律只能通过全国公民投票的批准才能生效。

3. 国家不得被指控,但国家同意的除外。

4. 菲律宾陆海空三军是一支由菲律宾公民组成的,依照法律规定接受军事训练和服役的军队。应为国家安全的需要维持一支常规军。

5.(1)海陆空三军的所有成员,均应宣誓或保证,维护及保卫本宪法。

（2）国家应提高军人的爱国主义精神和民族主义意识，以及在履行职责时尊重人民的权利的意识。

（3）国家应优先考虑军队的职业化、军人适当的薪酬和福利。武装部队不得介入党派的政治斗争。除了行使投票权外，军队的所有成员均不得直接或间接地参与任何党派的政治活动。

（4）现役军人在任何时候均不得以任何资格被任命为政府文职官员，包括政府所有或控制的公司及其附属机构的职务。

（5）依照军官退休的法律，不得同意延长军官服役期。

（6）武装部队常规军的军官和士兵，应尽量从各省市中按比例招募。

（7）武装部队总参谋长的任期不得超过三年。但是，在战争期间或国会宣布的国家处于紧急状态时，总统可以延长其任期。

6. 国家应建立和保持一支民事警察力量，由国家警察委员会控制。地方行政长官在其辖区内对警察的控制权力应由法律规定。

7. 国家应为参加过战争和军事行动的退役军人及他们的遗孀和孤儿提供及时的和足够的关心、抚恤和其他形式的帮助。国家应为此设立专项基金，并在分配公有农田和利用自然资源时对退役军人及其家属给予适当的照顾。

8. 国家应经常研究提高政府退休人员和私营部门退休人员的养老金及其他福利。

9. 国家应保护消费者的利益，使其免受不法买卖和伪劣有害产品的侵害。

10. 国家应按照尊重言论和新闻自由的政策，提供有利于全面发展菲律宾人的能力及建立符合国家需要和愿望的交流结构的适宜环境，使信息能平衡地进出本国，并在全国传播。

11.（1）大众传播媒体的所有权和管理权应归属菲律宾公民，或是属于由菲律宾公民所有或管理的公司、合作社。

为了公共利益，国会应控制或禁止对商业新闻媒介的垄断。不得成立企图限制贸易或进行不公平竞争的联合体。

（2）广告业对公共利益有影响，为了保护消费者和促进公共福利，应依照法律规定对其进行管理。

广告业只能由菲律宾公民，或是菲律宾公民拥有至少百分之七十资本的公司或组织经营。

外国投资者在广告公司董事会成员中的比例不得超过其在公司的资本比例，并且所有的行政人员和管理人员均应为菲律宾公民。

12. 国会可以设立一个专门为总统制定有关少数民族的政策提供意见的咨询机构，其成员应全部为少数民族。

第十七条 ［宪法的修改或修正］

1. 对本宪法的任何修改或修正，由下列机构提议：

（1）国会，由其所有议员四分之三的赞成票提出；

（2）修宪大会。

2. 对本宪法的修改，可由人民直接提出，但至少要有全部登记选民的百分之十二提出请求，并且每个选区至少有百分之三的登记选民同意。本款规定在本宪法生效后五年内不得修改，在本宪法生效后修改宪法不得超过五年一次。

国会应制定行使本款权利的办法。

3. 国会可以根据全体议员三分之二的赞成票召开修宪大会，或根据全体议员的过半数通过将召开修宪大会提交选民表决。

4.（1）根据本条第一款对本宪法所提出的任何修改或修正案，经公民投票以多数票通过后即行生效，公民投票应在国会或修宪大会通过该修改或修正案后，至少六十日至多九十日内举行。

（2）根据本条第二款所提出的任何宪法修改案，经公民投票且以多数票通过后即生效，公民投票应在选举委员会确认有足够的请求书后，至少六十日至多九十日内举行。

第十八条 ［过渡条款］

1. 根据本宪法进行的国会的第一次选举应于1987年5月的第二个星期一举行。

地方的第一次选举日期由总统决定，并可以与国会选举同时进行。地方选举包括大马尼拉区所属市议会或镇议会的议员选举。

2. 根据本宪法选出的第一届参议员、众议员和地方官员的任期直到1992年6月30日中午为止。

1992年选举中选出的参议员，票数最多的十二位任期为六年，票数较少的十二位任期为三年。

3. 所有与本宪法不一致的现行法律、法令、政令、指令和其他行政指令在被修改、废除或撤销以前均有效。

4. 任何未经批准的现存条约或国际协定，未经全体参议员的三分之二多数同意，均不得延长期限或扩大范围。

5. 为了使总统选举和国会议员选举能同时进行，1986年2月7日当选的任期为六年的总统和副总统的任期延长至1992年6月30日。

根据本宪法进行的第一次定期的总统和副总统的选举，应在1992年5月的第二个星期一举行。

6. 现任总统将继续行使立法权，直到第一次国会召开。

7. 在有关法律通过前,总统可根据各界提出的人选名单,委任本宪法第六条第五款第二项规定的为各界代表保留的众议员席位。

8. 在国会另行规定以前,总统可以设立由大马尼拉地区所有当地政府行政长官组成的马尼拉大都市公署。

9. 现有的分省将继续存在并行使其职能,直至改为正式的省,或其管辖的镇归还给原来的省。

10. 在法律另行规定以前,依照本宪法被批准的法庭将继续存在并行使其司法管辖权。在被最高法院或国会修改或撤销以前,现有的不违背本宪法的法院规则、司法法令、程序规则将继续有效。

11. 现任法官将继续任职,直至他们年满七十周岁,或因丧失履行职务的能力,或因故解职。

12. 在本宪法生效后一年内,最高法院应实行一套系统的计划,以迅速地解决最高法院和各级法院遗留的案件或问题。所有的特别法庭及准司法机构也应采取类似的计划。

13. 在本宪法生效前,法院对案件或问题进行的处理或作出的决定的适用期是否失效,由最高法院尽快作出决定。

14. 本宪法第八条第十五款第三项和第四项的规定适用于本宪法生效前提交的案件和问题,其适用期限在本宪法通过后即失效。

15. 在本宪法通过后,现任文职委员会、选举委员会、审计委员会的委员,将继续任职一年,除非其因故解职、丧失履行职务的能力或被任命新的任期。包括本宪法通过前的任期在内,所有委员的任期均不得超过七年。

16. 因 1986 年 3 月 25 日第三号公告和本宪法通过后的改组而离职但非因故解职的专职文职雇员,应按照他们离职时的有效法律的一般规定给予适当的离职金、退休金和其他待遇,或作为替代办法,根据离职雇员的选择,可以考虑在政府及其下属部门、代理机关或机构,包括政府所有或控制的公司及其附属机构予以录用。这一规定也适用于按现行政策提出辞职并已接受其辞职的专职官员。

17. 在国会另行规定前,总统的年薪应为三十万比索;副总统、参议院议长、众议院议长、最高法院首席法官年薪均为二十四万比索;参议员、众议员、最高法院的陪审法官、宪法规定的委员会的主席年薪均为二十万零四千比索;宪法规定的委员会的委员的年薪为十八万比索。

18. 政府应尽早提高中央政府其他官员和雇员的薪水等级。

19. 根据 1986 年 3 月 25 日第三号公告或本宪法规定而撤销或改组的机关或机构,其一切物品、档案、器材、建筑物、设备和其他财产,移交给权力、职责与之最相近的其他机关或机构。

20. 第一届国会应优先对全面实行免费的公立中学教育的期限作出决定。

21. 国会应采取有效的措施和适当的方法,将违反本宪法或公有土地法,或通过贪污腐败的方法取得的公有土地和房地产收归国家所有。在本宪法通过一年内,不得转让或处置上述土地或房地产。

22. 政府应根据法律规定,尽早征收闲置和被抛弃的土地,并将其分配给土地改革的受益者。

23. 本宪法第十六条第十一款第二项所涉及的广告公司,应在本宪法通过后的五年内,逐步按比例达到有关菲律宾公民的资本在总资本中应有的最少份额的规定。

24. 未经官方认可的私人军人或其他武装部队,应解散。凡不符合本宪法关于公民武装部队的规定的一切准军事部队、包括国民自卫队在内,必须予以解散,合适者应并入正规军。

25. 菲律宾共和国和美利坚合众国有关军事基地的协定于 1991 年期满后,不得在菲律宾设立外国军事基地、驻扎外国军队或部署外国军事设施,但如果参议院正式同意,并在国会要求举行的公民投票中获得多数票通过,同时得到另一个签约国承认的某项条约的规定者除外。

26.(1)根据 1986 年 3 月 25 日第三号公告关于收回非法获取的财富的规定,签发查封或冻结令的权力,在本宪法通过后至多十八个月内继续有效。但国会根据国家利益的需要并征得总统同意后,可以延长上述期限。

(2)只有根据足以立案的初步证据才能签发查封令或冻结令。查封令或冻结令以及被查封、被冻结的财产的清单应向有关法院登记。对本宪法通过以前签发的查封令和冻结令,应在宪法通过后六个月内提起相应的法律诉讼或法律程序。对本宪法通过后签发的查封令和冻结令,应在签发后六个月内开始法律诉讼或法律程序。

(3)如果法律诉讼或法律程序未能按照上述规定开始,查封令或冻结令应视为自动撤销。

27. 在为通过本宪法而举行的公民投票中获得多数票通过后,本宪法即生效,并取代以前所有的宪法。

上述菲律宾共和国的宪法,由 1986 年制宪委员会的九百八十六位委员于 1986 年 10 月 12 日通过,并于 1986 年 10 月 15 日在奎松市的中央政府中心会议厅签署,下附签署的委员。

格鲁吉亚宪法[*]

（1995 年 8 月 24 日通过，更新至 2009 年修正）

格鲁吉亚人民，致力于建立一个以民主有序、经济自由、法治为基础的社会国家，以保障普遍享有人权和自由，加强国家的独立，并与其他国家和平共处，秉承格鲁吉亚悠久的民族传统以及 1921 年格鲁吉亚宪法的基本原则，现向全国公布本宪法。

第一章 总则

第一条

（一）如 1991 年 3 月 31 日在全国范围内（包括阿布哈兹自治苏维埃社会主义共和国以及前南奥塞梯自治领土）举行的全民公决和 1991 年 4 月 9 日通过的格鲁吉亚恢复国家独立法案所确定，格鲁吉亚是一个独立、统一和不可分割的国家。

（二）格鲁吉亚国家的政体为民主共和国。

（三）格鲁吉亚为格鲁吉亚国家的国名。

第二条

（一）格鲁吉亚国家的领土范围确定于 1991 年 12 月 21 日。格鲁吉亚的领土完整和边界的不可侵犯得到世界各国共同体和国际组织的承认，并为格鲁吉亚的宪法和法律所确定。

（二）禁止分裂格鲁吉亚领土。国家边界的改变只能通过与邻国签订双边协定进行。

（三）格鲁吉亚领土内的国家结构，在格鲁吉亚完全恢复对其全境的管辖后，按照权力限定原则，由宪法规定。

（四）在不侵犯国家主权的前提下，格鲁吉亚国民可以对地方性重大事务实行地方自治。地方自治政府的最高行政机构以及代表机构的成员应经选举产生。地方自治政府的组建程序、职权以及与国家机构的关系由组织法规定。

第三条

（一）以下事务只能由格鲁吉亚国家的最高机构专门管辖：

1. 关于格鲁吉亚公民资格、人权与自由、归化与脱籍、出入境、外国公民和无国籍人士的临时或永久居住等事项的立法；

2. 国家边境的状况、管理体制和防御，领海、领空、大陆架和专属经济区的状况和防御；

3. 国防与安全、武装力量、军工以及军火贸易；

4. 战争与和平事务，国家进入紧急状态和戒严的决定和实施；

5. 外交政策与国际关系；

6. 国际贸易、海关与关税制度；

7. 国家财政与贷款，货币发行，银行、信用、保险与税收立法；

8. 标准和模式，土地测量和地图绘制，精确时间的确定，国家统计；

9. 统一的能源体系和制度，通信，商业船队，旗帜，具有全国性影响的码头，机场，空中管制，航空运输及中转，航空运输登记，气象服务，环境监测制度；

10. 铁路和具有全国性影响的公路；

11. 海洋和公海捕鱼权；

12. 边境卫生警戒线；

13. 制药立法；

14. 教育机构和学位的认证立法（2006 年 12 月 27 日修正案增补）；

15. 知识产权立法；

16. 贸易法、刑法、民法、行政法和劳动法、监狱法和程序法立法；

17. 刑警和调查；

18. 土地、底土和自然资源立法。

（二）涉及共同行使职权的事务应另行规定。

（三）阿贾拉自治共和国的法律地位应由格鲁吉亚宪法中"关于阿贾拉自治共和国法律地位"规定。

第四条

（一）待条件成熟且在格鲁吉亚全境内建立地方自治机构后，格鲁吉亚议会内将设立两院，分别为共和国议会和参议院。

（二）共和国议会由按一定比例分配后选举产生的成员组成。

（三）共和国议会应当由从阿布哈兹、阿贾拉自治

---

[*] 格鲁吉亚宪法文本来源于欧洲理事会维尼斯委员会。译者：俞俊峰，校对：左迪。

共和国、格鲁吉亚其他领土单位选举的成员和格鲁吉亚总统指定的五名成员组成。

（四）两院的组成、职权以及选举程序由组织法规定。

第五条

（一）格鲁吉亚国家的权力来自人民。国家权力应当在宪法规定的框架内行使。

（二）人民应当通过公决、直接民主制的其他形式和人民代表行使权力。

（三）人民权力不容攫取或篡夺。

（四）国家权力在分权的基础上行使。

第六条

（一）格鲁吉亚宪法是国家的最高法律。所有其他法律应当与宪法保持一致。

（二）格鲁吉亚的立法应当与公认的国际法原则和规则相一致。格鲁吉亚签订的国际条约或协议，除非与格鲁吉亚宪法或宪法性协议相抵触，否则应当优先适用。

第七条

国家应当视获得公认的人权和自由为永恒和最高的人类价值，并予以承认和保护。在行使权力时，人民和国家应当受上述权利和自由的直接约束。

第八条

格鲁吉亚的官方语言为格鲁吉亚语，在阿布哈兹还包括阿布哈兹语。

第九条

（一）国家应当宣示完全的宗教信仰自由，并承认格鲁吉亚东正教在格鲁吉亚历史上的重要作用及其与国家相独立的地位。

（二）格鲁吉亚国家与格鲁吉亚东正教之间的关系应当由宪法协议决定。宪法协议应当与公认的，尤其在人权和基本自由领域内与国际法原则和规则保持完全一致。

第十条

格鲁吉亚首都为第比利斯。

第十一条

格鲁吉亚的国家象征应当由组织法规定。

第二章　格鲁吉亚的国籍、人权与自由

第十二条

（一）格鲁吉亚的国籍应当由出生和归化取得。

（二）格鲁吉亚的公民不得同时拥有别国国籍，本款另有规定的情况除外。如另一国家的国民对格鲁吉亚有特殊功绩，或者出于国家利益的考虑，格鲁吉亚总统可以授予另一国公民格鲁吉亚国籍。

（三）国籍的取得和丧失程序应当由组织法规定。

第十三条

（一）格鲁吉亚应当保护其公民而不论其身处何处。

（二）公民国籍不受剥夺。

（三）禁止将格鲁吉亚公民驱逐出格鲁吉亚国境。

（四）禁止将格鲁吉亚公民引渡/移交给外国，国际条约另有规定的除外。引渡/移交的判决可上诉至法院。

第十四条

人人生而自由，不论其种族，肤色，语言，性别，宗教信仰，政治或其他观点，国家、民族和社会归属感，出身，财产和职务，居住地，在法律面前一律平等。

第十五条

（一）人的生命权受法律保护而不受侵犯。

（二）宪法禁止死刑。

（三）禁止对被拘留或以其他方式限制自由的人进行肉体或精神压迫。

第十六条

人人享有自由发展其人格的权利。

第十七条

（一）个人的荣誉和尊严不容侵犯。

（二）严禁对公民施行酷刑，非人道、残酷的对待及刑罚，严禁侵犯公民荣誉和尊严的对待和刑罚。

第十八条

（一）个人自由不可侵犯。

（二）未经法院判决，不得剥夺自由或以其他方式限制人身自由。

（三）在案件处理中，依法经授权的官员可对个人实施逮捕。被逮捕或者以其他方式限制自由的人，应当在四十八小时之内在法院受审。如果在审理开始之后的二十四小时内，法院无法裁决对其采取拘留或其他限制自由的措施，应立即予以释放。

（四）已删除

（五）被逮捕或拘留的人，应当在被逮捕或拘留时被告知其权利以及限制自由的理由。如申请辩护应予以准许。

（六）因确认犯罪而进行侦查的逮捕期限不得超过七十二小时，对指控犯罪的拘留期限不得超过九个月。

（七）违反本条规定将依法受到处罚。受到非法逮捕或拘留的人有权获得赔偿。

第十九条

（一）人人享有言论、思想、信念、宗教和信仰自由。

（二）禁止因个人的言论、思想、宗教或信仰而对其进行迫害，禁止强迫他人发表关于言论、思想、宗教或信仰方面的意见。

（三）禁止对本条所列举的自由进行限制，除非表达上述自由的行为侵犯了他人的权利。

第二十条

（一）任何人的私生活、个人活动场所、个人记录、通信、电话或其他技术方式的通讯，以及通过技术方式获取的信息不可侵犯。对上述权利的限制，仅应由法院判决或者在法律规定的紧急情况下作出。

（二）未经所有人许可，不得进入其住宅和其他财产，亦不得对之进行搜查，但经法院判决或法律规定的紧急情况除外。

第二十一条

（一）财产权与继承权应予以承认和保障。财产权作为一项普遍权利，其取得、转让与继承不得废除。

（二）对第一款所规定权利的限制，仅应在依法规定的社会紧急需要的情况下，并依法律规定的程序进行。

（三）剥夺财产权的社会紧急需要的情况须由法律明确规定，法院判决或迫切需要的情形由组织法规定，并给予适当的补偿。

第二十二条

（一）在格鲁吉亚境内，人人享有自由迁徙的权利和选择住所地的自由。

（二）每个合法在格鲁吉亚境内的人，有权自由离开格鲁吉亚。格鲁吉亚公民可自由进入格鲁吉亚。

（三）出于实现国家安全或公共安全、保护健康、预防犯罪或维护一个民主社会的司法公正的需要，根据法律规定，可以对上述权利进行限制。

第二十三条

（一）智力创作自由应予以保障。知识产权不受侵犯。

（二）不得干涉创作过程，不得审查创作活动。

（三）不得扣押创作成果，不得禁止其传播，侵害他人合法权益的情形除外。

第二十四条

（一）人人有权自由地接受和传播信息，有权以口头、书面或其他方式表达和传播自己的观点。

（二）大众传播媒体自由。不得对其进行审查。

（三）无论是国家还是个人，均不得垄断大众传播媒体或信息传播途径。

（四）在一个民主社会，出于确保国家安全、领土完整或公共安全，预防犯罪，保护他人的权利与尊严，防止泄露机密或保证司法独立与公正的需要，本条第一款、第二款所列权利的行使可能会受到法律上的限制。

第二十五条

（一）除了武装部队、警察或安全部门的人员外，人人享有不需经事先许可，在室内或室外公开集会的权利。

（二）依法律规定，在公共通道举行的公众集会或示威游行应事先通知当局。

（三）仅有当局有权解散非法性质的公众集会或示威游行。

第二十六条

（一）人人有权组织和参加公共团体，包括工会。

（二）根据组织法，格鲁吉亚公民有权组织政党或其他政治团体并参加其活动。

（三）公共团体或政治团体的成立与活动不得颠覆或强行变革格鲁吉亚的宪政结构，不得侵犯国家独立和领土完整，不得宣扬战争或暴力，不得煽动国家、地方、宗教或社会仇恨。

（四）公共和政治团体不得创立武装组织。

（五）加入军队、国家安全机关或国内事务机构的公民，或担任法官、检察官的公民，应退出其所加入的任何政治组织。

（六）对公共或政治团体活动的暂停、禁止，应由法院按组织法规定的法定程序实行。

第二十七条

国家有权限制外国公民和无国籍人士的政治活动。

第二十八条

（一）每一个年满十八周岁的格鲁吉亚公民有权参加全民公决或国家与自治机构的选举，表达选举意愿的自由受法律保护。

（二）由法院认定为失权或由法院定罪服刑的公民，无权参加选举和全民公决。

第二十九条

（一）只要符合法律规定的要求，每一个格鲁吉亚公民有担任任何国家公职的权利。

（二）担任公职的条件应由法律规定。

第三十条

（一）人人享有劳动自由。

（二）国家应促进自由商业活动并鼓励竞争。除非法律允许外，禁止垄断。消费者的权利受法律保护。

（三）基于有关劳动关系的国际协定，国家应保护格鲁吉亚公民在国外的劳动权利。

（四）劳动权利保障、合理劳动报酬与劳动安全、卫生工作条件、未成年人和妇女的工作条件的保护，应由法律规定。

第三十一条

国家应维持本国境内社会经济的均衡发展。为确保高山区域的社会与经济发展，特别权限应当由法律规定。

第三十二条

国家应帮助失业公民再就业。失业人员的最低生活标准和生活状况应由法律规定。

第三十三条

罢工的权利应予承认。行使罢工权的程序由法律规定。法律同时建立重要公共服务的保障机制。

第三十四条

(一)国家应促进文化发展,不得限制公民自由参与文化生活,表达与丰富文化创意,认同民族的与公认的价值,深化国际文化关系。

(二)每一个格鲁吉亚公民都有保存和保护文化遗产的义务。国家依法保护文化遗产。

第三十五条

(一)人人享有受教育权,有权自由选择受教育的方式。

(二)国家应确保国内教育体系与国际教育体系相协调。

(三)国家保障学前教育。基础教育实行义务教育制度。基础教育依法由国家全额提供财政支持。根据法律规定,公民有获得国家资助的职业教育与高等教育的权利。

(四)国家依照法定程序支持教育机构。

第三十六条

(一)婚姻应遵循权利平等原则并尊重配偶的意愿。

(二)国家应促进家庭的富裕。

(三)母亲及儿童的权利受法律保护。

第三十七条

(一)人人在接受医疗救助时,享有医疗保险。在特定情况下,依照法定程序应提供免费医疗救助。

(二)国家应控制所有提供健康保护,生产、销售药品的机构。

(三)每个人都有权生活于健康的环境中,享受自然与文化环境。每个人有义务保护自然与文化环境。

(四)为确保环境安全,维护社会生态与经济利益,充分考虑当代和未来几代人的利益,国家应保护环境及合理使用自然资源。

(五)每个人就其工作和生活的环境,有获得完整、客观、及时信息的权利。

第三十八条

(一)格鲁吉亚公民不分民族、种族、宗教或语言,平等参与社会、经济、文化与政治生活。根据公认的国际法原则与规则,公民有权在私人和公共场合使用母语以自由发展其文化而不受任何歧视与干涉。

(二)根据公认的国际法原则与规则,少数民族权利的行使不得侵犯格鲁吉亚的国家主权、国家结构、领土完整与政治独立。

第三十九条

宪法文本中未体现的,但根据宪法基本原则而为个人或公民所固有的其他公认的权利和自由,宪法应予以保障。

第四十条

(一)在根据法定程序被证明其犯罪行为,并经法院最终判决定罪前,任何人的违法行为不应被认定为有罪。

(二)任何人不应负有证明自己无罪的义务。检察机关负有举证责任。

(三)诉讼中认定被告人的决议、公诉状和有罪判决仅得以排除合理怀疑的证据为基础。被告人在任何情况下都有质疑的权利。

第四十一条

(一)每一个格鲁吉亚公民依照法律规定的程序,有权知悉存放在国家机构中有关他或她的信息及官方文件。信息包含国家、专业或商业机密的除外。

(二)未经本人同意,官方文件包含个人健康、财务或其他私人事务的信息,其他人不得查询。法律有明确规定,为确保国家安全或公共安全,保护他人的健康、权利和自由的必要情况除外。

第四十二条

(一)人人有权申请法院保护其权利与自由。

(二)每个人应由有管辖权的法院对其案件进行审理。

(三)辩护的权利应予保障。

(四)任何人不得因同一罪行被定罪两次。

(五)任何人在其行为发生时不构成犯罪的,不负刑事责任。减轻或免除责任的法律,不具有溯及力。

(六)被告人有权在与控方证人同等的条件下,要求对证人进行传讯。

(七)违反法律规定取得的证据,不具有法律效力。

(八)任何人不负有作对自己或亲属不利证明的义务,亲属的范围由法律规定。

(九)任何受到国家、自治机构和官员非法侵害的人,有权向法院提出诉讼要求国家进行赔偿。

第四十三条

(一)在格鲁吉亚境内对人权及基本自由的保护由通过格鲁吉亚议会总成员过半数选举的公共辩护人进行监督,其任期为五年。

(二)公共辩护人有权揭露违反人权及基本自由的事实,并向相应机构和官员报告。妨碍公共辩护人活动的,应受到法律制裁。

(三)公共辩护人的职权应由组织法规定。

第四十四条

(一)每个居住在格鲁吉亚的人均负有遵守格鲁吉亚宪法和法律的义务。

(二)个人权利与自由的行使,不得侵犯他人的权利与自由。

第四十五条

宪法规定的神圣的基本权利与自由，同样适用于法人实体。

第四十六条

（一）当出现紧急状况或戒严的情形，格鲁吉亚总统有权决定在全国范围或特定区域内，限制宪法第十八条、第二十条、第二十一条、第二十二条、第二十四条、第二十五条、第三十条、第三十三条和第四十一条规定的权利与自由。总统必须在四十八小时内将决定提交议会批准。

（二）当整个国家全境都有紧急状况或戒严时，格鲁吉亚总统的选举、格鲁吉亚议会及其他代表机构的选举应予以取消。当紧急状况或戒严出现在某一区域时，格鲁吉亚议会应决定其他区域的选举。

第四十七条

（一）居住在格鲁吉亚的外国公民和无国籍人士根据宪法和法律，享有与格鲁吉亚公民相同的权利，承担相同的义务。

（二）按照公认的国际法规则，并经法定程序，格鲁吉亚应为外国公民和无国籍人士提供庇护。

（三）因政治信仰受到迫害或根据格鲁吉亚法律不视为犯罪的寻求庇护人不受引渡。

第三章　格鲁吉亚议会

第四十八条

格鲁吉亚议会是国家最高代表机关，行使立法权，确定国内基本方针和外交政策，管理政府在宪法规定的框架内的活动及履行其他职权。

第四十八 A 条（2009 年 9 月 24 日 1674 号修正案增补）

（一）格鲁吉亚议会所在地是第比利斯和库塔伊西。议会的全体会议应在库塔伊西召开。

（二）仅在紧急状态或戒严的情况下，允许临时改变议会的召开地点。

第四十九条

（一）在格鲁吉亚宪法第四条所规定的合适创设条件成就之前，格鲁吉亚议会应由通过比例制选举的七十五名议员组成。该七十五名成员以无记名投票的方式，通过普遍、平等与直接选举方式选举产生，任期为四年。（2008 年 3 月 12 日 5853 号 Is 修正案增补）

（二）凡年满二十五周岁的公民，均享有投票权，同时享有被选举为议会议员的资格。

（三）议会的内部结构和工作程序由议会条例规定。

（四）格鲁吉亚议会在国家预算中的当年支出，比照上年度预算总额，如有削减，需由议会事先同意批准。关于格鲁吉亚议会预算在国家预算中的比例分配的决议，由格鲁吉亚议会决定。

第五十条

（一）依法定程序成立的公民政治组织，其发起设立经选举人按格鲁吉亚组织法规定签名确认，或者在选举时间确定时，其在议会中有代表人，即有权参加选举。格鲁吉亚组织法规定的选举人的签名数量不应超过选举人数量的百分之一。参与选举的规则和条件通过多数决规则由选举法确定。（2008 年 3 月 12 日 5853 号修正案增补）

（二）议会议员仅得在政治组织和各选区间分配，并且，需在比例制选举中获得至少百分之七的选票，方能当选。

（二 A）常规的议会选举应在议会任期届满当年的 10 月举行。格鲁吉亚总统最迟应在选举前六十日确定选举时间。

（三）若选举时间恰逢国家紧急情况或戒严的情况时，选举应在此情况解除后不晚于六十日内举行。格鲁吉亚总统应在解除国家紧急情况或戒严的情况后确定选举时间。若议会解散，应在执行解散议会命令的第六十日举行特别选举。执行解散议会命令的时间由格鲁吉亚总统确定。

（三 A）在总统宣布执行解散议会决议后，议会终止其活动。从执行解散议会的命令作出到新选举的议会第一次召集会议期间，被解散的议会仅在总统宣布国家进入紧急状态或戒严时，就批准（或/和延长）、通过紧急状态或戒严的问题召集会议。如果议会没有在五日内召集，或没有通过（延长）总统宣布国家进入紧急状态，国家紧急情况的宣布被取消。如果议会没有在四十八小时内通过总统对于宣布（延长）戒严的命令，则戒严的状态被取消。议会的召集不导致议员公职和报酬的恢复。议会通过对上述问题的决定后，应当终止活动。

（四）新选举的议会第一次会议召集后，原议会所有职权将被终止。

（五）议会议员的选举程序及禁止选举的事项由本宪法和组织法确定。

第五十一条

格鲁吉亚新选举出的议会的首次会议应在选举后的二十日内举行。时间由格鲁吉亚总统确定。若有不少于三分之二的议会议员确认其权力，则议会启动工作程序。

第五十一 A 条

议会仅在本宪法规定的情形下可由总统解散。以下情形不得解散议会：

1. 举行议会选举的六个月内；

2. 议会行使由宪法第六十三条规定的弹劾权；

3. 发生国家紧急情况或戒严时；

4. 在格鲁吉亚总统任期届满前的六个月内。

第五十二条

（一）格鲁吉亚议会议员为整个格鲁吉亚的代表。其享有豁免强制及被传唤的特权。

（二）非经议会同意，不得对议员进行拘留或逮捕，不得对其住所、车辆、工作场所或人身进行搜查。若当场犯罪被抓获的，应立即通知议会。未经议会同意，已经逮捕或拘留的，应立即释放。

（三）议员享有免于证明有关揭露其议员的相关事实的权利，亦不得没收与此相关的书面材料。该项权利在议员任期届满后仍享有。

（四）不得对议员任职期间在议会内外发表的意见和观点提起诉讼。

（五）应保障议员行使权力不受妨碍。议员行使权力时，国家机构应保障其人身安全。

（六）妨碍议员履行职责的行为将受到法律制裁。

第五十三条

（一）议员不得兼任其他社会公职，或参与商业活动。利益冲突由法律规定。

（二）若违反前款之规定，议员将被罢免。

（三）议员应根据法律规定获得报酬。

第五十四条

（一）议会可决定议员任期的认可和提前终止的问题。该决定可向宪法法院起诉。

（二）在下列情况下，议会议员的任期提前终止：

1. 议员个人提出辞职；

2. 法院对议员作出定罪的最终判决；

3. 法院认定其无行为能力、失踪或死亡；

4. 担任或从事与议员身份不相符的职务或活动；

5. 丧失格鲁吉亚国籍；

6. 无正当理由四个月未参与议会工作的；

7. 死亡。

第五十五条

（一）格鲁吉亚议会应在其任期内，根据议会条例的规定，通过匿名投票的方式，选举出议会议长及副议长。其中议长从阿伯卡茨共和国议员中选举产生，副议长从阿扎亚自治共和国提名的议员中选举产生。

（二）议长应领导议会工作，确保议会议员能自由表达观点，签署议会通过的法案，行使议会条例规定的其他职权。

（三）在议长无法行使权力或被免职时，副议长应行使议长的权力。

（四）根据议会条例规定的程序，议长应行使议院

的所有行政职能。

第五十六条

（一）为了立法事宜的初步准备，推进决定的实施，监督政府机构的行为活动，议会在其任期内应组建内阁会议。

（二）根据宪法和议会条例的规定，以及不少于四分之一的代表的请求，议会应成立调查委员会或其他临时委员会，议会中多数派代表不得超过该委员会成员总数的二分之一。

（三）应调查委员会的要求，内阁成员须在会议召开前出席，并提交待查文件。

第五十七条

（一）为组织议会工作，应成立议会局。它应包括格鲁吉亚议会议长、副议长，议会委员会主任和其他议会组织。

（二）按宪法规定，有关任命官员的问题，应在各相应委员会讨论通过，依议会条例规定的程序，由议会局讨论审议。审议结论应提交总统及议会。在讨论各委员会结论的基础上，并按照条例规定程序执行。结论应提交给总统和议会。主席团须对有关议会的工作安排问题作出决议。

第五十八条

（一）议会议员可以联合组建议会派别。议会派别的成员不得少于六人。（2008 年 10 月 10 日 343 号修正案增补）

（二）议会派别的组成、运作程序以及职权，由法律和议会条例规定。

第五十九条

（一）议员有权向对议会负责的机构、内阁成员、市长、任何级别行政区划中行政机构的首脑、国家机构提出问题，并获得解答。

（二）十人以上的议员小组或议会派别有权向任何对议会负责的机构、内阁、政府的个别成员提出问题，被提问的组织或个人须在议会会议上对所提问题进行解答，解答内容为议会讨论的议题。

（三）议会有权就内阁个别成员的任职资格向首相质疑。若首相不解雇该内阁成员，其将在两周内向议会提交动议决定。

第六十条

（一）议会会议应公开进行。经出席会议的大多数议员决定，就某些特殊议题，可以秘密或部分秘密进行。

（二）议会官方选举、任命或通过的内阁成员，有权要求出席议会或委员会，在席位上解答提出的问题，提交工作报告。按照要求，议会和委员会应听取官员的意见。

（三）除在宪法或法律规定的其他情况下，投票应

始终公开或单独进行。

（四）议会的会议纪要，除机密事务外，都应在议会官方报刊上发布。

第六十一条

（一）格鲁吉亚议会应依职权每年召开两次常务会议。秋季会议应在9月第一个星期二开始，12月的第三个星期五结束；春季会议应在2月的第一个星期二开始，6月的最后一个星期五结束。

（二）应议会议长、不低于四分之一的议员要求，或总统本人发起，在常务会议闭会期间，或常务会议召开期间，总统可以召集议会的特殊会议——特别会议。若在此书面申请提交后的四十八小时内，总统没有提出召开会议，则议会有权根据议会条例在接下来的四十八小时内召集。

（三）特别会议应遵循特定的议程，待议程结束时闭会。

（四）总统宣布国家紧急情况或戒严时，应在四十八小时内召开议会。议会在紧急情况解除前不得停止工作。

第六十二条

有关战争与和平、国家进入紧急情况或戒严，及宪法第四十六条规定的情形的决定，应由议会全员过半数表决通过。

第六十三条

（一）如在宪法第七十五条第二款规定的情形下，经不少于三分之一的议会议员同意，可以依弹劾程序对格鲁吉亚共和国总统提出罢免。罢免的提案应提交最高法院或宪法法院裁决。

（二）若最高法院认定总统有犯罪行为的事实，或宪法法院认定其违反宪法的，议会在讨论该结果后，以议会全体成员过半数同意的程序，就弹劾总统事宜进行投票表决。

（三）若有不少于议会议员总数三分之二的议会议员支持免去总统之职，则应根据弹劾程序，罢免总统。

（四）如果议会没有在三十日内通过罢免决议，则该议题视为废除。下一年则不得对总统进行弹劾。

（五）国家在战争、进入紧急情况或戒严期间，不得讨论对总统的指控，且议会亦不得就该项议题进行表决。

第六十四条

（一）如果有违反宪法或被确认犯罪的情形，不少于总数三分之一的议员可以对最高法院院长、内阁成员、国家银行委员会主席，依弹劾程序提起罢免质询。
（2008年10月10日344号修正案增补）

（二）如收到第六十三条第二款规定的决议，议会可以采取多数决的方式投票表决对本条第一款所列

官员进行罢免。第六十三条第四款规定的情形也同样适用。

第六十五条

（一）格鲁吉亚议会通过多数决投票可批准通过、指控及废除国际条约和协议。

（二）除了国际条约和协议的批准，格鲁吉亚议会同时也有义务批准以下国际条约和协议：

1. 为格鲁吉亚加入的国际组织或政府间联盟的；

2. 军事方面的；

3. 关于国家领土完整或国家边界改变的；

4. 关于国家资金贷出和借入的；

5. 为履行国际义务，而需要变更国内立法，或通过某些法律或法案的。

（三）关于其他国际条约和协议的结论应通知议会。

（四）如被提出宪法诉愿或向宪法法院提起诉讼，则在宪法法院裁决前，该国际条约或协定不被批准。

第六十六条

（一）一项法律草案或决定草案，如获出席议会表决议员的过半数通过，且通过人数不少于议会议员总数的三分之一，则应视为该草案通过。但宪法关于法律草案或决定草案通过程序另有规定的，从其规定。

（一 A）宪法性法律文件，如果获得不少于议员总数五分之三的表决同意，应被视为通过。

（二）如果组织法获得超过当前议会议员名单上人数过半的支持，则应视为通过。

（三）除宪法就通过程序另有规定外，决议通过议会表决即可通过。

（四）其他决议的通过程序应由议会条款规定。

第六十七条

（一）格鲁吉亚的总统（仅在特殊的情况下）、内阁、议员、议会派别、议会委员会、阿布哈兹自治共和国及阿贾拉自治共和国高级代表机构、不少于三万名选民有立法倡议权。

（二）应格鲁吉亚总统的请求，议会应优先讨论总统提交的法律草案。

（三）如果内阁在法律规定的期限内，对议会审议的法律草案没有意见，则该法律草案视为通过。

第六十八条

（一）一项经议会通过的法律草案，应在七日内提交给格鲁吉亚总统。

（二）总统应在十日内签署并公布法律，或以合理的理由将其退回议会。

（三）如果总统将法律草案退回议会，议会需对总统提出的理由进行投票。对于总统意见的表决通过，

需满足宪法第六十六条规定的票数。若意见被通过，则草案的最终修订文本将提交给总统，由其在七日内签署颁布。

（四）如议会拒绝总统提出的理由，则对法律草案的原稿再次进行投票表决。如获得不少于当前议员名单人数五分之三表决同意，则法律或组织法视为通过。如获得不少于议会议员总数三分之二表决同意，则宪法修正案视为通过。

（五）如总统在规定时间内没有颁布该法律，议会议长有权签署并公布。

（六）法律自颁布之日起十五日后生效，关于生效时间另有规定的除外。

第四章　共和国的总统

第六十九条

（一）格鲁吉亚总统为格鲁吉亚国家的领导人。

（二）格鲁吉亚总统应主导和执行国内外政策。格鲁吉亚总统应根据宪法确保国家和国家机构活动的团结和统一。

（三）格鲁吉亚总统为格鲁吉亚外交关系的最高代表。

第七十条

（一）格鲁吉亚总统以普遍、公平和不记名的方式由选民直接选举产生。任期为五年。连任不得超过两届。

（二）凡出生于格鲁吉亚，年满三十五周岁，截至选举之前至少在格鲁吉亚居住满十五年的公民，均有权竞选总统。

（三）有权被提名为总统候选人须为一个公民政府团体或活动集团成员。根据格鲁吉亚组织法规定，提名应由选民签名确认。组织法同时规定，选民的签名人数不得超过选民总数的1%。（2008年3月12日5853号修正案增补）

（四）若候选人获得参与投票人过半投票，应视为其当选。（2004年2月6日3272号修正案增补）

（五）若在第一轮选举中没有候选人获得要求的选票数，则在官方公布第一轮结果的两周后进行第二轮选举。（2006年12月27日修正）

（六）第一轮选举中获得票数最多的两位候选人进入第二轮选举。最终获得最多票数的候选人被视为当选。（2004年2月6日3272号修正案增补）

（七）若第一轮选举中仅有一位候选人，但未获得足够的选票数，或在第二轮选举中没有总统当选，则在选举日期后的两个月内再次进行新的选举。（2006年12月27日修正）

（八）若国家有紧急情况或戒严时，不得进行选举。

（九）定期的总统选举应在总统任期届满当年的10月进行。格鲁吉亚总统选举至少应提前六十日确定日期。（2006年12月27日修正）

（十）总统选举的程序和条件以及不允许作为总统候选人的情形由宪法和组织法规定（1999年7月20日格鲁吉亚宪法增加）

第七十一条

（一）在新任总统就职前，须作如下宣誓：

"我，格鲁吉亚总统，在上帝和民族面前宣誓，遵守格鲁吉亚宪法，维护国家独立、统一和不可分割。忠诚地履行总统的职责，保护我国民的安全和幸福，实现民族和国家的复兴及威望。"

（二）第一款所述的仪式应在总统选举日之后的第三个星期日进行。

第七十二条

除政党职务外，格鲁吉亚总统不得兼有其他任何职务。不得参与商业经营活动，不得在任何其他活动中获取报酬或领取其他固定薪酬。

第七十三条

（一）格鲁吉亚总统的职权：

1. 缔结国际协议和公约，与外国进行外事磋商；在议会同意下可任命和罢免格鲁吉亚大使和其他的外交代表，向其他国家和国际组织派驻大使或其他外交代表。（2006年12月27日修正）

1.1 代表格鲁吉亚与东正教签订宪法性协议。

2. 任命首相，认可首相任命内阁的组成人员——部长。

3. 有权根据自己的提议，或根据宪法规定的其他情形解散内阁，罢免国家的内务部长、国防部长及司法部长。（2008年10月10日344号修正案修正）

4. 根据法律规定，同意内阁解散，接受内阁成员和其他官员的辞职，并有权要求在新内阁组建或新成员就职前，原内阁和政府官员继续履行其职责。

5. 同意内阁向议会提交国家财政预算。

6. 按照宪法和法律规定的程序，向议会提名官员，酌情任命和罢免之。

7. 在格鲁吉亚受到武装攻击时宣布戒严，适时维护和平，并在四十八小时内向议会提交决定。

8. 在发生战争或大规模混乱，国家领土完整遭到侵犯，国家政变，武装叛乱，生态灾害，流行病泛滥或其他情况下，国家机构不能正常履行宪法所赋予的权力时宣布整个国家或某一个地区进入紧急状态，并于四十八小时内提交议会批准。国家处于紧急状态期间，该命令具有法律效力，并应采取紧急措施。法令作出时，应提交给议会，紧急效力仅适用于因本段规定原因而进入紧急状态的地区。

9. 若自治领土单位或其他代表机构的活动危及国家主权、国家领土完整或国家机关宪法权力的行使,经议会同意,有权暂停其活动或予以解散。

10. 根据宪法和法律发布法令和命令。

11. 根据宪法规定的程序签署和公布法律。

12. 决定关于国籍及提供庇护的事务。

13. 授予国家荣誉奖、高级军衔、特殊和荣誉称号及高级外交级别。

14. 赦免罪犯。

15. 根据本宪法的程序解散议会。

16.(于 2006 年 12 月 27 日删除)

17. 从议会解散到新议会第一次召集期间,在特殊情况下,有权发布关于税收和预算问题的法令,如该法令在新一届议会第一次召集后一个月内未被审议通过,则失去效力。

18. 如果在宪法规定的期限内,议会没有信心组建内阁,则根据前述第五十一条之一第一项至第四项的情形,有权任命首相,并授权首相任命部长。上述情形消失后的一个月内,总统需重新向议会提出组建内阁。

(二)按照法律规定的程序,总统应确定议会和代表机构的选举日期。

(三)若内阁和行政权力机构的行为与格鲁吉亚宪法、国际条约和协定、法律以及总统的规范法令相矛盾,格鲁吉亚总统有权将其暂停或废除。

(四)总统为格鲁吉亚武装部队最高首长,由其任命国家安全委员会成员,任命和罢免格鲁吉亚部队其他首长及指挥官。

(五)总统应向人民和议会述职。每年他/她将就重要的国家事务向议会提交报告。

(六)总统可以行使宪法和法律规定的其他权力。

第七十三条

(一)在格鲁吉亚不少于二十万选民组成的议会要求下或在总统提议下,格鲁吉亚总统应在收到此要求后的三十日内决定有关全民投票的宪法和组织法的问题。

(二)关于法律的通过或废除,大赦或赦免,通过或谴责国际条约和协定,以及限制宪法基本权利和个人自由的事宜,不得举行全民公决。

(三)关于举行全民公决的日期和相关事宜由组织法规定。

第七十五条

(一)格鲁吉亚总统享有个人赦免权。在其职务存续期间,不得对其拘留或提起诉讼。

(二)在违反宪法,犯有严重叛国罪和其他犯罪时,若存在下列情形,则应授权议会依照宪法第六十三条和组织法规定的程序罢免总统:

1. 宪法法院判定其违反宪法;

2. 由最高法院裁决其叛国和其他刑事犯罪。

第七十六条

被删除(2008 年 10 月 10 日 344 号修正案修正)

第七十六 A 条

在议会任命之前,格鲁吉亚总统可以就总检察长候选人进行提名。总检察长的职权及工作程序由组织法规定。

第七十七条

为促进格鲁吉亚总统权力的行使,建立总统行政管理机关。总统有权任命和罢免该机关领导,决定其构成及工作程序。

第四 A 章 格鲁吉亚内阁

第七十八条

(一)根据格鲁吉亚法律,内阁应确保行使行政权力,执行国内外政策,政府应对格鲁吉亚总统和议会负责。

(二)内阁应由首相和部长组成。国务部长(或部长们)也可能是内阁的组成人员。首相可以决定内阁成员中的一人为第一副首相履行职责,亦可决定一名或多名成员担任副首相。总统有权解散内阁并罢免其组成人员。(2008 年 3 月 11 日 5833 号修正案修正)

(二 A)第一副首相和其他副首相履行其职责的管理规则由法律规定(2008 年 3 月 11 日 5833 号修正案修正)

(三)根据宪法、法律及总统令并保证其实施,内阁可以发布命令或决定由首相签署。

(四)关于重大国家事务,总统有权召集和主持内阁会议。会议上通过的决定采用总统令的形式发布。

(五)内阁架构、职权和活动程序由宪法和法律规定,经总统同意,草案应由内阁向议会提交。

(六)内阁可自行决定解散。

(七)根据宪法规定的情形及程序对内阁成员进行任命,内阁权力生效。

第七十九条

(一)首相为内阁的首脑。

(二)首相决定内阁的工作方向,组织内阁活动,协调和监督内阁成员的活动,就内阁活动向总统报告,并向总统和议会负责。

(三)在议会要求下,首相应提交关于实现内阁计划的报告。

(四)首相在其权力范围内有权发布个人命令和决定,行使组建内阁的全部行政职能。

(五)经总统同意,首相可任命内阁的其他成员,并有权罢免内阁成员。

（六）根据法律规定的情形和程序，首相可任命和罢免其他官员。

（七）首相的离任或其任期的终止也导致内阁其他成员任期的终止。如内阁的其他成员离职或被罢免，经总统同意后，首相应于两周内任命新的内阁成员。

第八十条

（一）在格鲁吉亚总统宣誓后，内阁应向总统交回其权力。总统应同意内阁权力的交回，并有权要求原内阁在新任内阁组建前，继续履行职责。

（二）在内阁离职、罢免及交回权力后，经与议会派别协商，总统可以在七日内选择一名首相候选人，经总统同意，在十日内选出内阁成员的候选人。本款第一句规定的程序结束后三日内，总统须就内阁组成向议会提交信任案。

（三）总统就内阁组成向议会提交信任案一周内，议会应当就内阁的组成及内阁工作计划进行考虑并投票表决。经议会全体议员多数同意，信任案即获得通过。内阁成员应于信任案通过后三日内任命。议会有权宣布不信任内阁组成，以及在同一决议中提出某一特定人员不合格。如果议会关于某一人员不合格的决议被总统通过，那么该人员不得代替离职或罢免的内阁成员组成新内阁。

（四）如果内阁组成及其工作计划没有获得议会的信任，那么总统可以就原议案或者新的内阁组成在七日内向议会再次提交。议会按本条第三款规定的程序行使职权。

（五）如果内阁组成及其工作计划三次均未获得议会通过，总统可以在五日内提名新的首相候选人，或者不经议会同意直接任命首相。首相经总统同意在五日内任命各部部长。在这种情况下，格鲁吉亚总统可解散议会和确定特别选举日程。

（六）在本条规定的程序中，不得根据弹劾程序对总统进行罢免。

第八十一条

（一）议会有权通过多数决宣布对内阁的不信任。不少于三分之一的议会议员有权提出不信任的问题。宣布对内阁的不信任之后，应解散内阁或不通过议会决议。在第九十日以后，第一百日之前，如果议会再次对内阁宣布不信任，总统应解散内阁或解散议会，并确定特别选举的日期。如发生第五十一条之一第一项至第四项规定的情形，应在这种情形结束后的十五日内进行重新投票。

（二）议会有权向政府提出无条件的不信任决议。从议会以五分之三的多数决通过不信任决议的第十五日到第二十日，总统应解散内阁。如果议会未宣布

不信任，那么六个月内议会不得再次提交对内阁的不信任案。

（三）按照本条款第二款规定之程序解散了内阁，格鲁吉亚总统不得任命同一个人为新内阁首相或候选人。

（四）首相有权就内阁制订的国家预算法律草案、税法和架构程序、内阁的职权及活动提交议会审议对内阁的不信任案。议会应以多数决方式通过对内阁的信任。在议会未宣布对政府的信任时，如果议会未通过对内阁的信任，总统应在一周内解散内阁或议会，并确定特别选举时间。

（五）关于信任议案的投票应在提交的十五日内举行。在此期间若未举行投票，则视为宣布信任。

（六）在议会宣布信任内阁时，相关的法律草案视为被通过。

（七）在本条规定的程序中，不得根据弹劾程序对总统进行罢免。（2004 年 2 月 6 日由宪法法律获得新的阐述）

第八十一 A 条

（一）在对内阁及其工作计划宣布信任后，如果原内阁组成人员的三分之一，且不少于五人重新要求组建内阁，总统应在一周内向议会提交内阁组成的信任提案。

（二）议会对内阁信任宣布的程序按宪法第八十条规定的程序进行。

第八十一 B 条

（一）为了确保在国家和公共生活的特定领域内国家的统治管理与政策的执行，组建各部委。

（二）各部委由部长领导，该部长在其职权范围内就各事项独立作出决议。部长有权根据法律、总统令以及内阁决议，并加以贯彻实施而公布决定。

（三）国家各部部长应根据宪法规定的程序任命，以完成国家重大目标的实现。

（四）除担任政党职务外，内阁成员不得担任其他任何职务，不得建立商业组织，从事商业活动，或从其他活动中获取报酬，从事科学研究和教学活动的除外。

（五）内阁成员可以主动辞去职务。

第八十一 C 条

（2008 年 3 月 11 日 5833-Is 号修订时增加）

（一）国家总检察长是格鲁吉亚总统和内阁在行政区域内的代表。

（二）国家总检察长对自治地方的活动进行监督，并行使法律赋予的其他权利。

（三）国家总检察长的任命和卸任由法律规定。

第八十一 D 条

（2008 年 10 月 10 日 344 号修正案修订时增加）

公诉部门隶属于司法部系统。

司法部长对起诉行为进行监督。权利、职责及起诉由法律规定。

第五章 司法制度

第八十二条

（一）司法权的行使受合宪性监督，正义及其他秩序由法律规定。

（二）法院法令应对整个国家区域的所有国家主体及个人有效。

（三）司法权独立，并由法院专门行使。

（四）法院应以格鲁吉亚的名义作出判决。

（五）按照法律程序，在法院行使一般管辖权之前，案件应由陪审团审查。

第八十三条

（一）格鲁吉亚宪法法院为合宪性审查机构。其职权、组建及活动程序由宪法和组织法规定。

（二）司法权由普通法院行使，其制度由组织法规定。

（三）允许在战争时期在普通法院一般管辖体系外成立军事法院。

（四）禁止组建特殊或专门法院。

第八十四条

（一）法官在工作中应保持独立，仅服从宪法和法律。禁止对法官施压或干涉其行为以影响裁判，否则应受法律制裁。

（二）在一个案件中若须撤换法官，则提前免去其职或调任他职仅在法律规定的情况下进行。

（三）无人有权要求法官对某一特殊案件进行照顾。

（四）一切限制法官独立的法案都是无效的。

（五）只有法院有权根据法律规定的程序，撤销、变更或中止判决。

第八十五条

（一）法院开庭审理的案件应公开进行。仅在法律规定的情形下可以不公开审理。法院判决应当公开作出。

（二）诉讼过程应使用官方语言。不懂官方语言的应配备翻译。在未掌握官方语言的地区，应教授官方语言并确保有关法律诉讼的问题得以解决。

（三）法律诉讼应在当事人之间平等和诉讼的对抗性的基础上进行。

第八十六条

（一）法官应为年满三十周岁的格鲁吉亚公民，受过法律高等教育并具备五年以上法律从业经验。

（二）法官的任命期限不得低于十年。法官的选举、任命或免职程序由法律规定。

（三）法官不得同时兼任其他职务和参与有偿活动，教学活动除外。法官不得是政党成员，不得参与政治活动。

第八十六 A 条

（一）格鲁吉亚为任命及罢免法官或其他需要设立最高法院。

（二）格鲁吉亚最高法院的一半成员应由格鲁吉亚自治地方普通法院的法官选举产生。格鲁吉亚最高法院院长领导最高法院工作。

（三）格鲁吉亚最高法院的权力和设置程序由组织法规定。

第八十七条

（一）法官享有个人赦免权。对法官进行刑事诉讼、逮捕、拘留，对其住所、车辆、工作场所或个人进行搜查，需经最高法院院长同意后方可实施，实施犯罪当场被抓捕的除外，但应立即通知最高法院院长。除非最高法院院长同意逮捕或拘留，否则应立即释放。

（二）国家应确保法官及其家庭的安全。

第八十八条

（一）格鲁吉亚宪法法院应根据宪法程序行使司法权。

（二）格鲁吉亚宪法法院包括九名法官，即为宪法法院的成员。三名由总统任命，三名由当前议会名单上不少于五分之三的成员选举，三名由最高法院指定。任期均为十年。宪法法院应在其成员中选举出院长，任期为五年。院长不得重新选举。

（三）宪法法院的成员不能是之前担任过此职务的人员。

（四）宪法法院的成员须为年满三十五周岁的格鲁吉亚公民，并受过法律高等教育。宪法法院成员的筛选、任命、选举程序、任期终止的问题及宪法法院的诉讼程序和活动的问题均由法律确定。

（五）宪法法院的法官享有人身赦免权。在未经宪法法院同意前，不得对其成员进行诉讼、逮捕或拘留，不得对其住所、车辆、工作场所及个人进行搜查，实施犯罪当场被抓捕的除外，但应立即通知宪法法院。除非宪法法院同意逮捕或拘留，否则应立即释放。

第八十九条

（一）宪法法院基于宪法诉愿，总统、内阁、不少于五分之一的议会议员、法院、阿布哈兹自治共和国和阿贾拉自治共和国最高代表机构、公诉人或公民的提议，根据组织法规定的程序应当：

1. 裁判宪法性协定、法律、总统以及内阁法令、阿布哈兹自治共和国和阿贾拉自治共和国最高机构的规范法令的合宪性；（2000 年 4 月 20 日和 2001 年 3 月 31 日格鲁吉亚宪法法律修订时增加）

2. 裁量关于国家机构职权的争议；

3. 裁量公民政治社团组成及活动的合宪性；

4. 裁量公民公投及选举的合宪性；

5. 裁量国际条约和协定的合宪性；

6. 裁量公民针对有关宪法第二章内容的规范性及法令合宪性提起的诉愿。

7. 行使格鲁吉亚宪法和组织法规定的其他权力。

(二)宪法法院的裁决是终局的。违宪的规范性法律全部或部分自宪法法院宣告判决时终止效力。

第九十条

(一)根据其组建程序，格鲁吉亚最高法院应监督普通法院的审判公正，并应依法审理其作为第一审法院的案件。

(二)经总统提议，经现任议会名单上议员过半数通过，选举产生最高法院院长及法官，任期均不少于十年。

(三)格鲁吉亚最高法院的职权、组织、工作程序、最高法院法官任期提前结束等应由法律规定。

(四)格鲁吉亚最高法院院长及法官享有人身赦免权。在未经议会同意前，不得对最高法院院长或法官进行诉讼、逮捕或拘留，不得对其住所、车辆、工作场所及个人进行搜查，实施犯罪当场被抓捕的除外，但应立即通知议会。除非议会同意逮捕或拘留，否则应立即释放。

第九十一条

(被 2006 年 2 月 6 日宪法删除)

第六章 国家财政和控制

第九十二条

每年的国家预算应由格鲁吉亚议会名单上过半数议员审议通过，并由格鲁吉亚总统签署。

国家预算的起草与通过程序由法律规定。

第九十三条

(一)内阁与议会委员会就基本数据和方向达成一致后，经格鲁吉亚总统同意，向议会提交预算草案。

(二)内阁最迟应在不晚于每个预算年度结束三个月之前提交下一年度的预算草案。在提交预算草案的同时，内阁应提交一份本年度预算进度报告。内阁应在预算年度结束后的三个月内向议会提交一份关于完成国家预算的报告。若没有完成国家预算，则议会对该报告不予通过。格鲁吉亚总统应考虑内阁的责任问题，并在一个月内通知议会其决定。

(三)在本宪法第五十一条之一的第一项至第四项的情况下，若在本宪法确定的时期内，议会未批准通过国家预算，总统应以法令批准通过。

(四)在未经内阁同意前不得对法律草案有任何

更改。内阁有权向议会、申请额外的国家费用，但仅得在议会职权范围内。

(五)议会有权监督国家预算的开销的合法性，若发现有非法开销时，暂停预算；若确定有非法开销时，总统应采取相关决定。

(六)根据本条第二款的规定，若议会在三个月内未通过提交的预算草案，格鲁吉亚总统有权解散内阁或议会，并安排特别选举。

(七)若因议会未通过国家预算而被解散，总统应以法令通过国家预算，并在一个月内提交给新选举出的被认可的议会审议。

(八)导致当年国家预算支出增加，收入的减少及国家的新财政负担的法律草案，仅在得到内阁同意后可能被议会通过，但以上提及的关于下一个财务年度法律，应在议会同意的国家预算的基本参数范围内。

第九十四条

(一)税收与关税的金额及征收程序应由法律规定。

(二)税收与关税的结构，及征收程序只由法律规定。

(三)免除税收及从国库中支付成本由法律规定。

第九十五条

(一)格鲁吉亚的货币信贷系统由格鲁吉亚国家银行提供担保。

(二)格鲁吉亚国家银行应按照议会确定的主要方向来制定与执行货币信贷政策。

(三)国家银行应是银行的银行和格鲁吉亚议会的银行及其财政代理银行。

(四)国家银行应独立履行职责。国家银行的权利与义务，工作程序及独立担保由组织法规定。

(五)货币的名称和货币的单位由法律规定。国家银行享有货币发行权。

第九十六条

(一)国家银行委员会是格鲁吉亚国家银行的最高机构。委员会的成员应由总统提名，由格鲁吉亚议会经当年议会名单中过半数议员表决通过选举产生，任期七年。对国家银行委员会成员的罢免，应由议会依据宪法第六十四条决定。

(二)国家银行行长应由格鲁吉亚总统在全国银行委员会成员中选定。

(三)国家银行对议会负责，每年向议会提交工作报告。

第九十七条

(一)格鲁吉亚监督委员会应监督国家资金及其他物质资源的使用与支出。同时审查其他国家机构的财政与经济调控活动，向议会提出改善税收立法的建议。

（二）监督委员会独立履行职责，并对议会负责。监督委员会的主任应由总统提名，由格鲁吉亚议会经当年议会名单中过半数议员表决通过选举产生，任期五年。监督委员会主任的罢免依据和程序由宪法和法律规定。

（三）监督委员会每年两次向议会报告政府开支及预算的最初与最后执行情况，每年一次向议会提交委员会的工作报告。

（四）监督委员会的职权、组织、活动程序及独立性保障由法律规定。

（五）其他国家监督机构根据法律规定设置。

第七章　国防

第九十八条

（一）防御性的战争是格鲁吉亚的主权权利。

（二）为捍卫独立、主权和领土完整，以及履行国际义务，格鲁吉亚应拥有武装力量。

（三）武装力量的类型与组成由法律规定。武装力量的结构应当经格鲁吉亚总统批准，武装力量的实力由当前议会名单上的过半数议员根据国家安全委员会的提议批准表决通过。

第九十九条

（一）为组织军事建设和保卫国家，在格鲁吉亚国家总统的指导下组织建立国家安全委员会。

（二）国家安全委员会的组成、权限和工作程序由组织法规定。

第一百条

（一）使用武装力量需由总统作出决定，并在四十八小时内提交议会批准。未经格鲁吉亚议会同意，武装力量不得履行国际义务。

（二）在特定的及法律规定的情况下为捍卫国家的目的，许可他国军队进入格鲁吉亚境内、使用他国军队在格鲁吉亚境内展开行动决定，应由格鲁吉亚总统作出。该决定应立即提交议会批准，并在议会同意后执行。

第一百零一条

（一）保卫格鲁吉亚是每个格鲁吉亚公民的义务。

（二）保卫国家与服兵役是公民应尽的义务。服兵役的形式由法律规定。

第八章　宪法的修改

第一百零二条

（一）以下主体有权提交全部或部分修改宪法的法律草案：

1. 总统；

2. 议会过半数议员；

3. 不少于二十万的选民。

（二）修改宪法的法律草案应提交议会，并向社会公布供公众讨论。自公布一个月后，议会对法律草案进行审议。

（三）当法律草案得到格鲁吉亚议会议员总数三分之二的议员支持，宪法修改草案视为获得通过。

（四）修改宪法的法律由格鲁吉亚总统根据宪法第六十八条规定的程序签署并公布。

第一百零三条

宣布进入紧急状态或戒严时，对宪法的修改应予暂停，直至紧急状态和戒严结束。

第九章　过渡性条款

第一百零四条

（一）格鲁吉亚宪法自新当选的总统和格鲁吉亚议会认可时开始生效。

（二）宪法第四十九条、第五十条和第七十条自公布之日起生效。

第一百零四 A 条

（一）对"格鲁吉亚选举法"进行适当的修改和补充后，宪法第四十九条第一款和第五十八条第一款生效。

（二）2004 年选举组成的议会，任期仍未届满的，该议会成员组成派别的数量要求，由选举该议会时的法律规定。

（三）格鲁吉亚议会应在 2008 年 5 月举行定期选举。格鲁吉亚总统在选举前六十日内确定选举日期。（2008 年 3 月 11 日 5833 号修正案修订）

第一百零四 B 条

（2009 年 9 月 24 日 1675 号修正案增补）

在新选任的议员职权未被确认前，在 2008 年 5 月 21 日经多数制选举产生的格鲁吉亚议会议员的职权，如因宪法第五十四条第二款第一项规定的情形而被议会提前终止，经其同意，应顺延至 2010 年 1 月 1 日。

第一百零五条

（一）依据法律规定的程序登记的公民政治团体，其成立时有至少五万成员签名或本宪法通过之日在议会有派别代表的，有权参加 1995 年选举。

（二）根据一个政党名单进行比例制选举。

（三）在多数制选举地区，一个政治团体或一个选举集团有权提名议会职位的候选人，候选人同时也应在其政党名单内。

（四）在多数制选举地区，获得票数最多且不少于三分之一参加选举的选票的候选人，应视为当选。

（五）如果在第一轮投票中，没有任何候选人获得所需票数，应举行第二轮投票。两名获得最多选票的候选人参加第二轮投票。获得最多选票的候选人当选。

（六）本条自宪法公布之日起即生效，直至新选举产生的议会职权确认为止。

第一百零六条

（一）宪法实施后，法律和其他规定在与宪法不冲突的前提下有效。

（二）宪法实施后的两年内，宪法生效之前，总统及议会应确保公共登记法通过，并与宪法及法律相一致。

（三）宪法实施后的两年内，议会应按宪法规定通过组织法或确认该领域内现有法律的有效性。

第一百零七条

（一）在根据宪法制定法官法之前，现行关于法官法律制度的立法继续有效。

（二）宪法第十八条第二款和第三款的规定，在刑事诉讼法通过后随即生效。

（三）宪法法院组织法应于 1996 年 2 月 1 日前通过。

第一百零八条

为实现在格鲁吉亚全国范围内恢复司法管辖而修改或增加宪法的，视为宪法第一百零二条第二款的例外情形，不需要将宪法修订草案公布以供公众讨论。

第一百零九条

（一）依法定程序通过的宪法，需由格鲁吉亚国家领导人签署并公布。

（二）格鲁吉亚议会议员及宪法委员会成员应在宪法文本上签名。宪法实施后，宪法文本至少在格鲁吉亚各地方政府大楼内公开展示一年，以使公众熟知其内容。

哈萨克斯坦共和国宪法[*]

（1995 年 8 月 30 日全民公决通过，经过 1998 年和 2007 年两次修正案修改）

我们，哈萨克斯坦人民，由共同的历史命运紧密相连，在世代居住的哈萨克斯坦大地上建立自己的国家组织，承认自己是热爱和平的公民，忠于自由、平等与和睦的理想，希望在国际社会中受到应有的尊重，意识到自己对当代和后代所肩负的崇高责任，通过行使主权者的权利而制定本宪法。

第一章　总则

第一条

1. 哈萨克斯坦共和国是民主的、世俗的、法制的和社会国家，人、人的生命、权利和自由具有最高价值。

2. 共和国的基本原则是：社会和睦和政治稳定、发展经济并造福于全民、哈萨克斯坦的爱国主义、通过包括共和国全民公决或者议会投票表决的民主方式解决国家生活中的重大问题。

第二条[①]

1. 哈萨克斯坦共和国是总统制政体的单一制国家。

2. 共和国在其全部领土上享有主权。国家保障自己领土的完整、不可侵犯和不可分割。

3. 共和国的行政区划、首都的设置及其地位由法律规定，哈萨克斯坦共和国的首都是阿斯达纳市。

4. 哈萨克斯坦共和国和哈萨克斯坦具有相同含义。

第三条

1. 人民是国家权力的唯一源泉。

2. 人民通过共和国全民公决和自由选举直接行使权利，同时也可以授权国家机关行使自己的权力。

3. 任何人不得攫取哈萨克斯坦共和国的权力，攫取权力将受到法律制裁。总统和共和国议会在宪法规定的权限范围内有权以人民和国家的名义行使权力。

4. 共和国的国家权力是统一的，根据宪法和法律并符合立法、行政和司法部门相互分立、相互配合、相互制约的原则来行使。

第四条

1. 哈萨克斯坦共和国的现行有效的法律包括：宪法、与宪法相一致的法律、规范性法律文件、国际条约以及国际条约规定的其他义务、共和国宪法委员会和最高法院的规范性决定。

2. 宪法在共和国境内具有最高的法律效力和直接拘束力。

3. 共和国批准的国际条约优先于共和国的法律并直接适用，但为实施国际条约需另行颁布法律的情况除外。

4. 一切法律和共和国参加的国际条约都应公布。涉及公民权利、自由和义务的规范性法律文件的正式公布是适用的必要条件。

第五条[②]

1. 哈萨克斯坦共和国承认意识形态和政治的多元化。禁止在国家机关中建立政党组织。

2. 社会组织在法律面前一律平等。禁止国家非法干涉社会组织的事务，禁止社会组织非法干涉国家事务，禁止将国家机关的职能委托给社会组织。

3. 禁止建立旨在以暴力改变宪法制度、破坏共和国领土完整、危害国家安全以及煽动社会、种族、民族、宗教、阶层和部落仇视的社会组织及其活动，禁止建立没有法律依据的军事化组织。

4. 在共和国境内禁止其他国家的政党、工会和宗教派别的活动，禁止外国法人和公民、外国和国际组织向共和国的政党和工会组织提供经费资助。

5. 外国宗教组织在共和国境内的活动以及外国宗教中心任命在共和国境内的宗教组织领导人，须获得共和国国家机关的同意。

---

[*]　根据哈萨克斯坦政府官方网站（http://www.akordA.kz/kz/official_documents/the_constitution/the_constitution）发布的俄文版译出。译者：朱福惠。

①　本条经 2007 年 5 月 21 日哈萨克斯坦共和国宪法修正案修改。

②　本条经 2007 年 5 月 21 日哈萨克斯坦共和国宪法修正案修改。

第六条

1. 哈萨克斯坦共和国承认并平等保护国有制和私有制。

2. 财产负有社会责任，拥有财产应当同时服务于社会福祉。财产的主体与客体、财产所有者行使权利的范围与限度、财产权的保障应由法律规定。

3. 土地、矿藏、水资源、植物和动物以及其他自然资源属于国家所有。根据法律规定的程序和范围，土地可以归私人所有。

第七条

1. 哈萨克语为哈萨克斯坦共和国的国语。

2. 在国家组织和地方自治机构中，俄语与哈萨克语一样作为官方语言使用。

3. 国家应致力于为研究和发展哈萨克斯坦各民族的语言创造条件。

第八条

哈萨克斯坦共和国尊重国际法的原则和准则，奉行国家之间的合作和睦邻友好关系、国家之间平等和互不干涉内政、和平解决国际争端、不首先使用武力的政策。

第九条

国旗、国徽和国歌是哈萨克斯坦共和国的象征。它们的制定和正式使用程序由宪法性法律规定。

第二章　人和公民

第十条

1. 哈萨克斯坦共和国国籍的获得和终止须依法进行。国籍是统一而平等的，不因国籍取得的理由不同而有所区别。

2. 共和国公民在任何条件下都不得被剥夺国籍和改变国籍的权利，也不得被驱逐到哈萨克斯坦境外。

3. 不承认共和国公民具有其他国家的国籍。

第十一条

1. 如果共和国参加的国际条约没有作出另行规定，哈萨克斯坦共和国公民不得被引渡到外国。

2. 共和国保障其公民在境外受到保护和优待。

第十二条

1. 哈萨克斯坦共和国承认并保护根据本宪法确认的人的权利与自由。

2. 人的权利和自由是与生俱来的，并被确认为是绝对的和不可剥夺的，它们决定法律和其他规范法律文件的内容和适用。

3. 共和国公民因为具有国籍而享受权利并履行义务。

4. 如果宪法、法律和国际条约没有另外作出规定，外国人和无国籍者在共和国境内享有权利和自由，并履行规定的义务。

5. 公民行使权利和自由不应损害他人的权利和自由，不得蓄意危害宪法制度和社会公德。

第十三条

1. 人人都有确认为法律主体的权利，有权以任何不违反法律的方式保护自己的权利和自由，包括正当防卫。

2. 人人都有为自己的权利和自由进行诉讼辩护的权利。

3. 人人都有获得专门法律帮助的权利。在法律规定的情况下，法律帮助应当免费。

第十四条

1. 在法律和法院面前人人平等。

2. 任何人都不应由于出身、社会地位、职务、财产状况、性别、种族、民族、语言、宗教关系、信仰、居住地点等原因或任何其他情形而受到歧视。

第十五条①

1. 人人都有生命权。

2. 任何人都无权随意剥夺他人的生命。法律规定的死刑是惩处恐怖犯罪而采取的极端手段，因在战时实施了其他严重犯罪需要判处死刑的人，应当赋予他提出请求赦免的权利。

第十六条②

1. 人人都有人身自由的权利。

2. 只有符合法律规定的情形并经法院批准才能进行逮捕和拘留，但赋予被拘捕者提出控诉的权利。未经法院批准，任何人被拘留的时间不得超过七十二小时。

3. 被拘留、逮捕和指控犯罪之人，都有权自被拘留、逮捕和指控之日起得到律师（辩护人）的帮助。

第十七条

1. 人的尊严不受侵犯。

2. 任何人都不应遭受刑讯、暴力以及其他残酷的和损害人的尊严的对待或惩罚。

第十八条

1. 人人都有私人生活、个人和家庭隐私不受侵犯的权利以及维护自己的荣誉和尊严的权利。

2. 人人都有个人储蓄和存款、通信、电话交谈、邮政、电报及其他通讯秘密的权利。只有根据法律直接规定的情形和程序才能限制这种权利。

3. 国家机关、社会团体、公职人员和大众传媒应

---

① 本条经 2007 年 5 月 21 日哈萨克斯坦共和国宪法修正案修改。

② 本条经 2007 年 5 月 21 日哈萨克斯坦共和国宪法修正案修改。

保障每个公民都能了解影响其权利和利益的文件、决定及信息来源。

第十九条

1. 人人都有权确定、说明或者不说明自己的民族、党派和宗教属性。

2. 人人都有权使用本民族的语言和文化,有自由选择交际、教育、学习和创作的语言的权利。

第二十条

1. 言论和创作自由应予保障,禁止新闻和书刊检查。

2. 人人都有以不为法律所禁止的方式自由收集和传播任何信息的权利。属于哈萨克斯坦共和国国家机密的情报清单由法律规定。

3. 禁止宣扬或煽动用暴力改变宪法制度、破坏共和国领土完整、危害国家安全,禁止宣扬或者煽动战争以及社会、种族、民族、宗教、阶层、氏族的优越感和崇尚残酷与暴力。

第二十一条

1. 在哈萨克斯坦共和国领土上合法居住的人都有在共和国境内自由迁徙和自由选择居住地的权利,法律另有规定的除外。

2. 人人都有离开共和国的权利。共和国公民享有不受阻碍地返回共和国的权利。

第二十二条

1. 人人都有信仰自由的权利。

2. 行使信仰自由的权利不应影响或限制个人和公民的权利以及应向国家履行的义务。

第二十三条

1. 哈萨克斯坦共和国公民有自由结社的权利,社会团体的活动由法律规定。

2. 军人、国家安全机构工作人员、执法机构工作人员以及法官不得加入政党和工会,也不得支持某个政党。

第二十四条

1. 人人都有劳动自由和自由选择工作与职业的权利。只有根据法院的判决或在紧急状态和战争状态条件下才能准许强制劳动。

2. 人人都有选择符合安全和卫生要求的劳动条件、不受任何歧视地获取劳动报酬和因失业获得社会保障的权利。

3. 按照法律规定的方式解决个人或者集体的劳动争议的权利应予尊重,包括罢工的权利。

4. 人人都有休息权。保障按劳动合同工作的人享有法律规定的最长工作时间、休息日、节假日和带薪年度休假的权利。

第二十五条

1. 住宅不受侵犯。非经法院判决,不得剥夺住宅。只有根据法律规定才能进入、检查和搜查住宅。

2. 哈萨克斯坦共和国为保障公民拥有住宅创造条件。需要住宅的公民应根据法律规定的方式分类,并应当根据法律规定的标准从国家住房基金中按照可接受的价格为其提供住宅。

第二十六条

1. 哈萨克斯坦共和国公民有权拥有任何合法取得的私有财产。

2. 财产所有权包括继承权,应受法律保护。

3. 非依法院判决,不能剥夺任何人的财产。为了国家的需要可根据法律的规定将私有财产强制收归国有,但须等价补偿。

4. 人人都有自由从事经营活动的权利,有权在任何合法经营活动中自由地使用自己的财产。垄断活动由法律控制和限制,禁止不正当竞争。

第二十七条

1. 婚姻和家庭、母亲、父亲和儿童受国家保护。

2. 关心和教育子女是父母应有的权利和义务。

3. 有劳动能力的成年子女应关心丧失劳动能力的父母。

第二十八条

1. 哈萨克斯坦共和国保证其公民的最低工资和退休金,并在他们年老、患病、残疾、赡养人死亡和法律规定的其他情况下提供社会保障。

2. 鼓励自愿参加社会保险,建立多种形式的社会保障和慈善事业。

第二十九条

1. 哈萨克斯坦共和国公民有健康保护权。

2. 共和国公民有权获得法律规定的免费保障范围内的医疗救助。

3. 共和国公民从国家和私人医疗机构以及根据法律规定的条件和程序设立的个体开业医生处得到收费医疗救助。

第三十条

1. 国家保证公民在公立学校免费接受中等教育。中等教育是义务教育。

2. 公民有权在国立高等学校接受以竞争为基础的免费高等教育。

3. 在私立学校接受收费教育根据法律的规定执行。

4. 国家规定共同遵守的教育标准,任何学校的活动都应符合该标准。

第三十一条

1. 国家制定有益于人的生命与健康的自然环境的保护目标。

2. 对于隐瞒危害人的生命和健康的事实及情况的公职人员,应依法追究其责任。

第三十二条

哈萨克斯坦共和国公民有权举行和平的不带武器的集会,有权举行会议、群众性集会、示威、游行并布置警戒。为了国家安全、社会秩序、保护健康和维护他人的权利和自由,可根据法律对这些权利的行使予以限制。

第三十三条①

1. 哈萨克斯坦共和国公民有权直接或通过自己的代表参加国家事务的管理,有权向国家机关和地方自治机关提出本人意见或者提出个体和集体的请求。

2. 共和国公民有选举和被选举进入国家机关和地方自治机关的权利,有权参加共和国的全民公决。

3. 被法院认定为无行为能力和根据法院判决被监禁的公民没有选举权和被选举权,也无权参加共和国的全民公决。

4. 共和国公民都有担任国家公职的平等权利。对担任国家公职候选人的要求须以职务的性质作为先决条件并由法律规定。

第三十四条

1. 人人都有遵守哈萨克斯坦共和国宪法和法律,尊重他人的权利、自由、荣誉和尊严的义务。

2. 人人都有尊重共和国国家象征的义务。

第三十五条

依照法律的规定纳税和缴纳其他必需的费用是每个人的义务和责任。

第三十六条

1. 保卫哈萨克斯坦共和国是每个公民的神圣职责和义务。

2. 共和国公民根据法律规定的类别服兵役。

第三十七条

哈萨克斯坦共和国公民有保护历史文化遗产、爱护历史文化古迹的义务。

第三十八条

哈萨克斯坦共和国公民有保护自然环境并珍惜自然资源的义务。

第三十九条

1. 限制人和公民的权利与自由只能根据法律,且仅限于为保卫宪法制度,维护社会秩序、人的权利与自由、居民的健康与道德所必需的程度。

2. 任何破坏民族团结的行为都是违宪行为。

3. 不得因政治原因以任何形式限制公民的权利与自由。在任何情况下,宪法第十条、第十一条、第十

三条至第十五条、第十六条第一款、第十七条、第十九条、第二十二条、第二十六条第二款规定的权利和自由都不受限制。

第三章　总统

第四十条

1. 哈萨克斯坦共和国总统是国家元首,是决定国家内外政策基本方针并在国内和国际关系中代表哈萨克斯坦的最高公职人员。

2. 共和国总统是人民团结、国家政权统一、宪法稳固、人和公民的权利和自由的保证和象征。

3. 共和国总统保障国家所有政权机构协调一致地发挥作用并使政权机构对人民负责。

第四十一条②

1. 哈萨克斯坦共和国总统根据宪法性法律并按照普遍、平等和直接选举的原则通过匿名投票方式从共和国成年公民中选举产生,任期五年。

2. 凡在共和国出生的公民,年满四十周岁、能熟练掌握国语且在哈萨克斯坦连续居住十五年以上者,可以当选为共和国总统。

3. 共和国总统的常规选举在12月的第一个星期天举行,但不能与共和国的新一届议会的选举同时举行。

4.（本款被1998年10月7日哈萨克斯坦共和国法律第284号删除）

5. 获得参加投票的选民百分之五十以上票数的候选人当选。如果没有任何一个候选人获得规定的票数,则由两名获得票数较多的候选人参加第二轮投票,获得参加投票选民的多数票的候选人当选。

第四十二条③

1. 哈萨克斯坦共和国总统在就职时应当向人民作如下宣誓:"我庄严宣誓:忠实地服务于哈萨克斯坦人民,严格遵守哈萨克斯坦共和国宪法和法律,保障公民的权利和自由,认真履行赋予我的哈萨克斯坦共和国总统的神圣职责。"

2. 总统宣誓于1月的第二个星期三在议会议员、宪法委员会成员、最高法院法官以及共和国历任总统出席的庄严气氛中举行。在临时选举中当选总统的宣誓,在选举结果公布后的一个月内举行。

3. 共和国总统的职权从共和国新任当选总统就职之时、总统被提前解除和撤销职务、总统逝世的情

---

① 本条经1998年10月7日哈萨克斯坦共和国宪法修正案修改。

② 本条经1998年10月7日和2007年5月21日哈萨克斯坦共和国宪法修正案两次修改。

③ 本条经1998年10月7日和2007年5月21日哈萨克斯坦共和国宪法修正案修改。

况下终止。所有的共和国前任总统除被撤销职务者外都拥有哈萨克斯坦共和国前总统的称号。

4.(本款被 1998 年 10 月 7 日哈萨克斯坦共和国法律第 284 号删除)

5.同一个人不能连续担任共和国总统超过两届。

本款的限制性规定并不扩大适用于哈萨克斯坦共和国第一任总统。

第四十三条①

1.哈萨克斯坦共和国总统不得成为代表机构的代表,不得担任其他有偿职务或从事经营活动。

2.(本款被 2007 年 5 月 21 日哈萨克斯坦共和国法律第 254 号删除)

第四十四条②

哈萨克斯坦共和国总统的职权:

(1)向哈萨克斯坦人民提出共和国国情和对内对外政策基本方针的年度咨文。

(2)决定常规和临时共和国议会和议院的选举;召集议会第一次全体会议并接受议员向哈萨克斯坦人民的宣誓;召集议会两院临时联席会议;在一个月内签署参议院呈送的法律、颁布法律或将法律和个别法律条款退回议会重新审议和表决。

(3)经与议会党团协商后,向议会众议院提名并提请审议通过共和国总理候选人,经众议院同意后任命或者免除共和国总理;根据总理提名决定共和国政府的组成成员,设立、撤销或者改组不属于政府组成成员的中央执行机构;任命政府组成成员;任命外交、国防、内政和司法部长;免除政府组成人员的职务;主持政府组成成员宣誓;主持政府就特别重大问题召开的会议并担任会议主席;责成政府向众议院提交法律草案;废除或中止共和国政府和总理、州、共和国直辖市以及首都的行政长官颁布的法令的全部或者部分效力。

(4)经参议院批准,任免哈萨克斯坦共和国国家银行行长、共和国总检察长和国家安全委员会主席。

(5)设立、撤销或者改组受共和国总统直接领导并向共和国总统负责的国家机构,任免这些机构的负责人。

(6)任命或者召回共和国外交代表机构首席代表。

(7)任命任期为五年的中央选举委员会主席和两名成员,任命任期为五年的共和国预算执行监督与审计委员会主席和两名成员。

(8)批准共和国的国家发展纲要。

(9)根据共和国总理的建议,批准财政拨款的统一体系和由共和国国家预拨款的所有机构工作人员的劳动报酬。

(10)决定举行共和国全民公决。

(11)主持会谈并签署共和国的国际条约;签署批准证书;接受外国派驻哈萨克斯坦的外交和其他代表的到任和离任证书。

(12)总统是共和国武装力量最高统帅,任免武装力量的高级指挥官。

(13)颁发共和国国家奖励,授予荣誉称号、高级军衔和其他衔级、官衔、外交衔级和专门衔级。

(14)决定给予共和国国籍和提供政治避难。

(15)实施公民的特赦。

(16)在共和国的民主制度、独立和领土完整、政治稳定、公民安全受到严重和直接威胁或者国家宪法机构的正常职能受到破坏的情况下,经与共和国总理和议会两院议长正式磋商后提出采取与上述情况相应的措施,包括在哈萨克斯坦全境或个别地区进入紧急状态和动用共和国武装力量,并立即将此情况通报共和国议会。

(17)共和国已遭侵犯或共和国的安全遭到直接的外部威胁时,或者,共和国全境或个别地区进入战争状态时,宣布全国总动员或者局部总动员,并立即将此情况通报共和国议会。

(18)组建隶属于总统的共和国卫队和共和国近卫军。

(19)任免哈萨克斯坦共和国国务秘书,确定其地位和权力;组建共和国总统办公厅。

(20)组建国家安全委员会和其他协商咨询机构,包括哈萨克斯坦人民会议和最高司法委员会。

(21)行使共和国宪法和法律规定的其他职权。

第四十五条

1.哈萨克斯坦共和国总统为执行宪法和法律而颁布的命令和指令在共和国境内具有当然效力。

2.共和国总统在宪法第五十三条第四项规定的情形下颁布法律,在宪法第六十一条第二款规定的情况下颁布命令,具有共和国法律的效力。

3.共和国总统签署的议会法令以及根据政府倡议颁布的总统法令,应分别由议会两院议长或总理副署,由他们对上述法令的合法性负法律责任。

第四十六条③

1.哈萨克斯坦共和国总统及其荣誉和尊严不可

---

① 本条经 2007 年 5 月 21 日哈萨克斯坦共和国宪法修正案修改。

② 本条经 1998 年 10 月 7 日和 2007 年 5 月 21 日哈萨克斯坦共和国宪法修正案修改。

③ 本条经 2007 年 5 月 21 日哈萨克斯坦共和国宪法修正案修改。

侵犯。

2. 共和国总统及其家庭的保障、服务和保卫的费用由国家负担。

3. 本条规定应扩大适用于共和国前总统。

4. 共和国第一任总统的地位与职权由共和国宪法和宪法性法律规定。

第四十七条①

1. 哈萨克斯坦共和国总统因病确实无能力履行职能时可被提前免职。在此情况下,议会应成立由两院同等数量的议员和医学领域的专家组成的委员会。根据该委员会结论和宪法委员会关于符合宪法规定程序的结论,议会两院联席会议应以不少于每院议员总数四分之三的多数票赞同才能通过提前解除总统职务的决定。

2. 共和国总统须对其履行职责的行为负责,但只有在犯叛国罪时才能被议会撤职。马吉利西根据不少于三分之一以上议员的提议并经全体议员的多数赞同,可通过对总统提出控告并进行调查的决定。参议院组织对控告进行调查,调查结论须经参议院全体议员的多数赞同,然后提交议会两院联席会议审议。议会两院联席会议经每院议员总数四分之三以上多数赞同,并根据最高法院关于控告理由充足和宪法委员会关于符合宪法规定程序的结论,可通过关于该问题的最后决定。如提出控告之日起的两个月内未能通过最后决定,则对共和国总统的控告被视为已经驳回。对共和国总统犯叛国罪的控告在任何阶段被驳回,都将导致对提出审议该议案的马吉利西议员的职权提前终止。

3. 在审议提前终止共和国议会和马吉利西职权的议案期间,不得发起撤销共和国总统职务的议案。

第四十八条②

1. 在哈萨克斯坦共和国总统被提前免职、被撤销职务以及逝世时,其剩余任期由参议院议长代行总统职能。如果参议院议长不能行使总统职能,由马吉利西议长代行总统职能。如果马吉利西议长不能行使总统职能,应由共和国总理代行总统职能。代行总统职能者应辞去其参议院议长、马吉利西议长和总理的职务。补充这些空缺的国家职位应当根据宪法的规定执行。

2. 根据本条第一款的规定代行共和国总统职权者,无权提议修改和补充哈萨克斯坦共和国宪法。

第四章 议会

第四十九条③

1. 哈萨克斯坦共和国议会是共和国行使立法职能的最高代表机关。

2. 议会的职权从召开第一次全体会议时起到新一届议会召集第一次全体会议开始工作时止。

3. 议会的职权可根据宪法的规定提前终止。

4. 议会的组织、活动及其议员的法律地位由宪法性法律规定。

第五十条④

1. 议会由参议院和马吉利西两院组成,它们均为常设机构。

2. 参议院由每个州、共和国直辖市和首都根据宪法性法律的规定各推举两名议员组成。出于保障民族文化团体和重要的利益团体在参议院有必要的代表之考量,共和国总统应任命十五名相关参议院议员。

3. 马吉利西由一百零七名根据宪法性法律选举产生的议员组成。

4. 议会议员不得同时担任两院议员。

5. 参议院议员任期六年,马吉利西议员任期五年。

第五十一条⑤

1. 九十八名马吉利西议员根据普遍、平等、直接选举权和匿名投票选举产生,九名马吉利西议员由哈萨克斯坦人民大会选举产生。马吉利西议员的常规选举应在议会任期届满的两个月之前举行。

2. 参议院议员的选举根据间接选举和匿名投票举行,每三年改选参议院一半的议员。参议院议员的常规选举在其任期结束的两个月之前举行。

3. 议会议员和马吉利西的临时选举应在相应的议会和马吉利西权力提前终止的两个月之内举行。

4. 凡被选举为议会议员的人须具备下列条件:具有哈萨克斯坦共和国国籍,在共和国连续居住不少于十年。被选举为参议院议员的人须年满三十周岁,受过高等教育,不少于五年的工作经历,在相应的州、共和国直辖市或首都连续居住不少于三年。马吉利西议员须年满二十五周岁。

5. 共和国议会议员的选举由宪法性法律规定。

6. 议会议员须向哈萨克斯坦人民宣誓。

---

① 本条经 2007 年 5 月 21 日哈萨克斯坦共和国宪法修正案修改。

② 本条经 1998 年 10 月 7 日宪法修正案修改。

③ 本条经 1998 年 10 月 7 日宪法修正案修改。

④ 本条经 1998 年 10 月 7 日宪法修正案和 2007 年 5 月 21 日宪法修正案修改。

⑤ 本条经 1998 年 10 月 7 日宪法修正案和 2007 年 5 月 21 日宪法修正案修改。

第五十二条①

1.（被 2007 年 5 月 21 日哈萨克斯坦共和国法律第 254 号删除）

2. 议会议员必须参加议会工作。只能由议员本人亲自执行议会的投票和表决。议员无正当理由三次以上不出席议院及其机构的会议或者转让表决权，将对其采取法律规定的处分措施。

3. 议会议员不得成为其他代表机构的代表，不得担任除教学、科研或其他创造性活动以外的其他有报酬的职务，不得从事企业经营活动，不得成为商业组织领导机构或监事会的成员。违反本规定者，将终止其议员职权。

4. 未经相应议院批准，议会议员在任期内不得被逮捕、传讯、通过司法程序施加行政处罚、追究刑事责任，但在犯罪现场被抓获或严重犯罪的情况除外。

5. 议会议员的职权在本人提出辞职、死亡、被法院发生法律效力的判决确认无行为能力、失踪以及宪法和宪法性法律规定的其他情形下终止。

具有下列情形时议会议员的代表资格被剥夺：

（1）其永久居住地迁往哈斯克斯坦境外；

（2）被法院作出有罪判决且发生法律效力；

（3）丧失哈萨克斯坦共和国国籍。

具有下列情形时马吉利西议员的代表资格被剥夺：

（1）根据宪法性法律以该政党的名义选举的议员退出政党或者被该政党开除；

（2）根据宪法性法律以该政党的名义选举的议员但该政党的活动被终止。

根据共和国总统的决定，由总统任命的参议院议员的职权可以提前终止。

议会以及马吉利西的议员的职权因相应的议会与马吉利西解散而终止。

6. 对议员采取处罚措施应遵守本条第三款规定的对议员的要求，议员的道德准则、议员职权的终止和剥夺、议员的特权由哈萨克斯坦共和国中央选举委员会决定。

第五十三条②

两院联席会议有权：

（1）根据哈萨克斯坦共和国总统的提议，对宪法进行修改和补充；

（2）批准政府和共和国预算执行监督与审计委员会关于预算执行情况的报告，如果议会不批准政府关

于共和国预算执行情况的报告则表示议会已对政府作出不信任投票；

（3）根据共和国总统的提议，议会两院分别在全体议员三分之二赞同时有权委托总统在一定期限内行使立法职权，但不得超过一年；

（4）有权基于总统要求以每院全体议员三分之二多数将立法权授予总统，但以不超过一年为期限；③

（5）根据总统提议通过关于为履行保障和平与安全的国际义务而使用共和国武装力量的决定；

（6）听取宪法委员会关于共和国宪法法制状况的年度咨文；

（7）组成两院联合委员会，听取委员会工作情况的报告，选举或者罢免委员会主席；

（8）行使宪法赋予议会的其他职权。

第五十四条④

1. 在两院分别召开会议时，下列问题应由马吉利西优先审议，然后再由参议院通过宪法性法律和法律，包括：

（1）决定共和国的预算，通过对预算的修改和补充；

（2）确定或者废除共和国的税收；

（3）确定哈萨克斯坦行政区域划分问题的决定程序；

（4）设立国家奖励，确定荣誉称号、军衔和其他衔级、官衔、共和国外交衔级，确定共和国的国家象征；

（5）决定国家公债以及共和国提供的经济和其他援助；

（6）决定特赦；

（7）批准和废止共和国的国际条约。

2. 在议会两院分别开会时，下列问题应由马吉利西优先审议，然后再提交参议院审议：

（1）审议共和国预算执行情况的报告。

（2）因共和国总统有异议而被退回的法律或者法律条文，自异议送达议会之日起一个月之内再次审议并表决。如不遵守这一期限，应视为总统的异议已被接受。如果议会两院分别以全体议员的三分之二再次赞同原先已经通过的法律，则总统必须在一个月之内签署该法律。如果总统的异议没有被两院中的一院否决，则法律没有再次获得通过或者接受了总统提出的异议。国家元首对议会通过的宪法性法律有异议，应适用本项规定的程序。如果共和国总统对宪法性法律有异议，议会两院必须分别以全体议员四分之

---

① 本条经 1998 年 10 月 7 日宪法修正案和 2007 年 5 月 21 日宪法修正案修改。

② 本条经 2007 年 5 月 21 日宪法修正案修改。

③ 此款的英文版与俄文版不同，俄文版为"决定战争与和平问题"，英文版更切合上下文，故采英文版。

④ 本条经 2007 年 5 月 21 日宪法修正案修改。

三同意才能否决总统的异议。

(3)同意全民公决的倡议。

第五十五条①

下列职权属于参议院的专门职能：

(1)根据哈萨克斯坦共和国总统的提议,选举或者罢免哈萨克斯坦共和国最高法院院长、共和国最高法院法官,接受他们的宣誓；

(2)批准共和国总统对国家银行行长、共和国总检察长和国家安全委员会主席的任命；

(3)剥夺共和国总检察长、最高法院院长和最高法院法官的特权；

(4)(本项被 2007 年 5 月 21 日哈萨克斯坦共和国法律第 254 号删除)

(5)在马吉利西临时休会期间,履行共和国议会在通过宪法性法律和法律方面的职权；

(6)行使宪法和法律赋予参议院的其他职能。

第五十六条②

1. 下列职权属于马吉利西的专门职能：

(1)审议并通过提交议会的宪法性法律和法律草案；

(2)经议会全体议员多数通过同意共和国总统对总理的任命；

(3)决定共和国总统的常规选举；

(4)行使宪法和法律赋予马吉利西的其他职能。

2. 马吉利西不少于全体议员五分之一以上提议并获得全体议员多数通过有权提出对政府的不信任案。

第五十七条③

议会两院独立行使下列职权,任何一院都不能参与另一院职权的行使：

(1)任命宪法委员会的两名成员,任命两名任期五年的中央选举委员会成员和三名共和国预算执行监督与审计委员会委员。

(2)派出依照本宪法第四十七条第一款组成的委员会的半数成员。

(3)选举两院联合委员会半数成员。

(4)终止议会议员的权力,根据哈萨克斯坦共和国总检察长的提议决定剥夺议员的特权。

(5)对自己职权范围内的问题举行议会听证。

(6)经议会以不少于全体议员三分之一的提议,有权听取共和国政府成员关于其活动情况的报告,根据听取报告的结果经议院全体议员多数赞同有权以政府成员不执行共和国的法律为由向共和国总统提出免除政府成员职务的意见；如果意见被共和国总统拒绝,经议院全体议员多数赞同有权自第一次提出意见时起六个月之内再次向共和国总统提出免除政府成员职务的意见,此时,共和国总统必须免除政府成员的职务。

(7)组成两院协调和工作机构。

(8)通过议会议事规则及议会组成和内部工作程序的决定。

第五十八条④

1. 议会由议长主持,两院议长由参议院和马吉利西从各自议员中选举产生,议长需熟练掌握国语并经匿名投票选举；参议院议长候选人由哈萨克斯坦共和国总统提出,马吉利西议长候选人由本院议员提出。

2. 经议院议员多数赞同,两院议长可被免职或者辞职。

3. 议会两院议长有权：

(1)召集并主持议院会议；

(2)全面领导对提交议院审议的问题的准备工作；

(3)向议院提名副议长候选人；

(4)保障遵守议院议事规则；

(5)领导两院协调机构的工作；

(6)签署议院颁布的法令；

(7)向议院提名宪法委员会、中央选举委员会、国家预算执行监督与审计委员会成员；

(8)履行议院议事规则赋予的其他职责。

4. 马吉利西议长有权：

(1)召开议会全体会议；

(2)召集两院常规联席会议,主持两院常规与临时联席会议。

5. 两院议长对自己职权范围内的问题有权发布命令。

第五十九条⑤

1. 议会全体会议以两院联席会议或者各院单独召开会议的方式举行。

2. 议会的第一次全体会议由哈萨克斯坦共和国总统在选举结果公布之日起的三十日之内召集。

3. 议会全体会议每年举行一次,从 9 月第一个工作日开始至第二年 6 月的最后一个工作日止。

---

① 本条经 2007 年 5 月 21 日宪法修正案修改。

② 本条经 2007 年 5 月 21 日宪法修正案修改。

③ 本条经 1998 年 10 月 7 日宪法修正案和 2007 年 5 月 21 日宪法修正案修改。

④ 本条经 2007 年 5 月 21 日宪法修正案修改。

⑤ 本条经 2007 年 5 月 21 日宪法修正案修改。

4. 议会全体会议通常由共和国总统在参议院和马吉利西两院联席会议上宣布召开和闭会。在议会的两次全体会议之间,经共和国总统本人倡议,或者两院议长提议,或者议会不少于全体议员三分之一提议可以召集议会临时全体会议,临时会议只能审议与召集会议理由相关的问题。

5. 只有两院中任何一院均不少于全体议员三分之二的议员出席会议时才能举行两院联席会议或者两院单独举行会议。

6. 两院联席会议和两院单独会议应当公开举行。根据议事规则的规定,也可秘密举行会议。共和国总统、总理和政府成员、国家银行行长、总检察长、国家安全委员会主席有权出席或者旁听任何会议。

第六十条

1. 成立两院常设委员会,由每院不超过七人组成。

2. 为解决涉及两院协同工作的问题,参议院和马吉利西有权按对等原则组成联合委员会。

3. 常设委员会和联合委员会对自己职权范围内的问题发布决定。

4. 常设委员会和联合委员会的组成程序、职权、组织与活动由法律规定。

第六十一条①

1. 立法倡议权属于哈萨克斯坦共和国总统、议会议员和政府,立法倡议权只能在马吉利西行使。

2. 共和国总统有权决定议会应当优先审议的法律草案,包括宣布审议紧急的法律草案,表明议会应在该法律草案提交之日起的一个月之内审议。如果议会不执行本规定,共和国总统有权颁布具有法律效力的法令,该法令的约束力直到议会根据宪法规定的程序通过新的法律时止。

3. 议会有权颁布调整最重要社会关系的法律或者确立这些重要社会关系的基本原则和准则,包括:

(1)自然人和法人的法律主体地位、公民的权利和自由、法人和自然人的义务和责任;

(2)所有制和其他物权;

(3)国家机关和地方自治机关的组织与活动原则,公务和兵役的原则;

(4)征税,确定征收和其他必须缴纳的费用;

(5)共和国预算;

(6)法院组织和诉讼程序问题;

(7)教育、卫生和社会保障;

(8)企业及其资产的私有化;

(9)环境保护;

(10)共和国的行政区划;

(11)国防和国家安全的保障。

所有其他社会关系均由合法的法令调整。

4. 由马吉利西审议并经全体议员多数赞同的法律草案应移送参议院审议,参议院须在六十日内审议。经参议院全体议员多数通过的法律草案即成为法律,应当在十日内提交总统签署。如法案被参议院全体议员的多数否决,应将被否决的法律草案退回马吉利西。如果马吉利西以议员总数的三分之二多数票再次通过该法律草案,应当将法律草案移送参议院再次审议和表决,参议院在本次全体会议期间不得再次否决该法律草案。

5. 参议院议员总数的多数赞同可以对法律草案作出修改和补充,但须移送马吉利西审议。如果马吉利西以议员总数的多数通过参议院作出的修改和补充,应视为法律已获得通过。如果马吉利西同样以多数票通过反对参议院作出的修改和增补,两院之间的意见分歧应通过协调方式解决。

5A. 审议宪法性法律草案须获得不少于马吉利西议员总数三分之二的赞同,然后再移送参议院,参议院应在六十日之内审议。参议院以不少于议员总数三分之二通过该法律草案,则该法律草案成为宪法性法律,应在十日之内提交总统签署。否决宪法性法律草案须获得参议院和马吉利西两院议员总数的多数赞同。

参议院以不少于三分之二赞同作出对宪法性法律草案的修改或者增补,但须移送马吉利西审议。如果马吉利西以不少于三分之二赞同参议院作出的修改和补充,该宪法性法律应视为已经获得通过。

如果马吉利西以三分之二多数不赞同参议院对宪法性法律草案的修改和增补,两院之间的意见分歧应当通过协调方式解决。

6. 减少国家收入或增加国家支出的法律草案只有得到共和国政府的肯定性意见时才能提请审议,但根据共和国总统的立法倡议而提请议会马吉利西审议的法律草案,则不需要得到政府的肯定性意见。

7. 如果政府提交的法律草案未获通过,总理有权在议会两院联席会议上提出对政府的信任问题。对该问题的表决应在提出信任问题的四十八小时之后进行。如果对政府不信任的提议未获得议会两院每院议员总数的多数通过,法律草案应被认为无须投票表决即获得通过。但政府运用这一权力,在一年之内不得超过两次。

第六十二条②

1. 议会以哈萨克斯坦共和国法律的形式通过的

---

① 本条经 2007 年 5 月 21 日宪法修正案修改。

② 本条经 2007 年 5 月 21 日宪法修正案修改。

法令、决议以及参议院和马吉利西的决议在共和国境内具有强制执行力。

2. 共和国的法律在共和国总统签署之后生效。

3. 对宪法进行修改和增补须经议会两院每院不少于议员总数四分之三的赞同。

4. 宪法规定的事项需要制定宪法性法律，须经议会两院每院不少于三分之二以上多数议员的赞同才能通过。

5. 如果宪法无例外规定，议会及两院的法令须经两院多数议员赞同才能通过。

6. 哈萨克斯坦共和国宪法的修改和增补法案须不少于二读才能通过。

7. 共和国法律、议会与两院的决议不得与宪法相抵触，议会与两院的决议不得与法律相抵触。

8. 共和国的立法和其他规范性法律文件的制定、提出、审议、生效和公布的程序，由议会与两院制定专门的法律和议事规则作出详细规定。

第六十三条①

1. 共和国总统在征询议会两院议长和总理的意见后可以解散议会与马吉利西。

2. 在紧急状态和战争状态期间、在总统任期的最后六个月内以及上届议会解散后的一年之内，不得解散议会。

第五章　政府

第六十四条②

1. 政府行使哈萨克斯坦共和国的执行权，领导并管理执行机关体系及其活动。

2. 政府是集体负责的机构，政府须就其全部活动向共和国总统负责；根据宪法的规定向议会和马吉利西负责。

3. 政府成员根据宪法第五十七条第六项的规定向议会和两院报告工作。

4. 政府的职权、组织和活动程序由宪法性法律规定。

第六十五条

1. 政府由哈萨克斯坦共和国总统根据宪法的规定组建。

2. 共和国总理在被任命后的十日之内应向共和国总统提出政府组成人员和机构设置的建议。

3. 政府成员应向哈萨克斯坦人民和总统宣誓。

第六十六条③

哈萨克斯坦共和国政府有权：

(1)制定国家社会经济政策，国防、安全和维护秩序的基本纲领并组织实施；

(2)向议会提交共和国预算和预算执行的报告，保障预算的执行；

(3)向马吉利西提交法律草案并保障法律的执行；

(4)组织管理国有资产；

(5)制定执行共和国对外政策的措施；

(6)领导各部、国家各委员会以及其他中央和地方执行机构的工作；

(7)废除或者暂时停止共和国各部、国家各委员会以及其他中央和地方执行机构的法令的全部或者部分效力；

(8)任免不属于政府组成人员的中央执行机构领导人；

(9)(本项被1998年10月7日哈萨克斯坦共和国法律第284号删除)

(10)履行宪法、法律、共和国总统法令赋予的其他职权。

第六十七条④

哈萨克斯坦共和国总理有权：

(1)组织和领导政府工作，对政府工作负个人责任；

(2)(本项被2007年5月21日哈萨克斯坦共和国法律第254号删除)

(3)签署政府的决定；

(4)向总统报告政府的主要工作和所有的最重要的决定；

(5)履行其他与政府的组织和领导活动相关的职能。

第六十八条⑤

1. 政府成员应在其权限范围内独立作出决定，并就受其直接管理的国家机关的工作向共和国总理负个人责任。政府成员不同意政府的政策或者不执行政策，应当辞职或被免职。

2. 政府成员不得成为代表机构的代表，不得担任除教学、科研或其他创造性工作以外的有偿职务；不能从事企业经营活动，不能成为商业组织的领导机

---

① 本条经2007年5月21日宪法修正案修改。

② 本条经2007年5月21日宪法修正案修改。

③ 本条经1998年10月7日宪法修正案修改。

④ 本条经2007年5月21日宪法修正案修改。

⑤ 本条经1998年10月7日宪法修正案和2007年5月21日宪法修正案修改。

构和监事会的成员,但依法担任这些职务属于履行职责所必需的则不在此限。

第六十九条

1. 哈萨克斯坦共和国政府在自己职权范围内发布的决定,在共和国境内具有拘束力。

2. 共和国总理在其职权范围内发布的命令,在共和国境内具有拘束力。

3. 政府的决定和总理的命令不得与宪法、法律、共和国总统的指令和命令相抵触。

第七十条①

1. 政府应向当选的下一任哈萨克斯坦共和国总统卸任。

共和国总理应向下一届议会马吉利西提出政府信任问题,如果马吉利西表示对政府信任而且共和国总统没有作出其他决定,政府应当继续履行职责。

2. 如果政府及其成员认为不能继续履行赋予的职能时,有权向共和国总统提出辞职。

3. 如果议会表示对政府不信任或者通过对政府的不信任投票时,政府必须向共和国总统提出辞职。

4. 共和国总统必须在十日内决定接受或者拒绝政府辞职。

5. 接受政府辞职意味着政府及其相应成员的职权终止。接受总理辞职则意味着政府的职权终止。

6. 如果拒绝接受政府及其成员辞职,总统应委托政府及其成员继续履行自己的职责。

7. 共和国总统有权根据个人提议通过关于终止政府权力和免除政府任何成员职务的决定。免除总理职务意味着整个政府的职权终止。

第六章　宪法委员会

第七十一条②

1. 哈萨克斯坦共和国宪法委员会由七名委员组成,任期最长不超过六年。共和国前任总统为宪法委员会的终身成员。

2. 宪法委员会主席由共和国总统任命。在宪法委员会表决票数相等时,宪法委员会主席的投票具有决定作用。

3. 宪法委员会的两名委员由共和国总统任命,两名由参议院议长任命,两名由马吉利西议长任命。每三年更换宪法委员会的半数成员。

4. 宪法委员会主席及其委员不得兼任代表机构

的代表,不得担任除教学、科研或其他创造性活动之外的有偿职务,不得从事企业经营活动,不能成为商业组织的领导成员或监事会成员。

5. 未经议会同意,宪法委员会主席及委员在任期内不被逮捕、传讯、行政处罚、施加司法程序或追究刑事责任,但在犯罪现场被抓获或实施严重犯罪的情况不在此限。

6. 宪法委员会的组织和活动由宪法性法律规定。

第七十二条③

1. 宪法委员会根据哈萨克斯坦共和国总统、参议院议长、马吉利西议长、不少于议会五分之一以上议员以及总理的请求:

(1)在共和国总统、议会议员选举以及共和国全民公决的举行发生争议时,对选举和公决的公正性作出裁决。

(2)在总统签署之前审查议会通过的法律是否符合共和国宪法。

(2a)审查议会和两院通过的决议是否符合共和国宪法。

(3)在共和国批准国际条约之前审查其是否符合共和国宪法。

(4)对宪法规范作出正式解释。

(5)根据宪法第四十七条第一款和第二款的规定作出结论。

2. 审查法院根据宪法第七十八条的规定向宪法委员会提出的请求。

第七十三条

1. 根据本宪法第七十二条第一款第一项的规定向宪法委员会提交请求时,应当暂停总统就职、议会当选议员的登记以及共和国全民公决结果的统计。

2. 根据本宪法第七十二条第一款第二项和第三项的规定向宪法委员会提交请求时,应当暂停相应法令的签署或批准期限。

3. 宪法委员会应在收到请求后的一个月内作出裁决。如果需裁决的问题不容拖延,共和国总统可以将该期限缩短至十日。

4. 宪法委员会以其委员总数的三分之二以上多数通过可以否决总统对宪法委员会裁决的异议。如果没有否决共和国总统的异议,则宪法委员会的裁决被认为未获得通过。

第七十四条④

1. 凡被认定为违反哈萨克斯坦共和国宪法的法

---

① 本条经 2007 年 5 月 21 日宪法修正案修改。

② 本条经 2007 年 5 月 21 日宪法修正案修改。

③ 本条经 2007 年 5 月 21 日宪法修正案修改。

④ 本条经 2007 年 5 月 21 日宪法修正案修改。

律和国际条约,不得签署、适用、批准和生效。

2. 凡被认定为限制宪法确认的人和公民的权利和自由的法律和其他规范性法律文件,应予废除并不得适用。

3. 宪法委员会的裁决自通过之日起生效,在共和国境内必须得到遵守,宪法委员会的裁决是终局裁决,不得提出上诉。

第七章　法院与司法机关

第七十五条[①]

1. 哈萨克斯坦共和国的司法权只能属于法院。

2. 司法权通过民事、刑事和法律规定的其他形式的诉讼来实现。根据法律的规定,刑事诉讼程序应当由宣誓后的陪审员参加。

3. 共和国最高法院、地方法院、其他法院和依法设立的机关是共和国的法院。

4. 共和国的司法制度由共和国宪法和宪法性法律规定。禁止设立任何特别法院和非常法院。

第七十六条

1. 司法权以哈萨克斯坦共和国的名义行使,其使命是保护公民和组织的权利、自由和合法利益;保障共和国的宪法、法律、其他规范性法律文件和国际条约的执行。

2. 司法机关管辖根据共和国宪法、法律、其他规范性法律文件和国际条约而发生的一切案件和争议。

3. 法院的判决、裁定和其他命令在共和国境内具有拘束力。

第七十七条

1. 法官独立行使司法权,只服从宪法和法律。

2. 禁止任何干涉法院行使司法权的活动,否则应负法律责任。法官没有汇报具体案件的义务。

3. 法官适用法律应遵循以下原则:

(1)实施违法行为而被法院判决有罪的人,在法院判决未发生法律效力之前应推定无罪。

(2)无论何人都不应因同一一违法行为而负两次以上的刑事或行政责任。

(3)未经本人同意,任何人都不得改变法律为其规定的管辖法院。

(4)每个人都有在法院陈述的权利。

(5)规定或加重责任、赋予公民新义务或降低公民地位的法律不具有溯及力。如果实施违法行为后,追究其责任的法律已经废除而新法规定减轻责任,应

适用新法。

(6)被告人没有证明自己无罪的义务。

(7)任何人都没有提供对自己不利证据的义务,包括法律规定的夫妻和近亲属之间。神职人员没有义务对信仰本教教徒作出不利证明的忏悔。

(8)疑罪应作有利于被告人之解释。

(9)通过非法方式取得的证据没有法律效力。任何人都不能仅因本人口供而被判有罪。

(10)禁止根据类推适用刑法。

4. 宪法确立的司法原则对共和国所有法院和法官都是共同的和一致的。

第七十八条

法院无权适用限制宪法所确认的人和公民的权利和自由的法律和其他规范性法律文件。如果法院认为其适用的法律或其他规范性法律文件限制了宪法所确认的人和公民的权利和自由,必须中止诉讼程序,提请宪法委员会确认该法违反宪法。

第七十九条

1. 法院由常设法官组成,法官的独立性受宪法和法律保护。法官的职权可以根据法律规定的原因而终止或者暂时停止。

2. 未经哈萨克斯坦共和国总统同意,未根据共和国最高司法委员会的结论,或根据宪法第五十五条第三项的规定但未经参议院同意,法官不得被逮捕、传讯、行政处罚、施加司法程序或追究刑事责任,但在犯罪现场被抓获或实施严重犯罪不在此限。

3. 法官由年满二十五周岁、受过高等法律教育、从事法律职业不少于两年并通过专业资格考试的共和国公民担任。法律可以对共和国法院法官的要求作出补充规定。

4. 法官不得兼任代表机关的代表,不得担任除教学、科研或其他创造性活动以外的有偿职务,不得从事企业经营活动,不得成为商业组织领导成员或监事会成员。

第八十条

法院的经费和法官的住房保障由共和国预算资金开支,此项开支应保障法官能够完全和独立地行使司法权。

第八十一条[②]

哈萨克斯坦共和国最高法院是民事、刑事以及由地方法院和其他法院管辖的案件的最高司法机构。最高法院根据诉讼法的规定对下级法院的活动进行监督,并对司法实践中的问题作出解释。

---

① 本条经 1998 年 10 月 7 日宪法修正案和 2007 年 5 月 21 日宪法修正案修改。

② 本条经 2007 年 5 月 21 日宪法修正案修改。

世界各国宪法文本翻译与研究系列丛书 ◎世界各国宪法文本汇编（亚洲卷）

第八十二条①

1. 哈萨克斯坦共和国最高法院院长和法官，由共和国总统根据最高司法委员会的推荐向参议院提名，由参议院选举产生。

2. 地方法院院长和法官，由共和国总统根据共和国最高司法委员会的推荐任命。

3. 司法部可以根据宪法性法律设立法院，赋予司法部长职权的程序由宪法性法律规定。

4. 最高司法委员会由共和国总统任命的主席和其他成员组成。

5. 最高司法委员会的地位和工作机构由法律规定。

第八十三条

1. 检察机关以国家的名义对在共和国境内准确一致地执行法律、哈萨克斯坦共和国总统的命令和其他规范性法律文件行使最高监督权；对专门机关的侦查活动、讯问、审讯、行政和执行程序的合法性进行监督；有权采取措施发现和消除所有违法行为；对与共和国宪法和法律相抵触的法律和其他法律文件提出异议。检察机关在法院代表国家利益，根据法律规定的程序和范围实施刑事追诉。

2. 共和国检察机关组成统一而集中的体系，下级检察官应服从上级检察官和共和国总检察长。检察机关履行职能不受其他国家机构和公职人员的支配，只向共和国总统负责。

3. 未经参议院同意，共和国总检察长在其任期内不得被逮捕、传讯、行政处罚、施加司法程序和追究刑事责任，但在犯罪现场被抓获或者实施严重犯罪的情况除外。总检察长任期五年。

4. 共和国检察机关的职能、组织和活动程序由法律规定。

第八十四条

（本条被 2007 年 5 月 21 日哈萨克斯坦共和国法律第 254 号删除）

第八章　地方国家行政管理与自治机关

第八十五条

地方国家行政管理由负责相应行政区域事务的地方代表机构和执行机构执行。

第八十六条②

1. 地方代表机构马斯里哈特③通过表达相关行政区域内居民的共同意志并考虑到全国人民的利益，制定必要的政策措施并监督其实施。

2. 马斯里哈特由居民按照普遍、平等和直接选举的原则以匿名投票的方式选举产生，任期五年。

3. 凡年满二十周岁的哈萨克斯坦共和国公民均可当选为马斯里哈特的议员。但每个共和国公民只能成为一个马斯里哈特的议员。

4. 马斯里哈特管理下列事务：

（1）决定本地区的社会经济发展纲领、计划，批准地方预算和预算执行报告；

（2）决定列入其管理权限范围内的地方行政区域的建置；

（3）审议地方执行机构领导人就法律规定属于马斯里哈特权限之内的问题所作的报告；

（4）组建马斯里哈特常设委员会和其他工作机构，听取其工作报告，决定其他与马斯里哈特组织机构工作相关的问题；

（5）根据共和国立法，行使其他保障公民权利和合法利益的职权。

5. 马斯里哈特职权可以被共和国总统提前终止，也可通过自行解散的决议提前终止。

6. 马斯里哈特的职能、组织和活动程序以及马斯里哈特议员的法律地位由法律规定。

第八十七条④

1. 地方执行机构属于哈萨克斯坦共和国执行机构的统一体系，保障结合本地区的利益和发展需求贯彻执行政府的全国性政策。

2. 地方执行机构管理下列事务：

（1）制定本地区的社会经济发展纲领、计划，制定地方预算并保障预算的执行；

（2）管理公共财产；

（3）任免地方执行机构的领导人，决定其他与地方执行机构的组织执行工作相关的问题；

（4）从有利于国家的地方管理出发，行使共和国立法赋予地方执行机构的其他权力。

3. 地方执行机构由该行政区域的奥吉姆⑤领导，奥吉姆是共和国总统和政府的代表。

4. 州、直辖市和首都的奥吉姆由共和国总统与相应行政区的马斯里哈特商定后任命，其他行政区的

---

① 本条经 2007 年 5 月 21 日宪法修正案修改。
② 本条经 2007 年 5 月 21 日宪法修正案修改。
③ 马斯里哈特是地方议会的音译。——译者注
④ 本条经 1998 年 10 月 7 日宪法修正案和 2007 年 5 月 21 日宪法修正案修改。
⑤ 奥吉姆为地方各级行政首长的音译。——译者注

奥吉姆根据共和国总统的决定任命或者选举。共和国总统有权根据自己的意见解除奥吉姆的职务。

5. 由不少于马斯里哈特全体议员五分之一动议可以提出对奥吉姆的不信任案。此时,马斯里哈特以全体议员的多数通过即表示对奥吉姆的不信任,应当向共和国总统或者上级奥吉姆提请免除相应奥吉姆的职务。州、直辖市和首都奥吉姆的权力在新当选的共和国总统就职时终止。

6. 地方执行机构的职权、组织及其活动程序由法律规定。

第八十八条

1. 马斯里哈特对自己职权范围内的事项通过决议,奥吉姆对自己职权范围内的事项发布命令和决定,在该行政区域内都必须得到执行。

2. 马斯里哈特减少地方预算收入或增加地方预算支出的决议案,只有获得奥吉姆同意后才能提交审议。

3. 马斯里哈特作出不符合哈萨克斯坦共和国宪法和法律规定的决议,应通过司法程序予以废除。

4. 奥吉姆的决定和命令应相应地由总统、哈萨克斯坦共和国政府或上级奥吉姆废除,也可以通过司法程序予以废除。

第八十九条①

1. 哈萨克斯坦共和国承认地方自治,保障居民独立自主地决定地方性问题。

2. 地方自治由居民直接行使,包括通过马斯里哈特和行政区域内的社区和居民聚居区的其他地方自治机构行使。

地方自治组织根据法律的授权可以行使国家权力。

3. 哈萨克斯坦地方自治机构的组织和活动由法律规定。

4. 地方自治机构在法律规定的职权范围内的独立性应予保障。

第九章 最终条款和过渡条款

第九十条

1. 经共和国全民公决通过的哈萨克斯坦共和国宪法,自全民公决结果正式公布之日起生效,此前通过的哈萨克斯坦共和国宪法同时失效。

2. 共和国全民公决通过宪法之日为国家的节日——哈萨克斯坦共和国宪法日。

第九十一条②

1. 哈萨克斯坦共和国宪法由共和国总统个人倡议、议会或政府提议并由总统决定举行共和国全民公决进行修改和增补。如果总统决定将宪法修改和增补法案转交议会审议,则不提交共和国全民公决,议会根据宪法规定的程序通过决定。如果共和国总统否决议会关于宪法修改和增补法案举行全民公决的提议,议会两院有权分别以不少于全体议员五分之四通过修改和增补宪法的法律。此时,共和国总统应当签署该法律或者将该法律提交全民公决。全民公决需半数以上有权参加公决的共和国公民投票方为有效,宪法的修改和增补法案获得参加全民公决投票的公民的半数以上赞同以及不少于三分之二的州、共和国直辖市和首都参加投票,宪法的修改和增补法案认为获得通过。

2. 宪法规定的单一制、领土完整和共和国政体不能修改。

第九十二条

1. 宪法性法律应在宪法生效后的一年内通过。如果本宪法所指的宪法性法律或法令在宪法生效前即已经获得通过并发生了法律效力,它们应与本宪法保持一致,并认为它们是哈萨克斯坦共和国的宪法性法律。

2. 本宪法所指的法律应按照议会规定的程序和期限自本宪法生效后两年内通过。

3. 根据1993年12月10日哈萨克斯坦共和国法律《关于临时授予哈萨克斯坦共和国总统和地方行政首长补充职权》的规定,共和国总统在行使补充职权期间颁布的共和国总统令具有法律效力,只能根据关于修改、补充或者废除的哈萨克斯坦共和国法律才能修改、补充或者废除。共和国总统在行使补充职权期间,根据1993年1月28日通过的哈萨克斯坦共和国宪法第六十四条第十二款至第十五款、第十八款和第二十款的规定颁布的共和国总统令,不需要共和国议会批准。

4. 本宪法生效后,哈萨克斯坦共和国的法律不违背宪法的部分继续适用,但自本宪法通过后的两年内应使之与本宪法保持一致。

第九十三条

为实现宪法第七条的规定,政府、地方代表机构和执行机构必须根据专门的法律为所有哈萨克斯坦共和国公民自愿地和无偿地掌握哈萨克斯坦共和国国语创造一切必要的组织、物质和技术条件。

---

① 本条经2007年5月21日宪法修正案修改。

② 本条经1998年10月7日宪法修正案和2007年5月21日宪法修正案修改。

第九十四条①

1. 本宪法生效前根据哈萨克斯坦共和国立法选举产生的哈萨克斯坦共和国总统,具有本宪法规定的哈萨克斯坦共和国总统的职权,并且在 1995 年 4 月 29 日共和国全民公决通过的决议规定的期限内行使这些职权。经哈萨克斯坦共和国总统同意,该期限可由共和国议会两院联席会议通过决议缩短,但须获得两院每院全体议员的多数赞同。在此种情况下,马吉利西应在一个月之内举行哈萨克斯坦共和国总统选举,根据该选举产生的共和国总统应在自选举结果正式公布之日起一个月内宣誓并且履行职责到常规总统选举产生的总统就职时止,该常规总统选举应当在七年之后的 12 月的第一个星期日举行。

2. 本宪法生效前根据哈萨克斯坦共和国立法选举产生的哈萨克斯坦共和国副总统,其职权保留到其当选任期届满时止。

第九十四 A 条②

本宪法中第四十一条第一款规定的共和国总统任期,适用于 2005 年 12 月 4 日当选的共和国总统任期满七年后举行的总统选举而产生的共和国总统。

第九十五条③

1. 首次召集的参议院议员的一半任期四年,另外一半的议员根据宪法性法律的规定任期两年。

2. 按照党派名额选举马吉利西议员的宪法规定从马吉利西第二次召集选举时开始适用。

第九十六条

哈萨克斯坦共和国内阁自本宪法生效之日起具有宪法规定的哈萨克斯坦共和国政府的权力、义务和责任。

第九十七条

通过下列方式产生哈萨克斯坦共和国宪法委员会的首次组成人员:共和国总统、参议院议长和马吉利西议长各任命任期三年的委员一名、任期六年的委员一名,宪法委员会主席由共和国总统任命,任期六年。

第九十八条

1. 宪法规定的司法和侦查机关按照法律规定的程序和期限产生。在其产生之前,原司法和侦查机关仍保留自己的职权。

2. 哈萨克斯坦共和国最高法院、最高仲裁法院和地方法院的法官在宪法规定的法院产生之前仍保留自己的职权。法官职务空缺时应当按宪法规定的程序补充缺额。

---

① 本条经 1998 年 10 月 7 日宪法修正案修改。
② 本条由 2007 年 5 月 21 日宪法修正案增补。
③ 本条经 1998 年 10 月 7 日宪法修正案修改。

吉尔吉斯共和国宪法*

（2010 年 6 月 27 日全民公决通过，自 2010 年 6 月 27 日起生效）

我们吉尔吉斯斯坦人们，为了缅怀那些为人民的自由而献出生命的英烈；重申致力于创建以尊重和保障人权为目的的自由民主国家；表达巩固吉尔吉斯国体、保护国家主权、维护民族团结的坚定不移的信念和顽强的意志；渴望确立法治、维护社会公正、保障人民生活富足和精神健康；继承先辈们和平共处、和谐生活和与自然协调一致的优良传统。

特制定本宪法。

第一编　宪法制度的基础

第一条

1. 吉尔吉斯共和国（简称吉尔吉斯斯坦）是一个主权的、民主的、法制的、世俗的、单一制的社会国家。

2. 吉尔吉斯共和国在自己的领土内拥有全部国家权力，独立自主地制定和执行对内和对外政策。

第二条

1. 主权属于吉尔吉斯斯坦人民，人民是吉尔吉斯共和国国家权力的唯一来源。

2. 吉尔吉斯斯坦人民依照本宪法和法律通过选举、全民公决、参与国家机关和地方自治机关的工作来直接行使自己的权力。

3. 法律和国家其他重大问题可以通过全民公决（即全民投票）的方式来决定，全民公决的程序以及须以全民公决的方式决定的问题由宪法性法律规定。

4. 选举自由。

查卡拉库·凯涅什①议员、总统、地方自治代表机关议员的选举按照选举法规定的普遍、平等、直接和秘密投票的原则进行。

吉尔吉斯共和国年满十八周岁的公民都有选举权。

5. 国家为法律规定的各种社会团体的代表参加国家机关和地方自治机关、提供适当的决策建议创造条件。

第三条

吉尔吉斯共和国的国家权力遵循下列原则：

1. 查卡拉库·凯涅什和总统由民选产生，体现并保障人民管理国家的权力。

2. 国家权力分立。

3. 国家机关和地方自治机关对人民公开并向人民负责，它们行使职权在于维护人民的利益。

4. 明确划分国家机关和地方自治机关的职权。

第四条

1. 吉尔吉斯共和国承认政治多样性和多党制。

2. 公民为了满足政治、经济、社会、劳动、文化及其他利益，实现和保护自己的权利与自由，可以在自由表达意愿和共同利益的基础上组建政党、职业团体和其他公共团体。

3. 政党促进公民政治意愿的表达，吸收公民参加查卡拉库·凯涅什议员、总统和地方自治机关的选举。

4. 吉尔吉斯共和国禁止下列行为：

（1）国家、市镇和政党制度合为一体，在国家和市镇机关内建立政党的组织并从事活动，国家和市镇公务人员从事党务工作。但在公务活动之外从事党务工作不在此限。

（2）现役军人、执法机构工作人员和法官加入政党或者拥护和资助某个政党。

（3）组建以宗教和种族为基础的政党或者追求政治目的的宗教团体。

（4）组建军事化组织的公民团体。

（5）政党、公共团体和宗教团体及其成员和分支机构追求以暴力手段改变宪法制度、危害国家安全作为其明确的政治目的，并挑起社会、种族、国家之间，民族之间，宗教之间的仇视。

第五条

1. 国家和国家机关为全社会服务，而不是为社会的某一部分人服务。

2. 无论何人、部分人或者社会团体都无权窃夺

---

* 根据吉尔吉斯斯坦政府网站（http//www.gov.kg）发布的俄文版译出。译者：朱福惠。

① 吉尔吉斯共和国议会的音译。——译者注

国家权力,篡夺国家权力是严重的犯罪行为。

3. 国家机关、地方自治机关及其公职人员都不能超越本宪法和法律规定的权力范围。

4. 国家机关、地方自治机关及其公职人员实施违法行为应负法律责任。

第六条

1. 宪法在吉尔吉斯共和国具有最高法律效力和直接拘束力。

2. 宪法性法律、法律和其他规范性法律文件的制定必须以宪法为依据。

3. 经吉尔吉斯共和国批准并通过立法程序确认而生效的国际条约、国际法公认的原则和准则是吉尔吉斯共和国法律体系的组成部分。

国际人权条约具有直接法律效力并优先于其他国际条约。

4. 法律和其他规范性法律文件的正式公布是发生法律效力必须具备的条件。

5. 创设新的义务或者加重责任的法律和规范性法律文件没有溯及力。

第七条

1. 吉尔吉斯共和国的任何宗教都不能作为国教或者作为必须信仰的宗教。

2. 宗教和所有的宗教仪式必须与国家活动相分离。

3. 禁止宗教团体及宗教人士干涉国家机关的活动。

第八条

1. 吉尔吉斯共和国的领土完整不受侵犯。

2. 为了便于国家机关和地方自治机关的管理,吉尔吉斯共和国的领土依照法律划分为若干行政区域。

3. 比什凯克市和奥什市是具有共和国意义的城市,它们的地位由法律规定。

第九条

1. 吉尔吉斯共和国制定社会发展计划,旨在创造适当的生活条件、促进个人的自由发展并促进就业。

2. 吉尔吉斯共和国帮助那些在社会上容易受到损害的弱势群体,保障他们获得最低限度的工作报酬以及劳动和健康保护。

3. 吉尔吉斯共和国发展社会服务和医疗服务体系,建立国家退休金、津贴和其他社会保障制度。

第十条

1. 吉尔吉斯语是吉尔吉斯共和国的国语。

2. 俄语在吉尔吉斯共和国作为官方语言使用。

3. 吉尔吉斯共和国保障构成吉尔吉斯斯坦人民的各民族有使用本民族语言的权利,国家为他们研究和发展本民族语言创造条件。

第十一条

1. 吉尔吉斯共和国的国家象征是国旗、国徽和国歌,它们的描述以及官方使用制度由法律规定。

2. 吉尔吉斯共和国的首都是比什凯克市。

3. 吉尔吉斯共和国的珍贵物种是鲶鲉。

第十二条

1. 吉尔吉斯共和国承认多种形式的所有制,国家为私人所有制、国家所有制、市政所有制以及其他所有制提供平等法律保护。

2. 财产不可侵犯,无论何人都不能被任意剥夺属于他自己的财产。

除财产所有人本人允许外,只有依据法院判决才能征收财产。

未经法院判决而强制征收财产必须具备下列情形:法律已有规定;为了维护国家安全和社会秩序;保护居民的健康和道德;保障其他人的权利与自由。但依据上述情形而征收财产必须接受法院的合法性审查。

为了公共利益的需要而依法征收财产,只能根据法院公正的判决且按照这些财产的实际价值以及将这些财产充作公用而产生的其他损失进行预先赔偿。

3. 将公民和法人的财产转化为国家所有制财产(国有化),必须按照法律的规定赔偿这些财产的实际价值以及其他损失。

4. 吉尔吉斯共和国保护本国公民、法人的财产以及本国在外国的财产。

5. 土地、矿藏、大气空间、水、森林等是吉尔吉斯共和国特殊的财产,只有符合保护生态系统完整性的目的才能加以利用。这些自然资源是人民生存和活动的基础,得到国家的特别保护。

除牧场不能为私人所有外,土地能够成为私人、市政和其他形式的所有制。

6. 财产所有者权利实现和保障的范围与程序由法律规定。

第十三条

1. 吉尔吉斯共和国的国家预算由包括收入与支出的共和国预算和地方预算组成。

2. 国家和地方预算的编制、通过、执行程序以及预算执行的监管由法律规定。国家和地方预算法案由相应的代表机关决定并通过。

3. 吉尔吉斯共和国实行统一的税收制度,征税权属于查卡拉库·凯涅什。增加新的税收以及加重纳税人责任的法律没有溯及力。

第十四条

1. 吉尔吉斯共和国不以武力扩张、侵略和掠夺领土为目的,放弃国家生活的军事化,拒绝将国家活动从属于发动战争的使命。保证国家独立和对外防御是组建吉尔吉斯共和国武装力量的原则。

2. 除了抵抗对吉尔吉斯斯坦和其他与吉尔吉斯斯坦有共同防御义务的国家的侵略外,没有发动战争的权利。如果需要批准将吉尔吉斯共和国的部分武装力量派驻到国外,须经查卡拉库·凯涅什以全体议员三分之二以上的多数通过。

3. 禁止使用吉尔吉斯共和国的武装力量来达到国内政治目的。

4. 吉尔吉斯共和国致力于实现全面的、真正的和平,致力于实现互利合作,致力于解决全球和区域性和平进程中存在的问题。

第十五条

吉尔吉斯共和国进入紧急状态和战争状态的条件和程序由本宪法和宪法性法律规定。

第二编　人和公民的权利与自由

第一章　基本权利与自由

第十六条

1. 人的权利与自由是与生俱来的和不可让渡的。

人的权利与自由具有最高价值,具有直接法律效力并对立法、执行和地方自治机关的活动产生拘束力。

2. 吉尔吉斯共和国尊重和保障包括在国家领土范围之内的所有自然人和法人的权利与自由。

无论何人都不因性别、种族、语言、残疾、民族属性、宗教、年龄、政治信仰、受教育程度、出身、财产状况和社会地位以及其他情形而受到歧视。

法律规定的专业标准以及为了履行国际义务而保障各种社会组织的平等机会的措施不构成歧视。

3. 在法律和法院面前人人平等。

4. 男女享有平等的权利与自由以及为了实现权利与自由而拥有平等的机会。

5. 吉尔吉斯共和国实行最大限度地保障儿童利益的原则。

第十七条

本宪法列举的权利与自由不得被认为是权利与自由的穷尽,也不得被解释为否定或者轻视其他公认的人和公民的权利与自由。

第十八条

人人都有权实施除本宪法和法律禁止外的任何行为。

第十九条

1. 除法律或者吉尔吉斯共和国加入的国际条约

另有规定外,在吉尔吉斯共和国境内的外国人和无国籍人与吉尔吉斯共和国公民一样平等地享有权利并履行义务。

2. 吉尔吉斯共和国为了履行国际义务对因政治原因受到迫害或者权利和自由受到侵犯的外国公民、无国籍人提供避难。

第二十条

1. 吉尔吉斯共和国不得制定废除或者轻视人和公民的权利与自由的法律。

2. 本宪法和法律基于保护国家安全、维护社会秩序、维护居民的健康和道德、保障他人的权利与自由的目的能够对人和公民的权利与自由进行限制。但其限制应当符合规定的目的。

禁止制定限制人和公民权利的合法的规范性法律文件。

3. 法律不得以其他目的或者在本宪法规定的更高的程度上限制权利和自由。

4. 本宪法的下列禁止性规定不受任何限制:

(1)适用死刑、刑讯逼供和其他不人道的、残酷的、损害人的尊严的处置或者惩罚;

(2)未经本人自愿并明确表示同意,对人体进行医学、生物学和心理学实验;

(3)建立奴隶制度,贩卖人口;

(4)使用童工;

(5)因不履行民事责任而被剥夺自由;

(6)因散布侮辱他人尊严和名誉的信息而受到刑事追究;

(7)强制接受或者否定其政见、宗教和其他信仰;

(8)强制参加和平集会;

(9)强制确认或者规定其民族属性;

(10)任意剥夺住宅。

5. 本宪法确认的下列权利不受任何限制:

(1)被剥夺自由的人应享有人道主义待遇,其人格尊严应受到尊重;

(2)请求赦免或者减轻刑事处罚;

(3)请求上级法院对案件重新审理;

(4)思想和意见自由;

(5)选择宗教和其他信仰的自由;

(6)确认或者承认民族属性的自由;

(7)因国家机关、地方自治机关及其公职人员在履行职务过程中的违法行为而遭受损害,应当获得国家赔偿;

(8)诉讼辩护;

(9)在国家教育机构免费接受普通初级和中等教育;

(10)公民自由出入吉尔吉斯共和国。

第二章 人的权利与自由

第二十一条

生命权不能被剥夺,任何人都不能被任意剥夺生命,禁止适用死刑。

第二十二条

1. 任何人都不能遭受刑讯逼供或者其他非人道的、残酷的、损害人的尊严的处置和处罚。

2. 被剥夺自由的人有权获得人道主义待遇,其人格尊严受到尊重。

3. 未经本人自愿并明确表示同意,禁止对人体进行医学、生物学和心理学实验。

第二十三条

1. 禁止实行奴隶制度和贩卖人口。

2. 禁止使用童工。

3. 除处于战争状态、消除自然灾害产生的后果、产生其他紧急情况以及执行法院的判决外,禁止强制劳动。

服兵役以及选择在军队以外服役,不属于强制劳动。

第二十四条

1. 人人都有自由权,个人自由不可侵犯。

2. 不能仅仅因为不履行民事义务而被剥夺自由。

3. 非依法律的规定或者法院的判决,任何人都不受拘留、逮捕或者处于被剥夺自由的状态。

4. 非依法院裁决,任何人被逮捕不能超过四十八小时。

任何被拘留的人,必须从被逮捕时起四十八小时内将其移送到法院,由法院审查拘留的合法性。

在特定情况下,法律可以规定更短的逮捕期限。

被逮捕之人有权依照法律规定的程序和期限请求对逮捕的合法性进行审查,如果逮捕理由不成立,应当立即释放。

5. 应当将逮捕的理由和依据立即通知被逮捕之人,并且告知其受保障的权利,包括接受医疗检查和获得医生帮助的权利。

凡被剥夺自由的人应从实际被剥夺自由时起保护他的人身安全,赋予他本人辩护的机会,允许获得执业律师和辩护人为他提供的法律援助。

第二十五条

人人都有迁徙自由权,可以在吉尔吉斯共和国境内自由选择住处和居所。

人人都有自由离开吉尔吉斯共和国的权利。

第二十六条

1. 犯罪嫌疑人在依照法定程序和法院生效判决确定有罪以前应被推定无罪,违反这一原则导致犯罪

嫌疑人遭受物质和精神损害的,有权经过司法途径获得赔偿。

2. 不能强迫任何人自证其罪,不能将任何猜测作为指控有罪的依据。

3. 无论何人均不能仅仅依据他本人的口供而判决其有罪。

4. 在刑事案件中,原告非法取得的证据不能成为被告承担罪责的证据,不能作为起诉的理由和法院判决的依据。

5. 不能强迫任何人包括其妻子(丈夫)以及法律规定的近亲属作出对自己不利的证明。法律可以规定免除证明义务的其他情形。

6. 经过宣誓后,人人都有权依照法律的规定作为陪审员参加法庭对案件的审理。

第二十七条

1. 被判决有罪的人均有权根据法律的规定诉请上级法院对案件进行重审。

2. 被判决有罪的人均有权请求赦免或者减轻处罚。

3. 无论何人不因其一次违法行为而负两次法律责任。

第二十八条

1. 规定或者加重责任的新法没有溯及力,无论何人均不因其实施了在当时不认为是违法的行为而负法律责任;如果其作出的行为在当时属于应负法律责任的违法行为,而根据新法不认为违法或者可以减轻处罚,应当适用新法。

2. 刑事法规定的法律责任不适用类推。

第二十九条

1. 人人都有私人生活不可侵犯的权利,人的尊严和价值受到保护。

2. 人人都有通讯秘密的权利,可以通过书信、电话、电报、邮件及其他联络方式进行交谈和联络。只有依据法律或者法院判决才能对这些权利进行限制。

3. 除依法律规定的情形外,未经本人同意,不得收集、保存、使用和散布他人的个人秘密和私生活信息。

4. 个人秘密以及私生活信息受到包括司法保护在内的法律保障,因个人秘密以及私生活信息被违法收集、保存和传播而遭受物质与精神损失的,应保障其获得赔偿的权利。

第三十条

1. 人人都有住宅和居所不受侵犯的权利,这些住宅和居所被认为属于他本人或者本人正在使用。未经本人允许,任何人都不能强制进入他人所有或者正在使用的住宅和其他居所。

2. 只有根据法院的搜查令才能对公民住宅或者居所采取搜查、扣押、检查和其他措施,此项规定同样适用于政府公务人员进入公民所有或者正在使用的住宅和其他居所。

3. 未经法院准许,政府公务人员依照法律的规定进入公民所有的或者正在使用的住宅和居所采取搜查、扣押、检查和其他措施,其行为的合法性和依据应受法院的司法审查。

4. 本条规定的住宅和居所不受侵犯的保障及其限制同样适用于法人。

第三十一条

1. 人人都有思想和表达意见的自由。

2. 人人都有表达意见的自由,人人都有言论和出版的自由。

3. 无论何人都不得强迫他人表达自己的意见或者阻止他人表达自己的意见。

4. 禁止宣扬国家、民族、种族和宗教之间的仇视,禁止宣扬性别优势或者优越的社会地位,禁止煽动人们歧视、敌视或者使用暴力。

第三十二条

1. 宗教信仰自由和良心自由得到保障。

2. 人人都有权信仰个别独特的、共有的宗教或者不信仰任何宗教。

3. 人人都有选择宗教信仰或者其他信仰的自由。

4. 不能强迫任何人表明自己的宗教信仰和其他信仰,也不能强迫任何人放弃宗教和其他信仰。

第三十三条

1. 人人都有自由查找、获取、保存和使用信息的权利,并且有通过口头、书面或者其他方式传播信息的权利。

2. 人人都有知悉国家机关、地方自治机关的权利,有获取国家机关和组织的信息资料的权利。

3. 人人都有权利获得国家机关、地方自治机关及其公务人员、履行国家机关和地方自治机关职能的法人、从国家和地方自治机关预算中提供活动经费的组织的活动信息。

4. 从对国家机关、地方自治组织及其公务人员掌握的信息有获得利用许可的权利,许可公民利用信息的程序由法律规定。

5. 任何人不因传播有侮辱和损害他人价值与尊严的信息而受刑事追究。

第三十四条

1. 人人都有自由参加和平集会的权利,不能强制任何人参加集会。

2. 为保障和平集会的举行,人人都有向政府机关申请举行和平集会通告的权利。

不允许禁止和限制和平集会的举行,不得以没有举行和平集会的通告、违反和平集会的形式或者内容和期限为由拒绝对和平集会的适当保护。

3. 对没有举行和平集会的通告,违反和平集会的形式、内容和期限的和平集会,其组织者和参加者不承担法律责任。

第三十五条

人人都有自由结社的权利。

第三十六条

1. 家庭是社会的基础,家庭、父母和孩子是全社会关爱的对象并受到法律的优先保护。

2. 儿童有获得必需的生活条件的权利,以保障他们体格和智力发育、精神健康、道德修养和文化水平的提高。

3. 对儿童具有抚养义务的父母及其他人,应当在自己的经济能力承受的范围内为儿童提供必需的生活条件。

4. 国家抚养和教育那些丧失父母照顾的孤儿和儿童。

5. 达到婚龄的人有结婚和建立家庭的权利,不能在没有双方的同意和自愿的情况下采取拘禁方式结婚,婚姻由国家进行登记。

第三十七条

1. 吉尔吉斯共和国人民的风俗习惯和传统,在不妨碍人的权利与自由的前提得到国家的保护。

2. 尊重老人,关爱近亲属是每个人的义务。

第三十八条

人人都有确定自己民族属性的权利,不能强迫任何人确定自己的民族属性。

第三十九条

国家机关、地方自治机关及其公务人员在履行职务过程中的违法行为对公民产生了损害,公民有获得赔偿的权利。

第四十条

1. 本宪法、吉尔吉斯斯坦共和国批准参加的国际条约、国际法原则和公认的国际法准则所确认的诉讼辩护及其权利与自由应予保障。

国家保障发展诉讼外与诉讼前维护人与公民的权利与自由的方式和方法。

2. 人人都有权运用各种方式维护自己的权利与自由,但不得违反法律。

3. 人人都有获得法定的法律援助的权利。依照法律规定,由国家支付法律援助的费用。

第四十一条

1. 人人都有权向国家机关、地方自治机关及其公务人员提出请愿,国家机关、地方自治机关及其公务人员在法律规定的期限内有义务提供理由充分的答复。

2. 人人有权依照国际条约诉请国际人权保障机构保护其受到侵犯的权利与自由。在法定机构确认人的权利与自由受到侵犯的情况下,吉尔吉斯共和国应当采取恢复其权利与自由的措施并对损害予以赔偿。

第四十二条

1. 人人都有占有、使用和处分自己的财产及其劳动成果的权利。

2. 人人都有经济活动自由,可以自由运用自己的才能和财产从事任何经济活动,但不得违反法律。

3. 人人都有劳动自由权,可以运用自己的才能从事劳动,有权选择职业和工作种类、有权获得符合安全与卫生要求的劳动保护和劳动条件,有权获得法律规定的不低于维持最低限度生活标准的劳动报酬。

第四十三条

人人都有罢工的权利。

第四十四条

1. 人人都有休息的权利。

2. 法律规定最大限度的持续劳动时间、每周最低限度的休息时间、每年的带薪休假以及其他实现休息权的基本条件。

第四十五条

1. 人人都有受教育的权利。

2. 普通教育是义务教育。

人人都有在国家举办的教育机构免费接受普通基础教育和普通中等教育的权利。

3. 从学前教育到普通基础教育,国家为公民学习和使用国语、官方语言或者国际语创造条件。

4. 国家为国立、市立以及私立学校的发展创造条件。

5. 国家为发展体育运动创造条件。

第四十六条

1. 人人都有住宅权。

2. 不能随意剥夺任何人的住宅。

3. 国家机关和地方自治机关鼓励住宅建设,为公民住宅权的实现创造条件。

4. 贫困及需要住宅的人有权从国家、地方、住房基金会以及依照法律设置的社会组织获得免费或者廉价住房。

第四十七条

1. 人人都有保护健康权。

2. 国家为公民的医疗服务创造条件,采取措施发展国立、市立和私立保健部门。

3. 国家保障免费医疗,依照法律规定保障实现医疗服务优惠条件。

4. 义务人隐瞒对人的生命和健康产生危险的事实和情形,应负法律责任。

第四十八条

1. 人人都有适宜于生存与健康的生态环境权。

2. 因自然资源的开发与利用而导致人身和财产遭受损害的人有获得赔偿的权利。

3. 人人都有保护自然环境、保护植物和动物的义务。

第四十九条

1. 公民在文学、艺术、科学技术和其他形式的创作自由以及讲学自由应予保障。

2. 人人都有权参与文化活动,有权获得文化作品的利用许可。

国家保护历史文物和文化遗产。

3. 知识产权受法律保护。

第三章 国籍,公民的权利与义务

第五十条

1. 拥有本国国籍的公民享有权利并履行义务。

2. 不得剥夺或者改变任何公民的国籍。具有吉尔吉斯共和国国籍的公民可以依照法律以及吉尔吉斯斯坦共和国批准参加的国际条约获得其他国家的国籍。

3. 居住在国外并具有外国国籍的吉尔吉斯人,有权依简易程序取得吉尔吉斯共和国的国籍。

取得吉尔吉斯斯坦共和国国籍的程序与条件由法律规定。

4. 不得将公民驱逐出境或者引渡到他国。

5. 吉尔吉斯共和国保护在国外的本国公民。

第五十一条

公民有自由往返吉尔吉斯共和国的权利。

第五十二条

1. 公民:

(1)参加国家和地方的法律与决议的讨论与通过。

(2)依照宪法和法律的规定,选举或者被选举为国家机关、地方自治机关的公职人员。

(3)依照宪法性法律参加全民公决。

2. 公民有权举行关于国家和社会公益问题的人民代表会议。

人民代表会议的决议作为意见和建议呈报相应的国家机关。

举行人民代表会议的程序由法律规定。

3. 公民有权参加国家和地方政府预算的编制,有权获得预算支出经费的准确信息。

4. 公民有平等权,有平等地担任国家和地方自治市镇公职人员并依照法律的规定获得职位升迁的机会。

5. 具有外国国籍的吉尔吉斯共和国公民无权担任国家的政治职务和司法职务,法律可以限制担任政治和司法职务以外的其他公职。

第五十三条

1. 公民因年老、疾病、丧失劳动能力或者供养人死亡等法律规定的情形,有获得社会保障的权利。

2. 国家应在其经济承受能力范围内保障退休金和社会救济金不低于法律规定的最低生活费用标准。

3. 国家鼓励公民自愿参加社会保险,创建多种形式的社会保障和慈善事业。

4. 国家不应对社会活动采用限制经济自由的监管方式,应当通过公民发挥自身的优势和能力为公民本人及其家庭创造物质财富。

第五十四条

国家依法促进公民职业技能的提高。

第五十五条

公民有依法纳税和接受军事训练的义务。

第五十六条

1. 保卫祖国是公民神圣的职责和义务。

2. 免除公民服兵役的义务或者公民选择在军队之外服役来替代服兵役,其理由和程序由法律规定。

第五十七条

律师的组织与活动,律师自治协会,律师的权利、义务和责任由法律规定。

第五十八条

为使民事争议能以非诉讼的方式解决而设置仲裁庭,仲裁庭的组织与活动程序由法律规定。

第五十九条

吉尔吉斯共和国公民有权组建村长法庭,村长法庭的组建程序、职权及其活动由法律规定。

第三编 吉尔吉斯共和国总统

第六十条

1. 总统是国家元首。

2. 总统是国家权力和民族团结的象征。

第六十一条

1. 被选举为总统的吉尔吉斯公民任职六年。

2. 任何人不能两次当选为总统。

第六十二条

1. 总统须从年满三十五周岁不满七十周岁、熟练掌握和运用国语并在共和国境内居住总计不少于十五年的吉尔吉斯公民中选举产生。

2. 总统候选人数量不受限制,但登记为总统候选人应收集不少于三万选民的签名同意。

总统选举的程序由宪法性法律规定。

第六十三条

1. 总统就职时应当向吉尔吉斯斯坦人民宣誓。

2. 总统履行职权到下一届当选总统就职时止。

3. 总统在行使权力期间应当暂时停止其政党成员资格,并且停止一切与政党有关的活动。

第六十四条

1. 总统:

(1)根据宪法决定查卡拉库·凯涅什的选举,依照宪法规定的程序和条件决定查卡拉库—凯涅什的提前选举。

(2)确定地方凯涅什的选举,根据宪法规定的程序和条件决定解散地方凯涅什。

2. 总统:

(1)签署并公布法律,将有异议的法律连同异议本身退回查卡拉库·凯涅什。

(2)在必要的时候召集查卡拉库·凯涅什的临时紧急会议,确定必须审议的问题。

(3)在查卡拉库·凯涅什的会议上发表演讲。

3. 总统:

(1)根据法官选任委员会的建议向查卡拉库·凯涅什提名最高法院法官候选人。

(2)根据法官委员会的建议提请查卡拉库·凯涅什解除最高法院法官的职务。

(3)根据法官选任委员会的建议任命地方法院法官。

(4)根据法官委员会的建议以及宪法性法律的规定解除地方法院法官的职务。

4. 总统:

(1)在征得查卡拉库·凯涅什同意后任命总检察长。依照法律规定解除总检察长的职务,须经不少于查卡拉库·凯涅什议员总数的三分之一的提议并且得到议员总数三分之二的赞同。根据总检察长的提名任命或者解除副总检察长的职务。

(2)任命或者解除政府组成人员、掌管国防事务以及国家安全事务的负责人及其副职。

5. 总统有权:

(1)向查卡拉库·凯涅什提名国家银行行长人选。根据国家银行行长提名任命国家银行副行长以及其他管理委员会的成员,并有权依照法律规定解除他们的职务。

(2)向查卡拉库·凯涅什提名或者提议解除中央选举与全民公决委员会三分之一的人选。

(3)向查卡拉库·凯涅什提名或者提议解除审计署三分之一的人选。

(4)从查卡拉库·凯涅什选举产生的审计署组成人员中任命审计署署长,并有权依照法律规定解除其职务。

6. 总统：

(1)对内对外代表吉尔吉斯共和国。

(2)在征得总理同意后，举行谈判并且签署国际条约，授权总理、政府成员或者其他公务人员行使指定的权力。

(3)签署批准证书和合并证书。

(4)征得总理同意后任命或者召回吉尔吉斯共和国驻外外交代表机构代表和常驻国际组织的代表。

接受外国外交代表机构代表的国书和召回国书。

7. 总统决定准入国籍以及丧失吉尔吉斯斯坦国籍。

8. 总统是吉尔吉斯共和国武装部队总司令，有权任命或者罢免吉尔吉斯共和国武装力量高级指挥官。

9. 总统：

(1)主持国防委员会会议。

(2)如发生了宪法规定的情形，总统应发布国家处于紧急状态的警告，在必要的时候无须预先声明即可宣布部分地区处于紧急状态，但必须立即提请查卡拉库·凯涅什审议。

(3)宣布全国或者局部地区总动员，在吉尔吉斯共和国遇到了侵略或者受到直接侵略威胁时宣布国家处于战争状态，但必须立即将此问题提请查卡拉库·凯涅什审议。

(4)为了维护国家的利益和公民的安全而宣布国家处于战争状态，但必须立即将此问题提请查卡拉库·凯涅什审议。

10. 总统：

(1)颁发吉尔吉斯共和国国家奖励。

(2)授予吉尔吉斯共和国荣誉称号。

(3)授予高级军衔、外交衔级以及其他专门衔级。

(4)行使赦免权。

(5)决定总统工作机构的组成及其地位并且任命其负责人。

11. 行使宪法规定的其他权力。

第六十五条

总统通过发布命令和指示行使职权，总统的命令和指示在吉尔吉斯斯坦共和国境内必须得到执行。

第六十六条

1. 总统本人提出退休申请或因疾病和死亡不能履行职责时，应当根据宪法规定的程序提前终止总统的职权并解除其职务。

2. 在总统因病不能履行职责时，查卡拉库·凯涅什应当根据国家医疗委员会的医学鉴定结论决定

提前解除总统职务，但须经不少于查卡拉库·凯涅什议员总数的三分之二赞同。

第六十七条

1. 总统放弃自己的职责应负刑事责任。

2. 只有依照查卡拉库·凯涅什提出总统犯罪的指控并经总检察长确认总统有犯罪证据时才能解除其职务。

3. 查卡拉库·凯涅什提出解除总统职务的指控，应当根据查卡拉库·凯涅什组成的专门委员会的结论由不少于议员总数的三分之一提议，由查卡拉库·凯涅什议员总数的多数通过。

4. 查卡拉库·凯涅什关于解除总统职务的决定应得到不少于议员总数三分之二的多数票赞同方能通过，并且应当在提出对总统指控后的三个月内作出。如果在三个月之内未能通过决议，应认定对总统的指控已经被撤回。

第六十八条

1. 总统根据本宪法规定的原因提前终止职务，在新任总统没有产生之前，应由查卡拉库·凯涅什的托拉卡①代行总统职权，在托拉卡也不能代行总统职权时，由总理代行总统职权。

提前选举总统应当在总统职务终止后的三个月内进行。

2. 代行总统职权的人无权确定查卡拉库·凯涅什的提前选举，也不能要求政府辞职。

第六十九条

1. 历任总统，除根据本宪法第六十七条规定的程序被解除职务者外，均具有吉尔吉斯斯坦前任总统的称号。

2. 前任总统的待遇由法律规定。

第四编　吉尔吉斯共和国的立法机关

第一章　查卡拉库·凯涅什

第七十条

1. 查卡拉库·凯涅什是吉尔吉斯共和国的议会，是国家的最高代表机关，是行使立法权和在自己的职权范围内行使监督权的机关。

2. 查卡拉库·凯涅什由一百二十名代表组成，按照比例选举制原则选举产生，任期五年。

由政党选举产生的议员不超过六十五名。

---

① 托拉卡即议会议长的音译。——译者注

在选举日时年满二十一周岁且享有被选举权的吉尔吉斯斯坦公民可以被选举为查卡拉库·凯涅什的议员。

查卡拉库·凯涅什代表的选举程序、当选议员的选举资格由宪法性法律规定。

3. 查卡拉库·凯涅什的议员可以联合组成议会党团。

查卡拉库·凯涅什超过半数的当选议员正式宣布组成联合党团,该党团或者联合党团应被视为议会中的多数派。

宣布自己为反对派或者未能组成议会多数的党派或者联合党团应被视为议会反对派。

第七十一条

1. 查卡拉库·凯涅什应当在选举结果确定后的十五日之内召集第一次会议。

2. 查卡拉库·凯涅什的第一次会议由议员中年龄最长者宣布召开。

3. 查卡拉库·凯涅什从第一次会议开始行使职权,上届查卡拉库·凯涅什的职能随即终止。

4. 查卡拉库·凯涅什的议员从宣誓之日起行使职权。

第七十二条

1. 查卡拉库·凯涅什的议员不因发表与其职权相关的意见或者因为在查卡拉库·凯涅什中的投票行为而受到追究。除非议员实施最严重的犯罪外,追究议员的刑事责任须经查卡拉库·凯涅什全体议员的多数允许。

2. 查卡拉库·凯涅什的议员不能兼任其他国家机关的代表和地方市镇的公职人员,不能从事企业活动,也不能成为商业组织领导机构或者监督机构的成员。

查卡拉库·凯涅什的议员能够从事科学、艺术及其他创作活动。

第七十三条

1. 查卡拉库·凯涅什的议员不能无条件服从委托,禁止撤回议员。

2. 查卡拉库·凯涅什议员职权的终止与查卡拉库·凯涅什终止召集相一致。

3. 查卡拉库·凯涅什议员职权的终止除本条第2款规定的情形外,具有下列情形之一也可以提前终止其职权:

(1)本人书面请求辞职并且脱离议会党团。

(2)丧失国籍或者具有其他国家的国籍。

(3)因工作调动或者不能放弃自己原来的工作,导致不能履行议员的职能。

(4)选举被确认无效。

(5)经常性住所已经迁往吉尔吉斯斯坦国外或者

被法院裁定无行为能力。

(6)法院对其作出发生法律效力的有罪判决。

(7)在查卡拉库·凯涅什的一个会期里,无正当理由缺席会议达三十个以上工作日。

(8)法院对议员失踪或者死亡的申请作出裁定且已经发生法律效力。

(9)代表死亡。

只有根据规定的理由才能由中央选举和全民公决委员会决定提前终止查卡拉库·凯涅什议员的职权,且必须从规定的理由发生之日起不晚于三十日内作出决定。

4. 由于提前终止代表职权而产生的缺额,其补选程序由宪法性法律规定。

第二章 查卡拉库·凯涅什的职权

第七十四条

1. 查卡拉库·凯涅什:

(1)通过全民公决事项的法律。

(2)确定总统选举。

2. 查卡拉库·凯涅什:

(1)提议修改本宪法。

(2)通过法律。

(3)依照法律规定批准或者废除国际条约。

(4)决定吉尔吉斯共和国的边界。

(5)决定吉尔吉斯共和国的预算及预算的执行。

(6)决定吉尔吉斯行政区域的划分。

(7)颁布大赦令。

3. 查卡拉库·凯涅什:

(1)批准政府的施政纲领,决定除国防和国家安全事务成员以外的其他政府组成人员。

(2)批准政府提出的吉尔吉斯斯坦全国发展计划。

(3)通过关于政府信任的决议。

(4)通过关于不信任政府的决议。

4. 查卡拉库·凯涅什:

(1)根据总统提名选举产生最高法院法官,根据总统提议并依照宪法性法律的规定解除最高法院法官的职务。

(2)依照宪法性法律的规定确定法官选任委员会的组成人员。

(3)根据总统提名选举产生国家银行行长,依照宪法性法律的规定解除国家银行行长的职务。

(4)选举产生中央选举及全民公决委员会的组成人员,其中三分之一的组成人员由总统提名,三分之一的组成人员由议会多数派提名,三分之一的成员由议会反对派提名。并且依照法律的规定解除该委员会组成人员的职务。

(5)选举产生审计署组成人员,其中三分之一的组成人员由总统提名,三分之一的组成人员由议会多数派提名,三分之一的组成人员由议会反对派提名,并且依照法律的规定解除他们的职务。

(6)依照法律规定选举或者解除阿克日卡特奇(奥姆布斯密拉)①的职务,作出同意追究其刑事责任的决定。

(7)依照法律选举或者根据阿克日卡特奇(奥姆布斯密拉)的提议解除阿克日卡特奇(奥姆布斯密拉)副职的职务,作出同意追究其刑事责任的决定。

(8)同意总统对总检察长的任命,同意追究总检察长的刑事责任,同意总统解除总检察长的职务应得到不少于查卡拉库·凯涅什全体议员的三分之一的赞同。

(9)经查卡拉库·凯涅什全体议员三分之一提议并经全体议员三分之二以上的多数赞同可以依照法律的规定解除总检察长的职务。

5. 查卡拉库·凯涅什:

(1)在总统依照宪法性法律的规定宣布紧急状态时,赞同或者否决总统的决定。

(2)决定战争与和平问题,决定和宣布进入战争状态,赞同或者否决总统提出进入战争状态的建议。

(3)在必要的时候,为了履行国际和平与安全的义务,决定在吉尔吉斯共和国境外使用武装力量。

(4)规定军衔、外交衔级以及其他专门的衔级。

(5)设立国家奖励和荣誉称号。

6. 查卡拉库·凯涅什:

(1)听取总统、驻外国以及国际组织代表的报告。

(2)听取阿克日卡特奇(奥姆布斯密拉)的年度报告。

(3)听取总理、总检察长、国家银行行长和审计署署长的工作报告。

7. 查卡拉库·凯涅什依照本宪法的规定有权对总统提出犯罪指控并通过撤销总统职务的决定。

8. 听取本条规定的具有独立的宪法和法律地位的国家机关及其公职人员的年度工作报告。

9. 宪法规定由其行使的其他职权。

第七十五条

1. 查卡拉库·凯涅什从其组成人员中选举产生托拉卡及其副职。

托拉卡副职应从查卡拉库·凯涅什的反对党议员中选举产生。

2. 托拉卡:

(1)主持查卡拉库·凯涅什的会议。

(2)全面准备提交查卡拉库·凯涅什审议的各种议题。

(3)签署查卡拉库·凯涅什通过的法令。

(4)在国际和国内代表查卡拉库·凯涅什,保持查卡拉库·凯涅什与总统、政府、司法机关和地方自治机关的良好协作关系。

(5)领导和监督查卡拉库·凯涅什各部门的工作。

(6)查卡拉库·凯涅什活动规程委托其行使的其他职权。

3. 托拉卡由查卡拉库·凯涅什秘密投票选举产生且须获得全体议员的多数通过。

根据不少于全体议员三分之二的多数决定可以要求托拉卡向查卡拉库·凯涅什汇报工作。

第七十六条

1. 查卡拉库·凯涅什的议员组成各种委员会,包括各种临时性委员会。议会中的反对党领袖是预算委员会和法制委员会的主席。

2. 查卡拉库·凯涅什的各种委员会为列入查卡拉库·凯涅什职权范围内的议案做好准备并对议题进行初步审查,监督查卡拉库·凯涅什通过的法律和决议的执行。

3. 法律和规范性法律文件须经查卡拉库·凯涅什相应的委员会进行初步审查后才能将之提交查卡拉库·凯涅什审议通过。

4. 查卡拉库·凯涅什通过选举和同意的方式任命或者罢免国家公职人员须事先征求相应的专门委员会的意见。

第七十七条

1. 查卡拉库·凯涅什的会期,从每年10月的第一个工作日起到第二年6月的最后一个工作日止。

2. 如果审议的议题不需要秘密举行,查卡拉库·凯涅什的会议应当公开。

3. 根据总统、政府或者三分之一以上的议员提议,托拉卡可以召集查卡拉库·凯涅什的非常会议。

4. 只有查卡拉库·凯涅什全体议员的多数出席,查卡拉库·凯涅什才有权召开会议。

5. 查卡拉库·凯涅什只能采用议员投票的方式才能形成决议。

第七十八条

1. 查卡拉库·凯涅什能够作出自行解散的决定。

2. 自行解散的决定须经不少于查卡拉库·凯涅什全体议员三分之二的多数赞同才能通过。

---

① 阿克日卡特奇(奥姆布斯密拉)即议会监督专员的音译。——译者注

3. 总统应当在查卡拉库·凯涅什作出自行解散决定后的五日内举行提前选举,在总统发出提前选举命令后应当不晚于四十五日完成选举。

第三章　立法活动

第七十九条

立法的倡议权属于:

（1）一万名选民（人民倡议）。

（2）查卡拉库·凯涅什的议员。

（3）政府。

第八十条

1. 法律草案应向查卡拉库·凯涅什提出。

2. 查卡拉库·凯涅什审议政府提出的紧急法律草案适用例外方式。

3. 增加国家财政支出清偿债务的法律草案,须由政府提供资金来源,才能获得查卡拉库·凯涅什通过。

4. 查卡拉库·凯涅什通过法律必须三读。

查卡拉库·凯涅什审议通过的法律须得到出席会议的多数议员的赞同,且最低不应少于五十票赞同,除非本宪法规定例外情形。

5. 查卡拉库·凯涅什通过宪法性法律以及关于改变国家边界的法律须经不少于查卡拉库·凯涅什全体议员三分之二的多数三读通过。

6. 在紧急状态和战争状态下,禁止通过宪法性法律和关于改变国家边界的法律。

第八十一条

1. 查卡拉库·凯涅什通过的法律应当在十四日内送给总统签署。

2. 总统自收到法律之日起的一个月之内应当签署,如果总统对法律有异议而拒绝签署,应当将异议连同法律本身一并退回查卡拉库·凯涅什重新审议,但关于国家预算和税收的法律属于必须签署的法律。

3. 如果查卡拉库·凯涅什以不少于全体议员的三分之二的多数再次通过原已通过的法律,则总统必须自收到该法律之日起十四日内签署。

如果再次通过的法律和宪法性法律在规定期限内未能获得总统签署,由查卡拉库·凯涅什的托拉卡签署并公布。

第八十二条

如果法律本身或者法律规定发生效力的程序条款没有作出例外规定,法律必须经过官方出版物正式公布十日期满后才能发生法律效力。

第五编　吉尔吉斯斯坦共和国的执行机关

第八十三条

1. 吉尔吉斯共和国的执行权属于政府、政府各部、国家各委员会、行政主管部门以及地方国家行政机关。

2. 政府是吉尔吉斯斯坦的最高执行机关。

3. 总理领导政府,政府由总理、副总理、部长和国家各委员会主席组成。

部和委员会是政府的组成部分。

第八十四条

1. 拥有一半以上议席的议会党团或者联合党团应自参加新召集的查卡拉库·凯涅什的第一次会议起十五个工作日内提出总理候选人。

总理候选人在查卡拉库·凯涅什会议上提出施政纲领以及政府的组成人员。

2. 如果在上述期限内,查卡拉库·凯涅什没有批准政府的施政纲领和政府的组成人员,或者选举的结果没有任何一个政党获得半数以上议席,总统应当在十五个工作日内从组成议会多数派的党团中提名总理候选人。

总理候选人在上述规定的限期内向查卡拉库·凯涅什提出施政纲领以及政府的组成人员。

3. 如果在上述指定期限内,查卡拉库·凯涅什没有批准施政纲领和政府的组成人员,总统在十五个工作日内再次从组成议会多数派的党团中提名总理候选人。

总理候选人在上述规定的限期内应当向查卡拉库·凯涅什提出施政纲领以及政府组成人员。

4. 如果在上述指定期限内,查卡拉库·凯涅什没有批准施政纲领和政府的组成人员,议会党团应当倡议组成议会多数并提出总理候选人。

总理候选人在上述规定的限期内应当向查卡拉库·凯涅什提出施政纲领以及政府组成人员。

5. 总统应当在三日之内任命总理和其他政府组成人员。

如果总统在上述规定限期内没有发出命令任命政府总理和政府其他组成人员,总理和其他政府组成人员被视为已经得到任命。

6. 如果根据本宪法规定的程序不能批准政府施政纲领和政府组成人员,总统应当命令提前举行查卡拉库·凯涅什的选举。此时,现任政府须履行职责到依照本宪法重新召集查卡拉库·凯涅什后产生新的政府为止。

7. 如果党团联合丧失了议会多数派地位,须依照本宪法的规定产生新政府,现任政府总理和他的政府组成人员继续履行自己的职责直到新的政府产生时为止。

第八十五条

1. 政府向查卡拉库·凯涅什汇报工作并在本宪法规定的范围内向它负责。

2. 总理每年应当向查卡拉库·凯涅什提交政府工作报告。

3. 查卡拉库·凯涅什经全体议员三分之一提议,可以提出对政府的不信任案。

4. 对政府不信任的决议须获得查卡拉库·凯涅什全体议员的多数通过。

5. 在总统例行选举前的六个月内不能审议对政府的不信任案。

6. 政府不信任案通过以后,总统有权作出政府辞职或者否决查卡拉库·凯涅什不信任案。

7. 如果查卡拉库·凯涅什在三个月之内再一次通过对政府不信任案,总统必须决定政府辞职。

第八十六条

1. 总理每年至少一次能够向查卡拉库·凯涅什提出信任政府的请求,如果被查卡拉库·凯涅什拒绝,总统应当在五个工作日内作出政府辞职或者提前选举查卡拉库·凯涅什的决定。

2. 政府辞职后仍然继续履行职责,直到依照本宪法规定的程序和期限产生新的政府时止。

第八十七条

1. 总理、政府及其各部门成员有权请求辞职,总统对辞职请求可以接受也可以拒绝。

2. 总理辞职导致政府总辞职。

3. 在新的政府产生前,总理和政府组成人员应继续履行自己的职责。

4. 政府辞职后,应当依照本宪法规定的程序和期限产生新的政府,期限的计算从总统接受总理和政府辞职的那一天起到总统提名政府总理候选人止。

5. 政府组成人员辞职或者被免职,总理应当在五个工作日内向总统提名获得查卡拉库·凯涅什赞同的空缺人员候选人。

第八十八条

1. 政府:

(1)保障宪法和法律的执行。

(2)执行国家的对内对外政策。

(3)采用各种合法手段保障公民的权利与自由,维护社会秩序,同违法犯罪行为作斗争。

(4)采取各种措施保障国家主权和领土完整,维护宪法秩序和法制,巩固国防和国家安全。

(5)保障财政、价格、费率、投资和税收政策的执

行。

(6)制定并向查卡拉库·凯涅什提交国家预算,保障国家预算的执行,向查卡拉库·凯涅什提交关于国家预算执行情况的报告。

(7)采取措施为各种形式的所有制发展创造条件并提供保护,管理国有资产。

(8)保障国家经济社会和文化政策的统一执行。

(9)制定并执行全国经济、社会、科技和文化发展规划。

(10)保障对外经济活动的进行。

(11)保障与公民社会的良好互动。

(12)履行宪法和法律赋予的其他职能。

2. 政府的组织和活动程序由宪法性法律规定。

第八十九条

总理:

(1)领导政府,对政府的活动向查卡拉库·凯涅什承担个人责任。

(2)保障宪法和法律在所有政府机构得到执行。

(3)主持谈判并签署国际协定。

(4)主持政府会议。

(5)签署行政决定和命令并且保障其执行。

(6)任命政府行政部门负责人或者解除其职务。

(7)根据地方凯涅什的提名并依照法定程序任命地方行政机关负责人或者解除其职务。

(8)履行宪法和法律赋予的其他职能。

第九十条

1. 为了执行宪法和法律,政府有权发布决定和命令,并保障这些决定和命令的执行。

2. 政府的决定和命令在吉尔吉斯共和国境内必须得到执行。

3. 政府领导各部、国家各委员会、行政管理部门和地方国家行政机构的工作。

4. 政府有权撤销各部、国家各委员会和行政管理部门的命令。

第九十一条

1. 地方国家行政机关在其管辖的行政区域内行使执行权。

地方国家行政机关首长的任命和免职程序由法律规定。

2. 地方国家行政机关的组织与职权由法律规定。

第九十二条

1. 地方国家行政机关以宪法、法律以及政府的规范性法律文件为活动依据。

2. 地方国家行政机关在其权限范围内通过的决定在其管辖的行政区域内必须得到执行。

第六编　吉尔吉斯共和国的司法机关

第九十三条

1. 吉尔吉斯斯坦共和国的司法权只能由法院行使。

吉尔吉斯斯坦共和国的公民有权根据法律规定参与行使司法权。

2. 司法权通过宪法、民事、刑事、行政和其他诉讼来实现。

3. 依照宪法和法律的规定由最高法院和地方法院组成吉尔吉斯斯坦共和国的司法体系。

宪法法庭是最高法院的组成部分。

法律可以设立专门法院。

禁止设立特别法院。

4. 法院的组织和活动程序由法律规定。

第九十四条

1. 法官独立，只服从宪法和法律。

2. 法官拥有不可侵犯的权利，除了他正在实施犯罪的现场外，不能被拘留、逮捕或者受到搜查和人身检查。

3. 任何人都无权迫使法官就具体诉讼案件进行解释或者作出说明。

禁止任何人干涉司法活动，引诱法官犯罪的人依照法律规定应当负法律责任。

4. 为了保障法官的独立性，法官有获得相应的社会地位、物质或者其他保障的权利。

5. 最高法院法官由年满四十周岁不满七十周岁的吉尔吉斯共和国公民担任，但须受过高等法律教育且从事法律职业不少于十年。

6. 最高法院法官终身任职。

7. 最高法院法官从其组成人员中选举最高法院院长和副院长，任期三年。

同一个法官不能在两个连续的任期内被选为最高法院院长或者副院长。

最高法院院长和副院长的选举和免职程序由法律规定。

8. 地方法院法官由年满三十周岁不满六十五周岁的吉尔吉斯共和国公民担任，但须受过高等法律教育且从事法律职业不少于五年。

地方法院法官由总统根据法官选任委员会的提名任命，首次任期五年，以后则可以终身任职。地方法院法官的提名和任命程序由宪法性法律规定。

地方法院法官从自己的组成人员中选举院长、副院长，任期三年。

同一法官不能在两个连续的任期里在同一个法院被选举担任院长、副院长。

9. 吉尔吉斯共和国法官的待遇由能够对最高法院和地方法院法官候选人附加法定要求的宪法性法律规定。

第九十五条

1. 吉尔吉斯共和国所有法院的法官只要品行端正即可终身任职。法官违反品行端正的要求将依照宪法性法律的规定承担法律责任。

2. 总统根据法官委员会的建议提请查卡拉库·凯涅什提前解除最高法院法官的职务，但须经查卡拉库·凯涅什全体议员三分之二以上多数赞同。

3. 法官死亡、宣告死亡或者失踪、被确认无行为能力，丧失公民资格，放弃公民资格或者成为其他国家的公民，依照宪法性法律的规定，从上述事实发生的那一天起，由任命或者选举他的机构解除其职权。

4. 法官选任委员会根据宪法性法律的规定提名地方法院法官候选人，包括地方法院法官的任命和调动。

5. 地方法院法官的免职和撤职由总统根据法官委员会的提议并依照宪法性法律的规定执行。

6. 只有依照宪法性法律的规定和法官委员会的同意并经过司法程序才能追究吉尔吉斯共和国法官的刑事责任和行政责任。

7. 法官选任委员会须从法官和公民社团代表中产生。

法官选任委员会由法官委员会、议会多数派和议会反对派各提名三分之一的人员组成。

8. 法官选任委员会的组织、活动、职权和产生程序由法律规定。

第九十六条

1. 最高法院是审理民事、刑事、经济、行政以及其他案件的最高司法机关，有权根据诉讼参与人的请求依照法律规定对地方法院的判决进行重新审理。

2. 只有包括最高法院院长在内的最高法院法官全体会议才能就司法实践中的问题作出解释。

3. 最高法院的判决是最后判决，不能再行上诉。

第九十七条

1. 最高法院的宪法法庭是执行宪法监督的机构。

2. 最高法院宪法法庭的法官可以由吉尔吉斯共和国年满四十周岁不满七十周岁的公民担任，且受到过高等法律教育并从事法律职业不少于十五年。

3. 最高法院宪法法庭从自己的法官中选举庭长和副庭长，任期三年。

4. 同一个法官不能在两个连续的任期内被选为庭长和副庭长。

5. 最高法院宪法法庭的法官由总统根据法官委

员会的建议提请查卡拉库·凯涅什提前解除职务，但须获得查卡拉库·凯涅什全体议员三分之二的多数通过。

6. 最高法院宪法法庭有权：

（1）宣告与宪法相抵触的法律和规范性法律文件违反宪法。

（2）审查吉尔吉斯共和国批准参加的尚未发生法律效力的国际条约的合宪性并作出是否合宪的结论。

（3）审查修改本宪法的法律草案的合宪性并作出是否合宪的结论。

7. 人人都有权对法律和规范性法律文件提出合宪性争议，只要他们认为这些法律和规范性法律文件侵犯了本宪法确认的权利与自由。

8. 最高法院宪法法庭的裁决是终局裁决，不能上诉。

9. 最高法院宪法法庭裁定违宪的法律和规章在吉尔吉斯共和国境内没有法律效力，同时以这些违宪的法律和规章为依据制定的其他规范性法律文件和适用这些法律和规章的法院判决同样没有法律效力。

10. 法院作出判决所适用的法律规范已被宣告违反宪法，因法院判决而导致其权利与自由受到侵犯的公民有权控告，法院须对每一个具体案件重新进行审理。

11. 最高法院宪法法庭的组织与工作程序，宪法法庭庭长与副庭长的选举与免职，宪法诉讼程序由宪法性法律规定。

第九十八条

1. 国家为保障法院和法官履行职能提供必要的经费和适当的工作条件。

法院的经费由国家预算拨款，应当最大限度地保障司法机关独立履行职能。

2. 司法部门自主制定本部门预算，在征得执行机关和立法机关相关部门的同意后列入国家预算。

第九十九条

1. 所有法院均应当公开审理案件，只有法律规定不允许公开审理的才能秘密开庭审理，法院的判决必须向公众公开。

2. 除法律另有规定外，禁止法院对刑事和其他案件缺席审理。

3. 司法程序以两造辩论制和辩护平等为基础进行。

4. 只有法院通过法律程序才能撤销、变更或者中止法院的判决。

5. 诉讼参与人具有诉权，包括依法律规定对法院判决和裁定以及法院判决与裁定的执行的上诉权。

第一百条

1. 法院的判决对吉尔吉斯共和国的所有国家机关、地方自治组织、法人、社会团体、公职人员和自然人均产生法律效力，并且在共和国境内必须得到执行。

2. 不执行、错误执行或者阻止执行法院的判决和调解，应负法律责任。

第一百零一条

1. 法院无权适用与本宪法相抵触的法律规范。

2. 任何一级法院审理案件，如果案件的判决所依据的法律或者其他规范性法律文件产生了合宪性问题，该法院须向最高法院宪法法庭函询意见。

第一百零二条

1. 法院自主管理内部事务。

2. 法院自主管理的机构是法官代表大会、法官委员会和法官协会。

法官代表大会是法官自主管理的最高机构。

法官委员会是经选举产生的法官自主管理机构，在法官代表大会闭会期间发挥自主管理作用，保障法官的权利和合法权益，监督法院预算的制定与执行，组织法官培训并提高法官的专业能力，审理法官纪律处分的案件。

法官协会是法官自主管理的基层组织。

3. 法官自主管理机构的组织与活动程序由法律规定。

第一百零三条

符合法律规定免除诉讼费用的情形以及诉讼参与人提出证据证明自己没有足够的经费进行诉讼的，应当免除诉讼费用。

第七编　其他国家机关

第一百零四条

检察院作为一个整体，履行下列职责：

（1）监督执行机关、地方自治机关及其公职人员准确而统一地执行法律。

（2）监督实施侦查、审讯的专门机构遵守法律。

（3）监督刑事判决的执行以及限制公民人身自由的强制性措施遵守法律规定。

（4）依照法律规定，代表公民或者国家进行诉讼。

（5）代表国家出庭支持公诉。

（6）对国家机关公职人员犯罪进行刑事追诉。

第一百零五条

国家银行监督吉尔吉斯共和国的银行系统，决定并执行国家的货币和信贷政策，制定并实施统一的外汇政策，拥有发行纸币的唯一权力，规定并执行银行拨款的各种形式和准则。

第一百零六条

中央选举和全民公决委员会为吉尔吉斯共和国

的选举和全民公决做好充分准备并提供保障。

第一百零七条

审计署对国家和地方预算以及预算外资金的执行进行监督,监督国家和市政财产的使用。

第一百零八条

阿克日卡特奇(奥姆布斯密拉)在吉尔吉斯共和国内维护人与公民的权利与自由。

第一百零九条

上述国家机关的组织与活动程序以及其独立性的保障由法律规定。

第八编　地方自治

第一百一十条

1. 地方自治受到宪法的保障,地方共同体独立自主地维护自己的利益、权利和各种资源,在自己的职权范围内决定地方性的问题。

2. 地方共同体在吉尔吉斯共和国本行政区域范围内实现地方自治。

3. 地方共同体的公民直接或者通过地方自治机构间接地实现地方自治。

4. 地方自治经费由相应的地方预算以及国家预算予以保障。

5. 地方预算的制定和执行应遵守透明、社会各界参与的原则,地方自治机关向地方共同体汇报工作。

第一百一十一条

1. 地方自治机关体系由下列机关组成:

(1)地方凯涅什①是地方自治的代表机关。

(2)阿依叶—阿卡莫图②、市长是地方自治的执行机关。

2. 地方自治的执行机关及其公职人员向地方凯涅什汇报工作。

第一百一十二条

1. 居住在本行政区域内的公民依照法律的规定并遵循平等原则选举产生本区域内的地方凯涅什议员。

2. 地方自治执行机构负责人的选举依照法律规定。

3. 地方凯涅什依照法律行使下列职权:

(1)制定地方预算并监督预算的执行。

(2)制定地方共同体的经济与社会发展计划以及居民的社会保障计划。

(3)制定地方税收及征收制度和相关的优惠政策。

(4)决定其他地方重要问题。

第一百一十三条

1. 国家机关无权干涉法律规定属于地方自治的职权。

2. 国家机关可以授权地方自治机关行使国家权力,地方自治机关为行使授予的国家权力应当获得必需的物质、财政和其他资产。授权地方自治机关行使国家权力必须依照法律或者协议,地方自治机关应当向授权的国家机关汇报执行情况。

3. 地方自治机关应当向国家以及国家的执法机关承担法律责任,并向地方共同体负责。

4. 地方自治机关认为自己的权利受到侵犯,有权向法院提起诉讼。

第九编　本宪法的修改程序

第一百一十四条

1. 修改本宪法的法律可以由查卡拉库·凯涅什决定以全民公决方式通过。

2. 查卡拉库·凯涅什根据全体议员的多数提议或者根据不少于三十万选民的倡议,才能够对本宪法第三、四、五、六、七、八编进行修改。

3. 修改本宪法的法律应从提交查卡拉库·凯涅什审议之日起六个月内通过。

修改本宪法的法律应获得查卡拉库·凯涅什不少于议员总数三分之二的赞同并以三读通过,且各读之间的间隔应当达到两个月。

根据查卡拉库·凯涅什不少于议员总数三分之二的倡议,须将修改本宪法的法律提交全民公决。

4. 在紧急状态和战争状态下禁止修改本宪法。

5. 修改本宪法的法律必须经总统签署。

---

①　即地方议会的音译。——译者注
②　即地方行政首长的音译。——译者注

柬埔寨王国宪法*

（制宪会议第二次全体会议于 1993 年 9 月 21 日，
金边通过本宪法，更新至 2006 年 3 月 9 日修正**）

序　言

我们高棉人民是有着繁荣、强大的高度文明，有着犹如宝石般灿烂辉煌声望的民族。然而在近二十年的岁月中却陷入了苦难深渊，经历过大浩劫、大衰退、大遗憾。

人民终于觉醒了，万众一心，团结奋进，加强民族团结，保护国土，捍卫珍贵的柬埔寨主权和美好的吴哥文明，将国家重建为和平之岛，依靠多党自由民主政体，保障人权，尊重法律，对国家命运及未来高度负责，以使国家走向发展、繁荣和永存。以这种坚强有力的决心，我们特制定柬埔寨王国宪法。

第一章　主权

第一条

柬埔寨是君主制王国，国王依照宪法、自由民主与多党制原则进行统治。

柬埔寨王国是独立、主权、和平、永久中立和不结盟的国家。

第二条

柬埔寨王国领土范围指 1933 年至 1953 年间制作的 1∶100000 比例地图所确认并于 1963 年至 1969 年间得到国际公认的范围。

柬埔寨王国的领土完整绝不容侵犯。

第三条

柬埔寨王国是不可分割的国家。

第四条

柬埔寨王国的信条是："国家，宗教，国王。"

第五条

柬埔寨王国官方语言和文字是高棉语及高棉文字。

第六条

金边是柬埔寨王国的首都。

国旗、国歌、国徽规定在本宪法附件一、附件二和附件三中。

第二章　国王

第七条

柬埔寨国王统治整个国家，但不执政。

国王是国家的终身元首。国王不可侵犯。

第八条

柬埔寨国王是国家统一和不朽的象征。

国王是柬埔寨王国国家独立、主权与领土完整的守护者，是公民权利与自由的守护者，是国家公约的守护者。

第九条

国王是确保公共权力得以忠实执行的最高仲裁者。

第十条

柬埔寨君主制是与选举制度相结合的君主制。

第十一条

如国王有严重疾病，不能履行国家元首的正常职责，并经由参议院议长挑选的医疗专家组确认，由国民议会议长、首相以及参议院议长以摄政形式代为行

---

* 译自柬埔寨王国宪法委员会官方网站提供的经该委员会审查的非官方英译本（网址为 http://www.ccc.gov.kh/english/textes.php，访问时间：2012 年 3 月 3 日）。译者：叶超。校对：邵自红。

** 1993 年柬埔寨王国宪法经过五次修正：第一次，1994 年 7 月 14 日，关于国王将签署法律的权力委托代理元首行使的规定；第二次，1999 年 3 月 8 日，关于参议院的组成之规定；第三次，2001 年 7 月 28 日，关于国王设置及授予国家勋章的规定；第四次，2005 年 6 月 19 日，关于议会及参议院法定人数的规定；第五次，2006 年 3 月 9 日，关于议会及参议院法定人数的规定。以上总结可参见柬埔寨王国宪法委员会提供的关于宪法历史的介绍（http://www.ccc.gov.kh/english/history.php，访问时间：2012 年 3 月 4 日）。

使国家元首职责。

若国王身患本条第一款规定的严重疾病，但参议院议长不能作为摄政代替国王履行国家元首义务，则国民议会议长应履行国家元首的义务。

在本条上一款所述情况下，其他高层官员可按下述顺序履行代理国家元首职责：

1. 参议院第一副议长；

2. 国民议会第一副议长；

3. 参议院第二副议长；

4. 国民议会第二副议长。

第十二条

如国王驾崩，参议院议长应在柬埔寨王国摄政的权限内代行国家元首职责。

如在国王驾崩时，参议院议长没有能力代替国王并以"摄政王"身份行使国家元首职责，摄政权限内的国家元首职责应当由按照第十一条中第二款和第三款顺序的相关人员来行使。

第十三条

枢密院应在七日之内推选出柬埔寨王国的新国王。

枢密院由以下成员组成：

1. 参议院议长；

2. 国民议会议长；

3. 首相；

4. 柬埔寨佛教莫哈尼卡派僧王和特玛育派僧王（the Chiefs of the Order Mohanikay and Thammayut）；

5. 参议院第一和第二副议长；

6. 国会第一和第二副议长。

枢密院的组织与职能由法律予以规定。

第十四条

只有年满三十周岁的安良王族、诺罗敦王族或西索瓦王族的直系后代方有资格被推选为柬埔寨新国王。

新国王登基之时，应按照本宪法附件四之规定作效忠宣誓。

第十五条

在位国王的妻室享受柬埔寨王国王后的皇室尊荣。

第十六条

柬埔寨王国王后无权参与政治，不得担任国家或政府领导职务，也不得担任任何其他行政或政治职务。

柬埔寨王国王后应致力于社会事务、人道主义事务和宗教事务，在礼宾事务和外交事务方面辅佐国王。

第十七条

第七条第一款"柬埔寨国王统治整个国家，但不执政"的规定，绝不容更改。

第十八条

国王应通过圣旨（royal message）与国会联系。

圣旨不容参议院和国会质疑。

第十九条

国王按照本宪法第一百一十九条所规定的程序任命首相及内阁成员。

第二十条

国王一个月内应两次召见首相及内阁成员，听取有关国家形势的报告。

第二十一条

国王根据政府部长会议的提议，有权签发任命、调任、罢免高级政府、军队官员，特别任命的全权外交大使和特使的命令。

国王根据最高司法委员会的提名应签发任命、调任及终止法官的命令。

第二十二条

在国家面临危难之际，经首相、国民议会议长及参议院议长的一致同意后，国王得向国民宣布国家进入紧急状态。

第二十三条

国王是柬埔寨王室武装部队的最高统帅。应任命柬埔寨王室武装部队的统帅担任武装部队的指挥。

第二十四条

国王是依法组建的国家最高防务委员会主席。

经国民议会和参议院批准后，国王作出宣战声明。

第二十五条

国王接受外国驻柬埔寨王国特命全权外交大使或特使所递交的国书。

第二十六条

经国民议会和参议院批准后，国王应签署和批准同意国际条约和规定。

第二十七条

国王有特赦权及大赦权。

第二十八条

经国民议会通过的宪法、经国民议会通过并经参议院全部审查过的法律以及内阁提议公布实施的法规由国王公布实施。

国王身患疾病且在国外治疗时，国王得将公布实施前款所涉的法律、法规的权力，以委托令的形式委托给代理国家元首行使。

第二十九条

国王设置和颁发国家勋章。

国王依法授予政军官衔。

第三十条

国王不能视事时，参议院议长代行国家元首

职责。

如果参议院议长没有能力代替缺席国王行使国家元首职责,国家元首的职责应由按照第十一条第二款和第三款规定的顺序中的相关人员来行使。

第三章 柬埔寨公民的权利与义务

第三十一条

柬埔寨王国承认和尊重联合国宪章、世界人权宣言以及与人权、妇女权利、儿童权利相关公约中关于人权的规定。

柬埔寨公民,不分种族、肤色、性别、语言、宗教信仰、政治倾向、出身、社会地位、财产或其他情况,在法律面前人人平等,享有同样的权利与自由,履行同样的义务。任何人权利与自由的行使不得侵犯他人的权利与自由。行使权利与自由应依照法律规定。

第三十二条

任何柬埔寨公民均享有生命权、自由权与安全权。

不论何种情况下,柬埔寨王国均不得存在死刑。

第三十三条

除存在相互引渡协议外,柬埔寨公民不得被剥夺国籍和流放,不得被驱逐出境。

居住在国外的柬埔寨公民受柬埔寨王国保护。

与柬埔寨国籍相关的事项由法律规定。

第三十四条

柬埔寨的两性公民都享有选举权和被选举权。

年满十八周岁的柬埔寨两性公民享有选举权。

年满二十五周岁的柬埔寨两性公民具有当选为国会议员的资格。

年满四十周岁的柬埔寨两性公民具有当选为参议院议员的资格。

限制选举权和被选举权的规定只能由法律作出。

第三十五条

柬埔寨男女公民有权积极参与国家政治、经济、社会和文化事务。

公民的任何建议都应得到国家的认真考虑和处理。

第三十六条

柬埔寨男女公民有根据自己的能力和社会需求选择职业的自由。

柬埔寨男女公民享有同工同酬的权利。

家庭妇女的家务劳动与家庭之外的劳动具有同样的价值。

每个柬埔寨公民有依法获得社会保险和其他社会福利的权利。

每个柬埔寨公民有权组织和参加工会。

工会的组织和活动由法律规定。

工会的组织和运作应依法进行。

第三十七条

公民的罢工权与和平示威权须依法行使。

第三十八条

法律保护每个公民人身不受侵犯。

法律保护公民的生命,荣誉和人格尊严。

非依照法律规定,任何人不受刑事指控、逮捕和拘留。

禁止用强迫、人身折磨或其他虐待手段额外地强加于在押或监禁的人。实施、参与实施、谋划这些行为的人都应依法予以处罚。

通过身体或精神的强制获得的口供不能作为定罪的证据。

任何案件如有疑点,应按照有利于被告人的原则予以处理。

在法庭最终判决被告有罪之前,被告应被推定为无罪。

任何公民均有权通过司法程序为自己辩护。

第三十九条

柬埔寨公民有权对国家和社会组织及其工作人员在行使职责过程中的违法行为予以检举、起诉和要求赔偿。法院负有对这些起诉和赔偿要求进行处理的职责。

第四十条

不论远近,公民享有迁徙自由。公民合法的居住权受尊重。

柬埔寨公民有迁徙并定居国外和返回本国的自由。

公民的住宅隐私权和通过邮件、电报、传真、电话的通信隐私权受法律保护。

对住所、财物和身体的搜查应当依法进行。

第四十一条

柬埔寨公民有言论自由、新闻自由、出版自由与集会自由。但任何人不得运用这些权利妨碍他人权利,影响社会公序良俗,违背公共秩序与危害国家安全。

传媒体制由法律予以规定。

第四十二条

柬埔寨公民有建立社团和政党的权利。这些权利由法律予以确定。

柬埔寨公民为互助、保卫国家成果和社会秩序之目的,有权加入群众组织。

第四十三条

柬埔寨两性公民均享有信仰自由。

宗教信仰和宗教活动的自由受国家保护。但这种自由的行使不得影响其他宗教信仰或违背公共秩序和公共安全。

佛教是柬埔寨王国的国教。

第四十四条

任何人，不论是个人或团体，均享有财产权。但只有具有柬埔寨国籍的自然人或法人才有权作为土地所有权的主人。

合法的私人财产所有权受法律保护。

征收私人财产只有按照法律规定，符合公共利益的情况下才能进行。且征收私人财产须事先给予当事人公正合理的补偿。

第四十五条

禁止对妇女任何形式的歧视。

禁止在雇佣过程中剥削妇女。

男子与妇女在任何领域特别是涉及婚姻及家庭事务方面的领域地位平等。

婚姻应符合法律规定的条件并建立在双方合意和一夫一妻制的基础之上。

第四十六条

禁止影响妇女名声的贩卖人口行为、卖淫色情行为和猥亵行为。

禁止以妇女怀孕为由将其解雇。妇女怀孕期间享有带薪休假且不减少年资或其他社会福利的权利。

国家和社会为妇女创造条件，尤其为那些居住在农村，没有足够社会支持的妇女，使她们能有工作，能就医，能送她们的子女去读书，能有体面的生活环境。

第四十七条

父母有抚养、管护和教育子女成为良好公民的义务。

子女有按照柬埔寨传统赡养年老父母的义务。

第四十八条

国家有保护儿童公约所规定的儿童权利的义务，特别是生命权、受教育权、战时受保护权和免于遭受经济和性方面压迫的权利。

国家应保护儿童免受有害他们的教育机会、健康和福利之行为的影响。

第四十九条

柬埔寨公民都应尊重宪法和法律。

柬埔寨公民有义务参与国家建设和保卫祖国。

与保卫祖国义务的履行相关的事项由法律予以规定。

第五十条

柬埔寨两性公民都应尊重国家主权，尊重自由多党民主制的原则。

柬埔寨两性公民都应尊重公共财产和私人合法财产。

第四章　政体

第五十一条

柬埔寨王国实行自由多党民主制政体。

柬埔寨王国人民是国家的主人。

一切权力属于人民。人民通过国会、参议院、王室政府（Royal Government）和法院行使权力。

柬埔寨王国的立法权、行政权和司法权三权分立。

第五十二条

柬埔寨王室政府捍卫柬埔寨王国的独立、主权与领土完整，奉行民族团结政策，保障国家统一，保持国家善良风俗。柬埔寨王室政府保障法律实施，确保公共秩序和公共安全。国家优先提高人民群众的福利和生活标准。

第五十三条

柬埔寨王国实行永久中立和不结盟政策。柬埔寨王国与邻国和世界其他国家和平共处。

柬埔寨王国绝不直接或间接地侵略任何国家，绝不直接或间接地干涉他国内政，基于共同利益和相互尊重，和平解决争端。

柬埔寨王国不加入任何违背中立政策的军事联盟或军事协议。

除非联合国要求，柬埔寨王国绝不允许自己领土上存在外国的军事基地。

柬埔寨王国保留接受外国军事装备、军事武器、军火、武装部队训练方面援助的权利，保留在领土范围内为自卫，保持公共秩序和公共安全，接受其他援助的权利。

第五十四条

绝对禁止核武器、化学武器和生物武器的生产、使用和储藏。

第五十五条

任何有违柬埔寨王国独立、主权、领土完整、中立和国家统一的条约和协议一律无效。

第五章　经济

第五十六条

柬埔寨王国实行市场经济体制。

市场经济体制的建立与运行由法律规定。

第五十七条

非依法律规定不得征税。依法实行国家预算。

货币管理和金融体系由法律规定。

第五十八条

国家财产包括土地、矿产资源、山脉、海洋、地下水、大陆架、海岸、领空、岛屿、河流、沟渠、小溪、湖泊、森林、其他自然资源以及经济文化中心、国防基地和其他国有的设施。

国有财产的处分、使用和管理由法律规定。

第五十九条

国家通过制订详细的管理规划维系并保护环境和自然资源的平衡。其中，主要是对土地、水流、大气、地质、生态系统、矿藏、能源、石油、天然气、岩石、沙砾、玉石、森林、林木产品、野生动物、鱼类和水产资源的管理。

第六十条

柬埔寨公民有自由出售自己产品的权利。除非特殊情形下有法律的授权，不得强制公民将其产品卖与国家，禁止强制暂时使用私人或国家财产。

第六十一条

国家保障各个环节及偏远地区的经济发展，特别是农业、手工业、工业，致力于水利、电力、公路和交通设施、现代科技和国家信贷体系的建设。

第六十二条

国家关心、帮助农民及手工业者解决生产问题，保护产品价格，帮助开拓产品销售市场。

第六十三条

国家重视对市场经济的管理以提高人民群众的生活标准。

第六十四条

国家禁止并严厉打击进口、生产、出售危及消费者健康及生命的毒品、伪劣产品、过期产品。

第六章　教育、文化、社会事务

第六十五条

国家保障和促进公民平等地接受不同层次素质教育的权利，并采取必要措施推广义务教育。

国家重视作为柬埔寨公民福利的体育教育和运动。

第六十六条

国家在全国范围内建立综合和标准化的教育体系，保障教育自由和平等原则，使每个公民享有平等生活的机会。

第六十七条

国家按照现代教育原则推行包括科学技术教育与外语教育在内的教育计划。

国家监督各种层次的公立学校、私立学校之建立及其课程设置。

第六十八条

国家在公立学校为所有公民提供免费的初等教育和中等教育。

公民需接受至少九年的义务教育。

国家帮助推广和提倡巴利文和佛教教育。

第六十九条

国家负有保护和发扬民族文化的职责。

国家负有按需保护和发展高棉语的职责。

国家有义务维护古寺和文物并有义务还原历史遗址。

第七十条

任何危及文化遗产和艺术遗产的行为，均应受到严厉惩罚。

第七十一条

被确定为国家遗产保护区和世界遗产保护区的区域，均应被列入无军事活动的中立区。

第七十二条

国家保障人民群众的健康。国家重视疾病的预防和医疗。贫苦人民可在公共医院、诊所和产院接受免费的医学咨询服务。

国家在农村建立诊所和产院。

第七十三条

国家通过鼓励和关心需要独自照料多名子女的妇女等途径，关心母亲和儿童。

第七十四条

国家帮助残疾者和为国捐躯的战士家属。

第七十五条

国家为劳动者建立社会保障体系。

第七章　国会

第七十六条

国会由至少一百二十名国会议员构成。

国会议员按普遍、自由、平等、直接和秘密投票的方式选举产生。

国会议员可以连选连任。

年满二十五周岁、从出生时起即具有柬埔寨国籍并具有选举权的柬埔寨公民可当选为国会议员。

负责选举筹备的组织、选举的程序及选举运作由选举法规定。

第七十七条

国会议员是全体柬埔寨公民的代表，而不仅仅是自己选区的公民代表。

所有对国会议员的强制命令均无效。

第七十八条

国会任期为五年，其任期于新一届国会开始履职之日届满。

除非王室政府十二个月之内两次被倒阁，国会不得被提前解散。在此情况下，国王陛下在得到首相建议并得到国会主席同意之后，得下令解散国会。

新一届国会的选举,应在国会解散之日后最迟六十日内举行。在此期间,王室政府只有负责日常事务的职权。

在战时或在其他不能举行选举的特殊情况下,国会可遵照国王的建议宣布延长其任期,每次延长的任期以一年为限。

国会延长其任期的声明,应获得国会全体议员三分之二以上的同意。

第七十九条

除非在王室政府任职,国会议员的任职同其积极履行公共职务和宪法中阐述的其他机构职务是不兼容的。在此情形下,该国会议员其地位只能是普通国会议员,而不能在国会常务委员会和其他委员会中有任何职务。

第八十条

国会议员享有议会豁免权。

国会议员不因履职期间的意见或表决而被起诉、拘留和逮捕。

国会议员,非经国会许可,在国会闭会期间,非经国会常务委员会许可,不受刑事指控、逮捕和扣押,但犯有现行刑事罪行的除外。在犯有现行刑事罪行的情况下,有关部门应立即向国会或国会常务委员会报告。

国会常务委员会的决定应呈交下次国会会议审议,并以获得国会议员三分之二的支持通过。

任何情况下,如有国会议员四分之三反对,对国会议员的拘留或起诉即应中止。

第八十一条

国会拥有用于维持其运作的独立财政预算。

国会议员有权获得报酬。

第八十二条

国会首次会议应在大选后的六十日内由国王召集。

在开始履行职责前,国会应决定每位议员任职的有效性并通过三分之二的多数投票选出议长、副议长和每个委员会成员。

所有国会议员应在履职前,依本宪法附件五的内容作就职宣誓。

第八十三条

国会一年开两次例会。

每次会议持续时间不得少于三个月。倘若国王要求、首相或三分一以上国会常委会成员建议,应召开国会特别会议。

此种情况下,特别会议具体议程和开会日期应向社会公开。

第八十四条

在国会会议休会期间,国会常务委员会履行国会的职责。

国会常务委员会由国会议长、国会副议长、国会各委员会主任组成。

第八十五条

除非由于特殊情形,在召集令中有其他决议,国会会议在柬埔寨王国首都金边市国会大厦举行。

除上述情况且在召集令确定的地点和时间举行的会议外,国会举行的任何其他会议均为非法和无效。

第八十六条

在国家处于紧急状态下,国会应连日开会。不论何时,倘若形势许可,国会有权作出结束紧急状态的决定。

假若国会因有外国军队入侵占领国土等原因不能召集,紧急状态的期限将自动延续。

紧急状态下,国会不得解散。

第八十七条

国会议长主持国会会议;接受国会通过的法规和决议,确保国会内部规则的实施,处理国会与外国的关系。

在国会议长因健康原因、代行元首之职、担任"摄政王"或出国执行使命有事不能履行其职的情况下,国会副议长代替议长主持工作。

在国会议长或副议长辞职或逝世的情况下,国会应选举新的国会议长或副议长。

第八十八条

国会会议公开举行。

国会可应国会主席、最少十分之一的议员、国王或总理的要求而举行秘密会议。

国会会议仅在下列情况下为合法:

1. 如果需表决的事项以获得其全体代表三分之二以上之赞成为通过,有三分之二以上的议员与会;

2. 如果需表决的事项以获得其全体代表半数以上之赞成为通过,有半数以上的议员与会。

第八十九条

非经国会十分之一以上议员的要求,国会不得邀请某高级人士来到国会就重要事项进行阐明。

第九十条

国会是享有立法权的机关,国会按照宪法和法律要求,履行其职责。

国会有权批准国家预算、国家计划、贷款、金融合同以及制定、修改和废除税收法律。

国会有权批准行政机关决算。

国会有权批准大赦法。

国会有权批准或废止国际条约和协议。

国会有权批准与宣战有关的法律。

上述条款的批准应经国会全体议员绝对多数同意。

国会通过王室政府的信任案须经国会全体议员的绝对多数同意。

第九十一条

参议院议员、国会议员以及政府总理有权提出立法动议。

国会议员有权提议修改法律,但这些提议不得减少公共收入或加重人民负担。

第九十二条

国会通过的法律,如与国家独立、主权与领土完整原则相违背,影响政治统一或国家管理者一律无效。宪法委员会是唯一有权宣布其无效的机关。

第九十三条

任何法律需经由国会表决通过,参议院最终审议,并经国王御签颁布。御签之后十日内,法律在金边付诸实施。御签二十日后,法律在全国实施。

如法律紧急,可自颁布之日起立即在全国生效。

被国王御签颁发的法律应公布在官方报纸上,并通报给全国公众。

第九十四条

国会建立各种必要的委员会。国会的组织和功能由国会内部程序规则予以规定。

第九十五条

在距其任期届满尚余六个月以上时,如国会议员逝世、辞职或被解职,国会应按照国会内部程序规则和选举法,选举替补成员。

第九十六条

议员有权向王室政府提出质询。质询应以书面形式通过国会议长送达王室政府。

如质询涉及一个或几个部长负责的事项,则应由该部长或涉及的数个部长予以答复。如事件涉及王室政府的整个政策,则由王室政府总理亲自答复。

部长或总理的答复可以是口头的,也可以是书面的。

以上答复应在收到质询之日起七日内作出。

如果是口头答复,国会议长有权决定是否举行公开辩论。如果议长不同意进行辩论,则部长或总理的答复即视为导致质询的终止。如果议长同意举行辩论,则质询者及其他发言人与部长或总理可在不超过国会一次会议的时间内交换意见。

国会每周应留出一天时间用于质询和答复。此种会议上,不允许投票。

第九十七条

国会的各委员会可以要求部长澄清其职责范围内的事务。

第九十八条

对王室政府内阁成员或整个王室政府的谴责(censure)提议经国会全体议员三分之二多数同意通过后,国会可以将王室政府内阁成员解职或倒阁。

谴责提议需经三十名国会议员提交国会审议。

第八章 参议院

第九十九条

参议院享有立法权,按宪法和法律之规定履行其职责。

参议院人数不得超过国会议员总数的一半。

参议院由任命的议员以及经有限制选举权选举产生的议员组成。

参议院议员可以连任。享有选举权、年满四十周岁且自出生之时即具有柬埔寨国籍的两性公民均有当选参议院议员的资格。

第一百条

参议院的两名议员由国王任命。

参议院的两名议员由国会通过多数票选举产生。

参议院的其他议员通过有限制选举权基础上的选举产生。

第一百零一条

参议院议员任命与选举、选举人的选定、选举组织和选区相关的组织与操作程序应由法律予以规定。

第一百零二条

参议院一届任期为六年。其任期于新一届参议院履行职责之日届满。

在发生战争或其他特殊情况时,不能进行参议院选举,参议院可以根据国王的建议延长其任期,但每次延期以一年为限。延长任期的决定须经参议院全体议员三分之二以上赞成通过。

在上述情况下,参议院应每天连续开会。倘若形势许可,参议院有权作出结束上述情况的决定。

倘若由于外国军队入侵,参议院不能开会,国家紧急状态令自动延期。

第一百零三条

参议院议员任命与其他公职积极履行、国会议员职能、宪法中规定的其他单位成员职务不兼容。

第一百零四条

参议院议员享有议会豁免权。

参议院议员不因其履行职责时的意见或表决而被指控、逮捕、羁押或拘留。参议院议员,非经参议院许可,在参议院闭会期间,非经参议院常务委员会许可,不受刑事指控、逮捕和扣押,但犯有现行刑事罪行的除外。在犯有现行刑事罪行的情况下,有关部门应立即向参议院或参议院常务委员会报告。

参议院常务委员会的决定应呈送给下一次会议,需经参议院全体议员三分之二多数同意。

任何前述情况下,若经参议院全体议员四分之三多数通过,对任何一个参议院议员的拘留和指控应被中止。

第一百零五条

参议院拥有用于维持其运作的独立财政预算。

参议院议员有权获得报酬。

第一百零六条

参议院应由国王在选举后最迟六十日内召集并召开第一次会议。

参议院在开始工作前,应审查每个议员任职的有效性,并分别投票选举产生参议院议长、副议长,参议院各委员会的成员,以上人员的选举均需参议院三分之二的选票通过方可生效。

全体参议院成员必须在就职前按照本宪法附件七之规定作就职宣誓。

第一百零七条

参议院每年举行两次例会。每次会议应持续三个月以上。

应国王要求,或根据总理或至少三分之一参议员提议,参议院应召集特别会议。

第一百零八条

参议院常务委员会在参议院休会期间履行参议院的职能。

参议院常务委员会由参议院议长、副议长及参议院委员会主任组成。

第一百零九条

除非由于特殊情形,且在召集令中有另行确定,参议院会议在柬埔寨王国首都金边市参议院大厦内举行。

除上述情况以及在召集令确定的地点和日期召开的会议外,参议院举行的任何其他会议均为非法和无效。

第一百一十条

参议院议长主持参议院会议,接受参议院通过的草案和决议,确保参议院内部程序规则的落实,处理参议院对外关系。

如参议院议长因健康原因、代行国家元首职责、担任"摄政王"或因公出国等不能履行其职责时,参议院副议长代替主持工作。

参议院议长或副议长辞职或逝世的情况下,参议院应投票选举新的参议院议长或副议长。

第一百一十一条

参议院的会议公开举行。

应参议院议长、十分之一参议院议员、国王、总理或国会议长的要求,参议院可以举行秘密会议。

参议院会议仅在下列情况下为合法:

1. 如果需表决的事项以获得其全体代表三分之二以上之赞成为通过,有三分之二以上的议员与会;

2. 如果需表决的事项以获得其全体代表半数以上之赞成为通过,有半数以上的议员与会。

第一百一十二条

参议院负责协调国会与政府之间的工作。

第一百一十三条

参议院应在国会提交法律草案或建议稿后一个月内,审查经国民议会一读通过的法律草案或法律建议案,并提出建议。如情况紧急,期限缩短为五天。

如果参议院未在期限内作出批准决定或作出任何决定,则应将经国民议会通过的法律提交国王公布。

如参议院要求修改法律草案和法律建议稿,国会应立即拿回法律草案和法律建议稿,进行第二次审议。国会应单独审议参议院提出的修改建议并决定是否按参议院的要求删除所有或某些条款或措辞。

国会和参议院之间法律草案或法律建议稿的传达应在一个月内完成。如果是涉及国家预算或财政事务,期限可以缩短为十日。如逢紧急状态,该期限缩短为两日。

若国会因检查法律,留存文件超出或耽误了法律规定时间,国会和参议院的原定时间可以延长,使两者期限都一致。

若参议院否决法律草案或法律建议稿,国会不得在一个月期限内第二次审议该法律草案或法律建议稿。如果是国家预算或财政事务,其期限可以缩短为十五日。若逢紧急状态,该期限缩短为四日。

国会对法律草案和法律建议稿的第二次审查通过,同样需要绝对多数议员之同意。

依上述方法通过的法律草案或法律建议稿应提交国王签署和公布。

第一百一十四条

参议院建立必要的委员会。参议院的组织和运作在参议院内部规则中予以规定。这些内部规则应获得全体参议院议员绝对多数之同意通过。

第一百一十五条

在距其任期届满尚余六个月以上时,若因参议院议员逝世、辞职或丧失参议院议员资格导致参议院席位空缺,则应依据参议院内部程序规则和参议院议员选举与任命法律重新任命或选举新的议员。

第九章　联合代表大会

第一百一十六条

特殊情况下,国会和参议院可联合起来召开代表大会,以解决国家重大事务。

第一百一十七条

本宪法第一百一十六条所说的国家重大事务以及联合代表大会的组织和功能应由法律予以规定。

第十章　王室政府

第一百一十八条

柬埔寨王国内阁即柬埔寨王室政府。

内阁由一位首相领导,辅以副首相、国务委员、部长及国务秘书作为成员。

第一百一十九条

经国会议长提议和国会两位副议长同意后向国王提出建议时,国王应从选举获胜的政党的代表中选择一名显要人物,组成王室政府。被任命的显要人物,率领从国会中挑选的、拟在王室政府中履行部长职责的其他成员,向国会征求信任。

国会投信任票之后,国王应发圣旨,任命整个内阁。

在就职之前,内阁需按照本宪法附件六宣誓。

第一百二十条

王室政府成员不得从事商业或工业专门活动,不得在公共事务中担任任何职务。

第一百二十一条

王室政府成员就王室政府所有政策向国会负集体责任。

王室政府每个成员应就自己的行为对总理和国会负责。

第一百二十二条

任何王室政府成员不得以任何人的口头或书面的命令作为推卸其责任的理由。

第一百二十三条

内阁会议每周均应举行全体会议或工作会议。

王室政府全体会议由首相主持。

首相可委托副首相主持工作会议。

内阁会议的任何记录应送国王御览。

第一百二十四条

首相可以将其职权委托副首相或其他王室政府成员行使。

第一百二十五条

如果首相职位确定地空缺,应依据宪法规定程序重新组阁。如果首相职位暂时空缺,则应暂时任命代首相。

第一百二十六条

王室政府每个成员应为自己在履行职务中所犯下的重罪或轻罪接受惩罚。

在此种情况下,当王室政府成员在履职过程中犯有严重过错,国会得决定行使其合法的权力以追究其责任。

为前款规定之目的,国会可就此事秘密投票,投票以绝对多数通过并作出决定。

第一百二十七条

内阁的组织和职能由法律予以规定。

第十一章　法院

第一百二十八条

司法权独立。

司法权是社会正义、公民权利和自由的保卫者。

司法权及于包括行政诉讼在内的所有法律诉讼。

司法权授予最高法院和各类各级法院。

第一百二十九条

审判以柬埔寨人民的名义并按照法律规定的程序和法律进行。

只有法官有权作出判决。法官应严格按照法律,凭良知全心全意地履行自己的职责。

第一百三十条

享有立法权或行政权的机关不得行使司法权。

第一百三十一条

只有检察机关有权提起刑事诉讼。

第一百三十二条

国王是司法独立的捍卫者。最高法院理事会辅佐国王行使此项职能。

第一百三十三条

法官不可被解职。法院最高理事会可对行为不端的法官给予纪律处分。

第一百三十四条

法院最高理事会应依据组织法设置,该组织法决定该理事会的组成和职能。

法院最高理事会由国王领导。国王可指定一名代表领导法院最高理事会。

法院最高理事会可就所有法院法官和检察官的任命向国王提出建议。

为对法官或检察官作出纪律处分之目的,法院最高理事会应在最高法院院长或最高法院大检察官的主持下召开会议审议决定。

第一百三十五条

法官与检察官的地位以及司法机关的职能由单独的法律予以规定。

第十二章　宪法委员会

第一百三十六条

宪法委员会负有保障宪法权威、解释宪法和国会通过并经参议院审查的法律的职责。

宪法委员会有权受理和裁决有关国会议员和参议院议员选举的纠纷。

第一百三十七条

宪法委员会由九名委员组成,任期为九年。宪法委员会每三年更换三分之一的委员。三名委员由国王任命,三名委员由国会任命,三名委员由法院最高委员会任命。

宪法委员会主席由宪法委员会委员选举产生。在裁决时,赞成意见与反对意见相持不下时,主席的一票具有决定作用。

第一百三十八条

宪法委员会委员应从具有法律、行政、外交或经济专业大学以上学历且具有丰富专业阅历的高层人员中选择。

第一百三十九条

宪法委员会委员不得兼任参议院议员、国会议员、政府成员、在任的法官、履行公职的人员、政党的主席或副主席、工会的主席或副主席职务。

第一百四十条

国王、首相、国会议长、十分之一的国会议员、参议院议长或参议院四分之一的议员,可将经国会通过尚未公布实施的法律文件呈交给宪法委员会审查。

国会内部规则、参议院内部规则以及其他组织法律应在公布实施前送交宪法委员会审查。宪法委员会最迟应在三十日内决定上述法律、国会或参议院内部规则是否违宪。

第一百四十一条

任何法律被公布实施后,国王、参议院议长、国会议长、首相以及四分之一参议院议员、十分之一国会议员或法院可以要求宪法委员会重新审查该法律的合宪性。

柬埔寨公民有权通过国会议员、国会议长、参议院议员、参议院议长,就本条上一款所述的法律的合法性提出异议。

第一百四十二条

所有被宪法委员会宣布违宪的条款不得公布或实施。

宪法委员会的决议具有终局效力。

第一百四十三条

国王应就修改宪法的议案与宪法委员会商议。

第一百四十四条

宪法委员会的组织和运作由组织法规定。

第十三章 行政机关

第一百四十五条

柬埔寨王国领土行政划分为王国首都市、省、直辖市、县(srok)、区(khan)、市镇(khum)和分区(sangkat)。

第一百四十六条

首都市、省、直辖市、县、区、市镇、分区应按照组织法规定进行管理。

第十四章 国民大会

第一百四十七条

国民大会应使人民直接了解各种关系国计民生的大事,并让其提出问题和要求,让国家去解决。

柬埔寨两性公民均有权参与国民大会。

第一百四十八条

国民大会每年召开一次会议,由首相于 12 月初召集。

国民大会由国王主持。

第一百四十九条

国民大会挑选需要呈送参议院、国会或其他国家机关审议的建议。

国民大会的组织与运作由法律规定。

第十五章 本宪法的效力、修正与修改

第一百五十条

宪法是柬埔寨王国的最高法。

国家各机关的法律与决议均应严格遵守本宪法。

第一百五十一条

国王、首相、经全体国会议员四分之一提议后国会议长有权提议修正或修改本宪法。

宪法的修正以国会三分之二多数通过的宪法性法律的形式进行。

第一百五十二条

如国家处于本宪法第八十六条所规定的紧急状态,修正或修改宪法不得进行。

第一百五十三条

危及自由多党民主制和君主立宪制政体的宪法修正或修改不得进行。

第十六章 过渡条款

第一百五十四条

本宪法获得通过后,由柬埔寨国王公布后即发生效力。

第一百五十五条

本宪法付诸生效后,制宪会议改为国会。

国会内部程序规则经国会通过后付诸实施。

如国会尚不能履行其职责但迫于国家形势之需要，制宪会议主席、第一副主席和第二副主席可在枢密院履职。

第一百五十六条

本宪法失效后，国王应按本宪法第十三条和第十四条规定的条件推选产生。

第一百五十七条

第一届参议院的任期为五年，其任期于新一届参议院履行职责之日届满。

第一届参议院：

参议员总数为六十一人。

国王任命参议院议长、第一副议长、第二副议长以及另外两名参议院议员。

参议院的其他成员，由国王依据参议院议长、国会议长之建议，从在国会中有席位的政党之成员中任命。

国会和参议院的联合大会应由联合大会的联合议长主持。

第一百五十八条

保护国有资产、权利、自由和私人合法财产以及符合国家利益的柬埔寨法律和规范性文件，直至被新的文本改变或取消之前，继续有效，但违背本宪法精神者除外。

制宪会议第二次全体会议于 1993 年 9 月 21 日，金边通过本宪法。

议长：宋双签署

宪法的附加条文

（用于确保国家机关规范地履行其职能）

第一条

本宪法的目的在于确保国家机关在不论何种情况下均能依国家之需要，并在尊重自由多党民主制的基础上良好地履行其职责。

第二条

在每届国会开会之时，在对其议员任职的合法性作出决定之后、开始其工作之前，国民议会应在其最资深的议员的主持下，得继续通过性质上属于本部分第一条所确定的目标范围之内的宪法或立法文本。

在国民议会通过该文本之后，最终提交签署和公布之前，最资深的议员应立即依为这些文本专门规定的程序之要求，接受这些文本。

第三条

在不能遵循柬埔寨王国宪法第八十二条及第一百一十九条所确定的程序的情况下，国会在多数党的建议下，可以通过一揽子投票（package vote）选举产生国会议长、副议长，国会各委员会的主席和副主席，同时对王室政府表示信任。

第四条

国会议长、副议长，特别委员会主席、副主席的候选人及举行信任投票时的候选人名单，依下列规定确定：

1. 国会议长、副议长，特别委员会主席、副主席的候选人名单由同意组成联合政府的政党准备及提出，然后提交给国会中最资深的议员；

2. 由国会多数党提出并经最资深议员向国王提交名单后，国王从选举中获胜的政党的人员中任命一名显要人士组成王室政府。

经任命的显要人士应在王室政府内分配各部长职位，并将所有拟担任相应部长职位者的名单提交给最资深的国会议员。

3. 最资深的国会议员应当将国会议长候选人、副议长候选人，国会各专门委员会主席候选人名单、副主席候选人名单，王室政府首相候选人以及各部长候选人名单合并为一份名单，以提交国会表决。

第五条

在一揽子投票程序中不得出现任何辩论，在表决后也不得对表决结果作任何解释。

国会议员针对最资深议员提出的单一名单作支持或反对的投票。表决以举手方式进行。

第六条

一揽子表决以获得国会议员绝对多数之支持通过。

如果在第一轮表决中未对事项作出决定，则此后的表决仍须遵循相同的程序。

第七条

本宪法的附加条文经宣布具有迫切必要性并从本届议会开始时即发生效力。

（2004 年 7 月 13 日公布）

卡塔尔国永久宪法*

（2003年4月9日经全民公决通过，2004年6月28日颁布，2004年6月29日生效）

序　言

朕，卡塔尔国的埃米尔，哈姆德·本·哈利法·阿勒萨尼（Hamad Bin Khalifa Al-Thani），诏令如下：

考虑到为通过颁布永久宪法而在我们挚爱的国家实现民主统治，并在永久宪法中巩固社会基本结构、体现人民的政治参与、保障公民的权利与自由、承认我们引以为豪的阿拉伯和伊斯兰身份，考虑到2003年4月9日关于卡塔尔国永久宪法的公民投票乃是压倒性多数赞成的结果，根据永久宪法第一百四十一条的规定，朕特颁布本宪法，并在颁布一年后公布于政府公报，其间应设立宪法性机构并应采取必要的措施。

卡塔尔国埃米尔

哈姆德·本·哈利法·阿勒萨尼

2004年6月28日签署于埃米尔办公室（Amiri Diwan）

第一章　国家和统治基础

第一条

卡塔尔是一个独立的阿拉伯国家。伊斯兰教为国教，伊斯兰教沙里发（shariah）是卡塔尔立法的主要渊源。卡塔尔实行民主政制。其官方语言是阿拉伯语。卡塔尔的人民是阿拉伯国家的组成部分。

第二条

多哈市是国家首都。首都可依法更改。卡塔尔国在其领土内行使主权，且不得放弃其主权或割让领土。

第三条

法律规定国旗、国徽、勋位、勋章和国歌。

第四条

法律规定国家的财政和金融制度，规定国家的官方货币。

第五条

国家应维护其自身的独立、主权、领土安全与完整、治安和稳定，应保卫其自身不受侵略。

第六条

国家应遵守国际协议，执行其缔结的所有国际协定、宪章与条约。

第七条

国家的外交政策应基于鼓励用和平方式解决国际争端以巩固国际和平与安全的原则；应支持人民的自决权；不得干涉别国内政；并应与热爱和平的国家合作。

第八条

国家的统治权应由阿勒萨尼家族成员且依次名曰哈姆德·本·哈利法、本·哈姆德、本·阿卜杜拉、本·贾西姆（Hamad Bin Khalifa、Bin Hamad、Bin Abdullah、Bin Jassim）的男性继承人世袭。统治权应由埃米尔指定的儿子继承。如果没有男性子嗣，统治权应由家族中经埃米尔指定的人继承，此时，继承权仍将由男性继承人继承。在本宪法生效后一年内颁布的特别法应规定所有有关国家统治和继承的宪法性规则。

第九条

埃米尔应在咨询王室（Ruling Family）和其他贵族后以诏令指定继承人。继承人及其母亲必须为穆斯林。

第十条

继承人在被指定时应向埃米尔作如下宣誓："谨以全能的真主之名起誓，我将遵守伊斯兰教沙里发，遵守宪法和法律，保卫国家独立，维护领土完整，保护人民的自由和利益，忠实于埃米尔和国家。"

第十一条

继承人在埃米尔出国期间或在埃米尔因暂时的阻滞不能履行其职责期间，有权以埃米尔的名义直接享有埃米尔的权威和权力。

---

* 译自卡塔尔国驻中国大使馆为此项翻译于2011年1月10日专门惠寄的卡塔尔国宪法官方英译本，此版本存在若干文字错误，因此，校对过程中参照了卡塔尔外交部的版本，两个版本在文字表述风格上存在差异。译者：胡婧。

第十二条

埃米尔有权以诏令向其继承人分配一定的权力。该继承人应主持其出席的一切内阁会议。

第十三条

除遵照前两条的规定,如果该继承人不能代表埃米尔,则埃米尔有权以诏令从王室中指定一名代表以履行其义务和职责。如果由埃米尔指定的代表从事公职或从事组织工作,该代表在代表埃米尔期间应中止其原有职务。该代表在被指定后,应如继承人一样立即向埃米尔作同样的宣誓。

第十四条

王室委员会应依诏令的规定组成,其成员应由埃米尔从王室中委任。

第十五条

王室委员会因埃米尔死亡或不能履行其义务而出缺时享有决定权。内阁和协商会议应在联合的不公开的会议上宣布埃米尔出缺并宣布其继承人作为卡塔尔国的埃米尔。

第十六条

如果继承人的年龄,在宣布成为埃米尔时,按公历计算不满十八周岁,那么,从王室选出的监护人委员会应执掌国家的统治权。监护人委员会应由一名主席和至少三名至多五名成员组成。主席和多数成员应属于王室成员。

第十七条

埃米尔每年的财政薪金及划拨的援助资金应由埃米尔发布的决议决定。

第二章 社会的基本组成

第十八条

卡塔尔社会应以正义、友善、自由、平等和美德为基础。

第十九条

国家维护社会的原则,确保社会的安全、稳定和公民的机会平等。

第二十条

国家致力于加强全体公民的团结、合作与博爱的精神。

第二十一条

家庭为社会的基础。宗教、道德和爱国精神为卡塔尔家庭的支柱。法律应规定充分的手段以保护家庭、支撑家庭的原则、加强家庭成员间的联系并保护母亲、儿童和老人。

第二十二条

国家应关心青少年,保护他们不受腐蚀,不被剥削,不受在身体上、心灵上和精神上的忽视,且应提供充分的环境、采用发达的教育使青少年在不同领域发展其创造力。

第二十三条

国家应关心公共健康并依法提供预防治疗疾病、流行病的方法。

第二十四条

国家应促进、保护并帮助传播科学、艺术、文化和文化遗产,应鼓励科学研究。

第二十五条

教育是社会进步的重要基础。国家应促进教育。

第二十六条

所有权、资本和劳动构成国家社会结构的基础。个人权利亦同,个人权利具有社会功能,应由法律规定。

第二十七条

私人财产不受侵犯。除非出于公共利益并在法律规定的方式下且获得公平补偿,任何人的财产不得被剥夺。

第二十八条

国家应基于社会正义加强政府与私人间的合作以确保经济活动的自由,从而促进社会和经济的发展,提高生产,完善人民的社保机制,提高人民的生活水平,并依法为人民提供工作机会。

第二十九条

自然财富和资源为国家所有,国家应依法保护和以合理方式开采自然财富和资源。

第三十条

雇主与雇员之间的关系应以社会正义为基础并由法律规定。

第三十一条

国家应促进投资并应为投资提供必要的设施和保障。

第三十二条

法律规定国家借贷。

第三十三条

国家应保护环境和生态平衡以维持代际间的可持续发展。

第三章 基本权利和义务

第三十四条

所有公民在权利和义务方面都是平等的。

第三十五条

法律面前人人平等。禁止性别、种族、语言和宗教上的歧视。

第三十六条

人身自由应予保障,非依法律规定不得逮捕、监禁、搜查任何人,亦不得限制其居住或行动自由。禁止酷刑或非人对待。酷刑被视为犯罪且依法处罚。

第三十七条

人类隐私的神圣性不受侵犯。除非以法律的规定而加以限制,不得介入个人的人身、家庭事务、居住和通信的隐私,或采取任何其他可能贬抑人类尊严的行为。

第三十八条

不得将任何公民驱逐出境,也不得禁止其回国。

第三十九条

被告人,非经由司法审判被证明有罪,应视为无罪,且应为被告人提供所有必要的法律援助以保护其权利。

第四十条

非由法律规定不为犯罪,不受处罚。犯罪后非因法律规定不受处罚。应处罚犯罪者本人。法不溯及既往。但是,法律在刑事条款中规定且由协商会议三分之二多数通过可溯及既往。

第四十一条

卡塔尔国籍及其规则由法律规定,且这些规定具有宪法效力。

第四十二条

国家依法确保全体公民的选举权和被选举权。

第四十三条

征税应基于社会正义并由法律规定。

第四十四条

依照法律保障公民的集会权。

第四十五条

结社自由应依法律规定的条件和情形加以保障。

第四十六条

人人有权向当局提出抗议。

第四十七条

表达自由和科学研究的自由应依法律规定的条件和情形加以保障。

第四十八条

新闻、印刷和出版自由应依法加以保障。

第四十九条

受教育是每个公民的权利。国家应依照现行法律和规则努力实现强制性和免费的普通教育。

第五十条

宗教自由应依法并出于维护公共秩序和公共道德的需要加以保障。

第五十一条

继承权由伊斯兰教沙里发保护和调整。

第五十二条

国家的每一个合法定居者均按照法律规定享有人身和财产方面的保护。

第五十三条

保卫国家是全体公民的职责。

第五十四条

履行公职是一种国家服务。公务员在履行公职时应仅出于维护公共利益。

第五十五条

公共资金神圣不可侵犯,保护公共资金是全体公民的法定职责。

第五十六条

严格禁止一般没收财产。没收私有财产的刑罚仅可在法律明确规定的情形下以司法判决作出。

第五十七条

居住在卡塔尔国的一切人均有义务遵守宪法,服从公权机关颁布的法律,遵从公共秩序和道德以及遵守国家传统和既有习惯。

第五十八条

严格禁止移交政治难民。法律应规定赋予政治庇护的条件。

第四章　国家组织

第一节　总则

第五十九条

一切权力源自人民,人民应依照本宪法的规定行使权力。

第六十条

国家机构应依本宪法规定的方式以分立和合作为基础。

第六十一条

立法权由协商会议依照本宪法的规定行使。

第六十二条

行政权由埃米尔依照本宪法的规定行使,并由内阁加以辅助。

第六十三条

司法权由本宪法规定的法院行使。所有裁决均应以埃米尔的名义发布。

第二节　埃米尔

第六十四条

埃米尔为国家元首,应受保护和尊重。

第六十五条

埃米尔是武装部队的最高司令,有权在由其直接领导的国防委员会的协助下监督武装部队。国防委员会的组成和享有的权力应由诏令规定。

第六十六条

埃米尔在国家领域内并在所有国际关系中代表

国家。

第六十七条

埃米尔享有下列权力：

1. 在内阁协助下制定国家总政策；

2. 通过并颁布法律，任何法律非经埃米尔同意不得颁布；

3. 出于公共利益的需求而召集内阁会议，埃米尔应主持其有权参加的所有会议；

4. 依法任免文武官员；

5. 接受外国使领馆的国书；

6. 依法赦免犯罪或减刑；

7. 依法赐予民事的或军事的荣誉；

8. 设立与组织各部及其他政府机构并分配其享有的权力；

9. 设立与组织为其提供指导、监督和明确国家政策之功能的咨询机构；

10. 行使依本宪法和法律规定的其他权力。

第六十八条

埃米尔应以诏令缔结公约与协定，并应将公约与协定连同相关解释提交协商会议。公约或协定获得通过并在政府公报上发布后即具有法律效力。但是，有关国家领土、主权、公民之公私权利及法律修正的条约和协议非经由国内法规定不具有法律效力。此外，条约不得包含与公共利益相悖的秘密条款。

第六十九条

埃米尔在法定的特殊情形下有权以诏令宣布国家进入紧急状态。有权采取一切必要的紧急措施以应对威胁国家安全、领土完整、人民安全与利益、阻碍国家机构履行其职责的危急状况。该诏令内容应包含宣布进入紧急状态所依的特殊情形，还应包含对已采取的应对措施的描述。在诏令颁布后十五日内应通知协商会议。如果协商会议因故未召开，该协商会议应在其第一次会议上得到通知。宣布进入紧急状态的规定应有一个有效期，且该限期非由协商会议同意不得延长。

第七十条

埃米尔有权在需要采取紧急措施、颁布法律且协商会议休会等特殊情况下发布具有法律效力的适当诏令。这些具有法律效力的诏令应在协商会议的第一次会议上提交。协商会议在诏令提交后四十日内经三分之二多数成员同意，有权否决这些诏令或有权要求在特定时期内对诏令进行修改。这些诏令的效力在协商会议否决之日或经过要求修改的特定时期应终止。

第七十一条

防御战争应以诏令宣布。禁止侵略战争。

第七十二条

埃米尔有权以诏令任命首相、接受首相的辞呈、解除首相的职务。接受辞呈或解除首相职务将导致整个内阁的解散。即使接受辞呈或解除首相职务，各部仍应继续履行紧急职责直至其继任者任命。

第七十三条

埃米尔应依照首相的提名以诏令任命各部大臣，且应接受大臣辞呈或以诏令解除其职务。即使接受大臣的辞呈，埃米尔仍有权要求该大臣继续履行其紧急的职责直至作出对其继任的任命。

第七十四条

埃米尔应于就任以前在协商会议的特殊会议上作如下宣誓："谨以全能的真主之名起誓，朕将遵守伊斯兰教沙里发，遵守宪法和法律，保护国家的独立，维护领土完整，保护人民的自由和利益。"

第七十五条

埃米尔在国家利益攸关的重大问题上有权要求公决。如果投票者多数同意，则公决所涉事项获得通过。公决的结果自其宣布之日起生效并具有约束力，且应在政府公报上发表。

第三节　立法机关

第七十六条

协商会议应以本宪法规定的方式享有立法权、通过国家总预算并监督行政权。

第七十七条

协商会议应由四十五名成员组成。其中，三十名成员应由秘密投票直接选出，其余十五名应由埃米尔从众大臣或其他人员中委任。委任成员的职务基于其递交辞呈或解职而终止。

第七十八条

选举制度由法律规定，且法律应规定提名和选举的条件与方式。

第七十九条

以诏令将国家划分为各个选区。

第八十条

协商会议议员资格如下：

1. 具有卡塔尔原始国籍；

2. 提名终止日，依照公历计算年满三十周岁；

3. 能够流利读写阿拉伯语；

4. 未被有权法院判定为加辱刑，或虽有此情形但已依法恢复名誉；

5. 满足选举法规定的所有条件。

第八十一条

协商会议任期四年，自其召开第一次会议起算。新一届协商会议的选举应在前一届协商会议任期届满前九十日举行。议员可被再次选任。如果选举因故不能举行或被延误,则前一届协商会议在任期届满时继续任职直至举行新一届选举。任期非因必要且颁布诏令不得延长。

第八十二条

法律应确定裁决协商会议议员选举有效性的有权司法机关。

第八十三条

如果选举议员的职位因故在其任期届满前至少六个月出现缺位,则应在其缺位后两个月内选出继任者。如果委任议员的职位出缺,则应委任其继任者。在前述两种情况下,新议员应完成其前任的任期。①

第八十四条

协商会议的年度会期至少为八个月。协商会议在通过国家预算前不得休会。

第八十五条

协商会议应在每年十月根据埃米尔的召集举行年会。

第八十六条

作为前两条的例外,埃米尔有权在选举结束后的一个月内要求协商会议召开第一次会议。如果协商会议在前条规定的日期之后于此期限内延误召开,则此次年会会期应予缩减上述两日期之差。

第八十七条

埃米尔或其代表应为协商会议开幕,并应发表一次关涉国家面临的所有问题的综合性讲话。

第八十八条

如有必要或依协商会议多数要求,埃米尔应要求协商会议召开特别会议。在特别会议上,协商会议无权审议未提及的事项。

第八十九条

要求协商会议召开或终止常会或特别会议应依诏令作出。

第九十条

埃米尔有权以诏令推迟协商会议的召开,但推迟期限不得超过一个月。该推迟行为在同一会期内非经协商会议同意不得再次行使。推迟的期限不得计入会期。

第九十一条

协商会议应在多哈市召开。但是,埃米尔有权要求协商会议在其他地方召开。

第九十二条

协商会议的议员在任职前应在公开的会议上作如下宣誓:"谨以全能的真主之名起誓,我将忠实于国家和埃米尔;遵守伊斯兰教沙里发,遵守宪法和法律;维护人民的利益,忠实地履行我的职责。"

第九十三条

协商会议在其第一次会议上应从其议员中选出一名主席和一名副主席以在整个会期上任职。如果主席或副主席出现缺位,则协商会议应进行补选,其任期直至此会期结束。选举应以秘密投票方式进行,当选应获得出席议员票数的绝对多数。如果第一轮投票无法获得此绝对多数,则应以得票最多的两名议员进行第二轮投票。若得票最多的两名议员中的第二名与其他候选人得票相同,则此类得票第二的候选人进行第二轮投票,并以相对多数定输赢。若超过一名候选人得票相同,则以抽签定输赢。会议应由最年长的议员主持,直至选出主席。

第九十四条

协商会议应在其第一次年会召开的两周内组成符合要求的委员会。这些委员会有权在协商会议休会期间任职并有权在协商会议复会时呈交其活动结果。

第九十五条

协商会议应有一个由主席、副主席、委员会委员长和秘书长组成的主席团以协助协商会议履行其职责。

第九十六条

维持协商会议秩序是主席的职责。

第九十七条

协商会议应制定其内部规程,以规制其自身和委员会的职责、规定会议、组织审议、投票和其他由本宪法规定的权力和职责。

第九十八条

协商会议的会议应予公开。会议可依照三分之一议员或内阁要求而秘密举行。

第九十九条

会议应由议员多数包括主席或副主席出席始为有效。会议若未达法定人数则应推迟至次日举行。

第一百条

协商会议的决议非因要求特别多数决应由出席会议议员的大多数通过始可发布。如果反对者与支持者持平,则主席拥有决定性的投票权。

第一百零一条

协商会议议员资格因下列事由而终止:

1. 死亡或丧失行为能力;
2. 任期届满;
3. 辞职;
4. 解职;
5. 协商会议解散。

第一百零二条

协商会议议员的辞呈应以书面形式呈交主席。

---

① 此条的两个母本出现歧义,使馆版本不合逻辑,因此采外交部版本。——校者注

主席应将该辞呈递交协商会议决定。具体事宜由内部规程加以规定。

第一百零三条

非因丧失信任、丧失资格、缺少担任议员职务的条件或违背议员职责，不得将议员从协商会议开除。开除议员的决议应由协商会议三分之二多数通过。

第一百零四条

埃米尔有权以附原因的诏令解散协商会议。但协商会议不得因同一原因被再次解散。如果协商会议被解散，选举新的协商会议自解散之日起至迟不得超过六个月举行。埃米尔应在内阁的协助下执掌立法权直至新的协商会议接管。

第一百零五条

（一）协商会议的每一议员均有提案权。每一提案应提交协商会议中的相关委员会审议，以便向协商会议建议或提交。提案若获得协商会议接受，则应以草案形式提交给政府供其审议和提交意见。经由政府审议后，该草案在同一会期或下一会期上应被返回协商会议。

（二）协商会议否决的法案不得在同一会期上再次提出。

第一百零六条

（一）协商会议通过的法律草案应提交埃米尔同意。

（二）如果埃米尔不同意草案，则他应在草案提交后的三个月内将草案连同不同意的理由退回协商会议。

（三）如果法律草案在法定期间内退回协商会议而协商会议以三分之二多数再次通过，则埃米尔应同意并发布该法律。埃米尔在绝对必要时若认为国家有更高利益需要则有权发布诏令在一定时期内停止前述法律的施行。但是，如果该草案未经协商会议三分之二表决同意，那么，该草案不得在同一会期内审议。

第一百零七条

国家总预算案应在财政年度开始前至少两个月提交协商会议。该预算非经由协商会议通过不具有效力。协商会议在政府同意后有权修改国家预算案。如果新的预算在财政年度开始前未通过，则之前的预算规定应继续施行直至通过新的预算。法律应规定预算的起草方式。

第一百零八条

协商会议有权就一般事项向政府发表意见，如果政府不能接受这些意见，则应向协商会议解释理由。协商会议有权一次性回复解释。

第一百零九条

协商会议的议员有权向首相或大臣就其职权范围内的问题要求解释。只有询问的议员有权一次性

回复解释。

第一百一十条

协商会议的议员有权就大臣职权范围内的问题质询各部大臣。前述质询的提出必须由协商会议三分之一议员的同意。就质询的审议非因紧急且相关大臣同意缩减期限不得在提出后的十日内进行。

第一百一十一条

每位大臣均有义务向协商会议述职。对大臣的不信任案非在审议对其质询案后不得提出。不信任案非经十五名议员联名或经该大臣之主动同意不得审议。协商会议自议员提交不信任请求后或相关大臣表示同意后至少十日不得决议。对大臣的不信任案应由组成协商会议的三分之二议员通过。大臣应自不信任案通过之日解除其职务。

第一百一十二条

协商会议的议员就会议权限范围内的问题在协商会议或委员会中表达的观点或意见不受追诉。

第一百一十三条

（一）除非因现行犯罪被捕，协商会议议员非经协商会议许可不受逮捕、监禁、搜查和调查。如果协商会议在收到许可申请之日起一个月内未作出决议，则应视为协商会议允许进行逮捕、监禁、搜查和调查。许可状在协商会议休会期间应由协商会议主席签发。

（二）在议员因现行犯被捕时，对议员所采取之措施应通知协商会议。如果协商会议正值休会，则应在其第一次会议时通知。

第一百一十四条

协商会议议员在任职期间非因本宪法另有规定不得兼任公职。

第一百一十五条

协商会议议员应秉持国家利益，不得滥用其议员资格为其自身或与之有特殊关系的人员谋利。由法律规定议员不得从事的行为。

第一百一十六条

协商会议主席、副主席和议员有权领取法定薪金。此类薪金应自其向协商会议宣誓时生效。

第四节　行政机关

第一百一十七条

非具有卡塔尔原始国籍者不得担任大臣职务。

第一百一十八条

内阁组成应基于首相提名由埃米尔诏令任命。埃米尔有权委任首相或大臣担任一部或多部职务。法律应规定大臣的权力。

第一百一十九条

首相和各部大臣应作如下宣誓："谨以全能的真主之名起誓，我将忠实于国家和埃米尔；尊重伊斯兰

教沙里发,尊重宪法和法律;维护人民利益,忠实地履行职责,全力维护国家领土完整。"

第一百二十条

内阁应依本宪法和法律的规定协助埃米尔履行其职责、行使其权力。

第一百二十一条

内阁为最高行政机关,应依照宪法和法律的规定管理其职权范围内的内政外交。内阁有如下特别权力:

1. 法律和法规草案的提案权。依本宪法规定,法律草案应提交协商会议审议,若获通过,应提交埃米尔批准并颁布。

2. 为执行法律,在其职权范围内通过各部和其他政府机构提交的草案和决议。

3. 监督法律、法规、规章和决议的执行。

4. 依法提议政府部门、机构和公共机关的设立与组成。

5. 监督政府财政和行政程序。

6. 依照法律任免除由埃米尔或各部大臣任免外的雇员。

7. 依照法律制订足以确保国家各部分内部安全和公共秩序的一般规则。

8. 依宪法和法律规定管理国家财政、起草总预算案。

9. 通过经济项目并通过执行项目的方式。

10. 监督提高国家在国外之利益的手段。监督促进国际关系和外交事务的方法。

11. 在每一财政年度开始之际准备报告,该报告包括国内外取得重大成就的详细内容并附随达到国家综合发展的最好方式的计划大纲。提供发展、进步和福利的手段。依照本宪法规定的指导国家政策的核心原则而巩固国家的安全与稳定。该报告应提交埃米尔同意。

12. 本宪法或法律规定的其他职权。

第一百二十二条

大臣在其职权范围内有权执行政府总政策。埃米尔有权要求首相或各部大臣汇报属于其职权范围的事务。

第一百二十三条

首相及大臣应就政府总政策的执行情况分别向埃米尔负责,且其应就各自职责和履行的权力单独向埃米尔负责。

第一百二十四条

法律规定首相和大臣的薪金。除另有规定者外,首相应遵守适用于各部大臣的规定。

第一百二十五条

首相应主持内阁会议并应指导和监督不同部门之间的审议与协调以达到政府机构的统一性和活动

的一致性。首相有权出于内阁利益,以内阁名义签署内阁提出的决议。依照本宪法规定,首相应向埃米尔提交所有由内阁提出并以诏令批准和颁布的决议。

第一百二十六条

内阁会议以大臣多数连同首相或其代表出席者始为有效。内阁审议应秘密进行。其决议应仅由大臣多数同意才能通过。如果反对者与支持者持平,则首相有决定性的投票权。少数应该服从多数。

第一百二十七条

内阁应制定其内部规则以履行职权。内阁下属秘书处应协助其履行职责。

第一百二十八条

大臣任职期间应维护国家利益。不得滥用其职务为其自身或与之有特殊关系的人谋利。法律规定禁止大臣从事的行为和大臣负有责任的行为,同时,也规定其承担法律责任的方式。

第五节　司法机关

第一百二十九条

法律至上是国家统治的基础。司法公正、法官中立与正义是权利和自由的保障。

第一百三十条

司法权独立,并应由法定的不同类型与级别的法院享有。法院依照法律裁决。

第一百三十一条

法官独立。任何权力非由法律规定不得在判决中高于法官权力。任何机构无权干涉司法程序。

第一百三十二条

法律规定法院的不同类型和级别,并规定其权力和管辖范围。除非在戒严法实施期间,军事法庭的管辖权应限于武装部队和治安部队人员所实施的军事罪行,应以法律所规定者为限。

第一百三十三条

司法裁判非由法院另行决定秘密外应一律公开。但裁决结果应公开宣布。

第一百三十四条

非由法律另行规定外,法官应实行终身制。法律应规定适用于法官的规则和纪律惩戒事宜。

第一百三十五条

起诉权不受侵犯,并授予全体人民。法律应规定行使该权利的程序和条件。

第一百三十六条

检察机关应以人民的名义提起公诉、监督司法事务并确保刑事法律之实施。法律规定检察机关的职能,并明确检察机关工作人员的条件与保障。

第一百三十七条

司法机关应设立最高委员会以监督法院及其附

属机关适当履行职责。法律应规定该委员会的组成、管辖范围和权力。

第一百三十八条

法律规定解决行政争议的有权机关,并界定其结构和履行职权的方式。

第一百三十九条

法律规定解决法院之间管辖权冲突以及不同机关之判决冲突的方法。

第一百四十条

法律规定设立解决法律、法规合宪性争议的权威司法机构;规定其权力、上诉方式和在该机构中应遵守的规则。法律亦应规定违反判决的效力与结果。

第五章 最后条款

第一百四十一条

埃米尔颁布本宪法,本宪法自公布于政府公报的次日生效。

第一百四十二条

法律应在通过后公布,并在公布后两周内在政府公报上发表。法律非因该法另行规定应自发表一个月后生效。

第一百四十三条

本宪法生效前颁布的法律、法规,在依本宪法进行修改之前,应继续有效。本宪法的施行不影响卡塔尔国缔结的国际条约与协定。

第一百四十四条

埃米尔和协商会议议员三分之一有权要求修改宪法。如果协商会议议员多数最初同意修宪,该协商会议应逐条审议该宪法。协商会议议员三分之二通过始得通过宪法修正案。修正案未经埃米尔同意不具有法律效力,且修正案应在政府公报上公布。如果修宪的议案被否决或修正案的颁布被否决,那么,该议案自否决后至少一年不得被再次审议。

第一百四十五条

有关国家统治和继承的规定不得修改。

第一百四十六条

权利和公共自由条款非因出于公民利益并为其赋予更多权利和自由不得修改。

第一百四十七条

本宪法规定的埃米尔享有的权力在其代表代为履行其职责期间不得修改。

第一百四十八条

宪法生效后十年内不得修改。

第一百四十九条

本宪法的规定非因处于紧急状态并依法律明定的限制外不得被中止。但是,即使在前述期间内也不得停止协商会议的召开,也不得侵犯赋予协商会议议员的豁免权。

第一百五十条

1972 年 4 月 19 日颁布的并经修正的卡塔尔国临时宪法应予废止。但有关现任协商会议的特别规定应继续有效直至选出新的协商会议。

科威特国宪法*

（1962 年 11 月 11 日公布）

以至仁至慈的真主之名

朕，科威特国的埃米尔（Amir）阿布杜拉·萨利姆·萨巴赫（Abdullah al-Salim al-Sabah），

渴望为我们亲爱的国家完善民主统治方法；

相信吾国在增进阿拉伯民族主义以及促进世界和平和人类文明中的作用；

力求达到一个美好的未来，其中，国家将取得更大的繁荣和更高的国际地位，公民将被赋予更多的政治自由、平等和社会正义，其中，通过促进个人尊严、保护公共利益并采用依然维持国家统一与巩固的协商规则①来维持阿拉伯本性中所固有的各种传统；

考虑到关于过渡时期政府体制的 1962 年第 1 号法律；

根据制宪会议的决议；

特此批准本宪法并予以公布。

第一编　国家和政府制度

第一条　［主权与领土完整］

科威特是一个阿拉伯国家，独立且有完整主权。其主权和领土的任何部分均不可让与。

科威特人民是阿拉伯民族的一部分。

第二条　［国教］

伊斯兰教是国教，伊斯兰教教法应为立法的主要根据。

第三条　［官方语言］

国家的官方语言是阿拉伯语。

第四条　［埃米尔制］

科威特是一个世袭埃米尔制，其继承权属于穆巴拉克·萨巴赫（Mubarak al-Sabah）的后裔。②

法定继承人至迟应在埃米尔就任之日起一年以内选定。

法定继承人的选定必须根据埃米尔的提名并经国民议会在特定会期以其议员的多数票赞同，发布埃米尔命令，方能生效。

若按上述程序未完成选定，则埃米尔应从穆巴拉克·萨巴赫的后裔中提名至少三人，由国民议会保证效忠于其中一人，以他为法定继承人。

法定继承人应达到法定成年年龄，精神健全，并为穆斯林父母的合法儿子。

从本宪法生效之日起一年之内制定特别法律另行规定酋长国的继承准则。上述法律具有宪法性质，因此只能依照宪法修改的程序进行修改。

第五条　［国家标志］

国旗、国徽、标志、勋章以及国歌，由法律规定。

第六条　［民主制］

科威特的政府制度应为民主制，其主权属于人民，人民是一切权力的源泉。主权应按照本宪法规定的方式加以行使。

第二编　科威特社会的基本构成要素

第七条　［国家目标］

正义、自由和平等是社会的支柱；合作和互助是公民之间最坚定的义务。

---

*　译自科威特驻华大使馆为此项翻译而于 2010 年 12 月 14 日专门惠寄的英文版《科威特国宪法》(*the Constitution of the State of Kuwait*)，同一版本亦载于科威特国民议会网站（内容相同，但条文形式略有差别），由于无法查证阿拉伯语原文，译者在翻译过程中参考了科威特国民议会网站提供的法文版。译者：王建学。

①　此处的"协商规则"(consultative rule)在阿拉伯语中原文为"舒拉"(Shura)，其含义是"咨询"、"协商"，被认为是前伊斯兰阿拉伯部落选举领袖、作出重大决定的一种方法。在古兰经中"shura"作为一种值得称道的活动被提及了两次，且在大多数伊斯兰国家中，"shura"被用作议会的名字。——译者注

②　本条标题英文为"Monarchy"，原应译为"君主制"，但阿拉伯国家的君主制并非西欧意义上的"君主制"，而是以埃米尔为中心的体制，此条中的"Amirate"，汉语习惯译为酋长国，此乃意译，但阿拉伯国家的埃米尔绝不同于部落中的酋长，因此笔者认为应译为"埃米尔制"，意在以音译的方式来消除误解。——译者注

第八条 [国家保障]

国家保障社会的支柱并保障公民的安全、安宁和平等机会。

第九条 [家庭]

家庭是社会的基础。家庭乃基于宗教、道德和爱国主义。法律应维护家庭的完整性,加强家庭的联系,并在家庭的支持之下保护母亲和儿童。

第十条 [保护青年]

国家关怀青年,保护他们免受剥削,免受道德上、身体上和精神上的欠缺与疏忽。

第十一条 [保护老年]

国家确保公民在年老、患病或丧失工作能力时得到帮助。国家还为他们提供社会保险、社会救济和医疗照料方面的服务。

第十二条 [阿拉伯传统]

国家保护伊斯兰教和阿拉伯的传统,并为促进人类文明作出贡献。

第十三条 [教育]

教育是社会进步的根本条件,由国家予以保证和促进。

第十四条 [科学艺术]

国家发展科学、文学和艺术,并鼓励科学研究。

第十五条 [健康照顾]

国家关注公共健康并注意防治疾病和传染病。

第十六条 [财产权]

财产、资本和工作是国家社会结构和国家财富的根本要素。它们都是个人权利并带有法律所规定的社会职能。

第十七条 [公共财产]

公共财产不可侵犯,每个公民均有义务加以保护。

第十八条 [私有财产与继承]

(一)私有财产不可侵犯。除在法律界限以内,不得妨碍任何人处置自己的财产。除按法定情形与方法所确定的公共利益,并支付正当补偿,不得征用个人财产。

(二)继承乃是受伊斯兰教法调整的权利。

第十九条 [没收]

禁止对任何人的财产进行一般没收。只有按照法定情况由法院判决作为一种刑罚,才能将特定财产予以没收。

第二十条 [国民经济]

国民经济应以社会正义为基础。国民经济建立在公私活动之间公平合作的基础之上。国民经济的目的在于经济发展,提高生产力,改善生活水准,实现公民富足,均应在法律限制的范围之内。

第二十一条 [自然资源]

自然资源及其一切收益都是国家财产。国家应按照国家安全和国民经济的需要,保证自然资源的维持和合理开发。

第二十二条 [雇佣关系与土地关系]

雇主和雇工以及地主和佃户之间的关系由法律根据经济原则并按照社会正义的准则予以调整。

第二十三条 [金融]

国家鼓励合作活动与储蓄事业,并监督信贷制度。

第二十四条 [税收]

税收和公共捐税应以社会正义为基础。

第二十五条 [国家负担]

国家承担由于公共灾害或灾难造成的负担,对任何人由于履行兵役而受到的战争损失或损伤,提供补偿,借此保证社会的团结。

第二十六条 [公职]

(一)公职是委托给担任公职的人的一种国家职务。公共官员在履行其职责时应以公共利益为目的。

(二)外国人不能担任公职,但法律另有规定者除外。

第三编 公共权利和义务

第二十七条 [国籍]

科威特国籍由法律规定。非有法律的限制规定,不得剥夺和取消国籍。

第二十八条 [驱逐与回国]

科威特人不得被驱逐出科威特或被阻止从所去的地方回国。

第二十九条 [平等与人的尊严]

所有的人民,不分种族、出身、语言或宗教,在人的尊严以及公共权利和义务上,在法律面前一律平等。

第三十条 [人身自由]

人身自由受到保障。

第三十一条 [逮捕、迁移与禁止刑讯]

(一)除非按照法律规定,任何人不得被逮捕、拘留、搜查或被强迫居住在指定的地方,任何人的住所或者他选择住所的自由或者迁移的自由都不得受限制。

(二)任何人不得受到刑讯或有辱人格的待遇。

第三十二条 [无法律则无刑罚]

非通过法律不得设立任何罪名或刑罚,除非是在有关法律已经生效以后所犯的罪行,不得科以刑罚。

第三十三条 [刑事责任的个人性]

刑罚是个人性的。

第三十四条 [无罪推定与审判权]

(一)被告在经合法审判被证明为有罪之前应推

定为无罪,审判时须保障辩护权之行使得到保证。

(二)禁止对被告施加肉体或精神上的伤害。

第三十五条　[宗教与信仰自由]

信仰自由是绝对的。国家按照既有习惯保护宗教活动之自由,但以不违反公共政策或道德为限。

第三十六条　[意见与表达自由]

意见和科学研究自由受到保障。人人均有权按照法律规定的条件和程序用口头、书面或其他方式表达和宣传自己的意见。

第三十七条　[新闻自由]

依照法律规定的条件和方式,新闻、印刷和出版的自由受到保障。

第三十八条　[住宅]

住宅不可侵犯。除非按照法律规定的情形和方法,不经户主的同意,不得进入住宅。

第三十九条　[通讯秘密与自由]

经过邮政、电报、电话秘密通讯的自由受到保障;除非按照法律规定的情形和方法,不得对通讯进行检查和泄露其内容。

第四十条　[强制与免费教育]

(一)受教育是科威特人的权利,国家按照法律并在公共政策和道德限制范围内保障此项权利。初等教育是强制的,并依法实行免费。

(二)法律规定消灭文盲的必要计划。

(三)国家对青年身体、精神和道德的发展给予特别的关怀。

第四十一条　[工作的权利和义务]

(一)每个科威特人有权工作并有权选择工作种类。

(二)工作是个人尊严和公共利益所要求的每个公民的义务。国家努力使公民获得工作并使工作条件公平合理。

第四十二条　[禁止强制劳役]

除依法律规定并为应付国家紧急状态和给予报酬外,禁止强制劳役。

第四十三条　[结社]

按照法律规定的条件和方法,根据民族的原则和用和平的方式,组成各种协会和联合会的自由得到保障。任何人不得被强迫参加任何协会或联合会。

第四十四条　[集会]

(一)个人有权不经许可或事先登记举行私人集会。警察不得参加此类私人集会。

(二)按照法律规定的条件和方法,公开聚会、列队游行和集会是允许的,但其目的和方式必须是和平的,并且不违反道德。

第四十五条　[请愿]

人人都有权自己署名写信给公众当局。只有正式成立的组织和法人团体有权集体写信给当局。

第四十六条　[庇护]

禁止引渡政治难民。

第四十七条　[国防与兵役]

国防是神圣的职责,服兵役是公民的光荣,国防和兵役应由法律予以规定。

第四十八条　[税收与最低生活水准]

依照法律纳税和缴付公共捐税是一项义务,为使维持最低的生活水准,法律应规定低收入者纳税义务之免除。

第四十九条　[公共秩序与公共道德]

维护公共秩序和尊重公共道德是科威特一切居民义不容辞的责任。

第四编　权力

第一章　总则

第五十条　[权力的分立与合宪性]

政府制度按照宪法之规定以权力分立原则为基础,相互配合发挥功能。任何一种权力均不得放弃本宪法规定的权限的全部或部分。

第五十一条　[立法权]

立法权按照宪法授予埃米尔和国民议会。

第五十二条　[行政权]

行政权按照宪法规定的方式授予埃米尔、内阁和各部大臣。

第五十三条　[司法权]

司法权赋予法院,由法院在宪法规定的权限范围内以埃米尔的名义行使之。

第二章　国家元首

第五十四条　[国家元首、豁免与不可侵犯性]

埃米尔是国家元首。他的人身是豁免和不可侵犯的。

第五十五条　[政府]

埃米尔通过其大臣行使权力。

第五十六条　[首相]

(一)埃米尔经惯例性协商之后任免首相职务。埃米尔根据首相的推荐任免各部大臣职务。

(二)各部大臣从国民议会议员和非国民议会议员中任命。

(三)各部大臣的名额总数不得超过国民议会议员人数的三分之一。

第五十七条 [新政府]

内阁在国民议会每届任期开始时按照前条所规定的方法重新组阁。

第五十八条 [负责]

首相和各部大臣就国家的总政策对埃米尔集体负责。每位大臣各自就本部事务对埃米尔个别负责。

第五十九条 [埃米尔权力由法律规定]

由本宪法第四条所述的法律对埃米尔行使其宪法权力的条件进行规定。

第六十条 [埃米尔宣誓]

埃米尔在就任前应在专门召集的国民议会前作如下宣誓：

"余谨向万能的真主发誓：遵守国家的宪法与法律，保护人民的自由、利益和财产，并保卫国家的独立与领土完整。"

第六十一条 [代理埃米尔]

若埃米尔出国而法定继承人又无能力担任其代表，则埃米尔应以埃米尔命令任命一名代表在埃米尔出缺期间行使埃米尔的权力。此项埃米尔命令得包含代表埃米尔行使上述权力的特定安排，或权力范围的限制。

第六十二条 [代理埃米尔的资格]

代理埃米尔应符合本宪法第八十二条所规定之资格。若代理埃米尔是内阁阁员或国民议会议员，在担任代理埃米尔期间不得行使内阁职能或参加国民议会的工作。

第六十三条 [代理埃米尔宣誓]

（一）代理埃米尔在就任前应在专门召集的国民议会按本宪法第六十条规定的誓词宣誓，并附加下列词句：

"并效忠于埃米尔。"

（二）在国民议会闭会期间，埃米尔代表应在埃米尔面前宣誓。

第六十四条 [代理埃米尔不得兼职]

本宪法第一百三十一条的规定适用于代理埃米尔。

第六十五条 [法律宣布与埃米尔的创议]

（一）埃米尔有权创议、批准和宣布法律。法律的颁布应于国民议会将法律提交埃米尔的日期后三十日内进行。如遇紧急情况，此期限减少至七天。此种紧急情况应由国民议会以其议员的多数投票决定。

（二）在计算公布法律时间时，法定假日不应计入。

（三）若公布的时间已满，国家元首没有要求重新审议，此项法案即视为已经批准并予以公布。

第六十六条 [法案]

将法案提交重新审议应以命令为之并说明理由。若国民议会以其议员的三分之二多数投票确认此项法案，埃米尔应从法案提交给他之日起三十日内予以批准和公布。若此项法案未获得上述多数，在同一常会期间不得再予审议。若国民议会在下一次常会仍以议员的多数投票确认该法案，埃米尔应从此法案提交给他之日起三十日之内予以批准和公布。

第六十七条 [总司令]

埃米尔是武装力量的最高指挥官。他根据法律任免军官。

第六十八条 [战争]

埃米尔以命令宣布进行防御性战争。禁止进攻性战争。

第六十九条 [戒严]

（一）埃米尔在法律所规定的必要情况下并依特定程序宣布戒严。宣布戒严应以命令为之。此项命令应在颁布之后十五日以内提交国民议会，讨论决定此项戒严令的前途。若宣布戒严是在国民议会被解散期间，此项戒严令应提交新一届国民议会第一次会议讨论决定。

（二）若非国民议会议员多数投票决定继续有效，戒严不得继续。

（三）任何情况下，均应按照上述程序每三个月向国民议会请示报告。

第七十条 [条约]

（一）埃米尔得以命令缔结条约，并应立即将条约连同相应的说明送交国民议会。

（二）但是和平和联盟条约；有关国家领土、国家自然资源或主权权利或公民的公共权利或私人权利的条约；商务、通航和居住条约；以及承担预算未规定的追加开支费用的条约，或者包含修改科威特法律的条约，只有依法批准时才能生效。

（三）条约在任何情况下均不得含有违反前款所载内容的秘密条款。

第七十一条 [紧急命令]

（一）在国民议会休会期间或被解散之时，如有必要采取紧急措施，埃米尔得颁布具有法律效力的命令，但这些命令不能和宪法相抵触或者违反预算法所包括的拨款规定。

（二）若国民议会正在会期当中，此类命令应在颁布之后十五日内提交国民议会。若国民议会已解散或已任期届满，此类命令应提交下届国民议会第一次会议。若这些命令未提交国民议会，不必根据任何规定，即溯及既往地丧失法律效力。若提交国民议会，国民议会不予确认，此类命令即溯及既往地丧失法律效力，但国民议会认可此类命令之间的效力或另行决定其效力问题除外。

第七十二条 [法律的执行]

埃米尔得以命令颁布执行法律所必需的法规，但不得修改或者中止此类法律或者免予执行这些法律。为执行法律之必要，法律得为法规规定比命令更不正式的手段。

科威特国宪法

第七十三条 ［法规］

埃米尔得以命令颁布公共秩序和健康的法规,以及为组织公众服务和行政机构所必需的法规,但不得同法律相抵触。

第七十四条 ［外交］

（一）埃米尔按照法律任免文武官员以及派往外国的外交代表。

（二）埃米尔同样接受外国外交代表之国书。

第七十五条 ［大赦与特赦］

（一）埃米尔得以命令实行赦免和减刑。

（二）但大赦只有根据法律并且是在提出赦免建议之前犯的罪行,才允许实行。

第七十六条 ［荣典］

埃米尔按照法律授予荣典。

第七十七条 ［铸币］

铸币应以埃米尔之名义按照法律进行。

第七十八条 ［埃米尔之薪酬］

国家元首就任后,在其执政期间,其年俸由法律加以规定。

第三章 立法权

第七十九条 ［排他性立法］

法律未经国民议会通过和埃米尔批准,不得公布。

第八十条 ［选举与阁员］

（一）国民议会由五十名议员组成,议员按照选举法之规定以普遍和秘密投票方式直接选举产生。

（二）阁员若不是当选国民议会议员,则视为当然议员。

第八十一条 ［选区］

选区由法律确定。

第八十二条 ［资格］

国民议会之议员应:

1. 依法应具有科威特原籍;

2. 按照选举法应具有选民资格;

3. 在选举日应不小于三十周岁;

4. 应能读写阿拉伯语。

第八十三条 ［任期与再选］

（一）国民议会任期四年,自第一次会议之日起算。新一届国民议会的选举应在上述任期届满前六十日内举行,但应遵守第一百零七条的规定。

（二）任期届满的议员可以重新当选。

（三）国民议会的任期,除非因战时需要并依照法律,不得延长。

第八十四条 ［缺位］

（一）国民议会因故在任期届满前出现缺位,应从国民议会宣布缺位之日起两周内举行补缺选举。新当选议员的任期应持续到前任任期届满时为止。

（二）若缺位是在国民议会任期届满前六个月内发生,不再选举继任人。

第八十五条 ［年常会］

国民议会每年举行会议一次,会期不得少于八个月。此种会议在预算批准前,不得闭会。

第八十六条 ［常会之开始］

国民议会从每年 10 月开始,由埃米尔召集常会。若召集令在 10 月 1 日前尚未颁布,国民议会会议的时间应认为是在该月的第三个星期六的上午九时。若当天遇到官方假日,国民议会应在下周的第一天举行会议。

第八十七条 ［首次会议］

（一）无论前两条规定如何,埃米尔应于大选结束后两周以内召集国民议会以举行第一次会议。若召集令在此期间内尚未颁布,国民议会会议即视为已经在紧接两周限期后的一天早晨举行,但应遵守前条有关规定。

（二）若国民议会的会议日期推迟到宪法第八十六条所指年会日期以后,第八十五条所定常会期限可以根据上述两个日期的差额予以缩短。

第八十八条 ［非常会议］

（一）若埃米尔认为必要,或者根据国民议会多数议员的要求,国民议会得根据命令召开非常会议。

（二）国民议会在非常会议中除审议不经内阁同意即召开会议审议的事项外,不得审议其他事项。

第八十九条 ［休会］

埃米尔宣布常会和非常会议之休会。

第九十条 ［会议地点］

国民议会不按指定的时间或地点举行的会议,一概无效,经此通过的决议亦属无效。

第九十一条 ［议员宣誓］

国民议会议员在国民议会或者国民议会所属委员会任职以前,应在公开会期向国民议会作如下宣誓:

"余谨向万能的真主发誓:效忠国家和埃米尔,遵守国家的宪法与法律,保护人民的自由、利益和财产,忠诚地履行自己的职责。"

第九十二条 ［国民议会议长］

（一）国民议会在第一次会议上从议员中选举整个任期内的议长和副议长各一人。若议长和副议长出缺,国民议会应就剩余的任期选举继任人。

（二）一切选举均应得到国民议会出席议员的绝对多数投票。若第一次投票未得到绝对多数票,应由得票最多的两名候选人再举行一次选举。若取得相同票数的第二位名次的候选人有一人以上,所有这些得票相等的候选人都参加第二轮投票。在此种情况下,得到最多票数的候选人,即为当选。若最后一次

275

投票还相等，用抽签方式来决定当选。

（三）在议长选出前，由最年长的议员主持国民议会第一次会议。

第九十三条　[委员会]

国民议会在其年会的第一周内成立为行使其职能所必需的各种委员会。这些委员会在国民议会休会期间履行其职责，以便在国民议会开会时向国民议会提出自己的建议。

第九十四条　[公开]

国民议会的会议公开举行。根据政府、议长或十名国民议会议员的要求，可以举行秘密会议。就此项要求进行的辩论应秘密进行。

第九十五条　[选举的有效性]

国民议会对议员的选举是否有效作出决定，非有国民议会全体议员的过半数以上投票赞成，不得宣布选举无效。此项权限依法可以委托给司法机关。

第九十六条　[议员辞职]

国民议会是接受国民议会议员辞职的全权机关。

第九十七条　[法定人数与多数]

国民议会的会议，须有过半数以上议员出席，才算有效。国民议会通过决议，须有出席议员的绝对多数投票赞成，但要求特定多数的情况除外。表决结果若为赞成票和反对票相等，提案即视为被否决。

第九十八条　[施政纲领]

每届内阁在组成后应立即向国民议会提出施政纲领。国民议会得就该项施政纲领进行评论。

第九十九条　[询问]

国民议会任一议员就首相和各大臣权限范围内之事务，均可向首相和该大臣提出询问，要求予以澄清。询问者有权单独对答复进行评论。

第一百条　[质询]

（一）国民议会任一议员就首相和各大臣权限范围内之事务，均可向首相和该大臣提出质询。

（二）质询提出后至少经过八天，才能就该项质询进行辩论，但遇紧急情况并取得有关大臣的同意者除外。

（三）按照宪法第一百零一条和第一百零二条的规定，质询可以导致国民议会提出不信任案之问题。

第一百零一条　[不信任投票]

（一）各大臣就本部事务对国民议会负责。若国民议会对某大臣通过不信任投票案，该大臣即被视为从不信任案通过之日起已经辞职并随即提出正式辞呈。在对向某大臣提出的质询进行辩论后，非经该大臣请求或者十名议员联名要求，不得对该大臣提出信任案问题。国民议会只有在信任案提出经过七日后，

才能就此项要求作出决议。

（二）对某大臣撤销信任，须达到包括阁员大臣在内的国民议会全体议员之过半数通过。各大臣不参加信任案的表决。

第一百零二条　[不信任首相]

（一）首相不担任阁员职务，亦不得在国民议会提出对首相之不信任案。

（二）但若国民议会按照前条规定的方式决定不能和首相合作，应将此问题提交国家元首。在此情况下，埃米尔或者解除首相职务并任命新的内阁，或者解散国民议会。

（三）若解散国民议会后，新产生的国民议会仍以前述过半数票决议，不能和该首相合作，该首相即视为从国民议会通过决议之日起已经辞职，并即成立新内阁。

第一百零三条　[政府之连续性]

首相或大臣因任一原因辞职，其应继续处理紧迫事务直至继任者已任命为止。

第一百零四条　[埃米尔演说]

（一）埃米尔得召开国民议会年会，并发表埃米尔演说，评论上一年的国家形势和所发生的重要公众问题，并概述来年将要实行的政府方案和改革计划。

（二）埃米尔得委托首相召开国民议会，或者致埃米尔演说辞。

第一百零五条　[埃米尔演说之答辞]

国民议会就其议员选举组成委员会，以起草对埃米尔演说的答辞，答辞中包括国民议会的评论和希望。该答辞经国民议会批准后，即提交埃米尔。

第一百零六条　[延期]

埃米尔得以命令延长国民议会之会议，但不得超过一个月。经国民议会同意在同次常会期间可以再次休会，但仅限一次。计算常会持续时间，常会延长期间不应计算在内。

第一百零七条　[解散]

（一）埃米尔得以命令解散国民议会并在命令中表明解散的理由。但不得以同样理由再次解散国民议会。

（二）若发生解散国民议会之情形，应从解散之日起不超过两个月的期间内举行新国民议会的选举。

（三）若未在上述期间内举行选举，被解散的国民议会应恢复其全部宪法权力，并立即开会，犹如解散未曾发生一样。国民议会继续行使职能直到新届国民议会选出时为止。

第一百零八条　[议员独立性]①

国民议会议员代表整个国家。他应保护公共利

---

①　此标题为译者所加。使馆惠寄的英文版每条前没有标题，而其他版本则将本条作为第一百零七条第四款，因此亦没有标题。——译者注

益,在国民议会中或其委员会中履行职责时,不服从任何权威。

第一百零九条 ［议员个人提案］

(一)国民议会议员有立法创议权。

(二)在同次常会期间,议员提出的法案若被国民议会否决,则不得再次提出。

第一百一十条 ［保障］

国民议会议员在国民议会或其委员会中得自由表达任何观点或意见。在任何情形下,他均不因此承担责任。

第一百一十一条 ［豁免］

除现行犯以外,非经国民议会批准,议员在国民议会开会期间不受调查、逮捕、拘留或其他任何刑罚措施。在国民议会开会期间,必须将依照上述规定所采取的刑罚措施通知国民议会。每逢国民议会第一次会议开会时,必须将在国民议会闭会期间对任何议员采取的此类措施通知国民议会。无论如何,若国民议会在接到要求批准的请求之日起一个月内未作出决定,即认为已经表示同意。

第一百一十二条 ［议会讨论］

根据五名议员联名请求,可以将普遍关心的问题提交国民议会讨论,以便弄清政府的政策并就此交换意见。其他一切议员亦有权参加讨论。

第一百一十三条 ［议会请求］

国民议会得向政府表达其关于公共事务的意愿。政府若不答复此项愿意,则应向国民议会陈述理由。议会得立即评论政府的陈述。

第一百一十四条 ［调查委员会］

国民议会随时有权成立调查委员会,或者派一名或多名议员调查其职权范围内的任何问题。各大臣和一切政府官员均必须提供要求他们提供的证明、文件和报告。

第一百一十五条 ［请愿委员会］

(一)国民议会得从其年度常设委员会中成立特别委员会,以处理公民提交国民议会的请愿和控诉。委员会得要求有权机关进行说明,并且通知与结果有关的人员。

(二)国民议会议员不得干涉司法权或行政权。

第一百一十六条 ［政府的发言权］

首相和各大臣无论何时提出要求,都可在议会发言。他们得要求任何高级官员给予协助,或者委派任何高级官员代表他们发言。国民议会得要求各部大臣在讨论有关该部问题时出席会议。内阁在国民议会开会时得由首相或者特定大臣作代表。

第一百一十七条 ［议事规则与出席义务］

国民议会得制定议事规则,包括国民议会及其委员会的程序以及有关讨论、表决、询问、质询和宪法规定的其他一切职能的规则。此项议事规则还规定违反规则或无正当理由缺席国民议会会议或其委员会会议的议员受到的制裁。

第一百一十八条 ［国民议会秩序与禁止军队驻扎］

(一)维护国民议会的秩序是国民议会议长的责任。国民议会在议长领导下拥有特别警卫。

(二)非经议长请求,武装部队不得进入国民议会或在靠近国民议会门口的地方驻扎。

第一百一十九条 ［薪俸］

国民议会议长、副议长和议员的薪俸由法律规定。若变更上述报酬,不到下届任期,该项变更不得生效。

第一百二十条 ［不得兼职］

(一)国民议会议员不得兼任公共官职,但依照宪法允许担任的除外。在此种情况下议员的报酬和公共官职的报酬权不得重复享受。

(二)法律规定不得兼职的其他情形。

第一百二十一条 ［经济性不得兼职］

(一)国民议会议员在担任议员期间,不得担任公司的董事,亦不能参与或享有政府或公共团体授予的特许权。

(二)在担任议员期间,议员亦不得购买或租用国家的财产,也不得将个人财产出租、出卖或交换给政府,但由公开拍卖或投标,或符合强制取得制度者除外。

第一百二十二条 ［禁止受勋］

议员在任职期间,除不能担任与议员资格不相容的公共官职外,亦不得被授予勋章。

第四章 行政权

第一节 内阁

第一百二十三条 ［内阁］

内阁控制国家各部门。内阁拟定政府的总政策,付诸实施,并监督政府各部工作的执行情况。

第一百二十四条 ［政府薪俸］

(一)法律确定首相和各大臣的薪俸。

(二)有关大臣的其他规定适用于首相,但另有规定者除外。

第一百二十五条 ［阁员资格］

大臣应符合本宪法第八十二条规定的资格。

第一百二十六条 ［阁员宣誓］

首相和各大臣在就任以前应向埃米尔进行本宪法第九十一条规定的宣誓。

第一百二十七条 ［首相监督］

首相主持内阁会议并监督各部工作的协调行动。

第一百二十八条 [秘密、法定人数、多数、合作与递呈]

（一）内阁会议之审议是秘密的。内阁只有其成员过半数出席和出席成员过半数赞同，才能通过决议。若表决结果赞成者和反对者票数相等，以首相投票支持的一方获胜。

（二）少数必须服从多数的意见，否则应辞职。

（三）内阁决议若需要发布命令，则须递呈埃米尔批准。

第一百二十九条 [政府跟随首相]

首相辞职或者免职，应包括大臣全体的辞职或者免职。

第一百三十条 [各部与指示]

各大臣应监督本部事务，并执行政府的总政策。各大臣也要为本部拟定指示并监督其执行。

第一百三十一条 [大臣之豁免]

（一）大臣在任职期间不得担任其他公职，或者直接间接从事其他职业，或者经营任何工业、商业或金融事业。此外，大臣不得享有政府或公共团体授予的特许权，或者以任何公司董事的资格兼任部的职务。

（二）在任职期间，大臣不得购买或者租赁国家的财产，公开拍卖亦属禁止之列，亦不得将其个人财产出租、出卖或交换给政府。

第一百三十二条 [大臣职务与起诉]

大臣在履行职务中的犯罪行为，由特别法律加以规定，并由特别法律规定对他们的起诉和审讯程序以及负责审讯的主管机关，此规定不影响将其他法律适用于其一般行为或罪行以及由此而发生的民事责任。

第一百三十三条 [自治]

普通自治体和城市自治体由法律加以规定，唯应保证其独立性并服从政府的指导和监督。

第二节　财政事务

第一百三十四条 [设立税收]

非通过法律不得设立、修改或废止一般税。除非依照法律规定的情形，任何人不得全部或部分免除缴付此类税款之义务。不得要求任何人支付法律限制之外的税款、费用或承受其他负担。

第一百三十五条 [基金]

法律规定征集公共基金的规则和此类基金的支出程序。

第一百三十六条 [公债]

公债由法律决定。政府得以法律或者在预算拨款限制范围内发行或者担保公债。

第一百三十七条 [自治体之公债]

普通自治体和地方自治体得依法发行或担保公债。

第一百三十八条 [国家财产]

国家财产的保护、管理、处分之条件以及得放弃的范围，其规则由法律加以规定。

第一百三十九条 [财政年度]

财政年度由法律确定。

第一百四十条 [年度预算]

政府应编制包括国家收入和支出的年度预算，至迟在每个财政年度结束前两个月提交国民议会审查和批准。

第一百四十一条 [预算审议与目的]

（一）预算应在国民议会逐项经过讨论。

（二）除法律有规定外，财政收入不得用于特殊目的。

第一百四十二条 [特殊基金]

若开支在性质上所需要，法律得分配一年以上的特殊基金，但必须每项预算包括分配给该年的基金，或者编有超过一个财政年度的特别预算。

第一百四十三条 [禁止税收包含]

预算法不得包括任何规定，借以建立新税、增加现有税额、修改现行法律或者逃避颁布宪法要求就特定事项应颁布的特别法律。

第一百四十四条 [依法预算]

预算应以法律公布。

第一百四十五条 [持续预算]

（一）若预算法在财政年度开始之前尚未公布，上年度预算应适用到新预算公布时为止，收入应予征集，支出应按上年结束时已生效的法律分配。

（二）然而，若国民议会已经批准新预算的一部分或若干部分，预算被批准的部分即应生效。

第一百四十六条 [预算变更]

不包括在预算内的支出，或者超过预算拨款的支出，以及任何基金从预算的一部分转到另一部分，均应依法律规定才能有效。

第一百四十七条 [最高支出]

在任何情形下，均不得超出预算法或预算修改法所包含的预计支出的最高限度。

第一百四十八条 [总预算]

总预算，无论独立抑或附加，均必须由关于国家预算的法律予以规定。

第一百四十九条 [决算]

上一年度国家财政管理的决算应在上年结束时起四个月内提交国民议会审议和批准。

第一百五十条 [政府报表]

政府在每届国民议会常会期间，应至少向国民议会提交国家财政情况的报表一次。

第一百五十一条 [审计委员会]

由法律设立财政监督和审计委员会，并保证其独立性。委员会附属于国民议会,协助政府和国民议会监督在预算范围内征集国家收入和分配支出。委员会应向政府和国民议会就自己的活动和监督提交年度报告。

第一百五十二条　[自然资源]

非依法律的规定并限于一定限期内,不得授予开发自然资源或公共服务的特许权。在此方面采取预备措施,促进开展钻探和考察工作,并保证公开和竞争。

第一百五十三条　[专营权]

非依法律的规定并限于一定限期内,不得授予专营权。

第一百五十四条　[货币、金融与度量衡]

法律规定货币制度和金融制度,确定货币本位和度量衡。

第一百五十五条　[养老金]

法律规定薪金、养老金、赔偿费、补助金和退职金,此类项目应由国家财政支出。

第一百五十六条　[地方预算]

有关地方团体和具有公法人资格的团体的预决算,由法律予以规定。

第三节　军事事务

第一百五十七条　[和平与国家完整]

和平是国家的目的,国家完整是伟大的阿拉伯世界完整的一部分,保卫国家完整是每个公民应负的责任。

第一百五十八条　[兵役]

兵役义务由法律加以规定。

第一百五十九条　[武装部队的建立]

唯国家得建立武装部队和公共安全机构,但须依照法律的规定。

第一百六十条　[动员]

总动员或局部动员应依法律的规定。

第一百六十一条　[最高国防委员会]

依法设立最高国防委员会,负责指挥有关防御、保卫国家完整以及监督武装部队的工作。

第五章　司法权

第一百六十二条　[法官的公正性]

法院的荣誉以及法官的正直和公正是裁决的基础,也是权利与自由的保障。

第一百六十三条　[司法独立]

法官在司法工作中不服从任何机关。对司法活动不容有任何干涉。法律保障司法机关的独立,并规定有关法官的保证和条款,以及法官的不可撤销性的

条件。

第一百六十四条　[法院制度与军事法院]

法律规定各类各级法院并明确它们的职能和管辖权。除非在戒严令生效时,军事法院只审理武装和公安部队的人员在法律规定的范围内所犯的军事罪行。

第一百六十五条　[审判公开]

除法律规定的特殊情形外,法院开庭必须公开。

第一百六十六条　[诉诸法院的权利]

全体人民诉诸法院的权利应受保障。法律规定行使此项权利所必要的程序和方法。

第一百六十七条　[公诉]

(一)公共检察署代表社会提出刑事指控。它监督司法警察事务,刑事法律之实施,追捕罪犯以及执行判决。法律调整此一机关,规定其职责,并确定承担检察职务的人员的条件和保证。

(二)作为例外,法律得委托公安机关依照法律规定的方法处理对轻微罪行的起诉。

第一百六十八条　[最高司法委员会]

法院得依法成立最高委员会,法律规定此委员会的职责。

第一百六十九条　[行政司法]

法律规定通过法院的特别法庭或特别法院解决行政争诉,并规定其组织和对违法行政行为的撤销与赔偿进行行政审判的方法。

第一百七十条　[法律事务部]

法律组织特定的机构,从而为各部和公共行政机构提供法律意见并拟定诉状和规章。法律并规定代表国家和其他公共机构出席法庭的代理人。

第一百七十一条　[国政委员会]

为执行行政审判职能,提供法律意见以及拟定诉状和规章,得按前两条的规定,依法设立国政委员会。

第一百七十二条　[管辖权冲突]

法律规定解决各种法院之间管辖权或判决之争议的方法。

第一百七十三条　[违宪审查]

(一)法律规定有权决定有关法律和法规合宪性问题之争议的司法机关,并确定这一机关的管辖权和程序。

(二)法律保障政府和利害关系方在上述机关就法律和法规合宪性问题提出异议的权利。

(三)若上述机关裁决法律或法规违宪,该法律或法规即视为无效和作废。

第五编 一般条款和过渡条款

第一百七十四条 ［宪法修改］

（一）埃米尔或国民议会三分之一的议员有权建议修改宪法或删除某一条款或若干条款或者增加新的条款。

（二）若埃米尔和国民议会全体议员的过半数赞成修改的原则和主要理由，国民议会应逐条讨论修正提案。须有国民议会全体议员三分之二的多数同意，修正案才得通过。不管本宪法第六十五条和第六十六条的规定，修正案只有经埃米尔批准和公布后才开始生效。

（三）若修改的原则和主要理由被否决，从被否决起一年之内不得再提出此项修改。

（四）从本宪法开始生效之日起五年之内不得对本宪法进行修改。

第一百七十五条 ［宪法修改之限制］

本宪法规定的有关科威特埃米尔制以及自由和平等原则的条款，不得建议加以修改，但有关埃米尔制之名称或增加自由和平等之保证的除外。

第一百七十六条 ［埃米尔的权力］

在埃米尔代理人为埃米尔执政时，本宪法规定的埃米尔享有的权力，不得建议加以修改。

第一百七十七条 ［条约的延续］

本宪法的实施不影响科威特以前同外国和国际组织缔结的条约和协定。

第一百七十八条 ［法律之公布］

法律应在公布后两周内在官方公报上发表，并从发表后一个月开始生效。如法律另有特别规定者，生效的时间可以延长或缩短。

第一百七十九条 ［溯及既往的法律］

法律适用于该法律生效之日后发生的事件，因而对生效之日前已经发生的事件不发生效力。但对刑事以外的事务，经国民议会全体议员过半数同意，另有法律规定的除外。

第一百八十条 ［法律的延续］

一切法律、法规、政令、命令和决定，在本宪法开始生效后，如未按照本宪法规定的程序修改或废除，仍继续适用，但与本宪法的任何条款有抵触者除外。

第一百八十一条 ［禁止中止宪法］

除戒严令生效并在法定范围内，本宪法的任何条款不得被停止。在戒严期间，国民议会会议决不得中止，议员的豁免权不得受干涉。

第一百八十二条 ［公布与实施］

本宪法应在官方公报上发表，并于国民议会不迟于1963年1月开会之日开始生效。

第一百八十三条 ［延续议会］

关于过渡时期政府体制的1962年第1号法律继续有效，立宪会议的现有议员继续履行1962年第1号法律规定的职责，直到国民议会开会时为止。

科威特国埃米尔

阿布杜拉·萨利姆·萨巴赫

回历1382年五月十四日（即公元1962年11月11日）

公布于剑宫（Seif Palace）

老挝人民民主共和国宪法[*]

（1991 年 8 月 14 日最高人民会议第六次会议通过，
2003 年 5 月 6 日由国会修正通过，同年 5 月 28 日总统颁布）

序　言

数千年来，我老挝各民族同胞世代生息繁衍在这片我们深爱的土地上。早在六个世纪以前的法昂时代，我们的祖先就在这里建立了繁荣统一的国家——澜沧王国。

18 世纪以来，老挝经常受到外部势力的威胁和侵略，老挝人民发扬英勇战斗和不屈服的光荣传统，为捍卫国家的独立和自由进行了不屈不挠的斗争。

60 多年来，在前印度支那共产党和现在的老挝人民革命党的正确领导下，老挝各民族人民经过艰苦卓绝和充满牺牲的斗争，终于打碎了殖民主义和封建制度压迫统治的枷锁，取得了彻底的解放，并于 1975 年 12 月 2 日建立了老挝人民民主共和国，从而揭开了老挝国家独立、人民自由的历史新篇章。

建国以来，全国人民积极贯彻执行保卫祖国、建设祖国两大战略任务，特别是采取了志在利用国内资源以保障人民民主制度以及创造条件向社会主义前进的改革。

在新的历史时期，社会生活要求我们的国家拥有一部宪法。这部宪法是我国人民民主制度的宪法，它确认了我国人民在解放事业和建设事业中所取得的伟大成就，规定了在新时期国家的政治制度和社会经济制度、公民的基本权利和义务以及国家机构的组织制度。在我国历史上，第一次在国家的根本大法中规定了人民的主人翁权利。

这部宪法是广泛集中全国人民意见的成果，它体现了全国人民努力将老挝建设成为和平、独立、民主、统一繁荣的新国家的长远愿望和强烈决心。

第一章　政治制度

第一条

老挝人民民主共和国是独立国家，拥有自己的主权以及包括领水、领空在内的领土完整，是不可分割的、多民族的统一国家。

第二条

老挝人民民主共和国是人民民主国家。国家的一切权力属于人民、由人民行使并为以工人、农民和知识分子为主体的社会各民族、各阶层的利益服务。

第三条

老挝人民民主共和国各族人民的国家主人翁权利，通过以老挝人民革命党为领导核心的政治制度的运作加以保障和实现。

第四条

1. 老挝人民民主共和国人民选举国会议员以保障其权利、权力和利益。

2. 老挝国会是老挝人民的代表机构。国会议员的选举产生，根据普遍、直接、平等和无记名投票的原则进行。

3. 选民认为自己选出的代表不称职或失去人民信任时，有建议将其罢免的权利。

第五条

国会和国家机构根据民主集中制原则组成和工作。

第六条

国家保护人民的自由和民主权利不受任何侵犯，为了保护人民的合法利益，国家机关和国家工作人员必须向人民宣传推广国家的政策、规章及法律，并和人民共同组织执行之。禁止一切有损于人民的荣誉、人身、生命、精神和财产的官僚主义的行为以及侵权行为。

第七条

老挝建国阵线、老挝工人联合会、老挝革命青年团、老挝妇女联合会和其他社会团体，是团结和动员各民族、各阶层人士参加保卫祖国和建设国家事业、发挥人民自决权以及保护各成员的正当权益的社会

---

[*]　译自老挝人民民主共和国国会提供的官方英文版。译者：陈泽荣。校对：张思怡。

群众组织。

第八条

国家实行民族团结和民族平等的政策。各民族都有维护和发展本民族和老挝全民族良好的风俗习惯和文化的权利，禁止任何将会导致民族分裂和民族歧视的行为。

国家采取各种措施，逐渐发展和提高各民族的社会经济水平。

第九条

国家尊重和保护佛教徒及其他信教者的合法活动，鼓励僧侣和其他信教者积极参加各项有利于国家、有利于人民的活动，禁止一切将会导致宗教分裂、民族分裂的行为。

第十条

老挝人民民主共和国实行依宪法和法律治国的方针。老挝人民革命党和国家的各机构、老挝建国阵线、各群众团体、各社会组织和所有公民都必须在宪法和法律的范围内活动。

第十一条

国家全面贯彻全民参与下的国防和国家安全。国防和国家安全部队必须发扬忠于祖国、忠于人民的精神，履行保卫革命成果、人民生命、财产以及劳动的任务，积极参加国家建设事业，为实现国家的富裕和强大作出贡献。

第十二条

1. 老挝人民民主共和国奉行和平、独立、友好、合作的外交政策；在和平共处、互相尊重独立、主权和领土完整、互不干涉内政和平等互利原则的基础上发展与世界各国的友好合作关系。

2. 老挝人民民主共和国支持世界人民为了实现世界和平、国家独立、民主和社会进步所作出的努力。

第二章 社会经济制度

第十三条

老挝人民民主共和国的经济制度建立在政府鼓励下、多种经济成分并存的基础之上，老挝发展生产力，扩大制造业、商业与服务业、流通业，把自然经济转变为商品经济和制造经济，在利用地区和国际经济的基础上实现国家经济的稳定与持续发展，不断提高人民的精神生活和物质生活水平。

各种类型的企业法律面前一律平等，并依市场经济原则运行，在建设社会主义的道路上，接受政府基于规制基础上的相互竞争、扩大生产和商业交往。

第十四条

国家促进国内各经济部门在制造业、商业与服务业，对产业转型与现代化以及对国民经济的发展与强

大具有贡献的所有投资。

第十五条

国家保障在老挝人民民主共和国的外国投资，为吸引外资、技术运用，在生产、流通与服务业中吸收各种现代管理方式创造有利条件。

投资者在老挝人民民主共和国的合法资产与资本不受国家没收、扣押或国有化。

第十六条

国家保护各种形式的所有权：国家所有、集体所有、国内私有、外国投资者在老挝人民共和国境内的私人所有。

第十七条

国家保护各组织和个人所享有的，包括占有权、使用权、收益和处分权在内的所有权以及继承权。土地是国家的财产，国家保证对土地的使用权、转让权和继承权依法行使。

第十八条

国家依法实行国家规制下的市场经济机制，实行中央部门集中统一管理和地方合理分工负责相结合的原则。

第十九条

一切团体和个人都必须保护自然环境，保护地表资源、地下资源、森林、动物、水资源、大气资源等。

第二十条

国家鼓励和引导在互相尊重独立、主权、平等互利的原则基础上，以各种形式发展同外国的经济联系。

第二十一条

国家强调重视经济，要和社会主义的发展相结合，更重要的是提高国民素质。

第二十二条

1. 国家重视发展教育事业、实行义务教育，以培养具有创新能力、知识和专门技能的良好公民。

2. 国家和社会重视发展高质量的国民教育，创造机会及有利条件促进全民教育，特别是偏远地区、少数群体、妇女及处于不利条件的儿童教育。

3. 国家依法保障私有经济对国民教育事业的投资。

第二十三条

1. 国家实行保障、发展代表国家和民族优秀文化与吸收世界先进文化结合起来的政策。

2. 国家促进文化活动、优秀艺术以及发明，管理和保障文化、历史、自然遗产以及保存历史文物和历史古迹。

3. 国家重视发展和扩大用于国家保障和发展的大众媒体活动。

4. 禁止所有有损国家利益、优秀文化或老挝人民尊严的文化活动与大众媒体活动。

老挝人民民主共和国宪法

第二十四条

国家重视发展科学知识、科学发明、技术创新与运用,在创设科学家共同体以促进工业化和现代化的同时保护知识产权。

第二十五条

1. 国家重视发展和扩大公共卫生事业。

2. 国家和社会共同建立和发展疾病防治系统并为所有人提供医疗服务,创造条件以保证所有人,特别是妇女、儿童、穷困人员以及偏远地区的人员都能够获得医疗服务,以确保所有人均具有良好的健康状态。

3. 国家保障私人依照法律、规章对公共卫生事业的投资。

4. 禁止所有的非法行医活动。

第二十六条

国家和社会鼓励、支持并投资于公共体育活动,包括传统体育活动和国际体育活动,以提升人们在体育方面的能力以及增强人民的体质。

第二十七条

国家和社会重视发展熟练工人,增强劳动纪律,发展专业技能和职业技能,保障劳动者的合法权益。

第二十八条

国家和社会重视执行社会保障政策,特别是针对国家英雄、士兵、退休公务员、残废人士、烈士家属、对国家有贡献人员的家属的保障政策。

第二十九条

国家、社会和家庭重视发展执行针对妇女的发展政策,支持妇女进步,保障妇女儿童的合法权益。

第三十条

1. 国家和社会促进和发展文化、历史旅游以及生态旅游。

2. 禁止任何有损国家的优秀文化或违反老挝人民民主共和国法律和规章的旅游。

第三章 国防与安全

第三十一条

保卫国家安全是国防与国家安全部队的职责。任何组织和所有老挝公民都有义务保障国家独立、主权和领土完整,保障人民的生命和财产,确保人民民主的稳定与持久。国防与安全事业应当与社会经济的发展相适应。

第三十二条

1. 国防与国家安全部队应当提高和壮大自身力量,增强对国家的忠诚度。作为具有真正革命精神的人民军事力量,严格遵守规则和具有高度军事能力的现代规划,保障国家稳定、和平与社会秩序。

2. 国家重视国防与国家安全部队物资、技术、手段、设备的供给以提升国防与安全部队的知识、能力、职业技能、战略和目标。

第三十三条

1. 国家和社会重视执行政策以保证国防与国家安全部队的体力及智力处于良好状态,激励国防和国家安全部队的后备力量以提高保卫国家和维持社会和平的力量。

2. 国防与国家安全部队必须成为自力更生、强大的军事力量以确保能够执行任务和为国家发展作出贡献。

第四章 公民的基本权利和义务

第三十四条

老挝公民是指依法具有老挝国籍的人。

第三十五条

老挝公民不分性别、社会地位、受教育程度、信仰和民族,在法律面前一律平等。

第三十六条

老挝公民年届十八周岁者有选举权,年届二十周岁者有被选举权,精神病人、精神错乱者及被法院依法剥夺选举权和被选举权者除外。

第三十七条

老挝男女公民在政治、经济、文化、社会和家庭等方面具有平等权利。

第三十八条

老挝公民有受教育的权利。

第三十九条

老挝公民有工作及合法就业的权利。劳动者有休息的权利,生病时有获得治疗的权利,在失去劳动能力时、残疾时、年老时和在法律规定的其他情况下,有获得帮助的权利。

第四十条

老挝公民有依法定居和迁徙的自由。

第四十一条

1. 老挝公民有权就涉及公共及自身的权利和利益的问题向国家有关部门提出申诉、请愿和表达自己的意见。

2. 公民的申诉、请愿和意见必须依法得到解决和答复。

第四十二条

老挝公民的人身、荣誉和住宅不受任何侵犯。除法律规定的情况外,如没有检察院或法院命令,老挝公民不受逮捕和搜查。

第四十三条

老挝公民有信教或不信教的自由。

283

第四十四条

老挝公民有不与法律相抵触的言论、出版、集会、结社和游行示威的自由。

第四十五条

老挝公民有研究和应用先进科学技术、进行合法的文艺创作和文化活动的自由。

第四十六条

国家保护在国外的老挝人的合法权益。

第四十七条

老挝公民有遵守宪法和法律、遵守劳动纪律、遵守社会生活秩序及公共行为准则的义务。

第四十八条

老挝公民有依法纳税的义务。

第四十九条

老挝公民有依法保卫祖国、维护社会安全，以及服兵役的义务。

第五十条

外国侨民及无老挝国籍者的权利和自由，根据老挝人民民主共和国的法律得到保护。他们有向老挝人民民主共和国法庭和有关部门提出申诉的权利，有遵守老挝人民民主共和国宪法和法律的义务。

第五十一条

老挝人民民主共和国允许因进行自由、正义和争取和平的斗争以及从事科学事业而受到迫害的外国人避难。

第五章　国会

第五十二条

老挝国会是各族人民权利、权力和利益的代表。老挝国会也是老挝人民民主共和国的立法机关，有权决定国家各项基本问题。同时，国会还有监督国家行政机关和司法机关活动的职权。

第五十三条

国会的职权如下：

1. 制定、批准和修改宪法；

2. 审查、批准、修改和废除法律；

3. 规定、改变和取消税收；

4. 审查、批准国家战略性社会经济发展计划和财政预算；

5. 选举、罢免国会常务委员会主席、副主席及委员；

6. 根据国会常务委员会的提议，选举和罢免国家主席、副主席；

7. 根据国家主席的提议，审查批准国务院的组成和解散国务院；

8. 根据国会常务委员会的提议，选举和罢免最高人民法院院长和最高人民检察院检察长；

9. 根据国务院总理的提议，决定设立或撤销部和相当于部的国家机构、省和市，决定省和市的管辖地区范围；

10. 决定特赦；

11. 依法决定同外国缔结的条约和协定的批准和废除；

12. 决定战争及和平的问题；

13. 监督宪法及法律的遵守和实施；

14. 法律规定的其他职权。

第五十四条

1. 国会每届任期五年。

2. 老挝人民民主共和国国会议员由老挝公民依法选举产生。

3. 下一届国会的选举至迟必须在本届国会任期届满之前两个月内完成。

4. 在发生战争或由于其他特殊情况而不能进行选举时，国会可以延长任期，但必须在情况恢复正常后的六个月内进行下届国会的选举。

5. 如经参加该议会的全体议员至少三分之二表决认为确有必要，当届国会得在本届议会届满之前进行新一届国会议员的选举。

第五十五条

1. 国会选举产生自己的常务委员会。常务委员会由常务委员会主席、副主席和一定数量的委员组成。

2. 国会的主席、副主席同时担任常务委员会的主席、副主席。

第五十六条

1. 国会常务委员会是国会的常设机关，在国会闭会期间代行国会职权。

2. 国会常务委员会行使以下职权：

（1）准备国会会议，确保国会能执行自己的工作计划；

（2）解释和说明宪法及法律；

（3）在国会闭会期间监督行政机关、人民法院以及人民检察院的行动；

（4）任命、调任或罢免各级人民法院和军事法院法官；

（5）召集国会开会；

（6）由法律规定的其他职权。

第五十七条

1. 国会每年举行两次例行会议，由常务委员会召集。

2. 国会常务委员会认为必要时，也可以召开国会特别会议。

第五十八条

1. 必须有半数以上议员出席才能举行国会会议。

2. 国会的决定，除宪法第五十四条、第六十六条及第九十七条规定的特殊情况外,必须有半数以上与会代表投票赞成方能生效。

第五十九条

以下机关及个人有权提出法律草案:

1. 国家主席;
2. 国会常务委员会;
3. 国务院;
4. 最高人民法院;
5. 最高人民检察院;
6. 老挝建国阵线及中央级群众组织。

第六十条

经国会批准的法律,由国家主席在批准后的三十日内公布执行。在公布之前的时间内,国家主席有权提请国会重新审议之。国家主席提请国会重新审议的法律,如果国会决定维持原决定,国家主席必须在重新决定后的十五日内公布执行。

第六十一条

凡涉及国家命运和人民重大利益的问题,必须提交国会处理。在国会闭会期间,必须提交国会常务委员会处理。

第六十二条

国会设置其下的委员会以审议法律草案、提交国会常务委员会及国家主席的总统令,协助国会和国会常设委员会监督行政机关、人民法院以及人民检察院的行为。

第六十三条

国会议员有权向国务院总理及政府其他成员、最高人民法院院长和最高人民检察院检察长提出质询,被质询的机关和个人必须以口头或书面形式在国会作出答复。

第六十四条

1. 非经国会许可,在国会闭会期间非经国会常务委员会许可,国会议员不受逮捕和刑事审判。

2. 在议员有现时不法行为或情况紧急需要暂时拘留时,拘留国会议员的机关必须立即报告国会,在国会闭会期间报告国会常务委员会,以便国会或常务委员会考虑决定。对国会议员的询问和讯问不能成为议员缺席国会会议的理由。

第六章 国家主席

第六十五条

老挝人民民主共和国主席是老挝人民民主共和国的国家元首,是老挝各族人民对内对外的代表。

第六十六条

1. 国家主席由国会全体代表三分之二之支持选举产生。

2. 国家主席的任期与国会任期相同。

第六十七条

老挝人民民主共和国主席的职权如下:

(1)公布实施由国会通过的宪法和法律;

(2)发布总统命令和法令;

(3)向国会提名或提议罢免总理,由国会审议和决定;

(4)经国会批准,任命、罢免总理,任命、调动或罢免政府其他成员;

(5)经最高人民法院院长的建议,任命或罢免最高人民法院副院长,经最高人民检察院检察长的建议,任命或罢免最高人民检察院副检察长;

(6)根据国务院总理的提议,任命、调动和罢免省长和市长;

(7)担任人民武装力量的总司令;

(8)根据国务院总理的提议,决定在国防和安全力量中服役的将军衔级的升降;

(9)召集并主持政府的特别会议;

(10)决定授予国家的金质勋章、功勋勋章、胜利奖章和国家的最高荣誉称号;

(11)决定赦免;

(12)决定全国总动员或者局部动员,决定全国或者某一地区处于紧急状态;

(13)宣布批准和废除同外国缔结的条约与协定;

(14)依总理的建议,派遣和召回老挝人民民主共和国驻外国的全权代表,接受外国派驻老挝人民民主共和国的全权代表;

(15)法律规定的其他职权。

第六十八条

1. 老挝人民民主共和国主席由老挝人民民主共和国国会选举产生,必须获得国会与会人数三分之二选票者才能当选国家主席。

2. 老挝人民民主共和国副主席协助主席工作,在国家主席不能履行职权时,代理国家主席。

第七章 国务院

第六十九条

1. 老挝人民民主共和国国务院是国家的行政管理机关。

2. 国务院统一管理国家政治、经济、社会文化、国防、治安和外交等各方面的工作。

第七十条

老挝人民民主共和国国务院的职权如下:

(1)贯彻执行宪法、法律和国会的决定,执行国家主席发布和颁布的命令和条例;

(2)向国会提交法律草案,向国家主席提交命令和条例草案；

（3）编制国家社会经济战略发展计划和年度预算计划，并提请国会审查批准；

（4）向国会或（在国会闭会期间）向国会常务委员会汇报工作、向国家主席汇报工作；

（5）发布有关国家管理、社会经济管理以及科学技术、国防、治安和外交等各领域的与管理工作相关的命令、条例；

（6）组织、指导和检查国务院各部门和地方政府的工作；

（7）组织、监督国防和安全部队的工作；

（8）同外国缔结条约和协定，并指导已缔结的条约和协定的执行；

（9）中止和取消国务院下属各部和其他部级机关及各省市制定的、与国家法律相抵触的决定和命令；

（10）法律规定的其他职权。

第七十一条

1. 国务院由总理、副总理、各部部长和其他部级委员会的主任组成。

2. 国务院每届任期与国会的任期相同。

第七十二条

国务院总理由国家主席在国会批准后任命。

第七十三条

1. 国务院总理是政府首脑，是政府的代表，领导和主持国务院、国务院各部、各委员会和其他各部门的工作，领导和主持各省、市的工作。

2. 国务院总理任命、调任、罢免国务院各部副部长、各部委员会副主任、各部门负责人、各省副省长和副市长，依法提高或降低国防与国家安全部队中校级军官的级别。

3. 副总理协理总理处理事务并执行总统分配的任务。总理在致力于处理其他事务时，可以指定一位副总理代表总理处理特定事项。

第七十四条

1. 当国会常务委员会或国会四分之一以上议员对国务院或国务院的组成人员提出不信任的议案时，国会将对国务院或该国务院组成人员进行不信任表决。

2. 在国会作出不信任决定后的二十四小时内，国家主席有权要求国会重新审议其决定。国会应在第一次审议后的四十八小时内进行重新审议。如果国会第二次审议时国务院或该组成人员仍不能获得国会的信任，则国务院或该组成人员必须辞职。

第八章　地方政府

第七十五条

1. 老挝人民民主共和国划分为三级地方行政区域，即省级、县级和村级。

省级地方行政区域包括省和市；

县级地方行政区域包括县和自治市；

村级地方行政区域包括村。

2. 省由省长治理，市由市长治理，县由县长治理，自治市由自治市市长治理，村由村长治理。

省长、市长、县长、自治市市长及村长在履行职务过程中应互相协助。

3. 国会在认为必要时得设置特别行政区。特别行政区的级别相当于省级。

第七十六条

省长、市长、县长的职权如下：

（1）保证宪法和法律在本地区的执行，执行上级机关的命令和决定；

（2）指导和检查所属各部门和下级的工作；

（3）中止和取消所属各部门和下级制定的与法律相抵触的决定；

（4）依法处理所属地区人民的申诉和建议；

（5）履行法律授予的其他职责。

第七十七条

自治市市长负责规划、执行及管理全市的城市发展和公共服务，依城市规划确保城市秩序和清洁，履行法律授予的其他职责。

第七十八条

村长负责在本村组织执行国家和上级的各项法律、法规、决定和命令，维护治安和社会秩序。

第九章　人民法院与人民检察院

第七十九条

老挝人民民主共和国各级人民法院是国家的审判机关，包括：

（1）最高人民法院；

（2）上诉法院；

（3）省、市人民法院；

（4）县人民法院；

（5）军事法院。

国会常务委员会认为有必要时，可决定设立特别法院。

第八十条

1. 老挝人民民主共和国最高人民法院是老挝国家的最高审判机关。

2. 最高人民法院检查监督地方人民法院和军事法院，对它们所作的判决进行监督和审查。

第八十一条

1. 最高人民法院副院长和各级法官，由国家主席依最高人民法院院长的建议任命或罢免。

2. 国会常务委员会依最高人民法院院长的建议任命、调任或罢免以下法官:

最高人民法院法官,上诉法院副院长和法官,省法院、市法院及县法院的法官,以及军事法院的院长、副院长及法官。

第八十二条

人民法院集体作出判决。法官在判决时,必须独立行使判决权,只遵照法律行事。

第八十三条

人民法院在开庭审理案件时,除法律规定的特殊情况外,必须公开进行。被告人有权就被起诉的问题进行辩护,律师有权在法律方面给予被告帮助。

第八十四条

社会团体的代表有权依法出席法庭参与诉讼。

第八十五条

党的组织、各国家机关、老挝建国阵线、各社会团体和公众必须尊重人民法院作出的并已取得终局法律效力的判决,有关的团体和个人必须坚决执行。

第八十六条

1. 人民检察院负责监督法律的实施。老挝人民民主共和国检察院包括:

(1)最高人民检察院;

(2)上诉人民检察院;

(3)省、市级人民检察院;

(4)县人民检察院;

(5)军事检察院。

2. 人民检察院的职权是:

(1)正确、统一监督中央各部门、各部级单位、老挝建国阵线、各人民团体、各社会团体、地方政府、企事业单位、公务员和人民群众执行法律的情况;

(2)行使公诉权。

第八十七条

1. 最高人民检察院监督各级人民检察院的工作。

2. 最高人民检察院副总检察长由国会常务委员会依最高人民检察院检察长之建议任命和罢免。

3. 上诉检察院检察长、副检察长,省、市人民检察长和副检察长,县人民检察长和副检察长及军事检察长,由最高人民检察院检察长任命、调任和罢免。

第八十八条

在履行检察职责时,检察官只服从法律和最高人民检察院检察长的指示。

第十章 语言、文字、国徽、国旗、国歌、国庆节、货币与首都

第八十九条

老挝语和老挝文是老挝人民民主共和国的通用语言和文字。

第九十条

老挝人民民主共和国的国徽是圆形的,圆形国徽的下方是齿轮和红色的彩带,彩带上写着"老挝人民民主共和国"字样;两边由两束成熟的谷穗围成圆形花环并系有红色彩带,彩带上有"和平、独立、民主、统一和繁荣"字样;两束谷穗之间是塔銮塔的图案;圆形国徽中央是道路、田园、森林和水电站的图案。

第九十一条

老挝人民民主共和国的国旗是深蓝色的底,红色的边和白色的满月。国旗的宽度为长度的三分之二,两条红边宽度各为深蓝色底宽度的二分之一,白色月亮的直径为深蓝色底宽度的五分之四。

第九十二条

老挝人民民主共和国的国歌是《老挝国歌》。

第九十三条

老挝的国庆节是 12 月 2 日,以纪念 1975 年 12 月 2 日宣告老挝人民民主共和国成立。

第九十四条

老挝人民民主共和国的货币是基普(Kip)。

第九十五条

老挝人民民主共和国的首都是万象市。

第十一章 最终条款

第九十六条

老挝人民民主共和国宪法是国家的根本法。任何法律均须与宪法保持一致。

第九十七条

1. 仅有老挝人民民主共和国国会享有修改宪法的权利。

2. 对宪法的任何修改,均须获得至少国会全体议员三分之二的支持方可通过。

第九十八条

本宪法自老挝人民民主共和国总统公布之日开始生效。

万象　2003 年 5 月 6 日

国会主席　沙曼·维雅吉

签名和盖章

黎巴嫩共和国宪法[*]

（1926 年 5 月 23 日制定公布，经 1927 年 10 月 17 日修正、1929 年 5 月 8 日修正、1943 年 11 月 9 日修正、1943 年 12 月 7 日修正、1947 年 1 月 21 日修正、1948 年 5 月 22 日修正、1976 年 4 月 24 日修正、1990 年 9 月 21 日修正和 2004 年 9 月 4 日修正）

第一编　根本规定

序　言[①]

（1）黎巴嫩是主权、自由和独立的国家。它是所有公民的最后家园。它依本宪法确定的和国际公认的界限在领土、人民、机构方面保持统一。

（2）黎巴嫩在其身份和归属上乃是阿拉伯国家。它是阿拉伯国家联盟的创始成员和活跃成员，并受该联盟条约和协定之约束。黎巴嫩同样是联合国的创始成员和活跃成员，并受其协约和《世界人权宣言》的约束。政府应无例外地在所有领域实现上述原则。

（3）黎巴嫩是议会制民主共和国，共和国的基础是尊重公共自由尤其是意见和信仰自由、尊重社会正义和所有公民在权利与义务方面无差别的平等。

（4）人民是一切权力和主权的来源，他们应通过宪法机构行使这些权力。

（5）政治制度系根据权力分立、平衡与合作的原则而建立。

（6）黎巴嫩实行自由经济制度，并确保私人创造性和私有财产权。

（7）地区之间教育、社会和经济的平衡发展应为国家统一和社会稳定的基础。

（8）取缔政治宗派主义是必须按阶段性计划努力实现的国家基本目标。[②]

（9）全体黎巴嫩人拥有单一的黎巴嫩领土。任何黎巴嫩人均有权在黎巴嫩领土的任何部分生活，无论定居何处均应有权享受法律之治。禁止基于任何归属之种类对人民加以隔离，同时禁止分裂、分割或非黎巴嫩人在黎巴嫩定居。

（10）任何与共存协议相冲突的机构均不具有宪法正当性。

第一章　国家及其领土

第一条[③]

黎巴嫩是独立的、不可分割的和主权的国家，其边界现界定如下：

北面：从卡比尔河（Nabr Al Kabir）河口沿着河道，向上到卡玛尔（Jisr Al Qamar）桥与哈立德河谷（Wadi Khalid）的汇合处。

东面：一条分隔哈立德河谷（Wadi Khalid）和阿绥河河谷（Nahr Al Asi）的山顶线，穿过穆阿撒拉（Mu'aysara）、哈尔比阿纳（Harb'ana）、希特—艾卜希—费桑（Hayt-Ibish-Faysan）各村庄，向上到贝利法（Brifa）和玛托里贝（Matraba）两个村庄；另一条沿着巴勒贝克县（Ba'albak District）的北部边界，向东北和东南方向沿伸，然后以巴勒贝克、比卡（Biqa）、哈斯比亚（Hasbayya）和拉舍亚（Rashayya）各县的东部边界为界。

南面：以苏尔（Sur）和玛尔吉乌荣（Marji'yun）两个县的南部边界为界。

---

　* 此汉译本"黎巴嫩共和国宪法"的主体内容结合英文版和法文版译出。英文版依据《阿拉伯法律季刊》所载的英文版 1926 年黎巴嫩共和国宪法（更新至 1990 年修正）。See 12 *Arab L. Q.* 224（1997）. 该英文版由黎巴嫩大学和贝鲁特美国大学的教授委员会按黎巴嫩共和国司法部的要求从阿拉伯语译成，此英译本虽非官方版本，但具有一定的官方色彩。法文版依据黎巴嫩和阿拉伯文献中心的法文版 1926 年黎巴嫩共和国宪法（更新至 1990 年修正），此法文版由 Marcel Tawil 从阿拉伯语译成，考虑到法语在黎巴嫩具有高于英语的特殊地位，其中内容有参考价值。汉译过程中，英文版的部分条款表述不明，法语版表述更合理，因此按法文译出。译者：王建学。另有 2004 年宪法修正仅有阿拉伯语文本，由朱威烈教授译出，阿拉伯语原文可见于黎巴嫩共和国总统府网站。

　① 序言系由 1990 年 9 月 21 日宪法性法律所增加。

　② 本句由朱威烈教授根据阿拉伯语原文译出。

　③ 1943 年 11 月 9 日宪法性法律修改。

西面:地中海。

第二条

黎巴嫩领土的任何部分均不得让渡或割让。

第三条

非以法律不得修改行政区域的边界。

第四条

大黎巴嫩是一个以贝鲁特(Beyrouth,Beirut)为首都的共和国。

第五条①

黎巴嫩国旗应由三条横列色带组成,一条白色带位于两条红色带之间。白色带应与两条红色带宽度相同。白色带的正中三分之一为绿色的雪松树,其顶端触及上面的红色带且其底端触及下面的红色带。

第二章 黎巴嫩人及其权利和义务

第六条

黎巴嫩国籍及其获得、保持与丧失的方式应依照法律加以确定。

第七条

所有黎巴嫩人在法律面前一律平等。他们应无差别地享有平等的公民权和政治权,并承担平等的公共义务。

第八条

个人权利应由法律保障和保护。除非依照法律,不得逮捕、拘留或监禁任何人。非以法律不得设立罪名或施以刑罚。

第九条

良心自由应为绝对自由。为表示对真主的敬意,国家应尊重所有的宗教和信仰,并保护一切宗教仪式之自由,除非其妨害公共秩序。国家亦应确保任何教派之人民的个人地位和宗教利益受到尊重。

第十条

教育若不与公共秩序和道德相冲突且不影响任何宗教信仰或教派之尊严,则均应自由。在遵守国家关于公共教育的一般规则的前提下,任何教派均有权设立自己的学校。

第十一条②

阿拉伯语为国家的官方语言。得使用法语的情况由法律确定。

第十二条

(一)任何黎巴嫩人均有担任公职的权利;除非根据法律规定的条件,不得考虑品德和才能之外的因素。

(二)应由一项特别法保障公务人员在其所属部门的权利。

第十三条

在法律确定的范围内,口头或书面表达意见的自由、新闻自由、集会自由、结社自由应受保护。

第十四条

住宅不受侵犯。非依法律所规定的条件和方式,任何人不得擅自进入。

第十五条

所有权应受法律保护。除非出于公共利益的需要,在法律所规定的情形下,并经预先的公正补偿,不得征收任何人的财产。

第二编 权力

第一章 一般规定

第十六条③

立法权授予一院制的国民议会。

第十七条④

行政权授予部长委员会,由该委员会依照本宪法规定的条件行使之。

第十八条⑤

国民议会和部长委员会有权倡议法律。非经国民议会通过,不得公布任何法律。

第十九条⑥

(一)应建立宪法委员会以监督法律的合宪性并裁决议会与总统选举中的争议。共和国总统、国民议会议长、总理、任何十名国民议会议员有权将法律合宪性问题提交宪法委员会。经合法认可的宗教团体的领袖有权将关于个人地位、信仰自由、礼拜自由和宗教教育自由的法律提交宪法委员会。

(二)关于宪法委员会的组织、运行和构成的规则

---

① 1943 年 12 月 7 日宪法性法律修改。

② 1943 年 11 月 9 日宪法性法律修改。

③ 1927 年 10 月 17 日宪法性法律修改。修改之前的条文是:"立法权授予参议院和国民议会两个院。"注:黎巴嫩最初实际两院制,议会(le Parlement)由国民议会和参议院组成,后来改行一院制,由国民议会行使立法权。

④ 1990 年 9 月 21 日宪法性法律修改。

⑤ 1927 年 10 月 17 日宪法性法律和 1990 年 9 月 21 日宪法性法律修改。

⑥ 1927 年 10 月 17 日宪法性法律和 1990 年 9 月 21 日宪法性法律修改。注:1993 年 7 月 14 日第 250 号法律建立了宪法委员会。

以及提交裁决的规则由特别法加以规定。

第二十条

司法权应由各级各类法院行使。司法权应以法律所确定次序内行使,法律并应向法官和诉讼当事人提供必需的保障。

法律规定司法保障的条件和范围。法官独立履行其职能。一切法院的判决和裁定均以黎巴嫩人民的名义宣布并执行。

第二十一条

任何年满二十一周岁的黎巴嫩人若满足选举法所规定的条件均为选民。

第二章 立法权

第二十二条①

在第一届国民议会于全国范围内以非宗教基础选举产生后,应建立参议院,其中包含所有宗教团体的代表,其职权限于主要的全国性事务。

第二十三条②(已废止)

第二十四条③

(一)国民议会应由选举产生的议员组成;其额数和选举方式由选举法加以确定。

(二)在国民议会以非宗教基础制定选举法之前,国民议会议员席位应按下列原则加以分配:

1. 基督徒和穆斯林按平等代表制;

2. 基督徒和穆斯林两大宗教之内部各教派按比例代表制;

3. 各地域按比例代表制。

(三)作为仅有的一次例外,国民议会中目前空缺的议席以及法律所设立的新议席,应由全国统一政府以三分之二多数加以任命。此乃为依国家和睦协议在基督徒和穆斯林之间建立平等。选举法应规定本条实施的细则。

第二十五条④

若国民议会被解散,则解散国民议会的决定必须规定按照第二十四条之规定并在三个月内举行新选举。

第三章 一般规定

第二十六条⑤

政府和国民议会应位于贝鲁特。

第二十七条⑥

国民议会议员应代表全国。任何议员之活动均不受其选举者或任命者的限制或约束。

第二十八条⑦

国民议会议员可以兼任部长职务。全部或部分部长可以从议员中选任,也可以从国民议会之外选任。

第二十九条⑧

不适格成为议员的条件由法律确定。

第三十条⑨

只有国民议会有权决定其议员选任之效力。非经国民议会全体议员三分之二多数通过,不得使议员之选任无效。

第三十一条⑩

国民议会在法定会期之外召开的会议均属非法,并自然无效。

第三十二条⑪

国民议会每年应召开两次常会。第一次常会应在 3 月 15 日后的第一个星期二召开,直至 5 月底。第二次常会应在 10 月 15 日后的第一个星期二召开;其会议应在其他一切事务之前首先审议并表决预算;本次常会应持续至该年年底。

第三十三条⑫

国民议会之常会应在第三十二条确定的日期自动开始和终止。共和国总统经总理同意得以命令召集国民议会特别会议,该命令应明定特别会议的开始

---

① 原条文经 1927 年 10 月 17 日宪法性法律废止,现条文经 1990 年 9 月 21 日宪法性法律增加。

② 1927 年 10 月 17 日宪法性法律废止。

③ 1927 年 10 月 17 日宪法性法律、1943 年 3 月 18 日第 129 号法令、1947 年 1 月 21 日宪法性法律和 1990 年 9 月 21 日宪法性法律修改。

④ 1947 年 1 月 21 日宪法性法律修改。

⑤ 1927 年 10 月 10 日宪法性法律修改。

⑥ 1927 年 10 月 17 日宪法性法律和 1947 年 1 月 21 日宪法性法律修改。

⑦ 1927 年 10 月 17 日宪法性法律和 1929 年 5 月 8 日宪法性法律修改。

⑧ 1927 年 10 月 17 日宪法性法律修改。

⑨ 1927 年 10 月 17 日宪法性法律、1943 年 3 月 18 日第 129 号法令、1947 年 1 月 21 日宪法性法律和 1990 年 9 月 21 日宪法性法律修改。注:本条规定已经由"1993 年 7 月 14 日关于建立宪法委员会的第 250 号法律"所废止。

⑩ 1927 年 10 月 17 日宪法性法律修改。

⑪ 1927 年 10 月 17 日宪法性法律修改。

⑫ 1927 年 10 月 17 日宪法性法律和 1990 年 9 月 21 日宪法性法律修改。

和终止日期及议程。若有国民议会全体议员绝对多数之要求,共和国总统必须召集特别会议。

第三十四条①

若非全体议员多数出席,国民议会不得有效构成。国民议会应以多数票议决。若赞成与反对同数,审议之问题应被否决。

第三十五条②

国民议会之会议应公开举行。但若政府或五名议员要求,国民议会得秘密开会,并得决定同一问题是否应在公开会议上继续讨论。

第三十六条

除选举应以秘密方式表决外,会议表决均应以口头方式或议员起坐的方式进行。关于一般法律草案和信任案,表决应一律以唱名和口头方式进行。

第三十七条③

任一议员均有绝对权利在常会或特别会议上对政府提出不信任案。在此类动议提交给国民议会办公室并通报相关部长至少五日后,才得审议和表决此类动议。

第三十八条④

任何议案若经国民议会否定,在同一会期内不得再次提出。

第三十九条⑤

不得因议员在任期内发表的意见而对任一议员加以追究。

第四十条⑥

在国民议会会期内,非经国民议会同意不得以刑事犯罪为由追究、逮捕任何议员,但现行犯除外。

第四十一条⑦

(一)若国民议会议席出现空缺,应在两个月内补选继任议员。继任议员之任期以补足原任议员所余任期为限。

(二)但若出缺议席所余任期不足六个月,则不再

补选。

第四十二条⑧

国民议会任期届满前六个月内应举行下一届国民议会之大选。

第四十三条⑨

国民议会应自行制定其程序规则。

第四十四条⑩

(一)每当新一届国民议会选出后,国民议会应在一名最年长的议员主持下,并由两名最年轻的议员充当会议秘书。然后以秘密投票方式并经绝对多数分别选举议长和副议长,其任期与国民议会相同。在第三轮投票中,获得相对多数即为当选。如果票数相等,年长的候选人视为当选。

(二)每当新一届国民议会选出,在每年 10 月的会议上,国民议会应以秘密投票方式并经本条第一款所规定的多数选举两名会议秘书。

(三)国民议会在议长和副议长选举后两年,得在其第一次会议上经至少十名议员联署请求并由议员三分之二多数决定,撤回对议长和副议长之信任,但以一次为限。此时,国民议会必须召开即时会议以填补空缺。

第四十五条⑪

国民议会议员仅在出席时才有权投票。委托投票不予认可。

第四十六条⑫

国民议会有排他性的权利通过其议员维持会议秩序。

第四十七条⑬

请愿于国民议会必须采取书面形式。请愿不得以口头形式或在国民议会辩论的形式提出。

第四十八条⑭

国民议会议员之薪俸由法律确定。

---

①　1927 年 10 月 17 日宪法性法律修改。
②　1927 年 10 月 17 日宪法性法律修改。
③　1927 年 10 月 17 日宪法性法律和 1929 年 5 月 8 日宪法性法律修改。
④　1927 年 10 月 17 日宪法性法律修改。
⑤　1927 年 10 月 17 日宪法性法律修改。
⑥　1927 年 10 月 17 日宪法性法律修改。
⑦　1927 年 10 月 17 日宪法性法律、1943 年 3 月 18 日法令和 1947 年 1 月 21 日宪法性法律修改。
⑧　1927 年 10 月 17 日宪法性法律、1943 年 3 月 18 日法令和 1947 年 1 月 21 日宪法性法律修改。
⑨　1927 年 10 月 17 日宪法性法律修改。
⑩　1927 年 10 月 17 日宪法性法律、1947 年 1 月 21 日宪法性法律和 1990 年 9 月 21 日宪法性法律修改。
⑪　1927 年 10 月 17 日宪法性法律修改。
⑫　1927 年 10 月 17 日宪法性法律修改。
⑬　1927 年 10 月 17 日宪法性法律修改。
⑭　1927 年 10 月 17 日宪法性法律修改。

第四章 行政权

第一节 共和国总统

第四十九条①

（一）共和国总统是国家元首，国家统一的象征。总统致力尊重宪法，根据宪法法令维护黎巴嫩的独立、统一和领土完整，作为武装部队总司令领导隶属内阁的最高国防委员会。

（二）共和国总统由议会首轮秘密投票获三分之二多数当选，在此后的投票中只需获得绝对多数。总统任期六年。六年任期未满不得重选。只有具备入选议员资格和无碍提名资格的条件者，才可选为共和国总统。

（三）同样，法官、一级公务员和所有公共部门、机构的同级人员以及其他与公共法相关的人员在其任职期内和在其辞职、实际离职或退休后的两年内，均不得被选为共和国总统。

第五十条

共和国总统在就职时应向议会宣誓效忠国家和宪法，其誓词如下：

"我以伟大的真主之名宣誓：尊重黎巴嫩人民的宪法和法律，维持黎巴嫩的独立及其领土完整。"

第五十一条②

在国民议会按照宪法所确定的时限批准法律之后，共和国总统应宣布法律。总统申请法律之公布，但不得修改法律或免除任何人遵守法律规定之义务。

第五十二条③

共和国总统经总理同意缔结并批准国际条约，此类条约非经部长委员会认可不得视为批准。在国家利益和安全许可的情况下，并应向议会通报此类条约。但是，涉及国家财政的条约、贸易条约和无法每年终止的一般条约，非经议会同意不得批准。

第五十三条④

1. 共和国总统得自愿主持部长委员会，但不得参加投票。

2. 共和国总统提名总理，经咨询国民议会议长并基于有效议会磋商结果加以指定，议会应将磋商结果正式告知总统。⑤

3. 共和国总统单独签署任命总理的命令。

4. 共和国总统经总理同意后签署任命内阁的命令和接受部长辞职或去职的命令。

5. 共和国总统单独签署接受内阁辞职或认为内阁辞职的命令。

6. 共和国总统将部长委员会提交给他的法案转交给国民议会。

7. 共和国总统委派大使并接受大使之全权证书。

8. 共和国总统主持公务并以命令授予国家荣典。

9. 共和国总统以命令进行特赦，但大赦需要由法律进行。

10. 共和国总统在必要时得在国民议会致辞。

11. 共和国总统得在议程之外向部长委员会提交紧急事务。

12. 共和国总统经总理同意得在其认为必要时召集部长委员会特别会议。

第五十四条⑥

共和国总统的决定必须由总理和相关部或部长之副署，但指定总理之命令、接受内阁辞职或认为内阁辞职的命令除外。

发布法律的命令必须由总理副署。

第五十五条⑦

（一）共和国总统得依照本宪法第六十五条和第七十七条规定的条件请求部长委员会在国民议会任期届满前解散国民议会。若部长委员会基于这项请求决定解散国民议会，则总统应签署解散国民议会的命令，在此情况下，选举团体应依本宪法第二十五条之规定开会，且新一届国民议会应在选举结果公布后十五日内开会。

（二）国民议会办公室应继续任职直至新一届国民议会选出。

（三）若选举在本宪法第二十五条规定的期限内未能举行，解散国民议会的命令应被视为无效，国民议会应根据本宪法之规定继续行使其职权。

---

① 1927 年 10 月 17 日宪法性法律、1929 年 5 月 8 日宪法性法律、1947 年 1 月 21 日宪法性法律、1990 年 9 月 21 日宪法性法律和 2004 年 9 月 4 日宪法性法律修改。

② 1927 年 10 月 17 日宪法性法律和 1990 年 9 月 21 日宪法性法律修改。

③ 1927 年 10 月 17 日宪法性法律、1943 年 11 月 9 日宪法性法律和 1990 年 9 月 21 日宪法性法律修改。

④ 1927 年 10 月 17 日宪法性法律、1947 年 1 月 21 日宪法性法律和 1990 年 9 月 21 日宪法性法律修改。

⑤ 此处英文版与法文版表述不一致，以法文版为根据译出。

⑥ 1990 年 9 月 21 日宪法性法律修改。

⑦ 1927 年 10 月 17 日宪法性法律、1929 年 5 月 8 日宪法性法律和 1990 年 9 月 21 日宪法性法律修改。

第五十六条①

（一）共和国总统应签署明确通过的法律，并予以公布。对于国民议会宣布为紧急的法律，总统在五日内签署并予以公布。

（二）共和国总统签署并公布命令。对于国民议会作出的决定，总统有权在其登记于总统府后的十五日内要求部长委员会重新审议。若部长委员会坚持国民议会作出的决定或者经期限届满既未签发也未交还，则该决定或命令应被视为自动生效并必须公布。

第五十七条②

（一）任何法律在规定的公布期限以前，共和国总统在通知部长委员会之后，应有权要求重新审议，但以一次为限。这项要求不得被拒绝。总统在行使这一权利时，非经国民议会复议并经合法构成国民议会的全体议员以绝对多数通过，不得被要求签署该项法律。

（二）若该法律经期限届满既未签发也未交还，则该法律应被视为自动生效并必须公布。

第五十八条③

由政府经部长委员会同意事先宣布为紧急的法案，如其提交国民议会且纳入国民议会议程并开会审议之后的四十日内仍未通过，共和国总统在取得部长委员会的同意后，得以命令宣布该法案生效。

第五十九条④

共和国总统得宣布国民议会休会，但以不超过一个月为限。在同一会期不得两次为之。

第六十条⑤

除非违反宪法或犯有叛国罪，共和国总统在履行职务期间不承担责任。

但普通犯罪行为应按普通法律承担责任。非根据国民议会以全体议员的三分之二多数通过的决议，不得以普通犯罪、违反宪法或叛国罪对总统提出弹劾。对共和国总统的弹劾由依照本宪法第八十条规定组成的最高法院审判。最高法院的公共检察官由最高法院全体会议所指定的一名法官担任。

第六十一条

共和国总统若受到弹劾，则应中止职务。总统职位保持空缺直到最高法院作出判决。

第六十二条⑥

不论共和国总统之职位由于何种原因出现空缺，均由部长委员会代行总统职务。

第六十三条

共和国总统之薪俸由法律确定，并在其任职期间不得增加或削减。

第二节　　总理

第六十四条⑦

总理为政府的首脑，代表政府，并负责执行部长委员会制定的总政策。总理行使下列权力：

1. 总理领导部长委员会，并依职权担任最高国防委员会副主席。

2. 总理应主持议会关于组成政府的磋商，并副署共和国总统关于政府组成的命令。政府必须向国民议会提交政策总陈述，以求其关于政府组成的命令发布三十日内表示信任。政府在未获得国民议会信任以前、在辞职或被视为辞职之后，不得行使权力，但作为看守政府者不在此限。

3. 总理应向国民议会提交政府的总政策。

4. 总理应副署共和国总统的一切命令，但关于指定总理的命令、接受政府辞职或认为政府已经辞职的命令除外。

5. 总理应签署召集特别议会会议的命令、公布法律的命令以及要求重新审议法律的命令。

6. 总理应召集部长委员会开会并制定其议程。总理应在相关主题纳入议程之前预先通知总统，并通知总统将要审议的紧急主题。

7. 总理应监督行政机关和公共机构的活动，协调各部长，并对事务之适当进展提供总指导。

8. 总理应主持由有关部长出席的政府有关机构的工作会议。

第三节　　部长委员会

第六十五条⑧

行政权授予部长委员会。部长委员会为武装部队的指挥机关。部长委员会行使下列权力：

1. 部长委员会应制定政府在各个领域的总政策，起草法案和组织命令，并为其实施作出必要的决定。

---

① 1927 年 10 月 17 日宪法性法律和 1990 年 9 月 21 日宪法性法律修改。

② 1927 年 10 月 17 日宪法性法律和 1990 年 9 月 21 日宪法性法律修改。

③ 1927 年 10 月 17 日宪法性法律和 1990 年 9 月 21 日宪法性法律修改。

④ 1927 年 10 月 17 日宪法性法律修改。

⑤ 1947 年 1 月 21 日宪法性法律修改。

⑥ 1990 年 9 月 21 日宪法性法律修改。

⑦ 1990 年 9 月 21 日宪法性法律修改。

⑧ 1990 年 9 月 21 日宪法性法律修改。

2. 部长委员会监督法律和法规的执行，监督包括民政、军政和安全等所有政府机构的活动。

3. 部长委员会依照法律任命、解雇国家雇员并授受其辞职。

4. 若国民议会缺乏充分理由未能在一个常会期和接续的两个特别会期内开会，且每个会期均超过一个月，或者若国民议会出于使政府瘫痪的目的而退回全部预算案，部长委员会应基于共和国总统的要求解散国民议会。

5. 部长委员会应在特定场所定期开会，共和国总统若参加会议则由总统主持会议。部长委员会开会的法定人数是其成员的三分之二多数。部长委员会应以全体一致同意作出决定。若全体一致同意不可能，部长委员会应以其出席成员的多数投票作出决定。基本事务的决定应要求政府成员的三分之二批准以组成命令之名。下列事务为基本事务：宪法修正案、宣布和终止紧急状态、战争与和平、总动员、国际协定、长期综合发展规划、一级雇员或同类雇员之任命、行政区域的复议、国民议会的解散、选举法、国籍法、个人地位法和部长之免职。

第六十六条①

（一）只有适格成为部长的黎巴嫩人方可担任部长职务。

（二）各部部长应管理政府之事务并有权适用法律和法规，各部部长负责其本部之事务。

（三）各部部长应就政府之总政策对国民议会集会负责，并就其个人活动对国民议会个别负责。

第六十七条②

各部部长得自愿参加国民议会之会议；当他们要求发言时，必须听取他们的发言。各部部长得挑选本部官员随同出席国民议会之会议。

第六十八条③

在议会依照本法第三十七条规定对任一部长通过不信任案时，该部长必须辞职。

第六十九条④

（一）在下列情形下，政府应视为辞职：

1. 总理辞职；

2. 政府失去其成员超过其组织命令中列明人员的三分之一；

3. 总理死亡；

4. 共和国总统任期开始；

5. 国民议会任期开始；

6. 基于国民议会之提议或基于部长委员会寻求信任之提议，政府失去国民议会之信任。

（二）经部长委员会三分之二批准，得由共和国总统和总理签署命令将任一部长免职。

（三）当部长委员会辞职或被视为辞职时，国民议会应被视为自动召开特别会议，直至新部长委员会成立并获得国民议会之信任。

第七十条⑤

国民议会有权弹劾总理和各部部长的叛国行为和违反职责行为。弹劾决定须由国民议会全体议员至少三分之二多数通过。特别法规定总理和各部部长的民事责任的条件。

第七十一条⑥

受到弹劾的总理或部长应由最高法院加以审判。

第七十二条⑦

在弹劾决定作出之时，受到弹劾的总理或部长应即离职。若其辞职，辞职不得阻止针对他的司法程序。

第三编　程序规定

第一章　共和国总统之选举

第七十三条⑧

在共和国总统任期届满之前至少一个月、至多两个月，国民议会应由其议长召集开会以选举新的共和国总统。但若未以此目的而召集，国民议会在共和国总统任期届满前第十日应自动开会。

第七十四条⑨

若由于总统死亡或由于总统以任何理由辞职而导致总统职位空缺，国民议会应立即开会并依照法律选举继任总统。若空缺出现时正值国民议会被解散，选举团体应毫无迟延地召集，国民议会在选举举行后

---

① 1927年10月17日宪法性法律和1990年9月21日宪法性法律修改。

② 1927年10月17日宪法性法律修改。

③ 1927年10月17日宪法性法律修改。

④ 1927年10月17日宪法性法律、1929年5月8日宪法性法律和1990年9月21日宪法性法律修改。

⑤ 1990年9月21日宪法性法律修改。

⑥ 1990年9月21日宪法性法律修改。

⑦ 1990年9月21日宪法性法律修改。

⑧ 1927年10月17日宪法性法律、1948年5月22日宪法性法律和1976年4月24日宪法性法律修改。

⑨ 1927年10月17日宪法性法律修改。

应立即依照法律开会。

第七十五条①

为选举共和国总统而召开的国民议会应被视为一个选举团体，而不是立法会议。它应当立即进行国家元首的选举，而不得审议其他活动。

第二章 宪法修改

第七十六条②

本宪法得基于共和国总统的提议而加以修改。在此种情况下，政府应向国民议会提出修改宪法草案。

第七十七条③

宪法亦得基于国民议会的要求而加以修改。在此种情况下，应遵守如下程序：

在常会期间，基于至少十名议员之提议，国民议会得经合法构成国民议会的全体议员以三分之二多数提出宪法修改。但修正提议中涉及的条款与内容必须清晰界定和陈述。国民议会议长随后应将提议提交政府要求其准备相关草案。政府若以三分之二多数批准国民议会之提议，则必须在四个月内准备修正草案并提交国民议会。政府若未批准，则应将其决定返回国民议会复议。若国民议会经合法构成国民议会的全体议员以四分之三多数坚持其提议，共和国总统或者遵从国民议会之意愿，或者要求部长委员会解散国民议会并在三个月内举行新选举。若新国民议会仍坚持修正的必要性，政府应在四个月内辞职并提出宪法修正草案。

第三章 国民议会之程序

第七十八条④

当关于宪法修改的草案提交国民议会，国民议会必须优先于其他一切工作而加以审议，直到完成最终表决。国民议会仍得审议该草案中列明的条款和问题。

第七十九条⑤

（一）当关于宪法修改的草案提交国民议会，非有合法构成国民议会的三分之二多数议员出席，国民议会不得审议或表决该草案。表决亦应以相同之多数。

（二）共和国总统应以与普通法律相同的条件和形式宣布宪法修改的法律。总统有权经咨询部长委员会并在确定的宣布期内，要求国民议会重新审议该法案，在此种情况下，表决应以三分之二多数而成立。

第四编 杂项规定

第一章 最高法院

第八十条⑥

最高法院的职责是审判总统、总理和部长，应由国民议会选举的七名法官，加上八名黎巴嫩最高法官，根据其司法衔级，或者在衔级相同时根据资历构成。他们应当在最高衔级的法官主持下开会。最高法院的有罪判决应以十票多数作出。特别法规定最高法院遵循的程序。

第二章 财政

第八十一条⑦

除非根据黎巴嫩全部领土无一例外地适用的一般性法律，不得在黎巴嫩共和国征收捐税。

第八十二条

除非依照法律，不得修改或废除捐税。

第八十三条

每年10月常会开始时，政府应向国民议会提出下一年度国家收支的总预算，预算之表决应逐条进行。

第八十四条⑧

在审议预算和审议开列补充金额或特别金额的法案期间，国民议会不得以提出修正案或单独提案的方式增加预算案或上述法案中所规定的金额。但在审议结束后，国民议会得通过有关增加开支的法律。

---

① 1927年10月17日宪法性法律修改。

② 1927年10月17日宪法性法律修改。

③ 1927年10月17日宪法性法律和1976年4月24日宪法性法律修改。

④ 1927年10月17日宪法性法律修改。

⑤ 1927年10月17日宪法性法律和1990年9月21日宪法性法律修改。

⑥ 1927年10月17日宪法性法律和1990年9月21日宪法性法律修改。注：1990年8月18日第13号法律建立了最高法院遵循的程序。

⑦ 1947年1月21日宪法性法律修正。

⑧ 1927年10月17日宪法性法律修改。

第八十五条①

除非以特别法，不得追加特别金额。但如无法预见的情形使紧急支出成为必要时，共和国总统基于部长委员会的决定，得以命令追加特别金额或补充金额，并将此拨款转入预算案，但上述金额每项不得超过预算法所规定的上限。上述措施在国民议会下一次会议时应提交国民议会以求其批准。

第八十六条②

若国民议会在审议预算案的会期终止时仍未对预算案作出最终决定，则共和国总统经与总理协调应立即召集国民议会特别会议，会期持续至1月底，以继续审议预算案。若在此特别会议终止时，预算案仍未最终解决，部长委员会基于共和国总统发布之命令得作出决定，使预算案以部长委员会当时提交国民议会的形式生效。但若部长委员会未在国民议会会期开始十五日以前将预算案提交国民议会，则部长委员会不得行使上述权力。在上述特别会议期间，一切税、费、关税和其他财产收入均应照旧征收。应以前一年度的预算作为基础，增加常设补充金额，并扣除已经终止的常设金额，政府应按上一年度十二分之一的标准临时确定1月的支出。

第八十七条③

每年度的最终财政决算，应在公布下一年度的预算以前提交议会批准。特别法规定审计办公室的组建。

第八十八条

除非依照法律，不得签订以国库资金开支的公债或偿债协定。

第八十九条

除非依照法律并在有限的期限内，不得授予开发国家自然资源或举办公用事业的特许权或专营权。

第五编　关于受托国和国际联盟的规定

第九十条④
第九十一条⑤
第九十二条⑥
第九十三条⑦
第九十四条⑧

第六编　最终和过渡规定

第九十五条⑨

（一）现以穆斯林和基督徒平等代表制为基础选举的国民议会应采取适当措施根据过渡安排废除政治宗派主义。应建立一个全国委员会，由共和国总统领导，除国民议会议长和总理外并应包括主要政治、知识和社会人士。

该委员会的任务是研究和提出确保废除政治宗派主义的措施，将其提交给国民议会和部长委员会，并监督过渡安排的执行。

（二）在过渡阶段：

1. 各教派团体在内阁构成上应得到公正和平等的代表。

2. 在公共服务工作、司法机关、军事和安全机关和公共与混合机构中的宗派代表制原则应按照民族和解的要求予以取消；他们应当被专长和才能的原则所取代。但第一等职位或相同职位不适用这一规则，且这些职位应在穆斯林和基督徒之间平等分配，而不保留其他特殊工作给任何教派团体，而不适用专长和才能的原则。

---

① 1927年10月17日宪法性法律、1947年1月21日宪法性法律和1990年9月21日宪法性法律修改。
② 1927年10月17日宪法性法律和1990年9月21日宪法性法律修改。
③ 1927年10月17日宪法性法律修改。
④ 1943年11月9日宪法性法律废止。
⑤ 1943年11月9日宪法性法律废止。
⑥ 1943年11月9日宪法性法律废止。
⑦ 1947年1月21日宪法性法律废止。
⑧ 1943年11月9日宪法性法律废止。
⑨ 1943年11月9日宪法性法律和1990年9月21日宪法性法律修改。

第九十六条[1]

第九十七条[2]

第九十八条[3]

第九十九条[4]

第一百条[5]

第一百零一条

大黎巴嫩国自 1926 年 9 月 1 日起应称为"黎巴嫩共和国",但不附带任何其他改动或修改。

第一百零二条[6]

一切与本宪法相抵触的法律规定均应废止。

---

[1] 1947 年 1 月 21 日宪法性法律废止。

[2] 1947 年 1 月 21 日宪法性法律废止。

[3] 1947 年 1 月 21 日宪法性法律废止。

[4] 1947 年 1 月 21 日宪法性法律废止。

[5] 1947 年 1 月 21 日宪法性法律废止。

[6] 1943 年 11 月 9 日宪法性法律修正。

马尔代夫共和国宪法*

（2008 年 8 月 7 日由穆蒙·阿卜杜勒·加尧姆总统批准并生效）

第一章　国家、主权与公民

第一条　［宪法］

本法为"马尔代夫共和国宪法"。本法中任何涉及"宪法"之处均指马尔代夫共和国宪法。

第二条　［马尔代夫的共和制政体］

马尔代夫是一个建立在伊斯兰教原则基础之上并拥有主权、自主和民主的统一共和国。国家的名称是马尔代夫共和国。任何涉及"马尔代夫"一词，均指马尔代夫共和国。

第三条　［马尔代夫的领土］

马尔代夫的领土由根据法律划定的马尔代夫群岛基线内的陆地、领海与海底组成，包含基线上的领水、海底和领空。任何马尔代夫领土的改变必须依照法律，且该法律须获得国民议会全体成员的三分之二以上多数通过。

第四条　［公民的权利］

马尔代夫所有的国家权力来自公民，并由公民所保留。

第五条　［立法权］

马尔代夫所有的立法权授予国民议会。①

第六条　［行政权］

本宪法规定的行政权授予总统。

第七条　［司法权］

司法权授予马尔代夫法院。

第八条　［宪法至上］

应根据宪法行使国家权力。

第九条　［公民］

下列人员为马尔代夫公民：

1. 该宪法生效时即为马尔代夫公民；
2. 马尔代夫公民所生子女；
3. 根据法律获得马尔代夫公民资格的外国人。

马尔代夫公民不能被剥夺公民资格。

根据法律任何人可以放弃其公民资格。

虽符合本条第一款规定，但不具有穆斯林身份者不得成为马尔代夫公民。

第十条　［国教］

马尔代夫的国教是伊斯兰教，伊斯兰教是马尔代夫法律制定的基础。

马尔代夫不得制定与伊斯兰教义相抵触的法律。

第十一条　［官方语言］

马尔代夫国语为迪维希语（Dhivehi）。

第十二条　［国旗］

国旗由绿色的矩形外围绕红色边框，中间部分为白色新月的图形组成。

国旗的尺寸和颜色以及新月在国旗的位置详细规定于附表三。

第十三条　［马尔代夫的货币］

马尔代夫的货币单位是罗非亚（Rufiyaa），等于一百拉里（Laari）。

第十四条　［首都］

马尔代夫的首都是马累。

第十五条　［国庆］

马尔代夫的国庆日是三月（Rabeeu al-Awwal）②的第一天。

第二章　基本权利和自由

第十六条　［权利保障］

宪法确保所有公民以不违反伊斯兰教义的方式，行使本章所规定的权利和自由，仅受国民议会制定不抵触本宪法的法律的合理限制。而法律限制公民权利和自由的程度，亦应被明确证明在自由和民主社会中具有正当性。

---

*　根据马尔代夫共和国总统府网站（http://www.presidencymaldives.gov.mv/Documents/ConstitutionOfMaldives.pdf）发布的英文版译出。译者：孙群。

①　马尔代夫国民议会的音译是马吉利西，本译本没有实行音译，而译成国民议会。

②　伊斯兰教历三月：Rabeeu al-Awwal。——译者注

若国民议会制定的法律对本章所确认的权利和自由施行限制,是基于宪法的规定或是为了保护和坚持伊斯兰的教义,则不违反第一款的规定。

为判断某项权利或自由的限制是否符合本条第一款和第二款的规定,法院应对相关事实进行充分了解,包括:

1. 权利与自由的性质和类型;

2. 限制权利与自由的目的与重要性;

3. 限制权利与自由的程度和方式;

4. 权利或自由的限制性与权利或自由的重要性之间的关系;

5. 对权利与自由限制程度减轻后可否达到同样的目标;

6. 为了保护伊斯兰的教义,得限制该权利与自由,对该权利与自由的限制程度适用第二款。

本章在本宪法规定的合理限度内对权利或自由设置的一切限制是针对权利或自由受到限制的国家或公民作出的。

第十七条 〔不受歧视〕

人人有权享有本章规定的权利和自由,且不因种族、国籍、肤色、性别、年龄、精神或身体上的不健全、政治的或其他的意见、财产、出身或其他身份、出生地而受到歧视。

对弱势个人和群体或对需要社会特殊帮助的群体提供的帮助或保护,不适用本条第一款关于歧视的规定。

第十八条 〔国家责任〕

国家有义务根据宪法的规定,保护和促进本章所列的权利和自由。

第十九条 〔自由〕

除非伊斯兰沙里发或法律所禁止,公民可以自由地从事任何行为和活动。非经法律明确授权不得限制或控制任何公民的活动。

第二十条 〔公平〕

人人有权平等地适用法律和遵守法律,有权受到法律的平等保护并有权平等受益。

第二十一条 〔生命权〕

人的生命、自由和安全权利不受剥夺,但根据宪法第十六条而制定的法律不在此限。

第二十二条 〔环境保护〕

国家有责任为当代和后代的利益而保护并维系自然环境、生态、资源和国家风景。国家应通过生态平衡的可持续发展方式从事并促进令人满意的经济和社会目标,并且,为实现这些目标,国家应采取必要的措施促进对自然资源的保护,防止污染、防止物种灭绝以及生态退化。

第二十三条 〔经济和社会权〕

根据本宪法,国家应致力于通过合理方式尽可能地实现以下公民权利:

1. 充足和丰富的食物和水源;

2. 衣服和住房;

3. 医疗保障,身体、精神的良好水平;

4. 健康和生态平衡的环境;

5. 平等地使用通讯工具、国家媒体、交通设施和自然资源;

6. 为每一个居住区建设充足、合理、标准的下水道系统;

7. 为每一个居住区建立适当的、充足的和标准的电力系统以符合该区的规模。

第二十四条 〔隐私〕

人人均有权要求尊重其私人与家庭生活、住所及通信等隐私权。

第二十五条 〔消除奴役和强迫劳动〕

任何人不得成为奴隶、受奴役或被要求强迫劳动。

强制服兵役、因威胁公共安全或公众幸福的紧急状况或自然灾害而被要求强制服务,或者依据法庭命令被要求强制服务的不得视为违反本条第一款的规定。

第二十六条 〔选举权和被选举权〕

除本宪法有其他规定外,每个年满十八周岁的马尔代夫公民拥有以下权利:

1. 通过不记名投票方式进行选举和公投;

2. 竞选公职;

3. 直接或通过自由选举的代表参与公共事务的决策。

第二十七条 〔表达自由〕

人人都有思想自由、交流观点的自由和表达自由,但采取的方式不得违反伊斯兰教教义。

第二十八条 〔传播自由〕

人人都有出版和以其他方式表达的自由,包括支持、传播和发布新闻、信息、意见和观点。任何人不得被强迫披露其支持、传播或发布信息的来源。

第二十九条 〔获取知识的自由〕

人人都有获取和传授知识、信息的自由和学习的自由。

第三十条 〔结党、结社自由〕

1. 每个公民都有建立政党以及参与政党活动的权利。

2. 人人都有结社自由,包括:

(1)建立和参加基于经济、社会、教育、文化或其他特定目的的任何团体或组织;

(2)组织工会,有参加或不参加工会活动的自由。

第三十一条 〔罢工自由〕

任何马尔代夫的受雇者和其他劳动者都有罢工

和抗议的自由。

第三十二条 ［集会自由］

无须提前得到国家的许可,任何人有和平集会的权利。

第三十三条 ［保护名誉和名声的权利］

人人都有保护其名誉和荣誉的权利。

第三十四条 ［结婚和组建家庭的权利］

1. 根据法律规定达到适婚年龄的人有结婚并组建家庭的权利。家庭是社会的原始基础单元,由社会和国家给予特殊的保护。

2. 婚姻破裂家庭的儿童的特殊保护由法律规定。

第三十五条 ［对儿童、青少年、老年人的特殊保护］

1. 儿童和青年应受到来自家庭、社会团体和国家的特殊保护和帮助。不得伤害、性虐待或以任何方式歧视儿童和青年,也不得使之遭受不适当的社会剥削和经济剥削。任何人不得从他们的劳动中获取不当利益。

2. 老年人或残疾人应受到来自家庭、社会团体和国家的特殊保护和帮助。

第三十六条 ［受教育的权利］

1. 人人都有不受任何歧视的受教育权。

2. 国家提供义务的初等和中等教育,父母和国家有责任为儿童提供初等和中等教育,高等教育的机会对所有公民开放。

3. 教育应力图遵循伊斯兰教,灌输对伊斯兰教的爱,培养对人权的尊重,促进对所有人的了解、宽容和友谊。

第三十七条 ［工作权］

1. 每个公民有从事任何职业的权利。

2. 每个公民应得到适当的和安全的工作条件、同工同酬以及平等升职机会。

3. 每个公民都有休息权,包括工作时间的限制和带薪假期。

4. 每个公民都有休息权,为了使每个公民可以行使此项权利,应当规定最长工作时间和带薪假期的时段。

第三十八条 ［获得补助金的权利］

每个为国家工作的公民都有依据法律获得补助金的权利。

第三十九条 ［文化生活的权利］

1. 每个公民有权参加民族的文化生活,并从文学艺术事业中获益。

2. 国家应在资源允许的范围内促进教育、文化、文学和艺术发展。

第四十条 ［财产权］

1. 每个公民有权取得、占有、继承、转让或其他方式处置财产。

2. 私人财产神圣不可侵犯,国家为公共利益的需要强制征收私人财产只能依据法律的明确规定或法院的判决,且应当根据法院的裁决予以公平和充分的补偿。

3. 本条不妨碍任何法律授予法院没收非法获得或占有的财产,或者敌国的财产,而不给予任何补偿。

4. 不得以没收个人的财产替代任何罪行。

第四十一条 ［迁徙自由］

1. 每个公民有迁入、居住和离开马尔代夫,并在马尔代夫境内旅游的自由。

2. 每个公民有权在马尔代夫的任何可居住地定居。

3. 每个公民有平等机会获得来自他所选择定居地提供的权利和利益。

第四十二条 ［公正和透明的听证］

1. 涉及个人民事权利和义务的确定或任何刑事指控,每个人都有权在合理期限内得到由法律设立的、独立的法院或法庭的公正和公开的审理。

2. 马尔代夫的所有法律程序都是公正、透明和公平的。

3. 审判应当公开,但主审法官能够根据公认的准则就下列案件实行全部或部分不公开审判:

(1)涉及公共道德、公共秩序或国家安全;

(2)涉及少年利益或基于被诉人的请求;或者

(3)出现公开审判可能侵害正义的其他特殊情况。

4. 除非基于第三款的规定,法院所有的判决和命令都应该公开,并为公众所知悉。

第四十三条 ［公正的行政诉讼］

1. 每个公民都有权进行合法、程序公正和快捷的行政诉讼。

2. 个人的权利受到行政行为的不利影响有权要求给予书面理由。

3. 个人、团体和其他组织受到行政行为的不利影响,受到该行政行为直接影响的个人、团体或其他组织有权诉诸法院。

第四十四条 ［个人责任］

适用刑事法律或刑事法律程序时,包括依法调查行为、刑事诉讼和执行刑罚在内,仅及于被诉的个人,不得影响他人的法律权利和义务。

第四十五条 ［禁止非法逮捕和拘留］

除由国民议会依据本宪法第十六条所制定的法律之外,任何人不得被任意拘留、逮捕或羁押。

第四十六条 ［逮捕和拘留的权力］

除非因执行逮捕的警察对正在实施的犯罪,或有合理和可信的理由或证据确信某人犯罪或者预备犯罪,或被法院的逮捕令所通缉,任何人不得因犯罪而被逮捕或拘留。

第四十七条 ［搜查和没收］

1. 非基于合理的理由，任何人不受搜查或扣押。

2. 住宅神圣不可侵犯，非经同意不得进入，但因阻止即将严重危害生命和财产的发生或根据法院的命令明确授权的除外。

第四十八条 ［被逮捕和被拘留者的权利］

被逮捕或拘留者有下列权利：

1. 至少在二十四小时内书面通知其理由；

2. 有权及时聘请并通知辩护律师，并被告知享有该权利，以及有权获得法律援助，直至其被逮捕或拘留的情况结束；

3. 有权保持沉默，并被告知拥有此项权利，但为了确认身份除外；

4. 在二十四小时内应由一名法官裁决该拘捕的有效性，并决定有条件或无条件地释放或裁决继续拘捕。

第四十九条 ［保释］

任何人不得在作出判决前被监禁。但被控者有潜逃的危险或未出庭审判，或者为保护公众安全，或可能对证人或证据产生影响者不在此限。释放需根据法院的要求交纳保释金或提供其他担保。

第五十条 ［迅速地侦查和起诉］

侦查机关收到被指控罪行的通知后应当迅速展开调查，当证据充分时总检察长应当尽快提起指控。

第五十一条 ［被告人的权利］

每个受到指控的人拥有以下权利：

1. 不加延迟地并以被告知晓的语言通知其所受到的具体的指控；

2. 在合理的时间内进行审讯；

3. 不得强迫作证；

4. 在诉讼中不能掌握和运用法庭所使用的语言，或是聋哑人，应由国家为其提供翻译；

5. 为其辩护提供充分的时间和便利，并向自己选择和委托的律师进行法律咨询；

6. 自己辩护或由其选择的律师为其辩护；

7. 询问证人，要求证人出庭和出示证据；

8. 被告人应被推定为无罪，直至因超出合理怀疑被证明有罪。

第五十二条 ［自首和非法证据］

自首不能被采纳为证据，但精神正常的被告在法庭上的自首除外。不得采纳用强迫或其他非法手段获取的陈述或证据。

第五十三条 ［律师援助］

1. 人人有权在需要法律援助的任何情况下聘请并通知律师。

2. 就严重的刑事案件，政府应当为不能负担律师费的被告人指派一位律师。

第五十四条 ［禁止酷刑和不人道的对待］

任何人不得受到残忍的、不人道的、侮辱人格的对待和惩罚，或者遭受酷刑。

第五十五条 ［禁止因未履行合同义务受监禁］

任何人不得因未履行合同义务而受监禁。

第五十六条 ［上诉权］

在刑事或民事案件中，案件当事人有权就刑罚的判决和裁定提出上诉。

第五十七条 ［被逮捕或被拘留者的人道待遇］

每个依法并按照法院命令因被逮捕或拘留被剥夺自由者，或者因社会原因被国家控制而被剥夺自由者，应受到人道主义的对待并且尊重其作为人与生俱来的尊严。剥夺个人自由权利的限度仅限于本章所规定的目的。

第五十八条 ［赔偿］

任何人因非法或证据不足被逮捕或拘留的，有权要求赔偿。

第五十九条 ［法律的溯及力］

1. 任何人的作为或不作为在行为时根据伊斯兰沙里发或者法律认为不构成犯罪的，不得定罪。重刑不溯及既往。若犯罪后定罪前就某罪的惩罚减轻的，被控者有权适用较轻的刑罚。

2. 本条不得损害根据国际法对他人作出的刑事判决或刑罚。

第六十条 ［禁止一罪两罚］

1. 若被告人经法院宣判无罪，则该人不得因同一或实质上相同的罪行再次受到审理。若被告人被判有罪并就该罪行受到惩罚，则该人不得因同一或实质上相同的罪行再次受到审理或惩罚。

2. 本条第一款规定的原则不适用于上诉犯。

第六十一条 ［法令和法规的公布］

1. 所有要求公民遵守的法律、法规、政府命令和政府政策，应当公布并为公众所知悉。

2. 除非或根据法律授权制定的法规所规定的惩罚为公众所知悉，并对犯罪和刑罚作出规定，否则任何人不受惩罚。

3. 所有政府的决定和行动的信息应当公布，但根据国民议会制定的法律确定为国家秘密的除外。

4. 每个公民有权获得政府掌握的与其有关的信息。

第六十二条 ［权利保留］

1. 男女平等地拥有本章所列举的权利。

2. 本章所列举的权利和自由不得解释为否认或忽视其他由人民保留但未在本章明确列举范围之内的权利。

第六十三条 ［违反基本权利的法律无效］

与本章所保障的基本权利和自由相抵触的任何

法律或法律的一部分无效,或与其相抵触的部分无效。

第六十四条 ［非法的命令无须遵守］

非依法律授权,国家的公务人员不得强制命令任何人,每个人都有权拒绝遵守非法命令。

第六十五条 ［通过法院寻求救济］

根据本章所保障的人的权利和自由已经受到侵犯或拒绝保护,应诉诸法院寻求公正的救济。

第六十六条 ［违反权利和自由的法律无效］

所有现行的法律、法规、判决和公告与本章所规定的权利和自由条款相抵触的,自本宪法生效之日起,相抵触部分无效。

第六十七条 ［责任和义务］

公民行使和享有基本权利与自由的同时,应当履行下列义务,这是每个公民的责任:

1. 尊重和保护他人的权利和自由;

2. 促进所有人和团体之间的宽容、友谊以及相互尊重;

3. 为社会的幸福和进步作出贡献;

4. 维护马尔代夫的主权、统一、安全、独立和尊严;

5. 尊重宪法和法律;

6. 发扬民主价值并促进个人行为与伊斯兰教义的一致性;

7. 保护国教伊斯兰教,以及国家文化、语言和传统;

8. 保护自然环境、生态系统、国家资源和风景,避免任何形式的污染和生态退化;

9. 尊敬国旗、国徽和国歌。

在马尔代夫的任何人都应遵守这些义务。

第六十八条 ［解释］

法院或法庭对本章的权利和自由进行解释和适用时,应促进以人的尊严为基础的开放和民主的社会价值,同时考虑马尔代夫作为成员国的国际条约。

第六十九条 ［禁止违反宪法的解释］

本宪法的任何条款不得被解释或翻译为准予国家、任一团体或个人有权从事任何旨在损害本宪法规定的权利与自由的活动或履行任何旨在损害本宪法规定的权利与自由的行为。

第三章　国民议会

第七十条 ［立法权］

1. 马尔代夫的立法权由国民议会行使。

2. 根据第一款之规定,国民议会的立法权包括下列权力:

(1)依照本宪法各条款之规定,修改宪法;

(2)制定法律,修改或废除与伊斯兰教义相抵触的法律;

(3)监督行政机关的行为以及行政权的行使并根据情况采取措施;

(4)批准年度预算和补充预算;

(5)根据法律决定独立委员会和独立机构的相关事宜;

(6)举行全民公投决定重大公共问题;

(7)宪法和法律明确规定的所有责任。

3. 国民议会不得通过与伊斯兰教义相抵触的法律。

4. 国民议会有权对提交其审议的事项作出同意、反对、撤销或者修改的决定。

5. 国民议会有权对提交其审议的任命或免职案作出同意或反对的决定。

第七十一条 ［国民议会的组成］

1. 国民议会议员名额根据下列原则确定:

(1)每个行政区划的首批五千名居民有两个名额或者不足五千名居民的行政区划有两个名额;并且

(2)若一个行政区划的居民超过五千名,则超出五千名的群体拥有一个名额。

2. 本宪法生效时,与本条有关的行政区划分应为二十一个,包括二十个行政环礁区以及马累。行政区划的具体划分详见附表二。

第七十二条 ［议员选举］

1. 根据宪法第七十一条规定的原则划分选区,所有议员应由独立的选区产生。

2. 每一个独立选区产生的议员应当是通过不记名投票方式得票最多者。

3. 法律应规定决定每个行政区划中选区数量的方式以及规定每一选区的界限。法律应规定依照每一行政区划中人口被划分到各个独立选区的原则,以使各个选区人口大致相等。

第七十三条 ［议员资格］

1. 被选举为国民议会议员应当具有以下条件:

(1)马尔代夫公民;

(2)不具有他国国籍;

(3)为穆斯林且为伊斯兰逊尼教派的信徒;

(4)年满十八周岁;

(5)心智健全。

2. 获得公民资格五年以上且居住在马尔代夫者有权成为国民议会的成员。

3. 以下情况不得当选国民议会的成员,或者不得继续担任国民议会议员:

(1)未支付判决所应支付的欠债;

(2)已经被判有罪并被处以十二个月以上的刑罚;

(3)已经被判有罪并被处以十二个月以上的刑罚,但释放后已满三年或者已被赦免者不在此限;

(4)司法机构的成员。

4. 除非宪法有其他特殊规定,国民议会议员不得继续在以下机构担任职务:

(1)内阁;

(2)国务部长、副部长或者相同级别的其他国家机构;

(3)独立委员会或独立机构成员;

(4)公务员;

(5)政府全部和部分所有的公司或政府控股公司;

(6)武装力量;

(7)警察机构;

(8)其他国家机构,但作为国民议会组成部分的机构除外。

第七十四条　[管辖权]

有关国民议会议员资格、议员撤职或者议席出缺的问题应由最高法院裁定。

第七十五条　[成员的职能]

国民议会的成员应当以国家利益和公共福利作为行动的首要准则,不得通过任何方式利用其公职为自己或为与自己有特殊关系者谋利。国民议会的成员不仅代表自己的选区,也代表整个国家。

第七十六条　[声明资产]

每一个成员每年应向国民议会秘书长提交其所有财产、资金、企业股份和债务的声明,该声明应包括该职业细节和该职业的职责。

第七十七条　[辞职]

国民议会的成员应亲笔书面向国民议会议长提出辞呈,当议长收到该辞呈时该席位空缺。

第七十八条　[补缺]

无论国民议会何时产生空缺,都应在空缺之日起六十日内举行选举,但是补充选举不得先于大选六个月内进行。

第七十九条　[国民议会的任期]

1. 国民议会任期自首次开会之日起五年。新选举的国民议会的首次会议应在前国民议会解散后立刻召开。

2. 对新国民议会议员的选举以及相关事宜应在现议会期满之前三十日内决定。

第八十条　[国民议会任期的延长]

国家宣布紧急状态,举行大选有困难时,国民议会应由全体成员三分之二以上通过决议延长其期限,延期不得超过一年。在延期期间,若紧急状态到期或取消,则该国民议会延长最长不得超过六十日,在此期间必须完成新一届国民议会选举的相关事宜。

第八十一条　[国民议会议员就职宣誓]

被选举为国民议会议员在就职前,应在首席法官或其指定的人面前宣誓,誓言见本宪法附表一。

第八十二条　[国民议会议长和副议长]

1. 国民议会应在大选后的首次会议上从全体成员中通过不记名投票选举产生议长与副议长。在选举产生议长与副议长之前,国民议会应由在议会中连续任期最长的成员主持,若议会中有数人拥有连续最长的任期,则由其中年龄最长者主持会议。

2. 议长缺席时,由副议长主持会议,如议长和副议长都缺席,则应根据国民议会议事程序法规决定人选。

3. 议长可亲笔书面向副议长辞职,当副议长收到辞职信时,该职位空缺。副议长可通过亲笔书面向议长辞职,当议长收到辞职信时,该职位空缺。

4. 议长或副议长在以下情况下应辞职:

(1)不再是国民议会议员;

(2)国民议会解散。

5. 不得通过任何辞职决议,除非已就通过该决议给予国民议会十四日的通知。

6. 议长不得主持关于其自身免职的讨论,副议长不得主持关于其自身免职的讨论。

7. 议长与副议长有权参加关于免除其职务的会议并为自己辩护,但不得参加任何关于其免职的投票。

第八十三条　[国民议会的会期]

国民议会每年至少应该举行三次会议,国民议会法规应当明确规定开会和闭会的期间。会议通常应当在国民议会大厅举行。

第八十四条　[总统演说]

议会每年举行的首次会议,总统应代表国家发表演说,向国民议会提出发展国家的建议。

第八十五条　[议程公开]

1. 除遵守本条第二款规定,国民议会及其委员会会议应当向公众公开。

2. 为了公共秩序或国家安全的需要,经过出席并参加投票的国民议会会议成员过半数通过或某个委员会的决定,可排除就会议的部分或全部向公众和媒体公开。

3. 本条第二款并不排除国民议会基于其他理由决定某个委员会会议的部分或全部会议不向公众和媒体公开。

第八十六条　[法定人数]

国民议会议员至少百分之二十五出席会议始组成国民议会法定人数。

第八十七条　[投票]

1. 除本宪法有其他规定外,国民议会的决议由出席并参加投票的成员的过半数同意即获通过。

2. 除第八十六条规定外,投票通过任何需要公民遵守的决议,均需由国民议会全体成员过半数同意。

3. 议长或其他主持会议者不得在任何问题上投票,但当出现相等票数时,才拥有投票权。

4. 当某事项须由三分之二或四分之三以上成员通过时,议长或其他主持会议者拥有投票权。

第八十八条 〔程序规则〕

1. 依照本宪法的规定,国民议会应当:

(1)决定和控制其行政安排,雇员的聘任、解聘和薪金,并且应当管理所有与国民议会会议相关的事宜。国民议会应就此事宜制定规则。

(2)就国民议会各事项适当考虑代议与参与民主、责任、透明和公众参与而制定规则和原则。该规则得包括礼仪规定和出席要求,并且,依照国民议会议员三分之二的成员同意,该规则得规定不支付薪金和津贴。

2. 除本宪法有特殊规定外,不得在任何法院就国民议会的任何活动的有效性提出异议。

第八十九条 〔国民议会会议记录的公开〕

国民议会应将会议记录公布于国民议会纪要并便于公众获得。

第九十条 〔特权〕

1. 议员在议会中的言论、行为或提交议会或其委员会的文件,或者投票,只要与伊斯兰教义不矛盾则不承担法律责任,并且不受询问、逮捕、拘留或起诉。

2. 只要按照国民议会规定的原则,任何人、报纸和杂志对经过国民议会授权制定或出版的任何报告或记录,或对国民议会或其委员会的会议记录的公正和准确性,不承担法律责任。

第九十一条 〔总统批准或退回重新审议〕

1. 任何由国民议会通过的法案应在通过后七日内提请总统批准,总统应在收到法案后十五日内或者批准该法案,或者退回议会重新审议该法案,或者退回议会重新审议经总统提交的修正案。

2. 任何退回国民议会重新审议的法案若重新审议后未对之作任何修正,且经国民议会全体议员多数通过,则该法案应经总统批准并应在政府公报上公布。

3. 任何在规定时间内未经总统退回重新审议、修改或同意的法案应视为获得总统批准并应在政府公报上公布。

第九十二条 〔政府公报上公布法律〕

国民议会通过的法案在总统批准时成为法律。总统批准的任何法案都应在批准当日公布于政府公报。当其公布在公报之时或在文本中规定生效日到来之时该法律生效。

第九十三条 〔条约〕

1. 由行政机关以国家的名义与他国或国际组织签订的条约,应经国民议会批准并根据国民议会的决议才能生效。

2. 无论本条第一款作出任何规定,公民仅需遵守国民议会批准的条约以及由国民议会据此制定的法律。

第九十四条 〔授权合法制定规则和命令〕

国民议会可根据法律和特定目的,授权任何人或组织制定具有立法效力的命令、法规和其他文件,包括授权:

1. 决定任何法律生效或停止效力的时间;

2. 制定就法律或法律的一部分对任何地区或任何阶层的变通规定。

第九十五条 〔最高法院〕

国民议会可通过决议提交最高法院审议重要的法律问题,其中包括审议宪法解释和法律的合宪性。最高法院应就提交的问题作出答复并应在向国民议会作出答复时说明理由。该意见应以最高法院上诉案的判决方式宣布。

第九十六条 〔年度预算〕

1. 在一个新的财政年度开始前,财政部长应将年度预算和决算提交国民议会批准。

2. 国民议会应审慎地批准或者修改财政部长提交的预算案。

3. 未经国民议会另外批准不得在通过的预算中追加支出。预算中包含的支出仅得专款专用。

第九十七条 〔税收和支出〕

行政机关不得:

1. 使用任何公共资金或财产;

2. 征收和征税;

3. 通过借贷和其他方式收取资金或获得财产;

4. 提供任何主权担保。

但依据国民议会制定的法律不在此限。

第九十八条 〔对部长及政府成员的质询〕

1. 国民议会可要求内阁成员或政府成员参加国民议会议程,各成员经国民议会要求就其义务和责任的适当履行在诚信宣誓下回答询问并提交文件。

2. 每一位国民议会议员都有询问的权利,根据国民议会规定的方式口头或书面要求内阁成员、政府成员进行答复。

3. 根据本条第二款,任何一位内阁成员或政府成员应尽最大能力和知识回答询问。

4. 本条规定的询问和答复,不论是口头的还是书面的,均应依照国民议会议程公布的方式予以公布。

第九十九条 [召集]

国民议会或其委员会有以下权力：

1. 在宣誓后提供证据，或出示证件后传召任何人出席聆讯。任何人应就其最大的知识和能力回答国民议会提出的问题。

2. 要求任何人或机构向其报告。

3. 接受由利害关系人提出的请愿、抗议和意见。

第一百条 [总统和副总统的罢免]

1. 国民议会通过决议可基于以下理由罢免总统或副总统：

（1）直接违背伊斯兰教义，或违背宪法和法律；

（2）总统或副总统所为的不端行为与其职务严重不相称；

（3）无力履行总统或副总统的职责。

2. 本条第一款规定的决议经议员至少三分之一联名并说明理由应提交国民议会。

3. 国民议会应建立委员会调查与罢免总统或副总统决议案中的特定事项。

4. 至少在十四日前就应将关于总统或副总统罢免案进行辩论的通知送达总统或副总统，总统或副总统有权以口头或书面的形式在国民议会为自己申辩并有权聘请法律顾问。

5. 本条第一款规定对总统或副总统的罢免，只有经过国民议会全体成员三分之二以上多数通过才能免除总统或副总统的职务。

6. 规制国民议会职能的规则应包括本宪法有关罢免总统或副总统职务的决议的原则和程序。

第一百零一条 [内阁不信任票]

1. 至少由有十位成员动议并说明理由才可向国民议会提交对内阁不信任案。

2. 至少应在十四日前就关于本条第一款的不信任动议进行辩论的通知送达相关的内阁成员，内阁成员有权以口头或书面的形式在国民议会为自己申辩。

3. 对内阁的不信任案可经国民议会全体成员的过半数通过。

4. 内阁成员经国民议会通过对内阁成员的不信任动议的，该内阁成员应终止任职。

第一百零二条 [薪金和津贴]

总统、副总统、内阁成员、包括议长与副议长在内的国民议会议员、司法部成员、独立委员会与独立部门成员应经国民议会决定获得薪金和津贴。

第一百零三条 [不正当利益]

国民议会的成员以及由其聘用或任命的人员不得不适当地利用其职权为自身或他人谋取利益。

第一百零四条 [秘书长]

国民议会根据其法规任命一位秘书长管理秘书处，以安排开会和处理文件，并且协助议长和国民议会议员开展工作。

第一百零五条 [安全]

1. 由国家安全部门保护国民议会的所有财产和办公设施。

2. 国家安全部门应确保国民议会所有成员的安全。

第四章 总统

第一百零六条 [行政权]

1. 根据宪法和法律，行政权授予总统。

2. 总统是国家元首、政府首脑和军事力量的最高统帅。

3. 国家的统治原则由本宪法规定，总统应当赞成、保护和遵守宪法，并推动国家的进步。

4. 总统应当依据宪法和法律行使行政权。

第一百零七条 [总统任期]

1. 总统任期五年，根据本宪法的规定，任何人不得连任或者担任总统职务超过两届。

2. 如总统缺位，应由副总统继任总统职位，如继任剩余任期达到两年以上，则受本条第一款的限制。

第一百零八条 [总统选举的形式]

总统应由全体人民以不记名投票方式直接选举产生。

第一百零九条 [总统的资格]

总统须具备以下资格：

1. 须是马尔代夫公民，且不拥有外国国籍；

2. 必须是穆斯林和伊斯兰逊尼教派的追随者；

3. 年满三十五周岁；

4. 心智健全；

5. 没有未清偿的裁决债务；

6. 没有因犯罪受过超过十二个月以上的刑罚，但从刑满释放之日起超过三年或已经赦免犯罪的不在此限；

7. 除本条第五款规定外，不得犯有伊斯兰教规定的罪行（hadd）①或者犯有欺骗、欺诈或者背信罪。

第一百一十条 [选举]

新一任总统选举须在现任总统任期届满前一百二十日到前三十日内举行。

第一百一十一条 [总统选举]

1. 总统应获得超过半数的选票才能当选，若没

---

① 伊斯兰教法学概念。阿拉伯语"哈德"或"哈杜德"的意译，原意为"界限"、"限制"、"规定"、"障碍"等。

有候选人获得超过半数选票,则在一次选举后的二十一日内举行决胜选举。决胜选举仅得在首轮选举中得票最多的两名候选人之间举行。若两名候选人在首轮选举中得票数相同,则由该两名候选人进行决胜选举;若第二名和第三名得票数相同,则从得票最多的前三名中进行决胜选举。

2. 如果在决胜选举中的两名候选人中的一位退出选举,则由首轮选举中得票排名第三的候选人参加决胜选举。

3. 国民议会应制定法规规定总统选举。

第一百一十二条 [副总统]

1. 马尔代夫的副总统应当协助总统履行职责和义务。

2. 每一位总统候选人须公开宣布其副总统人选。

3. 副总统的任职资格与总统相同。

4. 若总统因故缺位,应由副总统继任总统。

第一百一十三条 [最高法院的管辖权]

总统候选人及其竞选伙伴的资格、选举、身份,以及罢免总统的终审权由最高法院行使。

第一百一十四条 [总统和副总统的就职宣誓]

即将上任的总统或副总统就职时须于国民议会会议上在首席大法官或其代表面前宣读并签署本宪法附表一中规定的相关誓言。

第一百一十五条 [总统的权力和责任]

除依据宪法和法律明确授予总统的权力外,总统根据宪法赋予的权力为履行其职责应拥有下列权力:

1. 忠实地实施宪法和法律,促进国家机构和人民对宪法和法律的遵守;

2. 监督政府部门相互协调并提高效率;

3. 推进法治并保护全体人民的权利和自由;

4. 保护马尔代夫的独立和主权完整,促进国家主权在国际交流中获得尊重;

5. 制定国家基本政策,并将政策和建议提交合适的政府部门和机构执行;

6. 任命、免除内阁成员或者接受内阁成员的辞呈,确认内阁成员适当履职是否必要;

7. 主持内阁;

8. 宣布战争与和平,并立刻提请国民议会批准;

9. 根据宪法,宣布国家进入紧急状态;

10. 决定、执行、监督国家的外交政策,处理同外国和国际组织的政治关系;

11. (1) 与外国和国际组织缔结不为公民施加任何义务的条约和协议;

(2) 经国民议会同意,与外国和国际组织缔结为公民施加义务的条约和协议;

12. 经与国民议会协商后,任命驻外国使节和国际组织的外交代表;

13. 召回和调任驻外国使节和国际组织的外交代表;

14. 接受和承认外国和其他组织派驻本国的使领馆代表呈递的国书并接受其召回国书;

15. 任命临时委员会为总统就民族问题提供建议和进行调查;

16. 决定对国家重大问题举行全民公投;

17. 宣布公众和政府假期;

18. 根据法律授予奖励、奖章和荣誉称号;

19. 依据法律规定对没有上诉权的刑事犯给予赦免或减刑;

20. 确保国家安全部门遵守宪法所规定的义务;

21. 履行宪法和法律明确规定的其他职责。

第一百一十六条 [部长]

1. 根据政府的需要,总统有权任命部长并决定其权限,总统应将与任命该部长有关的所有信息及其权限的确定提请国民议会批准。

2. 国民议会可就本条第一款设立的各部及其管辖领域向总统给出意见和观点。

第一百一十七条 [副总统的责任]

1. 副总统行使总统授予的职权。

2. 总统缺位或总统暂时不能履行职务时,副总统代理总统行使职务。

第一百一十八条 [薪金和津贴]

总统和副总统的薪金和津贴由国民议会决定。

第一百一十九条 [限制]

1. 总统和副总统不得在其他公共部门或营利机构任职,不得从事营利活动或受他人雇佣从事商业活动,不得买卖或出租任何国有财产,也不得通过与国家和其他组织的交易获取经济利益。

2. 总统、副总统以及受总统任命和雇佣的人不得利用其职位或掌握的信息为自己或他人谋取不正当利益。

第一百二十条 [申报财产]

总统每年应向总审计长申报财产,包括其所拥有金钱、商业股份、资产及债务。

第一百二十一条 [辞职]

1. 总统可向国民议会议长书面提出辞职,当议长收到该辞职信时,总统职位即空缺。

2. 副总统可向总统书面提出辞职,当总统收到该辞职信时,副总统职位即空缺。

第一百二十二条 [副总统职位的空缺]

若副总统死亡、辞职、罢免、永久失去执政能力或因继任总统而职位空缺,总统应重新任命一位新的副总统完成其剩余的任期,该任命需经议会同意。

第一百二十三条 ［暂时代理总统职务］

1. 若总统认为其暂时不能履行职责,则应以书面形式说明理由通知国民议会议长并应将其职责交予副总统。总统以书面形式通知国民议会议长后恢复任职。

2. 若总统暂时不能履职且无能力以书面形式通知国民议会议长,则副总统应在取得内阁多数成员同意时行使总统职责直至总统可以重新履职,总统的职责应由副总统暂时担任。总统以书面形式通知国民议会议长后恢复任职。

第一百二十四条 ［暂时不能履行责任］

1. 当总统和副总统因外出或暂时不具有执政能力时,按以下优先顺序代替行使职权直到总统或副总统可以重新履行职权时止:国民议会议长、国民议会副议长、国民议会选举的部分成员。

2. 当总统或副总统因永久丧失行为能力、辞职、罢免和死亡等原因缺位或者总统和副总统同时缺位时,在重新选举前,按以下优先顺序代替总统或者副总统履行职权直到总统或副总统重新履行职权时为止:国民议会议长、国民议会副议长、国民议会选举的部分成员。

3. 暂时代替总统履行职责者应具备总统必备的资格。

第一百二十五条 ［总统或副总统缺位时的总统大选］

1. 若本宪法第一百二十四条第二款规定的情形发生且总统与副总统同时出缺,则总统选举应在总统和副总统职位同时出缺后六十日内举行且应同时任命总统和副总统。

2. 若在总统选举中出现当选总统和当选副总统永久性丧失能力而阻碍其就职的,总统选举应在该情形出现后六十日内举行且应同时任命总统和副总统。

3. 若新一轮总统选举于前任总统任期内因故举行,则当选总统或副总统的个人仅得继续前任总统的剩余任期。为实现本宪法第一百零七条的规定,此时当选的总统或副总统应遵循第一百二十四条第三款之规定。

第一百二十六条 ［代替者的宣誓］

任何暂时代替总统或副总统职位的人,在就职前应在首席法官或其代表面前宣誓,誓言见宪法附表一。

第一百二十七条 ［刑事责任］

总统或副总统就任期内或就职前的刑事犯罪负法律责任。但是,若对总统提起刑事诉讼,国民议会认为适当则可通过决议中止该诉讼程序直至总统或副总统任期满届。

第一百二十八条 ［总统的特权］

凡未受到任何指控并在其任期内恪尽职守的总统,有权享受最高荣誉、财政和其他特权,这些特权应由法律规定和保护。

第五章 内阁

第一百二十九条 ［内阁］

1. 内阁由总统任命,根据总统、宪法和法律授予的权力行使职权。

2. 内阁应包括副总统、负责不同部职责的部长以及司法部长。

3. 除副总统外,总统对内阁的任命应征得国民议会的同意。

4. 总统应在七日内向国民议会提交内阁候选人名单以征得国民议会的同意。

第一百三十条 ［部长的资格］

1. 内阁成员应具有以下资格:

(1)马尔代夫的公民;

(2)不具有外国国籍;

(3)必须是穆斯林和伊斯兰逊尼教派的追随者;

(4)必须年满二十五周岁;

(5)智力健全。

2. 如有以下情形,不具备内阁成员资格:

(1)未清偿依法判决的债务;或者

(2)因犯罪被判超过十二个月以上的刑罚,但刑满释放后超过三个月或者已经获得特赦则不在此限。

第一百三十一条 ［宣誓就职］

内阁成员在就职前,应在首席法官或其代表面前宣誓,誓言见本宪法附表一。

第一百三十二条 ［内阁的责任］

内阁成员应遵守宪法和法律并忠实地执行总统授予的职权:

1. 依照本宪法和法律建议并协助总统决定国家总政策,并且,在政府活动的各个领域监督并执行这些政策;

2. 向总统提出议案草案的建议,并为提交国民议会审议做准备;

3. 管理、检查和协调政府的工作;

4. 确保政府和国家其他机构在其职责范围内保持良好的工作关系和顺利运行;

5. 在职责范围内谨慎地管理国有资产;

6. 建议和协助总统制定国家、民族和国际事务方面的政策,管理、检查和协调国家的政治、经济和社会发展;

7. 促进、保障和推动法治,保护公共安全和公共利益;

8. 行使宪法和法律特别授予的其他职权。

第一百三十三条 ［司法部长］

1. 总统应在内阁成员中任命一位在法律界学

识和经验出众者出任司法部长，作为政府的法律顾问。

2. 司法部长的职责是就影响国家的所有法律问题向政府提出意见。司法部长的职责包括履行属于其职权范围内的所有法律义务，承担本宪法和法律要求由其负担的一切职责。

3. 司法部长有权亲自或委派其代表以国家名义进入马尔代夫所有法庭旁听，但根据本宪法的规定该事项属于总检察长职权的除外。

4. 司法部长经许可有权以法庭之友出现在任何政府不是当事人的民事诉讼中，保护国家利益和公共利益。

5. 司法部长在行使权力时，只受宪法和法律的约束，不受任何个人或权力的干涉。

6. 司法部长有权就总检察长在刑事诉讼中的行为发布一般指令。

第一百三十四条　[内阁责任]

1. 内阁成员按照宪法规定的方式就指定职责的适当履行分别集体向总统和国民议会负责。

2. 内阁成员应定期公正地向总统报告其管辖范围内的事务，并回答国民议会对其管辖范围内的事务的询问。

第一百三十五条　[薪金和津贴]

内阁成员的薪金和津贴由国民议会决定。

第一百三十六条　[限制]

1. 内阁成员不得在其他公共部门或营利机构任职，不得从事营利活动或受他人雇佣从事商业活动，不得买卖或出租任何国有财产，也不得通过与国家和其他组织的交易获取经济利益。

2. 内阁成员不得利用其职位或掌握的信息为自己和他人谋取不正当利益。

第一百三十七条　[撤职]

1. 总统有权自行决定并亲笔以书面形式免除任何内阁成员的职务。

2. 尽管有第一款的规定，但总统无权自行决定免除副总统的职务。

第一百三十八条　[申报财产]

内阁成员每年应向总审计长申报财产，包括其所拥有的金钱、商业股份、资产及债务。

第一百三十九条　[辞职]

内阁成员可向总统书面提出辞职，当总统收到辞职信后该内阁职位才出现空缺。

第一百四十条　[部长责任]

内阁成员对根据政府或国民议会建立的各类机关和机构承担责任，但根据宪法或法律创设的独立机构除外。内阁成员应当对其管理的机关和机构及其行使的职权行为承担责任。

第六章　司法机关

第一百四十一条　[司法权]

1. 司法权授予最高法院、高等法院和依据法律设立的初级法院。

2. 最高法院在马尔代夫司法领域具有最高权威，首席法官在最高法院具有最高权威。任何提交最高法院的案件都应经过出庭法官过半数决定。

3. 任何拥有公共职能的权力主体、任何个人都不能干涉司法活动。

4. 执行公共职能的个人或机构通过立法和其他形式协助并保障法院的独立、权威、尊严、公正、便民和高效。

第一百四十二条　[遵守法律]

法官独立，仅遵守宪法和法律。法官若遇宪法或法律未规定的待决问题，则应参照伊斯兰沙里发。在行使司法权的过程中，法官须公正、果敢、不掺杂个人喜好地适用宪法和法律。

第一百四十三条　[法院的管辖权]

1. 最高法院和高等法院有权对任何由国民议会制定的法律和法规的合宪性提出质疑并作出裁决。

2. 所有法院在审理中均有权裁决本宪法条文的解释和适用事项，且不得视此行为违反本条第一款的规定。

3. 每一个法院有权推翻其下级法院的判决。

4. 下级法院应遵守上级法院的判决。

第一百四十四条　[就宪法问题的权力]

在管辖范围内裁决宪法问题，法院应当：

1. 宣告任何法律、法规的全部或部分以及任何个人或机构执行公共职能的行为违反宪法而无效。

2. 应当根据本条第二款公正、公平地宣布：

（1）对任何因法律、法规或个人和机构执行公共职能的行为违宪而给个人或群体造成的损害提供合理补偿的命令；或者

（2）命令在一段时间内并在一定条件下暂缓宣布（违宪的法律、法规或行为）无效，允许主管机关纠正其错误。

3. 限制一项被宣告违宪无效的法律、法规的全部或部分、命令和决定的溯及力，限制任何个人或机构执行公共职能的行为的溯及力。

第一百四十五条　[最高法院]

1. 最高法院包括首席大法官和法律规定的一定数量的法官，最高法院的法官人数应为奇数。

2. 最高法院受理的案件应由奇数人数组成的法官开庭审理。

3. 最高法院拥有对宪法解释、法律解释或者由

法院处理的其他问题解释的最终权力。

第一百四十六条 ［高等法院］

1. 高等法院的法官人数由法律规定。

2. 高等法院受理的案件应由奇数人数组成的法官开庭审理。

第一百四十七条 ［首席大法官的任命］

马尔代夫设一位首席大法官。作为国家元首的总统在与司法服务委员会协商并经出席并参与投票的国民议会议员多数赞同任命后应任命首席大法官。

第一百四十八条 ［法官的任命］

1. 作为国家元首的总统在与司法服务委员会协商并经出席并参与投票的国民议会议员多数赞同任命后应任命最高法院法官。

2. 其他依照本宪法规定设立的法官应由司法服务委员会任命。

3. 法官没有任期限制，但应在七十周岁时退休。

4. 尽管有本条第三款之规定，但自本宪法生效后十五年内，任命法官的固定任期不超过五年，具体任期于任命时明确规定。

第一百四十九条 ［法官的资格］

1. 依法被任命的法官，应具有相应的学历、经验和履行责任与义务必备的能力，同时还必须有高尚的道德情操。

2. 除具备本条第一款规定的资格外，法官还应具备以下资格：

（1）必须是穆斯林和伊斯兰逊尼教派的追随者；

（2）必须年满二十五周岁；

（3）不得犯有伊斯兰教规定的罪行或者犯有背信罪和受贿罪。

（4）智力健全。

3. 被任命为最高法院法官者至少年满三十周岁，拥有至少七年作为法官或律师或者同时作为法官和律师的从业经验，并且，必须受过伊斯兰沙里发或法律教育。

4. 国民议会应制定有关法官的法律。

第一百五十条 ［法官宣誓就职］

法官就职前应宣读并签署本宪法附表一中规定的法官誓言。

第一百五十一条 ［全职］

每一个法官应奉献所有的时间承担法官的责任，除非关于法官的法律作出其他的安排。

第一百五十二条 ［薪金和津贴］

法官应经国民议会决定发给与之身份相符合的薪金和津贴。

第一百五十三条 ［申报财产］

法官每年应向司法服务委员会申报财产，包括所拥有的金钱、商业股份、资产及债务。

第一百五十四条 ［免职］

1. 不得免去行为端正、遵守司法道德的法官；

2. 司法服务委员会发现法官不称职或行为不端，应向国民议会提出，经出席并参加投票的国民议会议员三分之二以上赞同，可免除法官职务。

第一百五十五条 ［决定法院管辖权和制定涉及法院行政法律的权力］

国民议会有权通过有关法院管理、法院审判、上诉管辖以及审判程序的法律。

第一百五十六条 ［法院管理］

依照法律和正义，法院具有固有的保护并规制其程序的权力。

第七章　独立委员会和机构

司法服务委员会

第一百五十七条 ［司法服务委员会］

1. 马尔代夫设司法服务委员会。

2. 司法服务委员会是一个独立公正的机构。该委员会依照宪法和国民议会制定的法律行使职权和履行职责。司法服务委员会管辖司法系统的一切成员以及经国民议会委任的其他人员。

3. 司法服务委员会应依规制该机构的法律的规定运行。该法律明确规定其成员的职责、权力、授权、任职资格和道德标准。

第一百五十八条 ［司法服务委员会的组成］

司法服务委员会应包括：

1. 国民议会议长；

2. 由最高法院法官选举产生的最高法院的法官一名，但不包括首席大法官；

3. 由高等法院法官选举产生的高等法院法官一名；

4. 由初审法院法官选举产生的初审法院法官一名；

5. 由国民议会选举产生的议员一名；

6. 由国民议会任命的公民一名；

7. 公务员委员会主席；

8. 总统任命的代表一名；

9. 司法部长；

10. 从被许可在马尔代夫执业的律师中选出的一位律师。

第一百五十九条 ［职责和职权］

为履行职责，司法服务委员会行使下列权力：

1. 选拔、任命和调任除最高法院首席大法官和最高法院法官以外的其他法官，并对最高法院首席大法官和最高法院法官的任命向总统提出建议。

2. 调查对法官的控诉,并对之采取纪律处分,其中包括法官的免职建议。

3. 制定以下规则:

(1)法官聘用和任命程序;

(2)法官的职业道德标准;

(3)规定必要的或权宜的事项以行使、履行、承担委员会职责。

4. 向总统和国民议会就有关司法系统或司法行政事务提出建议。

5. 宪法或法律规定的其他职权。

第一百六十条 ［司法服务委员会的组成］

总统作为国家元首根据本章规定组建司法服务委员会。

第一百六十一条 ［司法服务委员会成员的任期］

司法服务委员会的成员:

1. 根据第一百五十八条第二款、第三款、第四款、第五款、第六款、第八款和第十款而任命者,任期五年,不得连任;

2. 根据第一百五十八条第一款、第七款或者第九款而任命的,仅得在该职务存续期间继续担任司法服务委员会的成员。

第一百六十二条 ［辞职］

司法服务委员会成员可向总统书面提出辞职,当总统收到该辞职信时该职位即空缺。但根据第一百五十八条第一款、第七款或者第九款而任命者,不得依据本条规定辞职。

第一百六十三条 ［投票和法定人数］

司法服务委员会由过半数的成员出席方达到法定人数,司法服务委员会的任何决定都应由到会且参与表决的成员过半数通过。

第一百六十四条 ［薪金和津贴］

司法服务委员会的成员中,非行政、司法或国民议会的组成人员的薪金和津贴由国民议会决定。

第一百六十五条 ［免职］

根据第一百五十八条第二款、第三款、第四款、五款、第六款、第八款或者第十款而任命的司法服务委员会成员由任命者撤职。而根据第一百五十八条第一款、第七款或者第九款被任命者,其免职依据其本身的职务而定。

第一百六十六条 ［宣誓就职］

司法服务委员会的每一位成员在就职前应签署本宪法附表一所规定的誓言。

选举委员会

第一百六十七条 ［选举委员会］

1. 马尔代夫设立选举委员会。

2. 选举委员会是一个独立、公正的机构,根据宪法和国民议会制定的法律行使职权和履行职责。

3. 选举委员会的职权由选举委员会管理法规定,管理法应对其成员的责任、权力、授权、资格和道德标准作出详细规定。

第一百六十八条 ［选举委员会的任命和组成］

1. 选举委员会应由包括主席在内的至少五位成员组成。

2. 总统应依照国民议会议员多数从根据选举委员会管理法的规定而递交其名单中同意的人员任命选举委员会成员。

第一百六十九条 ［资格］

作为选举委员会成员,应拥有相应的学历、经验和行使职权所必备的能力,选举委员会的成员不得兼任其他工作。

第一百七十条 ［选举委员会的职责和权力］

选举委员会应行使以下职权:

1. 引导、管理、监督并推动选举和全民公投。确保选民适当地行使选举权,保障自由、公正地举行所有的选举和全民公投,保证在选举中不发生胁迫、侵害、不当影响和贿赂。

2. 准备、保存和更新选民名单,对选举和全民公投作出全面的布置。

3. 在法律规定的时限内保存并宣布选举和全民公投的结果。

4. 将选民登记造册,根据法律在特定时期予以修订,并在政府公报上公布该名册。

5. 根据法律规定的原则,确定、改变、界定和持续地检查选区的界限及选民的姓名和选举单位,并将修正后的结果在政府公报上公布。

6. 登记政党,执行法律规定关涉政党的行为。

7. 对公众进行选举程序和选举目的的教育并培养其选举意识。

8. 法律规定的其他职能。

第一百七十一条 ［投票和登记］

1. 凡由选举委员会举行的公选和全民公投,应采取不记名投票方式。

2. 在投票结束后,由选举委员会任命的投票站主任应立即在候选人或其代表以及法律规定应当在场的人面前,在投票站就本站的投票进行唱票并记录和公开宣布每一个候选人的得票数或全民公投的票数。

第一百七十二条 ［选举请愿］

1. 个人可通过选举呈请书的方式对选举委员会举行的某次选举和全民公投、对某次选举的结果或者对选举相关事宜的合法性向高等法院提出质疑。

2. 依据本条第一款关于个人向高等法院提出的任何质疑的处理方式应在选举法规中作出规定。

第一百七十三条 ［选举委员会成员的任期］

选举委员会成员任期五年,国民议会可以同意连任,但第二次任期同样不得超过五年。

第一百七十四条 ［辞职］

选举委员会成员可向总统书面提出辞职,当总统收到该辞职信时该职位即空缺。

第一百七十五条 ［投票和法定人数］

选举委员会由过半数的成员出席方达到法定人数,选举委员会的任何决定都应由出席且参与表决的成员过半数通过。

第一百七十六条 ［薪金和津贴］

选举委员会成员的薪金和津贴由国民议会决定。

第一百七十七条 ［免职］

选举委员会的成员因本条第一款的原因被免职,但须以第二款规定的方式进行:

1. 行为不端,无能力或不称职;并且

2. 选举委员会成员出现第一款规定的情形,由出席并参加投票的国民议会议员过半数通过免除选举委员会成员职务的决定。

第一百七十八条 ［宣誓就职］

选举委员会的每一位成员在就职前应签署本宪法附表一所规定的誓言。

公务员委员会

第一百七十九条 ［公务员委员会］

1. 马尔代夫设公务员委员会。

2. 公务员委员会是一个独立、公正的机构,根据宪法和国民议会制定的法律行使职权并履行职责。公务员委员会应竭力按照高标准的职业道德维持有效和高效的公务员体系。

3. 公务员委员会的职权由公务员委员会管理法规定,该法对其成员的责任、权力、授权、资格和道德标准作出详细规定。

第一百八十条 ［公务员委员会的任命和组成］

1. 公务员委员会应由包括主席在内的至少五位成员组成。

2. 总统应任命经国民议会出席并参与投票的议员多数同意的人员担任公务员委员会成员,且该委员会成员属于根据公务员委员会管理法的规定而呈递国民议会名单中的人员。

第一百八十一条 ［资格］

作为公务员委员会成员,应拥有相应的学历、经验和行使职权必备的能力,公务员委员会成员不得兼任其他工作。

第一百八十二条 ［公务员委员会的职责和权力］

1. 公务员委员会行使下列职权:

(1)根据法律规定聘任、任命、提拔和调任公务员委员会的成员;

(2)制定公务员委员会内部统一的组织和管理标准;

(3)制定确保公务员委员会高效运行的措施;

(4)制定有关聘任、任命、调任、提拔和免职的人事程序;

(5)向行政部门和国民议会报告其活动与履职情况,包括该委员会可以作出的人事政策、调查结果、指导和建议,以及评估本条第二款中价值和原则的遵守情况;

(6)宪法或法律规定的其他职权。

2. 公务员委员会在行使其职权时,应受以下民主价值和原则的约束:

(1)坚持和促进高标准的职业道德;

(2)促进对人力资源的高效、经济和有效利用;

(3)无私、公正、公平和不加歧视地提供服务;

(4)体现公众的需求,鼓励公众参与政策的制定;

(5)公务员对国家各部门和公众的责任;

(6)向公众及时、方便和准确地提供信息以加强透明度;

(7)良好的人力资源管理和职业发展规划,最大限度地发挥人力资源的潜能;

(8)聘任和人事管理活动应建立在才能、既定原则分析和公正的基础之上。

(9)公务员委员会的任何成员均不得仅因支持或反对特定政党或政见而获得支持或者遭到反对;

(10)公务员委员会成员不得利用其职位或掌握的信息为自己或他人谋取不正当利益。

第一百八十三条 ［公务员委员会成员的任期］

公务员委员会成员的任期为五年,国民议会可以同意连任,但第二次任期不得超过五年。

第一百八十四条 ［辞职］

公务员委员会成员可向总统书面提出辞职,当总统收到该辞职信时该职位即空缺。

第一百八十五条 ［投票和法定人数］

公务员委员会由过半数的成员出席方达到法定人数,公务员委员会的任何决定都应由出席且参与表决的过半数通过。

第一百八十六条 ［薪金和津贴］

公务员委员会成员的薪金和津贴由国民议会决定。

第一百八十七条 ［免职］

公务员委员会的成员因本条第一款的原因被免职,但须以本条第二款规定的方式进行:

1. 行为不端,无能力,不称职;并且

2. 公务员委员会成员出现本条第一款规定的情形,应由出席并参加投票的国民议会议员过半数赞同免除其公务员委员会成员的职务。

第一百八十八条 〔宣誓就职〕

公务员委员会的每一位成员在就职前应签署本宪法附表一所规定的誓言。

人权委员会

第一百八十九条 〔人权委员会〕

1. 马尔代夫设人权委员会。

2. 人权委员会是一个独立与公正的机构,促进无偏私地和公正地尊重人权。

3. 人权委员会的职权由人权委员会管理法规定,该法应对其成员的责任、权力、授权、资格和道德标准作出详细规定。

第一百九十条 〔人权委员会的任命和组成〕

1. 人权委员会由包括主席在内的至少五位成员组成。

2. 总统应依照国民议会议员多数根据人权委员会管理法的规定而递交其名单中同意的人员任命人权委员会成员。

第一百九十一条 〔资格〕

作为人权委员会成员,应拥有相应的学历、经验和行使职权必备的能力,人权委员会成员不得兼任其他职务。

第一百九十二条 〔人权委员会的职责和权力〕

1. 人权委员会应具有以下职权:

(1)促进人权的尊重;

(2)促进人权的保护、发展和救济;

(3)监督并评价遵守人权的状况。

2. 依据法律规定,人权委员会还有以下职权:

(1)调查人权遵守状况并提出报告;

(2)在人权受到侵害时,采取适当的和切实可行的措施予以纠正;

(3)开展人权研究并教育公众;

(4)宪法和法律规定的其他职权。

第一百九十三条 〔人权委员会成员的任期〕

人权委员会成员的任期为五年,经国民议会同意可以连续任期,但第二次任期同样不得超过五年。

第一百九十四条 〔辞职〕

人权委员会成员可向总统书面提出辞职,当总统收到该辞职信时该职位即空缺。

第一百九十五条 〔投票和法定人数〕

人权委员会由过半数的成员出席方达到法定人数,人权委员会作出的任何决定都应由出席且参与表决的成员过半数通过。

第一百九十六条 〔薪金和津贴〕

人权委员会成员的薪金和津贴由国民议会决定。

第一百九十七条 〔撤职〕

人权委员会的成员因本条第一款的原因被撤职,但须以本条第二款规定的方式进行:

1. 行为不端,无能力,不称职;并且

2. 当人权委员会成员出现第一款规定的情形时,由出席并参加投票的国民议会议员过半数通过作出对人权委员会成员撤职的决定。

第一百九十八条 〔宣誓就职〕

人权委员会的每一位成员在就职前应签署本宪法附表一所规定的誓言。

反贪污委员会

第一百九十九条 〔反贪污委员会〕

1. 马尔代夫设反贪污委员会。

2. 反贪污委员会是一个独立和公正的机构,根据宪法和国民议会制定的法律行使职权并履行职责。反贪污委员会应勇敢地阻止国家活动中的任何贪污行为,并与贪污作斗争。

3. 反贪污委员会的职权由反贪污委员会管理法规定,该法应对其成员的责任、权力、授权、资格和道德操守作出详细规定。

4. 反贪污委员会的法规应对贪污的定义作出明确规定。

第二百条 〔反贪污委员会的任命和组成〕

1. 反贪污委员会由包括主席在内的至少五位成员组成。

2. 总统应任命经国民议会出席并参与投票的议员多数同意的人员担任反贪污委员会成员,且该委员会成员属于根据反贪污委员会管理法的规定而呈递国民议会名单中的人员。

第二百零一条 〔资格〕

反贪污委员会成员应拥有相应的学历、经验和行使职权必备的能力,反贪污委员会成员不得兼任其他职务。

第二百零二条 〔反贪污委员会的职责和权力〕

反贪污委员会具有以下职权:

1. 调查所有的贪污指控;针对贪污的任何投诉、情报或涉嫌情况必须进行调查。

2. 建议由其他机构进一步调查;若贪污经证实,则建议总检察长对主张的犯罪提出控诉。

3. 开展防腐研究,并向相关机构就其采取的行为提交建议以兹改进。

4. 弘扬国家机关运行的诚实和忠诚价值,提高公众对腐败的警觉。

5. 行使反腐败法律规定的其他权力和职能。

第二百零三条 〔反贪污委员会成员的任期〕

反贪污委员会成员的任期为五年,经国民议会同意可以连任,但第二次任期同样不得超过五年。

第二百零四条 〔辞职〕

反贪污委员会成员可向总统书面提出辞职,当总统收到该辞职信时该职位即空缺。

第二百零五条 ［投票和法定人数］

反贪污委员会由过半数成员出席方达到法定人数,反贪污委员会的任何决定应由出席且参与表决的过半数通过。

第二百零六条 ［薪金和津贴］

反贪污委员会成员的薪金和津贴由国民议会决定。

第二百零七条 ［撤职］

反贪污委员会的成员根据本条第一款规定的原因可以被撤职,但须依照本条第二款规定的方式进行:

1. 行为不端,无能力,不称职;并且

2. 反贪污委员会成员出现第一款规定的情形,由出席并参加投票的国民议会议员过半数通过撤销反贪污委员会成员职务。

第二百零八条 ［宣誓就职］

反贪污委员会的每一位成员在就职前应签署本宪法附表一所规定的誓言。

审计长

第二百零九条 ［审计长］

1. 马尔代夫设一名独立和公正的审计长。

2. 审计长根据宪法和国民议会制定的法律行使职权并履行职责。

第二百一十条 ［任命］

总统应依照国民议会全体议员多数根据法律规定而递交其名单中同意的人员任命审计长。

第二百一十一条 ［资格］

1. 作为审计长应拥有相应的学历、经验和行使职权必备的能力,审计长不得兼任其他职务。

2. 法律应明确规定审计长的职责、权力、授权、资格和道德操守。

第二百一十二条 ［审计长的职责和权力］

审计长拥有下列职权:

1. 审计财务管理部门及其账目和财务报表,制作并发布关于下列机构的审计报告:

　(1)政府各部;

　(2)政府各部领导下的工作机构;

　(3)其他政府机构和办事机构;

　(4)立法机关领导下的工作机构和业务机构;

　(5)宪法和法律设立的独立委员会和独立机构及其下属机构;

　(6)司法机关领导下的工作机构和业务机构。

2. 除依据本条第一款的规定外,审计长还可依据法律决定对其他任何机构和组织进行审计。

3. 依据法律,审计长还可以对下列机构进行审计并制作和发布关于财务管理部门及其账目和财务报表的审计报告:

　(1)由国家提供资金的公共团体或者组织;

　(2)国家拥有股份的工商企业。

第二百一十三条 ［报告］

审计长应向总统、国民议会以及法律规定的其他机关提交审计报告和年度报告。

第二百一十四条 ［对审计长的审计］

应根据法律的明确规定对审计长及其工作机构进行审计。

第二百一十五条 ［审计长的任期］

审计长的任期为七年,根据有关法律对审计长的规定,经国民议会全体成员过半数同意可批准其连续任职,但第二次任职期限不得超过五年。

第二百一十六条 ［辞职］

审计长可向总统书面提出辞职,当总统收到该辞职信时该职位即空缺。

第二百一十七条 ［薪金和津贴］

审计长的薪金和津贴由国民议会决定。

第二百一十八条 ［撤职］

如符合本条第一款规定的情形,审计长应被撤职,但须以本条第二款规定的方式进行:

1. 行为不端,无能力,不称职;并且

2. 审计长如具有本条第一款规定的情形,应由出席并参加投票的国民议会议员过半通过决定撤销其审计长的职务。

第二百一十九条 ［宣誓就职］

审计长在就职前应签署本宪法附表一所规定的誓言。

总检察长

第二百二十条 ［总检察长］

1. 马尔代夫设一名独立和公正的总检察长。

2. 总检察长依据宪法和国民议会制定的法律履行职责和义务。

3. 总检察长应独立和公正,总检察长履行职责、行使权力不受任何个人或机构的干涉。总检察长应果敢、不掺杂个人喜好地履行职责、行使权力,且仅得遵守司法部长的总政策指令,并以公正、透明和负责为其行使职权的基础。

第二百二十一条 ［总检察长的任命］

总统应依照国民议会全体议员多数根据法律规定而递交其名单中同意的人员任命总检察长。

第二百二十二条 ［资格］

作为总检察长,应拥有相应的学历、经验和行使职权必备的能力,总检察长不得兼任其他职务。

第二百二十三条 ［总检察长的职责和权力］

总检察长拥有下列职权:

1. 监督马尔代夫境内的所有刑事诉讼程序;

2. 审查和认定侦查机关提供的证据以决定是否

提起指控；

3. 向法院提起有关被控罪犯的刑事诉讼；

4. 监督对被控刑事活动预审和侦查的合法性；

5. 监视、检查被逮捕、拘留或其他在庭审前即被剥夺自由的人的境况和生活条件；

6. 命令侦查总检察长认为值得控告的刑事犯罪或其他总检察长知晓的刑事犯罪；

7. 依照国民议会制定的法律接管、审查和继续经授权公诉机构提起的刑事诉讼，并且，在判决前的任何阶段均有权撤销刑事诉讼；

8. 对起诉、不起诉和撤销起诉的决定进行审查或重新作出决定；

9. 对刑事判决、裁定或决定提起上诉；

10. 在整个公诉程序中公布应得到遵守的政策指令；

11. 维护宪法、法律秩序，维护一切公民的权利和自由。

第二百二十四条 ［代理行为］

总检察长的职权在其明确授权下可指定其下属或其他任何人行使。

第二百二十五条 ［总检察长的任期］

总检察长的任期为五年，国民议会根据有关法律同意总检察长连续任职，但第二次任期同样不得超过五年。

第二百二十六条 ［辞职］

总检察长可向总统书面提出辞职，当总统收到该辞职信时该职位即空缺。

第二百二十七条 ［薪金和津贴］

总检察长的薪金和津贴由国民议会决定。

第二百二十八条 ［撤职］

如符合本条第一款规定的情形，总检察长应被撤职，但须以本条第二款规定的方式进行：

1. 行为不端，无能力，不称职；并且

2. 当出现本条第一款规定的情形时，应由出席并参加投票的国民议会议员过半数通过撤销总检察长的职务。

第二百二十九条 ［宣誓就职］

总检察长在就职前应签署本宪法附表一所规定的誓言。

第八章 分权行政

第二百三十条 ［分权行政］

1. 马尔代夫的行政区划应实行分权行政。

2. 为实现分权行政，总统根据法律规定有权设立选区、岗位、本岛议会（island councils）、环礁议会（atoll councils)和城市议会（city councils）。

3. 为实现分权行政而设立的选区、岗位、地方议会的管辖和特性应由法律规定。

第二百三十一条 ［地方议会的选举］

1. 为实现分权行政而设立的地方议会全体议员应由其各自所属行政区划通过秘密投票方式民主选举产生。

2. 当选管理行政区划的地方议会议长和副议长应分别由各地议会议员通过秘密投票方式从其议员中民主选举产生。

3. 各选区选举产生的地方议会任期不得超过三年。

4. 国民议会应制定为实现分权行政而设立的地方议会议员的选举法。

5. 为实现分权行政而设立的地方议会的选举应由选举委员会举行。

第二百三十二条 ［责任］

为实现分权行政而设立的地方议会履行以下职责：

1. 实行民主管理和责任管理；

2. 推动社区的进步以及社会安宁和生活富裕；

3. 建立安全、健康和生态多样化的环境；

4. 实现法律规定的其他目标。

第二百三十三条 ［地方机构制定附属法规］

地方机构的地方性法规或决定应遵守国民议会法律或法规的规定。

第二百三十四条 ［财政］

地方机构根据法律规定应获得国库年度预算支出，同时，地方机构依照法律亦有权集资。

第二百三十五条 ［财产和债务］

除法律规定的限制外，应授权地方机构拥有自己的财产并承担债务。

第九章 安全机构

第二百三十六条 ［安全机构］

包括军队和警察在内的马尔代夫安全机构，用以确保马尔代夫所有人的安全和自由生活。

第二百三十七条 ［职责和义务］

安全机构应捍卫国家主权和领土完整，保护宪法和民主制度，维护法律的实施和法律秩序，在紧急情况下提供援助。

第二百三十八条 ［宪法限制］

安全机构必须依据宪法和法律行使权力，并对其行为承担责任。总统应确保安全机构遵守这些义务。

第二百三十九条 ［国民议会对安全机构的领导权］

1. 国民议会应制定安全机构运作所依据的组织法和原则。

2. 安全机构应受国民议会的约束。

第二百四十条 ［独立部门］

安全机构由两个分立的部门组成,每个部门独立运行。

第二百四十一条 ［国民议会多党委员会］

国民议会应建立一个委员会对安全机构的活动进行持续的监督。该委员会应由国民议会内所有不同政党的议员组成。

第二百四十二条 ［部长责任］

每一个安全机构应由一位部长领导,部长向总统和国民议会承担责任。

第二百四十三条 ［军事部门］

1. 军队的首要目的在于保卫共和国,保护国家的领土完整、专属经济区以及人民。

2. 若作为最高统帅的总统授权或命令雇佣军队保卫共和国或者采取国际行动,则总统应刻不容缓地将授权书呈递国民议会。国民议会有权随时同意或反对该授权。

第二百四十四条 ［警察部门］

警察部门的主要任务是:

1. 维护公共秩序与安全;

2. 保护马尔代夫人民及其财产;

3. 侦查犯罪,保护证据,为案件移送法院审理做准备;

4. 维护法律权威。

第二百四十五条 ［非法命令］

任何人不得向安全机构成员发出非法命令,安全机构成员不得执行明显违法的命令。

第二百四十六条 ［平等对待］

1. 安全机构的成员应依循伊斯兰教崇高的原则,平等地对待所有人和团体,尊重人道主义。

2. 安全机构的成员不得从事任何党派的政治活动,不得加入任何工会和政党。

第十章 国家的财产、债务和法律诉讼

第二百四十七条 ［国家获得和所有的财产与资产］

1. 本宪法生效时已属国家所有的财产、资产和金钱继续归国家所有。

2. 国家获取的所有财产、资产和金钱归国家所有。

第二百四十八条 ［土地、海洋和自然资源］

1. 马尔代夫领土内的土地、海洋和海底包括鱼类、矿石、石油和天然气等所有自然资源归国家所有。

2. 马尔代夫专属经济区和海底的一切生物、非生物以及自然价值资源应国家所有。

第二百四十九条 ［无主财产］

1. 马尔代夫领土范围内发现的任何无主财产,以及除海洋自然滋生或形成的财产外由海底滋生或海上漂流的无主财产均应由国家所有。

2. 马尔代夫境内挖掘的、没有合法所有人的金、银、其他稀有金属、珠宝、钱币、古迹等财产应由国家所有。

第二百五十条 ［国家财产的流转］

1. 仅得依据法律方可转让、出售、出租、让与、抵押(给任何人)或损毁任何国有资产或财产以及缔结相关的其他协议。

2. 金钱以及其他保存或者储备在国库的财产,须经国民议会全体议员的三分之二多数通过正式决定后才能使用。

第二百五十一条 ［外国所有权和作为外国军用财产的禁止］

1. 马尔代夫领土任何部分的所有权都不得为外国拥有或者出售给外国。

2. 外国一方不得超过九十九年租赁马尔代夫领土,也不得通过其他方式取得马尔代夫领土的任何部分。

3. 未经国民议会全体成员过半数同意,马尔代夫领土的任何部分不得用于外国军事目的。

第二百五十二条 ［以国家名义的法律诉讼］

除本宪法明确规定属于其他方的义务外,行政机关应以国家利益的代表起诉或者应诉,并且在马尔代夫的任何法院、外国的法院或者其他地方针对国家的诉讼中为国家利益辩护。

第十一章 国家紧急状态

第二百五十三条 ［国家紧急状态的宣布］

因自然灾害、流行疾病、战争、国家安全受到威胁或受到外国侵略威胁,总统可宣布国家全部或部分进入紧急状态,但不得超过三十日。

第二百五十四条 ［宣布的内容］

宣布国家进入紧急状态时应明确说明国家处于紧急状态的理由以及处理紧急状态的措施,包括暂时中止执行的法律以及对本宪法第二章所保障的基本权利和自由的侵犯程度。

第二百五十五条 ［宣布的限制］

1. 紧急状态下所采取的措施不得违反本条的规定。

2. 紧急状态下所采取的措施不得限制本宪法下列条款所规定的权利和自由:

(1)第二十一条(生命权);

(2)第二十五条(消除奴役和强迫劳动);

(3)第二十七条(表达自由);

(4)第二十八条(传播自由);

(5)第四十二条(公正和透明的听证);

(6)第四十八条第二款(被逮捕和被拘留者的权利);

(7)第五十一条(被告人的权利);

(8)第五十二条(自首和非法证据);

(9)第五十三条(律师援助);

(10)第五十四条(禁止酷刑和不人道的对待);

(11)第五十五条(禁止因未履行合同义务受监禁);

(12)第五十七条(被逮捕或被拘留者的人道待遇);

(13)第五十九条(法律的溯及力);

(14)第六十条(禁止一罪两罚);

(15)第六十二条(权利保留);

(16)第六十四条(非法的命令无须遵循)。

3. 紧急状态下侵犯本宪法和法律所保护的权利和自由必须严格限制在紧急状态必需的范围之内。

4. 紧急状态下采取的措施应符合马尔代夫根据适用紧急状态的国际法所承担之义务。

第二百五十六条 ［公布］

宣布紧急状态应在颁布前的三日内在政府公报上公布。

第二百五十七条 ［提交国民议会批准］

1. 宣布国家进入紧急状态应在四十八小时内提交国民议会批准,若国民议会休会,则应在包含假期在内的十四日内再次召集,再由国民议会批准国家处于紧急状态的宣布。

2. 国民议会可在任何时刻:

(1)同意宣布国家全部或部分进入紧急状态;

(2)延长紧急状态持续时间,但每次不得超过三十日;

(3)取消紧急状态。

3. 如总统认为有必要延长紧急状态的持续时间,应在紧急状态期限届满前向国民议会提请延期并取得国民议会的批准。

第二百五十八条 ［裁决宣告紧急状态的合法性争议］

最高法院应裁决宣布国家全部或者部分处于紧急状态以及紧急状态下制定的法律和命令的合法性。

第二百五十九条 ［紧急状态的期满与撤销］

当国家紧急状态期限届满或被国民议会撤销时,任何根据紧急状态所制定的法律终止生效。

第二百六十条 ［公开宣布紧急状态结束］

总统必须公开宣布紧急状态结束。

第十二章 宪法的修改

第二百六十一条 ［宪法修改］

宪法应以通过法案的方式修改,该法案应获得国民议会全体议员四分之三以上通过。

第二百六十二条 ［总统同意］

1. 国民议会通过的宪法修正案须经总统签署才能生效。

2. 除本条第一款规定外,国民议会制定关于本宪法下列条款的宪法修正案如在全民公决中获得过半数通过,则总统必须签署:

(1)本宪法第二章(马尔代夫的基本权利和自由宪章)包含的所有条款;

(2)本宪法第七十九条第一款(国民议会的任期);

(3)本宪法第一百零七条(总统任期)和第一百零八条(总统选举)。

若修正案未获得全民公决过半数赞同,则应视为无效。

第二百六十三条 ［在政府公报上发表］

国民议会通过的宪法修正案经总统签署后,应在政府公报上公布,自公布之日起生效,或者由国民议会确定生效日期。

第二百六十四条 ［总统拒绝签署与全民公决］

1. 如果总统自收到国民议会通过的宪法修正案之日起十五日之内拒绝签署,总统必须向国民议会明确说明拒绝签署的理由。如果总统没有向国民议会说明拒绝签署的理由,该修正案应视为已经获得总统签署。

2. 若总统拒绝签署国民议会通过的宪法修正案并就之通知国民议会,则国民议会有权于其决定的期间内举行赞同或者反对该修正案的全民公决。

3. 按本条第二款之规定,宪法修正案获得全民公决过半数通过,总统应在十五日内签署该修正案并在政府公报上公告。

第二百六十五条 ［修正案的废除］

国民议会通过的宪法修正案,如无法获得全民公决过半数通过,则该修正案视为已被废除。

第二百六十六条 ［修正案包含的条款］

宪法修正案不能包含有其他宪法修正案的条款或者与其他修正案相关的内容。

第二百六十七条 ［国家处于紧急状态时不得修改宪法］

在国家处于紧急状态期间,不得对宪法的任何条款进行修改。

第十三章 宪法的适用和解释

第二百六十八条 [宪法至上]

马尔代夫的所有法律必须依据宪法制定,法律的一部分或者全部与宪法相抵触,其抵触部分无效或者不发生法律效力。宪法规定的义务必须履行,任何违反宪法的行为均属无效。

第二百六十九条 [生效法律的持续效力]

本宪法生效时已经生效的法律,除经国民议会修改外,如与本宪法不抵触,则该法律继续有效。

第二百七十条 [被废止法律的持续效力]

遵守或依照本宪法生效时因违宪而废止的法律所作之行为继续有效,并且,该法律的废止不得影响根据该法律产生的个人的权利、义务以及强制性惩罚。

第二百七十一条 [根据法律授权制定规章]

规章源于国民议会通过法律授权,规章的制定必须根据这些授权的法律,只有根据合法授权制定的规章才具有强制性。公民仅遵守与服从根据国民议会通过法律授权而制定的规章。

第二百七十二条 [时间的确定]

本宪法规定的任期、期限和日期根据公历确定。

第二百七十三条 [标题]

目录、标题和页边的注释不是本宪法的组成部分,插入这些内容仅为查询之便利。①

第二百七十四条 [定义]

1. 除非有其他需要的语境外,本宪法中出现的下列词语和词组的含义是指:

"出席并投票"是指,在投票时参加该会议的成员就赞同或反对作出表决。在决定到会并投票是否过半数时,到会但未表示赞同或反对者不计入总数。

"公民"是指,本宪法第九条明确规定的作为公民的自然人。

"法院"是指,根据本宪法或国民议会制定的法律而建立的为一位法官或全体法官进行裁判的地点。

"管辖权"是指,某机构有权影响的范围和事件。

"选举"是指,依照根据分权管理的原则制定的关于行政管理区域的法律,公民投票选举产生各地方议会议员,以及举行大选选举产生国民议会议员,举行总统选举产生补缺的共和国总统。举行具有选举意义的空缺职位补选。

"伊斯兰教的教义"是指,神圣的古兰经和伊斯兰沙里发的原则,它们的起源与先知穆罕默德的逊奈以及源于古兰经和沙里亚的原则并不矛盾。

"伊斯兰沙里发"是指,神圣的古兰经以及共同体中博学的人同逊奈的信徒对有关刑事、民事、人身和逊奈确立其他方面优先选择的方式。

"人"或"人们"包括自然人和法人。

"具有财政利益"是指,用任何方式增加其财产或财富,或防止其财产或财富遭受损失。

"法官"是指,根据宪法任命在最高法院、高等法院和初等法院审理案件的人。

"宪法案件"是指,必须确定宪法条文或宪法任何部分含义的诉讼,裁决法律、法规的一部或全部违反本宪法的诉讼,裁决国家权力机构发布的命令违反本宪法的诉讼,裁决官方机构所作行为或决定违反本宪法的诉讼。

"敌人"是指,有危害马尔代夫独立和主权的外国人,马尔代夫公民不包括在敌人的含义中。

"法律"是指,由国民议会制定并经总统同意的法律以及由这些法律授权制定的属于法律范围的法规。

"威胁国家安全"是指,威胁马尔代夫的独立和主权,或对人的生命、身体和财产造成重大损失的威胁,包括使用武器实施恐怖袭击和侵略行为。但不包括公民在不违反法律的前提下和平地行使他们的法律权利表示支持或反对的行为。

"领土完整"是指,马尔代夫领土范围内或其任何部分、马尔代夫专属经济区内以及马尔代夫控制下经马尔代夫领土全部保留的一切个人、地方和物品的安全。

"法庭"是指,该机构不构成一个法院,根据法律的授权,对两个或两个以上当事人发生的纠纷依申请作出裁决的其他机构。

"税"或"税金"是指,政府以增加财政收入为目的,从个人、组织或其他法律实体征收的所有资金,但不包括因依照法律提供服务而征收的费用、酬金或租金。

2. 本宪法中,用单数表示的语词包括复数形式,反之亦然。

第十四章 过渡条款

第二百七十五条 [本章的适用]

除本章另有特别规定外:

1. 本章的规定自宪法生效至总统和国民议会当选就职时适用;以及

2. 在过渡时期的所有行为,均应符合本宪法的规定。

---

① 本译本没有将目录译成中文,英文原版上每一条的标题位于左侧上角,翻译时将标题译成中文置于条文后的方括号中。——译者注

第二百七十六条 ［选举委员会］

1. 五人选举委员会应以本章规定的方式于本宪法生效后三十日内任命。

2. 选举委员会包括以下成员：

(1)每一个政党应当向国民议会提名一名选举委员会候选人；

(2)国民议会应当从政党提名候选人中选举产生五名选举委员会成员，但须经出席并参加投票的三分之二以上国民议会议员确认通过；

(3)若五名议员根据本条第二款第二项的规定无法确定，则该政党或提名候选人未获通过的党派应有机会另外提出同空缺名额相等的候选人人数；

(4)若经政党根据本条第一款的规定提名的人数不足五名时，则该政党应有机会提名其他候选人；

(5)选举委员会应当从其成员中任命一人为主席；

(6)为实现本章的规定，政党是指举行选举、任命该党职务的组织。

第二百七十七条 ［选举委员会空缺］

当选举委员会成员出现空缺时，应当依照本章任命该委员会成员的条款进行补缺。

第二百七十八条 ［选举委员会成员的资格］

1. 根据本章产生的选举委员会成员应当具有本宪法第一百六十九条明确规定的资格。

2. 选举委员会的成员不得是政党成员。

第二百七十九条 ［选举委员会的职责］

根据本章规定任命的选举委员会的职责是承担一切对执行、管理、监督依照本章规定举行的选举、宣布选举结果所必需的事务，执行与政党相关的行为，承担本宪法规定的过渡时期要求的其他职责。

第二百八十条 ［选举委员会的任期］

依照本章任命的选举委员会持续履职直至本章规定当选的(本宪法称之为)"国民议会"任命新一届选举委员会，即(本宪法称之为)"独立委员会和独立机构"为止。

第二百八十一条 ［司法服务委员会］

1. 由下列人员组成的司法服务委员会应于本宪法生效之日起三十日内任命：

(1)最高法院除首席法官之外的法官一名，由最高法院的法官选举产生；

(2)高等法院的法官一名，由高等法院的法官选举产生；

(3)初等法院的法官一名，由初等法院的法官选举产生；

(4)由国民议会任命议员一名；

(5)由国民议会任命的普通公民一名；

(6)公务员委员会主席；

(7)总统任命一名；

(8)从有资格在马尔代夫执业的律师中选举产生一名律师。

2. 除本条第一款规定外，最高法院的法官根据本章规定仅得于被任命为最高法院法官后方能被任命成为司法服务委员会的成员。

3. 依本章规定任命的司法服务委员会应持续履行职责直至依照本宪法的规定由下届当选国民议会产生新的司法服务委员会。

第二百八十二条 ［最高法院］

1. 由五名法官组成的最高法院应于本宪法生效之日起四十五日内被任命处理根据本宪法产生的一切法律争议，处理一切由高等法院上诉的案件。

2. 直至根据本章规定设立最高法院并任命人员承担本条第三款规定的首席大法官职责，马尔代夫司法行政的最高权力应由从高等法院法官中选出的一名法官行使。

3. 新的国民议会根据司法服务委员会的建议并根据宪法第一百四十七条的规定任命一名首席大法官，在此之前，由最高法院法官依据本章规定的方式任命其中一名法官承担该职位的责任。

4. 所有于本宪法生效之时向总统提起上诉的待决事项应自此由最高法院处理，并视之为最高法院待决的案件。此后，不得再通过高等法院向总统寻求上诉。

5. 本章规定设立的最高法院，在制定适用于上诉程序的原则时应确保下列案件有上诉的机会：

(1)由高等法院处理的，依照本章规定在本宪法生效后、最高法院设立前丧失上诉权的案件；

(2)由高等法院处理的，依照本章规定在本宪法生效后、最高法院设立前的案件。

第二百八十三条 ［最高法院法官的任命］

1. 作为国家元首的总统应任命根据本章规定设立的最高法院的法官。任命应在同司法服务委员会协商后，并经国民议会出席并参与投票的议员三分之二多数确认后决定。

2. 依照本章规定任命的最高法院的法官应当具备本宪法第一百四十九条规定的资格。

第二百八十四条 ［最高法院的任期］

依照本章规定任命的最高法院应继续履职直至根据本宪法第一百四十五条规定设立最高法院。

第二百八十五条 ［法官的继续任职］

1. 本宪法生效时除首席大法官外的其他一切法官应继续履职直至依照本条规定决定终止任职。

2. 依照本宪法第一百五十七条设立的司法服务委员会应于本宪法生效后两年内决定任期届满的法官是否具有本宪法第一百四十九条规定的法官资格。

3. 若根据本条第二款确定法官不具备第一百四十九条规定的一项或以上条件的,该法官应终止任职。

4. 若根据本条第二款确定法官具备本宪法第一百四十九条规定的资格的,该法官应根据本宪法的规定被任命为法官。

5. 除本条第三款的规定外,法官仅得根据本宪法第一百五十四条的规定方可被撤职。

第二百八十六条 ［其他法院］

本宪法生效时存在的所有法院应继续存在直至依照本宪法第一百四十一条设立新法院。

第二百八十七条 ［法院的管辖权］

提请依照本章设立的最高法院待决的一切案件以及提请本宪法生效时存在的法院待决的一切案件应自此视为提请根据本宪法设立的法院待决的案件。

第二百八十八条 ［总检察长］

1. 总检察长应于本宪法生效后三十日内按照本章规定的方式得到任命。

2. 直至总检察长被任命并任职,总检察长的职责应由司法部长执行。但是,司法部长执行总检察长职责的期间不得超过三十日。

3. 作为国家元首的总统应根据本条第一款的规定任命总检察长。此项任命应于本宪法生效后十五日内向国民议会提名,并经国民议会出席并参与投票的议员三分之二多数确认通过。

第二百八十九条 ［反贪污委员会］

反贪污委员会应于本宪法生效后六十日内按照本宪法规定的方式得到任命。

第二百九十条 ［独立委员会］

选举委员会、反贪污委员会和总检察长应由按照宪法选举产生的首届国民议会的第一次会议后的六十日内根据本宪法的规定任命。

第二百九十一条 ［法律的持续效力］

本宪法生效时已具效力的法律在不与本宪法相抵触时应持续有效。

第二百九十二条 ［不得修改宪法的期间］

不得修改本宪法直至根据本宪法的规定总统和国民议会完成第一次选举且已就职。

第二百九十三条 ［宪法的生效］

1. 本宪法经国民议会特别会议批准、由总统同意并在政府公报上公告后生效。

2. 本宪法生效之日起 1998 年 1 月 1 日生效的"马尔代夫共和国宪法"应予废止。

3. 除本条第一款的规定外,总统和国民议会选举前,本章的特别条款应适用于本章明确规定的事项。

第二百九十四条 ［国民议会的延续］

1. 本宪法生效时存在的国民议会应继续履职直至根据本宪法的规定举行国民议会第一次选举,并完成国民议会议员选举和议员就职。

2. 国民议会应于本宪法批准后的第一次会议通过不记名投票方式从其议员中选出一名议长和一名副议长。在议长和副议长当选前,国民议会应由现任议员中连续任职最长时间的议员主持。若有数位议员连续任职的最长时间相同,则议会将由连续任职时间最长的议员中最年长的议员主持。

3. 若国民议会议员出缺且出缺之日同首届国民议会第一次会议召开之日间隔六个月,则应当选举一名议员补缺。

第二百九十五条 ［国民议会的责任和权力］

1. 国民议会应当履行下列职责:

（1）执行一切必要的事项以本章规定的方式方便本章规定的选举的举行;

（2）确定法律违反宪法,并采取一切必要的措施废止或修订这些法律;

（3）根据本宪法的要求制定法律;

（4）处理所有有利于行政和司法运作,有利于马尔代夫妥善运行和良好统治所必需的例行立法事项。

2. 国民议会应继续审议本宪法生效前提交的、尚未制定的法案,并且,应继续审议其他不违背宪法的事项。

第二百九十六条 ［国民议会的选举］

1. 根据本宪法的规定举行的国民议会议员的第一次选举应于 2009 年 2 月 15 日前举行。

2. 依照本条第一款规定当选的国民议会议员应于作出并签署就职宣言后,于 2009 年 3 月 1 日前根据本宪法召开首届国民议会第一次会议。

第二百九十七条 ［其他职位和机构的延续］

1. 本宪法生效后两年内,除本宪法特别规定的事项外,选举或任命产生的职位应依照本宪法的规定最终确定,并且,本宪法规定的机构亦应得到设立或建立。

2. 直至本宪法规定的依照本章或本宪法规定的方式通过选举或任命产生的职位得到最终确立,本宪法生效时经选举或任命产生的人员应继续任职。

3. 直至本宪法规定的依照本章或本宪法规定的方式的机构得到设立,本宪法生效时已设立或确立的机构应继续履职。

第二百九十八条 ［管理分权］

为了马尔代夫行政区划的管理分权,应于 2009 年 7 月 1 日前依据本宪法的规定举行的马尔代夫岛屿议会、环礁议会以及市议会的选举。

第二百九十九条 ［宪法的遵守］

1. 行政机关、国民议会、司法机关、独立委员会和独立机构的人员、所有国家机构、所有国家公职人员以及一切公民均应在本宪法生效后遵守该宪法。法律未明确规定不得成为侵犯宪法规定的基本权利或自由的借口。

2. 除本条第一款的规定外：

(1)国民议会应于本宪法生效时确定违宪的法律，并应采取行动直至违宪的法律全部或部分因此得到修改或废止。行政机关于本宪法生效之日起三十日内起草全部或部分违宪的法律清单并将之提交国民议会。本宪法生效之日起九十日内，国民议会应制订并批准修改或撤销违宪法律的计划。

(2)国民议会应采取措施按照本宪法的规定颁布和实施有关法律。行政机关须在本宪法生效之日起三十日内向国民议会提交颁布和实施这些法律的清单。本宪法生效之日起九十日内，国民议会应当制订并批准颁布和实施这些法律的计划。

第三百条 ［总统和内阁继续任职］

1. 履行总统职责的人于本宪法生效时应继续任职，直至根据本宪法举行第一次总统选举并选出一人担任总统之职。

2. 本宪法生效时经履行总统职责的人任命的内阁应继续任职，直至根据本宪法举行第一次总统选举并选出一个人担任总统之职。总统有权更换内阁。

3. 依照本宪法举行的第一次总统选举后任命的内阁不得包括国民议会的任何议员。

第三百零一条 ［总统选举］

1. 根据本宪法举行的第一次总统选举应于2008年10月10日前举行。

2. 依照本条第一款选举产生的总统应于2008年11月11日作出且签署誓言并就职。

附表一

就职誓言

1. 总统就职宣誓

我＿＿＿（姓名）＿＿＿，以全能的真主的名义发誓，我将尊重伊斯兰教，我将维护马尔代夫共和国宪法和马尔代夫公民的基本权利，我将坚定效忠马尔代夫共和国履行总统的职责和责任，并忠实于马尔代夫共和国宪法和法律。

2. 副总统就职宣誓

我＿＿＿（姓名）＿＿＿，以全能的真主的名义发誓，我将尊重伊斯兰教，我将维护马尔代夫共和国宪法和马尔代夫公民的基本权利，我将坚定效忠马尔代夫共和国履行副总统的职责和责任，并忠实于马尔代夫共和国宪法和法律。

3. 内阁成员就职宣誓

我＿＿＿（姓名）＿＿＿，以全能的真主的名义发誓，我将尊重伊斯兰教，我将维护马尔代夫共和国宪

法和马尔代夫公民的基本权利，我将坚定效忠马尔代夫共和国履行内阁部长/司法部长的职责和责任，并忠实于马尔代夫共和国宪法和法律。

4. 国民议会议员就职宣誓

我＿＿＿（姓名）＿＿＿，以全能的真主的名义发誓，我将尊重伊斯兰教，我将维护马尔代夫共和国宪法和马尔代夫公民的基本权利，我将坚定效忠马尔代夫共和国履行国民议会议员的职责和责任，并忠实于马尔代夫共和国宪法和法律。

5. 独立委员会和独立机构成员就职宣誓

我＿＿＿（姓名）＿＿＿，以全能的真主的名义发誓，我将尊重伊斯兰教，我将维护马尔代夫共和国宪法和马尔代夫公民的基本权利，我将坚定效忠马尔代夫共和国履行审计长/总检察长/选举委员会成员/司法服务委员会成员/人权委员会成员/公务员委员会成员/反腐败委员会成员的职责和责任，并忠实于马尔代夫共和国宪法和法律。

附表二

行政区划

中译名	简称	全称
马累	Malé	(including and Hulhumale')
北蒂拉杜马蒂	HA	Thiladhunmathi Uthuruburi
南蒂拉杜马蒂	HDh	Thiladhunmathi Dhekunuburi
北米拉杜马杜卢	Sh	Miladhunmadhulu Uthuruburi
南米拉杜马杜卢	N	Miladhunmadhulu Dhekunuburi
北马洛斯马杜卢	R	Maalhosmadhulu Uthuruburi
南马洛斯马杜卢	B	Maalhosmadhulu Dhekunuburi
法迪福卢	Lh	Faadhippolhu
马累环礁	K	Malé Atoll
北阿里	AA	Ari Atoll Uthuruburi
南阿里	ADh	Ari Atoll Dhekunuburi
费利杜	V	Felidhe Atoll
穆拉库	M	Mulakatoll
北尼兰杜	F	Nilandhe Atholhu Uthuruburi
南尼兰杜	Dh	Nilandhe Atholhu Dhekunuburi
科卢马杜卢	Th	Kolhumadulu
哈杜马蒂	L	Haddhunmathi
北苏瓦迪瓦	GA	Huvadhu Atholhu Uthuruburi

南苏瓦迪瓦	GDh	Huvadhu Atholhu Dheku-nuburi
福阿穆拉库	Gn	Fuvammulah
阿杜环礁	S	Addu Atoll

附表三 国旗

[国旗的组成]

本宪法第十二条规定，马尔代夫共和国的国旗由绿色的矩形外围绕红色边框，中间部分为白色新月的图形组成。

[国旗的尺寸]

国旗宽度为其长度的三分之二。红色边框宽度是国旗宽度的四分之一。这两个曲率半径是一个新月形的绿色矩形的宽度的三分之一。它们开出一条中心线，从二点对面的绿色矩形的长度，第一点是长度的十六分之九，第二点是长度的八分之五，从侧面接近中心，联合起来，形成一个新月。当国旗悬挂时月牙曲率应向外。

[颜色]

绿色为英国海军的编号 T1143 尼龙精纺彩旗和编号 T817 其他彩旗。

红色为英国海军颜色编号 T1144 尼龙精纺彩旗和编号 T818 其他彩旗。

白色为英国海军颜色编号 T1145 尼龙精纺彩旗和编号 T819 其他彩旗。

马来西亚联邦宪法*

（1957 年联邦立法议会通过，包括截止到 2009 年的所有修正案）

第一部分　联邦的州、宗教与法律

第一条　[联邦的名称、州与领土]

1. 本联邦名称，在马来文与英文中均为 MALAYSIA（马来西亚）。

2. 本联邦由柔佛州、吉打州、吉兰丹州、马六甲州、森美兰州、彭亨州、槟榔屿州、霹雳州、玻璃市州、沙巴州、沙捞越州、雪兰莪州和丁加奴州组成。

3. 除第四款另有规定者外，上述第二款所列各州，其领土为"马来西亚日"①前各州既有的领土。

4. 雪兰莪州的领土不包括依据 1973 年宪法（修正）（第二号）（第 206A 号法律）法令所设立的吉隆坡联邦直辖区和依 2001 年的宪法（修正）法（第 1095A 号法律）所设置的布特拉加亚，沙巴州的领土不包括依据 1984 年宪法（修正）（第二号）法令所设立的纳闽联邦直辖区、布特拉加亚联邦直辖区，以上各区域均为联邦领土。

第二条　[接纳新领土加入联邦]

联邦议会得立法：

（1）接纳其他州加入联邦；

（2）修改任何州的边界；

但是，修改州边界的法律，非经有关州（由该州立法机关通过法律表示同意）及统治者会议之同意，不得通过。

第三条　[联邦的国教]

1. 伊斯兰教为联邦的国教，但其他宗教得以和平与和谐的方式在联邦境内的任何区域开展活动。

2. 除无统治者的州外，各州州宪法明文宣告及规定的该州的统治者作为该州伊斯兰教领袖的地位及其依该宪法所享有的权利、特权、优先权和权力，在方式及范围上均应保持不变并不得削减，但如统治者

会议同意将任何宗教行为、典礼或仪式在全联邦推广施行时，则各州统治者应以伊斯兰教领袖的身份授权最高元首为其代表。

3. 马六甲州、槟榔屿州、沙巴州及沙捞越州的宪法均须就赋予最高元首为各该州伊斯兰教领袖之地位作出规定。

4. 本条之任何规定不影响本宪法的其他规定。

5. 不论本宪法中作了何种规定，最高元首为联邦直辖区的伊斯兰教领袖；为此目的，议会得通过立法，就伊斯兰教事务的规制作出规定以及设置一个委员会，就伊斯兰教事务向最高元首提出建议。

第四条　[联邦的最高法律]

1. 本宪法为联邦的最高法律，独立日之后制定的任何法律，如与本宪法的规定相抵触，则与本宪法相抵触的部分无效。

2. 任何法律的有效性，不得因下列原因而被质疑——

（1）该法对本宪法第九条第二款所保障的权利设置了限制，但却与该款所涉及的事项无关；

（2）该法所设置的限制属于第十条第二款所提及的限制，但议会并不认为此类限制为该条所提及之目的之必需或急需者。

3. 不得以议会或州立法机关无权制定有关法律为由对议会或州立法机关所制定的任何法律的有效性提出质疑，但是，以下述理由要求裁决该项法律无效的争讼或下述争讼不在此限——

（1）有关法律是由议会制定，在以联邦为一方当事人，一州或多州为另一方当事人的争讼中；

（2）有关法律是由州立法机关制定，在以联邦和该州为当事人的诉讼中。

4. 依据第三款所述理由要求裁决某项法律无效的争讼（不包括第三款第一项和第二项所述争讼），非经最高法院法官许可不得提出；联邦当局有权成为任

＊ 1957 年颁布马来亚宪法，1963 年马来西亚成立后继续沿用，改名为马来西亚联邦宪法，经多次修改仍然有效。英文文本出自马来西亚法官任命委员会（Judicial Appointments Commission）网站（www. jaC. gov. my/jac/images/stories/akta/federalconstitution. pdf）。译者：邵白红。校对：郑涛。

① "马来西亚日"（Malaysia Day）即 1963 年 9 月 16 日，从 2010 年起，每年的 9 月 16 日被列为全国公共假期。

何上述争讼的一方当事人,如系该款第一项或第二项所述目的之诉讼,则任何有关州当局有权成为上述争讼的一方当事人。

第二部分　基本自由

第五条　[人身自由]

1. 非依法律不得剥夺任何人之生命或人身自由。

2. 高等法院或其法官在接到有人遭到非法拘留的申诉后应对该申诉进行调查,除非认为上述拘留合法,则应下令将被拘留者移送法院并下令予以释放。

3. 对于任何被逮捕者应尽快将逮捕的事由告知其本人,并允许向其自己选择的执业律师咨询及获得其选择的律师辩护。

4. 对于任何未获释放的被逮捕者,应不被不合理拖延,不论在何种情况下应在二十四小时(不包括路程上必需的时间)内,移送预审法官处理;非依预审法官的命令,不得继续予以扣押。

但是,本款规定不适用于根据限制拘留的现行法律所逮捕或拘留的人员。并且本款的全部规定应视为自独立日起即已成为本条的组成部分。

本款规定在对依移民法而被逮捕或拘留的非公民者适用时,本款规定中的"不被无理拖延,不论在何种情况下,应在二十四小时(不包括路程上必需的时间)内"被替换为"在十四天内"。

对于犯有应由回教法庭审判之罪行而被逮捕者,本款中所指的法官应当解释为回教法庭的法官。

5. 第三款及第四款的规定不适用于敌对国的外侨。

第六条　[禁止奴役和强迫劳动]

1. 任何人不受奴役。

2. 禁止任何形式的强迫劳动,但议会得以法律规定各种为国家目的的义务服务。

3. 作为法院有罪判决之结果而要求在服刑期间承担的劳动或服务,如果该劳动或服务是在公共机构的监督及控制之下进行的,则不得被视为本条所禁止的强迫劳动。

4. 任何公共机关依据成文法的规定,将其全部或部分职能交由另一公共机关执行时,为此类职能得以履行之目的,前一公共机关的雇员必须为后一公共机关服务。前一公共机关之雇员为后一公共机关提供的服务,不得视为本条所禁止的强迫劳动,上述雇员也不得因职位调整而向前一公共机关或后一公共机关提出任何权利要求。

第七条　[禁止溯及既往和重复审判的保障]

1. 任何作为或不作为,非依当时有效为应受处罚之行为,不受刑事惩罚,且任何人,不得遭受较其犯罪之时有效之法律规定的更重的处罚。

2. 任何人如已因某项过错而被宣判为无罪或有罪后,不得因同一罪名再次被审判,但因上级法院推翻原判下令重审者除外。

第八条　[平等]

1. 法律面前人人平等,人人都享有受法律的平等保护之权利。

2. 除本宪法明文规定者外,任何法律或任何公共机关职位的任命或聘任,或在有关财产的获得、持有或处置,关于创办或经营任何贸易、商业,或有关从事任何专业、职业或就业之法律的实施方面,不得仅因宗教、种族、血统、出生地或性别等原因对公民进行区别对待。

3. 不得以任何人为任何州之统治者的臣民为由对其规定特殊优待。

4. 任何公共机关不得对任何人以其在联邦境内的居住地区或营业地点不在其管辖范围内为由而进行区别对待。

5. 本条规定并使下列各项规定无效或禁止各项规定——

(1)有关属人法的任何规定。

(2)关于宗教事务或宗教管理机构的职位或雇员只限于信奉该宗教的人员的一切规定或惯例。

(3)关于马来半岛土著居民的保护、福利或发展(包括土地的保留)的规定,或关于为土著居民保留适当比例的公共服务职位的规定。

(4)关于必须居住在一州境内或一州的特定区域才有资格参加仅对该州或该州的特定区域具有管辖权的机关的选举,或任命担任该州或该特定区域公职,或有资格参加该选举的投票。

(5)任何州宪法中的规定,是或相当于在独立日前夕有效的规定。

(6)关于招募马来军团时仅限于马来人的规定。

第九条　[禁止驱逐出境和迁徙自由]

1. 任何公民不得被驱逐出联邦。

2. 除第三款的规定以及有关联邦或联邦之任何地区的安全、公共秩序、公共卫生或惩处罪犯的法律另有规定外,任何公民均享有在联邦境内自由迁徙及在联邦任何地区自由居住的权利。

3. 依本宪法之规定,如果任何州与马来西亚其他各州相比较,其处于特殊地位,则联邦议会得通过法律对第二款所确认的迁徙自由与居住权利,在该州同其他各州间的实施加以限制。

第十条　[言论、集会和结社自由]

1. 除本条第二款、第三款、第四款另有规定外——

323

（1）任何公民都享有言论自由和表达自由；

（2）所有公民都享有不携带武器和平地举行集会的权利；

（3）所有公民都享有结社的权利。

2. 议会得制定法律规定——

（1）如果它认为属于联邦或其任何地区的安全、同其他国家的友好关系、公共秩序或道德之需要或便利，保障议会或任何立法议会的特权的需要或便利，或出于防止藐视法庭、诽谤或煽动犯罪的需要或便利，得制定法律对第一款第一项所确认的权利设置限制；

（2）如果它认为属于联邦或其任何地区的安全或公共秩序之需要或便利，得制定法律对第一款第二项所确认的权利规定限制；

（3）如果它认为属于联邦或其任何地区的安全或公共秩序或道德的需要或便利，得制定法律对第一款第三项所赋予的权利规定限制。

3. 对第一款第三项新确认的结社权利之限制，亦可由有关劳工或教育的法律设置。

4. 在依照第二款第一项之规定，基于联邦或其任何地区的安全或公共秩序的需要对权利规定限制时，议会得立法禁止对本宪法第三章、第一百五十二条、第一百五十三条或一百八十一条所确认或保障的任何事项、权利、身份、地位、优先权、统治权或特权提出质疑，但对上述法律所规定的实施办法提出质疑除外。

第十一条　［宗教自由］

1. 任何人均享有信仰其宗教的权利，在遵守第四款规定的条件下，任何人均享有传播其宗教的权利。

2. 不得强迫任何人交纳全部或部分拨付给非其本人所信仰的宗教使用的税金。

3. 每一宗教团体享有以下权利——

（1）管理本宗教事务；

（2）为宗教或慈善目的而设立和维持相应的机构；

（3）依法取得、拥有及管理资产。

4. 州法以及与吉隆坡、纳闽、布特拉加亚联邦直辖区相关的联邦法可以控制或限制任何其他宗教教义或信仰在伊斯兰教信徒中传播。

5. 本条不得作为制定与有关公共秩序、公共健康或道德的基本法相抵触的法律的依据。

第十二条　［关于教育权利］

1. 在不防碍第八条的一般原则下，任何公民不得因其宗教、种族、血统或出生地而在下述方面受到区别对待：

（1）关于公立教育机构的行政，特别是招生或学费缴纳方面的管理；

（2）关于利用公共机关设立的基金为就读于任何教育机构（不论该机构是否由公共机关维持，也不论

该机构在国内还是国外）的学生提供维持费用或助学金。

2. 每个宗教团体都有权设置和维持对信仰本宗教的儿童进行教育的机构，与宗教团体设置的教育机构相关的法律或相关法律的执行不得仅因宗教原因而对此类教育机构进行区别对待；但联邦或州建立、维持或资助伊斯兰教育机构，或为伊斯兰宗教教育机构的建立、维持提供资助并支付所需经费，均为合法。

3. 任何人不得被强迫接受其不信奉的宗教之教育，或被强迫参加其不信奉的宗教之仪式或行动。

4. 为实施本条第三款之目的，年龄未满十八周岁者的宗教信仰由其父母或监护人决定。

第十三条　［财产权利］

1. 非依据法律不得剥夺任何人的财产。

2. 任何法律不得作出不经充分补偿的财产征用之规定。

第三部分　公民资格

第一章　公民资格的取得

第十四条　［按法律规定取得公民资格］

1. 除本部分另有规定者外，下列人员依法律之规定是马来西亚联邦公民——

（1）在马来西亚日以前出生、依据附表二第一部分之规定为联邦公民者；

（2）在马来西亚日及其后出生，具备附表二第一部分所特别规定的资格者。

（3）（已废止）

2.（已废止）

3.（已废止）

第十五条　［因登记取得公民资格（公民的妻子和子女）］

1. 除第十八条另有规定者外，已婚妇女如果其丈夫为联邦公民，则在其婚姻关系存续期间，如果其丈夫在1962年10月初即为联邦公民，则可向联邦政府提出申请登记为公民；如果妇女符合联邦政府的下列规定，亦可向联邦政府申请登记为公民：

（1）在提出申请前已在联邦定居满两年，并且有长期在联邦定居的意愿；

（2）品行良好。

2. 除第十八条另有规定者外，联邦政府可以使任何未满二十一周岁的人登记成为公民，但该人的父或母至少一人应为公民（或在去世时为公民），并由其父母或监护人向联邦政府提出申请。

3. 除第十八条另有规定者外，凡在1962年10

月初以前出生、未满二十一周岁、其父为公民(或在去世时为公民)并在 1962 年 10 月初仍为公民(如果当时仍健在)的任何人,经其父母或监护人向联邦政府提出申请,均有资格登记为公民,但须向联邦政府证实该人在通常居住于联邦境内并且品行良好。

4. 为执行第一款之目的,凡在马来西亚日前在沙巴州或沙捞越州所辖地区居住者,应视为居住于联邦境内。

5. 第一款所指的已婚妇女指根据联邦任何有效之成文法,包括独立日前施行的法律或马来西亚日前在沙巴州与沙捞越州施行的任何法律在内,其婚姻状况已获得登记的妇女;

但本款不适用于在 1965 年 9 月或在由最高元首以命令规定的、稍晚于此的日期前申请登记为公民,并在其申请时已是沙巴州和沙捞越州常住居民的妇女。

6. (已废止)

第十五 A 条 [关于儿童登记的特别权力]

除第十八条的规定外,联邦政府可以在它认为适当的特殊情况下,使任何未满二十一周岁的人登记为联邦公民。

第十六条 [公民资格登记(独立日前在联邦出生者)]

除第十八条规定外,任何年满十八周岁、在独立日前在联邦出生者,如果符合联邦政府的下列规定,则有资格向联邦政府申请登记为公民——

(1)在提出申请之日的前七年中,他在联邦居住的时间累计至少达五年;

(2)有在联邦长期定居的意愿;

(3)品行良好;

(4)基本通晓马来语。

第十六 A 条 [公民资格登记(在马来西亚日居住于沙巴州与沙捞越者)①]

除第十八条的规定外,任何年满十八周岁以上、在马来西亚日定居于沙巴州和沙捞越州者,如果符合联邦政府的下列表示,均有资格于 1971 年 9 月前向联邦政府申请登记为公民——

1. 在马来西亚日前即为以上两州之组成区域之居民,在马来西亚日后,在提出申请之日的前十年中在联邦居住时间累计不少于七年,其中,在提出申请的前十二个月,应在联邦居住;

2. 具有在联邦长期定居意愿;

3. 品行良好;

4. 除于 1965 年 9 月前提出申请以及在提出申请时申请人已年满四十五周岁者外,通晓马来语或英

语,如果申请人为沙捞越常住居民,应通晓马来语、英语或其他在沙捞越通用的地方语。

第十七条(已废止)

第十八条 [关于公民登记的一般规定]

1. 凡年满十八周岁者,非依本宪法附表一之规定宣誓,不得被登记为公民。

2. 凡依本宪法之规定放弃或被剥夺公民资格者,或在独立日前根据 1948 年马来亚联邦协定之规定放弃公民资格或被剥夺公民资格者,非经联邦政府批准不得依据本宪法登记为公民。

3. 依据本宪法登记为公民者,从登记日起成为公民。

4. (已废止)

第十九条 [加入国籍取得公民资格]

1. 除第九款另有规定者外,联邦政府得依任何年满二十一周岁的非公民之申请颁发加入国籍证明,如果申请人符合下列规定:

(1)在联邦居住已达到所要求的年限,并具有获得国籍证书后长期定居于联邦的意愿;

(2)品行良好;

(3)通晓马来语。

2. 除第九款的规定外,联邦政府可以在它认为适当的特殊情况下,依任何年满二十一周岁的非公民的申请颁发加入国籍证明书,如果申请人符合下列规定——

(1)在联邦居住已达到所要求的年限,具有获得国籍证书后长期定居于联邦的意愿;

(2)品行良好;

(3)通晓马来语。

3. 关于颁发国籍证书所要求的在联邦居住年限以及相关部分的年限为:申请人在提出申请的前十二年中应在联邦居住累计至少十年,其中,提出申请之日的前十二个月必须居住在联邦。

4. 为执行第一款和第二款之目的,马来西亚日前在构成沙巴州与沙捞越州的区域内的居民,应视为联邦的居民。为执行第二款之目的,马来西亚日前在新加坡居住或在马来西亚日后经联邦政府批准在新加坡居住者,应视为在联邦居住。

5. 取得国籍证书者自证书颁发之日起因加入国籍而成为联邦公民。

6. (已废止)

7. (已废止)

8. (已废止)

9. 不论何人,除非已依照附表一规定进行宣

---

① 法官任命委员会所提供的版本,编号依次为(a),(c),(d),(e)。——译者注

誓,不得对之授予国籍证书。

第十九 A 条（已废止）

第二十条（已废止）

第二十一条（已废止）

第二十二条 ［因领土合并而取得公民资格］

如有新领土在马来西亚日后根据第二条之规定并入联邦,议会得立法规定何人自何日起因其与该领土间的联系而成为联邦公民。

第二章 公民资格的终止

第二十三条 ［放弃公民资格］

1. 任何年满二十一周岁、身心健康的公民,已成为或即将成为他国公民者,可向联邦政府登记放弃联邦公民资格的声明后而不再为联邦公民。

2. 在联邦参战期间,非经联邦政府批准,根据本条所作的声明不得给予登记。

3. 本条规定同样适用于未满二十一周岁的已婚妇女。

第二十四条 ［因取得他国公民资格或行使他国公民权利而被剥夺公民资格］

1. 如果联邦政府确信任何公民已通过登记、入籍或其他自愿的正式行为（婚姻除外）取得了其他国家的公民资格,联邦政府可以下令剥夺其马来西亚联邦公民资格。

2. 如果联邦政府确信任何公民已在他国自愿要求并行使了专属于该国公民的任何权利,联邦政府得下令剥夺其马来西亚联邦公民资格。

3.（已废止）

3A. 在不影响第二款之一般规定的前提下,在联邦外任何地方的任何政治性选举中投票,应视为自愿要求并行使该地法律所规定的权利;为实施第二款之目的,在最高元首为本款之目的发布命令所规定的日期以后——

（1）向联邦以外任何地区之当局申请或更换护照;

（2）使用该地区当局所签发的护照作为旅行证件;

应视为自愿要求并行使了依当地法律专属于该地区公民的权利。

4. 如果联邦政府确信,依据第十五条第一款登记成为公民的任何妇女,因与非公民结婚而取得他国公民资格,联邦政府得下令剥夺其公民资格。

第二十五条 ［剥夺根据第十六 A 条、第十七条或因加入国籍而取得的公民资格］

1. 联邦政府如认为下列情况属实,得下令剥夺依据第十六 A 条、第十七条或因加入国籍而成为公民者的公民资格——

（1）此人的言行表明其对联邦不忠或不满;

（2）在联邦曾参与或正进行的战争中,此人曾同敌方进行非法贸易,或曾从事或参与任何明知为资敌行为的商业活动;

（3）在登记或发给国籍证书取得公民资格之日起五年内,曾在他国被判处十二个月以上监禁或相当于五千元马币以上罚款之刑事处罚,且未获得无条件赦免者。

1A. 如果政府确信,依第十六 A 条或第十七条或加入国籍而取得公民资格者,未经联邦政府批准接受了任何外国政府,或外国政府下的任何政治性的下属机构,或外国政府之代理机构的职务、职位或雇用,或为上述政府或机构服务或执行任务,且接受此类职务、职位或雇用须以作效忠宣誓、保证或声明为条件,则得下令剥夺其公民资格。

但是在 1962 年 10 月以前曾为外国服务或在 1977 年 1 月以前曾为英联邦国家服务者,不论其当时是否为公民,均不得依据本款之规定剥夺其公民资格。

2. 根据第十六 A 条或第十七条或加入国籍而取得公民资格的任何人,如连续五年侨居国外且不属于下列情形者——

（1）为联邦服务或联邦政府所参加的国际组织服务;

（2）每年均到联邦的领事馆登记表明他愿意继续保留其公民资格。

联邦政府如认为上述情况属实,得下令剥夺其公民资格。

但本款之规定不适用于 1977 年 1 月之前在任何英联邦国家侨居的情形。

第二十六条 ［剥夺通过登记或加入国籍而取得的公民资格的其他规定］

1. 联邦政府如确信通过登记或加入国籍而取得公民资格的任何公民,其登记或国籍证书:

（1）系采用欺骗手段、虚假陈述或隐瞒任何事实材料等手段获得者;

（2）有错误者或为错发者;

得下令剥夺其公民资格。

2. 联邦政府如果确信,依第十五条第一款之规定登记为公民的任何妇女,其借以登记取得公民资格的该项婚姻已在结婚之日起两年内因死亡之外的原因而被解除,则得下令剥夺其公民资格。

3.（已废止）

4.（已废止）

第二十六 A 条 ［剥夺已丧失公民资格者子女的公民资格］

已放弃其公民资格者,或公民资格已被依第二十四条第一款或第二十六条第一款第一项之规定予以剥夺者,如果其未满二十一周岁的子女依照本宪法之规定登记为公民者,或作为此人或此人之配偶的子女已经依本宪法之规定登记为公民者,联邦政府得下令剥夺其子女的公民资格。

第二十六 B 条 ［有关丧失公民资格的一般规定］

1. 任何人均不因放弃或被剥夺公民资格而免除对其公民身份终止以前的作为或不作为所应负的责任。

2. 除联邦政府确认某人继续为公民将有损于公共利益者外,联邦政府不得根据第二十五条、第二十六条或第二十六 A 条的规定剥夺任何人的公民资格;如果联邦政府发现剥夺某人的公民资格将使该人成为无国籍者时,不得依据第二十五条、第二十六条第一款第二项或第二十六 A 条的规定剥夺其公民资格。

第二十七条 ［剥夺公民资格的程序］

1. 在根据第二十四条、第二十五条或第二十六条下令剥夺公民资格之前,联邦政府应将拟下令剥夺其公民资格的理由以书面通知本人,并告知他有权将此事提交根据本条之规定设置调查委员会处理。

2. 获得上述书面通知者如果向委员会提出处理申请,则联邦政府应将其申请提交调查委员会,在任何其他情况下,联邦政府可以将该事项提交调查委员会处理,调查委员会由政府指定的一名主席(需具有司法经验)及两名其他委员组成。

3. 调查委员会受理上述申请后,应按政府确定的方式进行调查,并向政府提出书面报告;政府在作出是否下令剥夺其公民资格的决定时应当考虑该委员会的报告。

第二十八条 ［关于第二章各条适用于某些依法成为公民者］

1. 为本章上述规定的目的——

(1)凡在独立日前依 1948 年马来西亚联邦协定的规定或任何州法律而成为联邦公民者,或经登记而成为公民者,或因登记为某一统治者的国民而成为公民者,或因取得国籍证书而成为公民者,均应视为通过登记而成为公民;如果系在国外出生者,应视为根据第十七条之规定经登记而成为公民者。

(2)凡在独立日前依据 1948 年马来西亚联邦协定或依据授权有关公民的妻子经登记而成为公民的州法律之规定而成为联邦之公民者,或经登记而成为联邦的公民者,或因登记为某一统治者之国民而成为公民者,均应视为依据第十五条第一款登记成为公民。

(3)凡在独立日前依据 1948 年马来西亚联邦协定之规定因加入国籍而成为联邦公民者,或依任何州法律之规定,因加入国籍而作为某一统治者之国民而

成为联邦公民者(除第二款的规定外),应视为因加入国籍而成为公民。

上述条文中凡提到登记或加入国籍成为公民之处均应作相应解释。

2. 在联邦境内出生者皆不得因本条之规定而被依据第二十五条剥夺其公民资格。

3. 凡在独立日前已为联邦公民并在独立日依法成为公民者,不得因其在独立日以前的任何行为而被依据第二十四条第一款或第二款剥夺公民资格;但涉及其他独立日前及独立日以后连续旅居国外的期间内第二十五条第二款的规定同样适用。

第二十八条之一 ［剥夺在马来西亚日成为公民者的公民资格］

1. (已废止)

2. 为第二十四条、第二十五条、第二十六条及第二十六 A 条的目的,对于因在马来西亚日前夕是联邦联合王国及其殖民地之公民而在马来西亚日依法成为公民者——

(1)如果系通过登记而成为公民者,应视为因登记而成为公民;

(2)如果系加入国籍而成为公民者,应视为加入国籍而成为公民。

上述条文中凡提到登记或加入国籍成为公民之处,均应作相应的解释。

3. 因婚姻关系取得公民资格并依据本条的规定被视为因登记而成为公民的妇女,为第二十四条第四款和第二十六条第二款之目的,应视为依据第十五条第一款之规定登记而成为公民者。

4. 在马来西亚日前出生,因与沙巴州或沙捞越州存在关联而依本条之规定被视为因登记而成为公民者,如此人并非出生于沙巴州或沙捞越州境内,则此人应被视为依据第十六 A 条或第十七条之规定而登记成为公民者,对之适用第二十五条的规定。

5. 尽管某人系依据本条之规定被视为因加入国籍而成为公民者,但如果此人系在马来西亚日前在沙巴州或沙捞越州境内出生并因在该地区加入国籍而取得公民资格,则不得引用第二十五条而剥夺其公民资格。

6. 在不影响以上各款规定的前提下,因在马来西亚日前所具有的身份而在马来西亚日依法成为公民者,如果其具有应当被剥夺公民身份的行为,如果剥夺公民身份的程序于 1965 年 9 月前已启动,则可以剥夺其公民身份;但第二十六 B 条第二款和第二十七条除本条第七款外有关适用于依据第二十五条发出的命令的规定,同样适用于依据本款发出的命令。

7. 按上述第六款的规定应剥夺其公民资格,且

在马来西亚日以前剥夺此人之公民资格的程序已经启动,则该程序应视同为按第六款之规定进行并继续进行。但上述程序应依马来西亚日之前之相关法律进行,联邦政府得将此类职权委托它所指定的有关州政府代行。

第三章　补充规定

第二十九条　[英联邦公民资格]

1. 根据本联邦在英联邦中的地位,本联邦的公民具有与其他英联邦国家公民同等的英联邦公民的身份。

2. 除议会另行规定,所有适用于英联邦公民的现行法律,同样适用于非英联邦国家的爱尔兰共和国之公民。

第三十条　[公民资格证书]

1. 联邦政府得依任何公民资格存在事实上或法律上的疑问者之申请,向其颁发公民证书。

2. 依上述第一款之规定颁发的公民证书,除经查证系利用欺骗手段、虚假陈述或隐瞒任何事实材料等手段获得者外,为持证人自发证之日为联邦公民的确证,但这并不妨碍能证实持证人在此以前即为公民的任何依据。

3. 为确定某人是否为出生即取得联邦公民资格之目的,任何有关此人是否因出生而取得他国的公民资格的问题由联邦政府裁决,联邦政府对此问题所颁发的证书为决定性的证明,但经查证系欺骗手段、虚假陈述或隐瞒任何事实材料等手段获得者除外。

第三十 A 条(已废止)

第三十 B 条(已废止)

第三十一条　[关于附表二适用]

在议会未另行作出规定之前,为实施本部分规定之目的,附表二中第三部分的补充规定具有法律效力。

第四部分　联邦

第一章　最高首脑

第三十二条　[联邦最高首脑及其配偶]

1. 设联邦最高首脑一人,称为最高元首,其地位在联邦所有人之上。除向依第十五部分之规定设置的特别法庭外,任何人不得向任何法院对最高元首提起任何诉讼。

2. 最高元首的配偶称为最高元首后,[①]在联邦的地位仅次于最高元首,而在任何其他人之上。

3. 最高元首由统治者会议选举产生,任期五年,但可随时向统治者会议书面提出辞职,或由统治者会议罢免,最高元首如不再任(州)统治者应即不再担任最高元首一职。

4. 附表三的第一部分和第三部分的规定对最高元首的选举和罢免适用。

第三十三条　[联邦副最高首脑]

1. 设联邦副最高首脑一人,称为副最高元首。当最高元首缺位、因病、不在联邦境内或其他原因不能行使职权时,副最高元首代行最高元首的职权,并享有最高元首的特权,但如最高元首不能行使职权或不在联邦境内的时间预计不超过十五日时,除副最高元首代行最高元首职权者系必需或便利之外,副最高元首不得代行最高元首职权。

2. 副最高元首由统治者会议选举产生,任期五年,如果副国家元首系最高元首在任时当选,则其任期在最高元首任期届满时结束;但副最高元首可随时向统治者会议书面提出辞职,且在其不再担任统治者时应即不再担任副最高元首。

3. 在联邦副最高元首当选的任期内,如逢最高元首缺位,则副最高元首的任期在最高元首之空缺被填补时届满。

4. 附表三第二部分的规定对副最高元首的选举适用。

5. 如果依据第一款之规定,最高元首的职权应由副最高元首代行,但因副最高元首缺位,或因病、不在联邦境内或任何其他原因而不能代行最高元首职权时,议会得通过法律规定由一位统治者代行最高元首职权。但是上述法律非经统治者会议同意议会不得通过。[②]

第三十三 A 条　[如被指控为犯有罪行则最高元首应停止行使职权]

1. 如果最高元首被向依第十五部分之规定设置的特别法庭指控为犯有罪行,则最高元首应停止行使最高元首的职权。

2. 最高元首依第一款之规定停止行使最高元首职能的期间,视为构成了第三十二条第三款所确定的最高元首任期之一部分。

第三十四条　[最高元首不得从事的事项]

1. 除伊斯兰教领袖的职权外,最高元首不得行使其本州统治者的职权。

2. 最高元首不得接受任何领受薪酬的职务的任

---

① 此处采用了中华人民共和国外交部的称呼。

② 参见 1957 年《最高元首(行使职权)法》(第 373 号法律)。原文本注。

命。

3.最高元首不得主动参与任何商业活动。

4.最高元首不得领受依照其本州宪法或任何他州宪法之规定向州统治者支付的或各州统治者有权获得的任何薪酬。

5.未经统治者会议同意,最高元首不得离开联邦十五日以上,但对他国进行国事访问除外。

6.第二款和第三款的规定同样适用于最高元首后。

7.如果副最高元首或获得法律授权代行最高元首职权的任何个人,如其代行最高元首职权的期间超过十五日,则第一款至第五款对最高元首的规定在此期间内同样适用于代行最高元首权力者。

8.第一款的规定并不影响法律授予最高元首作为州统治者而单独或与任何其他权力机关共同行使的下列权力:

(1)修改州宪法;

(2)在摄政王或摄政委员会之任何成员去世或因故不能履行其职务时,任命新的摄政王或摄政委员会成员。

第三十五条 [最高元首及其配偶的王室经费和副最高元首的薪俸]

1.议会应立法规定最高元首的王室经费,该法律应包括元首夫人所应得的年俸、王室经费由统一基金支付以及王室经费在最高元首任期内不得削减等内容。①

2.议会应立法规定副最高元首及获得法律授权代行最高元首职权者在代行职权期间的薪酬,依本款之规定确定的薪酬由统一基金支付。②

第三十六条 [国玺]

最高元首掌管并使用国玺。

第三十七条 [最高元首的就职宣誓]

1.最高元首在行使职权前,应在联邦法院院长的主持下(如院长缺席,由另一资历最深的联邦法院法官代替)向统治者会议宣誓并提交誓词,宣誓应依附表四第一部分所规定之形式进行;统治者会议应指定两名宣誓监督人。

2.副最高元首在行使职权前(行使召开统治者会议的职权除外),应在联邦法院院长(如院长缺席,由另一资历最深的联邦法院法官代替)的主持下向统治者会议宣誓并提交誓词,宣誓应依照附表四第二部分所规定之形式进行。

3.上述誓词已译为英文,并载于附表四第三部分中。

---

① 参见1982年的《王室经费法》(第269号法律)。
② 参见1958年的《副最高元首报酬法》(第374号法律)。

4.依据第三十三条第五款制定的法律应包含同第二款之规定(以及必要的修改)相适应的条款。

第二章 统治者会议

第三十八条 [统治者会议]

1.设统治者会议,依附表五之规定组成。

2.统治者会议行使下列职权:

(1)依附表三之规定,选举最高元首和副最高元首;

(2)决定是否同意将任何宗教行为、仪式或典礼推广适用于全联邦范围;

(3)同意或拒绝任何法律,对依本宪法之规定,需要获得统治者会议之同意,需由统治者会议决定的或需要在征询统治者会议之意见后方得作出的任何任命提出意见;

(4)任命依第一百八十二条之规定建立的特别法律的组成人员;

(5)依第四十二条第十二款之规定,授予赦免,决定暂缓执行、减轻刑罚,中止执行或以替代方式执行刑罚。

并有权审议有关国家政策的问题(如移民政策的改变)以及它认为适当的其他任何事项。

3.统治者会议审议国家政策事项时,最高元首应由总理陪同,其他统治者及州元首则由州务大臣或首席部长陪同;审议的事项应属于最高元首根据内阁的建议行使的职权范围,以及属于州统治者和州元首根据州执行委员会的建议行使的职权范围。

4.非经统治者会议同意,任何直接影响统治者之特权、地位、荣誉或尊严的法律不得通过。

5.任何政策上的变更,如果将对第一百五十三条所规定的行政措施产生影响,则应事先与统治者会议磋商后方可作出。

6.统治者会议成员,在与下列职权相关的任何程序中,得依其自由裁量行事——

(1)选举或罢免最高元首,选举副最高元首;

(2)对任何任命提出意见;

(3)同意或拒绝变更州界或影响统治者特权、地位、荣誉或尊严的法律;

(4)对任何宗教行为、仪式或典礼在全联邦推广施行表示同意或不同意;

(5)任命依第一百八十二条之规定建立的特别法院的组成人员;

(6)依第四十二条第十二款之规定,授予赦免,决定暂缓执行、减轻刑罚,中止执行或以替代方式执行刑罚。

7.(已废止)

第三章　行政机关

第三十九条　[联邦的行政权]

联邦的行政权授予最高元首,除联邦法律和附表二另有规定者外,由最高元首本人,或内阁或内阁授权的部长行使,但议会得制定法律将行政权授权其他人员行使。

第四十条　[最高元首根据建议行使的职权]

1. 除本宪法另有规定者外,最高元首在行使本宪法或联邦法律所授予的职权时,应根据内阁或内阁授予全权的部长所提供的建议行事;但最高元首有权要求内阁向其提供内阁所能获得、有关联邦政府的任何情况。

1A. 在行使本宪法或联邦法律授予的职权时,如果最高元首需依照建议、意见行事或需要考虑相关建议的,则最高元首需要接受该建议并按该建议行事。

2. 最高元首在行使下列职权时,可依其自由裁量行事:

(1)任命总理;

(2)不同意解散议会的请求;

(3)召开专门讨论有关统治者特权、地位、荣誉或尊严的统治者会议,以及在上述会议中的任何活动;

以及本宪法明文规定的其他事项。

3. 联邦法律得规定最高元首应在咨询内阁以外的任何个人或团体的意见后,或根据内阁以外的任何个人或团体的建议行使其任何职权,但下列职权除外——

(1)最高元首依其自由裁量行使的职权;

(2)本宪法中已就其行使作出明文规定的职权。

第四十一条　[武装部队最高统帅]

最高元首是联邦武装部队的最高统帅。

第四十二条　[赦免权及其他]

1. 最高元首对一切经军事法庭审判的犯罪以及在吉隆坡、纳闽和布特拉加亚三个直辖区内发生的一切犯罪有赦免、减刑及缓刑的权力,州统治者或州元首对本州境内发生的一切犯罪有赦免、减刑及缓刑的权力。

2. 除第十款另有规定者外,以及在不影响与基于良好行为或特别服务而减刑的联邦法律的情况下,关于联邦法律或州法律所赋予对任何刑事判决实行赦免、缓刑及减刑的权力,凡涉及军事法庭或吉隆坡、纳闽以及布特拉加亚联邦直辖区民事法庭的刑事判决时,应由最高元首行使之。如涉及其他各州的刑事判决时,应由犯罪行为发生地州的统治者或州元首行使之。

3. 如果刑事犯罪的全部或部分在联邦境外,或跨州发生,或犯罪行为无法确定,在为执行本条规定之目的,应视为在负责审理该案的州内发生;就本款而言,吉隆坡、纳闽以及布特拉加亚联邦直辖区应分别视为一个州。

4. 本条所述的权力中——

(1)属于由最高元首行使者,是指联邦法律根据本宪法第四十条第三款所规定的职权;

(2)属于由州统治者或州元首行使者,应根据依第五款之规定设置的州赦免委员会的建议行使。

5. 各州的赦免委员会,由联邦总检察长、州首席部长以及其他由统治者或州元首任命的、不超过三名委员组成;但总检察长得随时以书面方式委托他人代行其赦免委员会委员的职权,统治者或州元首在其任命的委员缺席或不能视事时,可委派他人临时代行其职务。

6. 统治者或州元首任命的赦免委员会委员每届任期三年;可以连任,也可随时辞职。

7. 州立法议会的议员或议会下议院的议员不得被统治者或州元首任命为赦免委员会的委员或临时代行委员职权。

8. 赦免委员会在统治者或州元首参加并主持下举行会议。

9. 赦免委员会在对任何案件提出建议前,应考虑总检察长对此案件提交的任何书面意见。

10. 无论本条有何规定,在马六甲、槟榔岛、沙巴、沙捞越各州及吉隆坡、纳闽及布特拉加亚联邦直辖区,凡涉及对伊斯兰教事务法规定设置的法庭作出的判决授予赦免、缓刑、减刑、中止执行或以替代方式执行的权力,由最高元首以该州伊斯兰教领袖的身份行使之。

11. 为本条之目的,吉隆坡、纳闽与布特拉加亚联邦直辖区应设立单一的赦免委员会;而本条第五、六、七、八、九各款的规定,经必要的修改后同样适用于该赦免委员会,其中上述各款中凡提到统治者或州元首之处,应解释为最高元首,凡提到州首席部长之处,应该作分别掌管吉隆坡与纳闽、布特拉加亚联邦直辖区的部长。

12. 不论本宪法中有何规定,本条中提及的权力——

(1)由州元首行使且与其自身或妻子、子女相关时,州元首应当依按本条之规定设置并由其主持的赦免委员会之意见行使。

(2)与最高元首本人、州统治者或其配偶有关时,则该权力应当由统治者会议行使,此时需要适用以下规定——

①在参与本款的任何程序时,最高元首不得由总理陪同,其他各统治者也不得由首席部长陪同。

②在作出任何与本款所规定之事项有关的决定之前,统治者会议应当考虑总检察长提供的任何书面意见。

(3)由最高元首或州统治者行使时,如果该权力与其子女有关,则该权力应由经统治者会议指定的一州之统治者,依按本条之规定设置的相应赦免委员会之意见行使。

13.为实施第十二款第二段、第三段之目的,最高元首或相关州的统治者以及州元首不得作为统治者会议之成员参加会议。

第四十三条 ［内阁］

1.最高元首任命一个由部长组成的内阁,就最高元首行使职权提出建议。

2.内阁依下述程序任命之——

(1)最高元首首先任命一名他认为能获得大多数下议员信任的下议员为总理,主持内阁;

(2)最高元首根据总理的建议,从议会两院议员中任命其他部长;

但是,如果上述任命是在议会解散期间作出的,则最高元首可以任命上届下议院议员担任,在下届议会召开后,被任命者即不得再担任职务,但被任命为总理者当选为新一届下议院议员,以及其他被任命者当选为新一届议会两院议员者除外。

3.内阁作为一个整体向议会负责。

4.如果总理不再获得下议院多数议员的信任,除最高元首应总理要求解散议会外,总理应提出内阁集体辞职。

5.除第四款另有规定外,总理之外的其他部长之任期由最高元首随意确定,除最高元首根据总理的建议撤销部长的任命外,任何部长均可辞职。

6.部长在就职前,应在最高元首的见证下作就职、效忠及保密宣誓并提交誓词,宣誓应依照附表六所规定的形式进行。

7.不论本条作何规定,凡加入国籍成为公民或依据第十七条登记成为公民者,不得被任命为总理。

8.(已废止)

9.内阁部长的薪俸由议会立法确定。

第四十三A条 ［副部长］

1.最高元首得根据总理的建议,从议会两院的议员中任命副部长;如果任命是在议会解散期间作出,可以任命上届下议院议员担任,但在下届议会召开后,即不得再担任职务,但当选为新届议会两院议员者除外。

2.副部长协助部长行使权力、履行职责,为此目

的,副部长享有部长的所有权力。

3.第四十三条第五款、第六款中适用于部长的规定,同样适用于副部长。

4.副部长的薪俸由议会立法规定。

第四十三B条 ［政务次长］

1.总理得从议会两院的议员中任命各部政务次长;如果任命是在议会解散期间作出的,则可以任命上届下议院议员担任,但在下届议会召开后即不再担任职务,但被任命者当选为新届议会两院议员者除外。

2.政务次长协助部长和副部长行使权力、履行职责。

3.政务次长得随时辞职,总理也可随时决定其去留。

4.政务次长在就职前,应依在总理的见证下作保守秘密的宣誓并提交誓词,宣誓应依照附表六所规定的方式进行。

5.政务次长的薪俸由议会立法规定。

第四十三C条 ［政治秘书］

1.总理得任命若干他认为适当的人员担任政治秘书。

2.依据本条任命的政治秘书:

(1)可以不是议会两院的议员;

(2)得随时辞职;

(3)除第二项规定的情况外,应继续任职到总理决定确定的任职时间。

4.第四十三B条第四款中适用于政务次长的规定,同样适用于政治秘书。

5.政治秘书的权力、职责与薪俸由内阁确定。

第四章　联邦立法机关

第四十四条 ［议会的组成］

联邦的立法权授予议会。议会由最高元首及议会两院,即上议院和下议院组成。

第四十五条 ［上议院的组成］

1.除第四款另有规定者外,上议院由下列选任议员和任命议员组成:

(1)每州依附表七之规定选举产生的上议员两名;

(1A)最高元首任命的吉隆坡联邦直辖区上议员两名、纳闽联邦直辖区一名及布特拉加亚联邦直辖区一名上议员;

(2)由最高元首任命的四十名议员。

2.最高元首任命应从他认为提供了卓越的公共服务、取得了特殊贡献或在专业、商业、工业、农业、文化活动或社会服务方面有特殊成就,或代表少数民族和土著居民利益的人士中任命上议员。

3. 除附表七另有规定者外,上议院议员的任期为三年,且不受解散议会的影响。

3A. 上议院议员不得连续任职或以其他方式任职超过两届;但是,在本款生效之前已连任超过两届的上议员,得继续任职到其任期届满时为止。

4. 议会得立法——

(1)将每州的选任的上议员名额增至三名;

(2)规定各州应通过选民直接投票选出上议员;

(3)减少任命议员的名额或废除任命上议员。

第四十六条　[下议院的组成]

1. 下议院由二百二十二名民选议员组成。

2. 民选议员包括:

(1)二百二十二名从马来西亚各州选出的议员,分配如下:

①柔佛州二十六名;

②吉打州十五名;

③吉兰丹州十四名;

④马六甲州六名;

⑤森美兰州八名;

⑥彭亨州十四名;

⑦槟榔屿州十三名;

⑧霹雳州二十四名;

⑨玻璃市州三名;

⑩沙巴州二十五名;

⑪沙捞越州三十一名;

⑫雪兰莪州二十二名;

⑬丁加奴州八名。

(2)十三名来自吉隆坡与纳闽、布特拉加亚联邦直辖区的议员如下:

①吉隆坡联邦直辖区十一名;

②纳闽联邦直辖区一名;

③布特拉加亚联邦直辖区一名。

第四十七条　[议会议员资格]

凡符合下列规定且在联邦居住的公民均有资格成为——

(1)上议院成员,年满三十周岁;

(2)下议院成员,年满二十一周岁。

但依照本宪法或以本宪法第四十八条为依据所制定的任何法律之规定丧失议员资格者除外。

第四十八条　[议会议员资格的取消]

1. 除本条另有规定者外,凡有下列情形之一者,即丧失成为议会任何一院议员的资格:

(1)被认定或被宣布为精神不健全者;

(2)未清偿债务的破产者;

(3)担任有收益的职位者;

(4)在被提名为议会任何一院或州立法议会议员候选人后,或担任候选人的竞选代理人后,未在法定

时间内或按规定的方式缴纳选举费用者;

(5)因犯罪被联邦的任何法院(或在马来西亚日前被沙巴州、沙捞越州或新加坡的法院)判决有罪并被判处不少于一年的监禁或不少于二千马元以上罚款的处罚,尚未获无条件赦免者;

(6)自愿取得联邦之外的任何他国之公民资格,或在他国行使了该国公民的权利,或已公开声明效忠他国者。

2. 联邦法律得规定,犯有与选举相关之罪行者,在一定时期内丧失成为联邦任何一院议员之资格;因有上述罪行或在与选举相关的程序中所作的行为被判定有罪者,在法律确定的时期内丧失担任议员的资格。

3. 有关第一款第四项或第五项取消议员资格的规定,可被最高元首撤销,如未被撤销,则在第四项所提及的需缴纳选举费用日起五年期满后,或在第五项所提及的被判监禁者从获释之日起五年期满后,即不再有效;不得仅因在成为联邦公民之前的行为而根据第一款第六项的规定取消任何人的议员资格。

4. 不论本条前述款项有何规定,如果两院任何一院之议员依第一款第五项或依以第二款为依据制定的任何联邦法律之规定而丧失继续担任议员的资格——

(1)则自下列日期起满十四日后丧失资格开始生效——

①自其被依第一款第五项所提及的有罪叛决及处罚作出之日;

②自其被依以第二款为依据所制定的联邦法律判决其某一行为有罪之日。

(2)如果在前项所述的十四日内,针对该有罪判决或处罚提出了上诉或其他法院诉讼,则丧失资格自法院对上诉或其他法院程序处理结果之日起的十四日届满生效。

(3)如果在本款第一项规定的十四日内或第二项规定的上诉或其他法院程序处理结束之日起的十四日内,提出了赦免请求,则丧失资格在该请求处理结束时立即生效。

5. 第四款之规定不适用于任命、选举任何人担任两院议员的情况,为任命选举两院议员之目的,丧失资格自第一款第五项或第二款所规定的情形出现之时立即生效。

6. 如下议院议员辞去其议员身份,则自其辞职生效之日起的五年内,丧失担任下议院议员的资格。

第四十九条　[关于不得担任双重议员的规定]

任何人不得同时担任议会两院的议员,不得被选为跨选区的下议院议员,不得被选为跨州的上议员,

不得同时担任选任上议员和任命上议员。

第五十条 ［丧失资格的效力和禁止未经同意的提名或任命］

1. 如果议会任何一院的议员丧失担任议员的资格，则其席位空缺。

2. 凡不具备当选下议员资格者当选为下议院议员、不具备担任上议院议员资格者当选为上议院议员或被任命为上议院议员，或者两院某一议员的选举或任命违反第四十九条的规定，则该议员的选举或任命无效。

3. （已废止）

4. 未经本人同意，提名其作为两院任何一院议员之候选人参加议会选举或任命其为上议院议员的行为无效。

第五十一条 ［议员的辞职］

议会任何一院的议员得以书面辞呈向上议院议长或下议院议长提出辞职。

第五十二条 ［议员的缺席］

1. 议会任何一院的议员，若未经各该院同意，在六个月期间内每次开会皆缺席者，各该院得宣布其席位空缺。

2. 议会任何一院的议员，经各该院准假后，在请假期间，不得以任何方式参与各该院的活动。

第五十三条 ［取消资格的裁决］

1. 如果出现了议会任何一院之议员是否已丧失任职资格的问题，各该院应自行作出裁决，此等裁决为终局裁决；

但本条规定不得被援引以阻止议会各院推迟作出某一决定以便于各该院为采取或决定同该项裁决有关涉的任何程序（包括撤销取消资格的程序）。

2. 若议会任何一院之议员被根据第四十八条第一款第五项或根据依第四十八条第二款制定的联邦法律取消资格，则第一款不适用，且该议员应在其取消资格依第四十八条第四款生效后立即终止职务，其席位空缺。

第五十四条 ［上议院议席空缺及临时空缺］

1. 除第三款另有规定者外，凡遇上议院议席出缺，或下议院议席临时空缺，该空缺须在上议院议长确定席位空缺之日起，或自选举委员会确定出现临时空缺之日起的六十日内举行相应的补缺选举或补缺任命予以填补。但是，不得因未在本款所规定的期限内任命补缺议员而使任何在上述期限届满后作出的任命无效。

如果下议院议席临时空缺的结论是在议会依照第五十五条第三款的规定自行解散前的两年内作出的，则该项临时空缺无须填补，但如果议长书面通知选举委员会如果此临时空缺未获填补，则下议院中

的多数党的地位将受到影响除外，此时该临时空缺应在选举委员会收到书面通知之日起的六个月内填补。

2. （已废止）

3. 上议院空缺的席位，如属于应由州依照附表七之规定选举填补者，上述第一款的规定不得适用。

第五十五条 ［议会的召开、闭会和解散］

1. 最高元首有权随时召开议会，且议会上次会议的闭幕同确定的下次会议的开始时间的间隔不得超过六个月。

2. 最高元首得以命令宣布议会闭会或解散议会。

3. 除非被提前解散，每届议会任期五年，自其第一次会议召开之日起算，五年期满即自行解散。

4. 不论议会在何时被解散，新的大选应在解散之日起的六十日内举行，新一届议会至迟应在解散之日起的一百二十日内召开。

5. 议会尚未审议的法案，不得因议会闭会而失效。

6. （已废止）

7. 依照第六十六条第四款或第四A款应由最高元首批准但其尚未批准的法案，不得因议会闭会或解散而失效。

第五十六条 ［上议院议长和副议长］

1. 上议院应随时从其议员中挑选一人为上议院议长，另一人为副议长；如果议长缺位，除选举议长外，不得处理其他事务，但第三款规定的事务除外。

2. 担任上议院议长或副议长者，如果其议员任期届满，或因其他原因不再担任议员，或依据第五款丧失资格时，其议长或副议长职务终止，并得随时辞职。

3. 议长席位空缺或议会缺席某次会议时，由副议长代理议长行为，如正副议长都空缺或缺席时，应依照上议院议事规则挑选一名议员代理议长行为。

4. 如果州立法议会的议员当选上议院议长，则需辞去其州议会议员职务方可就职。

5. 当选议长或副议长的议员，如在当选三个月后，继续担任或受聘担任任何机构或团体，不论是否法人，或任何商业、工业和其他企业的董事会或管理委员会的成员、职员或雇员，或参与上述机构或团体的事务，不论是否领受薪俸、报酬、利润或其他利益，应取消其担任议长的资格。

但是，如果上述机构、团体从事福利或志愿工作，其宗旨对社会有益，或系慈善、福利性质的机构团体，并且该议员并未领受任何薪俸、报酬、利润或其他利益时，则丧失担任议长或副议长的规定不得适用。

333

6. 产生了议长或副议长是否因为第五款之规定而丧失任职资格的问题时，上议院应自行作出裁决，且该裁决为终局裁决。

第五十七条 ［下议院议长和副议长］

1. 下议院有权随时——

（1）从下议员中或有资格当选下议员者中选举议长一名；

（2）从下议员中选举副议长两名。

议长缺位时，除选举议长外，下议院不得处理任何其他事务，但第三款规定的事项除外。

1A. 如果非议员当选为下议院议长，则——

（1）在就职前，此人应在下议院的见证下宣誓并提交誓词，宣誓依附表六规定的进行；

（2）由于担任议长职务，此人成为按第四十六条规定选举产生的议员之外的新增下议员。

但为执行本宪法的下列各条，即第四十三条、第四十三A条、第四十三B条、第五十条到第五十二条、第五十四条以及第五十九条之目的，第二项规定不得适用，上述议长无权对提交下议院审议的任何事项参与表决。

2. 议长得随时向下议院秘书提交书面辞呈辞去议长职务，议长在下列情况下即离职——

（1）大选后，议会召开第一次会议时；

（2）由于议会解散之外的原因而不再担任下议院议员，或其系根据第一款之一—第二项之规定而成为议员者，当其丧失其议员资格时；

（2A）依第五款之规定丧失资格时；

（3）议会解散时。

2A. 副议长得随时向下议院秘书递交书面辞呈辞去副议长职务，副议长在下列情况下离职——

（1）不再担任下议院议员；

（2）议会被解散。

3. 除大选后下议院第一次会议而缺席者外，议长席位空缺或缺席议会会议时，其中一名副议长应代理议长行为，如果两名副议长均缺席或缺位，则根据下议院议事规则选出一名议员代理议长行为。

4. 如果州立法议会的议员当选为议长，则其辞去州议员职务后方可就任下议院议长。

5. 当选为议长的议员，如果在当选三个月以后，继续担任或受聘担任任何机构或团体，不论是否法人，或任何商业、工业和其他事业的董事会、管理委员会的成员、职员或雇员，或参与上述机构、团体的事务，不论是否领受薪俸、报酬、利润或其他利益，应取消其担任议长的资格。

但是，如果上述机构、团体从事福利或志愿工作，其宗旨对社会有益，或系慈善、福利性质的机构、团体，并且该议员并未领受任何薪俸、酬劳、利润或

其他利益时则不得援引上述规定而取消其议长资格。

6. 产生了议长或副议长是否因为第五款之规定而丧失任职资格的问题时，由下议院自行作出裁决，此等裁决为终局裁决。

第五十八条 ［上下两院议长和副议长的薪俸］

上议院议员和副议长、下议院议长和副议长的薪俸由议会以立法规定，上述人员的薪俸由统一基金直接支付。

第五十九条 ［议员的宣誓］

1. 任何一院的任何一名议员，在就职前均应在各该议院议长的见证下宣誓并提交誓词，宣誓应依照附表六所规定的方式进行。任何议员在宣誓前得参加该院议长的选举。

2. 任何当选议员，如果自当选后至各该议院召开第一次会议之日起三个月内或议会准许的更长时间内未到任，则其席位空缺。

第六十条 ［最高元首的演说］

最高元首有权向两院之任何一院或两院联席会议发表演说。

第六十一条 ［有关内阁和总检察长的特别规定］

1. 任何内阁成员，除拥有作为议会上议院或下议院议员的权利外，均有权参与另一院的任何程序。

2. 议会任何一院均可任命总检察长或任何内阁成员为该院任何委员会之成员，而不论被任命者是否为该院议员。

3. 本条规定并不授予非议员在各该院或各该院任何委员会中享有表决权。

4. 本条所指的"内阁成员"包括一名副部长和政务次长。

第六十二条 ［议会议事规则］

1. 除本宪法或联邦法律另有规定者外，议会两院自行制定各该院的议事规则。

2. 议会任何一院的活动不因其议席空缺而受影响，其程序的合法性不因有无权出席议会者出席了会议或参与了程序而受影响。

3. 除本条第四款、第八十九条第一款、第一百五十九条第三款及附表十三第十条和第十一条另有规定者外，议会任何一院的表决，如非全体一致通过，则以获得参加表决议员的简单多数票之支持通过；但如果议长为非依据第五十七条第1A款第二项的规定而成为该议院的议员者，除在赞成与反对票数相等时有投票权外，在任何其他情况下均无投票权。

4. 议会任何一院在制定其议事规则时，得规定与其程序相关的事项，在表决时需获得特定的多数之支持或特定的票数方可通过。

5. 未出席会议的议员不得参加投票。

第六十三条 ［议会特权］

1. 议会任何一院及其所属委员会的活动具有合法性,任何法院不得对其进行审查。

2. 任何议员不得因其在议会两院任何一院或其下属委员会上的发言或投票而在任何法院中受到追究。

3. 任何议员不得因议会任何一院公布或由其授权公布的任何事项而受法律追究。

4. 第二款的规定不适用于依据议会以第十条第四款制定的法律为基础所提出的指控,或依据经1970年第四十五号紧急(必需权力)法令修正后的1948年煽动法所提出的指控。

5. 尽管有第四款之规定,任何人不得因为在其参与的两院任何一院或其下属委员会之程序上所作的、有关最高元首或任何统治者相关的言论或表决而在任何法院受到追究,但支持废除最高元首作为联邦最高元首或废除各州统治者的地位的言论和表决而不在此限。

第六十四条 ［议员薪俸］

议会两院议员的薪俸由议会以立法规定。

第六十五条 ［上议院秘书和下议院秘书］

1. 设上议院秘书及下议院秘书各一人。

2. 上议院秘书和下议院秘书由最高元首从联邦一般公务员中任命,除本人提前辞职者或被调任其他一般公务员职务外,可以任职到一般公务员强制退休年龄时止。

3. 在本款之规定生效之前担任上议院秘书和下议院秘书者,除尚未满五十五周岁及有意担任联邦一般公务员者,各自均得在不低于本款生效前的任期及条件的前提下继续任职,且非依免除联邦法院法官职务的相似理由和相似方式不得被免职,但第一百二十五条第三款所规定的由总统提出的免职提议,由上议院议长或下议院议长提出。

4.(已废止)

5.(已废止)

第五章 立法程序

第六十六条 ［立法权的行使］

1. 议会的立法权,以议会两院通过法案(或对于第六十八条所规定的情况,仅由下议院通过)并经最高元首同意的方式行使,但本条另有规定者除外。

2. 除第六十七条另有规定者外,法案可在两院任何一院提出。

3. 任何法案在提出该法案的议院通过后,应提交另一议院;该法案在另一议院通过且两院对该法案的修正案取得一致意见后,或者根据第六十八条规

定,应将该法案呈报最高元首批准。

4. 最高元首应在法案呈报给他后三十日内批准该法案,并在该法案上签字、加盖国玺。

4A. 如果最高元首未在第四款所规定的时间内批准该法案,则该法案在第四款或第四款之一所规定的期限届满后,视同业经最高元首批准而成为法律。

4B.(已废止)

5. 一项法案在最高元首批准后或在第四款之一规定的情况下成为法律,但是非经公布不得生效;本款规定不影响议会有使法律延期生效或制定具有溯及既往效力的法律之权力。

6. 如果联邦政府所作的一项承诺符合法律之要求,并且同这项承诺有关的法案依法无须最高元首批准,则不得依据本条及第六十八条而使之无效。

第六十七条 ［对提出涉及征税与支出等法案及修正案的限制］

1. 任何法案或修正案,凡是(直接或间接地)包含有与下列事项的相关的条款者——

(1)征收或增加任何税务或废除、减少或免除任何现行税务;

(2)联邦的借款或提供的任何担保,或与联邦财政义务相关的法律之修正;

(3)统一基金的管理,由统一基金支付任何款项,取消或变更此类支付;

(4)向统一基金交纳的款项或从统一基金支付、发放或提取不属于由统一基金支付的任何款项,或增加此类支付、发放或提取的款项数额;

(5)拖欠联邦债务的解决或免除;

(6)有关州分担的税务、费用或发给州的拨款;

(7)属于统一基金的款项的收取、保管和支付,或审核联邦或州的账目;

如果财政部长认为此类条款已不属于附带规定而具有重大实质目的者,此类法案或修正案必须由一名部长提出。凡包含有此类条款的任何法案均不得在上议院提出。

2. 不得因任何法案或修正案就下列事项作出规定而将该法案或修正案视为包含上款所述条款:

(1)判处罚金或改变罚金数额,要求缴纳或征收执照费或收取服务费;

(2)任何地方政府或机构征收、变更或调整地方税或税率。

第六十八条 ［仅由下议院通过的法案的批准］

1. 下议院已经通过且至少在议会休会的一个月提交上议院的任何财政法案,如果未在一个月内获上议院不加修正地通过,则该法案除下议院另有指示者外,应呈请最高元首批准。

2. 如果——

（1）财政法案以外的法案已在下议院获得通过且至少在议会休会的一个月提交上议院，如果未获得上议院通过，或虽获上议院通过但其所提出的修正案未获下议院同意；

（2）在下议院初次通过该法案至少满一年的下次会期中，不论是否属同一届议会，同一法案由下议院未加修正地再次通过（第三款所指的修改除外），且在休会前至少一个月提交上议院，但未获上议院通过，或虽获上议院通过，但其所提出的修正案未获下议院同意；

则除非下议院另有指示，该法案应连同上下议院一致同意的修正案（如果存在的话），呈请最高元首批准。

3. 本条第二款所指的修正为：经下议院议长证明属于该法案在上次会期通过后因时间不同而作的必要修改或属上议院在上次会期所提出的修正案。

4. 任何法案依照本条之规定呈请最高元首批准时，应附有下议院议长的证明书，证明已遵守本条的全部规定。上述证明书在任何方面都是结论性的，任何法院均不得对之进行审查。

5. 本条规定不适用于任何对本宪法进行修改的法案，但第一百五十九条第三款所指的修正案不在此限。

6. 在本条中，财政法案指下议院议长认为是全部规定仅涉及下列事项之全部或部分且经议长书面证明属于财政法案的法案：

（1）第六十七条第一款所规定的事项或对税收进行规制；

（2）削减第六十七条第一款第四项所指的款项数额；

（3）与上述事项有关的其他事项。

第六节　有关财产、契约和诉讼的权力

第六十九条　[联邦有关财产、契约和诉讼的权力]

1. 联邦有取得、拥有和处理任何财产并订立契约的权力。

2. 联邦可提出控告或被控告。

第五部分　各州

第七十条　[州统治者和州元首的排名顺序]

1. 除最高元首和最高元首后具有最高地位外，各州统治者和州元首高于所有其他人，各州统治者或州元首在其本州应高于他州的统治者和州元首。

2. 除第一款的规定外，州统治者应高于州元首，在州统治者之间应按其继位日期的先后排序，在州元首之间则按被任命日期的先后排序，如果在同一日期被任命州元首，则年长者居先。

第七十一条　[联邦对州宪法的保证]

1. 联邦保证州统治者依照州宪法之规定享有继承、保有、享受及行使州宪法赋予州统治者的权利与特权；但任何州的州统治者继承纠纷，均由该州宪法所设置的机关依宪法规定的方式裁决。

2. 第一款有关州统治者的规定，经必要的修改后同样适用于森美兰州的统治首长。

3. 如果议会认为任何一州长期忽视本宪法或州宪法的任何规定，议会得不受本宪法原有规定的限制，立法保证有关规定的执行。

4. 如果任何州的宪法中未包括附表八第一部分的条款（以下简称"必要条款"），不论是否包含第五款所许可的更改，或实质上与之相同的条款，或包含与必要条款相抵触的条款，议会得不受本宪法原有规定的限制，随时立法使必要条款在该州生效，或立法废除与必要条款相抵触的条款。

5. 附表八第一部分的条款可以更改，即以该附表第二部分第二款或第四款取代或同时以该两款取代之——

（1）对各州而言，直到依照上述规定或上述更改后的规定所组成的第二届州的立法议会解散时为止；

（2）对玻璃市州而言，直到该州立法议会决定的更长期限届满时为止，至于上述附表八第二部分第二款规定，则无时间限制。

6. 依据本条制定的州法律，除议会提前予以废除者外，应在该法律通过以后的新一届州立法议会决定的日期终止生效。

7. 有关沙巴州与沙捞越州：

（1）第五款规定不得适用于这两个州；

（2）在1975年8月底之前，或最高元首在州元首同意之后以命令确定的较早日期之前，第四款规定应适用。凡提到第五款所许可的更改之处应视同在马来西亚日有效日州宪法所作的更改。

（3）（已废止）

第七十二条　[立法议会的特权]

1. 任何州立法议会的活动的合法性，不受任何法院的审查。

2. 任何州议员不得因在其参与的立法议会或其所属委员会之任何程序中的发言或表决而在任何法院受到追诉。

3. 任何州议员不得因州立法议会公布或由州立法议会授权公布的任何事项而在任何法院受到追诉。

4. 第二款的规定不适用于依据议会根据第十条第四款制定的法律所提出的指控，或依据1970年第四十五号紧急（必需权力）法令修正后的1948年煽动法令所提出的指控。

5. 尽管有第四款之规定，任何人不得因为在其

参与的立法议会或其下属委员会之程序上所作的、有关任何州之统治者相关的言论或表决而在任何法院受到追究,但支持取消各州统治者的作为各州宪法上之统治者地位的言论和表决不在此限。

第六部分　联邦与各州的关系

第一章　立法权的划分

第七十三条　［联邦和州的立法权限］

在行使本宪法所赋予的立法权时——

（1）议会有权为联邦全境或任何部分制定法律,并有权制定在联邦境内和境外都有效的法律;

（2）州立法机关有权为该州之全境或部分制定法律。

第七十四条　［联邦和州的立法事项］

1. 在不影响本宪法其他条款赋予的议会立法权的情况下,议会得就联邦管辖事项表或共同管辖事项表（即附表九第一表或第三表）中的任何事项制定法律。

2. 在不影响本宪法其他条款赋予的州立法机关立法权的情况下,州立法机关得就州管辖事项表（即附表九第二表）或共同管辖事项表中的任何事项制定法律。

3. 在行使本条所赋予的立法权时,需遵守本宪法对任何特定事项所规定的条件或限制。

4. 在使用一般表述和专门用语表述附表九各管辖事项表的任何事项时,不得视为前者的一般意义为后者的特别意义所限制。

第七十五条　［联邦法律同州法律的抵触］

如果任何州法律同联邦法律相抵触,则以联邦法律为准,州法律中同联邦法律相抵触的部分一律无效。

第七十六条　［议会在一定情况下有权为州制定法律］

1. 议会得就州管辖事项表中的任何事项制定法律,但仅限于下列情况——

（1）为履行联邦同其他国家所缔结的任何条约、协约或协定,或为履行联邦为其成员国的国际组织的任何决议之目的;

（2）为促成两州或多州间的法律的统一之目的;

（3）应任何州立法议会之请求。

2. 议会不得依据本条第一款第一项制定涉及伊斯兰教或马来人习俗,或沙巴州与沙捞越州土著法或习俗,在未征询有关州政府的意见之前,依据该项规定向议会之任何一院提出有关的法案。

3. 除第四款另有规定者外,依据第一款第二项或第三项所制定的法律,非经该州立法机关制定立法采纳,不得在该州生效,经州立法机关采纳的联邦法律视为该州法律而非联邦法律,并可由该州立法机关修改或废除。

4. 仅为统一法律和政策之目的,议会得就土地使用权,地主和佃产的关系,地契的注册,土地的转让,土地的抵押、租赁和托管,在他人土地上的通行权及其他有关权益,征用土地、土地估价以及地方政府等事项制定法律;第一款第二项和第三款的规定不适用于涉及上述任何事项的法律。

第七十六A条　［议会对扩大州立法权的权力］

1. 议会制定法律的权力,包括授予各州或任何州立法机关就联邦管辖事项表中的任何事项（之全部或部分）制定法律的权力,但须遵守议会所规定的条件或限制。

2. 不论第七十五条作出何种规定,依据第一款由议会法令授权制定的州法律,得依照该法令所规定的范围修改或废除该法令通过前的任何同该州有关的联邦法律。

3. 在执行第七十九条、第八十条和第八十二条的规定时,任何州立法机关由议会授权制定法律所涉及的事项,对该州而言,应视同共同管辖事项表中所规定的事项。

第七十七条　［剩余立法权］

州立法机关有权就附表九各管辖事项表所未列入,并且不属于议会立法范围内的任何事项制定法律。

第七十八条　［限制使用河流的立法］

议会制定的任何法律或依据该法律制定的任何条例,凡涉及限制任何州或其居民对全部在该州境内的河流行使航行或灌溉权利者,非经该州立法议会以全体议员的多数通过的决议表示同意,不得在该州生效。

第七十九条　［共同立法权的行使］

1. 如果主持联邦议会任何一院者或主持州立法议会者认为某项法案或其修正案涉及修改有关共同管辖事项表中任何事项的法律,或涉及修改联邦依据第九十四条正在行使职能的、有关州管辖事项表中的任何事项的法律时,应以书面证明该法案或其修正案适用本条规定。

2. 凡被证明适用本条的法案或其修正案,应在其公布满四周后方可审议,但主持联邦议会任何一院者或主持州立法议会者确认已征询有关州政府或联邦政府意见,因情况紧急允许提前审议者除外。

第二章 行政权的划分

第八十条 ［行政权的划分］

1. 除本条下列各款另有规定者外，联邦的行政权包括一切议会有权制定法律的事项；州的行政权包括一切由该州立法机关有权制定法律的事项。

2. 除第九十三条至第九十五条另有规定的事项、共同管辖事项表中的任何事项以及联邦法律或州法律另有规定者外，联邦行政权的范围不包括州管辖事项表中的任何事项；联邦法律或州法律授权联邦行政机关对共同管辖事项表中的事务行使管辖权的情况下，得排除州行政机关对这些事项行使行政权。

3. 依据第七十六条第四款制定法律赋予联邦的行政权，非经该州立法议会通过决议同意，不得在该州施行。

4. 联邦法律得规定任何一州的行政权可以包括联邦法律的任何规定条款的实施，并得为此授予该州行政机关以相应的职权。

5. 除联邦法律或州法律另有规定外，联邦同任何州之间得就委托一方的行政机关代表另一方的行政机关履行职能作出安排，并得规定支付依据该项安排所须承担的费用。

6. 联邦法律依据第四款的规定授权任何州的任何行政机关履行任何职能时，联邦应按双方同意的数额向该州拨付经费；如遇无法达成协议时，应由联邦法院院长所定的特别法庭裁决。

第八十一条 ［各州对联邦的义务］

各州在行使其行政权时必须——

(1)确保遵守在该州施行的任何联邦法律；

(2)不妨碍或影响联邦行政权的行使。

第三章 财政负担的分配

第八十二条 ［关于共同管辖事项表规定事项的经费承担］

凡有关共同管辖事项表规定事项的法律或行政措施所涉及的支出，除另有协议者外，依据本宪法的规定，按下列原则分担：

(1)凡根据联邦政策并经联邦政府特别批准而由联邦或州执行的行政措施，其经费应由联邦承担；

(2)凡执行州自行决定的措施，其经费由该州承担。

第四章 土地

第八十三条 ［为联邦用途征用土地］

1. 如果联邦政府认为出于联邦之目的需要征用任何州的、不属于待转让的土地，得同州政府磋商后，向州政府提出要求，有关州政府应当负责将联邦政府所指定的土地，拨给联邦或联邦指定的公共机关；但是，联邦政府不得要求征用为州之目的而保留的土地，但联邦政府认为基于国家利益之需要征用者不在此限。

2. 联邦政府依据第一款要求州政府拨给永久性土地时，各州政府在拨付土地时不得对征用土地的用途设定限制，但联邦政府每年须付给州政府适当的地租，并付给该州一笔相当于该土地市价的补偿；如果联邦政府要求州政府拨给其他土地权益，必须付给该州合理的年租，如果州政府要求补偿，也须付给合理的补偿。

但是，如果在保留供联邦使用期间，该土地因任何改进措施（由州支付费用者除外）而增值，在确定本款所指的市价、租金和补偿时，不得将该增值部分计算在内。

3. 联邦依据第一款要求州政府拨给的土地如系原拟供州使用的土地时，如果——

(1)各州为该项用途另行征用土地代替上述土地；

(2)另行征用土地付出的费用，超过联邦依据第二款规定所缴付的补偿金（不包括租金在内）；

联邦应对超额部分向州支付合理补偿。

4. 按本条规定，对联邦及任何公共机关享有权益的土地作进一步划拨时，对该项划拨按第二款规定所应支付之补偿的数额，应扣除联邦或公共机构享有该权益后所作的改进（由州支付费用者除外），照市价计算。

5. 本条上述各款（第三款除外）关于待转让土地的规定，同样适用于已转让的土地，但须作下列修改：

(1)第一款中"同州政府磋商后"字样删除；

(2)当依据该款要求征用土地时，州政府应负责促成以协议或强制方式征用联邦所需之土地；

(3)州依据第二项规定征用土地所需的任何费用，应由联邦偿付，但如以协议方式征用者，联邦不负责偿付超过强制征用所需的费用，但联邦直接为该协议的一方者除外；

(4)在确定第二款所指的市价、适当的地租或合理的年租时，应将按本款第三项规定由联邦支付给的费用考虑在内，并应从联邦按第二款规定应付的补偿金中扣除按上述第三项规定所支付的费用。

6. 如果按第一款规定拨给联邦的土地或土地权益是在独立以前由各州以马来亚联邦政府承担的费用取得的，马来亚联邦政府为此支付的费用应视同由联邦按第五款第三项之规定支付，并依第五款第四项之规定确定，但第三款的规定不得适用于上述征用土地。

7. 本条规定不妨碍按照联邦政府同州政府商定的条件保留州的土地为联邦目的使用,也不影响州的有关机关,在联邦政府未提出本条所涉及的要求之情况下,依据任何现行法律,为联邦用途而征用任何被荒废的土地。

8. 本条的任何规定,均不妨碍各州在未经联邦政府提出本条所涉及的请求的情况下,按联邦政府与州政府商定的条件,将州内土地拨付联邦使用。

第八十四条(已废止)

第八十五条 ［出让为联邦目的保留的土地］

1. 如果某一土地系为联邦之目的而保留者,政府可以向州政府提出要求,此时州政府应负责将该土地永久性地并不得为其使用设定任何限制地拨付给联邦,联邦政府应向州政府支付依第二款规定的补贴和适当的年租金。

2. 第一款所指的补贴,为土地的市场价值减去——

（1）该土地为联邦目的使用过程中所作的改进（由州支付费用者除外）的市场价值;

（2）由联邦,或在马来西亚日之前由马来亚联邦政府支付的、州政府用于取得该土地利益的数额。

3. 在不影响第一款的前提下,如果某一州内的某一土地系为联邦目的而保留者,联邦政府可以提议依州政府向联邦政府支付该土地的市价以及第二款第一项、第二项所涉及的款项的前提下将该土地转归州政府,若州政府接受了联邦政府的提议,则该保留终止。

4. 除本条另有规定外,为联邦之目的而保留的州土地,该保留不得终止,所有为联邦使用而保留的土地,应由联邦政府或其代理控制和管理,联邦政府得将对该土地之整体或任何部分任何占有权、控制权或管理权,租赁给任何人——

（1）在任何时期内基于该土地得以保留的目的,或与该土地得以保留的目的的辅助的目的或与该土地得以保留的目的附带的目的的使用;

（2）如果联邦政府在目前情况下因故不能按该土地得以保留的目的利用该土地,联邦政府得将该土地租赁给联邦政府确定的人在确定的时期内基于任何目的的利用该土地。

5. 本条中,为联邦目的的保留的土地包括——

（1）在马来西亚日之前,依当时在州内有效法律之规定保留的土地,如果当时保留的目的在马来西亚日之后属于联邦目的;

（2）马来西亚日之后,依当时在州内有效之任何法律之规定为任何联邦目的的保留的土地;

（3）已被废止的第一百六十六条第四款所指的任何州的土地;

（4）因第八十三条第七款之规定而成为为联邦目的的保留的土地。

第八十六条 ［处置为联邦用途保留的土地］

1. 不论基于何种目的授予联邦或任何公共机构任何土地权益,除第八十四条及本条第二款的规定外,联邦或该公共机关得将该土地权益之整体或其任何部分处置给其认为适当的任何人。

2. 当联邦或任何公共机构依本条或第八十五条处置,或向联邦或任何公共机构处置一州内之土地权益时,州政府应当负责登记该相应的处置交易。

第八十七条 ［有关土地价值争议的裁决］

1. 联邦政府与任何一州政府如对按本章上述各条规定联邦所应支付或收取的款项或其数额发生争议,联邦政府或州政府应将此项争议提交按本条规定组成的土地法庭裁决。

2. 土地法庭由下列人员组成:

（1）主席一人,由联邦法院院长任命,其人选必须为现任、曾任或有资格担任联邦法院或高等法院的法官者,或在马来西亚日前曾任最高法院法官的人士;

（2）由联邦政府任命的委员一人;

（3）由州政府任命的委员一人。

3. 土地法庭的惯例与程序,由法规委员会或依法有权制定关于最高法院程序与规则的其他机关所制定的法院规则予以规定。

4. 可就土地法庭处理的任何法律问题向联邦法院提出上诉。

第八十八条 ［第八十三条至第八十七条的规定在无统治者各州的适用］

在无统治者的各州,第八十三条至第八十七条的规定一律有效,但是:

（1）须按议会立法作适当修改,此项修改旨在保证第八十三条至第八十七条(在尽量照顾土地所有权制度的差异的情况下)能在该州如同在其他州一样施行;

（2）在沙巴州及沙捞越州施行时,第八十三条第五款第一项的条文予以删除。

第八十九条 ［马来族保留地］

1. 在马独立日前夕按当时施行的法律为马来族保留地的任何州土地,在州立法机关立法作出其他规定之前,得继续作为马来族保留地。上述州立法需——

（1）由州立法议会以全体议员的过半数出席和投票议员的三分之二多数通过;

（2）由议会两院分别以全体议员的过半数出席和投票议员的三分之二多数票通过决议批准。

1A. 任何依据第一款制定的法律,应就马来族保留地没收或归还州当局,或剥夺对任何马来族保留地的所有权或其他有关权利作出规定；如果根据有关马来族保留地法律的规定而使拥有此类权益的任何个人、法人团体、公司或其他团体（不论是否法人）不再有权或有资格拥有此类权益，不得以同第十三条的规定相抵触为理由而使上述法律无效。

2. 依照现行法律目前不是马来族保留地以及未经开发或垦殖的任何州属土地，得依据该法律宣布为马来族保留地，但是：

（1）当任何一州的任何土地按本款规定宣布为马来族保留地时，该州必须划出同等面积尚未开发或垦殖的土地用于普通转让；

（2）按本款规定宣布为马来族保留地的州土地，其总面积在任何时候都不得超过该州依据本款第一项规定划出用于普通转让的土地的总面积。

3. 除第四款另有规定者外，任何州政府得依据现行法律宣布下列土地为马来族保留地：

（1）州政府为该项目的以协议方式征用的任何土地。

（2）由地主提出申请，并得到所有对该土地享有权益者同意的任何其他土地；当任何土地不再是马来族保留地时，必须立刻依据现行法律的规定将其任何具有类似性质、面积不超过原马来族保留地的土地，宣布为马来族保留地。

4. 本条不赋予宣布属于非马来人所有、占有或享有任何权益的任何土地为马来族保留地的权力。

5. 在不影响第三款的情况下，任何州政府可依据法律征用土地，以安置马来人或同一地区其他居民，并为此设立信托机构。

6. 在本条中，"马来族保留地"一词，指专为转让给马来人或保留地所在州的土著居民而保留的土地；"马来人"一词包括在实施保留地规定时，按所在州的法律视为马来人的任何人。

7. 除第一百六十一A条另有规定者外，本条的规定不受本宪法任何其他规定的限制而无效；但是（在不影响任何其他规定的情况下），非依据本条及第九十条的规定，不得将任何土地保留或宣布为马来族保留地。

8. 本条规定同样适用于吉隆坡联邦直辖区、闽纳联邦直辖区和布特拉加亚联邦直辖区，但在吉隆坡直辖区以及布特拉加亚联邦直辖区实施第一款规定时，必须修改为：在独立日前夕已依据现行法律成为马来族保留地的吉隆坡联邦直辖区内的任何土地，可以依据该法律继续成为马来族保留地，直至议会两院分别以全体议员的过半数并为出席和投票议员的三分之二多数票通过新法律规定时为止。

第九十条 ［关于森美兰州与马六甲州的习惯地及丁加奴州马来族所有地的特别规定］

1. 法律对森美兰州或马六甲州习惯地或其任何

权益的转让或租赁所规定的限制，其有效性不受本宪法任何规定的影响。

1A. 第一款所指的转让包括任何抵押、转移或授予，任何抵押权及信托权的创设、冻结，或任何其他形式或性质的买卖或处理。

2. 不论本宪法作何规定，丁加奴州有关马来人所有地的现行规律应继续有效，直至依照第八十九条第一款规定通过和批准该州立法机关制定的新法律另行规定时为止。

3. 丁加奴州立法机关制定的任何上述法律，得就马来族保留地作出同其他有统治者的各州现行法律相一致的规定，在此情况下，第八十九条的规定应在丁加奴州施行，但须作如下修改：

（1）第一款中所指的在独立日前按当时施行的法律为马来族保留地的土地，应改为通过上述法律为马来人所有地的土地；

（2）除前项规定外，其他提到现行法律之处，均应解释为上述法律。

第九十一条 ［国家土地委员会］

1. 设立国家土地委员会，由联邦政府部长一人任委员会主席、各州统治者或州元首所任命的代表各一人和联邦政府任命的代表若干人组成，但是，除第九十五E条第五款另有规定者外，联邦政府的代表不得超过十人。

2. 国家土地委员会主席对国家土地委员会审议的任何事项均有表决权，但无决定性投票权。

3. 国家土地委员会主席得在其认为需要时随时召开国家土地委员会会议，但每年至少应举行一次会议。

4. 如果国家土地委员会主席、州或联邦政府的代表不能出席会议，得由其任命机关另行任命他人代替其出席会议。

5. 国家土地委员会负责在随时征询联邦政府、各州政府和国家财政委员会的意见后，制定全国性的土地政策，以促进和掌握全联邦的矿业、农业、林业及其他方面的土地利用，并执行与之有关的法律；联邦政府和各州政府必须遵行国家土地委员会所制定的政策。

6. 联邦政府或任何州政府得就有关土地利用的任何其他事项，或任何拟议中的土地立法或该项法律的执行等向国家土地委员会提出咨询，国家土地委员会应就上述事项向有关政府提供建议。

第五章　国家发展

第九十二条 ［国家发展规划］

1. 如果最高元首根据专家委员会的建议，并在征询国家财政委员会、国家土地委员会及有关州政府的意见后,确认在某一州或某几州的任何地区推行发展规划对国家有利,得在公布该发展规划后宣布该地区为发展区。据此,议会即有权实施该发展规划的全部或任何部分,不论该发展规划是否涉及除本条规定外只有州才有权立法规定的事项。

2. 依据本条通过的法律,应表明系以本条为依据通过并已遵守了第一款的规定。此类法律的法案或其修正案不适用第七十九条的规定。

3. 本条所指的发展规划,指为发展、改进或保护发展区的自然资源,开发此类资源或增加该区就业机会而制定的规划。

4. 在不影响联邦依据其他条款有权要求征用或授予土地权益为联邦使用的情况下,联邦政府可随时为发展规划的需要,要求依其指定范围保留在发展区内任何为私人使用的土地,但该州的收入如因该项土地的保留而减少时,联邦必须给予补偿。

5. 除第六款另有规定者外,联邦实施发展规划所获得的全部收入,必须用于——

(1)首先,提供发展规划所需要的资金及工作费用。

(2)其次,归还联邦因推行该规划所负担的支出,包括第四款所规定的补偿金。

(3)剩余的收入,交归发展区所在州;各发展区是跨州设置的,则按联邦政府所规定的比例交付给该州。

6. 如果联邦政府同发展区全部或部分所在州的州政府达成协议,由该州负担实施发展规划所需经费,对于上述垫支款项,应如数偿还该州政府,而此项偿付款应按比例列入偿还联邦所负担开支的项目。

7. 议会有权废除或修正按本条所通过的法律,并可为此制定它认为必要的附带条款及相关条款。

8. 本条的任何规定,均不影响议会或州立法机关的下列权力——

(1)依据本宪法其他条款的授权收税;

(2)规定由联邦统一基金或州统一基金拨付的、不依第五款或第六款偿还的补助金。

但当联邦法律依据第一款而规定征收任何财产税时如果不是因本条的规定,该税项应由州法律规定征收。在此期间,州法律不得规定征收同一性质的地方税。

第六章 联邦对各州的检查、建议及对州事务的视察

第九十三条 〔调查、检查及统计〕

1. 联邦政府有权在它认为适当的时候通过专门委员会或其他方式进行调查,授权进行检查、搜集和公布的统计数字,不论上述调查、检查及所搜集和公布的统计数字是否涉及由州立法机关立法规定的事项。

2. 州政府以及所有州政府的官员、机关有责任协助联邦政府执行本条所授予的权力;联邦政府得为此目的发出必需的指令。

第九十四条 〔联邦与州事务相关的权力〕

1. 联邦的行政权包括就属于州立法范围的事项进行研究,设立及维持实验站和示范站,向任何州政府提供建议及技术援助,向州居民提供教育、宣传及示范;任何州的农业及林业官员,必须接受依本款规定向各州政府提供的专业性建议。

2. 不论本宪法作何规定,现有的农业局,主管土地、林业及社会福利的行政长官得继续行使其在独立日前所行使的职责。

3. 本宪法不阻止联邦政府设立部或机关,以便对第九十三条和本条所指的属于州立法范围内的事项使联邦管辖权,此类事项可包括土地的保护、地方政府及城市与乡村规划。

第九十五条 〔视察州事务〕

1. 除第三款的规定外,由联邦政府授权的任何官员在执行联邦行政权时,有权视察州政府任何部门或工作,并就视察结果向联邦政府提出报告。

2. 如果联邦政府作出了指示,按本条规定提出的报告应转送州政府并向州立法议会提供。

3. 本条并不授权对专属州立法范围事项的部门或工作进行视察。

第七章 全国地方政府委员会

第九十五A条 〔全国地方政府委员会〕

1. 设全国地方政府委员会,委员会由联邦政府部长一人任主席,各州统治者或州、元首任命的代表各一人以及联邦政府任命的代表若干人组成,除第九十五E条第五款另有规定者外,联邦政府的代表不得超过十人。

2. 委员会主席对全国地方政府委员会审议的任何事项均有表决权,并有决定性投票权。

3. 委员会主席认为必要时得随时召开全国地方政府委员会会议,但每年至少应举行一次会议。

4. 如果委员会主席、州或联邦政府的代表不能出席会议,得由其任命机关另行任命他人代替其出席会议。

5. 全国地方政府委员会负责在随时征询联邦政府及各州政府意见后,制定全国性的政策,以促进、发展及掌握全联邦的地方政府,并执行与之有关的法律;联邦政府和各州政府必须遵循该委员会所制定的

政策。

6.联邦政府和各州政府在提出与处理地方政府事务相关的立法前应征询全国地方政府委员会的意见,全国地方政府委员会有义务就任何此类事项提出建议。

7.联邦政府或任何州政府得就有关地方政府的其他事项征询全国地方政府委员会的意见,全国地方政府委员会有义务就任何此类事项向相关政府提供建议。

第八章　在沙巴州与沙捞越州施行的规定

第九十五B条 ［专为沙巴州与沙捞越州所作的立法权划分的修改］

1.对于沙巴州和沙捞越州而言:

(1)附表九第二表的补充规定,应视为管辖事项表的组成部分,表中所列举的事项,应视为联邦管辖事项表或共同管辖事项表之外的事项;

(2)附表九第三表的补充规定,除州管辖事项表已有规定者外,应视为共同管辖事项表的组成部分,其中所列举的事项,应视为不属于联邦管辖表的范围(但在涉及联邦管辖事项表时,不得影响州管辖事项表的解释)。

2.如果依据第一款之规定,仅在一段时期内将共同管辖事项表的任何事项确定为州管辖事项,在上述期限届满或终止时,除联邦法律或州法律另有规定者外,就该事项所通过的任何州法律得不受影响并继续施行。

3.沙巴州或沙捞越州的立法机关亦可制定法律征收营业税,根据沙巴州或沙捞越州的州法律征收营业税,应视为属于州管辖事项表的事项,而非联邦管辖事项表的事项,但是:

(1)在征收或施行州销售税时,对同一类货物,不得因其来源不同而实行区别对待;

(2)纳税人应先交纳联邦销售税,然后再缴纳州销售税。

第九十五C条 ［命令扩大州立法权或行政权的权力］

1.除马来西亚日后通过的议会法律另有规定者外,最高元首得以命令就属于议会立法范围内涉及任何州的下列事项作出规定——

(1)授权州立法机关制定第七十六A条所述的法律;

(2)依据第八十条第四款规定,扩大州的行政权及任何州机关的职权或职责。

2.依据第一款第一项之规定发布的命令,不得授权州立法机关修正或废止议会在马来西亚日后所

通过的法律,但该法律有规定者除外。

3.第七十六A条第三款和第八十条第六款有关议会法律的规定,分别适用于依据本条第一款第一项和第二项所发布的命令。

4.如果依据本条发布的命令被以后的命令所撤销,后一命令可以包含下列条款,即规定任何依前一命令所通过的州法律,或任何依据该项州法律所制定的附属立法或所采取的措施(一般性的措施或按命令指定的范围或指定的目的的措施)继续有效,并且自后一命令生效时起,任何因该命令而继续生效的州法律应具有联邦法律的效力。

但是,原来就不属于议会立法范围的条款,不得因本条而继续生效。

5.最高元首依据本条之规定发布的命令,应提交议会两院审议。

第九十五D条 ［议会无权对沙巴州与沙捞越州制定有关土地或地方政府的统一的法律］

第七十六条第四款的规定,以及该条第一款第二项的授权,议会得对该条第四款所述任何事项制定法律和规定,不适用于沙巴州或沙捞越州。

第九十五E条 ［关于土地利用、地方政府和发展等事项的国家规划不包括沙巴州与沙捞越州的规定］

1.第九十一条、第九十二条、第九十四条及第九十五A条的规定,除下述款项另有规定外,对沙巴州或沙捞越州适用。

2.除第五款另有规定者外,不得依据第九十一条和第九十五A条要求沙巴州或沙捞越州的州政府遵从国家土地委员会或全国地方政府委员会所制定的政策,但是上述该州的代表对上述各委员会审议的任何事项无表决权。

3.未经州元首同意,不得依据第九十二条宣布上述州之任何地区为实施任何发展规划的发展区。

4.沙巴州或沙捞越州的农业及林业官员必须考虑,但不要求他们必须接受联邦依据第九十四条第一款(关于联邦得就属州立法范围的事项进行研究、提供建议及技术援助等)对该政府所提供的专业性建议。

5.在下列情况下,第二款的规定不再适用于沙巴州或沙捞越州——

(1)有关第九十一条,如果议会在获得州元首同意后作出上述规定;

(2)有关第九十五A条,如果议会在获得州立法议会同意后作出上述规定。

但是,如果沙巴州或沙捞越州的代表,因本款之规定而在国家土地委员会或全国地方政府委员会中对审议事项享有表决权,各该委员会的联邦政府代表的最高限额应相应地增加一人。

第七部分 有关财政的规定

第一章 总则

第九十六条 ［非经法律授权不得征税］

非经联邦法律规定或授权,联邦不得为联邦用途而征收任何国家税或地方税。

第九十七条 ［统一基金］

1. 不论联邦如何筹集或获得的税收和款项,除本宪法及联邦法律另有规定者外,均应存入并构成一项基金,称为联邦统一基金。

2. 不论各州如何筹集或获得的税收和款项,除第三款及任何法律另有规定者外,必须存入并构成一项基金,称为州统一基金。

3. 依据州法律,在吉隆坡联邦直辖区、纳闽联邦直辖区、布特拉加亚联邦直辖区则依据联邦法律,所筹集的伊斯兰教义捐、开斋节施舍、伊斯兰教财务机关或类似性质的伊斯兰教税收,必须存入一项特别基金,并且非经州法律或联邦法律的授权,不得从该基金拨付任何款项。

4. 除根据上下文需作其他解释者外,本宪法中提及统一基金之处均应解释为联邦统一基金。

第九十八条 ［由联邦统一基金支付的费用］

1. 除依据本宪法之其他条款或联邦法律的规定应由统一基金支付的各种补助金、薪金或其他经费外,下列经费由统一基金支付:

(1)应由联邦支付的各种退休金、退职金和退伍金;

(2)应由联邦偿还的一切债务;

(3)任何法院或法庭判决、裁定或裁决由联邦缴付的任何款项。

2. 联邦依据本章规定向任何州拨付任何补助金时,得扣除该州应偿还联邦并由该州统一基金支付的债款。

3. 本条所指的债款,包括利息、偿债基金费用、一次或分期偿还的债款本金和以统一基金担保筹集借款有关的费用,以及由此引起的一切服务和偿债费用。

第九十九条 ［年度财政报告］

1. 最高元首应督促向下议院提出每一财政年度的联邦收支预算报告,除议会对任何年度另有规定外,上述报告应在该财政年度开始前提出;

收入预算和支出预算可分别提出,在此情况下,收入预算报告并不必须在有关财政年度开始前提出。

2. 支出预算应包括:

(1)由统一基金拨付的支出的总金额;

(2)除第三款另有规定者外,建议由统一基金拨付的为其他目的所需支出金额。

3. 依据第二款第二项所列款项不得包括——

(1)联邦为特定目的所借的贷款并按授权借款的法律为该特定用途所拨付的款项;

(2)联邦接受任何信托所收取的任何款项或利息并须按照该项信托的条件加以使用的款项;

(3)联邦法律规定设立或根据联邦法律而设立的、由联邦持有的任何信托基金所收入或拨付的任何款项。

4. 上述财政报告还应尽可能列明联邦在上一财政年度终结时的资产与负债额,并说明其资产的投资或持有情况以及尚未偿还债务的一般用途。

第一百条 ［拨款法案］

除第九十九条第三款所提及的且不属于统一基金负担但由统一基金支付的支出,须列入拨款法案,该法案规定由统一基金拨款该项支出所需的金额并规定该项拨款应使用于法案所规定的目的。

第一百零一条 ［追加支出与超支］

在任何财政年度内,如果发现——

(1)由拨款法规定的任何专用拨款数额不足,或者出现了未列入拨款法项目的支出需要;或

(2)某项用途的支出,已超出拨款法所规定的拨款数额;

此时应向下议院提出追加预算,列明所需或所付款项,并且上述支出的各种用途必须列入拨款法案内。

第一百零二条 ［批准预付支出或未指定用途支出的权力］

在任何财政年度,议会有权——

(1)在预算法案通过之前,以法律批准该年度部分时期所需的支出;

(2)除第九十九条至第一百零一条所规定的支出外,议会得根据公务之重要性或不确定性,或在异常紧急情况下以法律批准该年度全年或部分时期所需的支出。

第一百零三条 ［应急基金］

1. 议会得立法规定设立应急基金,并授权负责财政的部长对他认为出于紧急和无法预算的需要而尚未有其他条款规定拨付的支出,由应急基金项下的款项预支。

2. 按第一款规定预支款项时,应尽量提出抵偿该项预付款的追加预算及预算法案。

第一百零四条 ［从统一基金支领款项］

1. 除第二款另有规定外,不符合下列规定者不得从统一基金支领任何款项——

(1)应由统一基金直接负担者;或

(2)依据拨款法之授权拨付者;或

(3)依据第一百零二条之授权拨付者。

2. 第一款之规定不适用于第九十九条第三款涉及的任何款项。

3. 非依据联邦法律规定的方式,不得从统一基金支领任何款项。

第一百零五条　[审计长]

1. 设审计长一人,由最高元首根据总理的建议并咨询统治者会议意见后任命。

2. 审计长可以连任,但不得在联邦或任何州兼任任何其他公职。

3. 审计长得随时辞职,但非按罢免联邦法院法官的相似理由和相似方式,不得予以免职。

4. 审计长的薪俸由议会以法律规定,并由统一基金支付。

5. 审计长的薪俸及其他待遇(包括享受退休金的权利),不得在其被任命后作对其不利的变更。

6. 除本条的规定外,审计长的待遇和任职条件由最高元首依联邦法律的规定予以确定。

第一百零六条　[审计长的职权]

1. 联邦与各州的账目由审计长审计并提出报告。

2. 审计长在审计联邦、各州、其他公共机关以及由最高元首发布命令确定的其他机构的账目时,得行使由联邦法律授予的其他权力。

第一百零七条　[审计长的审计报告]

1. 审计长应向最高元首提出审计报告,最高元首应将该报告转交下议院审议。

2. 关于州账目的审计报告或关于行使州法律所授予之权力的任何公共机关的账目的审计报告,应提交各州统治者或州元首,并由其将该报告转交有关州立法议会审议。

第一百零八条　[国家财政委员会]

1. 设立国家财政委员会,由总理、总理指定的联邦部长若干人以及由各州统治者或州元首任命的代表各一人组成。

2. 总理认为必要时,得随时召开国家财政委员会会议;应三州以上的代表的要求,总理也应召开会议,但每十二个月必须至少召开一次会议。

3. 国家财政委员会召开会议时,总理可由另一名联邦部长代表出席。会议由总理主持,如总理未出席,由代表总理的联邦部长主持。

4. 联邦政府应就下列事项征询国家财政委员会的意见——

(1)联邦拨给各州的补助金;

(2)将任何联邦税收或收费的全部或部分收入分配给各州;

(3)联邦与各州每年的借款需要及联邦与各州对借款权的行使;

(4)贷款给任何一州;

(5)依据第九十二条制定发展规划;

(6)联邦管辖事项表中第七条第六项及第七项所指的事项;

(7)就制定第一百零九条第二款或第一百一十条第三款或第3A款所述的法律提出法案;

(8)本宪法及联邦法律规定的应征询国家财政委员会意见的其他事项。

5. 联邦政府得就任何其他事项,不论是否涉及财务问题,征询国家财政委员会的意见,州政府亦可就有关州财政状况的任何事项向该委员会征询意见。

第一百零九条　[州补助金]

1. 联邦应在每一财政年度拨给每一州——

(1)人头补助金,数额按附表十第一部分的规定计算;

(2)用于各州维护道路之用的公路补助金,数额按附表十第二部分的规定计算。

2. 议会得随时立法更改人头补助金的计算标准;但如果新法律的生效将导致州补助金的减少,则应在新法律中明文规定,以确保任何州在任一财政年度所得的补助金数额不低于该州在上一财政年度所得数额的百分之九十。

3. 议会得立法拨给任何一州各种专用补助金,其条件由该项法律规定。

4. 依据本条上述各款之规定拨付的补助金,由统一基金支出。

5. 如果已依第一百零三条之规定设立应急基金,由该项基金预付为紧急和无法预见的支出所需款项的权力,应包括预付给任何一州的上述应急所需款项的权力。

6. 联邦应将下列款项存入一项基金,称为州储备基金:

(1)(已废止)

(2)联邦政府在征询国家财政委员会意见后确定的每一财政年度所需的款项,在征询国家财政委员会意见后,得随时从州储备基金项中拨给任何一州发展专用补助金,或补充州收入的一般性补助金。

第一百一十条　[拨归各州的税费收入]

1. 除第二款另有规定者外,该州按附表十第三部分规定在本州辖区内征收的各种税捐费所得款项均归该州所有。

2. 议会得随时立法规定以另一种价值大致相等的税收来源取代附表十第三部分第一、三、四、五、七、八、十二或十四各项所规定的任何税收来源,或取代已按此方式替换的税收来源。

3. 每一州应按联邦法律所订的条件,从该州生产产品的出口税中获得百分之十或法律规定的更多份额的留成。

3A. 议会得立法规定,每一州应按联邦法律所订条件,从该州出产的矿产品(锡除外)出口税中获取规定份额的留成。

本条所指的矿产品指矿砂、金属及矿物油。

3B. 在不影响第三款或第 3A 款赋予规定条件权力的情况下,议会得立法规定,在该项法律有明确规定的情况下,或除了该项法律有明确规定的情况下,禁止或限制征收矿区使用费或类似的费(不论征收该费是否依据租约、其他文件或任何州法律,也不论上述文件或州法律是否在本条实施之前或之后制定或通过)。

4. 在不影响第一款至第 3A 款的情况下,议会得立法:

(1)规定将由联邦征收的任何税或费的全部或部分收入分配给各州;

(2)规定将联邦法律批准征课的归各州使用的任何税或费,分配给各州负责征收。

5. 各州依据第一款、第二款或第四款规定所收到的款项,无须上缴统一基金;各州依据第三款及第 3A 款规定所应得的款额由统一基金拨付。

第一百一十一条 ［对借款的限制］

1. 非经联邦法律授权,联邦不得借款。

2. 非经州法律授权,州不得借款;州法律不得授权期限超过五年的借款,但在符合联邦政府确定的条件且向联邦或联邦政府为此目的而批准的银行或其他财源借款除外。

3. 非经州法律授权,并经联邦政府批准和接受联邦政府所规定的条件,州政府不得提供任何担保。

第一百一十二条 ［对改变州的编制的限制］

1. 除第二款另有规定者外,如果其后果将加重联邦对退休金、退职金或其他类似津贴的负担,非经联邦批准,任何州不得增加其编制或其所属部门的编制,也不得改变既定的薪金或酬金标准。

2. 本条规定不适用于:

(1)不享受退休金、其最高薪金额不超过每月四百马元或由最高元首命令规定薪金数额的职位。

(2)享受退休金、其最高薪金额不超过每月一百马元或由最高元首命令规定薪金数额的职位。

第二章 适用于沙巴州与沙捞越州的规定

第一百一十二 A 条 ［对沙巴州与沙捞越州账目的审计］

1. 审计长应将对沙巴州及沙捞越州的账目、行

使该州法律赋予之职权的任何公共机关的账目的审计报告提交最高元首(最高元首应将此报告转交下议院)和该州的州元首;与此相适应,第一百零七条第二款的规定不适用于上述审计报告。

2. 州元首应负责将提交给他的审计报告提交州立法议会审议。

3. 对于沙巴州或沙捞越州 1969 年底以前任何时期的账目,第一款所指的审计长职权应由审计局当时派驻该州的高级官员代为行使。

但如上述派驻官员缺席、不能履职或空缺,上述职权应由审计长本人或其指定的审计局官员行使。

第一百一十二 B 条 ［沙巴州与沙捞越州的借款权］

如果该项借款已获得当时联邦中央银行批准,第一百一十一条第二款的规定不得限制沙巴州或沙捞越州依据该州州法律的授权在州内借款的权力。

第一百一十二 C 条 ［拨给沙巴州与沙捞越州的特别补助金和税款分配］

1. 除第一百一十二条之四和附表十有关条款规定的限制外:

(1)联邦应在每一财政年度拨给沙巴州与沙捞越州附表十第四部分明确规定的补助金;

(2)按附表十第五部分的规定在该州辖区内所征收的税、捐、费的全部收入或规定份额均归该州所有。

2. 按附表十第四部分的规定拨付的补助金和沙巴州或沙捞越州按同表第五部分第三项或第四项的规定所应收到的款项,由统一基金拨付;按同表第五部分的规定应由沙巴州或沙捞越州收取的其他款项,无须上缴统一基金。

3. 第一百一十条第 3A 款和第四款的规定不适用于沙巴州或沙捞越州。

4. 除第一百一十二 D 条第五款另有规定者外,就沙巴州与沙捞越州而言,第一百一十条第 3B 款的规定——

(1)应适用于包括矿物油在内的一切矿产品;但

(2)并不授予议会禁止该州对任何矿产征收矿区使用费或于任何情况下限制征收矿区使用费,从而使州无权领取相当于百分之十的出口税留成的矿区使用费。

第一百一十二 D 条 ［对拨给沙巴州与沙捞越州的特别补助金的核查］

1. 附表十第四部分第一项和第二项第一目所规定的补助金以及按本款的规定另行拨给或增加的补助金,应由联邦政府及各州政府或有关州政府按第四款规定的间隔期进行核查;如果上述政府间达成协议改变或取消任何上述的补助金,或另行拨给补助金取代原来的补助金,或与上述补助金同时拨给,则附表十第四部分及第一百一十二 C 条第二款应由最高元

首命令作必要的修改,以使上述协议生效。

但在第一次检查时,对附表十第四部分第一条第二款所规定的补助金,除需确定其五年的应付数额外不得有其他议题。

2. 依据本条所作的任何核查,必须顾及联邦政府的财政状况以及各州或有关州的需要,但(除此以外)必须努力保证州的收入足以应付在核查时已存在的州务开支,并作出合理的规定,以扩展业务。

3. 经核查作出的规定,其生效期为五年,或(除首次核查外)联邦与各州或相关州所同意的更长期限;但依据第一款为核查结果生效而颁布的任何命令,在上述期限届满后应继续有效,但依据同款颁布另一命令予以撤销者除外。

4. 依据本条进行的核查不得不合理地提前进行,以保证1968年底的核查结果——或对第二次或其后的核查而言,上一次核查所规定的期限届满时的核查结果——得以施行;但除此以外,必须对从1969年及1974年开始分别拨给沙巴及沙捞越两州的特别补助金进行核查,此后必须按联邦政府规定的时间(在上次核查所规定的期限之内或以后)对拨给沙巴州或沙捞越州的特别补助金进行核查。

5. 如果在进行本条规定的任何核查时,联邦政府通知各州或有关州,打算修改附表十第五部分所规定的任何税款分配(包括依据本款作出的任何替代性或增加的分配)或修改第一百一十二C条第四款,则在核查时必须考虑该项修改,并由最高元首命令作出规定,以使上述修改的核查所规定的期限开始时生效。

但在第二次核查以前本款的规定不适用于上述第五部分第四项、第七项及第八项所规定的款项分配,也不适用于第五项或第六项所规定的分配。

6. 在进行任何核查时,联邦政府与一州政府在任何事项上如果无法达成协议,则应将该事项提交一名独立的技术顾问处理,技术顾问提出的建议对相关政府均具有与上述政府间协议相同的约束力。

7. 不得援引第一百零八条第四款的规定要求联邦政府就本条所涉及的事项征询国家财政委员会的意见。

8. 依据本条所颁布的最高元首命令应提交议会两院审议。

第一百一十二E条(已废止)

第八部分 选举

第一百一十三条 [选举的进行]

1. 设选举委员会,依第一百一十四条的规定组成。除联邦法律另有规定外,选举委员会组织联邦议院及各州立法议会的选举并编制与修订选民名册。

2.(1)除第二项另有规定者外,选举委员会认为需要时得对联邦及各州选区的划分进行复查,并提出它认为必要的变更建议使选区的划分符合附表十三的规定;对州立法议会选举的选区的复查应同对下议院选举选区的复查同时进行。

(2)本款规定,从上次复查结束之日至下一次复查开始之日的间隔期不少于八年。

(3)进行第一项所指的复查,应自复查开始之日起两年内完成。

3. 如果选举委员会认为,以第二条为依据制定的法律而有必要进行第二款规定的复查,则不论上次按该款规定所作的复查是否满八年,均应进行复查。

3A.(1)如果下议院民选议员的人数因第四十六条的修正而变更,或者任何州立法议会的民选议员人数因该州立法机关的一项立法而变更,则除第3B款的规定外,选举委员会应对受该项变更影响的地区进行复查以划入联邦或州选区,上述复查应在该项引起变更的法律通过后的两年内完成;

(2)进行第一项所指的复查,不影响第二款第二项所规定的按该款第一项进行复查的时间间隔;

(3)附表十三的规定适用于按本款进行的复查,但须遵守选举委员会认为必要时所作出的变更。

3B. 若在第2款规定的最终审查完成之日起八年届满时,对第46条的修正案或第3A款第1项所规定的由下议院所制定的法律生效,且选举委员会认为有必要根据第2款进行审查,则选举委员会不应根据第3A款第1项进行审查,而应根据第2款进行审查,且在进行此项审查时应考虑到第3A款第1项所规定的修正案或法律所影响的地区。

4. 联邦或州法律得授权选举委员会负责进行第一款规定以外的选举。

5. 为执行本条所规定的任务,选举委员会得制定法规,但任何上述法规的有效性必须受联邦法律规定的约束。

6. 第二款所规定的复查,马来亚各州、沙巴州与沙捞越州均应分别进行。在本章中复查单位一词,对联邦选区而言,指受复查的地区;对州选区而言,指该州;而马来亚各州一词应包括吉隆坡联邦直辖区、闽纳联邦直辖区及布特拉加亚联邦直辖区。

7. 除第三款另有规定者外,依据第二款对复查单位的第一次复查期限应当依据本宪法或马来西亚法案第一次确定各选区界限时起算。

8. 除第七款另有规定者外,根据第二款对1973年宪法修正案(第二修正案)通过后的马来亚州选区的复查期限应当从该修正案通过后第一次确定该州选区界限时起算。

9. 根据第二款、第 3A 款的选区复查开始日期应当为附表十三第四部分的通知公告在联邦政府公报上刊登的日期。

10. 根据第二款、第 3A 款的选区复查结束日期应当为总理根据附表十三第八条提交报告并由选举委员会在政府公报上发布通知的日期。

第一百一十四条 ［选举委员会的组成］

1. 选举委员会由主席、副主席各一人和委员三人组成，由最高元首征询统治者会议之意见后任命。

2. 最高元首在任命选举委员会成员时，须考虑确保选举委员会委员获得公众信任的重要性。

3. 选举委员会成员年满六十五周岁时，或依据第四款被取消资格时，应即离职，并可随时以书面辞呈向最高元首辞职，但非按罢免联邦法院法官的相似理由和相似方式不得予以免职。

4. 如果选举委员会的任何成员有下列情况之一，最高元首不受第三款规定的限制下令予以免职——

（1）被宣告破产尚未清偿债务；或

（2）兼任任何有薪酬的公职或职业；或

（3）担任议会任何一院或任何州立法议会的议员。

4A. 除第四款关于取消资格的规定外，选举委员会主席如果在被任命担任该职位三个月后，继续担任或受聘担任任何团体，不论是否法人，或任何商业、工业或其他事业的任何董事会或管理委员会的成员、职员或雇员，或参与上述机构或团体的事务及业务，不论是否领受薪俸、报酬、利润或其他利益，应即取消其担任选举委员会主席资格；

但是如果上述机构或团体从事福利或志愿工作，其宗旨对社会或其任何部分有益，或系慈善福利性质的机构或团体，并且该成员并未领受任何薪俸、报酬、利润或其他利益时，则不得援引上述规定而取消其选举委员会主席资格。

5. 选举委员会成员的薪俸，由议会以法律规定并由统一基金支付。

5A. 除本条的规定外，议会得以法律规定除薪俸外选举委员会成员的任职待遇。

6. 选举委员会成员的薪酬及其他任职待遇不得在其被任命后作对其不利的变更。

7. 如果选举委员会主席在任期内经最高元首批准休假，或因离开联邦、疾病或其他原因不能执行职务时，副主席在主席缺席期间代行主席职务；如果主席也休假或不能执行职务时，最高元首得指定一名选举委员会委员在此期间代行主席职务。

* 关于本条第二款新退休年龄适用范围的说明

（1）第二款规定的六十五周岁的退休年龄仅适用于本条规定生效被任命的选举委员会委员；

（2）第二款规定的六十五周岁的退休年龄，不适用于本条规定生效之前被任命且无意于在六十五周岁退休的选举委员会委员。

［2007 年第 A1320 号法律］①

第一百一十五条 ［对选举委员会的协助］

1. 经最高元首批准，选举委员会得按自行确定的名额和条件，聘用办事人员。

2. 应选举委员会的请求，所有公共机关应在其能力范围内协助该委员会执行职务；选举委员会在执行为第一百一十三条第一款所指的选举的选区划分提出建议的职能时，应向两名在联邦选举的复查单位的地形及人口分布方面有专门知识的联邦政府官员征询意见，该两名官员的人选由最高元首确定。

第一百一十六条 ［联邦选区］

1. 如选举下议院议员，应依照附表十三的规定将复查单位划分为选区。

2. 选区总数必须与议员名额相等，以便每一选区选出一名议员；在马来亚各州的选区总数应依照第四十六条和附表十三所规定的名额确定马来亚各州的选区数目并分配给每一州。

3.（已废止）

4.（已废止）

5.（已废止）

第一百一十七条 ［州选区］

如选举州立法议会议员，各州必须划分成与议员人数相等的选区，以便每一选区选出一名议员；州选区的划分依照附表十三的规定进行。

第一百一十八条 ［对选举提出异议的方式］

非以选举诉状向选举发生地的具有管辖权的高等法院起诉，联邦议院或州立法议会的选举视为有效。

第一百一十八 A 条 ［对未宣布选举结果提出质疑的方式］

对未宣布下议院选举结果提出指控应视为选举诉状，高等法院得根据该项诉状作出它认为适当的决议，以命令宣布选举结果，但不得以未在第五十四条或第五十五条规定的期限内宣布选举结果为理由宣布一名议员未正式当选。

第一百一十九条 ［选民资格］

1. 凡符合下列条件的任何公民——

（1）在规定日年满二十一周岁；

---

① 原文表述为"第二款"，但据上下文应为"第三款"。——译者注

(2)在规定日为任一选区的居民,或者为该选区的缺席选民;且

(3)根据有关选举的任何法律在规定日于其所居住的选区登记于选民册成为选民,均有资格在该选区的下议院或州立法议会的任何选举中投票,但依据第三款或依据惩治选举犯罪的法律被取消投票资格者除外,任何人不得在同一选举中于一个以上的选区投票。

2. 任何人如果只因是专门或主要收容及治疗精神病或精神缺陷的机构的病人,或只是因为被拘留,而居留在某一选区,在执行第一款规定时,上述人员不得为该选区的居民。

3. 任何人,如有下列情形之一,即取消其在下议院或州立法议会任何选举中的选民资格:

(1)在规定日,因心智不健全而被拘留,或正在服监禁刑中;

(2)在规定日前,曾在英联邦的任何地区犯被定罪被判处死刑或十二个月以上的监禁,且在规定日期仍在为该项犯罪接受刑事处罚。

4. 本条中——

(1)"缺席选民"一词,指在任何选区中,依据任何选举法登记成为该选区缺席选民的任何公民;

(2)"规定日"一词,指公民申请登记为选民的日期,或申请变更登记为另一选区之选民的日期。

第一百二十条 ［上议院的直接选举］

如果议会根据第四十五条第四款之规定,制定了法律,规定由选民直接选举上议院议员,则在选举时——

(1)全州必须成为单一之选区,每一选民在上议院选举中拥有的选票,必须与该项选举的议席数目相等;

(2)下议院选举的选民名册,即为上议院选举的选民名册;

(3)第一百一十八条、第一百一十八A条及第一百一十九条有关下议院选举的规定,同样适用于上议院的选举。

第九部分　司法机关

第一百二十一条 ［联邦司法权］

1. 联邦设两个具有同等管辖权的高等法院以及联邦法院设置的下级法院。高等法院为——

(1)一个在马来亚各州,称为马来亚高等法院,其主要办事处为设在马来亚各州内,地点由最高元首确定;

(2)另一个在沙巴州与沙捞越州,称为沙巴州与沙捞越州高等法院,其主要办事处应设在沙巴州与沙

捞越州,地点由最高元首确定;

(3)(已废止)

高等法院联邦法院设置的下级法院具有联邦法律规定或授予的管辖权和权力。

1A. 第一款规定的法院对伊斯兰教法庭管辖范围内的事项不具有管辖权。

1B. 设上诉法院,其主要办事处由最高元首确定。上诉法院对下列事项行使管辖权——

(1)对高等法院或高等法院法官的判决行使上诉管辖权,但由高等法院书记官或高等法院其他官员作出的、依联邦法律之规定可向高等法院法官上诉的裁判除外;

(2)联邦法律规定或授予的其他管辖权。

2. 设联邦法院,其主要办事处由最高元首确定,联邦法院对下列事项具有管辖权——

(1)对高等法院、上诉法院或高等法院、上诉法院法官的判决的上诉;

(2)第一百二十八条和第一百三十条所规定的初审管辖权和咨询管辖;

(3)其他由联邦法律授予或规定的管辖权。

3. 除须遵守联邦法律所规定的限制外,第一款所指的法院或其法官所作出的任何决定、训令、判决或法律程序(在其性质许可的范围内)具有全联邦一体遵行的充分效力,因而可在联邦任何地区执行或实施;联邦法律得规定联邦任一地区的法院或其官员应协助另一地区的法院执行任务。

4. 最高元首应根据总理在沙巴州与沙捞越州首席部长及沙巴州与沙捞越州高等法院院长意见后提出的建议,确定沙巴和沙捞越高等法院主要办事处所在地。

第一百二十二条 ［联邦法院的组织］

1. 联邦法院由联邦法院院长(称为联邦法院首席大法官)、联邦上诉法院院长、各高等法院首席法官、其他十一名法官及依照第1A款规定由最高元首以命令任命的编外法官若干人组成。

1A. 不论本宪法作何规定,最高元首得为特定的目的或为特定的时期,根据联邦法院首席大法官的建议,任命曾在马来亚司法界担任高级职务的人士为联邦法院编外法官,不因年满六十五周岁而丧失任职资格。

1B. 如果联邦法院院长认为出于司法利益的需要,任何上诉法院的法官(其院长除外)得以联邦法院法官的身份审案,上述法官应由联邦法院院长(在情况需要时)任命。

第一百二十二A条 ［上诉法院的组织］

1. 上诉法院由院长(称为上诉法院主席)以及在最高元首未以命令另行规定前三十二名其他法官组成。

2. 如果上诉法院主席认为出于司法利益的需要,任何高等法院的法官可以上诉法院法官身份审案,在情况需要时,上诉法官由上诉法院主席在咨询联邦法院首席大法官后任命。

第一百二十二 AA 条 [高等法院的组织]

1. 每一高等法院由首席法官以及不少于四名的其他法官组成,其他法官的人数在最高元首以命令作出其他规定之前,不得多于——

(1)马来西亚各州高等法院六十人;

(2)沙巴州与沙捞越州高等法院十三人。

2. 具备被任命为高等法院法官资格者,在需要的情况下,可依第一百二十二 B 条之规定被任命为高等法院法官审理案件。

第一百二十二 AB 条 [司法专员的任命]

1. 为使马来西亚各州高等法院以及沙巴州与沙捞越州高等法院迅速处理事务,最高元首根据总理咨询联邦法院首席大法官意见后提出的建议,得以命令任命具有担任高级法院法官资格的任何人担任司法专员,任命的目的或期限在任命文书中确定。获得任命者在其认为应当行为时,履行高等法院法官的职能,司法专员依其任命所为的一切行为,均与高等法院所为的行为具有同等的效力。

2. 第一百二十四条第二款及第五款中适用于高等法院法官的规定同样适用于司法专员。

第一百二十二 B 条 [联邦法院、上诉法院与高等法院法官的任命]

1. 联邦法院首席大法官、上诉法院主席以及各高等法院首席法官以及(除第一百二十二 C 条另有规定者外的)最高法院、上诉法院与高等法院的其他法官,由最高元首根据总理的建议并征询统治者会议意见后任命。

2. 在按第一款之规定任命(联邦法院首席大法官之外的)法官时,总理在提出建议之前,应征询联邦法院首席大法官的意见。

3. 在按第一款之规定任命某一高等法院院长时,总理在提出建议之前,应征询各高等法院首席法官的意见;如果是任命马来西亚各州高等法院主席时,须征询沙巴州与沙捞越州首席部长的意见。

4. 在按第一款规定任命联邦法院首席大法官、主席或首席法官之外的其他法官时,如果是任命联邦法院的法官,总理在提出建议之前,须征询联邦法院首席大法官的意见;如果是任命一上诉法院的法官,须征询上诉法院主席的意见;如果是任命高等法院法官,则须征询高等法院首席法官的意见。

5. 本条关于任命高等法院法官(高等法院院长除外)的规定,同样适用于按第一百二十二 A 条第二款规定指派高等法院承审法官。

6. 不论任联邦法院、上诉法院或高等法院法官各官的任命日期为何,最高元首得依总理之建议,确定法官间的优先顺序。

第一百二十二 C 条 [高等法院法官的调任]

第一百二十二 B 条的规定不适用于将一非首席法官的高等法院法官调任另一非首席法官的高等法院法官的情况,此类调任由最高元首根据联邦法院院长的建议并征询两所高等法院院长意见后决定。

第一百二十三条 [联邦法院和高等法院法官的资格]

凡符合下列条件的人员均有资格按第一百二十二 B 条的规定被任命为联邦法院法官,上诉法院法官或任何一高等法院法官:

(1)为马来西亚联邦公民;

(2)在其被任命前十年,曾在上述各法院或其中任何一法院担任辩护律师,或在联邦的司法与法律部门或在任何州的法律部门服务,或先后在上述部门服务。

第一百二十四条 [法官的就职宣誓]

1. 联邦法院首席大法官在就职之前,需在最高元首的见证下作就职与效忠宣誓并提交誓词,宣誓应依附表六之规定进行。

2. 联邦法院首席大法官之外的法官,上诉法院法官或高等法院法官,在就职之前,须按其所任司法职务作就职与忠诚宣誓并提交誓词。

2A. 出任上诉法院主席者的宣誓仪式由该上诉法院中最年长的法官主持。

3. 出任高等法院首席法官者的宣誓仪式由该高等法院中最年长的法官主持。

4. 出任联邦法院法官者的宣誓仪式由首席大法官主持,首席大法官缺席的情况下,由联邦法院中第二年长者主持。

4A. 出任上诉法院法官者的宣誓,由上诉法院主席主持,上诉法院主席缺席时,由该法院第二年长者主持。

5. 出任高等法院法官(除首席法官外)者的宣誓仪式由该高等法院的首席法官主持,高等法院首席法官缺席时,由该法院第二年长者主持。

第一百二十五条 [联邦法院法官的任期与薪俸]

1. 除第二款至第五款另有规定者外,联邦法院法官任职至年满六十五周岁,或最高元首所确定的较长期限,但不得超过其年满六十五周岁后的六个月。

2. 最高法院法官得随时以书面方式向最高元首辞职,但是,非依本条下列规定不得被免职。

3. 如果总理,或最高法院首席大法官同总理磋商后,向最高元首提出建议,认为某一联邦法院法官因有违反第 3B 款所指的司法道德准则之行为、身心虚弱或其他任何原因不能胜任其职务而应予免职时,最高元首应按第四款之规定任命一个特别法庭处理该建议,并将上述建议提交特别法庭,最高元首得根据该特别法庭的建议免除该法官的职务。

3A. 如果有法官违反了司法道德准则之任何规定的行为,但首席大法官认为此行为并不足以导致该法官被交由依第四款之规定组成的特别法庭处理,则应将该法官交由依联邦法律组成的机构处理。

3B. 在联邦法院首席大法官、上诉法院主席或高等法院首长法官的建议下,最高元首在咨询总理后,可提出书面的司法道德准则,其中应包括对违反该司法道德准则之任何规定的法官,处以除第三款下的罢免职务的惩戒之外的惩戒所应遵循的程序。

3C. 任何联邦法院法官及司法专员均应遵守第三款之二所指的司法道德准则。

4. 上述特别法庭应至少由五人组成,其人选必须是现任或曾任联邦法院法官、上诉法院法官或高等法院法官,或者如果最高元首认为需要,可任命英联邦任何其他地区的现任或曾任同等职位者。特别法庭的主席,由下列排名中最先者担任,即联邦法院首席大法官、上诉法院主席、各高等法院院长,其他成员则按使其适任特别法庭成员的本身职务的任命日期先后排名(如果两名成员的任命日期相同,则以年长者居先)。

5. 如被审查者为联邦首席法官之外的其他法官,在按第三款规定提交提议到特别法庭作出报告期间,最高元首得根据总理的建议,在征询联邦法院院长意见后,暂停联邦法院法官执行其职务。

6. 联邦法院法官的薪俸,由议会立法规定,并由统一基金支付。

7. 在遵守本条各项规定的前提下,议会得立法规定联邦法院法官除薪俸以外的任职条件。

8. 联邦法院法官的薪俸及其他任职待遇(包括获得退休金的权利),不得在其被任命后作对其不利的变更。

9. 尽管有第一款的规定,但对联邦法院法官所处理的任何事务的有效性,不得以该法官已达退休年龄为理由而提出质疑。

10. 本条关于联邦法院法官的规定同样适用于上诉法院和高等法院法官,但是,最高元首在依据第五款暂停任何上诉法院主席之外的法官、高等法院首席法官之外的法官的职务前,应征询该上诉法院主席、高等法院首席法官而非联邦法院首席大法官的意见。

11. 上诉法院主席和高等法院首席法官向联邦法院首席大法官负责。

第一百二十五A条 ［法官权力的行使］

1. 不论本宪法有何规定,兹宣布——

(1)联邦法院首席大法官和联邦法院法官可行使上诉法院法官及高等法院法官职权的全部或部分;

(1A)上诉法院主席及上诉法院法官可行使高等法院法官职权的全部或部分。

(2)马来亚高等法院法官可行使沙巴州和沙捞越州高等法院法官的全部或部分职权,反之亦然。

2. 本条之规定应视为自马来西亚日起即为本宪法的组成部分。

第一百二十六条 ［对藐视法庭者的处罚权］

最高法院、上诉法院及高等法院均有权对任何藐视法庭者给予处罚。

第一百二十七条 ［限制议会讨论法官的行为］

联邦法院、上诉法院及高等法院任何法官的行为,不得在联邦议会任何一院加以讨论,也不得在任何州立法议会加以讨论。但是,议会两院任何一院以全体议员的至少四分之一名议员联名提出正式动议者除外。

第一百二十八条 ［联邦法院管辖权］

1. 联邦法院对以下事项享有专属管辖权,即依据行使该管辖权的法院规则对下列事项作出裁决——

(1)以议会或州立法机关所制定的法律涉及议会或州立法机关无权立法的事项为理由,提出该项法律是否有效的诉讼;

(2)州与州之间或联邦与任何州之间对任何其他问题的争讼。

2. 在不影响联邦法院的任何上述管辖权的情况下,当另一法院在任何诉讼程序中,对本宪法任何规定的效力产生疑问时,最高法院有权依照行使此类管辖权的任何法院规则的规定对此疑问作出裁决,并将该案发回原法院照上述裁决审理。

3. 对上诉法院、高等法院或各院法官所作裁决的上诉管辖权,以联邦法律有明确规定者为限。

第一百二十九条(已废止)

第一百三十条 ［联邦法院的咨询管辖权］

最高元首可将对本宪法任何条文所导致的或可能导致的效力方面的问题提交联邦法院以征询其意见,联邦法院应当公开其意见。

第一百三十一条(已废止)

第一百三十一A条 ［关于联邦法院首席大法官、上诉法院主席或高等法院首席法官不能执行职务等的规定］

1. 联邦法律关于联邦法院首席大法官、上诉法院主席、高等法院首席法官缺席、不能执行职务时,由另一名联邦法院法官代行联邦法院首席大法官、上诉法院主席、高等法院首席法官任何职权的规定,可以适用于包括本宪法所规定的联邦法院首席大法官、上诉法院主席、高等法院首席法官的职权。

2.联邦法律关于上诉法院主席、高等法院主席缺位或不能执行职务时,由另一名上诉法院法官或高等法院法官代行的规定,高等法院院长职权的任何规定,可以适用于包括本宪法所规定的高等法院院长的职权,但不包括其兼任的联邦法院法官的职权。

第十部分　公共服务

第一百三十二条 ［公共服务］

1.本宪法中,公共服务包括:

(1)武装部队;

(2)司法与法律服务;

(3)联邦普通公共服务;

(4)警察部队;

(5)(已废止);

(6)第一百三十三条所指的联合公共服务;

(7)各州公共服务;

(8)教育服务。

2.除本宪法另有明文规定者外,在除第一款第七项之外的公共服务部门任职的人员,其任职资格及服务待遇,可由联邦法律规定,并且除上述法律规定外,可由最高元首规定;在任何州公共服务部门任职的人员,其任职资格及服务条件,可由州法律规定,除上述州法律规定外,可由该州统治者或州元首规定。

2A.除本宪法另有明文规定者外,第一款第一、二、三、四、五、八各项所述任何公共服务部门的公务员,其任期由最高元首随意决定;除州宪法另有明文规定者外,州公共服务部门的公务员,其任期由该州统治者或州元首随意决定。

3.公共服务不包括:

(1)联邦或州的任何执政人员的职位;

(2)议会任何一院或州立法议会的议长、副议长或议员的职位;

(3)联邦法院或上诉法院或高等法院法官的职位;

(4)宪法所设任何委员会成员的职位,或州宪法所设置的任何相应委员会成员的职位;

(5)原为联邦普通公共服务职位,但最高元首以命令将其确定为外交官职位者。

4.除第一百三十六条及第一百四十七条外,本章所指的公共服务人员或任何公共服务部门的公务员,不适用于:

(1)(已废止)。

(2)总检察长,或任何州的法律顾问——如果其任免方式已明确列入州宪法,或并非从州司法与法律服务人员,或州公共服务人员中遴选任命的任何州的

法律顾问者。

(3)最高元首或州统治者或州元首的侍从人员。

(4)在马六甲州及槟榔屿州其任命方式已由州法律确定的下列人员:

①宗教事务局长;

②宗教事务秘书;

③伊斯兰教法典长老;

④伊斯兰教事务大法官;

⑤伊斯兰教事务法官。

第一百三十三条 ［联合服务及其他］

1.联邦法律可设立联邦与一州或多州共有的联合服务,或应有关各州请求,设立两州或多州共有的联合服务。

2.当任何公务员:

(1)一半由联邦,一半由州所雇用时;或

(2)由两州或多州雇用时;

其薪俸支付比例应由联邦与有关州,或每一有关州根据联邦法律,以协约方式决定,或无法协约时,由对其有管辖权的委员会决定。

第一百三十四条 ［官员的借调］

1.联邦得应任何州、地方当局、立法设置的机构或不论是否在马来西亚境内的任何组织之请求,将第一百三十二条第一款第一、二、三、四、六各项所述的任何公共服务部门的任何公务员,借调该州公共服务部门;任何州得应联邦或他州的请求,将该州公共服务部门的任何公务员,借调给联邦公共服务部门或他州的公共服务部门、地方当局、立法设置的机构或不论是否在马来西亚境内的任何组织。

2.按本条规定借调的人员仍属原服务部门的人员,但是,其薪俸由将其调入的联邦、州、地方当局、机构或组织支付。

第一百三十五条 ［对开除与降级的限制］

1.第一百三十二条第一款第二项至第八项所述任何公共服务部门的公务员,不得被级别低于在开除公务员或使之降级时有权任命相同级别之公务员之机关的任何机关所开除或降级。

但是,涉及第一百三十二条第一款第七项所述的公务员时,如果任何州(槟榔屿及马六甲州除外)立法机关立法规定:该州公共服务委员会的全部职权(首次任命常任职务或可享退休金职务的权力除外)由该州统治者所任命的管理局行使时,则本款的规定不适用。

本款所述任何公共服务部门的公务员,如被本章所设委员会授权的机关开除或降级时,则本款不得使用。本款的但书应视为自独立日起即已成为本款的组成部分。

2.上述公共服务部门的任何公务员,不得在不

给予合理的申辩机会的情况下被开除或降级,但本款的规定不适用于下列情况:

(1)因刑事犯罪指控被证实而被开除或降级者;

(2)有权将该名公务员开除或降级的机关认为,基于某种该机关记录在案的而无法合理及切实地履行本款的规定要求;

(3)最高元首认为,如涉及州公共服务部门的公务员,则为该州统治者或州元首认为基于联邦或其任何地区的安全需要,不便履行本款所规定的要求;

(4)对上述公务员已发出任何拘留、监视、限制居留、出境或放逐命令,或者根据有关联邦或其任何地区的安全,预防犯罪、保护性拘留、限制居留、出境移民或保护妇女的法律,已以具保或其他形式对该各公务员实施任何形式的限制或监视者。

但在执行本条规定时,凡根据当时有效的任何法律或第一百三十二条第二款所指的最高元首的规定,基于公众利益而停止任何公务员的服务,此停职并不等于开除,不论作出停职的决定是否与该公务员品行不良或执行职务时表现差劣有关,或停职的后果带有惩罚的成分。本款的但书应视为自独立日起即已成为本款的组成部分。

3. 非经司法与法律服务委员会同意,第一百三十二条第一款第三项、第六项或第七项所述任何公共服务部门的公务员,不得因其在执行法律赋予的司法职权时的作为或不作为而被开除、降级或遭受其他纪律处分。

第一百三十六条 [对联邦雇员的公平待遇]

联邦公务员,凡属同级人员,不分种族,应依照雇约的规定条件公平对待。

第一百三十七条 [武装部队委员会]

1. 设立武装部队委员会,在最高元首统辖下,负责除作战以外的武装部队的指挥、纪律与行政,及其他一切有关武装部队的事项。

2. 第一款的规定依照联邦法律实施,上述法律并得规定,将任何有关武装部队的职权赋予武装部队委员会。

3. 武装部队委员会由下列成员组成:

(1)现任国防部长,任委员会主席;

(2)由统治者会议任命的各州统治者代表一人;

(3)由最高元首任命的参谋总长;

(4)现任国防部秘书长的文官,任委员会秘书;

(5)由最高元首任命的联邦武装部队高级参谋军官二人;

(6)由最高元首任命的联邦海军高级军官一人;

(7)由最高元首任命的联邦空军高级军官一人;

(8)可有另外两名委员,不论为军职人员或文职人员均可由最高元首任命。

4. 武装部队委员会的活动不受任何委员职位空缺的影响,并得依照本宪法或联邦法律的规定,对下列全部或任何事项作出规定:

(1)组织委员会的工作和行使职权的方式,及保管档案和会议记录;

(2)委员会的若干委员的职责,包括将委员会任何职权或职责委托给任何委员;

(3)委员会同非委员会人士的磋商;

(4)委员会处理事务时应遵循的程序(包括规定法定人数),从委员会中推选一名副主席并规定其职权;

(5)委员会认为有必要或有利于更好地履行任何其他事项的职责。

第一百三十八条 [司法与法律服务委员会]

1. 设司法与法律服务委员会,其管辖权及于司法与法律服务部门的所有公务员。

2. 司法与法律服务委员会由下列人员组成:

(1)公共服务委员会主席,任司法与法律服务委员会主席;

(2)总检察长,如果总检察长为议会议员,或者并非从司法与法律部门的公务员中遴选任命的,由副总检察长代理;

(3)一名或多名其他委员,由最高元首征询联邦法院院长意见后,从现任、曾任或有资格担任联邦法院法官、高等法院法官或在马来西亚日前曾任最高法院法官的人员中遴选任命。

3. 公共服务委员会秘书兼任司法与法律服务委员会秘书。

第一百三十九条 [公共服务委员会]

1. 设公共服务委员会。除第一百四十四条另有规定者外,公共服务委员会的管辖范围应包括第一百三十二条第一款第三项、第六项所述公共服务部门的所有公务员,不包括审计长、马六甲州及槟榔屿州公共服务的公务员,以及属于第二款规定范围的任何其他公共服务部门的公务员。

1A. 公共服务委员会的管辖权及于——

(1)受雇于沙巴州或沙捞越州联邦部门的联邦普通公共服务的公务员;

(2)借调到联邦提供普通公共服务的沙巴州或沙捞越州公共服务的公务员;

(3)沙巴州或沙捞越州公共服务的公务员,现在联邦任职,或在该州已隶属于联邦的任何机关服务及自愿选择成为联邦普通公共服务的公务员。

2. 除马六甲州及槟榔屿州外,任何州的立法机关得立法规定该州所有或任何公共服务人员全部受公共服务委员会之管辖,但该项法律应自通过之日起十二个月后方得生效;如果在未施行上述法律的任何州,州公共服务委员会尚未设立并行使职责,公共服务委员会应依照联邦法律的规定,对该州公共服务的所有公务员行使管辖权。

3. 任何州立法机关依据第二款作出的关于扩大公共服务委员会管辖范围的规定,可由该州立法机关通过的法律予以撤销或修改。

4. 公共服务委员会由主席、副主席各一人,以及不少于四人的其他委员组成,但在最高元首以命令作出另外规定之前,不得多于三十人。公共服务委员会的其他成员由最高元首考虑总理的建议并征询统治者会议后,依其自由裁量决定任命。

5. 公共服务委员会的主席或副主席应从公共服务部门的现任公务员,或在首次任命前五年内曾任公务员中遴选任命,主席和副主席也可均从公共服务部门的现任公务员,或在首次任命前五年内曾任公务员中遴选任命。

6. 任何公共服务的公务员被任命为委员会主席或副主席后,不得兼任任何联邦公共服务职位,但兼任本章规定设立的委员会成员职位不在此限。

第一百四十条　［警察部队委员会］

1. 设警察部队委员会,管辖一切警察部队成员,除现行法律另有规定外,负责警察部队的常任职位或可享退休金职位的任命、核准、安置,警察部队成员的提升、调动,以及对其实施纪律监督。

议会得立法规定对警察部队所有或任何成员实施纪律监督的方式及法定机关;在此情况下,如上述机关并非警察部队委员会,则警察部队委员会不得行使应由法定机关行使的纪律监督权;上述法律的任何规定,不得以同本部分的任何规定相抵触为理由而使之无效。

2. 联邦法律得规定警察部队委员会行使的其他职权。

3. 警察部队委员会由下列人员组成:

(1)联邦主管警务的部长,任委员会主席;

(2)统辖警察部队的警官;

(3)在主管警务的部长所在的部任秘书长职务者;

(4)由最高元首任命的公共服务委员会成员一人;

(5)由最高元首任命的其他委员二至六人。

4. 最高元首得将警察总监、副警察总监的职位,或他认为同级或更高级别的警官职位列为特别职位;任何上述特别职位,不得依据第一款任命,由最高元首根据警察部队委员会的推荐任命。

5. 最高元首在根据警察部队委员会的推荐实施第四款规定前,得考虑总理的建议,并得将上述推荐退回警察部队委员会复议,但以一次为限。

6. 警察部队委员会得就下列全部或任何事项作出规定:

(1)组织委员会的工作和行使职权的方式,及保管档案与会议记录;

(2)委员会的若干委员的职责,包括将委员会的职权或职责委托给任何委员、警察部队、由警官组成的局,或由委员会委员和警官组成的混合委员会;

(3)委员会同非委员会人士的磋商;

(4)委员会处理事务时应遵循的程序(包括规定法定人数),从委员中推选一名副主席规定其职权;

(5)委员会认为有必要或有利于更好地履行职责的任何其他事务。

7. 本条所指的"调动"不包括在警察部队内部不涉及官阶变动的调动。

第一百四十一条(已废止)

第一百四十一A条　［教育服务委员会］

1. 设教育服务委员会,其管辖权除第一百四十四条另有规定者外,应包括在第一百三十二条第一款第八项所述公共服务部门的所有公务员。

2. 教育服务委员会由主席、副主席各一人及其他不少于四名的委员组成,但在最高元首以命令方式另作规定外,不得多于八人,其组成人员由最高元首考虑总理的建议并征询统治者会议意见后依其自由裁量决定任命。

3. 任何公共服务的公务员被任命为委员会主席或副主席后,不得兼任任何联邦公共服务职位,但兼任依本部分之规定设置的委员会成员职位不在此限。

第一百四十二条　［有关各委员会的通则］

1. 除第一百四十条第三款第一项另有规定者外,议会任何一院的议员或州立法议会的议员,不得被任命为本章所设委员会的成员。

2. 除第三款另有规定者外,任何人凡担任下列任何职者,不得被任命为本部分任何委员会的成员,违者由最高元首以命令罢免:

(1)任何一项公共服务的公务员;

(2)任何地方政府或不论是否为法人的任何团体,或依法设立的任何公共事务机构或机关的官员或雇员;

(3)工会会员,或工会附属机构或团体的会员。

2A. 除第二款规定的任何取消资格外,本章所设的任何委员会主席,如在被任命为主席三个月后,继续担任或受聘担任任何机构或团体,不论是否法人,或任何商业、工业或其他企业的任何董事会或管理委员会的成员、职员或雇员,或参与上述机构或团体的事务与业务,不论是否领受薪俸报酬、利润或其他利益,应取消其担任委员会主席的资格;但是,如果上述机构、团体从事福利或志愿工作,其宗旨系对社会或其任何部分有益,或系慈善、福利性质的机构、团体,并且该成员并未领受任何薪俸、报酬、利润或其他利益时,则不得援引上述规定取消其委员会主席的资格。

3. 第二款的规定不适用于当然委员会;任何一项公共服务的公务员均可被任命及继续担任主席或副主席,并且如果他在退休前休假,可被任命为上述任何一个委员会的另一委员。

3A. 任何一个委员会的主席在任何时候经最高元首批准请假,或因离开联邦、疾病或其他原因而不能执行职务时,由该委员会的副主席在此期间代行主席职务,如果副主席也缺席或不能执行上述职务,最高元首指定一名委员在此期间代行主席职务。

4. 任何委员会的委员在任何时候经最高元首批准请假,或因离开联邦、疾病或其他原因不能执行其委员职务时:

(1)如系任命委员,最高元首可任命任何适格人员在此期间代理其职务;任命代理委员的方式与任命正式委员相同;

(2)如系当然委员,可由联邦法律授权的代理人员在此期间内代理委员职务。

5. 适用本章之规定的委员会的活动,不受任何成员出缺的影响,也不因有无资格人员参加会议而无效。

6. 任何上述委员会的委员或第四款所指的代理委员(当然委员除外),在执行职务前,应在联邦法院法官、联邦上诉法院法官或高等法院法官的见证下作就职与忠诚宣誓并签字,宣誓应按附表六规定的方式进行。

第一百四十三条 〔各委员会委员的服务待遇〕

1. 除属于第一百四十二条第二款规定的人员及当然委员外,本章所设委员会的委员:

(1)任期五年,或者最高元首在考虑总理的建议后,因特殊情况需要而由最高元首本人决定的较短任期;

(2)除被取消资格者外,可以连任或重新被任命;

(3)可随时辞职,但是非按罢免联邦法院法官的相似理由及相似方式不得予以免职。

2. 上述委员会中,除因担任其他职务而由联邦法律规定薪俸的委员之外的委员,其薪俸由议会立法规定,并由统一基金支付。

3. 本章所设委员会委员的薪酬及其他服务待遇,不得在公务员受任命后作对其不利的变更。

第一百四十四条 〔各服务委员会的职权〕

1. 除任何现行法律及本宪法另有规定者外,本章所设委员会,负责其管辖范围内的常任职位或可享受退休金职位公务员的任命、核准、安置,对该委员会的服务人员且该委员会享有管辖权的服务人员的提升、调动以及对其实施纪律监督。

2. 联邦法律得规定各该委员会行使的其他职权。

3. 最高元首得将任何厅局级的正副首长职位或他认为居于同级官员的职位列为特别职位。任何上述特别职位不得依据第一款任命,应由最高元首根据管辖上述职位所隶属机关的公务员的委员会的推荐任命。

4. 州统治者或州元首得将本州公共服务的任何厅局的正副厅局长职位,或他认为同级官员的职位列为特别职位。任何上述特别职位不得依据第一款任命,应由州统治者或州元首根据公共服务委员会的推荐任命;如果该州设有州公共服务委员会,则根据该州公共服务委员会的推荐任命。

5. 在依本条第三款或第四款规定,根据上述委员会的推荐作出任命前:

(1)最高元首应当考虑总理的建议;

(2)州统治者或州元首必须考虑州首席部长的建议;

并得将上述推荐退回上述委员会复议,但以一次为限。

5A. 除第五款之二另有规定者外,联邦法律及依据联邦法律由最高元首制定的条例,不受第一百三十五条第一款的限制而规定由归本章所设委员会管辖的某项服务的任何官员,或上述官员组成的局,行使第一款赋予该委员会的任何职权,但是:

(1)上述法律或条例不得规定由上述官员或官员组成的局行使首次任命常任职位或可享退休金职位的权力,或提升(提升代理职位者除外)的权力;

(2)因上述官员或官员组成的局行使纪律监督权而蒙受损害的任何人,有权依照上述任何法律或条例所规定的期限及方式向有关委员会投诉。对此,有关委员会有权作出它认为公正的决定。

5B. (1)尽管有第一百三十五条第一款、第一百三十九条及第一百四十一A条的规定,分别依据第一百三十九条及第一百四十一A条设立的公共服务委员会和教育服务委员会的所有职权,除首次任命常任职位或可享退休金职位的权力外,可由最高元首任命的局行使。

(2)因该局行使上述任何职权而遭受损害的任何人,有权向最高元首任命的上诉局投诉。

(3)最高元首得以条例就有关依据本款设立的局或上诉局成员的任命,及其应遵循的程序等事项作出规定。

(4)在最高元首依据本款第一项设立该局以行使第一项述及的任何职权后,只要上述职权继续由该局行使,即不再是应由该委员会行使的职权。

6. 本章所设委员会可以授权它所管辖的公共服务的任何官员,或它所任命的由上述官员组成的局,行使第一款赋予该委员会对任何等级服务的任何职权,上述官员或局应根据上述委员会的指示并在其监督下行使职权。

6A. 对于应聘在武装部队或警察部队任职的联邦普通公共服务的公务员,或对于各级上述公务员,公共服务委员会的职权可依据第五A款或第六款的规定,由武装部队或警察部队的一名官员或多名官员组成的局行使,并视同由联邦普通公共服务的官员或其组成的局行使。

7. 本条所指明的"调动",不包括在同一政府部门内不涉及官阶变动的调动。

8. 适用本章之规定的委员会得依据本宪法及联邦宪法的规定自行制订程序规则和规定法定人数。

第一百四十五条　［总检察长］

1. 最高元首根据总理的建议,任命一名有资格出任联邦法院法官的人员为联邦总检察长。

2. 总检察长应就最高元首或内阁随时提交的法律问题向最高元首、内阁或任何部长提供建议,执行最高元首或内阁交办的任务,并行使本宪法或任何其他成文法所授予的职权。

3. 总检察长有权自行决定应否提出、进行或中止任何刑事案件的诉讼,但不包括伊斯兰教法庭、土著法庭或军事法庭的诉讼。

3A. 联邦法律得授权总检察长就本条第三款规定的其有权决定提出、进行或中止刑事诉讼的案件,决定向何法院或向何审判地点提出诉讼。

4. 总检察长在执行其职务时,有权出席联邦的任何法院或特别法庭,其发言权优先于任何其他出庭人员。

5. 除第六款另有规定者外,总检察长的任期由最高元首随意规定,并可随时辞职。总检察长如果不是内阁成员,其薪俸由最高元首确定。

6. 在本条生效前夕担任总检察长的人员应继续任职,待遇不变。并且非按罢免联邦法院法官的相似理由及相似方式不得予以免职。

第一百四十六条　［各委员会的报告］

1. 适用本部分之规定的委员会应向最高元首提交年度报告,并应将报告副本分别提交议会两院审议。

2. 公共服务委员会按本条规定提出的报告,其副本须送交对公务员具有管辖权的每一州的统治者或州元首,统治者或州元首应将该报告提交本州的议会审议。

第一百四十六 A 条（已废止）

第一百四十六 B 条（已废止）

第一百四十六 C 条（已废止）

第一百四十六 D 条　［警察部队委员会对沙巴州与沙捞越州借调公务员的管辖权］

1. 尽管有第一百三十四条第二款的规定,警察部队委员会对外借到警察部队的沙巴州或沙捞越州的公务员拥有管辖权;并就警察部队委员会而言,上述外借人员应视为警察部队的成员。

2.（已废止）

3.（已废止）

第一百四十七条　［退休金权利的保障］

1. 对任何公务员或其遗孀、子女、家属或其私人代表发放各种退休金、退职金或其他类似性质的津贴（本条统称为恩俸）,应根据有关日期施行的法律,或对领受恩俸者无不利影响的任何其后施行的法律。

2. 本条所指的有关进行日期如下:

（1）涉及独立日前发放的恩俸时,指发放该项恩俸的日期;

（2）涉及独立日后发给独立日前已担任任何公共服务的公务员的恩俸时,指 1957 年 8 月 30 日;

（3）涉及发给在独立日或以后才开始担任公务员者的恩俸时,指开始担任公务员的日期。

3. 在执行本条规定时,如果发放恩俸所适用的法律可由领受恩俸者选择,应以对其较有利的法律为准。

第一百四十八条　［第十部分的解释条款］

1. 除上下文另有规定者外,本宪法中凡提到适用本部分之规定的委员会,均指依据第一百三十八条至第一百四十一 A 条所设立的任一委员会。

2. 本章所指的当然委员,包括部长及联邦法院、联邦上诉法院或高等法院的法官。州公共服务委员会,对任何州而言,指对该州公共服务行使职能,其地位与管辖权相应于（全联邦的）公共服务委员会的委员会。

第十一部分　对付颠覆、有组织的暴乱及危害公众的行动与罪行的特别权力与紧急权力

第一百四十九条　［打击颠覆及危害社会秩序的立法］

1. 如果一项议会法律列举事实说明在联邦境内或境外有大批人员已经或即将采取行动——

（1）导致或可能导致许多公民担心会发生暴乱,或危害生命财产的有组织暴乱;

（2）煽动对最高元首或联邦内任何政府的不忠;

（3）助长对不同种族或人民中不同阶级的敌意及仇视而可能引起暴乱;

（4）不以合法途径去改变依据法律制定的任何事物;

（5）妨害在联邦或其任何部分地区为公众人士或

任何阶层的公众人士所提供的公用事业或服务的维持与操作；

（6）妨害联邦或其任何部分地区社会秩序与安全；

则该项法律中，用于制止或预防此类行动的任何规定，不论是否同第五条、第九条、第十条和第十三条的任何规定相抵触，或者不论是否原来不属于议会立法权限，均应有效，第七十九条之规定不适用于为制定上述法律提出的法案或其修正案。

2. 任何包含有第一款所述的事实的法律，除被提前废除者外，应在议会两院通过关于撤销该法律的决议案时终止生效，但不影响议会依据该项法律采取的任何措施，也不影响议会依据本条制定新法律的权力。

第一百五十条　[紧急状态的宣布]

1. 如果最高元首确认联邦或其任何地区的安全、经济生活或公共秩序发生严重紧急情况，得宣布紧急状态。

2. 如果最高元首确认危机迫在眉睫，得在任何上述威胁联邦或其任何地区的安全、经济生活或公共秩序的事件实际发生前宣布第一款所指的紧急状态。

2A. 本条授与最高元首的权力，包括根据不同理由在不同的情况下作出不同宣布的权力，不论最高元首是否已依据第一款作出宣布以及该项宣布是否仍然有效。

2B. 在紧急状态生效后，除议会两院同时处于会议期间外，最高元首得随时根据形势的需要在他认为有必要立即采取行动时颁布施行他认为必要的法令。

2C. 依据第2B款颁布施行的法令具有如同议会法律的效力，并应继续生效直至依据第三款被撤销或依据第七款期满停止施行时为止；最高元首得依据第2B款就属于议会立法权限的任何事项颁布法令，而不受议会任何一院关于立法程序或其他程序以及通过立法所需得票数的限制。

3. 宣布紧急状态及依据第2B款颁布的任何法令，应提交议会两院审议，除被提前撤销者外，应在议会两院通过决议撤销上述宣布或法令时终止生效；但是，在此之前依据该项宣布或法令业已采取的任何措施不受其影响，也不影响最高元首依据第一款作出新的宣布或依第2B款颁布任何法令的权力。

4. 在紧急状态的宣布生效期间，联邦行政当局得不受本宪法任何规定的限制而包括对属于州立法权限的任何事项的管辖以及对州政府或其官员所属机关发出训令。

5. 除第6A款另有规定者外，在紧急状态的宣布生效期间，议会如认为出于紧急状态的需要，得就任何事项制定法律而不受本宪法之任何规定的限制。第七十九条的规定以及本宪法或任何成文法中关于

通过法律须先获得同意或征询意见的规定，关于业已通过的法律的生效期的规定，或法案需提交最高元首批准的规定，均不适用于为制定上述法律所提出的法案及其修正案。

6. 除第6A款另有规定者外，依据本条颁布的任何法令，以及在紧急状态的宣布生效期间，议会根据紧急状态的需要所通过的任何议会立法，均不得以同本宪法任何规定相抵触为理由而使之无效。

6A. 不得依据第五款而使议会权力扩大到涉及伊斯兰教法律和马来人习俗的任何事项，或涉及沙巴州或沙捞越州地方法规或习俗的任何事项；不得依据第六款而使同本宪法关于上述任何事项，或关于宗教、公民资格及语言的规定相抵触的任何规定生效。

7. 自紧急状态的宣布停止生效之日起届满六个月时，根据紧急状态的宣布而颁布的任何法令，以及在上述宣布生效期间所制定的且属于非依据本条即不能制定的任何法律，均应停止生效，但在上述期限届满前业已采取或不准采取的措施不在此限。

8. 不论本宪法是否有规定：

（1）第一款和第2B款所指的最高元首的确认，为最后的和结论性的，不得在任何法院以任何理由对之提出异议或质询。

（2）法院无权受理或裁决，以任何理由及任何方式对下列各项的有效性提出的任何申请、异议或诉讼——

①依据第一款所作的宣布；

②该项宣布的继续生效；

③依据第2B款所颁布的任何法令；

④上述法令的继续生效。

9. 为本条之目的，当议会两院的议员分别集会议事时，方被视为议会两院正在开会。

第一百五十一条　[对预防性拘留的限制]

1. 依据本章制定或颁布的任何法律或法令规定预防性拘留时：

（1）依据该项法律或法令下令拘留任何人的机关，应尽快将拘留的理由和下达拘留令所依据的事实通知其本人，但属于第三款规定者除外；并应尽快给予被拘留者对该项命令提出申诉的机会。

（2）不得依据上述法律或法令对任何公民继续实施拘留，但依据第二款规定组成的咨询委员会在考虑被拘留者依据本款每一项提出的申诉后，并在收到该项申诉的三个月内或最高元首准许的更长期限内，就该项申诉向最高元首提出建议者除外。

2. 为实施本条之目的而设置的咨询委员会由主席一人和委员二人组成。委员会主席由最高元首从现任或曾任或有资格出任联邦法院、上诉法院法官或高等法院法官，或在马来西亚日前曾任最高法院法官

的人员中遴选任命;两名委员由最高元首任命。

3. 本条不要求任何机关披露它认为披露后会危害国家利益的事实。

第十二部分　一般规定及其他

第一百五十二条　[国语]

1. 国语为马来语,其字体由议会立法规定,但是:

(1)不得禁止或阻止任何人使用(官方活动除外)、教授或学习任何其他语言;

(2)联邦政府或任何州政府关于维护和扶助联邦境内任何其他民族语言的使用和研究的权利不受本款规定的影响。

2. 即使有第一款的规定,自独立日后的十年期间,及其后在议会另行规定以前,在议会两院、各州立法议会,以及其他一切官方活动均可使用英语。

3. 即使有第一款的规定,自独立日后的十年期间;及其后在议会另行规定以前:

(1)向议会任何一院提出的所有法案或修正案的正式文本,一律以英文书写;

(2)所有议会法令和联邦政府颁布的一切辅助性法规的正式文本,须一律以英文书写。

4. 即使有第一款规定,自独立日后的十年期间,及其后在议会另行规定以前,联邦法院、上诉法院或高等法院的所有诉讼一律使用英语。但各法院及双方律师同意,取证时证人使用的语言不必译成英语或以英文记录。

5. 即使有第一款的规定,在议会另行规定以前,各下级法院的所有诉讼,除取证外,应一律使用英语。

6. 本条所指的"官方活动",指联邦政府或州政府的任何活动,并包括公共机关的任何活动。

第一百五十三条　[为马来族及沙巴州或沙捞越州土著保留服务、执照等的份额]

1. 最高元首负责依据本条的规定,保护马来族与沙巴州或沙捞越州土著的特殊地位,以及其他民族的合法权益。

2. 除第四十条及本条的规定外,最高元首得不受本宪法任何其他规定的限制,按必要的方式执行本宪法及联邦法律赋予的职权,保护马来族与沙巴州与沙捞越州土著的特殊地位,并确保在公共服务的职位(州的公共服务除外)、奖学金、助学金及联邦政府给予或提供的其他类似的教育培训特权或特别设施方面,为马来族及沙巴州与沙捞越州土著保留其认为合理的比例份额;并在联邦法律规定经营某种行业或商业需办理营业许可证或执照时,须依照该项法律及本条的规定,在许可证及执照方面,保留其认为合理的

比例份额。

3. 为保证按第二款规定为马来族及沙巴州与沙捞越州土著保留在公共服务职位、奖学金、助学金及其他教育培训特权或特别设施方面的权利,最高元首得向按第十章规定设立的任何委员会,负责颁发奖学金、助学金或负责提供其他教育或培训特权或特别设施的任何机关发出必要的指令,上述有关委员会或机关对于上述指令应遵照执行。

4. 最高元首依据第一款至第三款行使本宪法与联邦法律赋予的职权时,不得剥夺任何人担任的公职,或其所继续享有的任何奖学金、助学金或其他教育或训练特权或特别设施。

5. 不得因本条而削弱第一百三十六条的规定。

6. 现行联邦法律规定经营某种行业或商业需办理许可证或执照时,最高元首得按必要的方式行使该项法律赋予的职权,向负责颁发营业许可证或执照的法定机关发出指令,以保证为马来族及沙巴州与沙捞越州土著保留其认为合理份额的许可证或执照,有关机关对于上述指令必须遵行。

7. 不得因本条而剥夺或授权剥夺任何人已获得、享有或持有的任何权利、特权、许可证或执照,或者按正常情况应予更换或发给许可证或执照时,也不得因本条而授权拒绝任何人更换或拒绝向其颁发许可证或执照,或者拒绝向任何经营者的子嗣、继承人或受让人颁发许可证或执照。

8. 不论本宪法有何规定,如果联邦法律规定经营某种行业或商业需办理许可证或执照时,该项法律得规定将一定份额的上述许可证或执照保留给马来族或沙巴州与沙捞越州的土著,但任何上述法律不得为此而——

(1)剥夺或授权剥夺任何人已经获得、享有或持有的任何权利、特权、许可证或执照;

(2)依据该项法律的其他规定,按正常情况应予更换或颁发许可证或执照时,授权拒绝任何人更换许可证或执照,或拒绝向任何经营者的子嗣、继承人或受让人颁发许可证或执照,或阻止任何经营者将可转让的营业执照连同其所经营的行业或商业转让他人;

(3)如涉及以前不需要许可证或执照即可经营的行业或商业时,授权拒绝向在该项法律生效前夕已从事该行业或商业的经营者颁发许可证或执照,或者依照该项法律的其他规定,按正常情况应予更换或颁发许可证或执照时,授权拒绝任何经营者更换营业许可证或执照,或拒绝向任何经营者的子嗣、继承人或受让人颁发营业许可证或执照。

8A. 不论本宪法有何规定,如果颁发马来西亚教育文凭或其他等效文凭的大学、学院或其他教育机构

的管理当局对上述院校规定的任何学科的名额少于有资格申请入学者时,最高元首拥有法定权力依据本条向有关当局发出必要的指令,以保证为马来族及沙巴州与沙捞越州的土著保留其认为合理的入学名额,有关当局对于上述指令必须遵行。

9. 本条不得单为马来族及沙巴州与沙捞越州土著的保留权而授权议会限制商业或行业。

9A. 本条所指的沙巴州或沙捞越州"土著",其含义与第一百六十一A条所指的含义相同。

10. 有统治者的各州州宪法,得制定与本条相应的规定(及必要的修改)。

第一百五十四条 ［联邦首都］

1. 在议会另行规定之前,吉隆坡自治市为联邦首都。

2. 不论第六部分有何规定,议会拥有立法规定联邦首都边界的专属权力。

3. (已废止)

第一百五十五条 ［英联邦的互惠］

1. 如果英联邦任何其他地区的现行法律赋予马来西亚联邦公民任何权利或优惠,不论本宪法有何规定,议会有合法权力赋予非马来西亚联邦公民的英联邦上述地区的公民类似的权利或优惠。

2. 第一款所称英联邦某一地区的公民,就联合王国、未成为英联邦国家的英联邦其他地区,或由联合王国以外的任何英联邦国家政府管辖的领土而言,指联合王国及其殖民地的公民。

2. 本条关于英联邦国家的规定同样适用于爱尔兰共和国。

第一百五十六条 ［有关联邦和州产业地方辅助税的征收］

凡由联邦、州、公共机关或其代表根据公共需要而征用的土地、建筑物或不动产,无须缴纳有关的地方税,但须按联邦、州或公共机关分别同征收该项地方税的当局所达成的协议交付特别捐税作为对该项地方税的补充。如果无法达成协议,则由第八十七条规定设立的土地法庭的主席为主席,及有关双方各指定一人为成员所组成的法庭予以裁定。

第一百五十七条 ［委托他州代行州务］

除州法律另有规定者外,任何两州可作出由一州的机关代表另一州的机关执行任务的安排,并可规定根据该项安排所需支付的费用。

第一百五十八条 (已废止)

第一百五十九条 ［宪法的修正］

1. 除本条下列各款及第一百六十一E条另有规定者外,本宪法的规定得以联邦法律修正。

2. (已废止)

3. 对本宪法的任何修正案(不包括不适用本款

规定的修正),及对依据第十条第四款通过的法律的修正案,非在二读、三读时获得议会两院分别以全体议员的三分之二多数票支持,不得在两院任何一院通过。

4. 第三款的规定不适用于下列修正:

(1)对附表二第三部分,对附表六或附表七的修正。

(2)对于行使本宪法除第七十四条及第七十六条以外的任何条款所赋予的议会立法权有附带关联的任何修正。

(2A)除第一百六十一E条另有规定者外,对接纳任何州加入联邦或同联邦各州结盟的有关规定的任何修正,或者对此前已接纳或加盟的任何州实施本宪法的规定的任何修正。

(3)与第一项作出的修正有关联的任何修正。

5. 凡涉及修正第十条第四款、依据该款制定的任何法律、第三部分各项规定、第三十条、第六十三条第四款、第七十条、第七十一条第一款、第七十二条第四款、第一百五十二条、第一百五十三条或本款的法律,非经统治者会议同意不得通过。

6. 本条所指的"修正",包括增补与废止;本条及第二条第一项所指的"州"包括任何领土。

第一百五十九A条 ［马来西亚法令第四章的实施］

马来西亚法令第四章的各项规定(包括同实施该法令有关的临时规定与过渡规定),具有如同本宪法的规定的效力;并具有经该项法令予以修正本宪法的规定的效力。本宪法的各项规定,特别是第四条第一款、第一百五十五条及第一百六十一E条的规定对该章有效。

第一百六十条 ［解释］

1. 独立日前夕有效的1948年解释与一般条款法令(M.U.7,1948)对该法令所指的任何成文法的解释,在附表十一规定的范围内,同样适用于对本宪法的解释。但是,该法令中凡提到高级专员之处均应解释为最高元首。

2. 本宪法中,除上下文另有规定者外,下列词语的含义分别规定如下:

"土著"指马来半岛的本地居民。

"议会法令"指议会制定的任何法律。

"总检察长"指联邦总检察长。

"借款"包括通过发放年金,通过订立关于到期前需交纳任何国家税、地方税、使用费或其他费的约定,或通过签订关于政府应偿还或归还其按协议享有的任何利益的协议等方式筹集的款项。"贷款"亦应按此解释。

"因故空缺"指下议院或州立法议会并非由于解散议会产生的席位空缺。

"首席部长"与"州务大臣",不论使用何称谓,均指州执行委员会主席。

"公民"指联邦的公民。

"王室经费"指从政府基金拨付给最高元首及其配偶、统治者或州元首的供养。

"英联邦国家"指最高元首承认为英联邦国家的任何国家,而"英联邦的地区"指任何英联邦国家、由任何英联邦国家的政府管理的任何殖民地、保护地、保护国或任何其他领土。

"共同管辖事项表"指附表九中的第三表。

"债务"包括以年金方式偿还本金的任何债务,及作任何担保所应付的任何债务。"欠账"亦应按此解释。

"选民"指有权在下议院或州立法议会选举中投票者。

"法规",在附表八使用此词时,指任何州立法机关制定的法律。

"执行委员会"指州政府中内阁或其他机关,不论其名称如何,亦不论其成员是否称为部长,其性质类似联邦政府中由部长组成的内阁(尤其包括沙捞越州的最高委员会)。

"现行法律"指独立日前夕在联邦或其他任何地区施行的任何法律。

"联邦法律"指:

(1)就属于议会立法权限的事项作出规定,并且根据第十三章的规定继续有效的任何现行法律;

(2)任何议会法令。

"联邦管辖事项表"指附表九中的第一表。

"联邦目的"包括与"共同管辖事项表"中的事项及属于议会立法权限的其他事项有关的联邦目的,但属于第七十六条规定的事项除外。

"外国"不包括英联邦任何地区及爱尔兰共和国。

"州长"(已废止)。

"法律"包括成文法、在联邦或其任何地区施行的普通法以及在联邦或其任何地区具有法律效力的任何习惯法或惯例。

"立法议会"指立法机关(包括沙捞越州的州议会)中的代议制议会,不论其名称如何,但除附表八外,亦包括立法委员会,不论其名称如何。

"立法委员会"(已废止)。

"立法机关",对州而言,指依据州宪法有权为州制定法律的机关。

"地方税"(已废止)。

"马来族"指信仰伊斯兰教、习惯于讲马来语、遵守马来习俗者,并且——

(1)在独立日前在联邦或新加坡出生,或其父或母在联邦或新加坡出生,或在该日在联邦或新加坡定居;

(2)上述人员的后代。

"执政人员",就联邦而言,指担任部长、副部长、政务次长或政治秘书职位的人员;对州而言,指在一州内担任相应于上述职位的人员或担任执行委员会委员(法定委员除外)的人员。

"独立日"指1957年8月31日。

"受薪公职"指任何一公共服务的专任职位,包括:

(1)联邦法院或高等法院任何法官的职位;

(2)审计长的职位;

(3)选举委员会的委员职位,第十部分所设委员会(当然委员除外)的委员职位,或州宪法新设任何相应委员会委员职位(当然委员除外);

(4)第一百三十二条第三款未予规定,但可由议会法令宣布为受薪公职的其他职位。

"退休金权利"包括退休金与公积金权利。

"公共当局"指最高元首、州统治者或州元首、联邦政府、州政府、地方政府、联邦或州法律赋予权力的法定机构,联邦法院及高等法院以外的任何法院或特别法庭,或任何上述人士、法院、特别法庭或机关所任命或代表其执行职务的官员或机关。

"薪俸"包括薪金或工资、津贴、退休金,免费或受津贴住宅、免费或交通津贴及其他可以金钱估值的特权。

"法规委员会"(已废止)。

"统治者":

(1)在森美兰州,指依据该州宪法由其本人并代表酋长执行职务的最高统治者;

(2)在其他州,除第一百八十一条第二款及附表三与附表五外,凡依据该州的宪法行使其统治者职务者,均称为统治者。

"州"指联邦的州。

"州法律"指:

(1)就属于州立法机关立法权限的事项作出规定,并且根据第十三章的规定继续有效的任何现行法律;

(2)州立法机关制定的法律。

"州管辖事项表"指附表九中的第二表。

"州目的",对任何州而言,包括与共同管辖事项表中的事项及属于州立法机关立法权限的其他事项有关的州目的。

"国家税"包括进口税或关税,但不包括为地方性用途征收的地方税,或为提供服务征收的服务费。

"联邦"指依据1957年马来亚联邦协定成立的联邦。

"成文法"包括本宪法及任何州宪法。

"州元首"指不具有统治者的州之元首。

3. 除依上下文需要作另外解释外,在本宪法中凡提到特定的部分、条或附表,指本宪法的该部分、该条、该附表,凡提到特定的节、款、项,指本部分的该节、本条的该款,或附表中的该项,或本款的该项,凡提到一组的条、款、项时,应视为包括该组的开头与结尾的条、款、项。

4. 按本宪法规定需宣誓并签字者,可经本人要求,得准其作出一项正式声明并提交书面文本,作为履行该项宣誓。

5. 本宪法中凡提到联邦及其各州,联邦或其任何州的领土,及在联邦或为联邦设立的机关或团体任职的官员,应分别解释为:

(1)如涉及 1948 年马来亚联邦协定生效后至独立日前的任何时期,指依据该项协定设立的联邦及组成联邦的州与殖民地,该联邦的领土或组成该联邦的州与殖民地的领土,及在该处任职的有关官员,或在该联邦或由联邦设立的有关机关或团体;

(2)如涉及上述协定生效前的任何时期(只要文中承认),分别指适用于解释该项协定的第一百三十五条第二款所规定的地区、领土、职位、机关或团体。

6. 本宪法中凡提到任何时期之处,只要文中承认,均应解释为包括开始于独立日前的时期。

7. 本宪法中凡提到 1948 年马来亚联邦协定之处,除上下文另有规定者外,均应解释为独立日前夕实行的该项协定。

第一百六十 A 条 ［宪法文本的重印］

联邦宪法为修正法律之目的而设置的机构,在最高元首同意之前提下,有权印制本宪法,包括在获得授权之日所有有效的修正案在内,为本条之目的,依本条之规定而印制的所有宪法文本应视为真实及正确的联邦宪法文本。

第一百六十 B 条 ［权威文本］

如果本宪法被译为国语文本,最高元首得指定该文本为权威文本,此后若该国语文本与英语文本之间发生了冲突或矛盾,则国语文本优先于英语文本。

第十二 A 部分　对沙巴州与沙捞越州的额外保障

第一百六十一条 ［在沙巴州和沙捞越州使用英语及当地语言］

1. 任何旨在终止或限制依据第一百五十二条第二款至第五款在任何一用途上使用英语的议会法令,对于本条第二款所规定的使用英语的情况,需在马来西亚日后满十年方可生效。

2. 第一款的规定适用于:

(1)代表或来自沙巴州或沙捞越州的议员,在议会任何一院使用英语;

(2)在沙巴和沙捞越高等法院、在沙巴州或沙捞越州下级法院的诉讼中,或在第四款所规定的联邦法院或上诉法院诉讼中,使用英语;

(3)在沙巴州与沙捞越州的立法议会或其他官方活动(包括联邦政府的官方活动)中使用英语。

3. 在不影响第一款规定的情况下,凡涉及第一款所指的在沙巴和沙捞越高等法院的诉讼,或第四款所规定的联邦法院或上诉法院诉讼中使用英语的议会法令或其有关规定,非经沙巴州与沙捞越州的立法机关分别立法通过不得生效;凡涉及第二款第二项或第三项所述在沙巴州或沙捞越州使用英文的其他情况的上述议会法令或其有关规定,非经该州的立法机关立法通过不得生效。

4. 第二款及第三款所指的联邦法院或上诉法院诉讼,指对沙巴和沙捞越高等法院或其法官的判决提出的任何上诉,以及依据第一百二十八条第二款规定应由联邦法院裁决的沙巴和沙捞越高等法院或沙巴州或沙捞越州下级法院诉讼中产生的疑问。

5. 不论第一百五十二条有何规定,在沙巴州或沙捞越州通用的地方语言可在地方法庭,或任何地方法和习惯法的法典中使用;在沙捞越州,在州立法机关另行立法规定以前议员在立法议会或其任何所属委员会中可以使用地方语言。

第一百六十一 A 条 ［沙巴州与沙捞越州土著的特殊地位］

1.(已废止)

2.(已废止)

3.(已废止)

4. 沙巴州与沙捞越州的州宪法可依据第一百五十三条作出相应的规定(包括必要的修改)。

5. 第八十九条的规定不适用于沙巴州与沙捞越州,不得依据第八条的规定而使沙巴州或沙捞越州关于为本州土著保留或分发土地,或在分发土地方面给予优先待遇的任何州法律的规定无效或禁止其施行。

6. 本条所指的"土著":

(1)在沙捞越州,指属于第七款所规定的该州本地部族之一,或纯本地部族混血儿的公民;

(2)在沙巴州,指沙巴本地部族的子孙,以及在沙巴出生(不论是否在马来西亚日或马来西亚日以后)或当其出生时其父定居在沙巴州的公民。

7. 按第六款所指的"土著"定义,被视为沙捞越本地部族的有:

布吉丹族、比沙耶族、杜顺族、海达雅族、陆达雅族、加达扬族、加拉必族、加央族、凯尼亚族(包括沙卜族及西平族)、加章族(包括锡加班族、克詹曼族、拉汉南族、本纳族、丹绒族及干偌威族）、鲁吉族、刊森族、马来族、美兰诺族、慕律族、比纳族、新安族、达加族、打班族及乌吉族。

第一百六十一 B 条 ［对非居民在沙巴州与沙捞越州法院执业权利的限制］

1. 凡涉及撤销或改革居留限制使以前不准在沙巴州与沙捞越州法院执业人员可以享有该等权利的议会法令或依据议会法令作出的任何规定，在该州的州立法机关立法通过以前不得生效。

2. 本条的规定同样适用于联邦法院在沙巴州与沙捞越州开庭审讯时、受理对沙巴和沙捞越高等法院或其法官的判决所提出的上诉时，以及依据第一百二十八条第二款的规定裁决，沙巴和沙捞越高等法院、沙巴州或沙捞越州下级法院诉讼中产生的疑问时的律师执业权。

第一百六十一 C 条（已废止）

第一百六十一 D 条（已废止）

第一百六十一 E 条 ［对沙巴州与沙捞越州宪法地位的保障］

1. 自马来西亚法令通过后，凡同接纳沙巴州或沙捞越州加入联邦有关的宪法修正案，不得因有第一百五十九条第四款第(2A)项的规定，而不受同条第三款规定的限制；凡涉及在沙巴州或沙捞越州实施本宪法而作出的任何修改，除旨在使该州的宪法地位与马来亚各州平等或相同的修改外，也必须符合该条第三款的规定。

2. 非经沙巴州或沙捞越州元首一致或分别同意，不得修改本宪法中就下列事项作出的规定——

(1)在马来西亚日前出生、因与该州的联系而应取得公民资格的权利，以及（除马来西亚日生效的宪法中另有规定的范围外）关于他们的公民权与他人的公民权，出生或居住在该州的人与出生或居住在马来亚各州的人之间的平等待遇；

(2)沙巴和沙捞越高等法院的组成与受聘权，及该法院法官的任免及暂休停职；

(3)有关该州立法机关可(或议会不可)制定法律的事项，该州对这些事项的行政权，以及联邦与该州之间(关于上述事项)的财政安排；

(4)该州的宗教，在该州使用或在议会使用任何语言，以及关于该州土著的特别待遇；

(5)在 1970 年 8 月底以前召开的任何议会中，分配给该州的下议院议员名额，不少于在马来西亚日分配给该州的名额——按该日分配给联邦其他州的议员总额的比例计算。

3. 凡影响分配给沙巴州或沙捞越州的下议院议员名额的任何宪法修正，不得视为符合第一款关于使沙巴州或沙捞越州同马来亚各州的地位平等或相同

的规定。

4. 对于联邦法律赋予沙巴州或沙捞越州政府有关进入该州及在该州居住的任何权利与权力，以及各种与之有关的事项(不论上述联邦法律是否在马来西亚日以前通过)，第二款的规定同样适用，如同上述法律已成为本宪法的一部分，而上述权利与权力已列入同款第一项至第五项所述的事项，但该法律另有相反规定者除外。

5. 本条所指的修正，包括增补及废止。

第一百六十一 F 条（已废止）

第一百六十一 G 条（已废止）

第一百六十一 H 条（已废止）

第十三部分　临时条款与过渡条款

第一百六十二条 ［现行法律］

1. 除本条下列各款及第一百六十三条另有规定者外，现行法律，连同依据本条及依据联邦法律或州法律对其所作的修改，在独立日及其后继续有效，直至本宪法授权的机关予以废止时为止。

2. 当修正任何州法律或废除州立法机关所制定的现行法律时，不得仅以该现行法律涉及议会与州立法机关均有权制定法律的事项，故属于第一百六十条所解释的联邦法律的范畴为理由，援引第七十五条的规定使该项修正或废除无效。

3. 任何现行法律中凡提到依据 1948 年马来亚联邦协定所成立的马来亚联邦与其领土、在该联邦任职的任何官员，及在该联邦或由该联邦设立的任何机关或团体(包括依据该协定第一百三十五条应解释为提及上述事项)之处，对独立日或其后的任何时期而言，均应视同分别指本联邦(即依据 1957 年马来亚联邦协定成立的联邦)与其领土，及与之相应的官员、机关或团体；为执行本款的规定，最高元首得以命令宣布哪些官员、机关或团体相应于现行法律中所指的任何官员、机关或团体。

4.（已废止）

5. 依据第四款所作的命令，可由对该命令所述事项有立法权的机关加以修正或废除。

6. 任何法院或法庭在适用在独立日或其后尚未依据本条或其他规定修改的现行法律的任何规定时，得对其作必要的修改以符合本宪法的规定。

7. 本条所指的"修改"，包括修正、调整和废止。

第一百六十三条（已废止）

第一百六十四条（已废止）

第一百六十五条（已废止）

第一百六十六条 ［财产的继承］

1.（已废止）

2.（已废止）

3. 凡在独立日前夕由联邦政府、女王政府或任何公共当局，按本宪法的规定为联邦目的的需要所占用或使用的马六甲州或槟榔屿州所属土地，在独立日以后，只要为联邦用途所需，应由联邦或上述公共机关占用、使用、支配及管理，并且——

（1）非经联邦政府同意，不得转让或移作非联邦目的的用途；

（2）非经州政府同意，不得改作不同于独立日前夕的用途的联邦用途。

4.（已废止）

5.（已废止）

6.（已废止）

7.（已废止）

8. 对马六甲政府或槟榔屿政府而言，在独立日前夕应交归女王的财产，应在独立日交归马六甲州或槟榔屿州。

第一百六十七条 ［权利、责任和义务］

1.（已废止）

2.（已废止）

3.（已废止）

4.（已废止）

5.（已废止）

6. 在联邦与州之间的诉讼之外的任何法律诉讼中，应涉讼双方任何一方的请求，总检察长应签发证明书证明，该证明书中所列权利、责任或义务，按本条规定是否属于联邦或州的权利、责任或义务；任何上述证明书对权利、责任或义务的归属而言是最后结论，并对所有法院均具有约束力，但不得影响联邦与任何州之间的权利与义务。

7. 依据以英女王为一方，暹罗国王为另一方，于1869年5月6日签订的吉打州条约第二条的规定在独立日以前每年支付的款项，联邦应照常支付。

第一百六十八条（已废止）

第一百六十九条 ［在独立日前缔结的国际协定等］

为第七十六条第一款之目的——

（1）在独立日前由女王或其前任国王或联合王国政府代表联邦或其任何地区同他国所缔结的任何条约、协约或协定，应视为由联邦同上述他国所缔结的条约、协约或协定。

（2）在独立日前由联合王国政府代表联邦或其任何地区所接受的某一国际组织所作出的任何决定，应视为联邦为其成员国的国际组织所作的决定。

（3）第一项与第二项的规定同样适用于沙巴州与沙捞越州，但需将其中的独立日改为马来西亚日，并将联邦或其任何地区改为组成上述两州或该州的地区。

第一百七十条（已废止）

第一百七十一条（已废止）

第一百七十二条（已废止）

第一百七十三条（已废止）

第一百七十四条（已废止）

第一百七十五条 ［审计局局长为第一任审计长］

独立日前夕担任审计局局长者，自独立日起担任审计长的职务，并享有不低于独立日前夕所享有的服务条件和待遇。

第一百七十六条 ［官员的任职］

1. 除本宪法及任何现行法律另有规定者外，凡在独立日前夕为联邦事务服务的人员，在独立日应继续拥有同等的权力，执行同等的职务，并享有与独立日前夕相同的待遇。

2. 本条的规定不适用于高级专员或首席秘书。

第一百七十七条 ［依据本章规定继续任职者免除或推迟就职宣誓］

凡符合本章的任何规定，因在独立日前夕担任相应的职位而在联邦继续担任该相应职位的人员，在议会另行规定以前，可以不必进行担任该职的其他人员必须进行的就职宣誓而直接履职。

第一百七十八条 ［独立日后的薪俸］

在议会另行规定以前，担任总理与其他部长的人员，其薪俸应与独立日前夕联邦首席部长与其他部长的薪俸相同。

第一百七十九条 ［有关联合服务的分配］

凡在独立日前夕有效的、联邦与任何州关于第一百三十三条第二款所述的公务员薪俸支付比例协约，继续有效，直到新协约或联邦法律取代时为止。

第一百八十条 ［养老金等的保留］

1. 1948年马来亚联邦协定附表十的规定在独立日及以后继续有效，但其中凡提到高级专员之处均改为最高元首。

2. 对本宪法而言，上述附表应视为联邦法律，并得依据第一百四十七条的规定对其作相应的修改和废除。

3. 当适用依据第二款所制定的法律及第一百四十七条时，所指的恩俸应包括补偿。

第十四部分 统治者君主权等的保留

第一百八十一条 ［统治者君主权等的保留］

1. 除本宪法另有规定者外，统治者至今在其领土内所享有的统治权、特权、权力与管辖权及森美兰州酋长至今在其领土内所享有的特权、权力与管辖权，继续保持不变。

2. 不得在任何法院对任何一州的统治者本人提出起诉。

第十五部分　针对最高元首与统治者的诉讼

第一百八十二条　[特别法院]

1. 设特别法院，由联邦法院首席大法官任主席，高等法院首席法官以及由统治者会议任命的另外两人组成，此两人应当担任或曾经担任联邦法院或高等法院法官。

2. 针对最高元首或州统治者个人的诉讼，或由最高元首或各州统治者个人提出的诉讼应当向依本条第一款之规定设立的特别法院提出。

3. 特别法院享有对最高元首及州统治者在联邦境内所犯的任何罪行以及由最高元首或州统治者，或针对最高元首或各州统治者提起的、不论源于何种原因而产生的民事诉讼的专属管辖权。

4. 特别法院享有本宪法授予下级法院、高等法院以及联邦法院的相同管辖权与权力，其主要办公地点在吉隆坡。

5. 除议会以法律对民事诉讼程序或刑事案件的程序作出相反规定（包括秘密听证程序）以及法律对刑事程序中的证据及证明问题作出相反规定，任何适用于下级法院、高等法院及联邦法院中的习惯及程序均适用于特别法院。

6. 特别法院的裁决应依多数成员的意见作出，其裁决为终局的和决定性的，不得被以任何理由向任何法院提出审查请求。

7. 在首席大法官的建议下，最高元首得制定其认为必需的或有利于排除任何成文法中的、依任何成文法之规定发挥任何职能、行使任何权力、履行任何职责中或作出某种行为时由本条所引起的任何困难或异常的规则，为此目的，此类规则得修改任何成文法的任何规定。

第一百八十三条　[非经总检察长同意，不得对最高元首或统治者提出指控]

非经总检察长亲自同意，不得针对最高元首或州统治者以个人身份的任何作为或不作为提出民事或刑事指控。

附表一

[第十八条第一款]

[第十九条第九款]申请登记或加入国籍成为公民者的誓词

本人_____居住在_____

兹宣誓：本人绝对及完全放弃与断绝效忠联邦以外的任何邦国，本人愿忠诚地真正效忠最高元首陛下，并成为一名真正效忠及忠诚的联邦公民。

附表二

[第三十九条]

第一部分

[第十四条第一款第一项]在马来西亚日前出生依法取得公民资格者

第一条

1. 除依照本宪法第三部分的规定，以及马来西亚日前根据该部分所规定的办法外，在马来西亚日前出生的下列人员皆为依法取得公民资格者——

(1)凡在独立日前夕依据1948年马来亚联邦协定的任何规定，不论依法或其他方式，已成为马来亚联邦公民者；

(2)凡在独立日或其后，并在1962年10月以前在联邦境内出生者；

(3)凡1962年9月以后在联邦境内出生，在其出生时其父母中至少有一方为公民或常住居民者，或并非由出生取得任何他国公民资格者；

(4)凡在独立日或其后在联邦境外出生，在其出生时其父为公民且其父为在联邦境内出生者，或者在其出生时其父在联邦政府或州政府服务者；

(5)凡在独立日或其后在联邦境外出生，在其出生时其父为公民，并在其出生后一年内，或在特殊情况下，经联邦政府批准的较长时间内，向联邦领事馆登记，或在新加坡、沙捞越、文莱或北婆罗洲出生，曾向联邦政府登记者。

2. 凡在其出生之时，其父为非公民且享有最高元首授予主权实体之使节的免于诉讼及法律程序之豁免权者，不得依前款第二或第三项之规定取得公民资格。

第二条

除本宪法第三部分另有规定者外，凡在马来西亚日前夕为联合王国及其殖民地的公民，在马来西亚日为沙巴州或沙捞越州或文莱的常住居民，并符合下列规定之一者，即可依法取得公民资格：

(1)在沙巴州与沙捞越州所辖地区内出生者；

(2)在上述地区登记或加入国籍成为公民者。

第二部分

[第十四条第一款第二项]在马来西亚日或其后出生依法取得公民资格者

第一条

除本宪法第三部分另有规定者外，凡在马来西亚日或其后出生的下列人员，均可依法取得公民资格：

1. 凡在联邦境内出生，而在其出生时，其父母中至少有一人为公民或常住居民者；

363

2. 凡在联邦境外出生,在其出生时其父为公民并为在联邦境内出生者,或者当其出生时,其父在联邦或州服务者;

3. 凡在联邦境外出生,在其出生时其父为公民,并在其出生后一年内,或在特殊情况下,经联邦政府批准的较长时期内,向联邦领事馆登记,或者在文莱或以最高元首命令专门规定的地区出生,向联邦政府登记者;

4. 凡在新加坡出生,而在其出生时,其父母中至少有一方为公民,并且非根据本款规定不得成为依出生取得公民资格者;

5. 除依本段之规定外,出生于联邦境内但非任何一国公民者。

第二条

1. 凡在其出生时,其父并非公民并且享有最高元首所授予的外交使节所享有的不受任何法律起诉的外交豁免权者,或者其父当时为敌国侨民并且其出生地属于敌人占领区者,则不得依据第一条第一款、第四款或第五款的规定取得公民资格。

2. 第一条第二款所指的在联邦境内出生包括马来西亚日前在沙巴州与沙捞越州所辖地区内出生。

3. 为第一条第五款之目的,凡依据相应于该条第五款的其他规定在出生后一年内取得公民资格者,应视为由出生取得公民资格者。

第三部分

[第三十一条]有关公民资格的补充规定

第一条 [部长]

本宪法第三部分规定的联邦政府职能,应由最高元首随时指定的联邦部长执行,本附表中凡提到部长之处均应照此解释。

第二条

对联邦政府依据本宪法第三部分所作的决定,不得向任何法院提出上诉或要求复查。

第三条(已废止)

第四条

1. 部长可委托联邦政府的官员,或经任何州统治者或州元首同意,委托该州政府的任何官员,执行本宪法第三部分规定的有关登记取得公民资格和保存登记名册的任务,以及在决定是否要依据第二十五条第一款第三项或第二十六条颁发命令之前,委托上述官员执行第二十七条规定的任何职能;但任何人如对上述代行部长职能人员的决定不满,得向部长本人投诉。

2. 部长亦可在州元首同意下委托沙巴州或沙捞越州的官方机构(不论是否规定向部长本人投诉的条件),执行第二十八A条第六款所规定的,但无须依据同条第七款委托的部长职能。

3. 第一款有关登记取得公民资格的规定,同样适用于第十九A条第二款规定的登记事项;第一条有关依据第二十六条颁发命令的规定,同样适用于第十九A条第四款规定的取消登记事项。

第五条(已废止)

第六条 [部长的职能]

除联邦法律另有规定者外,部长可制定规则与格式命令,以执行本宪法第三部分规定的任务。

第七条

在执行本宪法第三部分的规定时,联邦政府对在联邦境外出生者延长登记期限的权力,可在实行登记以前或以后行使。

第八条(已废止)

第九条

部长依据第二十七条发通知书给任何人,可送交其最后所知的地址,如果此人未满二十一周岁(已婚妇女除外),可将通知书送交其父母或监护人;若地址不详,经充分调查后仍不能确定时,依据本条所应发出的通知书,可刊载在政府公报上。

第十条

1. 部长应负责编制并保管:

(1)登记为公民者的名册;

(2)加入国籍成为公民者的名册;

(3)依照第三十条第一款的规定发给国籍证书者的名册;

(4)依据本宪法第三部分的规定放弃或被剥夺公民资格者的名册;

(5)(已废止)

(6)第一项至第四项所指的名册按姓名的字母顺序编制索引。

2. 本条所指的登记或加入国籍成为公民,应按第二十八条的规定解释,如同本条包括在该条的各项规定之内。

第十一条

如果部长有理由认为依据第十条编制的名册有错误时,应通知有关人员并在考虑其本人陈述后,就名册中需要更正的错误进行修改。

第十二条

除第十一条的规定外,上述名册为有关事项的结论性证据。

第十三条至十五条(已废止)

第十六条 [违法行为]

1. 凡有下列违法行为者,应判处监禁两年,或罚款一千元林吉特,或两者并罚:

(1)捏造情况,企图蒙蔽部长批准或拒绝依据本宪法第三部分所提出的任何申请,包括要求就申请人是否依法取得公民资格作出裁决的申请;

（2）伪造或非法涂改在联邦境内或境外颁发的证件，或非法使用或持有伪造或非法涂改的证件；

（3）未遵照依据第六条所制定的规则呈交所需的证件；

（4）冒充他人，或假冒联邦或其他地区正式颁发的证件的持有人或隐瞒其本人为该证件的持有人。

2. 本条所指的证件，指依据本宪法第三部分规定颁发的下列证书——

（1）登记或加入国籍成为公民的证书；

（2）在联邦领事馆或联邦境外其他地区登记的证书；

（3）第三十条所指的任何证书。

第十七条　［解释］

本宪法第三部分中，凡提到其父或其父母中的一方之处，如此人为私生子，应解释为其母；相应地，本附表第十九条的规定不适用于此人。

第十八条

对于养子，凡收养已依在联邦有效的成文法，包括独立日前施行的法律的规定登记者，第十五条第三款的规定同样适用，但该款中凡提到其父之处应解释为其养父，该款与本附表第三部分第九条凡提到其父母之处，应解释为其养父母。

第十九条

在本宪法第三部分中，凡提到任何出生时其父的公民身份之处，如该人系遗腹子，应解释为其父死亡时的公民身份；如其父在独立日前死亡，而该人于独立日或其后出生者，则其父如果在独立日后死亡时可能享有的公民身份，应视为其父死亡时的公民身份。本条关于独立日前后的规定同样适用于马来西亚日前后。

第十九 A 条

为本附表第一部分或第二部分的目的，凡在注册过的船舶或飞机上出生者，应视为在该船舶或飞机的注册地出生；凡在他国政府拥有的未注册船舶或飞机上出生者，应视为在该外国出生。

第十九 B 条

为本附表第一部分或第二部分的目的，在任何地方发现的新出生的弃婴，在查明真相前，应假定为该地出生并且其母为该地常住居民；上述弃婴被发现的日期应视为其出生日期。

第十九 C 条

为本附表第一部分或第二部分目的，如果当时，且只有当时，是在联邦居住，并符合下列任何一条者，应视为在任何时期皆为联邦常住居民：

（1）当时已获得依据联邦法律颁发的无限期居留许可证；

（2）由联邦政府证明，在执行上述规定时应视为

联邦常住居民者。

第二十条

1. 在计算本宪法第三部分所规定的在联邦居住时间时，下列时间应视为在联邦居住的时间：

（1）离开联邦不满六个月；

（2）经有关部长随时作出的一般或特别批准，按规定期限出国留学而离开联邦的时期；

（3）因健康关系而离开联邦的时期；

（4）因联邦或任何一州的公务而离开联邦的时期，但以同其居住期的必要连续性不相抵触者为限；

（5）因有关部长一般规定或特别规定的其他原因而离开联邦的时期。

2. 计算本宪法第三部分所规定的在联邦居住时间时，下列时间不得视为在联邦居住的时间，但下述第三项所指的时期如系有关部长所同意者不在此限：

（1）非法在联邦居住的时期；

（2）依马来亚联邦成文法之规定在监狱中服刑，或被扣留在任何法定的拘留场所，但被扣留在精神病院的时期除外；

（3）依据联邦移民法律的任何规定，由颁发通行证或豁免令的机关准许暂时在联邦居住的时期。

3. 为本宪法第三部分的目的，凡涉及规定日前已在联邦居住的人员，该规定日包含在第一款所指的任何离开联邦时期内，则此类人员应视为在规定日在联邦居住。

4. 本条针对整个联邦所作的规定同样适用于马来西亚日前的联邦任何组成部分，或其所辖地区；凡涉及上述辖区时，第一款第四项所指的州公务，包括在马来西亚日前对各该辖区具有管辖权的政府的公务；凡涉及马来西亚日或其后的任何日期时，第三款的规定对于沙巴州与沙捞越州的所辖地区应视同上述地区同样为联邦的组成部分而适用。

第二十一条

在执行本宪法第三部分的规定时，"联邦领事馆"包括代表联邦执行领事职务的任何办事处。

第二十二条

除上下文另有规定者外，本附表中凡提到本宪法第三部分之处应理解为包括本附表在内。

附表三

［第三十二条与第三十三条］最高元首与副最高元首的选举

第一部分　最高元首的选举

第一条

1. 凡统治者皆有资格当选为最高元首，但属于下列情况之一者除外：

（1）未成年者；

（2）已通知其掌玺大臣表明本人不愿当选者；

（3）统治者会议以秘密投票方式议决，由于心智或身体虚弱或其他原因，不适合执行最高元首职务者。

2. 依据本条所作的决议，必须获得至少五名统治者会议成员投票赞成，方得通过。

第二条

统治者会议应建议按第四条制定的选举名单列在第一位并且有资格当选的州统治者担任最高元首职位。如果他不接受该职位，应建议名单上排列第二位的州统治者担任最高元首，依此程序进行，直至有一名统治者接受该职位为止。

第三条

在一名统治者接受按第二条规定向其提出的担任最高元首职位的建议后，统治者会议应公布其当选，掌玺大臣应当将选举结果以书面通知议会两院。

第四条

1. 选举名单：

（1）在第一次选举时，该名单必须包括有统治者的各州，并按照各州统治者当时互相承认的先后次序排列名次；

（2）涉及以后的选举时，该名单应作第二款规定的变更，直至按第三款的规定重新制订为止。该项重新制定的选举名单，在下次选举时又应按第四款的规定变更。

2. 第一次选举时有效的名单需作如下变更——

（1）每次选举后，任何排列在当选者前面的州，应当按照当时名单中的次序移至最末一位，已当选的州必须从名单中删去。

（2）选举名单上的任何州的统治者更迭后，该州应当移到名单最末一位，如在同一天有不止一州的统治者更迭时，这些州应按名单上原来的次序依次移至末端。

3. 当按第二款规定变更后，名单上已一州不剩，或当选举时，在该名单上的州的统治者均无当选资格或都不愿接受最高元首职位，则选举名单必须重新制订，以便包括有统治者的各州，排列次序如下：凡统治者当选最高元首的各州，按照担任该职位的先后排列；其他各州（如有）则随后依照重新制订的选举名单的次序排列。

4. 在按重新制订的选举名单进行每一次选举后需作如下变更：

（1）任何排列在当选者前面的州，必须按照当时表中的次序，移至名单的末端；

（2）其统治者已当选的州必须排在名单的最后。

第二部分　副最高元首的选举

第五条

凡统治者皆有资格当选为副最高元首，但属于下列情况之一者除外：

（1）无资格当选为最高元首者；

（2）已通知掌玺大臣表明本人不愿当选者。

第六条

在最高元首缺位期间，统治者会议不得选举副最高元首。

第七条

统治者会议应向有当选资格的统治者建议担任副最高元首职位。该统治者应当为在位最高元首死亡，有资格接受建议担任最高元首的第一人选。如果该州统治者不接受副最高元首职位，统治者会议必须建议第二位，依此程序进行，直至有一名统治者接受该职位为止。

第三部分　最高元首的解职

第八条

除非获得至少五名统治者会议成员投票赞成，统治者会议关于免去最高元首职务的决议不得通过。

第四部分　通则

第九条（已废止）

第十条

第四条第三款所指的统治者包括曾经担任统治者的人。

附表四

［第三十七条］最高元首及副最高元首的就职誓词

第一部分　最高元首誓词

我————，马来西亚最高元首谨此宣誓：

依据此项誓词郑重和忠诚地宣告，朕一定遵循已公布或将来随时会公布的法律与宪法，公正和忠实地执行马来西亚行政职务。朕还郑重和忠诚地宣告，朕在任何时候都将尽力保护伊斯兰教，维护国内的法治与秩序。

第二部分　副最高元首誓词

我————，当选为马来西亚副最高元首，谨此宣誓：

依据此项誓词郑重和忠诚地宣告，朕一定忠实地执行马来西亚法律与宪法的规定，或将来不时会规定的作为副最高元首的职务。

第三部分　誓词英译文（略）

附表五

［第三十八条第一款］统治者会议

第一条

除本附表下列规定外，统治者会议由各州统治者殿下及——在无统治者的州——各州元首组成。

第二条

任何州统治者殿下或州元首在统治者会议中的

成员地位,如果该州宪法另有规定,可由该州宪法所规定的人士代替。

第三条

统治者会议应当有一御玺,由会议任命一人掌管之。

第四条

依据第三条被任命者,称为掌玺大臣,兼任统治者会议秘书,并遵照统治者会议的旨意担任职务。

第五条

统治者会议以过半数的成员构成法定人数,除本宪法已有规定者外,会议可自行决定其议事程序。

第六条

在最高元首或三名以上统治者会议成员要求开会时,掌玺大臣必须召集会议,即使无人提出要求,在最高元首任期届满之日的四星期之前,及当最高元首职位或副最高元首职位空缺时,亦必须召集会议。

第七条

当统治者会议的议事目的,涉及最高元首的选举或解职,或副最高元首的选举,或只涉及统治者殿下的特权、地位、荣誉和尊严,或行为、礼仪或典礼时,无统治者的州,其州元首不得成为会议的成员。

第八条

如遇统治者会议成员意见不一致时,必须以投票者的多数票决定,但附表三的规定除外。

第九条

依据本宪法规定须由统治者会议表示同意、作出任命、提出建议时,均须加盖御玺。对于建议中的任何任命事项,如果超过半数的会议成员以书面向掌玺大臣表示同意该项任命时,掌玺大臣必须加盖御玺,以表明会议的建议,而无须召集会议。

附表六

[第四十三条第六款] [第四十三B条第四款]
[第五十七条第一A款第一项]
[第五十九条第一款] [第一百二十四条]
[第一百四十二条第六款]宣誓与誓词的格式

(1)就职与效忠誓词

"本人_____,当选(或受任命)担任_____职,兹郑重宣誓(或保证):本人将竭尽所能,忠实地执行该项职务,并愿忠诚效忠马来西亚,维护、保护和捍卫其宪法。"

(注:除联邦法院首席大法官外的联邦法院法官、上诉法院法官或高等法院法官的誓词中,该项职务应改为"本人在该职位或其他职位的司法职务")

(2)议会议员就职与效忠誓词

"本人_____,当选(或受任命)为下议院(或上议院)议员。兹郑重宣誓(或保证):本人将竭尽所能,忠实地执行该项职务,并愿忠诚效忠马来西亚,维护、保护和捍卫其宪法。"

(3)保密誓词

"本人_____,兹郑重宣誓(或保证)本人在_____职务上,除为执行该项职务的需要或经最高元首特别批准者外,决不直接或间接地向任何人传达或泄漏任何提供给本人考虑或知悉的事项。"

附表七

[第四十五条]上议员的推选与卸任

第一部分 上议员的推选

第一条

1.(已废止)

2. 如果由州推选的上议员议席出现空缺,最高元首应立即通知有关州的统治者或州元首进行补选,有关州的统治者或州元首应要求州立法议会尽快推选一名议员补缺。

第二条

1. 上议员候选人的提名,必须由该州议会的议员提议及附议,提议人及附议人必须提交一份由被提名者签名并表示如果当选愿意担任上议员的书面声明。

2. 所有提名书收齐后,主席应将被提名者的姓名,按字母顺序公布,并按该顺序交付表决。

3. 每一名出席的议员皆有权投票,其票数与应填补的席位数目相同,投赞成票给每一名候选人的议员姓名应予记录;如有任何议员的投票数超过本款规定原数,多投的票无效。

4. 主席应当公布得票数最多的候选人为当选。如候选人中有两人或两人以上票数相等,且候选人数目多于应填补的空缺时,应以抽签方式决定由谁当选。

第三条

不论第二条如何规定,如果在补选因故出缺的上议员议席的同一次会议上还需补选因任期届满出缺的上议员席位时,应先补选因任期届满出缺的议席,然后再以独立的推选程序补选因故出缺的席位。

第四条

主席应当以本人签署的书面文件,向上议院秘书证明,依照本附表规定当选为上议员者的姓名。

第五条

如果对任何上议员的当选是否符合本附表的规定提出异议,由上议院作出裁决,上述裁决为最后决定,但是未按第一条第二款规定尽快进行补选,不得使任何上议员的补选自行失效。

附表八

[第七十一条] 州宪法应增补的条款

第一部分　最后条款

第一条　[统治者依据建议行使职权]

1. 统治者依据州宪法或任何法律以统治者会议成员身份行使职权时，除联邦宪法或州宪法另有规定者外，必须根据州执行委员会或其授权的全权委员的建议行使职权，但统治者必须有权要求州执行委员会向他通报有关该州政府的任何情况。

1A. 统治者依据州宪法或任何法律以统治者会议成员身份行使职权时，如果统治者须按建议或依建议而行为，则统治者应当接受该建议并依建议行事。

2. 除联邦宪法规定的情形外，统治者可自行决定行使下列职权（不包括依据联邦宪法规定统治者可自行决定执行的职权）：

(1) 任命州务大臣；

(2) 拒绝同意解散州立法议会的请求；

(3) 请求统治者会议召开只讨论统治者特权地位、荣誉与尊严，或宗教行为、礼仪或典礼等事项的专门会议；

(4) 作为伊斯兰教领袖的职权或涉及马来人习俗的职权；

(5) 指定继承人、配偶、摄政或摄政委员会；

(6) 按马来惯例授予衔级、称号、荣誉、尊严及其有关职权；

(7) 制定王室宫庭法规。

3. 州法律得规定统治者应在征询州执行委员会以外的个人或个人组成的群体的意见后或根据他们的建议行使其职权，但下列职权除外——

(1) 统治者可自行决定行使的职权；

(2) 州宪法或联邦宪法有明文规定行使的职权。

第一A条　[针对统治者的诉讼]

1. 如果统治者被在依本宪法所设置的特别法庭内依任何法律提出了刑事指控，他应停止行使州统治者的职能。

2. 在州统治者依本条第一款之规定停止行使职能期间，在可能的情况下应任命摄政或摄政委员会行使州统治者的职能。

3. 如统治者被特别法庭判决有罪并处于一日以上的监禁，除非其获得不附条件的赦免，则他将不再担任统治者。

第二条　[州执行委员会]

1. 统治者应任命一个执行委员会。

2. 执行委员会的任命程序如下：

(1) 统治者首先任命一名他认为能获得州立法议会多数议员信任的州立法议会议员作为州务大臣，主

持执行委员会；

(2) 统治者应根据州务大臣的建议，从州立法议会议员中任命四至八人为执行委员会委员；

如果上述任命是在州立法议会解散时作出，属于该届州立法议会的议员可以被任命，但在新届州立法议会举行第一次会议后，除身为新届州立法议会议员者外，应即终止任职。

3. 不论本条如何规定，凡加入国籍或依据联邦宪法第十七条登记成为公民者，不得被任命为州务大臣。

4. 统治者在任命州务大臣时，如他认为出于遵守本条各项规定的需要，可自行决定，无须受该州宪法中限制其选择州务大臣的任何条款的约束。

5. 执行委员会对州立法议会集体负责。

6. 如果州务大臣不再获得州立法议会多数议员信任时，除统治者应其请求解散州立法议会外，则应当提出执行委员会总辞职。

7. 除第六款另有规定者外，州务大臣之外的州执行委员会委员的任期由统治者任意决定，州执行委员会委员得随时辞职。

8. 州执行委员会不得从事与其本人主管的任何事务或部门有关的行业、商业或专业活动。凡从事任何行业、商业或专业的执行委员会委员不得参与执行委员会关于该行业、商业或专业的决定，也不得参与作出任何可能影响其金钱利益的决定。

第三条　[州立法机关]

州立法机关由统治者和一院制的议会即立法议会组成。

第四条　[州立法议会的组成]

1. 州立法议会由民选议员组成，其人数由该州立法机关以法律规定。

2.（已废止）

第五条　[州议员资格]

凡年满二十一周岁，居住在该州的公民，均有资格当选为该州立法议会的议员，但依据联邦宪法（即本宪法），或联邦宪法附表八第六条所指的丧失担任议员资格者除外。

第六条　[州议员资格的取消]

1. 除本条另有规定者外，凡属于下列情况之一，即被取消担任州立法议会议员资格——

(1) 被认定或宣布为心智不健全者；

(2) 宣告破产尚未清偿债务者；

(3) 担任受薪职位者；

(4) 如被提名为国会任何一院或州立法议会的候选人后，或担任候选人的选举代理人后，未在法定期限内按法定方式缴纳选举费用者；

(5) 如因犯罪而被联邦任何一法院（或在马来西亚日前被沙巴、沙捞越或新加坡的法院）判定有罪，并

被判处一年以上徒刑或罚款两千以上马元而未获无条件赦免者；

（6）依据有关惩治违反议会任何一院或州立法议会选举法的规定而犯有此类违法行为，或在有关选举的诉讼中被证明犯有违法行为，而被取消资格者；

（7）自愿取得外国公民资格，或在外国行使该国公民的各项权利，或声明效忠任何外国者。

2. 依据本条第一款第四项或第五项作出的取消任何人议员资格的决定，可由统治者予以撤销，如果未被撤销，则在规定缴纳第四项所指的选举费用之日起五年期满后，或在第五项所指被判监禁者获释之日起或所判罚款交纳之日起五年期满后，应即停止生效；任何人不得仅因其在取得公民资格前的行为而被依据第一款第七项的规定取消资格。

3. 不论本条以上各款如何规定，在依据第一款第五项或依据第六项所指的法律取消州立法议会议员的资格时——

（1）该项取消资格必须在该议员——

①在第五项所指称的罪行定罪及处罚后；

②或在因违法行为或违犯第六项所述法律而被定罪或宣判有罪的十四日期满后生效。

（2）如果在第一项规定的十四日内，对该项判罪或处罚提出上诉或提交另一法院审理，则该项取消资格必须在该项上诉或另一法院审理结束后的十四日期满后生效。

（3）如果在第一项规定的十四日内，或在第二项规定的上诉或由另一法院审理结束后的十四日内，提出一项赦免请求，则该项取消资格必须在该项请求完成后立即生效。

4. 第三款的规定不适用于任何人被提名或竞选州立法议会议员时，其取消资格发生在第一款第五项或第二款所指事件时立即生效者。

5. 任何辞去其所属州或任何州立法议会成员者，在其辞职生效之日起的五年之内不具备当选此州立法机关议员的资格。

第七条 ［禁止双重议员的规定］

任何人不得成为一个以上选区的州议员。

第八条 ［取消资格的裁决］

1. 如果对任何州议员被取消资格产生任何疑问时，由州立法议会作出裁决，州立法议会所作的裁决是结论性的和终局的。但本条之规定不得妨碍州议会暂缓作出裁决的惯例，以便采取或决定足以影响其裁决的任何程序（包括撤销该项取消资格的程序）。

2. 在依据第六条第一款第五项的规定及同条第一款第六项所指的法律取消州立法议会议员资格时，本条第一款规定不得适用，该各州立法议会议员应即停止任职，其议席在依据第六条第三款取消资格后立即空缺。

第九条 ［州立法议会的召开、休会及解散］

1. 统治者应当不时召开州立法议会，上次会议最后一日至下次会议第一日之间的间隔不得超过六个月。

2. 统治者有权宣布州立法议会休会或解散。

3. 除被提前解散者外，州立法议会任期五年，自第一次会议召开之日起算，期满即自行解散。

4. 州立法议会每次解散后，须在解散之日起六十日内举行大选。新一届州立法议会至迟应在解散之日起一百二十日内召开。

5. 州立法议会议席如因故出缺，应在选举委员会确认其空缺之日起六十日内填补；但是如果确认议席因故空缺的日期是在州立法议会依照本条第三款规定应自行解散前五年内，则无须进行补缺选举。但如果议长通知选举委员会，该空缺将影响到议会多数党在数量上的优势，则该空缺应当在选举委员会收到通知之日起的六十日内填补。

第十条 ［州立法议会议长］

1. 州立法议会应不时从议员中选举一人为议长，议长缺位时，除选举议长外，不得处理任何事务。

1A. 非为州立法议会议员或不具备当选立法会议员资格者，不得被选举为州立法议会议长。

1B. 非州立法议会议员当选为立法议会议长者——

（1）在就职之前，应当向立法议会作就职宣誓；

（2）因其就任立法议会议长一职而成为选举产生的议员之外的议员。

除第二项之规定外，为实施本条第二款之目的，任何人不因本款之规定而在议会中对任何事项具有表决权。

2. 州立法议会议长得随时辞职并使该职位空缺：

（1）在议会大选后第一次开会之前；

（2）非因议会被解散而不再成为立法议会之议员或依第1B款第二项之规定而成为议员者不再具备当选议员资格者；

（3）依第四款之规定而不具备当选议员资格者；

（4）立法议会不论何时被解散者。

3. 州立法议会开会时如遇议长缺席，可按州立法议会议事规则推选其他议员代理议长。

4. 被选举担任立法议会议长之职三个月后，议长不得继续担任或受聘担任任何团体，不论是否法人，或任何商业、工业或其他企业的任何董事会或管理委员会的成员、职员或雇员，或参与上述机构或团体的事务及业务，不论是否领受薪俸、报酬、利润或其他利益，应即取消其担任选举委员会主席资格；

但是如果上述机构或团体从事福利或志愿工作，其宗旨对社会或其任何部分有益，或系慈善福利性质的机构或团体，并且该成员并未领受任何薪俸、报酬、利润或其他利益时，则不得援引上述规定而取消其议长职位。

5. 如果对按第四款规定取消议长资格产生任何疑问时，由州立法议会作出最后裁决，其裁决为结论性的和终局性的。

第十一条　[立法权的行使]

1. 立法机关行使立法权的方式为由州立法议会通过法案，并由统治者批准。

2. 非经州执行委员会的成员向州立法议会提出或建议，凡涉及由州统一基金拨付支出的法案或修正案不得提出。

2A. 统治者应当在法案向其提交之日起的三十日内批准该法案。

2B. 如果统治者未在第二A款所规定的期限内批准某法案，则法案在第二A款所规定的期限届满后视为已获得统治者的批准而成为法律。

3. 法案在统治者批准后或依第二B款所规定的方式即成为法律，任何法律必须在公布后方可生效，但不影响立法机关使任何法律延期生效或制定具有溯及力的法律的权力。

第十二条　[财政条款]

非经法律授权不得征税，非依法律的规定或授权，州不得为州之用途而征收任何税。

第十三条　[由统一基金拨付的支出]

1. 除州宪法或州法律规定应由州统一基金拨付的补助金、薪俸或其他款项外，下列款项应由州统一基金拨付——

(1)统治者的王室经费和州立法议会议员的薪俸；

(2)由州负担的一切债款；

(3)任何法院或特别法庭判决、决定或裁决确定应由州支付的任何款项。

2. 本条所指的债款，包括利息、偿债基金费用，一次或分期偿还的债款本金，同以统一基金担保筹集借款有关的费用，以及由此引起的一切服务和偿债费用。

第十四条　[年度财政报告]

1. 除第三款另有规定者外，统治者应促使向州立法议会提出每一财政年度的州收支预算报告，除州立法机关对任何年度另有规定外，报告应在每一财政年度开始之前提出。

2. 支出预算应分别列明——

(1)需由统一基金拨付的开支总金额；

(2)除第三款另有规定者外，建议由统一基金拨付的其他各项开支所需的拨款。

3. 财政报告的收入预算不包括伊斯兰教义捐、伊斯兰教开斋节施赠、伊斯兰教财务机关或类似性质的伊斯兰教收入；第二款第二项所规定的拨款项目不包括——

(1)州为特定用途借款所得的款项以及依据该项授权借款的法律拨出作为该特定用途的款项；

(2)州根据一项信托收得的并须按照该项信托的条件加以使用的任何款项或利息；

(3)已拨付作为依据联邦法律或州法律设立的任何信托基金、由州保管的任何款项。

4. 上述财政报告还应尽量列明州在上一财政年度终结时的资产与负债额，其资产的投资或持有情况，及未偿还债务的一般用途。

第十五条

除联邦宪法附表八第十四条第三款第一项和第二项所指的款项外，由统一基金拨付不属于州统一基金支出项目的款项应列入一项拨款法案中，该法案规定由州统一基金发放的支出所需的款项及专用拨款。

第十六条　[追加支出与超支]

在任何财政年度如果发现——

(1)拨款法案所规定的某项用途的款额不敷应用或某项用途所需之支出为拨款法案尚未有规定者；

(2)或者某项用途支出的款项，已超过拨款法案所规定的(如有)该项用途的款额时，应向州立法议会提出追加预算，列明所需或所付款项，并且上述任何支出的用途必须列入拨款法案内。

第十七条　[从统一基金提款]

1. 除本条下列各款另有规定者外，只有符合下列规定方可从统一基金提款：

(1)应由统一基金支付者；

(2)由拨款法案授权拨付者。

2. 非以联邦法律规定的方式不得从统一基金中提款。

3. 第一款的规定不适用于联邦宪法附表八第十四条第三款第一、二、三各项所述的任何款项。

4. 对于任何财政年度，州立法机关得在拨款法案通过之前，批准该年度部分时期的支出并由统一基金拨付上述支出所需款项。

第十八条　[对州雇员的公平待遇]

在州机关中服务的同级雇员不分种族，依照雇用条件，享有获得公平对待的权利。

第十九条　[宪法的修改]

1. 在修改州宪法时必须遵守本条下列各款规定。

2. 凡涉及统治者、酋长及类似的马来族传统职位的继承和地位的规定，州立法机关不得修改。

3. 除本条下列各款另有规定者外，其他任何规定可由州立法机关通过立法予以修改,但不得以其他方式修改。

4. 任何修改州宪法的法案(不适用本款规定者除外),非按第二款及第三款规定分别获得州立法议会全体议员的三分之二以上议员投票赞同,不得在州立法议会通过。

5. 第四款的规定不适用于下列修正——

(1)对于联邦宪法附表八第四条或第二十一条所指称的法律有关涉的任何修正;

(1A)因依据联邦宪法第二条(州立法议会与统治者已同意者)通过法律修正州边界而对该州领土定义所作的任何修正;

(2)旨在使该州宪法符合本附表规定的任何修正,但上述修正只能由按照本附表第四条规定选举出的州立法议会提出。

6. 不得援引本条的规定使州宪法涉及下列事项的修正,因征得某一部分个人的同意而无效——

(1)关于州统治者继承人、统治者配偶、摄政或摄政委员会成员的指定、任命及其标志;

(2)统治者或其继承人的罢免、废黜或退位;

(3)酋长、类似的马来族传统职位、宗教或习俗的咨询委员会或类似机构成员的任命及其标志;

(4)马来族传统衔级、称号、荣誉、奖赏及其持有者的标志以及宫廷的管理。

7. 本条所指的修改,包括增补与废止。

第十九 A 条 ［关于马六甲、槟榔、沙巴与沙捞越州州元首的规定］

1. 州元首由最高元首同首席部长磋商后,自行决定任命。

2. 州元首的任期为四年,但得随时以亲笔辞呈向最高元首辞职,并得由最高元首根据该州立法议会以全体议员的三分之二以上多数票通过的要求予以解职。

3. 州立法机关得立法规定,最高元首有权在同首席部长磋商后,自行决定任命一人,在州元首因疾病、缺席或其他原因不能理事期间,代行州元首职权。

但是代理州元首的人选应为州元首合格者。

4. 依照第三款规定任命的代理州元首有权在任代理州元首期间代表州元首出席统治者会议。

第十九 B 条 ［州元首的资格与不得从事的事项］

1. 非各州公民、加入国籍成为公民者或根据联邦宪法第十七条登记成为公民者,均无资格被任命为州元首。

2. 州元首不得担任任何新公职,亦不得积极参与任何商业活动。

第十九 C 条 ［州元首年俸］

州元首的年俸由州立法机关以法律规定,由统一

基金拨付,并且在州元首任期内不得削减。

第十九 D 条 ［州元首的就职誓词］

1. 州元首在行使职务前,须在高等法院首席法官或高等法院法官主持下按下列誓词宣誓并签字——

本人_____,受命为_____州的州元首。郑重宣誓(或保证):本人将竭尽所能忠实地执行职务,并愿真诚效忠_____州与马来西亚联邦,维护、保护与捍卫马来西亚宪法与_____州宪法。

2. 依据第十九 A 条第三款制定的任何法律,必须对第一款作出相应的规定(包括必要的修改)。

第二部分　作为本附表第一部分的替代性的临时条款

第二十条 ［执行委员会(第二条的替代性条款)］

1. 统治者应任命一个执行委员会。

2. 执行委员会应依如下规定任命——

(1)统治者必须先任命一名他认为能获州议会多数议员信任的人为州务大臣,主持执行委员会;

(2)统治者必须根据州务大臣的建议,任命四至十人为执行委员。

3. 不论本条作何规定,凡加入国籍或依据联邦宪法第十七条登记为公民者,不得被任命为州务大臣。

4. 统治者任命州务大臣时,如他认为出于遵守本条各项规定的需要,可自行决定,无须受该州宪法中限制其选择州务大臣的任何条款的约束。

5. 执行委员会对州立法议会负集体责任。

6. 州务大臣如果自任命日起三个月内未获得州立法议会通过对他的信任案应即终止任职。如果州务大臣在任何时候不再获得州立法议会多数议员信任时,除统治者根据其请求解散州立法议会外,应立即提出执行委员会集体辞职。

7. 除第六款的规定外,州务大臣以外的其他执行委员会委员的任期由统治者任意决定,但执行委员会委员得随时辞职。

8. 执行委员会委员不得从事与其本人主管的事务或部门有关的行业、商业或专业活动,凡从事任何行业、商业或专业活动的执行委员会委员,不得参与执行委员会关于该行业、商业或专业的决定,也不得参与作出任何可能影响其金钱利益的决定。

第二十一条 ［州立法议会的组成(第四条的替代性条款)］

1. 州立法议会由下列人员组成——

(1)选举产生的议员若干,其人数由州立法机关立法规定;

(2)由统治者任命的议员若干人,其人数应少于民选议员;

民选议员的人数,在州立法议会另行立法规定前,按联邦宪法第一百七十一条的规定执行。

2. 不论联邦宪法附表八第六条有何规定，任何人不得仅因其担任高薪公职而取消其被任命为州议员的资格。

第三部分

第二十二条 ［第一部分和第二部分的规定在马六甲州与槟榔屿州施行时的修改］

本附表第一部分和第二部分的规定在马六甲州与槟榔屿州施行时，凡提到统治者之处应一律改为州元首，并删去下列条款及字句：第一条第二款第三项至第七项，第二条第四款，第十九条第二款和第六款，第二十条第四款，第十四条第三款中"第二款第二项所规定的拨款项目"以前的文句，以及第十九条第三款中第一次出现的"其他"一词。

第二十三条

本附表第一部分关于槟榔屿州与马六甲州的规定同样适用于沙巴州与沙捞越州。

附表九

［第七十四条］ ［第七十七条］立法事项表
第一表 联邦管辖事项

第一条

对外事务，包括——

(1)同其他国家缔结的条约、协定及协约，及使联邦与任何其他国家发生关系的一切事务；

(2)履行同其他国家缔结的条约、协定及协约；

(3)外交、领事及商业代表；

(4)国际组织，参加国际组织及履行其决定；

(5)引渡罪犯，通缉逃犯，进入联邦、移居外国及驱逐出境；

(6)护照，签证，入境证或其他证书，检疫；

(7)域外管辖权；

(8)前往马来西亚以外地区朝圣。

第二条

联邦及其任何地区的防务，包括——

(1)海、陆、空军及其他武装部队；

(2)附属于联邦的武装部队，或与其共同采取军事行动的任何武装部队，来访武装部队；

(3)防御工事，军事与保护区，海军、陆军及空军基地，兵营、飞机场及其他工事；

(4)军事演习；

(5)战争与和平，外敌与敌侨，敌产，与敌方通商，战争损害，战争风险保险；

(6)武器、枪械、弹药及爆炸物；

(7)国民服役；

(8)民防。

第三条

内部安全，包括——

(1)警察，刑事调查，罪犯登记，公共秩序；

(2)监狱，感化院，青少年拘留所，拘留所，缓刑，少年犯；

(3)预防性拘留，限制居留；

(4)情报服务；

(5)国民登记。

第四条

民事及刑事法与诉讼程序，以及司法管理，包括——

(1)除伊斯兰教法庭外，所有法院的设置与组织。

(2)所有上述法院的管辖范围及职权。

(3)法官及主持上述法院者的薪俸及其他特权。

(4)在上述法院执行律师业务的适格人员。

(5)除第二项另有规定外，还包括下列各项——

①契约；合伙，代理及其他特别契约；雇佣关系；旅馆及旅馆管理人员；可起诉的过失；财产的转让与抵押(土地除外)；无人认领与承领的财产；平衡法与信托；婚姻、离婚与嫡系；已婚妇女的财产与地位；联邦法律的解释；票据；法定声明书；仲裁；商业法；商业注册与商号；成年年龄；婴儿及未成年人；领养；有遗嘱及无遗嘱的继承；遗嘱验证及遗产管理证；破产及无力偿还；宣誓与保证；时效；判决及庭令的互相执行；证据法律。

②第一项所述各项，不包括与伊斯兰教徒个人的婚姻、离婚、监护、抚养、收养、嫡系、家庭、馈赠或有遗嘱与无遗嘱的继承等相关的身份法。

(6)官方秘密，腐败行为。

(7)使用或展示不属于本州的徽章、纹章、旗帜、标志、制服、勋章与荣誉——属州者除外。

(8)违反联邦管辖事项表或联邦法律所规定的事项。

(9)对联邦管辖事项表或联邦法律所规定的事项的保障。

(10)海事管辖权。

(11)为施行联邦法律而对伊斯兰教法律与其他身份法的确定。

(12)赌注与彩票。

第五条

联邦公民权与加入国籍，外侨。

第六条

政府机构，属于州管辖事项表规定范围除外，但包括——

(1)议会两院及各州立法议会的选举及其一切有关事务。

(2)武装部队委员会及第十部分所设各委员会。

(3)联邦公共服务，包括设立联邦与各州共有的公共服务；两州以上共有的公共服务。

（4）养老金与去职补偿金，恩俸金及服务条件。

（5）吉隆坡及纳闽、布特拉加亚联邦直辖区的政府与行政，包括伊斯兰教法律，其范围与州管辖事项表中第一条所规定者相同；至于纳闽联邦直辖区、布特拉加亚联邦直辖区，包括土著法律及习俗，其范围与州管辖事项表关于沙巴州与沙捞越州的补充规定的第十三条所规定者相同。

（6）联邦政府的契约。

（7）联邦公共机关。

（8）为联邦用途而购买、征用、持有及处理的财产。

第七条

财政，包括——

（1）通货、法币及辅币。

（2）国民储蓄与储蓄银行。

（3）由联邦统一基金担保的借款。

（4）各州、公共机关与私人企业的借贷。

（5）联邦公债。

（6）财政与会计程序；包括联邦与州公款的征收、保管与支付程序，以及除联邦与州土地外的公共财产的购买、保管与转让。

（7）联邦、各州与其他公共机关的账目与稽查。

（8）税务，联邦首都的地方税。

（9）联邦管辖事项表，或联邦法律所规定的任何事项所需征收的费用。

（10）银行，放贷；典当、信贷管制。

（11）汇票、支票、期票及其他类似证券。

（12）外汇。

（13）资金筹集，股票及商品交易。

第八条

贸易、商业与工业，包括——

（1）货物的生产、供应及分销；物价统制与粮食统制；掺假食品与其他假货的查禁。

（2）货物进口与出口。

（3）法人团体（市政局除外，但包括联邦首都的市政局）的设立、管理与结业；外国法人团体的管理；对国内产品或出口产品的补贴。

（4）保险，包括强制保险。

（5）专利权，设计，发明权，商标与商业标志，版权。

（6）度量衡标准的设定。

（7）国内制造或出口货物质量标准的确定。

（8）拍卖与拍卖商。

（9）工业，工业管理。

（10）发展矿产资源；矿场、采矿、矿物与矿石；石油与油田；矿物与矿石的买卖，进口与出口；石油产品；矿场与油田的劳工与安全管理；但属于州管辖事

项表第二条第三款规定范围者除外。

（11）工厂，锅炉与机器，危险行业。

（12）危险品和易燃品。

第九条

船舶、航行与渔业，包括——

（1）公海、浅海与内河的船舶与航行；

（2）港口、码头与海滩；

（3）灯塔及其他航行安全设施；

（4）海上及内河捕捞和渔业，但不包括海龟捕捞；

（5）灯塔税；

（6）船舶失事与拯救。

第十条

交通与运输，包括——

（1）道路、桥梁、渡轮与其他依据联邦法律宣布为联邦所有的交通工具。

（2）铁路，但槟榔屿登山缆车除外。

（3）航空公司、飞机与空中航行；民航机场；飞行安全设施。

（4）海、陆、空的交通管制，但海港区以外完全在一州境内的河流除外。

（5）海、陆、空寄货运输。

（6）机动车辆。

（7）邮政与电讯。

（8）无线电、广播与电视。

第十一条

联邦工程及电力，包括——

（1）为联邦用途的公共工程。

（2）自来水供应、河流与运河（但纯属州内河或由有关各州签订合约管理者除外）；水力的生产、分配与供应。

（3）电力，煤炭与煤气工程，电力与能源，生产与分配的其他工程。

第十二条

调查、查询与研究，包括——

（1）人口调查；出生与死亡注册；结婚登记；领养养子注册，但按伊斯兰教法律或按马来族习俗领养者除外。

（2）联邦的调查；社会、经济与科学调查；气象观测机构。

（3）科学及工艺研究。

（4）调查委员会。

第十三条

教育，包括——

（1）初级、中级与大学教育；职业与技术教育；师资培训；教师、校董与学校的注册与管制；对特殊研究的鼓励；科学与文艺团体。

（2）图书馆，博物院，历史文物与古迹，考古学上

的遗址及遗物。

第十四条

医药卫生(包括联邦首都的环境卫生),包括——

(1)医院、诊疗与药房;医药专业;产科与儿童福利;麻风与麻风医院。

(2)精神病与精神缺陷,包括收容与治疗院。

(3)毒药与危险药品。

(4)麻醉药与酒精,药品的制造与销售。

第十五条

劳工与社会保险,包括——

(1)工会;工业与劳工纠纷;劳工福利,包括雇主提供劳工宿舍;雇主的责任与对工人的赔偿。

(2)失业保险,健康保险;寡妇孤儿与老年人抚恤金和养老金;产妇福利;公积金与慈善基金;退职津贴。

(3)慈善事业与慈善机构;慈善信托与信托人,但不包括伊斯兰教的承受产业;基督教徒的捐赠。

第十六条

土著福利。

第十七条

未特别列明的职业。

第十八条

除州假日以外的假日,时间标准。

第十九条

非法人社团。

第二十条

农业害虫的控制与预防,植物病害的防范。

第二十一条

报纸,出版物,出版者,印刷与印刷厂。

第二十二条

检查制度。

第二十三条

戏院;电影院;影片;公共娱乐场所,属于管辖事项表第五条第六款规定范围者除外。

第二十四条(已废止)

第二十五条

合作社。

第二十五A条

旅游。

第二十六条

防火与灭火,包括消防服务与消防队,属于共同管辖事项表第九条之一规定范围者除外。

第二十七条

所有涉及联邦直辖区的事务,包括州管辖事项表第二、三、四、五各条所规定的事项,就纳闽、布特拉加亚联邦直辖区而言,包括州管辖事项表关于沙巴州与沙捞越州的补充规定中第十五、十六及十七各条所规

定的事项。

第二表 州管辖事项

第一条

伊斯兰教法律与关于教徒个人与家庭的法律(吉隆坡及纳闽、布特拉加亚联邦直辖区除外),包括伊斯兰教法律关于有遗嘱及无遗嘱继承、订婚、结婚、离婚、嫁妆、赡养、领养、嫡系、监护、遗赠、遗产分割及非慈善性质的信托;伊斯兰教徒的水管产业,慈善与宗教性质信托的定义及条例,指定受托人及将完全在州内的伊斯兰教和慈善基金、机构、信托、慈善事业及慈善机构组成法人团体;马来族习俗;伊斯兰教义捐,伊斯兰开斋节施舍及伊斯兰教财务机关,或类似性质的伊斯兰教收入;伊斯兰教教堂或公众祈祷厅,制定及处罚触犯伊斯兰教教规的教徒,但属于联邦管辖事项表有规定的事项除外;伊斯兰教法庭的规章、组织及诉讼程序,伊斯兰教法庭只对伊斯兰教教徒及本条所述事项拥有管辖权,对一般罪犯无管辖权,但经联邦法律授权者不在此限;对信奉伊斯兰教者传播教义及信仰的管制;裁决有关伊斯兰教教律、伊斯兰教教义与马来族习俗的事项。

第二条

土地(吉隆坡及纳闽、布特拉加亚联邦直辖区除外),包括——

(1)土地所有权,地主与佃户的关系;地契和土地凭证的登记;植物、土地改良与土壤保护;租金的限制。

(2)马来族保留地,或沙巴州与沙捞越州的土著保留地。

(3)采矿许可证及执照,采矿租约及证书。

(4)强制征用土地。

(5)土地的转化,有关土地的典押、租借与抵押,在他人土地上的通行权。

(6)无继承人的土地,发现宝藏、古董除外。

第三条

农业与林业(吉隆坡及纳闽、布特拉加亚联邦直辖区除外),包括——

(1)农业及农业贷款;

(2)森林。

第四条

地方政府(吉隆坡及纳闽、布特拉加亚联邦直辖区除外),包括——

(1)地方行政机关;市政府;地方、镇及乡村管理局及其他地方当局,地方政府公共服务;地方税;地方政府的选举;

(2)地方当局辖区内受谴责的行业和公害;

(3)(已废止)

第五条

其他属于地方性的服务（吉隆坡及纳闽、布特拉加亚联邦直辖区除外）

(1)（已废止）

(2)公寓与旅馆；

(3)坟场与火葬场；

(4)牲畜待领场与牲畜侵扰；

(5)市场与集市；

(6)戏院、电影院与公众娱乐场所的执照。

第六条

州内工程及水——

(1)为州用途的公共工程。

(2)道路、桥梁与渡轮，及规定在该道路上车辆行驶的重量与速度，但属于联邦管辖事项表规定范围者除外。

(3)水（包括自来水供应，河流与运河）；泥沼管制；河岸所有权，但属于联邦管辖事项事务表规定范围者除外。

第七条

州政府机构，属于联邦管辖事项表规定范围者除外，但包括——

(1)王室经费及州养老金；

(2)纯属州的公共服务；

(3)由州统一基金担保的借款；

(4)为州用途的借款；

(5)州公债；

(6)属于州管辖事项表规定范围或由州法律规定的任何事项所需征收的费用。

第八条

州假日。

第九条

关于违犯属于州管辖事项表范围任何事项的规定，或违犯由州法律规定的任何事项的规定，对州法律及依据州法律采取的措施的验证，以及为执行州法律而对任何事项的查证。

第十条

根据州需要的调查，包括调查委员会，及关于州管辖事项表或州法律所规定的任何事项的统计资料的搜集。

第十一条

关于州管辖事项表或州法律所规定的任何事项的赔偿。

第十二条

海龟与河鱼捕捞。

第十二A条

除由联邦法律或经联邦法律宣布为属于联邦的图书馆，博物馆，远古的及历史上的纪念物、记录、考古场所、遗迹。

第二A表

［关于第九十五B条第一款第一项］州管辖事项表关于沙巴州与沙捞越州的补充规定

第十三条

当地法律与习俗包括关于个人的法律中涉及婚姻、离婚、监护、赡养、领养、嫡系、家庭法律、有遗嘱与无遗嘱的遗赠或继承；依据当地法律与习俗领养子的登记；涉及当地法律或习俗的诉讼的裁决；当地法庭的规章、组织与程序（包括出庭旁听的权利），以及此类法庭的管辖范围与职权，但只限于本条所规定的事项，而不涉及其他案件，但经联邦法律授权者不在此限。

第十四条

官方机构的设立及依据州法律设立的其他团体，为系由州法律直接设立者，亦包括其管理与结业。

第十五条

港口与码头，但不包括已依据联邦法律宣布属于联邦者；港口与码头水域或纯属州内河的水上交通管制(但联邦港口或码头水域的交通除外)；海滩。

第十六条

地籍测量。

第十七条

图书馆、博物院、历史文物与古迹，考古学上的遗址及遗物，但依据联邦法律宣布属于联邦管辖者除外。

第十八条

沙巴州的铁路。

第十九条（已删除）

第二十条

除属于联邦管辖范围内的水流供应与服务。

第二B表　（已废止）

第三表　共同管辖事项

第一条

社会福利；不属于第一表与第二表规定范围的社会服务；妇女、儿童与青少年的保护。

第二条

奖学金。

第三条

野生动物与野生鸟类保护，国家公园。

第四条

畜牧业，防止虐待动物，兽医服务，动物检疫。

第五条

城市及乡村规划，不包括联邦首都。

第六条

游民及流动小贩。

第七条

公共卫生、环境卫生（不包括联邦首都的环境卫生)与疾病的预防。

第八条

排水及水利灌溉。

第九条

矿区土地及水土流失土地的整治。

第九 A 条

关于建筑物建造及维修方面的防火安全措施及防火(不包括沙巴州与沙捞越州)。

第九 B 条

文化与体育。

第九 C 条

住房及住房贷款方面的规定,不动产改进信托。

第九 D 条

在遵守联邦管辖事项的前提下的水资源供给与服务。

第九 E 条

遗产的保护。

第三 A 表

[关于第九十五 B 条第一款第二项]共同管辖事项表关于沙巴州与沙捞越州的补充规定

第十条

有关个人的法律中涉及结婚、离婚、监护、赡养、领养、嫡系、家庭法律、有遗嘱的遗赠或继承的规定。

第十一条

掺假食品及其他假货的查禁。

第十二条

十五吨以下注册船舶的航行包括以这类船舶载客及运货,海上及内河捕捞和渔业。

第十三条

水力及水力发电的生产、分配与供应。

第十四条

农业与林业研究,农业害虫的控制与预防;植物病害的防范。

第十五条

州内慈善事业及慈善事业信托和机构(即纯属在州内创设或经营者)及其受托人,包括州内信托机构的创设、管理及结业。

第十六条

戏院,电影院,影片,公共娱乐场所。

第十七条

在间接选举期间举行州议会选举。

第十八条

1970 年底前的沙巴州(但不包括沙捞越州)的医药与卫生,包括联邦管辖事项表第十四条第一至四各款所述的事项。

第三 B 表 (已废止)

附表十

[第一百零九条][第一百一十二 C 条][第一百六十一 C 条第三款]拨给各州的补助金及税源

第一部分 人头补助金

第一条

1. 每一财政年度应按下列比率拨给每一州人头补助金:

(1)最初的十万人,每人七十二元;

(2)其次的五十万人,每人十点二元;

(3)其次的五十万人,每人十点八元;

(4)其次的五十万人,每人十一点四元。

应依联邦政府决定的州年度人口计划以及上一次人口普查结果计算。

如果上一次人口普查系该财政年度的前一年进行的,则该年的人头补助金应依该次人口普查结果确定。

2.(已废止)

第二部分 州道路补助金

第二条

每一财政年度应拨给每一州的道路补助金按以下方式和按比率确定:

(1)联邦政府在与国家财政委员会协商后确定的各州用于维持一英里道路所需的最低平均成本乘以

(2)各州有资格获得补助的道路的里程。

第三条

为第二条之目的——

1. 州公路的里程以上一财政年度 12 月 31 日的里程为准,前条第一项中的平均成本应以上一财政年度该州的平均成本计算。

2. 维持州公路指保护、维修、恢复州公路、构成道路之一部分的或与道路相连的道旁设施、桥梁、高架桥或涵洞桥以维持在最初建造之时或此后改进后的状态。

第四条

如果一定长度的州道路实际上由州的公共工程部门维持在或高于第二条第一款所述的最低标准且该公路由州公共工程部证明属于该地方机关的权限之内,维持在或高于第二条第一项所述的标准,则有权获得补助金。

第五条

本部分中的"州道路",指任何非联邦的公共道路,以及任何非联邦的公众可以使用的道路。

第六条

1. 联邦 1964 年、1965 年应当拨付给沙巴州或沙捞越州的道路补助金应以每英里 4500 马币的标准计算,沙巴州的道路里程以 1151 公里计算,沙捞越州的道路里程以联邦和沙捞越州政府同意的里程计算。

2. 第二条至第五条之规定，在以后应当作如下修正后适用——

（1）第二条第一项所规定的最低标准为州内公路的最低标准；

（2）任何由州负担支出的由地方机构负责维持的道路，均视为由州公共工程部维持的道路。

第三部分　分配给州的资源税

（1）从棕榈商店征收的税收。

（2）针对土地、矿产及森林征收的税收。

（3）针对非与水源供给及服务、机动车、电力安装以及商业登记相关的许可证征收的税收。

（4）娱乐业税收。

（5）非联邦法院征收的费用。

（6）由各州政府部门针对特定服务而征收的费用。

（7）镇管理委员会、镇委员会、乡村管理委员会、地方委员会以及类似地方机关，但不包括以下区域的机关：

①由市镇法设置的市镇；

②依成文法之规定，保留着财政收入及控制财政支出权力的镇管理委员会、镇委员会、乡村管理委员会、地方委员会以及类似地方机关。

（8）针对自然水流征收的费用。

（9）州资产出租而获得的收入。

（10）州收益产生的利息。

（11）由州土地及州资产的出售而获得的收入。

（12）非联邦法院的罚款及征收所得。

（13）扎卡特、菲特勒及回教财库等穆斯林的收入。

（14）宝库。

第四部分　对沙巴州及沙捞越州的特别补助

第一条

1. 每年授予沙捞越州5800000马币。

2. 1974年及其后四年内，分别授予沙巴州3500000、7000000、11500000、16000000及21000000马币，其后年份授予沙巴州的补助金依第一百一十二条之三审查决定。

第二条

1. 就沙巴州的情况而言，每年拨付给它的补助金的五分之二达到由联邦从该州获得的净收入将超过1963年联邦从该州获得的净收入，如果——

（1）马来西亚法在该年依1964年的方式对其适用；

（2）1963年净收入不考虑自马来西亚日（独立日）当天或其后的任何种税、费的变更。

（本条所指的"净收入"指给联邦带来的收入，扣

除依收入分配后由各州接收到的数额）

2. 如果沙巴州在1968年前的任何年份内获得的道路补助金少于5197500马币，则联邦应当为其补足差额部分。

3. 对沙巴州和沙捞越州任何一州而言，在1974年前的任何年份内，以及如果1974年州立法议会开始享有制定关于陆地或通过机械驱动的交通工具进行的客运、货运的法律之际，在该权力存续期间，应当向该州拨付相当于州道路维护部门支出的成本数额相当的补助金。

第五部分　授予沙巴州与沙捞越州的附加收入

（1）石油产品的进口税与货物税。

（2）木材与其他森林产品的出口税。

（3）只要对矿物（不包括锡，但包括矿物油）所征的特许税加上出口税未达到以其价格为依据征收的出口税价的百分之十，则该州可享有该矿物的出口税，或享有使特许税加上出口税达到相等于其价格百分之十的那部分出口税。

（4）对沙巴州而言，只要医药与卫生仍为共同管辖事项表的项目，以及有关该项目的支出仍由该州负担，则除第一、二、三各项所述税收外，所有关税收入的百分之三十归该州。

（5）1974年前的任何年度，以及1974年初如该州立法机关有权对公路客货运输或公路机动车辆或与机动车辆牌照制定法律，则在该项权力继续保持有效期间，该州得享有机动车辆牌照费的收入。

（6）1974年以前的任何年度，以及1974年初该州立法机关有权对机动车辆的注册制定法律，则在该项权力继续保持有效期间，该州得享有机动车辆注册费的收入。

（7）州销售税。

（8）除联邦港口及码头外，港口与码头的收费。

（9）针对水流供给及服务征收的费，包括税。

（10）与水流供给及服务相关的许可证取得的收入。

附表十一

[第一百六十条第一款]1948年解释与一般条款法令（1948年马来亚联盟法令第七号）中适用于解释本宪法的规定（从略）

条款	所涉及事项
2(56)	"月"的含义——
	"月"指依照公历的自然月。
2(61)	"人"和"当事方"——
	"人"和"当事方"指任何个人、法人或非法人组织。
2(88)	"附属立法"的定义——
	"附属立法"指任何委员会的命令、声明、规则、规范、命令、通知、细则或依任何法令、立法或其他合

法机构制定的立法而制定的任何文件。

2(94) 关于阳性性别的说明——

用阳性词汇所表述的范围,包括阴性在内。

2(95) 关于单数或复数的说明——

单数词包括复数在内,复数词包括单数在内。

2(96) "书写"的意义——

"书写"及表述指包括印刷、石版印刷、打字、拍照以及以其他方式呈现或复制可视的词语或图形。

2(98) "年"的含义——

"年"指依公历计算的年。

7 形式——

除非有相反规定,在不影响实际内容或不至于产生误异作用情况下的任何对形式的描述略有偏差者,不导致无效。

13 废除的效果——

如果一个成文法废除了另一法律的全部或任何一部分,则除非出现了相反的目的,该废除不产生以下效果:

(1)使任何在该废除之时无效或不存在的事物有效;

(2)影响任何被废除的成文法律以前的实施或依被废除的法律已经合法作出的事;

(3)影响依任何被废除的成文法而取得、形成、导致的权利、特权、义务、责任;

(4)影响任何由于违反了被废除的成文法构成犯罪而导致的责任、刑罚、没收或处罚。

(5)影响任何调查、法律诉讼或关于任何如前所述的权利、特权、义务、责任、刑罚、没收或惩罚的救济,任何这样的调查、诉讼程序或救济得启动、继续或强制实施,任何这样的刑罚、没收或惩戒得被课处,正如该废除法律未被通过一样。

2(1) (已废止)

2(3) 关于任何享有制定附属立法权力之机关的一般规定

如果一项法令或立法授予任何机关制定附属立法的权力,则该附属立法得由该机关以制定该附属立法相同的程序予以修正、改变、废止或取消。

2(8) 与行使权力、履行义务相关之规范的解释

(1)如果一项成文法授予某项权力或课处一项义务,则除非出现了相反的意图,如果情况需要,该权力和义务得被行使及履行。

(2)如果一项成文法授予担任某一职务者某种权力,或课处担任某一职务者某种义务,除非出现了相反的意图,该权力及义务应由担任该职务者或经合法任命代理担任该职务者随时行使及履行。

2(9) 任命权包括免职权

如果成文法授予某人或某机关有权任命某人担任某一职务或任命某人到某处,则除非出现了相反的意图,该权力应解释为包括将任何获得任命者免职、暂停其职以及临时任命人员担任被暂停、因病或因缺席而出现实缺的职务。

如果某人或某机关享有任命相关人员的权力,只有依其他人或机关的建议或获得他人或其他机关之同意方得行使,则除非出现了相反的意图,此种权力仅在依该人或机关的建议或同意方可行使。

30 关于"能够"的解释

如果成文法授权某人去做或执行某种行为或某事,则此种权利应理解为也授予其实施或执行该行为或事情合理必需的权力。

32 正式任命包括官员履行义务

任何成文法、由最高元首、统治者或依任何成文法之授权的有权人士或机构所作的或发布的任何种类的授权或程序,如果其中写明任命某公共官员担任某职,则该任命包括该官员应履行该职位的全部或任何部分义务。

33 最高元首在某一公共官员暂时缺席或不能暂行义务时提供人士履行职务

(1)依任何成文法之规定,如果某一权力或某种职责被赋予某一公共官员,在该官员缺席或由于疾病或其他原因而不能履行其管辖或控制范围内的某一地区之职责时,最高元首(当该公共官员确系州的统治者任命),有权指示由最高元首或统治者任命的人员或公共官员在该区域履行职责,该人员或公共官员在前述任何期间内,在遵循由最高元首或州统治者确定的条件、例外情况及资格的前提下,得行使前述权力以及履行该职责;

(2)在不妨碍第一款之实施的情况下,如果该职位的实际担任者由于缺席而处于将要丧失其职位时,则任命其他人实际担任该职务为合法。

33C 管理委员会等的权力不受成员缺席的影响

依任何成文法之规定设置的任何管理委员会、委员会或类似机构,不论系法人还是非法人,除非出现了相反的意图,则该管理委员会、委员会或类似机构的权力及程序不受下列情况的影响——

(1)任何成员的缺席;

(2)在任命后发现任命存在缺陷,或被任命者的资格存在缺陷;

(3)该机构的任何会议召集过程中存在细微的不规范之处。

35 (已废止)

36 时间的计算

为成文法所规定的目的,除非出现了相反的意图,则——

(1)自某一事件发生或某一行为或某事作出之后的时期,该事件发生或行为或某事作出之日的当日不计算在内;

(2)如果期间的最后一日是周末假日或公共假日(在本条中称为排除日),则该期间应包括下一个工作日(该日应为非排除日);

(3)如果某一行为或某种程序被命令或被允许在某一特定的日期完成或采取,如果该日恰逢一个

排除日,则该行为或程序如果是在非排除日的下一日完成或采取的,则该行为或程序应视为已在合法的期限内完成或采取。

(4)如果某一行为或程序被命令或允许在不超过六日的期间内完成或采取,则排除日不应计算在该期限之内。

38　没有时间规定的条款

如果未规定某事项应当在何期限内或允许在何期限内完成,则应当在该事项出现之时以适宜的速度处理之。

39　关于决定延长时间的权力的解释

如果成文法中规定了作出某种行为或采取某种程序的时间,并授予法院或其他机关决定延长时间的权力,除非出现了相反的意图,法院或其他有权机关得在时间届满之前行使该权力。

40A　副总检察长行使总检察长的权力

(1)除非成文法中有明确的相反规定,副总检察长得履行总检察长的任何职责以及行使总检察长的任何权力。

(2)如果最高元首或任何其他人员将其权力合法地委托给总检察长行使,则除非有明确说明,否则该授权视为将权力委托给了总检察长和副总检察长。

42　公共官员

任何成文法中的以其通常或普通头衔指称的公共官员,如果在联邦或州内存在该官员,除非出现了相反的意图,则在可能的情况下,该规定应被解释为在当时担任该职务或当时在执行该职务的联邦或州的官员。

44　对法律的解释

在成文法中如果描述或引用了其他任何成文法的一部分,除非出现了相反的意图,则应该解释为包括用语、条或其他提及的、描述的或引用的,从起始部分到结尾的部分。

附表十二(已废止)

附表十三

[第一百一十三条][第一百一十六条]
[第一百一十七条]

第一部分　有关选区划分的宣布与原则

第一条

在按本附表的规定作出变更以前,选举下议院与州立法议会议员的选区,应为依据本宪法或马来西亚法令进行首届下议院或州立法议会选举时的选区。

第二条

在依据第一百一十六条及第一百一十七条复查选区划分时,应尽量照顾到下列原则——

(1)为使全体选民都有合理方便的投票机会,选区必须不宜跨州划分,并且必须顾及州选区跨越联邦选区界限所造成的不便。

(2)在选区内设立必要的登记与投票设施方面,必须顾及行政上的便利。

(3)州内每一选区的选民人数大致相等;由于顾及与乡区选民联系不易以及乡区选区的其他不利,而必须对该选区的面积采取权衡的方式处理。

(4)必须顾及随着变更选区所造成的不便,又顾及保持地方性的联系。

第三条

本部分所指的选民人数,指选民册上现有人数。

第三A条

依照本部分的规定,对下议院议员选区进行复查时,吉隆坡联邦直辖区或纳闽、布特拉加亚联邦直辖区应视为一州。

第二部分　选区划分的程序

第四条

当选举委员会暂定要依据第一百一十三条第二款提出影响任何选区的建议时,必须通知下议院议长及总理,并在公报上公布,并至少在一家该区流通的报纸上刊登通告说明——

(1)其建议的要旨,及在该选区内的指定地点,展示一份建议书副本,供公众查阅(若其建议对该选区未作任何变动者则可免);

(2)有关该项建议的意见,可在该通告刊出后一个月内,向选举委员会提出。

选举委员会必须考虑依据该项通告提出的意见。

第五条

选举委员会依据第四条刊登关于变更选区的建议的通告后,如收到下列方面的任何反对意见时,应负责对有关选区进行实地调查——

(1)其管辖区全部或部分在受该项建议影响的州政府或任何地方当局;

(2)列入该选区现有选民名册的选民一百人以上。

第六条

选举委员会依据第五条所进行的任何调查,必须享有1950年调查委员会法令赋予调查专员的全部权力。

第七条

选举委员会在依据第四条刊登通告后所作出的任何修改建议,必须照上次那样按同条规定再次予以公布。但选举委员会就上述建议进行实地调查不得超过两次。

第八条

在完成本部分所述的程序后,选举委员会应向总理提出一份有关选区的报告,说明——

（1）建议每一复查单位所应划分的选区，以符合第二条所述的原则；

（2）建议各该选区所应采取的名称；

或说明选举委员会认为无须改变选区，以符合上述原则。

第九条

选举委员会依据第八条向总理提出报告后，总理应即将该报告连同依据第十二条拟订的命令草案（该报告说明无须对选区作出任何改变者可免除），提交下议院，以在修改或无修改的情况下，使该报告的建议生效。

第十条

如果第九条所述的命令草案，获得下议院以全体议员的过半数票通过决议批准，总理应将该项命令草案呈报最高元首。

第十一条

如果有关批准第九条所述命令草案的动议被下议院否决，或经下议院准许撤回，或未获得该议院全体议员的过半数票支持，总理认为必要时得在同选举委员会磋商后，修改该项命令草案，并将该项修正草案提交下议院；如果该项修正后的草案获得下议院以全体议员的过半数票通过议决批准，总理应将该修正草案呈报最高元首。

第十二条

任何一项命令草案按本部分规定呈交最高元首后，最高元首应按草案的要求发布命令并使之按命令本身所规定日期生效。

但上述命令生效，不得影响下议院或州议会的任何选举，直到上述生效日期及其以后的议会或州议会解散为止。

蒙古国宪法*

(1992 年 1 月 13 日通过,经 1999 年 12 月 24 日和 2000 年 12 月 14 日修正)

我们蒙古人民:

　　致力于加强国家的独立和主权,

　　崇尚人权和自由、正义和国家统一,

　　继承民族国家传统、历史和文化,

　　尊重人类文明成果,

　　并为在我国建立和发展人道、文明和民主的社会为崇高目标,

　　特制定蒙古国宪法。

第一章　蒙古国主权

第一条

　　(一)蒙古国为独立的拥有主权的共和国。

　　(二)保障民主、正义、自由、平等和国家统一,推崇法治,是国家事务的基本原则。

第二条

　　(一)蒙古国的国家结构是单一制。

　　(二)蒙古国领土仅分为行政区域单位。

第三条

　　(一)蒙古国的国家权力属于人民。蒙古人民通过直接参与国家事务和通过由他们选举的代表机构行使其权力。

　　(二)禁止非法篡夺或企图篡夺国家权力。

第四条

　　(一)蒙古国的领土完整和边界不可侵犯。

　　(二)依法保卫蒙古国的边界。

　　(三)非经法律允许,禁止外国军事力量在蒙古领土驻扎或为经过蒙古领土而跨越边界。

第五条

　　(一)蒙古国遵循世界经济发展的趋势和本国的国情,建立以多种经济成分为基础的经济体系。

　　(二)国家承认公有制和私有的一切形式,依法保护所有者的权利。

　　(三)除依法经正当法律程序,不得限制所有者的权利。

　　(四)国家以保障国民经济安全、一切生产模式的发展和全民的社会发展为目的调节经济。

　　(五)牲畜是国家财富,受国家保护。

第六条

　　(一)蒙古国的土地及地下矿藏、森林、水流、动物、植物以及其他自然资源只属于全民,并受国家保护。

　　(二)蒙古国的土地、地下矿藏及其财富、森林、水资源、野生动物,除属于蒙古国公民私人所有外,均为国家财产。

　　(三)除草场、公用和特殊用途的土地外,只能将土地分给蒙古国公民所有,但不包括地下矿藏。未经国家主管部门批准,禁止公民以出售、交易、赠送、抵押等方式将私有土地移转给外国公民和无国籍人士利用。

　　(四)国家有权使土地所有者承担与其使用方式相适应的义务,根据特殊公共需要有偿更换或收回土地。若该地的使用方式与人民健康、自然保护和国家安全的利益相抵触,国家予以没收。

　　(五)国家允许外国公民、法人、无国籍者按照法律规定的条件和程序在规定的期限内租赁土地。

第七条

　　(一)蒙古人民的历史文化、科学与精神遗产,受国家保护。

　　(二)公民创造的知识财富是作者的财产,是蒙古国的民族财富。

第八条

　　(一)蒙古语言是国家官方语言。

　　(二)本条第一款的规定不影响使用其他语言的少数民族用本民族语言学习、交往,从事文化、艺术、科学活动的权利。

第九条

　　(一)国家尊重宗教,宗教为国家增光。

　　(二)国家机关不得从事宗教活动,宗教机构不得参与政治活动。

---

　　* 译自蒙古总理办公室提供的英译本。译者:孙群。

（三）国家与宗教机构的关系，由法律规定。

第十条

（一）蒙古国遵守公认的国际法准则，奉行和平外交政策。

（二）蒙古国诚实地履行国际公约中承担的义务。

（三）蒙古国批准或加入国际公约的法律一旦生效，具有与国内法律同等的效力。

（四）蒙古国不遵循与本宪法相抵触的国际条约及其他文件。

第十一条

（一）捍卫祖国独立，保障国家安全和社会秩序是国家的职责。

（二）蒙古国拥有自卫武装力量。武装力量的结构、组织、服役制，均由法律规定。

第十二条

（一）蒙古国的国徽、国纛（Banner）①、国旗、国玺和国歌是本国独立、主权的象征。

（二）国徽、国纛、国旗、国歌是蒙古人民历史传统、向往、团结、正义和朝气的体现。

（三）国徽以圣洁的白莲为座，无极的万寿纹章为边，以象征长生天（the eternal blue sky）的圆形蔚蓝色为底。国徽的中央绘有体现蒙古国独立、主权和朝气，彼此结为一体的金色索云博图案（the Golden Soyombo sign）和宝骏马。国徽边缘的顶端和底端依次绘有象征过去、现在、未来三个时代的如意宝（the Chandmani）和代表大地的绿色山岳纹章、蕴涵永世昌盛的吉祥时轮。时轮被哈达缠绕。

（四）统一的蒙古国的传统纯白国纛为蒙古国崇敬国家的象征。

（五）蒙古国国旗为红、蓝、红颜色并列的旗，占其三分之一长度的中部为象征长生天的蓝色，两侧为象征兴盛的红色，在其内侧红底的中央镶有金色索云博。国旗的宽长之比为一比二。

（六）国玺为正方形，其中部刻有国徽，国徽两侧有蒙古国字样，国玺具有狮形印纽，由蒙古国总统执掌。

（七）国家象征物的使用规则，国歌的词、曲，均由法律规定。

第十三条

（一）蒙古国最高国家机关的常驻城市为国家首都。蒙古国首都为乌兰巴托市。

（二）蒙古国首都的法律地位由法律规定。

第二章　人权、自由

第十四条

（一）在蒙古国居住的每一个人，在法律与法庭面前一律平等。

（二）任何人不得因民族、种族、语言、肤色、年龄、性别、社会出身和地位、财产、职业、职务、宗教信仰、观点、文化程度而受到歧视。每个人在法律上都具有独立的人格。

第十五条

（一）蒙古国公民的国籍取得或丧失的依据和规则，由法律规定。

（二）禁止剥夺蒙古国公民的国籍，禁止将蒙古国公民驱逐出境，引渡他国。

第十六条

确保蒙古国公民享有以下基本权利和自由：

1. 拥有生命权。非因犯有蒙古国刑法条文所规定的严重犯罪，并经法院判决死刑，严禁剥夺人的生命。

2. 健康安全的环境生活的权利，以及环境受到污染、自然失去平衡时要求得到保护的权利。

3. 有权正当地取得、拥有和继承产与不动产。禁止非法没收和征用公民的私有财产。国家及其主管部门根据公共需求征用必须给予应有的补偿。

4. 享有自由选择职业、良好的劳动条件、领取工资报酬、休息和经营私人企业的权利。不得非法强迫任何人劳动。

5. 在年老、丧失劳动能力、生育、儿童保育以及法律规定的情形，获得物质和资金救助的权利。

6. 有权获得健康保障和医疗救助。公民享受免费医疗的条件和办法，由法律规定。

7. 享有受教育权利。国家实行全民免费普通教育。公民可创办符合国家要求的私立学校。

8. 从事文化、艺术和科学领域的创造性活动并从中受惠的权利。著作权和专利权受法律保护。

9. 有权直接或通过其代表机关参与管理国家事务，享有选举和被选举权。年满十八周岁享有选举

---

① 纛，古代用毛羽做的舞具或帝王车舆上的饰物，是古代军队里的大旗。关于蒙古国的国纛，资料叙述如下："在蒙古国主要参观项目的国家宫二层走廊大厅正中摆放着顶端扎有马尾的九根旗杆，称为'九尾白纛旗'。从二楼会谈大厅到三楼文件签字厅时即经过设有该旗的走廊。此旗形似三股叉，上部有一圆顶，下坠九束用白马尾制成的缨，规格大小不一。古代蒙古人每逢大战前必祭战神，他们相信战神附在此旗上。成吉思汗时期，这种旗已广为流传，据说成吉思汗征战时有两匹白色战马，一匹为坐骑，另一匹专门载此旗，因此战无不胜。时至今日，此旗与国旗、国徽同为国家权力的象征。目前国家宫二层存放的大型九尾白纛旗每逢重大活动时都被请出。每年国庆召开那达慕盛会时，便由国家仪仗队将该旗护送至那达慕会场，会后再运回国家宫存放。"——译者注

权,根据法律对国家有关机关和公职人员的任职要求,由法律规定被选举年龄。

10. 根据社会和个人利益、思想观点,有权组织政党或其他群众团体和自愿结社的权利。一切政党、群众团体都应维护公共秩序和国家安全并遵守法律。不得因加入某一政党或群众团体而加以歧视和迫害。对某些类别的国家公务人员,可要求其放弃党籍。

11. 在政治、经济、社会文化生活以及家庭关系中,男女享有平等权利。婚姻建立在符合法定年龄的男女双方平等、自愿交往的基础上。家庭、妇女和儿童的利益,受国家保护。

12. 向国家机关及其公职人员请愿的权利。国家机关、公职人员有义务依法对公民的请愿或申诉作出回答。

13. 享有自由权和安全权。非依法律规定,不得对任何人随意进行搜查、逮捕、监禁、虐待、限制其自由。不得对任何人施以刑讯,采取非人道、残酷或侮辱人格的手段。被捕者及其家属、辩护人有权在法定期限内获知被捕的原因和依据。公民和其家庭的隐私以及通信、住宅依法受到保护。

14. 当事人在以下情况下可诉诸法院保护其权益:当认为蒙古国法律和国际公约中规定的权利和自由受到侵犯时,为维护该项权益有权向法院提出申诉,要求补偿他人非法造成的损失;有权拒绝为本人、家庭成员、父母和子女提供证词;有权进行自我辩护;要求获得法律咨询;查验证据;有权要求公正审理;要求审理本人案件时亲自参加;对法庭裁决不服时上诉和要求赦免;禁止要求自证其罪;在法庭依法确认有罪前应视为无罪;禁止株连罪犯的家庭成员和亲属。

15. 享有信仰自由和宗教自由。

16. 思想自由和表达自由,享有言论、出版、和平游行和集会的权利。游行和集会的规则,由法律规定。

17. 除国家及其部门依法予以保守的秘密外,有权询问任何问题并要求得到答复。为保障人的权利、尊严和名誉以及国家安全和公共秩序,根据法律规定保守国家、个人或其他组织的秘密不得泄露。

18. 有权在本国领土上自由迁徙和自由选择居住地,有权出国、到国外定居和返回祖国。除依法以保障国家和居民的安全、维护社会秩序为由予以限制外,不得限制出国权、在国外定居权。

第十七条

(一)蒙古国公民坚持正义和人道主义,忠实履行下列基本义务:

1. 尊重和遵守宪法及其他法律;

2. 尊重人的尊严、名誉、权利及其他合法利益;

3. 依法纳税;

4. 保卫祖国,依法服兵役。

(二)从事劳动、讲究卫生、扶养和教育子女、保护自然环境是每个公民应尽的义务。

第十八条

(一)蒙古国境内,外国公民的权利和义务,由蒙古国法律及与该公民所属国缔结的条约规定。

(二)蒙古国依据国际公约阐明外国公民的权利和义务时坚持互惠主义原则。

(三)蒙古国领土内的无国籍人的权利和义务应由蒙古法律规定。

(四)因持有不同的信念,从事政治或其他正义活动而被迫害的外国公民、无国籍人士如提出合理要求,蒙古国可提供避难权。

(五)使蒙古国境内的外国公民、无国籍人士享有宪法第十六条所述的公民基本权利和自由时,为保障国家和居民的安全,维护社会秩序,对于除蒙古国加入的国际公约规定的基本人权外的其他权利,可依法作出必要的限制。

第十九条

(一)国家对公民负责,为保证人权和自由提供经济、社会、法律和其他方面的条件;同违背人权和自由的现象进行斗争并恢复公民受侵犯的权利。

(二)在宣布紧急和战争状态时,只能以法律限制宪法和其他法律规定的人权和自由。作出限制的法律不得触犯人的生命权、思想自由、信仰和宗教自由以及不得规定对任何人施以刑讯,采取非人道的残酷手段。

(三)人们享有权利和自由时,不得损害国家安全和他人的权利、自由,不得扰乱公共秩序。

第三章 蒙古国国家制度

第一节 蒙古国大呼拉尔

第二十条

蒙古国大呼拉尔是国家最高权力机关,国家大呼拉尔拥有最高立法权。

第二十一条

(一)国家大呼拉尔由七十六名委员组成。

(二)国家大呼拉尔委员由有选举权的的蒙古国公民通过普遍、自由、直接的选举,以秘密投票方式进行,其任期为四年。

(三)年满二十五周岁且有选举权的蒙古国公民可当选为国家大呼拉尔委员。

(四)国家大呼拉尔的选举规则,由法律规定。

383

第二十二条

（一）因全国或部分地区遇到突发性灾难、发生战争或混乱状态等非常条件而选举不能按期举行时，本届大呼拉尔继续行使其职权至上述情况终止，新当选的国家大呼拉尔委员宣誓就职为止。

（二）不少于三分之二的委员认为国家大呼拉尔已无条件行使职权或总统同大呼拉尔主席磋商后有此提议时，国家大呼拉尔可作出自行解散的决议。国家大呼拉尔作出决议后，继续行使其职权，直至新当选的委员宣誓就职为止。

除非在宪法中规定，如果国家大呼拉尔在四十五日内未提出任命总理的建议，国家大呼拉尔应决定解散或总统应发出关于解散国家大呼拉尔的法令。

第二十三条

（一）国家大呼拉尔委员是人民的使者，要代表和坚守全体公民和国家的利益。

（二）国家大呼拉尔委员的职权始于向国徽宣誓，至新当选的委员宣誓就职为止。

第二十四条

（一）国家大呼拉尔主席、副主席人选，从国家大呼拉尔委员中提名；以公开的无记名投票选举产生。各政党和联盟应选举出国家大呼拉尔的副主席。

（二）国家大呼拉尔主席、副主席的任期为四年，可依照法律提前解除、罢免其职务。

第二十五条

（一）国家大呼拉尔可提议讨论国家内外政策的任何问题并行使下列特殊职权：

1. 制定和修改法律。

2. 阐明国家内外政策的基本方针。

3. 确定并宣布总统、国家大呼拉尔及其委员的选举时间。

4. 决定和变更国家大呼拉尔常设委员会、政府以及依法直接向国家大呼拉尔负责的其他机关的结构和成员。

5. 当总统当选后，通过法律确认总统职权，以及解除、罢免总统。

6. 任命、更换、罢免总理、政府成员和依法直接向国家大呼拉尔负责的其他机关的成员。

7. 制定国家的财政、信贷、税收、金融政策，阐明国家经济、社会发展的基本方针，批准政府施政纲领、国家预算及其执行结果的报告。

8. 监督法律和国家大呼拉尔其他决议的实施。

9. 确定国界。

10. 决定蒙古国国家安全委员会的结构、成员和职权。

11. 根据政府的提请，批准和变更蒙古国行政区划。

12. 制定地方自治和行政机关的体制、组织和活动的法律依据。

13. 设立国家的荣誉称号、勋章、奖章和高级军衔，制定国家机关某些部门公职的职务等级。

14. 决定大赦。

15. 根据政府的提请，批准和废止蒙古国缔结的国际条约，同外国建立和终止外交关系。

16. 组织全民公决。核实有选举权的多数公民参加的全民公决的有效性，同时以多数票赞同决定问题。

17. 当蒙古国的主权和独立遭受外国武装力量威胁时，宣布进入战争状态及停止战争状态。

18. 根据第二款、第三款所规定的特殊情况下，宣布全国或部分地区的紧急和战争状态，或批准、废止就此状态颁布的总统令。

（二）在出现下列特殊情况时，为消除其后果，恢复民生、社会生活的正常秩序，可宣布紧急状态：

1. 国家大呼拉尔面临全国或部分地区居民的生命、健康、生活、公共安全已直接受到或可能受到威胁的自然灾害和其他突发性灾难。

2. 国家机关在其职权范围内通过正常手段已无法制止威胁宪法秩序及社会合法体制的一切组织、团体制造的有组织的非法暴力活动所造成的公共秩序混乱状态。

（三）国家大呼拉尔在全国范围或部分地区因出现社会秩序混乱而发生的武装冲突或存在武装冲突的实际威胁，或他国发动军事侵略或准备入侵成为事实时，可颁布戒严令。

（四）国家大呼拉尔的其他权力、组织、活动规则，由法律规定。

第二十六条

（一）总统、国家大呼拉尔委员、政府享有法律提案权。

（二）公民、其他机关有权向法律提案人表达其对法律草案的意见。

（三）蒙古国法律由国家大呼拉尔正式颁布。如果法律无其他规定，法律在颁布十日后生效。

第二十七条

（一）国家大呼拉尔通过召开会议和其他组织形式行使职权。

（二）国家大呼拉尔的例行会议每半年举行一次，每次会议时间不少于五十个工作日。

（三）根据国家大呼拉尔三分之一以上委员的要求、总统或大呼拉尔主席的建议，可召集非例行会议。

（四）总统应在大选后三十日内召开国家大呼拉尔第一次会议，其他会议由大呼拉尔主席召集。

（五）国家大呼拉尔在总统宣布紧急和战争状态

后七十二小时内召集特别会议,无须发出专门通知。

(六)宪法和法律若无其他明文规定,国家大呼拉尔会议需有过半数的委员出席,且由出席的委员过半数投票通过的决议方为有效,总理和政府成员的任命以及其他问题的决定需通过公开的无记名投票进行。

第二十八条

(一)国家大呼拉尔下设若干个常设委员会主持专门工作。

(二)常设委员会的权力、组织和活动规则,由国家大呼拉尔决定。

第二十九条

(一)国家大呼拉尔委员任职期间的工资,从国家预算中支付。国家大呼拉尔委员不得兼任与其法定职责无关的工作和职务,但是总理和政府成员除外。

(二)国家大呼拉尔委员的豁免权,受到法律保护。

(三)国家大呼拉尔委员如涉及犯罪问题,由大呼拉尔审议,决定是否停职;如法庭判决为犯罪,国家大呼拉尔撤销其委员资格。

第二节 蒙古国总统

第三十条

(一)蒙古国总统是国家元首,是蒙古人民团结统一的体现者。

(二)年满四十五周岁、在蒙古生活不少于五年的在蒙古国本土出生的公民,可当选为总统,其任期为四年。

第三十一条

(一)总统选举分为两个阶段。

(二)国家大呼拉尔中有席位的政党,可单独或联合提名一位总统候选人。

(三)在第一阶段选举中,有选举权的蒙古国公民普遍、自由、直接地参加选举,对总统候选人进行秘密投票。

(四)对第一阶段选举中获得全体参选选民多数票的候选人,由国家大呼拉尔确认为当选总统,通过颁布法律规定其职权。

(五)总统候选人在第一轮投票中如无一人获得参选选民多数票,对获票最多的两人进行再次投票。国家大呼拉尔确认再次投票中获得参选选民多数的候选人为当选总统,颁布批准其职权的法律。

(六)第二轮投票中如无一位总统候选人获得本次参选选民的多数票,则重新举行总统选举。

(七)总统只可连任两届。

(八)总统不得兼任总理、国家大呼拉尔委员、政府成员以及与其法定职责无关的其他工作和公职。总统从宣誓就职之日起须辞去当选前所任的其他工作和公职。

第三十二条

(一)总统的职权从其宣誓就职起,直到新当选总统宣誓就职为止。

(二)总统自当选后三十日内向国家大呼拉尔宣誓,其誓词为"我谨宣誓:将为捍卫蒙古国独立和主权、人民的自由、国家的统一而奋斗,遵守宪法,忠实地履行总统职责"。

第三十三条

(一)总统行使下列特权:

1. 对国家大呼拉尔通过的法律和其他决议的全部或部分条款予以否决。国家大呼拉尔讨论出席会议的三分之二委员不同意总统的否决,则该法律、决议仍然有效。

2. 建议国家大呼拉尔委任由国家大呼拉尔多数党或多数党联盟提名的总理一职的候选人;如果国家大呼拉尔中没有多数党或多数党联盟,则委任具有最多议席的政党经咨询其他政党意见而提名的候选人;如果具有最多议席的政党与其他政党未能协商而提名候选人,则委任国家大呼拉尔于五日内集会而获得政党或政党联盟多数票的候选人。

3. 在自己职权范围内的问题对政府提出指导方针。总统如就此发布命令,需经总理签字后方可生效。

4. 对外交往中全权代表国家,同国家大呼拉尔磋商后以蒙古国的名义缔结国际条约。

5. 同国家大呼拉尔协商,任命或召回蒙古国驻外使节。

6. 接受外国驻蒙古国使节递交的委任国书和召回国书。

7. 授予国家荣誉称号和高级军衔,颁发勋章、奖章。

8. 行使赦免权。

9. 批准加入或放弃蒙古国籍以及在蒙古的避难权。

10. 担任蒙古国国家安全委员会主席。

11. 发布全国或局部地区的军事动员令。

12. 在国家大呼拉尔休会期间若发生宪法第二十五条第二款、第三款所述紧迫情况时,宣布全国或部分地区进入紧急或战争状态以及发布命令展开军事活动。宣布紧急或战争状态的总统令发布后七日内,国家大呼拉尔讨论该项命令,决定通过与否;国家大呼拉尔如未作出决议,则该项命令即告无效。

(二)总统为蒙古国武装力量的最高统帅。

(三)总统可向国家大呼拉尔和人民致辞,并可自行决定随时参加大呼拉尔会议,报告国内外重大问题并提出建议。

（四）总统在其职权范围内依据法律发布命令。

第三十四条

（一）总统依据法律在其职权范围内发布总统令。

（二）若总统令与法律不符，由总统或国家大呼拉尔废止。

第三十五条

（一）总统应向国家大呼拉尔负责。

（二）总统如背弃誓言、违背宪法和总统职权，国家大呼拉尔依据宪法法庭的结论进行讨论，以与会并参加投票的绝大多数委员通过对总统的罢免。

第三十六条

（一）总统的人身、官邸、交通工具神圣不可侵犯。

（二）总统的尊严和豁免权，受法律保护。

第三十七条

（一）总统暂时不能履行职权时，国家大呼拉尔主席代行其职权。

（二）总统如被罢免、逝世、自愿卸任，由国家大呼拉尔主席代行其职权，直至新当选总统宣誓就职为止。这种情况下，国家大呼拉尔须在四个月内宣布并举行总统选举。

（三）国家大呼拉尔主席代行总统职责的规则，由法律规定。

第三节　蒙古国政府

第三十八条

（一）蒙古国政府是最高国家行政机关。

（二）政府在贯彻国家法律，领导经济、社会、文化建设的总方针、总任务的同时，行使下列职权：

1. 保障宪法和其他法律在全国范围内实施。

2. 制定统一的科学技术政策和国家经济、社会发展的基本方针，编制国家预算和信贷、财政计划，提交国家大呼拉尔后实施大呼拉尔所作出的决议。

3. 就部门、部门间以及区域的发展问题制定和实施各种措施。

4. 采取措施保护周围环境，合理利用和恢复自然资源。

5. 领导中央行政机关和指导地方行政机关的工作。

6. 加强国防力量，保障国家安全。

7. 采取措施保障人权和自由，维护社会秩序防止罪案发生。

8. 实施国家的对外政策。

9. 为缔结、实施蒙古国的国际条约以及缔结、废止政府间的条约，以征得国家大呼拉尔的同意和事后追认。

（三）政府的具体职权、组织、活动规则，由法律规定。

第三十九条

（一）政府由总理和若干名成员组成。

（二）蒙古国总理就政府的结构、成员和改组提出意见，同总统磋商后七日内向国家大呼拉尔提出建议。

（三）政府成员由国家大呼拉尔根据总理的提名逐人予以讨论后方可任命。

第四十条

（一）政府的任期为四年。

（二）政府的任期从国家大呼拉尔任命本届总理时起，至下届总理的任命时为止。

第四十一条

（一）总理领导政府，对国家法律的实施工作向大呼拉尔负责。

（二）政府向国家大呼拉尔报告工作。

第四十二条

总理、政府成员的人身豁免，受法律保护。

第四十三条

（一）总理认为政府无法履行其职权时，可在届满前向国家大呼拉尔递交辞呈。

（二）总理或二分之一的政府成员同时辞职时，政府应集体辞职。

（三）国家大呼拉尔自接受解散政府的动议、总统意见或总理辞职的报告后十五日内讨论是否予以解散并作出最终决定。

（四）四分之一以上的大呼拉尔委员正式提出解散政府的意见时，国家大呼拉尔予以讨论并作出决定。

第四十四条

政府向国家大呼拉尔提交关于请求信任投票决议草案时，依据第四十三条第三款所述的规定予以解决。

第四十五条

（一）政府在其权限内依据立法发布决议和命令，对此应由总理和相关的主管部长签署。

（二）若政府的决议和命令与法规不符，政府或国家大呼拉尔应废止。

第四十六条

（一）蒙古国的部和国家其他机关，依法设立。

（二）蒙古国国家正式公务人员须为蒙古国公民，须严守宪法和其他法律，服务人民的利益，服从国家大局。

（三）国家公务人员的工作条件和保障，由法律规定。

第四节　司法制度

第四十七条

（一）蒙古国的审判权，仅授予法院行使。

（二）任何情况下不得非法设立法院，禁止其他机关行使审判权。

（三）法院的设立，只依据宪法和其他法律。

第四十八条

（一）法院系统由国家最高法院，省（Aimag）、首都法院，县（Soum）和县际法院，区法院组成；根据刑事、民事、行政等审判工作类别，可设立专门法院。专门法院的活动、裁决，须处于国家最高法院的监督之下。

（二）法院的组织和裁判的依据，由法律规定。

（三）法院的经费由国家预算划拨。国家应为法院开展工作提供经济保障。

第四十九条

（一）法官独立，只服从法律。

（二）无论是总统、总理、国家大呼拉尔委员、政府成员还是国家机关、政党、群众团体的公职人员和公民，都不得干涉法官。

（三）为保障司法独立，设立司法总委员会。

（四）司法总委员会不干涉法院和法官的审判工作，只承担从法律工作者中选拔法官并保护其权益等保证司法独立的职责。

（五）司法总委员会的组织、活动规则，由法律规定。

第五十条

（一）蒙古国最高法院是最高审判机关，并行使下列职权：

1. 在其管辖权范围对一审的刑事案件和法律纠纷进行审理。

2. 通过上诉程序和审判监督程序，对下级法院的裁决予以审查。

3. 审理由宪法法庭、国家总检察院移交的关于维护法律及法律规定的人权与自由的案件。

4. 对除宪法外其他法律的正确适用作出正式解释。

5. 依法裁决其他问题。

（二）国家最高法院的裁决为最终裁决，对所有法院和其他有关各方具有约束力。国家最高法院的裁决如与法律抵触，应由最高法院予以废止。最高法院的解释如与法律抵触，则依照法律执行之。

（三）国家最高法院和其他法院不得适用与宪法不符或未经正式公布的法律。

第五十一条

（一）国家最高法院由首席法官、若干名法官组成。

（二）国家最高法院法官经司法总委员会向国家大呼拉尔推荐，由总统任命；其他法院的法官，经司法总委员会提名，由总统任命。

（三）受过高等法学教育，从事法律工作不少于十年，年满三十五周岁的蒙古国公民可任国家最高法院法官；受过高等法学教育，从事法律工作不少于三年，年满二十五周岁的蒙古国公民可任其他法院的法官。

（四）非依宪法、法院法的明文规定和法院有效的裁决或本人自愿卸任，禁止以任何理由罢免任何一级法院的法官。

第五十二条

（一）各级法院对案件、纠纷以合议原则审理裁决。

（二）基层法院在合议裁决案件、纠纷时，依照法定程序吸收公民代表参加。

（三）对法律有特殊规定的某些案件，法官可单独审议裁决。

第五十三条

（一）审判活动用蒙古语进行。

（二）对不懂蒙古语的当事人，通过翻译使其完全了解案件内容，并允许其在审判中使用本民族语言。

第五十四条

除法律有特殊规定外，法院审理一律公开进行。

第五十五条

（一）被告有自我辩护的权利。

（二）被告享受这一权利时，按其本人要求或法律规定，给予法学知识指导。

第五十六条

（一）检察官监督案件登记、侦查和刑罚的执行，代表国家利益参加审判。

（二）国家总检察长、副检察长，由总统与国家大呼拉尔磋商后予以任命，任期为六年。

（三）蒙古国检察机关的建制、组织和活动的法律依据，由法律规定。

第四章 蒙古国行政区划和地区单位

第五十七条

（一）蒙古国领土在行政上划分为省（Aimags）、首都，省划分为县（Soums），县划分为乡（Baghs），首都划分为区（Districts），区划分为里（Horoos）。

（二）隶属于行政区划和地区单位的市、镇的法律地位，由法律规定。

（三）行政区划和地区单位的更改问题，须考虑经济结构和人口分布，根据当地呼拉尔和公民的意见由国家大呼拉尔决定。

第五十八条

（一）省、首都、县、区为依法专门为之赋予方针、任务和自治领导的，兼容行政、区域、经济、社会职能的组织。

（二）省、首都、县、区的边界，由国家大呼拉尔根据政府的申报意见予以批准。

第五十九条

（一）蒙古国行政区划和地区单位的领导，以地方自治与中央领导相结合的原则为基础。

（二）地方自治领导机关，在省、首都、县、区为当地公民的代表呼拉尔（Hurals），在乡、里为全体公民大会；呼拉尔和公民大会闭会期间他们的主席团承担管理职能。

（三）省、首都的呼拉尔，每四年选举一次。上述呼拉尔以及县、区呼拉尔的代表人数、选举规则，由法律规定。

第六十条

（一）国家对省、首都、县、区、乡、里的领导，分别由该省、首都、县、区、乡、里的行政长官行使。

（二）行政长官，由其所在省、首都、县、区、乡、里的呼拉尔提名；省、首都行政长官由总理任命，县、区行政长官由其所属省、首都行政长官，乡、里行政长官由其所属县、区行政长官分别任命，任期为四年。

（三）总理或上一级行政长官不同意下级提名的行政长官人选时，依据本条第二款所述规则重新提名和予以任命。在此期间，前任行政长官仍应履行其职权。

第六十一条

（一）行政长官在执行该地区呼拉尔决议的同时，作为国家的代表，保障法规和中央政府、所属上级机关的决议在本地区的贯彻执行，向中央政府和上级行政长官负责。

（二）行政长官有权否决本省、首都、县、区、乡、里呼拉尔的决议。

（三）行政长官的否决被本地区呼拉尔多数代表驳回后认为已无可能执行该决议时，可向相应的呼拉尔、总理或所属上级行政长官提交辞呈。

（四）省、首都、县、区行政长官的办公机关为行政公署。公署的结构、编制限额，由中央政府逐一地或统一地加以规定。

第六十二条

（一）地方自治机关在自主地解决本省、首都、县、区、乡、里范围内的经济与社会生活问题的同时，对带有全国性和广泛性问题，组织居民参与解决。

（二）地方自治机关权限内的问题上级机关不得越权作出决定。对地方社会生活中具体问题的解决，如在法律和有关国家机关的决议中无明文规定，地方自治领导机关可根据宪法独立解决之。

（三）国家大呼拉尔、政府认为必要时，可将自己权限内某些问题移交省、首都呼拉尔、行政长官解决。

第六十三条

（一）省、首都、县、区、乡的呼拉尔在其权限内作出决议，行政长官发布指令。

（二）呼拉尔决议、行政长官指令应符合法规、总统令、政府和所属上级机关的决议，并在各自的地区得到有效的贯彻执行。

（三）行政区划和地区单位及其领导的权限、组织、活动规则，由法律规定。

第五章　蒙古国宪法法庭

第六十四条

（一）蒙古国宪法法庭是对宪法的实施进行最高监督，对是否违反宪法作出判断，并对违宪纠纷予以裁决的权力机关，是宪法得以严格遵守的保障。

（二）宪法法庭及其成员履行职务时只服从宪法，不从属于任何机关、公职人员或其他。

（三）宪法法庭成员的独立地位，受宪法和其他法律规定的保护。

第六十五条

（一）宪法法庭由九名委员组成，其中三名由国家大呼拉尔、三名由总统、三名由国家最高法院分别提名，由国家大呼拉尔任命，任期为六年。

（二）宪法法庭成员应为年满四十周岁并精通法律和政治的蒙古国公民。

（三）宪法法庭九名成员中的任何一人，根据该法庭多数委员的意见，可当选为主席，其任期为三年。主席可连任两届。

（四）宪法法庭主席、委员违法时，根据宪法法庭决议和原提名机关的意见，由国家大呼拉尔予以罢免。

（五）总统、国家大呼拉尔委员、总理、政府成员、国家最高法院法官，不得担任宪法法庭委员。

第六十六条

（一）宪法法庭主动或根据国家大呼拉尔、总统、总理、国家最高法院、国家总检察院的提议，对公民申诉、举报的违宪纠纷进行审理。

（二）宪法法庭依据本条第一款的规定，对下列有争议的事项作出结论，提交国家大呼拉尔：

1. 法律、命令、国家大呼拉尔和总统的其他决议、蒙古国的国际条约是否与宪法相符。

2. 中央选举机关作出的关于全民公决、国家大呼拉尔及委员和总统选举的决议，是否与宪法相符。

3. 总统、国家大呼拉尔主席和委员、总理、政府成员、国家最高法院首席法官、国家总检察长是否违反宪法。

4. 总统、国家大呼拉尔主席、总理的罢免，国家大呼拉尔委员的撤销是否有依据。

（三）对依据本条第二款第一项、第二项的规定向国家大呼拉尔提交未获批准的结论，则宪法法庭予以重新审议，作出最终裁决。

（四）凡法律、命令，国家大呼拉尔、总统的其他决议以及政府决议，蒙古国缔结的国际条约，只要宪法法庭裁决为与宪法不符，则相应的法律、命令、批准书、决议均告无效。

第六十七条

宪法法庭的裁决一经作出，立即生效。

第六章 蒙古国宪法的修改

第六十八条

（一）修改宪法的提案，由享有法律提案权的机关和公职人员提出，由宪法法庭将提案提交国家大呼拉尔。

（二）对宪法的修改的全民公决须经国家大呼拉尔不少于三分之二委员同意可进行，并根据宪法第二十五条第一款第十六项的规定进行全民公决。

第六十九条

（一）对宪法和宪法的增补、修改，须经国家大呼拉尔不少于全体成员的四分之三的委员予以通过。

（二）对宪法的修改，如在国家大呼拉尔两次讨论中未获上述不少于全体成员的四分之三通过，则在选举新当选的国家大呼拉尔委员就职前不再进行讨论。

（三）在举行国家大呼拉尔选举前六个月内，不得对宪法进行修改。

（四）对宪法的修改，具有与宪法同等的效力。

第七十条

（一）各项法律、命令、国家机关的其他决议，一切机关、公民的活动应符合宪法。

（二）蒙古国宪法，自 1992 年 2 月 12 日 12 时起施行。

通晓之，严守之！

蒙古人民共和国大人民呼拉尔
1992 年 1 月 13 日上午 11 时 35 分
乌兰巴托

孟加拉人民共和国宪法*

（1972 年 11 月 4 日制宪会议通过，2004 年 5 月 14 日通过宪法第十四修正案）

以仁爱、慈善的真主之名

序 言

我们，孟加拉国人民，已于 1971 年 3 月 26 日宣布独立并通过争取民族独立的历史性战争建立了独立、主权的孟加拉人民共和国；

我们保证，绝对忠诚和信仰全能真主、民族主义、民主以及经济和社会公正的社会主义的崇高理想，这些崇高理想激励我们的英雄人民奉献自我，我们伟大的烈士为民族独立战争而献身，这些都是宪法的基本原则；

我们还要保证，国家的基本目标是通过民主进程实现没有剥削的社会主义，在这个社会中，保证全体公民都享有法治、基本人权和自由、平等和正义、从事政治、经济和社会活动；

我们确认，我们的神圣职责是维护、保护和捍卫本宪法，并保持体现孟加拉国人民意志的宪法的至高无上的权威，以便我们能够在自由中繁荣昌盛，并能够遵照人类进步的愿望对国际和平与合作作出充分的贡献；

于孟加拉历 1379 年 7 月 18 日，即公元 1972 年 11 月 4 日，制宪会议通过、颁布并赋予我们这部宪法。

第一章 共和国

第一条 ［共和国］

孟加拉国是单一制、独立、主权的共和国，国名为"孟加拉人民共和国"。

第二条 ［共和国领土］

共和国领土包括：

（一）1971 年 3 月 26 日宣布独立前夕构成东巴基斯坦版图的领土和 1974 年《宪法（第三次修正）法令》所指的划入领土，但不包括该法令中所指的未划入领土；还包括：

（二）可划入孟加拉国的上述其他领土。

第二 A 条 ［国教］

共和国的国教是伊斯兰教，但可和平、和谐地在共和国信仰其他宗教。

第三条 ［共和国官方语言］

共和国官方语言是孟加拉语。

第四条 ［国歌、国旗、国徽］

（一）共和国国歌是《金色的孟加拉》（Amar Sonar Bangla）的前十行。

（二）共和国国旗图案是绿色底面上有一个全红色的圆形。

（三）共和国国徽是浮在水面上的国花睡莲，每边各有一束稻穗，上方是三片相连的黄麻叶，叶片的每边镶着两颗星。

（四）以上述条款为依据，根据法律对国歌、国旗和国徽作出规定。

第四 A 条 ［肖像］

（一）总统的肖像应保存并陈列于总统、总理、议长、所有大使馆和孟加拉国驻外使团的办公室。

（二）除第一款，只有总理的肖像，应保存并陈列于总统和议长的办公室，所有政府及半政府机构、自治机构、法定公共机构、政府教育机构、大使馆和孟加拉国驻外使团的总部和分支机构。

第五条 ［首都］

（一）共和国首都是达卡（Dhaka）。

（二）首都的范围由法律规定。

第六条 ［公民身份］

（一）孟加拉国公民身份的确定和规定应依据法律。

（二）孟加拉国公民通称孟加拉国人。

第七条 ［宪法的至上性］

（一）共和国的一切权力属于人民，只能根据本宪法规定，由本宪法授权的当局行使这些权力。

---

* 译自孟加拉人民共和国国民议会网站提供的英译本 www.parliament.gov.bd，译者：孙群。在翻译过程中参照了姜士林主编的《世界宪法全书》，青岛出版社 1997 年版。

（二）作为人民意志的庄严体现，本宪法是共和国的最高法律。任何与本宪法相抵触的其他法律，其相抵触的部分无效。

第二章　国家政策的基本原则

第八条　［基本原则］

（一）对全能真主的绝对忠诚和信仰、民族主义、民主和象征经济与社会公正的社会主义的这些原则连同从本章所述原则中引伸出来的原则合在一起构成国家政策的基本原则。

（一 A）对全能真主的绝对忠诚和信仰是一切行为的准则。

（二）本章所述原则是治理孟加拉国的基本原则，是国家制定法律所依据的原则，是解释孟加拉国宪法和其他法律的指南，也是国家及其公民活动的准则，但没有司法强制性。

第九条　［地方政府机构的建立］

国家鼓励建立由有关各方代表组成的地方政府机构，在这些机构中特别要有尽可能多的农民、工人和妇女代表。

第十条　［妇女参与国家生活］

采取措施保证妇女参与国家生活的各个领域。

第十一条　［民主和人权］

共和国是民主政体，在此政体中基本人权和自由、对个人尊严和价值的尊重受到保障，并确保人民通过他们选举的代表参与政府管理的各个领域。

第十二条（已删除）

第十三条　［所有权的原则］

人民占有或支配工具、生产的方式和分配，以此为目的所有制具有下列形式：

1. 国家所有制，即国家代表人民通过建立包括关键经济部门在内的有效和有活力的国有化公营部门；

2. 合作所有制，即在法律规定范围内合作社代表社员的所有制；

3. 私人所有制，即在法律规定范围内的个人所有制。

第十四条　［解放农民和工人］

国家的一项基本职责是从一切形式的剥削中解放作为劳苦群众的农民和工人以及落后阶层的人民。

第十五条　［基本生活必需品的供给］

国家的一项基本职责是通过有计划的经济增长达到生产力的不断提高，以及人民的物质生活和文化生活的逐步改善，并向公民保证：

1. 供应基本生活必需品，包括食品、衣服、住房、教育和医疗；

2. 工作的权利，即按工作质量和数量获得合理工资的就业权；

3. 合理的休息、娱乐和休闲权；

4. 社会保障权，即因失业、疾病或残废或者寡妇、孤儿或年老者等而生活困难者，享受社会救济的权利。

第十六条　［农村发展和农业革命］

国家应采取有效措施使农村地区发生根本变化，通过推动农业革命，提供农村电气化，兴建农村住宅和其他工业，以及改善农村地区的教育、交通和卫生，逐步消除城乡生活水平差距。

第十七条　［免费义务教育］

国家采取有效措施，以便：

1. 建立统一的、群众性和普及的教育制度，并把法定等级的免费义务教育扩大到所有儿童；

2. 使教育适应社会需要，并根据社会需要培养有技术和有热情的公民；

3. 在法律确定的时间内消灭文盲。

第十八条　［公共卫生和道德］

（一）国家应将提高营养水平和改进公共卫生作为其首要任务，特别要采取有效措施防止滥用危害健康的酒精和其他致醉的饮品和毒品，但依法规定作为医疗或其他用途的除外。

（二）国家采取有效措施防止卖淫和赌博。

第十九条　［机会均等］

（一）国家努力保证所有公民机会均等。

（二）国家采取有效措施消除人与人之间的社会和经济不平等，为使全共和国的经济发展达到均衡，应保证在公民中平等分配财富和平等地享有机会。

第二十条　［工作的权利和义务］

（一）工作是每个有工作能力的公民的权利、义务和荣誉，并按照"各尽所能，按劳分配"的原则付给工作报酬。

（二）国家努力创造条件，总的原则是使人们不能享有不劳而获的收入，同时在此条件下人们的各种脑力的和体力的劳动形式，都能充分显示人的创造性和个性。

第二十一条　［公民和公职人员的责任］

（一）遵守宪法和法律，遵守纪律，履行公共义务和保护公共财产是每个公民应尽的义务。

（二）共和国政府部门公职人员的职责是时刻为人民服务。

第二十二条　［司法与行政的分立］

国家保证司法机构和国家行政机关分立，保证司法与行政的分立。

第二十三条　［民族文化］

国家采取措施，维护文化传统和人民遗产，并提倡和发展民族语言、文学和艺术，使各阶层人民都有机会为丰富民族文化作出贡献并参与丰富民族文化的活动。

第二十四条　[民族纪念物]

国家采取措施，保护一切纪念物、纪念品或具有特殊艺术或历史意义或价值的建筑物，使之免遭涂损、破坏或拆除。

第二十五条　[促进国际和平、安全和统一]

（一）国家将国家关系建立在尊重国家主权和平等、不干涉他国内政、和平解决国际争端及尊重国际法和联合国宪章阐述的原则的基础上，并在这些原则基础上：

1. 努力争取在国际关系中放弃使用武力并争取普遍和彻底裁军；

2. 维护各国人民按照各自自由选择的方式和方法决定并建立各自社会、经济和政治制度的权利；

3. 支持全世界被压迫人民正在进行的反对帝国主义、殖民主义或种族主义的正义斗争。

（二）国家努力巩固、维护和加强穆斯林国家之间以伊斯兰团结为基础的兄弟关系。

第三章　基本权利

第二十六条　[与基本权利相抵触的法律无效]

（一）自本宪法生效之日起，凡与本章的规定相抵触的现行法律，其相抵触的部分均属无效。

（二）国家不制定与本章规定相抵触的任何法律，其相抵触的部分均属无效。

（三）本条的任何规定不适用于根据第一百四十二条对本宪法所作的任何修改。

第二十七条　[法律面前一律平等]

所有公民在法律面前一律平等，并受同等的法律保护。

第二十八条　[歧视]

（一）国家不得仅以宗教、种族、种姓、性别和出生地点为由歧视任何公民。

（二）妇女同男人在国家和公共生活的各方面享有平等权利。

（三）不得仅以宗教、种族、种姓、性别或出生地点为由使任何公民在公共娱乐场所或休息场所出入方面和学校入学方面遭到拒绝、排挤、限制或受任何条件约束。

（四）本条的任何规定不妨碍国家作出关于照顾妇女或儿童或有利于落后阶层公民的特别规定。

第二十九条　[就业机会均等]

（一）所有公民在就业或共和国政府部门任职方面机会均等。

（二）不得仅以宗教、种族、种姓、性别或出生地点为由使任何公民在就业或共和国政府部门任职方面失去资格或受到歧视。

（三）本条的任何规定不妨碍国家：

1. 为保证落后阶层公民在共和国政府部门有适当代表，作出照顾他们的特别规定；

2. 实施关于规定教会或教派的任职应保留给该教会或教派人员的任何法律；

3. 由于考虑到某种职业或职位按其性质对某一性别的人不适合，把它保留给另一性别的人。

第三十条　[禁止接受外国授予的称号]

在未获得总统的事前批准的前提下，任何公民不得接受外国的称号、荣誉、奖励或奖章。

第三十一条　[受法律保护的权利]

享受法律保护和依法对待，是国内任何地区的每个公民不可剥夺的权利，也是侨居孟加拉国的每个外国人不可剥夺的权利，尤其是不得采取任何行动危害任何人的生命、自由、身体、名誉或财产，依法采取的行动除外。

第三十二条　[受法律保护的生命和个人自由]

除依法剥夺外，不得剥夺任何人的生命或个人自由。

第三十三条　[逮捕和拘留的保护]

（一）对于任何被逮捕者，如不尽快告知其被逮捕理由，不得关押，也不得拒绝给予被逮捕者咨询自聘律师权和请自聘律师辩护权。

（二）每个被逮捕和被拘留的人应于逮捕后二十四小时内移送最近的法官，不包括从逮捕地点至该法官处的路程时间，未经预审法官许可，不得在超过上述时间后关押上述被逮捕者。

（三）第一款和第二款的任何规定不适用于下列人员：

1. 当时是敌侨；

2. 根据法律规定采取预防性拘留措施被逮捕或被拘留的人。

（四）任何预防性拘留法不得规定超过六个月的拘留，除非由三人组成的咨询委员会，其中二人是或者曾经是或者有资格被任命为最高法院法官，而另一人是共和国政府高级文职人员，在给予被拘留者亲自申诉机会后，于上述六个月期限届满前提出报告认为有充分理由实施上述超期拘留。

（五）根据预防性拘留法发布命令拘留任何人时，发布拘留令当局应尽快通知被拘留者发布拘留令的理由，并应给予他对拘留令提出反对意见的优先机会。

但是，发布上述拘留令的当局可以拒绝透露该当局认为对公共利益不利的事实。

（六）第三款或第五款的任何规定不影响咨询委

员会按第四款继续进行审讯程序。

第三十四条 ［禁止强迫劳动］

（一）禁止各种形式的强迫劳动，违反本条规定则应依法应受法律的制裁。

（二）本条的任何规定不适用于义务劳动：

1. 刑事罪犯接受法定处罚从事的义务劳动；

2. 法定的公益义务劳动。

第三十五条 ［关于审判和惩罚的禁止］

（一）任何人不得因当时施行的法律不认为犯罪的行为而受惩罚，也不得使任何人受到重于或者不同于当时施行的法律规定的处罚。

（二）任何人不得因同一罪行再次受到追诉或处罚。

（三）每个刑事罪犯都有权要求独立和公正的法院或者依法建立的法庭进行迅速、公开的审讯。

（四）不得强迫任何被告自证其罪。

（五）不得对任何人进行拷打或者进行残暴、非人道的或卑鄙的处罚或对待。

（六）第三款或第五款的任何规定不影响实施任何对诉讼过程中的处罚和诉讼程序作出规定的现行法律。

第三十六条 ［迁徙自由］

在遵守以公共利益为目的依法规定的合理限制下，每个公民有在孟加拉国境内自由迁徙权，有在孟加拉国任何地方居留和定居权，并有离开和返回孟加拉国的权利。

第三十七条 ［集会自由］

每个公民有集会权和参加公共集会的权利，并有参加和平的不携带武器的游行权利，但须遵守为公共秩序或公共卫生依法规定的任何合理限制。

第三十八条 ［结社自由］

每个公民有组织社团或工会的权利，但须遵守为道德或社会治安依法规定的任何合理限制。

第三十九条 ［思想、良心和言论自由］

（一）思想和良心自由受到保障。

（二）在遵守为国家安全、与外国友好关系、社会治安、礼仪或道德，或关于蔑视法官、损坏名誉，或煽动犯罪依法规定的合理限制下：

1. 每个公民的言论和表达自由权受到保障；

2. 出版自由权受到保障。

第四十条 ［选择职业的自由］

根据法律规定的限制，公民若具备在专业、职业、商业或企业依法规定应具备的资格，有权从事任何合法的专业或职业，经营任何合法的商业或企业。

第四十一条 ［信仰自由］

（一）在遵守法律、社会治安和道德的条件下：

1. 每个公民有信仰、参加和宣传任何宗教的权利；

2. 每个宗教团体或派别有建立、保持和管理本宗教机构的权利。

（二）不得要求在学校学习的任何人接受宗教布道或者参加或出席任何宗教典礼或礼拜仪式，但这种布道、典礼或礼拜仪式属于他本人信奉的宗教的除外。

第四十二条 ［财产权利］

（一）在遵守法律规定的限制条件下，每个公民享有取得、占有、转让或处理财产的权利。除法律规定外，不得强行取得、国有化或征用任何财产。

（二）根据第一款制定的法律应对有偿取得、国有化或征用作出规定并应确定赔偿费金额或具体规定估价和支付赔偿费的原则和方式；但是不得以关于上述赔偿费的任何条款不适合为由在任何法院对上述法律提出质疑。

（三）本条的任何规定，就其涉及的无偿取得、国有化或征用任何财产的范围而言，不影响实施1977年公告（修正）令（1977年第一号公告令）颁布前制定的任何法律。

第四十三条 ［保障住宅和通信］

每个公民，在遵守为国家安全、社会治安、公共道德或公共卫生依法规定的合理限制下，享有：

1. 住宅不受侵入、搜查和查封的权利；

2. 本人通信秘密和其他方式通讯秘密的权利。

第四十四条 ［基本权利的实施］

（一）根据第一百零二条第一款的规定要求高等法院实施本章赋予的权利受到保障。

（二）在不损害第一百零二条授予高等法院的权力的情况下，议会可依法授权任何其他法庭，在其管辖的范围内，行使这些权力的全部或部分。

第四十五条 ［纪律中权利的修正］

本章的任何规定都不适用于有关纪律部队成员的纪律法的任何规定，纪律法只是为保证部队顺利执行任务或者维持部队纪律所作的规定。

第四十六条 ［补偿的权力］

虽则本章前项条文已有规定，议会仍可以法律规定对共和国政府官员或任何其他人在民族解放斗争中，或者在维持或恢复孟加拉国任何地区秩序时所作行为免除处罚，或者依法确认已作出的判决，已施加的惩处，已确定的处罚，或者依法确认在上述任何方面所作的其他行为。

第四十七条 ［部分法律的排除］

（一）凡对下列任何事项作出规定的法律，不得因它与本章所保障的权利相抵触或者因它取消或剥夺本章所保障的权利而视为无效：

1. 强制性取得、国有化或征用任何财产，或者临时地或永久地支配或管理这些财产；

2. 强制性合并经营商业或经营其他团体；

3. 取消、修改、限制或者规定上述任何团体董事、经理、代理人和职员的权利或者这些人在团体中拥有的股份或股票(不论任何形式)的表决权；

4. 取消、修改、限制或者规定矿产或矿物油的勘探权或开采权；

5. 排除其他人全部或部分参与政府或由政府所有的、控制的或管理的公司所经营的贸易、商业、工业或服务行业；

6. 如果议会在上述法律(如果是现行法律，包括所作修正)中明确宣布，制定上述条款是为了使本宪法第二章所述国家政策基本原则发挥有效作用。

取消、修改、限制或者规定一种专业、职业、工业或商业方面的任何财产权，任何权利或者法定公共当局或商业企业或工业企业中雇主和雇员的权利。

(二)不论本宪法作何规定，附表一所列的法律(包括其中的任何修正)仍继续完全有效，不论是上述任何法律的条文，或是根据上述法律所做的任何事情或者该做而未做的事情，都不得以其与本宪法任何条文相抵触或相违背而视为无效或非法。

但是，本条的任何规定不妨碍修正、修改或废除上述任何法律。

(三)不论本宪法作何规定，对于身为武装部队成员、国防军或辅助部队成员的人犯有种族灭绝罪、违反人道罪或战争罪或者国际法规定的其他罪进行拘留、起诉或处罚的任何法律或其中任何条款，都不得以其与本宪法任何条文相抵触或相违背，而视为无效或非法，或者认为已经无效或非法。

第四十七A条　[部分条款的适用]

(一)第三十一条、第三十五条第一款和第三款及第四十四条所保障的权利不适用于第四十七条第三款特定法律适用的任何人。

(二)不论本宪法作何规定，适用第四十七条第三款所说的法律的任何人无权要求最高法院根据本宪法规定作任何补救。

第四章　行政机构

第一节　总统

第四十八条　[总统]

(一)孟加拉国总统依法由议会成员选举产生。

(二)总统作为国家元首位于国家所有其他人之上。根据本宪法和其他法律行使权力和履行赋予的职责。

(三)在总统履行其职能时，仅包括根据第五十六条第三款任命总理和第九十五条第一款任命首席法官，总统应根据总理的建议办事。

但是由总理向总统递交建议，无论是何内容都不得在任何法庭受到质疑。

(四)下列人员无资格当选总统：

1. 年龄不满三十五周岁的人；

2. 没有资格竞选议会议员的人；

3. 根据宪法规定免去总统职务的人。

(五)总理应保持将国内和外交政策问题告知总统，并提交总统关心的有关内阁审议的任何事项。

第四十九条　[赦免权]

总统有权准予赦免、减刑和缓刑，并有权发回、中止执行或改变任何法院、法庭或其他当局所作的任何判决。

第五十条　[总统的任期]

(一)按照本宪法条文规定，总统自就职之日起任期五年；

但是，尽管任期届满，总统仍应继续任职直到他的继任者就职时为止。

(二)任何人不得担任总统之职超过两届，不论该任期是否连续的。

(三)总统可以向议长提交本人签名的书面辞呈提出辞职。

(四)总统在任职期间不得当选为议会议员。如果议会任何议员当选为总统，他在议会的席位自他就任总统日起视为已空缺。

第五十一条　[总统的豁免]

(一)在不损害第五十三条规定的情况下，总统没有义务在任何法庭为他行使职权或旨在行使职权时所做的或该做而未做的任何事情在任何法院进行申辩，但是本款的规定不影响任何人对政府提出起诉的权利。

(二)不得在总统任职期间对他提出或者保留任何刑事诉讼，任何法庭不得发出逮捕或关押他的传票。

第五十二条　[弹劾总统]

(一)总统因犯有破坏本宪法或严重行为不端受到弹劾，由议会全体议员至少三分之二签名的动议通知书列出具体罪状并提交议长。该动议不得在通知发出后十四日以前或三十日以后进行辩论；如果议会不在会期，议长应立即召开议会会议。

(二)总统的行为由议会委托议会指定的法庭按本条文指控罪行进行调查。

(三)审查罪状时，总统有权在场并听取陈述。

(四)如果审查罪状后议会以全体议员的至少三分之二多数票通过决议宣布罪状属实，总统之位应于决议通过之日空缺。

(五)凡议长根据第五十四条行使总统的职能

时,应遵循以下的修改:第一款中议长的职权应解释为副议长,第四款总统的缺位应解释为议长的缺位;根据第四款通过的决议,议长应停止执行总统的职权。

第五十三条 [总统因丧失能力而被免职]

（一）总统因丧失体力或智力行为能力可被免职,由议会全体议员半数以上签名的动议通知书写明所称丧失行为能力详情并提交议长。

（二）议长在收到通知书时如果议会不在会期,应立即召开议会会议并要求通过决议成立一个医疗委员会(本条以下简称"委员会"),并在通过和执行必要的动议时立即将一份动议通知书连同议长签署的请求书转交总统,要求总统本人自请求书发出之日起十日内去"委员会"接受体检。

（三）免职动议不得在动议通知书提交议长后的十四日以前或三十日以后付诸表决。为使动议能在此期间内获得通过,如有必要再次召开议会会议,议长应召开会议。

（四）审议动议时,总统有权在场并听取陈述。

（五）如果在议会通过动议前总统本人没有去"委员会"接受体检,动议可付诸表决。如果议会以全体议员的至少三分之二多数票通过动议,总统之位应于决议通过之日空缺。

（六）如果在议会通过免职动议前总统本人已去"委员会"接受体检,该动议需待"委员会"有机会向议会提出报告后才能付诸表决。

（七）如果在议会审议动议和"委员会"的报告(按照第二款规定,应在进行体检后七日内提出。如果未能按期提出,可免除)后,议会以全体议员的至少三分之二多数票通过动议,总统之位应于决议通过之日空缺。

第五十四条 [议长代理总统之职]

当总统之位空缺或者总统因缺席、疾病或其他任何原因不能履行职责时,议长代理总统直到新总统就职或者总统重新履行职责时为止。

第二节　总理和内阁

第五十五条 [内阁]

（一）孟加拉国设内阁和总理,包括由总理随时任命的其他部长组成。

（二）共和国的行政权,应当按照本宪法的规定由总理行使。

（三）内阁集体向议会负责。

（四）政府的所有行政行为均以总统的名义进行。

（五）总统以条例规定以他的名义发布命令和文件得到确认或认证的方式,任何如此确认或认证的命令或文件不得以其发布或执行的不当为由在任何法

庭受到质疑。

（六）总统须制定有关政府的部署和办事规则。

第五十六条 [部长]

（一）部长、国务部长和副部长可由总理决定。

（二）总理、部长和国务部长和副部长由总统任命,其中不少于十分之九的人应在议会成员中任命,同时可从具有议会成员的选举资格的其他人中选择,但不得超过十分之一。

（三）总统应任命受到议会多数成员支持者为总理。

（四）若在议会解散和下次议会大选之间,根据第二款、第三款解散前被任命的成员被认为应继续担任该职务。

第五十七条 [总理的任期]

（一）以下情况总理的职位空缺:

1. 总理随时亲自向总统提交辞呈时;

2. 总理不再是国会议员。

（二）如果总理不再拥有议会的大多数议员的支持,他须辞职或者当他认为没有其他成员可以获得议会的大多数支持时,可以建议总统解散议会。

（三）本条规定不应当取消在任总理的资格直到其继任者就职时为止。

第五十八条 [其他部长的任期]

（一）以下情况除总理以外的其他部长的职位空缺:

1. 部长向总理提交辞呈并由总理向总统呈递;

2. 部长不再是国会议员,但是这不应适用于根据第五十六条第二款所任命的部长。

3. 总统根据本条第二款的规定发布命令;

4. 第四款规定的情况。

（二）总理可以随时要求部长辞职,如果该部长不遵循此要求,可建议总统终止该部长的任命。

（三）在议会解散期间不得根据第一款的第一、第二和第四项期间取消部长的任职资格。

（四）如果总理辞职或终止任职,其他部长均应当被视为也辞去职务,但须遵守本章的规定,继续任职直到其继任者就职时为止。

（五）在本条中"部长",包括国务部长和副部长。

第五十八 A 条 [本节的适用]

除第五十五条第四款、第五款、第六款的规定,本章其他的内容不适用于议会解散期间。

无论第二 A 节有何规定,总统根据第七十二条第四款的规定召集已经解散的议会适用本章规定。

第二 A 节　无党派看守政府

第五十八 B 条 [无党派看守政府]

（一）当议会因期限届满解散时,应由首席顾问领

395

导的无党派看守政府管理政府,直到新总理在重组议会后就职时为止。

(二)无党派看守政府应集体向总统负责。

(三)在第一款提到的期间,根据第五十八条之四第一款,由首席顾问在听取无党派看守政府的意见后依据本宪法的意见行使共和国行政权力。

(四)第五十五条第四款、第五款和第六款的规定(含必要的调整)同样适用于第一款提到的期间。

第五十八 C 条 ［无党派看守政府的组成,顾问的任命等］

(一)无党派看守政府包括首席顾问和不超过十名的其他顾问,都由总统任命。

(二)应在议会解散十五日内任命首席顾问和其他顾问,在议会解散和首席顾问任命期间,总理和他的内阁应当继续履行职责。

(三)总统根据本条的规定在有资格的人选中任命上一位退休的孟加拉国首席大法官为首席顾问;

但如该退休的最高法院首席法官无法或不愿意担任首席顾问,总统应任命下一位退休的孟加拉国首席大法官为首席顾问。

(四)如果没有退休的最高法院首席法官可以或愿意担任首席顾问,总统根据本条的规定在有资格的人选中任命上一位退休的上诉庭法官为首席顾问;

但如该退休法官无法或不愿意担任首席顾问,总统应任命下一位退休的上诉庭法官为首席顾问。

(五)如果没有退休的上诉庭法官可以或愿意担任首席顾问,总统应在切实可行范围,与各主要政党经磋商后,总统根据本条的规定在有资格的孟加拉国公民中任命首席顾问。

(六)无论本节如何规定,如果第三款、第四款和第五款不能实施,总统应根据本宪法规定他的职能承担无党派看守政府首席顾问的职能。

(七)总统应从以下人选中任命顾问:

1. 有资格被选举为议会成员;

2. 不属于任何政党或相关或附属于任何政党;

3. 书面同意不得成为随后的议会议员选举的候选人;

4. 不超过七十二周岁。

(八)总统应根据首席顾问的意见任命顾问。

(九)首席顾问或顾问可向总统递交辞呈辞职。

(十)首席顾问或顾问若不符合本节要求的资格则应终止其职务。

(十一)首席顾问的地位、特权和待遇应与总理相同,顾问的地位、特权和待遇应与部长一致。

(十二)在新议会组成总理任职后,无党派看守政府应解散。

第五十八 D 条 ［无党派看守政府的职能］

(一)无党派看守政府应履行作为一个临时政府的职能,在共和国公务人员协助下应继续履行政府的日常职能;但职能的履行必须对任何政策作出决定者除外。

(二)为议会大选和平、公平和公正地进行,无党派看守政府应给予选举委员会一切可能的帮助和协助。

第五十八 E 条 ［宪法的某些条款仍无效］

尽管有第四十八条第三款、第一百四十一 A 条第一款和一百四十一 C 条第一款,但无党派看守政府运作期间,宪法规定要求总统根据总理的建议采取行动或要求总理的副署,应当是无效的。

第三节 地方政府

第五十九条 ［地方政府］

(一)在共和国每一个行政单位的地方政府应当交托给由依法选举的人组成的机构。

(二)根据宪法和法律,第一款所提的每个机构,根据议会法令所规定的适当的行政单位范围内包括以下职能:

1. 政府当局及公职人员的工作;

2. 维护公共秩序;

3. 编制和实施有关公共服务和经济发展的计划。

第六十条 ［地方政府的权力］

为了全面实施第五十九条的规定,议会应当通过法律赋予当地政府机构的权力包括地方税的征收、编制其预算和维持的经费。

第四节 国防军

第六十一条 ［最高指挥权］

孟加拉国国防军的最高指挥权授予总统,最高指挥权的执行由法律规定,根据第五十八 B 规定的无党派看守政府期间该法律应当由总统执行。

第六十二条 ［国防军的招募等事项］

(一)议会以法律作出关于:

1. 孟加拉国国防军及其预备军招募和维持的规定;

2. 授予国防军军衔的规定;

3. 任命国防军参谋长和确定他们的薪金及津贴的规定;

4. 国防军和预备军纪律和其他事项的规定。

(二)在议会以法律对第一款的事项作出具体规定前,总统可发布命令对现行法律尚无依据的事项作出规定。

第六十三条 ［战争］

非经议会批准,共和国不得宣战,也不得参与任何战争。

第五节　总检察长

第六十四条　［总检察长］

（一）总统任命有资格担任最高法院法官的人为孟加拉国总检察长。

（二）总检察长履行总统指定给他的职责。

（三）总检察长履行职责时有权出席孟加拉国所有法庭听取诉讼。

（四）总检察长依据总统的命令工作，报酬由总统确定。

第五章　立法机构

第一节　议会

第六十五条　［议会的建立］

（一）设立孟加拉国议会（通称国民议会），根据本宪法规定，授予议会共和国立法权；

但是，本款的任何规定不妨碍议会以议会法令授权任何人或任何当局制定法令、条例、规则、附则或其他具有立法效力的文件。

（二）议会由依法按单一选区制直接选举产生的三百名议员和根据只要仍然有效的第三款产生的议员组成；议员被称为议会议员。

（三）继《宪法（第十四修正案）法令》（2004 年）生效时存在的议会之后组成的议会召开第一次会议，经过十年举行议会解散后的选举前，应当专门为女性保留四十五个席位，他们将依法由上述议员按照比例代表制的单一可转移投票法①进行选举。

但本条款的任何规定不得视为妨碍女性当选本条第二款规定的任何席位。

（四）议会召开地点在首都。

第六十六条　［当选议员的资格］

（一）任何人，只要他是孟加拉国公民并且年满二十五周岁，都有资格按照第二款规定当选为议会议员。

（二）下列人员无资格当选或成为议会议员：

1．被管辖法庭宣布为精神不健全的人；

2．未清偿债务的破产者；

3．取得外国公民身份，或者声明效忠或自认效忠外国的人；

4．因道德败坏犯刑事罪被判处至少两年徒刑的人，除非刑满释放后已过了五年；

4A．在共和国公共职务中担任任何盈利职务的人，而不是担任依法宣布不取消任职者当选资格的职务；

（本条第二款第五项、第六项已删去）

7．依照法律规定取消上述当选资格的人。

（二 A）在执行本条规定时，担任总统、总理、部长、国务部长或副部长不得视为在共和国公共职务中担任盈利职务。

（三）（已删除）

（四）关于议会议员是否在当选后出现第二款所说的丧失资格情况的争议，或者关于议会议员的席位是否应按第七十条规定空缺的争议，应提交选举委员会审理并作出决定，选举委员会对此所作的决定是最终决定。

（五）议会可以法律作出它认为授权选举委员会充分实施第四款规定所必需的规定。

第六十七条　［席位的空缺］

（一）凡有下列情况之一，议会议员席位应即空缺：

1．在当选后自议会举行第一次会议之日起九十日内未按附表三所规定的议会议员誓词举行宣誓并在宣誓书上签字。但是，议长可在上述期限届满前以正当理由延长此期限。

2．未经议会准假连续九十日缺席。

3．议会宣布解散。

4．发生第六十六条第二款所说的丧失资格。

5．出现第七十条所述的情况。

（二）议会议员可向议长递交本人签名的辞呈辞去他的席位，该席位应在议长收到辞呈时空缺；如果议长职位空缺或议长因任何原因不能履行职务时，由副议长接受辞呈。

第六十八条　［议会成员的待遇］

议会议员有权领取由议会法令规定的薪金、津贴并享有法定的特权，或者在此项议会法令制定以前，总统规定的薪金、津贴和特权。

第六十九条　［宣誓前参加会议或表决的惩罚］

任何人在按本宪法规定举行宣誓或在宣誓书上

---

①　世界最主要的选举模式（本文主要指议会议员的选举）有两种：一种是"简单多数票当选"（first-past-the-post），这种选举制度一般把全国划分为若干选区，每个选区从候选人中选出一名议员，一个选民只能投一票给本选区的一个候选人，在这个选区内获得最多数票者当选为议员（经常出现在 run-off election）。另一种则是"比例代表制"（proportional representation），"比例代表制"可分为两大类，即"政党列表法"（party list）和"单一可转移投票法"（single transferable vote）。前者用于多数欧洲国家及拉丁美洲国家，后者为爱尔兰等国所采用。在"政党列表法"（party list）制度下，政党为主要计票单位，主要是选党而不是选候选人。"单一可转移投票法"是比例代表制中比较复杂的一种模式，而且由于分配"剩余选票"的方法不同又有区别。选民投人不投党，在很大的选区内选出多个议员。

签字前以议会议员身份出席会议或参加表决，或者在明知无资格成为议会议员或被取消议会议员资格时出席会议或参加表决，应处以每出席一日会议或每参加一次表决一千塔卡的罚款，作为对共和国的欠债偿付。

第七十条 ［席位空缺］

（一）凡是由某政党提名为候选人在选举中当选为议会议员的，如果他退出该政党或者在议会中表决反对该政党，他的议席即行空缺。

［解释］

如果一位议会议员：

1. 出席议会会议时表决弃权；或者

2. 本人不出席议会的任何会议，不顾选举中提议他为候选人的政党对他行为要求的指示，他应被认为已经表决反对该政党。

（二）任何时候任何一个议会政党产生领导问题时，议长应七日内被书面告知该议会中拥有该党多数票的领导者，并根据议会的议事规则说服该政党在议会的全体成员通过会议表决决定拥有多数票数者的领导。如果在议会投票中的问题，任何成员不坚持该领导方向，他应被视为已经根据第一款作出了反对该党的投票，他的议席即行空缺。

（三）如果一个人，作为独立候选人当选为国会议员，应加入任何政党，就本条款而言，被视为已被列为该党的候选人当选。

第七十一条 ［双重议员的禁止］

（一）任何人不得同时成为两个或两个以上选区的议会议员。

（二）第一款的规定不妨碍任何人同时成为两个或两个以上选区的候选人，但是一旦他在一个以上选区当选时：

1. 他应在这次当选后的三十日内向首席选举专员提交一份本人签名的声明，确认他愿意代表的选区，他当选的其他选区的议席因此宣告空缺；

2. 如果该当选人没有按第一项规定办理，他当选的所有议席都宣告空缺；

3. 该当选人在遵照本条前项规定办理前，不得作为议会议员举行宣誓或在宣誓书上签字。

第七十二条 ［议会的会期］

（一）总统以公告宣布议会的召开和闭幕以及解散议会，宣布召开议会时总统应具体确定首次会议的时间和地点。但是一次会期结束到下次会议的首次会议的间隔不得超过六十日。

总统行使本款的职责时应当遵循总理提交给他的书面建议。

（二）除第一款的规定外，议会应在每次议会大选投票结果公布后三十日内召开会议。

（三）除总统提前宣布解散议会外，议会应在第一次开会之日起五年任期届满时自动解散。

但是若共和国处于战争状态，得以议会法令的方式延长议会任期，一次不得超过一年，但在战争结束后延长任期不得超过六个月。

（四）在议会解散后和下届议会大选举行前，如果总统认为由于共和国处于战争状态需要重新召开议会，总统应召集已解散的议会开会。

（五）除遵照第一款的规定外，议会会议应在议会议事规则规定的或另外确定的时间和地点举行。

第七十三条 ［总统在议会的发言］

（一）总统可向议会发表演讲和提出咨文。

（二）总统应在议会大选后举行的第一次会议开幕式上和每年第一次常会开幕式上向议会发表演讲。

（三）议会应在总统发表演讲或提出咨文后讨论上述演讲或咨文中提出的问题。

第七十三 A 条 ［部长在议会的权利］

（一）每个部长都有在议会发言权，另外还有参与议会议事权，但是没有表决权和对与自己部门不相关的发言权。除非他也是国会议员。

（二）本条中的"部长"包括总理、国务部长和副部长。

第七十四条 ［议长和副议长］

（一）议会应在每次大选后举行的第一次会议上从议员中选出议长和副议长各一人。如果其中任何一个职位出现空位，应于七日内选举一名议员补缺，如果正值议会闭会期间，应在此后的第一次会议上选出一名议员补缺。

（二）凡有下列情况之一，议长或者副议长职位即空缺：

1. 不再是议会议员；

2. 出任部长；

3. 议会以全体议员的过半数表决（应在要求通过此项决议的通知书提出之日起至少十四日后）通过决议要求免除他的职务；

4. 向总统递交本人签名的辞呈提出辞职；

5. 在大选后另一名议员就任此职；

6. 副议长就任议长职位。

（三）当议长职位空缺或者议长代理总统时，或者议会确认议长也不能履行职责时，应由副议长履行其职责，如果副议长职位空缺，应依照或根据议会议事规则确定一名议员履行其职责；如果议会开会期间议长缺席，副议长代理议长；如果副议长也缺席，应依照或根据议事规则确定一名议员代理议长。

（四）在议会开会审议免除议长职务的决议时，议长（或者审议免除副议长职务的决议时，副议长）不得主持会议。第三款关于议长或副议长开会缺席的规定,同样适用于本款所说的会议。

（五）议长或者副议长在议会审议免除其职务的决议时,有权在议会发言或以其他方式参加讨论,并得参加表决,但只能以议员身份参加表决。

（六）尽管有第二款的规定,议长或者副议长应继续任职至其继任者就职时为止。

第七十五条 ［议事和表决程序］

（一）在遵守本宪法规定的前提下:

1. 议会议事程序应由议会制订的议事规则规定,在上述议事规则制定前,应由总统制订的议事规则规定;

2. 议会的决议应以出席并投票议员的过半数通过,但会议主持者不参加投票,除非出现票数相等情况时,他才行使决定性投票权;

3. 不得仅仅因为议席有空缺,也不得仅仅因为某个无资格出席或表决的人出席或进行表决或者竟然参加议事,而认为议会的活动无效。

（二）议会每次开会时,主持人应注意,如果出席议员人数少于六十人,他应当或者宣布暂停,等到出席议员达到六十人以上时再开会,或者宣布休会。

第七十六条 ［议会常设委员会］

（一）议会任命自己的议员组成下列常设委员会:

1. 公共账目委员会;

2. 资格审查委员会;

3. 议会议事规则要求设立的其他常设委员会。

（二）除第一款提到的委员会外,议会还指定设立其他常设委员会,根据本宪法或其他法律的规定,得就下列事项设立常设委员会:

1. 审查法案草案和其他立法议案;

2. 检查法律实施情况和提出实施法律的措施;

3. 就议会提交委员会的重大社会问题进行调查,调查政府各部的工作情况和管理情况,要求该部通过授权的代表提供有关情况并对问题作口头或书面答复;

4. 履行议会授予它的任何其他职能。

（三）议会得以法律规定依据本条设立的委员会拥有下列权力:

1. 强制证人出席作证并对证人的宣誓、保证或其他方面情况进行审查;

2. 强制提供证明文件。

第七十七条 ［司法特派员］

（一）议会应立法规定设立司法特派员。

（二）司法特派员行使和履行议会以法律规定的权力和职责,包括对政府各部、任何官员或法定公共机关的任何行为进行调查的权力。

（三）司法特派员应向议会提交关于他履行职责

情况的年度报告。

第七十八条 ［议会及其成员的特权和豁免］

（一）任何法庭不得对议会活动的合法性提出质询。

（二）凡是根据授权安排议会议事程序、处理事务和维持议会秩序的议会议员或职员在行使上述权力时不受任何法庭管辖权的约束。

（三）议员在议会或议会的任何委员会的发言或投票不受任何法庭的追究。

（四）任何人由议会授权或经国会许可公布任何报告、文件、表决情况或议事录不受任何法庭的追究。

（五）依据本条,议会及其委员会和议员的特权由议会法令作出规定。

第七十九条 ［议会秘书处］

（一）议会设立议会秘书处。

（二）议会得以法律规定议会秘书处工作人员的聘任办法和服务条件。

（三）在议会作出规定之前,总统同议长磋商后,得制定关于议会秘书处工作人员聘任办法和服务条件的条例;上述条例具有法律效力。

第二节 立法程序和财政程序

第八十条 ［立法程序］

（一）议会关于创制法律的提议,一律以法案形式提出。

（二）议会通过的法案应提请总统批准。

（三）总统应在收到法案后十五日内予以批准。或者,如果该法案不是财政法案,总统可以将它退回议会并附上他的意见书,要求重新审议该法案或其中的任何具体条款,并且要求考虑他在意见书中提出的任何修正意见;如果他未这样做,在上述期限届满时即视为他已经批准该法案。

（四）如果总统按上款规定退回法案,议会应对该法案连同总统的意见书一并审议。如果议会以全体议员的过半数票修正通过或原案通过该法案,应将该法案再次提请总统批准,总统应在收到法案后七日内予以批准,如果他未这样做,在上述期限届满时即视为他已经批准该法案。

（五）议会通过的法案经总统批准或视为批准后,即成为法律并称为议会法令。

第八十一条 ［财政法案］

（一）本章所说的"财政法案",指仅就处理下列所有事项或任何事项作出规定的法案:

1. 税收的征课、调整、变更、减免或废除;

2. 政府的借款或提供担保,或者修改任何关于政府财政的债务法;

3. 统一基金的保管,应由统一基金收取、支付的

款项以及应由统一基金拨付的款项;

4. 应由统一基金支付的费用及其变更或取消;

5. 存入统一基金账户或共和国政府账户的款项及其保管和支取,或对政府账目的审计;

6. 以上各项所规定的任何事项的附带事项。

(二)有关征收或变更任何费用或其他罚金的法案,有关征收或交纳执照费或劳务收费或费用的法案,以及有关征收、调整、变更、减免或废除地方当局或机关规定的地方税收的法案,均不得仅仅因此而视为财政法案。

(三)每项财政法案在提请总统批准时应附上议长签署的关于该法案为财政法案的证明书,上述证明书在法律上不容有任何争议并不受任何法庭的质询。

第八十二条 〔财政措施的建议〕

非依总统的建议,不得向议会提出任何财政法案或者任何涉及政府公款支出法案;

但是,对于减少或取消任何征税条款提出修正,无须经过本条规定的建议。

第八十三条 〔非经议会同意不得征税〕

非依议会法令授权或规定,不得征税。

第八十四条 〔国家统一基金和国家公共账户〕

(一)政府的岁入、贷款和偿还贷款所收入的一切款项,构成国家统一基金。

(二)政府收取的或代表政府收取的一切其他公款应存入共和国公共账户。

第八十五条 〔公共账户的管理〕

公款的保管,向统一基金存入或支出公款,或者向共和国公共账户存入或支出公款,以及与此有关的事项或上述事项的附带事项,应由议会法令作出规定,在此项议会法令制定之前,由总统制定的条例予以规定。

第八十六条 〔公共账户的支付〕

下列款项应存入共和国公共账户:

(一)共和国政府雇员或与共和国事务有关的人员收取或代收的,但不属于第八十四条第一款所说的构成统一基金的岁入或款项的一切款项;

(二)任何法院收取或代收的、记入任何案件、事项、账户或个人贷方的一切款项。

第八十七条 〔财政年度报告〕

(一)每个财政年度应向国会提交一份关于当年政府预算收支报告,本章以下简称财政年度报告。

(二)财政年度报告应分别说明:

1. 本宪法授权或规定应由统一基金拨付的金额;

2. 建议应由统一基金拨付的其他支出金额,并且应区分由岁入账户支付的支出和其他支出。

第八十八条 〔统一基金拨付〕

下列支出应由统一基金拨付:

(一)总统的报酬以及与总统职务有关的其他支出。

(二)下列人员的报酬:

1. 议长和副议长;

2. 最高法院法官;

3. 审计委员和审计长;

4. 选举专员;

5. 国家公务员委员会委员;

(三)议会、最高法院、审计委员和审计长、选举专员和国家公务员委员会的行政费用,包括上述机关的公务员和雇员的报酬。

(四)应由政府偿还债务的一切支出,包括利息、偿债基金、一次或分期偿付的本金以及与借款、偿还和清理债务有关的其他开支。

(五)任何法院或法庭判决、裁决或裁定应由国家承担的任何费用。

(六)本宪法或议会法令规定的应由统一基金支付的其他开支。

第八十九条 〔财政年度报告的相关程序〕

(一)财政年度报告中关于应由统一基金支付的开支部分,可以在议会中讨论,但不得在议会中表决。

(二)财政年度报告中关于其他开支部分应以拨款申请方式提交议会审议,议会有权批准或拒绝批准任何申请,或者在削减其申请金额后予以批准申请。

(三)非依总统的建议,不得提出拨款申请。

第九十条 〔拨款法案〕

(一)在议会批准第八十九条所说的拨款后,应尽快向议会提出一项法案,对下列需由统一基金拨付的款项的总金额作出规定:

1. 议会批准的拨款;

2. 应由统一基金支付的开支,但不能超过提交议会审议的财政年度报告中明确规定的金额。

(二)不得向议会提出任何要求改变上述拨款的金额和用途,或改变由统一基金支付的开支的金额和用途的修正案。

(三)除本宪法另有规定外,非依照本条通过的法律明文规定的拨款,不得从统一基金中提取任何款项。

第九十一条 〔额外批准〕

如果在任何财政年度发现:

(一)已经批准用于本财政年度的个别项目的资金不足或者某些未列入本财政年度报告的新项目急需经费;

(二)本财政年度某一项目的实际支出金额超过当年对该项目所批准的拨款金额;

总统有权批准从统一基金中拨付所需金额,不论是否根据本宪法的授权或规定是否应由统一基金拨付,并且应指令向议会提交一份载明支出金额的补充财政报告,或者载明超支金额的超支财政报告。第八十七条至第九十条关于财政年度报告的规定(在作必要的修改后)同样适用于上述财政报告。

第九十二条 ［批准拨款等］

(一)尽管有本节以上各条规定,议会仍有权:

1. 在完成第八十九条规定的对上述拨款表决程序之前和根据第九十条规定通过关于此项开支的法律之前,批准任何财政年度部分预算开支的预付拨款;

2. 批准拨款满足共和国资源项目提出的无法预见的需要,由于此类项目的规模巨大和不稳定性,通常无法在财政年度报告中详细规定其需要;

3. 批准不属于任何财政年度当年项目的特别拨款;

同时议会有权以法律批准从统一基金中提取上述批准拨款所需用的款项。

(二)第八十九条和第九十条关于批准财政年度报告所规定的任何开支的拨款,以及关于制定关于批准从统一基金中拨付上述开支所需款项的法律的规定,同样适用于本条第一款所说的批准拨款和制定法律。

(三)无论本节的以上条款作出何种规定,关于财政年度,如果议会:

1. 未能在该年度开始之前根据第八十九条批准拨款并根据第九十条通过法律和根据该条批准任何预付拨款;

2. 未能在批准预付拨款期限的时间届满前根据第八十九条批准并根据第九十条通过法律,总统可根据总理的建议,命令从统一基金中拨出款项以满足财政年度中不超过六十日的需要,推迟批准和通过法律。

第三节 条例制定权

第九十三条 ［条例制定权］

(一)在议会解散或闭会期间,如果总统认为存在必须采取紧急行动的形势,得制定和颁布他认为必要的条例,条例自颁布之日起具有同议会法令相同的法律效力。

但是,根据本款颁布的任何条例不得作出下列规定:

1. 不能根据本宪法以议会法令作出的规定;

2. 修改或废除本宪法任何条文的规定;

3. 使以往颁布的命令条文继续有效的规定。

(二)根据第一款颁布的条例应在该条例颁布后议会举行的第一次会议上提交议会审议,并应在提交审议后届满三十日停止生效,提前被废除者除外。如果议会在上述期限届满前通过一项不批准该条例的

决议,应于决议通过之日失效。

(三)在议会解散期间,如果总统认为存在必须采取紧急行动的形势,得制定并颁布条例批准从统一基金中拨付支出,不论此种支出依照宪法规定是否应由统一基金拨付,上述条例自颁布之日起具有同议会法令相同的法律效力。

(四)根据第三款颁布的条例应尽快提交议会审议,并应在新一届议会成立后三十日内,遵照第八十七条、第八十九条和第九十条的规定作出必要的修改。

第六章 司法机构

第一节 最高法院

第九十四条 ［最高法院的建立］

(一)设立孟加拉国最高法院(通称"孟加拉最高法院")包括上诉法庭和高级法庭。

(二)最高法院由首席法官(通称"孟加拉国首席法官")和总统认为必须向各法庭任命的若干名其他法官组成。

(三)首席法官和向上诉法庭任命的法官应只在上诉法庭开庭,其他法官应只在高级法庭开庭。

(四)除本宪法另有规定者外,首席法官和其他法官独立行使司法职能。

第九十五条 ［法官的任命］

(一)首席法官和其他法官由总统任命。

(二)只有具备下列条件的孟加拉国公民,才有资格被任命为法官:

1. 担任最高法院出庭律师十年以上;

2. 在孟加拉国境内担任司法职务十年以上;

3. 具备法律规定的、最高法院法官应具备的其他任职资格。

(三)本条所说的"最高法院"包括在1977年第二号公告(第十次修正)令生效以前的任何时候,在如今构成孟加拉版图的领土上行使高等法院或最高法院管辖权的法院。

第九十六条 ［法官的任期］

(一)除本条其他各款另有规定者外,法官任职至年满六十七周岁时为止。

(二)非依照本条下列各款的规定,不得解除任何法官的职务。

(三)设立最高司法委员会(本条以下简称为委员会),由孟加拉国首席法官和两名地位仅次于首席法官的法官组成。

但是,如果委员会对作为委员会委员的法官的能力或行为进行调查时,或者委员会的一名委员缺席或因病因故不能履行职责时,由资历仅次于该两名委

的法官代理上述委员的职务。

(四)委员会的职能是:

1. 规定法官应遵守的行为守则;

2. 调查法官或非按解除法官职务的同样方式不得解除其职务的司法人员的能力或行为。

(五)如果总统根据委员会或其他方面提出的报告有理由认为,某法官:

1. 可能由于丧失体力或智力行为能力已经不能正常地履行其职责时;

2. 可能犯有严重渎职罪时,总统可以指示委员会对此进行调查并就调查结果提出报告。

(六)如果委员会调查后向总统提出报告,认为该法官已经不能正常地履行其职责或者犯有严重渎职罪,总统应发布命令解除该法官职务。

(七)为进行本条所说的调查,委员会应规定调查程序,并在签发传票和进行传讯方面具同最高法院相同的权力。

(八)法官得以本人签署的辞呈向总统提出辞职。

第九十七条 [首席法官的临时任命]

如果首席法官职位空缺或者总统认定首席法官因缺席、生病或任何其他原因不能履行其职责,应由上诉法庭最资深的法官临时代理首席法官,直到新的首席法官就职,或者首席法官恢复履职时为止。

第九十八条 [最高法院法官人数的增加]

尽管有第九十四条的规定,如果总统认为应临时增加最高法院某一法庭的法官人数,得任命一名或数名合适的人士为该法庭的临时法官,其任期由总统规定,但不得超过两年,或者,如果他认为合适,得要求高级法庭的一名法官作为特邀法官临时主持上诉法庭开庭,特邀法官主持开庭时拥有与上诉法庭法官相同的司法管辖权和其他职权。

但是,本条的任何规定不妨碍被任命为临时法官的人被任命为第九十五条所说的法官,或者被任命为本条规定的任期较长的临时法官。

第九十九条 [法官的禁止行为]

(一)除第二款所规定的情况外,担任法官的人,不包括临时法官,退休或离职后,不得在任何法院或任何当局担任辩护人或诉讼代理人,也不得在政府公职部门担任任何盈利职务,但司法职务、准司法职务或者首席顾问、顾问除外。

(二)担任高级法庭法官职务的人,退休或离职后,可以在上诉法庭担任辩护人或诉讼代理人。

第一百条 [最高法院的地址]

最高法院永久地址在首都,但是高级法庭可在首席法官经总统批准随时指定的其他地方开庭。

第一百零一条 [高级法庭的职权]

高级法庭拥有本宪法或其他法律授予或可能授予的初审、上诉或其他管辖权以及其他权力或职权。

第一百零二条 [高级法庭发布命令和指令等权力]

(一)高级法庭根据受害人的申请可以向任何个人或机关,包括担任共和国政府公职的人,发出专为实施本宪法第三章授予的任何基本权利所必需的命令或指令。

(二)如果高级法庭认为依法不能提出任何其他有效的补救办法,它可以:

1. 根据受害人的申请,发布命令:

(1)指令担任共和国政府公职或地方当局公职的人禁止做法律不允许他做的事,或者指令做法律要求其做的事;或者

(2)宣布担任共和国政府公职或地方当局公职的人所作的行为或所提起的诉讼是未经法律许可的,是不具有法律效力的。

2. 应任何人的请求,发布命令:

(1)指示传讯被拘留的人,以彻底查明他是否未经合法当局许可被拘留或者是以非法方式被拘留;或者

(2)要求担任公职的人或声称担任公职的人说明他根据何种授权声称担任该项公职。

(三)尽管有以上各款的规定,高级法庭无权依据本条对适用第四十七条的法律发布任何临时命令或其他命令。

(四)根据第一款或者第二款第一项的申请要求发布的临时命令,如果其后果可能:

1. 损害或者干扰为完成任何发展计划或任何发展项目所采取的任何措施;或者

2. 在其他方面有损公共利益,高级法庭只有在向检察总长送交合理的申请通知书并给予他(或者他为此授权代表他的律师)听取陈述的机会,并且高级法庭认为该临时命令不会有第一项或第二项所说的后果时,才能发布此临时命令。

(五)在本条中,除非上下文另作解释,"个人"包括法定公共当局和任何法院或法庭,但是,根据孟加拉国国防军法或者任何纪律部队法建立的法院或法庭,以及适用第一百一十七条的法庭除外。

第一百零三条 [上诉法庭管辖权]

(一)上诉法庭有受理和裁决对高级法庭的审判、判决、命令或科刑提出的上诉的管辖权。

(二)凡属于下列情况之一,对高级法庭的审判、判决、命令或科刑提出的上诉即依法成立:

1. 如果高级法庭证实案件涉及解释本宪法的法律实质问题;

2. 如果高级法庭宣判某人死刑或者终身监禁;

3. 如果高级法庭以藐视法庭处罚某人,以及议会法令规定的其他案件。

(三)如果在某案件中对高级法庭的审判、判决命

令或科刑提出的上诉不适用第二款的规定,只有上诉法庭准予上诉才能成立。

（四）议会得以法律宣布,本条关于高级法庭的规定同样适用于任何其他法院或法庭。

第一百零四条 ［上诉法庭的程序］

上诉法庭为完全公正审理所受理的案件,有权发布它认为必要的指示、命令、指令或传票,包括要求任何人出庭的命令以及要求调查或提供证据的命令。

第一百零五条 ［上诉法庭的程序复审］

根据议会法令及上诉法庭制定的规则的规定,上诉法庭有权对自己所作出的判决或决议进行复审。

第一百零六条 ［征询最高法院的意见］

如果总统认为已经或可能产生对国计民生关系重大的法律问题,有必要征询最高法院的意见,得随时将此类问题提交上诉法庭审议,上诉法庭在进行它认为适当的审理后,得向总统提出报告说明它对此问题的意见。

第一百零七条 ［最高法院制定的规则］

（一）遵照议会制定的法律,最高法院经总统批准,可以制定最高法院各法庭及其下属法院的诉讼程序和诉讼程序规则。

（二）最高法院可以委托该法院的一个法庭或者一名或一名以上法官代行本条第一款和第一百零三条授予最高法院的任何职权。

（三）根据本条制定的规则,首席法官确定法官席的组成法官以及哪些法官出席开庭。

（四）首席法官可授权最高法院任何一个法庭的地位最高的法官,在其所属法庭行使第三款或根据本条制定的规则授予的任何职权。

第一百零八条 ［最高法院作为存卷法院］

最高法院是存卷法院并拥有此类法院应有的一切权力,包括依法发布命令调查或处罚藐视最高法院罪的权力。

第一百零九条 ［监督和管辖所有法庭］

高级法庭监督和管辖下级的所有法庭。

第一百一十条 ［从下级法院向高级法庭移转案件］

如果高级法庭认为下级法庭未决的案件涉及与解释宪法有关的法律实质问题或者关系到普遍公共利益的重要问题,处理案件时必须涉及对此问题作出决断,它应从该下级法庭调取此案并且可以:

1. 自己处理此案件;或者

2. 对法律问题作出裁决,附上裁决书将此案件发回原审法庭(或移送另一下级法庭),奉命审理该案件的有关法庭在收到裁决书后,应遵照裁决书继续处理此案件。

第一百一十一条 ［最高法院判决的约束力］

上诉法庭颁布的法律对高级法庭具有约束力,最高法院两个法庭中任何一个法庭颁布的法律对下级的所有法庭具有约束力。

第一百一十二条 ［协助最高法院］

共和国的所有行政当局和司法当局都应协助最高法院工作。

第一百一十三条 ［最高法院的职员］

（一）最高法院的职员,由最高法院首席法官或其指定的最高法院法官或官员根据经总统事先批准的最高法院制定的条例任命。

（二）遵照议会法令的规定,最高法院职员的服务条件由该法院制定的条例作出规定。

第二节　下级法院

第一百一十四条 ［下级法院的建立］

除最高法院外可依法建立最高法院的下级法院。

第一百一十五条 ［下级法院的任命］

总统根据他制定的有关条例任命司法部门任职人员或行使司法职责的裁判官。

第一百一十六条 ［对下级法院的管理和纪律（discipline）］

对于司法部门雇员和行使司法职责的裁判官的管理（包括任命、晋升和准假）和纪律约束授予总统,并由他与最高法院磋商执行。

第一百一十六 A 条

司法部门雇用的所有人员独立行使司法职权。

第三节　行政法庭

第一百一十七条 ［行政法庭］

（一）不论以上条款作何规定,国会得通过法律建立一个或更多的行政法庭对与下列事项有关或由此引起的问题行使管辖权:

1. 共和国公职部门人员的服务条件和待遇,包括第九章中规定的事项和给予奖励或惩罚;

2. 法律授权或根据法律规定属于政府或由政府管理的任何财产的取得、管理、经营和处理,包括国有化企业的经营和管理;

3. 适用第一百零二条第三款规定的任何法律。

（二）凡根据本条规定设立行政法庭的地方,任何法院不得受理属于上述法庭管辖权限内的诉讼或者发布与上述法庭管辖权限内的任何事项有关的命令。

但是,总统得通过法律对向上述任何法庭的裁决提出上诉或复审作出规定。

第七章　选举

第一百一十八条 ［选举委员会的建立］

（一）设立孟加拉国选举委员会,由首席选举专员和若干名选举专员组成,选举专员的人数由总统随时确定。首席选举专员和选举专员由总统根据为此制定的法律条款任命。

(二)选举委员会成员超过一名时,首席选举专员担任该委员会主席。

(三)根据本宪法规定,选举专员任期五年,从就职之日起算,并且:

1. 担任首席选举专员者不得在共和国政府部门任职;

2. 其他选举专员在不担任该职务时可被任命为首席选举专员,但不得在共和国政府部门任职。

(四)选举委员会独立行使职权,只服从本宪法和其他法律。

(五)根据议会制定的法律条文规定,选举专员的服务条件由总统以命令确定。

但是,非按免除最高法院法官职务的同样方式和同样理由,不得免除选举专员的职务。

选举专员可以向总统递交本人签署的书面辞呈提出辞职。

第一百一十九条 ［选举委员会的职责］

(一)授权选举委员会监督、指导和管理关于总统选举和议会选举选民名册的编制工作并主持上述选举,选举委员会根据本宪法和其他法律规定:

1. 举行总统选举;

2. 举行议会议员选举;

3. 为议会选举划定选区;

4. 为总统选举和议会选举编制选民名册。

(二)选举委员会除行使上款规定的职权外,还行使按本宪法或其他法律规定的其他职权。

第一百二十条 ［选举委员会的工作人员］

总统按照选举委员会的要求为其配备履行本章规定的职权所需的工作人员。

第一百二十一条 ［每个选区的单一投票］

为议会选举划分的每个选区各有其选民名册,但不得按宗教、种族、等级或性别分类编制选民名单。

第一百二十二条 ［登记选民的资格］

(一)按成年人普选制选举议会。

(二)凡符合下列条件的任何人,均有资格在为议会选举划定的选区选民名册上登记:

1. 孟加拉国公民;

2. 年满十八周岁;

3. 未被法庭宣布为精神不健全者;

4. 依法确定为或视为该选区的居民。

第一百二十三条 ［选举的时间］

(一)如果总统职位因任期届满空缺,补缺选举应在任期届满前六十日至九十日内举行。

但是在议会解散前期限届满,不得举行填补其空

缺的选举,直到大选后新的议会的首次会议举行后三十日内方可进行。

(二)如果总统职位因总统死亡、辞职或免职而空缺,补缺选举应在缺位后九十日内举行。

(三)议会因任期届满或其他原因解散,议会大选应在解散前九十日内举行。

但是,在第一项所说的大选中当选的议员只有在上届议会任期届满后才能就任议会议员。

(四)非因解散议会而出缺的议会议员补缺选举应在出缺后九十日内举行。

但是在这样的情况下,首席选举专员认为非因不可抗力,应当依据该条在该期限的最后一天起的九十日内举行选举。

第一百二十四条 ［议会对选举的规定］

依照本宪法的规定,议会得以法律对议会选举的一切有关事项或有关事宜作出规定,包括划定选区、编制选民名册、举行选举和为保证总统选举和议会及时成立所必需的其他事项。

第一百二十五条 ［选举法律和选举的有效性］

不论本宪法作何规定,

1. 不得在任何法庭对根据第一百二十四条制定的关于划定选区或向选区分配席位的任何法律的合法性提出质询;

2. 不得对总统选举或议会选举提出质询,但是根据议会制定的法律所指定的当局按该法规定的方式提起选举诉讼除外。

第一百二十六条 ［行政当局选举委员］

所有行政当局都有义务协助选举委员会行使其职权。

第八章 审计委员和审计长

第一百二十七条 ［审计委员和审计长］

(一)设立孟加拉国审计委员和审计长(以下简称审计长),由总统任命。

(二)依照本宪法和议会制定的法律的规定,审计长的服务条件由总统以命令规定。

第一百二十八条 ［审计长职责］

(一)审计长审查共和国、所有法院、所有政府部门和官员的公共账目并提出报告,为此目的,审计长及其授权的任何人,有权查看共和国政府部门任何人掌管的一切记录、簿记、账单、文件、现金、税票、证券、仓库或其他政府财产。

(二)在不损害第一款规定的情况下,对于直接由法律规定成立的法人团体,其账目应由该法直接指定的人审查并提出报告。

(三)议会得制定法律,就审计长除履行第一款规

定的职责外还应履行的其他职责作出规定。在上述法律制定以前,总统得以命令作出上述规定。

(四)审计长行使第一款规定的职责时,不接受任何个人或当局的指示或支配。

第一百二十九条 〔审计长的任期〕

(一)依照本条规定,审计长从其就职之日起任期五年,或其任职直到年满六十五周岁为止,以何者在先为准。

(二)非按免除最高法院法官职务的同样方式和同样理由不得免除审计长的职务。

(三)审计长可向总统递交本人签名的辞呈提出辞职。

(四)审计长卸任后不得在政府部门任职。

第一百三十条 〔审计长的代理〕

审计长缺位或者总统认为审计长因缺席、生病或任何其他原因不能履行其职责时,总统可以任命一人代理审计长并履行其职责直到根据第一百二十七条作出任命时为止,或者直到审计长恢复履行其职责为止。

第一百三十一条 〔公共收支账目格式和方法〕

共和国公共收支账目应按照审计长规定的、经总统批准的格式和方法记账。

第一百三十二条 〔审计长报告提交议会〕

审计长关于共和国公共收支账目的报告递交总统,由总统指令提交议会审议。

第九章 孟加拉国公职人员

第一节 公职人员

第一百三十三条 〔任命和服务条件〕

根据本宪法的规定,议会得以法律对共和国公职人员的任命和服务条件作出规定;

但是,在依照或根据任何法律作出上述规定以前,总统有权制定关于上述人员任命和服务条件的条例,上述条例具有同上述法律条文相同的效力。

第一百三十四条 〔任期〕

除本宪法另有规定者外,共和国公职人员的任期均由总统任意确定。

第一百三十五条 〔公职人员的辞退等〕

(一)对于上级机关任命的共和国公职部门的任何文职人员下级机关,不得予以辞退、撤职或降级。

(二)任何人,在他有公平的机会为自己辩护以前,不得予以辞退、撤职或降级。

但是,本款不适用于下列情况:

1.因判定有刑事犯罪行为而被辞退、撤职或降级者;

2.有权决定予以解雇、撤职或降级的当局认为,根据该当局有案可查的理由,给予此人辩护的机会是不恰当的;

3.总统认为,从国家安全利益考虑,给予此人上述机会是不利的。

(三)关于根据第二款给予上述人为自己辩护机会是否恰当的问题,有权决定上述个人被解雇、撤职或降级的当局对此所作的决定是最终决定。

(四)凡是按照书面合同聘任的共和国公职部门工作人员,在按合同期限正式通知终止合同时,不得以此为理由视为按本条规定被撤职。

第一百三十六条 〔公职人员的改编〕

可以依法通过部门的创建、合并或统一对共和国公职人员的改编作出规定,上述法律可以变更或者取消共和国公职部门雇员的任何服务条件。

第二节 公务员委员会

第一百三十七条 〔公务员委员会的建立〕

应以法律规定设立一个或数个孟加拉国公务员委员会。各公务员委员会由一名主席和由法律规定的若干名委员组成。

第一百三十八条 〔成员的任命〕

(一)各公务员委员会的主席和委员由总统任命。

但是,委员会委员中至少有一半委员必须是在孟加拉国境内的任何政府部门任职二十年或二十年以上者。

(二)除遵守议会制定的法律规定外,公务员委员会主席和委员的服务条件由总统以命令规定。

第一百三十九条 〔任期〕

(一)公务员委员会主任和委员的任期五年,除本条另有规定外,自就职之日起算。或者任职至年满六十五周岁时为止,以何者在先为准。

(二)非按免除最高法院法官职务的同样方式和同样理由,不得免除上述委员会主席和委员的职务。

(三)公务员委员会主席和委员可向总统递交本人签名的辞呈提出辞职。

(四)卸任的公务员委员会委员不适宜在共和国公职部门任职,但是根据第一款规定:

1.这样卸任的主席有资格再被任命连任一届主席;

2.这样卸任的委员(不是主席)有资格再被任命连任一届委员或被任命为公务员委员会主席。

第一百四十条 〔委员会的职权〕

(一)公务员委员会的职权是:

1.主持考核和考试,为共和国公务员的任命选拔合格人选;

2.就总统与委员会磋商的第二款中的任何事项

或者总统提交委员会的与其职权有关的任何事项，向总统提出建议；

3. 法律规定的其他职权。

（二）根据议会制定的任何法律的规定和总统在与委员会磋商后可能制定的规章（不得和上述任何法律相抵触）的规定，总统应就下列事项同委员会磋商：

1. 与共和国公务员资格和招聘方法有关的事项；

2. 公务员的任命、晋升和部门之间的调动应遵循的原则，以及适合上述任命、晋升和调动的人选；

3. 与公务员服务期限和待遇（包括人身权利）有关的事项；

4. 公务员的纪律。

第一百四十一条 ［年度报告］

（一）各公务员委员会应于每年 3 月 1 日以前向总统提交关于截至上年 12 月 31 日委员会履行职责情况的年度报告。

（二）报告就附上一份备忘录，就委员会所掌握的下列情况作出说明：

1. 委员会的建议未被接受的事例以及未被接受的原因；

2. 应当与委员会磋商而未进行磋商的事例以及未进行磋商的原因。

（三）总统应指令该报告和备忘录提交议会于报告提出的当年 3 月 31 日后举行的第一次会议审议。

第九 A 章　紧急状态条款

第一百四十一 A 条 ［紧急状态公告］

1. 若总统认为孟加拉国或其任一部分的安全或经济生活遭受战争、外敌入侵或内部动乱威胁处于严重紧急状态，则总统有权发布进入紧急状态的公告。

2. 紧急状态公告：

（1）可由后续发布的公告撤销；

（2）应提交议会；

（3）应在一百二十日届满时停止施行，但前述期限届满前经议会决议批准延长的除外。

但是，若上述紧急状态公告在议会解散后发布，或议会根据本款第三项规定的一百二十日期间解散，则紧急状态公告应自议会重组后召开第一次会议之日起经过三十日停止施行，但在前述三十日届满前经议会决议批准公告的除外。

3. 若总统认为孟加拉国或其任一部分的安全因遭受战争、外敌入侵或内部动乱存在迫在眉睫的危险，则可在战争、外敌入侵或动乱实际发生前，在孟加拉国或其任一部分发布紧急状态公告。

第一百四十一 B 条 ［紧急状态期间特定条款效力中止］

紧急状态公告实施期间，第三十六条、第三十七条、第三十八条、第三十九条、第四十条和第四十二条的规定不得限制国家行使制定法律或采取任何行政措施的权力，但为实现本宪法第三章的规定而制定法律或采取措施的除外。因此制定的法律应在紧急状态公告停止实施时终止效力，但其终止效力前应依该法规定作为或不作为。

第一百四十一 C 条 ［紧急状态期间中止基本权利的执行］

1. 紧急状态法公告实施期间，总统有权发布命令宣布，在紧急状态公告生效期间或其中规定的较短时期内，中止要求法院实施公告中规定的本宪法第三章赋予的基本权利，并中止法院为实施前述基本权利而审理的一切未决诉讼。

2. 根据本条规定，发布的命令可在孟加拉国全境内或其任一部分公布。

3. 根据本条规定，发布的每项命令应尽快提交议会。

第十章　宪法的修改

第一百四十二条 ［修改宪法的权力］

（一）不论本宪法有何规定：

1. 得以议会法令以增补、更改、替换或废除方式修改本宪法的任何条文。但是：

（1）上述修宪法案必须在其全称标题中明确表明修改宪法的某一条文，方可提出；

（2）上述法案，非经议会以全体议员的三分之二多数票通过，不得提交总统批准。

2. 当按上述方式通过的法案提交总统批准时，总统应在法案向他提交后的七日内批准该法案。如果他未能这样做，应视为在上述期限届满时他已批准该法案。

（一 A）不论第一款如何规定，如果以上述方式通过的法案，明确规定要修改序言或第八条、第四十八条、第五十六条或本条的任何条款，提交总统批准时，总统仍应在向他提交法案后的七日内指令就是否应批准该法案问题举行公民投票。

（一 B）本条规定的公民投票应由选举委员会在上述期限内并依照法律规定的方式，在列入议会选举选民名册的选民中举行。

（一 C）本条规定的关于该法案的公民投票结果公布之日，应视为总统已经：

1. 批准该法案，如果投票总数的过半数票赞成待批准的法案；

2. 拒绝批准该法案,如果投票总数的过半数票不赞成待批准的法案。

(一 D)第一 C 款不得被视为对内阁或议会的信任或不信任。

(二)第二十六条的任何规定不适用于根据本条规定对宪法所作的任何修改。

第十一章 其他

第一百四十三条 〔共和国财产〕

(一)除依法属于共和国所有的任何其他土地或财产外,下列财产属于共和国所有:

1. 孟加拉国任何地方地下蕴藏的一切矿物和其他有价值的东西;

2. 孟加拉国领海内海底或大陆架海底的一切土地、矿物和其他有价值的东西;

3. 孟加拉国境内无主物。

(二)议会得以法律随时对确定孟加拉国领土、领海和大陆架边界作出规定。

第一百四十四条 〔财产、贸易等相关的行政权〕

共和国的行政权包括财产的取得、出售、转让、抵押和处理,经营贸易和商业以及签订任何合同。

第一百四十五条 〔合同〕

(一)共和国为行使行政权签订的一切合同和契约应写明应由总统签订并由总统指定或授权的个人按总统规定的方式代表总统执行。

(二)凡是为行使共和国行政权签订的合同或契约,不论是总统还是为行使此权力签订或执行合同或契约的其他人,对此都不承担个人责任,但是本条的规定不妨害任何个人对政府起诉的权利。

第一百四十五 A 条 〔国际条约〕

同外国签订的一切条约应提交总统,由总统将条约提交议会审议。

但是,若该条约与国家安全有关,则应提交议会秘密审议。

第一百四十六条 〔以孟加拉国名义的诉讼〕

孟加拉国政府可以以孟加拉国名义起诉或被控告。

第一百四十七条 〔部分公职人员的报酬等〕

(一)担任或代理适用本条规定的职务的人员,其报酬、特权和其他工作条件和待遇应由议会法令规定,或根据议会法令予以规定,但是在作出上述规定以前:

1. 上述人员必须是在本宪法生效前夕即为担任或代理该项职务的适格人员;

2. 不适用前项规定的人员,应由总统以命令规定。

(二)担任或代理适用本条规定的职务的人员的报酬、特权和其他工作条件和待遇在其任职期间不得作对其本人不利的变更。

(三)凡是被任命担任或代理适用本条规定的职务的人员,不得担任任何盈利的职务、岗位或职位,也不得参与管理或经营任何以盈利为目的的公司、协会或团体;

但是,不得仅以某人在此之前曾担任或代理过上述职务为由援引本条认为他担任上述职务、岗位或职位。

(四)适用本条规定的职务如下:

1. 总统;

2. 总理和首席顾问;

3. 议长和副议长;

4. 部长、顾问、国务部长和副部长;

5. 最高法院法官;

6. 审计委员和审计长;

7. 选举专员;

8. 公务员委员会委员。

第一百四十八条 〔宣誓〕

(一)当选或受命担任附表三所列职务的人员应在就职时按照该附表所规定的誓词宣誓和签署宣誓书(本条以下简称"宣誓")。

(二)凡是根据本宪法要求由指定人主持举行的宣誓,可由该指定人委派的人在其指定的地点主持举行。

(二 A)根据第一百二十三条第三款的规定,当议会大选的结果公布于政府公报三日以内,宪法要求宣誓就职或签署宣誓书的人不能或没有向新选举的议会宣誓就职,则首席选举委员应当在三日内代替该人员宣誓就职。

(三)凡是根据本宪法要求某人就职前举行宣誓的,他宣誓后应即视为已正式就职。

第一百四十九条 〔现行法律继续有效〕

根据本宪法规定,所有现行法律应继续有效,但是可根据本宪法制定的法律予以修改或废除。

第一百五十条 〔过渡性和临时性条款〕

无论本宪法作出何种规定,附表四所列过渡性和临时性条款仍然有效。

第一百五十一条 〔废除〕

废除下列总统命令:

(一)1971 年 4 月 10 日制定的"关于法律继续实施令";

(二)1972 年"关于孟加拉国临时宪法令";

(三)1972 年"关于孟加拉国高等法院令"("1972 年第五号公告令");

(四)1972 年"关于孟加拉国审计委员和审计长令"("1972 年第十五号公告令");

（五）1972 年"关于孟加拉国制宪议会令"（"1972 年第二十二号公告令"）；

（六）1972 年"关于孟加拉国选举委员会令"（"1972 年第二十五号公告令"）；

（七）1972 年"关于孟加拉国公务员委员会令"（"1972 年第三十四号公告令"）；

（八）1972 年"关于孟加拉国办理政府事务令"（"1972 年第五十八号公告令"）。

第一百五十二条 ［解释］

（一）在本宪法中，除标题或上下文另有解释者外：

"行政单位"指为第五十九条依法定名的区或其他地区。

"顾问"指根据第五十八 C 条任命的人。

"上诉法庭"指最高法院的上诉法庭。

"条文"指本宪法的条文。

"借款"包括当局筹措的款项和与此有关相应的"贷款"。

"首都"指第五条所表达的意思。

"首席选举专员"指受命担任第一百一十八条规定的那个职务的人。

"首席顾问"指根据第五十八 C 条任命的人。

"首席法官"指孟加拉国首席法官。

"公民"指根据公民身份法成为孟加拉国公民的人。

"款"指条文中出现的一款。

"法院"指包括最高法院在内的任何法院。

"债务"包括应按年偿还本金的负债和任何担保负债，"偿债支出"亦应作同样的解释。

"纪律法"指关于纪律部队纪律的法律。

"纪律部队"指：

1. 陆军、海军或空军；

2. 警察部队；

3. 依法宣布成为本定义所指的纪律部队的任何其他部队。

"区法官"包括增补的区法官。

"现行法律"指本宪法生效前夕即在孟加拉国境内或任何地方生效的法律，不论它是否已付诸实施。

"财政年度"指自每年 7 月 1 日开始的一年。

"担保"包括本宪法生效前不到指定金额应承担的付款义务。

"高级法庭"指最高法院的高级法庭。

"法官"指最高法院法庭的法官。

"司法人员"指担任区法官以下司法职务的人。

"法律"指在孟加拉国具有法律效力的任何法令、条例、命令、规则、规章、附则、通告或其他法定文件以及任何习惯法或惯例。

"议会"指根据第六十五条成立的孟加拉国议会。

"章"指本宪法的一章。

"年金"指付给任何人或与任何人有关的任何一种年金，不论是否是捐助的，并包括以福利基金补偿方式或者福利基金捐款附加补偿方式付给任何人或与任何人有关的退休金或养老金。

"政党"包括以特定名称在议会内外活动的、坚持不懈地宣传一种政治主张或者从事其他政治活动的集团或组合体。

"总统"指根据本宪法选举产生的孟加拉国总统或者暂时代理此职务的任何个人。

"财产"包括各种财产，法人团体或非法人团体的动产或不动产和工商企业的动产或不动产，以及对上述财产或企业中的任何权利或利益。

"公告"指"孟加拉国政府公报"中的通告。

"公务员"指在共和国公职部门担任或代理领薪金职务的任何人。

"共和国"指"孟加拉人民共和国"。

"附表"是指本宪法的附表。

"证券"包括股票。

"共和国公共职务"是指孟加拉国政府方面的任何职务、职位或官职，不论是文职还是军职，或者依法宣布为共和国公职的其他职务。

"会期"就议会而言，指议会从本宪法开始生效后或者议会休会或解散后举行第一次会议开始并于议会宣布休会或解散时终止的会议时间。

"会议"，就议会而言，指议会连续不停地开会的时间。

"议长"指按第七十四条规定现在担任议长职务的人。

"国家"包括议会、政府和法定公共当局。

"法定公共当局"是指任何当局、公司或团体，其活动或主要活动是由在孟加拉国具有法律效力的法令、条例、命令或文件授权的。

"项"指款中出现的项。

"最高法院"指依据第九十四条设立的"孟加拉国最高法院"。

"征税"包括征收的任何国家税、地方税、关税或进口税，不论是普通的、地方的，还是特别的，"税收"也应作同样的解释。

（二）《1978 年一般条例法》关于：

1. 议会法令的规定同样适用于本宪法；

2. 以议会法令使任何条例废止、无效或失效的规定同样适用于以本宪法使之废止、无效或失效。

第一百五十三条 ［生效、文本和认证］

（一）本宪法可正式称为"孟加拉人民共和国宪法"，并且自 1972 年 12 月 16 日起生效，在本宪法中简称本宪法生效日。

（二）本宪法有孟加拉文正式文本和英文正式文本，两种正式文本应由议会议长认证无误。

（三）按照第二款认证的文本是本宪法条文的准确依据；

但是，孟加拉文文本和英文文本之间出现不一致时，以孟加拉文文本为准。

附表一

[第四十七条]

虽有其他规定但仍有效的法律：

1950年"国家取得和租借法"（在1951年第二十四号法令前生效）。

1972年"孟加拉国（接管工商业公司经营管理）令"（1972年第一号议会公告令）。

1972年"孟加拉政府（公职人员）令"（1972年第九号公告令）。

1972年"孟加拉国船舶公司令"（1972年第十号公告令）。

1972年"孟加拉国（归还撤出者财产）令"（1972年第十三号公告令）。

1972年"孟加拉国公职人员（退休）令"（1972年第十四号公告令）。

1972年"孟加拉国丢弃（控制、管理和处理）财产令"（1972年第十六号公告令）。

1972年"孟加拉国银行（国有化）令"（1972年第二十六号公告令）。

1972年"孟加拉国工业企业（国有化）令"（1972年第二十七号公告令）。

1972年"孟加拉国内河航运公司令"（1972年第二十八号公告令）。

1972年"孟加拉国（财产和资产归属）令"（1972年第二十九号公告令）。

1972年"孟加拉国保险（紧急条例）令"（1972年第三十号公告令）。

1972年"孟加拉国消费品公司令"（1972年第四十七号公告令）。

1972年"孟加拉国预谋犯罪（特别法庭）令"（1972年第五十号公告令）。

1972年"孟加拉国国有化组织和私营组织（雇员薪金规章）令"（1972年第五十四号公告令）。

1972年"孟加拉国黄麻出口公司令"（1972年第五十七号公告令）。

1972年"孟加拉国水电发……十九号公告令）。

1972年"孟加拉国政府（公……令"（1972年第六十七号公告令）。

1972年"孟加拉国帽店和商场（经营管理）令"（1972年第七十三号公告令）。

1972年"孟加拉国政府和半自治组织（雇员薪金规章）令"（1972年第七十九号公告令）。

1972年"孟加拉国保险（国有化）令"（1972年第九十五号公告令）。

1972年"孟加拉国土地占有（限制）令"（1972年第九十八号公告令）。

1972年"孟加拉国航空令"（1972年第一百二十六号公告令）。

1972年"孟加拉国银行令"（1972年第一百二十七号公告令）。

1972年"孟加拉国工业贷款协会令"（1972年第一百二十八号公告令）。

1972年"孟加拉国工业银行令"（1972年第一百二十九号公告令）。

以及关于修正上述法令和命令的所有总统命令和其他现行法律。

附表二（已删去）

附表三

[第一百四十八条]

宣誓和确认

1. 总统——按下列誓词在首席法官主持下宣誓：

我，_____，谨庄严宣誓（或确认），我要根据法律忠实地履行孟加拉国总统的职责；

我要对孟加拉国绝对忠诚和效忠；

我要维护、保护和捍卫宪法；

我还要根据法律不偏不倚，不徇私情，公正地对待所有的人。

2. 总理和其他部长、国务部长和副部长——按下列誓词在总统主持下宣誓：

（1）就职宣誓：

我，_____，谨庄严宣誓（或确认），我要根据法律忠实地履行总理（或其他人，因人而定）的职责；

我要对孟加拉国绝对忠诚和效忠；

我要维护、保护和捍卫宪法；

我还要根据法律不偏不倚，不徇私情，公正地对待所有人。

（2）保密宣誓：

我，_____，谨庄严宣誓（或确认），我决不直接或间接向任何人通报或透露送交我考虑的任何事项，或者作为总理（或其他人，因人而定）应知道的任何事项，除非为履行总理（或其他人，因人而定）职责要求这样做。

（2A）首席顾问——按下列誓词在总统主持下宣誓：

（1）就职宣誓：

我，_____，谨庄严宣誓（或确认），我要根据法律忠实地履行首席顾问的职责；

我要对孟加拉国绝对忠诚和效忠；

我要维护、保护和捍卫宪法；

我还要根据法律不偏不倚，不徇私情，公正地对待所有人。

（2）保密宣誓：

我，_____，谨庄严宣誓（或确认），我决不直接或间接向任何人通报或透露送交我考虑的任何事项，或者作为总理（或其他人，因人而定）应知道的任何事项，除非为履行总理（或其他人，因人而定）职责要求这样做。

3. 议长——按下列誓词在总统主持下宣誓：

我，_____，谨庄严宣誓（或确认），我要根据法律忠实地履行议会议长的职责和总统的职责（随时要求我这样做，我就做）；

我要对孟加拉国绝对忠诚和效忠；

我要维护、保护和捍卫宪法；

我还要根据法律不偏不倚，不徇私情，公正地对待所有的人。

4. 副议长——按下列誓词在总统主持下宣誓：

我，_____，谨庄严宣誓（或确认），我要根据法律忠实地履行议会副议长的职责和议长的职责（随时要求我这样做，我就做）；

我要对孟加拉国绝对忠诚和效忠；

我要维护、保护和捍卫宪法；

我还要根据法律不偏不倚，不徇私情，公正地对待所有的人。

5. 议会议员——按下列誓词在议长主持下宣誓：

我，_____，已当选议会议员，谨庄严宣誓（或确认），我要根据法律忠实地履行我即将就任的职责；

我要对孟加拉国绝对忠诚和效忠；

我决不让私人利益影响我履行议会议员的职责。

6. 首席法官或者法官——按下列誓词，首席法官，在总统主持下宣誓，任命为法庭法官者，在首席法官主持下宣誓：

我，_____，已被任命为孟加拉国首席法官（或者最高法院的上诉法庭或高级法庭的法官），谨庄严宣誓（或确认），我要根据法律忠实地履行我的职责；

我要对孟加拉国绝对忠诚和效忠；

我要维护、保护和捍卫孟加拉国的宪法和法律；

我还要根据法律不偏不倚，不徇私情，公正地对待所有的人。

7. 首席选举专员或选举专员——按下列誓词在首席法官主持下宣誓：

我，_____，已被任命为首席选举专员（或者选举专员），谨庄严宣誓（或确认），我要根据法律忠实地履行我的职责；

我要对孟加拉国绝对忠诚和效忠；

我要维护、保护和捍卫宪法；

我决不让私人利益影响我执行公务或官方决定。

8. 审计委员和审计长——按下列誓词在首席法官主持下宣誓：

我，_____，已被任命为审计委员和审计长，谨庄严宣誓（或确认），我要根据法律忠实地履行我的职责；

我要对孟加拉国绝对忠诚和效忠；

我要维护、保护和捍卫宪法；

我决不让私人利益影响我执行公务或官方决定。

9. 公务员委员会委员——按下列誓词在首席法官主持下宣誓：

我，_____，已被任命为公务员委员会主席（或者委员），谨庄严宣誓（或确认），我要根据法律忠实地履行我的职责；

我要对孟加拉国绝对忠诚和效忠；

我要维护、保护和捍卫宪法；

我决不让私人利益影响我执行公务或官方决定。

附表四

[第一百五十条]

过渡性和临时性条款

一、本宪法生效之日，负责为共和国制定宪法的制宪议会宣告解散。

二、首次选举

（一）议会议员的第一届大选应在本宪法生效日后尽快举行。为此目的根据1972年"孟加拉国选民名册令"（1972年第一百零四号公告令）编制的选民名册应被视为是根据第一百一十九条编制的选民名册。

（二）为举行议会议员第一届大选，1970年公布的为组成先前的临时议会举行选举划定的选区应视同根据第一百一十九条划定的选区。选举委员会应在对上述选区、分选区或选区内选举站的系列名称作出它认为必要的更改后发布通告公布上述选区名单。

但是，得以法律对实施第六十五条第三款关于妇女议席的条款作出规定。

三、规定的连续性和临时安排

（一）兹批准、确认并宣布1971年3月26日至本宪法生效之日期间按照独立宣言授权或旨在授权或根据法律规定制定的一切法律，在此期间行使的一切权力和所采取的一切措施,都是根据法律正式制定、行使和采取的。

（二）在议会根据本宪法规定举行第一次会议之日前,共和国的行政权和立法权（包括总统根据总理建议颁布立法命令的权力）,虽则 1972 年"孟加拉国临时宪法令"已废除,仍应按照本宪法生效日。前夕执行情况在各方面执行。

（三）在议会举行上述第一次会议之日前,本宪法能使议会立法的任何条款或要求议会立法的任何条款应理解为能使总统颁布立法命令的条款,凡按本条规定颁布的命令,其条款应具有如同议会颁布的效力。

（三 A）部分公告的有效性

（一）1975 年 8 月 20 日和 1975 年 11 月 8 日颁布的公告和 1976 年 11 月 29 日颁布的第二号公告,以及修正或补充这些公告的所有其他公告和命令（本条以下统称上述公告）,及 1975 年 8 月 15 日至上述公告废除之日和军事管制法取消之日（该日包括在内）期间（本节以下简称上述期间）,制定的一切军事管制条例、戒严令和其他法令,均应视为合法制定,并且不得以任何理由在任何法院或法庭受到质疑或提出质疑。

（二）在上述期间为行使或据称行使上述任何公告或任何军法管制条例或戒严令或任何其他法律授予的权力,或者为执行或遵从行使或据称行使上述权力的任何法院或法庭发布的命令或作出的判决,总统或军法管制首席执行官或任何其他个人或当局所颁布的或据称颁布的一切命令,所采取的或据称采取的行动和措施以及所提出或据称提出的起诉和诉讼,均应视为合法颁布、采取和提出的,并且不得以任何理由在任何法院或法庭受到质疑或提出质疑。

（三）不得因为任何个人或当局为行使或者在行使本条第二款中提到的权力或者为执行或遵从为行使上述权力发布的命令或作出的判决而颁布命令,采取行动或措施,提出起诉或诉讼,或者以此理由或者以与此有关为由,向任何法院或法庭对他提出控告、检举或其他诉讼。

（四）本宪法中根据上述公告所作的修正、增补、修改、取代和删节具有如同根据本宪法规定和遵照本宪法要求所作的修正、增补、修改、取代和删节的效力。

（五）在上述公告令废除和戒严令取消时,本宪法除上述修正、增补、修改、取代和删节之处外应立即照常生效施行。

（六）上述公告的废除和戒严令的取消不应使上述废除和取消时不存在的任何权利和特权重现或恢复。

（七）上述公告废除日前夕和戒严令取消之日前夕生效的法律,在主管当局对它们作修改、修正或废除之前,根据关于废除上述公告和取消戒严令的公告规定,应继续有效。

（八）1897 年《一般条例法》关于议会法令及其废除的规定同样适用于上述公告以及军法管制条例和军法管制命令,也适用于上述公告的废除以及戒严令的取消和上述军法管制条例和军法管制命令的取消,就像上述公告和关于废除上述公告的公告以及关于取消戒严令、军法管制条例和军法管制命令的公告都是议会法令一样。

（九）如果本宪法孟加拉文文本和英文文本之间出现争议、矛盾、不相符或不一致情况时,就上述公告对其中任何一个文本或者两个文本所作的修正、增补、修改、取代或删节而言,应以英文文本为准。

（十）在本节中,"法律"包括法令、条例、规则、附则、命令、通告和其他具有法律效力的文件。

四、总统

（一）在本宪法生效日前夕担任孟加拉国总统的人应视同根据本宪法选举担任此职务,并应担任总统直到根据第四十八条规定选出担任总统的人就职时为止。

但是,不应以第五十条第二款为由考虑本节规定担任的职务。

（二）在本宪法生效日前夕担任制宪会议长和副议长的人应视为分别担任议长和副议长直到根据第七十四条第一款规定选举出每个职位时为止。

五、总理和其他部长

在本宪法生效日前夕担任总理的人应视同根据本宪法规定被任命担任此职务,并应担任总理直到根据本宪法举行第一届大选后根据第五十六条规定任命的继任人就职时为止。在本宪法生效日前夕担任部长的人应担任部长直到总理另行指派部长时为止。第五十六条的任何规定不妨碍根据总理的建议任命其他部长。

六、法官

（一）在本宪法生效日前夕担任首席法官的以及当时担任根据 1972 年"孟加拉国临时宪法令"建立的高等法院法官的任何个人,从那天起担任首席法官或者法官,应视同根据第九十五条规定任命为首席法官或法官。

（二）根据本条第一款规定担任法官（不是首席法官）的人在本宪法生效之日应视同根据第九十四条规定任命的高级法庭法官和上诉法庭法官。

（三）在本宪法生效日前夕高等法院的一切未决诉讼（不是本条第四款中提到的那些诉讼）应移送高级法庭,并作为未决案件提交高级法庭判决。本宪法生效日前夕高等法院已执行或已作出的判决或命令具有如同高级法庭执行或作出的效力。

（四）在本宪法生效日前夕高等法院上诉法庭的一切未决诉讼应移送上诉法庭判决。原上诉法庭在本宪法生效日前已执行或已作出的判决和命令具有如同上诉法庭执行或作出的效力。

（五）根据本宪法和其他法律的规定：

1. 赋予根据1972年"孟加拉国临时宪法令"建立的高等法院的一切初审、上诉和其他管辖权（不是赋予该法院上诉法庭的管辖权）自本宪法生效之日起应赋予高级法庭并由高级法庭行使。

2. 在本宪法生效日前夕行使管辖权和职权的一切民事、刑事和税务法院和法庭应继续行使各自的管辖权和职权。在上述法院和法庭任职的所有人员应继续担任各自的职务。

（六）第六章第二节的规定（关于下级法院的规定）应尽快实行，在这之前，该节所规定的事项（除法律另有规定者外）应按本宪法生效日前夕的方式予以规定。

（六 A）法官和未决诉讼的规定

1. 在1976年第二号公告（第七次修正）令生效日前夕担任孟加拉国首席法官的人以及当时担任最高法院上诉法庭法官或增补法官的人应自生效日起分别担任首席法官、最高法院法官或增补法官，在报酬和其他特权方面享有他在此生效日前夕享有的同样待遇。

2. 在上述公告令生效日前夕担任最高法院高级法庭法官或增补法官的人应自上述生效日起分别担任高等法院法官或增补法官，在报酬和其他特权方面享有他在上述生效日前夕享有的同样待遇。

3. 在上述公告令生效日前夕最高法院上诉法庭的一切未决诉讼应于上述生效日移送最高法院，并作为未决案件提交最高法院判决；最高法院上诉法庭在上述生效日前已执行或已作出的任何判决或命令具有如同最高法院执行或作出的效力。

4. 在上述公告令生效日前夕最高法院高级法庭的一切未决诉讼应于上述生效日移送高等法院，并作为未决案件提交高等法院判决；高级法庭在上述生效日前已执行或已作出的任何判决或命令具有如同高等法院执行或作出的效力。

5. 除本宪法另有规定者外，最高法院拥有如同最高法院上诉法庭在上述公告令生效日前夕所拥有的职权、管辖权和权力。任何法律、司法文件或其他文件凡提到最高法院上诉法庭之处，除非上下文另有解释，均应解释为最高法院。

6. 除本宪法另有规定者外，高等法院拥有如同最高法院高级法庭在上述公告令生效日前夕所拥有

的职权、管辖权和权力。任何法律、司法文件或其他文件凡提到最高法院高级法庭之处，除非上下文另有解释，均应解释为高等法院。

（六 B）关于1977年第一号公告令生效日以前存在的最高法院和高等法院的法官、未决诉讼等的规定：

1. 在1977年第二号公告（第十次修正）令（以下简称上述公告令）生效日前夕担任最高法院首席法官或增补法官的人，如果在上述公告令生效日已满六十二周岁，应自该日起退休。

2. 在上述公告令生效日前夕担任最高法院首席法官、法官或增补法官的人，如果在上述公告令生效日未满六十二周岁，应自上述生效日起分别担任孟加拉国首席法官或者上诉法庭法官或增补法官，在报酬和其他特权方面享有他在上述生效日前夕所享有的同样待遇。

3. 在上述公告令生效日前夕担任高等法院首席法官的人，如果在上述生效日未满六十二周岁，应自上述生效日起担任高级法庭的法官，在报酬和其他特权方面享有他在上述生效日前夕所享有的同样待遇。

4. 在上述公告令生效日前夕担任高等法院法官或增补法官的人，如果在上述生效日未满六十二周岁，应自上述生效日起分别担任高级法庭法官或增补法官，在报酬和其他特权方面享有他在上述生效日前夕所享有的同样待遇。

5. 在上述公告令生效日前夕最高法院的一切未决诉讼应于上述生效日移送上诉法庭，并作为未决案件提交上诉法庭判决；最高法院在上述生效日前已执行或已作出的任何判决或命令具有如同上诉法庭执行或作出的效力。

6. 在上述公告令生效日前夕高等法院的一切未决诉讼应于上述生效日移送高级法庭，并作为未决案件提交高级法庭判决；高等法院在上述生效日前已执行或已作出的任何判决或命令具有如同高级法庭执行或作出的效力。

7. 除本宪法另有规定者外，上诉法庭拥有如同最高法院在上述公告令生效日前所拥有的职权、管辖权和权力；任何法律、司法文件或其他文件凡提到最高法院之处，除非上下文另有解释，均应读作上诉法庭。

8. 除本宪法另有规定者外，高级法庭拥有如同高等法院在上述公告令生效日前夕所拥有的职权、管辖权和权力；任何法律、司法文件或其他文件凡提到高等法院之处，除非上下文另有解释，均应读作高级法庭。

9. 在上述公告令生效日前夕担任检察长的人应于上述生效之日担任此职务。

（七）本条的任何规定不影响任何关于撤销诉讼的现行法律的施行。

七、临时上诉权

对于 1971 年 3 月 1 日以来在孟加拉国境内行使职能的任何高等法院［但不包括根据"孟加拉国高等法院（修正）令"（1972 年第九十一号公告令）建立的上诉法庭］已执行、发布或宣布的判决、宣判、命令或判刑，均可向最高法院上诉法庭提出上诉而不受时限的限制；

但是，第一百零三条关于对高级法庭提出上诉的规定同样适用于上述任何上诉。

但是，在本宪法生效之日起九十日期限届满后，则不得提出本条规定的上诉。

八、选举委员会

（一）在本宪法生效日前夕存在的选举委员会，应自该日起被视同根据本宪法规定设立的选举委员会。

（二）在本宪法生效日前夕担任首席选举专员和选举专员的人应自该日起视同根据本宪法规定任命担任上述职务。

九、公务员委员会

（一）在本宪法生效日前夕存在的公务员委员会应自该日起视同根据本宪法规定设立的公务员委员会。

（二）在本宪法生效日前夕担任公务员委员会主席或委员的人应自该日起视同根据本宪法规定任命担任上述职务。

十、公务员

（一）根据本宪法和其他法律的规定：

1. 在本宪法生效日前夕在共和国政府部门工作的每个人应继续工作，并享有他在上述生效日前所享有的同样待遇；

2. 在本宪法生效日前夕在整个孟加拉国行使职权的一切当局和一切司法、行政和执行官员应自上述生效之日起继续行使各自职权。

（二）本条第一款的任何规定：

1. 不妨害继续实施 1972 年"孟加拉国政府（公职人员）令"（1972 年第九号公告令）或者 1972 年"孟加拉国政府（公职人员筛选）令"（1972 年第六十七号公告令）。

2. 不妨碍制定任何法律改变或取消本宪法生效日前任何时候受雇的公职人员或者根据本宪法的规定继续在共和国政府部门工作的公职人员的待遇（包括报酬、休假、年金权利和关于纪律方面的权利）。

十一、根据本附表规定继续担任须按附表三规定宣誓的职务的人员，应在本宪法开始生效后尽早按规定誓词在指定的人员主持下举行宣誓并在宣誓书上签字。

十二（已删除）

十三、在本宪法生效日前夕根据在孟加拉国生效的任何法律征收的一切捐税和费用应继续征收，但可以法律予以变更或取消。

十四、除非议会另有决定，本宪法第八十七条、第八十九条、第九十条和第九十一条的规定对于本宪法开始生效的本财政年度无效，该年度由统一基金或共和国公共账户拨付的支出应视为合法支出。

但是，总统应尽早指令作出上述一切开支的报告，由他签字证实后提交议会审议。

十五、本宪法规定的审计委员和审计长的权力适用于本宪法开始生效的本财政年度以及以往财政年度的一切账目。审计委员和审计长关于上述账目的报告应提交总统，由总统指令提交议会审议。

十六、政府的财产、资产、权利、责任和义务

（一）在本宪法生效日前夕属于孟加拉人民共和国政府或代表政府的任何个人或当局所有的一切财产、资产和权利应属于共和国所有。

（二）在本宪法生效日前夕存在的共和国政府的一切负债和义务应继续为共和国的负债和义务。

（三）过去任何时候在孟加拉国国境内行使职能的任何他国政府的任何负债或义务不是或者不应是共和国的负债或义务。但共和国政府明确接受的除外。

十七、法律的适应性修改

（一）为使在孟加拉国生效的任何法律条款与本宪法一致，总统可在本宪法生效之日起的两年内颁布命令修改或者中止实施可能有追溯效力的上述条款或据此制定的任何法令。

（二）为排除从本宪法开始生效前存在的临时宪法安排过渡到本宪法安排方面的任何困难，总统可颁布命令规定，本宪法在命令所规定的时期内应变通施行，即由总统以修改、增补等方式为本宪法的施行规定他认为必要的权宜措施。

但是，在根据本宪法规定成立的议会举行第一次会议后不得颁布此类命令。

（三）依本条规定颁布的每项命令，应不受本宪法任何其他条款的限制而生效，应提交议会审议并可由议会法令予以修改或废除。

十八、公告的批准和确认

1975 年 8 月 15 日到 1979 年 4 月 9 日之间（首尾两天包括在内）颁布的所有公告、公告令、戒严法、戒严令和其他法律，在上述期间通过任何公告、命令、行动的方式采取或已经采取或声称已经采取行动的修订、补充、修改、替换和删除本宪法，现予确认并宣布有效，不得在任何法院、法庭或其他机构以任何理由提出质疑。

十九、1982 年 3 月 24 日公告的批准和确认等

（一）1982 年 3 月 24 日公告，在本段以下简称上述公告和所有其他公告、婚姻法、行政管理命令、戒严条例、戒严令、戒严的指示以及所有于 1982 年 3 月 24 日到 1986 年宪法（第七次修订）法令（1986 年第一号法令）期间的所有其他法律（首尾两天包括在内），本段以下简称为上述期间，现予确认并宣布有效，不得在任何法院、法庭或其他机构以任何理由提出质疑。

（二）有总统或戒严首席执行官或其他人在上诉期间已经作出的命令、法令和行动或行为声称已经作出的命令、法令和行动；执行或声称执行源自公告、公告令、戒严令、条例或任何法律；执行任何法院、法庭或行政机构据此权力作出的判决，应被视为有效作出的，现予确认并宣布有效，不得在任何法院、法庭或其他机构以任何理由提出质疑。

（三）任何人不得针对个人或机关就行使第二段所提到的权力相关的命令或采取的行动在任何法院、法庭起诉或通过其他法律程序申诉。

（四）在上述期间作出的就附表三提及的任何职位任命，应视为有效，不得在任何法院、法庭或其他机构以任何理由提出质疑。任何人公告说，根据 1986 年宪法（第七次修订）法令（1986 年第一号法令）前所任命的人，以下在本段简称上述法令，从其根据宪法就职后，须在可行的范围内尽快举行相应的宣誓或得到附表三所列形式的肯定。

（五）戒严首席执行官在上述期间的任命持续到上述法令生效之日，自该日起，被视为由总统任命。

（六）上述法令生效之日起，所有条例及其他法律立即生效。根据该公告宣布撤销并收回戒严令继续有效，直至经主管机关修正或废除。

（七）撤销上述公告和戒严令时，本宪法即告全面恢复，依照本规定，本宪法应具有效力并获正常适用，如同其从未中止。

（八）撤销上述公告和撤销戒严令，不得恢复在撤销上述公告和撤销戒严令不存在的任何权利或特权。

（九）《1987 年通则法》应适用于上述公告和所有其他公告，公告令、首席执行官的命令、戒严条例、戒严令和戒严期间所作的说明，上述期间，撤销和废除上述公告、戒严令、首席执行官的命令、戒严条例、戒严令和戒严的指示，以及废除议会命令法令。

（十）在本段中，"法律"包括规章、条例、法律细则、命令、通知和具有法律效力的其他文书。

二十（已删除）

二十一、批准副总统的任命等

（一）于印度历 1397 年 9 月 21 日（即公历 1990 年 12 月 6 日）任命首席大法官为副总统，该副总统于同一日宣誓就职，且前一任总统向其辞职。另外，自印度历 1397 年 9 月 21 日（即公历 1990 年 12 月 6 日）至《宪法（第十一修正案）法令》（1991 年）生效之日（包括当日），或至根据宪法第四十八条第一款当选的总统就职（两个时间择后发生者），充当总统的副总统行使的权力、制定的法律、颁行的法令、发布的命令、采取的行动，因此获得批准和认可，并具有效力。

（二）自《宪法（第十一修正案）法令》（1991 年）生效后，且自根据本宪法当选的新一任总统就职后，上述副总统有资格重新履行首席大法官的义务和职责，并且，自 1397 年 9 月 21 日（即公历 1990 年 12 月 6 日）至重新履职之日，应视为《最高法院法官令（休假、退休金及特权）》（1982 年第二条第一项规定）的实际服务期间。

二十二、无论宪法作出何种规定，1991 年宪法（第十二次修订）法令（1991 年第二十八号法令）生效前的议会于宪法生效前的运作，须被视为已经根据宪法和法律正式选举和组成，并根据宪法第七十二条的规定继续履行职能。

二十三、关于在议会中的妇女成员临时特别规定

（一）2004 年宪法（第十四修订）法令，开始实施时，议会剩余的时间中应当专门为女性保留四十五个席位，她们将依法由上述议员按照比例代表制的单一可转移投票法进行选举。

（二）在上段所提到的期间，议会应包括第六十五条第二款所提到的三百名成员和上段所提到的四十五名女性成员。

缅甸联邦共和国宪法*

(2008 年 5 月 29 日经全民公决通过)

缅甸是一个历史悠久的国家,各族人民团结一致,和睦共处,建立了庄严屹立于世界的主权国家。

1885 年,由于帝国主义殖民者的侵略,国家主权丧失殆尽。各族人民齐心协力,用鲜血和生命开展了反对帝国主义和争取民族解放的斗争,于 1948 年 1 月 4 日重新建立了主权国家。

为了尽快实现独立,制宪会议迅速起草宪法,并于 1947 年 9 月 24 日获得通过。根据该宪法之规定,独立后的国家实行议会民主制。由于民主制度在我国不能名副其实地实施,1974 年又重新起草了一部以一党制为基础的新宪法,经全民公投通过后正式颁行,该宪法致力于将缅甸建设成为社会主义民主国家。1988 年,由于国家局势发生了各种变化,该宪法也停止使用。

此后,国家和平与发展委员会按照人民的意愿,努力建立符合自己国情的多党民主制和市场经济制度。

从国家将来的长远利益出发,一部稳固的宪法是不可或缺的。因此,国家和平与发展委员会从 1993 年开始召开国民大会。

参加国民大会的代表不仅包括了政治、安全、行政、经济、社会和法律等各界的经验丰富人士,而且包括来自全国所有镇区的国民代表。

尽管国民大会在举行过程中遇到了不少困难与干扰,但仍然按照 2003 年制定的促进国家前进的七条政策,在 2004 年以不屈不挠的毅力重新召开国民大会。为了产生一部稳固的宪法,国民大会在制定出实质内容完整的制宪基本原则及其细则后,于 2007 年 9 月 3 日胜利闭幕。

全国各族人民根据国民大会通过的宪法基本原则及其细则起草了本部《缅甸联邦共和国宪法》。

全国各族人民决心:

——始终矢志不渝地固守和维护联邦不分裂、民族团结不破裂、主权稳固的目标;

——始终坚持在我国宣传以公平、自由、平等为

内涵的社会思想,巩固和维护全国各族人民和平富足的生活;

——在我国培养和巩固贯穿民族平等思想的、真正爱国主义的联邦精神,各族人民永远团结在一起,共同生活;

——始终努力维护以世界和平、各国之间的友好合作与交流为目标的和平共处原则。

缅甸联邦共和国宪法于 2008 年 5 月 29 日经全民公投通过正式颁行。

第一章 国家基本原则

国家

第一条

缅甸是一个主权、独立的国家。

第二条

国家的名称是"缅甸联邦共和国"。

第三条

缅甸联邦共和国是多民族聚居的国家。

第四条

国家主权属于国民,其范围及于全国疆域。

第五条

国家领土、领水和领空的范围以本宪法生效之日的状况为准。

基本原则

第六条

国家将——

1. 维护联邦不分裂;

2. 维护民族团结,反对分裂;

3. 稳固主权;

4. 发展真正的、纪律严明的多党民主制度;

5. 在我国进一步弘扬以公平、自由、平等为内涵的社会思想;

6. 保证军队能参与国家政治生活并居于领导地位。

---

* 译自缅甸联邦共和国政府提供的英文版。译者:邵自红。

第七条

国家实行真正的、纪律严明的多党民主制度。

第八条

国家实行联邦制。

第九条

1. 国家按现有行政区划分为七个省和七个邦，省和邦级别相同。

2. 七个省和七个邦沿用现有名称。

3. 非经征求该省、邦民意并以制定法律的方式予以确定外，不得变更任何省或邦的名称。

第十条

缅甸联邦共和国所辖省、邦、联邦直辖区、民族自治地方等所有的国家领土组成部分，在任何时候都不允许从国家分裂出去。

第十一条

1. 作为国家权力之组成部分的立法权、行政权、司法权，应尽可能地分开行使，相互制约并实现平衡。

2. 上述三部分国家权力分别授予联邦、省、邦、民族自治地方。

第十二条

1. 国家立法权分别授予联邦议会、省议会和邦议会，授予民族自治地方本宪法规定的立法权。

2. 联邦议会由两院组成，其中一院以镇区和人口数量为基础选举产生，另一院由各省和邦选举出数量相同的代表组成。

第十三条

七个省各设一个省议会，七个邦各设一个邦议会。

第十四条

国防军总司令依据本宪法之规定，提名确实数目的军人作为议员参加联邦议会、省和邦议会。

第十五条

人口数量达到一定标准的少数民族有权派代表参与所在省、邦以及民族自治地方的立法工作。

第十六条

总统既是国家元首，也是政府首脑。

第十七条

1. 国家的行政权分别授予联邦、各省和邦，依据本宪法的规定授予民族自治地方自治权力。

2. 联邦、省和邦、联邦直辖区、民族自治地方和自治县应有国防军总司令提名的军人参与国防、安全和边境管理等行政工作。

3. 依第十五条之规定，有权派代表参与所在省、邦以及民族自治地方立法工作的少数民族有权派代表参与该省、邦以及民族自治地方的行政管理工作，主要负责处理本民族事务。

第十八条

1. 国家司法权由包括联邦最高法院、省法院、邦法院和民族自治地方法院在内的各级法院行使。

2. 联邦境内设联邦最高法院，联邦最高法院为国家级别最高的法院。

3. 联邦最高法院有权颁布命令（Writs）。

4. 各省、邦分别设高级法院。

第十九条

司法的基本原则如下：

1. 依法独立行使司法权；

2. 除法律另有规定外，公开行使司法权；

3. 在所有案件中依法保证当事人享有辩护权和上诉权。

第二十条

1. 国防军是国内唯一的、力量强大、能力卓越、现代化的爱国军队。

2. 缅甸国防军享有独立处理所有与军队有关事务的权力。

3. 国防军总司令是国家一切武装力量的最高统帅。

4. 军队有权动员全国人民参与国家的安全与国防事务。

5. 保持联邦不分裂、民族团结不破裂和主权稳固是国防军的主要任务。

6. 军队的主要职责是捍卫宪法。

第二十一条

1. 所有公民均享有本宪法确认的平等权、自由权和获得公正对待的权利。

2. 非经法院批准，对任何公民的拘留不得超过二十四小时。

3. 人民的幸福安宁与法治是每位公民的义务。

4. 国家将制定必要的法律，健全和规范公民的自由权、工作权、休息权、责任和禁止事项。

第二十二条

国家协助：

1. 促进少数民族语言、文字、艺术、文化的繁荣发展。

2. 促进和实现少数民族之间的团结、友爱、尊重和互助。

3. 促进推进欠发达少数民族的教育、卫生、经济、交通等在内的社会经济的发展。

第二十三条

国家：

1. 制定必要的法律保护农民的权利。

2. 保障农民的农作物能以公平的价格出售。

第二十四条

国家制定必要的法律保护工人的权利。

第二十五条

国家协助实现知识分子的利益。

第二十六条

1. 国家公务员必须脱离政党政治。

2. 国家将制定必要的法律使公务员获得保险、衣、食、住方面的富足,已婚女公务员享有生育权,退休公务员的福利待遇有保障。

第二十七条

国家采取措施保护并促进民族文化的发展进步。

第二十八条

国家——

1. 重视发展人民的教育和卫生事业。

2. 制定必要的法律,使少数民族能够参与人民的教育和卫生事务。

3. 实行免费的、义务的基础教育制度。

4. 推行全面的、思想观点正确、道德品质优良、有益于国家建设的现代教育制度。

第二十九条

国家全力提供技术、资金、设备、原料等条件,促使手工农业向机械化农业的转型。

第三十条

国家将全力提供技术、资金、设备、原料等条件,推进工业的繁荣发展。

第三十一条

国家竭尽所能,减少人民的失业率。

第三十二条

国家将:

1. 照顾妇女儿童、孤儿、牺牲军人的子女、老人和残疾人。

2. 保障残疾军人适当的生活并提供免费的职业培训。

第三十三条

国家努力培养青少年强烈的爱国精神、正确的价值观和强健的体魄。

第三十四条

在不与社会治安、公民道德、公民健康以及与本宪法其他条款相冲突的前提下,所有公民享有良心自由和宗教信仰自由并得自由进行宗教活动。

第三十五条

国家实行市场经济制度。

第三十六条

国家——

1. 为了促进国民经济的发展,国家和地方的有关团体、合作社、联营企业、私营企业等所有经济力量有权从事经济领域的经营活动。

2. 在经济领域打击个人或集体通过垄断经营或操纵市场破坏公平竞争、损害多数人经济利益的行为。

3. 致力于提高人民的生活水平和各方面投资的增长。

4. 不对经济企业实施国有化。

5. 不使合法发行的货币停止流通。

第三十七条

国家——

1. 是所有土地以及地上和地下、水上和水下及空中的所有自然资源的最终所有者。

2. 制定必要的法律以对各种经济力量开发和利用国有自然资源的行为进行监督。

3. 依法允许公民享有财产权、继承权、发明权和知识产权。

第三十八条

1. 公民依法享有选举权和被选举权。

2. 选民依本宪法之规定,有权罢免经选举产生的人民代表。

第三十九条

为了推行真正的、纪律严明的多党民主制,国家制定必要的法律规范政党的组建。

第四十条

1. 不论是在省、邦,还是在民族自治地方,如果出现不能按本宪法有关条款进行正常管理的紧急状况时,总统有权行使该省、邦或民族自治地方的行政管理权。在总统行使行政权期间,如有必要,总统有权依据本宪法有关条款的规定,行使该省、邦或民族自治地方的立法权。

2. 不论是在省、邦,还是在民族自治地方,如果出现危害人民生命财产安全的紧急状况时,或有将发生此类情况的足够证据时,军队有权依据本宪法的规定采取预防、制止和保护措施。

3. 如果发生了以暴乱、使用武力等暴力方式夺取国家权力或作此种努力,导致联邦分裂、民族团结破裂和国家主权丧失的紧急状况时,国防军总司令有权根据本宪法的规定接管和行使国家权力。

第四十一条

国家奉行独立、积极的、不结盟的外交政策,致力于维护世界和平与各国之间的友好交往与合作,奉行国家间和平共处的各项原则。

第四十二条

1. 联邦不得对任何国家实施侵略。

2. 不允许任何外国军队进驻我国。

第四十三条

任何与刑罚有关的法律均不得具有溯及既往的效力。

第四十四条

任何有损人格尊严的刑罚均不得被规定。

第四十五条

国家保护自然环境。

第四十六条

设宪法法院,负责对宪法条文进行解释,检查联邦议会、省和邦议会制定的法律是否与宪法抵触,检查联邦、省和邦以及自治地方政府的施政是否与宪法抵触,对联邦与省之间,联邦与邦之间,各省之间,各邦之间,省、邦与自治地方之间,各自治地方之间出现的有关宪法方面的争议进行仲裁,履行宪法所赋予的其他职责。

第四十七条

根据上下文之需要,本章所规定的基本原则和第八章"公民及公民的基本权利和义务"部分中所提及的"国家"是指依据本宪法行使立法权、行政权的组织或个人。

第四十八条

"国家基本原则"是议会在制定颁行法律时,或有关方面在解释本宪法及其他法律条文时必须遵循的指南。

第二章 国家结构

第四十九条

国家划分为七个省、七个邦和联邦直辖区,国家的领土包括——

1. 克钦邦;
2. 克耶邦;
3. 克伦邦;
4. 钦邦;
5. 实皆省;
6. 德林达依省;
7. 勃固省;
8. 马圭省;
9. 曼德勒省;
10. 孟邦;
11. 若开邦;
12. 仰光省;
13. 掸邦;
14. 伊洛瓦底省;
15. 联邦直辖区。

第五十条

1. 作为国家首都的内比都(Nay Pyi Taw)是总统直接管辖的联邦直辖区。

2. 与国家国防、安全、经济等有关的特殊地区,如果需要将其划定为联邦直辖区,可以通过颁布法律规定为总统直接管辖的联邦直辖区。

第五十一条

国家按以下方式组成:

1. 村组由若干村庄组成。

2. 镇或镇区由若干街区组成。

3. 镇区由若干村组和街区或镇组成。

4. 县由若干镇区组成。

5. 省、邦由若干县组成。

6. 自治县由该地区所辖的若干镇区组成。

7. 自治州由该地区所包括的镇区聚集成的若干个县组成。

8. 下辖自治州或自治县的省、邦,由自治州、自治县和若干县组成。

9. 联邦由若干省、邦及联邦直辖区组成。

第五十二条

1. 如果需要变更国家边界,总统应首先通知联邦议会议长,征询联邦议会对于变更国家边界的意见。

2. 联邦议会议长收到总统关于变更国家边界的信函后,应按以下程序征求议会议员的意见:

(1)由各省和邦选举相同数量代表组成的议院有超过半数的代表投赞成票;

(2)由以镇区和人口为基础选举的代表组成的议院有超过半数的代表投赞成票;

(3)上述议会两院中来自变更边界涉及的省、邦代表中要有超过半数的代表投赞成票。

3. 如果分别获得上述票数的支持,联邦议会议长应通知总统可对边界进行必要的变更。

4. 按照上述方法征求意见时,如果议会两院中的某院或者议会两院中来自变更边界涉及的省、邦代表决定不同意变更边界,则应服从联邦议会的决定。如果联邦议会所有代表的四分之三以上投赞成票,联邦议会议长通知总统可对边界进行必要的变更。

5. 征得联邦议会的同意后,总统可采取行动对国家边界进行必要的变更。

第五十三条

1. 如果出现要变更省、邦边界的情况,应首先征询边界变更所涉及镇区内具有投票权的公民之意见。

2. 按照上述方法征求意见时,如果未获相关镇区全部具有投票权公民过半数的赞成,则不能对边界进行变更。

3. 如果相关镇区全部具有投票权公民过半数赞成变更边界时,要征询所涉及省、邦议会议员的意见。

4. 如果获得涉及省、邦议会所有代表四分之三以上的赞成并征得联邦议会同意后,总统可变更有关省、邦的边界。

5. 相关省、邦议会表决不同意变更边界时,应服从联邦议会的决定。

6. 如果联邦议会所有代表的四分之三以上投赞成票,总统可对省、邦的边界进行必要的变更。

第五十四条

有关省、邦、自治州或者自治县所辖村、村组、街区、镇、镇区或县需要变更边界、组建或更名时,应由相关省、邦行政长官向总统报告,由总统采取必要的行动。

第五十五条

如果需要改变某个自治州和自治县的名称,遵照省、邦名称变更的办法执行。

第五十六条

国家设立以下自治州和自治县:

1. 实皆省的莱西镇区、勒黑镇区及楠荣镇区组成那伽族自治县。

2. 掸邦的育岸镇区和彬德亚镇区组成德努族自治县。

3. 掸邦的和榜镇区、锡森镇区及彬朗镇区组成勃欧族自治县。

4. 掸邦的楠散镇区和曼栋镇区组成崩龙族自治县。

5. 掸邦的贡江镇区和老街镇区组成果敢族自治县。

6. 掸邦的霍班、勐冒、班歪、那坊、万曼、班桑(邦康)等六个镇区组成两个县,这两个县组成佤族自治州。

第三章 国家元首

第五十七条

总统和副总统代表国家。

第五十八条

总统在缅甸联邦共和国全体国民中处于最高地位。

第五十九条

缅甸联邦共和国总统和副总统应符合以下条件——

1. 忠于国家和人民。

2. 本人和父母双方都必须是出生在缅甸境内的、出生之时即具有缅甸国籍的缅甸公民。

3. 当选者必须年满四十五周岁。

4. 必须对政治、行政、经济和军事等国家事务具有卓越见解。

5. 至当选为总统时必须在缅甸联邦共和国境内连续居住二十年以上;

其中,经国家批准合法前往外国居住的时间计入在国内居住的时间。

6. 本人、父母、配偶、婚生子女及婚生子女配偶,不得是效忠外国政府的人,不得是外国政府的附庸,不得是外国公民;上述人士不得是因为是外国政府的

附庸或是外国公民而享受外国政府提供利益的人。

7. 除具备在议会选举中当选的资格以外,还须具备专门为总统规定的条件。

第六十条

1. 总统由总统选举团选举产生。

2. 总统选举团由以下三个联邦议会议员构成:

(1)各省、邦以相同名额选举产生的议院的议会议员组;

(2)按镇区或按人口分配名额选举产生的议院的议会议员组;

(3)国防军总司令向上述两议院提名的军人议会议员组。

3. 上述代表组每组从议会议员或非议会议员人士中各选举一名副总统。

4. 联邦议会及由联邦议会两院的议长和副议长组成的小组负责审查上述三名副总统是否具备担任总统的资格。

5. 由全体联邦议会议员组成的总统选举团投票从三名副总统中选举一人担任总统。

6. 与总统及副总统的选举相关的事项由法律规定。

第六十一条

1. 总统或副总统的任期为五年。

2. 总统和副总统任期结束时应继续履行职责直至选出新的总统和副总统为止。

3. 总统和副总统任职不得超过两届。

4. 担任过渡时期总统或副总统的时间不计入任期。

5. 总统或副总统职位因故空缺,选出的继任者的任期到其前任的原任期届满为止。

第六十二条

总统或副总统不得担任议会议员。

第六十三条

系议会议员或国家公务员的总统或副总统候选人,自当选之日起应自动辞去议会议员职务或从国家公务员岗位退休。

第六十四条

总统或副总统候选人系某政党成员的,自当选之日起直至卸任时止,不得参与所在政党的一切事务。

第六十五条

总统和副总统须作如下宣誓:

本人将忠诚于缅甸联邦共和国和缅甸人民,并将竭尽全力维护联邦巩固不分裂、民族团结不分裂和主权稳固不动摇。

本人将遵守本宪法和国家的法律,竭尽所能诚实履行职责,争取公正、自由和平等的普世价值观在缅

甸联邦共和国发扬光大。

本人在此庄严宣誓：愿为缅甸联邦共和国的利益贡献一切甚至生命。

第六十六条

总统或副总统履行本宪法及其他法律赋予的职责。

第六十七条

总统和副总统不得接受任何其他有报酬的职务。

第六十八条

总统和副总统应向联邦议会领导人提交本人名下和自己家庭所拥有的不动产、产业、存款及其他贵重物品的清单。

第六十九条

总统和副总统享受法定的薪金、津贴和其他待遇，每人单独享有一处适宜的寓所。

第七十条

除因弹劾被解职外，总统和副总统在任期届满退休后享受法定的退休金及相应的待遇。

第七十一条

1. 有以下理由之一者，总统或副总统将被弹劾——

（1）背叛国家利益；

（2）违反宪法；

（3）道德败坏；

（4）丧失本宪法规定之总统或副总统的资格；

（5）未能圆满完成法律赋予之职责。

2. 针对总统或副总统的弹劾议案需获得联邦议会中任何一个议院至少四分之一的代表联署方可提交本议院议长。

3. 各议院针对总统或副总统的弹劾议案需获得本议院中至少三分之二的代表支持方可进入下一程序。

4. 联邦议会中一个议院提出针对总统或副总统的弹劾议案时，另一个议院应就此成立机构展开调查。

5. 弹劾案调查过程中总统或副总统有权亲自或委托代表进行辩护。

6. 弹劾案调查结束后，如果调查或委托调查的议院中不少于三分之二的代表认为弹劾证据属实，并认定被弹劾的总统或副总统已不宜继续履行其职务，发起弹劾议案的议院应向联邦议会议长报告提请停止总统或副总统的职务。

7. 联邦议会议长接到报告后应立即宣布被弹劾的总统或副总统停职。

第七十二条

总统或副总统在任期结束前可随时自行决定辞去职务。

第七十三条

1. 总统任期未满因辞职、死亡、永久性残疾或其他原因造成总统职位空缺的，由在总统选举时得票第二位的副总统出任代理总统。

2. 如总统职位发生空缺时正值联邦议会会期，代理总统应尽早通知联邦议会议长在七日之内补选新总统。

3. 收到代理总统的通知后，联邦议会议长应责成原先选举副总统——因为选总统而使其副总统职位空缺——的相关议会员组选举一名副总统。

4. 联邦议会总统选举团从三名副总统中选出一人出任总统。

5. 如总统职位发生空缺时值联邦议会休会，联邦议会议长应在收到代理总统的通知后的二十一日内召开联邦议会会议，根据上述程序选举新总统。

6. 副总统任期未满因辞职、死亡、永久性残疾或其他原因造成副总统职位空缺的，如果时值联邦议会会期，总统应立即通知联邦议会议长，召集当初选举该副总统的相关议会员组在七日内选出一名新的副总统。

7. 副总统职位空缺时值联邦议会休会期，联邦议会议长应在收到总统通知后的二十一日内召开联邦议会会议，由相关议院根据规定程序选举一名副总统。

第四章　立法

联邦议会

［联邦议会的组成］

第七十四条

联邦议会由两个院构成——

1. 根据本宪法第一百零九条之规定，按镇区或按人口比例分配名额选举产生的代表与国防军总司令提名的军队代表共同组成的人民院。

2. 根据本宪法第一百四十一条之规定，各省、邦以相同名额选举产生的代表与国防军总司令提名的军队代表共同组成的民族院。

［各议院的正、副负责人］

第七十五条

关于各议院正、副负责人的名称，主持所在议院在每个任期首次开会当天议会议员宣誓及选举议院主席、副主席的议院会议的负责人称为会议执行主席；联邦议会正、副负责人称为议长、副议长；人民院、民族院以及省、邦议会的正、副负责人均称为主席、副主席。

［联邦议会议长和副议长的职责］

第七十六条

1. 人民院任期开始之日起的三十个月内，由民族院主席和副主席分别担任联邦议会议长和副议长,剩余任期内由人民院主席和副主席分别担任联邦议会议长和副议长。

2. 联邦议会议长不能履行职责时,由副议长代行议长职责。

[联邦议会议长的职责]

第七十七条

联邦议会议长的职责是——

1. 主持召开联邦议会会议;

2. 接到总统欲在联邦议会会议上发表演讲的通知时,向总统发出邀请;

3. 在必要时,就联邦议会会议正在讨论的某项事务邀请代表根据宪法规定成立的联邦机构的团体或人士出席会议并进行解释,发表意见;

4. 行使宪法和法律赋予的其他职责。

[召开联邦议会会议]

第七十八条

联邦议会首次正式会议应在人民院首次会议召开之日起的十五日内召开,联邦议会会议由联邦议会议长召集。

第七十九条

联邦议会议长每年至少召开一次联邦议会正式会议,两次正式会议间隔时间不得超过十二个月。

第八十条

联邦议会会议负责处理以下事务:

1. 记录总统的演说;

2. 宣读、记录总统的书信或联邦议会议长批准的其他书信;

3. 提交、讨论、表决法案;

5. 讨论、决定宪法规定的由联邦议会处理的其他事务;

6. 讨论、表决并记录提交联邦议会的报告;

7. 提出提案、讨论及表决;

8. 质询、答疑;

9. 处理联邦议会议长授权的事务。

第八十一条

需要得到联邦议会的决议、同意、通过的事务,按以下程序处理——

1. 时值联邦议会会期由议会会议讨论决定;

2. 联邦议会休会期间由最近的一次会议讨论决定;

3. 关涉人民利益或需紧急办理的应召开特别会议或紧急会议讨论决定。

第八十二条

联邦议会议长认为有必要时,可以召开联邦议会特别会议或紧急会议。

第八十三条

联邦议会议长可应总统的要求,尽快召开联邦议会特别会议或紧急会议。

第八十四条

联邦议会议长可应议会议员人数四分之一以上代表的要求,尽快召开联邦议会特别会议。

第八十五条

1. 联邦议会会议首次召开时,有超过全体代表的过半数出席时会议有效,否则为无效,会议应延期举行。

2. 依据本条第一款之规定,因无效而延期举行的会议或首次开会有效并继续举行的会议,与会代表数超过应到代表数三分之一的,会议即视为有效。

第八十六条

1. 联邦议会就某项议案进行投票表决时,除宪法有特别规定外,经与会代表多数票同意为通过。

2. 联邦议会就某项议案进行投票表决时,联邦议会议长或代行议长职责的副议长不参与投票,仅在支持票与反对票票数相同的情况下,有权投决定票。

第八十七条

联邦议会议员在联邦议会会期中,未经联邦议会议长批准连续缺席会议超过十五日者,联邦议会议长应通知其所在议院按规定进行处理,会议因故延期时间不计入个人缺席会议时间。

第八十八条

联邦议会有权在部分代表席位空缺的情况下处理议会事务。此外,如事后发现有无权参加联邦议会会议者出席会议、进行投票或参与议会事务等现象,联邦议会的决议也不因此而无效。

第八十九条

除法律规定或联邦议会之决议决定不公开的事项外,联邦议会应当向民众公布议会工作情况及相关记录。

第九十条

依据宪法成立的联邦机构的代表经联邦议会议长批准可出席联邦议会会议,并可就与其所在机构有关的法案或事务进行解释,发表意见。

第九十一条

依据宪法成立的联邦机构经联邦议会议长许可,得向联邦议会提出与该机构有关的提案。

第九十二条

1. 在不违背宪法、联邦议会相关法规的前提下,联邦议会议员享有在联邦议会及联邦议会联合委员会中发言及投票的自由。对联邦议会议员在联邦议会及联邦议会联合委员会中的发言与作为,除依联邦议会的规定外,不得对代表在联邦议会或其联合委员中所提交的议案、讨论或行为进行追究。

2. 应邀参加联邦议会会议的联邦机构代表在不违背宪法、联邦议会相关法规的前提下,享有在联邦议会中自由发言的权力,除依法律之规定外,不得对其在联邦议会中的发言进行追究。

3. 本条第一款、第二款所述人士在行使上述权力过程中有违法犯罪行为的,应依据联邦议会法规及现行法律追究其责任。

第九十三条

逮捕正在参加联邦议会会议的联邦议会议员或经联邦议会议长批准、邀请参加联邦议会会议的人士,须向联邦议会议长出示证据,未经联邦议会议长批准不得实施逮捕。

第九十四条

不得针对联邦议会或由其授权发行的报告、文件、档案提起诉讼。

立法

第九十五条

1. 不论在人民院还是在民族院提交的法案如获两院通过则应视为已获得联邦议会通过。

2. 人民院和民族院对法案产生分歧时,该法案应由联邦议会会议讨论决定。

第九十六条

联邦议会有权在列入附录一中的联邦立法事项范围内制定在联邦全境或联邦任一部分地区生效的法律。

第九十七条

1. 联邦议会在颁布法律时:

(1)可授权由依据宪法成立的联邦机构制定颁布与该法相关的实施细则、条例、规章;

(2)可授权由相关机构或政府发布与该法相关的公告、命令、指示、办法。

2. 授权发布的相关法律的实施细则、条例、规章、公告、命令、指示、办法等不得与宪法或其他法律规定相抵触。

3. 人民院和民族院均通过废除或修改某实施细则、条例、规章的决定时视为联邦议会通过。

4. 人民院和民族院对废除或修改某实施细则、条例、规章产生分歧时由联邦议会会议讨论决定。

5. 依据本条第三款、第四款讨论通过废除、修改某实施细则、条例、规章时,未作出决议前不影响该法律及相关细则的正常适用。

[关于其他事项的立法]

第九十八条

未列入授权联邦、省、邦和各级自治地方立法事项名册中的其他事项的立法权由联邦议会行使。

[有关联邦直辖区的立法]

第九十九条

除由省、邦及各级自治地方议会立法的事项外,针对联邦直辖区的立法由联邦议会负责。

[法案的提出]

第一百条

1. 依据宪法成立的联邦机构有权按规定程序在联邦立法事项范围就与其管辖的事务相关的事项向联邦议会提交法案。

2. 只能由联邦政府提交的国家规划、年度预算、税收等相关法案由联邦议会按规定的程序进行讨论决定。

第一百零一条

除宪法规定须由联邦议会讨论决定的法案外,联邦机构向联邦议会提交的法案可按规定提交人民院或民族院先行讨论。

第一百零二条

专属于联邦议会讨论决定的法案在联邦议会讨论前可交由人民院法律委员会和民族院法律委员会联合审议研究,并将意见和法案一并报告联邦议会。

[联邦财政预算案]

第一百零三条

1. 联邦政府或总统委托人代表联邦政府向联邦议会提交联邦财政预算案。

2. 联邦财政预算案中的下列事项应由联邦议会讨论,且不得被拒绝或削减——

(1)联邦机构工作人员工资、津贴及机构行政支出;

(2)联邦负担的债务及相关费用,联邦贷款及相关费用;

(3)法院裁定或判决的国家赔偿费用;

(4)依现行法律或国际条约之规定产生的费用。

3. 除本条第二款所列开支外,联邦议会有权根据多数代表的意愿批准、拒绝或削减预算。

4. 联邦政府应根据需要执行联邦议会审议通过的联邦预算案。

5. 除联邦预算所列收支外,联邦议会如要追加开支应根据上述程序颁布《补充财政分配案》。

6. 联邦政府应严格执行联邦议会颁布的《补充财政分配案》。

[具有法律效力的总统令]

第一百零四条

在总统发布具有法律效力的命令并提交联邦议会审议通过时,联邦议会——

1. 应决定是否通过该具有法律效力的总统令;

2. 如果决定通过,须确定总统令的时效;

3. 如不予通过,则自表决之日起废止该总统令。

[法律的颁布]

第一百零五条

1. 总统应在收到联邦议会报送的、经联邦议会审议通过的或视为经联邦议会审议通过的法案的第二日起的十四日内签署该法案,将其作为正式法律予以颁布。

2. 在签署法案的期限内,总统可将该法案连同自己的意见一起退回联邦议会。

3. 在签署该法案的期限内,如果总统在未附签名和意见的情况下将法案退回联邦议会,或未签署命令该法案的,待规定时限届满时该法案将被视为已获总统的签署而正式生效。

第一百零六条

1. 总统将自己的意见及法案退回联邦议会后,联邦议会可经讨论接受总统意见对法案进行修改,或不接受总统的意见维持原状通过。

2. 根据总统意见修改后的法案或未接受总统修改意见维持原状获得通过的法案,由联邦议会决议再次报送总统,总统应在收到法案之第二日起的七日内签署并公布该法案。

3. 联邦议会再次报送总统的法案,总统未在规定的期限内签署的,规定期限届满后该法案应视为已获总统签署而正式生效。

第一百零七条

总统签署生效或自动生效的法案应以国家公报的形式向外界发布,如法案未明确规定生效日期,自公告发布之日起生效。

第一百零八条

联邦议会——

1. 审议并决定总统提出的关于批准、废除或退出国际、地区及双边条约、协议的事项;

2. 联邦议会可授权总统签署、废除或退出无须经联邦议会批准的国际、地区及双边的条约、协议。

人民院

[人民院的组成]

第一百零九条

人民院由不超过四百四十名的代表组成,代表的组成如下——

1. 按镇区或按人口比例分配名额选举的人民院代表数不超三百三十名,如镇区数量超出三百三十个,新组建的镇区与相邻的某一适当的镇区依法合并为同一选区。

2. 国防军总司令依法提名的军队人民院代表不多于一百一十名。

[人民院会议执行主席的选举]

第一百一十条

1. 每届人民院举行首次会议时,应推选一名人民院代表担任会议执行主席。

2. 人民院会议执行主席就任时应宣誓。

3. 会议执行主席负责主持召开人民院会议,直

至选出人民院主席和副主席时止。

[人民院主席和副主席的产生]

第一百一十一条

1.(1)人民院代表从本院代表中选出人民院主席、副主席各一名。

(2)人民院主席和副主席职位空缺时,由最新召开的人民院会议选出继任者。

(3)人民院主席不能履行职责时由副主席代理。

2. 人民院主席和副主席的选举办法由法律规定。

[人民院主席的职责]

第一百一十二条

人民院主席——

1. 主持召开人民院会议。

2. 接到总统欲在人民院会议上发表演讲的通知时,向总统发出邀请。

3. 人民院在对某事项进行讨论时,在必要时,按照法律之规定邀请代表依宪法成立的联邦级机构的机构成员或人士出席会议并就所议事项进行解释,发表意见。

4. 履行宪法和法律赋予的其他职责。

[人民院主席和副主席职权的履行与终止]

第一百一十三条

1. 人民院主席和副主席分别行使其职能至下一届人民院首次会议召开。

2. 人民院主席或副主席辞职、议会议员身份被终止、职务被人民院撤销或逝世时,其职务自行终止。

第一百一十四条

人民院主席和副主席的职责权限由法律规定。

[人民院下属委员会或组织的组成]

第一百一十五条

1. 人民院应设置由人民院代表组成的法案委员会(Bill Committee)、政府账目委员会(Public Accounts Committee)、人民权利委员会(Hluttawv Rights Committee)和监督审计委员会等下属委员会。

2. 调查、报告涉及国防、安全和军队事务的议题时,由人民院中的军队代表组成国防与安全事务委员会并规定任期,可根据需要委派适当的人民院非军人代表参加国防与安全事务委员会。

3. 调查、报告除立法、行政、少数民族、经济、财政、社会、外交之外的其他事务时,由人民院代表组成相应的委员会并规定任期。

4. 人民院各下属委员会的人数、职责、权限和任期由人民院确定。

第一百一十六条

需要人民院与民族院共同协商的事务,由两院派出等额代表组成联合委员会,联合委员会的任期至向

423

有关议院提交报告后终止。

第一百一十七条

除第一百一十五条第一款、第二款规定之事项及委员会外,人民院和民族院如需针对某事务进行联合调查时,两议院主席应相互协商,选派等额的两院代表组成联合委员会,联合委员会的任期至向有关议院提交报告后终止。

第一百一十八条

1. 除人民院下属委员会调查、报告的事项外,可根据需要由人民院代表和适当公民组成人民院临时委员会或小组对其他事务进行调查并提出报告。

2. 人民院在组成上述临时委员会或小组时,应对其人数、职责、权限和任期作出规定。

[人民院的任期]

第一百一十九条

人民院每届任期五年,自该届人民院首次会议召开之日起算。

[人民院代表资格]

第一百二十条

具备以下条件者可成为人民院代表候选人——

1. 年满二十五周岁。

2. 父母双方为缅甸公民,本人出身时为缅甸公民。

3. 当选人民院代表时须已经在缅甸联邦共和国境内连续居住至少十年;

经国家批准合法居留于外国的时间计入国内居住时间。

4. 具备选举法规定的其他条件。

[无权当选人民院代表的情况]

第一百二十一条

下列人士无权当选人民院代表:

1. 处于服刑期的、被法院确定有罪的犯人。

2. 宪法生效前后因犯有导致其失去参选人民院代表资格的罪行而被法院判决有罪而失去当选资格,且处罚期限未满者。

3. 根据法律被认定为精神失常者。

4. 被法院宣告破产且尚未解除者。

5. 接受外国政府资助、效忠于外国政府或具有外国国籍者。

6. 有可能接受外国政府资助、效忠于外国政府或享受外国公民待遇者。

7. 直接或间接地接受外国政府、宗教团体、组织提供的资金、土地、不动产、车辆、物资等资助的个人或组织成员。

8. 出于政治目的,以宗教的名义,通过宣传、演讲、散发传单,煽动民意的个人或组织成员。

9. 神职人员。

10. 国家公务员。

此项规定不适用于在依宪法组成的议会或团体中任职的包括军人在内的国家公职人员。

11. 以直接或间接方式获取使用国有资金、土地、不动产、车辆、物资的个人或组织成员。

但(1)"国有资金"不包括退休金、津贴,对国家有贡献而由国家发放的合法工资或津贴;

(2)"国有土地、不动产、车辆、物资"不包括依法或因职务需要由国家批准使用或向国家租用的国有土地、不动产、交通工具和其他物资。

12. 宪法生效前后因违反选举法之规定而被褫夺人民院代表当选资格且处罚期限未满者。

[军队人民院代表的资格]

第一百二十二条

国防军总司令依法提名的军队人民院代表应具备当选人民院代表的一般资格。

人民院会议的召开

第一百二十三条

每届人民院首次正式会议须在大选举行后的九十日内召开。

第一百二十四条

1. 本宪法生效后的首次人民院正式会议由国家和平与发展委员会召集。

2. 其后的常规人民院首次正式会议由依宪法履行职责的人民院主席召集。

第一百二十五条

1. 每届人民院首次正式会议召开时,人民院代表应按照附录四之规定在人民院会议执行主席面前宣誓。

2. 未参加宣誓的人民院代表在其首次参加会议时应在人民院主席的见证下宣誓。

第一百二十六条

人民院主席每年至少召集一次人民院正式会议,两次人民院正式会议的间隔不得超过十二个月。

第一百二十七条

人民院会议处理以下事务——

1. 记录总统的演说;

2. 宣读、记录总统的信息或经人民院主席批准的其他信息;

3. 提交、讨论、表决法案;

4. 对宪法规定由人民院处理的议案进行讨论和表决;

5. 讨论、通过并记录提交人民院的报告;

6. 提交、讨论、通过动议;

7. 提出质询、作出解答;

8. 处理人民院主席同意的其他事务。

第一百二十八条

1. 人民院首次正式会议召开时,与会代表数超过应到代表数半数以上时,会议视为有效,否则视为无效,会议应延期举行。

2. 依据本条第一款之规定,因无效而延期举行的会议或首次开会有效并继续举行的会议,与会代表数超过应到代表数三分之一时,会议即视为有效。

第一百二十九条

1. 人民院就某项议案进行投票表决时,除宪法另有规定的情况外,需获得与会代表多数票同意方可通过。

2. 人民院就某项议案进行投票表决时,人民院主席或代理行使主席职责的副主席不参与投票,只有在赞成票与反对票票数相同的情况下,才投决定票。

第一百三十条

1. 人民院代表在人民院会议期间,未经人民院批准连续缺席会议超过十五日者,人民院可根据规定宣布该人民院代表席位空缺,会议因故延期时间不计入个人缺席会议时间。

2. 联邦议会议长通报某人民院代表在联邦议会会期中未经联邦议会批准连续缺席会议超过十五日,人民院必须根据相关规定对该代表作出处理。

第一百三十一条

人民院有权在部分代表席位空缺的情况下处理议会事务。此外,如事后发现有无权参加人民院会议者出席会议、进行投票或参与议会事务等现象,不影响此期间人民院会议决议的有效性。

第一百三十二条

除法律禁止或人民院决议决定不予公开的事项外,人民院应当向民众公布会议情况及相关记录。

第一百三十三条

1. 在不违背宪法和人民院相关规定的前提下,人民院代表享有在人民院和人民院下属委员会中发言及投票的自由。对人民院代表在人民院和人民院下属委员会中的发言与作为,除人民院相关规定外其他法律无权干涉。

2. 应邀参加人民院或人民院下属委员会会议的联邦机构代表在不违背宪法、人民院相关规定的前提下,享有在人民院和人民院下属委员会中自由发言的权力,其在人民院和人民院下属委员会中的发言,除人民院相关规定外其他法律无权干涉。

3. 本条第一款、第二款所述人士在行使上述权力过程中有违法犯罪行为的,将依据人民院相关规定及现行法律追究其责任。

第一百三十四条

1. 逮捕正在参加人民院会议的人民院代表或经人民院主席批准、邀请参加人民院会议的人士,须向人民院主席提供确凿的证据,未经人民院主席批准不得实施逮捕。

2. 逮捕正在参加人民院下属委员会的人民院代表或人民院下属委员会成员时,须通过涉及的人民院下属委员会负责人向人民院主席提供确凿的证据,未经人民院主席批准不得实施逮捕。

3. 人民院、人民院下属委员会休会期间,逮捕人民院代表须向人民院主席提供确凿证据。

第一百三十五条

不得对人民院会议的或经人民院授权发布的报告、文件、档案提起诉讼。

[法案的提出]

第一百三十六条

在附录一所列联邦立法名录中,除宪法规定专属于联邦议会审议的事项外,人民院有权就其他事项首先提出法案。

第一百三十七条

1. 就联邦议会通过的法律制定的实施细则、条例、规章在发布之后,相关机构应将其公布的实施细则、条例、规章等按人民院主席的安排在最新一次召开的人民院会议期间向人民院代表散发呈阅。

2. 人民院代表发现某项法律实施细则、条例、规章内容与现行法律条款相抵触时,可在收到该实施细则、条例、规章之日起的九十日内向人民院提出废除或修改的动议。

3. 人民院与民族院对废除或修改某实施细则、条例、规章产生分歧时须提交联邦议会决定。

第一百三十八条

1. 依宪法成立的联邦级机构根据联邦议会相关规定提交的法案应首先交由人民院审议。

2. 联邦立法名录中除宪法规定须由联邦议会审议的事项外,人民院代表有权就其他事项首先提出法案交由人民院审议。

3. 经人民院讨论通过的法案应送交民族院审议。

第一百三十九条

1. 人民院收到民族院送交的法案后,可决定通过或不通过,或在修改后通过,并将人民院的决定连同法案返呈民族院。

2. 民族院对人民院送返的法案进行修改并返呈给人民院后,人民院若接受民族院的修改则须将该法案呈报联邦议会议长。

3. 人民院对民族院送交的某项法案与民族院发生分歧时,由联邦议会裁决。

第一百四十条

依据联邦宪法成立的机构的代表有权——

1. 经人民院主席批准参加人民院会议时,对与本机构相关的法案或提案进行解释,发表意见。

2. 经人民院下属委员会负责人批准参加委员会

会议时，对与本机构相关的法案或提案进行解释，发表意见。

民族院

[民族院的组成]

第一百四十一条

民族院由不超过二百二十四名的议会议员按如下方式组成：

1. 包括有关联邦直辖区在内的每个省、邦选举的民族院代表名额相同，均为十二名，其中必须保证每个自治州或自治县各有一名代表，按此方法选举产生的民族院代表共计一百六十八名；

2. 国防军总司令依法提名的军队民族院代表，每个省、邦（含联邦直辖区）四名，共计五十六名。

3. 本条第一项、第二项所述"联邦直辖区"是指本法所规定的联邦直辖区或联邦议会立法规定的联邦直辖区，其民族院代表选举纳入原所在省、邦民族院代表选举。

[民族院会议执行主席的产生]

第一百四十二条

民族院会议执行主席的产生参照第一百一十条人民院会议执行主席产生办法。

[民族院主席和副主席的产生]

第一百四十三条

民族院主席、副主席的产生参照按第一百一十一条人民院主席、副主席产生办法。

[民族院主席的职责]

第一百四十四条

民族院主席的职责参照第一百一十二条人民院主席的职责。

[民族院主席和副主席职权的行使与终止]

第一百四十五条

民族院主席和副主席职权的行使与终止参照第一百一十三条人民院主席和副主席职权的行使与终止。

第一百四十六条

应立法规定民族院主席和副主席的职责权限。

[民族院下属委员会或组织的组成]

第一百四十七条

1. 民族院应成立由民族院代表组成的法案委员会（Bill Committee）、政府账目委员会（Public Accounts Committee）、人民权利委员会（Hluttawv Rights Committee）和监督审计委员会等下属委员会。

2. 调查、报告涉及国防、安全和军队事务的事项时，由民族院中的军队代表组成国防与安全事务委员会并规定任期，可根据需要委派适当的民族院非军人

代表参加国防与安全事务委员会。

3. 调查、报告除立法、行政、少数民族、经济、财政、社会、外交之外的其他事务时，由民族院代表组成相应的委员会并规定任期。

4. 民族院应规定各下属委员会的人数、职责、权限和任期。

第一百四十八条

人民院如有需要与民族院协商的事务，由两院派出等额代表组成联合委员会，联合委员会的任期至向有关议院提交报告后终止。

第一百四十九条

除第一百四十七条第一款、第二款规定之事项及委员会外，民族院和人民院如需针对某事务进行联合调查时，两议院主席应相互协商，选派等额的两院代表组成联合委员会，联合委员会的任期至向有关议院提交报告后终止。

第一百五十条

民族院临时委员会或小组的组成办法参照第一百一十八条人民院临时委员会或小组的组成办法。

[民族院的任期]

第一百五十一条

民族院的任期与人民院的任期相同，人民院任期届满时民族院任期也随之结束。

[民族院代表资格]

第一百五十二条

民族院代表应符合以下条件：

1. 年满三十周岁；

2. 除本条第一项年龄限制外，其他条件与第一百二十条人民院代表资格完全相同；

3. 无权当选民族院代表的情况与第一百二十一条无权参选人民院代表的情况相同。

[军队民族院代表资格]

第一百五十三条

国防军总司令依法提名的军队民族院代表应当具备当选民族院代表的一般资格。

[民族院会议的召开]

第一百五十四条

1. 民族院的任期自人民院任期开始之日起算。

2. 每届民族院首次正式会议须在该届民族院任期开始后的七日内召开。

第一百五十五条

召开民族院会议的其他规定和要求参照第一百二十四条、第一百二十五条人民院会议召开的相关规定。

[法案的提出]

第一百五十六条

列入联邦立法名录的事项中，除宪法规定必须由

联邦议会提出方案的以外,民族院代表有权针对其他事项首先提出法案。

第一百五十七条

1. 就联邦议会通过的法律制定的实施细则、条例、规章等在公布之后,有关机构应按民族院主席批准的程序在最新一次民族院会议期间向民族院代表散发呈阅。

2. 民族院代表发现某项法律实施细则、条例、规章内容与现行法律条款相抵触时,可在收到该实施细则、条例、规章之日起的九十日内向民族院提出废除或修改的动议。

3. 民族院与人民院对废除或修改某实施细则、条例、规章产生分歧时由联邦议会会议讨论决定。

第一百五十八条

1. 依宪法成立的联邦机构根据联邦议会相关规定提交的法案应视为由民族院提出并由民族院审议。

2. 列入联邦立法名录的事项中除宪法规定应由联邦议会审议的以外,民族院代表有权针对其他事项首先提出法案并交由民族院审议。

3. 经民族院讨论通过的法案应送交人民院审议。

第一百五十九条

1. 民族院收到人民院送交的法案后,可决定按人民院的决定通过或决定不通过或可在修改后通过,并将民族院的决定连同该法案返送人民院。

2. 民族院返送的法案由人民院修改后重新送达时,民族院若同意人民院的修改,应将此法案呈报联邦议会议长。

3. 民族院对人民院送交的某项法案与人民院存在分歧时,须由联邦议会裁决。

第一百六十条

代表依据宪法成立的联邦机构的机构成员:

1. 经民族院主席批准参加民族院会议时有权对与本机构相关的法案或提案进行解释,发表意见。

2. 经民族院下属委员会负责人批准参加委员会会议时,有权对与本机构相关的法案或提案进行解释,发表意见。

省、邦议会

[省、邦议会的组成]

第一百六十一条

省、邦议会的组成办法和名额分配如下:

1. 省、邦所辖每个镇区各选举两名代表组成省、邦议会。

2. 除组成省的主体民族或获准组成省辖自治地方的少数民族外,区域内其他少数民族如经相关部门认定人口数占全国总人口数千分之一以上的,每个少数民族可推选一人作为省议会议员。

3. 邦主体民族及获准组成邦辖自治地方的少数民族外,区域内其他少数民族如经相关部门认定人口数占全国总人口数千分之一以上的,每个少数民族可推选一人作为邦议会议员。

4. 参照本条第一款和第二款或第一款和第三款之规定,国防军总司令依法提名占省、邦议会议员总数三分之一的军人省、邦议会议员。

[省、邦议会执行主席的产生]

第一百六十二条

省、邦议会执行主席的产生参照第一百一十条人民院执行主席产生办法。

[省、邦议会主席和副主席的产生]

第一百六十三条

省、邦议会主席、副主席的产生参照第一百一十一条人民院主席、副主席产生办法。

[省、邦议会主席的职责]

第一百六十四条

省、邦议会主席——

1. 主持召开省、邦议会会议。

2. 接到总统希望在省、邦议会发表演讲的通知时,向总统发出邀请。

3. 接到省、邦行政长官希望在省、邦议会发表演讲的通知时,应给予适当的安排。

4. 省、邦议会在对某项议案进行讨论时,有权邀请代表根据宪法之规定成立的有关的省、邦级机构的机构成员或人士出席会议并就议案内容作出解释。

5. 行使宪法和法律赋予的其他职责。

[省、邦议会主席和副主席职权的行使和终止]

第一百六十五条

省、邦议会主席和副主席职权的行使和终止参照第一百一十三条人民院主席和副主席职权的行使和终止。

第一百六十六条

省、邦议会主席和副主席的职责权限由法律规定。

[省(邦)议会下属委员会或组织的组成]

第一百六十七条

1. 省、邦议会在必要时,成立由省、邦议会议员组成的下属委员会或机构,就宪法授权其处理的立法、民族事务进行研究并提出报告。

2. 省、邦议会依前款之规定组织的委员会或机构可以包括合适的公民在内。

3. 省、邦应确定各下属委员会或小组的人数、职责、权限和任期。

[省、邦议会的任期]

第一百六十八条

省、邦议会的任期与人民院的任期相同,人民院任期届满时省、邦议会任期也随之结束。

[省、邦议会议员资格]

第一百六十九条

省、邦议会议员应符合以下条件：

1. 具有与第一百二十条规定的当选人民院代表者相同的资格；

2. 不得当选省、邦议会议员的情况，与第一百二十一条规定的无权参选人民院代表的情况完全相同。

[军队省、邦议会议员资格]

第一百七十条

国防军总司令依法提名的军队省、邦议会议员应当具备一般省、邦议会议员应具备的资格。

[省、邦议会会议]

第一百七十一条

1. 省、邦议会的任期自人民院任期开始之日起算。

2. 每届省、邦议会首次正式会议须在该届省、邦议会任期开始后的十五日内召开。

第一百七十二条

1. 本宪法生效后的省、邦议会首次正式会议由国家和平与发展委员会召集。

2. 除本条第一款规定外的每届省、邦议会首次正式会议由省、邦议会主席召集。

第一百七十三条

1. 每届省、邦议会首次正式会议召开时，省、邦议会议员应向省、邦议会主席宣誓。

2. 未参加首次宣誓的省、邦议会议员在其首次参加会议时向省、邦议会主席宣誓。

第一百七十四条

省、邦议会主席每年至少召集一次省、邦议会正式会议，两次省、邦议会正式会议的间隔不得超过十二个月。

第一百七十五条

省、邦议会会议处理以下事务——

1. 记录总统演讲；

2. 宣读记录由总统或联邦议会议长签发的各类贺（唁）电（信）；

3. 记录省、邦行政长官的演讲；

4. 提交、讨论、表决法案；

5. 对宪法规定由省、邦议会处理的议案进行讨论和表决；

6. 讨论、通过、记录提交省、邦议会的报告；

7. 提交、讨论、通过动议；

8. 质询、答疑；

9. 处理省、邦议会主席授权的事务。

第一百七十六条

需要省、邦议会讨论、表决、同意的事务按以下程序办理：

1. 时值省、邦议会会期由省、邦议会开会讨论决定。

2. 省、邦议会休会期由最新一次会议讨论决定。

3. 关涉人民利益或需紧急办理的应召开特别会议或紧急会议讨论决定。

第一百七十七条

省、邦议会特别会议或紧急会议由相关省、邦议会主席召集。

第一百七十八条

省、邦行政长官通知召开省、邦议会特别会议或紧急会议时，省、邦议会主席应尽快召集。

第一百七十九条

省、邦议会主席可应省、邦议会议员人数四分之一以上代表要求召开特别会议或紧急会议。

第一百八十条

1. 省、邦议会首次正式会议召开时，与会代表数超过应到代表数半数以上时，会议视为有效，否则视为无效，会议应延期举行。

2. 依据本条第一款之规定，因无效而延期举行的会议或首次开会有效并继续举行的会议，与会代表数超过应到代表数三分之一时，会议即视为有效。

第一百八十一条

1. 省、邦议会就某项议案进行投票表决时，除宪法作出特别规定情况外，需获得与会代表多数票同意方可通过。

2. 省、邦议会就某项议案进行投票表决时，省、邦议会主席或代理行使主席职责的副主席不参与投票，只有在支持票与反对票持平的情况下，才投决定票。

第一百八十二条

省、邦议会议员在省、邦议会会议期间，未经省、邦议会批准连续缺席会议超过十五日者，省、邦议会可根据规定宣布该省、邦议会议员席位空缺，会议因故延期时间不计入个人缺席会议时间。

第一百八十三条

省、邦议会有权在部分代表缺席情况下处理议会事务。此外，如事后发现有无权参加省、邦议会会议者出席会议、进行投票或参与议会事务等现象，不影响此期间省、邦议会会议决议的有效性。

第一百八十四条

除法律或省、邦议会规定的事项外，省、邦议会有责任向民众公布会议情况及相关记录。

第一百八十五条

1. 在不违背宪法和省、邦议会相关规定的前提下，省、邦议会议员享有在省、邦议会和省、邦议会下属委员会中发言及投票的自由。对省、邦议会议员在省、邦议会和省、邦议会下属委员会中的发言与作为，除依省、邦议会相关规定外,不得对其进行追究。

2. 应邀参加省、邦议会或省、邦议会下属委员会会议的省、邦机构代表在不违背宪法、省、邦议会相关规定的前提下,享有在省、邦议会和省、邦议会下属委员会中发言的自由,其在省、邦议会和省、邦议会下属委员会中的发言,除依省、邦议会相关规定外,不得对其进行追究。

3. 本条第一款、第二款所述人士在行使上述权力过程中有违法犯罪行为的,应依据省、邦议会相关规定及现行法律追究其责任。

第一百八十六条

1. 如果需要逮捕正在参加省、邦议会会议的某位省、邦议会议员,或经议会议长许可或应邀参加省、邦议会会议的人士时,必须向省、邦议会议长提供确凿的证据,未经省、邦议会议长之批准,不得实施逮捕。

2. 如果需要逮捕正在参加会议的某个省、邦议会下属委员会或机构人员,必须通过有关省、邦议会下属委员会或机构领导向议会议长提供确凿证据,未经省、邦议会议长之批准,不得实施逮捕。

3. 如果不是在省、邦议会会议或议会下属委员会会议举行期间,要逮捕某位省、邦议会议员,必须尽快向省、邦议会议长提供确凿证据。

第一百八十七条

不得针对省、邦议会发布的或经省、邦议会授权发布的报告、文件、档案提起诉讼。

立法

第一百八十八条

省、邦议会有权在附录二所列的省、邦立法事项范围内制定在省、邦全境或其任何部分地区适用的法律。

第一百八十九条

1. 省、邦议会在颁布法律时:

(1)可授权由省、邦级机构制定颁布与该法相关的实施细则、条例、规章;

(2)可授权由相关机构发布与该法相关的公告、命令、指示、办法。

2. 经授权发布的相关法律的实施细则、条例、规章、公告、命令、指示、办法等必须与宪法或相关法律的规定相一致。

3. 根据省、邦议会颁布的法律制定的实施细则、条例、规章在公布之后,相关机构应将其公布的实施细则、条例、规章等按议会主席批准的程序在最新一次省、邦议会会议期间向议会议员散发呈阅。

4. 省、邦议会议员发现某项法律实施细则、条例、规章内容与现行法律条款相抵触时,可在收到该实施细则、条例、规章之日起的九十日内向省、邦议会提出废除或修改的动议。

5. 省、邦议会作出废除或修改某项法律实施细

则、条例、规章的决定后,不影响此前按该实施细则、条例、规章裁定的事项。

[法案的提出]

第一百九十条

1. 依据宪法成立的省、邦机构有权向省、邦议会提交列入附录二中的与该机构相关的法案。

2. 只有省、邦政府才有权向省、邦议会提交关于省、邦的发展计划、财政预算和税收等相关法案。

第一百九十一条

除宪法规定列入附录二中必须由省、邦政府提交的法案外,省、邦议会议员有权向省、邦议会提交其他法案。

第一百九十二条

1. 依据宪法成立的省、邦级机构之成员,如果同时为省、邦议会议员时,有权在省、邦议会会议上对与本机构相关的法案或提案作出解释、参与讨论,并拥有投票权。

2. 依据宪法成立的省、邦级机构之成员,如果系非省、邦议会议员时,经省、邦议会主席批准可参加省、邦议会会议,有权对与本机构相关的法案或提案作出解释并参与讨论。

[省、邦财政预算案]

第一百九十三条

1. 省、邦年度财政预算案只能由省、邦政府按规定程序提交省、邦议会。

2. 关于本条第一款所规定的法案,对有关行政长官提交的包含根据联邦财政预算法或补充财政预算法按省、邦从联邦财政基金获得的资金在内的省、邦财政预算案,有关省、邦议会在讨论后按多数意见予以通过、拒绝或削减。省、邦议会有权对下列费用进行讨论,但无权拒绝或削减——

(1)根据宪法成立的省、邦机构的领导人及成员的工资、津贴及机构行政支出;

(2)根据宪法成立的自治地方行政机构的领导人及工作人员的工资、津贴及机构行政支出;

(3)省、邦偿付的债款及相关费用,省、邦获得的贷款及相关费用;

(4)根据法院或法庭的判决、命令,按比例应支付的费用;

(5)省、邦议会制定的法律所规定的其他应付费用。

第一百九十四条

省、邦议会必须对省、邦政府提交的省、邦财政预算案作出裁定。

[法律的颁布]

第一百九十五条

1. 省、邦行政长官——

（1）应在收到省、邦议会报送的经省、邦议会通过的法案的第二日起的七日内按规定程序签署颁布。

（2）应在收到自治地方政府通过的法案的次日起的十四日内予以签署颁布。

2. 应由省、邦行政长官签署生效的法案，如行政长官在规定时限内未予签署颁布，期限届满后该法案应视为已获得行政长官的签署而自动生效。

3. 省、邦行政长官签署生效或视同获省、邦行政长官签署生效的法律应在国家公告中发布。如该法律未明确规定生效日期，自公布之日起生效。

[自治地方政府]

第一百九十六条

自治州和自治县的领导机构有权对列入附录三中的地方事务进行立法。

[人民院、民族院和省、邦议会议员职权的行使与终止]

第一百九十七条

人民院、民族院和省、邦议会议员职权的行使和终止由法律规定。

[法律效力]

第一百九十八条

各级议会及自治地方制定的法律的效力如下：

1. 联邦议会、省议会或邦议会和自治地方政府制定的法律条款或已颁布实行的法律若与宪法条款相抵触的，以宪法条款为准。

2. 省、邦议会颁行的法律条款与联邦议会颁行的法律条款相抵触的，以联邦议会颁行的法律条款为准。

3. 自治地方颁行的法律条款与联邦议会颁行的法律条款相抵触的，以联邦议会颁行的法律条款为准。

4. 自治地方颁行的法律条款与省、邦议会颁行的法律条款相抵触的，以省、邦议会颁行的法律条款为准。

第五章 行政

[联邦政府]

第一百九十九条

1. 国家政府首脑是国家总统。

2.（1）国家行政权分授联邦、各省、邦。

（2）依据宪法之规定授予民族自治地区自治权。

[联邦政府的组成]

第二百条

联邦政府由下列人士组成：

1. 总统；

2. 副总统若干人；

3. 联邦部长若干人；

4. 联邦总检察长。

[国家国防与安全委员会的组成]

第二百零一条

总统领导下的国家国防与安全委员会履行宪法和相关法律赋予的职责，国家国防与安全委员会由下列人士组成：

1. 总统；

2. 副总统；

3. 副总统；

4. 人民院主席；

5. 民族院主席；

6. 国防军总司令；

7. 国防军副总司令；

8. 国防部长；

9. 外交部长；

10. 内政部长；

11. 边境事务部长。

[总统的职责与权力]

第二百零二条

总统在征得联邦议会的同意后：

1. 根据需要确定联邦政府部的设置，并可对联邦政府的部进行改变和增补；

2. 根据需要确定联邦政府部长人数，并可对此人数进行增加或减少。

第二百零三条

总统对联邦议会负责，副总统对总统并通过总统对联邦议会负责。

第二百零四条

总统：

1. 有权授予赦免；

2. 在得到国家国防和安全委员会的批准后发布赦免令。

第二百零五条

总统依法：

1. 可授予荣誉称号和奖章；

2. 可撤销荣誉称号和奖章。

第二百零六条

总统经联邦议会的批准可与外国建立或中断外交关系；但在紧急情况下，总统在与国防和安全委员会协商后，可不经联邦议会批准即中断与外国的外交关系；总统对其措施须向联邦议会报告并获得通过。

第二百零七条

总统依法：

1. 任命或召回本国驻外使节；

2. 同意外国使节的委任或通知他国召回其外交使节；

3. 接受外国使节递交的国书。

第二百零八条

总统依法任命或免除公务机构负责人的职务。

第二百零九条

总统依法：

1. 签署、批准实施、废除或退出经联邦议会批准方有权处置的国际性、地区性或双边条约；

2. 签署、批准实施、废除或退出无须联邦议会批准即有权处置的国际性、地区性或双边条约。

第二百一十条

总统有权不时在联邦议会会议、人民院会议、民族院会议或向全国就国家政策或国家形势发表演讲或书信。

第二百一十一条

总统在必要的情况下可通知联邦议会议长召集联邦议会紧急会议或特别会议。

第二百一十二条

1. 联邦议会休会期间总统有权对除财政收支以外的需紧急处理的行政事务发布具有法律效力的命令。

2. 总统如未废止依第一款发布的具有法律效力的命令，须尽早提交给自命令发布之日起六十日内召开的联邦议会会议审议批准；如六十日内没有联邦议会会议召开，必须让联邦议会召开特别会议审议批准。

3. 具有法律效力的命令如未获联邦议会审议通过则自联邦议会决议之日起失效。

4. 总统经联邦议会批准，有权使具有法律效力的命令在必要的时期内继续有效。

5. 具有法律效力的命令如在发布之日起六十日内撤销，该命令仍需向最近一次召开的联邦议会会议报告。

6. 具有法律效力的命令中如有联邦议会依宪法规定无权裁定之规定，该规定作废。

第二百一十三条

总统——

1. 在国家受到侵略时，与依宪法成立的国家国防和安全委员会协商后有权采取必要的军事措施；

2. 须将其措施提交正在召开的联邦议会会议审议通过，如遇联邦议会休会则须让联邦议会召开特别会议审议通过；

3. 必须经联邦议会的批准方可宣战或休战。

第二百一十四条

总统须依照宪法的规定对联邦议会制定的法律进行处置和签署，总统签署颁行的法律须在官方公报上公布。

第二百一十五条

总统不就其履行或行使宪法和法律赋予的职责和权力的行为向议会任何一院或任何法院负责。但此种责任免除不适用于宪法有关弹劾总统的规定。

[联邦政府的行政权]

第二百一十六条

在不违背宪法规定的前提下联邦行政权涵盖联邦议会有立法权的行政事务。

第二百一十七条

在不违背宪法规定的前提下，联邦行政权属于总统。但并不因此而认为联邦议会无权赋予其他职能机构或个人以职权，也不能认为将已赋予有关职能机构或个人的职权移交给总统。

第二百一十八条

1. 联邦政府所有行政行为以总统的名义实施。

2. 除宪法授予的、依由自由裁量行使的权力外，有权就由联邦政府处置权的事务，就将此事务分派给联邦政府各部部长处理，或分派给依法负有责任的个人处理而制定条规。

3. 以总统名义发布的命令和签署的协议须遵循总统制定的条规之规定。另外，按此规定发布的命令或签署的协议不因其不是总统亲自发布或签署而否认其可靠性。

4. 在不违背本条第一款、第二款、第三款规定的一般原则的情况下，总统可将其职责按地区或按政府机构的职能进行分派。

第二百一十九条

联邦政府维护国家的稳定、社会安宁和法治。

第二百二十条

联邦政府须根据宪法的规定制定联邦政府政策，并根据此政策制订必要的计划并经联邦议会审议通过后实施。

第二百二十一条

联邦政府须在与财政委员会共同商定的联邦年度预算案的基础上拟定联邦财政收支法案并按宪法的规定提交联邦议会审议通过。

第二百二十二条

联邦政府如遇其所提交的联邦收支法案在财政年度结束之前仍未获联邦议会通过的情况，有权在联邦议会最后一次通过的财政收支法案允许的一般经费使用范围之内使用经费。

第二百二十三条

联邦政府可向联邦议会就联邦议会依宪法之规定有立法权的事项提出必要的法案。

第二百二十四条

联邦政府各部须对其下属公务机构和公务组织履行职能的行为是否符合宪法及现行法律的规定进行规划、指导、监督和检查。

第二百二十五条

联邦政府为使省政府或邦政府以及自治州政府或自治县的政府高效、成功完成工作而进行协调。

第二百二十六条

除有关宪法的争议和边界改动的争议外,联邦政府:

1. 协调解决省与邦之间,省与省之间,邦与邦之间,省、邦与自治地方之间,自治地方相互之间出现的行政纠纷,必要时可作出裁决;

2. 协调解决省、邦与联邦直辖区之间,自治地方与联邦直辖区之间出现的行政纠纷,必要时可作出裁决。

第二百二十七条

联邦政府依法——

1. 可设立必要的联邦公务机构并规定其责任和职权;

2. 任命必要的公务人员。

第二百二十八条

联邦政府——

1. 须执行联邦议会适时通过的行政决议,并将执行情况报告联邦议会;

2. 须不时向联邦议会报告国情。

[财政委员会的组成]

第二百二十九条

1. 财政委员会由下列人士组成:

(1)总统,任委员会主席;

(2)副总统(若干人),任委员会副主席;

(3)联邦总检察长,为委员会委员;

(4)联邦总审计长,为委员会委员;

(5)各省各邦行政长官若干人,为委员会委员;

(6)内比都委员会主席,为委员会委员;

(7)联邦财政部长,任委员会秘书长。

2.(1)在组成财政委员会时如果委员职位因故出现空缺,总统可任命适当人选担任临时委员。

(2)总统须公布财政委员会的组成情况。此外,总统或总统授权的人士可对财政委员会发出必要的命令和指示等。

[财政委员会的职责和职权]

第二百三十条

1. 联邦政府各部及联邦级机构的预算案,经总统委派的一名副总统负责审核后将包括联邦政府各部在内的联邦级机构的预算案上报财政委员会。

2. 省、邦财政预算案,经总统委派的另一名副总统负责审核后,将其上报财政委员会。

3. 财政委员会——

(1)须将包括联邦直辖区经费的联邦财政预算案,适当地从联邦财政基金向省、邦拨款的情况,特别拨款情况,贷款的批准等内容的联邦财政预算法案或追加资金分配使用的法案提交联邦议会;

(2)须做好准备就应实施的财政工作事项提出建议;

(3)须履行联邦议会为建立健全的财政制度而立法赋予的职责;

4. 财政委员会须先向联邦议会提交包括联邦财政预算,适当地从联邦财政基金向省、邦拨款,特别拨款和借贷必需的款项等内容的联邦财政法案先报告总统批准;

5. 财政委员会可在必要时听取财政事务专家的意见和建议。

[必须上缴联邦财政基金的税款]

第二百三十一条

1. 除附表五所列之省、邦有权征收的税项外,联邦依法征收其他税款并上缴联邦财政基金;

2. 在联邦直辖区如有征收为省、邦所规定的税额和税种的,联邦须依法征收并上缴联邦财政基金;

3. 联邦可依宪法之规定使用联邦财政基金。

联邦部长与副部长

[联邦部长的任命]

第二百三十二条

1. 总统可任命具备下列条件的人士为联邦部长:

(1)年满四十周岁;

(2)除年龄限制外具备第一百二十条规定的当选人民院代表的条件;

(3)不能有第一百二十一条所列之规定无权当选为人民院代表的情况;

(4)忠于国家和人民。

2. 总统在任命联邦政府部长时:

(1)从议会议员或非议会议员中选拔符合第一款规定的条件的合适人选;

(2)任命国防部、内政部和边境事务部部长时须向国防军总司令征求合适的军人人选;

(3)如需在国防部、内政部和边境事务部以外的其他各部任命军人担任部长,须与国防军总司令协商。

3. 总统必须将本人选拔的人选名单和从国防军总司令处获得的军人人选名单汇总后提交联邦议会审议批准。

4. 如不能证明人选不符合担任联邦部长的条件,联邦议会无权否决总统提名的部长人选。

5. 总统有权向联邦议会提交新的人选名单以取代被联邦议会否决的人选。

6. 总统须任命已获联邦议会批准的人士为联邦

部长,并须逐一确定其负责的一个或若干个部。

7. 总统须将任命联邦部长的情况通报联邦议会知晓。

8. 联邦部长对总统负责。

9. 联邦政府部长系议会议员的,自任职之日起自动丧失议会议员资格。

10. (1)政府部长系国家公务员的,自任职之日起依现行公务员条例自动退出公务员行列;

(2)被任命为国防部长、内政部长、边境事务部部长的军人无须退出现役。

11. 联邦政府部长系政党党员的,任职期间不得参与所在政党的事务。

[弹劾联邦部长]

第二百三十三条

1. 联邦部长有下列情况的应受到弹劾:

(1)叛国(high treason);

(2)违反宪法规定;

(3)行为不端;

(4)丧失宪法规定之联邦部长的资格;

(5)未尽力履行法律赋予的职责。

2. 对联邦部长的弹劾须依照关于弹劾总统或副总统的第七十一条的规定进行。

3. 如负责调查的议院作出对某联邦部长的弹劾属实且受弹劾者不适宜继续担任部长的决定并报告总统,总统须停止该联邦部长的职务。

4. 如负责调查的议院作出弹劾不属实的决定,相关议院主席须向总统报告该决定。

[联邦副部长的任命]

第二百三十四条

1. 总统可从符合下列条件的议会议员或非议会议员中选拔任命联邦副部长以协助联邦部长工作:

(1)年满三十五周岁;

(2)除年龄限制外具备第一百二十条为人民院代表规定的条件;

(3)不能有第一百二十一条所列之规定无权当选为人民院代表的情况;

(4)忠于国家和人民。

2. 总统任命国防部、内政部、边境事务部副部长时须向国防军总司令征求合适的军人人选。

3. 总统如需在除国防部、内政部、边境事务部之外的其他各部任命军人为副部长,须与国防军总司令协商讨论。

4. 总统任命副部长时须确定其所负责的部;

5. 副部长对所在部的部长负责并通过部长对总统负责;

6. 副部长如系议会议员、国家公务员、军人或政党党员的,须依照第二百三十二条第九款、第十款、第

十一款的规定处置。

[联邦部长、副部长的任期、辞职、停职及补缺]

第二百三十五条

1. 联邦部长、副部长的任期通常情况下与总统任期相同。

2. 联邦部长、副部长任期未满如因故自愿请求辞职的可向总统递交辞呈后辞职。

3. 总统——

(1)可要求不恪尽职守的联邦部长或副部长辞职,不从者须将其停职;

(2)有军人身份的联邦部长或副部长必须辞职或停职时须与国防军总司令协商决定。

4. 因联邦部长或副部长辞职、停职、死亡或其他原因出现联邦部长、副部长职位空缺时,总统可根据宪法规定任命新的联邦部长或副部长。受到任命的联邦部长或副部长的任期与总统的剩余任期相同。

5. (1)联邦部长或副部长如遇总统在任期未满时辞职、死亡或其他原因出现总统职位空缺,在补选出新总统任命新的联邦部长或副部长之前须继续履行职责;

(2)新任命的联邦部长或副部长的任期与新总统的剩余任期相同。

6. 须就联邦部长和副部长的职责权限进行立法规定。

[联邦总检察长和副总检察长]

第二百三十六条

联邦的国家最高检察长称为"联邦总检察长"。

[联邦总检察长的任命]

第二百三十七条

1. 为征求法律意见或委托处理司法工作之目的,总统经联邦议会的批准后任命符合下列条件的议会议员或非议会议员人士为联邦总检察长:

(1)年满四十五周岁;

(2)除年龄限制外具备第一百二十条关于人民院代表的资格。

(3)不能有第一百二十一条所列之规定无权当选为人民院代表的情况。

(4)①至少担任省、邦级法院法官满五年;

②或者在省、邦级以上的司法机构任职满十年;

③或者从事律师职业满二十年;

④或者被总统认为是著名的有声望的法律专家。

(5)忠于国家和人民。

2. 在不能举证证明被提名者不符合联邦总检察长条件的情况下,联邦议会无权否决总统提名的人选。

3. 总统有权向联邦议会提交新的人选以取代被联邦议会否决的联邦总检察长人选。

4. 联邦总检察长是联邦政府成员。

5. 联邦总检察长对总统负责。

6. 联邦总检察长系议会议员的，自任职之日起自动丧失议会议员资格。

7. 联邦总检察长系公务员的，自任职之日起退出公务员行列。

[弹劾联邦总检察长]

第二百三十八条

弹劾联邦总检察长的条件和程序参照第二百三十三条弹劾联邦政府部长的条件和程序。

[联邦副总检察长的任命]

第二百三十九条

1. 总统任命完全符合下列条件的议会议员或非议会议员人士为联邦副总检察长以协助联邦总检察长工作：

(1)年满四十周岁。

(2)除年龄限制外具备第一百二十条关于人民院代表的资格。

(3)不能有第一百二十一条所列之规定无权当选为人民院代表的情况。

(4)①至少担任省、邦级法院法官满五年；

②或者在省、邦级以上的司法机构任职满十年；

③或者从事律师职业满十五年；

④或者被总统认为是著名的有声望的法律专家。

(5)忠于国家和人民。

2. 联邦副总检察长对联邦总检察长负责，并通过联邦总检察长对总统负责。

3. 联邦副总检察长系议会议员、公务员或某政党成员的参照第二百三十七条第六款、第七款、第八款之规定办法处置。

[联邦总检察长、副总检察长的任期、辞职、停职及补缺]

第二百四十条

1. 联邦总检察长、副总检察长的任期通常情况下与总统任期相同。

2. 联邦总检察长、副总检察长任期未满如因故自愿请求辞职的可向总统递交辞呈后辞职。

3. 总统有权要求不恪尽职守的联邦总检察长或副总检察长辞职，不从者须将其停职。

4. 联邦总检察长或副总检察长因辞职、停职、死亡或其他原因出现职位空缺时，总统应根据宪法之规定任命新的部长或副总检察长，其任期与总统的剩余任期相同。

5.(1)如因任命联邦总检察长和副总检察长的总统任期未满辞职、死亡或其他原因出现总统职位空缺，补选的新总统可让联邦总检察长和副检察长留任或任命新的联邦总检察长或副总检察长；在任命新的

联邦总检察长和副总检察长之前，可指示原联邦总检察长和副总检察长继续履行职责；

(2)新任命的联邦总检察长或副总检察长任期与新总统的剩余任期相同。

6. 联邦总检察长和副总检察长的职责权限由法律规定。

[联邦总审计长和副总审计长]

第二百四十一条

联邦最高审计长称为"联邦总审计长"。

[联邦总审计长的任命]

第二百四十二条

1. 为审计国家财政收支状况并向联邦议会通报之目的，总统经联邦议会的批准可任命符合下列条件的议会议员或非议会议员人士为联邦总审计长：

(1)年满四十五周岁；

(2)除年龄限制外具备第一百二十条关于人民院代表的资格；

(3)不能有第一百二十一条所列之规定无权当选为人民院代表的情况；

(4)①在省、邦级以上审计机构从事审计工作满十年；

②或者从事会计工作或持有会计资格证书满二十年；

③或者被总统认为是著名的有声望的会计师或经济专家。

(5)忠于国家和人民。

2. 在不能举证说明被提名者不符合联邦总审计长条件的情况下，联邦议会无权否决总统提名的人选。

3. 总统有权向联邦议会提交新的人选以取代被联邦议会否决的联邦总审计长人选。

4. 联邦总审计长对国家总统负责。

5. 联邦总审计长系议会议员的，自任职之日起自动丧失议会议员资格。

6. 联邦总审计长系公务员的，自任职之日起退出公务员行列。

7. 联邦总审计长系政党成员的，任职期间不得参与所在政党的事务。

[弹劾联邦总审计长]

第二百四十三条

弹劾联邦总审计长的条件和程序参照第二百三十三条弹劾联邦政府部长的条件和程序。

[联邦副总审计长的任命]

第二百四十四条

1. 总统按个人意愿任命符合下列条件的议会议员或非议会议员人士为联邦副总审计长以协助联邦总审计长工作：

(1)年满四十周岁。

(2)除年龄限制外具备第一百二十条关于人民院代表的资格。

(3)不能有第一百二十一条所列之规定无权当选为人民院代表的情况。

(4)①在省、邦级以上审计机构从事审计工作满十年；

②或者从事会计工作或持有会计资格证书满十五年；

③或者被总统认为是著名的有声望的会计师或经济专家。

2. 忠于国家和人民。

3. 联邦副总审计长对联邦总审计长负责，并通过联邦总审计长对总统负责。

4. 联邦总审计长系议会议员、公务员或某政党成员的参照按第二百四十二条第五款、第六款、第七款之规定办法处理。

[联邦总审计长、联邦副总审计长的任期、辞职、停职及补缺]

第二百四十五条

1. 联邦总审计长、副总审计长的任期通常情况下与总统任期相同。

2. 联邦总审计长、副总审计长任期未满如因故自愿请求辞职的可向总统递交辞呈后辞职。

3. 总统有权要求不恪尽职守的联邦总审计长或副总审计长辞职，不从者须将其停职。

4. 因辞职、停职、死亡或其他原因出现联邦总审计长或副总审计长职位空缺时，总统应根据宪法之规定任命新的联邦总审计长或副总审计长，续任者任期与总统的剩余任期相同。

5.(1)如因任命联邦总审计长或副总审计长的总统任期未满辞职、死亡或其他原因出现总统职位空缺，补选的新总统可要求他们留任或依宪法规定任命新的联邦总审计长或副总审计长，任命新的联邦总审计长或副总审计长之前原联邦总审计长或副总审计长继续履行职责。

(2)新任命的联邦总审计长或副总审计长任期与新总统的的剩余任期相同。

6. 联邦总审计长或副总审计长的职责权限由法律规定。

[联邦公务员任免委员会（Union Civil Services Board）的组成]

第二百四十六条

1. 总统组建联邦公务员任免委员会以选拔、培训国家公务员及制定国家公务员条例。

2. 总统任命符合下列条件的人士为联邦公务员任免委员会主席和委员——

(1)年满五十周岁；

(2)除年龄限制外具备第一百二十条关于人民院代表的资格；

(3)不能有第一百二十一条所列之规定无权当选为人民院代表的情况；

(4)系经验丰富的学者、专家；

(5)忠于国家和人民；

(6)无党派人士；

(7)非议会议员。

3. 联邦公务员任免委员会成员系公务员的自任职之日起辞去原职。

4. 联邦公务员任免委员会主席对总统负责，联邦公务员任免委员会委员对主席负责，并通过主席对总统负责。

5. 联邦公务员任免委员会成员的任期通常情况下与总统任期相同。

6. 联邦公务员任免委员会的组成、主席和委员的职责权限及其辞职、停职等由法律规定。

[省政府或邦政府]

第二百四十七条

1. 省、邦的行政长官称为省行政长官或邦行政长官。

2. 省、邦的政府成员称为省部长或邦部长。

[省政府或邦政府的组成]

第二百四十八条

1. 省、邦分别设置省政府或邦政府。

2. 省政府或邦政府由下列人士组成：

(1)省、邦行政长官；

(2)省、邦部长；

(3)省、邦检察长。

3. 总统经相关省、邦议会的同意——

(1)根据需要设立省、邦政府机构，对既有省、邦政府机构进行改组、增加；

(2)根据需要确定省、邦政府部长人数，并可增减此人数。

[省政府或邦政府的行政权]

第二百四十九条

在不违背宪法的前提下省、邦政府的行政权涵盖省、邦议会有立法权的行政事务。此外还包括联邦法律规定由省、邦政府负责处理的事项。

第二百五十条

省、邦政府负有协助联邦政府维护国家稳定、社会安定和法治的责任。

第二百五十一条

省、邦政府在不违背联邦政府的政策计划和联邦法律的前提下制订工作计划，经相关省、邦议会审议通过后实施。

第二百五十二条

省、邦政府应拟定省、邦财政预算案并提交省、邦议会审议。

第二百五十三条

财政年度未结束之前，如省、邦政府拟定的财政预算案未获省、邦议会批准，省、邦政府只能根据省、邦议会最后一次通过的财政预算法案使用一般性经费。

[省政府或邦政府征收的税收]

第二百五十四条

1. 省、邦政府按照附表五所列之税收项目征税并上缴省、邦财政基金。

2. 省、邦可依法使用省、邦财政基金。

第二百五十五条

省、邦政府可依附表二所列之省、邦立法事项制定法案提交省、邦议会审议。

第二百五十六条

省、邦政府——

1. 为使各部及其下属机构组织的工作符合宪法、现行法律的规定，对各部及其下属机构进行归划、指导、监督和检查。

2. 依法对本省、邦地方公务员任免机构进行监督、检查和协调。

第二百五十七条

省、邦政府为开展本身的工作，依据有关国家公务员的联邦法律或与联邦政府事先协商后——

1. 根据需要成立地方公务员任免委员会。

2. 任命必要的地方公务人员。

第二百五十八条

省、邦政府——

1. 须执行省、邦议会适时通过的有关行政事务的决议并将执行情况报告省、邦议会；

2. 向联邦政府和省、邦议会提交关于本区情况的报告。

第二百五十九条

省、邦政府必须履行联邦政府不时授予的职能。

[省、邦政府办公厅]

第二百六十条

省、邦的行政总务处长官在职务上是所在省、邦政府的秘书长。此外，省、邦的行政总务处也是省、邦政府的办公厅。

省、邦行政长官

[省、邦行政长官的任命]

第二百六十一条

1. 省、邦行政长官必须符合下列条件——

(1)年满三十五周岁；

(2)除年龄限制外具备第一百二十条关于人民院

代表的资格；

(3)不能有第一百二十一条所列之规定无权当选为人民院代表的情况；

(4)忠于国家和人民。

2. 总统任命省、邦行政长官时——

(1)须从相关省、邦议会议员中选出符合条件的适合人选；

(2)须将省、邦行政长官人选提交所在省、邦议会审议通过。

3. 总统须任命经相关省、邦议会通过的省、邦行政长官人选为省、邦行政长官。

4. 在不能举证说明不符合省、邦行政长官条件的情况下，省、邦议会无权否决总统提名的人选。

5. 总统有权向省、邦议会提交新的人选以取代被省、邦议会否决的人选。

省部长或邦部长

[省部长或邦部长的任命]

第二百六十二条

1. 省、邦行政长官——

(1)须从符合第二百六十一条第一款规定的条件的省、邦议会议员或非议会议员中选拔合适人选；

(2)须请求国防军总司令推荐担负安全事务和边境事务的部长的合适军人人选；

(3)须从有关省、邦下属自治州或自治县政府获取其主席的名单；

(4)从议会推选的议会议员中选拔少数民族事务负责人人选。

2. 省、邦行政长官须将本人和国防军总司令提名的省、邦政府部长人选名单汇总后提交省、邦议会审议通过。

3. 在不能举证说明被提名者不符合省、邦部长条件的情况下，省、邦议会无权否决省、邦行政长官提名的省、邦部长人选。

4. 省、邦行政长官有权向省、邦议会提交新的省、邦部长人选以取代被省、邦议会否决的人选。

5. 省、邦行政长官将拟任命为省、邦部长的经省、邦议会批准的人员及自治州和自治县政府主席名单、担负少数民族事务的当选议会议员名单等上报总统。

6. 总统须按省、邦行政长官上报的名单任命省、邦部长，并与相关行政长官商议后逐一明确其所负责的一个或若干个部。

7. 总统——

(1)须赋予作为省、邦部长的自治州或自治县主席以管理所在自治州或自治县的职责；

(2)须赋予作为省、邦部长的为处理少数民族事务而当选的议会议员以处理少数民族事务的职责。

8. 总统在任命自治州或自治县主席和负责少数民族事务的当选议会议员为省、邦部长时可放宽宪法规定的年龄限制。

9. 总统在与省、邦行政长官协商后也可任命负责自治地方或少数民族事务的部长负责其他部的领导工作。

10. 省、邦行政长官如需在除安全和边境事务以外的部门任命军人担任部长，应向国防军总司令征求合适人选并获得省、邦议会批准及上报总统。

11. 总统应将任命省、邦行政长官或部长的情况通报相关省、邦议会和联邦议会知晓。

12.(1)省、邦行政长官对总统负责。

(2)省、邦政府部长对省、邦行政长官负责，并通过省、邦行政长官对总统负责。

13. 省、邦行政长官、部长的任期通常情况下与总统任期相同。

14.(1)省、邦部长系公务员的，自任职之日起自动退出公务员行列；

(2)被任命为省、邦政府安全部或边境事务部部长的军人无须退出现役。

[弹劾省、邦行政长官或省、邦部长]

第二百六十三条

1. 省、邦行政长官或部长如有下列行为的应被弹劾：

(1)叛国；

(2)违反宪法；

(3)行为不端；

(4)丧失宪法规定的省、邦行政长官或部长的资格；

(5)不履行法律赋予的职责的。

2. 如需因上述原因之一提起对省、邦行政长官或部长的弹劾，须获得省、邦议会至少四分之一的代表联署后方可提交相关省、邦议会主席。

3. 相关省、邦议会主席须成立调查组对指控进行调查，并视调查工作量的大小确定完成调查的期限。

4. 弹劾案调查过程中被弹劾的省、邦行政长官或部长有权自行或委托代理人进行辩护。

5.(1)省、邦议会主席接到调查组关于省、邦议会对省、邦行政长官或部长的弹劾的调查结果后须向相关省或邦议会报告；如省、邦议会三分之二以上代表认定弹劾属实并认定被弹劾者不宜继续履行其职务，议会主席须将此结果呈报总统。

(2)总统接到报告后须停止被弹劾的省、邦行政长官或部长的职务。

(3)如相关省、邦议会认为指控不属实，议会主席须向总统报告。

[省、邦行政长官或部长的辞职、停职及补缺]

第二百六十四条

1. 省、邦行政长官或部长任期未满如因故自愿请求辞职的，可向总统递交辞呈后辞职。

2. 总统——

(1)有权要求不能良好地履行职责的省、邦行政长官或部长辞职，如不从则须将其停职。

(2)如涉及须辞职或被停职的省、邦军人部长，须与国防军总司令协商处理。

3. 因辞职、停职、死亡或其他原因出现省、邦行政长官或部长职位空缺时，总统可根据宪法关于任命省、邦行政长官或部长的规定，任命新的省、邦行政长官或部长；继任者任期与总统的剩余任期相同。

4. 省、邦行政长官或部长的职责和权限由法律规定。

[省、邦检察长]

第二百六十五条

省、邦的最高检察长官称为省检察长或邦检察长。

[省、邦检察长的任命]

第二百六十六条

1. 为征求法律意见或委托处理司法工作，省、邦行政长官从符合下列条件的议会议员或非议会议员人士中选拔省、邦检察长人选并报相关省、邦议会审议通过后报告总统——

(1)年满四十周岁；

(2)除年龄限制外具备第一百二十条为人民院代表规定的条件；

(3)不具有第一百二十一条所规定的无权当选为人民院议员的情况；

(4)①在省、邦级以上司法机构工作满五年或者在县级以上司法机构工作满十年；

②或者从事律师职业满十五年。

(5)忠于国家和人民。

2. 省、邦行政长官提名并经相关议会审议通过的省、邦检察长人选由总统任命。

3. 在不能举证证明被提名者不符合省、邦检察长条件的情况下，相关省、邦议会无权否决省、邦行政长官提名人选。

4. 省、邦行政长官有权向相关省、邦议会提交新的人选以取代被省、邦议会否决的省、邦检察长人选。

5. 省、邦检察长是省、邦政府成员。

6. 省、邦检察长——

(1)通过相关省、邦行政长官对总统负责。

(2)对联邦总检察长及省、邦行政长官负责。

[弹劾省、邦检察长]

第二百六十七条

对省、邦检察长的弹劾参照第二百六十三条弹劾省、邦行政长官或部长的规定处理。

［省、邦检察长的辞职、停职及补缺］

第二百六十八条

关于省、邦检察长辞职、停职、补缺及其公务员身份的处置参照第二百六十二条第十四款和第二百六十四条对省、邦行政长官和部长的辞职、停职及补缺的规定。

第二百六十九条

省、邦检察长的职责和权限由法律规定。

［省、邦审计长］

第二百七十条

省、邦最高审计长官称为省、邦审计长。

［省、邦审计长的任命］

第二百七十一条

1. 为审计省、邦财政收支状况并通报省、邦议会之目的，省、邦行政长官从符合下列条件的议会议员或非议会议员人士中提名省、邦审计长，经相关省、邦议会审议通过后呈报总统——

（1）年满四十周岁；

（2）除年龄限制外具备第一百二十条为人民院代表规定的条件；

（3）不具有第一百二十一条所列之规定无权当选为人民院代表的情况。

（4）①在省、邦级以上审计机构工作满五年或者在县级以上审计机构工作满十年；

②或者从事会计工作或持有会计资格证书满十五年。

（5）忠于国家和人民。

2. 省、邦行政长官提名并经相关议会审议通过的省、邦审计长人选由总统任命。

3. 在不能举证证明被提名者不符合省、邦审计长条件的情况下，相关省、邦议会无权否决省、邦行政长官提名人选。

4. 省、邦行政长官有权向相关省、邦议会提交新的人选以取代被省、邦议会否决的省、邦审计长人选。

5. 省、邦审计长是省、邦政府成员。

6. 省、邦审计长——

（1）通过相关省、邦行政长官对总统负责。

（2）对联邦总审计长及省、邦行政长官负责。

［弹劾省、邦审计长］

第二百七十二条

对省、邦审计长的弹劾参照第二百六十三条弹劾省、邦行政长官或部长的规定处理。

［省、邦审计长的辞职、停职及补缺］

第二百七十三条

有关省、邦审计长的辞职、停职、补缺及其公务员身份处置参照第二百六十二条第十四款和第二百六十四条对省、邦行政长官和部长的辞职、停职及补缺的规定。

第二百七十四条

省、邦审计长的职责和权限由法律规定。

［自治州和自治县政府］

第二百七十五条

自治州或自治县的行政领导机关称为自治州政府或自治县政府。

［自治州和自治县政府的组成］

第二百七十六条

1. 自治州和自治县为级别相同的自治行政区划。

2. 在自治州和自治县分别设置自治州或自治县政府。该政府行使宪法附表三所列的立法权。

3. 自治州或自治县政府成员不得少于十人。

4. 自治州或自治县政府由下列人士组成：

（1）自治州或自治县所辖镇区选出的省、邦议员；

（2）国防军总司令依法提名的负责安全和边境事务的军队代表；

（3）针对第一项、第二项所列人员补选的代表。

5. 自治州或自治县政府成员经过协商从所辖各镇区选出的议会议员中推荐一名合适的人员担任自治州或自治县主席，人选名单通过相关省、邦行政长官上报总统。

6. 总统须按上报的名单任命自治州或自治县主席。

7. 自治州或自治县主席在职能上是省、邦部长。宪法中关于省、邦部长的规定中，除任命办法外均适用于自治州或自治县主席。

8. 自治州或自治县主席及政府成员：

（1）除自治地方的主要民族外，如经有关机构确定的、人口超过（含）一万人的少数民族，须从该民族中选拔任命一名政府成员，被推选者须具备第一百六十九条规定的省、邦议会议员的资格。

（2）自治州或自治县政府成员尚不满十人的，须从在本自治州或自治县居住的具备省、邦议会议员资格的居民中按本人意愿选拔补足。

9. 国防军总司令任命的军人自治州或自治县政府成员数依需要可达总数的四分之一。

10. 国防军总司令依法提名的军人自治州或自治县政府成员须具备省、邦议会议员的资格。

11.（1）自治州或自治县政府主席须宣布本自治州或自治县政府成员名单。

（2）自治州或自治县政府主席对相关省、邦行政长官并通过省、邦行政长官对总统负责。

（3）自治州或自治县政府成员对自治州或自治县

政府主席负责。

（4）自治州或自治县政府成员的任期、处罚、辞职、停职及补缺等事项由法律规定。

12. 自治州或自治县政府成员的职责权限由法律规定。

[自治州或自治县政府的行政权]

第二百七十七条

在不违背宪法的前提下，自治州或自治县政府的行政权包括——

1. 附表三所列的自治州或自治县有立法权的事项；

2. 联邦议会立法规定授权自治州或自治县政府处理的事项；

3. 相关省、邦议会立法规定授权自治州或自治县政府处理的事项。

第二百七十八条

自治州或自治县政府有责任协助联邦政府维护国家稳定、社会安宁和法治。

第二百七十九条

自治州或自治县政府：

1. 在不违反联邦政府政策的前提下与相关省、邦政府协商制订促进本地区全面发展的工作计划。

2. 依宪法规定，与相关省、邦政府协商制订年度财政预算并须获得其批准。

3. 有权依照现行的财政法规使用相关省、邦财政收支法案规定其有使用权的资金。

4. 如相关省、邦议会在财政年度结束前还未批准财政预算案，致使未从相关省、邦获得资金使用授权，可在省、邦议会最后一次通过的财政预算规定的一般经费范围内使用资金。

第二百八十条

自治州或自治县政府可依法对下属机构和人员的工作进行监督和协调。

第二百八十一条

自治州或自治县政府须向联邦政府和相关省、邦政府报告本区域内的各种情况。

第二百八十二条

自治州或自治县政府必须执行联邦政府和相关省、邦政府赋予的任务。

[自治州、自治县政府办公室]

第二百八十三条

负责自治州或自治县各项日常事务的部门是自治州、自治县政府办公室，其负责人称为自治州、自治县政府秘书长。

[联邦直辖区——内比都的行政管理]

第二百八十四条

1. 作为联邦直辖区的内比都，其地域范围包括自本宪法生效之日起划定的县和镇区。

2. 总统可对内比都所辖县和镇区区划进行调整。

[内比都委员会的组成]

第二百八十五条

1. 内比都委员会主席和成员须符合下列条件：

（1）年满三十五周岁；

（2）除年龄限制外具备第一百二十条为人民院代表规定的条件；

（3）不具有第一百二十一条所列之规定无权当选为人民院代表的情况；

（4）符合总统规定的其他条件。

2. 总统——

（1）应组建内比都委员会；

（2）选拔符合前款规定条件的人员担任内比都委员会主席和成员。

（3）任命由国防军总司令推荐的若干名军人担任内比都委员会成员以协调联邦直辖区的安全事务。

（4）在必要时，依法律之规定，确定内比都委员会成员的人数。

3. 内比都委员会主席对总统负责，内比都委员会成员对主席负责，并通过主席对总统负责。

4. 内比都委员会主席或成员系议会议员的，自任职之日起自动丧失议会议员资格。

5. 内比都委员会主席或成员系公务员的，自任职之日起退出公务员行列。

6. 担任内比都委员会委员的军人在任职期间无须退出现役。

7. 内比都委员会主席或成员系政党成员的，任职期间不得参与所在政党的事务。

[内比都委员会主席和成员的任期、辞职、停职及补缺]

第二百八十六条

1.（1）内比都委员会主席和成员的任期通常情况下与总统任期相同。

（2）内比都委员会主席和成员任职期未满如因故自愿请求辞职的可向总统递交辞呈后辞职。

（3）总统——

①有权要求不恪尽职守的内比都委员会主席或成员辞职，如不从则须将其停职。

②涉及担任内比都委员会委员的军人辞职须与国防军总司令协商决定。

（4）因辞职、停职、死亡或其他原因出现内比都委员会主席或成员职位空缺时，总统应依据宪法之规定任命新的内比都委员会主席或成员，继任者任期与总统的剩余任期相同。

2. 应对内比都委员会的组成、主席及成员的职责权限等进行立法规定。

[内比都委员会办公厅]

第二百八十七条

负责内比都委员会各项日常事务的部门是内比都委员会办公厅,其负责人称为内比都委员会秘书长。

[县和镇区的行政管理]

第二百八十八条

国家公务人员负责管理县和镇区行政事务。

[城区和村组的行政管理]

第二百八十九条

依法委任当地德高望重的人士负责城区和村组的管理。

[公务员]

第二百九十条

公务员的任免、晋升、退休、处罚应依法处理。

第二百九十一条

作为公务员的军人因其工作特殊性,依据军队相关法律实施管理。

第二百九十二条

作为公务员的警察因其工作特殊性,制定专门法律实施管理。

第六章　司法

[法院的组成]

第二百九十三条

国家司法机构的组成如下:

1. 联邦最高法院、省法院、邦高等法院、自治州法院、自治县法院、县法院、镇区法院及依法成立的其他法院;

2. 军事法院;

3. 宪法法院。

联邦最高法院

[联邦最高法院的设立]

第二百九十四条

国家设一联邦最高法院;联邦最高法院是国家最高司法机关,但不干预宪法法院和军事法院的司法权。

[联邦最高法院的司法权]

第二百九十五条

1. 只有联邦最高法院对下列事项享有第一审管辖权:

(1)与联邦签署的与国际条约相关的事务;

(2)联邦政府与省、邦政府之间发生的除涉宪问题之外的其他争议;

(3)省、邦、联邦直辖区相互之间发生的除涉宪问题之外的其他争议;

(4)法律规定的其他事务。

2. 联邦最高法院是国家的最高上诉法院。

3. 联邦最高法院的判决是终局判决,不得对此判决提出上诉。

4. 在不违背宪法及其他法律规定的情况下,联邦最高法院拥有对省、邦法院判决作出裁决的上诉裁判权;此外,联邦最高法院拥有对其他法院的判决作出裁决的上诉裁判权。

5. 联邦最高法院依法有权修正判决结果。

第二百九十六条

联邦最高法院:

1. 享有发布下列国家法令的权力:

(1)人身保护令。

(2)授权令。

(3)禁止令。

(4)质询令。

(5)传票。

2. 在宣布出现国内紧急状态的地区须停止受理颁布法令的申请。

[司法预算]

第二百九十七条

联邦最高法院应将司法预算上报联邦政府以列入依宪法之规定编制的联邦年度财政预算法案。

[司法工作的报告]

第二百九十八条

联邦首席大法官可适时在联邦议会会议、人民院会议或民族院会议上就关系国家或人民的重大司法事务作工作汇报。

[联邦首席大法官和联邦最高法院法官的任命]

第二百九十九条

1. 联邦最高法院负责人称为"联邦首席大法官"。

2. 包括联邦首席大法官在内的联邦最高法院法官人数至少七名、最多十一名。

3.(1)由总统向联邦议会提名联邦首席大法官的合适人选供其批准。

(2)在不能举证说明被提名者不符合第三百零一条所规定条件的,联邦议会无权否决联邦首席大法官的人选。

(3)总统有权向联邦议会提交新的人选以取代被联邦议会否决的联邦首席大法官人选。

(4)由总统任命经联邦议会批准的人士出任联邦首席大法官。

4.(1)总统与联邦首席大法官协商确定联邦最高法院法官人选并报联邦议会批准。

(2)在不能举证证明被提名者不符合第三百零一条所规定条件的,联邦议会无权否决总统提交的联邦最高法院法官人选。

（3）总统有权向联邦议会提交新的人选以取代被联邦议会否决的联邦最高法院法官人选。

（4）总统应任命由联邦议会批准的人士出任联邦最高法院法官。

第三百条

1. 联邦首席大法官和联邦最高法院法官不得参与政党政治。

2. 联邦首席大法官和联邦最高法院法官系公务员的，自任职之日起退出公务员行列。

［联邦首席大法官和联邦最高法院法官资格］

第三百零一条

联邦首席大法官和联邦最高法院法官应符合下列条件：

1. 年龄在五十周岁至七十周岁之间。

2. 除年龄限制外具备第一百二十条为人民院代表规定的条件。

3. 不具有第一百二十一条所列之规定无权当选为人民院代表的情况。

4.（1）至少担任省、邦法院法官满五年；

（2）或者在省、邦级以上的司法机构任职满十年；

（3）或者从事律师职业满二十年；

（4）或者被总统认为是著名的法律专家。

5. 忠于国家和人民。

6. 无党派人士。

7. 非议会议员。

［弹劾联邦首席大法官和联邦最高法院法官］

第三百零二条

1. 联邦首席大法官或联邦最高法院法官如有下列行为之一的应被弹劾——

（1）叛国；

（2）违反宪法；

（3）行为不端；

（4）丧失第三百零一条规定的联邦首席大法官和联邦最高法院法官的资格；

（5）不履行法律赋予之职责。

2. 总统如要提出弹劾案，应按以下程序办理——

（1）须向联邦议会议长提交弹劾指控；

（2）联邦议会议长应成立调查组对弹劾进行调查；

（3）调查组由等额的人民院和民族院代表组成，并从调查组中推选一位合适人选任组长；

（4）应视调查工作量大小确定完成调查的期限；

（5）总统有权对本人提起的弹劾亲自或委托代表向调查组陈述，也可提供有关证据；

（6）弹劾案调查过程中被弹劾者有权亲自或委托代表进行辩护；

（7）联邦议会议长接到弹劾案调查报告后应提交联邦议会；

（8）如果联邦议会三分之二以上的代表认为弹劾属实并作出被弹劾的联邦首席大法官或联邦最高法院法官不适宜继续履行其职务的决定，联邦议会议长应将此决定向总统报告；

（9）总统接到报告后应将被弹劾者免职；

（10）如果联邦议会认定弹劾案不属实，联邦议会议长也应将此决定向总统报告。

3. 由人民院或民族院代表提出的弹劾案按以下程序办理：

（1）参照第七十一条针对总统或副总统的弹劾案办理；

（2）如负责调查的议院作出对联邦首席大法官或联邦最高法院法官的弹劾属实且其不适宜继续履行职责的决定并向总统报告，总统应将被弹劾者免职；

（3）如负责调查的议院认定弹劾案不属实，有关议院应将情况报告总统。

［联邦首席大法官和联邦最高法院法官的任期］

第三百零三条

除下列情况外，联邦首席大法官或联邦最高法院法官可任职至七十周岁——

1. 主动辞职；

2. 依宪法规定被弹劾停职；

3. 经法律认可的医疗机构检查发现有永久性身心健康疾病，丧失工作能力；

4. 死亡。

第三百零四条

联邦首席大法官和联邦最高法院法官的职责和权限由法律规定。

省法院、邦法院

［省法院、邦高等法院的组成］

第三百零五条

省、邦分别设立省法院或邦法院。

［省法院、邦法院的司法权］

第三百零六条

省、邦法院依法对下列事项拥有司法管辖权：

1. 案件初审；

2. 审理上诉案。

3. 审理修正案。

4. 法律规定的其他事项。

第三百零七条

1. 内比都各法院司法工作归曼德勒省高等法院管辖。

2. 省、邦辖区内如果有地区被划入联邦直辖区，该地区法院司法工作归省、邦高等法院管辖。

[省、邦高等法院大法官和法官的任命]

第三百零八条

1.(1)省、邦高等法院负责人称省、邦高等法院大法官。

(2)省、邦高等法院设包括大法官在内的三至七名法官。

2.(1)总统与联邦首席大法官协商后提出省、邦高等法院大法官人选,省、邦行政长官与联邦首席大法官协商提出省、邦高等法院法官人选,人选名单应提交相关省、邦议会。

(2)在不能举证证明被提名者不符合条件时,相关省、邦议会无权否决总统、联邦首席大法官和省、邦行政长官提名的省、邦高等法院法官人选。

3.可按规定提名新的人选以取代依第二项规定被否决的省、邦高等法院大法官和法官人选。

4.经相关省、邦议会批准的省、邦高等法院大法官和法官人选由总统正式任命。

第三百零九条

1.省、邦高等法院大法官和法官不得参与政党政治。

2.省、邦高等法院大法官和法官系公务员的,自任职之日起退出公务员行列。

[省、邦高等法院大法官和法官的资格]

第三百一十条

省、邦高等法院大法官和法官应符合下列条件:

1.年龄在四十五周岁至六十五周岁之间。

2.除年龄限制外具备第一百二十条为人民院代表规定的条件。

3.不具有第一百二十一条所列之规定无权当选为人民院代表的情况。

4.(1)在省、邦级以上的司法机构任职满五年,或者在县级以上司法机构任职满十年;

(2)或者从事律师职业满十五年;

(3)或者被总统认为是著名的法律专家。

5.忠于国家和人民;

6.无党派人士。

7.非议会议员。

[弹劾省、邦高等法院大法官和法官]

第三百一十一条

1.高等法院大法官或法官如有下列行为之一的将被弹劾:

(1)叛国;

(2)违反宪法;

(3)行为不端;

(4)丧失第三百一十条规定的省、邦高等法院大法官和法官的资格;

(5)不履行法律赋予的职责。

2.总统对省、邦高等法院大法官提出弹劾,或省、邦行政长官对省、邦高等法院法官提出弹劾时应向相关省、邦议会主席提交弹劾指控。

3.省、邦议会议员对省、邦高等法院大法官和法官提出弹劾时需至少四分之一以上的省、邦议会议员联署方可提出弹劾。

4.省、邦议会主席应针对弹劾案成立调查组,并视工作量确定调查完成的期限。

5.(1)由总统或省、邦行政长官提出的弹劾案,由相关省、邦议会议员组成调查组进行调查,并从调查组中推选一位合适人选任负责人;

(2)总统或省、邦行政长官有权亲自或委托代表向调查组陈述,此外也可提供相关证据。

6.弹劾案调查过程中应给予被弹劾者本人或委托代表进行辩护的权利。

7.相关省、邦议会主席接到弹劾案调查报告后应将调查报告提交省、邦议会。

8.如果省、邦议会三分之二以上的代表认为弹劾属实,并认定被弹劾的省、邦高等法院大法官或法官已不适宜继续履行其职务,如果是针对省、邦高等法院大法官的,由省、邦议会主席向总统呈报,如果是针对省、邦高等法院法官的,由省、邦议会主席向省、邦行政长官呈报,省、邦行政长官收到决议后向总统呈报。

9.总统接到报告后应将被弹劾者免职。

10.如果省、邦议会认定弹劾案不属实,省、邦议会主席应向总统或省、邦行政长官报告。

[省、邦高等法院大法官和法官的任期]

第三百一十二条

除下列情况外,省、邦高等法院大法官和法官可工作至六十五周岁:

1.主动辞职;

2.依宪法规定被弹劾停职;

3.经法律认可的医疗机构检查发现有永久性身心健康疾病,丧失工作能力;

4.死亡。

第三百一十三条

省、邦高等法院大法官和法官的职责权限由法律规定。

[接受省、邦高等法院监督的法院]

第三百一十四条

省、邦高等法院下设各级法院:

1.省、邦辖区内无自治地方的——

(1)县法院。

(2)镇区法院。

2.省、邦辖区内有自治地方的——

（1）在自治州设——

①自治州法院；

②镇区法院。

（2）在自治县设——

①自治县法院；

②镇区法院。

（3）其他地区

①县法院；

②镇区法院。

3. 联邦直辖区设：

（1）县法院；

（2）镇区法院。

4. 法律规定的其他法院。

[县法院和镇区法院的司法权]

第三百一十五条

县法院、自治州法院和自治县法院对刑事案件和民事案件的初审、上诉案和修正案以及法律规定的其他事务具有司法管辖权。

第三百一十六条

镇区法院对刑事、民事案件的初审以及法律规定的其他事务具有司法管辖权。

第三百一十七条

在全国范围内，在依宪法或其他法律组成的法院里依法任命的法官负责处理各类司法事务。

第三百一十八条

1. 对省、邦高等法院下属各级法院法官的任命及其职责、权限的规定须符合法律的规定。

2. 对联邦最高法院，省、邦高等法院或各级法院包括官员和普通职员的职员团体的成立由立法规定，有关其职责、权限的规定应符合法律。

[军事法院]

第三百一十九条

依据第二百九十三条第二款之规定成立的军事法院负责对军人的审判。

宪法法院

[宪法法院的组成]

第三百二十条

宪法法院由包括院长在内的九名成员组成。

第三百二十一条

总统、人民院主席和民族院主席各推荐三人共计九人组成宪法法院，并从九人中推选一人担任宪法法院院长；须提交联邦议会审议通过。

[宪法法院的职责]

第三百二十二条

宪法法院的职责是：

1. 解释宪法；

2. 审核联邦议会，省、邦议会，自治州或自治县政府制定的法律是否违反宪法；

3. 审核联邦、省、邦和自治地方的行政当局的行为是否违反宪法；

4. 对联邦、省、邦和自治地方相互之间在宪法方面的争议进行裁决；

5. 对省、邦和自治地方在实施联邦法律过程中的权利义务方面的争议进行裁决；

6. 对总统通报的关于联邦直辖区的事务进行裁决；

7. 联邦议会制定的法律赋予的其他职责。

[宪法法院裁决的效力]

第三百二十三条

法院审理案件时，如出现对适用法律是否与宪法相抵触或相一致等问题产生分歧，而宪法法院尚未对此有任何裁决时，当事法院应停止审理，将本院意见按规定方式上报宪法法院，等待宪法法院裁决。宪法法院针对争议的裁决适用于所有同类争议案件。

第三百二十四条

宪法法院的裁决是终局裁决。

[请求宪法法院作出司法解释和裁决]

第三百二十五条

下列人士有权直接请求宪法法院作出解释、裁决和表明看法——

1. 总统；

2. 联邦议会议长；

3. 人民院主席；

4. 民族院主席；

5. 联邦首席大法官；

6. 联邦选举委员会主席。

第三百二十六条

下列人士和组织可依规定程序请求宪法法院作出解释、裁决和表明看法——

1. 省、邦行政长官；

2. 省、邦议会主席；

3. 自治地方领导人；

4. 至少百分之十以上人民院代表或民族院代表联名。

[宪法法院院长和成员的任命]

第三百二十七条

宪法法院院长及成员人选由联邦议会批准并由总统任命。

第三百二十八条

在不能举证证明被提名者不符合宪法法院成员条件的情况下，联邦议会无权否决总统提交的人选。

第三百二十九条

总统有权向联邦议会提名新的人选以取代被联

邦议会否决的宪法法院成员人选。

第三百三十条

宪法法院成员：

1. 系议会议员的，自任职之日起自动丧失议会议员资格；

2. 系公务员的，自任职之日起退出公务员行列；

3. 某政党成员的，任职期间不得参与政党事务。

第三百三十一条

宪法法院成员任期未满如因故自愿请求辞职的可向总统递交辞呈后辞职。

第三百三十二条

出现宪法法院成员职位空缺时，总统可依据宪法之规定任命新的宪法法院成员。

[宪法法院成员的资格]

第三百三十三条

总统、人民院主席和民族院主席从完全符合下列条件的人士中各挑选三人共计九人成为宪法法院成员——

1. 年满五十周岁；

2. 除年龄限制外具备第一百二十条关于人民院代表的资格；

3. 不能有第一百二十一条所列之规定无权当选为人民院代表的情况；

4.（1）至少担任省、邦高等法院法官满五年；

（2）或者在省、邦级以上的司法机构任职满十年；

（3）或者从事律师职业满二十年；

（4）或者被总统认为是著名的有声望的法律专家。

5. 无党派人士。

6. 非议会议员。

7. 在政治、行政、经济和安全方面有远见卓识。

8. 忠于国家和人民。

[弹劾宪法法院院长和成员]

第三百三十四条

1. 宪法法院院长和成员如有下列行为之一的应被弹劾：

（1）叛国；

（2）违反宪法；

（3）行为不端；

（4）丧失第三百三十三条规定的宪法法院成员的资格。

（5）未圆满完成法律赋予之职责。

2. 对宪法法院成员的弹劾程序及处理办法参照第三百零二条关于对联邦首席大法官或联邦最高法院法官的弹劾案程序办理。

[宪法法院法官的任期]

第三百三十五条

宪法法院法官的任期与联邦议会议员的任期同

样为五年。但宪法法院法官任期届满后应继续履职直至总统依据宪法组成新的宪法法院时止。

第三百三十六条

宪法法院的组成、成员的职责权限由法律规定。

第七章　国防力量

第三百三十七条

缅甸国防军是最重要的国防武装力量。

第三百三十八条

全国范围内的武装力量统一由国防军指挥。

第三百三十九条

国防军在抵御国内外安全威胁时处于领导地位。

第三百四十条

在国家国防与安全委员会的授权下，国防军有权计划并实施针对国防安全的全民动员，并领导实施人民战争战略。

第三百四十一条

境内发生危害国家和公民的灾难时国防军应予以帮助。

第三百四十二条

总统根据国防安全委员的提议和批准，任命国防军总司令。

第三百四十三条

在涉及军方的司法审判过程中：

1. 依法对军人按团体或个人进行审判；

2. 国防军总司令的决定是最终裁决。

第三百四十四条

对伤残军人和军烈属的抚恤由法律规定。

第八章　公民及公民的基本权利和义务

第三百四十五条

凡符合下列条件之一的人员即为缅甸联邦共和国公民：

1. 父母双方均系缅甸联邦共和国公民；

2. 本宪法生效时已依法获得公民身份。

第三百四十六条

公民身份、入籍和公民身份的撤销由法律规定。

第三百四十七条

国家保证法律面前人人平等，保证任何人平等地享有受法律保护的权利。

第三百四十八条

国家不能因民族、籍贯、宗教、职务、地位、文化、性别和贫富等原因，对缅甸联邦共和国公民实行区别对待。

第三百四十九条

公民在从事以下工作方面享有同等权利：

1. 政府工作；

2. 劳动；

3. 贸易；

4. 商业活动；

5. 技能和谋生；

6. 社会科学、自然科学及技术研究。

第三百五十条

在从事同样的工作时，女性享有与男性同等的权益和报酬。

第三百五十一条

妇女、儿童和孕妇享有法律规定的平等权利。

第三百五十二条

在分配工作和挑选公务员时，对符合规定条件的任何公民，国家不得以民族、籍贯、宗教、职务、地位、文化程度、性别等因素加以区别对待。但不禁止仅安排男性从事只适合于男性的工作。

第三百五十三条

非依有效法律之规定，不得损害任何人的生命安全与个人自由。

第三百五十四条

在不违反为维护国家安全、法制、社会稳定或者为了维护公民道德而制定的法律的情况下，每个公民享有以下权利——

1. 通过言论和写作自由表达个人观点的权利；

2. 和平集会和游行的权利；

3. 结社的权利；

4. 在不影响其他民族和其他宗教的情况下，自由使用本民族的语言、文字、文化、宗教及习俗的权利。

第三百五十五条

公民依法享有在国家的任何地区定居的权利。

第三百五十六条

国家依法保护公民合法获得的动产和不动产。

第三百五十七条

国家依法保护公民的房屋、财产、通信及其他通讯的安全。

第三百五十八条

国家禁止奴役他人及贩卖人口。

第三百五十九条

除因触犯法律而被判处劳役和为了人民的利益而由国家依法分配的任务外，国家禁止强制劳动。

第三百六十条

1. 当宗教活动与经济、金融、政治和其他世俗活动相关联时，不享有第三十四条规定的有关宗教的自由。

2. 虽然已赋予宗教信仰自由的权利，但是为了人民利益和改革需要，不禁止国家立法更改。

第三百六十一条

国家承认信徒最多的佛教具有特别的地位。

第三百六十二条

自宪法生效之日起，国家承认基督教、伊斯兰教、印度教和神祇崇拜是存在于国家内的宗教信仰。

第三百六十三条

国家将尽可能帮助获得承认的宗教。

第三百六十四条

禁止出于政治目的滥用宗教，任何旨在挑起民族和宗教团体之间相互仇恨、敌对和分裂的图谋或行为均为违反宪法，对此类行为的惩罚由法律规定。

第三百六十五条

每个公民有权依法自由传承发展各自珍视的文学、文化、艺术及风俗，但在享有上述权利时应避免破坏民族团结。如果行使上述权利时可能有损于其他民族，则需要通过协商取得谅解后方可继续实施。

第三百六十六条

每个公民依据国家制定的教育政策——

1. 享有接受由法律规定的义务的基础教育的权利；

2. 必须参加法定的基础教育；

3. 享有钻研发展科学技术、文学、艺术及在文化领域进行自由研究的权利。

第三百六十七条

依据国家制定的卫生政策，每个公民享有卫生保健的权利。

第三百六十八条

国家对学术上杰出的公民不分民族、宗教和性别进行奖励。

第三百六十九条

1. 在不违反本宪法及相关法律的情况下，每个公民有参与人民院、民族院及省、邦议会选举和被选举的权利。

2. 选民有依法罢免议会议员的权利。

第三百七十条

为促进国民经济发展，公民依法享有自由从事经济活动的权利。

第三百七十一条

为发展国民经济，国家提供技术、资金、设备、原材料等的帮助。

第三百七十二条

在不违反本宪法和现行法律的前提下开展经济活动时，国家保障财产所有权、使用权、发明权和版权不受侵犯。

第三百七十三条

不论是何人违反法律，只能依据行为发生之时有效的法律进行判决，且量刑不得超过该法律的规定。

第三百七十四条

对于已被具有司法审判权的法院判决或结案的案件涉案人员,除更高一级法院宣布判决无效并下令重审外,不得进行二次审判。

第三百七十五条

被指控犯罪的人享有依法进行辩护的权利。

第三百七十六条

除了为依法维护国家安全、法制、公民利益或依据现行法律所允许的事项外,如无法官的拘押令,对任何人的拘禁不得超过二十四小时。

第三百七十七条

如需获得本章赋予的某项权利,可按规定向联邦最高法院提出申请。

第三百七十八条

1. 关于申请获得本章赋予的权利的申请,联邦最高法院有颁布以下法令的权力:

(1)人身保护令;

(2)授权令;

(3)禁止令;

(4)质询令;

(5)传票。

2. 赋予联邦最高法院颁布法令的权力不妨碍其他各级法院依据现行法律颁布法令的权力。

第三百七十九条

出现下列任一情况时,除非公共安全所需,不得中止第三百七十七条确认的对权利的申请——

1. 爆发战争;

2. 外敌入侵;

3. 爆发骚乱。

第三百八十条

与外国有联系的公民,不论其身处国内还是国外都有权要求获得国家的保护。

第三百八十一条

除下列情况之外,不得拒绝公民要求获得合法所得损失的补偿:

1. 外敌入侵;

2. 爆发骚乱;

3. 出现紧急状态。

第三百八十二条

为使国防安全部队人员能够完成其任务和实现良好秩序,法律得对本章所赋予的权利中需要限制或取消的部分予以限制或取消。

第三百八十三条

每个公民有义务保障:

1. 联邦统一;

2. 民族团结;

3. 主权巩固。

第三百八十四条

每个公民有义务遵守并维护宪法。

第三百八十五条

维护缅甸联邦的独立、主权和领土完整是每个公民的义务。

第三百八十六条

每个公民有依法学习军事技能和服兵役的义务。

第三百八十七条

每个公民有义务基于爱国精神而努力维护民族团结及人民安康的义务。

第三百八十八条

实现国家现代化是每个公民的义务。

第三百八十九条

每个公民有依法纳税的义务。

第三百九十条

每个公民有下列帮助国家的义务:

1. 保护民族文化遗产;

2. 保护自然环境;

3. 努力提高人的素质;

4. 保护人民财产。

第九章　选举

[议会议员的选举]

第三百九十一条

在选举议会议员时——

1. 在选举开始的当天年满十八周岁,除依法不具有资格者外,享有选举权的公民和依法享有选举权的个人都可以参加投票;

2. 每个具有选举权和依法享有选举权的个人在一次选举中只能在其所属选区向一个议院投一票;

3. 依据本宪法条款具有选举权的少数民族公民有权投票选举本省或本邦议会的少数民族议会议员;

4. 实行无记名投票。

第三百九十二条

下列人员不具有选举权——

1. 神职人员;

2. 正在服刑的犯人;

3. 依有关法律规定被确定为神志不清者;

4. 被宣布为破产者且尚未被解除破产宣告者;

5. 根据选举相关法律规定被剥夺选举权者。

第三百九十三条

议会议员候选人在一次选举中:

1. 只能作为一个议院的议员当选;

2. 只能在一个选区开展竞选。

第三百九十四条

1. 在联邦直辖区或联邦议会立法规定的联邦直

辖区域内定居的选民只能选举人民院代表和民族院代表。

2. 被联邦议会立法规定为联邦直辖区的区域选出的省、邦议会议员,如法律无特别许可,不得继续担任该议会议员职务。

第三百九十五条

根据本宪法及选举相关法律的规定,每个公民均有权当选为议会议员,但不具备资格者除外。

[议会议员的罢免]

第三百九十六条

2. 议会议员如有下列情形之一,应被罢免——

(1)叛国;

(2)违反宪法;

(3)行为不端;

(4)丧失本宪法规定的当选议会议员资格;

(5)不履行法律赋予的职责。

2. 如果要罢免议会议员,至少需要相关选区中百分之一的选民向联邦选举委员会提起动议。

3. 联邦选举委员会必须依法进行调查。

4. 在进行调查时,相关议会议员可亲自或通过其代理人进行申辩。

5. 如联邦选举委员会认为指控属实且被控人不宜继续担任议会议员,联邦选举委员会必须依法处理。

第三百九十七条

与选举和罢免相关的事项由法律规定。

[联邦选举委员会的组成]

第三百九十八条

1. 国家总统组建联邦选举委员会。组建时依照本宪法关于任命联邦部长的规定,任命包括选举委员会主席在内的至少五人组成选举委员会。

2. 联邦选举委员会主席及委员——

(1)必须年满五十周岁。

(2)除年龄限制外,还必须具备为人民院代表规定的资格。

3.(1)曾担任联邦最高法院首席大法官,联邦最高法院法官,省、邦高等法院法官或其他同等职务官员五年;

(2)或曾在不低于省、邦一级的司法部门工作至少十年;

(3)或在法院担任律师二十年;

(4)必须是被国家总统认定的杰出人士。

4. 是一名威望高、正直和经验丰富的人。

5. 不具有规定不能当选为人民院代表的情况。

6. 忠于国家和人民。

7. 非政党成员。

8. 非议会议员。

9. 不得再担任可以领取工资、津贴和金钱的其他职务。

[联邦选举委员会的职责]

第三百九十九条

联邦选举委员会工作职责如下:

1. 举行议会选举;

2. 监督议会选举,成立各级分委员会并进行监督;

3. 划分及改划选区;

4. 编制及修改选民名单;

5. 推迟因自然灾害或地方安全原因造成选举不能自由、公正举行的选区的选举;

6. 依据本宪法制定关于选举和政党的法规,依据有关法律公布实施规则和指示;

7. 为调查选举争议,依法成立选举调查小组;

8. 履行法律赋予的各项职责。

[联邦选举委员会主席或成员的弹劾]

第四百条

1. 总统可以下列理由弹劾联邦选举委员会主席或委员——

(1)叛国;

(2)违反宪法;

(3)行为不端;

(4)丧失本宪法规定的担任联邦选举委员会主席应具备的资格;

(5)不履行法律赋予的职责。

2. 弹劾方式参照本宪法规定的对联邦首席大法官或联邦最高法院大法官弹劾的方式进行。

第四百零一条

1. 联邦选举委员会主席或委员在任职期间由于某种原因自愿辞职的,可向国家总统提交辞呈后辞职。

2. 如因辞职、停职、去世或其他任何原因造成联邦选举委员会主席或委员位置空缺,国家总统可以依据本宪法有关任命联邦部长的规定任命新的选举委员会主席或委员。

3. 联邦选举委员会主席或委员系国家公务员的,依现行公务员规章制度,从任命为联邦选举委员会主席或委员之日起自动辞去国家公务员职务。

[联邦选举委员会的决定和处置]

第四百零二条

联邦选举委员会关于下列事宜作出的裁决与处置是终局的:

1. 有关选举的事宜;

2. 涉及选举调查小组的决定与命令的上诉及修改;

3. 根据政党法律实施的事项。

第四百零三条

联邦选举委员会主席、委员的职责和权限由法律规定。

第十章 政党

[政党的成立]

第四百零四条

政党必须——

1. 以不分裂联邦、不破坏民族团结和不损害主权稳固为目标。

2. 忠于国家。

第四百零五条

政党必须：

1. 接受并执行真正的、纪律严明的多党民主制度。

2. 遵守本宪法和现行法律。

3. 依法进行政党注册。

第四百零六条

政党在国内依法享有：

1. 组织自由；

2. 参加选举的权利。

[政党的取缔]

第四百零七条

政党有以下情况的将被取缔：

1. 依据现行法律被宣布为非法组织。

2. 与从事武装暴动的反叛组织、被国家确认为违法且从事恐怖活动的组织和人员，或与被宣布为非法的组织保持直接和间接联系，或对其提供资助。

3. 直接或间接接受外国政府、宗教组织及其他组织、个人的资金、物资及其他援助。

4. 为政治目的而滥用宗教。

第四百零八条

拥有注册权的机构如发现某政党有本宪法第四百零七条所列之任何一种情况的，应取消该政党的资格。

第四百零九条

有关政党的法律由联邦议会制定。

第十一章 关于紧急状态的规定

第四百一十条

当某一省、邦、联邦直辖区或自治地方出现不能按宪法规定实施管理的状况，在获知或接到相关地方政府的报告、与国家国防与安全委员会协商后，总统有权发布具有法律效力的命令宣布进入紧急状态。

第四百一十一条

在根据第四百一十条宣布进入紧急状态的情况下，总统：

1. 有权接管相关省、邦、自治地方的行政权，并可将该行政权交给某一合适的机构或个人；

2. 接管行政权时，只能在必要时行使相关省、邦、自治地方拥有立法权的事项中之行政事项的立法权，但不得将该立法权授予任何组织或个人。

第四百一十二条

1. 当某一省、邦、联邦直辖区、自治地方或其部分地区出现危及人民生命财产安全的紧急事态，或有充分理由表明将会出现此种事态时，在获知或接到地方政府报告后，经与国家国防与安全委员会协商，总统有权颁布具有法律效力的命令宣布进入紧急状态。

2. 根据本条第一款，总统在与国家国防与安全委员会协商时，如该委员会委员不能全数出席，总统在与作为国家国防与安全委员会委员的国防军总司令、副总司令、国防部长、内政部长协商后，可及时宣布进入紧急状态，但须尽快上报国家国防与安全委员会批准。

第四百一十三条

在根据第四百一十二条宣布进入紧急状态的情况下：

1. 为使进入紧急状态的地区尽快恢复正常秩序，相关地区的政府及其成员、地方公务部门及其成员为了依法有效履行职责，可寻求国防军的支持。

2. 如有必要，总统可下达军事管制令。该军事管制令必须规定国防军总司令进行行政管理的职责和权限以及维护治安和司法的职责和权限。总司令可亲自或委派一名合适的军人履行上述职权。

第四百一十四条

总统发布具有法律效力的命令宣布进入紧急状态时：

1. 应明确实施紧急状态的地区和期限；

2. 如有必要，可限制或中止紧急状态地区公民的一项或数项基本权利。

第四百一十五条

国家总统宣布进入紧急状态后，在执行第四百一十条、第四百一十一条以及第四百一十二条、第四百一十三条之规定时，必须遵守第二百一十二条第二款、第三款、第五款之规定。

第四百一十六条

如果联邦议会除批准总统根据第四百一十五条之规定提交的报告外并且延长期限，则具有法律效力的命令的有效期延长至增加期限结束时止。

第四百一十七条

出现以叛乱、恐怖、暴力手段夺取国家政权的情况，可能导致联邦分裂、民族团结遭到破坏、国家主权丧失之危险的紧急事件，或者发现有出现上述情况的足够征兆，总统在与国家国防与安全委员会协商后可以颁布具有法律效力的命令。该命令必须明确规定实施紧急状态的范围为全国，期限为从命令发布之日起的一年。

第四百一十八条

1. 在根据第四百一十七条宣布实施紧急状态的情况下，为保证国家尽快恢复正常秩序和采取必要的措施，总统必须宣布将国家的立法、行政和司法权力移交给国防军总司令行使。从宣布之日起，中止所有议会及政府机构的立法工作，上述议会在任期届满时自动解散。

2. 自国家权力移交给国防军总司令之日起，不论宪法中作如何规定，除总统和副总统之外，依据宪法经有关议会同意任命的政府机构成员、自治地方管理机构及其成员须停止履行职责。

第四百一十九条

被授予国家权力的国防军总司令可行使立法、行政及司法权。

其中立法权可由总司令本人或包括总司令在内的一个机构行使，行政及司法权可交由一个合适的机构或个人行使。

第四百二十条

在宣布实施紧急状态的期限内，国防军总司令可在必要的地区限制或中止公民的一项或数项基本权利。

第四百二十一条

总统——

1. 必须将根据第四百一十七条和第四百一十八条宣布进入紧急状态及向国防军总司令移交国家权力一事向正在召开的联邦议会例行会议报告，如遇联邦议会休会，须要求召开联邦议会紧急会议进行报告。

2. 如果国防军总司令因未能完成赋予他的任务，提出理由申请延长期限，在与国家国防与安全委员会协商后，通常可给予一次最长六个月的两次延长期限。须就此种期限延长要求召开联邦议会紧急会议进行报告。

第四百二十二条

总统在接到国防军总司令圆满完成任务的报告后，如本届联邦议会任期未满则须要求召开联邦议会紧急会议进行报告，并须在与国家国防与安全委员会协商后，宣布依照第四百一十八条之规定将国家权力移交国防军总司令行使的命令自向联邦议会紧急会议报告之日起或如联邦议会任期已届满则自接到国防军总司令的报告之日起撤销。

第四百二十三条

国家总统根据第四百二十二条之规定接到国防军总司令的报告时，若联邦议会任期未届满，则必须恢复暂停的所有议会和行政机构的立法工作；之后根据宪法组建新的宪法规定的行政和司法机构并赋予职责。这些机构的任期与本届议会剩余任期相同。

第四百二十四条

即使联邦议会任期已满，国家总统、副总统、人民院主席和民族院主席继续履行职责至依照宪法选举产生新的国家总统、副总统、人民院主席和民族院主席为止。

第四百二十五条

在联邦议会任期届满时，如国防军总司令因未能圆满完成赋予其的职责，提出理由申请延长规定期限后，国家国防与安全委员会通常可给予一次最长六个月的两次延长期限。

第四百二十六条

在国家总统根据第四百一十七条和第四百一十八条之规定宣布进入紧急进状态后将国家权力移交国防军总司令行使的情况下，国家国防与安全委员会

在接到国防军总司令完成赋予其的任务的报告后，须宣布撤销根据第四百一十八条将国家权力移交国防军总司令行使的命令。

第四百二十七条

国家国防与安全委员会：

1. 在按照宪法组成议会前行使立法、行政和司法权。

2. 在按照本宪法选举产生新总统并成立联邦权力机构前有权行使国家权力。在行使权力时，须独立行使立法权，可组建适当机构或授权适当个人行使联邦级、省邦级和自治地方的行政权和司法权。

第四百二十八条

国家国防与安全委员会负责挑选符合宪法规定的人士，按照宪法规定组建各级权力机构、自治地方管理机构和联邦选举委员会，并赋予其权力。

第四百二十九条

国家国防与安全委员会须自根据第四百二十六条之规定宣布撤销命令之日起六个月内按照宪法举行大选。

第四百三十条

根据第四百二十八条之规定组建的组织继续履行其职责直至在举行大选后依据宪法组建完成立法、行政、司法机关为止。

第四百三十一条

国家国防与安全委员会在行使国家权力时须以国家总统的名义进行。

第四百三十二条

不论是在宣布为紧急状态期间代表总统，还是国防军总司令行使国家权力期间，或是国家国防与安全委员会行使国家权力期间，为尽快恢复原有的安全、稳定、和平及法治状态，得到授权采取必要措施的各

权力机构及其成员、各地方公务机构及其成员、各军方组织机构及其成员的合法措施是正式有效的。不得针对上述措施对其提起诉讼。

第十二章　宪法的修改

第四百三十三条

如需对本宪法的条款进行修改,需按以下规定程序进行:

1. 修改宪法的提案须以法案形式提交。

2. 修改宪法的法案中不得包含其他提案。

第四百三十四条

宪法修改法案须在联邦议会上提交。

第四百三十五条

如有百分之二十的联邦议会议员提交宪法修改提案,联邦议会应予以接受并加以讨论。

第四百三十六条

1. 如需对本宪法第一章第一条至第四十八条,第二章第四十九条至第五十六条,第三章第五十九条、第六十条,第四章第七十四条、第一百零九条、第一百四十一条、第一百六十一条,第五章第二百条、第二百零一条、第二百四十八条、第二百七十六条,第六章第二百九十三条、第二百九十四条、第三百零五条、第三百一十四条、三百二十条,第十一章第四百一十条至第四百三十二条,第十二章第四百三十六条进行修改,须经百分之七十五以上的联邦议会议员同意后,举行全民公投,并获所有投票者支持后方可修改。

2. 除第一款所述条款外,如需对其他条款进行修改,得到百分之七十五以上的联邦议会议员投票支持后即可进行修改。

第十三章　国旗、国徽、国歌和首都

第四百三十七条

1. 国旗样式如下——

（略）

2. 国家应制定国旗法。

第四百三十八条

1. 国徽图案如下——

（略）

2. 国家应制定国徽法。

第四百三十九条

1. 国歌沿用现国歌。

2. 国家应制定国歌法。

第四百四十条

内比都为国家的首都。

第十四章　过渡时期条款

第四百四十一条

在为通过本宪法而举行的全民公决中,如果有合格选民之过半数参加投票,且投票选民之过半数支持通过本宪法,则本宪法自联邦议会第一次会议召开之日起在全国范围生效。

第四百四十二条

本宪法生效前,国家和平与发展委员会继续行使国家主权。

第四百四十三条

在本宪法生效前,国家和平与发展委员会为实施宪法所做的准备工作应视为是依照本宪法之规定进行的。

第四百四十四条

1. 在本宪法生效之日已存在的政府机构在根据宪法组建的政府机构成立之前继续履行职责。

2. 在本宪法生效之日已存在的法院在根据宪法组建的法院成立之前继续行使司法权。对上述法院未审决的民事案件、刑事案件及税收案件按案件开始审理时实施的法律继续审理判决。

第四百四十五条

缅甸联邦共和国继承国家治安建设委员会和国家和平与发展委员会的方针政策、法律法规、规章制度、命令、公告,继承国家治安建设委员会和国家和平与发展委员会的措施、职责和权限。不得针对上述委员会委员或政府成员的职务行为提起诉讼或追究责任。

第四百四十六条

在联邦议会未废除、修改前,现行法律在与宪法不相抵触的情况下继续有效。

第四百四十七条

在联邦政府未废除、修改前,现行法规、规章、命令、指示、惯例在与本宪法不相抵触的情况下继续有效。

第四百四十八条

本宪法生效之日正在国家和平与发展委员会下属的包括国防军在内的各组织机构任职的公职人员在缅甸联邦共和国政府作出别的规定之前继续任职。

第十五章　一般条款

第四百四十九条

本宪法是国家的根本法。

第四百五十条

缅文是官方文字。

第四百五十一条

国家在立法与行政时必须恪守国家基本原则。但基本原则在法院中不具有可适用性。

第四百五十二条

对本宪法的序言、条、款、表述、词语的含义进行解释时必须以缅文版本为准。

第四百五十三条

对本宪法包含的词语进行解释时须参照现行的解释法。

第四百五十四条

国家档案馆应当保存一本本宪法的缅文版本。该缅文版本是本宪法条款的最终权威。

第四百五十五条

为了国家利益,对规定只能由联邦政府经营的经济事业,联邦政府:

1. 可允许省政府或邦政府与联邦政府合资经营或按规定经营。

2. 可允许合作社、经济组织或私人与联邦政府合资经营或按规定经营。

第四百五十六条

对缅甸联邦政府在本宪法生效前同外国政府签订的条约、协定所产生的平等的义务,如该外国政府按照对缅甸联邦的承诺予以尊重,缅甸联邦共和国政府也予以尊重。

第四百五十七条

1. 如果在本宪法生效之前,可就缅甸联邦政府签订的条约以及产生的义务起诉缅甸政府,本宪法生效之后亦可起诉联邦政府。

2. 缅甸联邦共和国政府得以缅甸联邦共和国的名义提起诉讼,也可以缅甸联邦共和国的名义被诉。

(附录略)

尼泊尔临时宪法[*]

（2007 年 2 月 15 日通过并公布）

序　言

我们尼泊尔人民生来享有主权和国家权力，尊重人民对民主与和平的认同以及通过历史斗争和 1951 年之前尼泊尔人民在不同时期所展开的人民运动保证完成国家的逐步转型，解决国家存在的与阶级、种族、地区和性别相关的问题。

表达我们的民主价值观和准则，包括多党民主制度、公民的自由、基本权利、人权、成人的选举权、定期的选举、完全的新闻自由、司法独立和法治观念。

保证尼泊尔人民制定宪法的基本权利，并使他们在无惧的环境中充分参与自由和公正的选举。

将民主、和平、繁荣、进步的社会经济改造和主权完整独立以及国家的威信作为中心。

宣布尼泊尔为联邦民主共和的国家，正式废除君主制。[①]

兹宣告，目前为止通过革命和运动取得的成就，已通过政治互谅，颁布尼泊尔临时宪法（2007），直至制宪大会制定出新宪法前有效。

第一章　议会

第一条　［宪法的基本法律地位］

（一）宪法是尼泊尔的基本法律，任何与宪法不一致的法律一律无效。

（二）每个公民有责任维护宪法。

第二条　［主权与国家权力］

尼泊尔的主权和国家权力属于尼泊尔人民。

第三条　［民族］

有共同愿望并拥戴民族独立、完整、民族利益和尼泊尔的繁荣，具有多民族、多语言、多宗教和多文化特点的尼泊尔人民共同构成尼泊尔民族。

第四条　［尼泊尔国］

（一）尼泊尔是一个独立的、不可分割的、主权的、世俗的联邦民主共和国[②]。

（二）尼泊尔的领土包括：

1. 宪法生效时存在的领土；

2. 宪法生效后获得的其他领土。

第五条　［民族的语言］

（一）所有在尼泊尔作为母语使用的语言都是民族语言。

（二）使用梵文的尼泊尔语为官方语言。

（三）无论第二款作何规定，不得视为阻止任何地方机构或团体使用任何语言作为母语。国家应使用官方语言记录。

第六条　［国旗］

依循传统，尼泊尔的国旗由两个上下相叠的三角组成，旗面为红色，旗边为深蓝色，上面的图案由有八条光芒的白色新月图形和一个十二条光芒的白色太阳组成。绘制国旗的方法和有关的其他细节规定于附表一。

第七条　［国歌等］

（一）国歌和尼泊尔的徽章应由尼泊尔政府决定。

（二）杜鹃花棉（Rhododendron Arboreum）是国花，深红色是代表民族的色彩，牛为国畜，虹雉（Lophophorus）为尼泊尔的国鸟。

第二章　国籍

第八条　［宪法生效时的国籍］

（一）本宪法生效时，拥有尼泊尔国籍者和有资格获得国籍者应是尼泊尔公民。

（二）本宪法生效时，应将在尼泊尔拥有永久住所的下列人员视为通过血统而成为尼泊尔公民：

1. 本宪法生效前因血统取得国籍者；

---

[*]　译自尼泊尔法律委员会官方网站（www.lawcommission.gov.np）。译者：孙群。

①　宪法第四修正案新增。

②　宪法第四修正案修改。

2. 任何人出生时其父亲或母亲为尼泊尔公民。

（三）在尼泊尔领土上的无父无母的儿童，在其找到父母之前被视为尼泊尔公民。

（四）通过合并获得的领土，在该领土上有住所者依据现行法律应成为尼泊尔公民。

（五）尼泊尔历法2046年逻月（Chaitra）的最后一日（1990年4月13日）前在尼泊尔境内出生的并且已永久居住在尼泊尔者，根据现行法律取得国籍。

但是根据本款获得国籍者，必须依据现行法律在规定的时间内提出申请。

（六）外国妇女与尼泊尔公民具有婚姻关系的，依据其本人的意愿根据现行法律可获得尼泊尔国籍。

（七）无论本条作何规定，依据现行法律，尼泊尔的妇女与外国人结婚，所生子女若出生在尼泊尔境内并已永久居住于尼泊尔，且没有因为其父亲的国籍而取得外国国籍，他或她可获得尼泊尔国籍。

第九条 ［归化或荣誉公民］

除第八条规定的外，尼泊尔政府可根据法律给予归化或荣誉公民。

第十条 ［国籍的取得和丧失］

包括公民取得和丧失国籍等其他必要的事项应由法律规定。

第十一条 ［国籍的委托］

尼泊尔政府依据现行的法律委托国籍分配组织对具备资格者授予国籍。

第三章 基本权利

第十二条 ［自由权］

（一）每个人都有生存的权利与尊严，任何法律不得规定死刑。

（二）非根据法律，任何人不得被剥夺个人自由。

（三）每个公民应有下列自由：

1. 思想和言论自由；

2. 和平非武装的集会自由；

3. 组织政党的自由；

4. 成立工会和协会的自由；

5. 在尼泊尔的任何部分迁徙和居住自由；

6. 从事任何职业以及从事工业和贸易的自由。

但是，

1. 第一项的规定不得视为阻止任何法律对以下行为施加合理的限制：该行为会破坏尼泊尔的主权和完整的，或者可能危及人民之间的和谐关系存续的，或对种姓、部落、宗教或社区存在任何的诽谤行为的，

蔑视法庭或煽动犯罪的，或可能会违反公众体统或道德的任何行为。

2. 第二项中的任何内容不得视为阻止制定法律对可能破坏国家主权及其完整或尼泊尔公共和平与秩序的行为施加合理的限制。

3. 第三项、第四项不得视为阻止制定法律对以下行为施加合理的限制，这可能会破坏尼泊尔的主权和完整，或可能危及不同的种姓、部落、宗教或社区之间和谐关系存续，或可能煽动人民暴力活动，或可能违背社会公德。

4. 第五项的任何规定不得被视为阻止制定法律为公共利益或者可能危及各种姓、部落、宗教或社区人民之间的和谐关系的行为施加合理的限制。

5. 第六项的任何规定不得被视为阻止制定法律对以下行为施加限制：这可能影响广大市民的公共健康或道德，国家赋予专营权以从事特定行业、业务或服务或进行特定行业、贸易所明确要求的专业或就业资格。

第十三条 ［平等权］

（一）公民在法律面前一律平等。任何人受到法律的平等保护。

（二）在适用一般法律时，不得因宗教、肤色、性别、种姓、部落、出身、语言或思想等理由歧视公民。

（三）国家不得因宗教、种族、种姓、部落、性别、出身、语言或思想歧视公民。

但是不得阻止任何法律为保护、提高以下群体的权利而作出特殊规定，包括妇女、贱民①、土著人民、阿迪巴斯人（Adibasi）、贾纳贾提人（Janajati）、马德西人（Madhesi）、农民、工人、经济和文化比较落后的阶层或儿童、老年人和残疾人以及身体或精神上无行为能力的人。

（四）男性和女性应当同工同酬。

第十四条 ［反对歧视贱民与种族歧视］

（一）任何人不得被作为贱民而加以歧视，也不得遭受基于族、种姓、种族、社区或职业等任何形式的歧视。此类歧视性待遇应予惩处，受害者有权获得法律所确定的赔偿。

（二）不得以种姓或种族为理由，剥夺任何人使用公众提供的服务设施、公用事业，或者进入公共场所、公共宗教场所，或者参加任何宗教活动的权利。

（三）生产和销售产品、提供服务不得属于特定的种姓或部落而拥有，购买该商品和接受该服务也不得因特定的种姓或部落而拥有。

（四）不得以任何行为意图表现出因属于某种姓、

---

① "贱民"（Dalit），又称旃荼罗，是尼泊尔（也包括印度）历史上的种姓制度的一种分类，主要以不可接触性（untouchable）为其特征。——王建学注

部落或血统的人的优越感或低贱感，或基于种族优越或仇恨思想以任何方式鼓励种姓歧视。

（五）任何违反第二款、第三款和第四款的行为应依法予以惩处。

第十五条　［关于印刷、广播与出版的权利］

（一）不得审查任何关于印刷、广播或出版新闻、评论、专栏、文章，或其他通过包括电子出版物在内的任何形式的阅读或视听材料。

不得阻止制定法律对以下行为施加合理的限制：这些行为可能会破坏尼泊尔的主权完整，或可能危及不同的种姓、部落或社区人民之间的和谐关系存续，或背叛、分裂国家，或煽动叛乱，或诽谤、蔑视法庭，或煽动犯罪，或任何可能会违反公共行为准则或道德的行为。

（二）不得关闭广播、电视、网络或其他形式的数字化或电子设备，或其他的印刷、广播或者出版传播方式，也不得因该印刷、广播或出版是通过音频、视频或电子设备等方式而取消其刊号。

（三）不得关闭或没收报纸、期刊、出版物，也不得因印刷或出版任何新闻、评论、文章或其他阅读材料而取消其刊号。

（四）非依据法律，不得中断包括出版、电子广播和电话在内的任何沟通方式。

第十六条　［环境与健康权］

（一）每个公民都有权生活在一个健康的环境中。

（二）每个公民依法享有国家提供的免费的基础健康服务。

第十七条　［教育与文化权］

（一）每个群体均有依法以母语接受基础教育的权利。

（二）每个公民均有依法接受国家免费中等教育的权利。

（三）居住在尼泊尔的每一个群体有权维护和促进其语言、字体、文化、精神文明和文化遗产。

第十八条　［工作与社会保障权］

（一）任何公民依法有工作的权利。

（二）妇女、劳工、年老、残疾及无行为能力的公民，依法应当有社会保障的权利。

（三）每个公民依法应有食物自主权。

第十九条　［财产权］

（一）每个公民有权依法以取得、占有、出卖、使用等方式处分财产。

（二）除为了公众利益外，国家不得征用或收购个人财产，或以其他方式对任何个人财产的产权添加任何负担。

但本款不适用于以非法的方式获得的任何财产。

（三）在科学土地改革方案的执行过程中为了公共利益，国家征用、收购或占用的任何财产应当依法

补偿。补偿的金额及程序由法律规定。

第二十条　［女性的权利］

（一）不得以任何形式歧视女性。

（二）每个女性都有健康生育的权利。

（三）任何侵害女性身体、精神或任何其他形式的暴力行为应受到法律的惩处。

（四）男女应平等地继承财产。

第二十一条　［社会公平权］

经济、社会或教育落后的妇女、贱民、土著人民、马德西群体、被压迫阶层、贫穷的农民和劳工，应有权根据比例原则参与国家的组织。

第二十二条　［儿童的权利］

（一）每个儿童应享有自己的身份和姓名的权利。

（二）每个儿童享有养育、基本健康和社会保障的权利。

（三）每个儿童有权抵抗身体、心理或其他任何形式的剥削。这种剥削行为应受到法律的惩处，同时受到此类对待的儿童应依法获得赔偿。

（四）无能力者、孤儿、智力障碍者、冲突中的受害者、流离失所者和流落街头的儿童有权从国家获得特殊帮助。

（五）不得聘用未成年人在工厂、矿场工作或从事任何其他类似的危险工作，或者被用于军队、警察的冲突。

第二十三条　［宗教自由］

（一）每个人有权信奉和保护自己从古代流传下来的宗教，并适当考虑现有的社会和文化习俗。

任何人不得改变他人的信仰；同时，任何人不得采取任何行为或行动危及他人的宗教。

（二）各宗教有权保持其独立存在，以及以此为目的依法保护其宗教场所和宗教信仰。

第二十四条　［司法权利］

（一）任何人被逮捕时应被告知逮捕的理由。

（二）被逮捕的人在被捕时有权咨询其所选择的法律执业者，其与法律执业者的谈话和该法律执业者所提出的意见应保密；同时不得剥夺其接受法律执业者辩护的权利。

［解释］

根据本款的目的，"法律执业者"是指法律授权的在任何法庭可代表当事人的人。

（三）被逮捕的人应当在被捕后的二十四小时内接受讯问，但不包括从逮捕到讯问机关所需的路程时间；被逮捕者非依讯问机关的命令不得被羁押。

但是第二款和第三款的规定，不适用于预防拘留和敌国公民。

（四）任何人不得因行为时法律未规定为犯罪而受到惩罚，也不得对其处以重于其行为时法律所规定

的刑罚。

（五）被控犯罪者都应当被推定为无罪，直到证明其有罪为止。

（六）任何人不得因同一罪名而受到超过一次的起诉和惩罚。

（七）不得要求任何人自证其罪。

（八）每个人都应当对其所采取的法律程序有知情权。

（九）每个人都应当有权由有管辖权的法院或司法机构公正审判。

（十）任何无能力的一方当事人有依法获得免费法律援助的权利。

第二十五条 ［禁止预防拘留的权利］

（一）任何人不得受到预防拘留，除非有一个充分的理由证明存在直接威胁到尼泊尔国家的主权完整和治安状况。

（二）如果该预防拘留违反法律或出于恶意，被预防拘留者有权依法获得赔偿。

第二十六条 ［抵抗酷刑的权利］

（一）被拘留的人在接受调查或审讯过程中不得受到身体或精神上的酷刑或残忍的不人道或有辱人格的待遇。

（二）第一款所涉及的行为应受法律的惩处，受到如此对待的人应依法得到赔偿。

第二十七条 ［获取信息的权利］

每个公民有权要求或接受与自身利益或公共利益相关的任何事项的信息。但不得强迫任何人提供依法应当予以保密的信息。

第二十八条 ［隐私权］

除法律规定外，与个人有关的任何住宅、财产、文件、数据、信函等事项的隐私不受侵犯。

第二十九条 ［反抗剥削权］

（一）每个人都有权反抗剥削。

（二）不得以习俗、传统和惯例为名义或利用任何方式剥削任何人。

（三）不得贩卖、奴役任何人。

（四）任何人不得被强迫劳动。

但是本款的规定不得被视为防止制定以公共利益为目的要求公民履行强制服务的法律。

第三十条 ［劳动权］

（一）每个工人和雇员有权进行适当的劳动。

（二）每个工人和雇员有权组织和参加工会，并依法有权为保护各自的利益进行集体谈判。

第三十一条 ［拒绝流放的权利］

---

① 宪法第二修正案修改。
② 宪法第一修正案新增。

任何公民不得被流放。

第三十二条 ［宪法救济的权利］

依据本宪法第一百零七条规定的方式是对本部分所赋予的权利的保证。

第四章 义务和国家政策指导原则

第三十三条 ［国家的责任］

国家应有以下义务：

1. 致力于举行尼泊尔历法 2064 年（2007 年 4 月 12 日）①的选举，同时也认识到尼泊尔人民固有的主权功能实现的需要；

2. 确保国家政治发展以及经济和社会变革；

3. 采取能充分坚持普遍接受的基本人权的政治制度，有竞争力的多党民主制度，人民固有的主权和人民至上，宪政的分权与制衡，法治、社会正义和平等，司法独立，定期的选举，民众的监督，完整的新闻自由权利，公众的知情权，政党活动的透明度和问责制度，公众参与和公正，效率和公平的官僚作风，并保持良好的治理，终结腐败；

4. 通过结束现有的集中和统一的国家结构，使国家进行具有包容性和民主进步的结构调整以解决包括妇女、贱民、土著人、马德西人、被压迫者、被排斥者和少数族裔社区和落后地区在内的阶级、种姓、语言、性别、文化、宗教和地区的歧视问题；

（4A）②马德西人、贱民、土著人民、妇女、劳工、农民、残疾人、落后阶层和地区按照比例参与国家政权；

5. 实现社会经济变革和破除一切形式的封建主义，继续实施共同最低纲领；

6. 寻求一个科学的土地改革实施政策，废除封建土地所有制；

7. 寻求保护和促进国内工业、生产方式和资源利用的政策；

8. 寻求建立实现所有公民的教育、卫生、住房、就业和粮食主权的政策；

9. 寻求提供社会经济安全的政策包括无土地者、佃户、耕作者和哈拉瓦·沙拉瓦（Harawa-Charawa，可意译为具有人身依附关系的农奴）在内的落后阶层经济和社会的土地政策；

10. 寻求有效政策，采取严厉的措施并惩罚通过腐败手段利用公职获得的非法财富的行为；

11. 为经济和社会转型以及国家的繁荣、经济的快速进步建立一个共同发展的理念；

12. 通过加大投资、广泛增加就业和创收的机

会,促进工业、贸易和出口,保护知识产权;

13. 有效地执行国家签订的国际条约与协定;

14. 取消一切歧视性法律;

15. 从民族的利益出发,利用包括水资源在内自然的手段和资源;

16. 为在武装冲突中死亡的人,在其过程中受伤并已成为残疾人和体弱多病者的家庭成员提供适当的保障;

17. 在由相关人士组成的调查委员会的报告基础上,对武装冲突过程中失踪的受害者的家属提供救济;

18. 实施一个特殊的计划收容流离失所者,以及为在武装冲突过程中受损的私人和公共财产提供救济并重建被破坏的基础设施;

18A. 在人民运动历史中发挥主导作用的政党领导下,2006年11月12日举行的大选取得包括制宪大会中其他政党在内各方的理解,发展出一种通过彼此理解、认同和协商解决国家的重大政治问题的文化;①

19. 建立一个高度诚信的调解委员会,以调查在武装冲突中有关严重侵犯人权的反人类罪所涉及的事实,并创造一个社会和解的环境。

第三十四条 [国家指导原则]

(一)国家的首要目标是在一个开放社会的原则基础上促进人民的福利,在包括社会、经济和政治生活等在内的各个方面的国家生活中建立一个公正的制度,同时保护人民的生命、财产、平等和自由。

(二)国家的目标应是维持和平与秩序,保护和促进人权,促进社会公共福利,并为人民最大限度地参与统治政府创造机会,而同时保证人民享受民主的成果。

(三)国家的政治目标是建立繁荣和富裕的尼泊尔,通过尼泊尔人民的斗争实现民主制度化并营造有利的氛围享受民主的成果。

(四)国家的基本经济目标是将民族经济转变为一个独立、自力更生和渐进的经济体,防止国内经济资源集中于社会的小部分群体,在社会正义的基础上公平分配,以消除经济不平等和防止任何种姓、性别、阶级、出身或个人的经济剥削,并优先和鼓励民族企业、公营和私营企业。

(五)国家的社会目标是在正义和道德的基础上建立和发展一个健康的社会生活,通过消除所有类型的经济和社会不平等,并建立各种种姓、部落、宗教、语种、种族群体和教派之间的和谐。

(六)国家应通过维护国家的主权、完整和独立来

加强在国际交往中的民族尊严。

第三十五条 [国家政策]

(一)国家应继续通过各地区人民的教育、卫生、住房和就业等基础设施的发展,提高广大市民的生活标准,公平分配经济投资以实现平衡发展。

(二)国家应继续通过国有、合作和私营的方式发展该国的经济政策。

(三)国家应继续加强民族团结,维护发展中国家各种宗教、文化、种姓、群落、教派、血统和语言的健康与和谐发展,在平等和共存的基础上保护其语言、文学、剧本、艺术和文化的平等发展。

(四)国家实行地方优先发展的政策,通过调动本国的自然资源和文化遗产实现民族利益。

(五)国家应作出保持环境清洁的安排。国家应优先考虑防止环境的不利影响,提高广大市民对环境清洁的意识,以及保护环境和对珍稀野生动物的特殊保障。国家应对动植物和生物多样性保护、可持续利用以及所产生的惠益的公平分配作出安排。

(六)国家应通过创造条件使依赖于农业的大多数人提高经济收入,将农业作为产业发展,并通过鼓励农民提高生产力的发展。

(七)国家应确保劳动者工作的权利,通过提供就业和提高他们参与对企业的管理工作,同时保持作为国家主要的社会经济力量保护他们的权利和利益。

(八)国家应确保使妇女在最大限度地参与国家发展的任务,为妇女的教育、卫生和就业作出特别规定。

(九)国家应制定为单身妇女、孤儿、儿童、无依靠者、老人、残疾人、无能力者和濒临灭绝的部落的保护和进步作出特殊规定的社会保障政策。

(十)国家应在一定的时间内为经济和社会落后的土著民族、马德西人、贱民、被边缘化的社区与生活在贫困线以下的工人和农民,在教育、卫生、住房、粮食主权和就业等方面制定保留条款。

(十一)国家应寻求科学和技术优先发展的政策,并寻求发展当地技术的政策。

(十二)以国家发展的目的,国家应寻求吸引外国资本和技术的政策,同时应优先向土著投资。

(十三)国家应寻求政策以从大多数农村人口的福利出发继续加快农村发展的步伐。

(十四)国家应继续基于积极区别对待的原则,为少数民族、无土地者、无住宅者、佃农、残疾人、落后地区和冲突的受害者、妇女、贱民、土著人、马德西人和穆斯林作出特别规定的政策。

---

① 宪法第五修正案新增。

（十五）国家应解决附着在土地上的佃农所需要的基本土地，并在确定的人数基础上为其教育制定政策。

（十六）国家应寻求政策为包括农民和工人在内的不独立阶层提供技术教育、培训和定向发展所需的基础设施，并使他们参与到国家发展过程之中。

（十七）国家应寻求政策为年长者、无行为能力的妇女和失业者依法提供津贴。

（十八）国家应制定政策使国家现存的传统知识、技能和习惯获得认同、得到保护和步入现代化。

（十九）国家应寻求特殊政策规范在国内设立的公共组织和非政府组织的运作和管理。

（二十）国家应寻求特殊政策在国家发展中动员年轻人力资源。

（二十一）国家应寻求在联合国宪章、不结盟、潘查希拉（Panchsheel）原则①、国际法和世界和平准则的基础上，制定尼泊尔的外交政策。

（二十二）国家应寻求政策通过国际规范的制度化继续保持尼泊尔和平，在与邻国的友好国家和世界上所有其他国家平等的基础上，加强经济、社会和其他领域的合作与和谐关系。

第三十六条 ［不得在法院提起诉讼］

（一）无论本章所包含事项是否得到实施，都不得在任何法院提起诉讼。

（二）国家应动员或促成动员所需要的资源和手段，以实现在本章所包含的原则和政策。

第四 A 章② 总统和副总统

第三十六 A 条 ［总统］

（一）尼泊尔应设总统一名。

（二）总统是国家元首，并根据本宪法和现行法律的规定履行其职责。

（三）总统应以保护和遵守本宪法为首要职责。

第三十六 B 条 ［总统的选举］③

（一）制宪大会应在政治互信的基础上选举总统。

（二）如果未能按照第一款达成政治互信，那么获得制宪大会成员总数的过半数选票者应视为当选总统。

（三）其他有关总统选举的程序应当由制宪大会决定。

（四）如果通过选举、提名或任命的方式担任任何

政治职位者当选为总统时，其所担任的政治职位事实上变成空缺。

第三十六 C 条 ［总统的任期］

总统的任期直到由制宪大会颁布的宪法生效时为止。

第三十六 D 条 ［总统的资格］

总统必须具备以下资格：

1. 有资格成为制宪大会的成员；

2. 年龄至少达到三十五周岁。

第三十六 E 条 ［总统的空缺］

有下列情形之一时总统的职位空缺：

1. 向副总统提出辞职；

2. 因其严重违反宪法，由制宪大会成员总数的至少三分之二多数对他提出弹劾决议；

3. 死亡。

第三十六 F 条 ［总统宣誓］

（一）总统应在就职前，在首席大法官前按照附表一 A 规定的形式以尼泊尔官方语言进行秘密宣誓。

（二）无论第一款作何规定，如果总统希望以其尼泊尔母语进行宣誓，须在规定的宣誓时间前二十四小时内向总统办公室提交一份翻译成其母语形式的誓言。

（三）总统根据本条宣誓后，应向总统办公室签署并提交宣誓副本。

如果总统已使用其尼泊尔母语进行宣誓，他应向总统办公室签署并提交一份尼泊尔官方语言和其他尼泊尔母语的副本。

（四）总统应当根据本条规定坚持遵守该宣誓。

第三十六 G 条 ［副总统］

（一）尼泊尔应设副总统一名。

（二）副总统应在总统缺席时履行总统的职能，或者在总统根据第三十六 E 条职位空缺时，暂代总统的职务直到新任总统选举产生为止。

（三）如果任何人通过选举、提名或任命的方式担任任何政治职位，当选副总统时政治职位事实上变为空缺。④

第三十六 H 条 ［副总统职位的空缺］

有下列情形之一时副总统的职位空缺：

1. 向总统提出辞职；

2. 制宪大会成员总数至少三分之二的多数因其严重违反宪法而提出弹劾决议；

3. 死亡。

---

① Panchsheel 是和平共处五项原则在印地语中的称呼，也可译为邦西。——译者注

② 宪法第四修正案新增。

③ 宪法第五修正案修改。

④ 宪法第五修正案新增。

第三十六 I 条 ［关于副总统的其他事项］

（一）副总统的资格①、选举程序和任期的规定与总统相同。

（二）副总统应在就职前，在首席大法官前按照附表一 A 规定的形式以尼泊尔官方语言进行秘密宣誓。②

（三）无论第一款作何规定，如果副总统希望以其尼泊尔母语进行宣誓，须在规定的宣誓时间前的二十四小时内向总统办公室提交一份翻译成其母语形式的誓言。③

（四）副总统根据本条宣誓后，应向总统办公室签署并提交宣誓副本。

如果副总统已使用其尼泊尔母语进行宣誓，应向总统办公室签署并提交一份尼泊尔官方语言和其他尼泊尔母语的副本。④

（五）副总统应当根据本条规定坚持遵守该宣誓。⑤

第三十六 J 条 ［总统和副总统的薪资和配备］

总统和副总统的薪资和配备应当由议案决定，在议案通过前由尼泊尔政府决定。

第三十六 K 条 ［总统和副总统的办事机构］⑥

（一）总统和副总统应当有独立的办事机构协助其履行职能。

（二）尼泊尔政府应安排雇员以满足第一款所涉及的事务管理和运作要求。

第五章　行政

第三十七条 ［行政权力］

（一）根据宪法和其他法律，尼泊尔的行政权力属于内阁。

（二）根据宪法和其他法律，发布一般命令、控制和管理尼泊尔的行政机关的责任属于内阁。

（三）尼泊尔的行政职能应以尼泊尔政府的名义进行。

（四）根据第三款以尼泊尔政府发出的任何决定、命令或其他规范性文件，应按照法律的规定认证。

第三十八条 ［内阁的组成］

（一）内阁应在总理主持下的政治谅解的基础上组成。

（二）总理应由立法议会成员总数的绝大多数选举产生。

（三）临时内阁的结构和职责分配应通过相互协商的方式解决。

（四）根据需要内阁由副总理和其他部长组成。

［解释］

根据本条的目的，"部长"应包括一名独立管理一个部门的国务部长。

（五）总理应根据相关政党的建议，从立法议会成员中任命部长。

（六）总理和其他部长应集体向立法议会负责，部长应独立负责各自部委的工作，分别向总理和立法议会负责。

（七）有下列情形之一的应解除总理的职务：

1. 以书面形式向总统⑦辞职。

1A. 根据第五十五 A 条，如果通过对其不信任案。⑧

2. 不再是立法议会的议员。

3. 死亡。

（八）副总理、国务部长和助理部长有下列情形之一将解除职务：

1. 以书面形式向总理辞职；

2. 根据第七款解除职务；

3. 总理根据相关政党的建议或在与相关政党协商后解除其职务；

4. 死亡。

（九）即使根据第七款总理被解除职务，该内阁亦应继续工作直至新内阁组成为止。

（十）若总理死亡，副总理或高级部长应代理总理，直到新总理选举产生为止。

第三十九条 ［国家部长和助理部长］

（一）总理可根据相关政党的建议，从立法议会的成员中任命一名国务部长。

（二）总理可根据相关政党的建议，从立法议会的成员中任命助理部长，协助部长履行职责。

第四十条 ［任命非立法议会成员作为部长］

无论第三十条和第三十九条作何规定，总理应在

---

① 宪法第五修正案修改。
② 宪法第七修正案修改。
③ 宪法第七修正案新增。
④ 宪法第七修正案新增。
⑤ 宪法第七修正案新增。
⑥ 宪法第五修正案修改。
⑦ 宪法第四修正案修改。
⑧ 宪法第二修正案新增。

政治互信的基础上,委任一名非立法议会的成员为副总理、部长、国务部长或助理部长。

第四十一条 ［薪资和配备］

总理、副总理、部长、国务部长和助理部长的薪资和配备应当由议案决定,在议案通过前由尼泊尔政府决定。

第四十二条 ［宣誓］

总理应在总统前进行保密宣誓,副总理、部长、国务部长和助理部长应用同样的方式宣誓。

第四十三条 ［尼泊尔政府的行为］

（一）尼泊尔政府行为应当与人民的联合运动精神、政治谅解和合作的文化相一致。通过双方同意的共同最低纲领应作为尼泊尔政府运作的政策基础。

（二）尼泊尔政府事务的分工和移转按照尼泊尔政府批准的规则执行。

（三）与第二款有关的规则是否被执行的问题不得由任何法庭进行调查。

第四十四条 ［制宪大会组成后的内阁］

制宪大会组成后,应比照本部分所载的规定行使行政权力,组成内阁并对与此有关的其他事项作出安排。

第六章 立法议会

第四十五条（已删除）

第四十六条（已删除）

第四十七条（已删除）

第四十八条（已删除）

第四十九条（已删除）

第五十条（已删除）

第五十一条 ［会议的召集和闭会］

（一）总统根据总理的建议随时召开立法议会。

（二）总统应根据总理的建议宣布立法议会闭会。①

（三）如果立法议会休会或闭会期间,立法议会总数的至少四分之一的成员提议召开临时会议,总统应当至迟于十五日内,召开会议并确定会议的日期和时间,立法议会应按照确定的日期和时间举行会议。②

［解释］

本款的目的,表达"提议"系指附有签名的提议文件。

第五十二条 ［总统致辞］③

总统应在立法议会的会议上致辞,就目前政府的

年度政策和方案作出说明。

第五十三条 ［法定人数］

除本宪法有其他规定外,立法议会至少达到全体成员的四分之一的人数,方可提出动议或决议。

第五十四条 ［议席空缺时的职能］

（一）立法议会应在成员席位空缺时履行其职责;同时,即使事后发现无权参加该会议的个人参与其中,该会议依旧有效。

（二）非立法议会成员的部长、国务部长或助理部长,应有权参加立法议会或任何委员会的任何会议。

但其不得享有投票权。

第五十五条 ［投票］

除本宪法另有规定外,在立法议会会议上提出的任何问题应由出席并参加表决的成员过半数通过。通常情况下,主持会议的委员不得有投票权。

但是,在票数均等的情况下,主持会议的委员可投决定票。

第五十五 A 条 ［信任投票］④

（一）总理可在认为必要或适当的情况下明确立法议会对他的信任,可在立法议会上举行信任投票。

（二）至少立法议会全体成员的四分之一可提出对总理的不信任动议。

但是不得对同一总理在六个月内提出超过一次的不信任动议。

（三）根据第一款或第二款提交的决议或动议须由立法议会成员的过半数通过。

第五十六条 ［特权］

（一）立法议会的任何会议上言论充分自由;任何成员不得因其在会议上的发言和投票而被逮捕、拘留或在任何法院受到起诉。

（二）立法议会应当有充分的权力规范其内部的行为,并对会议是否合法具有排他性的决定权。任何人不得就此问题向法院起诉。

（三）不得对关于立法议会会议的善意进行任何评论,也不得以任何形式出版和广播任何成员故意歪曲或曲解含义的讲话。

（四）不得在任何法院对出版的立法议会的任何文件、报告、表决或会议提起诉讼。

［解释］

第一款至第四款中的"立法议会"应包括立法议会及其各委员会。

（五）在立法议会召开会议期间,其成员不得受到

---

① 宪法第五修正案修改。

② 宪法第二修正案新增。

③ 宪法第四修正案新增。

④ 宪法第二修正案新增。

逮捕。

但是本款的规定不得被视为防止任何成员依法以刑事罪名被逮捕。如果任何成员被捕，应立即告知立法议会的主持者。

（六）违反本条所载的任何事项是对立法议会的特权的侵犯；任何违反立法议会特权的行为应被视为藐视立法议会。立法议会拥有排他性的权利以决定是否存在任何违反特权的行为发生。

（七）如果任何人犯藐视立法议会罪，主持会议者可通过会议决定训诫、警告或者处以不超过三个月的有期徒刑或不超过十万卢比的罚款。如果其有不能支付的罚款，应当由政府付款。

但是如果其向立法议会提交满意的道歉，立法议会可原谅或免除或减轻对其所判处的刑罚。

（八）本宪法中没有提到的与特权有关的其他事项由法律决定。

第五十七条 ［立法议会的程序］

立法议会应根据本宪法，在政治谅解的基础上行动，为维护会议期间的秩序，规范各委员会的结构、职能和程序或任何其他事项制定规则。在该规则制定前，立法议会应建立自己的议事规则。

第五十七 A 条 ［反对党］①

（一）在立法议会上应当有反对党和该党的领袖。

（二）反对党领导人的薪酬和其他配备应当由法律确定。

第五十八条 ［委员会］

立法议会应根据规定设立确定数量的委员会和工作小组。

第五十九条 ［制宪大会行使的立法议会的权力］

根据宪法，立法议会任期届满后，制宪大会应当根据宪法履行立法议会的权力。

第六十条 ［讨论的限制］

（一）不得在议院对在尼泊尔任何法院审理的未决案件和法官在履行司法职责过程中的表现进行讨论。

但是本条的任何内容不得被视为阻止对法官任职期间弹劾议案提出审议意见。

（二）第一款的规定也应适用于制宪大会。

第六十一条 ［立法议会秘书处］

（一）须设一个立法议会秘书处管理和执行立法议会的职责。设立秘书处和有关的其他事项由法律决定。

（二）尼泊尔政府应提供能够满足立法议会行为和管理要求的职员。

第六十一 A 条 ［立法议会秘书和秘书长］②

（一）立法议会设一位秘书长和一位秘书。

（二）总统根据立法议会议长的建议，任命秘书长和秘书。

（三）立法议会秘书和秘书长的资格、职能、责任、权力以及其他工作条件等由法律规定。

第六十二条 ［薪资］

议长、副议长、各位议员以及立法议会委员会主席的薪资及配备应当由法律规定，在法律作出规定之前应由尼泊尔政府决定。

第七章　制宪大会

第六十三条 ［制宪大会的组成］

（一）制宪大会根据本宪法的规定应为尼泊尔人民自己制定新宪法而建立。

（二）本宪法生效后，应在尼泊尔政府确定的日期举行制宪会议选举。

（三）制宪大会应在人口平等、地理同质性和特异性以及马赫什人口的百分比的基础上按照法律规定依据混合选举制度选出成员，提名如下③：

1. 根据第一百五十四 A 条的规定，从选区划界委员会划定的二百四十个选区中各选举出一名得票最多者组成制宪大会，并基于制宪议会选举之前国家人口普查基础，将行政区域作为选举区域并尽可能保持这些地区和成员数目之间的对等；

2. 各政党根据比例选举制度选举三百三十五名成员，将全国视为一个单一选区；同时

3. 在互信的基础上，内阁从对民族和人民作出杰出贡献的人中提名二十六位成员，但是他们不得是第一项、第二项中所涉及的成员。

（三 A）无论第三款第一项作何规定，根据该款划定的选区，现行法律规定的存在于行政区划的选区，1999 年举行的众议院选举时应当保持现有的选区。在丘陵和山区的选区数目应在人口增长的百分比基础上增加；同时马赫什（Madhes）的行政区的选区的数量应在马赫什人口增长的百分比基础上增加。④

（四）根据第三款第一项选候选人，政党应考虑包容性的原则；根据第二项选候选人，政党应确保妇女、贱民、受压迫的地区、土著人民、落后地区、马德西人

---

① 宪法第二修正案新增并经宪法第五修正案修改。

② 宪法第三修正案新增。

③ 宪法第三修正案修改。

④ 宪法第一修正案新增。

和法律规定的其他类别的代表比例。

（五）无论第四款有何规定，根据第三款第一项增加的人数和在第三款第二项的比例代表制的基础上至少有三分之一候选人的提名应为妇女。

（六）制宪大会成员应依法通过无记名投票选举。

（七）出于制宪大会选举之目的，任何在 2007 年 12 月 15 日前已满十八周岁的尼泊尔公民依法有权投票。

（七 A）如根据第三款选举或提名的成员席位因任何理由而空缺，须根据现行法律由其当选或提名的同一程序填补空缺。①

（七 B）无论第七款作何规定，第三款第一项选出的议员空缺，依照第七 A 款进行选举，在直接选举年的逻月（Chaitra）月底已满十八周岁的尼泊尔公民有权投票。②

（八）除本条的规定外，制宪大会的选举和其他有关事项应依照法律规定。

第六十四条 ［制宪大会的任期］

除非根据较早前由制宪大会通过的一项决议解散，制宪大会的任期应为制宪大会第一次会议的举行日期起三年③。

但若宣布在全国紧急状态不能完成制定宪法，制宪大会可通过决议延长不超过六个月的期限。

第六十五条 ［成员的资格］

成为制宪大会成员必须具备以下资格：

1. 尼泊尔的公民；
2. 至少年满二十五周岁；
3. 不涉及包括道德败坏的刑事罪行；
3A. 没有被任何法律取消资格；④
4. 未有任何盈利性的职位。

［解释］

第四项的"盈利性的职位"是指除选举或提名方式产生的政治职位以外的任何位置，其报酬由政府基金给付。

第六十六条 ［有问题的成员的决定］

如果涉及制宪大会的成员是否被取消资格或已不再具有第六十五条所要求的资格的问题，这类问题应当由制宪大会法庭作出最终决定。

第六十七条 ［席位的空缺］

制宪大会的席位，有下列情形之一将成为空缺：

1. 书面辞职；

---

① 宪法第五修正案新增。
② 宪法第六修正案新增。
③ 宪法第八修正案修改。
④ 宪法第二修正案新增。
⑤ 宪法第五修正案修改。

2. 不再具备第六十五条所规定的资格；

3. 连续十次未出席大会，并未事先通知大会；

4. 是政党的成员在当选后依据法律发表声明已经放弃了所属政党或所属的政党不再存在；

5. 死亡。

［解释］

第四项不适用于制宪大会的主席或副主席。

第六十八条 ［成员的宣誓］

制宪大会的每一个成员在首次参加制宪大会或任何委员会的会议之前应按照法律规定宣誓。

第六十九条 ［制宪大会的会议］

（一）选举委员会公布选举的最终结果后二十一日，总理应召集制宪议会举行第一次会议；此后的会议应由被指定主持制宪大会的人确定召开的时间和地点。

（二）无论第一款作何规定，如果制宪大会成员不少于四分之一提出请愿并连同其原因提交制宪大会主席，制宪大会主席有必要在十五日内召开一次制宪大会。

第七十条 ［宪法草案的通过程序］

（一）制宪大会应通过宪法草案的序言和每章分别投票的方式通过提交的宪法草案。

（二）在第一款中提到的投票中，至少获得制宪大会出席成员的三分之二通过。

（三）未按第二款通过宪法草案的序言或章，在制宪大会中政党领导人的代表应相互协商达成共识。

（四）在产生分歧后不迟于十五日根据第三款举行磋商。

（五）根据第四款举行磋商后不迟于七日，序言或章应再次付诸表决。

（六）未按照第二款达成共识，尽管根据第五款的规定对序言或章的分歧再次付诸表决。

投票应当至少由制宪大会的三分之二多数成员出席并由三分之二多数通过，该序言或章方被视为已获得通过。

（七）根据本条的目的，如果在宪法草案序言或章的投票中，没有成员投反对票则应被视为已达成共识。

第七十一条 ［制宪大会的主席和副主席］

（一）制宪大会应在制定宪法前，在政治互信的基础上，选出一名主席和一名副主席。⑤

（一 A）未按照第一款达成互信,那么在制宪大会拥有多数席位的成员应被视为主席或副主席。①

（二）根据第一款或第一 A 款举行选举,主席和副主席应代表制宪大会的不同政党。②

（三）直到根据第一款选举主席和副主席,由制宪大会的成员中年龄最长者主持制宪大会。

（四）依照本宪法主席或副主席履行职责时,应作为中立,不偏袒任何政党。

第七十二条 ［主席和副主席的空缺］

（一）主席或副主席的职位有下列情形之一将成为空缺:

1. 书面辞职;

2. 不再是制宪大会成员;

3. 由至少三分之二多数的制宪大会成员通过决议认为其行为与职位不符;

4. 死亡。

（二）当主席的行为被制宪大会通过决议认为与职位不符时,副主席或任何其他成员应主持会议;同时主席有权参加投票。

第七十三条 ［法定人数］

除本章另有规定外,制宪大会会议的法定人数应至少有总数的四分之一方可召开;若未达到出席会议的法定人数,不得在制宪大会上对任何问题或决议进行表决。

第七十四条 ［制宪大会席位空缺的程序］③

（一）制宪大会出现空缺时,应有权继续进行活动;尽管之后发现无人有资格参加会议,但制宪大会进行的程序不得因此而无效。

（二）尽管部长、国务部长和助理部长并非制宪大会的成员,但可参加制宪大会或委员会的任何会议。

但其不得享有投票权。

第七十五条 ［投票］

除本章另有规定外,制宪大会通过的任何决议,应由出席并参加表决的成员的大多数票通过。通常情况下,主持会议的人不得享有投票权。

但是,在票数相同的情况下,主持会议的人行使决定性的投票权。

第七十六条 ［未经授权的出席或投票的罚款］

如果在未根据第六十八条的规定宣誓出席或在制宪大会上投票,或知道其不具备制宪会议成员的资格却主持制宪大会的会议,在这种情况下可处五百万卢比罚款。如果其不能支付罚款,则该罚款应经追缴作为政府税金。

第七十七条 ［特权］

（一）在制宪大会的任何会议上的言论充分自由;任何成员都不得因在会议上的任何言论或投票被逮捕、拘留或在任何法庭受到起诉。

（二）制宪大会每次会议应当有充分的权力规范其内部事务,并对会议是否定期举行具有排他性的决定权。不得在任何法院对此提出诉讼。

（三）不得对制宪大会相关的会议进行评论,对任何成员的讲话不得有意歪曲或曲解讲话的含义并以任何形式出版和广播。

（四）不得在任何法院就制宪大会授权公布的任何文件、报告、表决或会议提起诉讼。

［解释］

第一款至第四款中,"制宪大会的会议"应包括制宪大会及其任何委员会。

（五）制宪大会的委员不得在制宪大会的任期内被捕。

但是本款的任何规定不得视为禁止对任何成员因刑事指控被逮捕。如果任何成员被捕,须立即就此信息告知制宪大会的主持人。

（六）违反本条所载的任何事项都是对制宪大会特权的违反,任何违反制宪大会特权的行为应被视为构成对制宪议会的蔑视。制宪大会有专属的权力来决定是否已经发生违反特权的情形。

（七）若任何人藐视制宪大会,会议的主持人可训诫、警告或者处以不超过三个月监禁刑或不超过一万卢比罚款等。若其不能支付罚款,则该罚款应经追缴作为政府税金。

但是,若其提交道歉且制宪大会表示满意,可原谅或免除或减轻对其所判处的刑罚。

（八）本宪法中未涉及的其他特权事项可由法律规定。

第七十八条 ［制宪大会的有关程序］

根据本宪法,制宪大会应制订规则以便开展活动,在会议期间维持秩序,及履行宪法职能和委员会的会议等其他职责。在规范建立前,制宪大会应设置自己的议事规则。

第七十九条 ［委员会］

制宪大会依法设立所需的委员会和小组委员会,以及配备必要的适格专家。

第八十条 ［制宪大会秘书处］

（一）制宪大会设秘书处管理日常事务。秘书处的设立和其他相关事项由法律规定。

---

① 宪法第五修正案新增。

② 宪法第五修正案修改。

③ 宪法第五修正案修改。

（二）尼泊尔政府为制宪大会提供满足其业务要求的工作人员。

第八十一条 ［薪酬］

制宪大会的主席、副主席、委员和委员会的主席的薪酬和配备应当由法律规定，在法律作出规定前应当由尼泊尔政府决定。

第八十二条 ［制宪大会的解散］

在宪法生效之日，制宪大会解散。

但是，直到制宪大会通过宪法规定的立法议会选举举行之前，立法议会的职能和会议应与制宪大会通过的宪法规定相一致。

第八十三条 ［立法议会的职能］

（一）无论本部分作何规定，制宪大会在存续期间应当履行立法议会的职能；同时制宪大会应当组成一个独立的委员会履行必要的经常性立法事务。

（二）制宪大会主席和副主席分别为立法议会议长和副议长。

（三）制宪大会秘书处及其员工应为秘书处和立法议会的雇员。

（四）由制宪大会履行立法议会的职能，第八章的规定应比照适用于制宪大会。

第八章 立法程序

第八十四条 ［议案的提出］

（一）任何立法议会的成员都可在议院提出议案。［解释］

根据本部分的目的，"议院"系指立法议会，"成员"系指立法议会的任何成员。

（二）财政议案和关于尼泊尔军队、武装部队、尼泊尔警察以及安全机构的议案只能作为政府议案提出。

（三）"财政议案"系指与议案有关的任何或所有下列内容：

1. 征收、取消、减少、改变或规范税收；

2. 统一基金的保存或任何其他政府基金，存入的款项和拨款或从基金中撤出、减少、增加或取消拨款，或对基金的支付提出建议；

3. 有关由尼泊尔政府保证的金钱借贷，或者对任何与尼泊尔政府已经或将要承担的财政义务相关的法律进行修改；

4. 由政府基金获得的收益进行的监管和投资，以及通过偿付贷款所得的收益，或尼泊尔政府的财政

审计；

5. 与第一项至第四项直接相关的所有内容。

但是，任何议案不能仅因为其征收任何费用而被视为财政议案，例如征收牌照费、申请费、续期费或征收罚款或监禁的刑罚或提供征收任何税款、收费或任何地方当局的费用。

（四）一项议案是否为财政议案而产生的问题，立法议会议长的决定为最终决定。

第八十五条 ［通过议案的程序］

（一）在议院提出议案的任何成员应至少在提出该议案七日前通知秘书长或秘书。

但是，政府的议案提前五日通知即可。

（二）在提交议案两日前应将议案的副本送达每一位成员。

（三）提出议案的成员可以采取行动使议案纳入议院审议。

（四）如果第三款所提到的行动已经进行，那么议院或相关的委员会应当对该议案进行逐条讨论。

（五）逐条讨论结束后或对委员会逐条讨论后形成报告讨论结束后，提出议案的成员应当提出通过该议案的动议。

（六）若根据第五款提出的动议获得议院全体成员的简单多数通过，该议案被视为通过。

第八十六条 ［议案的撤销］

提出议案的成员可以撤销议案。

第八十七条 ［议案的认证］

议院通过的议案须经总统①的认证方可成为法案。

议案的认证由议长负责直到总统在选举中产生并任职。②

第八十八条 ［条例］

（一）在立法议会休会期间，总统在其认为需要时可采取立即行动，总统可根据内阁的建议，在不加任何偏见满足宪法提出的要求的基础上，制定条例。

（二）根据第一款制定的任何条例与法案具有相同的法律效力。

但是，每个条例：

1. 公布后应当提交立法议会讨论，如果未被议会通过，该条例应在事实上终止其效力；

2. 被总统随时撤销；同时

3. 除非根据第一项和第二项的规定失效或废止，从立法议会召开会议后满六十日即在事实上终止效力。

---

① 宪法第四修正案修改。

② 宪法第四修正案修改。

第九章 财政程序

第八十九条 ［非依法不得征税或借贷］

（一）非依法不得征税。

（二）非依法不得由政府借贷或者提供担保。

第九十条 ［统一基金］

除宗教捐赠外，尼泊尔政府的所有收入，税收所产生的贷款收入，任何法案授权下贷款的还款款项，以及其他任何尼泊尔政府收到的款项应记入政府基金，被称为统一基金。

除私人宗教捐赠的收入外任何宗教捐赠应当由法律规定。

第九十一条 ［从政府基金或统一基金中支出］

不得从统一基金或其他政府基金中支出，但以下情况除外：

1. 从统一基金中支付的款项；

2. 根据拨款法案满足所需的款项；

3. 当拨款议案正在审议时，通过法案授权拨付提前款项以满足支出的要求；

4. 根据包含一项支出说明的信贷法案的投票，在超支情况下的支出。

但是，与应急基金有关的事项应当适用第九十八条。

第九十二条 ［统一基金应支付的款项］

与以下事项相关的款项由统一基金支付：

1. 总统和副总统的薪资和配备。①

1A. 最高法院首席法官和其他法官的薪资、配备和退休金。②

2. 以下官员的薪资和配备：

(1)立法议会的议长和副议长；

(2)制宪大会的主席和副主席；

(3)滥用职权调查委员会的委员长和委员；

(4)总审计长；

(5)公务员叙用委员会的主席和成员；

(6)选举委员会的主席和成员；

(7)国家人权委员会的主席和成员。

3. 最高法院、滥用职权调查委员会、总审计长、公务员叙用委员会、选举委员会和国家人权委员会的行政开支。

4. 与尼泊尔政府债务相关的所有费用。

5. 由法院作出的针对尼泊尔政府的判决或裁定所应支付的款项。

6. 法律规定的应由统一基金拨付的其他款项。

第九十三条 ［收入和支出的预算］

（一）财政部长应在每一财政年度向立法议会提交年度预算，列明下列事项：

1. 预计的收入；

2. 统一基金所需的款项；

3. 根据拨款法所需的款项。

（二）根据第一款所列出的年度预算应附有每个部门在上一个财政年度的支出声明和开支的目标是否已经实现的详情。

第九十四条 ［拨款法案］

任何拨款法案以满足支出需要的款项应在适当的拨款议案的标题中明确列明。

第九十五条 ［追加预算］

（一）财政部长在财政年度中发现需要追加预算的，须提交立法议会。

1. 本财政年度内由拨款法案授权支付的为特定服务花费不足，或者当年的拨款法案未对新的服务出现后所需要的费用作出规定，当新服务产生时所需的费用；

2. 在该财政年度的支出超过拨款法授权的金额。

（二）在追加预算中包括的款项应在追加拨款议案的标题中明确列明。

第九十六条 ［临时拨款］

（一）无论本章作何规定，拨款议案正在审议时，本财政年度的开支的一部分应通过一项法案提前拨付。

（二）直到收入和支出的预算已按照第九十三条的规定提出，方可提出临时拨款议案，并且临时拨款的款项不得超过估计本财政年度的支出款项的三分之一。

（三）按照临时拨款的款项应包括在拨款议案中。

第九十六 A 条 ［有关收入和支出的特别规定］③

（一）无论本章作何规定，如果在当前财政年度结束后无法向立法议会提交下一年的年度财政预算的特殊情况下，可按照当前财政年度的财政法案收税。

（二）如果有出现第一款所述的情况，财务部长应列明原因提交立法议会，授权在即将到来的财政年度花费的金额不超过上一财政年度总支出的三分之一。

（三）根据第二款的规定所拨付的款项应包括拨款议案的支出。

（四）无论本宪法作何规定，根据第二款提交立法

---

① 宪法第四修正案修改。

② 宪法第四修正案新增。

③ 宪法第五修正案新增。

会议的议案应当在其提议的当天进行讨论和表决。

第九十七条 ［暂时预算］

无论本章作何规定，如果由于地方或国家无论是自然原因或外敌入侵或内部动乱或其他原因威胁进入紧急状态，被认为与第九十三条规定不相符时，财政部长可向立法议会提交一个仅针对此特殊问题的暂时预算。

第九十八条 ［应急基金］

通过一项法案可随时创建一个应急基金。该基金应由尼泊尔政府控制。任何不可预见的开支，可由尼泊尔政府从此基金中拨付。支出的款项应尽快通过法令偿还。

第九十九条 ［与财政程序有关的法案］

通过法令从一个账户转移到另一个账户拨付款项有关程序或者其他财务程序应由法律规定。

第十章 司法制度

第一百条 ［法院行使司法权力］

（一）根据本宪法的规定，法院和其他司法机构行使尼泊尔的司法权、其他法律以及公认的司法原则。

（二）尼泊尔司法机构应继续致力于宪法的司法独立及实现民主和人民运动的精神的概念、规范和价值追求。

第一百零一条 ［法院］

（一）尼泊尔应设下列法院：

1. 最高法院；

2. 上诉法院；

3. 地区法院。

（二）除第一款所述的法院外，可为审理特殊类型和性质的案件依据法律建立其他任何法院、司法机构或法庭。

但是法院、司法机构或法庭应当构成任何特定的情况下审判和处理特别案件的目的。

第一百零二条 ［最高法院］

（一）最高法院是司法体系中的最高等级。

（二）尼泊尔制宪大会法院以外的所有法庭和司法机构，都在最高法院以下。最高法院检查、监督其下级法院和司法机构，并给予必要的指示。

（三）最高法院应为案卷法院。它可根据法律启动程序和处罚蔑视最高法院、下级法院或司法机构的行为。

（四）最高法院对解释本宪法和现行法律有最终决定权，但制宪大会法院管辖范围的事项除外。

（五）最高法院应由首席大法官和不超过十四名其他法官组成。在任何时间，现有的法官因最高法院的案件数量增加而数量不足时，可按固定期限任命专案法官。

第一百零三条 ［最高法院法官的任命和资格］

（一）总统应根据宪法委员会的建议，任命最高院首席法官，最高法院的首席法官根据司法委员会的建议任命最高法院的其他法官。首席法官的任期根据第一百零五条第一款第二项的规定从任命之日起为六年。

（二）在最高法院工作至少三年的法官方有资格被委任为最高法院首席大法官。

（三）上诉法院的法官或在司法机构的相应部门工作满七年，或已担任第一等级的宪兵或更高职位的司法职务至少工作十二年，或作为一个初级律师或高级律师或在法律界执业至少十五年，或在法律界工作至少十五年的杰出的法学家，可有资格被任命为最高法院的法官。

（四）如果首席法官空缺或因疾病以及其他原因无法履行其职责，或因请假的理由缺席或在尼泊尔境外无法出席，最高法院的最资深法官代理首席大法官。

（五）最高法院首席法官或最高法院其他法官任职直至年满六十五周岁。

第一百零四条 ［首席法官和法官的服务条件和配备］

（一）在最高法院工作满五年的首席法官、常任法官在退休时有权依据法律的规定获得退休金。

（二）除本宪法另有规定外，最高法院首席法官和法官的报酬、休假、津贴、退休金和其他服务条件应由法律规定。

（三）无论第一款和第二款作出何种规定，最高法院首席法官或其他法官因被弹劾而被免职者不得享有酬金或退休金。

（四）不得对最高法院首席大法官或法官的薪酬、服务条件或配备作出不利的改变。

第一百零五条 ［最高法院首席法官和法官的卸任］

（一）最高法院首席法官或其他法官有下列情形之一应当卸任：

1. 最高法院首席法官向总统书面辞职，其他法官向首席法官书面辞职；

2. 年满六十五周岁；

3. 立法议会通过弹劾议案；

4. 死亡。

（二）针对最高法院首席法官或任何法官因其无能、行为不检、善意未能履行职务或因为身体或精神上的原因不能履行职责，在立法议会上提出弹劾议案，这项议案应由当时的成员总数三分之二多数通过，其在事实上已经解除职务。

但是不得因此剥夺最高法院首席法官或法官为

自己辩护的机会。

（三）依据第二款而发起的针对最高法院首席法官或法官弹劾程序进行过程中，该法官暂停履行其职责，直到弹劾结束时为止。

第一百零六条 ［最高法院首席法官和其他法官的任职禁止］

（一）最高法院首席大法官或法官不得从事法官以外的其他职务。

但是尼泊尔政府可与司法委员会协商，任命首席大法官或其他法官在一段指定时间内从事有关的司法调查工作，或从事法律或司法调查或研究，或其他任何与国家相关的工作。

（二）任何人曾经担任最高法院首席大法官或法官不得被任命为其他政府的工作人员，但根据第一百三十一条第一款第一项提到的职务除外。

第一百零七条 ［最高法院的司法管辖权］

（一）任何尼泊尔公民可向最高法院提出请愿书，就任何法律或法律任何部分因对本宪法所赋予的基本权利施加不合理的限制，或其他任何理由认为与本宪法不一致而要求宣布无效；最高法院应具有直接的权力宣布法律自始无效或者从作出与宪法不一致决定之日起无效。

（二）最高法院应保护本宪法所赋予的基本权利或任何其他合法权利，无论其是否提供补救措施或提供的补救措施不足或无效，在涉及公共利益或关注的任何争议的任何宪法或法律问题的解决中具有直接的权力，发出必要和适当的命令，以保护有关的权利或此类纠纷的解决。为了这些目的最高法院可给予完全的正义和提供适当的补救，发出适当的命令，包括人身保护令、履行义务令、移审令、禁止令状和维持现状令状。

但是除无管辖权为由外，最高法院不得依据本条妨碍立法议会关于侵犯其特权和因此施加处罚的任何程序和决定。

（三）最高法院依照法律规定行使管辖权，包括初审案件、审理上诉案件、改判和审理请愿。

（四）最高法院可重审自己的判决或由其作出最高判决的案件，具体的情况和条件由法律规定。法官除遵循先例外，应当作出审查。

（五）最高法院其他的权力和程序应当由法律规定。

第一百零八条 ［上诉法院和地区法院的设立、管理和管辖权］

上诉法院、地区法院、其他法院和最高法院下设司法机构的设立和管理，由法律根据宪法规定。

第一百零九条 ［上诉法院和地区法院法官的任命、资格、服务条件和配备］

（一）最高法院的首席法官根据司法委员会的建议，任命上诉法院的首席法官及其他法官及其他地区法院的法官。

（二）拥有法律学士学位并在地区法院工作，或在公报上刊登的司法机构第一类的职位工作至少满七年，或作为一个初级律师或高级律师或在法律界执业至少十年，或在法律的其他领域工作或从事研究至少满十年，可有资格被任命为上诉法院的首席法官和其他法官。

（三）尼泊尔公民拥有法律学士学位，并已在公报上刊登的司法机构第二级的职位工作至少三年或作为一个初级律师已满八年，可有资格被任命为地区法院的法官。

（四）根据第三款已通过由司法委员会进行的笔试和口试方可委任初级律师为地区法院法官。考试的方式和程序应当由法律规定。

（五）司法委员会应考虑其资格、能力、经验、对司法的奉献精神和贡献、在公共生活中获得的声誉和高尚的道德情操，推荐具有本条要求资格的任何人任上诉法院和地区法院的法官。

（六）除所述事项或文意另有所指外，本条中提到的以及随后的条款中的"法官"包括的补充法官。

（七）上诉法院的首席法官和法官或地区法院法官的薪酬、津贴、退休金、假期、酬金和其他服务条件和配备，应当由法律规定。

（八）不得对上诉法院的首席法官和法官或地区法院法官的薪酬、服务条件或配备作出不利的改变。

（九）无论第七款作何规定，根据第十款第三项已被免职的上诉法院或地区法院的法官无权获得酬金和退休金。

（十）上诉法院或地区法院的法官有下列情形之一应当卸任：

1. 向首席法官书面辞职。

2. 年满六十三周岁。

3. 根据司法委员会的决定，因其无能、行为不检、善意未能履行职务、身体或精神上的原因不能履行职责或其司法职务行为有偏差而被免职。

上诉法院或地区法院应根据本款给予其合理机会为自己辩护，并为此目的司法委员会可组成调查委员会对法官陈述进行记录、收集证据，并就调查结果形成一份报告。委员会的议事规则由法律规定。

4. 死亡。

（十一）上诉法院或地区法院的法官在接受根据第十款第三项进行的程序期间，暂停执行其职责直到程序结束为止。

第一百一十条 ［上诉法院和地区法院的法官不得被调职或接受其他的任职］

（一）法官不得被调职或代理或接受其他非法官

的职务。

但是尼泊尔政府可与司法委员会协商,任命上诉法院和地区法院的法官在指定时间内从事有关的司法调查工作,或从事法律或司法调查或研究,或任何其他与国家相关的工作。如果在首席法官与司法委员会协商后可任命上诉法院或地区法院的法官从事包括有关选举工作在内的上述工作。

(二)首席法官根据司法委员会的建议,可将上诉法院或地区法院的法官从一个法庭调任到另一法庭。

(三)首席法官在考虑到案件数量的基础上,可任命一个法院的法官在一定的时间内作为同一级别的另一法院的法官。

(四)最高法院可依据法律授权法官在任何领域通过电子或其他媒体对位于邻近的其他同级法院的未决诉讼案件提出一个初步或临时命令。

第一百一十一条 [案件移转]

如果最高法院认为存在正义受到不利影响的情况,可命令将该案件移转于其他同级别的法院审理。

第一百一十二条 [首席法官的职责]

首席法官应对国家司法的有效管理负有最终责任,应根据本宪法和其他法律对最高法院和下级法院给予必要的指示。

第一百一十三条 [司法委员会]

(一)设司法委员会根据本宪法对法官作出任命、调职、处分、解雇以及与司法有关的其他事项,该委员会包括以下成员:

1. 最高法院首席法官——主席;

2. 司法部长——成员;

3. 最高法院的高级法官——成员;

4. 总统根据总理建议提名的一个法学家——成员;①

5. 最高法院首席法官根据尼泊尔律师协会推荐,任命一位至少拥有二十年经验的高级律师和初级律师——成员。

[解释]

本章中"部长"应包括具有独立部长职位的部长。

(二)第一款第四项、第五项所涉及成员的任期应为四年,而他们的薪酬和配备应相当于最高法院法官。

(三)第一款第四项和第五项所涉及成员的免职与最高法院法官免职的方式和理由相同。

(四)司法委员会的主席和成员可以获取和研究针对任何法官提出任何投诉的相关文件并就此向司法委员会提供信息。

(五)如果针对任何法官提出控诉的初步调查显示需要有一个由专家进行详细调查的委员会,司法委员会可组成一个调查委员会。

(六)司法委员会的其他职能、责任和权力,应由法律规定。

第一百一十四条 [司法叙用委员会]

(一)任命、调任或晋升在公报上刊登的司法机构的宪兵,或这类人员根据法律采取部门行动,尼泊尔政府应根据司法叙用委员会的建议采取行动。

但是,尼泊尔政府采取行动,应根据公务员叙用委员会的建议从非政府雇员或在司法叙用委员会内推荐从非公报上的职位转向公报上的职位,完成司法人员叙用委员会的公报上职位的永久任命。

(二)司法人员叙用委员会,其主席和成员应包括以下成员:

1. 最高法院首席法官——主席;

2. 司法部长——成员;

3. 最高法院的高级法官——成员;

4. 公务员叙用委员会主席——成员;

5. 总检察长——成员。

(三)司法人员叙用委员会的其他职能、职责、权力和程序应当由法律规定。

第一百一十五条 [扩大法院合作的责任]

尼泊尔政府及其所有部门以及官员有责任帮助最高法院和其他法院伸张正义。

第一百一十六条 [法院命令和决定的约束力]

(一)法院在审理案件过程中所发布的命令和决定都应当遵守。

(二)最高法院在审理案件过程中对法律或任何法律原则给予的解释,对尼泊尔政府和所有法院有约束力。

第一百一十七条 [年度报告]

(一)最高法院应每年向总统提交一份年度报告,总统应通过总理提交报告给立法议会。

(二)根据第一款提交的年度报告应当载明以下细节:

1. 最高法院和下级法院的案件数量;

2. 依据第一项已决案件和未决案件以及悬而未决的原因;

3. 最高法院形成的先例的详情;

4. 最高法院重审案件的数量;

5. 由最高法院就下级法院的法官的司法豁免问题的权限事项作出的司法限制的详细信息;

6. 罚款或罚金收取的详细信息;

7. 有关判决执行的详细信息;

---

① 宪法第五修正案修改。

8. 最高法院和下级法院的预算报表和支出。

（三）根据第一款在年度报告时,最高法院还应当提交包括司法委员会和司法人员叙用委员会活动的工作细节。

第一百一十八条 ［制宪大会法院］

（一）组成制宪大会法院以解决关于制宪大会选举所产生的争议。

（二）第一款规定的制宪大会法院的组成、管辖权和其他事项,应当由法律规定。

（三）无论本宪法作何规定,不得对制宪大会成员的选举在任何法院提起诉讼,但是按照第一款依法提出的请愿除外。

（四）无论本宪法作何规定,当制宪大会的选举已开始时,不得以在任何法院提起诉讼的方式中断选举。

第十一章 滥用职权调查委员会

第一百一十九条 ［滥用职权调查委员会］

（一）应设立尼泊尔滥用职权调查委员会,包括首席行政专员和其他专员,首席行政专员作为滥用职权调查委员会主席。

（二）总统应根据宪法委员会的建议任命首席行政专员和其他专员。

（三）依据第一款第一项的规定,首席行政专员和其他行政专员的任期从任命之日起为六年。

但是,1. 首席行政专员或行政专员若在其任期届满前已满六十五周岁,则应当退休。

2. 首席行政专员或其他行政专员与最高法院法官撤职基于同样的方式和理由。

（四）首席行政专员或其他行政专员有下列情形之一的视为空缺:

1. 以书面形式向总统辞职;

2. 根据第三款任期届满或停止任职;

3. 死亡。

（五）被任命为首席行政专员或专员应具有以下资格:

1. 从尼泊尔政府认可的大学获得学士学位;

2. 在任命前不是任何政党的成员;

3. 在会计、税收、工程、法律、发展或研究领域至少有二十年经验的优秀者;

4. 年满四十五周岁;

5. 具有高尚的道德情操。

（六）首席行政专员和其他专员的服务条件和报酬由法律所规定。不得对首席行政专员和其他专员的薪酬、服务条件或配备在其任职期间作出不利的改变。

（七）曾经被委任为首席行政专员和其他专员者,不得在政府其他部门任职。

但是,1. 本款不得被视为禁止任命滥用职权调查委员会的行政专员为首席行政专员,当行政专员被委任为首席行政专员时,其作为行政专员的时间计算在其任期之内。

2. 本款不得视为禁止任命任何政治立场或有责任就任何事作出调查、查询或得出结论的任何职务,或有责任提交建议、意见或建议后进行研究的职务。

第一百二十条 ［滥用职权调查委员会的职能、职责和权力］

（一）滥用职权调查委员依照法律行动或应请求行动、进行询问和调查任何通过不当行为或腐败而滥用职权的公职人员。

但是此条款不适用于任何在本宪法中专门为其提供行动的官员和其他法律作出特别规定的有关官员。

（二）可因不端行为经弹劾动议免职的宪法机构人员,可因司法委员会变动而免职的法官,可因军法规定而免职的个人在免职后依照法律规定开展询问和调查。

（三）如果滥用职权调查委员会根据第一款进行询问和调查后,认为任何公职人员存在被法律定义为不当行为的,可告诫该公职人员,或写信向有关部门使其采取部门行动或依据法律采取任何必要的行动。

（四）如果滥用职权调查委员会依据第一款进行询问和调查后,认为任何公职人员存在被法律定义为腐败的,应将公职人员或其他相关人士移交有管辖权的法院。

（五）如果滥用职权调查委员会根据第一款进行询问和调查后,认为任何公职人员采取的行为或行动侵犯了其他官员或机构的管辖范围,滥用职权调查委员会可写信给有关官员或机构采取必要的行动。

（六）除本宪法另有规定外,滥用职权调查委员会的其他职能、职责和权力以及议事规则应由法律规定。

（七）滥用职权调查委员会可将与其职能、职责和权力有关的询问和调查或备案交由首席行政专员、其他专员或任何尼泊尔政府的雇员,在指定的条件下采取行动。

第一百二十一条 ［年度报告］

（一）滥用职权调查委员会应当向总统提交按照本宪法所采取的行动的年度报告,总统应通过总理提交报告给给立法议会。

（二）根据第一款提交的年度报告应当载明:滥用职权调查委员会提交的投诉,在有管辖权的法院依法提起后,案件数量和已终止诉讼的案件数量,对不当行为的部门或其他行动的诫勉的数量,以及在预防腐败领域取得的成就和今后在此方面作出的改革。

第十二章　总审计长

第一百二十二条　[总审计长]

（一）尼泊尔应设总审计长。

（二）总统应根据宪法委员会的建议任命总审计长。

（三）根据第七款总审计长任期从任命之日起为六年。

但是,1.总审计长若在其任期届满前年满六十五周岁,则应当退休。

2.总审计长与最高法院法官撤职基于同样的方式和理由。

（四）总审计长有下列情形之一的视为空缺：

1.以书面形式向总统辞职；

2.根据第三款任期届满或停止任职；

3.死亡。

（五）被任命为总审计长的人选应具有以下资格：

1.已担任尼泊尔政府的特别职位,或获得尼泊尔政府认可的管理、工商或会计的学士学位后具有审计相关工作经验至少二十年,或已通过特许会计师考试；

2.在任命前不是任何政党的成员；

3.年满四十五周岁；

4.具有高尚的道德情操。

（六）总审计长的服务条件和报酬由法律规定。不得对总审计长的薪酬、服务条件或配备在其任职期间作出不利的改变。

（七）曾经被委任为总审计长的不得在政府其他部门任职。

但是本款不得视为禁止任命任何政治立场或有责任就任何事项作出调查、查询或得出结论的任何职务,或有责任提交建议、意见或建议后进行研究的职务。

第一百二十三条　[总审计长的职能、职责和权力]

（一）最高法院、立法议会、制宪大会、滥用职权调查委员会、总审计长、公务员叙用委员会、选举委员会、国家人权委员会、总检察长和其他宪法机构、尼泊尔军队、武警或尼泊尔警察和所有其他政府部门和法庭都由总审计长以法律规定的方式进行审计,并对规律性、经济、效率、有效性和适当性给予适当考虑。

（二）总审计长应咨询其委任的核数师,对尼泊尔政府拥有超过百分之五十的股份或资产的任何法人团体开展审计。总审计长也可就开展审计的原则提出必要的指示。

（三）总审计长在任何时候履行第一款规定职能时有权获取与履行职能相关的账目文件。应总审计长或其雇员的要求有关机构有责任提供其所要求的有关文件及信息。

（四）根据第一款被审计的账目受现行有关法律的调整,并按照总审计长规定的形式保存。

（五）除第一款中提到的机构账目,法律可规定由总审计长审计其他机关或机构的账目。

第一百二十四条　[年度报告]

（一）总审计长应当向总统提交按照本宪法所采取的行动的年度报告,总统应通过总理提交报告给立法议会。

（二）根据第一款提交的年度报告应当载明以下内容：总审计长全年审计的具体情况和非经常的项目情况及对其解决情况,对非经常项目处理的结果,并在审计方面未来将进行的改革。

第十三章　公务员叙用委员会

第一百二十五条　[公务员叙用委员]

（一）尼泊尔设公务员叙用委员会,包括主席和特定数量的成员。

（二）总统应根据宪法委员会的建议任命公务员叙用委员会主席和其他成员。

（三）公务员叙用委员会至少百分之五十的成员应在任何一个政府机构曾经服务至少二十年,其余成员应从以下人员中任命：从事研究、调查、教学工作或在科学、技术、艺术、文学、法学、公共管理、社会学领域从事重要工作,或在国家生活的其他领域享有很高声誉。

（四）公务员叙用委员会主席和成员的任期从任命之日起为六年,受第八款第一项的调整。

但是,1.如果公务员叙用委员会的主席和成员在其任期届满前年满六十五周岁,则应当退休。

2.公务员叙用委员会的主席和成员与最高法院法官撤职基于同样的方式和理由。

（五）公务员叙用委员会的主席和成员有下列情形之一的视为空缺：

1.以书面形式向总统辞职；

2.根据第四款任期届满或停止任职；

3.死亡。

（六）被任命为公务员委员会的主席和成员应具有以下资格：

1.从尼泊尔政府认可大学获得学士学位；

2.在任命前不是任何政党的成员；

3.年满四十五周岁；

4.具有高尚的道德情操。

（七）公务员委员会主席和成员的服务条件和报酬由法律规定。不得对公务员叙用委员会的主席和成员的薪酬、服务条件或配备在其任职期间作出不利的改变。

（八）曾经被委任为总审计长者，不得在政府其他部门任职。

但是，1. 本款不得视为禁止任命公务员叙用委员会的成员为主席，应将其作为成员的时间计算在任期之内。

2. 但是本款不得视为禁止任命任何政治立场或有责任就任何事项作出调查、查询或得出结论的职务，或有责任提交建议、意见或建议后进行研究的职务。

第一百二十六条 ［公务员叙用委员会的职能、职责和权力］

（一）公务员叙用委员会有责任进行考试，为公务员职位选拔合适人选。

［解释］

尼泊尔政府的所有职位，除军官或士兵、武警和警察人员及其他通过法令从公务员职位中排除之外，应被视为公务员职位。

（二）不得对任何公务员职位进行永久的任命，但征询公务员叙用委员会意见的除外。

（三）以下事项应咨询公务员叙用委员会：

1. 与公务员的服务条件的法律相关的事宜；

2. 任命和晋升公务员和采取部门行动应遵循的一般原则；

3. 任命一个公务员职位超过六个月期限人选的适当性的相关事宜；

4. 公务员从一个机构转任或晋升到另一机构，或从其他政府机构调任公务员人选的适当性的相关事宜；

5. 从不需要与公务员叙用委员会咨询的雇员永久转任或晋升为需要与公务员叙用委员会咨询的公务员职位的相关事宜；

6. 关于部门针对公务员行动有关的事项。

（四）无论第三款作何规定，根据第一百一十四条的司法人员叙用委员会的职权范围内的事项应当适用该款的规定。

（五）军队、武警、警察或其他政府服务的任何位置在任命和晋升过程中要遵循的一般原则应咨询公务员叙用委员会。

（六）如果任何公共机构对服务和员工待遇以及任命和晋升一般原则有关的现行法律咨询公务员叙用委员会，委员会应就此事宜提供意见。

［解释］

"公共机构"指尼泊尔政府拥有或控制的股份或资产的百分之五十或更多的任何法人团体。

（七）公务员叙用委员会可将与其职能、职责和权力有关的询问和调查或备案交由委员、成员小组或任何尼泊尔政府的雇员在指定的条件下采取行动。

（八）除本宪法另有规定外，公务员叙用委员会的其他职能、职责和权力以及议事规则应由法律规定。

第一百二十七条 ［年度报告］

（一）公务员叙用委员会应每年向总统提交按照本宪法所采取行动的年度报告，总统应通过总理将报告提交立法议会。

（二）根据第一款提交的年度报告应当列明以下内容：公务员叙用委员会全年通过考试选拔人才的具体情况，通过考试考生的具体情况，对各种公共机构提出建议的具体情况，对有关各部门的行动和对公务员处分提出建议的具体情况，对这些建议是否得到遵守的陈述，有关建议作出应遵循的一般原则，同时任何政府机构职位的任命和晋升，以及今后要在公务员领域进行改革的具体情况。

第十四章　选举委员会

第一百二十八条 ［选举委员会］

（一）应设尼泊尔选举委员会，包括首席选举专员和至多其他四名选举专员。首席选举专员应担任选举委员会主席。

（二）总统应根据宪法委员会的建议，任命首席选举专员和其他选举专员。

（三）选举委员会的首席选举专员和其他选举专员的任期从任命之日起为六年，受第七款第一项的调整。

但是，1. 如果选举委员会的首席选举专员和其他选举专员在其任期届满前年满六十五周岁，则应当退休。

2. 选举委员会的首席选举专员和其他选举专员与最高法院法官撤职基于同样的方式和理由。

（四）选举委员会的首席选举专员和其他选举专员有下列情形之一的视为空缺：

1. 以书面形式向总统辞职；

2. 根据第四款任期届满或停止任职；

3. 死亡。

（五）被任命为选举委员会的首席选举专员和其他选举专员应具有以下资格：

1. 从尼泊尔政府认可的大学获得学士学位；

2. 在任命前不是任何政党的成员；

3. 年满四十五周岁；

4. 具有高尚的道德情操。

（六）选举委员会的首席选举专员和其他选举专员的服务条件和报酬由法律规定。不得对选举叙用委员会的首席选举专员和其他选举专员的薪酬、服务条件或配备在其任职期间作出不利的改变。

（七）曾经被委任为首席选举专员或其他选举专员者，不得在政府其他部门任职。

但是，1.本款不得视为禁止任命其他选举专员为首席选举专员，应将其作为成员的时间计算在任期之内。

2.但是本款不得视为禁止任命任何政治立场或有责任就任何事项作出调查、查询或得出结论的职务，或有责任提交建议、意见或建议后进行研究的职务。

第一百二十九条 ［选举委员会的职责和权力］

（一）选举委员会应按照本宪法和其他法律的规定行动、监督、指挥和控制制宪大会的选举，根据本宪法第一百五十七条举行的全民公决和地方选举。为此，选举委员会应编制选民名册。

（二）如果制宪大会成员候选人的提名已经提交，但在大选前是否有候选人被取消资格或已不再拥有第六十五条所规定的资格，选举委员会应当就此作出决定。

（三）选举委员会可将与其职能、职责和权力有关的询问和调查或备案交由首席选举专员、其他选举专员或任何尼泊尔政府的雇员在指定的条件下采取行动。

（四）除本宪法另有规定外，选举委员会的其他职能、职责和权力以及议事规则应由法律规定。

第一百三十条 ［尼泊尔政府为选举委员会提供必要的员工］

尼泊尔政府应为选举委员会提供按照本宪法履行其职能所需要的员工并安排其他事宜。

第十五章 国家人权委员会

第一百三十一条 ［国家人权委员会］

（一）尼泊尔应设国家人权委员会，其中应包括主席和成员如下：

1.从退休的最高法院首席大法官或法官中选出，为保护和促进人权具有杰出贡献者或积极参与保护和促进人权者或在社会服务领域享有很高的声誉者担任主席。

2.享有很高的声誉，积极参与保护和促进人权或社会服务的领域，并有突出贡献的四名成员。

（二）任命国家人权委员会主席和成员时应坚持包括性别观点在内的多样性。

（三）总统应根据宪法委员会的建议，任命国家人权委员会主席和成员。

（四）国家人权委员会主席和成员的任期从任命之日起为六年。

国家人权委员会主席和成员与最高法院法官撤

职基于同样的方式和理由。

（五）国家人权委员会主席和成员有下列情形之一的视为空缺：

1.以书面形式向总统辞职；

2.根据第四款任期届满或停止任职；

3.死亡。

（六）被任命为国家人权委员会主席和成员应具有以下资格：

1.从尼泊尔政府认可的大学获得学士学位；

2.具有高尚的道德情操。

（七）国家人权委员会主席和成员的服务条件和报酬由法律规定。不得对国家人权委员会主席和成员的薪酬、服务条件或配备在其任职期间作出不利的改变。

（八）曾经被委任为国家人权委员会主席和成员者，不得在政府其他部门任职。

但是本款不得视为禁止任命任何政治立场或有责任就任何事项作出调查、查询或得出结论的任何职务，或有责任提交建议、意见或建议后进行研究的职务。

第一百三十二条 ［国家人权委员会的职能、职责和权力］

（一）国家人权委员会的责任是确保人权得到尊重、保护和促进，并保证其有效实施。

（二）为完成第一款中提到的责任，国家人权委员会应履行下列职能：

1.对侵犯任何人或团体的人权，对受害者提交或转交给委员会的请愿书或投诉，或委员会主动搜集的任何来源信息，国家人权委员会应采取行动对责任者提出建议。

2.如果任何有责任防止侵犯人权的机关，不履行或不完全履行它的责任，或显示不愿履行它的责任，国家人权委员会应建议相关部门采取部门行动。

3.如果需要创建一个侵犯人权的案例，应建议法院依法记录案件。

4.加强人权意识与市民社会合作、协调。

5.对侵犯人权有关机构采取的部门行动和对侵犯人权的个人惩罚所提出的建议应当说明其原因。

6.对关于人权的现行法律开展定期审查，向尼泊尔政府就这些法律的修改和改进提出建议。

7.对尼泊尔需要签署任何关于人权的国际条约或协议提出建议和理由；对尼泊尔政府已经签署的条约和协定是否实施进行监察，若发现并未实施的应向尼泊尔政府提出建议。

8.依照法律公布机关、个人或机构未能遵守或执行国家人权委员会就侵犯人权所作出的建议或指令并作为侵犯人权的记录。

世界各国宪法文本翻译与研究系列丛书◎世界各国宪法文本汇编(亚洲卷)

(三)国家人权委员会在履行其职责时可以行使下列权力:

1. 法院在传召、取证和记录信息或申明,审查证据和展示证据和证明时所行使的一切权力;

2. 委员会可通过任何方式获取消息,包括:当任何严重侵犯人权的行为已经发生或正在发生,可搜查任何人或其住所或办公室,进入该住所或办公室,并在搜查中取得侵犯人权相关的任何文件、证据或相关证明;

3. 一旦收到任何人权受到侵害的消息必须立即采取行动,可在事前未通知的情况下进入任何政府办公室或任何其他地方并采取救援行动;

4. 依法为受到侵犯人权的行为的受害者提供补偿;

5. 根据法律规定行使和履行的其他权力和职责。

(四)无论本条作何规定,国家人权委员会对军队法所规定管辖范围内的任何问题没有管辖权。

但是不得禁止国家人权委员会就任何侵犯人权或人权性法律的行为采取行动。

第一百三十三条 [年度报告]

(一)国家人权委员会应每年向总统提交按照本宪法所采取的行动的年度报告,总统应通过总理提交报告给立法议会。

(二)根据第一款提交的年度报告应当载明以下内容:国家人权委员会全年收到的投诉的具体情况,对此类投诉的询问和调查以及对尼泊尔政府就各项事宜提出建议的具体情况和案件的数量,未来有关保护和促进人权改革的具体情况。

第十六章 总检察长

第一百三十四条 [总检察长的任命]

(一)尼泊尔的总检察长应当由总统根据总理的建议任命。总检察长由总理随时任命。

(二)被任命为总检察长的人选应具有被任命为最高法院法官的资格。

(三)总检察长有下列情形之一视为空缺:

1. 以书面形式向总统辞职;

2. 根据第四款任期届满或停止任职;

3. 死亡。

(四)总检察长的薪酬及其他配备与最高法院法官相同。总检察长的其他服务条件应由法律规定。

第一百三十五条 [总检察长的职能、职责和权力]

(一)总检察长应为尼泊尔政府的首席法律顾问。其有责任为尼泊尔政府和其他机关就宪法和法律事

项提供意见。

(二)总检察长或其下属官员应代表尼泊尔政府参与和尼泊尔政府的权利或利益相关的诉讼。除本宪法另有规定外,总检察长应有权以尼泊尔政府的名义在任何法庭或司法当局作出最终决定。

(三)除第二款外,在执行其职责过程中,总检察长应有权做下列行为:

1. 为了捍卫尼泊尔政府,以政府名义参与尼泊尔政府是原告或被告的任何诉讼中;

2. 监督最高法院在审理案件中已经使用的对于法律或法律原则的解释;

3. 有关被关押的人未受到本宪法所规定的人道对待或不允许被关押者与其亲人或律师见面相关的投诉,或就此类事情收到的信息,对此应有询问,并给予当局必要的指令防止此类行为的发生。

(四)除本条规定职能、职责和权力外,总检察长的其他职能、职责和权力应由本宪法和其他法律规定。

(五)在履行其职责的过程中,总检察长有权出现在任何法庭和尼泊尔当局。

(六)总检察长可根据本条将其职能、职责和权力交其下属在指定的条件下采取行动。

第一百三十六条 [年度报告]

(一)总检察长应每年向总统提交按照本宪法所采取的行动的年度报告,总统应通过总理将报告提交立法议会。

(二)根据第一款提交的年度报告应当载明以下内容:全年由其提出的宪法性和法律性建议和意见的数量,政府案件的具体情况,尼泊尔政府作为原告或被告的诉讼案件的具体情况,与政府案件相关的犯罪和未来进行改革的具体情况。

第一百三十七条 [有权出席立法议会]

总检察长有权出席立法议会、制宪大会或其他委员会的会议并在会议上就任何法律问题提出自己的意见。

但是其不享有投票权。

第十七章 国家结构和地方自治

第一百三十八条 [国家逐步的重组]

(一)通过取消集中和单一结构逐步转型为民主联邦制的国家①,以结束基于阶级、种姓、语言、性别、文化、宗教和地区的歧视。

(一A)认识到土著人民和尼泊尔包括马德西人在内的其他落后地区人民对自治省应成为一个联邦

---

① 宪法第一修正案修改。

472

民主共和制国家的自治省的愿望。省须有充分的自治权力。自治省的边界、数量、名称和结构等所有的细节以及自治省资源和权力的中心和分配由制宪大会决定,同时应保持尼泊尔的主权统一和完整。①

(二)根据第一款和第一A款进行国家结构转型时,应组成一个高级委员会,该委员会的组成、功能、职责、权力和服务条件由尼泊尔政府决定。

(三)对有关国家的结构调整和联邦政府体制的形式问题的最终解决应由制宪大会确定。

第一百三十九条 ［地方自治的规定］

(一)地方自治机构的选举应在权力下放和权力转移的基础上举行,以促进民众的参与,尽最大可能在地方政府制度中创造这样的环境,以有利于基层人民行使国家主权,向基层人民提供服务,发展基层民主。

(二)临时地方机构应在区、市、村三级由尼泊尔政府同意建立,同时包括在地方机构选举之前活跃于基层的政党参与。

［解释］

"活跃于基层的政党"系指在制宪大会有代表的政党,同时向制宪大会提交候选人时该地区选举中得票最多的政党。

(三)地方自治机构的组织结构、框架、地域界限和形成模式,应当由法律规定。

第一百四十条 ［收入的安排和调动］

(一)尼泊尔政府和地方自治机构之间的责任和收入的调动和分配应按照法律的规定,以使地方自治机构能够制订和实施地方计划,同时在调动中保持平衡,制订和实施地方一级的地方自治机构负责筹集和分配计划,同时保持恰当手段进行资源的分配,加强对地方发展的均衡及对发展的成果进行公平和平等的分配。

(二)根据第一款调动和分配收入时,特别注意应给予社会和经济相对落后阶层和地区,以达到国家的整体振兴和均衡平等的发展。

第十八章　政党

第一百四十一条 ［禁止限制政党］

(一)致力于共同的政治思想、理念和愿景的人士,根据第十二条第三款第三项的规定,有权组成和经营自己选择的政党,并公开市民的思想、理念和愿景,以确保广大市民的支持和合作,或方便其开展其他活动。任何法律对限制此类活动作出安排和决定应被视为不符合本宪法,并在事实上无效。

(二)任何法律对以下内容作出安排或决定的不符合本宪法,并应事实上无效,内容包括只允许参加或加入一个政党,或在选举、政治制度或政府行动中民众只能有相同的政治思想、哲学或因与本宪法不一致的,并在事实上无效。

(三)任何政党的目标无损于本宪法序言的基本精神和精髓的,应被视为有资格登记为政党。

第一百四十二条 ［为确保参选政党获得承认所需的注册］

(一)每一个政党以选举的目的,希望获得选举委员会的认可,应按照选举委员会规定的程序履行。未履行登记手续的政党应当从选举委员会名单中删除。

(二)根据第一款登记的申请书,应附有拟注册的政党的章程、宣言和规则,并包含以下内容:

1. 政党的名称和中央办公室的地址;

2. 成员的姓名和地址,政党的执行委员会或类似的其他委员会的成员的姓名和地址;

3. 政党的资金、收入来源和资源,以及获得这些资金的详细信息。

(三)应要求每一个政党,符合下列条件,以便有资格根据第一款注册:

1. 政党的章程和规则必须是民主的;

2. 政党的章程或规则必须提供至少每五年一次各级党干事选举;

3. 应制订一个包含各级执行委员会,在各级执行委员会的成员包括妇女、贱民及被排斥和被压迫的群体的条款;

4. 党的章程中必须有一个有效的规定以维护政党成员的纪律。

(四)选举委员会不予登记仅因宗教、种姓、部落、语言、性别而拒绝尼泊尔公民加入的任何政党或组织;或者其名称、目标、勋章或标志危及国家宗教和群体的团结,或分裂国家,或该政党的章程或规则具有以保护和促进单一政党制度为目标的。

(五)登记为选举政党应至少获得十万选民签名的请愿书。

但是,这一规定不适用于临时立法议会的政党。

(六)建立、登记和确认政党的条款和本章之外的其他事项应由法律规定。

第十九章　紧急权力

第一百四十三条 ［紧急权力］

(一)如果关乎尼泊尔的主权或完整性或任何部

---

① 宪法第五修正案新增。

分的安全方面严重的紧急情况出现，无论是战争、对外侵略、武装叛乱或极端的经济混乱，总统应根据尼泊尔内阁的建议通过公告或命令宣布尼泊尔的全部或部分进入紧急状态。

（二）根据第一款发出的每一个公告或命令应在签发之日起一个月内提交立法议会批准。

（三）若根据第二款由立法议会出席会议的成员的三分之二多数批准公告或命令，从其发布之日起三个月内将继续生效。

（四）若根据第二款未由立法议会批准公告或命令，该公告或命令应事实上视为终止。

（五）第三款规定的期限届满前，如果立法议会的成员三分之二以上出席会议，并通过决议认为第一款所述的情况继续存在，它可延长公告或命令的期间，但不得超过三个月。

（六）根据第一款紧急状态已宣布或命令已发出，总统可根据尼泊尔内阁的建议发出必要的命令以满足迫切需要。如此发出的命令在紧急状态期间与法律具有同等效力。

（七）总统在根据第一款宣布紧急状态时，可宣布在紧急状态期间第三章所规定的基本权利中止。

第十二条第一款、第二款和第三款第三项、第四项，第十三条，第十四条，第十五条第二款和第三款，第十六条，第十七条，第十八条，第二十条，第二十一条，第二十二条，第二十三条，第二十四条，第二十六条，第二十九条，第三十条和第三十一条，以及第三十二条中有关宪法救济权利、宪法的补救措施和人身保护令的补救措施的规定不得中止。

（八）根据第七款停止本宪法的任何条款，不得在任何法庭请求执行该条款的基本权利，也不得在任何法院对此提起诉讼。

（九）根据第一款在紧急状态期间，任何官方的行为违反法律或出于恶意造成任何人的损害，受到损害的人可在紧急状态结束后的三个月内提出申请书请求赔偿，法院如果认为该申请有效，应当判决支付赔偿。

（十）根据第一款宣布的紧急状态命令，总统可根据尼泊尔内阁的建议在紧急状态期间撤销紧急状态命令。

第二十章　军队相关的规定

第一百四十四条　[尼泊尔军队的宪法]

（一）尼泊尔应设立尼泊尔军队组织。

（一 A）总统应为尼泊尔军队的最高指挥官。[①]

（二）总统根据内阁的建议，任命尼泊尔军队的统帅。

（三）总统根据内阁的建议，依法控制、调动和管理尼泊尔军队。内阁基于政治谅解和立法议会有关委员会的建议，制定和执行尼泊尔军队的民主化的详细行动计划。

（四）根据第三款制定和执行该行动计划应包括合理化尼泊尔军队的行为，根据民主价值和人权建构民主体制、国家和包容性的培训。

（四甲）为了建构尼泊尔军队的包容性和国家性，土著人民、贱民、妇女和落后地区的人入境应在平等和包容的原则基础上受法律保障。[②]

（五）尼泊尔军队有关的其他事项应当由法律规定。

第一百四十五条　[国防委员会]

（一）应设国防委员会为内阁就尼泊尔军队的调动、操作和运用提出建议，国防委员会应包括以下人选：

1. 总理——主席。

2. 国防部长——成员。

3. 内政部长——成员。

4. 由总理指定的三位部长，该部长应是来自内阁不同政党的代表——成员。

但是如果代表少于三个政党，不应被视为禁止以这样的方式作出指定少于三个政党的代表。

（二）为防止出现总理和国防部长是同一人选的情况，内阁的最高级别成员应为国防委员会成员。

（三）国防委员会在必要的情况下可邀请其他任何人参加其会议。

（四）国防部秘书应作为国防委员会秘书；并在其出缺的情况下，可由总理指定的任何人员执行其职责。

（五）尼泊尔的军队除由于自然灾害的原因调动外，尼泊尔政府、内阁作出的任何调动军队的决定，应在该决定作出一个月内提交由立法议会指定的特别委员会批准。

（六）国防委员会可自行制定其议事规则。

第一百四十六条　[士兵的过渡性条文]

内阁应成立一个特别委员会，以监督、调整和教育毛主义军队士兵，并以同样的方式监督、调整和教育制宪大会主要政党的代表；此委员会的功能、职责和权力，应当由内阁决定。

第一百四十七条　[管理和监控]

在全面和平协定中关于武器与军队的管理和监

---

① 宪法第四修正案新增。

② 宪法第五修正案新增。

控的其他规定,以及尼泊尔和尼共(毛主义)政府之间于尼泊尔历 2063 年曼格萨月(Mangsir)第五日(2006 年 11 月 21 日)和尼泊尔历 2063 曼格萨月第二十二日(2006 年 12 月 8 日),达成对武器与军队管理和监控的协定各自有效。

第二十一章 宪法的修改

第一百四十八条 [宪法的修改]

(一)修订或废除宪法的任何条款的法案应在立法议会上提出。

(二)如果根据第一款提出法案,由立法议会全体成员的至少三分之二批准,该法案视为已获通过。

第二十二章 其他

第一百四十九条 [宪法委员会]

(一)根据本宪法,应成立宪法委员会以对宪法机构官员的任命提出建议,其中应包括以下的主席和成员:

1. 总理——主席。

2. 最高法院首席法官——成员。

3. 立法议会议长——成员。

4. 由总理指定的三位部长,该部长应是来自内阁不同政党的代表——成员。

但是如果代表少于三个政党,不应被视为禁止以这样的方式作出指定少于三个政党的代表。

5. 立法议会中反对党领袖——成员。

(二)当最高法院首席法官的职位出缺时,宪法委员会应将司法部长作为其成员。

(三)对宪法机构官员的任命及其职能、职责、权力与宪法委员会的议事规则程序,应由法律规定。

(四)尼泊尔政府首席秘书应作为宪法委员会秘书。

第一百五十条 [尼泊尔大使和特使]

总统应根据内阁的建议任命尼泊尔大使,以及其他任何特使。

第一百五十一条 [赦免]

总统根据内阁建议,可赦免和暂停一般法院、特别法院、军事法院以及任何其他司法或准司法与行政当局或机构的判决,亦可减免刑罚。

第一百五十二条 [头衔、荣誉和勋章]

(一)总统代表国家授予头衔、荣誉和勋章。

(二)任何尼泊尔公民在未得到尼泊尔政府批准的情况下,不能接受外国政府授予的头衔、荣誉和勋章。

第一百五十三条 [政府服务机构的建立]

尼泊尔政府为执行国家管理职能,若有需要应建立公民服务机构和其他政府服务机构。此类机构的建立、运作和服务条件应通过法案决定。

第一百五十四条 [委员会的建立]

为保护和促进包括妇女、贱民、土著人民、马德西人、残疾人、劳动者或农民在内各阶层的权利和利益,尼泊尔政府应建立各类委员会。此类委员会的形成、职能、职责和权力应由法律规定。

第一百五十四 A 条 [选举选区划界委员会]①

(一)尼泊尔政府可能组成一个选区划界委员会,以确定选区的制宪大会的人数,其中应包括以下主席和成员:

1. 最高法院退休法官——主席;

2. 地理学家——成员;

3. 社会学家或人口统计学家——成员;

4. 管理员或管理专家——成员;

5. 公布的在尼泊尔政府服务的特殊官员——成员和秘书。

(二)选区划界委员会的主席和成员应由尼泊尔政府任命。

(三)选区划界委员会的任期应由尼泊尔政府在宪法委员会期间批准,如有需要尼泊尔政府可延长任期。

(四)在不损害第一款一般性的前提下,被任命为选区划界委员会的主席或成员应具备下列资格:

1. 至少拥有尼泊尔政府认可的大学相关学科的学士学位;

2. 已年满四十五周岁;

3. 具备高尚品德。

(五)选区划界委员会的主席或成员办公室有下列情形之一应被视为空缺:

1. 以书面形式向总理辞职;

2. 死亡。

(六)根据本条划定选区。依据第六十三条第三款和第三 A 款,选区划界委员会在每个地区的人口基础上确定委员会成员人数,并尽可能与该地区人口基数以及制宪大会成员数相符,为选举制宪大会成员的目的而确定选民的选举权。

(七)根据第六款划定选区时,基于平等的人口与地理特异性与一致性,应考虑每个行政区的边界、地理条件、人口密度、交通设施,以及该区域居民的社区和文化因素。

---

① 宪法第一修正案新增。

（八）无论第七款作何规定，选民人数不得限定低于本宪法生效时该选区的选民人数。

（九）选区划界委员会作出的选区划定或依据第十C款作出的任何复审不得在法院提起诉讼。

（十）选区划界委员会应当向总理提交有关的工作报告。

（十A）总理将根据第十款收到的报告向内阁提交，内阁应将报告呈送选举委员会和其他有关执行机构。①

（十B）无论第十A款作何规定，如果内阁认为根据第十款向总理提交的报告有必要审查，以防某个地区的限制不是严格的命令，在这种特殊的情况下，内阁可要求委员会主席和成员根据第一款审查报告，并明确此类审查的截止日期。②

（十C）若内阁根据第十B款提出要求，委员会主席和成员应根据内阁提出的要求审查相关事项，并在截止期限内向总理提交报告。③

（十D）若根据第十C款收到报告，依据第十A款的报告相关的行动应当执行。④

（十E）无论本条作何规定，根据第十C款的审查，选区划界委员会应视为依据第十B款的目的在审查期间依旧存在。⑤

（十一）选区划界委员会应确定其本身的程序规则。

（十二）选区划界委员会的主席和成员的薪酬和配备应分别类似于首席选举专员和选举专员。

（十三）尼泊尔政府应满足选区划界委员会的人员需求。

第一百五十五条 ［宪法机构的官员公民权的有关规定］

（一）由宪法委员会根据本宪法提出的关于最高法院法官和大使的职位建议，在人选任命之前，须由议会依法进行。

（二）只有尼泊尔血统或在尼泊尔出生的公民，取得入籍公民及在尼泊尔居住至少十年的人，根据本宪法应当有资格被任命宪法职位。

第一百五十六条 ［批准、加入、接受或同意条约或协定］

（一）尼泊尔国家或尼泊尔政府批准、加入、接受或同意条约或协定，应由法律加以规定。

（二）任何根据第一款所作出的批准、加入、接受

或同意条约或协定，关于下列事项的条约或协议必须由当时的立法议会成员总数的三分之二多数通过：

1. 和平与友好；

2. 国防和战略联盟；

3. 尼泊尔国家的界限；

4. 自然资源及其用途分布。

但是，除第一项和第四项的条约或协议外，如果任何一个普通性质的条约或协议，并不会广泛地、严重地或长期地影响国家时，该条约或协议的批准、加入、接受或同意由立法议会会议的成员的简单多数作出决定即可。

（三）本宪法生效后，除条约或协定的批准、加入、接受或同意与本条相符外，其他条约或协定不得视为对尼泊尔政府或尼泊尔国家已生效。

（四）无论第一款和第二款作何规定，任何条约或协定不得损害尼泊尔国家的领土完整。

第一百五十七条 ［全民公决］

（一）除本宪法另有规定外，如果制宪大会成员总数的三分之二多数决定需要通过全民公决决定关于国家的重要问题，那么这类问题应该通过全民公决决定。

（二）按照第一款作出决定的程序应当由法律确定。

第一百五十八条 ［消除困难的权力］

如果有任何与本宪法的实施相关的困难，总统可根据内阁的建议签发命令消除困难；这些命令必须由立法议会在一个月内批准。

第二十三章　过渡性条款

第一百五十九条 ［以信托形式持有的财产］

（一）当时在任的百仁扎国王（King Birendra）、艾施瓦亚王后（Queen Aishwaya）及其家庭财产应在尼泊尔政府的控制之下以信托形式持有，用于关于国家利益的事项。

（二）贾南德拉·沙阿（Gyanendra Shah）当时作为国王时的所有财产（如坐落在各地的宫殿、森林、公园和历史文化遗产和古董）将被国有化。

第一百六十条 ［内阁的有关规定］

（一）在本宪法生效时已经存在的内阁，应视为已根据本宪法组建。

---

① 宪法第二修正案新增。

② 宪法第二修正案新增。

③ 宪法第二修正案新增。

④ 宪法第二修正案新增。

⑤ 宪法第二修正案新增。

（二）内阁根据第一款应继续存在，直至根据第三十八条组建内阁为止。

第一百六十一条 ［立法议会的有关规定］

（一）本宪法中提到的立法议会应于本宪法颁布后立即组建。

（二）原众议院和国民大会事实上应于宪法的颁布日解散，本宪法中提到的立法议会第一次会议应在同一天举行。

（三）宪法颁布后在众议院未表决的法案，应当根据本宪法移送立法议会。

（四）在本宪法生效时已经存在的议会秘书处，与在该秘书处已任职的官员和雇员应被视为根据本宪法设立的立法议会秘书处和任命的官员和雇员。

第一百六十二条 ［司法机构的有关规定］：

（一）在本宪法生效时已经存在的最高法院、上诉法院和地区法院，应被视为根据本宪法规定设立，本宪法不应被视为阻止清理各自法院的处置本宪法生效之前提交的案件。

（二）在最高法院、上诉法院和地区法院任职的法官，在本宪法生效后，由尼泊尔政府决定采取的宣誓形式，承诺遵守本宪法。任何拒绝宣誓的法官，应事实上被撤职。

（三）应制定必要的法律维持以民主的价值观和规范为基础的司法机构的改革，以保持独立、公平、公正和胜任的司法。

第一百六十三条 ［宪法机构和官员及其有关的规定］

（一）在本宪法生效时已经存在的宪法的机构和官员，或没有在本宪法中提及的这些机构和官员，应在本宪法生效后撤销。

（二）在本宪法生效时已经存在的宪法机构应被视为已根据本宪法建立；本宪法不应被视为阻止这些机构依据现行法律继续处理未完成的事务。关于宪法机构与其官员的法律规定应保持必要改革，使其与民主的规范和价值观念相一致。

（三）根据现行法律组成的国家人权委员会应继续存在，直至组成本宪法规定的国家人权委员会。当本宪法规定的国家人权委员会成立后，原根据法律组成的国家人权委员会应将请愿、申诉移交给根据本宪法组成的国家人权委员会；委员会应处理这样的请愿、申诉，并与本宪法和法律的规定相一致。

第一百六十四条 ［现行法律仍然有效］

（一）所有由众议院作出和执行的决定、法案和诉讼应被视为根据本宪法作出和执行，其与本宪法规定一致。

（二）在本宪法生效时存在的法律应继续有效，除非法律被废除或修改。

但是任何与本宪法不一致的法律在本宪法生效三个月后应事实上无效。

第二十四章　定义

第一百六十五条 ［定义］

（一）除所述事项或内容另有所指外，本宪法：

1."条"是指宪法的条目。

2."尼泊尔"是指尼泊尔国家。

3."公民"是指尼泊尔公民。

4."议案"是指宪法草案或已在立法议会或制宪大会上提出的法案。

5."酬金"应包括工资、津贴、退休金和任何其他形式的薪酬和设施。

（二）除所述事项或内容另有所指外，对现行法律的解释须受本宪法规定，其适用于以解释尼泊尔的法律同样的方式解释本宪法。

第二十五章　简称、生效和废除

第一百六十六条 ［简称和生效日期］

（一）本宪法可称为"尼泊尔 2007 年临时宪法"。

（二）本宪法应当由众议院颁布，并由临时立法议会批准。其相关实施的细节参见附表三。

（三）尼泊尔和尼共政府（毛主义）于 2006 年 11 月 21 日和 2006 年 12 月 8 日全面和平协定与武器和军队管理监控协议，分别参见附表四。

（四）本宪法于尼泊尔历（Bikram Sambat）2063 年磨噶月（Magha）的第一个星期一（2007 年 1 月 15 日）生效。

第一百六十七条 ［废除］

1990 年尼泊尔王国宪法，特此废除。

日本国宪法*

(1946 年 11 月 3 日公布,1947 年 5 月 3 日起实施)

我们,日本国民,决心通过正式当选的国会代表的行动,为了我们和我们的后代,确保与各国人民合作而取得的成果和自由带给我们全国的恩惠,消除因政府的行为而再次发生的战祸,特宣布主权属于国民,并制定本宪法。政府源于国民神圣的信任,其权威来自国民,其权力由国民的代表行使,国民从中受益。这是人类普遍的原理,本宪法即以此原理为根据。我们废除与此相反的一切宪法、法令和敕诏。

我们日本国民期望持久的和平,深知支配人类相互关系的崇高理想,信赖爱好和平的各国人民的公正与信义,决心保持我们的安全与生存。我们希望在努力维护和平,从地球上永远消灭专制与奴役、压迫与偏见的国际社会中,受到尊敬。我们确认,全世界人民都同等具有免于恐怖和贫困并在和平中生存的权利。

我们相信,任何国家都不得只对本国负责,政治道德的法则是普遍的法则,遵守这一法则是维持本国主权并同他国建立平等关系的所有国家的责任。

我们日本国民以国家的名誉发誓,竭尽全力以实现这一崇高的理想和目的。

第一章　天皇

第一条

天皇是日本国的象征,是日本国民整体的象征,其地位来源于拥有主权的全体日本国民的意志。

第二条

皇位世袭,根据国会议决的皇室典范①的规定继承。

第三条

天皇有关国事的一切行为,必须有内阁的建议和承认,并由内阁承担责任。

第四条

天皇只能进行本宪法所规定的有关国事行为,但不能行使政府的权力②。

天皇根据法律规定,可对其国事行为进行委托。

第五条

根据皇室典范的规定设置摄关③(Regency)时,摄关以天皇的名义行使有关国事的行为,在此情况下适用前条第一款的规定。

第六条

天皇根据国会的提名任命内阁总理大臣④。

天皇根据内阁的提名任命最高法院的院长的法官。

第七条

天皇根据内阁的建议与承认,代表国民行使下列国事行为:

1. 公布宪法修正案、法律、政令及条约。

---

* 译自日本国会众议院网站所载的官方英文版(http://www.shugiin.go.jp/index.nsf/html/index_e_laws.htm)。译者:孙群。

① 皇室典范是日本一套规定皇位继承顺序等,与日本皇室的制度与结构相关的法律。皇室典范一词系指两者:一为大日本帝国宪法时代的产物(1889 年 2 月 11 日裁定),另一者即为在日本国宪法下制定而成的"1945 年 1 月 16 日法律第 3 号"。——译者注

② 姜士林、陈玮主编的《世界宪法大全》(中国广播电视出版社)中翻译为"国政"一词,"国政"指国家的政事。《左传·襄公二十九年》:"罕氏常掌国政。"《汉书·匡衡传》:"衡位三公,辅国政。"《旧唐书·牛徽传》:"及茂贞平贼,自恃寝骄,多挠国政。"《三国演义》第三回:"今日饮宴之处,不可谈国政。"国政和国事在中文中没有明确的界限,所以在此翻译为政府的权力。——译者注

③ 姜士林、陈玮主编的《世界宪法大全》(中国广播电视出版社)中翻译为"摄政",但根据日本的历史,译者认为翻译为"摄关"似乎更为恰当,在天皇成年之前的摄政官称为"摄政",在天皇成年后的摄政官称为"关白",二者合称为"摄关"。——译者注

④ 日本首相(正式衔称为"内阁总理大臣")是日本行政机关的首脑,首设于 1885 年(明治十八年),直至 2011 年 3 月(平成二十三年)为止共有 61 人曾担任此职。——译者注

2. 召集国会。

3. 解散众议院。

4. 公告举行国会议员的选举。

5. 认证国务大臣和法律规定的其他官吏的任免、全权证书以及大使、公使的国书。

6. 认证大赦、特赦、减刑、免除刑罚以及恢复权利。

7. 授予荣誉称号。

8. 认证批准书以及法律规定的其他外交文书。

9. 接受外国大使及公使。

10. 举行仪式。

第八条

授予皇室财产，皇室接受或赐予礼物，均须根据国会的决议。

第二章 放弃战争

第九条

日本国民衷心谋求基于正义与秩序的国际和平，永远放弃以国家主权发动战争、武力威胁或以行使武力作为解决国际争端的手段。

为达到前款目的，不保持陆海空军及其他战争力量，不承认国家的交战权。

第三章 国民的权利与义务

第十条

日本国民应具备的条件由法律规定。

第十一条

不得妨碍国民享有的一切基本人权。

本宪法所保障的国民的基本人权，作为不可侵犯的永久权利，现在及将来均赋予国民。

第十二条

受本宪法保障的国民的自由与权利，国民必须不断地努力保持。国民不得滥用自由与权利，而应承担用以增进公共福利的责任。

第十三条

全体国民都作为个人而受到尊重。对于谋求生存、自由以及幸福的国民权利，只要不违反公共福利，在立法及其他国家事务上都必须受到最大的尊重。

第十四条

全体国民在法律面前一律平等。在政治、经济以及社会的关系中，都不得因人种、信仰、性别、社会身份以及家庭出身的不同而有所差别。

华族①以及其他贵族制度，一概不予承认。

荣誉、勋章以及其他荣誉称号的授予，不附带任何特权。授予的荣誉称号，其效力只限于现有者和将接受者一代。

第十五条

选举和罢免公务员是国民不可剥夺的权利。

所有公务员都是为全体国民服务，而不是为一部分服务。

关于公务员的选举，是保障全体成年人普选。

在一切选举中，不得违背投票秘密的原则。对于选举人所作的选择，不论在公或在私都不得受到追究。

第十六条

任何人对损害的救济，公务员的罢免，法律、命令以及规章的制订、废止和修订以及其他有关事项，都有和平请愿的权利，任何人都不得因进行此种请愿而受到区别对待。

第十七条

任何人因公务员的不法行为而受到损害时，可依据法律的规定，向国家或公共团体提出赔偿的要求。

第十八条

任何人都不受任何形式的奴役。除因犯罪而受处罚外，禁止强制劳役。

第十九条

不得侵犯思想及良心的自由。

第二十条

保障任何人的信教自由。任何宗教团体都不得从国家获取特权或行使任何政治上的权利。

对任何人都不得强制其参加宗教上的行为、庆祝典礼、仪式或活动。

国家及其机关都不得进行宗教教育以及其他任何宗教活动。

第二十一条

保障集会、结社、言论、出版及其他一切表达的自由。

不得侵犯任何形式的通信秘密，也不得进行检查。

第二十二条

在不违反公共福利的范围内，任何人都有居住、迁移以及选择职业的自由。

不得侵犯任何人移居国外或放弃国籍的自由。

第二十三条

保障学术自由。

---

① 华族是日本于明治维新至二战结束之间存在的贵族阶层。"华族"的出现是始于 1869 年 6 月 17 日，而正式确立"华族制度"的《华族令》则是于 1884 年 7 月 7 日制定。"华族"于 1947 年 5 月 3 日，随着战后日本国宪法生效而正式被废除。——译者注

第二十四条

婚姻仅以两性的自愿结合而成立，以夫妇平等为基础，在相互协助之下得以维持。

关于选择配偶、财产、继承、选择居所、离婚以及婚姻和家庭等其他有关事项的法律，必须以个人尊严与两性平等为基础制定。

第二十五条

全体国民都享有维持最低限度的健康生活和文化生活的权利。

国家必须在生活的各个方面努力提高和增进社会福利、社会保障以及公共卫生事业。

第二十六条

依照法律规定，全体国民有依其能力接受同等教育的权利。

依照法律规定，全体国民有义务使受其保护的子女接受普通教育。义务教育免费。

第二十七条

全体国民都有劳动的权利与义务。

有关工资、劳动时间、休息以及其他劳动条件的基本标准，由法律规定。

不得虐待儿童。

第二十八条

保障劳动者的团结、集体谈判以及其他集体行动的权利。

第二十九条

财产权不得侵犯。

财产权的内容应符合公共福利，并由法律规定。

私有财产在获得正当的补偿下可收归公用。

第三十条

国民有按照法律规定纳税的义务。

第三十一条

非经法定程序，不得剥夺任何人的生命或自由，或科以其他刑罚。

第三十二条

不得剥夺任何人接受法院审判的权利。

第三十三条

若无主管的司法机关签发明示被控罪行的拘捕证，对任何人均不得逮捕，但逮捕现行犯除外。

第三十四条

若不告知理由并立即告知其委托辩护人的权利，对任何人均不得拘留或拘禁。对任何人若无正当理由不得拘禁；如本人提出要求，必须立刻将此项理由在有本人及其辩护人出席的公开法庭上予以宣告。

第三十五条

不得侵入、搜查或扣留任何人的住所、文件以及持有物。除第三十三条的规定外，若无依据正当理由签发并明示搜查场所及扣留物品的令状，此项权利一概不得侵犯。

搜查与扣留，应依据主管司法机关分别签发的令状实施。

第三十六条

绝对禁止公务员施行拷问及酷刑。

第三十七条

在一切刑事案中，被告人享有接受公正的法院迅速公开审判的权利。

刑事被告人被允许有充分的机会检查所有的证据，并有使用公费通过强制程序为自己调取证据的权利。

刑事被告人在任何场合都可委托有资格的辩护人。被告本人不能自行委托时，由国家指派。

第三十八条

不得强制任何人作出不利于本人的供述。

以强迫、拷问或威胁所得的口供，或经过非法的长期拘留或拘禁后的口供，均不得作为证据。

如果对自己不利的唯一证据是本人口供时，不得被定罪或科以刑罚。

第三十九条

在行为当时为合法的行为或已经判处无罪的行为，均不得追究刑事责任。对同一种犯罪不得重复追究刑事责任。

第四十条

任何人在拘留或拘禁后被判无罪时，得依法律规定向国家请求赔偿。

第四章 国会

第四十一条

国会是国家的最高权力机关，是国家唯一的立法机关。

第四十二条

国会由众议院和参议院两院构成。

第四十三条

两院由选举产生的代表全体国民的议员组成。

两院的议员名额由法律规定。

第四十四条

两院的议员及选举人的资格，由法律规定。但不得因人种、信仰、性别、社会身份、家庭出身、教育、财产或收入的不同而有所差别。

第四十五条

众议院议员的任期为四年。但在众议院解散时，其任期在期满前终止。

第四十六条

参议院议员的任期为六年，每隔三年改选半数议员。

第四十七条

有关选举区、投票方法以及选举两院议员的其他事项,由法律规定。

第四十八条

任何人都不得同时担任两院的议员。

第四十九条

两院议员得按法律规定从国库获得相当数额的年薪。

第五十条

除法律规定外,两院议员在国会开会期间不受逮捕。开会期前被逮捕的议员,若其所属议院提出要求,必须在开会期间予以释放。

第五十一条

两院议员于议院外就其在议院中的言辞、讨论或表决不负法律责任。

第五十二条

国会的例会每年召开一次。

第五十三条

内阁可决定召集国会的临时会议。如经任何一院全体议员的四分之一以上的要求,内阁必须决定召集临时会议。

第五十四条

众议院被解散时,必须在自解散之日起四十日内举行众议院议员大选,并须在选举之日起三十日以内召开国会。

众议院被解散时,参议院同时闭会。但内阁在国家有紧急需要时,得要求参议院举行紧急会议。

在前款但书的紧急会议中所采取的措施是临时性的,如在下届国会开会后十日以内不能得到众议院的同意,该项措施即失效。

第五十五条

两院各自裁决有关议员资格的争议。但撤销议员资格,需经出席会议议员的三分之二以上多数通过。

第五十六条

两院出席的议员不足全体议员三分之一以上时,不得作出决议。

两院作出决议时,除本宪法有特别规定者外,由出席议员的过半数通过,若票数相等,由议长决定。

第五十七条

两院的审议应当公开。但经出席议员三分之二以上的多数决议时,得举行秘密会议。

两院分别保存各自的会议记录,除秘密会议记录中认为应特别保密者外,均应发表并公布于众。

若经出席议员五分之一以上的要求,各议员的表决必须载入会议记录。

第五十八条

两院各自选任本院的议长及其他工作人员。

两院各自制定有关会议、程序以及内部纪律的规定,得对破坏议员秩序的议员进行惩罚。但开除议

员必须有出席议员三分之二以上的多数通过决议。

第五十九条

除本宪法有特别规定者外,法案须经两院通过后即成为法律。

众议院已经通过而参议院作出不同决议的法案,若经众议院出席议员三分之二以上的多数再次通过时,即成为法律。

前款规定并不妨碍众议院根据法律规定提出举行两院协议会的要求。

参议院接到已由众议院通过的法案后,除国会休会期间不计外,如在六十日内不作出决议,众议院可以认为此项法律案已被参议院否决。

第六十条

预算案必须先由众议院提出。

对预算案,若参议院作出与众议院不同的决议,根据法律的规定,举行两院协议会而仍不能取得一致意见时,或在参议院接到众议院已经通过的预算案后,除国会休会期间外,在三十日内仍不作出决议时,即以众议院的决议作为国会决议。

第六十一条

关于缔结条约所必要的国会的承认,准用前条第二款的规定。

第六十二条

两院得各自进行有关政府事务的调查,并得为此要求证人出席作证或提出证言及记录。

第六十三条

内阁总理大臣及其他国务大臣,不论其是否在两院之一占有议席,为就议案发言均得随时出席会议,同时当其被要求出席答辩或作说明时,必须出席。

第六十四条

国会为审判受到罢免控诉的法官,由两院之议员设立弹劾法院。

有关弹劾的事项,由法律规定。

第五章 内阁

第六十五条

行政权属于内阁。

第六十六条

内阁按照法律规定由作为首脑的内阁总理及其他国务大臣组成。

内阁总理大臣及其他国务大臣必须是文职人员。

内阁行使行政权,集体向国会负责。

第六十七条

内阁总理大臣经国会决议在国会议员中提名。此项优先于其他议案进行。

众议院与参议院对提名作出不同决议时,根据法律规定举行两院协议会亦不能得出一致意见时,或众议院作出提名的决议后,除国会休会期间不计外,在十日以内参议院仍不作出提名决议时,即以众议院的决议作为国会决议。

第六十八条

内阁总理大臣任命国务大臣。但其中半数以上人员必须在国会议员中选任。

内阁总理大臣可自行罢免国务大臣。

第六十九条

内阁在众议院通过不信任案或信任案遭到否决时,若十日内不解散众议院则内阁必须总辞职。

第七十条

内阁总理大臣缺位,或众议院议员大选后第一次召集国会时,内阁必须总辞职。

第七十一条

发生前两条情况时,在新的内阁总理大臣被任命之前,内阁继续执行职务。

第七十二条

内阁总理大臣代表内阁向国会提出议案,就日常国家事务及外交关系向国会提出报告,并指挥监督各行政部门。

第七十三条

内阁除执行日常行政事务外,还履行以下职能:

1. 忠实执行法律,总理国务。

2. 处理外交关系。

3. 缔结条约,但必须在事前,或根据情况在事后获得国会的承认。

4. 按照法律规定的准则,管理有关公务人员的事务。

5. 编制并向国会提交预算。

6. 为实施本宪法及法律的规定而制定政令。但除法律特别授权外,不得制定罚则。

7. 决定大赦、特赦、减刑、免除刑罚及恢复权利。

第七十四条

法律及政令均由主管的国务大臣签署,且必须由内阁总理大臣副署。

第七十五条

若未经内阁总理大臣的同意,在任国务大臣不受公诉。但此项规定并不妨碍提起诉讼的权利。

第六章 司法

第七十六条

一切司法权属于最高法院及由法律规定设置的下级法院。

不得设置特别法院。

行政机关不得拥有终审权。

所有法官依良心独立裁判,只受本宪法及法律的拘束。

第七十七条

最高法院有权就有关诉讼程序、律师、法院内部纪律以及司法事务处理等事项制定规则。

检察官必须遵守最高法院制定的规则。

最高法院可将制定有关下级法院规则的权限委托给下级法院。

第七十八条

法官非经法院宣告因身心状况不适合执行职务者外,非经正式弹劾不得罢免。不得由行政机关行使对法官的惩戒处分。

第七十九条

最高法院由任该法院院长的法官及按法律规定名额的其他法官组成。除任该院院长的法官外其余法官由内阁任命。

最高法院法官的任命,在其任命后第一次举行众议院议员大选时交付国民审查,自此经过十年之后第一次举行众议院议员大选时再次交付审查,以后依照同样的方式处理。

在前款审查中,投票者以多数通过决议罢免某法官时,此法官即被罢免。

有关审查事项,以法律规定。

最高法院法官到达法律规定年龄时退休。

最高法院法官均定期接受相当数额的报酬,此报酬在任期中不得减少。

第八十条

下级法院法官,由内阁按最高法院提出的名单任命。法官的任期为十年,可连任,但到达法律规定的年龄时退休。

下级法院法官均定期接受相当数额的报酬。此项报酬在任期中不得减少。

第八十一条

最高法院为有权决定一切法律、命令、规则以及公务行为是否符合宪法的终审法院。

第八十二条

法院的审讯及判决应公开进行。

若经全体法官一致认为有碍公共秩序或善良风俗时,法院的审讯可以不公开进行。但对政治犯罪、有关出版犯罪或关于本宪法第三章所保障的国民权利的案件,一般应公开审讯。

第七章 财政

第八十三条

处理国家财政的权力必须根据国会的决议行使。

第八十四条

非依法或在法律规定的条件下，不得征收新税种或变更现行税种。

第八十五条

非经国会决议不得支出国家费用或令国家负担债务。

第八十六条

内阁编制每一会计年度的预算必须向国会提交并经其审议通过。

第八十七条

为补充难以预见的预算不足，可根据国会决议设置预备费，由内阁负责其支出。

所有预备费的支出，内阁必须于事后取得国会的承认。

第八十八条

皇室的一切财产属于国家。皇室的一切费用必须列入预算，由国会拨款。

第八十九条

公款以及其他国家财产，不得为宗教组织或团体使用、提供方便和维持活动之用，也不得供不属于公共机关的慈善、教育或救助事业的支出。

第九十条

国家的收支决算，每年均须由会计检查院（the Board of Audit）审查，内阁必须于下一年度将决算和此项审查报告一并向国会提出。

会计检查院的组织及权限，由法律规定。

第九十一条

内阁必须定期，至少每年一次，向国会及国民报告国家财政状况。

第八章　地方自治

第九十二条

关于地方公共团体的组织及运营事项，根据地方自治的宗旨由法律规定。

第九十三条

地方公共团体根据法律规定设置的议会为其议事机关。

地方公共团体的长官、议会议员以及法律规定的其他公务人员，由该地方公共团体的居民直接选举产生。

第九十四条

地方公共团体有管理财产、处理事务和管理其机构以及在法律范围内制定条例的权利。

第九十五条

根据法律规定，仅适用于某一地方公共团体的特别法，非经该地方公共团体居民投票半数以上同意，

国会不得制定。

第九章　宪法的修正

第九十六条

本宪法的修正，必须经各议院全体议员三分之二以上通过，由国会创议，向国民提出，并获得其承认。此种承认，必须在特别国民投票或国会规定的选举时，且必须获得半数以上国民的赞成。

宪法的修正在经过前款承认后，天皇即以国民的名义，作为本宪法的一个组成部分公布。

第十章　最高法律

第九十七条

本宪法对日本国民所保障的基本人权，是人类为争取自由经过多年努力的结果，这种权利已几经考验，被确信为现在及将来国民的不可侵犯的永久权利。

第九十八条

本宪法为国家的最高法规，与本宪法条款相违反的法律、命令、敕诏以及有关政府行为的全部或部分，一律无效。

日本国缔结的条约及已确立的国际法规，必须忠实遵守。

第九十九条

天皇或摄关以及国务大臣、国会议员、法官以及其他公务员均负有尊重和拥护本宪法的义务。

第十一章　补充条款

第一百条

本宪法自公布之日起六个月后生效。

为实施本宪法而制定必要的法律，参议院议员的选举、召集国会的程序以及为实施本宪法而作的必要的准备程序，得于前款日期之前进行。

第一百零一条

本宪法生效时，如果参议院尚未成立，在其成立以前由众议院行使国会的权力。

第一百零二条

根据本宪法而产生的第一届参议院议员，其中半数的任期为三年。此等议员，按法律规定决定之。

第一百零三条

本宪法生效时现任的国务大臣、众议院议员、法官以及其他公务员，其职务与本宪法承认的职务相应者，除法律有特别规定外，不因本宪法实施而当然丧失职务。但根据本宪法而选出或任命继任者时，即当然丧失其职位。

塞浦路斯共和国宪法*

[1960 年 8 月 16 日公布，1996 年经第 86(I)号
宪法性法律和第 106(I)号宪法性法律修正]

第一章　总则

第一条

塞浦路斯是一个独立和主权的总统制共和国，希腊族人担任的总统和土耳其族人担任的副总统分别由本宪法下文规定的塞浦路斯希腊族与土耳其族选举产生。

第二条

（一）本宪法所谓的希腊族包括共和国所有或是原籍希腊并以希腊语为母语的公民或是共享希腊文化传统的公民或是身为希腊东正教教徒的公民。

（二）本宪法所谓的土耳其族包括共和国所有或是原籍土耳其并以土耳其语为母语的公民或是共享土耳其文化传统的公民或是身为穆斯林的公民。

（三）不属于本条第一款或第二款规定的共和国公民应在本宪法生效之日起三个月内选择或是成为希腊族成员或是成为土耳其族成员，但是，如果这些公民隶属于某一宗教团体，则应由宗教团体作出选择，该公民根据此种选择成为某一族的成员。

但属于上述宗教团体的共和国公民有权选择不遵守该团体的选择，而在该团体作出这一选择之日起一个月内向共和国有关官员和希腊族社议会议长与土耳其族社议会议长提交书面署名声明，选择自己隶属的、非该团体应被承认之族；

此外，如果上述宗教团体所作的选择因其成员数少于规定的人数而未被承认，那么该团体的任何成员都可在拒绝承认此种选择之日起一个月内，以个人身份按前述方式选择自己愿意隶属的族。

本宪法所谓的"宗教团体"，是指信奉同一宗教的常住塞浦路斯的人口团体，它们或者隶属于同一教会，或者受同一教会的管辖，该团体的人数在本宪法生效之日超过一千人，则一千人中至少有五百人在该日成为共和国公民；

（四）任何人在本宪法生效三个月后成为共和国的公民都应该在成为公民之日起三个月内作出本条第三款规定的选择。

（五）属于本条第一款或第二款规定范围内的希腊族或是土耳其族的共和国公民有权依照如下规定脱离其原来所属的族而隶属于另一族：

1. 向共和国有关官员和希腊族社议会议长与土耳其族社议会议长提交表示愿意作此改变的书面署名声明；

2. 得到另一族社议会的批准。

（六）任何个人或宗教团体根据本条第三款的规定被视为隶属于希腊族或者土耳其族有权依照下列规定脱离其原来所属的族而隶属于另一族：

1. 向共和国有关官员和希腊族社议会议长与土耳其族社议会议长提交表示愿意作此改变的个人或宗教团体的书面署名声明；

2. 得到另一族社议会的批准。

（七）1. 一个已婚妇女应该隶属于其丈夫所隶属的族。

2. 未满二十一周岁且未婚的男性或者女性应该隶属于其父亲所属的族，但若父亲不详且本人未被收养，则该男性或者女性应该隶属于其母亲所属的族。

第三条

（一）共和国的官方语言是希腊语和土耳其语。

（二）立法、行政和执行法令与文件应该使用两种官方文字印行，如根据本宪法明文规定应予公布者，应在共和国政府公报上同时用两种官方文字予以公布。

（三）致送希腊族公民或土耳其族公民的执行公文或者其他公文，应分别用希腊文或土耳其文印行。

（四）若当事人双方是希腊族人，则司法程序的处理或进行以及判决书的书写应该使用希腊语，若当事人双方是土耳其族人，则应该使用土耳其语，若当事

---

* 译自塞浦路斯共和国政府网站所载的英文版（http://www.cyprus.gov.cy），同一版本亦见于 ICL 网站。译者：胡婧

人一方为希腊族人另一方为土耳其族人,则应同时使用希腊语和土耳其语。官方语言,为了同样的目的在其他情况下使用时,应由高等法院根据本宪法第一百六十三条制定的法院规则予以规定。

(五)共和国政府公报上刊登的文本应就相同的问题同时以两种官方语言发表。

(六)1. 在共和国政府公报上公布的立法、行政和执行法令与文件的希腊文本和土耳其文本的文义出入,应该由管辖法院予以裁决。

2. 共和国政府公报中公布族社议会(Communal Chamber)的法律或决议的通行文本应以该族社议会所使用的语言公布。

3. 行政和执行法令或文件的希腊文本和土耳其文本的文义出入,即使未在共和国政府公报上公布,而是在其他地方公布的,那么由部长或其他有关当局就何种文本应当通行或何种文本为正确文本所作的申明应该是最后的和不可更改的。

4. 主管法院对于上述文本不一致的争议有权作出其认为公正的纠正。

(七)两种官方语言应适用于硬币、钞票和邮票。

(八)人人有权使用任何一种官方语言向共和国政府机关陈情。

第四条

(一)共和国应该拥有由总统与副总统共同选定的图案和颜色均中性的国旗。

(二)共和国的机关和其他经由或根据共和国法律产生的公共法人或公用事业机构应悬挂共和国国旗,且它们有权在节假日同时悬挂共和国国旗和希腊国旗与土耳其国旗。

(三)族社当局和机构有权在节假日同时悬挂共和国国旗和希腊国旗或土耳其国旗。

(四)共和国的公民或者由共和国公民组成的非国营的团体、法人团体或非法人团体,有权自由地在其住所悬挂共和国国旗或者希腊国旗或土耳其国旗。

第五条

希腊族和土耳其族应有权分别庆祝希腊节假日和土耳其节假日。

第二章 基本权利和自由

第六条

众议院或族社议会的法律或决议,共和国内行使行政权与管理职能的机关、机构和个人的法令或决定依照本宪法的明文规定不得歧视两族中的任何一族,也不得歧视作为单个人或作为某族成员存在的任何个人。

第七条

(一)人人享有生命和身体完整权。

(二)任何人非由执行管辖法院依法处以刑罚的刑事判决不得被剥夺生命。法律只有在谋杀、叛国、国际法上的海盗行为以及军法规定为死罪的情况下才有权规定适用死刑。

(三)因绝对必要使用武力而造成的剥夺生命不得视为同本条的规定相抵触:

1. 保卫人身和财产免遭对等的、无法避免的和无法弥补的侵害;

2. 为了实施逮捕或为了阻止被依法关押者逃跑;

3. 采取由法律规定的行动以平息骚乱或叛乱。

第八条

任何人不得被拷打,不受非人道的或侮辱性的惩罚和对待。

第九条

人人有权过体面的生活,有权享受社会保障。法律应规定对工人的保护、对穷人的援助和社会保险体系的建立。

第十条

(一)不得使任何人处于奴隶状态或受奴役状态。

(二)不得要求任何人从事强迫的或强制的劳动。

(三)本条所谓的"强迫或强制劳动"不包括如下劳动:

1. 被要求从事的劳动是根据第十一条的规定或者在有条件释放期间强迫受监禁人员进行的;

2. 由法律认可的强制的或对拒服兵役者所要求从事的代替义务兵役的军事性服役;

3. 从事的服务是在发生紧急情况或威胁人民生命与健康的灾害时所要求的。

第十一条

(一)人人有权获得自由和人身安全。

(二)任何人非经由法律规定并在如下情形中不得被剥夺自由:

1. 由管辖法院判决监禁;

2. 因不服从法院的合法命令而受到逮捕或拘留;

3. 为将有明显犯罪的嫌疑人送交管辖司法机关审判,或为了防止犯罪或犯罪后逃跑而认为必须予以逮捕或拘留;

4. 出于教育监督目的根据合法命令对未成年人实施的拘留,或为将其送交管辖司法机关审判而依法予以拘留;

5. 为防止传染病蔓延或因精神不健全、酗酒、吸毒或为无业游民而予以拘留;

6. 为制止非法入境或为将受到起诉的外国人驱

逐出境或引渡而予以逮捕或拘留。

（三）任何人非根据法院依照法定手续签发并说明理由的逮捕令不受逮捕，但依法当处死刑或监禁的现行犯除外。

（四）被逮捕者在被逮捕时应该以其所通晓的语言被告知逮捕理由，并允许由其自行选定的律师为其辩护。

（五）被逮捕者非在此前被释放应尽快且至迟不超过被逮捕后二十四小时被移送法官加以审判。

（六）预审法官应立即以被逮捕者所通晓的语言讯问其被逮捕的原因，并应尽快且至迟不得超过此次讯问后三日，或根据法官认为适当的条件释放被逮捕者，或因对作为其被捕理由的犯罪行为的调查尚未结束而被拘留，且拘留可以多次进行，但每次拘留的期限不得超过八日：

但是，拘留时间从逮捕之日起计算累计不得超过三个月，如上述时限届满，拘留被逮捕者的官员或机关应立即将被逮捕者释放。

可上诉预审法官根据本款作业的决定。

（七）凡因逮捕或拘留而被剥夺自由的人有权提出控诉，受理的法院应对上述拘留是否合法迅速作出裁决，拘留如属违法，法院应下令释放被逮捕者或被拘留者。

（八）凡因违反本条规定而被逮捕或拘留的受害者有权要求赔偿。

第十二条

（一）任何人，其行为或过失按行为时施行的法律不构成犯罪，不得视为有罪；对任何人犯罪给予的处罚不得重于犯罪当时施行的法律明文规定的处罚。

（二）对已判定无罪或判定有罪的人不得因同一罪名而被再次审判。任何人非因造成死亡的行为或过失不得因同一行为或过失而被处罚两次。

（三）任何法律不得规定与罪行轻重不相称的处罚。

（四）任何被指控犯罪的人在依法证明其有罪以前应推定为无罪。

（五）任何被指控犯罪的人享有如下最低限度的权利：

1. 应立即并以其所通晓的语言被详细告知其被指控的性质与理由；

2. 有充分的时间和便利为辩护作准备；

3. 由被告人本人或被告人选定的律师进行辩护，或者，如果被告人无力支付辩护律师费用，那么该被告人有权根据司法公正的需求享有免费的法律援助；

4. 对原告提供的证人进行质证或已质证，并要求被告人提供的证人在和原告提供的证人在同等条件下出庭和质证；

5. 如果不理解或不能说法庭所使用的语言，则可获得免费的翻译。

（六）禁止没收全部财产。

第十三条

（一）在遵守因国防和公共卫生，或由管辖法院判处的刑罚而由法律规定的限制下，人人有权在共和国领土范围内自由迁徙和居住。

（二）在遵守由法律规定的合理限制下，人人有权永久性或暂时性离开共和国。

第十四条

在任何情况下均不得将公民从共和国放逐或驱逐。

第十五条

（一）人人有权获得其私生活和家庭生活方面的尊重。

（二）此项权利的行使非根据法律规定且因共和国的安全利益、宪法秩序、公共安全、公共秩序、公共卫生、公共道德或维护本宪法对个人权利和自由的保障的需要不受干涉。

第十六条

（一）任何人的住宅不受侵犯。

（二）不得进入任何住宅或对住宅进行搜查，但由法律规定并持有法院签发的说明正当理由的搜查令，或由住宅占有者明确同意，或为援救暴力犯罪或灾祸的受害者而进入者不在此限。

第十七条

（一）人人有权享有通信自由和秘密，其他的通讯方式若未被法律所禁止，亦属于通信自由和秘密而受到尊重和保护。

（二）此项权利的行使非据法律规定且仅在对已判决和尚未判决的在押犯以及对破产者在破产接管期间的商业通信与通讯施加限制的情况不受干涉。

第十八条

（一）人人有权享有思想、信仰和宗教的自由。

（二）凡教义或礼拜仪式非秘密的宗教均可以自由进行活动。

（三）各种宗教在法律面前一律平等。在不影响本宪法规定的族社议会权能的前提下，共和国的立法、行政或执行法令不得歧视任何宗教机构和宗教信仰。

（四）人人自由且有权单独地或集体地、私下地或公开地在礼拜、讲道、习俗或仪式中表明自己的宗教信仰或信念，也有权改变其宗教信仰与信念。

（五）禁止使用肉体上或精神上的强制手段以改变他人的宗教信仰或阻止他人改变其宗教信仰。

（六）自由地表明自己宗教信仰与信念应仅受限

于由法律规定的且出于共和国的安全利益、宪法秩序、公共安全、公共秩序、公共卫生、公共道德，或维护本宪法对个人权利和自由的保障的需要。

（七）未满十六周岁的人应由其法定监护人决定其信奉的宗教。

（八）不得强迫不信奉某一宗教的人缴纳全部或部分划拨给该宗教的税或费。

第十九条

（一）人人有权以任何形式享有言论自由和表达自由。

（二）此项权利包括不受任何政府机关干涉、不受国界限制以持有各种见解、接受和传授知识与思想的自由。

（三）本条第一款和第二款规定的权利的行使可遵守由法律规定的手续、条件、限制或制裁办法且出于共和国的安全利益、宪法秩序、公共安全、公共秩序、公共卫生、公共道德、保护他人的名誉或权利、防止泄露机密，或维持司法权威与公正的需要。

（四）非持有共和国总检察长的书面许可不得查封报纸或其他出版物，且前述查封须经管辖法院在七十二小时内裁定批准，否则，查封应予取消。

（五）本条各款规定不得妨碍共和国要求音像广播或电影企业进行许可经营的规定。

第二十条

（一）人人有权接受培训或教育，任何人或机构有权给予培训或教育。但应遵守由族社法律规定的手续、条件或限制且出于共和国安全、宪法秩序、公共安全、公共秩序、公共卫生、公共道德、教育的标准与质量，或保护他人的权利与自由包括父母使其子女得到与其宗教信仰相一致的权利的需要。

（二）免费的初等教育应由希腊族社议会与土耳其族社议会在各自族社的初等学校中提供。

（三）初等教育对所有符合有关族社法律规定学龄的公民是强制的。

（四）初等教育以外的教育应由希腊族社议会和土耳其族社议会根据有关族社法律规定的学制和条件在相称的和适当的情况下提供。

第二十一条

（一）人人有权享有和平集会的自由。

（二）人人有权享有与他人结社的自由，包括有权组织和参加保障其自身利益的工会，尽管本条第三款对此有所限制，但任何人不得被强迫参加任何社团或被强迫继续充当其社员。

（三）非由法律规定且出于共和国安全、宪法秩序、公共安全、公共秩序、公共卫生、公共道德，或维护本宪法对任何个人（不论其是否参加上述集会，也不论其是否成为上述社团成员）的权利与自由的保障的

绝对需要，上述权利的行使不受限制。

（四）其宗旨或活动违反宪法秩序的社团应予取缔。

（五）法律有权限制武装部队的成员、警察或宪兵行使上述权利。

（六）依照法律有关设立或组合、成员资格（包括成员的权利与义务）、经营与管理、结业与解散的规定的情况下，本条的规定也适用于以营利为目的的公司、团体和其他社团的设立。

第二十二条

（一）任何人若达到结婚年龄均有权享有根据适用于本宪法规定人员的婚姻法结婚和组建家庭的自由。

（二）本条第一款的规定应该在下列情况中得到适用：

1. 如果根据第一百一十一条的规定适用于男女双方的婚姻法有所不同，那么男女双方有权从根据该条规定适用于双方的不同婚姻法中任择其一适用于其婚姻；

2. 如果第一百一十一条的规定不适用于结婚双方的任何一方，且双方都不是土耳其族成员，那么该婚姻应由众议院制定的共和国法律管理，且共和国法律除因年龄、健康、近亲和多配偶制禁止的限制外不得规定其他限制；

3. 如果第一百一十一条的规定只适用于结婚双方中的一方，且另一方不是土耳其族成员，那么该婚姻应适用本款第二项所规定的共和国法律；

但是，根据第一百一十一条规定适用于双方中一方的婚姻法若允许此种婚姻时，双方得选择根据该法的规定办理。

（三）本条的规定不得影响本宪法所规定的希腊东正教会或第二条第三款所谓的其他宗教团体对其成员除结婚外的其他权利。

第二十三条

（一）1. 任何人都有权单独或与其他人共同获得、占有、持有、享用或处理动产或不动产，同时也有权要求其上述权利得到尊重。

2. 地下水、矿藏和文物的权利由共和国保留。

（二）上述权利非因本条另有规定不得予以剥夺、约束或限制。

（三）1. 出于公共安全利益、公共卫生、公共道德、市镇与农村规划、财产的开发与利用以增进公共利益，或保护他人权利的绝对需要，可由法律对上述权利的行使进行约束或限制。

2. 公正的补偿应因上述约束或限制而使财产的经济价值在实质上下降时立即给予；如果无法就补偿达成协议，应由民事法庭予以裁定。

（四）任何动产、不动产或者其权益应由共和国或市自治机关或由族社议会出于其管辖下的教育、宗教、慈善或体育机构、团体或组织的需要，向属于各该族社的上述财产或其权益的所有者或由法律授权的公共法人或公用事业机构依照如下规定予以强制征用：

1. 征用目的必须是出于公共利益的需要并为普遍适用的强制征用法所明确规定。上述征用法应在本宪法生效之日起一年内颁布；

2. 征用目的已由征用机关根据上述法律明确规定的强制征用理由以决议予以确认；

3. 必须以现金且公平合理的预先支付进行补偿，如无法达成协议，则由民事法庭予以裁定。

（五）被强制征用的不动产或其权益应该只能依照征用目的使用。如果在征用后三年内未实现征用目的，征用机关应在上述三年期限届满后立即通知原所有权人照征用原价收回其被征用的财产。该所有权人有权在接获上述通知后三个月内表示接受或不接受，如果原所有权人表示接受，此项财产应在其表示接受后的三个月内在原价款退还时立即归还原所有权人。

（六）如果进行农业改革，被强制征用的土地应该只能被分配给与原土地所有者属于同一族社的人。

（七）本条第三款和第四款的规定不得影响为征收捐税或罚款、为执行判决、为强制履行契约义务或为防止危害生命或财产而制定的各项法律的规定。

（八）任何动产或不动产可能由共和国或由族社议会出于其管辖下的教育、宗教、慈善或体育机构、团体或组织的需要而向属于各该族社的上述财产所有者及其权益持有者依照如下规定予以征用：

1. 征用目的必须是出于公共利益并应为普遍适用的征用法所明确规定，上述征用法应在本宪法生效之日起一年内颁布；

2. 征用目的由征用机关根据上述法律明确规定的征用理由以决议予以确认；

3. 征用期限不得超过三年；

4. 应立即以公平合理补偿的现金支付，如无达成协议，由民事法庭予以裁定。

（九）尽管有本条前述各款的规定，但是属于教区、修道院、教堂或其他教会组织的动产、不动产或其权益应依照本条第一款规定的权利非经主管该项财产的教会机关书面同意不得予以剥夺、约束或限制，并且本条第三款、第四款、第七款和第八款的规定应服从本款的规定；

但是，因市与乡规划而施加的约束或限制根据本条第三款的规定不受本款规定的制约。

（十）尽管有本条各款的规定，但是穆斯林宗教基金部（Vakf）——动产或不动产，包括穆斯林宗教基金部的客体与主体和属于清真寺或其他穆斯林宗教机构的财产，或者任何其他权利或利益，在依照本条第一款规定对权利进行限制时，非经土耳其族社议会的批准并符合穆斯林宗教基金部的教规与准则（the Laws and Principles of Vakfs），不得予以剥夺、约束或限制，本条第三款、第四款、第七款和第八款的规定也应适用于本款的规定；

但是，根据本条第三款的规定因市与乡规划而施加的约束或限制不受本款规定的制约。

（十一）任何适格当事人有权适用或根据本条的规定向法院提出偿还请求，且此种偿还请求应发生延续执行强制征用的效力；如果根据本条第三款规定施加约束或限制，法院有权下令延缓执行有关约束或限制。

可上诉法院依据本款规定作出的裁决。

第二十四条

（一）人人有义务根据其能力分摊公共负担。

（二）经由征收各种税、费或者租等形式负担的义务非由法律规定或根据法律授权不得强制履行。

（三）各种税、费、租的征收不得具有追溯效力；

但进口税可自相关法案提出之日起征收。

（四）各种税、费、租非属关税不得带有破坏的或禁止的性质。

第二十五条

（一）人人有权从事各种职业、行业、贸易或商业。

（二）此项权利的履行应依照由法律规定的程序、条件和限制，根据从事职业通常所必需的资格，以及出于共和国安全利益、宪法秩序、公共安全、公共秩序、公共卫生、公共道德、维护本宪法所赋予的个人权利与自由，或增进公共利益的考量；

但是，为增进公共利益而依照的上述程序、条件或限制若违反族社的利益不得以法律予以规定。

（三）作为本条上述条款的例外，一部法律，如果出于公共利益的需要，某些具有基本公用事业性质的企业或与开发能源或其他自然资源有关的企业应由共和国或市自治机关独占经营或由根据该法专门设立，其管理受共和国控制，其资金来源可以是公私合资、也可以全部由国家投资或私人投资的公共法人团体独占经营；

但是，上述企业如果已由个人，而非由市自治机关或公共法人团体经营，则应该应原主的请求，共和国或市自治机关或公共法人团体在接办该企业时应按公平的价格收购该企业的原有设备。

第二十六条

（一）人人有权在遵守合同法基本原则关于条件、约束或限制的规定时自由地签订合同。法律应为防止握有经济权的人施行剥削作出规定。

（二）法律可以规定雇主和雇员有义务履行集体合同，且雇员的权利不论在签订此类合同时是否有其代表在场均应得到适当的保障。

第二十七条

（一）罢工权由法律加以承认，罢工权的行使应由法律出于维护共和国的安全、宪法秩序、公共秩序、公众安全，维持居民生活所必需的供应与服务，或维护本宪法对个人权利与自由的保障的考量而进行规定。

（二）武装部队、警察部队和宪兵部队的成员不享有罢工的权利。法律可将此项禁止扩及公共职务机构的成员。

第二十八条

（一）人人在法律、行政和司法面前一律平等，并有权得到平等的保护和对待。

（二）人人非因本宪法另有明确的相反规定均应享有本宪法规定的一切权利与自由，且不得因其族社、种族、宗教、语言、性别、政治或其他方面的信仰、国籍或门第、出身、肤色、财产、社会等级，或其他理由而受到直接或间接的歧视。

（三）任何公民在共和国境内均无权使用或享有任何贵族头衔或其他社会等级头衔的特权。

（四）任何贵族头衔或其他社会等级头衔不得在共和国被授予或承认。

第二十九条

（一）人人有权单独或与他人联名向政府主管机关提出书面请求或申诉，并要求其迅速处理和决定；根据充分理由作出的处理决定应由受理机关至迟在三十日内直接通知申请人或申诉人。

（二）如果相关当事人因上述决定而被侵犯，或受理机关未在本条第一款规定的期限内将处理决定通知有关当事人，该当事人有权就此向管辖法院提出上述请求或申诉。

第三十条

（一）人人有权经由或根据本宪法的规定向管辖法院起诉。禁止以任何名义成立司法委员会或特别法院。

（二）人人有权对于涉及其自身民事权利与义务或刑事指控要求由依法设立的、独立的、公正的管辖法院在合理时间内进行公正和公开的审理。判决应说明理由并公开宣读，但是，新闻传媒和公众可因法院出于共和国的安全、宪法秩序、公共秩序、公共安全、公共道德、未成年人的利益或保护当事人私生活的需要，或在特殊情况下法院认为公开审理会妨害司法公正的考量而决定审理的全部或部分过程不准旁听。

（三）人人都有如下权利：

1. 被告知传唤其出庭的原因；

2. 出庭陈述案情并有充分准备时间；

3. 依法举证或要求举证，以及依法询问证人；

4. 根据司法正义的需要依法聘请其自行选定的律师，并获得免费的法律援助；

5. 如果其不理解或不能说法庭所使用的语言，则可获得免费的翻译帮助。

第三十一条

每个公民都有依照本宪法的规定和根据本宪法而制定的共和国选举法或族社议会选举法的规定在遵照本宪法或任何此类法律举行的选举中投票的权利。

第三十二条

本章的规定不得妨碍共和国经法律规定符合国际法的任何有关外国侨民的事项。

第三十三条

（一）本章所保障的基本权利与自由，非因依照本宪法关于紧急状态的规定和本章规定，不受任何其他约束或限制。

（二）本章有关上述约束或限制的规定应予以严格的解释且不得出于其他目的而作任何其他适用。

第三十四条

本章的规定不得作为任何族社、团体或个人从事旨在破坏本宪法确立的宪法秩序、损害本章规定的任何基本权利与自由或扩大本章所规定的对权利与自由的限制的活动或行动的解释。

第三十五条

共和国的立法机关、行政机关和司法机关应在各自的职权范围内负责保障本章规定的有效适用。

第三章　共和国总统、共和国副总统和内阁

第三十六条

（一）1. 共和国总统为国家元首，其地位在本共和国任何人之上。

2. 共和国副总统为国家副元首，其地位仅次于共和国总统而在本共和国任何人之上。

3. 代替因故暂时缺席或暂时不能履行职务的共和国总统的规定由本条第二款作出。

（二）共和国总统或副总统暂时缺席或暂时不能履行职务时，分别由众议院议长或副议长代行其职务，如果众议院议长或副议长也缺席或缺位，则依照第七十二条规定由代理众议院议长或副议长的众议员代行共和国总统或副总统职务。

第三十七条

共和国总统作为国家元首有权：

1. 在共和国各种正式场合中代表共和国。

2. 签署依照第五十四条任命的驻外使节的国书,接受外国使节呈递的国书。

3. 签署:(1)依照第五十四条委任参加国际条约、公约或其他协定协商的代表的国书,以及签署委任在业已谈妥的国际条约、公约或协定上签字的代表的国书;(2)有关依本宪法规定的国际条约、公约或协定的批准的文件的移交信函。

4. 授予共和国荣誉。

第三十八条

(一)共和国副总统作为国家副元首有权:

1. 出席各种正式场合;

2. 参与外国使节呈递国书的仪式;

3. 向共和国总统推荐应授予共和国荣誉的土耳其族社成员,总统对此种推荐非有严正的反对理由应予接受。在副总统愿意的情况下由其将此项荣誉颁发给接受者。

(二)为了实施本条第一款第一项和第二项的规定,必要的信息应在仪式举行前的适当时间里以书面形式给予副总统。

第三十九条

(一)1. 共和国总统和副总统的选举应通过直接、普遍和秘密投票方式进行,非因补缺选举,其选举应在同一天分别举行;

2. 但若在总统或副总统选举中只有一名候选人,即应宣布该候选人当选。

(二)候选人获得百分之五十以上的有效选票即为当选。如果候选人都未获得所需的多数票,在选举结果揭晓后的下一周的同一日,在获得有效选票较多的两个候选人间进行复选,在复选中获有效选票最多的候选人当选。

(三)如果选举不能在本宪法规定的日期举行且归因于地震、水灾、疾疫流行等无法预见的非常情况,那么该选举应顺延至下周的同一日举行。

第四十条

任何公民凡在选举时符合如下条件应有资格成为共和国总统或副总统候选人:

1. 为共和国公民;

2. 年满三十五周岁;

3. 在本宪法生效之日或生效后未被宣布有不诚实或不道德的罪行,也未因违反选举法的规定而被管辖法院宣布取消其资格;

4. 未患有无法担任共和国总统或副总统的精神病症。

第四十一条

(一)1. 共和国总统和副总统不得兼任部长、议员、族社议会议员,也不得兼任包括市长在内的任何市委员会成员、武装部队成员、共和国保安部队成员

或公共官员和市政官员。

2. 本条所说的"公共职务"是指共和国或族社议会公共服务机构中的有偿职务,其薪酬由共和国或族社议会管理,且还包括公法人或公用事业机构中的职务。

(二)共和国总统和副总统在其任期内不得直接或间接地为其本人或为任何其他人而从事营利或非营利的商业活动或职业活动。

第四十二条

(一)共和国总统或副总统由众议院授任,并应向众议院作如下宣誓:"我庄严宣誓忠实于并遵守宪法和依据宪法制定的法律,维护塞浦路斯共和国的独立和领土完整。"

(二)出于该目的,众议院非根据第四十四条第四款规定在补选后的第三日举行会议应在共和国总统或副总统五年任期届满之日举行会议。

第四十三条

(一)共和国总统和副总统任期五年,自就任之日起至下届当选总统和副总统就任时为止。

(二)根据第四十四条第四款的规定在补缺选举中当选的共和国总统或副总统,其任期至缺位的前任总统或副总统的未任满的任期被补足时为止。

(三)共和国新总统和新副总统的选举应在上届总统和副总统五年任期届满前举行以便新当选的总统和副总统能在其前任任期届满之日接受众议院的授任。

第四十四条

(一)共和国总统或副总统如有下列情况之一即为缺位:

1. 死亡;

2. 总统或副总统分别通过众议院议长或副议长向众议院提交辞职书并分别被议长或副议长接受;

3. 经宣判犯有严重的叛国罪或其他不诚实或不道德的罪;

4. 患永久性身体上或精神上的疾病或非暂时缺席使其无法有效地履行其职责。

(二)如果共和国总统或副总统出现缺位,那么众议院议长或副议长分别代替共和国总统或副总统履行职务。

(三)最高宪法法院应裁判由本条第一款第四项规定所引起的问题,该裁判由共和国检察长和副检察长分别依据与共和国总统或副总统属于同一族社的议员提出决议,以简单多数通过;

但是,上述决议非由众议院议员总数五分之一以上联名提出不得通过,也不得将与此有关的事项列入众议院的议程或在众议院进行讨论。

(四)如果共和国总统或副总统出现缺位,该缺位

应在缺位之日起的四十五日内举行补缺选举以填补空缺。

第四十五条

（一）共和国总统或副总统在其任期内非根据本条的规定不受任何刑事追究。

（二）共和国总统或副总统可因严重叛国罪由共和国检察长和副检察长根据众议院以秘密投票方式并以全体议员的四分之三多数通过的决议向高等法院提出指控；

但是，上述决议非由众议院议员总数五分之一以上联名提出不得通过，也不得将与此有关的事项列入众议院的议程或在众议院进行讨论。

（三）共和国总统或副总统可因不诚实或不道德罪由共和国检察长和副检察长经高等法院院长同意向高等法院提出指控。

（四）1. 共和国总统或副总统根据本条第二款或第三款规定在被起诉期间应停止行使其职务，且第三十六条第二款的规定也应适用于该总统或副总统。

2. 受到上述起诉的共和国总统或副总统应由高等法院审理；如宣判有罪，则其职位应出现空缺，如宣判无罪，应恢复行使其职务。

（五）共和国总统或副总统非依本条第二款和第三款规定在履行职务期间的违法行为不受追究，但其在任期内犯的其他罪行在其离职后应予追诉。

（六）1. 不得因共和国总统或副总统在履行职务时的任何行动或疏忽而对其提起诉讼；

2. 但本款规定不得解释为以任何方式剥夺任何人依法对共和国总统或副总统提出指控的权利。

第四十六条

（一）行政权由共和国总统和副总统行使。

（二）共和国总统和副总统为确保行政权的行使应设立由七名希腊族部长和三名土耳其族部长组成的内阁。上述部长分别由共和国总统和副总统指定，但以总统和副总统共同签署的文件任命。部长们可从众议院以外的人士中遴选。

（三）任命一名土耳其族部长主管下列三部之一即外交部、国防部或财政部。如果共和国总统和副总统同意，以轮任制取代这一制度。

（四）内阁应依照第五十四条的规定行使行政权。

（五）内阁的决议应以绝对多数通过，非因依照第五十七条的规定由共和国总统或副总统单独或共同行使最终否决权或退回复议权，应由总统和副总统依照同条的规定经共和国政府公报立即予以公布。

第四十七条

共和国总统和副总统共同行使的行政权包括如下具体各项：

1. 依照第四条规定，选定共和国国旗的图案和

颜色。

2. 共和国荣誉的创设或制定。

3. 依照第四十六条规定，通过共同签署的文件委任内阁成员。

4. 依照第五十七条规定，在共和国政府公报上公布内阁的决议。

5. 依照第五十二条规定，在共和国政府公报上公布众议院通过的法律或决议。

6. 根据第一百一十二条、第一百一十五条、第一百一十八条、第一百二十四条、第一百二十六条、第一百三十一条、第一百三十三条、第一百五十三条及第一百八十四条规定的任命；依照第一百一十八条规定的终止任命和根据第一百三十一条而实行的任命。

7. 依照第一百二十九条规定，规定义务兵役制。

8. 依照第一百三十条规定，减少或增加保安部队的人数。

9. 依照第五十三条规定，对受害人和罪犯不属于同一族社的死刑案件行使赦免权；依照同条的规定实施赦免、缓刑和减刑。

10. 依照第一百四十条规定，向最高宪法法院征询意见。

11. 依照第一百三十七条、第一百三十八条、第一百三十九条和第一百四十三条规定，在共和国政府公报上公布最高宪法法院的裁决。

12. 依照第四十六条规定，以轮任制取代任命一名土耳其族部长主管外交部、国防部和财政部中的一个部的制度。

13. 行使明确规定在第四十八条第四、五、六、七款与第四十九条第四、五、六、七款以及第五十条和第五十一条规定中由共和国总统或副总统单独行使的各项权力。

14. 依照第七十九条规定，向众议院提出咨文。

第四十八条

共和国总统行使的行政权包括如下具体各项：

1. 任免希腊族部长；

2. 依照第五十五条规定，召开内阁会议，主持上述会议，参与会议讨论，但无表决权；

3. 依照第五十六条规定，准备内阁会议的议程；

4. 依照第五十七条规定，拥有对内阁有关外交、国防或安全的决议的最终否决权；

5. 依照第五十七条规定，对内阁决议的退回复议权；

6. 依照第五十条规定，拥有对众议院通过的有关外交、国防或安全的法律或决议的最终否决权；

7. 依照第五十一条规定，拥有对众议院通过的有关预算的法律或决议的退回复议权；

8. 依照第一百三十七条、第一百三十八条和第

一百四十三条规定,向最高宪法法院提出争讼的权力;

9. 依照第一百四十一条规定,向最高宪法法院征询意见的权力;

10. 依照第一百零四条规定,公布希腊族社议会通过的族社法律和决议;

11. 依照第一百四十二条规定,就希腊族社议会通过的法律和决议向最高宪法法院征询意见的权力;

12. 依照第一百三十九条规定,就众议院和两族族社议会或任一族社议会之间、共和国的各机关或机构之间产生的权力或权限上的冲突和争议事项,向最高宪法法院提出争讼的权力;

13. 依照第五十三条规定,实施对死刑的特赦;

14. 行使任何一项由第四十七条明确规定的与共和国副总统共同行使的权力;

15. 依照第七十九条规定,向众议院提出咨文。

第四十九条

共和国副总统行使的行政权包括如下具体各项:

1. 任免土耳其族部长;

2. 依照第五十五条规定,请求共和国总统召开内阁会议,出席上述会议,参与会议讨论,但无表决权;

3. 依照第五十六条规定,向共和国总统提议内阁会议的议程;

4. 依照第五十七条规定,拥有对内阁有关外交、国防或安全的决议的最终否决权;

5. 依照第五十七条规定,对内阁决议的退回复议权;

6. 依照第五十条规定,拥有对众议院通过的有关外交、国防或安全的法律或决议的最终否决权;

7. 依照第五十一条规定,拥有对众议院通过的有关预算的法律或决议的退回复议权;

8. 依照第一百三十七条、第一百三十八条和第一百四十三条规定,向最高宪法法院提出争讼的权力;

9. 依照第一百四十一条规定,向最高宪法法院征询意见的权力;

10. 依照第一百零四条规定,公布土耳其族族社议会通过的族社法律和决议;

11. 依照第一百四十二条规定,就土耳其族族社议会通过的法律和决议向最高宪法法院征询意见的权力;

12. 依照第一百三十九条规定,就众议院和两族社议会或任一族社议会之间、共和国的机关之间或共和国内的机构之间产生的权力或权限上的冲突和争议事项,向最高宪法法院提出争讼的权力;

13. 依照第五十三条规定,实施对死刑的特赦;

14. 行使任何一项由第四十七条明确规定的由

共和国副总统共同行使的权力;

15. 依照第七十九条规定,向众议院提出咨文。

第五十条

(一)共和国总统和副总统,单独地或共同地,应对众议院通过的关于如下事项的法律或决议或任何一部分拥有最终否决权:

1. 外交,但共和国加入希腊王国和土耳其共和国均参加的国际组织与同盟条约不在此限。

本项所谓的"外交"包括:

(1)国家的承认,同他国建立外交和领事关系或中断上述关系。同意接受外交代表和向外国领事颁发许可证书。派遣外交官员担任驻外使节、领事或在国外履职的特使。任命和派遣非外交官员担任驻外使节、领事或在国外工作的职务在国外履职的特使。

(2)国际条约、公约和协定的缔结。

(3)宣战和媾和。

(4)保护在国外的共和国公民及其利益。

(5)在共和国境内的外国侨民的定居、身份与利益。

(6)共和国公民的外国国籍的获得,共和国公民接受外国政府雇用或进入外国政府机关。

2. 下列有关国防的问题:

(1)武装部队的组成、编制和授勋;

(2)干部的任命和晋升;

(3)军用物资和各种爆炸物的进口;

(4)基地和其他设施让与盟国。

3. 下列有关安全的问题:

(1)干部的任命和晋升;

(2)武装力量的分布和驻扎;

(3)紧急措施和戒严法;

(4)警察法。

需要说明的是上述第三项规定的否决权应包括所有紧急措施或决议,但不包括关于警察和宪兵的正常职能的措施或决议。

(二)上述否决权可用以否决一项法律或决议的全部,也可用于否决其中的一部分,在后一种情况下,应将该法律或决议退回众议院,以决定是否将其余部分依照本宪法的有关规定提请公布。

(三)本条规定的否决权应在第五十二条规定的有关众议院通过的法律或决议的公布期限内行使。

第五十一条

(一)共和国总统和副总统有权单独地或共同地将众议院通过的法律或决议案或其中任何一部分退回众议院复议。

(二)对于众议院通过的预算案,共和国总统和副总统如认为其存在歧视,有权单独地或共同地将预算案退回众议院。

（三）任何法律案或决议或其中任何一部分如依照本条第一款规定被退回众议院，众议院应在退回后的十五日内对此作出决定；如预算案依照本条第二款规定被退回，众议院应在退回后的三十日内对此作出决定。

（四）如果众议院维持原决议，共和国总统和副总统应依照本宪法的规定，并在规定的公布限期内将众议院所通过的法律、决议或预算案在共和国政府公报上予以公布。

（五）共和国总统或副总统的任一方，如依照本条规定行使其退回复议权，应将此事立即通知另一方。

（六）本条规定的退回复议权应在第五十二条规定的有关众议院所通过的法律或决议的公布期限内行使。

第五十二条

共和国总统和副总统应在众议院通过的法律或决议分别送至其办公厅后的十五日内在共和国政府公报上予以公布，但总统或副总统如单独或共同地行使第五十条规定的否决权、第五十一条规定的退回复议权、第一百四十条和第一百四十一条规定的向最高宪法法院征询意见权或第一百三十八条规定的有关预算案向最高宪法法院提出争讼权不在此限。

第五十三条

（一）共和国总统或副总统对本族被判处死刑的人有特赦权。

（二）如果受害人与罪犯分属不同族社，此项特赦权应由共和国总统和副总统达成协议行使；如果总统与副总统不能达成协议，则赞成赦免的一票优先。

（三）在根据本条第一款或第二款规定行使赦免权的情况下，死刑判决应减刑为无期徒刑。

（四）共和国总统和副总统应根据共和国检察长和副检察长的一致建议对由共和国法院作出的所有其他案件的判决实施赦免、缓刑或减刑。

第五十四条

除第四十七条、第四十八条、第四十九条明确规定由共和国总统和副总统单独或共同行使的行政权，内阁应根据本宪法明文规定行使属于族社议会管辖范围外的其他事项的行政权，其中包括：

1. 共和国政府总的指导与管理以及总政策的指导；

2. 第五十条规定的外交事务；

3. 国防与安全，包括第五十条规定的各种相关问题；

4. 所有公共服务机构的协调与监督；

5. 根据本宪法和法律的规定，监督和处理属于共和国所有的财产；

6. 审议由部长向众议院提出的法案；

7. 根据法律的规定，制定命令或条例以实施法律；

8. 审议提交众议院的共和国预算案。

第五十五条

共和国总统召集内阁会议。内阁会议由共和国总统根据其本人的动议或根据副总统因特定事项适时提出的请求而召集。

第五十六条

内阁会议的议程由共和国总统自行制定，并在举行会议前送达所有有关人员。共和国副总统有权向总统提出建议，要求将一些事项列入会议的议程。如果该次会议为方便讨论，共和国总统应将副总统所提出的事项列入议程，否则，应将其列入下次会议的议程。

第五十七条

（一）内阁通过的决议应分别送交共和国总统和副总统的办公厅。

（二）共和国总统或副总统在上述决议送达其办公厅后四日内，有权单独或共同将该决议退回内阁复议，无论何时内阁应予复议且如果内阁维持原决议，共和国总统和副总统应依照本条第四款予以公布；

但是，在否决权存在的场合，退回复议权的行使不得妨碍共和国总统或副总统在内阁维持原决议分别送达其办公厅后四日内对该决议单独或共同行使否决权。

（三）如果一项决议涉及第五十条规定的外交、国防或安全，那么，共和国总统或副总统在该决议分别送达其办公厅后的四日内有权单独或共同行使否决权。

（四）如果该决议可强制执行，且总统和副总统未行使本条第二款或第三款规定的否决权或退回复议权，该决议非因内阁在该决议中另有规定应由共和国总统和副总统在共和国政府公报上予以公布。

第五十八条

（一）部长为其所属部的首长。

（二）除本宪法规定应由共和国总统和副总统单独或共同行使的行政权以及应由内阁行使的行政权，由各部部长行使的行政权具体包括下列各项：

1. 执行同本部管辖范围有关的法律，管理通常属于本部管辖范围的所有事务；

2. 草拟同本部有关的命令或条例以提交内阁；

3. 为与本部有关的法律规定和依据上述法律而制订的命令或条例的执行而发布指示和总的指令；

4. 起草共和国预算中与本部有关的部分，并提交内阁审议。

第五十九条

（一）任何公民非属于共和国公民并具备众议院议员候选人资格不得被任命为部长。

（二）部长不得兼任议员、族社议会议员，也不得兼任包括市长在内的任何市委员会成员、武装部队成员、共和国保安部队成员或公共官员和市政官员。土耳其族部长不得兼任宗教职务。

本款所说的"公共职务"的含义与第四十一条的规定相同。

（三）希腊族部长任期由共和国总统终止其任命时为止，土耳其族部长任期由共和国副总统终止其任命时为止。

（四）任何被任命为部长的人在就职前均应在共和国总统和副总统面前作如下宣誓："我庄严宣誓忠实于并遵守宪法和依据宪法制定的法律，维护塞浦路斯共和国的独立和领土完整。"

第六十条

（一）应设立由两名秘书领导的内阁联合秘书处，一名秘书属于希腊族社，另一名秘书属于土耳其族社，上述两名秘书应为公职人员。

（二）内阁联合秘书处的两名秘书应主管内阁办公室，并遵照由内阁给予秘书们的指令列席会议，作会议记录，并将内阁的决议送达有关机关、机构或有关人员。

第四章 众议院

第六十一条 共和国对所有事项的立法权非根据本宪法明确规定由族社议会保留应由众议院行使。

第六十二条

（一）众议院议员议席应为五十人；

但上述议员议席可由众议院中包括三分之二由希腊族选出的议员和三分之一由土耳其族选出的议员多数通过的决议予以改变。

（二）本条第一款规定的议员议席，百分之七十应从希腊族社的成员中选出，百分之三十应从土耳其族社的成员中选出，如是竞选，应在同日通过普遍、直接和秘密投票方式选出。

本款规定的议员名额分配比例应不受任何统计数字的影响。

第六十三条

（一）1. 凡符合本条第二款规定、年满二十一周岁并具有选举法规定的居住资格的共和国公民应有权在希腊族社或在土耳其族社的选民名册上登记为选民；

2. 但希腊族社成员只能在希腊族社的选民名册上登记，土耳其族社成员只能在土耳其族社的选民名册上登记。

（二）凡不符合选举法规定的登记资格的公民不得登记为选民。

第六十四条

在选举时期符合如下规定的任何公民应有资格成为议员候选人：

1. 为共和国公民；

2. 年满二十五周岁；

3. 在本宪法生效之日或之后未被宣布有不诚实或不道德的罪行，也未因违反选举法规定而被管辖法院宣布取消其资格；

4. 未患有无法担任议员的精神病症。

第六十五条

（一）1. 众议院每届任期五年。

2. 第一届众议院的任期自本宪法生效之日算起。

（二）即将卸任的众议院应依照本条第一款规定任职至新选出的众议院就职之日为止。

第六十六条

（一）众议院的普选应立即在即将卸任的众议院任期届满前一个月的第二个星期日举行。

（二）议席出现缺位时，该缺位应在出缺后四十五日内按由众议院规定的日期进行补选以填补缺额。

（三）如果依照本条第一款或第二款规定的选举因地震、水灾、疾疫流行等无法预见的非常情况而不能经由本宪法规定或依据本宪法规定的日期举行，应顺延至下周的同一日举行。

第六十七条

（一）众议院只有根据本众议院以包括至少三分之一由土耳其族社选出的议员在内的绝对多数通过的决议方可解散。

（二）上述决议应规定自决议通过后至少三十日至多四十五日内举行普选的日期而不受第六十五条第一款和第六十六条第一款规定的限制，并规定新选出的众议院至迟应在上述普选后的十五日内举行第一次会议的日期，即将卸任的众议院应继续任职至新选出的众议院举行第一次会议时为止。

（三）解散后重新选出的众议院的任期应至被解散的众议院未任满的任期届满时为止，而不受第六十五条第一款规定的限制。如果在五年任期的最后一年被解散，解散后重新选出的众议院其任期既包括补足被解散的众议院未任满的任期，也包括其后的五年任期。新选出的众议院在补足被解散的众议院未届满的任期内举行的会议一律视为非常会议。

第六十八条

众议院，依据第六十五条第二款或第六十七条第二款规定在新选出的众议院就职前而持续任职期间，非因相关法律或决议而另行规定的紧急情况和不可预见的场合无权制定任何法律，也无权就任何事项通过决议。

第六十九条

议员在众议院就职前应在众议院的公开会议上作如下宣誓：

"我庄严宣誓忠实于并遵守宪法和依据宪法制定的法律，维护塞浦路斯共和国的独立和领土完整。"

第七十条

议员不得兼任部长、族社会议员，也不得兼任包括市长在内的任何市委员会成员、武装部队成员、共和国保安部队成员或公共官员和市政官员。土耳其族部长不得兼任宗教职务。

本条所说的"公共官员"指共和国或族社议会公共服务机构中的有薪职，或在共和国或在族社议会控制下包括公共法人或公用事业机构的职务。

第七十一条

众议员如有下列情况之一，其议席应出现缺位：

1. 死亡；

2. 提出书面辞呈；

3. 发生第六十四条第三款或第四款规定的情况，或丧失共和国公民身份；

4. 就任第七十条规定的不得兼任的职务。

第七十二条

（一）众议院议长应为希腊族公民，应由希腊族社选出的议员选举产生，副议长应为土耳其族公民，应由土耳其族社选出的议员选举产生。议长和副议长均在众议院开幕时的同一会议上按上述方式分别选举产生，其任期和众议院的任期相同。

（二）如果本条第一款规定的任一职位出现缺位时，上款规定的选举应尽快举行补选，且必要时应召集非常会议进行补选。

（三）如果众议院议长或副议长暂时缺席或根据本条第二款规定在议长或副议长补选之前，议长或副议长的职务非因各族社的议员另作决定应分别由各族社年长的议员代为履行。

（四）除众议院议长和副议长外，众议院议长和副议长应分别指定两名希腊族议员和一名土耳其族议员任众议院秘书，指定两名希腊族众议员和一名土耳其族众议员任众议院行政秘书，且这些秘书应分别隶属于众议院议长和副议长办公厅。

第七十三条

（一）依照本条以下规定，众议院经由议事规则就议会程序及其职能部门的职责作出规定。

（二）设立选举委员会，其中由众议院议长担任主席、副议长担任副主席及众议院选举的其他八名委员组成，其他八名委员由众议院在选出众议院议长和副议长之后的同次会议上选举产生，其中六名在希腊族社选出的众议员中产生，两名在土耳其族社选出的众议员中产生。

（三）选举委员会应成立众议院常设委员会及其他临时委员会、特别委员会或专门委员会，并任命议员为各委员会的委员。但上述设置和任命须充分考虑众议院中希腊族团体和土耳其族团体或政党团体提出的建议。前述各委员会委员的任命应依照本条第四款的规定。

（四）1. 众议院中希腊族团体和土耳其族团体以及政党团体应有相关代表参加众议院常设委员会以及其他临时、特别或专门委员会；

2. 但是，希腊族社选出的众议员和土耳其族社选出的众议员在上述各委员会席位总数中分别占的比例，须和希腊族社及土耳其族社分别选出的众议员在众议院席位总数中所占的比例相同。

（五）1. 提交给众议院审议的法案应先送交相关委员会讨论。

2. 除被视为具有紧急性质的法案，法案在分发给组成该委员会的议员后未经过四十八小时不得在该委员会中进行讨论。

3. 除被视为具有紧急性质的法案，已由相关委员会审查的法案连同该委员会的报告分发给全体众议员未经过四十八小时不得在众议院进行讨论。

（六）1. 包括众议院副议长建议的额外事项在内的众议院会议议程应由众议院议长负责制订并向众议院提出。

2. 上述议程向众议院提出后，任何议员有权对议程提出补充或修改的动议，此动议应由众议院表决决定。

（七）1. 任何议员在众议院的会议上非在专门的登记簿上登记其姓名或未获得会议主持人的许可不得发言。

2. 凡遵守上述程序的议员有权就特别事项得到合理而充分的时间在相关会议上发言和听取发言。

3. 发言应按登记的顺序或按其口头要求的顺序，甚至可按议员希望的顺序；

4. 但是，如果有相反意见，应尽量在每一发言者后面安排一名与其持相反意见者发言。但是代表众议院各委员会或各政党团体的发言者不受上述顺序的限制。

5. 欲发言的议员如果就相关议程、议事规则的适用或讨论的结束事项提出动议应优先于只就所讨论的问题本身而要求发言的议员，在这种情况下，两个议员，一个赞成动议另一个反对动议，应分别给予该两个议员十五分钟的发言时间。

（八）在众议院的所有发言都应在众议院的主席台上向全体议员作出。在众议院及各委员会会议上的一切发言和其他讨论应同时被翻译成另一种官方语言。

（九）除议事规则另有规定，禁止在众议院和各委员会的会议上阻碍议员发言，也禁止对任何议员进行与讨论事项无关的人身攻击。

（十）众议院的表决应由众议院一名希腊族秘书和一名土耳其族秘书共同统计和登记。

（十一）1. 众议院的议事记录应包括全部议程的详细记录。

2. 各委员会的议事记录应以摘要的形式作出。如果有议员在下次会议上对众议院上次会议的记录提出口头异议，或向相关会议的主席提出书面异议，众议院可对会议记录作相应更正。

（十二）凡拥有百分之十二以上众议院议席的政党均能组成政党团体并获得众议院的承认。

第七十四条

（一）众议院在普选后第十五日召开会议，此后每年的常会都在同一日自动召开。

（二）众议院每年常会会期为三至六个月，具体由众议院自行决定。

（三）众议院应依十名议员联名向众议院议长和副议长提出要求由众议院议长或副议长召开非常会议。

第七十五条

（一）众议院会议应公开举行，其议事记录应予公布。

（二）众议院如认为必要，可经由议员总数的四分之三多数表决举行秘密会议。

第七十六条

（一）众议院议长应宣布每次会议的开始与结束。

（二）众议院议长在宣布会议结束的同时应宣布经众议院同意规定的下次会议的日期和时间，并向众议院提出下次会议的议程，且应适用第七十三条第六款的规定。

（三）议程至迟应在会议前二十四小时印发给各议员。但如果议程是关于正在讨论的事项，印发行为可在会议前的任何时间进行。

第七十七条

（一）众议院的法定人数应至少由议员总数的三分之一组成。

（二）有关某一特定问题的讨论应经出席会议的任一族社的多数议员的要求在讨论中断二十四小时后可继续进行，但此要求以一次为限。

第七十八条

（一）众议院的法律和决议应以出席会议并参加表决的议员的简单多数通过。

（二）选举法的修改、关于都市的法律及强制征税的法律的通过应获得参加投票的希腊族社选出的议员和土耳其族社选出的议员分别计算的简单多数

同意。

第七十九条

（一）共和国总统或副总统有权通过咨文向众议院发表意见，或通过各部部长向众议院转达其意见。

（二）部长们可参加众议院或各委员会的活动，并可就其管辖范围内的事项向众议院或各委员会作出陈述或通知。

第八十条

（一）法案提案权属于议员和各部部长。

（二）有关增加预算支出的法案不得由议员提出。

第八十一条

（一）预算至迟应于法定财政年度开始前三个月向众议院提出，预算的表决至迟应于上述财政年度开始之日进行。

（二）决算应于财政年度结束后三个月内提交众议院审批。

第八十二条

众议院通过的法律或决议，非由该法律或决议另行规定生效日期，应自其在共和国政府公报上公布之日起生效。

第八十三条

（一）众议员对其在众议院所发表的言论或作出的表决不负民事或刑事责任。

（二）议员在未丧失其议员身份前，非经高等法院许可，不得将其起诉、逮捕或监禁。如果当场逮捕现行犯且其所犯的罪行当判处死刑或五年以上有期徒刑者，不在此限。在这种情况下，高等法院在接获主管机关及时通知后应决定在被捕者的议员身份未丧失前是否签发继续予以起诉或拘留的许可令状。

（三）如果高等法院拒绝签发对某议员起诉的许可令状，则对其起诉的时间不得计入上述犯罪的时效期。

（四）如果主管法院对某议员判处徒刑而高等法院对该项判决的执行拒绝签发许可令状，则该项判决应推迟至其议员身份丧失后始予执行。

第八十四条

（一）议员领取由国库支付的法定报酬。

（二）众议院所作出的增加上述报酬的决定不得在该届众议院任期内生效。

第八十五条

有关选举候选人资格和选举请愿方面的问题应由最高宪法法院作最终裁决。

第五章 族社议会

第八十六条

希腊族和土耳其族应分别从各自的成员中选出

组成享有本宪法明文规定保留一定职权的族社议会。

第八十七条

（一）各族社议会应就各自族社，在本宪法规定的范围内并遵照本条第三款的规定，就如下事项单独行使立法权：

1. 所有有关宗教的事项。

2. 所有有关教育、文化和教学的事项。

3. 有关个人身份。

4. 处理有关个人身份和宗教事务的民事纠纷的法庭的组成与诉讼程序。

5. 利益和机构纯属族社性质的事项，诸如为提高各自族社福利而设立的慈善与体育基金会、团体和协会。

6. 依照第八十八条规定，向本族社成员征收个人税和费以供本族社和其管辖的团体与机构的需求。

7. 为促使完全由本族社成员组成的市的施政目标的实现，应由各该族社议会，在有关市法律规定范围内，以条例或规章形式予以补充的辅助立法的事项。

8. 有关完全由本族社成员组成的市行使本宪法赋予的对生产与消费合作社及信贷机构的管理权以及对其经营的监督权的事项；

但是，（1）依照本项规定由族社议会制订或通过的族社法律、条例、规章或决议都不得直接或间接地同有关生产与消费合作社及信贷机构的法律或各市须遵守的法律相抵触或不一致；（2）本但书第 1 段的规定不得被解释为众议院有权对本项授权由族社议会行使立法权的事项实施立法。

9. 由本宪法明文规定的其他事项。

（二）本条第一款第六项的规定不得被解释为以任何方式剥夺众议院根据本宪法的规定征收个人税的权力。

（三）族社议会在行使本条第一款赋予的权力时所制订或通过的法律或决议，不得包含任何同共和国的安全利益、宪法秩序、公共安全、公共秩序、公共卫生、公共道德或本宪法对个人基本权利与自由的保障相抵触的内容。

第八十八条

（一）征税权根据族社议会第八十七条第一款第六项规定应以补足其每一财政年度预算支出中由该财政年度的共和国预算依照本条第二款规定拨付给该族社议会的款项的一部分，或以补足该族社议会在该财政年度的其他收入所无法平衡的支出部分为目的而行使。

（二）众议院应在每一财政年度中规定预算且该预算中规定不少于两百万英镑的拨款供两个族社议会在各自财政年度内支付属于其职权范围的事项所需的经费，此项拨款应按如下方式拨付给希腊族社

会和土耳其族社议会：

1. 给希腊族社议会的拨款数额不少于一百六十万英镑；

2. 给土耳其族社议会的拨款数额不少于四十万英镑；

但是，如果给两个族社议会拨款的最低数额有所增加，那么，增加部分的分配问题由众议院决定。

（三）如果族社议会要求征税，那么，应据各族社的利益由共和国国家机关代征税并交付给该族社议会。

（四）本条和第八十七条第一款第六项所说的"成员"，包括由各团体成员持有权益的法人团体和非法人团体。

第八十九条

（一）族社议会就本族社享有如下职权：

1.（1）在各本族社法律规定范围内指导政策；（2）根据第八十七条的规定行使立法权的事项，除同条第一款第七项和第八项的规定因同条随后对之另有明确规定，依照族社法律规定的方式并通过由族社法律规定的人员行使行政权。

2. 为提高本族社福利而建立的生产与消费合作社以及信贷机构并由法律规定而行使管理权。

3. 依据法律规定，促使完全由本族社成员组成的市施政目标的实现，并对其职能进行监督。

（二）第八十七条第一款第五项和本条第一款第二项的规定不得被解释为即使居民自愿也不准创设性质与前述条款规定相同的混合与共同机构。

（三）如果中央行政机关根据现行法律管理本条第一款第二项和第三项所说的组织、机构或市镇，那么，此项管理应通过该组织、机构或市镇所隶属的同一族社的官员进行。

第九十条

（一）每个族社议会有权依本条以下条款规定由本族社法律或在本族社法律中规定其法律与决议的适用范围。

（二）族社议会在行使本宪法所赋予的权力时无权在其法律或决议中规定将违反其法律或决议，或不遵守族社议会指令的个人予以监禁或拘留。

（三）族社议会无权采用强制手段使个人服从本族社的法律或决议，也不得执行审理有关个人身份和宗教事务的民事纠纷法院的裁决。

（四）如果需要采用强制手段使个人服从族社议会的法律或决议，或服从由族社议会行使管理权或监督权的事项，应经由族社议会的请求或以族社议会名义提出的请求由共和国的专门机关实施该强制措施。

（五）法院有关族社议会专属职权范围的事项的判决或命令应通过共和国公共机关予以执行。

第九十一条

（一）各族社议会每年应编制并通过各该族社议会下一财政年度的收入和支出预算。

（二）上述预算至迟应在族社法律规定的族社财政年度日开始之前由族社议会表决通过。

第九十二条

各族社议会议员的议席应由各该族社议会以议员总数的三分之二多数通过的族社法律规定。

第九十三条

各族社议会以普遍、直接和秘密投票方式选举产生。

第九十四条

（一）凡年满二十一周岁、具有由各该族社选举法规定的居住资格并符合本条第二款规定的共和国公民应有权在各该族社选举名册上登记为选民；

但是，希腊族社成员只能在希腊族社选举名册上登记，土耳其族社成员只能在土耳其族社选举名册上登记。

（二）凡不符合各该族社选举法规定的登记资格的公民不得登记为选民。

第九十五条

在选举时符合如下规定的公民有资格成为族社议会议员候选人：

1. 为共和国的公民，已在各该族社选举名册上登记；

2. 年满二十五周岁；

3. 在本宪法生效之日及之后未被宣布有不诚实或不道德的罪行，也未因违反选举法规定而被管辖法院宣布取消其资格；

4. 未患有无法担任族社议会议员的精神病症。

第九十六条

（一）族社议会任期五年，其起算日期应由各族族社法律自行规定。

（二）即将卸任的族社议会应继续任职至新选出的族社议会根据本条第一款规定就职时为止。

第九十七条

（一）各族社议会的大选至迟应在即将卸任的族社议会任期届满前三十日举行。

（二）如果族社议会议席出缺，应在出缺后的四十五日内举行补缺选举。

（三）如果根据本条第一款或第二款规定的选举不能在本宪法规定的日期举行且归因于地震、水灾、疾疫流行等无法预见的非常情况，那么该选举应顺延至下周的同一日举行。

第九十八条

（一）各族社议会只能由各族族社议会以绝对多数通过的决议而解散。

（二）上述决议，不受第九十六条第一款和第九十七条第一款规定的限制，且应规定在通过决议后至少三十日至多四十日内举行该族社议会大选的日期，并应规定新选出的族社议会至迟应在大选后第十五日举行第一次会议的日期，即将卸任的族社议会应继续任职至新选出的族社议会举行第一次会议时为止。

（三）解散后重新选出的族社议会，其任期到被解散的族社议会未任满的任期被补足为止，而不受第九十六条第一款规定的限制。如果该族社议会在其五年任期的最后一年内被解散，则重新选出的族社议会，其任期既包括补足被解散族社议会未任满的任期，也包括其后的五年任期。

第九十九条

族社议会根据第九十六条第二款或第九十八条第二款规定在新选出的族社议会就职以前继续任职期间，无权制定任何法律，也无权就任何事项通过决议，但有关法律或决议另行规定的紧急的和特殊的无法预见的场合不在此限。

第一百条

族社议会议员在就职前，应在族社议会的公开会议上作如下宣誓：

"我庄严宣誓忠实于并遵守宪法和依据宪法制定的法律，维护塞浦路斯共和国的独立和领土完整。"

第一百零一条

（一）族社议会的议员不得兼任部长、议员、也不得兼任包括市长在内的任何市委员会成员、武装部队成员、共和国保安部队成员或公共官员和市政官员。土耳其族部长不得兼任宗教职务。

（二）本条所说的"公共职务"是指共和国或族社议会公共服务机构中的有偿职务，其薪酬由共和国或族社议会管理，且还包括公法人或公用事业机构中的职务。

第一百零二条

族社议会应经由议事规则就一切涉及常会和非常会议的召开、举行此类会议的日期和会期、投票的方式以及事务处理的程序事项作出规定。

第一百零三条

（一）族社议会会议应公开举行，其议事记录应予公布。

（二）族社议会如果认为必要，经由议员总数的三分之二多数表决，可举行秘密会议。

第一百零四条

（一）希腊族社议会或土耳其族社议会通过的法律或决议应分别由共和国总统或副总统在收到该法律或决议后十五日内签署并于签署后立即在共和国政府公报上公布。

（二）族社法律非由该法另行规定生效日期应自

其在共和国政府公报上公布之日起生效。

第一百零五条

（一）共和国总统对于希腊族社议会所通过的法律或决议，副总统对于土耳其族社议会所通过的法律或决议，在收到后的十五日内，可将该法律或决议退回各该族社议会复议。

（二）如果相关族社议会就退回复议的法律或决议维持原案或原议，共和国总统或副总统应依照第一百零四条的规定签署并公布该法律或决议。

第一百零六条

（一）族社议员对在众议院所发表的言论或作出的表决不负民事或刑事责任。

（二）族社议员在未丧失其议员身份前，非经高等法院许可，不得对其起诉、逮捕或监禁。如果当场逮捕现行犯且其所犯的罪行当判处死刑或五年以上有期徒刑者，不在此限。在这种情况下，高等法院在接获主管机关及时通知后应决定在被捕者的议员身份未丧失前是否签发继续予以起诉或拘留的许可令状。

（三）如果高等法院拒绝签发对某议员起诉的许可令状，则对其起诉的时间不得计入上述犯罪的时效期。

（四）如果管辖法院对某族社议员判处徒刑而高等法院对该项判决的执行拒绝签发许可令状，则该项判决应推迟至其议员身份丧失后始予执行。

第一百零七条

族社议会议员如有如下情况之一，其议席即为出缺：

1. 死亡；

2. 提出书面辞呈；

3. 发生第九十五条第三款或第四款规定的情况，或丧失共和国公民身份，或丧失在各该族社选举名单上登记为选民的资格；

4. 就任第一百零一条规定的不得兼任的职务。

第一百零八条

（一）希腊族社和土耳其族社有权接受希腊政府或土耳其政府分别对属于希腊族社或土耳其族社的教育、文化、体育和慈善机构提供的资助。

（二）希腊族社或土耳其族社如认为各该族社的教师、教授或教士（din adami）的数量不能满足上述机构的运作需求时，各族社有权接受或聘请分别由希腊政府或土耳其政府提供的最急需的人才以补充需求。

第一百零九条

根据第二条第三款规定有权自行选择属于某一族社的宗教团体有权经由相关族社的法律的规定，由该宗教团体选出的一名或数名成员，在其所选择隶属的族社的族社议会中代表该宗教团体。

第一百一十条

（一）塞浦路斯独立的希腊东正教应继续享有符合其典籍（Holy Canons）及其现行规章而规定和管理其内部事务和财产的专有权利，希腊族社议会不得侵害该教会的此种权利。

（二）1. 穆斯林宗教基金部的机构以及相关教规与准则经由本宪法得以承认。

2. 所有有关或涉及穆斯林宗教基金部的设立、创办，或其财产，包括属于清真寺和其他穆斯林宗教机构的财产的事项，应只受经由或根据关于穆斯林宗教基金部的教规与准则以及由土耳其族社议会所通过或制订的法律与条例的约束，任何立法、行政或其他行为都不得否定、藐视或干涉上述穆斯林宗教基金部的教规或原则以及土耳其族社议会的法律与条例。

（三）适用第二条第三款规定的宗教团体所属的教堂，在本宪法生效以前依照当时施行的塞浦路斯殖民地法律在宗教事务上所享有的权利，在本宪法生效之日及之后，仍然继续享有。

第一百一十一条

（一）涉及订婚、结婚、离婚、婚姻无效、判决分居或恢复夫妇同居权、非经法院裁决为合法的亲属关系、希腊东正教会或适用第二条第三款规定的宗教团体成员收养子女的规定，应自本宪法生效之日或之后受希腊东正教会或上述宗教团体教会教规的约束，并应由各该教会法庭审理，任何族社议会不得采取同上述教规相抵触的行为。

（二）本条第一款的规定不得妨碍在执行上述教会法庭的判决或裁定时适用第九十条第五款的规定。

第六章　共和国的独立官员

第一节　共和国检察长和共和国
副检察长

第一百一十二条

（一）1. 共和国总统和副总统共同任命具有担任高等法院法官资格的两个公民分别担任共和国检察长和共和国副检察长；

2. 但共和国检察长和副检察长不得属于同一族社。

（二）共和国检察长为共和国检察署的首长，共和国副检察长为共和国检察署的副首长，共和国检察署是一个独立的官署，不隶属于任何部。

（三）1. 共和国检察长和副检察长有权出席法庭听讼，并且其席次应安排在其他出席法庭人员之前；

2. 但共和国检察长的席次应安排在共和国副检察长之前。

（四）共和国检察长和副检察长应为共和国常任司法人员，其任职条件及规定应与高等法院除院长外的法官相同,且非根据类似于高等法院法官的理由和方式不得将检察长和副检察长免职。

(五)1. 凡涉及共和国检察长或共和国副检察长所属族社人员的案件,在共和国检察长作出决定前,与当事人不属同一族社的检察长或副检察长应先行征询与当事人属于同一族社的检察长或副检察长的意见;

2. 但在由一同族社的法官组成的刑事法庭进行诉讼时,应由属于该族社的共和国检察长或副检察长进行有效控制并负责。

第一百一十三条

(一)共和国检察长在共和国副检察长的协助下,担任共和国、共和国总统和副总统、内阁和各部部长的法律顾问,行使本宪法或法律授予或规定由其行使的其他一切权力,履行其他一切职责。

(二)共和国检察长出于对公众利益的考量,有权下令提出、实施、接管、继续或中止对共和国内任何人的犯罪行为的追诉。此项权力可由检察长本人行使,也可由检察长的下属官员根据和依照其指令行使。

第一百一十四条

(一)共和国副检察长具有并履行通常属于其职位的权力和职责,应服从共和国检察长的指示,行使根据本宪法或由法律赋予共和国检察长的一切权力,履行根据本宪法或由法律赋予共和国检察长的一切职责。

(二)共和国副检察长应在共和国检察长缺席或暂时不能履行职责时代行共和国检察长的职责。

第二节　审计长和副审计长

第一百一十五条

(一)1. 共和国总统和副总统共同任命两名适当人选分别担任审计长和副审计长;

2. 但审计长和副审计长不得属于同一族社。

(二)审计长为共和国审计署的首长,副审计长为共和国审计署的副首长,审计署为独立的官署,不隶属于任何部。

(三)审计长与副审计长为共和国常任公职人员。非根据高等法院法官类似理由和类似的方式不得令其退休或予以免职。

第一百一十六条

(一)审计长在副审计长的协助下,以共和国名义,控制由共和国直接管理或根据共和国授权管理的一切支出和收入,审计和监督由共和国直接管理或根据共和国授权经管的钱财、其他资产和债务的全部账目,为此目的,审计长有权调阅与上述账目有关的全部账册、案卷和报告,并有权进入保存上述财产的场所。

(二)审计长在副审计长协助下行使法律授予或

规定由其行使的一切其他权力,履行一切其他职责。

(三)本节规定的审计长的权力和职责应由审计长本人或由审计长的下属官员根据和依照其指令行使。

(四)审计长应向共和国总统和副总统提交一份根据执行本节规定的职责的述职报告,并由总统和副总统将该报告送交众议院。

第一百一十七条

(一)副审计长具有并履行通常属于其职位的权力和职责,应服从共和国审计长的指示,行使根据本宪法或由法律赋予共和国审计长的一切权力,履行根据本宪法或由法律赋予共和国审计长的一切职责。

(二)副审计长应在审计长缺席或暂时不能履行职责时代行审计长的职责。

第三节　共和国通货发行银行的行长与副行长

第一百一十八条

(一)1. 共和国总统和副总统共同任命两名适当的人选分别担任共和国通货发行银行(the Issuing Bank of the Republic)的行长和副行长;

2. 但共和国通货发行银行的行长和副行长不得属于同一族社。

(二)共和国通货发行银行行长为共和国通货发行银行的首长,共和国通货发行银行副行长为共和国通货发行银行的副首长,该银行不隶属于任何部。

(三)共和国通货发行银行行长与副行长或为常任公职人员或为根据任命文件规定的任期和条件的人员。

(四)共和国总统和副总统一同可以随时终止对共和国通货发行银行行长或副行长的任命或将两者同时免职。

(五)如果共和国通货发行银行的行长或副行长或两者同时被免职,且在免职前属于公职人员,则应依照本条第六款和本宪法有关共和国公职人员的规定另行安排共和国常任公职系统中其他适当的职位。

(六)同共和国通货发行银行行长和副行长职务行使有关的纪律处分问题应属于根据第一百五十三条第八款设置的委员会的权限。

第一百一十九条

(一)共和国通货发行银行行长在共和国通货发行银行副行长的协助下,实施共和国货币法律,负责共和国通货发行银行的经营管理,并行使该行职权范围内的其他一切权力,履行属于其管辖的其他一切职责。

(二)共和国通货发行银行行长在共和国通货发行银行副行长的协助下,行使法律授予或规定由其行使的一切权力,履行法律授予或规定由其行使的其他一切职责。

(三)本节规定的共和国通货发行银行行长的权力和职责应由其本人行使或由其下属官员根据和依照其指令行使。

(四)共和国通货发行银行行长在副行长的协助下,在与其职务有关的财政政策方面,应执行内阁有关决议和法律的规定,其实施上述政策的方法应征询财政部长的意见并接受其指导。

(五)共和国通货发行银行行长应就共和国货币、资金和证券的情况每半年向共和国总统和副总统提交报告,并由总统和副总统将此报告送交众议院。

第一百二十条

(一)共和国通货发行银行副行长具有并履行通常属于其职位的权力和职责,应服从共和国通货发行银行行长的指示,行使根据本宪法或由法律赋予共和国通货发行银行行长的一切权力,履行根据本宪法或由法律赋予共和国通货发行银行行长的一切职责。

(二)共和国通货发行银行副行长应在共和国通货发行银行行长缺席或暂时不能履行职责时代行行长的职责。

第一百二十一条

(一)本节的规定不得被解释为排除共和国通货发行银行成为中央银行。

(二)但若共和国通货发行银行成为中央银行,依照本节的规定,共和国通货发行银行的行长和副行长应分别为共和国中央银行行长和副行长。

第七章 公共服务

第一节 总则

第一百二十二条

本节所列名词除上下文另有规定者外其含义如下:

1."公职"指公务中的职位。

2."公职人员"指正式、临时或代理担任公职的人员。

3."公共服务"指除共和国武装部队或保安部队一切属于共和国的服务,包括塞浦路斯广播公司、塞浦路斯内陆电讯局、塞浦路斯电力局以及为公共利益而依法建立的且其资金由共和国提供或保证的其他公共法人团体或公共非法人团体的服务,以及由上述公共团体独资开办、其经营管理受国家控制的企业的服务。但是,根据本宪法规定由共和国总统和副总统共同委派的服务,或非固定从事共和国或上述任何团体常任工作的工人的服务不包括在内。

第一百二十三条

(一)公共服务应由百分之七十的希腊族人和百

分之三十的土耳其族人组成。

(二)上款规定的比例,在实际可行范围内应适用于公务系统的一切职级。

(三)几乎完全为某一族社成员组成的区域或地方,派驻或委任当地的公职人员应为该族社的成员。

第一百二十四条

(一)设立由共和国总统和副总统共同任命的主席一人和委员九人组成的公共服务委员会。

(二)委员会的七名委员应为希腊族人,三名委员应为土耳其族人。

(三)上述委员会委员的任期为六年,但其可随时以书面形式向共和国总统和副总统递交辞呈。

(四)公共服务委员会委员的报酬及其他待遇由法律规定,并不得在其被任命后作任何对其不利的修改。

(五)公共服务委员会委员非根据类似于高等法院法官的理由和方式不得被免职。

(六)1. 非属于共和国的公民、品德高尚且具有众议员候选资格者不得被任命为公共服务委员会委员。

2. 在最近十二个月内任如下职务的人员不得被任命为公共服务委员会主席,在最近六个月内任如下职务的人员不得被任命为公共服务委员会委员:

(1)部长;

(2)众议院议员或族社议会议员;

(3)公职人员或任何武装部队成员;

(4)任何地方政府机关或依法成立的公益事业法人团体或机关的官员或职员;

(5)工会或其附属团体、协会的成员。

(七)公共服务委员会委员在其任期内如因请假、出国或其他原因暂时不能履行其职务时,共和国总统和副总统有权共同委任适格人员在上述期间代理其职务。

第一百二十五条

(一)除本宪法对本款所述事项另有明文规定并遵照法律规定,有关两族社间公职的分配以及对公务人员的任命、批准、安排常任的或可领退休金的职务、提升、调动、退休和实施包括免职或撤职在内的纪律处分,均属公务委员会的职责。

(二)主席应召集并主持公共服务委员会会议;

但是,(1)会议非经由事先通知所有成员不得举行;(2)在赞成与反对的票数相等时,主席无二次投票权或决定性的投票权。

(三)1. 根据本款以下各项规定的公共服务委员会的任何决议应以全体成员的绝对多数通过。

2. 涉及补缺或新设职位任命与提升的问题,关于根据本宪法规定该职位应由希腊族人还是由土耳其族人担任的决议,应以至少包括两名土耳其族委员在内的绝对多数票作出。

但是,如果无法获得上述多数决,该委员会应将该问题提请最高宪法法院裁决;最高宪法法院的裁决应为最后决定,对该委员会具有约束力。

3. 对于只涉及土耳其族人的问题,该委员会的决议应以至少包括两名土耳其族委员在内的绝对多数作出。对于只涉及希腊族人的问题,该委员会的决议应以至少包括四名希腊族委员在内的绝对多数作出。

4. 对于涉及任命或提升希腊族或土耳其族人选问题,其决议应依照本款第三项规定以绝对多数票作出;

但是,在遴选希腊族人时有五名希腊族委员一致推荐,在遴选土耳其族人时有三名土耳其族委员一致推荐,该委员会即应采纳相关推荐。

第二节 总会计师与副总会计师

第一百二十六条

(一)1. 共和国总统和副总统共同任命两名适当人选分别担任总会计师与副总会计师;

2. 但总会计师与副总会计师不得属于同一族社。

(二)总会计师为国库的首长,副总会计师为国库的副首长。

(三)总会计师与副总会计师为共和国常任公职人员。

(四)总会计师与副总会计师的退休,以及对总会计师与副总会计师实施包括免职或撤职在内的纪律处分应属于公共服务委员会的权限。

第一百二十七条

(一)总会计师在副总会计师的协助下,管理和监督由共和国直接管理或根据共和国授权管理的一切钱财、其他资产和所负债务的全部会计业务,依照本宪法或法律的规定,负责共和国的一切金钱方面的收支。

(二)总会计师在副总会计师的协助下,行使由法律授予或规定由其行使的其他一切权力,履行其他一切职责。

(三)本节规定的总会计师的权力和职责应由其本人或由其下属官员根据和依照其指令行使。

第一百二十八条

(一)副总会计师具有并履行通常属于其职务的权力和职责,应服从总会计师的指示,行使本宪法或法律赋予总会计师的一切权力,履行根据本宪法或经由法律赋予总会计师的一切职责。

(二)副总会计师应在总会计师缺席或暂时不能履行职责时代行总会计师的职责。

第八章 共和国的武装力量

第一百二十九条

(一)共和国应有一支两千人组成的军队,其中百分之六十应为希腊族人,百分之四十应为土耳其族人。

(二)义务兵役制非经共和国总统和副总统的一致同意不得实行。

第一百三十条

(一)共和国保安部队由警察和宪兵组成,其名额为两千人,且该名额非经共和国总统和副总统一致同意不得增减。

(二)1. 共和国保安部队应由百分之七十的希腊族人和百分之三十的土耳其族人组成;

2. 但是,在初期,为避免将 1959 年 2 月 11 日在警察部门服役而非辅助警察机构中服役的土耳其族人解职,土耳其族警察所占的比例可保持不超过百分之四十,希腊族警察所占的比例可相应地降为百分之六十。

第一百三十一条

(一)共和国军队、警察和宪兵的首长和副首长应由共和国总统和副总统共同任命。

(二)军队、警察和宪兵的首脑中应有一名土耳其族人,军队、警察或宪兵的首长与副首长应属于不同族社。

第一百三十二条

在共和国境内几乎全部居民为某一族族社成员的地区的驻防部队应由同一族族社的人员组成。

第九章 最高宪法法院

第一百三十三条

(一)1. 设立由一名希腊族法官、一名土耳其族法官和一名中立法官组成的共和国最高宪法法院。中立法官应任该法院院长。

2. 最高宪法法院院长和其他法官由共和国总统和副总统共同任命;

但是,在希腊族法官或土耳其族法官出现缺位时,如果共和国总统和副总统在一周内不能对任命人选达成一致意见,那么,与待任命法官同属一个族社的总统或副总统所提出的人选应被任用。

(二)最高宪法法院应设在共和国首都。

(三)中立法官不得为本共和国、希腊王国、土耳其共和国或联合王国及其殖民地的国民或公民。

(四)最高宪法法院希腊族法官和土耳其族法官

应为共和国公民。

(五)最高宪法法院院长及其他法官应从具有高深专业知识和高尚道德的法学家中任命。

(六)1.最高宪法法院院长任期六年。

2.最高宪法法院院长的职务报酬及其他待遇应在其委任状中明确规定。

3.本款第二项规定的最高宪法法院院长委任状中应予明确规定的待遇包括:

(1)根据本条第七款第三项有关希腊族法官或土耳其族法官因同等情况退休而退休的规定;

(2)根据本条第七款第四项有关希腊族法官或土耳其族法官因同样理由免职而予以免职的规定。

(七)1.最高宪法法院希腊族法官和土耳其族法官应为共和国常任司法人员,任职至六十八周岁。

2.最高宪法法院的希腊族法官和土耳其族法官可随时以书面形式向共和国总统和副总统递交辞呈,其根据法律规定应得的退休金、抚恤金或其他类似福利并不因此受影响。

3.最高宪法法院希腊族法官或土耳其族法官如因精神上或身体上的疾病而终身丧失履行职务的能力或长期无法继续任职时,应退休。由于上述原因退休的法官应享有在其退休时施行的法律规定的一切福利和津贴。

4.最高宪法法院希腊族法官或土耳其族法官可因渎职而被撤职。

(八)1.设立以高等法院院长为主席、以高等法院资深的在职希腊族法官和土耳其族法官为委员的委员会。

2.该委员会有裁决下列事项的专属权:

(1)依照最高宪法法院院长委任状明确规定的职务条件,裁定院长的退休、撤职或其他任命终止的情况;

(2)根据本条第七款第三项和第四项所列的理由裁定最高宪法法院希腊族法官或土耳其族法官的退休或撤职。

3.该委员会作出的裁定根据本款第二项规定具有司法性质,裁定涉及的法官有权到委员会申述并向委员会提交案件。

4.该委员会以多数通过的决议对共和国总统和副总统具有约束力,且总统和副总统应共同执行。

(九)在最高宪法法院院长或希腊族法官或土耳其族法官暂时缺席或不能履行职责时,高等法院院长、该院两名希腊族高级法官或一名土耳其族高级法官应分别代行其职务。

(十)最高宪法法院院长或其他法官在履行司法职务时的行为或言论不受追究。

(十一)最高宪法法院希腊族法官和土耳其族法

官的职务报酬和其他职务条件由法律规定。

(十二)最高宪法法院法官的职务报酬或其他职务条件不得在其被任命后作对其不利的修改。

第一百三十四条

(一)最高宪法法院审理的一切争讼应公开进行,但如果该法院法官出于法庭秩序、共和国安全或公共道德的需要有权在只有当事人和该院人员出庭的情况下审理。

(二)对于显属轻率的争讼,最高宪法法院在听取相关当事人或以相关当事人名义的辩论后,如经全体法官一致确认该案纯属轻率,可不经公开审理而径行驳回。

第一百三十五条

最高宪法法院应制订法院规则以规定本宪法授予它的司法管辖权的程序和手续的行使,规定诉状格式和诉讼费用,规定该院登记处的组成及该处官员的权力和职责等事项。

第一百三十六条

最高宪法法院对以下各条规定的事项拥有作最后裁决的专属管辖权。

第一百三十七条

(一)共和国总统和副总统因众议院通过的法律或决议或其他条款而对某一族社有所歧视时,有权根据本条规定,单独或共同向最高宪法法院提出争讼。

(二)本条第一款规定的争讼应在该法律或决议公布后七十五日内提出。

(三)提出上述争讼的公告应由共和国总统和副总统在提出争讼后的二十四小时内在共和国政府公报上公布。上述法律或决议自共和国政府公报公布此项公告的第二日起至最高宪法法院对争讼作出裁决之日止应停止执行。

(四)最高宪法法院在上述争讼中有权对法律、决议或其他条款予以确认或宣告无效,也有权全部或部分地退回众议院复议;

但是,宣告某项法律或决议或其他条款无效的裁决应自最高宪法法院的裁决依照本条第五款规定公布之日起生效,但不得妨害根据该法律、决议或其他条款已实施或尚未完全实施的措施。

(五)最高宪法法院的裁决应及时通知共和国总统和副总统以及众议院议长和副议长,并应由共和国总统和副总统在共和国政府公报上及时予以公布。

第一百三十八条

(一)对于众议院通过的预算,共和国总统和副总统因各自或共同判断认为其中含有歧视,有权单独或共同将预算退回众议院复议,如众议院维持通过原预算的决议,共和国总统和副总统有权单独或共同因上

503

述理由向最高宪法法院提出争讼。

（二）上述争讼应在本宪法规定的有关众议院通过的法律或决议的公布期限内提出。

（三）最高宪法法院在上述争讼中有权裁决该预算无效或予以确认，也有权全部或部分地退回众议院复议。

（四）最高宪法法院的裁决应及时通知共和国总统和副总统以及众议院议长和副议长，并应由共和国总统和副总统在共和国政府公报上及时予以公布。

第一百三十九条

（一）最高宪法法院拥有对众议院同各族社议会或其中一族社议会之间、共和国国家机关之间或地方政府机关之间有关权力或权限的纠纷或争议事项提出的争讼作最后裁决的专属管辖权；

但本款规定不适用于共和国法院之间或司法机关之间的纠纷或争议，此类纠纷或争议应由高等法院予以裁决。

本款所谓的"共和国法院或司法机关"不包括最高宪法法院。

（二）如果最高宪法法院对某一事项的权限产生疑问，则应由最高宪法法院自行决定。

（三）如下人员或机构有权依据本条第一款的规定向最高宪法法院提出争讼：

1. 共和国总统或副总统；

2. 众议院；

3. 各族族社议会；

4. 与纠纷或争议有关的任何其他国家机关或地方政府机关。

（四）上述争讼应在上述权力或权限发生争议后三十日内提出。

（五）最高宪法法院接到上述争讼后有权对作为争讼标的的法律、决议或法令以无权制定、通过或实施为理由，宣布该法律、决议或法令无效，宣布该法律、决议或法令全部或部分地自纠纷或争议发生之日起或自始不发生任何法律效力。但是，不论宣告全部无效还是部分无效，最高宪法法院都应对根据该法律、决议或法令已实施或尚未完全实施的措施的效力作出指示。

（六）最高宪法法院对于上述争讼所作的裁决应立即通知相关当事人及共和国总统与副总统，总统与副总统应立即在共和国政府公报上予以公布。

（七）最高宪法法院接到根据本条而提出争讼后有权下令停止执行作为争讼标的的法律、决议或法令直到对该项争讼作出裁决；上述命令应立即在共和国政府公报上公布。

第一百四十条

（一）共和国总统与副总统在众议院通过的法律或决议公布前，有权共同就该法律或决议或其具体条款是否同本宪法的规定相抵触或不相符合的问题向最高宪法法院征询意见，但不得就该法律或决议或其具体条款是否歧视某一族社的问题向最高宪法法院征询意见。

（二）最高宪法法院应审议根据本条第一款的规定向其征询意见的每个问题，并在听取共和国总统和副总统的代表以及众议院的代表辩论后，提出该院的意见，并通知共和国总统和副总统以及众议院。

（三）如果最高宪法法院决议该法律或决议或其条款同本宪法的规定相抵触或不相符合，那么，该法律或决议或其有关条款不得由共和国总统和副总统公布。

第一百四十一条

（一）共和国总统或副总统有权在由第二十五条保障的权利规定程序、条件或限制的法律公布以前就该程序、条件或限制是否妨害公共利益或违反总统或副总统利益问题向最高宪法法院征询意见。

（二）最高宪法法院应审议上述问题，并在听取共和国总统或副总统的代表以及众议院的代表辩论后，提出该院的意见，并通知共和国总统和副总统以及众议院。

（三）如果最高宪法法院决议该程序、条件或限制妨害公共利益或违反该族社的利益，那么，规定程序、条件或限制的法律或其有关条款不得由共和国总统和副总统公布。

第一百四十二条

（一）共和国总统对于希腊族社议会通过的法律或决议，共和国副总统对于土耳其族社议会通过的法律或决议，有权在其公布以前，就该法律或决议或其中具体条款是否同本宪法的规定相抵触或不相符合的问题，向最高宪法法院征询意见。

（二）最高宪法法院应审议根据本条第一款规定向其征询意见的每一个问题，在听取共和国总统或副总统的代表和相关族社议议会的代表辩论后，提出该院的意见，并通知共和国总统或副总统以及相关族社议会。

（三）如果最高宪法法院决议该法律或决议或其中条款同本宪法的规定相抵触或不相符合，该法律或决议或其条款不得由共和国总统或副总统公布。

第一百四十三条

（一）共和国总统或副总统，或新选出的众议院议员总数至少五分之一的议员联名有权依照第六十八条规定在新选出的众议院就职前继续履行职责的卸任众议院就以制定法律或通过决议的紧急的无法预见的情况是否存在的问题，向最高宪法法院提出争讼。

（二）上款争讼，如由共和国总统或副总统提出，应在本宪法规定的众议院通过的法律和决议的公布期限内提出；如由上述众议员提出，应在新任众议院举行第一次会议后十五日内提出。

（三）最高宪法法院的裁决应立即通知共和国总统和副总统以及众议院议长和副议长，并由共和国总统和副总统立即在共和国政府公报上予以公布。

第一百四十四条

（一）任何诉讼当事人包括上诉当事人，有权在诉讼的任何阶段，提出对决定该诉讼争论点方面有重大关涉的法律或决议或其相关条款是否违宪的问题，接受提出该问题的法院应将该问题留待最高宪法法院裁决，并在最高宪法法院对该问题作出裁决以前停止诉讼。

（二）对于上述保留待决的问题，最高宪法法院在听取当事人的陈述后应予审议并裁决，并将其裁决移交保留该问题的法院。

（三）最高宪法法院根据本条第二款规定作出的裁决应对保留该问题的法院和诉讼当事人具有约束力，但上述裁决如认为该法律或决议或其相关条款违宪，该法律或决议不适用于该诉讼。

第一百四十五条

最高宪法法院对根据选举法规定就共和国总统或副总统、众议院或族社议会议员选举所提出的选举请愿书有作最后裁决的专属管辖权。

第一百四十六条

（一）最高宪法法院就指控行使行政权或执行权的机关、机构或个人的决议、法令或行为违反本宪法或法律的规定，或超越或滥用其职权而向最高宪法法院提出的争讼有作最后裁决的专属管辖权。

（二）作为个人或作为某一族社成员所实际享有的合法利益因上述决议、法令或行为而蒙受直接损害的人，均有权提出上述争讼。

（三）上述争讼应在该决议或法令公布后七十五日内提出，如果未经公布或出于疏忽，应在提出争讼的当事人得知后七十五日内提出。

（四）最高宪法法院对上述争讼可作如下裁决：

1. 确认该决议、法令或行为全部或部分合法；

2. 宣告该决议、法令全部或部分无效；

3. 宣告该行为全部或部分不当，而其适当的行为应予履行。

（五）根据本条第四款规定作出的裁决，对共和国的一切法院、机关和机构都具有约束力，有关机关、机构或个人均应遵照执行。

（六）因本条第四款规定宣告决议或法令无效，或宣告行为不当的受害人，如果有关机关、机构或个人未能满足其赔偿要求，有权向法院起诉追索损害赔偿

或获得其他补偿，或取得由法院规定的公正而适当的损害赔偿金，或取得法院给予的公正而适当的其他赔偿。

第一百四十七条

最高宪法法院对于共和国检察长和副检察长根据第四十四条第三款的规定，就共和国总统或副总统因长期或暂时丧失行为能力或因非暂时缺席已构成第四十四条第一款第四项规定的无法有效地履行其职责所提出的问题有作最后裁决的专属管辖权。

第一百四十八条

最高宪法法院对属于其管辖或权限范围内的事项依照第一百四十四条第三款的规定作的裁决应对共和国的所有法院、机关、机构和个人具有约束力。

第一百四十九条

最高宪法法院对如下事项享有专属管辖权：

1. 对本宪法两种文本的不一致之处作出裁决。裁决时应参照希腊王国、土耳其共和国和塞浦路斯希腊族社及土耳其族社的代表于 1960 年 4 月 6 日在尼科西亚举行的联合制宪委员会签署的本宪法草案文本，以及于 1960 年 8 月 16 日签署的宪法草案修改附件，并充分考虑 1959 年 2 月 11 日苏黎世协议和 1959 年 2 月 19 日伦敦协议的文字与精神。

2. 解释本宪法含义模糊的文字，解释时应充分考虑 1959 年 2 月 11 日苏黎世协议和 1959 年 2 月 19 日伦敦协议的文字与精神。

第一百五十条

最高宪法法院有权对藐视该法院的行为进行制裁。

第一百五十一条

（一）最高宪法法院对公共服务委员会根据第一百二十五条第三款第二项提请裁决的问题，有作最后裁决的专属管辖权，而不受本章以上各条规定的限制。

（二）本条的规定不得妨碍依照第一百四十六条规定对公共服务委员会的决议、法令或行为向最高宪法法院提出争讼。

第十章 高等法院和下级法院

第一百五十二条

（一）司法权，而非根据第九章规定由最高宪法法院行使和根据本条第二款由族社法律规定的法院行使的司法权，应由高等法院和依据本宪法制订的法律所规定的下级法院行使。

（二）根据第八十七条规定保留给族社议会的有关个人身份和宗教事务等民事纠纷方面的司法权应由根据本宪法制定的族社法律所规定的法院行使。

第一百五十三条

（一）1. 设立由两名希腊族法官、一名土耳其族法官和一名中立法官组成的高等法院。中立法官应为该院院长，有两个投票权。

2. 高等法院院长及其他法官均由共和国总统和副总统共同任命；

但是，如果仅有一名法官出缺，不论是希腊族法官还是土耳其族法官，如果共和国总统和副总统在一周内不能对任命人选达成一致意见，那么，与待任命法官同属一个族社的总统或副总统提出的人选应被任用。

（二）高等法院应设在共和国首都。

（三）中立法官不得为本共和国、希腊王国、土耳其共和国或联合王国及其殖民地的国民或公民。

（四）高等法院的希腊族法官和土耳其族法官必须是共和国的公民。

（五）高等法院院长及其他法官应从具有高深专业知识和高尚道德的法学家中任命。

（六）1. 高等法院院长任期六年。

2. 高等法院院长的职务报酬及其他待遇应在其委任状中明确规定。

3. 本款第二项规定的高等法院院长委任状中应予明确规定的待遇包括：

（1）根据本条第七款第三项有关希腊族法官或土耳其族法官因同等情况退休而退休的规定；

（2）根据本条第七款第四项有关希腊族法官或土耳其族法官因同样理由免职而予以免职的规定。

（七）1. 高等法院希腊族法官和土耳其族法官应为共和国常任司法人员，任职至六十八周岁。

2. 高等法院的希腊族法官和土耳其族法官可随时以书面形式向共和国总统和副总统递交辞呈，其根据法律规定应得的退休金、抚恤金或其他类似福利并不因此受影响。

3. 高等法院希腊族法官或土耳其族法官如因精神上或身体上的疾病而终身丧失履行职务的能力或长期无法继续任职时应退休。由于上述原因退休的法官应享有在其退休时施行的法律规定的一切福利和津贴。

4. 高等法院希腊族法官或土耳其族法官可因渎职而被撤职。

（八）1. 设立以最高宪法法院院长为主席、以最高宪法法院希腊族法官和土耳其族法官为委员的委员会。

2. 该委员会有裁决下列事项的专属权：

（1）依照高等法院院长委任状明确规定的职务条件，裁定院长的退休、撤职或其他任命终止的情况；

（2）根据本条第七款第三项和第四项所列的理由

裁定高等法院希腊族法官或土耳其族法官的退休或撤职。

3. 该委员会作出的裁定根据本款第二项规定具有司法性质，裁定涉及的法官有权到委员会申述并向委员会提交案件。

4. 该委员会以多数通过的决议对共和国总统和副总统具有约束力，且总统和副总统应共同执行。

（九）在高等法院院长或希腊族法官或土耳其族法官暂时缺席或不能履行其职责时，最高宪法法院院长或该法院希腊族法官或土耳其族法官应分别代行其职责。

但是，如果最高宪法法院的希腊族法官或土耳其族法官不能或不便代理，那么，共和国司法系统中职位较高的希腊族法官或土耳其族法官应分别代行其职责。

（十）高等法院院长或其他法官在履行司法职务时的行为或言论不受追究。

（十一）高等法院希腊族法官和土耳其族法官的职务报酬和其他职务条件由法律规定。

（十二）高等法院法官的职务报酬或其他职务条件不得在其被任命后作对其不利的修改。

第一百五十四条

高等法院审理的一切争讼应公开进行，但如果该法院法官出于法庭秩序、共和国安全或公共道德的需要有权在只有当事人和该院人员出庭的情况下审理。

第一百五十五条

（一）高等法院是共和国最高上诉法院，享有依照本宪法的规定和依照根据本宪法而制订的法院规则的规定，审理和裁决来自非最高宪法法院的其他法院的上诉案件的管辖权。

（二）高等法院依照本条第三款和第四款的规定具有本宪法规定或法律规定的初审和复审管辖权；

但对于本宪法或法律赋予的初审管辖权，高等法院应依照第一百五十九条的规定指定该院一名或以上法官行使；

对上述法官的初审判决，有向高等法院提出上诉的权利。

（三）高等法院享有决定审理原告与被告分属不同族社的民事法庭和审理被告人与受害者分属不同族社的刑事法庭的组成的专属权。上述法庭应由分属希腊族社和土耳其族社的法官共同组成。

（四）高等法院有签发人身保护令、执行令、禁止令、纠正越权令和调取案卷令的专属管辖权。

第一百五十六条

审理如下犯罪的初审法庭由高等法院指定分属两个族社的法官组成，并由高等法院院长担任庭长：

1. 叛国罪和其他危害共和国安全罪；

2. 危害宪法和宪法秩序的犯罪。

但是,高等法院在审理上述初审法庭判决的上诉时,应由最高宪法法院院长代替高等法院院长出任庭长,在此情况下,最高宪法法院院长享有赋予高等法院院长的一切权力。

第一百五十七条

(一)高等法院,非因本宪法对最高宪法法院的规定,应为最高司法理事会,其院长拥有两个投票权。

(二)司法官员的任命、提升、调动、撤职及处分事宜均属最高司法理事会的专职范围。

(三)司法官员非根据类似于高等法院法官的理由和方式不得令其退休或予以撤职。

第一百五十八条

(一)法律应依照本宪法的规定确定民事和刑事法院的设置、管辖范围及其权力,但第一百六十条规定应由族社法律予以规定的法院除外。

(二)上述法律应规定设置适当数量的法院以便正确及时地进行审判,并在其各自管辖范围内保证本宪法有关基本权利与自由的保障条款的有效适用。

(三)法律应规定根据本条第一款规定设置的法院中法官的职务报酬及其他条件。上述法官的职务报酬及其他条件不得在其被任命后作对其不利的修改。

第一百五十九条

(一)管辖原告和被告同属一个族社的民事案件的法庭应由属于该族社的一名或以上的法官组成。

(二)管辖被告和受害人同属一个族社或并无被害人的刑事案件的法庭应由属于该族社的一名或以上法官组成。

(三)如民事案件的原告与被告属于不同族社,那么,其法庭应由高等法院指定分属于两个族社的法官组成。

(四)如刑事案件的被告人与受害人属于不同族社,那么,其法庭应由高等法院指定分属于两个族社的法官组成。

(五)如死者属于希腊族社,则应由希腊族法医验尸;如死者属于土耳其族社,则应由土耳其族法医验尸。如死者不止一人并属于不同族社,则应由高等法院指定的法医验尸。

(六)民事、刑事法庭的判决或命令的执行,如该法庭由一名或以上希腊族法官组成,则应通过该法庭的希腊族官员执行,如该法庭由一名或以上土耳其族官员组成,则应由该法庭的土耳其族官员执行,在其他情况下,应由审判法庭指定的官员执行。

第一百六十条

(一)由各相关族族社议会依照本宪法的规定制定的族社法律,应对本宪法规定保留给族社议会管辖范围、处理有关个人身份和宗教事务的民事纠纷法院

的设置、组成及管辖范围作出规定。

(二)上述族社法律应规定对上述法院判决的上诉程序,规定审理和判决此类上诉的法庭的组成、管辖范围及其权力。族社法律根据本款规定,制定受理此类上诉的法庭有权由一名或以上高等法院的法官组成,或由该法庭单独审理,或依照上述族社法律的规定,由共和国司法机关的其他一名或以上法官共同审理。

(三)上述法庭,在行使其审判权时,应适用相关族族社议会制定的法律。

但本款规定不得妨碍共和国的法院在审理案件时因涉及个人身份或宗教事务的争议而适用相关的族社法律。

第一百六十一条

共和国法院依照第一百六十条第三款的规定有权适用关于个人身份和宗教事务外的其他相关的族社法律。

第一百六十二条

高等法院有权对藐视该法院的行为进行制裁,共和国的其他法院,包括根据第一百六十条由族社法律规定设置的法院,都有权对不服从其判决或命令的人实行监禁,直至其服从该判决或命令,但上述监禁不得超过十二个月。

法律或族社法律有权规定对藐视法庭的制裁而不受第九十条规定的限制。

第一百六十三条

(一)高等法院应制订法院规则以对高等法院和其他由本章规定或根据本章规定而设置的法院的手续与程序作出规定,但根据第一百六十条规定而设置的法院除外。

(二)在不损害本条第一款规定的一般原则的前提下,高等法院有权为如下目的制定法院规则:

1. 规制法院的开庭和法官的遴选;

2. 规定对高等法院或其他法院显属无理取闹,或旨在拖延审判进程的上诉或其他诉讼给予及时裁判;

3. 规定各级法院诉讼程序的格式与手续费、诉讼费与杂费;

4. 规定法院登记处的组成与法院其他官员的职权和职责;

5. 规定符合法院规则各项要求的时限;

6. 规定最高司法理事会在行使其对司法官员的纪律处分权时所应遵循的手续与程序。

(三)根据本条制定的法院规则有权规定高等法院审理各种特殊案件的法官人数。

但是,高等法院在行使本宪法赋予的或根据本宪法而赋予的管辖权时,非遵照第一百五十九条的规定

并审理包括根据第一百五十六条规定的上诉不得对任何案件进行审判。高等法院依照第一百六十条第二款规定应由该院全体法官组成。

第一百六十四条

（一）根据第一百六十条第二款规定组成的上诉法庭应制定法庭规则以规定其自身的以及其他法院向其上诉的手续和程序。

（二）在不损害本条第一款规定的一般原则的前提下，该上诉法庭有权为如下目的制定其本身的以及受理其他法院向其上诉的法庭规则：

1. 规制上述上诉法庭的开庭；

2. 规定该法庭诉讼程序的格式与手续费、诉讼费与杂费；

3. 规定上述法庭登记处的组成和该法庭其他官员的职权与职责；

4. 规定符合该法庭规则各项要求的时限。

第十一章 财政条款

第一百六十五条

（一）由本共和国征收或筹集的收入和款项应依照本宪法和法律的规定上缴并组成共和国统一基金。

（二）由族社议会征收或筹集的收入和款项应依照族社法律的规定上缴并组成各该族社议会统一基金。

（三）本宪法提到的统一基金除上下文另有需要均指本条第一款规定的共和国统一基金。

第一百六十六条

（一）除由本宪法其他条款或法律规定支付的拨款、补偿或其他款项，下列款项由统一基金拨付：

1. 由共和国负担的抚恤金与退休金；

2. 共和国总统和副总统的薪俸，最高宪法法院和高等法院法官、共和国检察长和副检察长、审计长和副审计长、共和国货币发行银行行长和副行长以及公共服务委员会委员的薪金；

3. 由共和国负责偿还的债务；

4. 由各级法院判决或裁定需由共和国偿付的款项。

（二）本条所说的债务包括利息、偿债基金、债务的分期偿还所需款项，与以统一基金为担保的借款以及与由此产生的债务偿还有关的各种劳务支出。

第一百六十七条

（一）财政部长，在收到共和国各部和各独立机关的财政年度估算后，应派员编制该财政年度的共和国总预算，并经由内阁通过后提交众议院。

（二）预算中的支出估算应分别列出：

1. 需由统一基金拨付的支出总额；

2. 其他支出的分项拨款额。

（三）上述预算还应尽可能在上一财政年度终了时列出国家的资产与负债额，列出该资产的投放或持有方式，以及尚未清偿的债务明细。

（四）对于原未规定但需由统一基金拨付的支出应提交众议院批准，如经批准，应列入该财政年度预算。

（五）在任何财政年度，如发现众议院通过的某项拨款额不足，或原未列入预算而又急需的支出项目，应编制补充预算列明所需款额，提请众议院批准，如经众议院批准，应列入该财政年度预算。

（六）众议院有权批准或拒绝批准补充预算中的任何支出项目，但不得表决通过增加其数额或改变其用途。

第一百六十八条

（一）由统一基金或其他公共基金拨付的支出非根据财政部长亲笔签署的许可令不得拨付。

但是，财政部长对于预算规定的支出不得拒绝签署上述许可令。

（二）上述许可令除依照本条第三款的规定非因通过涉及财政年度预算支出不得签发。

（三）如果该预算在相关财政年度开始之日未经由众议院通过，那么，依照本宪法规定，在认为维持预算中列明的公共服务所必要的开支时，众议院有权以决议形式授权由统一基金或其他公共基金在规定的期限内负担要求的支出，但每次授权的期限不得超过一个月，累计不得超过两个月。

但上述授权拨付给任何公务机构的支出不得超过上一财政年度预算规定的同一期间对该公务机构的拨款数额。

第十二章 其他条款

第一百六十九条

除依照第五十条及第五十七条第三款的规定，本条规定：

1. 同外国或任何国际组织缔结的有关商务、经济合作（包括支付和信贷）以及暂行的国际协定应根据内阁决议决定。

2. 其他条约、公约或国际协定应根据内阁的决议协商和签署，并应经由众议院通过法律予以批准该条约、公约或国际协定才能使其生效，并对共和国具有约束力。

3. 依照本条前两款规定缔结的条约、公约和协定应自其在共和国政府公报上公布之日，并以上述条约、公约和协定适用于缔约他方为条件具有高于国内法的效力。

第一百七十条

（一）共和国应根据协议规定的适当条件,对所有同希腊王国、土耳其共和国以及大不列颠及北爱尔兰联合王国签订的任何性质的协定一律给予最惠国待遇。

（二）本条第一款的规定不得适用于塞浦路斯共和国同希腊王国、土耳其共和国和大不列颠及北爱尔兰联合王国之间签订的有关建立塞浦路斯共和国的条约中关于将若干基地与军事设施给予联合王国的条款。

第一百七十一条

（一）音像广播应播放适合希腊族社和土耳其族社的节目。

（二）广播电台每周七日对土耳其族社的播音节目时间合计不得少于七十五小时,并应于每天分配正常的播音时间。

但如果因整个播音时间减少致使对希腊族社的播音节目时间下降到每周七日合计少于七十五小时,则每周对土耳其族社的播音节目时间也应按对希腊族社播音节目所减少的时间作同量的削减。

此外,如果对希腊族社的播音节目时间增加到每周七日合计在一百四十小时以上,则对土耳其族社的播音节目时间也应按希腊族社的播音节目每增加七小时,土耳其族社的播音节目即增加三小时的比例增加。

（三）关于电视节目,每十个连续播放日中应有三个播放日分配给土耳其族社节目,在此十个播放日中,土耳其族社节目的总时数同希腊族社节目的总时数的比例应为三小时比七小时。

（四）一切官方音像广播均应同时以希腊语和土耳其语播放,且不得列入根据本条规定计算的时数。

第一百七十二条

（一）共和国应对国家官员或机关在行使或企图行使其职务时的错误行为或疏忽而造成的损害负赔偿的责任。

（二）法律应规定上述责任。

第一百七十三条

（一）1.独立的行政区应在共和国五个最大的城市即尼科西亚（Nicosia）、利马索尔（Limassol）、法马古斯塔（Famagusta）、拉纳卡（Larnaca）和帕福斯（Paphos）由当地的土耳其族居民建立。

2.但共和国总统和副总统应在本宪法生效之日起四年内审查上述城市应否继续设立独立的行政区。

（二）上述城市的希腊族市委员会应由各该市希腊族选民选举,土耳其族市委员会应由各该区土耳其族选民选举。

（三）上述各城市应设置一个协调机构,该机构由两名由各该城市的希腊族市委员会选出的委员、两名由各该城市的土耳其族市委员会选出的委员,一名由各该城市的两个市委员会协议产生的主席组成。该协调机构应规定需要共同执行的工作,实施各该城市的两个市委员会经由协议委托其实施的共同服务,关心需要一定协调的事项。

第一百七十四条

（一）在上述各城市的范围内,各族社市政府只能向属于本族社的市民征收属于该市的税、费、捐或其他收益。

但是,应交纳如下费用:

1.使用隶属于上述各城市的任一市委员会管辖区域内的市有市场、屠宰场和其他市有场所应交纳的费用;

2.利用隶属于上述各城市的任一市委员会管辖区域内的房屋或场所应交纳的娱乐费用;

3.经各该城市的两个市委员会协商同意,有关通常由某一市政府提供的服务在对不属于本族社的市民提供额外或超额服务时应收取的费用。

（二）此外,如果上述各该城市的任一族社市政府向属于另一族社市的人提供管理、检查等服务时应收取的费用应交纳给提供该服务的市政府。

第一百七十五条

（一）许可证或执照不得由上述各城市的任一市政府向不属于该族社市的人颁发。

（二）但有关在上述任何城市的任一市政府管辖区域内的房屋、场所或建筑物的施工许可证或执照,应由各该市委员会颁发,且与该许可证或执照有关的服务、管理或检查应由各该区委员会执行,其应交纳的费用由各该市委员会收取。

第一百七十六条

第一百七十三条至第一百七十八条的各项规定,不得被解释为不准以法律规定上述各区的城市规划,但须依照如下条件:

1.上述城市的规划机构应由十名成员组成,其中希腊族成员七名,土耳其族成员三名。

2.该机构的一切决定应以绝对多数作出;

但是,影响希腊族市政府的决定非以至少包括四名希腊族成员的多数赞同不得通过,影响土耳其族市政府的决定非以至少包括两名土耳其族成员的多数赞同不得通过。

3.影响各该城市的城市规划性质的事项以及对此类事项的规定应全部委托给该规划机构处理。

第一百七十七条

依照第一百七十三条至第一百七十八条各项规定,上述各城市的各族社市政府应在由共和国总统和副总统协议划定的各族社区范围内,分别行使其管辖权和履行其一切职能。

第一百七十八条

关于其他地区，专门条款应为尽量遵照两个族社比例代表制原则建立市政机关时作出规定。

第十三章 最后条款

第一百七十九条

（一）本宪法为共和国最高法律。

（二）众议院或族社议会通过的法律或决议，共和国内行使行政权力或管理职能的机关、机构或个人的行为或决定，均不得以任何方式违反本宪法的规定或与之相抵触。

第一百八十条

（一）本宪法的希腊文本与土耳其文本均为原本，具有同等的权威和同等的法律效力。

（二）本宪法两种文本不一致处应由最高宪法法院裁决。裁决时应参照希腊王国、土耳其共和国和塞浦路斯希腊族社及土耳其族社的代表于 1960 年 4 月 6 日在尼科西亚举行的联合制宪委员会签署的本宪法草案的文本，以及于 1960 年 8 月 16 日签署的宪法草案修改附件，并充分考量 1959 年 2 月 11 日苏黎世协定和 1959 年 2 月 19 日伦敦协定的文字与精神。

（三）本宪法含义模糊的文字应由最高宪法法院予以解释，解释时应充分考量 1959 年 2 月 11 日苏黎世协定和 1959 年 2 月 19 日伦敦协定的文字与精神。

第一百八十一条

本共和国同希腊王国、土耳其共和国和大不列颠及爱尔兰联合王国缔结保证本共和国独立、领土完整与宪法的条约，以及本共和国同希腊王国和土耳其共和国缔结的军事同盟条约作为本宪法附件一和附件二具有宪法效力。

第一百八十二条

（一）本宪法附件三所列的本宪法条款源自 1959 年 2 月 11 日苏黎世协定，是本宪法的基本条款，不得以删改、增补或废止方式予以修改。

（二）除依照本条第一款的规定，本宪法的其他条款可依照本条第三款的规定以删改、增补或废止方式予以修改。

（三）上述修改应由至少包括希腊族议员总数三分之二和土耳其族议员总数三分之二的多数赞同通过的法律作出。

第一百八十三条

（一）内阁在遇到战争或其他威胁共和国或其任何地区生存的公共危险时有权经由决议宣布紧急状态。

但是，共和国总统和副总统有权在上述决议分别送达其办公厅后的四十八小时内单独或共同予以否决。

（二）上述宣布紧急状态的公告应明确规定紧急状态须予中止执行的宪法条款。

但是，宣布紧急状态的公告只能中止如下宪法条款的执行：

第七条（仅限于由战争所许可的行为而招致的死亡）、第十条第二款和第三款、第十一条、第十三条、第十六条、第十七条、第十九条、第二十一条、第二十三条第八款第四项、第二十五条和第二十七条。

（三）共和国总统和副总统非已单独或共同行使本条第一款规定的否决权应立即将宣布紧急状态的公告在共和国政府公报上予以公布。

（四）根据本条上述各款规定公布的紧急状态公告应立即提交众议院。如果众议院已休会，应尽快为此召开会议。

（五）众议院有权否决或确认上述宣布紧急状态的公告。如遭否决，该公告即无效；如经确认，共和国总统和副总统应立即将众议院的此项决议在共和国政府公报上予以公布。

（六）宣布紧急状态应自众议院确认之日起两个月届满后失效，但应内阁的请求众议院可通过决议延长紧急状态的期限，对于众议院的上述决议，共和国总统和副总统有权依据第五十条的规定单独或共同行使否决权。

（七）1. 在紧急状态期间，内阁如认为需要立即采取行动有权不受本宪法规定的限制，在共和国总统和副总统未根据第五十七条的规定单独或共同行使否决权时发布完全同紧急状态有关并具有法律效力的命令。

2. 如果未对上述命令行使本款第一项规定的否决权，共和国总统和副总统应立即在共和国政府公报上予以公布。

3. 上述命令，如未先行撤销，应在紧急状态期限届满时失效。

第一百八十四条

（一）依照第一百八十三条第七款第二项规定公布的命令，如规定实行预防性拘留，应遵守如下规定：

1. 根据该命令下令拘留任何人的机关，应尽快通知其本人被拘留的原因和拘留令所依据的事实，但属本条第三款规定的情况除外，并应向该人提供抗议拘留令的机会；

2. 任何公民依此命令而被拘留的期限不得超过一个月，但是，如果本条第二款规定组成的顾问委员会在对被拘留人依据本款第一项提出的抗议进行审议后，并在上述期限届满前提交报告认为上述拘留确有充分理由者，不在此限。

（二）为实施本条规定而设置的顾问委员会，由一名由共和国总统和副主席在现任或曾任高等法院法官或具有此种资格的人员中共同任命的主席和两名由共和国总统和副总统在征询高等法院院长意见后共同任命的委员组成。

（三）本条规定并不要求任何机关透露它认为透露后会有损国家利益的事实。

第一百八十五条

（一）共和国的领土为不可分割的整体。

（二）禁止塞浦路斯全部或部分地区因同他国联合或分离而独立。

第一百八十六条

（一）在本宪法中，除另有明文规定或上下文另有需要：

1.（1）"族社"指希腊族社或土耳其族社；（2）"法院（庭）"包括该院（庭）任何法官；（2）"希腊族人"指第二条规定的希腊族社的成员；（3）"法律"，用于本宪法生效后，指共和国的法律；（3）"人"包括属于法人或非法人的公司、合伙企业、协会、社团、机构或团体；（4）"共和国"指塞浦路斯共和国；（5）"土耳其族"或"土耳其族人"指第二条规定的土耳其族的成员。

2.表示阳性的词包括阴性的词，单数形式的词包括复数形式的词，反之亦然。

（二）本宪法赋予制定任何命令、规则、条例、章程或发布指示的权力应被解释为包括以类似方式行使修改或撤销该命令、规划、条例、章程或指示的权力。

过渡条款

第一百八十七条

（一）根据本宪法生效前有效的法律当选的：

1.作为共和国第一任总统或第一任副总统；

2.作为众议院或族社议会的议员，应视同根据本宪法规定分别当选的共和国总统或副总统，众议院议员或该族社议会的议员。

（二）所有在本宪法生效之日应予终止的选举法规应继续有效直到众议院或任何族社议会制定出新的选举法规。但无论如何，关于填补在此期间发生的共和国总统、副总统、众议院议员或族社议会议员职位空缺的补选法规至迟应在本宪法生效之日起十八个月内制定。

第一百八十八条

（一）凡在本宪法生效之日有效的法律，在未经依据本宪法而制定的法律或族社法律以删改、增补或废止方式予以修改以前，在本宪法生效之日起及之后仍继续有效，但须受本宪法及本条以下列各项规定的限制，并自本宪法生效之日起在解释和适用上作必要的修正，使之与本宪法的规定相一致。

（二）除本宪法过渡条款另有规定者，上述法律中

与本宪法规定相抵触或不一致的条款，以及根据第七十八条规定必须以分别计算的多数通过的法律，不得继续有效；

但是，有关各市的法律可在本宪法生效后六个月内继续有效，有关征收各种税捐的法律可在 1960 年12 月 31 日前继续有效。

（三）除上下文另有需要，在根据本条第一款规定继续有效的任何法律中：

1.凡提及塞浦路斯殖民地或"英王"之处，自本宪法生效之日，应被解释为共和国。

2.凡提及总督或枢密院总督之处，自上述日期起，应被解释为本宪法明确规定的共和国总统和副总统单独或共同；涉及行使立法权的事项时（明确保留给族社议会的立法权除外）应被解释为众议院；涉及本宪法规定属于族社议会职权范围内的事项时应被解释为族社议会；涉及行政权的事项时应被解释为内阁。

3.凡提及行政大臣或财政大臣之处，自上述日期起，应分别解释为目前执掌上述职权的共和国的部或独立机关。

4.凡提及检察长或副检察长之处，自上述日期起，应分别解释为共和国检察长或共和国副检察长。

5.凡提及任何其他公职人员、机关或机构之处，自上述日期起，应被解释为共和国相应的公职人员，或相应的机关、机构或官署。

（四）共和国的任何法院在适用根据本条第一款规定继续有效的法律时，自上述日期起，应对该法律作必要的修改，使之与本宪法包括其过渡条款在内的规定相一致。

（五）在本条中：

"法律"包括在本宪法生效以前依据法律而制定的任何公文；

"修改"包括修正、改订和废止。

第一百八十九条

自本宪法生效之日起五年内，如下事项不受第三条规定的限制：

1.根据第一百八十八条规定继续有效的法律，可继续使用其英文文本；

2.英语应在共和国法院审理时使用。

第一百九十条

（一）1.依照本条以下各款的规定，在本宪法生效前存在的法院，自本宪法生效之日起至规定本共和国法院设置的新法律制定之日止，有权依照本条以下各款的规定继续履行其职能，而不受本宪法其他规定的限制。但上述新法律至迟应在本宪法实施后四个月颁布，在此之前应使现存法院在组织机构上尽可能符合本宪法的规定。

2. 但是,在本宪法生效之日已经部分审理而尚未结案的民事、刑事诉讼应由受理该案的原审法院继续审理并结案,而不受本宪法规定的限制。

(二)依照本宪法规定而设置的最高宪法法院至迟应于本宪法生效之日起三个月内组成,在该院成立以前,可不按本宪法规定而由高等法院登记处暂代最高宪法法院登记处。

(三)高等法院登记处包括诉讼在内应视为最高宪法法院登记处直至组成最高宪法法院。最高宪法法院的组成至迟应在本宪法生效之日起三个月内完成。

(四)在计算本宪法规定向最高宪法法院提出争讼的时限时,从本宪法生效之日起到最高宪法法院依照上述规定组成的这一段时间不得计算在内。

(五)在本宪法生效前存在的最高法院应视为根据本宪法规定设立的高等法院直至本宪法规定设立的高等法院成立;上述高等法院应在本宪法生效之日起三个月内组成;

但是,凡提及首席法官之处应被解释为高等法院高级法官,并且,该替代的高等法院在上述期限内的法官虽不是四名仍应视为合法。

第一百九十一条

在本宪法生效之日尚未审结的诉讼,如果原来由检察长代表塞浦路斯殖民地政府或由殖民地政府的任何部或官员作为一方当事人,在本宪法生效之日和之后,应由共和国或其相应的机关或官员代替为该方当事人继续进行。

第一百九十二条

(一)除本宪法另有规定,在本宪法生效前担任公职的人员,在本宪法生效后,仍适用本宪法生效前对其适用的职务任期和条件,在本宪法生效之日或之后,在其继续为共和国任职期间,不得对上述职务任期和条件作对其不利的修改。

(二)在本宪法生效前在职的最高法院法官(首席法官除外)及下级法院的法官和治安警察,自本宪法生效后,依照本条第一款的规定但不受第一百五十三条和第一百五十七条规定的限制可继续任职,就如在依该两条规定任命法官以前,视依照该两条规定正式任命的法官,本宪法的规定亦因此而对其适用。

(三)如果本条第一款和第二款规定的在职人员未被任命为共和国的公职人员,其有权根据对其适用的职务任期和条件,选择领取对其较有利的、由共和国基金支付的合理补偿或退休金。

(四)除本条第五款另有规定,本条第一款和第二款规定的在职人员,其职务因实施本宪法而隶属于族社议会管辖范围者,如其本人自愿,可放弃其就本条第三款规定的权利而选择在族社议会管辖下任职。

在此种情况下,担任该职务的人员,如果根据本宪法生效前的有效法律有权就本宪法生效前的任职年限或连同其在族社议会管辖下的任职年限领取退休金、退职金或其他类似福利,可向共和国领取其在本宪法生效前的任职年限所应领取的上述法律所规定的退休金、退职金或其他类似福利。

(五)在本宪法生效前,在职的其薪金由塞浦路斯殖民地公共基金拨付的教师,其职务因实施本宪法而隶属于族社议会管辖范围。在此种情况下,该教师,如果根据本宪法生效前的有效法律有权就本宪法生效前的任职年限或连同其在族社议会管辖下的任职年限领取退休金、退职金或其他类似福利,可向共和国领取其在本宪法生效前的任职年限所应领取的上述法律所规定的退休金、退职金或其他类似福利。

(六)在塞浦路斯殖民地担任公职的人员,凡在本宪法生效前正处于退休前休假,或自原职务调任其他不隶属于共和国职务者,不论其是否为共和国公民,均可继续适用本宪法生效前在这类情况下对其适用的职务规定和条件,并不得就上述职务规定和条件作对其不利的修改。

(七)在本条中:

1."公职",就本宪法生效前的职务而言,指隶属于塞浦路斯殖民地政府的职务,而就本宪法生效后的职务而言,指属于共和国的文职并包括共和国保安部队人员的职务;

2."职务规定和条件"指依照本宪法的规定作必要修改的薪金、休假、免职、退休金、退职金及其他类似福利。

(八)除本条第六款的规定,本条规定不适用于非共和国的公民。

第一百九十三条

在本宪法生效前从塞浦路斯殖民地公共基金包括孤寡抚恤基金中领取抚恤金或其他退休福利的人员,在本宪法生效后,应根据本宪法生效前适用于该抚恤金或其他退休福利的同一条件和规定或依照本宪法生效后所制定而对其并无不利且适用于该人情况的条件和规定,继续从共和国公共基金中领取抚恤金或其他退休福利。

第一百九十四条

任何人从孤寡抚恤基金中领取抚恤金的资格,在本宪法生效之日及之后,应继续适用在本宪法生效前适用的条件和规定,并在此资格存在期间,不得就上述条件和规定作对其不利的修改。

第一百九十五条

依照第一百八十七条规定视为共和国第一任总统和第一任副总统的当选共和国第一任总统的人和当选为第一任副总统的人,可不受本宪法规定的限制,不管在其根据第四十条规定就职之前还是之后,应享有并视为已享有共同代表共和国签署和缔结有关塞浦路斯共和国、希腊王国、土耳其共和国与大不列颠及北爱尔兰联合王国关于建立塞浦路斯共和国的条约及为签署该条约而草拟的换文,塞浦路斯共和国、希腊王国、土耳其共和国与大不列颠及北爱尔兰联合王国关于保证塞浦路斯共和国独立、领土完整与宪法的条约,塞浦路斯共和国、希腊王国与土耳其共和国军事同盟条约,以及塞浦路斯共和国、希腊王国与土耳其共和国关于实施上述国家缔结的同盟条约的协定的专有权利和权力。上述条约、协定和换文应视为代表共和国合法缔结,并自签署之日起生效和具有约束力。

第一百九十六条

第一届族社议会的任期自本宪法生效之日起算。

第一百九十七条

(一)在本宪法生效前,塞浦路斯殖民地政府或其他个人或团体,因代表学校其他团体或机构或受其委托而占有、持有或以其名义登记的任何动产或不动产,或对该财产的权利与利益,由本宪法或根据本宪法的规定划归族社议会管辖者,自本宪法生效之日起,应依照各该族社议会规定的条件由各该族社法律规定的个人、团体或机构占有或持有。

但是,上述族社法律不得指定上述财产由各该族社议会本身占有或持有。

(二)本条规定不得适用于由受托管理人管理的任何遗赠或其他捐赠以及同各种教育目的有关的各穆斯林宗教基金部的财产。

第一百九十八条

(一)如下规定直至有关公民资格的法律制定前具有效力:

1. 同公民资格有关的任何事项应经由《建国条约》附件四的规定制约;

2. 在本宪法生效之日或之后在塞浦路斯出生的人,如果根据《建国条约》附件四的规定其父在本宪法生效之日为共和国的公民,或其父如未死亡应为共和国的公民,则其自出生之日即为共和国的公民。

(二)本条所说的"建国条约"指本共和国、希腊王国、土耳其共和国与大不列颠及北爱尔兰联合王国关于建立塞浦路斯共和国的条约。

第一百九十九条

土耳其族社议会有权从大不列颠及北爱尔兰联合王国政府获得代表联合王国政府的塞浦路斯殖民地总督同塞浦路斯土耳其族社的代表于1960年8月16日为签署而起草的换文中规定的金额。

附件一

(第一百八十一条) (此条修改加入"本共和国同

希腊王国、土耳其共和国和大不列颠及爱尔兰联合王国缔结保证本共和国独立、领土完整与宪法的条约"。)

附件二

(第一百八十一条) (此条修改加入"本共和国同希腊王国和土耳其共和国缔结的军事同盟条约"。)

附件三

为理解本宪法第一百八十二条的规定,在此罗列本宪法规定的基本条款:

第三条

(一)

(二)

第四条

(一)

(二)(关于共和国机关的规定)

(三)(关于族社当局的规定)

(四)(关于共和国公民的规定)

第五条

第二十三条

(四)(关于共和国或市自治机关以及该款第三项的规定)

(五)(关于经由共和国或市自治机关以及原所有者使用强制征用财产的规定)

(六)

(十一)(关于共和国或市自治机关作出强制征用的决议以及关于向法院提出偿还请求、法院下令延缓执行的规定)

第三十六条

(二)

第三十九条

(一)(关于普选的规定)

第四十二条

(一)(不包含"宣誓忠实于并遵守宪法"的规定)

(二)

第四十三条

(一)(关于五年任期的规定)

第四十四条

(二)

(四)

第四十六条

(不包含第四款的规定)

第五十条

(不包含第一款第一项第一目至第五目的规定)

第五十一条

(一)

(二)

世界各国宪法文本翻译与研究系列丛书◎世界各国宪法文本汇编（亚洲卷）

（三）（不包含三十日期限的规定）

（四）

（六）

第五十二条

（不包含"根据第一百四十条向最高宪法法院征询意见权"的规定）

第五十三条

（一）

（二）

（三）

第五十七条

（二）（不包含关于时间限制和但书的规定）

（三）（不包含关于时间限制的规定）

（四）（关于公布的规定）

第六十一条

第六十二条

（二）（关于比例、分别普选以及议员名额分配比例不受任何统计数字影响的规定）

第六十五条

（一）（关于五年任期的规定）

第七十八条

第八十六条

第八十七条

（一）（第一项至第五项以及第六项不包含最后涉及第八十八条文字描述的规定）

第八十九条

（一）（第二项和第三项）

（二）

（三）

第九十二条

（仅关涉各族社议会决议议员议席的规定）

第一百零八条

第一百一十二条

（一）（不包含关于资格的规定）

第一百一十五条

（一）（不包含关于资格的规定）

第一百一十八条

（一）（不包含关于资格的规定）

第一百二十三条

第一百二十六条

（一）（不包含关于资格的规定）

第一百二十九条

第一百三十条

第一百三十一条

第一百三十二条

第一百三十三条

（一）（不包含第一款第二项中但书的规定）

第一百三十七条

（一）

（三）（仅关涉法律或决议停止执行的规定）

（四）（不包含但书的规定）

第一百三十八条

（一）

第一百三十九条

（一）（关于众议院同各族社议会间管辖冲突的规定）

第一百五十三条

（一）（不包含第一款第二项中但书的规定）

第一百五十七条

（一）

（二）

第一百五十九条

（一）

（二）

（三）

（四）

第一百六十条

（一）（关于各个法院管辖权的规定）

（三）（不包含但书的规定）

第一百七十条

第一百七十三条

（一）（不包含各个城市名称的规定）

（三）（不包含关于执行委托协调机构实施共同服务的规定）

第一百七十八条

第一百八十一条

第一百八十二条

第一百八十五条

（二）

第一百八十六条

联合制宪委员会的代表名单（略）

关于本宪法的修改情况

第一，第一款经由 1996 年第 106（Ⅰ）号宪法修正案修改。其英文版本经由威尼斯委员会确认。

第二，第二款经由 1996 年第 115（Ⅰ）号宪法修正案修改。其英文版本经由威尼斯委员会确认。

第三，第一款经由 1989 年第 95 号宪法修正案修改，并且该宪法修正案另外增加了第二款至第五款的新规定。其英文版本经由威尼斯委员会确认。

514

沙特阿拉伯王国基本法

政府基本法[①]

(1992年3月1日由第A/91号敕令批准)

两大清真寺的守护者,法赫德·本·阿卜杜拉兹·阿萨德(Fahd Bin Abdulaziz Al-Saud)国王,签署敕令颁布政府基本法,内容如下:

以至仁至慈的真主之名,

第A/90号

在真主的帮助下,朕,沙特阿拉伯国王,法赫德·本·阿卜杜拉兹·阿萨德,考虑到公共利益,以及国家在各方面的进步并期望国家所追求的目标,特敕令如下:

1. 颁布政府基本法,如以下所附文本;

2. 在本基本法生效后,所有有效的法规、法令、敕令在经修改与本基本法符合以前应继续有效;

3. 本敕令应公布于政府官报,并自其公布之日起生效。

以至仁至慈的真主之名。

第一章 总纲

第一条

沙特阿拉伯王国是阿拉伯伊斯兰主权国家;其国教为伊斯兰教;其宪法是《古兰经》以及先知——真主为他祈祷,赐予他安宁——的圣行;其语言为阿拉伯语;其首都是利雅得市(the City of Riyadh)。

第二条

开斋节与宰牲节是国家的公共假日。国历是回历。

第三条

(一)国旗应为如下所述:

1. 应为绿色;

2. 宽度应为长度的三分之二;

3. 中间书写"万物非主,唯有真主,穆罕默德是安拉的使者"字样,该字样下方应绘有一柄宝刀。

(二)不得将国旗倒置。法律确定关于国旗的规则。

第四条

国徽由两柄交叉的宝刀以及两柄宝刀之间的上方空隙处的枣椰树组成。国歌和国家勋章由法律定之。

第二章 政府结构

第五条

(一)沙特阿拉伯王国的政体是君主制。

(二)统治权交由创立者阿卜杜拉兹·本·阿卜杜拉曼·阿尔拉赫曼·阿萨德(Abdulaziz Bin Abdulrahman al Faisal Al-Saud)国王之子继承,并子子孙孙世袭之。其中最为重要的是依照《古兰经》和尊敬的先知之惯行接受拥戴。

(三)王位继承人的选定与撤销皆由国王通过敕令为之。

(四)王位继承人须尽力履行其作为王位继承人的职责,并完成国王交予的全部任务。

(五)在国王逝世后,王位继承人应在作效忠宣誓之后取得其权力。

第六条

公民应依照《古兰经》及先知的惯例拥戴国王,无论是归降抑或一贯遵从,无论处于富足时期抑或困难时期,无论身处顺境抑或逆境。

第七条

沙特阿拉伯王国政府的权力源自《古兰经》以及先知的惯例。

第八条

沙特阿拉伯王国政府建立在符合伊斯兰教教法

---

① 译者:陈鹏。初译由陈鹏根据ICL网站所载版本完成,其后由王建学根据沙特阿拉伯协商议会官方网站(http://www.shurA.gov.sa)所载的政府基本法补译和校对,两个版本内容存在若干差别。

的正义、协商以及平等之基础上。

第三章　沙特社会的价值

第九条

家庭是沙特社会的核心,其成员应以伊斯兰教信仰以及对真主、对真主之信使以及对护教者的忠诚与服从培养之;依照伊斯兰教指示尊重并执行法律,热爱祖国及其辉煌历史并以之为荣。

第十条

国家应努力强化家庭纽带,保持其阿拉伯及伊斯兰教价值观,关爱每一位成员,为其才智及能力的提升提供适宜的环境。

第十一条

沙特社会建立之原则乃是对真主之命令的遵从、以良好的行为及虔敬相互对待、相互支持并不相疏离。

第十二条

巩固国家统一乃是一项义务,国家将阻止一切可能导致分裂、煽动叛乱及独立之事端。

第十三条

教育的目的是为年轻一代灌输伊斯兰信仰,向其成员提供知识与技能,使其在社会建设中发挥作用,并使其热爱祖国并以其历史为荣。

第四章　经济原则

第十四条

真主赐予的全部财产,无论在地下、地表、国家领水中,或在国家控制的土地或海域内,依法皆属于国有财产。出于国家利益、安全及经济之原因对上述财产进行开采、保护及开发之方式,以法律定之。

第十五条

不经法律规定,不得授予任何特权,亦不得开采任何公共资源。

第十六条

公共款项神圣不可侵犯。国家有义务对其进行保护,公民与常住居民亦皆应保卫之。

第十七条

财产、资金及劳动力是王国经济与社会的重要元素。三者皆为个人之权利,并依照伊斯兰教教法发挥其社会作用。

第十八条

国家保护私有财产之自由及其神圣性。除了为公共利益并给予正当的公平补偿之外,任何人的财产不受剥夺。

第十九条

禁止没收公共款项,私有钱款之没收罚则只能通过合法命令实施。

第二十条

税收及费用的征收应仅在需要时基于公平原则设定之。其设定、修改、废止及豁免必须以法律规定之。

第二十一条

应征收济贫税,并向正当的接受者发放。

第二十二条

应根据合理且科学的计划推进社会经济之发展。

第五章　权利与义务

第二十三条

国家保护伊斯兰教;国家实施伊斯兰教教法;国家指示人民行善避恶;国家履行真主指示的义务。

第二十四条

国家努力建设和支持各种圣地,国家按照能力与安宁之条件为前来朝觐以及小朝觐者提供安全保障及照顾。

第二十五条

国家为实现阿拉伯与伊斯兰教国家的团结及语言之统一而努力,并巩固与友好国家之关系。

第二十六条

国家按照伊斯兰教教法之规定保护人权。

第二十七条

国家保障公民及其家庭在遇有事故、疾病、残疾及年老时所享有的权利;国家支持社会保险体系,并鼓励机构及个人捐助慈善。

第二十八条

国家为有能力工作者提供就业机会;国家制定法律保护雇主与雇员双方利益。

第二十九条

国家保护科学、文学及文化;国家鼓励科学研究;国家保护伊斯兰教及阿拉伯遗产,并为阿拉伯、伊斯兰教及人类文明作出贡献。

第三十条

国家提供公共教育,努力降低文盲率。

第三十一条

国家关注医疗卫生事业,并为每一位公民提供医疗服务。

第三十二条

国家致力于环境的维护、保护及改善,并制止污染。

第三十三条

为保卫伊斯兰教、两圣地、社会及公民,国家建立并装备武装力量。

第三十四条

保卫伊斯兰教、社会及国家是每一位公民的义务。法律规定兵役制度。

第三十五条

沙特阿拉伯的国籍由法律规定。

第三十六条

国家为其全部公民及其领土内的全部居民提供安全保障。非经法律规定,任何人不受逮捕、监禁或限制行动。

第三十七条

住宅神圣不可侵犯,非经法律规定,不得在未得到主人允许的情况下擅入之,亦不得对之进行搜查。

第三十八条

罚则只能针对个人,并且除伊斯兰教教法和法律外,不得规定犯罪。除非按照行为发生时已经生效的法律外,不得进行处罚。

第三十九条

信息发布、出版以及其他所有传媒手段必须使用文明和礼貌的语言、促进国家教育,并巩固国家的统一。禁止所有旨在煽动叛乱、分裂、危害国家安全以及贬损人的尊严及权利的行为。上述事项由法律定之。

第四十条

电报、邮件、电话及其他通信手段应受保护。非经法律规定,不得加以没收、拖延、监视或窃听。

第四十一条

沙特阿拉伯王国的居民应服从王国的法律,遵从沙特社会的价值观,尊重沙特社会的传统及情感。

第四十二条

国家出于公共利益之考量,可赋予政治避难之权利。引渡普通犯罪的规则及程序由法律和国际协定规定。

第四十三条

国王法院与王储法院对全体公民以及因遭非正义待遇而提起诉讼或诉愿者开放。任何个人都有针对任何对其产生影响的事项向公权力机关申述之权利。

第六章 国家机构

第四十四条

(一)国家机关构成如下:

1. 司法机关;

2. 行政机关;

3. 规制机关。

(二)上述机关在行使其职权时按照本法及其他法律相互配合。国王为上述全部机关的仲裁人。

第四十五条

沙特阿拉伯王国宗教裁决的依据是《古兰经》及其信使的圣行。乌理玛(ulema)高级委员会的组成、科学研究的管理、宗教裁决以及其职权皆由法律定之。

第四十六条

司法机关独立。法官的判决只服从伊斯兰教教法的权威。

第四十七条

王国公民及居民的诉讼权利受到平等保障。其程序由法律定之。

第四十八条

法院在审理案件时依据《古兰经》及圣行适用伊斯兰教教法的规则以及统治者制定的不抵触《古兰经》及圣行的法律。

第四十九条

法院应依照第五十三条的规定就一切争议及犯罪作出裁判。

第五十条

国王或其代表负责执行司法裁决。

第五十一条

法律规定最高司法委员会的构成及职权,亦设定法院的等级及其职权。

第五十二条

法官的任免应基于最高司法委员会根据法律提出的建议以敕令为之。

第五十三条

法律规定申诉裁判所的等级及其职权。

第五十四条

侦查机关与总检察长之关系及其各自的组织与职权以法律设定之。

第五十五条

国王执行国家政策,该政策应符合伊斯兰教教法;国王监督伊斯兰教教法的实施、政府系统的运作,以及国家的总政策,并保护和守卫国家。

第五十六条

国王是内阁的主席(即首相);国王在履行职责时由内阁成员依本法及其他法律的规定协助之。内阁设定其在处理国内外事务时的职权、政府各部门的组织及其合作关系。内阁亦设定大臣所应完成的任务、大臣的职权、大臣的质询方式以及一切与大臣相关的事项。关于内阁及其职权之立法的修改应依本法为之。

第五十七条

(一)国王通过敕令任免副首相、大臣以及内阁成员。

(二)副首相及内阁成员就执行伊斯兰教教法以及国家的总政策集体向国王负责。

（三）国王有权解散并重新组织内阁。

第五十八条

国王任命大臣、副首相及更高级别者，并通过发布与同法律之解释相一致的敕令予以免职。大臣以及各独立部门负责人就其所主管之部门对首相负责。

第五十九条

公职人员之管理以法律定之，包括其薪俸、嘉奖、补偿、优待及退休金。

第六十条

国王是全体武装力量的总司令。国王依法律任免军官。

第六十一条

国王宣布国家进入紧急状态、总动员以及战争状态，其细则由法律定之。

第六十二条

当出现威胁王国安全、领土完整、王国人民的安全、王国利益的安全、妨碍国家机构运作的危险时，国王得为消除此类危险采取紧急措施。如果国王认为此类措施应当继续实行，则可实施必要的法规，直至结束。

第六十三条

国王接见外国国王及元首。国王任命国家代表，接受被委派的外国代表所递交的国书。

第六十四条

国王根据法规授予奖章。

第六十五条

国王可通过敕令将职权委于王储。

第六十六条

当国王出国时，国王应当发布敕令，并根据该敕令将国家事务与照管人民利益之事务之管理委于王储。

第六十七条

为促进国家利益或排除国家事务运作中的缺陷，规制机关进行规制、拟定动议。该机关运作时应遵守本法以及与内阁及协商议会有关的法律。

第六十八条

应创制协商议会（亦可音译为"舒拉议会"，the Shura Council）。其所制定的法律应就协商议会的组成、权力的行使及议员的遴选作细节规定。

第六十九条

国王有权召集协商议会及内阁以召开联席会议，并有权邀请任何国王希望其出席该会议的人参与审议任何国王希望审议之事项。

第七十条

国际条约、国际协定、国际管制及国际协议由敕令批准并修改之。

第七十一条

法律应在官方公报上公布，且自公布之日起生效。但另行规定生效时期者不在此限。

第七章 财政事务

第七十二条

（一）国家财政收入及其编入国家总体预算之事项，由法律定之。

（二）财政之收入与支出应按照法律详细规定的程序进行。

第七十三条

从总体预算中支出任何钱款，必须与预算之规定相一致。如果预算之规定无法覆盖支出要求，应通过敕令另制定规定。

第七十四条

除依法律外，不得变卖、出租或使用国家资产。

第七十五条

法律规定货币、金融和度量衡。

第七十六条

法律具体规定国家的财政年度。预算应按照敕令的规定进行公布。距离新的财政年度开始至少一个月前，立法机关应评估本年度的税收与开支。如果新的财政年度开始而预算仍未公布，则上一年度的预算继续有效，直至公布新的预算。

第七十七条

有权机关为预算已获批准的年度准备国家的最终决算报告，并将其提交内阁主席。

第七十八条

法人团体与国家的预、决算适用相同的规定。

第八章 审计机关

第七十九条

国家的全部税收与支出皆受事后审计。为确保款项有良好的用途及对其维护，国家的全部可移用及不可移用的款项皆受审计。应向内阁主席提交涉及此一事项的年度报告。有权的审计机关及其职责与职权以法律定之。

第八十条

为确保政府机关的良好管理及法律实施，政府机关应受审计。财政与管理当中的违法将被调查，并将就此事项向内阁主席提交年度报告。有权的审计机关及其职责与职权以法律定之。

第九章 概括条款

第八十一条

本法的实施不得减损沙特阿拉伯王国与国际团

体及组织签署的条约与协定之效力。

第八十二条

除非处于诸如战争状态或宣告进入紧急状态等暂时的情形中,本法的任何条款之效力皆不得被中止。中止应依照法律所规定的条件,并不得违反本法第七条之规定。

第八十三条

本法只能以与其颁布之方式相同的方式修改之。

协商议会设立法①

（1992 年 3 月 1 日由第 A/91 号敕令批准,
1992 年 3 月 5 日公布于政府官报第 3397 号）

第一条 ［设立］

按照全能的真主的如下指示:

"只因为从真主发出的慈恩,你温和地对待他们;假若你是粗暴的,是残酷的,那么,他们必定离你而分散;故你当饶恕他们,当为他们向主求饶,当与他们商议公事;你既决计行事,就当信托真主。真主的确喜爱信托他的人。"

并按照全能的真主的如下指示:

"也归于应答主的号召,且谨守拜功者;他们的事务,是由协商而决定的,他们分舍我所赐予他们的。"

根据真主的先知(之惯例)的指示——为他祈祷并愿真主佑他,与其同伴协商并鼓励乌玛参与协商后,协商议会得以设立,并依《古兰经》及先知的惯例行使本法以及政府基本法所委托的职责,维护兄弟之情以及仁慈与虔诚之统合。

第二条 ［职责］

协商议会服从真主的约束以及伊斯兰教法理之渊源。议会议员承担服务于公共利益、维护穆斯林社会一体性、国家的统一以及乌玛(Ummah)的利益之职责。

第三条 ［组成］

协商议会由一位主席及六十位由国王从学者及专家中选出的议员组成,议员的权利与义务以及议员的事务由敕令规定之。

第四条 ［资格］

成为协商议会议员必须满足以下条件:

1. 必须是沙特公民且居住在沙特阿拉伯。

2. 必须被认为善良且有能力。

3. 不得低于三十周岁。

第五条 ［辞职］

协商议会议员可以向议会主席提交辞职申请,该申请随后将被转交于国王。

第六条 ［纪律］

如果协商议会议员未能履行职责,则应依据敕令所规定的规则及措施对其进行调查及审判。

第七条 ［席位空缺］

如果协商议会的议员席位因任何原因出现空缺,国王应以发布敕令的方式指定替代者。

第八条 ［公共利益］

协商议会议员不得利用其议员身份谋求私利。

第九条 ［不相容性］

除国王认为有必要且妥当之外,协商议会议员不得在政府及其他任何机构兼任职务。

第十条 ［主席］

协商议会主席、副主席及秘书长以敕令加以任免;其衔级、权利、职责及所有其他事务均由敕令规定之。②

第十一条 ［宣誓］

在行使议会职责以前,协商议会主席、议员及秘书长应在国王面前进行如下宣誓:

"我以全能的真主之名宣誓忠于我的宗教,忠于我的国王及国家;我宣誓不泄露任何国家机密;我宣誓保护国家的利益及体制,真诚、完整、忠实、公正地履行我的职责。"

第十二条 ［总部］

利雅得是协商议会的总部。如国王认为必要,议会可在沙特阿拉伯王国的其他地区举行会议。

第十三条 ［任期］

协商议会的任期是四个希吉来年,起算之日由设立议会的敕令规定之。新任议会应在距前任议会任期结束至少两个月之前组成。如果在议会任期结束之前仍未组成新任议会,则本应离职的议会应继续行使职能,直至新任议会组成完毕。新任议会组成时,所选出新的议员之人数不得少于议会总人数的一半。

第十四条 ［王室报告］

国王或国王的代表应在协商议会就国内外政策发表年度王室报告。

第十五条 ［任务］

协商议会应就国家的总政策发表意见,该意见应提交内阁。议会尤其可开展以下工作:

1. 审议经济及社会发展总体规划。

---

① 译者:陈鹏。初译由陈鹏根据 ICL 网站所载版本完成,其后由王建学根据沙特阿拉伯协商议会官方网站(http://www.shurA.gov.sa)所载的政府基本法补译和校对,两个版本内容存在若干差别。

② 据协商议会官网所载版本所注,回历 1428 年(即公元 2008 年)12 月 14 日第 A/181 号敕令修改了本条。但无法获得新条文的内容。——校者注

2. 研究国际法、宪章、条约、协定以及减让,并对此提出适当的建议。

3. 解释法律。

4. 审议各大臣及其他政府组织提交的年度报告,并对此提出适当的建议。

第十六条 〔法定人数〕

若出席协商议会的议员——包括主席或主席的代表——人数不足三分之二,则其会议应属无效。非经议会多数议员同意,其决议不发生效力。

第十七条 〔权威〕

协商议会的决议应提交内阁主席加以审议。如果议会与内阁的意见一致,则应经国王同意发布之;若议会与内阁意见不一致,则国王有权作出其所认为适当的决定。

第十八条 〔外交事务〕

国际条约、协定、法令及减让,经协商议会研究后,以敕令的形式发布并修改之。

第十九条 〔委员会〕

协商议会应遴选其议员组成专门委员会以行使必要职权。协商议会可遴选其议员组成专门委员会以审议日程上的所有问题。

第二十条 〔参事〕

经协商议会主席同意,其委员会可请求议会之外的任何人提供协助。

第二十一条 〔主席团〕

协商议会主席、两位副主席及各专门委员会负责人组成协商议会主席团。

第二十二条 〔传召官员〕

协商议会主席应当将传召政府官员的申请提交内阁主席,以传召任何政府官员参加协商议会的会议,从而就涉及该官员所主管之事项进行审议。参会官员有权进行辩论,但无权投票。

第二十三条 〔立法之启动〕

十名协商议会议员有权提出新的法律草案或对已经实施的法律提出修正草案,并将其提交协商议会主席;主席应当将此类议案提交国王。

第二十四条 〔要求提交文件〕

协商议会主席应当向首相提出要求,以要求政府将议会认为政府机构拥有的、对于议会开展工作而言乃属必要的报告及文件交给议会。

第二十五条 〔年度报告〕

协商议会主席应当依据议会内部规则向国王提

交与其工作相关的年度报告。

第二十六条 〔职员〕

除议会内部规则另有规定外,公务员制度适用于议会机构中的职员。

第二十七条 〔议会预算〕

国王为协商议会设定特别预算;预算经费的使用应遵守敕令的规定。

第二十八条 〔财政控制〕

协商议会的财政事项、财政控制及财政报告应依照敕令所设置的特别规则。

第二十九条 〔内部规则〕

协商议会的内部规则规定协商议会主席、副主席、议会秘书长、议会机构的权力、会议召开的方式、议会及其委员会工作之管理以及投票方式;内部规则亦规定辩论规则、回应规则以及其他为议会提供内部约束及纪律的事项,因其权力的行使乃是为了王国及人民的利益;此类规则以敕令的形式发布之。[①]

第三十条 〔修改〕

本法只能以与本法之通过相同的方式修改之。

协商议会法[②]

(1993 年 8 月 20 日批准)

第一章 主席、副主席、助理和秘书长的职权

第一条

议会主席监督委员会的全部工作,在处理涉及其他机关及机构之关系时代表议会发表意见。

第二条

议会主席应主持议会会期会议以及主席团会议,并主持其所出席的委员会会议。

第三条

议会主席宣布会期开始及结束、在会期中宣布审议开始、参与审议、准许发言、决定审议事项、在必要时提醒发言人围绕事项进行发言并注意时间、结束审议并将所审议的问题提交投票,主席在会期中亦有权采取其所认为适当且必要的措施以维持秩序。

第四条

主席可以召集议会、主席团或任何委员会以就特定事项召开紧急会议。

---

① 据协商议会官网所载版本所注,回历 1428 年(即公元 2008 年)12 月 14 日第 A/181 号敕令修改了本条。但无法获得新条文的内容。——校者注

② 译自 ICL 网站。译者:陈鹏。校者:王建学。另外,英文版存在若干拼写错误,由朱威烈教授根据阿拉伯语——订正。

第五条

协商议会副主席应在议会主席到席时协助其工作,并在主席缺席时接管其权力。

第六条

副主席应当在主席缺席时主持议会会期会议及主席团会议。当主席与副主席同时缺席时,议会的主持者应由国王指定。在主持议会会期会议时,被指定的主持者行使议会主席的职能。

第七条

秘书长或其代表应出席议会会期会议以及主席团会议,监督会议记录的撰写,向议会议员传达会期日期及日程,完成议会、主席团或议会主席交予的任何其他工作,并就议会的财政及行政状况对主席负责。

第二章　议会主席团

第八条

主席团由议会主席及各专门委员会主席组成。

第九条

唯当三分之二以上的成员出席会议时,主席团会议方属合法,其决议须由出席会议的成员之多数同意;当赞成与反对票数相等时,应由主席投决定票。

第十条

主席团的每次会议必须制作会议记录,并注明会议日期、地点、出席人及缺席人、审议总结及建议。会议主持人及出席人应在会议记录上签字。

第十一条

主席团的职能包括:

1. 制定议会及其委员会的总体计划,该总体计划须使议会完成其工作并实施其目标。

2. 为议会设定会期日程。

3. 对议会主席或议会提出的关于投票及计票结果的会议记录之异议以及于议会会期期间提出的其他异议作出裁决,其裁决是终局性的。

4. 针对议会及其委员会的工作之组织发布必要决议,该决议不得违反法律及议会规则。

第三章　会期

第十二条

协商议会至少应每两周召开一次常会。会议召开日期及时间由议会主席决定,主席有权在必要时提前或推迟会议。

第十三条

日程表应在会议召集前发给议会议员。日程表应附有协商议会主席团认为有必要附上的所有相关文件。

第十四条

协商议会议员应当在议会会场内研究日程表。在任何情况下,议会议员都不得将任何纸质物品、与程序相关的物品以及与其职能相关的任何文件带出会场。

第十五条

希望在会期中发言的议会议员应提出书面申请。发言申请应按照提交申请的顺序处理之。

第十六条

主席决定批准发言时应考虑申请提交的顺序及辩论所涉及利益的重要性。

第十七条

非经主席允许,任何议会议员就某一事项所作之发言不得超过十分钟。发言应仅针对主席或议会,并且只有主席可以中断发言。

第十八条

议会可以决定推迟任何事项之审议,或要求重新审议之;主席有权暂时中止会期,其时限不超过一小时。

第十九条

每一会期皆应制作会议记录;会议记录内容应包括会期地点、会期召开的日期及时间、主席的姓名、到会人数、缺席人的姓名以及缺席原因(如果有缺席现象的话)、审议的总结、赞成与反对票数、投票结果、决议的文本、与会期推迟或中止相关的一切事项、会期结束时间以及议会主席认为有必要记录的一切事项。

第二十条

议会主席及秘书长或其他以主席或秘书长名义行事者,在向议会宣读会议记录后,应在会议记录上签字。任何议会议员皆有权了解会议记录。

第四章　委员会

第二十一条

协商议会应在任期开始时在其议员中互选组成对其行使职能而言乃属必要的专门委员会。

第二十二条

每一专门委员会的成员数由议会决定之,但不得少于五人。议会应选任各委员会成员,并在其中任命主席与副主席。选任议员时应考虑议员的专业背景及委员会的要求。议会可在其议员中设立特别委员会以研究特定事项,每一委员会可以在其议员中设立一个或更多分委员会以研究特定事项。

第二十三条

议会可重设专门委员会并设立其他委员会。

第二十四条

委员会主席应行使其职能,在议会以委员会的名义发言;副主席在主席缺席时代表主席。委员会主席与副主席皆缺席时,应由最年长者代表之。

第二十五条

委员会必须应其主席、议会或议会主席之邀请召开会议。

第二十六条

委员会会议应公开举行;只有不少于三分之二的成员出席的会议方被视作常规会议。每一委员会应当按照主席之建议制作日程表。应由出席会议的委员会成员之多数提出建议;当赞成票与反对票同数时,由主席投决定票。

第二十七条

委员会应就议会或议会主席交予的所有事项开展研究。当该事项涉及两个以上委员会时,议会主席应决定由哪一委员会优先处理之,或将该事项交由一个从所涉及的多个委员会中选出的委员会处理之。该委员会应在议会主席或副主席主持下召开会议。

第二十八条

议会任何议员皆可就交予委员会的任何事项发表意见,即便该议员不是该委员会的成员,但应向议会主席书面提交其意见。

第二十九条

每一次委员会会议皆应制作会议记录,其中应载明会议时间、地点、出席人与缺席人姓名、审议摘要以及建议之文本。会议主持人及出席人应在会议记录上签字。

第三十条

特定事项审议完毕后,相关的委员会应撰写报告,载明相关事项之要点、委员会的意见、委员会的建议及理由。当有少数派意见存在时,应载明之。

第五章　投票及决议

第三十一条

议会的决议应按照《协商议会设立法》第十六条之规定由议会多数发布之。如未形成多数,则相关事项应于下次会期重新投票表决;若仍未形成多数,则应将该事项提交国王,并附上相关研究以及两次会期投票之结果。

第三十二条

禁止在投票期间审议或发表新的意见。在所有情形下,主席皆应在其他议员投票后投票。

第六章　一般规定

第三十三条

协商议会主席应当按照《协商议会设立法》第二

十五条之规定,在新一年度的前三个月之内提交年度报告。该报告应当包括前一年度的研究及工作情况,并应载明通过的决议以及事项审议之情况。

第三十四条

议会的财政及人事之组织应遵循财政及人事条例。协商议会主席应当发布必要的规则以处理议会的行政及财政事务,包括组织结构以及与议会相关的各行政机构的任务,但不得与协商议会的命令及条例相抵触。

协商议会议员法①
(1993 年 8 月 20 日批准)

第一条

依据《协商议会设立法》第十三条所规定的协商议会之设立规则,议员资格自议会命令发布之日起生效。新任议员的任期开始于其任命敕令所规定的日期,终止于协商议会的任期结束。若议会命令在新的议会组成之前终止其效力,则除非议员被剥夺议员资格外,议员资格应延续至新的议会组成。

第二条

协商议会议员应每月领取两万里亚尔的酬金,包括津贴、奖金、补贴、特殊津贴及假日补贴,退休议员应享受十五级雇员待遇,不得给予差别对待。

第三条

在就职之前有公职劳动关系的专职议员,应保留其级别。从事公务的期间应被计入季度加薪、升级及退休。不得在领取作为议会议员的酬金及特殊津贴的同时,亦领取工薪及特殊津贴。若工薪多于议员的酬金,则议会应补足差额。若工作上的特殊津贴多于议会议员的特殊津贴,则议员应继续领取工作上的特殊津贴。

第四条

除第二条之规定外,议会议员每年应享受为期四十五日的年假。议会主席应决定何时允许议员休年假。当允许休假或允许请假时,应考虑是否会影响议会会期召集之法定人数。

第五条

议会议员在议会中行使其职责时必须完全中立、客观,且应当避免在议会提出任何与个人利益相关或与公共利益相悖的议题。

第六条

议会议员应当定期参加议会会议及委员会会议。若议员因紧急情况无法出席会议,则应书面通知议会

---

① 译自 ICL 网站。译者:陈鹏。校者:王建学。

主席或委员会。议会或委员会开会期间,非经议会主席或委员会主席适当地表示同意,议员不得在会议结束前离会。

协商议会惩戒法[①]

(1993 年 8 月 20 日批准)

第一条

协商议会议员如有任何违反其职责之行为,则应受以下惩戒:

1. 书面训诫。
2. 扣除一个月的津贴。
3. 剥夺议员资格。

第二条

主席在议会中遴选三位议员组成委员会,负责对协商议会议员开展调查。

第三条

委员会应告知相关议员其所涉嫌的违法行为。委员会应当听取该议员的意见,并在调查记录中载明其答辩意见。委员会应将调查结果提交议会主席团。

第四条

主席团可设置一个由三位议员组成的专门委员会,但不得包括议会主席或副主席,该委员会负责对被指控从事违法行为的议员进行审判。委员会可决定实施训诫或扣除津贴之惩戒。如果委员会认为其议员资格应被剥夺,则应将此一事件提交议会主席,以便主席将其提交国王。

第五条

上述惩戒措施的实施不妨碍针对议员提起的任何公诉或个人诉讼。

协商议会财政法[②]

(1993 年 8 月 20 日批准)

第一条

协商议会的财政年度与国家财政年度一致。

第二条

议会主席应筹备起草议会年度预算,并将其提交国王批准。

第三条

预算通过后,钱款应存于沙特阿拉伯货币局,其

提取须有议会主席或副主席签字。

第四条

如果预算中的钱款不足以满足议会支出,抑或如果出现预算编列时所未预见到的支出,议会主席应当制作报告说明所需要的额外钱款,并将该报告提交国王批准。

第五条

议会所设之岗位及薪金应在预算中载明。财政年度内岗位的变动及薪金的缩减应由议会主席决定之。

第六条

第十四和第十五级岗位之设定应经国王同意。其他议会岗位的设定,除另有规定外,均应依照《公务员法》及其文件规定之。

第七条

议会主席团应当为提供帮助并接受酬金者制定原则,但不包括议会议员、政府机构及政府组织的人员。此类原则应由议会主席以决定的方式发布之。

第八条

协商议会不应被任何其他机构监督,应由议会行政部门中的一个管理部门从事支出前的财政监督。议会主席团应对此种支出进行监督。协商议会主席可以要求财政或行政专家为议会提供涉及任何财政或行政事项的报告。

第九条

财政年度结束之时,议会总秘书长应筹备财政账目。该报表应由议会主席提交国王批准。

第十条

在不违反本法规定的前提下,议会财政事务及账目的整理应与整理内阁及政府部门账目的原则相一致。

内阁法[③]

(1993 年 8 月 20 日批准)

第一章 总则

第一条

内阁是由国王领导的组织机构。

第二条

内阁总部设于利雅得。亦可在国内的其他地区召开内阁会议。

---

① 译自 ICL 网站。译者:陈鹏。校者:王建学。

② 译自 ICL 网站。译者:陈鹏。校者:王建学。

③ 译自 ICL 网站。译者:陈鹏。校者:王建学。另注:本法的标题在阿拉伯语中为"内阁制度"或"内阁规则",考虑到前后文的统一,仍据英文译为内阁法。感谢朱威烈教授在阿拉伯语方面提供的帮助。另外,英文版存在若干拼写错误,由朱威烈教授根据阿拉伯语——订正。

523

第三条

内阁成员须具备以下资格：

1. 在沙特阿拉伯出生并成长的沙特公民。

2. 行为正当且具备能力。

3. 未曾因违反宗教准则或行为准则而被判决有罪。

第四条

内阁成员只有在进行如下宣誓后方可就职："我以全能的真主之名宣誓忠于我的宗教，忠于我的国王及国家；我宣誓不泄露任何国家机密，保卫国家的利益及法律，真诚、忠实、公正地履行我的职责。"

第五条

除非内阁主席认为必要，否则内阁成员不得兼任其他政府职位。

第六条

内阁成员在任职期间不得以直接方式、通过第三人方式或在国家拍卖中购买或租赁任何国有财产。内阁成员亦不得将其任何财产出卖或出租予政府。内阁成员不得从事任何商业或金融工作，亦不得在任何公司的董事会中任职。

第七条

内阁会议由内阁主席——即国王——或主席之代表主持。其决定经国王批准后具有终局效力。

第八条

内阁成员的任命、罢免及成员辞呈的接受应通过敕令形式为之。其责任之承担应遵循《政府基本法》第五十七条和第五十八条之规定。其职责由内阁通过内部法令形式规定之。

第九条

内阁任职不超过四年，任职期间可通过敕令重新组织内阁。如果在任期届满之时内阁仍未重组，则本届内阁应任期至完成重组。

第十条

大臣被视作其所主管之部门事务的直接主管者及最终责任人。大臣依照本法及其他法规规章之规定履行其职责。

第十一条

（一）内阁大臣只可被另外一位大臣所代表，并且必须依内阁主席之命令为之。

（二）在大臣缺位时，由代表该大臣的大臣行使其权力。

第十二条

内阁由以下人员组成：

1. 内阁主席。

2. 内阁副主席。

3. 大臣。

4. 经由敕令被任命为内阁成员的国家大臣。

5. 经由敕令被任命为内阁成员的王室咨议人员。

第十三条

只有内阁成员及秘书长有参加内阁会议之权利。应内阁主席或成员之请求并经内阁主席同意，政府官员或专家可被允许参加内阁会议以提供信息并在必要时作出解释。但投票权只属于内阁成员。

第十四条

内阁会议须有三分之二内阁成员出席才属正常，内阁决议唯在获得多数出席者同意颁布后才具有制度性。在赞同和反对票数相同的情况下，主席（首相）之票是决定性的一票。内阁临时召集会议须有半数内阁成员出席才属正常，其决议非获三分之二出席者同意才具有制度性。临时状况由主席（首相）评断。[1]

第十五条

内阁不应就某个部门的工作作出决定，除非主管该部门的大臣或代表该大臣者在场，并认为此种决定乃属必要。

第十六条

内阁审议应秘密进行。其决定原则上应公开，但被内阁认为属于机密者除外。

第十七条

内阁成员任职期间的违法行为，将依照规定违法行为、控告程序、审判程序及法庭之组成的特别法律诉诸审判。

第十八条

内阁可以组成委员会，其成员由内阁成员或其他人员组成。委员会负责审议包括日程在内的事项，并提交特别报告。委员会的规模、组成及工作程序由内部法令规定之。

第二章　内阁的权限

第十九条

依照《政府基本法》及协商议会制定的法律，内阁制定对内、对外、财政、经济、教育、国防政策以及所有国家公共事务之计划，并监督其实施。内阁应知晓协商议会的法令。内阁在所有部门及其他政府组织之财政及行政事务方面享有行政权力。

---

[1]　由于本文的英文原文存在语法错误且表述与阿拉伯语原文存有差异，因此，由朱威烈教授根据阿拉伯语原文直接译出。

第三章 组织事务

第二十条

依照协商议会制定的法律之规定,法律、国际条约、国际协定及特许经营经内阁研究后以敕令之形式发布并修改之。

第二十一条

内阁负责审议提交给它的法规规章之草案,并依照内阁内部法令之规定就每一条文逐条投票,再就草案整体进行投票。

第二十二条

每一阁员均有权提议与其部门之工作相关的法律或法规草案。每一阁员经主席批准均有权提议其认为有助于内阁审议之任何提案。

第二十三条

所有法令必须在官方公报上公布。除法令本身另有规定外,法令自公布之日起生效。

第四章 行政事务

第二十四条

作为行政权的直接行使机关,内阁全权负责行政及管理事务。下列事项属于内阁的行政权限:

1. 监督法律、法规及法令的实施。

2. 创设并组织公共服务。

3. 监督全部发展规划的实施。

4. 设立委员会以调查各部门及其他行政机构的工作进展或就特别事项展开调查。委员会应在规定时间内向内阁提交调查结果。内阁应了解调查结果,并可根据调查结果设立委员会以开展进一步调查,并可根据调查依照法律法规之规定结果作出决定。

第五章 财政事务①

第二十五条

非经内阁批准并经适当的敕令签发,政府不得签订贷款协定。

第二十六条

内阁应研究国家预算,并就国家预算进行逐章投票,并依照敕令发布之。

第二十七条

预算的增加只能依照敕令作出。

第二十八条

财政及国民经济大臣应向内阁主席提交前一财政年度的国家总决算,以便提交内阁批准。

第六章 内阁主席

第二十九条

作为内阁主席,国王应对全部国家政策加以引导。国王引导、统合不同政府部门,确保此种统合,并确保内阁工作的协调、连续及统一。国王有权监督内阁、各部门及政府机构。国王亦监督法律、法规及法令的实施。各部门及其他政府机构应在每年开始的前九十日内向内阁主席提交报告,告知与前一财政年度的总体发展规划相比已经实现的规划、所遇到的困难以及对克服这些困难的建议。

第三十条

负责内阁行政事务的部门包括以下机构:

1. 内阁主席办公室。

2. 内阁总秘书处。

3. 专家小组。

上述机构的组成、专门负责之事务以及履行职责之方式由内阁内部法令规定之。

第三十一条

内阁内部法令以敕令之形式颁布之。

第三十二条

本法只能以其所通过的方式修改之。

地方机关设立法②

(1992 年 3 月 1 日批准,1993 年 9 月 16 日修正)

第一条

本法旨在提升王国内各地方行政工作及发展之水平。同时,旨在维护安全与秩序,保障公民在伊斯兰教教法之下的权利和自由。

第二条

王国各地方及其埃米尔之总部,根据内政大臣的

---

① 原文只有"Financial Affairs",中文版补加了"第五章",并相应地将"内阁主席"章的序号改为"第六章"。——译校者注

② 译者:陈鹏。初译由陈鹏根据 ICL 网站所载英文版本完成,其后由王建学根据沙特阿拉伯驻美国大使馆网站所载英文版进行校对。两个版本内容存在若干差别,初译版本存在若干疑难,以校译版本为准。另外,两个英文版本名称不尽相同,ICL 网站使用"Regional Authorities Establishment Act",使馆版本使用"the Law of the Provinces",因此,本法名称亦可译为"地方机构法"或"省组织法"。

建议由敕令组织之。

第三条

各地方在行政上依据人口统计、地理和安全之考虑，环境状况及交通状况划分为若干省（governorates），分为甲类省和乙类省，地区（districts）及中心（centers）。在各内政大臣的建议下，省的组织以敕令的方式开展之。地区和中心的建立应由内政大臣听取地方埃米尔的建议加以决定。①

第四条

每一地方皆有埃米尔一名，其级别与部长相同，并设若干不同级别的副职以协助其工作，并在其缺位时代行其职权。埃米尔及其代表之任免在内政大臣的建议下以敕令之方式决定之。

第五条

各地方之埃米尔向内政大臣负责。

第六条

埃米尔及其代表在就职之前应在国王面前进行如下宣誓："我以全能的真主之名宣誓忠于我的宗教，忠于我的国王及国家；我宣誓不泄露任何国家机密，保卫国家的利益和法律，真诚、守信、忠实、公正地履行我的职责。"

第七条

各地方之埃米尔依照国家的总政策，依照本法、其他法律及动议之规定，对本地区进行管理。他尤其应当：

1. 维护安全、秩序与稳定，依法规及动议采取必要措施以实现上述目标。

2. 执行终局性的司法判决。

3. 保障个人的权利与自由。若未经判决或法律所规定的限制，不得采取侵害上述权利与自由之措施。

4. 服务于地方的社会、经济及城市发展。

5. 服务于地方公共服务之发展，并提升其水平。

6. 负责省、地区及区域（locality）的行政事务，管理省长、区长及区域长官的工作，确保其充分履行职责。

7. 保护国有资产与财产，防止对国有资产与财产的侵犯。

8. 监督地方内的国家机关及其工作人员，以确保其良好、守信、忠实地履行职责；在其职权范围内重视地方内各部门工作人员之间以及不同公职机构之间的关联。

9. 与各部门及各公职机构之负责人保持直接联系，并共同探讨地区事务，以提升其职权范围内各机构之职责履行，并就该情况向内政大臣汇报。

10. 向内政大臣提交年度报告，以汇报地方内公共服务之效率以及本法之执行性规定所界定的地方性事务。②

第八条

各地方之埃米尔在内政大臣的主持下召开年会，审议与各地方有关的事项；内政大臣就此向内阁主席提交报告。

第九条

省长及区长应在埃米尔主持下，每年至少召开两次会议，以审议地区事务；埃米尔就此向内政大臣提交报告。③

第十条

（一）内阁可在内政大臣建议下在每一地方设置一名或多名副秘书长，其级别不低于十四级。

（二）各省省长级别不低于十四级，由内阁主席根据内政大臣之建议任命之；省长配备一名级别不低于十二级的副秘书长，该副秘书长由内政大臣根据地方长官之建议任命之。

（三）每一乙类省应配备一名级别不低于十二级的省长，由内政大臣根据地方长官之建议任命之。

（四）每一甲类中心设置一名主席，其级别不低于八级，由内政大臣根据地方长官之建议任命之。

（五）每一乙类中心设置一名主席，其级别不低于五级，由内政大臣根据地方长官之建议任命之。④

第十一条

地方长官、省长、中心主席应居住于其所工作的地方，非经直属上级允许，不得离开其所工作的地方。⑤

第十二条

省长、区长及中心主席在其所被赋予的职权范围内对其主管之地方履行其职责。⑥

第十三条

省长应根据本法第七条之规定管理其所任职的省，但第6项、第9项、第10项除外。省长应依照行政法规之规定监督中心主席及工作人员的工作。省长应确保上述人员履行职责之效率，并定期向地方长官提交关于公共服务以及与省相关之事务的效率。

第十四条

政府的各部门及机关均在地方设办事机构。政

---

① 1993 年 9 月 16 日修正。
② 1993 年 9 月 16 日修正。
③ 1993 年 9 月 16 日修正。
④ 1993 年 9 月 16 日修正。
⑤ 1993 年 9 月 16 日修正。
⑥ 1993 年 9 月 16 日修正。

府部门及机关指定地方负责人,其级别不低于十二级。该负责人直接与中央联系,其职责在于在其负责之领域内协调与地方埃米尔之关系。

第十五条

地方应设立议会,其名称为地方议会。地方议会之总部应设立在地方埃米尔总部所在地。

第十六条

地方议会由以下人员组成:

1. 以地方埃米尔为地方议会主席。

2. 以地方副埃米尔为副主席。

3. 埃米尔助理。

4. 首相根据内政大臣之建议,指定地方政府各机关的负责人为地方议会议员。

5. 不少于十位居民。此类居民必须是有知识、经验及专长的男性。总理根据地方埃米尔之建议,并在内政大臣同意的前提下,指定此类居民为地方议会议员。其议员资格为期四年,可连续担任。[①]

第十七条

议会议员应符合下列条件:

1. 在沙特阿拉伯出生并成长的沙特公民。

2. 品行端正且富有能力。

3. 不低于三十周岁。

4. 是该地方的居民。

第十八条

议员应当以书面方式就议会权限内的事务向地方议会主席提出建议。主席应将每一建议列入议会议程以便使之付诸审查。

第十九条

如果议题涉及地方议会某议员个人事务,或涉及与曾提出证言但该证言未被该议员所接受的其他人相关之事务,或涉及以该议员为监护人、代表人或代理人的人,则该议员不得就该议题参与议会及其委员会内的审议。

第二十条

如果被指定为议员者希望辞职,则该议员应当通过有关地方之埃米尔向内政大臣提出申请。在首相根据内政大臣之建议表示同意后,其辞职方可生效。

第二十一条

除本法另有规定者外,非由首相根据内政大臣之建议发布命令,被指定为议员者不得在其议员资格继续期间被罢免。

第二十二条

如果因特殊原因造成议席空缺,则应在自议席空缺之日起三个月之内填补该空缺。新的议员依照本法第十六条第5项之规定,继任该议席至该议席剩余

任期届满。

第二十三条

地方议会负责就能够提升地方服务之标准的事项加以研究。尤其是下列事项:

1. 确定地方所需,并在国家发展规划中提出相关建议。

2. 根据优先顺序确定有益的项目,并在国家年度预算中就其所支持之项目提出建议。

3. 研究地方城镇的组织规划,并在该规划获得支持后贯彻实施之。

4. 按照发展规划贯彻实施与地方相关之事项,并监督其平衡与协调。

第二十四条

地方议会将对地方公民普遍有益的工作之建议列出表格,并鼓励公民参与提出建议。这些建议应提交内政大臣。

第二十五条

禁止地方议会干涉任何以本法之规定处于其权限之外的事务;若其决定越权,便属无效;内政大臣对此作出决定。

第二十六条

地方议会每三个月举行一次常规会期,由主席召集,主席在其认为适当时亦可召集非常会议。会期包括根据主席之召集召开的会议,只有在议程上所有事项都被审议过之后,会期方可结束。

第二十七条

出席地方议会的会议是与本法第十六条第3项和第4项相关的议员之职责。议员必须亲自出席或在休假时由他人代替出席。对于第十六条第5项所规定的议员,连续两次无正当理由缺席,将导致被罢免。在此情形下,该议员于自罢免决定作出之日起两年之内不得再被指定为议员。

第二十八条

只有至少三分之二以上议员出席时,地方议会的会议方属有效。其决定经由议会议员的绝对多数投票通过。如果票数相等,则由主席投出决定票。

第二十九条

地方议会在必要时必须组建特别委员会以审议议会职权范围内的特定法令。议会可罗列出可为其提供帮助的有经验的人士及专家;亦可邀请任何人出席议会会议并参与审议,但其无权投票。

第三十条

内政大臣可召集地方议会在任何他所选择的地方召开会议,此类会议由内政大臣主持。内政大臣亦

---

① 1993年9月16日修正。

主持所有他出席的地方议会会议。

第三十一条

只有经由主席、副主席或内政大臣的要求，方可召集地方议会。

第三十二条

议会主席应向内政大臣提交议事报告之副本。

第三十三条

地方议会主席应将地方议会所通过的与政府各部门及各机关相关的决议通知上述部门及机关。

第三十四条

各部门及机关应遵守地方议会根据本法第二十三条第 1 项和第 2 项之规定通过的决议。如果某一部门或机关认为地方议会通过的决议中存在不适当内容，则应向地方议会表明理由。如果地方议会认为该部门或机关所表明之理由不适当，则应将该问题向内政大臣汇报，再由内政大臣向内阁主席汇报。

第三十五条

在地方设有办事机构的部门或机关在对预算中的地方事项作出决定后，应尽快通知地方议会。此类部门或办事机构亦应将地方发展规划告知地方议会。

第三十六条

任一大臣及机构负责人均可就任何与其权限相关的事项向地方议会征求意见。地方议会应表明其意见。

第三十七条

根据内政大臣之建议，内阁就地方议会主席及议员之补贴作出的决定，其中应考虑交通及住宿方面的费用。①

第三十八条

地方议会只可在内阁主席依内阁大臣之建议作出决定之情形下方可被解散。一旦出现此种情形，则应于自议会解散之日起三个月之内指定新的议员。在议会解散期间，第十六条第 3 项和第 4 项所规定的议员应在地方埃米尔的主持下行使议会权力。

第三十九条

地方议会应在埃米尔所管辖之地方设置秘书处，负责议程之准备、发出会议召集令、记录会议期间的审议、计票、筹备会议记录、起草决定、开展与组织议会相关的必要工作，并记录议会的决定。

第四十条

为实施本法，内政大臣应发布必要之法案。

---

① 1993 年 9 月 16 日修正。

斯里兰卡民主社会主义共和国宪法*

（1978 年 9 月 7 日生效，更新至 2010 年 9 月 8 日第十八修正案）

序 言

斯里兰卡人民于佛教纪元二五二一年三月初六日（公历 1977 年 7 月 21 日星期四），通过自由表达和授权委托选出了自己的代表，并委托和授权代表们起草、通过、实施一部新的共和国宪法以实现民主社会主义共和国的目标。依据上述委托即通过对以压倒性多数选举产生的代表的信任，庄严决定将斯里兰卡建设成为一个民主社会主义共和国，同时永远坚持代议民主共和原则，确保各族人民的自由、平等、公正、基本人权和司法独立。这些无形的文化遗产是斯里兰卡人民和世界各国人民世世代代尊严和幸福的保障，他们将继承我们这一代人的努力为建立并维护公正与自由的社会而奋斗。

我们斯里兰卡人民自由选举产生的代表，根据此委托，谦恭地确认我们对人民所承担的义务，心怀感激地铭记为了争取和维护权利与特权以保障个人的尊严及自由，实现公正的社会、经济和文化秩序，恢复国家统一，与他国建立和平友好关系而进行的英勇抗争和不懈努力。谨此通过并颁布本宪法为斯里兰卡民主社会主义共和国的最高法律。

第一章 人民、国家及主权

第一条 ［国家］

斯里兰卡（锡兰）是一个自由、独立的主权民主社会主义共和国，国名为"斯里兰卡民主社会主义共和国"。

第二条 ［单一制国家］

斯里兰卡共和国为单一制国家。

第三条 ［人民主权］

斯里兰卡共和国主权属于人民且不可分割，主权包括政府权力、基本权利以及公民权。

第四条 ［行使主权］

人民通过以下方式行使和享有主权：

1. 人民立法权由经选举产生的人民代表以及参加全民投票的民众组成的议会行使；

2. 包括保卫斯里兰卡事项在内的人民行政权由人民选举产生的共和国总统行使；

3. 人民司法权由议会通过法院、法庭以及根据宪法创立、建立、认可，或根据法律创立、建立的机构行使，但涉及议会与议员特权、豁免权、权力的人民司法权，由议会根据法律直接行使；

4. 一切政府机关应尊重、保护和发展本宪法所规定和确认的基本权利，除本宪法规定的情形和范围外，不得剥夺、限制和否定基本权利；

5. 凡年满十八周岁、符合本宪法规定的选民资格条件并已进行选民登记的公民，在共和国总统选举、议会议员选举、公民投票时享有选举权。

第五条 ［共和国领土］

斯里兰卡共和国领土由二十五个①行政区及领海组成。各行政区的名称见本宪法附件一。但通过合并或者分立行政区而组成不同行政区的，须经议会以决议形式决定。②

第六条 ［国旗］

斯里兰卡共和国国旗为狮旗。国旗图案见附件二。

第七条 ［国歌］

斯里兰卡共和国国歌为《顶礼，顶礼，母亲》。国歌词曲见附件三。

第八条 ［国庆日］

斯里兰卡共和国国庆日为二月四日。

---

* 从斯里兰卡政府官方网站（http://www.priu.gov.lk/Cons/1978Constitution/Introduction.htm）发布的英文版本译出。翻译：李娟娟。

① 本条由第七修正案修改。

② 本款由第七修正案增加。

第二章 佛教

第九条 〔佛教〕

斯里兰卡共和国赋予佛教最高地位。保护、促进佛教的发展是国家的义务。其他宗教享有本宪法第十条和第十四条第一款第五项所规定的权利。

第三章 基本权利

第十条 〔思想、良心、宗教自由〕

人人享有思想、良心和宗教自由,包括维持或改变他的宗教或信仰的自由。

第十一条 〔免受酷刑的权利〕

任何人均不得被施以酷刑或施以残忍的、不人道的或侮辱性的待遇或刑罚。

第十二条 〔平等权〕

1. 法律面前人人平等并有权获得法律的平等保护。

2. 公民不因种族、宗教、语言、社会地位、性别、政治观念和出生地等遭受歧视。

政府机关、司法机关、地方政府或公营公司为招聘合格人员或其所属人员须具备履行职责所必需的知识,要求他们在合理期限内掌握和具备足够的某种语言知识或为其履行职务和工作职责所必需而要求应聘人员或所属人员掌握该种语言,均为合法要求。

3. 任何人均不得因种族、宗教、语言、社会地位和性别等而被任何商店、餐馆、旅馆、公共娱乐场所和自己所信仰的宗教祈祷场所拒之门外。

4. 本条规定不妨碍通过法律、法规、行政决定的形式为促进妇女、儿童和残疾人福利作出特殊规定。

第十三条 〔免遭任意逮捕、拘留、刑罚的权利,刑事立法不得具有溯及力〕

1. 非经法定程序不得逮捕任何人。任何被逮捕的人,在被逮捕时应被告知逮捕的理由。

2. 被逮捕、拘留或者剥夺人身自由者,应依照法定程序移送至最近的管辖法院审判。非依法官根据法定程序签发的命令,不得继续逮捕、拘禁或剥夺其人身自由。

3. 任何被指控犯罪的人有权在管辖法院的公正法庭上陈述和申辩,或由其律师代为陈述和申辩。

4. 非依管辖法院根据法定程序作出判决,任何人不被处以死刑或徒刑。不得在立案调查或审讯期间对被逮捕、拘留、羁押和剥夺人身自由者判处刑罚。

5. 任何人在被判决有罪之前应推定为无罪;可以依法要求被告人举证证明特定事实。

6. 任何人的作为或不作为,按行为发生时的法律不构成犯罪者,不得被认定为犯罪;对任何犯罪不得判处比犯罪时生效法律所规定刑罚更重的刑罚。

本条规定不妨碍对任何人依据国际社会公认的一般法律原理规定为犯罪的作为或者不作为进行审判和施加刑罚。

要求对某种犯罪处以最轻的刑罚,但该最轻刑罚不得超过按犯罪时生效法律对此犯罪规定的最高刑罚,此等要求不得视为违反本条规定。

7. 依照《出入境管理法》、《1967年印度—锡兰(执行)协定第十四号法令》、为取代上述法令而制定的法律所签发的遣送离境令、驱逐令而逮捕、拘留、羁押或者剥夺当事人人身自由的,不得视为违反本条规定。

第十四条 〔言论、集会、结社、迁徙自由等〕

1. 每一公民均享有如下自由:

(1)言论、表达和出版自由;

(2)和平集会自由;

(3)结社自由;

(4)组织和参加工会的自由;

(5)以单独或与他人联合的形式公开或秘密地通过举行礼拜仪式、遵奉教规、践行习俗、宣讲布道表明其宗教与信仰的自由;

(6)以单独或与他人联合的形式使用与发扬自身文化并使用自身语言的自由;

(7)以单独或与他人联合的形式从事任何合法职业、专业行业或经商、经营企业的自由;

(8)在斯里兰卡境内迁徙和选择居住地的自由;

(9)返回斯里兰卡的自由。

2. 在本宪法生效之前已在斯里兰卡合法定居,并自本宪法生效之日起继续居住在斯里兰卡满十年的任何非他国公民,均享有本条第一款所规定和确认的权利。

第十五条 〔基本权利限制〕

1. 本宪法第十三条第五款和第六款所规定和确认的基本权利的执行与实施,只能为维护国家安全由法律作出限制性规定。本款中所谓的"法律",包括依据公共安全有关的现行法律所制定的规则。

2. 本宪法第十四条第一款第一项所规定和确认的基本权利的执行与实施,为维护种族与宗教的和睦或涉及议会特权、蔑视法庭、诽谤、煽动他人犯罪时应由法律作出限制性规定。

3. 本宪法第十四条第一款第二项所规定和确认的基本权利的执行与实施,为维护种族与宗教和睦应由法律作出限制性规定。

4. 本宪法第十四条第一款第三项所规定和确认的基本权利的执行与实施,为维护种族与宗教和睦以及国家经济利益应由法律作出限制性规定。

5. 本宪法第十四条第一款第七项所规定和确认

的基本权利的执行与实施,为维护国家经济利益或涉及以下事项时应由法律作出限制性规定:

(1)关于从事某一专业、职业、行业、商业或经营企业所必备的专业资格、技术条件、学术背景、经济要求和其他资格条件,以及对上述基本权利设置许可条件和进行纪律管制的事项。

(2)关于国家、国家代理机构、公营公司经营任何行业、商业、工业、服务业和企业是否全部或部分地不准公民私人经营的事项。

6. 本宪法第十四条第一款第八项所规定和确认的基本权利的执行与实施,为维护国家经济利益应由法律作出限制性规定。

7. 本宪法第十二条、第十三条第一款和第二款、第十四条所规定和确认的基本权利的执行与实施,为维护国家安全与公共秩序、保护大众健康与社会公德、确保对他人权利和自由的应有认可与尊重、满足民主社会公共福利的合理要求,应由法律作出限制性规定。

本款中的"法律"应包括依据与公共安全有关的现行法律所制定的规则。

8. 第十二条第一款、第十三条、第十四条所规定和确认的基本权利的执行与实施,在将以上条款适用于武装部队、警察机关以及其他维护社会治安的武装力量成员时,上述人员应遵守法律对其职责和纪律作出的限制性规定。

第十六条 [现行成文法及不成文法继续有效]

1. 现行的一切成文法及不成文法,不论其是否同本章的前述规定相抵触,均继续有效并施行。

2. 任何人必须服从管辖法院依据任一现行成文法的规定所判处的任何刑罚,本款规定不得视为违反本章的规定。

第十七条 [行政行为侵犯基本权利的救济措施]

任何人对执行行为或行政行为侵犯或将要侵犯其根据本章规定所享有的基本权利,有权依据第一百二十六条的规定向最高法院提起诉讼。

第四章 语言

第十八条 [官方语言]

1. 斯里兰卡的官方语言为僧伽罗语。①

2. 泰米尔语亦为官方语言。②

3. 英语为交际语言。③

4. 议会应以法律方式规定本章各条款的实施。④

第十九条 [国语]

斯里兰卡的国语为僧伽罗语和泰米尔语。

第二十条 [议会及地方政府使用国语的方式]

国家议会议员、省议会议员⑤或者地方政府人员在国家议会、省议会⑥或地方政府执行职务或履行职责时,有权使用任何一种国语。

第二十一条 [教学语言]

1. 人人有权接受任一国语为教学语言的教育,但本款规定不适用于高等教育机构。高等教育机构的教学语言为非国语。

2. 在由国家直接或间接提供资金的大学里,以一种国语为教学语言的课程、科系、学院,应为入学前接受以另一种国语为教学语言教育的学生提供此种国家语言的教学。但是,若在同类的其他大学或在同一大学别的同类课程、科系、学院中以该国语为教学语言的,则不必遵守本款上述规定。

3. 本条中的"大学",包括所有高等教育机构。

第二十二条⑦ [行政语言]

1. 僧伽罗语和泰米尔语为斯里兰卡的行政用语。僧伽罗语作为行政用语用于保存公共档案。除斯里兰卡东部省份和北部省份的公共机构执行职务适用泰米尔语外,其他所有省份的公共机构执行职务均适用僧伽罗语。

但是,考虑到某一地域僧伽罗语或泰米尔语语言少数人口构成助理政府代表部门的比例为此区域的总人口,总统有权指示将僧伽罗语与泰米尔语或处于此种境遇的地区中省行政用语以外的一种语言作为该地区的行政用语。

2. 将僧伽罗语作为行政用语的任何地区,除以公职身份作出行为的官员外,人人有权:

(1)使用泰米尔语或英语接收政府官员发来的信件、与政府官员进行交流及处理事务;

(2)若法律确认其有权查阅、获得官方记录、档案、出版物和其他文件的副本或摘要,则应根据具体情况保障其以泰米尔语或英语获得此类记录、档案、

---

① 第十三修正案将其列为"第十八条第一款"。

② 此款由第十三修正案增加。

③ 此款由第十三修正案增加。

④ 此款由第十三修正案增加。

⑤ 此款由第十六修正案增加。

⑥ 此款由第十六修正案增加。

⑦ 此款由第十六修正案修改。

出版物和其他文件的副本、摘要或译文；

（3）若文件是官员为了发布而制作的，保障以泰米尔语或英语获得此文件或其译文。

3. 将泰米尔语作为行政用语的任何地区，除以公职身份作出行为的官员外，人人有权使用僧伽罗语或英语行使本条第二款第一项、第二项、第三项所规定的权利并获得其所提供的服务。

4. 以僧伽罗语执行职务的省议会或地方政府有权使用僧伽罗语接收其他官员发出的信件、与其他官员进行交流及执行职务。以泰米尔语执行职务的省议会或地方政府有权使用泰米尔语接收其他官员发出的信件、与其他官员进行交流及执行职务。

若省议会、地方政府、公共机构、任一官员在执行职务过程中接收以不同的语言作为行政用语履行职责的某一地区的省议会、地方政府、公共机构、官员发出的信件，则其有权使用英语接收对方发出的信件、与对方进行交流及执行职务。

5. 参加政府机关、司法机关、省公共服务机关、地方政府机关或公共机构招聘考试者，有权要求使用僧伽罗语、泰米尔语或自愿选择一种语言参加考试。若获取有关僧伽罗语、泰米尔语的足够知识为其履行职责所必需，则可根据具体情形要求被上述机关、机构录用后的合理时间内掌握有关僧伽罗语、泰米尔语的足够知识。但是，若上述机关、机构招聘只有掌握有关僧伽罗语、泰米尔语的足够知识才能履行职责的人员，则可将掌握有关上述语言的足够知识作为录用条件之一。

6. 在本条中：

"官员"是指总统、部长、副部长、省长、省部长委员会首席部长，或部长、公共机构人员、地方政府人员、省议会议员；

"公共机构"是指政府部门或机关、公营公司和法定机构。

第二十三条[1] ［立法语言］

1. 任何法律与附属立法均应以僧伽罗语、泰米尔语制定、颁布和发布，同时附加英文译本。

但议会应在法律制定阶段确定文本之间发生歧义时，何种文本具有更高效力。

此外，若成文法律与制定、通过、颁布成文法律的文本发生歧义，则前者效力高于后者。

2. 任何根据成文法律非由省议会与地方政府制定或发布的决议、公告、规则、细则、条例、通告以及公报，均应以僧伽罗语、泰米尔语颁布，同时附加英文译本。

3. 任何根据成文法律由省议会与地方政府制定或颁布的决议、公告、规则、细则、条例、通告以及包括上述机关和其他公共机构发布的通知、表单在内的公文，均应以各自地区执行职务所使用的语言颁布，同时附加英文译本。

4. 宪法生效之前发生效力的一切法律与附属立法，应尽快以僧伽罗语、泰米尔语在公报上公布。

第二十四条 ［司法语言］[2]

1. 僧伽罗语、泰米尔语为斯里兰卡的法院用语。除将泰米尔语作为行政用语的地区外，斯里兰卡的其他地区均将僧伽罗语作为法院用语。审判记录和诉讼程序应使用法院用语。若原审法院与上诉法院所使用的语言不一致，则原审法院也应以上诉法院的语言书写一份法庭记录。

但是，司法部长经内阁同意，有权指示法院使用非法院用语审理与记录。

2. 当事人、上诉人或其法定代理人有权使用僧伽罗语、泰米尔语[3]提起诉讼、向法院提交起诉状或其他文书、参加法院诉讼活动。

3. 若法官、陪审员、当事人或上诉人或其法定代理人不通晓法院使用的语言，则有权要求国家将法院使用的语言翻译为僧伽罗语、泰米尔语[4]，以便其能够了解并参与法院的审判活动。此外，上述人员依照法律规定有权根据具体情形获得以上述语言[5]书写的部分记录或其译文。

4. 司法部长经内阁同意，得发出要求法院在法庭记录、诉讼活动以及与其相关的事项中使用英语的指令。[6] 每一法官均有义务执行该指令。

5. 本条中：

"法院"是指为执行包括裁决、处理劳资纠纷及其他纠纷在内的司法事务而创立与建立的所有法院和法庭，包括行使司法或准司法职能的其他法庭或机构，以及为调解、和解纠纷而创立与建立的法庭和机构；

"法官"包括院长、主席、审裁官和法院其他成员；

"案卷"包括起诉状、判决书和法院令状以及其他

---

① 此款由第十六修正案修改。
② 此款由第十六修正案修改。
③ 此款由第十六修正案修改。
④ 此款由第十六修正案修改。
⑤ 此款由第十六修正案修改。
⑥ 此款由第十六修正案修改。

司法或行政决议。

第二十五条 ［充分提供使用本章规定语言的便利条件］

国家应为使用本章规定的语言提供充分便利。

第二十五A条① ［同本章规定相抵触的条款视为废止］

若法律规定与本章规定相抵触,则本章规定的效力更高。

第五章 公民

第二十六条 ［斯里兰卡公民］

1. 只有一种公民身份,即"斯里兰卡公民身份"。

2. 无论是因出生而具有公民身份还是根据有关公民身份法的规定由登记取得公民身份的斯里兰卡公民,一律称为"斯里兰卡公民"。

3. 无论基于何种目的,均不得基于公民身份的获得方式(无论是通过出生还是由登记获得)而区别对待斯里兰卡公民。

4. 非依《国籍法》第十九条、第二十条、第二十一条、第二十二条的规定,不得剥夺任何斯里兰卡公民的公民身份。

《国籍法》第二十三条、第二十四条的规定同样适用于根据《国籍法》第十一条、第十二条、第十三条的规定由登记取得斯里兰卡公民身份的任何个人。

5. 宪法生效之前通过出生或根据有关公民身份法的规定由登记成为斯里兰卡公民的任何个人,有权根据本条前述规定享有斯里兰卡公民身份及权利。

6. 有关公民身份的现行成文法与涉及公民身份的其他现行成文法,应依据本条前述规定予以解释。

第六章 国家政策指导原则和公民的基本义务

第二十七条 ［国家政策指导原则］

1. 本条规定的国家政策的指导原则旨在指导议会、总统、内阁制定法律、治理国家,以建立一个公正、自由的社会。

2. 国家承诺将斯里兰卡建设成为一个民主社会主义国家,其目标包括:

(1)全面实现所有人的基本权利与自由;

(2)通过尽可能有效地确认和维护(社会、经济、政治)以公正为国民生活制度建设指导的社会秩序,提升人民的福利水平;

(3)实现全体公民自身及其家人享有适当的生活水准,包括充足的食物、衣物、住房,生活条件不断改

进,充分享有闲暇、参加社会和文化活动的机会;

(4)凭借公、私经济活动,通过法律规定有助于指引与协调公、私经济活动实现社会目标、公共福利的计划和控制手段,实现整个国家的快速发展;

(5)将社会物资及社会产品公平分配于所有公民,以便最大限度地促进共同利益;

(6)建立公正的社会秩序,生产资料、分配和交换不应集中于政府、政府机构或为少数享有特权的人所控制,而应由全体斯里兰卡人民共同所有;

(7)提高人民的道德和文化水平,并保障人的全面发展;

(8)彻底消除文盲,保证人人享有普遍、平等地接受各类教育的权利。

3. 国家应维护斯里兰卡的独立、自主、统一和领土完整。

4. 国家应通过分散管理、为人民提供所有可能的机会参与各级国家生活、行政管理的方式加强和扩大民主政治体制和人民民主权利。

5. 国家应通过推进不同种族、宗教、语言和其他不同背景的各阶层人民之间的合作与相互信任加强国民团结,并应在教学、教育、信息领域采取有效措施以消除歧视与偏见。

6. 国家应保障公民享有平等机会,任何公民均不会因其种族、宗教、语言、社会地位、政治见解和职业而受不公平待遇。

7. 国家应消除经济、社会特权与差异,消灭人对人的剥削及国家对人民的剥削。

8. 国家应保证经济体系的运行不会导致财富集中、损害公有生产资料。

9. 国家应确保社会保障与社会福利。

10. 国家应促进人民的语言和文化发展。

11. 国家应创造必要的社会与经济环境,以实现拥有不同宗教信仰的人们真切地信仰其宗教。

12. 国家应确认家庭为社会的基本单位并保护之。

13. 国家尤其应注意保护儿童和青少年的利益,保障他们身体、精神、道德、宗教和社交的全面发展,保证他们免受剥削和歧视。

14. 国家应为社会利益保护、维护和改善环境。

15. 国家应促进国际和平、安全与合作,推动建立公正、公平的国际经济和社会秩序,并在处理国家间事务时尽力遵守国际法和条约义务。

第二十八条 ［基本义务］

行使权利和享有自由与履行职责和负担义务不

---

① 本条由第十六修正案增加。

可分割,斯里兰卡的每一位公民均应履行以下义务:

(1)维护、捍卫宪法和法律;

(2)促进国家利益、巩固国家统一;

(3)在自由选择的职业岗位上诚实劳动;

(4)爱护、保护公共财产,同滥用、浪费公共财产的行为作斗争;

(5)尊重他人的权利与自由;

(6)保护自然环境及其多样性。

第二十九条 〔国家政策及基本义务不可诉原则〕

本章规定既未授予权利也未施加义务,则在任何法院和法庭均无强制力。不得以违反本章规定为由向任何法院和法庭提起诉讼。

第七章 行政机关

共和国总统

第三十条 〔共和国总统〕

1. 斯里兰卡共和国总统为国家元首、行政首脑、政府首长和武装部队总司令。

2. 共和国总统由人民选举产生,任期为六年。

第三十一条 〔总统的选举及其任期〕①

1. 具备参加总统选举资格的公民,可通过以下途径被提名为总统候选人:

(1)由一个合法的政党提名;

(2)如该公民系现任议员或者当选为议员,由任何其他政党或由已进行选民登记的选民提名。

2. 新总统的选举应于现任总统任期届满前不少于一个月不超过两个月内举行。

3. 尽管与本节前述规定相反,但总统有权在现任②任期满四年后,随时以公告的形式宣布其要求人民通过选举方式授权延长其任期的意愿。③

3.1

(1)若总统依照本款规定的方式而获得新的任期,本条之其他规定应适用于其通过此方式选举而产生的任期。④

(2)根据本款第一项发布公告后,选举委员应组织投票选举总统。

3.2 自第一项所提及的公告发布后至为执行此公告而举行的投票选举结束前,若在位总统死亡,此公告自其死亡之日起视为丧失效力,为执行此公告而举行的选举视为被取消。由总统死亡而引起的职位空缺,应根据第四十条的规定进行补选。⑤

3.3

(1)根据本款规定举行的投票选举结束后至宣布选举结果前,若参加选举的候选人死亡,选举委员仍应继续计算选举并宣布选举结果。⑥

(2)若宣布选举结果时被选举为总统的人死亡,选举委员不得宣布选举结果,并应举行新一轮的投票选举。

(3)若第一目所提及的死亡导致出现总统职位空缺,总理应于此空缺出现之日至下任总统就职期间行使总统职权,并应任命内阁中的一位部长行使总理职权。

但是,若此时总理职位同样出现空缺或总理不能行使总统职权,则由议长行使总统职权。

3.4 在根据本款规定举行的选举中,被选为总统的人具备如下情形,则应当:⑦

(1)在位总统的六年任期应自举行选举(选举后的某日)那年或次年的某日起计算,作为第一个任期开始之日,以二者中较早的为准;

(2)非在位总统的六年任期自宣布选举结果之日起计算。

3.5 根据第四十条规定,继任总统的人不得行使本款第一项授予总统的权力。⑧

3.6 就本款而言,第一百六十条规定的第一任总统的第一届任期应视为自1978年2月4日起计算。⑨

4. 若通过投票方式选举总统,选举产生的总统的任期自在位总统任期届满之日起计算。⑩

但是,尽管与第四十条规定相反:

(1)若被选举为总统的人在宣布其当选为总统之后,而在就任之前死亡,选举委员应组织新一轮的总统选举。若举行新一轮选举的日期迟于前述日期,尽

---

① 第十八修正案废止了本条原有的第二款规定:已两次被选举为总统的公民不得再参加总统选举。

② 第十八修正案将"第一届"修改为"现任"。

③ 本款由第三修正案增加。

④ 本款由第十八修正案增加。

⑤ 本款由第三修正案增加。

⑥ 本款由第三修正案增加。

⑦ 本款由第三修正案增加。

⑧ 本款由第三修正案增加。

⑨ 本款由第三修正案增加。

⑩ 本款由第三修正案修改。

管本条有前述规定,选举产生的总统的任期仍应视为自前述日期开始时计算。仅就第三十条第一款第四项而言,下任总统的任期自选举之日开始计算。

(2)若在位总统既非竞选总统职位的候选人,也未再度当选为总统,则其任期应视为于宣布选举结果之日届满。在此次选举中当选为总统的人应立即就任。但自宣布选举结果之日起的两周内:

在位总统应在选举产生的下任总统就职之前继续行使总统职权、履行总统职责、执行总统职能,不受第三十条规定的限制。

由于选举产生的下任总统无法就职而导致总统职位出现空缺,现任总统应继续行使总统职权、履行总统职责、执行总统职能,直至总理依照第四十条的规定开始代行总统职权。若此时总理职位同样出现空缺或总理不能行使总统职权,则由议长依照第四十条的规定代行总统职权。

(3)由于第一款所提及的总统死亡导致总统职位出现空缺,总理应于此空缺出现之日起至下任总统就职期间行使总统职权,并应任命内阁中的另一位部长行使总理职权。若此时总理职位同样出现空缺或总理不能行使总统职权,则由议长代行总统职权。

5.选举委员主持总统选举,确定提名总统候选人及举行投票的日期。

6.议会应以法律形式对以下事项作出规定:

(1)总统候选人的提名;

(2)总统选举时使用的选民名册及选举程序;

(3)选举中的违法行为及其制裁措施;

(4)宣布选举无效、裁决选举纠纷的理由与方式;

(5)有关总统选举的其他一切必要事项和附带事项。

第三十二条 [就职]

1.当选总统或连任总统在就职前应依据附件四所规定的誓词进行宣誓或确认并在誓词或确认书上签字。宣誓仪式应在斯里兰卡境内举行并由首席大法官或最高法院的其他法官主持。

2.总统自就职之日起应即停止担任任何其他由宪法规定或确认的职务,若总统系现任议员,则应撤销其议席。总统不得从事任何营利性工作或职务。

3.依其职责,总统得每三个月参加一次议会会议。行使上述职权时,总统享有除议员表决权以外的一切议员特权、豁免权及其他权力。而且,总统对侵害议会或议员特权的行为不承担责任。[①]

依其职权,总统得在议会发表演说并向议会提出

咨文。[②]

第三十三条 [总统的职权]

除本宪法、本宪法生效前后颁布的成文法所明确授予或规定的职权外,总统还行使以下职权:

(1)于每届议会会议开幕时发表政府政策声明。

(2)主持议会开幕仪式。

(3)接受和承认外国使节,任命和委派大使、高级专员、全权代表和其他外交人员。

(3.1)任命取得卓越专业成就,具有崇高的行为准则和专业严正的律师为总统顾问。依据本款规定任命的总统顾问享有迄今为止女王顾问所享有的一切特权。[③]

(4)掌管共和国国玺,使用国玺签发总理、内阁部长、最高法院首席大法官和其他法官的委任状;根据法律规定和授权使用国玺签发关于国有土地与不动产的转让及处分的文件,并在所有需要使用国玺的事项中用印。

(5)宣布战争与和平。

(6)在不违反本宪法或成文法规定的情况下,按照国际法、国际习惯、国际惯例的要求或授权行事和采取行动。

第三十四条 [赦免权]

1.对在斯里兰卡共和国境内任一法院宣判有罪的犯罪分子,总统有权:

(1)实行无条件赦免或附带法律规定条件的赦免;

(2)宣布无限期缓期执行对犯罪的判决或在总统认为适当的期限内准予缓刑;

(3)实行减刑;

(4)全部或部分免除刑罚、罚金或没收,但是因对共和国之犯罪行为所产生之刑罚除外。

但是,对于法院认为应当判处死刑的罪犯,总统应责成审理该案的法官呈交案情报告,由总统加上批示后转送总检察长;总检察长提出意见后一并报送司法部长,最后由司法部长提出处理意见呈送总统。

2.对任何属于本宪法第八十九条第四款、第五款、第六款、第七款、第八款或第九十一条第一款第七项所规定的无资格者,总统有权:

(1)实行无条件赦免或附带法律规定条件的赦免;

(2)缩短其无资格的期限。

3.对应在斯里兰卡共和国境内接受审判的任何犯罪案件,总统有权对提供情报并因而使该案的主犯

---

① 本款由第十八修正案修改。

② 本款由第十八修正案增加。

③ 本款由第八修正案增加。

或主犯之一受到法律制裁的同案犯实行赦免。

第三十五条 ［总统的诉讼豁免权］

1. 总统任职期间，任何法院或法庭不得就总统以其公职身份或私人身份所为的作为或不作为受理诉讼或继续审理。

2. 对于法律所规定的各类追诉时限，在被追诉者担任总统期间不应计入上述时限。

3. 本条第一款所规定的豁免权不适用于以下诉讼：第四十四条第二款所规定的属于总统主管或兼管的事项而由总统行使职权的行为向任何法院提起的诉讼；根据第一百九十二条第二款规定向最高法院提起的诉讼；就第一百三十条第一项所规定的总统选举、公民投票的有效性向最高法院提起的诉讼；根据第一百四十四条向上诉法院提起的诉讼；就议员选举问题向高等法院提起的诉讼。①

但是，上述关于因总统主管或兼管的事项而由总统行使职权行为的诉讼应由总检察长提起。

第三十六条 ［薪俸及津贴］

1. 议会应于本宪法生效之日起一个月内，以决议形式对总统的薪俸、津贴、退休金作出规定。上述退休金不得冲抵总统在任职前有权享受的其他任何退休金。

2. 总统有权自就职之日起领取由议会确定的薪俸、津贴并届时享受退休金。此后对该条的任何修改、废止或替换以及与该条不一致的任何法律、规定，均不具有溯及力。

3. 总统的薪俸、津贴和退休金由统一基金支付。

4. 议会有权以决议的形式增加总统的薪俸、津贴和退休金，但不得减少。

第三十七条 ［总理代行总统职权］

1. 总统因患病、出国或其他原因认为自己无法行使职权、履行职责和执行职务时，有权指定总理在此期间代行总统职权，并指定一名内阁部长代行总理职务。

如此时总理职位空缺或总理不能代行总统职权，则总统有权指定议长在此期间代行总统职权。

2. 经与议长磋商后，首席大法官认为总统暂时不能行使职权和履行职责，且不能依本条第一款的规定指定代理人，则应将上述意见书面通知议长。此后，总理应在上述期间内代行总统职权并指定一名内阁部长代理总理职务，尽管本条第一款未就该指定作出规定。

如此时总理职位空缺或总理不能代行总统职权，则应由议长代理总统职务。

3. 本宪法有关总统的规定（第三十二条第二款除外），凡能适用于代行总统职权的人员，应予适用。

4. 本条、第三十条第一款第二项及第四十条第一款中的"议长"，包括议会解散期间于议会解散前担任议长者。

第三十八条 ［总统职位空缺］

1. 总统职位在以下情况下空缺：

(1)总统死亡；

(2)向议长递交亲笔书写的辞职书；

(3)丧失斯里兰卡公民资格；

(4)当选总统在任期开始之日起两周②内故意不就职；

(5)依照下款规定被免职；

(6)最高法院在行使第一百三十条第一项规定的管辖权时，裁决该人当选总统为无效，但未裁决任何他人为正式当选的总统。

2.(1)任何议员均有权向议长提交决议通知书，指控总统因身心健康欠佳永久丧失执行职务的能力，或存在以下犯罪行为：

A. 故意违反宪法；

B. 叛国；

C. 受贿；

D. 渎职腐败、滥用职权；

E. 违反法律、道德败坏。

决议通知书应列举指控的详细证据，并要求最高法院进行调查并提出调查报告。

(2)上述决议通知书只有在符合本款第一项规定及以下规定时，议长才能接受或将其列入议事日程表：

A. 决议通知书经全体议员的三分之二以上签名；

B. 决议通知书经全体议员的半数以上签名，且议长认为指控应由最高法院调查并提出报告。

3. 若决议经三分之二以上全体议员（包括缺席议员）投票通过，议长应将决议中提出的指控提交最高法院调查并要求其提出报告。

4. 最高法院在正式调查后应将调查结果向议会提交报告并说明其根据；调查期间，总统有权亲自或委托律师进行申辩。

5. 若最高法院向议会提交的报告认定总统由于身心健康欠佳而永久丧失执行职务的能力或存在决议中指控的犯罪行为，则议会经全体议员三分之二以上（包括缺席议员）投票同意，通过罢免总统的决议。

---

① 本款由第十四修正案修改。

② 本款由第三修正案修改。

第三十九条 ［未正式当选总统或总统选举无效由最高法院裁决］

1. 若最高法院在行使第一百三十条规定的司法权时，裁决：

（1）总统选举无效但未确定任何他人正式当选，则应自裁决之日起三个月内重新举行总统投票选举；

（2）任何他人正式当选为总统，则当选者应于裁决之日起一个月内就职。

本法第三十条第一款第四项中，新总统的任期应自其当选之日或（最高法院）裁决之日起计算。

2. 自最高法院作出本条第一款规定的裁决之日起，行使总统职权者应立即停止执行职务。自裁决作出至新总统就职前，总理应代行总统职权并指定一名内阁部长代理总理职务。

但是，若此时总理职位空缺或总理不能代行总统职权，则由议长代理总统职务。

3. 本宪法第三十条第二款中，新总统的任期应自裁决选举无效之日起计算，而不受本宪法第三十一条第四款规定的限制。

4. 任何当选总统在最高法院裁决其当选为无效之前所执行的总统职务，不得仅因最高法院后来的裁决而无效。

5. 本条规定的适用不受与本宪法第四十条规定是否相抵触的限制。

第四十条 ［总统职位空缺及选举下任总统］

（1）

A. 若总统职位在总统任期届满前空缺，议会应选举一名有资格当选为总统的议员担任总统；继任总统的任期至补足其前任未任满的任期为止。

B. 上述选举应尽快举行，至迟应于总统缺位之日起一个月内举行。选举应采用匿名投票方式，并由议会依照法律规定的程序进行，以获得绝对多数票者为当选。

但是，若总统缺位发生于议会解散之后，新议会应在第一次会议开始之日起的一个月内选举下任总统。

C. 自总统缺位至新总统就职期间，总理应代行总统职权并指定一名内阁部长代理总理职务。

若此时总理职位空缺或总理不能代行总统职权，则由议长代理总统职务。

（2）本宪法有关总统的规定（第三十二条第二款除外），凡能适用于代理总统职务者，应予适用。

（3）议会应以法律对与议会选举总统程序有关的事项及其他一切必要事项与附带事项作出规定。

第四十一条 ［总统办公室工作人员］

1. 总统有权任命其认为为其行使职权、履行职责、执行职务所必需的秘书，以及经内阁同意任命其认为为其行使职权、履行职责、执行职务所必需的工作班子官员和工作人员，并有权决定上述人员的服务期限与条件。

2. 总统秘书、工作班子的官员和工作人员的薪金由统一基金支付。

3. 总统秘书、工作班子的官员和工作人员应视同公务员，但对上述人员的辞退与纪律管制由总统负责。同时总统可以授予其秘书对总统工作班子官员和工作人员的辞退与纪律管制权。

4. 新总统就职时，前任总统的秘书、工作班子的官员和工作人员应即停止任职。

5. 前任总统的秘书、工作班子的官员和工作人员停止任职后，内阁可指派其到政府部门任职。

但被任命为总统秘书、工作班子的官员和工作人员前在中央政府、地方政府、公营公司任职者，在新总统就职后有权回原单位任职，并得连续计算其服务年限。

6. 本条第五款的但书适用于该但书所指人员中的下列人员：

（1）总统辞退为其服务的人员，因违反纪律被开除的人员除外；

（2）主动辞职的人员，但辞职时正接受纪律处分调查或受到处分的人除外。

7. 在执行本条第五款和第六款规定时，曾经先后担任总统秘书、部长秘书、总统工作人员或其中的一个或几个职位者，应作连续任职处理，并以最后任职为准。

第四十一 A 条 ［总统任命表列的委员会和机构］①

1. 本条列表一中的主席及其委员会的成员，附表二的第一部分和第二部分应当由总统任命，总统在任命时应当征询下列人士的意见：

（1）总理；

（2）议长；

（3）反对党领袖；

（4）由总理提名的议会议员一名；

（5）由反对党领袖提名的议会议员一名。

但是，若根据第四项和第五项的提名进行的任命，应当确保其为第一项、第二项和第三项以外的人选。

列表一

A. 选举委员会；

B. 公共服务委员会；

C. 国家警察委员会；

---

① 由第十八修正案增加。

D. 斯里兰卡人权委员会；

E. 议会贿赂和腐败常设调查委员会；

F. 财政委员会；

G. 边界委员会。

列表二

第一部分

A. 最高法院首席大法官和法官；

B. 上诉法院院长和法官；

C. 司法委员会主席以外的成员。

第二部分

A. 总检察长；

B. 总审计长；

C. 议会调查专员；

D. 议会秘书长。

2. 无论本宪法第六十四条第二款作何规定，议长应当在议会解散时继续履行议长的职责直至根据以上规定选举新的议长为止，新议长应当根据本条第一款第二项的规定征询意见。

3. 即使议会解散，反对党的领袖仍然作为领袖直至议会解散后的大选确认了新的反对党领袖为止，新领袖应当根据本条第一款第三项的规定征询意见。

4. 即使议会解散，总理的人选和反对党领袖的人选继续作为议会的成员，直至议会解散后的大选重新选举为止，仍然根据本条第一款第四项和第五项的规定进行提名。

5. 若总统为任命列表一的人员而向本条第一款规定的人员征询意见，被征询意见的人员应当自收到征询意见的通知后一周内作出回复；若未在一周内作出回复，则总统可直接予以任命。

6. 若议会中被认可的政党领袖希望担任总理或本条列表一第一项的成员，应当在一周内向议长提名。总统在任命时应当考虑该提名。

7. 非依宪法或以此为目的制定的法律，被任命为本条列表一的主席或其成员、被任命为列表二第一部分或第二部分的职位者不得被撤职。若无相关的规定，则总统有权撤职。

第八章 行政机关

内阁

第四十二条 ［总统的职责］

总统应就正当行使本宪法、任何成文法，包括涉及公共安全的现行法律所规定的职权向议会负责。

第四十三条 ［内阁］

1. 设立内阁，负责指导和管理共和国政府，内阁集体向议会负责。

2. 总统是内阁成员，也是内阁首脑。但是根据宪法规定解散内阁不影响总统继续任职。

3. 总统任命其认为最受议会信任的议员为总理。

第四十四条 ［内阁及其主管事项与职能］

1. 总统认为必要并与总理磋商后有权：

（1）确定部长人数、部数、各部长主管事项与职能分配；

（2）任命议员为确定的各部部长。

2. 总统有权亲自主管任何事项或职能，并兼管未分配于本条第一款或第四十五条第一款规定中的部长主管的任何事项或职能，并相应地决定其主管的部数。因此，宪法或任何成文法中涉及分管上述事项或职能的部长之处，均应理解为总统。

3. 总统有权随时改变对主管事项或职能的分配，变更内阁的组成。此种改变或更迭不得影响内阁连续性和内阁对议会负责的连续性。

第四十五条 ［非内阁成员部长及其主管事项与职权］

1. 总统认为必要并与总理磋商后有权：

（1）任命议员为非内阁成员的部长；

（2）确定部长主管事项或职能的分配，若设部则确定这些部的主管人员。

2. 总统有权随时改变根据本条第一款所作出的任何任命或分配。

3. 根据本条任命的部长应分别对内阁和议会负责。

4. 内阁部长有权在政府公报上发表通告，将其主管事项和职权或成文法赋予的职权委托给非内阁部长行使。即使与成文法的授权相抵触，根据本款行使委托的职权仍为合法。

第四十六条 ［副部长］

1. 总统有权在其认为必要时，经与总理磋商后任命议员为副部长，以协助内阁部长履行职责。

2. 内阁部长有权在政府公报上发表通告，将其主管事项或职能以及成文法赋予的职权委托给副部长行使。即使与成文法规定的部长授权相抵触，受委托的副部长根据本款规定行使职权仍为合法。

第四十七条 ［总理、部长、副部长的任期］

总理、内阁部长、其他部长或副部长应在本宪法规定的内阁行使职权的全部期间任职，但以下情形除外：

（1）根据总统签署的免职令被免职；

（2）向总统提交亲笔辞呈而辞职；

（3）不再是议员。

第四十八条 ［议会解散后的内阁］

1. 议会解散前行使职权的内阁应继续履行职责，不因议会解散而受任何影响；除依照本宪法第四十七条第一款和第二款的规定停止任职外,总理、内阁部长、其他部长与副部长也应继续履行职责至大选结束。

2. 自议会结束至大选结束期间,即使总理死亡、被免职、辞职,以其他内阁部长为成员的内阁仍应继续履行职责至大选结束。总统有权指定其中的一名内阁部长或由其本人代行总理职权。若无代理人选,则总统应行使内阁职权至大选结束。

3. 自议会解散至大选结束期间,若其中的一名内阁部长或其他部长死亡、被免职和辞职,总统有权指定其他非内阁部长为主管该部的部长或代行该部长的职权,或由其本人兼管该部或代行该部长的职权。

第四十九条　[内阁解散]

1. 若总理在议会解散至大选结束期间之外被免职、辞职或其他原因而停职,而总统也未行使本宪法第七十条规定的权力解散议会,则内阁应即解散,并由总统依照本宪法第四十三条、第四十四条、第四十五条、第四十六条的规定任命总理、内阁部长、其他部长与副部长。

但是,若总理停止任职后议会解散,以其他内阁部长为成员的内阁应继续履行职责至大选结束。总统有权指定其中的一名部长或由其本人代行总理职权,同时参照适用第四十八条的规定。

2. 若议会否决《政府政策声明》或《拨款法案》,或通过对政府的不信任案,内阁应即解散。若总统未行使第七十条规定的权力解散议会,则其应依照第四十三条、第四十四条、第四十五条、第四十六条的规定任命总理、内阁部长、其他部长与副部长。

第五十条　[代理部长及副部长]

若内阁部长、其他部长或副部长无法履行职权,总统有权任命议员代行上述内阁部长、其他部长或副部长的职权。

第五十一条　[内阁秘书]

设内阁秘书一名,由总统任命。内阁秘书应遵照总统指令,负责内阁办公厅工作,并履行总统或内阁指派的其他职责。

第五十二条　[各部秘书]

1. 各部应设秘书一名,其由总统任命。

2. 各部秘书应遵照本部部长的命令和指挥,监督本部领导的政府部门或其他机构。

3. 根据宪法规定内阁予以解散,或者总统依照本宪法第四十四条或第四十五条的规定决定撤销某部,则部秘书应停止任职。

4. 因以上情形停止任职的部秘书,内阁有权任命其就任其他公职。

但是,就任部秘书之前在政府、地方政府或公营公司任职的人员应视为暂停其原职务,其有权于停止就任部秘书后恢复原职务,并得连续计算其服务年限。

5. 本条第四款的但书规定,可变通适用于以下情形中的部秘书:

(1)总统终止其职务,但因违纪被免职的除外;

(2)本人辞职,但辞职时正在或将要接受纪律调查的除外。

6. 适用本条第四款和第五款规定时,曾经先后就任总统秘书、部秘书、总统办公厅工作人员或其中一个或几个类似职务者,应视为其连续就任最后职务。

7. 适用本条规定时,以下部门不被视为政府部门:①

(1)议会秘书长办公室、议会行政专员(监察专员)办公室、宪法委员会、公务员叙用委员会、选举委员会、国家警察委员会、内阁部长秘书办公室;

(2)审计长部门。

第五十三条　[正式宣誓或确认]

被任命就任本章所列职务者,依附表四的规定宣誓或确认后方可就职。

第九章　行政机关②

公务员

第五十四条　[公务员委员会]

1. 应设立公务员委员会,由总统任命的九名委员组成,其中至少三名委员拥有十五年以上政府官员工作经验。总统应任命其中的一名委员担任主席。③

2. 不得任命议员、省议会议员、地方当局成员担任公务员委员会委员职责,即将就任以上职务的人员亦不得继续担任公务员委员会委员一职。

3. 被任命担任公务员委员会委员之前为行政官员或司法官员者,自此任命生效之日起即应终止其原职务,并且不得再次被任命担任行政官员或司法官员。

但是,停止担任公务员委员会委员,或虽然继续担任该职,但已满足行政官员或司法官员的退休条件者,应视为在国家机关担任可享受退休待遇的行政官员或司法官员,并得按规定享受此类人员所享有的退休金、养老金或其他津贴。

---

① 由第十七修正案修改。

② 由第十七修正案修改。

③ 由第十八修正案修改。

4. 公务员委员会委员任期三年,自任命之日起算,但出现本条第二款规定的无资格情形,或向总统提出亲笔辞呈而先期辞职,或由总统根据法院有关贿赂与腐败的判决免除其职务,或依照第八十一条规定通过该委员会丧失公民资格的决议,或根据本条第五款规定视为该委员职位空缺者除外。①

5. 公务员委员会委员有权被重新任命为公务员委员会委员,但是无权于其委员任期届满后被任命为行政官员或司法官员。公务员委员会委员任期不得超过两届。

6. 公务员委员会委员未获委员会休假批准而连续两次缺席委员会会议的,应视为自第三次会议之日起其职位空缺,并不得重新被任命为委员会委员。

7. 总统有权批准公务员委员会委员的休假申请,但该期限不得超过两个月。在此期间,总统应任命一适格人员在该委员休假期间担任委员会的临时委员。②

8. 公务员委员会委员的工资由议会确定,由统一基金支出,并不得在其任职期间内予以削减。

9. 公务员委员会不因任何委员职位空缺而无权实施相关行为,其相关行为或事项不应仅因委员职位空缺或委员任命方面存在瑕疵而无效或视为无效。

10. 应设立公务员委员会秘书一名,由该委员会任命。

11. 公务员委员会委员应视为《刑法》第九章中的公务员。

第五十五条 [内阁及公务员委员会的权力与职责]③

1. 内阁应制定有关行政官员的任免、提拔、调动和纪律监督等政策。

2. 内阁任免、调动和监督各部部长。

3. 除本宪法另有规定外,公务员委员会行使对行政官员的任免、调动和纪律监督的权力。

4. 公务员委员会不得减损法律规定的省公务员委员会的权力与职责。

5. 公务员委员会应根据《议会议事规程》的规定,就其行使权力、履行职责的情况对议会负责,并在每一日历年度内向议会提交该年度的工作报告。

第五十六条 [小组委员会]

1. 公务员委员会可将其对行政官员的任免、调任、纪律监督等权力授权其任命的三名成员(非委员会委员)组成的小组委员会行使,但须具体列明此类权力。

2. 公务员委员会应将上述小组委员会的任命在公报上公告。

3. 小组委员会的会议程序及法定人数应由公务员委员会制定规则确定。委员会应将该规则在公报上公告。

4. 各小组委员会应设秘书一名,由公务员委员会任命。

第五十七条 [向行政官员授权]

1. 公务员委员会得依照该委员会规定的相关条件及程序将任免、调任、纪律监督行政官员的权力授权给某一行政官员行使,但须具体列明此类权力。

2. 公务员委员会应将该授权在公报上公告,包括公务员委员会为此制定的程序及规定的条件。

第五十八条 [申诉权]

1. 任何公务员如对第五十六条或第五十七条规定中的小组委员会或行政官员作出的调任、免职决定或涉及处分的其他决定不服,有权为解除上述不利决定向公务员委员会申诉。申诉应根据公务员委员会制定的有关受理、审理和裁决申诉的程序规则进行,并应于规定期限内审理申诉和作出决定。

2. 公务员委员会有权根据上述申诉作出更改、改变、撤销或者批准作出的决定,或就上述申诉作出指示,或在其认为适当时要求进一步调查。

3. 公务员委员会应将依据本条第一款规定制定的规则在公报上公告。

第五十九条 [行政诉讼法庭]

1. 应设立行政诉讼法庭,其组成人员由司法委员会任命。

2. 行政诉讼法庭有权改变、更改、撤销公务员委员会作出的决定或命令。

3. 行政诉讼法庭的设置、权力和程序,包括起诉时限,应由法律规定。

第六十条 [委员会不得行使职权的情形]

无论根据第五十六条或第五十七条授予小组委员会或行政官员何种权力,小组委员会和行政官员均不得对符合第五十八条第一款和第二款的公职人员行使职权。

第六十一条 [会议程序]

1. 公务员委员会会议的法定人数为五人。

2. 未经出席会议的大多数委员投票通过,公务员委员会不得作出决定。赞成票数与反对票数相等时,主持会议的委员应投决定票。

3. 公务员委员会主席主持委员会会议。委员会

---

① 由第十八修正案修改。
② 由第十八修正案修改。
③ 由第十八修正案修改。

主席缺席时,由出席会议的委员选举其中的一名委员主持该次会议。

第六十一A条 ［诉讼豁免权］

根据第一百二十六条第一款、第二款、第三款、第四款及第五款规定,法院或法庭不得调查、审判或以任何方式质疑公务员委员会、小组委员会或者受托行使权力的行政官员为履行本章或其他法律规定的或依据本章和其他法律规定授予的职权而作出的决定和命令。

第六十一B条 ［现行规则、条例的保留］

除非公务员委员会另有规定,依本章规定制定并自本章施行之日起实施的涉及公务员的规则、条例、程序应视为继续有效。

第六十一C条 ［非法干涉公务员委员会］

1. 无论何人,如超越其职权范围以直接或间接、亲自或通过他人等任何方式影响或试图影响公务员委员会、小组委员会、依照本章规定授权的行政官员作出的决定,均构成犯罪,应判处十万卢比以下的罚金或七年以下有期徒刑或两项并罚。

2. 依据宪法第一百五十四条第十六项设立的高等法院有权审判、裁决本条第一款规定的犯罪。

第六十一D条 ［就职宣誓或确认］

被任命就任本章所列职务者,依附表四的规定宣誓或确认后方可就职。

第六十一E条 ［总统任命的人员］

总统应任命下列人员:

(1)陆海空三军司令;

(2)根据本宪法第四十一条第三款的规定任命总检察长与警察总长。

第六十一F条 ［解释］①

本章中的"行政官员"不包括陆海空三军成员、选举委员会任命的选举委员会委员、司法人员委员会依计划任命的官员。

第十章　立法机关

议会

第六十二条 ［议会］

1. 议会由二百二十五名议员组成,议员依照本宪法规定选举产生。②

2. 除非议会被提前解散,每届议会任期为六年,自议会确定的第一次会议之日起算,议会六年任期届

满后应自行解散。

第六十三条 ［正式宣誓或确认］

除选举议长外,议员应在议会宣誓或确认后方可参加议会会议或举行投票,誓词为:"_____郑重声明／庄严宣誓并确认,我将拥护并捍卫斯里兰卡民主社会主义共和国宪法。"

第六十四条 ［议长、副议长、委员会副主席］

1. 议会应在大选结束后的第一次会议上选举三名议员分别担任议长、副议长兼委员会主席(以下简称"副议长")、委员会副主席。

2. 议长、副议长、委员会副主席应履行职责至议会解散,除非向总统提交亲笔辞呈提前辞去职务或不再是议员。

3. 议长、副议长、委员会副主席因议会解散以外的原因出现职位空缺,议会应在职位空缺发生后的第一次会议上根据具体情形选举另一名议员担任议长、副议长或委员会副主席。

4. 若依照第七十条第七款的规定召集业已解散的议会举行会议,则本条第二款所列议员应于议会举行会议时恢复并继续担任各自的职务。

5. 议会会议由议长主持,议长缺席时由副议长主持,副议长缺席时由委员会副主席主持。议长、副议长、委员会副主席均缺席时,由举行该次会议的议会选举一名议员主持。

第六十五条 ［议会秘书长］

1. 应设议会秘书长一人,由总统任命,担任公职时应品行良好。③

2. 秘书长工资由议会确定,从统一基金中支付,并不得在其任职期间内予以削减。

3. 秘书长办公室工作人员经议长批准后,由秘书长任命。

4. 秘书长办公室工作人员的工资从统一基金中支付。

5. 有下列情形之一的,秘书长职位空缺:

(1)秘书长死亡;

(2)向总统提交书面辞呈;

(3)年满六十周岁,但议会以法律作出不同规定的除外;

(4)因生理或心理原因而被总统免职;

(5)总统应议会请求予以免职。

6. 秘书长不能履行职务时,由总统任命一人担任秘书长。④

---

① 由第十八修正案修改。

② 由第十四修正案修改。

③ 由第十八修正案修改。

④ 由第十八修正案修改。

第六十六条 [议员席位空缺]

有下列情形之一的,议员席位空缺:

(1)议员死亡;

(2)向议会秘书长提交亲笔辞呈而自动放弃议席;

(3)被人民或议会选举为总统,并就任总统;

(4)出现本宪法第八十九条或第九十一条规定的不合格事由;

(5)成为行政机关工作人员或公营公司职员,或者本来就是行政机关工作人员或公营公司职员而在进入议会后又不终止原职务;

(6)事先未获得议会请假批准,连续三个月不出席议会会议;

(7)依照现行法律规定,其当选被宣布无效;

(8)议会解散;

(9)依照本宪法第八十一条规定通过开除议员的决议。

第六十七条 [议会及议员的特权、豁免权和权力]

议会及议员的特权、豁免权和权力由议会以法律规定,在此之前,准用议会(权力与特权)法案。

第六十八条 [议员津贴]

1. 各部部长、副部长以及议员(包括议长、副议长、委员会副主席)领取议会以法律或决议形式确定的薪酬或津贴,并不得因其领取而取消其参加议会会议或进行投票的资格。

2. 在议会作出相关规定之前,各部部长、副部长以及议员(包括议长、副议长、委员会副主席)所领取的薪酬应与本宪法生效之前各部部长、副部长以及议员(包括国民议会议长、副议长、委员会副主席)所领取的薪酬相同。

第六十九条 [议员席位空缺不影响议会行使权力]

议会不因任何议员职位空缺而无权实施相关行为。即使事后发现某一议员不具备出席、参加议会会议及进行投票的资格,其相关行为仍具法律效力。

第十一章 立法机关

程序和权力

第七十条 [议会会议]

1. 总统有权随时以文告形式召集议会、宣布休会以及解散议会。但是:

(1)依照本款第四项规定,自总统解散议会举行大选之日起一年内,除非议会通过决议要求总统解散议会,总统不得再次解散议会。

(2)大选后的新议会召开第一次会议时,总统不得因政府的政策声明被否决而解散议会。

(3)根据本款第四项规定,在议长业已接受符合第三十条第二款第一项和第二项规定条件的决议后,总统不得解散议会。但下列情形除外:

A. 该项决议因不满足第三十条第二款第三项规定的条件而未获通过;

B. 最高法院裁决总统并未永久丧失履行职务的能力,或者总统并未犯决议中所指控的罪行;

C. 由此提出的罢免总统的决议因不符合第三十条第二款第五项规定的条件而未获通过;

D. 议会通过决议要求总统解散议会。

(4)如总统并未因议会否决拨款法案而解散议会,但议会再次否决下一个拨款法案,总统应解散议会。

2. 议会每年应至少召开一次会议。

3. 宣布议会休会的文告应确定下次会议日期,下次会议应于文告宣布之日起两个月内召开。

但是,总统于议会休会期间有权以文告宣布下列行为:

(1)提前召开下次会议,但应于文告宣布之日起三日后举行;

(2)依照本条规定解散议会。

4. 正式提请议会审议但未能于议会休会前处理的一切事项,得于下次会议时继续审议。

5.(1)解散议会的文告应确定议员选举的日期,并确定新议会于文告发布之日起三个月内召开会议的日期。

(2)根据本宪法第六十二条第二款规定解散议会的,总统应立即以文告确定议员选举的日期,并确定新议会于文告发布之日起三个月内召开会议的日期。

(3)本款第一项或第二项以文告确定的议会第一次会议的日期可发布新文告改期,但新文告确定的日期应在原文告发布之日起三个月内。

6. 若总统选举投票日介于议会解散之日和依照本条第五款规定召开议会会议之前的期间,则议会不受本条第五款规定的限制,于议会解散之日起的四个月内召开会议。

7. 议会解散后的任何时候,若总统认为出现了必须提前召开议会会议的紧急状态,则有权以文告召集业已解散的议会召开会议,议会不得于文告宣布之日起三日内召开会议。该议会应于紧急状态消除或大选结束时解散,以二者中最先出现者为准。

第七十一条 [休会]

议会在闭会或解散前,应通过决议或根据议事规则随时休会。

第七十二条 [投票]

1. 除本宪法另有规定外,提交议会议决之事项应由出席会议的多数议员投票决定。

2. 主持会议的议员起初不参与投票,但在赞成票与反对票票数相同的情况下,行使决定性投票权。

第七十三条 ［法定人数］

议会会议期间,若主持会议的议员发现出席会议的议员不足二十人,应根据议事规则作出休会决定,任何人不得对这一决定提出异议。

第七十四条 ［议事规则］

1. 依照本宪法规定,议会得以决议或议事规则的形式对如下事项作出规定:

(1)议长、副议长、委员会副主席的选举或退休;

(2)议会工作规则、议会会议秩序的维护以及本宪法要求或授权作出规定的其他事项。

2. 议会以法律或决议作出其他规定前,议会议事规则准用本宪法生效前施行的《国民议会议事规则》。

第七十五条 ［立法权］

议会有权制定法律,包括具有溯及力的法律以及关于修改、废止、增加宪法条款的法律。但议会不得制定下列法律:

(1)中止实施本宪法或其任何部分的法律;

(2)废止整部宪法的法律,但制定新宪法取代本宪法的法律不在此限。

第七十六条 ［立法权力的授予］

1. 议会不得放弃或以任何方式转让其立法权,不得设立行使立法权的机构。

2. 议会在有关公共安全的法律中授权总统依照上述法律制定紧急状态条例的条款,不得违反本条第一款之规定。

3. 议会制定的包含为既定目的授权个人或机构制定法规的法律,不得违反本条第一款的规定,其中的授权包括:

(1)确定法律或其中的某部分生效或失效的日期。

(2)以命令规定法律或其中的某部分适用于某地区或某阶层。

(3)以规则或法令创设法人。本款第一项与第二项中的"法律"包括现行法律。

(4)包含上述各款规定内容的现行法律均为有效。

第七十七条 ［总检察长审查法案的职责］

1. 总检察长负责审查每一法案是否存在违反本宪法第八十二条第一款与第二款之规定,是否存在宪法规定的特别多数方能有效通过的条款;应为总检察长以及协助其履行本条规定职责的官员提供履行该职责所必需的一切便利条件。

2. 若总检察长认为某法案存在违反本宪法第八

十二条第一款与第二款之规定,或法案中存在宪法规定的特别多数方能有效通过的条款,应将相关意见告知总统。

但是,对于议会针对法案提出的修正案,总检察长应于该法案准备提交议会审议通过时将其意见告知议长。

第七十八条 ［公布法案及通过法案与决议］

1. 每一法案至迟应于列入议会议事日程表七日前发表在公报上。

2. 议会应依照本宪法和议会议事规程通过法案或决议。议会得根据议事规程规定的情形与方式,中止实施议事规程中的部分条款。

第七十九条 ［议长证明书］

议长应以如下格式的证明书在通过的法案上签字:

"本法案(写明法案简称)已经议会正式通过"。

该证明书亦可写明法案以何种多数获得通过。

但是,对于依照本宪法第八十二条、第八十三条、第八十四条、第一百二十三条第二款规定需要特别多数方能通过的法案,议长只能在特别多数通过的情形下为该法案签署证明书。

此外,对于依照第八十三条规定需要全民公决同意方能通过的法案或条款,该证明书应另外写明该法案或其条款应于全民公决同意后方能成为法律。

第八十条 ［法案成为法律］

1. 除本条第二款另有规定外,议会通过的法案经议长签署证明书后即成为法律。

2. 若内阁证明某法案或其条款需要提交全民公决,或最高法院裁决某法案或其条款需经全民公决,或依照本宪法第八十五条第二款规定某法案需提交全民公决,则该法案或其条款须依照第八十五条第三款规定获得全民公决同意,并经总统证明此法案或其条款已经获得全民公决同意,方能成为法律。总统应以如下格式的证明书在获得全民公决同意的法案上签字:

"本法案或条款已经全民公决正式同意"。

在下列情形下,总统不能在法案上签署证明书:

(1)任何情况下,无人提起质疑该法案获得全民公决同意的有效性的诉讼,直至提起相关诉讼的期限届满后,依据此方面可适用的法律,质疑该全民公决的有效性;

(2)任何情况下,无人提起质疑该法案获得全民公决同意的有效性的诉讼,直至最高法院裁决该全民公决有效。①

---

① 由第十四修正案增加。

该类证明书是最终的和决定性的,任何法院均不得对其提出异议。

3. 法案根据不同情况依照总统或议长以证明书在法案上签字后即成为法律,任何法院或法庭均不得以任何理由调查、审查该法律或以任何方式对该法律的有效性提出异议。

第八十一条 ［开除议员及丧失公民资格］

1. 根据1978年第7号法令即《总统特别调查委员会法》设立总统特别调查委员会,由一名或数名最高法院、上诉法院、高等法院或地区法院的法官组成。总统特别调查委员会提出关于因个人在宪法生效前或生效后的作为或不作为而丧失公民资格的建议,议会得以全体议员(包括未出席议员)三分之二以上同意通过如下决议:

(1)认定该人丧失公民资格,但期限不得超过七年;

(2)若此人为议员,则将其开除出议会。

若总统特别调查委员会由一名以上成员组成,在意见存在分歧时,所提出之建议应由多数成员同意作出,且所提出之建议在任何情况下均应视为该调查委员会的建议。

2. 该类决议非经总理在征得内阁同意后提出建议,议长不予考虑或不列入议会议事日程表。

3. 议长应依照本条以上各款之规定以如下格式的证明书在通过的决议上签字:

"本决议已经议会依据本宪法第八十一条规定正式通过"。

此类证明书在任何情况下均是结论性的,任何人不得向任何法院提起诉讼,任何法院或法庭均不得以任何理由调查、审查该决议或以任何方式对该决议的有效性提出异议。

4. 在本条中,"地区法院"是指依据现行法律设立的地区法院,包括由议会设立的行使与地区法院相应或大致相同职权的其他法院。

第十二章　立法机关

宪法的修改

第八十二条 ［修改或废止宪法必须明确］

(一)修改本宪法任何条款的法案不得列入议会议事日程表,除非法案已明确说明需要废止、更改、增补的条款及其相关修改(如有修改的话),并在宪法修改议案中标明其标题名称。

(二)任何废止本宪法的法案均不得列入议会议事日程表,除非法案包含取代本宪法的全部条款,并在废止与取代宪法议案中标明其标题全称。

(三)若议长认为法案违反本条第一款或第二款

规定,其应指示在该法案依照上述规定作出相关修改前不予受理。

(四)尽管有本条以上各款规定,经由议会修改、符合本条第一款或第二款规定的法案均为有效。

(五)修改宪法条款的法案或废止并取代宪法的法案,经议会全体议员(包括未出席议员)三分之二以上投票同意,并视具体情形总统或议长依照第八十条或第七十九条规定以证明书在法案上签字后即成为法律。

(六)除非依照本条上述各款规定制定的法律,法律的任何条款均不能或不能视为修改、废止、取代宪法或其条款,亦不得作修改、废止、取代宪法或其条款的解释。

(七)本章中,"修改"包括废止、更改和增补。

第八十三条 ［全民公决批准法案］

尽管与第八十二条规定相抵触:

1. 修改或废止并取代违反宪法第一条、第二条、第三条、第六条、第七条、第八条、第九条、第十条及第十一条或本条规定的法案。

2. 修改或废止并取代违反宪法第三十条第二款规定从而使总统任期超过六年,或第六十二条第二款规定从而使议会任期超过六年的法案。

若经三分之二以上议会全体议员(包括未出席议员)投票同意,并经全民公决同意以及总统依照第八十条规定以证明书在上述法案上签字,则上述法案即成为法律。

第八十四条 ［法案违反宪法］

(一)不以修改、废止并取代本宪法为目的,但违反宪法规定的法案,即使其与第八十二条第一款或第二款规定相抵触,亦可列入议会议事日程表。

(二)若内阁证明某法案需经本条规定的特别多数方能通过,或最高法院裁决某法案需经上述特别多数方能通过,则该法案需经三分之二以上议会全体议员(包括未出席议员)投票同意,且视具体情形总统或议长依照第八十条或第七十九条规定以证明书在上述法案上签字后,方能成为法律。

(三)该法案制定为法律后不能或不能视为修改、废止、取代宪法或其条款,亦不得作修改、废止、取代宪法或其条款的解释,并得于其后经由出席会议并参加投票者以简单多数废止该法律。

第十三章　全民公决

第八十五条 ［法案提交全民公决］

(一)凡内阁证明需要提交全民公决同意或最高法院裁决需经全民公决同意的法案或法案中的条款,若其已经三分之二以上议会全体议员(包括未出席议员)投票同意,则总统应将其提交全民公决。

(二)总统得自行决定将议会否决的法案提交全民公决,但废止或修改宪法条款、增补宪法条款、废止并取代宪法、违反宪法规定的法案除外。

(三)提交全民公决的法案或法案中的条款,若获得该全民公决中绝对多数有效投票同意,即视为获得人民同意。

但是,若有效投票的总数不足登记选民总数的三分之二,则该法案仅在获得三分之二以上全体登记选民同意时方可视为获得人民同意。

第八十六条 ［具有国家重要性的事项提交全民公决］

总统得依照第八十五条规定将其认为具有国家重要性的事项提交全民公决。

第八十七条 ［议会规定程序］

(一)选举专员指导实施全民公决,并将公决结果告知总统。

(二)议会应通过法律对如下相关事项作出规定:将法案、具有国家重要性的事项提交全民公决的程序,全民公决时使用的选民名册,全民公决过程中实施的违法行为及其处罚,以及其他必要事项或附带事项。

第十四章　选举权及选举

第八十八条 ［选举权］

任何人,除非具备下一条款所规定的丧失资格情形,均有权参加总统选举、议员选举、全民公决投票。

但是,未在专门的选民名册上登记的公民无权参加投票。

第八十九条 ［丧失选民资格］

具备下列情形之一者,丧失参加总统选举、议员选举、全民公决投票的资格:

1. 非斯里兰卡公民。

2. 根据第一百零一条规定在法定的资格审查日不满十八周岁。

3. 根据斯里兰卡现行法律被认定或被宣布为心智不健全者。

4. 正在服刑、因犯罪被法院判处两年以上有期徒刑后被处以六个月以上有期徒刑(不论其具体罪名)期满后的七年内、判处死刑、在授权代替执行该六个月以上有期徒刑时正在服刑或在该替代刑罚执行期满后七年内。

由于一项具有两年以上徒刑的可处罚犯罪而被任何法院定为有罪,并被判处六个月以上徒刑,正在服刑或已服刑期满后七年内,或被判处死刑,或因代替此类刑罚而服六个月以上徒刑,正在服刑或已服刑

期满后七年内。

但是,若本条规定的丧失资格者获得赦免,则应自准予赦免之日起恢复资格。

5. 自下列情形之日起未满七年的:

(1)犯有 1946 年锡兰(议会选举)枢密院法令第五十二条第一款或第五十三条,或关于全民公决、总统选举或议员选举的现行法律中同上述两款规定相对应的条款所规定的犯罪,若判处相应刑罚,自刑罚最后一日起;

(2)犯有 1946 年锡兰(议会选举)枢密院法令所规定的贪污罪,或犯有关于全民公决、总统选举或议员选举的现行法律中所规定的同上述贪污行为相对应的犯罪,若判处相应刑罚,自刑罚最后一日起;

(3)本宪法生效后,法院所作判决认定犯有 1946 年锡兰(议会选举)枢密院法令所规定的贪污罪,或犯有关于全民公决、总统选举或议员选举的现行法律中所规定的贪污罪,若判处相应刑罚,自刑罚最后一日起;

(4)犯有或被认定犯有《贿赂法》或与《贿赂法》相对应的未来法律中的贿赂罪,若判处相应刑罚,自刑罚最后一日起。

6. 自下列情形之日起未满五年的:

(1)犯有《地方政府选举条例》第七十七条至第八十二条(包含第七十七条和第八十二条)所规定的罪行或犯有与上述条款相对应的将来制定的法律中所规定的罪行,若判处相应刑罚,自刑罚最后一日起;

(2)犯有《国家机关(预防腐败)条例》第二条和第三条所规定的罪行或犯有与上述罪行相对应的未来法律中所规定的罪行,若判处相应刑罚,自刑罚最后一日起。

7. 自下列情形之日起未满三年的:

(1)犯有 1946 年锡兰(议会选举)枢密院法令所规定的非法行为,或犯有关于全民公决、总统选举或议员选举的现行法律中所规定的同上述非法行为相对应的行为,若判处相应刑罚,自刑罚最后一日起;

(2)本宪法生效后,法院所作判决认定犯有 1946 年锡兰(议会选举)枢密院法令所规定的非法行为,或犯有关于全民公决、总统选举或议员选举的现行法律中所规定的非法行为,若判处相应刑罚,自刑罚最后一日起。

8. 依照第八十一条规定通过认定某人丧失公民资格的决议,且该决议所确定的丧失资格期间尚未届满。

9. 自下列情形之日起未满七年的:

(1)自犯有《刑法》第一百八十八条至第二百零一条(包含第一百八十八条和第二百零一条)所规定的罪行之日,或自犯有将来制定的法律中所规定的与上述条款相对应的罪行之日;

(2)因以下事由犯有藐视或蔑视由第八十一条中

所规定的一名或数名成员组成的总统特别调查委员会权威的罪行之日：

①无调查委员会认为的正当理由不按该委员会依照法律授权发出的传票中所确定的时间和地点接受委员会的调查；

②无调查委员会认为的正当理由拒绝宣誓或确认、拒绝回答或不回答该委员会提出的直接与调查事项有关的问题；

③无调查委员会认为的正当理由拒绝或不向该委员会出示或展示其所有或支配的文件或物品，委员会认为这些文件或物品为委员会获知调查事件之真相所必须。

10. 依照第一百一十六条或第一百一十一条之三的规定丧失公民资格的期限尚未届满。①

第九十条 ［参加议员选举的资格］

除第九十一条所规定的丧失资格者外，任何有选举权的公民均有权被选举为议员。

第九十一条② ［丧失参加议员选举的资格］

下列人员丧失被选举为议员或参加议会会议和投票的资格：

1. 具有第八十九条所规定的丧失资格的情形。

2. 具有如下情形：

(1)大选中在一个以上选区被提名为候选人；

(2)在任何选区被一个以上合法政党或独立团体提名为候选人；

(3)在一个选区被提名为候选人，并在该选区选举结果揭晓之前又在另一选区被提名为候选人；

(4)是议员又在任何选区被提名为候选人，但第七十条第七款或第一百五十五条第四款第一项所列情形除外。

3. 是共和国总统。

4. 属于下列人员：

(1)司法官员；

(2)议会行政专员；

(3)议会秘书长或其办公室工作人员；

(4)公务员叙用委员会委员；

(4A)省公务员叙用委员会委员；

(5)选举主任专员；

(5A)选举委员会委员；

(5B)③宪法委员会委员；

(5C)国家警察委员会委员；

(6)审计长；

(7)就任 1970 年 11 月 18 日之前所设立职位的行政官员，1970 年 11 月 18 日确定的基本年薪不低于六千七百二十卢比，或与此基本工资相当的经过此后工资水平调整所确定的其他数额；

(8)就任 1970 年 11 月 18 日之后所设立职位的行政官员，该职位设立之日确定的基本年薪不低于第七项所列职位该日之数额，或与首次提及的基本工资相当的经过此后工资水平调整所确定的其他数额；

(8A)就任 1988 年 2 月 1 日之后所设立职位的省公务员叙用委员会委员，该职位设立之日确定的基本年薪不低于议会决议确定的数额，或与首次提及的基本工资相当的经过此后工资水平调整所确定的其他数额；

(9)就任 1970 年 11 月 18 日之前所设立职位的公营公司职员，1970 年 11 月 18 日确定的基本年薪不低于七千二百卢比，或与此基本工资相当的经过此后工资水平调整所确定的其他数额；

(10)就任 1970 年 11 月 18 日之后所设立职位的公营公司职员，该职位设立之日确定的基本年薪不低于第九项所列职位该日之数额，或与首次提及的基本工资相当的经过此后工资水平调整所确定的其他数额；

(11)陆海空常备军军人；

(12)警官或履行警察职责的行政官员。④

5. 在国家或公营公司或其代表所签订的合同中，享有议会通过法律所规定的权益。

6. 已宣布破产，但尚未偿清债务。

7. 宪法生效前的七年中，被主管法院或总统特别调查委员会判定收受以影响其作为议员或立法机关成员的判断力为目的的贿赂或金钱。

(二)本条第一款第七项中，议员收受工会或其他组织仅为维持其生计而给予的钱款或其他报偿不得视为收受贿赂或金钱。

第九十二条 ［丧失参加总统选举的资格］

除具有如下丧失资格的情形外，任何合格选民均有权被选举为总统：

1. 不满三十周岁；

2. 具有第九十一条第一款第四项、第五项、第六项、第七项所规定的无权被选举为议员的情形；

3. 曾两次当选为国家总统；

4. 依照第三十条第二款第五项规定被免去总统职务。

---

① 第十七修正案修改。
② 第十七修正案修改。
③ 第十八修正案废止。
④ 第九修正案修改。

第九十三条 ［自愿、平等、秘密投票原则］

共和国总统选举、议员选举、全民公决应遵守自愿、平等、秘密投票原则。

第九十四条 ［选举总统］

（一）总统选举中，选民在对任一候选人投赞成票时，得为如下行为：

1. 若存在三位候选人，标明其第二选择；

2. 若存在三位以上候选人，标明其第二和第三选择。

（二）若有候选人获得过半数有效投票，则应宣布其当选为总统。

（三）若无候选人依照本条第二款规定被宣布当选，则除获得选票最多和次多的候选人外，其他候选人应退出竞选，同时：

1. 选民的首选候选人已退出竞选，若其次选候选人为余下的两名候选人之一，则应将其视为该候选人所获得的选票，并应依照第二款规定将其计入该候选人所获选票数内；

2. 第一项所列选民的次选候选人未依照该项规定计数，若其第三选择候选人为余下的两名候选人之一，则应将其视为该候选人所获得的选票，并应依照本款第一项和第二款规定将其计入该候选人所获选票数内。

按上述方式计算后，应宣布获得多数选票的候选人当选为总统。

（四）若两名或两名以上候选人获得选票数量相等，增加一票将决定：

1. 哪位候选人将依照本条规定被宣布当选；

2. 哪位候选人将依照本条规定不被淘汰，然后以抽签方式作出的该决定应视同对候选人增加一票作出的决定。

第九十五条 ［选区划分委员会］

（一）本宪法生效后的三个月内，总统应设立选区划分委员会履行划分选区的职责，该委员会包括总统任命的三位不热衷于政治的成员。总统应任命其中的一位成员为主席。

（二）若选区划分委员会的委员死亡、辞职，或总统确信其丧失履行相应职责的能力，则总统应依照本条第一款规定任命他人担任该职。

第九十六条 ［选区］

（一）选区划分委员会应将斯里兰卡划分为二十至二十五①个选区，并确定各选区的名称。

（二）斯里兰卡的各省既可单独构成一个选区，亦可划分为两个以上（包括两个）选区。

（三）选区划分委员会在将一省划分为若干选区

时，应兼顾现有行政区划，以保障其划分切实可行。选区划分委员会应遵循如下原则即一个行政区域划作一个选区，或两个以上行政区域划作一个选区，或一个行政区域划分为两个以上（包括两个）选区。

（四）各省的所有选区有权共同选举四名议员（但各选区选举议员的数额根据该选区选民名册上登记的选民人数确定），选区划分委员会应按比例公平分配各选区选举议员的数额。

（五）若选区划分委员会委员存在意见分歧，则以多数委员的意见为准，并将其意见作为委员会的决定。若委员会各委员均存在意见分歧，则应将主席的意见作为委员会的决定。任何持异议的委员均得申明其异议理由。

（六）选区划分委员会主席应将委员会决定报告于总统，若存在异议理由则应将其一并报告于总统。

第九十六A条 （已经第十五修正案废止）

第九十七条 ［公布选区及其名称］

总统应以文告公布各个选区的名称和边界，以及依照第九十六条第四款规定和选区划分委员会决定确定的各选区应选议员数额。文告所公布的选区应于下次议员选举时开始实施，并于此之后作为宪法及关于议员选举的现行法律中所指的斯里兰卡各选区。

第九十八条 ［各选区共选举议员数及其名额分配］

（一）各选区共选举一百九十六名议员。

（二）其中三十六名应选议员在各选区的名额分配依照第九十六条第四款规定确定。

（三）其余一百六十名应选议员在各选区的名额分配依照本条以下各款确定。

（四）将所有选区选民名册登记的选民总数除以一百六十所得的整数（小数不计）即为下文所指的"基准数"。

（五）将各选区选民名册登记的选民总数除以基准数所得的数字即为各选区的应选议员数，各选区的应选议员数应等于该选区选民总数与基准数之整数商，若该商存在选民余数，则在必要情况下可参照本条第六款规定处理。

（六）若依照本条第五款规定参照基准数确定的所有选区应选议员总数少于一百六十人，则其他应选议员数额的分配应参照各选区选民余数确定；若有选区依照第五款的规定分不到一个应选议员名额，则参照该选区选民名册登记的选民总数确定，即选民余数最大的选区或选民总数最多的选区得再增加一个应选议员名额，以此类推，直到应选代表总数达到一百六十名。

---

① 第七修正案修改。

（七）依照本条第六款规定分配应选议员名额时，若发现有两个以上（包括两个）选区选民余数相等或选民总数相等或以上两个数值均相等，而增加一名选民，选区将有权增选一名议员，则应通过抽签决定哪一选区增加一名选民。

（八）在核证所有选区选民名册后，选举专员应尽快在公报上发布命令，依照第九十七条和本条规定以文告确认各选区应选议员数额。①

（九）本条中，"选民名册"是指现行有效、据以进行选举的选民名册。

第九十九条② ［比例代表制］

（一）在任何一届议员选举中，各选区应选议员数额由选举专员依照第九十八条第八款规定发布命令确定。

（二）选民在议员选举中，除了投票外，亦有权指明其优先选择的合法政党或独立团体提名的三名以下（包括三名）候选人。

（三）以独立候选人身份竞选的任何合法政党、个人组织（以下简称"独立团体"），在各选区参加议员选举时，得提交一份提名表。该提名表将列举与应选议员数额相等的候选人名单，最多增加三个。

（四）选民名册登记的选民仅得投一票，即使其登记于一个以上选区的选民名册。

（五）在各选区获得选票数最多的合法政党或独立团体得宣布其所提名的第一候选人当选。

（六）

1. 各选区选举时，获得选票数不足总选票数二十分之一③的合法政党或独立团体，其候选人即丧失参加该选区竞选的资格。

2. 丧失竞选资格的政党或独立团体所获选票数应从该选区总选票数中扣除，所得数额即下文所指的"相关选票数"。

（七）相关选票数除以该选区应选议员数减一所得商数为整数的，该整数即下文所指的"结果数"；若所得商数为整数带分数，则大于该数的第一个整数为下文所指的"结果数"。

（八）各合法政党和独立团体（本条第六款中丧失竞选资格的政党或团体除外）所获选票数，从获得选票数最多的政党或团体开始，然后除以结果数，由选举主席依照该政党或团体提名候选人的优先顺序宣布该政党或团体中当选为议员者（首先宣布第一候选人当选，其次宣布第二候选人当选，并以此类推）。候选人数（本条第五款中宣布当选的候选人除外）应等

于该政党或团体所获选票数除以结果数所得商数之整数。若所得商数存在剩余选票数，则在必要情况下应依照本条第九款规定处理。

（九）若依照本条第八款规定宣布当选议员后，尚有一名或数名议员未被宣布当选，该一名或数名议员当选结果的宣布应参照第八款中的剩余选票数，依照第八款规定宣布当选结果后各政党或团体的信誉。若有政党或团体获得选票数，但依照第八款规定该政党或团体无任何候选人当选，则应宣布该政党或团体提名的第一候选人或第二候选人当选，并以此类推，直到所有应选议员均被宣布当选。

（十）1. 若各合法政党或独立团体所获选票数均少于本条第七款所指的结果数，则获得选票数最多的政党或团体得使其提名的第一候选人（本条第五款中当选为议员的候选人除外）当选为议员；若尚有一名或数名议员未被宣布当选，则获得选票数次多的政党或团体得使其提名的第一候选人当选为议员，并以此类推，直至该选区的所有应选议员依据该款规定全部被宣布当选。

2. 上述选区依照本款第一项规定确定当选议员后，若尚有一名或数名议员未被宣布当选，则该议员的选举准用第一项规定。

（十一）依照本条第五款、第九款或第十款规定选举议员时，若发现有两个以上（包括两个）合法政党所获选票数相等或两个以上（包括两个）独立团体所获选票数相等或两个以上合法政党与独立团体所获选票数相等，而增加一个选票，该政党或团体将有权使其候选人当选为议员，则应通过抽签决定哪一政党或团体增加一个选票。

（十二）本条中的选票数应视为否决票以外的其他选票数。

（十三）1. 议员因辞职、开除或其他事由不再列入合法政党或独立团体的提名表（以下称为"相关提名表"），其当选议员时曾为该政党或团体提名人选，其席位自其不再是该政党或团体成员之日起一个月期满后空缺。

但是在议员因被开除不再列入合法政党或独立团体的提名表的情况下（在议员所属政党或团体将其开除的情况下），若该议员于上述一个月期限届满前向最高法院提起书面申诉，且最高法院据其申诉裁定该开除无效，则其席位不应空缺。该申诉应由最高法院的三名法官共同调查，并于受理该申诉之日起两个月内作出裁定。若最高法院裁定开除有效，则自裁定

---

① 第十四修正案、第十五修正案修改。

② 第十四修正案修改，原第九十九条废止。

③ 第十五修正案修改。

之日起该议席空缺。

2. 若议员席位依据第六十六条(该条第七款除外)规定或本款上述规定空缺,则相关合法政党或独立团体中的第一候选人应被宣布当选为议员,以填补该空缺。

(十四)①

第九十九A条② ［根据大选投票总数选举议员］

在议员大选宣布第九十八条所列的一百九十六名议员当选后,选举专员应立即同比例地与参加本次竞选的合法政党与独立团体之间分配剩余的二十九个席位。进行此类分配时,应参照适用第九十八条第四款、第五款、第六款和第七款规定。

参加竞选的各合法政党或独立团体应于本次选举所确定的提名期间内向选举专员提交具备当选为议员资格者的名单,上述政党或团体有权根据上款中的分配从该名单中提名填补议席的人员。选举专员应于提名期间届满前立即在公报以及一个僧伽罗语、泰米尔语和英语报纸上公布依照本条规定提交的名单。

若合法政党或独立团体根据上述分配获得一个议席,选举专员应以通知要求合法政党的秘书或独立团体的领导于收到该通知之日起一周内提名具备当选为议员资格者(其已列入本条中提交于选举专员的名单中或本次选举该政党或团体提交于任一选区的提名名单中)以填补上述议席,并宣布上述被提名者当选为议员。

选举专员应于发出上述通知前确定依照第九十八条规定属于某一团体、民族或其他组织的议员数是否与国家人口比例相当,并要求该合法政党的秘书或该独立团体的领导提名参选议员时尽力保证所有团体的代表与国家人口比例相当。

本条中,大选中所获选票数是指不包括无效票在内的实际选票数。③

第一百条 ［丧失参加议会会议或投票资格的处罚］

存在如下情形者:

1. 在选举时无当选为议员之资格但仍当选为议员并参加议会会议或投票者;

2. 其席位已经空缺或已丧失参加议会会议或投票资格而仍参加议会会议或投票者。

明知或应知其已丧失相应资格或其席位已经空

缺的(视具体情况而定),应由科伦坡地区法院总检察长提起诉讼并处以罚款,每参加会议或投票一日罚款五百卢比,作为其对共和国所负的债务。

第一百零一条 ［议会得规定选举事项］

(一)议会得以法律对如下事项作出规定:

1. 选民登记;

2. 任一选区居民在该选区进行选民登记的居住期限条件;

3. 作为选民登记年龄资格的年满十八周岁的认定条件;

4. 编制和修订选民名册;

5. 议员选举程序;

6. 与议员选举有关的犯罪行为及其处罚;

7. 议员选举无效的理由,以及选举无效时重新选举的办法;

8. 合法政党或独立团体的提名名单上所列候选人因当选或其他原因,或依照第一百五十七A条的规定合法政党或独立团体已被取缔④而全部排除时填补空缺的方式方法;

9. 争议选举的裁决方式,以及议员选举的其他必要事项或附带事项。

但是,法律不得对第八十九条和第九十一条有关无资格的规定加以增补。

(二)议会以法律对上述事项作出规定前,可参照适用经多次修改的1946年锡兰(议会选举)枢密院法令,但与本宪法相抵触的规定不予适用。

第一百零二条 ［行政官员或公营公司职员于选举期间不得行使职权］

若行政官员或公营公司职员成为参加竞选的候选人,则应视为其自被提名为候选人之日起开始休假,直至选举结束。该行政官员或公营公司职员于此期间不得行使其职权、履行其职责、执行其职务。

第十四A章⑤

选举委员会

第一百零三条 ［选举委员会］

(一)⑥应设立选举委员会(本章简称为"委员会"),其由总统根据宪法委员会推荐任命的三名委员

---

① 第十五修正案废止。

② 第十四修正案增加。

③ 第十五修正案增加。

④ 第六修正案修改。

⑤ 第十七修正案增加。

⑥ 第十八修正案修改。

组成,该三名委员应在各自行业或行政、教育领域成绩显著。总统应根据宪法委员会推荐任命其中的一名委员担任委员会主席。

(二)委员会的目标是保证选举与投票的自愿、公平。

(三)不得任命议员、省议会议员、地方当局成员、司法官员、行政官员、国家机关雇员担任委员会委员职责,即将就任以上职务的人员亦不得继续担任委员会委员一职。

(四)宪法与其他法律作出关于免除最高法院、上诉法院法官职务的规定应准用于免除委员会委员职务。

(五)委员会委员未获委员会休假批准而连续三次缺席委员会会议的,应视为自第三次会议之日起其职位空缺。

(六)委员会委员的任期为五年,自任命之日起算,但委员会委员出现本条第三款规定的无资格情形,或向总统提出亲笔辞呈而先期辞职,或依照本条第四款规定被予以免职,或法院判决其存在贿赂与腐败行为,或依照第八十一条规定通过该委员丧失公民资格的决议,或根据本条第五款规定视为该委员职位空缺的除外。

(七)总统有权批准委员会委员的休假申请,并得任命一适格人员在该委员休假期间担任委员会的临时委员。该任命应根据宪法委员会的推荐作出。

(八)委员会委员的工资由议会确定,由统一基金支出,并不得在其任职期间内予以削减。

(九)委员会委员应视为《刑法》第九章中的公务员。

第一百零四条 〔委员会会议〕

(一)委员会会议的法定人数为三人。

(二)1. 委员会主席主持委员会会议。委员会主席缺席时,由出席会议的委员选举其中的一名委员主持该次会议。

2. 未经大多数委员出席会议并经出席会议的大多数委员投票通过,委员会不得作出决定。赞成票数与反对票数相等时,主持会议的委员应投决定票。

(三)委员会不因任何委员职位空缺而无权实施相关行为,其相关行为或事项不应仅因委员职位空缺或委员任命方面存在瑕疵而无效或视为无效。

第一百零四 A 条 〔所作决定的终局性与诉讼豁免权〕

根据第一百二十六条第一款、第一百零四 H 条、第一百三十条规定的最高法院的管辖权,第一百四十

四条规定的上诉法院的管辖权,法律规定的法院审理、裁决选举诉讼、全民公决诉讼的管辖权,

1. 任何法院不得基于任何理由,以任何方式受理、审理、质疑委员会根据本宪法或有关选举或全民公决的法律作出的或以其名义作出的决定、指示、行为,该指示、决定与行为具有终局性与最后性。

2. 委员会委员或官员根据本宪法有关选举或全民公决的法律在履行职责或执行职务过程中所为的善意行为或意图为善意的行为,不被诉讼。

第一百零四 B 条 〔委员会的权力、职能、职责〕

(一)委员会应行使、执行、履行宪法或现行有关总统选举、议员选举、省议会议员选举、地方当局成员选举、全民公决的法律规定的涉及如下事项的权力:

1. 委员会;

2. 选举主任专员。

上述权力亦包括但不限于为选举、全民投票所实施的与制备、修改选民登记有关的权力、职能与职责。

(二)保障涉及选举与全民投票的法律的实施是委员会的职责。所有国家机关应承担实施该法律并与委员会共同保障该法律实施的职责。

(三)委员会应根据《议会议事规程》的规定就其行使权力、履行职责的情况对议会负责,并应于每一日历年度内向议会提交该年度工作报告。

(四)出现以下事由时,委员会得在选举期间以委员会主席或选举主任专员根据委员会要求亲笔书写的指示禁止使用国家或公营公司的动产与不动产:

(1)促进或妨碍候选人、政党、独立团体在有关选举中竞争;

(2)候选人、政党、独立团体在有关选举中竞争。

(四 A)①为避免争议,委员会作出选举命令或全民公决公告时,其所发布的指南应视具体情况满足如下条件:

1. 限于与选举或全民公决直接相关的事项;

2. 非与公共服务或宪法规定的公务员叙用委员会、司法人员叙用委员会职责范围内的事务直接相关的事项。

(五)②1. 委员会得在其认为为保证选举的自愿与公平所必需时就选举或全民投票的实施发布指示。该指示应视具体情况由委员会在其认为适当时交由广播、电视、报纸经营者或报纸印刷者发布。

2. 斯里兰卡广播、电视、报纸经营者或报纸印刷者应遵守第一项规定中向其发布的指示并采取必要措施。

---

① 第十八修正案增加。

② 第十八修正案修改。

第一百零四C条 ［委员会部署警察］

（一）举行选举的指令或要求举行全民投票的公告发布后，委员会即应向警察总长通告委员会组织选举或全民投票所需警察数量及设施。

（二）警察总长应提供本条第一款规定中的通告所列明的设施及警察。

（三）委员会得部署为保证选举或全民投票的自愿、公平而提供的警察与设施。

（四）选举期间，根据本条第二款规定提供的警察应对委员会负责并受其领导与指示。

（五）根据本条规定提供于委员会的警察根据委员会指示或委员会职责所为的善意行为，不被诉讼。

第一百零四D条 ［部署武装力量］

委员会得根据举行选举的指令或要求举行全民投票的公告，向总统提出部署共和国武装力量的相关建议，以防止发生危害选举或全民投票自愿性与公平性的行为或事件。

第一百零四E条 ［选举主任专员及委员会其他官员］

（一）应设选举主任专员一名，其由委员会根据宪法委员会的批准任命，并应具备委员会规定的条件。

（二）选举主任专员得出席委员会会议，但委员会讨论与其相关的事项时除外。选举主任专员无权在委员会会议上投票。

（三）委员会得任命具备委员会规定条件的人员担任委员会其他官员之职。

（四）选举主任专员及委员会其他官员的工资由委员会确定，由统一基金支付。

（五）选举主任专员应根据委员会的指示与命令，实施委员会的决定并监管委员会官员。

（六）委员会得转授其权力、职责、职能于选举主任专员或委员会其他官员。选举主任专员或委员会其他官员应根据委员会的指示与命令行使该权力、履行该职责、执行该职能。

（七）出现下列情形时，选举主任专员职位空缺：

1. 选举主任专员死亡；

2. 向委员会提交书面辞呈；

3. 年满六十周岁；

4. 因生理或心理事由被委员会免职；

5. 委员会根据议会递交的证明其行为不端或丧失能力的函件予以免职，该函件由议会依照第八款规定作出。

（八）

1. 本条第七款第五项规定中的函件应经议会全体议员（包括未出席议员）的过半数同意。未经三分之一以上全体议员签署详细列明所指控不当行为及无能力的决议通知书，议长不得接受相关决议或将其

列入议事日程表。

2. 议会应以法律或议事规则规定递交函件的相关事项，包括通过相关决议的程序与调查、证明所指控不当行为或无能力的程序、选举主任专员亲自或由其代理人参加相关会议及要求听证的权利。

第一百零四F条 ［地区负责选举的官员］

（一）委员会应以在公报上发布通知的形式任命指明其名称与职位的人员担任各选区选举官员，并得任命指明其名称与职位的人员协助选区选举官员履行职责。

（二）根据第一款任命的选举官员应根据委员会发布的指示履行职责，并应对委员会负责。

第一百零四G条 ［行政官员］

在选举或全民投票中执行职务、履行职责的行政官员应根据委员会发布的指示行事，并应对委员会负责。

第一百零四H条 ［最高法院发布令状的权力］

（一）本宪法第一百四十条规定的上诉法院有关委员会行使宪法或其他法律规定的权力的管辖权，应由最高法院行使。

（二）意图启动第一款规定中的管辖权的，应于委员会作出相关行为的一个月内提出申请。最高法院应于受理之日起的两个月内审理该申请并作出最终裁决。

第一百零四I条 ［解释］

本章中，"选举期间"是指自作出举行选举或公民投票的公告或通知之日起至宣布投票结果之日止。

第十五章　司法机关

第一百零五条 ［法院的设置］

（一）依照本宪法规定，维护、保障、捍卫人民权利的司法机关包括：

1. 斯里兰卡共和国最高法院；

2. 斯里兰卡共和国上诉法院；

3. 斯里兰卡共和国高等法院，以及其他初审法院、法庭或议会规定设立的机构。

（二）除最高法院外，根据现行成文法律为司法审判以及为裁决、调解劳资纠纷和其他纠纷而设立的所有法院、法庭和机构均应视为议会设立的法院、法庭和机构。议会得变更、撤销或修改上述法院、法庭和机构的权力、职责、管辖权及运行程序。

（三）斯里兰卡共和国最高法院及斯里兰卡共和国上诉法院均为上级案卷法院，并享有此类法院的一切权力，其中包括对发生在法庭内外的藐视该法院权威的行为处以该法院认为适当的罚款、监禁或二者并罚。上诉法院的权力应包括对发生在法庭内外的藐视本条第一款第三项所列的其他法院、法庭或机构权

威的罪行作出处罚。

但是,本条上述规定不得妨害或影响最高法院和上诉法院以外的其他法院、法庭或机构行使法律现在或将来授予的处罚藐视该法庭行为的权力。

(四)议会得以法律规定设立法院、法庭或机构负责裁决、调解有关教徒戒律的事项,教徒之间的争端,有关寺庙内宗教仪式或涉及寺庙的宗教仪式的争端。无论是否与本章或第十六章规定相抵触,此类法律仍得作出如下规定:

1. 任免、调任、纪律监督此类法院、法庭或机构人员权力由总统或此类法律规定的其他个人或组织行使;

2. 排除本条第一款规定中其他机构对该类事项和争端的管辖权。

本宪法生效后,本款中的"佛教徒"和"寺庙"的含义与《佛教财产条例》中的"佛教徒"、寺庙含义相同。

第一百零六条 ［公开审判］

(一)根据宪法规定设立或议会规定设立的各法院、法庭或其他机构应遵照宪法规定公开开庭审理案件,任何人得自愿旁听法庭审理。

(二)上述法院、法庭或其他机构的法官或审裁官认为必要时,得自行决定在如下情形中禁止与本诉讼无直接利害关系的人员旁听:

1. 有关家庭关系的诉讼;

2. 有关两性问题的诉讼;

3. 为了国家安全或公共安全;

4. 为了法院、法庭或其他机构管辖区域内的秩序和安全。

第一百零七条 ［任免最高法院和上诉法院法官］

(一)①首席大法官、上诉法院院长以及最高法院与上诉法院的其他法官,均应由共和国总统以其亲笔签发的委任状任命。

(二)上述法官只要品行良好即应担任该职,非由总统根据议会的要求发布免职命令不得予以免职。议会向总统提出该免职要求时应以证实的行为不端或无能力为由,并应获得议会全体议员(包括未出席议员)的过半数同意。

但是,向总统提出上述要求的决议,未经三分之一以上议会全体议员签字并详细列出所宣称的行为不端或无能力的资料,议长不得予以考虑,亦不得将其列入议会议事日程表。

(三)议会应通过法律或议事规则规定关于提出

上述要求的一切事项,包括通过此类决议的程序、调查核实所宣称的行为不端与无能力、有关法官亲自或委托他人出席会议或陈述意见的权利。

(四)任命担任或代理担任首席大法官、上诉法院院长、最高法院或上诉法院法官的任何个人,均应按附表四所规定的誓词或确认词在总统面前宣誓或确认后就任该职。

(五)最高法院法官和上诉法院法官的退休年龄分别为六十五周岁和六十三周岁。

第一百零八条 ［最高法院和上诉法院法官的工资］

(一)最高法院和上诉法院法官的工资由议会确定,由统一基金支出。

(二)最高法院和上诉法院法官所领取的工资及所享受的退休金于其任职后不得削减。

第一百零九条② ［代理］

(一)若首席大法官或上诉法院院长因病、离开斯里兰卡或其他原因暂时不能行使职权、履行职责、执行职务,则总统应视具体情形任命最高法院的另一位法官或上诉法院的另一位法官在此期间分别代行首席大法官的职责或上诉法院院长的职责。

(二)若最高法院或上诉法院法官因病、离开斯里兰卡或其他原因暂时不能行使职权、履行职责、执行职务,则总统应视具体情形任命他人在此期间代行最高法院法官或上诉法院法官的职责。

第一百一十条 ［法官的其他职责］

(一)最高法院或上诉法院法官得应共和国总统的要求履行成文法律所规定的其他适当职责。

(二)除非本宪法或成文法律授权或总统书面同意,最高法院或上诉法院的法官不得兼任其他职务(不论有无报酬)或担任盈利职位或有薪酬职位。

(三)非经总统书面同意,最高法院或上诉法院的常任法官不得作为执业律师在任何法院、法庭或机构出庭、辩护或实施律师业务。

第一百一十一条 ［任免及处分高等法院法官］

(一)③应设立斯里兰卡高等法院,其行使议会通过法律授予或规定的管辖权及其他权力。

(二)④高等法院法官应当:

1. 由总统根据司法人员叙用委员会的建议以其亲笔签署的委任状任命,该建议应经与检察总长磋商后作出;

2. 由总统根据司法人员叙用委员会的建议予以免职或给予纪律处分。

---

① 第十八修正案修改。

② 第十八修正案修改。

③ 第十一修正案修改,原第一款废止。

④ 第十七修正案修改。

（三）根据本条第二款规定，议会得通过法律对高等法院法官退休的相关事项作出规定。

（四）①高等法院法官得通过向总统提交亲笔辞呈的方式辞去职务。

第一百一十一A条② ［高等法院专员］

（一）③若主管司法事务的部长向总统提出如下异议：暂时增加行使审判权的法官数量以及暂时扩大高等法院在任一司法区域的权力是适宜的，则总统得根据司法人员叙用委员会的建议以委任状任命一名以上（包括一名）高等法院专员行使审判权，并将高等法院在该司法区域内的权力详细列举在任命该高等法院专员的委任状中。

（二）根据第一款规定任命的各高等法院专员的任职期间为其任命委任状中确定的期间，且总统得根据司法人员叙用委员会的建议予以免职或给予纪律处分。

（三）根据第一款规定任命的各高等法院专员在其任职期间得根据法律规定行使议会授予或赋予高等法院的管辖权及其他权力，并应享有高等法院法官所享有的一切权利、权力、特权及豁免权（有关任职期间的权利与特权除外）。此外，除非上下文中另有其他规定，本宪法及其他成文法律中的"高等法院法官"应视为包括"高等法院专员"。

第一百一十一B条④ ［整个岛屿的检察官］

应设立国家检察官一名，其负责监管全国范围内一审法院中的副检察官。

第一百一十一C条⑤ ［干涉法官构成犯罪］

（一）各法官、审裁官或法律授权行使司法权力、履行司法职责或本章规定职责或议会所制定法律中类似职责的官员或其他人员，行使上述权力、履行上述职责时不受任何他人的指示或干预。但是，上级法院、法庭、机构或法律授权的其他人员监督、指导上述人员履行上述职能除外。

（二）未经合法授权，任何人干预或试图干预本条第一款所列法官、审裁官、官员或其他人员行使司法权力、履行司法职责的行为均构成犯罪，应由高等法院以无陪审团参与的方式进行审判后判处一年以下有期徒刑或罚金或两项并罚。此外，亦可判处自判决

之日起于一定期限内（不得超过七年）丧失选民资格或丧失参加全民公决投票、共和国总统选举、议员选举、地方政府选举的资格或丧失担任公职及受聘为公务员的资格。

第十五A章⑥

司法人员叙用委员会

第一百一十一D条 ［司法人员叙用委员会的设置］

（一）⑦应设立司法人员叙用委员会（本章中简称为"委员会"），其由首席大法官及总统任命的最高法院其他两名法官组成。

（二）首席大法官为委员会主席。

第一百一十一E条 ［委员会会议］

（一）委员会会议的法定人数为两人。

（二）委员会委员的任期为三年，自任命之日起算，但委员会委员先期辞职，或根据下文规定被免除职务，或不再是最高法院法官的除外。但是其有权重新被任命为委员会委员。

（三）未经出席会议的大多数委员投票通过，委员会不得作出决定。赞成票数与反对票数相等时，会议主席应投决定票。

（四）委员会不因任何委员职位空缺而无权实施相关行为，其相关行为或事项不应仅因委员职位空缺或委员任命方面存在瑕疵而无效或视为无效。

（五）⑧总统有权批准委员会委员的休假申请，并得任命一适格人员在该委员休假期间担任委员会的临时委员。该任命应根据宪法委员会的推荐（意见）作出。

（六）⑨总统得根据宪法委员会意见中的指定原因，免除委员会委员的职务。

第一百一十一F条 ［委员会委员的津贴］

委员会委员的津贴由议会确定，由统一基金支出，并不得在其任职期间内予以削减。该津贴不得冲销委员会委员从其他实任职位中领取的薪金与津贴。

但是，在本条规定中的津贴确定之前，委员会委员应继续领取津贴，所领取的津贴数额为本章生效前

---

① 第十七修正案增加。

② 第七修正案增加。

③ 第十七修正案修改。

④ 第十七修正案增加。

⑤ 第十七修正案修改。

⑥ 第十七修正案增加。

⑦ 第十八修正案修改。

⑧ 第十八修正案修改。

⑨ 第十八修正案修改。

所领取的数额。

第一百一十一G条 ［委员会秘书］

应设立委员会秘书一名,其由委员会从一审法院的高级司法人员中任命。

第一百一十一H条 ［委员会的权力］

（一）司法人员叙用委员会享有如下权力:

1. 调任高等法院法官;

2. 任免、提升、调任、纪律监督司法官员及计划官员;

（二）委员会得作出如下行为:

1. 培训高等法院法官的规则,招募、培训、任命、提升、调任司法官员及计划官员的方案;

2. 为行使权力、履行职责、执行职务所必需或适当的事项作出的规定。

（三）委员会授权的委员会主席、最高法院法官、上诉法院法官得监督一审法院及其制作保存的审判记录、登记簿、其他文件,并得在必要时予以调查。

（四）委员会得以在公报上发布命令的形式授权委员会秘书调任计划官员,但涉及加薪的调任或上述情形中的代理人员任命除外,而且必须遵守授权命令中所规定的限制。

第一百一十一I条 ［司法官员及表列官员有权辞职］

司法官员或表列官员得通过向委员会主席提交亲笔辞呈的方式辞去职务。

第一百一十一J条 ［诉讼豁免权］

委员会主席、委员、秘书或官员在履行职责或执行职务过程中依法所为的善意行为,不被诉讼。

第一百一十一K条 ［干涉委员会构成犯罪］

（一）任何人,超越其职权范围,直接或间接、亲自或通过他人、以任何方式影响或试图影响委员会及其委员作出的决定或命令,均构成犯罪,应判处十万卢比以下的罚金或三年以下有期徒刑或两项并罚。

但是,为司法官职位、表列职位的申请者或候选人提供证明书或推荐信的除外。

（二）依据宪法第一百五十四P条设立的高等法院有权审判、裁决第一款规定的事项。

第一百一十一L条 ［解释］

1. 本章中,"任命"包括任命担任本章规定的任一职务。

"司法官员"是指一审法院、法庭、为司法或裁决劳资纠纷或其他纠纷设立的法庭或机构的法官、审裁官、其他人员,但不包括最高法院、上诉法院、高等法院的法官及行使仲裁职权的人员或其主要职责不是

司法的行政官员。

"计划官员"是指最高法院的司法常务官,上诉法院的司法常务官,高等法院或一审法院的司法常务官、副司法常务官、助理司法常务官,上诉法院、高等法院、一审法院的检察官、副检察官,最高法院、上诉法院、高等法院、一审法院注册处聘任的行政官员,包括附表五所列类别的官员或主管司法事务的部长制定、经议会批准并在公报上公布的命令中所列类别的官员。

2. 任何法院、法庭、机构不得受理、裁决认定某人是否为本宪法规定的司法官员的诉讼,委员会对该诉讼享有专属管辖权,其所作决定是终局的、最后的。

3. 第二项规定中的裁决作出之前,裁决所针对的个人所作出的行为或所进行的诉讼不应因该裁决而被视为无效。①

第十六章 上级法院

第一百一十八条 ［最高法院的一般管辖权］

斯里兰卡共和国最高法院为共和国审判案件的最高、终审法院。其应依照宪法规定行使以下权力:

1. 有关宪法争议的管辖权;

2. 基本权利保护的管辖权;

3. 最终上诉管辖权;

4. 咨询管辖权;

5. 选举申诉管辖权;

6. 关于侵犯议会特权的管辖权;

7. 议会以法律规定或授予的其他事项的管辖权。

第一百一十九条 ［最高法院的设置］

（一）最高法院由依照第一百零七条规定任命的首席大法官和六至十名法官组成。

（二）最高法院不因任何法官职位空缺而无权实施相关行为,其相关行为或事项不应仅因法官职位空缺或法官任命方面存在瑕疵而无效或视为无效。

第一百二十条 ［最高法院的宪法性管辖权］

最高法院享有裁决法案或其条款是否与宪法相抵触的唯一的专属管辖权。但是:

1. 对在全称标题中已写明是修改宪法条款或废止并取代宪法的法案,最高法院仅有权裁决该法案是否为第八十三条规定中需要全民公决投票方能通过的法案;

2. 若内阁证明在全称标题中已写明是修改宪法条款或废止并取代宪法的法案将以第八十三条规定

---

① 第十七修正案废止宪法第一百一十二条、第一百一十三条、第一百一十三A条、第一百一十四条、第一百一十五条、第一百一十七条,并将第一百一十六条列为第一百一十一C条。

的特别多数通过,并提交全民公决,则最高法院对该法院无管辖权或不行使管辖权;

3. 若内阁证明在法案全称标题中未写明是修改宪法条款或废止并取代宪法的条款将以第八十四条规定的特别多数通过,则最高法院仅有权裁决该法案是否为第八十三条规定中需要全民公决投票方能通过的法案或者是否需要符合第八十二条第一款与第二款的规定;

4. 若内阁证明在法案全称标题中未写明是修改宪法条款或废止并取代宪法的条款将以第八十四条规定的特别多数通过,则最高法院仅有权裁决该法案的其他条款是否需要以第八十四条规定的特别多数通过,或者该法案中的条款是否为第八十三条规定中需要全民公决投票方能通过的法案,或者是否需要符合第八十二条第一款与第二款的规定。

第一百二十一条 [有关法案的宪法性管辖权的行使]

(一)最高法院裁决上述问题的一般管辖权,由总统将书面建议送于首席大法官或由任一公民递交书面申请于最高法院后行使。该书面建议或申请应于法案列入议会议事日程表后一周内提出,并同时递交一份副本于议长。本款中,"公民"包括团体,法人团体或非法人团体均可,只要该团体四分之三以上的成员为公民。

(二)若最高法院已行使上述管辖权,则在最高法院作出裁决前或自该书面建议或该书面申请提出之日起三周内(以二者中在前的为准),议会不得审议该法案。

(三)最高法院应视具体情况于书面建议或书面申请提出之日起三周内作出裁决并将其裁决告知总统和议长。

第一百二十二条 [有关紧急法案的宪法性管辖权的行使]

(一)凡是内阁认为迫切关乎国家利益并需内阁秘书签署的法案:

1. 除本条第二款另有规定外,不得适用第七十八条第一款规定与第一百二十一条规定;

2. 总统应致书面建议于首席大法官,要求最高法院就该法案或其条款是否与宪法相抵触作出特别裁决,并应同时递交一份书面建议副本于议长;

3. 最高法院应于二十四小时内(或总统规定的三日时限内)召集全体会议作出裁决,并仅将其裁决告知总统与议长。

(二)第一百二十一条第二款规定准用于此类法案。

第一百二十三条 [最高法院裁决法案]

(一)最高法院的裁决应附有其裁决理由,并阐明

该法案或其条款是否同宪法相抵触;若有抵触并应指出同宪法的何条规定相抵触。

(二)若最高法院裁决某法案或其条款同宪法相抵触,则其应同时阐明:

1. 是否需要该法案符合第八十二条第一款与第二款规定;

2. 该法案或其条款是否需以第八十四条第二款规定的特别多数方能通过;

3. 该法案或其条款是否需以第八十四条第二款规定的特别多数通过并须依照第八十三条的规定全民公决同意,并得明确说明作何种修改才能使该法案或其条款不再同宪法相抵触;

(三)若最高法院质疑已按第一百二十二条规定签署的法案或其条款的合宪性,则应视为已裁决该法案或其条款违宪,且最高法院应遵守本条第一款与第二款的规定。

(四)凡被裁决为或视同被裁决为违宪的法案或其条款,非按最高法院在裁决书中所阐明的方式不得通过。

但是,上述法案经修改合宪而后通过则为合法。

第一百二十四条 [法案及立法程序的有效性不具有可诉性]

除第一百二十条、第一百二十一条、第一百二十二条另有规定外,为司法而设立的法院或法庭、其他机构、个人或团体,均不得以任何理由行使审查、调查法案合宪性或合立法程序性的权力或管辖权。

第一百二十五条 [有关宪法解释的宪法性管辖权]

(一)最高法院享有审理和裁决有关宪法解释争议的唯一、专属管辖权,因此在其他法院、法庭、法律授权执法或行使司法或准司法职权的机构的诉讼过程中,若出现此类争议,则应立即将其提交最高法院裁决。最高法院得指令在对上述争议作出裁决前,该诉讼程序暂停。

(二)最高法院应于上述争议提交后的两个月内作出裁决,并在案件需要时作出相应指令。

第一百二十六条 [基本权利诉讼及其行使方式]

(一)最高法院享有审理和裁决有关行政行为侵犯或即将侵犯第三章或第四章规定,或确认的基本权利或语言权利争议的唯一、专属管辖权。

(二)诉称其基本权利或语言权利受到或即将受到行政行为侵犯的任何个人得在提出该指控后的一个月内由他本人或其委托的律师依照现行法院规则向最高法院递交申请书,请求解除或赔偿上述侵害。该申请仅在得到最高法院许可后方能受理,最高法院视具体情况由两名以上法官作出授予或拒绝授予许可的决定。

(三)上诉法院在审理申请发布人身保护令、调卷

令、诉讼中止令、发还再审令、执行令、调查令的过程中,发现当事人一方侵犯或即将侵犯第三章或第四章规定权利的初步证据的,应立即将此案提交最高法院裁决。

(四)最高法院有权就本条第二款与第三款中的请求或提交给予其认为公平合理的救济或作出其认为公正合宜的指令,或者在其认为基本权利或语言权利未受侵害的情况下,将案件退回上诉法院。

(五)最高法院应在收到本条中的请求或提交后的两个月内予以审理并作出最终处理。

第一百二十七条 ［上诉管辖权］

(一)依照宪法,最高法院为斯里兰卡共和国国内行使民事、刑事上诉管辖权的终审法院,其有权纠正上诉法院、初审法院、法庭或其他机构的事实错误与法律错误。最高法院对一切案件的判决与裁定都是终局性的。

(二)最高法院在行使管辖权过程中,对依法向最高法院提出的有关上诉法院所作指令、裁定、判决的上诉享有唯一、专属管辖权,其有权确认、推翻或改变上述指令、裁定、判决,并得根据公正审判的需要发布指示或命令要求初审法院重审或复审,或根据公正利益需要要求提供并确认新证据或补充证据,并指令上诉法院或初审法院将该证据记录在案。

第一百二十八条 ［上诉权］

(一)若上诉法院主动或应诉讼的受侵害一方当事人的请求许可其向最高法院上诉,则对上诉法院在涉及重大法律问题的民、刑事诉讼中所作最终决定、裁定、判决的上诉,均应由最高法院受理。

(二)若上诉法院拒绝许可向最高法院上诉,或最高法院认为案件应由最高法院复审,则最高法院得自行决定特许对上诉法院所作的最终或非最终民、刑事诉讼决定、裁定、判决向最高法院提起上诉。

但是,最高法院对其认为具有公众价值或普遍重要性问题的诉讼,应准予上诉。

(三)对上诉法院的裁定或决定提起的诉讼,若在行使第一百三十九条、第一百四十条、第一百四十一条、第一百四十二条或第一百四十三条规定的管辖权时,总统、部长、副部长或行政官员(以公职身份)为上诉的一方当事人,则最高法院应在受理上诉之日起两个月内审理案件并作出裁决。

(四)议会通过其他法律明确规定的由最高法院直接受理的上诉,应以该法律所规定的方式审理。

第一百二十九条 ［咨询管辖权］

(一)若共和国总统认为已经出现或可能出现具有公众价值的法律或事实问题,需要征求最高法院对此问题的意见,则总统得将其指示最高法院审查,最高法院应在该指示规定的期限内或总统延展的期限内经其认为适当的审理后将其意见报告总统。

(二)若议长指示最高法院调查第三十条第二款第四项规定中的决议所包含的一项或数项指控并提出报告,则最高法院应依照第三十条第二款第四项规定调查该指控,并于收到指示后两个月内将其裁决报告议长。

(三)上述意见、裁决、报告应经最高法院至少五名法官审议后作出,首席法官应是其中的一名法官,但其有另外指示的除外。

(四)本条第一款规定中的程序应一律秘密进行,除非最高法院以特别理由作出其他指示。

第一百三十条 ［有关选举及公决诉讼的管辖权］

最高法院有权依照法律规定审理、裁决如下事项,并就如下事项作出相应指令:

1. 有关总统选举和全民公决有效性①的法律诉讼;

2. 对上诉法院就选举申诉案所作决定或裁定而提起的上诉。

但是,有关总统选举或全民公决有效性②的诉讼应由最高法院至少五名法官审理并裁决,首席法官应是其中的一名法官,但其有另外指示的除外。

第一百三十一条 ［有关侵犯议会特权的管辖权］

最高法院有权依照法律审理并处罚侵犯议会特权的人。

第一百三十二条 ［最高法院开庭］

(一)最高法院通常在科伦坡行使司法管辖权,但首席大法官有另外指示的除外。

(二)最高法院得同时由几名法官分别开庭对不同案件行使司法管辖权。

但是,依照本宪法规定,最高法院通常由至少三名法官组成法庭行使司法管辖权。

(三)首席大法官得在如下情形下指示由五名以上(包括五名)法官组成的法庭审理上诉、起诉或案件:

1. 由他主动提出;

2. 应两名以上(包括两名)审理案件的法官请求;

3. 若首席大法官认为有关争议具有公众价值和普遍重要性,亦可应上诉、起诉、案件一方当事人的申请。

(四)最高法院的判决不能达成一致决定时,以多

---

① 第十四修正案修改。
② 第十四修正案修改。

数法官的决定为准。

第一百三十三条 [任命特别法官]

（一）若最高法院法官法定人数不足以至无法开庭审理或继续审理案件，则首席大法官得在事先征得总统同意后书面要求上诉法院院长或上诉法院法官作为"特别法官"参加法院开庭，期限视需要而定。

（二）上述"特别法官"按规定时间和期限参加最高法院开庭应优先于其本职工作。在此期间，其享有最高法院法官的裁判权、权力与特权，并应履行最高法院法官的职责。

第一百三十四条 [在最高法院发表意见的权利]

（一）最高法院依照第一百二十条、第一百二十一条、第一百二十二条、第一百二十五条、第一百二十六条、第一百二十九条第一款与第一百三十一条规定行使裁判权的所有诉讼中均应通知检察长，且检察长有权发表意见。

（二）在最高法院行使裁判权的诉讼中，任何一方当事人均有权在审理过程中由其本人或其代理律师陈述意见。

（三）最高法院行使本章规定的裁判权时，得自行决定准许必要的其他个人或其法定代理人出庭陈述意见。

第一百三十五条 [最高法院登记处及司法常务官]

最高法院注册处由指定的最高法院司法常务官负责，其受首席大法官监督、指导、制约。

第一百三十六条 [最高法院规则]

（一）根据本宪法和法律规定，首席大法官得随时同其指定的三名最高法院法官制定最高法院的一般诉讼规则和一般程序规则，其中包括：

1. 审理上诉和与上诉有关的案件的程序规则，包括最高法院和上诉法院受理上诉的条件，以及因不符合规则而驳回上诉的规定。

2. 最高法院和上诉法院在行使宪法或法律赋予的管辖权时的诉讼规则，包括立案或受理案件或因不符合规则而驳回案件的时限；

3. 准予保释的规则；

4. 中止诉讼的规则；

5. 对法院认为无理取闹或故意拖延的通过申诉或其他途径提起的上诉或其他案件予以即决裁判的规则；

6. 向最高法院或上诉法院提起上诉或诉讼的案卷抄件的书写；

7. 律师的介入、聘请、中止和撤销及其行为准则

与礼仪规则；

8. 斯里兰卡境内法官、律师、法院官员及出席法庭人员的着装，由宪法或由议会或由现行法律确定；

9. 陪审员名单的编纂方式以及召集、选任陪审员与对陪审员的合法性表示反对的方式；

10. 上述法院检察官和其他行政官员的诉讼程序、执行方式；

11. 最高法院判决的约束力；

12. 法律未有明文规定的最高法院、上诉法院、高等法院与初审法院的诉讼手续与工作程序，包括发放经费的性质和范围、评定上述费用与文件加盖印章的方式。

（二）依照本条规定制定的规则应发表于公报上，并自公布之日或该规则规定之日起生效。

（三）依照本条规定制定的规则发表于公报后应尽快提交议会批准。未被批准的规则应视同自不批准之日起被撤销，但是在此之前依照该规则所实施的行为不受影响。

（四）首席大法官以及其所指定的三名最高法院法官得修改、更改或撤销上述规则，其生效方式与上款规定的制定法院规则的方式相同。

第一百三十七条 [上诉法院]

上诉法院由依照第一百零七条规定任命的上诉法院院长与六至十一名法官组成。

第一百三十八条 [上诉法院管辖权]

（一）上诉法院依照宪法或法律规定享有并行使上诉管辖权，有权纠正行使上诉管辖权或初审管辖权的高等法院或初审法院①、法庭、其他机构的事实错误或法律错误，并通过受理上诉、复审或恢复原状等方式对高等法院、初审法院②、法庭或其他机构有权审理的一切诉讼案件行使唯一、专属裁判权。

但是，任何法院的判决、裁定或决议均不得因其未对当事人的实质性权益造成损害或未导致误判的任何错误、瑕疵或不合规则而予以推翻或改判。

（二）上诉法院亦享有并行使议会通过法律授予或规定的权力及上诉与初审管辖权。

第一百三十九条 [上诉法院权力]

（一）上诉法院行使其管辖权时有权依法确认、推翻、纠正或修改初审法院、法庭或其他机构的决议、裁定或判决，有权对其发出指令，或指令它们按其认为的适当条件重新审理或继续审理。

（二）上诉法院得根据公正审判的需要，继续接受并确认涉及原审诉讼案件争议事项的新证据，作为对初审法院已经获得证据的补充。

---

① 第十三修正案修改。

② 第十三修正案修改。

世界各国宪法文本翻译与研究系列丛书◎世界各国宪法文本汇编(亚洲卷)

第一百四十条 ［发布人身保护令以外的其他令状的权力］

根据本宪法规定,上诉法院享有审查、调查初审法院、法庭或其他机构案卷的充分权力,并得依照法律规定发布或准予发布针对初审法院、法庭、其他机构的法官或其他个人的调卷令、诉讼中止令、发还再审令、执行令或调查令。

但是,议会得通过法律规定本条上述条款授予上诉法院对某类案件的管辖权应由最高法院行使。①

第一百四十一条 ［发布人身保护令状权］

上诉法院得发布或准予发布人身保护令,以使如下人员出庭受审:

1. 依法将要受到处罚的人;

2. 被非法或不恰当地予以公开或秘密拘禁的人,

然后依照法律规定将上述人员或释放,或还押候审,或作出其他处罚。

但是,上诉法院得要求传唤上述人员至最近的初审法院受审,并指令该法院法官调查所指控的监禁或拘留行为并提出报告,并就该人员的临时拘留作出该法院认为适当的决定;上诉法院收到报告后应依照法律规定命令释放、还押上述人员或对其作出其他处罚,初审法院应遵照并立即执行该命令。

但是,若法院依照法律规定行使的司法权涉及拘留或管制未成年人,上诉法院如认为由其处理该争端更为适当,则其得指引案件当事人向该法院提出申请。

第一百四十二条 ［传讯及移送在押犯的权力］

上诉法院得作出如下指令:

1. 关押于监狱、同军事法庭或共和国总统下属委员会授权的委员有牵连的犯人,由审判该委员的军事法庭审判或调查;

2. 将关押于某一监狱的犯人移送他处关押受审。

第一百四十三条 ［准予禁令权］

上诉法院有权准予并发布禁令,以防止在一方当事人向初审法院起诉请求发布该禁令之前发生可能无法弥补的损害。

但是,上诉法院发布禁令阻止任何法院诉讼的一方当事人上诉或向其提起上诉,或阻止任何法院诉讼的当事人坚持诉讼理由、坚持辩护或上诉,或阻止任何个人向法院提起诉讼均为非法,但若该人以同一事由在两个不同法院同时起诉,则上诉法院有权予以干预并限制其向其认为适当的一个法院起诉。

第一百四十四条 ［议会选举诉讼］

上诉法院享有并行使依照现有法律规定审理议员选举申诉案件的管辖权。

第一百四十五条 ［审查案卷］

上诉法院得主动或依申请调阅、审查、检查初审法院案卷,并得根据公正审判的需要对其中的某一案件行使改判权。

第一百四十六条 ［上诉法院开庭］

(一)上诉法院通常在科伦坡行使其管辖权。

但是,首席大法官在其认为适当时得随时指令上诉法院在指令所列明的任一司法区域或地区开庭并行使管辖权。

(二)上诉法院得同时由几名法官分别开庭对不同案件行使司法管辖权。但是:

1. 涉及如下事项的管辖权:

(1)高等法院开庭审判作出判决或裁定的管辖权,应由该法院的至少三名法官行使。

(2)高等法院作出其他判决或裁定的管辖权,应由该法院的至少两名法官行使。

2. 关于第一百四十四条规定的权力的管辖权应由上诉法院院长或其指定的该法院任何法官或其指定的一名或数名法官(该院长亦可为数名法官之一)共同行使。

3. 关于其他事项的管辖权应由该法院的一名法官行使,但上诉法院院长通过一般决议或特殊决议作出其他指令的除外。②

(三)若组成法庭的两名法官之间发生意见分歧,则在三名法官复审该案之前,法院不得作出决定。

(四)上诉法院的判决不能取得一致决定时,以多数法官的决定为准。

第一百四十七条 ［上诉法院注册处及司法常务官］

上诉法院注册处由指定的上诉法院司法常务官负责,其受上诉法院院长监督、指导、制约。

第十七章 财政

第一百四十八条 ［议会控制公共财政］

议会全面控制公共财政。任何地方政府或公共机关非经议会通过的法律或现行法律授权不得征税、收费或为其他征收。

第一百四十九条 ［统一基金］

(一)尚未依照法律规定其特定用途的共和国资金为统一基金,一切税收、进口税、收费、关税以及未被指定特定用途的共和国其他税收与收入一律归入

---

① 第一修正案增加。

② 第十一修正案修改,原第二款废止。

统一基金。

（二）国债利息、偿付基金支付、与统一基金的征集、保管有关的各项费用和支出，以及议会确定的其他开支，均应由统一基金支付。

第一百五十条 ［从统一基金中提款的金额］

（一）除本条第三款与第四款另有其他规定外，非经财政部长签署支款授权书不得从统一基金中提取任何款项。

（二）除经议会决议或法律授权本财政年度用于特定公共服务的资金在当年提款并由统一基金支付外，不得签发上述支款授权书。

（三）若总统在政府年度预算案通过并成为法律之前解散议会，除非议会已作出相关规定，总统得在新议会召集会议之日起三个月期限届满前授权由统一基金支出其认为为公共服务所必需的款项。

（四）若总统解散议会并确定总统选举的日期，除非议会已作出相关规定，则总统经与选举专员磋商后得授权由统一基金支出其认为为该选举所必需的款项。

第一百五十一条 ［应急基金］

（一）尽管第一百四十九条有其他规定，议会得通过法律设立应急基金，以应对无法预见的紧急支出。

（二）财政部长在其认为出现如下事项时，得在征得总统同意后授权制定应急基金预付办法：

1. 需要该支出；

2. 无有关该支出的规定。

（三）作出该项预付后，应尽快向议会提出补充预算，以弥补应急基金所预付的款项。

第一百五十二条 ［对于影响公共财政法案的特别规定］

凡涉及批准处置共和国统一基金或其他基金或从中拨付款项的法案或提案，或批准任何现行税收的征废与增减的法案或提案，非由部长提出并经内阁批准或授权批准，不得提交议会审议。

第一百五十三条 ［审计长］

（一）①应设审计长一人，其由总统任命。审计长只要品行良好即应常任。

（二）审计长的工资由议会确定，由统一基金支出，并且在其任期内不得予以削减。

（三）有下列情形之一的，审计长职位空缺：

1. 死亡；

2. 向总统提交书面辞呈；

3. 年满六十周岁；

4. 因病、身体虚弱或精神障碍而被总统免职；

5. 总统应议会要求予以免职。

（四）②审计长不能履行职务时，由总统任命一人代行审计长职务。

第一百五十四条 ［审计长的职责］

（一）③审计长应审计各政府部门、内阁部门、司法人员叙用委员会、公务员叙用委员会、省公务员叙用委员会、议会行政专员、议会秘书长、选举专员、地方政府、公营公司与企业或依据成文法律规定由政府所有的其他企业的账目。

（二）尽管本条第一款有其他规定，主管公营公司、企业或其他单位的部长得会同财政部长在经与审计长磋商后任命一名或数名合格的审计员审计上述公司、企业或其他单位的账目。部长作出上述任命后，审计长应书面通知受任命的审计员并告知上述审计员以其工作履行和执行审计长对该类公司、企业或其他单位的职责与职务，因此受任命的审计员应受审计长指导和制约。

（三）审计长亦应履行并执行议会通过法律规定的职责与职务。

（四）1. 审计长得为履行职责与执行职务聘请一名或数名合格的审计员在其指导和管理下工作。

2. 若审计长认为在审查与审计有关的技术性、专业性或科学性问题时有必要获得协助，则其有权聘请如下人员或机构参与工作：

（1）非正在接受审计的部门、机关或机构的职员；

（2）与上述部门、机关或机构的事务管理无任何利益关系的技术、专业或科学机构。

受聘人员或机构应在审计长的指导与制约下工作。

（五）

1. 审计长或其授权的任何个人在履行职责和执行职务过程中享有如下权力：

（1）查阅所有账簿、记录、财务报表和其他文件；

（2）检查仓库与其他不动产；

（3）索取为履行审计职责所必需的资料并要求作出相应解释。

2. 受命审计公营公司或企业或其他单位账目的每一个合格的审计员或其授权的任何个人亦应享有查阅该单位相关文件、索取该单位相关资料、要求该单位作出相关解释的权力。

（六）审计长应于每一财政年度结束后的十个月

---

① 第十八修正案修改。

② 第十八修正案修改。

③ 第十八修正案修改。

内,在其认为必要时向议会报告其依照宪法规定履行职责与执行职务的情况。

（七）根据本条第二款规定任命的每一合格审计员均应向其主管部长提交报告,并将报告副本提交审计长。

（八）本条中,"合格审计员"是指:

1. 斯里兰卡特许会计师协会会员或依照法律规定设立的其他协会会员,并持有上述协会理事会颁发的执业会计师证书;

2. 会计师事务所,其固有成员均为斯里兰卡特许会计师协会会员或依照法律规定设立的其他协会会员,并持有上述协会理事会颁发的执业会计师证书。

第十七 A 章①

第一百五十四 A 条 ［省议会的设置］

（一）根据本宪法规定,附表八所列各省应设省议会,其自总统在公报上所发布命令中指定的日期之日起生效。各省指定的日期不同。

（二）根据第一款规定设立的各省议会由该地方议会依照有关省议会选举的法律选举的议员组成。

（三）尽管本条上述条款有其他规定,议会得通过法律或根据法律规定二至三个毗邻省份组成一个行政单位,其有一个经选举产生的省议会、一位省长、一位首席部长以及一个部长委员会,并对决定上述省份继续作为一个行政单位管理抑或其中的每一省份构成一个独立的行政单位而拥有自己的省议会、省长、首席部长及部长委员会的方式作出规定。

第一百五十四 B 条 ［省长］

（一）各省应设省长一人,而省议会根据第一百五十四 A 条设立。

（二）省长由总统以其亲笔签署的委任状任命,且在总统高兴时即应依照第四条第二款规定任职。

（三）省长得函告总统辞职。

（四）

1. 若提交下述函件的议案已经三分之二以上省议会全体议员（包括未出席议员）表决通过,则省议会得依照第二项规定致函总统,建议其根据如下理由免除省长职务:

（1）故意违反宪法规定;

（2）犯有涉及滥用职权的贪污罪或其他罪行;

（3）犯有涉及道德败坏的受贿罪。

2. 有关提交于总统建议其根据第一项规定中的理由免除省长职务的函件的议案不得由省议会主席

提出或不得在该议会讨论,但该议案通知已经二分之一以上出席议会的全体议员签字的除外。

（五）除本款上述条款另有其他规定外,省长任期为五年,就其就任该职之日起算。

（六）被任命为省长的任何个人,均应依照附表四所列内容在总统面前宣誓或确认后就职。

（七）就任省长者不得担任本宪法规定或确认的其他公职,若其为议员,则应辞去其议席。省长不得担任其他营利性职位或工作。

（八）1. 省长得随时召集议会在其认为适当的时间与地点开会,但上届议会最后一次会议与下届议会第一次会议指定日期之间的两个月内不得介入。

2. 省长得随时宣布省议会休会。

3. 省长得解散省议会。

4. 若省长认为部长委员会需要省议会大多数议员的支持,则省长应根据首席部长的建议行使本款规定的职权。

（九）在不损害第三十四条规定的总统权力及遵照总统指示的前提下,省长得准予赦免违反该省省议会制定的法令者或违反议会制定的有关省议会有权制定法令与授予法院暂缓或免除处罚的法律者。

但是,若省长不同意部长委员会的建议,并认为为了公众利益有必要如此行为,则其得将该案件提交总统决定。

（十）1. 省长得致函省议会,并得要求议员出席会议。

2. 省长亦可就省议会正在审议的法令或其他事项致函于省议会,且函件发出后,省议会应适当考虑函件要求考虑的所有事项。

（十一）各省首席部长应履行如下职责:

1. 将部长委员会作出的涉及执行该省事务与立法提案的所有决定告知省长;

2. 将省长需要的涉及执行该省事务与立法提案的资料呈送省长;

3. 在省长的要求下,将部长已作出决定但未经部长委员会考虑的相关事项提交部长委员会考虑。

（十二）议会应通过法律或决议规定省长的工资、津贴、退休年龄及退休金。

第一百五十四 C 条 ［省长行使行政职权］

扩及有关省议会制定法令事项的行政权应由省长行使,而省议会则直接或通过部长委员会的部长或通过隶属于其的官员依照第一百五十四 F 条确定。

---

① 第十三修正案增加。

560

第一百五十四 D 条 ［省议会议员］

（一）省议会应由法律规定数量的议员组成，根据该省的面积和人口设立省议会。

（二）1. 省议会得于其议员任期开始时通过决议决定授权该选区议会议员在省议会所属的省范围内参加该省议会会议。

2. 若根据第一项规定通过的决议为有效，则该选区议会议员在省议会所属的省范围内得于该届议会任期内参加省议会会议或在该会议上发表意见，并得参加省议会任一委员会会议或在该会议上发表意见，在上述会议上其被称为委员，但仅对根据第一项规定所通过决议中规定的事项享有表决权。

3. 本款规定自第一届议会解散之日起失效。

第一百五十四 E 条 ［任期］

除非提前解散，省议会任期为五年，自该届议会于指定日期召开第一次会议之日起计算，并应于上述五年期限届满时解散议会。

第一百五十四 F 条 ［部长委员会］

（一）应设立部长委员会，其由首席部长领导另外四名（或少于四名）部长，其职责在于为省长履行其职责提供协助与建议。省长在履行其职责时应根据该建议实施相关行为，但宪法规定依其自行决定履行职责的除外。

（二）若对某一事项是否为宪法规定的省长依其自由裁量权实施相关行为的事项提出质疑，省长依其自行判断作出的决定应是终局的，且不得以其应或不应依其自行判断实施行为为由就省长所实施行为的有效性向任何法院起诉。与总统行使其裁量权相同。

（三）不得在任何法院对各部长提交省长的建议提起诉讼。

（四）省长应任命其认为最有可能获得该省省议会大多数议员支持的省议会议员为首席部长。

但是，若过半数省议会议员为某一政党成员，则省长应任命省议会中的该政党领袖为首席部长。

（五）省长应根据首席部长的建议，任命该省省议会议员担任其他部长。

（六）部长委员会应对省议会集体负责。

（七）被任命为首席部长或部长委员会成员者，应依照附表四的规定宣誓或确认后就职。

第一百五十四 G 条 ［省议会法规］

（一）各省议会应依照宪法规定就附表九列表一（以下简称"省议会列表"）所列事项制定适用于设立该议会的省的法令。

（二）修改或废止本章规定或附表九的法案不得成为法律，除非该法案已于发表于公报后、列入议会议事日程表前由总统提交各省议会，要求其于提交书所确定的期间内发表意见，并为如下行为之一：

1. 各省议会同意上述修改与废止，且该法案已经大多数出席议会会议并参与投票表决的议会议员通过；

2. 一个或多个省议会不同意上述修改与废止，但该法案已经第八十二条规定的特别多数表决通过。

（三）关于省议会列表所列事项的法案不得成为法律，该法案已于发表于公报后、列入议会议事日程表前由总统提交各省议会，要求其于提交书所确定的期间内发表意见，并为如下行为之一：

1. 各省议会同意上述修改与废止，且该法案已经大多数出席议会会议并参与投票表决的议会议员通过；

2. 一个或多个省议会不同意上述修改与废止，但该法案已经第八十二条规定的特别多数表决通过。

但是，若关于上述法案的提交书已经出席议会会议和参加议会表决的大多数议员通过，但部分而非所有省议会同意通过该法案，则该法案应成为法律，但仅适用于同意该法案的省议会所在省份。

（四）若一个或数个省议会要求议会通过决议制定有关省议会列表所列事项的法律，则议会得经出席议会会议和参加议会表决的大多数议员同意制定有关该类事项的法律，但该法律仅适用于该一个或数个省议会所在省份。

（五）1. 议会得在其认为适当的情形下，经与所有省议会磋商后制定有关附表九列表三（以下简称"并行列表"）所列事项的法律。

2. 各省议会得在其认为适当的情形下，经与议会磋商后依照宪法规定制定有关并行列表所列事项的法规，该法规仅适用于该省议会所在省份。

（六）若省议会制定的法规条款与依照本条上述规定制定的法律条款相抵触，则法律规定优于法规规定，与法律规定相抵触的法规规定无效。

（七）省议会不得制定有关附表九列表二（以下简称"保留列表"）所列事项的法规。

（八）若有关省议会列表所列事项的法律于本章生效之日起生效，且省议会所在省份随后就同一事项制定法规并在其全称标题所作表述与法律不一致，则该法律规定应自法规与其达成一致之日起生效，且在该法规生效之前法律应于该省境内中止实施或暂不生效。

（九）若有关并行列表所列事项的法律于本章生效之日起生效，且省议会所在省份随后就同一事项制定法规，而该法规与上述法律相抵触，则该法律规定应自法规与其达成一致之日起生效，且在该法规生效之前法律应于该省境内中止实施或暂不生效，但议会通过决议作出相反决定的除外。

（十）对本条规定的任何解释均不得减损宪法授

予议会依照宪法规定(包括本章规定)就斯里兰卡全境或其部分地区的任一事项制定法律的权力。

(十一)尽管本条第三款有其他规定,议会得依照与第三款规定不同的程序就省议会列表所列事项制定法律,以实施与其他一个或数个国家签订的国际条约、协定或公约或者国际会议、协会、其他机构所作决议。

第一百五十四 H 条 [同意]

(一)省议会制定的法规自该法规获得下文规定的同意后生效。

(二)省议会制定的法规应在标注后立即呈交省长同意,总统可同意该法规,亦可于该法规呈交其同意后尽快将该法规连同要求议会对该法规或其特定条款重作考虑的文件退回省议会,要求其考虑加入文件建议中所列修改的必要性。

(三)若省长依照第二款规定将法规退回省议会,则省议会应在参照省长文件的前提下对该法规重做考虑,并得采纳或不采纳其修改意见而通过该法规,而后将其呈交省长同意。

(四)法规依照第三款规定呈交总统后,省长可同意该法规,亦可于该法规再次获得通过后的一个月内经由总统将其提交最高法院裁决其是否违宪。若最高法院裁决该法规合宪,则省长应自其收到该裁决后同意该法规。若最高法院裁决该法规违宪,则省长应自其收到该裁决后拒绝同意该法规。

第一百五十四 I 条 [公共安全]

(一)根据《公共安全条例》或有关公共安全的现行法律,以必备物资或必需服务受到威胁或者斯里兰卡的安全受到战争或外部侵略或武装叛乱的威胁为由发布文告后,总统得指令省长以其行使行政权力的方式实施相应行为。该指令应与上述文告所列事由有关。

解释:根据《公共安全条例》,声称必备物资或必需服务受到威胁或者斯里兰卡或其部分地区的安全受到战争或外部侵略或武装叛乱威胁的文告应于总统认为危险迫在眉睫,物资或服务应于实际崩溃前或战争、外部侵略、武装叛乱实际发生前发布。

但是,若上述文告仅在斯里兰卡部分地区有效,则总统依照本条规定发布指令的权力应扩及该文告生效省份以外的其他省份,并应尽快保障必备物资和必需服务的供给或保证斯里兰卡的安全。

(二)根据《公共安全条例》或有关公共安全的现行法律发布的文告是终局性的,任何人不得向法院提起诉讼,且任何法院、法庭均不得调查、审查或以任何方式质疑该文告、发布该文告的事由、是否存在上述事由、依照本条规定发布的指令。

第一百五十四 J 条 [违反指令]

若省长、省议会不遵守或不实施依据本章规定发布于其的指令,则总统依照本宪法规定宣布该省管理

失灵为合法。

第一百五十四 K 条 [管理失灵]

(一)若总统收到省长报告或其他文件后认为根据宪法规定该省管理失灵,则总统得发布文告:

1. 由其履行管理该省的全部或部分职责,并行使该省省长、行政机构或其他机构的职权,但不得行使该省省议会的职权。

2. 宣布该省省议会的职权由议会行使。

3. 对总统认为为实现文告目标所必需或必要的事项作出附带规定或相应规定;但是,本款任一规定均不得授权总统行使法院的职权。

(二)上述文告得以新文告废止或修改。

(三)本条中的各文告(不包括撤销前文告的文告)应提交议会,并应于十四日期限届满之日终止实施,但议会于上述期限届满之前通过决议批准该文告的除外。

但是,若任一文告(不包括撤销前文告的文告)发布于议会解散之时,或议会于本款规定中的十四日期限内解散但在上述期限届满前未通过有关该文告的决议,则该文告应于自重组后的议会召开第一次会议之日起的十四日期限届满后终止实施,但议会于上述期限届满之前通过决议批准该文告的除外。

(四)获得批准的文告应自该文告发布之日起的两个月期限届满后终止实施,但文告被提前撤销的除外。

但是,若议会通过批准文告继续有效的决议,则该文告(不包括被撤销的文告)应自本款规定的终止实施之日起的两个月内继续有效,但该文告不得于一年后继续有效。

但是,若议会于上述两个月期限内解散且未于上述期限内通过该文告效力延期的决议,则该文告应于自重组后的议会召开第一次会议之日起的十四日期限届满后终止实施,但议会于上述期限届满之前通过决议批准该文告效力延期的除外。

(五)尽管本条有其他规定,总统得根据第一款规定在其认为出现该款所列事由时发布公告,并于该公告发布之日起的十四日内任命一名最高法院退休法官于六十日内调查上述事由并作出相关报告。受任命法官在调查过程中应享有《调查委员会法案》中受任命委员所享有的权力。收到法官报告后,总统得撤销根据第一款规定发布的文告。

(六)本条中的文告是终局性的,任何人不得向法院提起诉讼,且任何法院、法庭不得调查、审查或以任何方式质疑该文告或发布该文告的事由。

第一百五十四 L 条 [议会授予总统行使省议会的职权]

(一)若根据第一百五十四 L 条之第一款规定发

布的文告声明省议会的职权由议会行使,则其应满足如下条件:

1. 议会授予总统行使省议会制定法规的权力,以及授权总统在其认为适当的情况下将该权力委托其指定的机构行使;

2. 总统于议会闭会期间批准从该省省级基金中支出议会准许的资金。

(二)议会或总统或第一款第一项中的其他机构制定的法规应于第一百五十四 L 条之所发布文告效力延期期间继续实施,直至省议会修改或废止该法规。

第一百五十四 M 条　［财政危机］

(一)若总统认为斯里兰卡的经济稳定或信誉或者其部分领土受到威胁,则其得通过文告发布声明。

(二)根据第一款规定发布的文告:

1. 得通过新文告废止或修改;

2. 应提交议会;

3. 应于两个月期限届满后终止实施,但议会于期限届满前通过决议批准该文告的除外。

但是,若上述文告发布于议会解散之时或议会于第三项规定的两个月期限内解散且于上述期限届满前未通过有关该文告的决议,则该文告应于自重组后的议会召开第一次会议之日起的三十日期限届满后终止实施,但议会于上述期限届满之前通过决议批准该文告的除外。

(三)在第一款规定中的文告生效期间,总统得指令省长遵守指令中所列适当经济标准,并得在其认为必要时作出其他指令。

(四)尽管本宪法有其他规定,上述指令得包括如下条款:

1. 规定降低所有从事该省事务人员或其中某类人员的工资及津贴;规定降低全部或部分担任该省公职者的工资及津贴。

2. 所有规定省级基金收入和支出的法规在经省议会通过后应提交总统审查。

第一百五十四 N 条　［高等法院］

(一)各省应设高等法院,其自本章生效之日起运行。各该高等法院应被指定为相应省份的高等法院。

(二)首席大法官应从斯里兰卡高等法院法官中任命各高等法院所必需的法官人数。首席大法官得调动上述法官。

(三)各高等法院应:

1. 根据法律对该省犯罪行为行使斯里兰卡高等法院初审刑事管辖权;

2. 除第一百三十八条和法律另有规定外,对该省治安法院与初级法院所作定罪、判决、裁定行使上诉及改判管辖权;

3. 行使议会通过法律规定的其他管辖权与权力。

(四)各高等法院有权根据法律作出以下行为:

1. 对该省被非法羁押者发布人身保护令。

2. 对该省就省议会列表所列事项行使如下规范性文件所规定权力的人员发布调卷令、禁令、发还再审令、执行令及调查令:

(1)法律;

(2)该省省议会制定的法规。

(五)司法人员叙用委员会得将其检查、汇报该省初审法院工作情况的权力授权各高等法院行使。

(六)除本宪法或法律另有规定外,在法院行使第三款第二项或第三款第三项或第四款规定中的管辖权的过程中受到侵害的任何个人,得依照第一百三十八条规定上诉至上诉法院。

第一百五十四 O 条　［省议会的职权及选举］

议会应通过法律对如下事项作出规定:

1. 省议会议员的选举及任职资格;

2. 各省议会执行职务的程序;

3. 省议会议员的工资及津贴;

4. 实施本章规定的其他必要事项,及与本章规定有关的其他事项。

第一百五十四 P 条　［财政委员会］

(一)①应设立财政委员会,其由如下人员组成:

1. 斯里兰卡中央银行行长;

2. 财政部秘书;

3. 代表三大主要团体的其他三名由总统任命的成员,其中的每一成员均在金融、法律、管理、商业或学术领域取得重大成就或担任较高职位。

(二)委员会委员任期为三年,但委员死亡、辞职或被免职的除外。

(三)政府应根据委员会建议并经与委员会磋商后从年度预算中拨付该省所需要的充足资金。

(四)委员会应就如下事项向总统提出建议:

1. 政府应各省要求每年所给予的资金及在各省分配资金的原则;

2. 总统提交于该委员会的有关省财政的其他事项。

(五)委员会应制定实现国内各区域平衡发展的原则,因此应考虑如下事项:

1. 各省人口数;

---

① 第十八修正案修改。

2. 各省人均收入；

3. 逐渐缩小社会与经济差距的必要性；

4. 逐渐缩小各省人均收入与最高人均收入差距的必要性。

（六）委员会应制定其工作程序，并应在履行职责过程中享有议会通过法律授予的权力。

（七）总统应将财政委员会根据本条规定所提建议提交议会，并应通知议会采取相应措施。

（八）任何法院、法庭均不得调查、审查或以任何方式裁决有关资金适合性的争议、委员会所提建议或所作原则。

第一百五十四 Q 条 ［议会不行使本章规定权力的特别规定］

（一）省议会得通过决议决定对附表九省议会列表或并行列表所列事项不行使第一百五十四 G 条规定的权力。

（二）若省议会已根据第一款规定通过一项决议，且议会已通过决议接受该决议条款内容，则第一百五十四 G 条规定的省议会权力不得视为扩及该决议所列事项，并且议会得不依照第一百五十四 G 条的规定以法律规定上述事项，该法律仅适用于该省省议会所在省份。

第一百五十四 R 条 ［过渡性措施］

总统得根据本宪法规定在公报上发布命令采取措施或发出指令，该措施或指令在总统看来是为实施本章规定或进行必要的行政改革或解决难题所必需的。

第十八章 公共安全

第一百五十五条 ［公共安全］

（一）本宪法生效前修订并实施的《公共安全条例》应视同议会制定的法律。

（二）根据《公共安全条例》或有关公共安全的现行法律制定紧急状态条例的权力，包括制定具有最高法律效力、修改或中止执行法律条款（宪法条款除外）的条例的权力。

（三）若有关公共安全的法律条款授权总统制定具有最高法律效力、修改或中止执行法律条款的紧急状态条例，则该条款仅在根据上述法律发布实施该规定的文告后方能生效。

（三 A）本宪法的上述规定不得视为禁止根据《公共安全条例》或有关公共安全的现行法律就附表九所

列事项或具有最高法律效力、修改或中止执行省议会所作法规的事项制定紧急状态条例。

（四）发布上述文告后，应立即依照本条其他规定告知议会其发布该文告的理由，并因此：

1. 若该文告发布于议会解散之后，则已解散的议会应于该文告发布后的第十日复会，文告本身已规定更早的复会日期的除外，但复会日期不得定在发布文告后的三日内。议会按上述规定复会后，至该文告或其他文告期限届满或被撤销或者大选结束（以发生在先的为准），应立即解散。

2. 若发布文告时正值议会休会或闭会，且在十日内无法复会，则应发布文告要求议会于十日内复会。

（五）若有关公共安全的法律规定通过相应法律发布文告而生效，则该文告应自其发布之日起的一个月后生效（本条下文另有规定的除外），但并不妨碍在上述期限届满前或届满时提前撤销该文告或发布新文告。

（六）若本条第三款规定中有关公共安全的法律条款通过根据该法发布文告后而生效，则该文告应自上述法律条款生效之日起十日后失去效力，除非议会已通过决议批准该文告。但是，若出现如下情形之一：

1. 议会于发布公告之日解散；

2. 议会正处于本条第四款第二项规定中的休会或闭会期间；

3. 议会未依照本条第四款第一项与第二项规定复会，

则上述文告应自议会召开下次会议之日起十日后失去效力，除非议会在该次会议上通过决议批准该文告。

（七）若本条第六款规定中的文告自有关公共安全的法律条款生效之日起的十四日内被撤销，或者依照第六款规定文告期限届满，则于此后三十日内发布的文告应经议会通过决议予以批准后方能生效。

（八）[1]若议会未批准实施本条第三款规定中的条款的文告，则该文告应立即失效，并无任何法律效力，但根据该文告已经实施的合法行为不受影响。

（九）若所发布的文告因议会未能召开会议而无法通知议会并获得议会批准，则本条第六款或第七款规定[2]不影响该文告的效力或实施。

但是，在此情形下，议会应尽快召开会议。

---

① 第十修正案修改，将原来的第十款与第十一款改为第八款与第九款。

② 第十修正案修改。

第十八 A 章　国家警察委员会

第一百五十五 A 条　[国家警察委员会的设置]

（一）①应设立国家警察委员会(本章中称为"委员会")，其由总统任命的至少七名委员组成。总统应任命其中的一名委员担任委员会主席。

（二）不得任命议员、省议会议员、地方当局成员担任委员会委员职责，即将就任以上职务的人员亦不得继续担任委员会委员一职。

（三）被任命担任委员会委员之前为行政官员或司法官员者，自此任命生效之日起即终止其原职务，并且不得再次被任命担任行政官员或司法官员。

但是，停止担任委员会委员，或虽然继续担任该职，但已满足行政官员或司法官员的退休条件者，应视为在国家机关担任可享受退休待遇的行政官员或司法官员，并得按规定享受此类人员所享有的退休金、养老金或其他津贴。

（四）②委员会委员的任期为三年，自任命之日起算，但委员会委员出现本条第二款规定的无资格情形，或向总统提出亲笔辞呈而先期辞职，或由总统根据法院有关贿赂与腐败的判决免除其职务，或依照第八十一条规定通过该委员丧失公民资格的决议，或根据本条第六款规定视为该委员职位空缺的除外。

（五）委员会委员有权重新被任命为国家警察委员会委员，但是无权于其委员任期届满后被任命为行政官员或司法官员。委员会委员任期不得超过两届。

（六）委员会主席或委员未获委员会休假批准而连续三次缺席委员会会议的，应视为自第三次会议之日起其职位空缺，并不得重新被任命为委员会委员。

（七）委员会主席及委员的津贴由议会确定，由统一基金支付，并且不得在其任职期间内予以削减。

（八）委员会主席及委员应视为《刑法》第九章中的公务员。

第一百五十五 B 条　[委员会会议]

（一）委员会会议的法定人数为四人。

（二）委员会主席主持委员会会议。委员会主席缺席时，由出席会议的委员选举其中的一名委员主持该次会议。

（三）未经出席会议的大多数委员投票通过，委员会不得作出决定。赞成票数与反对票数相等时，主席或主持会议的委员应投决定票。

（四）委员会不因任何委员职位空缺而无权实施相关行为，其相关行为或事项不应仅因委员职位空缺或任命主席、委员方面存在瑕疵而无效或视为无效。

第一百五十五 C 条　[诉讼豁免权]

（一）根据第一百二十六条第一款规定的最高法院的管辖权，法院或法庭不得调查、审判或以任何方式质疑委员会、委员会小组为履行本章或其他法律规定的职权而作出的决定、命令。

第一百五十五 D 条　[委员会秘书]

应设立委员会秘书一名及其他公职人员数名，其由委员会依据其所确立的任期与条件予以任命。

第一百五十五 E 条　[费用与开支]

委员会的费用与开支由统一基金支付。

第一百五十五 F 条　[干涉委员会]

（一）任何人，超越其职权范围，直接或间接、亲自或通过他人、以任何方式影响或试图影响委员会、委员会委员或委员会小组委员作出的决定，均构成犯罪，应判处十万卢比以下的罚金或七年以下有期徒刑或两项并罚。

（二）依据宪法第一百五十四 P 条设立的高等法院有权审判、裁决本条第一款规定的事项。

第一百五十五 FA 条③　[委员会的权力]

委员会应受理、调查公众投诉及针对某一警察或警察机关而提起的投诉，并应根据议会法律规定提供相应救济。为此，委员会得以规则规定受理、调查公众投诉及受害者投诉的程序。

第一百五十五 FB 条④　[委员会制定规则]

委员会应随时就需要规定的事项以规则作出规定，并应将上述规则发布于公报上。

第一百五十五 G 条⑤　[警察总长的权力]

（一）1. 警察总长享有任免、调任、纪律监督警察的权力。

2. 警察总长行使本条规定的职权时，不得损害根据本宪法第十七 A 章设立的省警察委员会的权力与职能。

（二）⑥委员会应规定受理、调查公众投诉及针对某一警察或不服警察服务而提起的投诉的程序，并应

---

①　第十八修正案修改。
②　第十八修正案修改。
③　第十八修正案增加。
④　第十八修正案增加。
⑤　第十八修正案修改。
⑥　第十八修正案废止。

根据议会法律规定提供相应救济。

（三）警察总长应在其认为必要与适当时规定并裁决涉及警察的事项，包括制定招募、培训方案，提高警察服务效率及独立性，武器、弹药及为国家总区与省分区所必需的其他装备的类型与型号，行为准则，晋升及调动标准。

（四）警察总长应行使、履行本宪法附表九之列表一之附录一规定的权力与职责。

第一百五十五 H 条① ［委员会小组］

第一百五十五 J 条② ［警察总长转授权力］

（一）警察总长得依照其规定的相关条件及程序转授其任免、调任、纪律监督某类警察的权力于特定警察。

但是，警察总长得在必要时非经上述程序将其权力转授予特定警察。

（二）警察总长应将该授权及其所作出的有关程序与条件的规定发布于公报上。

第一百五十五 K 条③ ［申诉权］

（一）任何警察如对第一百五十五 H 条或第一百五十五 J 条规定中的警察总长、委员会小组、行政官员作出的晋升、调任、免职决定或涉及处分的其他决定不服，有权为解除上述不利决定向公务员叙用委员会申诉。申诉应根据委员会制定的有关受理、审讯、裁决申诉的程序规则、时限规定进行。

（二）警察总长有权依据上述申诉更改、改变、撤销、批准根据申诉作出的决定，或就上述申诉作出指示，或在其认为适当时要求进一步调查。

（三）警察总长应将依据本条第一款规定制定的规则发布于公报上。

第一百五十五 L 条④ ［申诉至公务员叙用委员会或起诉至行政诉讼法庭］

（一）任何警察如对警察总长作出的晋升、调任、免职决定或涉及处分的其他决定不服，有权为解除上述不利决定向公务员叙用委员会申诉。

（二）任何警察如对公务员叙用委员会的决定不服，有权起诉至行政诉讼法庭。

第一百五十五 M 条⑤ ［现行规则、条例的保留］

在依照本条规定作出相关的规则、条例、程序前，本条生效时正在施行的规则、条例、程序应视为继续有效。

第一百五十五 N 条 ［委员会对议会负责］

委员会应根据《议会议事规则》的规定就其行使权力、履行职责的情况对议会负责，并应于每一日历年度内向议会提交该年度工作报告。

第十九章　议会行政专员

第一百五十六条⑥ ［议会行政专员］

（一）议会应通过法律规定设立议会行政专员（监察专员），其负责根据和依照上述法律规定调查对行政官员、公营公司职员、地方政府及其他类似机构的官员侵犯基本权利行为及其他侵权行为的指控或投诉并作出相关报告。

（二）议会行政专员由总统任命，且只要品行良好即应常任。

（三）议会行政专员的工资由议会确定，并且在其任期内不得予以削减。

（四）有下列情形之一的，议会行政专员职位空缺：

1. 死亡；
2. 向总统提交书面辞呈；
3. 达到法律规定的年龄；
4. 因病、身体虚弱或精神障碍而被总统免职；
5. 总统应议会要求予以免职。

（五）议会行政专员不能履行其职务时，由总统任命一人代行其职务。

第二十章　一般规定

第一百五十七条 ［国际条约及协定］

若议会以其三分之二以上全体议员（包括未出席议员）投票同意通过决议批准为国家经济发展所必需的条约或协定，该条约或协定由斯里兰卡政府与外国政府签订。其目的在于促进与保护该外国在斯里兰卡境内的投资，保护其侨民、公司、企业及其他依据斯里兰卡法律设立的法人团体或非法人团体。上述条约或协定在斯里兰卡具有法律效力，除非为了国家安全，本国颁布或制定的任何成文法律、实施的任何行政行为均不得违反上述条约或协定。

第一百五十七 A 条⑦ ［不得破坏斯里兰卡领土完整］

（一）任何人不得直接或间接、在斯里兰卡国内或

---

① 第十八修正案废止。
② 第十八修正案修改。
③ 第十八修正案修改。
④ 第十八修正案修改。
⑤ 第十八修正案修改。
⑥ 第十八修正案修改。
⑦ 第六修正案增加。

国外支持、拥护、筹划、资助、怂恿或提倡在斯里兰卡境内成立独立国家。

（二）任何政党、其他团体或机构均不得将在斯里兰卡境内建立独立国家作为其目标或宗旨。

（三）实施违反第一款规定行为的任何个人，在根据控告并依照法律规定的程序审判后，由上诉法院作出如下判决：

1. 于一定期限内丧失公民资格，该期限由法院确定但不得超过七年；

2. 没收其动产与不动产，但法院判决确认的为维持该个人及其家庭生活所必需的财产不得予以没收；

3. 于一定期限内丧失公民权利，该期限由法院确定但不得超过七年；

4. 若其为议会议员或担任第一百六十五条第一款规定中的职位或工作，则应终止议员资格或停止担任上述职位或工作。

（四）若任何政党、其他团体或组织将在斯里兰卡境内建立独立国家作为其目标或宗旨，则任何个人均得申请最高法院作出如下声明：该政党、其他团体或组织将在斯里兰卡境内建立独立国家作为其目标或宗旨。该政党秘书或其他职员、其他团体或组织的职员应对上述申请作出回应。

（五）若最高法院根据第四款规定依申请作出有关任一政党、其他团体或组织的公告，则：

1. 剥夺该政党、其他团体或组织及其任一成员的权利，若其成员为议会议员则应撤销其议席，且该政党、其他团体或组织提交的任一提名名单应视为无效。

2. 在该政党、其他团体或组织担任职位者或其成员均构成犯罪，并由上诉法院在根据控告并依照法律规定的程序审判后作出如下判决：

（1）于一定期限内丧失公民资格，该期限由法院确定但不得超过七年；

（2）没收其动产与不动产，但法院决议确认的为维持该个人及其家庭生活所必需的财产不得予以没收；

（3）于一定期限内丧失公民权利，该期限由法院确定但不得超过七年；

（4）若其为议会议员或担任第一百六十五条第一款规定中的职位或工作，则应终止议员资格或停止担任上述职位或工作。

（六）针对所判刑罚或以所判刑罚为由针对判决提起上诉期间，不得停止或中止执行根据第三款或第

五款第二项规定所判刑罚。

（七）第三十二条、第五十三条、第六十一条、第一百零七条、第一百六十五条、第一百六十九条第十二款规定中的官员或个人或者根据上述规定需要宣誓或确认的官员或个人，在地方政府、开发理事会、区组织（Pradeshiya Mandalaya）、乡村黎明组织（Gramodaya Mandalaya）①、公营公司工作的成员或个人，以及律师应：

1. 若上述官员或个人于本条生效之日就职，则其应自本条生效之日起的一个月内依附表七所列格式在相关条款所规定的个人或团体面前宣誓或确认；

2. 若上述官员或个人于本条生效后被任命担任该职，则其应自任命之日起的一个月内依附表七所列格式在相关条款所规定的个人或团体面前宣誓或确认。

第一百六十五条与第一百六十九条第十二款规定应准用于本款规定中无须宣誓或确认的官员或个人。

（八）1. 于本条生效之日成为议员的任何个人在依附表七所列格式宣誓或确认前，不得享有参加议会会议与投票表决的权力。

2. 于本条生效之日或本条生效之后被选举或被提名为议员的任何个人，在依附表七所列格式宣誓或确认前，不得享有参加议会会议与投票表决的权力。

（九）无论是否有违反宪法的规定，都不得要求依附表七所列格式宣誓或确认的任何个人作出宪法规定以外的其他宣誓或确认。

（十）议会得通过决议确定第七款所规定的其他类别的官员或个人适用上述条款规定，并且上述条款规定应准用于并应涉及该类官员或个人。

（十一）上诉法院应依第一百四十六条第二款但书规定中的第四项所规定的方式行使其根据本条规定所享有的管辖权。

（十二）本条中，"公民权利"是指：

1. 取得护照的权利；

2. 参加统一考试的权利；

3. 拥有不动产的权力；

4. 从事成文法律规定或根据其规定需要许可证、注册证或其他授权的贸易或职业的权利。

第一百五十八条 ［授权］

根据本宪法规定有权将其权力、职责、职务授予他人的任何个人，在作出以上授予后，仍可行使上述职权、履行上述职责、执行上述职务，并得随时撤回该授予。

---

① Gramodaya 直译为"乡村（Grama）黎明（Udaya）"，Mandalaya 直译为"构造组织"（structured organization），二者合在一起直译为"乡村黎明组织"，是斯里兰卡政府为振兴乡村经济发展和行政管理而推行的乡村组织。——校者注

本条中，"个人"包括任何团体或其他机构。

第一百五十九条　［副议长代行议长职责］

议长不能执行其职务时，副议长得行使、履行、执行宪法规定授予议长的职权、职责及职务，但第三十一条第四款、第三十七条、第三十条第二款第二项、第三十九条第二项与第四十条规定的职权或职责除外。

第二十一章　过渡条款

第一百六十条　［第一任总统］

尽管同本宪法的其他规定相抵触，本宪法生效前担任总统职务者即为本宪法规定的第一任总统，并应视同已当选为共和国总统，而且其应根据第三十一条规定就职①，任期为六年，自 1978 年 2 月 4 日起算。

尽管与第三十二条规定相抵触，总统应视同已在本宪法生效时就职，并得行使、履行、执行宪法或其他法律授予或规定的职权、职责、职务。此后，总统应尽早依附表四所列内容在议会会议上宣誓或确认。

第一百六十一条　［第一届议会］

尽管同本宪法的其他规定相抵触：

1. 第一届议会由一百六十八名议员组成，除本条后文另有规定外，凡在本宪法生效之前担任原国民议会议员者均应视同当选为议会议员。

2.(1)若视同当选为第一届议会议员者，其原国民议会议员的当选根据现行法律被宣布为无效，但未确定其他正式当选为议员者，则该议员席位空缺。在此情形下，本宪法生效前该议员所在选区应依照本宪法生效前施行的有关国民议会选举的法律并根据本宪法生效前适用于该选区的选民名册举行选举。

(2)适用于对第一项规定的选举申诉的法律在本宪法生效后仍然有效，且任何此类选举被宣布为无效均可准用第一项规定。

(三)若视同当选为第一届议会议员者，其原国民议会议员的当选根据现行法律被宣布为无效或非法，但已确定其他正式当选为议员者，则此人应视同正式当选为第一届议会议员。

(四)(1)若本宪法生效前原国民议会议席存在空缺，或第一届议会议席存在空缺(不包括本条第二款规定中的空缺)，则应依照本款第三项规定的方式补足该空缺。

(2)②若在第一届议会任期内，议员因辞职、被开

除或其他事由不再是某合法政党成员(其于本宪法生效时或本宪法生效后加入该政党)，则该政党秘书应于此议员不再是该政党成员之日起的两周内书面告知议会秘书长上述事实及日期。秘书长应于收到该告知书后将其提交议长。

若某议员因被开除而不再是某合法政党成员，则其有权自被开除之日起的一个月内以申诉书申请最高法院裁决该开除无效。收到该申请后，最高法院司法常务官应立即书面通知议会秘书长。该申请应由最高法院三名以上法官在收到该申请后的两个月内审理并裁决开除是否有效。

议长以上述方式收到声称某议员不再是某合法政党成员的通知后应任命一特别委员会(该委员会由五名以上议会议员组成，且其中的一名议员应被任命担任该委员会主席)调查该议员因辞职、被开除或其他事由不再是该政党成员的事实及其原因并向议会提出报告。

但是，若某议员因被开除而不再是某合法政党成员，则自开除之日起的一个月限届满前不得依上述规定任命特别委员会。同时，若该议员已申请最高法院裁决此开除无效，则仅在法院裁决此开除有效的情况下方可任命特别委员会。

依上述方式任命的特别委员会的工作程序、权力、特权、豁免权应准用《议会(权力与特权)法》的规定，且各特别委员会为实现《议会(权力与特权)法》的目的应视同已经议会决议正式授权传唤相关人员、获取相关资料与文件。

在对特别委员会的报告作出考虑后，议会得作出以下决议：报告所涉及议员应终止担任议员，且该决议应经至少八十五名议员投票同意方可通过。议长应在通过的决议上签字并应以下列格式签署证明书：

"本决议已经宪法第一百一十六条第四款第二项规定的多数议员通过"。

上述议员的议席应自签署该证明书之日起空缺。

无论基于何种理由对该决议签署证明书，各该证明书均是终局性的，任何人不得向法院提起诉讼，且任何法院、法庭不得调查、审查或以任何方式质疑决议的有效性。

(3)若出现第一项或第二项规定中的议席空缺，则议会秘书长应立即将该情况通知选举专员。选举专员应要求该议员原属政党的秘书提名一名该政党成员以补足此空缺。该政党秘书依据本项规定所作提名应视情况附有被提名补足该空缺的个人依附表

---

① 第三修正案修改。

② 第二修正案修改，原第二项规定废止。

七所列格式所作的宣誓或确认。收到此提名及其所附的宣誓或确认后,选举专员①应宣布此人为空缺议席所属选区的议会议员。

但是,若该政党秘书未依照本条上述规定于被要求之日起的三十日内依上述方式提名一名该政党成员补缺,或者于本但书生效前要求某政党秘书依照上述规定提名一名该政党成员补缺但该秘书未在本但书生效之日起的三十日内提名该政党成员补缺,或者依照第一百五十七条第一款规定视同剥夺该政党资格,则选举专员应立即将此情况通知总统。总统应在收到此通知后的三十日内在公报上发布通知要求选举专员在空缺议席所属选区举行选举。选举专员应即依照1946年锡兰(议会选举)枢密院法令第一部分及第二部分至第四部分的规定在本宪法生效前所在选区举行选举,举行选举时亦应依照《选民登记法》(1980年第44号令)中"登记"部分的。1946年锡兰(议会选举)枢密院法令的上述部分应视为有效并应准用于该选举(宪法有其他规定的除外),尽管该枢密院法令已被废止。

适用于该选区选举申诉的法律应为依以上规定适用的枢密院法令的上述部分,且在选举被宣布为无效但未确定其他人员正式当选的情况下,补足空缺的选举应依照本但书规定举行。②

(4)③若被提名或被选举为补足第一项或第二项规定中空缺的议员(已依附表七所列格式宣誓或确认),直接或间接、在斯里兰卡国内或国外支持、拥护、筹划、资助、怂恿或提倡在斯里兰卡境内成立独立国家,则任何人得申请上诉法院宣布该议员曾直接或间接、在斯里兰卡国内或国外支持、拥护、筹划、资助、怂恿或提倡在斯里兰卡境内成立独立国家。

若上诉法院根据该申请作出以上公告,则该议员的席位应视为自公告之日起空缺,且该议员丧失参加议会会议与投票表决的资格,并自公告之日起七年内不得被提名或被选举为议员。因该公告而议会议席出现空缺的,应依第三项规定的方式补足。

上诉法院应依第一百四十六条第二款但书第四项规定的方式行使本项规定的管辖权。

(五)④除非提前解散,第一届议会应任职至1989年8月4日并应于该日解散,且应准用第七十条第五款第二项规定。

第一百六十二条 ［特定条款的适用］

(一)第九十八条(不包括第八款和第九款)与第九十九条规定应于第一届议会解散并举行大选后生效。

(二)若第一届议会解散时尚未依第九十七条规定公布选区,则第一届议会解散后举行第一次大选的选区及根据第九十六条第四款规定各选区应选议员名额均按附表六所列内容确定。同时,各选区选民名册的制备及批准亦应按附表六所列内容确定。除非议会作出其他规定,该选民名册应根据宪法生效前施行的选民名册制备。

第一百六十三条 ［最高法院及高等法院法官停止任职］

根据《司法法》(1973年第44号)设立的最高法院与高等法院的所有法官,在本宪法生效前任职的,应于本宪法生效时停止任职。

第一百六十四条 ［法官、行政官员及其他人员继续任职］

除第一百六十三条另有规定外,于本宪法生效前担任以下工作或职务的人员,应在本宪法生效后继续担任该工作或职务或任命其担任与该工作或职务待遇、条件相同的其他工作:

1. 在第一百零五条第二款所规定的视同议会设立的法院或法庭担任职务的人员;

2. 服务于共和国及在地方政府、公营公司工作的人员;

3. 在地方政府或公营公司担任职务的人员;

4. 根据现行成文法律担任所任命职位或工作的人员。

第一百六十五条 ［行政官员或其他人员宣誓或确认］

(一)本宪法规定就职前需要宣誓或确认的行政官员、司法官员及其他人员,以及依照现行法律需要正式宣誓的公职人员、在地方政府与公营公司工作的人员,均应依附表四所列内容宣誓或确认。本宪法生效后,凡未于总理在公报上发布命令所指定的日期或于该日期之前宣誓或确认的任一行政官员、司法官员、担任公职人员或其他人员,应终止工作或停止担任公职。

(二)若主管公共行政的部长认为本条第一款规定中的任一行政官员、司法官员、担任公职人员或其他人员因病或其他不可避免的事由未在其所指定的期限内宣誓或确认,则该部长得依其自行决定准予上述人员在指定日期之后作出该款中所规定的宣誓或

---

① 第六修正案修改。

② 第五修正案、第六修正案修改。

③ 第六修正案增加。

④ 第四修正案修改,原第五款废止。

确认。作出该宣誓或确认后，其应继续工作或担任公职，如同其已按照本条第一款规定在指定期限内宣誓或确认。

（三）总统得通过文告：

1. 排除任一类别的行政官员适用本条第一款规定；

2. 指定现行法律授权主持宣誓或确认仪式的人员以外的其他人员或其他某类人员主持该仪式。

第一百六十六条 ［共和国权力、特权、豁免权及权利］

除非议会作出其他规定，斯里兰卡共和国应继续拥有、行使本宪法生效前所拥有、行使或可行使的一切权力、特权、豁免权及权利。

第一百六十七条 ［共和国权利、义务、责任］

根据本宪法的规定，本宪法生效前属于斯里兰卡政府的一切权利、义务、责任亦应属于斯里兰卡共和国政府。

第一百六十八条 ［此前施行的法律、先前行为、犯罪及搁置的诉讼等］

（一）除非议会作出其他规定，本宪法生效前施行的一切法律（包括成文法律和不成文法律）加以必要变通或修改后继续有效，但本宪法另有规定的除外。

（二）除本宪法另有规定外，现行法律（包括成文法律和不成文法律）不是并不应以任何方式视为宪法规定。

（三）凡本宪法规定任何法律（包括成文法律、不成文法律、宪法条款）在议会作出其他规定前继续有效，议会为作出该另行规定而制定的法律得经出席并参与投票的多数议员通过。

（四）凡本宪法规定现行成文法律（包含附属立法）的任何规定在议会作出其他规定前继续有效，该规定不得以任何方式视为减损享有制定、修改、变更、废止、撤销附属立法的人员或机构的权力，及在议会作出其他规定前行使上述权力的权力。

（五）除非本宪法作出其他规定，本宪法生效前任何有效法律的实施或任何正当行为或损失或任何违法行为，或者根据本宪法生效前的有效法律所享有或承担的权利、自由、义务、刑罚，不因本宪法的实施受到任何形式的影响或不得视为受到影响。

（六）本宪法生效时搁置或尚未终结的一切诉讼与案件（包括通过或依照现行成文法律任命或设立的委员会审理的案件），应遵照本宪法规定并加以必要变通后视为继续，并得在宪法生效后继续审理并终结案件。

第一百六十九条 ［有关司法的规定］

除非议会作出其他规定：

（一）《司法法》（1973 年第 44 号）的任一规定违

宪的，应视为废止该规定。

（二）根据《司法法》（1973 年第 44 号）设立的最高法院自本宪法生效之日起即不存在，该法关于设立最高法院的条款亦相应废止。除非本宪法另有规定，现行成文法律中凡提到最高法院之处均应视为上诉法院。

（三）依据《司法法》（1973 年第 44 号）设立的最高法院于本宪法生效前所搁置的一切上诉案件（包括要求改判、陈述案情与恢复原状的案件），应移送至上诉法院，上诉法院应享有受理、审判和裁决上述案件的管辖权。且上述最高法院于本宪法生效前就该上诉案件所作判决与裁定应具有等同于上诉法院所作判决或裁定的效力。

（四）最高法院于本宪法生效前所搁置的申请发布重大特权令状与申请其他救济的一切原诉案件，以及根据《司法法》（1973 年第 44 号）设立的高等法院于本宪法生效前所搁置的申请发布禁令的案件，应移送至上诉法院，上诉法院应享有受理、审判和裁决或继续审理并终结上述案件的管辖权，且根据《司法法》（1973 年第 44 号）设立的最高法院于本宪法生效前就该原诉案件所作判决与裁定应具有等同于上诉法院所作判决或裁定的效力。

但是，上述最高法院搁置的关于指控违反议会特权的案件应移送至根据本宪法设立的最高法院。

（五）根据《司法法》（1973 年第 44 号）设立的最高法院所作的任何判决、裁定均不得向依据本宪法设立的最高法院提起上诉，该判决或裁定对诉讼双方当事人、申请双方当事人或作出上述裁决的其他案件的双方当事人（视具体情况而定）是终局性的。

但是，上诉法院及其所有官员应采取一切必要措施，包括开始考虑尚未考虑的裁决、征税、收取诉讼费用，以保证上述判决或裁定如同由依据本宪法规定设立的上诉法院作出一样获得充分、有效的遵守。

（六）根据《司法法》（1973 年第 44 号）第一章设立的数个高等法院应视为由议会设立的单一法院，其名称为斯里兰卡共和国高等法院，并在斯里兰卡共和国现行法律所规定的数个区域行使管辖权。相应的，根据本宪法及现行成文法律规定，该法律中有关最高法院的规定应在加以必要变通后适用于斯里兰卡共和国高等法院。

（七）根据《司法法》（1973 年第 44 号）设立的高等法院于本宪法生效前所搁置的一切刑事与海事案件、诉讼或事项（申请发布禁令的除外），应移送至上述斯里兰卡共和国高等法院，且该法院享有受理、审判、裁决或继续审理并终结该案件的管辖权。同时，上述高等法院于本宪法生效前所作判决与裁定应具有等同于斯里兰卡共和国高等法院所作判决与裁定的效力。

（八）上诉法院院长应在其认为适当时指定斯里兰卡共和国高等法院的法官在其确定的区域行使高等法院的管辖权，且《司法法》（1973 年第 44 号）第二章规定准用于审理或处理高等法院搁置或此后受理的其他诉讼。

（九）此后向斯里兰卡共和国高等法院提交的一切起诉书，均应以斯里兰卡共和国的名义并由检察长或《司法法》（1973 年第 44 号）第一百八十九条所授权的人员签署。

（十）根据《司法法》（1973 年第 44 号）设立的高等法院于本宪法生效前所搁置的有关国民议会议员选举的一切选举诉讼，应移送至上诉法院，且上诉法院享有受理、审判、裁决或继续审理、终结该案件的管辖权。同时，根据《司法法》（1973 年第 44 号）设立的最高法院以及上述高等法院于本宪法生效前就该选举诉讼所作判决与裁定应具有等同于根据本宪法设立的最高法院与上诉法院（视具体情况而定）所作判决与裁定的效力。上诉法院院长据此得指定本法院的一名法官审理并裁决宪法规定的上诉法院对其享有管辖权的选举诉讼。

（十一）获得准许并予以注册的律师或根据《司法法》（1973 年第 44 号）规定视同获得准许并予以注册的律师，应依照本宪法规定视为已获得根据本宪法规定设立的最高法院的准许并对其予以注册。

（十二）司法部长在公报上发布决议确定日期后，任何律师不得在任何法院、法庭或其他机构担任诉讼一方当事人的代理人并不得旁听，除非或直至该律师依附表四所列内容在最高法院、上诉法院、高等法院的法官或第一百一十四条规定的其他司法官员面前宣誓与确认，且该法官或司法官员应将上述签字的宣誓书或确认书递交最高法院司法常务官，该司法常务官应将上诉宣誓书或确认书存入本法院档案。存档的宣誓书或确认书是该律师已经宣誓或确认的唯一证据。

（十三）《司法法》（1973 年第 44 号）有关检察长、从事法律职业者、政府律师、政府法律顾问的规定，应视为全部有效。《司法法》（1973 年第 44 号）第三十三节至第三十六节以及与其有关的条例与规则中，凡提到最高法院之处应视为根据本宪法设立的高等法院。

（十四）若任何法院出现有关因本宪法生效引起而本宪法或成文法律未作规定的工作程序或诉讼手续的事项或争议，则首席大法官得在其认为必要时作

出指令以防止不公正，或者在案件要求得到公正处理的情况下发出指令，并保证本宪法第十五章与第十六章规定得以完全施行。

（十五）1. 凡《总统特别调查委员会法》（1978 年第 7 号）提到最高法院之处应视为根据本宪法设立的最高法院。

2. 若任何个人已被任命为依照《总统特别调查委员会法》（1978 年第 7 号）设立的总统特别调查委员会的委员，则尽管本宪法有其他规定，此人应继续担任该委员会委员并应视为第八十一条第一款规定中的法院法官，除非其辞职、拒绝任职、无法任职或由总统依照《总统特别委员会法》（1978 年第 7 号）的规定依据其履行职责的情况予以免职；

3. 设立总统特别调查委员会的令状中所指定的担任该委员会主席者，应依照本款第二项规定继续担任总统特别调查委员会主席。

（十六）1. 侵犯于本宪法生效前行使职权的国民议会的特权应视为侵犯议会的特权，且议会与最高法院应相应享有受理、处罚侵犯议会特权者的权力；

2. 若本宪法生效前，已依照《议会（权力与特权）法》的规定或授权就本宪法宣称的构成本款第一项中的侵犯议会特权的作为或不作为采取相应措施，则该措施应视为有效，并得将该法所宣称的侵犯议会特权的行为视同构成本宪法生效后侵犯议会特权的作为或不作为而对其采取《议会（权力与特权）法》规定或授权的其他措施。

第一百六十九 A 条[①] ［有关国王法律顾问及高级律师的规定］

（一）以下人员应自本条生效之日起改称为总统法律顾问，并应继续享有国王法律顾问迄今所享有的一切特权：

1. 于本宪法生效前被任命担任国王法律顾问的人员；

2. 总统于本宪法生效后任命的高级律师。

（二）根据第一百三十六条制定的有关任命高级律师的规则应视为自本条生效之日起予以废止。

（三）自本条生效之日起，凡成文法律提到"高级律师"之处均应视为包括总统法律顾问。

第二十二章 解释

第一百七十条[②] ［解释］

本宪法中：

"丧失公民资格"应自本宪法生效之日起具有与

---

① 第八修正案增加。

② 第十七修正案修改。

571

《总统特别调查委员会法》(1978年第7号)所作规定相同的含义。

"本宪法生效"是指根据第一百七十二条规定所作文告确定的日期。

"大选结束"是指各选区已根据第七十五条第五款规定所作文告确定的日期完成投票,且各该选区选举官员已宣布该选区所选议员当选的日期,或者宣布议会过半数席位由某一合法政党或独立团体获得的日期,以二者中发生较早的为准。

"现行法律"及"现行成文法律"分别是指本宪法生效前有效且根据本宪法继续有效的法律或成文法律。

"司法官员"是指第一百一十一M条规定以外的担任如下职务的人员:

1. 最高法院或上诉法院法官;

2. 高等法院法官,或者其他初审法院、为司法或裁决劳资纠纷或其他纠纷而设立的法庭或机构的审裁官、其他人员,但不包括行使仲裁职权的人员或其主要职责不是司法的行政官员。

任何法院、法庭、机构均不享有裁决某人是否为本宪法所指称的司法官员的管辖权,但上述争议应由司法人员叙用委员会裁决,此裁决是终局性的。

此人在该裁决作出前所实施的行为或所审理的案件不得因上述裁定而视为无效。

"法律"是指议会所制定的法案,以及本宪法生效前立法机构制定的法律,且包括枢密院法令。

"地方政府"是指市政委员会、市政局(Urban Council)、镇务委员会、村务委员会以及通过或根据法律设立的行使、履行、执行与上述委员会相应或相似职权、职责、职务的其他机构。

"公营公司"(public corporation)是指通过或根据成文法律(不包括《公司条例》)设立的公司、委员会(board)或其他机构,其全部或部分资金或资本由政府以拨款、贷款或其他方式提供。

"行政官员"(public officer)是指在共和国担任领取工资职位的人员,不包括司法官员及以下人员:

1. 总统;

2. 议长;

3. 部长;①

3A. 宪法委员会委员;

3B. 选举委员会委员;

3C. 国家警察委员会委员;

3D. 选举主任专员;

3E. 选举委员会任命的选举委员会官员;

4. 司法人员叙用委员会委员;

5. 公务员委员会委员;

6. 副部长;

7. 议员;

8. 议会秘书长;

9. 总统办公室工作人员;

10. 议会秘书长办公室工作人员。

"合法政党"是指1946年锡兰(议会选举)枢密院法令中视为合法政党的政党,但议会作出其他规定的除外。

"领水"包括领海以及斯里兰卡的历史性水域。

"成文法律"是指法律、附属立法、省议会制定的法规②以及法律规定或授权的其他机构或个人制定或发布的命令、文告、条例、法规、规章。

第二十三章 废止

第一百七十一条 [废止]

1972年5月22日通过并颁布的宪法由此废止。

第二十四章 宪法的公布

第一百七十二条 [宪法的公布]

(一)第一章至第二十三章规定自总统通过文告确定的日期之日起生效。

(二)议会应于上述总统通过文告确定的日期之日召开会议,且总统得在此文告中规定议会召开会议的具体时间。

愿天降及时雨,愿五谷丰登,愿人民富裕,愿国王行正义(Devo Vassatukalena sassa sampatti hetu ca, phito bhavatu loko ca, raja bhavatu dhammiko)。

愿悉地罗案睹(SIDDHIRASTU)

附表一 行政区域名称(第五条)

1. 科伦坡

2. 加姆珀哈

3. 卡卢特勒

4. 康提

5. 马特莱

6. 努沃勒埃利耶

7. 加勒

8. 马特勒

9. 汉班托特

10. 贾夫纳

---

① 第十七修正案修改

② 第十三修正案修改。

11. 基里诺奇①
12. 马纳尔
13. 瓦武尼亚
14. 穆莱蒂武
15. 拜蒂克洛
16. 安帕赖
17. 亭可马里
18. 库鲁内格勒
19. 普塔勒姆
20. 阿努拉德普勒
21. 波隆纳鲁沃
22. 巴杜勒
23. 莫讷勒格勒
24. 拉特纳普勒
25. 凯格勒

附表二　国旗（第六条）

附表三　国歌词曲及演奏说明（第七条）

附表四　（第三十二条、第五十三条、第六十一条、第一百零七条、第一百六十五条）

"我_____庄严宣告并确认或宣誓，我将忠实履行职责、诚信执行职务，遵守斯里兰卡民主社会主义共和国宪法与法律，并忠于斯里兰卡共和国，竭尽全力拥护和捍卫斯里兰卡民主社会主义共和国宪法"。

附表五　（第一百一十四条第六款）

书记员
副检察官②
译员
速记员
打字员
装订员

附表六　（第一百六十二条第二款）

科伦坡市与芒特拉维尼亚（Dehiwela-Mount Lavinia）（仅限于市）……1 人

---

① 第七修正案增加。
② 第十一修正案修改。
③ 第六修正案修改。
④ 第十三修正案增加。

科伦坡地区（不包括科伦坡市与芒特拉维尼亚）……2 人
卡卢特勒地区……2 人
康提地区……2 人
马特莱地区……1 人
努沃勒埃利耶地区……1 人
加勒地区……2 人
马特勒地区……1 人
汉班托特地区……1 人
贾夫纳地区……1 人
马纳尔和瓦武尼亚地区……3 人
拜蒂克洛地区……1 人
亭可马里地区……1 人
安帕赖地区……2 人
库鲁内格勒地区……3 人
普塔勒姆地区……1 人
阿努拉德普勒地区……3 人
波隆纳鲁沃地区……1 人
巴杜勒地区……3 人
莫讷勒格勒地区……1 人
凯格勒地区……2 人
拉特纳普勒地区……2 人

"地区"是指根据《行政区域法》（第 392 章）设立的行政区域，该法已于 1977 年 7 月 21 日规定了各行政区域的范围。

附表七③　（第一百五十七 A 条与第一百六十一条第四款第三项）

"我_____庄严宣告并确认或宣誓，我将拥护和捍卫斯里兰卡民主社会主义共和国宪法，绝不在斯里兰卡国内或国外直接或间接地支持、拥护、筹划、资助、怂恿或提倡在斯里兰卡境内成立独立国家"。

附表八④　省（第一百五十四 A 条）

西部省
西北省
乌沃省
萨伯勒格穆沃省
中央省
东部省
南部省
北中省

北部省

附表九

列表一　省议会列表

1. 警察与公共秩序。

省范围内的公共秩序与警察权力的运行应在附录一所列范围内,但是不包括国防、国家安全以及运用武装部队或其他武装力量,这些武装力量由斯里兰卡政府领导并以保护公民权利为目的,也不包括科伦坡市、斯里哈亚华登尼普拉市、科特市及其郊区,这些郊区的界限由总统在公报上发布命令具体列明。

2. 计划编制。实施省经济计划。

3. 教育及教育服务。教育应在附录三所列范围内。

4. 地方政府。

(1)为了地方治理及村务管理而设立的地方当局,其组成、形式及结构应由法律规定,但市政委员会、市政局和区理事会(Pradeshiya Sabhas)除外。

(2)监督依法设立的地方当局的运行,包括解散权(依据法律规定的准司法程序、法律救济及相关审计条款调查解散事由)。

(3)地方当局享有现行法律授予的一切权力,市政委员会及市政局享有《市政委员会条例》及《市政局条例》授予的一切权力,区理事会享有现行法律授予的一切权力。省议会得授予地方当局其他权力但不得削减其权力。

(4)乡村黎明组织(Gramodaya Mandalayas)享有现行法律授予的一切权力。省议会委员会得授予乡村黎明组织其他权力。

5. 省住房建设。

(1)实施、协调、指导、监督省住房发展计划与项目(国家住房发展当局项目除外),包括辅助自助住房计划、住房贷款、提供建筑材料。

(2)在省域范围内实施《租客保护法案》及《租金法案》。

(3)涉及本列表议题的建筑活动。

6. 省域范围内的道路、桥梁及渡口,但不包括以下事项:

(1)国道;

(2)位于国道的桥梁与渡口。

7. 社会服务与救助。

(1)感化(Probation)和儿童保健服务。

(2)贫困个人与家庭的救助。

(3)身心存在缺陷群体及社交存在障碍群体的福利与康复。

(4)残障人士与失业人员的救济。

8. 省域范围内道路旅客运输服务及机动车辆运输货物的监管与省级道路运输服务的供应。

9. 农业与农村服务。

(1)农业,包括省范围内的农业技术的推广、促销与教育(省际灌溉、土地解决方案、国有土地及种植园农业除外)。

(2)小型水利的修复与维护。

(3)农业研究,但指定为国家农业研究机构的除外。

10. 乡村发展。

11. 健康。

(1)设立并维护公立医院、乡村医院、产科医院、诊疗所(教学医院及为特定目的设立的医院除外)。

(2)公共卫生机构、健康教育、营养、家庭健康、妇幼保健、食品及食品卫生、环境卫生。

(3)制订并实施省健康发展计划、年度健康计划。

(4)为省域内上述1中所列机构提供便利,但药品采购除外。

(5)授予斯里兰卡境内上述1中所列机构人员研究生教育奖学金。

12. 本土医学:阿育吠陀(Ayurveda)、悉达(Siddha)及尤纳尼(Unani)。

(1)设立阿育吠陀诊疗所(Ayurvedic dispensaries)及医院并给予其补助。

13.(1)由地方当局维护休养场所。

(2)目前电路平房由政府部门管理,其职责限于本列表所列内容。

14. 典当。典当不包括银行经营的典当业务。

15. 销售市场、展览会。

16. 省域范围内的食品供给与分配。

17. 合作团体。

(1)省域范围内的合作事业及合作团体的组织、注册、监管、审计。

(2)省域范围内的合作发展,包括合作教育与宣传。

(3)省域合作雇员委员会。

(4)省域范围内的雇佣、晋升、退休事项,以及合作社中雇员的其他相关事项。

18. 土地。土地,即附录二所列范围内在土地之上或与其有关的权利,转移土地使用权、转让土地,土地利用、土地开拓及土地改良。

19. 灌溉。规划、设计、实施、监管、维护灌溉工程,但关于流经两个以上省份河流的灌溉方案、省际灌溉及土地发展规划除外。

20. 畜牧业。省域范围内牲畜的维护、保护及改进以及动物疫病的防控。

21. 根据有关发展与计划的国家政策的制定与实施,在不损害政府及公营公司权力的前提下,于省域范围内推进、创立、经营农业、工业、商业与贸易公司及其他创收项目（其包括在省域范围内促进科学与工业研究，筹备、协调、实施本省的产业发展计划）。

22. 少管所、青少年犯教养院、其他性质相似的机构及拘留于其中的人员，与其他省份商定该类机构的使用。

23. 酒类的占有、运输、购买与销售。

24. 葬礼及墓地、火葬及火葬地点，但根据或依据议会制定的法律为国家公墓的除外。

25.

(1)省议会管理或资助的图书馆、博物馆及其他类似机构。

(2)历史古迹、历史记录，但根据或依据议会制定的法律具有国家重要性的除外。

26. 在议会法律所准许的范围内，管理本省矿藏及矿物开发。

27. 合并、整顿、依司法程序清算省内公司，但贸易公司、银行、保险与金融公司除外。

28. 整顿非法人性质的贸易、文学、科学、宗教等社团及协会。

29.(1)剧院、戏剧表演、音乐、电影、娱乐活动、游戏设施，但经批准用于展览或公开演出的拍摄电影除外。

(2)鼓励和发展体育运动（国家体育运动协会除外）。

30. 投注与赌博，但特许税费的征收除外。

31. 省级债务。

32. 违反涉及本列表所列事项的法规的行为。

33. 涉及本列表所列事项的费用，但法院收取的费用除外。

34. 为下一代发展、保护、管理省内场地设施，并推广电能（水电及供给国家电网的电能除外）。

35. 在议会法律所准许的范围内贷款。

36.(1)根据议会法律所规定的免税额及限度征收的批发、零售销售额税。

(2)赌博税、比赛奖品税、彩票奖金税，但国家彩票或由斯里兰卡政府发行的彩票除外。

(3)牌照税(licence taxes)、亚力酒(arrack)、棕榈酒租金(toddy rents)、资源开发特许证费(tapping licence fees)、酒类特许证费(liquor licence fees)。

(4)根据议会法律所规定的免税额及限度征收的机动车辆许可证费。

(5)经销药品及其他化学药品的特许证税。

(6)转让财产如土地、汽车的印花税。

(7)通行税(Toll collections)。

(8)法院罚款。

(9)根据《医药条例》征收的费用。

(10)根据《机动车辆交通法令》征收的费用。

(11)涉及本列表所列事项的部门费用。

(12)《动植物保护条例》规定的费用。

(13)《土地开发条例》及《王国土地条例》规定的转让土地的费用。

(14)法院费用，包括法院所作文件的邮票费(stamp fees)。

(15)《度量衡条例》规定的管理费。

(16)土地收益，包括评估、征收收入，以及为维护土地记录所得收益。

(17)土地税与建筑税，包括议会法律准许范围内的国家财产。

(18)根据议会法律所规定的免税额及限度征收的矿产权税。

(19)占有、运输、购买、销售酒类的特许证费。

(20)为提高本省收入，在议会法律所准许范围内征收的其他省域税收收入。

37. 在议会法律所准许的范围内进行省域环境保护。

附录一 法律与命令

1. 授予权力应作如下说明：

本附录所列省域范围内公共秩序与警察权力的运行，不包括：

(1)国防；

(2)国家安全；

(3)运用武装部队或其他武装力量，这些武装力量由斯里兰卡政府领导并以保护公民权利为目的。

2. 全国警察总长(I. G. P.)[1]为斯里兰卡警察部队首长，斯里兰卡警察部队应分为：

(1)国家总区（包括特种部队）；

(2)各省省分区。

2a 国家总区包括全国警察总长、区检察长、高级特警、协警及在全国范围内招募的其他士兵。

2b 省分区包括从国家总区调派的省警察总长、高级特警、特警、协警、省警察助理官、首席检查员、检查专员、副检查员、中士，在该省招募的警察。省分区成员得晋升至国家总区。

3. 国家警察委员会招募国家总区人员或提升省分区警察至国家总区，其包括三名成员，分别为[2]：

(1)全国警察总长；

---

① 全国总警长，全称 Inspector General Of Police——译者注

② 第十七修正案修改。

（2）经与总统协商，公务员叙用委员会提名的人员；

（3）首席大法官提名的人员。

（ⅰ）国家警察委员会应于提升省分区警察至国家总区之前获得一份关于该警察的秘密报告，报告出自相关的省警察委员会，并在考虑该报告所列事项后作出是否准予晋升的决定。

（ⅱ）委员会还应负责提升、调动、纪律监督国家总区成员，但警察总长的提升、调动、纪律监督事项依下述第4条（1）的规定进行。

（ⅲ）省警察委员会对调到省分区的警官施以纪律处分时，应听取并查明其诉求。

（ⅳ）各区域应制定警官招募及晋升标准，各省分区的标准应当一致。

4. 省警察委员会招募省分区警察，其包括三名成员，分别为：

（1）省警察总长；

（2）经与总统协商，公务员叙用委员会提名的人员；

（3）省首席部长提名的人员。

省警察委员会负责提升、调动、纪律监督省分区警官，负责提升国家总区警官为省分区高级特警，并负责调动、纪律监督省分区警官，但省警察总长除外。

省警察委员会对调到省分区的国家总区警官施以纪律处分时，该警官得上诉至国家警察委员会，国家警察委员会所作决定为最终决定。

5. 国家警察委员会或省警察委员会得依规定将其职权授予规定的个人或当局。

6. 全国警察总长应经省首席部长同意后任命各省警察总长，若全国警察总长与首席部长不能达成一致意见，则应将该事项提交至国家警察委员会，总统经与该首席部长适当磋商后作出任命。①

7. 国家总区所有警察的级别应由斯里兰卡政府确定。省分区所有警察的级别应由省行政机关确定，其应经国家警察委员会批准，并考虑如下事项②：

（1）省面积；

（2）省人口；

（3）约定或规定的其他类似条件。

以上原则统一适用于各省区域。

（ⅰ）省分区警察应依人口、面积、警察局数量及其他相关考虑等原则确定。以上原则无差别地统一适用于各省分区。

（ⅱ）国家总区与省分区不同等级警官所享有的薪资与津贴由斯里兰卡政府经与省首席部长磋商后确定。各省分区警官所享有的薪资与津贴应当一致。

8. 国家总区所配备武器、弹药及其他装备的种类、型号、数量应由国家警察委员会确定。省分区所配备武器、弹药及其他装备的种类、型号、数量应由国家警察委员会经与省警察委员会磋商后确定，且各省分区应适用统一的标准与原则。

9. 国家总区所招募警察的衔级为警员③、高级督察④、协警。省分区所招募警察的衔级为警员、高级督察、省协警。

（1）国家警察委员会招募国家总区警察，以及省警察委员会招募省分区警察，应考虑为此事项规定的招募标准、其他条件。

新兵得列明其意欲服务的首选区域，并得在经其所选区域同意后被指派至该区域。

（2）⑤斯里兰卡政府负责培训各区域警察机关的新成员。国家警察委员会得在其认为必要时，为省分区成员提供其他培训。

10. 国家总区及各省分区成员应统一着装并佩戴军衔，但是各区域成员应佩戴不同肩章，以指明其所属区域。

各省应设一支统一的警察机关，其包括省分区成员及调到省分区的警官。国家总区成员通常应着便服，但其履行第12条（2）、（3）、（4）所列职责时应着制服。全国警察总长及明确指明的其他军官通常应着制服。

11. 供职于国家总区及省分区部队的所有警官应依照各省警察总长的指示行事。

（1）对于本附件所列的省警察权力的运行及省公共秩序的维护，省警察总长应对省首席部长负责并受其领导。

（2）上述第11条（1）中的规定应满足如下限定条件：

①宣布某省进入紧急状态后，总统得以规则行使该省首席部长及该省行政机关公共秩序方面的权力与职责；

---

① 第十七修正案修改。

② 第十七修正案修改。

③ 警员，全称 Police Constable。——译者注

④ 高级督察，全称 Senior Inspector of Police。——译者注

⑤ 第十七修正案修改。

②若总统认为省安全或公共秩序受到内部干扰的严重威胁,则总统得为恢复公共秩序依照《公共安全条例》的规定,在经与该省首席部长磋商后,以命令部署援助该省民间力量及国家总区部队,而无须宣布该省进入紧急状态。

但是,总统认为公共秩序已经恢复或自发布命令之日起已满三十日的(以二者中较早的为准),上述命令即应失效。

12.(1)省分区负责维护省域范围内的公共秩序,防止、侦查、调查犯罪行为(本附件所列的犯罪行为除外),并依照《刑事诉讼法》规定的诉讼制度在相关法院就上述犯罪行为行使检察总长的权力。

斯里兰卡国家总区的警察机关负责防止、侦查、调查本附件所列的犯罪行为,并依照《刑事诉讼法》规定的诉讼制度在相关法院就上述犯罪行为行使检察总长的权力。

(2)若省首席部长为维护该省公共秩序寻求国家总区的帮助,则全国警察总长应部署为实现该目的所必需的人员,并命令上述人员接受省警察总长的领导。

(3)宣布某省进入紧急状态后,全国警察总长得在其认为必要时,部署任何省份的国家总区部队恢复、维护该省公共秩序。

(4)通常由省分区调查的犯罪行为得在如下情形下,由刑事侦缉部门(the C. I. D)①或国家总区的其他部门调查:

①首席部长要求由刑事侦缉部门或国家总区其他部门调查;

②警察总长认为由刑事侦缉部门或国家总区其他部门调查某一犯罪行为为实现公共利益所必需,并在经与首席部长磋商、检察总长批准后指示该犯罪行为由刑事侦缉部门或国家总区其他部门调查。

13. 国家总区应于一定期限内履行省分区的职责,该期限为一年或直至该省省分区设立,以二者中较早的为准。

14. 国家总区或省分区的宪兵的僧伽罗语及泰米尔语应达到规定标准。协警及以上级别的军官的英语亦应达到规定标准。

斯里兰卡警察机关的新成员应精通其母语。首次晋升时,其应精通其母语之外的另一种语言。再次晋升时,其应熟悉第三种语言。为此,获得认可的三种语言为僧伽罗语、泰米尔语、英语。

附 件

国家警察调查的犯罪行为目录:

1. 对抗国家的犯罪行为。

2. 与陆海空三军有关的犯罪行为。

3. 与选举有关的犯罪行为。

4. 与纸币、硬币、政府邮票有关的犯罪行为。

5. 对抗总统的犯罪行为。

6. 对抗行政官员、司法人员、议长、总理、部长、司法人员叙用委员会委员、公务员叙用委员会委员、副部长、议员、议会秘书长、总统办公室人员、议会秘书长办公室成员的犯罪行为。

7. 侵害国家财产及由国家提供全部或部分资金的国营公司、企业、社团财产的犯罪行为。

8. 侵害国家安全或损害必要服务连续性的犯罪行为。

9. 法律规定的与保留列表所列事项有关的犯罪行为,但总统以命令在公报上发布的犯罪行为除外。

10. 两个以上省份的法院享有管辖权的犯罪行为。

11. 国际犯罪。

附录二 土地及土地拓展

国有土地应继续为共和国所有,并得依第三十三条第四款及成文法律的相关规定处置。

根据前述规定,依照以下特殊规定,土地由省议会讨论决定:

1. 国有土地。

(1)依照相关法律规定,政府利用国有土地。政府应就利用该土地的相关事项同议会商议。

(2)政府应根据省议会的要求尽可能利用省范围内的省议会国有土地,省议会应依照法律及相关条例规定管理、控制、利用上述国有土地。

(3)省域范围内的国有土地转让或赠与于其他公民或组织的,应由总统依照相关法律规定并根据省议会的意见进行。

2. 省际灌溉与土地开发项目。

(1)该项目包括灌溉及土地开发方案:

①在由国家划定的省的范围内,利用流经两个以上省份河流中的水源,但省议会仍得提出在其省域范围内利用该河流水源的灌溉及土地开发计划。

②省域范围内利用通过水改道从外省水系统获取的水源。

③枢纽区域在两个以上省份的方案,如马哈威利河(Mahaweli)开发项目。

(2)斯里兰卡政府负责这些项目。

(3)起因于这些项目中关于持有农业耕地及田产大小的原则与标准,应由斯里兰卡政府经与省议会磋

---

① 刑事侦缉部门,全称 Criminal Investigation Department。——译者注

商后确定。

（4）对被分配土地者的选择应由斯里兰卡政府确定，并应考虑定居者选择标准，该标准包括申请者的无土地程度、工资水平、家庭规模及农业背景。省议会享有原则的实际运用、被分配土地者的选择及其他相关的附带权力。

（5）根据民族的比例对上述的土地进行分配，在按上述比例进行分配时应当优先考虑流离失所者和该项目实施后该省的无土地者。

（6）若社区成员不愿或不能减损其从项目中获得的配给土地，则其有权在其他省际灌溉或土地开发方案中获得相等数量的配给土地。该未用配额应在规定时限内予以利用。

（7）应尽可能根据前述原则在类似项目中分配配给土地，以免对省人口模式造成显著影响，并应依照确保人居环境社区凝聚力的原则进行分配。

（8）斯里兰卡政府监管类似项目。

3. 国家土地委员会。

（1）斯里兰卡政府应设国家土地委员会，由其负责制定利用国有土地的国家政策。该委员会包括岛内所有省议会的代表。

（2）国家土地委员会设立技术秘书处，由其阐述评估涉及自然资源管理的自然及社会经济因素所要求的相关原则。

（3）有关土地利用的国家政策应以技术因素（而不是政治或社区因素）为基础，委员会应制定土地利用的一般标准，该标准应考虑土壤、气候、降雨量、土壤侵蚀、植被覆盖、环境因素、经济可行性等。

（4）省议会在行使移交权力的过程中应适当考虑国家土地委员会制定的国家政策。

附录三　教育

1. 公立学校设施的供给，但不包括指定学校（指定学校可能是国家学校、培训服务人员的特殊学校、用于特定发展方案的学校）。

2. 监督以下学校的运营情况：

（1）学前教育；

（2）上述指定学校以外的其他公立学校。

（为确保标准，教育部将行使监督、检查学校管理的权力。）

3. 教育人员如教师、校长、教育部门官员的调动与纪律监督。挂职于地方当局的国家公务人员（a National Service）有权上诉至公务员叙用委员会。省级公务人员得因不服免职决定而上诉至公务员叙用委员会。

4. 拥有教育学院或大学文凭与学位，被认为是承担教育服务的任职资格。

5. 进入教育服务系统的招聘应以公务员叙用委员会组织的考试为基础，组织招聘以录用充分人数为目的。在招聘考试的基础上同省当局一道主持面试与遴选。

6. 按照甲乙丙三个级别任命学校的校长（由教育部长制定分类的准则）。

7. 教育部部长秘书或公务员叙用委员会任命甲乙丙等学校的校长。

8. 国家教育研究所培训教师及其他教育人员。省当局应向国家教育研究所表明其需求。

9. 任命行使咨询职能的省教育委员会，其向教育部长负责。但是，该行为应经省当局首席部长同意。

10. 省当局应依据教育部制定的规范设立学校委员会。

11. 省当局监管学校委员会。

12. 省当局负责制订计划（教育发展计划及年度实施计划）。

13. 实施年度教育发展计划。

14. 评估校长、教师及教育官员的绩效。

15. 经国家教育研究所同意后实施在职培训项目。

16. 经考试主任专员批准后举行地方考试。

17. 实施非正式教育项目。

18. 学前教育的登记与监管。

19. 经国家教育研究所同意，对小学课程施以局部变化或设置中学课程的选修科目。

20. 建设并维护教学楼、图书馆、运动场。

21. 采购并分配教学用具、视觉教具、视听资料、必要装置及其他设备。

22. 采购并分配科学器材，但教育部指定的特定物品除外。

23. 经教育部同意后生产并销售教科书。

24. 依照国家图书馆服务委员会制定的指导方针组建及发展学校图书馆。

（以上内容以政党会议第一委员会的建议为基础。）

列表二　保留列表

有关议题与职责的国家政策

国防与国家安全：《国内安全法》及管理、防止、侦查犯罪，但列表一第一条所列犯罪除外。

其包括以下内容：

（1）捍卫斯里兰卡及其每一部分，包括防御准备、战时有利于执行的行为及战争结束后有效遣散的行为。

（2）陆、海、空军力量，斯里兰卡政府的其他武装力量。

（3）部署斯里兰卡政府的武装力量、斯里兰卡政府领导的其他力量或其援助民间力量的省域分队或部队；上述武装力量成员的权力、权限、特权及责任。

（4）驻扎营地的分界与地方自治，该区域宿营地当局的设置与权力以及住房规制（包括租金管制）。

（5）陆、海、空军工厂。

（6）武器、火器、弹药及爆炸物。

（7）生产武器所必需的原子能及矿产资源。

（8）议会法律规定的为国防及战争所必需的产业。

（9）刑事侦查局。

（10）因国防、外交事务、斯里兰卡安全事由而采取的预防性拘留及被拘留人员。

（11）省警察机关成员对本省以外区域所享有的权力与管辖权。但是，未经他省省议会同意，省警察机关不得对本省以外区域行使权力与管辖权；省警察机关成员对本省以外铁路区域所享有的权力与管辖权。

外交事务

其包括以下内容：

（1）外交事务：斯里兰卡政府与其他国家产生联系的一切事项；

（2）外交、领事及贸易代表；

（3）联合国组织；

（4）参加国际会议、加入国际组织或其他机构并在上述会议或组织、机构中作出相应决定；

（5）与他国缔结条约、协定、公约并执行该条约、协定、公约；

（6）战争与和平；

（7）其他外事管辖权。

邮电通信、广播、电视

其包括以下内容：

（1）邮件、电报、电话、无线电、广播及其他类似通信方式；

（2）用于展览的拍摄电影。

涉及法官和法院结构的司法

其包括以下内容：

（1）最高法院的设置、组织、管辖权、权力（包括藐视最高法院）及其收取的费用，有权起诉至最高法院、上诉法院及其他法院的人员。

（2）上诉法院的设置、组织、管辖权、权力及其收取的费用。

（3）最高法院及上诉法院以外的其他法院的管辖权与权力。

涉及国家收入、货币政策、外部投资与关税的财政

其包括以下内容：

（1）斯里兰卡政府公债；

（2）纸币、硬币、法定货币、外汇；

（3）外债；

（4）中央银行；

（5）国家储蓄银行；

（6）斯里兰卡政府或省议会发行的彩票；

（7）银行；

（8）汇票、支票、本票及其他票据；

（9）保险；

（10）证券交易与期货市场；

（11）审计斯里兰卡及各省政府账目；

（12）所得税、资本税、个人财产税、公司与企业税；

（13）关税，包括进口关税、出口关税、消费税；

（14）营业税、印花税，但列表一所列范围除外；

（15）列表一未明确列举的其他税、费。

对外贸易、省际贸易与商业

其包括以下内容：

（1）与他国进行的贸易与商业、跨越关境的进口与出口、关境边界；

（2）省际贸易与商业。

港口

其包括以下内容：

（1）议会法律及现行法律规定的主要港口及其分界，港口当局的设置与权力；

（2）港口检疫，包括相关医院、海员与海洋医院。

航空及航空港

其包括以下内容

航空公司、航空器、空中导航、机场设备、空中交通管制、机场管理、提供航空教育与培训并规制由省或其他机构提供的此类教育与培训。

国家运输

其包括以下内容：

（1）铁路；

（2）议会法律规定的为国家所有的公路；

（3）铁路、公路、海路、航空客运及货物运输。

河流与水道，船运与航运，由历史性水域、领海、专属经济区、大陆架、内海组成的海区，国有土地与滩涂（列表一第 18 条所列事项除外）

其包括以下内容：

（1）在公海或空中实施的海盗行为与犯罪，在陆上、公海或空中实施的违反国际法的行为。

（2）在议会法律规定的内河水域以机械推动的船只进行的船运与航运，内河水域的船运与航运，内河的航行规则。

（3）海上船运与航运，包括潮水区域的船运与航运；提供商船教育与培训并规制由省或其他机构提供的此类教育与培训。

（4）灯塔，包括灯塔船、信号灯及保证船舶及航空器安全的其他设备。

（5）管制与开发省际河流，议会为公共利益以法律规定斯里兰卡政府管理管制与开发省际河流所涉河谷。

（6）领海之外的捕鱼权。

（7）斯里兰卡政府的财产及其收益，但位于一省的财产，除非议会法律作出其他规定，应由省法规作出相应规定。

矿产与矿藏

其包括以下内容：

（1）规制与发展油田及矿物油资源、石油及石化产品、议会法律规定的其他易燃液体与物质；

（2）规制矿产与矿藏开发，议会为公共利益以法律规定斯里兰卡政府管理该类规制与开发行为。

入境、出境及公民资格

其包括以下内容：

（1）公民、归化、外国人；

（2）引渡；

（3）进入、迁出、驱逐出境、斯里兰卡护照与签证。

选举，包括总统选举、议会选举、省议会选举及地方当局选举

其包括以下内容：

议会选举、省议会选举、地方当局选举及总统选举；选举部门。

人口普查与统计

其包括以下内容：

（1）人口普查；

（2）调查、考察、统计本列表所列事项。

专业性职业与培训

其包括以下内容：

（1）议会法律规定的具有国家重要性的机构，如大学。

（2）议会法律规定的具有国家重要性的、在斯里兰卡政府起主要或部分作用的科学、技术教育机构。

（3）省机构的职责是：

①专业、职业或技术培训，包括培训警官；

②推广专题研究或调查；

③调查、侦查犯罪时予以科学支撑与技术援助；

④协调、确立高等教育或研究机构、科学技术机构的标准。

国家档案，议会法律规定的具有国家重要性的考古行为、古迹、文物

其包括以下内容：

议会法律规定的具有国家重要性的历史古迹及档案、考古遗址、考古遗物。

列表一及列表三未明确规定的议题与职责包括

以下内容：

（1）去斯里兰卡以外的地方朝拜；

（2）合并、整顿、清算贸易公司，包括银行、保险与金融公司，但不包括合作社；

（3）合并、整顿、清算跨省的贸易或非贸易公司，但不包括大学；

（4）专利、发明、外观设计，著作权，商标及商品标志；

（5）确立度量衡标准；

（6）确立出口食品及跨省流转食品的质量标准；

（7）议会为了公共利益以法律规定的由斯里兰卡政府管理的产业；

（8）规制矿工及矿山安全；

（9）斯里兰卡政府机构负责加工、供给、分配食盐，并由其他政府机构规制、管理食盐的加工、供给与分配；

（10）培植、加工、出口销售麻醉剂；

（11）涉及斯里兰卡政府雇员的劳资纠纷；

（12）议会法律规定的具有国家重要性且其全部或部分资金来源于斯里兰卡政府的博物馆、战争纪念馆等机构；

（13）勘测斯里兰卡，斯里兰卡地质、植物、动物和人类学的调查，气象组织；

（14）国家公务员，国家公务员叙用委员会；

（15）退休金，即由斯里兰卡政府或统一基金支付的退休金；

（16）议会议长、副议长及议员的薪水与津贴；

（17）议会及其议员、议会委员会的权力、特权与豁免权，强制相关人员向议会委员会或议会任命的委员会提交证据、出示文件；

（18）总统、省长休假期间的工资、津贴、特权及权利，斯里兰卡政府部长的薪水与津贴，审计长休假期间及其他服务条件下的薪水、津贴、权利；

（19）省际迁移、省际检疫；

（20）违反本列表相关法律的行为；

（21）涉及本列表事项的费用，但不包括法院收取的费用。

列表三　并行列表

1. 规划。

（1）制备、评估省级规划实施计划；

（2）进度控制；

（3）监测公共和私营部门投资方案的进展状况；

（4）评估从事经济活动的机构与企业的业绩；

（5）阐释计划目标成就的相关数据；

（6）发布有关计划目标成就的信息；

（7）公开实施方案；

（8）人力规划与就业数据库；

（9）营养计划与方案。

2 和 3 教育与教育服务。教育，不包括列表一第 3 条和第 4 条所列明的事项。

4. 高等教育。

（1）新大学的设立与维护。

（2）授权《大学（修正）法案》（1985 年第 7 号）中规定的机构以及其他从事高等教育、技术培训、继续教育的机构设立学位。

5. 国家住宅建设。推行整体规划，实现城市开发区域经济、社会及体育事业的发展。

6. 征收、征用财产。

7. 社会服务与康复。

（1）救济、帮助、安置流离失所者；

（2）缓解由洪水、干旱、瘟疫或其他特殊事由引起的痛苦，帮助、安置受灾人员；

（3）恢复、修复、重建村、镇、公共机构与财物、工业、交易场所、宗教场所及其他遭到破坏或损害的财物，给予遭受损失或伤害的机构人员以补偿或救济，重构民众生活。

8. 农业及农村服务。

（1）设立并开发涉农产业，建立并维护农场，监管私营养殖场；

（2）土壤保护；

（3）植物虫害。

9. 健康。

（1）培训辅助医疗人员的学校；

（2）监管私营医疗保健，监管省内的产科医院及诊断设施；

（3）控制人口和计划生育；

（4）设立省医学委员会。

10. 出生登记、婚姻登记及死亡登记。

11. 变更村庄或城镇的名称。

12. 省内发行的私人彩票。

13. 节庆与展览。

14. 食物配给与维护粮食储备。

15. 合作团体与合作银行。

16. 调查。省列表或并行列表所列举的事项。

17. 灌溉。

（1）蓄水与用水管理，排水系统与堤防，防洪，水

资源规划。

（2）为省际土地及灌溉计划以及涉及乡村发展、健康、教育、职业培训、合作团体等事项提供服务。

18. 社会林业，保护野生动物与鸟类。

19. 渔业。但在领海以外水域捕鱼的除外。

20. 畜牧业。

（1）牲畜的生产、加工、流通、销售及畜产品；

（2）兽医培训服务与研究工作，包括提供科学实验室与科学器材；

（3）动物育种与保健；

（4）建立牧场。

21. 就业。

（1）省级就业规划；

（2）涉及省的特殊就业项目；

（3）涉及省的青年人就业促进项目；

（4）与省有关的技术人才发展项目。

22. 旅游业。开发并监管省内旅游产业。

23. 贸易与商业，下列物品的生产、供给与销售：

（1）议会为了公共利益以法律规定由政府管理的产业所生产的产品，以及进口的同类产品；

（2）粮食及饲料。

24. 报纸、图书、期刊及印刷业。

25. 违反相关法规的行为。

26. 与本列表所列事项有关的费用，但法院收取的费用除外。

27. 慈善事业与慈善机构，慈善与宗教捐助，宗教机构。

28. 价格管制。

29. 调查、统计本列表或省议会列表所列事项。

30. 食品与其他物品的掺假。

31. 药物与毒物。

32. 在省内发展电气化、推广并规制电力的使用。

33. 环境保护。

34. 考古遗址及遗物，但议会法律规定具有国家重要性的除外。

35. 防止影响人类、动物或植物的传染病或害虫由一省蔓延至另一省。

36. 朝圣。

塔吉克斯坦共和国宪法[*]

(1994 年 11 月 6 日塔吉克斯坦共和国全民公决通过,
1999 年 9 月 26 日和 2003 年 6 月 22 日两次全民公决修改)

序　言

我们,塔吉克斯坦人民,是世界共同体不可分割的组成部分;意识到我们对于上一代人、当代人和下一代人肩负的责任和义务;确信必须保障国家的主权和发展;承认个人的权利和自由不可侵犯;肯定塔吉克斯坦各民族的平等权利和友谊;寻求建立一个公正的社会;谨通过和颁布本宪法。

第一章　宪法制度的基础

第一条
塔吉克斯坦共和国是一个主权的、民主的、法制的、世俗的、单一制的国家。

塔吉克斯坦是社会国家[①],为保障每一个人的适当的生活和自由发展创造条件。"塔吉克斯坦共和国"与"塔吉克斯坦"具有相同的含义。

第二条
塔吉克斯坦的国语是塔吉克语。

俄语是民族之间交往的语言。

居住在共和国领土上的各族人民均有权自由使用其本民族语言。

第三条
国旗、国徽和国歌是塔吉克斯坦共和国的国家象征。

第四条
塔吉克斯坦的首都是杜尚别市。

第五条
人、人的权利和自由具有最高价值。[②]

人的生命、荣誉、尊严和其他与生俱来的权利不可侵犯。国家承认、尊重和保护人与公民的权利和自由。

第六条
塔吉克斯坦人民是国家主权的体现者和国家权力的唯一来源,他们直接或通过他们的代表行使国家权力。

全民公决和选举是人民主权的最直接的体现。

凡塔吉克斯坦人民,不论民族,均是塔吉克斯坦公民。

任何社会组织、政党、团体或个人均无权篡夺国家权力。

禁止篡夺政权或窃取权力。[③]

以塔吉克斯坦全体人民的名义行使权力属于总统、塔吉克斯坦共和国马吉利西·奥利的马吉利西·米利和马吉利西·哈莫扬达贡的两院联席会议。[④]

第七条
塔吉克斯坦的领土不可分割和不可侵犯。

塔吉克斯坦由戈尔诺—巴达赫尚自治州、州、市、区、镇、村组成。

国家保障塔吉克斯坦的主权、独立和领土完整。禁止旨在分裂国家的煽动和行动。

行政区域的建置和变更程序由宪法性法律规定。

第八条
塔吉克斯坦公共生活的发展以政治和意识形态的多样性为基础。

---

[*] 根据塔吉克斯坦共和国外交部提供的官方英文版译出。译者:苏桔海、俞俊峰。朱福惠根据塔吉克斯坦政府官方网站(http://www.prezident.tj/rus/)发布的俄文版进行最后校订,凡英文版有异议的,以俄文版为准。

① 在此处译为"社会国",两个英文版本的不同表述分别是"social state"、"social oriented state",其意指国家应承担社会职能,而不是放任的自由主义国家。

② 该款为 2003 年修宪时新增条款。

③ 该款为 2003 年修改,原规定是:篡夺权力是最严重的犯罪行为。

④ 该款为 1999 年修改,1999 年塔吉克斯坦共和国议会改一院制为两院制。塔吉克斯坦的议会称"马吉利西·奥利",它由"马吉利西·米利"和"马吉利西·哈莫扬达贡"两院组成,马吉利西·米利相当于国民大会,马吉利西·哈莫扬达贡相当于众议院。1994 年宪法的规定是:只有总统和最高议会有权以塔吉克斯坦全体人民的名义行使权力。

任何政党、社会和宗教组织、运动或者其他团体的意识形态都不应被确定为国家的意识形态。

社会团体和政党应在宪法和法律范围内创建和活动。

宗教组织应与国家分离，不得干预国家事务。

禁止宣扬种族、民族、社会和宗教仇视或者号召以暴力推翻国家宪法制度的社会团体、政党和武装组织的创建和活动。

第九条

国家权力的运行以立法权、行政权和司法权的分立为原则。

第十条

塔吉克斯坦宪法具有最高的法律效力，宪法规范具有直接效力。同宪法相抵触的法律和其他法规没有法律效力。

国家、国家机构、公职人员、公民和社会团体有遵守和执行共和国宪法和法律的义务。

塔吉克斯坦承认的国际法律文件是共和国法律体系的组成部分。共和国的法律与所承认的国际法律文件不一致的，适用国际法律文件的规定。

法律以及塔吉克斯坦批准的国际法律文件须经正式公布才能生效。

第十一条

塔吉克斯坦奉行和平友好的政策，尊重其他国家的主权和独立，根据国际关系准则制定对外政策。

禁止煽动战争。

塔吉克斯坦按照人民利益至高无上的原则，参加或者退出友好协会以及其他国际组织，同外国建立外交关系。

国家应与国外同胞开展合作。

第十二条

塔吉克斯坦的经济基础是各种所有制形式。国家保障经济活动和企业经营活动的自由，为包括私人所有制在内的各种形式的所有制提供平等法律保护。

第十三条

土地、地下资源、水、领空、自然界的动植物以及其他自然资源属于国家所有，国家为了人民的利益而保障它们有效利用。

第二章 人和公民的权利、自由和基本义务

第十四条

人和公民的权利和自由受共和国的宪法、法律以及塔吉克斯坦承认的国际法律文件的调整和保护。

人和公民的权利和自由具有直接拘束力，它们决定法律的目的、内容和适用，决定立法机关、执行机关、地方政府、地方自治组织的活动，并受司法机关的保障。①

只有为了保护其他公民的权利和自由、公共秩序和宪法制度以及领土完整的目的，才允许对公民的权利和自由进行限制。

第十五条

在宪法通过之日为塔吉克斯坦共和国公民的人，被认为是塔吉克斯坦的公民。

禁止拥有塔吉克斯坦国籍的人同时具有其他国家的国籍，但塔吉克斯坦法律和国家间条约另有规定的除外。

国籍的取得和丧失程序由宪法性法律规定。

第十六条

国家保护在国外的塔吉克斯坦公民，共和国的任何公民都不得引渡到外国，向外国引渡罪犯应根据双边协定解决。

外国公民和无国籍人享有宣告的权利和自由，并平等履行塔吉克斯坦公民的责任和义务，法律另有规定的除外。

塔吉克斯坦为人权遭受侵犯而成为受害者的外国公民提供政治避难。

第十七条

所有人在法律和法院面前一律平等。国家保障每个人的权利和自由，而不论其民族、种族、性别、语言、宗教信仰、政治信仰、受教育程度、社会地位和财产状况。

男女享有平等的权利。

第十八条

人人享有生命权。

任何人的生命不受剥夺，但因严重犯罪而被法院判处死刑的除外。

国家保障人身不受侵犯。任何人不应受刑讯、虐待和非人道待遇。禁止对人进行强制性的医学或科学试验。

第十九条

每个人都应受司法的保障。每个人均有权得到依法设立的、有管辖权的、独立的和公正的法院审理其案件。

无法律依据任何人不受拘留和逮捕。自被拘捕之时起，每个人均有权获得律师的帮助。

第二十条

在法院的判决发生法律效力以前，任何人实施的

---

① 该款为 2003 年新增条款。

违法行为不能被认定为犯罪。

犯罪已过追诉时效以及行为实施时该行为不认为是犯罪的,任何人均不得被追究刑事责任。任何人不得因一个犯罪行为而受两次以上刑事处罚。违法行为实施后,新制定的法律规定对该行为严厉处罚的,该法律不具有溯及力;违法行为实施后,新制定的法律对该行为不予处罚或规定较轻处罚的,适用新制定的法律。

禁止没收罪犯的全部财产。

第二十一条

法律保护受害人的权利。国家保障受害人获得司法保护和损害赔偿。

第二十二条

住宅不受侵犯。

禁止侵入或剥夺一个人的住宅,法律另有规定的除外。

第二十三条

保障书信、电话交谈、电报以及其他个人通信秘密,法律另有规定的除外。

未经本人允许,禁止收集、存储、使用和散布私人生活的信息。

第二十四条

公民有自由迁徙、选择居住点、离开和返回共和国的权利。

第二十五条

国家机关、社会团体、政党和公职人员必须保证每个人能够获取和知悉涉及其权利和利益的文件,法律另有规定的除外。

第二十六条

人人均有权自由决定对宗教的态度,有权单独或与他人共同信仰或不信仰某一宗教,有权参加宗教祭祀、仪式和典礼。

第二十七条

每个公民都有权直接或通过他们的代表参与政治生活和管理国家事务的权利。

公民有平等担任公职的权利。

公民在年满十八周岁后有参加全民公决和选举的权利,并在达到宪法、宪法性法律和法律规定的年龄后享有被选举的权利。①

被法院认定为无行为能力或根据法院判决被剥夺自由的人,无权参加选举和全民公决。

选举的程序由宪法性法律和法律规定,举行全民公决依照宪法性法律的规定。

第二十八条

公民有结社的权利。公民有权参加民主、宗教或无神论性质的政党、职业联盟和其他公共团体的组建,并自愿加入或退出这些组织。②

所有政党应根据政治多元化的原则参与政治活动并推动人民意志的形成和表达。政党的组织和活动应符合民主准则。

第二十九条

公民有权参加法律规定的会议、集会、示威和和平游行。

不得强迫任何人参与这些活动。

第三十条

每个人的言论、出版自由以及使用传媒的权利应受保障。

禁止宣扬和鼓吹挑起社会、种族、民族、宗教和语言的仇恨和敌意。③

禁止国家对批评言论进行审查和追究。

法律应规定构成国家秘密的信息清单。

第三十一条

公民有单独或者与其他人一起向国家机关提出请愿的权利。

第三十二条

人人享有财产权和继承权。

无论何人都无权剥夺和限制公民的财产权。国家为了公共需要而征收个人财产只能根据法律的规定,但须征求所有权人的同意并充分赔偿其财产的价值。

国家机关、社会团体、政党或个人的非法行为使他人遭受物质或精神损害的,应根据法律的规定赔偿并承担费用。

第三十三条

家庭作为社会的基础受到国家的保护。

人人都有建立家庭的权利。达到婚龄的男女有自愿结婚的权利。无论是在家庭关系持续期间还是在离婚时,夫妻双方权利平等。

禁止一夫多妻制。

第三十四条

母亲和儿童应受国家的特别保护和优待。

父母有抚养子女的义务,有劳动能力的成年子女有赡养和供养父母的义务。

国家应注重孤儿和残疾儿童的保护、抚养和教育。

---

① 本款经 2003 年修改,原规定是:凡年满十八周岁的公民都有选举权和被选举权。

② 该条 1999 年修正案修改,1994 年的规定为:公民享有结社权。公民有权参加组建政党、职业联盟和其他社会团体,并且可自愿加入或者退出这些组织。

③ 该款为 2003 年新增条款。

塔吉克斯坦共和国宪法

第三十五条

人人都有劳动、选择职业、工作、劳动保护和失业社会保障的权利。工资不得低于最低限度劳动报酬标准。

禁止对劳动关系施加任何限制。同工同酬。

禁止强迫劳动，法律另有规定的除外。

禁止使用妇女和童工从事重体力劳动、地下作业以及在有害的劳动条件下工作。

第三十六条

人人都有住房权。此种权利可通过国家、社会、合作社以及私人的住宅建设的途径予以保障。

第三十七条

人人都有休息权。此种权利通过法律规定每周和每天最长工作时间、年度带薪休假、每周休息日以及其他条件予以保障。

第三十八条

人人都有健康保护权。人人都享有在法律规定范围内获得国家保健机构免费医疗帮助的权利。国家应采取保护生态环境和发展公众文体活动、体育和旅游业的措施。

其他形式的医疗帮助由法律规定。

第三十九条

人人都有在年老、疾病、致残、丧失劳动能力、失去监护人或其他法定情形下获得社会保障的权利。

第四十条

人人都有自由参加社会文化生活、艺术、科学和技术创造活动并使用其成果的权利。

国家保护文化和精神财富。

知识产权受法律保护。

第四十一条

人人都有受教育权。基础普通教育是义务教育，国家保障国立学校实行免费的普通基础教育。

人人都有权根据法律规定在国立学校接受免费的普通中等教育、初级职业教育、中等职业教育和高等职业教育。

其他受教育的形式由法律规定。

第四十二条

在塔吉克斯坦境内的每个人都有遵守宪法和法律的义务，都有尊重其他人的权利、自由、尊严和荣誉的义务。

不能因不知道法律而免责。

第四十三条

保卫祖国，维护国家利益，巩固国家的独立、安全和国防力量是每个公民的神圣责任。

服兵役制度由法律规定。

第四十四条

保护自然、历史和文化遗产是每个人的义务。

第四十五条

依法缴纳税收和关税是每个人的义务。

设置新税种或使纳税人状况恶化的法律没有溯及力。

第四十六条

因公民的权利与自由、国家独立和领土完整受到现实威胁或者发生自然灾害，导致共和国宪法机关不能正常履行职能，为了保证公民和国家的安全应宣布国家处于紧急状态作为临时措施。

紧急状态的期限为三个月。必要时塔吉克斯坦共和国总统可以延长这一期限。

第四十七条

在紧急状态下，本宪法第十六条、第十七条、第十八条、第十九条、第二十条、第二十二条、第二十五条和第二十八条规定的权利和自由不受限制。

紧急状态的法律制度由宪法性法律规定。

第三章 马吉利西·奥利

第四十八条

马吉利西·奥利是塔吉克斯坦共和国的议会，是塔吉克斯坦共和国的最高代表机关和立法机关。

马吉利西·奥利由马吉利西·米利（国民大会）和马吉利西·哈莫扬达贡（众议院）①两院组成。

马吉利西·奥利和马吉利西·哈莫扬达贡任期5年。

马吉利西·米利和马吉利西·哈莫扬达贡行使职权到新召集的马吉利西·米利和马吉利西·哈莫扬达贡履行职能之日止。

马吉利西·奥利的组织和活动由宪法性法律规定。

第四十九条

马吉利西·哈莫扬达贡应根据普遍、平等、直接选举权的原则并以无记名投票方式选举产生。

马吉利西·哈莫扬达贡是常设的和职业的议会。凡年满二十五周岁且受过高等教育的塔吉克斯坦共和国公民，能够被选举为马吉利西·哈莫扬达贡议员。

四分之三的马吉利西·米利成员在戈尔诺—巴

---

① 马吉利西·米利和马吉利西·哈莫扬达贡两院的产生方式不同，马吉利西·米利的成员有四分之一的组成人员由总统任命，另外四分之三的组成人员由间接选举产生，所以俄文版中采用马吉利西·米利的成员这一表述方式。而马吉利西·哈莫扬达贡则使用了议员这一表述方式。

585

达赫尚自治州及其所属的市和区、州及其所属的市和区、杜尚别市及其所属的区、共和国直属的市和区（联合的）的人民代表联席会议上通过无记名投票方式间接选举产生。戈尔诺—巴达赫尚自治州、州、杜尚别市、共和国直属的市和区在马吉利西·米利中拥有同等数量的代表。

四分之一的马吉利西·米利成员由塔吉克斯坦共和国总统任命。

马吉利西·米利以召集会议的方式开展活动。

凡年满三十五周岁且受过高等教育的塔吉克斯坦共和国公民能够被选举或被任命为马吉利西·米利的成员。

每位塔吉克斯坦共和国前总统均为马吉利西·米利的终身成员，除非他本人放弃行使这一权利。

马吉利西·米利的成员和马吉利西·哈莫扬达贡的议员数量、选举程序、不通过选举产生和不能兼任的马吉利西·米利的成员和马吉利西·哈莫扬达贡的议员的资格审查程序由宪法性法律规定。

第五十条

政府官员、法官、执法机构工作人员、军人以及宪法性法律规定的其他人员不得成为马吉利西·米利的成员。

公民不得同时成为马吉利西·米利的成员和马吉利西·哈莫扬达贡的议员。马吉利西·米利成员不得成为两个以上代表机构的议员。

马吉利西·哈莫扬达贡议员不得兼任其他代表机构的议员，也不得担任其他公职或从事经营活动，但从事科学研究、创作和教学活动不在此限。

第五十一条

马吉利西·米利的成员和马吉利西·哈莫扬达贡的议员不依赖于选民的意志，有权自由表达自己的观点并按照自己的意志投票。

马吉利西·米利的成员和马吉利西·哈莫扬达贡的议员拥有豁免权，除在犯罪现场被拘捕外，他们不受逮捕、监禁、拘留和搜查。除法律规定的情形和为了保障他人的安全外，马吉利西·米利的成员和马吉利西·哈莫扬达贡议员人身不受检查。剥夺马吉利西·米利的成员和马吉利西·哈莫扬达贡议员不可侵犯的权利应由总检察长提请相应的马吉利西审议。

具备下列情形之一，马吉利西·米利的成员和马吉利西·哈莫扬达贡议员丧失职权：死亡、辞职、被法院宣告为无行为能力、被法院作出有罪判决且已发生法律效力、丧失国籍、永久居住地迁往国外、担任公职、担任不能与马吉利西·米利议员职权兼任的职务以及马吉利西·米利和马吉利西·哈莫扬达贡被解散。

马吉利西·米利的成员和马吉利西·哈莫扬达贡议员的法律地位由宪法性法律规定。

第五十二条

马吉利西·米利和马吉利西·哈莫扬达贡应在选举结束后的一个月之内由塔吉克斯坦共和国总统召集第一次全体会议。

马吉利西·米利和马吉利西·哈莫扬达贡的第一次会议应由最年长的成员或议员主持，直到选举产生议长时止。

马吉利西·米利以会议形式行使职权。马吉利西·米利的议长每年至少应召集四次全体会议。

马吉利西·哈莫扬达贡以会议形式行使职权。马吉利西·哈莫扬达贡至少每年召集一次例会，会期从十月第一个工作日开始到六月份的最后一个工作日止。

在马吉利西·米利和马吉利西·哈莫扬达贡的闭会期间，塔吉克斯坦总统在必要的时候可以召集临时会议。在临时会议上仅审议导致会议召开的议题。

第五十三条

马吉利西·米利和马吉利西·哈莫扬达贡应从其成员和议员中选举产生议长、第一副议长和副议长。马吉利西·米利的一位副议长是戈尔诺—巴达赫尚自治州的代表。

马吉利西·米利和马吉利西·哈莫扬达贡的议长应由其成员或议员的多数经无记名投票选举产生。马吉利西·米利的副议长和马吉利西·哈莫扬达贡的议长的产生程序由议会议事规程规定。

马吉利西·米利和马吉利西·哈莫扬达贡的议长应向各自的马吉利西报告工作，并可由不少于成员和议员总数的三分之二多数通过免除其职务。

马吉利西·米利和马吉利西·哈莫扬达贡的议长、第一副议长和副议长应主持会议并决定其他相关问题。

马吉利西·米利和马吉利西·哈莫扬达贡自主组建协调和工作机构，组成适当的委员会和专门委员会，对列入马吉利西议程的议案举行听证。

马吉利西·米利和马吉利西·哈莫扬达贡的协调机构应分别举行会议。

马吉利西·米利和马吉利西·哈莫扬达贡应制定自己的议事规程。

第五十四条

马吉利西·米利和马吉利西·哈莫扬达贡应分别举行会议。

马吉利西·米利和马吉利西·哈莫扬达贡举行会议须有全体成员或者议员三分之二以上出席才达到法定开会人数。马吉利西·米利和马吉利西·哈莫扬达贡应公开举行会议，只有在法律或者马吉利西·米利和马吉利西·哈莫扬达贡的议事规程规定的情形下才能不公开举行。

马吉利西·米利和马吉利西·哈莫扬达贡根据宪法规定举行联席会议。

第五十五条

马吉利西·米利和马吉利西·哈莫扬达贡举行联席会议时行使如下权力：

1. 批准总统任免政府总理及其他政府官员的命令；

2. 批准总统宣布进入战争状态和紧急状态的命令；

3. 同意为了履行国际义务而在国外使用塔吉克斯坦共和国武装力量；

4. 决定总统选举；

5. 接受总统辞职；

6. 授予总统国家勋章以及授予总统最高军衔；

7. 审议总统豁免权问题。

马吉利西·米利和马吉利西·哈莫扬达贡在联席会议上应在自己的职权范围内就规定的议题通过决议。马吉利西·米利和马吉利西·哈莫扬达贡的共同决议应获得马吉利西·米利成员和马吉利西·哈莫扬达贡议员的全体成员的过半数赞同，如果宪法没有规定决议通过的例外程序，则投票应在两院分别进行。

在马吉利西·米利和马吉利西·哈莫扬达贡联席会议上，总统应宣誓并就共和国对内对外政策的基本方针发表演讲。

第五十六条

马吉利西·米利拥有下列权力：

1. 设置、撤销及变更行政区划；

2. 选举或撤换总统提名的宪法法院、最高法院以及最高经济法院的院长、副院长和法官；

3. 就宪法法院、最高法院以及最高经济法院的院长、副院长和法官的豁免资格的丧失作出决定；

4. 批准总检察长及其副职的任免；

5. 行使宪法和法律规定的其他权力。

马吉利西·米利对属于其职权范围内的事项作出决议。如果宪法没有规定决议通过的例外程序，马吉利西·米利的决议应得到全体成员的多数赞同始得通过。

第五十七条

马吉利西·哈莫扬达贡拥有下列权力：

1. 组成塔吉克斯坦共和国中央选举和全民公决委员会，根据总统提名，选举或撤换该委员会的主席、副主席和委员；

2. 将法律草案和其他重要的国家和社会问题提交公众讨论；

3. 批准经济和社会发展纲要；

4. 决定发行和担保国债；

5. 批准或废除国际条约；

6. 决定全民公决；

7. 设立法院；

8. 批准国家象征；

9. 批准国家奖励；

10. 批准总统关于任免国家银行行长及其副职的命令；

11. 规定军人和外交人员的衔级及其他专门衔级制度；

12. 决定总统的薪资；

13. 行使宪法和法律规定的其他权力。

马吉利西·哈莫扬达贡对属于其职权范围内的事项作出决议。如果宪法没有规定决议通过的例外程序，马吉利西·哈莫扬达贡的决议应得到全体代表的多数赞同始得通过。

外国领导人可以在马吉利西·哈莫扬达贡会议上发表演讲。

第五十八条

立法倡议权属于马吉利西·米利的成员、马吉利西·哈莫扬达贡的议员、塔吉克斯坦共和国总统、塔吉克斯坦政府、戈尔诺—巴达赫尚自治州的人民代表机构马吉利西。

第五十九条

法律草案应向马吉利西·哈莫扬达贡提出。

赦免法案由塔吉克斯坦共和国总统向马吉利西·哈莫扬达贡提出。

预算法案、设立或废除税种的法案应由塔吉克斯坦共和国政府向马吉利西·哈莫扬达贡提出。

第六十条

马吉利西·哈莫扬达贡通过法律。如果宪法没有规定例外程序，法律的通过须获得马吉利西·哈莫扬达贡议员总数的多数赞同。

除国家预算和赦免的法律外，马吉利西·哈莫扬达贡通过的法律应呈交马吉利西·米利表决。

如果马吉利西·米利全体成员的多数赞同该法律，则该法律获得通过；如果法律被马吉利西·米利否决，马吉利西·哈莫扬达贡应重新审议该法律。

如果马吉利西·哈莫扬达贡对马吉利西·米利的否决持不同意见，而该法律又获得不少于马吉利西·哈莫扬达贡议员总数三分之二的再次通过，该法案被视为已获得通过。

只有马吉利西·哈莫扬达贡可以通过国家预算和赦免的法律。马吉利西·哈莫扬达贡应监督国家预算的执行。

第六十一条

制定宪法性法律应属于宪法规定的问题。宪法性法律的通过应获得不少于马吉利西·哈莫扬达贡议员总数三分之二的赞同，并获得不少于马吉利西·

米利成员总数三分之二的赞同。

如果马吉利西·哈莫扬达贡与马吉利西·米利的决定不一致，马吉利西·哈莫扬达贡重新表决该法律并再次获得不少于议员总数三分之二的多数通过，则该宪法性法律被视为已获得通过。

马吉利西·米利按照法定程序并通过宪法性法律的形式解释宪法。

第六十二条

法律应提交塔吉克斯坦共和国总统签署和颁布。如果总统不同意该法律或其部分内容,应在十五日内将该法律连同他本人的意见退回马吉利西·哈莫扬达贡。马吉利西·米利和马吉利西·哈莫扬达贡应按照宪法程序重新审议该法律。如果在再次审议该法律时以不少于马吉利西·米利成员总数的三分之二和不少于马吉利西·哈莫扬达贡议员总数的三分之二的多数通过原先已经获得通过的法律,则总统必须在十日内签署并颁布该法律。

在审议塔吉克斯坦共和国总统退回的先前已获得马吉利西·哈莫扬达贡议员三分之二以上多数通过的法律时,马吉利西·米利和马吉利西·哈莫扬达贡再次通过该法律时同样应获得不少于三分之二以上的多数赞同。

如果总统退回宪法性法律,马吉利西·米利和马吉利西·哈莫扬达贡应按照宪法程序再次审议该法律。在重新审议该法律时,如果不少于马吉利西·米利成员总数的四分之三和不少于马吉利西·哈莫扬达贡议员总数的四分之三再次通过原先已经通过的法律,则总统必须在十日内签署并公布该宪法性法律。

第六十三条

在马吉利西·米利和马吉利西·哈莫扬达贡的联席会议上,如果以不少于马吉利西·米利成员总数和马吉利西·哈莫扬达贡议员总数的三分之二多数同意,可以提前自动解散。

在紧急状态或战争状态下,不得解散马吉利西·米利和马吉利西·哈莫扬达贡。

第四章 总统

第六十四条

塔吉克斯坦共和国总统是国家元首和执行机关(政府)的首脑。

总统是宪法和法律,人和公民的权利和自由,国家独立、统一和领土完整,国家稳定和持续发展,国家机关相互协调以及塔吉克斯坦遵守国际条约的保证人。

第六十五条

总统由塔吉克斯坦公民根据普遍、直接和平等的选举权以无记名投票方式选举产生,任期七年。①

凡年满三十五周岁、通晓国语且在共和国境内连续居住不少于十年的塔吉克斯坦共和国的每一个公民,均可被提名为总统候选人。

只有征集到不少于全体选民的百分之五的签字提名,才能登记为总统候选人。同一个人当选总统连续任职不得超过两届。

第六十六条

全体选民过半数参加总统选举,总统的选举被视为有效。

获得参加投票的选民过半数选票的总统候选人,当选为总统。

选举总统的程序由宪法性法律详细规定。

第六十七条

总统在就职前,应在马吉利西·米利和马吉利西·哈莫扬达贡联席会议上作如下宣誓:

"我,作为总统,在此庄严宣誓,维护共和国的宪法和法律;保障公民的权利、自由、荣誉和尊严;捍卫领土完整以及国家在政治、经济和文化上的独立;真诚服务于人民。"

总统的权力在新当选总统宣誓后终止。

第六十八条

总统不得担任其他公职、代表机关的代表,也不得从事经营活动。

第六十九条

总统拥有下列职权:

1. 决定共和国对内对外政策的基本方针;

2. 在国内和国际关系中代表塔吉克斯坦;

3. 设立或撤销各部和国家委员会;

4. 任命或免除总理和其他政府成员的职务,但须将总统任命或免除总理和政府其他成员职务的命令提交马吉利西·米利和马吉利西·哈莫扬达贡联席会议审议批准;

5. 任命或免除戈尔诺—巴达赫尚自治州、州、杜尚别市、市和区的行政首长,并将任命或者免除的总统令提交相应的马吉利西人民代表审议批准;

6. 废除或者中止执行机关制定的与宪法相抵触的规范性文件;

7. 任命或者免除国家银行行长及副行长,并将任命或者免除的总统令提请马吉利西·哈莫扬达贡审议决定;

8. 向马吉利西·米利提名选举或者撤换宪法法

---

① 1994 年宪法规定总统任期为五年,连任不得超过两届。1999 年修改为总统任期七年,不得连任。2003 年再次修改成连任不得超过两届。

院、最高法院、最高经济法院的院长、副院长和法官人选；

9. 征得马吉利西·米利的同意后任命或者免除总检察长和副总检察长；

10. 设立总统的执行机构；

11. 设立并领导安全委员会；

12. 设立司法委员会；

13. 根据司法委员会的提名，任命或者免除军事法院、戈尔诺—巴达赫尚自治州、州、杜尚别市、市和区的法院的法官以及戈尔诺—巴达赫尚自治州、州和杜尚别市的经济法院的法官；

14. 决定全民公决以及马吉利西·米利、马吉利西·哈莫扬达贡和地方代表机构的选举；

15. 签署法律；

16. 决定货币体系并向马吉利西·米利和马吉利西·哈莫扬达贡报告；

17. 使用储备基金；

18. 领导执行对外政策，签署国际条约并提请马吉利西·哈莫扬达贡批准；

19. 任命或免除共和国驻外国的外交使节和驻国际组织的代表；

20. 接受外国驻塔吉克斯坦外交使节呈递的国书；

21. 担任塔吉克斯坦武装力量最高统帅，任命或者免除塔吉克斯坦武装力量司令官；

22. 在国家安全遭受现实威胁时宣布处于战争状态，但须将国家处于战争状态的命令提请马吉利西·米利和马吉利西·哈莫扬达贡的联席会议批准；

23. 为了履行国际义务而决定在国外使用塔吉克斯坦共和国的武装力量，但须征得马吉利西·米利和马吉利西·哈莫扬达贡的同意；

24. 宣布全国或者部分地区进入紧急状态，但须立即将进入紧急状态的命令提请马吉利西·米利和马吉利西·哈莫扬达贡的联席会议批准，并同时通报联合国；

25. 决定国籍问题；

26. 准许政治避难；

27. 决定赦免问题；

28. 授予最高军衔、外交衔级和专门衔级；

29. 授予公民国家奖励、奖章和塔吉克斯坦荣誉称号；

30. 行使宪法和法律授予的其他职权。

第七十条

总统在其职权范围内发布决定和命令，向马吉利西·米利和马吉利西·哈莫扬达贡联席会议通报国家局势，提请马吉利西·米利和马吉利西·哈莫扬达贡联席会议审议重大而必要的问题。

第七十一条

若总统死亡、辞职或认定丧失行为能力，在新当选总统履职以前，由马吉利西·米利议长代行总统职权，此时马吉利西·米利议长的职权应委托第一副议长代为行使。

上述情况下，应在三个月内举行总统选举。

总统在马吉利西·米利和马吉利西·哈莫扬达贡联席会议上正式提出辞职，如果马吉利西·米利和马吉利西·哈莫扬达贡分别投票表决并各获得参加投票的多数成员或议员赞同，总统职权即告终止。

总统因病不能履行职责，马吉利西两院联席会议应根据由它们设立的国家医疗委员会的鉴定结论，通过关于提前免除总统职务的决定，但须获得不少于马吉利西·米利成员总数的三分之二以及马吉利西·哈莫扬达贡议员总数的三分之二的赞同。

第七十二条

总统享有豁免权。

如果宪法法院判决总统犯有叛国罪，经马吉利西·米利和马吉利西·哈莫扬达贡分别投票表决并获得其各自成员或议员三分之二以上多数赞同，应剥夺总统的豁免权。

第五章 政府

第七十三条

共和国的政府由总理、第一副总理、副总理、部长和国家委员会主席组成。

政府应确保对经济、社会和文化领域的有效领导，确保法律、马吉利西·米利和马吉利西·哈莫扬达贡共同决议、马吉利西·米利的决议、马吉利西·哈莫扬达贡的决议、总统发布的命令和指令的执行。

政府成员不得担任其他公职，也不得担任代表机关的代表或者从事经营活动，但从事科研、创作和教学活动不在此限。

第七十四条

政府应根据共和国的宪法和法律发布决定和命令，这些决定和命令在塔吉克斯坦境内必须得到执行。

政府应向新当选总统卸任。

政府在认定自己没有正常履行职能的能力时，可向总统提出辞职。政府的每个成员都有辞职的权利。

政府的职权、组织和活动程序由法律规定。

第七十五条

政府提请马吉利西·哈莫扬达贡审议社会—经济纲领、发放和接受国家贷款、向其他国家提供经济援助、国家预算草案和可能产生国家预算赤字的数额、弥补赤字的来源。

第六章 地方政府

第七十六条

地方政府由在其各自的职权范围内履行职能的代表机关和执行机关组成。地方政府应保障宪法、法律、马吉利西·米利和马吉利西·哈莫扬达贡联席会议的决议、马吉利西·米利的决议、马吉利西·哈莫扬达贡的决议、总统以及塔吉克斯坦共和国政府的法令的执行。

第七十七条

州、市和区的人民代表议会（音译为马吉利西）①是地方代表机关，由议长主持。人民代表议会的任期是五年。

人民代表议会批准地方预算及预算执行的报告，决定地方的经济和社会发展方向，依照法律决定地方税及其交纳，决定公用财产的占有和使用方式，行使宪法和法律规定的其他职权。

第七十八条

州、市和区的行政首长是总统在地方的代表，由他们行使地方执行权。

地方行政首长负有管理相应行政区域内的代表机关和执行机关的职责。

总统任命和免除戈尔诺—巴达赫尚自治州、州、杜尚别市、市和区的行政首长，并提请相应的人民代表议会批准。

地方行政首长应向上一级行政机关和相应的人民代表议会负责。

地方政府的组织、职权和活动程序由宪法性法律规定。

镇和村的自治机关是地方理事会，地方理事会的组织、职权和活动程序由法律规定。

第七十九条

地方代表机关和地方行政首长应在各自职权范围内制定规范性法律文件，在本行政区域内执行。如果地方代表机关和地方行政首长制定的规范性法律文件与宪法和法律的规定不一致，应由其上级机关、地方代表机关、地方行政首长以及法院废除。

第八十条

如果戈尔诺—巴达赫尚自治州、州、杜尚别市、市和区的人民代表议会长期不执行宪法和法律，马吉利西·米利有权将其解散。

第七章 戈尔诺—巴达赫尚自治州

第八十一条

戈尔诺—巴达赫尚自治州是塔吉克斯坦共和国不可分割的组成部分。

未经人民代表议会同意，禁止改变戈尔诺—巴达赫尚自治州的州界。

第八十二条

戈尔诺—巴达赫尚自治州的人民代表议会有权提出立法动议。②

第八十三条

戈尔诺—巴达赫尚自治州在社会、经济和文化领域以及其他方面的权力由宪法性法律规定。

第八章 法院

第八十四条

司法权是独立的，由法官以国家的名义行使。司法权应保障人和公民的权利和自由，保护国家、国家机关和社会组织的利益，维护合法性和公正。

司法权由宪法法院、最高法院、最高经济法院、军事法院、戈尔诺—巴达赫尚自治州法院、州法院、杜尚别市法院、市法院、区法院、戈尔诺—巴达赫尚自治州经济法院、州和杜尚别市经济法院行使。

法院的组织和活动程序由宪法性法律规定。

法官的任期为十年。

禁止设特别法院。

第八十五条③

最高法院、最高经济法院、戈尔诺—巴达赫尚自治州法院、州法院和杜尚别市法院的法官，须从年满三十周岁不满六十五周岁，且作为法官的工作经历不少于五年的法律专家中选举和任命。

市和区法院、军事法院、戈尔诺—巴达赫尚自治州、州和杜尚别市经济法院的法官，须从年满二十五周岁不满六十五周岁，且从事法律职业不少于三年的公民中任命。

第八十六条

军事法院、戈尔诺—巴达赫尚自治州、州、杜尚别市、市和区法院的法官以及戈尔诺—巴达赫尚自治州、各州和杜尚别市经济法院的法官由总统根据司法委员会的提名任命和免职。

---

① 即地方议会，为保证翻译的规范性和流畅性，此处不使用音译，而译成议会。下同。
② 该条为 1999 年修宪时的新增条款。
③ 该条经 1999 年修改，2003 年再次修改。

第八十七条

法官独立行使审判权,只服从宪法和法律。禁止干涉法官的审判活动。

第八十八条

法官采用合议或独任制审理案件。

诉讼程序应根据双方抗辩制和平等原则进行。

除法律规定的情形外,所有法院审理案件应公开进行。

诉讼程序使用国语或者当地多数居民使用的语言进行。应为不通晓诉讼程序所使用语言的人提供翻译。

第八十九条

宪法法院由七名法官组成,其中一名为戈尔诺—巴达赫尚自治州的代表。

宪法法院的法官应从年满三十周岁不满六十五周岁并且从事法律职业不少于十年的法律专家中选举产生。

宪法法院的职权为:

1. 裁决法律,马吉利西·米利与马吉利西·哈莫扬达贡共同颁布的法律文件,以及马吉利西·米利、马吉利西·哈莫扬达贡、总统、政府、最高法院、最高经济法院以及其他国家机关和社会组织的法律文件和尚未生效的国际条约是否合宪。

2. 裁决国家机关之间的权限争议。

3. 履行宪法和法律规定的其他职权。

宪法法院的裁决是终局裁决。

第九十条

法官不得担任其他公职,不得成为代表机关的代表、政党和政治组织的成员,也不得从事经营活动,但从事科研、创作和教学活动不在此限。

第九十一条

法官享有豁免权。未经选任机关允许,法官不受逮捕和追究刑事责任。

第九十二条

无论是在侦查还是在审判阶段,法律援助的权利应予保障。

律师的组织与活动程序以及其他形式的法律援助组织与活动程序由法律规定。

第九章 检察机关

第九十三条

总检察长及其领导下的检察官在其职权范围内监督法律在塔吉克斯坦境内的准确和统一执行。

第九十四条

总检察长领导塔吉克斯坦统一而集中的检察机关系统。总检察长向马吉利西·米利和总统负责。

第九十五条

塔吉克斯坦总检察长的任期为五年。

总检察长任免其领导下的检察官。检察官的任期为五年。

检察机关的活动、职权和组织由宪法性法律规定。

第九十六条

总检察长及其领导下的检察官独立行使职权,不受国家机关和公职人员的干涉,并只服从法律。

第九十七条

检察官不得担任其他公职,不得成为代表机关的代表、政党和政治组织的成员,也不得从事经营活动,但从事科研、创作和教学活动不在此限。

第十章 宪法的修改程序

第九十八条

宪法的修改和补充应通过全民公决的方式进行。

总统或者马吉利西·哈莫扬达贡以不少于议员总数三分之二的同意可以决定举行全民公决。

第九十九条

总统、马吉利西·米利不少于其成员总数三分之一或者马吉利西·哈莫扬达贡不少于其议员总数三分之一可以提出宪法修正和增补案。

宪法修正和增补案应在举行全民公决的三个月之前在报刊上公布。

第一百条

共和制政体、领土完整以及民主的、法治的、世俗的、社会的国家性质不得修改。

过渡条款

1. 塔吉克斯坦共和国宪法的修正和增补案应自全民公决结果宣布后正式公布之日起发生法律效力。

2. "塔吉克斯坦共和国宪法修正和增补案"通过前已经生效的法律和其他规范性法律文件与修正和增补案不抵触的部分应然有效。[①]

3. 第四章第六十五条规定的当选总统连任不超过两届,自现任总统任期届满时开始。

4. 在"塔吉克斯坦共和国宪法的修正和增补案"生效前塔吉克斯坦共和国被选举或任命的所有法院的法官,在任期届满前继续行使权力。在本修正和增补案发生法律效力后,所有选举和任命的法官的任期均为十年。

---

① 此处的"塔吉克斯坦共和国宪法修正和增补案"是指 2003 年通过的宪法修正和增补案。下同。

泰王国宪法[*]

2007 年 8 月 24 日颁布;现任君主在位第 62 年

基于美德,今天是农历猪年九月月盈的第十一日,周五,佛教纪元第 2550 年(公元 2007 年)8 月 24 日。普密蓬帕 Paramintharamaha Phrabat Somdet

阿杜德 Mahitalathibet Ramathibodi Chakkri Narubodin

Sayammintharathirat Borommanatthabophit 非常高兴地宣布,国家立法大会的主席已通知,由国王作为国家元首的泰王国民主政府的统治已经历了七十五年,在此期间,由于各种原因,宪法的颁布、废除和修订都是为了适应国家的环境以及临时的变化;鉴于 2006 年《泰王国宪法(暂行)》的有关条款建立了制宪大会和宪法起草委员会,负责筹备一全新的宪法草案作为政府的执政指引,以允许政府所有工作人员以及公众,在任何阶段参与、表达观点,以及将上述观点予以特殊考量,作为草案可采纳的内容。

这个新宪法草案制定条款,为实现泰王国人民以下共同目标:维护国家独立与安全,扶持所有宗教,支持国王作为国家元首而备受尊敬,坚持国王统治以及民主政府,保障人民的权利与自由,有关公职人员和参与监督国家权力实施的具体方式的条款,确保政治机构的体制的形成,无论是在立法上还是在执法上,都应依议会制达致公平与效率,而且,司法机构以及其他独立的机关都应以忠诚、公平的方式行使其职责。

完成宪法草案的准备工作后,制宪会议公布该草案,并指导对于宪法草案全案进行全民公决。显然在全民投票中,有投票权并出席全民公决的公民中的大多数支持这一新的宪法草案。国家立法委员会主席因此宣布,该宪法草案在经由国王陛下签署颁布后,正式生效成为泰王国宪法。国王已依据人民的意愿认定该宪法获得皇家批准通过。

国王宣布,此宪法从其颁布之日起,代替 2006 年 10 月 1 日之《泰王国宪法(暂行)》生效。

泰王国人民应团结起来监督、保护和维护泰王国宪法,以维护政府的民主统治和来源于泰王国人民的国家主权,带来幸福、繁荣以及如国王陛下所愿之王国内所有臣民的尊严。

第一章 总则

第一条

泰王国是一个不可分割的王国。

第二条

泰王国采用以国王为国家元首的民主政体。

第三条

1. 主权权力属于泰王国人民。作为国家元首的国王通过国民议会、部长理事会和法院依照本宪法的规定行使主权权力。

2. 国民议会、部长理事会、法院、宪法机关以及其他国家机关须依法履行职责。

第四条

人性尊严、权利和自由以及人民平等应受到保护。

第五条

泰王国人民,不分出身、性别或宗教,均依本宪法之规定受平等的保护。

第六条

宪法是国家的最高法,任何法律、规则或规章的规定,凡违反本宪法或与本宪法之规定不一致的均属无效。

第七条

凡出现不能适用本宪法之任何规定的情形时,均应依国王为国家元首的民主政府的宪法惯例予以决定。

第二章 国王

第八条

1. 国王即位之后即处于备受崇敬之位,任何人不得侵犯。

2. 任何人不得使国王面临任何形式的指控或追诉。

---

[*] 译自泰王国众议院所提供的官方英译本。译者:王秀楠。

第九条

国王是佛教徒和佛教的维护者。

第十条

国王是泰王国军队的统帅。

第十一条

国王有创立头衔和授予勋章的特权。

第十二条

国王挑选和任命有资质的人为枢密院主席,并任命不超过十八名的枢密大臣组成枢密院。当国王提出咨询请求时,枢密院有义务就与国王陛下之职能有关的一切事务提出建议,且枢密院需履行本宪法所授予的其他职能。

第十三条

1. 枢密大臣的遴选、任命或罢免完全由国王的意愿决定。

2. 国会主席需对国王任命或罢免枢密院主席的命令进行副署。

3. 枢密院主席对国王任命或罢免其他枢密大臣的命令进行副署。

第十四条

枢密大臣不得兼任众议院议员、参议员、选举委员会的成员、巡视官、国家人权委员会成员、宪法法院法官、行政法院法官、国家反腐败委员会成员、国家审计署成员、担任常设职务或领取固定薪水的政府公职人员、国有企业的公职人员,其他国家公职人员或政党中的公职人员,并不得宣誓效忠于任何政党。

第十五条

就任之前,枢密大臣应在国王面前庄严宣誓:

"本人(宣誓人姓名),郑重声明,我将忠于国王陛下,我将为国家和人民的利益忠实履行我的职责,并无条件维护和遵守泰王国宪法。"

第十六条

枢密大臣因死亡、辞职或由国王命令免职而离职。

第十七条

王室官员及王室长官、副官的任命及去职完全依国王的意愿决定。

第十八条

倘逢国王不在王国境内,或因其他任何原因而无法履行国王职责时,国王应指定一人担任摄政王,国民议会主席应对该国王命令进行副署。

第十九条

1. 如在第十八条规定的情形下,国王未指定摄政王,或由于陛下无完全行为能力或由于其他原因而无法指定摄政王,则枢密院应向国会提名适当人选组建摄政办公室。如提名获得国会的支持,则国会主席应以国王之名义作出声明,任命此人担任摄政王。

2. 如遇众议院任期届满或遭解散,参议院应行使国会的职责完成上一段规定之程序。

第二十条

1. 如根据第十八条或第十九条,仍无摄政王产生,则由枢密院主席暂时摄政。

2. 如根据第十八条或第十九条产生的摄政王无法履行其职责,则由枢密院主席暂时摄政。

3. 当枢密院主席依本条第一段及第二段之规定行使摄政权,则其不能再履行枢密院主席的职责,在此种情况下,枢密院应选出一位枢密大臣暂任枢密院主席之职。

第二十一条

1. 依第十八条或第十九条产生的摄政王应在就任之前在国会前进行庄严宣誓:

"本人(宣誓人姓名),郑重宣誓,我将效忠于国王陛下(国王的名字),并为国家和人民的利益忠实履行我的职责,无条件维护和遵守泰王国宪法。"

2. 如遇众议院任期届满或遭解散,参议院应行使国会的职责。

第二十二条

1. 除第二十三条之规定外,王位的继承应依佛教纪元 2467 年(即公元 1924 年)的王位继承法之规定进行。

2. 对依佛教纪元 2467 年(即公元 1924 年)王位继承法的修改属国王之特权。根据国王的倡议,枢密院应对王位继承法的修正拟定草案,并提交国王审查。如国王对王位继承法修正案的草案予以认可并签署,枢密院主席应通知国会主席以通知国会。国会主席应对该国王命令予以副署,王位继承法修正案一经在政府公报上公布,即发生法律效力。

3. 如遇众议院任期届满或遭解散,参议院应行使国会的职责,承认本条第二段的有关事项。

第二十三条

1. 在王位空缺,且国王已依据佛教纪元 2467 年(即公元 1924 年)王位继承法指定继承人的情况下,内阁应通知国会的主席,国会的主席应召开国会予以承认,国会主席应请该王位继承人登基即位,并宣布该继承人为国王。

2. 在王位空缺,且国王并未依本条第一段之规定指定其继承人的情况下,枢密院应依第二十二条向内阁提名王位继承人的人选,进而提交国会寻求支持。为此目的,公主可获得提名。提名在国会通过后,国会主席应请该继承人登基即位,并宣布该继承人为国王。

3. 如遇众议院任期届满或遭解散,参议院应行使国会的职责,承认本条第一段的有关事项或对本条第二段的情况予以通过。

第二十四条

1. 在等待依第二十三条产生的王位继承人的提名过程中，枢密院主席暂行摄政王之职。在王位空缺，或摄政王是依第十八条或第十九条产生，或枢密院主席依第二十条第一段之规定履行摄政王之职责的情况下，该摄政王应根据具体情况继续履行其摄政王的职责，直至继承人登基即位被宣布为国王为止。

2. 当被指定的摄政王在本条第一段的情形下继续为摄政王，却无法履行其摄政王的职责时，枢密院主席应暂代摄政王之职。

3. 如遇枢密院主席依本条第一段为摄政王，或依本条第二段暂代摄政王之职的情形，则第二十条第三段之条款得以适用。

第二十五条

枢密院依本宪法第十九条或第二十三条第二段履行其职责，或枢密院主席依本宪法第二十条第一段或第二段或第二十四条第二段履行其职责，并在此期间内，枢密院主席之职空缺或无法履行其职责，则其他枢密大臣应从内部选出一人，根据具体情形履行枢密院主席之职，或依本宪法第二十条第一段或第二段或第二十四条第三段履行职责。

第三章　泰王国人民的权利与自由

第一部分　总则

第二十六条

所有国家机关在行使职权时，均应考量本宪法各条款所保障的人之尊严、权利和自由。

第二十七条

权利与自由，无论是本宪法以明示或默示的方式承认者，还是依宪法法院之判决承认者，均应受到保护，并在制定、适用及解释法律的过程中，直接约束国民议会、部长会议、法院、各种宪法机构以及其他国家机关。

第二十八条

1. 个人可援引人格尊严，或以不侵犯他人权利与自由，不违反本宪法或善良风俗的方式行使自己的权利与自由。

2. 个人由本宪法所确认的权利和自由如遭受侵犯，可援引本宪法的条款以法院为中介行使其权利或在法庭上捍卫自己的权利。

3. 个人可以求助法院以指示国家履行本章之规定。如任何经由本宪法认可的权利或自由是已生效的法律的内容，则此权利及自由的行使依该已生效法律的规定。

4. 个人有权从政府获得行使本章之确认的权利所需的促进、支持与援助。

第二十九条

1. 除非依据由本宪法所确定的目的而特别颁布的法律条款，且在必要的程度内，并经证明其不会影响此类权利与自由的基本内容，不得对本宪法所确认的权利与自由施加限制。

2. 本条第一段所列之法律应为一般适用条款，不能延伸适用于任何特殊情况或个人；且授权颁布该法律的宪法条款亦应在该法中被列示。

3. 依据法律所颁布的附属立法（by-laws）参照适用本条第一段及第二段的规定。

第二部分　平等

第三十条

1. 所有人在法律面前平等并应受法律的平等保护。

2. 男子和妇女享有平等的权利。

3. 任何基于出身、种族、语言、性别、年龄、身体残疾、健康状况、个人身份、经济或社会地位、宗教信仰、教育或合乎宪法的（constitutionally）政治观点的不公正的歧视，均被禁止。

4. 国家为了消除障碍或增进个人能力以便使其能以与其他人相同的方式行使权利及自由之目的而采取的措施，不得被视为属于本条第三段所列之不公正的歧视。

第三十一条

武装部队成员及警察、政府公职人员、其他国家公职人员或国家机构的雇员、享有本宪法下同其他普通民众同等的权利，但法律或依法律而特别颁布的附属立法在政治、效率、纪律或道德方面规定了限制的除外。

第三部分　个人权利和自由

第三十二条

1. 人人享有生命和人身自由和权利，酷刑、残忍的行为、以残忍的或不人道的方式实施的惩罚，均被禁止；但为执行法院判决或基于法律之规定而采取的惩罚措施不得视为本段所禁止的残忍或不人道的惩罚。

2. 除非基于法院的命令或授权，或基于法律所规定的其他情况，不得对任何人进行逮捕或拘禁。

3. 除非基于法律规定，不得对任何人进行搜捕或采取本条第一段所列之影响个人权利及自由的行为。

4. 如发生本条第一段所列之影响个人权利和自由的情形，受侵害之个人、公诉机关或其他与受害人有利益关系之个人,均有权申请法院发布命令制止或撤销该行为,且出于此目的,应采取适当的方式对所遭受之侵害予以补偿。

第三十三条

1. 人人享有居住自由。任何人在其获得身心平静之住所内受到保护,其对该住所的占有受到保护。

2. 未经屋主同意,他人不得随意进入其居所。如无法院的命令或授权,或非基于法律规定之情形,不得对个人居所或私有住宅进行搜查。

第三十四条

1. 人人享有迁徙的自由,享有在王国内自由选择居住地的权利。

2. 除非基于维护国家安全、公共秩序、公共福利、城市及国家之规划或青年人的福利之目的而特别颁布的法律,不得对本条第一段所确认之自由施加限制。

3. 具有泰王国国籍的人不得被驱逐出境或禁止入境。

第三十五条

1. 任何人的家庭权利、尊严、名誉和隐私权受到保护。

2. 无论以何种方式向公众传播的言论或图像,均不得侵犯或影响个人的家庭权利、尊严、名誉和隐私权,但为了维护公共利益之需要者除外。

3. 任何人有权依法律之规定,保护与其个人相关的信息免受非法利用。

第三十六条

1. 任何人均享有以合法方式进行沟通的自由。

2. 除非基于维护国家安全或公序良俗之目的且依特别颁布的法律条款之规定,不得对任何人员之间的通信内容进行审查、扣留或披露以及以其他方式对通信信息进行披露。

第三十七条

在不违背公民义务、公共秩序或善良风俗的前提下:

1. 个人享有充分的信仰任一宗教、任一教派或教义的自由、依宗教原则或戒律而行为的自由,或依其信仰进行仪式的自由;

2. 在行使前段所确认之自由时,个人有免受任何官方行为蔑视其权利或侵害其正当权益的权利,如果该官方行为是基于此人不同于其他民众信仰某一宗教、某一教派或教义,或是基于其依宗教原则或戒律行为,或基于其依信仰进行礼仪。

第三十八条

不得强制个人进行劳动,除非是基于为避免迫在眉睫的公共灾难而经特殊程序颁布的法律,或基于国家处于战时或武装冲突或紧急状态时所适用的法律,或基于颁布的战时法律。

第四部分　司法程序中的权利

第三十九条

1. 除非其行为依行为发生之时有效之法律的规定构成了犯罪并应受刑罚处罚,任何人不受刑事处罚,且其受到的处罚不得重于行为时生效法律所规定的惩罚。

2. 刑事案件中的嫌疑人或被告人应被假定为无罪。

3. 在生效判决认定被追诉之人有罪之前,该人不得被视为罪犯。

第四十条

个人在司法过程中享有以下权利:

(1)通过简单、迅速、快捷、全面的渠道进入司法程序的权利;

(2)诉讼过程中的基本权利的基本保障包括:审判公开,有充分的机会获得信息并审查文件,提交事实、抗辩和证据,对法官进行质疑,由法定人数组成的审判团进行审判,以及接受合理的裁决、判决或命令;

(3)任何人都有权要求其案件得到正确、迅速和公正的审理;

(4)被害人,犯罪嫌疑人,原告,被告人,其他案件参与人,利害关系人或证人有权在司法过程中被以适当方式对待,包括接受正确、迅速、公正的询(讯)问的权利,以及免于自证其罪的权利;

(5)被害人,犯罪嫌疑人,被告人和刑事案件中的证人,有权接受国家提供的必要的、适当的保护及帮助,依法律之规定获得必要的酬劳、补偿及经费的权利;

(6)儿童,青年,年长或有残疾的妇女,身体虚弱的人,依据案件的具体情况有权获得适当保护,在有关性暴力的案件中有权获得适当对待;

(7)在刑事案件中,犯罪嫌疑人或被告人有权接受正确、迅速和公正的调查或审判,具有充分的机会为自己进行辩护,审查或获知必要证据信息,获得律师的法律援助和保释;

(8)在民事案件中,个人有获得国家提供的适当的法律援助的权利。

第五部分　财产权利

第四十一条

财产权利受保护。财产权利的内容以及对该权利的限制由法律规定。

继承权受保护。个人的继承权由法律规定。

第四十二条

1. 除非基于国家事务中有关公共事业、国防、资源开采、城乡规划、对环境的保持与改善、工农业发展、土地改革、对具有历史价值的资源及古迹的保护，以及其他有关公共利益的事务之目的且根据法律之特别规定，在适当期限内对被征用者及其他对该财产享有权利者给予公平补偿外，不得征用不动产。

2. 赔偿金额应在适当考虑正常的市场价格、取得该财产的方式、不动产的性质及位置、个人因财产或权利被征用而遭受的损失，国家及被征用的个人因对该被征用的财产的利用而获得的利益的基础上确定。

3. 有关不动产征收征用的法律应明确征用的目的，并应清楚地规定实现该目的的期限。如在指定期限内，被征用财产未被用于实现该目的，则该被征用财产应返还其原所有人或原所有人的继承人。

4. 财产的返还及补偿依法律相关条款之规定进行。

第六部分 就业的权利及自由

第四十三条

1. 人人享有自由受雇于某一企业或职位，以及进行公平、自由竞争的权利。

2. 除非为维护国家安全或经济安全，保护公共事业，维护公序良俗，规范职业合同，保护消费者，城乡规划，保护自然资源或环境，公共福利，防止垄断，或消除不平等竞争之目的并依法律特别规定外，不得对就业自由施加限制。

第四十四条

人人有权在工作中获得安全保障与福利待遇，包括在职时及离职后的安全保障。

第七部分 个人及大众媒体的表达自由

第四十五条

1. 人人享有表达观点、发表演说、写作、出版、宣传以及通过其他方式进行表达的自由。

2. 除非基于因维护国家安全，保障个人权利、自由、尊严、名誉、家庭权及隐私权，维护公序良俗，或防止公众身心健康的恶化之目的且依法律特别规定外，不得对前段所规定的自由施加限制。

3. 不得基于剥夺本条确认的权利之目的而关闭报纸或其他大众媒体的自由。

除非以根据本条第二段之规定制定的法律为依据，不得全面或部分地禁止报纸或其他大众媒体发布消息、发表言论，也不得以任何其他方式强行干预媒体行使本条所确认的自由。

4. 除非国家处于战争状态且根据以本条第二段为依据而制定的法律之特别规定外，国家机关不得事先对将在报纸或其他大众媒体上发布的新闻或文章进行审查。

5. 报纸或其他大众媒体的所有者应为泰王国公

民。

6. 国家不得以金钱或其他财产形式的补贴对私有报纸或其他大众媒体给予资助。

第四十六条

1. 私有报纸、电台或电视台或其他大众媒体企业的管理人员或雇员，只要不违反职业道德，就有发布新闻及发表观点的自由，该自由仅受宪法相关条款的限制，而不需任何政府部门、国家机关、国有企业或企业所有人的授权；他们有建立保障权利、自由、公平的组织的权利，有在职业机构内建立自我规范机制的自由。

2. 政府部门、政府机构的官员或雇员、国家机关或国有企业如果经营电台或电视台或其他大众媒体业务，享有同本条第一段所列的私人从业者相同的权利与自由。

3. 占据支配地位的个人、国家官员或企业主的任何行为，无论是直接地还是间接地阻碍或干涉了第一段或第二段所规定的任何人发布或表达与公共事务有关的新闻或观点者，均被认为是蓄意滥用职权且其行为无效，但依法律或职业道德的要求所为的除外。

第四十七条

1. 无线电传输频率、电视广播频率以及电信设施均属于用于公共利益的国有通信资源。

2. 国家设立独立的监管机构依据法律之规定负责分配第一段所规定的频率，监督电台、电视台及电信业的运作。

3. 在执行本条第二段之规定时，国家应在教育、文化、国家安全、其他公共利益及自由公平竞争方面，充分考虑全国及地方人民的最大利益，并鼓励公众对于大众媒体的运作的参与。

4. 为实现本条第二段所列对企业运作之监督，国家应采取措施防止将会对公众获取信息的自由形成阻碍的，或对公众获取信息渠道多样化造成妨害的媒体企业或其他个人间的合并、交叉控权或市场垄断行为。

第四十八条

占据支配地位的个人不得以其名字或通过其任命的人持有报纸、电台或电视台或电信企业的股份，或成为上述企业所有者，或以其他方式直接或间接地使其以近似于拥有企业或持有企业股份的方式对该类企业进行管理。

第八部分 受教育的权利和自由

第四十九条

1. 人人均平等地享有或接受由国家提供的、保证质量的、免费的且不少于十二年的教育的权利。

2. 贫穷者、残疾人士、体弱者或处于困境者，除享有本条第一段所列之权利,还有权获得国家提供的、保证其能够获得与其他人同等之教育的资助。

3. 国家以适当的方式保护和推动由专业机构提供的教育、私人机构提供的教育,非传统型教育、自学以及终身学习等方式。

第五十条

1. 人人享有学术自由。

2. 教育、培训、学习、教学、研究以及根据学术的原则对研究成果予以传播的行为,均受保护。但不得与公民责任和社会善良风俗相悖。

第九部分　接受医疗服务与政府福利的权利

第五十一条

1. 人人平等地享有接受适当的、有质量保障的公共卫生服务的权利,贫穷者有权享受由国家公共卫生中心提供的免费医疗救治服务的权利。

2. 人人享有获得由国家提供的、充分及有效的公共医疗服务的权利。

3. 人人享有获得由国家免费提供的、以防止其受传染病之侵害以及根除该传染病为目的的适当保护。

第五十二条

1. 儿童和青少年有生存的权利,以及在合适的环境中获得与其潜力相适应的体力和智力发展的权利,且儿童和青少年的参与应获得重视。

2. 儿童、青少年、妇女和家庭成员有权获得由国家提供的、使其免于暴力及不公正对待的保护,以及在受到此等对待有权获得康复。

3. 除非为保持和维护家庭状况或相关人员的最大利益之目的且依据专门颁布的法律之规定,不得对儿童、青少年或家庭成员的权利进行干预或施加限制。

4. 无监护人的儿童和青少年有权获得由国家提供的适当的照顾和教育。

第五十三条

年逾六十周岁且不能获得足够收入以维持生计的人,有获得由国家提供的、与其人格相适应的福利、使用公共设施以及适当资助的权利。

第五十四条

残疾人或体弱者有获得由国家提供的福利、使用公共设施以及获得适当资助的权利。

第五十五条

不能获得足够收入以维持生计的无家可归者,有获得由国家提供的适当资助的权利。

第十部分　获得信息与投诉的权利

第五十六条

人人享有知情权,享有通过各种渠道获得由政府机构、国家机构、国有企业或地方政府组织占有的公共数据或资料的权利,但如果这些数据和信息的公开将影响国家安全、公众安全或他人受保护的利益,或属于个人数据信息除外。

第五十七条

1. 人人有权从政府机构、国家机构、国有企业或地方政府组织获取有关影响环境质量、健康和卫生条件、生活质量或其他与个人或地方团体的物质利益相关的项目运作的资料、解释和理由,并有权利向相关机构反映意见,以备各机关进一步考虑这些问题。

2. 在社会、经济、政治和文化发展的规划中,或在开展征用、城乡规划、分区规划和进行附属立法时,如果这些事项将影响公众的基本利益,国家应事先举行广泛的公开听证会。

第五十八条

如国家机构在执行其行政职能时,权利和自由可能受该机构之决策影响者,有权参与该决策形成程序。

第五十九条

人人有提出请愿,并有获得无延迟地告知处理结果的权利。

第六十条

人人有权就政府机构、国家机构、国有企业、地方政府组织或其他国家权力机关的政府官员或其雇员之作为或不作为,以上述机构为被告提起诉讼。

第六十一条

1. 作为消费者的个人,其获知合法信息的权利应受到保护,且其享有就其遭受的损失进行投诉以获得补偿和为了保障消费者的权利而集会的权利。

2. 建立保护消费者的组织,该组织由消费者代表组成并完全独立于其他国家机构,其职责包括:提供建议以协助国家机构制定及执行法律及附属立法,就消费者保护措施的确定和监督提出建议,就消费者保护的成绩和失误提出报告。在此组织履行其职责的过程中,国家应对其提供财政上的支持。

第六十二条

人人有权对担任政治职务的个人、国家机构及国家官员履行职责的状况进行监督,或提出监督的要求。

基于善意向负责审查行使国家权力的机关履行职责之情况的机构或向国家机构,提供担任政治职务的个人、国家机构或国家官员履行职责情况的信息者,受国家保护。

第十一部分　集会与结社自由

第六十三条

1. 人人应享有非武装的和平集会的自由。

2. 集会自由不受限制,除非依据经特殊颁布之法律,并基于以下原因:为保障公众集会对公共场合使用之方便,或在战时、国家处于紧急状态之时或宣告戒严,而为确保彼时的公共秩序。

第六十四条

1. 个人享有联合并组成一个协会、联合、联盟、公司、农民团体、私人组织、私人发展组织或其他任何形式团体的自由。

2. 政府或国家官员也依法享有同其他人一样的结社自由,只要不影响公共行政的效率和对公众提供服务的连续性。

3. 本条第一段和第二段所列之自由不得受限,除非基于经特殊颁布之法律,并基于以下原因:保护公众之普遍利益,维护公序良俗,防止经济垄断。

第六十五条

1. 个人有权联合和组成政党,从而表达民众的政治意愿,基于本宪法规定的由国王作为国家元首的民主政府统治的方式,通过采取政治行为实现该政治愿望的目的。

2. 政党的组织、管理和规范,以国王为国家元首、民主政府统治的基本原则为基础。

3. 众议院的成员,同时是某政党成员、某政党执行委员会之成员,其组成人数不能少于政党组织法规定之人数,如认为其所属政党关于国家事务的决策或规范,依本宪法违反对众议院议员身份及行为的职责的要求,或违反国王作为国家元首、民主政府统治的基本原则,该成员有权提请宪法法院作出决定。

4. 如宪法法院裁定此类决策或规范违反国王为国家元首、民主政府统治的基本原则,则该决策或规范应终止执行。

第十二部分　社区权利

第六十六条

聚集在一起形成社区、地方社区或传统社区的人,有权保留或恢复其风俗习惯、地方知识、其社区及民族的优良艺术与文化,参与自然资源的开发,环境的管理、维护、保护,以可持续的、平衡的方式维持生物多样性。

第六十七条

1. 个人赋予国家及社区的参与自然资源和生物多样性的保护、保存及开发的权利,保护、改进环境质量以维持规则的、持续性的,对其健康和卫生条件、福利及生活质量无害的生活环境的权利,应获得适当保护。

2. 任何项目或活动,如可能严重影响社会的环境质量、自然资源和公众健康,则应被禁止,除非对于环境和公共健康的影响进行研究及评估,并公开听证

征询公众及利害关系人之意见,而且需征询由来自环境及健康领域的私人组织,环境、自然资源或健康领域的高等教育研究机构的代表组成的独立机构的建议。

3. 社区将政府机构、国家机构、国有企业、地方政府组织或其他国家政权机关等法人作为被告,就本条上述相关行为提起诉讼之权利,应受保护。

第十三部分　维护宪法之权利

第六十八条

1. 任何人不得行使宪法确认之权利和自由,以推翻以国王为国家元首、民主政府统治的政体,或用以获得权力,以与本宪法不相容之任何模式对国家进行统治。

2. 如任何人或任何政党有本条第一段所列之行为,知情人有权要求总检察署对事实情况进行调查,并提请宪法法院下达命令停止该行为,而无须针对行为人启动刑事追诉程序。

3. 如宪法法院作出决定,强制政党停止实施本条第二段所列之行为,宪法法院可命令该政党解散。

4. 如宪法法院发布解散政党的命令,则该被解散政党的领袖及执行委员会成员的选举在宪法法院的命令作出之日起五年内,予以搁置。

第六十九条

个人有权对任何以违反本宪法规定之方式获取权力、统治国家的犯罪行为,进行和平抵抗的权利。

第四章　泰王国人民的义务

第七十条

每个人都有义务保护和维护国家、宗教、国王和以国王为国家元首、民主政府的政体。

第七十一条

每个人都有义务捍卫国家,维护国家利益,遵守法律。

第七十二条

1. 每个人都有义务行使其选举权。

2. 参加选举的人,或因故未参加选举而不能给出合理原因的人,依法律获得或丧失选举权。

3. 对未参加选举理由之说明,以及为参加选举提供便利之条款,依法律规定。

第七十三条

每个人都有服兵役的义务,对预防及减轻公共危害提供帮助的义务,纳税的义务,为官方服务提供帮助的义务,接受教育与培训的义务,维护、保护和传承民族艺术、文化与地方知识的义务,保护自然资源和

环境的义务。

第七十四条

1. 政府官员、政府机关、国家机关、国有企业或其他国家机构的官员或雇员有依法履行职责,以保护公众利益,依据良好治理的原则向公众提供方便及服务的义务。

2. 在履行涉及公共利益的职责时,本条第一段所列之人员必须保持政治中立。

3. 如本条第一段所列之人员忽视或未能履行本条第一段或第二段所列之职责,相关利害关系人有权要求上述人员或其上司给予解释和说明,并要求他每年依本条第一段或第二段之规定履行职责。

第五章 基本国家政策的指导原则

第一部分 总则

第七十五条

1. 本章的规定表明了颁布法律和有关国家事务管理政策制定时的国家意愿。

2. 在向国民议会宣布政策时,承担管理国家事务职责的部长会议应就相关行动和时间框架作出明确声明,以进而采取措施实现基本国家政策的指导原则,并应将执行结果向国民议会至少每年一次进行报告,报告的内容包括有关的问题及障碍。

第七十六条

1. 部长会议应就国家事务的管理制订计划,以对每年公务执行的具体化指导措施及细节进行监督,该计划应符合基本国家政策之指导原则。

2. 在管理国家事务的过程中,部长会议应被督促制订必要的、有关政策执行的立法计划和管理国家事务的计划。

第二部分 有关国家安全的国家政策的指导原则

第七十七条

国家应保护和维护君主制度、国家独立、国家主权和领土管辖权的完整,并应提供现代化的、必要的、充足的军队、军事武器和技术,以保护和维护独立、主权、国家安全、君主制度、国家利益,以国王为国家元首的民主政府统治和国家的发展。

第三部分 有关国家事务管理的国家政策的指导原则

第七十八条

国家应在管理国家事务的过程中,遵循下列国家政策的指导原则:

(1)管理国家事务,应以有利于社会及经济的发展,有利于国家安全的方式开展,并应推进自给自足的经济理念的实施,且优先考虑国家利益;

(2)组织中央、省和地方政府当局明确边界、权力、义务和责任,以适应国家发展,并授权省制订有利于当地居民的计划和预案;

(3)在地方政府组织可自立和自决的前提下,开展地方分权,推进地方政府参与执行基本国家政策的指导原则,全面发展地方的及国家的经济和公共设施,以及设备系统和信息基础结构,同时为实现此目标,考虑到当地人民医院,发展省级大型地方政府组织;

(4)发展公共部门的工作系统,应特别强调国家官员的素质、良知和道德的发展,辅以工作方式与模式的发展,以实现提高管理国家事务的效率,在国家机构中间推进良好治理原则的适用;

(5)组织的官僚体系和其他国家事务,应达到的效果是公共政策的条款及发布及时、有效率、透明化,并采用问责制,且应充分考虑公众参与;

(6)采取行动,设立负有对国家管理和法律之制定提供建议之职责的法律机构并使其能够独立行使职权,以保证对国家事务的管理严格依照基本法律规则;

(7)使政治改革的计划步入正轨,并严格按照此计划设立独立的政治改革委员会;

(8)采取行动使政府官员及国家官员获得附加利益。

第四部分 有关宗教、社会事务、公共健康、教育和文化事务的国家政策的指导原则

第七十九条

国家向大多数泰王国人民长期信奉的佛教以及其他宗教提供赞助并给予保护,以促进各宗教信奉者之间的理解与和谐,并鼓励发扬宗教戒律,以培育良知及改善生活质量。

第八十条

国家在涉及下列事务时,应遵循国家政策的指导原则:

(1)保护儿童及青少年,鼓励和发展基础教育,促进男女平等,培育和发展家庭和社区团结,向老年人、穷人、残疾人、体弱者和生活困难的人提供帮助和福利,以使他们能提高生活质量并自立;

(2)促进、支持并发展以培育健康为基础的卫生系统,以维持人民幸福生活的可持续状态,提供并促进全面的、有效的公共卫生服务,促进私人及私人团体参与发展公共健康卫生服务,并确保秉承道德和专业水准履行职责的人的权利受到保护;

(3)提高各级教育的质量和水准,并符合经济与

社会的发展,制订国家教育计划和法律以发展国家教育,提升教师和教育人员的水平与国际社会接轨,向学生灌输泰王国的价值观、纪律、对公共利益的关心和遵守以国王为国家元首、民主政府统治的政体的理念;

(4)促进和支持地方分权,使地方政府组织、社区、宗教组织和个人能参与提供教育,以提升教育的水平和质量以符合国家基本政策的指导原则;

(5)促进和支持各科学分支学科的学习和研究,并对学习和研究的成果进行传播,上述活动都由国家财政予以支持;

(6)促进和支持情谊交流、学术发展,重视和传播本国的艺术文化、风土人情,这其中既包括高雅的体验也包括民间的学问。

第五部分　有关立法和司法的国家政策的指导原则

第八十一条

国家在涉及有关立法和司法的事务时,应遵循国家政策的基本指导原则:

(1)确保正确、迅速、公正、合理地执行法律,促进法律援助的实施和对公众普及法律知识,组织官僚体系和司法范围内的相关国家事务以提高效率,使公众和组织可以适当参与司法过程,以及对公众法律援助的实施;

(2)保护人民免受来自国家官员及其他人员的暴力侵害的权利和自由,司法面前人人平等;

(3)制定法律建立独立的法律修订机构,该机构负责对国家法律的修订与发展,包括在宪法实施过程中对法律的修订,在此过程中应充分听取利害关系人的意见;

(4)制定法律建立独立的司法执行改革组织,负责有关司法执行机构运作方式的改革与发展;

(5)支持向公众提供法律援助的私人组织,尤其是向那些受家庭暴力侵害者提供帮助的组织的运作。

第六部分　有关外交事务的国家政策的指导原则

第八十二条

1. 国家应促进与其他国家的相互关系与合作,坚持平等待遇原则,遵守泰王国签署的与人权有关的条约以及与其他国家或国际组织签订的条约。

2. 国家应促进与其他国家间的贸易、投资和旅游,保护并关心身在其他国家的泰王国人士的利益。

第七部分　有关经济的国家政策的指导原则

第八十三条

国家应促进和支持自给自足的经济理念的实施。

第八十四条

国家在经济领域,应遵循国家政策的指导原则,具体如下:

(1)促进建立以市场为主导的经济自由和公平,鼓励可持续发展,已颁布的商业调控法律和规则,如与经济发展所需不相符合,或不能起到鼓励企业与其他私营机构进行竞争的效果,则应予以废除或抑制,但基于维护国家安全、保障公共利益或提供公共设施的目的除外;

(2)在企业管理过程中,应促进正义、道德和良性治理的应用;

(3)确保财政和金融的准则得到适用,以促进国家经济和社会的稳定和安全,修正税收系统以实现公平,并与经济和社会条件相吻合;

(4)为人民和国家官员提供养老保险;

(5)监督企业运作,确保企业的公平自由竞争,防止直接及间接的垄断,保护消费者;

(6)确保收入的公平分配,本着经济发展的目的,保护、促进并扩大人民的商业机会,保护和鼓励地方知识和泰王国传统智慧的发展,确保这些知识和智慧是用在货物的生产、服务以及占有物的处理;

(7)为适龄人口提供就业机会,保护儿童和妇女劳动力,管理劳动关系和三方制度(在该制度下,雇员可选举其代表),管理社会保障体系,为雇员无歧视地享受同工同酬待遇、获得附加利益和社会福利提供保护;

(8)在生产与流通领域,保护和维护农民利益,促进农产品以最高的价格出售,促进农民以成立农民协会的方式进行联合,对农民的普遍利益制订计划、予以保护;

(9)促进、支持和保护合作制度,以实现自治,尊重职业或专业协会以及承担经济事务职责的民众联合团体;

(10)在经济方面,出于维护国家安全的利益之需要,应为公众的生活提供必要的、基本的公共设施;采取行动,防止公众生活所必需的基本公共设施为任何个人以近乎侵害国家利益的方式独占;

(11)任何行为,若有造成国有基础设施或为公众生活或国家安全所必需的基本的公共设施网为个人所有,或国家所有权只占不到百分之五十一的比例,则应对该行为予以禁止;

(12)促进并为海事商业、铁路运输以及物流运输企业提供国内的以及国际上的支持;

(13)促进并为私人组织在经济领域,依其自身实力,提供国家及地方层级上的支持;

(14)促进农产品加工业的发展,以产生经济附加值。

第八部分 有关土地、自然资源及环境的国家政策的指导原则

第八十五条

在土地、自然资源及环境领域,应遵循以下国家政策的指导原则:

(1)制定覆盖全国范围的土地使用的有关条款,并考虑自然环境的协调性,涉及土地面积、水面、当地居民的生活方式、对自然资源的有效保护;制定土地使用的可持续发展标准,并确保其利益会受到此类规则影响的当地居民,能够参与决策制定过程;

(2)公平分配土地,通过土地改革使以农业生产为目的的农民拥有完全的土地所有权,或为农民农业生产的需要提供充足的水资源;

(3)制定城乡规划,以及时有效的方式实施城乡发展计划,同时应可持续地保护自然资源;

(4)以增进公共利益的方式,为水资源和其他自然资源的管理提供系统的规划,保障公众充分参与保护、维护、开发自然资源和生物多样性;

(5)遵循可持续发展的原则,促进、维持和保护自然资源的质量,控制并消除影响健康、卫生条件、公众生活质量和幸福的污染,确保民众、当地居民及政府组织参与制订此项工作的指导计划。

第九部分 有关科学、知识产权和能源的国家政策的指导原则

第八十六条

在有关科学、知识产权和能源领域,应遵循以下国家政策的指导原则:

(1)推动各领域科学与技术革新的发展,以此为目的,制定特别法,为学习与研究提供财政支持,设立专门研究机构,并对研究成果予以应用,及时转化技术和适度发展专业人士,传播科学和技术领域的现代知识,鼓励民众在日常生活中运用这些科学知识;

(2)推动能够产生新知识的发明和发现,保护和发展当地的知识和泰国智慧,保护知识产权;

(3)促进和支持对可替代能源的研究、发展和利用,此类能源是天然的,并持续、系统化地有利于环境。

第十部分 有关公众参与的国家政策的指导原则

第八十七条

1. 在有关公众参与领域,应遵循以下国家政策的指导原则:

(1)在国家及地方两个层级,推动公众关于经济和社会发展的政策与规划的制定;

(2)推动和支持公众参与政治决策,经济和社会发展规划,公共服务的开展;

(3)促进和支持公众参与监督各级国家权力的行使,公众可通过各种专业组织、职业团体或其他形式进行参与;

(4)加强公众的政治力量,实施有关建立公民基金的法律,该基金是为政治发展和协助地方政治活动的运作而设立,并为那些公民团体构建网络提供支持,这些公民团体能够在其地方表达当地人民的意愿以及提出要求;

(5)在公共教育方面,促进、提供政治发展以及以国王为国家元首的民主政府统治的政体原则,推进公众在选举中的诚实和公平的投票。

2. 本条所列之公众参与是以男女参与比例接近为基础。

第六章 国会

第一部分 总则

第八十八条

1. 国会由众议院及参议院组成。

2. 国会两院联合或单独开会应遵照宪法条款之规定。

3. 任何人不得同时既是众议院的议员,又是参议院的议员。

第八十九条

1. 众议院的主席是国会的主席,参议院议长是国民议会的副主席。

2. 在没有众议院议长,或众议院议长未出席会议,或其无法履行职责的情况下,参议院议长应担任国会主席之职。

3. 国会主席履行权力及职责应遵循本宪法的规定,在主持联席大会时,应遵照程序规则进行。

4. 国会主席以及担任国会主席之职的人,在履行其职责时应保持中立。

5. 国会副主席履行权力及职责时应遵循本宪法的规定,遵照国会主席的授权。

第九十条

组织法草案或可能获得颁布而成为法律的法案,非经国民议会通过,并由或确定将由国王依照宪法签署,而后公布在政府公报上,不得生效。

第九十一条

1. 超过各该院十分之一的众议员或参议员,有权向本院议长就有关其本院任何议员之议员身份因本法第一百零六条第三段、第四段、第五段、第六段、第七段、第八段、第十段、第十一段或第一百一十九条

第三段、第四段、第五段、第七段、第八段而被终止进行投诉。依案件之具体情况,接受投诉的议长应将案件提交宪法法院裁决,以决定该议员之议员身份是否已被终止。

2. 宪法法院作出裁决后,应将裁决的结果通知接受投诉的议长。

3. 如选举委员会认为,众议院或参议院议员的身份根据本条第一段已被终止,则应向身份存疑的议员所属议院的议长提出,而该议长应依本条第一段及第二段将情况提交宪法法院进行裁决。

第九十二条

自其议员身份被终止,或宪法法院裁决其身份被终止,或议员所属议院之议长接到宪法法院通知议员身份被终止之日起,众议院或参议院议员职位空缺,但并不影响该议员在其议员身份存续期间所获得的工薪或其他补贴,除非该议员的职位空缺是因为议员身份是在违反众议院及参议院议员选举组织法情况下获得的,此时议员身份存续期间所获得的工薪或其他补贴应予以退回。

第二部分 众议院

第九十三条

1. 众议院有四百八十名议员,其中四百人经选区选民直接选举产生,八十人是依比例代表制选举产生。

2. 对众议院议员的选举应通过直接选举和无记名投票的方式,因此,每张选票只能用来选举一类众议院议员。

3. 选举众议院议员的规则和选举程序,应依照众议院及参议院议员选举组织法。

4. 如遇众议院议员职位空缺,且对填补该空缺的议员选举尚未进行,则现有之议员组成众议院。

5. 如发生本宪法第一百零九条(2)所规定的情况,在众议院开会期间,经比例代表制选举产生的议员人数不及八十人,则由现有的成员组成按比例代表制选举制产生的议员。

6. 如在普选中,发生任何情况,导致众议院议员人数少于四百八十人,但并不少于众议院总议员数的百分之九十五,则由现有之议员组成众议院,依宪法在一百八十日内达到规定人数的议员组成的众议院在剩余任期内履行职责。

第九十四条

1. 在选区直接选举众议院议员的过程中,在指定选区有选举权的人,有权对众议院在该选区所允许的候选人人数进行投票。

2. 对众议院在每个选区应有的议员人数的统计以及对选区的确定,应遵循以下规定:

(1)每位议员所对应的居民人数的比例,应根据上一个选举年度中,在全国范围内,通过普查所得到产生四百名议员的居民人数进行计算;

(2)任何居民人数低于依据本条(1)之规定所需的选举基本人数的省,可产生一名众议院议员。任何居民人数多于可产生一名议员的比例的省,如果多出的居民人数够比例产生一名议员,则该省获得另一议员名额;

(3)如根据本条(2)所产生的众议院议员数仍少于四百人,则依据(2)所确定的居民剩余人数最大的省又多获得一名议员名额,依此程序产生的额外的议员应保留在各自省份直至众议院的四百位议员最终产生;

(4)选区的确定,应当遵循下列方式:凡任何经授权其众议院议员不超过三人的省份,均可被列为一个选区。但如果任何省份经授权其议员人数超过三人,则该省应被分割为若干选区,以使每个选区可产生三名议员;

(5)如遇无法在某一特殊省份内,将其分割为若干选区而使每个选区有三名众议员产生的情形,则应进行如下划分——划分为可产生三名众议员的若干选区后,余下的选区仍可产生不少于两名众议员。如果某一省份可产生四名众议员,则该省应被划分为两个选区,使每个选区产生两名众议员;

(6)如某一省被分为两个以上选区,则各选区间的边界需毗壤,且每个选区的居民数应接近。

3. 对选票的清点应在投票站进行,该投票站的点票结果应汇总到该选区进行总清点。而后,计票结果应在选举委员会指定的选区内的任一地点进行公开宣布,除非某特殊地方因需要提出,选举委员会可确定计票、点票和计票结果的公布应依众议院及参议院议员选举组织法。

第九十五条

1. 以比例代表方式进行选举的众议院议员,应依据由各政党提供的政党名单进行选举,为此,每个选区的选民应有权对某一政党在该选区提名的选举人仅做一次投票。

2. 每个政党,在按比例方式进行的选举中,都可向所有选区或仅向某些选区派候选人。

3. 在比例代表选举中,由各政党所提供的候选人名单,如在选举当日或之前,出现任何情况,使某一政党名单中的候选人人数少于之前所提供的名单,则该政党现有候选人数参与此次比例选举,在此种情况下,众议院由现有议员组成。

第九十六条

对于比例选举产生众议院议员的选区的确定,应遵循以下规定:

（1）整个国家应分为八个选区，每个选区由若干省份组成，每个选区产生十名众议员；

（2）在组成选区的省份中，毗邻的省份应被划在一个选区内，每个选区的居民数应接近，该居民数以上一个选举年度普查产生的结果为依据，且每个省应被完整地包含在一个选区内。

第九十七条

政党对于比例选举中候选人名单的指定应遵循以下规定：

（1）在每个选区的候选人名单中所包含的候选人名字的数量，应与众议院所规定的每个选区所允许产生的众议员数相等，这些名字按数字顺序排列，而后，该名单应在接收普选候选人申请之日前提交给选举委员会。

（2）本条（1）规定的名单上的名字不得同时既为普选候选人，又为政党比例选举候选人，且男女选举比例与选举机会应平等。

第九十八条

1. 在计算每个选区参选的各政党名单候选人的比例时，各政党所获得的选票应集中起来进行统一计算，以使集中统计的各政党迄今为止获候选人的数量、各政党获得的选票数以及众议员在各选区授权允许产生的议员数，三者相符。为此，名字出现在各政党名单上的候选人，如当选为议员，则应符合上述计票方式的结果和数字列名方式，所有这些均应遵照众议院及参议院议员选举组织法中的规则和程序进行。

2. 比照适用第九十四条第三段之规定对众议员之比例选举进行计票，为此，选举委员会可指示在某个省内对计票结果进行初步的总结。

第九十九条

1. 具有下列资格的人在选举中有投票权：

（1）具有泰王国国籍；以归化方式获得泰王国国籍的人，应至少保有泰王国国籍五年以上。

（2）至选举当年的 1 月 1 日，其年龄应在十八周岁以上；且

（3）至选举之日，其名字被登记在选区内至少九十日。

2. 在选区外拥有住所的选举人，其名字被登记在该住所上，或其名字被登记在选区内不足九十日，或选举人在泰王国境外拥有住所，则此类选举人有权在选举中进行投票，但应遵照众议院及参议院议员选举组织法所列之规则、程序及条件。

第一百条

至选举之日仍具有下列禁止参选情形的，丧失选举权：

（1）僧人、修女、修士或神职人员；

（2）投票权处于悬而未决状态的人；

（3）依法院之令状或合法命令而被拘禁的人；

（4）精神失常或精神状况上有瑕疵的人。

第一百零一条

具有下列资质的人，有权成为众议员之候选人：

（1）出生于泰王国，并具有泰王国国籍的人。

（2）至选举之日，年龄不小于二十五周岁的人。

（3）至选举之日，为某一政党且仅为该政党成员连续不少于九十日，或因众议院被解散而致须进行普选，此人为某一政党且仅为该政党成员连续不少于三十日。

（4）比例选举之候选人应具备下列资质：

（1°）至申请成为候选人之日，其名字被登记在其作为候选人参加选举的省内持续至少五年；

（2°）出生于其作为候选人参加选举的省；

（3°）在其作为候选人选举的省内的教育机构进行学习，连续不断至少五个学年；

（4°）在其作为候选人选举的省内的政府机构服务，或其名字已被登记在该省内连续至少五年；

（5°）比例代表选举中的候选人应具备本条第（4）项所列之资质，有关其资质要求所涉及的省亦包括由若干省组合而成的选区；

（6°）其他众议院及参议院议员选举组织法所列之资质要求。

第一百零二条

具有下列禁止情形的人，不得成为众议院议员之候选人：

（1）吸毒成瘾者；

（2）破产者或曾欺诈破产者；

（3）根据第一百条第一段、第二段或第四段，被剥夺公民权者；

（4）经判决被处以监禁者，以及经法院授权被拘禁者；

（5）因判决被处以监禁，至选举之日被释放不足五年者，但因疏忽而获罪或是轻微犯罪者除外；

（6）因未诚实履行职责或行贿受贿而被驱逐出政府机构、国家机构或国有企业者；

（7）经法院判决其转交给国家的个人资产，来源于其非比寻常的财富或不正常增加的资产；

（8）在政府机构及政党机构中获终身职位或领取终身薪水者；

（9）地方议会或地方政府机构的成员者；

（10）参议员，或其参议员身份终止未超过两年者；

（11）为任一政府机关、国家机关、国有企业或其他国家机构的官员或雇员者；

（12）为宪法法院法官、选举委员会委员、巡视官、国家反贪污受贿委员会成员、国家审计委员会成员或

国家人权委员会成员者；

（13）根据本宪法第二百六十三条，保有政党之职的禁止情形；

（14）因参议院依本宪法第二百七十四条作出决定而从政府机构离职者。

第一百零三条

1. 任何政党在送交代表本党在各选区选举的候选人名单时，候选人人数应足额符合众议院授权允许该选区所产生的议员人数，且不得超出该数额。

2. 当某一政党已送交依本条第一段之规定数额的候选人名单后，如因各种原因候选人人数减少，致使不符合足额人数要求，则视为该政党已按足额人数送交候选人名单。

3. 当某一政党已将候选人名单送交参与选举，则该政党或该政党的候选人不得退出选举或更换候选人。

第一百零四条

1. 众议院任期自当选之日起为四年。

2. 众议院任期内，有成员为众议员的政党不得进行合并。

第一百零五条

众议院议员身份自当选之日起获得。

第一百零六条

众议院议员身份因下列原因而终止：

（1）众议院任期届满或遭解散。

（2）死亡。

（3）辞职。

（4）依本宪法第一百零一条之规定丧失资格。

（5）具有本宪法第一百零二条之禁止情形。

（6）进行任何本宪法第二百六十五条或第二百六十六条所列之禁止的行为。

（7）退出其政党，或在该政党执行委员会及具有该政党党籍的众议员召开的联席会议中以不少于四分之三的投票，作出决议终止其该政党成员身份。在此情况下，应视为其政党身份自退党之日起，或自该决议作出之日起已终止，除非该众议员自决议作出之日起的三十日内，以决议具有本宪法第六十五条第三段所列之情形为由，向宪法法院诉请撤销该决议。如宪法法院作出裁决，认为政党之决议不具有本宪法第六十五条第三段所列之情形，则该议员之政党成员身份自决议作出之日起被终止。如宪法法院作出裁决，认定政党之决议具有本宪法第六十五条第三段所列之情形，则该议员自宪法法院决定作出之日起三十日内，获得另一政党成员身份。

（8）因宪法法院作出解散某政党的裁决而致使其政党成员身份丧失的议员，自宪法法院发布其裁决之日起六十日内不得成为另一政党的成员。在此情形

下，应视为其成员身份自该六十日结束之第二日起终止。

（9）如果参议院依本宪法第二百七十四条作出决议使其从参议院离职，或宪法法院依本宪法第九十一条作出裁决终止其资格，或最高法院依本宪法第二百三十九条第二段作出决定，则其成员身份自参议院发布其决议或法院作出决定之日起终止。

（10）在会期为九十日以上的会议期间，未经众议院议长同意，缺席会议超过会期四分之一时间。

（11）由终审判决判处监禁的，无论是否处于处罚中止期，但因疏忽或轻微犯罪或诽谤获罪而处于处罚中止期除外。

第一百零七条

众议院任期届满之时，国王应当发布一项皇家法令号召进行众议院议员大选，选举日应全国统一，并自上一届众议院任期满之日起四十五日内予以确定。

第一百零八条

1. 国王有为选举产生新的众议院之目的而解散众议院之特权。

2. 解散众议院应以皇家法令的形式作出，该法令应对全国统一的新的大选日期予以确定，并应在自众议院解散之日起四十五日后、六十日以内予以确定。

3. 同样情形下，众议院只得被解散一次。

第一百零九条

当众议院某一议员办公室因除任期满或被解散以外的任何其他原因无法履行其职责，则应采取下列措施：

（1）如果是某一经选区选举产生的众议员职位空缺，则应在该空缺产生之日起四十五日内选举新的议员填补该空缺，除非该届众议院的剩余任期不足一百八十日；

（2）如果是某一经比例选举产生的众议院议员席位空缺，众议院议长应提升其名字位于政党的议员候选名单第二位的人，递补成为议员，并自席位空缺之日起七日内将其公布在政府公报上，若名单上并无为此目的而被列入的名字，则保持现有议员人数。

情形（1）下产生的递补议员，其身份之获得自选举之日起，在情形（2）下产生的递补议员，其身份之获得自政府公报公布后第二日起，递补议员的任期仅以该届众议院的剩余任期为限。

第一百一十条

1. 在部长委员会承担对国家事务管理之职后，国王应任命众议院中未能组阁，并在各在野党中占有最多数议席的政党的领导人，为众议院反对党领导人，并应保证该议席数在任命时不少于全体众议员总数的五分之一。

泰王国宪法

2. 如遇无任何政党满足本条第一段所规定之条件的情形，获得来自各在野党众议员最多数支持的某一在野党的领导人，应成为众议院反对党领导人。如遇票数相等的情形，抽签决定。

3. 众议院议长应对国王任命众议院反对党领导人的皇家命令予以副署。

4. 当不符合本条第一段或第二段所规定的条件时，反对党领导人应从该职位上退下，并临时适用本法第一百二十四条第四段之规定，由国王任命新的反对党领导人以填补空缺。

第三部分 参议院

第一百一十一条

1. 参议院应由从各省选举产生的一百五十名议员组成，每个省选举产生一名参议员，选举产生的议员数目应等于迄今为止所减少的议员数。

2. 如遇到选举期间，省份数量有增加或减少的情形，参议院由现有的参议员组成。

3. 如遇到某一参议员因任何原因造成席位空缺的情形，并且递补该空缺的议员选举或选拔尚未举行，则参议院由现有议员组成。

4. 如遇到由任何情形导致参议员数目低于本条第一段所规定的人数，但并未低于参议员总数的百分之九十五，应视为参议院由现有议员组成，但自该情形产生之日起一百八十日内，应举行参议员选举或选拔，以补齐人数空缺至符合第一段对参议员的数目规定，新当选的参议员任期为该参议院的剩余任期。

第一百一十二条

1. 在每个省的参议员选举中，各省应被视为一个选区，并且每个省应有一名参议员；为此目的，有投票权的个人可以以直接、无记名投票的方式投票。

2. 为当选参议员，候选人可举行仅限于与参议员职责有关的宣传活动。

3. 参议员选举和宣传活动的规则、程序及条件，应遵循众议院及参议院议员选举组织法。

第一百一十三条

1. 设参议院选拔委员会，由宪法法院院长、选举委员会主席、巡视官主席、国家反贪污委员会主席、国家审计委员会审计长、一名最高法院法官（其级别不低于由最高法院全体会议委任的大法官），以及由最高行政法院全体会议委任的最高行政法院的一名法官组成，负责依照本法第一百一十四条，在接到选举委员会的名单之日起三十日内，选拔产生参议员，并将选拔结果通知选举委员会，由选举委员会通知当选的个人成为参议员。

2. 本条第一段所列之选拔委员会成员，应从他们当中自行选举一人，作为该委员会主席。

3. 如遇到委员会下属办公室无任何工作人员，或仅有一名工作人员而无法履行其职责的情况，但现有成员不少于规定人数的二分之一，则参议员选拔委员会由现有成员组成。

第一百一十四条

1. 参议员选拔委员会应从由学术机构、公共机构、私人机构、专业机构或其他机构等组织所提名的人选中，选拔出合适的、能忠实履行参议员职责的人成为参议员，数量上应符合本法第一百一十一条之规定。

2. 在依据本条第一段选拔人选时，应着重考虑知识水平、专业水平或有利于履行参议员职责的实务经验，并应考虑个人在不同领域的知识与能力、男女机会平等、第一段所列之各部门人数比例，并应向社会底层人员提供机会。

3. 选拔参议员的规则、程序及条件应遵循众议院及参议院议员选举组织法的规定。

第一百一十五条

具有下列资质，且不违反禁止规定的人，有权成为参议员大选的候选人，或被提名为参议员选拔的候选人：

(1)出生于泰王国并具有泰王国国籍者。

(2)至申请之日或被提名之日，其年龄不超过四十岁；获得学士以上学位或同等学力者。

(3)参选的参议员候选人应具备下列资质：

(1°)至申请参选之日，其名字登记在其在选举中所代表的省内，应连续不少于五年；

(2°)出生于其在选举中所代表的省；

(3°)在其在选举中所代表的省内的教育机构连续不断学习五个学年以上；

(4°)在政府机关工作或其姓名登记在其所代表的省内连续五年以上。

(4)非众议院议员或有政治职位的个人的长辈、配偶或子女。

(5)非某一政党的成员或在某政党中保有职位，或曾为某一政党成员或曾在某政党中保有职位的人，其成员身份的终止自其申请成为候选人之日，或被提名之日起未超过五年。

非众议院议员，或曾为众议院议员，其议员身份的终止自其申请成为候选人之日，或被提名之日起未超过五年。

(6)根据本法第一百零二条第一段、第二段、第三段、第四段、第五段、第六段、第七段、第八段、第九段、第十一段、第十二段、第十三段或第十四段被剥夺公民权。

(7)非某部部长，或在除地方议会、地方行政机关以外的机构担任政治职务，或曾担任此类职务且离职

605

时间为超过五年。

第一百一十六条

1. 参议员不能同时兼任部长、其他政治职务或宪法独立机构职务。

2. 曾为参议员且参议员身份终止未超过两年的，不得担任部长或其他政治职务。

第一百一十七条

1. 经选举产生的参议员自当选之日起正式获得参议员身份，经选拔产生的参议员自选举委员会公布选拔结果之日起正式获得参议员身份。

2. 参议员任期为六年，自其当选之日或选拔结果经选举委员会公布之日起算。参议员不得连任。

3. 任期已届满的参议员，应继续履行其职责直至新的参议员产生时止。

第一百一十八条

1. 经选举产生的参议员任期届满，国王应发布皇家法令号召召开参议员选举，并自参议员任期届满之日起三十日内确定选举日期，该日期全国统一。

2. 经选拔产生的参议员任期届满，选举委员会应宣布选拔开始的日期和参议员选拔期限，该选拔应在上一届议员任期届满之日起六十日内完成。

第一百一十九条

参议员因下列情形导致身份终止：

（1）参议院任期届满；

（2）死亡；

（3）辞职；

（4）丧失资质或触犯本宪法第一百一十五条所列之禁止情形；

（5）触犯本宪法第一百一十六条、第二百六十五条或第二百六十六条所列之禁止情形；

（6）参议院依据本法第二百七十四条作出参议员离职的决议，或宪法法院依据本宪法第九十一条作出参议员离职的决定，或最高法院依据本宪法第二百三十九条第二段或本法第二百四十条第三段命令参议员离职；在此情形下，其议员身份自参议院决议作出之日、或宪法法院决定作出之日、或最高法院命令作出之日起终止；

（7）未经参议院议长同意，某参议员缺席会议长达会期四分之一以上时间，且会期不少于一百二十日；

（8）经终审判决判处监禁，无论其是否处于刑罚中止期，但由于疏忽或轻微犯罪或诽谤而导致的刑罚中止除外。

第一百二十条

当参议员遭遇本宪法第一百一十九条所列之情形，造成席位空缺，则本宪法第一百一十二条、第一百一十三条、第一百一十四条以及第一百一十八条之条

款应被适用于参议员的选举或选拔，递补的参议员其任期为被代替的参议员的剩余任期，若剩余任期不足一百八十日，则无须进行选举或选拔。

第一百二十一条

1. 在依据本宪法考察任何被任命的人时，参议院应指定一委员会，负责审查被提名的个人记录、行为和道德品行是否适合该职位，并应搜集必要事实和证据向参议院作进一步的汇报，以有助于考察。

2. 本条第一段提到的委员会，其行为应符合参议院程序规则的规定。

第四部分　两院共同适用的条款

第一百二十二条

众议院及参议院议员是泰王国人民的代表，不受任何授权、委托或支配力的约束，并应为泰王国人民的普遍利益忠实履行职责。

第一百二十三条

在上任之前，众议员及参议员需在其所服务的议院面前进行庄严宣誓，内容如下："我（宣誓人姓名），庄严宣誓，我将为国家和人民的利益，忠实履行我的职责。我将全心全意维护和遵守泰王国宪法。"

第一百二十四条

1. 众议院和参议院每个院都应有一名议长及一至两名副议长，由国王根据该院决议从其本院成员中任命。

2. 众议院议长和副议长任期至本届众议院任期届满或被解散时结束。

3. 参议院议长和副议长任期至新的议长及副议长选举产生之日的前一日。

4. 出现下列情形，众议院议长和副议长以及参议院议长和副议长，在任期届满之前离职：

（1）丧失其所服务的院的成员身份；

（2）辞职；

（3）担任总理、部长或其他政治职位；

（4）经判决判处监禁，无论其是否为终审判决或处于刑罚中止期，但该非终审判决或刑罚中止是基于疏忽或轻微犯罪或诽谤而获罪除外。

5. 在任期内，众议院议长和副议长不能同时为执行委员会成员，或在某一政党中保有职位。

第一百二十五条

1. 众议院议长及参议院议长都有权力和职责，依据本院程序规则，负责开展本院事务。两院的副议长经议长委托负有权力和职责，并在议长未出席会议或无法履行其职责时，代替议长履行职责。

2. 众议院议长、参议院议长，以及履行议长职责的人在履行其职责时应保持中立。

3. 当众议院议长和副议长或参议院议长及副议

长未出席会议,各院应从其本院成员中选举产生一人主持会议。

第一百二十六条

1. 众议院或参议院召开会议,由各院现有议员总数二分之一以上的议员构成法定人数,但依据本法第一百五十六条及第一百五十七条的规定,对质询的议事日程进行审议时,众议院及参议院可以按照程序规则确定的法定人数召开会议。

2. 就各种问题所作出的任何决议均应获得多数投票通过,但宪法另有规定的除外。

3. 在投票过程中,每位议员只能投一次票。当票数相同时,主持会议的议员有权再投一票。

4. 国会主席、众议院议长和参议院议长应使每位议员的投票得以被记录,并能够公布在公开场合,以使其能得到公众监督,但无记名投票除外。

5. 除非宪法有其他规定,选举或支持某人成为议员的投票应是匿名的,议员有自主权,不受任何来自政党或其他机构授权的约束。

第一百二十七条

1. 国会应在众议院议员选举产生后的三十日内,召开第一次会议。

2. 每年应有一次全体例会及一次普通立法会议。

3. 本条第一段所列之会议召开之日,视为全体例会的第一天,立法会议召开日由众议院确定。当第一段所列之会议根据年历至年底不足一百五十日时,该年的普通立法会议则不予召开。

4. 在立法会议会期内,只有发生本法第二章所列之情形,或审议组织法法案或议案、通过紧急情况法令、宣布战争状态、听取解释以及通过条约、选举或通过选拔产生议员、使议员离职、宪法的修改与质询,国会可基于上述情形分别召开一次会议,除非国民议会通过法令,由两院现有成员半数以上投票通过,可就其他情形召开会议。

5. 任一国会的普通会议的会期应持续一百二十日,但国王有权延长期限。

6. 任一国会的普通会议可在不足一百二十日时休会,但必须获得国会的通过。

第一百二十八条

1. 国王召集国会,宣布开始会期或休会。

2. 国王可依据本法第一百二十七条第一段之规定出席第一次全体例会的开幕式,或令其法定王位继承人或其他人代表其本人出席。

3. 如出于国家利益的需要,国王可以召开国会非常规会议。

4. 根据第一百二十九条,国民大会的会期召开、延期及休会应以皇家法令为之。

第一百二十九条

1. 两院议员或众议院不少于现有两院议员总人数三分之一的议员,有权提请国王发布召开国会非常规会议的皇家法令。

2. 本条第一段提到的申请,应向国会议长提出。

3. 国会议长应向国王提交该申请,并在皇家法令上进行副署。

第一百三十条

1. 在众议院的会议、参议院的会议或两院联席会议中,任何议员在陈述事实、发表观点或进行投票时,享有绝对的特权。不得对议员的上述行为提起任何指控或采取任何行动。

2. 第一段所列之特权不能扩展适用于下列情形:议员在会议上所发表的言论经广播或电视得以传播,致使其言论出现在国会以外的区域,且言论的内容构成刑事犯罪或构成一项错误行为,而该行为是针对部长或其他议员以外的人的。

3. 在第二段所列的情形下,如果议员的言论导致对部长或议员以外的人造成侵害,议长应依当事人要求,根据程序,在议会程序规则所规定的期限内,作出公开解释,并出于不损害该当事人的权利的目的,将案件提交法院。

4. 本条所列之特权,依据众议院、参议员、国民议会的程序规则,延伸适用于会议期间的记录人员与发行人员,经会议主持人许可在会议上进行事实陈述或发表观点的人,以及经议长同意通过广播或电视方式对会议进行转播的人。

第一百三十一条

1. 会议期间,众议院或参议院的议员,不得被逮捕、拘禁,或在刑事案件中被作为嫌疑人进行拘捕调查,但经其所在的院同意或在作案时被现场抓获除外。

2. 如果众议员或参议员因在作案时被逮捕,则应毫不迟疑地将该情况报告给被逮捕议员所属的议院议长,该议长可命令释放该被逮捕的议员。

3. 如果众议院或参议院议员面临刑事指控,无论该院是否处于会议期间,法院不得在会期中审理案件,除非获得该议员所属议院的同意,或属于众议院及参议院议员选举组织法、选举委员会组织法或政党组织法规定的情形;并且法院的审理不得妨碍该议员参加所属议院的会议。

4. 在议员获得议员身份之前所进行的法院审理和判决,均有效。

5. 众议员或参议员在会期开始前的审讯或审理中被拘留的,当会期开始,审讯机关或法院必须依议院议长的要求释放该议员。

6. 释放令的有效期,自该命令发布日起至会期

世界各国宪法文本翻译与研究系列丛书◎世界各国宪法文本汇编(亚洲卷)

的最后一日。

第一百三十二条

在众议院任期届满或被解散后,参议院不能开会,除非:

(1)依据本宪法第十九条、第二十一条、第二十二条、第二十三条和第一百八十九条的规定,参议院履行国民议会职责召开会议,投票则依议员人数为准;

(2)依据本宪法规定,参议员召开会议决定人员的上任;

(3)参议院召开会议审议及通过议员离职决定。

第一百三十三条

众议院会议、参议员会议及国民议会的两院联席会议,依据各院的程序规则规定之条件,公开进行。根据部长会议或各院不少于现有议员数四分之一,或在联席会议中不少于两院共有议员四分之一人数的要求,会议应以非公开的方式进行。

第一百三十四条

众议院及参议院有权力制定规范选举、议长副议长的职责履行、有关各委员会权力及职责的事务、常务委员会职责的履行及法定人数、会议、组织法案及议案的提交及审议、动议提交、评议、辩论、法令的通过、对法令通过的记录及发布、质询、公开辩论的动议、对规则及命令的遵守及其他有关事项的程序规则,并有权力制定规范议员、委员会成员道德的法典,以及其他有关本宪法实行的法典。

第一百三十五条

1. 众议院及参议院有权力选拔并任命本院议员以组成常务委员会,并有权力选拔及任命其议员或非议员组成特设委员会以履行职责,依本院权力及职责调查或研究相关事务,并将结果汇报本院。任命该特设委员会的法令必须将行为或相关事项进行明确的、具体的规定,并不得重复。

2. 本条第一段所列之委员会有权力发布命令,就有关履行职责行为或其调查或研究的事件,向任何人要求出示文件,或召集相关人员进行事实或观点的陈述,并且该命令依法具有强制约束力,但该命令不得适用于履行案件审理及判决职责的法官或法院的行政人员,也不得适用于巡视官或根据宪法、组织法在宪法独立机构直接履行职责的人。

3. 本条第二段所列情形中的个人,如为政府官员、政府机构的官员或雇员、国家机关人员、国企或地方政府组织人员,则委员会主席应通知监管上述机构的部长,指示该相关人员依照第二段的规定行为,但出于国家安全及重要利益的目的,应视为依据本条第二段之规定的免责。

4. 本法第一百三十条所列之特权应扩展适用于依本条履行职责的人。

5. 常务委员会的成员仅由众议院议员组成,各政党或政党联盟在委员会中的人数应保持比例平衡。

6. 如无本法第一百三十四条所列之众议院程序规则,众议院议长应依据本条第五段之规定决定人数比例。

第五部分 国会联席会议

第一百三十六条

在下列情形下,国会召开联席会议:

(1)依据本法第十九条任命摄政王;

(2)摄政王依本法第二十一条在国会面前进行庄严宣誓;

(3)承认本法第二十二条所列的对王位继承法的修改;

(4)承认或支持依本法第二十三条发生的王位继承;

(5)依本法第一百二十七条的规定,在普通立法会期内,国会就有关事项的审议作出的决议予以通过;

(6)依本法第一百二十七条,作出休会决定;

(7)依本法第一百二十八条,国会会议的开幕;

(8)依本法第一百三十七条,制定国会程序规则;

(9)依本法第一百四十五条,对组织法法案或议案的审议和通过;

(10)依本法第一百五十一条,再次审议一项组织法法案或一项议案;

(11)依本法第一百五十三条第二段,同意对宪法修正案、组织法法案或议案予以进一步审议;

(12)依本法第一百七十六条发布政策;

(13)依本法第一百七十九条举行公开辩论;

(14)依本法第一百八十九条的声明予以通过;

(15)依本法第一百九十条,对条约的解释及通过进行听证;

(16)依本法第二百九十一条对宪法进行修改。

第一百三十七条

1. 在国民议会联席会议中,应适用国会的程序规则。如果国会的程序规则尚未颁布生效,应临时适用众议院的程序规则。

2. 同时适用于两院的法律条款,应临时适用于国会联席会议,但对于委员会的任命,各院被任命为委员会成员的议员数应保持基本相同或接近的比例。

第六部分 组织法的制定与颁布

第一百三十八条

组织法包括:

(1)众议院及参议院议员选举组织法;

(2)选举委员会组织法;

（3）政党组织法；

（4）全民公投组织法；

（5）宪法法院程序组织法；

（6）具有政治职务者刑事程序组织法；

（7）巡视官组织法；

（8）反贪污组织法；

（9）国家审计组织法。

第一百三十九条

组织法法案仅能由下列主体提出：

（1）内阁；

（2）众议院不少于现有议员十分之一者联名，或两院不少于现有议员十分之一者联名；或

（3）宪法法院、最高法院或某一宪法独立组织，法院院长以及该独立组织负责并管理该组织法之执行的主席。

第一百四十条

1. 众议院或参议院对组织法法案的审议，应遵循下列条款：

（1）第一次审议该组织的总体原则，第二次为逐条审议，两次审议均应获得多数投票通过；

（2）第三次审议是关于组织法的颁布，必须获得各院现有议员全体之半数以上支持，才能通过。

2. 对组织法法案的审议，比照适用本宪法第六章第七部分——法案的制定与颁布。

第一百四十一条

1. 在获得国民议会的通过后，送交国王签署之前，组织法法案应先提交宪法法院以确定其合宪性，宪法法院应在收到该法案之日起三十日内作出裁决。

2. 如宪法法院认为组织法法案中包含违背宪法或与宪法法条不相符合的条款，则该条款无效。如该条款是组织法法案的基本条款，或法案的制定违反宪法，则该组织法法案无效。

3. 出现本条第二段所列情形，使得条款或法案本身无效的，该法案应被退回众议院及参议院进行逐条审查。在此情形下，众议院或参议院应考虑对法案进行修改，以避免与宪法不符，甚至违背宪法。修改的决议应获得各院现有议员半数以上支持才能通过，并且此后，总理应遵循本宪法第九十条和第一百五十条或第一百五十一条，完成余下步骤。

第七部分　法案的制定与颁布

第一百四十二条

1. 依本宪法第一百三十九条，一项法案仅可由下列主体提出：

（1）内阁；

（2）二十名以上众议员联名；

（3）法院或宪法独立机构，但仅限于机构的组织

法，以及法院院长和宪法独立机构负责并控制该法律之执行的主席；或者

（4）人数不少于一万的有投票权的个人，联名可依本宪法第一百六十三条之规定请愿制定法律。

依本条第二段、第三段、第四段提出的有关货币的法案，只有经总理同意才可提出。

如法案是依本条第四款由个人提出，第一款、第二款所列的主体之后提出的法案与该法案基本内容相同，则本宪法第一百六十三条第四款的规定适用于对该宪法案的审议。

2. 法案应首先提交众议院。

3. 依本条第一段提出的法案，应辅之以对该法案基本内容的解释和说明。

4. 提交国会的法案，应对公众公开，其内容细节应使公众能以便捷的方式得以了解。

第一百四十三条

1. 财政法案是指其条款是有关下列内容的法案：

（1）征税、废止、减免、修改、变更、免税，或其他有关税赋或财政义务的条款；

（2）分配、收税、管理、国家基金的支付、国家预算的变动；

（3）提高贷款、保险、贷款的偿还，或与国家财产有关的行动；

（4）货币。

2. 如对某项法案是否为需要总理批准的财政法案存有疑义，由众议院议长及其各常委会主席共同召开联席会议作出决定。

3. 众议院议长应在本条第二段所列情形发生之日起十五日内，召开联席会议进行审议。

4. 第二段所列之联席会议的决议应经多数投票通过。如发生票数相等的情况，众议院议长有权再投一票。

第一百四十四条

1. 当由众议院议员提出的法案，在对其基本原则进行审查接受阶段，尚不属于财政法案，但随后由众议院进行修改，而依据众议院议长的意见，修改后的法案具有财政法案的属性，则众议院议长应先搁置对该法案的审议，并在上述情况发生十五日内，将该法案提交由众议院议长及各常委会主席组成的联席会议，以作出决定。

2. 如联席会议最终决定修改使得该法案具有财政法案的属性，则众议院议长应将该法案提交总理批准通过。如果总理不批准该法案，则众议院应对法案进行修改以使其不能成为一项财政法案。

第一百四十五条

当一项由内阁根据本宪法第一百七十六条向国

会提起的、有关国家事务管理必要事项的法案，未获得众议院通过，但反对票不超过现有众议员数的一半，则内阁可以要求国会召开联席会议，另行作出决议。如获得同意召开联席会议，则国会可任命其成员或非成员，按内阁提出的人数组成国会联席会议对该法案进行审议，联席会议应形成报告并向国会汇报。如该法案获得国会支持，则后续步骤应依照本宪法第一百五十条进行。如未获得支持，则该法案失效。

第一百四十六条

1. 依据本宪法第一百六十八条，如众议院对根据本宪法第一百二十八条提出的议案进行审议，并且作出决议通过该法案，则众议院应将该法案提交参议院。参议院须在六十日内完成对该法案的审议；但如果该法案是财政法案，则须在三十日内完成审议；如发生特殊情况，参议院可以通过决议延长期限至三十日以上。该期限应包含在会期内，且从法案被送交参议院之日起算。

2. 本条第一段所谓之期限，不包括依据本法第一百四十九条之规定法案由宪法法院进行审核的期间。

3. 如果参议院未在第一段所列期限内完成对法案的审议，则视为参议院通过该法案。

4. 如果众议院将一项财政法案提交参议院，众议院议长也应通知参议院——以此种方式提交的法案是一项财政法案。众议院议长的通知被视为是决定性的。

5. 如果众议院议长未通知参议院该法案是一项财政法案，则该法案不得被视为一项货币法案。

第一百四十七条

1. 根据本宪法第一百六十八条，在参议院完成对法案的审议后：

(1)如果其与众议院意见一致，则应进行本宪法第一百五十条的后续程序。

(2)如果其与众议院意见不一致，则该法案应被退回众议院。

(3)如果有修正案，则经修改的法案或经修改的组织法法案应被退还给众议院。如果众议院通过了该项修正案，则应依照本宪法第一百五十条进行后续程序。在其他情形下，各院均应任命其成员或非成员，根据众议院确定的人数，组成联席委员会对法案进行审议，而该委员会应进行记录并将经审议的法案向两院进行汇报。如果两院均同意此法案，应依据本宪法第一百五十条进行后续程序。如果任何一院反对，则拒绝通过该法案。

2. 联席委员会有权向任何人要求提供材料，或传唤任何人就有关法案或组织法案的审议进行事

实或观点的陈述，本宪法第一百三十条所列之特权也应扩展适用于依据本法履行其职责的人。

3. 在任一联席委员会的会议上，由两院任命的联席委员会成员，其出席人数不少于成员总数的二分之一，则构成法定人数，应比照适用本宪法第一百三十七条。

4. 如果参议院未在本法第一百四十六条规定的时间内将法案送还众议院，则视为参议院通过了该项法案，而依本宪法第一百五十条进行后续程序。

第一百四十八条

1. 依本宪法第一百四十七条而未获通过的法案可以由众议院进行再次审议，但只能在该法案因本宪法第一百四十七条第二段或第三段的原因，导致两院意见不一的情况下，被送还众议院一百八十日之后才可进行。在此种情形下，如果众议院经决议重申，此经由联席委员会审议的法案，已获得众议院现有成员半数以上通过，则应视为该法案获得国会通过，应依本宪法第一百五十条进行后续程序。

2. 如果未获通过的是一项财政法案，众议院可以立刻对其进行再次审议。在此情形下，如果众议院经决议重申，此经由联系委员会审议的法案，已获得众议院现有成员半数以上通过，则应视为该法案获得国会通过，应依本宪法第一百五十条进行后续程序。

第一百四十九条

1. 当一项法案依本法第一百四十七条被搁置，则内阁或众议院议员不得提交与此被搁置法案有相同或相似的原则的其他法案。

2. 如果众议院或参议院认为提交审议的法案与被搁置法案有相同或类似的原则，则众议院议长或参议院议长应将被提交的法案交给宪法法院裁决。如果宪法法院认为该法案有与被搁置法案相同或类似的原则，则该法案无效。

第一百五十条

如果一项法案已经获得国会通过，总理应自国民议会收到该法案后二十日内，向国王提交该法案，以获得国王签署。该法案自被公布于政府公报之日起生效。

第一百五十一条

如果国王拒绝签署某一法案，也未将其送回国会，或未在九十日内将法案送回，则国会应就该法案进行再次审议。如国会经决议重申，此法案获得两院现有全体议员三分之二以上通过，则总理应再次将该法案送交国王签署。如果国王未签署，并在三十日内将法案退回，则总理应将该法案作为法律公布在政府公报上，视为国王已签署。

第一百五十二条

在审议一项法案的过程中，经由众议院议长确

认,该法案主要内容是关于儿童、青少年、妇女、年长者、残障人士或身体虚弱者,如果众议院未动用全体委员会进行审议,则众议院应任命合适的、来自私人组织的、不同类型的议员组成的委员会进行审议,人数不得少于全体委员会总成员数的三分之一,并且男女代表的比例应接近相同。

第一百五十三条

1. 如果众议院任期届满或被解散,宪法修正案草案,或所有国王拒绝签署的法案,或国王未在九十日内送还的法案均无效。

2. 如果众议院任期届满或被解散,国会、众议院或参议院,依具体情况,可以在众议院成员的大选完成后,继续对宪法修正案草案,或未获得国会通过的法案进行审议,条件是大选后新成立的内阁在大选后的国会第一次会议后六十日内,提出该要求并获得国会支持。如果内阁未在此期限内提出该要求,则宪法修正案草案或法案无效。

3. 根据本条第二段进行的对宪法修正案草案或法案的继续审议,应依据众议院、参议院或国会的程序规则进行。

第八部分　对法律的违宪审查

第一百五十四条

1. 任何获得国会通过的法案,在总理依据本宪法第一百五十条将其送交国王签署之前;或在国民议会依据本宪法第一百五十一条予以重申后,在其他情形下,总理将其送交国王签署之前:

(1)如果众议院议员、参议员,或两院成员不少于现有两院议员数十分之一的人数认为,被提到的法案包含有违反本宪法或与本宪法内容不符的条款,或以违反本宪法条款的方式予以颁布,则上述主体应将其意见提交众议院议长、参议院议长或国会主席,上述负责人应将该意见提交宪法法院进行裁决,并毫不迟疑地通知总理;

(2)如果总理认为提到的法案包含有违反本宪法或与本宪法内容不符的条款,或以违反本宪法条款的方式予以颁布,则总理应将该意见提交宪法法院予以裁决,并毫不迟疑地立即通知众议院议长和参议院议长。

2. 在宪法法院审查期间,总理应中止颁布该法案的程序,直至宪法法院作出裁决。

3. 如果宪法法院认为该法案的条款违反宪法或与宪法相违背,或其以违反本宪法条款的方式被予以颁布,且相关条款构成了该法案的基础内容,则该法案无效。

4. 如果宪法法院认为该法案中违反宪法或与宪法不相符的条款,并未如本条第三段所说构成了法案

的基本内容,则该违宪条款无效,总理应依据本宪法第一百五十条或第一百五十一条进行后续程序。

第一百五十五条

本宪法第一百五十四条之条款应比照适用于已获得众议院、参议院或国会通过,但尚未公布于政府公报上的众议院程序规则草案、参议院程序规则草案以及国民议会程序规则草案。

第九部分　对国家事务管理的监督审查

第一百五十六条

任何众议院或参议院议员均有权在其职责范围内,就有关事项向部长质询,但如果内阁认为该事项涉及国家安全或国家的重要利益而不能公开,则部长有权拒绝对质询进行回答。

第一百五十七条

1. 在国家事务的管理中,如任何事务牵涉到有关民生的重大问题、影响国家或公共利益,或属于紧急状况,任何众议院议员均可以在质询总理或负责该项事务的部长的会议开始前,先以书面方式通知众议院议长,众议院议长应将该事项列入当日会议的议事日程。

2. 质询及对质询的解答应每周一次,由众议院议员依众议院程序规则针对每一事项提出的口头质询不得超过三次。

第一百五十八条

1. 现有众议院议员五分之一以上者联名,有权提出进行全体讨论的动议,以审议是否需要对总理进行不信任案投票。此项动议必须就下一任适合的总理人选进行提名,该人选应是符合本宪法第一百七十一条第二段之规定的人,当此项动议一旦提出,众议院不得解散,除非动议被撤回,或决议依据本条第三段已经投票通过。

2. 如果是针对总理的异常财产状况、在执政中的异常表现或有意违反宪法或法律等行为提出的动议,如未事先提交依本宪法第二百七十一条所作出的请愿书,则该项动议不能被提起。如依本法第二百七十一条的请愿书提出动议,则无须等待至本法第二百七十二条所规定的结果出现,即可履行后续程序。

3. 如果讨论最终作出了决议,则不考虑讨论的议事日程,众议院应对信任或不信任提议进行投票。此种情况下的投票不得在讨论结论作出之日进行。不信任的投票必须获得现有众议员数半数以上支持才能通过。

4. 如果不信任案未获得现有众议员数半数以上通过,则提出此项动议的众议员在全会期内无权就总理不信任案再次提出动议进行讨论。

5. 如果不信任案获得现有众议员半数以上支持而获得通过,则众议院议长应向国王提交依本条第一段获得提名的人,由国王任命此人为总理,而本宪法第一百七十二条得以适用。

第一百五十九条

1. 众议院现有议员总数六分之一的议员联名,有权提出进行全体讨论的动议,就通过部长不信任案进行投票,本宪法第一百五十八条第二段、第三段及第四段的条款可比照适用。

2. 在众议员依本条第一段之规定提出动议后,已离开原职位,但仍在其他部门担任部长的人,仍应参加该不信任案的讨论。

3. 本条第二段的条款应比照适用于在众议员依本条第一段提出动议前,已离开其原职位不超过九十日,且仍在其他部门担任部长的人。

第一百六十条

如果众议员不属于任何有成员担任部长职务的政党,且此类众议员数未达到本宪法第一百五十八条或第一百五十九条对提出动议的人数要求,则在内阁履行国家事务管理职能两年后,众议院现有议员半数以上即有权提出进行全体讨论的动议,就总理或各部长的不信任案的表决依本法第一百五十八条或第一百五十九条进行。

第一百六十一条

1. 参议院现有议员三分之一以上,即有权在参议院提出,要求内阁就国家事务管理的有关事项进行事实陈述,并就相关重要问题进行解释的动议,而无须作出决议。

2. 上述动议每届会期内仅可提出一次。

第一百六十二条

1. 如果众议院或参议院召开会议的目的是就关于政府职责的履行进行质询,或针对总理或各部长的不信任案进行讨论,则总理或有关部长必须出席众议院或参议院的会议,以亲自给出解释,或就相关事项的质询作出解答,除非有无法避免之必要理由使得其无法出席会议,此种情况下应在会议开始前或开始当日将该理由通知众议院议长或参议院议长。

2. 众议院议员在提出质询、进行讨论及对不信任案进行投票的过程中,应独立于任何政党的决议。

第七章 民众的直接参政权

第一百六十三条

1. 有投票权者一万人以上,即有权向国会主席请愿,以审议一项本宪法第三章和第五章所指的法案。

2. 一项法案必须与本条第一段的请愿有关。

3. 请愿的程序和规则,以及对请愿者姓名的核查,应依照法律之规定进行。

4. 在审议一项本条第一段提到的法案时,众议院及参议院应提供机会,让请愿者的代表对该项法案进行介绍,并对主要原则作出解释,被指定对该项法案进行审议的特别委员会也应作为请愿者代表,且其人数不能少于本委员会成员总数的三分之一。

第一百六十四条

1. 有投票权者两万人以上,即有权向参议院议长提出控诉,要求参议院依本宪法第二百七十四条通过决议,以使符合本法第二百七十条规定者离职。

2. 本条第一段提到的控诉,应详细清楚地列出被控者所犯的罪行。

3. 提出控诉的规则、程序以及条件应依照反贪污组织法的规定。

第一百六十五条

1. 有投票权者亦有公决权。

2. 以下情形导致一项全民公决的发生:

(1)如果内阁认为,出现了可能影响国家或公共利益的任何问题,则总理在获得内阁支持的情形下,可以向众议院议长及参议院议长咨询,在政府公报上刊登召开全民公决的启事;

(2)法律认为应举行全民公决的。

3. 依本条第二款第一项、第二项所进行的全民公决应形成一项最终决定,由具有投票权的大多数公民,就与公决相关的重大问题进行投票;或应向内阁提出建议,但法律有特别规定者除外。

4. 一项全民公决应就有关问题作出支持或反对的投票,且不得就违反宪法或与宪法不相符的问题、任何个人或个人组成的团体的问题进行公投。

5. 在全民公决之前,国家应提供充足的信息,并给支持者和反对者平等的阐述其观点的机会。

6. 全民公决的规则及程序应符合全民公决组织法的规定,并至少应规定全民公决的方法、时间、框架,以及形成最终决定的必要票数等细节问题。

第八章 财政事务、金融及预算

第一百六十六条

国家经费的预算应以法令形式呈现。如果为下一财政年度作出的年度拨款法令未及时公布,有关为前一财政年度拨款的法令可予以适用。

第一百六十七条

1. 一项即将接受审议的年度拨款法案,应辅以清晰的说明材料,包括收入预算及目标、政府行为、行动计划以及每项花费的方案,并应写明国家财政及金融状况——包括经济上的总支出及总收入,因各种特殊税收免除所带来的利益及收入减少,年中因承诺而需提供的财政拨款,国家的债务负担及债务产生,以及国有企业的金融现状,为即将获得通过的拨款以及上一年度的财政拨款提供详细资料。

2. 如无任何一项预算可直接作为一项财政支出划拨给任一政府机关、国有企业或任何其他国家机构,则预算应列于中央财政支出的计划表上,但作出最终决定的理由及必要性应予以特别说明。

3. 应制定有关国家财政事务及金融的法律,规定财政及金融规则的框架,包括有关短期财政计划、财政收入、国家财政拨款准备方向的决定、财政事务及财产的管理、会计、公共资金、债务产生或财产运作或国家财政负担的条款,以及有关在紧急状况或其他必要情况下,支出储蓄基金总额的决定的规则,这些都构成一项有关收入及总支出的框架,其应符合保持国家稳定、维护经济持续发展以及社会公平的原则。

第一百六十八条

1. 众议院必须完成对年度财政拨款法案、增补拨款法案及拨款转移法案的分析与审议,并应在法案送交至众议院之日起一百零五日内完成。

2. 如果众议院未在上述规定期限内完成对法案的审议,则应视为该法案已获得众议院通过,并应送交参议院。

3. 参议院在对一项法案进行审议时,应在该法案被送交至参议院起二十日内,作出支持或反对的决定,且不得对法案进行修改。一旦逾期,则视为该法案已获得支持;在此情形下,或在法案获得参议院支持的情形下,应依照本法第一百五十条履行后续程序。

4. 如果参议院不支持该法案,则应比照适用本宪法第一百四十八条第二段的规定。

5. 在审议年度财政拨款法案、增补拨款法案及拨款迁移法案时,任何众议院议员不得提议增加任何条款或资金数目,但可提议减少或节省不属于履行下列义务的必要支出的数目:

(1)贷款的主要偿还;

(2)贷款收益;

(3)依法律可支出的资金。

6. 在众议院、参议院或某一委员会进行审议时,任何建议、动议的提出或任何法令的同意,如果可能直接或间接导致众议院议员、参议院议员或委员会成员得以使用该拨款,则不予准许。

7. 如果众议员或参议员中,不少于本院现有议员十分之一的议员认为,有违反本条第六段所列之规

定的情形发生,则应提请宪法法院作出裁决,宪法法院应自收到提请之日起七日内作出裁决。如果宪法法院认为确有违反本条第六段的情形发生,则该建议、该动议之提出或该法令之同意均无效。

8. 国家应为国会、宪法法院、司法法院、行政法院以及宪法机构的独立运作,提供充足的财政预算拨款。

9. 在审议国会、宪法法院、司法法院、行政法院以及宪法法院的财政预算拨款时,如上述机构认为拨款尚不充足,则其可以直接向委员会提议。

第一百六十九条

1. 国家资金的支出,非依法律授权不可执行,这些法律包括有关拨款的法律、有关预算程序的法律、有关拨款迁移的法律或有关国库平衡的法律,但依照法律规定的规则及程序,可能在紧急必要情形下的支出除外。在此情形下,为保持国库平衡的财政支出的预计偿还应让位于在拨款迁移法、增补拨款法或下一财政年的年度拨款法,但由国库平衡所创造出的为偿还支出的收入来源也应明确列出。

2. 如果国家处于战争或武装冲突状态,则内阁有权力转移使用本应划拨给某一政府机关或国有企业的拨款,这些拨款之前经年度财政拨款法确定用于其他用途,内阁在转移使用后应立即向国会进行汇报。

3. 如果上述转移使用的情况发生,则政府应每间隔六个月就各项信息向国会汇报一次。

第一百七十条

1. 如果某一国家机关的收入未被要求作为国家收入进行提交,则该国家机构应在每一财政年度年末,就收入及支出向内阁提交报告,内阁此后应向众议院及参议院进行汇报。

2. 对本条第一段提到的收入进行支出,应依照本章有关财政及金融规则的框架规定进行。

第九章 内阁

第一百七十一条

1. 国王任命总理以及不超过三十五位的部长,组成内阁,其职责为依照集体责任原则,对国家事务进行管理。

2. 总理必须是依本宪法第一百七十二条任命的众议院成员。

3. 众议院议长应对国王任命总理的皇家法令进行副署。

4. 总理不得连任超过八年。

第一百七十二条

1. 众议院应自国会依本宪法第一百二十七条召开其首次会议之日起三十日内,完成对即将被任命为

总理的适当人员的审查和表决。

2. 将被任命为总理的适当人选,应由众议院现有议员五分之一以上提名。

3. 众议院通过赞成任命某人为总理的决议,应获得众议院现有议员半数以上通过。此决议的通过应以公开投票方式进行。

第一百七十三条

如果自众议院议员召开的国会首次会议之日起三十日后,无人依本宪法第一百七十二条被任命为总理,则众议院议长应自该三十日期限届满后十五日内,将情况呈报国王,以请国王颁布皇家法令,任命得票最高者为总理。

第一百七十四条

作为部长应具有下列资质,并不得触犯以下禁止性规定:

(1)出生于泰王国并具有泰王国国籍;

(2)年龄在三十五周岁以上:

(3)获学士学位或具有同等学力;

(4)未触犯本宪法第一百零二条第一段、第二段、第三段、第四段、第六段、第七段、第八段、第九段、第十一段、第十二段、第十三段、第十四段的禁止性规定;

(5)如曾被判处监禁,则在被任命前已被释放不足五年不得被任命为总理,除非是因疏忽或轻微犯罪而获刑;

(6)非参议员,或曾为参议员,但至被任命之日已终止其参议员身份不超过两年者不得被任命为总理。

第一百七十五条

就任前,部长必须在国王面前郑重宣读以下誓言:

"我(宣誓者姓名)郑重宣誓,我将忠于国王,并为了国家和人民的利益忠实履行我的职责。我亦将全力维护和保护泰王国宪法。"

第一百七十六条

1. 承担国家事务管理职责的内阁,必须在就任之日起十五日内,向国民议会陈述其政策,并依本法第七十五条的国家基本政策的指导原则解释其政策纲领的运作,无任何有关信任案的议案获得通过,且必须为国家事务管理准备计划,以依本法第七十六条决定每年履行政府职责履行的指导。

2. 在依本条第一段向国民议会陈述其政策前,如发生任何紧急或必要情况,任何耽搁都可能影响国家的实质利益,则就任的内阁可在当时出于必要适用该法案。

第一百七十七条

1. 部长有权参加众议院的会议,并陈述事实及观点,如果众议院或参议院作出决议,要求其参加任

何有关事项的会议,则其必须参加,并且比照适用本宪法第一百三十条的规定享有特权。

2. 在任一众议院的会议上,如任何部长同时仍是众议院议员,则该部长不得就有关执政、职责履行,或与此类事项相关的任何利益的问题进行投票。

第一百七十八条

部长应依依宪法、法律条款之规定及其依本宪法第一百七十六条陈述的政策,履行国家事务管理的职责,并应就其职责履行状况向众议院承担个人责任,就内阁的总体政策向国民议会承担集体责任。

第一百七十九条

如果在管理国家事务过程中,内阁认为应就某一重大问题征求众议员及参议员意见,则总理可以通知国会主席,要求在国会联席会议上进行全体讨论。在此情形下,国会不能就被讨论的问题作出决议。

第一百八十条

1. 部长们基于以下原因集体离职:

(1)依本宪法第一百八十二条,总理被终止其总理职务;

(2)众议院任期届满或被解散;

(3)内阁总辞职。

2. 如果总理职务因本法第一百八十二条第一段、第二段、第三段、第四段、第五段、第七段、第八段的原因而终止,则比照适用本宪法第一百七十二条和第一百七十三条的程序。

第一百八十一条

即将离任的内阁应继续履行其职责,直至新任命的内阁到任为止;但如果发生因本宪法第一百八十条第二段而导致的离职情况,内阁及各部长可以在下列条件下,在必要范围内履行其职责:

(1)不得执行任何在性质上是行使权力以任命或变动保有永久职位,或获得永久薪水的政府官员、国家机关、国有企业,或其大多数股权为国家所有的企业的官员,或开除此类人使其不能履行职责,或指使其他人代为履行上述人员职责的法令,但获得选举委员会支持除外;

(2)不得执行任何会影响对紧急或必要情形储蓄基金的偿还的法案,但获得选举委员会支持除外;

(3)不得执行任何可能影响内阁承诺的履行工作或计划的法案;

(4)不得对国家资源进行开采,或执行任何会影响国家工作人员选举的法案,且不得承认任何在性质上违反选举委员会制定的规则的法案。

第一百八十二条

1. 部长职务基于以下原因而终止:

(1)死亡;

(2)辞职;

（3）判决处以监禁，无论其是否为终身判决或处于刑法中止期，除非是因疏忽或轻微犯罪或诽谤而获罪；

（4）众议院依本宪法第一百五十八条或第一百五十九条通过不信任案；

（5）依本宪法第一百七十四条丧失资质或触犯禁止性规定；

（6）依本宪法第一百八十三条发布的皇家法令使其丧失部长身份；

（7）行为触犯本宪法第二百六十七条、第二百六十八条或第二百六十九条的禁止性规定；

（8）参议院依本法第二百七十四条作出决议，使其离职。

2. 除上述情形外，总理职务也可因本宪法第一百七十一条第四段规定的期限届满而丧失。

3. 本宪法第九十二条及第九十三条应适用于因本条第二段、第三段、第五段、第七段及第二段之规定所导致的职务终止，为此目的，选举委员会可以提请宪法法院作出裁决。

第一百八十三条

国王有权根据总理的建议将某一部长免职。

第一百八十四条

1. 为保持国家或公共安全或国家经济安全，或向公众进行灾难预警，国王可发布紧急状态法令，该法令具有法律效力。

2. 只有在内阁认为确有不可避免的紧急或必要情势发生时，才可发布紧急状态法令。

3. 在随后的国会的会议中，内阁应毫不迟延地向国会提交该紧急法令。如未在会期内，且若等到下一个常规会期则会造成延误，则内阁必须立即请国会召开特别会议，以审议该紧急法令是否应获通过。如果众议院通过该法案，而参议院未通过，且众议院未获得现有议员半数以上通过而未能重申其对该法令的支持，则该法令无效；该紧急法令的颁布不得影响其他法律。

4. 如果该紧急法令有修改或废止任何法律的任何条款的效果，且该法令因本条第三段的原因而失效，则此前被修改或被废止的法律，自该紧急法令未获通过之日起，继续生效。

5. 如果众议院及参议院支持该紧急法令，或参议院不支持，但众议院经其现有议员数半数以上通过，得以重申对该法令的支持，则该紧急法令仍可作为法律有效。

6. 总理可将该获得通过或未获得通过的紧急法令公布在政府公报上，如未获得通过，则该法令自其被公布于政府公报之日第二日起生效。

7. 如果是在对该紧急法案重申的情况下由众议

院和参议院对该法案进行审议，则该法案应在两院开会时作为首个议题被提出。

第一百八十五条

1. 在众议院或参议员通过一项本宪法第一百八十四条第三段所列的紧急法令之前，众议员或参议员如果认为该项紧急法令不符合本宪法第一百八十四条第一段或第二段的规定，则以不少于其该院现有总议员数五分之一的议员，向其本院议长提出该主张，自收到该提议之日起三日内，该议长应提请宪法法院作出裁决。宪法法院作出裁决后，应将其决定通知送交该提议的议长。

2. 如果众议院议长或参议院议长收到其本院成员提交的本条第一段所列的主张，则对该法令的审议，应推迟至接到宪法法院依本条第一段作出裁定之后进行。

3. 如果宪法法院认为任何紧急法令不符合本宪法第一百八十四条第一段或第二段的规定，该紧急法令自始无效。

4. 宪法法院在本院所有成员三分之二以上多数通过后，才能作出某一项紧急法令不符合本宪法第一百八十四条第一段或第二段规定的裁决。

第一百八十六条

1. 在会期内，基于国家利益的考虑，如果必须通过一项关于税收、关税或货币的法律，且应对其进行紧急秘密审议，则国王可以发布一项紧急法令，使其生效成为法律。

2. 本条第一段所列的紧急法令，必须在其被公布在政府公报上的第二日起的三日内被提交给众议院，并且比照适用本宪法第一百八十四条的规定。

第一百八十七条

国王有发布符合法律的皇家法令的特权。

第一百八十八条

1. 国王有根据《战争法》规定的条件和方式宣布以及解除战争状态的特权。

2. 如因紧急情况，确有必要在某一特定地区宣布战争法，则军方应服从战争法。

第一百八十九条

1. 在获得国会支持的情况下，国王有宣战的特权。

2. 国民议会的支持决议，必须获得两院现有议员总数三分之二以上投票支持，才能通过。

3. 在众议院任期届满或被解散的情况下，参议院应履行国会的职责，负责本条第一段所列的宣战投票，只有获得现有总参议员数三分之二以上支持，该支持性决议才能通过。

第一百九十条

1. 国王有与其他国家或国际组织缔结和平条

约、休战条约以及其他条约的特权。

2. 一项条约，如果造成泰王国领土的改变，或造成泰王国对其享有主权、泰王国依国际法享有司法权的领土外区域的改变，或要求制定一项可实施的法律，或对国家经济、社会安全产生影响，或引起在贸易、投资或国家预算中的实质性承诺，则该条约必须获得国会的支持。为此目的，国会应在收到该条约之日起六十日内完成审议。

3. 在与其他国家或国际组织缔结本条第二段所列之条约之前，内阁应提供信息以进行公开听证，并就该条约向国会进行解释。为此目的，内阁必须向国会提交一份讨论用的框架文件，以寻求国会的支持。

4. 考虑到应公正对待因条约的实施而受益的人和受侵害的人，以及普遍的公共利益，应就有关影响国家经济、社会安全，或在贸易、投资中产生实质性承诺的条约的缔结程序及方式进行立法，也应就因条约的实施而受消极影响的个人的补偿及影响后果的纠正进行立法。

5. 如果产生本条第二段所列的问题，则作出决定的权力应被授予宪法法院，并且为此目的，应比照适用本宪法第一百五十四条。

第一百九十一条

国王有进行赦免的特权。

第一百九十二条

国王有撤销头衔及收回勋章的特权。

第一百九十三条

国王对军队及民事服务机构中的官员进行任命和免职，但曾任终身国务大臣、总司令以及其他同等职务者，非因死亡不得被免职。

第一百九十四条

政府官员及国家官员，如拥有终身职位或领取永久性薪水，并且非为政治官员，则其不能成为政治官员，或担任其他政治性职务。

第一百九十五条

1. 所有有关国家事务的法律、皇家法令以及皇家命令，必须由某一部长予以副署，但宪法另有规定者除外。

2. 所有经国王签署，或被视为已经国王签署的法律均应公布于政府公报上。

第一百九十六条

1. 枢密大臣、众议院议长及副议长、参议院议长及副议长、众议院反对党领导人、众议院议员、参议员议员的薪水及其他报酬由皇家法令进行规定，且不得在上任前支付任何报酬。

2. 离职的枢密大臣的退休金、养老金或其他报酬由皇家法令进行规定。

第十章 法院

第一部分 总则

第一百九十七条

1. 案件的审理权与宣判权属于法院，此权力必须依据宪法及法律，以国王的名义、公正的方式行使。

2. 法官在审理与判决案件中保持独立，以正确、迅速和公正的方式，依照宪法和法律进行。

3. 在未获得法官本人同意前，不得将其撤换，但依法律规定的定期更换、职位升迁、惩戒或在刑事案件中成为被告人、对案件审理及判决的公正性有消极的影响或有不可抗力或其他无法避免之事项除外。

4. 法官不得成为政治官员或保有政治职位。

第一百九十八条

1. 所有法院均依法律设置。

2. 不得因任何特殊案情而设置新法院，或以任何特殊力量代替依法已存在的常规法院对此类案件行使司法权。

3. 一项可能改变法院组织或司法程序的议案，不得生效。

第一百九十九条

1. 如果对司法法院、行政法院、军事法院或其他法院的管辖权限有争议，应成立委员会进行裁决，该委员会由最高司法法院院长为主席，最高行政法院院长、其他法院院长及法律规定的另外至多四名有资质的人员为成员。

2. 该项争议的提请程序由法律规定。

第二百条

1. 除因死亡而离职外的其他情况下，国王对法官进行任命和免职。

2. 除宪法法院、司法法院、行政法院以及军事法院外，其他法院法官的任命和免职、法院的裁判权以及审判程序均应依照设立该法院的法律之规定。

第二百零一条

就任前，法官应在国王面前进行内容如下的庄严宣誓：

"我(宣誓者姓名)，郑重宣誓，我将忠于国王陛下，并以国王的名义、人民的名义以及王国公共秩序的名义，毫无偏颇、忠实地履行我的职责。我将全力保护和维护以国王为国家元首的民主统治的政体，维护泰王国宪法。"

第二百零二条

1. 法官的薪水、报酬及其他福利由法律规定，并不得适用普通民事公务员的工资等级或薪水体系。

2. 本条第一段的条款比照适用于选举委员会委员、巡视官、反贪委员会成员以及国家审计委员会成员。

第二百零三条

任何个人不得同时既是司法法院的司法委员会成员，又是行政法院或其他任何法院的司法委员会成员，无论其是否确有资质还是出于政治上的需要。

第二部分　宪法法院

第二百零四条

1. 宪法法院由院长及其他八名法官组成，由国王根据参议院提名的下列人选进行任命：

(1)三名最高司法法院的法官，任职不得低于最高司法法院法官，且通过最高司法法院的全体大会以无记名投票方式选举产生；

(2)两名最高行政法院的法官，且通过最高行政法院的全体大会以无记名方式选举产生；

(3)两名法律领域有资质的，确实具有法律知识及专长的人员，依本宪法第二百零六条经选举产生；

(4)两名政治学领域、公共管理领域或其他社会科学领域的有资质的个人，确实具有国家事务管理方面的知识及专长，依本法第二百零六条选举产生。

2. 如果没有依前段第(1)项或第(2)项选举产生的最高司法法院法官或最高行政法院法官，则最高司法法院的全体大会或最高行政法院的全体大会，应选举其他未触犯本宪法第二百零五条的禁止性规定的、有资质的、具备专业法律知识的、适合履行宪法法院法官职责的人员，使其成为符合第(1)项或第(2)项的宪法法院的法官。

3. 本条第一段所列的当选的人员，应召开会议，从他们当中自行选举产生宪法法院院长，并将结果通知参议院议长。

4. 参议院议长应对任命宪法法院院长及法官的皇家命令进行副署。

第二百零五条

符合本宪法第二百零四条第三段、第四段的有资质的人员，应符合下列条件，并不得触犯以下禁止性规定：

(1)出生于泰王国，并具有泰王国国籍；

(2)年龄在四十五周岁以上；

(3)曾担任部长、最高军事法院法官、选举委员、巡视官、国家反贪委员会成员、国家审计委员会成员，或国家人权委员会成员，或曾任不低于副检察长、总司令的职位，或与总司令有同等执行权的政府机关行政官，或现任不低于教授的职位，或至提名之日曾规律地持续地从事律师业不低于三十年的时间；

(4)未触犯本宪法第一百条或第一百零二条第一段、第二段、第四段、第五段、第六段、第七段、第十三段、第十四段的禁止性规定；

(5)未担任众议员、参议员、政治官员、地方代表大会成员或地方行政官员；

(6)在就职前，未供职或曾供职于某一政党超过三年时间；

(7)未任选举委员、巡视官、国家反贪委员会成员、国家审计委员会成员或国家人权委员会成员。

第二百零六条

1. 对本宪法第二百零四条第三款、第四款的宪法法院法官的选举和选拔，应遵循下列条款进行：

(1)应设立宪法法院法官选拔委员会，由最高司法法院院长、最高行政法院院长、众议院议长、众议院反对党领导人以及独立的宪法机构的主席组成，负责选拔工作并将符合本宪法第二百零四条第三段、第四段的人员列入候选人名单，上述程序应在导致需选拔法官的情形产生之日起三十日内完成，并且委员会应将被选中的人员的姓名及这些人的同意提交给参议院议长。对此类选拔予以通过的决议，必须在公开投票的基础上，获得委员会现有成员不少于三分之二的人支持。如果某一办公室无任何成员，或某一办公室有成员无法履行职责，选拔委员会应由现有的、不少于原有成员二分之一的成员组成，并比照适用本宪法第一百一十三条第二段的规定。

(2)参议院议长，自收到依本条第(1)项所指的被选拔的人的姓名之日起三十日内，应召开参议院会议，以通过支持性决议。该决议应以无记名投票方式作出。如果参议院作出支持性决议，则参议院议长应提请国王对此人进行任命。如果参议院未通过对任何人选的支持性决议，无论是否为全盘否定，参议院应将决议结果及原因一起退回选拔委员会，以进行重新选拔。如果选拔委员会不同意参议院的决议，并全体一致通过决议肯定其原始决定，则委员会应将上述人选的姓名提交给参议院议长，以使议长能将其提交给国王进行任命。但如果对原始决定的肯定性决议并非是全体一致通过的，则应重新选拔，且选拔程序应在三十日内完成。

2. 如果对本条第一段所列的有资质人员的选拔，无论出于任何原因，未在规定时间内完成，则最高司法法院的全体大会应任命三名其职位不低于最高司法法院大法官的法官，最高行政法院的全体会议应任命两名最高行政法院的法官，作为符合本条第一段规定的当选人员。

第二百零七条

1. 宪法法院院长及法官不得从事下列行为：

（1）成为终身任职或领取永久薪水的政府官员；

（2）成为国家机关、国有企业或地方政府组织的官员或雇员，或国有企业或国家机关的领导或顾问；

（3）在合伙企业、公司或商业组织任职，目的是为了分享受益，或成为任何个人的雇员；

（4）从事独立职业。

2. 如果最高司法法院的全体大会或最高行政法院的全体法官大会已经选举，或参议院已经承认具有前段第（1）项、第（2）项、第（3）项或第（4）项条件的个人当选，并且也获得其本人同意，则该当选的人员能够开始履行其职责，但只须以其本人辞去第（1）项、第（2）项或第（3）项的职位，或确定其所从事独立职业已终止为前提。上述程序应当当选之日起十五日内完成。如果在规定期限内，该人员未辞职或其从事的独立职业未终止，则应视为此人从未当选为宪法法院法官，且本宪法第二百零四条及第二百零六条的条款应予适用。

第二百零八条

1. 宪法法院的院长及法官应自其被国王任命之日起任职九年，且不得连任。

2. 即将离任的宪法法院院长及法官，应继续履行其职责，直至新任命的院长及法官到任。

3. 宪法法院的院长及法官依法为司法官员。

第二百零九条

1. 除因任期届满而离职外，宪法法院的院长及法官还可因下列原因离职：

（1）死亡；

（2）年龄已达七十周岁；

（3）辞职；

（4）依本宪法第二百零五条不具备资质或触犯禁止性规定；

（5）行为触犯本宪法第二百零七条规定；

（6）参议院依本宪法第二百七十四条通过决议使其离职；

（7）经判决处以监禁的刑罚，无论是否为终审判决或处于刑罚中止期，除非该非终审判决或刑罚的中止是因疏忽、轻微犯罪或诽谤而获罪。

2. 当本条第一段的情形发生时，其他法官应根据本宪法第二百一十六条继续履行职责。

第二百一十条

1. 如果因任期届满导致宪法法院院长及法官同时离职，则自其离职之日起三十日内，应依本宪法第二百零四条以及第二百零六条履行程序。

2. 如果院长及法官是因除本条第一段所列的情形以外的原因而离职，应履行下列程序：

（1）如果宪法法院的法官是由最高司法法院全体大会选举产生的，应适用本宪法第二百零四条，且相

关程序应自离职之日起三十日内完成；

（2）如果宪法法院的法官是由最高行政法院的全体法官大会选举产生，应适用本宪法第二百零四条，且相关程序应自离职之日起三十日内完成；

（3）如果宪法法院的法官是依据本宪法第二百零四条第三款或第四款产生，应适用本法第二百零六条，且相关程序应自离职之日起三十日内完成。

3. 如果宪法法院的部分法官或全体法官，在非国会会期内离职，应适用本法第二百零六条，且相关程序应在国会会议开始之日起三十日内进行。

4. 如果宪法法院院长离职，比照适用本宪法第二百零四条第三段的规定。

第二百一十一条

1. 在将任何法律的条款适用于任何案件时，如果法院本身认为，或某一政党提出合理的反对意见认为，该法律的条款属于本宪法第六条所列的条款，并且宪法法院尚未就此条款作出决定，则法院应将该观点提交宪法法院审议并作出裁决。同时，法院可继续审理案件，但对案件的判决应在宪法法院作出决定后方可作出。

2. 如果宪法法院认为本条第一段提到的政党的反对意见，不需要作出一项决定，则宪法法院可以拒绝对案件进行审议。

3. 宪法法院的裁决应适用于所有案件，但不得对法院的最终判决有妨碍。

第二百一十二条

1. 任何经由宪法承认的个人权利或自由，如受到侵犯，其有权诉请法院裁决法律的某一条款是否违背宪法或与宪法不相符。

2. 根据宪法法院程序组织法，本条第一段所列的诉讼权利，只有在其他救济途径已被用尽的情况下，才能够行使。

第二百一十三条

1. 在履行职责时，宪法法院有权力要求任何人员出示相关文件或证据，或传唤任何人员作出事实陈述，以及质询作出行为的官员、政府机关、国家机关、国有企业或地方政府组织。

2. 宪法法院有权力授权任何个人或个人的团体履行职责。

第二百一十四条

如果在国会、内阁或非法院的宪法机构中，发生权力或职责上的冲突的情况时，国会议长、总理或当事机构应将该情况及处理意见提交宪法法院裁决。

第二百一十五条

如果宪法法院认为任何送交其裁决的事件或问题已由宪法法院解决，则宪法法院可拒绝对该事件或问题进行审议。

泰王国宪法

第二百一十六条

1. 宪法法院应由至少五名法官构成法定人数，才能够对案件进行审理及裁判。只有获得多数投票通过，宪法法院才能作出决定，但宪法有特别规定者除外。

2. 在最终的裁决作出之前，参加审判的每位法官都应从其本身立场出发发表观点，并在会议上做口头陈述。

3. 宪法法院的裁决，以及宪法法院所有法官的观点，都应公布在政府公报上。

4. 宪法法院的裁决，其内容应包括：基本案情、相关指控、听审过程中的事实概述、基于事实问题及法律问题的判决理由，以及所援用的宪法和法律条款。

5. 宪法法院的判决应视为最终裁决，并对国会、内阁、法院及其他国家机构有约束力。

6. 宪法法院的程序由宪法法院程序组织法规定。

第二百一十七条

1. 宪法法院应有独立的秘书处，其秘书长作为长官，直接向宪法法院院长负责。

2. 对宪法法院秘书处秘书长的任命，应由宪法法院院长提名，并获得宪法法院法官的支持。

3. 宪法法院的秘书处应在人事管理、预算以及其他法律规定的事务上，享有自主权。

第三部分 司法法院

第二百一十八条

司法法院对所有案件有审理及裁判权，但本宪法有特别规定由其他法院管辖的案件除外。

第二百一十九条

1. 司法法院分三级，即初审法院、上诉法院及最高法院，但宪法或法律另有规定者除外。

2. 最高司法法院对下列案件有管辖权：宪法或法律规定直接由最高法院管辖的案件、对初审法院或上诉法院的判决不服提出的上诉，但如果最高法院认为案件的事实问题或法律问题并非是可以引起上诉的基本问题，则最高法院可以拒绝对该案件进行审判，最高司法法院需遵循最高司法法院全体大会制定的规则。

3. 最高司法法院对有关众议员及参议员的选举及选举中的投票权的废止案件有审判权，上诉法院对有关地方议会议员及地方行政官员的选举及选举中的投票权的废止案件有审判权，审理及判决应遵循最高司法法院全体会议所制定的规则，严格、迅速地执行。

4. 最高司法法院应设立刑事审判庭，用以审判

保有政治职位的人员的犯罪案件，其组成人员应逐案由最高司法法院全体会议以无记名投票方式选举产生，包括九名最高司法法院的法官，其地位不低于最高司法法院大法官，或者包括地位不低于最高司法法院大法官的高级法官。

5. 最高司法法院刑事审判庭对保有政治职位的人员的审判及诉讼程序应遵循本宪法及对保有政治职位的个人的刑事诉讼组织法的规定。

第二百二十条

1. 司法法院的法官的任命及离职，必须在送交至国王之前，由司法法院的司法委员会通过。

2. 司法法院法官的升迁、涨薪及处罚必须获得司法法院司法委员会的同意。为此，司法法院的司法委员会必须在各层级的法院设立分委会，以就上述事项准备及提出意见，以便进行审议。

3. 在司法委员会通过本条第一段及第二段所列之事项的决定时，必须首先考察相关人员的知识、能力以及德行。

第二百二十一条

1. 最高司法法院的司法委员会由下列人员组成：

(1)最高司法法院院长为委员会主席；

(2)各级法院有资质的人员，即六名最高司法法院的成员、四名上诉法院的成员，以及两名初审法院的成员，他们是各级法院的法官，并由各级法院的法官选举产生；

(3)两名有资质的人员，他们不是法官，由参议院选举产生。

2. 对有资质的司法委员会成员的选举，其资格条件、禁止条件及程序应依照法律的规定。

3. 在没有符合本条第一段第(3)项的人员，或符合条件的人员总数目不超过两人的情况下，如果最高司法法院的司法委员会中，有至少七名成员认为现有一项紧急事件急需处理，则现有的成员也可组成司法委员会，以处理该紧急事件。

第二百二十二条

1. 司法法院应设有独立的秘书处，其秘书长作为长官，直接向最高司法法院院长负责。

2. 对司法法院秘书处秘书长的任命，依法必须由最高司法法院院长提名，经司法法院的司法委员会批准通过。

3. 司法法院秘书处在人事管理、预算及其他法律规定的事项上有自主权。

第四部分 行政法院

第二百二十三条

1. 行政法院对以下主体间的争议有管辖权：一

方为政府机关、国家机关、国有企业、地方政府组织、宪法机构或国家官员，另一方为私人主体；一方为政府机关、国家机关、国有企业、地方政府组织、宪法机构或国家官员，另一方为另一此类机关、企业、组织、机构或官员，因根据法律的规定而履行行政权力，或对因政府机关、国家机关、国有企业、地方政府组织、宪法机构或国家官员的行政行为的追诉。行政法院对其他由宪法或法律规定由行政法院管辖的案件，有审理及裁判权。

2. 本条第一段所列的行政法院的管辖范围不包括由宪法规定的、某一宪法机构直接行使其权力进行裁决的案件。

3. 行政法院包括最高行政法院、行政上诉法院以及行政初审法院。

第二百二十四条

1. 对行政法官的任命和免职，在送交国王之前，必须获得行政法院司法委员会的同意。

2. 在法律或国家事务管理领域有资质的人员，可被任命为最高行政法院的法官。最高行政法院的法官中，以该种方式任命的法官人数不得少于其法官总数的三分之一，并且，在送交国王之前，依法应获得行政法院司法委员会的同意以及参议院的同意。

3. 行政法官的升迁、涨薪及处罚，依法必须获得行政法院司法委员会的同意。

4. 各级行政法院法官人数由行政法院司法委员会决定。

第二百二十五条

将一名行政法官任命为最高行政法院院长的决定，在由总理提交国王之前，必须获得行政法院司法委员会以及参议院的同意。

第二百二十六条

1. 行政法院司法委员会由下列人员组成：

（1）最高行政法院院长为主席；

（2）由行政法官从他们当中选举出九名有资质的法官，作为司法委员会成员；

（3）参议院选举出两名有资质的成员，内阁选举出一名有资质的成员。

对有资质的成员的选举，其资格条件、禁止条件以及选举程序由法律规定。

2. 如果并无本条第一款第（3）项的有资质的成员，或即使有此类成员，但其人数不足三人，那么，如果已经产生的行政法院司法委员会成员，有不少于六人认为确有一项紧急事务需要处理，则现有的成员也可组成司法委员会，对紧急事件进行处理。

第二百二十七条

1. 行政法院设有独立的秘书处，其秘书长作为长官，直接向最高行政法院院长负责。

2. 对行政法院秘书处秘书长的任命，依法必须由最高行政法院院长提名，经行政法院司法委员会批准。

3. 行政法院秘书处在人事管理、预算及其他法律规定的事项上有自主权。

第五部分　军事法院

第二百二十八条

1. 军事法院有权审理及判决军事法院有管辖权的人员所犯的刑事案件，以及其他由法律规定的案件。

2. 军事法院法官的任命及去职由法律规定。

第十一章　宪法机构

第一部分　独立的宪法机构

1. 选举委员会

第二百二十九条

1. 选举委员会由一名主席及其他四名委员组成，由国王依据参议院的建议，从政治中立、为人正直的人员中挑选任命。

2. 参议院议长应对任命选举委员会主席及委员的皇家法令进行副署。

第二百三十条

1. 选举委员应具有下列资质，且不得触犯下列禁止性规定：

（1）年龄在四十周岁以上；

（2）获得学士学位或具有同等学力；

（3）根据本宪法第二百零五条第一段、第四段、第五段、第六段，具有相应资质，并且未触犯相应禁止性规定；

（4）不具有下列身份：宪法法院的法官、巡视官、国家反贪委员会成员、国家审计署成员或国家人权委员会成员。

2. 本宪法第二百零七条之规定应比照适用于选举委员。

第二百三十一条

对选举委员会主席和委员的选举及选拔，应遵循下列规定：

（1）由以下人员共七名组成选拔委员会：最高司法法院院长、宪法法院院长、最高行政法院院长、众议院议长、众议院反对党领导人、一名由最高司法法院全体会议选举产生的人，以及一名由最高行政法院全体法官大会选举产生的人。该委员会负责选拔符合本宪法第二百三十条规定的，适合作为选举委员的个人，在获得其本人同意的基础上，提名给参议院议长。

作出此项选拔的决议,应由选拔委员会成员三分之二以上投票通过。如果不存在选拔委员会成员,或某成员无法履行其职责,但其余成员数不少于原成员数的二分之一,则应由现有成员组成选拔委员会,此过程应比照适用本宪法第一百一十三条第二段的规定。

由最高司法法院全体大会选举产生的人员,以及由最高行政法院全体法官大会选举产生的人员,不得同时身为法官,也不得同时身为任何其他宪法机构的选举委员会成员。

(2)最高司法法院全体大会应选举出两人,其应当具有本宪法第二百三十条所规定的资质,且适合成为一名选举委员,在获得其本人同意后,将其提名给参议院议长。

(3)依本条第一段、第二段所进行的选拔,应在选举时机成熟之日起九十日内进行。如果有任何情况发生,使得选拔无法在上述规定时间内进行,或产生的委员人数未达到第(1)项的规定,最高司法法院的全体大会应进行替补选拔,在上述确定期限满之日起十五日内,完成对法定人数人员的选拔。

(4)参议院长应召开参议院会议,以无记名投票方式,对符合本条第(1)项、第(2)项或第(3)项的被选拔出的人员,作出是否支持其任职的决议。

(5)如果参议院给予支持,则依据本条第(6)项继续后续程序;如果参议院未对任何被提名的人予以支持,无论是全部否定还是部分否定,参议院应将上述被提名名单送还选拔委员会,或最高司法法院的全体大会进行选择。如果选拔委员会或最高司法法院全体大会,不同意参议院的决定,且以全体一致通过的投票或最高司法法院全体大会三分之二以上的投票,肯定其原有决议,则依据本条第(6)项继续后续程序。但如果肯定其原有决议的决定并非获得全体一致投票通过,或未获得特定票数支持,则应另行进行选拔程序,并且应在三十日内完成该选拔。

(6)依本条第(4)项或第(5)项获得支持的人员,应召开会议,并从他们当中选举一人作为选举委员会的主席,然后将结果通知参议院长,后者应将该人选提交给国王进行任命。

第二百三十二条

1. 选举委员每届任期七年,自其被国王任命之日起算,且不得连任。

2. 因任期届满而离任的选举委员,应继续履行其职责,直至新被任命的选举委员到任为止。

3. 对于选举委员的离职,应比照适用本宪法第二百零九条第一段、第二段、第三段、第五段、第六段、第七段的规定,以及本宪法第二百三十条有关取消资格和禁止条款的规定。

第二百三十三条

众议员、参议员两院议员,以不少于两院现有议员总数十分之一的人数有权向国民议会主席投诉某选举委员丧失资格或触犯本宪法第二百三十条的禁止性规定,而国会主席应在收到该投诉之日起三日内,将其提交宪法法院裁决。

如果宪法法院作出裁决,则其应将结果通知国会主席和选举委员会主席。

选举委员的离职,比照适用本法第九十二条的规定。

第二百三十四条

1. 如果选举委员全部离职,则自离职之日起九十日内,应依照本宪法第二百三十一条开始选拔程序。

2. 如果选举委员因除任期届满外的其他任何原因离职,应依本宪法第二百三十一条开始选拔程序,并且应在六日内完成,当选的个人其任期为被代替的委员的剩余任期。

第二百三十五条

1. 选举委员会应控制并维护对众议员、参议员、地方议会议员以及地方行政人员的选举和选拔,包括以诚实、公正的方式使公民行使投票权。

2. 选举委员会主席应负责并控制以下法律的执行:众议院议员及参议院议员选举组织法、政党选举组织法、选举委员会组织法、公民投票组织法,以及地方代表大会代表或地方行政人员选举法,并且应作为政党登记员。

3. 设立独立的选举办公室,依法在人事管理、预算及其他活动方面享有自主权。

第二百三十六条

1. 选举委员会应履行下列职权:

(1)发表声明或制定有关本宪法第二百三十五条第二段的法律的执行应采取的必要行动的规则,制定有关选举活动及政党活动、候选人及投票人的规则,以保证其诚实及公正,制定国家在支持选举过程中的相关行动的规则,以保证举行运动的平等性及公平的机会;

(2)制定依本法第一百八十一条,仍履行其职责的内阁及各部长,在其履行职责过程中的有关禁止事项的规定,以保证国家利益,以及选举中的诚实、公正、平等和机会均等;

(3)制定有关在选举中政党捐款的方式及限制、国家财政支持、政党花费以及候选人的条款,包括以公开方式审查政党财产,控制选举中获得的物质支持和为获得投票所支出的花销;

(4)发布命令以指导政府官员,政府机关、国家机关、国有企业或地方政府组织的官员、雇员或其他国

家官员,在根据本宪法第二百三十五条第二段之规定履行其职责时所采取的必要行动;

(5)根据本宪法第二百三十五条第二段之规定,在对问题或争议进行调查和质询以作出决定的过程中,进行指导;

(6)如果确有证据表明在选举或公民投票中,某个或某些投票站未以诚实公正的方式进行投票,选举委员会可命令重新在该投票站进行选举和投票;

(7)宣布选举和公民投票的结果;

(8)对下列机构予以鼓励、支持,并与之合作:政府机关、国家机关、国有企业,或地方行政机构,对私人组织参与公共教育给予鼓励并鼓励公众参与政治;

(9)法律规定应履行的其他职责。

2. 在履行职责的过程中,选举委员会有权要求任何人员提供文件或证据,或要求任何人进行陈述,以及要求法院、公诉人、调查员、政府机关、国家机关、国有企业或地方政府组织采取行动以配合其履行职责、进行调查、指导质询以及作出决定。

3. 选举委员会有权授权任何个人、个人团体或私人组织的代表履行上述职责。

第二百三十七条

1. 如果任何候选人在选举中,犯有煽动、帮助以及唆使委员会触犯众议员及参议员选举组织法、选举委员会规则或通知的行为,并且导致选举无法以诚实公正的方式进行,则该候选人丧失其依照众议员及参议员选举组织法所享有的权利。

2. 如果本条第一段提到的候选人承认其罪行,并有确实证据表明,任何政党的领导人或政党执行委员会的成员放任或怂恿委员会,致使委员会无法采取使选举恢复诚实公正的补救措施,则应视为该政党犯有以违反宪法第六十八条之规定的方式窃取国家权力以统治国家的罪行,如果宪法法院决定解散该政党,则自其被解散之日起,该政党领导人及其执行委员会成员的选举权在五年内被取消。

第二百三十八条

1. 选举委员会应指导对下列案件的调查取证:

(1)某选民、某候选人或某选区中代表某政党参加选举的该政党的成员,对该选区中的选举程序不正当或不合法,提出抗议。

(2)根据本宪法第一百一十四条第一段,某待选拔的候选人或某组织的成员,对参议员的选拔程序的不正当或不合法提出抗议。

(3)有确切证据表明任何众议员、参议员、地方代表大会成员或地方行政人员,在当选前以不正当方式获得当选资格;或因任何个人或政党的违反众议员及参议员选举组织法、政党组织法或地方代表大会及地方行政机关选举法的行为而当选。

(4)确有证据表明公民投票权未获得合法行使,或选举人投诉在选举中有任何投票站有不正当或不合法的行为。

2. 在完成本条第一段的行为后,选举委员会应作出一项决定。

第二百三十九条

1. 如果选举委员会通过一项决定,在公布选举结果之前,要求进行一次新的选举或撤销众议员或参议员选举权,则选举委员会的该决定应视为是终局决定。

2. 在选举结果已被公布的情况下,如果选举委员会认为应进行新的选举或撤销某众议员或参议员的选举权,则应向最高司法法院提出动议。在收到由选举委员会提出的动议后,当事的众议员或参议员应停止履行职责,直至最高司法法院发布一项取消该动议的决定时止。如果最高司法法院决定应在某一选区重新进行选举或撤销某众议员或参议员的选举权,该众议员或参议员在该选区的议员身份应终止。

3. 如果本条第二段所列的个人无法继续履行其职责,该个人不得被计入众议院或参议院现有议员总数中。

4. 本条第一段、第二段及第三段的规定,应比照适用于对地方代表大会成员和地方行政人员的选举,但第二段所列之动议应被提交上诉法院,而不是最高司法法院,上诉法院的决定应被视为是终局决定。

第二百四十条

1. 如果有人提出抗议,认为任何参议员的选拔程序不正当或不合法,或有确切证据证明任何参议员在当选之前,曾触犯本宪法第二百三十八条的规定,则选举委员会应对此进行调查及质询。

2. 选举委员会作出的决定,应被提交至最高司法法院作为后者作出进一步决定的依据,本宪法第二百三十九条第二段以及第三段的规定应比照适用于中止该参议员继续履行职责。

3. 如果最高司法法院发布命令,撤销选拔结果或撤销某参议员的选举权,则该参议员的议员身份,自最高司法法院发布命令之日起终止,并且应选拔产生新的参议员以填补空缺。

4. 在调查本条第一段或第二段的行为时,选举委员会主席不得参与行动或作出决定,且选举委员会由现有成员组成。

5. 选举委员会的抗议及审议应依照众议员及参议员选举组织法的规定。

第二百四十一条

1. 在由某一皇家法令召集进行众议员或参议员选举期间,或由某一通知召集进行参议员选拔期间,或召集进行公民投票的通知生效,则任何选举委员不得被逮捕、拘留或被传唤,除非获得选举委员会同意或因违法而当场被拘捕。

2. 如果某一选举委员因违法而被当场拘捕,或任何其他原因使得某一选举委员被逮捕或被拘留,则应通知选举委员会主席,选举委员会主席可以发布一项命令要求释放该被逮捕的委员。但如果选举委员会主席被逮捕或被拘留,则应将上述权力授予由现有选举委员组成的选举委员会。

2. 巡视官

第二百四十二条

1. 设三名巡视官,由国王根据参议院的建议,从由公众认可及可敬的,并具有在国家及企业事务管理或公益活动方面的知识及经验的、正直的人中选拔产生。

2. 被任命为巡视官的人,应从他们当中自行选出一人作为主席,并将结果告知参议院议长。

3. 巡视官的资质及禁止性要求应依照巡视官组织法。

4. 巡视官的任期为每届六年,自被国王任命之日起算,且不得连任。

5. 设独立的巡视官办公室,依法在人事管理、预算及其他活动方面享有自主权。

第二百四十三条

本宪法第二百零六条和第二百零七条的规定比照适用于对巡视官的选举和选拔;为此,应成立一个由下列人员组成的七人选拔委员会:最高司法法院院长、宪法法院院长、最高行政法院院长、众议院议长、众议院反对党领导人、由最高司法法院全体大会选举产生的一人和由最高司法法院全体法官大会选举产生的一人,且比照适用本宪法第二百三十一条第(1)项的规定。

第二百四十四条

1. 巡视官负责行使以下职权:

(1)在下列案件中负责事实调查及审议:

(1°)政府官员,政府机构、国家机构、国有企业或地方政府组织的官员或雇员,未依法履行其职责,越权或怠于履行其职责;

(2°)政府官员,政府机构、国家机构、国有企业或地方政府组织的官员或雇员,无论其行为是否合法,因履行或怠于履行其职责而导致控诉者或公众遭受不当的损失;

(3°)宪法机构以及司法行政机构对玩忽职守或非法行使职权的行为的审查,导致排除了法院的管辖权;

(4°)法律规定的其他情形。

(2)依本宪法第二百七十九条第三段及第二百八

十条的规定,对关于保有政治职位的人及国家官员的道德采取行动。

(3)对于宪法的遵守进行提议、评价和提出建议,包括对宪法作必要之修改的审议。

(4)每年向部长委员会、众议院和参议院汇报审查结果和职责履行情况并辅以相关的评论,上述报告应公布在政府公报上,并向公众开放。

2. 本条第一段第(1)项、第(2)项、第(3)项的职权,只有在有主体进行控诉的基础上才具有可实施性,但如果巡视官认为上述行为可能对公众造成大范围的侵害,或确有保护公共利益之需要,则可在无任何控诉的情况下对该事件进行审议及质询。

第二百四十五条

当某巡视官认为有下列情形发生时,可将该情形汇报给宪法法院或行政法院:

(1)任何涉及合宪性问题的法律条款,巡视官应将案件及其对该案件的观点一并提交宪法法院,后者应毫不迟延地依宪法法院程序组织法的规定对该案件进行审理并作出裁决;

(2)任何规章、命令或其他本宪法第二百四十四条第一段第(1)项所列的个人行为,如涉及合宪性或合法性问题,巡视官应将案件及其对该案件的观点一并提交至行政法院,行政法院应毫不迟延地依行政法院组织法和行政法院程序法的规定对该案件进行审理并作出裁决。

3. 国家反贪污委员会

第二百四十六条

1. 国家反贪污委员会由主席及其他八名成员组成,由国王根据参议院的提议进行任命。

2. 国家反贪污委员会的成员应为人正直,具有本宪法第二百零五条规定的资质且未触犯相应的禁止性规定;为此,委员会成员应包括部长、选举委员、巡视官、国家人权委员会成员或国家审计委员会成员,或者应曾在政府部门任职且职位不低于总负责人,或某一政府机关内权力与总负责人相等的行政官,或者职位不低于教授,或者作为非政府组织的代表或供职于专门机构,且在该非政府机构或专门机构中供职不少于三年,并被该机构授权、提名为候选人。

3. 本宪法第二百零四条第三段和第四段、第二百零六条和第二百零七条的规定应比照适用于对国家反贪污委员会成员的选举和选拔。为此,应设立五人选拔委员会,由最高司法法院院长、宪法法院院长、最高行政法院院长、众议院议长和众议院反对党领导人组成。

4. 参议院议长应对任命国家反贪污委员会主席和成员的皇家法令予以副署。

5. 设省级反贪污委员会,其成员的资质、选拔程序和职权由依照反贪污组织法规定。

第二百四十七条

1. 国家反贪污委员会的成员任期九年,自国王对其予以任命之日起算,且不得连任。

2. 任期届满的国家反贪污委员会成员,应继续履行其职责直至新的被任命的成员到任。

3. 本宪法第二百零九条和第二百一十条的规定比照适用于国家反贪污委员会成员的休假、选拔与选举。

第二百四十八条

1. 不少于众议院现有议员数四分之一的议员,或不少于两万的、有投票权的人员,有权基于要求参议院作出使反贪污委员会成员离职决议的目的向参议院议长投诉有关任何国家反贪污委员会成员的不正当行为、蓄意违反宪法或法律,或在任何情形下严重损害当局的尊严的行为。

2. 参议院作出的使国家反贪污委员会成员离职的决议,必须获得参议院现有议员数四分之三以上通过。

第二百四十九条

1. 众议员、参议员或两院议员,不少于本院现有议员总数的五分之一,有权向最高司法法院中负责审理保有政治职位的个人的案件的刑事审判庭,就任何国家反贪污委员会成员的不明财产或贪污行为或履行职权的不当行为提出指控。

2. 指控应清楚明确,详细列明被指控人的违法行为,并应提交给参议院议长。当参议院议长收到该指控后,应将其提交给最高司法法院中负责审理保有政治职位的个人的案件的刑事审判庭,对该案进行审理与判决。

3. 受指控的国家反贪污委员会成员,在最高司法法院中负责审理保有政治职位的个人的案件的刑事审判庭作出决定撤销对其提出的指控之前,不得行使职权。

4. 如果国家反贪污委员会的成员,因本条第三段所列之原因而不能行使职权,但反贪委员会的剩余成员不少于总成员数的二分之一,则最高司法法院院长和最高行政法院院长应联合任命具有相应资质,但未触犯相应禁止性规定的,适合成为反贪污委员会成员的人,临时担任反贪污委员会成员,该被任命的人应行使职权直至原成员恢复行使其职权,或直至最高司法法院中负责审理保有政治职位的个人的案件的刑事审判庭判决认为原成员确犯有被指控的罪行。

第二百五十条

1. 国家反贪污委员会享有下列权力,并履行下列义务:

(1)对与离职有关的案件进行事实调查、对案件

进行总结以及提出意见,并根据本宪法第二百七十二条和第二百七十九条第三段的规定,提交至参议院;

(2)对保有政治职位的个人的刑事案件进行事实调查、对案件进行总结以及提出意见,根据本宪法第二百七十五条的规定,提交至最高司法法院中负责审理保有政治职位的个人的案件的刑事审判庭;

(3)依据反贪污组织法的规定,调查及确定国家官员、高级行政官员、政府部门领导人或同级别的其他人员,是否有来源不明的财产、有贪污行为,或履行职权不当的行为,并对与前述人员或其他保有政治职位的人员合谋犯罪的国家官员或政府官员,或反贪污委员会认定其符合上述描述的异常行为违法的人,采取行动;

(4)依据国家反贪污委员会制定的程序和规则,对本宪法第二百五十九条和第二百六十四条规定的个人账户上列明的财产和其他的有关文件,就其明细、现有资产、财产的转移和负债进行调查;

(5)监督政治人物的德行;

(6)每年向部长委员会、众议院及参议院做审计汇报、职责履行汇报以及相关评价,将这些报告公布在政府公报上,并向公众公开;

(7)履行法律规定的其他职权。

2. 本宪法第二百一十三条的规定应比照适用于国家反贪污委员会职责的履行。

3. 国家反贪污委员会的主席及成员,依法为司法官员。

第二百五十一条

1. 国家反贪污委员会设立独立的秘书处,由秘书长作为长官直接向国家反贪污委员会主席负责。

2. 国家反贪污委员会秘书长的任命应获得该委员会和参议院的同意。

3. 设国家反贪污委员会办公室,依法在人事管理、预算和其他活动上享有自主权。

4. 国家审计委员会

第二百五十二条

1. 设独立并中立的国家审计委员会负责开展国家审计工作。

2. 国家审计委员会由主席和六名其他成员组成,由国王从具有国家审计、会计、内部审计、金融及其他领域的专业知识及经验的人员中进行任命。

3. 本宪法第二百零四条第三段和第四段、第二百零六条和第二百零七条的规定应比照适用于国家审计委员会成员和审计长的选拔和选举,但选拔委员会的组成应依照本宪法第二百四十三条的规定。

4. 参议院议长应对任命国家审计委员会成员及审计长的皇家法令进行副署。

5. 国家审计委员会成员任期六年,自其被国王

任命之日起算，且不得连任。

6. 国家审计委员会委员和审计长的资质、禁止性条件和离职，以及国家审计委员会、审计长和国家审计委员会办公室的权力及职责，由国家审计组织法规定。

7. 对被任命为审计委员及审计长的个人的资质认可及选举程序的设计，应旨在保证人员的资格和正直的人格，并保证该人员能够独立地履行其职责。

第二百五十三条

1. 国家审计委员会的职权包括：就国家审计事务制定标准规则，提供意见和建议，提议就有关国家审计中的缺陷进行改正，任命独立的财政及金融专门委员会，负责就有关财政事务、金融和预算作出决定及采取行动。因财政及金融专门委员会就上述事件作出的决定引发的争议，由行政法院负责审理。

2. 审计长独立并中立地就有关国家审计的事务行使权力、履行职责。

第二百五十四条

1. 国家审计委员会设立独立的秘书处，由审计长作为领导直接向国家审计委员会主席负责。

2. 设立国家审计办公室，依法在人事管理、预算和其他事务上享有自主权。

第二部分 其他宪法组织

1. 检察官

第二百五十五条

1. 检察官的职权由宪法及有关检察官权力及职责的其他法律规定。

2. 检察官在作出起诉决定和履行保护司法利益的职责过程中，具有独立性。

3. 总检察长的任命和离职，需依照公共检察官委员会的决议，并获得参议院支持。

4. 参议院议长应对任命总检察长的皇家法令进行副署。

5. 检察院设立独立的秘书处，依法由总检察长作为负责人，在人事管理、预算和其他活动方面享有自主权。

6. 检察官不得担任国有企业或具有同等性质的国家控股企业领导，但获得检察官委员会的支持除外，不得从事任何有损其职责履行或有损官方机构尊严的职业，不得任董事、经理或法律顾问，或在任何团体组织中获得与上述职位有同等性质的职位。

7. 本宪法第二百零二条的规定比照适用于检察官。

2. 国家人权委员会

第二百五十六条

1. 国家人权委员会由主席及其他六名成员组成，由国王根据参议院的建议，从具有保护人民权利和自由的知识及经验的人当中选择，任命，同时还应考虑人权领域的私人组织的代表的参与。

2. 参议院议长应对任命国家人权委员会主席及其他成员的皇家法令进行副署。

3. 国家人权委员会成员的资质、禁止性条件、离职及薪酬应由法律规定。

4. 国家人权委员会的成员每届任期六年，自其被国王任命之日起算，且不得连任。

5. 本宪法第二百零四条第三段、第二百零六条、第二百零七条和第二百零九条第二款的规定比照适用于国家人权委员会，但选拔委员会的组成则应依照本法第二百四十三条的规定。

6. 应设立国家人权委员会办公室，依法在人事管理、预算及其他活动方面享有自主权。

第二百五十七条

1. 国家人权委员会享有下列权力，并履行下述职责：

(1) 检查并汇报因作为及不作为而侵犯人权的行为，以及与泰王国签署的国际条约所规定的义务不相符合的行为；对实施上述作为或不作为的个人或机构提出适当的补救方式。如果发现主体未采取任何行动进行补救，则该委员会应向国会进行汇报，以便采取后续行动。

(2) 如果委员会对控诉者就某项法律条款影响人权并具有合宪性问题的控诉予以认可，则应依照宪法法院程序组织法的规定，将案件及处理意见提交宪法法院。

(3) 如果委员会对控诉者就某项规章、命令或其他行政条例影响人权并具有合宪性或合法性问题的控诉予以认可，则应依照行政法院组织法和行政法院程序法的规定，将案件及处理意见提交行政法院。

(4) 当受害者要求，并且对该侵犯人权的案件的解决有利于公共利益，委员会则应依法代表受害人向司法法院提起诉讼。

(5) 出于改善和保护人权的目的，对有关法律及规章的修改及政策，向国会或内阁提出建议。

(6) 推进有关人权知识的教育、研究和传播。

(7) 推进政府机关、私人组织和其他人权领域的组织之间的协调与合作。

(8) 为评估全国范围内人权领域的现状，每年向国民议会做年度汇报。

(9) 法律规定的其他职权。

2. 在履行职责的过程中，国家人权委员会还应考虑国家及公众利益。

3. 国家人权委员会有权力要求任何人员提供相关文件或证据，或传唤任何人进行事实陈述，并享有其他为履行其职责而依法享有的权力。

3. 国家经济与社会委员会

第二百五十八条

1. 国家经济与社会委员会有责任向内阁就有关经济和社会问题提出建议，包括与立法相关的建议。

2. 一项国家经济与社会发展计划及其他法律规定的计划，在其被公布及适用之前，应采纳国家经济与社会委员会的意见。

3. 国家经济与社会委员会的组成、来源、职权以及运作，由法律规定。

4. 设立国家经济与社会委员会办公室，依法在人事管理、预算和其他活动方面享有自主权。

第十二章 对国家权力实施的监督

第一部分 财产监督

第二百五十九条

1. 具有下列政治职务的人员，应将其个人的、配偶的及不具备完全民事行为能力的子女的个人财产及债务账户明细，提交国家反贪污委员会进行审查，以决定其是否留任：

(1) 总理；

(2) 部长；

(3) 众议院议员；

(4) 参议员；

(5) 其他政治官员；

(6) 法律规定的地方行政官员及地方代表大会的成员。

2. 第一段提到的账户明细，应与证明现有财产及债务状况的文件、前一财政年度个人收入缴税回执的复印件一并提交。

3. 本条第一段及第二段所列的个人财产及债务账户明细，应包括保有政治职位的个人交予第三人直接或间接占有或保管的财产。

第二百六十条

1. 本宪法第二百五十九条所列的对个人财产及债务账户明细的公开，应包括至当事人上任或离任之日为止的所有个人财产及债务，并应依照下列时间限期予以提交：

(1) 上任的，应自上任之日起三十日内提交；

(2) 离任的，应自离任之日起三十日内提交；

(3) 如果本宪法第二百五十九条所列举的、已经提交其账户明细的人员，在任期内或在离任后提交明细之前死亡的，其继承人或其某一不动产的管理者，应在该财产所有人死亡之日起九十日内，将其现有个人财产及债务明细进行提交。

2. 除前段第（2）项提交账户明细的情况外，总理、部长、地方行政官员、地方代表大会成员或其他保有政治职位的个人，如已经离职，则应该将离任之日起一年内的财产状况的明细再次提交，期限为自上述一年时间届满之日起三十日内。

第二百六十一条

1. 由总理、部长、众议员或参议员提交的个人财产和债务的账户明细以及其他相关文件，应在提交该明细的期限届满后的三十日内立刻向公众公开。任其他职位的人员的账户明细，只有在公开后对案件审判或作出决定有帮助并且法院、利害关系人或国家审计委员会要求其公开，才能被公开。

2. 国家反贪污委员会主席应立即召开委员会会议，以审查现有财产及债务状况的明细。

第二百六十二条

1. 如果账户公开是由于保有政治职位的个人的离任或死亡，则国家反贪污委员会应审查此人财产及债务的转移情况，并制作审查报告。该报告应公布在政府公报上。

2. 如果经审查，此人的财产有异常增长，则国家反贪污委员会主席应将相关文件及审查报告一并提交给总检察署，以便后者能够在最高司法法院中负责审理保有政治职位的个人的案件的刑事审判庭中采取适当行动，使这些异常增加的财产能够归属于国家，在此情形下应比照适用本宪法第二百七十二条第五段的规定。

第二百六十三条

1. 如果保有政治职位的个人无法提交其财产和债务的账户明细及相关说明文件，或蓄意提交错误的账户明细和说明文件，或隐瞒应公开的事实，则国家反贪污委员会应提请最高司法法院中负责审理保有政治职位的个人的案件的刑事审判庭作出决定。

2. 如果最高司法法院中负责审理保有政治职位的个人的案件的刑事审判庭作出决定，认为某人确实犯有本条第一段所列之违法行为，此人应自刑事审判庭作出决定之日起离职，为此应比照适用本法第九十二条的规定，此人自刑事审判庭作出决定之日起五年内不得再担任任何政治职务或在任一政党中担任职务。

第二百六十四条

1. 被国家反贪污委员会列为审查目标的国家官员，比照适用本宪法第二百五十九条、第二百六十条、第二百六十一条第二段及第二百六十三条第一段的规定。

2. 如果有利于司法程序的顺利进行或对相关违法行为定性，国家反贪污委员会应依照反贪污组织法的规定，将被提交的财产及债务的账户明细以及相关证明文件向利害关系人公开。

第二部分 导致利益冲突的行为

第二百六十五条

1. 任何众议员及参议员不得：

（1）在任何政府机关、国家机关或国有企业担任职务或承担责任，或成为任何地方代表大会成员、地方行政官员或地方政府官员；

（2）直接或间接地获得、干涉或介入任何来自国家、政府机关、国家机关或国有企业的特许权，或与国家、政府机关、国家机关或国有企业签订的具有垄断性质的合同，或是具有上述特权的合伙企业的合伙人，或是具有上述特权的公司的股东，或签订具有上述特权性质的合同；

（3）从任何政府机关、国家机关，或国有企业获得特殊的收入或利益，但不包括政府机关、国家机关或国有企业在常规商业往来中给予他人的利益；

（4）从事本宪法第四十八条所禁止的行为。

2. 本条之规定不得适用于众议员或参议员获得的退伍津贴、退休金、恩俸、养老金或其他具有相同性质的给付，也不得适用于众议员或参议员接受国会、众议院或参议院内部设立的委员会的职位的情况，还不得适用于在国家事务管理过程中被任命为委员会成员的情况。

3. 本条第二段、第三段、第四段应同时适用于众议员或参议员的配偶及子女，以及虽不属于上述人群，但受众议员或参议员指示、授权或依照其要求实施上述行为的人。

第二百六十六条

众议员或参议员不得利用其众议员或参议员的身份，为本人或他人或某一政党的利益，直接或间接地干涉或介入以下事件：

（1）公务机关职务的履行，政府官员以及政府机关、国家机关、国有企业或国家控股企业、地方政府组织的官员或雇员常规职责的履行；

（2）保有终身职位或领取永久薪水的政府官员（但并不是政治官员，或某一政府机关、国家机关、国有企业、国家控股企业或地方政府组织的官员或雇员）的录用、任命、更换、职位变动、升迁以及薪水级别的提高；或者

（3）任何引起保有终身职位或领取永久薪水的政府官员，或政府机关、国家机关、国有企业或国家控股企业、地方政府组织的官员或雇员离职的行为。

第二百六十七条

本宪法第二百六十五条的规定也适用于总理及部长，除非为执行法律而任职或采取行动，此类人不得在合伙企业、公司或商业组织以获得利益或收益为

目的而任职，或被任何个人雇佣。

第二百六十八条

总理及部长不得从事本宪法第二百六十六条所列之行为，除非是依据国民议会颁布的政策或依据法律，在国家事务管理的过程中行使权力、履行职责。

第二百六十九条

1. 总理及部长不得成为合伙企业的合伙人或公司的股东，依据法律的限制不得保留其合伙企业的合伙人或公司股东的身份。如果总理或任何部长有意继续获得其身为合伙人或股东的利益，则总理及该部长应自其被任命之日起三十日内将该情况通知国家反贪污委员会主席，并依法将其在合伙企业或公司的股份交由为他人利益管理他人财产的法人。

2. 总理及部长不得从事具有对本条第一段所列之合伙企业或公司的事务或股份进行管理的性质的行为。

3. 本条的规定也应适用于总理及部长的配偶及无完全行为能力的子女，本宪法第二百五十九条第三段的规定也应比照予以适用。

第三部分 离职

第二百七十条

1. 担任总理、部长、众议员、参议员、最高司法法院院长、宪法法院院长、最高行政法院院长或总检察长职务者，如果健康状况异常，或可能犯有贪污、履行职权不当，或蓄意违反宪法或法律行使权力，或严重违反社会道德标准，均应由参议院使其离职。

2. 本条第一段的规定同样适用于下列人员：

（1）宪法法院法官、选举委员、巡视官及国家审计委员会成员；

（2）反贪污组织法规定的法官、检察官或高级官员。

第二百七十一条

1. 不少于众议院现有总议员数四分之一者，有权向参议院议长提出控诉，要求参议院根据本宪法第二百七十四条的规定，通过决议使具有本宪法第二百七十条所规定的人员离职。该控诉要求清楚详细地列明当事人被控的罪行及具体情况。

2. 不少于参议院现有议员总数四分之一者，有权向参议院议长提出控诉，要求参议院依照本法第二百七十四条的规定，通过决议剥夺某人参议员身份。

3. 有投票权的人员，其总数不少于两万人则有权根据本法第一百六十四条的规定提出控诉，要求具有本宪法第二百七十条规定情况的人员离职。

第二百七十二条

1. 自收到本宪法第二百七十一条中的控诉后，参议院议长应立即将其提交给国家反贪污委员会展

开调查。

2. 当调查完成后，国家反贪污委员会应向参议院提交报告，该报告应清楚地陈述是否，以及在何种程度上，有确实证据证明该项指控成立，并应陈述其理由。

3. 如果国家反贪污委员会认为该指控事关重大，则其应依照本条第一款的规定，向参议院议长提交针对该指控的特别报告，以供参议院作先期审查。

4. 如果国家反贪污委员会经现有成员半数以上赞成通过决议，认为该指控成立，则受到指控的人员自该决议作出之日起，不得行使职权直至参议院通过决议。国家反贪污委员会主席应将报告、相关文件及处理意见一方面提交参议院议长，以便后者依照本宪法第二百七十三条的规定开展后续程序；另一方面提交总检察长，以便该总检察长能够向最高司法法院中负责审理保有政治职位的个人的案件的刑事审判庭提起诉讼。如果国家反贪污委员会认为该指控不成立，则该指控无效。

5. 如果总检察长认为上述由国家反贪污委员会提交的报告、文件和处理意见不足以启动诉讼程序，则该总检察长应通知国家反贪污委员会继续调查，为此，上述不完善的证据应被详细记录在案。在此情形下，国家反贪污委员会以及总检察长应成立工作组，工作组由各自派出数量相同的代表组成，搜集完整证据并提交给总检察署以开展进一步的追诉。如果该工作组不能就追诉问题达成一致意见，则国家反贪污委员会有权力自行追诉，或指定一名律师代为追诉。

第二百七十三条

1. 在收到本宪法第二百七十二条中的报告后，参议院议长应立刻召开参议院会议对该报告中的事件进行审议。

2. 如果国家反贪污委员会提交报告时是参议院的休会期，则参议院议长应通知国民议会主席向国王请愿，请国王发布一项皇家法令以召开国民议会特别会议。参议院议长应对该皇家法令进行副署。

第二百七十四条

1. 参议员有进行无记名投票的自主权。使某人离职的决议必须经参议院现有议员总数五分之三以上投票通过。

2. 离任的人，应自参议院作出决议之日起离职或离开其工作的政府部门。应剥夺此人五年内获得任何政治职位的权利或在政府机构任职的权利。

3. 本条中所列之参议院的决议是终局性的，并且在不损害最高司法法院中审理保有政治职位的个人的案件的刑事审判庭的审理过程的情况下，不得以相同理由要求某人离职。

第四部分　对保有政治职位的人员进行的刑事追诉

第二百七十五条

1. 如果总理、部长、参议员、众议员或其他政治官员因不明财产，或刑法所规定的渎职，或其他法律所规定的未忠实履行职责或贪污等原因而遭追诉，则最高司法法院中审理保有政治职位的个人的案件的刑事审判庭应对该案有完全的管辖权。

2. 本条第一段的规定也适用于滥用职权、怠于行使或拖延履行职责案件的主犯、教唆犯或从犯，以及给予、许诺给予或同意给予财产或任何其他利益于属于本条第一段所列之主体的人员。

3. 依本宪法第二百五十条第（2）项之规定向国家反贪污委员会提请采取行动的，应依照反贪污组织法的规定。

4. 如果本条第一段中受追诉的主体为总理、部长、众议院议长或参议院议长，则受害人可提请国家反贪污委员会依本法第二百五十条第（2）项之规定采取行动，或提请最高司法法院全体大会依本宪法第二百六十条任命独立调查员。但如果受害人已经向国家反贪污委员会提请调查，则受害人只能在后者拒绝进行调查、无正当理由推迟采取行动进行调查，并认为并无指控的犯罪行为存在的情况下，才能向最高司法法院全体大会提请调查。

5. 如果国家反贪污委员会认为有合理理由怀疑有本条第四段所述的情形发生，且反贪污委员会以其现有成员总数半数以上通过决议采取本宪法第二百五十条第（2）项所列之行动，则国家反贪污委员会应迅速依第二百五十条第（2）项采取行动。在此情形下，受害人不得向最高司法法院全体大会提出请求。

6. 本宪法第二百七十二条第一段、第四段及第五段的规定应予以比照适用。

第二百七十六条

1. 如果最高司法法院全体会议认为应对上述依照本宪法第二百七十五条提出的指控展开诉讼程序，则其应该审慎任命一名独立调查员，该调查员应从具有明显的政治中立性、人格正直的人中选取，或可以将该案件交给国家反贪污委员会依本宪法第二百五十条第（2）项之规定，代替独立调查员进行调查工作。

2. 独立调查员的资格、职权、调查程序以及其他必要程序由法律规定。

3. 当独立调查员已经开展事实调查工作，并已就案件进行综述并给出处理意见，如果该独立调查员认为指控确实成立，则其应将报告、现有证明文件以及处理意见提交给参议院议长，以便后者依照本宪法第二百七十三条的规定采取行动。同时，该独立调查员应将上述材料提交总检察署，以便后者向最高司法法院中审理保有政治职位的个人的案件的刑事审判庭提起诉讼，比照适用本宪法第二百七十二条第五段的规定。

第二百七十七条

1. 在案件审理过程中，最高司法法院中审理保有政治职位的人员的案件的刑事审判庭应以国家反贪污委员会或独立调查员提交的材料为依据，或在其认为合适的情况下，可以自行调查以获得更多事实证据。

2. 最高司法法院中审理保有政治职位人员的案件的刑事审判庭的审判程序，依照保有政治职位的个人的刑事诉讼组织法的规定，并比照适用本宪法第二百一十三条的规定。

3. 本宪法第一百三十一条所规定的众议员及参议员的豁免权，不得适用于最高司法法院中审理保有政治职位人员的案件的刑事审判庭对案件的审理。

第二百七十八条

1. 案件的判决由多数票决定；所有组成审判委员会的法官都应准备书面意见，并在最终判决形成前的会议上进行口头陈述。

2. 最高法院刑事审判庭对担任政治职务人员的命令和判决应是公开的、终局性的，但属于本条第三段所列之情形除外。

3. 如果最高司法法院中审理保有政治职位人员的案件的刑事审判庭作出的决定所针对的人员发现新的证据可能导致基本案情的改变，则此人应自最高司法法院中审理保有政治职位的人员的案件的刑事审判庭作出决定之日起三十日内，向最高司法法院全体会议提出上诉。

4. 上诉的提起、最高司法法院全体会议的听审及判决，均应遵守最高司法法院全体会议制定的规则。

第十三章　政治人物及国家官员的道德

第二百七十九条

1. 保有政治职位的人员、政府官员或国家官员的道德水准应以社会道德标准为依据。

2. 本条第一段所列之道德准则应具有可执行性的特点，并表明如何针对不同严重程度的存疑行为予以惩罚。

3. 违反或不遵守本条第一段所指的道德准则的行为，应视为是对纪律的违反。保有政治职位的人员如实施上述行为，则巡视官应将该情况报告给国会、内阁或相关的地方代表大会，如果是严重的错误行

为，则应将该情况报告给国家反贪污委员会进行审查，当该行为依本宪法第二百七十条的规定构成离职原因后，由反贪污委员会采取进一步行动。

4. 对可能参与国家政权行使的人员的审查、选拔、重审或任命，以及对此人的职位变动、升迁、工资水平的提高和惩罚，均应依照奖励机制，并考虑其道德行为作出。

第二百八十条

1. 为实现本章之目的，巡视官有权力及责任对本宪法第二百七十九条中的道德准则的制定和审查提出意见或建议，提高政治人物、政府官员及国家官员的道德觉悟，并报告违反道德准则的行为，以便那些负责执行道德规范的人能够依照本宪法第二百七十九条第三段的要求予以执行。

2. 如果对道德规范的违反或不遵守达到了极为严重的程度，或者有理由相信责任人将以非公正的方式采取行动，那么巡视官可以启动质询程序，并将质询的结果向公众公布。

第十四章　地方政府

第二百八十一条

1. 根据本宪法第一条，在尊重地方人民意愿的基础上，国家应依照地方自治的原则赋予地方政府组织自治权，加强地方政府组织作为公共服务提供者的角色，并鼓励地方政府参与解决地方性问题的决策制定过程。

2. 任何符合自治条件的地方，应有权依法设立地方政府组织。

第二百八十二条

1. 对地方政府组织的监管应以必要为限，并依据明确的适合组建地方政府组织的规则、程序和条件；并且应是为保护当地居民的利益或国家整体的利益，除非依据法律的规定，不得在实质上影响建立在地方人民意愿基础上的自治原则。

2. 在实施监督的过程中，应有统一的为地方政府组织遵守的监督标准，并需考虑不同类型的地方政府组织发展水平和管理效率的适合性及不平衡性，在作出决定的过程中，应毫无偏见地以地方政府组织的需要而不是能力为出发点，应制定能够被公众监督的运行机制。

第二百八十三条

1. 地方政府组织在下列事项上享有职权：为当地居民的利益，监督并提供公共服务；在制定政策和实施管理、公共服务、人事管理、金融上享有自治权；在考虑地方发展及国家整体发展的基础上，享有其他特殊职权。

2. 地方政府组织应获得来自中央的支持和鼓励,以便能够更好地、自主地管理地方事务,并以更为高效的方式满足当地民众的需求,发展地方金融体系以提高提供公共服务的能力,依其职权建立或合作建立地方政府组织,发展提供公共服务的能力。

3. 应有法律对地方分权、职权划分及中央与地方收入的合理分配进行调整,一方面是中央与地方之间,一方面是地方政府组织之间。分权应考虑到适合不同类型地方政府组织的能力,并确立由委员会执行的监督及评估机制(该委员会由相关政府机关代表、地方政府组织代表和有资质的成员三方以数目相等的人员组成)。

4. 应制定关于地方收入的法律,以确定有关地方政府组织在税收及其他收入方面的职权,根据不同类型的税收制定相应的规则,公共部门资源的分配、足够的收入以支撑地方政府组织行使职权所需花费,并考虑到当地经济发展、地方政府组织的财政地位以及国家金融的可持续性。

5. 如果针对地方政府组织职权的划分以及收入的分配已经作出,则本条第三段中的委员会应每隔不超过五年对其进行监督,以便审查之前制定的职权划分及收入分配方案是否合适,尤其应考虑向地方政府组织分权的范围。

6. 本条第五段所实施的行为应获得内阁的支持才能生效,并应向国会进行汇报。

第二百八十四条

1. 地方政府组织应包括地方代表大会以及地方行政委员会或地方行政人员。地方代表大会成员经选举产生。

2. 地方行政委员会或地方行政人员应直接由人民选举产生,并获得地方代表大会支持。

3. 地方代表大会成员以及地方行政委员会成员,或者须由人民直接选举产生的地方行政人员,应以无记名投票方式经直接选举产生。

4. 地方代表大会或地方行政委员会成员或地方行政人员每届任期四年。

地方行政委员会成员或地方行政人员,不得成为获得终身职位或领取永久薪水的政府官员,也不得成为政府机关、国家机关、国有企业或地方政府组织的官员或雇员,并且依法不得在执政过程中有利益冲突。

5. 有投票权的人员的资质,在选举中能够成为地方代表大会成员、地方行政委员会成员或地方行政人员的候选人的资质,以及选举规则和程序,由法律规定。

6. 如果地方行政委员会成员集体离职或某地方行政人员离职,且必须临时任命某地方行政委员会成员或某地方行政人员,本条第三段及第六段的规定应予适用。

7. 依特别方式成立的、具有不同于本条规定的行政结构的地方政府组织,依法应获得准许,但其地方行政委员会或地方行政人员应经选举产生。

8. 本宪法第二百六十五条、第二百六十六条、第二百六十七条及第二百六十八条应比照适用于地方代表大会、地方行政委员会成员或地方行政人员。

第二百八十五条

如果有权在地方政府组织选举中进行投票的人员,其认为该地方政府组织中的任何地方代表大会、地方行政委员会的成员或地方行政人员,不适合留任,该选民有权投票使该地方代表大会、地方行政委员会的成员或地方行政人员离职,有权提出该动议的选民人数、提出动议的规则及程序、对上榜人员及选票的监督,均由法律规定。

第二百八十六条

1. 对任何地方组织有投票权的人员,有权向地方代表大会议长提请,要求地方代表大会发布地方法令。

2. 有权提出该动议的选民人数、提出动议的规则及程序、对上榜人员的监督,均由法律规定。

第二百八十七条

1. 当地民众有权参与地方政府组织的管理。为此,地方政府组织应创造合适的方式以利于公众参与。

2. 如果任何地方政府组织的行为可能在实质上影响当地人民的生活,则该地方政府组织应在采取行动前的一段合理期间内,向公众报告细节。如果确应接受在地方政府组织中有投票权的个人的要求,应在采取行动前举行公开听证,或针对该事件举行公民投票,后决定。

3. 地方政府组织应向公众报告其执政状况,包括有关预算准备、当年的工作结果及开销,以便使公众能够参与对地方政府组织管理的监督。

本宪法第一百六十八条第六段的规定比照适用于地方政府组织的预算准备。

第二百八十八条

1. 对地方政府组织的官员或雇员的任命及离职,应以适合各地方需求为准,并且地方政府组织的人事管理应有统一的标准,结合联合发展的可能性或地方政府组织之间人士的调配,并应首先获得作为地方人士管理的主要负责机构——地方公务员委员会的支持。

2. 在地方政府组织人事管理上,应为地方公务员设立守夜人机关奖励体系,以便建立价值保护体系和合适的道德体系。

3. 地方公务员委员会应由相同数目的相关政府机关代表、地方政府组织代表、地方官员代表和有资质的人员组成。

4. 地方政府组织的官员或者雇员的职位调动、升迁、涨薪及惩罚由法律规定。

第二百八十九条

1. 地方政府组织在保存当地艺术、风俗、地方知识及优良文化方面,享有权力并负有义务。

2. 地方政府组织有权依当地需求提供教育及职业培训,并参与获得国家为教育及培训提供的支持,这主要是考虑到国家教育水平及体系的协调性。

3. 在当地提供教育及培训时,地方政府组织应考虑到保存当地艺术、风俗、地方知识及优良文化。

第二百九十条

1. 地方政府组织在改善和维护环境方面,依法享有权力,并履行义务。

2. 第一段提到的法律应包含下列内容:

(1)当地自然资源及环境的管理、保存和开发;

(2)只有在当地居民生活可能受影响的情况下,才能参与其他地方对环境和自然资源的保护;

(3)如果其他地方的某项工程可能影响本地的环境质量和本地居民的健康状况,则可以参与对该工程审议的程序;

(4)当地社区的参与。

第十五章　宪法的修改

第二百九十一条

宪法的修改依照下列程序及规则进行:

(1)修宪的动议由内阁、众议院现有议员五分之一以上或两院现有议员五分之一以上、享有投票权的个人五万以上,依照关于制定法律动议的法律规定提起。

如果修宪的动议可能产生改变以国王为国家元首的民主政府的政体或改变国家形式的效果,则应被禁止。

(2)修宪动议应以宪法修正案草案的形式提出,并须经国民议会三次审议。

(3)第一轮审议是对基本原则的接受,应以点名及公开投票的方式进行,且修正案必须获得两院现有总议员半数以上支持。

(4)第二轮审议是逐条审议,也应举行公开听证,有享有投票权的、提出该宪法修正案的个人参与。第二轮投票只要获得简单多数通过即可。

(5)在作出第二轮听证的结论后,应间隔十五日,再由国民议会开始第三轮听证。

(6)第三轮也是最后一轮投票,应以点名及公开

投票方式进行,宪法的颁布必须获得两院现有总议员过半数支持。

(7)在经过上述规则及程序后产生的决议作出后,宪法修正案应被提交给国王,应比照适用本宪法第一百五十条及第一百五十一条的规定。

过渡条款

第二百九十二条

自本宪法公布之日起任职的枢密院,应是依照本宪法成立的枢密院。

第二百九十三条

1. 依 2006 年泰王国宪法成立的国家立法大会,在本宪法第一百二十七条所列之国会召开第一次会议前,履行本宪法规定的国会、众议院及参议院的职责。

2. 在本条第一段所列期间内,如果本宪法任何条款或其他法律条款要求由国民议会主席、众议院议长或参议院议长进行副署,则国家立法大会主席应进行副署。

3. 在初始阶段,如果在本法第一百二十七条所列之第一次会议召开时,参议院明显尚未组建,那么,除依本宪法规定对有关人员的任职或离职进行审议外,国家立法大会应继续履行参议院职责直至参议院依本宪法由法定人数组建起来,且在此期间,任何国家立法大会的行为应被视为参议院的行为,如果本宪法的任何条款或其他法律条款要求国会主席进行副署,则国家立法大会主席应予副署。

4. 本宪法第九十三条、第九十四条、第一百零一条、第一百零二条、第一百零六条、第一百零九条、第一百一十一条、第一百一十三条、第一百一十四条、第一百一十五条、第一百一十九条、第一百二十条、第一百九十七条第四段、第二百六十一条以及任何法律有关禁止个人保有政治职位的条款不得适用于个人成为国家立法大会成员。

5. 本法第一百五十三条的规定比照适用于国家立法大会的终止。

第二百九十四条

1. 依 2006 年泰王国宪法成立的制宪大会和宪法起草委员会,应自本宪法颁布之日起解散。

2. 为避免利益冲突,宪法起草委员会的成员自其依照本条第一段之规定离职后两年内,不得成为众议员或参议员的候选人。

第二百九十五条

1. 国家立法大会应依照 2006 年宪法规定的时限,完成对众议员及参议员选举组织法草案、政党组织法草案以及选举委员会组织法草案的审议,自其从宪法起草委员会收到上述草案时起算。

2. 如果超过本条第一段的时限,国家立法大会

仍未完成对上述草案的审议,则国家立法大会主席应将上述草案在七日内提交给国王以签署,并视为上述草案获得国家立法大会通过。

3. 如果本条第一段所列之政党组织法法案以及选举委员会组织法法案尚未生效,则1998年政党组织法和1998年选举委员会组织法应继续生效至新的组织法生效。

第二百九十六条

1. 本宪法下众议员的选举应在九十日内举行并完成,本宪法下参议员的选拔应在一百五十日内举行并完成,以上期限均从新的组织法依本宪法第二百九十五条生效之日起算。

2. 本宪法公布后的第一次众议员大选中,合适的候选人应截至选举之日已成为某一政党的成员不少于三十日。为此,本宪法第一百零一条第四款第(1)项所要求的时限,应代之以一年的时限;而第一百零一条第四款第(3)项、第(4)项所要求的时限,应代之以两年的时限。

3. 在初始阶段,依1997年泰王国宪法产生的参议员,依本宪法不得被选为参议员,本宪法第一百一十五条第(9)项和第一百一十六条第二段的规定不得适用于依1997年宪法被选为参议员的人。

第二百九十七条

在初始阶段,参议员任期为自其身份开始之日起三年,且如果此人在其议员身份终止后再次参加新的选拔,则不适用不得连任的规定。

第二百九十八条

1. 自本宪法颁布之日起,承担国家事务管理职责的内阁依本宪法继续为内阁,当新的内阁依本宪法产生后,之前的内阁则全体离职。

2. 依2006年泰王国宪法成立的国家安全委员会,应自本宪法颁布之日起承担国家事务管理职责的内阁成立后,全体离职。

3. 本宪法第一百七十一条第二段,第一百七十二条,第一百七十四条和第一百八十二条第四段、第七段、第八段应适用于自本宪法颁布之日起,承担国家事务管理职责的总理及部长。

第二百九十九条

1. 自本宪法颁布之日起已任职的巡视官,应为本宪法下的巡视官,并应根据需要任职至其任期满,为此,其任期应自国王任命之日起算,该巡视官应从他们当中自行选举产生一人作为巡视官的主席,该程序应自本宪法颁布之日起六十日内完成,本宪法第二百四十二条第二段和第三段的规定应予比照适用。

2. 选举委员、国家反贪污委员会成员以及国家经济和社会委员会成员自本宪法公布之日起已任职的,应继续任职直至其任期满,为此,其任期自其被任命之日起算。

3. 国家人权委员会成员自本宪法公布之日起已任职的,应继续任职直至依本宪法条款所产生的国家人权委员会被任命。但如果从任命之日起至本宪法颁布之日止,此人任职不超过一年,在依本宪法对国家人权委员会成员进行首次任命时,不得连任的规定不适用于此人。

4. 本条所列之人员应继续依在本宪法颁布之日前就已生效的组织法或相关法律履行职责,直至组织法或其他法律已依照本宪法被授权执行,除非任何条款违反本宪法规定或与本宪法规定不相符合,则由本宪法相关条款予以代替。

第三百条

1. 依2006年宪法成立的宪法法庭应继续履行宪法法院的职责,为此当职的最高司法法院院长应为宪法法院院长,当职的最高行政法院院长应为宪法法院副院长;但依2006年泰王国宪法选举产生的,最高司法法院法官或者最高行政法院法官,仍继续任职宪法法院法官,直至依本宪法产生的新的法官被任命,但不得超过依本宪法所召开的众议院第一次大选后众议院议长以及众议员反对党领导人被任命之日起一百五十日。

2. 本法第二百零五条第三段,第二百零七条第一段、第二段和第二百零九条第一段第(5)项的规定,不得适用于本条第一段中在职的宪法法院的法官。

3. 2006年泰王国宪法第三十五条第二段、第三段和第四段的规定在宪法法院程序组织法制定后失效。

4. 所有由宪法法庭处理的案件,都应交由宪法法院依本条之规定处理,当宪法法院法官依本宪法的规定被任命后,上述未决案件应交由新任命的宪法法院予以决定。

5. 在宪法法院程序组织法尚在制定的期间,宪法法院有权力制定规范程序和发布决定的规则,但该组织法应自本宪法颁布之日起一年内制定完成。

第三百零一条

1. 在众议院首次选举大会产生众议院议长和众议院反对党领导人后的一百二十日内,应进行国家审计委员会和总审计长的选拔程序,如果依本宪法选拔的宪法法院院长仍空缺,则选拔委员会应由现有成员组成。

2. 如果没有国家审计委员会,则总审计长应行使国家审计委员会主席及国家审计委员会的职权。

第三百零二条

1. 在下列情形下,下述组织法仍继续有效:

(1)1999年巡视官组织法,总巡视官负责并监督该法的实施;

(2)1999年反贪污组织法,国家反贪污委员会主席负责并监督该法的实施;

(3)1999年国家审计组织法,国家审计委员会主席负责并监督该法的实施;

(4)1999年保有政治职位的个人的刑事诉讼组织法,最高司法法院院长负责并监督该法的实施。

2. 在2006年泰王国宪法仍生效期间所颁布的组织法修正案,应视为是在本宪法条款下所颁布的修正案。

3. 负责并监督本条第一段所列之组织法之实施的人员,应在自本宪法公布之日起一年内,采取行动对上述各个组织法进行修订,以使其符合本宪法的规定。如果前述的负责人空缺,则此一年之期限应自新的负责人被任命之日起算。

4. 众议院应在收到修正案之日起的一百二十日内,依本条之规定完成对组织法的审议。

5. 有关支持或反对修正案的决议,应获得各院至少半数议员的投票,才能通过。

6. 选举委员会应依照本宪法的规定举行针对组织法法案的公民投票,为此,本条第三段、第四段和第五段的规定应予比照适用。

第三百零三条

1. 在初始阶段,在本宪法下第一次大选后,负责国家事务的管理的内阁应在规定时间内完成有关下列事项的法律的修订:

(1)有关促进和保护本宪法第四十条、第四十四条规定的权利与自由的实施的法律,第七部分——表达自由与大众媒体,第八部分——教育的权利与自由,第九部分——享受公共卫生服务的权利和国家福利,第十部分——信息互通和投诉的权利,本法第五十六条涉及的个人信息的法律,第十二部分——社区权利,建立独立的组织以保护本宪法第六十一条第二段的消费者权利,本宪法第七十八条第(7)项有关政治改革会议的法律,依本宪法第八十一条第(4)项建立司法行政改革组织的法律,依本宪法第八十四条第(8)项有关建立农民委员会的法律,依本宪法第八十七条第一段第(4)项有关设立为政治发展所需的民间基金的法律,以及有关本宪法第二百五十六条下的国家人权委员会的法律,时限为自国会依本宪法第一百七十六条的规定公布其施政纲领之日起一年内;

(2)只在依本宪法第八十条促进国家教育发展的法律,包括促进常规教育、非常规教育、私人教育、自学、终身学习、社区大学或其他形式的教育;部长会议应为确定负责教育管理的机构而对法律进行修订,并应与教育体系协调一致,适合各层级的基础教育,时限为自国会依本宪法第一百七十六条的规定公布其施政纲领之日起一年内;

(3)依本宪法第一百九十条第五段的规定制定的有关条约缔结的程序和方法的法律,内阁和国会间的平衡的法律,公众参与的透明化、高效化及可行性的法律;有关在条约协商之前,对条约进行研究的独立研究人员的行为进行规范的法律,旨在避免在条约执行期间,产生国家利益与研究人员利益的冲突,时限为自国会依本宪法第一百七十六条的规定公布其施政纲领之日起一年内;

(4)依本宪法第八十六条第一段和本宪法第一百六十七条第三段之规定所制定的法律,时限为自国民议会依本宪法第一百七十六条的规定公布其施政纲领之日起两年内;

(5)确定地方分权的计划和进程的法律,地方收入的法律,建立地方政府组织的法律,有关地方官员的法律,以及其他符合本宪法条款的,依据本宪法第十四章——地方政府的规定制定的法律,时限为自国会依本宪法第一百七十六条的规定公布其施政纲领之日起两年内,为此这些法律应纳入地方法典。

2. 如果存在任何法律,其实质内容在本宪法颁布之前就已明显符合本宪法的规定,则免于采取本条所列之上述行动。

第三百零四条

为本宪法第二百七十九条的规定所制定的道德法典,应自本宪法公布之日起一年内完成。

第三百零五条

在初始阶段,以下条款不得适用于下列事件:

(1)本宪法第四十七条第二段的规定不得适用,除非依本宪法第四十七条制定的法律是为建立某一机关,负责在无线电广播、电视广播业和通信业分配频道,并对其运行实施监督,时限为自国会依本宪法第一百七十六条的规定公布其施政纲领之日起一年内;上述法律的内容应至少在实质上,是为在其内部建立各个独立的机构,分别负责监督无线电广播、电视广播业以及通信业,保护这些行业的运作,发展通信资源,促进公众参与大众传媒的运作,但上述法律应对在本宪法颁布之前的法律许可、特许权或签订的合同不作歧视性规定,直到上述许可、特许或合同到期日为止;

(2)根据本宪法第二百九十六条第三段的规定,本宪法第一百零二条第十段的规定仅适用于先前在任的参议员,本宪法第一百一十五条第九段和第一百一十六条第二段的规定,不得适用于对众议员的第一次大选,也不得适用于本宪法下首次参与政治职位竞争的情况;

(3)本宪法第一百四十一条不得适用于本宪法第二百九十五条所列之组织法的制定;

(4)本宪法第一百六十七条第一段和第二段、第一百六十八条第九段、第一百六十九条仅适用于——为保持国库平衡而对之前的花费所进行的补偿，来确定收入来源，第一百七十条的规定在自本宪法公布之日起一年内不得适用；

(5)任何关于条约的缔结或执行的法律，如果是在本宪法颁布之前完成的，则无效，本宪法第一百九十条第三段的规定不得适用，但可适用于尚未完成且需进一步完善的法案；

(6)本宪法第二百零九条第(2)项的规定不得适用于本宪法颁布之日前就已在任的国家人权委员会成员；

(7)本宪法第二百五十五条第五段和第二百八十八条第三段的规定，在自本宪法公布之日起一年内不得适用。

第三百零六条

1. 在初始阶段，最高司法法院的法官，如其职位不低于任何其他最高司法法院法官，并且至2007年其年龄已达六十周岁，则可以根据本宪法第二百一十九条的规定，在最高法院任职高级法官，直至有关高级法官职责履行的规则得以修订。

2. 自本宪法公布之日起一年内，应制定有关规则，规定司法法院法官超过七十周岁不得进行司法工作；司法法院内年龄已达六十周岁，并且在法院工作不少于二十年的法官，根据对其职业能力的评估，可以要求转至另一级别不高于其现任法院的其他法院，从事高级法官的工作。

3. 依本条第一段、第二段规定即将制定的法律，可以要求那些自上述法律生效之日起十年内，年龄将达到六十周岁的法官，逐年陆续离职，并可要求他们转至高级法官办公室任职。

4. 本条第二段、第三段的规定比照适用于检察官。

第三百零七条

司法法院的司法委员会有资质的成员，如在本宪法颁布之日已经在职，则应该继续履行其职责，除非其年龄在2007年已达六十周岁，但其继续任职的期限不得超过自本宪法颁布之日起一百八十日。

第三百零八条

1. 自本宪法颁布之日起，负责国家事务管理的内阁应在九十日内成立一个独立的法律改革委员会，该委员会负责研究和修订为执行宪法所必需的法律；该委员会应成立一专门机构负责依本宪法第八十一条第三段的规定对法律进行改革，时限为自本宪法颁布之日起一年内，为此，该项法律的内容应至少包括：规定该法律改革机构有责任支持有投票权的个人提出法律草案。

2. 本条第一段所列之职权，排除由其他履行类似职责的机构之享有。

第三百零九条

所有2006年泰王国宪法承认其合法性、合宪性的法律，包括附属立性，其执行无论是在本宪法颁布之前或之后，均视为依本宪法具有合宪性。

土耳其共和国宪法*

（1982 年 11 月 7 日公民投票通过，2010 年第 5892 号法律最新修正）

序 言

按照土耳其共和国的缔造者、永垂不朽的领袖以及无可匹敌的英雄阿塔图尔克（Atatürk）确立的民族主义观念以及他的改革精神和原则，本宪法重申土耳其民族和国家生命不息，土耳其各组成部分是不可分割的统一整体。

作为世界民族大家庭中享有平等权利和受人尊敬的一员，土耳其共和国致力于共和国的长治久安、福利、物质和精神的繁荣，以及达到现代文明水准的决心。

民族意志至上，全部主权无条件属于土耳其民族，以及被赋予以民族的名义行使主权的任何个人和机构都不得逾越本宪法规定的自由、民主和法治政体。

权力分立原则，权力分立并不意味着国家机关等级森严，而只是使国家机关各司其职，行使明确规定赋予它们的文明社会所必需的职能分工与合作，最高权力只属于宪法和法律。

坚持任何违反土耳其民族利益，有损于土耳其国家和领土完整，违反土耳其历史和价值观念，违反阿塔图尔克的民族主义、原则、改革和现代化使命的思想和观点不受保护的原则，以及根据政教分离的原则，绝对不许以神圣的宗教信条干预国家事务和政治的原则。每个土耳其公民生来享有按照平等和社会正义的要求行使本宪法规定的基本权利和自由，以便在民族文化、文明和法治社会中体面地生活，并追求物质和精神发展的权利。

所有土耳其公民共同分享民族的荣誉和自豪感，民族的欢乐和忧患，对民族的生存共同承担权利和义务，在国民生活的一切领域，和衷共济，互相尊重权利和自由，真诚互爱，坚持"国内和平，世界和平"的愿望和信念，享有追求和平生活的权利。

为使本宪法所体现的理想、信念和决心得到全面完整的理解，本着崇敬和绝对忠实于本宪法的文字和

精神的态度予以解释和实施。

土耳其民族谨将本宪法托付给热爱祖国、热爱民主的土耳其儿女。

第一编 总则

一、政体
第一条

土耳其为共和国。

二、国家的特征
第二条

土耳其共和国是一个民主、世俗和法治的社会国家；致力于社会安定、民族团结和社会正义；尊重人权，忠于阿塔图尔克的民族主义，并以序言中所规定的基本原则为基础。

三、国家的完整性、官方语言、国旗、国歌和首都
第三条

土耳其国家包括它的领土和人民，是一个不可分割的整体。官方语言为土耳其语。

国旗为法律规定的红底白色星月旗。

国歌为《独立进行曲》。

首都为安卡拉（Ankara）。

四、不可修改条款
第四条

本宪法第一条关于政体为共和国的规定，第二条关于共和国的特征的规定以及第三条的规定均不得修改，也不得动议修改。

五、国家的基本目标和任务
第五条

国家的基本目标和任务是：维护土耳其民族的独立和统一，保护国家的不可分割性，捍卫共和国和民主；保障个人和社会的繁荣、和平与幸福；努力消除一切限制个人基本权利和自由的、同法治的社会国家原则及社会正义原则不相容的政治、经济和社会障碍；

---

* 译自土耳其共和国司法部提供的官方英译版，该版本集合了最新的 2010 年第 5982 号法律。译者：易卫中。

为个人物质生存和精神生存的发展提供必要条件。

六、主权

第六条

主权无条件地、毫无保留地属于全体国民。

土耳其国民依照宪法规定的原则通过宪法所授权的机关行使主权。

行使主权的权利不得委托给任何个人、集团或阶级。任何个人或机关不得行使任何非源于宪法的国家权力。

七、立法权

第七条

立法权属于代表土耳其国民全体的土耳其大国民议会。此项权力不得委托。

八、行政权及其职能

第八条

行政权及其职能由共和国总统和内阁依照宪法和法律行使。

九、司法权

第九条

司法权由独立的法院以土耳其国民的名义行使。

十、法律面前平等的原则

第十条

全体公民不分语言、种族、肤色、性别、政治观点、哲学信仰、宗教、教派等,在法律面前一律平等。

男女平等。国家有义务确保男女平等原则得到贯彻与实施。为确保男女平等原则而采取的措施不能解释为违反平等原则。

为需要特别照顾的人群如儿童、老年人和残疾人而采取的措施也不能认为是违背平等原则。

不得赋予任何个人、家庭、集团或阶级以特权。

国家机关应依照法律面前平等的原则处理它们的一切事务。

十一、宪法至上与约束力

第十一条

宪法条款是对立法、行政、司法机关、管理当局和其他机构及个人均有约束力的基本法。

任何法律都不得同宪法相抵触。

第二编　基本权利和基本义务

第一章　一般规定

一、基本权利和自由的性质

第十二条

每个人生来享有不可侵犯、不可转让的基本权利和自由。

基本权利和自由也包含个人对社会、家庭和其他

个人负有的义务和责任。

二、基本权利和自由的限制

第十三条

基本权利与自由只有根据宪法相关条款规定的原因方可由法律进行限制,但不得侵害其本质内容。对基本权利与自由的限制不得违反宪法的文字和精神,并且应符合社会民主秩序、非宗教共和国以及比例原则的要求。

三、禁止滥用基本权利和自由

第十四条

不得出于破坏国家的领土和民族不可分割的整体性、威胁基于人权保障的土耳其共和国的民主和非宗教秩序的生存的目的,行使宪法规定的基本权利和自由。

本宪法的任何条款,都不得解释为授予国家或个人取消本宪法所规定的权利和自由,或者用比本宪法规定得更为广泛的限制基本权利和自由的目的采取行动。

凡违反上述禁律应该予以制裁,其制裁办法由法律规定。

四、中止行使基本权利和自由

第十五条

在战争、动员、戒严或国家处于紧急状态时期,在不违反国际法所规定的义务的条件下,可以根据形势的需要,部分或全部中止基本权利和自由的行使,或采取同宪法规定的保障相出入的应变措施。

即使在本条第一款规定的情况下,个人的生命权以及物质和精神的完整性也不应受侵犯,但合法战争行为导致的死亡除外;任何人不得被迫透露自己的宗教信仰、良知、思想和观点,也不得因此而获指控;犯罪和惩罚不得追溯既往;非经法院判决,任何人不得被认为有罪。

五、外国人的地位

第十六条

外国侨民的基本权利和自由,可以参照国际法由法律加以限制。

第二章　个人的权利和义务

一、个人的人身不可侵犯及其物质精神完整

第十七条

每个人都有生命权,以及维护和发展个人的物质与精神完整的权利。

除医疗需要和法定场合外,个人的人身完整不受侵犯;非经本人同意,不得对其进行科学或医学试验。

任何人不受拷打和虐待。不得对任何人施加有损人的尊严的惩罚或处置。

正当自卫杀人,以及在执行拘留或逮捕令,制止被捕者或囚犯逃跑,镇压暴动或骚乱以及在戒严或紧急状态下执行有关当局下达的命令时,依法使用武器而造成的死亡,不在本条第一款规定的范围内。

二、禁止强迫劳动

第十八条

任何人都不得被强迫劳动。禁止无偿劳役。

依照法律规定的方式和条件在服刑或关押期间要求个人劳动,在紧急状态下要求公民效力,在国家需要的领域进行公民义务性质的体力劳动或脑力劳动,不得被视为强迫劳动。

三、人身自由和安全

第十九条

每个人都享有人身自由和人身安全的权利。

除下述法定情况以及依法定程序与条件外,任何人的自由都不受剥夺:执行由法院作出的应予限制自由的判决或采取安全措施;依照法院的命令或法律的强制规定,拘留或逮捕有关人员;执行旨在使未成年人接受监护下的教育或将其送交主管当局的命令;对危害公众的精神病患者、吸毒或酗酒者、流浪者或传染病患者采取法定收容措施,使其接受治疗、教育或改造;拘留或逮捕企图或已经非法入境的人,以及被决定驱逐出境或引渡他国的人。

对有明显犯罪迹象的人,只有出于防止他们逃匿、销毁或篡改证据的目的,或在法律明文规定需要拘捕的其他类似的情况下,经法官批准才可以拘捕。只有对现行犯罪或迟延拘捕有阻碍司法秩序之虑,才可以不经法官批准实行逮捕,其条件由法律规定。

对被拘留或逮捕的人犯,应立即以书面形式将拘留或逮捕的理由以及被指控的罪名通知本人,在无法马上以书面形式通知的情况下可以采用口头方式;如属集体犯罪,则至迟应在移送法官审讯前通知本人。

对被拘留或逮捕的人犯,须在四十八小时内,如属集体犯罪则须在四日内,移送法官审讯,但由被捕地点解送距离最近的法院所需时间不计在内。如超过上述规定期限,则非经法官裁决,不得剥夺任何人的自由。在紧急状态、戒严或战争时期,可以延长上述规定期限。

应将被拘留或逮捕者的情况立即通知他们的亲属。

被羁押者有权要求在合理的期限内提讯,有权要求在调查或取证期间被释放。为了使被释人员在审讯期间出庭或履行法院的判决,可以要求他们提供保人。

无论出于何种原因被剥夺自由的人,有权要求有关司法机关对他们的情况尽快作出裁决,如对他们的限制是违法的,则可要求立即释放。

凡因受到违反上述规定的处置而蒙受损害的人员,国家须按照赔偿法的一般原则给予赔偿。

四、私人生活隐私及其保护

(一)个人生活隐私

第二十条

人人有权要求个人生活和家庭生活受到尊重。个人生活和家庭生活的秘密不受侵犯。

除非法官以国家安全、公共秩序、预防犯罪、保护公共健康和公共道德,或保护他人的权利自由中的一项或几项理由作出正式决定,或除非在毫无迟延的情况下由法律授权的机关以上述理由通过书面命令,个人人身及其文件和财物不受搜查和扣押。法律授权机关的决定应在二十四小时内提交有管辖权的法官批准。法官应当自扣押之时起四十八小时内作出决定,否则,扣押应自动解除。

任何人有权要求保护他的个人数据。这项权利包括被告知、获得和要求更正和删除他们的个人资料,并予以告知这些资料的使用是否符合预期目标。个人资料只能基于法律规定的目的或在个人自己同意的情况下处理。关于个人数据资料保护的原则和程序由法律规定。

(二)住宅不受侵犯

第二十一条

任何人的住宅都不受侵犯。

除非法官以国家安全、公共秩序、预防犯罪、保护公共健康和公共道德,或保护他人的权利自由中的一项或几项理由作出正式决定,或除非在毫无迟延的情况下由法律授权的机关以上述理由通过书面命令,任何人的住宅不得擅自闯入,不准进行搜查,住宅里面的财产不得扣押。法律授权机关的决定应在二十四小时内提交有管辖权的法官批准。法官应当自扣押之时起四十八小时内作出决定,否则,扣押应自动解除。

(三)通讯自由

第二十二条

每个人都有通讯自由。

通讯秘密是一项基本权利。

除非法官以国家安全、公共秩序、预防犯罪、保护公共健康和公共道德,或保护他人的权利自由中的一项或几项理由作出正式决定,或除非在不能迟延的情况下由法律授权的机关以上述理由通过书面命令,通讯不得受到阻挠,通信秘密不得受到侵犯。法律授权机关的决定应在二十四小时内提交有管辖权的法官批准。法官应当自扣押之时起四十八小时内作出决定,否则,扣押应自动解除。

对上述规定可以采取例外做法的公共机构和组织由法律规定。

世界各国宪法文本翻译与研究系列丛书◎世界各国宪法文本汇编(亚洲卷)

五、居住和迁徙自由

第二十三条

每个人都有居住和迁徙的自由。

为了防止犯罪,促进社会经济发展,确保城市健康合理的扩展和保护公共财产,居住自由可以由法律加以限制。基于对犯罪行为进行调查和起诉的理由,或出于防止犯罪的目的,迁徙自由可以由法律加以限制。

公民的出境自由仅可因刑事调查或起诉由法院以判决而加以限制。

公民不得被驱逐出境,也不得被剥夺出境后返回国家的权利。

六、宗教和信仰自由

第二十四条

每个人都有良心、宗教信仰和信念的自由。

在不违背第十四条规定的情况下,可以自由举行祈祷、宗教仪式和典礼。

不得强迫任何人参加祈祷、宗教仪式或典礼,或公开其宗教信仰和信念。不得因宗教信仰和信念而受谴责或指控。

宗教和道德的教育应在国家的监督和控制下进行。宗教文化课和道德修养课应列为小学和中学的必修课。除此之外的宗教教育取决于本人的意愿,未成年者则取决于他们法定代理人的要求。

任何人在任何情况下都不准出于把国家的社会、经济、政治或法律基本制度建立在——即使部分的——宗教信仰的基础上,或谋取政治利益和个人影响等目的,利用或滥用宗教感情或宗教视为神圣的事物。

七、思想和意见自由

第二十五条

每个人都有思想和意见的自由。

无论出于何种理由和目的,任何人都不得被强迫公开其思想和意见;不得因其思想和意见而受到谴责或起诉。

八、表达和传播思想的自由

第二十六条

每个人都享有以口头、文字、图片或其他方式单独或集体表达和传播其思想和观点的权利。这一权利也包括在不受官方机构干预的情况下接收或传递信息和思想的自由。本条规定并不妨碍广播、电视、电影或其他的类似传播方式服从许可制度。

出于保卫国家安全,公共秩序和公共安全,共和国的基本性质,维护国家的领土与民族不可分割的完整性,以及防止犯罪行为,惩处犯罪分子,保守国家机密,维护他人的名誉或权利,保守个人和家庭生活的秘密或法律规定的职业秘密,或履行正当的司法职责

等目的,上述自由可以受到限制。

表达与传播思想自由的行使方式、条件和程序应由法律予以规定。

九、科学和艺术自由

第二十七条

每个人都享有自由学习、传授、解释和传播科学艺术的权利,有权对科学艺术进行各种研究。

传播权不得用于改变宪法第一条、第二条和第三条规定的目的。

本条规定不妨碍外国出版物的进口和发行需要受法律的统一管制。

十、有关新闻和出版的规定

(一)新闻自由

第二十八条

新闻自由不受检查。建立出版机构无须经事先许可,也无须交付保证金。

国家应采取措施确保新闻自由和通讯自由。

本宪法第二十六条和第二十七条规定同样适用于对新闻自由的限制。

凡是撰写或出版各种威胁国家内外安全和国家的领土与民族不可分割的完整性,或蓄意煽动骚乱或暴动,或泄露国家机密的消息或文章的人,凡是出于上述目的的刊印或传递此类消息或文章的人,都要依照有关这些罪行的法律规定受到追究。作为防范措施,得根据法官的决定予以查封,或认为迟延会造成危害时,得由法定主管当局下令查封,但至迟必须在二十四小时内将此事通知主管法官。如果主管法官在随后四十八小时内对查封未予批准,则查封即被视为业已取消而完全无效。

除为确保司法机关职能得以行使而由法官下令禁止者外,在法律规定的范围内,不得对新闻报道实施禁令。

在对法律规定的违法情况进行调查或起诉时,得根据法官的决定查封定期或不定期的出版物;如果迟延查封将对维护国家的领土和民族不可分割的整体,维护国家安全、公共秩序和公共道德,防止犯罪行为会造成危害,得由法定主管当局下令查封,但其至少须在二十四小时内将此事通知主管法官;如法官在随后的四十八小时内对查封未予批准,则查封即被视为业已取消而完全无效。

因刑事侦查或起诉的需要,对定期或不定期出版物的扣押和没收参照一般规定执行。

在土耳其境内出版的定期刊物,如被认为其内容有违反国家的领土和民族不可分割的整体性、共和国的基本原则、国家安全和公共道德等,得由法院下令暂予查封。凡明显属于被查封期刊之延续的出版物,都在禁止之列,得由法官下令扣押。

（二）定期和不定期刊物的权利

第二十九条

出版定期和不定期刊物无须经事先批准,也无须交付保证金。

出版定期刊物只需向法定主管当局提供法律规定的情况和文件。主管当局如发现提供的情况和文件违法,得请求有关法院制止出版。

有关定期刊物的出版、出版条件、资金来源和新闻职业的原则,由法律规定。法律不得在政治、经济、财务和技术上设置障碍,阻挠或刁难消息、思想和观点的自由发表。

根据平等原则,出版定期刊物可以利用国家和其他公法团体或其代理机构的器材设备。

（三）保护印刷设备

第三十条

对依照法律规定作为印刷企业而建立的印刷厂及其附属设备,不得以它们是犯罪工具为借口而予以查封、没收或取缔。

（四）使用除公共法人所有的报刊以外的传播媒介的权利

第三十一条

个人和政党均有使用公共法人所有的报刊以外的传播媒介和通讯设备的权利。使用的条件和手续由法律规定。

法律不得以除国家完全、公共秩序、公共道德或保护公共卫生以外的理由规定限制、控制公众通过上述传播媒介获取信息,控制思想和意见以及舆论的自由形成。

（五）更正和答复权

第三十二条

更正和答复权只有在个人的名誉和声望受到攻击或报道失实时始得行使。这一权利由法律规定。

如果更正和答复未予发表,法官须在接到有关人员申诉后的七日内作出裁定应否予以发表。

十一、集会的权利和自由

（一）结社自由

第三十三条

每个人都有结社、入社和退社的权利,而无须事先得到许可。

任何人都不得强迫参加社团或强迫留在社团内。

结社自由可以因保护国家安全、维护公共秩序、预防犯罪以及保护公共道德和公共秩序之需要依法限制。

行使结社自由的方式、条件和程序由法律规定。

团体在法律规定的情况下得由法官下令取缔或暂停活动。如迟延取缔将对国家安全或公共秩序构成危害以及对预防犯罪或制止犯罪以及执行逮捕造

成不利影响,法定的主管当局得命令暂停社团活动,但应在二十四小时内将此事通知主管法官;如法官在随后的四十八小时内对此决定未予批准,则此行政决定自动无效。

本条第一款规定不得妨碍对武装部队和保安部队以及公职人员的结社权利施加限制或禁止上述人员行使该项权利。

本条的规定同样适用于基金会。

（二）举行集会和游行示威的权利

第三十四条

每个人都有无须事先经过许可举行非武装的和平集会和游行示威的权利。

举行集会和游行示威的权利可因国家安全、公共秩序,或者预防犯罪、公共卫生和公共道德以及保护其他人的权利和自由之需要而依法限制。

行使集会和游行示威权利的方式、条件和程序由法律予以规定。

十二、财产权

第三十五条

每个人都有财产权和遗产继承权。

这些权利只有出于公共利益的目的才能由法律加以限制。

财产所有权的行使应以不违反公共利益为限。

十三、关于权利保护的规定

（一）主张权利的自由

第三十六条

每个人都有通过合法方法和程序,以原告或被告身份在法院进行诉讼的权利。

任何法院都不得拒绝受理属于其管辖权范围内的案件。

（二）合法审判的保障

第三十七条

任何人不受法定主管法院以外的司法机关的审讯。

不得设立有审判权的特别法庭,从而使一个人受到其法定主管法院以外的机构的审讯。

（三）关于定罪量刑的原则

第三十八条

任何人不得因按行为当时的法律并不构成犯罪的行为而受到惩罚;任何人不得被处以比在犯罪当时施行的刑法规定更重的刑罚。

前款规定同样适用于对罪犯追诉和刑事判决时效的法律规定。

刑罚和代替刑罚的安全措施只能由法律规定。

任何人在未被法院证实其有罪以前,应推定为无罪。

任何人都不得被强迫作不利于其本人或其他近

亲属的供述,也不得强迫其提供此类证据。

非法方式取得的材料不得作为证据使用。

刑事责任应由个人本人承担。

任何人不得因仅仅不能履行合同义务而被剥夺自由。

不得判处死刑以及不得以没收全部财产作为刑罚。

行政当局不得作出限制人身自由的制裁。关于武装部队的内部秩序,得由法律另行规定惩戒办法而不受本规定的限制。

公民不得因犯罪而被引渡至外国,但履行国际刑事法院规约缔约方义务者不在此限。

十四、提供证明的权利
第三十九条

在公职人员提出的关于他们在执行职务时受到侮辱和诽谤的诉讼中,被告有权证明其陈述是否真实。在除此之外的其他案件中,要求证明陈述是否真实之权利取决于该项陈述是否符合公共利益,或原告是否同意。

十五、基本权利和自由的保障
第四十条

任何人若其宪法权利和自由受到侵犯,均有权要求主管当局及时受理其申诉。

国家有义务在其职责范围内,告知法律救济、有关人员申诉的主管当局及其期限。

因受国家官员违法对待而蒙受损害的任何个人,国家应当给予赔偿。国家保留对肇事官员的追偿权。

第三章 社会、经济权利和义务

一、保护家庭
第四十一条

家庭是土耳其社会的基础,家庭的建立以配偶双方平等为基础。

国家应采取必要的措施和建立必要的组织,以维护家庭的和睦和幸福,特别是保护母亲和儿童,推行家庭计划教育。

每个儿童有权得到全面的保护和细心的照顾,每个儿童有权和其父母保持亲密的直接的联系,但违背儿童重大利益的除外。

国家应该采取措施保护儿童免遭各种形式的虐待和暴力侵害。

二、受教育与训练的权利与义务
第四十二条

任何人都不得被剥夺受教育与训练的权利。

受教育权的范围由法律确定和调整。

教育和训练应遵照阿塔图尔克确立的原则和改革的方针,在现代科学与教育方法的基础上,在国家的监督和控制下进行。不得建立违反这些原则的教育机构和训练机构。

教育和训练自由并不免除个人忠于宪法的义务。

男女公民均应接受初等义务教育,公立学校中的义务教育免费。

私立中小学应遵循的原则,参照公立学校的标准,由法律规定。

国家应通过提供奖学金或其他资助方式,使经济困难的优秀学生得以深造。国家应采取必要的措施使那些需要特殊训练的人经过再培训而成为对社会有用的人。

教育和训练机构只能从事同教育、训练和调查研究有关的活动。对这些活动不得以任何方式加以阻挠。

在教育和训练机构中,不得把土耳其语之外的任何一种语言作为母语传授给土耳其公民。教育和训练机构中教授的外语和用外语授课的学校应遵循的原则,由法律规定。国际条约的规定予以保留。

三、公共利益
(一)岸的利用
第四十三条

岸处于国家的主权管辖的支配下。

海岸、湖岸、河岸以及海洋和湖泊的沿岸地带的利用应优先考虑公共利益。

根据使用的目的,岸和沿岸地带的宽度以及个人使用这些地点的可能性和条件,由法律规定。

(二)土地所有权
第四十四条

国家应采取必要的措施,保护和发展土地的有效耕作,防止因侵蚀而造成水土流失,向无地或土地不足的农户提供土地,基于这一目的,法律可以根据农业区域和种植类别确定土地的合适规模。向无地或土地不足的农户提供土地时,不得导致生产下降、森林资源和其他地面及地下资源的枯竭。

出于上述目的而分配的土地不得再行分割,不得转让给法定继承人之外的任何人,只能由接受分配的农户及其继承人耕种。如上述规定条件丧失,被分配的土地即由国家收回,其原则由法律规定。

(三)保护农业、畜牧业及农牧民
第四十五条

国家应协助农牧民购置机器设备和其他物资,以防止滥用和毁坏农田、草地和牧场,依照农业生产计划原则扩大农作物生产和畜牧生产。

国家应采取必要的措施,提高农牧产品的产值,使生产者获得农牧产品的真正价值。

（四）征用

第四十六条

国家和公共法人有权在公共利益需要的情况下，依照法律规定的原则和程序，通过预付补偿的方式，全部或部分征用私人拥有的地产，并确立对它们的征收地役权。

征用补偿费采用现金预付的方式支付。但为实行土地改革、建立大型能源和灌溉工程、营建住宅、更新和营造森林、保护堤岸和兴建旅游设施而征用土地时，补偿费的支付方式由法律规定。在上述情形下，法律可以作出分期付款的规定，但分期付款的期限不得超过五年；在这种情况下，每一期偿付的款额应相等。

征用小农私有耕地的补偿费，在任何情况下都应预付。

本条第二款规定的分期付款的情形，对未付清的那部分款项还应支付对国家债务规定的最高利息。

（五）国有化

第四十七条

私营公用事业得基于公共利益需要而收归国有。

收归国有的工作应按实际价值进行。实际价值的计算方式和程序由法律规定。

对国家、国有经济实体及其他公共企业组织所有的企业和财产予以私有化，其原则和规则由法律规定。

国家、国有经济实体及其他公共企业组织通过私法合同的形式委托给个人或组织来执行的投资和服务，由法律规定。

四、劳动和订立合同的自由

第四十八条

每个人都有在他所选择的部门工作和签订合同的自由。私人可以自由兴办企业。

国家应采取必要的措施，确保私人企业按照国民经济和社会目标的需要，在安全和稳定的条件下经营。

五、关于劳动的规定

（一）劳动的权利和义务

第四十九条

劳动是每个人的权利和义务。

国家应采取必要的措施，提高劳动者的生活水平，保护劳动者和失业者以改善一般劳动条件，促进就业，并为预防失业和确保劳动和平创造适当的经济条件。

（二）劳动条件和休息休养的权利

第五十条

任何人都不得被要求从事不适合其年龄、性别和能力的工作。

儿童、妇女以及身体和智力不健全的人在劳动条件方面应受到特殊的照顾。

休息休养是劳动者的权利。

带薪的周末、节日及年度休假的权利和条件由法律规定。

（三）成立工会的权利

第五十一条

工人和雇主都有不经事先许可成立工会、雇主协会及其上级组织的权利，以及自由加入或退出工会的权利，以便在会员的劳动关系中维护和发展会员的经济社会权益。任何人都不得被强迫加入或退出工会。

因国家安全、公共秩序、预防犯罪、保护公共卫生、公共道德以及其他的人的自由与权利的目的，成立工会的权利可依法限制。

行使成立工会权利的形式、条件和程序由法律规定。

不具有工人身份的公务员的权利范围、例外和限制由法律依据他们工作的特点予以规定。

工会及其上级组织的章程、管理和活动不得同本宪法规定的共和国的特征和民主原则相抵触。

（四）工会的活动

第五十二条（废除）

六、集体谈判、罢工权利和封闭工厂

（一）集体谈判权

第五十三条

工人和雇主有签订集体谈判协议的权利，以调整相互间的社会经济状况和劳动条件。

签订集体谈判协议的程序由法律规定。

公务员和其他公共职员有权签订集体协议。

因集体协议而致的争议，双方可以提交和解委员会裁决，和解委员会的裁决为最终裁决，具有集体协议的效力。

集体协议权利的例外、范围，受益人，集体协议生效、程序和形式以及集体协议条款的适用范围，以及和解委员会的组织、运作程序和原则及其他事项应由法律予以规定。

（二）罢工权和封闭工厂

第五十四条

如在集体谈判期间发生争端，工人有权举行罢工。工人运用罢工权和雇主封闭工厂的程序和条件，以及二者的范围和双方必须服从的例外情况，均由法律规定。

不得以违反善意原则，危害社会和破坏国家财产的方式运用罢工权和封闭工厂。

可以禁止或推迟罢工和封闭工厂的情形和条件，由法律规定。

在禁止罢工和封闭工厂的情况下，争端由最高仲裁委员会裁决；在罢工和歇业被推迟的情况下，争端

世界各国宪法文本翻译与研究系列丛书◎世界各国宪法文本汇编（亚洲卷）

由最高仲裁委员会在推迟期结束时裁决。在争端的任何一个阶段，各方都可经协商后要求最高仲裁委员会裁决。

最高仲裁委员会的裁决为终局裁决，具有集体谈判协议的效力。

最高仲裁委员会的组织和职能由法律规定。

罢工者不得以任何方式阻挠不参加罢工者进入工作场所劳动。

七、合理工资的保障

第五十五条

应为劳动支付工资以作为回报。

国家应采取必要的措施，使劳动者获得同他们从事的工作相称的合理工资并享有其他的社会福利。

最低工资应根据国家的经济、社会状况来确定。

八、卫生、环境和住宅

（一）卫生服务和环境保护

第五十六条

每个人都有在健康和谐的环境中生活的权利。

改善自然环境、防止环境污染是国家的责任和公民的义务。

国家应统一规划和兴办卫生设施，使人人过身心健康的生活，并通过厉行节约、提高效率，实现人力物力的合作。

国家应通过监督国营和私营的卫生机构和社会福利机构来履行上述职责。

可以通过法律建立普遍的卫生保险，以广泛开展卫生服务。

（二）住宅权

第五十七条

国家应在符合城市特点和环境条件的计划范围内采取措施，满足人们对住宅的需要，同时还应支持社会集资营建住宅工程。

九、青年和体育运动

（一）保护青年

第五十八条

青年肩负守卫国家及其独立的重任，担负着共和国重托，因此国家应采取措施，使青年在现代科学的指导下，遵照阿塔图尔克的原则和改革方针，得到培养和发展，反对一切旨在破坏国家的领土和民族不可分割的观点。

国家应采取必要措施使青年避免沾染上酗酒、吸毒、犯罪、赌博和其他类似的恶习。

（二）发展体育运动

第五十九条

国家应采取措施，促进各种年龄的土耳其公民身心健康，鼓励开展群众性的体育运动。

国家应保护有成就的运动员。

十、社会保障的权利

（一）社会保障权

第六十条

每个人享有社会保障的权利。

国家应采取必要措施和建立必要组织提供社会保障。

（二）在社会保障方面的特别保护主体

第六十一条

国家应保护在战争中和因公牺牲的烈士和以身殉职者的遗孀和遗孤，保护残疾军人和老战士，使他们享有体面的生活水平。

国家应采取措施保护残疾人，使他们成为社会生活的成员。

老年人受国家保护。国家对老年人的资助以及老年人的其他权益均由法律规定。

国家应采取各种措施，使那些需要保护的儿童得到社会安置。

为了实现上述目标，国家应建立或督促建立必要的组织和设施。

（三）在国外工作的土耳其公民

第六十二条

国家应采取必要的措施使在国外工作的土耳其公民的家庭团结，让他们的子女受到教育，使他们的文化需要和社会保障得到满足，使他们同祖国保持联系，在他们回国时提供帮助。

十一、保护历史文物、文化和自然财富

第六十三条

国家保护历史文物、文化和自然财富等瑰宝，并为此采取各种支持和鼓励措施。

对私人占有这类财富和瑰宝的限制、向受限制的上述所有者给予补偿和豁免的办法，均由法律规定。

十二、保护艺术和艺术家

第六十四条

国家保护艺术活动和艺术家。国家应采取必要的措施，保护、促进和支持艺术品和艺术家，推广对艺术的鉴赏。

十三、社会、经济权利的范围

第六十五条

国家应在其财力许可的限度内履行本宪法所规定的社会、经济责任，并应考虑与这些责任之目的相适应的优先性。

第四章 政治权利和义务

一、土耳其公民资格

第六十六条

凡是通过公民资格的纽带隶属于土耳其国家的

人都是土耳其人。

父或母为土耳其人的子女为土耳其公民。

公民资格依照法律规定的条件取得，并只有在法律规定的情况下才能丧失。

任何土耳其人，除犯有不忠于祖国的行为者外，不得被剥夺公民资格。

不得剥夺任何人就剥夺公民资格的裁决和手续向法院提出申诉的权利。

二、选举、被选举和从事政治活动的权利

第六十七条

公民依照法律规定的条件，有选举和被选举的权利，有以无党派人士身份或在某一政党内从事政治活动和参加公民投票的权利。

选举和公民投票应依照自由、平等、秘密、直接、普遍投票和公开计票的原则，在司法机关的指导和监督下进行。在国外的土耳其公民行使选举权的条件由法律予以规定。

凡年满十八周岁的土耳其公民都有参加选举和公民投票的权利。

行使上述权利的办法由法律规定。

现役军人中的列兵和下士、军校学生、正在服刑的罪犯(不包括过失犯罪者)不得参加投票。在拘留所或监狱中的被拘留者投票时，最高选举委员会应确定采取确保安全点票的措施；此类投票应在授权法官现场指导和监督下进行。选举法的制定应考虑到调和公平代表原则及管理的一致性。

对选举法所作的修改不适用于从修正案生效之日起一年内所举行的选举。

三、关于政党的规定

(一)建党、入党和退党

第六十八条

公民有建立政党并依照规定手续参加或退出政党的权利。只有年满十八周岁的人才能参加政党。

政党是民主政治生活不可缺少的组成部分。

成立政党无须经事先许可，政党应在宪法和法律规定范围内活动。

政党的章程和纲领以及政党活动不得违反国家独立、国家的领土和民族不可分割的整体性原则，不得违反人权、平等与法治原则，国家主权、民主的和非宗教的共和国的原则。禁止成立旨在建立和维护阶级或集团统治或任何形式的专制统治的政党以及煽动公民犯罪的政党。

法官和检察官、高级司法机关成员、审计法院成员，在公共机构中任职的官员和从事非工人性质工作的其他公职人员、非高等教育机构的学生和武装部队成员一律不准参加政党。

高等教育机构的教师成为政党成员由法律规定。

法律不允许这些成员承担政党中央机关以外的责任。高等教育机构的教学人员与政党其他成员一样遵守规则。

关于高等教育机构学生成为政党成员的原则由法律规定。

国家应以公平的方式为政党提供足够的财政支持。以财政援助扩大政党以及相关的成员会费的缴纳、捐款收集程序由法律规定。

(二)政党应遵循的原则

第六十九条

政党因违反第六十八条第四款规定而被永久取缔的决定，只有当宪法法院判决认为存有疑问的政党已经成为此类行动的执行中心时才可作出。

政党的活动、内部规章和决议不得违反民主原则。这些原则的适用由法律规定。

政党不得从事商业活动。

政党的收入和支出应该符合政党目的。该规则的适用由法律规定。政党收入、花费、收购由宪法法院进行的审计，以及政党收支是否合法的认定，审计方法和违法时的惩罚均由法律规定。宪法法院在履行其审计职责时应由审计法院进行协助。宪法法院的审计决定是终局的。

取缔政党经共和国首席检察官司办公室提出起诉后由宪法法院进行裁决。

若政党党章和纲领违反第六十八条第四款的规定，政党将予永久取缔。

政党因违反第六十八条第四款规定而被永久取缔的决定，只有当宪法法院判决认为该政党已经成为实施此类行动的中心时方可作出。当政党成员集中实施该行为，或者政党的大会、总主席或者核心决策或行政层或者由土耳其大国民议会里面的党团大会或党团执行会议或明示或默示的掌握，以及当那些行动按照上述政党机构直接的决定实施时，政党被认为是实施此类行动的中心。

除按前款的规定永久取缔政党外，宪法法院可以按照行为的严重性剥夺涉案政党的全部或部分国家资助。

被永久取缔的政党不得另名重新组建。

政党成员，包括其行为或言辞导致政党被永久取缔的政党创建人，自宪法法院的终局判决和永久取缔政党的理由在官方公报上公告之日起五年内不得成为另一政党的创建人、成员、领导人或监督人。

政党若接受外国国家、国际组织、个人或集团的物质或金钱援助也将被永久取缔。

有关政党的组建和活动、对政党的监督和取缔，部分或全部剥夺政党的国家资助，以及政党和候选人的选举费用和程序的规定，由法律依照上述原则予以

规定。

四、担任公职的权利

（一）担任公职

第七十条

每个土耳其人都有担任公职的权利。

聘任公职人员，除要求具备任职资格外，不得规定其他任何歧视性条件。

（二）申报财产状况

第七十一条

担任公职的人员申报其财产的办法以及每隔多久须重行申报的期限，由法律规定。本规定对在立法机关和行政机关任职的人员也不例外。

五、国民服务

第七十二条

国民服务是每个土耳其人的权利和义务。无论服兵役还是在行政机构服务，具体办法和要求由法律规定。

六、纳税义务

第七十三条

为满足公共开支，每个人都有根据其财力纳税的义务。

公平合理地分担纳税义务是财政政策的社会目标。

税、捐、费及其他财政负担的征课、变更或废止均由法律规定。

得授权内阁根据法律规定的上限和下限，变更有关税、捐、费和其他财政负担的减免率和例外照顾率。

七、请愿权、知情权以及向申诉专员提出申诉权

第七十四条

本国公民和外国人有以书面形式向主管当局和土耳其大国民议会提出同自身或公众有关的请求和申诉的权利。

对同个人有关的请求的处理结果，应以书面形式及时通知请求者本人。

每个人有获得信息以及向申诉专员（Ombudsman）提出申诉的权利。

申诉专员机构在土耳其大国民议会内部建立，负责监察针对行政部门的投诉。

申诉专员由土耳其大国民议会经无记名投票选举产生，任期四年。在最初的两轮投票中，有资格的成员须获得三分之二以上的多数；在第三轮投票中，有资格的成员须获得绝对多数的支持。如果在第三轮投票中，没有成员获得绝对多数，那么，在第三轮投票中获得多数的两个候选人之间举行第四轮投票，以获得多数票者为当选。

在本条提到的行使权利的方式，申诉专员机构的

设立、职责和职能，申诉专员采取审查行动、关于资格、选举和申诉专员以及他（她）的官员的人事权的程序与原则，均由法律规定。

第三编　共和国主要机构

第一章　立法机构

一、土耳其大国民议会

（一）组成

第七十五条

土耳其大国民议会（the Turkish Grand National Assembly）由普选产生的五百五十名代表组成。

（二）代表资格

第七十六条

凡年满二十五周岁的土耳其公民均具有当选为代表的资格。

未完成小学教育者，被剥夺法律行为能力者，未服完义务兵役者，被禁止担任公职者，被判处一年以上监禁的非过失刑事犯，因犯有如贪污、腐化、贿赂、盗窃、诈骗、伪造、违反信托、欺骗性破产等不名誉罪行和走私、在官方投标或买卖中舞弊，泄露国家秘密相关的罪行，参与恐怖活动或者教唆此类行为等任何一项罪行而被判刑者，不得当选为代表，即使在被赦免后也不得被选为代表。

法官、检察官、高等司法机构成员，高等教育机构的教学人员，高等教育委员会委员，具有公务员地位的在公共机构或代理处任职的官员，从事非工勤性质工作的其他公职人员，以及武装部队的成员，除非辞去他们所担任的职务，不得成为代表候选人，也不得被选为代表。

（三）土耳其大国民议会的选举期

第七十七条

土耳其大国民议会的选举每四年一次。

土耳其大国民议会有权在任期届满前决定举行新的选举，也可以由共和国总统依照本宪法规定的条件决定举行新的选举。任期结束的代表有资格参加新的选举。

一旦决定举行新的选举，议会的权力一直延续到新议会产生时为止。

（四）大国民议会推迟选举和补选

第七十八条

因战争不能进行换届选举时，土耳其大国民议会可以决定推迟一年选举。

如果造成延期的原因仍未消除，可以依照延期决定中的法定程序再次推延。

当大国民议会的席位空缺时,应该补选。补选在每一选举期间内只能举行一次,并不得在前次大选结束后的三十个月内举行。但当议会席位空缺达到议席总数的百分之五,应当在三个月内进行补选。

补选不得在大选前的一年内举行。

除了上述特别情况外,如果一个城市或地区在议会没有其代表,应在空缺出现的九十日内的第一个星期日补选。本款所规定的每次选举不适用本宪法第一百二十七条第三款的规定。

（五）选举的全面组织和监督

第七十九条

选举应在司法机关的全面指导和监督下进行。

最高选举委员会(the Supreme Election Council)应该充分行使其职能确保选举自始至终公正有序地进行,实施监督并就有关投票期间或以后认为选举违规、投诉、异议并作出最终裁决,宣布土耳其大国民议会议员的选举结果。最高选举委员会的决定不得上诉。

最高选举委员会和其他选举委员会的职能与权力由法律规定。

最高选举委员会由七名正式委员和四名候补委员组成。其中六人由高等上诉法院全院大会、五人由国家委员会全体大会分别从本院的成员中以秘密投票的方式选举产生,以占全院总人数的绝对多数票当选。最高选举委员会在自己的成员当中按照秘密投票,以绝对多数的原则选举主席、副主席各一人。

由高等上诉法院和国家委员会选举产生的最高选举委员会成员,每组以抽签的方式选出两名成员作为候补成员。最高选举委员会的主席和副主席不参与此抽签程序。

关于修改宪法的全民公决的一般指导和监督应遵守与有关代表选举同样的规定。

（六）关于代表的规定

1. 国家的代表

第八十条

土耳其大国民议会的代表不仅代表他们自己的选区或选民,而且代表国家整体。

2. 宣誓

第八十一条

土耳其大国民议会的代表,就职时应该宣读下述誓词:

"在伟大的土耳其国家面前,我庄严宣誓,保卫国家的生存与独立,维护国家与民族不可分割的完整以及国家的绝对主权。忠诚坚守法律至上、民主和世俗的共和国以及阿塔图尔克的改革精神和原则。绝不违背在和平和繁荣的社会里,人人享有人权和基本自由,民族团结和公平并忠实于宪法的理想。"

3. 议员不能兼任的职务

第八十二条

土耳其大国民议会的议员不得兼任政府部门职务,以及其他公共企业机构及其下属机构的职务;不得在与政府部门和其他公共企业机构有联系的公司和企业任职;不得在政府和公共企业机构直接或间接参与的公司和企业中任管理或监督职务;不得在依法提供特别财政和优惠资源的公共利益协会中任管理和监督的职务;不得在接受国家财政补助以及享受税收优惠的基金会中任管理和监督职务;不得在工会和公共职业组织中任管理和监督职务;不得在上面提到的联盟和协会以及它们的上级机构的公司或企业中拥有股票,也不能作为上述提到的机构的代表或者直接或间接作为其商业合同的一方当事人,以及在他们商业活动中成为代理仲裁员。

不得将任何涉及由行政机关推荐、任命或批准的公私义务委托给土耳其大国民议会的议员。议员接受内阁安排的有关特别事项的临时任务须经大会批准,且不得超过六个月。

与土耳其大国民议会不相容的其他职能与活动由法律规定。

4. 议会豁免权

第八十三条

土耳其大国民议会议员不因在议会履行职责时的表决与发言,以及大会上表达观点承担责任;除非议会根据本次会议主席团的提议另有规定,议员不因在议会外重述或披露上述内容而承担责任。

议员被指控在当选前或当选后有违法行为时,没有议会的决定不受拘留、讯问、逮捕和审判。如系应判处重刑的现行犯和符合宪法第十四条规定的罪行且选举前已开始侦查,则不在豁免范围,但有关机关必须将情况立即直接通知大国民议会。

对议员当选前或当选后所犯罪行的刑事判决应延迟其议员身份终止后执行。追诉时效法不适用于议会任期。

对重新当选议员的调查与起诉应该由议会重新决定取消豁免权。

土耳其大国民议会的政治党团不讨论或决定议会豁免事宜。

5. 失去议席

第八十四条

议员辞去议会席位由在土耳其大国民议会主席团审查其辞职合法性后由议会全院大会决定。

通过最终司法判决而剥夺法律行为能力致使失去席位的,在法院终局判决作出后通知议会全院会议后发生效力。

依据宪法第八十二条的规定,坚持担任与议员资格不相容的职务或继续从事与议员资格不相容的活动的议员失去议席,在由被授权的委员会草拟列举事实情况的报告提交后,应由全院大会秘密投票表决决定。

未经请假或许可在一个月内五次缺席的议员失去议席,在土耳其大国民议会主席团确定情况后,将由全体议员的绝对多数表决决定。

6. 取消申请

第八十五条

如果议员的议会豁免权被取消,或如果议员按照第八十四条第一款、第三款和第四款的规定丧失议席,涉案的议员或其他议员可在收到土耳其大国民议会决定之日起七日内向宪法法院起诉,以决定其违反宪法、法律或者土耳其大国民议会的规则和程序为由请求判决该决定无效。宪法法院在十五日内决定是否受理起诉。

7. 薪水和津贴

第八十六条

议员的薪水、津贴和退休安排由法律规定。议员的月薪不得高于最高级别政府官员的月薪,差旅费不得超过月薪的二分之一。土耳其大国民议会议员及退休人员加入土耳其共和国养老基金,在议员任期结束后,他们的加入取决于他们的意志。

土耳其大国民议会议员的薪金和津贴的支付不得以暂停由土耳其共和国养老基金支付的养老金及类似的福利为条件。

可以提前支付最多三个月的薪水和津贴。

二、土耳其大国民议会的职权

1. 一般条款

第八十七条

土耳其大国民议会的职权包括:制定、修改和废除法律;监督内阁和部长;授权内阁就某些事项发布具有法律效力的政府法令;讨论和批准预算和决算草案,决定货币发行和宣战;批准国际条约,经土耳其大国民议会五分之三同意宣布宪法的大赦和特赦以及行使由宪法其他条款规定的权力和职能。

2. 法律议案的提出和辩论

第八十八条

内阁和议员有权提出法律议案。

土耳其大国民议会有关草案及法律建议讨论的程序和原则由其议事规则规定。

3. 共和国总统公布法律

第八十九条

法律在土耳其大国民议会通过后的十五日内由共和国总统予以公布。

在此期间,如果总统认为法律整体或部分不适合公布的,他应该附上理由提交土耳其大国民议会进一步审议。一旦总统认为不适宜公布,土耳其大国民议会仅讨论那些总统认为不适宜公布的条款。但预算法案不受此限。

有关宪法修正案的条文保留。

4. 国际条约的批准

第九十条

代表土耳其共和国与外国和国际组织签订的条约,由土耳其大国民议会以认可批准的法律予以通过。

经济、商业和技术合作协议以及有效期不超过一年的协议,可以通过颁布而付诸实施,只要不涉及任何国家的财政承诺,不侵犯在国外的土耳其公民的个人地位及其财产权利。在这种情况下,这些协议必须在颁布后两个月内提交大国民议会。

有关根据法律授权缔结的国际条约、经济、商业、技术或行政协定执行的协议不得要求土耳其大国民议会批准。但是,依照本款规定缔结的协议,影响到经济、商业关系以及公民的私权非经公布不得生效。

导致土耳其法律修改的协议得遵守本条第一款的规定。

国际条约正式实施具有法律效力。不得以这些条约违反宪法为由向宪法法院提起诉讼。在基本权利和自由领域,法律与正式实施的国际协议产生冲突的情况下,国际条约优先。

5. 授予实施有法律效力的法令

第九十一条

土耳其大国民议会可以授权政府内阁发布有法律效力的法令。但是,由宪法第二编第一章和第二章规定的基本权利、个人权利和义务,以及第四章规定的政治权利和义务不能由具有法律效力的法令规定,但戒严和国家紧急状态期间不在此限。

授权法应该明确有法律效力的法令的目的、范围、原则和有效期,以及在同一期间是否有两个以上法令将被发布。

内阁的辞职、下台或者立法期限的失效不导致被授予固定期限的权力终止。

经批准的有法律效力的法令在规定的期间结束前,土耳其大国民议会应该表明该权力是结束还是继续有效直到一个特定时期终止。

在戒严或紧急状态期间,关于内阁在总统主持之下发布有法律效力的法令的条款保留。

有法律效力的法令在官方公报上发布之日起生效。但是,法令可以规定以后的日期作为其生效日期。

法令须在官方公报上发布之日提交给土耳其大国民议会。

依据这些基础之上的授权法和有法律效力的法

令应该在土耳其大国民议会的全院大会和委员会上优先和紧急讨论。

在公布当日没有提交给土耳其大国民议会的法令在该日停止生效，被土耳其大国民议会否决的法令在官方公报上发布之日停止生效。作为修正案被批准的法令修改的条款在官方公报上公布之日生效。

6. 宣布战争状态和授权使用武力

第九十二条

批准在国际法上视为合法的战争状态的权力属于土耳其大国民议会，但土耳其参加的国际条约以及国际礼让规则要求派遣土耳其军队到国外以及允许外国军队在土耳其驻扎除外。

当土耳其大国民议会处于休会或休息期间，国家突然遭受武装入侵，需要立即决定使用武装力量时，土耳其总统有权作出决定。

三、有关土耳其大国民议会活动的条文

1. 集会和休会

第九十三条

在每年 10 月 1 日土耳其大国民议会应该自行举行集会。

在一个立法年度，大会可以有不超过三个月的闭会期间。休会或闭会期间共和国总统可直接根据自己的动议召集议会，也可以应内阁的请求而召集。

议长可以直接召集议会，也可以根据五分之一议员的书面请求而召集。

如果土耳其大国民议会在休会或休息期间被召集，对需要召集讨论的事情给予优先审议以前不得再次休会或休息。

2. 议会主席团

第九十四条

土耳其大国民议会主席团由从大会议员当中选举的议长、副议长、秘书成员和行政成员组成。

土耳其大国民议会主席团的组成应确保按每个议会党团的议员数量比例分配。议会党团不得提名议长的候选人。

每届议会，大国民议会主席团应该选举两轮。第一轮选举产生的成员任期是两年，第二轮选举产生的成员任期至本届议会结束。

在大会召集的五日内，从土耳其大国民议会议员中产生的议长候选人，应向大会主席团宣布。议长的选举采用无记名投票。需要在头两轮投票议员总数的三分之二多数赞成，第三轮投票议员总数的绝对多数赞成才能当选。如果在第三轮投票中无人获得绝对多数，则得票最多的两个候选人进行第四轮投票。在第四轮投票中，得票最多者即可当选为议长。议长选举应在候选人提名截止之日起五日内完成。

选举法定人数的要求、票数以及程序、副议长、秘书成员以及行政成员的数量由议会议事规则规定。

议长、副议长不参与政党活动或者作为党团成员，也不能在大会内外辩论，但他们的职责所要求的情况除外。主持会议的议长、副议长没有投票权。

3. 议事规则、政党安全事务

第九十五条

土耳其大国民议会行使职权时应遵照其自身制定的议事规则。

议事规则的制定要确保议会党团能按它们的议席比例参加议会的一切活动，只有在议会中拥有至少二十名议员的政党才能组建党团。

议长负责组织和指导议会及其附属建筑物的所有安保和行政服务。

有关当局应该为议长配备足够的武装力量确保安全和提供其他此类服务。

4. 会议及决定的法定人数

第九十六条

土耳其大国民议会须有三分之一的议员出席才能开会讨论包括投票在内的一切事务。除宪法另有规定外，土耳其大国民议会至少须有三分之一的议员出席才能开会，经出席议员的绝对多数赞成即可通过决议。但是，在任何情况下，通过决议的法定人数不得少于议员总数的四分之一加一人。

内阁成员不能参加土耳其大国民议会会议时可以委派部长代表他们投票。但是，一个部长包括其自己的票在内最多能投两票。

5. 辩论公开与公布

第九十七条

土耳其大国民议会全体会议上的辩论应该公开，并在议事录上逐字公布。

土耳其大国民议会按照其议事规则的规定可以举行秘密会议。秘密会议辩论的公布受大国民议会决议的约束。

除非经大会主席团提议，大会通过了相反的决议，否则大会的公开进程可以各种方式自由发布。

四、土耳其大国民议会收集信息和监督的方式

1. 一般条款

第九十八条

土耳其大国民议会通过询问、议会询问、一般辩论、质询以及议会调查的方式行使监督权。

询问是指向总理或部长提出问题要求以内阁的名义口头或书面回答。

议会询问是对特定事项进行审查以获取信息。

一般辩论是指大国民议会全体会议对有关社会和国家活动的一个特定主题进行审议。

有关询问、议会询问、一般辩论动议的提出方式、

内容和范围，以及回答、辩论、调查的程序由议事规则规定。

2. 质询

第九十九条

质询动议可以由一个议会党团或者二十名以上议员联名提出。

质询动议应在提出三日内用打印件的形式分发给议员；在分发之日起十日内就列入日程的质询动议的内容进行辩论。在辩论中，仅联名动议的一名议员或议会党团的一名代表，以及总理或代表内阁的一名部长发表意见。

结合质询动议列入议事日程的决议，决定辩论的日期；但是，辩论不得在质询动议列入日程后两日内举行，也不得推迟在七日后举行。

在对质询动议辩论过程中，如果议员或议会党团提出附具说明的不信任动议，或内阁要求信任投票，二十四小时之后必须进行表决。

要免去内阁或个别部长的职务，要求全体议员的绝对多数通过，而且只计算不信任票数。

有关质询的其他规定，只要它们和议会平稳运作一致，和前述原则不冲突，应由议事规则制定。

3. 议会调查

第一百条

十分之一以上的大国民议会的议员联名可以提出对总理或部长展开议会调查的动议。议会必须在一个月内审议并用秘密投票的方式决定是否进行调查。

对决定立案调查事件的调查由十五名成员组成的委员会执行。该十五名成员由各党从三倍于实际数量的成员中抽签确定，各党成员数与该党在议会中的成员数成正比。委员会应当在两个月内向大会提交调查结果报告。如果在规定的时间不能完成，委员会可以要求延长不超过两个月的时间。在期限结束时，委员会应向议会议长办公室提交报告。

议长办公室按照其职能，将报告在十日内分发给议员，在分发后十日内进行辩论，必要时，可以决定将涉案人员交由最高法院调查。通过秘密投票的方式由全体议员的绝对多数赞成作出决定后，可交由最高法院调查。

议会党团不得就议会调查进行讨论或作出决定。

第二章　行政机构

一、共和国总统

1. 资格与公正

第一百零一条

共和国总统从土耳其大国民议会中年满四十周

岁、完成了高等教育的议员中选举或者从符合上述条件和符合议员资格的普通土耳其公民中选举。

总统每届任期五年，可以连选连任，但最多不超过两届。

无论从大国民议会议员中还是从议会外的普通公民中提名总统候选人，均要求二十名议会议员书面提出。并且，在最近的议会选举中拥有百分之十以上合格选票的政党能够提一名联合候选人。

当选总统，如果是政党成员，应该割断与党的联系，土耳其大国民议会议员的身份也应该中止。

2. 选举

第一百零二条

共和国的总统选举应在现任总统任期结束前六十日内完成，或者因任何原因导致总统职位空缺后六十日内完成。

以普选的方式选举总统，候选人得到有效选票的绝对多数即可当选。如果第一轮投票没有候选人得到绝对多数，第二轮投票应该在紧跟这次投票的第二个星期日举行。在第一轮投票中得票最高的两个候选人中进行第二轮投票，获得多数有效选票的候选人即当选为共和国总统。

如果获得参加第二轮投票资格的候选人之一死亡或丧失资格，那么第二轮投票应该进行，空缺的候选人名额由第一轮投票其余得票最高的候选人候补。如果仅仅只有一个候选人参加第二轮投票，那么这轮投票被视为全民公决。如果候选人得到多数选票即可当选为共和国总统。

现任总统的任期持续到新当选总统任职时为止。

有关总统选举的程序与原则应由法律规定。

3. 宣誓

第一百零三条

任职后，共和国总统应在大国民议会前宣誓。誓词如下：

"作为共和国总统，我以我的荣誉与正直在土耳其大国民议会面前、在历史面前发誓，捍卫国家的生存和独立，保卫国家和民族不可分割的完整性，维护国家绝对主权，遵守宪法、法治以及民主原则，阿塔图尔克的改革精神和原则，世俗的共和国原则；在国家和平和繁荣的情况下，在民族团结和正义的精神下，人人享受人权、基本自由的理想，尽我最大的努力保持和发扬土耳其共和国的光荣与荣誉，公正地履行我的职责。"

4. 职责与权力

第一百零四条

共和国总统是国家元首。共和国总统代表土耳其共和国和土耳其国家整体行使职权。共和国总统保证宪法的实施，以及国家机构的有序和谐运转。

为此目的,共和国总统按照宪法相关条款的规定,履行如下职责:

(1)立法方面

如果共和国总统认为有必要,可于本立法年度的第一日在大国民议会发表施政报告;

必要时,可以召集土耳其大国民议会开会;

公布法律;

将法律退回大国民议会重新审议;

共和国总统认为有必要时,可将宪法修正案提交全民公决;

可以申请宪法法院部分或全部废止某些法律条款、具有法律效力的法令以及大国民议会议事规则,其理由是它们在形式上或内容上违反宪法;

召集土耳其大国民议会举行新的选举。

(2)行政职能

任命总理以及接受总理辞职;

根据总理的提议任命或解除部长职务;

共和国总统认为有必要时,主持内阁或者召集内阁开会并担任会议主席;

任命土耳其驻外代表,接受外国驻土耳其的代表;

批准和公布国际条约;

代表土耳其国民大会担任土耳其武装力量总司令;

任命参谋总长;

召集国家安全委员会会议;

主持国家安全委员会;

宣布戒严令或紧急状态,按照其担任主席的内阁的决定发布有法律效力的法令;

签发命令;

根据慢性病、残疾、年老等原因,赦免某些人部分或全部的刑罚;

任命国家监督委员会成员和主席;

指导国家监督委员会进行调查、取证和检查;

任命国家高等教育委员会成员;

任命大学校长。

(3)司法方面的职权

任命宪法法院成员,四分之一的国务委员会成员,高等上诉法院的首席检察官和副首席检察官,军事高等上诉法院的成员,最高军事行政法院的成员,以及最高法官和检察官委员会成员。

共和国总统也应行使选举和任免权,履行宪法和法律赋予他的其他职责。

5. 总统的责任和无责任

第一百零五条

所有的总统法令应由总理或相关部长签署,但宪法和其他法律授权共和国总统实施而无须总理或相关部长签署法令除外。总理和相关部长应该对其签署的法令负责。

不得诉请任何法律机构包括宪法法院反对共和国总统主动签署的决定和命令。

经土耳其大国民议会全体议员三分之一以上提议并经全体议员的四分之三以上通过,得以叛国罪弹劾总统。

6. 共和国总统的代理

第一百零六条

因疾病、出国或其他类似情况而使共和国总统临时缺位时,大国民议会议长代行总统职权直至总统恢复履职。总统职位因总统死亡、辞职或任何其他原因出现空缺的情况下,议会议长代行职权直到选举产生新总统。

7. 共和国总统的总秘书处

第一百零七条

共和国总统总秘书处的组建、职责、组织原则、工作人员的任命由总统令规定。

8. 国家监督委员会

第一百零八条

设附属于共和国总统办公室的国家监督委员会,以实现和促进行政管理规范有效及合法进行。国家监督委员会在总统请求下被授权对所有公共机构和组织,所有公共机构和组织拥有一半以上资本的企业、公共职业组织、各个层次的雇主协会和工会,以及公益协会和基金会进行全面的调查、取证和检查。

武装部队和所有司法机构不受国家监督委员会的监督。

国家监督委员成员及主席的选派由总统从符合法定资格的人员中任命。

国家监督委员会的职能、委员的任期以及涉及他们地位的其他事项应由法律规定。

二、内阁

1. 组成

第一百零九条

内阁由总理和部长组成。

总理由共和国总统从土耳其大国民议会议员中任命。

部长由总理从土耳其大国民议会议员或从符合议员资格的人员中提名交总统任命。必要时,总理可提议总统免去部长职务。

2. 履职和信任投票

第一百一十条

内阁成员的全部名单应提交给土耳其大国民议会。如果土耳其大国民议会正处于休会期间,应该为此召集其开会。

内阁的施政纲领应该在内阁组阁一个星期之内

由总理或一名部长在土耳其大国民议会宣读，随后举行信任投票。信任投票的辩论应该在宣读施政纲领后满两日开始，投票应在辩论结束后满一日举行。

3. 任职期间的信任投票

第一百一十一条

若总理认为有必要，以及在内阁讨论之后，总理可以要求在土耳其大国民议会举行信任投票。

信任投票的请求在提交议会后经过一整日的时间方可辩论，在辩论后经过一整日的时间方可进行投票。

信任投票的请求仅由全体议员的绝对多数方可否决。

4. 职能和政治责任

第一百一十二条

总理作为内阁的主席，应该确保部长之间的合作，监督政府总政策的实施。内阁的成员对政策的实施共负集体责任。

每位部长向总理负责，为他自己管辖的事务及其下属的行动承担责任。

总理应确保部长依照宪法和法律行使职权，应该采取正确的措施实现这一目标。

非议员的内阁成员依照本宪法第八十一条的规定，在土耳其大国民议会面前宣誓，在部长任期内应遵守议员应遵守的规则和要求并享有议会豁免权，享有议会议员的薪水和津贴。

5. 部的组成和部长

第一百一十三条

各部的组成、撤销、职能、权力和组织由法律规定。

若一个部部长空缺或者休假或者因正当理由缺席时，部长可以代行另一个部长的职务。但一个部长只能代行不超过一个的其他部长职务。

部长因土耳其大国民议会的决定被诉至最高法院失去其部长职位。如果总理被诉至最高法院，政府应被视为已经辞职。

无论部长职位因何种原因而空缺，均应在十五日内任命新的部长。

6. 选举期间的临时内阁

第一百一十四条

司法部长、内务部长以及通讯部长应在土耳其大国民议会大选前辞职。

大选开始前三日或者一旦决定在选举任期结束前决定举行新的选举之日五日内，总理应该从议会内外的独立人士中任命上述辞职部长的职务。

一旦决定按照第一百一十六条举行新的选举，内阁应该辞职，共和国总统应该从临时内阁中任命总理。

临时内阁应按议席的比例由议会党团成员组成，但司法部长、内务部长、通讯部长除外，后者应从议会

内外的独立人士中任命。

临时内阁从议会党团中任命的成员数量应由议会议长决定，并与总理沟通。不接受部长职位以及随后辞职的党员，应由议会内外的独立人士取代。

临时内阁应该在举行新选举的决定公布于官方公报之日起五日内组成。

临时内阁不受信任投票约束。

临时内阁在选举期间保留职务直到新议会召集开会时止。

7. 规章

第一百一十五条

内阁可以发布有关法律执行方式、法律命令办理事项的规章，只要它们不与现存的法律相冲突以及不受国务委员会的审查。

规章应由共和国总统签署并以与法律相同的方式公布。

8. 共和国总统要求土耳其大国民议会选举

第一百一十六条

在内阁按第一百一十条规定未能得到信任，或者在第九十九条、第一百一十一条的规定得到非信任投票被迫辞职，以及如果新的内阁未能在四十五日内形成，或者新的内阁没有得到信任，共和国总统经与土耳其大国民议会议长协商后可以召集新的选举。

总理非因信任投票失败而辞职的四十五日内，或者在最近选举的土耳其大国民议会主席团选举的四十五日内，新的内阁未能组成，在与议会议长协商后，共和国总统同样可以召集新的选举。

召集新选举的决定应在官方公报上公布，之后方可举行选举。

三、国防

1. 总司令和总参谋长

第一百一十七条

总司令与土耳其大国民议会的精神存在是不可分割的，由共和国总统代表之。

内阁应该就国家安全、为保卫国家的武装力量的配置向土耳其大国民议会负责。

总参谋长是武装力量的指挥者，在战时代表共和国总统行使总司令职责。

总参谋长经内阁提名由共和国总统任命。其职责与权力由法律规定。总参谋长在行使其职权中向总理负责。

国防部与总参谋长以及武装力量司令的职能关系以及管辖范围由法律规定。

2. 国家安全委员会

第一百一十八条

国家安全委员会由总理、总参谋长、副总理、司法部、国防部、内务部、外交部、海陆空三军司令以及宪

兵总司令组成,由共和国总统任主席。

根据议程的特征,部长和其他相关人员可以被邀请参加理事会会议,听取他们的意见。

国家安全委员会应当向内阁提交采取咨询决策的意见和确保有关国家安全政策形成、建立以及实施的必要条件的意见。

内阁应该对国家安全委员会有关保卫国家的独立与存在、国家的统一与不可分割以及社会的和平与安全认为必须采取措施的决议进行评估。

国家安全委员会的议程由总统斟酌总理和总参谋长的意见制定。

在总统缺席的情况下,国家安全委员会会议由总理担任主席。

国家安全委员会的总秘书处的组织和职责由法律规定。

四、管理紧急秩序程序

(一)紧急状态

1. 因自然灾害或严重经济危机宣布紧急状态

第一百一十九条

一旦发生自然灾害、危险的传染病或严重的经济危机,共和国总统主持下的内阁可以宣布一个或多个地区以及全国不超过六个月的紧急状态。

2. 因普遍暴力和公共秩序严重恶化宣布紧急状态

第一百二十条

一旦出现旨在破坏宪法建立的自由民主秩序或者基本权利与自由、普遍的严重暴力行动的迹象或因暴力行为对公共秩序造成严重的损害,共和国总统主持下的内阁经与国家安全委员会协商后可以宣布一个或多个地区以及全国不超过六个月的紧急状态。

3. 有关紧急状态的规则

第一百二十一条

一旦按照宪法第一百一十九条和第一百二十条的规定宣布紧急状态,应由官方公报发布该决定,并且将其立即提交土耳其大国民议会批准。如果土耳其大国民议会正在休会期间,应该为此立即召集其开会。议会可以改变紧急状态的期限,基于内阁请求延长不超过四个月的期限,或者取消紧急状态。

按照宪法第一百一十九条宣布紧急状态的情况下,向公民施加财政、物质和劳动的义务,以及按照每种紧急状态的性质使用,有关根据宪法第十五条的原则对基本权利与自由的限制或中止,在此状态下所应采取的必要措施及其采取的方式,应授予公职人员的权力,官员地位应发生的变化,以及规制紧急状态的规则的程序,均应由紧急状态法加以规定。

紧急状态期间。共和国总统主持下的内阁可以就因紧急状态而导致的必要事项发布有法律效力的

法令。该法令必须在官方公报上发布,必须在同日提交大国民议会批准;大国民议会批准的时间限制和程序应在议事规则中规定。

(二)戒严令、战争动员以及战争状态

第一百二十二条

一旦普遍的暴力行动比必须实行紧急状态的情形更加严重,其目的在于颠覆植根于宪法的自由民主秩序或基本权利与自由;或在战争情况下,出现导致战争的状态、暴动、反对祖国与共和国的广泛的暴力和严重的反革命行动,或者威胁国家与民族的不可分割性的外部或内部的普遍暴力行动,内阁在共和国总统主持下与国家安全委员会协商后可以在全国或一个或多个地区宣布不超过六个月的戒严。戒严决定应立即在官方公报上发布,并在同日提交大国民议会批准。如果大国民议会休会,应立即召集其开会。大国民议会认为有必要时,可以缩短或延长戒严期限或取消戒严。

戒严期间,共和国总统主持下的内阁可以就戒严状态必要的事情发布有法律效力的法令。

此种法令应当在官方公报上公布,应当在同日提交大国民议会批准。大国民议会批准的时间限制和程序应在议事规则中规定。

请求大国民议会决定每次最多可延长戒严时间四个月。一旦出现战争状态,四个月的限制不适用。

在戒严、战争动员以及战争状态的情况下,应予适用的规定,事务的执行、与政府的关系,以及限制或中止自由的方式,在战争状态下施加给公民的义务,或者使战争成为必要的紧急事件,皆须由法律规定。

戒严指挥官在总参谋长权力下行使自己的职责。

五、行政

(一)行政部门的基础

1. 统一整体与行政的公共法律人格

第一百二十三条

行政部门就其结构与功能而言构成一个整体,其组成由法律予以规定。

行政部门的组织与职能建立在中央集权原则与地方行政的基础之上。

公法人团体的建立只能依法律规定,或者基于法律的明确授权。

第一百二十四条

总理、部长和公法人团体可以发布确保法律的实施细则和有关他们工作的特定领域的规章,但不得违反法律法规。法律必须指明应在官方公报中发布的实施细则。

(二)诉诸司法审查

第一百二十五条

行政机构的所有行为都可诉诸司法审查。国内

或国际仲裁可以解决因特别授予公共服务合约条款与合同产生的纠纷。只有当这类争端包含涉外因素时方可由国际仲裁机构裁决。

共和国总统在其自身职权范围内的行为、最高军事委员会的决定不受司法审查。但是，最高军事委员会作出开除军籍的决定可以诉诸司法审查。

对行政行为提起诉讼，诉讼时效应当自行政行为书面通知之日起计算。

司法权限对行政行为或活动是否符合法律进行审查，任何情况下均不得作为权宜审查(review of expediency)。① 任何司法裁决不得限制符合法律规定的形式与原则的行政职权的行使，或含有对行政行为和行动的质量要求，或者消除行政机关的自由裁量权。

如果行政行为的执行将导致难以或无法补偿的损失，并同时显然是非法的，则应决定暂缓执行并说明原因。

在紧急状态、戒严、战争动员和状态下，为了国家安全、公共秩序和公共卫生，法律可以限制暂缓执行令的签发。

行政部门必须负责补偿由此行动造成的损害。

（三）行政部门的组织

1. 中央行政部门

第一百二十六条

在中央行政机构方面，土耳其以地理状况、经济条件和公共服务要求为基础划分不同的省；省进一步划分下级行政区域。

省级行政部门建立在广泛权力下放的基础上。

由不同省组成的中央行政组织可以建立确保公共服务的效率与合作。该行政组织的职能与职权由法律规定。

2. 地方行政部门

第一百二十七条

地方行政部门是建立符合省、市区和村当地居民的共同需要的公法人机构，其决策机构由选民选举产生，其组织原则由法律规定。

地方行政的形成、职责与职权在符合地方行政部门的原则下由法律规定。

按照本宪法第六十七条规定的原则，地方行政部门的选举须每五年举行一次。但是，在大选或补选议员前后一年内的地方行政机构及其成员的大选或补选应该与议员的大选或补选同时进行。法律可以为较大的中心城市规定特别的行政安排。

对于有关反对地方政府被选举机构的取得或它们作为机关的地位，或者丧失这种地位的程序，应由司法部门解决。但是，作为临时措施，内部部长可以撤销地方政府机构或者对职务犯罪已经开始调查起诉的成员予以撤职，以等待判决。

中央行政当局在法律规定的原则与程序的框架里且符合行政整体统一原则下确保地方行政服务职能，确保统一的公共服务、维护公共利益、满足地方需求下对地方政府以适当的方式行使行政托管权。

为了完成特别的公共服务目的，经内阁的批准，地方行政部门可形成联合体。联合体的职责、权力、财政和保障安排，以及他们与中央行政的相互联系、关系，必须由法律规定。这些行政机构应分配与其职能匹配的财政资源。

（四）有关公务员条款

1. 一般原则

第一百二十八条

按照一般管理原则，国家、国有经济企业以及其他公法人机构被分派执行公共服务要求的最基本的、常设的职能，必须由公务员和其他公共雇员实施。

公务员和其他公共雇员的资格、任命程序、职责和职权、权利与义务、薪水和津贴以及有关他们身份的其他事务必须由法律规定，并且不得损害有关财政和社会权利的集体协议的规定。

关于高级管理人员培训的程序与原则由法律特别规定。

2. 义务和责任，以及纪律处分程序中的保证

第一百二十九条

公务员和其他公共雇员在宪法与法律规定的范围内履行其职责。

公务员、其他公共雇员、公共职业组织成员或者他们的上级机构的成员若未被赋予辩护权则不受纪律处分。

纪律处分决定应当接受司法审查。

有关武装部队成员、法官、检察官的条款保留。

由公务员过失委员会以及其他公共雇员在行使其职务过程中产生的赔偿，应只按照法律规定的程序与条件针对行政部门提出并根据法律规定的程序和条件得到救济。

公务员或其他公共雇员构成的犯罪追诉，除法律规定的情况，得受法律授权的行政当局许可的约束。

（五）高等教育机构和它们的上级机构

1. 高等教育机构

---

① 所谓"权宜审查"(review of expediency)在法语中也有对应词——"contrôle d'opportunité"，意指受理案件的法院综合合法性、利益关系、有用性、正义等各种因素对案件作出权宜的判决，其考量的因素甚至已经超出合理自由裁量权的范围。——王建学注

第一百三十条

在当代教育体制、培训原则以及满足民族与国家的需要下，为了培养劳动力的目的，由不同单元组成的大学应由国家建立，依法作为一个有教学自治权的公法人，承担教学任务、培训中学教育后不同层次的人才，从事科研，以及作为顾问、发表出版物，并服务于国家和全人类。

在国家的监督和控制下，高等教育机构可以由基金会按法律规定的原则和程序建立，只要它们不以追求赢利为目的。

法律应规定大学在全国各地按地域均衡分布。

大学、教学工作人员以及他们的助手可自由地从事各种科学研究和出版。但是，这不包括自由地从事直接反对国家的独立与生存、反对国家与民族统一和完整的活动。

大学及其附属单位受国家控制与监督，其安全由国家保障。

大学校长以及各院院长分别由共和国总统、高等教育委员会按照法律规定的条件与程序任命。

除大学的职能机构或高等教育委员会外，权力当局不得以任何理由撤销大学的行政部门、监督部门以及教学人员的职务。

大学预算的编制经高等教育委员会审查和批准后，提交国家教育部以符合总预算和辅助预算的原则付诸实施并予以监督。

高等教育机构及其组成部分的建立，高等教育机构的运作、选举、义务、权限、责任以及国家对大学进行监督、检查应遵循的程序，教学工作人员的职责、权利、任命、晋升、退休、培训，大学与公共机构以及其他组织教学人员的关系，教育的层次与期限，学生进入高等教育机构的许可，入学要求及费用，以及国家提供相关补助的原则，纪律和惩罚事项，财务、人事权，担任教学人员的条件，按照校际要求对教学人员的分配，按照当代科学和技术的要求对自由教育和培训的保障，国家提供给高等教育委员会和大学的财政资源的使用等事项由法律规定。

由基金会建立的高等教育机构应当遵守宪法为国立高等教育机构设置的关于学术活动、教学人员招聘和保障条款的约束，但财政与行政事务除外。

2. 高等教育的上级机构

第一百三十一条

应设立高等教育委员会，对高等教育机构提供的教育予以规划、组织、管理和监督，确立教育活动、教育和科学研究的方向，确保符合法律规定的原则和目标的高等教育机构的建立和发展，确保分配给大学的资源被有效利用，并规划教学人员的培训。

高等教育委员会由共和国总统从内阁和大学提名的候选人中任命的人员组成，其组成人员的数目、资质、任命程序应当符合法律的规定，且在任命时应当优先考虑曾经成功担任教员或校长以及直接由总统任命的人员。

委员会的组织、职责、权力、责任和活动原则由法律规定。

3. 约束高等教育机构的特别条款

第一百三十二条

隶属于土耳其武装部队和安全机构的高等教育机构受各自的特别法律规定的条款约束。

（六）广播电视机构和新闻机构与国家的联系

第一百三十三条

广播电视台只由国家建立，并由中立的法人机构管理。

为了保卫土耳其生存和独立，国家和民族的统一，社会和谐，公共道德以及宪法第二条规定的共和国的基本性质，法律应规定广播节目制作的方式，同时，在管理机构的组成、广播电视节目方面，法人的监督和管理应遵循公正原则。

有关新闻和节目筛选、处理、播放的原则，协助国家文化和教育任务的完成以及确保新闻准确的原则，机构的选举、职能和责任应由法律规定。

上述第二款的规定也适用于那些有国有经济企业特点和接受国家和其他公共企业机构财政援助的新闻机构。

（七）阿塔图尔克文化、语言、历史高等研究机构

第一百三十四条

阿塔图尔克文化、语言、历史高等研究机构应该在阿塔图尔克道德的保护下，在共和国总统的支持和监督下建立，作为公法人团体，隶属于总理办公室，由阿塔图尔克研究中心、土耳其语言协会、土耳其历史协会和土耳其文化中心组成，以便从事科学研究、出版作品以及传播阿塔图尔克思想、改革精神和原则，土耳其文化、土耳其语言和历史方面的信息。

在阿塔图尔克的遗嘱里遗赠土耳其语言协会和土耳其历史协会的财政收入被保留，并应当相应地分配给它们使用。

阿塔图尔克文化、语言、历史高等研究机构的建立、组织结构、运作程序、人事安排以及对其内部机构的管理，应由法律规定。

（八）公共职业组织

第一百三十五条

公共职业组织和它的上级组织是依法建立的公法人机构，其目的是满足某一行业成员的共同需要，以促进他们的专业活动，确保具有共同利益的行业的发展；维护职业纪律和职业道德以确保成员和社会公众之间的诚实信任关系；它们的组织机构由其成员在司法监督下依法律规定的程序通过不记名投票产生。

在公共机构或国有经济企业定期聘用的人员，不得要求成为公共职业组织成员。

公共职业组织不得从事它们建立目的以外的活动。

政党不得提名候选人参与公共职业组织机构及其上级机构的选举。

国家对公共职业组织的管理和财政监督的规则应由法律规定。

在法律授权机关或检察官的请求下，从事超越其建立目的以外活动的公共职业组织的负责机构应由法院判决予以解散，同时，新的负责机构应通过其内部选举产生。

然而，在阻止危害国家安全、公共秩序以及在必须防止犯罪或犯罪继续和执行逮捕的情况下，法律指定的机构可被授权暂停公共职业组织的活动。上述机关的决定应在二十四小时内提交有管辖权的法官的批准。法官应当在四十八小时内作出决定，否则，该行政决定应自动失效。

（九）宗教事务部门

第一百三十六条

宗教事务部门，应当在普通行政范围里，按特别法的规定，遵循非宗教，远离所有政治观点与理想的原则，并以民族团结与统一目标履行其职责。

（十）非法命令

第一百三十七条

从事公共服务的人员，不论其职位与身份如何，当发现上级发出的命令违背了条例、规章、法律或者宪法的规定，应不予执行该命令，并通知发出这种不一致命令的人员。但是，其上级坚持发出该命令并用书面方式重新签发，则该命令应予执行；在这种情况下，执行该命令的人员不应承担责任。

本身构成犯罪的命令决不能被执行，执行此类命令的人员不得免除责任。

有关军事义务执行以及紧急状态下公共秩序和公共安全的例外保留，由法律规定。

第三章 司法机构

一、一般条款

1. 法院独立

第一百三十八条

法官应独立行使其职权。法官按照宪法和法律以及符合法律的自己的内心确信作出判决。

任何团体、机构、职员或者个人不得对法院或法官行使司法权时给予命令或指定，或者发送通知、给予建议和意见。

不得对正在审判之中的案件向立法机构就司法权行使进行询问、辩论或陈述。

立法机构和执行机构以及行政部门应遵守法院的判决，既不能在任何方面改变法院判决，也不能阻止判决的执行。

2. 法官与检察官终身职位的保障

第一百三十九条

法官和检察官不得被解雇或者在宪法规定的年龄前退休；他们也不得被剥夺其薪水、津贴以及与他们地位相关的其他权利，即使是法院或职位被废除。

法律规定构成犯罪要求开除其职务的，明确规定由于健康原因不能履行职务的，以及决定不适于继续担任该职务的例外予以保留。

3. 法官和检察官

第一百四十条

法官和检察官亦得作为法院和行政法院的法官和检察官。法官和检察官的职责应由职业法官和检察官承担。

法官应按照法院独立和法官终身职务保障的原则行使其职权。

法官和检察官的资格、任命、权利与义务、薪水与津贴，晋升、临时或永久改变他们的责任或职位，针对他们的纪律程序的启动以及随后给予的纪律处分，因为他们的职务犯罪或在职务中的犯罪而对他们的调查行为以及随后的起诉决定，犯罪指控或不能胜任工作要求其辞去工作的情况，职业培训和其他有关他们个人地位的事项，应由法律按照法院独立和法官终身任职的原则规定。

法官和检察官应行使其职权一直到年满六十五周岁；军事法官的年龄限制、晋升和退休由法律规定。

法官和检察官不得担任其他官方的或公共的职务，法律另有规定的除外。

法官和检察官在其行政职能所涉及的范围内应隶属于司法部。

在司法服务中担任行政职务的法官和检察官与其他法官和检察官受同样规定的约束。他们的分类和等级按照适用于法官和检察官的原则确定，他们享有适用于法官和检察官的所有权利。

4. 庭审和判决理由的公开

第一百四十一条

庭审应当公开进行。只有因公共道德和公共安全理由绝对要求的案件可以全部或部分进行秘密审判。

关于未成年人案件的审判应以法律进行特别规定。

所有的法院判决必须是书面的且需说明理由。

司法部门有义务尽快，并以尽可能少的代价结束审判。

5. 法院的组织

第一百四十二条

法院的组织、职能、管辖权、活动和审判程序应由法律规定。

6. 国家安全法院

第一百四十三条（废止）

7. 法官和检察官的监督

第一百四十四条

关于法官与检察官行政责任的监督、质问、检查以及调查程序，将由司法检查员与从法官以及公诉人职业集体中产生的内部检查员通过司法部执行。监督的程序与原则须由法律规定。

8. 军事司法

第一百四十五条

军事司法应该由军事法院和军事纪律法院行使。这些法院仅对军事人员就与军事服务、责任相关的军事犯罪有审判管辖权。关于违反国家安全、宪法秩序及其运作犯罪的案件，在任何情况下应在民事法院接受审判。

非军事人员不得在军事法院接受审判，但战争期间除外。

战争期间军事法院管辖范围的犯罪以及人员减少，如需要从民事法院向军事法院调配法官和公诉人的组织和任命得由法律规定。军事司法机关的组织、职能以及有关军事法官的地位，作为军事检察官的军事法官与在他们服务下的指挥官关系，必须由法律按照法院独立和法官终身保障的原则予以规定。

二、高级法院

（一）宪法法院

1. 组织

第一百四十六条

宪法法院应由十七名成员组成。

大国民议会应在审计法院成员和院长中按每一空缺的职位应提名三名候选人选举两名成员，以及由律师协会负责人从自由律师中提名三名候选人无记名投票产生一名成员。大国民议会在选举过程中，在第一轮投票中，一个空缺职位须由组成人员的三分之二多数才能通过；在第二轮投票中，须获得组成成员的绝对多数才算通过。如果在第二轮投票中，没能获得绝对多数，那么在第二轮投票中得票最高的两个候选人之间举行第三轮投票，在第三轮投票中得票最多者当选。

共和国总统从高等上诉法院选三名成员，从国家委员会选两名成员，从军事高等上诉法院选一名成员，从高等军事行政法院选一名成员，总统应从上述机构各自的全体大会按每一职位提名三名候选人提

供的候选人中挑选。总统应从高等教育委员会从非委员会组成人员的并从事法律、经济和政治研究的人员中按每个职位提供三名候选人的原则提供的候选人中挑选三名宪法法院组成人员。总统应从高级行政官员、自由职业律师、第一类别法官和公诉人以及宪法法院书记员中挑选四名成员。

在为提名宪法法院候选人分别举行的全体会议中，高等上诉法院、国家委员会、军事高等上诉法院、高等军事行政法院、审计法院以及高等教育委员会中每一职位获得选票最多的三人应被提名为候选人。

在律师协会负责人从自由律师中提名三名候选人的选举中，获得多数选票的三人应被提名。

获得作为宪法法院成员任命的资格：科研人员要求具有副教授或教授职称，律师要求作为执业律师至少二十年，高等行政官员要求完成高等教育以及从事公共服务不少于二十年，第一类法官和公诉人有二十年工作经验，包括其候选状态期间。此外，他们的年龄须在四十五周岁以上。

宪法法院应从其成员中通过无记名投票选一名院长和两名副院长，得到组成人员的绝对多数票即可当选，院长、副院长任期四年，任期结束后可再次当选。

宪法法院的成员，除了其主要职能外，不得担任其他官方的或私人的职务。

2. 成员任期以及成员资格终止

第一百四十七条

宪法法院成员任期十二年。成员不得再次当选。宪法法院成员年龄达六十五周岁必须退休。

在达到法定退休年龄之前其任期即已届满的宪法法院成员任命到其他职位以及有关他们的就业权利的事项应该由法律规定。

宪法法院成员如果被指控犯罪须辞去司法职业，则自动终止其成员资格，如果因为病情经绝对确认其不能履行其职务，由宪法法院全体成员的绝对多数决定终止其成员资格。

3. 职责与权力

第一百四十八条

宪法法院应在形式与实质上审查法律、具有法律效力的法令以及土耳其大国民议会的议事规则和关于个人申请的决定的合宪性。宪法修正案仅从形式上进行审查。但是，在紧急状态、戒严以及战争期间公布的具有法律效力的法令，不得以它们在形式上或实质上违宪为由向宪法法院起诉。

对法律形式方面的审查应局限于考虑在最后投票阶段是否获得多数支持；宪法修正案的审查应局限于在提案阶段以及投票阶段是否都得到多数票支持，以及在紧急程序下禁止辩论是否得到遵守。形式审

查可以应共和国总统或者大国民议会五分之一以上的议员要求而为之。因形式方面的缺陷而请求废止的申请不得在作出日期后十日以后才提出。

任何人因宪法保障的欧洲人权公约范围的基本权利和自由被公权力侵犯，可以向宪法法院提起诉讼。一般的法律救济方法使用穷尽后，才可提起宪法诉讼。

在个人提出的申请中，司法审查不得为在诉诸法律救济过程中应予以考虑的问题作决定。

有关个人申请的程序与原则应由法律规定。

共和国总统、大国民议会议长、内阁成员、宪法法院以及高等上诉法院、国家委员会、军事高等上诉法院、高等军事行政上诉法院的院长与成员，以及它们的首席检察官、高等上诉法院的副首席检察官、法官与检察官最高委员会的院长及成员，以及审计法院的院长及成员因违反他们的职责，应由宪法法院在其作为最高法院的职权范围对他们进行审判。

土耳其武装部队司令（参谋长）、陆军司令、海军司令、空军司令以及宪兵总指挥官因违反他们的职责应在最高法院接受审判。

高等上诉法院首席检察官或高等上诉法院副首席检察官应在最高法院作为检察官。

可以提出针对最高法院决定的司法审查的申请。全体成员就该请求作出的决定是终局的。

宪法法院应该行使由本宪法授予它的其他职权。

4. 运作与审判程序

第一百四十九条

宪法法院由两个法庭和全院大会组成。法庭由副庭长召集庭长主持下的四名法官参与组成。全院大会至少由十二名法官组成，由宪法法院院长主持或者由院长委任一名副院长主持。法庭和全院大会应该由绝对多数作出决定。可以设立初步调查委员会以审查个人起诉的可接受性。

有关政党的案件和请求、有关宣告无效和异议的案件以及应当由宪法法院作为最高法院进行审理的案件由宪法法院全体会议审理，法庭应当就个别请求的案件作出决定。

宪法修正案的无效、政党的解散或者剥夺对政党的国家援助的判决，应当由参加审判的三分之二以上的法官作出。

宪法法院对基于形式缺陷提出的无效请求，应该给予优先的考虑或决定。

宪法法院的组织，全院大会和法庭的审判程序，院长、副院长以及法官的纪律处分事项，应由法律规定；它的运作原则，法庭和委员会的组织，以及工作的分配由法院自己制定程序规则确定。

宪法法院就案卷材料进行审理，但它尽最高法院职责的情形除外。然而，它可以就个人申诉的案件进行开庭审理。当它认为有必要时，法院也可以要求与案件相关的和知情的证人提交口头辩解。在有关是否应该永久解散政党的案件中，在高等上诉法院首席检察官指控后，宪法法院应该听取解散中的政党主席或者其委托的代理人的抗辩。

5. 无效诉讼

第一百五十条

共和国总统、执政的议会党团和主要反对党的议会党团，以及大国民议会全体议员五分之一以上的议员若认为法律、有法律效力的法令、大国民议会议事规则或者有关的特别款项在形式上或实质上违反了宪法，有权向宪法法院提出无效的申请。如果超过一个以上政党执政，那么执政党申请无效的行动的权力应该由议员数最多的政党行使。

6. 无效诉讼的限制

第一百五十一条

直接向宪法法院提出宣告无效的诉讼应该在有争议的法律、有法律效力的法令或议事规则在官方公报上公布之日起六十日内提出。

7. 其他法院遇到有关违宪的争议

第一百五十二条

如果法院在审理案件中发现被适用的法律或者有法律效力的法令是违宪的，或者确信一方当事人提交的违宪请求是严肃的，则应当推迟案件的审理直到宪法法院就此作出决定之后。

如果法院认为违宪的请求不属于严肃的情形，则应当将请求连同主要的判决一起交由有管辖权的上诉机构决定。

宪法法院应该在接到争议之日五个月内确定事实并作出公开的判决。如果在五个月内没有作出判决，那么正在审理的法院应该依照现行的法律条款审结案件。然而，如果依照案件性质判决是终审的，那么审理的法院有义务遵守该判决。

宪法法院否决违宪审查的决定在官方公报上公布后十年内，不得就同一法律条款提起违宪审查。

8. 宪法法院的判决

第一百五十三条

宪法法院的判决是终局判决。没有书面阐述理由的宣告无效判决不能公开。

在判决法律或具有法律效力的法令的过程中，宪法法院不得作为立法者的角色，通过判决去指导新的修改。

法律、有法律效力的法令、大国民议会的议事规则或者有关的条款，从无效判决在官方公报上发布之日起失效。如有必要，宪法法院也可以决定无效判决的生效日期,但日期不得超过自判决在官方公报上发布之日起一年。

如果无效判决生效日期推迟,土耳其大国民议会应该辩论以及优先提出草案或法律建议,设法填补因无效判决产生的法律空缺。

无效判决没有溯及力。

宪法法院的决定应立即在官方公报上公布,应该约束立法机构、行政机构和司法机构、行政当局、个人以及团体。

(二)高等上诉法院

第一百五十四条

高等上诉法院是审查法院判决与决定的终审法院,除非法律规定这些判决与决定向其他司法机构提出。它也是审理法律规定的特别案件的初审和终审法院。

高等上诉法院的法官由最高法官和检察官委员会从共和国法院的第一等的法官和检察官中,或者从被认为是本行业成员的人员中,通过无记名投票以全体成员绝对多数赞同后任命。

首任院长、首任副院长以及各庭庭长应由高等上诉法院全体会议从其法官中以无记名投票的方式选举产生,任期四年,全体成员的绝对多数赞同始得当选;任期结束后,可再次当选。

高等上诉法院的共和国首席检察官和副首席检察官应由共和国总统从高等上诉法院以无记名投票从自己的成员中按每个职位产生五名候选人中任命,任期四年。任期结束后,可重新当选。

院长、副院长、庭长、法官以及高等上诉法院的共和国首席检察官和副首席检察官的选举程序和资格以及组织、职能,由法律按照法院独立和法官任期保障的原则予以规定。

(三)国家委员会

第一百五十五条

国家委员会是审查行政法院判决和决定的终审机构,法律没有规定提交其他行政法院的判决和决定也由国家委员会审查。它也是审理由法律规定的特别案件的初审和终审法院。

国家委员会应审理行政案件,在两个月内就总理和内阁提出有关公共服务授予特许权的条件和合同,以及立法草案提出建议,审查规章草案,解决行政争议以及履行法律规定的其他职责。

国家委员会四分之三的成员由最高法官和检察官委员会从第一等行政法官和检察官中,或被认为是本行业的人员中任命;余下的四分之一由共和国总统从符合法律规定要求的官员中任命。

国家委员会的院长、首席检察官、副院长,以及法庭的庭长由国家委员会全体大会从自己的成员中以无记名投票经全体成员绝对多数通过选举产生,任期四年。任期结束后可以重新当选。

国家委员会的成员、庭长、副院长、首席检察官以及院长的选举程序与资格、职能、组织,应由法律按照行政管辖的特殊性以及法院独立和法官任期保障的原则予以规定。

(四)军事高等上诉法院

第一百五十六条

军事高等上诉法院是审查军事法院决定和判决的终审法院。它也是法律规定涉及军职人员的特别案件的初审和终审法院。

军事高等上诉法院的成员出缺时,应由共和国总统从由军事高等上诉法院全体大会从第一等军事法官中通过无记名投票以及全体成员绝对多数赞同推选的三名候选人中任命。

军事高等上诉法院的院长、首席检察官、第二院长和庭长应从军事高等上诉法院成员中按照军衔和资历任命。

军事高等上诉法院的组织和职能,以及其成员的纪律和人事事项由法律按照法院独立和法官任期保障的原则予以规定。

(五)高等军事行政上诉法院

第一百五十七条

高等军事行政上诉法院应当作为涉及军职人员或有关军事服务的行政行为和行动——即使这类行为和行动已由地方当局处理——引发纠纷而导致司法监督的初审和终审法院。然而,在因服兵役而产生的纠纷中,涉案的人员应无条件地属于军事机构的成员。

高等军事行政上诉法院的军事法官出缺时,应由共和国总统从由法院成员和院长提名三名军事法官的候选人中任命,候选人按无记名投票以及全体人员绝对多数同意当选的原则从第一等军事法官中产生。非军事法官的成员出缺时也应由共和国总统从由参谋总长从符合法律规定的军衔和资格的军官中提名三名候选人的名单上任命。

非军事法官的任职年限不得超过四年。

院长、首席检察官、庭长应按照军衔和资历从军事法官中任命。

高等军事行政上诉法院的组织、职能和审判程序以及其成员的纪律和人事事项,由法律按照法院独立和法官任期保障的原则予以规定。

(六)司法管辖冲突法院

第一百五十八条

司法管辖冲突法院应就普通法院、行政法院和军事法院之间有关管辖与决定的纠纷,提供最终的判决。

司法管辖冲突法院的组织,其成员的资格以及他们选举的程序、职能应由法律规定。司法管辖法院的院长由宪法法院从宪法法院法官中委派代表担任。

在宪法法院和其他法院之间的管辖争议上,宪法法院的决定应该优先。

三、最高法官和检察官委员会
第一百五十九条

应建议最高法官和检察官委员会,按照法院独立和法官任期保障的原则行使其职权。

最高法官和检察官委员会应由二十一名正式成员和十名候补成员组成,并分成三个法庭。

委员会的院长是司法部长。司法部副部长应是委员会的当然成员。四名正式成员,任期四年,资格由法律规定,由院长从法律领域的院士、律师中任命;三名正式成员和两名候补成员由高等上诉法院全体大会从高等上诉法院的成员中任命;一名正式成员和一名候补成员由国家委员会全体大会从国家委员会成员中任命。一名正式成员和一名候补成员由土耳其司法学会(Turkish Justice Academy)全体大会从其成员中任命。七名正式成员和四名候补成员是第一等法官或拥有第一等法官资格,应该由民事法官和检察官从民事法官和检察官中选举产生;三名正式成员和两名候补成员应是第一等法官或拥有第一等法官资格,应该由任期四年的行政法官和检察官从行政法官和检察官中选举产生。他们任期结束后,可重新当选。

委员会成员的选举应在他们任期终结前六个月内举行。一旦院长任命的成员空缺,则任期提前结束,新的成员应在空缺产生后六个月内被任命。倘若其他成员出缺,职位的剩余期限应由候补成员完成。

高等上诉法院、国家委员会和土耳其司法学会就每名成员的选举中应投票产生一名作为委员会成员候选人,由高等上诉法院全体大会、国家委员会全体大会选举,以及来自民事、行政法院的每名法官和检察官从民事和行政法院的第一等法官和检察官中选举,获得选票最多的候选人分别当选正式和候补成员。此类选举在每个任期举行一次,实行无记名投票。

除司法部长和副部长外,正式成员在他们的任职期间不得担任其他任何职务,但由法律规定的,或由委员会任命或选举的其他职务除外。

委员会院长负责管理和代表委员会。委员会院长不参与法庭的工作。委员会应该选举法庭庭长和从其成员的庭长中选举一名副院长。院长可以将其部分权力委托给副院长。

委员会应该处理民事和行政法院法官和检察官

的职业准入、任命、转岗、临时权力的授予、晋升、晋级到第一等级、有关持续该职业被认为是不适宜的决定、施加纪律处分和免职。它应就司法部有关废除法院、取消法官和检察官职位或者改变法院的管辖权的建议作出终局裁决。它也应该行使宪法和法律授予它的其他职权。

涉及法官和检察官履行职责的监督按照法律、法规、规章和通告(若为法官时,则按照行政通告),调查他们是否犯有涉嫌的罪行,或在履职的过程中,他们的行为和行动是否与他们的地位和职责相一致,如有必要,涉及他们的调查询问经相关的法庭建议和最高法官和检察官委员会院长许可,由委员会监察官负责实施。调查询问也可以由比被调查的法官和检察官资历老的法官和检察官实施。

除了对有关禁止继续从事该职业的决定外,不得对委员会的决定寻求任何司法救济。

应设立附属于委员会的总秘书处。秘书长应由委员会院长从委员会提名的三名第一等法官和检察官中任命,委员会有权任命委员会的调查官、法官和检察官,经他们的同意担任委员会的临时或常设职务。

委员会成员的选举、分庭的组成、两个法庭之间工作的分配、委员会及其法庭的职责、会议及决定的法定人数、运作的程序与原则、对作出决定的反对和分庭的诉讼程序、对反对的审查程序以及总秘书处的建立和职能应由法律规定。

司法部长有权在他们的同意下任命法官、检察官和司法监察官在司法部的中央、附属机构及相关机构临时或永久任职。

四、审计法院
第一百六十条

审计法院代表土耳其大国民议会负责审计涉及以及由总预算或子预算财政资助的政府部门的收入、支出和财产的所有账户,负责就负责人的账目和行为作出最终决定,以及行使法律要求的关于调查、审计和判决方面的职能。在书面通知后十五日内,涉案的当事人可单独请求复议审计法院的最终裁决。不得在行政法院提出对此种决定的司法审查申请。

有关税收和类似的财政义务,当国家委员会的决定和审计法院的决定不一致时,国家委员会的决定优先。

地方行政机构的账户的监督和最终决定由审计法院作出。

审计法院的建立、职能、监督程序、成员的资格、任命、任务和职责、权利和义务以及有关其成员的地位的其他事务,审计法院成员和院长的保障,应由法律规定。

第四编 财政和经济条款

第一章 财政条款

一、预算

(一)预算的编制和执行

第一百六十一条

国家和公法团体的花费,但国家经济企业除外,应由每年的预算决定。

财政年度的开始以及总预算和子预算的编制和执行应由法律规定。

法律可以为相关发展计划的投资,或为预期持续超过一年的商业和服务规定具体的期限和程序。

预算法不得包含与预算无关的内容。

(二)关于预算的辩论

第一百六十二条

内阁应在财政年度开始前至少七十五日内向土耳其大国民议会提交总预算和子预算草案,以及包含国家概算的报告。

预算草案和报告应由预算委员会审议,预算委员会由四十名议员组成。在组成预算委员会时,各议会党团和大会独立议员应按比例分配代表,执政的政党或政党联合至少分配二十五个席位。

预算草案应由预算委员会在五十五日内通过,然后由大会进行审议,在财政年度开始前作出决定。

在就每个整体的预算举行的全体会议的辩论期间,土耳其大国民议会的议员应就部、部门以及子预算表达他们的观点;各项目及修订动议应不经分别辩论而宣读和付之表决。

就预算草案进行全体会议辩论期间,土耳其大国民议会议员不得作出增加开支或减少收入的提议。

(三)有关预算修改的原则

第一百六十三条

根据总预算和子预算授予拨款应该表明允许支出的限制。不得根据内阁决定增加预算条款从而导致超出开支限额。内阁无权以有法律效力的法令修改预算。将导致根据当前财政年度的预算增加拨款的草案修改,在当年或下一年预算提供额外的财政承诺的法律草案和法律建议,应指明符合规定开支的财政资源。

(四)决算

第一百六十四条

决算草案应在相关财政年度结束七个月内由内阁提交到土耳其大国民议会,除非由法律规定了一个更短的期限。审计法院应在讨论中的决算草案提交后七十五日内,向土耳其大国民议会提交合格通知。

决算草案和新财政年度的预算草案一起列入预算委员会的议事日程。预算委员会应连同决算草案向全体大会提交预算法案;全院大会应连同新财政年度的预算法案审议、决议决算草案。

向大国民议会提交决算草案和合格通知书,不妨碍审计法院对尚未审计的有关财政年度的账目继续审计,也不表明这些账目经过了最后核定。

(五)国有经济企业的审计

第一百六十五条

土耳其大国民议会的公共企业及合伙的账目中,超过一半的资本直接或间接属于国家的,有关审计的原则应由法律规定。

第二章 经济条款

一、计划

第一百六十六条

经济、社会以及文化发展计划,特别是整个国家工业和农业快速、均衡与和谐发展计划,基于详细分析和评估之上的国家资源有效利用计划,以及为此目的而设立必要的组织机构,是国家的责任。增加国家生产和节约、确保物价稳定和外贸平衡、促进投资与就业的措施应该包含在规划中;在投资中,公共福利和需求应予以考虑;应致力于资源的有效利用。发展活动都应按照该计划实现。

制订发展计划,土耳其大国民议会对计划的批准,计划的执行、修订,可能影响统一修订计划的预防措施的制订程序与原则,应由法律规定。

应设立经济和社会理事会,由其在经济和社会政策形成过程中向政府提供咨询意见。经济和社会理事会的设立、职能应由法律规定。

二、市场监督和外贸管理

第一百六十七条

国家应采取措施确保并促进金融、信贷、资本、货物及服务市场平稳、有序地运转;应防止通过实践或协议在市场中形成垄断和企业联盟。

为了国家经济利益管理对外贸易,内阁可以就出口、进口或其他对外交易由法律授权采用或取消额外的财政征税,但税及类似的课税除外。

三、自然资源的勘探和利用

第一百六十八条

自然财富和资源应置于国家的控制和处置下。对它们的勘探和利用的权利属于国家。国家在特定的期限内可将此权利授予个人和公共企业。由国家与个人或公共企业合作勘探与利用的自然财富与资源,以及由个人或公共企业直接勘探与利用的自然财富与资源,应遵守法律的明确许可。在上述情况下,个人和公共企业应遵守的条件、国家控制和监督的程序与原则、适用的制裁应当由法律规定。

四、森林和森林村庄的居民

(一)森林的保护与发展

第一百六十九条

国家应制定必要的法律、采取必要的措施保护森林和森林范围的扩展。因火灾被毁的森林地区应重新造林;不得在森林区域进行其他的农业和畜牧业活动。所有的森林须由国家管理与监管。

国家森林的所有权不得转让给其他人。国家森林应依法由国家管理与利用。不得通过时效而取得这些森林的所有权,也不得享有除公共利益以外的地役权。

不得许可可能毁坏森林的法律和行为。不得制造可能导致破坏森林的任何政治宣传。立法不得专门授予森林犯罪的大赦和特赦。犯有烧毁或者毁坏森林或减少森林面积意图的罪行,不得包括在其他场合大赦或特赦的范围内。

禁止限制森林的边界,但以下情况除外:有关地区作为森林保护被认为在科学上和技术上是无用的,但将其转换为农地已发现具有绝对优势;有关田地、葡萄园、果园、橄榄园或类似区域在1981年12月31日前在科学上和技术上被认定为不再是森林的;用作农业和畜牧业已发挥了优势;在城市、乡镇及村庄附近的建筑区域。

(二)森林村庄居民的保护

第一百七十条

法律应规定措施,确保国家和位于森林里或森林附近的村庄居民以保证森林的养护和改善村庄居民生活条件为目的,在森林管理和利用方面进行合作;法律应该规范1981年12月31日前科学技术上不再认为是森林地区的发展,规范作为森林保护在科学技术上被认为无用地区的鉴定,管理森林边界的排除,以及为了安顿在它们里面的所有或部分森林村庄居民,国家对其进行的改善,以及森林居民的安置。

国家应采取措施使这些居民便于取得农业设备和其他投入。

在森林外面重新定居的村民所有的土地,应立即重新造林作为国家的森林。

五、合作社的发展

第一百七十一条

国家应采取符合国家利益和经济利益的措施,促进合作社的发展,应主要致力于增加生产和保护消费者。

六、消费者、小商贩和工匠的保护

(一)消费者的保护

第一百七十二条

国家应采取措施保护和引导消费者;应鼓励消费者主动进行自我保护。

(二)小商贩和工匠的保护

第一百七十三条

国家应采取措施保护和支持小商贩和工匠。

第五编 其他规定

一、改革法律的维护

第一百七十四条

任何宪法条文不得被解释或说明下列改革的法律为违宪,其目的是提高土耳其社会当代文明程度,维护共和国的世俗性,其在土耳其宪法全民公决通过之日起生效。

1.1340(1924)年3月3日第430号关于教育系统统一的法律。

2.1341(1925)年11月25日第671号关于佩戴帽子的法律。

3.1341(1925)年11月30日第677号关于苦行僧修道院和陵墓的关闭,守陵职位的取消以及某些头衔的禁止与取消的法律。

4.依结婚行为应在主管官员面前缔结的公民婚姻的原则,适用1926年2月17日通过的第743号土耳其民法典和该法典的第一百一十一条。

5.1928年5月20日关于采用国际数码的第1288号法律。

6.1928年11月1日关于采纳和应用土耳其字母的第1353号法律。

7.1934年11月26日关于取消诸如埃芬迪(Efendi)、贝伊(Bey)或帕夏(Pasa)等头衔和称呼的第2590号法律。

8.1934年12月3日关于禁止某些服装穿着的第2596号法律。

第六编 临时条款

临时条款第一条

本宪法经公民投票通过并依合法程序被宣布为土耳其共和国宪法之后,举行公民投票时的国家安全委员会主席和国家元首应享有共和国总统称号,并在七年内行使共和国总统的宪法职能与权力。在1980年9月18日他作为国家元首的宣誓依然有效。七年任期结束后,应按照宪法规定的条款举行共和国总统选举。

共和国总统应担任根据2356号法令在1980年12月12日成立的国家安全委员会主席,直到首次大选后土耳其大国民议会召集和组成大会主席团。

如果共和国总统在土耳其大国民议会召集和首

次大选结束后行使职能前出现空缺,国家安全委员会最年老的成员担任共和国总统,行使宪法赋予总统的职权,直到土耳其大国民议会召集,依照宪法选举产生新总统。

临时条款第二条

按照第 2356 号令在 1980 年 12 月 12 日组建的国家安全委员会应按关于宪政秩序的第 2324 号法令和关于制定会议的第 2485 号法令继续行使其职权,直到依宪法预先制定的政党法和选举法举行首次大选后召集土耳其大国民议会和组成大会主席团。

宪法正式通过后,第 2356 号法令第三条有关国家安全委员会因任何原因出现空缺时,填补空缺程序的条款应停止适用。

土耳其大国民议会已经召开并承担起职能后,国家安全委员会应变成为期六年的总统理事会,国家安全委员会成员应获得总统理事会成员的头衔。其 1980 年 9 月 18 日作为国家安全委员会成员的宣誓继续有效。总统委员会成员享有宪法授予土耳其大国民议会议员的权利和豁免。总统委员会的合法存在于六年任期届满后终止。

总统委员会行使下列职权:

(1)在授予总统十五日考虑期的前十日内,审查土耳其大国民议会通过和有关提交给总统的法律:基本权利和自由以及义务,政教分离原则,阿塔图尔克改革精神的保留,宪法确立的国家安全和公共秩序,土耳其广播和电视公司,国际条约,武装部队派往国外和外国军队在土耳其建立基地,紧急法令、戒严和战争状态,以及总统认为需要的其他法律。

(2)应共和国总统的请求,并在由他规定的具体期限:

就有关举行新大选,行使紧急状态权和在紧急状态期间采取的措施,土耳其广播和电视公司的管理和监督,青年培训和宗教事务的引导等事务进行考虑并提出建议。

(3)按共和国总统的请求,考虑和调查有关国内和国外安全的事项以及认为有必要的任何其他事项,并向总统提交其调查结果。

临时条款第三条

随着按照宪法举行首次大选后召集土耳其大国民议会和组建大会主席团:有关宪法秩序的 1980 年 10 月 27 日 2324 号法令;有关国家安全委员会的 1980 年 12 月 12 日 2356 号法令;有关制宪会议的 1981 年 6 月 29 日 2485 号法令,应停止其效力,国家安全委员会和协商会议的合法性存在应予以终止。

临时条款第四条

共和宪法临时条款第四条,按照 1987 年 5 月 17 日第 3361 号法律和 1987 年 5 月 23 日第 3376 号法律,在 1987 年 9 月 6 日举行的全民公决后予以废止。全民公决的结果发布在 1987 年 9 月 12 日第 19532 号政府公报上。

临时条款第五条

首次大选结果由最高选举委员会宣布后的第十日,土耳其大国民议会应自行在 15 点在其所在地安卡拉集会。最年长的代表将担任本届会议的主席。在本届会议上,代表们应进行宣誓。

临时条款第六条

在 1980 年 9 月 12 日前生效的不违宪的国民议会议事规则应适用,直到根据宪法形成土耳其大国民议会采用了议事规则管理其会议和程序时为止。

临时条款第七条

当前的内阁应继续行使其职权直到首次大选后召集土耳其大国民议会并组成新内阁时为止。

临时条款第八条

有关本宪法新设立的机关、机构和单位组织、职责、权力及运作的立法,以及在宪法中规定引进或修订的其他立法,应当自本宪法通过之后在制宪会议期间加以制定;不能在此期间颁布的处理的立法,应在当选的土耳其大国民议会第一次会议后一年内制定。

临时条款第九条

在首次大选后土耳其大国民议会主席团组成召开的六年期限内,共和国总统可以提议土耳其大国民议会进一步审议大国民议会通过的任何宪法修正案。在这种情况下,仅由土耳其大国民议会全体议员四分之三多数同意可再次将未作任何改变的宪法修正案提交到总统。

临时条款第十条

地方选举应在土耳其大国民议会首次集会后一年内举行。

临时条款第十一条

宪法全民公决通过之日,在职的宪法法院的固定或候补成员应继续保有其职位并行使其职权。宪法法院以前选出的那些特别职能应保持因此获得的地位。

直到宪法法院正式成员降至十一名时,才对宪法法院正式成员的空缺进行补缺选举;宪法法院正式和候补成员总共降至十五名时,才举行候补成员空缺的补缺选举。在宪法法院适用新的制度之前,宪法规定的优先秩序与原则在因为正式成员降至十一名以下或因正式和候补成员总计降至十五名以下举行的选举中得以遵守。

在宪法法院正式成员降至十一名之前,1962 年 4 月 22 日第 44 号法令规定的法定人数要求,应在所有的案件和诉讼程序中得以遵守。

临时条款第十二条

国家元首依照 1981 年 5 月 13 日有关最高法官

和检察官委员会第 2461 号法令临时条款第一条,从高等上诉法院和国家委员会成员中任命作为最高法官和检察官委员会正式和候补成员的人员;在 1981 年 6 月 24 日第 2483 号法令下按照有关高等上诉法院第 1730 号法令的附加的临时条款,任命作为首席检察官和副首席检察官的人员;在关于国家委员会的 1982 年 1 月 6 日第 2575 号法令的第二段,临时条款第十四条下任命作为国家委员会院长、首席检察官、副院长以及分庭庭长的人员,应继续行使其职权直到自被选举之日起任期结束为止。

1982 年 1 月 6 日第 2576 号法令临时条款的有关行政法院成员与院长的条款也难以保留其效力。

临时条款第十三条

从高等上诉法院法官和检察官中产生国家法官和检察官委员会正式和候补成员的选举,应在宪法生效后二十日内举行。

在由被选举的成员履职前,国家最高法官和检察官委员会会议的法定人数必须有候补成员的参加。

临时条款第十四条

工会在国家银行存入其收入的义务最迟必须在宪法生效后两年内履行。

临时条款第十五条

由 2010 年的全民公决废除。

临时条款第十六条

没有合法的或实际的理由而未能参加宪法公投的人,虽然有选举权、被列在选民名单上,以及投票站登记参加公投,但其既不能在宪法公投后五年内参加大选、补选、地方选举或公投,也不得作为选举候选人。

临时条款第十七条

(2007 年 5 月 10 日附件/第 5659/1 条)在依据土耳其宪法附加的临时条款的法律规定后举行的首次大选,宪法第六十七条最后一段不适用于第 2839 号议会选举法(1983 年 6 月 10 日生效)关于联合投票中的独立候选人的条款。

临时条款第十八条

宪法法院目前的候补成员在本法生效之日获得正式成员地位。

在本法生效之日起三十日内,土耳其大国民议会应从审计法院全院大会和律师协会负责人提名的每三名候选人中选举一名成员。

为了提名候选人由大国民议会进行成员的选举:

(1)在本法生效之日起五日内,审计法院院长应宣布候选资格申请过程的开始。候选人应在公布结束之日起五日内向院长提交申请。审计法院全院大会应在申请截止之后五日内举行选举。选举中,审计法院每名成员可以投票,得票最高的三名候选人应被提名。

(2)在本法生效之日起五日内,土耳其律师协会联合会主席应宣布候选资格申请过程的开始。候选人应在宣布之日起五日内向土耳其律师协会联合会提交申请。在申请截止之日五日内,律师协会联合会公布确定的时间和地点,由律师联合会负责人举行选举。选举中,土耳其律师协会联合会成员可以投票,得票最高的三名候选人应被提名。

(3)按照第一段、第二段提名的候选人名单应由审计法院院长和土耳其律师联合会主席在选举之后的当日通知土耳其大国民议会议长。

(4)按照第三段通知后的十日内,土耳其大国民议会应举行选举。为每个空缺职位举行的每次选举,在第一轮投票中,组成人员的三分之二多数和在第二轮投票中,大部分组成成员的绝对多数不能被获得,那么在第二轮投票中得票最多的两个候选人中举行第三轮投票;在第三轮投票中,得票最多的候选人应予当选。

在分配给高等上诉法院和国家委员会的职位出现空缺后,共和国总统应于高等教育委员会从不属于高等教育委员会成员的法律、经济和政治科学领域的学者中为每个空位提供的三名候选人中选择一名成员。

目前的成员,以及从分配给已经提名作为宪法法院成员的机构的配额选出的候补成员,在最后选举中应予以考虑。

在宪法法院被任命为某种职务职位的成员应继续担任直到任期结束。

在本法生效后任命的成员应连续任职到法定年龄限制时为止。

有关个别申请的必要的法律安排应在两年内完成。自实施的法律生效之日起,个别申请应予接受。

临时条款第十九条

最高法官和检察官委员会成员应在本法生效三十日内,按照下列规定的原则和程序选举产生:

(1)持续工作十五年以上的法律专业的学者,以及从事实际法律实务工作十五年以上的律师,且成为法官没有任何障碍。

(2)高等上诉法院全院大会应从本院成员中选出三名正式成员和两名候补成员。高等上诉法院的第一院长应在本法生效后七日内宣布候选资格申请过程的开始。候选人在宣布之日七日内向第一院长提出申请。高等上诉法院在申请截止后十五日内举行选举。在选举中,高等上诉法院的成员均有投票权,得票最多的候选人分别当选正式和候选成员。

(3)国家委员会全院大会应从本院成员中选举一名正式成员和一名候补成员。国家委员会院长应在本法生效之日七日内宣布候选资格申请过程的开始。宣布之日七日内,候选人向院长提交申请。申请截止后十五日内,国家委员会全院大会应举行选举。选举中,国家委员会的成员均可参与投票,得票最多的候选人分别当选为正式和候补成员。

(4)土耳其司法协会全体大会应从其成员中选一名正式和一名候补成员到最高法官和检察官委员会。本法生效后七日内,土耳其司法协会主席应宣布候选资格申请程序的开始。宣布之日七日内,候选人应向主席提交申请。申请截止后十五日内,土耳其司法协会应举行全院大会进行选举。选举中,每个成员有权投票,得票最多的候选人分别当选为正式和候补成员。

(5)七名正式成员和四名候补成员是第一等法官,应由民事法官和检察官在最高选举委员会的监督和指导下从拥有第一等法官资格的民事法官和检察官中选举产生。本法生效后五日内,最高选举委员会应宣布候选资格的申请。候选人在宣布之日后三日内提交申请。最高选举委员会应审查申请,并最后决定候选人名单并在申请截止后两日内予以公布。在随后两日内可对此提出异议。异议应予以审查决定,并在异议期满两日内公布最终候选人名单。工作在省或地区的法官和检察官应在最高选举委员会最终名单宣布之日起第二个星期日,在省选举委员会指导和监督下,在每个省和地区举行的选举中投票。省选举委员会应该根据本省投票的法官和检察官的人数设立投票委员会。省选举委员会应对有关投票委员会的程序、措施和决定的投诉、异议作出决定。候选人不得开展竞选活动。他们可以在最高选举委员会确定的原则和程序框架内为选举分配的互联网站公布其简历。得票最高的候选人应被认为分别当选为正式成员和候补成员。最高选举委员会应该确定投票选票和其他事项。最高选举委员会可持有被标记的投票选票,或者当其认为必要时,可持有省选举委员会标记的投票选票。在举行选举中,1961年4月26日第298号关于选举及投票登记的基本规则的法律规定,与本项规定不冲突的可予适用。

(6)三名正式成员和两名候补成员是第一等法官,应由民事法官和检察官在最高选举委员会的监督和指导下从拥有第一等法官资格的民事法官和检察官中选举产生。有地区行政法院的省,选举应在省选举委员会的指导和监督下进行,在这些地区行政法院及其管辖下的法院的法官和检察官应参与投票。第(5)项的规定应适用于这类选举。

按照这条第一段的第(1)项、第(4)项、第(5)项和第(6)项选举产生的最高法官和检察官委员会的正式成员,应从本法生效后的工作日承担其职责。

被选举的成员按照这条履职后,在最高法官和检察官委员会首次会议上,来自高等上诉法院、由抽签决定担任最高法官和检察官委员会的候补成员之一的职责应终止。余下的正式成员和候补成员应继续行使其职权,直到他们的任期结束。按照第一段第(2)项选择产生的成员,取代其任期结束的成员。

被选举的成员按照这条履职后,在最高法官和检察官委员会首次会议上,来自国家委员会、由抽签决定担任最高法官和检察官委员会正式成员和候补成员之一的职责应终止。余下的正式成员和候补成员应继续行使其职权,直到他们的任期结束。按照第一段第(3)项选举产生的成员取代其任期结束的成员。

在按照第(1)项、第(2)项、第(3)项被选出的那些成员中,按照第三款、第四款承担职责的成员的任期,在按照第一款第(1)项、第(4)项、第(5)项、第(6)项被选举产生的委员会其他成员的任期结束之日结束。

被选举担任最高法官和检察官委员会的正式成员应享受相关法律为高等上诉法院分庭庭长提供的同等的资助、社会福利及退休金方面的权利,直到必要的规定被制定出来。

而且,除院长外的正式成员,每月应获得额外的补贴,金额基础按照公务员薪酬系数指标乘以30000来计算。

在相关的法律作出安排之前,最高法官和检察官委员会:

a. 应按现行法律规定的委员会形式运作,不得违背宪法的规定;

b. 应在正式成员按第二段规定履职后一个星期内由司法部长担任主席,召集开会并选举一个临时的副主席;

c. 应在有十五名成员以上参加时才能召集开会,并由组成成员的简单多数作出决定;

d. 司法部长领导秘书处的工作。

在委员会的监督官被任命之前,现行的司法监督官以委员会监督官的名义行使其职权。

这条规定应适用于直到相关的法律作出必要的安排。

第4709号法律的临时条款

(第4709号法律对宪法条文做了修改)

a. 由第4709号法律第二十四条附加在宪法第六十七条的最后一段,在第4709号法律生效后的首次大选,不适用。

b. 由第4709号法律第二十八条对宪法第八十七条的修改,在第4709号法律生效前,对犯下宪法第十四条规定的行为的人不生效。

本第4709号法律在发布之日生效,如需全民公决,应将其作为一个整体提交。

第七编　最终条款

一、宪法的修改、参加选举以及全民公决

第一百七十五条

宪法修改应由土耳其大国民议会至少三分之一的议员书面提出。修改宪法的议案应在全院大会辩论两次。修改宪法议案的通过，应由无记名投票并获得大国民议会全体议员的四分之三赞同。

宪法修正案的审议和通过应受有关的法律通过和审议的规定的约束，附随本条规定的条件除外。

共和国总统可以提出涉及宪法修改的法律草案作最进一步的审议。如果议会由三分之二多数通过了由总统提交进一步审议的法律草案，则总统可以将该法律草案提交全民公决。

如果法律由参与投票的议会议员五分之三或不到三分之二通过，不由总统提出进一步审议，它应在官方公报上公布并应提交全民公决。

有关宪法修改的法律直接由议会全体议员的三分之二多数通过，或如果由总统提出作进一步的审议，或它的条款被认为有必要，可以由总统提交全民公决。没有被提交全民公决的法律或宪法修改的有关条款，应在官方公报上公布。

被提交全民公决的涉及宪法修改的法律，应获得有效选票的过半数赞同。

在通过涉及宪法修改的法律，土耳其大国民议会也应决定哪些条款需要一起提交全民公决以及哪些应分别提交。

应采取包括罚款在内的每项措施以确保在全民公决、大选、补选和地方选举中的参与。

二、序言和条文标题

第一百七十六条

说明隐含在宪法下的基本观点和原则的序言应构成本宪法完整的一部分。

条文的标题仅表示条文的主题事项、顺序，以及它们之间的联系。这些标题不应被认为是宪法文本的一部分。

三、宪法生效

第一百七十七条

一旦宪法通过全民公决并在官方公报上公布，本宪法应成为土耳其共和国宪法，应在它的全部领土上有效，在符合下列例外和有关它们生效条款的规定下：

（1）第二部分第二章有关人身自由与安全，有关新闻与出版、媒体，以及集会的权利与自由的规定。

第三章有关劳动、集体协议、罢工以及封闭工厂的条款。

当相关的立法公布时，或当现行的法律被修改

时，以及最迟当土耳其大国民议会承担其职能时，这些条款应当生效。但是在它们生效前，现行的法律和法令以及国家安全委员会的决定应予适用。

（2）第二部分有关政党和参与政治活动的权利的条款，应在按照这些条款起草的新的政党法公布后生效。

投票权和参选也应在按照这些条款起草的选举法公布后生效。

（3）第三部分有关立法权的规定：

这些规定应在首次大选结果宣布后生效。然而，在本节规定的有关土耳其大国民议会权力与职能的规定应由国家安全委员会行使，直到大国民议会承担起职责，1981 年 6 月 29 日第 2485 号法律有关制宪会议的规定被保留时为止。

（4）第三部分有关共和国总统的职能与权力的规定，以及有关在"共和国总统"标题下的国家监督委员会的规定；在内阁标题下的管理紧急状态的程序、国防、规章的规定；在行政标题下，除地方行政部门和阿塔图尔克文化、语言、历史高等研究机构以外的所有其他条款；有关司法权的所有条款，除国家安全法院外，当宪法公投通过后在官方公报上公布时应予以生效。没有生效的有关总统和内阁的其他条款，应在土耳其大国民议会承担职责后生效。有关地方行政部门和国家安全法院的条款在相关的立法公布后生效。

（5）如果新的立法，或现行法律修改被要求与宪法全民公决通过宣布后生效的宪法条款有关，或与现行的或将来的机构、组织和政府专业部门有关，那么，其遵循的程序应受制于不违宪的现行法律规定或宪法条款，符合宪法第十一条。

（6）第一百六十四条第二段规定决算草案审议程序的，应在 1984 年生效。

四、未并入土耳其宪法的临时条文

2001 年 10 月 3 日第 4709 号法律的临时条文

临时条文：

1. 增加在宪法第六十七条的作为本法第二十四条最后一段的条款，不应被实施在本法制定后随后举行的首次大选期间。

2. 依照本法第二十八条进行的宪法第八十七条的修改，不应适用于那些在本法制定前犯下宪法第十四条所涵盖的罪行的人。

2002 年 12 月 27 日第 4777 号法律的临时条文

临时条款一：

土耳其共和国宪法第六十七条最后一段在土耳其大国民议会第 22 届大会期间举行的首次补选，不予适用（由协商会议起草后，土耳其共和国宪法在 1982 年 11 月 7 日的土耳其全民公决中有 92％的土耳其公民接受，在 1982 年 11 月 9 日第 17865 号官方公报上公布）。

土库曼斯坦宪法*

（2008 年 9 月 26 日通过）

我们，土库曼斯坦人们；

依据决定我们命运的不可剥夺的权利；

从对现在和未来的责任出发；

表达信守先辈们团结、和睦、和谐生活的遗训；

为了保护土库曼斯坦民族的价值和利益，巩固独立、主权、永久中立地位；

保障人与公民的权利与自由，致力于公民的和平、民族和谐一致，巩固人民政权和民主、法制、世俗的国家，特制定本宪法作为土库曼斯坦的基本法。

第一部分　土库曼斯坦宪法制度的基础

第一条

土库曼斯坦是民主的、法制的和世俗的国家，国家的政体形式是总统共和制。

土库曼斯坦在自己的领土范围内拥有最高的和全部权力，独立自主地执行国家的对内和对外政策。国家的主权和领土统一而不可分割。

国家维护土库曼斯坦的独立和领土完整，维护宪法制度，保障合法性和法律程序。

土库曼斯坦依照法律而具有永久中立地位，联合国大会 1995 年 12 月通过的关于土库曼斯坦永久中立的决议："1. 承认并支持土库曼斯坦宣告永久中立国地位；2. 号召联合国各会员国尊重并保障土库曼斯坦的永久中立地位，尊重土库曼斯坦的独立、主权和领土完整。"土库曼斯坦在国际社会永久中立的承诺是其制定对内对外政策的依据和基础。

第二条

人民是土库曼斯坦主权的载体和国家权力的唯一源泉。土库曼斯坦人民直接或者通过代表机关间接地行使自己的权力。

人民中的任何一部分、任何组织和个人都无权攫取国家权力。

第三条

人是国家和社会的最高价值。

国家有义务为保障公民个人的自由发展创造条件，保护人的生命、人格尊严、自由等不可剥夺的、与生俱来的、不可转让的个人权利。

每个公民都有责任为国家履行宪法和法律规定的义务。

第四条

国家权力实行立法、行政、司法三权分立的原则，三权独立行使但又相互制衡。

第五条

一切国家机关及其公职人员均应受宪制和法制的约束。

土库曼斯坦宪法是国家的基本法。它的规范和条款具有直接效力，与宪法相抵触的法律和其他法律文件没有法律效力。

除保守国家秘密和其他受保护的法律秘密外，国家政权和管理机关、地方自治机关的规范性法律文件必须刊登公告或者采用其他形式公布。凡对人和公民的权利与自由产生影响的规范性法律文件未经公告的，自通过之日起没有法律效力。

第六条

土库曼斯坦是国际社会享有充分权利的主体，坚持以永久中立原则作为对内政策，不干涉其他国家的内部事务。拒绝使用武力或者加入军事同盟。致力于与世界各国和地区建立和平、友好、互利的关系。

土库曼斯坦承认公认的国际法准则的优先地位，如果土库曼斯坦签署的国际条约或者其他国际法规则与土库曼斯坦制定的法律不一致，应当优先适用国际条约的规则。

第七条

土库曼斯坦拥有自己的国籍。国籍的取得、保持和丧失依据法律的规定。

土库曼斯坦不承认双重国籍。

---

*　依据土库曼斯坦政府官方网站（http://www.turkmenistan.gov）的俄文版译出。译者：朱福惠。

人人都有不被剥夺国籍或者改变国籍的权利。土库曼斯坦公民不得被引渡到其他国家或者驱逐出境或者限制其返回祖国的权利。

土库曼斯坦的公民无论是在国内还是在国外都受到国家的保障和保护。

第八条

外国人和无国籍人同土库曼斯坦公民一样依照法律和国际条约的规定享有权利、自由并履行义务。

土库曼斯坦依照公认的国际法准则和规定的法律程序为外国人和无国籍人提供庇护。

第九条

财产所有权不受侵犯。土库曼斯坦确认生产资料、土地和其他物质与精神财产的私人所有权。它们也可以属于公民合伙所有或者国家所有。法律规定属于国家所有的财产的范围。国家为各种财产所有制提供平等保护并为其提供平等发展的条件。

除以法律禁止的方式获取的财产外,禁止将财产充公。

只能依照法律的规定才能对私有财产实施惩罚性强制收归公有。

第十条

土库曼斯坦的经济以市场关系为基础,国家鼓励和支持企业家的活动,促进中小企业的发展。

第十一条

国家有保护民族历史文化遗产和自然环境的义务,为社会和各民族之间的协调一致提供平等保护。国家鼓励科学、艺术创造并推广其有益的成果,促进在科学、文学、教育、体育和旅游方面的国际交往。

第十二条

国家保障宗教和宗教信仰自由,保障各种宗教在法律面前的平等。宗教组织与国家相分离,宗教组织不能干涉国家事务和履行国家职能。国家教育系统与宗教组织相分离以保持非宗教性质。

人人都有自主确立自己对宗教的态度的自由,有权单独或者与他人共同信仰和不信仰任何一种宗教,表达和传播与宗教态度相关的信仰,参加宗教祭祀、仪式和典礼。

第十三条

为了维护国家主权和安全,土库曼斯坦拥有自己的武装力量。

第十四条

土库曼斯坦的国语是土库曼语,保障所有土库曼斯坦的公民有使用母语的权利。

第十五条

土库曼斯坦作为主权国家的象征是它的国旗、国徽和国歌。

国旗、国徽和国歌由法律规定并受法律保护。

第十六条

土库曼斯坦的行政区制度由州,享有州一级权利的市、区,享有区一级权利的市、区辖市、镇和格克什里哈①组成。

一个或者多个村组成格克什里哈行政区域。

第十七条

土库曼斯坦的首都是阿什哈巴德市。

第二部分 人和公民的权利、自由与义务

第十八条

人的权利和自由不受侵犯也不能转让。

除依照宪法和法律的规定外,无论何人均无权剥夺他人的任何权利与自由,或者限制他人的权利与自由。

不能利用本宪法和法律对人和公民权利与自由的列举来否认或者轻视其他权利与自由。

第十九条

土库曼斯坦保障人和公民的权利与自由的平等,人和公民不论其民族、种族、性别、出身、财产和职务状况、居住地点、语言、宗教态度、政治信仰、党派属性或者没有任何党派属性而在法律面前一律平等。

第二十条

土库曼斯坦男女享有平等的公民权,侵犯性别平等权应负法律责任。

第二十一条

权利与自由的行使不应侵犯他人的权利与自由,不得违背道德、法律和公共秩序,不得危害国家安全。

第二十二条

人人都有生存权和实现生存权的自由。不能剥夺任何人的生存权,国家依法保护每个人的自由生存权。

土库曼斯坦废除死刑。

第二十三条

除依照确定的法律被判决有罪或者应予处罚外,人的权利不能被限制,也不能剥夺应当属于他本人的权利。

无论何人都不能遭受刑讯和残酷的、非人道的、损害尊严的对待或者处罚,未经本人同意不能遭受医

---

① 格克什里哈是自治地方的音译,其意为土库曼斯坦地方基层自治区域。

学(包括药品和医疗)或者其他实验。公民非经法院依法律明确的规定作出判决或检察长批准不受逮捕。如出现刻不容缓且有明确法律规定的情形,国家机关授权的人有权暂时拘捕公民。

第二十四条

人人都有通过国家的帮助而获得设施完善的生活用房和独立住宅的权利。住宅不受侵犯。无论何人都无权在没有法律依据的情况下违反居住人的意志进入住宅或者以其他方式侵犯住宅。保护住宅免遭蓄意违法行为的侵犯是人和公民的权利。

除根据法律的规定外,不能剥夺任何人的住宅。

第二十五条

人人都有保护私生活不受专断干涉的权利,包括保护通信、电话以及其他通讯秘密不受侵犯,保护人格和声誉不受蓄意侵犯。

第二十六条

公民有迁徙自由的权利以及在土库曼斯坦境外选择居住地点的权利。

只有根据法律的规定才能限制公民在部分地区的流动和迁移。

第二十七条

达到婚龄的男女有自愿结婚并组建家庭的权利,在家庭关系上夫妻双方有平等权利。

父母以及代替父母的人有培养孩子的权利和义务,关心孩子的健康,训练、培育和养成劳动的习惯,使孩子养成尊重法律、历史和文化传统的文明素养。成年子女有关照和帮助父母的义务。

第二十八条

土库曼斯坦公民有信仰自由和表达自由的权利,有获取信息的权利,只要这些信息不属于国家秘密和法律保护的秘密。

第二十九条

公民依照法律规定举行集会和游行示威的自由应予保障。

第三十条

公民有权在宪法和法律范围内组建政党和其他社会团体。

禁止组建和从事下列活动的政党和社会团体:军事化团体,以暴力手段改变宪法制度为目标,允许从事暴力活动,主张反对人和公民的权利与自由,宣扬战争以及种族、民族和宗教仇视,损害人民的健康和道德。禁止组建具有民族或者宗教特征的政党。

第三十一条

公民有直接参加管理国家和社会事务的权利,有通过自由选举当选为代表的权利。

第三十二条

公民有选举国家政权机关或者被选入国家政权机关的权利。

土库曼斯坦的公民依据自己的才能和专业素养有平等地担任国家公职的权利。

第三十三条

公民有劳动权,有权自主选择职业、职业种类、工作地点以及健康和安全的劳动条件。

从事雇佣劳动的人有权获得与其劳动成果的数量与质量相适应的报酬,此种报酬不应低于国家规定的维持生活的最低限度标准。

第三十四条

公民有休息的权利,每周的持续工作时间应受限制,享受每年的带薪休假以及每周的休息日。

国家为公民的休息和利用业余时间创造良好的条件。

第三十五条

公民有保护健康的权利,包括免费使用国家卫生保健机构网点,根据法律规定接受付费医疗以及非传统的医疗服务。

第三十六条

人人拥有良好的自然环境的权利。

国家监督自然资源的合理开发并使之符合保护和改善生活条件、维护和恢复自然环境的目的。

第三十七条

公民因年老、疾病、残疾、丧失劳动能力、供养人死亡以及失业等有获得社会保障的权利。

多子女的家庭、孤儿、老战士以及为维护国家和公共利益而丧失健康的人,有从国家和社会获得额外帮助和优惠的权利。

第三十八条

公民有受教育的权利。

普通中等教育是义务教育,公民有权在国立学校免费接受义务教育。

国家保障每个人能够享受与其才能相适应的职业教育。

根据土库曼斯坦法律的规定,国家和非国家组织、公民有权实施有偿的教育活动。

国家为各类学校制定必须执行的教育标准。

第三十九条

土库曼斯坦公民有权自由从事艺术、科学和技术创造,公民在科学、技术创造以及艺术、文学和文化活动领域的著作权以及经济利益受法律保护。

国家促进科学、文化、艺术、民族作品、体育和旅游的发展。

第四十条

人和公民行使权利与自由必须履行对国家和社

会的义务。

每一个长期或者暂时居住在土库曼斯坦的人都必须遵守宪法、法律并尊重民族传统。

第四十一条

保卫土库曼斯坦是每一个公民的神圣职责，土库曼斯坦的全体男性公民都有服兵役的义务。

第四十二条

人人都有依照法律规定的程序和数额缴纳国税和其他税款的义务。

第四十三条

公民个人的价值和尊严以及依照宪法和法律确认的人和公民的权利与自由受到司法保护。

公民有权对国家机关、社会组织以及公职人员的行为和决定向法院提起控诉。

第四十四条

公民对国家机关、国家机关的组织及其工作人员和个人的违法行为造成的物质和精神损害有通过司法程序获得赔偿的权利。

第四十五条

不能强迫任何人招供，也不能强迫任何人作出不利于自己本人及其近亲属的证词。

使用精神折磨和体罚等非法手段获取的证据没有法律效力。

第四十六条

降低公民地位的法律没有溯及力。任何人都不能因行为发生时不认为是违法的行为而负法律责任。

第四十七条

只有在紧急或者战争状态下根据宪法和法律规定的程序和范围才能暂时中止本宪法确认的公民权利与自由的实施。

第三部分　土库曼斯坦的权力和管理机构体系

第一章　总则

第四十八条

土库曼斯坦的最高国家权力和管理机关是总统、议会①、内阁和最高法院。

第四十九条

州，享有州级权利的市、区和享有区级权利的市

的地方权力机关是地方代表机关和执行机关，区辖市、镇和格克什里哈是地方自治机关——格尔克什。

第二章　土库曼斯坦总统

第五十条

土库曼斯坦总统是国家元首和行政首脑，是土库曼斯坦的最高公职人员，是国家独立和中立地位、领土完整、宪法遵守和国际义务履行的保障。

第五十一条

出生在土库曼斯坦的土库曼斯坦公民可以被选举为总统，但须年满四十周岁不超过七十周岁，熟练使用国语，在当选总统之前须在土库曼斯坦连续居住满十五年并且在国家机关、社会团体、企业或者其他组织机构中任职。

第五十二条

总统由土库曼斯坦人民直接选举产生，任期五年，总统就职时必须宣誓。

总统选举的程序以及总统的职责由法律规定。

第五十三条

总统：

1. 执行宪法与法律。

2. 领导对内政策的执行，对外代表土库曼斯坦，任命或者召回土库曼斯坦驻外国、国家组织和国际组织的大使或者其他外交代表，接受外国外交代表的就任国书和离任国书。

3. 是土库曼斯坦武装力量总司令，决定全国或者个别地区总动员、使用武装力量或者进入战争状态。任命土库曼斯坦武装力量的高级指挥官。

4. 根据法律规定的情形，组建并主持土库曼斯坦国家安全委员会。

5. 确定国家政治、经济和社会发展的纲领和基本方针。

6. 提请议会审议和批准土库曼斯坦国家预算以及预算执行的报告。

7. 有权在不超过两周的限期内签署法律，或者行使延搁否决权，将自己的异议连同法律本身退回议会重新审议并投票表决。如果议会以法定议员数的三分之二多数票再一次通过原先已经通过的法律案，总统则必须签署该法律。总统无权对宪法修改和增补的法律行使延搁否决权。

8. 组成土库曼斯坦中央选举与全民公决委员会，提议更换该委员会的组成人员。

---

① 土库曼斯坦议会在宪法文本的音译是梅日里克，为保障译文的通顺，在翻译过程中没有使用这一表述，而直接译为议会。

9. 决定全民公决的日期,有权提前召集议会。

10. 决定接受加入国籍或者退出土库曼斯坦国籍,准许避难。

11. 颁发勋章及其他国家奖章,授予军衔或者其他专门的国家衔级和荣誉称号。

12. 在征得议会同意后,任命或者免除最高法院院长、总检察长、内政部长和总理的职务。

13. 执行大赦和特赦。

14. 在土库曼斯坦全国或者部分地区处于紧急状态时保障公民的安全和利益,根据土库曼斯坦的法律制定紧急状态制度的实施细则。

15. 决定宪法和法律规定属于其职权范围内的其他问题。

第五十四条

土库曼斯坦总统发布的命令、决定和指令在土库曼斯坦境内具有拘束力。

第五十五条

土库曼斯坦总统不能担任议会议员。

第五十六条

土库曼斯坦总统具有豁免权,他的人格和尊严受法律保护。

土库曼斯坦总统及其家庭的生活保障、服务和安全保护的费用由国家承担。

第五十七条

土库曼斯坦总统因病不能履行职务时可以提前解除职务,议会根据独立医疗委员会提供的医学鉴定结论作出提前解除总统职务的决定,但须获得不少于议会法定议员人数的三分之二赞同才能通过。

如土库曼斯坦总统违反宪法和法律,土库曼斯坦议会可以提出对土库曼斯坦总统的不信任,议会只有根据不少于法定议员人数的三分之二请求才能审理对总统的不信任案,通过对总统不信任的决议须获得不少于法定议员人数的四分之三的赞同。但免除总统职务的议案须提交全民公决。

第五十八条

土库曼斯坦总统无权将自己的职权转交其他国家机关或者官员行使,但本宪法第五十三条第二款、第十一款、第十三款规定的职权不在此限,这些职权可以转交给议会议长行使。

如果土库曼斯坦总统因其他原因不能履行自己的职责,在新的总统没有选举产生之前,应当根据土库曼斯坦国家安全委员会的决定委托内阁副总理中的一人暂时履行土库曼斯坦总统职责。此时,应从总统职权被暂时履行时起不超过六十日内举行土库曼斯坦总统选举,但暂时履行土库曼斯坦总统职责的人不能作为总统候选人参加竞选。

第三章　土库曼斯坦议会

第五十九条

土库曼斯坦议会是最高国家代表机关,是行使立法权的机关。

第六十条

议会由一百二十五名议员组成,议员由全国范围内按照大致相等的选民人数划分成选区选举产生,任期五年。

第六十一条

议会在下列情形下可以提前解散:

1. 根据全民公决的决定;

2. 根据不少于三分之二的法定议员人数赞同通过决议(自行解散);

3. 土库曼斯坦总统在议会未能在六个月之内产生领导成员时。

第六十二条

议会自主设置议员的权力,从议员中选举产生议长、副议长,组成专门委员会或者小组委员会。

上届议会议员行使权力到新一届议会召集第一次会议开会时止。

第六十三条

议会:

1. 通过法律,提出土库曼斯坦宪法和法律的修改和增补案,监督宪法和法律的执行与解释;

2. 审议关于赞同内阁施政纲领的议案;

3. 审议批准土库曼斯坦国家预算以及预算执行报告的议案;

4. 审议国家政治、经济和社会发展纲领与基本方针;

5. 决定全民公决的举行;

6. 规定土库曼斯坦总统、议会议员和州、区、市、地方自治机构的代表机关成员的选举;

7. 审议土库曼斯坦总统提请任命或者免除最高法院院长、总检察长、内政部长、内阁组成人员的议案;

8. 设立国家奖章,向土库曼斯坦总统颁发国家奖章,授予土库曼斯坦总统军衔和荣誉称号;

9. 裁定国家权力和管理机构的规范性法律文件是否符合宪法;

10. 批准或者废除国际条约;

11. 决定土库曼斯坦国界和行政区域划分的变更;

12. 审议和平与安全问题;

13. 决定依照宪法和法律属于议会职权范围内的其他问题。

第六十四条

议会可以将制定某些法律的权力转让给总统行使，但议会必须随后审议并批准。

议会不能转让下列立法权：

1. 宪法修正案；

2. 刑事法和行政法；

3. 诉讼法。

第六十五条

立法倡议权属于土库曼斯坦总统、议会议员、内阁和最高法院。

第六十六条

议会议员可以口头或者书面方式对内阁、部长以及其他国家机关的首长进行质询。

第六十七条

国家为保障每个议员自由地和积极地行使职权创造条件，保护议员的权利、自由、生命、人格尊严和人身不受侵犯。

第六十八条

只有议会才能剥夺议员的职权，但通过该项决定须获得不少于议会法定议员人数的三分之二的赞同。

未经议会批准，议员不受逮捕和刑事责任追究，也不能以其他方式剥夺议员的自由。

第六十九条

议员不能同时担任内阁成员、哈基姆①、法官和检察官。

第七十条

议长由无记名投票选举产生，向议会报告工作。议会可以免除其职务，但须获得不少于议会法定议员数的三分之二的赞同。

副议长由记名投票选举产生，履行议长委托的部分职能，在议长缺席或者不能行使职权时履行议长的职责。

第七十一条

议会及其各委员会、小组委员会、议员的活动程序、职能和权限由法律规定。

第四章 土库曼斯坦内阁

第七十二条

内阁（政府）是执行和管理机构。内阁总理是土库曼斯坦总统。

第七十三条

内阁副总理、部长是内阁成员。行使执行权的其他中央机构的首长也可以被土库曼斯坦总统任命为内阁成员。

土库曼斯坦总统必须在就职后的一个月之内或者在新任当选总统之前内阁辞职后的一个月之内组成内阁。

第七十四条

内阁会议由总统或者总统委托一位内阁副总理主持。

内阁在自己的职权范围之内发布决定和命令并负责执行。

第七十五条

内阁：

1. 组织执行法律、总统和议会的法令；

2. 采取措施保障公民的权利与自由，保护私有财产，维护社会秩序和国家安全；

3. 制定国家对内对外政策的基本方针和经济、社会发展纲领提交议会审议；

4. 实现国家对国民经济与社会发展的管理，管理国有企业、机关和团体，保障合理地利用和保护自然资源；

5. 采取措施稳定货币和信贷体系；

6. 在必要的时候设立隶属内阁领导的各种委员会、管理总局和其他主管部门；

7. 实施对外经济活动，保障与外国发展文化和其他方面的联系；

8. 领导政府机关、国有企业和社团的活动，有权改变各部、主管部门以及地方执行机构的法令；

9. 决定依照宪法、法律和其他规范性法律文件属于内阁职权范围内的其他事项。

第七十六条

内阁的职权、活动程序以及与其他国家机构的关系由法律规定。

第五章 地方权力机关

第七十七条

地方权力由在其职权范围内行使权力的代表机关和执行机关组成。

第七十八条

州，享有州级权利的市、区，享有区级权利的市产生代表机关——哈尔克·马斯拉哈特，根据土库曼斯坦法律规定选举相应行政区域内的公民组成。

第七十九条

哈尔克·马斯拉哈特在其职权范围内参与并决定本区域经济、社会和文化发展等事项。

哈尔克·马斯拉哈特的职权、组成人员、工作程

---

① 哈基姆是地方行政机关的首长，即州长、市长和区长。

序以及与其他权力机关和管理机关的相互关系由法律规定。

第八十条

行使地方行政权的机关是:在州为州哈基姆,在市为市哈基姆,在区为区哈基姆。

第八十一条

哈基姆是土库曼斯坦总统在地方的代表,由土库曼斯坦总统任命或者免除其职务,哈基姆向总统报告工作。

第八十二条

哈基姆领导地方管理机关的工作,保障土库曼斯坦宪法、法律、总统和内阁的法规、议会的决定的执行。哈基姆发布属于其职权范围的决定和命令,在其管辖的区域内必须得到执行。

第八十三条

哈基姆的职权、工作程序以及与其他权力机关和管理机关的相互关系由法律规定。

第四部分　地方自治机关

第八十四条

地方自治机关由格尔克什和地区社会自治机关组成。[①]

格尔克什是区辖市、镇和格克什里哈居民权力的代表机关。格尔克什的组成人员由公民直接选举产生,任期三年。

第八十五条

格尔克什独立自主地行使职权,它与权力和管理机关的相互关系按照土库曼斯坦相应的立法来执行。

第八十六条

格尔克什:

1. 决定本区域内的经济、社会和文化发展的基本方针;

2. 制定并决定预算和预算执行情况的报告;

3. 决定地方税及其征收程序;

4. 采取合理利用自然资源和保护生态环境的措施;

5. 决定属于其法定职权范围的其他事项。

格尔克什在其职权范围内发布的决定在本行政区域内必须执行。

第八十七条

格尔克什从其组成人员中选举产生阿拉契拉[②],阿拉契拉领导格尔克什并向其报告工作。

阿拉契拉保障格尔克什的决定、国家权力和管理

机关的法令的执行,决定具有地方意义的其他问题。

第八十八条

格尔克什和其他社会自治机关的工作程序由法律规定。

第五部分　选举制度与全民公决

第八十九条

土库曼斯坦总统、议会议员、哈尔克·马斯拉哈特和格尔克什的组成人员的选举是普遍与平等的,年满十八周岁的土库曼斯坦公民都有选举权,每个选民都有一张投票权。

被法院裁定无行为能力的人以及正在服刑而被剥夺自由的人不参加选举。除此之外,任何限制公民选举权的理由均属非法且应依法承担法律责任。

第九十条

凡在选举日年满二十五周岁且在选举日之前在土库曼斯坦连续居住满十年的公民可以被选举为议会议员,对议会议员、哈尔克·马斯拉哈特和格尔克什组成人员的候选人提出的其他条件由土库曼斯坦法律规定。

第九十一条

选举是公开的,公民直接选出当选人。

第九十二条

选举采用无记名投票的方式,禁止在选举过程中控制选民的意愿的表达。

第九十三条

政党、社会组织以及公民社团的候选人提名权根据土库曼斯坦相应的立法执行。

第九十四条

为了决定国家和社会生活中的重大问题,应当举行全民公决或者地方公决。

公决通过的决定,只有通过公决的方式才能改变或者废除。

第九十五条

土库曼斯坦议会根据不少于法定议员人数三分之二的提议或者根据不少于二十五万有选举权的公民提议有权通过举行全民公决的决定。

第九十六条

格尔克什倡议或者不少于居住在本区域内四分之一的选民的提议有权决定地方公决。

第九十七条

全民公决采用普遍、平等、直接和无记名投票的方式。

---

① 格尔克什是地方议会的音译。

② 阿拉契拉是指地方自治机关格尔克什的领导人。

参加全民公决的土库曼斯坦公民必须具有选举权。

第九十八条

举行选举、全民公决和地方公决的程序由法律规定。在国家处于紧急状态期间不得举行选举和公决。

第六部分 司法机关

第九十九条

土库曼斯坦的司法机关只能是法院。

司法机关的使命是维护公民的权利与自由，保障国家和社会利益受到法律的保护。

第一百条

司法机关包括最高法院和法律规定设立的其他法院。

禁止设立特别法院或者具有法院职权的其他机构。

第一百零一条

法官独立，只服从法律并受内心信念的支配，任何人以任何理由干涉法官的判断都是被禁止的并应当依法承担责任。法律保障法官不受侵犯。

第一百零二条

土库曼斯坦总统任命法官，法官的任命和免职程序以及任职期限由法律规定。

只有根据法律才能在法官任职期满前免除其职务。

第一百零三条

除兼任教学和科学研究工作外，法官不能从事任何其他有报酬的工作。

第一百零四条

法官集体审理案件，只有符合法律规定的情形才能由一名法官独任审理。

第一百零五条

法院公开审理案件，只有在符合法律规定的情形并且遵守全部诉讼程序法规则的前提下才能不公开审理案件。

第一百零六条

诉讼程序的进行使用国语，诉讼参与人不通晓国语的，应保障其熟悉案件材料和获得翻译人员帮助参与诉讼活动的权利，包括使用母语参加庭审的权利。

第一百零七条

司法审判以平等和辩论为基础。

诉讼双方对法院的裁定、判决和命令有上诉权。

第一百零八条

在诉讼程序的任何阶段都有获得专门法律援助的权利。

律师、其他人和组织可以为公民和组织提供法律援助。

第一百零九条

法院的职权、组织与活动程序由法律规定。

第七部分 检察机关

第一百一十条

为保证土库曼斯坦法律、总统和内阁的法令、议会的决定得到准确和统一执行，将监督执行的权力赋予总检察长和隶属于总检察长的检察官。

检察官参与法院审理案件的依据和程序由法律规定。

第一百一十一条

检察院对专门侦查活动和刑事案件的侦查的合法性进行监督。

第一百一十二条

总检察长领导统一而集中的检察机关体系。

检察官的任免程序及其任职期限由法律规定。

第一百一十三条

土库曼斯坦总检察长以及隶属于他的检察官行使职权只能依据法律。

第一百一十四条

检察机关的职能、组织与活动程序由法律规定。

第八部分 最后规定

第一百一十五条

法律、其他国家机关和公职人员的法律文件的制定必须以宪法为依据并且符合宪法。

当法律的规定与宪法的规定不一致时，宪法的规定有效。

第一百一十六条

关于国家管理机关和总统共和制政体的宪法规定不能修改。

第一百一十七条

如果不少于议会议员法定人数三分之二的投票表决赞同或者不少于一半的参加全民公决的土库曼斯坦公民投票赞同，关于修改宪法的法律即获得通过。

文莱达鲁萨兰国宪法*

（1959 年 9 月 29 日颁布，分别于 1971 年、1984 年和 2004 年修改）

序　言

鉴于与苏丹陛下与元首的继任及其家庭相关的事项已经规定于独立的声明（本宪法中称为"1959 年继位与摄政公告"）中；

鉴于我们意欲依照本宪法及此后逐渐制定、进一步为达鲁萨兰国政府设置了代议制的文莱达鲁萨兰国之法律进行统治；

复鉴于传统的建议者所提之建议以及他们的同意，我们决定在本宪法的后续部分中写入就文莱达鲁萨兰国之统治进行规范的内容；

因此，我们现在借助作为一个主权国家之统治者、文莱达鲁萨兰国之领地及属地的统治者的苏丹陛下与元首的权利与权力，以我们的名义和代表我们自己，同时也代表我们的后代并为我们后代之利益，宣布——

第一部分　前言

第一条　[名称]

本宪法的名称为"文莱达鲁萨兰国宪法"。

第二条　[解释]

1. 除根据本宪法之相关规定需作其他理解外，本宪法中的——

"总检察长"指依第八十一条第一款之规定所任命的官员；

"总审计长"指依第六十六条第一款所任命的官员；

"文莱投资机构"指文莱投资机构法（*Brunei Investment Agency Law*）（第一百三十七章）所设置的法人团体；

"首席回教法官"（Chief Syar'ie Judge）指依回教法院法（*Syariah Courts Act*）（第一百八十四章）之规定任命的回教法官；

"文莱达鲁萨兰国公民"指根据任何与国籍相关的制定法之规定，为苏丹陛下与元首的国民；

"王室费用"指法律所确定的、由公共基金支付的、用于维持苏丹陛下与元首、配偶以及其他王室成员生活的款项；

"立法院书记官"包括任何经苏丹陛下与元首任命，担任议会立法院代理书记官的人在内；

"枢密院书记官"包括经苏丹陛下与元首任命担任代理枢密院书记官的任何人；

"内阁"指依第十条设置的内阁；

"摄政委员会"指依 1959 年的继位与摄政公告之内容而任命的摄政委员会；

"债务"包括任何需要由政府年金偿还以及由政府承担保证责任的款项之和；

"副部长"指任何依第四条第三款之规定任命者；

"代理苏丹与元首"指由苏丹陛下与元首依 1959 年继位与摄政声明之内容任命的人；

"政府"指苏丹陛下与元首的政府；

"高级司法官员"指最高法院的法官，或对民事或刑事事项享有无限制的管辖权之法院的法官，或对任何其他法院享有上诉管辖权的法院的法官；

"陛下"或"苏丹陛下与元首"的含义是——

（1）已经被宣告继承王位的苏丹，不论其是否已经实际继位；

（2）在特定的情况下，指摄政委员会；

（3）可扩大到指经授权而代理苏丹陛下与元首行为者；

"陛下在内阁中"或"苏丹陛下与元首在内阁中"指在向内阁咨询之后行为的苏丹陛下与元首，但陛下并不必需依内阁之意见行为；

"文书"包括任何在政府公报上公开的材料，而不论此种公开是否仅仅用于向社会告知（政府）在做某一行为或出现了某一事实或发生了某一事件，或用于或设想用于传达某种信息；

"伊斯兰教"指遵循 Ahlis Sunnah Waljamaah 所

---

* 译自文莱达鲁萨兰国总检察长办公室提供的官方英文版（2011 年版）。译者：邵自红。

确定的教义(Shafeite)的伊斯兰教;

"嘎巴拉维齐尔"(Kepala Wazir)指以 the Duli Pengiran Perdana Wazir Sahibul Himmah Wal-Waqar 而闻名的高尚和杰出人士;

"立法院"指依第二十三条所设置的立法院;

"会议",与立法院相关时,指该立法院在不论何时被召集之后首次开会到此后无限期休会或被要求休会或未经休会而被解散之间所举行的任何会议;

"部长",指依第四条第三款之规定任命者;

"穆夫提"①指由苏丹陛下与元首依宗教委员会与卡蒂斯法(第七十七章)之规定任命者;

"穆斯林岁入与基金"指适用宗教委员会与卡蒂斯法第四部分(第七十七章)的所有收入与基金;

"养老金领取权"包括获得养老金和储备基金的权利;

"枢密院"指第五条第一款设置的枢密院;

"公共职位"指任何由于在政府中的、依其任期而获得报酬、薪水或福利(包括补偿金或其他类似的福利)的职位,但不包括苏丹、摄政官、嘎巴拉维齐尔立法院议长、立法院代理议长、部长、副部长、政务次官、立法院议员、大使、高级专员、最高法院法官、总领事、领事以及其他由苏丹陛下与元首通过在政府公报上公开的命令所任命的职位;

"公共官员"指任何在公共职位上任职者以及被任命为在该职位上行为者;

"摄政"指依 1959 年继位与摄政公告之规定而合法任命的或该声明所指的摄政;

"宗教委员会"指由宗教委员会与卡蒂斯法第二部分(第七十七节)所设置的宗教委员会;

"内阁秘书"指依第二十二条任命者以及苏丹陛下与元首任命为内阁代理秘书者;

"会期",与立法院相关时,指立法院在依本宪法之规定,或立法院在任何时候休会后或被解散,组成议会之后的第一次集合始至立法院休会,或未经休会而被解散时止;

"会议期间",与立法院相关时,指立法院不间断地开会的时期,包括立法院以委员会方式开会的期间;

"议长"指依本宪法第三十七条第一款所任命者,以及被任命为其代理的任何人;

"常设规则"指立法院依本宪法第四十八条之规定制定的常设规则;

"国玺"指本宪法第七十九条所指的文莱达鲁萨兰国国玺;

"最高法院"指依最高法院法(第五章)所设置的文莱达鲁萨兰国最高法院;

"税"包括税或关税在内,但不包括为了当地之目的而征收的费用,也不包括作为接受服务之回报而支付的费用;

"维齐尔"(wazirs)指"制定法",包括所有立法、命令、声明以及附属立法,或立法、命令、声明以及立法的任何部分,但不包括任何联合王国的议会立法、联合王国枢密院的命令,也不包括文莱达鲁萨兰国无权对之进行修改的任何法律。

2. 本宪法以提及某一职位的表述提及某一公共官员时,此时应解释为在当时履行职责的官员。

3. 已废止。

4. 已废止。

5. 本宪法中"本宪法"的表述,除有另外规定外,应当解释为包括依本宪法而制定的附属立法在内。

6. 除本宪法另有规定或依上下文另有要求外,解释与一般条款法(第四章)应当适用于本宪法和任何其他制定法的解释。

第二部分　宗教与宗教习惯法

第三条　[文莱达鲁萨兰国的国教及宗教仪式]

1. 伊斯兰教为文莱达鲁萨兰国的国教。

其他宗教的信徒可以以和平、和谐的方式进行宗教活动。

2. 苏丹陛下与元首为文莱达鲁萨兰国国教的领袖。

3. 宗教委员会是负责就任何与伊斯兰教有关的事务向苏丹陛下与元首提供建议的机关。

4. 为适用本条之目的,苏丹陛下与元首可以在向宗教委员会咨询后,但并非必须依宗教委员会之建议,制定与伊斯兰宗教事务相关的法律。

第三 A 条　[宗教委员会]

1. 设宗教委员会,由主席及若干名其他委员组成,成员均由苏丹陛下与元首任命,其任期依苏丹陛下与元首之意愿决定。

2. 宗教委员会为向苏丹陛下与元首提供任何与宗教法或国家习惯有关的建议的机构。但苏丹陛下与元首并不必需依宗教委员会的建议行事。

3. 宗教元首的任期依苏丹陛下与元首的意愿决定。

---

①　Mufti,伊斯兰教法典长老。——译者注

第三部分　行政机关

第四条　[行政机关与主要官员]

1. 文莱达鲁萨兰国的最高行政权属于苏丹陛下与元首。

1A. 苏丹陛下与元首为政府首相。

1B. 苏丹陛下与元首为文莱达鲁萨兰国皇家武装部队最高统帅。

2. 行政权由苏丹陛下与元首行使。

3. 苏丹陛下与元首得从文莱达鲁萨兰国公民中挑选任意数目者担任部长与副部长职务,在行使行政权时,部长与副部长仅向苏丹陛下与元首负责,在苏丹陛下与元首行使行政职权时,部长与副部长协助之并对之提出建议。

4. 已废止。

5. 部长及副部长应从信仰伊斯兰教的马来人中任命,但苏丹陛下与元首作出其他决定时除外。

6. 部长及副部长由苏丹陛下与元首以签名并加盖国玺的文书任命,部长及副部长任期五年,或在苏丹陛下与元首确定的其他时期内任职,当任命因期届满失效后,苏丹陛下与元首可再次任命之并在任命文书中确定任职期限。

7. 已废止。

8. 已废止。

9. 苏丹陛下与元首有权在政府公报上刊登命令,明确各部长、副部长的职能、权限、职责,部长、副部长应当依命令发挥职能、行使权力、履行职责。

苏丹陛下与元首有权以命令的方式,在任何时候将现有文书授予某人的任何职能、权力与职责转移给由其命令确定的其他人或机构行使,且无须说明理由。

第四部分　枢密院

第五条　[枢密院的设置]

1. 设枢密院,其组成情况依本节之规定。

2. 枢密院的成员称为枢密院委员,包括下列人员:

(1)在已任命了代理苏丹与元首的情况下,代理苏丹与元首;

(2)在已经任命了摄政委员会的情况下,摄政官;

(3)以下人员为枢密院的当然成员,即 Kepala、Wazir、Wazirs、内阁成员、伊斯兰教法典长老、首席伊斯兰教法官、总检察长、苏丹陛下与元首,以及其他由苏丹陛下与元首随时以在政府公报上刊登的声明任命的、担任职务的人员;

(4)苏丹陛下与元首以加盖国玺的方式任命的其他人员(称为任命的成员)。

3. 枢密院中的任命成员依苏丹陛下与元首之意愿担任职务,并需遵守任命文书所确定的条件和任期。

4. 每一名枢密院成员在就任其职之前,应当在苏丹陛下与元首的见证下,或在已经任命了摄政委员会的情况下,在最年长的男性摄政官或苏丹陛下与元首已任命其他人的见证下,或在最年长的男性摄政官指定的其他人之见证下,宣誓或发表声明,并向苏丹陛下与元首提交书面文本,宣誓或声明应依附录一表一之规定进行。

5. 已取消。

第六条　[枢密院的职能]

1. 枢密院——①

(1)依本宪法第八十五条之规定,向苏丹陛下与元首提出有关修改、增加或废止本宪法之任何条款的建议;

(2)依任何制定法之规定,向苏丹陛下与元首提出与任命具有马来习惯法上之等级、头衔、荣誉、尊严之人相关的建议,以及授予此等人何种职权的建议;

(3)履行 1959 年继位与摄政公告以及其他制定法或苏丹陛下与元首授予的其他职能。

2. 枢密院的所有程序都需保留有书面记录。

3. 苏丹陛下与元首任命能胜任、合适的人士担任枢密院书记官。书记官在就职前,应当在苏丹陛下与元首的见证下,或在最年长的男性摄政官之见证下宣誓并递交书面宣誓材料,宣誓材料的内容应符合录一表二之规定。

4. 依任何制定法之规定,枢密院行使授予的权力的行为,或作出某一行为或做某事时,可由枢密院书记官以书面方式加以证明。

5. 苏丹陛下与元首不必然依枢密院的意见行事。

第七条　[枢密院会议的召集与法定人数]

1. 非经苏丹陛下与元首依职权召集,或在任命了摄政委员会的情况下,非经最年长的男性摄政官之

---

①　说明:在本宪法重印之时,苏丹陛下与元首依 2006 文莱达鲁萨兰国宪法(中止)法令(*the Constitution of Brunei Darussalam [Suspension] Order*, 2006)之规定,授予枢密院针对与苏丹陛下与元首行使文莱达鲁萨兰国宪法第九条第一款所授予之权力相关的事项提出建议的职能。

召集,或当苏丹陛下与元首不在文莱达鲁萨兰国境内、且摄政委员会尚未任命之时,非经嘎巴拉维齐尔召集,枢密院会议不得被召集。

2.(1)非有不少于三分之一的成员出席(包括苏丹陛下与元首或其他主持枢密院会议之人在内)会议,枢密院不得处理任何事务,苏丹陛下与元首或其他主持枢密院会议的任何人应以此为由反对枢密院处理事务。

(2)如果枢密院成员数并非三的倍数,则为实施本条之目的,成员数目应以与成员数最为接近,但比成员数大的三的倍数计算。

3. 即使有不具备参加程序或表决之资格者参与了枢密院的程序,枢密院的所有程序以及枢密院作出的所有决定仍然有效。

第八条 〔主持枢密院〕

1. 苏丹陛下与元首应尽可能地主持枢密院会议。

2. 苏丹陛下与元首不能主持枢密院会议时,主持枢密院会议之人的优先顺序如下:

(1)如果已经任命了代理苏丹陛下与元首,则为代理苏丹陛下与元首;

(2)如果未任命代理苏丹陛下与元首,但已经任命了摄政委员会,则为最年长的男性摄政官;

(3)如果未任命代理苏丹陛下与元首,也未任命摄政委员会,则为苏丹陛下与元首从枢密院委员中任命者,如果苏丹陛下与元首任命的枢密院委员不能主持会议,或苏丹陛下与元首未任命主持者,则为嘎巴拉维齐尔;

(4)在其他情况下,由出席枢密院会议的当然成员中职位依本宪法第五条第二款第三项之规定处于第一顺位者主持。

第四A部分 赦免委员会

第八A条① 〔设置赦免委员会〕

1. 为实施本条之目的,文莱达鲁萨兰国设置赦免委员会,由总检察长、伊斯兰教法典长老以及不超过三名的其他成员组成。

2. 不超过三名的其他成员由苏丹陛下与元首任

命,其任期依苏丹陛下与元首之意愿决定。

第九条 〔赦免权〕

1. 苏丹陛下与元首得完全依其自由裁量,针对可能或已经在文莱达鲁萨兰国接受刑事审判的罪行行使以下权力中的一项或多项——

(1)无条件地或附条件地赦免涉嫌犯罪或已被判决为有罪的任何人;

(2)无限期地或在特定时期内暂缓执行针对某一罪行而判处的刑罚;

(3)以较为轻缓之刑罚代替任何已被判处的刑罚;

(4)减轻针对某一罪行而判处的刑罚的全部或部分,或减轻针对任何罪行而课处的任何数目的罚金或没收,或减少因为该罪行而应当向苏丹陛下与元首或其他任何人负担的债务;

(5)下令将任何由于犯罪而可能被监禁者释放或取消因前述犯罪行为而可能被判处的任意数目的不可返还的金钱给付义务。②

2. 在行使赦免权时,苏丹陛下与元首可以考虑赦免委员会的意见,但不受赦免委员会意见之约束。

3. 已废止。

4. 总检察长负有向赦免委员会提供与任何被判死刑者相关的所有追诉信息的职责,这些信息构成了苏丹陛下与元首行使本条第一款所列举的、与该罪犯相关的权力的材料。

5. 在就任何事项提出书面意见之前,赦免委员会应当考虑总检察长提供的、与法律适用有关的书面意见以及由 Mufti Kerajaan 提供的有关伊斯兰法的任何方面的书面意见。③

第五部分 内阁

第十条 〔内阁的设置〕

设内阁,其组成情况依本节之规定。

第十一条 〔内阁的组成〕

内阁由首相和依第四条第三款任命的部长组成。

第十二条 〔任命及职位空缺〕

依本宪法之规定,每一名部长在苏丹陛下与元首

---

① 说明:本宪法重印之时,第八条之一并未实施。本条依 2006 年 2 月 21 日生效的 2006 文莱达鲁萨兰国宪法(中止)法令(the Constitution of Brunei Darussalam〔Suspension〕Order,2006),暂停实施。

② 说明:在本宪法重印之时,苏丹陛下与元首依 2006 文莱达鲁萨兰国宪法(中止)法令(the Constitution of Brunei Darussalam〔Suspension〕Order,2006)之规定,授予枢密院针对与苏丹陛下与元首行使文莱达鲁萨兰国宪法第九条第一款所授予之权力相关的事项提出建议的职能。

③ 说明:在本宪法重印之时,第九条第二款、第四款及第五款被 2006 年的文莱达鲁萨兰国宪法(中止)法令暂停生效,授予枢密院向苏丹陛下与元首提出与行使文莱达鲁萨兰国宪法第九条第一款规定之权力相关的事项提出建议的权力。

依其愿意的确定的期间内任职。

第十三条

已废止。

第十四条 ［非内阁成员参加内阁会议］

如果苏丹陛下与元首,或在苏丹陛下与元首缺席时主持内阁会议的其他人,认为需要从任何人处获得有关政府事务的建议时,得为此目的随时要求其出席内阁的任何会议。

第十五条 ［资历与排名上的先后顺序］

依苏丹陛下与元首之安排,内阁成员间在资历和排名上有先后顺序之分。

第十六条 ［内阁会议的召集与法定人数］

1. 非经苏丹陛下与元首召集,内阁不得被召集开会。

2. 除非有包括苏丹陛下与元首或主持内阁会议的其他人在内的不少于五名成员出席,内阁不得处理任何事务,苏丹陛下与元首或主持内阁会议的其他人应以此为由反对内阁处理事务。

3. 内阁成员不因任何内阁成员之缺席而丧失处理事务的资格,此种缺席包括内阁第一次组成或任何时候重新组成之时就未填补之空缺;即使有无资格参与之人参与了内阁的程序,内阁的任何程序及所作的任何决定均为有效。

第十七条 ［主持内阁会议］

苏丹陛下与元首缺席时,由依本宪法第十五条之规定处于第一顺位者主持内阁会议。

第十八条 ［咨询内阁］

1. 在行使权力、履行职责时,苏丹陛下与元首应依本条之规定咨询内阁。

2. 如果本宪法或任何制定法在授予或课以苏丹陛下与元首权力或职责时,要求陛下在行使该权力、履行该职责时向内阁之外的机构咨询,则苏丹陛下与元首在行使该权力、履行该职责时不适用前款之规定。

3. 尽管有第一款的规定,苏丹陛下与元首在下列情况下不承担向内阁咨询的义务:

(1)依苏丹陛下与元首之判断,从性质上看,如果向内阁咨询将会使文莱达鲁萨兰国产生实质性偏见;

(2)依苏丹陛下与元首之判断,需要处理的事项过于无足轻重而没有必要向内阁咨询;

(3)依苏丹陛下与元首之判断,需要处理的事项过于紧迫以致于无法在其采取行动所必需的时间内获得内阁的咨询意见;

如果发生了第三款所规定的情形,苏丹陛下与元首应当在可能的情况下尽快向内阁通报其所采取的行动以及理由。

4. 苏丹陛下与元首有权为内阁设置日程表。

第十九条 ［苏丹陛下与元首的行为不受内阁意见的约束］

1. 苏丹陛下与元首的行为不受内阁意见的约束,但在此种情况下,国王应书面表明其作出决定的理由。

2. 当苏丹陛下与元首未依内阁之意见行为时,内阁的任何组成人员均有权要求将其提出的建议或意见以及理由记录在案。

第十九 A 条 ［内阁的决定］

非经苏丹陛下与元首批准,内阁所作的决定无效。

第二十条 ［内阁的会议记录］

1. 内阁的所有程序都应记录在案。

2. 内阁的会议记录经确认后,内阁秘书应尽快向苏丹陛下与元首提交完整的记录副本。

第二十一条 ［内阁成员的宣誓］

除首相之外的内阁成员,在履行职责之前,应当在苏丹陛下与元首之见证下,或在苏丹陛下与元首授权的其他人之见证下宣誓或发表声明,宣誓或声明应依附录一表三之规定进行。

如果某人此前曾为内阁成员,在其成员资格终止之后的一个月内再次成为内阁成员,则可不经宣誓或发表声明即开始履行其职责。

第二十二条 ［内阁秘书］

1. 苏丹陛下与元首应任命胜任的和合适的人员担任内阁秘书,内阁秘书的任期依苏丹陛下与元首的意愿而定。

2. 在开始履行职责前,内阁秘书应当在苏丹陛下与元首或其他人之见证下宣誓并提交宣誓的文本,宣誓应依附录一表二之规定进行。

第六部分　立法院

第二十三条 ［设置立法院］

设置立法院(马来语为 Majlis Mesyuarat Negara),其组成情况依本部分之规定。

第二十四条 ［立法院的组成与成员资格］

1. 附录二关于立法院的组成与成员资格的规定具有法律效力。

2. 苏丹陛下与元首可以在政府公报上发布命令,增加、废除或修改附录二的规定。

第二十五条

已废止。

第二十六条

已废止。

第二十七条

已废止。

世界各国宪法文本翻译与研究系列丛书◎世界各国宪法文本汇编(亚洲卷)

第二十八条

已废止。

第二十九条 ［立法院议员资格］

除本宪法第三十条规定的情况外(非摄政官的),任何年满二十一周岁的文莱达鲁萨兰国公民具备成为立法院议员的资格。

第三十条 ［丧失成为立法院议员的资格］

有下列情形之一者,丧失成为立法院议员之资格——

(1)其自身的行为表明,其效忠于、服从于或忠诚于文莱达鲁萨兰国之外的权威或国家,或主动获得了外国国籍或行使外国的公民权,或通过其自身的行为或言论表明他/她有意不效忠于或不热爱苏丹陛下与元首;

(2)依文莱达鲁萨兰国有效之法律被宣布为心智不健全者;

(3)不论因何种罪行被文莱达鲁萨兰国法院或其他地区之法院判处死刑、监禁或一千美元以上罚金者。

本段之规定不适于以下人员——

(1)在上诉期限届满之前,或如果已经提起了上诉,则在上诉被驳回,或上诉已被受理且符合前述第三项规定的判决已被上诉法院取消者;

(2)前述处于罚金的有罪判决所针对的罪行,不涉及任何不诚实、欺诈或道德堕落的因素;

(3)其罪行获得不附条件的赦免者;

(4)自监禁刑执行终结之时或判处罚金之后已满三年者;

(5)在充分考虑各种状况之后,苏丹陛下与元首指示不适用本段者;

(6)尚未偿清债务的破产者,依文莱达鲁萨兰国或其他地区有效之法律被判决或以其他方式被宣布为破产者;

(7)依伊斯兰教戒律(Hukum Syara')被判定为叛教者;

(8)依惩治与立法院选举相关之罪行的法律之规定,因犯有与立法院议员选举相关的罪行而被判有罪并被判定无当选资格者。

第三十一条 ［立法院议员的任期及席位的空缺］

1. 立法院议员的任期依苏丹陛下与元首的意愿决定。

2. 立法院议员在获得任命后,如遇立法院被解散之时或其席位依本宪法之规定空缺时不再是立法院议员。

3. 立法院的议席在以下情况之一时空缺——

(1)被任命为摄政官;

(2)向立法院书记官递交书面辞呈辞去立法院议员职务;

(3)除立法院的当然成员外,如果未获立法院议长之同意,在会议结束之前,连续两次缺席立法院的会议,或未经允许,继续缺席议会会议;

(4)已废止;

(5)已废止;

(6)如果某人并非立法院议员,当出现前述情形之时,则依第三十条之规定,他/她丧失成为立法院议员的资格。

4. 苏丹陛下与元首或立法院认为出现了正当及充分的理由时,可以宣布任一立法院议员不能履行其作为立法院议员的职责,在苏丹陛下与元首或立法院宣布其再次能够履行立法院议员职责之前,他/她无权出席或参加立法院的程序。

如果立法院议员被苏丹陛下与元首宣布为不能履行立法院议员的职责,在未获得苏丹陛下与元首事先同意的情况下,立法院不得宣布该立法院议员再次能够履行立法院议员的职责。

5. 苏丹陛下与元首或立法院认为出现了正当及充分的理由时,得暂停任何立法院议员履行立法院议员的职责、行使立法院议员的权利及特权,在苏丹陛下与元首或立法院终止暂停令之前,该立法院议员不得出席或参与立法院的程序。

如果立法院议员被苏丹陛下与元首暂停履行立法院议员的职责、行使立法院议员的权利与特权,在未获得苏丹陛下与元首事先同意的情况下,立法院不得宣布终止此暂停令。

6. 作为立法院议员之席位处于空缺状态的任何人,在具备成为立法院议员资格之后,可被重新任命或选举为立法院议员。

7. 已废止。

8. 已废止。

第三十二条 ［事关立法院资格的决定］

苏丹陛下与元首对下列事项具有专属决定权——

(1)某人是否被合法地确定为不具备作为立法院议员的资格;

(2)某人是否被合法地任命为或被选举为立法院议员,或是否被合法地开除出立法院;

(3)某人是否被合法地宣布为不能履行立法院议员职责,或是否被合法地宣布为不能履行其职责或被暂时勒令停职;

(4)某一立法院议员的席位是否空缺。

第三十三条 ［临时任命立法院议员］

1. 在出现下列情况之一时,苏丹陛下与元首得以加盖国玺的文书任命一人在该席位出缺期间作为立法院议员:

678

（1）立法院议员被任命为摄政官；

（2）已废止；

（3）已废止；

（4）因立法院被解散之外的原因导致某一立法院议员的席位出缺；

（5）某一立法院议员被苏丹陛下与元首或立法院依第三十一条第四款、第五款之规定宣布或暂停其作为立法院议员而导致其不能参加立法院；

（6）已废止；

（7）已废止；

（8）已废止；

（9）因任何其他原因导致的立法院议员席位空缺。

2. 已废止。

3. 不论何人，在其作为立法院议员的任命存续期间，在任何意图及目的上，他/她都是立法院的成员，第六部分之规定相应地对其适用。

4. 已废止。

5. 为本条之目的，任何临时任命在立法院书记官通知被任命者其任命已被撤销，或已确定地任命了某人填补空缺时失效。

第三十四条 ［非立法院议员出席会议］

1. 如果苏丹陛下与元首或议长希望从任何在文莱达鲁萨兰国境内之人处获得与立法院所面临的事务相关的意见，为此目的，在情况允许的前提下，苏丹陛下与元首或议长有权传唤任何相关人员出席立法院。

2. 任何被要求如此行为者，在获得议长的同意及遵守常设规则的前提下，可以向立法院发言，但除此之外，不得参加立法院的程序。

第三十五条

已废止。

第三十六条

已废止。

第三十七条 ［议长与代理议长］

1. 苏丹陛下与元首得以加盖国玺的文书，从立法院议员或非立法院议员的人中任命一人为立法院议长。

1A. 苏丹陛下与元首得以加盖国玺的文书，从立法院议员或非立法院议员的人中任命一人为立法院代理议长。

2. 任何被任命为议长或代理议长者，其任期依苏丹陛下与元首的意愿确定，在此前提下，其任期得在任命文书中确定。

议长或代理议长向苏丹陛下与元首递交书面辞呈辞去议长或代理议长职务时，如果议长或代理议长系苏丹陛下与元首从立法院议员中任命产生，则在其

不再是立法院议员之时，其席位空缺。

第三十八条 ［议长或代理议长出席及主持立法院会议］

议长或代理议长应尽可能地出席及主持立法院的各种会议，在议长或代理议长缺席的情况下，应由议长或代理议长咨询苏丹陛下与元首后概括地或特别地指定的立法院议员主持立法院会议。

第七部分　立法院的立法与程序

第三十九条 ［立法权］

苏丹陛下与元首有权制定与文莱达鲁萨兰国和平、秩序、安全与善治相关的法律。

第四十条 ［法案的提出］

1. 除本宪法及常设规则另有规定外，任何立法院议员均有权提出任何法案，提出任何动议以供辩论或向立法院提出任何请愿，此类法案、动议或请愿的辩论与处理依常设规则之规定进行。

2. 已废止。

3. 已废止。

第四十一条 ［法案的公开］

1. 除苏丹陛下与元首书面证实情况紧急外，任何法案均需在政府公报上公开。

2. 在法案公开后的七日内，或苏丹陛下与元首依第一款之规定作出情况紧急的书面证明之后的七日内，不论立法院是否处于集合状态，该法案均应提交立法院。

第四十二条 ［未经事先批准，不得提交的法案、动议及请愿］

1. 如果苏丹陛下与元首认为某一法案、动议、请愿或事项属于以下情形之一，则非经苏丹陛下与元首的事先批准，立法院议员不得提出、建议之，立法院也不得对之进行后续的处理——

（1）任何法案、动议、请愿或事项，如与货币的发行或任何银行联盟之设置与银行联盟之宪章相关者；

（2）任何法案、动议、请愿或事项，如果与苏丹陛下与元首依条约或协定所承担的义务相抵触者；

（3）任何法案、动议、请愿或事项，如果与国防或公共安全相关者；

（4）任何法案、动议、请愿或事项，如果可能直接或间接地削减或不利地影响到苏丹陛下与元首及其继承人、配偶或其他王室成员的权利、地位、自由裁量权、优先权、统治权或特权者；

（5）任何法案、动议、请愿或事项，如果可能直接或间接地削减或不利地影响到著名的、优秀的马来伊斯兰教神职人员者；

(6)任何法案、动议、请愿或事项，如果可能直接或间接地影响到文莱达鲁萨兰国的财政或货币者；

(7)任何法案、动议、请愿或事项，如果可能直接或间接地加重或减轻文莱达鲁萨兰国所负的财务者；

(8)任何法案、动议、请愿或事项，如果可能直接或间接地影响到统一基金的保管、统一基金费用的征收或统一基金收费的取消者；

(9)任何法案、动议、请愿或事项，如果可能直接或间接地影响到统一基金款项的收入或支付、从统一基金中支出或提起本不应由统一基金支付的款项，或任何改变此种支付，除减少之外的支付或提取者；

(10)任何法案、动议、请愿或事项，如果可能直接或间接地影响到因统一基金而接收款项，或对此类款项的保管与支付，或对文莱达鲁萨兰国账户的审计；

(11)任何法案、动议、请愿或事项，如果可能直接或间接地影响到文莱达鲁萨兰国的借款，或文莱达鲁萨兰国所提供的保证，或与文莱达鲁萨兰国财政相关的法律之修改；

(12)任何法案、动议、请愿或事项，如果可能直接或间接地影响到税或费的分配。

2. 任何法案，对法案的修改、请愿或事务不得仅因以下原因而视为对第一款第七项至第十一项下的事项作出了规定：

(1)为了课以或改变罚金或其他金钱方式的惩罚或为许可证而作的支付或费用，或因任何服务而产生的费用或价金；

(2)由任何地方机构或团体为当地之目的而课处、改变或规定的任何税或费。

3. 苏丹陛下与元首对本条第一款下的法案、对法案的修改、请愿或事务之同意，可由苏丹陛下与元首随时作出，如果在同意之时立法院正在开会，也可通过任何部长以书面方式作出。

4. 为本条第一款之目的，议长（在议长缺席之时为代理议长）依其自由裁量权，可在任何时候宣布立法院休会或暂停开会，以获得苏丹陛下与元首对任何法案、法案的修正案、动议、请愿或事项的意见。

第四十三条　[表决]

1. 除本条第三款、第四款及第五款之规定外，所有提交立法院决定的事项均依出席及参与表决的立法院议员之多意见数决定。

2. 议长，在议长缺席时代理议长，在议长及代理议长均缺席时，主持立法院的其他立法院议员，

除享有一个原始投票权（original vote）外，在赞成票与反对票持平时，可享有及行使一次决定性的投票权。

3. 如某一法案经辩论后，立法院作出决议拒绝通过该法案（此类决议在本宪法后续规定中称为"反对决议"），则将适用第四款之规定。

4. 如果立法院通过了一项反对决议，则议长应在该反对决议通过之后的十四日内，向苏丹陛下与元首提交辩论的简要报告以及作出该决议的理由。

5. 尽管立法院已经作出了反对决议，苏丹陛下与元首在考虑了立法院议长的报告后，仍可宣布某一法案以提交审议时之形式或依经苏丹陛下与元首认为适当修改后之形式生效，生效日期由政府公布确定。

第四十四条　[空缺与法定人数]

1. 立法院不因任何成员之缺席而丧失处理事务的资格，此种空缺包括立法院第一次组成或任何时候重新组成之后出现而尚未弥补的空缺；即使有不具备出席或表决资格者出席了议会或参与了表决，立法院中进行的任何程序均为有效。

2. 每次立法院开会之时，如有出席的议员提醒会议主持人注意除主持人外，仅有不足三分之一的议员出席了此次会议，则在此间隔之后，如依常设规则之规定，主持会议者确认出席议员不足全部议员的三分之一时，该次会议中止。

3. 本条第二款所规定的三分之一的计算，依常设规则进行。

第四十五条　[法案的批准]

1. 任何由立法院通过的法案，仅在苏丹陛下与元首对立法院通过的版本或对经苏丹陛下与元首对法案作出其认为适当的修改之后的版本，表示同意、签署并加盖国玺之后才成为法律。

2. 如果苏丹陛下与元首对立法院通过的法案进行了修改，苏丹陛下与元首不必将该法案返回立法院。

3. 经苏丹陛下与元首同意的法律，自苏丹陛下与元首作出同意之日，或在该法或其他法律（包括在本部分开始生效之日的任何有效的法律）所规定之日开始生效。

第四十六条　[法律的名称及用语]

所有法律都以"法"命名，其用语为"苏丹陛下与元首在立法院的建议和批准之下，颁布如下"。

第四十七条　[保留权力]

1. 如果苏丹陛下与元首以文莱达鲁萨兰国的公共秩序、良好信仰或善治之便利，或由于其他任何原因认为某一法案、动议、请愿或事项应当生效，但立法院未能在苏丹陛下与元首认为合理的时期内以便利

的形式或方式通过向其提出的法案、实施该动议、请愿或事项，苏丹陛下与元首可以不顾本宪法或常设规则之规定，宣布该法案、动议、请愿或事项为有效，与该法案、动议、请愿或事项已以其提议或提出之时的版本获得立法院的通过一样，或向立法院或立法院的任何委员会提议、提出的版本已按苏丹陛下与元首认为适当的形式加以修改后获得通过一样；该法案、动议、请愿应当被视为已经依该程序获得通过或执行，且本宪法第四十五条所规定的对该法案的批准也相应地发生效力。

2. 任何由依第一条所作的宣告以及被视为已经通过或执行的法案、动议、请愿或事项应当由立法院议长在政府公报上公布。

3. 非与法案相关的宣告，可由苏丹陛下与元首撤销，立法院议长应在政府公报上公布该撤销行为，自政府公报公布之日起，因原宣告而被视为曾经执行的动议、请愿或事项不再具有法律效力，其效果与制定法的取消相同。

第四十八条 ［常设规则］

1. 依本宪法之规定，立法院为规范、有序地履行其程序、处理其事务以及课处制裁之目的，得随时制定、修改或废除常设规则。

2. 已废止。

3. 非经议长之同意，不得暂停任何常设规则的实施，且议长的同意只能由其本人在其认为暂停实施对立法院事务的处理是适当的和便利的时候作出。

4. 非经苏丹陛下与元首之批准，任何由立法院制定的常设规则，对常设规则的修改、暂停实施或废除不发生效力。

第四十九条 ［议员的宣誓］

任何立法院议员，在其就任议员及履行职责之前，应当在议长或代表议长或其他议员的见证下宣誓或发表声明并提交书面材料，宣誓或声明应依附录一表四之规定进行。

如果某人曾经为立法院议员，在其议员资格终止之后的一个月内再次成为议员，在其就任议员履行职责之前可不再宣誓或发表声明或提交书面材料。

第五十条 ［立法院书记官］

苏丹陛下与元首应当任命胜任及适当之人士担任立法院书记官，其任期由苏丹陛下与元首依其意愿决定。立法院书记官在履行职责之前，应当在议长或其他议员的见证下宣誓，宣誓应依附录一表五之规定进行。

第五十一条 ［立法院的记录］

1. 立法院的所有程序均应记录在案。

2. 立法院书记官应尽快将立法院每一次会议的完整记录提交苏丹陛下与元首。

第五十二条 ［立法院的会期］

1. 除非苏丹陛下与元首另有指示，立法院每年至少开会一次，最近一次会议的时间与经确定的下一次议会第一次集合时间的间隔不得超过十二个月。

2. 立法院的每次会议，应按苏丹陛下与元首在政府公报上随时确定的地点、时间开始、结束。

第五十三条 ［立法院议员的特权］

1. 除本条第一款之一规定的事项外，立法院议员有权在立法院及委员会上就任何讨论的事项自由发表意见。

1A. 任何议员不得对下列事项发言或发表评论：

（1）直接或间接地减损苏丹陛下与元首及其配偶、其他王室成员或伊斯兰教神职人员的权利、地位、权力、优先权、统治权或特权；

（2）将构成反煽动叛乱法（第二十四章）下的罪行的事项。

2. 立法院或立法院下的任何委员会之程序的合法性不受任何法院之审查。

3. 除第一A款之规定外，任何人不得因其参与立法院或立法院的任何委员会之程序时所作的发言、表决而在任何法院中受追诉。

4. 任何人不得因立法院公开的事项或因立法院授权公开的事项在任何法院中受追诉。

第五十四条 ［陛下在立法院中发言的权利］

苏丹陛下与元首有权在任何时候针对任何事项向立法院发言。

第五十五条 ［休会与解散］

1. 苏丹陛下与元首得在任何时候在政府公报上发布声明，宣布立法院休会或解散立法院。

2. 如果议会在组成或重新组成后未被迅速解散，则苏丹陛下与元首应当在立法院首次组成或重新组成后的首次会议之日起的五年期满之时解散议会。

第八部分 财政

第五十六条 ［非依法律规定不得征税］

非经法律规定，文莱达鲁萨兰国不得征收，或不得为了文莱达鲁萨兰国的目的而征收任何税或费。

第五十七条 ［王室费用、陛下的配偶与王室］

1. 苏丹陛下与元首、陛下的配偶以及其他王家成员的王室费用由法律规定，王室费用由统一基金拨付。

2. 王室费用应当合理、充分以及与苏丹陛下与元首及其配偶、其他王室成员的级别、地位、尊严相适应，且在苏丹陛下与元首执政期间不得直接或间接地

世界各国宪法文本翻译与研究系列丛书◎世界各国宪法文本汇编(亚洲卷)

削减。

3. 在确定王室费用的数额时,不得将苏丹陛下与元首及其配偶、其他王室成员从个人所有的不动产、资产以及不属于文莱达鲁萨兰国的资产获得的任何收入计算在内。

4. 苏丹陛下与元首有权拟定、维持或修正可以依本条之规定支付福利的王室成员的名单。

5. 苏丹陛下与元首可以取消、暂停或减少任何王室成员依本条之规定领取任何福利的权利。

第五十八条 [统一基金]

依本宪法之规定或任何制定法之规定,不论政府以何种方式从何种来源而筹集或接收到的任何岁入及款项,均应汇入被称为"统一基金"的账户,并需从该账户支付。

第五十九条 [由统一基金支付的支出]

1. 除本宪法或任何成文立法之规定应由统一基金支付的拨款、薪酬或其他支出外,以下支出亦由统一基金拨付——

(1)因收集与管理政府筹集或接收岁入而发生的、非公务人员薪酬的附带性的成本、费用或支出;

(2)由政府承担的失业赔偿、补偿以及馈赠;

(3)由政府承担的所有债务;

(4)为履行由法院判决、裁决、决定所确定的金钱给付义务所需的款项。

2. 为本条之目的,"债务"包括利息,偿债基金,债务的偿还或摊销,为统一基金之安全而筹集借款相关的支出以及由此产生的服务与清偿而发生的支出。

第六十条 [收入与支出的年度评估]

1. 苏丹陛下与元首应向立法院提交关于每一财政年度的收入与支出的年度评估报告,除立法院以制定法的形式对任何财政年度作出了其他规定外,年度评估报告应当在每个财政年度开始之时提出。

2. 关于支出的评估报告应当分别表明以下事项——

(1)需要由统一基金支付的支出之总额;

(2)在遵循本条第三款之规定的前提下,建议由统一基金负担的支出项目之总额。

3. 本条第二款第二项中规定的支出总额不包括——

(1)依照任何制定法或法律,或由任何制定法或法律授权,由政府为了某一特定目的筹集及分配的债务之总额;

(2)政府以信托方式收到的并需按信托条款运用的款项及其利息的总额。

4. 评估报告也应尽可能地反映除文莱达鲁萨兰国投资机构的资产与负债之外政府的资产与负债,上一个财政年度结束之时这些资产的投资及持有方式

以及尚未支付的债务的支出项目。

第六十一条 [支出法案]

需要由统一基金支付但不属于第六十条第三款提及的支出项目者,应当包括在一项名为"年度支出法案"的法案中,该法案应当规定需要由统一基金负担的支出项目的总额以及款项的特定用途。

第六十二条 [补充及超额开支]

在任何财政年度内,如果出现以下情况——

(1)年度支出法案就某一目的而分配的支出数额不足或出现了年度支出法案未分配支出款项的需要之时;

(2)为任何目的的任何款项超出了年度支出法案为该目的分配的支出总额;

苏丹陛下与元首应当向立法院提交反映所需数额或支出的补充评估报告,该补充评估报告中应当包括任何所需的支出款项。

第六十三条 [批准按账户或未特别确定之目的支出款项的权力]

在任何财政年度,立法院享有下列权力——

(1)在年度支付法案通过之前,以制定法的形式批准该年度任何部分的支出,以及

(2)由于任何重要或不确定的特征的服务或形势,需要采取非常的紧急措施,在其认为有必要之时,立法院有权以制定法的形式批准非基于本宪法第五十九条至第六十二条之规定的该财政年度的全部或部分支出。

第六十四条 [偶然基金]

1. 立法院有权以制定法规定设置偶然基金,并授权财政部长在没有其他法律规定存在的情况下,出现了紧急的、未事先预计到的财政支出时,可从偶然基金中预支相应款项以满足需要。

2. 如果出现了第一款所规定的预支款项的情况,应当尽快向立法院提交补充评估报告及补充支出法案以替换预先支付的数目。

第六十五条 [从统一基金中提款]

1. 依本条第二款之规定,不属于以下情况的任何款项不得从统一基金中提取——

(1)针对统一基金而征收的;

(2)由支出法案批准的;

(3)由本宪法第六十三条批准的。

2. 本条第一款之规定不适用于本宪法第六十条第三款所提及的款项。

3. 非依法律所规定的方式,不得从统一基金中提取任何款项。

第六十六条 [总审计长]

1. 设总审计长,由苏丹陛下与元首任命。

2. 曾担任总审计长者可被重新任命为总审计

长,但在担任总审计长期间,不得被任命为任何文莱达鲁萨兰国公共服务职务。

3. 总审计长的任期依苏丹陛下与元首之意愿确定,但总审计长可以随时辞去其职务。

4. 总审计长的报酬由立法院确定,并由统一基金支付。

5. 已废止。

6. 已废止。

第六十七条 ［总审计长的权力］

1. 依本宪法及制定法,文莱达鲁萨兰国的账户应当由总审计长进行审计并提交报告,总审计长在其下属工作人员的辅佐之下,有权随时获得与这些账户相关的任何账簿、记录、报表及报告。

2. 总审计长应履行与文莱达鲁萨兰国账户及其他管理公共基金的公共机构、团体的账户相关的其他职责,并行使与之相关的权力。

第六十八条 ［总审计长的报告］

总审计长应当向苏丹陛下与元首提交报告,苏丹陛下与元首可以将该报告提交立法院。

第六十九条 ［穆斯林的岁入与基金的排除］

本部分之规定不适用于穆斯林的岁入与基金。

第九部分 公共服务

第七十条 ［公务员］

除本宪法另有规定外,所有公务员的任期依苏丹陛下与元首之意愿确定。

第七十一条 ［公共服务委员会］

1. 设公共服务委员会,由苏丹陛下与元首任命的主席、包括副主席在内的一定数目的委员组成。

2. 在遵循本条第三款的前提下,任何被任命为公共服务委员会主席者,除其提前辞去职务或被免除职务,在其被任命之日起的三年内担任职务,并有权被重新任命。

3. 公共服务委员会主席,副主席(如果有任命的话)及其他成员的任期依苏丹陛下与元首的意愿决定。

4. 苏丹陛下与元首可以同意任何公共服务委员会的请假请求,并指定一人暂时在其请假期间作为公共服务的临时成员。

5. 在遵循依第七十五条之规定制定的任何规则的前提下,公共服务委员会的程序由公共服务委员会决定。

6. 为实施刑法典(第二十二章)之目的,公共服务委员会成员应视为公务员。

第七十二条 ［公共服务委员会秘书］

公共服务委员会设秘书,由苏丹陛下与元首任命,其任期依苏丹陛下与元首的意愿决定。

第七十三条 ［公共服务委员会成员的报酬］

任何被任命为公共服务委员会成员者,得领取由苏丹陛下与元首确定的薪水或津贴或二者均领取,报酬、津贴由统一基金支付。

第七十四条 ［公共服务委员会中的任命］

1. 任命、转任、晋升、开除或对公共服务官员的惩戒权授予苏丹陛下与元首。

2. 在行使由本条第一款所授予的权力时,除第七十五条有相反规定外,苏丹陛下与元首应当咨询公共服务委员会并依公共服务委员会的建议行事。

3. 本条的任何规定不影响任何制定法中关于文莱达鲁萨兰国皇家军队、皇家警察部队或文莱达鲁萨兰国监狱服务人员的规定。

第七十五条 ［规章］

苏丹陛下与元首有权制定以下规章——

(1)有关公共服务委员会履行其职能的规章;

(2)授权公共服务委员会或任何人士在满足相应条件下行使宪法第七十四条授予苏丹陛下与元首的任何权力,以及可以进一步作出规定,获得此等授权的人士可以不受第七十四条第二款所规定的限制之约束。

第七十六条 ［陛下要求宣誓］

苏丹陛下与元首在任何其认为适当的时候,可以要求公共服务委员会中的任何人士在获得任命之时,在陛下或陛下任命的任何人之见证下宣誓或发表声明,宣誓或声明应依附录一表六的规定进行。

第七十七条

已废止。

第七十八条

已废止。

第十部分 国玺

第七十九条 ［国玺］

苏丹陛下与元首保管及使用国玺加盖任何需要加盖国玺的物件。

第十一部分 其他规定

第八十条 ［赋予宪法效力的规定］

1. 苏丹陛下与元首可以自本宪法于政府公报上公布之日起的三年之内的任何时间,以命令的方式制定其认为属于使任何现有的文件与本宪法之规定一致或使其生效所需的规定,或使本宪法之规定生效的规定,特别是在不妨碍上述权力的完整性的前提下,苏丹陛下与元首有权以命令方式——

(1)在现有任何文件中用以指代苏丹陛下与元

683

首、国务委员会的词汇外,修改或增加相应的称谓。

(2)将现在文件中授予任何人士、机构的职能、权力或职责移交给由命令所确定的任何人士或机构。

(3)作出本宪法如果生效后,其依第六部分之授权可以作出的任命,并在作出任命后的任何时间内,作出本宪法第十一条及第六部分如果生效,依该条及该部分之授权可以作出的任命。

除系使本条之规定生效所必需的任命外,依本款之规定作出的任命在本宪法生效之前不发生效力。

(4)在依第六十四条第一款之规定作出相应规定前制定命令,规定包括设置偶然基金在内的文莱达鲁萨兰国的财政程序。

(5)在立法院以第六十六条第四款为依据作出规定之前,规定对文莱达鲁萨兰国及其他由公共机构管理的公共基金的审计,规定总审计长的报酬。

(6)在立法机关以第七十三条之规定为依据作出规定之前,规定公共服务委员会成员的报酬。

(7)为了占有及处置动产或不动产之目的,为了将目前由任何其他人士或机构占有的、位于文莱达鲁萨兰国境内外的动产及不动产转移给首相之目的,授予首相代表文莱达鲁萨兰国以其法人身份进行行为的能力。

(8)规定就行政争议向苏丹陛下与元首提出申诉的程序。

2. 在遵守本条之规定的前提下,现存在规范之全部或任何部分,经依本条之规定作出的命令或任何制定法之修改后,在本宪法确定的有权机关取消之前,在本宪法生效之时及之后继续有效。

3. 不论本宪法中作了何种规定,本宪法生效之前存在的国务委员会在第五部分、第六部分及第七部分生效之前,继续具有完整的立法权和行政权。

4. 本条中,"现存的法"指在影响其效力的命令作出之日在文莱达鲁萨兰国生效的所有法律、规则、规章、附属立法、声明、命令、许可证、执照及其他具有法律效力的文书。

5. 依本条之规定作出的命令可由此后的命令修改或废止,并可具有不早于本宪法在政府公报上公布之日的溯及力。

第八十一条 [总检察长及其职权]

1. 设置总检察长一职,由苏丹陛下与元首在政府公报上发布通知任命。

2. 总检察长应当就苏丹陛下与元首或政府提交的、与文莱达鲁萨兰国有关的所有法律事务提出建议。

3. 除下列事项外,总检察长享有启动、进行或停止对任何犯罪的追诉程序——

(1)除制定法另有规定外,伊斯兰教法庭受理的事项;

(2)除任何制定法另有规定外,军事法院受理的事项。

4. 在行使其职权时,总检察长不受任何个人或机构的指导或控制。

5. 总检察长有权出席文莱达鲁萨兰国的任何法院或法庭并参与诉讼,并享有优先于任何其他人的权利。

6. 总检察长依苏丹陛下与元首之意愿担任职务,但可随时辞去其职。

第八十二条 [官方语言]

1. 文莱达鲁萨兰国的官方语言为马来语。

2. 当本宪法或任何制定法或任何常设命令要求提供官方英文文本时即应当为文书提供英文文本,该英文官方文本与马来语官方文本一样是权威文本。

3. 本宪法或依本条第二款之规定产生的马来语官方文本与英文官方文本产生歧义、冲突或矛盾时,以马来语文本为准。

第八十三条 [紧急状态]

1. 如果苏丹陛下与元首认为紧急情况或公共危险即将到来、已经存在或已经产生,并危及文莱达鲁萨兰国全境或其任何区域的安全、经济生活,或文莱达鲁萨兰国之全境或任何区域已实际受到或可能受到战争、外部侵略或内部的威胁,苏丹陛下与元首得发布声明(本宪法中称其为"紧急状态宣告")宣告文莱达鲁萨兰国全境或任何部分进入紧急状态。

2. 紧急状态宣告的有效期不得超过两年,但不影响苏丹陛下与元首在两年期满之时或之后发布另一个紧急状态宣告。

2A. 尽管有第二款之规定,苏丹陛下与元首得在两年期满之前,发布声明,宣布文莱达鲁萨兰国之全境或任何部分结束紧急状态。

3. 一旦紧急状态宣告作出之后,只有该宣告处于生效期间,苏丹陛下与元首得发布任何其认为对公共利益为适当的命令,对任何违反该命令的犯罪行为规定惩罚,并得确定任何法院对此类犯罪进行审判。

4. 在不影响第三款之完整性的前提下,苏丹陛下与元首的命令得针对本款所列的事项作出,即:

(1)对出版物、作品、地图、计划、图片、通信以及通信方式的检查,控制和抑制;

(2)逮捕、监禁、流放和驱逐;

(3)对文莱达鲁萨兰国港口、机场、领水以及交通工具的控制;

(4)陆运、空运或水运,对人口、动物和物品的运输及移动的控制;

(5)贸易、仓储、出口、进口、生产及制造业;

(6)食物、水、燃料、照明及其他必需品的供给及分配；

(7)财产的分配、控制、没收、处置以及利用；

(8)对公务员及其他人员的授权；

(9)要求民众提供劳务或服务；

(10)组建警察部队；

(11)为裁决任何命令中所规定的行为之目的而组建任何法庭或其他机构；

(12)修改或暂停实施任何制定法之全部或部分；

(13)进入、搜查住宅或其他场所，对人身进行搜查和讯问；

(14)确定费用或其他支付；

(15)对自然资源的控制、开发、利用、处置、分配或部署。

5. 尽管有第八部分之规定，苏丹陛下与元首得在紧急状态期间，以命令规定任何其认为必需的财政条款，包括有关公共服务的条款、对义务劳动支付的补偿以及对财产强制征收的补偿等条款。

6. 任何依本条之规定而发布的命令，自发布之日起实施，但苏丹陛下与元首另行确定实施时间的除外。

7. 依本条之规定发布的任何命令，应提交下一届立法院审查，立法院得通过议决，或确定该命令在何种范围上以及自何时失效(如果该决议获得苏丹陛下与元首的同意)，或立法院通过该命令。

8. 立法院通过的命令或停止生效的命令，应在情况允许时尽快在政府公报上公布。

9. 如果紧急状态宣告中确定仅部分区域进入紧急状态，则依本条之规定制定的任何命令仅在该区域内有效。

如果在一项紧急状态宣告尚在某一区域有效期间，针对另外的任何地区作出了紧急状态宣告，则在前一个进入紧急状态的区域内已经作出的且正在实施的命令，在后一个紧急状态宣告中确定的区域内适用。

10. 依本条之规定作出的任何命令以及依任何此类命令而制定的文件，尽管其中包含有与本宪法或任何制定法不一致的内容，仍然有效。

第八十三 A 条 ［立法、宣告及命令的保留］

1. 为了避免对包括以下既存法在内的所有法产生疑义——

(1)每一个及所有依本宪法第八十三条之规定作出的文莱达鲁萨兰国处于紧急状态的宣告，自1962 年 12 月 12 日的紧急状态宣告始以及此后每两年的宣告或相关宣告，至伊斯兰教纪年 1425 年 1 月 16 日，即公元 2004 年 3 月 8 日结束紧急状态的宣告；

(2)依本宪法第八十三条之规定而制定，在紧急状态下所制定的任何命令、文件、法律、法令或其他制定法应被认为已经合法通过或制定；

具有完全的法律效力，此类宣告、命令、文件、法律、法令或其他制定法从其宣告或制定之日起具有完全的执行力及实效，即使上述宣告、命令、文件、法律、法令或其他制定法与本宪法中的任何规定不一致时也是如此。本款(1)、(2)提及的宣告、命令、文件、法律、法令或其他制定法应当认为已经依第八十三条第 7 款之规定合法地提交立法院并获得了通过。

2. 在伊斯兰纪年 1425 年 1 月 16 日，即公元 2004 年 3 月 8 日作出的紧急状态宣告之后，该宣告失效的六个月后的时期内，依本宪法第八十三条所制定，且如果没有第八十三条之规定将不可能是合法的任何命令、文件、法律、法令或其他制定法，除在失效期前已采取行动或由于疏忽而未采取行动外，上述命令、文件、法律、法令或其他制定法到期将失效。

第八十四条

1. 政府受本宪法之规定的规制，政府的形式非由本宪法第八十五条规定之权力之行使进行修改，不得变更。

2. 本宪法之任何规定，不得被应为减损苏丹陛下与元首的任何特权与管辖权，为避免出现疑义，本宪法在此宣告：苏丹陛下与元首保留制定法律的权力，并可在任何其认为适宜之时，宣布构成本宪法之组成部分的内容。

第八十四 A 条 ［任命特定官员］

1. 非信仰伊斯兰教的马来裔文莱达鲁萨兰国公民不得被任命为附录三所列的官员。

2. 苏丹陛下与元首得以在政府公报上公布的命令，修改附录三的规定。

第八十四 B 条 ［豁免权］

1. 苏丹陛下与元首以其个人身份或其职位所为的任何行为均不为非法。苏丹陛下与元首不因其以个人身份或其职位所为或因其疏忽而未为的任何行为接受任何法院追诉。

2. 任何代表苏丹陛下与元首之人或在苏丹陛下与元首授权之下行为之人，不因其以个人身份或其职位所为或因其疏忽而未为的任何行为接受任何法院追诉。

除第八十四 C 条的规定外，制定法可以规定启动对政府或任何官员、公务员、代理人启动追诉程序的条款，但不得追究苏丹陛下与元首在履行政府职责过程中由于疏忽而导致的错误。

3. 本宪法第二款所指的任何法律，不得被认为修改了本宪法。

第八十四 C 条 ［司法审查的禁止］

1. 司法审查的救济现在及将来均不得采用。

685

2. 为避免疑义,在此明确规定苏丹陛下与元首的任何立法、决定、授予、废止或暂停,拒绝或因疏忽而行为、任何行使或拒绝或疏忽行使某权力、授权或依自由裁量所作的行为,或任何代表或依苏丹陛下与元首之授权而履行公共职能者的行为,依本宪法、任何制定法或其他文件,包括任何与依规范此类行为之任何程序要求或决定所为的行为,不接受司法审查。

3. 在本条中"司法审查"指由任何包括但不限于以下方式提起的诉讼——

(1)因执行令、禁止令及调卷令等特权命令的运用而提起的;

(2)由于宣告或命令的运用而提起的;

(3)由于人身保护令的运用;

(4)任何有关或源于其他行为、判决、授予、废止或暂停,或拒绝、或因疏忽而如此行为,任何行使或拒绝或疏忽行使某权力、授权或依自由裁量所作的行为,或任何代表或依苏丹陛下与元首之授权而履行公共职能者的行为,依本宪法任何制定法或其他文件,包括任何与依规范此类行为之任何程序要求或决定所为的行为或不作为等其他的诉讼或请求;

4. 除本宪法之规定外,苏丹陛下与元首不得被要求说明任何行为、决定、授予、废止、暂停、拒绝行为或因疏忽而行为、任何行使、拒绝行使或因遗漏行使任何权力,依本宪法或任何制定法之规定,授权或依自由裁量行使某种权力的理由。

第八十四 D 条　[法律的域外效力]

如果法律中作出了规定,则文莱达鲁萨兰国法律可以具有域外效力。

第十二部分　宪法的修改与解释

第八十五条　[宪法的修改]

1. 苏丹陛下与元首得以宣言、修正案,增加或废除包括本条在内的本宪法的任何规定,除此之外,本宪法不得被修改、增加或废除。

2. 在行使本条所授予的权力时,苏丹陛下与元首应当咨询枢密院,但苏丹陛下与元首不受枢密院建议的约束。

3. 除非草案已经提交立法院从而使立法院能够确定是否应当对草案作出相应修改的情况下,苏丹陛下与元首不得制定任何修改、废止本宪法的宣言。

4. 如果在十四日之内,立法院未提出对修宪宣言草案提出修改建议,则苏丹陛下与元首可以继续宣布修宪宣言;如果立法院在十四日之内提出了修改提议,则议长应在立法院提出修宪提议之日起的十四日内向苏丹陛下与元首提交报告提供辩论的概要及提出修改建议的理由。

5. 苏丹陛下与元首在考虑立法院所提报告之后,可以依本条第一款之规定,宣告向立法院提交的修宪宣言生效,或在认为适当的情况下,宣告依立法院修改后的修宪宣言生效。

第八十六条　[解释法庭]

1. 苏丹陛下与元首得将任何包括、源于、关于、关联着本宪法任何规定的含义、解释、目的、结构、范围或效力问题提交依本条第七款所建立的法庭决定。

2. 在任何法庭审理程序中产生的任何上述问题,苏丹陛下与元首得指示该法庭将该问题提交宪法解释法庭,或诉讼法庭将该问题提交苏丹陛下与元首,并附将该问题提交宪法解释法庭的请求,苏丹陛下与元首收到审判法庭提交的请求后,得将其提交宪法解释法庭。

审判法庭不得依前款之规定,将宪法解释法庭已经解决的问题提交处理。

3. 如果苏丹陛下与元首未将前述问题提交宪法解释法庭,苏丹陛下与元首应当通知提出请求的法庭,该法庭应当继续进行其诉讼程序。

4. 宪法解释委员会以多数意见对依本条之规定提交其处理的问题作出的裁决,应当认为是该解释委员会的裁决,解释委员会的任何决定都应以书面形式作出并在政府公报上公开,并以政府公报的出版作为证明。

5. 当苏丹陛下与元首依本条第二款之规定将某一问题提交解释委员会,苏丹陛下与元首应当要求解释委员会的决定与将该问题提请解决的法院进行沟通。在此种情况下,该法院得针对提交该解决请求导致的成本制定规范。

6. 解释委员会对任何依本条规定提交其解决的问题所作的裁决,对任何人均具有约束力和终局性,不得再被提出质疑,并不得对之进行司法审查或向任何法院提出上诉。

7. 解释委员会由三名成员组成,其中:

(1)主席,由担任或曾经担任任一高等司法职务者,或在任一国家至少有二十年法律执业经历者担任;

(2)一名成员,由在任一国家中至少有十年法律执业经历者担任;

(3)一名成员,由来源于任一国家的信仰伊斯兰教且担任或曾经担任伊斯兰教法上之职务或伊斯兰教法律及法理的专家。

解释委员会主席及其他成员由苏丹陛下与元首以加盖国玺的文书任命,其任期由苏丹陛下与元首决定。

8. 苏丹陛下与元首得随时修改或废止与有关提请或决定本条所述事项时应当遵循的规则,决定向解释法庭成员支付的报酬,此等报酬由统一基金拨付。

9. 解释法庭可以偏离其以前所作的判决。

第八十七条 ［授权重印本宪法］

1. 苏丹陛下与元首得随时授权总检察长安排重印及出版包括在重印及出版之时生效的所有修正案的本宪法之最新版本。

2. 所有依本条第一款进行的重印及出版的本宪法,在任何法庭及为任何目的,均毫无疑问地应当被认为是及将来也是本宪法的正式版本,自重印版本中确定的时间起至下一次重印或此后的重印版本替代时止具有法律效力。

3. 在解释或实施本条第一款所规定的重印版本之时,经必要之修正后,总检察长享有法律修改法(*Law Revision Act*)(第一章)所授予的所有权力。

附录一

表格

表一

枢密院成员宣誓或声明及提交的书面材料

WALLAHI WA-BILLAHI WA-TAALLAHI

(仅穆斯林适用)

我,＿＿＿＿＿＿＿,曾为陛下的枢密院成员/被任命为陛下的枢密院成员,以万能的真主之名义,庄严及真诚地宣誓,非依苏丹陛下与元首之权威,我将不直接或间接地泄露枢密院的事务或程序,或由于作为一名枢密院成员而向我交流的文件之性质与内容,或由于一名枢密院成员之职位而获悉的任何事项,在所有事项上我将以一名真正的、忠实的枢密院成员而行为!

时间:＿＿＿＿年＿＿＿＿月＿＿＿＿日

签名:

表二

枢密院事务官、内阁秘书宣誓或声明及提交的书面材料

WALLAHI WA-BILLAHI WA-TAALLAHI

(仅穆斯林适用)

我,＿＿＿＿＿＿＿,已被任命为枢密院事务官/内阁秘书,以真主的名义发誓,我将不直接或间接地泄露我所任职的委员会及其下属委员会中辩论的事项,我将很好及真诚地履行我作为枢密院事务官/内阁秘书的职责。

时间:＿＿＿＿年＿＿＿＿月＿＿＿＿日

表三

WALLAHI WA-BILLAHI WA-TAALLAHI

(仅穆斯林适用)

我,＿＿＿＿＿＿＿,已被任命为内阁成员,以真主的名义,发誓,庄严及真诚地宣誓,非依苏丹陛下与

元首之权威,我将不直接或间接地泄露内阁的事务或程序,或由于我作为一名内阁成员而向我交流的文件之性质与内容,或由于身居内阁成员之职位而获悉的任何事项,在所有事项上我将以一名真正的、忠实的内阁成员而行为!

签名:

时间:＿＿＿＿年＿＿＿＿月＿＿＿＿日

内阁成员宣誓或声明

时间:＿＿＿＿年＿＿＿＿月＿＿＿＿日

表四

WALLAHI WA-BILLAHI WA-TAALLAHI

(仅穆斯林适用)

我,＿＿＿＿＿＿＿,已被任命为或选举为立法院议员,我以真主的名义,发誓,庄严及真诚地宣誓,我将倾尽我的能力与判断力,作为一名真正的、忠实的立法院议员。

签名:

时间:＿＿＿＿年＿＿＿＿月＿＿＿＿日

表五

立法院事务官的誓词

WALLAHI WA-BILLAHI WA-TAALLAHI

(仅穆斯林适用)

我,＿＿＿＿＿＿＿,已被任命为立法院事务官,我以真主的名义发誓,我将良好及真诚地在立法院事务官的职位上服务。

签名:

时间:＿＿＿＿年＿＿＿＿月＿＿＿＿日

表六

效忠宣誓

WALLAHI WA-BILLAHI WA-TAALLAHI

(仅穆斯林适用)

我,＿＿＿＿＿＿＿以万能的真主之名义发誓,庄严及真诚地宣誓(前者针对穆斯林适用),我将忠实于和真心效忠于苏丹陛下与元首＿＿＿＿＿＿＿,以及其法律上的继承人。我将无所畏惧、无所偏好并倾尽所能及判断力,作为一名真正的、忠实的公共服务委员会成员履行我的职责。

签名:

时间:＿＿＿＿年＿＿＿＿月＿＿＿＿日

附录二

第二十四 A 条

第一段 ［立法院的组成及议员资格］

立法院由不超过四十五名以下成员组成——

1. 由苏丹陛下与元首从下列人士中任命不超过三十人:

(1)内阁的前组成人员以及依本宪法第四C条

的规定任命的所有部长；

（2）具有头衔的人士；

（3）依苏丹陛下与元首之看法，提供了杰出的公共服务者，或虽然不属于本部分第（4）项所规定的类型，但苏丹陛下与元首认为其有能力为立法院的深思熟虑作出贡献者；

（4）在苏丹陛下与元首看来，在宗教、管理、任何职业、事务、贸易、农业、文化艺术或社区活动或取得突出成就者，或特定社区代表；

2. 最多十五名代表，其确切数目由苏丹陛下与元首确定，依照文莱达鲁萨兰国有效的与选举相关的法律之规定，从文莱与麻拉区、白拉奕（BELAIT）区、都东（Tutong）区以及淡布隆区（Temburong District）选出。

第二段　[任命文书]

依本条第一段之一之规定任命的代表，由苏丹陛下与元首以加盖国玺的文书任命之。

第三段　[任命的期间及任期]

立法院议员的任期由苏丹陛下与元首的意愿确定，在此前提下，议员在任命文书所确定的期间内任职，任命文书中可以包括该议员应对之负责的选民或选区的规定。

第四段　[社区代表]

为本部分第一段之2之目的，各地区应由本条规定的议员（本附录中称为"地区代表"）在立法院中代表——

1.

（1）文莱与麻拉区，最多有七名代表；

（2）白拉奕（BELAIT）区，最多有三名代表；

（3）都东（Tutong）区以最多有三名代表；

（4）淡布隆区（Temburong District），最多两名代表。

2. 在文莱达鲁萨兰国与选举相关的法律生效之前，为任命代表之目的，本部分第五段及第六段之规定具有法律效力，且为本部分第一段及第四段规定之目的，此类任命为合法的任命。

第五段　[地区代表的提名与任命]

（1）苏丹陛下与元首在任何其认为适当的时候，得将其有意任命的各地区代表的准确数目告知 Penghulus, Ketua Kampong and Ketua Rumah Panjang。

（2）Penghulus, Ketua Kampong and Ketua Rumah Panjang 应从其中挑选候选人以供苏丹陛下与元首任命为地区代表。

（3）苏丹陛下与元首任命一个包括主席及两名其他成员组成的选任委员会（the Selection Committee），选任委员会成员的任期依苏丹陛下与元首的意愿决定。

（4）选任委员会有权向苏丹陛下与元首推荐依本段第二段之规定产生的候选人担任地区代表，在提出推荐意见时，选任委员会应当考虑这些人士担任地区代表的适当性。

（5）如果苏丹陛下与元首拒绝了选任委员会对任何候选人的推荐意见，相关的 Penghulus, Ketua Kampong and Ketua Rumah Panjang 应当提出替代的候选人以供挑选，第四段及第四小段中规定的程序应当继续，直到与第一段第二小段中的立法院议员都已产生为止。

第六段　[空缺]

（1）当地区代表席位出现空缺时，立法院议长在事先获得苏丹陛下与元首的同意下，通知应当产生代表填补该空缺的地区之地区官员。

（2）地区官员应当召集相关的 Penghulus, Ketua Kampong and Ketua Rumah Panjang 以提名候选人填补该空缺，此时将适用本部分第五段第（4）、第（5）项规定的程序。

第七段　[规章]

为实施本附录之目的，苏丹陛下与元首有权制定规章。

第八段　[有效性]

（1）苏丹陛下与元首有绝对的自由裁量权宣告已经适当、合法地组成了立法院，即使没有依本附录第一段下的第一小段一至四项或第二小段之规定任命议员。

（2）在遵循本附录第一段允许的最大数目的议员的情况下，苏丹陛下与元首有权在作出本段第（1）项之规定的宣告之后，任命额外的立法院议员。

附录三

特定职位名单

总审计长

枢密院事务官

立法院事务官

首席教会法官

伊斯兰教法典长老

总检察长

公共服务委员会主席

伊斯兰宗教元首

立法院议长

内阁秘书

乌兹别克斯坦共和国宪法[*]

（1992年12月8日乌兹别克斯坦共和国第十二届最高会议第十一次会议通过，经2003年4月24日、2007年4月11日和2008年12月25日修改）

序　言

乌兹别克斯坦人民，

庄严宣布忠于人权和国家主权原则，

意识到对当代和后代的崇高责任，

依靠乌兹别克国家制度发展的历史经验，

确认自己对民主和社会正义理想的忠诚，

承认公认的国际法准则的优先性，

力求保证共和国公民的应有生活，

以建立人道的民主的法治国家为己任，

为保证国内和平与民族和谐，

由自己的全权代表通过此乌兹别克斯坦共和国宪法。

第一篇　基本原则

第一章　国家主权

第一条

乌兹别克斯坦是拥有独立主权的民主共和国。国名"乌兹别克斯坦共和国"和"乌兹别克斯坦"，含义相同。

第二条

国家反映人民意志，为人民利益服务。国家机关和公职人员对社会和公民负责。

第三条

（一）乌兹别克斯坦共和国确立国家民族和行政区域结构、国家权力和管理机关组织，执行本国的国内政策和对外政策。

（二）乌兹别克斯坦国家边界和领土不容侵犯与分割。

第四条

（一）乌兹别克语是乌兹别克斯坦共和国的国语。

（二）乌兹别克斯坦共和国保证尊重居住在其领土上的各民族的语言、风俗和传统，并为其发展创造条件。

第五条

乌兹别克斯坦共和国拥有自己的国家象征——法律确认的国旗、国徽和国歌。

第六条

乌兹别克斯坦共和国首都是塔什干（Tashkent）市。

第二章　民主

第七条

（一）人民是国家权力的唯一来源。

（二）乌兹别克斯坦共和国的国家权力只能由乌兹别克斯坦共和国宪法和以此为基础而通过的法律授权的机关根据人民的利益来行使。

（三）采用宪法未规定的程序，攫取国家权力、中止或停止权力机关的活动，成立新的平行的权力结构是违反宪法的，并将由法律加以处罚。

第八条

乌兹别克斯坦共和国公民，不论其民族属性，均为乌兹别克斯坦人民。

第九条

最重要的社会和国家生活问题交付人民讨论和提交全民公决。举行公决的程序由法律规定。

第十条

（一）只有人民选举的共和国最高会议和总统可以代表人民行事。

（二）社会的任何部分、任何政党、社会团体、运动或个人都不得以乌兹别克斯坦人民的名义行事。

---

[*]　从乌兹别克斯坦共和国驻华大使馆提供的乌兹别克斯坦共和国宪法英文版译出。在翻译过程中参照了中国驻乌兹别克斯坦共和国大使馆的中文译本，http://uz.china-embassy.org/chn/UZGK/t755026.htm。译者：俞俊峰。王建学根据乌兹别克斯坦共和国驻华大使馆提供的乌兹别克斯坦共和国宪法英文版校对。

第十一条

乌兹别克斯坦共和国的国家权力系统建立在立法、行政和司法三权分立的原则之上。

第十二条

（一）乌兹别克斯坦共和国公共生活的发展以政治制度、意识形态和观点的多样化为基础。

（二）不得将任何意识形态确立为国家意识形态。

第十三条

（一）乌兹别克斯坦共和国的民主以全人类共同的原则为基础。根据这些原则，人、人的生命、自由、荣誉、尊严和其他不可让与的权利为最高价值。

（二）民主权利和自由受宪法和法律保护。

第十四条

国家根据社会公正和合法性原则组织其活动以造福于人民和社会。

第三章　宪法和法律至高无上

第十五条

（一）乌兹别克斯坦共和国宪法和法律在乌兹别克斯坦共和国绝对至高无上。

（二）国家、国家机关、公职人员、社会团体和公民根据宪法和法律行事。

第十六条

（一）不得以损害乌兹别克斯坦共和国权利和利益的方式解释本宪法的任何条款。

（二）任何一项法律或其他规范性法律文件都不得违背宪法的原则和规则。

第四章　对外政策

第十七条

（一）乌兹别克斯坦共和国在国际关系中享有全权。其对外政策基于国家主权平等、不使用武力或以武力相威胁、不破坏边界、和平解决争端、不干涉别国内政的原则和其他公认的国际法原则和准则。

（二）共和国可根据国家、人民、人民的幸福与安全的最高利益缔结联盟、加入或退出共同体和其他国际组织。

第二篇　人和公民的基本权利、自由和义务

第五章　总则

第十八条

（一）乌兹别克斯坦共和国一切公民拥有同等权利和自由，在法律面前一律平等，不分性别、种族、民族、语言、宗教、社会出身、信仰、个人地位和社会地位。

（二）特权只能由法律予以规定并应符合社会公正原则。

第十九条

乌兹别克斯坦共和国公民和国家应受相互权利和相互责任的约束。宪法和法律中所载明的公民权利和自由是不可动摇的。任何人无权不经法庭而剥夺或限制公民权利和自由。

第二十条

实现公民权利和自由不应破坏他人、国家和社会的合法利益、权利和自由。

第六章　国籍

第二十一条

（一）乌兹别克斯坦共和国为共和国全境规定统一的国籍。

（二）乌兹别克斯坦共和国国籍对所有人平等而不论其获得方式。

（三）卡拉卡尔帕克斯坦共和国公民同时是乌兹别克斯坦共和国公民。

（四）获得和丧失国籍的原因和程序由法律规定。

第二十二条

乌兹别克斯坦共和国保证，在乌兹别克斯坦共和国境内和境外为其公民提供法律保护和庇护。

第二十三条

处于乌兹别克斯坦共和国境内的外国公民和无国籍人的权利和自由根据国际法准则予以保障。他们承担乌兹别克斯坦共和国宪法、法律和国际条约规定的义务。

第七章　个人权利和自由

第二十四条

生命权是每个人不可动摇的权利。侵犯生命是最严重的犯罪。

第二十五条

（一）每个人都拥有人身自由和人身不受侵犯的权利。

（二）非基于合法理由，任何人不受逮捕或拘禁。

第二十六条

（一）被控犯罪的每个人在其罪名未经法律程序和公开的法庭审理确认前均被认为无罪，在法庭审理过程中要保证其辩护的所有可能性。

（二）任何人不得遭受刑讯、暴力及其他残酷的或诋毁人格的虐待。

（三）任何人未经其本人同意，不得对其进行医学或科学试验。

第二十七条

（一）每个人都拥有维护其荣誉和尊严不受侵犯、私生活不受干涉及住宅不受侵扰的权利。

（二）非以法律规定的情形和程序，任何人无权进入他人住宅进行搜查或检查、破坏通讯、偷听电话谈话秘密。

第二十八条

乌兹别克斯坦共和国公民拥有在共和国领土上自由迁徙、进入和离开乌兹别克斯坦共和国的权利，但法律规定的限制除外。

第二十九条

（一）每个人都拥有思想自由、言论自由和信仰自由。每个人都拥有搜集、获取和传播任何信息的权利，但旨在反对本宪法制度的信息和法律载明的其他限制除外。

（二）意见及其表达自由，可因保守国家或其他机密的理由而由法律予以限制。

第三十条

乌兹别克斯坦共和国所有国家机关、社会团体和公职人员允许公民查看涉及其权利和利益的文件、决定和其他材料。

第三十一条

保障一切人的信仰自由。每个人都有权信仰或者不信仰任何宗教。不得强行灌输宗教观点。

第八章　政治权利

第三十二条

乌兹别克斯坦公民有权直接或通过自己的代表参加管理社会和国家事务。此种参与通过自治、实行全民公决和民主地组成国家机关来实现。

第三十三条

公民有权依据乌兹别克斯坦共和国法律通过集会、游行和示威来实现自己参与社会活动的积极性。权力机关有权中止或禁止这些活动的举行，但只能出于安全考虑。

第三十四条

（一）乌兹别克斯坦共和国公民有权联合成工会、政党和其他社会团体，参加群众运动。

（二）任何人不得损害在政党、社会团体、群众运动以及代表权力机关中持反对立场的少数人的权利、自由和尊严。

第三十五条

（一）每个人都有权单独地或同他人一起向主管国家机关、机构或人民代表提出申请、建议和投诉。

（二）申请、建议或投诉应该在法律规定的程序和期限内进行审议。

第九章　经济和社会权利

第三十六条

每个人都有财产权。法律保障公民的银行储蓄秘密和继承权。

第三十七条

（一）每个人拥有劳动的权利，包括选择工作的权利。根据法律规定的程序，每个公民有权获得公平的劳动条件及失业保护。

（二）禁止强制劳役，根据法庭判决执行处罚或法律规定的其他情况除外。

第三十八条

被雇佣的劳动者拥有带薪休假权。工作时间和带薪休假时间由法律规定。

第三十九条

（一）每个人有权在年老、丧失劳动能力以及失去供养人和法律规定的其他情况下获得社会保障。

（二）退休金、补助金及其他各种社会救济不能低于官方规定的最低生活水平。

第四十条

每个人有权获得高水平的医疗服务。

第四十一条

（一）每个人拥有受教育权。

（二）国家保障获得免费的普通教育。

（三）学校事务受国家监督。

第四十二条

（一）保证每个人拥有从事科学和技术创造的自由，保障拥有利用文化成就的权利。

（二）国家关心社会的文化、教育和技术发展。

第十章　人权和自由的保障

第四十三条

国家保障宪法和法律所确认的公民权利与自由。

第四十四条

每个人有合法保护其权利和自由的权利，并有权向法院控诉国家机关、公职人员和社会团体的非法行为。

第四十五条

未成年人、丧失劳动能力者和老年人均受国家保护。

第四十六条

男女拥有平等权利。

第十一章 公民的义务

第四十七条

所有公民都要承担宪法中为其规定的义务。

第四十八条

公民必须遵守宪法和法律,尊重他人的权利、自由、荣誉和尊严。

第四十九条

(一)公民必须爱护乌兹别克斯坦人民的历史、精神和文化遗产。

(二)文化古迹受国家保护。

第五十条

公民必须爱护自然环境。

第五十一条

公民必须缴纳法律规定的税款和地方性的纳金。

第五十二条

捍卫乌兹别克斯坦共和国是乌兹别克斯坦共和国每个公民的义务。公民必须按照法律规定的程序服兵役或进行替代性的劳动。

第三篇 社会与个人

第十二章 社会的经济基础

第五十三条

(一)各种所有制形式是旨在发展市场关系的乌兹别克斯坦经济的基础。国家在考虑到消费者权利优先的情况下保障经济活动、企业经营与劳动的自由,保障各种所有制形式权利平等并提供法律保护。

(二)私有制同其他所有制一样不可侵犯并由国家保护。仅在法律规定的情况下通过法定程序才能剥夺所有者之财产。

第五十四条

所有者根据自己的意愿拥有、使用和支配其财产。财产的使用不得损害生态环境,破坏公民、法人和国家的权利及法律所保护的利益。

第五十五条

土地、矿藏、水源、植物、动物和其他自然资源是整个国家的财富,应由国家合理使用和保护。

第十三章 社会团体

第五十六条

乌兹别克斯坦共和国的社会团体系指工会、政党、学会、妇女组织、老战士和青年组织、创作协会、群众运动和根据法律规定的程序登记的其他公民团体。

第五十七条

(一)禁止成立以暴力改变宪法制度为目标、反对共和国主权、领土完整和安全以及公民的宪法权利和自由,宣扬战争以及社会、民族、种族和宗教敌视,侵害人民的健康和道德的政党和社会团体以及按民族和宗教特征建立起来的军事化团体和政党,禁止其活动。

(二)禁止成立秘密协会和社团。

第五十八条

(一)国家为维护社会团体的权利与合法利益提供保障,为它们参与社会生活创造平等的法律条件。

(二)不允许国家机关和公职人员干预社会团体的活动,也不允许社会团体干预国家机关和公职人员的活动。

第五十九条

工会反映并维护职工的社会经济权利和利益。工会组织的会籍是自愿的。

第六十条

政党反映各社会阶层和集团的政治意志,并通过其民主选举的代表参加组织国家政权。政党必须按规定程序,向最高会议或其授权的机关提供关于其活动的财政来源的公开报告。

第六十一条

宗教团体与国家分离,并在法律面前平等。国家不干预宗教团体的活动。

第六十二条

解散、禁止或限制社会团体的活动只能以法院裁判为根据。

第十四章 家庭

第六十三条

(一)家庭是社会的基本单位。每个家庭均有权获得国家和社会的保护。

(二)婚姻以双方自愿和平等为基础。

第六十四条

(一)父母有供养和培养子女直至成年的义务。

(二)国家和社会保证收养、抚育和培养孤儿及失去双亲监护的儿童,鼓励针对他们的福利活动。

第六十五条

(一)儿童在法律面前平等,无论其出身和父母国籍。

(二)母亲和儿童受国家保护。

第六十六条

有劳动能力的成年子女应当赡养父母。

第十五章　大众传媒

第六十七条

（一）大众传媒是自由的，根据法律开展活动。它们按规定程序就新闻的真实性承担责任。

（二）禁止新闻检查制。

第四篇　行政区域结构与国家结构

第十六章　乌兹别克斯坦共和国的行政区域结构

第六十八条

乌兹别克斯坦共和国由州（regions）、区（districts）、市（cities）、镇（towns）、乡（kishlaks）和村（auls），以及卡拉卡尔帕克斯坦共和国组成。

第六十九条

卡拉卡尔帕克斯坦共和国、各州、塔什干市的边界变动以及各州、市、区的设立和撤销须经乌兹别克斯坦共和国最高会议同意。

第十七章　卡拉卡尔帕克斯坦共和国

第七十条

（一）拥有主权的卡拉卡尔帕克斯坦共和国是乌兹别克斯坦共和国的组成部分。

（二）卡拉卡尔帕克斯坦共和国主权由乌兹别克斯坦共和国来保护。

第七十一条

（一）卡拉卡尔帕克斯坦共和国拥有自己的宪法。

（二）卡拉卡尔帕克斯坦共和国宪法不得违反乌兹别克斯坦共和国宪法。

第七十二条

乌兹别克斯坦共和国法律在卡拉卡尔帕克斯坦共和国境内具有约束力。

第七十三条

卡拉卡尔帕克斯坦共和国的领土和边界未经其同意不能改变。卡拉卡尔帕克斯坦共和国独立解决其行政区域结构问题。

第七十四条

卡拉卡尔帕克斯坦共和国有权根据卡拉卡尔帕克斯坦共和国人民的全民公决退出乌兹别克斯坦共和国。

第七十五条

（一）乌兹别克斯坦共和国与卡拉卡尔帕克斯坦共和国的相互关系在乌兹别克斯坦共和国宪法范围内由乌兹别克斯坦共和国和卡拉卡尔帕克斯坦共和国签署的条约和协定来解决。

（二）乌兹别克斯坦共和国和卡拉卡尔帕克斯坦共和国之间的争议通过协商程序解决。

第五篇　国家政权组织

第十八章　乌兹别克斯坦共和国最高会议

第七十六条

（一）行使立法权的乌兹别克斯坦共和国最高会议（the Oliy Majlis）是最高国家代表机关。

（二）乌兹别克斯坦共和国最高会议由两院组成——立法院（下院）和参议院（上院）。

（三）乌兹别克斯坦共和国最高会议立法院和参议院的任期为五年。

第七十七条

（一）乌兹别克斯坦共和国最高会议立法院由依法选举的一百五十名议员组成。

（二）乌兹别克斯坦共和国最高会议参议院是地区代表院，由参议院成员（参议员）组成。

（三）乌兹别克斯坦共和国最高会议参议院成员由卡拉卡尔帕克斯坦共和国、各州和塔什干市按照每地六名的相同人数选出，卡拉卡尔帕克斯坦共和国议会及各州、区、市国家政权代表机关分别举行议员联席会议通过秘密投票确定这些议员人选。乌兹别克斯坦共和国最高会议参议院十六名成员由乌兹别克斯坦共和国总统从科学、艺术、文学、生产及国家和社会生活其他领域中最具权威、拥有丰富实际经验和特殊贡献的公民中任命。

（四）乌兹别克斯坦共和国最高会议立法院议员，以及乌兹别克斯坦共和国最高会议参议院成员，应为截至选举日年满二十五周岁、在乌兹别克斯坦共和国境内常住五年以上的乌兹别克斯坦公民。对议员候选人的要求由法律确定。

（五）同一个人不能同时担任乌兹别克斯坦共和国最高会议立法院议员和参议院成员。

第七十八条

（一）乌兹别克斯坦共和国最高会议立法院和参议院共有的权限包括：

1. 通过乌兹别克斯坦宪法并对其进行修改和补充；

2. 通过乌兹别克斯坦宪法性法律和法律并对其进行修改和补充；

3. 通过关于举行通过乌兹别克斯坦共和国全民公决的决定并确定其举行日期；

4. 规定乌兹别克斯坦共和国内外政策的基本方向并通过战略性的国家纲要；

5. 规定乌兹别克斯坦共和国立法、执行和司法权力机关的体系与权限；

6. 接收新的国家实体加入乌兹别克斯坦共和国和批准其退出乌兹别克斯坦共和国的决定；

7. 对海关、货币和信贷事务进行立法调整；

8. 根据乌兹别克斯坦共和国内阁的提案通过乌兹别克斯坦共和国国家预算并监督其执行；

9. 确定税收和其他义务性纳金；

10. 对乌兹别克斯坦共和国的行政区域结构和边界变动作出立法调整；

11. 成立、撤销区、市、州，更改其名称，改变其边界；

12. 设立国家奖赏和称号；

13. 批准乌兹别克斯坦共和国总统关于成立和撤销部、国家委员会和其他国家管理机关的命令；

14. 成立乌兹别克斯坦共和国中央选举委员会；

15. 根据乌兹别克斯坦共和国总统的提名审议和批准乌兹别克斯坦共和国总理人选；

16. 选举乌兹别克斯坦共和国最高会议人权全权代表及其副职；

17. 审议乌兹别克斯坦共和国审计院报告；

18. 在乌兹别克斯坦共和国遭受进攻，或必须履行相互防御的条约义务以免遭侵略的情况下，批准乌兹别克斯坦共和国总统关于宣布战争状态的命令；

19. 批准乌兹别克斯坦共和国总统关于宣布总动员或局部动员，实行、延长和停止紧急状态行动的命令；

20. 批准和废除国际条约；

21. 行使本宪法规定的其他权限。

（二）与两院共有权限有关的问题一般先在乌兹别克斯坦共和国最高会议立法院审议，然后在参议院审议。

第七十九条

乌兹别克斯坦共和国最高会议立法院专有的权限包括：

1. 选举乌兹别克斯坦共和国最高会议立法院议长和副议长，各委员会主席和副主席；

2. 根据乌兹别克斯坦共和国总检察长提案，决定是否取消乌兹别克斯坦共和国最高会议议员的不可侵犯权；

3. 就立法院自身活动组织和内部程序问题作出决定；

4. 就政治和社会经济生活，以及国家内外政策

有关问题通过决议。

第八十条

乌兹别克斯坦共和国最高会议参议院专有的权限包括：

1. 选举乌兹别克斯坦共和国最高会议参议院主席和副主席，各委员会主席和副主席；

2. 根据乌兹别克斯坦共和国总统提名，选举乌兹别克斯坦共和国宪法法院；

3. 根据乌兹别克斯坦共和国总统提名，选举乌兹别克斯坦共和国最高法院；

4. 根据乌兹别克斯坦共和国总统提名，选举乌兹别克斯坦共和国高等经济法院；

5. 根据乌兹别克斯坦共和国总统提名，任命和解除乌兹别克斯坦共和国国家环境保护委员会主席职务；

6. 批准乌兹别克斯坦共和国总统关于任命和解除乌兹别克斯坦共和国总检察长职务的命令；

7. 批准乌兹别克斯坦共和国总统关于任命和解除乌兹别克斯坦共和国国家安全总局局长职务的命令；

8. 根据乌兹别克斯坦共和国总统提名，任命和解除乌兹别克斯坦共和国驻外国外交代表及其他代表职务；

9. 根据乌兹别克斯坦共和国总统提名，任命和解除乌兹别克斯坦共和国中央银行行长职务；

10. 根据乌兹别克斯坦共和国总统提案，通过大赦令；

11. 根据乌兹别克斯坦共和国总检察长提案，决定是否取消乌兹别克斯坦共和国最高会议参议院成员的不可侵犯权；

12. 听取乌兹别克斯坦共和国总检察长、乌兹别克斯坦共和国国家环境保护委员会主席、乌兹别克斯坦共和国中央银行行长的报告；

13. 就参议院自身活动组织和内部程序问题作出决定；

14. 就政治和社会经济生活，以及国家内外政策有关问题通过决议。

第八十一条

（一）乌兹别克斯坦共和国最高会议立法院和参议院在其届满后可分别继续活动直至新一届立法院和参议院开始工作为止。

（二）乌兹别克斯坦共和国最高会议立法院第一次会议不晚于选举后两个月，参议院不晚于组成后一个月，由中央选举委员会召集。

（三）乌兹别克斯坦共和国最高会议立法院在会期期间举行会议。会期一般从九月第一个工作日开始，次年六月最后一个工作日结束。

（四）乌兹别克斯坦共和国最高会议参议院根据需要举行会议,但不少于每年三次。

（五）出席乌兹别克斯坦共和国最高会议两院会议的议员、参议员不少于总数的一半时,会议被认为合法有效。

（六）通过宪法性法律时,必须有不少于总数三分之二的议员、参议员出席。

（七）乌兹别克斯坦共和国总统、总理、内阁成员以及宪法法院、最高法院、高等经济法院院长、共和国总检察长、中央银行行长可以参加乌兹别克斯坦共和国最高会议立法院、参议院的会议及其机构的会议。乌兹别克斯坦共和国最高会议参议院主席可以参加立法院及其机构的会议,乌兹别克斯坦共和国最高会议立法院议长可以参加参议院及其机构的会议。

（八）乌兹别克斯坦共和国最高会议立法院和参议院的会议分开举行。

（九）乌兹别克斯坦共和国总统宣誓,乌兹别克斯坦共和国总统就国家社会经济生活、内外政策重大问题发表讲话,外国领导人发表讲话时,乌兹别克斯坦共和国最高会议立法院和参议院举行联席会议。两院也可经过协商,就其他问题举行联席会议。

第八十二条

（一）乌兹别克斯坦共和国最高会议立法院和参议院就属于其权限的问题通过决议。

（二）乌兹别克斯坦共和国最高会议立法院和参议院法令由立法院议员或参议员多数成员投票通过,本宪法规定的情况除外。

第八十三条

立法动议权属于乌兹别克斯坦共和国总统、卡拉卡尔帕克斯坦共和国即它的最高国家权力机关、乌兹别克斯坦共和国最高会议立法院议员、乌兹别克斯坦共和国内阁、乌兹别克斯坦共和国宪法法院、最高法院、高等经济法院、总检察长,并通过立法动议权主体向乌兹别克斯坦共和国最高会议立法院提交法律草案而得以实施。

第八十四条

（一）法律经由立法院通过、参议院批准、乌兹别克斯坦共和国总统签署并根据法律规定的程序在官方出版物上公布后具有法律效力。

（二）法律应在乌兹别克斯坦共和国最高会议立法院通过后十日内提交乌兹别克斯坦共和国最高会议参议院。

（三）法律应在乌兹别克斯坦共和国最高会议参议院批准后十日内提交乌兹别克斯坦共和国总统签署和公布。

（四）乌兹别克斯坦共和国总统应在三十日内签署并公布法律。

（五）乌兹别克斯坦共和国最高会议参议院拒绝批准的法律应退回乌兹别克斯坦共和国最高会议立法院。

（六）被乌兹别克斯坦共和国最高会议参议院拒绝批准的法律,如果在重审时得到立法院三分之二多数议员再度批准,即获乌兹别克斯坦最高会议通过,并由立法院提交乌兹别克斯坦共和国总统签署和公布。

（七）对于被乌兹别克斯坦共和国最高会议参议院拒绝批准的法律,立法院和参议院可按照平均分配原则,由相同人数的立法院议员和参议院成员组成调解委员会解决产生的分歧。两院接受调解委员会的建议后,法律应按通常程序审议。

（八）乌兹别克斯坦共和国总统有权将法律和自己的反对意见一并退回乌兹别克斯坦共和国最高会议。

（九）如果法律仍以原先批准的案文在乌兹别克斯坦共和国最高会议立法院和参议院分别以不少于三分之二多数票获得批准,乌兹别克斯坦共和国总统应在十四日内签署并公布。

（十）法律和其他规范性文件的公布是其实施的必不可少的条件。

第八十五条

（一）乌兹别克斯坦共和国最高会议立法院从其议员中选举立法院议长和副议长。

（二）乌兹别克斯坦共和国最高会议立法院议长和副议长经秘密投票按多数原则选出,任期与立法院相同。

（三）乌兹别克斯坦共和国最高会议立法院议长可根据立法院决定提前解职,这一决定须由立法院三分之二以上的议员秘密投票通过。

（四）乌兹别克斯坦共和国最高会议立法院议长职责:

1. 召集并主持立法院会议;

2. 总体领导对准备提交立法院讨论的问题;

3. 协调立法院各委员会和专门委员会的活动;

4. 对乌兹别克斯坦共和国法律和立法院决议的执行情况实行监督;

5. 领导实现跨议会联系的工作和立法院从事国际议会组织工作小组的活动;

6. 在与乌兹别克斯坦共和国最高会议参议院,其他国家机关,外国、国际和其他组织的关系中代表立法院;

7. 签署立法院决议;

8. 实施本宪法和立法规定的其他权限。

（五）乌兹别克斯坦共和国最高会议立法院议长

可发布指示。

第八十六条

（一）乌兹别克斯坦共和国最高会议参议院，从自己的成员中选举参议院主席和副主席。参议员主席需根据乌兹别克斯坦共和国总统提名选出。

（二）乌兹别克斯坦共和国最高会议参议院应有一名副主席为卡拉卡尔帕克斯坦共和国代表。

（三）乌兹别克斯坦共和国最高会议参议院主席和副主席经秘密投票按多数原则选出，任期与参议院相同。

（四）乌兹别克斯坦共和国最高会议参议院主席在任期未满以前得由参议院以其全体参议员三分之二以上秘密投票赞成决定罢免。

（五）乌兹别克斯坦共和国最高会议参议院主席职责：

1. 召集并主持参议院会议；

2. 总体领导对准备提交参议院讨论的问题；

3. 协调参议院各委员会和专门委员会的活动；

4. 对乌兹别克斯坦共和国法律和参议院决议的执行情况实行监督；

5. 领导实现跨议会联系的工作和参议院从事国际议会组织工作小组的活动；

6. 在与乌兹别克斯坦共和国最高会议立法院、其他国家机关、外国、国际和其他组织的关系中代表参议院；

7. 签署参议院决议；

8. 实施本宪法和参议规定的其他权限。

（六）乌兹别克斯坦共和国最高会议参议院主席可发布指示。

第八十七条

（一）乌兹别克斯坦共和国最高会议立法院在其任期内从立法院议员中选出委员会，以便进行制定法案工作，预先审议并准备提交立法院讨论的问题，监督乌兹别克斯坦共和国法律和立法院通过的决定的执行。

（二）乌兹别克斯坦共和国最高会议参议院在自己任期内从参议员中选出委员会，以便预先审议并准备提交参议院讨论的问题，监督乌兹别克斯坦共和国法律和参议院通过的决定的执行。

（三）乌兹别克斯坦共和国最高会议立法院和参议院在必要情况下为完成具体任务，可组成由议员和参议员参加的专门委员会。

第八十八条

（一）乌兹别克斯坦共和国最高会议立法院议员和参议院成员与议员或参议员活动有关的开销按规定程序予以补贴。

（二）立法院议员和长期在参议院工作的参议院

成员在其任期内不得从事其他有偿活动，科学和教学活动除外。

（三）乌兹别克斯坦共和国最高会议立法院议员和参议院成员享有不可侵犯权。未经立法院或参议院同意，他们不得被追究刑事责任、逮捕、扣押或按司法程序予以行政处罚。

第十九章　乌兹别克斯坦共和国总统

第八十九条

乌兹别克斯坦共和国总统是国家元首及乌兹别克斯坦共和国行政机关的首脑。

第九十条

（一）年满三十五周岁、熟练掌握国语、选举前在乌兹别克斯坦领土常住不少于十年的乌兹别克斯坦共和国公民，均可当选为乌兹别克斯坦共和国总统。同一个人不得连续担任乌兹别克斯坦共和国总统两届以上。

（二）乌兹别克斯坦共和国总统由乌兹别克斯坦公民根据普遍、平等和直接选举制采用秘密投票方式选举产生，任期七年。总统选举程序由乌兹别克斯坦共和国法律规定。

第九十一条

（一）总统在履行其职责期间不得担任其他有酬职务、成为代表机关的代理、从事商业活动。

（二）总统个人不受侵犯并受法律保护。

第九十二条

总统在乌兹别克斯坦共和国最高会议的会议上宣读下列誓词时即为就职：

"我庄严宣誓：忠诚地服务于乌兹别克斯坦人民，严格遵守共和国宪法和法律，保障公民的权利和自由，认真履行乌兹别克斯坦共和国总统所承担的职责。"

第九十三条

（一）乌兹别克斯坦共和国总统职责：

1. 维护公民权利与自由、乌兹别克斯坦共和国宪法和法律的保障者；

2. 为捍卫乌兹别克斯坦共和国主权、安全和领土完整，实现有关民族国家结构问题的决议而采取必要措施；

3. 在国内和国际关系中代表乌兹别克斯坦共和国；

4. 进行谈判并签署乌兹别克斯坦共和国的条约、协定，保证共和国缔结的条约、协定得到遵守和它所承担的义务得以履行；

5. 接受派驻共和国的外交和其他代表的国书与召回国书；

6. 向乌兹别克斯坦共和国最高会议参议院提出乌兹别克斯坦共和国驻外国的外交代表和其他代表人选；

7. 每年向乌兹别克斯坦共和国最高会议提交关于国家社会经济生活、内外政策的咨文；

8. 组成并领导执行权力机关，保证共和国高级权力和管理机关相互配合，成立和撤销部、国家委员会和其他国家管理机关，并随后将有关这些问题的命令提交乌兹别克斯坦共和国最高会议两院批准；

9. 向乌兹别克斯坦共和国最高会议参议院提出参议院主席职务人选；

10. 提出乌兹别克斯坦共和国总理人选供乌兹别克斯坦共和国最高会议两院审议和批准，解除其职务；

11. 根据乌兹别克斯坦共和国总理提名，批准乌兹别克斯坦共和国内阁成员和解除其职务；

12. 任命和解除乌兹别克斯坦共和国总检察长、副总检察长职务并随后提交乌兹别克斯坦共和国最高会议参议院批准；

13. 向乌兹别克斯坦共和国最高会议参议院提出宪法法院主席和法官、最高法院主席和法官、高等经济法院主席和法官、乌兹别克斯坦共和国中央银行行长、乌兹别克斯坦共和国国家环境保护委员会主席职务人选；

14. 任命和解除州、跨区、区、市法院以及军事法院和经济法院法官职务；

15. 依法任命和解除州长和塔什干市长职务，当区长和市长违反宪法、法律或从事有损区长和市长荣誉与尊严的行为时，总统有权根据自己的决定解除其职务；

16. 中止、撤销共和国国家管理机关以及地方行政长官的文件；

17. 签署和公布乌兹别克斯坦共和国法律，有权根据自己的意愿将法律驳回乌兹别克斯坦共和国最高会议重新审议和投票；

18. 在乌兹别克斯坦共和国遭受进攻的情况下，或在必须履行相互防御的条约义务以免遭受侵略的情况下，宣布战争状态，并在三日之内将业已作出的决定提交乌兹别克斯坦共和国最高会议批准；

19. 在特殊情况下（现实的外来威胁、大规模混乱、重大惨祸、自然灾害、流行病），为保证公民安全，在乌兹别克斯坦共和国全境或部分地方实行紧急状态，并在三日之内将已作出的决定提交乌兹别克斯坦共和国最高会议两院批准，实施紧急状态的条件和程序由法律调整；

20. 总统是乌兹别克斯坦共和国武装力量最高统帅，任命和解除武装力量高级指挥官的职务，授予高级军衔；

21. 颁发乌兹别克斯坦共和国勋章、奖章和证书，授予乌兹别克斯坦共和国技能称号和荣誉称号；

22. 决定乌兹别克斯坦共和国的国籍问题和提供政治避难问题；

23. 向乌兹别克斯坦共和国最高会议参议院提交关于发布特赦令的建议，对被乌兹别克斯坦共和国法院判刑的人员实行赦免；

24. 成立乌兹别克斯坦共和国国家安全总局，任命和解除国家安全总局局长的职务，并随后将关于这些问题的命令提交乌兹别克斯坦共和国最高会议参议院批准；

25. 实施乌兹别克斯坦共和国本宪法和法律规定的其他权限。

（二）总统无权将其职权转交给国家机关或公职人员履行。

第九十四条

乌兹别克斯坦共和国总统根据并为执行乌兹别克斯坦共和国宪法和法律，颁布在共和国全境具有绝对约束力的命令、决议和指示。

第九十五条

（一）当乌兹别克斯坦共和国最高会议立法院或参议院成员中产生威胁其正常职能作用的不可消除的分歧，或者屡次通过违背乌兹别克斯坦共和国宪法的决定，以及在立法院和参议院之间产生威胁其正常职能作用的不可消除的分歧时，乌兹别克斯坦共和国总统可根据与乌兹别克斯坦共和国宪法法院协商后作出的决定解散乌兹别克斯坦共和国最高会议立法院、参议院。

（二）在乌兹别克斯坦共和国最高会议立法院、参议院解散的情况下，新的选举应在三个月内举行。

（三）乌兹别克斯坦共和国最高会议立法院、参议院在实行紧急状态时不得解散。

第九十六条

如果乌兹别克斯坦共和国总统由于两院共同决定成立的国家医疗委员会结论所确认的健康状况而不能履行其职责时，应于十日内在最高会议议员和参议员参加的两院紧急联席会议上选出任期三个月的乌兹别克斯坦共和国代理总统。在这种情况下，应在三个月内举行乌兹别克斯坦共和国总统的全民选举。

第九十七条

由于任届期满而离职的总统终身担任参议院成员职务。

第二十章　内阁

第九十八条

（一）乌兹别克斯坦共和国内阁实施执行权力。乌兹别克斯坦共和国内阁由乌兹别克斯坦共和国总理、副总理、部长、国家委员会主席组成。卡拉卡尔帕克斯坦共和国政府首脑因职务关系参加内阁。

（二）内阁由乌兹别克斯坦共和国总统组建。乌兹别克斯坦共和国总理人选由乌兹别克斯坦共和国最高会议两院根据乌兹别克斯坦共和国总统提名审议和批准。内阁成员由乌兹别克斯坦共和国总统根据乌兹别克斯坦共和国总理提名批准。

（三）内阁保证对经济、社会和精神领域的有效运作实行领导，保证执行乌兹别克斯坦共和国法律、最高会议决议、乌兹别克斯坦共和国总统的命令、决定和指示。

（四）内阁根据现行立法颁布对乌兹别克斯坦共和国全境所有机关、企业、机构、组织、公职人员和公民都有约束力的决议和指示。

（五）乌兹别克斯坦共和国总理组织和领导内阁活动，对其工作效率负有个人责任，主持内阁会议、签署内阁决定，根据乌兹别克斯坦共和国总统的委托在国际关系中代表乌兹别克斯坦共和国内阁，履行乌兹别克斯坦共和国法律及乌兹别克斯坦共和国总统命令、决定和指示规定的其他职责。

（六）根据本宪法第八十九条和第九十三条，乌兹别克斯坦共和国总统有权主持内阁会议，就属于内阁职责的问题作出决定，撤销内阁的决议和指令以及乌兹别克斯坦共和国总理的指令。

（七）内阁在自己的活动中向乌兹别克斯坦共和国总统和乌兹别克斯坦共和国最高会议负责。

（八）内阁的卸职向重新选出的最高会议提出。

（九）内阁组织活动的程序和职责由法律规定。

第二十一章　地方国家机构的基本原则

第九十九条

由行政长官（khokims）领导的人民代表会议是州、区、市（除区直辖市以及作为市组成部分的区以外）的代表权力机关，行政长官根据国家和公民利益解决属于其职责范围的问题。

第一百条

地方权力机关的权限包括：

1. 保证法制、法纪和公民安全；

2. 地区的经济、社会和文化发展问题；

3. 形成和执行地方预算，设立地方税收、集资，形成预算外基金；

4. 领导市政经济；

5. 保护环境；

6. 保证国内户籍登记；

7. 通过规范性文件和不违背乌兹别克斯坦共和国宪法和法律的其他权限。

第一百零一条

地方权力机关执行乌兹别克斯坦共和国法律、乌兹别克斯坦共和国总统命令、上级国家权力机关的决定，参加讨论具有全国和地方意义的问题。

第一百零二条

（一）州长、区长和市长领导相应区域内的代表机关和行政机关。

（二）州长和塔什干市长由乌兹别克斯坦共和国总统依法任命和解除职务，并经人民代表会议批准。

（三）区长和市长由相应的州长任命和解除职务，并经同级人民代表会议批准。

（四）市的区长由相应的市长任命和解除职务，并由市人民代表会议批准。

（五）区直辖市的市长由区长任命和解除职务，并由区人民代表会议批准。

第一百零三条

（一）州长、区长和市长根据一长制原则行使其职权，并对其所领导的机关的决定和行为承担个人责任。

（二）行政长官和地方人民代表会议活动的组织与权限范围，及地方人民代表会议的选举程序由法律调整。

第一百零四条

行政长官在其授权范围内作出对相应区域内的所有企业、机关、组织、团体以及公职人员和公民均必须执行的决定。

第一百零五条

（一）公民大会和选举产生的任期两年半的主席（会长）及其副手是镇、乡、村以及市、镇、乡和村居民点中的自治机关。

（二）自治机关的选举程序、活动的组织与权限范围由法律调整。

第二十二章　乌兹别克斯坦共和国的司法机关

第一百零六条

乌兹别克斯坦共和国的司法权的行使独立于立法权、执行权、政党和其他社会团体。

第一百零七条

（一）乌兹别克斯坦共和国司法系统的构成：乌兹别克斯坦共和国宪法法院、乌兹别克斯坦共和国最高法院、乌兹别克斯坦共和国高等经济法院、卡拉卡尔帕克斯坦共和国最高民事和刑事法院、卡拉卡尔帕克斯坦共和国经济法院，选举产生并任期五年；任命同样任期的塔什干市民事和刑事法院，跨区、区、市民事和刑事法院，军事法院和经济法院。

（二）法院活动的组织与程序由法律调整。

（三）不许成立特别法庭。

第一百零八条

（一）乌兹别克斯坦共和国宪法法院审理立法机关和执行机关的文件是否合宪的案件。

（二）宪法法院从政治和法学领域的专家中选举产生，由宪法法院院长、副院长和法官组成，包括卡拉卡尔帕克斯坦共和国的代表。

（三）宪法法院院长和法官不得兼任议员。

（四）宪法法院院长和法官不得成为政党和运动的成员并担任任何其他有酬职务。

（五）宪法法院的法官享有不可侵犯权。

（六）宪法法院法官在其活动中是独立的，只服从乌兹别克斯坦共和国宪法。

第一百零九条

（一）乌兹别克斯坦共和国宪法法院：

1. 确定乌兹别克斯坦共和国法律和乌兹别克斯坦共和国最高会议两院所通过的决议、乌兹别克斯坦共和国总统命令、政府和地方国家权力机关的决议、乌兹别克斯坦共和国的国家间条约义务和其他义务是否符合乌兹别克斯坦共和国宪法；

2. 就卡拉卡尔帕克斯坦共和国宪法是否符合乌兹别克斯坦共和国宪法、卡拉卡尔帕克斯坦共和国法律是否符合乌兹别克斯坦共和国法律作出结论；

3. 对乌兹别克斯坦共和国宪法和法律的规范作出解释；

4. 审理根据乌兹别克斯坦共和国宪法和法律属于其职权的其他案件。

（二）宪法法院的决定自公布时起生效。它们是终局裁定并且不能上诉。

（三）宪法法院活动的组织和程序由法律规定。

第一百一十条

（一）乌兹别克斯坦共和国最高法院是民事、刑事和行政诉讼最高审判机关。

（二）它所作出的裁判是终局裁判，对乌兹别克斯坦共和国全境具有约束力。

（三）乌兹别克斯坦共和国最高法院有权对卡拉卡尔帕克斯坦共和国最高法院、各州、市、跨区、区法院和军事法院的活动实行审判监督。

第一百一十一条

高等经济法院和经济法庭在其权限内裁决各种所有制形式的企业、机关、组织之间以及企业家之间在经济领域和管理过程中产生的经济和管理纠纷。

第一百一十二条

（一）法官是独立的，只服从于法律。不允许任何干涉法官履行审判职责的活动，如有违反，依法追究责任。

（二）法官受法律保障不受侵犯。

（三）法官不得成为国家权力代表机关的参议员、代理人。

（四）法官不得成为政党成员、参加政治运动，不得从事其他任何有偿活动，为科研和教学目的除外。

（五）法官在其任届届满前被解除职务，只能根据法律规定的理由作出。

第一百一十三条

法院审理案件一律公开进行。只有在法律规定的情况下允许不公开审理案件。

第一百一十四条

司法机关的裁判约束所有国家机关、社会团体、企业、机构、组织、公职人员和公民。

第一百一十五条

乌兹别克斯坦共和国的诉讼活动使用乌兹别克语、卡拉卡尔帕克斯坦语或该地区多数居民的语言进行。应保证不懂得诉讼使用语言的案件当事人有权充分了解案情、通过翻译人员参加诉讼并有权在法庭上使用母语发言。

第一百一十六条

（一）被告享有辩护的权利。

（二）在侦查和诉讼的任何阶段都要保证获得法律援助的权利。向公民、企业、机关和组织提供法律援助由律师协会提供。律师协会活动的组织和程序由法律规定。

第二十三章 选举制度

第一百一十七条

（一）乌兹别克斯坦共和国公民有权选举和被选入国家权力代表机关。每个选民拥有一票。投票权、平等和言论自由受法律保护。

（二）乌兹别克斯坦共和国总统、乌兹别克斯坦共和国最高会议立法院、卡拉卡尔帕克斯坦共和国议会以及各州、区、市国家权力代表机关的选举在其由宪法规定的任期届满当年十二月下旬的第一个星期日举行。选举按普遍、平等和直接选举制通过秘密投票来进行。年满十八周岁的乌兹别克斯坦共和国公民均有选举权。

（三）乌兹别克斯坦共和国最高会议参议院成员在卡拉卡尔帕克斯坦共和国议会及各州、区、市国家权力代表机关代表分别举行的联席会议上通过秘密投票选出，应不晚于上述代表机关产生后的一个月。

（四）经法院确认为患精神疾病的公民以及根据法院判决被关押在监狱的人不能被选举也不能参加选举。在其他任何情况下均不许直接或间接限制公民的选举权。

（五）乌兹别克斯坦共和国公民不得同时成为两个以上国家权力代表机关的代表。

（六）举行选举的程序由法律规定。

第二十四章　检察机关

第一百一十八条

乌兹别克斯坦共和国总检察长和隶属于他的检察官对乌兹别克斯坦境内严格且统一贯彻执行法律进行监督。

第一百一十九条

（一）乌兹别克斯坦共和国总检察长领导统一和集中的检察机关系统。

（二）卡拉卡尔帕克斯坦共和国检察长由卡拉卡尔帕克斯坦共和国最高代表机关经乌兹别克斯坦共和国总检察长同意后任命。

（三）各州、区和市的检察官由乌兹别克斯坦共和国总检察长任命。

（四）乌兹别克斯坦共和国总检察长，卡拉卡尔帕克斯坦共和国检察长，各州、区、市的检察官任职期限均为五年。

第一百二十条

（一）乌兹别克斯坦共和国检察机关、任何国家机关、社会团体和公职人员独立行使其职权，仅服从于法律。

（二）检察官在其任期内中止其所属政党和其他追求政治目的社会团体的成员资格。

（三）检察机关的组织、权限和活动程序由法律规定。

第一百二十一条

（一）乌兹别克斯坦共和国境内不得成立独立行使侦查、调查和其他特有的反犯罪职能的私立的和合

作的组织、社会团体及其分支机构。

（二）社会团体和公民可协助执法机关维护法制、法纪和公民权利与自由。

第二十五章　财政与信贷

第一百二十二条

（一）乌兹别克斯坦共和国拥有自己的财政和货币信贷体系。

（二）乌兹别克斯坦共和国预算包括共和国预算、卡拉卡尔帕克斯坦共和国预算和地方预算。

第一百二十三条

乌兹别克斯坦共和国境内实行统一税制。乌兹别克斯坦共和国最高会议拥有确定税收的权利。

第一百二十四条

共和国中央银行领导乌兹别克斯坦共和国银行系统。

第二十六章　国防与安全

第一百二十五条

（一）乌兹别克斯坦武力力量是为捍卫乌兹别克斯坦共和国国家主权与领土完整、捍卫其公民的和平生活与安全而建立。

（二）武装力量的结构与组织由法律规定。

第一百二十六条

乌兹别克斯坦共和国保有足够的武装力量确保其安全。

第六篇　宪法修改的程序

第一百二十七条

经乌兹别克斯坦共和国最高会议立法院不少于三分之二议员批准通过，可修改乌兹别克斯坦共和国宪法。

第一百二十八条

乌兹别克斯坦共和国最高会议应在相关提案提交后的六个月内通过变更或修改宪法的法律，并进行全国范围的商议。若乌兹别克斯坦共和国最高会议否决了宪法修正案，则该案在一年内不得重新提出。

新加坡共和国宪法*

第一部分 前言
(PRELIMINARY)

第一条 ［引用(Citation)］

　　本宪法可被称为"新加坡共和国宪法"。

第二条

　　解释

　　1.除另有规定或上下文需要作其他理解外,下列词句具有如下指出的意义——

　　"内阁",是指根据本宪法成立的内阁;

　　"总统经费",是指根据本宪法第二十二J条为了维持总统供职的费用;

　　"新加坡公民",是指根据本宪法规定具有新加坡公民身份的人;

　　"开始生效",用于指本宪法生效时,指1965年8月9日;

　　"统一基金",是指由本宪法建立的统一基金;

　　"总统顾问委员会",指依本宪法第五部分之一组成的总统顾问委员会;

　　"现行法律",是指依据本宪法作为新加坡法律的一部分而生效的任何法律;

　　"政府",是指新加坡政府;

　　"最高法院法官",包括首席大法官、一名上诉法官和一名高等法院法官;

　　"法律",包括联合王国的成文法以及任何立法、任何在新加坡生效的立法或文书、在新加坡适用的普通法以及任何在新加坡具有法律效力的风俗和习惯;

　　"法律服务委员会",指依本宪法组成的法律服务委员会;

　　"立法机关",指新加坡的立法机关;

　　"部长",指根据本宪法任命的部长;

　　"有收入的职位",指公务部门中的任何全日制职位;

　　"议会",指新加坡议会;

　　"总统",指依本宪法选举产生的总统,包括任何在当时履行总统职能的任何人;

　　"总统选举委员会",指依本宪法第十八条之规定组成的选举委员会;

　　"总理",指根据本宪法规定任命的总理;

　　"公职",是指除有本条第五款情况以外在公务部门中享有报酬的职位;

　　"公职人员",是指任何公职的持有者;

　　"国玺",是指新加坡国玺;

　　"公共事务",是指属于政府的事务;

　　"公务委员会",是指根据本宪法成立的公务委员会;

　　"选民登记表",是指根据有关选举的现行有效成文法律规定所制定的选民登记表;

　　"报酬",对于任何公职人员,报酬仅指该公职人员的薪金,而依照有关授予相应公职人员以退休金的任何法律规定,其全部或部分都算作退休金;

　　"储备",当与政府、法定的委员会或政府公司相关时,指政府、法定的委员会、政府公司的资产超过负债的部分;

　　"届期",是指议会自其组成或不论何时宣布闭会或解散后,首次集会开始以至议会宣布闭会或未经宣布闭会被解散而结束时为止的会期;

　　"新加坡",是指新加坡共和国;

　　"会期",是指议会不休会而连续不断开会的期间,包括议会转入委员会审议阶段的任何期间在内;

　　"议长"和"副议长",分别指议会的议长和副议长;

　　"任期",与政府有关时,指以下时期——

　　(1)大选后,总理及各部部长依本宪法第二十七条之规定首次提交及发表效忠宣誓之日起;以及

　　(2)止于下一次大选之后,总理及部长首次提交及发表效忠宣誓的前日;

　　"服务条件",对于任何公职人员而论,服务条件

---

　*　译自新加坡驻华大使馆提供的英文文本。译者:邵自红。校对:张思怡。

包括该员凭借职位可以享有的报酬,以及应付给该员或其亲属的任何退休金、退职金或其他类似的补助金;

"成文法律",指本宪法以及新加坡现行有效的所有法律、法令以及附属立法。

2. 除本宪法另有规定或上下文另有要求外——

(1)在某一职位宣告出缺或职位持有者(不论由于离职、身体患病或精神失常或任何其他原因)不能履行其职务的期间,凡对该职位具有实际任命权力的人或机关可任命一人执行这一职位的职能;

(2)凡为履行某一职位的职能而根据前项作出的任命,应以对该职位作出实际任命时相同的方式并根据相同的条件作出之;

(3)本宪法在用指代职位的名称以提到一个职位的持有者的场合,均应解释为包括任何当时合法地履行该职位各项职能的人;

(4)本宪法提到对任何职位作某一任命的场合,应解释为是指包括履行该职位各项职能而作出的任命。

3. 本宪法中遇有一个职位的持有者本人不能履行职能而将任命一人代行该职位的职能的权力授予任何人或机关时,不得以该职位的持有者不能履行该类职能为理由对这种任命表示异议。

4. 为了本宪法的目的,本宪法设置的任何机构的成员或任何职位的持有者提出辞职而需要其向某人提出辞呈时,辞职应视为从该人收到辞呈之时起发生效力。

但在辞职必须向议长提出的场合,如果议长职位出缺或议长不在新加坡时,辞职应视为从副议长代表议长收到辞呈之时起发生效力。

5. 为了本宪法的目的,一人不得以担任总统、总理、首席大法官、议长、副议长、部长、政务次长、政治秘书、议会议员、大使、高级专员或总统随时以命令指定的其他职位而受领了任何报酬或补助金(包括退休金或其他类似补助金在内)的事实为理由,即认为是一个公职的持有者。①

6.(1)在不影响本条第二款各项规定的情况下,当职位的持有者在其放弃职位之前获准请假,对该职位具有任命权力的人或机关可任命另一人担任此职务。

(2)遇有两个或两个以上的人由于根据前项作出的任命而担任同一职务者,就赋予该职务担任者的任命职位而论,最后任命的人应视为该职位的唯一持有人。

7. 遇有按照宪法必须宣誓者,如果本人要求,应准其以作出郑重声明的方式遵行宪法的要求。

8. 本宪法中提到的任何期间,应在上下文许可的范围内解释为包括本宪法生效日前开始的一段时间。

9. 以遵从本条各项规定为条件,1965 年的解释法应适用于解释本宪法和与之有关的其他方面,如同适用于解释任何在该法意义上的成文法律和与之有关的其他方面一样。

10. 除非上下文另有需要,本宪法中所称的部分、条款或附表,指本宪法的该特定部分、条款或附表。本宪法中的特定章、款、节或段,指提及的章、款、节或段。本宪法中的一组条文、节或片断或部分应解释为包括最先和最后的序号所包括的全部内容在内。

第二部分　新加坡共和国与宪法

新加坡共和国
第三条

新加坡是主权的、共和的国家,其名称为新加坡共和国。

宪法的最高性
第四条

本宪法是新加坡共和国的最高法,本宪法生效后立法机关制定的任何与本宪法不一致的立法无效。

宪法的修改
第五条

1. 除本款及第八条之规定外,本宪法的各条款可由立法机关制定的法律加以修改。

2. 任何试图修改本宪法之任何条款的法案,非在二读和三读程序中,获得第三十九条第一款第一项中所指的全体选举议员至少三分之二之赞成不得通过。

2A. 除非总统依其自由裁量,或以书面指示议会议长,任何试图修正本宪法——

(1)本款或第五条第一项;

(2)第四部分的任何条款;

(3)第五部分第一章之任何条款或第九十三 A 条;

(4)第六十五条或第六十六条;

(5)本宪法中任何授权总统依其自由裁量而行为的任何条款;

——的任何法案,除非同时在全民公决中获得不少于三分之二的依议会选举法(CAP. 218)之规定全

---

①　总统将总领事及领事规定为适用本款的官员。

部登记选民之支持不得通过。

本宪法重印之时第五条第二 A 款尚未生效。本条款废除以前(依 5/91 号法律制定的)第五条第二 A 款,但该款在被 14/91 号法律废止之时仍未生效。

3. 本条中的"修改"包括增加和废除。

总统有权拒绝同意特定的修改宪法的法案

第五 A 条

1. 除本宪法第三部分之规定外,如果该法案或该法案的任何条文的规定直接或间接地规避或削减了本宪法授予总统的自由裁量权。总统得依其自由裁量,以书面方式表示其拒绝同意试图修改本宪法的法案(除本宪法第五条第 2A 款中规定的法案外)。

(本宪法重印之时第五条之一尚未生效。)

2. 总统依内阁之建议,可依第一百条之规定(而不论是在依前款之规定作出拒绝同意之前还是之后),得将该法案或法案中的条款是否直接或间接地规避或削减了本宪法授予总统的自由裁量权的问题提交法庭处理;如果该问题已被提交,则第一百条之规定经必要之修正后将适用于该处理请求。

3. 如果已向法庭提出了处理请求且该法庭并不认为该法案或该法案的任何条款直接或间接地规避或削减了本宪法授予总统的自由裁量权,则应视为总统已经在法庭意见公布之后即刻对该法规作出了同意。

4. 如果法庭认为该法案或法案的任何条款直接或间接地规避或削减了本宪法授予总统的自由裁量权,且总统依第一款之规定,已经或有意拒绝同意该法案,则总统得在任何时候将该法案提交选民进行公决。

5. 如果第四款所指的法案在全民公决中获得了不少于三分之二的全体参加投票的且依议会选举法之规定为合格选民之同意,则应当视为总统已经于全民公决结果在政府公报上公布之日即刻对该法案作出了同意。

6. 为实施本条之目的,任何法案在被提交总统批准之日起的三十日内,如果总统既未明示拒绝签署也未依第一百条之规定将其提交法庭处理,则应视为总统已在三十日的期限届满之后即已同意了该法案。

第三部分　新加坡共和国主权及共和制的保障

非经全民公决,不得放弃主权或让渡对警察部队或武装部队的控制。

第六条

1.(1)不得放弃或转移作为独立国家的新加坡共和国主权的全部或任何部分,不论是与任何其他主权国家、任何联邦、邦联、国家或地区合并或结合或以其他任何方式而有损于主权;

(2)不得让渡对警察部队或武装部队的控制,除非这种放弃、转移或让渡在全民公决中获得依议会选举之规定为合格选民所投选票三分之二以上之赞成。

2. 为实施本条之目的——

"新加坡武装部队"指依新加坡武装部队法(*Singapore Armed Forces Act*)建立和维持的新加坡武装部队、依民防法(*Civil Defence Act*)建立的民防部队以及总统通过政府公报声明属于本条规定的武装部队的任何部队。

"新加坡警察部队"指依新加坡警察部队法(*Police Force Act*)所设置的警察部队和特别警察部队以及依该法第四部分所设置的辅助警察部队以及义务军团法(*Vigilante Corps Act*)所设置的义务军团部队,以及总统通过政府公告宣布属于本条所规定的警察部队的部队。

第七条　〔参与有利于新加坡的国际合作计划〕

在不以任何方式有损第六条之效力及效果的情况下,第六条的任何规定不得被解释为排除新加坡或新加坡的任何联盟、团体或机构——

(1)参与、合作或捐赠于任何性质上与其他主权实体、联邦、邦联、国家或国家联合,或上述组织内之任何联盟、机构或组织有关或相关联的任何计划、投资、项目、企业或实业,如果该计划、投资、项目、企业或实业赋予或有意于赋予新加坡或新加坡的任何联盟、机构或组织任何经济、财政、工业、社会、文化、教育或其他任何种类的利益,或将在任何一个方面有利于新加坡或新加坡的利益联盟、机构或组织;或

(2)与其他主权实体、联邦、邦联、国家或任何上述组织内之任何联盟、机构或组织签订条约、协定、合同、约定或任何其他安排,如果该条约、协定、合同、约定或安排提供了互惠的或集体安排或任何不论何种目标或目的,如果能够在任何一个方面为新加坡带来利益或便利。

第八条　〔非经全民公决,不得对本部分进行修改〕

1. 任何试图修改本部分规定的法案,除非在全民公决中经已获得依议会选举法为合格选民所投选票的三分之二以上的支持,议会不得通过。

2. 本条中,"修改"包括增加和废除在内。

第四部分　基本自由

第九条　〔人身自由〕

1. 非依法律规定,任何人不得被剥夺生命或人身自由。

2. 如有人向高级法院或高级法院法官提出控告宣称其被非法拘禁，该法院应对该控告进行调查，除非法院确认该拘禁为合法，否则提出控告者应出庭并被释放。

3. 如果某人被逮捕，他有权即刻获得有关被逮捕之事由的信息，并被允许向其选择的执业律师进行咨询并获得辩护。

4. 如果某人被逮捕且未被释放，他应该具有不被无理拖延且不论在何种情况下在四十八小时内（不包括必需的路途时间在内），依照法律规定，以亲自出席或通过视频双向交流的方式（或其他类似技术手段）提交治安法官决定，且非依治安法官的命令不得继续监禁。

5. 第三款和第五款之规定不适用于敌侨或依议长签发因藐视议会的令状而实施的监禁。

6. 本条的任何规定均不导致下列法律无效——

（1）本宪法生效之前有效的法律，其中包含授权为了公共安全、和平及良好秩序而进行逮捕或拘禁之内容者；

（2）与处理滥用毒品或致醉物品相关事务的法律，其中包括授权为了治疗及恢复健康之目的的逮捕与拘禁者。

尽管这些法律之规定与本条第三款、第四款之规定不一致，特别是本条的任何规定，在 1978 年 3 月 10 日之前，本宪法之规定不影响这些法律的有效性或实施。

第十条 ［禁止奴隶制和强制劳动］

1. 任何人均不得被置于奴隶的地位。

2. 禁止任何形式的强制劳动，但为国家目的，议会得以法律规定义务服务。

3. 为执行法院判处的刑罚而发生的劳动，不得被视为本条所规定的强制劳动。

第十一条 ［禁止溯及既往的刑事法及重复审判］

1. 任何人不得因其在行为时或发生时依法不受惩罚的行为或疏忽，在此后受到惩罚；任何人也不得遭受比其犯罪时依法应受的刑罚更重的处罚。

2. 任何人，如已被判决有罪或无罪，将不得因同一罪行而再次接受审判，但原判决已被上级法院撤销并命令重新审判者除外。

第十二条 ［平等保护］

1. 法律面前人人平等，并享有法律的平等保护。

2. 除宪法明确规定外，不得仅仅由于宗教、种族、出身或出生地，而在任何法律中或在对公共机构的任何职位或雇员的任命中，或在执行任何与取得、保有，或处分任何财产，或与建立或进行贸易、商业、职业、行业或雇佣相关的法律时，对新加坡公民进行区别对待。

3. 本条的任何规定，均不禁止或使下列规定无效——

（1）任何与人身相关的法律（人格权法）；

（2）任何限制官员或雇员相关的规定或惯例，限制其从事任何与宗教相关的行为，或由信仰某一宗教的如何管理的机构相关的行为，或与个人的宗教信仰相关的行为者。

第十三条 ［禁止驱逐与迁徙自由］

1. 新加坡公民不得被从新加坡驱逐或流放海外。

2. 除与新加坡或新加坡之任何部分之安全、公共秩序、公共健康或惩罚犯罪相关之法律另有规定外，任何新加坡公民均有权在新加坡境内自由迁徙及在新加坡的任何地方居住。

第十四条 ［言论、集会及结社自由］

1. 除第二款和第三款的规定外：

（1）任何新加坡公民均享有言论和表达的自由；

（2）任何新加坡公民均享有和平、不携带武器集会的自由；

（3）任何新加坡公民均享有结社的权利。

2. 议会得通过法律作出规定——

（1）就第一款第一项所保障的权利，为了新加坡或新加坡之任何部分之安全利益、与任何其他国家之友好关系、公共秩序或道德，或为了保障议会之特权或为了惩罚藐视法庭，或为了惩罚诽谤或起诉任何犯罪之目的，对该权利规定必需的或便利的限制；

（2）就第一款第二项所保障的权利，为了新加坡或新加坡之任何部分之安全利益或公共秩序之目的，规定必需的或便利的限制；

（3）就第一款第三项所保障的权利，为了新加坡或新加坡之任何部分之安全利益或公共秩序或道德之目的，规定必需的或便利的限制。

3. 针对第一款第三项所规定的结社的权利的限制，还可以由与劳动或教育相关的法律规定。

第十五条 ［宗教自由］

1. 任何人均有信仰他的宗教和从事宗教活动以及宣传宗教的权利。

2. 任何人均不得被强制向全部或部分用于并非其所信仰之宗教的款项缴纳税金。

3. 任何宗教团体均享有以下权利——

（1）管理本宗教的事务；

（2）为宗教或慈善目的，建立及维持相应的机构；

（3）依法取得、拥有、持有及管理财产。

4. 本条之规定并不允许任何与公共秩序、公共健康或道德相关的一般法相抵触的行为。

第十六条 ［与教育相关的权利］

1. 在不影响第十二条所规定的总体原则的情况

下,不得仅因宗教、种族、出身或出生地而在以下方面对新加坡公民进行区别对待——

(1)在管理任何由公共机构维持的教育机构,尤其是在入学或学费方面进行区别对待;

(2)从公共财政中支付款项以支持任何教育机构(不论该教育机构是否由公共机构支持,也不论是否在新加坡境内)维持或教育学生。

2. 任何宗教团体均有权建立和维持对儿童提供教育的机构并在机构内提供本教育的教育活动,任何与此类机构相关的法律或在与此类机构有关的法律的执行过程中,不得仅因宗教原因而对这些机构进行区别对待。

3. 任何人不得被强迫接受非本人宗教的教育,也不得被强迫参与非本人宗教的任何仪式或任何崇拜行为。

4. 为本条第三款之目的,不满十八周岁者的宗教由其父母或监护人决定。

第五部分　政府

第一章　总统

第十七条

1. 设新加坡总统为国家元首,行使由本宪法及任何其他成文法授予的权力,履行相应的职责。

2. 总统由新加坡公民依议会制定的任何法律选举产生。

3. 总统的选举依下列规定进行之——

(1)倘逢在总统任期届满之前总统职位空缺且在职位空缺之前未发出选举令,或虽然发出了选举令,但选举令已被撤销,则应在总统职位空缺后的六个月内举行;

(2)在其他任何情况下,至迟应在总统任期届满前的三个月内举行。

第十八条 ［总统选举委员会］

1. 设总统选举委员会,其职能是确保总统候选人具备第十九条第二款第五项或第六项下第四目所规定的条件之一或兼而有之,具体需具备何种条件,视情况而定。

2. 总统选举委员会由下列人员组成——

(1)公共服务委员会(Public Service Commission)主席;

(2)依 2004 年的会计与企业规制机构法(*Accounting and Corporate Regulatory Authority Act 2004*)(2004 年第 3 号法律)设置的会计与企业规制机构主席;

(3)由总统少数人权利委员会主席提名的委员一名。

3. 公共服务委员会主席为总统选举委员会主席,如其不在新加坡境内或因其他原因不能履行其职责,则他应提名公共服务委员会的一名副主席代行总统选举委员会主席职务。

4. 依本条第二款第三项之规定提名的总统委员会,在以下情况下空缺——

(1)死亡;

(2)向总统少数人权利委员会主席递交了书面辞职报告;

(3)总统少数人权利委员会主席撤销了提名,此时空缺由总统少数人权利委员会主席另外提名新成员一名填补。

5. 如果本条第二款第二项或第三项规定的总统选举委员会成员不在新加坡境内或因任何其他原因不能履行其职责,则视情况由会计与企业规制机构主席或总统少数人权利委员会主席任命会计与企业规制机构的一名成员或总统少数人权利委员会的一名成员代行其职。

6. 总统选举委员会得制定相应的程序规则及会议的法定人数。

7. 总统选举委员会可在任何成员缺席的情况下行为。

8. 议会得以法律规定总统选举委员会成员的报酬,此报酬应以统一基金支付。

9. 总统选举委员会就某一总统候选人是否具备第十九条第二款第五项或第九项第四目的资格所作的决定为终局裁决,不得向任何法院上诉,任何法院也不得对之进行审查。

第十九条 ［总统资格及资格的丧失］

1. 无论何人,除非其依本宪法之规定具有候选人资格,否则不得当选为总统。

2. 满足下列条件者有权当选为总统——

(1)为新加坡公民。

(2)已年满四十五周岁。

(3)具备本宪法第四十四条第二款第三项及第四项所规定的资格。

(4)不具有本宪法第四十五条所规定的丧失当选资格的情况。

(5)总统选举委员会认为他是正直、具有良好品格及声誉的人。

(6)在被提名参与选举之日不属于任何政党的成员。

(7)担任以下职务之一至少三年以上——

a. 部长、首席大法官、议会议长、首席检察官、公共服务委员会主席、审计总长、会计总长或常设秘书;

b. 担任任何本宪法第二十二Ａ条适用于其上的、由成文法设置的委员会之主席或首席长官职务；

c. 担任依公司法设立或登记的、资本不少于一百万元或等值外币的公司之指导委员会主席或首席执行官；

d. 任何其他类似或可相提并论的高级职位，在任何其他在规模或复杂程度上相当的公共或私有部门担任负责人，总统选举委员会认为其经历已经为其提供了管理、组织财政事务的经验和能力，且此种经验和能力使其能够有效行使总统职权并履行总统职责。

3. 总统将——

(1)不得担任本宪法创设或认可的任何其他职务；

(2)不得积极加入任何商业企业；

(3)不得作为任何政党的成员；

(4)如果他是议会议员，则其议员席位空缺。

4. 第三款所规定的任何事项，均不得解释为要求任何依第二十二条第十四项或第十五项之规定行使总统职权的人——

(1)如果他是任何政党的成员，需要辞去政党成员职务；

(2)其在议会中的席位空缺或由本宪法创设的或认可的任何其他职位空缺。

第二十条 ［总统任期］

1. 总统得从其就职之日起担任总统职务六年；

2. 当选总统者应在其前任不再担任总统职务之日就职，如果总统职位空缺，则应在当选之次日就职；

3. 在其就职之时，总统应在首席大法官或联邦最高法院其他法官在场的情况下依照附表一之规定宣誓并提交宣誓内容。

第二十一条 ［履行总统职责］

1. 除本宪法另有规定外，总统在行使本宪法或任何其他成文法授予的职权时，应依照内阁或依内阁之一般权威行使职权的部长之意见行为。

2. 在履行下列职责时，总统得依自己的裁量行为——

(1)依第二十五条之规定任命总理；

(2)拒绝解散议会的请求；

(3)依本宪法第五Ａ条①、第二十二Ｅ条、第二十二Ｈ条、第一百四十四条第二款或第一百四十八Ａ条的规定拒绝签署相应法案；

(4)拒绝同意由政府提供或所借的债务给予第一百四十四条规定的担保；

(5)拒绝同意及批准分别适用第二十二Ａ条、第二十二Ｃ条之规定的、由立法所设置的委员会及公司的人员任命及预算；

(6)不予批准第二十二Ｂ条第七款、第二十二Ｄ条第六款或第一百四十八Ｇ条所指的交易；

(7)拒绝依第一百五十一条第四款之规定，批准对任何依据任何按第十二部分之规定制定的任何法律或规章进行的拘禁或进一步拘禁；

(8)行使保持宗教和谐法(Maintenance of Religious Harmony Act)授予的权力时；

(9)本宪法及任何其他立法授权总统可依自由裁量行使的职能。

3. 总统在行使由第二十二条、第二十二Ａ条第一款、第二十二Ｂ条第二款和第七款、第二十二Ｃ条第一款、第二十二Ｄ条第二款和第六款、第一百四十二条第一Ａ款、第一百四十四条、第一百四十八Ａ条、第一百四十八Ｂ条和第一百四十八Ｇ条所授予的任何职能之前，应当咨询总统顾问委员会的意见。

4. 除本条第三款的规定外，总统在行使本条第二款第三项至第九项下的职能时，可自由决定是否咨询总统顾问委员会。

5. 除以下权力外，立法机关有权以法律要求总统在咨询内阁外的任何人士或人士构成的群体，或要求总统依内阁外之人士或人士构成的群体之建议行为——

(1)依其自由裁量履行的职能；

(2)本宪法中之任何其他条款已经对职能的履行作出了规定。

第二十二条 ［任命公务员及其他］

1. 不论本宪法的其他条款如何规定，或当总统不同意特定机构之意见或建议，尽管依本宪法之其他条款或任何其他成文法之规定，总统应当依该机构之意见或建议行为，但他仍可依其自由裁量，拒绝对下列官员作出任命或拒绝撤销任命——

(1)首席大法官，最高法院法官和司法专员；

(2)首席检察官；

(3)总统少数人权利委员会主席和成员；

(4)依维持宗教和谐法而设置的总统宗教委员会的主席及组成人员；

(5)为第一百五十一条之目的而设置的各咨询委员会的主席及成员；

(6)公共服务委员会主席及成员；

(7)法律服务委员会成员，但第一百一十一条第二款第一项、第二项或第三项规定的当然成员除外；

(8)首席价格核定员；

---

① 在本宪法重印之时，第五Ａ条尚未生效。

(9)审计总长；

(10)会计总长；

(11)国防部队首长；

(12)依新加坡武装部队法（*Singapore Armed Forces Act*）建立的武装部队委员会成员，但当然成员除外；

(13)警察专员，以及；

(14)贪污行为调查局局长。

2. 当总统与总统顾问委员会的建议相反，依第一款之规定，拒绝作出一项任命或拒绝撤销一项任命，议会得以本宪法第三十九条第一款第一项规定的不少于选举议员总数之三分之二的同意通过决议，宣布总统的决定无效。

3. 如果议会依第二款之规定通过了决议，则应视为在决议通过之时，总统已经作出了任命或撤销了任命。

第二十二 A 条　[任命成文法委员会成员]

1. 不论本宪法其他条款如何规定——

(1)如果总统依成文法之授权，任命任何本条适用于其上的成文法委员会之主席、成员或首席行政官员，总统在不同意向其提出意见或建议的机构之意见或建议时，得依其自由裁量权拒绝作出任命或拒绝撤销任命，或

(2)在任何其他情况下，本条之规定不适用其上的成文法委员会之主席、成员或首席行政官员，除非总统依其自由裁判权同意提出意见或建议的机关的意见或建议，任命机关不得任命或撤销任命。

1A. 如果总统与总统顾问委员会的建议相反，依第一款之规定，拒绝作出任命或不同意一项任命，或拒绝撤销一项任命或不同意撤销一项任命，议会得以不少于本宪法第三十九条第一款第一项规定的选举议员总数之三分之二的支持通过决议，宣布总统的决定无效。

1B. 如果议会依本条第一 A 款规定通过了决议，则应视为在决议通过之时，总统已经作出了任命或撤销了任命，任命或撤销任命依情况而定。

2. (1)本条之规定适用于其上的成文法委员会之主席或成员，每次任命的期限不得超过三年，但有资格获得再次任命。

(2)任何依第一款第二项对立法设置的委员会之主席、成员或首席行政官员的任命或撤销任命，如未获得总统的同意均为无效。

3. 本条的规定适用于附表五第一部分规定的成文法委员会。

4. 除第五款之规定外，总统得依内阁之建议，以在政府公报上公开的命令之方式，将任何成文法委员会增加到附表五第一部分中，但不得以此类命令将任

何成文法委员会从附表五第一部分中删除。

5. 任何机构，如果在制定第四款所指的命令之日，成文法委员会之总资产不足一亿美元，则不得被增加到附表五第一部分中。

第二十二 B 条　[成文法委员会的预算]

1. 第二十二 A 条适用于其上的成文法委员会——

(1)在每一财政年度开始之前，应当将委员会该财政年度的预算，连同该委员会主席及首席行政官员所作的、关于该预算如果被执行，是否需要从非本届政府为该成文法委员会分配的储备中提取款项的声明，一并提交总统供其批准。

(2)将该财政年度的预算之执行情况连同与第一项所指的关于预算之执行的声明提交总统供其批准。

(3)在财政年度结束的六个月内，向总统提交——

a. 一份完整的及特别的、经过审计的报表以表明该成文法委员会在该财政年度内的财政收入及支出；

b. 在本财政年度结束之时，尽量提供经过审计的、反映该成文法委员会财务状况的资产与负债表；

c. 成文法委员会主席及首席行政官所作的、第一目及第二目所指的报表是否反映了从非本届政府为该成文法委员会分配的储备中提取的款项的声明。

2. 总统如果认为该预算有可能从非本届政府的储备中提取款项，则得依其自由裁量权，可以拒绝任何成文法委员会的任何预算或补充预算，除总统尽管认为其有可能从非本届政府为该成文法委员会分配的储备中提取款项，但仍批准了该预算的情况外，总统应当将其意见通过政府公报公开。

3. 如果总统在财政年度开始的第一日仍未批准该成文法委员会的预算，该成文法委员会——

(1)应当在财政年度开始后的三个月内向总统提交经修正的预算和第一款所指的声明；

(2)可以暂时不管总统的决定，可以支出不超过经过批准的、该成文法委员会的上一财政年度预算总额四分之一的预算，如果总统仍未批准经修正的预算，则该成文法委员会得支出不超过经过批准的、该成文法委员会上一年度预算总额的款项；上一财政年度的预算将作为该委员会本财政年度的预算发生效力。

4. 依第三款第二项之规定发生的任何数额的支出，均应包含在依该款之规定向总统提交的经修正的预算之中。

5. 本条的任何规定，均不得阻止新加坡货币当

局在管理新加坡货币的过程中采取任何措施,出自新加坡货币当局主任委员会主席之手的且证明是否采取某种措施的文书为排他的证明文件。

6. 各成文法委员会及其首席执行官有义务将本条之规定适用于其上的、将会导致从本届政府任期之前的、该成文法委员会之储备中提取款项的、拟议中的交易向总统汇报。

7. 总统获得关于第六款之规定的交易的通报后,得依其自由裁量权拒绝批准该交易,除总统尽管认为该交易有可能从非本届政府为该委员会分配的储备中提取款项但仍批准了该交易的情况外,总统应当将其意见通过政府公报公开。

8. 1991 年 11 月 30 日后,如果某一成文法委员会依第二十二 A 条第四款发布的命令被确定为属于附表五第一部分之中,本款中所指的经过批准的、该成文法委员会上一财政年度的预算,当与第一次提到的成文法委员会相关联时,指在命令制定时间内第一次提到的成文法委员会的财政年度预算。

9. 为本条之目的,任何本条适用于其上的且由任何成文法委员会(本款及第十款以转出委员会指代)提议的转移或转移(不论是否为法律所规定或依法律之规定所为)其任何储备到——

(1)政府;

(2)任何由附录五第二部分规定的成文法委员会(本款及第十款中以转入委员会指代);或

(3)其他政府公司(本款及第十款中以转入方指代);

在确定是否需要从转出方非本届政府为该成文法委员会分配的储备中提取款项时,不得被计算在内——

(1)拟议的转移或转移系从转出公司转移储备到政府——负责财政的部长以书面方式承诺将转出公司的储备计入本届政府之前的政府储备;

(2)拟议的转移或转移转出方公司的储备到转入委员会——如果转入委员会通过决议决定将转出公司的资产计入本届政府之前的政府储备;

(3)拟议的转移或转移转出方的储备到转入公司——转入公司的主任委员会通过决议,决定转出公司的储备计入本届政府之前的政府储备。

10. 连同依承诺或依第八款所指的决议转出公司的储备,依下列规定的情形,应当视为构成了政府、转入委员会或转入公司在本届政府之前的储备的一部分——

(1)如果转出公司的财政年度预算规定了拟议中的储备转移,且该财政年度预算经过了总统的批准——在该财政年度开始之时;

(2)如果转出公司的补充财政年度预算规定了拟

议中的储备转移,且该补充财政年度预算经过了总统的批准——在总统作出批准之时;或

(3)任何其他情况——储备转移之时。

第二十二 C 条 〔政府公司主任的任命〕

1. 不论政府公司联盟的备忘录及条款如何规定,除非总统依其自由裁量权表示同意,均不得作出对任何本条之规定适用于其上的政府公司的主任或首席执行官的任命或罢免。

1A. 如果总统与总统顾问委员会的建议不一致,拒绝同意依第一款之规定任命或罢免担任主任或首席执行官的任何人,议会得以不少于第三十九条第一款第一项所指的选举议员总数之三分之二的同意,通过决议推翻总统的决定。

1B. 依第一款之一的规定的决议通过之时,应视为总统已经同意任命或罢免担任政府公司主任或首席执行官。

2.(1)本条适用于其上的政府公司的主任,任期不得超过三年,但可获得再次任命。

(2)未经总统同意,任何任命或罢免本条之规定适用于其上的政府公司主任或首席执行官的行为非法并不具有效力。

3. 本条之规定适用于附表五第二部分所列示的政府公司。

4. 除第五款之规定外,总统依内阁之建议,得以在政府公报上公开法令,将任何其他政府公司增加到附录五第二部分;但任何公司均不得依此种命令被从附录五第二部分中删除。

5. 任何公司均不能被以第四款所规定的法令方式增加到附录五第二部分中,除非在这些法令制定之日——

(1)该公司资金份额的持有者对政府所作的贡献不少于一亿美元;且

(2)该公司不属于任何附录五第二部分规定的政府公司的子公司;且为本条之目的,"子公司"与公司法中的含义相同。

第二十二 D 条 〔政府公司的预算〕

1. 第二十二 C 条适用于其上的公司之主任委员会应当——

(1)在每一财政年度开始之前,将本公司该财政年度预算,连同该政府公司的主任委员会主席以及首席执行官所作的如果该预算被执行,是否将会导致从非本届政府为该成文法委员会分配的储备中提取款项的声明,一并提交总统以供批准。

(2)将该财政年度内的任何补充预算,连同第一项所规定的声明一并提交总统以供批准。

(3)在该财政年度结束之日起的六个月内,向总统提交以下材料——

a.全面的且经审计的、关于利润和损失的明细报表,以反映该财政年度内该政府公司的收入和开支,并在财政年度结束之时提供经审计的反映政府公司资产和负债的资产负债表;

b.由该政府公司主任委员会及首席执行官所作的、经过审计的利润和损失的报表,以及资产负债表是否反映该政府公司从非本届政府为该成文法委员会分配的储备中提取款项的声明。

2.总统得依其自由裁量权,在认为该政府公司的财政预算或补充财政预算可能从不属于当前政府本届任期内的储备中提取款项时,拒绝批准该政府公司的财政预算或补充预算,除了他认为可能从不属于当前政府本届任期内的储备中提取款项但仍然批准了该预算或补充预算的情况外,总统应当将其意见公布在政府公报上。

3.如果在财政年度开始的第一日,总统仍然未批准该政府公司的财政预算,则该政府公司——

(1)在该财政年度首日起的三个月内,将经修正的财政预算连同第一款所规定的声明一并提交总统以供其批准;也可以

(2)暂时不管总统的决定,支付不超过经批准的上一财政年度该政府公司财政预算四分之一的支出。

如果总统仍然未批准经修正的财政预算,该政府公司得支付不超过经批准的上一财政年度该政府公司财政预算总额的支出,且上一年度的财政预算应视为经批准的财政预算对本财政年度发生效力。

4.任何依第三款第二项之规定发生的支出,均应当被包含在此后任何依该款之规定提交总统以供批准的经修正的财政预算之中。

5.本条所规定的政府公司的主任委员会及首席执行官有义务将拟议中的、可能导致从本届政府任期之前的储备中提取款项的交易事先向总统汇报。

6.如果总统获得了依第五款所规定的拟议中的交易的汇报,依其自由裁量权,总统得拒绝同意该交易,除其认为该拟议中的交易可能导致非本届政府为该成文法委员会分配的储备中提取款项但仍然批准了该交易的情况外,总统应当在政府公报上公开其作出的决定和意见。

7.1991年11月30日后,如果某一成文法委员会依第二十二A条第四款发布的命令被确定为属于附录五第一部分之中,本款中所指的经过批准的、该成文法委员会上一财政年度的预算,当与第一次提到的成文法委员会相关联时,指在命令制定时间内第一次提到的成文法委员会的财政年度预算。

8.为本条之目的,任何本条适用于其上的、由任何成文法委员会(本款及第九款以转出委员会指代)提议的转移或转移(不论是否为法律所规定或依法律之规定所为)其任何储备到——

(1)政府;

(2)任何由附录五第二部分规定的成文法委员会(本款及第九款中以转入委员会指代);或

(3)其他政府公司(本款及第九款中以转入方指代)。

在确定是否需要从转出方非本届政府任期内的储备内提取款项时不得被计算在内——

(1)拟议的转移或转移系从转出方公司转移储备到政府——负责财政的部长以书面方式承诺将转出公司的储备计入本届政府之前的政府储备;

(2)拟议的转移或转移转出方公司的储备到转入委员会——如果转入委员会通过决议决定将转出公司的资产计入本届政府之前的政府储备;或

(3)拟议的转移或转移转出方的储备到转入公司——转入公司的主任委员会通过决议,决定转出公司的储备计入本届政府之前的政府储备。

9.连同依承诺或依第八款所指的决议转出公司的储备,依下列规定的情形,应当视为构成了政府、转入委员会或转入公司在本届政府之前的储备的一部分——

(1)如果转出公司的财政年度预算规定了拟议中的储备转移,且该财政年度预算经过了总统的批准——在该财政年度开始之时;

(2)如果转出公司的补充财政年度预算规定了拟议中的储备转移,且该补充财政年度预算经过了总统的批准——在总统作出批准之时;

(3)任何其他情况——储备转移之时。

第二十二 E 条 〔中央准备基金的款项〕

总统依其自由裁量权,得拒绝同意由议会通过的、规定直接或间接改变、变更或增加中央准备委员会将属于中央准备委员会的款项用于投资的权力的法案。

第二十二 F 条 〔总统获得信息的权力〕

1.在行使本宪法下的任何职能时,如果总统提出要求,他有权获得与下列事项相关的信息——

(1)内阁可以获得的、与政府相关的情况;

(2)与适用第二十二 A 条或第二十二 C 条之规定的成文法委员会或政府公司相关的、成文法委员会或政府公司的主任可以获得的信息。

2.总统可以要求——

(1)任何部长、内阁或政府部门的高级官员;或

(2)适用第二十二 A 条或第二十二 C 条之规定的成文法委员会或政府公司的首席执行官或该委员会、政府公司之任何管理人员申请,提供第一款所涉及的、与政府储备有关的信息,成文法委员会或政府公司、部长、成员、官员或相关主任均有义务提供这些

情报。

第二十二 G 条 ［总统对特定调查的同意权］

尽管总理拒绝同意贪污调查局主任就其获得的、涉及任何人士之行为或针对任何人的任何指控或投诉的相关的信息进行任何询问或调查，但如果总统依其自由裁量权对询问或调查表示了同意，主任即可对这些信息、指控或投诉进行询问或调查。

第二十二 H 条 ［总统可以拒绝批准特定的法案］

1. 如果某法案或某法案中的任何规定直接或间接地阻碍或削减了本宪法授予总统的自由裁量权，则总统得依其自由裁量权，以书面方式拒绝同意（除试图修改本宪法的法案之外的）任何法案。

2. 依内阁之建议，总统得依第一百条之规定（不论是在依第一款之规定拒绝同意某一法案之前还是之后），将某一法案或某一法案的规定是否直接或间接地阻碍或削减了本宪法授予总统的自由裁量权的问题交由一个法庭处理，如果出现了请求法庭处理问题的情况，则第一百条之规定经必要之修改后适用于该请求。

3. 如果某一请求提交了法庭，由法庭认为该法案及该法案之规定均未直接或间接地阻碍或削减了本宪法授予总统的自由裁量权，则应视为总统自法庭在公开宣布其裁决之后即已批准了该法案。

4. 依本条之目的，在法案提交总统批准的三十日期限届满之时，如果总统既未表示批准该法案也未依第一百条之规定将该法案提交法庭处理，则应视为总统自三十日期限届满之时即已批准了该法案。

第二十二 I 条 ［依保持宗教和谐法制定的限制性法令］

如果内阁的建议与总统宗教和谐委员会的建议相悖，则总统得依其自由裁量权取消、改变、确认或拒绝确认依保持宗教和谐法之规定所制定的限制性法令。

第二十二 J 条 ［总统的年金及幕僚］

1. 维持总统的年金，由立法机关以法律规定。

2. 任何依第二十二 N 条或第二十二 O 条的规定履行总统职能者，在其履行总统职能期间，有权获得立法机关以法律确定的报酬。

3. 维持总统或任何履行总统职能者之年金所需的费用，由统一基金承担和支付，在总统或该人履职期间不得作不利变更。

4. 除第五款之规定外，总统幕僚的任命、任职条件、惩戒控制、终止任命以及开除等事项均为总统自由裁量的事项。

5. 总统如果认为必要，在咨询总理之后，可从公共服务委员会提供的名单中任命公务员为其幕僚，第四款之规定（除与任命相关的外）适用于经如此

任命的以幕僚身份服务于总统的人员，但这些规定不适用于其公务员身份。

6. 非依第五款之规定任命的总统幕僚的报酬，从维持总统的年金中支付。

第二十二 K 条 ［总统的诉讼豁免权］

1. 除第十四款之规定外，总统不因其以公职身份所为的任何作为或不作为而在任何法院受到追诉。

2. 总统在其任职期间，不因其以个人身份所为的任何作为或不作为而在任何法院受到起诉。

3. 如果法律限制了对某人提起诉讼的时间，此人担任总统的时间不得被计算在该法律所规定的限制时间之内。

4. 本条第一款所授予的豁免权不适用于——

（1）法庭依照议会按第二十二 L 条的规定通过的决议进行的询问；或

（2）依第九十三 A 条产生的选举诉讼法官审理的、确定总统选举是否合法的诉讼。

第二十二 L 条 ［总统职位的空缺与罢免］

1. 总统职位在下列情况下空缺——

（1）总统死亡；

（2）总统向总理送达了亲自书写的辞职文书；

（3）总统依第三款至第七款之规定被免职；

（4）选举诉讼法官行使第九十三 A 条授予的权力时，裁定总统选举无效但未裁定任何其他人被合法选举为总统；或

（5）现任总统任期届满而被宣布为新当选总统者未能就任总统职位。

2.（已废止）

3. 总理或不少于第三十九条第一款第一项所指的选举议员总数之四分之一的议员，提议总统因心理或生理方面的疾病或由于下列罪行而永远不得履行总统职责——

（1）故意违反宪法；

（2）叛国；

（3）包含滥用职权因素的行为不端或腐败；或

（4）任何包括欺诈、不诚信或道德败坏的罪行。

4. 依第三款之规定提出的动议，如果获得不少于第三十九条第一款第一项所指的选举议员总数之半数的通过，则首席大法官应指定一个法庭就针对总统的指控进行调查。

5. 由首席大法官指定的法庭，应由不少于五名最高法院法官组成，其中首席大法官应为其中之一，除非他另外作出了决定，法庭得规范其程序，并为此目的制定相应的规则。

6. 法庭在确保总统有权亲自或经其代理人出席和被聆听的情况下，对总统进行正当调查后应向议会

提交其裁决和作出该裁决的理由。

7. 如果法庭向议长提交的意见是总统由于心理或生理的疾病或由于总统犯有决议所列罪行之外的罪行而永久不得履行总统职责，则议会得以不少于第三十九条第一款第一项所指的选举议员总数之四分之三的支持，将总统免职。

第二十二 M 条 ［选举诉讼法官裁决总统未合法当选或总统选举无效］

1. 如果选举诉讼法官在行使第九十三 A 条授予的权力时裁决——

（1）总统选举无效且未裁定其他任何人合法当选，则应当自裁决作出之日起不晚于六个月的时间内举行总统选举投票；或

（2）其他人已合法当选为总统，则此人应当在裁决作出之后就职。

2. 如果选举诉讼法官裁判总统选举无效且无人合法当选总统，则在裁决作出之前履行总统职能者，应立即停止履行该职能。

3. 由任何人行使、履行、执行的任何权力、义务、职能，不能仅仅因为选举诉讼法官此后所作的选举此人为总统的选举无效或不合法而无效。

第二十二 N 条 ［总统职位空缺时履行总统职能的人］

1. 如果总统职位空缺，自总统职位空缺之日起至其他人被宣布当选总统者就任时止的期间内，由总统顾问委员会主席履行总统职能，如果总统顾问委员会主席不能履行该职能，则由议会议长履行该职能。

2. 如果总统顾问委员会主席与议会议长均不能履行总统职能，则由议会依第三款之规定指定一人在第一款所规定的期间内履行总统职能。

3. 除非具备当选总统资格，任何人不得被议会依第二款之规定任命为履行总统职能者。

4. 本章中与诉讼豁免权相关的规定，同样适用于依本条之规定履行总统职能者，这些条文中的总统包含依本条之规定履行总统职能者。

5. 依本条之规定或第二十二 O 条之规定被要求或被指定履行总统职能者，在履行职能之前，应依附录一之规定在首席大法官或最高法院的其他法官的见证下宣誓并提交誓词，但总统顾问委员会主席或议会议长在其担任主席或议长期间被要求履行总统职能时，不得要求作一次以上的宣誓。

第二十二 O 条 ［总统暂时不能履行职责］

1. 除第二款之规定外，如果总统由于健康状况、不在新加坡境内或任何其他原因而暂时不能履行宪法上的或任何其他成文法规定的职能时，则第二十二 N 条所指的人士之一应在总统不能履行职能期间行使总统职能，第二十二 N 条的规定经必需之修改后

适用于此人。

2. 非经总统对人选表示同意，议会不得依本条之规定指定任何人履行总统职能。

3. 总统不能签署同意指定某人暂时履行总统职能的文书的情形不适用本条第二款之规定。

第二十二 P 条 ［授予赦免及其他］

1. 当出现了特定情形时，总统得依总理的建议——

（1）授予任何犯罪中的从犯赦免，如果此人提供了导致主犯、或在主犯多于一个的情况下任何一名主要罪犯被定罪的信息；

（2）授予因任何犯罪而被新加坡任何法院判决有罪者赦免，不论是完全的赦免还是附有法定条件的赦免，或不论是无限期的还是在总统认为适当的期间内的减轻还是暂缓执行针对该犯罪宣告的任何刑罚；

（3）免除依法确定的罚金或没收财产的全部或部分。

2. 如果有罪犯被任何法院判处死刑且该判决获得上诉法院维持，总统应将审理该法案的法官以及首席大法官或其他上诉法院的主持法官向其提交的报告转给总检察长，在总检察长提出其意见后，再将其与总检察长意见一起转交给内阁以便于内阁能就总统行使第一款所授予的权力提出建议。

第二章　行政

第二十三条 ［新加坡的行政权］

1. 新加坡的行政权授予总统并由总统本人或由内阁或由内阁授权的任何部长依本宪法之规定行使。

2. 立法机关得依法律将行政职能授予其他人士。

第二十四条 ［内阁］

1. 新加坡设置为新加坡服务的内阁，由总理及依本宪法第二十五条之规定任命的其他部长组成。

2. 除本宪法另有规定者外，内阁对政府享有一般指导权及控制权，对议会集体负责。

第二十五条 ［总理及部长的任命］

1. 总统可任命一名他认为可以获得议会多数议员之信任的议员为总理，并依总理之建议从议会议员中任命其他部长。

如果在议会被解散之时作出了任命，上一届议会的议员可获得任命，但在新一届议会第一次集会后他将不能再继续任职，除非他是新一届议会的议员。

2. 本条所规定的任命，由总统以加盖国玺的公文作出。

第二十六条 ［总理及部长的任期］

1. 在以下情况下,总统得以加盖国玺的文书宣布总理职位空缺——

(1)如果总理书面向总统提出辞职申请;

(2)如果总统依其自由裁量权认为总理不能再获得议会多数议员之信任,在依本款之规定作出总理职位空缺的声明之时,总统应先通知总理他认为已经满足本项之规定,如果总理提出请求,总统得解散议会而不宣布总理职位空缺。

2. 总理之外的内阁成员在以下情况下职位空缺——

(1)如果对他的任命已由总统依总理之建议,以加盖国玺的文件撤销;

(2)如果他以书面方式向总理提出辞职申请。

3. 从内阁成员之职位空缺下来的人,如果适格,可随时被重新任命为内阁成员。

4.(1)如果总理患病或离开新加坡或依第三十二条之规定同意请假,本宪法授予的职能可转移给总统以加盖国玺的文书授权的任何其他内阁成员代其行使。

(2)总统得以加盖国玺的文书撤销本款所规定的任何授权。

(3)本款授予总统的权力,如果总统认为由于总理患病或缺席而不可能获得总理的建议,则可以依其自由裁量权行使之,在其他任何情况下总统应依总理的意见行使之。

第二十七条 ［宣誓］

总理及任何其他内阁成员,在履行其职责前,应依附表一所规定的形式,在总统的见证下作忠诚宣誓和适当的宣誓,并提交誓词。

第二十八条 ［召集及主席内阁会议］

1. 除总理外,其他人不得召集内阁会议。

2. 在可能的情况下,总理应当出席并主持内阁会议;在总理缺席的情况下,总理应指定任何其他内阁成员主持内阁会议。

第二十九条 ［内阁程序的有效性］

即使无资格出席会议者或在内阁程序中无投票资格者参加了内阁的程序,内阁的程序仍然有效。

第三十条 ［内阁成员责任的分配］

1. 总理得以书面命令——

(1)将任何部门或任何事项方面的责任分配给任何内阁成员;

(2)撤销或改变任何依本款所作的命令。

2. 总理得将任何部门或事项方面的责任保留给自己。

第三十一条 ［议会秘书］

1. 总统依总理之建议,得以加盖国玺的文书,从议员中任命议会秘书以协助部长履行职责与职能;

如果本款所规定的任命作出之时恰逢议会被解散,上一届议会的议员可被任命为议会秘书,但该秘书在新一届议会第一次集会之时即不得再继续任职,除非他为新一届议会议员。

2. 第二十六条第二款、第三款及第二十七条适用于部长的规定,同样适用于议会秘书。

第三十二条 ［部长及议会秘书的请假］

总统依总理之建议,得同意总理、任何其他部长、任何议会秘书的请假申请。

第三十三条 ［部长及议会秘书任职的限制］

内阁成员或议会秘书不得兼任何可获得利益的职位且不得积极参加任何商业活动。

第三十四条 ［常设秘书］

1. 每一位部长得有一名或多名常设秘书,常设秘书为公务员。

2.(1)常设秘书的任命,由总统依总理的建议,以加盖国玺的文书从公共服务委员会提供的名单中任命。

(2)分配常设秘书职责的权力授予总理。

3. 在服从部长的一般指导和控制的情况下,任何常设秘书对其分派到的部门行使监督权。

第三十五条 ［首席检察官］

1. 如果总统依其自由裁量权,同意总理之建议,得从有资格被任命为最高法院法官的人员中任命首席检察官并组成首席检察官办公室。

2. 因任职者死亡或依第六款之规定被免职之外的原因而需要任命首席检察官办公室的人员,总理在向总统提出第一款所规定的意见之前,应当咨询首席检察官的意见,如果该职位当时空缺,应当咨询最后空缺之人。在任何情况下,在提出其意见之前,应当咨询首席大法官及公共服务委员会主席的意见。

3. 如果总理认为由于应当对之进行咨询者的身体虚弱或神志不清或任何其他的原因导致不可能向其进行咨询,则他没有必要依本条第二款之规定咨询任何人。

4. 得为某一特定时期任命首席检察官,如果首席检察官系如此任命者,则除本条第六款之规定外,应在该时期结束之时离职,但不影响他被再次任命为首席检察官。除上述规定外,应任职到年满六十周岁为止。

但——

(1)首席检察官得随时书面向总统提出辞职;

(2)如是总统依其自由裁量权,同意总理的意见,可以同意已年满六十周岁的人在确定的时期内继续担任首席检察官,该期间需在首席检察官与政府之间达成一致。

5. 首席检察官所作的任何行为,不得仅因其达到了本条规定的需要离职的年龄而无效。

6.(1)如果总统依其自由裁量权,同意总理之意见,得将首席检察官免职,但除非总理认为首席检察官(不论因为身体虚弱或神志不清或任何其他原因)不能履行其职责,或因为首席检察官有不当行为并经由首席大法官及首席大法官为此目的提名的另外两名最高法院法官组成的法庭之同意,他不得向总统提出此等建议。

(2)依本款之规定组成的法官得制定自己的程序规则以及为此目的制定规则。

7. 首席检察官负有就总统或内阁不时向其提交的法律事项提出意见的职责和履行其他具有法律特征的职责,以及履行本宪法或其他任何成文法所赋予的职责。

8. 首席检察官有权依其自由裁量权,决定启动、继续或中止对任何罪行的追诉程序。

9. 在履行其职责时,首席检察官有权出席新加坡的任何法院或法庭,并享有相对于任何其他人的优先权。

10. 首席检察官得依随时确定的标准领取薪酬和津贴,且该薪酬和津贴由统一基金拨付。

11. 除本条之规定外,首席检察官的服务期限应当通过两种方式之一确定——

(1)由依宪法制定的法律确定;

(2)如果尚未由任何法律确定,则由总统确定。

12. 在首席检察官任职期间,其任期内不得作对其不利的变更。

13. 为本条第十二款之目的,如果是依首席检察官的选择确定的任期,则其选择的任何任期都应当被视为比任何其他可能选择的期限更为有利。

第三十六条 ［内阁秘书］

1. 总统依总理之建议,得任命一名公务员担任内阁秘书一职。

2. 内阁秘书依总理可能向其提供的指示,负责安排内阁事务、记录内阁的会议,并将内阁的决定传递给适当的人士或机构,以及履行总统随时授予的其他职能。

第三章 有关财产、合同以及诉讼方面的能力

第三十七条 ［有关财产、合同以及诉讼方面的能力］

1. 政府有取得、占有和处分任何种类之财产以及订立合同的权力。

2. 政府有权起诉及被诉。

第五A部分 总统顾问委员会

第三十七A条 ［对本部分的解释］

除上下文另有要求外,本部分中——

"主席"指总统顾问委员会的主席;

"委员会"指依第三十七B条之规定组成的总统顾问委员会;

"成员"指总统顾问委员会的组成人员,包括主席及依第三十七C条之规定任命的候补成员(Alternate Member)。

第三十七B条 ［总统顾问委员会］

1. 设总统顾问委员会,由以下人员组成——

(1)总统依其自由裁量权任命的两名成员;

(2)总统依总理的意见任命的两名成员;

(3)总统依首席大法官之建议任命的一名成员;

(4)总统依公共服务委员会主席之意见任命的一名成员。

2. 总统应依其自由裁量权任命总统顾问委员会的一名成员为主席。

3. 总统顾问委员会的成员,获得首次任命后任期为六年,在该期间结束之时不再担任总统顾问委员会成员职务,但不影响其再次获得为期四年的总统顾问委员会成员职务的任命资格。

4. 在总统顾问委员会主席依第二十二N条或第二十二O条之规定代行总统职能时——

(1)在其代行总统职能期间,不得作为总统顾问委员会主席行为;

(2)在该期间内不得参与总统顾问委员会的任何程序。

5. 如果主席因患病、缺席或其他任何原因(包括依本条第四款之规定而不具备相应资格)而在任职期间内暂时不能出席委员会——

(1)主席应当任命一名(非候补成员)委员会成员在该期间内代行主席职权;

(2)依第三十七B条第三款之规定产生的候补成员代行第一项所规定的成员之行为时,在该时期内得履行该成员的职能。

第三十七C条 ［候补成员］

1. 总统得依本条之规定任命候补成员代替依第三十七B条第一款任命的(除主席以外)总统顾问委员会成员行为,如果该成员由于患病、缺席或其他任何原因而暂时不能参与委员会的事务,或被依第三十七B条第五款第一项之规定被任命为代替主席行为的成员参与委员会事务。

2. 为本条第一款所规定之目的的任命,总统——

（1）得依其自由裁量权，任命一人作为候补成员，以及

（2）要求总理在咨询首席大法官以及公共服务委员会主席的意见后提名另一人为候补成员，如果总理进行了提名，则应当任命被提名者为候补成员。

3. 任何依第三十七 B 条第一款所任命的（非主席）成员——

（1）如果由于患病、缺席或其他任何原因而暂时不能参与委员会的任何程序，或

（2）依第三十七 B 条第五款第一项之规定被任命为代行主席职能；

则应当依第二款之规定，从下列人员中任命代行成员职责的候补成员——

（1）如果所涉成员系依第三十七 B 条第一款第一项之规定任命的两名成员之一的，则由总统依其自由裁量权任命；

（2）如果所涉成员系依第三十七 B 条第一款第二项之规定任命的，则由总理任命；

（3）如果所涉成员系依第三十七 B 条第一款第三项之规定任命的，则视情况分别由首席大法官或公共服务委员会主席任命。

4. 任何人，当且仅当其具有第三十七 D 条所规定的资格且不具有第三十七条第五款规定的丧失资格的情况下，方可被任命为候补成员。

5. 依本条第二款之规定任命的候补成员，任期四年，该候补成员得在此期间内任职，除非候补成员在此之前——

（1）书面向主席提出辞职；

（2）不再是新加坡公民；或

（3）依第三十七 E 条之规定丧失资格。

6. 依第三款之规定被挑选出来代替某一成员的候补成员，仅在该成员由于患病、缺席或任何其他原因而不能参与委员会之任何程序，或该成员被依第三十七 B 条第五款第一项之规定任命为代行主席职位的情况下代替该成员并履行该候补成员的职能（主席除外），且该候补成员——

（1）即使该成员本身无资格参与该事项，仍得在与该成员相关的任何事项上代替该成员而行为；

（2）在如此行为时，享有及可以行使该成员的任何职能和职责。

7. 总统可以在任何时候终止对候补成员的任命——

（1）如果该候补成员系依第二款第一项之规定任命的，则依总统之自由裁量权决定；

（2）如果该候补成员系依第二款第二项之规定由总理提名后任命的，则依总理之建议（总理只有在咨询首席大法官及公共服务委员会主席后方可提出建议）。

第三十七 D 条 ［成员资格］

只有具有下列资格者，方得被任命为总统顾问委员会成员——

（1）是新加坡公民；

（2）已年满三十五周岁；

（3）是新加坡居民；

（4）不具有任何第三十七 E 条规定的丧失资格的情形。

第三十七 E 条 ［资格的丧失］

如果具有以下情况之一者，则丧失被任命为总统顾问委员会成员的资格——

（1）如果被发现或被宣布为神志不清者；

（2）如果丧失偿债能力或为尚未获解除破产的破产人；

（3）被新加坡法院或外国法院判决有罪并被判处刑期不少于一年的监禁或不少于两千美元的罚金，且未获得不附条件的赦免。

如果有罪判决系由外国法院作出，则除非如果该被定罪的行为发生于新加坡亦将被新加坡法院定罪惩罚，否则他将不因此而丧失资格。

第三十七 F 条 ［成员资格的终结］

1. 主席在任职期间内，如逢新当选的总统就职，则总统顾问委员会主席将离职。

2. 总统顾问委员会成员在以下情况下将离职——

（1）不再是新加坡公民；

（2）如果向主席提交了书面辞职报告；

（3）如果具有第三十七 E 条所规定的丧失资格的情形。

第三十七 G 条 ［有关成员资格问题的裁决］

1. 任何关于成员之任命的有效性的问题以及某一成员是否应当从成员职位离职的问题，应当提交由首席大法官指定的最高法院一名法官以及由委员会任命的另外两人组成的法庭裁决。

2. 任何依本条第一款所组成的法庭，应当——

（1）以不公开方式处理事务；

（2）向涉案人员提供足够的、传唤证人以及陈词的机会；

（3）向总统顾问委员会主席汇报其裁决。

3. 法庭的裁决为终局的，不受任何法院的审查。

第三十七 H 条 ［忠诚及保守秘密的宣誓］

1. 任何被任命为总统顾问委员会主席或成员者，在任职及履行职责之前，应当在一名联邦最高法院法官前，分别依附录一第二段及第八段之规定进行忠实及保守秘密的宣誓，并提交誓词。

2. 第一款之规定，同样适用于一名候补成员依第三十七 C 条之规定被确定为代替依第三十七 B 条

第一款之规定任命的成员履行任何职责的情形,但逢候补成员在其担任候补成员期间内被多次确定代行成员职能的情况下,该候补成员不需要做多于一次的忠诚及保守秘密的宣誓。

第三十七 I 条 ［总统顾问委员会的职能］

总统顾问委员会的职能是:就总统依第二十一条第三款或第四款之规定向其提交的任何问题提供意见和建议。

第三十七 J 条 ［总统顾问委员会的程序］

1. 委员会的程序需秘密进行,委员会有权要求任何公共官员或任何成文法委员会的官员或任何政府公司的官员出席委员会会议,并提供与总统依第二十一条第三款或第四款之规定提交委员会的事项相关的信息,前述任何官员均不得向任何人披露或泄露在委员会的任何会议上出现的事项,除非他获得了总统的明确授予。

2. 在向总统提出与任何支出法案、补充性的支出法案或最终支出法案时,委员会应表明——

(1)委员会的意见或建议是否获得了委员会的一致同意,或支持与反对者的数目。

(2)委员会是否建议总统拒绝同意任何支出法案、补充性的支出法案或最终支出法案,以及委员会得出其结论的依据。

(2A)在向总统提出任何与第二十二条、第二十二 A 条或第二十二 C 条规定的官员之任命有关的意见和建议时,委员会应当表明其意见或建议是否获得了委员会的一致同意,或支持与反对者的数目。

(2B)委员会会议的决议,依出席及表决成员的简单多数的意见确定,除赞成与反对相同的情况外,主席在其原有的一票表决权外,还享有决定性的表决权。

3. 除本宪法另有规定外,总统顾问委员会有权制定与委员会的管理和程序及分配其事务(包括任何法定人数)相关的规则,但这些规则在获得总统批准之前不发生效力。

第三十七 K 条 ［委员会向总理和议会的报告］

在向总统提出任何与支出法案、补充性的支出法案或最终支出法案,或提出任何与第二十二条、第二十二 A 条或第二十二 C 条规定的官员之任命或撤销任命有关的意见和建议后,应当尽可能迅速地将意见或建议的文本提交给——

(1)总理;

(2)议长,其应当将该文本提交议会。

第三十七 L 条 ［费用］

1. 应当向总统顾问委员会主席及成员支付由总统确定的费用。

2. 第一款所确定的费用由统一基金拨付,此类费用在主席与成员任期内不得减少。

第三十七 M 条 ［工作人员的任命］

总统顾问委员会有权任命委员会秘书以及委员会履行职能所需的其他官员。

第六部分　立法机关

第三十八条 ［新加坡立法机关］

新加坡的立法权,授予由总统和议会组成的立法机关。

第三十九条 ［议会］

1. 议会由以下议员构成——

(1)通过以宪法为依据而制定的法律所确定的选区之大选产生的且需返回其选区的法定数目的选举议员;

(2)由议会在其他与议会选举相关的法律中确定的不超过九名的非选区议员,以确保在议会中议员人数最少的政党或不参加组织政府的政党在议会中的代表权;

(3)不超过九名的被称为提名议员的其他议员,由总统依照本宪法附录四之规定任命。

2. 非选区议员或提名议员在与以下事项相关的提议上不得行使表决权——

(1)修改宪法;

(2)支出法案、补充性的支出法案或最终支出法案;

(3)第六十八条所界定的财政法案;

(4)对政府的不信任投票;

(5)依第二十二 L 条的规定罢免总统。

3. 依本条及第三十九 A 条和第四十九条的规定,为选举议员之目的,各选区应当解释为一个投票区。

4. 如果某人并非议会议员,但被选举为议长或副议长,他将因为担任议会议长或副议长这一身份而成为前述议员之外的议员,但为第二章及第五部分及第四十六条所规定之目的者除外。

第三十九 A 条 ［集体代表选区］

1. 为了保障马来人、印度人及其他少数社区者在议会中的代表权,议会得制定法律——

(1)在考虑选区选举人数目的情况下,允许总统将任何选区宣布为集体代表选区,以保证在该选区的选举能在不少于三名但不多于六名的候选人的基础上举行;

(2)除宪法第四十四条所规定的条件之外,规定有权参加集体代表选区选举者应当具备的条件,包括本条第二款规定的条件。

2. 依本条第一款制定的法律,应当规定——

(1)总统提名任何集体代表选区——

a. 作为一个选区，每一个集体代表选区应至少有一名候选人属于马来人社区；或

b. 作为一个选区，每一个集体代表选区应至少有一名候选人属于印度人社区或其他少数人社区。

(2)为集体代表选区选举之目的，建立——

a. 一个委员会负责审查某一有意成为候选人者是否属于马来人社区；

b. 一个委员会负责审查某一有意成为候选人者是否属于印度人社区或其他少数人社区；

c. 任何参加选举的候选人团体，应当为参加选举的同一政党的成员，或者所有的独立候选人组成一个团体。

d. 在大选时，各集体代表选区代表的最小数目及最大数目应当由集体代表选区反馈；

e. 集体代表选区的数目依第一项第一目之规定确定。

3. 任何依本条之规定而制定的规定，不因其与第十二条之规定不一致而无效，也不得被视为规定了与第七十八条不同的措施。

4. 本条中——

"选举"，指为选举议会议员而进行的选举；

"集体"，指在任何集体代表区的选举中，经提名参加选举的不少于三名也不多于六名的候选人；

"属于马来人社区的人"，指不论其属于马来人种族还是其他种族，只要其认为他属于马来人社区的一员同时被该社区普遍地接受为其中的一员之任何人；

"属于印度人社区或其他少数人社区的人"，指出身为印度人，或自己认为属于印度人社区的一员且被该社区普遍接受为其中的一员的任何人，或属于马来人社区或印度人社区之外的任何少数人社区的任何人；

第四十条 ［议长］

1. 议会在大选后的首次集合后、在处理任何其他事务之前，应当选举一人为议长，在议会除被解散之外的任何其他原因导致议长职位空缺时，除选举一人填补议长职位空缺外，不得处理任何其他事项。

2. 议长得依议会随时确定的方式选举产生，议长可以从既非部长又非议会秘书的议员中选举产生，也可以从非议会议员的人士中选举产生。

依本宪法的任何规定，不具备当选议会议员资格的非议会议员不得被选举为议长。

3. 议会议长产生后在就任并履行其职责之前，除已经依本宪法之第六十一条之规定宣誓外，还应当在议会前依本宪法附录一之规定的形式作忠诚宣誓并提交誓词。

4. 议长得随时向议会书记官提交书面的辞职文书以辞去议长职务。议长职位在以下情况下空缺——

(1)议会在大选后首次集合；

(2)议会从议员中选举产生议长后，因议会被解散之外的原因导致议长不再是议员，或议会被任命为部长或议会秘书；

(3)如果当选议长者为非议会议员，如果他当选为议会议员，则依第四十六条第二款第一项或第五项之规定，其当选的事实将导致其职位空缺。

第四十一条 ［议长的报酬］

议长有权获得议会随时确定的报酬，议长的报酬由统一基金拨付，在其任职期间，报酬不得减少。

第四十二条 ［副议长］

1. 议会得随时选举两名副议长，不论何时，当副议长职位因议会被解散之外的原因空缺时，议会应在方便的时候尽快选出副议长。

2.(1)副议长得依议会随时确定的方式选举产生，副议长可从既非部长也非议会秘书的议会议员中选举产生，也可从非议会议员的人中选举产生。

如果非议会议员依照本宪法之任何规定不具有当选议员的资格，则不得被选举为副议长。

(2)副议长选举产生后，在就任副议长职位及履行职责之前，除其已依第六十一条之规定作了宣誓外，应依本宪法附录一之规定的方式作效忠宣誓及提交誓词。

(3)副议长得随时向议会书记官递交书面文书辞去副议长职务。

副议长职位在以下情况下空缺——

a. 议会在大选后的首次集合之时；

b. 在副议长从议会议员中选举产生的情况下，如果因议会被解散之外的原因而导致其不再是议会议员，或他被任命为部长或议会秘书；或

c. 如果当选副议长者为非议会议员，如果他当选为议会议员，则依第四十六条第二款第一项或第五项之规定，其当选的事实将导致其职位空缺。

3. 副议长有权获得薪酬或津贴，薪酬或津贴由议会随时确定，并由统一基金拨付，在副议长任职期间，薪酬或津贴不得减少。

第四十三条 ［议长职能的履行］

本宪法授予议长的职能，在无人担任议长或议长缺席议会或其不能履行其职能时，应由副议长代为履行，如无副议长或副议长缺席议会或不能履行这些职能时，由议会为此目的选举产生的其他人代为履行。

第四十四条 ［议员资格］

1. 议员应为依本宪法之规定具有当选资格或具有被任命的资格，并依当时在新加坡有效的法律所规

定的方式选举产生,或依附录四的规定任命产生。

2. 具备下列条件者,得被选举为或任命为议会议员——

(1)具有新加坡公民身份;

(2)在被提名之日已年满二十一周岁;

(3)其姓名出现在当前的选民登记表中;

(4)在被提名参与选举之日居住于新加坡境内,且在提名日之前在新加坡境内居住的时间累计不少于十年;

(5)他能在相当程度上熟练地、积极地参与议会程序,能够用英语、马来语、汉话或泰米尔语之一发言、阅读和书写,但目盲或其他身体原因者除外;

(6)不具有第四十五条规定的不得担任议员的情形。

3. 与某人是否具备本条第二款第五项所规定的资格相关的问题,应依当时在新加坡有效的法律所确定的方式裁决,如果没有相关规定,可由总统以在政府公报上公开的命令确定。

第四十五条 [议员资格的丧失]

1. 任何人,如有以下情况之一,则丧失当选议员的资格——

(1)被发现或被宣告为神志不清者。

(2)尚未获解除破产的破产人。

(3)正担任可获报酬的职位。

(4)被提名为议会选举或总统选举的候选人,或作为被提名者的竞选代理人;或在提名后,在法律规定的时间内未能依法律的要求提供选举所需的费用。

(5)被新加坡法院或马来西亚法院判决有罪,且被判处刑期不少于一年的监禁,或不少于两千美元的罚金,且未获得不附条件的赦免。

如果有罪判决由马来西亚法院作出,该行为如果发生在新加坡应由新加坡法院判处刑罚,否则被判决有罪者并不当然丧失当选资格。

(6)已经自愿取得外国国籍,或行使了外国的公民权,或已经作了效忠于他国的声明,或

(7)依任何惩治与妨碍议会选举或总统选举之犯罪行为相关的法律之规定,对犯有此种罪行或因涉及此类诉讼被判有罪而丧失资格。

2. 依第一款第四项或第五项之规定而丧失资格者,可由总统将其免职,如果未被总统免职,则应当在第一款第四项所提及选举费用应当提交之日起满五年时恢复资格,或在第一款第五项所涉及的被定有罪者被释放之日或被处罚金之日起的五年期满恢复当选资格。任何人,不得仅由于其成为新加坡公民之前所作的任何行为而被依第一款之规定判定不具有当选资格。

3. 第一款第六项下,"外国"不包括联合王国的任何部分或爱尔兰共和国。

第四十六条 [议员的任期]

1. 每一位议员在其选举或任命之后的下一次议会解散之时任期终止,或依本宪法之规定,在议会被解散之前其席位空缺。

2. 议员席位在以下情况下空缺——

(1)如果他不再具有新加坡公民资格;

(2)如果他不再是在当选时所代表的政党之成员,或被他在选举时所代表的政党开除,或他从该政党辞去党员身份;

(3)如果向议长提交书面文书辞去议员身份;

(4)在其担任议员期间(或他被任命为某一委员会成员期间)的连续两个月举行的会议期间,在会议结束之前,该议员在未获得议长之同意而缺席会议或继续缺席;

(5)如果他具有第四十五条中规定的丧失资格的情况之一;

(6)如果他被议会行使其驱逐权将其开除;

(7)如果他为被任命的议员,他作为议员的期限届满。

2A. 如果他为议会的非选区议员,如果此后他被选为选区议员则其将不再担任非选区议员;

2B. 被任命的议员具有以下情况之一者,其席位空缺——

(1)如果在一次选举中作为某一政党的候选人;

(2)没有作为第一款所述的政党候选人,但他当选任一选区的议会议员。

3. 任何议员的席位空缺之后,如果其具备担任议员的资格,可随时被选举为或被任命为议员。

4. 如果议会议员,由于以下原因而属于第四十五条第一款第一项、第二项、第五项或第七项之规定被确定为丧失资格的情况——

(1)被判决为或被宣布为破产者;

(2)被判决为或被宣布为神志不清者;

(3)被新加坡或马来西亚的法院判决有罪并被处以刑期不少于一年的监禁或不少于两千美元的罚金;或

(4)因与议会选举相关的行为而被判有罪或被证明有罪,

则该议员有权对丧失资格的决定寻求复审(或者获得法院或其他机构的同意或不经同意均可),该议员应立即停止参加议会或议会任何委员会的会议或参加议会的表决,但除第六款及第七款之规定,该议员席位在裁判、宣告或宣告有罪之日起的一百八十日之内不空缺。

5. 如果在第四款所规定的一百八十日期限届满

世界各国宪法文本翻译与研究系列丛书◎世界各国宪法文本汇编(亚洲卷)

之时,议员仍属于第四十五条第一款第一项、第二项、第五项或第七项之规定,则其席位空缺。

6. 尽管依第五款之规定,如果已经对上诉作出了裁决,议员仍然属于第四十五条第一款第一项或第二款之规定属于丧失资格的情况,且

(1)没有更进一步要求复审的途径;

(2)由于寻求复审的期限或通知已寻求复审的期限已过,或寻求复审被拒绝或任何其他原因导致其再无寻求复审的途径。

则该议员议席立即空缺,即使一百八十日的期限尚未届满。

7. 在第四款提及的一百八十日期限届满前的任何时间,如果议员由于任何赦免、任何复审的最终裁判或其他原因而不再属于第四十五条第一款第一项、第二项、第五项或第七项所规定的丧失资格的情形,他可以在其恢复资格的次日重回议会、委员会,参加议会或委员会的表决。

8. 为避免产生疑义,第四款至第七款——

(1)不适用于任何选举、提名或任命议会议员之目的,任何第四十五条所规定的丧失资格的规定对提名、选举或任命的目的,在丧失资格的情形出现之时立即生效;

(2)不适用于将本宪法附录四所规定的提名议员之任期延长的情形。

第四十七条 [禁止双重身份]

任何人不得同时作为两个及两个以上选区的议会议员。

第四十八条 [有关议员不具备资格问题的裁决]

下列任何问题——

(1)任何议员是否其席位空缺;或

(2)在非议员当选为议会议长或副议长的情形下,如果他当选为议会议员,是否需要依第四十六条第二款第一项或第五项之规定空缺之议席;

由议会裁决,且该裁决为终局裁决。

本条之规定不得被视为阻止议会为了能够采取或中止任何可能影响该裁决(包括将不具备担任议员资格者开除在内的程序)而推迟任何程序。

第四十九条 [填补空缺]

1. 不论何时,选区议员之外的其他议员之席位,除议会被解散之外的原因而出现空缺时,该空缺应依当时有效的任何与议会选举相关的法律所规定或确定的方式加以填补。

2. 立法机关得制定法律规定——

(1)非选区议员除第四十六条之规定之外原因的空缺问题;

(2)非选区议员因议会被解散之外的原因出现的空缺的填补问题。

第五十条 [对无资格之人出席议会或参加表决的惩罚]

1. 明知或有合理依据应当知道自己无权出席议会或参加议会表决者,如果出席了议会或参加了表决,则应当以出席或参加表决天数为基础,按日承担不超过两百美元的罚金。

2. 前述惩罚可通过检察总长向高等法院提出的诉讼而取消。

第五十一条 [议会职员]

1. 议会职员由议会书记官以及依第九部分之规定随时任命的、辅佐书记官工作的官员组成。

2. 议会书记官由总统咨询议会议长和公共服务委员会后任命。

3. 议会书记官得随时以向议会议长递交书面文书辞去书记官之职,依第四款之规定,总统在咨询议会议长后可将其免职。

4. 除非议会以获得全体议员之至少三分之二多数之支持通过决议,认为议会书记官(不论是因为身心之原因还是任何其他原因)不能履行其职责或因为有不良行为而应该被免职,否则议会书记官不得被免职。

5. 非经议会议长同意,议会职员不得被提任或转任到任何其他公共服务职位。

6. 除第一百五十九条之规定外,议会职员的任期,由议会在获得委员会的意见后确定,该委员会由下列人员组成:

(1)议长,担任委员会主席;

(2)由总理提名的不多于三名的成员,其中一名应为负责财政的部长;

(3)一名公共服务委员会成员。

第五十二条 [常设规则]

依本宪法之规则,议会得随时制定、修改及废除用于规范及有序进行各种程序和分配事务的常设规则。

第五十三条 [议会中的语言]

在立法机关作出其他规定之前,议会中的辩论及讨论应以马来语、英语、汉语或泰米尔语进行。

第五十四条 [主持会议]

议长应主持议会的每一次会议。

第五十五条 [议会程序的有效性]

议会不因任何议员之缺席而丧失处理事务的资格,此种缺席包括议会首次组成之时或在此后任何时候重新组成之时未填补的空缺;议会中的任何程序,也不因任何无权出席或参加表决者出席了议会或参加了表决而无效。

第五十六条 [法定人数]

当有出席议员提出,包括议长及其他主持议会的人在内的出席人数尚不足全体议员的四分之一,在议

会常设规则中确定的休会期之后，如果议会议长或其他主持议会会议者确定出席议会的人数仍然不足全体议员的四分之一时，则他可以中止议会会议。

第五十七条 ［表决］

1. 除宪法另有规定外，任何提交议会表决的事项应由出席且参加表决的议员之多数决定，如果提交议会表决的事项支持与反对数相等，则提议未获得通过。

2. 如果议长系从议员之外的人士中选举产生，则其不享有表决权。但除本款之规定外，议长或其他主持议会者具有原有的表决权，但不具有决定性的表决权。

第五十八条 ［立法权的行使］

1. 除第七部分的规定外，立法机关制定法律的权力由议会通过法案并由总统签署的方式行使。

2. 法案经总统签署后成为法律，并自该法律在政府公报上公布之日起实施，如果该法律本身或在该法律通过之时在新加坡有效的法律中确定了另外的开始实施之日期，则自该确定的日期始实施。

第五十九条 ［法案的提出］

1. 除本宪法及议会常设规则的规定外，任何议员均有权提出任何法案或任何动议供议会辩论，或向议会提出任何请愿，以及其他应当依照议会常设规则进行辩论和处理的事项。

2. 任何直接或间接地关于下列事项的提案或修正案——

（1）征收或增加任何税种或取消、削减或免除任何现存的税收；

（2）政府借款，或由政府提供保证，或对与政府的财政义务相关的法律进行修改；

（3）统一基金的管理，从统一基金中支出款项，废除或修改任何支出；

（4）向统一基金注入款项、从统一基金中提取或支出本来并不由其承担的费用，或增加支出或提取数目；

（5）接受任何统一基金账户中的款项，保管或支出此等款项，

非经负责财政的部长签署案，如果仅仅部分与上述事项相关的而非实质上属于上述事项，非经一位部长签署并经总统推荐，不得提出。

3. 仅仅规定征收或改变任何罚金或其他金钱上的惩罚或对于许可证所征收的费用或对任何服务所征收的费用的提案或对提案的修正案，不得视为属于前款所规定的法案或修正案。

第六十条 ［立法的用语］

任何经议会制定并提交总统签署的法案，其用语为"本法案由新加坡总统议会的同意及建议下制定，

其内容如下："。

第六十一条 ［忠诚宣誓］

任何议员在依本宪法附录一之规定向议会作忠诚宣誓并提交誓词之前，不得参加议会的任何程序（为本条之目的所必需的程序除外）。

但选举议会议长得在议员宣誓及提交誓词之前进行。

第六十二条 ［总统的演说］

总统得向议会发表演说并向议会传递信息。

第六十三条 ［议会特权］

立法机关可合法地依法律确定及规制议会的特权、豁免或权力。

第六十四条 ［议会的会期］

1. 议会每年至少开会一次，在上一次会议期间的最后一次集会与下一次会议期间的首次集会之间间隔不得超过六个月。

2. 议会会议的举行地、开始时间由总统随时以在政府公报上刊登的声明指定。

第六十五条 ［议会的休会与解散］

1. 总统得随时在政府公报上发表声明，宣布议会休会。

2. 如果总理职位出现空缺，总统认为自总理职位空缺后已经过了合理时期，但尚无任何议会议员可能获得议会多数议员的信任，总统得依其自由裁量，在政府公报上发表声明，宣布解散议会。

3. 依总理之建议，总统得在任何时候在政府公报上发表声明解散议会，但除非在考虑总理之建议后认为对总理获得议会之信任所需，总统无义务依总理之建议行事。

3A. 在议会依第二十二 L 条之规定提出动议对总统的行为进行调查之后，总统不得解散议会，除非——

（1）该决议并非依第二十二 L 条第四款之规定通过的；

（2）如果该决议已依宪法第二十二 L 条第四款之规定通过，依第二十二 L 条第五款之规定组成的法庭作出裁决并提出报告，称总统并非永久地不能履行其职能，或总统并未犯有动议中所涉及的任何罪行；

（3）此后作出的罢免总统的动议未依第二十二 L 条第七款之规定获得通过，或

4. 议会通过决议要求总统解散议会；

5. 议会除被提前解散外，自其首次集合后的五年内存在，此后解散。

第六十六条 ［大选］

议会每次解散后的三个月内应举行大选，具体选举时间由总统在政府公报上发表声明确定。

719

第六十七条 ［议员的报酬］

议会得以法律规定议员的报酬。

第七部分 总统少数人权利委员会

本部分的解释

第六十八条

除非上下文要求作另外的解释外,本部分中——

"反对报告",指委员会提交的、依委员会之观点,一项法案或附属立法的某些特定规定将会带来区别对待措施的报告。

"主席",指总统少数人权利委员会主席。

"区别对待的措施",指任何在执行过程中可能对任何种族或宗教团体带来不利影响,但并不会对其他群体带来同等不利影响的措施;对任何种族或宗教群体的不利影响可能是由于直接源于对特定群体的偏见或间接地给予其他群体优待而导致的。

"成员",指包括主席在内的总统少数人权利委员会成员。

"金钱法案",指仅包括处理下列所有或任何部分事项规定的法案——

(1)征收、取消、减免、修改或规定税收;

(2)为了支付债务或其他财政目的,从统一基金或任何其他公共基金中提取费用、改变或废除此等费用;

(3)向政府或任何机构或个人拨款,或改变或取消此等拨款;

(4)分配、收受、管理、投资、支出或对公共款项账户的审计;

(5)借债或对债务提供保证,或对债务的清偿,或任何与此类债务相关的偿债基金的设置、改变和取消;

(6)前述事项的辅助事项或附带的事项。

"会议日",指议会开会的日期。

第六十九条 ［总统少数人权利委员会的设置］

1. 设总统少数人权利委员会,由下列人员组成——

(1)经任命、任期为三年的主席一名;

(2)不超过十名、经任命的、终身任职的常设成员;

(3)不超过十名、经任命的、任期为三年的成员。

2. 主席及成员由总统依其裁量权,与内阁意见达成一致后任命。

3. 主席及依第一款第三项之规定任命的成员有资格获得再次任命。

第七十条 ［成员不能履职时的临时任命］

当有成员告知主席,称其因病、缺席或其他原因,在三个月内或更长时间内不能参与委员会的程序,主席应当将该信息传递给总统,总统依其裁量权,在与内阁意见达成一致的情况下为该时期指定一名成员。

第七十一条 ［成员资格］

除非具备下列条件,否则任何人不具备被任命为总统少数人权利委员会成员的资格——

(1)是新加坡公民;

(2)年满三十五周岁;

(3)居住于新加坡境内;

(4)不具备依第七十二条之规定丧失资格的情形。

第七十二条 ［成员资格的丧失］

具有下列情况之一者,丧失成员资格——

(1)是或已经被发现或被宣告为智力不健全者;

(2)是破产者或未获解除破产的破产人;

(3)被新加坡或马来西亚的法院判决有罪并被处以刑期不少于一年的监禁或不少于两千美元的罚金,且未获得不附条件的赦免;

如果有罪判决系马来西亚法院作出的,则被判有罪者并不当然丧失资格,只有在如果被判有罪的行为发生在新加坡也将被新加坡法院惩罚的情况下,才丧失资格;

(4)自愿获得外国国籍、在外国行使公民权或已经声明忠诚于某一外国。

第七十三条 ［成员资格的终止］

在以下情况下,成员席位空缺——

(1)如果该成员不再是新加坡公民;

(2)以书面方式向主席辞去成员身份

(3)如果他具有第七十二条所规定的丧失成员资格的情形。

第七十四条 ［有关成员身份问题的裁决］

1. 任何关于某人是否为总统少数人权利委员会成员或其席位是否空缺的问题,应当提交由首席大法官指定的一名最高法院法官和由委员会任命的其他两名成员组成的法庭裁决。

2. 任何依第一款组成的法庭应当——

(1)不公开处理事务;

(2)向相关人士提供充分的传唤证人和表达意见的权利;以及

(3)向主席提交裁决报告。

3. 法庭的裁决为终局的,不受任何法院的审查。

第七十五条 ［忠诚和保守秘密的宣誓］

任何被任命为成员或主席者,在就职之前,应当在一名最高法院法官的主持下,分别依附录一第二段及第七段之规定作忠诚及保守秘密的宣誓并提交誓词。

第七十六条 ［委员会的一般职责］

1. 委员会的一般职责是:就议会或政府向其提

交的、影响新加坡任何种族或宗教群体的事项进行审议并提出报告。

2. 议会提交委员会审议的事项的决定,可由议长作出;政府提交委员会处理的事项可由部长作出。

第七十七条 〔委员会与立法及附属立法相关的职能〕

委员会的特定职能是:对于其认为设置了区别对待措施的立法或附属立法加以关注。

第七十八条 〔递交委员会的法案及修正案的副本〕

1. 适用本条之规定的任何法案,在议会最后一读通过之后、提交总统签署之前,议长应向委员会提交一份该法案的正式副本。

2. 委员会应当在该法案的副本送达之日起的三十日内审议该法案,并应向议长提交报告,表明其是否认为该法案含有区别对待的措施。如果认为有,哪些规定构成了区别对待。

3. 不论何时,如果收到委员会提出的反对报告,此后议会对相关法案进行了修正,则议长应当将修正后的文本再次递交委员会审议。

4. 经主席之申请,如果议长考虑到法案的长度及复杂程度,或者委员会正在审议事项的数量或任何其他充分理由的情况下,延长审议时间是适当的,则议长可以将本条第二款所规定的三十日的期限延长。

5. 议长应当将其依第二款之规定从委员会处收到的报告,毫无迟延地提交议会。如果议长在第二款所规定的时期内,或在依第四款所规定的延长时期内没有收到与该法案相关的报告,则应当确定地推定委员会认为该法案不包含构成区别对待措施的规定。

6. 适用本条规定的任何法案无须交总统签署,除非该法案附有议长签署的证明文件表明——

(1)总统少数人权利委员会认为其中不包含区别对待的措施;

(2)在规定的时间内或经延长的时期内没有收到委员会的报告,则应当推定委员会认为该法案中不包含构成区别对待的措施;或

(3)尽管委员会认为该法案中某些特定条款包含了区别对待的措施,但将该法案提交总统签署的动议获得了议会全体代表不少于三分之二的支持。

7. 本条不适用于——

(1)金钱法案;

(2)经总理证明,影响到新加坡的国防或安全或与新加坡的公共安全、和平、良好秩序相关的法案;或

(3)经总理证明,一项法案具有紧迫性,延迟通过不符合公共利益。

8. 如果议长以书面方式证明,他认为本宪法第六十八条中"金钱法案"的定义适用于某项法案,则该法案应被视为金钱法案。任何金钱法案不得提交总统签署,除非该法案附有议长的证明,议长的证明就

所有目的而言均为决定性的,不受任何法院的质疑。

第七十九条 〔委员会就依紧急证明而通过的法案相关的职能〕

1. 如果总统签署了第七十八条第七款所规定的由总理证明的具有紧迫性的法案,议长仍然有义务尽快向委员会递交该法案的正式副本。

2. 委员会应当在该法案送达之日起的三十日内审议该法案并提交报告,表明其是否认为该法案中包括了区别对待的措施。如果认为有,哪些条款构成了区别对待的措施。

3. 议长应当将委员会的报告尽快提交议会。

第八十条 〔委员会就附属立法相关的职能〕

1. 任何附属立法,均应在其公布后的十四日内,由适当的部长向委员会递交正式副本。

2. 委员会应在附属立法的副本送达之日起的三十日内审议该附属立法,并向议长和适当的部长提交报告,表明其是否认为该附属立法中包括了区别对待的措施。如果认为有,哪些条款构成了区别对待的措施。

3. 议长应当在收到关于每一项附属立法的任何报告后的下一个会议日提交议会。

4. 如果关于任何附属立法的任何规定的反对报告,被依第三款之规定提交议会,则在该报告提交后的六个月内,除非出现了以下情况之一:

(1)该规定已被适当的部长撤销或修改,或

(2)议会已经通过决议肯定该规定,

则适当的部长应当撤销该规定,并在政府公报上刊登该撤销通告。

5. 如果在第二款所规定的时间内,没有从委员会处收到任何关于附属立法的报告,则应当确定地推定委员会认为该附属立法中不包含区别对待的措施。

第八十一条 〔委员会与特定成文法相关的职能〕

1. 委员会有权审查 1970 年 1 月 9 日这一日所有有效的成文法,并提出其认为此等成文法之任何条款是否构成了区别对待措施的意见。

2. 委员会应当向议长提交报告,议长应当将该报告尽快递交议会。

3. 如果该报告系针对附属立法作出的,委员会同样需要向适当的部长递交一份报告。

第八十二条 〔主席的职责〕

1. 委员会会议由主席召集。

2. 主席如果出席委员会会议,则应由主席主持委员会的所有会议。

3. 如果主席职位空缺,或主席因故不能出席委员会会议,则应推选委员会的其他成员代行主席职责。

第八十三条 〔法定人数及表决〕

1. 除非有包括主席或主持委员会会议的其他成员在内的、达到构成法定人数的八名成员出席,委员

会不得处理任何事务。

2. 委员会的任何决定,由出席及参加表决的多数人员的意见决定。

3. 主席或主持委员会的其他成员,具有原有的表决权,但不具有决定性的表决权。

4. 在任何事项上,如果赞成票与反对票相等,则该动议被视为未通过。

第八十四条 〔委员会的程序不公开〕

委员会的程序不公开进行,委员会在依照本部分之规定行使与任何法案或法律相关的权力时,不得听取反对者的意见,也不得听取证人的意见。

第八十五条 〔委员会的报告〕

在依本部分之规定提交关于其意见的报告时,委员会应表明——

(1)该报告是否经一致同意作出的,如果不是一致同意,则应分别列明支持者和反对者的数目;

(2)在提出反对意见时,委员会得列出该反对意见的依据。

第八十六条 〔成员缺席时委员会程序的有效性〕

在满足第八十三条第一款之规定的情况下,委员会不因任何成员的缺席而无权处理事务,即使无权参加委员会程序之人参与其中,委员会的程序仍然有效。

第八十七条 〔部长及其他人士出席委员会会议〕

任何部长、国务卿或经总理为此目的特别授权的议会秘书,有权与委员会成员一样出席委员会并参加委员会的各种程序,但不享有表决权。

第八十八条 〔委员会制定程序规则的权力〕

在遵守本宪法之规定的前提下,委员会得制定使其程序、事务分配等事项得以规范、有序进行的规则,但在总统批准之前,这些规则不发生效力。

第八十九条 〔年度报告〕

1. 委员会有义务在每年编制一份关于其此前十二个月的工作报告,并提交总统。

2. 总统应尽快将委员会的报告提交议会。

第九十条 〔报酬及费用〕

1. 主席及成员有权获得由总统确定的报酬及费用。

2. 第一款所规定的报酬及费用,由议会提供的款项支付。

第九十一条 〔委员会职员的任命〕

委员会有权任命委员会秘书以及委员会履行本部分所规定的职能所需的其他职员。

第九十二条 〔制定一般性规则的权力〕

总统得制定处理委员会与议会间事务、委员会与任何有权制定附属立法的机关间事务的规则,以及为实现本部分所规定的目的所需的一般规则。

第八部分　司法

第九十三条 〔新加坡的司法权〕

新加坡的司法权授予最高法院以及由新加坡的司法权有效的任何成文法所设置的下级法院。

第九十三 A 条 〔裁决与总统选举之有效性相关事项的权力〕

1. 任何与总统选举有关的诉讼,应由首席大法官,或由首席大法官为此目的指定的最高法院法官①(本宪法称为"选举诉讼法官")审理并作出裁决。

2. 选举诉讼法官有权审理与总统选举相关的诉讼并作出裁决以及依法律之规定发布命令的权力,选举诉讼法官对任何此类诉讼所作的裁决均为终局裁决。

3. 与总统选举相关的诉讼程序及行为相关的规则,由依照《最高法院法》第八十条之规定任命的人员组成的规则委员会制定。

第九十四条 〔最高法院的组成〕

1. 最高法院由依本宪法或任何成文法之授权享有管辖权和权力的上诉法院、高等法院组成。

2. 最高法院法官的职位,在其持续任职期间不得被取消。

3. 有资格被任命为最高法院法官者或不再担任最高法院法官者,可依第九十五条之规定被任命为首席大法官,依第九十五条之规定,在有需要且为特定目的时可被任命为最高法院或上诉法院法官,这些法官的任期,由总统依其自由裁量权,在与总理的建议达成一致的情况下确定。

4. 为了方便最高法院处理事务,总统在自由裁量后,如果与总理的建议达成一致,可依第九十五条之规定,从具备被任命为最高法院法官资格的人中任命一人在其认为适当的期限内为最高法院司法专员。依本款之规定任命的司法专员,对最高法院所确定的某类或某些类型案件,行使高等法院法官的权力、履行高等法院法官的职能。司法专员依其任命书中所确定的条件所做的任何事,均与高等法院法官所作的事,具有相同的有效性和效力,并与高等法院法官一样享有相同的豁免权。

5. 为第四款之目的,总统可从具备最高法院法官资格的人中任命一人为最高法院司法专员以专门审理和裁决某一特定的案件。

---

① 原文为 Election Judge,直译为"选举法官",但"选举法官"的表述会导致诸多误解,且不能表达 Election Judge 的职能,因此意译为"选举诉讼法官"。——译者注

第九十五条 ［最高法院法官的任命］

1. 首席大法官、上诉法院法官以及高等法院法官，由总统经自由裁量后，与总理之建议达成一致的情况下任命。

2. 总理在依第一款之规定向总统提出关于任命首席大法官之外的法官的建议之前，应当咨询首席大法官。

3. 本条中适用于任命高等法院首席法官之外的法官的规定，同样适用于依第九十四条第三款之规定任命高等法院或上诉法院法官的情况，也适用于依第九十四条第四款之规定任命最高法院司法专员的情况。

第九十六条 ［最高法院法官的任职资格］

具备《法律职业法》第二部分之规定的资格累计达十年以上者，或作为新加坡法律服务人员达十年以上者，或兼具前两方面之条件者，具备被任命为最高法院法官的资格。

第九十七条 ［最高法官及司法专员的宣誓］

1. 首席大法官及任何被任命为指定高等法院或上诉法院法官者、被任命为最高法院司法专员者，在就职及履行职务之前，应在总统的见证下，依本宪法附录一之规定宣誓。

2. 尽管有本条第一款之规定，依第九十四条第五款之规定被任命的司法专员，在其被任命审理和裁判的案件之裁决作出之日与他审理下一个特定的案件之间的间隔少于十二个月，则其不需要再次进行宣誓。

第九十八条 ［最高法院法官的任期及报酬］

1. 最高法院法官可任职到其年满六十五周岁为止，或经总统批准，可任职到年满六十五周岁之后不超过六个月的时间为止。

2. 最高法院法官得随时向总统递交书面辞呈辞去法官职务，但非依第三款、第四款及第五款之规定，不得被免职。

3. 如果总理，或首席大法官在咨询总理之后，向总统提出某法官由于行为不端或由于身体健康欠佳或神志不清或任何其他原因导致其不能适当履行其职责而应免职的请求，总统应依本条第四款之规定组成一个法庭，并将该请求提交该法庭处理，总统得依该法庭之建议将最高法院法官免职。

4. 法庭的组成人员不得少于五人，其成员应当为正在担任或曾经担任最高法院法官，或如果为了便利起见，总统还可任命在英联邦共和国范围内正在担任或曾经担任同等职务者，法庭由在最先序列者主持，即按照他们之间的优先顺序产生首席大法官，其他成员则按其具备任命资格的条件之顺序（同一日获得任命者，年长者先于年轻者）。

5. 在第三款下的任何请求或报告尚未最终确定之前，在涉及首席大法官之外的法官的情况下，总统依其自由裁量权，如果与总理的建议达成一致，在向首席大法官咨询之后，可暂停最高法院法官履行职务。

6. 最高法院法官的报酬由议会以法律确定并由统一基金拨付。

7. 除报酬外，议会还得以法律规定法官的任职条件。

8. 最高法院法官的报酬以及其他任职条件在其任命后不得作不利变更。

9. 尽管有第一款之规定，法官所作的任何行为，不得以其已达应退休的年龄为由对其有效性提出质疑。

10. 总统依其自由裁量权，可批准首席大法官的请假申请；经首席大法官之建议，总统可同意最高法院的其他法官请假。

第九十九条 ［限制议会讨论最高法院法官的行为］

议会不得讨论最高法院法官或被指定作为最高法院法官的行为或司法专员的行为，但经不少于议会全体议员四分之一同意后提出了实质性动议的除外。

第一百条 ［咨询意见］

1. 总统认为已经出现或可能出现与宪法任何规定的效力相关的问题时，可以将该问题提交由不少于三名最高法院法官组成的法庭以获取该法庭的意见。

2. 当出现了第一款规定的提交处理的问题时，该法庭有义务尽快审议该问题并提出意见。不论何种情况下，法庭都应在收到提交处理之日起不多于六十日的期限内作出判断并向总统表明其意见以及理由，该法庭的任何法官，如果其观点与法庭多数意见不同，则应当以相同的方式向总统表明其观点及理由。

3. 为本条之目的，法庭中多数法官的意见为该法庭的意见，所有的法庭意见均应在公开的法院中公布。

4. 在某一法案已成为总统依第一款之规定提交审议的对象后，任何法院均无权对法庭的意见或法律的有效性或任何规定之有效性提出质疑。

第一百零一条 ［"职位"的定义］

在本部分中，"职位"一词，当与最高法院法官相连时，指首席大法官职位、上诉法院法官职位或高等法院法官职位，依具体情况而定。

第九部分　公共服务

第一百零二条 ［公共服务］

1. 为本宪法之目的以及除本部分后文另有规定

外,公共服务包括——

(1)新加坡武装部队的服务；

(2)新加坡的文职服务；

(3)新加坡的法律服务；

(4)新加坡警察部队的服务。

2. 除本宪法另有明文规定外,公务员的任命资格及条件由法律规定,在遵守任何法律规定的前提下,也可由总统规定。

第一百零三条 ［对本部分用语的解释］

除为第一百一十二条、第一百一十四条及第一百一十五条之目的外以及上下文需要作另外解释外,在本部分中——

1."公共服务"不包括非居于民事权能所提供的服务。

2."公务员"不包括下列官员——

(1)首席大法官；

(2)首席检察官；

(3)最高法院法官；

(4)公共服务委员会成员或法律服务委员会成员；

(5)检查员级别以下的任何警察；

(6)任职者的报酬按日计算的职位。

"公共官职"应依前述规定作相应的解释。

第一百零四条 ［公务员的任期］

除本宪法明确规定外,任何公务员的任期由总统自由确定。

第一百零五条 ［公共服务委员会］

1. 设公共服务委员会,由主席一人、不少于五人不多于十四人的其他成员组成,所有成员均在总统考虑与总理的意见一致的情况下,以书面文件任命。

2. 主席应为新加坡公民。

3. 总统依其自由裁量权,在与总理的建议达成一致的情况下,得随时从委员会成员中任命一人或多人为委员会副主席。

4. 在依第三款之规定向总统提出关于副主席任命的建议之前,总理应当咨询公共服务委员会主席。

5. 依第三款之规定任命的副主席,在任命文书中所确定的时期内任职,当其不再是公共服务委员会成员时,副主席职务终止。

6. 被任命为公共服务委员会成员者,在其任命后不具备被任命为任何其他公共职务的资格。

7. 包括主席或一名副主席在内或主席及一名副主席在内的三名成员构成了公共服务委员会任何会议的法定人数。如果达到法定人数,委员会不因任何成员的缺席而无权处理事务,即使无权参加公共服务委员会者参加了会议,委员会的任何程序也不因此而无效。

8. 在履行职能前,公共服务委员会主席及其他所有成员,均应在首席大法官及其他最高法院法官前依本宪法附录一之规定作正当地履行其职能的宣誓并提交誓词。

第一百零六条 ［不具备被任命资格的规定］

1. 具有以下成员身份之一者,不得被任命为公共服务委员会成员,如已为公共服务委员会成员者,则其公共服务委员会成员资格终止——

(1)公务员；

(2)公司雇员,且该公司依照公司法之外的、当时有效的其他法律或在之前有效的法律设置；

(3)议会议员或经合法提名的议会选举的候选人；

(4)任何工会或隶属于工会的机构或联盟的成员；或

(5)在任何政治联盟中任职者。

2. 第一款第二项之规定,不适用于依或由任何成文法设置的大学的职员。

第一百零七条 ［任期］

1. 除第一百零六条之规定外,除以向总统递交书面辞呈辞去职务或依本条之规定免职之外,公共服务委员会成员在自获得任命之日起的五年内任职,并得被重新任命,但某位成员(主席除外)可能被任命为不少于三年的较短任期除外。

2. 如果总理,或公共服务委员会主席在咨询总理之后,向总统提出公共服务委员会的某一成员(因身体虚弱或神志不清或任何其他原因)而不能履行其职能,或因行为不当而应当被免职的建议,总统依其自由裁量权,如果与总理的建议达成一致,则应当将免职请求提交由首席大法官以及为此目的的提名的其他两名最高法院法官组成的法庭处理。如果该法庭提出了免职建议,则总统应将其免职。

3. 依第二款之规定组成的法庭得规定自己的程序,为此目的的可以制定规则。

第一百零八条 ［公共服务委员会主席及成员的任职条件］

1. 公共服务委员会主席及成员可获得随时确定的薪水及津贴,薪水及津贴由统一基金支付。

2. 除本宪法的规定外,公共服务委员会成员的任职条件也可以——

(1)由或依根据本宪法制定的成文法规定；

(2)(在没有成文法规定的情形下)由总统规定。

3. 在公共服务委员会成员持续任职期间,其任职条件不得作不利变更。

4. 为第三款之目的,如果公共服务委员会成员的任职条件依该成员之意志确定,则其选定的任何条件,均应视为比任何其他可能的选择更为有利。

第一百零九条 ［公共服务委员会秘书］

1. 设公共服务委员会秘书，秘书为公务员，由总统依公共服务委员会的建议任命。

2. 公共服务委员会秘书按主席向其随时下达的指示，负责安排公共服务委员会的事务、负责委员会会议的记录、向适当的机关或个人送达委员会的决定，并履行主席随时安排的职能。

第一百一十条 ［公务员的任命及其他］

1. 除本宪法另有规定外，公共服务委员会负责公务员的任命，批准或设置固定职位或可领取养老金职位的设置，公务员的晋升、转任、开除以及对公务员的惩戒。

2. 公务员的晋升，应以任职资格、经验及品德为基础。

3. 依本条之规定，不得在没有为公务员提供合理听证机会的情况下将其开除或降级。

4. 除第一百一十 D 条的规定外，第一百零二条第一款第二项至第四项所提及的人员，不得由在开除或降级发生之时，级别低于有权任命与被开除或被降级者同级人员的机构开除或降级。

5. 在第一款中——

"任命"不包括任命的人员任期不超过两个月的情况；

"转任"不包括在政府的同一部门内，不包括级别变化的职位变更。

第一百一十 A 条

教育服务委员会已废止。

第一百一十 B 条

警察与民防委员会已废止。

第一百一十 C 条

适用于教育服务委员会以及警察与民防委员会的条款（已废止）。

第一百一十 D 条 ［人事部门］

1. 在遵守本条规定的情况下，总统依总理之建议，可在政府公报上发布命令，建立一个或多个人事部门行使第一百一十条所授予的公共服务委员会之全部或任何部分权力与职能。

2. 第一款所规定的命令，应当明确规定人事部门可以行使的权力和职能，以及这些权力和职能可以针对哪些公务员行使，但以下事项除外——

（1）对属于第一等级的公务员的开除及惩戒权；

（2）公共服务委员会享有的与行政服务（外事服务部）依任命的且属于处于重要级别（由第一百一十一 A 条作出定义）以上级别的公务员的权力，包括提名官员以供任命及晋升的权力在内。

规定由人事部门行使的任命权，不包括将经任命的人员开除的权力。

3. 如果为了行使公共服务委员会之任何权力与职能之目的，总统已依第一款之规定以命令方式设置了相应的人事部门，则这些权力和职能——

（1）可以由人事部门行使，尽管有第一百一十条第一款和第四款之规定；

（2）只要还有其中的一项由人事部门依总统之命令行使，则它们不能再由公共服务委员会行使，除非第四款之规定在范围上允许委员会行使。

3A. 任何人事部门，均可依其认为适当的条件以书面方式，将依本款之规定可以行使的权力与职能之全部或任何部分（但作出委托决定的权力除外）委托人事部门的任何成员行使，该成员应按委托的条件行使权力与职能，但任何委托均不妨碍人事部门行使该权力与职能。

3B. 任何依第三 A 款之规定，接受人事部门委托的人员所作的任何行为或任何事务，均具有与人事部门自己所作的行为或事务相同的效力，且该行为或事务应当被视为由人事部门所为。

4. 依第七款所制定的规章，任何认为受到人事部门或其委托之人的决定之侵害者，均可在规定的时间内依规定的方式向公共服务委员会提出诉请，公共服务委员会的处理决定为终审裁决。

5. 依第六款之规定，任何为对第一等级以上的公务员行使权力之目的而设立的人事部门，应由总统依总理之建议而任命的人组成，但总统如果未能与总理之建议达成一致，得依其自由裁量权拒绝作出任何此等任命。

6. 以下人员不能被任命为人事部门成员，如果其已经是人事部门成员后又成为以下人员，则其人事部门成员资格终止——

（1）议员或经合法提名为议会选举的议员候选人；

（2）任何工会或隶属于工会的任何机构或联盟的成员；或

（3）在任何政治联盟中任职者。

7. 总统得以规章——

（1）规定与任何人事部门成员相关的事项；

（2）规定人事部门行使权力、履行职责时应遵循的程序；

（3）规定第四款所确立的提出诉请所应遵循的程序；

（4）对第四款之规定进行修正，可规定需首先向由总统任命的人士提出诉请后方可依第四款之规定提出诉请，但此种规定不得妨碍此后向公共服务委员会提出诉请的权利。

8. 本条的任何规定，均不影响在 1994 年 10 月 1 日之前依第一百一十六条第三款所作出的指示或委托,且本条的规定不适用于这些委员会的任何权力或职能,只要该权力或职能构成了任何指示或委托的主题。

第一百一十一条 [法律服务委员会]

1. 设法律服务委员会,其权限范围及于在新加坡从事法律服务的任何人员。

2. 法律服务委员会由下列成员组成——

(1)首席大法官,任法律服务委员会主席;

(2)首席检察官;

(3)公共服务委员会主席;

(4)不少于三人也不多于六人的其他成员,由总统依其自由裁量权,与总理依第二 A 款之规定提出的就提名的人选建议达成一致后任命;

(5)已废止。

2A. 第二款第四项所指的人士包括——

(1)由首席大法官提名的不少于一名但也不多于两名的人士;

(2)由公共服务委员会提名的不少于一名但也不多于两名的人士;

(3)由总理提名的不少于一名但也不多于两名的人士;

如首席大法官、公共服务委员会主席或总理,具体依实际情况而定,提名了两名成员,其中一名成员合计应具有不少于十年的、《法律职业法》第二部分第一章之规定意义上的合格人士之经历。

2B. 依第二款第四项,具有以下身份者,不能被任命为法律服务委员会成员,或其法律服务委员会成员身份终止——

(1)公务员;

(2)为依公司法之外的、当时在新加坡有效的其他法律或任何其他相应成文法所设置的公司的雇员;

(3)议员,或经合法提名为议会选举中的议员候选人;

(4)任何工会或隶属于任何工会的联盟之成员;或

(5)在任何政治联盟中任职者。

2C. 依第二 B 款之规定,任何依第二款第四项任命的法律服务委员会成员,除非其提前以书面形式向总统提出辞职申请或依第二款之四之规定被免职,其应当于总统在任命之时确定的时期内任职,总统确定的任职时间不得少于三年也不得长于五年,法律服务委员会成员有资格被重新任命。

2D. 总理,或法律服务委员会主席在咨询总理之后,如果向总统提出请求,认为依第二款第四项之规定任命的某一法律委员会成员由于不得履行其职能(不论是由于身体虚弱或神志不清或任何其他原因)或由于行为不端而应被免职,总统——

(1)如果经自由裁量后与该请求达成一致,应当将该请求递交由首席大法官为此目的提名的两名最高法院法官组成的法庭处理;

(2)如果前述法庭提出了罢免建议,则总统应签署文件将该法律服务委员会成员罢免。

2E. 依第二款第四项之规定任命的法律服务委员会成员——

(1)在履行职能之前,应依附表一所规定的形式,在首席大法官或最高法院的其他法官面前作履行职责的宣誓并提交誓词;

(2)可获得随时确定的津贴,此津贴由统一基金拨付。

2F. 在符合本宪法之规定的前提下,依第二款第四项之规定的法律服务委员会成员的任职条件,可由或依照本宪法制定的任何法律确定,或(在没有任何法律规定的情况下)由总统确定。

2G. 依第二款第四项之规定的法律服务委员会成员之任职条件,在其任期之内不得作不利变动,但依法律服务委员会成员之选择确定的任职条件,则其选择的任何条件都应当被视为比任何其他可能的选择更为有利。

2H. 第二款第二项、第三项或第四项所指的法律服务委员会成员,在总统依其自由裁量后与总理建议达成一致的情况下,可被总统任命为法律服务委员会副主席,总理在向总统提出任命建议之前应先咨询法律服务委员会主席。

3. 除本宪法及任何其他有效法律的规定外,法律服务委员会具有任命、批准、安置固定职位以及对新加坡的法律服务官员的晋升、转任、开除以及行使惩戒控制的权力。

4. 法律服务委员会可将其依本条第三款之规定所享有的、针对新加坡各种级别之法律服务官员的权力,且仅可由或依照第一百一十一 AA 条之规定设置的人事委员会行使的权力,委托给新加坡法律服务官员,由法律服务委员会任命的任何官员所组成的委员会行使,获得委托的官员或委员会在法律服务委员会的指导和控制之下行使这些权力。

5. 依本宪法之规定,法律服务委员会可规范自己的程序,为此目的可制定规则。

6. 设法律服务委员会秘书。法律服务委员会秘书——

(1)为公务员;

(2)由总统依法律服务委员会之建议任命。

7. 法律服务委员会秘书依法律服务委员会主席的指示,负责安排法律服务委员会的会议、记录法律服务委员会的会议、将法律服务委员会的决定传递给适当的人士或机构,以及负责法律服务委员会主席随时交付的其他职能。

第一百一十一 AA 条 ［新加坡法律服务人事委员会］

1. 依本条之规定，总统得依总理之建议以在政府公报上公开的命令，可设置一个或多个人事部门行使本宪法第一百一十一条之授予法律服务委员会之权力与职能中的全部或任何一项。

2. 第一款所指的命令，应明确该人事委员会可行使的权力与职责，并明确此种权力与职责可针对新加坡法律服务行业中何种级别的官员行使，但下列权力不在此列——

(1)对新加坡法律服务行业的官员行使开除或行使惩戒控制的权力；

(2)法律服务委员会所享有的所有与经任命的，且在一定级别以上的新加坡法律服务官员相关的权力，包括提名高官或官员晋升的权力——

任何在命令中明确规定由人事委员会行使的任命权，不包括将任命的官员开除的权力。

3. 在提出与本条第二款第二项规定的一定级别的新加坡法律服务官员相关的意见之前，总理应当咨询法律服务委员会主席。

4. 为行使法律服务委员会之权力或职责之目的，如果总统依第一款之规定以命令设置了人事委员会，则这些权力或职责——

(1)尽管有第一百一十一 AA 条的规定，仍可由该人事委员会行使；

(2)只要人事委员会依该命令尚保留着一项权力可以行使，则这些权力与职责不再由法律服务委员会行使，但在第五款允许的范围内除外。

5. 除任何依第一款之规定制定命令另有规定外，任何认为受到依本条之规定设置的人事委员会之决定的侵害者，可在规定的时期内依规定的方式，向法律服务委员会提出诉请，法律服务委员会的裁决为终局裁决。

6. 除第七款之规定外，本条所设置的法律服务委员会由总统依法律服务委员会建议的任命者组成，这些成员可以是也可以不是法律服务委员会成员；但总统经考虑后未能与法律服务委员会的意见达成一致的情况下可以拒绝作出该任命。

7. 具有以下身份者，不得被任命为依本条之规定设置的人事委员会成员，或其成员身份终止——

(1)议会议员或经合法提名为议会选举的候选人；

(2)任何工会成员或任何隶属于工会的机构或联盟的成员；或

(3)在任何政治联盟中任职者。

8. 依第一款发布的命令，也可以——

(1)规定与任命本条所规定的人事委员会成员相

关的事项；

(2)规定这些人事委员会履行职责时应当遵循的程序；

(3)规定依第五款提出诉请时应遵循的程序。

第一百一十一 A 条 ［晋升到重要级别］

1. 总统得以在政府公报上公布的通告的方式，将在行政服务方案及外事行政服务方案中服务的每一名公务员确定为重要级别(本条称为重要级别)，此通告可在此后经修改将其他级别公务员提升到不低于最初被确定的级别的重要级别。

2. 不论本宪法中其他条款如何规定，任何重要级别公务员的任命或晋升决定，由总统依总理的建议从公共服务委员会提名者中作出。

第一百一十二条 ［退休金权利的保障］

1. 任何适用于向公务员或其遗孀、子女，其抚养的人或其私人代理人给予任何退休金、酬金或其他类似津贴的法律，对相关人员不得比在适用的相关日期或此后的法律更加不利。

2. 为本条之目的，相关时期为——

(1)当与 1963 年 9 月 16 日之前的授予相关时，该相关日期为该授予作出之日；

(2)当与 1963 年 9 月 16 日之后的授予相关时，对于在该日期前即已经为公务员者，则相关日期直接为该日之前；

(3)当与 1963 年 9 月 16 日之后的授予相关时，或在该日期后成为公务员时，则相关日期为其首次成为公务员的时间。

3. 为本条之目的，如果适用于该授予的法律需依公务员的选择确定，则其选择的任何法律都应当被视为比任何其他可能的选择更为有利。

第一百一十三条 ［公共服务委员会、法律服务委员会与退休金等相关的权力］

1. 如果依任何成文法之规定，某一人士或机构具有权力——

(1)决定是否需要作出授予；或

(2)拒绝、减少或暂停已经决定的授予——

则非经公共服务委员会或法律服务委员会同意拒绝授予、减少数目或暂停授予，该人士或机构不得拒绝、减少或暂停授予。

2. 如果向某人的授予数目并未由法律确定，则除法律服务委员会或公共服务委员会同意向其授予较小数目外，他有权获得向其授予的最高数目。

3. 本条中"授予"与第一百一十二条中的"授予"具有相同的含义。

第一百一十四条 ［退休金等由退休基金或统一基金承担］

1. 向公务员支付的退休金、报酬以及其他类似津贴,应优先由《退休金法》设立的退休基金承担,如果退休基金不足以支付,则由统一基金承担。

2. 尽管有第一款之规定,但是立法机关得以法律规定,向公务员支付的退休金、报酬或其他类似津贴也可以由其他政府基金代替退休基金或统一基金支付。

第一百一十五条 [转任情况下的退休金]

1. 尽管本宪法中存在关于在特定情况下公务员职位空缺的规定,但是为了转任其他公共职位或到其他公务服务职位任职之目的,任何公务员在政府同意的情况下(此种同意不得被无理地拒绝)放弃其职位,如果他通过此种方式放弃其职位,其放弃行为不影响他要求获得任何退休金、报酬或其他类似津贴的权利。

2. 为本条之目的,"其他公共职位"具有 1963 年 9 月 15 日之前仍然有效的退休金法中规定的"其他公共职位"的含义。

第一百一十六条 [与公共服务相关的规范]

1. 在遵守任何当时在新加坡有效的成文法之规定的情况下,总统得就以下所有或任何事项作出规定——

(1)将公务员划分为不同的部门和领域;

(2)就公务员的招募、服务、晋升制订方案;

(3)规范公务员的行为及惩戒。

2. 在遵守本宪法之规定的情况下,公共服务委员会得规范自己的程序,为此目的可以制定规则;在与其履行职责相关的情况下,将相应的权力及责任委托给任何个人或政府机构承担。

3. 公共服务委员会在其认为适当的情况下,得以书面方式作出指示,将其依照第一百一十条第一款之规定享有的职能委托给任何公共服务委员会成员、任何公务员、任何其他个人或任何由公务员和公共服务委员会任命的其他个人组成的委员会,或为了对任一级别之公务员进行惩戒之目的而由公共服务委员会任命的专门小组中代表公众的成员,该公共服务委员会成员、官员、委员会或个人应在公共服务委员会的指导和控制下履行这些职能。

第一百一十七条

公共服务委员会的行为及其制定的规则的合法性(略)。①

第一百一十八条 [公共服务委员会行使的其他职能]

议会得以法律规定公共服务委员会履行其他职能。

第一百一十九条 [委员会的报告]

公共服务委员会和法律服务委员会应当向总统

提交关于其行为的年度报告,且每一份报告将应当向议会提交。

第十部分 公民身份

第一百二十条 [新加坡公民身份]

1. 设置称为"新加坡公民"的身份。

2. 新加坡公民身份可通过以下方式取得:

(1)出生;

(2)血统;

(3)登记或注册(本宪法生效之前);

(4)入籍。

第一百二十一条 [因出生而取得新加坡国籍]

1. 依本条之规定,1963 年 9 月 16 日之后在新加坡出生的人因出生而具有新加坡公民身份。

2. 出生时有下列情况者不得依本条第一款的规定成为新加坡公民:

(1)其父为非新加坡公民而拥有一个主权国家向新加坡总统派遣的使节所享有的诉讼和法律程序豁免权者;或

(2)其父曾为敌侨,而本人在敌人所占领的新加坡某个地方出生者;或

(3)其父母均非新加坡公民,又非在新加坡永久居住者。

3. 尽管有第二款第三项之规定,但如果新加坡政府在此人提出国籍申请时居于主导地位的各种情况,认为授予其国籍为公正和正当的,则可以授予此人新加坡国籍。

第一百二十二条 [因血统而取得新加坡国籍]

1. 在不具有第二款、第三款所规定的情况下,1963 年 9 月 16 日之后出生于新加坡境外之人,可依血统而在其出生之时即具有新加坡国籍——

(1)如果此人出生于新加坡共和国宪法 2004 年修正案第七部分生效之前,且其父亲因出生、登记或血统而具有新加坡国籍;

(2)如果此人出生于新加坡共和国宪法 2004 年修正案第七部分生效之后,且其父亲或母亲因出生、登记或血统而具有新加坡国籍。

2. 出生于新加坡境外者,并不必然具有新加坡国籍,除非——

(1)出生后一年内或政府允许的更长时间内依照规定方式已将其出生事实向新加坡领事馆或政府作了登记,或嗣后取得政府的允许。

(2)他未因为出生而取得出生地国的国籍,

---

① 新加坡驻华大使馆提供的原文略去本条。

728

且——

①如果出生于新加坡共和国宪法 2004 年修正案第七部分生效之前,他的父亲在其出生之时因登记而具有新加坡国籍;

②如果他出生于新加坡共和国宪法 2004 年修正案第七部分生效之时或之后,在其出生之时,他的母亲或父亲因登记而具有新加坡国籍。

3. 在不妨碍第二款之规定的前提下,出生于新加坡境外之人,其父亲或母亲在其出生之时因血统而具有新加坡国籍者,他并不依第一款之规定而依血统取得新加坡国籍,除非因血统而具有新加坡国籍的父母已经合法居住于新加坡境内——

(1)在其出生之前已连续居住不少于五年,或居住时间累加已不少于五年。

(2)在其出生之前的五年内的一段时期内在新加坡境内居住已不少于两年,或累计居住时间不少于两年。

4. 某人如为未成年人因血统而取得新加坡国籍,在其年满二十二周岁时将不再具有新加坡国籍,除非在其年满二十一周岁后的十二个月内,依照附表二所规定的形式作放弃效忠和忠诚的宣誓,如果政府提出了如此要求。

第一百二十三条 ［因登记而取得公民身份］

1. 在遵守本宪法各项规定的前提下,凡年龄在二十一周岁或二十一周岁以上且居住于新加坡境内者,得依规定的方式提出入籍申请后经登记取得新加坡公民身份,如果他能向政府证明本人:

(1)品行良好;

(2)申请日之前的十二个月内在新加坡居住;

(3)申请日前十二年内曾在新加坡居住合计不少于十年;但政府在以下情况下可以豁免任何申请人受本段的限制——

①在申请日之前的六年内在新加坡境内居住合计不少于五年;或

②在任何特定的情况下,如果政府认为授予申请者国籍是适当的;

(4)具有在新加坡永久居住的意图;

(5)对以下语言之一具有基本知识者,即:马来语、英语、汉语或泰米尔语。

但对年满四十五周岁或系聋、哑的申请者,政府得免除其遵守本款第五项的规定。

2. 在遵从本宪法各项规定的前提下,凡与新加坡公民结婚的女子得依规定方式提出入籍申请,经登记为取得新加坡公民身份,如果她能向政府证明本人:

(1)在申请之前在新加坡连续居住不少于两年;

(2)具有在新加坡永久居住的意图;

(3)品行良好。

第一百二十四条 ［未成年人因登记而具有国籍］

1. 年龄在二十一周岁以下的子女,如经查明——

(1)系新加坡公民的子女,并

(2)居住于新加坡境内——

政府得根据其家长或监护人以规定方式提出的申请,准其登记为新加坡公民。

2. 政府在其认为适当的情况下,得允许任何年龄在二十一周岁以下的子女登记为新加坡公民。

第一百二十五条 ［登记的效力］

在遵守本宪法第六十条之规定的前提下,凡根据本宪法第一百二十三条或第一百二十四条登记为新加坡公民者,自登记之日起为新加坡公民。

第一百二十六条 ［关于登记的一般规定］

1. 任何人在未按本宪法附表二所规定的方式作放弃效忠和忠诚的宣誓前,不得根据本宪法第一百二十三条之规定登记为新加坡公民。

2. 任何人除经政府批准外,凡根据本宪法或 1957 年新加坡公民身份法令已放弃或被剥夺新加坡公民身份者,不得根据本宪法的规定登记为新加坡公民。

3. 依 1957 年新加坡公民身份法第十三部分或本宪法第一百二十四条之规定,经登记取得新加坡国籍者,在其年满二十二周岁时不再具有新加坡国籍,除非其在年满二十一周岁后的十二个月内按本宪法附表二所规定的方式作放弃效忠和忠诚的宣誓。

第一百二十七条 ［因入籍而取得公民身份］

1. 依第四款之规定,依任何年满二十一周岁的非新加坡公民之申请且认为申请人满足以下条件时,政府得授予申请人入籍证明——

(1)已在新加坡境内居住达到要求的期限,且具有如果获得入籍证明将永久性地在新加坡居住的主观意图;

(2)品行良好;

(3)对国家的语言具有充分的认知。

2. 授予入籍证明所需的居住于新加坡境内的时期或与之相关的时期是:在申请日之前的十二年内累计不少于十年且在申请日之前的十二个月内应居住于新加坡境内。

3. 被授予入籍证明者,自入籍证明签发之日起为新加坡公民。

4. 任何人在未按本宪法附表二所规定的方式作放弃效忠和忠诚的宣誓前,不得被授予入籍证明。

第一百二十八条 ［放弃国籍］

1. 任何年满二十一周岁、神志正常的新加坡公民,如果他同时为或将要成为另一国的公民,可通过向政府以申请放弃其新加坡公民身份的声明的方式放弃其新加坡公民身份,自登记始他不再具有新加坡公民身份。

2. 在以下情况下,政府得拒绝进行本条规定的放弃国籍声明的登记——

(1)该申请在新加坡处于战争时期作出;或

(2)该声明是由《兵役法》适用于其上的人作出的,除非申请人——

①已经依《兵役法》第十二部分之规定,履行了其国民服役的义务;

②已经依《兵役法》第十三部分之规定,担任战备军人至少三年以代替国民服役义务;或

③满足政府确定的其他要求。

3. 本条之规定,既适用于年满二十一周岁者,也适用于二十一周岁以下的已婚妇女。

第一百二十九条 〔公民身份的剥夺〕

1. 经登记或入籍而成为新加坡公民者,在被政府依本条之规定作出的决定剥夺其公民身份后不再具有新加坡公民身份。

2. 政府得以命令剥夺任何经登记或入籍而成为新加坡公民者的公民身份,如经政府查明其登记或入籍证是:

(1)用欺诈、提供虚假材料或隐瞒重大事实的方法取得者;或

(2)系错误而导致授予公民身份者。

3. 政府得以命令剥夺下列人员的公民身份——

(1)如果政府认定因入籍而取得新加坡国籍者——

①通过言行表明其不忠诚于或不热爱新加坡。

②在新加坡处于战争期间,与敌方进行非法贸易或非法沟通,或以资助战争中的敌方的方式从事、参与任何交易,且此种资敌方式依其知识属于明知的范围。

(2)如果认定因登记或入籍而成为新加坡公民者——

①在登记或入籍后五年内在任何国家被判处不少于一年的监禁或不少于五千美元或依该国货币不少于相等价值的罚款,且对其所判处的罪行尚未获得完全的赦免;

②在其登记或入籍而成为新加坡公民后的任何时候,从事有碍新加坡的安全或有碍公共秩序的维持、有碍必需服务之维持的任何行为,或有损于公共安全、和平与良好秩序的利益的犯罪行为。

4. 政府认定因入籍而取得新加坡公民身份的人,如果他未经新加坡政府之许可,接受了外国政府、外国政治机构或任何外国政府的机构所提供的任何

职务、职位、雇佣,或服务于这些职务、职位、雇佣,或履行了这些职务、职位、雇佣的职责,而这些职务、职位或雇佣需要作宣誓、确认或声明,则政府得以命令的方式剥夺他的公民身份。

但不得因本宪法生效之前所作的任何行为而依本条之规定剥夺任何人的新加坡公民身份,尽管在行为之时他具有新加坡国籍。

5. 政府得以命令剥夺任何因入籍而取得新加坡国籍者的国籍,如果政府认定其已在国外连续居住满五年,且在此期间内——

(1)的任何时候既非为新加坡服务也非为以新加坡政府为成员国的国际组织服务;

(2)每年未到新加坡领事馆登记以表明其有意保留新加坡国籍。

6. 如果政府认为使该妇女获得登记的婚姻,在其结婚之日起的两年内因死亡之外的原因而解除,政府得以命令剥夺依第一百二十三条第二款之规定经登记而取得新加坡国籍的妇女之公民身份。

7. 任何人不得被依本条或第一百三十条之规定剥夺公民身份,除非政府确信,如果此人继续保留新加坡国籍无助于公共福利;但如果政府确信,此人被剥夺新加坡国籍将不具有任何国家的国籍,则此人的新加坡国籍不得被依本条第二款第二项或第三款第一项或第二项第一目或第四款、第五款或第一百三十条之规定加以剥夺。

第一百三十条 〔剥夺失去公民身份者之子女的新加坡公民身份〕

如果有人——

(1)放弃其新加坡公民身份;或

(2)被依照第一百二十九条第二款第一项或第一百三十四条第一款第一项之规定剥夺了公民身份——

政府得以命令剥夺此人依本宪法之规定登记为新加坡公民的、未满二十一周岁的子女或经登记为此人之子女或其夫或其妻的子女的新加坡公民身份。

第一百三十一条 〔关于丧失公民身份的一般规定〕

放弃或被剥夺新加坡公民身份并不导致因在未丧失新加坡公民身份前的任何作为或不作为而应当承担的责任之终止。

第一百三十二条 〔取消公民登记〕

1. 如果有人在本宪法生效之前经登记为新加坡公民,且政府认为——

(1)用欺诈、提供虚假材料或隐瞒重大事实的方法取得者;或

(2)系错误而导致授予公民身份者。

政府得以命令取消其注册。

2. 凡根据本条取消一人作为新加坡公民的登记

时，不影响其在取消注册前对于一切作为或不作为应负的责任。

第一百三十三条 ［剥夺公民身份的程序］

1. 政府在根据本宪法第一百二十九条、第一百三十二条、第一百三十四条或第一百三十五条颁发命令之前，应向相对人发出书面通知，说明拟颁发命令的理由以及告知他有权要求将该案提交为此目的而组成的调查委员会进行审查。

2. 如果收到此类通知者在规定的时间内申请将该案提交调查委员会，政府应将该案（在任何其他情况下，政府得将该案）提交由具有可以被任命为高等法院法官资格的主席一人和政府为此指定的其他成员两人所组成的调查委员会审查之。

3. 收到提交审查的案件后，调查委员会应依确定的方式进行调查，并向政府提出报告；政府在作出是否颁发剥夺公民身份的命令时，应考虑委员会提交的报告。

第一百三十四条 ［剥夺获得外国公民身份者的新加坡公民身份］

1. 政府得以命令剥夺新加坡公民的公民身份，如果政府确定此人——

（1）已满十八周岁，在 1960 年 4 月 6 日之后的任何时候通过登记、入籍或任何自愿的和正式的行为（不包括婚姻）获得了新加坡之外的公民身份，或在其十八周岁之前通过上述方式取得了新加坡之外的公民身份，但在年满十八周岁后继续保留该公民身份；或

（2）为女性，依本宪法第一百二十三条第二款之规定经登记而取得新加坡公民身份，因与非新加坡公民结婚而取得新加坡之外的公民身份。

2. 如果政府依本条之规定作出了剥夺某人新加坡公民身份的命令，则自该命令作出之日起，此人不再具有新加坡公民身份。

第一百三十五条 ［剥夺行使了外国公民权者的新加坡公民身份］

1. 政府得以命令剥夺某人新加坡公民身份，如果政府确定——

（1）此人在年满十八周岁之后且在 1960 年 4 月 6 日之后的任何时候，自愿申请及行使了依任何新加坡之外的国家之法律上的任何权利（与使用护照相关的权利除外），而这些权利专属于该国的公民或国民者；

（2）已年满十八周岁，且在 1960 年 4 月 6 日之后的任何时候向新加坡之外的机构申请护照或申请更换护照，或使用由此类机构签发的护照作为旅行证件；或

（3）已年满十八周岁，不论是在十八周岁以前还

是十八周岁之后，经常居住于新加坡境外，已连续居住达十年以上（包括 1986 年 1 月 2 日之前居住于新加坡境外的时期），且——

①在此期间，从未以合法身份或未持有新加坡有权机关签发的旅行证件进入新加坡；

②在此期间，未为新加坡政府服务或未为以新加坡政府为成员国的国际组织服务，也未在经总统确认并在政府公报上公布的机构或组织服务。

2. 为第一款第一项之目的，参加新加坡之外的政治选举的投票行为，视为自愿要求及行使了依当地法律可以行使的权利。

3. 如果政府依本条之规定作出了剥夺某人新加坡公民身份的命令，则自该命令作出之日起，此人不再具有新加坡公民身份。

第一百三十六条 ［马来西亚公民身份的终止］

曾经具有新加坡公民身份者，如果在本宪法生效之前放弃了马来西亚的公民身份或被马来西亚政府剥夺了其马来西亚的公民身份，则此人应被视为已依本宪法之规定放弃了或被剥夺了新加坡公民身份从而不再是新加坡公民。

第一百三十七条 ［丧失公民身份者之子女的公民身份之剥夺或取消登记］

1. 根据本宪法本部分之各项规定被剥夺公民身份或被取消公民注册者，政府得以命令剥夺他的公民身份，或根据具体情况取消此人年龄在二十一周岁以下的，或其夫或其妻的子女，或经登记而为其子女，或其夫或其妻的子女曾经依本宪法或《1957 年新加坡公民身份法令》之各项规定经登记或注册而取得新加坡公民身份者的公民身份。

2. 任何人，若非政府查明他继续作为新加坡公民将无助于公益者，不得被根据本条第一款之规定剥夺其公民身份；而且任何人经政府查明由于剥夺公民身份将导致其不具有任何一国的公民身份者，不得根据本条第一款而剥夺其公民身份。

第一百三十八条 ［有疑问时公民身份证明的授予］

政府得对其公民身份不论事实上或法律上存有怀疑的人，在其以规定的方式提出申请时，按照规定格式给他颁发一张公民身份的证明文件。

但当政府确定该证明是通过第一百三十二条第一款第一项或第二项之规定的方式获得的，可以以命令的方式取消该证明。

第一百三十九条 ［英联邦共和国公民身份］

1. 依新加坡在英联邦共和国的地位，每一个新加坡公民与其他英联邦成员国的公民一样具有英联邦共和国的公民身份。

2. 除议会另有规定外，任何既存法律中适用于英联邦成员国公民的，同样适用于爱尔兰共和国的公

731

民,尽管爱尔兰共和国公民不具有英联邦成员国公民身份。

第一百四十条　[附表三的适用]

为本宪法本部分之目的,在立法机关通过法律作出另外规定之前,本宪法附表三所载各项补充规定具有法律效力。

已废止。

第一百四十一条

1. 在此宣告废止《1957年新加坡公民身份法令》。

2. 凡在1963年9月16日之前,根据《1957年新加坡公民身份法令》,因出生、血统、登记或入籍而具有新加坡公民身份者,在遵守本宪法各项规定的前提下,自本宪法生效之时起继续保有这种身份。

3. 在一个人根据《1957年新加坡公民身份法令》已进行了出生登记而在1963年9月16日之前成为新加坡血统公民的情况下,如果此人在出生后一年内依照规定方式将其出生的事实向新加坡领事馆或政府作了登记或嗣后取得政府允许者,此人即具有新加坡公民身份。

4. 尽管《1957年新加坡公民身份法令》已宣布作废,但在已成为新加坡公民的人根据该法令应对1963年9月16日前所作的行为负责因而应被剥夺公民身份的场合,政府仍得以命令剥夺其公民身份,但需为此目的而进行的程序在1963年9月16日后的两年内即已开始为条件。

5. 遇有某人根据本条第四款之规定应被剥夺其公民身份而在1963年9月16日前业已根据《1957年新加坡公民身份法令》各项规定开始剥夺其新加坡公民身份的程序者,这些程序应视为系根据该款进行剥夺其公民身份的程序,并应继续依照1963年9月16日之前有效的1957年新加坡公民身份法令进行之。

第十一部分　关于财政的规定

第一百四十二条　[对本部分的解释]

1. 除根据上下文需要作其他理解外,本部分中——

"发展基金",指依《发展基金法》设立的发展基金。

"财政年度",指任何年度内,至3月31日止的十二个月的时期。

1A. 尽管有第一C款及第二款之规定,如果——

(1)在任何财政年度开始之前,总统依其自由裁量权,在与负责财政的部长就相关资产的构成要素之

预期收益的长期实际利率(在本条中简称预期长期实际收益率)意见达成一致;且

(2)负责财政的部长此后以书面的方式向总统提交该财政年度的支出限额,确定不超过按照总统与该部长达成一致的该财政年度的预期长期实际收益率与相关资产计算所得出的收益的百分之五十的部分。

本部分所指的政府在当前任期内不得计算的储备,不包括那些超过部长确定的数目的部分。

1B. 负责财政的部长不论在该财政年度内的任何时候,依第一A款第二项之规定签发的关于该财政年度的支出限额的规定,在被该年度签发的最终支出限额取代之前,具有最终证明的效力。

1C. 除第二款之规定外,净投资收益以及实际收益,即——

(1)可实际归因于相关资产;

(2)由现有政府在当前任期内的同一财政年度内获得。

为本部分之目的,其增长部分自获得之日起被视为政府的过去储备。

2. 为本部分之目的,任何在政府当前任期内的同一财政年度内获得的净投资收益——

(1)如果此笔数目的净投资收益源于依第三款之规定证明的政府的过去储备;或

(2)如果不存在依第三款之规定的证明,如果该财政年度内从过去政府储备中获得的净投资收益的百分之五十并不包括在相应的资产中——

则这些资产应集合起来,从依第三条之规定的、与该财政年度相关证明作出之日起,或如果没有此类证明,或此类证明早已作出,则应自第一百四十七条第五款所规定的该财政年度的账簿及报表向总统提交之日起,视为构成了政府过去储备的一部分。

3. 负责财政的部长应在2000年财政年度结束之后及此后每一财政年度结束之后,尽可能快地向总统提交与该财政年度相关的证明,以表明该财政年度内从政府的、不包含在相关资产中的,从过去储备中获得的,应当视为过去政府储备的净收益的数目(该数目的比例不得少于百分之五十),此类证明应为该数目最终的和排他的证明。

4. 本条中——

2000财政年度指自2000年4月1日始至2001年3月31日止的财政年度。

"净投资收益",与财政年度相关时,指——

(1)政府在财政年度内通过政府储备投资而获得的红利、利息及其他收益;

(2)政府在财政年度内通过(不论何时提供的)贷款获得的利益收入,减去所有的支出或投资的偶然支出以及对这些储备进行管理所发生的支出(不包括购

买成本、对该投资进行处置及兑换支出)以及任何利息、偿债基金支出和借款支出,但不包括在2000年财政年度开始之前通过提供贷款而获得的收入或利息。

"该财政年度内从过去储备投资中获得的净投资收益",指该财政年度内获得的可归因于过去储备的净收益的部分。

"政府的过去储备",指不累计为当前政府任期内的储备,包括依第一C款及第二款之规定应当累计并视为政府的过去储备,但其数目少于依第一款之一第二项所证明的部分,或按比较调整后属于当前政府任期内的收益的部分。

"实际回报率",指扣除通货膨胀或贬值因素调整后的、从相关投资中获得的收益扣除因投资和管理相应资产而发生的成本和支出后的年度百分比。

"实际资本收益"与相关资产相连时,指从处理相应资产中实现的收益,减去所有因处置、购买或兑换相应资产而产生的各种成本及偶然性支出。

"相关资产"指下列资产——

a. 由新加坡政府投资有限公司以及其下的所有为政府资金、所有由政府全资的公司以及所有由政府全资公司所有的子公司之资产管理者的全资子公司(包括在新加坡境内具有登记办公地点者)管理的所有净资产。

b. 政府作为新加坡货币管理机构从政府银行部门收到的款项。

c. 新加坡货币管理机构超过其负债部分的资产,不能直接归因于政府的资产和负债,不再属于第二段所规定的资产和负债,减去以下负债——

(ⅰ)可归因于政府的、依《政府债券法》及《地方国库法案》之规定所借款项产生的全部负债;

(ⅱ)由任何公法案为特定目的设置的、不属于第一段所规定的任何政府基金(不包括由成文法规定应独立于其他政府基金进行负担、维持及管理的基金)负担的所有负债。

第一百四十三条 　[非依法律不得征税]

除非由法律或依法律规定,不得向或为新加坡征税。

第一百四十四条 　[对贷款、担保等的限制]

1. 政府不得提供担保或借款——

(1)除非依经过总统同意的议会决议之授权;

(2)除非经总统同意提供担保或借款,并依本段之规定适用于其上的法律之授权;或

(3)除非依任何其他成文法之授权。

2. 任何由议会通过的、直接或间接地同意借款、给予担保或政府贷款的法案,如果总统认为该法案可能导致从非本届政府的储备中提取款项的结果,总统得依其自由裁量权,拒绝批准该法案。

3. 第一款第二项之规定将适用于以下法律:

(1)亚洲发展银行法;

(2)布雷顿森林协议法;

(3)已被删除;

(4)外部借款法,

(5)财政程序法;

(6)国际发展联盟法;

(7)国际金融联盟法;

(8)裕廊镇公司法;

(9)贷款(国际银行)法。

第一百四十五条 　[统一基金]

设新加坡统一基金,依当时在新加坡有效的法律之规定,由其负担所有未由任何成文法为特定目的分配的财政支出。

第一百四十六条 　[从统一基金中提取款项]

1. 除非符合以下条件,否则不得从统一基金中提取任何款项——

(1)由统一基金承担;

(2)由支出法案、补充支出法案或最终支出法案授权;

(3)由议会依第一百四十八B条之规定通过并获得总统同意的决议授权;或

(4)由负责财政的部长依第一百四十八B条第四款之规定授权。

2. 非依法律规定的方式,不得从统一基金中提取款项。

3. 第一款之规定不适用于第一百四十七条第二款第二项第一目、第二目或第三目所提及的款项。

4. 不得从发展基金中提取款项——

(1)除非为了成文法所确定的某一个或某一些目的,且为新加坡之发展所必需或与新加坡的发展相关联;

(2)除非由支出法案、补充支出法案或最终支出法案或负责财政的部长依第一百四十八B条第四款之规定授权。

第一百四十七条 　[年度预算及财政报表]

1. 负责财政的部长应在每一财政年度结束之前,准备下一财政年度的新加坡财政收入与支出的年度预算,该预算在获得内阁批准之后向议会提交。

2. 支出预算应分别显示以下事项——

(1)需由统一基金承担的支出之总额。

(2)预计需由统一基金承担的、用于公共服务的其他各项开支。但以下开支除外——

a. 为政府依特定目的筹集的贷款而获得的收入以及依授权筹集该款项之法律的规定分配这些款项所获得的收入;

b. 政府依信托获得的并需依信托条款的任何款项

以及该款项所产生的利息；

c. 政府持有的、为任何成文法设置的基金之目的或依任何成文法之规定设置的基金而获得或分配的款项。

（3）预计为了满足发展基金之需要而由统一基金承担的各种款项之和。

3. 在财政预算中显示的数额不包括由于天课（Zakat），fitrah，baitulmal 以及其他类似方式获得的穆斯林财政收入。

4. 负责财政的部长除向议会提供财政收入与支出的预算报告外，还应提交下列材料——

（1）该财政年度预算中的收入与支出，是否有可能需要从不属于本届政府的储备中支出款项的声明；

（2）在上一个财政年度结束时，尽可能反映新加坡政府的资产与负债的审计报告。

5. 负责财政的部长应尽可能在每一财政年度结束之后，准备与该财政年度相关的下列材料——

（1）与该财政相关的账簿，反映该年度获得及支出的全部及明细记录，反映获得和支出的任何贷款的全部及明细报表；

（2）反映记入发展基金账户的款项收支的报表；

（3）反映记入由任何成文法设置的政府基金的款项收入的报表；

（4）尽可能地提供反映新加坡政府在该财政年度结束之时的资产与负债情况的报表；

（5）尽可能地提供反映财政年度结束之时的重要担保及其他新加坡的财政负担；

（6）负责财政的部长认为适合的其他报表。

且在本款所指的账户及报表经审计后，需要将经过审计的这些账户及报表连同表明这些账户和报表中所列的款项是否从或可能从不属于本届的储备中提取的声明，一并提交总统。

第一百四十八条　〔从统一基金和发展基金中支出款项的授权〕

1. 需由统一基金和发展基金负担的开支（不属于立法性的开支以及由第一百四十七条第二款第二项第一目、第二目或第三目的开支）应包括在被称为支出法案的法案中，由统一基金和发展基金提供款项以满足这些开支，并为该支出法案所明示的特定目的分配相应的款项。

2. 不论何时——

（1）在任何财政年度内，如果为任何服务或为某目的而支出或可能支出的款项，超出了或有可能超出该财政年度的支出法案为该服务或该目的所提供的数目；或

（2）在任何财政年度内，如果出现了该财政年度的支出法案未为之提供款项的新的服务或新的目的，

为该服务或目的而支出或可能支出的各种款项，超出了或有可能超出该财政年度的支出法案为该服务或该目的所提供的数目——

负责财政的部长应当补充预算报告（或超支预算报告，依情况而定），经内阁批准后向议会提交并由议会表决；对于经如此表决通过的补充支出项目，负责财政的部长可以在该财政年度结束之前的任何时候，向议会提交补充支出法案，该法案中应有恰当的支出项目，表决通过的预算数额，并尽可能在每一财政年度结束之后尽快向议会提交最终支出法案，其中应当包括尚未包含在任何财政法案中的款项。

2A. 负责财政的部长依第二款之规定向议会提交补充支出报告或超支报告时，还需要向议会提交该补充支出预算或超支预算（依情况而定）是否需要由不属于本届政府的储备支出的表明。

3. 向议会提交的预算，其中反映立法性支出的部门不需要议会表决，且此类支出不需要议会进一步的授权即可由统一基金支付。

4. 为本条之目的，"立法性支出"指依第十八条、第二十二J条第三款、第三十五条第十款、第四十一条、第四十条第三款、第一百零八条第一款、第一百一十四条、第一百四十八E条以及第一百四十八F条第四款，或新加坡任何有效法律之规定的、由统一基金或由普通财政收入与资产承担的支出。

第一百四十八A条　〔拒绝对支出法案表示同意及其他〕

1. 总统依其自由裁量权，如果认为财政预算及支出预算、补充预算或超支声明（视具体情况确定）可能导致从不属于本届政府任期内的储备中支出款项，则可以拒绝同意任何财政年度的支出法案、补充支出法案或最终支出法案，除总统尽管认为财政预算及支出预算、补充预算或超支声明可能导致从不属于本届政府任期内的储备中支出款项，但仍然对其给予同意的情况外，总统应当向议长以书面形式表明其意见并将其意见在政府公报上公布。

2. 如果总统拒绝同意任何财政年度的支出法案、补充支出法案或最终支出法案，且在总统拒绝同意之后的三十日内议会也未依第一百四十八D条的规定通过决议推翻总统拒绝同意的意见，议会得以决议方式（而非以法律）授权该财政年度内从统一基金和发展基金中拨付支出或补充支出，但——

（1）如果总统拒绝同意该支出法案，依本款规定为该年度的任何服务或目的授权的支出（应包括依第一百四十八B条第四款授权的所有款项）不得超过前一财政年度为该服务或目的而分配支出的总额；或

（2）如果总统拒绝同意该补充支出法案或最终补充法案，依本款规定为该年度的任何服务或目的授权

的支出之总额,不得超过依第一百四十八 C 条第一款之规定为该服务或目的代替从相邻基金中预先支付的款项之总额。

3. 为前款第一段之目的,在任何财政年度内为任何服务或目的分配的款项之总额,由支出法案、补充支出法案以及最终支出法案(如果存在的话)中为该服务或目的所分配的数额相加确定。

3A. 在依第二款之规定通过决议时,负责财政的部长应向议会提交包含适当的项目,经议会表决通过的数额的支出法案、补充支出法案或最终支出法案(具体何种法案根据具体情况确定)。

4. 在向议会传达其对任何补充支出法案或最终支出法案的意见时,总统并不必须考虑代替依第一百四十八 C 条第一款的规定预先从统一基金中准备的、为任何服务或任何目的的款项之数目。

5. 为本条及第一百四十八 D 条的目的,如果在支出法案、补充支出法案或最终支出法案向总统提交以供其同意的三十日届满之时,总统仍未表示其拒绝同意该法案,则应视为总统同意了该法案且同意之日为三十日届满之次日。

第一百四十八 B 条 ［授权基于账户以及其他的开支或基于不特定的目的的开支的权力］

1. 依第三款之规定,议会得以决议批准部分预算,在该年度的支出法案通过之后授权该财政年度的部分支出,但以此种方式授权的支出总额应当包含在该财政年度的适当项目下。

2. 依第三款之规定,如果由于任何服务的重要性或特征的不明确性或情势的异常紧迫性,议会在认为必要的情况下,得不依第一百四十七条及第一百四十八条之规定,以决议批准信用借贷,授权该财政年度的部分或全部支出。

3. 依第一款或第二款通过的决议,非经总统考虑并同意后,不发生法律效力。

4. 如果在财政年度开始的第一日,没有与该财政年度相关的支出法案变成法律(不论是否由于总统拒绝同意该法案还是其他原因),负责财政的部长经内阁事先同意,可授权(并非由法律授权)在该财政年度的支出法案通过之前,从统一基金、发展基金或其他政府基金中支出其认为对于公共服务或任何发展目的所必需的且列示于预算中的款项;

但以此种方式授权的、为任何服务或目的而支出的款项之总额,不得超过前一财政年度内经表决的、为该种服务及目的分配的款项总额之四分之一。

第一百四十八 C 条 ［相邻基金］

1. 立法机关得为统一基金、发展基金各设置一个相邻基金,并授权负责财政的部长为适当的相邻基金预支款项,如果——

(1)他认定出现了紧急的和支出法案中未作出规定的、未预料到的支出;

(2)总统依其自由裁量权,同意预支该款项。

2. 如果发生了依第一款的规定而授权的预支款项,则应当尽快向议会提交补充预算的数目供议会表决以代替预支的数目,该数目应当包括在补充支出法案或最终支出法案中。

3. 负责财政的部长如果有意于从相邻基金中预支款项,他应当向总统提交该预支款项被替换之后,是否需要从不属于本届政府的储备中提取款项的声明。

4. 如果总统认为若该预支款项被替换后可能从不属于本届政府的储备中提取款项,总统得依其自由裁量权,拒绝同意从相邻基金中预支款项。

第一百四十八 D 条 ［议会可以推翻总统拒绝同意支出法案的意见及其他］

1. 如果总统依第一百四十八 A 条的规定,与总统顾问委员会的建议相左,拒绝同意与任何财政相关的任何支出法案、补充支出法案或最终支出法案,议会得以不少于第三十九条第一款第一项所指的、经选举产生的议员总数之三分之二的同意通过决议,推翻总统的决定。

2. 在依第一款之规定通过决议的情况下,应视为总统自该决议通过之日已经对支出法案、补充支出法案或最终支出法案表示了同意。

第一百四十八 E 条 ［债务清偿及为履行判决所需的资金］

1. 以下款项由统一基金承担——

(1)所有由政府承担的债务费用;

(2)为履行由任何法院或法庭作出的、需由政府承担支付责任的任何判决、裁定所需的款项。

2. 为本款之目的,"债务费用"包括利息、偿债资金、偿还、债务推销以及任何与为了统一基金的安全和一切由统一基金设置的服务及由此而产生的债务之清偿所发生的费用。

第一百四十八 F 条 ［总审计长的任命］

1. 设总审计长,除总统经过考虑但与总理未达成一致的情况外,由总统依总理之建议任命或再次任命(依情况而定)。

2. 总理在提出第一款所指的建议之前,应先咨询公共服务委员会的意见。

3. 总审计长的职责是:对政府所有部门及官员、公共服务委员会、法律服务委员会、最高法院及所有下级法院和议会的账户进行审计并提交报告。

4. 总审计长对政府相关的账户以及由其他成文法规定或依其他成文法规定的、由其他公共机构管理的公共资金账户履行其他职责、行使其他权力。

5. 除第七款、第八款之规定外,总审计长任期六年,在六年期满之时离职,但不影响其再次获得担任总审计长六年的任命。

6. 已删除。

7. 总审计长随时可以向总统提交书面辞呈辞去其职务。

8. 如果总统与总理的意见达成一致,可以将总审计长免职,但总理仅得在总审计长(不论是由于身体虚弱或心智不健全或其他原因)不能履行其职能或行为不端时,且非经由首席大法官及其他两名为此目的而指定的最高法院法官组成的法庭之同意,不得提出将总审计长免职的建议。

9. 依第八款之规定组成的法庭,应自行规定程序并制定相应的规则。

10. 总审计长的报酬由议会以决议确定,并由统一基金支付。

11. 总审计长的报酬以及其他服务条件,在其任期内不得作不利变更。

第一百四十八 G 条 ［就特定交易向总统汇报的义务］

1. 总审计长与总会计师有义务将任何由政府提议的、在其看来可能导致从不属于本届政府任期内的储备中提取款项的交易向总统汇报。

2. 当总统获得依第一款产生的汇报后,依其自由裁量权,可以拒绝批准提议的交易。

3. 即使总统认为政府提议的交易可能导致从不属于本届政府的储备中提取款项的情况,但仍然不拒绝对该交易表示同意,则总统应将其决定及意见公布于政府公报上。

第一百四十八 H 条 ［总统关于政府特定债务之意见的公开］

如果总统认为政府的特定债务,尽管不需要获得他的批准,但有可能从不属于本届政府任期内的储备中提取款项的情况,他应以书面方式向总理表明其意见,并将其意见通过政府公报公开。

第一百四十八 I 条 ［政府以前储备的转移］

1. 尽管本部分有规定,但政府提议将其储备转移到或将储备(实际地)转移到(不论是依或由成文法所作的规定或其他规定)——

(1)由本宪法附录五第二部分确定的政府公司(本款及第二款中称为"转入公司");或

(2)由附录五第一部分所确定的由立法设置的委员会(本款及第二款中称为"转入委员会")——

不应计算在本届政府任期内的储备,这些资产如果可能或已经被利用——

a. 在政府提议转移或转移这些储备到转入公司——转入公司的领导委员会以决议方式确定这些

政府储备为本届政府任期之前的储备;或

b. 在政府提议转移或实际转移政府储备到转入委员会时——如果转入委员会通过决议确定,或任何成文法规定政府的这些储备应当计入该委员会在本届政府任期之前的储备。

2. 任何由政府转移的储备连同或依任何许诺、决议或第一款所指的成文法下的储备,依下列规定,应当自规定之日起,视为构成了转入公司或转入委员会(依情况而定)在本届政府任期之前的储备——

(1)如果规定该储备转移的任何财政年度的支出法案获得总统的同意——则为在该财政年度开始之际;

(2)如果规定了该储备转移的补充支出法案以及该法案获得总统的同意——则在获得总统同意之日;

(3)任何其他情况下——该转移完成之日。

第十二部分　防止颠覆的特别权力及紧急权

第一百四十九条 ［反颠覆立法］

1. 如果一项立法列举出不论是新加坡境内还是境外的颠覆性的团体已经采取或威胁采取的行为——

(1)导致,或将导致大量公民恐惧、有组织的暴力行为侵犯人身或财产;

(2)引发人们不热爱总统或政府;

(3)引发不同种族或群体间的敌意与仇恨,以致可能引发暴力行为;

(4)以非法方式改变由法律确定的事物;或

(5)有碍新加坡的安全。

该法中任何用于阻止或防止此类行为的规定或对该法的任何修改或任何依第三款之规定制定的条款为合法,即使其中有与第九条、第十一条、第十二条、第十三条或第十四条的规定不一致,或将偏离本条规定,或如果没有本条之规定则将不属于议会的权限规范之内的内容。

2. 包含本条第一款所列举的内容的法律,如果没有很快被取消,则在议会通过废除该法律的决议通过后停止生效,但不影响此前依该法所作的任何行为之效力,也不妨碍议会依本条之规定制定新的法律的权力。

3. 不论是 1989 年 1 月 27 日之前还是之后启动的任何程序,在任何法院中提出的关于依本条所涉及的任何法律授权总统或总理之权力所作的任何决定或任何行为之合法性问题,应依议会为此目的制定的法律之规定裁决之,第九十三条所规定的任何事项均不导致依本款而制定的法律无效。

第一百五十条 ［紧急状态宣告］

1. 如果总统认为出现了严重的紧急情况，新加坡的安全或经济生活因此而受到威胁，他得发布紧急状态宣告。

2. 如果发布紧急状态宣告之时恰逢议会处于休会期，总统应在可能的情况下尽快召集议会，并且如果情势需要紧急措施，则在议会开会之前，总统可以发布法令，这些法令具有法律效力。

3. 紧急状态宣告及依第二款而发布的任何法令，应当提交议会，如果紧急状态宣告及法令未很快被撤销，则在议会通过取消该宣告或该法令的决议通过之时，宣告或法令将停止生效，但不影响此前依该法所作的任何行为之效力，也不妨碍总统依本条之发布新的法令的权力。

4. 除第五款第二项之规定外，在紧急状态宣告生效期间，议会可以制定任何其认为紧急状态所需的、与任何事项相关的法律而不论宪法中出现了何种规定，本宪法（第二十二E条、第二十二H条、第一百四十四条第二款及第一百四十八A条除外）或任何成文法的任何条文中关于法律需要获得同意或达成一致方可通过的规定，或一项法律通过之后关于其生效的限制的规定，或将一项法案提交总统同意的相关限制性规定，不适用于此类法案或对此类法案的修改。

5.（1）除本款第二段的规定外，依本条所公布的任何法令以及在紧急状态宣告有效期间通过的任何法律的任何规定，以及宣告议会认为该法律为紧急原因所需的规定，不因其与本宪法的任何规定不一致而无效。

（2）本款第一段的规定，并不使与下列条款不一致的规定有效——

（1）第五条第二A款；

（2）第五条第二A款授予总统自由裁量权的规定；以及

＊a. 第五条第二A款或第五A条；

＊［说明：第一百五十条第二款第一项及第二项在本次重印之时尚未实施。］

b. 本宪法中任何授予总统自由裁量权的规定；

c. 本宪法中有关宗教、公民身份或语言的规定。

6. 自紧急状态宣告之日起六个月的有效期届满之时，任何依紧急状态而发布的法令，如果该法令系非依本条之规定即不可能为合法，则该法令应失效，但该法令的失效不对在该期限届满之前所作的作为或不作为产生影响。

第一百五十一条 ［对预防性拘禁的限制］

1. 如果依本部分之规定制定或公布的任何法律或法令规定了预防性拘禁——

（1）依该法律或法令将某人拘禁的机关，应尽快提供对该人进行拘禁的依据，除第三款之规定外，还应当将该命令所依据的事实通告该人，并在可能的情况下，尽快为其提供对该拘禁命令提出诉请的机会；

（2）任何新加坡公民均不得被依此类法律或法令拘禁超过三个月，但如果有依第二款之规定组成的顾问委员会考虑了向其提供的各种情况并向总统提出建议者不受此限。

2. 为本条之目的设置顾问委员会，由总统从现任或曾任或有资格担任最高法院法官的人士中任命主席一名，以及在咨询首席大法官后任命的其他两名成员组成。

3. 本条并不要求任何机构公开其认为公开将有损国家利益的事实。

4. 为本条之目的设置的顾问委员会，如果依照本部分之规定为基础制定或公布的任何法律或法令，建议将某人释放，则此人不应被拘禁或继续拘禁，但如果决定将此人拘禁的机关不接受顾问委员会的建议且总统与该机构意见一致的情况除外。

第一百五十一A条 ［防卫与安全措施］

1. 第二十二B条第七款，第二十二D条第六款，第一百四十八G条第二款、第三款及第一百四十八H条的规定，不适用于防卫与安全措施。

2. 为第一款之目的，防卫与安全措施是指负责总理与负责防卫的部长应国防部常设秘书以及武装部队最高统帅之建议，证明为对新加坡的防卫与安全所必需的负责或提议的交易，出自总理与负责防卫的部长之手的任何证明，均为本款规定事项的排他证明。

第十三部分　一般条款

第一百五十二条 ［少数人及马来人的特殊地位］

1. 政府有责任持续关注新加坡境内的少数种族及宗教群体的利益。

2. 政府应当以承认马来人具有特殊地位的方式行使权力，马来人系新加坡的土著民族，因此，政府有责任保护、保证、支持、促进及提升他们的政治、教育、宗教、经济、社会、文化方面的利益以及马来语言。

第一百五十三条 ［穆斯林宗教］

立法机关应制定法律对穆斯林宗教的事务进行规范，并设置一个委员会向总统提供有关穆斯林宗教的建议。

第一百五十三A条 ［官方语言与国语］

1. 马来语、汉语、泰米尔语及英语为新加坡的四种官方语言。

2. 新加坡的国语为马来语，并以罗马字母书写；但——

（1）不得禁止或阻止任何人用任何其他语言进行教学；

（2）本条中的任何规定，均不妨碍政府在新加坡境内保留及保持其他共同体的语言之使用和学习的权利。

第一百五十四条 ［公平对待政府雇员］

依本宪法之规定，属于政府同一服务级别之人，不论其属于何种种族，依照其雇佣条件及情况，均有权获得公平对待。

第一百五十四 A 条

总统依其自由裁量权，得以在政府公报上公开的命令，免除任何交易或任何系列的交易受第一百四十四条之规定的限制。

第一百五十五条 ［授权重印本宪法］

1. 总检察长依总统的授权，应在 1989 年 5 月 4 日之后尽快印制、出版新加坡宪法的统一版本，在每次宪法修改之后，并与在新加坡适用的马来西亚宪法中的规定，整合为一个单一版本。

2. 总统得随时授权总检察长编印及出版、包含在授权之日是有效的、所有修正案在内的、最新的新加坡共和国宪法。

3. 任何依第一款或第二款之规定重新编订的、印制的、出版的宪法版本，在不论哪一法院及不论基于何种目的，均应视为且将视为不容置疑的、权威的新加坡共和国宪法文本，自重印确定之日起至下一次重印被取代之日止具有法律效力。

4. 在解释及编撰第一款或第二款下的重印版本时，依必要之修改后，总检察长享有法律修改版本法授予法律修改委员会的权力。

5. 总检察长在依第一款、第二款之规定，准备和编撰宪法的任何重印本时，享有以下自由裁量权——

（1）在新加坡独立之后，将马来西亚宪法作必需和便利的修改后，将马来西亚宪法和独立后的新加坡宪法两个宪法文本合并为一个文本；

（2）按其认为适当的关联性，重新安排新加坡宪法和马来西亚宪法的章、条及相应的规定，删除马来西亚宪法中不适当和不适用的部分；

（3）如果在两部宪法中均存在关于同一事项的规定，在编印统一宪法文本时，保留新加坡宪法中关于该事项的规定，删除马来西亚宪法中重复的规定；

（4）通常情况下，总检察长可以行使对履行本条所授权的权力必需的或作为必然结果的权力，或对于履行重新编印新加坡共和国宪法的职能必需或便利的权力。

第一百五十六条（已删除）

第十四部分　过渡条款

第一百五十七条 ［现有常设规则］

由 1958 年委员会通过的新加坡宪法法令生效后确立的立法议会常设规则，在本宪法生效之前为有效的规则，依第五十二条之规定修改或废除者外，为议会的常设规则。

第一百五十八条 ［继续任职的公务员］

依本宪法之规定，在本宪法生效之前担任公务员者，在本宪法生效之时得继续担任类似的公共服务职位。

第一百五十九条 ［继续任职者的任职条件］

1. 除本宪法另有规定外，任何由于在本宪法生效之前担任任何公职而在本宪法生效后继续任职者，自本宪法生效之日起，有权享有在本宪法生效之前对其适用的任职条件，其中关于报酬的条件，在其继续任职期间不得作不利的变更。

2. 为本条之目的，如果服务条件有赖于任职者的选择，则任职者选择的任何条件均应视为比他可能的其他选择更加优厚。

第一百六十条 ［财产继承］

依本条之规定，本宪法生效之前所有属于新加坡州①的财产及资产，属于新加坡共和国所有。

第一百六十一条 ［权利、债务及义务］（已删除）

第一百六十二条 ［现存的法］

依本条之规定，所有现存的法，在本宪法生效之日及之后均继续有效，除前法律之外，所有未因本宪法生效而继续有效的法律，在本宪法生效之日或之后生效，但所有此类法律应依本条之规定，自本宪法生效之日起，应解释已经作出了相应的修改、改变及例外规定以使其与本宪法保持一致。

第一百六十三条 ［1991 年 11 月 30 日前任总统者继续担任总统职务］

1. 1991 年 11 月 30 日前担任总统职务者，在其余下的任期内继续担任总统职务，并行使、履行及执行经新加坡共和国宪法（修改法）（本条中简称为修改法）修正的本宪法授予或要求其承担的所有职能、权力及义务，与其经新加坡公民选举为总统一样，但此人在总统任期届满之前空缺总统职位的情况除外，此时应当在总统职位空缺之日起的六个月内举行新总统选举。

---

① 新加坡曾经属于马来西亚联邦下的一个州，1965 年"被迫独立"。

2. 修改法对 1991 年 11 月 30 日之前任命的任何人士不产生影响,这些人士得继续担任其职务,与其依修改法对本宪法之修改后的规定被选举担任该职位一样。

3. 本宪法经宪法修改法对以下方面进行修改后发生效力——

(1)政府的首届任期,自 1991 年 11 月 30 日始至第一次大选后总理及部长首次依本宪法第二十七条之规定宣誓并提交誓词之前止;

(2)第二十二 B 条及第二十二 D 条之规定,将在第一个财政年度开始之后不少于三个月的时间内适用于成文法委员会或政府公司;

(3)在不早于 1991 年 11 月 30 日之后三个月开始的财政年度内,当与成文法委员会或政府公司相关时,第二十二 B 条及第二十二 D 条中经批准相似的成文法委员会或政府公司经批准的上一财政年度的预算,当不存在该预算时,应解释为上一财政年度的预算;

(4)如果议会授权从发展基金中支取上一财政年度的款项之决议构成了上一财政年度的支出法案或最终支出法案的组成部分,则第一百四十八 A 条关于第一个财政年度的规定将在 1991 年 11 月 30 日或之后适用。

附表(略)

亚美尼亚共和国宪法*

（1995 年 7 月 5 日全民公决通过，2005 年 11 月 27 日
全民公决通过宪法修正案）

亚美尼亚人民，以在亚美尼亚独立宣言中所确定的亚美尼亚国家制度的重大原则和全民族的目标为基础，为实现热爱自由的先辈们恢复主权国家的遗训，为保障后代的自由、共同的福利和公民的和谐而献身于巩固、发展国家的事业，确认自己忠于全人类的价值，特通过亚美尼亚共和国宪法。

第一章　宪法制度的原则

第一条

亚美尼亚共和国是主权、民主、社会和法治的国家。

第二条

亚美尼亚共和国的权力属于人民。

人民通过自由选举、全民公决的方式直接行使权力，也可以通过宪法规定的国家机构、地方自治机构和公职人员行使权力。

任何组织或个人篡夺权力的行为均构成犯罪。

第三条

人的尊严、人的基本人权与自由具有最高价值。

国家根据国际法原则和准则保障人和公民的基本权利与自由。

人和公民的基本权利和自由直接有效地拘束国家。

第四条

总统、国民议会、地方自治机构的选举以及全民公决在普遍、平等、通过匿名投票直接行使选举权的基础上举行。

第五条

国家须根据宪法和法律在立法、行政和司法三权分立与均衡原则的基础上行使权力。

国家、地方自治机构和公职人员只能在宪法和法律规定的职权范围内行使权力。

第六条

亚美尼亚共和国宪法具有最高法律效力，它的规范具有直接拘束力。

法律必须与宪法一致。其他规范性法律文件必须与宪法和法律一致。

法律在正式媒体上公布后生效。其他规范性法律文件必须按照法律规定的程序公布后生效。

国际条约在承认和批准后生效。国际条约是亚美尼亚共和国法律体系的组成部分。如果签署的国际条约中确定的准则在本国法律中没有规定，应当适用国际条约的准则。不得签署与宪法相抵触的国际条约。

制定规范性法律文件必须依据宪法与法律且保证其实施。

第七条

亚美尼亚共和国承认意识形态多元化和实行多党制。

自由组建政党有助于表达人民的政治愿望。政党的活动不得违背宪法和法律，不得违背民主原则。

政党须保证其财产状况公开。

第八条

亚美尼亚共和国承认和保护财产权。

亚美尼亚共和国保证经济活动自由和经济竞争自由。

第八 A 条

亚美尼亚共和国宗教与国家分离。

亚美尼亚共和国指定作为亚美尼亚人民精神生活的国家教堂是唯一的亚美尼亚神圣大教堂，促进民族文化的发展和保护民族尊严。

亚美尼亚共和国保障各种按照法律规定开展的宗教组织活动的自由。

亚美尼亚共和国和亚美尼亚神圣大教堂之间的关系由法律规定。

第八 B 条

亚美尼亚共和国的武装力量保障亚美尼亚共和国的安全、维护领土完整和边界不受侵犯。武装力量

---

* 译自亚美尼亚共和国政府网站（http://www.president.am/library/constitution/eng/）发布的亚美尼亚共和国宪法俄文版。译者：朱福惠。

740

在政治问题上保持中立并接受公民的监督。

第九条

亚美尼亚共和国根据国际法原则和准则实行对外政策,其目的在于与所有国家建立和睦互利的关系。

第十条

国家保护和恢复自然环境,保障自然资源的合理利用。

第十一条

历史和文化遗迹以及其他文化遗产受到国家的监管和保护。

亚美尼亚在国际法原则与准则的框架范围内巩固同亚美尼亚犹太人的关系,保护位于其他国家境内的亚美尼亚历史文物和文化遗产,促进亚美尼亚教育和文化事业的发展。

第十一 A 条

马拉兹(地区)和自治市是亚美尼亚共和国的行政区域单位。

第十一 B 条

亚美尼亚共和国保障地方自治。

第十一 C 条

亚美尼亚共和国保护在其境内和境外居住的亚美尼亚公民。

在亚美尼亚共和国出生的人须经过简易程序才能具有亚美尼亚国籍。

第十二条

亚美尼亚共和国的官方语言是亚美尼亚语。

第十三条

亚美尼亚的国旗是由红、蓝、橙三种颜色的等宽水平长方形组成的三色旗。

亚美尼亚国徽的中央是一个盾牌,上面绘有阿拉特山以及古亚美尼亚四个王国的国徽。在盾牌下面有剑、麦穗、羽毛、锁链和绶带,盾牌由鹰和狮子托着。

国旗和国徽的详细说明由法律规定。

亚美尼亚国歌由法律规定。

亚美尼亚共和国的首都是埃里温。

第二章　人和公民的基本权利与自由

第十四条

国家尊重和保护人的尊严并将其作为人的权利与自由不可剥夺的基础。

第十四 A 条

法律面前人人平等。

禁止根据性别、民族、肤色、种族或社会出身、相貌、语言、宗教、信仰、政治观点或其他观点、社会团体成员的身份、财产状况、出生、身体状况、年龄或其他个人以及社会情况的不同对任何公民进行区别对待。

第十五条

每个人都有生命权。禁止对任何人判处死刑。

第十六条

每个人都有人身自由不可侵犯的权利。只有根据法律规定的情形和程序才能剥夺人的自由,法律能够规定剥夺人身自由的仅限于下列情形:

(1)因犯罪被有权法院判决有罪的人;

(2)拒不执行已经发生法律效力的法院判决的人;

(3)为保障法定义务的履行;

(4)有充分依据怀疑其实施犯罪,或为阻止正在实施犯罪的人,或为防止罪犯实施犯罪后逃跑;

(5)将未成年人移送管教机构或其他有权机构;

(6)防止流行性疾病的传播和因精神病、酗酒、吸毒和流浪游民等引起的社会危险的发生;

(7)将非法进入亚美尼亚共和国人驱逐或引渡至其他国家。

凡被剥夺自由的人,法院应当使用其熟悉的语言立即告知其被剥夺自由的理由并将刑事公诉书向其送达。任何被剥夺自由的人都享有立即告知其选择的权利。

如果自逮捕之时起七十二小时内法院没有作出决定,被逮捕的人必须立即得到释放。

被非法剥夺自由或遭受非法搜查的人有权依据法定程序要求赔偿损失。任何人都有对被剥夺自由或遭受搜查的合法性和理由向上级法院提起上诉的权利。

禁止仅仅因其未能履行民事义务而剥夺其自由。

非经法定程序禁止对任何人进行搜查。

第十七条

禁止对任何人使用刑讯或者施加残酷的、贬损人的尊严的对待与惩罚。被逮捕、拘留而拘禁的人以及被剥夺自由的人拥有人道主义待遇和尊重其人格尊严的权利。

未经本人同意,禁止强迫任何人进行科学、医学和其他实验。

第十八条

人人都有权通过有效的法律手段在司法机关和其他国家机关维护其权利与自由。

任何人都有权通过不被法律所禁止的手段捍卫其权利与自由。

为了维护自己的权利与自由,任何人都有权根据法定程序获得人权辩护人的帮助。

人人都有权根据亚美尼亚共和国参加的国际条约向国际人权保护机构请求维护其权利与自由。

世界各国宪法文本翻译与研究系列丛书 ◎ 世界各国宪法文本汇编（亚洲卷）

第十九条

为了恢复其被损害的权利，人人都有权要求查明对其控告和起诉的理由与依据，有权要求在合理的期限内由独立、公正的法院遵守对所有的人平等和公正的原则公开审理自己的案件。

为了维护社会道德、公共秩序、国家安全、诉讼参与人的个人隐私或司法机关的利益，法庭审理过程的全部或部分可以不对大众媒体和社会公众公开。

第二十条

人人都有接受法律援助的权利。根据法律规定的情形，法律援助费用由国家承担。

从被逮捕、被采取强制措施或受到指控时起，人人都有权为自己选择辩护人。

人人都有对法院已经作出的涉及本人的判决根据法律规定的程序向上级法院请求重新审理的权利。

凡被判决有罪的人都有请求赦免或减轻处罚的权利。

应按法定程序赔偿受害人的损失。

第二十一条

犯罪嫌疑人在未经法律规定的程序和法院发生法律效力的判决证实其有罪以前应当推定无罪。

犯罪嫌疑人没有举证证明自己无罪的义务。

未经证实的怀疑应当作出对犯罪嫌疑人有利的解释。

第二十二条

任何人都没有对自己本人、自己的丈夫（妻子）或者近亲属举证的义务。法律可以对免除作证义务的其他情况作出规定。

禁止采用非法取得的证据。

禁止适用比实施犯罪时生效的法律所规定的处罚更加严格的处罚。

如果行为发生时的法律不认为是犯罪的，不能认定该行为构成犯罪。

免除或减轻处罚的法律具有溯及力。

增加或加重处罚的法律没有溯及力。

任何人都不得因同一罪行而负两次以上刑事责任。

第二十三条

人人都有尊重其私人和家庭生活的权利。

未经本人同意或者没有法律的规定，禁止搜集、保存、利用和传播私人的信息。如果与信息搜集的目的相矛盾或者不符合法律的规定，禁止使用和传播与私人相关的信息。

人人都有权从国家机关和地方自治机关知悉与其相关的信息。

任何人都有权修改关于自己本人的不准确的信息，有权没收通过非法方式获得的关于他本人的信

息。

任何人都有通信、电话交谈、邮政、电报和其他通讯秘密的权利，只有根据法律的规定或者法院的决定才能对这些权利予以限制。

第二十四条

人人都有住宅不受侵犯的权利。非依法律规定，不得违反本人意愿侵入他人的住宅。

只有根据法律规定的条件和程序，或者根据法院的决定才能对住宅进行搜查。

第二十五条

凡在亚美尼亚共和国境内合法居住的人都有权在共和国境内自由迁徙和选择居住地。

任何人都有权离开亚美尼亚共和国。

凡亚美尼亚共和国的公民以及有权居住在亚美尼亚共和国境内的人都有权返回亚美尼亚共和国。

第二十六条

人人都有思想、良心和宗教信仰的自由。包括改变宗教信仰的自由和传教的自由，单独或是和其他人一起通过参加宗教仪式与宗教典礼表达宗教信仰的自由。

为了维护公共安全、健康、道德和他人的权利与自由，此项权利只能依照法律的规定才能予以限制。

第二十七条

人人都有权自由地表达意见。禁止强迫他人放弃或改变自己的意见。

人人都有言论自由，包括通过任何传媒工具收集、接受和传播来自任何国家的信息和思想的自由。

国家保障新闻和其他媒体传播的自由。

国家保障公共电台和电视台提供各种新闻信息、教育、文化和娱乐节目的活动自由。

第二十七 A 条

人人都有向有权国家机关、地方自治机关和公职人员提出保护其个人或公共利益的请求或者建议的权利，上述机关必须在合理期限内予以答复。

第二十八条

人人都有与其他人结社的自由，包括创建和参加工会的自由。

任何公民都享有与其他公民一起创建和参加政党的权利。

依照法律的规定可以限制军人、警察、检察官、法官和宪法法院组成人员创建和参加政党与工会的权利。

不得强迫任何人参加某个政党或社会团体。

只有通过法律规定的司法程序才能暂时停止或者禁止社会团体的活动。

第二十九条

人人都有不携带武器的和平集会的权利。

只有根据法律的规定才能限制军人、警察、检察

官、法官和宪法法院组成人员行使此项权利。

第三十条

凡年满十八周岁的亚美尼亚共和国公民均有选举权和参加全民公决的权利,包括直接或者通过自由表达自己意愿而选举产生的代表参加国家机关和地方自治机关管理的权利。

不具有亚美尼亚共和国公民资格的人参加地方自治机关的选举和地方公决的权利由法律决定。

经法院确认无行为能力、根据法院生效判决被剥夺自由以及正在服刑的公民没有选举权和被选举权。

第三十 A 条

父母双方是亚美尼亚共和国公民的,具有亚美尼亚共和国国籍。父母一方为亚美尼亚共和国公民的,有权获得亚美尼亚共和国国籍。

获得和终止亚美尼亚共和国国籍的程序由法律规定。

不能剥夺任何人的亚美尼亚共和国国籍或改变国籍的权利。

不得将亚美尼亚共和国公民引渡到其他国家,但亚美尼亚共和国批准参加的国际条约规定的情形不在此限。

具有双重国籍的公民的权利与义务由法律规定。

第三十 B 条

公民有根据法律规定的基本原则担任社会团体职务的权利。

社会团体的原则和程序由法律规定。

第三十一条

人人都有占有、使用、处分其财产的权利,有自主处理财产继承的权利。财产权的行使不得损害自然环境或侵犯他人、社会和国家的权利和合法利益。

非经法律和司法程序规定,禁止剥夺任何人的财产权。

为了国家和社会的需要并符合最高公共利益的特殊条件,才能按照法律的规定和预先等价赔偿后对财产实行公用征收。

外国公民和无国籍人没有土地所有权,除非法律作出另外的规定。

知识产权受法律保护。

第三十一 A 条

国家保护消费者的利益,采取法定措施对商品、服务和劳务的质量进行监督。

第三十二条

人人都有自由地选择劳动的权利。

任何劳动者都有权获得公平的、不低于法定最低限度的劳动报酬,有权获得符合安全与卫生标准的劳动条件。

劳动者为了维护自己的经济、社会和劳动利益有

举行罢工的权利。举行罢工的程序以及限制由法律规定。

禁止雇佣十六周岁以下的儿童从事经常性的劳动。雇佣其从事临时性劳动的程序和条件由法律规定。

禁止强制劳动。

第三十三条

人人都有休息的权利。

最长劳动时间、休息日和每年带薪休假的最低限度持续时间由法律规定。

第三十三 A 条

任何人都有从事不被法律所禁止的企业经营活动的权利。

禁止滥用市场垄断或支配地位,禁止不正当竞争。

对市场竞争的限制由法律规定。为了维护公共利益,法律应当规定允许垄断的形式及其规模。

第三十三 B 条

人人都有在符合健康与幸福的环境中生存的权利。人人都有单独或与他人联合保护和改善环境的义务。

公职人员隐瞒有关生态状况信息及拒绝提供此类信息的行为应当承担责任。

第三十四条

人人都有权为自己或其家庭获得适当生活标准的权利,包括住房以及改善生活条件的权利。国家应当采取必要的措施保障公民实现这一权利。

第三十五条

家庭是自然的和基本的社会组织。

达到法定婚龄的男女有自愿结婚和建立家庭的权利。夫妻双方在结婚、婚姻持续期间和离婚时享有平等的权利。

禁止辞退妊娠、分娩和哺乳期的女性。任何女性职工怀孕和生育时都享有带薪休假、产假和收养子女假的权利。

第三十六条

父母有培养和教育子女并使之身心健康与全面发展的权利和义务。

只有根据法律规定的情形和程序以及法院的判决,才能剥夺作为父母的权利或者限制行使父母的权利。

有劳动能力的成年子女有赡养丧失劳动能力和需要帮助的父母的义务。

第三十七条

任何人在年老、残废、疾病、供养人死亡、失业或者法律规定的其他情况下享有社会保障的权利。社会保障的种类和形式由法律规定。

第三十八条

人人都有获得法律规定的医疗救助和医疗服务的权利。

人人都有获得免费的基本医疗服务的权利。免费医疗项目和程序由法律规定。

第三十九条

人人都有受教育的权利。

除法律规定的情况外，普通基础教育是义务教育。法律可以规定更高水平的义务教育。

国立学校提供免费中等教育。

高等学校的自治原则由法律规定。

学校的设立和活动程序由法律规定。

公民有权根据法律的规定在以竞争为基础的国立高校和其他专门教育机构接受免费教育。

国家根据法律规定的程序参与高等学校或者其他教育机构实施的特殊教育项目，并提供经费和其他资助。

第四十条

人人都有从事文学、艺术、科学和技术创造的自由，有利用科学成果并参与社会文化生活的权利。

第四十一条

人人都有保护其民族及种族特征的权利。

少数民族有保护和发展本民族的传统、宗教、语言和文化的权利。

第四十二条

本宪法列举的人和公民的基本权利与自由不否定法律和国际条约规定的权利与自由。

每个人行使权利与自由不得违反法律和侵犯他人的权利和自由。任何人都不能承担法律未规定的责任。

降低或者恶化人的法律地位的法律与其他规范性文件没有溯及力。

改善人的法律地位的规范性文件，如果该规范性文件规定免除或者减轻个人的责任则具有溯及力。

第四十二A条

人和公民的基本权利与自由的规定同样适用于法人，因为这些权利与自由实质上与适用于法人相当。

第四十三条

本宪法第二十三条至第二十五条、第二十七条、第二十八条至第三十条、第三十A条和第三十二条第三款确定的人和公民的基本权利与自由只能在必须维护民主社会的国家安全、保护社会秩序、制止犯罪、保护公众健康和道德、维护宪法上的权利与自由、维护他人的名誉与尊严的情况下由法律予以限制。

对人和公民的基本权利与自由的限制不得超出亚美尼亚共和国加入的国际条约规定的界限。

第四十四条

除本宪法第十五条、第十七条至第二十二条和第四十条的规定外，在战争状态和紧急状态期间或者在紧急状态下放弃履行国际条约范围内的义务的情况下，可以根据法律规定的程序对人与公民个别基本权利与自由予以暂时的限制。

第四十五条

任何人都有根据法律规定的程序和数额缴纳税收、关税以及其他费用的义务。

第四十六条

每个公民都有根据法律的规定参加保卫亚美尼亚共和国的义务。

第四十七条

任何人都有遵守宪法和法律的义务，尊重他人的权利、自由与尊严的义务。禁止以使用暴力推翻宪法制度，挑起民族、种族、宗教仇恨，宣传暴力和战争为目的行使权利与自由。

第四十八条

国家在经济、社会和文化领域的基本任务是：

（1）保护和优待家庭、母亲和儿童；

（2）促进居民就业和改善劳动条件；

（3）推动住宅建设，促进每个公民住房条件的改善；

（4）实施居民健康保护计划，为居民提供有效的和能接受的医疗服务创造条件；

（5）推动青年参与国家政治、经济和文化生活；

（6）促进体育文化和体育活动的发展；

（7）实施残疾人预防和医疗计划，促进残疾人参与社会生活；

（8）推动免费高等教育和其他专门教育的发展；

（9）促进科学和文化的发展；

（10）实施为当代和下一代保障生态安全的政策；

（11）促进每个人自由地接受民族的和全人类的价值；

（12）保障中老年人有适当的生活水平。

国家应当在可能的范围内努力采取一切措施保障本条规定的任务的实现。

第三章　共和国总统

第四十九条

共和国总统是国家元首。

共和国总统保障宪法的遵守，保障立法、行政和司法权的正常行使。

共和国总统是亚美尼亚共和国独立、领土完整和安全的保障。

第五十条

共和国总统由亚美尼亚共和国公民选举产生，任期五年。

凡年满三十五周岁、具有亚美尼亚共和国国籍满十年、在共和国境内连续居住满十年并具有选举权的人可以被选举为共和国总统。

任何人连续担任共和国总统不得超过两届。

第五十一条

共和国总统的选举应当根据宪法和法律的规定。在上届总统任期届满前五十日内应当举行总统选举。

获得参加投票的选民过半数以上选票的候选人当选为共和国总统。

如果参加竞选的候选人超过两人，但没有任何候选人获得必需的选票数，那么应当在选举后的第十四日举行第二轮共和国总统选举。其中，由获得较高选票数的前两名候选人参加第二轮共和国总统选举。第二轮选举中获得最多选票的候选人当选为共和国总统。

如果参加竞选的总统候选人只有一人，如果该候选人获得参加投票选民半数以上选票即当选为共和国总统。

如果宪法法院开始审理涉及总统选举结果的案件，应当自受理异议请求后的十日之内作出判决，本条规定的期限应当从法院作出判决生效时起计算。

如果没有选举出共和国总统，应当重新作出选举决定，并自作出新的选举决定后的第四十日进行投票。

共和国当选总统自上届总统任期届满时起行使总统职权。

新当选或临时选举产生的共和国总统在选举结束后的第二十日行使总统职权。

第五十二条

如果一名共和国总统候选人出现了不可抗拒的障碍，则共和国总统的选举应当推迟两周举行。如果不可抗拒的障碍无法消除，应当重新作出选举决定，并在规定的两周期限之后的第四十日进行投票。

如果其中一名候选人在投票日前死亡，应当重新作出选举的决定，并在作出新的选举决定后的第四十日进行投票。

第五十三条

共和国总统在辞职、死亡、不能履行职责或者根据宪法第五十七条的规定被撤职时，应当作出非常选举共和国总统的决定，并在出现共和国总统职位空缺后的第四十日进行投票。

第五十三 A 条

在战争状态和紧急状态期间不举行共和国总统选举，共和国总统继续行使职权。共和国总统选举应在战争状态和紧急状态结束后的第四十日举行。

第五十四条

共和国总统根据法律规定的程序在国民议会专门会议上就职并向人民作如下宣誓："我谨宣誓就任亚美尼亚共和国总统，无条件地履行宪法义务，尊重人和公民的权利与自由，保障共和国的独立、领土完整和安全，保障为亚美尼亚共和国增光，保障亚美尼亚共和国人民幸福安康。"

第五十五条

共和国总统：

(1)向人民和国民议会发表国情咨文。

(2)自收到国民议会通过的法律后的二十一日内签署并公布该法律。

在此期间内可以将国民议会通过的法律连同异议或建议退回国民议会提请重新审议。如果国民议会再次通过该法律，总统必须在五天内签署和公布该法律；

(3)依据本宪法第七十四 A 条规定的情形和程序解散国民议会，应当决定非常选举。

(4)以国民议会议席分配为基础并与议会党团协商后，任命得到大多数议员信任的议员为总理，如不可能，则任命得到最多议员信任的议员为总理。共和国总统应当在接受政府辞职后的十日内任命总理。在任命总理后的二十日内组建政府。

共和国总统根据总理的提名任免政府组成人员。

新当选的国民议会举行第一次会议和共和国总统就职之日，国民议会表示对政府不信任或者不赞同政府的施政纲领，总理请求辞职或总理职位空缺，共和国总统应当接受政府辞职。共和国总统接受政府辞职后政府组成人员到新的政府组成前继续履行其职责。

(5)根据法律规定任命产生国家公职人员。

(6)设立并领导国家安全委员会，设立其他咨询机构。

(7)在国际关系中代表亚美尼亚共和国，全面领导执行对外政策，签署国际条约，提请国民议会批准国际条约并签署国际条约批准书，确定、暂时停止国际条约的效力或者废除不需要批准的国际条约。

(8)任命和召回亚美尼亚共和国驻外国和国际组织的外交代表，接受外国或者国际组织外交代表的到任和离任国书。

(9)向国民议会提名总检察长、中央银行行长和监察院院长人选；根据总检察长的提名任免副总检察长。

(10)在国民议会根据本宪法第八十三条第二款规定的期限任命宪法法院院长时——宪法法院院长从宪法法院法官中产生，任命宪法法院的四名成员。

根据宪法法院的结论，可以终止由其本人任命的宪法法院成员的职权,并且同意将宪法法院成员作为刑事被告人予以逮捕,提出按照司法程序追究宪法法院成员的行政责任。

(11)根据司法委员会的提议,任命最高上诉法院及其各院的法官和院长、上诉法院院长、初审法院和专门法院法官;有权终止其职权,同意将其作为刑事被告人予以逮捕或者提出按照司法程序追究其行政责任;根据司法委员会的结论任命上诉法院、初审法院和专门法院法官。

(11a)任命两名法学家担任司法委员会成员。

(12)是武装力量的最高统帅,协调国家国防机构的活动,任免武装力量和其他军事力量的高级指挥官。

(13)在共和国面临侵略的情况下宣布处于战争状态,在共和国面临直接武力威胁时宣战,宣布全国总动员或者局部总动员并决定使用武装力量。

共和国总统在战争期间可以任免武装部队总司令。

在使用武装力量和宣布战争状态时应当立即召集国民议会特别会议获得授权。

战争状态条件下的法制由法律规定。

(14)当出现威胁宪法制度的直接危险时,总统在与国民议会议长和总理协商之后,采取与当前形势适宜的措施并发布告全国人民书。

宣布紧急状态应当立即召集国民议会特别会议获得授权。

紧急状态下的法制由法律规定。

(15)根据法律规定的程序解决与授予亚美尼亚共和国国籍或者政治避难相关的问题。

(16)颁发亚美尼亚共和国勋章和奖章,授予高级军衔和荣誉称号,授予外交衔级和其他专门衔级。

(17)实施特赦。

第五十六条

共和国总统发布的不与宪法和法律相抵触的指令和命令在共和国境内必须得到执行。

第五十六 A 条

共和国总统具有豁免权。

共和国总统在其任职和离任期间不得因为从事与其地位相关的活动而受到追究或者承担责任。

共和国总统在结束其任期后从事与其地位不相关的行为应当承担责任。

第五十七条

共和国总统因叛国或者实施严重罪行可以被免除职务。

国民议会根据全体议会的多数赞同通过的决定提请宪法法院对免除共和国总统职务问题作出结论。

国民议会根据宪法法院的结论以不少于全体议员三分之二以上的多数赞同通过免除共和国总统职务的决定。

如果宪法法院作出没有理由免除总统职务的结论时,国民议会应当取消对该问题的审议。

第五十八条

共和国总统向国民议会递交辞呈。如果总统在十天期满后的两天内再次递交辞呈,在其递交辞呈后应视为国民议会已经接受共和国总统辞职。此时,须根据宪法规定的程序和期限举行非常选举。

第五十九条

如果共和国总统身患重病或具有不可抗拒的履职障碍而在较长时间内不能继续履行总统职责时,国民议会应当按照政府的建议并根据宪法法院的结论以不少于全体议员三分之二以上多数赞同通过关于共和国总统不能履行职责的决定。如果宪法法院作出共和国总统不能履行职责缺乏依据的结论,政府不得再次向国民议会提出总统不能履行职责的建议。

第六十条

在共和国总统职位空缺而新当选的共和国总统尚未就职前,由国民议会议长代行总统职权,如果国民议会议长不能代行总统职权,应由总理代行总统职权。如国民议会议长代行总统职权,应由国民议会通过选举产生一位得票最多的副议长代行国民议会议长职权,在此期间禁止决定全民公决、任命总理、任免武装力量及其他军事力量的高级指挥官(战时状态期间除外),但可依据法律规定任命警察和国家安全部门官员,可行使宪法第五十五条第(3)项、第(8)项、第(16)项、第(17)项规定的权力。

第六十一条

共和国总统根据法律的规定组建总统办公厅。共和国总统的薪酬、服务和安全保障由法律规定。

第四章 国民议会

第六十二条

亚美尼亚共和国的立法权由国民议会行使。国民议会在本宪法第五十五条第(13)项、第(14)项,第五十七条,第五十九条,本条第二款,第六十六条,第六十七条,第七十三条,第七十四条,第七十四 A 条,第七十五条,第七十七条,第七十九条,第八十条的第二款,第八十一条,第八十三条,第八十三 A 条,第八十三 B 条,第八十三 C 条,第八十三 D 条,第八十四条,第九十四 A 条,第一百零一条第(2)项,第一百零三条,第一百一十一条,第一百一十二条规定的情形下以及国民议会活动的组织问题通过决议,由国民议会议长签署和公布。

国民议会根据法律和议事规则规定的程序发布

声明和宣言。

国民议会的职权由宪法规定。

国民议会的活动程序和国民议会组织机构及其活动由宪法和国民议会议事规则规定。

第六十三条

国民议会由一百三十一名议员组成。

国民议会任期五年,国民议会的任期从新选出的国民议会召集第一次会议时开始。上届国民议会的任期从新选出的国民议会召开第一次会议时终止。

在战时状态和国家紧急状态下不得解散国民议会;在提出免除共和国总统职务的问题时,也不得解散国民议会。

在战时状态和国家紧急状态下不得举行国民议会选举,国民议会任期延长至战时状态或国家紧急状态结束后新选举产生的国民议会召集第一次公开会议之日止。此时,国民议会选举应在战时状态或国家紧急状态结束后的第五十日至第六十日内举行。

第六十四条

凡年满二十五周岁、具有亚美尼亚共和国国籍满五年、在亚美尼亚共和国连续居住满五年并具有选举权的公民可以当选为议员。

第六十五条

议员不得从事企业经营活动,不得担任国家机关、地方自治机关的公职,不得担任商业组织的职务,不得从事其他有偿工作,但从事科学、教育和创造性工作不在此限。

议员必须经常和连续地履行职责。

议员履行职责的待遇与保障由宪法和法律规定。

第六十六条

议员遵循其良心和信仰履行职责,不受委托者要求绝对服从的约束。

议员在其任职期间和任期结束之后不得因从事与其议员地位相应的行为而受到追究或者承担责任,包括在国民议会上发表的、不含有歪曲和污蔑内容的言论。

未经国民议会同意,不得将议员作为犯罪嫌疑人予以拘捕或者通过司法程序追究行政责任。

除在犯罪现场被当场抓获外,未经国民议会同意不得逮捕议员。在犯罪现场逮捕议员后必须立即向国民议会议长报告。

第六十七条

议员的职权在下列情形下终止:国民议会任期届满,国民议会被解散,违反宪法第六十五条第一款规定的条件,丧失亚美尼亚共和国国籍、无充足理由放弃国民议会一个会期半数以上的表决,被判剥夺自由,被认定丧失行为能力,辞职。

议员职权终止的程序由法律和国民议会议事规则规定。

第六十八条

国民议会例行选举应在其任期届满前的第五十日至第六十日内举行。

国民议会非常选举应当在国民议会解散后的第三十日至第四十日内举行。

国民议会选举由共和国总统令确定。

新选出的国民议会第一次全体会议应在选举出不少于议员总数三分之二以上多数后的第三个星期四举行。

非常选举产生的国民议会第一次全体会议应在选出不少于议员总数三分之二以上多数后的第二个星期四举行。

第六十九条

国民议会召集非常全体会议的期限和程序由法律和国民议会议事规则规定。

国民议会的会议公开举行,只有根据国民议会的决定才能举行秘密会议。

第七十条

国民议会非常全体会议和国民议会非常会议由国民议会议长根据共和国总统、不少于议员总数三分之一的议员以及政府的提议召集。非常全体会议和非常会议的议事日程和会期按提议者要求举行。

第七十一条

除宪法规定的情形外,如果参加投票表决的议员达到议员总数的一半以上,国民议会通过的法律和决议须获得参加会议议员的多数赞同才能获得通过。

第七十二条

国民议会以不少于议员总数的一半以上多数赞同即否决共和国总统的异议和建议而再次通过被总统退回的法律。

国民议会应当优先审议被共和国总统退回的法律。

第七十三条

国民议会最多可以设立十二个常设委员会。

常设委员会预先审查法律草案和其他问题,向国民议会提出审查结论。

在必要时可以根据法律和国民议会议事规则规定的程序设立临时性委员会,临时性委员会预先审查个别法律草案并向国民议会提出结论,向国民议会报告特定的问题、事件与事实的情况。

第七十四条

政府应当在其组成后的二十日内向国民议会提交施政纲领。国民议会须在政府提交施政纲领后的五日内优先审议并投票表决赞同政府施政纲领的问题。国民议会以议员总数的一半以上多数通过决议即赞同政府的施政纲领。

第七十四 A 条

如果国民议会在两个月内连续两次不赞同政府的施政纲领,共和国总统可以解散国民议会。

出现下列情况时,共和国总统可以根据国民议会议长和总理的建议解散国民议会:

(1)国民议会在三个月的例行会议内未能通过被政府认为紧急的法律草案;

(2)国民议会在例行会议期间三个月内没有召集会议;

(3)国民议会在例行会议期间超过三个月对其审议的事项没有通过任何一项决议。

第七十五条

国民议会的立法倡议权属于议员和政府。

政府确定其提交的立法草案的审议顺序,并可要求只能根据自己的修改意见将修改后的法律草案交付表决。

减少国家预算收入和增加国家预算支出的法律草案应先征求政府的意见,并经议员总数的半数以上多数赞同才能通过。

政府在提交法律草案时,可提出与通过法律草案相关的对政府的信任问题。如果在提出对政府信任问题的二十四小时内没有获得议员总数三分之一以上的议员提出对政府不信任的议案,或者在宪法第八十四条第三款规定的期限内国民议会以议员总数的半数以上多数通过了政府提交的法律草案,则对政府不信任的决定未能获得通过,而政府提交的法律草案即被认为已经通过。

政府在一届国民议会例会期内提交法律草案而同时提出信任问题不得超过两次。

第七十六条

国民议会根据政府的提议批准国家预算。如果在预算年度开始前没有批准国家预算,则按照上年度的预算比例进行经费开支。

国家预算的审议和批准程序由法律和国民议会议事规则规定。

第七十七条

国民议会对国家预算的执行实施监督,包括对接受外国和国际组织的债务和贷款进行监督。

国民议会根据审计署的结论审议和批准国家预算执行情况的年度报告。

第七十八条 ［已删除］

第七十九条

国民议会议长由国民议会议员总数的半数以上的多数赞同选举产生。

国民议会议长主持会议,处置国民议会的物质资产并保障国民议会的正常活动。

国民议会选举产生两名国民议会副议长。

第八十条

议员、议会党团和小组有权向政府提出对某些问题的书面和口头质询。在国民议会例行会议期间的每周第一次会议上,由总理和政府成员回答议员质询的问题。国民议会不对议员提出质询的问题通过任何决议。

以书面形式质询的问题至少应当在讨论前的十日内提交。质询的提出程序、质询的审议机构和关于质询的决定由法律和国民议会议事规则规定。

第八十一条

国民议会根据共和国总统的建议:

(1)宣布大赦。

(2)批准、暂时停止和废止亚美尼亚共和国参加的国际条约。

下列国际条约必须由国民议会批准:

①具有政治和军事性质或者包括有改变国家边界的规定;

②涉及人的权利、自由和义务;

③包括亚美尼亚共和国财政负担的规定;

④其适用包括对法律的修改、制定新的法律或者制定与法律相抵触的规范;

⑤包含批准的规定;

⑥其他法律规定的情形。

(3)决定宣战与建立和平。在必要的时候召集国民议会会议决定共和国总统作出的宣战决定。

国民议会可以宣告共和国总统根据本宪法第五十五条第(13)项、第(14)项的规定所采取的措施无效。

第八十二条

国民议会根据政府的建议确定共和国行政区划的划分。

第八十三条

国民会议:

(1)根据国民议会议长的提名任命宪法法院五名成员;

(2)在宪法法院院长职位出现空缺后的三十日内,根据国民议会议长的提名,从宪法法院成员中任命宪法法院院长;

(3)根据宪法法院的结论并获得全体议员半数以上的多数赞成可以终止由其任命的宪法法院成员的职权,同意对这些宪法法院成员作为犯罪嫌疑人予以指控、逮捕或依据司法程序追究其行政责任;

(4)选举两名法学家担任司法委员会成员。

第八十三 A 条

国民议会以全体议员五分之三以上的多数赞成选举人权保障专员,任期六年。

任何在社会公众中德高望重并符合议员条件的

人,都可以被选举为人权保障专员。

人权保障专员不得撤换。

人权保障专员是保护被国家机关和地方自治机关及其公职人员侵犯的人的权利与自由的具有独立地位的官员。

国家机关和地方自治机关及其公职人员必须和人权保障专员合作。

人权保障专员享有议员的豁免权。

人权保障专员的其他活动保障由法律规定。

第八十三 B 条

为了保障自由、独立和多元化的信息传播途径,应当通过法律设置独立的管理机构。该管理机构一半成员由国民议会选举产生,另一半成员由共和国总统任命,任期均为六年。

国民议会选举该机构的成员须获得议员总数的多数票赞同。

第八十三 C 条

亚美尼亚共和国中央银行的主要任务是保障亚美尼亚共和国物价的稳定。中央银行制定、确定和执行货币与信贷政策计划。

中央银行发行亚美尼亚共和国的货币——亚美尼亚德拉姆。

中央银行根据宪法和法律的授权独立履行职责。

中央银行行长由共和国总统提名经国民议会任命,任期六年。

中央银行行长连续任职不得超过两届。

国民议会根据法律规定的情形和共和国总统提议经议员总数的多数赞同可以免除中央银行行长的职务。

第八十三 D 条

亚美尼亚共和国监察院是对预算执行和国家、地方自治市的财产进行监督的独立机构。

监察院的工作计划由国民议会批准。

监察院每年至少向国民议会提交一份关于监察院监督工作情况的报告。

监察院的工作程序和职权由法律规定。

监察院院长由国民议会根据共和国总统的提名任命,任期为六年。凡符合议员条件的人都可以被任命为监察院院长。

监察院院长连续任职不得超过两届。

第八十三 E 条

下列事项由亚美尼亚共和国制定法律:

(1)自然人和法人的权利保障与实现的条件与程序;

(2)自然人与法人的权利、自由和义务的限制,包括限制的形式、范围和承担的法律责任,采用的强制手段与程序,自然人和法人税款、关税和其他费用的

缴纳方式、数量和程序;

(3)对自然人和法人从事企业经营活动进行监督检查的情形、条件和程序(包括检查、审查和检察机关的检测);

(4)设立法人的条件和程序,法人活动的暂停或终止;

(5)不属于机密的自然人的个人或家庭的信息以及法人的商业信息的清单;

(6)承担刑事、行政、经济(财产)责任的情形、条件和程序,惩戒处分责任,刑事处分的程序,司法判决和行政决定的强制执行程序,律师的地位和职能;

(7)举行全民公决的程序,亚美尼亚共和国总统、国民议会和地方自治机关的选举;

(8)国家财政预算的编制和财政支出的程序;

(9)亚美尼亚共和国参加的国际条约的签署和废除的程序和条件;

(10)政党、其他社会团体和大众传媒的法律地位;

(11)亚美尼亚共和国的行政区及其界限。

第八十四条

国民议会经全体议员的多数票赞成可以通过对政府的不信任案。

亚美尼亚共和国总统或不少于全体议员三分之一赞同可以提出对政府不信任的决议案。但在战时状态或国家紧急状态期间不得提出对政府的不信任决议案。

对政府不信任的决议案应当在其提出后的四十八小时至七十二小时内进行投票表决。

第五章 政府

第八十五条

政府制定和执行亚美尼亚共和国的国内政策。政府和共和国总统共同制定和执行亚美尼亚共和国对外政策。政府的职权包括未被法律列入其他国家机关和地方自治机关职权范围内的所有国家行政管理方面的事务。

政府根据宪法、国际条约、亚美尼亚共和国法律和共和国总统的规范性法令并为保障它们的执行而发布的决定,在亚美尼亚共和国境内具有强制执行力。

政府由总理和部长组成。共和国总统根据总理的提名任命其中一名部长为副总理并在总理职务空缺时代理总理职务。

总理和副总理须为亚美尼亚共和国公民。

政府的职权由宪法和法律规定。

政府的机构根据政府的提议由法律规定。政府和政府下属的其他国家行政管理机构的组织活动程

序根据总理呈报由共和国总统令规定。

第八十六条

政府会议由总理召集和主持。

对外政策、国防和国家安全事务的政府会议由共和国总统召集和主持。

政府的决定由总理签署。

共和国总统有权暂时中止一个月政府决定的执行并请求宪法法院发表对该决定与宪法是否保持一致的意见。

第八十七条

总理领导政府的活动并协调部长的工作。

总理制定有关政府活动事务的决定。

第八十八条

政府成员不得从事任何企业经营活动,不得在国家机构、地方自治机构或者企业担任与其职责无关的职务,不得从事其他有报酬的工作,但从事科学研究、教育和作品创作不在此限。

第八十八 A 条

根据政府的决定任免姆拉兹贝特(省长),但政府的决定须经共和国总统批准。

姆拉兹贝特(省长)在本行政区域内执行政府的政策,协调本行政区域内执行机关的公职人员的活动,法律另有规定的其他情况除外。

埃尔温市行政管理的特殊性由法律规定。

第八十九条

政府:

(1)根据宪法第七十四条规定的程序提请国民议会赞同其施政纲领;

(2)提请国民议会批准国家预算草案,保障预算的执行并向国民会议提交执行情况的报告;

(3)管理国家财产;

(4)实施统一的国家财政、经济、信贷和税收政策;

(4.1)实施国家区域发展政策;

(5)实施科学、教育、文化、卫生、社会保障和环境保护方面的国家政策;

(6)保障国防和国家安全,执行对外政策;

(7)维护公共秩序,采取加强法制、保护公民权利与自由的措施;

(8)行使宪法和法律规定的其他职权。

第九十条

政府应当在预算年度开始的九十日之前向国民议会提交国家预算草案以备审议,并可以要求国民议会在上述期限内对预算修正案进行表决。为了批准预算,政府可以向国民议会提出对政府的信任问题。如果国民议会根据本宪法第七十五条规定的程序未通过对政府的不信任案,那么国家预算和政府通过的

国家预算修正案被视为已经获得批准。

如果国民议会通过对政府的不信任案,新政府应当在施政纲领获得赞同后的十日内向国民议会提交预算草案,国民议会应当根据本条规定的程序在三十日之内审议和批准预算草案。

第六章 司法权

第九十一条

亚美尼亚共和国的司法权只能由法院根据宪法和法律行使。法院以亚美尼亚共和国的名义制作终局判决书。

第九十二条

亚美尼亚共和国的法院有普通初审法院、上诉法院和最高上诉法院以及其他由法律规定设立的专门法院。

除宪法案件的审判外,亚美尼亚共和国的最高诉讼审级是保障法律统一适用的最高上诉法院。最高上诉法院的职权由宪法和法律规定。

禁止设立特别法院。

第九十三条

亚美尼亚共和国的宪法审判权由宪法法院行使。

第九十四条

法院的独立性由宪法和法律保障。

法院的职权、组织和活动程序由宪法和法律规定。

宪法法院的职权和组成程序由宪法规定,其活动程序由宪法和宪法法院法规定。

第九十四 A 条

司法委员会的组织和活动程序由宪法和法律规定。

司法委员会由九名法官组成,由亚美尼亚共和国法官协会以及共和国总统和国民议会议长各任命的两名法学家根据法律规定的程序匿名投票选举产生,任期五年。

司法委员会会议由无投票权的最高上诉法院院长主持。

第九十五条

司法委员会根据法律规定的程序:

(1)提出法官候选人名单和法官职务提拔名单提请共和国总统批准,根据总统的批准任命法官;

(2)根据法官候选人的呈请对其作出结论;

(3)提名最高上诉法院院长、法官及各庭庭长和法官候选人,提名上诉法院、初审法院和专门法院院长候选人;

(4)对共和国总统提出关于特赦问题的咨询发表意见;

(5)对法官实施纪律处分,向共和国总统提出终止法官职权的建议,同意逮捕法官,同意追究法官的刑事责任或者按司法程序追究法官的行政责任。

第九十六条

法官和宪法法院成员不被撤换。法官和宪法法院成员履行职责到六十五周岁。只有根据宪法和法律规定的情形和程序才能终止其职权。

第九十七条

法官和宪法法院成员独立行使司法权,只服从宪法和法律。

法官和宪法法院成员的活动保障以及承担责任的依据和程序由宪法和法律规定。

未经司法委员会或宪法法院的同意,法官和宪法委员会成员不受逮捕、追究刑事责任或按照司法程序追究行政责任。除在实施犯罪时被当场抓获或实施犯罪之后被直接抓获的情形外,法官和宪法法院成员不受拘捕。在此情形下拘捕法官和宪法法院成员应当立即向共和国总统、最高上诉法院院长和宪法法院院长通报相关情况。

第九十八条

法官和宪法法院成员不得从事企业经营活动,不得在国家机关和地方自治机关以及企业组织担任与其职责无关的职务,不得从事其他有报酬的工作,但从事科学研究、教育和创作作品不在此限。

法官和宪法法院成员不得加入任何政党或从事任何政治活动。

第九十九条

宪法法院由九名成员组成。

第一百条

法院根据法律规定的程序:

(1)裁决法律、国民议会的决议、共和国总统的命令和政府、总理、地方自治机关的决定是否符合宪法;

(2)在国际条约批准之前裁决其规定的义务是否符合宪法;

(3)裁决与全民公决结果有关的争议;

(3A)裁决与共和国总统和议员选举结果的决定有关的争议;

(4)确认共和国总统候选人发生了不可抗拒或无法消除的障碍;

(5)对免除共和国总统职务的依据作出结论;

(6)对共和国总统不能履行职权作出结论;

(7)对终止宪法法院成员的职权、逮捕和追究刑事责任或者按照司法程序追究其行政责任作出结论;

(8)对免除地方自治市镇领导人职务的依据作出结论;

(9)依据法律规定的情形对暂停或禁止政党的活动作出裁决。

第一百零一条

根据宪法和宪法法院法规定的程序,有权向宪法法院提出裁决的请求:

(1)共和国总统根据本宪法第一百条第(1)项、第(2)项、第(3)项、第(7)项、第(9)项的规定;

(2)国民议会根据本宪法第一百条第(3)项、第(5)项、第(7)项、第(9)项的规定;

(3)不少于议员总数五分之一的议员根据本宪法第一百条第(1)项的规定;

(4)政府根据本宪法第一百条第(1)项、第(6)项、第(8)项、第(9)项的规定;

(5)地方自治机关提出国家机关的规范性法律文件侵犯其宪法权利而产生的合宪性问题;

(6)任何人对法院作出终局判决的具体案件,在穷尽了一切司法上的救济手段之后,对适用于此案件的法律规定提出合宪性争议;

(7)法院和总检察长在诉讼程序进行过程中对涉及具体案件的规范性法律文件发现存在合宪性问题;

(8)人权保障专员提出本宪法第一百条第(1)项所列举的规范性法律文件是否与本宪法第二章的规定相符合的问题;

(9)共和国总统和议员候选人对涉及宪法第一百条第(3A)项和第(4)项上下文的理解而产生的问题。

宪法法院只有在提出相应的请求的条件下才能审理案件。

第一百零二条

宪法法院根据宪法和宪法法院法规定的程序和期限作出裁决和结论。

宪法法院的裁决和结论是终局的并从公布时起生效。

宪法法院通过判决规定违反宪法的规范性法律文件的全部或部分在一定的时间之后无效。

宪法法院对本宪法第一百条第(1)项至第(4)项和第(9)项规定的问题以及第(5)项至第(8)项规定的问题作出结论。对第(9)项规定的问题作出的裁决和结论须经成员总数三分之二以上的多数才能通过,其他的裁决须经成员总数的多数通过。

若宪法法院作出否定的结论,则有管辖权的机关应当撤销对此问题的审议。

第一百零三条

亚美尼亚共和国检察院是由总检察长领导下的统一体系。

总检察长由国民议会根据共和国总统的提名任命,任期六年。总检察长连续任职不得超过两届。

共和国总统根据法律规定的情形提议免除总检察长的职务,但须获得国民议会全体议员的多数赞同。

检察院根据法律规定的程序：

（1）对刑事犯罪提起公诉；

（2）对预先侦查和讯问的合法性进行监督；

（3）出庭支持公诉；

（4）向法院提起保卫国家利益的诉讼；

（5）对法院的决定、判决和裁定提出异议；

（6）对采取惩处和其他形式的强制措施的合法性进行监督。

检察院在宪法赋予的职权范围内根据法律履行职责。

第七章　地方自治

第一百零四条

地方自治属于自治市镇。

地方自治是自治市镇根据宪法和法律在自己的权利和能力范围内决定地方性的事务并承担责任，其目的在于保障居民的福利。

第一百零四A条

自治市镇是由一个或者几个居民区的居民组成的共同体。

自治市镇是法人，具有财产所有权和其他财产权。

第一百零五条

自治市镇在自己的职权范围内有权支配和处分自治市镇的财产、决定自治市镇的事务并行使满足自治市镇需求的其他职权。自治市镇的权力由法律以义务的形式作出规定。

为了更有效地实现国家机关的职权，可以通过法律将国家机关的职权授权地方自治机关行使。

第一百零五A条

属于自治市镇行政区域范围内的土地，除了国家需要的和属于自然人与法人的土地之外，均属于市镇所有。

第一百零六条

自治市镇独立制定预算。

自治市镇的收入来源由法律规定。

法律规定的市镇财政收入来源应当保障市镇职能的实现。

授权给市镇行使的职能必须由国家预算拨款。

自治市镇在法律规定的范围内确定地方税费。自治市镇应当为公用事业提供经费。

第一百零七条

市镇自治权通过经法定程序选举产生的地方自治机关——自治市镇委员会和市镇长行使，任期

四年。

市镇委员会根据法律规定的程序管理和支配市镇财产，根据市镇长的提议批准市镇预算并监督预算的执行，根据法律规定的程序确立地方税费和应支付的费用，其他法定程序规定的款项和通过在各州内实行的法案。各州州议会通过的法案不得与法律相抵触，在自己的职权范围内制定在自治市镇区域内执行的规范性法律文件。制定的规范性法律文件不得与法律相抵触，其发布和生效程序由法律规定。

市镇长的职权以及行使职权的程序由法律规定。

市镇居民可以直接参与地方事务的管理并通过地方公决的形式决定市镇的重大问题。举行地方公决的程序由法律规定。

第一百零八条

埃里温是市镇的组成部分。埃里温市地方自治的特殊性和地方自治机构的组成由法律规定。法律可以规定埃里温市梅拉的直接或者间接选举。①

第一百零八A条

为了保障地方自治机关活动的合法性，国家应当根据法律规定的程序进行监督。国家授权自治市镇行使的职权的监督程序由法律规定。

第一百零九条

政府根据宪法法院的结论并依照法律的规定可以免除自治市镇长的职务。

第一百一十条

自治市镇从公共利益出发按照法律的规定实行合并或分立。国民议会应根据政府的建议制定相应的法律。在政府提交立法动议前，相关的自治市镇应当为此举行地方公决，地方公决的结果须附上立法动议。自治市镇的合并与分立以地方公决的结果为依据。

自治市镇合并与分立的程序、原则及重新组成的自治市镇的地方自治机关的选举期限由法律规定。

第八章　宪法的通过、修改 和全民公决

第一百一十一条

根据共和国总统或国民议会倡议并通过全民公决方式才能通过或者修改宪法。

共和国总统根据国民议会的建议或同意决定举行全民公决。国民议会通过相关的决议须获得全体议员的多数赞成。

共和国总统在收到宪法草案或者宪法修正案草案

---

① 梅拉，即市长的音译。——译者注

后的二十一日内可以将宪法草案或宪法修正草案连同异议和建议退回国民议会，要求国民议会重新审议。

如果国民议会以全体议员的三分之二以上再次通过原先已经通过的宪法草案或者宪法修正案草案，共和国总统必须在国民议会规定的期限内举行全民公决。

如果共和国总统提出动议，国民议会应当在收到宪法草案或宪法修正案草案后的三个月内举行将草案交付全民公决问题的投票。如果国民议会以全体议员的多数赞成最后的草案，则视为国民议会已经同意将草案交付全民公决，应当根据共和国总统决定的期限举行全民公决。

第一百一十二条

根据国民议会或政府的建议将法律提交全民公决必须根据本宪法第一百一十一条的规定进行。

以全民公决方式通过的法律只能通过全民公决才能修改。

第一百一十三条

如果提交全民公决的法律草案获得参加全民公决的半数以上赞成且参加全民公决的选民不少于登记选民的四分之一时即被认为获得通过。

第一百一十四条

本宪法第一条、第二条以及第一百一十四条不得修改。

第九章　最后和过渡条款

第一百一十五条

亚美尼亚共和国宪法修正案自"亚美尼亚共和国官方公报"公布之日起的第二日生效，但是本宪法第五十五条第(9)项第一句关于监察院院长和总检察长的条款、第六十三条第二款第一句的规定、第七十四A条第一款、第八十三D条、第八十五条第六款第一句的规定、第八十六条、第八十八A条第一款、第一百零一条第(6)项和第一百零七条第一款规定的期限除外。

第一百一十六条

本宪法第五十五条第(9)项第一句关于监察院院长和总检察长的规定、第七十四A条第一款、第八十三D条的规定、第八十六条和第八十八A条第一款的修正案从随后召集的国民议会第一次全体会议之日起生效。

本宪法第六十三条第二款第一句的规定适用于随后召集的国民议会。

本宪法第八十五条第六款第一句的规定自2008年7月1日起生效。

本宪法第一百零一条第(6)项自2006年7月1日起生效。

本宪法第一百零七条第一款的规定，自宪法修正案通过之后对选举产生的地方自治机关生效。

第一百一十七条

宪法修正案生效后：

(1)国民议会应当在两年内使正在生效的法律与宪法修正案保持一致。

(2)国民议会应当在一年内制定亚美尼亚国歌的法律。在宪法修正案生效之前使用的国歌仍然有效。

(3)本宪法规定的社会权利在相关法律规定的范围仍然有效。

(4)共和国总统在随后召集的国民议会召开第一次全体会议之前有权：

A. 在与国民议会议长和总理商讨后解散国民议会并决定举行临时选举；

B. 免除总理的职务。

(5)在随后召集的国民议会召开第一次全体会议之前，由共和国总统或总统授权总理召集和主持政府会议。经共和国总统批准，政府的决定由总理签署。

(6)当出现威胁到宪法秩序的危险情形，在法律对紧急状态的法律制度作出规定以前，共和国总统在与国民议会议长和总理商议后，提出应对当前局势的措施，并将此情况向全国人民发布通告。

(7)中央银行行长在现行法律规定的任职期限届满前继续履行职责。

(8)监察院院长应在随后召集的国民议会第一次全体会议召开后的五个月之内任命。此前的监察院院长在宪法修正案生效之前继续行使规定的职权。

(9)在随后召集的国民议会召开的第一次全体会议之日起到根据本宪法第五十五条第(9)项的规定任命总检察长之前的五个月之内，现任总检察长继续履行职责。

(10)现任司法委员会成员的法官和法学家在任期届满前继续履行职责。国民议会应在三个月之内选举两名法学家担任司法委员会成员。

(11)现任本宪法第八十三B条规定的独立机构的成员，在任期届满前继续履行亚美尼亚共和国电视和广播法规定的职责。如果任期届满或提前终止其职权而出现职位空缺，应当由国民议会和共和国总统依次增补。

(12)埃里温市的地方自治机关应在相关法律通过后的两年内组建。在自治之前，埃里温市区域范围内的行政管理根据现行法律执行。

(13)宪法法院的现任成员继续履行职责到七十周岁为止。

也门共和国宪法*

（1991 年 5 月 16 日全民公决通过，
更新至 2001 年 2 月 20 日全民公决修正）

第一篇　国家基础

第一章　政治基础

第一条

也门共和国是阿拉伯、伊斯兰和独立的主权国家，其完整性不容侵犯，任何领土不容割让。也门人民是阿拉伯和伊斯兰民族的一部分。

第二条

伊斯兰教为国教，阿拉伯语为官方语言。

第三条

伊斯兰教法（Shari'ah）①是一切立法之本。

第四条

也门人民是权力的主体和来源。人民通过全民公决和选举直接行使之，或通过立法、行政和司法机构间接行使之，也可以通过选举地方议会行使之。

第五条

为了实现权力的和平交替，也门共和国政治制度建立在政治多元化和多党制的基础之上。法律规定政治团体和党派成立及进行政治活动的规则和程序。禁止为特定党派或政治团体的特殊利益滥用政府职位或公共基金。

第六条

也门共和国同意加入和遵守《联合国宪章》、《国际人权宣言》、《阿拉伯国家联盟宪章》以及普遍认可的国际法原则。

第二章　经济基础

第七条

有益于个人和社会且增强国家独立的经济活动

自由是国民经济的基础。国民经济的发展遵循如下原则：

1. 经济关系中的伊斯兰社会公平，该原则旨在发展和促进生产，实现社会融合和平衡，提供平等的机会和促进更高的生活水平。

2. 公有、私营、合作及混合经济成分的合法竞争，实现一切经济成分的平等和公平待遇。

3. 对私人所有制的尊重和保护，非根据法律规定出于公共利益的需要且给予公平的补偿不得将私人所有权充公。

第八条

地表、地下、领水、大陆架或专属经济区上的一切类型的自然资源和能源均为国家所有。国家确保上述自然资源和能源的开发有益于人民的公共福利。

第九条

国家的经济政策立基于科学规划，确保所有资源的最大效用以及提高一切经济成分在社会经济发展领域的作用，贯彻执行服务于共同利益和国民经济的国家发展规划。

第十条

国家应采取措施支持服务于国民经济的自由贸易和投资。国家应立法保证对生产者和消费者的同等保护，确保基本商品的供给，制定反垄断法。国家应当依法采取措施促进一切社会经济发展领域的私人资本投资。

第十一条

法律规定国家的官方货币、金融和银行体系，确定度量衡、标准化和重量单位。

第十二条

税收的确定应考量公共利益以实现公民之间的

---

* 根据联合国难民事务高级专员（办事处）提供的英译本译出，该英译本译自阿拉伯语原版。译者：郑涛，张思怡。相关翻译由两位译者讨论协商后，郑涛执笔前八十条，张思怡执笔第八十一条及以后。最后由王建学校对润色。

① Shari'ah，音译为沙里发，指伊斯兰教体系化的法律和道德法典，此处译为伊斯兰教法。——译者注

754

社会正义。

第十三条

1. 税的课征、调整和取消只得根据法律的授权进行。非依法律规定任何人不得部分或全部免除纳税义务,亦不得被要求承担税收或其他费用。

2. 税、费的课征、收取、调整、免除和处分仅由法律规定。

第十四条

国家鼓励合作和储蓄。国家支持建立合作项目和开展一切形式的合作活动。

第十五条

法律规定公共基金的征收和支出的基本规则。

第十六条

未经众议院同意,行政部门不得缔结贷款合同或为其提供担保,亦不得参与由公共基金支出的未来一年或若干年的项目。

第十七条

法律规定薪金、工资、补偿、津贴和由政府国库支付的奖金的级别。

第十八条

有关自然资源和公共设施的特许合同应依照法律缔结。依照法律规定的规则和程序,可明确在有限的范围内授予特权。法律规定特定动产和不动产转让的方式和情形,以及应适用的规则和程序。法律规定将特许证授予地方实体或单位的方式以及对公共基金的自由处分或使用。

第十九条

公共基金和财产不容侵犯。国家和社会的所有成员应当维护和保护公共基金和财产。对公共基金和财产的滥用或侵害应视为蓄意破坏和对社会的侵犯。违背公共基金和财产神圣不可侵犯的特性之人应依照法律施以惩罚。

第二十条

禁止对财产的普遍没收。非依合法判决不得将私有财产充公。

第二十一条

国家征收天课①(Zakat)并依法通过法律途径支出。

第二十二条

捐赠财产不容侵犯。管理捐赠财产者有义务提高和发展捐赠资源并以能够确保捐赠财产之目标和法律目的之实现的方式支出。

第二十三条

继承权根据伊斯兰教法受到保障。国家应制定

继承权的具体法律。

第三章 社会和文化基础

第二十四条

国家确保所有公民在政治、经济、社会和文化活动领域享有平等的机会并制定保障上述平等机会实现的必要法律。

第二十五条

以法定的公平、自由和平等为基础的社会连带关系是也门社会的基础。

第二十六条

家庭是社会的基础,其支柱为宗教、习惯和对祖国的热爱。法律应当维护家庭的完整,巩固家庭成员之间的联系。

第二十七条

国家保护科学研究的自由和与宪法精神相一致的文学、艺术及文化领域的成就。国家应为上述成就的取得提供有益的方法并为科学和技术发明及艺术创作提供支持和鼓励。国家保护上述成就。

第二十八条

公职是一种义务和荣誉。担任公职者应为公共利益和人民服务。法律规定担任公职的条件以及担任公职者的权利和义务。

第二十九条

工作是一项权利,一种荣誉,也是社会进步所必需的。每个公民都有权在法律规定的范围内选择与自身条件相适应的工作。除非根据法律规定的为共同利益服务且有公平报酬的情形外,任何人不得被强迫从事任何工作。法律规定工会活动和专业化工作以及雇工和雇主之间的关系。

第三十条

国家保护母亲和儿童并为青少年提供帮助。

第三十一条

女性是男性的姐妹。她们享有和承担伊斯兰教法和法律规定的权利和义务。

第三十二条

教育、健康和社会公益服务是构建和发展社会的柱石。国家和社会应共同提供上述服务。

第三十三条

在与社会合作的过程中,国家承担应对自然灾害和公共危机所带来的后果的责任。

第三十四条

保护和维护考古和历史遗迹是国家和社会所有

---

① Zakat,天课,扎卡特,指伊斯兰教徒每年一次的慈善捐款。——译者注

成员的义务。对遗迹的滥用或对考古发现的侵犯将被视为蓄意破坏或对社会的侵犯。对上述遗迹神圣性的侵犯或将其出售将受到法律的惩罚。

第三十五条

环境保护是国家和整个社会的集体责任。每个个体都负有保护环境的宗教义务和国家义务。

第四章 国防基础

第三十六条

国家有权建立军队、警察、保安部队及其他类似的团体。上述武装力量属于全体人民,其职责在于保卫共和国及其领土安全。任何组织、个人、团体、政治党派或组织都不得为任何目的或以任何名义建立武装力量或准军事集团。法律规定兵役的条件,军队、警察和保安部队的职务晋升和惩戒程序。

第三十七条

总动员依照法律进行组织,并由共和国总统经众议院同意后宣布。

第三十八条

以共和国总统为首的国防委员会负责与保卫共和国及其领土安全的方法的有关事宜。法律规定国防委员会的组成、义务及其他职责。

第三十九条

警察是文官制、常规的武装力量,其责任在于为人民服务并为人民提供确保和平与安全的环境。警察负有捍卫法律,维持公共秩序和共同礼仪,执行司法机构的命令以及履行国家法律和规例赋予它的义务。

第四十条

军队、保安部队、警察和其他武装力量不得为了党派、个人或团体的利益而被雇佣。为确保上述武装力量的中立并以合适的方式履行其职责,其必须抵制来自党派、种族主义、区域主义和部落主义的一切形式的分化。依法禁止所有武装力量的成员参与政党及其活动。

第二篇 公民的基本权利和义务

第四十一条

公民在权利和义务面前一律平等。

第四十二条

任何公民都有权参与国家的政治、经济、社会和文化生活。国家在法律规定的范围内保障思想、言论表达、写作和摄影的自由。

第四十三条

公民享有选举权和被选举权以及在全民公决中

表达其主张的权利。法律规定上述权利行使的条件。

第四十四条

法律规定也门国籍。任何也门人都不得被剥夺其国籍。非依法律规定任何已经取得的国籍都不得被撤销。

第四十五条

任何也门人都不得被引渡给外国当局。

第四十六条

禁止引渡政治难民。

第四十七条

刑事责任是个人性的。非依伊斯兰教法或法律不得判处任何犯罪或刑罚。被告人在被最终司法判决认定有罪前是无罪的,且不得制定任何溯及既往的法律。

第四十八条

1. 国家保障公民的人身自由,保护其尊严和安全。法律规定公民自由可受限制的情形。非经适格法院的判决不得限制个人自由。

2. 非因现行犯罪或根据法官、公诉人的传票且为调查或维护安全所需,任何人不受逮捕、搜查或拘留。非依法律规定任何人不受监视。无论以何种方式限制个人自由,其尊严需受保护。禁止身体和心理方面的酷刑。禁止调查过程中的强制逼供。自由受限制者在律师缺席时有权拒绝回答任何问题。任何人不得被监禁或拘留在《监狱法》指定地点外的其他地方。禁止逮捕、拘留或关押期间的体罚和不人道待遇。

3. 任何因被怀疑犯罪而被暂时拘留者应自其被拘留时起至多二十四小时内移送法院。法官或公诉人应告知被拘留者其被拘留和审问的原因并让被控告者有能力进行辩护。其后法院将作出释放被控告者或延长拘留被控告者的合理裁决。在任何情形下,非依法庭命令,公诉人都无权持续拘留被控告个人超过数日。法律规定拘禁的最长期限。

4. 个人无论何种原因,一经被逮捕即可立即与其挑选之人进行联系。在法院裁定继续拘留时须重复相同的告知。若无法通知被指定的人,则应通知被拘留者的亲属或利害关系人。

5. 法律规定违反本条任何规定者应承担的刑罚以及对因前述违犯行为而遭受损害者的合理赔偿。在逮捕、拘留、监禁期间实施的身体和心理上的酷刑是一种不受时效约束的犯罪。所有策划、命令或参与实施身体或心理上的酷刑者都应当受到惩罚。

第四十九条

根据法律规定,在调查的任何阶段和所有法院面前,自我辩护或委托代表辩护的权利都受到保障。国家根据法律规定确保向不能支付司法协助费用者提供司法协助。

第五十条

不得通过非法的手段执行刑罚。法律规定上述非法手段的类型。

第五十一条

公民有权向法院提起诉讼以保护其权利和合法利益。公民亦有权直接或间接地向各种政府机构提交控告、批评和建议。

第五十二条

住宅、宗教活动场所及教育机构神圣不可侵犯，非依法律规定不受监视或搜查。

第五十三条

国家保障邮件、电话、电报和所有其他通信方式的自由和秘密。上述通信方式非依法律规定的情形且根据法院命令不受检查、搜查、曝光、延误或没收。

第五十四条

受教育权是所有公民都享有的权利。国家根据法律通过建立各级学校和文化教育机构来保证教育的实现。基础教育是义务性的。国家尽最大的努力消除文盲并为扩大技术和职业教育提供特殊支持。国家应给予青少年以特别关注，防止其堕落，为其提供宗教、精神和身体方面的教育，并为其在各个领域提供适当的环境以发展其才能。

第五十五条

所有公民都享有卫生保健的权利。国家通过建立各种医院、医疗保健机构并扩大医疗服务来确保上述权利的实现。法律规定医疗职业事宜、免费医疗保健服务的扩大和对公民的健康教育。

第五十六条

国家保障所有公民在疾病、残疾、失业、年老或失去生活来源时都能享有社会保障。根据法律规定国家尤其应保障烈属家庭的上述权利。

第五十七条

非根据法律及对维护人民的安全和保障为必须的原因，不得限制任何人在国家范围内自由迁徙的自由。法律规定进入和离开也门的事宜。任何公民都不得被驱逐出境或被拒绝返回也门。

第五十八条

在不与宪法相违背的情况下，公民可参与政治性、职业性和联合性的组织。公民有权在科学、文化、社会领域成立服务于宪法目标的组织和全国性联合会。国家保障上述权利并为公民行使这些权利采取必要措施。国家保障政治组织、贸易组织、文化组织、科学组织和社会组织的自由。

第五十九条

纳税和缴纳公共费用是依法应承担的义务。

第六十条

保卫宗教和祖国是一项神圣的义务，军事义务是一种荣誉，服兵役应依照法律组织。

第六十一条

捍卫国家统一、严守国家秘密、尊重法律、服从法律是每个公民的义务。

第三篇　国家机构的组织

第一章　立法机构：众议院

第六十二条

众议院是国家的立法机构。众议院制定法律，批准国家的基本政策、经济和社会发展的一般规划以及通过国家预算和决算。众议院根据本宪法的规定监督行政机构的活动。

第六十三条

众议院由三百零一名由人民通过秘密、自由和平等投票直接选举的成员组成。共和国应分为人口数量相同的若干选区，选区之间人口数量变动不超过正负百分之五的比率。每个选区各选一名众议院成员。

第六十四条

1. 选民应符合下述两项条件：

(1)必须是也门公民。

(2)必须年满十八周岁。

2. 众议院候选人必须符合如下条件：

(1)必须为也门人。

(2)必须年满二十五周岁。

(3)必须能够阅读和书写(有读写能力)。

(4)必须具备良好的品格和品行，履行其宗教义务，未因犯有违反荣誉和诚实法规的罪行而被法院定罪，或其罪已获赦免/缓刑。

第六十五条

众议院任期六年，自第一次会期召开之日起算。共和国总统应在众议院任期结束前六十日内要求举行新一届议会选举。若因特殊情形无法举行选举，则现任众议院履行职责至上述特殊情形结束选举按时进行时为止。

第六十六条

众议院设在首都萨那。众议院内部条例规定其在首都之外的地方召开会议的条件。

第六十七条

众议院颁布其内部章程以规定其工作委员会的程序，并制定其他规则以践行宪法职能。前述经由法律制定和修订的章程不得违背或修改宪法的任何条款。

第六十八条

众议院有权审查其成员资格的合法性。对资格审查的上诉应在异议递交众议院后的十五日内向最高法院提出。法院的裁决和裁定须提交众议院,由众议院在收到法院裁定的六十日内审查上诉的有效性。非经众议院三分之二成员同意通过决议不得使众议院的成员资格失效。对资格审查结果的审查应在上诉递交最高法院之日起九十日内完成。

第六十九条

众议院享有在其内部维持秩序和安全的排他性权力。众议院议长通过在其指挥下的特殊保卫力量承担上述职责。非经众议院议长的请求任何其他武装力量都不得进入众议院或把守众议院的入口。

第七十条

众议院应在共和国总统的召集下于选举结果公布后至迟两周内召开第一次会议。若无总统召集,则众议院应在上述两周结束之日的早上召开会议。

第七十一条

众议院第一次会议时应从其成员中选举一名议长和三名副议长组成众议院主席委员会。在选举议长的过程中由年纪最长的成员主持会议。众议院的内部章程规定选举众议院主席委员会的一切程序及其任期和其他职责。众议院设立由秘书长领导的秘书处,众议院内部章程规定与设立秘书处有关的规则及其他相关规则。

第七十二条

除众议院议席被宣告为空缺以外的半数以上的成员出席会议,众议院召开的会议始为有效。除宪法或众议院内部条例另有特殊多数的要求外,众议院的决定应获得出席会议之成员的绝对多数同意。若表决结果出现僵持,则在同一会期将不再给予表决事项进一步的考虑,但若表决事项被提交下一会期,则其应当被优先考虑。

第七十三条

众议院会议应向公众开放,但应众议院议长、总统、政府或至少二十名以上成员的要求,众议院可召开非公开会议。对讨论事项是否召开公开会议或非公开会议由众议院决定。

第七十四条

众议院每年召开两次常会,也可应要求举行特别会议。众议院内部条例规定常会开始的日期及其期限。在必要的情况下,众议院可根据总统命令、众议院主席委员会决定或三分之一的成员的书面要求召开特别会议。年度最后三个月内,在国家总预算批准之前众议院会期不得终止。

第七十五条

众议院成员代表整个国家,保卫公共利益。其代表资格不受任何限制或特殊制约。

第七十六条

众议院成员在履行成员职责前应在众议院公开会议上进行宪法宣誓。

第七十七条

众议院议长和成员、众议院主席委员会和其他众议院成员享有法定的公平报酬。若部长委员会主席及其副手、部长恰为众议院成员,则其无权享有上述报酬。

第七十八条

众议院任期结束前,若有议席空缺超过一年,则应当在众议院宣布该议席为空缺时起六十日内选举成员补缺。该补缺成员的任期在本届众议院任期结束时届满。

第七十九条

众议院成员不得干扰行政或司法机构的工作。

第八十条

众议院成员不得兼任地方议会成员职务或其他公职。部长委员会委员可同时担任众议院成员职务。

第八十一条

众议院成员不为其偶然遇到的事实或在众议院或其任何委员会提出的问题,或在开会或闭会期间的投票形式负责。该条不适用于成员诽谤或污蔑的情形。

第八十二条

非经众议院许可,众议院成员不受调查、侦查、逮捕、监禁或刑罚程序,但现行犯除外;现行犯情形下,应立即通知众议院。众议院应当确认在上述情形中的程序正当。如果恰逢众议院闭会,应向众议院主席委员会取得许可,并应在采取程序后的第一次会议通知众议院。

第八十三条

众议院成员向众议院提交辞呈,众议院享有接受辞呈的排他性权利。

第八十四条

不得取消众议院成员的成员资格,但满足宪法规定的任何成员资格停止适用的条款者,或成员严重违反众议院内部条例规范规定的成员资格的义务者除外。

第八十五条

众议院议员和政府享有提交法律议案及其修正案的权利。若提交旨在增加或废止,现存税收,或旨在减少或免除部分税收,或旨在为特定项目拨付部分国家资金的财政法律议案,则仅以经由政府或众议院议员至少百分之二十同意方可提出。经众议院议员或候补议员提交的法律议案未经特殊委员会讨论不得提交众议院任一委员会,该特殊委员会决定议案是否符合众议院的行为要求。若众议院决定讨论任一法律议案,则应将其移送委员会检查和报告。除政府外的其他人提交的法律议案不得在同一会期内提交两次。

第八十六条

在新政府组成的二十五日最长期限内,部长委员会主席应向众议院提交其政府纲领,以获得多数众议院成员的信任票。若恰逢众议院闭会,其可召开特殊会议。众议院成员及众议院作为整体,有权对政府计划进行评议。政府未能获得必需的多数时,被认为拒绝信任。

第八十七条

众议院应批准综合的社会和经济发展计划。法律应规定上述计划的起草程序、提交众议院、发布过程和投票程序。

第八十八条

1. 已提议的总预算应于财政年度开始前至少两个月内提交众议院。预算的每一部分均应进行投票。若无政府的批准,众议院不得改变已提议的预算。不得授权特定目的的税收拨付,但法律规定者除外。若在财政年度开始前未能制定预算法律,则前一年度的预算将继续适用直至新预算被批准为止。

2. 法律应详细阐述财政年度,以及总预算的筹备和分类的方式。

第八十九条

总预算从一部分至另一部分的任何数量的转换须经众议院的批准。未列明的任何预算支出或任何额外收入,仅由法律授权。

第九十条

法律应规定公共机构、法人和公司的预算规则,规范其账目,明确独立和追加预算,及其决算账目。除上述情形外,其预算还应由众议院批准。

第九十一条

政府年度预算的最终账目应于不超过财政年度结束后九个月内提交众议院。议案的投票应在逐步的基础上进行,并应由制定法律批准。在涉及审计和监督政府账目的组织的年度报告时,应与其意见一同提交众议院。众议院有权要求组织提交任何补充文件或报告。

第九十二条

众议院应批准国际条约以及任何形式和层次的一般政治性和经济性公约,特别是与防御、结盟、协调、和平或边界问题相关者。包括国家财政承诺或需要制定法律在内的所有国际条约与公约,均由众议院批准。

第九十三条

1. 众议院有权就公共关注问题,或与行政部门履职或其成员履职相关的问题,向政府提出建议。政府须实施众议院提出的建议。若上述建议难以实施,则政府需向众议院证实上述行为。

2. 若政府提供的合理性未能使众议院信服,则后者有权提交对副总理或任何内阁部长的不信任动议。该不信任动议须经被质疑官员出席的议会听证会后的至少四分之一的众议院成员的支持,方可提交众议院。众议院在该动议提交后至少七日内不得就该不信任动议采取行动。若不信任动议获得众议院的绝对多数支持,则该动议应维持。

第九十四条

至少有百分之二十的众议院成员方可就讨论公共问题、请求政府政策的解释以及相关问题交换意见,提出动议。

第九十五条

基于不少于其十名成员的请求,众议院可创立一个特殊委员会或指定其任一委员会调查有悖于公共利益的问题或调查任何部门、政府机构、委员会、公共/混合法人、地方委员会的行为。为开展调查,该委员会可向其认为必需的政党或个人寻求证人证言来搜集证据和举办听证会。所有行政和特殊机构均应遵从上述委员会提出的要求,并提供所有相关文件和/或信息。

第九十六条

部长委员会的责任是集体性和个人性的。每个众议院成员均可向总理、任何副总理、部长或副部长就其责任范围内的任何问题提出询问,且他们有义务提供相应的答复。询问不应在同一会议中转变为质询。

第九十七条

每个众议院成员均有权向总理、副总理和部长就其职责范围内负责的问题提出质询①。对上述质询的答复和审议应在至少一星期后进行,但众议院认为急迫且政府同意的情形除外。

第九十八条

众议院可撤回对政府的信任。众议院不得在对总理提出质询或总理仅代表其本人时而撤回对政府的信任。质询要求需经三分之一众议院成员的签署。众议院未经投票通知满七日,不得进行政府不信任问题的投票。不信任投票必须经多数同意方可通过。

---

① 原文为"interpolation",疑为"interpellation"的笔误,故仍译为质询。——译者注

第九十九条

总理、副总理、部长、副部长在要求阐明众议院决议中的任何问题时均随时享有发言权。他们亦可就此得到任何高级官员的协助。但政府代表不得参加众议院的投票，除非其为众议院成员。政府或其成员均应遵从众议院参加其任何会议的要求。

第一百条

议案投票均应逐条进行。最终投票应将议案作为整体进行。众议院的内部条例解释此方面的程序。

第一百零一条

1. 共和国总统不得解散众议院，但仅在全民公决后的特殊情形外。总统解散众议院的法令须提供其解散原因的解释，并须在众议院解散后六十日内召集新的议会选举。

2. 共和国总统有权在无全民公决的下列情形下提前召集议会选举：

（1）若议会中没有任何政党获得明显多数以使共和国总统任命总理组织政府，或在联合政府不可能形成的情况下。

（2）若众议院连续超过两次撤回对政府的信任时，但违反本条第二款第一项者除外。

（3）若众议院连续两年超过两次撤回对政府的信任时，在所有情形下，若解散法令或提前召集议会选举未能为众议院解散后六十日内的重新选举做好准备，或若选举未进行，则法令被认为无效且众议院以宪法权力集会。若选举完成，新的众议院应在选举完成后十日内召开第一次会议。若众议院未召集会议，则其仍可在完全遵从宪法条款规定的十日期限末召集和举行第一次会议。众议院一经解散，新的众议院不得因相同理由再次被解散。众议院不得在其第一次会议期间被解散。

第一百零二条

共和国总统有权要求对众议院批准的议案进行审查。基于理由确凿的决定，其可在议案提交后的三十日内将其退回众议院。若其未在期限内退回议案，或若其要求的审查未被听从且该议案经众议院多数同意再次被批准，该议案应被认定为法律，且总统应于两星期内颁布。若总统拒绝颁布该法律，则其在宪法的权力下生效，且应立即公布于官方公报且在两星期后生效。

第一百零三条

所有的法律均于官方公报公布，且自颁布后两星期内宣布，且自其公布之日起三十日内生效。该期间可因法律的特殊规定缩短或延长。

第一百零四条

法律仅适用于其实施后发生的情形。不得以溯及既往的方式适用法律。但在税收和刑罚措施以外的领域，法律的特别条款可作相反之规定。在上述情形中，须经众议院三分之二多数的批准。

第二章　行政机构

第一百零五条

行政机构应由共和国总统和部长委员会为人民的利益在宪法规定的界限内运行。

第一节　共和国总统

第一百零六条

1. 共和国总统是国家的总统且依据宪法被选举。

2. 总统有一名副总统且副总统由总统任命。第一百零七条、第一百一十七条、第一百一十八条和第一百二十八条规则适用于副总统。

第一百零七条

每个满足下列具体条件的也门人均可成为共和国总统职位的候选人：

1. 至少四十周岁。

2. 也门父母的后代。

3. 享有行使政治和公民权利的自由。

4. 拥有良好的品质、行使其伊斯兰教义务且不具有不良犯罪记录，且未被判处缓刑。

5. 未与外国人结婚或未在其公职期间缔结上述婚姻。

第一百零八条

总统的任命和选举按以下程序进行：

1. 候选人资格的申请表应提交众议院议长。

2. 申请表由众议院主席团和协商会议（Majlis AL-Shura）共同公布，确保总统候选人满足宪法要求。

3. 满足宪法要求的候选人名单须由众议院和协商会议的联合会议审查批准。候选人须获得至少百分之五的上述与会者的提名。提名的确认应由直接且无记名投票进行。

4. 为了确保自由和竞争的选举，众议院和协商会议的联合会议在将候选人提交人民前须提出至少三名共和国总统职位的候选人。总统选举候选人总数不得少于两人。

5. 共和国总统选举应在竞争性选举中以直接普遍投票的方式进行。

6. 获得绝对多数普遍投票的候选人被确认为共和国总统。若无候选人获得绝对多数，则重新选举应遵照上述程序被召集。仅由获得最多普遍投票数的前两位候选人参加重新选举。

第一百零九条

共和国总统须在履行其职责前在众议院进行宪法宣誓。

第一百一十条

共和国总统应实现人民的愿望，尊重宪法和法律，保护国家团结以及改革的原则和目标。他应遵循权力和平轮换的原则，监督涉及共和国防御和对外政策的主权任务，并应行使其依据宪法获得的权力。

第一百一十一条

共和国总统是武装力量的最高指挥官。

第一百一十二条

共和国总统的正式任期为七年，自总统选举宣誓效忠宪法之日起计算。任何人均不得担任共和国总统职位超过两个七年任期。

第一百一十三条

若众议院任期与共和国总统任期在同一个月内届满，则总统任期延长至议会选举举行。在新的众议院第一次会议的七十日内，新的总统应被选举。

第一百一十四条

在总统任期届满前九十日内，应启动选举新总统的程序。该选举应于任期届满前至少一星期完成。若选举因任何原因未能进行，则前任总统应基于众议院授权在九十日最长期限内继续履行其职责。只有国家处于国家战争或遭受自然灾害或其他不能选举总统的紧急情形下，任期方可延长超过九十日。

第一百一十五条

总统可向众议院递交辞呈、陈述原因，众议院获得其全体成员绝对多数投票时方可接受辞呈。若辞呈未被接受，则总统可在三个月内再次提交辞呈，此次众议院有义务接受辞呈。

第一百一十六条

若共和国总统职位空缺或总统永久残疾，则在新共和国总统选举期间，由副总统在不超过六十日内临时接替总统履行其职责。若共和国总统和副总统职位在同一时间空缺，则由众议院主席委员会临时接替总统履行其职责。若恰逢众议院解散，则政府代替众议院主席委员会履行总统职责，且在此情形下共和国总统选举应自新的众议院第一次会议起不超过六十日内进行。

第一百一十七条

法律决定共和国总统的薪金和拨款（appropriations），且其无权享有其他报酬（emolument）和酬劳（remuneration）。

第一百一十八条

共和国总统在其任期内不得直接或间接地从事商业的、金融的或工业的各种私人事业。他不得购买或租赁政府财产，更不得通过公开拍卖进行且不得向国家出租、卖出或交易其任何财产。

第一百一十九条

共和国总统的职责如下：

1. 对内对外代表共和国。

2. 在特殊时期召集选民选举众议院。

3. 召集全民公决。

4. 任命组成政府的人员，并与内阁成员共同颁布共和国法令。

5. 与政府共同制定国家的总政策，并依据宪法的规定监督政策的实施。

6. 在必要时，与内阁主席召集内阁联合会议。

7. 依据法律任命国防委员会成员。

8. 颁布和公布众议院通过的法律，并签署实施法律的法令。

9. 依据法律任命和免除高级政府官员和军事/警察官员。

10. 依据法律设立军事衔级。

11. 依据法律规定授予徽章、奖章和勋章，或许可佩戴其他国家授予的徽章、认可其他国家授予的荣誉。

12. 颁布众议院已批准签署的条约和公约的法令。

13. 批准无须众议院批准且内阁已批准的协定。

14. 依据法律派遣驻外外交代表团以及任命与召回大使。

15. 委任驻外国和国际组织的外交代表。

16. 准予政治庇护。

17. 依据法律宣布国家紧急状态和总动员。

18. 宪法和法律规定的其他职责。

第一百二十条

基于相关部长的提议和部长委员会的批准，总统应颁布与实施法律和规制以及组织一般行政和政府部门相关的决议和规章。该规章不得阻碍任何法律且不得具有免除遵守法律的效力。总统可授权他人颁布该规章。法律应明确列出可颁布该规章的人员。

第一百二十一条

总统依据法律规定以法令宣布共和国进入紧急状况。众议院应在一星期内召集会议，且该紧急状况宣告应提交众议院。若恰逢众议院解散，则前众议院依据宪法召集会议。若众议院未召集会议，或未提及紧急状况时，则国家紧急状况依据宪法应被终止存在。在所有情形下，仅在战争情况、内乱或自然灾害的情形下方可宣布国家紧急状况。国家紧急状况仅得在有限期限内宣布，不得延长，但众议院批准者除外。

第一百二十二条

共和国总统有权要求总理就部长委员会职责的履行提交报告。

第一百二十三条

死刑判决非经共和国总统签署不得执行。

第一百二十四条

副总统协助总统履行职责。总统可将其部分职责授予副总统。

第一百二十五条

协商会议基于总统法令的权力组成。协商会议委员应出自具有职业专长的适格个人的整体和出自社会贤达,以便扩大政治参与的基础并在决策过程中利用全国专家。协商会议享有以下宪法权力:

1. 会议就诸如国家机构的发展策略和有助于机构能力建设等问题向政府机构研究和提出方案和建议。上述研究旨在说明社会问题并因此加强国家团结和社会凝聚力。

2. 在共和国总统需要时提供意见和建议。

3. 就诸如政治、经济、社会、军事和安全问题等国家策略提出建议和明智的意见,以协助国家机构明确此类地方和国家层次的策略。

4. 就政府行政改革计划和现代化以及机构能力建设问题提出建议和明智的意见。

5. 与众议院共同举行联合会,进行共和国总统职位的第二次任命,批准社会经济发展计划以及批准就防御、结盟、协调、和平和边界相关的协议与条约。另协商会议委员有权就总统提交联合会议的问题提出建议和明智的意见。

6. 促进出版自由、培养民间团体的发展并资助旨在提高上述机构之作用的研究。

7. 通过促进和培养民主经验的视角来评估研究,以促进地方机构的事业发展。

8. 以年为基础评估政府的经济、金融、财政和投资政策和计划。

9. 审查审计和监督局提交的定期报告,并向共和国总统提交总结报告。

第一百二十六条

协商会议由一百一十一名委员组成且由共和国总统直接任命。会议委员不得从众议院或地方委员会中选出。法律规定委员资格的条件和会议委员的职责、权利和责任。会议委员应年满四十周岁且需在共和国总统出席的情形下进行就职宣誓。协商会议应起草管理其运行和职责的内部条例。此类细则应由法律权力制定。

第一百二十七条

在共和国总统的召集下,协商会议应与众议院召开联席会议以讨论宪法中明确规定的相互关切的

问题。问题应以投票的方式且由获得出席联合投票的成员的绝对多数者予以决定。众议院议长主持该联合会议。

第一百二十八条

共和国总统可因叛国、违反宪法,或其他损害国家独立和主权的行为被指控。该指控需经一半众议院成员的请愿。该问题需经众议院三分之二的支持和法律规定的审判程序方可起诉。若该指控是针对总统和副总统提出的,则由众议院主席委员会临时履行总统的职责直至就总统的指控作出法院裁判。本宪法一经生效,众议院应在其常规第一轮会议中通过上述的法律。若法院裁判确认两者任一有罪,则应依据宪法免除其职务,并使其接受法律的正常惩罚。在所有情形下,时效不得适用于本条规定的罪行。

第二节　部长委员会

第一百二十九条

部长委员会是也门共和国的政府,且为国家的最高行政和管理机构。所有的国家管理组织、机构和行政机关无一例外地均由部长委员会领导。

第一百三十条

政府由构成部长委员会的总理、副总理和各部长组成。法律明确规定组织各部和各种国家机构的一般原则。

第一百三十一条

总理、副总理和各部长应满足与众议院成员相同的条件,且总理需不小于四十周岁,其他人年龄不得小于三十周岁。

第一百三十二条

总理咨询共和国总统以选择其内阁成员,且基于其提交众议院的计划寻求众议院的信任。

第一百三十三条

总理和各部长集体为政府行为向共和国总统和众议院负责。

第一百三十四条

在总理和各部长承担其责任前,其应向共和国总统进行宪法宣誓。

第一百三十五条

法律规定总理、副总理、各部长和副部长的薪金。

第一百三十六条

总理和各部长在其任职期间不得从事或间接从事任何其他公共职务,或任何私人的、商业的、金融的、工业的活动。其不得参加任何允诺政府(或任何其公法人)契约,且其不得将部长职位与任何公司董事会成员资格相联合。在其任期内,其不得购买、重整或交易政府财产,甚至不得通过公开的投标进行。其不得向政府出租、卖出,或交易他们的任何财产。

也门共和国宪法

第一百三十七条

部长委员会依据法律和内阁的决议就实施政治、经济、社会、文化和防御领域的全部国家政策负责。它特别应履行下列职责：

1. 与共和国总统共同筹备对内和对外政策的主要框架。

2. 筹备国家经济计划和年度预算的草案且组织和实施，并筹备政府的最终年度账目。

3. 筹备法律和决议的草案，并依据管辖权提交众议院或共和国总统。

4. 在依据其职责将条约和公约提交众议院或共和国总统前，批准条约和公约。

5. 采取必要措施保障国家的对内和对外安全，并保障公民的权利。

6. 依据法律指导、协调和审查部长、行政机构法人和委员会以及公共混合部门的行为。

7. 依据法律任命和免除高级政府官员，并制定和实施旨在发展政府组织的人力以及依据经济计划框架内国家的需要培训人员/使人员适格的政策。

8. 追踪法律的执行，并保护国家资金。

9. 监督货币、信用和保险系统的组织和管理。

10. 在宪法条款的限制内和在全部的国家政策内，缔约和提供贷款。

第一百三十八条

总理应管理部长委员会的事务并主持其会议。总理应在执行国家总政策时代表该委员会，并应以统一和协调的方式监督委员会的决定和全部国家政策的执行。总理可要求内阁成员报告与其隶属相关的任何事项和分配给其的职责，且内阁成员必须遵守此类要求。

第一百三十九条

1. 共和国总统和众议院有权使总理、副总理或各部长因其在履职过程中实施或由履职所导致的罪行接受调查和审判。基于至少五分之一众议院成员的提议，众议院方可作出采取措施的决定。未获得众议院三分之二的支持时，不得作出指控。

2. 根据第一款受到指控者在判决作出以前应中止职务。其撤诉不影响对其的指控或诉讼过程。

3. 部长委员会的主席、副主席和各部长的调查和审判，以及审判过程和保障（公平），应由法律规定。

4. 前几款规定同样适用于副部长。

第一百四十条

若部长委员会辞职，或被解散，或通知不信任，则其仍作为临时代理政府负责日常行政直至组成新政府。临时代理政府不得任命或免除官员。

第一百四十一条

总理若明知其与内阁成员之一无法合作，则可要求总统解除该成员职务。

第一百四十二条

若总理无法履行其职责，或众议院撤回对部长委员会的信任，或众议院的普选正在进行，则总理有义务向共和国总统提交其政府辞呈。

第一百四十三条

若部长委员会的多数成员递交辞呈，则总理不得提交政府的总辞呈。

第一百四十四条

各部长负责各部及其全共和国分支机构的监督和管理。其负责政府总政策在其部的实施。法律明确规定各部应负责执行法律的决议和规章。

第三节 地方政府机构

第一百四十五条

也门共和国的领土划分为行政单位。法律明确规定其数量、分界线和区域，并阐释作为行政区域基础的客观标准。法律明确行政单位领导的提名、选举和/或选择和任命相关的程序问题。行政单位及其领导的职责和功能由法律规定。

第一百四十六条

行政单位拥有名义人格，并在地方和地方辖区内设立经自由、公平选举产生的议会，该议会在各行政区域内行使其职责。其应为行政单位提出方案、计划和投资预算，并依据法律监督、监控和审计地方级政府机构。法律应通过将行政和财政分权原则作为地方行政系统的基础，明确地方政府提名和选举的方式、其行政和财政资源、其成员的权利和职责、其在执行发展计划和方案中的作用以及所有其他条款。

第一百四十七条

所有的行政单位和地方议会均为国家权力不可分割的部分。地方长官应向共和国总统和部长委员会负责，其决定对该地区和议会均为强制性且其决定应在所有情形下执行。法律规定对地方议会的控制方式。

第一百四十八条

国家应鼓励和资助作为地方发展最重要方式之一的地方发展合作。

第三章 司法机构

第一百四十九条

司法机构在其司法、财政和行政方面享有自治权，总检察长是其附属机构之一。法院审判所有的纠纷和罪行。法官独立且除法律外不屈从于其他机构。

763

任何机构不得以任何方式干涉司法事务和程序。此类干涉应被视为应由法律惩罚的罪行。关于此类干涉的指控不因时间①流逝而无效。

第一百五十条

司法机构是一个完整的系统。法律规定该系统的级别期限、责任、任期和任命程序、法官的调动和升职，以及其特权和保障。在任何条件下均不得设立特别法院。

第一百五十一条

非经法律规定的条件，司法机关和公共检察厅的成员均不得被免职。其非经自己同意、相关司法委员会的批准，均不得被调至非司法职位，除非是作为惩戒措施。法律应规定司法惩戒审判并组织法律职业。

第一百五十二条

司法机构应设立最高司法委员会。应由法律来加以组织，规定其管辖权、其成员的提名和任命制度。最高司法委员会应依据法律实施在任命、升职、离职和解职领域的司法保障。委员会应研究和批准司法预算，以便将其纳入国家全部预算中作为国家预算的一项。

第一百五十三条

共和国最高法院是最高的司法机构。法律应明确规定其组成，明确其功能和其所适用的程序。其应承担以下职责：

1. 裁决案件并裁决法律、规章、细则和决定违宪的抗辩。

2. 裁决司法权冲突中的纠纷。

3. 就众议院对其成员资格的申诉进行调查并提供意见。

4. 依据法律就民事、商事、刑事、个人和行政纠纷的最终判决的申诉进行裁决。

5. 依据法律对共和国总统、副总统、总理、副总理、各部长及其副部长进行审判。

第一百五十四条

法院开庭应向公众公开，但法院因安全或一般道德决定不公开进行者除外。在所有情形下，判决应公开宣布。

第四编　象征：共和国
国旗和国歌

第一百五十五条

法律规定共和国的国徽、象征、徽章和国歌。

第一百五十六条

国旗由三种颜色组成。从上而下为：红、白、黑。

第一百五十七条

也门共和国的首都是萨那(Sana'a)。

第五编　修改宪法的基础
和一般条款

第一百五十八条

共和国总统和众议院有权请求对宪法的一条或若干条进行修改。请求应明确需修改的条款及其修改的原因和正当理由。若该请求由众议院提出，则须经三分之一众议院成员的签署。在所有情形下，众议院应讨论宪法修改的动议原则上是否具有正当性。该动议若获得众议院绝对多数的支持方可维持。若该动议未通过，则自该动议未通过之日起一年内不得就同一条款的宪法修改再次提交请求。若宪法修改的动议原则上被维持，则众议院应自批准之日起两个月内仔细审议该修改条款。若四分之三的众议院成员支持第一部分和第二部分规定的任何条款修改的动议（即第六十二条、第六十三条、第八十一条、第八十二条、第九十二条、第九十三条、第九十八条、第一百零一条、第一百零五条、第一百零八条、第一百一十条、第一百一十一条、第一百一十二条、第一百一十六条、第一百一十九条、第一百二十一条、第一百二十八条、第一百三十九条、第一百四十六条、第一百五十八条、第一百五十九条），则应将该动议提交全民公决。若就该动议在普选中获得绝对多数支持，则该修正案应自全民公决结果宣布之日起批准。除上述宪法条款外，其他宪法条款需经至少四分之三的众议院成员的支持方可修改。该修正案自众议院批准之日起生效。

第一百五十九条

最高的、独立的和中立的委员会应管理、监督和监控普选和普遍全民公决。法律应详细规定委员会成员的总数，其应满足的条件以及提名和任命的方式。法律应以最大效用的方式详细规定委员会的司法权和功能。

第一百六十条

共和国总统、副总统、众议院成员、总理和内阁成员以及协商会议主席的宪法宣誓的文本如下：

我以全能的阿拉的名义发誓：

——遵守《古兰经》(书之神)和先知穆罕默德开创的传统；

——忠诚地保卫共和政体；

——尊重国家的宪法和法律；

---

① 原文为"lime"，疑为"time"的笔误，故译为时间。——译者注

——全面保护人民的自由并保障其利益；

——保障国家的统一、独立和领土完整。

第一百六十一条

第一百一十二条规定的七年任期应自共和国总统现任任期开始时生效。

第一百六十二条

现众议院职位任期应自新宪法修正案依据本宪法第六十五条被签署之日起延长两年。

伊拉克共和国宪法

(2005 年 10 月 15 日经全民公决通过，2006 年 1 月 25 日修改)

奉至仁至慈的真主之名

序 言

{我确已优待阿丹的后裔}①

我们乃是美索不达米亚的人民。这里是先知与使徒的故乡，安葬着美德的伊玛目、文明的先驱者和文字与算术的创造者。在我们的土地上，曾通过人类制定的第一部法律，曾题写最古老的公正统治的契约，曾有先知和萨哈巴祈祷，曾培养卓越的哲人和科学家，也曾孕育杰出的作家和诗人。

认识到真主对我们的权利，践行祖国和公民的召唤，因应宗教和政治领袖的呼吁，遵循我们伟大政权以及领袖和政治家的决定，并在国际友人的支持下，无数人民，男女老幼，在 2005 年 1 月 30 日，在历史上第一次走到投票箱前，什叶派与逊尼派，阿拉伯人、库尔德人、土库曼人和其他所有人民，念及独裁集团进行宗派压迫以及伊拉克烈士之惨剧所带来的痛苦，念及圣地和南方在沙阿巴尼亚起义中遭到的毁坏，念及大片的坟墓、破坏殆尽的南部湿地、杜贾尔村的大屠杀等等并为此悲痛欲绝，念及种族迫害在哈拉沙、巴尔赞、安法尔和法力派库尔德人大屠杀中所带来的痛苦，念及土库曼人在巴希尔所受的煎熬和西部地区人民的痛苦，以及念及伊拉克其他地区的人民也经受着同样痛苦的煎熬，他们的领袖、偶像、族长被清洗，他们的工人被取代，他们的文化与智慧正在枯竭，因此，我们手拉手、肩并肩一起建设一个崭新的伊拉克，一个未来没有宗派主义、种族主义、狭隘地方主义、歧视和排外主义的伊拉克。

尽管被指责为异教徒和恐怖主义，但这并未阻止我们向建立法治国家的目标前进。宗派主义和种族主义未能阻挡我们为巩固国家团结而走到一起，亦未能阻止我们遵循和平交接政权的道路、采纳公平分配资源的过程以及向所有人提供均等之机会。

我们，伊拉克人民，刚刚从步履蹒跚中站稳，正在充满信心地通过共和的、联邦的、民主的和多元的制度来憧憬未来，通过全国男女老幼之深思熟虑，决心恪守法治，确立正义与平等，扫除政治压迫，保护妇女及其权利，关爱老人及其需要，注重儿童及其事务，推广多样之文化并消除恐怖主义。

我们，来自各部族各阶层的伊拉克人民，经真主谕示之价值与理想及科学与人类文明之发现，谨此自主决定，将我们的未来团结在一起，汲取昨日之鉴以为明日之师，并制定此部永恒之宪法。奉行此宪法以为伊拉克维持其人民、土地和主权之自由联盟。

第一编 基本原则

第一条

伊拉克共和国是保有完整主权的、统一的、独立的联邦国家，其政府体系为共和制、代表制、议会制和民主制。本宪法是伊拉克统一的保证。

第二条

(一)伊斯兰教为国教，并为立法的根本渊源：

1. 不得制定任何违背伊斯兰教既有教义的法律；

2. 不得制定任何违反民主政体诸原则的法律；

3. 不得制定任何侵害本宪法确认的权利与基本自由的法律。

(二)本宪法保证多数伊拉克人民的伊斯兰身份，

---

* 译自伊拉克国民议会网站所载的官方英译本，同一文本亦载于库尔德自治区政府网站、联合国伊拉克援助团网站、"全球正义项目：伊拉克"等网站。据"全球正义项目：伊拉克"所注，此英译本并曾经联合国官员和伊美两国确认。从各种资料来看，此英译本似乎由联合国官员从阿拉伯语译成，后得到伊、英、美等各国之认可。此处的汉译本同时参考了联合国官员、美联社等组织翻译的其他英译本。译者：王建学。

① 此条源自《古兰经》第 17 章("夜行")第 70 节，该节原文(《古兰经》马坚译本)为："我确已优待阿丹的后裔，而使他们在陆上或海上都有所骑乘，我以佳美的食物供给他们，我使他们大大地超过我所创造的许多人。"——译者注

766

并同时保证所有个人,如基督徒、亚齐德和曼底安派的塞巴人,享有宗教信仰自由与宗教活动自由的充分的宗教权利。

第三条

伊拉克是一个多民族、多宗教和多教派国家。它是阿拉伯联盟的创始成员和积极成员并遵守其章程,它是伊斯兰世界的一部分。

第四条

(一)阿拉伯语和库尔德语是伊拉克的两种官方语言。伊拉克人有权教育其子女学习母语,在公立教育机构,依教育方针学习土库曼语、叙利亚语和亚美尼亚语;在私立教育机构,学习任何其他语言。

(二)"官方语言"的范围及本条规定的适用方式由法律确定,并应包括:

1. 政府公报的出版,以两种语言;

2. 官方场合的言论、对话和表达,如国民议会、内阁、法院及官方会议,以两种语言中的一种;

3. 官方文件和通讯的认可与出版,以两种语言;

4. 依照教育方针开设教授两种语言的学校;

5. 钞票、护照、邮票等等原则所要求的任何事项,使用两种语言。

(三)库尔德斯坦自治区的联邦和官方机关、机构应使用两种语言。

(四)在土库曼语和叙利亚语构成人口密度的行政单位,此两种语言并为官方语言。

(五)每一自治区或省均得将任何其他本地语言列为补充性的官方语言,唯其应由多数居民以公决方式表示赞同。

第五条

法律是至高无上的。人民是统治权和正当性的本源,其通过直接、普遍和秘密投票的方式以及通过宪制机构加以行使。

第六条

政权的交接应以本宪法所规定的民主手段和平地进行。

第七条

(一)禁止以任何名义实施、煽动、协助、美化或促进种族主义、恐怖主义、迫害异教或种族清洗的团体或活动,同样禁止为这些团体或活动进行辩白。尤其禁止任何形式的萨达姆主义复兴党及其标志。此类团体不在伊拉克的政治多元主义之列。上述事项由法律予以规定。

(二)国家应采取措施与任何形式的恐怖主义进行斗争,并应努力防止其领土成为恐怖活动的基地、通道或战场。

第八条

伊拉克应遵守睦邻友好的原则,坚守不干涉他国内政的原则,寻求以和平手段解决争端,以共同利益和互惠主义为基础建立国际关系,并履行其国际义务。

第九条

(一)1. 伊拉克的军队和兵役应由伊拉克人民之各部分组成,并应充分考虑各部分之均衡与代表,并不得歧视或排斥。伊拉克军队应服从于民政当局的控制,保卫伊拉克,而不得充当压迫伊拉克人民的工具,并不得干涉政治事务,亦不得参与政权之交接。

2. 禁止在军队体系之外建立任何武装民兵。

3. 伊拉克军队及其人员,包括国防部及其任何下属部门或机构的工作人员,不得支持政治职务的选举、作为候选人参与竞选或者参与国防部规章所禁止的其他活动。此项禁止包括上列人员在个人或职务领域的活动,但不得侵害此类人员在选举中的投票权。

4. 伊拉克国家情报局应搜集信息,确定和评估国家安全之威胁,并向伊拉克政府提供建议。情报机构应处于民政当局的控制之下,应服从立法监督,应依照法律并应追求公认的人权原则。

5. 伊拉克政府应遵守和履行伊拉克的国际义务,不扩散、不发展、不生产和不使用核武器、化学武器和生物武器,并应禁止用于发展、生产、制造和使用此类武器的有关设备、材料、技术和供应系统。

(二)兵役应受法律调整。

第十条

伊拉克的圣地和宗教场所是宗教和文明实体。国家应确保和维持其神圣性,并保障在这些场所进行宗教仪式的自由。

第十一条

巴格达为伊拉克共和国之首都。

第十二条

(一)伊拉克的国旗、国歌和国徽应由法律规定,其应代表伊拉克人民之各部分。

(二)应由法律来规定国家荣典、官方节日、宗教性和全国性节假日和西吉来历与格里高利历。

第十三条

(一)本宪法为伊拉克之最高法,并应毫无例外地拘束伊拉克的任何部分。

(二)不得制定任何与本宪法相冲突的法律。任何自治区宪法或任何其他法律与本宪法相冲突的条文均应认定为无效。

第二编　权利与自由

第一章　权利

第一节　公民权利与政治权利

第十四条

伊拉克人在法律面前一律平等,不得基于性别、血统、种族、民族、出身、肤色、宗教、教派、信仰或主张、经济或社会地位而加以歧视。

第十五条

人人享有生命、安全和自由之权利,非依法律并基于有权法庭之命令,不得加以限制或剥夺。

第十六条

所有伊拉克人均享有平等之机会,国家应保证为实现机会平等而实施必要之措施。

第十七条

(一)人人享有个人隐私权,但不得侵害他人之权利或公共道德。

(二)住宅的神圣性应予保护。除非依照合法作出的司法判决,不得进入、搜查或侵害住宅。

第十八条

(一)任何伊拉克人均得享有伊拉克公民身份,此乃其国籍的基础。

(二)任何伊拉克男子或妇女之子女均应认定为伊拉克人,上述事项由法律予以规定。

(三)1.不得以任何理由撤销伊拉克公民基于出生而取得的国籍。被撤销国籍者应享有恢复国籍之权利。应由法律予以规定。

2.依照法律得撤销归化公民的伊拉克国籍。

(四)伊拉克人可享有多重国籍,但若担任高级、安全或元首职位则必须放弃其他国籍。上述事项由法律予以规定。

(五)不得出于人口定居之目的而授予伊拉克国籍以致扰乱伊拉克的民主结构。

(六)国籍规定由法律予以调整。应由有权法庭审理因这些规定而产生的诉讼。

第十九条

(一)司法独立。除法律以外,司法之上不存在任何权威。

(二)非依法律不得定罪判刑。刑罚只适用于实施时就已被法律认定为犯罪的行为。不得实施比犯罪时可适用之刑罚更为严厉的刑罚。

(三)应保证人人享有诉讼的权利。

(四)辩护的权利神圣不可侵犯,在侦查和起诉的任何阶段均应予保障。

(五)任何人在经公正地合法审判被认定为有罪之前均为无罪。除非有新的证据,任何人在无罪开释之后不得因同一指控而再次受到审判。

(六)任何人均有权在司法和行政程序中被加以公正的对待。

(七)除法院裁定秘密审理以外,审判程序应予以公开。

(八)刑罚只得施加于犯罪者本人。

(九)除另有规定外,法律不得具有溯及既往之效力。上述例外不包括关于税费之法律。

(十)除非有利于被告,刑法不得具有溯及既往之效力。

(十一)受重罪或轻罪指控的被告若无辩护律师,法院应以国家经费为其委任一名律师。

(十二)1.禁止非法拘留。

2.不得在监禁和拘留设施之外执行监禁或拘留。监禁和拘留应依照覆盖健康与社会福利的监狱法,并服从于法律之审查。

(十三)预先调查之案卷应在逮捕嫌疑人之后的二十四小时内递交有权法庭,上述时限得以同一时长延长一次。

第二十条

伊拉克公民无论男女均有权参与公共事务,并享有包括投票、选举、竞选在内的政治权利。

第二十一条

(一)不得将伊拉克人移交外国政权。

(二)应由法律规定在伊拉克寻求政治庇护的权利。不得将政治难民移交给外国政权或强制将其遣返其逃离的国家。

(三)政治庇护不得授予被指控犯有国际罪行或恐怖罪行者,亦不得授予使伊拉克遭受损害之人。

第二节　经济、社会与文化权利

第二十二条

(一)所有伊拉克人均享有劳动权,以保证其有尊严地生活。

(二)应由法律调整雇主与雇员之关系,唯其应以经济为基础并同时遵守社会公正之准则。

(三)组织和加入工会与职业团体之权利应受国家之保障,上述事项由法律予以规定。

第二十三条

(一)私有财产应予以保护。所有人都有权在法律限度内使用和处置其私有财产并从中收益。

(二)非以公益为目的并公正补偿,不得征收征用,上述事项由法律予以规定。

(三)1.所有伊拉克人都有权在伊拉克境内任何地点拥有财产。除非法律另有规定,非伊拉克人不得占有不动产。

2. 禁止以人口变化为目的的财产所有权。

第二十四条

国家应保障伊拉克人民之人力、商品和资本在不同自治区和省份之间自由流动，上述事项由法律予以规定。

第二十五条

国家应保证伊拉克的经济改革符合现代经济原则，以确保对其资源的充分投资、其资源的多样化、私有经济的激励与发展。

第二十六条

国家应保证在不同部门的激励投资，上述事项由法律予以规定。

第二十七条

（一）公有财产神圣不可侵犯，每个公民均有义务加以保护。

（二）关于国有财产之维护与管理、处置的条件，以及不得出让财产之范围，应由法律予以规定。

第二十八条

（一）非依照法律不得征收、改变、募集或免除税费。

（二）低收入者应免除税赋，以便保证其为维持生活所必需的最低收入。上述事项由法律予以规定。

第二十九条

（一）1. 家庭是社会的基础；国家应保护家庭及其宗教、道德和民族价值。

2. 国家应确保母亲、儿童和老人得到保护，应照顾儿童和青年，应为其提供发展才能的适当条件。

（二）儿童有权得到其父母的抚养、照顾和教育。父母有权得到其子女的尊重和照顾，尤其是其匮乏、残疾和年老之时。

（三）禁止以任何形式对儿童进行经济剥削，国家应采取措施保护儿童。

（四）禁止家庭、学校和社会领域的任何形式的暴力和虐待。

第三十条

（一）国家应确保个人和家庭——尤其是儿童和妇女——具有社会和健康保险，自由和体面之生活的基本需要，并应确保其有适当的收入和住宅。

（二）国家应保证伊拉克人在年老、疾病、失业、残疾、鳏寡孤独或失业之时的社会与健康保险，应保护其免于愚昧、恐惧和贫困，应为其提供住宅以及照顾康复的特别计划，上述事项由法律予以规定。

第三十一条

（一）任何公民均有就医的权利。国家应维持公共健康并通过设立不同种类之医院和医疗机构来提供预防和治疗措施。

（二）个人和法人有权在国家的监督之下建立医院、诊所或私立医疗照顾中心，上述事项由法律予以规定。

第三十二条

国家应照顾身体有缺陷或其他具有特别需求的人，并应保证其康复以使其回归社会，上述事项由法律予以规定。

第三十三条

（一）人人都有权在安全的环境状况中生活。

（二）国家应采取措施保护和维持环境以及生物多样性。

第三十四条

（一）教育是社会进步的基本要素，教育是受国家保障的权利。初级教育是强制性的，国家应采取措施扫除文盲。

（二）伊拉克人有权享受任何阶段的免费教育。

（三）国家应鼓励以和平为目的并为人道服务的科学研究，并应支持尖端、创造、发明及各种形式的智能创新。

（四）公私教育应予保障，上述事项由法律予以规定。

第三十五条

国家应促进适合于伊拉克文明史与文化史的文化活动与文化机构，国家应努力支持本土的伊拉克文化取向。

第三十六条

伊拉克人均有权从事体育活动，国家应鼓励和关照此类活动，并应提供其必要条件。

第二章　自由

第三十七条

（一）1. 人的自由与尊严应予保护。

2. 非依司法判决不得拘留或侦查任何人。

3. 禁止任何形式的精神和肉体酷刑及不人道待遇。经暴力、威胁或刑讯手段所得之供词不得作为证据，受害人有权就其因此而产生的物质和精神损害依法获得赔偿。

（二）国家应确保个人免于智力、政治和宗教之胁迫。

（三）禁止强制劳役、奴隶制、奴隶贸易、贩卖妇女儿童，以及性交易。

第三十八条

国家应在不违背公共秩序和道德的范围内保证：

1. 所有形式的言论自由。

2. 新闻、印刷、广告、传播和出版自由。

3. 集会与和平示威自由,上述事项由法律予以规定。

第三十九条

(一)组织或加入社会团体与政党的自由应予保障,上述事项由法律予以规定。

(二)不得强制任何人加入任何政党、社团或政治团体,或强制其维持成员身份。

第四十条

通讯和通信自由应予保障,非出于合法的公共安全之必要并经司法判决,不得监视或窃听信件、邮政、电报、电信和电话。

第四十一条

伊拉克人得根据其宗教、宗派或信仰等自由地选择其对个人地位之承诺,上述事项由法律予以规定。

第四十二条

人人有思想、良心和信仰之自由。

第四十三条

(一)所有宗教和宗派之信徒均得自由:

1. 进行宗教仪式,包括侯赛尼仪式;

2. 管理宗教捐赠(瓦克夫)、教务、宗教机构,上述事项由法律予以规定。

(二)国家应保障礼拜自由并保护礼拜场所。

第四十四条

(一)伊拉克人均有在国内和国外迁徙、旅游、定居之自由。

(二)不得将任何伊拉克人流放、驱逐或剥夺其返回祖国的权利。

第四十五条

(一)国家应努力巩固公民团体与机构之地位,并支持、发展和维持其独立性,使其以和平手段实现其合法目的,上述事项由法律予以规定。

(二)国家应寻求伊拉克各部族之进步,应以符合宗教和法律的方式关照其事务,并应支持其高尚的人性价值以促进社会之发展。国家应禁止与人权相冲突的部族传统。

第四十六条

除非通过法律或以法律为基础,不得限制本宪法所载的任何权利与自由之行使。限制措施不得侵害权利与自由的核心领域。

第三编 联邦权力

第四十七条

联邦权力应由立法权、行政权与司法权构成,联邦机构应以分权原则为基础实现其职能。

第一章 立法权

第四十八条

联邦立法权应由国民议会和联邦议会行使。

第一节 国民议会

第四十九条

(一)国民议会按每十万伊拉克人一个议席之比率由议员构成,议员代表伊拉克人民全体。应通过直接、秘密、普遍之投票选举议员。伊拉克人民之各部族均应在国民议会有代表权。

(二)国民议会议员之候选人应为具有完全资格的伊拉克人。

(三)候选人资格、选民资格及与选举相关之一切其他事项,应由法律予以规定。

(四)选举法应实现一定比例的妇女代表权,国民议会应有至少四分之一的女性议员。

(五)国民议会应制定法律以处置由于辞职、开除或死亡而引起的议员更替。

第五十条

国民议会议员均应于其就职之前在国民议会前作如下宪法宣誓:

"我谨以全能的真主之名起誓,将以至诚履行法律义务与责任,维护伊拉克的独立与主权,捍卫伊拉克人民之利益,保卫伊拉克的领土、领空、领水、财富以及联邦民主体制,并竭尽全力保护公众与个人之自由,保护司法之独立,并忠实客观地实施立法。凭真主作证。"

第五十一条

国民议会应制定其内部规程以调整其工作。

第五十二条

(一)国民议会应在异议登记之日起三十日内以三分之二多数裁决其议员之资格的真实性。

(二)对国民议会之裁决不服者,得在其裁决作出之日起三十日内上诉至联邦最高法院。

第五十三条

(一)除非由国民议会基于必要原因另行决定外,国民议会之会议一律应当公开进行。

(二)会议之记录应以国民议会认为适当之方式刊印。

第五十四条

共和国总统应在大选结果批准之日起十五日内以总统命令召集国民议会。最年长之议员应主持首次会议以选举一名议长及两名副议长。此项期限不得以超过前述之期限而加以延长。

第五十五条

国民议会应在首次会议选举议长,其次选举第一副议长及第二副议长，其选举应以秘密投票之方式进行，并经全体议员之绝对多数同意。

第五十六条

（一）国民议会之任期为四个日历年，起于其首次会议并终于第四年之结束。

（二）新任国民议会应在前任任期结束之前四十五日内选举完毕。

第五十七条

国民议会每年应集会一次，包括两次立法会议，并持续八个月。召集会议的方法由议会规程予以规定。若有总预算案提交审议，会议在该预算案通过后才得解散。

第五十八条

（一）共和国总统、总理、国民议会之议长或五十名议员得召集特别会议。特别会议仅限于审议需要召集特别会议的议题。

（二）基于共和国总统、总理、国民议会议长或五十名议员之请求，得延长国民议会的立法会议以便完成必要的工作，但以三十日为限。

第五十九条

（一）应以国民议会议员之绝对多数确定国民议会开会之法定最低人数。

（二）除非另有规定，国民议会在会议中所作之决议应在达到法定最低人数的基础上以简单多数作出。

第六十条

（一）法律草案应由共和国总统和内阁提交。

（二）法律案应由国民议会之十名议员或专门委员会提交。

第六十一条

国民议会行使下列职权：

1. 制定联邦法律。

2. 监督行政机关之活动。

3. 选举共和国总统。

4. 以三分之二多数之可决制定法律以规定国际条约与国际协定的批准过程。

5. 批准下列人员之任命：（1）联邦上诉法院之院长及法官、首席公共检察官、司法监督委员会之主席，唯需根据高级司法委员会之提议，并经绝对多数之可决；（2）大使和特使，唯需要根据内阁之提议；（3）伊拉克军队之正副参谋长，以及师级和师级以上之军官、情报部门之主管，唯需根据内阁之提议。

6.（1）基于合理之请愿，以绝对多数之可决对共和国总统进行质询；（2）在联邦最高法院以伪誓、违宪或叛国三种情形将共和国总统定罪之后，以绝对多数之可决解除共和国总统之职务。

7.（1）国民议会之任一议员均得向总理或有关内阁成员提出质询并要求其答复。唯提出质询之议员

有权评论其答复。（2）二十五名及以上之议员得提出概括议题，以讯问某一政策、讯问内阁或内阁某一成员之活动，此项提议应提交国民议会议长，总理或阁员应在指定时间到国民议会参与审议。（3）国民议会之任一议员，若得二十五名议员之赞同，得向总理或内阁员提出讯问，以传讯其就权限范围内之事项负责。关于讯问之辩论应在提出讯问之日起至少七日后才得举行。

8.（1）国民议会得以绝对多数之可决撤回对内阁部长之信任，相关部长应在撤回信任之日起视为辞职。非经部长本人之请求，或者非经该部长至国民议会接受质询后并由五十名议员之签名请求，不得举行对内阁部长的不信任投票。在请求登记之日起至少七日后，国民议会才得对不信任请求作出议决。（2）A. 共和国总统不得请求国民议会撤回对总理之信任。B. 经五分之一议员之请求，国民议会得撤回对总理之信任。非经质询总理并在提出不信任提议之日至少七日后，不得向议会提出不信任投票之请求。C. 国民议会得以全体议员绝对多数之可决撤回对总理之信任。（3）若撤回对总理之信任，政府即应辞职。（4）在内阁全体被撤回信任后，总理和阁员得继续履行职责以维护政府之日常事务直至依照本宪法第七十六条产生新内阁，但以不超过三十日为限。（5）国民议会得以同于质询阁员之程序质询独立委员会主任与主管。国民议会有权以绝对多数之可决将其解职。

9.（1）基于共和国总统和总理之共同请求，以三分之二多数之可决同意宣战和国家进入紧急状态。（2）紧急状态应宣布为三十日，并得经逐次批准加以延长。（3）总理应被授予在宣战和紧急状态期间管理国家事务的必要权力，此权力应受法律之调整并不得与宪法相冲突。（4）总理应在宣战和紧急状态结束后十五日内将其在此期间所采取之措施及其后果报告于国民议会。

第六十二条

（一）内阁应将总预算案和决算案提交国民议会批准。

（二）国民议会得在总预算案各部分之间进行调整并削减其总数额，并得在必要时建议内阁增加总开支。

第六十三条

（一）应由法律规定国民议会议长、副议长及议员之特权与豁免。

（二）1. 国民议会之任一议员对其在议会会期内之陈述或发言享有豁免，并不得为此在任何法庭受到追究。

2. 在国民议会立法期之内，任一议员除非受重

罪指控并经议员绝对多数之可决剥夺其豁免不受逮捕,实施重罪之现行犯除外。

3. 在国民议会立法期之外,任一议员除非受重罪指控并经议长之同意剥夺其豁免不受逮捕,实施重罪之现行犯除外。

第六十四条

(一)国民议会得以其议员绝对多数之可决予以解散,或基于全体议员三分之一之请求并经共和国总统之同意由总理予以解散。国民议会于总理被质询期间不得解散。

(二)共和国总统应在国民议会解散之日起六十日内召集全国大选。在此情形下,内阁应视为总辞职并继续维持政府日常事务。

第二节 联邦议会

第六十五条

应由各自治区和各单行省之代表组成一立法院,名之为"联邦议会"。联邦议会之组成、议员资格、职权及一切其他相关事项,应由国民议会以三分之二多数之可决制定法律予以规定。

第二章 行政权

第六十六条

联邦行政权由共和国总统和内阁依照宪法和法律行使。

第一节 共和国总统

第六十七条

共和国总统是国家元首,国家统一的象征,并代表国家主权。总统应保证对宪法之承诺,并依照宪法规定维护伊拉克之独立、统一与领土安全。

第六十八条

共和国总统的任职资格如下:

1. 出生时为伊拉克人,父母为伊拉克人;

2. 具有完全资格的伊拉克人,并年满四十岁;

3. 品行端正,政治经验丰富,正直、诚实、公允并忠于祖国;

4. 无涉及道德上可耻行为之犯罪记录。

第六十九条

(一)共和国总统职务之提名,应由法律予以规定。

(二)一到若干名共和国副总统职务之提名,应由法律予以规定。

第七十条

(一)国民议会应以全体议员三分之二多数之可决从若干候选人中选举共和国总统。

(二)若所有候选人均未获得法定多数票,则以得

票最多之两名候选人进行第二轮投票,以得票多者为总统。

第七十一条

总统应以本宪法第五十条所规定之内容在国民议会前宣誓。

第七十二条

(一)共和国总统之任期限于四年,仅得连选一次。

(二)

1. 共和国总统之任期应与国民议会之任期同时结束。

2. 共和国总统应继续执行职务直至选举结束且新国民议会召开之后,唯若新总统在国民议会首次开会之日起三十日内选出。

3. 无论共和国总统之职位以任何原因出现空缺,均应选举新总统以补足其剩余之任期。

第七十三条

共和国总统行使下列职权:

1. 基于总理之建议进行特赦,但私人求偿之事项或国际罪行、恐怖罪行、贪污受贿及渎职除外。

2. 根据国民议会之决定批准国际条约与国际协定。此类国际条约与国际协定在总统签署之日起第十五日后视为批准。

3. 批准和公布国民议会制定的法律。此类法律在总统签署之日起第十五日后视为批准。

4. 召集当选国民议会之会议,唯应在选举结果批准之日起十五日内或本宪法规定的其他情况下为之。

5. 基于总理之建议,依法授予荣典勋章。

6. 委派大使或使节。

7. 发布总统命令。

8. 批准有权法庭作出之死刑判决。

9. 以礼仪和荣典之目的履行军队最高司令官之职能。

10. 本宪法所规定的其他总统权力。

第七十四条

共和国总统之薪俸及津贴应由法律予以确定。

第七十五条

(一)共和国总统有权以书面形式向国民议会议长提交辞呈,在其向国民议会提交辞呈之日起七日后生效。

(二)共和国总统缺位后由副总统代行总统职务。

(三)无论共和国总统之职位以任何原因出现空缺,均应由副总统代行总统职务。国民议会应自空缺出现之日起三十日内选出新总统。

(四)若共和国总统之职位出现空缺,又无副总统,则应由国民议会议长代行总统职务。国民议会应自空缺出现之日起三十日内选出新总统,并应符合本宪法之规定。

第二节 内阁

第七十六条

（一）共和国总统应在当选之日起十五日内指定国民议会最大党团之候选人为总理人选，并委托其组织内阁。

（二）总理候选人应在总统指定之日起三十日内提出其内阁成员之名单。

（三）若总理候选人未能在第二款规定的期限内提出其内阁成员之名单，共和国总统应在十五日内另行指定总理候选人。

（四）总理候选人应向国民议会提交内阁成员名单和政纲。若获得国民议会绝对多数批准，则应视为其内阁和政纲得到国民议会之信任。

（五）若内阁未获得国民议会之信任，共和国总统应另行指定候选人组织内阁。

第七十七条

（一）总理候选人若具有大学学位或同等学力且年满三十五周岁，则其任职资格应与共和国总统相同。

（二）总理候选人若具有大学学位或同等学力，则其任职资格应与国民议会议员相同。

第七十八条

总理为负责国家总政策之直接行政当局，并为军队的总司令。总理领导内阁，主持内阁会议，并有权经国民议会之同意解职部长。

第七十九条

总理和内阁成员应以本宪法第五十条所规定之内容在国民议会前宣誓。

第八十条

内阁行使下列职权：

1. 制定和执行国家总政策和总规划，监督内阁各部及独立机构之工作。

2. 提出法案。

3. 以执行法律为目的的发布条例、命令和决定。

4. 起草总预算、决算和发展计划。

5. 向国民议会提议副部长、大使或特使、国家高级官员、军队正副参谋长、师级和师级以上之军官、国家情报局主管、安全机构主管之人选。

6. 协商和签署国际条约与国际协定，或指派人员为之。

第八十一条

（一）无论总理之职位以任何原因出现空缺，均应由共和国总统代行其职务。

（二）若发生本条第一款之情形，共和国总统应依照本宪法第七十六条之规定在十五日内从阁员中提名总理人选。

第八十二条

总理、阁员及其他同级官员之薪俸与津贴应由法律予以规定。

第八十三条

总理和部长应共同和个别地向国民议会负责。

第八十四条

（一）安全机构和国家情报局之工作和权责应由法律予以规定，唯其应符合人权原则并服从于国民议会之监督。

（二）国家情报局应隶属于内阁。

第八十五条

内阁应制定其内阁规程以调整其工作。

第八十六条

各部之组成、职能与分工及部长之权力应由法律予以规定。

第三章 司法权

第八十七条

司法权独立，由各类各级之法院行使。法院应依照法律作出判决。

第八十八条

法官独立，法官只服从法律。司法机关和司法事务不受其他机关之干涉。

第八十九条

联邦司法权由高级司法委员会、联邦最高法院、联邦上诉法院、公共检察署、司法监督委员会以及其他依法设立的联邦法院行使。

第一节 高级司法委员会

第九十条

高级司法委员会应监督司法委员会之事务。其设立之方法、职权及运行规则应由法律予以具体规定。

第九十一条

高级司法委员会行使下列职权：

1. 管理司法机关之事务并监督联邦司法机关；

2. 提名联邦上诉法院之首席大法官及法官、首席检察官，以及司法监督委员会之首席大法官，并将此类提名提交国民议会供其批准；

3. 起草联邦司法机关之年度预算案，并提交国民议会供其批准。

第二节 联邦最高法院

第九十二条

（一）联邦最高法院是独立的司法机关，其在财政和行政上均应独立。

（二）联邦最高法院应由若干法官、伊斯兰法专家和法学家组成,其法官之数目、选举方式和法院之工作应由国民议会以其议员三分之二多数之可决制定法律予以规定。

第九十三条

联邦最高法院对下列事项享有管辖权:

1. 监督已生效之法律与条例的合宪性。

2. 解释宪法之规定。

3. 解决联邦机构制定的联邦法律、决定、条例、命令和程序在适用中所产生之问题。法律应保证内阁成员、有关个人和其他人直接向法院起诉的权利。①

4. 解决联邦政府与自治区、省、市镇和地方政府之间的争议。

5. 解决自治区政府之间和省政府之间的争议。

6. 裁决针对总统、总理和部长的指控,应由法律予以规定。

7. 批准国民议会议员之大选的最终结果。

8.(1)解决联邦司法机关与自治区或单行省司法机关之间的权限争议;

(2)解决自治区或单行省地方司法机关之间的权限争议。

第九十四条

联邦最高法院之裁决为最终裁决并拘束所有公权机关。

第三节　一般规定

第九十五条

禁止建立特别或非常法庭。

第九十六条

法院之建立、类型、等级、管辖权,以及法官和公共检察官之任命方法与任职期限、纪律惩戒和退休,应由法律予以规定。

第九十七条

除非法律指明的情形外,不得将法官免职。此类法律应设置关于法官的特别规定并明确法官的惩戒措施。

第九十八条

法官和公共检察官不得从事下列活动:

1. 在担任司法职务的同时担任立法和行政职务或其他工作;

2. 参加任何政党或政治组织,或进行任何政治活动。

第九十九条

军事法庭及其管辖权应由法律予以明确规定。

其管辖权应限于军队和安全部队之人员实施的、法律限定范围内的军事性质之犯罪。

第一百条

禁止在法律中为任何行政行为或决定规定司法豁免。

第一百零一条

得设立国家参事会,专司行政裁判、提供意见和起草文书,以及除法律所豁免的情形外代表国家和各种公共委员会出庭应诉。

第四章　独立委员会

第一百零二条

人权高级委员会、选举委员会以及廉政委员会应为国民议会监督下的独立委员会,其职能应由法律予以规定。

第一百零三条

(一)伊拉克中央银行、最高审计委员会、通讯与媒体委员会,以及捐赠委员会在财政和行政上独立。上述机构之职能应由法律予以规定。

(二)伊拉克中央银行对国民议会负责。最高审计委员会、通讯与媒体委员会隶属于国民议会。

(三)捐赠委员会应隶属于内阁。

第一百零四条

应建立一个名为"烈士基金"的委员会,隶属于内阁,其功能与资格应由法律予以规定。

第一百零五条

应建立一个旨在保障各自治区和各单行省之权利的公共委员会,以便保障其公平参与国家的联邦机构、任务、成员资格、代表、地区性或国际性会议之管理。该委员会应由联邦政府和各自治区、各单行省之代表组成,并应受法律调整。

第一百零六条

应由法律设立一个公共委员会,负责审计和管理联邦财政税收。委员会应由联邦、自治区和各省之专家及代表组成,行使下列职权:

1. 核实拨款、援助与国际贷款之分配,唯应依照各自治区和单行省之权利与份额。

2. 核实联邦财政资源的合理使用与划分。

3. 保证资金在各自治区和单行省之间依既定份额透明与公正地分配。

---

① 此句含义不够明确,根据联合国制宪支持办公室(United Nations' Office for Constitutional Support)提供的,并经伊拉克政府认可的英译本,此处受保障的权利是:"the right of each of the Cabinet, the concerned individuals and others of direct contest with the Court."但在伊拉克国民议会提供的官方英译本,则是"the right of direct appeal to the Court to the Council of Ministers, those concerned individuals, and others"。——译者注

伊拉克共和国宪法

第一百零七条

应设立一个名为"联邦公务委员会"的委员会,管理联邦公务事项,包括公务员的任命与升迁,其组织与职能应由法律予以规定。

第一百零八条

其他独立委员会得根据需要由法律设立。

第四编　联邦政府的权力

第一百零九条

联邦政府应维护伊拉克的团结、统一、独立、主权及其联邦民主体制。

第一百一十条

联邦政府对下列事项享有排他性管辖权:

1. 制定外交政策和外交代表,协商、签署和批准国际条约与国际协定,协商、签署和批准债务政策,制定外交、主权、经济和贸易政策。

2. 制定和执行国家安全政策,包括建立和管理军队以保卫伊拉克边境之安全并保护伊拉克。

3. 制定财政和关税政策,发行货币,调整伊拉克各自治区及各省之间的商业政策,制定金融政策,建立和管理中央银行。

4. 规定度、量、衡。

5. 管理国籍、归化、居住和申请政治庇护之事务。

6. 管理广播频率和邮箱政策。

7. 起草总预算案和投资预算案。

8. 规划外水资源之政策,并保证水流流量及其在伊拉克境内之公平分配,唯应遵守国际法与国际条约。

9. 全国总人口统计与普查。

第一百一十一条

油气由所有自治区及省之所有人民所有。

第一百一十二条

(一)联邦政府与油气生产省和自治区政府共同管理从现有区域内获得之油气,唯应联邦政府根据全国各部分之人口比例以公平方式分配其收入,并在确定期限内为在旧制度时期遭受不公正掠夺的受破坏地区以及之后遭受破坏的地区指定配额,以保证国内不同地区之平衡发展。上述事项由法律予以规定。

(二)联邦政府与油气生产省和自治区政府共同制定必要的战略政策以发展油气财富,以用市场原则和鼓励投资之最先进之技术实现伊拉克人民之最高福利。

第一百一十三条

古迹、文化设施、原稿与货币应认定为国家财富,由联邦政策管辖,并应与各自治区及各省共同管理。上述事项由法律予以规定。

第一百一十四条

由联邦政府和各自治区政府共同行使下列权力:

1. 与自治区和单行省协调,管理关税,上述事项由法律予以规定。

2. 管理电能的主要资源及其分配。

3. 与各自治区和单行省合作,制定环境政策以保护环境免受污染并维护其清洁。

4. 制定发展和总体规划政策。

5. 与各自治区和单行省合作,制定公共健康政策。

6. 与各自治区和单行省合作,制定公共教育政策。

7. 制定内水资源政策以保证其公平分配,上述事项由法律予以规定。

第一百一十五条

联邦政府排他性权力之外的一切权力均属于各自治区和单行省。联邦政府与各自治区和单行省之共享权力若发生争议,应优先交由各自治区和单行省行使。

第五编　自治区的权力

第一章　自治区

第一百一十六条

伊拉克共和国之联邦体制由分权化之首都、各自治区、各省以及各地方单位组成。

第一百一十七条

(一)本宪法在生效之后应将库尔德斯坦地区及其既有政权承认为联邦自治区。

(二)本宪法应依其规定确认新自治区。

第一百一十八条

国民议会应在其首次会议召开之日起六个月内以其出席议员简单多数之可决制定法律规定建立自治区的行政程序。

第一百一十九条

一个或若干个省有权依申请加入自治区,唯应以下列两种方式之一提交公决:

1. 每省之议会三分之一议员以加入自治区为目的之请求;

2. 每省之十分之一选民以加入自治区为目的之请求。

第一百二十条

自治区均应制定其宪法规定自治区之权力结构、政权以及政权运行之机制,唯其不得与本宪法相抵触。

第一百二十一条

(一)自治区之权力应依照本宪法包含行政、立法与司法三部分,但排除本宪法保留给联邦政府的排他性权力。

(二)若自治区之立法与国家立法关于联邦政府排他性权力之外的事项发生冲突,则自治区有权在本

775

辖区内改变国家法律之适用。

（三）各自治区和省应公平分享足以履行其职责的国家税收，唯应注意其资源、需求与人口比例。

（四）应在大使馆和外交使团中为各自治区和各省设置职位，以便从事文化、社会与发展事务。

（五）自治区政府应负责本辖区所有行政设施，尤其是警察、安全部队和警卫队之类的内部武装力量之建立与组织。

第二章　单行省

第一百二十二条

（一）省应由县、乡和村组成。

（二）未并入自治区的省（单行省）应被授予广泛的行政权和财政权以使其依分权原则管理其自身事务，上述事项由法律予以规定。

（三）省长应由省议会选举，为省内最高行政长官，依省议会授权行使职权。

（四）省议会、省长之选举及职权应由法律予以规定。

（五）省议会不接受联邦各部或其他机构之监督或指令。省议会应有独立财政。

第一百二十三条

联邦政府行使之权力得授予省，反之亦然，唯其应经双方之同意。上述事项由法律予以规定。

第三章　首都

第一百二十四条

（一）巴格达以城区之限为伊拉克共和国之首都，巴格达以其行政边界组成巴格达省。

（二）应由法律予以规定。

（三）首都不得与省合并。

第四章　地方政府

第一百二十五条

本宪法保证各民族在行政、政治、文化和教育上之权利，如土库曼、迦勒底、亚述及一切其他民族。上述事项由法律予以规定。

第六编　最终条款和过渡条款

第一章　最终条款

第一百二十六条

（一）共和国总统和内阁联合，或者国民议会五分

之一之议员，得提议修改宪法。

（二）非经两个连续任期结束并有国民议会三分之二之同意、人民经全体公决之同意以及共和国总统在七日内之批准，不得修改本宪法第一编所列之基本原则及第二编所列之权利与自由。

（三）非经国民议会三分之二之同意、人民经全体公决之同意以及共和国总统在七日内之批准，不得修改本宪法在本条第二款列举范围之外的条款。

（四）若宪法修改将削减各自治区之权利，而将被削减之权力又不在联邦排他性权力之列，则非经相关自治区立法机关之批准并经该自治区公民经全体公决之多数同意不得修改。

（五）1. 若本条第二款、第三款所规定之期限完成而总统未批准宪法修正案，应视为总统已经批准。

2. 宪法修正案应当自公布于政府公报之日起生效。

第一百二十七条

共和国总统，总理，内阁成员，国民议会议长、两名副议长及全体议员，司法机关之法官，享有特定级别者，不得利用个人影响力购买或租赁任何国家财产，或将个人财产租借或出售于国家，或为此类财产起诉国家，亦不得借口为承建人、供应商或特许权人而与国家订立合同。

第一百二十八条

应以人民之名义公布法律和司法判决。

第一百二十九条

法律应公布于政府公报，除另有规定外，亦应于公布之日起生效。

第一百三十条

既有法律除依本宪法之规定废止或修改外应继续有效。

第一百三十一条

除另有规定外，本宪法所谓之任一公决在经投票者过半数同意后即视为成就。

第二章　过渡条款

第一百三十二条

（一）国家应保证烈士、政治犯及前专制体制迫害活动之受害者之家庭得到照顾。

（二）国家应保证烈士之家庭和因恐怖活动受伤者得到赔偿和补偿。

（三）本条第一款、第二款之事项应由法律予以规定。

第一百三十三条

国民议会之首次会议在制定自己的规程之前应适用过渡国民议会之规程。

伊拉克共和国宪法

第一百三十四条

伊拉克高等法庭应继续作为一个独立司法机关履行职能,审查前专制体制罪行及其象征。在其工作完成后,国民议会应有权将其解散。

第一百三十五条

(一)清除复兴党高级委员会应继续作为一个独立委员会履行职能,唯应与司法机关以及调整该委员会职能的法律所规定的行政机构合作。此委员会应隶属于国民议会。

(二)在其工作完成后,国民议会应有权将其解散。

(三)共和国总统、总理、内阁成员、国民议会之议长与议员、联邦议会之议长与议员、各自治区之同等人员、司法委员会之成员以及《清除复兴党法》所涵盖之其他职位,其依法提名者得不适用于清除复兴党之条款。

(四)本条第三款之规定在本条第一款所规定的委员会解散之前,应继续有效。

(五)仅为前复兴党之党员不得为向法院起诉之充分依据,其党员应享有法律面前之平等权,以及除《清除复兴党法》之规定和依该法所作出之指令之外的保护。

(六)国民议会应以其议员设立议会委员会用以监督和审查清除复兴党高级委员会之行政程序,监督和审查国家机构以保证公正、客观和透明,审查其合法性。该委员会之决定应由国民议会批准。

第一百三十六条

(一)财产求偿委员会应继续作为独立委员会履行其职责,唯应与司法机关和行政部门依法合作。财产求偿委员会应隶属于国民议会。

(二)国民议会应有权经其议员三分之二多数之可决解散委员会。

第一百三十七条

本宪法关于联邦议会之任何规定,其适用应推迟至本宪法生效后第二届国民议会以三分之二多数之可决作出决定后。

第一百三十八条

(一)应以"总统委员会"之表述代替本宪法任一位置所出现的"共和国总统"。关于共和国总统之规定应推迟至本宪法生效后经一个连续任期后予以启用。

(二)1. 国民议会应以三分之二多数之可决以同一候选名单选举一名共和国总统和两名副总统组成一个委员会,名之为"总统委员会"。

2. 本宪法关于解职共和国总统之规定应适用于总统委员会之总统及成员。

3. 国民议会得经其全体议员四分之三多数之可决以不适格或不诚信为由将总统委员会之成员解职。

4. 总统委员会若出现缺位,国民议会应以其议员三分之二多数之可决予以补选。

(三)总统委员会成员之资格应同于国民议会议员,并必须满足下列条件:

1. 年满四十周岁;

2. 品行端正,正直廉洁;

3. 若曾为复兴党党员,则应在该党垮台之前十年已经退出该党。

4. 未参与迫害1991年起义和安法尔起义。未曾触犯针对伊拉克人民之罪行。

(四)总统委员会应以全体一致作出决定,其任一成员均得委托其他两人中的任一人接替其职务。

(五)1. 国民议会所制定的法律和决定应提交总统委员会以全体一致加以批准和签署,除非本法第一百一十八条、第一百一十九条所规定的属于成立自治区之事项,其批准和签署就在递交总统委员会之日起十日内为之。

2. 若总统委员会不予批准,立法和决定应退回国民议会重新审查争议事项并以议员之过半数加以通过,然后应第二次提交总统委员会批准。

3. 若总统委员会在签收之后十日内未加以批准,则法律和决定应再被退回国民议会;若国民议会以其议员四分之三之多数加以通过,则该法案应视为已经批准。

(六)总统委员会应行使本宪法所规定的共和国总统之权力。

第一百三十九条

总理在第一次选举期内应有两名副总理。

第一百四十条

(一)行政机关应采取必要之措施完成《过渡政府法》第五十八条各款之要求。

(二)《过渡政府法》第五十八条指定给伊拉克过渡政府之行政部门的职责,若在2007年12月31日以前未完全完成(规范化和人口统计,以及通过在基尔库尔和其他有争议领土进行公决以决定其公民之意愿),应继续为依本宪法选举的行政部门之责任。

第一百四十一条

库尔德斯坦地区自1992年以来的立法,以及库尔德斯坦地区政府作出之决定,包括法院判决和契约,若不与本宪法冲突则应继续有效,除非本地区有权机关根据库尔德斯坦地区之法律加以修改或废止。

第一百四十二条

(一)国民议会应在履职之始就其议员组成一个委员会,由其代表伊拉克社会之主要部分负责在四个月内向国民议会提交报告。报告中包含对本宪法之可能修正提议,在国民议会对其提议作出决定之后该

777

委员会即行解散。

（二）该修宪提议应被提交国民议会加以一次投票表决，若获得议员绝对多数之同意则应视为获得批准。

（三）根据本条第二款之规定为国民议会所修正的宪法条款，应在其被国民议会批准之日起两个月内提交人民予以公决。

（四）若多数选民在公决中批准修正案，则视为修正成就；若三个或三个以上省份之三分之二多数选民拒绝，则视为未成就。

（五）宪法第一百二十六条（关于宪法修改）应暂时中止，至本条所规定的修正结束之后予以启用。

第一百四十三条

《过渡政府法》和其附件应在新政府履职时废止，但《过渡政府法》第五十三条第一项、第五十八条除外。

第一百四十四条

本宪法应在人民经全体公决批准、公布于政府公报、依本宪法成立之政府履职之后生效。

伊朗伊斯兰共和国宪法*

（1979 年 10 月 24 日公民投票通过，同年 12 月 3 日生效，1989 年 7 月 28 日修正）

奉至仁至慈的真主之名

"我确已派遣我的众使者，去传达我的许多明证，并降示天经和公平，以便众人谨守公道。"（《古兰经》57：25）

序　言

伊朗伊斯兰共和国宪法彰显了建基于伊斯兰教义与教规之上的伊朗人民的文化、社会、政治和经济组织的特征，同时，也反映了伊斯兰人民的心声。伟大的伊朗伊斯兰革命的本质以及广大穆斯林自革命开始至革命成功进行不懈斗争的历程均蕴藏在各阶层人民的坚定与震撼人心的口号之中。如今，我国人民正迎着伊斯兰革命胜利的朝霞竭尽全力地为实现这一神圣目标而奋发图强。

这一革命不同于伊朗近代的一些运动的根本特点即在于，它实现了纯粹的伊斯兰革命。伊朗穆斯林人民经历了反抗专制政权追求立宪政府的运动、践行了反殖民主义而争得石油国有化的运动，经过这一系列的复兴运动，伊朗人民喜获宝贵经验，意识到之前那些运动之所以失败最根本的原因是缺少宗教基础。虽然这些运动秉承的亦是伊斯兰思想路线，宗教人士在斗争中尽管也起着领导作用，但是，由于这些斗争偏离了伊斯兰的根本轨道，所以，很快就被镇压。有鉴于此，伊朗人民在他们的宗教权威领袖大阿亚图拉·伊玛目霍梅尼（Ayatollah Imam Khomeini，亦拼写为 Ayatullah al-Uzma Imam Khumayni）的英明领导下，充分认识到遵循纯粹伊斯兰教复兴运动路线的必要性。在这次革命中，始终站在人民复兴运动最前列的宗教人士联合作家与各方开明人士万众一心，团结在他们革命领袖的周围，掀起了一场轰轰烈烈的崭新的革命运动。（伊朗人民的这场复兴运动始于 1962 年，伊朗太阳历 1341 年，伊朗太阴历 1382 年。）

运动的开端

当时伊朗的政治、文化和经济均被世界帝国主义势力所操纵，与此同时，美国也在极力地巩固和支持着伊朗专制腐朽政权，密谋"白色革命"，伊玛目霍梅尼为了粉碎美国的阴谋提出强烈的抗议，这促使伊朗全民万众一心。伊朗太阳历 1342 年 3 月（1963 年 6 月）发生的大规模流血事件，实际上成为这场革命得以扩大和全面爆发的导火线，同时也使得伊玛目霍梅尼作为伊斯兰革命领袖的主导地位得到了巩固和加强。尽管伊玛目霍梅尼因仇视资本主义可耻的法律（美国顾问在伊朗所具有的特权）而遭流放，然而，伊朗人民坚定不移追随伊玛目的决心丝毫没有动摇。这一伟大的穆斯林民族，尤其是其中的开明人士与宗教人士，不屈服于流放、囚禁、酷刑和屠杀，继续他们的革命道路。

在此期间，社会中那些有志之士和具有高度责任感的人经由清真寺、宗教学校和大学开展了提高穆斯林大众的觉悟、加强人民斗争勇气和信心的宣传工作。当时残暴专横的巴列维王朝为了镇压这一伊斯兰复兴运动，而向古姆的菲齐叶宗教学校、各个大学以及所有点燃革命战火的地方发动了疯狂的进攻，该专制政权为了扑灭人民革命的怒火采取了集体屠杀、中世纪式的酷刑和长期囚禁等最残酷的镇压手段。尽管如此，我们的穆斯林人民仍怀着自己崇高而坚定的信念将革命斗争持续下去。成千上万的青年男女高呼"真主至大"（Allahu Akbar），用他们的鲜血染红了刑场。全国大街小巷成了统治者大开杀戒的场所。但伊朗伊斯兰革命向前发展的车轮仍未停止，伊玛目霍梅尼不失时机地发表各种声明和指示，使得伊斯兰民族的革命斗志得到了更大的鼓舞和加强。

伊斯兰政府

伊斯兰政府是在国王专制政权达到令人窒息的顶峰之时由伊玛目霍梅尼依据"宗教监护关系"提出和建立的。伊斯兰政府为广大穆斯林树立了一个全新而明确的目标，同时也为伊斯兰的正义斗争开辟了

---

* 译自 Iran Chamber Society 网站（www. iranchamber. com）所载的英译本，校对时参照了另外两个英译本，一个是伊斯兰传播组织（Islamic Propagation Organization）印刷的英文版，此版亦见于伊朗驻伦敦、驻加拿大使馆网站和 ICL 网站，另一个是伊朗伊斯兰共和国伊斯兰议会国际部印刷的英译本。三种版本在表述上存在一定区别。译者：胡婧。

一条崭新的道路,使得伊朗国内外的广大穆斯林革命者们加紧努力。

这一复兴运动的持续使得人民群众对国王专制政权的愤怒与日剧增。在伊朗,由宗教人士和进步大学生们发起的这场伊斯兰革命斗争在世界范围内引起了强烈反响。这极大地动摇了国王政权。因此迫使国王政权与其帮凶们不得不减少高压政策从而打开政治对话的大门,他们妄想这能使摇摇欲坠的专制腐朽政权得到维持和巩固。相反,具有高度政治觉悟和坚定意志的伊朗人民在领袖英明果断的领导下,继续全面地展开争取最终胜利的斗争。

人民的愤怒

腐朽专制的巴列维国王政权于 1356 年 10 月 17 日(公历 1978 年 1 月 7 日)发表了一封大肆污辱宗教人士,特别是针对伊玛目霍梅尼本人的长信,这一行为严重伤害了广大穆斯林群众的感情,因此引起了伊朗人民的强烈愤怒。国王政权为了平息人民的愤怒、压制人民的抗议活动,采取武力镇压手无寸铁的伊朗人民。然而,人民的鲜血没有白流,它加快了革命的发展历程。在全国各地悼念烈士们牺牲的第七日和第四十日之际,广大人民群众万众一心,加入到这一伟大的伊斯兰复兴运动之中,与此同时,国家所有正式机构通过举行统一的罢工、组织工人上街游行示威使得腐朽的巴列维专制政权完全陷入瘫痪。伊朗举国上下均加入革命运动,这对革命斗争取得最终胜利起了关键性的作用。穆斯林妇女们更是积极踊跃地投入到运动的各个方面。这一伟大的革命场面甚是惊心动魄。母亲们怀抱着自己的婴儿,毫无畏惧地向着各个革命斗争的广场和国王军队的机枪口冲去,这充分说明了伟大人民在革命斗争中所起的重大作用和所作的巨大贡献。

国家付出的代价

经过一年时间的广泛斗争,人民大众在高呼"独立、自由、伊斯兰教义"的口号声中以六万名革命烈士的宝贵生命、十万名伤残者和十几亿里亚尔的惨重损失为代价,使这场完全依靠人民大众的坚定信仰、团结统一、勇敢的献身精神与革命领袖英明领导的伊斯兰复兴运动,在经过坚持不懈的努力和波折后最终取得了胜利。这场伊斯兰革命运动的胜利不仅给帝国主义以沉重的打击,同时也为人民在世界范围内展开更大规模的革命揭开新的篇章。

伊斯兰太阳历 1357 年 11 月 21 和 22 日(公历 1979 年 2 月 10 日和 11 日)是统治伊朗的封建君主制彻底灭亡的日子,也是使国内的残暴统治者与国外的霸权主义者所依靠的支柱被推翻的日子。这一伟大的胜利终于实现了广大穆斯林旨在建立伊斯兰政府的夙愿。

伊朗各阶层人民万众一心,与宗教权威人士、伊斯兰教法学家,以及革命领袖共同参加了全民公决,其中 98.2% 的人坚决要求在伊朗建立伊斯兰共和制。

伊朗伊斯兰宪法阐明了政治、社会、文化、经济制度及其在社会中存在的关系,必将巩固伊斯兰政府的基础,为在前腐朽君主政权的废墟上树立新的政府体制规划了美好的蓝图。

伊斯兰政府的结构

在伊斯兰教看来,政府并不是源自社会某一个阶级立场或源自维护个人、某一组织权力的机构。相反,政府是实现具有共同信仰与思想的全民族政治理想的结晶,它以组织的形式使人民在思想、信仰转变的进程中向着最终目标(向着真主)前进。我们的人民在革命发展期间,祛除了专制政权统治时期遗留下的残渣,同时也清除了外来邪恶思想的不良影响从而回归伊斯兰纯正的世界观与思想立场之上。如今,他们以伊斯兰的教义与原则,在世界上建立了一个模范式的社会。有鉴于此,宪法的使命就是为复兴的信念创造环境,同时也为培养具有崇高的伊斯兰价值观和世界观的人创造有利条件和适当环境。

本宪法秉承伊朗伊斯兰革命具有与全体受压迫人民战胜霸权主义的性质,在国内外,宪法为使这场革命得以持久创造了条件。尤其是在与其他伊斯兰运动和人民运动加强联系中通过积极努力,开辟了一条建立世界穆斯林民族大统一的道路,为拯救世界上所有受压迫和受掠夺的民族而进行坚持不懈的斗争。"这个确是你们的统一的民族,我是你们的主,故你们应当敬畏我。"(《古兰经》23:52)考虑到这一伟大复兴运动的本质,宪法坚决否认任何形式的专制和经济垄断,鼓励人民大众在推翻专制统治、掌握自己命运的道路中发奋努力("卸脱他们的重担,解除他们的桎梏。《古兰经》7:157)。

社会各政治机构是组建社会的基础,因此,政治机构应维护宗教,具有高度责任感和治理国家事务的能力。"在劝戒以后,我确已在《宰甫尔》中写道:大地必为我的善仆所继承。"(《古兰经》21:105)保证社会的领导机制得以健康运转的法律应以《古兰经》和《圣训》为基础。因此,应由公正的、敬畏真主的伊斯兰教法学家们对法律的具体执行进行监督。因为建立政府的目的即是引导人类向着真主前进,以便为展现真主的万能和为挖掘、提高个人的潜能提供环境。("你们的归宿是真主。")在此,如果没有全社会所有成员的努力,社会的转变是不可能实现的。鉴于此,宪法将为社会中的全体成员在各个阶段参与政治决策、确定自己命运提供广阔的空间,在人类发展进程中,使每一个人都能够充分发挥自己的才能,并使其具有高度的责任感和主人翁精神。只有这样，才能确保政府属于受压迫者。

公正的教法学家（Faqih）的领导权（Wilayah）

鉴于领导权的极端重要性，所以领导人必须时刻存在。因此宪法明文规定，必须要有得到人民公认的符合条件的教法学家担任领袖这一要职，以保障各机构不偏离伊斯兰的根本轨道和职责。（"一切事务应由虔信真主、精通合法与非法事务的学者掌管。"）

经济作为手段而非目的

为巩固经济基础，管理规则应满足在发展进程中日益增长的人们的需求。它不同于其他建立在以经济为中心、以不择手段地获取经济利润为目的基础之上的经济体制。唯物主义只把经济视为自己奋斗的目标，因此在经济发展的各阶段，经济活动成了造就腐败和毁灭的一个因素。相反，在伊斯兰教看来，经济只是实现崇高目标道路上的一个有利工具。

因此，伊斯兰经济计划为人类发挥各种潜能提供了适当基础。并且，为所有人提供平等的就业机会，满足他们的生活需求以使人民大众不断前进，这即是伊斯兰政府的职责。

宪法中的妇女

在创建伊斯兰社会基础中，过去一直受外部势力剥削的人民现在已全部获得了自己的尊严和人权。其中，遭受残暴统治和压迫的妇女们更全面地获得了她们的权利。

家庭是社会的一个最基本的组成部分，也是人类进步与发展的一个根本实体。在建立家庭时，双方只有具有统一的信仰和共同的理想才会导向人类的发展进步。这已成为一项基本原则。为实现这一目标而创造有利条件成为伊斯兰政府的责任之一。

妇女摆脱了被当作"物品"和促使人们"消费的工具"而返回自己温暖的家庭，肩负起作为母亲抚育子女的真正职责，她们与男人共同分担属于其各自的责任，她们将获得更崇高的价值与尊严。

宗教武装力量

在组织祖国的武装力量时，应铭记宗教信仰作为武装力量的基础与规范。因此，伊斯兰共和国军队和伊斯兰革命卫队应根据以上目标建立起来。武装力量不但肩负着保卫国家领土安全的神圣职责，而且也承担着保卫宗教的神圣使命，即在信奉真主的道路上奋斗并在把真主的法律推广到全世界的艰难道路中进行坚持不懈的斗争。"你们应当为他们而准备你们所能准备的武力和战马，你们借此威胁真主的敌人和你们的敌人，以及他们之外别的敌人。"（《古兰经》8：60）

宪法中的司法权

在关涉伊斯兰运动路线中维护人民的权利、抑制在伊斯兰民族内部滋生腐败的过程中，司法起了至关重要的作用。因此，司法制度应建立在伊斯兰公正的基础之上，并应由公正的法官与精通宗教法规的人员操作。鉴于司法具有极端的重要性，因此，要坚决杜绝任何不正常关系的发生。"真主的确命令你们把一切受信托的事物交给应受的人，真主又命令你们替众人判决的时候要秉公判决。"（《古兰经》4：58）

行政权

行政权应为塑造伊斯兰社会创造有利的条件。由于行政权在执行伊斯兰的法律法规中起着特殊的重要作用，因此行政是为在社会中建立一种公正健康的社会关系与标准，并为最终实现伊斯兰的神圣目标而创造条件。伊斯兰社会应竭尽全力为实现伊斯兰的崇高目标而清除各种障碍。伊斯兰政府应与腐朽的君主专制政权所遗留下的官僚主义做斗争，以使伊斯兰的行政体制得到健康良好的运转，并使行政法规得到切实的贯彻执行。

大众媒体

大众媒体（广播与电视）在伊斯兰革命进程中应为宣传伊斯兰文化而不懈努力。其中，大众媒体应为宣传百家争鸣式的健康思想提供机会，同时也应谨防传播具有破坏性、反伊斯兰性质的异端思想。

所有人都有义务坚守宪法的原则，因为宪法关系到人类自由与尊严的崇高目标并规定了人类的成长与发展。广大的穆斯林应选择具有高度责任心、拥有虔诚信仰之人肩负媒体领导一职。同时还要不断地对大众媒体的工作给予严密地监督，并与他们一同积极地参加伊斯兰社会的各项建设，以使伊斯兰的社会基础成为世界人民效仿的楷模。"我这样以你们为中正的民族，以便你们作证世人，而使者作证你们。"（《古兰经》2：143）

代表

专家会议由人民选举产生的代表组成，在对政府和其他组织提交的各项建议与草案进行研究的基础上草拟宪法。宪法共十二章，一百七十五条。① 宪法是在伊斯兰伟大的先知穆罕默德迁移第15个世纪到来之际，阐明伊斯兰教上述目标的一部法典，衷心地希望本世纪能成为受压迫人民主宰的世界，成为所有强权主义和霸权主义者们遭到彻底失败的世纪。

---

① 经过1989年修宪之后，变为共十四章，共一百七十七条。——译者注

第一章 总则

第一条

伊朗政体为伊斯兰共和制。它建立在伊朗人民对真理政府与体现公正品性的《古兰经》所固有的信仰之上。在宗教领袖伊玛目霍梅尼领导的伊斯兰革命取得胜利之后,于伊斯兰太阳历1358年1月(Farwardin)9日和10日(公历1979年3月29日和30日)、太阴历1399年5月(Jamadi al-Awwal)1日和2日举行的全民公决中,以98.2%的绝对多数确立了伊斯兰共和国体制。

第二条

伊朗伊斯兰共和国是一种基于以下信仰建构的体制:

1. 信仰唯一的真主("万物非主唯有真主"),一切主权和立法权归于真主并应顺从真主的命令;

2. 信仰真主的启示和其在法律中的基础作用;

3. 信仰"重生"及信仰该信念在人修养以接近真主的过程中的建设性作用;

4. 信仰真主在创造和立法方面的公正;

5. 确保伊玛目(imamah)①对伊斯兰革命进程的永恒领导和基本作用;

6. 人类的崇高尊严、价值以及契合对真主承担职责的自由;伊斯兰共和国通过下述途径保障平等、公正以及政治、经济、社会、文化方面的独立与民族团结:

(1)符合条件的教法学家(Fuqahā')在遵循古兰经、遵循先知及其后裔中的众伊玛目训言的基础之上对伊知提哈德(ijtihad)进行不断的创制;

(2)利用科学、艺术和人类经验的先进成果并进一步发展这些成果;

(3)反对任何形式的压迫与被压迫、奴役和被奴役。

第三条

伊朗伊斯兰共和国政府有义务为达到第二条所提出的目的而尽一切努力创造以下条件:

1. 创造有利环境以弘扬基于虔诚与纯真的美德,并和一切形式的邪恶与腐败作斗争;

2. 通过正确地利用出版物、大众媒体和其他手段全面提高公民的公共意识水平;

3. 为各个阶层的每个公民提供免费教育和身体训练的机会,并提供普及高等教育的各种便利;

4. 通过设立各种研究中心,鼓励调查研究以加强科学、技术、文化和伊斯兰各个领域里的调查研究和精神创造;

5. 全面抵制殖民主义和防止外来势力的渗透;

6. 消除各种专制独裁和垄断主义,同时也注意消灭所有企图实行专制的权力;

7. 在法律允许的范围内保障政治自由与社会自由;

8. 全体人民参与决定政治、经济、社会和文化方面的民族命运;

9. 消除歧视,在物质与精神领域为全体人民尽可能地创造公正;

10. 创建一个正确合理的行政体制,精简政府组织;

11. 通过普及军事训练以全面加强国防能力,保卫伊朗伊斯兰共和国的独立、领土完整和伊斯兰共和国的秩序;

12. 根据伊斯兰教义建立公正、合理的经济体制以创造福利、消除贫困,消灭在食品、住宅、工作、卫生和社会保险等方面的剥削;

13. 在科学、技术、工业、农业、军事以及其他相关领域实现和保障自给自足;

14. 保障全体公民,无论男女的一切权利,为公众提供法律保障,确保法律面前人人平等;

15. 发展和巩固伊斯兰的兄弟关系和全体人民之间的合作关系;

16. 依据伊斯兰教义制定伊朗的外交政策,对所有穆斯林尽兄弟般的职责,义不容辞地支持世界上的弱者。

第四条

所有有关民事、刑事、财政、经济、行政、文化、军事和政治等方面的法律法规必须基于伊斯兰教教义,该教义绝对地、普遍地适用于本宪法规定的所有条文,同时也适用于其他法律法规,判断法律条文是否符合伊斯兰教义是宪法监护委员会教法学家们的责任。

第五条

当哈兹拉特·瓦里耶亚斯尔·伊玛目麦赫迪②

---

① Imamah:伊斯兰教什叶派的基本信条之一。伊玛目(Imam)一词是阿拉伯语音译,原意为站在前列的人,即引路人和领袖。在宗教上一般用来指清真寺领拜人和伊斯兰教大学者。什叶派专指拥有秘传知识的伊斯兰最高精神领袖。——译者注

② 麦赫迪(阿拉伯文:),或译为马赫迪、迈赫迪,义为"导师",是伊斯兰教教典中记载的将于最后审判日之前7年、9年或者19年降临世间的救世主。马赫迪的概念在《古兰经》内没有清晰的体现,但是穆罕默德在《圣训》中多次提及。对于马赫迪的态度,各个教派均有不同,苏菲派和什叶派认为马赫迪是非常重要的概念,但是逊尼派却并没有接受马赫迪为公认的教义。许多宗教家都曾借用这个概念,自称为"马赫迪"。——译者注

缺席时,根据本宪法第一百零七条规定,伊朗伊斯兰共和国应由公正的、虔诚的、明于时势的、勇敢的、有组织能力、具有真知灼见的教法学家负责领导。

第六条

伊朗伊斯兰共和国的国家事务必须依靠经由选举包括总统、伊斯兰议会议员、各委员会成员,或者通过对本宪法其他条文规定的事项适用全民公决表达公共意志进行管理。

第七条

根据古兰经的规定,("他们的事务是通过协商而决定的。"《古兰经》42:38)("当与他们商议公事。"《古兰经》3:159),议会实体——诸如议会、省委员会以及省、市、区、村镇等地方委员会是国家的决策和管理机构。这些委员会的性质、产生方法、权力和职责应由本宪法和根据本宪法制定的其他法律加以规定。

第八条

在伊朗伊斯兰共和国,导人向善、劝善戒恶是公民的应有职责,也是人们相互之间所肩负的职责,同时也是人民对政府、政府对人民所肩负的职责。其具体条件、限度和形式应由法律另行规定。("信道的男女互为保护人,他们劝善戒恶,谨守拜功,完纳天课,服从真主及其使者,这等人真主将怜悯他们。真主确是万能的,确是至睿的。"《古兰经》9:71)

第九条

伊朗伊斯兰共和国的自由、独立、统一和领土完整是不可分割的整体,维护这一整体是政府和所有个体公民的职责。任何个人、团体和权力机构均不得利用自由之名损害伊朗的政治、文化、经济、军事独立和领土完整。同样的,任何权力机构即使运用立法权也不得以维护国家独立和领土完整的名义剥夺正当的自由。

第十条

家庭是伊斯兰社会的基本单位,所有法律法规与相关计划应旨在为组织家庭提供便利,在伊斯兰教义和道德的基础上保护家庭的尊严和家庭关系的稳定。

第十一条

根据神圣的《古兰经》的规定("这个确是你们的统一的民族,我是你们的主,故你们应当敬畏我。")全体穆斯林组成一个独立的国家,伊朗伊斯兰共和国政府有义务把伊朗的总政策置于伊斯兰各民族的联合和团结之上,且必须致力于实现伊斯兰世界政治、经济和文化的统一。

第十二条

伊朗的国教是伊斯兰什叶派中的十二伊玛目派,这是永恒的原则。伊斯兰教的其他支派,如哈乃斐派(Hanafi)、沙斐派(Shafi'i)、马立克派(Māliki)、罕百里派(Hanbali)和栽德派(Zaydi)同样受到尊重,这些教派的信众有权依照他们各自的教规自由地举行宗教仪式。这些教派有权参加宗教教育和个人身份事务(如:结婚、离婚、继承和遗嘱)等仪式以及就此提起诉讼。在各教派的信众占多数的地区,地方委员会将按照他们的教派制定地方法规,同时应保护其他教派信众的利益。

第十三条

信奉琐罗亚斯德教(Zoroastrianism)、犹太教和基督教的伊朗人只是作为少数宗教信仰群体得到承认,他们在法定范围内有权自由举行宗教仪式,并且,在个人事宜和宗教教育中,有权根据其教规行为。

第十四条

根据神圣的《古兰经》的规定("真主或许在你们和你们所仇视的人之间造成友谊,真主是全能的;真主是至赦的,是至慈的。"《古兰经》60:7)伊朗伊斯兰共和国政府和穆斯林有义务以伊斯兰的道德教义和公正平等的原则对待非穆斯林,尊重他们的人权。这一原则适用于不阴谋反对伊斯兰和伊朗伊斯兰共和国的非穆斯林。

第二章 国家的官方语言、官方文件、官方历法和国旗

第十五条

伊朗官方语言、文件以及其人民的通用语言为波斯语。正式文件、书信、法律文本和学校教科书应用波斯语书写。但是,出版物、大众媒体以及各个学校的文学课程在使用波斯语的同时,也可以使用地方语言和部落语言。

第十六条

由于古兰经和其他伊斯兰教的经学著作是用阿拉伯文书写的,并且波斯文学已经完全与之混合起来,所以,所有学校自小学至中学毕业都应讲授阿拉伯语。

第十七条

伊朗官方历法自先知穆罕默德迁徙起算——真主福佑他及他的家庭。阳历和阴历均得到认可,但是国家行政部门根据阳历履行职责。星期五是每周的休息日。

第十八条

伊朗国旗由绿、白、红三色组成,并且印有伊朗伊斯兰共和国特殊标志和"伟大的真主"的训言。

第三章 人民的权利

第十九条

伊朗各民族、各部落均享有平等权;肤色、种族和

语言等不能成为享有特权的原因。

第二十条

全体公民无论男女均平等享受法律保护,在遵守伊斯兰教义的前提下,享有人权和政治、经济、社会以及文化权利。

第二十一条

政府在遵守伊斯兰教义的前提下有责任在各方面保障妇女的权利,并执行以下规定:

1．创造发展妇女人格的有利环境,恢复妇女在物质上和精神上的权利;

2．保护母亲,特别是孕期和产期的母亲,保护孤儿;

3．设立管辖法院以保障和维系家庭;

4．为寡妇、年老而无人照料的妇女提供特别保险;

5．为缺乏法定监护的儿童指定一个适格的母亲建立监护关系以便保护该儿童的利益。

第二十二条

个人的尊严、生命、财产、权利、住宅和职业非经法律规定不受侵犯。

第二十三条

禁止调查个人信仰,任何人不能仅仅因为有某种信仰而受到侵害和斥责。

第二十四条

新闻出版非因违背伊斯兰教义和公共利益应享有表达自由。具体事项将由法律另行规定。

第二十五条

非经法律批准,不得检查和拒送信件,不得录制并泄露电话交谈内容,不得揭露、删改、拒发、拒送电报、电传,不得窃听。

第二十六条

在不损害伊朗独立、自由、民族统一、伊斯兰教义的原则下,在不损害伊斯兰共和国基础的前提下,可自由成立政党、社团、协会、商会、伊斯兰协会和得到承认的少数宗教协会。不得阻碍任何人加入或强迫任何人加入前述团体。

第二十七条

公共集会和游行可自动举行,但不得携带武器亦不得损害伊斯兰教义。

第二十八条

(一)在不损害伊斯兰教义、公共利益及他人权利的条件下,人人享有择业自由。

(二)政府出于社会需要的考虑有责任为所有人创造就业机会、提供平等的就业条件。

第二十九条

(一)人人有权在退休、失业、年老、残疾、无家可归、工作事故时享受社会保险。

(二)政府应通过依照法律所征收的公共收入保障每个个人的前述服务和财政支持。

第三十条

政府有责任向全体人民提供免费的中小学教育,并且应尽国家之能普及高等教育。

第三十一条

每个伊朗公民和家庭有权按需居住合适的住房。政府有责任优先为最需要住房的人,特别是农民和工人,创造条件执行本条规定。

第三十二条

非依法定命令并依照法定程序任何人不受逮捕。如果有公民被拘留,拘留的主要事实连同理由应立即以书面形式送达被告人并向其作出解释。相关案卷应在二十四小时内送交主管的司法机构并应尽快安排初审。任何违反本条规定者将依法受到处罚。

第三十三条

非依法律规定不得将任何人驱逐出其住所,同时,也禁止侵犯公民的居住地选择权,或强迫其居住在特定场所。

第三十四条

伸张正义是每个个人毋庸置疑的权利。任何人有权向管辖法院伸张正义。伊朗全体成员均有权在法院管辖范围内提起诉讼。人人有权依据法律赋予的权利向法院提起诉讼。

第三十五条

诉讼的双方当事人在所有法庭上均有权聘请律师。如果本人无力聘请,法庭应为其提供聘请律师的条件。

第三十六条

刑事判决及其执行仅应由管辖法院依法作出。

第三十七条

无罪推定为一项基本原则,任何人非经管辖法院证实有罪,在法律上应视为无罪。

第三十八条

禁止刑讯逼供。禁止强迫作证或宣誓。由此获得的证据、自白和誓言一律无效。违者将依法受到处罚。

第三十九条

禁止以任何形式侮辱被依法拘留、逮捕、监禁或驱逐者的人格,违者将受到处罚。

第四十条

任何人履行其权利时不得侵害他人权利或侵犯公共利益。

第四十一条

每个伊朗公民都有权享有伊朗国籍,政府非因公民个人申请或因其本人取得他国国籍不得剥夺该公民的伊朗国籍。

第四十二条

外国人有权依法加入伊朗国籍。伊朗国籍唯有在取得他国国籍或在本人申请下方可被剥夺。

第四章 经济和财政事务

第四十三条

为保障国家经济独立、根除贫困与剥削、满足人们在发展过程中的需要及维护人们的自由,伊朗伊斯兰共和国的经济建立在以下原则的基础之上:

1. 为全体公民提供基本需要:住房、食品、衣物、卫生、医疗、教育和家庭的各种必需品;

2. 保障人们就业的条件和机会以期消灭失业;通过互助、无息贷款或任何其他正当手段,但应避免使财富集中于个人或特殊集团并防止政府变为主要的绝对雇主,以合作的形式为那些有能力参加工作但无法得到工作的人提供职业。这些步骤应在充分考虑统筹伊朗在发展的各个阶段中总的经济计划的前提下适用;

3. 制订国家的经济计划要合理安排劳动的形式、内容和时间,使每个人在努力工作之余,有充分的机会和余力来提高自己精神、政治和社会素质,同时,能够积极参与国家事务、提高技术和创造精神;

4. 尊重每个人的自由择业权,禁止强迫他人从事特定工作,禁止剥削他人的劳动;

5. 禁止损害他人,禁止垄断、投机、放高利贷和非法交易;

6. 禁止在消费、投资、生产、分配和服务等经济领域内的浪费;

7. 根据伊朗经济发展的需要利用科学技术,训练熟练人员;

8. 防止外国经济对伊朗经济的统治;

9. 注重农业、畜牧业和工业产量的增长以满足公共需要,确保伊朗能自给自足、摆脱依赖。

第四十四条

伊朗伊斯兰共和国经济制度是有计划地建立在国营、合营和私营三种成分的基础之上。国营成分包括所有大型工业、重工业、外贸、大型矿业、银行、保险、劳动力、水坝、大型水利灌溉网、电台、电视台、铁路等;这些均属于公共财产,属于国家所有,由国家管理。合营成分包括城乡中按伊斯兰教义建立的生产和分配的公司和合作企业。私营成分包括一部分农业、畜牧业、工业和服务行业,这一成分是辅助国营和合营的经济成分。这三种经济成分的所有制若符合本章其他条款、不违背伊斯兰法律、有利于国家经济的发展、不损害社会,那么,应受伊斯兰共和国法律保护。相关法律将详细规定划分这三种经济成分的标

准、范围和条件。

第四十五条

公共财产,例如荒地、矿山、海域、湖泊、江河、山脉、山谷、森林、湿地、热带雨林、草原、无继承人的财产、权属不明的财产或从掠夺者手里夺回的财产均应由伊斯兰政府根据公共利益利用。而利用前述财产的具体程序将由法律另行规定。

第四十六条

人人均为其合法劳动成果的所有者,任何人不得基于其享有的所有权剥夺他人劳动的机会。

第四十七条

尊重经由合法途径获得的私人财产所有权。相关标准将由法律另行规定。

第四十八条

在开发自然资源、使用公共收入和安排经济活动时,各省、地区之间不得存在歧视,从而使得每个有发展需要和发展潜力的地区均能获得必要的资金和设施。

第四十九条

政府有责任没收那些通过放高利贷、掠夺、受贿、贪污、盗窃、赌博、利用募捐、签订合同和政府贸易而中饱私囊,卖荒地或其他公共所有的资源等非法途径获得的不义之财,使之物归原主,如果原主无可考查,则应充公。这一规则应经政府调查,在确有合法证据证明时方可执行。

第五十条

公众有义务保护当代和子孙后代在伊朗伊斯兰共和国的生活环境。因此,禁止一切污染环境或对环境造成不可弥补的破坏的经济活动和其他活动。

第五十一条

非经法律规定,不得征收任何赋税。免税和减税的条款应由法律另行规定。

第五十二条

伊朗伊斯兰共和国的年度总预算应由政府根据法定程序制定并提交议会审议批准。变动任何预算数目应符合法定程序。

第五十三条

政府的一切收入集中存入国库,所有预算范围内的开支应由依法通过的预算支付。

第五十四条

国家会计总局直属于议会,受议会监督。其在德黑兰和各省会的办事机构和运行模式应由法律规定。

第五十五条

国家会计总局根据法律规定的方式负责检查、审计各部委、国营公司企业及其他使用国家预算开支的机构的账目,并监督各项开支使其不得超出批准的预算范围,保证专款专用。国家会计总局有权依法收集

相关账目、凭证与单据，有权将每年的预算决算报告附上自己的意见呈交议会。这一报告应在全国范围内予以公布。

第五章 国家主权及其衍生性权力

第五十六条

真主支配世界和人民，真主赐予人民对其社会命运的主宰权。任何人均不得被剥夺真主赐予其的这种神圣权利，也不得把这一权利变成只利于某个个人或特殊集团的权利。人民依照以下条款规定的方式行使这一神圣的权利。

第五十七条

伊朗伊斯兰共和国政府的权力由立法权、行政权和司法权组成，这三项权力在领袖的监督下根据本宪法以下规定行使。三项权力之间彼此独立。

第五十八条

立法权由民选代表组成的议会行使。经由议会通过的法律在完成以下条款中规定的立法程序之后应移交行政机关和司法机关执行。

第五十九条

立法机关有权就特别重要的经济、政治、社会和文化问题通过直接公决的方式进行立法。公决的要求应由议会三分之二的议员通过才得以实现。

第六十条

行政权，除本宪法规定由领袖直接行使外，应由总统和各部部长行使。

第六十一条

司法权由法院行使，法院应遵照伊斯兰教义组成，依照被赋予的权力处理诉讼事件、维护公众权利、发扬和主持正义、实行真主的训示。

第六章 立法权

第一节 伊斯兰议会

第六十二条

伊斯兰议会经由无记名投票直接选举产生的议员组成。选举权、被选举权以及选举方式由法律另行规定。

第六十三条

伊斯兰议会议员任期四年。每届议会的选举均应在上届议会任期结束之前举行以确保议会在国家持续和连续存在。

第六十四条

伊斯兰议会拥有二百七十个议席，但是，随着政治需要、人口增长以及其他因素的变化，议席自伊斯

兰太阳历 1368 年的国民公决始每十年以不多于二十个议席的速度增加一次。锁罗亚斯德教教徒和犹太教教徒各选举一名议员；亚述人（Assyrian）和恰尔达人（Chaldean）共同选举一名基督教教徒；南北亚美尼亚人中的基督徒各选一名。选民资格和代表人数由法律另行规定。

第六十五条

经过选举，伊斯兰议会会议应经议会全体议员三分之二出席始为有效。议会非因宪法规定的特定人数应根据其通过的章程通过草案与议案。议会章程必须由出席会议议员的三分之二同意通过。

第六十六条

选举议长、议会主席团、各种委员会，规定其任期、涉及讨论与维持议会纪律等议会内部事务应由议会章程决定。

第六十七条

（一）议会议员应在议会的第一次会议上宣誓，并在宣誓书上签字。誓词如下：

"谨以真主之名，承蒙真主福佑。面对神圣的《古兰经》，我向至高无上、全能的真主起誓，我以我的人格担保，我将捍卫伊斯兰的圣洁、捍卫伊朗人民革命成果与伊斯兰共和国的基础；我将珍惜人民赋予的荣耀，忠诚谨慎地履行议员的使命；坚持不懈地维护国家独立与尊严；履行我对民族的职责，坚持为人民服务；遵守宪法；在以书面形式或以口头形式发表观点时我将牢记国家的独立、人民的自由与利益。"

（二）信奉其他少数派宗教的议员在宣誓时将以其各自的圣书作类似的宣誓。

（三）没有出席议会第一次会议的议员应在其首次出席的会议上宣誓。

第六十八条

在战争或国家被占领期间，如果领袖提议，并经由伊斯兰议会议员总数四分之三同意以及宪法监护委员会批准，那么，被占领区或全国范围内的选举可以于特定时期内推迟举行。在新议会产生之前，原议会继续履行其职能。

第六十九条

伊斯兰议会会议应当公开进行，并且经由电台和政府公报将会议公之于众。在紧急状态下，考虑到国家安全的需要，议会经总统或一名部长或十名议员提议有权秘密召开。但是，经议会秘密会议产生的立法只有经议会议员四分之三同意并在宪法监护委员会监督下始为有效。紧急状态终止后，秘密会议上的报告连同通过的立法应予以公布。

第七十条

总统、副总统与各部部长有权单独地或集体地出

席议会的公开会议。同时，他们也有权携同其顾问前往。如果议会议员们认为必要，各部部长有义务出席，部长随时有权进行陈述。

第二节 伊斯兰议会的权力

第七十一条

伊斯兰议会有权在宪法规定的范围内就所有相关事项制定法律。

第七十二条

议会不得制定违背国教和宪法的法律。宪法监护委员会根据本宪法第九十六条的规定有权判断议会制定的法律是否违背国教和宪法。

第七十三条

伊斯兰议会有权在职权范围内解释普通法律。但这并不妨碍法官对这些法律作出解释。

第七十四条

政府法案经内阁批准递交伊斯兰议会。任何提案经由至少十五名议员提议可在伊斯兰议会讨论。

第七十五条

议员提出的法案、议案以及对政府某项法案提出的修正案若导致公共收入减少或者公共开支增加，仅在明确规定了弥补减少的收入或提供了满足新开支的手段时，议会才有权审议。

第七十六条

伊斯兰议会有权调查与检查国家的一切事务。

第七十七条

一切国际条约、协议、合同与协定必须经由伊斯兰议会批准。

第七十八条

禁止一切变动国家边界线的行为，但允许进行符合国家利益的局部修改，并且这种修改不得单方面进行、不得侵害国家独立和领土完整，另外，还应经由伊斯兰议会全体议员五分之四同意变动。

第七十九条

禁止宣布戒严令。在战争期间或在类似的紧急状态下，政府经由伊斯兰议会批准有权暂时规定一些必要的限制。但是，戒严期间不得超过三十日；如果仍有必要，超过三十日则应重新征得议会同意。

第八十条

政府在国内外发放、接受贷款或进行无偿援助应经由伊斯兰会批准。

第八十一条

严禁授予外国人兴办有关商业、工业、农业、服务业和矿业方面公司企业的许可。

第八十二条

非因必要且经由伊斯兰议会同意禁止雇佣外籍专家。

第八十三条

政府建筑和国家所有的财产经伊斯兰议会同意后方得转让；但在国家所有的财产是不可替代财富的情况下，不适用前述规定。

第八十四条

所有议员均应对全体人民负责，有权就国内外一切问题发表意见。

第八十五条

议员职位不得转让。议会不得将立法权让与个人或各个委员会。但是，在必要时，议会可根据本宪法第七十二条的规定授权议会内部的某些委员会行使立法权制定特定法律。这些法律将在议会指定的时期内试行，而该法律的最后批准权仍在议会。同样，议会有权根据本宪法第七十二条的规定授权相关委员会制定组织、公司、政府机构、隶属于政府或由政府授予权力的团体的永久性条款。在这种情况下，政府决议不得违背伊朗国教的原则与指令，不得违背应由宪法监护委员会根据本宪法第九十六条的规定决定的宪法问题。另外，政府决议不得违背国家法律和其他总的规则，同时，在执行过程中，伊斯兰议会议长也不得违背前述规则。

第八十六条

议会议员在行使其职责时有权充分地表达其意见、拥有投票自由，议员不得因其在履行议员职责时发表的意见或投票行为而受到追究或逮捕。

第八十七条

内阁组成之后，总统必须取得议会的信任票始得工作。在执政期间，在重要问题或有分歧的问题上，总统有权要求议会举行信任投票。

第八十八条

如果伊斯兰议会议员总数的四分之一向总统，或者议会任何一个议员向一名部长就其职责范围内的问题提出询问，那么，该总统或该部长有义务出席议会并回答该询问。回答询问非因议会认为有正当理由，总统不得拖延一个月以上，部长不得拖延十日以上。

第八十九条

（一）议员认为必要时有权向内阁或任何一位部长提出质询。在至少有十名议员签名要求时，议会才有权提出质询。被质询的内阁或部长应在质询提出之后十日内到议会作出说明并要求议会投信任票。如果被质询的内阁或部长不到议会作出说明，那么，提出质询的议员将解释其提出质询的理由，在此情况下，议会若认为必要得宣布不信任。如果被议会宣布不信任，则被质询的内阁或部长应被解除职务。因议会不信任而被解除职务的部长不得在其后形成的内阁中担任阁员。

（二）如果伊斯兰议会议员至少三分之一向总统就其行使行政权和处理国家行政事务时承担的行政职责提出质询，那么，总统应自质询提出后一个月内出席议会就该质询作出充分地解释。在听取议员反对派陈述、支持派陈述以及总统的答复后，经议会议员三分之二同意应宣布通过不信任案，同样的，对领袖在执行本宪法第一百一十条第十款规定的执行事务时也可提出质询。

第九十条

任何人如果对有关议会、行政机构或司法机构的工作有意见有权以书面形式将意见呈交议会。议会应对此进行调查并作出充分答复。如果意见事关行政机构或司法机构，那么，议会应要求相关机构进行适当地调查并作出充分答复，议会应在适当的时期内公布结果。如果问题涉及公共利益，那么，议会的答复应在全国范围内公布。

第九十一条

为保证伊斯兰议会的立法不违背伊斯兰教义和本宪法，应按以下方式成立宪法监护委员会：

（一）六名由领袖选出的关心现实需要和时代要求的教法学家。

（二）六名由伊斯兰议会从最高司法委员会推荐的穆斯林法学家中选出的专攻不同法学领域的法学家。

第九十二条

选出的宪法监护委员会成员任期六年，但是，在第一届任职期间，宪法监护委员会任期经过三年，以抽签方式更换每组的各一半成员，并选出新成员接替其职位。

第九十三条

若不存在宪法监护委员会，则伊斯兰议会不具有合法性，但伊斯兰议会批准其议员资格证书、选举六名宪法监护委员会法学家时除外。

第九十四条

伊斯兰议会通过的所有法案应递交监护委员会审查。宪法监护委员会应自其收到该法案之日起至多十日内完成审查，判断该法案是否符合伊斯兰教义与本宪法。如果宪法监护委员会认为该法案违背伊斯兰教义与本宪法，那么，应将该法案退回议会复审。否则，该法案视为有效。

第九十五条

宪法监护委员会在审查某项法案时，如果认为十日的审查期限不足以完成审查并提交最终的审查意见，则有权向伊斯兰议会申请延长审查期间，但延长期间不得超过十日。

第九十六条

判定伊斯兰议会通过的法案符合伊斯兰教义需由宪法监护委员会的大多数教法学家投票赞同；而判定它符合本宪法则要由宪法监护委员会全体成员的多数赞同。

第九十七条

宪法监护委员会为加快工作进度有权在政府法案或议员法案讨论时出席议会旁听该法案的讨论。当讨论政府紧急法案或提上议会议事日程的议员法案时，宪法监护委员会的成员应列席议会并就其所知发表看法。

第九十八条

宪法监护委员会享有本宪法的解释权，其中，该委员会成员四分之三同意有权进行解释。

第九十九条

宪法监护委员会应监督专家会议选举领袖、监督共和国总统选举、监督伊斯兰议会选举以及监督直接求助于民意的公民投票。

第七章　地方委员会

第一百条

（一）为根据地方需求加速有关公共福利方面的社会、经济、建设、卫生、文化、教育和其他生活福利方面的发展，各村、区、城镇、市和省应成立相应的委员会以监督本地的行政事务，名之为村、区、城镇、市和省委员会。委员会成员应由当地人民选举产生。

（二）前述各委员会选举权与被选举权、职权范围、选举方式、监督方式以及权力位阶将由法律另行规定，但不得有悖民族团结、领土完整、伊斯兰共和国制度以及中央政府的主权。

第一百零一条

为保证公平地制订省的发展计划与福利事业、确保人民合作完成各项计划并监督协调各项计划的执行，应由省属各委员会派代表组成省高级委员会。省高级委员会的产生及其职权应由法律另行规定。

第一百零二条

省高级委员会有权在其责任范围内草拟各种法案，直接递交或者通过政府间接递交伊斯兰议会。这些法案应由议会进行审议。

第一百零三条

经由政府任命的省长、区长与其他地方官员应服从各委员会在其职权范围内作出的所有决议。

第一百零四条

在工业与农业进程中，为确保伊斯兰的公平、保证在制订和执行计划中互相合作、协调各个生产单位，应在教育、行政、公用事业以及其他类似机关中成立由工人、农民、其他雇员与管理层的代表组成的各个委员会。这些委员会的产生方式及其职权范围应由法律另行规定。

第一百零五条

各委员会的决议不得违背伊斯兰教义和国家法律。

第一百零六条

各委员会非因渎职不得被解散。判断有无渎职行为的主体、解散各委员会的方式以及组织新委员会的方式应由法律另行规定。委员会如果不同意解散，则有权向管辖法院提起诉讼，法院有责任优先审理该诉讼。

第八章　领袖或领袖委员会

第一百零七条

继杰出的救助者、伊斯兰革命领袖以及伊朗伊斯兰共和国的国父，并为绝大多数人所公认接受为领袖的大阿亚图拉·伊玛目霍梅尼之后，任命领袖的任务即被赋予经由人民选出的各个专家。这些专家应依照本宪法第五条与第一百零九条规定的条件在他们本身当中审查和审议符合教法学家资格者。专家们依据伊斯兰教义，有权选举就政治与社会问题、拥有广泛支持或异常杰出以符合第一百零九条规定的条件者为领袖。否则，人民选出的专家们应研究那些具备领袖资格的人的情况，从中选出一个领袖。由国民议会专家们因此选出的领袖应享有一切权力承担因此产生的一切责任。领袖与国家中的其他人民在法律面前一律平等。

第一百零八条

法律规定的有关专家的人数、当选条件、选举方式以及约束第一届任期内的专家会议的章程应由第一届宪法监护委员会中的教法学家制定，并由教法学家的多数投票通过，最后经领袖批准。此后，有关专家们职责的所有规定的任何变动和修改应由专家会议自行负责。

第一百零九条

领袖必须具备以下条件：

1. 具有各个领域的学识以符合履行领袖职责的要求；

2. 兼具公正与真诚的品格以符合伊斯兰教义规定的领袖资格；

3. 具有作为领袖必须具备的政治和社会洞察力、勇气、力量和组织能力；

4. 如果多数人均具备上述资格与条件，那么，其中拥有较好法律知识与政治洞察力的人将被优先考虑。

第一百一十条

领袖享有下列权力、履行下列职责：

1. 咨询国家利益委员会颁布伊朗伊斯兰共和国的总政策；

2. 监督总政策体制的合理运行；

3. 为公决发布法令；

4. 发布武装力量的最高指令；

5. 宣布战争与和平，发布军事总动员；

6. 任命、罢免下列人员并接受其辞呈：

(1)监护委员会的教法学家；

(2)最高法院院长；

(3)伊朗伊斯兰共和国广播电视局局长；

(4)联席会议总参谋长；

(5)伊斯兰革命卫队总司令；

(6)武装力量的最高指挥官；

7. 解决三军之间的分歧，协调三军之间的关系；

8. 通过国家利益委员会解决经由普通途径无法解决的问题；

9. 总统经人民选举产生后，须由领袖在总统委任状上签字方可生效。就总统候选人是否符合宪法规定的条件而言，总统候选人的资格应在大选前交由宪法监护委员会审议确认；并且，第一届总统须由领袖确认；

10. 经由最高法院判决总统违反法律职责，或由经伊斯兰议会根据本宪法第八十九条的规定宣布总统丧失能力，领袖有权基于国家的利益而免除该总统的职务；

11. 经由最高法院院长提议，在伊斯兰教义框架内，领袖有权赦免和减轻罪犯刑期；

12. 领袖有权将自己的一些职权委托他人行使。

第一百一十一条

领袖无论何时被证明无力履行其宪法职责，或缺少本宪法第五条与第一百零九条中所规定的某一条件，或已证明该领袖自始缺少某些资格，那么，该领袖将被罢免。此项罢免权依据本宪法第一百零八条的规定由专家会议履行。在领袖死亡、辞职或被罢免的情况下，专家会议应尽快任命新的领袖。在任命新领袖前，领袖的职权暂时由共和国总统、司法总监和一名经国家利益委员会选出的隶属于宪法监护委员会的成员组成的委员会行使。期间，如果这三人中有一人因故无力履行其职责，那么，经由国家利益委员会多数教法学家的决议可选出另外一人接替其职务。该委员会经国家利益委员会四分之三成员决议有权履行宪法第一百一十条中第一款、第二款、第三款、第五款、第十款以及第六款中第(4)、(5)、(6)项规定的职责。领袖无论何时因病或其他事故暂时无力履行其职责期间，本条规定的上述委员会有权履行其职责。

第一百一十二条

国家利益委员会，根据领袖的命令，在宪法监督委员会认为伊斯兰议会通过的法案违背伊斯兰教教法(shari'a)的原则或本宪法,且议会此时不能满足宪法监护委员会的预期时有权召集会议。同时,国家利益委员会应就领袖交给他们的事项召集会议讨论,并应执行本宪法规定的其他职责。该委员会固定和非固定成员均由领袖任命。与该委员会有关的规定应由该委员会成员起草通过并呈交领袖确认。

第九章　行政权

第一节　总统

第一百一十三条

伊朗伊斯兰共和国总统是继领袖之后的国家最高领导人。总统负责实施本宪法,执行直接由领袖负责事务之外的行政领导权。

第一百一十四条

共和国总统由人民直接投票选举产生,每届任期四年。总统有权经由选举连任一届。

第一百一十五条

总统应从具备以下条件的宗教和政治人士中选出:

于伊朗出生;具有伊朗国籍;拥有组织和领导才能;身家清白;诚实、虔诚;拥护伊朗伊斯兰共和国,信奉伊朗国教。

第一百一十六条

共和国总统候选人在大选开始前应正式声明参加竞选。总统选举办法由法律另行规定。

第一百一十七条

获得投票者绝对多数票始当选为总统。但若在第一轮投票中没有候选人获得绝对多数,则在大选后的下一个星期的星期五举行第二轮投票。只有在第一轮投票中获得票数最多的两名候选人能参加第二轮投票。但若得票最多的候选人中有人退出选举,那么,最终选举将在其余候选人中选择得票较多的人之间进行。

第一百一十八条

共和国总统选举的监督工作,根据本宪法第九十九条规定,由宪法监护委员会承担。但是,如果第一届宪法监护委员会尚未产生,那么,应依法成立一个监督实体负责监督。

第一百一十九条

新一届总统选举应至少在即将卸任总统任期届满前一个月举行。在新一届总统产生前、上一届总统任期已届满的期间,上一届总统仍应履行总统职责。

第一百二十条

如果在投票前的十日内,符合本宪法规定的总统候选人资格的候选人死亡,那么,大选应推迟两个星期举行。如果在第一轮投票结束、第二轮投票开始之前,其中一名在第一轮竞选中获得绝大多数选票的候选人死亡,那么,第二轮投票期应延长两个星期。

第一百二十一条

共和国总统应在司法总监与宪法监护委员会成员出席的伊斯兰议会会议中,作如下宣誓,并在宣誓书上签字:"奉至仁至慈的真主之名,我,作为共和国总统,在神圣的《古兰经》和伊朗人民面前以全能的真主之名起誓,我将捍卫国教、捍卫伊斯兰共和国秩序、遵守本宪法;我将尽我之能完成我所肩负的职责;我将把自己的一切奉献在为人民服务、提高共和国地位、宣传宗教与道德、捍卫真理与正义、抑制各种独裁行为的事业之中;我将维护全体公民的自由、尊严和宪法赋予的权利;我将不遗余力地维护国家领土完整与国家政治、经济和文化的独立;依托真主、遵循伊斯兰先知及其后裔中可靠的伊玛目们的道路,我将捍卫人民赋予我的权力,同时,我将把该权力转交给在我之后人民选出的人。"

第一百二十二条

共和国总统在宪法与其他法律规定的权限和职能范围内对人民、领袖和伊斯兰议会负责。

第一百二十三条

共和国总统有义务签署经由议会或公决产生并经法律程序递交总统的法案。总统在签署该法案之后有义务将其转交给相关机构执行。

第一百二十四条

共和国总统有权任命若干副总统履行其宪法职能。共和国第一副总统经总统同意应肩负处理内阁事务、协调其他副总统工作的职责。

第一百二十五条

总统或其法定代表,经由伊朗政府同意,有权与其他国家政府签订条约、协议、合同、协定以及与国际组织的相关协定。

第一百二十六条

共和国总统有义务直接制订国家计划、预算与国家职业事务,也有权将管理这些事务的权力赋予他人。

第一百二十七条

共和国总统在特殊情况下,依照内阁决议有权任命一名或多名特别代表执行特别权力。在这种情况下,前述一名或多名特殊代表所做的决议等同于共和国总统或内阁所做的决议。

第一百二十八条

伊朗伊斯兰共和国驻外大使经外交部长推荐与总统的认可产生。共和国总统签署伊朗驻外大使的国书,并接收其他国家驻伊朗大使递交的国书。

第一百二十九条

授予政府勋章是共和国总统的特权。

第一百三十条

共和国总统应将其辞呈呈交领袖,并应继续履行其职责直至其辞呈被接受。

第一百三十一条

如果共和国总统因死亡、罢免、辞职、缺席、患病超过两个月,或因其任期届满但新一届总统因故未被选出时,那么,共和国第一副总统经领袖同意应履行总统职权。由伊斯兰会议长、司法总监和第一副总统组成的委员会有义务在至多五十日内安排选举新一届总统。如果在第一副总统死亡,或因其他事务阻碍其履行总统职权,或在没有第一副总统的情况下,领袖有权任命另外一人履行总统职务。

第一百三十二条

根据本宪法第一百三十一条规定,在由第一副总统或其他人执行总统职权期间,不得质询各部部长,也不得针对他们投不信任票。同时,也不得修改宪法或举行全民公决。

第二节　总统与各部部长

第一百三十三条

各部部长应由总统任命并将其名单提交议会以获得信任。如果议会有所变动,则无须再次为部长获取信任。部长的人数和权限由法律另行规定。

第一百三十四条

总统是内阁负责人。总统负责监督各部部长的工作,有权采取必要措施协调各项政府决议。在部长们的合作下,总统有权决定政府的计划与政策、有权执行法律。发生分歧或干涉政府机构的宪法职权时,在无须解释或改变法律的情况下,内阁的决议经由总统提议应具有约束力。总统就内阁行为向议会负责。

第一百三十五条

(一)部长应持续任职直至其被罢免,因其越权而被议会通过不信任,或被动议不信任。

(二)内阁集体或其中某一名部长的辞呈应呈交总统,并且,内阁应继续履行其职权直至任命新一届内阁。

(三)共和国总统可以为缺少部长的部任命一名任期至多不超过三个月的负责人。

第一百三十六条

总统有权罢免部长,在这种情况下,总统应为新一届部长从议会中获取信任票。如果内阁中一半成员在议会为政府投信任票之后改换,那么,该内阁应从议会中为其获取信任票。

第一百三十七条

任何一名部长应就其职责向总统和议会负责,同时,由内阁集体批准的事务,各部长也应负责。

第一百三十八条

(一)内阁或部长除因受命起草执行法律的章程外,内阁还有权为履行行政职责、确保法律得以施行和整顿行政机构制定规则与规章。各部部长在其职权范围遵照内阁的决议有权制定规章、颁布通令。但是,这些规定的内容不得违背法律的明文规定与法律的精神。政府有权将其职责的任何部分交由几名部长组成的委员会履行。该委员会在规则规定的范围内所做的决议经共和国总统批准后具有约束力。

(二)根据本条规定通过的政府规章和各委员会决议,在宣布执行的同时须呈报伊斯兰议会议长,以便议长在发现这些规章与决议违背法律规定时通过附加理由提交内阁重新审议。

第一百三十九条

任何关于公共财产和国家财产发生争议的解决,或将其提交仲裁均应由内阁通过,并应通知议会。如果争议一方为外国人或关涉国内重大问题,那么,应取得议会的同意。本条款中提及的重大问题应由法律规定。

第一百四十条

就总统、副总统或部长普通罪行的指控应在普通法院进行调查,并通知伊斯兰议会。

第一百四十一条

共和国总统、副总统、部长、政府雇员一律不能兼任其他政府职务,禁止其在全部或部分资产由政府或公众所有的企业中以任何形式任职,同时,也不得担任伊斯兰议会议员、律师、法律顾问、各大公司的经理或董事会成员,但有权担任隶属于政府部门或政府机构的合作公司内的职务。另外,担任大学教职或研究机构职务者不受本条约束。

第一百四十二条

领袖、总统、副总统、各部部长及其配偶、子女的财产在其任职前后应一律受到司法总监的调查以防其非法增加财产。

第三节　军队和革命卫队

第一百四十三条

伊朗伊斯兰共和国军队有义务捍卫国家独立、领土完整与伊斯兰共和国的秩序。

第一百四十四条

伊朗伊斯兰共和国军队应为伊斯兰军队,应为坚守伊斯兰教义、忠于人民的军队,该军队应招募忠于伊斯兰革命目标并投身于该目标的服役者。

第一百四十五条

任何外国人均不得在军队和安保部队中服役。

第一百四十六条

禁止在伊朗设立即便是出于和平目的的任何外国军事基地。

第一百四十七条

政府在和平时期出于全面维护伊斯兰公正教义的考量,有权在救援、教育、生产和建设中运用一些军人与军事技术装备,但不得损害军队的作战准备。

第一百四十八条

禁止个人以任何形式利用军事工具、设备,禁止利用军队人员作勤务人员、私人司机或类似职务。

第一百四十九条

晋升或降低军衔应依照法律规定。

第一百五十条

在革命胜利之初组建的伊斯兰革命卫队应继续服役以发挥其作用保卫革命及其成果。革命卫队的职责范围及其与其他武装力量之间保持兄弟般的合作与联系的义务应由法律规定。

第一百五十一条

根据神圣的《古兰经》的规定:("你们当为他们而准备你们所能准备的武力和战马,你们借此威胁真主的敌人和你们的敌人,以及他们以外的敌人。你们不认识那些敌人,真主却认识他们。"《古兰经》8:60)政府有义务根据伊斯兰教义为公民提供军训条件、准备一切所需设施,从而使所有公民均具备武装保卫伊朗伊斯兰共和国的能力。但是,携带武器应持有管辖机构签发的许可证。

第十章 对外政策

第一百五十二条

伊朗伊斯兰共和国的对外政策建立在反对任何行使或屈服于霸权、全面维护国家独立与领土完整、捍卫所有穆斯林权利、不与霸权主义势力妥协、与世界所有友好国家建立和平友好关系的基础之上。

第一百五十三条

禁止签订任何导致外国势力控制国家自然资源、经济、军事、文化与其他关系国家生存发展事务的协议。

第一百五十四条

伊朗伊斯兰共和国以全人类理想的幸福为出发点,认为世界上一切人民有权享有独立、自由、公正与真理。因此,在全面禁止对其他民族内部事务进行任何形式干涉的同时,伊朗反对世界任何角落的强权主义、支持受压迫人民为争取他们的权益所进行的正义斗争。

第一百五十五条

伊朗伊斯兰共和国政府有权向寻求政治庇护者提供政治庇护,但寻求庇护者被伊朗法律视为叛徒或阴谋破坏者除外。

第十一章 司法权

第一百五十六条

司法权独立,是维护个人与社会权益、实现公正的权力,它担负以下职责:

1. 就有关控诉、侵权进行审理作出裁决;解决纠纷;采取一切必要决议与措施解决法律确定的遗嘱认证事宜;

2. 恢复公共权利、扩大公正与合法的自由;

3. 监督法律的良好施行;

4. 破案;起诉、处罚犯罪分子;制定伊斯兰刑法法规的刑罚与规定;

5. 采取适当的措施防止犯罪发生并改造犯罪分子。

第一百五十七条

为使司法权在所有司法、行政和执行事务中所具有的职责得以贯彻执行,领袖应任命一名公正的、精通司法事务并具有领导能力的法学家(Mujtahid)担任司法总监,其为司法机构的最高长官,任期五年。

第一百五十八条

司法总监应履行以下职责:

1. 根据第一百五十六条规定的职责为司法部门建立必要的组织机构;

2. 起草符合伊朗伊斯兰共和国的司法制度法案;

3. 雇佣公正的法官,依法规定其罢免、任命、调任、委派特别职责、晋升以及执行类似行政职务事项。

第一百五十九条

法院为受理诉讼的正式机构。法院的组成及其管辖范围由法律另行规定。

第一百六十条

司法部部长履行涉及司法与行政、立法关系的所有职责。司法部部长应从由司法总监向总统推举的个人中选举产生。司法总监有权授予司法部部长行使财政和聘任法官之外职员的全权,在这种情况下,司法部部长应享有同等的权力并履行作为最高位阶政府执行机构所应履行的职责。

第一百六十一条

最高法院基于司法总监规定的法规为监督各个法院正确执行法律而组建,从而确保司法机制的统一、保证执行法律规定的其他职责。

第一百六十二条

最高法院院长与总检察长应为公正的、通晓司法事务的教法学家。他们由司法总监经与最高法院的法官们协商任命,任期五年。

第一百六十三条

法官的条件与资格根据教法基准由法律规定。

第一百六十四条

任何法官非经审判证明犯罪或非因犯罪而被罢免,不得暂时地或长期地离职。任何法官非因社会需要并经司法总监与最高法院院长和总检察长协商,在未经其同意的情况下不得调动或重新指定其工作地点和职务。法官周期性调任与轮换应根据法律规定的一般规则。

第一百六十五条

审判应公开进行,公众有权不受限制地列席;因法院认为公开审判会有违美德或公共秩序,或因私人争议中双方当事人的要求,审判可不公开进行。

第一百六十六条

法院判决应援引法律条款并根据法律原则作出。

第一百六十七条

法官应致力于依据制定法作出判决。如果没有制定法,那么,法官有义务根据权威的伊斯兰教法渊源或某一具有权威性的先例进行裁决。法官不得以法无明文规定、法律存在缺陷、法律过于笼统或法律相互矛盾为借口拒绝审理诉讼作出判决。

第一百六十八条

审理政治和新闻犯罪应在公开的、陪审团列席的情况下进行。陪审团的挑选方式、权限以及对政治犯罪的定义均应根据伊斯兰教义由法律规定。

第一百六十九条

不得以行为发生后所制定的法律为基础将某一行为溯及既往地视为犯罪。

第一百七十条

法院法官有义务拒绝适用与法律、伊斯兰教义相冲突的,或超出其职能的政府决议或规章。人人有权提请行政法院废除此种规章。

第一百七十一条

如果法官就某一问题、某一判决或协调某一判决作出错误决定而给某人造成物质或精神损失,那么,该法官应根据伊斯兰教义承担赔偿责任。否则,应由政府补偿其损失。无论如何,都应恢复被告人的名誉。

第一百七十二条

军事法庭应依法成立以审理有关军人、宪兵、警察,或伊斯兰革命卫队成员的军事或安保犯罪。但是,如果他们是一般犯罪或在司法部门履行行政职能时犯罪,应在一般法庭受审。军事检察院和军事法院均属于司法部门管辖,并应遵守规范司法部门的相关原则。

第一百七十三条

为调查审理人民对政府官员、机构和决议所提出

的诉讼和申诉,应在司法总监的监督下成立一个行政法院。该法庭管辖范围、职权与运作模式应由法律另行规定。

第一百七十四条

根据司法权以监督法律在各机关正确地得以贯彻执行,应在司法总监监督下成立一个国家监察总局。该监察总局的职能与权限由法律另行规定。

第十二章　广播电视

第一百七十五条

思想表达与传播自由应在伊朗伊斯兰共和国广播电视局维护伊斯兰教义与国家利益的同时受到保障。伊朗伊斯兰共和国广播电视总局局长由领袖任免。一个由两名总统代表、两名司法总监代表和两名伊斯兰议会议长代表组成的委员会应监督其工作。

第十三章　国家最高安全委员会

第一百七十六条

(一)为保障国家利益、维护伊斯兰革命、国家领土完整与主权独立,由共和国总统领导组成的国家最高安全委员会应履行以下职责:

1. 在由领袖规定的总的方针政策范围内制定国防安全政策;

2. 协调与国防安全措施有关的政治、情报、社会、文化、经济领域的活动;

3. 为抵抗国内外的威胁利用国家的物质与精神力量。

(二)该委员会应由以下成员组成:总统、司法总监和议长;武装部队总参谋长;国家计划与预算组织主席;由领袖推选的两名代表;外交、内政和情报部长;军队和革命卫队的最高领导人。

(三)国家安全委员会为履行其职责应组建诸如国防委员会和国家安全委员会等分支委员会。各个分支委员会应由总统或由总统指定的国家最高安全委员会的某一个成员领导。各个分支委员会的权限和职能均由法律另行规定,其组织结构应由国家最高安全委员会决议。国家最高安全委员会的决议经领袖确认后发生法律效力。

第十四章　宪法修改

第一百七十七条

(一)伊朗伊斯兰共和国宪法若遇有需要修改的情形,则应依以下程序进行:

领袖经与国家紧急事务委员会协商之后,经由以

下人员组成的宪法修改委员会提议宪法中需要修改和增补之处并向共和国总统发布命令,该宪法修改委员会的组成人员包括:

1. 宪法监护委员会的成员;
2. 总统、议长、司法总监;
3. 国家利益委员会的常设成员;
4. 五名专家会议成员;
5. 十名由领袖推举的代表;
6. 三名内阁成员;
7. 三名司法部门成员;
8. 十名伊斯兰议会议员;
9. 三名大学教授。

(二)该委员会的工作方式、选举形式与条件均由法律规定。

(三)宪法修改委员会的决议经领袖认可签字,并经全民公决绝对多数通过始为有效。

(四)本宪法第五十九条的规定不得为"修改宪法"适用于公决。

(五)本宪法中有关伊斯兰政体特征、根据伊斯兰教义制定的所有规则规章、民主政府的特征、教法学家、根据全民公决决定的国家行政事务、伊朗国教与教派不得修改。

以色列国各基本法

以色列建国宣言①

（犹太民族议会于 1948 年 5 月 14 日通过）

以色列地（Eretz-Israel）②乃是犹太民族的诞生地；在这片土地上，塑造了他们的精神、宗教和民族特性。在这片土地上，他们首次获得了独立国家之地位；在这片土地上，他们创造了具有民族意义和普遍意义的文化价值；在这片土地上，他们向世界奉献了永恒的万书之书③。

在被强制驱离故土之后，犹太民族在四散流离中始终满怀信仰，时刻不停地祷告，期望着返回这片土地，在这里恢复他们的政治自由。

受到这一历史和传统的激励，一代又一代犹太人前仆后继，竭尽全力在他们古老的故土上重建家园。近几十年，他们大批返回。开拓者、移入者（Ma'pilim）④和守卫者，他们将荒野变成了绿洲，振兴了希伯莱语，建起了城市和乡村，创造了一个拥有自己的经济与文化、热爱和平但却懂得自卫、将繁荣带给所有居民、追求民族独立的欣欣向荣的社会。

在犹历 5657 年（即公元 1897 年），第一届犹太复国主义大会在犹太国的精神领袖西奥多·赫茨尔（Theodore Herzl）的呼吁下召开，并宣布了犹太民族在自己土地上复国的权利。

这一权利得到了 1917 年 11 月 2 日的《贝尔福宣言》（Balfour Declaration）的承认和国际联盟的托管条令的再次承认。条令尤其对犹太民族和以色列地之间的历史联系、犹太民族重建家园之权利给予了国际认可。

在欧洲发生的对无数犹太人的屠杀再一次明确地表明，通过在以色列地上重建犹太国家来解决犹太人无家可归的问题极其紧迫，犹太国家将向每一个犹太人敞开祖国的大门，使犹太民族在国际社会中享有充分的权利。

欧洲的纳粹大屠杀的幸存者们，以及来自世界其他地区的犹太人，他们克服种种艰难、阻碍和危险，不断奔向以色列地，时刻不停地主张他们在自己民族的故土上尊严、自由地生活和诚实劳作的权利。

二次大战期间，我国的犹太社区竭尽全力地投身于自由和热爱和平的国家反对纳粹邪恶势力的斗争中，通过它在战争中的努力，它的战士的鲜血，才使它在联合国各个创建国中占有了一席之地。

1947 年 11 月 29 日，联合国大会通过决议，支持在以色列地建立犹太国家，并要求当地居民自己采取一切必要措施以执行这一决议。联合国对犹太民族建立自己国家的权利所给予的认可是不能撤销的。

所以，我们，民族议会的全体成员，代表以色列地的犹太民族，代表犹太复国运动，在英国对以色列地的托管结束之日召开会议，决定根据我们天赋的和历史的权利，基于联合国大会之决议的支持，宣布在以色列地上建立一个犹太国家，名之曰以色列国。⑤

我们宣布，从托管自今晚结束之时，即犹历 5708 年的以珥月 6 日（公元 1948 年 5 月 15 日）安息日午夜（eve of Sabbath）开始，直到根据以民选的制宪议会至迟在 1948 年 10 月 1 日通过的宪法组成新的国家权力机构之前，民族议会将代行临时议会之职，它的执行委员会，即民族管理机构，将组成名为"以色

---

① 资料来源于以色列外交部网站（http://www.mfA.gov.il）所载的英文版 *Declaration of Establishment of State of Israel*。原文登载于以色列政府公报 1948 年 5 月 14 日第 1 辑。此文件虽不属于以色列基本法，但它乃是以色列建国的基本文件。基于以色列的特殊背景，译者亦将其译成中文，置于基本法之前。

② 此处原文为希伯来语，词面意思是"以色列地"（the Land of Israel），这一词语来源于《圣经》，语源意义上是指上帝应许之地，有专门研究以色列史的教授提出这是一个神圣的词汇。——译者注

③ 或称为"书中之书"，指《圣经》。——译者注

④ Ma'pilim，希伯来语，指反抗限制性立法返回以色列地的移民。——译者注

⑤ 本段原文特别用大写，故译文采加黑字体。

795

列"的犹太国家的临时政府。

以色列国将向所有犹太移民和背井离乡的犹太同胞敞开大门，它将为全体居民的利益而致力于发展这片土地，它将如以色列先知所预见的那样以自由、正义与和平为基础，它将不分宗教、种族和性别而实现全体居民之社会和政治权利的彻底平等，它将保障宗教、信仰、语言、教育和文化的自由，它将捍卫所有宗教的圣地，它将忠实于联合国宪章的各项原则。

以色列国乐意在执行联合国大会1947年11月29日决议方面与联合国各机构和代表合作，将采取措施实现整个以色列地上的经济融合。

我们呼吁联合国支持以色列人民的建国事业并接受以色列国为国际家庭的一员。

过去数月以来我们一直遭到无数武装攻击，但我们仍然呼吁所有居住在以色列的阿拉伯居民，在拥有平等和充分的公民权利、在各种临时和永久的权力机构中享有应有的代表权的基础上，一起维护和平并参与国家的建设。

我们愿意向所有周边国家及其人民伸出和平友爱之手，我们呼吁他们与在自己土地上建立的独立的犹太国家相互合作。以色列国愿意与他们一起致力于中东地区的发展。

我们呼吁散居于世界各地的犹太人民与以色列地的犹太人民站在同一阵线，完成移民和国家建设之任务，与我们一起为完成我们一直渴望的以色列的救赎这一伟大事业而共同努力。

在临时议会的此次大会上，在故乡的土壤上，在特拉维夫（TEL-AVIV），在犹历 5708 年以珥（IYAR）月 5 日（公元 1948 年 5 月 14 日），安息日之夜，我们怀着对以色列的盘石（ROCK OF ISRAEL）①的信心，见证了独立宣言的通过。②

（大卫·本－古里安等　签名略）

基本法：克奈塞特（1958 年）③

（第一届克奈塞特于 1958 年 2 月 12 日通过，经 1959 年 6 月 22 日、1959 年 6 月 29 日、1959 年 8 月 6 日、1967 年 3 月 14 日、1974 年 6 月 17 日、1980 年 6 月 16 日、1981 年 4 月 1 日、1985 年 6 月 31 日、1987 年 5 月 19 日、2001 年 3 月 7 日修正）

第一条 ［克奈塞特的概念］

克奈塞特①为国家之议会。

第二条 ［集会地点］

克奈塞特的集会地点设于耶路撒冷。

第三条 ［构成］

克奈塞特应以选举为基础由一百二十名议员组成。

第四条 ［选举制度］

克奈塞特应依照《克奈塞特选举法》以普遍、全国、直接、平等、秘密和比例选举制选举产生；本条除非以克奈塞特议员之多数可决不得改动。

第五条 ［选举权］

任何以色列国民若年满十八周岁均有权在克奈塞特选举中投票，除非此一权利已被法院依法剥夺；就行使克奈塞特选举之投票权而言，年满十八周岁的时间应由法律予以规定。

第六条 ［被选举权］

（一）任何列入候选人名单的以色列国民，在候选人名单提交之日若年满二十一周岁，均有被选举为克奈塞特议员的权利，除非此一权利已被法院依法剥夺，或其曾被终审定罪判处三个月以上之实际徒刑且在候选人名单提交之日其服刑完毕尚未满七年，除非中央选举委员会主席决定其罪行依照情形并不涉及道德上可耻之行为。

（二）（已废止）

（三）按第一款规定被审判的克奈塞特候选人，若其在候选人名单提交之后、在当选为议员之前被终审定罪，则应视为其被从候选人名单或议员名单中撤销，除非中央选举委员会主席决定其罪行依照情形不涉及道德上可耻之行为。

（四）若法院已经依法判定其罪行涉及道德上可耻之行为，则不要求第一款与第三款规定的中央选举委员会主席之决定。

（五）出于本条之目的，"实际徒刑"系指被定罪之

---

① "以色列的盘石"（Rock of Israel）一语来源于《圣经》，"撒母耳记下"中记载："以色列的神，以色列的盘石晓谕我说：那以公义治理人民的，敬畏神执掌权柄（23：3），他必像日出的晨光，如无云的清晨，雨后的晴光，使地发生嫩草（23：4）。"诗篇中亦有如下记载："耶和华我的盘石、我的救赎主啊！愿我口中的言语、心里的意念，都在你面前蒙悦纳。"（19：14）——译者注

② 本段原文特别用大写，故译文采加黑字体。

③ 主体内容译自以色列克奈塞特官方网站所载官方英文版（http://www.knesset.gov.il/laws/special/eng/basic2_eng.htm），同一版本亦见于以色列政府外交部网站及其他网站，但该官方版只更新到 2001 年 3 月 7 日修正，对其后的修正情况，译者参考了以色列里雄莱锡安人文管理学院（College of Management Academic Studies, COMAS）法学系苏西·纳沃特（Suzie Navot）教授的非官方英译本，此版本更新到 2007 年 1 月的第 37 修正案。译者：王建学。

④ 克奈斯特（the Knesset）乃音译，其原型是希伯来语，意为"集会"。——译者注

人必须在单一连续期间内被实际监禁的总期限,而不论其他判决,包括已被激活的缓期判决;"罪行"系指施加实际徒刑之任一罪行。

第六A条 ［退出党团议员之候选资格的限制］

（一）退出其党团但在退出党团时未辞去议员职务之克奈塞特议员,在下一届克奈塞特选举时不得被列入其所退出之党团所提交的候选人名单;本规定不适用于在法定情形下分裂之党团。

（二）出于本条之目的,"退出党团"包括在克奈塞特全体大会上针对信任或不信任案投票时与所在党团之立场不一致,但若该议员未收到其投票之补偿则其投票不得视为退出。"补偿"包括,直接或间接地通过许诺或未来之保证,确保克奈塞特候选人名单上之某职位,或将克奈塞特议员自身或其他人任命为某一职位。

第七条 ［候选人资格之禁止］

下列人员不得为克奈塞特候选人:

1. 国家之总统;
2. 两位首席拉比;①
3. 法官;
4. 宗教法庭之在任法官;
5. 国家审计长;
6. 以色列国防军总参谋长;
7. 拉比和其他宗教之在任有给职之牧师;
8. 法律指定级别（或军衔）和职务的国家高级官员和以色列国防军高级军官;
9. 法律指定级别和职务的警官和监狱看守;
10. 法律指定级别和职务的公司雇员。

但在克奈塞特候选人名单最后提交日之前或在法律设置的更早的日期以前停止上述职务的,不在此列。

第七A条 ［候选人名单之禁止］

若候选人名单之目标或行动或候选人之行为明示或默示地具有下列情形之一,则该候选人名单不得参加克奈塞特选举,该候选人不得作为克奈塞特选举之候选人:

1. 否定以色列国作为犹太国家的存在;
2. 煽动种族主义;
3. 支持敌对国家或反以色列国之恐怖组织的武装斗争。

第八条 ［克奈塞特之任期］

克奈塞特之任期应为当选之日起四年。

第九条 ［选举日］

克奈塞特选举应于上届克奈塞特任期届满之年赫舍汪月的第三个星期二举行,但如果选举年的前一年为闰年,选举应于该月第一个星期二举行。

第九A条 ［克奈塞特任期之延长］

（一）除非发生阻却按时选举的特定情形,并经至少八十名议员通过法律,克奈塞特不得延长其任期;延长之时间不得超过前述之特定情形所必要;前述之法律应确定选举日期。

（二）若不违背本法第三十四条之规定,克奈塞特有权以其议员多数之决定将依照前款确定的选举日提前,但新的选举日不得先于根据第九条所确定的选举日。

第十条 ［选举日为休息日］

选举日应为休息日,但交通运输和其他公共服务部门应照常运转。

第十一条 ［选举结果之公布］

选举结果应于选举日起八日之内公布于政府公报（Reshumot）。

第十二条 ［克奈塞特之集会］

选举结果公布后,克奈塞特应在法律确定的日期召集其首次集会,但应在选举日后的十四日以内,除非由于安息日、节假日和大屠杀纪念日或由于临近这些日期,或由于特定的犹太节日由法律另行确定截止日。

克奈塞特首次集会应于选举结果公布后的第二周星期一下午四时,但若当天适逢节日或节日前夕,则应顺延至节日后的第一个工作日。

第十三条 ［克奈塞特之开幕］（已废止）

第十四条 ［开幕］

开幕之安排应由法律加以确定,并应表现以色列国之特性及其传统。

第十五条 ［克奈塞特议员之效忠宣誓］

（一）克奈塞特议员应作效忠宣誓:

"我宣誓效忠以色列国并忠实履行克奈塞特议员之职责。"

（二）宣誓之安排应由法律设定。

第十六条 ［未能宣誓］

若克奈塞特议长已召集议员作效忠宣誓,但该议员未曾宣誓,则该议员在宣誓之前不得享有议员之权利。

第十六甲条 ［因双重国籍未能宣誓］

若克奈塞特议员具有以色列国籍之外的其他国籍,且该国法律允许其放弃该国国籍,则此议员在完成其放弃该国籍的一切步骤以前,不得作效忠宣誓,在完成宣誓以前亦不得享有克奈塞特议员之权利。

第十七条 ［克奈塞特议员之豁免］

克奈塞特议员应享有豁免权,其细则由法律另行规定。

---

① 指阿什肯纳兹拉比和塞法迪拉比。——译者注

世界各国宪法文本翻译与研究系列丛书◎世界各国宪法文本汇编(亚洲卷)

第十八条 ［克奈塞特大厦之豁免］

克奈塞特大厦应享有豁免权,其细则由法律另行规定。

第十九条 ［程序与规程］

克奈塞特应自行规定其程序;若此类程序未经法律加以规定,克奈塞特均得以规程加以规定;若规程亦未加以规定,克奈塞特应遵守其公认习惯或惯例。

第二十条 ［议长与副议长］

(一)克奈塞特应从其议员中选举议长一名与副议长若干名。在议长选出以前,克奈塞特之非为总理、部长或副部长之最老练议员应作为代理议长履行职务。本条之"老练"系指在克奈塞特任职最久,无论连续或不连续,在资历相同时取年长者。

(二)克奈塞特有权以规程决定议员被选为议长或副议长之限制。

(三)克奈塞特有权以其议员多数之议决中止议长或副议长职务,或决定限制其职务;具体事宜由法律规定。

(四)克奈塞特有权以其议员多数之可决或以法律确定的更大多数可决,将议长或副议长免职;具体事宜由法律规定。

第二十A条 ［代理议长与过渡议长］

(一)议长出国时均应由副议长担任代理议长,直至议长回国。

(二)如克奈塞特议长通知内务委员会或者经内务委员会决定,议长由于健康原因暂时无法履行职责,应由副议长担任代理议长,直至议长通知内务委员会或内务委员会决定,议长恢复履行职责的能力。

(三)当克奈塞特议长辞职、死亡,或者经内务委员会决定议长由于健康原因永久丧失履行职责的能力,从而导致议长之职出现空缺,应由副议长担任过渡议长直至克奈塞特选出新议长。

(三 A)1. 若克奈塞特议长被依照第二十条第三款中止职务,副议长应担任代理议长直至中止取消,或至克奈塞特选出新议长。

2. 若克奈塞特议长被依照第二十条第四款免除职务,副议长应担任代理议长直至克奈塞特选出新议长。

(四)应由克奈塞特内务委员会从副议长中选举一人担任代理议长或过渡议长。

(五)副议长在担任克奈塞特代理议长或过渡议长期间应享有法律赋予给议长的全部资格,履行法律指定给议长的全部职责,并行使法律授予议长的全部权力。

(六)若第一款、第二款、第三款或第三 A 款设想

的情形发生于代理议长或临时议长,则本条规定经必要修改后仍然适用。

第二十一条 ［委员会］

(一)克奈塞特应从其议员中推选各常设委员会,并得从其议员中推选特定事务委员会;委员会的职能、权力和程序若无法律规定,应由规程予以规定。

(二)规程得规定关于委员会传唤权的下列规则:委员会得传唤官员,公务人员,地方机关、宗教委员会和法律设置的公司或政府公司之人员,要求其提供所属单位之活动的信息,除非此类信息之披露违反法律、职业承诺或其受法律约束而承担的保密义务,并应确保被传唤之人在法院作证之权利;传唤令应由相关之部长颁布或告知该部长,若被传唤者并非公务人员,则传唤令应由被邀者所在部门之负责人为之;部长或被邀者所在部门之负责人得代替被邀者亲自到会,并通知委员会。

(三)(已废止)

第二十一 A 条[①] ［克奈塞特监督法规］

(一)若部长制定的法规包含刑事处罚的法律责任,则未经克奈塞特有关委员会之批准不得生效;若克奈塞特委员会在收到该法规后四十五日内既未能批准亦未能否决,则应视为该法规已被批准。

(二)本款之规定不妨碍任何基本法或任何其他法律的规定。

第二十二条 ［调查委员会］

克奈塞特得任命调查委员会,或通过授权一常设委员会或从其议员中推选组成,负责调查克奈塞特指定的事务;调查委员会的权力与职能应由克奈塞特规定;任一调查委员会之构成均应依照克奈塞特各党团之相对比例并应吸收野党团代表参与。

第二十三条 ［非议员的政府成员］

非议员的政府成员在与议会相关的一切事务上均与身为议员的政府成员具有同等之地位,但不得享有表决权。

第二十四条 ［法定人数］

除非法律另有规定,不论出席议员的人数多少,克奈塞特都可进行辩论和通过决议。

第二十五条 ［多数］

除非法律另有规定,克奈塞特应以参加投票议员的多数通过决定,弃权作未参加投票计;投票程序由议事规程加以规定。

第二十六条 ［会议］

克奈塞特之会议应于集会地点召开;若遇有特殊情形,议长经征询副议长意见后得于其他地点召集会

---

① 本条由《基本法:政府(2001)》第 45 条所增加,修正时间 2001 年 3 月 7 日。——译者注

798

议。克奈塞特之会议应安排在工作日。

第二十七条 ［会议的公开性］

克奈塞特之会议应公开举行。

第二十八条 ［公布］

公开会议之会议记录与言论，其公布不受限制，亦不负任何刑事或民事责任。

第二十九条 ［发表一秘密会议］（已废止）①

第三十条 ［禁止发表］（已废止）②

第三十一条 ［会期］

关于克奈塞特之会期，及在会期以外召集会议，应由法律加以规定。

第三十二条 ［会期开幕的时间］（已废止）③

第三十三条 ［会期之外召集克奈塞特］（已废止）④

第三十四条 ［克奈塞特之解散］

克奈塞特在任期届满之前不得自行决定解散，除非克奈塞特议员之多数以此目的通过一项法律。

第三十五条⑤ ［克奈塞特解散后的选举日］

有关克奈塞特解散的法律应同时包含下一届克奈塞特之选举日的规定，但不得迟于该法律通过后的五个月。

第三十六条 ［克奈塞特解散后的任期］

若克奈塞特决定自行解散，则下一届克奈塞特之任期应延长至选举日之后四年期满的第一个赫舍汪月。

第三十六 A 条⑥ ［由于未能通过预算案而解散］

（一）在财政年度开始后的三个月内未能通过预算法将被视为克奈塞特决定在其任期届满之前解散，解散时间为此期限结束后一日（后称为"决定日"），且应在决定日后第九十日前最后一个星期二举行提前选举，除非克奈塞特在决定日后五日内决定由于选举日接近节假日而将选举推迟，但不得超过决定日后的第一百日。

（二）虽有第一款之规定，若总统依《基本法：政府》第三十条之规定开始新政府组织之程序，或若解散克奈塞特之法律获得通过，或若克奈塞特之选举迟于预算草案依《基本法：国家经济》第三条规定之提交，且财政年度开始未满三个月，则第一款规定之决

定日应为"财政年度开始后三个月或政府组成后四十五日，以二者之中较晚者为准"。

第三十七条 ［克奈塞特之连续性］

上一届克奈塞特应继续任期直至下一届克奈塞特集会。

第三十八条 ［法律的效力展期］

任何法律，如其预定的失效时限恰好在上一届克奈塞特任期的最后两个月内，或在克奈塞特已决定自行解散后的四个月内，或下一届克奈塞特任期的头三个月内，则该法律应继续有效，直至下一届克奈塞特任期头三个月期满。

第三十九条 ［议员之薪俸］

克奈塞特议员领取法律所规定的薪俸。

第四十条 ［议员之辞职］

克奈塞特议员得辞去职务；辞职应由辞职议员亲自向议长递交辞职书，或在其无法亲自递交时以议事规程所规定的方式转交；辞职书应于亲自递交或转交之日签字。

第四十一条 ［辞职之后果］

若克奈塞特议员提出辞职，其议员身份应自辞职书到达议长四十八小时后终止，除非议员本身在此之前撤回辞职。

第四十二条 ［议员任期之终止］

若克奈塞特议员被推选或任命为与克奈塞特候选人不得兼任的职务，则其议员身份应于当选或任命之时起即行终止。

若克奈塞特议员或当选之候选人被任命为与克奈塞特候选人不得兼任的职务，则其议员身份或候选人资格应于选任为该职务之时起即行终止；为此目的，"克奈塞特候选人"是指其姓名被列入克奈塞特候选人名单之人，从候选人名单提交起，直至其开始克奈塞特议员之任期。

第四十二 A 条 ［已被定罪之议员］

（一）若克奈塞特议员被终审定为重罪，且法院主动或应总检察长之请求在判决中认定其所犯为道德上可耻之罪行，则该议员之资格自法院作出终审认定

---

① 已被第十七条修正案所废止，原文内容为："秘密会议之会议记录与言论，凡未经依照议事规程所规定之方式获得许可者，一概禁止发表。"——译者注

② 已被第十七条修正案所废止，原文内容为："任何人发表前述两条所禁止发表的会议记录或言论者，应负法律规定之刑事责任。"——译者注

③ 已被第十七条修正案所废止，原文内容为："若克奈塞特未在前条指定的四个星期内召集，其应在第五个星期一下午四时召集。"——译者注

④ 已被第十七条修正案所废止，原文内容为："除前述的会期之外，若有三十名议员之请求或政府之请求，议长应召集克奈塞特。"——译者注

⑤ 本条中"但不得迟于该法律通过后的五个月"之表述乃由《基本法：政府（2001）》第 45 条所增加，修正时间 2001 年 3 月 7 日。——译者注

⑥ 本条由《基本法：政府（2001）》第 45 条所增加，修正时间 2001 年 3 月 7 日。——译者注

之时即告终止，而不论该罪行实施于其担任本届或上届克奈塞特议员或未担任克奈塞特议员之时。

（二）第一款同样应适用于担任议员职务之后才被终审定罪的议员；总检察长根据第一款提出之请求，只要终审判决尚未作出，均得提出；该请求应提交给作出判决之法院，但若议员提出上诉，则应提交于上诉法院。

第四十二 B 条 ［中止］

（一）若克奈塞特议员受到重罪指控，内务委员会得基于任何议员之建议，在终审判决作出之前中止其议员职务。

（二）若克奈塞特议员被定重罪而判处徒刑，内务委员会得基于任何议员之建议，在其服徒刑期间中止其议员职务。

（二 A）本条之规定亦适用于在成为克奈塞特议员之前被定为前述第一款或第二款罪行之议员。

（三）非经给予相关议员陈述和听证之机会，内务委员会不得根据本条通过任何决议。

第四十三条 ［议员之替补］

（一）若议员缺位，则应从缺位议员同一名单的未当选候选人中依得票多寡之次序遴选递补。

（二）若议员之资格根据第四十二 B 条被中止，其席位应在资格中止期间空缺，并应依第一款之规定递补。若其议员资格恢复，则替补其席位之议员应即停止职务，但其依第一款规定再次递补为议员之权利应不受影响。

第四十四条 ［免于紧急条例之影响］

无论任何其他法律有何规定，本法均不得经由紧急条例而更改、中止或服从任何限制。

第四十五条 ［刚性条款］

非经克奈塞特至少八十名议员可决，本法第四十四条或本条之规定不得更改。

第四十五 A 条 ［刚性规定］

第四十五条之规定亦适用于依据第九 A 条第一款之修改。

第四十六条 ［必要的特定多数］

本法对修改第四条、第九 A 条、第三十四条、第四十四条或第四十五条所规定之多数，应为克奈塞特全院大会在一读、二读和三读阶段之多数。在本条中，"修改"一词兼指明示或隐含的修改。

基本法：以色列土地（1960 年）[①]

（第四届克奈塞特于 1960 年 7 月 19 日通过）

第一条 ［所有权禁止转让］

以色列之土地，若属于以色列国家、开发署或犹太民族基金会[②]，则其所有权不得以出售或其他任何方式转让。

第二条 ［法律之许可］

第一条规定不适用于法律专门为此划定的土地种类和交易类型。

第三条 ［定义］

在本法中，"土地"系指土地、房屋、建筑物和土地上的任何永久附着物。

基本法：国家总统（1964 年）[③]

（第五届克奈塞特于 1964 年 6 月 16 日通过）

第一条 ［地位］

总统应为国家之元首。

第二条 ［官邸］

总统官邸设于耶路撒冷。

第三条 ［选举与任期］

（一）总统应由克奈塞特选举，任期七年。其任期以犹历计算。

（二）总统只得服务一个任期。

第四条 ［当选资格］

任何在以色列居住的以色列国民均有资格作为国家总统职务的候选人。

第五条 ［选举日］

国家总统之选举应于现任总统任期届满前至多九十日、至少三十日内举行。若总统职位在总统任期届满前出现空缺，则选举应于空缺出现之日起四十五日内举行。克奈塞特议长经咨询副议长后应确定选举日期，并应至少提前二十日以书面方式通知全体议员。若选举日期不在克奈塞特会议期内，议长应召集克奈塞特进行总统选举。

第六条 ［提名候选人］

（一）选举日确定后，克奈塞特之任何十名或十名以上议员均可联合提名总统候选人。候选人之提名，

---

① 译自以色列克奈塞特官方网站所载官方英文版（http://www.knesset.gov.il/laws/special/eng/basic13_eng.htm），同一版本亦见于以色列政府外交部网站及其他网站。译者：王建学。

② 即凯伦·卡梅特（Keren Kayemet）基金会。

③ 主体内容译自以色列克奈塞特官方网站所载官方英文版（http://www.knesset.gov.il/laws/special/eng/basic12_eng.htm），同一版本亦见于以色列政府外交部网站及其他网站，但克奈塞特曾通过若干修正案，此内容未见于官方英文版，对此，译者参考了苏西·纳沃特（Suzie Navot）教授的非官方英文译本。译者：王建学。

应在选举日至少前十日,以书面方式连同被提名人之同意书或电报,提交克奈塞特议长。每名议员仅得支持一名候选人。

(二)克奈塞特议长应在选举日的七日之前将获得提名的每个候选人及其提名议员之名单以书面方式通知全体议员,并应在选举会议开始之时宣布候选人名单。

第七条 〔投票〕

国家总统的选举应在专为此选举而召开的克奈塞特会议上以秘密投票方式进行。

第八条 〔多数票当选〕

(一)若有两名或两名以上候选人,获得克奈塞特全体议员过半多数票之候选人为当选。若无候选人能获得此多数,则应举行第二轮投票。若第二轮投票亦无人能获得此多数,则继续进行第三轮投票,以此类推。在第三轮及第三轮以后之各轮投票中,每轮投票得票最少之候选人应退出选举。在第三轮及第三轮以后之各轮投票中,获得参加投票的克奈塞特议员之多数票的候选人为当选。若两名候选人获得票数相同,应重复投票。

(二)若仅有一名候选人,投票应分为赞成票与反对票,在赞成票超过反对票时即为当选。若赞成票与反对票相等,应重复投票。

(三)若在第二款规定的情形下无法选出总统,则应在选举日后三十日内根据第五至七条和本条之规定举行后继选举,但根据第六条第一款提名候选人应在选举前至迟七日提交。

第九条 〔效忠宣誓〕

当选总统应在克奈塞特前作如下效忠声明并签字:

"我宣誓,效忠以色列国及其法律,忠实履行我作为国家总统之职责。"

第十条 〔宣誓与任期开始〕

(一)当选总统应于上一届总统任期届满时,或在此前尽可能邻近的时间,作效忠宣誓,并在上一届总统任期届满之时就任。

(二)若上一届总统未及任期届满而出现缺位,当选总统应在当选后尽早宣誓并就职。

第十一条 〔职权〕

(一)国家总统享有下列职权:

1.签署一切法律,但有关总统职权的法律除外;

2.履行《基本法:政府》赋予的职责;

3.接受政府提交的会议报告;

4.委派国家的外交代表,接受外国驻以色列的外交代表的国书,向以色列驻外领事代表授权,认证外国派驻以色列的领事代表的任命;

5.签署克奈塞特已经批准的同外国缔结的条约;

6.履行法律赋予的任免法官和其他官员的职能。

(二)国家总统有权决定赦免和减刑。

(三)国家总统有权履行法律赋予的其他一切职能。

第十二条 〔副署〕

国家总统在政府文件上的签名须有总理或政府指定的部长之副署,但关于政府组成或克奈塞特解散的文件除外。

第十三条 〔关于履行职责之豁免〕

(一)国家总统与其职责或职权有关的任何行为不受任何法院或法庭的追究,亦免于任何法律诉讼。

(二)国家总统在作证时不得透露其由于行使总统职权而获悉的信息。

(三)本条规定的总统豁免权在总统去职之后仍然存续。

第十四条 〔刑事程序豁免〕

国家总统不受刑事起诉。国家总统根据本条规定而免于被诉的时间,不应计入其罪行的追诉时效。

第十五条 〔作证〕

若国家总统被要求作证,其作证之时间与地点均由总统批准后确定。

第十六条 〔薪俸与费用〕

国家总统的薪俸,以及其在任期间和卸任之后应支付给他的其他各项费用,包括应支付给其遗属的各项费用,由克奈塞特以决议规定。议会得授权财政委员会代为确定。本条所谓的决议应在政府公报(Reshumot)上予以公布。

第十七条 〔总统不得兼职〕

(一)除非克奈塞特内务委员会批准,国家总统不得兼任总统职务以外的任何其他职务,不得行使总统职权以外的任何其他职权。

(二)国家总统免除一切义务兵役。

第十八条 〔出国〕

除非经政府批准,国家总统不得离开以色列领土。

第十九条 〔辞职〕

国家总统得通过向克奈塞特议会递交辞呈而辞职。辞呈无需副署。辞呈送达克奈塞特议长四十八小时后,国家总统之职位即告空缺。

第二十条 〔去职〕

(一)若克奈塞特认为总统之行为与其职务不相称,得以决议将总统去职。

(二)除非经至少二十名克奈塞特议员向内务委员会提出控告,并经内务委员会四分之三多数之提议,克奈塞特不得将国家总统去职。克奈塞特将总统去职之决议需有全体议员四分之三多数之赞成。

(三)非经赋予国家总统按内务委员会制定并经

克奈塞特批准之程序反驳对其控告之机会,内务委员会不得提议将总统去职;非经赋予国家总统按内务委员会制定并经克奈塞特批准之程序被听取的机会,克奈塞特不得将总统去职。

(四)国家总统得指定代表出席内务委员会和克奈塞特。克奈塞特之议员不得作为总统之代表。内务委员会和克奈塞特得传唤总统本人出席本条规定的程序。

(五)本条所规定的克奈塞特程序,应于专门为此召集的一次或若干次连续会议上进行。此程序须于内务委员会提议之日起至少二十日后才得开始。其开始时间应由克奈塞特议长至少提前十日以书面方式通知全体议员。若此程序之开始时间不在克奈塞特会期之中,议长应为此程序专门召集会议。

第二十一条 [健康原因引起的缺位]

(一)克奈塞特得以其议员多数通过决议,宣布国家总统由于健康原因而永久地失去履行职责的能力。

(二)除非内务委员会以三分之二多数通过决议认可按该委员会规定程序作出的医学鉴定的可靠性,克奈塞特不得通过前述决议。

(三)若克奈塞特通过上述决议,国家总统职位自该决议通过之日即告空缺。

第二十二条 [职务暂时停止]

(一)在下列情形中,国家总统应暂时停止履行职务或行使职权:

1. 若其离开以色列领土——自其出国之日起,至其回国之日止;

2. 若其通告内务委员会暂时不能履行职责,且克奈塞特委员会以多数票批准其通告——自其通告被批准之时起,至委员会确定的期限届满或在期限届满以前国家总统通告内务委员会其已经能够履行职责;

3. 若内务委员会以全体三分之二多数认可按该委员会规定程序作出的医学鉴定的可靠性,从而决议国家总统由于健康原因暂时不能履行职责——从该决议通过,至内务委员会确定的期限届满或内务委员会决议总统已经能够履行职责。

(二)内务委员会根据第一款第二项、第三项确定的期限不得超过三个月。内务委员会得延长该期限,但不得中断且不得超过三个月。任何期限之延长均应由内务委员会提议并经克奈塞特以全体议员多数通过决议。

第二十三条 [临时总统与代理总统]

(一)若国家总统之职位出现空缺,在新总统就

任以前,克奈塞特议长应作为临时国家总统履行职责。

(二)在国家总统暂时停止履行职责和行使职权期间,克奈塞特议长应作为代理国家总统履行职责。

(三)克奈塞特议长就任临时国家总统与代理国家总统期间,应履行法律赋予国家总统的职责,行使法律授予国家总统的职权。

第二十四条 [政府公报之通知]

(一)克奈塞特议长应于政府公报(Reshumot)公布以下事项:

1. 国家总统任期之开始;

2. 国家总统职位之空缺;

3. 克奈塞特议长依第二十二条第一款第2项、第3项就任总统的任期开始与终止。

(二)总理应于政府公报(Reshumot)公布总统之离开和回归以色列领土。

第二十五条 [免于紧急条例之影响]

无论任何其他法律有何规定,本法均不得经由紧急条例而更改、中止或服从任何限制。

第二十六条 [撤销]

(一)以下条款就此撤销:

1. 第5709—1949(1)号过渡法第二条第三款、第六条和第七条;

2. 第5712—1951(2)号国家总统(任期)法。

(二)第5711—1950(3)号国家总统、政府成员和以色列首席拉比(薪俸确定)法不再适用于国家总统之薪俸或其本人及遗属之费用。

第二十七条 [过渡条款]

克奈塞特于犹太历5723年以珥月27日(公历1963年5月21日)选出的总统视同依照本法规定当选并就职之总统。

基本法:国家经济(1975年)[①]

(第八届克奈塞特于1975年7月21日通过,经1982年5月24日、1983年3月21日修正)

第一条 [税收、强制借贷与费]

(一)除非经由或依照法律,不得征收税、强制借贷和其他强制性款项,亦不得变更其数额;上述规定亦适用于费。

(二)凡应支付国库的任何税、强制借贷和其他强制性款项,或费,若其数额未经法律本身加以规定且法律未授权其数额由法规规定者应由克奈塞特或其

---

① 主体内容译自以色列克奈塞特官方网站所载官方英文版(http://www.knesset.gov.il/laws/special/eng/basic6_eng.htm),同一版本亦见于以色列政府外交部网站及其他网站。但克奈塞特曾通过修正案增加了本基本法第三A条、第三B条和第三C条,此内容未见于官方英文版,对此,译者参考了苏西·纳沃特(Suzie Navot)教授的非官方英译本。译者:王建学。

委员会批准,其由法规规定者应由克奈塞特或其授权的委员会加以批准,批准应为事先的,或在法律所规定的期限内为之。①

第二条 ［国家财产］

凡涉及国家财产之交易,以及以国家名义取得权利或承担义务,应由依法授权之人依法为之。

第三条 ［国家预算］

(一)

1. 国家预算应由法律加以规定;

2. 预算应为年度预算,并阐明政府的计划开支。

(二)

1. 政府应在克奈塞特或其授权的委员会规定的时间将预算案提交克奈塞特,但最晚应在财政年度开始前的六十日;②

2. 预算案应详细;

3. 国防部的详细的预算案不应提交克奈塞特,而是提交给克奈塞特之财政、外交和安全三个委员会组成的联合委员会;

4. 预算案应伴随对预算财政收入的估计。③

(三)遇有必要之情形,政府得在财政年度内提出追加预算案。

(四)政府若认为预算法在财政年度开始之前不会通过,政府得提出临时预算案。

(五)财政部长每年应向克奈塞特提交一份关于国家预算实施的报告,其具体事宜应由法律加以规定。

第三 A 条 ［多年度预算］

(一)政府应为每个财政年度编制多年度预算计划,其中包括下一年度的预算案以及之后连续两年的预算计划。

(二)政府应将多年度预算计划连同预算案提交克奈塞特。

(三)政府提交给克奈塞特的每项预算案,都应基于依本条在前一年提交克奈塞特的多年度预算计划。

第三 B 条 ［预算案未获通过］

(一)若预算案在财政年度开始之前未获通过,政府有权按月以中央统计办公室公布的前一年度预算十二分之一的数目进行开支,并结合消费价格之指数。

(二)第一款规定之资金应首先用于履行国家依法律、合同或条约所承担的债务。其剩余者应以实现前一年度预算案所包含的重要服务和活动为目的,由政府加以使用。

第三 C 条 ［需要预算之立法］

(一)除非以克奈塞特至少五十名议员之赞成,预算案不得通过。一读、二读和三读阶段均要求上述多数。但若法案在一读之后变为预算案,则二读和三读阶段均要求上述多数。

(二)除非以克奈塞特至少五十名议员之赞成,不得通过预算保留。若对法案通过预算保留,则非以克奈塞特至少五十名议员之赞成,不得在三读阶段通过该法案。

(三)克奈塞特审议法案或修正案的委员会(本条下文简称为"委员会")出于本条之目的,得决定该法案或保留之预算成本。委员会决定预算成本应基于财政部长或其授权之人的估算,或基于其预算成本与财政部长估算不相同的其他估算。根据本条所提交的估算应附带数据和评价。

(四)在本条中,"预算案"是指发生下列所有情形的法案:未由政府提交;其实施在任何财政年度均涉及五百万或以上以色列新谢克尔的预算成本;政府未批准预算成本。

"预算保留"是指发生下列所有情形的法案之保留:其实施在任何指定财政年度涉及及超过五百万以色列新谢克尔的预算成本;政府未批准预算成本。

"预算成本"是指从国家预算中支出或承诺支出,或减少国家财政收入,而不论这些支出或减少是否伴随国家预算中支出或承诺支出的减少或收入的增加。

"国家预算支出"、"国家收入减少",包括从预算单位的预算中支出,或减少预算单位的收入。

(五)第四款"预算案"和"预算保留"定义中规定的数额,应在每年 1 月 1 日依照中央统计办公室公布的消费价格指数的变化率加以更新。

(六)本条之规定不适用于关于克奈塞特解散和举行选举的法律案。

第四条 ［货币］

合法货币的印刷或铸造以及相关事项,应依照法律进行。

第五条 ［检查］

国家经济应服从于国家审计长之检查,其具体事宜应由法律加以规定。

---

① 本条在 1982 年 5 月 24 日经过修正,本条修正之前内容如下:"凡应支付国库的任何税、强制借贷和其他强制性款项或费用,若其数额未经法律本身加以规定而由法规规定者,应由克奈塞特或其授权的委员会加以批准,批准应为事先的,或在法律所规定的期限内为之。"

② 本项在 1982 年 5 月 24 日经过修正,"但最晚应在财政年度开始前的六十日"之内容乃是修正时所增加。

③ 本款在 1983 年 3 月 21 日经过修正,其中第 2 项、第 3 项乃修正时所增加。

世界各国宪法文本翻译与研究系列丛书◎世界各国宪法文本汇编(亚洲卷)

基本法:军队(1976 年)①

(第八届克奈塞特于 1976 年 3 月 31 日通过)

第一条 [以色列国防军]

以色列国防军为国家之军队。

第二条 [服从文官政府之控制]

(一)军队服从政府之权威

(二)代表政府主管军队之部长为国防部长。

第三条 [总参谋长]

(一)军队的最高指挥官是总参谋长。

(二)总参谋长服从政府的权威,隶属于国防部长。

(三)总参谋长由政府根据国防部长的推荐任命。

第四条 [兵役和招募]

兵役义务与兵员的招募均由法律规定或依据法律规定进行。

第五条 [军队指示和命令]

对军队发布具有约束力的指示和命令的权力由法律规定或依据法律规定行使。

第六条 [其他武装]

除非根据法律,不得在以色列国防军以外建立或维持其他武装力量。

基本法:以色列首都耶路撒冷
(1980 年)②

(第九届克奈塞特于 1980 年 12 月 13 日通过,经 2000 年 11 月 27 日修正)

第一条 [以色列首都耶路撒冷]

完整与统一的耶路撒冷乃是以色列之首都。

第二条 [总统、克奈塞特、政府与最高法院之所在地]

耶路撒冷是总统、克奈塞特、政府与最高法院之所在地。

第三条 [圣地保护]

应保护圣地免受亵渎或任何其他侵犯,应保护不同宗教之教众自由地进入其圣地,以及他们对圣地的

情感。

第四条 [耶路撒冷之发展]

(一)政府应为耶路撒冷的发展与繁荣以及耶路撒冷之居民的幸福拨付特别基金,包括经克奈塞特财政委员会之批准向耶路撒冷市提供特别年金。

(二)应赋予耶路撒冷在国家机关活动中特别的优先性,以便促进其经济和其他事务的发展。

(三)政府应为本条的实施而设立一个或若干个特别机构。

第五条 [耶路撒冷辖区]

在本基本法和其他法律中,耶路撒冷的辖区包括犹历 5727 年息汪月 20 日(即西历 1967 年 6 月 28 日)根据城市法令颁布的关于扩张耶路撒冷城区界限的附属声明所描述的一切区域。

第六条 [禁止权限让与]

以色列国或耶路撒冷市政之法律中所规定的权限,不得永久性或暂时性地让与给外国的政治性实体、外国政府或任何其他相似的外国实体。

第七条 [刚性条款]

非经克奈塞特以多数议员通过一项基本法,第五、六条不得修改。

基本法:法院(1984 年)③

(第十届克奈塞特于 1984 年 2 月 28 日通过)

第一章 总则

第一条 [司法权]

(一)司法权授权给下列法院:

1. 最高法院;

2. 地区法院;

3. 法治法院;

4. 法律所确定的其他法院。

本法中的"法官"系指前述法院的法官。

(二)司法权同样授权给下列机构:

1. 宗教法庭(beit din)④;

---

① 译自以色列克奈塞特官方网站所载官方英文版(http://www. knesset. gov. il/laws/special/eng/basic11_eng. htm),同一版本亦见于以色列政府外交部网站及其他网站。译者:王建学。

② 译自以色列克奈塞特官方网站所载英文版(http://www. knesset. gov. il/laws/special/eng/basic10_eng. htm),同一版本亦见于以色列政府外交部网站及其他网站,但根据该英文版注释,此为从希伯来语至英语的非官方译本。为保证准确性,译者并参考了其他英文本,包括苏西·纳沃特(Suzie Navot)教授的非官方英译本。译者:王建学。

③ 主体内容译自以色列克奈塞特官方网站所载官方英文版(http://www. knesset. gov. il/laws/special/eng/basic8_eng. htm),同一版本亦见于以色列政府外交部网站及其他网站。但克奈塞特曾通过修正案在第七条第四项增加了"以色列司法监察总长"的内容,此内容未见于官方英文版,对此,译者参考了苏西·纳沃特(Suzie Navot)教授的非官方英译本。译者:王建学。

④ "Beit Din",亦可拼写为"Bet Din"、"Beis Din"或"Beth Din",可意译为"拉比法庭"或音译为"贝特·丁",含义是"判决之家"(House of Judgment),是审理有关犹太人刑事、民事和一切涉及宗教律法案件的机构。它既处理婚姻等属于私人关系的民事案件,也处理诸如监督恪守饮食规则等宗教性质的行政案件,在原告、被告双方同意后,还可以成为仲裁法庭。——译者注

804

2. 任何其他法庭（beit din）；

3. 法律所确定的其他机构。

（三）不得为特定案件设立法院或宗教法庭（beit din）。

第二条 ［独立性］

享有司法权的人员在司法事务中只服从法律的权威。

第三条 ［程序公开］

除非法律另有规定或法院依法另行决定，法院开庭和审理应予公开。

第二章 法官

第四条 ［法官任命］

（一）法官应由国家总统根据法官选举委员会的选举结果进行任命。

（二）法官选举委员会应由九名委员组成，包括最高法院院长，最高法院全体法官互选的另两名法官，司法部长和政府指定的另外一名部长，克奈塞特选派的两名议员，全国法官协会从大律师协会中选举的两名代表。司法部长应为法官选举委员会主席。

（三）即使其委员人数减少，但若未少于七人，则委员会得展开活动。

第五条 ［国籍］

唯具有以色列国籍者才得被任命为法官。

第六条 ［效忠宣誓］

被任命为法官的人员应在国家总统面前作效忠宣誓。其宣誓内容如下：

"我宣誓效忠以色列国及其法律，并公正司法，绝不曲解法律，绝不偏私。"

第七条 ［任期］

法官之任期应始自其宣誓之时，其终止需要须具有下列情形之一：

1. 退休；

2. 辞职；

3. 被选举或任命为与克奈塞特议员候选资格相冲突的职位；

4. 经法官选举委员会主席、以色列司法监察总长或最高法院院长提出，并由法官选举委员会以至少七名委员作出决定；

5. 基于惩戒法院之判决。

第八条 ［退休法官］

已退休的法官可被任命法官职务，但其期限、方法和条件均由法律确定。

第九条 ［再任限制］

（一）除非经最高法院院长之同意或依据惩戒法院之判决，不得将法官从其任职的法院之所在地永久性地转移至其他地点。

（二）非经本人同意，不得将法官任命至下级法院担任代理职务。

第十条 ［薪俸］

（一）应于任期之内或之后支付给法官的薪俸、费用，或在法官死亡之后应支付给其遗属的费用，应由法律加以规定，或者由克奈塞特或其授权的克奈塞特委员会以决议加以规定。

（二）不得通过仅减少法官薪俸的决定。

第十一条 ［法官不得兼职］

除非经最高法院院长和司法部长同意，法官不得担任其他职位，亦不得履行任何公共职能。

第十二条 ［刑事程序］

（一）除非经总检察长之同意，不得对法官展开刑事调查，亦不得对法官提出控告。

（二）对法官的刑事指控必须由三名法官组成的地区法院进行审理，但受指控之法官同意以普通方式审理的除外。

（三）本条之规定不适用于法律指定的犯罪类型。

第十三条 ［惩戒程序］

（一）法官应服从于惩戒法院之管辖。

（二）惩戒法院由现任法官或最高法院院长任命的退休法官组成。

（三）关于构成惩戒诉讼的理由，提出指控的模式，法庭的构成，惩戒法院的权力以及惩戒的措施，均应由法律予以规定。其惩戒的程序规则应依照法律。

第十四条 ［停职］

法官若被提出指控或控告，最高法院院长得指定期限将其停职。

第三章 法院

第十五条 ［最高法院］

（一）最高法院的所在地是耶路撒冷。

（二）最高法院应受理针对地区法院判决或其他决定的上诉。

（三）最高法院应同时以高等法院开庭。当最高法院以高等法院开庭时，它应受理其认为出于公正原因而有必要施以救济的案件，以及不属于其他法院（beit mishpat 或 beit din）管辖权的案件。

（四）在遵守第三款规定的一般原则的前提下，最高法院以高等法院开庭时应有权：

1. 命令释放被非法拘留或监禁的人；

2. 命令国家和地方团体及其机构与官员，以及其他依法履行公共职责的个人，使其合法行使职权，采取或停止采取任何行动，若其为非法选举或任命的，命令其停止活动；

3. 命令除本法调整的法院和宗教法庭（batei din）之外的其他法院（batei mishpat 和 batei din）以及

世界各国宪法文本翻译与研究系列丛书◎世界各国宪法文本汇编（亚洲卷）

依法享有司法或准司法权的机构和个人，使其受理、停止受理或继续受理特定的案件，或取消错误的诉讼或使错判归于无效。

4. 命令宗教法庭（batei din）受理属于其管辖的特定案件，或停止受理或继续受理不属于其管辖的案件，但若申请人没有在第一时间提出管辖权问题，则最高法院不得受理本项规定的诉讼；若当事人在宗教法庭（beit din）作出判决以前没有得到适当的机会提出管辖问题，最高法院得撤销无权宗教法庭（beit din）所采取的诉讼或作出的判决。

（五）最高法院的其他权力应由法律规定。

第十六条　[其他法院]

地区法院、治安法院和其他法院的设立、职权、所在地和管辖区域应依照法律确定。

第十七条　[上诉]

对一审法院之判决应有上诉权，但最高法院之判决除外。

第十八条　[进一步审理]

最高法院以三名法官组成的审判庭，其判决得由五名法官组成的审判庭进一步审理，进一步审理的理由和方式应由法律予以规定。

第十九条　[再审]

终审的刑事案件，得依法律规定的理由和方式进行再审。

第二十条　[判例]

（一）法院确立的规则应指导任何下级法院。

（二）最高法院确立的规则应约束除最高法院以外的任何法院。

第二十一条　[书记员]

法院得设立书记员，是否为法官均可。

第四章　杂项规定

第二十二条　[免于紧急条例之影响]

无论任何其他法律有何规定，本法均不得经由紧急条例而更改、中止或服从任何限制。

第二十三条　[应由法律作出之规定]

以下内容应由法律予以规定：

1. 法官选举委员会委员的选举方式与任职期限；

2. 各等级法官之任职要求；

3. 最高法院的院长与副院长、地区法院与治安法院的院长与副院长的任命方式；

4. 法官任期终止的条件与程序；

5. 任命法官至其他法院承担任务之方法，将法

官从其任职的法院暂时性或永久性转移至其他地点的方法；

6. 中止法官职务的诉讼，以及对中止职务的复审；

7. 各等级法院以独任法官、三名或更多法官受理案件的方式；

8. 指派一名或若干名法官审查特定案件的方式。

第二十四条　[应依照法律作出之规定]

以下内容应依照法律予以规定：

1. 关于法院管理的规则，其制定及实施中的责任；

2. 法官选举委员会之程序规则；

3. 法官辞职之程序；

4. 法院书记员之任命程序与权力；

5. 各等级与各地域之法院的法官数量。

基本法：国家审计长（1988年）[①]

（第十二届克奈塞特于1988年2月15日通过）

第一条　[核心]

国家审计应由国家审计长实施。

第二条　[国家审计]

（一）审计长稽查国家之经济、财产、财政、债务与管理，政府各部，国家之一切企业、机构或团体，地方团体，法律规定受国家审计长稽查之其他机构，亦同；

（二）国家审计长应监督受稽查机构之合法性、真实性、管理规范、效率与经济，以及他认为必要的其他事项。

第三条　[提供信息的义务]

服从国家审计的机构应按要求立即向国家审计长提供信息、文件、解释或国家审计长认为对审计为必要的其他材料。

第四条　[审计长作为投诉专员]

国家审计长应调查公众对法律所规定的机构与人员的投诉，在行使此一职权时，国家审计长应使用"公众投诉专员"之头衔。

第五条　[额外任务]

国家审计长应承担法律规定的额外任务。

第六条　[对克奈塞特负责]

国家审计长在履行其职责的过程中对且仅对克奈塞特负责，不对内阁负责。

第七条　[选举与任期]

（一）国家审计长应由克奈塞特以秘密投票选任，其具体安排由法律设置；

（二）国家审计长任期七年；

---

① 译自以色列克奈塞特官方网站所载官方英文版（http://www.knesset.gov.il/laws/special/eng/basic9_eng.htm），同一版本亦见于以色列政府外交部网站及其他网站。译者：王建学。

806

（三）国家审计长只得服务一个任期。

第八条 ［任职资格］

任何定居于以色列的以色列公民，均有担任国家审计长之资格；其他附加条件得由法律加以确定。

第九条 ［效忠宣誓］

当选的国家审计长应于克奈塞特前作如下宣誓并签名：

"我宣誓效忠以色列国及其法律，并忠实履行国家审计长之职责。"

第十条 ［预算］

国家审计长之公务预算应由克奈塞特拨款委员会根据国家审计长之建议加以确定，并应与国家预算一同公布。

第十一条 ［薪俸］

国家审计长之薪俸，以及应在其任期之内或之后支付给其本人或其遗属的费用，应由法律或由克奈塞特及其合法授权的委员会以决议加以确定。

第十二条 ［与克奈塞特之联络及报告之发布］

（一）国家审计长应依照法律规定保持与克奈塞特之联络。

（二）国家审计长应在其职责范围内发布报告和意见，并应按法律所作之限制加以公开。

第十三条 ［去职］

非经克奈塞特参与投票之议员的三分之二多数赞成，不得将国家审计长去职；其弹劾之安排由法律确定。

第十四条 ［代理审计长］

若国家审计长不能履行职责，应任命代理审计长，其任命之方式与期限由法律确定。

基本法：人的尊严与自由（1992 年）[①]

（第十二届克奈塞特于 1992 年 3 月 17 日通过，经 1994 年 3 月 9 日修正）

第一条 ［基本原则］

在以色列，基本人权确立的基础是人的价值，人的生命的神圣性，以及人人自由之原则；这些权利在以色列建国宣言所载的精神中得到支撑。[②]

第一 A 条 ［立法目的］

此项基本法旨在保护人的尊严与自由，以便在基本法中确立以色列国作为犹太国家与民主国家的各项价值。

第二条 ［维护生命、身体与尊严］

不得侵害任何人的生命、身体与尊严。

第三条 ［保护财产］

不得侵害任何人的财产。

第四条 ［保护生命、身体与尊严］

人人有权获得生命、身体与尊严之保护。

第五条 ［人身自由］

不得以监禁、逮捕或引渡等方式侵害人身自由。

第六条 ［出国与回国］

（一）人人均享有离开以色列的自由；

（二）任何以色列国民均有权从国外返回以色列。

第七条 ［隐私］

（一）人人有隐私权和私密权；

（二）不得未经同意而进入私人场所；

（三）不得搜查私人场所，亦不得搜查身体及个人财物。

（四）不得侵害私人谈话、信件或记录之秘密性。

第八条 ［权利侵害］

除非通过符合以色列国的价值并为适当目的而制定的法律且未超出必要的限度，或者通过根据此类法律明确授权而制定的法规，不得侵害本基本法项下的权利。[③]

第九条 ［安全部队之保留］

除非通过法律或者通过依照法律所制定的法规，并且没有超出必要的限度，不得对服役于以色列国防军、以色列警察、监狱和其他国家安全机构的人员根据本基本法所享有的权利加以限制。

第十条 ［法律的有效性］

本基本法不得影响在基本法之前已经生效的法律（din）的有效性。

第十一条 ［适用］

一切政府机构均有义务尊重本基本法项下的权利。

第十二条 ［稳定性］

本基本法不得经由紧急条例而更改、中止或服从任何限制；但若存在紧急状态，根据第 5708－1948 号法律和行政法令（the Law and Administration Ordinance）第九条而作出宣告并制定紧急条例，得否定或限制本基本法项下的权利，但此类否定或

---

① 译自以色列克奈塞特官方网站所载官方英文版（http://www.knesset.gov.il/laws/special/eng/basic3_eng.htm），同一版本亦见于以色列政府外交部网站及其他网站。译者：王建学。

② 本条乃于 1994 年 3 月 9 日由《基本法：职业自由》所增加，同时原第一条改为第一 A 条。——译者注

③ 本条乃于 1994 年 3 月 9 日经过修改，修改之前的原始条文是："除非通过适合于以色列国的价值并为适当目的而制定的法律且未超出必要的限度，不得侵害本基本法项下的权利。"——译者注

限制应出于适当目的，限于特定期间，并不得超出必要之限度。

基本法:政府(1992年)①

（第十二届克奈塞特于 1992 年 12 月 13 日通过，多次修正，最近一次是在 2001 年 3 月 7 日修正通过并随第十六届克奈塞特 2003 年 1 月 28 日选举而生效）

第一条 ［政府之定义］

政府为国家的行政机构。

第二条 ［政府所在地］

政府之所在地为耶路撒冷。

第三条 ［克奈塞特之信任］

政府基于克奈塞特之信任而任职。

第四条 ［责任］

政府集体对克奈塞特负责；各部长就其所负责的方面对总理负责。

第五条 ［构成］

（一）政府由总理和部长组成。

（二）总理应为克奈塞特议员。部长不必为克奈塞特议员。

（三）部长应掌理各部；得设立无部长职务之阁员。

（四）由克奈塞特议员担任部长者，得被委任为代理总理。

（五）部长得为副总理。

第六条 ［部长资格］

（一）部长应为以色列公民和以色列居民。

（二）任何人，若担任《基本法:克奈塞特》第七条所列举的职位或职务，则不得被任命为总理，除非其依法在任命之前停止前述之职位或职务。

（三）1. 任何人被定罪并被判处监禁，若其服刑完结或其判决宣判起（以二者中较晚者为准）未满七年，不得被任命为部长，除非中央选举委员会主席说明其犯罪之情形并不涉及道德上可耻之行为。

2. 若法院判决其犯罪之情形涉及道德上可耻之行为，中央选举委员会不得作出与此相反之说明。

（四）若任何人持有外国国籍，且该外国之法律允许其退出该国籍，则其只有在采取一切必要措施退出该外国国籍后才得被任命为总理。

（五）克奈塞特议员退出所在党派但未提交议员辞呈者，在其服务于克奈塞特期间不得被任命为总理。上述规定不适用于法律所规定的党派分裂。"退

出党派"由《基本法:克奈塞特》第六甲条加以规定。

第七条 ［指派组织政府之任命］

（一）在应组织新政府时，国家总统应在咨询克奈塞特各党团之代表意见后，将组织政府的任务指派给已经通知总统准备接受这一任务的克奈塞特议员；但在选举结果公布后七日内，或在有必要组织新政府的情形出现后七日内，总统不得指派这一任务；在总理死亡的情况下，自其死亡之日起十四日内，总统不得指派这一任务。

（二）若上述咨询处在新一届克奈塞特集会之前，总统应咨询将提交新一届克奈塞特的候选人名单的代表。

（三）本条不适用于由于根据第二十八条不信任投票而导致的组织政府；在依第二十八条第二款适用于总统的情况下，本条之规定应予适用。

第八条 ［组织政府的期限］

总统依第七条指派组织政府任务的克奈塞特议员，应有二十八日之期限完成此项任务。国家总统得延长上述期限，但以不超过十四日为限。

第九条 ［重新指派任务］

（一）若克奈塞特议员经第八条所规定的期限届满而未通知国家总统其已经组织政府，或其在期限届满之前通知国家总统其无力组织政府，或其虽组织政府但克奈塞特依第十三条第二款拒绝其信任请求，国家总统得将组织政府的任务指派给其他已经通知总统准备接受这一任务的克奈塞特议员，或者得通知克奈塞特议长其认为不具有组织政府的可能性，总统上述行为应分别在期限届满后三日内，或自克奈塞特议员声明其无力组织政府后三日内，或自政府被克奈塞特拒绝信任后三日内。

（二）在依本条重新指派组织政府的任务以前，或在通知克奈塞特议长其认为不具有组织政府的可能性以前，总统得重新咨询克奈塞特各党团之代表。

（三）依本条被指派组织政府的克奈塞特议员应有二十八日之期限完成该任务。

第十条 ［依党团申请指派任务］

（一）若国家总统已通知克奈塞特议长其依第九条第一款认为不具有组织政府的可能性，或国家总统已依第九条指派克奈塞特议员组织政府而该议员未在二十八日以内通知其已经组织政府，或该议员在二十八日以内通知其无力组织政府，或该议员虽已组织政府但克奈塞特依第十三条第四款拒绝信任，则克奈塞特全体议员之多数得在征得克奈塞特某一特定议员书面同意之后以书面方式请求国家总统指派该议

---

① 译自以色列克奈塞特官方网站所载官方英文版（http://www.knesset.gov.il/laws/special/eng/basic14_eng.htm），同一版本亦见于以色列政府外交部网站及其他网站。译者:王建学。

员组织政府,此种请求之作出应分别在总统声明后二十一日内,或自第九条第三款规定的期限届满后二十一日内,或自克奈塞特议员声明其无力组织政府后二十一日内,或自政府被拒绝信任后二十一日内。

(二)若前述之请求已经被提交总统,则总统应在两日内将组织政府之任务指派给该克奈塞特议员。

(三)依本条被指派组织政府的克奈塞特议员应有十四日之期限完成该任务。

第十一条 ［无法组织政府时的提前选举］

(一)若克奈塞特未依第十条第一款之规定提交请求,或该特定议员未能在第十条第三款所规定的期限内组织政府,或该特定议员在该期限届满前通知总统其无力组织政府,则总统应如此告知克奈塞特议长。

(二)若总统如此告知克奈塞特议长,或依第十条第一款被指派组织政府的克奈塞特议员虽组织政府但未获得克奈塞特依第十三条第四款之信任,则应视为克奈塞特已决定在任期届满前决定解散,且克奈塞特之选举应在总统声明或克奈塞特拒绝信任后九十日届满的第一个星期二举行。

第十二条 ［组织政府过程的终止］

若解散克奈塞特的法律获得通过,组织政府的过程应即终止。

第十三条 ［组织政府］

(一)国家总统在将组织政府的任务指派给克奈塞特议员时,应同时通知克奈塞特议长,克奈塞特议长应通知克奈塞特。

(二)克奈塞特议员在组织政府之后应同时通知国家总统和克奈塞特议长,克奈塞特议长应通知克奈塞特并在通知后七日内选定日期将政府名单提交克奈塞特。

(三)组织政府的克奈塞特议员应领导政府。

(四)政府在组成之后,应进见克奈塞特,宣布其政策的基本路线,其组成和各部长的职能分配,并请求克奈塞特表示信任。在克奈塞特表示信任之后,政府即告形成,各部长应即就任。

第十四条 ［效忠宣誓］

在克奈塞特表示信任后,总理应立即或尽快在克奈塞特面前作如下效忠宣誓:

"我(姓名)作为总理支持以色列国及其法律,忠实履行总理之职责,遵守克奈塞特之决议。"

所有部长均应作如下效忠宣誓:

"我(姓名)作为政府成员支持以色列及其法律,忠实履行政府成员之职责,遵守克奈塞特之决议。"

第十五条 ［部长之增补］

政府得基于总理之提议增补其他部长为政府成员。政府在决定增补部长后应将此一事实和增补部

长的职务通知克奈塞特。在克奈塞特批准后,增补部长应即就任,增补部长应在批准后尽快作效忠宣誓。

第十六条 ［代理总理］

(一)若总理出国,则应由代理总理召集和领导政府会议。

(二)若总理暂时不能视事,则应由代理总理代行总理职务。在总理未能恢复职务满一百日后,应视为总理永久丧失履行职责的能力。

(三)若未能委任代理总理,或代理总理依前述两款之规定未能履行总理职务,政府应指定另一名部长担任总理职务。

第十七条 ［质询和弹劾总理］

(一)非经总检察长之同意,不得针对总理启动刑事诉讼。

(二)非经总检察长之同意,不得针对代理总理就其任职期间或任期后一年内实施的犯罪嫌疑启动刑事诉讼。

(三)针对总理的指控应由耶路撒冷地方法院由三名法官组成委员会进行审理;就总理任职前的指控,其诉讼应由法律予以规定。

(四)若法院将总理予以定罪,其应在判决中述明该罪行是否涉及道德上可耻之行为。

第十八条 ［由于犯罪而去职］

(一)若总理由于被法院认定为涉及道德上可耻之罪行而定罪,克奈塞特得依照其全体议员之多数议决而将其去职。若克奈塞特如此议决,应视为政府辞职。

(二)在终审判决后三十日内,克奈塞特之克奈塞特委员会应作出关于其是否将总理去职的建议性决定,并将其建议提交克奈塞特全体大会;若委员会在上述期限内未能将其建议提交克奈塞特全体大会,议长得在全体大会提出此问题。

(三)在克奈塞特或克奈塞特委员会作出关于将总理去职的决定或建议之前,均应给予总理到会陈述之机会。

(四)若克奈塞特作出不将总理去职的决定,而第一款所谓的判决已成为终审,则总理应停止职务且政府应视为辞职。

(五)《基本法:克奈塞特》第四十二 A 条、第四十二 B 条之规定不适用于总理。

第十九条 ［总理辞职］

总理得在将其辞职意图告知政府之后,以提交辞呈于国家总统的方式而辞职。总理的辞职应视为政府辞职。

第二十条 ［总理之死亡或永久丧失行为能力］

(一)若总理死亡,政府应视为自总理死亡之日辞职。

（二）若总理永久性丧失行为能力，政府应视为在代理总理履行职务的第一百零一日辞职。

第二十一条 ［总理或代理总理停止履行克奈塞特议员职务］

（一）若总理停止履行克奈塞特议员职务，应视为总理辞职；政府应视为自同一日辞职。

（二）若代理总理停止履行克奈塞特议员职务，应视为代理总理停止代理总理职务。

第二十二条 ［部长职务终止］

（一）部长得通过向总理提交辞呈而辞职。其在政府中之职务在辞呈到达总理之后的四十八小时后终止，该部长在此之前得撤回辞呈。

（二）总理得通过书面通知将部长去职；部长之去职在总理之书面通知到达该部长后四十八小时生效，总理在此之前得撤回通知。

（三）部长在被选举或任命为与克奈塞特议员资格相冲突的职务时，其在政府中之任期终止。

第二十三条 ［部长由于犯罪而任期终止］

（一）对部长的刑事指控，除法律所规定的罪行外，均在地方法院提起和审理；对任期内的部长提出的刑事指控，其程序由法律规定。

（二）若部长被法院定罪，法院应在其判决中述明罪行是否涉及道德上可耻之行为；若法院认定其为可耻之行为，部长应在判决之日终止职务。

（三）本条不适用于总理。

第二十四条 ［代理部长］

（一）若部长（总理除外）出国，政府应委托另一名部长代替其职务。代理部长依政府之决定全部或部分代行其职务。

（二）若部长暂时不能履行职务，政府应指定总理或其他部长履行其职务。

（三）代理部长依第二款之规定的任期不得超过三个月。

第二十五条 ［副部长］

（一）掌管一部职务的部长经总理之同意和政府之批准得从克奈塞特议员中任命一名副部长。副部长应在政府之任命通知到达克奈塞特之后就任；总理任命的副部长应命名为"行总理职务之副部长"。

（二）副部长应同时在克奈塞特和政府该部活动，代表任命他的克奈塞特议员并在指定给他的限度内活动。

（三）退出其所在党团的克奈塞特议员在同一届克奈塞特任期内不得被任命为副部长。本规定不适用于法律规定情形下的党团分裂；为本款之目的，"退出党团"由《基本法：克奈塞特》第六甲条加以规定。

第二十六条 ［副部长职务终止］

发生下列情形之一时，副部长职务终止：

1. 副部长通过向任命他的部长提交辞呈而辞职；

2. 该部长停止担任部长或停止掌理其职务；

3. 总理、政府或任命他的部长决定终止该副部长职务；但总理未经通知政府和任命他的部长，不得解除该副部长职务；

4. 新一届政府组成；

5. 副部长停止担任克奈塞特议员。

第二十七条 ［副部长由于犯罪而任期终止］

若副部长被法院定罪，法院应在其判决中述明罪行是否涉及道德上可耻之行为；若法院认定其为可耻之行为，该副部长应在判决之日终止职务。

第二十八条 ［对政府表示不信任］

（一）克奈塞特得通过对政府的不信任表示。

（二）对政府表示不信任需要由克奈塞特全体议员多数议决，请求总统经特定克奈塞特议员之书面同意向其指派组织政府之任务。

（三）克奈塞特对政府表示不信任，应视为政府在克奈塞特表示不信任之日辞职。

（四）依本条被指派组织政府之任务的克奈塞特议员应有二十八日之期限完成任务。国家总统得延长其期限，但以不超过十四日为限。

（五）若第四款规定之期限届满而克奈塞特议员未通知总统其已经组织政府或该议员在期限届满之前通知总统其无力组织政府，总统应如此告知克奈塞特议长。

（六）若总统依第五款之规定如此告知克奈塞特议长，或被指派组织政府的克奈塞特议员虽组织政府但未获得克奈塞特依第十三条第四款之信任，则应视为克奈塞特已决定在任期届满前决定解散，且克奈塞特之选举应在总统声明或克奈塞特拒绝信任后九十日届满的第一个星期二举行。

第二十九条 ［解散克奈塞特之权力］

（一）若总理认为克奈塞特多数反对政府且因而导致政府无法有效运作，总理得经国家总统之批准以公布于政府公报之命令解散克奈塞特。该命令自其公布二十一日后生效，除非依本条第三款提出请求且政府应被视为在命令公布之日辞职。

（二）在该命令公布二十一日后，克奈塞特多数议员得请求总统将组织政府之任务指派给其中一名议员，但需要经该议员之书面同意且该议员非为总理。

（三）若前述请求被提交总统，总统应通知克奈塞特议长。总统应在两日内将组织政府之任务指派给请求书中列名的议员。

（四）依本条被指派组织政府之任务的克奈塞特议员应有二十八日之期限完成任务。国家总统得延长其期限，但以不超过十四日为限。

（五）若未依本条第二款提出请求，或第四款规定之期限届满而克奈塞特议员未通知总统其已经组织政府或虽该议员提出政府名单但未获得克奈塞特依第十三条第四款之信任，则应视为克奈塞特已决定在任期届满前决定解散，且克奈塞特之选举应在总统声明或克奈塞特拒绝信任后九十日届满的第一个星期二举行。

（六）若总统已依本条第三款给出通知，或克奈塞特议员提出政府名单但未获得克奈塞特依第十三条第四款之信任，则应视为克奈塞特已决定在任期届满前决定解散，且克奈塞特之选举应在总统声明或克奈塞特拒绝信任后九十日届满的第一个星期二举行。

（七）在下列情形下，总理不得依本条之规定行使解散克奈塞特之权力：

1. 从下一届克奈塞特任期开始至新政府成立；

2. 克奈塞特依第二十八条之规定对政府表示不信任；

3. 在总理辞职后，或自克奈塞特之克奈塞特委员会决定建议将总理去职之日起至克奈塞特全体大会依第十八条第一款之规定作出相关决定之日止。

（八）代理总理不得享有总理依本条而具有之权力。

第三十条 ［政府的连续性］

（一）在新一届克奈塞特选出后或在政府依第十八条、第十九条、第二十条、第二十一条或第二十九条之规定而辞职后，或依第二十九条第二款提出请求，国家总统应依本基本法开始新政府之组织程序。

（二）若新一届克奈塞特选出后或政府依第十八条、第十九条、第二十条、第二十一条或第二十九条之规定而辞职后，即将离任之政府应继续履行职责直至新政府形成。

（三）辞职之总理应在新政府组织期间继续履行职责。若总理死亡或永久丧失能力，或若其任期由于犯罪而终止，则在新政府组织期间，政府应指定另一名兼任克奈塞特议员且与总理属同一党团之部长作为过渡总理。

（四）依本条第二款履行职责的政府得任命克奈塞特议员作为部长，以代替终止职务之部长；依本款任命之部长不要求克奈塞特之批准。

第三十一条 ［政府之职责］

（一）政府经克奈塞特之批准得掌理各部长之职能分配，但总理的职能除外。

（二）政府经克奈塞特之批准得将依法属于某部长之职能全部或部分地转移给另一部长。

（三）政府经克奈塞特之批准得将政府各部合并、分离、撤销或设立新部。

（四）政府得将某部之活动领域转移给另一部。

（五）政府得为特定事务设立永久性或暂时性的部长委员会；在设立部长委员会后，政府得管理其运作。

（六）政府设置其内部工作和辩论程序，设置其决定作出之过程，无论永久性或暂时性事务。

第三十二条 ［政府之剩余权］

政府有权以国家之名义依法从事依法非必须由其他机关从事之活动。

第三十三条 ［权力委托］

（一）法律授予政府的权力得委托给各部长之一；上述内容不适用于依照本基本法所授予的权力，但第三十二条规定的权力除外。

（二）法律授予部长的权力，若为依第三十一条第二款转移而来，得由部长全部、部分或附条件地委托给公务人员，但制定法规的权力除外。

（三）政府授予部长的权力，若政府允许部长将该权力委托，则得由部长全部、部分或附条件地委托给公务人员，但制定法规的权力除外。

（四）本条及出于本条之目的，授予给政府或部长的权力同时包含义务和责任。

（五）若授予权力或施加义务的法律没有表明其他意图，则本条之规定亦应适用。

第三十四条 ［取得权力］

若法律未表明其他意图，负责执行法律的部长得取得法律授予公务人员的一切权力，但司法性质的权力除外；部长得出于特定事务或在特定期间取得上述权力。

第三十五条 ［保密］

（一）政府和部长委员会关于下列事项之辩论与决定乃为秘密，禁止其披露和公布：

1. 国家安全；

2. 国家外交；

3. 政府认为关系国家存亡并以命令宣布属于本条规定的其他秘密；

4. 政府决定保密的事项，但此类事项仅禁止了解这一秘密的人员披露和公布。

（二）第一款之规定不适用于政府或总理或经政府或总理特别授权的代表允许公布的事项，亦不适用于任何法律要求公布的事项。

第三十六条 ［薪俸］

部长和副部长的薪俸，以及其在任期间和卸任之后应支付给他的其他各项费用，包括应支付给其遗属的各项费用，由法律或由克奈塞特以决议规定，或由克奈塞特为此目的而任命的公开委员会以决议规定。

第三十七条 ［法规］

（一）负责实施法律的部长有权为实施法律而制定法规。

（二）法律得授权总理或部长就双方约定事项制定法规。

第三十八条　［宣告紧急状态］

（一）克奈塞特若认定国家处于紧急状况，得根据其议员创议或政府提议宣告国家进入紧急状态。

（二）紧急状态之宣告应包含生效期限，但不得超过一年；克奈塞特得作紧急状态期限延长之宣告。

（三）若政府认定国家存在紧急状况且其紧迫性必需紧急状态宣告，但却来不及召集克奈塞特，则政府得宣告国家进入紧急状态。除非该宣告为克奈塞特经其多数议员决议所批准或撤销，其效力自其公布起七日后终止；若克奈塞特未能召集，政府得依本款作紧急状态期限延长之宣告。

（四）克奈塞特和政府所作之紧急状态宣告应公布于政府公报；若无法公布于政府公报，则应采取其他适当方式予以公布，但相关之通知仍应在尽可能早的日期公布于政府公报。

（五）克奈塞特得随时撤销紧急状态宣告；其撤销之通知应公布于政府公报。

第三十九条　［紧急状态］

（一）在紧急状态期间，政府得为国家开支、公共安全和维护供给与必要服务而制定紧急条例；紧急条例应在其制定后尽快提交外交与安全委员会。

（二）若总理认为无法召集克奈塞特，但却存在紧迫与危急之必要而制定紧急条例，总理得亲自或授权部长制定此类条例。

（三）紧急条例得暂时改变法律、中止其效力或为其附加条件，并得征收或增加税赋或其他强制性款项，除非法律另有规定。

（四）紧急条例不得禁止法律诉讼之救济，或设置溯及既往的惩罚，或允许对个人尊严之侵害。

（五）若非紧急状态所必要的正当限度，不得制定紧急条例，亦不得随之执行任何安排、措施或权力。

（六）紧急条例之效力应在其制定之日起三个月后终止，除非法律延长其效力，或其被克奈塞特以法律或根据多数议员之决议所撤销。

（七）紧急条例应于其公布于政府公报之日生效；若无法公布于政府公报，则应采取其他适当方式予以公布，但仍应尽早公布于政府公报。

（八）若紧急状况不再存在，已制定的条例应在规定的期限内保持其效力，但不得超过紧急状况终止后六十日；紧急状态条例之效力若被法律所延长则应保持其效力。

第四十条　［宣战］

（一）国家仅得根据政府之决定开始战争。

（二）本条之规定不妨碍采纳对国防和公共安全所必要的军事行动。

（三）根据本条第一款之规定而开始战争的政府决定，其通知应尽快提交克奈塞特外交和安全委员会；总理亦应尽快告知克奈塞特全体大会；本条第二款规定的军事行动，其通知应尽快提交克奈塞特外交和安全委员会。

第四十一条　［不适用紧急法］

无论任何其他法律有何规定，本基本法不得经由紧急条例而更改、中止或服从任何限制。

第四十二条　［政府与克奈塞特委员会］

（一）政府应根据要求向克奈塞特及其委员会提供信息并协助其履行职能；为保障国家安全和外交关系或国际贸易联系，或保障法律上的特权，而有必要对信息进行分类时，信息之分类的特别规则由法律确定。

（二）克奈塞特得依其至少四十名议员之请求而召开一个由总理参加的关于特定主题的会议；提出上述请求每月不得超过一次。

（三）克奈塞特得要求部长到会，克奈塞特之任一委员会在其任务范围内亦有同等权限。

（四）克奈塞特之任一委员会得在其掌理的职责范围内，并在相关部长之帮助下且告知该部长，要求公务人员或法律规定的其他人员到会。

（五）任一部长均得在克奈塞特及其委员会发言。

（六）关于本条实施之细节，得由法律或克奈塞特规章加以规定。

第四十三条　［改变选举日］

若克奈塞特之选举日已经根据第十一条、第二十八条和第二十九条加以设置，克奈塞特得在举行选举之事由出现后五日内以多数议决决定，由于选举日接近节假日，选举延后举行，但不得超过选举之事由出现后一百日。

第四十四条　［本法的持久性］

（一）本基本法仅得由克奈塞特全体议员多数议决才得更改；本款之多数要求克奈塞特全体大会以一读、二读和三读而通过决议；为本款之目的，"更改"即指明确的亦指隐含的。

（二）本款之规定不适用于第四十五条和第四十六条。

第四十五条　［《基本法：克奈塞特》第三十号修正案］

（内容略，可见《基本法：克奈塞特》第二十一Ａ条、第三十五条、第三十六Ａ条）

第四十六条　［《基本法：政府》之撤销］

《基本法：政府（1992）》就此撤销。

第四十七条　［效力和适用］

（一）本基本法之规定自第十六届克奈塞特之选举开始应适用于政府之选举和组成。

（二）根据第一款之规定，本法应在政府依第一款之规定组成之日生效。

（三）虽有第二款之规定，本法第四十四条应在本法公布之日生效。

基本法：职业自由（1994 年）[①]

（第十三届克奈塞特于 1994 年 3 月 9 日通过，替代 1992 年 3 月 3 日的旧法）

第一条 ［基本原则］

在以色列，基本人权确立的基础是人的价值，人的生命的神圣性、人人自由之原则；这些权利在以色列建国宣言所载的精神中得到支撑。

第二条 ［立法目的］

此项基本法旨在保护职业自由，以便在基本法中确立以色列国作为犹太国家与民主国家的各项价值。

第三条 ［职业自由］

任何以色列公民或居民均有权从事任何职业、工作或贸易。

第四条 ［侵害职业自由］

除非通过符合以色列国的价值并为适当目的而制定的法律且未超出必要的限度，或者通过根据此类法律明确授权而制定的法规，不得侵害职业自由。

第五条 ［适用］

一切政府机构均有义务尊重一切以色列公民或居民的职业自由。

第六条 ［稳定性］

本基本法不得经由紧急条例而更改、中止或服从任何限制。

第七条 ［刚性条款］

非经克奈塞特全体议员之多数可决，本基本法不得更改。

第八条 ［违法的效力］

（一）法律之规定若与本法第四条相冲突从而侵害职业自由，若其由克奈塞特全体议员之多数可决而通过，并明确表示其本身虽与本法相冲突但仍应具有效力，则该法律之规定应视为有效；此种法律应在生效之时起四年后终止，除非其中规定了更短的期限。

（二）第一款关于效力终止的规定，不适用于本基本法生效后一年之内制定的法律。

第九条 ［撤销］

《基本法：职业自由（1992 年）》就此撤销。

第十条 ［临时规定］

任何法令之规定，其本应在本法之前即生效但却由于本法第九条而被撤销，则应在本法生效之时起两年内继续有效，除非未满两年而被撤销；但此类规定应在本基本法之规定的主旨下加以解释。

---

① 主体内容译自以色列克奈塞特官方网站所载官方英文版（http://www.knesset.gov.il/laws/special/eng/basic4_eng.htm），同一版本亦见于以色列政府外交部网站及其他网站。但克奈塞特曾通过修正案增加了本基本法第八条第二款，此内容未见于官方英文版，对此，译者参考了苏西·纳沃特（Suzie Navot）教授的非官方英译本。译者：王建学。

印度宪法*

（1949 年 11 月 26 日制宪会议通过，2006 年 6 月 12 日经宪法第九十四修正案修正）

序 言

我们印度人民已庄严决定，将印度建成为主权的、社会主义的、世俗的民主共和国①，并确保一切公民：

享有社会、经济与政治上的公平；

拥有思想、表达、信念、信仰与礼拜的自由；

地位与机会的平等；

相互团结以维护个人尊严和国家的统一和领土完整②；

我们制宪会议于 1949 年 11 月 26 日通过并公布本宪法。

第一篇 联邦及其领土

第一条 ［联邦名称和领土］

1. 印度为联邦制。

2. 各邦及附表一所规定的其他领土。③

3. 印度领土包括：

(1)各邦领土；

(2)附表一所列的中央直辖区的领土④；

(3)将来取得的其他领土。

第二条 ［吸收或设置新邦］

联邦议会在认为适当的条件下可通过立法，准许新邦加入联邦或设置新邦。

第二 A 条

根据《宪法（第三十五修正案）法令》（1974 年）新

增，《宪法（第三十六修正案）法令》（1975 年）删除。

第三条 ［组成新邦和变更已有各邦的面积、边界和名称］

议会可制定法律：

(1)从领土中分离出新的邦，或将两个或两个以上的邦或其部分领土合并，或将任何领土和任何一邦的部分领土合并，组成一新邦；

(2)增加任何一邦的面积；

(3)缩小任何一邦的面积；

(4)变更任何一邦的边界；

(5)变更任何一邦的名称。

非得到总统的建议，不得在议会任何一院提出以此为目的的法案；如果此类法案涉及任何一邦或数邦的边界和名称时，⑤总统必须事前将法案交有关邦议会听取意见。邦议会应在规定期间或总统允许的延长期限内表示对该法案的意见；在规定期限或延长期限届满前，该法案不得在议会任何一院提出。⑥

［解释条款（一）］⑦

本条中，第一款和第五款的"邦"包括联邦属地，但书条款的"邦"不包括联邦属地。

［解释条款（二）］

根据第一款授予议会的权力包括通过将某邦的一部分或联邦属地和其他邦的一部分或联邦属地合并的方式创建一个新的邦或联邦属地。

第四条 ［依第二条和第三条所定法律，应对附表一和附表四作出修正，并对补充事项、附随事项和相关事项作出规定］

---

* 译自印度共和国司法部网站的英译本 http://lawmin.nic.in/coi/coiason29july08.pdf，译者：孙群。

① 根据《宪法（第四十二修正案）法令》（1976 年）由"主权的民主共和国"修改为"主权的社会主义的世俗的民主共和国"（1977 年 7 月 1 日生效）。

② 根据《宪法（第四十二修正案）法令》（1976 年）由"国家统一"修改为"国家的统一和领土完整"（1977 年 7 月 1 日生效）。

③ 根据《宪法（第七修正案）法令》（1956 年）修改。

④ 根据《宪法（第七修正案）法令》（1956 年）修改。

⑤ 根据《宪法（第七修正案）法令》（1956 年）删除"附表一的第一和第二部分"。

⑥ 根据《宪法（第五修正案）法令》（1955 年）新增。

⑦ 根据《宪法（第十八修正案）法令》（1966 年）新增解释条款（一）和解释条款（二）。

1. 第二条或第三条所指任何立法,应包含修正附表一和附表四的必要条款,并包含议会认为必要之补充、伴随和相关条款(包括受该项立法影响而变更议会或邦议会中的代表权的条款),以使所制定法律得到有效实施。

2. 上述立法,不得视为属于第三百六十八条所规定的对本宪法的任何修正。

第二篇 公民资格

第五条 〔宪法生效时的公民资格〕

在本宪法生效时,凡在印度领土内有住所,并且同时具备下列情况之一者,为印度公民:

(1)在印度领土内出生者;

(2)父母任何一方在印度领土内出生者;

(3)宪法生效前已在印度领土内居住不少于五年者。

第六条 〔从巴基斯坦移居到印度的公民权〕

无论第五条作何种规定,凡由现属巴基斯坦领土移居到印度领土内的,如有下列情形,在本宪法生效时,应视为印度公民:

(1)本人或父母之一,或祖父母(外祖父母)之一,生于 1935 年《印度政府法》(未修正前)所确定领土以内。

(2)(a)若本人在 1948 年 7 月 19 日之前已移居到印度,且移居之后在印度领土内常住;

(b)于 1948 年 7 月 19 日以后(包括 1948 年 7 月 19 日在内)移居到印度。宪法实施前由本人按照该自治领土政府所规定的形式和途径向其任命的主管官员申请登记为印度公民;

但申请前须在印度领土内居住至少满六个月,否则不得登记。

第七条 〔移住巴基斯坦者的公民权〕

无论第五条和第六条作出何种规定,凡在 1947 年 3 月 1 日以后由印度领土移居到现在属于巴基斯坦领土内的,不得视为印度公民。

但本条规定,不适用于曾经移居到现在属于巴基斯坦的领土后,又拥有合法的重新定居许可或永久性居住许可而居住于印度领土者;凡基于第六条第二项的目的有以上情形的个人,应视为 1948 年 7 月 19 日以后移居印度领土者。

第八条 〔现居印度境外的印度裔人的公民权〕

无论第五条中作出何种规定,凡本人或父母之一或祖父母(外祖父母)之一,生于 1935 年《印度政府法》(未修正前)所确定的印度领土以内,而目前常住

于该法律所规定的印度领土以外者,如果本人在本宪法生效以前或以后向目前居住国的印度外交或领事代表,按照自治领土政府或印度政府所规定的形式和途径申请,并经上述印度外交或领事代表登记为印度公民者,应视为印度公民。

第九条 〔自愿取得外国国籍者不得成为印度公民〕

凡自愿取得任何外国国籍者,不得依第五条的规定成为印度公民,也不得依第六条或第八条的规定被视为印度公民。

第十条 〔公民权的连续〕

凡依本篇上列任何条款为印度公民或视为印度公民者,或依据议会通过的其他法律,继续为印度的公民。

第十一条 〔议会以法律规定公民资格〕

本篇的前述条款不得损害议会对任何有关公民资格的取得与终止,或一切其他有关公民资格事项作出规定的权力。

第三篇 基本权利

总 则

第十二条 〔定义〕

除上下文需要作其他解释外,本篇所称"国家"一词包括印度政府和议会,各邦政府和邦议会以及在印度领土内或在印度政府管辖下一切地方当局或其他机构。

第十三条 〔与基本权利相抵触或侵犯基本权利的法律〕

1. 本宪法实施前在印度领土内生效的所有法律,凡与本篇的内容相抵触的,抵触的部分均属无效。

2. 国家不得制定任何法律剥夺或限制本篇所赋予的权利,凡违反本款规定的法律,其违反的部分无效。

3. 除上下文需要作出其他解释外,本条:

(1)"法律",包括任何在印度领土内具有法律效力之法令、命令、地方法令、规则、条例、告示、习惯或惯例。

(2)"现行的法律",包括在本宪法生效前,印度领土内的任何立法机关或其他有法定资格的机构所通过或制定的法律而未经事先废止的,无论上述法律或其中一部分当时是否实施或是在全部地区实施或在特定区域内实施。

4. 根据第三百六十八条规定对本宪法进行的修正,不适用本款。①

---

① 根据《宪法(第二十四修正案)法令》(1971 年)新增。

平等权

第十四条 〔法律上平等〕

印度领土内，法律面前人人平等，国家不得拒绝给予任何人法律上的平等保护。

第十五条 〔禁止宗教、种族、种姓、性别、出生地的歧视〕

1. 国家不得仅根据宗教、种族、种姓、性别、出生地点或其任何一项，对任何公民施加歧视。

2. 不得仅仅由于宗教、种族、种姓、性别、出生地点等，而使任何公民在下述方面丧失资格，或受到限制或接受附加条件：

（1）出入商店、饭店、旅馆及公共娱乐场所；

（2）使用全部或部分由国库维持或为公众使用的泉水、池塘、浴场、道路及公共场所。

3. 本条规定不妨碍国家为妇女儿童作出任何特殊的规定。

4. 本条与第二十九条第二款的规定，不妨碍议会为促进落后的任何阶层的公民的进步，以及附表所列种姓（以下简称"表列种姓"）的进步制定特别条款。[1]

5. 本条或第十九条第一款第七项的规定不得妨碍各邦为促进社会和教育落后的阶层或为附表所列种姓或附表所列部落（以下简称"表列部落"）的进步而进行的立法，除了根据第三十条第一款所建立的少数民族教育机构外，还包括允许他们进入私人教育机构的特殊条款，而无论该私人教育机构是否受到邦的资助）。[2]

第十六条 〔公职受聘机会相等〕

1. 所有公民应享有平等机会受聘用或被任命为国家和政府公职的人员。

2. 不得仅仅根据宗教、种族、种姓、性别、家世、出生地点、住所等理由在国家和政府公职的聘用或任命方面排斥或歧视任何公民。

3. 本条规定不妨碍议会通过法律对某邦政府或某中央直辖区政府，或它们辖下的地方机关，或其他机关内某类或数类公职的聘用或任命作出规定。[3]

4. 如果国家认为他们在国家公务部门中未得到适当代表，本条规定不妨碍议会作出规定为某些落后的公民阶层保留若干数量的公职。

4A. 本条的任何内容不得妨碍国家就任何种类的国家公职制定有利于国家认为在国家公职中未充分得到代表的列表种姓[4]或表列部落的重要资历方面的保留规定。[5]

4B. 本条的任何内容不得妨碍国家将根据第4款或第4A款保留规定在当年作出保留的那些当年空出的缺位作为任何后继年份将要增补的单独种类的缺位，且此类缺位在确定当年总缺位数的百分之五十保留限额时不得被作为那些当年将要填补的缺位。[6]

5. 本条的规定不影响对宗教或教派组织事务的职务或其领导机构的任何人员必须由信仰该宗教或属于该教派的人来担任作出规定的任何法律的实施。

第十七条 〔废除"贱民制"〕

废除"贱民制"并禁止以任何形式实行"贱民制"，因实施"贱民制"而剥夺他人权利的行为属于犯罪，应依法惩处。

第十八条 〔废除衔称〕

1. 不得由国家授予非军事或学术性质的任何衔称。

2. 印度公民不得接受外国授予的衔称。

3. 未经总统同意，在国家机关任职并领取报酬或担任重要岗位的非印度公民，不得接受外国授予的任何衔称。

4. 未经总统同意，在国家机关任职并领取报酬或担任重要岗位者，不得同时接受任何种类的外国礼品、薪资或公职职务。

自由权

第十九条 〔保护言论自由等权利〕

1. 公民均享有以下权利：

（1）言论和表达自由；

（2）非武装和平的集会；

（3）结社或建立工会；

（4）在印度领土范围内自由迁徙；

（5）在印度领土范围内的任何地方居住与定居；[7]

（6）根据《宪法（第四十四修正案）法令》（1978

---

① 根据《宪法（第一修正案）法令》（1951年）新增。

② 根据《宪法（第九十三修正案）法令》（2005年）新增。

③ 根据《宪法（第七修正案）法令》（1956年）由"附表一规定的某邦或其领域内的其他地方机关"修改为"某邦政府或某中央直辖区政府，或它们辖下的地方机关，或其他机关内某类或数类公职的聘用或任命作出规定"。

④ 根据《宪法（第八十五修正案）法令》（2001年）修改。

⑤ 根据《宪法（第七十七修正案）法令》（1995年）修改（1995年6月17日生效）。

⑥ 根据《宪法（第八十一修正案）法令》（2000年）修改（2000年6月9日生效）。

⑦ 根据《宪法（第四十四修正案）法令》（1978年）修改（1979年6月20日生效）。

年)已删除;①

(7)从事任何专业、职业、商业或事业。

2. 第一款第一项规定不影响现行法律的实施，或妨碍国家制定法律对于有关维护印度的主权与领土完整②、国家安全、同外国的友好关系、公共秩序、礼仪道德，或由于涉及藐视法庭、诽谤或煽动犯罪等问题而对上述第一款第一项施加合理限制。③

3. 凡因印度主权与领土完整④或公共秩序的需要，对第一款第二项所赋权利的行使加以合理限制的任何现行法律的实施不受该款第二项规定的影响，该款第二项的规定不妨碍国家制定此类法律。

4. 凡因印度主权与领土完整⑤或公共秩序、道德而对第一款第三项所赋权利的行使加以合理限制的任何现行法律的实施不受该款第三项规定的影响，该款第三项的规定不妨碍国家制定此类法律。

5. 凡为保护公共利益或表列部落的利益，对第一款第四项和第五项⑥所赋权利的行使加以合理限制的任何现行法律的实施不受该款上述各项规定的影响，上述各项的规定不妨碍国家制定此类法律。

6. 凡因公共利益而对第一款第七项所赋权利之行使加以合理限制的任何现行法律的实施不受该款第七项规定的影响，该项规定不妨碍国家制定此类法律。该项规定不影响对下述事项作出规定的现行法律的实施，也不影响国家就下述事项制定法律⑦：

(1)从事任何专业、职业、商业和事业所必需的具备的专业资格或技术资格；

(2)由国家，或由国家所有或控制的公司所从事的商业、事业、工业或服务业，完全或部分不允许公民或他人经营。

第二十条 ［刑事方面的保护］

1. 任何人若未实施其行为时被有效法律认定为犯罪的行为，不得被定为有罪；且所判刑罚不得重于当时有效法律对其所作的处罚。

2. 不得对任何人就同一罪行受到一次以上的指控与处罚。

3. 不得强迫被告自证其罪。

第二十一条 ［保护生命和人身自由］

非依法定程序不得剥夺任何人的生命和自由。

第二十一A条 ［教育权］⑧

国家应依据法律为六周岁至十四周岁的儿童提供免费义务教育。

第二十二条 ［在一定情况下不受逮捕和拘留的保护性规定］:

1. 任何被逮捕者，如未及时告知被逮捕理由，不得予以拘留，不得剥夺其向本人选择的律师进行咨询，以及由本人指定的律师进行辩护的权利。

2. 被逮捕和拘留人应于被捕后二十四小时内送至最近的治安法庭，但从逮捕地点至治安法庭的路程所需时间除外；未经治安法官允许，任何人不得被拘留超过上述期限。

3. 第一款和第二款的规定不适用于：

(1)当时作为敌国的外侨；

(2)根据预防拘留法被逮捕或被拘留者。

4. 规定预防拘留的法律不得授权进行三个月以上拘留，除非⑨：

(1)由高等法院的现任法官、曾任高等法院法官或有资格被任命为高等法院法官者所组成的咨询委员会认为拘留理由充分，在上述三个月期限届满前提出报告；

但是，本目中的规定并未授权对任何人的拘留可以超过议会根据第二目和第七款制定的法律所规定的最长期限。

(2)根据本款规定的拘留时间不得超过议会根据第七款第一项和第二项规定通过的法律所允许的最长期限。

5. 依照预防拘留命令对任何人加以拘留时，发布命令的机关应尽快将发布命令理由通知本人，并应尽早使其对该命令有陈述不同意见的机会。

6. 第五款规定并不要求发布上述命令的机关公布该机关认为公布之后会损害公共利益的事实。

7. 议会应通过法律规定以下内容：

(1)没有根据第四款第一目所要求获得咨询委员

---

① 根据《宪法(第四十四修正案)法令》(1978年)修改(1979年6月20日生效)。

② 根据《宪法(第十六修正案)法令》(1963年)新增"主权与领土完整"。

③ 根据《宪法(第一修正案)法令》(1951年)修改(具有溯及力)。

④ 根据《宪法(第十六修正案)法令》(1963年)新增"主权与领土完整"。

⑤ 根据《宪法(第十六修正案)法令》(1963年)新增"主权与领土完整"。

⑥ 根据《宪法(第四十四修正案)法令》(1978年)由"第一款第四项、第五项、第六项"修改为"第一款第四项和第五项"(1979年6月20日生效)。

⑦ 根据《宪法(第一修正案)法令》(1951年)修改。

⑧ 根据《宪法(第八十六修正案)法令》(2002年)新增，但未生效，生效的日期未定。

⑨ 根据《宪法(第四十四修正案)法令》(1978年)修改。

会意见时进行的预防性拘留的条件、案件的类型；①

（2）根据预防拘留法进行拘留时，各类案件的最长拘留时间；②

（3）咨询委员会进行第四款③所述的调查时遵循的程序。

反剥削权

第二十三条 ［禁止人口买卖和强迫劳动］

1. 禁止任何的人口买卖，佃农为地主无偿劳役制及其他类似方式的强迫劳役，凡与本条款相抵触的行为应依法处罚。

2. 本款规定不妨碍国家为公共目的而规定强制性义务劳动和服务，国家不得仅仅根据宗教、种族、种姓、阶级或其中任何一项理由而作出歧视性的规定。

第二十四条 ［禁止工厂等雇佣童工］

不得雇佣十四周岁以下儿童在工厂或矿场中工作，或从事其他危险工作。

宗教自由权

第二十五条 ［良心自由与信教、传教和参加宗教活动的自由］：

1. 除受公共秩序、道德与健康以及本篇其他条款限制外，一切人皆平等享有良心自由与信教、传教和参加宗教活动的权利。

2. 本款规定不得影响任何现行法律的实施，或妨碍国家制定任何法律：

（1）对与宗教有关的经济、财政、政治或其他非宗教活动有关的内容作出的规定；

（2）对社会福利与社会改革，或将印度教的机构对各阶层和各教派的印度教徒开放作出的规定。

［解释条款（一）］

穿着和携带吉尔班匕首（kirpans）④者应被视为锡克教徒（Sikh）。

［解释条款（二）］

印度教徒参考第二款第二项中的印度教徒（Hindu）应被理解为包括信奉锡克教，耆那教（Jaina）或佛教（Buddhist）在内的，同时印度教的机构也应当作出同样的理解。

第二十六条 ［处理宗教事务的自由］

除受公共秩序、道德与健康的限制外，所有宗教教派及其中的分支教派应有以下权利：

（1）设立与维持宗教机构与慈善机构；

（2）管理宗教相关的事务；

（3）占有与取得动产与不动产；

（4）依法管理此类财产。

第二十七条 ［决定是否为促进某一宗教而纳税的自由］

不得强迫任何人交纳为促进或维持特定宗教或教派所征收的任何税款。

第二十八条 ［在任何教育机构内参加宗教课程和宗教仪式的自由］

1. 不得在完全由国库维持的任何教育机构进行宗教教育。

2. 虽由国家管理但依靠馈赠和托管财产成立的教育机构，而此类馈赠和财产托管以校内进行宗教教育为条件，那么本条第一款规定不适用于此种情况。

3. 非经入学者本人同意，凡为国家所承认或接受国库津贴的教育机构不得强迫入学者参加该教育机构内可能设置的任何宗教教程，或参加该机构或其附属场所可能举行的任何宗教仪式，若入学者是未成年人，则须经其监护人同意。

文化教育权

第二十九条 ［保护少数民族利益］

1. 凡居住在印度境内具有独特的语言、文字或文化的任何阶层的公民，有权保持其语言、文字或文化。

2. 由国家维持或接受国库津贴的教育机构，不得仅因宗教、种族、种姓、语言等理由拒绝任何公民入学。

第三十条 ［少数民族建立教育机构的权利］

1. 一切少数民族，无论是否因宗教或语言所形成，都有设置与管理自己教育机构的权利。

1A. 国家制定法律征用少数民族创建与管理的教育机构的财产时，应保证该法律确定的补偿金额不会限制或影响本款所保障的权利。⑤

2. 国家审批发放教育机构的补助时，不得因某教育机构由少数民族经办而予以歧视，无论该少数民族是否因宗教或语言所形成。

财产权⑥

第三十一条

根据《宪法（第四十四修正案）法令》（1978 年）删除（1979 年 6 月 20 日生效）。

---

① 根据《宪法（第四十四修正案）法令》（1978 年）删除，但未生效，生效的日期未定。

② 根据《宪法（第四十四修正案）法令》（1978 年）由"（2）"修改为"（1）"，但未生效，生效的日期未定。

③ 未生效，生效的日期未定。

④ Kirpan，印度锡克族佩戴匕首。

⑤ 根据《宪法（第四十四修正案）法令》（1978 年）新增（1979 年 6 月 20 日生效）。

⑥ 小标题"财产权"由《宪法（第四十四修正案）法令》（1978 年）删除（1979 年 6 月 20 日生效）。

法律补偿①

第三十一A条② ［征用不动产等项法律补偿］

1. 无论第十三条作出何种规定,凡任何法律规定③:

(1)国家征用、修正或限制财产权或其他权利;

(2)基于公共利益或为财产的管理,国家在一定期限内接管财产;

(3)基于公共利益或为公司的管理,将两个或两个以上的公司合并;

(4)废除或变更对公司代理人、秘书、财务经理、常务董事、董事、经理的权利或股东选举权;

(5)废除或变更或者提前终止和取消根据协议租约、特许证等文件取得的对矿产和石油勘察权和开采权。

均不得因与第十四条或第十九条④赋予的权利不符,或者因剥夺而损害了这些权利而视为无效。

除经总统考虑并表示同意外,邦议会制定的法律不适用于本条规定。

而且,如国家依法律规定取得的不动产中包含个人所有且为个人耕种的土地,国家不得征用现行法律所规定的有关土地限额以内的土地,以及这些土地上的或者附属于这些土地的房屋和建筑,除非该法律同时规定以不低于市价的价格进行赔偿。⑤

2. 在本条中:

(1)"财产"一词涉及某地区时,其含义与在当地有关土地所有权的现行法律中该词的含义或当地相应用语的含义相同,包括⑥:

(a)札吉尔(jagir)⑦、伊纳姆(inam)或穆阿非(muafi)或其他类似授予物,以及在泰米尔纳德邦⑧和喀拉拉邦的任何札姆(janmam)权利。

(b)按莱特瓦尔制⑨占有的土地;

(c)农民、农业工人或农村工匠为农业生产或相关的目的而拥有或租用的土地,也包括荒地、林地、房屋或建筑宅基地。

(2)"权利"一词涉及"财产"时,包括授予地主、二地主、转租人、承租人或中间人⑩的权利,以及有关土地岁入的权利和特权。

第三十一B条⑪ ［某些法令和条例的效力］

第三十一A条的一般规定不影响附表九提及的法令和规定,以及其中的任何条款与本章规定不符,剥夺损害了本章赋予的权利应视为无效或暂停生效。除非法定立法机构予以撤销或修正,上述法令和条例都将继续有效,即使法院或法庭作出对立的判决或发布相反的命令。

第三十一C条⑫ ［贯彻某些指导原则的法律的例外条款］

无论第十三条作出何种规定,不得以其同第十四条、第十九条⑬规定的权利相抵触或剥夺损害了这些权利,而将任何保证实施第四篇确定的全部或部分原则⑭的国家政策的法律视为无效,任何实施这种政策的法律都不得以它未能实施这种政策为由向法院提起诉讼。⑮

非经总统考虑并得到赞同,邦议会所制定法律不适用本条规定。

第三十一D条

根据《宪法(第四十三条修正案)法令》(1977年)删除(1978年4月13日生效)。⑯

---

① 根据《宪法(第四十二修正案)法令》(1976)新增(1977年1月3日生效)。

② 根据《宪法(第一修正案)法令》(1951年)修改(具有溯及力)。

③ 根据《宪法(第四修正案)法令》(1955年)修改(具有溯及力)。

④ 根据《宪法(第四十四修正案)法令》(1978年)由"第十四、第十九或第三十一条"修改"第十四条或第十九条"(1979年6月20日生效)。

⑤ 根据《宪法(第十七修正案)法令》(1964年)新增该段。

⑥ 根据《宪法(第十七修正案)法令》(1964年)修改(具有溯及力)。

⑦ 札吉尔(jagir)中世纪印度穆斯林王朝实行土地分封制或军事采邑的一种土地制度。

⑧ 根据《马德拉斯邦法》(1968年)由"马德拉斯邦"修改为"泰米尔纳德邦"(1969年1月14日生效)。

⑨ 莱特瓦尔(Ryotwari)制,独立个体土地所有制:土地由个体农民占有和经营,田赋根据每个独立经营单位估定,个人负责缴纳税收。这些独立的自耕农和土地所有者通常共同组成莱特瓦尔村。

⑩ 根据《宪法(第四修正案)法令》(1955年)新增(具有溯及力)。

⑪ 根据《宪法(第一修正案)法令》(1951年)新增。

⑫ 根据《宪法(第二十五修正案)法令》(1971年)新增(1972年4月20日生效)。

⑬ 根据《宪法(第四十四修正案)法令》(1978年)由"第十四条、第十九条、第三十一条"修改为"第十四条、第十九条"。

⑭ 根据《宪法(第四十二修正案)法令》(1976年)由"第三十九条第二款或第三款规定的原则"修改为"第四篇确定的全部或部分原则"。

⑮ 在Keavananda Bharati vs. the State of Kerala(1973年)案中,由最高法院宣告无效。

⑯ 根据《宪法(第四十二修正案)法令》(1976年)修改(1977年1月3日生效)。

世界各国宪法文本翻译与研究系列丛书◎世界各国宪法文本汇编（亚洲卷）

宪法救济权

第三十二条 ［实施执行本篇所赋权利的救济］

1. 保障通过适当程序促使最高法院实施本篇所赋予权利之权利。

2. 实施本篇所赋予的任何权利，最高法院根据情况有权发布指令、命令或令状，包括人身保护令、执行令、禁令、追究权力令与调卷令等令状。

3. 在不损害第一款和第二款所赋予最高法院权力的原则下，议会得以法律授权任何其他法院，在其管辖权范围内，行使第二款授予最高法院的任何权力。

4. 除本宪法另有规定者外本条所保障之权利，不得停止实行。

第三十二 A 条

根据《宪法（第四十三修正案）法令》（1978 年 4 月 3 日生效）已删除。

第三十三条① ［议会有权修正本篇所赋予的权利，以适用于武装部队等］

议会得以法律规定本篇所赋予的权利在适用于以下人员时，应在何种程度上加以限制或废弃限制，或废弃，以确保适当免除他们的责任并维持该部队之纪律：

（1）武装部队人员；

（2）负责维持公共秩序的部队人员；

（3）受雇于各邦建立的任何情报工作和组织的人员；

（4）与第一项到第三项的机构相关的为保持联系所设立机构的人员。

第三十四条 ［本篇所赋权利在军事管制地区的限制］

无论本篇以上条款作何规定，议会在印度境内任何实行军法管制区域内因维持或恢复秩序而为之行为，对任何服务于联邦或各邦之人或任何他人，得以法律免除其责任，并确认其在军事管制地区内所决定之判决、处罚、没收及其他行为的效力。

第三十五条 ［立法对本篇条款的影响］

无论本宪法作出何种规定，

1. 联邦议会有权，但邦立法机构无权，制定下列各项法律：

（1）议会可以根据第十六条第三款、第三十二条第三款、第三十三条及第三十四条诸条款的规定，以法律规定相关事项；

（2）对本篇所规定的犯罪行为的处罚作出规定。

此外，议会应于本宪法生效后尽快制定法律对第二项所述行为明确其处罚。

2. 无论本宪法作出何种规定，本宪法生效前在印度领土内生效的法律，凡关于第一款第一项所列事项或规定该款第二项所列行为之处罚者，均继续生效直至议会予以变更、废止或修正时为止，但本规定须根据第三百七十二条规定对其进行调整和修正。

［解释条款］

本条中"法律的生效"的表述与第三百七十二条的含义保持一致。

第四篇 国家政策的指导原则

第三十六条 ［定义］

除上下文另有规定外，本篇内所称"国家"的意义与第三篇相同。

第三十七条 ［本篇包含原则的适用范围］

本篇所含条款在任何法院不具有强制性，但本篇所述原则是治理国家的根本，国家有责任通过制定法律贯彻这些原则。

第三十八条 ［国家应保障社会秩序以增进人民福利］

1. 国家尽力通过在正义、社会、经济与政治的社会秩序中有效地保障和维护人民的福利，从而形成国民生活的各种制度。②

2. 国家应致力于缩小收入上的不平等，努力消除个人之间，不同地区之间，或从事不同职业的个人或团体之间在地位、设施和机会方面的不平等。③

第三十九条 ［国家应遵循的政策原则］

国家应使其政策致力于保证：

（1）一切男女公民平等享有适当谋生权利；

（2）物质资源的占有与管理的分配应最大程度有利于促进公共利益；

（3）经济制度的运行不应造成财富与生产资料的集中而损害公众利益；

（4）男女同工同酬；

（5）不滥用男女工人、儿童的健康和体力，不强迫公民因经济需要而从事与其年龄或体力不相称的职业；

（6）使儿童在自由与尊严的条件下有健康成长的机会和环境，保护儿童与青年不受剥削，在道义与物

---

① 根据《宪法（第五十修正案）法令》（1984 年）修改。

② 根据《宪法（第四十四修正案）法令》（1978 年）修改（1979 年 6 月 20 日生效）。

③ 根据《宪法（第四十四修正案）法令》（1978 年）修改（1979 年 6 月 20 日生效）。

质上不受遗弃。①

第三十九 A 条② ［司法平等与法律援助］

国家应确保法制的实施以申张正义，以机会均等为基础，通过适当的立法、计划或其他方式免费提供法律帮助，确保公民不因经济或其他方面能力不足而失去申张正义的机会。

第四十条 ［村潘查亚特］

国家应采取步骤组织村潘查亚特③，并授以必要的权力与权威，使其有自治功能。

第四十一条 ［工作权、受教育权和一定条件的享有公共救助的权利］

国家应在经济能力与经济发展的限度内，制定有效规定确保工作权、受教育权及在失业、年老、疾病、残疾及其他困难情形下享受公共救助的权利。

第四十二条 ［关于适当的人道的工作条件和优待产妇的规定］

国家应作出规定保证适当与人道的工作条件及对产妇的优待。

第四十三条 ［工人维持生计的工资等］

国家应通过立法或建立经济组织或以其他方法，致力于保障一切工农业工人和其他工人取得维持生活的工资和工作条件，保证他们享有一定的生活水平和享有闲暇，拥有社会与文化上的机会。国家在农村地区应努力在个人或合作社的基础上促进家庭手工业的发展。

第四十三 A 条④ ［工人参加工业管理］

国家应通过立法或其他方法逐步采取措施，保证工人参加到工业企业中的经营管理、机构或组织管理中。

第四十四条 ［统一民法法典］

国家应致力于在全印度范围内对公民实施统一的民法法典。

第四十五条 ［对儿童实行免费义务教育的规定］

国家应尽力在本宪法实施后的十年内，为十四周岁以下的所有儿童提供免费的义务教育。⑤

第四十六条 ［增进表列种姓、表列部落和其他弱小阶层的教育和经济利益］

国家应关注落后阶层人民的教育与经济收入，特别是"表列部落"和"表列种姓"的教育和经济收入，并保护其不受到社会的不公待遇与一切形式的剥削。

第四十七条 ［国家有责任提高营养水平、生活水平、改善公共卫生］

国家应视人民营养水平、生活水平的提高与公共卫生的改善作为首要职责之一，应努力推动禁止酒精饮料和有损健康的麻醉药品的非医用使用。

第四十八条 ［组织农业与畜牧业生产］

国家应努力使农业与畜牧业走上科学现代化的轨道，并应采取措施保护和改良牛和牛犊、其他乳畜和幼畜品种，并禁止宰杀此类牲畜。

第四十八 A 条⑥ ［保护和改善环境，保护森林和野生生物］

国家应努力保护和改善环境，保护森林和野生生物。

第四十九条 ［保护国家重要纪念品和纪念地］

国家有责任保护重要的纪念品、有艺术或历史价值的纪念地和物品。通过议会宣布或根据议会制定的法律明确国家的重要性，⑦防止被抢劫、损坏、破坏、移动、出卖或运往国外。

第五十条 ［司法与行政分立］

国家应采取步骤使公务部门司法与行政分立。

第五十一条 ［促进国际和平与安全］

国家应致力于：

（1）促进国际和平与安全；

（2）维护国家之间公正和互敬的关系；

（3）在与有组织的民族进行交往中培养对国际法与条约义务的尊重；

（4）提倡通过仲裁解决国际争端。

---

① 根据《宪法（第四十二修正案）法令》（1976 年）修改（1977 年 1 月 3 日生效）。

② 根据《宪法（第四十二修正案）法令》（1976 年）新增（1977 年 1 月 3 日生效）。

③ 印度农村地方政府体系总体上可称为潘查亚特制度（Panchayatj）。潘查亚特也叫评议会，指的是由选举产生的农村地区各方面的代表组成的会议组织。它是印度农村基层民主的主要表现形式，是印度地方基层社区组织制度的显著特色。印度各邦的潘查亚特制度存在诸多的不同，但总的来看，大都分为三级潘查亚特，且在其职能和权限方面基本上是一致的。潘查亚特三级体制的基本组织方式是，一个或数个自然村经村民大会直接选举代表组成村潘查亚特（VillagePanchayat）作为该制度的基层组织。若干村潘查亚特组成区潘查亚特（ZillaPanchayat），全县的区潘查亚特组成县潘查亚特（PanchayatiSamiti）。

④ 根据《宪法（第四十二修正案）法令》（1976 年）新增（1977 年 1 月 3 日生效）。

⑤ 根据《宪法（第八十六修正案）法令》（2002 年）修改（未生效，生效的日期未定）。

⑥ 根据《宪法（第四十二修正案）法令》（1976 年）新增（1977 年 1 月 3 日生效）。

⑦ 根据《宪法（第七修正案）法令》（1956 年）由"经议会制定法律宣布"修改为"通过议会宣布或根据议会制定的法律明确国家的重要性"。

第四A篇　基本义务[1]

第五十一A条　[基本义务]

每个公民应尽下列义务：

（1）遵守宪法，尊重其思想、制度，敬爱国旗和国歌。

（2）重视和遵循在我们为争取自由所进行的民族斗争中所激发的崇高理想。

（3）维护印度主权统一和领土完整。

（4）保卫国家服兵役。

（5）超越宗教、语言、地区和派别差别，促进印度全体人民和谐和兄弟般的友爱精神；放弃贬低妇女尊严的习惯。

（6）珍惜和保护我们共同文化的丰富遗产。

（7）保护和改善包括森林、湖泊、河流、野生生物在内的自然环境，爱护动物。

（8）发展科学精神、人道主义精神和探索改革精神。

（9）保护公共财产，排除暴力。

（10）在个人和集体活动中争取优秀，使国家不断在更高的水平上发展壮大。

（11）父母或监护人为其子女提供教育机会，或者，监护六周岁至十四周岁的儿童。[2]

第五篇　联邦

第一章　行政

总统与副总统

第五十二条　[印度总统]

印度联邦设总统一人。

第五十三条　[联邦行政权力]

1. 联邦行政权属于总统，并由总统依照本宪法规定直接或通过其下属官员行使。

2. 联邦国防军的最高统帅权属于总统，此项权力的行使将由法律规定。本款规定并不损害前款规定的一般含义。

3. 不得认为：

（1）本条规定将任何现行法律授予邦政府或其他机关的任何职权转移给总统；

（2）本条规定禁止议会通过制定法律将职权授予总统以外的其他机关。

第五十四条　[总统选举]

总统由选举团成员选举产生。选举团成员由下列人员组成：

（1）在议会两院中当选的议员；

（2）在各邦立法会议员中当选的议员。

[解释条款][3]

本条和第五十五条中，"邦"包括新德里（Delhi）中央辖区和本地治里（Pondicherry）[4]中央辖区。

第五十五条　[总统的选举方式]

1. 在总统选举中，应保持各邦代表的比例一致。

2. 为保证各邦代表比例上的一致以及各邦作为一个整体与联邦之间的均等，联邦议会与邦议会当选的议员在总统选举中所投的票数，应按下列方式确定：

（1）邦立法会议每一名当选议员所投票数为该邦人口数除以该邦立法会议当选议员总数所得再除以一千；

（2）若除以一千，余数不少于五百，则第一项所述每一当选议员所投票数应再增加一票；

（3）联邦议会两院当选议员所投票数为在第一、第二项下划归全国各邦立法院当选议员的总票数除以联邦两院当选议员总人数的结果。余数超过零点五计为一票，其他尾数不计。

3. 总统的选举，应依据比例代表制，按照单记名可转让投票法举行；选举的投票，应为秘密投票。

[解释条款][5]

本条所说的"人口"指依据上一次人口普查所公布的数字；

但是在2026年[6]之后的第一次人口普查的有关数字公布以前，本解释所说的人口数字指1971年的人口普查。

第五十六条　[总统任期]

1. 总统任期为五年，自就职之日起算；但

（1）总统可向副总统提交本人签名的书面辞呈提出辞职；

（2）总统如违反本宪法得按第六十一条所规定的方式弹劾；

---

① 根据《宪法（第四十二修正案）法令》（1976年）新增（1977年1月3日生效）。

② 根据《宪法（第八十六修正案）法令》（2002年）新增，但未生效，生效的日期未定。

③ 根据《宪法（第七十修正案）法令》（1992年）新增（1995年6月1日生效）。

④ 根据本地治里法（2006年）规定（2006年10月1日生效）。

⑤ 根据《宪法（第四十二修正案）法令》（1976年）修改（1977年1月3日生效）。

⑥ 根据《宪法（第八十四修正案）法令》（2001年）由"2000"修改为"2026"。

（3）总统任期届满，在继任人选就职前应继续任职。

2. 第一款但书中第一项所述辞呈一旦送达副总统，副总统应立即通知人民院议长。

第五十七条 ［连任］

现任总统或连任总统在本宪法其他规定的约束下可以再次当选总统。

第五十八条 ［当选总统的资格］

1. 当选总统应具备下列资格：

（1）印度公民；

（2）年满三十五周岁；

（3）有当选人民院议员的资格。

2. 在印度政府、各邦政府，或上述政府管辖下的任何地方机关或其他机关担任有收入的职务者不得当选为总统。

［解释条款］

本条是指不能仅因其担任总统或副总统、任何邦的邦长①、联邦或各邦的部长，而视为其担任有收入的职务。

第五十九条 ［总统任职条件］

1. 总统不得担任议会两院或各邦议会之议员；如议会两院或各邦议会的议员被选为总统，应认为其占据的议席自就任总统之日起出缺。

2. 总统不得担任其他有收入的职务。

3. 总统有权免费使用官邸，有权享有议会以法律规定的薪资、津贴和特权。在此项规定制定之前，总统的薪资、津贴和特权照附表二规定执行。

4. 在总统任职期内，薪资与津贴不得减削。

第六十条 ［总统宣誓］

总统、代理总统或代行总统职权者应于就职之前，由印度最高法院首席大法官监督，首席法官缺席时由年资最深的最高法院法官监督，按下列誓词宣誓，并在誓词上签名：

本人……谨对上帝庄严宣誓（或庄严保证）：我愿忠实执行印度总统职务（或代替履行总统职权），并愿竭尽全力遵守、保护、捍卫宪法与法律，我将献身于为印度人民服务，献身于印度人民的幸福。

第六十一条 ［弹劾总统的程序］

1. 总统因违反本宪法而受到弹劾时，议会两院皆可起诉。

2. 只有在下列情况下才能起诉：

（1）此项起诉应写入议案中，该决议案应于动议之前至少十四日由该院占议员总数四分之一以上的议员签名提出书面通告，表明提出该议案的意向；

（2）此项议案经不少于该院议员总数的三分之二以上多数通过；

3. 议会某院按照上述方式提出起诉时，另一院应对起诉进行调查，或责成进行调查，总统在调查中有权到场或委派代表到场。

4. 如果作为调查结果的决议，经调查或责成调查的议院以不少于该院议员总数的三分之二以上多数通过，宣布对总统指控成立，则此项决议具有自通过之日起罢免总统的效力。

第六十二条 ［总统缺位时选举时间与当选者的任期］

1. 因总统任期届满而进行的选举应于任期届满前完成。

2. 由于总统死亡、辞职、免职或其他原因而进行的选举，应于该职务缺位后尽快举行；但在任何情形下不得晚于其后六个月。继任者根据第六十六条规定，有权自就职之日起任满五年任期，但应受第五十六条规定的约束。

第六十三条 ［印度副总统］

印度联邦设副总统一人。

第六十四条 ［联邦院主席］

副总统为联邦院的当然议长，其不得担任其他有收入的职务。

但副总统根据第六十五条规定代理总统或代行总统职权期间，不得履行联邦院主席的职务，也无权根据第九十七条规定享有联邦院主席的薪资与津贴。

第六十五条 ［副总统在总统偶然缺位或缺席时代理总统或代行总统职权］

1. 因总统死亡、辞职、免职或其他原因出现总统缺位时，副总统依本章规定在选出的新总统就职之前，出任代理总统。

2. 总统因出国、疾病或其他原因不能履行职权时，副总统应代为行使职权，直到总统重新任职为止。

3. 副总统在代理总统或代行总统职权期间享有总统全部职权与豁免权，并有权享有议会法律为总统规定的薪资、津贴与特权。在有关规定制定之前，其特权、薪资与津贴可按附表二规定执行。

第六十六条 ［副总统的选举］

1. 副总统应由议会两院议员组成的选举团②依据比例代表制，以单记名可转让投票法选举。选举以秘密投票方式进行。

2. 副总统不得担任议会两院或各邦议会的议

---

① 根据《宪法（第七修正案）法令》（1956年）删除"或者拉尔巴拉木（Rajpramukh）"。

② 根据《宪法（第十一修正案）法令》（1961年）由"由议会两院议院的联席会议"修改为"由议会两院议员组成的选举团"。

员;如议会两院或各邦议会的议员当选副总统,则应认为其议席自就任副总统之日起出缺。

3. 当选副总统应具备下列资格:

(1)印度公民;

(2)年满三十五周岁;

(3)有当选联邦院议员的资格。

4. 在印度政府、各邦政府或受上述政府管辖的任何地方机关或其他机关中担任有收入职务者不能当选副总统。

[解释条款]

本条是指不能仅因其担任总统或副总统、任何邦的邦长①、联邦或各邦的部长,而视为担任有收入的职务。

第六十七条 〔副总统的任期〕

副总统自就职之日起任职五年,但:

(1)副总统可以辞去其职务,应亲笔书面向总统递交辞呈。

(2)副总统可由联邦院以该院出席议员总数过半数通过决议,经人民院同意而解除职务。但为达到本款目的而提出的议案应于动议之前至少十四日提出通告,并表明提出该项决议案的意向。

(3)副总统任期届满后应继续任职直到继任者就职为止。

第六十八条 〔副总统出缺时的选举时间与继任者的任期〕

1. 因副总统任期届满而举行的选举应在其任期届满前完成。

2. 因副总统死亡、辞职、免职或其他原因而举行的选举,应于该职务出缺后尽快举行。继任者可自就职之日起任满五年任期,但应受第六十七条规定的约束。

第六十九条 〔副总统宣誓〕

副总统在就职之前,应在总统或其所指定的代表面前宣誓,誓词如下:

本人……谨对上帝庄严宣誓:我忠诚于依法产生的印度宪法,并愿忠实履行即将承担的职责。

第七十条 〔其他突发情况下总统职权的行使〕

在任何本章未规定的突发情况下,由议会对总统职权的行使作出适当规定。

第七十一条② 〔总统、副总统选举的有关问题〕

1. 总统、副总统选举中产生的或与之相关的所有疑问与争议应由最高法院裁决,该裁决为最终决定。

2. 最高法院宣告当选总统或副总统的人选选举无效时,其在最高法院判决之前行使、履行总统或副总统的权力与职责的行为,不因此项宣告而无效。

3. 在遵守本宪法的前提下,议会可以通过法律对与总统、副总统选举相关的任何事宜作出调整性规定。

4. 不得因选举团成员缺席选举而质疑总统或副总统选举。

第七十二条 〔总统有赦免、缓刑、减刑等权力〕

1. 对于下列案件,总统有权赦免、缓刑、减刑或停止、暂缓、减轻、免除惩罚:

(1)由军事法庭处罚或判决的案件;

(2)触犯涉及联邦行政权限范围内事项的任何法律而被处罚或判刑的案件;

(3)判处死刑的案件。

2. 法律授予联邦武装部队军官,对军事法庭判决缓刑、减刑的权力不受第一款第一项影响。

3. 第一款第三项不影响邦长③根据现行法律对死刑判决行使缓刑、赦免或减刑的权力。

第七十三条 〔联邦行政权限的范围〕

1. 除本宪法另有规定外,联邦的行政权限应包括:

(1)议会拥有立法权的相关事项;

(2)印度政府根据条约或协定得以行使的权利、权力与司法权限。

但第一项所述的行政权对某邦④而言并不包括邦议会拥有立法权的相关事项,除非本宪法或联邦议会法律另有明确规定。

2. 无论本条作出何种规定,在议会另有规定前,任何一邦及该邦的官吏或机关对于议会有权为该邦立法的事项,仍可继续行使该邦或该邦官吏或机关在本宪法生效前所能行使的行政权力与行政职能。

部长会议

第七十四条 〔部长会议协助并向总统提出建议〕

1. 联邦设部长会议,部长会议以总理为首,协助总理并向其提出建议;总统在行使其职权时依据部长会议的建议行事。⑤

---

① 根据《宪法(第七修正案)法令》(1956年)删除"或者拉尔巴拉木(Rajpramukh)"。

② 根据《宪法(第三十九修正案)法令》(1975年)修改(1975年8月10日生效)和《宪法(第四十四修正案)法令》(1978年)修改(1979年6月20日生效)。

③ 根据《宪法(第七修正案)法令》(1956年)删除"或者拉尔巴拉木(Rajpramukh)"。

④ 根据《宪法(第七修正案)法令》(1956年)删除"根据附表一第一或第二部分"。

⑤ 根据《宪法(第四十二修正案)法令》(1976年)修改(1977年1月3日生效)。

但总统可一般性或特殊性地要求部长会议重新考虑其建议，并根据重新考虑后的建议行使其职权。[①]

2. 部长是否向总统提出建议，提出何种建议，不得在任何法院提出质疑。

第七十五条 ［关于部长的其他规定］

1. 总理由总统任命；部长由总统根据总理的建议任命。

1A. 部长的总数包括总理、内阁部长，不得超过人民院议员总数的百分之十五。

1B. 属于任何政党的议会任何一院的成员根据附表十第二条的规定丧失该院成员资格者，同样丧失根据第一款被任命为部长的资格，丧失的期间从其丧失议院成员资格之日开始，至其议院成员的职务任职期满为止，或其在任职期满前对任何一院的选举提出质疑时则至其被宣布当选为止，二者以在前者为准。[②]

2. 部长任职时间由总统决定。

3. 部长会议集体对人民院负责。

4. 部长就职前，总统应监督部长依附表三所规定的誓词举行就职宣誓与保密宣誓。

5. 部长连续六个月不担任议会任何一院的议员，应于六个月届满时终止其部长职务。

6. 总理与部长的薪资与津贴由议会随时以法律确定；在未确定前，应按附表二规定执行。

印度总检察长

第七十六条 ［印度总检察长］

1. 总统应任命具有最高法院法官资格的人选担任印度总检察长。

2. 总检察长的职责为：对总统随时提交或指定的法律事项向印度政府提供意见；执行总统随时指定的其他法律任务；行使本宪法或其他现行法律所授予的职权。

3. 在执行职务期间，总检察长在印度领土内所有法院有听审权。

4. 总检察长的任职时间和薪资由总统确定。

政务的执行

第七十七条 ［印度政府政务的执行］

1. 印度政府的一切行政行为，应以总统的名义

进行。

2. 以总统名义发布与实施的命令与其他文件，应按总统制定的规则[③]中的程序生效；按照该程序实施的命令或文件，不得因其非由总统发布或实施而对其合法性提出质疑。

3. 总统应制定规则，以便印度政府事务的处理和部长对上述工作的分工。

4. 根据《宪法(第四十二修正案)法令》(1976 年)新增(1977 年 1 月 3 日生效)，后根据《宪法(第四十四修正案)法令》(1978 年)已删除(1979 年 6 月 20 日生效)。

第七十八条 ［总理的职责］

总理有下述职责：

(1)总理有责任向总统通报情况，将部长会议有关联邦事务管理与立法建议的决定通报总统；

(2)向总统提供有关联邦事务管理与立法建议；

(3)对于已由一部长作出决定而未经部长会议讨论的任何事项，经总统提出要求后，可提交部长会议讨论。

第二章 议 会

总 则

第七十九条 ［议会的设立］

联邦议会由总统及两院组成，两院分别称为联邦院和人民院。

第八十条 ［联邦院的组成］

1. 联邦院[④]应包括：

(1)由总统根据第三款规定指定的十二名议员；

(2)各邦与各中央直辖区[⑤]不超过二百三十八名的代表。

2. 各邦和各中央直辖区[⑥]在联邦院中的议席分配，应依照附表四规定执行。

3. 总统根据第一款第一项指定的议员应具有下述专门知识或实际经验：文学、科学、艺术或社会服务。

4. 各邦[⑦]在联邦院的代表，应由各邦立法院的当选议员，依据比例代表制，以单记名可转让投票法

---

① 根据《宪法(第四十四修正案)法令》(1978 年)修改(1979 年 6 月 20 日生效)。

② 根据《宪法(第九十一修正案)法令》(2003 年)新增"1A 和 1B"。

③ 参见 S.O. 2297 号通知，1958 年 11 月 3 日于印度政府公报公布。

④ 根据《宪法(第三十五修正案)法令》(1974 年)修改(1975 年 3 月 1 日生效)。同时，根据《宪法(第三十六修正案)法令》(1975 年)删除"依据附表十第四段"(1975 年 4 月 26 日生效)。

⑤ 根据《宪法(第七修正案)法令》(1956 年)增加"各中央直辖区"。

⑥ 根据《宪法(第七修正案)法令》(1956 年)增加"各中央直辖区"。

⑦ 根据《宪法(第七修正案)法令》(1956 年)由"附表一第一部分或第二部分规定的各邦"修改为"各邦"。

世界各国宪法文本翻译与研究系列丛书◎世界各国宪法文本汇编（亚洲卷）

选举。

5. 各中央直辖区①在联邦院的代表应按照议会法律规定的程序遴选产生。

第八十一条② ［人民院的组成］

1. 根据第三百三十一条规定③，人民院组成如下：

（1）人民院应有不超过五百三十名议员④；由各邦选民直接选出；

（2）代表中央直辖区的议员按照议会法律规定的程序产生，总数不得超过二十名。⑤

2. 为实施第一款第一项规定：

（1）各邦在人民院议席数的分配应使各邦议席数与人口数的比例在可能情况下尽量保持一致。

（2）各邦应划分为若干选区，邦内各选区人口数与分配给该选区的议席数额的比例在可能情况下应尽量保持一致。

但如一邦人口不足六百万，则本款第一项规定不适用于该邦在人民院的席位分配。⑥

3. 本条中"人口"一词指业已公布的上次人口普查所确认的人口数字；

但是，在 2026 年⑦之后的第一次人口普查的有关数字公布以前，本款所谓"业已公布有关数字的上次人口普查"⑧：

（1）第二款第一项和但书条款中指 1971 年的人口普查；并

（2）第二款第二项中指 2001⑨年的人口普查。

第八十二条 ［人口普查后的调整］

各邦在人民院议席的分配，以及邦内各选区议席的分配在每次人口普查完成后应进行调整，负责调整的机构与调整的程序由议会制定法律加以规定。

但这种调整在本届人民院解散之前并不影响人民院的代表性。

这种调整自总统命令指定的日期开始生效；在生效前，人民院选举应按调整前的选区进行。⑩

2026 年⑪后第一次普查结果公布前，不必根据本条规定重新调整：⑫

（1）依据 1971 年人口普查结果对各邦、各选区人民院议席数额的分配；

（2）依据 2001 年⑬人口普查结果对各邦管辖区的划分。

第八十三条 ［议会两院的任期］

1. 联邦院永不解散，但每两年届满之后应尽可能有三分之一的议员卸任，具体办法由议会通过法律专门加以规定。

2. 人民院除任期届满前提前解散，应自召集首次会议之日起任期五年⑭，不得延长；五年届满，该院即自动解散。

但上述期限因紧急状态宣布而由议会通过法律加以延长；延长一次不得超过一年，且在任何情况下不得在紧急状态结束后继续延长超过六个月。

第八十四条 ［议员资格］

当选为联邦议会议员者应具备下列条件：

（1）印度公民，且在选举委员会专门指定的监督人面前按照附表三规定的格式宣誓并在誓词上签名；⑮

（2）联邦院议员年龄不小于三十周岁，人民院议员年龄不小于二十五周岁；

（3）具备议会法律规定的其他条件。

第八十五条⑯ ［议会的会期、闭会与解散］

1. 总统可随时在其认为合适的时间和地点，召集议会任何一院开会。但上次会期的最后一次会议与下次会期首次会议的相隔日期不得短于六个月。

2. 总统可随时：

（1）宣布议会两院或任何一院闭会；

---

① 根据《宪法（第七修正案）法令》（1956 年）由"附表一第三部分"修改为"各中央直辖区"。

② 根据《宪法（第七修正案）法令》（1956 年）由"第八十一条和第八十二条"修改为"第八十一条"。

③ 根据《宪法（第三十六修正案）法令》（1975 年）删除"和附表十第四段"（1975 年 4 月 26 日生效）。

④ 根据《果阿和达曼（行政区划调整）法令》（1987 年）由"五百二十五名"改为"五百三十名"（1987 年 5 月 30 日生效）。

⑤ 根据《宪法（第三十一修正案）法令》（1973 年）由"二十五名"修改为"二十名"。

⑥ 根据《宪法（第三十一修正案）法令》（1973 年）新增。

⑦ 根据《宪法（第八十四修正案）法令》（2001 年）由"2000 年"修改为"2026 年"。

⑧ 根据《宪法（第四十二修正案）法令》（1976 年）新增（1977 年 1 月 3 日生效）。

⑨ 根据《宪法（第八十七修正案）法令》（2003 年）由"1997 年"修改为"2001 年"。

⑩ 根据《宪法（第四十二修正案）法令》（1976 年）新增（1977 年 1 月 3 日生效）。

⑪ 根据《宪法（第八十四修正案）法令》（2001 年）由"2000 年"修改为"2026 年"。

⑫ 根据《宪法（第八十四修正案）法令》（2001 年）修改。

⑬ 根据《宪法（第八十七修正案）法令》（2003 年）由"1997 年"修改为"2001 年"。

⑭ 根据《宪法（第四十四修正案）法令》（1978 年）由"六年"修改为"五年"（1979 年 6 月 20 日生效）。

⑮ 根据《宪法（第十六修正案）法令》（1963 年）修改。

⑯ 根据《宪法（第一修正案）法令》（1951 年）修改。

(2)解散人民院。

第八十六条 ［总统发表演说和国情咨文的权利］

1. 总统须向议会任何一院或两院联席会议发表演说，并为此要求议员出席。

2. 总统须为议会中未决法案或其他事项向任何一院致送咨文，该院对咨文中所要求考虑事项应尽快组织讨论。

第八十七条 ［总统发表特别演说］

1. 人民院大选之后第一次会期开幕时以及每年第一次会期开幕时①，总统应向议会两院联席会议发表演说，并向议会说明召集会议的目的。

2. 两院议事规则应对总结演说中涉及事项的讨论时间②作出规定。

第八十八条 ［部长和总检察长在议会中的权利］

印度各部长及总检察长，在议会任何一院、议会两院联席会议或担任委员的议会委员会中，有发言权与参加活动的权利，但不因本条规定而享有表决权。

议会官员

第八十九条 ［联邦院主席和副主席］

1. 印度副总统为联邦院当然主席。

2. 联邦院应尽快自议员中选出一人担任副主席；当副主席职位出缺时，应另选他人担任。

第九十条 ［联邦院副主席的缺位、辞职和免职］

担任联邦院副主席的议员：

(1)如失去联邦院议席时，其副主席之职即为出缺；

(2)可随时向主席提交本人签名的书面辞呈提出辞职；

(3)可由当时联邦院全体议员的多数通过决议免除其职务。

但第三项所述的决议案除非至少提前十四日通告提出决议案的意向，否则不得动议。

第九十一条 ［联邦院副主席或其他人代行主席职权或代理主席的权力］

1. 主席职位出缺时，或副总统代理总统或代行总统职权期间，应由副主席行使主席职权。如果副主席同时缺位，则由总统专门指定一名联邦院议员行使此项职权。

2. 主席不能出席联邦院会议时，应由副主席代理主席；副主席同时缺席时，由联邦院议事规则规定的其他人代理；此人同时缺席时，由联邦院确定代理人选。

第九十二条 ［联邦院主席、副主席不得主持有关免除其职务的议案讨论］

1. 联邦院开会讨论免除副总统职务的议案时，主席即使出席，也不得主持会议；联邦院开会讨论解除副主席职务的议案时，副主席即使出席会议也不得主持会议；此类会议可援用第九十一条第二款规定，如同主席或副主席缺席会议。

2. 联邦院讨论免除副总统职务的议案时，主席有发言权和参加活动的权利；但无论第一百条作出何种规定，主席无权对此议案或此讨论中的任何其他事项进行表决。

第九十三条 ［人民院主席、副主席］

人民院应尽快自该院议员中选出两人分任主席及副主席，当主席或副主席职位出缺时，该院应另选其他议员担任。

第九十四条 ［人民院议长、副议长的缺位、辞职与免职］

担任人民院议长或副议长的议员：

(1)如失去人民院议席，其议长或副议长职务即为出缺；

(2)议长可随时副议长提交本人签名的书面辞呈提出辞职，副议长可随时向议长提交本人签名的书面辞呈提出辞职；

(3)可由当时人民院议员的多数通过决议免除其职务。

但第三项所述的议案除非至少提前十四日通告其意向，否则不得动议。

而且，当人民院解散时，议长不得离职，直到下届人民院举行第一次会议前为止。

第九十五条 ［人民院副议长或其他人代行议长职权或代理议长的权力］

1. 议长职位出缺时，由副议长行使其职权。如副议长职位同时出缺，可由总统专门指定一名人民院议员行使此项职权。

2. 议长未出席人民院会议时，由副议长代理议长；副议长同时缺席时，由人民院议事规则规定代理人选。如此人同时缺席时，人民院可指定他人代理。

第九十六条 ［人民院议长、副议长不得主持有关免除其职务的议案的讨论］

1. 人民院开会讨论罢免议长职务的议案时，议长即使出席，也不得主持会议；人民院开会讨论免除副议长职务时，副议长虽出席，也不得主持会议。此种会议可援用第九十五条第二款规定，如同议长或副议长缺席会议。

2. 人民院讨论罢免议长职务的议案时，议长有权发言或以其他方式参加活动，但无论第一百条作出

---

①　根据《宪法(第一修正案)法令》(1951年)由"每次会期"修改为"第一次会期开幕时以及每年第一次会期开幕时"。

②　根据《宪法(第一修正案)法令》(1951年)删除"众议院其他事务的讨论程序"。

何种规定,议长只在该议案或对此讨论的其他事项进行第一次表决时有表决权,但若双方票数相等则没有表决权。

第九十七条 ［联邦院主席、副主席与人民院议长、副议长的薪资与津贴］

联邦院主席、副主席与人民院议长、副议长享有的薪资与津贴由议会以法律分别加以规定。在此项规定制定以前,按附表二有关规定执行。

第九十八条 ［议会秘书处］

1. 议会两院应分别设立秘书处;

但本款不得解释为禁止两院设立共同的职务。

2. 议会须以法律规定议会两院秘书处工作人员的聘用与服务条件。

3. 在议会未依据第二款制定有关规定前,总统经与人民院议长或联邦院主席磋商之后,可以制定规则规定两院秘书处工作人员的聘用及待遇;此类规则只能在与第二款所述法律不相抵触的范围内产生效力。

事务性问题

第九十九条 ［议员宣誓或保证词］

议会所有议员就职前应在总统或总统委派的人员面前,依附表三所列誓词宣誓,并在誓词上签名。

第一百条 ［议会两院的表决议席缺额时的行动权和法定人数］

1. 除本宪法另有规定外,议会任何一院的会议或两院联席会议上审议的所有问题,均以出席并投票议员(议长与代理议长不包括在内)的多数票通过。

两院议长与代理议长在第一次表决时不应投票,但双方票数相等时应享有并行使其决定性的投票权。

2. 议会两院无论议席缺额多少仍有权行使职权;即使议事后发现出席、投票或以其他方式参与议事者并无此项权利,但其议事仍然有效。

3. 除议会法律另有规定外,议会两院会议的法定人数为该院议员总数的十分之一。

议员资格的丧失

第一百零一条 ［议席出缺］

1. 任何人不得兼任议会两院议员,凡当选为两院议员者,其中一院的议席即为出缺,具体情况由议会以法律加以规定。

2. 任何人不得兼任联邦议会与①各邦议会议员;若同时当选联邦议会和邦议会议员,除非先行辞去邦②议会议员职务,否则总统所制定的规则③规定的期限届满时,其在联邦议会中的议席即为出缺。

3. 议会任何一院的议员

(1)出现第一百零二条第一款或第二款④中任何丧失资格的情形时;或者

(2)亲自书面向议长辞去议员职务且议长接受其辞职请求时;⑤

其议席即为出缺。

但如议长已获得报告,或以其他方式知悉,或经过适当的调查后认为辞呈并非出自议员本意,则可不予接受。⑥

4. 若议会任何一院议员,未经该院许可,在六十日内未出席本院的会议,则该院可宣告其议席出缺。

但计算上述六十日期限时,凡议会闭会期间或连续四日以上休会期间不得计算在内。

第一百零二条 ［丧失议员资格］

1. 凡有下列情形者,丧失当选及继续担任议会任何一院议员资格:

(1)在印度政府或各邦政府担任任何有收入的职务,但经议会以法律形式宣布不影响其议员资格的职务除外;

(2)经管辖法院宣告精神不健全者;

(3)债务尚未清偿的破产者;

(4)非印度公民、自愿取得他国国籍者或对他国表示效忠或追随者;

(5)根据议会法律规定被认定为不合资格者。

［解释条款］⑦

本条是指不能仅因其担任总统或副总统、任何邦的邦长、联邦或各邦的部长,而视为其担任有收入的职务。

2. 根据附表十的规定某人丧失资格时,其丧失担任两院议员的资格。⑧

---

① 根据《宪法(第七修正案)法令》(1956年)删除"附表一第一部分或第二部分中规定的"。

② 根据《宪法(第七修正案)法令》(1956年)由"该邦"修改为"邦"。

③ 参见《禁止兼任议员规则》(1950年)由法务部F.46/50-C号通知于1950年1月26日在印度政府公报上公布。

④ 根据《宪法(第五十二修正案)法令》(1985年)由"第一百零二条第一款"修改为"第一百零二条第一款或第二款"(1985年3月1日生效)。

⑤ 根据《宪法(第三十三修正案)法令》(1974年)修改。

⑥ 根据《宪法(第三十三修正案)法令》(1974年)新增。

⑦ 根据《宪法(第五十二修正案)法令》(1985年)由"2"修改为"[解释条例]"(1985年3月1日生效)。

⑧ 根据《宪法(第五十二修正案)法令》(1985年)修改(1985年3月1日生效)。

第一百零三条① ［议员丧失资格问题的裁决］

1. 如对议会两院议员是否出现第一百零二条第一款所述丧失资格的情况发生疑问，应将问题提交总统裁决，且总统的决定为最终决定。

2. 总统对上述问题作出决定之前，应征询选举委员会意见，并依据其意见作出决定。

第一百零四条 ［议员未根据第九十九条规定进行宣誓、不具议员资格或失去议员资格却仍出席会议或参加表决时的处罚］

如果议会议员履行第九十九条规定以前，或明知不符合议员资格，或已经明知丧失议员资格，或明知议会法律规定禁止其出席会议或参加表决，而仍以议会议员身份出席会议或参加表决时，则每出席会议或参加表决一日，其应向联邦交纳五百卢比罚款。

议会与议员权力、特权和豁免权

第一百零五条 ［议会两院、议员、议会委员会的权力和特权等］

1. 议会内应言论自由，但须受本宪法与议会议事规则规定的约束。

2. 议会议员不因其在议会或其任何委员会的任何言论或表决行动而受到任何法院的追究；任何人也不得因议会任何一院授权发表报告、文件、表决结果或议事记录而受到任何法院的追究。

3. 议会两院、议会议员及议会委员会在其他方面的权力、特权与豁免权，应由议会随时以法律形式规定。在有关规定作出以前，应沿用《宪法(第四十四修正案)法令》(1978 年)第十五条生效前的相应规定。②

4. 第一款、第二款及第三款的规定，除适用于议会议员外，同样适用于根据本宪法规定有权在议会任何委员会发言或以其他方式参与议事的人员。

第一百零六条 ［议员薪资与津贴］

议会两院议员任何时候有权根据议会法律确定的数额领取薪资与津贴。在有关规定作出之前，其薪资与津贴的数额及条件，按照本宪法实施前印度自治领立宪议会议员的有关规定执行。

立法程序

第一百零七条 ［提出和通过法案的有关规定］

1. 除财政法案与其他有关财政的法案受第一百零九条和第一百一十七条规定的约束外，其他法案均可在议会两院的任何一院中首次提出。

2. 除第一百零八条及第一百零九条规定的情形外，任何法案不得认为已被议会两院通过，除非该法案由议会两院不经修正一致同意，或附有两院均表赞同的修正案。

3. 议会中未决的法案，不得因议会闭会而废止。

4. 联邦院未决的法案，且未经人民院通过，不得因人民院解散而废止。

5. 人民院未决的法案，或虽经人民院通过而在联邦院中未决的法案，应随人民院的解散而废止，但仍须遵从第一百零八条的规定。

第一百零八条 ［在某些情况下召集两院联席会议］

1. 法案经一院通过而转送另一院后，若：

(1)该法案为后者所否决；

(2)对该法案修正后，两院最后意见仍不一致；

(3)后者自接到该法案之日起超过六个月仍未予以通过。

但是，除非该法案因人民院解散而废止，否则若两院开会期间，总统可向两院提交法案；若议会休会期间，则总统以公告方式通知两院，表明希望召集两院联席会议对该法案加以讨论并进行表决。

但本款规定不适用于财政法案。

2. 在计算第一款中六个月期限时，该款第三项所指的议院，其连续闭会或休会达四日以上的时间不得计入在内。

3. 总统按照第一款将召集联席会议的意向通知两院后，两院均不得再继续对该法案进行讨论。总统可于通知发出后随时按照通知中的地址召集两院联席会议。一旦总统召集此会议，两院应立即遵照执行。

4. 该法案及经联席会议同意的修正案如在两院联席会议中，由两院出席且投票的议员过半数通过，则该法案应被本宪法视为已被两院通过。

但是在联席会议上：

(1)如果某法案已被一院通过，但在另一院附加修正案后仍未能被送还原动议议院通过，则在两院联席会议上不得对该案另提修正案，除非是由于该案延迟通过而不得不进行的修正。

(2)如果某法案被一院通过而被另一院发回，则在两院联席会议上仅能对其附加本款已述及的修正案以及涉及两院未能取得一致意见的事项提出修正。

对于本款许可的修正案，联席会议主持者的决定为最终决定。

5. 总统发出召集两院联席会议的通知后，即使人民院解散，两院联席会议仍可正常举行，并可正常通过法案。

---

① 根据《宪法(第四十二修正案)法令》(1976 年)(1977 年 1 月 3 日生效)和《宪法(第四十四修正案)法令》(1978 年)(1979 年 6 月 20 日生效)修改。

② 根据《宪法(第四十四修正案)法令》(1978 年)修改(1979 年 6 月 20 日)。

第一百零九条 ［有关财政法案的特别程序］

1. 财政法案不得由联邦院提出。

2. 财政法案经人民院通过后，应送联邦院征求意见，联邦院应于收到该法案的十四日内将该法案连同其意见送回人民院，人民院可以接受或拒绝联邦院的全部意见或部分意见。

3. 若人民院接受联邦院所提的任何一部分意见，则该财政法案，包括联邦院提出经人民院接受的修正案，应视为经两院共同通过。

4. 若人民院拒绝接受联邦院的全部意见，则该财政法案应视为按照人民院通过的条文，不附加联邦院任何修正案而经两院共同通过。

5. 人民院通过后送交联邦院征求意见的财政法案如未于上述十四日的期限内退还人民院，则该法案应自上述期限届满之日起，视为按照人民院通过的条文，经两院共同通过。

第一百一十条 ［“财政法案”定义］

1. 凡只涉及处理下列全部或任一事项的法案应视为本章所述的财政法案：

（1）任何税收的课征、废止、豁免、变更或调整；

（2）印度政府进行信贷或提供财政担保的有关规定，或涉及印度政府已经承担或即将承担的财政义务的法律的修正案等；

（3）印度统一基金或印度意外开支准备基金的保管，及此两项基金的收支；

（4）由印度统一基金拨付的款项；

（5）任何宣布由印度统一基金支付的开支，或任何此类支出数额的增加等；

（6）印度统一基金账户和印度公共账户的收入，或此类账户的保管和拨付，联邦或邦账户的查核；

（7）其他与第一项至第六项事项相关的事项。

2. 任何法案不得仅因其规定罚款或课征罚金，或规定缴纳执照费、服务费，或因其规定任何地方机关或团体，为地方用途征收、废止、豁免、变更或调整任何税收，即认定为财政法案。

3. 如果对某一法案是否为财政法案发生疑问，人民院议长的裁决为最终决定。

4. 当财政法案按照第一百零九条送达联邦院及按照第一百一十一条送达总统批准时，人民院议长应就该法案为财政法案出具证明。

第一百一十一条 ［法案的批准］

任何法案经议会两院通过，应立即送达总统，总统应表明批准或不批准。

但总统收到该法案后，若其为非财政法案，应尽快将该法案连同咨文送还两院，令其对该法案或其中某些条款再次考虑，并令其考虑咨文中所提修正意见是否适当，法案退还两院后，两院应据此予以重议；若该法案经两院再次通过后送呈总统批准，则无论该法案是否采纳修正意见，总统均不得拒绝批准。

财政事项程序

第一百一十二条 ［年度财政报告］

1. 总统应于每个财政年度向议会两院提交印度政府当年财政收支的预算报告，以下本篇将简称为“年度财政报告”。

2. 年度财政报告中的支出预算应分别列出下列事项：

（1）本宪法规定由印度统一基金项下支付的开支总额；

（2）拟由印度统一基金项下支付的其他开支总额；

并应将税收账目的支出与其他支出分列。

3. 下列支出应自印度统一基金项下支付：

（1）总统薪资、津贴及与其职务有关的其他费用；

（2）联邦院主席、副主席及人民院议长、副议长的薪资与津贴；

（3）印度政府所负担的债务：包括利息、偿债基金、贴现费用以及其他有关负债、偿债的开支；

（4）(a)最高法院法官的薪资、津贴及年金；

（b）联邦法院法官的年金；

（c）在印度领土的任何地区行使司法权限的高等法院以及本宪法实施前曾在印度自治领总督辖下行省的任何地区①行使过司法权限的高等法院法官的年金；

（5）印度总审计长与总检察长的薪资、津贴及年金；

（6）任何法院或仲裁法庭用以进行审判、判决或裁决所需的款项；

（7）本宪法或议会法律规定自本基金项下支付的其他任何开支。

第一百一十三条 ［议会关于预算的程序］

1. 自印度统一基金项下拨付的支出，其预算不必提交议会表决，但本款不得解释为禁止议会两院对此类支出的预算进行讨论。

2. 其他支出的预算应以拨款要求的形式提交人

---

① 根据《宪法（第七修正案）法令》(1956年)由“根据附表一第一部分确定的省”修改为“在印度自治领总督辖下行省的任何地区”。

民院,人民院对任何拨款要求有权批准或拒绝,或在削减拨款金额的条件下予以批准。

3. 拨款要求,未经总统建议不得提出。

第一百一十四条 ［拨款法案］

1. 人民院按照第一百一十三条同意拨款后,应尽快提出法案,从印度统一基金项下拨付所有款项以满足下列需要:

(1)人民院同意的拨款;

(2)应由印度统一基金项下支付的开支,但在任何情形下均不得超过原先提交议会的年度报告中的规定数额。

2. 对此类法案,议会两院不得提出修正案以改变已获批准的拨款总额、款项用途,或改变自统一基金项下拨付的任何开支的总额,对于某修正案是否属于本款所不允许的情况,会议主持者的裁决为最后决定。

3. 除根据本条规定通过的法律所批准的拨款外,不得从印度统一基金项下拨付任何款项,但本规定须受第一百一十五条和第一百一十六条规定的约束。

第一百一十五条 ［补充、追加或超支拨款］

1. 总统在下列情况下应另外向议会提交一份财政报告,说明该项开支的预算总额,或要求人民院追加经费:

(1)发现根据第一百一十四条规定制定的法律批准用于该财政年度某一项目的经费不足,或发现该财政年度出现当年年度财政报告中未曾提及的新项目,需要补充或追加经费;或者

(2)某财政年度内用于某一项目的经费超过当年拨付该项目的款项。

2. 第一百一十二条、第一百一十三条和第一百一十四条各条规定,对本条第一款所述的财政报告、开支、要求以及为应对此类开支而授权从印度统一基金项下拨付款项和批准上述要求的法律所具有的效力与以上各条对年度财政报告中开列的支出、申请批准的要求、以及为应对此类开支而授权从印度统一基金项下拨付款项或批准的要求与法律的效力相同。

第一百一十六条 ［预支和额外拨款的表决］

1. 无论本章以上条款作出何种规定,人民院应有下列权力:

(1)在按照第一百一十三条规定完成对拨款的表决程序之前,以及按照第一百一十四条规定通过拨款法案之前,有权提前批准该财政年度某一阶段的开支预算。

(2)因项目规模庞大或性质不确定,难以在年度财政报告中对经费需求加以详细说明时,准予拨款以应对意外需求。

(3)批准未列入财政年度经常项目的额外开支,同时有权以法律形式批准从印度统一基金项下提取款项,以应对上述议会批准的项目需要。

2. 第一百一十三条及第一百一十四条的规定对本条第一款所述的批准权,以及根据该款规定制定的法律,与其对已列入年度预算开支的批准权以及授权从印度统一基金项下中提取款项支付的法律具有相同的效力。

第一百一十七条 ［关于财政法案的特别规定］

1. 涉及第一百一十条第一款第一项至第六项所述事项的法案或修正案未经总统建议不得提出或动议;此类法案不得在联邦院中提出;

但是,关于减税或取消某种税收的修正案无需总统建议可动议。

2. 任何法案或修正案,不得仅因罚款或其他罚金,或要求交纳执照费或服务费,或因地方当局出于当地的需要征收、废止、豁免、变更或调整税收而被视为涉及上述事项。

3. 任何法案的实施涉及从印度统一基金项下拨付经费,非总统建议经议院审议,议会两院均不得通过。

一般程序

第一百一十八条 ［程序规则］

1. 议会两院应在本宪法的范围内规定该院议事程序及议事规则。

2. 第一款所述规则制定以前,本宪法生效前印度自治领立法机构执行的议事程序与议事规则,仍适用于联邦议会,但应服从联邦院主席或人民院议长对其进行的修正及调整。

3. 总统与联邦院主席和人民院议长协商后,可对两院联席会议及两院之间的沟通程序制定规则。

4. 两院联席会议由人民院议长主持,人民院议长缺席时,则根据第三款规定制定的程序规则所确定的人主持。

第一百一十九条 ［以法律规定议会审议财政事务的程序］

议会为及时完成对财政事务的审议,可通过法律规定议会处理财政事项或涉及印度统一基金项下拨款法案的议事程序和工作程序。若此项规定与议会两院按照第一百一十八条第一款制定的规则,或与该条第二款所述议会目前执行的任何规则或议事规则相抵触时,均以本条所述的规定为准。

第一百二十条 ［议会使用的语言］

1. 无论第十七篇作出何种规定,议会事务应使用印地语或英语,但应遵守第三百四十八条的规定。

但议长对不能使用印地语或英语充分表达意见

的议员、联邦院主席、人民院议长或代理议长,可允许其使用母语在议会发言。

2. 除议会另行立法规定外,自本宪法生效之日起届满十五年后,本条规定中的"或英语"三字应予以删除。

第一百二十一条 ［议会讨论的限制］

议会不得讨论最高法院或高等法院法官执行职务时的行为,但根据规定向总统递交的要求免除该法官职务的动议不受此限。

第一百二十二条 ［法院不得对议会程序提出质疑］

1. 对任何议会议事的效力,不得因程序不规范而提出质疑。

2. 根据本宪法授权在议会负责管理议事程序、事务处理或维持秩序的议会议员或职员在行使此项权力时不受任何法院的管辖。

第三章 总统的立法权

第一百二十三条 ［总统在议会闭会期间发布命令的权力］

1. 议会两院闭会期间,总统若认为有必要立即采取行动可根据需要颁布必要的命令。

2. 根据本条规定颁布的命令与议会法令具有同样的效力,但是此项命令:

(1)应提交议会两院,并应于议会复会后六个星期届满时失效,若议会两院于上述期限届满之前即通过否决此项命令的决议,则该命令自议案通过二读之日起即为失效;

(2)可由总统随时撤销;

［解释条款］

若议会两院召集的时间不同,则六个星期的计算从召集时间较晚的时间起算。

(3)截至目前,根据本条制定的命令,若议会根据本宪法无权制定法令,则该命令无效;

(4)根据《宪法(第三十八修正案)法令》(1975年)新增(具有溯及力),后根据《宪法(第四十四修正案)法令》(1978年)删除(1979年6月20日生效)。

第四章 联邦司法

第一百二十四条 ［最高法院的设置和组成］

1. 联邦设印度最高法院,由印度首席法官一人及其他法官不超过七人①组成,但议会可以法律规定增加上述其他法官的人数。

2. 最高法院的所有法官,应由总统与其认为有必要征求意见的最高法院法官及邦高等法院法官磋商后颁发委任状任命。最高法院法官任职至六十五周岁为止。

但首席法官以外其他法官的任命,必须征求印度首席法官的意见,但是:

(1)法官可向总统提交本人签名的书面辞呈提出辞职;

(2)法官可按照第四款的规定被免职。

2A. 最高法院法官的年龄,由议会法令所指定的机构和按该法令所规定的方式确定。②

3. 非印度公民以及不具备下列条件的印度公民,不得担任最高法院法官:

(1)在任一高等法院,或两个以上高等法院连续担任法官至少五年者;

(2)在任一高等法院,或两个以上高等法院连续担任律师至少十年者;

(3)总统认为优秀的法学家。

［解释条款(一)］

本款中"高等法院"指在印度领土上任何地区,在本宪法实施前或实施后行使司法权的高等法院。

［解释条款(二)］

担任律师的期限应包括其成为律师后担任不低于地区法官级别的司法职务的期间在内。

4. 最高法院法官不得免职,除非两院在同一会期中以该法官行为不端或不胜任为由,向总统同时提出请求,该请求应由两院分别以全体议员的过半数和不少于出席会议并参加投票的三分之二多数通过方可提出。

5. 第四款所述请求的递送程序及最高法院法官行为不端或不胜任的调查与取证程序,由议会以法律形式作出规定。

6. 被任命为最高法院的法官在任职前,应在总统或总统指定代表的主持下,按照附表三所规定的誓词举行宣誓。

7. 最高法院在任法官不得在印度境内任何法庭或机关从事律师业务。

第一百二十五条 ［法官的薪资等］

1. 最高法院法官的薪资由议会通过法律决定,在议会作出此规定前,根据附表二的规定执行。③

2. 每位法官享有的特权、津贴以及休假与年金

---

① 现为"二十五人",参阅《最高法院(法官人数)修正法令》(1986年)。

② 根据《宪法(第十五修正案)法令》(1963年)新增。

③ 根据《宪法(第五十四修正案)法令》(1986年)修改(1986年4月1日生效)。

方面的权利,由议会以法律形式规定,在议会制定相关法律之前,按照附表二的规定执行。

但法官任命后,其所享有的特权、津贴以及休假与年金方面的权利,不得作出对其不利的变更。

第一百二十六条 ［代理首席法官的任命］

印度首席法官职位出缺时,或因缺席及其他原因不能履行其职务时,总统应在其他法官中指派一人代替其履行职权。

第一百二十七条 ［临时法官的任命］

1. 如果最高法院因法官不足法定人数不能开庭或继续开庭,应由印度首席法官在征得总统同意情况下,与有关高等法院首席法官商定,并书面邀请高等法院法官中具备最高法院法官资格者,作为最高法院临时法官在最高法院出庭,其任职时间视需要而定。

2. 上述临时法官的首要职责是在必要时间内按时参加最高法院开庭。在此期间内应具有与最高法院法官相同的司法管辖权、权力及特权和履行最高法院法官的职责。

第一百二十八条 ［退休法官出庭最高法院］

无论本章作出何种规定,印度首席法官只要征得总统同意,即可邀请曾任最高法院法官、联邦法院法官,或高等法院法官且具备出任最高法院法官资格者①,作为最高法院法官出庭并行使最高法院法官职权。接受邀请的法官在出庭和履职期间应享有总统以总统令规定的津贴,并享有最高法院法官的全部司法管辖权、权力及特权,但在其他方面不应视其为该院的法官。

但未经本人同意不得依据本条规定要求上述人员作为最高法院法官出庭履职。

第一百二十九条 ［最高法院是案卷法院］

最高法院是案卷法院,并具有此类法院的一切权力,包括处罚藐视法庭罪的权力。

第一百三十条 ［最高法院所在地］

最高法院应在新德里开庭,或在经总统同意后,由首席法官随时指定某地或多地作为开庭地点。

第一百三十一条 ［最高法院的初审管辖权］

除本宪法另有规定外,最高法院对下列争议享有排他初审管辖权:

(1)印度政府与一邦或数邦间的争议;

(2)争议一方为印度政府及任何一邦或数邦,另一方为其他一邦或数邦;

(3)两邦或数邦间的争议。

但争议(法律问题或事实问题)涉及法律权利的存废和范围:

该项司法管辖权不适用于本宪法实施之前已经缔结或生效,且本宪法实施之后继续有效的条约、协定、契约或其他类似文件引起的争议,也不适用于文件中明确规定有关争议不属于该项司法管辖权范围引起的争议。②

第一百三十一 A 条

根据《宪法(第四十二修正案)法令》(1976 年)新增(1977 年 2 月 1 日生效),后根据《宪法(第四十三修正案)法令》(1977 年)删除(1978 年 4 月 13 日生效)。

第一百三十二条 ［最高法院对高等法院某些案件的上诉管辖权］

1. 印度境内高等法院的判决、宣告或最终命令,无论属于民事诉讼、刑事诉讼或其他诉讼,若高等法院根据第一百三十四 A 条证明③案件涉及宪法解释问题时,则该案件应向最高法院提出上诉。

2. 根据《宪法(第四十四修正案)法令》(1978 年)删除(1979 年 8 月 1 日生效)。

3. 得到上述证明后,当事双方均可以上述问题出现判决错误为由向最高法院提出上诉。

第一百三十三条 ［最高法院在民事问题上的上诉管辖权］

1. 对印度境内高等法院任何有关民事诉讼的判决、命令或最终决定应向最高法院提出上诉,若高等法院根据第一百三十四 A 条证明④下列情况⑤:

(1)案件涉及重要的法律问题;

(2)高等法院认为必须由最高法院对上述问题作出裁决。

2. 无论第一百三十二条作出何种规定,按照第一款上诉至最高法院的任何一方应以有关宪法解释的法律问题判断错误为由提出上诉。

3. 无论本条作出何种规定,除议会以法律形式另行规定外,高等法院法官作出的判决、命令或最终决定,不得上诉至最高法院。

---

① 根据《宪法(第十五修正案)法令》(1963 年)新增"或高等法院法官且具备出任最高法院法官资格者"。

② 根据《宪法(第七修正案)法令》(1956 年)修改。

③ 根据《宪法(第四十四修正案)法令》(1978 年)由"高等法院证明"修改为"高等法院根据第一百三十四 A 条证明"(1979 年 8 月 1 日生效)。

④ 根据《宪法(第四十四修正案)法令》(1978 年)由"高等法院证明"修改为"高等法院根据第一百三十四 A 条证明"(1979 年 8 月 1 日生效)。

⑤ 根据《宪法(第三十修正案)法令》(1972 年)修改(1973 年 2 月 27 日生效)。

世界各国宪法文本翻译与研究系列丛书◎世界各国宪法文本汇编（亚洲卷）

第一百三十四条 ［最高法院有关刑事问题的上诉管辖权］

1. 印度境内高等法院对刑事诉讼所作出的判决、命令或决定有下列情形者,应向最高法院提出上诉:

(1)高等法院受理上诉时将原判无罪的被告人改判死刑;

(2)高等法院由下级法院调取案件自行审理,在审理中判定被告人有罪并判处死刑;

(3)高等法院根据第一百三十四 A 条证明该案件应上诉至最高法院;

但按照第三项提出的上诉应遵守第一百四十五条第一款的有关规定以及高等法院制定或要求的条件。

2. 议会可通过法律授予最高法院进一步的权力,使其能够受理对印度境内高等法院在刑事诉讼中作出的任何判决、命令或最终决定提出的上诉,但此项权力应服从法律规定的条件与限制。

第一百三十四 A 条① ［允许上诉最高法院的证明书］

通过或作出第一百三十二条第一款、第一百三十三条第一款或第一百三十四条第一款所涉及的判决、命令或最终决定的高等法院:

(1)若认为适当,可以主动采取行动。

(2)若受害一方在通过或作出判决、命令或最终决定后立即亲自或委托他人代为提出口头申请,法院应尽快确定是否给予上述条款规定的上诉证明。

第一百三十五条 ［最高法院行使现行法律赋予联邦法院的司法管辖权和权力］

在议会通过法律另作规定之前,最高法院对虽不属于第一百三十三条与第一百三十四条规定范围,但联邦法院在本宪法实施前根据现行法律行使司法管辖权和权力的事项同样拥有司法管辖权和权力。

第一百三十六条 ［最高法院特准受理的上诉］

1. 无论本章作出何种规定,对印度境内法院或法庭对任何诉讼或案件所作的判决、决定或命令提出的上诉,最高法院可以酌情予以受理。

2. 第一款规定不适用于根据有关武装部队法律设立的法院或法庭作出的任何判决、决定或命令。

第一百三十七条 ［最高法院对判决和命令的复查权］

在议会法律规定和根据第一百四十五条规定制定的有关法规的约束范围内,最高法院有权复查其宣布的任何判决和发布的任何命令。

第一百三十八条 ［最高法院司法管辖权的扩大］

1. 根据议会法律的授权,最高法院可对联邦管辖事项目录中的任何事项拥有司法管辖权与权力。

2. 在同联邦政府或各邦政府达成专门协议后,最高法院可对任何事项拥有协议授予的司法管辖权与权力,但此项权力的行使不应超出议会法律的规定。

第一百三十九条 ［最高法院发布令状的授予］

议会应以法律授权最高法院因第三十二条第二款未述及的目的发布指令、命令或令状的权力,包括人身保护令、执行令、禁令、追究权力令与调卷令等令状。

第一百三十九 A 条② ［移送案件］

(1)如果最高法院和一个或两个以上的高等法院都面临涉及同一法律问题或基本上同一法律问题的悬案,且最高法院主动裁定或基于印度总检察长或涉讼一方的申请裁定该问题为具有普遍意义的重大问题,最高法院可以向高等法院调卷,由最高法院自行审理。③

但最高法院在就上述法律问题作出裁决后,可将案卷连同对该问题的裁决抄件一起发回原受理的高等法院,高等法院在接到上述案卷后,可根据最高法院的裁决继续审理此案。

(2)最高法院认为适当时,可将高等法院未决的任何上诉案件或其他诉讼移送至其他高等法院审理。

第一百四十条 ［最高法院的补充权力］

议会可通过法律授予最高法院与本宪法规定不相抵触的必要或适当的补充权力,使其能够更加有效地行使本宪法赋予的司法管辖权。

第一百四十一条 ［最高法院宣布的法令对各法院的约束力］

最高法院宣布的法令对印度境内所有法院均具有约束力。

第一百四十二条 ［最高法院法令、命令等的执行］

1. 最高法院行使其司法管辖权时,为充分公平处理任何未决诉讼或案件,可发布必要的法令或命令。该法令或命令应在印度全国内予以实施,具体办法由议会以法律作出规定。此项规定颁布之前,由总统发布命令④规定实施办法。

2. 在议会有关法律规定的范围内,最高法院在印度境内拥有发布命令,要求一切人员出庭、举证和提供文件,调查与处罚藐视最高法院行为的权力。

第一百四十三条 ［总统向最高法院咨询］

1. 总统认为出现或即将出现某一具有重要意义

---

① 根据《宪法(第四十四修正案)法令》(1978 年)新增(1979 年 8 月 1 日生效)。

② 根据《宪法(第四十二修正案)法令》(1976 年)新增(1977 年 2 月 1 日生效)。

③ 根据《宪法(第四十四修正案)法令》(1978 年)修改(1979 年 8 月 1 日生效)。

④ 参见《最高法院(法规和法令)执行命令》[1954(C. O. 47)]。

的法律问题或事实问题,须征询最高法院的意见时,总统可将该问题提交最高法院讨论。最高法院进行适当讨论之后将意见向总统报告。

2. 无论第一百三十一条但书①作出何种规定,总统可以将上述但书②中所述性质的争议提交最高法院征询意见,最高法院进行适当讨论之后将意见向总统报告。

第一百四十四条 ［行政和司法机关对最高法院的帮助］

印度境内所有行政及司法机关均应向最高法院提供帮助。

第一百四十四 A 条 ［有关宪法效力的特别规定］

根据《宪法(第四十二修正案)法令》(1976 年)新增(1977 年 2 月 1 日生效),后根据《宪法(第四十三修正案)法令》(1977 年)删除(1978 年 4 月 13 日生效)。

第一百四十五条 ［法院规程］

1. 除议会法律另有规定外,最高法院可随时经总统同意后,对本院的业务活动及程序作出一般性规定,其中包括:

(1)关于在最高法院执业律师的规定;

(2)关于审理上诉及包括向最高法院上诉的上诉期限等有关其他事项的规定;

(3)关于第三篇所赋予的权利在最高法院实施程序的规定;

(3A)根据第一百三十九 A 条③制定程序规则;④

(4)关于按照第一百三十四条第一款第三项规定受理上诉的规则;

(5)对最高法院的判决、命令进行复查的条件与有关程序,包括法院受理复查请求的期限等的规定;

(6)关于诉讼费用、附加费用的规定;

(7)关于准予保释的有关规则;

(8)关于中止诉讼的有关规则;

(9)裁决上诉事项属无关紧要、无理或故意拖延的有关规则;

(10)第三百一十七条第一款所述调查程序的有关规定。

2. 在遵守第三款⑤的前提下,根据本条制定的规程可确定各种情况下出庭法官的最少人数,规定每位法官及各个法庭的权力。

3. 在裁决涉及如解释宪法之类的重大法律问题的案件时,以及因第一百四十三条所述的咨询而举行讨论时,出庭法官不得少于五人。

但是,若最高法院在审理本章除第一百三十二条之外其他各条规定的上诉案件时,出庭法官不足五人,且最高法院在审理该上诉案件的过程中认为该案涉及如解释宪法之类的重大法律问题,而该问题的裁决对该上诉案的处理又为必要时,则该院应将问题提交根据本款要求设立的法庭以征求意见,并遵照其意见处理该上诉案件。

4. 最高法院除公开开庭外不得宣布任何判决;除根据公开开庭宣布的意见外,不得拟定第一百四十三条所述的任何报告。

5. 非经出庭审理案件的法官的多数票赞成,最高法院不得宣布判决或意见,但本款规定不妨碍持不同意见的法官表达不同的意见或主张作出不同的判决。

第一百四十六条 ［最高法院的职员和经费］

1. 最高法院的职员由印度首席法官或由其指派的该院其他法官或职员任命。

但总统应以命令规定,凡属法规列举范围的案件,不得任命未在最高法院服务过的人员担任最高法院的开庭职务,但事先征得联邦公务员委员会同意者不受此条限制。

2. 在遵守议会法律的前提下,最高法院职员的待遇,由印度首席法官或其授权的该院其他法官或职员制定的条例予以规定。

但是,根据本款制定的有关薪资、津贴、休假、年金等事项的规定须经总统批准。

3. 最高法院的行政费用,包括一切在职人员的薪资、津贴及年金等,应由印度统一基金项下拨付,而最高法院收取的费用与其他款项均纳入该项基金。

第一百四十七条 ［解释性条款］

本章及第六篇第五章中所述如解释宪法之类的重大法律问题,应理解为包括解释 1935 年《印度政府法》(含对该法的任何修正或补充规定)、枢密院制定的一切法令或根据此类法令发布的命令,1947 年《印度独立法》以及根据该法律制定的一切法令。

---

① 根据《宪法(第七修正案)法令》(1956 年)删除"(1)"。

② 根据《宪法(第七修正案)法令》(1956 年)由"上述条款"修改为"上述但书"。

③ 根据《宪法(第四十三修正案)法令》(1977 年)由"第一百三十一 A 条和第一百三十九 A 条"修改为"第一百三十九 A 条"。

④ 根据《宪法(第四十二修正案)法令》(1976 年)新增(1977 年 2 月 1 日生效)。

⑤ 根据《宪法(第四十二修正案)法令》(1976 年)(1977 年 2 月 1 日生效)和《宪法(第四十三修正案)法令》(1977 年)修改(1978 年 4 月 13 日生效)。

邦（Kashmir）⑤，但另有规定者除外。

第五章　印度总审计长

第一百四十八条　[印度总审计长]

1. 印度设总审计长一人，以总统签署委任状方式任命。印度总审计长的免职程序与免职理由与最高法院法官相同。

2. 受命担任印度总审计长人选在就职前，应在总统指定代表主持下，按照附表三规定的誓词宣誓签字。

3. 总审计长的薪资及其他待遇由议会以法律规定，在规定制定之前，应按附表二的规定执行。

但是，总审计长的薪资及休假、年金或退休等方面的权利，不得在其任期内作出不利的变更。

4. 总审计长卸任后不得在印度联邦政府或各邦政府内担任其他职务。

5. 印度审计署工作人员的待遇及印度总审计长的权力由总统与总审计长协商后通过制定条例确定，但不得违反本宪法与议会法令的规定。

6. 包括办公室工作人员的薪资、津贴及年金等在内的总审计长办公室的行政费用，均由印度统一基金项下拨付。

第一百四十九条　[总审计长的职责和权力]

总审计长对联邦、各邦及其他机关或机构的账目，应按照议会法律规定履行职责行使权力。在此项规定制定前，总审计长对联邦及各邦账目的职责与本宪法实施前印度自治领总审计长对印度自治领及各省账目的职责相同。

第一百五十条①　[联邦和各邦的账目的格式]

联邦及各邦账目的格式可由总统根据印度总审计长的建议②确定。

第一百五十一条　[审计报告]

1. 印度总审计长应就联邦账目向总统提交审计报告，并由总统转送议会两院。

2. 印度总审计长应就各邦账目向邦长③提交审计报告，并由邦长转送邦议会。

第六篇　印度各邦④

第一章　总　则

第一百五十二条　[定义]

本篇述及的邦，不包括查漠（Jammu）和克什米尔

第二章　行政

邦　长

第一百五十三条　[各邦邦长]

各邦设邦长一人。

但本条规定不妨碍任命同一人选担任两个以上邦的邦长。⑥

第一百五十四条　[邦的行政权]

1. 邦的行政权属于邦长，由邦长本人或通过其下级官员依据本宪法行使。

2. 本条规定：

（1）不得理解为现行法律授予其他机关的一切职权均需移交邦长。

（2）不妨碍议会或邦议会通过法律向邦长的下级机关授权。

第一百五十五条　[邦长的任命]

各邦邦长由总统以签署并盖章的委任状形式任命。

第一百五十六条　[邦长的任期]

1. 邦长可由总统随时任命。

2. 邦长向总统提交本人签名的书面辞呈提出辞职。

3. 除本条上述情形外，邦长自就职之日起任期为五年，但应继续任职直到继任者就职时为止。

第一百五十七条　[邦长的资格]

凡年满三十五周岁的印度公民均有资格出任邦长。

第一百五十八条　[邦长的条件]

1. 邦长不得担任议会任何一院议员，也不得担任附表一所列各邦邦议会任何一院的议员；如果议会任何一院议员或邦议会任何一院议员出任邦长，则自其就任邦长之日起，在该院的议席即为空缺。

2. 邦长不得兼任其他有收入的职务。

3. 邦长有权免费使用官邸，并享有议会法律规定的薪资、津贴和特权。在此项规定制定之前，其薪资、津贴和特权按附表二的规定执行。

3A. 如果一人兼任两个或两个以上邦的邦长，其

---

①　根据《宪法（第四十二修正案）法令》（1976年）新增（1977年4月1日生效）。

②　根据《宪法（第四十四修正案）法令》（1978年）由"协商后"修改为"建议"（1979年6月20日生效）。

③　根据《宪法（第七修正案）法令》（1956年）删除"或者拉尔巴拉木（Rajpramukh）"。

④　根据《宪法（第七修正案）法令》（1956年）删除"在附表一第一部分中的"。

⑤　根据《宪法（第七修正案）法令》（1956年）由"附表一第一部分所规定的邦"修改为"不包括查漠（Jammu）和克什米尔邦（Kashmir）"。

⑥　根据《宪法（第七修正案）法令》（1956年）新增。

薪金和津贴应按总统命令确定的比例由有关的邦分摊。[1]

4. 不得减少邦长任职期间内的薪资和津贴。

第一百五十九条 ［邦长的宣誓］

邦长与行使邦长职权者在就职前，应在对该邦行使管辖权的高等法院首席法官主持下（首席法官缺席时由该法院最资深的法官主持），按下述誓词宣誓："本人……谨对上帝宣誓（或郑重宣告）：愿忠实执行……邦（邦名）邦长之职务，并愿尽心竭力维护、保障、捍卫宪法与法律，为……邦（邦名）人民服务，并为其幸福而献身。"

第一百六十条 ［邦长在特殊情况下的职责］

为便于邦长在本章未述及的特殊情况下履行职责，总统应根据情形作出适当规定。

第一百六十一条 ［邦长对某些案件的赦免、缓刑、免刑或减刑权力］

因违反本邦行政管辖权有关法律而受到处罚者，邦长有权下令赦免、暂缓执行、中止执行、免予执行其处罚或者减缓、免除其处罚。

第一百六十二条 ［邦行政权的范围］

在遵守本宪法规定的条件下，邦行政权可扩大至邦议会有权制定法律的一切事项。

但是，凡涉及邦议会及联邦议会有权制定法律的事项，邦行政权应遵守本宪法及议会法律明确授予联邦及联邦机关的行政权。

部长会议

第一百六十三条 ［邦部长会议协助并向邦长提出建议］

1. 各邦设部长会议，由首席部长负责。部长会议的职责是协助邦长行使职权并向其提供意见，但宪法规定邦长可自行决定的事项除外。

2. 某事项是否属于本宪法规定的邦长可自行决定的范围时，应以邦长的判断为最终决定。不得以是否由邦长自行决定为理由，对邦长的行为是否合法提出质疑。

3. 部长会议成员是否向邦长提供意见或者提供何种意见不受任何法院的追究。

第一百六十四条 ［有关邦部长会议成员的其他规定］

1. 邦首席部长由邦长任命，其他部长由邦长根据首席部长的建议任命，邦长有权免除其职务。

但在恰蒂斯加尔邦、贾坎德邦[2]、中央邦及奥里

萨邦，应设管理部落福利的部长一人。其可兼任表列种姓与落后阶层的福利问题及其他工作。

1A. 包括首席部长在内的邦部长会议的人数不得超过邦立法议会议员总数的百分之十五。[3]

但是，包括首席部长在内的邦部长会议成员不得少于十二人。

其次，包括首席部长在内的邦部长会议成员的总数在《宪法（第九十一修正案）法令》（2003 年）生效前，超过前述的百分之十五的比例，或未达到前项但书的要求，则应在总统公开通告日期起[4]六个月内与本条规定保持一致。

1B. 邦的立法机构或邦立法机构的其中任何一院的属于任何政党的成员，根据附表十第二段第一条的规定不具有成员资格的同时也不具有被任命为部长的资格，从他取消资格之日起直至其任期届满，或在他竞选该邦的任何的立法机构的情况下在该期限结束以前，直到其被宣布当选为止，以较早者为准。

2. 邦部长会议集体对该邦立法会议负责。

3. 邦部长会议成员任职前，部长应监督其按照附表三规定的誓词举行就职与保密宣誓。

4. 邦部长会议成员连续六个月不担任邦议会议员，即丧失部长或首席部长的资格。

5. 部长会议成员的薪资与津贴由邦议会随时以法律形式确定；在邦议会未作出规定之前，应按附表二规定执行。

邦检察长

第一百六十五条 ［邦检察长］

1. 各邦邦长应任命具有高等法院法官资格者为本邦检察长。

2. 邦检察长的职责是对邦长随时送交的法律问题向邦政府提供意见，并履行本宪法及其他现行法律授予的职责。

3. 检察长的免职和薪资由邦长决定。

邦政府的公务

第一百六十六条 ［邦政府行使职务］

1. 邦政府的一切行政行为应以邦长名义进行。

2. 以邦长名义制定与实施的命令及其他文件，应通过邦长制定规章中的方式认证，对该命令与文件的合法性，不得以其非邦长亲自制定或实施为由而提出质疑。

3. 除本宪法授予邦长行使的职权外，应制定规

---

① 根据《宪法（第七修正案）法令》（1956 年）新增。

② 根据《宪法（第九十四修正案）法令》（2006 年）由"比哈尔邦（Bihar）"改为"恰蒂斯加尔邦（Chhattisgarh）、贾坎德邦（Jharkhand）"。

③ 根据《宪法（第九十一修正案）法令》（2003 年）新增。

④ 参见 S. O. 21(E)，2004 年 1 月 7 日。

世界各国宪法文本翻译与研究系列丛书◎世界各国宪法文本汇编（亚洲卷）

则就邦长对邦政府事务的处理与邦长工作的分工作出规定。

4. 根据《宪法（第四十二修正案）法令》（1976 年）新增（1977 年 1 月 3 日生效），后根据《宪法（第四十四条修正案）法令》（1978 年）删除（1979 年 6 月 20 日生效）。

第一百六十七条 ［邦首席部长向邦长通报情况的职责］

邦首席部长有下列职责：

（1）向邦长报告部长会议有关本邦行政事务的决定与立法建议。

（2）向邦长提供所需有关本邦行政事务和立法建议等方面的信息。

（3）若邦长提出要求，应将该邦某部长已经决定但尚未经邦部长会议讨论的事项提交邦部长会议讨论。

第三章　邦议会

总　则

第一百六十八条 ［邦议会的组成］

1. 各邦包括邦长在内的邦立法机构：

（1）安得拉邦[①]、比哈尔邦、中央邦、马哈拉施特拉邦、卡纳塔克和北方邦，由邦长和两院组成。[②]

（2）其余各邦，由邦长和一院组成。

2. 邦议会若设两院，一者称为立法理事会，另一者称为立法会议；若设一院，则称为立法会议。

第一百六十九条 ［邦立法议会的存废］

1. 无论第一百六十八条作出何种规定，若邦立法会议全体议员总数的多数赞成且有出席并参加表决议员人数的三分之二多数赞同通过决议，联邦议会可以立法规定，在设有立法理事会的邦取消立法理事会，在未设有立法理事会的邦设立立法理事会。

2. 第一款所述法律应包含为实施该法律而对本

宪法进行必要修正的条款，且应包含议会认为必要的补充、附带及关联条款。

3. 为实现第三百六十八条的规定，不得将上述法律视为本宪法的修正案。

第一百七十条[③] ［立法会议的组成］

1. 根据第三百三十三条的规定，各邦立法会议由本邦地方选区直接选举的议员组成，邦立法会议议席数不得超过五百席，也不得少于六十席。

2. 为实施第一款规定，每邦应划分为若干地方选区，各选区分配的议员名额与该选区人口的比例在邦内应保持一致。

［解释条款］[④]

本款中"人口"一词指已公布相关数据的上次人口普查确定的人口数量。

但是，"解释"中所说的"已经公布有关数字的上次人口普查"在公布 2026 年[⑤]后第一次人口普查结果以前应理解为 2001 年[⑥]人口普查。

3. 每次人口普查完成后，各邦立法会议议员数额与各邦地方选区的划分应重新进行调整；负责调整的机关与调整办法均由议会法律决定。

但该项调整并不影响当届立法议会中的议员席位，直至该院解散为止。

该项调整应在总统命令中确定的日期生效。在此之前，立法会议选举仍以调整前的地方选举为基础进行。[⑦]

因此，在 2026 年[⑧]后第一次普查结果公布之前没有必要进行本款所述的调整：[⑨]

（1）根据 1971 年人口普查确定的各邦立法会议的议席总数；

（2）根据 2001 年[⑩]的人口普查确定的各邦内选区的划分。

第一百七十一条 ［立法理事会的组成］

1. 设立法理事会的邦的议员总数不得超过该邦

---

①　根据《安得拉邦立法委员会法令》（2005 年）新增（2007 年 3 月 30 日生效）。

②　根据《孟买行政区划调整法令》（1960 年）删除"孟买"（1960 年 5 月 1 日生效）。根据《泰米尔纳德邦立法委员会（废止）法令》（1986 年）删除"泰米尔纳德邦"（1986 年 11 月 1 日生效）。根据《旁遮普邦立法委员会（废止）法令》（1969 年）删除"旁遮普"（1970 年 1 月 7 日生效）。根据《孟加拉邦立法委员会（废止）法令》（1969 年）由"北方邦和孟加拉邦"修改为"北方邦"。

③　根据《宪法（第七修正案）法令》（1956 年）修改。

④　根据《宪法（第四十二修正案）法令》（1976 年）修改（1977 年 1 月 3 日生效）。

⑤　根据《宪法（第八十四修正案）法令》（2001 年）由"2000 年"修改为"2026 年"。

⑥　根据《宪法（第八十七修正案）法令》（2003 年）由"1991 年"修改为"2001 年"。

⑦　根据《宪法（第四十二修正案）法令》（1976 年）新增（1977 年 1 月 3 日生效）。

⑧　根据《宪法（第八十四修正案）法令》（2001 年）由"1971 年"修改为"2026 年"。

⑨　根据《宪法（第八十四修正案）法令》（2001 年）修改。

⑩　根据《宪法（第八十七修正案）法令》（2003 年）由"1991 年"修改为"2001 年"。

立法会议议员全体总数的三分之一。①

但邦立法理事会议员总数不得少于四十人。

2. 议会以法律形式另作规定之前,邦立法理事会的组成应按照第三款规定执行。

3. 邦立法理事会的议员总数中:

(1)其中约三分之一应由市、县行政机关及议会法律指定的其他地方当局成员组成的选举团选举;

(2)其中约十二分之一应由居住在该邦至少三年以上在印度境内任何大学的大学生或者居住在该邦至少三年以上根据议会立法规定与该类大学毕业生有相同资质条件者选举产生;

(3)其中约十二分之一应由在该邦至少从事三年以上教学的人组成,且该教育机构的级别不得低于中学,具体标准由议会以法律规定;

(4)其中约三分之一应由邦立法会议的成员从非议会成员中选举;

(5)其他的人选由邦长根据第五款提名。

4. 根据第三款第二项和第三项被选举的成员应当按照议会制定的法律以比例代表制由单一可转让选票的方式选举产生。

5. 根据第三款第五项被提名的成员应当具有以下特殊知识或实践经验:文学、科学、艺术、合作运动和社会服务。

第一百七十二条 ［邦议会的任期］

1. 各邦立法会议任期自首次会议之日起五年②,且不得延长。五年届满即该院解散。

但上述期限在紧急状态时期可由议会通过法律延长;一次延长不得超过一年,且在任何情形下不得于紧急状态结束后继续延长超过六个月。

2. 各邦立法理事会永不解散,但每两年届满时应有尽可能接近三分之一的议员卸任,具体办法由议会通过法律规定。

第一百七十三条 ［邦议会议员的资格］

凡不具备下列资格者不得当选邦议会议员:

(1)印度公民,并在选举委员会指派的人面前按附表三的誓词进行过宣誓;③

(2)立法理事会议员年龄不得小于二十五周岁;立法议会议员年龄不得小于三十周岁;

(3)具备议会法律规定的其他条件。

第一百七十四条④ ［邦议会的会期、闭会与解散］

1. 邦长可以随时在其认为适当的时间和地点召

集邦议会一院或两院举行会议;但某次会期最后一次会议距下次会期第一次会议的指定时间不得相隔超过六个月。

2. 邦长可随时:

(1)宣布邦议会一院或两院闭会;

(2)解散立法会。

第一百七十五条 ［邦长向一院或两院发表演说和咨文的权利］

1. 邦长应向立法会议,或在设有立法理事会的邦,向立法理事会或两院联席会议发表演讲,并要求议员出席会议。

2. 邦长应为议会中的未决议案或其他事项向邦议会一院或两院致送咨文,接受咨文的议院应立即讨论咨文要求考虑的事项。

第一百七十六条 ［邦长特别演说］

1. 在立法会议大选后第一次会期开幕时以及每年第一次会期开幕时⑤,邦长应向立法会议,或有立法理事会的邦,向两院的联席会议发表演说,并向邦议会说明召集会议的目的。

2. 邦议会或各院议事规则中应对上述演说中涉及事项的讨论时间⑥作出规定。

第一百七十七条 ［邦部长会议成员和检察长对议院的权力］

邦每位部长及检察长在立法会议,若该邦有立法委员会,即在两院或在其本人担任委员的议会委员会中,有发言权与参加活动的权利,但不得因本条规定而享有表决权。

邦议会官员

第一百七十八条 ［邦立法会议的议长和副议长］

各邦立法会议应尽快自议员中选举两人分别担任议长和副议长;议长和副议长职务缺位时,应选择其他人任职。

第一百七十九条 ［立法会议议长、副议长的辞职和免职］

担任议长或副议长的议员:

(1)不再担任立法会议议员时,即自动免除议长或副议长职务;

(2)可随时提交本人签名的书面辞呈提出辞职,议长应向副议长提出辞职,副议长则应向议长提出;

(3)立法会议可由当时全体议员的多数通过决议

---

① 根据《宪法(第七修正案)法令》(1956年)由"四分之一"修改为"三分之一"。

② 根据《宪法(第四十四修正案)法令》(1978年)由"六年"修改为"五年"(1979年9月6日生效)。

③ 根据《宪法(第十六修正案)法令》(1963年)修改。

④ 根据《宪法(第一修正案)法令》(1951年)修改。

⑤ 根据《宪法(第一修正案)法令》(1951年)由"每次会期"修改为"第一次会期开幕时以及每年第一次会期开幕时"。

⑥ 根据《宪法(第一修正案)法令》(1951年)删除"众议院其他事务的讨论程序"。

免除议长或副议长的职务。

应至少提前十四日提起免职动议，否则不得通过第三项所述的议案。

此外，当立法议会解散时，议长的职务应延长至下届立法会议第一次会议举行之前。

第一百八十条 ［立法会议副议长或其他人行使或代行议长职权的权力］

1. 议长职位空缺时，由副议长行使其职权，若副议长职位同时空缺时，邦长可任命该院其他议员行使议长职权。

2. 议长缺席立法会议任何一次会议时，由副议长代理议长；若副议长同时缺席时，由议事规则规定的人选代理；若该人选同时缺席时，则由邦立法会议确定其他人选代理。

第一百八十一条 ［立法会议议长、副议长不得主持讨论免除本人职务的决议］

1. 邦立法会议讨论免除议长职务的决议时，议长出席会议但不得主持讨论。讨论免除副议长职务时，副议长出席会议但不得主持讨论。对所有此类会议应援用第一百八十条第二款规定，视为议长或副议长缺席会议。

2. 立法会议讨论免除议长职务的议案时，议长有权发言或以其他方式参加会议，无论第一百八十九条作何规定，议长在首次表决该项议案或该会议的其他事项时有表决权，若双方票数相等时则无表决权。

第一百八十二条 ［立法理事会的主席和副主席］

设立法理事会的邦的立法理事会应尽快选举两名议员担任主席和副主席；主席或副主席职位缺位时，应另选其他议员担任。

第一百八十三条 ［立法理事会主席和副主席的解职、辞职和免职］

担任主席和副主席的议员：

（1）不再担任立法理事会议员时，即自动解除其主席或副主席职务；

（2）可随时提交本人签名的书面辞呈提出辞职，主席辞职应向副主席提出，副主席辞职则应向主席提出；

（3）可由立法理事会当时的全体议员的多数通过决议免除其职务。

至少提前十四日发出动议，否则不得提出第三项所述决议的议案。

第一百八十四条 ［立法理事会副主席或其他人行使或代行主席职权］

1. 主席职位空缺时，由副主席行使其职权，若副主席职位同时空缺时，邦长指派该院其他议员行使职权。

2. 主席缺席立法会议任何一次会议时，由副

席代理主席。若副主席同时缺席，由立法理事会议事规则规定的人选代理。若该人选同时缺席，则由立法理事会确定其他人选代理。

第一百八十五条 ［立法理事会主席、副主席不得主持讨论免除本人职务的决议］

1. 在邦立法理事会讨论免除主席或副主席职务的议案时，主席或副主席虽出席会议但不得主持会议；讨论解除副主席职务的议案时，副主席虽出席会议但不得主持会议。所有此类会议均可援用第一百八十四条第二款规定，视同主席或副主席缺席。

2. 立法理事会讨论任何免除主席的职务议案时，主席有权发言或以其他方式参加议程活动，但无论第一百八十九条有何规定，主席只在初次表决该项议案或该项议程的其他事项时有表决权，若在双方票数相等时则无表决权。

第一百八十六条 ［立法会议议长、副议长与立法理事会主席、副主席的薪资］

联邦议会以法律形式对立法会议议长、副议长与立法理事会主席、副主席享有的薪资与津贴作出规定；在此项规定制定之前，应按照附表二规定执行。

第一百八十七条 ［邦议会秘书处］

1. 邦议会各院应分别设立秘书处；

但此款规定在设有立法理事会的邦，不得解释为禁止两院设立共同职务。

2. 邦议会应以法律规定两院秘书处工作人员的聘用与待遇。

3. 邦议会根据第二款制定有关规定之前，经邦长与立法会议议长或立法理事会主席磋商后，就有关各院秘书处工作人员的聘用与待遇制定规则；该项规则应遵守第二款制定的各项规定。

事务性问题

第一百八十八条 ［议员宣誓］

立法会议或立法理事会的所有议员应于就职前在邦长或副邦长指派的人面前按照附表三所列誓词宣誓。

第一百八十九条 ［议院表决，议席缺额时的行动权和法定人数］

1. 除本宪法另有规定外，邦议会任何一院或两院开会讨论的所有问题，应以出席并参加投票议员的多数通过，议长（主席）或代理议长（代理主席）不计入表决人数。议长（主席）或代理议长（代理主席）在首次表决中不应投票，但双方票数相等时应享有并行使决定性的投票权。

2. 邦议会各院在议员缺员的情况下，仍有权行使职权；若议事后发现参与议事者中有无出席、表决等项权利者，议会活动仍然有效。

3. 在邦议会以法律另作规定前，邦议会一院的

840

法定人数为十人或该院议员总数的十分之一,按照二者中较大者为准。

4. 在邦立法会议或立法理事会举行会议时,若不足法定人数,议长(主席)或代理议长(代理主席)有责任宣告休会,或暂停会议直至达到法定人数为止。

邦议员资格的丧失

第一百九十条 [议席空缺]

1. 任何人不得兼任邦议会两院的议员,同时邦议会应通过法律作出规定,若同时当选两院议员者,其在两院的议席中应有一席出缺。

2. 任何人不得兼任附表一所列两邦或两邦以上的邦议会议员,除非其辞去其他各邦议会的职务,仅留一邦的议员议席,否则在总统制定的规则①期限届满时,在各邦邦议会占据的议席将同时出缺。

3. 邦议会某院的议员

(1)若有第一百九十一条第一款或第二款②所规定丧失议员资格的情形;或

(2)亲笔书面向议长或主席辞去其议席并为议长或主席所接受;③

其议席即为空缺。

出现本款第二项所述的辞职时,议长(主席)获悉并经必要调查后确信辞职并非本人意愿,则可不予接受。④

4. 邦议会某院的议员若未经该院的许可,在六十日内未出席本院会议,该院可宣告其议席出缺。

但计算上述六十日期限时,凡议会闭会时间或连续休会超过四日以上的时间均不得计入其中。

第一百九十一条 [丧失议员资格]

1. 凡有下列情形者,即丧失当选或继续担任邦立法会议或立法理事会议员的资格

(1)印度政府或附表一中所列的邦政府属下担任任何有收入的职务,但经邦议会以法律宣布不影响议员资格的职务除外;

(2)经管辖法院宣告为精神不健全者;

(3)尚未清偿债务的破产者;

(4)非印度公民、自愿取得外国国籍者或对外国表示效忠者或追随者;

(5)根据议会法律认为不具备资格者;

[解释条款]⑤

就本条而言,不得仅因为其担任联邦或附表一所列各邦长的部长,即视为在印度政府或上述各邦政府属下担任有收入的职务。

2. 根据附表十的规定某人丧失资格时,其丧失担任邦立法会或邦立法理事会的资格。⑥

第一百九十二条⑦ [议员丧失资格问题的裁决]

1. 对某邦议员是否属于第一百九十一条第一款所述丧失资格产生争议时,应将问题提交邦长裁决,邦长的裁决为最终决定。

2. 邦长作出决定前应征求选举委员会的意见,并根据其意见作出决定。

第一百九十三条 [未经宣誓、不具资格或丧失资格仍出席会议和参加表决的议员的处罚]

邦议会议员未履行第一百八十八条规定,或明知自己不具有或丧失议员资格,或明知联邦议会或邦议会的法律禁止其出席会议或参加表决,仍以邦立法会议或立法会议议员身份出席或表决时,则其每出席或参加表决一天,应向联邦缴纳五十五卢比的罚款。

邦议会与议员的权力、特权和豁免权

第一百九十四条 [邦议会、议员、议会委员会的权力和特权]

1. 各邦议会内均可言论自由,但应遵守本宪法规定及邦议会议事程序与议事规则的要求。

2. 邦议会议员不得因其在邦议会或议会委员会内的言论或投票而受到任何法院的追究;任何人不得因邦议会授权发表任何报告、文件、表决结果或议事记录等而受到任何法院的追究。

3. 邦议院各院、各委员会及邦议员的权力、特权和豁免权应由议会随时以法律形式规定。该项规定制定之前,应按照《宪法(第四十四修正案)法令》(1978年)第二十六节实施前的有关规定执行。

4. 第一、第二、第三款规定,除适用于邦议会议员外,同样适用于根据本宪法规定有权在邦议会或其任何委员会发言者,或以其他方式参与的议事者。

第一百九十五条 [邦议员的薪资]

邦立法会议及立法理事会的议员,有权根据议会法律随时以确定的金额领取薪资与津贴。该项规定制定之前,其薪资津贴的数额与条件按照本宪法实施

---

① 参见《禁止兼任议员规则》(1950年)由法务部 F.46/50-C 通知于 1950 年 1 月 26 日在印度政府公报上公布。

② 根据《宪法(第五十二修正案)法令》(1985年)由"第一款"修改为"第一款或第二款"(1985 年 3 月 1 日生效)。

③ 根据《宪法(第三十三修正案)法令》(1974年)修改。

④ 根据《宪法(第三十三修正案)法令》(1974年)修改。

⑤ 根据《宪法(第五十二修正案)法令》(1985年)修改(1985 年 3 月 1 日生效)。

⑥ 根据《宪法(第五十二修正案)法令》(1985年)新增(1985 年 3 月 1 日生效)。

⑦ 根据《宪法(第四十二修正案)法令》(1976年)(1977 年 1 月 3 日生效)和《宪法(第四十四修正案)法令》(1978年)修改(1979 年 6 月 20 日生效)。

前相应的省立法会议议员的规定执行。

立法程序

第一百九十六条 ［提出与通过法案的有关规定］

1. 除第一百八十九条及第二百零七条关于财政法案及其他有关财政法案的规定外，其他法案均可在邦议会的任何一院(指有立法理事会的邦)中首次提出。

2. 除第一百九十七条、第一百九十八条规定的情形外，对于有立法理事会的邦，若法案未经两院分别修正通过或经两院一致同意的修正后通过，则不得视为已由邦议会通过。

3. 邦议会的未决法案不得因邦议会一院或两院的闭会而废止。

4. 邦立法议会的未决法案未经邦立法会议通过者，不得因立法会议的解散而废止。

5. 邦立法会议的未决法案，及虽经立法会议通过而在立法理事会中未决的法案，应随立法会议的解散而废止。

第一百九十七条 ［对邦立法理事会处理非财政法案权力的限制］

1. 法案经有立法理事会的邦立法会议通过转送立法理事会后，若：

(1)该法案被立法理事会否决；

(2)该法案转送立法理事会后，超过三个月立法理事会仍未通过；

(3)立法理事会附加修正案后通过该法案，但立法会议不同意该项修正，立法会议可在不违反议事程序的前提下，在同一会期或此后的会期中附加或不附加立法理事会通过的建议或修正案，再次通过该法案，并将通过的法案送交立法理事会。

2. 法案经过立法会议二次通过再转送立法理事会后，若：

(1)该法案被立法理事会否决；

(2)该法案送交立法理事会后超过一个月仍未获立法理事会通过；

(3)该法案由立法理事会附加修正案后通过，但立法会议不同意该项修正案。

那么，立法会议第二次通过的法案，连同立法理事会通过或建议而经立法会议同意的修正案，应视为已为邦理事会二院共同通过。

3. 本条规定不适用于财政法案。

第一百九十八条 ［关于财政法案的特别条款］

1. 不得在立法理事会提出财政法案。

2. 设立法理事会的邦，财政法案经立法会议通过后，应送交立法理事会征求意见。立法理事会应在接获该法案的十四日内将其连同书面意见一并送还立法会议。立法会议可接受或拒绝立法理事会所提的全部或部分意见。

3. 若立法会议接受立法理事会提出的任何部分意见，则该财政法案应视为在附加立法理事会提出并为立法会议接受的修正案后为两院通过。

4. 若立法会议拒绝接受立法理事会提出的任何意见，则该财政法案应视为按照立法会议通过的内容不附加立法理事会的修正案为两院所通过。

5. 经立法会议通过送交立法理事会征求意见的财政法案若未在上述十四日期限内送还立法会议，则该法案在上述期限届满时应视为已按照立法会议通过的内容在两院通过。

第一百九十九条 ［“财政法案”的定义］

1. 就本章而言，若某法案仅包含处理下列事项的条款，应视为“财政法案”：

(1)对税的征收废止、豁免、变更或调整；

(2)邦政府借贷或提供财政保证的规则及对涉及邦政府已承担或即将承担的财政债务的法律修正；

(3)邦统一基金或意外开支准备基金的保管及两项基金的收支；

(4)邦统一基金拨付的款项；

(5)邦统一基金支付的每笔开支，或支出的增长情况；

(6)邦统一基金账户与本邦公共账户款项的收入或该类款项的保管和拨付等；

(7)有关第一项至第六项事项的相关事项。

2. 任何法案不得仅因其规定罚款或罚金，或规定执照费、服务费的缴纳，或因其规定任何地方机关团体为地方用途而征收、废止、豁免、变更或调整税收被视为财政法案。

3. 设有立法理事会的邦，议会提出的法案是否为财政法案产生争议时，立法会议议长的决定为最终决定。

4. 财政法案按照第一百九十八条规定送达立法理事会时，或按照第二百条规定送达邦长批准时，立法会议议长应签署文件证明其为财政法案。

第二百条 ［法案的批准］

法案由立法会议通过后，在设有立法理事会的邦，经议会两院通过之后，应送达邦长。邦长应表示同意或保留该法案送交总统考虑。

但是，邦长收到非财政法案时，可尽快将该法案连同咨文送还邦议会，请其对该法案或其中某些条款重新加以审议，请其对咨文提出的修正意见是否适当进行考虑，特别是将法案退还议会，议会应据此重新审议。若该法案经议会再次通过后送请邦长批准，无论该法案是否经过修正，邦长不得拒绝批准。

另外，若邦长认为该法案一旦成为法律，必将损害高等法院的权力，从而威胁宪法赋予高等法院的地位，邦长应不予批准，并将其送交总统考虑。

第二百零一条 ［保留法案送呈总统考虑］

法案经邦长保留送交总统考虑时,总统应对该案表明是否同意。

但是,若该法案不属于财政法案,总统可命令邦长将其退还邦议会,并附以第二百条所述的咨文。若该法案退还后,议会应在收到咨文六个月之内重新加以考虑。如经议会再次通过,无论是否附加修正案,应再次送交总统考虑。

有关财政事项的程序

第二百零二条 ［年度财政报告］

1. 邦长应于每个财政年度向邦议会各院提交本邦的年度财政支出预算报告,以下简称为"年度财政报告"。

2. 年度财政报告内的支出预算应分别列出以下事项:

(1)本宪法规定应由本邦统一基金项下支付的款项;

(2)拟由本邦统一基金项下支付的其他款项;

并应将收入账户支出与其他账户支出相区别。

3. 下列经费应由各邦统一基金项下支付:

(1)邦长的薪资、津贴及与其职务有关的其他费用;

(2)立法会议议长、副议长,有立法理事会的邦的立法理事会主席、副主席等人的薪资及津贴;

(3)本邦的债务,包括利息、偿债基金、贴现费用以及其他有关负债、偿债的开支;

(4)高等法院法官的薪资与津贴;

(5)法院或仲裁庭进行判决、审判或裁决所需的款项;

(6)本宪法或邦议会法律规定由本基金项下拨付的其他款项。

第二百零三条 ［邦议会关于预算的程序］

1. 本邦统一基金项下拨付的款项,其预算不必提交立法会议表决。但不得将本款规定解释为禁止邦议会对该类支出的预算进行讨论。

2. 预算中涉及其他支出的部分应以议会拨款的形式向立法会议提出。立法会议对该类要求有权批准或拒绝,或在削减金额后批准。

3. 拨款要求只能由邦长提出。

第二百零四条 ［拨款法案］

1. 立法会议按照第二百零三条规定同意拨款后,应尽快提出法案,以便从本邦统一基金项下拨付款项,满足下列需要:

(1)立法会议同意的拨款;

(2)应由邦统一基金项下支付的款项,但在任何情况下均不得超过已向两院提交预算数额。

2. 对任何该类法案,邦议会任何一院不得提出

修正拨款金额、更改拨款用途,或改变由邦统一基金项下拨付任何开支金额的修正案。某一修正案是否为本款所不允许的情况,以会议主持者的决定为最终决定。

3. 除根据本条规定通过的法律所允许的拨款外,不得从邦统一基金项下拨付任何款项;但第二百零五条及二百零六条规定的情况除外。

第二百零五条 ［补充、追加拨款或超支拨款］

1. 邦长在下列情形下应即向议长另行提出预算,说明该项经费的预算总额,或向邦立法会议提出追加拨款的要求:

(1)若根据第二百零四条规定制定的法律批准本财政年度用于某一项目的经费不足年度所用,或该财政年度出现编制年度预算时未预算的新项目,需补充或追加经费;

(2)某财政年度内用于某一项目的金额超出当年批准的款项。

2. 第二百零二条、第二百零三条和第二百零四条各条规定,对本条第一款所述预算报告、开支、拨款要求,以及为支付该类开支而授权本邦统一基金项下拨付款项,或批准上述拨款要求的法律具有的效力,与其对年度预算报告、年度预算中所列的开支与提出的拨款要求,及为支付该类开支而授权从本邦统一基金项下拨付款项或批准拨款要求的法律,具有相同的效力。

第二百零六条 ［预支拨款与额外拨款的表决］

1. 无论本章以上各条款作出何种规定,立法会议应拥有下列权力:

(1)按照第二百零三条规定完成对拨款的表决程序之前及按照第二百零四条规定通过拨款法案之前,有权提前批准该财政年度某一阶段的开支预算;

(2)因项目规模过大或性质不确定,而难以在年度财政报告中对经常性需求详细说明时,准予拨款以应对意外需求;

(3)批准未列入年度预算经常项目的额外开支;

同时,立法会议应有权以法律批准从邦统一基金项下提取款项,以应对上述经过批准的项目。

2. 第二百零三条及第二百零四条的规定,对本条第一款所述批准拨款的权力及对根据该款规定制定的法律,与对已列入年度预算的开支的批准权及授权从邦统一基金项下拨款支付该类开支的法律,具有相同的效力。

第二百零七条 ［财政法案的特别规定］

1. 关于第一百九十九条第一款第一项至第六项所述事项的法案或修正案,未经邦长建议,不得提出动议;该类法案不得在邦立法理事会中提出;

但是,关于减税或取消某种税收的修正案,无需邦长建议也可提出动议。

2. 任何法案或修正案,不得仅因罚款或其他罚金,要求交纳执照费或服务费,或因允许地方机关团体出于当地的需要征收、废止、豁免、变更或调整税收而被视为关于上述事项的法案或修正案。

3. 任何法案的实施涉及从邦统一基金项下拨付经费,非经邦长建议邦议会考虑,邦议会任何一院一律不得通过。

一般程序

第二百零八条 [程序规则]

1. 邦议会任何一院应在本宪法的范围内规定该院议事程序及议事规则。

2. 第一款所述规则制定之前及本宪法实施之前,相应省原议会中执行的程序规则及议事规则仍适用于邦议会,但需由立法会议议长或立法理事会主席对其进行若干修正与调整。

3. 在设有立法理事会的邦内,邦长经与立法理事会主席及立法议会议长磋商后,可就两院之间的沟通问题制定程序规则。

第二百零九条 [以法律规定邦议会审议财政事项的程序]

邦议会为及时完成财政事务的审议,可以法律规定邦议会审议财政事项或审议批准从邦统一基金中拨款的法案时的议事程序和议事规则。若该项法律规定与邦议会根据第二百零八条第一款规定制定的规则,以及根据该条第二款制定的邦议会程序规则与议事规则相抵触,应以本条所述规定为准。

第二百一十条 [邦议会使用的语言]

1. 无论第十七篇作出何种规定,按照第三百四十八条的规定,邦议会的一切活动应使用本邦的官方语言或使用印地语或英文。

但对不能使用上述语言充分表达意见的议员,立法会议议长、立法理事会主席或两院的代理议长(主席)可允许其在议会发言时使用母语。

2. 除邦议会法律另有规定外,本宪法实施十五年届满时,本条规定中的"或英文"应删去。

但是,本款规定应用于喜偕尔、梅加拉亚、曼尼普尔、特里普拉邦议会时①,需将其中"十五年"改为"二十五年"。②

同时,本款规定应用于阿鲁纳查尔邦、果阿和米佐拉姆邦的邦议会③时,需将其中"十五年"改为"四十年"。④

第二百一十一条 [邦议会讨论范围的限制]

邦议会无权对最高法院或高等法院法官履行职务时的行为进行讨论。

第二百一十二条 [法院不得质疑邦议会的程序问题]

1. 邦议会的效力不得以程序不规范而受到质疑。

2. 根据宪法授权在议会负责掌握议事程序、事务处理以及维持秩序的邦议会官员和议员,在行使该项权力时不受任何法院的管辖。

第四章 邦长的立法权

第二百一十三条 [邦议会休会期间邦长颁布法令的权力]

1. 立法会议休会期间,或有立法理事会的邦议会两院同时休会期间,若邦长认为有立即采取行动的必要,即可根据需要颁布必要的法令。

但下列情况之一,如无总统指令,邦长不得颁布此类命令:

(1)若将该命令包含的条款作为法案在邦议会提出,但依据本宪法规定只有经总统事先同意方可在议会提出动议;

(2)若将命令包含的条款作为法案在邦议会获得通过,邦长认为有必要保留并提交总统考虑;

(3)若将命令包含的条款作为邦议会法令获得通过,但依据本宪法规定,须提交总统考虑并经其同意才具有效力。

2. 根据本条颁布的命令,与邦长所批准的邦议会法令具有相同效力,但此项命令:

(1)应提交邦立法会议,或有立法理事会的邦则应提交邦议会两院;并在邦议会复会六个星期届满时失效;若在上述期限届满之前,即由立法会议通过决议否决,并经立法理事会(若该邦有立法理事会)表示同意,则该命令即在决议通过时或在决议获立法议会同意时失效。

(2)可由总统随时撤销。

---

① 根据《东北部地区(行政区划调整)法令》(1971年)由"喜偕尔邦议会"修改为"喜偕尔、梅加拉亚、曼尼普尔、特里普拉邦议会"(1972年1月21日生效)。

② 根据《喜偕尔邦法令》(1970年)新增(1971年1月25日生效)。

③ 根据《果阿、达曼和第乌行政区划调整法令》(1987年)由"阿鲁纳查尔邦、米佐拉姆邦"修改为"阿鲁纳查尔邦、果阿和米佐拉姆邦"(1987年5月30日生效)。

④ 根据《米佐拉姆邦法令》(1986年)新增(1987年2月20日生效)。

[解释条款]

在有立法议会的邦,议会两院如于不同日期召集复会,则本款所述六个星期的期限应自复会较晚的日期起算。

3. 根据本条规定颁布的命令,若由邦议会以法律通过并经邦长批准,而仍不能生效的条款,则该命令无效。

本宪法中有关议会法令和现行法令相抵触,且涉及《联邦、各邦兼具职权目录》所列事项的邦议会法令的效力问题的规定,按照总统指示并根据本条规定颁布的法令,应视为保留送交总统考虑并经总统批准的邦议会法令。

4. 根据《宪法(第三十八修正案)法令》(1975 年)新增(具有溯及力),后根据《宪法(第四十四修正案)法令》(1978 年)删除(1979 年 6 月 20 日生效)。

第五章 高等法院

第二百一十四条① [邦高等法院]

各邦均设一个高等法院。

第二百一十五条 [高等法院为案卷法院]

各高等法院均为案卷法院,应享有该类法院的一切权力,包括处罚藐视法庭罪的权力。

第二百一十六条② [高等法院的组成]

高等法院由一名首席法官和若干法官组成,总统认为必要时可随时任命高等法院法官。

第二百一十七条 [高等法院法官的任命与条件]

1. 总统征求印度最高法院首席大法官与该邦邦长意见后任命高等法院的首席法官,任命高等法院其他法官时除需征求上述人员意见外,需征求该邦高等法院首席法官的意见。委任状应由总统签署并加盖印章。临时法官或代理法官的任期按照第二百二十四条的规定执行,其余法官的任职可至满六十二周岁③为止。但:

(1)法官可向总统提交本人签名的书面辞呈提出辞职;

(2)法官可由总统根据第一百二十四条第四款规定的免除最高法院法官的程序免除其职务;

(3)高等法院法官被总统任命为最高法院法官或调往印度国内其他高等法院时其职务即为出缺。

2. 非印度居民及不具备下列条件的印度居民,不得担任高等法院的法官:

(1)在印度国内担任司法职务至少满十年;

(2)在某高等法院④或两个以上此类法院连续担任律师至少满十年。

(3)根据《宪法(第四十二修正案)法令》(1976 年)新增(1977 年 1 月 3 日生效),后根据《宪法(第四十四修正案)法令》(1978 年)删除(1979 年 6 月 20 日生效)。

[解释条款]

就本款而言,

(1)计算某人在印度国内担任司法职务的时间,应包括其从事司法工作后担任高等法院律师,或联邦与各邦下属法庭成员,及需要专门法律知识的其他职务的时间;⑤

(1A)计算某人担任高等法院律师的时间,应包括其在担任律师后"出任联邦或各邦下属的司法职务、法庭成员,或需要专门法律知识的任何职务的时间";⑥

(2)计算某人在国内担任司法职务或在高等法院担任律师时间,应包括在本宪法实施前,其在 1935 年《印度政府法》规定 1947 年 8 月 15 日之前属于印度领土的任何地区担任司法职务或担任高等法院律师的时间。

3. 若对高等法院法官的年龄产生争议,由总统与最高法院首席大法官经磋商后作出决定。以总统的决定为最终决定。⑦

第二百一十八条 [有关最高法院的某些规定适用于高等法院]

第一百二十四条第四款、第五款规定除适用于最高法院外,也适用于高等法院。此时可将"最高法院"读作"高等法院"。

第二百一十九条 [高等法院法官的宣誓或证词]

出任高等法院法官的人选,应在就职之前在本邦邦长或邦长指定的人面前按照附表三的誓词宣誓,且誓词须经本人签字。

---

① 本条第二款和第三款经《宪法(第七修正案)法令》(1956 年)删除。

② 本条但书经《宪法(第七修正案)法令》(1956 年)删除。

③ 根据《宪法(第十五修正案)法令》(1963 年),由"六十周岁"改为"六十二周岁"。

④ 根据《宪法(第七修正案)法令》(1956 年)由"附表一中规定的任一邦高等法院"修改为"某高等法院"。

⑤ 根据《宪法(第四十四修正案)法令》(1978 年)新增(1979 年 6 月 20 日生效)。

⑥ 根据《宪法(第四十二修正案)法令》(1976 年),由"担任司法职务"改为"出任联邦或各邦下属的司法职务、法庭成员,或需要专门法律知识的任何职务的时间"(1977 年 1 月 3 日生效)。

⑦ 根据《宪法(第十五修正案)法令》(1963 年)新增(具有追溯力)。

第二百二十条① ［对曾任高等法院法官的限制］

本宪法实施后,除最高法院和其他高等法院外,曾任高等法院法官者不得在印度境内任何法院或机关进行辩护或代理。

［解释条款］

本条中,"高等法院"不包括《宪法(第七修正案)法令》(1956年)(1956年11月1日生效)生效前规定与附表一第二部分邦的高等法院。

第二百二十一条 ［法官的薪资等］

1. 高等法院法官的薪资由议会通过法律确定,在议会作出规定之前,应根据附表二的规定执行。②

2. 法官领取的津贴及在休假与年金方面应享有的权利,由议会随时制定法律加以规定。在规定制定之前,应根据附表二的规定执行。

但是,法官任命之后,不得对其津贴及休假与年金方面的权利作出不利的变更。

第二百二十二条 ［高等法院法官的调动］

1. 总统经与最高法院首席大法官磋商后,可将高等法院法官从某高等法院调至③另一高等法院。

2. 当法官调任时,其在《宪法(第十五修正案)法令》(1963年)实施后的高等法院法官任职时间内有权除薪资之外额外领取补偿津贴。该项津贴的数额可由议会通过法律形式确定,在法律制定之前,由总统通过命令加以规定。④

第二百二十三条 ［代理首席法官的任命］

高等法院首席法官出缺时,或因缺席及其他原因不能履行职务时,可由总统在其他法官中指派一人履行其职务。

第二百二十四条⑤ ［临时法官或代理法官的任命］

1. 由于高等法院业务临时增多或出现案件积压,总统认为应该临时为该法院增加法官时,可任命具备资格的人选担任该法院的临时法官,其任职时间由总统确定,但最长不得超过两年。

2. 高等法院一般法官因缺席或其他原因不能履行职务,或受托代理首席法官时,总统可在该法官重

新履职前任命具备资格的人选担任高等法院代理法官。

3. 任何人员年满六十二周岁⑥后不得出任高等法院临时法官或代理法官。

第二百二十四A条⑦ ［任命退休法官参加高等法院开庭］

无论本章作出何种规定,任何邦的高等法院首席法官在事先征得总统同意的前提下,可随时邀请任何已退休的该法院或其他高等法院的法官作为代理法官出庭与任职。受邀的退休法官在出庭工作期间享有总统通过命令规定的津贴,并享有该高等法院法官全部司法管辖权、权利和特权。但在其他方面,其不得被视为该高等法院的法官。

但是,未经本人同意不得根据本条规定要求上述人员作为最高法院法官出庭与任职。

第二百二十五条 ［现有高等法院的司法管辖权］

除本宪法及有关邦会根据本宪法授权制定的法律规定外,现有高等法院的司法管辖权、遵循的法律,及该院法官的司法权力,包括制定法院或法庭开庭事项的权力,均与本宪法实施前一致。

但是,本宪法实施之前,高等法院对税收或收税等事项行使初审管辖权时所受的限制,今后不再适用。⑧

第二百二十六条 ［高等法院发布某些令状的权力］

1. 无论第三十二条作出何种规定⑨,高等法院有权在其司法辖区内对任何人员、机关、政府在适当情形下发布指令、命令或令状,包括人身保护令、执行令、禁令、追究权力令与调卷令等令状,以执行第三篇赋予其一切权力。⑩

2. 第一款所赋予任何政府、机关和个人发布指示、命令或令状的权力,可由部分或全部与行使该职权有关的拥有司法管辖权的高等法院行使,而无论该政府、机关和个人是否位于或居住于该地区。

3. 因第一款所述诉状而发布的临时命令或与第一款所述诉状有关的诉讼产生的临时命令,若使诉讼

---

① 根据《宪法(第七修正案)法令》(1956年)修改。

② 根据《宪法(第五十四修正案)法令》(1986年)修改(1986年4月1日生效)。

③ 根据《宪法(第七修正案)法令》(1956年)删除"在印度境内"。

④ 根据《宪法(第十五修正案)法令》(1963年)新增,原第二款根据《宪法(第七修正案)法令》(1956年)删除。

⑤ 根据《宪法(第七修正案)法令》(1956年)修改。

⑥ 根据《宪法(第十五修正案)法令》(1963年),由"六十周岁"修改为"六十二周岁"。

⑦ 根据《宪法(第十五修正案)法令》(1963年)新增。

⑧ 根据《宪法(第四十四修正案)法令》(1978年)新增(1979年6月20日生效),原但书经《宪法(第四十二修正案)法令》(1976年)删除(1977年2月1日生效)。

⑨ 根据《宪法(第四十三修正案)法令》(1977年)删除"但需要依照第一百三十一A条和第二百二十六A条规定"(1978年4月13日生效)。

⑩ 根据《宪法(第四十二修正案)法令》(1976年)修改(1977年2月1日生效)。

一方处于不利境地，无论通过禁止令和中止令，还是以其他方式，但又：

（1）未向诉方提供该诉状的副本及发布该临时命令的所有文件；

（2）未给一方以申诉机会，

那么，若一方向高等法院提出申请要求撤销该项命令，并把申请的副本提供给另一方及其律师，高等法院应于接到申请之日起或提供副本之日起（两个时间应取后者）两星期内作出处理。若高等法院在期满当天不办公，则期满之日可延至高等法院恢复办公后的次日。若期满而未作出处理，则该项命令即告废止。①

4. 本条授予高等法院的权力不妨碍第三十二条第二款授予最高法院的权力。

第二百二十六 A 条

根据《宪法（第四十二修正案）法令》（1976 年）新增（1977 年 2 月 1 日生效），后根据《宪法（第四十三修正案）法令》（1977 年）删除（1978 年 4 月 13 日生效）。

第二百二十七条　[高等法院监督其他法院的权力]

1. 高等法院有权监督辖区内所有下级法院及法庭。②

2. 一般情况下，高等法院可：

（1）要求下级法院进行汇报；

（2）制定并发布统一下级法院诉讼程序的一般规则；

（3）制定下级法院官员保管图书、记录及账目的格式。

3. 高等法院还可为下级法院的执行官、书记、职员及在这些法院执业的代理人、辩护人、申诉人等制定收费标准。

但是，根据第二款或第三款规定制定的规则、格式、收费标准等应事先征得邦长同意并不得与现行法律相抵触。

4. 对依法建立的军事法院或法庭，不得认为本条规定授权高等法院对其拥有监督权。

5. 根据《宪法（第四十二修正案）法令》（1976 年）新增（1977 年 2 月 1 日生效），后根据《宪法（第四十四修正案）法令》（1978 年）删除（1979 年 6 月 20 日生效）。

第二百二十八条　[某些案件移送高等法院]

若高等法院认为某下级法院的未决案件涉及解释宪法的重大法律问题，而处理该案件又必须先解决该类问题，高等法院可将其撤回，并：

（1）自行处理该案件；

（2）裁决上述法律问题后将其连同对该问题的裁决副本发还原法院，原法院收到后应按照高等法院的裁决继续处理。

第二百二十八 A 条

根据《宪法（第四十二修正案）法令》（1976 年）新增（1977 年 2 月 1 日生效），后根据《宪法（第四十三修正案）法令》（1977 年）删除（1978 年 4 月 13 日生效）。

第二百二十九条　[高等法院的职员和经费]

1. 高等法院的职员由高等法院首席法官或其指派的其他法官或职员任命。

但③该邦邦长在法规规定的某些情形下，未经与邦公务员委员会协商，不得任用无法院工作经历的人员担任法院相关工作。

2. 高等法院官员和职员的待遇，由该院首席法官或由其指定的其他法官或职员在遵守邦议会法律规定的条件下通过制定规则确定；

但是，根据本款制定的有关薪资、津贴、休假或年金的规则，应由④该邦邦长批准。

3. 高等法院的行政经费，包括该院职员的一切薪资、津贴及年金，应由邦统一基金项下拨付。该法院收取的一切费用及其他款项也应纳入该项基金。

第二百三十条⑤　[高等法院管辖权延伸到中央直辖区]

1. 议会可通过法律规定高等法院的司法权延伸至中央直辖区或排除对中央直辖区的管辖。

2. 高等法院在中央直辖区行使司法权时，本宪法中任何规定不得理解为：

（1）授权该邦议会扩大、限制或取消司法权；

（2）第二百二十七条规定中提到为辖区内下级法院制定规则、表格或收费标准时，凡提及邦长的地方应理解为总统。

第二百三十一条　[为两个或两个以上邦建立联合高等法院]

1. 无论本节前述条款作何规定，议会可制定法律，为两个或两个以上的邦，或为两个或两个以上的

---

① 根据《宪法（第四十四修正案）法令》（1978 年）修改（1979 年 8 月 1 日生效）。

② 根据《宪法（第四十二修正案）法令》（1976 年）（1977 年 2 月 1 日生效）和《宪法（第四十四修正案）法令》（1978 年）（1979 年 6 月 20 日生效）修改。

③ 根据《宪法（第七修正案）法令》（1956 年）删除"在高等法院拥有主要席位的"。

④ 根据《宪法（第七修正案）法令》（1956 年）删除"在高等法院拥有主要席位的"。

⑤ 根据《宪法（第七修正案）法令》（1956 年）修改。

邦与中央直辖区建立联合高等法院。

2. 关于这类高等法院：

（1）第二百一十七条述及的该邦邦长，均应理解为该类法院管辖范围内的各邦的邦长；

（2）第二百二十七条规定为下级法院制定规则、表格与收费标准，凡提及邦长的地方应理解为下级法院所在邦的邦长；

（3）第二百一十九条和二百二十九条中，提及的邦均应理解为作为该类法院主要所在地的邦。

若该类法院的主要所在地位于某中央直辖区，则第二百一十九条和二百二十九条中提及的邦长、公务员委员会、邦议会和邦统一基金，应分别理解为总统、联邦公务员委员会、联邦议会和印度统一基金。

第二百三十二条

根据《宪法（第七修正案）法令》（1956年）删除。

第六章 下级法院

第二百三十三条 ［地区法官的任命］

1. 应由该邦邦长与该邦的高等法院协商后对各地区法官的任命、调动与晋升。

2. 非联邦（或该邦）公务部门人员应具备至少七年的律师资格，并经高等法院推荐，才具备地区法官的任命资格。

第二百三十三A条① ［地区法官的任命及其判决的合法性］

无论法院发布过何种裁决、判决和命令，

1.（1）任命邦司法部门人员或担任七年以上律师者担任该邦地区法官；

（2）上述人员担任地区法官的任命、晋升或调动，不应仅因在《宪法（第二十修正案）法令》（1966年）生效前，该任命、晋升、调动未依第二百三十三条和第二百三十五条规定即被视为不合法或无效。

2.《宪法（第二十修正案）法令》（1966年）生效前，未依据第二百三十三条和第二百三十五条规定而任命、提升、调动任何人员担任地区法官者所行使的司法权，所通过或所发布的判决、裁决、命令以及所采取的其他行动，不得仅因该任命、晋升、调动未依据第二百三十三条和第二百三十五条规定而视为不合法或无效。

第二百三十四条 ［地区法官以外司法人员的任用］

应由邦长按照规定与邦公务员委员会和有关高等法院协商后任用各邦除地区法官以外司法人员。

第二百三十五条 ［下级法院的管理］

高等法院有权对地区法院及其下级法院管理，包括邦内司法部门地区法官以下司法人员的任用、提升、休假等事宜的管理，但本条规定不得理解为剥夺任何此类人员根据有关待遇的法律进行上诉的权力，也不得理解为授权高等法院可按照任何法律规定的待遇条件执行。

第二百三十六条 ［解释］

（1）本节中"地区法官"一词，包括民事法庭法官、地区临时法官、地区联合法官、地区助理法官、简易法庭法官、首席治安法官、临时首席治安法官、会审法官、额外会审法官及助理会审法官。

（2）"司法部门"一词，指完全由担任地区法官和担任地区法官以下的民事司法职务的人员组成的部门。

第二百三十七条 ［本节规定适用某些治安法官］

邦长可公告宣布，本节上述规定和根据上述规定制定的规则，自其指定的日期起，除适用于接受任命后担任本邦司法人员外，也适用于该邦内某些类别的治安法官。但邦长可在公告中对上述规定和规则的适用范围附加某些例外和修正。

第七篇 附表一第二部分中的各邦

本篇经《宪法（第七修正案）法令》（1956年）废止。

第八篇 中央直辖区②

第二百三十九条③ ［中央直辖区的行政管理］

1. 除议会法律另有规定外，各中央直辖区行政长官由总统任命并确定其称号，且在总统认为适当的范围内行使管理。

2. 无论第六章作何规定，总统可任命中央直辖区相邻邦的邦长兼任中央直辖区的行政长官。被任命的邦长独立于邦部长会议，在行使其行政长官的职能时不受该邦部长会议的约束。

第二百三十九A条④ ［在某些中央直辖区建立直辖议会和部长会议］

1. 议会应制定法律建立本地治里⑤中央直辖区：

---

① 根据《宪法（第二十修正案）法令》（1966年）新增。

② 根据《宪法（第七修正案）法令》（1956年）由"附表一第三部分中的各邦"改为"中央直辖区"。

③ 根据《宪法（第七修正案）法令》（1956年）修改。

④ 根据《宪法（第十四修正案）法令》（1962年）新增。

⑤ 根据《果阿、达曼和弟乌行政区划调整法令》（1987年）由"果阿、达曼、弟乌和本地治里"修改为"本地治里"。

（1）通过选举或部分选举、部分指定的方式设立一个机构，行使中央直辖区议会的职能；

（2）设立部长会议，或同时设立上述两个机构并在该法律中规定其组成、权力和职能。

2. 第一款所述法律不能被视为第三百六十八条中对宪法的修正，尽管其包含修正宪法或产生修改宪法的效果的条款。

第二百三十九 AA 条① ［关于德里的特别条款］

1. 自《宪法（第六十九修正案）法令》（1991 年）生效之日起，德里中央直辖区被称为德里国家首都地区（以下简称首都地区）以及根据第二百三十九条所任命者应称为邦长。

2.（1）国家首都地区设立法议会，其席位由国家首都地区的选区直接选举产生。

（2）立法议会的所有席位、为"表列种姓"所保留的席位、国家首都地区选区的划分，以及与立法议会有关的事项由议会通过法律规定。

（3）第三百二十条至第三百二十七条和第三百二十九条的规定适用于国家首都地区时，国家首都地区的立法会议和其成员与邦的立法会议和成员分别适用；而在第三百二十六条和三百二十九条的"适当立法"应当视为与议会有关。

3.（1）根据宪法，立法会议有权为国家首都地区的全部或部分就邦事项表中列举的事项制定法律，且立法会议有权就适用于中央直辖区的共同事项列表中的事项制定法律，但与联邦列表的第一条、第二条、第十八条以外的和第六十四、第六十五和第六十六条中与第一条、第二条、第十八条有关的事项除外。

（2）本款第一项不得妨碍议会根据本宪法就有关中央直辖地区或其部分制定法律的权力。

（3）如果立法会议制定法律的任何条款所涉及的事项与议会就此事项制定的法律相抵触，无论是立法会议在其之前或之后通过的法律，议会制定的法律都优先于立法会议制定的法律，且在相抵触的范围内，立法议会制定的法律无效：

但若由立法会议制定的法律因总统考虑而保留，并获得其同意，则此法律在国家首都地区优先使用。

本项中的规定不妨碍议会在任何时候就相同的事项制定任何修正或废除立法会议的法律。

4. 设立部长委员会，其成员不超过立法会议成员的百分之十。任命首席部长，在与立法议会有权立法的相关事项上给予邦长帮助和建议，但根据法律应

当由其自行决定的事项除外。

但若邦长与部长就某事项不能达成共识时，应将此事项提交总统决定并依照其决定执行，但当邦长认为此事项紧急必须采取立即行动时，则其可在认为必要时作出决定。

5. 首席部长应由总统任命，总统根据首席部长的建议任命其他部长，首席部长和部长的任期由总统决定。

6. 部长委员会应集体向立法会议负责。

7.（1）②议会可制定法律使任何前述的条款暂时或永久地生效或终止。

（2）第一款所述法律无论是否包含对宪法的修正，或产生宪法修正的效力，都不得视为第三百六十八条所述的宪法修正。③

8. 第二百三十九 B 条的规定适用于国家首都地区邦长和立法会议的条款，同样适用于本地治里地区的管理和立法；所有涉及"第二百三十九 A 条第一款"应被视为本条或第二百三十九 AB 条，视情况而定。

第二百三十九 AB 条 ［宪法失效时的条款］

当总统收到来自邦长或其他报告：

（1）当国家首都地区不能依据宪法第二百三十九 AA 条或根据该条所制定的法律规定的情况发生时；

（2）国家首都地区需要或方便适当管理时；

总统可发布命令停止第二百三十九 AA 条的规定，或任何依据该条所制定的法律。

第二百三十九 B 条④ ［中央直辖区议会休会期间行政长官颁布法令的权力］

1. 中央直辖区议会闭会期间，中央直辖区行政长官认为有必要立即采取行动时，可颁布当时形势所需的法令。

行政长官颁布法令前须事先得到总统的批准。

但若议会已经解散或者由于根据第二百三十九 A 条第一款所述法律采取的行动停止行使职权，则在此期间行政长官不得颁布上述法令。

2. 遵照总统指示并根据本条规定颁布的法令，应被视为符合第二百三十九条第一款所述法律规定的合法制定的中央直辖区议会法令，但该法令：

（1）必须提交中央直辖区议会，在议会重新开会后六个星期届满时停止生效。若在上述期限届满前即被议会通过决议否决，则自决议通过之日起

---

① 根据《宪法（第六十九修正案）法令》（1991 年）新增（1992 年 2 月 1 日生效）。

② 根据《宪法（第七十修正案）法令》（1992 年）由"7"修改为"7（1）"（1991 年 12 月 21 日生效）。

③ 根据《宪法（第七十修正案）法令》（1992 年）修改（1991 年 12 月 21 日生效）。

④ 根据《宪法（第二十七修正案）法令》（1971 年）新增（1971 年 12 月 30 日生效）。

失效；

（2）行政长官在收到总统指示时可随时予以撤销。

3. 如果根据本条规定颁布的法令中所含的某些条款纳入中央直辖区议会的法令，且按照第二百三十九条第一款所述法律规定制定，通过后仍属无效，则所颁法令应无效。

4. 根据《宪法（第三十八修正案）法令》（1975年）新增（具有溯及力），后根据《宪法（第四十四修正案）法令》（1978年）删除（1979年6月20日生效）。

第二百四十条　［总统为某些中央直辖区制定条例的权力］

1. 为保证该地区的和平、进步和良好治理，总统可为下列中央直辖区制定条例：

（1）安达曼和尼科巴群岛；

（2）拉克代夫群岛；

（3）达德拉和纳加尔维利①；

（4）果阿、达曼②；

（5）本地治里；

但是，当本地治里③中央直辖区根据第二百三十九A条规定设立任何机构后，则总统自该议会召开第一次会议之日起，不再为保证上述中央直辖区的和平、进步和良好治理制定条例。

另外，当本地治里中央直辖区议会解散，或由于根据第二百三十九A条第一款所述法律而采取的行动停止行使议会职能时，总统仍可为保证这些中央直辖区的和平、进步和良好治理而制定条例。④

2. 第一款所述条例可撤销或修正议会制定的法令，或目前在中央直辖区施行的其他法律⑤，当总统发布后与在该地区适用的其他议会法律具有同等效力。

第二百四十一条　［中央直辖区高等法院］

1. 议会制定法律，规定中央直辖区⑥设立高等法院，或宣布位于该地区的任何法院成为本宪法所说的高等法院。

2. 第六章第五节的规定，除议会以法律附加的

例外和修正外，适用于对本条第一款所述高等法院与第二百一十四条所述高等法院。

3. 除本宪法有关条款和适当立法机关根据本宪法和该立法机关授权制定的法律另有规定者外，《宪法（第七修正案）法令》（1956年）实施前，对各中央直辖区行使司法管辖权的高等法院，在该修宪法令实施后继续对有关中央直辖区行使这一权利。

4. 本条规定不得影响议会将各邦高等法院司法权力扩展至中央直辖区或其部分地区，以及剥夺它们在这些中央直辖区或其部分地区的司法权限。

第二百四十二条

根据《宪法（第七修正案）法令》（1956年）删除。

第九篇⑦　潘查亚特⑧

第二百四十三条　［定义］

在本篇中，除有其他规定外：

（1）"县"指邦的一个地区；

（2）"格拉姆会议（Gram Sabha）"指村一级潘查亚特所在地的选民登记册上的人所组成的团体；

（3）"中间级别"指位于村和县之间的级别，并有该邦的邦长通过公告明确的级别；

（4）"潘查亚特"指根据第二百四十三B条在农村所建立的自治组织；

（5）"潘查亚特地区"指一个潘查亚特的管理范围；

（6）"人口"指上一次人口普查中所公布的数字；

（7）"村"指由邦长通过公告明确的一系列村。

第二百四十三A条　［格拉姆会议］

格拉姆会议应根据邦议会的立法在村一级行使职权和履行职责。

第二百四十三B条　［潘查亚特的组成］

1. 在各邦的村建立潘查亚特，中间级别和县根据本篇的其他规定。

2. 无论本条第一款作出何种规定，各邦中间级别的潘查亚特不得超过二十万人。

---

① 根据《宪法（第十修正案）法令》（1961年）新增。

② 根据《果阿、达曼和第乌（行政区划调整）法令》（1987年）修改。

③ 根据《宪法（第二十七修正案）法令》（1971年）由"果阿、达曼和弟乌或本地治里"修改为"本地治里"（1972年2月15日生效）。

④ 根据《宪法（第二十七修正案）法令》（1971年）新增（1972年2月15日生效）。

⑤ 根据《宪法（第二十七修正案）法令》（1971年）由"现行法律"修改为"其他法律"（1972年2月15日生效）。

⑥ 根据《宪法（第二十七修正案）法令》（1956年）由"附表一第三部分中规定的邦"修改为"中央直辖区"。

⑦ 根据《宪法（第七十三修正案）法令》（1992年）新增（1993年4月24日生效），原第九篇经《宪法（第七修正案）法令》（1956年）删除。

⑧ 潘查亚特（panchayat）是印度的一种村社自治制度，一个或数个自然村经村民大会直接选举代表组成村潘查亚特作为基层组织。乡村自治委员会通常由种姓首领和村里长者组成；他们定期开会，来执行地方审判、收集赋税。

第二百四十三 C 条 ［潘查亚特的结构］

1. 根据本篇的规定,邦议会可通过法律规定潘查亚特的结构。

但任何级别的潘查亚特在所在地区的人口比例应与该邦的选举保持一致。

2. 潘查亚特的所有席位应在其所在的地区由直接选举产生,选区之间人口的比例和席位的分配应在潘查亚特地区保持一致。

3. 邦立法机构应通过法律规定下列内容:

(1)村潘查亚特的主席,在区一级别的,或该邦没有中间级别的县的主席;

(2)区的潘查亚特的主席;

(3)邦立法议会的全体成员代表包括全部和部分的除村级别以外的所有潘查亚特;

(4)邦理事会的成员在他们登记选举的地方:

(a)如果是在中间级别的则是区级;

(b)如果在县则是县级。

4. 潘查亚特的主席和其他成员无论是否由潘查亚特选区直接选举产生,均有权在潘查亚特会议投票。

5.(1)村一级的潘查亚特的主席应由该邦的选举方式产生;

(2)在区、县一级的潘查亚特应在当选的人中选举出主席。

第二百四十三 D 条［席位保留］

1. 席位应保留:

(1)表列种姓;

(2)表列部落;

每一个潘查亚特均应为该地区的表列种姓和表列部落保留相同比例的席位,并应在潘查亚特的不同选区轮流分配该席位。

2. 根据第一款为属于表列种姓或表列部落的妇女保留不得少于三分之一的席位。

3. 每一个潘查亚特通过直选所产生的至少三分之一席位应为妇女(包括属于表列种姓或表列部落的妇女)保留,并应在潘查亚特的不同选区轮流分配该席位。

4. 潘查亚特主席的职位为表列部落、表列种姓和妇女的保留都应依据邦立法。

5. 根据第一款和第二款以及第四款的保留应当在第三百三十四条规定的期限届满时失效。

6. 本篇的规定不妨碍邦议会为落后阶层的公民所制定的有关席位保留的规定。

第二百四十三 E 条 ［潘查亚特的期限等］

1. 每一个潘查亚特,应从被任命之日后的首次会议起至五年期满不再连任,但被立即生效的法律解散者除外。

2. 任何法律立即生效的修正案均不能规定任何级别的潘查亚特解散,该潘查亚特执行其功能至第一款所述的期限届满为止。

3. 完成一个潘查亚特的选举应包括:

(1)根据第一款在其任期届满前;

(2)在其解散前的六个月内;

但是,当已解散的潘查亚特剩下的任期少于六个月时,不必根据本条进行选举。

第二百四十三 F 条 ［成员资格的丧失］

1. 潘查亚特的成员出现下列情况时丧失资格:

(1)根据邦议会制定的立即生效法律,不符合选举要求;

但是,如果某人满二十一周岁,则不得因为其年龄低于二十五周岁而认为其丧失资格。

(2)根据邦议会制定的法律认定为不符合条件。

2. 根据第一款所产生的关于此类潘查亚特成员是否具有资格的问题应当提交此类机构加以决定,并应按邦议会以立法规定的方式决定。

第二百四十三 G 条 ［权力、权威和责任］

依据本宪法和该邦的法律,通过授予潘查亚特的权力和权威应使其能够行使自治政府的职能,且这些法律应包括适当程度权力和责任的下放,依据下列具体情况:

(1)经济发展和社会正义的准备计划;

(2)与附表十一相关的为执行经济发展和社会正义框架的事项。

第二百四十三 H 条 ［潘查亚特的征税权等］

邦议会可立法:

(1)授予潘查亚特根据规定的程序并在规定的范围内征税和征费;

(2)根据程序和限制从属于邦政府的税收中分配给潘查亚特;

(3)从邦统一基金项下为潘查亚特提供财政补助金;

(4)将由潘查亚特收取的所有收入归给潘查亚特使用。

第二百四十三 I 条 ［建立财务委员会监督财务状况］

1. 邦长从《宪法(第七十三修正案)法令》(1992年)实施后的一年内和此后每满五年,建立一个财务委员会监督潘查亚特的财务状况并向邦长提出建议:

(1)必须掌握的原则:

(a)邦和潘查亚特之间在税收净收益上的分配,应当根据本篇的规定在潘查亚特的各个级别进行分配;

(b)分配给潘查亚特的税收的比例;

(c)从邦统一基金中支付给潘查亚特的财政补助金。

(2)需要提高潘查亚特财务状况的措施;

(3)与健全潘查亚特良好的财务有关的其他事项。

2.邦立法机构可通过法律规定委员会的组成、委员会成员的任命资格以及其被选举的方式。

3.委员会应当决定其自身工作的程序以及行使邦立法机构通过法律所授予的职能的形式。

4.邦长应当将委员会根据本条所提的每一建议连同据此采取行动的解释备忘录提交邦议会加以规定。

第二百四十三 J 条 [潘查亚特账目的审计]

邦议会应当制定法律规定潘查亚特账户的保存和审计。

第二百四十三 K 条 [潘查亚特的选举]

1.包括由邦长任命的委员长在内的邦选举委员会监督、指挥和控制选票的比例和选举潘查亚特的所有行为。

2.根据邦议会制定的法律,邦选举委员会委员长的待遇和任期由邦长决定。

3.邦长应根据邦选举委员会的请求,为选举委员会提供必须的成员。

4.邦议会所制定的与潘查亚特选举有关的所有法律都应当受到宪法约束。

第二百四十三 L 条 [中央直辖区的适用]

本篇中与邦长相关的内容适用于中央直辖区根据第二百三十九条任命的首长,邦议会的内容适用于中央直辖区的立法议会。

但总统通过公告命令本篇中的某些条款适用于任何中央直辖区的全部和部分例外和修正应当在其公告中明确。

第二百四十三 M 条 [在某些地区的不适用]

1.本篇的任何内容不适用于根据第二百四十四条第一款的表列地区和第二款的表列部落。

2.本篇的内容不得适用于:

(1)那家兰邦、梅加拉亚邦和米佐拉姆邦;

(2)在曼尼普尔邦的山区。

3.本篇的内容中不包括:

(1)关于区潘查亚特适用于关于在当时生效的法律在西孟加拉邦的大吉岭廓尔喀所设的山区委员会。

(2)被解释为影响根据法律所建立的大吉岭廓尔喀山区委员会的职能和权力。

3A.第二百四十三 D 条关于表列种姓保留的席

位应适用于阿鲁纳恰尔邦。①

4.无论本宪法作出何种规定:

(1)关于第二款第一项邦的立法权延伸至该邦所有的地区,但第一款所指的地区除外,若该邦的立法议会根据该院三分之二以上的成员出席并参加表决并经过半数通过决议。

(2)议会可制定法律将所规定的例外和修正延伸至第一款地区的表列地区和表列部落,但是这些法律视为根据第三百六十八条对宪法作出的修正。

第二百四十三 N 条 [现有法律和潘查亚特的延续]

无论本篇作出何种规定,《宪法(第七十三修正案)法令》(1992)之前生效的有关邦潘查亚特的任何法律的任何条款,如果与本篇的条款内容相抵触应当继续有效,直到立法机构或其他当局作出修正或直到从该修正案生效满一年时为止,以较早者为准。

但在该修正案生效前存在的潘查亚特应当继续有效直到其任期届满,除非被该邦的立法会议通过决议解散,或者在该邦有立法理事会的情况下,由该邦任何议会任何一院通过决议解散皆可。

第二百四十三 O 条 [禁止法院干涉选举事宜]

无论本宪法作何规定:

(1)关于划定选区或分配席位的任何法律的有效性,以及根据第二百四十三 K 条的规定选举,不得在任何法院提出质疑;

(2)除根据邦立法机构制定的法律向相关当局提出选举请愿外,不得就潘查亚特的选举提出质疑。

第九 A 篇② 自治市

第二百四十三 P 条 [定义]

在本篇中,除非有其他规定:

(1)"委员会"指根据第二百四十三 S 条设立的委员会;

(2)"区"指邦的一个地区;

(3)"大城市区域"指一个拥有十万人口以上,包括一个或多个区和包括两个或多个自治市或潘查亚特或其他毗连地区,并被邦长基于本篇的目的公告为自治市;

(4)"城市地区"指由邦长公告明确的自治市的管理范围;

(5)"自治市"指根据第二百四十三 Q 条所建立的自治组织;

(6)"潘查亚特"指根据第二百四十三 B 条所建

---

① 根据《宪法(第八十三修正案)法令》(2000年)新增。

② 根据《宪法(第七十四修正案)法令》(1992年)新增(1993年6月1日生效)。

立的自治组织；

(7)"人口"指上一次人口普查中所公布的数字。

第二百四十三 Q 条 ［自治市的组成］

1. 每一个邦的自治市均由下列部分组成：

(1)纳加尔的潘查亚特作为过渡地区，即，由农村变为城市；

(2)小的城市地区的市政局；

(3)较大的城市地区的市政府，

依据本篇规定：

根据本条的规定不构成这种市区或者邦长基于大小和市政服务以及其他应当考虑的因素在该地区建立工业乡镇，并予以公告。

2. 本条中的"过渡地区"、"小的城市地区"、"较大的城市地区"指根据邦长依该地区的人口数量、密度、地方机构的收入、非农业活动的收入、经济重要性等其他因素根据本篇的目的所作出的公告明确的划分。

第二百四十三 R 条 ［自治市的结构］

1. 根据第二款的规定，所有自治市的席位应当有从城市地区所有选区中直接选举产生，为此每个城市地区应分为数个选区。

2. 邦立法机构应通过法律规定下列内容：

(1)自治市的代表：

(a)在自治机构中有特殊的知识或者经验；

(b)人民院或者邦立法会议中包括全部或部分的城市地区的代表；

(c)邦立法理事会和邦立法会议的全体成员在城市地区登记为选民的；

(d)根据第二百四十三 S 条第五款选举产生的市委会的主席。

但是，本款第一项中的代表无权在自治市会议中投票。

(2)选举自治市主席的方式。

第二百四十三 S 条 ［市委会的组成］

1. 包括一个或以上的区且在该区内人口的数量超过三十万人以上应当组成市委会。

2. 邦的立法机构应通过法律规定下列内容：

(1)市委会的组成和地域范围；

(2)市委会席位的组成方式。

3. 在市委会的范围内代表一个行政区的区委会的成员应是该市委会的成员。

4. 市委会包括：

(1)一个行政区，该成员代表该自治市；

(2)两个或以上行政区，由该行政区为与会的成员选举代表代表该自治市，

作为该委员会的主席。

5. 本条中的任何规定不得视为组织邦的关于区委会作出的任何规定。

第二百四十三 T 条 ［席位的保留］

1. 每个自治市应当为表列种姓和表列部落保留席位，并且该地区的表列种姓和表列部落保留相同比例的席位，并应在自治市的不同选区轮流分配该席位。

2. 根据第一款为属于表列种姓或表列部落的妇女保留不得少于三分之一的席位。

3. 不少于通过在每一个自治市直选所产的席位的三分之一的席位为妇女（包括属于表列种姓或表列部落的妇女）保留，并应在自治市的不同选区轮流分配该席位。

4. 自治市委员会主席的职位为表列部落、表列种姓或妇女的保留都应依据邦立法。

5. 根据第一款和第二款以及第四款的保留应当在第三百三十四条规定的期限届满时失去效力。

6. 本篇的规定不妨碍邦议会为落后阶层的公民所制定的有关席位保留的规定。

第二百四十三 U 条 ［自治市的期限］

1. 每一个自治市，应从被任命之日后的首次会议起至五年期满不再连任，但被立即生效的法律解散除外。

但是，在自治市被解散前应当给予其合理的听证的机会。

2. 任何法律立即生效的修正案都不能规定任何级别的自治市的解散，该自治市执行其功能至第一款所述的期限届满为止。

3. 完成一个自治市的选举应包括：

(1)根据第一款在其任期届满前；

(2)在其解散前的六个月内；

但是，当已经解散的自治市剩下的任期少于六个月时，不必根据本条进行选举。

第二百四十三 V 条 ［成员资格的丧失］

1. 自治市的成员出现以下情况时，丧失资格：

(1)根据邦议会制定的立即生效法律他不符合选举要求；

但若某人满二十一周岁，则不得因为其年龄低于二十五周岁而认为丧失资格。

(2)根据邦议会制定的法律其不符合条件。

2. 根据第一款所产生的关于自治市成员是否具有资格的问题应当由邦议会通过立法规定作出决定。

第二百四十三 W 条 ［自治市的权力、权威和责任等］

1. 依据本宪法和该邦的法律，通过授予自治市的权力和权威应当使其能够行使自治政府的职能，且这些法律应包括适当程度权力和责任的下放，依据下列具体情况：

(1)经济发展和社会正义的准备计划；

(2)与附表十二相关的为执行经济发展和社会正义框架的事项。

2. 市委会所拥有的权力应当能够履行附表十二中所规定的相关职责。

第二百四十三 X 条 ［自治市的征税权等］

邦议会可立法：

(1)授予自治市根据程序和限制征税和征费；

(2)根据程序和限制从属于邦政府的税收中分配给自治市；

(3)从邦统一基金项下为自治市提供财政补助金；

(4)将从自治市收取所有收入分配给自治市使用。

第二百四十三 Y 条 ［财务委员会］

1. 根据第二百四十三 I 条创建一个财务委员会监督自治市的财务状况并向邦长提出建议：

(1)必须掌握的原则：

(a)邦和自治市之间在税收净收益的分配，应当根据本篇的规定在自治市的各个级别进行分配；

(b)分配给自治市的税收的比例；

(c)从邦统一基金项下支付给自治市的财政补助金。

(2)需要提高自治市财务状况的措施；

(3)与健全自治市良好的财务有关的其他事项。

2. 邦长应当将委员会的每一建议及根据建议所采取的行动的解释备忘录都置于邦议会加以规定。

第二百四十三 Z 条 ［潘查亚特账目的审计］

邦议会应当制定法律规定自治市账户的保存和审计。

第二百四十三 ZA 条 ［自治市的选举］

1. 包括由邦长任命的委员长在内的邦选举委员会监督、指挥和控制选票的比例和选举自治市的所有行为。

2. 邦议会所制定的与自治市选举有关的所有法律都应当受到宪法约束。

第二百四十三 ZB 条 ［中央直辖区的适用］

本篇中与邦长相关的内容适用于中央直辖区根据第二百三十九条任命的首长，邦议会的内容适用于中央直辖区的立法议会。

但总统通过公告命令本篇中的某些条款适用于任何中央直辖区的全部和部分例外和修正应当在其公告中明确。

第二百四十三 ZC 条 ［在某些地区的不适用］

1. 本篇的任何内容不适用于根据第二百四十四条第一款的表列地区和第二款的表列部落。

2. 本篇的内容不得适用于关于在当时生效的法律在西孟加拉邦的大吉岭廓尔喀所设的山区委员会。

3. 无论本宪法作出何种规定，议会可制定法律将所规定的例外和修正延伸至第一款地区的表列地区和表列部落，但该法律应视为根据第三百六十八条对宪法作出的修正。

第二百四十三 ZD 条 ［区计划委员会］

1. 每一个邦的区级设立区计划委员会以统一该地区潘查亚特和自治市的计划和准备整个地区的发展计划。

2. 邦立法机构应通过法律制定下列内容：

(1)区计划委员会的组成；

(2)区计划委员会席位的产生方式，

但该委员会不得少于五分之四的成员由该地区的潘查亚特和自治市选举产生。

(3)区计划的相关职能应授予该委员会。

(4)该委员会委员长的产生方式。

3. 每个区的计划委员会应当准备计划发展草案：

(1)关于：

(a)有关潘查亚特和自治市共同利益的事项，包括空间规划、水和其他自然资源的分配，以及基础设施建设和环境保护；

(b)财政或其他的可利用资源的类型和程度；

(2)邦长命令其咨询的机构或组织。

4. 每个区计划委员会的委员长应向邦政府提出由该委员会推荐的发展计划。

第二百四十三 ZE 条 ［大城市计划委员会］

1. 在每一个大城市设立区计划委员会准备整个大城市的发展计划。

2. 邦立法机构应通过法律制定以下内容：

(1)大城市计划委员会的组成；

(2)大城市计划委员会席位的产生方式，

但该委员会不得少于三分之二的成员由该地区的潘查亚特和自治市选举产生。

(3)联邦政府和邦政府在该委员会中的代表被视为执行该委员会职能所必需的。

(4)大城市计划的相关职能应授予该委员会。

(5)该委员会委员长的产生方式。

3. 每个大城市的计划委员会应当准备计划发展草案：

(1)关于：

(a)在该大城市的自治市和潘查亚特准备的计划；

(b)有关潘查亚特和自治市共同利益的事项，包括空间规划、水和其他自然资源的分配，以及基础设施建设和环境保护；

(c)联邦政府和邦政府设定的全盘和优先发展目标；

(d)财政或其他的可利用资源的类型和程度;

(2)邦长命令其咨询的机构或组织。

4. 每个大城市计划委员会的委员长应当向邦政府提出由该委员会推荐的发展计划。

第二百四十三 ZF 条 ［现有法律和自治市的延续］

无论本篇作出何种规定,《宪法(第七十四修正案)法令》(1992)之前生效的有关邦自治市的任何法律的任何条款,若与本篇的条款内容相抵触,应继续有效,直到立法机构或其他当局作出修正或直到从该修正案生效满一年时为止,以较早者为准。

但在该修正案生效前存在的自治市应当继续有效直到其任期届满,除非被该邦的立法会议通过决议解散,或者在该邦有立法理事会的情况下,由该邦任何议会任何一院通过决议解散皆可。

第二百四十三 ZG 条 ［禁止法院干涉选举事宜］

无论本宪法作出何种规定:

(1)关于划定选区或分配席位的任何法律的有效性,以及根据第二百四十三 ZA 条的规定选举,不得在任何法院提出质疑;

(2)除根据邦立法机构制定的法律向相关当局提出选举请愿外,不得就自治市的选举提出质疑。

第十篇　表列地区和部落地区

第二百四十四条 ［表列地区和部落地区的行政管理］

1. 附表五的规定适用于①各邦所属表列地区和表列部落的行政管理,但阿萨姆邦、梅加拉亚邦②、特里普拉邦和米佐拉姆邦例外。

2. 附表六的规定适用于阿萨姆、梅加拉亚邦、特里普拉邦以及米佐拉姆中央直辖区内部落地区的行政管理。

第二百四十四 A 条③ ［阿萨姆邦某些部落地区组成自治邦并设立地方议会或部长会议,或二者均设］

1. 无论本宪法作出何种规定,议会可制定法律,在阿萨姆邦内设立自治邦由附表六第二十条第一款所列的部落地区或其部分地区组成自治邦,并设立:

(1)通过选举,部分选举,或部分委派的方式,建立一个行使自治邦议会职能的机构;

(2)设立部长会议;

或同时设立上述两个机构,由法律对其职能、权力和组成作出规定。

2. 第一款所述法律尤其可就下列事项作出规定:

(1)对"联邦职权目录"与"联邦与各邦兼具职权目录"所列事项,在自治邦立法权限的范围内作出规定,且是否排除阿萨姆邦议会的职权均可;

(2)确定自治邦行政权管辖的范围;

(3)规定阿萨姆邦只有将税收用于本自治邦时,方可在自治邦内征税;

(4)规定本宪法中凡涉及邦的地区,指该自治邦;

(5)必要的补充、附带与关联条款。

3. 对上述法律的修正若涉及第二款第一项及其规定事项,只有议会两院均以出席并参加投票的议员人数的三分之二多数通过方为有效。

4. 本条所述法律不得认为是对宪法第三百六十八条所述宪法的修正,尽管其中可能含有修正宪法或产生修改效果的条款。

第十一篇　联邦与各邦的关系

第一章　立法关系

立法权的分配

第二百四十五条 ［联邦议会和邦议会立法范围］

1. 在遵守本宪法的前提下,联邦议会可为全国或任何部分地区制定法律,邦议会可为全邦或邦内任何部分地区制定法律。

2. 议会制定的任何法律,不得因其适用于印度领土以外而被视为无效。

第二百四十六条 ［联邦议会和邦议会有权立法的事项］

1. 无论第二款和第三款作出何种规定,联邦议会拥有附表七第一列表(本宪法称为"联邦职权目录")所列事项专有立法权。

2. 无论第三款作出何种规定,除受第一款限制外,联邦议会拥有附表七第三目录(本宪法称为"联邦与各邦共同事项目录")所列事项制定法律的权力。

3. 除受第一款和第二款限制外,邦议会拥有附表七第二目录(本宪法称为"各邦职权目录")所列事项的专属立法权。

4. 无论某事项是否属于"各邦职权目录"的范围,联邦议会有权对印度境内不属于任何邦的地区就该事项制定法律。

---

① 根据《宪法(第七修正案)法令》(1956 年)删除"附表一第一部分或第二部分中规定的"。

② 根据《宪法(第四十九修正案)法令》(1984 年)由"和梅加拉亚邦"修改为"梅加拉亚邦、特里普拉邦和米佐拉姆邦"(1985 年 4 月 1 日生效)。

③ 根据《宪法(第二十二修正案)法令》(1969 年)新增。

第二百四十七条 ［议会决定增设法院的权力］

1. 无论本章其他条款作出何种规定,议会可根据法律规定增设任何法院,更好地实施议会制定的法律及与"联邦职权目录"列举事项有关的其他现行法律。

2. 此项权力应包括制定法律征收各分目录未列税目的权力。

第二百四十八条 ［其他立法权力］

1. 议会对"联邦与各邦兼具职权目录"及"各邦职权目录"未列事项拥有专有立法权。

2. 该项权力包括上述各目录中均未列入的制定征税法律的权力。

第二百四十九条 ［议会出于国家利益对"各邦职权目录"中所列事项的立法权］

1. 无论本章作出何种规定,若联邦院经出席并参加投票议员的三分之二多数通过决议,宣布联邦议会基于国家利益的考虑,有必要就"各邦职权目录"中所列的事项制定法律。联邦议会在决议有效期内,就上述事项针对全国或其他部分地区制定的法律应为合法。

2. 根据第一款规定通过的决议,其有效期由该决议规定,但不得超过一年。若议会按第一款所述程序通过决议批准延长有效期,则该决议应自其应当失效之日起延长一年。

3. 根据第一款规定通过决议后,议会有权制定越权的法律,在该决议失效后的六个月届满时终止生效。但该期限届满前已完成或应完成而尚未完成的有关事项例外。

第二百五十条 ［议会在紧急状态期间对"各邦职权目录"内事项的立法权力］

1. 无论本章作出何种规定,在紧急状态下,议会有权就"各邦职权目录"内列举事项为全国或任何部分地区制定法律。

2. 议会在紧急状态期间才有权制定法律中的越权部分,在紧急状态结束后六个月届满时终止生效,但该期限届满前已经完成或应完成而尚未完成的有关事项除外。

第二百五十一条 ［议会根据第二百四十九条和第二百五十条规定制定的法律与邦议会法律相抵触］

第二百四十九条和第二百五十条规定并不妨碍本宪法授予邦议会立法权。但若邦议会制定法律的任何条款与联邦议会根据上述两条规定制定的法律规定相抵触,则无论联邦议会法律在邦议会法律以前或以后通过,均应以联邦议会法律为准。在议会法律有效期内,邦议会法律中与联邦议会法律相抵触的部分无效。

第二百五十二条 ［议会经有关邦同意后为两个以上邦立法的权力］

1. 对于除按照第二百四十九条和第二百五十条规定外,议会无权就各邦的任何事项制定法律。但若两个以上的邦同意由议会以法律为其作出规定时,在有关邦的邦议会各院通过上述决议后,联邦议会为此通过的法律应为合法,且为此通过的法律不仅适用于上述各邦,也适用于邦议会各院通过决议表示愿意采用此项法律的其他各邦。

2. 议会为此通过的法律,可由同样方式通过的联邦议会法律加以修正或废止,但就适用该项法律的各邦而言,邦议会无权以法律对其加以修正或废止。

第二百五十三条 ［为实施国际协议而立法］

无论本章作出何种规定,为履行与其他国家缔结的条约、协定或公约,或履行国际性会议、协会及其他团体所作的决议,议会有权为全国或任何部分地区制定法律。

第二百五十四条 ［联邦议会法律和邦议会法律相抵触］

1. 如果邦议会法律中的任何规定与联邦议会在权限范围内制定的法律中的任何规定相抵触,或与有关"联邦与各邦共同职权目录"中所列事项的现行法律相抵触,则除第二款规定的情况外,联邦议会法律无论在邦议会法律制定以前或以后制定均为有效,邦议会法律中相抵触的部分无效。

2. 邦议会就"联邦与各邦共同职权目录"所列事项制定的法律,若包含与以往议会法律或有关该事项的现行法律相抵触的条款,且在送交总统考虑后同意,则在该邦范围内应以邦议会法律为准。但本款的规定并不妨碍议会就同一事项随时制定法律,包括对上述邦议会法律进行补充、修正、变更或废止的法律。

第二百五十五条 ［要求推荐和事前批准的条款,仅应视为程序问题］

议会和各邦邦议会的立法或其中任何规定,不得仅因未根据本宪法规定获得推荐或事先批准而认为无效,若:

(1)若需要邦长进行推荐,但已由邦长或总统批准该项法案;

(2)若需要各邦拉尔巴拉木推荐,但已由各邦拉尔巴拉木或总统批准该项法案;

(3)若需要总统推荐或事前批准,但已由总统批准该项法案。

第二章　行政关系

总　则

第二百五十六条 ［各邦和联邦的责任］

各邦行使行政权,应遵守议会法律和适用于该邦的现行法律。联邦行使行政权,应向各邦传达印度政府认为必要的指令。

第二百五十七条 ［联邦在某些情况下对各邦的管理］

1. 各邦行使行政权,不得妨碍或影响联邦行政权的行使。联邦行使行政权,应向各邦传达印度政府认为必要的指令。

2. 联邦行政权应包括,就联邦认为具有全国意义和军事意义的交通线的建设和维护问题向各邦传达指令。但本款规定并不妨碍议会宣布公路、水道为国家公路、军事公路或国家水道的权力;

不妨碍联邦宣布公路、水道为国家公路、军事公路或国家水道的权力,也不妨碍联邦建设和维护交通线路作为联邦对陆海空军事工程所负职责的组成部分的权力。

3. 联邦行政权应包括为保护本邦境内铁路措施,向各邦传达指示的权力。

4. 在执行根据第二款规定建设与维护交通线的指令,或根据第三款规定保护铁路的指令时所需费用,若超过该邦获得指令前履行正常职责开支的费用,印度政府应按双方协议的金额支付给该邦;若未达成协议,应由印度最高法院首席大法官指派仲裁确定金额。

第二百五十七 A 条 ［联邦武装力量或其他力量对邦的帮助］

根据《宪法(第四十二修正案)法令》(1976 年)新增(1977 年 1 月 3 日生效),后根据《宪法(第四十四修正案)法令》(1978 年)删除(1979 年 6 月 20 日生效)。

第二百五十八条 ［联邦在某些情况下向各邦授权的权力］

1. 无论本宪法作出何种规定,总统在征得某邦政府同意后,可有条件或无条件地委托该邦政府及其官员对联邦行政权范围内的事项行使职权。

2. 适用于各邦联邦议会的法律可对有关邦及其官员和机构授予权力和规定职责作出规定,或准许其授予权力或规定职责,即使该邦议会对涉及的事项并无立法权。

3. 根据本条规定,对某邦及其官员和机构授予权力或规定职责,印度政府应按照协议金额支付给该邦;未达成协议,应由印度最高法院首席大法官指派仲裁确定金额,以补偿该邦在行使上述权力及职责时的额外行政开支。

第二百五十八 A 条① ［邦向联邦委托职权的权力］

_____

① 根据《宪法(第七修正案)法令》(1956 年)新增。
② 根据《宪法(第七修正案)法令》(1956 年)修改。

无论本宪法作出何种规定,邦长征得印度政府同意后,可有条件地或无条件地委托联邦政府及其他官员就本邦行政权限范围内的事项行使职权。

第二百五十九条

根据《宪法(第七修正案)法令》(1956 年)删除。

第二百六十条 ［联邦的涉外管辖权］

印度政府可与国外政府达成协议,接受该国政府授予的行政、立法和司法权。但所有此类协议应受相关治外权法律的期限限制。

第二百六十一条 ［公共法令、记录和司法程序］

1. 联邦及各邦的公共法令、记录与司法程序应在全国享有完全的信任与信用。

2. 议会应通过法律规定第一款所述公共法令、记录与司法程序的证明方法、证明条件及其效力。

3. 印度国内任何地区的民事法庭发布或通过的最终判决和最终命令,可依法在国内任何地方执行。

河道纠纷

第二百六十二条 ［邦际河道与邦际河谷有关纠纷的裁决］

1. 由议会以法律的形式对因任何邦际河流或邦际河谷内水的利用、分配及管理产生的纠纷与诉讼的裁决作出规定。

2. 无论本宪法作出何种规定,议会可通过法律规定:最高法院或其他任何法院对第一款所述的任何纠纷与诉讼均无管辖权。

邦际协调

第二百六十三条 ［有关邦际委员会的规定］

总统认为设立拥有下列职责的委员会符合公众利益:

(1)对邦际纠纷进行调查并提供建议;

(2)调查并研究各邦或者联邦与数邦具有共同利益的问题;

(3)对上述问题在政策上和行动上的协调提供建议。

第十二篇　财政、财产、契约及诉讼

第一章　财　政

总　则

第二百六十四条② ［解释］

本篇所称"财政委员会",指根据第二百八十条规定设立的财政委员会。

世界各国宪法文本翻译与研究系列丛书◎世界各国宪法文本汇编(亚洲卷)

第二百六十五条 ［非经法律授权,不得征税］

非经法律授权,不得征税。

第二百六十六条 ［印度与各邦的统一基金和公共账目款项］

1. 在第二百六十七条及本章关于实收税额全部或部分划归各邦规定的约束范围内,印度政府税收收入、印度政府财政收入、印度政府国库券发行收入、贷款与再贷款收入均应纳入"印度统一基金"项下;邦政府税收收入、邦政府财政收入、邦政府国库券发行收入、贷款、贷款与再贷款收入均应纳入"邦统一基金"项下。

2. 印度政府或邦政府取得,他人代表印度政府或邦政府取得的公共款项,均应存入印度公共账户或该邦公共账户。

3. 除遵守本宪法规定的目的及程序并依据法律外,不得由印度统一基金或邦统一基金项下拨付任何款项。

第二百六十七条 ［意外准备基金］

1. 议会可通过法律设立预付款性质的基金,定名为"印度意外准备基金"。该项法律还应规定随时存入此基金的金额。此基金应由总统掌管。在议会根据第一百一十五条或第一百一十六条规定通过法律授权拨款之前,总统为应对无法预见的意外支出可先从此基金中支取预付款。

2. 邦议会可通过法律设立预付款性质的基金,定名为"邦意外准备基金"。该项法律还应规定随时存入此基金的金额。此基金应由邦长①掌管。在邦议会根据第二百零五条或第二百零六条规定授权拨款之前,邦长为应对无法预见的意外支出可先从此基金中支取预付款。

联邦与各邦税收收入的分配

第二百六十八条 ［由各邦征收的联邦税］

1. 联邦职权目录中所列的印花税、医药及化妆品的消费税,应由印度政府征收,但:

(1)中央直辖区②内征收的上述税收,由印度联邦政府征收。

(2)其他情况下分别由各邦征收。

2. 各邦在各财政年度内取得的上述税款,不纳入印度统一基金,而属该邦所有。

第二百六十八 A 条③ ［联邦和邦对服务税的征收和拨付］

1. 由印度政府征收的服务税应当由印度政府和邦政府根据第二款的规定征收。

2. 根据第一款征收的任何税款在任何财政年度:

(1)应由印度政府和各邦征收;

(2)应由印度政府和各邦拨付;

应当依据议会制定的法律规定的征收和拨付原则。

第二百六十九条④ ［联邦征收但应拨付各邦的税收］

1. 销售、购买与运输商品的税收应由印度政府征收,但应在 1996 年 4 月 1 日后根据第二款所提供的方式拨付和视为已经拨付各邦。

［解释条款］

本款的目的:

(1)"征收销售或购买商品的税收"应指在邦际贸易中销售或购买除报纸外的商品征税;

(2)"征收运输商品税收"应指发生在邦际贸易中的运输商品征税(无论该运输是为自己还是他人)。

2. 各个财政年度征收的上述税款,除应划归中央直辖区的部分以外,不得纳入印度统一基金,而应划归该年度内征收上述税款的各邦,各邦分配上述税款时应根据议会法律确定的原则进行分配。

3. 由议会通过法律规定邦际交易的商品销售、购买或运输⑤原则。⑥

第二百七十条⑦ ［联邦征收但在联邦与各邦之间分配的税款］

1. 除第二百六十八条和第二百六十九条⑧规定的税费外,所有"联邦列表"中的税费与第二百七十一条规定的附加税以及议会法律规定的其他税,由印度政府征收,并按照第二款规定的方式由联邦与各邦分配。

2. 各财政年度内取得的上述税款,除划归中央直辖区与支付联邦人员薪资的款项外,应按规定比例划归该年度内征税各邦,并应按照第三款规定方式在规定时间向有关各邦划拨。此类税款不得纳入印度

---

① 根据《宪法(第七修正案)法令》(1956 年)删除"或者拉尔巴拉木"。

② 根据《宪法(第七修正案)法令》(1956 年)由"附表一第三部分中规定的邦"修改为"中央直辖区"。

③ 根据《宪法(第八十八修正案)法令》(2003 年)新增,但未生效,生效的日期未规定。

④ 根据《宪法(第八十修正案)法令》(2000 年)修改。

⑤ 根据《宪法(第四十六修正案)法令》(1982 年)由"商品销售或购买"修改为"商品销售、购买或运输"。

⑥ 根据《宪法(第六修正案)法令》(1956 年)新增。

⑦ 根据《宪法(第八十修正案)法令》(2000 年)修改。

⑧ 根据《宪法(第八十八修正案)法令》(2003 年)由"第二百六十八条、第二百六十八 A 条和第二百六十九条"修改为"第二百六十八条和第二百六十九条",但未生效,未规定生效日期。

统一基金。

3. 本条中，"规定"指：

（1）财政委员会成立前总统的命令；

（2）财政委员会成立后，总统在考虑该委员会建议后所发布的命令。

第二百七十一条 ［联邦加征捐税］

无论第二百六十九条与第二百七十条作出何种规定，议会可随时对上述税收加征附加税，以满足联邦的需要。此类附加税的全部税款，均应纳入印度统一基金。

第二百七十二条 ［联邦征收但可以在联邦与各邦之间进行分配的税］

根据《宪法（第八十修正案）法令》（2000 年）删除。

第二百七十三条 ［黄麻、黄麻制品出口税补助］

1. 每年应从印度统一基金项下按照规定对西孟加拉、比哈尔、阿萨姆、奥里萨等邦拨付税收补贴，从而代替划归各邦的黄麻及黄麻制品的出口退税。

2. 在印度政府继续对黄麻与黄麻制品征收出口税期间，或本宪法实施满十年以前（以何者在前为准），应每年从印度统一基金项下支付上述款项。

3. 本条中所称的"规定"，含义与第二百七十条中相同。

第二百七十四条 ［影响各邦利益的税收法案必须由总统事先建议］

1. 凡涉及征收或变更涉及各邦利益的税收，变更为征收印度所得税而确定的"农业收入"的含义，更改本章前述分配各邦款项的原则及规定，为联邦征收本章前述附加税的法案或修正案的事项，非经总统建议，不得向议会任何一院提出动议。

2. 本条中"关系各邦利益的税"指：

（1）税款全部或部分划归某邦的税；

（2）目前根据其实收税款的金额，从印度统一基金项下拨付某邦的税款。

第二百七十五条 ［联邦对某邦的补助拨款］

1. 每年从印度统一基金中拨付议会认为需要帮助的各邦一定款项作为补助拨款。拨款金额由议会以法律加以规定，不同的邦可以规定不同的数目。

但是，为增进有关各邦内"表列部落"的福利，使"表列地区"的管理水平提高到邦内其余地区的水平，有关邦可实施经联邦政府批准的发展计划。可由印度统一基金项下向其拨付资金与日常经费，作为补助拨款以解决资金问题。

此外，应从印度统一基金项下为阿萨姆邦拨付资金及日常经费作为该邦的补助拨款，其金额应为：

（1）本宪法实施前两年附表六第二十条第一部分所列的部落地区的行政开支超出当年收入的超支部分的年平均数额；

（2）经印度政府批准，该邦为使上述地区管理水平达到邦内其他地区水平而实施的发展计划所需的经费。

1A. 自第二百四十四 A 条所述的自治邦成立之日起①：

（1）若该自治邦包括了所有上述部落地区，则以上第一款但书二中一项所述拨付款项应全部付给该自治邦。若该自治邦仅包括其中部分部落地区，则此项拨款应根据总统的命令规定，在阿萨姆邦（Assam）与自治邦间进行分配。

（2）为使该自治邦的行政水平达到阿萨姆邦其余地区的水平，该自治邦可实施经过印度政府批准的发展计划，从印度统一基金项下为该自治邦拨付的作为补助拨款的金额（包括资金和经常经费）应等于上述发展计划的成本费用。

2. 议会按照第一款制定有关规定。应由总统发布命令行使该条款授予议会的权力。而总统根据本条款规定发布的命令应服从上述议会规定。

但是，在财政委员会成立以后，总统若不根据财政委员会的建议，不得再依据本款发布命令。

第二百七十六条 ［各种专业、商业、行业和职业的征税］

1. 无论第二百四十六条作出何种规定，邦议会通过法律规定某邦、市、县、地方行政部门或其他地方机关向各种专业、商业、行业或职业征税，不得因其涉及所得税而无效。

2. 个人因其专业、商业、行业或职业向本邦市、县、地方行政部门或其他地方机关交纳税款的总额，不得超过二千五百卢比②。

3. 邦议会就各种专业、商业、行业和职业征税事项制定上述法律的权力，并不妨碍联邦议会就各种专业、商业、行业和职业收入征收所得税等事项制定法律的权力。

第二百七十七条 ［保留课税］

本宪法实施之前，邦政府、市或地方机构和团体为本邦、市、县、地方行政部门合法征收的各种税费，即使属于"联邦职权目录"中所列事项，在议会未重新制定法律之前仍可继续征收，并应用于原来的项目。

第二百七十八条

根据《宪法（第七修正案）法令》（1956 年）删除。

---

① 根据《宪法（第二十二修正案）法令》（1969 年）新增。

② 根据《宪法（第六十修正案）法令》（1988 年）由"二百五十卢比"改为"二千五百卢比"。

第二百七十九条 ［税款的计算］

1. 在本章前述各条款中，"税款"与征税连用时，指扣除征收费用以外的实际收益；对这些条款而言，任何地区各种征税或部分征税的税款以及划归各个地区的税款，均应经总审计长核查与证明。总审计长的证明具有最终决定性。

2. 若根据本篇规定，应将某种征税的税款拨付给某邦，可由议会法律或总统命令规定税款的计算方法、拨付时间和拨付方法以及相邻财政年度的税款调整与其他附属事项。

第二百八十条 ［财政委员会］

1. 在本宪法实施后的两年起，总统应每隔五年或虽不满五年但认为必要时，命令设立财政委员会。该委员会由一名主席和四名委员组成，均由总统任命。

2. 议会可以法律规定该委员会委员应具备的资格和选任的方法。

3. 委员会应就下列事项向总统提供建议：

(1)根据本章规定应由联邦与各邦分享的税款在联邦与各邦之间及在各邦之间的分配比例；

(2)印度统一基金为各邦拨付税收补助拨款的原则；

(2A)根据邦财政委员会的建议，增加邦统一基金，补充邦财政委员会财政的措施；①

(3)根据邦财政委员会的建议增加邦统一基金补充邦自治区财政的措施；②

(4)总统为财政利益而提交该委员会的其他事项。

4. 委员会应自行决定其工作程序，并应依照议会法律授予的权力履行其职责。

第二百八十一条 ［财政委员会的建议］

总统应将财政委员会根据本宪法规定提出的建议，连同包含应采取措施在内的解释性备忘录提交议会两院。

其他财政规定

第二百八十二条 ［联邦或邦从税收中支付的开支］

联邦或邦可为公共事项拨款，包括联邦议会或邦议会无权立法的事项。

第二百八十三条 ［印度统一基金、意外准备基金和公款的保管］

1. 印度统一基金、印度意外准备基金的保管，上述各基金款项的收支及上述基金以外印度政府取得或代印度政府取得的款项，该类款项的支付及其他有

关事项与附带事项，均应由议会以法律形式作出规定。在议会未作规定之前，由总统制定规则规定。

2. 邦统一基金和意外准备基金的保管、上述基金款项的收支及上述基金以外邦政府取得或代邦政府取得的公款，该类款项的支付及其他有关事项或附带事项，均应由邦议会以法律形式作出规定。在邦议会未作规定之前，由邦长制定规则规定。

第二百八十四条 ［原告保证金与公务人员和法院收存款项的保管］

收取或保管的所有款项：

(1)管理联邦或本邦事务的官员，因履行职务而取得或保管的款项，但不包括印度政府或邦政府征收的税款或公款；

(2)印度国内所有法院因任何诉讼、事件、帐户或个人而保管的款项。

均应存入印度公共帐户或各邦公共帐户。

第二百八十五条 ［联邦财产在各邦免税］

1. 除议会法律另有规定外，各邦或邦以下任何机关的财产应免征一切联邦财产税。

2. 议会未以法律形式作出规定之前，若该邦继续征收此类税，第一款规定并不禁止邦内有关当局对联邦财产征收本宪法实施前该项财产应交纳的税款。

第二百八十六条 ［限制征收货物销售税］

1. 各邦法律不得征收或授权征收下列货物销售税：

(1)在该邦辖区外进行的贸易；

(2)处于进口或出口过程中的贸易。

2. 由议会以法律形式确定何时发生的购销行为属于第一款所述的贸易范围。

3. 邦议会法律应③：

(1)对已被议会法律宣布为邦贸易特别重要物资的货物征税；

(2)根据第三百六十六条第二十九 A 款的第(2)、(3)、(4)项授权征收销售税时，必须服从议会法律确定的征收制度、税率及其他附带事项。

第二百八十七条 ［免除电力税］

除议会法律另有规定外，各邦法律不得对下列情况下的电力消费或销售征税或授权征税（无论国家电厂或私人电厂）：

(1)印度政府使用，或销售给政府使用；

(2)印度政府或铁路公司因修建、维护或铁路营运而使用的电力，或销售给印度政府或铁路公司用于上述目的的电力；

---

① 根据《宪法(第七十三修正案)法令》(1992 年)新增(1993 年 4 月 24 日生效)。

② 根据《宪法(第七十四修正案)法令》(1992 年)新增(1993 年 6 月 1 日生效)。

③ 根据《宪法(第四十六修正案)法令》(1982 年)修改。

对于电力销售征税或授权征税的任何法律,应保证销售给政府使用的电力及销售给上述铁路公司用于铁路施工、维护或运行的电力,在价格上低于其他大额电力使用者。其价差应等于税率。

第二百八十八条 ［在某些情况下允许各邦免交水电税］

1. 除总统命令另有规定外,本宪法实施前各邦的有效法律,不得对现行法律或议会法律设立的负责管理与开发邦际河流或邦际河谷的机构所存储、生产、消费或销售的水、电,进行征税或授权征税。

［解释条款］

本款中"有效法律"一词,包括本宪法实施前,通过或制定过去没有废除的各邦法律,即使全部或部分在全国或某特定地区并未生效。

2. 邦议会可制定法律征收或授权征收第一款所述收税。但只有送交总统考虑并获得同意后方可生效;若此类法律要求任何机构据此制定规则或命令以确定税率及其他细节,则应事前征得总统的同意。

第二百八十九条 ［各邦财产和收入免征联邦税］

1. 各邦的财产与收入应免征联邦税。

2. 第一款的规定并不妨碍联邦按照议会法律规定对以下内容征收或授权征收税款:由邦政府经营或代邦政府经营的各种商业贸易或与此相关的业务活动,以及因此类商业贸易而使用或占用的财产以及与此相关的收入。

3. 第二款的规定不适用于议会法律宣布为政府正常职能的附属活动的商业和贸易。

第二百九十条 ［某些经费与年金的调整］

各法院或各专门委员会的经费及本宪法实施前英领印度的公务人员或本宪法实施后联邦或各邦公务人员的年金,凡根据本宪法规定应由印度统一基金项下支付者:

(1)若由印度统一基金项下开支,法院或专门委员会服务于某邦的单独需要,或此人全部或部分服务于某邦的单独需要,或此人全部或部分为某邦服务;

(2)若由某邦统一基金项下开支,法院或专门委员会服务于联邦或他邦的单独需要,或此人全部或部分为联邦或他邦服务。

上述情况下应由邦统一基金、印度统一基金与他邦统一基金,按照彼此间的协议分摊经费和年金。若未达成协议,由印度首席法官指定的仲裁人确定金额。

第二百九十A条[①] ［维护寺庙的年度基金］

为了维护 1956 年 11 月 1 日从特拉凡科里科钦邦(Travancore Cochin)移来的印度寺庙,克拉拉邦(Kerala)统一基金每年向特拉凡科里·迪代斯乌姆(the Travancore Devaswom)基金支付四百六十五万卢比,泰米尔纳德邦[②]统一基金每年支付一百三十五万卢比。

第二百九十一条

根据《宪法(第 26 修正案)法令》(1971 年)删除。

第二章　借　贷

第二百九十二条 ［印度政府借贷］

联邦政府以印度统一基金为担保进行借贷,由议会随时以法律规定借贷的额度。联邦政府在一定额度内以财政为担保,其额度同样由议会随时以法律规定。

第二百九十三条 ［邦政府借贷］

1. 根据本条邦政府以邦统一基金为担保在印度境内进行借贷,但应由邦议会随时以法律确定其借贷额度。邦政府在一定限度以财政为担保,其额度同样由议会随时以法律规定。

2. 印度政府可在议会法律规定的条件下贷款给各邦,但不得超过第二百九十二条规定所述的额度。印度政府可为各邦的借贷提供担保。此类贷款所需款项应从印度统一基金项下支付。

3. 若印度政府或前任政府借给某邦的贷款尚未完全清偿,或印度政府或前任政府为其担保的债务尚未完全清偿,则在未获得印度政府同意前,该邦不得继续进行借贷。

4. 印度政府在认为适当的条件下可以根据第三款同意借贷。

第三章　财产、资产、契约、权利、债务、义务与诉讼

第二百九十四条 ［某些财产、资产、权利、债务和义务的继承］

1. 本宪法实施之前,印度自治领政府及印度总督下属省政府支配的英王政府财产和资产在本宪法实施后,应分别属于印度联邦及相应各邦。

2. 印度自治领政府与印度总督下属各省政府的一切权利、债务及义务,无论是契约还是其他原因产生,自本宪法实施后应分别属于印度政府及各相应邦政府的权利、债务与义务。但由于本宪法实施前建立了巴基斯坦自治领、西孟加拉省、东孟加拉

---

① 根据《宪法(第七修正案)法令》(1956 年)修改。

② 根据《马德拉邦法令》(1968 年)由"马德拉邦"修改为"泰米尔纳德邦"(1969 年 1 月 14 日生效)。

省、西旁遮普省、东旁遮普省等省,所以应进行若干调整。

第二百九十五条 ［其他情形下财产、资产、权利、债务、义务的继承］

1. 自本宪法实施之日起:

(1)本宪法实施之前,原属附表一第二部分所列各邦的印度各邦政府的财产和资产,如其在本宪法实施前的事项为今后"联邦职权目录"中由联邦支配的事项,应即归属联邦政府。

(2)与附表一第二部分所列各邦的印度各邦政府的一切权利、义务及债务,无论是契约还是其他原因产生,只要是在本宪法实施之前的权利、债务和义务,且都与"联邦职权目录"中今后由印度政府管理的事项有关,则均归属印度政府。但本款规定应遵守印度联邦政府与有关邦政府达成的协议。

2. 在遵守上述规定的前提下,附表一第二部分所列各邦的邦政府自本宪法实施之日起,应成为相应的印度邦政府第一款未曾述及的财产、资产、权利、义务及债务的继承者,无论此类权利、义务、债务是由契约成还是其他原因产生。

第二百九十六条 ［没收归公、过期失效或无主归公的财产］

如无本宪法实施,本因没收归公有、过期失效或无主归公而归属英王陛下政府的一切印度国内财产,凡位于某邦辖区以内者即归属该邦,其余一切均归属联邦,但须遵守以下规定。

此项财产在本应没收归属英王陛下政府时,若已为印度政府或邦政府拥有或控制,应按其当时使用或保管的目的为联邦管理事项或各邦管理事项,而分别归属联邦或某邦。

第二百九十七条① ［领海、大陆架有价值的资源和专属经济区内资源,均属于联邦］

1. 印度领海海底的土地、矿物及其他有价值的资源均属于联邦政府并由联邦支配其用途。

2. 印度专属经济区的其他所有资源属于联邦政府并由联邦支配其用途。

3. 由议会随时制定法律确定印度领海大陆架、专属经济区与其他海洋区域的范围。

第二百九十八条② ［贸易权等］

1. 联邦和各邦的行政权,应包括进行买卖、征用、占有和处分财产,以及基于各种目的签订的合同。

但:

(1)联邦行政权在进行超越联邦议会立法范围的

贸易和其他活动时,受各邦法律的约束;

(2)各邦行政权在进行超越邦议会立法范围的贸易和其他活动时,受联邦法律的约束。

第二百九十九条 ［合同］

1. 联邦与各邦在行使行政权时签订的一切合同,应分别由总统或邦长签署。联邦与各邦在行使行政权时签订的一切合同及承诺的一切保证,应由总统或邦长指定或授权他人按规定执行。

2. 为实施本宪法及有关印度政府的一切现行法规而订立或执行的任何合同或保证,总统与邦长不承担个人责任;代表其订立或执行此类合同或保证的人员,同样也不承担个人责任。

第三百条 ［诉讼和诉讼程序］

1. 邦政府可以邦政府的名义起诉或被诉。在涉及各自事务起诉和被诉方面的情况及若不实施本宪法的情况下,印度自治领及其相应各省、各邦的情况相同。但应收到联邦议会或邦议会根据本宪法授权所作规定的约束。

2. 若在本宪法实施前:

(1)以印度自治领为当事一方的任何未决诉讼,应由印度联邦代替印度自治领继续诉讼;

(2)以某省或某印度邦为当事一方的任何未决诉讼中,应由相应的邦代替其继续诉讼。

第四章 财产权③

第三百A条 ［非经法律授权,不得剥夺任何人的财产］

非经法律授权不得剥夺任何人的财产。

第十三篇 印度境内的贸易、商业和往来

第三百零一条 ［贸易、商业和往来自由］

除本篇其他条款另有规定的外,印度境内的贸易、商业和往来一律自由。

第三百零二条 ［议会限制贸易、商业和往来的权力］

根据公共利益的需要,议会可制定法律限制各邦之间或各地区之间的贸易、商业和自由往来。

第三百零三条 ［对联邦和邦在贸易、商业方面立法权的限制］

1. 无论第三百零二条作何规定,联邦议会与邦议会均无权按照附表七中关于贸易和商业的规定,制

---

① 根据《宪法(第四十修正案)法令》(1976年)修改(1976年5月27日生效)。

② 根据《宪法(第七修正案)法令》(1956年)修改。

③ 根据《宪法(第四十四修正案)法令》(1978年)新增(1979年6月20日生效)。

定法律给予或批准给予任何一的邦优惠措施,或对邦与邦之间区别对待。

2. 第一款规定不影响议会为解决印度国内某些地区物资短缺的情况,通过法律给予或批准给予该地区优惠措施或区别对待。

第三百零四条　[邦际贸易、商业和往来的限制]

无论第三百零一条或第三百零三条作出何种规定,邦议会应制定法律:

(1)对他邦或中央直辖区①与本邦境内生产的同类货物应按相同税额征收,同等对待他邦或中央直辖区生产货物与本邦生产的货物。

(2)根据公共利益需要合理规范邦与邦之间或邦内各地区之间的贸易、商业和往来自由。

但未经总统同意,不得在议会中提出任何关于第二项的法案或修正案的动议。

第三百零五条②　[保留现行法律和有关国家垄断的法律]

除总统另作规定外,第三百零一条和三百零三条规定不妨碍现行法律的效力,第三百零一条规定不妨碍《宪法(第四修正案)法令》(1955年)生效前制定的任何相关法律的实施,也不妨碍联邦议会或邦立法机构对第十九条第六款第二项所述事项的立法。

第三百零六条

根据《宪法(第七修正案)法令》(1956年)删除。

第三百零七条　[任命执行第三百零一条、第三百零四条的机构]

议会应通过法律指定能够执行第三百零一条、第三百零二条和第三百零四条规定的机构,并赋予该机构必要的权力和职责。

第十四篇　联邦和各邦公务员

第一章　公务员

第三百零八条　[解释]

除需另外解释,本章所指"邦"不包括查谟(Jammn)和克什米尔邦(Kashmir)。

第三百零九条　[联邦和邦公务人员的录用和条件]

在遵守本宪法的前提下,相应的立法机关可通过立法规定联邦和各邦所属公务人员的录用和待遇。

但在作出上述规定前,总统或该职务直接的主管和邦长或该职务直接的主管,可制定条例对公务人员的录用和待遇作出规定,直至依据本条已制定相关法令为止。上述规定在不违反立法机关相关法令的前提下方可有效。

第三百一十条　[联邦和各邦公务人员的任期]

1. 除本宪法另有专门规定外,联邦军事部门、文职部门、国家公务部门人员及联邦下属机构、军事和文职职务担任者,其任期由总统规定。各邦文职部门人员及各邦下属机构文职职务担任者,其任期由邦长决定。

2. 联邦和各邦下属机构文职职务担任者虽应由总统、邦长罢免,但若非联邦和各邦文职部门、军事部门和国家公务部门人员,而是根据合同担任该类职务者,若总统、邦长认为必要应在合同中作出规定。对合同规定期限未满之前撤销该类职务或该人员无过失行为而被要求离职的情况,应给予赔偿。

第三百一十一条　[联邦和各邦文职人员的解职、调动和降职]

1. 联邦和各邦文职部门、国家公务部门人员或联邦和各邦下属部门的文职人员,不得由原任命机关的下级机关对其免职和撤换。

2. 未经调查上述人员不得被免职、撤职和降职。调查过程中应将指控理由告知其本人并给予其适当的申辩机会。③

但若调查之后准备给予处分,则可根据调查中获得的证据进行处分,而不必再给予对所拟处分的申辩机会。

下述情况不适用本款规定:

(1)因其行为受到刑事追究而予免职、撤职和降职;

(2)行使免职、撤换和降职权力的机关认为基于本机关书面记载的某些原因而无需给予其机会;

(3)从国家安全利益考虑,总统或邦长认为不应给予其机会。

3. 若对是否应对上述人员进行第二款所述调查发生争议,行使免职、撤换和降职处分权机关的决定为最终决定。

第三百一十二条　[全国性公务部门]

1. 无论"第六章第六节和第十一章"④作出何种规定,若某项决议由联邦院出席并参加表决议员的三

---

①　根据《宪法(第七修正案)法令》(1956年)新增"或中央直辖区"。

②　根据《宪法(第四修正案)法令》(1955年)修改。

③　根据《宪法(第十五修正案)法令》(1963年)修改。

④　根据《宪法(第四十二修正案)法令》(1976年)由"第十一章"修改为"第六章第六节和第十一章"(1977年1月3日生效)。

分之二以上多数通过，并认为其关系到国家安全问题，议会可通过法律规定联邦和各邦统一设置一个或多个全国性公务部门（包括全国性的司法部门①）。在遵守本章其他条款的前提下，议会可对该类部门中公务人员的录用和待遇作出规定。

2. 本宪法颁布时，名为印度行政管理局与印度警察局的机构均应视为依据本条规定由议会设立的公务部门。

3. 第一款所指的全国性的司法部门不包括根据第二百三十六条规定属于地区法官的职务。

4. 创立全国性的司法部门的法律可对包括第六章和第十一章的规定作出必要的修正，此修正不应视为对第三百六十八条所述的宪法修正。

第三百一十二 A 条② ［议会变更、取消某些部门公务人员待遇的权力］

1. 议会应立法：

（1）议会可通过法律对本宪法颁布前由国务秘书或枢密院国务秘书任命在英领印度文职部门内任职，而在《宪法（第二十八修正案）法令》（1972 年）颁布时和颁布后继续在印度政府或各邦政府下属机构内任职者在薪资、休假和年金方面的待遇以及奖惩事项方面的规定作出变更或取消，是否具有溯及力均可；

（2）议会可通过法律对本宪法颁布前由国务秘书或枢密院国务秘书任命在英领印度文职部门内任职，而在《宪法（第二十八修正案）法令》（1972 年）颁布前已经退休或以其他方式离职者的年金待遇的规定作出变更或取消，是否具有溯及力均可。

但是，若上述人员现任或一直担任印度最高法院或高等法院首席法官和法官、印度总审计长、联邦和各邦的公务人员委员会主席和委员、首席选举专员，则不得根据第一项和第二项的规定，授权议会在其任命就职后，对其待遇作出不利的变更或者取消对其有利的规定，但因获国务秘书或枢密院国务秘书的任命而担任英领印度文职部门的公务人员而享有这种待遇的除外。

2. 除议会根据本条另作法律规定外，本条规定不妨碍任何立法机构或其他机构根据本宪法的其他条款规定上述人员待遇的权力。

3. 最高法院和其他法院对下列争议无司法管辖权：

（1）第一款所述人员已经签署或已经执行的契约、协议和其他类似文件相关的规定和批文引起的争议，对此类人员签署的证书引起的争议。上述契约、协议、类似文件和证书是指任命其在英领印度文职部

门内任职或者在印度自治领政府或某省政府下属机构继续任职的文件；

（2）与第三百一十四条原有规定中各种权利、责任或义务相关的争议。

4. 无论本宪法其他条款作出何种规定，本条规定的效力不受第三百一十四条原有规定与本宪法其他条款规定的约束。

第三百一十三条 ［过渡性规定］

根据本宪法另作其他规定前，所有关于本宪法实施后应继续保留的公务部门与职务，如全国性公务部门、联邦或各邦下属机构或下属职务的有效法律只要与本宪法一致的应继续有效。

第三百一十四条

根据《宪法（第二十八修正案）法令》（1972 年）删除（1972 年 8 月 29 日生效）。

第二章 公务人员委员会

第三百一十五条 ［联邦与各邦的公务人员委员会］

1. 除本条另有规定外，联邦与各邦均应设立公务人员委员会。

2. 通过协议，两个或两个以上的邦可设立一个共同的公务人员委员会。若经各邦邦议会通过决议，且若该邦议会由两院组成则两院均应通过决议，联邦议会可根据法律规定成立"各邦公务人员联合委员会"（本章简称"联合委员会"）。

3. 为便于具体实施，上述法律应包括必要的附则和关联条款。

4. 经邦长请求和总统批准，联邦公务人员委员会应服务于该邦需求。

5. 除根据上下文另作解释外，本宪法所指的联邦公务人员委员会和邦公务人员委员会，应指服务于联邦需求或在某些特殊问题上也服务于各邦需求的联邦公务人员委员会。

第三百一十六条 ［公务人员委员会成员的任命及任期］

1. 联邦公务人员委员会和各邦公务人员联合委员会的主席和委员，由总统任命；邦公务人员委员会的主席和委员，由邦长任命。

但在任命时，各公务人员委员会的成员应尽可能有一半人员具有在印度联邦政府或邦政府任职十年以上的资历。该期限的计算应包括本宪法实施前在英领印度或印度土邦下属机构中的任职年限。

1A. 若该委员会主席空缺、因故缺席或由于其他

---

① 根据《宪法（第四十二修正案）法令》（1976 年）新增"包括全国性的司法部门"（1977 年 1 月 3 日生效）。

② 根据《宪法（第二十八修正案）法令》（1972 年）新增（1972 年 8 月 29 日生效）。

原因不能履职，根据第一款规定任命的继任者就职前或该主席重新履职前，总统应指派一名委员会委员代行联邦委员会或联合委员会主席职权；若为各邦委员会，则应由邦长指派。[①]

2. 公务人员委员会成员的任期自就职之日起六年届满，但联邦委员会成员的年龄不得超过六十五周岁，邦委员会和联合委员会成员的年龄不得超过六十二周岁[②]，以先到者为准。但，

(1) 联邦委员会或联合委员会成员可向总统提交本人签名的书面辞呈提出辞职；邦委员会委员可向邦长提交本人签名的书面辞呈提出辞职。

(2) 根据第三百一十七条第一款和第三款规定的程序，公务人员委员会成员可予以免职。

3. 任期届满后，公务人员委员会成员不得连任。

第三百一十七条 ［公务人员委员会成员免职和停职］

1. 除第三款规定外，在总统认为其行为不端并发布命令情况下，才能免除公务人员委员会主席或委员的职务。发布命令前，总统应向最高法院提交咨文，并由最高法院根据第一百四十五条规定的程序进行调查后提交报告，确定该主席或委员是否由于上述理由应予以免职。

2. 根据第一款规定，向最高法院提交咨文后，总统在依据最高法院的报告发布命令之前，可下令有关联邦委员会主席或委员暂时停职。若为邦委员会主席或委员，则应由邦长下令暂时停职。

3. 无论第一款作出何种规定，若公务人员委员会主席和委员存在下列情况，总统可下令将其免职：

(a) 被判决为不能清偿债务者；

(b) 任职期间从事本职以外有收益的工作者；

(c) 总统认为其存在精神或身体方面的疾病而不宜继续工作者。

4. 若公务人员委员会主席或任何委员就与印度政府或邦政府订立或以其名义订立的契约或协议具有或产生任何利益关系，或不是公司的成员而以任何方式参与其利润分配、利益分享或取得报酬，则应视为犯有第一款所述的行为不端。

第三百一十八条 ［制定有关委员会成员和职员待遇条例的权力］

对联邦委员会、联合委员会和邦委员会，总统和邦长应制定条例：

(1) 确定委员会成员的人数和待遇；

(2) 确定委员会职员的人数和待遇；

但在任职期间，不得对公务人员委员会成员的待遇作出不利变更。

第三百一十九条 ［委员会成员离职后的任职限制］

1. 离职后，联邦公务人员委员会主席不得在印度政府或邦政府中继续任职；

2. 离职后，邦公务人员委员会主席可担任联邦公务人员委员会委员或主席，或担任其他邦公务人员委员会主席，但不得在印度联邦政府和各邦政府中担任其他职务。

3. 联邦公务人员委员会委员可担任联邦公务人员委员会主席，但不得在印度联邦政府和各邦政府中担任其他职务。

4. 邦公务人员委员会委员可担任联邦公务人员委员会主席或委员，或该邦或其他邦的邦公务人员委员会主席，但不得在印度联邦政府和各邦政府中担任其他职务。

第三百二十条 ［公务人员委员会的职责］

1. 为录用联邦和各邦的公务部门人员举办考试是联邦和邦公务人员委员会的职责。

2. 若两个以上的邦提出请求，联邦公务人员委员会有责任协助该邦拟订并实施联合录用计划，并对录用有特殊要求的公务部门制订计划。

3. 下列事项应征求联邦或邦公务人员委员会的意见：

(1) 关于文职部门和文职职务人员聘任的事宜；

(2) 文职人员任命、晋升、调动的原则及对计划任命、晋升、调动的候选人员的评判标准；

(3) 关于印度联邦政府和邦政府文职人员的纪律规定，包括纪律问题的起诉、申诉等事宜；

(4) 过去或现在在印度政府和邦政府，或英领印度政府和印度土邦服务的文职人员，因任职期间执行公务而受到起诉，申请由印度统一基金或邦统一基金项下支付诉讼费用的有关事宜；

(5) 在印度政府和邦政府，或英领印度和印度土邦服务的文职人员，因任职期间受伤而申请抚恤金的要求及抚恤金金额的有关事宜。

对向其提交的咨询事项，及总统、邦长可能提交的其他咨询事项，公务人员委员会有责任提供建议。

但是，总统可对全国性公务部门及与联邦事务有关的其他部门和事项制定章程，邦长可对与本邦事务有关的其他部门和邦务制定章程，对无须向公务人员委员会咨询的事项作出一般性决定，或规定在某些特殊情况下或某些特定情况下无需向该委员会咨询的事项。

4. 第三款规定并不要求就第十六条第四款的规定，及第三百三十五条的实施问题征求公务人员委员

---

① 根据《宪法（第十五修正案）法令》（1963 年）新增。

② 根据《宪法（第四十一修正案）法令》（1976 年）由"六十周岁"修改为"六十二周岁"。

会的意见。

5. 总统或邦长根据第三款制定的章程,在制定后不超过十四日内应尽快提交议会两院或邦议会(或邦议会两院)。议会两院或邦议会一院(或两院)应在该会期内对是否修正或否决作出决议。

第三百二十一条 [公务人员委员会职权的扩大]

本章未作规定的其他职权,议会或邦议会可通过立法赋予联邦公务人员委员会或邦公务人员委员会对联邦或各邦公务部门、地方政府的公务部门依法成立的机构、团体或其他公共机构行使该项职权。

第三百二十二条 [公务人员委员会的经费]

联邦公务人员委员会和各邦公务人员委员会的经费,包括委员会成员和职员的薪金、津贴和年金等,应由印度统一基金或本邦统一基金项下拨付。

第三百二十三条 [公务人员委员会的报告]

1. 联邦公务人员委员会应每年向总统提交一次工作报告,总统收到报告后,应将报告副本与备忘录提交议会两院。若总统认为报告有不当之处,应在备忘录中说明不予批准的理由。

2. 邦公务人员委员会应每年向邦长提交一次工作报告,联合委员会则应每年向有关各邦邦长报告该委员会工作中与该邦相关的部分,邦长收到报告后,应将报告副本与备忘录提交邦议会。若邦长认为报告有不当之处,应在备忘录中说明不予批准的理由。

第十四A篇 法 庭①

第三百二十三A条 [行政法庭]

1. 议会可通过法律对行政法庭裁决和审理有关公务人员录用和待遇问题的纠纷和申诉作出规定。本条所述公务人员,指与联邦或各邦事务及印度境内地方政权或其他政权事务有关的公务部门公务人员或公职人员,也包括印度政府控制下的或政府所有与控制的法人团体管理下的公务部门公务人员或公职人员。

2. 根据第一款制定的法律可:

(1)规定设立联邦行政法庭,每邦或两个以上邦设立单独的行政法庭;

(2)明确上述各行政法庭所拥有的司法权限、权力(包括惩办藐视法庭的权力)和权威;

(3)规定上述各行政法庭的司法程序(包括证据规则和限制);

(4)第一款所述行政法庭受理的纠纷和申诉,除最高法院外,其他法院不得受理;

(5)行政法庭设立前,任何法庭或机关审理未决

案件,均应移交有关的行政法庭。有关行政法庭对该案拥有的司法权限与对行政法庭设立后发生的案件相同;

(6)应修正或撤销总统根据第三百七十一D条规定发布的命令;

(7)为使行政法庭有效地行使职能,加速案件的处理和执行有关命令,议会可制定必要的补充、附加和关联(包括费用规定)条款。

3. 本条规定的效力,不受本宪法其他条款规定和其他现行法律的影响。

第三百二十三B条 [其他法庭]

1. 相应的立法机构可通过法律对裁决或审判与第二款所列事项有关的纠纷、申诉或犯罪的法庭作出规定,但立法机构制定此项规定不得超越其本身的立法权限。

2. 第一款所述的问题包括:

(1)税金的征收、摊派和交纳;

(2)外汇、进口和出口;

(3)工业和劳动力争端;

(4)国家通过第三十一A条规定的不动产的征用,或通过废止限制该权利,或通过对农业土地规定最高限额或其他办法实行土地改革的有关问题;

(5)有关城市财产最高限额的规定;

(6)有关议会两院选举或邦议会选举的规定,但第三百二十九条、第三百二十九A条规定的事项除外;

(7)食品(包括油菜籽和食用油)和总统为实施本条及控制有关物价而宣布为必需物资的其他物品的生产、买卖、供应和分配;

(8)有关租金的管理规定及包括地主和佃户的权利和利益的租期问题;②

(9)违犯与第一项和第八项所规定事项有关的法律的行为,以及相关的费用;

(10)第一项、第七项和第九项所述内容的有关事项。

3. 第一款所述法律可规定:

(1)设立宗教法庭;

(2)上述各法庭的司法权限和权力(包括惩罚藐视法庭罪的权力);

(3)上述各法庭的司法程序(包括证据规则和限度);

(4)除最高法院根据第一百三十六条规定拥有的司法权限外,其他法院不得受理上述法庭管辖权限内的事项;

---

① 根据《宪法(第四十二修正案)法令》(1976年)新增(1977年1月3日生效)。
② 根据《宪法(第七十五修正案)法令》(1993年)新增(1994年5月15日生效)。

(5)上述法庭设立前,任何法院或机关审理的未决案件均应移交有关上述法庭。上述法庭对这类案件拥有的司法权限与上述法庭设立后发生的案件相同;

(6)为使上述法庭有效行使职能,加速案件的处理和执行有关命令,有关立法机构可制定必要的补充、附加和关联(包括费用)条款。

4. 无论本宪法其他条款有何规定,也无论其他现行法律有何规定,本条款均不受影响。

第十五篇 选 举

第三百二十四条 ［选举的监督、指导和管理权属于选举委员会］

1. 根据本宪法①选举联邦议会、邦议会、总统和副总统时,对选民名册的编制和选举本身的监督、指导、管理等权授予选举委员会。

2. 选举委员会由首席选举专员和选举委员组成。首席选举专员和选举委员由总统任命,选举委员人数由总统随时确定,但须遵守议会有关法律规定。

3. 在选举委员会委员任命后,首席选举专员即行使选举委员会主席职权。

4. 在人民院和邦立法会议每次大选前,在设立法议会的邦立法议会第一次大选前,以及往后每两年举行一次的立法议会选举前,在总统认为必要时,可征得选举委员会同意后任命地区选举专员,以协助选举委员会执行第一款授予的职权。

5. 总统可以条例规定选举委员会委员和地区选举专员的任期及待遇,但不得与议会制定的法律条款相抵触。

但是,未按照最高法院法官的程序和理由进行,首席选举专员不得被罢免,其不得对其任命后的待遇作出不利的变更。

选举委员和地区选举专员未经首席选举专员建议,不得予以免职。

6. 总统、邦长应根据选举委员会请求,为选举委员会和地区选举专员指派必要的职员以完成第一款所授的职权。

第三百二十五条 ［任何人不得以宗教、种族、种姓、性别等理由丧失列入的资格或要求列入特殊选民名册］

对于议会各院或邦议会各院的选举,每一地方选区应该仅有一本选民名册,任何人不得仅仅因为宗教、种族、种姓、性别等方面的理由,失去列入某选区的选民名册的资格或被要求列入该选区的特殊选民名册。

第三百二十六条 ［人民院和邦立法会议选举采用成人普选制］

人民院和邦立法会议的选举采取成人普选制,即凡年满十八周岁②由相应的立法机关以法律作出规定的印度公民,没有本宪法或相应立法机关所颁法律规定的、丧失选民资格的其他情形者如非当地居民、精神不健全、有犯罪、贪污或不法行为等,均有登记参加上述选举的权利。

第三百二十七条 ［议会就立法机关的选举事宜制定规定的权力］

议会在与本宪法有关条款不相抵触的前提下,可随时以法律就议会各院和邦议会各院选举的有关事宜作出规定,包括规定选民名册的编制准备、选区划分及组成议院的其他必要事项。

第三百二十八条 ［邦议会就选举事宜制定规定的权力］

在议会未制定有关规定前,邦议会在与本宪法有关条款不相抵触的前提下,可随时以法律就邦议会各院选举的有关事宜作出规定,包括规定选民名册的编制及其他组成议院的必要事项。

第三百二十九条 ［法院无权干涉选举］

无论本宪法有何规定③:

1. 对依第三百二十七条和第三百二十八条规定制定的关于选区划分和选区议席分配的法律的效力,不得在任何法院提出质疑。

2. 除按相应立法机关有关法律规定的程序向该法律指定的机关递交选举诉状外,不得以其他方式对联邦议会和邦议会各院的选举提出任何质疑。

第三百二十九 A 条

根据《宪法(第三十九修正案)法令》(1975 年)新增,后根据《宪法(第四十四修正案)法令》(1978 年)删除(1979 年 6 月 20 日)。

第十六篇 对某些公民阶层的特殊规定

第三百三十条 ［人民院应为"表列种姓"和"表列部落"保留议席］

1. 人民院应为下列阶层保留议席:

---

① 根据《宪法(第十九修正案)法令》(1966 年)删除"包括任命选举法庭以裁决同议会选举和各邦议会选举相关的质疑和争议"。

② 根据《宪法(第六十一修正案)法令》(1988 年)由"二十一周岁"修改为"十八周岁"。

③ 根据《宪法(第三十九修正案)法令》(1975 年)修改。

世界各国宪法文本翻译与研究系列丛书◎世界各国宪法文本汇编(亚洲卷)

(1)"表列种姓";

(2)除阿萨姆(Assam)部落地区的"表列部落"以外的"表列部落";①

(3)阿萨姆邦各自治县内的"表列部落"。

2. 按照第一款为各邦和中央直辖区"表列种姓"和"表列部落"保留议席的数目与分配给该邦或该中央直辖区的人民院议席总数之间的比例,应尽量与该邦或中央直辖区内"表列种姓"和"表列部落"的人口同该邦或该中央直辖区人口总数之间的比例相同。

3. 无论第二款作何规定,阿萨姆邦自治县"表列部落"在人民院保留的议席数目与分配给该邦的议席总数的比例,不得低于这些自治县"表列部落"的人口与该邦人口之间的比例。②

[解释条款]

本条及第三百三十二条中规定的"人口"是指最近一次人口普查中确认公布的相关数据。③

但是直到2026年④的首次人口普查有关数据公布前,本条所指业已公布的数据指2001年⑤的人口普查数据。

第三百三十一条 [英裔社区公民在人民院的代表]

无论第八十一条作出何种规定,若总统认为英印混血公民在人民院中尚未得到充分的代表,可指定不超过两名的英裔社区公民进入人民院。

第三百三十二条 [邦立法会议应为"表列种姓"和"表列部落"保留议席]

1. 除阿萨姆邦部落地区"表列部落"外⑥,各邦立法会议应为"表列部落"和"表列种姓"保留议席。

2. 在阿萨姆邦立法会议内应为邦内各自治县保留议席。

3. 依第一款为"表列种姓"和"表列部落"保留议席的数目,与该邦立法会议议席总数之间的比例,应尽量与该邦"表列种姓"和"表列部落"的人口同该邦人口总数之间的比例相同。

3A. 无论第三款有何规定,直到其生效前,根据第一百七十条在2026年的首次人口普查的基础上对

安德拉邦、梅加拉亚邦、米佐拉姆邦、那家兰邦的议席进行调整,有"表列部落"所保留的的席位,应当⑦:

(1)如果该席位在《宪法(第五十七修正案)法令》(1987年)生效时已经存在,所有"表列部落"的席位保留;

(2)其所占有的席位不得少于在现有议会中属于该"表列部落"的席位。

3B. 无论第三款有何规定,直到根据第一百七十条在2026年的首次人口普查的基础上作出调整,特里普拉邦的立法会议的席位中为"表列部落"所保留的席位不得少于《宪法(第七十二修正案)法令》(1992年)生效时属于该"表列部落"的席位。⑧

4. 在阿萨姆邦立法会议中为各自治县保留议席的数目与全体议席之间的比例,不得低于该自治县人口与该邦人口总数之间的比例。

5. 为阿萨姆邦所属自治县保留议席的选区,不得包括该自治县以外的任何地区。

6. 非阿萨姆邦各自治县"表列部落"成员,不得由该县任何选区选入邦立法会议。

但是阿萨姆邦立法会议的选举,表列部落和非表列部落在包括包德兰地区在内的选区,先于包德兰地区建立前的应予以保留。⑨

第三百三十三条 [英裔社区公民在邦立法会议中的代表]

无论第一百七十条作何规定,邦长认为英印混血公民在邦立法会议尚未得到充分代表时,可以提名一名英裔社区公民进入邦立法会议⑩。

第三百三十四条 [有关保留议席和特别代表的条款三十年后停止生效]

无论本篇前述条款作何规定,本宪法有关:

(1)在人民院和各邦立法会议中为"表列种姓"和"表列部落"保留议席;

(2)指定英裔社区公民参加人民院和邦立法会议的各条款;

于本宪法实施六十年⑪届满后停止实施。

---

① 根据《宪法(第五十一修正案)法令》(1984年)修改(1986年6月16日生效)。

② 根据《宪法(第三十一修正案)法令》(1973年)新增。

③ 根据《宪法(第四十二修正案)法令》(1976年)新增(1977年1月3日生效)。

④ 根据《宪法(第八十四修正案)法令》(2001年)由"2000年"修改为"2026年"。

⑤ 根据《宪法(第八十七修正案)法令》(2003年)由"1991年"修改为"2001年"。

⑥ 根据《宪法(第五十一修正案)法令》(1984年)修改(1986年6月16日生效)。

⑦ 根据《宪法(第五十七修正案)法令》(1987年)新增(1987年9月21日)。

⑧ 根据《宪法(第七十二修正案)法令》(1992年)新增(1992年12月5日生效)。

⑨ 根据《宪法(第九十修正案)法令》(2003年)新增。

⑩ 根据《宪法(第二十三修正案)法令》(1969年)由"提名其认为适格者进入邦立法会议"修改为"提名一名英裔社区公民进入邦立法会议"。

⑪ 根据《宪法(第七十九修正案)法令》(1999年)由"五十年"修改为"六十年"(2000年1月25日生效)。

但本条规定不妨碍当时人民院和邦立法会议中的任何方面的代表权,直至该届人民院或邦立法会议解散时为止。

第三百三十五条 ["表列种姓"和"表列部落"对担任公职的要求]

在不影响行政效力的前提下,在任命与联邦事务或各邦事务有关的公职人员时,应考虑"表列种姓"和"表列部落"成员的要求。

但本条不妨碍制定规定降低"表列种姓"和"表列部落"在考试中的分数线或评估标准为职务的提升保留机会。①

第三百三十六条 [关于英裔社区公民在某些公务部门任职的特别条款]

1. 在本宪法实施后最初两年内,任命英裔社区公民担任铁路、海关、邮政及电讯等部门的职务,应按1947年8月15日以前的办法进行。

此后每经两年,上述部门为英裔社区公民保留的职位数目应该尽可能减少十分之一。

但是,本宪法实施十年届满后,不再为他们做任何保留。

2. 如果发现英裔社区公民在考绩方面优于其他公民,因而更适合此类任职,那么第一款规定并不妨碍任用英裔社区公民再保留职务、担任其他职务或者为他们增加职务的数量。

第三百三十七条 [为英裔社区拨付教育款项的特别规定]

本宪法实施后最初三个财政年度内,联邦和各邦为英裔社区拨付的教育款项应与1948年3月底结束的那个财政年度相同。

此项拨款的数额可每经六年减少不到十分之一。

但是,本宪法实施十年届满后,此项拨款作为对英裔社区的优惠待遇应终止。

而且,每年录取新生中非英裔学生所占比例不足百分之四十的学校不得获得本条所述的拨款。

第三百三十八条 [负责"表列种姓"的国家委员会]②

1. 设一负责"表列种姓"的国家委员会。

2. 根据议会制定的法律,该委员会包括主任、副主任和三名其他成员。主任、副主任及其他人员的待遇和任期由总统以规则决定。

3. 委员会的主任、副主任和其他成员由总统以委任状任命并加盖印章。

4. 委员会有权制定其自己的程序和规则。

5. 委员会的责任包括:

(1)调查和监督根据宪法或法律规定的对于"表列种姓"的保护,以及对该保护进行评估;

(2)调查与"表列种姓"有关的侵犯权利和保护的特别控诉;

(3)参与和建议"表列种姓"的社会经济发展并作出评估;

(4)就应当由联邦或邦采取的措施提高福利和促进社会经济发展的事项提出建议报告;

(5)根据议会制定的法律,总统发布命令授权的关于"表列种姓"的保护、福利和发展事宜。

6. 总统应将这些报告呈交议会各院,就采取措施或建议采取措施及其理由以及不接受建议及理由向议会各院作出解释。

7. 若上述报告与邦政府有关,则应将此报告送交该邦长,该邦长应将其呈交该邦立法机构,就采取措施或建议采取措施及其理由以及不接受建议及理由向议会作出解释。

8. 当委员会调查任何与第五款第一项有关的事项,或调查有关第五款第二项的控诉时,该委员会享有民事法庭在审查案件中拥有的权力,并可作出下列行为:

(1)从印度的任何地方传唤任何人,进行讯问;

(2)要求查阅和制作任何文件;

(3)从口供中获取证据;

(4)从任何法院或机构获得任何公共记录或复印件;

(5)检查证人和文件;

(6)任何总统通过命令决定的事宜。

9. 联邦和任何邦政府应当就有关"表列种姓"的重要政策咨询委员会。

10. 本条中关于"表列种姓"应当被理解为,委员会根据第三百四十条第一款的规定提交的报告,总统可依此报告发布命令将任何落后的阶层包含在内。

第三百三十八A款③ [负责"表列部落"的国家委员会]

1. 设一负责"表列部落"的国家委员会。

2. 根据议会制定的法律,该委员会包括主任、副主任和三名其他成员。由总统以规则决定主任、副主任及其他人员的待遇和任期。

3. 总统以委任状任命委员会的主任、副主任和其他成员。

4. 委员会有权制定其自己的程序和规则。

---

① 根据《宪法(第八十二修正案)法令》(2000年)新增。

② 根据《宪法(第八十九修正案)法令》(2003年)修改(2004年2月19日生效)。

③ 根据《宪法(第八十九修正案)法令》(2003年)新增(2004年2月19日生效)。

5. 委员会的责任包括：

(1)调查和监控根据宪法或法律规定的对于"表列部落"的保护，以及对该保护进行评估；

(2)调查与"表列部落"有关的侵犯权利和保护的特别控诉；

(3)参与和建议"表列部落"的社会经济发展并作出评估；

(4)就应当由联邦或邦采取的措施提高福利和促进社会经济发展的事项提出建议报告；

(5)根据议会制定的法律，总统发布命令授权的关于"表列部落"的保护、福利和发展事宜。

6. 总统应将这些报告递交议会各院，就采取措施或建议采取措施及其理由以及不接受建议及理由向议会各院作出说明。

7. 若上述报告与邦政府有关，则应将此报告送交该邦邦长，该邦长应将其递交该邦立法机构，就采取措施或建议采取措施及其理由以及不接受建议及理由向议会作出说明。

8. 当委员会调查任何与第五款第一项有关的事项，或调查有关第五款第二项的控诉时，该委员会享有民事法庭在审查案件中拥有的权力，并可作出下列行为：

(1)从印度的任何地方传唤任何人，进行讯问；

(2)要求查阅和制作任何文件；

(3)从口供中获取证据；

(4)从任何法院或机构获得任何公共记录或复印件；

(5)检查证人和文件；

(6)任何总统通过命令决定的事宜。

9. 联邦和任何邦政府应当就有关"表列部落"的重要政策咨询委员会。

第三百三十九条 ［联邦对"表列地区"的行政和"表列部落"的福利的管理］

1. 总统可随时发布命令任命成立一委员会，报告各邦"表列地区"的管理情况和"表列部落"的福利事宜。本宪法实施十年届满时，总统必须发布命令成立该委员会。

总统命令可以规定委员会的组成、权限和程序，还可包含总统认为必要的附属和辅助条款。

2. 联邦行政权应包括指示有关各邦制定与执行必要的计划，以增进该邦"表列部落"的福利。

第三百四十条 ［任命调查落后阶层情况的委员会］

1. 总统得以命令任命适当人选组成一委员会，负责调查印度境内社会与教育方面落后的阶层的状况和生产中的困难，并就改进上述情况和解决存在的

困难应采取的措施，以及拨款数额和条件向联邦和各邦提出建议。总统任命成立该委员会的命令还应规定委员会的工作程序。

2. 上述委员会应对上述事项进行调查，并将调查事实和建议报告总统。

3. 总统应将上述委员会的报告副本连同说明有关解决方法的备忘录一起提交议会。

第三百四十一条 ［表列种姓］

1. 总统应与邦长协商后，以公告形式公布何种世袭种姓、种族、部落，或它们的某些部分或某些群体为本宪法所说的该邦或该中央直辖区①的"表列种姓"。如系中央直辖区的"表列种姓"则无须与邦长协商。

2. 议会可以立法决定任何世袭种姓、种族、部落或它们的某一部分或某一群体，列入或不再作为第一款公告规定的"表列种姓"；但除此之外，根据该款规定发布的公告不得在其后通过任何公告加以变更。

第三百四十二条 ［表列部落］

1. 总统应与邦长协商后，以公告形式规定何种部落、部落社区或它们的某些部分和某些群体属于本宪法所谓的邦或某中央直辖区的"表列部落"。如系中央直辖区的"表列部落"，则无须与任何邦长协商。

2. 议会可以立法决定任何部落、部落社区或它们的某一部分和某一群体列入或不再列入第一款公告规定的"表列部落"。但除此之外，根据该款规定发布的公告，不得在其后通过任何公告加以变更。

第十七篇　官方语言文字

第一章　联邦语言文字

第三百四十三条 ［联邦官方语言文字］

1. 联邦官方语言为以"天城文书"（Devanagari）字母书写的印地语。

联邦官方使用的数字，为国际形式的印度数字。

2. 无论第一款作何规定，在本宪法实施后十五年以内，宪法实施前，一切使用英语的联邦官方场合仍然继续使用英语。

但总统可于上述期限内发布命令，授权在某些联邦官方场合使用英语加印地语，在使用国际形式的印度数字之外加用"天城文书"体数字。

3. 无论本条如何规定，议会得以法律规定，在上述十五年期满后，在法律明确规定的场合，继续使用

---

① 根据《宪法〈第七修正案〉法令》(1956年)新增"或该中央直辖区"。

英文或"天城文书"体数字。

第三百四十四条 ［有关官方语言的专门委员会与议会委员会］

1. 总统应在本宪法实施五年后至满十年的期间内发布命令,设立一委员会。该委员会由主席一人和总统指定委员若干人组成,各委员分别代表第八表指定的各种不同语言。总统命令还应确定该委员会的工作程序。

2. 该委员会的职责是就下列事项向总统提供建议:

(1)逐步采用印地语作为联邦的官方语言;

(2)联邦在官方场合限制英文的使用;

(3)第三百四十八条所述各种场合中使用的语言;

(4)联邦在某个或某些特定场合中使用的数字形式;

(5)总统就联邦官方语言、联邦各邦、各邦之间书面往来文字及其用法等问题向该委员会提交的其他事项。

3. 该委员会依第二款规定提出建议时,应充分考虑印度在工业、文化和科学方面的发展以及非印地语地区居民对公务部门的正当要求和他们在这一方面的正当利益。

4. 印度应设立一个由三十人组成的议会委员会,其中二十人为人民院议员,十人为联邦院议员,分别由两院议员按比例代表制以单记名可转让投票法选出。

5. 议会委员会的职责是审查第一款所述专门委员提出的建议,并就此向总统提出报告。

6. 无论第三百四十三条有何规定,总统可于考虑第五款所述报告之后,根据该报告的全部或部分内容发布指示。

第二章 地方语言文字

第三百四十五条 ［邦语言或邦正式语言］

在不违背第三百四十六条和第三百四十七条规定的前提下,邦议会可以法律规定该邦现用的一种或多种语言,或采用印地语作为该邦官方场合使用的语言。

但是,在邦议会通过法律另作规定以前,本宪法实施前该邦一切使用英语的官方场合仍应继续使用英文。

第三百四十六条 ［邦与邦、邦与联邦之间的官方交往语言］

目前批准采用的联邦官方语言为各邦之间、邦与联邦之间的官方交往语言;

但经两个以上的邦同意以印地语文为彼此之间官方交往语言时,亦可采用印地语作为邦际官方交往语言。

第三百四十七条 ［有关邦内部与居民所用语言的特别规定］

总统收到有关申请之后,如果确认该邦有相当一部分居民希望他们使用的语言得到本邦的承认,总统可以指示该邦:在总统指定的若干场合,以该种语言作为全邦或邦内部分地区官方认可的语言。

第三章 最高法院及高等法院的语言

第三百四十八条 ［最高法院、高等法院及法令、法案使用的语言］

1. 无论本篇上述条款作何规定,在议会通过法律另作规定以前,下述场合一律使用英文:

(1)最高法院及各高等法院的一切诉讼;

(2)下列文件的权威文本:

(a)议会各院或邦议会各院提出的一切法案或修正案;

(b)议会或邦议会通过的一切法案,总统或邦长发布的一切政令;

(c)根据本宪法、联邦议会和邦议会通过的法律发布的一切命令、章程、条例及附则。

2. 无论第二款第一项作何规定,邦长征得总统同意后,可授权以印地语或该邦在官方场合使用的其他语言作为该邦高等法院在诉讼中使用的语言。

但本款规定不适用于该高等法院发布的判决或命令。

3. 无论第一款第二项作何规定,如邦议会已经规定邦议会的法案和法令,邦长的政令,该款第三项所述命令、章程、条例或附则中应采用英文以外的其他语言时,经邦长批准载于该邦公报上的上述文件的英文译文,应视为本条所说的英文权威文本。

第三百四十九条 ［制定某些关于语言的法律时的特别程序］

本宪法实施后的十五年之内,未经总统事前批准不得就第三百四十八条第一款所述场合使用的语言在议会两院提出任何议案或修正案,总统必须先考虑依第三百四十四条第一款规定成立专门委员会的建议以及依第三百四十四条第四款规定组成议会委员会的报告,然后才能批准提出此类议案与修正案。

第四章 特殊规定

第三百五十条 ［申诉、要求补偿时使用的语言］

每个人都有权使用联邦或该邦使用的任何语言

向联邦或某邦的任何机关和官员申诉、请求救济。

第三百五十 A 条① ［为小学阶段的母语教育提供便利］

各邦及各邦地方政权应尽力为少数语种团体的儿童在小学阶段进行母语教育提供便利。总统认为必要和适当时，可以向各邦发出指示予以保障。

第三百五十 B 条② ［少数语种专员］

（1）少数语种专员由总统任命；

（2）该专员的职责是调查关于本宪法针对少数语种团体的保护性规定的一切事务，并按总统规定的时间就此类问题向总统提出报告，总统应将报告提交议会两院，并送交有关邦的邦政府。

第三百五十一条 ［发展印地语］

联邦有责任促进印地语的推广和发展，使其成为传播印度综合文化因素的媒介，并在不影响其特定性的前提下，吸收印度斯坦语（Hindustani）和附表八规定的其他印度语言的形式、风格及词语，首先从梵文（Sanskrit），其次从其他语言中吸取必要和适当的词汇不断地丰富印地语。

第十八篇　紧急状态

第三百五十二条 ［紧急状态公告］

1. 如果总统认为存在严重的紧急状态，或因战争、敌人入侵、武装叛乱等威胁到印度全部或部分领土的安全，可以宣布全国或在公告中指明的国家的某一部分进入紧急状态。

［解释条款］③

总统若认为战争、侵略或叛乱的情况危急，则可在事态出现前宣布印度的全部或部分领土的安全因遭到战争、入侵或武装叛乱的威胁进入紧急状态，。

2. 根据第一款规定发布的紧急状态公告，可以在发布后另外发布公告予以变更或宣布废除。

3. 在联邦内阁即由总理与根据第七十五条规定任命的其他内阁部长组成的部长会议，作出可以宣布紧急状态的决定并书面通知总统后，总统方可发布第一款所述的紧急状态公告或者对该公告进行变更的公告。

4. 根据本条规定发布的每个公告均应提交议会两院，但宣布撤销之前的公告除外，除非在其生效后的一个月内得到两院的批准，否则在一个月期限届满

时该公告停止实施；

但是，如果这种公告发布时人民院已经解散，或者在紧急状态宣告后不足一个月即告解散，或者联邦院已经通过了批准宣告紧急状态的决议，而人民院在一个月期满时尚未通过决议，除非在三十日期满前人民院也通过决议同意该项公告，否则对此紧急状态公告应在从人民院恢复活动后第一次会议之日起算三十日期满时停止实施。

5. 紧急状态公告经过批准后，应于第四款所述批准该公告的议会决议通过之日起算的六个月期满时停止实施，但是该公告被提前废除的除外。

但是，如果议会两院已经通过该紧急状态继续生效的决议，则该紧急状态公告将从本应停止生效之日起算再延长六个月，但是该公告被提前废除的除外。

如果人民院在上述六个月的延长期内解散，而在此期间联邦院通过决议批准紧急状态公告继续延长，人民院未通过此类决议，则该公告在人民院恢复活动后从第一次会议之日起算的三十日期满时即停止实施，除非在三十日期满前人民院通过决议批准该公告继续生效。

6. 议会两院表决第四款和第五款所述决议时只需要该院全体议员的多数赞成且有该院出席并参加投票议员的三分之二多数赞成即可通过。

7. 无论前述各款作何规定，如果人民院通过了否决第一款所述的公告，或通过了修正该项公告的决议，或通过了否决该项公告继续生效的决议，总统应该废除此类公告。

8. 如有不少于十分之一的人民院议员动议否决第一款所述公告或修正该项公告，或否决该项公告继续生效：

（1）在议会开会期间通知议长；

（2）议会休会期间通知总统

人民院应在议长或总统收到上述请求之日起十四日内，举行特别会议修改此类议案。

9. 无论总统是否已经根据第一款发布紧急状态公告，也无论是否有此类公告正在生效，本条授予总统在发生战争、入侵和武装叛乱④的情况下，或即将发生战争、入侵、武装叛乱的情况下，根据不同理由发布不同紧急状态公告的权力。⑤

第三百五十三条 ［紧急状态的公告的作用］

紧急状态开始实施后：

---

① 　根据《宪法（第七修正案）法令》（1956年）新增。

② 　根据《宪法（第七修正案）法令》（1956年）新增。

③ 　根据《宪法（第四十四修正案）法令》（1978年）修改。

④ 　根据《宪法（第四十四修正案）法令》（1978年）由"国内骚乱"修改为"武装叛乱"（1979年6月20日生效）。

⑤ 　根据《宪法（第三十八修正案）法令》（1975年）修改（具有溯及力）。

（1）无论本宪法有何规定，联邦行政权应扩大到可以就各邦行政权的行使事项向各邦发布指令。

（2）议会的立法权应包括：通过法律授予或批准授予印度政府及其官员和机关的并未列入联邦职权目录的权力和职责。

但是，即使紧急状态公告仅在印度部分领土上生效，那么：①

（1）上述第一项所述之联邦发布指令的行政权；

（2）第二项中议会的立法权，

均可延伸到并未实施或部分实施紧急状态的邦，如果印度部分领土的安全受到实施紧急状态的那部分领土上进行的活动的威胁。

第三百五十四条 ［紧急状态期间岁入分配规定的应用范围］

1. 紧急状态实施期间，总统可以发布命令，在他规定的期限内对第二百六十八条至第二百七十九条各条款的实施范围，作出他认为适当的变更或限制。但这一期限不得超过紧急状态停止实施时的那个财政年度。

2. 按照第一款发布的各项命令，应尽快提交议会两院。

第三百五十五条 ［联邦有责任保护各邦抵抗外来侵略和内部叛乱］

联邦有责任保护各邦抵抗外来侵略和内部叛乱，有责任保证各邦政府按照本宪法的规定进行活动。

第三百五十六条 ［邦一级的宪政机构失灵的规定］

1. 总统收到邦长报告或通过其他途径了解情况后，认为某邦政府已不能按照本宪法继续履行职责时，可以发布公告：

（1）由总统直接接管邦政府的全部职能或任何职能，行使邦长和除邦议会之外的全部机关及团体的全部权力或任何权力；

（2）邦议会的权力由联邦议会行使或控制；

（3）制定总统认为必需的和适当的附带条款和关联条款，包括规定完全停止或部分停止实施本宪法以及有关各邦机关团体的各项条款；

但本款规定不得视为授权总统接管高等法院的任何权力，全部或部分停止实施本宪法有关高等法院的各项条款。

2. 第一款所述的公告，可由此后发布的公告废除或修正。

3. 根据本条规定发布的各项公告应提交议会两院，除非该期限届满前议会两院通过决议批准，此类公告均于两个月届满时停止实施，但发布公告废除前一公告的除外。

但是，如果第一款所述公告发布时人民院已解散，或人民院在本款所述两个月的期限内解散，此项公告仅获联邦院批准，而人民院在两个月届满前未作出决议，则该项公告将于人民院恢复活动后第一次会议开会之日起算的三十日届满时停止生效。除非人民院在上述三十日期限内通过批准该项公告的决议。

4. 经议会两院批准的公告应于公告发布之日起六个月届满时停止实施，但被提前废除的除外。

但是，如经议会两院决议批准，公告继续生效。如果议会连续批准，则公告可连续延长。除非被提前废除，该公告将从原规定期满之日起，继续生效六个月②。但此类公告的持续有效期，在任何情况下不得超过三年。

如果人民院在上述六个月期限内解散，而在此期间仅联邦院通过批准继续生效的决议，人民院未通过批准继续生效的决议，则该项公告应于人民院恢复活动后第一次会议开会之日起算的三十日届满时停止实施，除非人民院在上述三十日内批准该项公告继续生效。

若根据第一款与1987年5月11日公告顿觉部邦（Dunjab），则该款第一项的"三年"应理解为"五年"。③

5. 无论第四款作何规定，议会两院不得在该公告发布一年届满之后通过决议批准已根据第三款规定批准的公告再作任何生效期限的延长，除非④：

（1）通过决议时，印度全国、某邦的全部或部分地区正进入紧急状态；

（2）考虑到该州举行立法会议大选存在困难并经选举委员会证实，有必要在决议规定的期限内继续实施根据第三款规定批准的公告。但为尊重旁遮普邦，本项不适用于1987年5月11日根据本款第一项发布的公告。⑤

第三百五十七条 ［根据第三百五十六条规定发布的公告中所述立法权的实施］

1. 如果根据第三百五十六条第一款规定发布的

---

① 根据《宪法（第四十二修正案）法令》(1976年)新增(1977年1月3日生效)。

② 根据《宪法（第四十四修正案）法令》(1978年)由"一年"修改为"六个月"(1979年6月20日生效)。

③ 根据《宪法（第六十四修正案）法令》(1990年)新增。

④ 根据《宪法（第三十八修正案）法令》(1975年)新增(具有溯及力)，并根据《宪法（第44修正案）法令》(1978年)修改(1979年6月20日生效)。

⑤ 根据《宪法（第六十四修正案）》(1990年)新增。

公告,宣布该邦议会的权力由联邦议会行使或控制,则：

（1）议会有权将该邦议会的立法权授予总统,并授权总统将此项立法权委托给他所指定的其他机关行使,总统可同时规定代行此项权力之前提条件。

（2）议会、总统或依第一项规定被授权的机关有权制定法律,将权力和职责授予印度政府及其官员和其他机关。

（3）总统有权在人民院休会期间未经议会批准即授权从该邦统一基金中开支款项。

2. 议会、总统或第一款第一项所述的其他机关在行使该邦议会权力时制定的,如果没有第三百五十六条规定他们本来无权制定的任何法律在该项公告停止生效后仍然继续有效,直到有关法定立法机构或其他机关修正或废除时为止。①

第三百五十八条 ［紧急状态期间暂停实施第十九条规定］

1. 宣告印度或其部分领土的安全受到侵略战争威胁的紧急状态公告生效期间,②第十九条的任何规定不得妨碍第三章为各邦规定的它们本来不具备的立法权和行政权,但在这种情况下制定的法律中超出其本来权限的那些部分,在紧急状态结束后立即失效。③

如紧急状态仅在印度部分领土上实施,未实施紧急状态的邦或中央直辖区,在印度或其部分领土的安全受到实施紧急状态的那部分领土上进行的活动的威胁的情况下,仍可根据本条规定制定法律或采取行动。

2. 第一款的规定不适用于④:

（1）未注明与紧急状态有关的法律;

（2）并非根据注明与实施紧急状态有关的法律采取的措施。

第三百五十九条 ［紧急状态期间暂停行使第三章赋予的权利］

1. 宣告紧急状态后,总统可以发布命令,宣布向法院请求实施第三章（但第二十条和第二十一条除外）⑤赋予的总统命令中述及的那部分权利的权力,

以及各法院中有关这部分权利的一切未决诉讼,在实施紧急状态期间或在总统命令中规定的较短期限内,应该暂停实施或暂停审理。

1A. 根据第一款规定发布的涉及第三篇（但第二十条与第二十一条除外）所赋权力的命令生效期间,该篇有关赋权的规定不再妨碍该邦制定他们本来无权制定的法律,或采取他们无权采取的措施。但是,上述总统命令停止实施以后,此类法律中凡超出该邦原有职权范围的所有部分均应立即停止实施。但该法律失效前已经执行的事项,或应完成而未完成的事项除外。⑥

但是,如果紧急状态仅在印度部分领土上实施,未实施紧急状态的邦和中央直辖区可根据本条规定此类法律,在印度或其部分领土的安全受到实施紧急状态的那部分领土上进行的活动的威胁的情况下,仍可根据本条规定采取行动。⑦

1B. 第1A款的规定不适用于⑧:

（1）任何未注明与紧急状态有关的法律;

（2）采取任何行政措施,但根据有关紧急状态的法律行为的除外。

2. 上述总统命令的效力可扩展至印度全部领土或其任一部分领土。

但是,如果仅有印度部分地区实施紧急状态公告,则上述总统命令的效力不可扩大到未宣布紧急状态的地区。但是,如果总统认为印度全国或某一地区的安全受到实施紧急状态的那部分领土上进行的活动的威胁而有必要将该项命令的生效范围扩大的除外。⑨

3. 根据第一款发布的各项总统命令尽快提交议会各院。

第三百五十九 A 条

根据《宪法（第五十九修正案）法令》(1988年)新增,自1988年3月30日起有效期两年,后根据《宪法（第六十三修正案）法令》(1989年)删除(1990年1月6日生效)。

第三百六十条 ［有关财政紧急状态的规定］

1. 总统如认为印度或其部分地区的财政稳定或

---

① 根据《宪法（第四十二修正案）法令》(1976年)修改(1977年1月3日生效)。

② 根据《宪法（第四十四修正案）法令》(1978年)由"紧急状态公告实施期间"修改为"宣告印度或其部分领土的安全受到侵略战争威胁的紧急状态公告生效期间"。

③ 根据《宪法（第四十二修正案）法令》(1976年)新增(1977年1月3日生效)。

④ 根据《宪法（第四十四修正案）法令》(1978年)新增。

⑤ 根据《宪法（第四十四修正案）法令》(1978年)由"第三章"修改为"第三章（但第二十条和第二十一条除外）"(1979年6月20日生效)。

⑥ 根据《宪法（第三十八修正案）法令》(1975年)新增（具有溯及力）。

⑦ 根据《宪法（第四十二修正案）法令》(1976年)新增(1977年1月3日生效)。

⑧ 根据《宪法（第四十四修正案）法令》(1978年)新增(1979年6月20日生效)。

⑨ 根据《宪法（第四十二修正案）法令》(1976年)新增(1977年1月3日生效)。

使用受到威胁,可以发表公告宣布此项威胁。

2. 依第一款发布的公告①:

(1)可为其后的公告废除或变更;

(2)应提交议会两院;

(3)在两个月期满时失效,但在该期限期满以前由议会两院通过决议批准的除外。

但是,如果发布该项公告时人民院已经解散,或者该院在第三项所述的两个月期限内解散,而该期限期满以前该公告已获联邦院批准,但人民院未通过该决议。那么,该公告应于人民院恢复活动后第一次会议日期起三十日届满时停止实施。但上述三十日届满前人民院也通过决议批准该项公告的除外。

3. 在第一款所述公告生效期间,联邦行政权力延伸至可指令各邦遵守公告中规定的财政原则,并向各邦发布总统认为为此所必需的其他适当指示。

4. 无论本宪法有何规定:

(1)第三款所述指示应包括:

(a)要求减少全部或某一类别的邦公务人员的薪资与津贴;

(b)要求适用第二百零七条规定的一切支出法案或其他法案,于邦议会通过后交总统考虑。

(2)根据本条规定发布的公告生效期间,总统有权发布指示,减少包括最高法院和高等法院的法官在内的所有或任何类别的联邦公务人员的薪资与津贴。

5. 根据《宪法(第三十八修正案)法令》(1975年)新增(具有溯及力),后根据《宪法(第四十四修正案)法令》(1978年)删除(1979年6月20日生效)。

第十九篇　其他事项

第三百六十一条　[保护总统、邦长和各邦拉尔巴拉木的规定]

1. 总统、邦长和各邦拉尔巴拉木不因行使职权或为行使职权而采取的行动或准备采取的行动受到任何法院的追究。

但是,经议会任何一院指定对第六十一条所述指控进行调查的法院、法庭或机关,可以对总统的行为进行调查。

同时,不得利用本款规定妨碍任何人对印度政府或邦政府提起合理诉讼的权利。

2. 总统或邦长在任职期间,任何法院不得对其提出刑事诉讼或继续进行刑事诉讼。

3. 总统或邦长在任职期间,任何法院不得对其

发出逮捕令和监禁令。

4. 总统或邦长在任职期间,任何法院不得因他们就任以前或任职期间的私人行为而对他们提起要求作出补偿的民事诉讼,除非已于两个月之前将书面通知送达总统、邦长或他们的办公处所。该通知应说明诉讼性质、起诉理由、当事人姓名、概况、住址以及补偿请求。

第三百六十一A条②　[对公布议会和邦议会活动情况施行保护]

1. 任何人不得因在报纸上发表有关议会两院或邦议会的活动情况的基本真实的报道而受到法院的追究,除非已经证明该项报道出自恶意。

但是,本款规定不适用于报道联邦议会或邦议会秘密会议。

2. 第一款规定同样适用于广播电台因工作需要通过无线电进行的报道。

[解释条款]

本条中"报纸"包括任何新闻机构的含有出版于报纸上的内容的报道。

第三百六十一B条③　[无资格任命有报酬的政治职务]

根据附表十第二条的规定无资格成为某议院的属于某政党的成员同样也没有资格担任有报酬的政治职务,从他取消资格之日起直至其任期届满,或其参加某院的选举时为止,以较早者为准。

[解释条款]

本条的目的:

(1)"某院"是指附表十第一条第一款所规定的内容;

(2)"有报酬的政治职务"是指:

(a)印度政府或邦政府为该机构从印度政府或邦政府的公共开支中支付工资;

(b)全部或部分由印度政府或邦政府经营的机构支付工资的职位。

但是,这种支付属于补偿性质的除外。

第三百六十二条

根据《宪法(第二十六修正案)法令》(1971年)删除。

第三百六十三条　[法院不得干预某些条约、协议引起的纠纷]

1. 无论本宪法作何规定,在与第一百四十三条规定不相抵触的情况下,对本宪法实施前各邦首领与印度对自治领政府或其前任政府缔结的、本宪法实施

---

① 根据《宪法(第四十四修正案)法令》(1978年)修改(1979年6月20日生效)。

② 根据《宪法(第四十四修正案)法令》(1978年)新增(1979年6月20日生效)。

③ 根据《宪法(第九十一修正案)法令》(2003年)新增。

后继续有效的条约、协定、盟约、约定、特许契约（Sanad）及其他类似文件的条款引起的纠纷，最高法院与其他法院均无司法管辖权，对本宪法中有关上述条约、协定、盟约、约定、特许契约和其他类似文件的条款产生的权利或义务的有关纠纷，最高法院和其他法院亦无司法管辖权。

2. 本条所述

(1)"印度各邦"，指宪法实施前英王或印度自治领政府承认作为各邦的地区；

(2)"首领"包括王公、酋长和本宪法实施前英王或印度自治领政府承认为各邦统治者的其他人。

第三百六十三 A 条① ［不再承认各邦首领和废除王室内库］

无论本宪法或现行法律有何规定：

(1)王公、酋长和《宪法（第二十六修正案）法令》(1971 年)实施前被总统承认为首领或首领继承人的其他人，在实施 1971 年修宪法令后不再被承认为各邦首领或首领继承人；

(2)从《宪法（第二十六修正案）法令》(1971 年)实施时起，取消王室内库，废除王室内库有关的一切权利、债务和义务，不再向第一项所述的首领或首领继承人拨付任何王室内库拨款。

第三百六十四条 ［关于主要港口和机场的特别规定］

1. 无论本宪法有何规定，总统可以发布公告规定自公告之日起：

(1)议会和邦议会制定的任何法律不再适用于主要港口和机场，或者在公告中规定的若干例外与修正后继续沿用；

(2)任何现行法律对主要港口和机场均停止生效，除非上述日期以前已经实施或应实施而未实施的事项，或者在公告中规定的若干例外与修正后继续沿用。

2. 本条所述

(1)"主要港口"，指由议会制定的法律或现行法律宣布的主要港口，包括港口范围内的全部区域。

(2)"机场"，指有关航线、飞机和航空的条例中所称的飞机场。

第三百六十五条 ［不遵守或不执行联邦指令的后果］

任何邦不遵守或不执行联邦行使本宪法赋予的行政权时下达的指令，总统应认为该邦已出现了该邦政府不能遵守本宪法的情况。

第三百六十六条 ［定义］

除上下文中另作解释外，下述词语在本宪法中含义如下：

1. "农业收入"，指与印度所得税有关的各条例中所称的农业收入。

2. "英裔印度公民（Anglo-India）"，指其父或父系中其他男性祖先属欧洲后裔，而其本人居住在印度境内并且出生地是其父母在印度的常居住所而不是临时居住地。

3. "条"，指本宪法之一条。

4. "借贷"，包括用分年付款方式偿付的借款；"贷款"亦依此解释。

4A. 根据《宪法（第四十二修正案）法令》(1976 年)新增(1977 年 2 月 1 日生效)，后根据《宪法（第四十三修正案）法令》(1977 年)删除(1978 年 4 月 13 日生效)。

5. "款"，指条内分述之句。

6. "公司税"，指对公司收入的征税。此项税收需遵守以下条件：

(1)对农业收入不征本税；

(2)有关本税的条例不允许公司从个人分红中扣除所缴公司税款；

(3)为征收印度所得税而计算有红利收入公民的个人总收入时，在计算这类公民应缴所得税或计算应退还给他们的所得税时，任何规定都不需要考虑上述已缴的公司税。

7. "相应的省"、"相应的邦"，指由总统在有疑问时为此特殊目的而确定为"相应的省"、"相应各邦"、"相应的邦"的省、各邦和邦。

8. "债务"，包括分年偿还本金的义务和有担保的偿还的义务；"债款"亦可照此理解。

9. "遗产税"，指根据或参照因死亡而继承，或联邦议会法律和邦议会法律认为系因死亡而继承的全部财产的价值估定税额的税收，其中遗产的价值则应根据上述法律的有关规定确定。

10. "现行法律"，指本宪法实施前由任何立法机关或有权制定法律、法令、命令、地方法规、规则或条例的机关或个人通过或制定的上述各种形式的法律。

11. "联邦法院"，指按照 1935 年《印度政府法》设立的联邦法院。

12. "货物"，包括一切材料、商品和物品。

13. "担保"，包括本宪法实施前所承担的在保证未清偿债务的情况下承担支付的义务。

14. "高等法院"，指本宪法视为任何一邦高等法院的法院，包括：

(1)印度领土上按本宪法的规定设立或变更为高

---

① 根据《宪法（第二十六修正案）法令》(1971 年)新增。

等法院的法院；

（2）印度领土上任何其他法院由议会通过法律宣告为本宪法所称的的高等法院。

15."印度各邦"，指印度自治领政府承认为各邦的地区。

16."章"，指本宪法之一部分。

17."年金"，指付给个人的各种年金，无论是否由雇主和雇员分摊。它包括付给个人的退休金、退伍金、预备金的退还。如由个人认缴准备金，则不管有无利息或其他附加费。

18."紧急状态公告"，指依照第三百五十二条第一款规定发布的公告。

19."公告"，指在印度公报和各邦公报上发表的通知。

20."铁路"不包括：

（1）完全在市区内的电车轨道；

（2）完全位于某邦境内和议会法律宣告不是铁路的其他交通线。

21. 根据《宪法（第七修正案）法令》（1956年）删除。

22."首领"，指印度各邦的王公、酋长，或《宪法（第二十六修正案）法令》（1971年）实施前总统承认作为该各邦首领的人，或上述修宪法令实施后由总统承认作为首领继承人的人。①

23."表"，指本宪法的附表。

24."表列种姓"，指根据第三百四十一条规定，被本宪法视为"表列种姓"之世袭种姓、种族或部落，或它们的若干部分和支系。

25."表列部落"，指根据第三百四十二条规定，被本宪法视为"表列部落"的部落或部族社区或它们的若干部分和支系。

26."证券"，包括股票。

26A. 根据《宪法（第四十二修正案）法令》（1976年）新增（1977年2月1日生效），后根据《宪法（第四十三修正案）法令》（1977年）删除（1978年4月13日生效）。

27."项"，指款内分述的句子。

28."征税"包括任何税收和关税的课征；"税"亦依此解释。

29."所得税"，包括具有超额利润税性质的税。

29A."销售或购买商品的税收"包括②：

（1）对财产转移征税，除此之外对依据合同的任何使用现金付款、延期付款或其他有价物的财产转让征税；

（2）对涉及货物（不论是作为商品或其他形式），包括执行工程合同的财产转让征税；

（3）对融资租赁和分款付款商品，在交付环节征税；

（4）对因任何目的而以现金支付、延期付款或其他有价物的形式转移的货物使用权征税；

（5）对非法人团体或个人以现金支付、延期付款或其他有价物的供应货物征税；

（6）对提供服务或其他方式供给食物或其他饮料（无论是否包含酒精）的征税，无论这种交易或服务是现金、信用支付或其他支付方式，

同时这种流转、运输或供给任何的食物应当被视为一方通过货物的流转、运输和供给进行的出售和一方通过货物的流转、运输和供给进行的购买。

30."中央直辖区"，指附表一所列的中央直辖区并包括印度境内未列入该表的其他一切领土。

第三百六十七条 ［解释］

1. 除上下文中另作解释外，1897年的《一般条款法》，除依第三百七十二条规定作某些修正和变更外，仍适用于解释本宪法，与适用于解释印度自治领立法机关的法令相同。

2. 任何有关由议会制定的法律、法令或由邦议会制定的法律，应理解为包括总统或邦长发布的命令。

3."外邦"指除印度以外的其他邦：

但是，根据议会制定的法律，总统可发布命令③宣告任何邦不是"外邦"。

第二十篇　宪法的修正

第三百六十八条 ［议会修正宪法的权力和程序］④

1. 无论本宪法作何规定，议会可以行使宪法赋予它的权力，按本条规定，通过增补、变更、撤销等方式修正本宪法的任何条款。⑤

2. 在议会两院中之任何一院通过提出议案都可提出修正宪法的动议。该议案在议会各院审议时，如有议员总数的三分之二多数出席并参加表决，并获得议员总数半数以上投票通过，即应送总统。总统同意

---

① 根据《宪法（第二十六修正案）法令》（1971年）修改。

② 根据《宪法（第四十六修正案）法令》（1982年）新增。

③ 参见《宪法（向外国宣告）命令》［1950年（C.O.2）］。

④ 根据《宪法（第二十四修正案）法令》（1971年）由"修宪程序"修改为"议会修正宪法的权力和程序"。

⑤ 根据《宪法（第二十四修正案）法令》（1971年）新增。

后,宪法即应根据该议案进行修正。

但如对下述各条款进行修正:

(1)第五十四条、第五十五条、第七十三条、第一百六十二条、第二百四十一条;

(2)第五篇第四章、第六篇第五章、第十一篇第一章;

(3)附表七之各"职权划分目录";

(4)各邦在议会中的代表权;

(5)本条各条款。

修正案送总统前还须由不少于半数的邦的邦议会通过决议表示赞同。

3. 第十三条规定不适用于根据本条规定进行的任何修正。[①]

4. 任何法院不得依据任何理由对《宪法(第四十二修正案)法令》(1976 年)第五十五节实施前后根据本条规定对本宪法(包括第三篇的各条款)进行的任何修正,提出质疑。

5. 为消除疑问起见,特兹宣布:宪法赋予议会的根据本条规定通过增补、变更和撤销等方式修正宪法的权力不受任何限制。[②]

第二十一篇　临时条款、过渡条款和特别条款[③]

第三百六十九条　[议会的临时立法权]

无论本宪法作何规定,议会于本宪法实施后五年以内,有权对下述事项制定法律,如同已列入"联邦与各邦共同职权目录"一样。包括下列问题:

(1)棉毛织品、棉花(包括已弹和未弹的棉花、棉籽)、纸张(包括新闻纸)、食品(包括食用油和油籽)、饲料(包括油饼和其他浓缩饲料)、煤(包括焦煤和煤的衍生产品);铁、钢和云母的邦内买卖、生产、供给与分配等事项;

(2)最高法院以外的一切法院对违反与第一项事项有关的法律的司法管辖限和权力与此类事项相关的各项收费(但不包法院收费);

但是,由议会制定的,若非本条的规定其本身无权制定的那部分超越权限法律,在上述期限届满时一律失效,除非是上述期限届满前已经实施或应该实施而尚未实施的有关事宜。

第三百七十条　[关于查谟和克什米尔的临时条款]

1. 无论本宪法有何规定:

(1)第二百三十八条规定不适用于查谟和克什米尔邦。

(2)议会为联邦制定法律应限于下述:

(a)总统与该邦政府协商之后在"联邦职权目录"和"联邦与各邦共同职权目录"中选定若干事项加以宣布,这些事项与该邦加入印度自治领的约章规定作为自治领立法机关有权为该邦制定法律的那些事项相对应。

(b)经邦政府同意后,由总统发布命令,在上述职权目录中指定的其他事项。

[解释条款]

本条内"邦政府"指目前总统承认的查谟和克什米尔的大王公,根据该邦部长会议的建议行使职权的人。该邦部长会议指 1948 年 3 月 5 日该邦大王公宣告暂时成立的机构。

(3)第一条和本条规定应适用于该邦。

(4)由总统以命令确定本宪法适于该邦的条款,以及适用时的例外和更改。

但有关第二项第一目所称该邦加入自治领的约章中所列事项的命令,非经与该邦政府商议不得发布。

而且,关于上述事项以外的其他事项的有关命令,非经该邦政府同意不得发布。

2. 第一款第二项第二目或第四项第二点但书所述"邦政府同意",如果是在该邦制宪会议召开之前表示的,应重新提交制宪会议作出决定。

3. 无论本条以上各项作何规定,总统得以公告宣布本条规定停止执行,或应附加其所规定的例外和修正后自规定之日起生效。但是,必须经第二款所述的邦政府制宪会议的建议后总统方可发布这类公告。

第三百七十一条[④]　[关于马哈拉施特拉和古吉拉特邦的特别条款]

1. 根据《宪法(第三十二修正案)法令》(1973 年)删除(1974 年 7 月 1 日生效)。

2. 无论本宪法作何规定,总统可对马哈拉施特拉邦或古吉拉特邦发布命令,对邦长的特别责任作出规定:

(1)在维达布哈(Vidabha)、马拉特瓦拉(Marathuada)和马哈拉施特拉邦的其余地区,沙乌拉斯特拉(Saurashtra)、古芝(Kutch)和古吉拉特邦的其余地

---

①　根据《宪法(第二十四修正案)法令》(1971 年)新增。

②　本条第四款和第五款经《宪法(第四十二修正案)法令》(1976 年)新增,后由最高法院在 Minerva Mills Ltd. and others vs. Union of India and others(1980 年)一案中宣告无效。

③　根据《宪法(第十三修正案)法令》(1962 年)由"临时性和过渡性条款"修改为"临时性、过渡性和特别条款"。

④　根据《宪法(第七修正案)法令》(1956 年)修改。

区分别设立发展委员会,同时规定这些委员会应每年向邦立法议会提交工作报告。

(2)在满足全邦整体需要的前提下,公平分配对上述地区发展基金。

(3)在满足全邦整体需要的前提下,公正安排对上述地区的在技术教育和职业训练和在政府部门中的就业提供适当机会。

第三百七十一·A条① ［关于那加兰邦(Nagaland)的特别条款］

1. 无论本宪法作何规定:

(1)议会不得制定:

(a)有关那加兰的宗教活动和社会活动,

(b)那加兰习惯法和法律程序,

(c)涉及根据那加兰习惯法作出的民事和刑事裁决,

(d)土地与其他财产的所有权和转让,

非经该邦立法会议通过决议否则不得适用于那加兰邦。

(2)那加兰邦邦长对那加兰邦的法律和秩序负有特殊责任,只要他认为那加兰邦组成前那加希尔斯一杜恩桑地区(Naga Hills-Tuensang Area)或其他地区的内部混乱还在继续,邦长应同部长会议协商后对该地区行使职权时作出个人判断。

但是,如对邦长是否应该根据本项规定按个人判断行事发生疑问,邦长自己的判断和决定将是最后的决定。不得以邦长是否应该根据个人判断行事为由对邦长行为的合法性提出质疑。

而且,如果总统收到邦长或其他方面的报告后确信那加兰邦邦长无需再对该邦的法律和秩序承担特别责任,总统可以发布命令,规定自命令确定的日期起邦长不再承担这种特殊责任。

(3)那加兰邦长要求印度政府提供专用拨款时,邦长应保证,印度政府从统一基金为特定项目或特定用处拨付的款项都包含在该项专用拨款的请求中,而不在其他拨款请求中。

(4)自那加兰邦长发布的公告中指定之日起,组成一个包括三十五名成员的杜恩桑县地方议会。邦长得为该地方议会就下列事项制定规则:

(a)地方议会的组成和成员遴选方法。

杜恩桑县的副专员为当然议长,副议长由地方议会成员选举产生;

(b)地方议会成员的选任资格;

(c)地方议会的任期、薪资;

(d)地方议会的工作程序和行为;

(e)地方议会官员和职员的任命及待遇;

(f)设立该地方议会和必需制定规则的其他事项。

2. 无论本宪法作何规定,自那加兰邦成立之日起算的十年之内或邦长根据地方议会建议确定并公告的更长期限内:

(1)由邦长行使杜恩桑县的行政权;

(2)邦长根据自己的判断对于印度政府拨给那加兰邦用于全部支需要的款项在杜恩桑县和邦内其他地区之间进行公平分配;

(3)那加兰邦邦议会的法令不适用于杜恩桑县,但是邦长可根据该县地方议会的建议发布公告,宣布适用于该县并规定该法令适用于县或该县某一地区时应附加其根据地方议会建议作出的某些例外或修正。

根据本项规定发布的公告,可以具有溯及力。

(4)邦长可制定条例确保杜恩桑的和平、进步以及保持一个有效率的政府。这些条例必要时可以修正或废除当时在该县具有效力的议会法令或其他法律,具有溯及力。

(5)(a)那加兰邦立法会议中代表杜恩桑县的一名议员应由邦长根据首席部长的建议任命担任杜恩桑县事务部长,其中,应给出建议的首席部长应根据杜恩桑县议员多数意见行为。

(b)杜恩桑县事务部长负责处理有关杜恩桑县的一切事务,可直接会见邦长就此类事务直接请示邦长,但同时促使首席部长了解这方面的情况。

(6)无论本条款有何规定,邦长对杜恩桑的一切事务的最后决定权。

(7)第五十四条、第五十五条和第八十条第四款中凡提及的邦立法会议中选举产生的议员的地方包括依本条规定建立的该县地方议会选举产生的那加兰邦立法会议议员。

(8)在第一百七十条中:

(a)第一款中有关那加兰邦立法会议的规定中将"六十"改为"四十六"后,该款规定可以继续生效;

(b)上述第一款中凡提及从该邦地方选区中直接选举时也包括根据本条规定设立的地方议会议员进行的选举;

(c)第二款、第三款提及的地方选区应指科希玛县(Kohima)和莫科克昆(Mokokchung)县的地方选区。

3. 总统可以发布命令采取需要的任何措施(包括修改或调整任何其他条款)解决上述条款在实施中遇到的困难。

但自那加兰邦成立之日起算满三年之后不得继

---

① 根据《宪法(第十三修正案)法令》(1962年)新增(1963年12月1日生效)。

续此类命令。

[解释条款]

本条中提及的科希玛、莫科克昆和杜恩桑县中含义与1962年的《那加兰邦法令》中相同。

第三百七十一 B 条① [有关阿萨姆邦的特别条款]

无论本宪法作何规定，总统可以对阿萨姆邦发布命令规定该邦立法会议的一个委员会及委员会的职能。该委员会由附表六第二十条第一部分规定的部落地区选出的立法会议议员与总统命令规定的一定数目的邦立法会议的其他议员共同组成。总统命令还应为该委员会的设立和正常工作对立法会议的议事程序作出修正。

第三百七十一 C 条② [有关曼尼普尔邦（Manidur）的特别条款]

1. 无论本宪法作何规定，总统可以对曼尼普尔邦发布命令规定该邦成立立法会议的一个委员会及委员会的职能。该委员会由该邦山区（HillArea）选出的立法会议议员组成。总统命令还可以对该邦政府的工作规则和立法会议的议事程序作出修正，为保证该委员会的正常工作可以规定邦长的特殊责任。

2. 邦长应每年或者每当总统提出要求时向总统报告曼尼普尔邦山区的行政管理情况。联邦行政权力应延伸到向该邦就上述地区的行政管理发布指令。

[解释条款]

本条中的"山区"指总统在命令中宣布为"山区"的地区。

第三百七十一 D 条③ [有关安得拉邦（Andhra）的特别条款]

1. 总统可以对安得拉邦在考虑该邦整体需要的基础上发布命令，为该邦不同地区的人民在就业、教育等方面提供平等的机会和便利作出规定。命令可以对该邦不同地区分别制定不同的规定。

2. 根据第一款规定制定的命令可以：

(1)要求邦政府将本邦的公务员的各类职务和该邦下属各类公务员对应于不同地区加以编制，并按照命令确定的原则和程序任命公务人员。

(2)规定邦内实行下述办法的区域：

(a)可直接录用邦政府下属机关（无论是按本条所述命令编制还是以其他方式选用）；

(b)可直接录用邦内任何地方机关的干部；

(c)可为邦内大学或邦政府管理下的其他教育机构招生。

(3)确定在下述事项上优先照顾和定向录用录取的范围、方式和条件：

(a)直接录用本款第二项所述的干部；

(b)本款第二项所述大学和教育机构的招生。

上述职务与指定名额要保留给或优先照顾在命令规定的期限内在该地区居住或在大学和其他机构学习过的人选。

3. 总统可以发布命令设立安得拉邦行政法庭，其中包括《宪法（第三十二修正案）法令》（1973年）实施前法院以外的所有法庭（最高法院除外）和其他司法机构行使的司法权、权力和权威，同时可以命令规定该法庭在下述事项上拥有的司法权、权力和权威：

(1)对命令规定的邦或邦以下各级行政职务的任命、分配和晋升；

(2)经任命、分配和晋升担任邦或邦以下各级行政职务或邦内地方当局各级职务的人员的资历；

(3)涉及邦或邦以下各级行政职务，或邦内地方当局管理的各级职务的人员的其他待遇。

4. 第三款所述命令可以：

(1)授权行政法庭在总统命令规定的管辖范围以内受理申诉，并作出它认为适当的决定；

(2)规定总统认为行政法庭必要的权力、职能和程序（包括行政法庭惩处藐视法庭罪的条款）；

(3)规定命令发布前由其他法院（最高法院除外）、法庭和机构审理属于行政法庭管辖范围的未决案件，在命令生效后应移送行政法院审理；

(4)制定总统认为必要的补充、附加和联系条款（包括有关收费、诉讼时效、证据、应用现行法律时附加的例外和修正等方面条款）。

5. 行政法庭裁决案件的命令，在邦政府确认以后生效，或在命令作出后三个月届满时生效，二者以较早者为准。

但邦政府可以在行政法庭的裁决令生效前下达书面的特别命令并说明理由，修正或取消其裁决令。在这种情况下，行政法庭的裁决令可于修正后生效或失去效力，视情况而定。④

---

① 根据《宪法（第二十二修正案）法令》（1969年）新增。

② 根据《宪法（第二十七修正案）法令》（1971年）新增（1972年2月15日生效）。

③ 根据《宪法（第三十二修正案）法令》（1973年）新增第三百七十一 D 条和第三百七十一 E 条（1974年7月10日生效）。

④ 最高法院在 P. Sambamurthy and others vs. State of Andhara Pradesh and another(1987)一案中宣告本条第五款及其但书违宪无效。

6. 邦政府依第五款规定所作的决定应尽快提交邦立法议会两院。

7. 邦高等法院无权监督行政法庭,除最高法院外的其他任何法院、法庭都无权行使属于行政法庭的司法权、权力和权威。

8. 总统认为行政法庭无继续存在的必要,可发布命令撤销行政法庭,并对移送和处理行政法庭的未决案件作出适当规定。

9. 无论任何法院或其他机构族作过任何判决、裁决和决议:

(1)不得任命、指派、晋升或调动任何人员:

(a)1956年11月1日以前到海德拉巴邦(Hyderabad)政府及其地方政府;

(b)《宪法(第三十二修正案)法令》(1973年)生效前列安得拉邦政府及其地方政府。

(2)本款第一项所指的人所采取的任何行为或所处理的任何公务,均不能仅仅以这种任命、指派、晋升和调动,所依据的当时有效的法律没有对在海德拉巴邦或安得拉邦的居住期限提出要求为由而被认为不合法或无效。

10. 无论本宪法其他条款和现行法律有何规定,本条规定和总统根据本条规定发布的命令均有效力。

第三百七十一 E 条 〔设立安得拉邦中央大学〕

议会可通过法律规定在安达拉邦设立一所大学。

第三百七十一 F① 条 〔关于锡金邦(Sikkim)的特别条款〕

无论本宪法作何规定:

(1)锡金邦立法会议由至少三十名议员组成;

(2)《宪法(第三十六修正案)法令》(1975年)生效之日起(以下简称指定日期):

(a)1974年4月在锡金举行的选举中,选出的三十二名议员(以下称锡金议员)组成的锡金议会,应被视为符合本宪法规定的锡金邦立法会议;

(b)出席会议的议员应被视为按本宪法规定选举产生的锡金邦立法议会议员;

(c)上述锡金邦立法会议应履行宪法赋予的邦立法会议的权力和职能;

(3)由于锡金议会已经根据本条第二项规定被确认为锡金邦立法会议,第一百七十二条第一款规定的五年②任期应理解为四年③任期,这个期限自指定日期起算;

(4)议会通过法律作出其他规定前人民院分配给锡金邦一个席位,锡金邦应组成一个选区,称为锡金邦议会选区;

(5)锡金邦在本届人民院中的代表由锡金邦立法会议议员选举产生;

(6)为了保护锡金地区居民的权利和权益,议会应确定锡金邦立法会议中各地区代表的议席数目,并在锡金邦划分选区,从各选区选出分属各地区的邦立法会议的代表;

(7)锡金邦长对维护本邦和平,保证公平安排锡金各地区居民社会、经济的发展负有特殊责任。邦长在履行其特殊责任时,除执行总统指示外,可随时根据自己的判断采取适当行动;

(8)指定日期前归属锡金政府或其他机关和个人因履行锡金政府的职责而支配的一切财产(不管位于锡金邦辖区之内外),自指定日期起,应归属锡金邦政府;

(9)指定日期前在锡金领土内行使职权的高等法院,自指定日期起应视为锡金邦高等法院;

(10)锡金邦内一切民事、刑事和税务法院,一切司法行政和军职官员自指定日期起,继续按本宪法有关条款行使各自职权;

(11)指定日期前在锡金领域或部分地区实施的全部法律,在法定立法机构或其他法定机关作出修正或予以废除之前继续有效;

(12)为了便于第十一项提及的锡金邦行政法律的实施,并使这些法律符合本宪法规定,总统可于自指定日期起算的两年内通过命令对这些法律作出修正或视情况予以废除,修正后的法律均有效,不得对这种修正向法院提出质疑;

(13)在指定日期前印度政府或其前身作为一方参与缔结的有关锡金的条约、协定、约定或其他文件引起的纠纷,无论最高法院还是任何其他法院均无权裁决,但本款的规定不能理解为妨碍第一百四十三条的实施;

(14)总统可发布公告自公告之日起使在他邦生效的法规的适用于锡金,并附加总统认为适合锡金情况的限制和修正;

(15)总统可发布命令④为消除在实施本条前述款项时遇到困难所必要采取的一切行动(包括修正任何其他条款)。但指定日期两年之后,不得继续发布此类命令;

(16)自指定之日起至总统批准《宪法(第三十六

---

① 根据《宪法(第三十六修正案)法令》(1975年)新增(1975年4月26日生效)。

② 根据《宪法(第四十四修正案)法令》(1978年)由"六年"修改为"五年"(1979年9月6日生效)。

③ 根据《宪法(第四十四修正案)法令》(1978年)由"五年"修改为"四年"(1979年9月6日生效)。

④ 参见《宪法(消除困难)命令》第十四号(C.O.99)。

修正案)法令》(1975年)前为止的整个时期内,采取的一切与锡金邦有关的一切行动,凡符合本宪法《宪法(第三十六修正案)法令》(1975年)者应视为有效。

第三百七十一G条① ［关于米佐拉姆邦(Mizoram)的特别条款］

无论宪法作何规定:

1. 任何议会法律不得规定:

(1)米佐人的信仰和风俗习惯;

(2)米佐人的习惯法和程序;

(3)根据米佐人习惯法的民事和刑事司法;

(4)土地的所有权和流转。

适用于米佐拉姆邦,除非米佐拉姆邦议会作出以下决议:

本条的任何规定不得适用于《宪法(第五十三修正案)法令》(1986年)生效前的米佐拉姆地区的中央法令。

2. 米佐拉姆邦的立法会议成员不得少于四十名。

第三百七十一H条② ［关于阿鲁纳查尔邦(Arunachal Pradesh)的特别条款］

无论宪法有何规定:

1. 阿鲁纳查尔邦的邦长对于该邦的法律和命令负有特殊的职责,在咨询部长委员会后可作出独立的决定。

但是,由于邦长独立决定所产生的问题,邦长具有最终的决定权,其决定的效力,以及是否应该或不应该作出该决定都不得提出控诉。

再次收到邦长或其他人的建议,认为不再需要该项特殊职责时,总统可通过命令终止该项职责。

2. 阿鲁纳查尔邦的立法会议成员不得少于三十名。

第三百七十一I条③ ［关于果阿(Goa)的特别条款］

无论宪法有何规定,果阿的立法会议成员不得少于三十名。

第三百七十二条 ［现行法律的连续性及其修正］

1. 第三百九十五条提及的各种被本宪法废除的法规,但在本宪法其他条款允许的范围内,本宪法实施前在印度领土上有效的一切法律,应继续有效直到适当的立法机构和其他机构将其变更、废除或修正时为止。

2. 为使印度领土内任何有效法律符合本宪法规

定,总统可以命令对有关法律作必要和适当的调整与修正,并规定该法律自命令确定的日期起,按调整与修正后的条文执行;不得对这种调整与修正在任何法院提出质疑。

3. 第二款的规定不得视为:

(1)授权总统在宪法实施满三年④后,继续对任何法律作任何调整与修正;

(2)妨碍适当的与立法机构或其他机构撤销与修正总统根据第二款规定所作的调整与修正。

［解释条款(一)］

本条中所说的"有效法律"包括本宪法实施前印度境内的立法机构或其他法定机构,通过或制定的未经废除的一切法律,尽管该法律或法律的某一部分在印度全国中部分地区内并未实施过。

［解释条款(二)］

印度境内立法机构或其他法定机构通过或制定的法律,凡在本宪法实施前有治外法权效力的,经上述调整与修正后,仍继续具有治外法权的效力。

［解释条款(三)］

不得根据本条规定使那些已经超过原规定生效期限,或若无本宪法的实施本来已达失效期的临时性法律继续生效。凡根据1935年《印度政府法》第八十八条规定,由当时省长颁布而且在本宪法实施前仍然有效的法令,除经相应邦邦长现行撤销者外,应自依本宪法第三百八十二条第一款规定行使职权的该邦立法会议第一次会议起算,满六周后停止生效。本条规定不得理解为允许此类有效法令在上述期限届满后继续有效。

第三百七十二A条⑤ ［总统修正法律的权力］

1. 为使1956年第五次修宪令实施前在印度全境或部分地区内生效的法律,同这次修宪后的宪法相符合,总统可于1957年11月1日前发布命令,对此类法律进行修正或予以废止,并规定自命令确定之日起,以调整修正后的法律为准;不得对任何法院就这种调整与修正提出质疑。

2. 第一款的规定不应视为阻止适当立法机构或其他机构,废除或修正总统根据本条规定调整与修正过的法律。

第三百七十三条 ［总统发布预防监禁命令的权力］

在议会依第二十二条第七款制定规定之前,或本宪法实施满一年前(二者以在较早者为准),第二十二

---

① 根据《宪法(第五十三修正案)法令》(1986年)新增(1987年2月20日生效)。

② 根据《宪法(第五十五修正案)法令》(1986年)新增(1987年2月20日生效)。

③ 根据《宪法(第五十六修正案)法令》(1987年)新增(1987年5月30日生效)。

④ 根据《宪法(第一修正案)法令》(1951年)由"两年"修改为"三年"。

⑤ 根据《宪法(第七修正案)法令》(1956年)新增。

条规定按下述理解实施:该条第四款和第七款中凡提及"议会"之处应理解为"总统";凡提及"议会制定的法律"之处应理解为"总统发布的命令"。

第三百七十四条 ［关于联邦法院法官、联邦法官或英王枢密院的未决诉讼条款］

1. 本宪法开始实施前,在联邦法院任职的法官,除本人另行就职外,自本宪法生效之日起,即作为最高法院法官,有权享有第一百二十五条为最高法院法官规定的薪资、津贴,以及休假和年金等方面的权利。

2. 本宪法开始实施时,联邦法院一切未决的民事和刑事案件,以及上诉,均应移交最高法院管辖;在本宪法实施前,联邦法院所作的判决和发布的命令,应与最高法院的判决和命令具有相同的效力。

3. 英王枢密院受理对印度领土上任何法院的判决、命令或令状而作的上诉的司法权在法律授权的范围不因本宪法的实施而受到影响。

本宪法实施后,英王枢密院对于任何上诉或诉状发布的命令,应同最高法院行使本宪法赋予的司法权时发布的命令和法令具有同样的效力。

4. 附表一第二部分所列的邦内代行枢密院职权的机关,受理对邦内任何法院的判决、命令或令状而作的上诉的司法权自本宪法开始实施起,即告终止。本宪法实施时,上述机关受理的一切未决的上诉案件和其他诉讼应移交最高法院处理。

5. 为实施本条规定,议会应另外作出决定。

第三百七十五条 ［法院、机关和官员根据本宪法规定继续行使职权］

印度境内一切民事、刑事和税务法院,一切司法、行政和军事机关的官员,应在遵守本宪法的前提下继续履行其职责。

第三百七十六条 ［有关高等法院法官的规定］

1. 无论第二百一十七条第二款作何规定,本宪法实施前,在任何省高等法院任职的法官,除本人另行就职外,自本宪法开始实施时起,即作为相应邦的高等法院的法官,并有权享有第二百二十一条为高等法院法官规定的薪资、津贴,以及休假和年金等方面的权利。此类法官,无论是否为印度公民,均有资格出任相应高等法院首席法官,或其他高等法院首席法官和法官①。

2. 本宪法实施前在与第一表第二部分所列各邦相应的印度各邦高等法院中任职的法官,除本人另行就职外,自本宪法实施时起,即作为表列各邦高等法

院的法官;且无论第二百一十七条第一款、第二款作何规定,应继续任职,直到总统命令中规定的期限届满时为止,但须受该条第二款的规定。

3. 本条中"法官"一词不包括代理法官和临时法官。

第三百七十七条 ［有关印度总审计长的条款］

本宪法实施前,在任的印度自治领总审计长,除本人另行就职外,自本宪法实施之日起,为印度总审计长,有权享有第一百四十八条第三款为印度总审计长规定的薪资、津贴和休假、年金等方面的权利,并且有权继续任职直到本宪法实施前的有关规定确定的任期届满时为止。

第三百七十八条 ［有关公务员委员会的条款］

1. 本宪法实施前的印度自治领公务员委员会在职成员,除本人另行就职外,自本宪法实施之日起,即成为联邦公务员委员会成员;无论第三百一十六条第一款、第二款作何规定,他们应继续任职,直到本宪法实施前有关规定确定的任期届满时为止,但应遵守该条第二款的规定。

2. 本宪法实施前的省公务员或数省联合的公务员委员会的在职人员,除本人另行就职外,自本宪法实施之日起即成为相应的邦的公务员委员会或数邦联合的公务员委员会的委员;无论第三百一十六条第一款、第二款有何规定,他们应继续任职,直到本宪法实施前有关规定确定的任期届满时为止,但应遵守该条第二款的规定。

第三百七十八 A 条② ［关于安得拉邦立法会议任期的特别条款］

无论第一百七十二条作何规定,按照 1956 年《重组邦法令》第二十八条和第二十九条规定设立的安得拉邦立法会议,自上述第二十九条规定的日期起,继续存在五年,但已提前解散的除外。五年期满之日亦即立法会议解散之日。

第三百七十九条至第三百九十一条

根据《宪法(第七修正案)法令》(1956 年)删除。

第三百九十二条 ［总统解除困难的权力］

1. 为解决 1953 年《印度政府法》过渡到实施本宪法的困难,总统可以发布命令在规定的期间内,可以通过修正、增减对本宪法的实施作出总统认为必要的适当变通。

但在根据第五编第二章规定正式组成的议会举行第一次会议后,总统不得继续发布此类命令。

2. 根据第一款规定发布的每一项命令都应送交

---

① 根据《宪法(第一修正案)法令》(1951 年)新增"此类法官,无论是否为印度公民,均有资格出任相应高等法院首席法官,或其他高等法院首席法官和法官"。

② 根据《宪法(第七修正案)法令》(1956 年)新增。

议会。

3. 本条规定与第三百二十四条、第三百六十七条第三款和第三百九十一条等条的规定授予总统的权力在本宪法实施前，由印度自治领总督行使。

第二十二篇　简称、开始实施日期、印地语权威文本[①]、废除

第三百九十三条　［简称］

本宪法可简称为"印度宪法"。

第三百九十四条　［实施］

本条及第五条、第六条、第七条、第八条、第九条、第六十条、第三百二十四条、第三百六十六条、第三百六十七条、第三百七十九条、第三百八十条、第三百八十八条、第三百九十一条、第三百九十二条和第三百九十三条，应立即生效；本宪法其余条款，应于 1950 年 1 月 26 日生效；1950 年 1 月 26 日在本宪法中称

"本宪法开始实施日期"。

第三百九十四 A 条[②]　［印地语权威文本］

1. 总统应颁布：

（1）由制宪会议成员签署的宪法的印地语版本，并应在语言、风格和术语上与"中央法令"的印地语保持一致，并在颁布时合并所有修正案。

（2）以英文颁布的修正案翻译为印地语。

2. 根据第一款发布的宪法和每个修正案应与原始的含义保持一致，若在翻译中产生困难，总统应作出适当的修正以保持一致。

3. 根据第一款颁布的宪法和每个修正案应被视为印地语的权威文本。

第三百九十五条　［废除］

1947 年的《印度独立法》，1935 年的《印度政府法》以及修正、补充《印度政府法》的所有法规（不包括 1949 年"废除枢密院司法权限法令"）自即日起宣告废除。

附表一[③]

［第一条、第四条］

一、邦

邦名	管辖地域
1. 安得拉邦	《安得拉邦法令》（1953 年）第三节第一小节、《邦改组法令》（1956 年）第三节第一小节、《安得拉邦和马德拉斯（边界调整）法令》（1959 年）附件一，以及《安得拉邦和迈索尔邦（行政区域变更）法令》（1968 年）附件等文件规定的地方均隶属该邦，但《安得拉邦和马德拉斯（边界调整）法令》（1959 年）附件二规定的地方除外。[④]
2. 阿萨姆邦	本宪法颁布前原来归属阿萨姆省、卡西邦与阿萨姆部落地区的地方均隶属该邦，但《阿萨姆邦（邦界调整）法令》（1951 年）附件和《那加邦法令》（1962 年）第三节一小节规定的地方，以及《东北地区（行政区划调整）法令》（1971 年）第五节、第六节和第七节规定的地方均除外。
3. 比哈尔邦	本宪法颁布前原来归属比哈尔省或者在行政上由该省代管的地方，以及《比哈尔邦与北方邦（邦界调整）法令》（1968 年）第三节第一小节第一款规定的地方均隶属该邦，但《比哈尔邦与西孟加拉邦（行政区域变更）法令》（1956 年）第三节第一小节规定的地方与上述《比哈尔邦与北方邦（邦界调整）法令》第三节第一小节第二款规定的地方以及《比哈尔邦（行政区划调整）法令》（2000 年）[⑤]第三节所规定的地区例外。[⑥]
4. 古吉拉特邦	《孟买行政区划调整法令》（1960 年）第三节第一小节规定的地方均属该邦。
5. 喀拉拉邦	《各州行政区划调整法令》（1956 年）第五节第一小节规定的地方均隶属该邦。
6. 中央邦	《邦改组法令》（1956 年）第九节第一小节与《拉贾斯坦邦与中央邦（行政区域变更）法令》（1959 年）附件一规定的地方均隶属该邦，但不包括《中央邦（行政区划调整）法令》（2000 年）第三节所规定的地区[⑦]。

① 　根据《宪法（第五十八修正案）法令》（1987 年）新增"印地语权威文本"。

② 　根据《宪法（第五十八修正案）法令》（1987 年）新增。

③ 　根据《宪法（第七修正案）法令》（1956 年）修改。

④ 　根据《安得拉邦和迈索尔邦（行政区域变更）法令》（1968 年）修改（1968 年 10 月 1 日生效）。

⑤ 　根据《比哈尔邦（行政区划调整）法令》（2000 年）新增。

⑥ 　根据《比哈尔邦和北方邦（邦界调整）法令》（1968 年）修改（1970 年 6 月 10 日生效）。

⑦ 　根据《中央邦法令》（2000 年）新增。

续表

邦名	管辖地域
7. 泰米尔纳德	本宪法颁布前原归属马德拉斯省或者在行政上由该省代管的地方,以及《邦改组法令》(1956 年)第四节规定的地方均隶属该邦,但《安得拉邦与马德拉斯(边界调整)法令》(1953 年)第三节第一小节与第四节第一小节规定的地方,《邦改组法令》(1956 年)第五节第一小节第二款、第六节,以及《安德拉邦与马德拉斯(边界调整)法令》(1960 年)附件一规定的地方除外。
8. 马哈拉施特拉邦	《邦改组法令》(1956 年)第八节第一小节规定的地方隶属该邦,但《孟买行政区划调整法令》(1960 年)第三节第一小节所指的地方除外。
9. 卡纳塔克邦	《邦改组法令》(1956 年)第七节第一小节规定的地方隶属该邦,但《安得拉邦与迈索尔邦(行政区域变更)法令》(1968 年)附件规定的地方除外。
10. 奥里萨邦	本宪法颁布前原归属奥里萨省或者在行政上由该省代管的地方均隶属该邦。
11. 旁遮普邦	《邦改组法令》(1956 年)第二节规定的地方,以及《新增领土(合并)法令》(1960 年)附件一第二部分所指的地方均隶属该邦,但《宪法(第九修正案)法令》(1960 年)附件一第二部分所指的地方与《旁遮普邦行政区划调整法令》(1960 年)第三节第一小节、第四节和第五节第一小节规定的地方除外。
12. 拉贾斯坦邦	《各邦行政区划调整法令》(1956 年)第十节规定的地方隶属该邦,但《拉贾斯坦邦与中央邦(行政区域变更)法令》(1959 年)附件一规定的地方除外。
13. 北方邦	本宪法实行前原属当时"联合省"的地方或者行政上由该省代管的地方,以及《比哈尔邦与北方邦(邦界调整)法令》(1968 年)规定的地方,《哈里亚纳邦与北方邦(邦界调整)法令》(1979 年)第四节第二小节第一款规定的地方隶属该邦,但该《比哈尔邦与北方邦(邦界调整)法令》(1968 年)第三节第一小节第一款规定的地方以及《北方行政区划调整》(2000 年)第三节规定的地方①除外。
14. 西孟加拉邦	本宪法颁布前原来归属西孟加拉省或者行政上由该省代管的地方、《昌德纳戈尔(合并)法令》(l954 年)第二节第三款规定作为昌德纳戈尔管辖地区的地方,以及《比哈尔邦与西孟加拉邦(行政区域变更)法令》(1956 年)第三节第一小节规定的地方均隶属该邦。
15. 查谟与克什	本宪法颁布前原属印度查谟尔谟与克什米尔邦的地方均隶属该邦。
16. 那加兰邦	《那加兰邦法令》(1962 年)第三节第一小节规定的地方隶属该邦。
17. 哈里亚那邦	《旁遮普邦行政区划调整法令》(1960 年)第三节第一小节规定的地方以及《哈里亚那邦与北方邦(邦界调整)法令》(1979)第四节第一小节为该邦辖地。
18. 喜马偕尔邦	本宪法颁布前名义上称作喜马偕尔邦和比拉斯普尔邦而行政上犹如首席专员治下行省的地方,以及《旁遮普邦行政区划调整法令》(1966 年)第五节第一小节规定的地方均隶属该邦,但该法令第四节第一小节第四款所规定的地区除外。
19. 曼尼普尔	本宪法颁布前名义上称作曼尼普尔而行政上犹如首席专员治下行省的地方均隶属该邦。
20. 特里普拉	本宪法颁布前名义上称作特里普拉而行政上犹如首席专员治下行省的地方均隶属该邦。
21. 梅加拉亚	《东北地区(行政区划调整)法令》(1971 年)第五节规定的地方隶属该邦。
22. 锡金②	《宪法(第三十九修正案)法令》(1975 年)颁布前属于锡金的领土均隶属该邦。
23. 米佐拉姆邦③	《东北地区(行政区划调整)法令》(1971 年)第六节规定的地方隶属该邦。
24. 阿鲁纳查尔邦④	《东北地区(行政区划调整)法令》(1971 年)第七节规定的地方隶属该邦。

① 根据《北方行政区划调整》(2000 年)新增。
② 根据《宪法(第三十六修正案)法令》(1975 年)新增(1975 年 4 月 26 日生效)。
③ 根据《米佐拉姆邦法令》(1986 年第 34 号)新增(1987 年 2 月 20 日生效)。
④ 根据《阿鲁纳查尔邦法令》(1986 年第 69 号)新增(1987 年 2 月 20 日生效)。

世界各国宪法文本翻译与研究系列丛书◎世界各国宪法文本汇编（亚洲卷）

续表

邦名	管辖地域
25. 果阿①	《果阿和达曼（行政区划调整）法令》（1987 年）第三节规定的地方隶属该邦。
26. 恰蒂斯加尔邦②	《中央邦（行政区划调整）法令》（2000 年）第三节规定的地方隶属该邦。
27. 北阿坎德邦③	《北方邦（行政区划调整）法令》（2000 年）第三节规定的地方隶属该邦。
28. 贾坎德邦④	《比哈尔邦（行政区划调整）法令》（2000 年）第三节规定的地方隶属该邦。

二、中央直辖区

名称	管辖地域
1. 新德里	本宪法颁布前原属首席专员治下德里省的地方。
2. 安达曼和尼科巴群岛	本宪法颁布前原属首席专员治下的安达曼和尼科巴群岛省的地方。
3. 拉克代夫群岛	《邦改组法令》（1956 年）第六节规定的地方。
4. 达德拉和纳加尔维利	1961 年 8 月 11 日前原来归属自由达德拉和纳加尔阿维利的地方。
5. 果阿、达曼和第乌	《果阿、达曼（行政区划调整）法令》（1987 年）第四节规定的地方。
6. 本地治里	1962 年 8 月 16 日以前原为法属本地治里、开利开尔、马赫和亚纳姆的地方。
7. 昌迪加尔	《旁遮普邦行政区划调整法令》（1966 年）第四节规定的地方。

附表二

［第五十九条第三款，第六十五条第三款，第七十五条第六款，第九十七条，第一百二十五条，第一百四十八条第三款，第一百五十八条第三款，第一百六十四条第五款，第一百八十六条和第二百二十一条］

一、总统和邦长的规定。

1. 总统和邦长每月薪资如下：

总统　10000 卢比⑤

邦长　5500 卢比⑥

2. 总统与邦长享有的津贴数额分别与本宪法颁布前印度自治领的总督及相应各省省长享有的数额相同。

3. 总统与邦长在各自任期内享有的特权分别与本宪法颁布前总督及相应各省省长享有的权利相同。

4. 副总统或其他任何人行使或代行总统职权时，任何人行使或代行邦长职权时，得以享有与原总统或原邦长相同的薪资、津贴和特权。

二、根据《宪法（第七修正案）法令》（1956 年）删除，其中包括第五项和第六项。

三、有关人民院议长与副议长、联邦院主席与副主席、立法会议议长与副议长以及各邦立法理事会的主席与副主席的规定。

7. 人民院议长和联邦院主席享有的薪资和津贴与本宪法颁布前印度自治领立宪议会议长的薪资和津贴相同，人民院副议长和联邦院副主席的薪资和津贴与本宪法颁布前印度自治领立宪议会副议长的薪资和津贴相同。

8. 立法会议议长、副议长和各邦立法理事会主席、副主席享有的薪资和津贴分别与本宪法颁布前立法理事会的正、副主席以及相应各省立法会议的正、副议长的薪资相同，如果相应省份在本宪法颁布前不存在立法理事会，则该邦立法议会议长、副议长的薪资和津贴可由该邦邦长确定。

四、有关最高法院和高等法院法官的规定。

9.（1）最高法院法官在其实际任职期间每月享有的薪资如下：

首席法官　10000 卢比⑦

---

① 根据《果阿和达曼（行政区划调整）法令》（1987 年第 18 号）新增（1987 年 5 月 30 日生效）。

② 根据《中央邦（行政区划调整）法令》（2000 年第 28 号）新增（2000 年 11 月 1 日生效）。

③ 根据《北方邦（行政区划调整）法令》（2000 年第 29 号）新增（2000 年 11 月 9 日生效）。

④ 根据《比哈尔邦（行政区划调整）法令》（2000 年第 30 号）新增（2000 年 11 月 15 日生效）。

⑤ 根据《总统薪资法令》（1998 年）修改为"50000"卢比。

⑥ 根据《邦长薪资、津贴、特权法令》（1998 年）修改为"36000 卢比"。

⑦ 根据《宪法（第五十四修正案）法令》（1986 年）由"5000 卢比"修改为"10000 卢比"（1986 年 4 月 1 日生效），后经《高等法院与最高法院法官（待遇条件）修正法令》（1998 年）修改为"33000 卢比"。

其他法官 9000卢比①

(a)如果最高法院法官在接获任命时已因过去在印度政府或任何印度前任政府以及在邦政府或前任邦政府中的服务领取过退休金(伤残退休金除外),则应从其最高法院薪资中扣除与退休金相同的数额;

(b)如果他在此项任命前已经领取过某种非现金收入,作为他因以往服务而取得的退休金的一部分,则应从其薪资中扣除这部分收入;

(c)如果他在此项任命前已经因过去的服务领取过退休金,则应从其薪资中扣除相当于其退休金的部分。

(2)最高法院的全体法官可以免费使用一处公共住宅。

(3)第二款的规定不适用于下述法官:

(a)本宪法颁布前作为联邦法院首席法官已经拥有办公场所,而本宪法颁布时又根据第三百七十四条第一款成为最高法院首席大法官者;

(b)本宪法颁布前作为联邦法院法官已经拥有办公场所,而本宪法颁布时又根据上述条款成为最高法院法官者;

最高法院的首席法官和法官在其作为首席法官和法官任职期间,由于他们作为首席法官和法官履职而占用了时间,应在本条第一款规定的薪资以外给予特别津贴,其数额应等于上述规定薪资与其任该职前所获薪资之间的差额。

(4)最高法院的所有法官得领取数额合理的津贴,以补偿他在印度国内因公出差而耗费的开支。他们在旅行时应享有合理的设施,可由总统随时作出具体规定;

(5)最高法院法官的请假权利(包括休假津贴)和退休金可按本宪法颁布前对联邦法院法官所作的有关规定。

10.(1)高等法院法官,考虑到他们因实际履职耗费的时间,每月享有下述数额的薪资:

首席法官 9000卢比②

其他法官 8000卢比③

如果高等法院法官在接获任命之时已因过去在印度政府或任何前政府以及在邦政府或前任邦政府中的服务领取过退休金(伤残退休金除外),则应从其高等法院薪资中扣除:

(a)与退休金相同的数额;

(b)如果他在此项任命以前已经领取过某种非现金收入,作为他因以往服务而取得的退休金的一部分,则应从其薪资中扣除这部分收入;

(c)如果他在此项任命以前已经由于以往的服务领取过退休金,则应从其薪资中扣除相当于其退休金的部分。

(2)本宪法颁布前:

(a)各省在任高等法院首席法官且在本宪法颁布时又根据第三百七十六条第一款成为相应各邦高级法院首席法官者,或者

(b)各省在任的高等法院法官在本宪法颁布时又根据上述条款成为相应各邦高等法院法官者,

如果他在本宪法颁布前的薪资高于本条第一款规定的薪资,考虑到他们作为首席法官和法官因履职而占用的时间,应在上述条款规定的薪资之外给予特别津贴,其数额应等于上述规定薪资与其出任该职前所获薪资的差额。

(3)在《宪法(第七修正案)法令》(1956年)颁布前担任附表一第二部分所述各邦高等法院首席法官且在该《宪法法令》颁布时又成为经过该《宪法法令》修正的上述附件所规定的各邦高等法院首席法官者,如果他在该《宪法法令》颁布前,在薪资之外还享有津贴,考虑到他作为首席法官因履职占用的时间,应在本条第一款规定的薪资之外再给以与原津贴同等数量的津贴。④

11.在本部分的规定中,除非条文中另有规定,否则——

(1)"首席法官"一词也包括代理首席法官,"法官"一词也包括临时法官。

(2)"实际履职"包括:

(a)法官履行法官职责的时间或履行总统或邦长要求其履行的其他职责所的时间;

(b)假期,不包括法官的个人请假时间;

(c)由高等法院调往最高法院或由某高等法院调往另一高等法院的过渡时间。

五、有关印度总审计长的规定。

12.(1)总审计长的月薪为4000卢比。

(2)本宪法颁布前正担任印度总审计长而于宪法

---

① 根据《宪法(第五十四修正案)法令》(1986年)由"4000卢比"修改为"9000卢比"(1986年4月1日生效),后经《高等法院与最高法院法官(待遇条件)修正法令》(1998年)修改为"30000卢比"。

② 根据《宪法(第五十四修正案)法令》(1986年)由"4000卢比"修改为"9000卢比"(1986年4月1日生效),后经《高等法院与最高法院法官(待遇条件)修正法令》(1998年)修改为"30000卢比"。

③ 根据《宪法(第五十四修正案)法令》(1986年)由"3500卢比"修改为"8000卢比"(1986年4月1日生效),后经《高等法院与最高法院法官(待遇条件)修正法令》(1998年)修改为"26000卢比"。

④ 根据《宪法(第七修正案)法令》(1956年)修改。

颁布后根据第三百七十七条规定留任印度总审计长者,应在本条第一款规定的薪资之外给予特别津贴,其数额等于上述规定薪资与宪法颁布前他作为印度总审计长所领取的薪资的差额。

（3）关于印度总审计长的请假权利、退休金及其他服务条件,可援用或继续沿用本宪法颁布前为印度总审计长所作的规定,上述规定中凡涉及"总督"的地方均应读作"总统"。

附表三

[第七十五条第四款,第九十九条,第一百二十四条第六款,第一百四十八条第二款,第一百六十四条第三款,第一百八十八条和第二百一十九条]①

誓词或保证词

一、联邦部长就职宣誓的誓词:

"我,……谨以上帝的名义宣誓(谨此庄严保证);我将真诚信仰并效忠于由法律确立的《印度宪法》,捍卫印度的主权和领土完整②,我将忠实、自觉地履行我作为联邦部长的职责,我将根据宪法和法律公正对待人民,不畏惧,不偏私,绝不心怀恶意。"

二、联邦内阁部长保密宣誓的誓词:

"我,……,谨以上帝的名义宣誓(谨此庄严保证):我绝不直接或间接地将我作为联邦部长知道或提交我考虑的任何事项告知或透露给任何人,除非联邦部长的职责需要我这样做。"

三、（1）议会选举候选人的誓词或保证词:

"我,……,已被提名作为竞选联邦院(或人民院)议席的候选人,谨以上帝的名义宣誓(谨此庄严保证):我将真诚信仰并效忠由法律确立的《印度宪法》,捍卫印度的主权与领土完整。"

（2）议会议员的誓词或保证词:

"我,……,已被选为(或指定为)联邦院(或人民院)议员,谨以上帝的名义宣誓(谨此庄严保证):我将忠实信仰并效忠于由法律确立的《印度宪法》,捍卫印度的主权和领土完整,我将忠实履行我即将承担的职责。"

四、最高法院法官与印度审计员、总审计长的誓词:

"我,……,已被任命为印度最高法院的首席法官(或法官)(或印度审计员或总审计长),谨以上帝的名义宣誓(谨此庄严保证):我将忠实信仰并效忠于由法律确立的《印度宪法》,捍卫印度的主权和领土完整,我将竭尽本人的能力、知识和判断力,及时地、忠诚地履行本人的职责,不畏惧,不偏私,绝不心怀恶意,我将捍卫宪法和法律。"

五、邦政府部长的誓词:

"我,……,谨以上帝的名义宣誓(谨此庄严保证):我将忠实信仰并效忠于由法律确立的《印度宪法》,我将捍卫印度的主权和领土完整,我将忠实、自觉地履行作为邦政府部长的职责,我将根据宪法和法律公正对待人民的一切所作所为,不畏惧,不偏私,绝不心怀恶意。"

六、邦政府部长的保密宣誓的誓词:

"我,……,谨以上帝的名义宣誓(谨此庄严保证):我绝不直接或间接地将我作为邦政府部长知道或提交我考虑的任何事项告知或透露给任何人,除非作为该项职务的职责需要我这样做。"

七、（1）邦议会议员候选人的誓词或保证词:

"我,……,已被提名作为立法会议(或立法议会)议员候选人,谨以上帝的名义宣誓(谨此庄严保证):我将忠诚信仰并效忠于由法律确立的《印度宪法》,我将捍卫印度的主权和领土完整。"

（2）邦议会议员的誓词或保证词:

"我,……,已被选为(或指定为)立法会议(或立法议会)议员,谨以上帝的名义宣誓(谨此庄严保证):我将忠实信仰并效忠于由法律形式确立下来的《印度宪法》,我将捍卫印度的主权和领土完整,我忠实履行我将承担的职责。"

八、高等法院法官的誓词或保证词:

"我,……,已被任命为……邦高等法院首席法官(或法官),谨以上帝的名义宣誓(谨此庄严保证):我将忠实信仰并效忠于由法律确立下来的《印度宪法》,我将捍卫印度的主权和领土完整,我将竭尽本人的能力、知识和判断力,及时地、忠诚地履行我的职责,不畏惧、不偏私,绝不心怀恶意。"

附表四

[第四条第一款和第八十条第二款]
联邦院议席的分配

下表第一栏中所列各邦或各中央直辖区分配到的议席数目见本行右方第二栏内的数字:

---

① 同时参见第八十四条第一项和第一百七十三条第一项。

② 根据《宪法(第十六修正案)法令》(1963年)新增。

安得拉邦	18
阿萨姆邦	7
比哈尔邦	16①
贾坎德邦	6
果阿	1
古吉拉特邦	11
哈里亚纳邦	5
喀拉拉邦	9
中央邦	11②
恰蒂斯加尔邦	5
泰米尔纳德邦	18
马哈拉施特拉邦	19
卡纳塔克	12
奥里萨邦	10
旁遮普邦	7③
拉贾斯坦邦	10
北方邦	31④
北阿坎德邦	3
西孟加拉邦	16
查谟与克什米尔	4
那加兰邦	1
喜马偕尔邦	3
曼尼普尔	1
特里普拉	1
梅加拉亚	1
锡金	1
米佐拉姆邦	1
阿鲁纳查尔邦	1
新德里	1
本地治里	1
总计	233⑤

附表五

[第二百四十四条第一款]

关于该款表列地区和表列部落的行政管理和控制

一、概述

1. 说明：除非上下文另有规定，否则本附件内的"邦"不包括阿萨姆邦、梅加拉亚邦、特里普拉邦和米佐拉姆邦。

2. 邦在表列地区内的行政权力：在遵守本附件规定的前提下，邦的行政权力可以延伸到该邦的表列地区。

3. 邦长就表列地区的管理向总统提交报告：含有表列地区的各邦邦长应每年或每当总统提出该要求时，向总统提交关于该邦表列地区的管理报告，联邦行政机构将就这类地区的管理向邦发出指示。

二、表列地区和部落的行政管理和控制

4. 部落咨询委员会

(1)邦内含有表列地区的邦应设立部落咨询委员会。并非表列地区但含有表列部落的邦也可依总统的命令设立这种委员会。咨议委员会的成员不得超过二

---

① 根据《比哈尔邦(行政区划调整)法令》(2000年)由"22"改为"16"(2000年11月15日生效)。

② 根据《中央邦(行政区划调整)法令》(2000年)由"16"改为"11"(2000年11月1日生效)。

③ 根据《旁遮普邦(行政区划调整)法令》(1960年)由"11"改为"7"(1966年11月1日生效)。

④ 根据《北方邦(行政区划调整)法令》(2000年)由"34"改为"31"(2000年11月9日生效)。

⑤ 根据《果阿和达曼(行政区划调整)法令》(1987年)由"232"改为"233"(1987年5月30日生效)。

十人,其中约四分之三应为表列部落在邦立法会议中的议员。

如果表列部落在邦立法会议中的议员数目少于其在部落咨询委员会中应占有的席位数,则余下席位应分配给这些部落的其他成员。

(2)部落咨询委员会的职责是就有关表列部落的福利和进步问题向邦长提供意见。

(3)邦长可以制定规章规定以下内容:

(a)咨议委员会成员的人数、任命方法、咨议委员会主席、职员和服务人员的任命;

(b)会议的议程;

(c)其他附带事项。

5. 适用于表列地区的法律

(1)不管本宪法作何规定,邦长可用公告宣布联邦议会或邦立法机构的某一具体法令适用于或不适用于某一表列地区或该邦所属的任何地方,在公告中还可以为这种命令规定例外和修正。根据本条颁布的任何命令都可以具有溯及力。

(2)邦长可以制定法规以保障本邦中表列地区的任何地方的和平与秩序。

为了公正地行使上述的权力,这类法规:

(a)禁止这类地区表列部落的成员进行或者在相互之间进行土地转让;

(b)调整这类地区表列部落成员的土地分配;

(c)控制放贷者向这类地区的表列部落成员进行的放贷活动。

(3)在制定本条第二款所述的这类法规时,邦长可以废除或修正有关地区当时正有效的任何联邦议会和邦立法机构的法令或其他任何现行法律。

(4)根据本条规定制定的所有法规均应提交总统批准生效。

(5)负责制定这类法规的邦长在未同部落咨询委员会(如果该邦存在这种委员会时)磋商前,不得制定本条所述的法规。

三、表列地区

6. 表列地区

(1)在本宪法中,"表列地区"指总统宣布为"表列地区"的那些地方。

(2)总统随时可以颁布命令:

(a)宣布某一表列地区的全部或某一特定部分不再作为表列地区或表列地区的组成部分;

(aa)与有关邦的邦长磋商后扩大任一表列地区的面积;

(b)变更表列地区的辖区,但只能采取调整边界的方法;

(c)变更某邦界线时,批准某地区加入联邦时,或建立新邦时,宣布原来不属于任何一邦的领土为表列地区或表列地区的组成部分;

(d)废除根据本条规定颁布的任何命令,在与有关邦的邦长磋商之后,重新颁布命令指定新的的表列地区。

只要总统认为必要和妥当,所有这类命令均可包含这种附带性的规定,但除上述规定外,根据本条第一款颁布的命令不得通过新的命令来更改。

四、本附件的修正

7. 本附件的修正

(1)联邦议会可随时通过法律对本附件的任何规定进行修正、增添、变更或撤销。本附件经修正后,本宪法中一切提到本附件的地方均可理解为指经过修正的附件。

(2)本条第一款所述的这类法律不得视为宪法第三百六十八条意义上的对本宪法的修正。

附表六

[第二百四十四条第二款和第二百七十五条第一款]

有关阿萨姆邦、梅加拉亚邦、特里普拉邦[①]和米佐拉姆中央直辖区内部落地区行政管理问题的规定

1. 自治地区和自治区

(1)在遵守本条规定的前提下,本附件第二十条目录中第一、第二、第二 A[②] 和第三各个部分中所述的部落地区得成为自治地区。

(2)如果一个自治地区内有几个不同的表列部落,邦长可以发布公告把他们居住的地区划分成几个自治区。

(3)邦长可以发布公告:

(a)将任何地区列入上述附表的任一部分,

(b)将任何地区从上述附表的任一部分中删除,

(c)增设新的自治地区,

(d)扩大任一自治地区的面积,

(e)缩小任一自治地区的面积,

(f)将两个或多个自治地区或自治地区的部分合并成一个自治地区,

(ff)为任何自治地区更名,

(g)确定任何自治地区的边界;

但是,邦长不得颁布本款(c)、(d)、(e)、(f)各款所说的命令,除非已经考虑过根据本附件第十四条第一款规定任命的委员会的报告;

---

① 根据《米佐拉姆邦法令》(1986 年)新增(1987 年 2 月 20 日生效)。

② 根据《宪法(第四十九修正案)法令》(1984 年)修改。

890

而且,邦长根据本款规定颁布的命令可以包含邦长认为必要的(为使命令内容生效的需要)附带性的规定(包括对本附件第二十条的修正和对该条附表中任何部分中任何事项的修正)。

2. 地区自治议会和区自治议会的章程

(1)各自治地区应设立地区自治议会,自治议会成员人数不得超过三十人,由邦长指定者不得超过四人,其余成员在成人选举的基础上选举产生。

(2)本附件第一条第二款所说的自治区均应有独立的区自治议会。

(3)每个地区自治议会和区自治议会均是一个法人团体,其名称分别为"(自治地区名称)地区自治议会"与"(自治区名称)区自治议会",它们都有永久的继承权和公用印章,在起诉与被诉时都使用上述名称。

(4)在不违反本附件各项规定的前提下,自治地区的行政权(前提是本附件未曾将这一权力授予该地区内的区自治议会)授予这类地区的地区自治议会,自治区的行政权则授予这类地区的区自治议会。

(5)在下设区自治议会的自治地区内,地区自治议会对在区自治议会管辖下的那些地方除拥有本附件授予它对其行使的权力外,只限于区自治议会委托给它的权力。

(6)邦长在与有关自治地区或自治区之内现有的部落委员会或其他具有代表性的部落组织协商后,应为地区自治议会和区自治议会制定基本章程。该章程应该规定:

(a)地区自治议会与区自治议会的构成和席位的分配;

(b)划分选区,进行自治议会的选举;

(c)为该选举规定选民资格、编制选民名册;

(d)为该选举的被选举人,如自治议会成员规定资格;

(e)规定地区自治议会成员的任期;

(f)与自治议会成员的选举和指定任命有关的其他事项;

(g)地区自治议会和区自治议会的议事程序与事务处理包括成员空缺时代替履行职责;

(h)地区自治议会和区自治议会官员与职员的任命。

(6A)地区自治议会中选举产生的成员任期五年,从自治议会在大选之后第一次会议起算,除非地区自治议会根据本附件第十六条提前解散;地区自治议会中指定成员的任期由邦长确定;

但是,如果期满时正值紧急状态法生效期间,或者邦长认为无法举行选举时,上述五年的任期可由邦长

延长,但延长时间一次不得超过一年,如因紧急状态而延长任期,则无论如何不得拖至紧急状态结束六个月之后。

此外,补缺选举产生的成员的任期仅为他所接替成员的剩余任期。

(7)地区自治议会和区自治议会可以在基本章程颁布后,经过邦长批准,就本附件本条第六款规定的问题制定章程。在经过邦长批准后还可以就下述问题制定章程:

(a)下级地方议会或机构的组成及其议事规则或程序;

(b)与自治地区或自治区(视情况而定)行政事务有关的所有一般性问题;

但是,在地区自治议会或区自治议会根据本款规定制定章程前,邦长根据本条第六款规定制定的章程中有关各自治议会官员和职员选举以及议事规则与程序的规定仍然有效。

3. 地区自治议会与区自治议会的立法权

(1)自治区的区自治议会对全自治区,自治地区自治议会对除区自治议会辖区以外的全自治地区,对下列内容拥有立法权:

(a)关于保留森林以外的其他土地,为农业、畜牧、居住或其他非农业目的以及其他以促进城乡居民利益为目的而进行的分配、占用、使用或划拨;

但是,这类法律的任何内容均不得妨碍有关邦的邦政府根据有关现行法律为公共目的强行征用任何土地,不管这些土地是否已被占用;

(b)非保留森林的管理;

(c)运河或水道为农业目的而进行的使用;

(d)对"轮垦(Jhum)"或其他形式的轮作法的管理;

(e)村、镇委员会或委员会的建立及其权力;

(f)与村、镇行政管理有关的其他事项,包括村、镇的治安、公共卫生与保健;

(g)负责人的任命或更换;

(h)财产的继承;

(i)结婚和离婚①;

(j)社会习俗。

(2)本条中的"保留森林"指《阿萨姆森林管理法规》(1891年)以及与本附件所述地区有关的其他现行法律划定为保留森林的任何地区。

(3)根据本条规定制定的所有法律均需提交给邦长批准生效。

4. 自治地区与自治区的司法行政

———————————

① 根据《阿萨姆邦行政区划调整(梅加拉亚)法令》(1969年)修改。

（1）区自治议会可以在全自治区，地区自治议会可以在区自治议会辖区外的全自治地区设立村委员会（village council）或法院，负责审理当事双方均属自治地区内表列部落的案件。本附件第五条第一款规定的诉讼和案件不包括在内，同时排除邦内其他法院的管辖权。同时可任命合适的人选作为这种村委员会的成员或这种法院的负责官员，还可以视需要任命官员，负责实施根据本附件第三条制定的法律。

（2）无论本宪法作何规定，管辖自治区的区自治议会，或者该区自治议会设立的代行这方面职权的法院，对自治地区内未设区自治议会的地方则是地区自治议会或者地区自治议会设立的代行其这方面职权的法院，得作为根据本条第一款规定的设立的村委员会或法院审理的所有案件的上诉法院（但本附件第五条第一款规定的案件不包括在内），除高等法院和最高法院外，其他法院对此均无管辖权。

（3）高等法院根据邦长临时发布的命令可以对本条第二款规定所适用的案件拥有和行使司法管辖权。

（4）区自治议会或地区自治议会根据情况事先经过邦长批准，可以制定下述规则：

（a）村委员会或法院的章程及它们根据本条规定所行使的权力；

（b）村委员会或法院在审理本条第一款所述的案件时所遵循的程序；

（c）区自治议会、地区自治议会或它们设立的法院在本条第二款规定的上诉案件和其他诉讼中所遵循的程序；

（d）如何实施这类自治议会和法院作出的决定和命令；

（e）执行本条第一款和第二款规定的其他附带事项。

（5）总统与有关邦的邦政府协商后发布公告，本条将在公告指定的有关自治地区或自治区内生效，即：

（i）第一款中的"当事双方均属自治地区内表列部落的案件，本附件第五条第一款规定的案件不包括在内"改为"其性质不属于本附件第五条第一款规定的案件"；

（ii）删去第二款和第三款；

（iii）在第四款中：

（a）"区自治议会或地区自治议会根据情况事先经过邦长批准，可以制定下述规则"改为"邦长可以制定下述规则"。

（b）原来的（a）项为：

"（a）村委员会或法院的章程，它们根据本节规定所行使的权力，以及对村委员会和法院的裁决进行上诉的法院；"

（c）原来的（c）项改为：

"（c）区自治议会或地区自治议会受理的、总统根据第五款规定的指定日期前未决的上诉案件与其他诉讼案件的移交事宜；"

（d）（e）款中的措辞、括号和数字"第一款和第二款"改为"第一款"。

5. 将《民事程序法典》（1908 年）与《刑事程序法典》（1898 年）规定的审理某些诉讼、案件和罪行的权力授予区与地区的自治议会和某些法院与官员：

（1）为了审理在自治地区或自治区内有效的所有经邦长指定的法律所引起的案件，或是审理根据《印度刑事法典》或其他目前适用于这些自治地区或自治区的法律可判处死刑、终身流放或五年以上监禁的罪行，邦长在他认为适当的情况下，可以将《民事程序法典》（1908 年）或是《刑事程序法典》（1898 年）（视情况而定）规定的权力授予对该地区或该区拥有管辖权限的地区自治议会或区自治议会，或者授予这些地区自治议会设立的法院，或者授予邦长为此指定的任何官员。此时，上述自治议会、法院或官员应该实施上述授予的权力，审理这些诉讼、案件和罪行。

（2）对于根据本条第一款规定授予地区自治议会、区自治议会、法院或官员的权力，邦长可以收回也可作出限制。

（3）除本条有明确规定外，《民事程序法典》（1908 年）和《刑事程序法典》（1898 年）均不适用于自治地区或适用本条规定的自治区内任何诉讼、案件或罪行的审判。

（4）自总统根据第四条第五款规定为有关自治地区或自治区指定的日期起，本节所有规定对这些自治地区或自治区而言，不再被视为授权邦长将本条第一款所说的权力授予地区自治议会、区自治议会，或是地区自治议会设立的法院。

6. 地区自治议会设立小学等的权力：

（1）自治地区的自治议会可以在本地区内设立、建设或管理小学、诊所、市场、畜栏、摆渡、养鱼场、道路、公路运输和航道；经邦长批准可以制定规章，对其进行管理和控制，尤其是可以规定本地区初等教育授课使用的语言与形式。

（2）经地区自治议会同意后，邦长可以将他在农业、畜牧业、社区工程、合作社、社会福利、乡村规划或者邦行政机关负责的其他方面的职能有条件地或是无条件地委托给地区自治议会或其官员。

7. 地区和区的基金

（1）每个自治地区均应设立地区基金，每个自治区则应设立自治区基金。自治地区自治议会与自治区自治议会在根据本宪法规定管理本自治地区或本自治区的过程中分别代表本地区或本区收到的全部款项均应存入地区基金或自治区基金。

（2）邦长可以制定规章，为地区基金或自治区基金的管理、现金存入、支出、保管的程序，以及与这一问题相关联的一切其他事宜作出规定。

（3）地区自治议会或区自治议会账目的记账方式由印度国家审计员和总审计长经总统批准后作出规定。

（4）国家审计员和总审计长可以用他认为适当的方式核查地区自治议会或区自治议会的账目，国家审计员和总审计长有关这种账目的报告应呈交邦长，由邦长转交自治议会。

8. 确定和征收土地税及征收其他税收的权力：

（1）区自治议会对自治区内的所有土地，地区自治议会对于自治地区内的所有土地，但自治地区内处于区自治议会管辖下的那些地方的土地除外，拥有确定和征收土地税的权力，征收原则一般与邦政府当时在该邦的征收原则相同。

（2）区自治议会对自治区内的所有地区，地区自治议会对自治地区内的全部地区拥有对土地、房屋和本地居民征税的权力，但自治地区内已处于区自治议会管辖下的地方除外。

（3）自治地区的自治议会对地区对下述所有税收拥有征收权，即：

（a）对各种专业、职业、行业和就业征税；

（b）对牲畜、车辆和船只征税；

（c）货物进入市场的销售税，以及摆渡载运乘客与货物的摆渡税；

（d）维持与维护学校、诊所或道路税；

（4）区自治议会或地区自治议会可以制定规章，规定本条第二款和第三款规定的任何税收的征收细节，但该规章须经邦长批准生效。

9. 与矿产勘探或开采有关的特许权或租借权

（1）凡经邦政府批准在自治地区内取得勘探或开采矿产的特许权或租借权者每年都要缴纳矿区使用费，应由邦政府与地区自治议会商定每年将一定金额拨给该地区的地区自治议会。

（2）如果对拨付给地区自治议会的矿区使用费的数额发生争议，则应提交邦长裁决。邦长裁决时确定的数量应视为本条第一款规定的拨付给地区自治议会的数额。邦长的裁决为最终裁决。

10. 地区自治议会制定规章管理非部落居民的放贷和贸易

（1）自治地区的自治议会可以制定规章，管理和控制非表列部落居民在本地区以内的放贷和贸易活动。

（2）为了公正地行使上述权力，这类规章可规定：

（a）除非持有专门的特许证，否则任何人不准进行放贷活动；

（b）规定放贷者可以提出或得到的最高利息率；

（c）规定放贷者账目的保存要求，以及地区自治议会为此指定的官员对账目的检查；

（d）如果非该地区的表列部落居民一律不得从事任何商品的批发业或零售业，除非持有地区自治议会专门为此发放的特许证；

但是，除非获得地区自治议会全体成员不少于四分之三多数的通过，否则不得制定本条所述的任何规章；

而且，无权根据这类规章拒绝于规章制定前向本地区从事这类活动的放贷者或商人发放特许证。

（3）根据本条规定的所有规章须提交邦长批准后生效。

11. 根据本附件规定制定的法律、法规和规章的颁布

地区自治议会或区自治议会根据本附件制定的所有法律、法规和章程应立即在官方公报公布，公布后即具有法律效力。

12. 议会法令与阿萨姆邦议会的法令在阿萨姆邦的自治地区与自治区内的应用

（1）无论本宪法作何规定：

（a）阿萨姆邦议会所有涉及本附件第三条所规定的问题，地区自治议会或区自治议会有权制定的所有法律，阿萨姆邦议会有关禁止和消费未蒸馏酒精饮料的所有法律均不适于该邦所有的自治地区或自治区，除非该地区的地区自治议会或者对该地区拥有司法权限的地区自治议会在公告中发布这样的命令。地区自治议会针对任何法令发布这种命令时可以同时作出规定：该法令适用于这些自治地区、自治区或者其中的任何地方时须附有自治议会认为适当的例外或修正；

（b）邦长可以在公告中宣布，任何不符合本款（a）项规定的议会法令或阿萨姆邦议会法令均不适用本邦的某一自治地区或自治区，或者在附加他在公告中规定的例外和修正后适用于该自治地区、该自治区或它们的某一部分地区。

（2）根据本条第一款规定发布的公告可规定溯及力。

12A. 议会法令与梅加拉亚邦议会法令在梅加拉亚邦内自治地区和自治区内的适用

无论本宪法作何规定，

（a）如果梅加拉亚邦内的地区自治议会或区自治议会制定的法律中有关本附件第三条第一款所述事项的规定，或是上述地区自治议会或区自治议会根据本附件第八条或第九条规定制定的任何规章的内容，与梅加拉亚邦议会制定的类似内容的法律有抵触的，则地区自治议会或区自治议会制定的法律或规章，不管它们的制定在时间上先于还是后于梅加拉亚邦议会制定的法律，所有相抵触的内容均属无效，而应以梅加拉

亚邦议会制定的法律为准。

(b)总统可以就议会法令发表公告,宣布它不适用于梅加拉亚邦内的某一自治地区或自治区;或者宣布它适用于这种自治地区、自治区或它们的任一部分,但须附加他在公告中规定的例外或修正;这种公告可以同时规定溯及力。

12AA. 议会法令与特里普拉邦议会的法律在特里普拉邦内的自治地区与自治区内的运用。

不管本宪法作何规定,

(a)如果特里普拉邦议会所有涉及本附件第三条所规定的问题,地区自治议会或自治议会有权制定的所有法律,特里普拉邦议会有关禁止和消费未蒸馏酒精饮料的所有法律均不适于该邦所有的自治地区或自治区,除非该地区的地区自治议会或者对该地区拥有司法权限的地区自治议会在公告中发布这样的命令。地区自治议会针对任何法令发布这种命令时可以同时作出规定;该法令适用于这些自治地区、自治区或者其中的任何地方时须附有自治议会认为适当的例外或修正;

(b)邦长可发布公告宣布特里普拉邦的法律与本条第一项的规定不符的情况下,宣布它不适用于特里普拉邦内的某一自治地区或自治区;或者宣布它适用于某一自治地区、自治区或它们的任一部分,并在公告中规定的例外或修正;

(c)总统可以就议会法令发表公告,宣布它不适用于特里普拉邦内的某一自治地区或自治区;或者宣布它适用于某一自治地区、自治区或它们的任一部分,并在公告中规定的例外或修正;这种公告可以同时规定溯及力。

12B. 议会法令与米佐拉姆中央直辖区议会的法律在该中央直辖区内的自治地区与自治区内的运用。

不管本宪法作何规定,

(a)如果米佐拉姆中央直辖区内的地区自治议会或区自治议会制定的法律中有关本附件第三条第一款所述事项的规定,或是上述地区自治议会或区自治议会根据本附件第八条或第九条规定制定的任何规章的内容与米佐拉姆中央直辖区议会制定的类似内容的法律有任何抵触的,则地区自治议会或区自治议会制定的法律和规章,不管它们的制定在时间上先于还是后于米佐拉姆中央直辖区议会制定的法律,所有相抵触的内容均属无效,而应以米佐拉姆中央直辖区议会制定的法律为准;

(b)邦长可发布公告宣布米佐拉姆邦的法律与本条第一款的规定不符的情况下,宣布它不适用于米佐拉姆中央直辖区内的某一自治地区或自治区;或者宣布它适用于某一自治地区、自治区或它们的任一部分,并在公告中规定的例外或修正;

(c)总统可以就议会法令发表公告,宣布它不适用于米佐拉姆中央直辖区内的某一自治地区或自治区;或者宣布它适用于某一自治地区、自治区或它们的任一部分,并在公告中规定的例外或修正;这种公告可以同时规定溯及力。

13. 与自治地区有关的收支预算在年度财政报告中应单独列出与自治地区有关的收支,即存入邦合作基金或由其中支取的款项,应首先提交地区自治议会讨论,讨论之后在邦的年度财政报告中单独列出,然后根据宪法第二百零二条规定提交邦议会。

14. 负责检查和汇报自治地区和自治区行政工作的委员会的任命

(1)邦长可以随时任命一个委员会就他所指定的任何事项进行检查并汇报结果,其中包括本附件第一条第三款的第三项、第四项、第五项和第六项各项规定的事项,或者任命一个委员会随时检查和汇报自治地区或自治区的工作,应该注意的是:

(a)这些自治地区或自治区内教育设施、医疗设施和通讯等方面的条件;

(b)这些自治地区或自治区在立法方面的新需求和特殊需求;

(c)地区或区自治议会制定的法律、法规和规章的实施情况;

同时确定该委员会的工作程序。

(2)该委员会的每个报告,经邦长签署意见后,由有关的邦政府部长提交给邦议会。此时应同时提交一份解释性的备忘录,对建议邦政府采取的行动加以说明。

(3)邦政府的部长进行分工时,邦长可以专门指定一名部长负责该邦自治地区与自治区的利益。

15. 地区自治议会与区自治议会的法令和决议的废除与暂停生效

(1)无论任何时候,只要邦长认为地区自治议会或者区自治议会的某项法令或决议有可能危及印度的安全或是妨害公共秩序,他可以废除这些法令或决议,或使其暂停生效。他可以采取包括暂停自治议会的活动,由邦长本人代行授予自治议会或由自治议会行使的全部或任何权力等其认为必要的措施,防止适用或继续适用该项法令,或阻止该项决议生效。

(2)邦长根据本条第一款颁布的任何命令须附带理由尽快提交邦议会。这种命令从发布之日起有效期限为十二个月,除非该命令被邦立法机构撤销;

但是,如果邦议会通过决议,同意该项命令继续有效,则除非邦长撤销该项命令外,该命令将从根据本条规定的失效之日起十二个月内继续有效。

16. 地区自治议会或区自治议会的解散

(1)邦长可以根据本附件第十四条所述的委员会

的建议,发布公告下令解散地区自治议会或区自治议会:

（a）下令立即举行新的大选,以重新组成自治议会,或者

（b）经过邦立法议会批准,由邦长本人代行该自治议会管辖地区的行政权力,或将这些地区的行政权力委托给根据第十四条规定任命的委员会或邦长认为适当的其他机构。上述代行权力的时间均不得超过十二个月;

但是,在本款第一项所述的命令下达以后,邦长仍然可以采取本款第二项所述的行动,安排有关地区在大选基础上重新组成自治议会;

而且,未给予地区自治议会或区自治议会在邦立法机构陈述其观点的机会时,不得根据本款第二项规定采取行动。

（2）不管任何时候,只要邦长认为某自治地区或自治区出现了无法按照本附件规定行使行政权力的情况,邦长可以发表公告,亲自行使原来授予地区自治议会或区自治议会的或由它们行使的全部或任一职能或权力;邦长可以宣布由他专门指定的人员或当局行使这种职能或权力,但时间不得超过六个月;

但是,邦长可以重新发布一个或多个命令,将原命令的有效期加以延长,每次延长时间不得超过六个月。

（3）根据本条第二款规定下达的每一道命令应连同下达该命令的理由一起提交邦议会。从邦议会首次开会讨论该项命令之日起三十日期满,该项命令即停止生效,除非邦议会在三十日期满前批准该项命令。

17. 在自治地区内划分选区时分离出某些地区。

为筹备阿萨姆邦、梅加拉亚邦、特里普拉邦或米佐拉姆邦的立法会议的选举,邦长可以下令宣布:阿萨姆邦、梅加拉亚邦、特里普拉邦或米佐拉姆邦内自治地区的任何地区将不作为竞选立法会议为自治地区保留的席位的选区的组成部分,而作为竞选立法会议非保留议席的选区的组成部分。

18. 根据《东北地区(行政区划调整)法令》(1971年)删除。

19. 过渡性规定:

（1）本宪法颁布后,邦长应尽快采取措施,根据本附件的规定为各自治地区建立地区自治议会。在自治地区的地区自治议会建立起来以前,应将该地区的行政权力授予邦长。此时,该地区内的行政工作应遵照下述规定而不遵照本附件的前述规定,即:

（a）联邦议会或邦议会的任何法律均不适用于这些地区,除非邦长公告宣布同样适用;宣告某一法律适用于该地区的邦长应在宣布该法令适用于自治地区或

该地区的某一部分的同时,附加他认为适当的例外或修正始得有效;

（b）邦长可以为维护自治地区的和平与秩序而制定法规,为此而制定的法规可撤销或修正联邦议会与邦议会的任何法令,或当时正适用于该地区的任何现行法令;

（2）邦长根据本条第一款第一项发布的任何命令均可同时规定溯及力。

（3）根据本条第一款第二项规定制定的法规均应提交总统批准后生效。

20. 部落地区

（1）下列目录第一、第二、第三部分规定的地区分别为阿萨姆邦、梅加拉亚邦、特里普拉邦和米佐拉姆邦的中央直辖区内的部落地区。

（2）下列目录中涉及的各个地区应视为根据《东北地区(行政区划调整)法令》(1971年)第二条第二项规定的指定日期前使用同一名称的自治地区辖属的全部地方;

但是,在援用本附件第三条第一款第五项和第六项,第四条,第五条,第六条,第八条第三款第一项、第二项和第四项,第十条第二款第四项时,该地区内属于西隆市(the municipality of Shillong)的所有地方均不得视为属于卡西丘陵地区(Khasi Hills District)。

（3）在下列目录第二 A 部分中"特里普拉部落地区"应理解为附表一中规定的包括部落地区的领域,即《特里普拉部落自治地区会议法令》(1979年)中规定的领域。

目　录

第一部分
（1）北卡恰尔山区
（2）米基尔丘陵地区
（3）博多兰多地区
第二部分
（1）卡西丘陵地区
（2）贾因提亚山区
（3）加罗丘陵地区
第二 A 部分[①]
特里普拉部落地区
第三部分
（1）查克马地区
（2）拉基尔地区
（3）帕维地区
20A. 米佐地区自治议会的解散

---

① 根据《宪法(第四十九修正案)法令》(1984年)新增(1985年4月1日生效)。

(1)无论本附件其他地方作何规定,指定日期前的原米佐地区的地区自治议会(以下称"米佐地区自治议会")立即解散不再存在。

(2)米佐拉姆中央直辖区的行政长官可以颁布命令规定下述事项,即:

(a)米佐地区自治议会与中央直辖区或其他权力机构之间在财产、权力和债务方面全部或部分的交接;

(b)在米佐地区自治议会原来作为一方当事人的任何法律诉讼中由中央直辖区或者其他权力机构代替米佐地区自治议会,或者增加中央直辖区或其他权力机构作为一方当事人;

(c)米佐地区自治议会的全部雇员转入中央直辖区或其他权力机构,或由它们重新雇用;这些雇员转入这些机构或由它们重新雇用后的任期与服务条件;

(d)由米佐地区自治议会制定、在该自治议会解散之前仍然生效的那些法律,在经由行政长官采用废除或修正的方法加以调整和修正后可以继续沿用,直到这些法律被有正当资格的立法机构或其他主管当局变更、废除或修正时为止;

(e)行政长官认为必要的附带性、伴随性与补充性的规定。

[解释条款]

在本节中以及本附件的第二十B条中,"指定日期"指米佐拉姆中央直辖区立法会议根据《中央直辖区政府法案》(1963年)的规定正式建立的日期。

20B. 米佐拉姆中央直辖区内的自治区升格为自治地区以及由之产生的一些临时性规定,

(1)无论本附件其他地方作何规定:

(a)指定日期前米佐拉姆中央直辖区内一切原有的自治区自指定日期那天起升格为中央直辖区内的自治地区(下文将称为"相应的新地区"),中央直辖区的行政长官可以下达(一个或多个)命令,对本附件的第二十条(包括该条附目录的第三部分)进行必要的附带性修正,以便使本款规定得以生效。以上所述第二十条及附目录中第三部分应随即视为已经进行了相应修正。

(b)规定日期前米佐拉姆中央直辖区内各自治区的原自治议会(下称"原区自治议会")自规定日期起直到相应的新地区正式建立地区自治议会时为止应视为即为该地区的地区自治议会(下称"相应新地区的自治议会")。

(2)原区自治议会内不管是选举产生的还是指定产生的所有成员均应被视为相应的新地区的自治议会的选举成员或指定成员。

(3)在相应新地区的自治议会根据本附件第二条第七款与第四条第四款规定制定出法规以前,原区自治议会根据以上规定制定的、在指定日期前仍然生效的法规对相应新地区的自治议会来说依然有效,但可

由米佐拉姆中央直辖区的行政长官附加相应的调整和修正。

(4)中央直辖区的行政长官可以发布命令,对下述所有或任一事宜作出规定,即:

(a)原区自治议会与相应新地区的自治议会之间在财产、权力和债务方面全部或部分的移交(包括它所签署的合同所规定的权利和义务);

(b)在由原区自治议会充当一方当事人的法律诉讼中由相应新地区的自治议会代替原区自治议会作为当事人;

(c)原区自治议会的所有雇员转入相应新地区的自治议会或由后者重新雇用。这类雇员在转入后者或被后者重新雇用后的任期与服务条件;

(d)由原区自治议会制定、在指定日期前仍然生效的那些法律,在经由中央直辖区行政长官采用废除或修正的方法调整和修正后可以继续沿用,直到这些法律被有正当资格的立法机构或其他主管当局变更、废除或修正时为止;

(e)行政长官认为必要的附带性、伴随性与补充性的规定。

20C. 说明:

在遵从有关规定的前提下,本附件规定在运用于米佐拉姆中央直辖区时仍然有效:

(1)如同凡提到"邦长与邦政府"的地方指的就是根据第二百三十九条任命的"中央直辖区行政长官",凡提及"邦"的地方(但"邦政府"中之"邦"属于例外)指的就是"米佐拉姆中央直辖区",凡提及"邦立法机构"的地方指的就是"米佐拉姆中央直辖区立法会议"。

(2)如同:

(a)第四条第五款中,与有关邦的邦政府进行协商的规定已经删除;

(b)在第六条第二款中,用"米佐拉姆中央直辖区有权制定法律的"代替原来"邦行政机关负责的";

(c)在第十三条中,"根据第二百零二条"已经删除。

21. 本附件的修正

(1)联邦议会可随时颁布法律,通过增加、删除、修正的办法修正本附件的任何规定;附件经修正之后,本宪法中凡提到本附件的地方均可视为指的是经过修正的附件。

(2)本条第一款所述的任何法律均不得视为本宪法三百六十八条所规定的对本宪法的修正。

附表七

[第二百四十六条]

目录Ⅰ——联邦职权目录

1. 印度的国防及其各个组成部分,包括战备工作以

及战时有助于作战,战后有助于部队重建的一切活动。

2. 海军、陆军和空军;及联邦其他武装部队。

2A.① 一切联邦武装部队、一切受联邦指挥的其他部队或驻守各邦协助政府的分队或小队的安排;以及武装部队的权力、司法权、特权和义务。

3. 部队驻守区的划分,这些区域的地方自治,这些区域内驻军当局的组成和权力,以及这些区域内的住房管理规则(包括对房租的控制)。

4. 海军、陆军与空军的工程。

5. 武器、火器(firearms)、弹药和爆炸物。

6. 原子能与生产原子能所必需的矿物资源。

7. 由议会通过法律宣布国防和战争所必需的工业。

8. 中央情报调查局。

9. 由于国防、外交或印度国家安全等方面的原因而进行的预防性侦查;以及侦察对象。

10. 外交;联邦与他国交往的一切事宜。

11. 外交、领事和商务代表。

12. 联合国组织。

13. 参加国际会议、国际组织和其他国际机构并履行其决定。

14. 与他国缔结条约和协定,履行与他国的条约、协定与公约。

15. 战争与和平。

16. 外国裁判权。

17. 国籍,归化和外国人。

18. 引渡。

19. 准予入境、移民与驱逐出境;护照和签证。

20. 出国朝圣。

21. 公海或空中发生的海盗行为和犯罪行为;在陆地、公海或空中发生的违反国际法的罪行。

22. 铁路。

23. 联邦议会以法律宣布作为国道的公路。

24. 联邦议会以法律宣布机动船舶在内河航道中作为国家航道的货运和航行;内河航道上的运输规则。

25. 海上货运和海上航行,包括受潮汐影响的货运和航行;商船船员的教育和出境培训规定和由各邦与其他机构所进行的这种教育和培训的管理。

26. 灯塔(包括灯船)、导航标志及用以保证航运和飞行安全的其他设施。

27. 由联邦议会法律或其他原有法律宣布为主要港口的港口,包括它们的界标,以及港口当局的组成与权限。

28. 港口检疫,包括与此有关的医院;海员与水兵的医院。

29. 空中航线;飞机和空中飞行;机场;空中交通与机场的管理;组织有关航空教育与培训规定和由各邦与其他机构进行的这种教育与培训的管理。

30. 铁路、海洋、空中或国家航道中机动船舶的旅客与货物运输。

31. 邮局、电报、电话、无线电、广播及其他相似的传播通讯形式。

32. 联邦财产及其收益,处于各邦之内的联邦财产要受所在邦的法律的约束,但联邦议会在法律上另有规定的除外。

33. 已根据《宪法(第七修正案)法令》(1956年)删除。

34. 保护印度联邦统治者财产的法院。

35. 联邦的公共债务。

36. 流通货币、货币制度和法定货币;外汇。

37. 外债。

38. 印度储备银行。

39. 邮政储蓄银行。

40. 印度政府与邦政府发售的彩票。

41. 涉外贸易;边境海关的进口与出口;边境海关的定义。

42. 邦际商业贸易。

43. 公司的创立、管理与结业,其中包括银行、保险公司和金融公司,但不包括合作社。

44. 无论是否具有商业性,经营范围不限于一个邦的公司的创立、管理和结业,但大学不包括在内。

45. 金融。

46. 汇票、支票、期票及其他支付手段。

47. 保险。

48. 证券交易所和期货市场。

49. 专利、发明和设计;版权;商标。

50. 重量与计量标准的设立。

51. 出口商品或邦际运输货物质量标准的建立。

52. 联邦议会通过法律宣布由联邦直接控制对公众利益更为有利的工业。

53. 油田与矿物资源的管理和开发;石油与石油产品;联邦议会通过法律宣布具有易燃危险的其他液体和物质。

54. 根据联邦议会法律在对公众利益最有利的限度内管理矿藏管理与矿业的开发。

55. 矿业和油田的劳动与安全规章。

56. 根据联邦议会法律在对公众利益最有利的限度内管理邦际河流与河谷的开发。

---

① 根据《宪法(第四十二修正案)法令》(1976年)新增(1977年1月3日生效)。

57. 领海以外的水产业和渔业。

58. 联邦机构掌管的食盐的生产、供应和分配。

59. 鸦片的种植、加工与出口销售。

60. 批准参展的影片。

61. 涉及联邦雇员的工业纠纷。

62. 本宪法颁布时称为国家图书馆、印度博物馆、帝国战争博物馆、维多利亚纪念馆、印度战争纪念馆以及其他全部或部分由印度政府资助的机构，由议会通过法律宣布为国家重要机构。

63. 本宪法颁布时称为阿利加尔印度大学（the Benares Hindu University）、穆斯林大学（the Aligarh Muslim University）和德里大学（the Delhi University），为实施宪法第三百七十一 E 条而建立的大学①；由议会通过法律宣布为国家重要机构。

64. 全部或部分由印度政府资助的科学或技术机构由议会通过法律宣布为国家重要机构。

65. 负责下列工作的联邦部门和机构：

（a）专业、职业或技术培训，包括警官的培训；

（b）促进专门研究或调查；

（c）通过科学或技术技协助侦破犯罪。

66. 协调与确定高等学校或科研单位的标准。

67. 古代和历史遗迹与记载，考古学的遗址和遗物由议会经由或根据法律宣布②具有国家重要意义。

68. 印度概况，印度地理研究，植物学研究，动物学研究和人类学研究；气象站。

69. 人口普查。

70. 联邦公益服务；全印度服务；联邦公益服务委员会。

71. 联邦退休金，指由印度政府或由印度统一基金支付的退休金。

72. 联邦议会选举，邦议会的选举，总统与副总统的选举；选举委员会。

73. 议会议员、联邦院主席与副主席、人民院议长与副议长的薪资与津贴。

74. 议会两院、两院的议员和各委员会的权力、特权和豁免权；在议会委员会或议会任命的委员会作证或出示文件。

75. 总统和邦长休假时的薪资、津贴、特权和权力；联邦部长的薪资和津贴；审计员和总审计长休假时的薪资、津贴和权力以及其他职务的待遇。

76. 联邦账目与各邦账目的审计。

77. 最高法院的建立、组织、管辖权和权力（包括藐视最高法院罪），最高法院的诉讼费；最高法院出庭的律师的资格。

78. 高等法院的构成和组织（包括撤销组织③），但不包括有关高等法院官员和服务人员的规定；高等法院出庭的律师的资格。

79. 高等法院在各中央直辖区内的扩大管辖权和排除管辖权。

80. 邦属警察成员的权力和司法权在邦外地区的扩大管辖，但这并不意味着邦属警察可以未经这些地区所在邦邦政府的批准即在邦外地区行使权力和管辖权。

81. 邦际移民与邦际检疫。

82. 农业收入外的其他收入的征税。

83. 关税，包括出口税。

84. 印度加工或生产的烟草和其他物品的征税，例外：

（a）饮用酒类；

（b）鸦片、印度大麻、其他麻醉药物和麻醉剂，

但是，含有酒精或本条（b）款所列任何物质的药用或化妆用品不属于例外。

85. 公司所得税。

86. 个人或公司资产的资本价值税，但农业用地除外；公司资本税。

87. 农业用地以外其他财产的房地产税。

88. 农业用地以外的财产继承税。

89. 对铁路、海运、航空所承运的货物或旅客征收的终点税。

90. 证券交易所与期货市场交易除印花税以外的其他税收。

91. 对汇票、支票、期票、提单、信用状、保险单、股票过户凭单、债券、委托书和收据征收的印花税税率。

92. 报纸买卖税和报纸广告税。

92A. 对发生在邦际之间的商业贸易过程中除报纸以外的其他商品征收买卖税。④

92B. 对发生于邦际之间的运输行为征税，无论该运输行为是为自己或他人都应征税。⑤

92C. 征收服务税。⑥

---

① 根据《宪法（第三十二修正案）法令》（1973 年）由"德里大学"修改为"德里大学，为实施宪法第三百七十一 E 条而建立的大学"（1974 年 7 月 1 日生效）。

② 根据《宪法（第七修正案）法令》（1956 年）由"议会经由法律宣布"修改为"议会经由或根据法律宣布"。

③ 根据《宪法（第十五修正案）法令》（1963 年）新增（具有溯及力）。

④ 根据《宪法（第六修正案）法令》（1956 年）新增。

⑤ 根据《宪法（第四十六修正案）法令》（1982 年）新增。

⑥ 根据《宪法（第八十八修正案）法令》（2003 年）新增，但未生效，未规定生效的日期。

93. 与本目录所列事项有关的犯罪。

94. 为执行本目录所列事项而进行的查询、调查和统计。

95. 最高法院以外的所有法院对本目录所列事项的管辖权和权力；海事审判权。

96. 本目录所列事项的有关费用，但不包括各法院所收的费用。

97. 目录Ⅱ或目录Ⅲ未列入的其他事项，包括两目录未涉及的任何税收。

目录Ⅱ——各邦职权目录

1. 公共秩序（但不包括动用海军、陆军、空军、联邦指挥的其他武装部队或者用以协助文职政府的联邦武装部队的分队或小队）。

2. 警察（包括铁路警察与森林警察），但须遵从目录Ⅰ第2A条的规定。

3. 高等法院的官员和服务人员；税务法庭的程序；最高法院以外的所有法院的收费。

4. 监狱、感化院、少年感化机构和其他相似性质的机构，以及其中关押的人；与其他邦就租用监狱或类似机构的达成的安排。

5. 地方政府，指市政机关、进步组合、区公所、矿区居民点以及其他旨在实施地方自治或乡村行政的地方当局的组织与权力。

6. 公共健康与医疗；医院和诊所。

7. 朝圣，但是出国朝圣除外。

8. 酒精饮料，指酒精饮料的生产、加工、占有、运输、购买和销售。

9. 残疾与失业人员的救济。

10. 墓葬与墓地；火葬与火葬地。

11. 已根据《宪法（第四十二修正案）法令》（1976年）删除（1977年1月3日生效）。

12. 邦所管理或承担经费的图书馆、博物馆及其他单位；未被议会通过法律宣布具有全国重要意义的古代和历史遗迹与记载。

13. 交通，指目录Ⅰ未述及的道路、桥梁、渡船或其他交通工具；市内有轨电车；索道；内河航道及内陆水运，但应遵从目录Ⅰ和目录Ⅲ有关内河航运的规定；非机动车辆。

14. 农业，包括农业教育与农业研究、植物病虫害防治。

15. 家畜的维护、保护和改良，畜病预防；兽医的培训与实习。

16. 池塘，防止牲畜擅自进入池塘。

17. 水，指水的供应、灌溉与运河、排水与筑堤、水库和水力，均需遵从目录Ⅰ第五十六条的规定。

18. 土地，指对土地的权利（地上或地下的权利）、土地所有制包括地主与佃户的关系、农用土地的转让；土壤改良与农业贷款；拓殖。

19. 已根据《宪法（第四十二修正案）法令》（1976年）删除（1977年1月3日生效）。

20. 已根据《宪法（第四十二修正案）法令》（1976年）删除（1977年1月3日生效）。

21. 渔业。

22. 目录Ⅰ第三十四条规定的保护法院；抵押与查封的财产。

23. 矿藏管理与矿业发展，遵从目录Ⅰ由联邦控制其管理与开发的规定。

24. 目录Ⅰ第七条和第五十二条规定的工业。

25. 天然气与天然气工程。

26. 邦内的商业贸易，遵从目录Ⅲ第三十三条的规定。

27. 目录Ⅲ第三十三条所述物品的生产、供应和分配。

28. 市场和集市。

29. 已根据《宪法（第四十二修正案）》（1976年）删除。

30. 放贷和放贷者；农业债务的减免。

31. 旅馆和旅馆经营。

32. 目录Ⅰ规定外的公司的创办、管理和结业和目录Ⅰ规定外的大学；非盈利行业、图书馆、科学、宗教社团和协会以及其他社团和协会；合作社。

33. 剧院与戏剧表演，与目录Ⅰ第六十条规定有关的电影；体育、游乐和娱乐。

34. 赌博。

35. 授予邦或由邦所拥有的工程、土地和房产。

36. 已根据《宪法（第七修正案）法令》（1956年）删除。

37. 根据议会法律的有关规定邦议会的选举。

38. 邦议员，邦立法会议正、副议长，邦立法理事会（如果存在的话）正、副主席的薪资和津贴。

39. 邦立法会议及其议员和委员会、邦立法理事会（如果存在的话）及其议员和委员会的权力、特权和豁免权；出席邦立法机构作证或出示文件的规定。

40. 邦政府部长的薪资和津贴。

41. 邦一级的公益服务；邦公益服务委员会。

42. 邦退休金，指由邦政府或由邦统一基金支付的退休金。

43. 邦的公共债务。

44. 国库储备。

45. 土地税的确定和征收，土地档案的保管，为土地税与土地档案进行的调查、税收的让渡。

46. 农业收入的征税。

47. 农业用地的继承税。

48. 农业用地的地产税。

49. 房地产税。

50. 根据议会通过法律对矿业开发的限制，对矿产权的征税。

51. 对本邦加工或生产的下述物品的征税，以及对国内其他邦加工或生产的类似物品以相同或较低税率征收的反倾销税：

(a)饮用酒精饮料；

(b)鸦片、印度大麻、其他麻醉药物和麻醉剂；

但是，含有酒精与本条(b)款所列任何物质的药用或化妆用品不包括在内。

52. 对进入本地供消费、使用或销售的商品征税。

53. 对电力的消费或销售征税。

54. 对报纸以外的其他商品征收买卖税，应服从目录Ⅰ第九十二 A 条规定。①

55. 对报纸广告以外的其他广告的征税，以及对广播或电视播放的广告②征税。

56. 对公路或内河航运载运的货物与旅客的征税。

57、公路车辆的征税，无论是否为机动车辆，包括有轨电车在内，均服从目录Ⅲ第三十五条规定。

58. 动物和小船的征税。

59. 通行费。

60. 对各种专业、职业、行业和就业征税。

61. 人头税。

62. 对奢侈品征税，包括对游艺、娱乐和赌博的课税。

63. 目录Ⅰ有关印花税税率的规定中未曾提及的那些证券单据的印花税税率。

64. 与本目录所列事项有关的犯罪。

65. 最高法院以外的所有法院在有关本目录所列事宜上的管辖权和权力。

66. 有关本目录所列事项的收费，但不包括各法院的收费。

目录Ⅲ——联邦与各邦共同职权目录

1. 刑法，包括本宪法颁布时《印度刑法典》规定的全部内容，但不包括与目录Ⅰ、目录Ⅱ所列事项有关的犯罪，也不包括动用海、陆、空军或其他武装力量协助文职政府。

2. 刑事程序，包括本宪法颁布时《刑事程序法典》规定的全部内容。

3. 由于邦的安全、维护公共秩序、维持社区基本供应和服务等方面的原因而进行的预防性侦察；预防性侦察的对象。

4. 因犯、被控告的人，以及由于本目录第三条列举的原因而列为预防性侦察对象的人从一邦移居他邦。

5. 结婚与离婚；婴儿与未成年者；收养；遗嘱、无遗嘱死亡与继承；联合家庭（即数代同堂之家庭）与分家；本宪法颁布前诉讼双方均受其各自属人法管辖的所有事项。

6. 农业用地以外其他财产的让渡；契约与证券的登记。

7. 合同，包括合伙、代理、运输合同和其他特殊形式的合同，但不包括与农业用地有关的合同。

8. 可起诉的过失。

9. 破产与无力偿还债务。

10. 信托与受托人。

11. 一般遗产管理人与法定受托人。

11A. 司法行政；最高法院与高等法院以外的所有法院的建立和组织。

12. 证词与宣誓；法律、公法和案卷的确认，诉讼程序。

13. 民事程序，包括本宪法颁布前《民事程序法典》规定的所有内容、限制和仲裁。

14. 藐视法庭罪，但不包括藐视最高法院。

15. 流浪者；游牧部落和迁徙部落。

16. 精神失常和精神缺陷，包括为精神失常和精神缺陷者提供收容和治疗的场所。

17. 防止虐待动物。

17A. 森林。

17B. 保护野生动物与鸟类。③

18. 假冒食品与其他商品。

19. 药品和毒药，服从目录Ⅰ第五十九条有关鸦片的规定。

20. 经济与社会规划。

20A. 人口控制与计划生育。④

21. 工商业的垄断、联合与托拉斯。

22. 工会；工业与劳工争议。

23. 社会安全与社会保险；就业与失业。

24. 劳动福利，包括工作条件、储备基金、雇主的义务、工人的报酬、伤残与退休金、产妇福利待遇。

25. 教育，包括技术教育、医学教育和大学，须服从目录Ⅰ第六十三条、第六十四条、第六十五条和第六十六条的规定；职业与技术劳动训练。⑤

26. 法律、医药与其他专业。

27. 由于印度和巴基斯坦自治领的成立而从原居

---

① 根据《宪法(第六修正案)法令》(1956 年)修改。

② 根据《宪法(第四十二修正案)法令》(1976 年)新增"广播或电视播放的广告"(1977 年 1 月 3 日生效)。

③ 根据《宪法(第四十二修正案)法令》(1976 年)新增第十七 A 条和第十七 B 条(1977 年 1 月 3 日生效)。

④ 根据《宪法(第四十二修正案)法令》(1976 年)新增(1977 年 1 月 3 日生效)。

⑤ 根据《宪法(第四十二修正案)法令》(1976 年)修改(1977 年 1 月 3 日生效)。

住地点迁出的居民的救济安置。

28. 慈善事业与慈善机构,慈善与宗教捐赠和宗教机构。

29. 防止传染病以及危害人类、动物和植物的虫害由一邦向另一邦传染。

30. 人口统计,包括出生和死亡登记。

31. 议会法律或现行法律未宣布为主要港口的港口。

32. 机动船舶在内河航道的运输和航行,内河航道的船舶规则,内河航运的客货运输,须服从目录Ⅰ中有关国家航道的规定。

33. 下述物品的商业贸易、生产、供应与分配①:

(a)议会法律宣布由联邦加以控制更有利于公众利益的工业产品,以及同类的进口产品;

(b)食品,包括食用油籽和食用油;

(c)牲畜饲料,包括油饼和其他浓缩饲料;

(d)轧过的或未轧过的原棉、棉籽;

(e)生黄麻。

33A. 重量与计量,不包括标准的建立。②

34. 价格控制。

35. 机动车辆,包括这类车辆的征税原则。

36. 工厂。

37. 锅炉。

38. 电力。

39. 报纸、书籍和出版物。

40. 议会法律宣布具有全国意义的考古遗址与遗物。

41. 法律宣布为撤离者包括土地在内的财产的保护、管理和处分。

42. 财产的取得和征用。③

43. 某邦要求在该邦以外收回某些税收权利以及其他公共需求,包括土地税余额和作为这种余额收回的款项。

44. 通过征收法定的印花税费外的印花税,但不包括印花税税率。

45. 就目录Ⅱ和目录Ⅲ规定事项所进行的调查和统计。

46. 最高法院以外的所有法院关于目录Ⅲ所列事项的管辖权与权力。

47. 与本目录事项有关的收费,但不包括所有法院的收费。

附表八

〔第三百四十四第一款和第三百五十一条〕

语 言

1. 阿萨姆语
2. 孟加拉语
3. 博多语④
4. 多格拉语⑤
5. 古吉拉特语
6. 印地语
7. 坎拉德语
8. 克什米尔语
9. 孔卡尼语⑥
10. 迈蒂利语⑦
11. 马拉亚拉姆语
12. 曼尼普尔语⑧
13. 马拉蒂语
14. 尼泊尔语⑨
15. 奥里亚语
16. 旁遮普语
17. 桑斯克里特语
18. 桑萨利语⑩
19. 信德希语⑪
20. 泰米尔语
21. 泰卢固语
22. 乌尔都语

附表九

〔第三十一B条〕

1.《比哈尔土地改革法令》(1950 年)(1950 年比哈

---

① 根据《宪法(第三修正案)法令》(1954 年)新增。
② 根据《宪法(第四十二修正案)法令》(1976 年)新增(1977 年 1 月 3 日生效)。
③ 根据《宪法(第七修正案)法令》(1956 年)修改。
④ 根据《宪法(第九十二修正案)法令》(2003 年)新增。
⑤ 根据《宪法(第九十二修正案)法令》(2003 年)新增。
⑥ 根据《宪法(第七十一修正案)法令》(1992 年)新增。
⑦ 根据《宪法(第九十二修正案)法令》(2003 年)新增。
⑧ 根据《宪法(第七十一修正案)法令》(1992 年)新增。
⑨ 根据《宪法(第七十一修正案)法令》(1992 年)新增。
⑩ 根据《宪法(第九十二修正案)法令》(2003 年)新增。
⑪ 根据《宪法(第二十一修正案)法令》(1967 年)新增。

尔法字第30号）①

2.《孟买租佃制与农业用地法令》(1948年)(1948年孟买法字第67号)

3.《孟买废除"马莱基"租佃制法令》(1949年)(1949年孟买法字第61号)

4.《孟买废除"塔卢魁达里"租佃制法令》(1949年)(1949年孟买法字第62号)

5.《废除潘奇马哈尔斯"麦哈瓦哈西"租佃制法令》(1949年)(1949年孟买法字第68号)

6.《孟买废除"考蒂"法令》(1950年)(1950年孟买法字第6号)

7.《孟买废除"帕拉加纳"与"库尔卡尼"法令》(1950年)(1950年孟买法字第60号)

8.《中央邦废除(地产、"马哈尔斯"、转让土地)所有权法令》(1950年)(1951年中央邦法字第1号)

9.《马德拉斯地产(废除与改行"留特瓦尔"制)法令》(1948年)(1948年马德拉斯法字第26号)

10.《马德拉斯地产(废除与改行"留特瓦尔"制)修正法令》(1950年)(1950年马德拉斯法字第1号)

11.《北方邦废除柴明达尔制与土地改革法令》(1950年)(1951年北方邦法字第1号)

12.《海得拉巴(废除扎吉尔条例)(印度纪年1358年,即公历1948年)(1358年第69号)

13.《海得拉巴"扎吉尔"(偿付)条例》(印度纪年1359年,即公历1949年)(1359年第25号)

14.《比哈尔区乡人口重新安置(征用土地)法令》(1950年)(1950年比哈尔法字第38号)②

15.《联合省土地征用(难民安置)法令》(1948年)(1948年联合省法字第26号)

16.《区乡人口定居(征用土地)法令》(1948年)(法字第60号1948年)

17.《保险法》(1938年)(1938年法字第4号)第52A节至52G节按照《保险法修正条例》(1950年)(1950年法字第47号)第四十二节规定增入文字。

18.《铁路公司(紧急规定)法》(1951年)(1951年法字第51号)

19.《工业(发展与管理)法令》(1951年)(1951年法字第65号)第Ⅲ-A章按照《工业(发展与管理)修正法令》(1953年)(1953年法字第26号)第十三节增入文字。

20.《西孟加拉土地开发与规划法令》(1948年)(1948年西孟加拉法字第21号),照1951年西孟加拉法字第29号法令修正。

21.《安得拉邦最高农田限额法令》(1961年)(1961年安得拉邦法字第10号)③

22.《安得拉邦(特仑甘纳地区)租佃制与农业用地(生效)法令》(1961年)(1961年安得拉邦法字第21号)

23.《安得拉邦(特仑甘纳地区)取消"伊查拉"与"考里"土地非正式"帕塔"及废除特许摊派法令》(1961年)(1961年安得拉邦法字第36号)

24.《阿萨姆邦征用原属宗教或慈善机构公用土地法令》(1959年)(1961年阿萨姆法字第9号)

25.《比哈尔土地改革(修正)法令》(1953年)(1954年法字第20号)

26.《比哈尔土地改革(固定限额面积与征用剩余土地)法令》(1961年)(1962年比哈尔法字第12号)。

27.《孟买"泰卢达尔"租佃制废除法令(修正案)》(1954年)(1955年孟买法字第1号)

28.《孟买"泰卢达尔"租佃制废除法令(修正案)》(1957年)(1958年孟买法字第18号)

29.《孟买(库奇地区)废除"因南法令》(1958年)(1958年孟买法字第98号)

30.《孟买租佃制与农业用地法令(古吉拉特)修正案》(1960年)(1960年古吉拉特法字第16号)

31.《古吉拉特农业用地限额法令》(1960年)(1961年古吉拉持法字第27号)

32.《"萨格巴拉"与"麦哈瓦西"地产(所有权废除)法令》(1962年)(1962年古吉拉特条例第1号)

33.《古吉拉特废除残余转让土地现象法令》(1963年)(1963年古吉拉特法字第33号)但其中该法令第二节第三条第四款所述转让现象例外。

34.《马哈拉施特拉邦农业用地(最高土地限额)法令》(1961年)(1961年马哈拉施特拉邦法字第27号)

35.《海德拉巴租佃制与农业用地法令(重新制定、生效、再次修正)》(1961年)(1961年马哈拉施特拉邦法字第45号)

36.《海德拉巴租佃制与农业用地法令》(1950年)(1950年海德拉巴法字第21号)

37.《废除"金米喀拉姆"地租法令》(1960年)(1961年喀拉拉邦法字第3号)

38.《喀拉拉邦土地税法》(1961年)(1961年喀拉拉邦法字第13号)

39.《喀拉拉邦土地改革法令》(1963年)(1964年法字第1号)

40.《中央邦土地税法规》(1959年)(1959年中央

---

① 根据《宪法(第一修正案)法令》(1951年)新增附表九第一条至第十三条。
② 根据《宪法(第十四修正案)法令》(1955年)新增附表九第十四条至第二十条。
③ 根据《宪法(第十七修正案)法令》(1964年)新增附表九第二十一条至第六十四条。

邦法字第 20 号）

41.《中央邦土地拥有限额法令》（1960 年）（1960 年中央邦法字第 20 号）

42.《马德拉斯保护自耕佃农法令》（1955 年）（1955 年马德拉斯法字第 25 号）

43.《马德拉斯自耕佃农（合理缴纳地租）法令》（1956 年）（1956 年马德拉斯法字第 24 号）

44.《马德拉斯"库地卢普"占有者（保护免遭驱逐）法令》（1961 年）（1961 年马德拉斯法字第 38 号）

45.《马德拉斯公共组合（农业用地行政管理）法令》（1961 年）（1961 年马德拉斯法字第 62 号）

46.《马德拉斯土地改革（土地限额的确定）法令》（1961 年）（1961 年马德拉斯法字第 63 号）

47.《迈索尔租佃制法令》（1952 年）（1952 年迈索尔法字第 13 号）

48.《库尔格租佃制法令》（1957 年）（1957 年迈索尔法字第 14 号）

49.《迈索尔废除村公所法令》（1961 年）（1961 年迈索尔法字第 14 号）

50.《海德拉巴租佃制与农业用地（生效）法令》（1961 年）（1961 年迈索尔法字第 36 号）

51.《迈索尔土地改革法令》（1661 年）（1962 年迈索尔法字第 10 号）

52.《奥里萨邦土地改革法令》（1960 年）（1960 年奥里萨邦法字第 16 号）

53.《奥里萨邦并入领土（废除村公所）法令》（1963 年）（1963 奥里萨邦法字第 10 号）

54.《旁遮普邦土地保有权保障法令》（1953 年）（1953 年旁遮普邦法字第 10 号）

55.《拉贾斯坦邦租佃法》（1955 年）（1955 年拉贾斯坦邦法字第 3 号）

56.《拉贾斯坦废除"柴明达尔"与"比斯韦达尔"法令》（1959 年）（1959 年拉贾斯坦邦法字第 8 号）

57.《废除库茂恩与乌塔拉克汉地区"柴明达尔"制法令》（l960 年）（1960 年北方邦法字第 17 号）

58.《北方邦强制实施最高土地限额法令》（1960 年）（1961 年北方邦法令第 1 号）

59.《西孟加拉邦地产征用法令》（1953 年）（1954 年西孟加拉邦法字第 1 号）

60.《西孟加拉邦土地改革法令》（1955 年）（1956 年西孟加拉邦法字第 10 号）

61.《新德里土地改革法令》（1954 年）（1954 年新德里法字第 8 号）

62.《新德里土地拥有（限额）法令》（1960 年）

（1960 年中央法字第 24 号）

63.《曼尼普尔土地税与土地改革法令》（1960 年中央法字第 33 号）

64.《特里普拉土地税与土地改革法令》（1960 年中央法字第 43 号）

65.《喀拉拉邦土地改革法令（修正案）》（1969 年）（1969 年喀拉拉邦法字第 35 号）①

66.《喀拉拉邦土地改革法令（修正案）》（1971 年）（1971 年喀拉拉邦法字第 25 号）

67.《安得拉邦土地改革法令》（农业用地最高限额）》（1973 年）（1973 年安得拉邦法字第 1 号）②

68.《比哈尔邦土地改革（固定限额面积与征用多余土地）法令（修正案）》（1972 年）（1973 年比哈尔邦法字第 1 号）

69.《比哈尔邦土地改革（固定限额面积与征用多余土地）法令（修正案）》（1973 年）（1973 年比哈尔邦法字第 9 号）

70.《比哈尔土地改革法令（修正案）》（1972 年）（1972 年比哈尔邦法字第 5 号）

71.《古吉拉特邦农业用地最高限额法令（修正案）》（1972 年）（1974 年古吉拉特邦法字第 2 号）

72.《哈里亚纳邦最高土地限额法令》（1972 年）（1972 年哈里亚纳邦法字第 26 号）

73.《喜马偕尔邦最高土地限额法令》（1972 年）（1973 年喜马偕尔邦法字第 19 号）

74.《喀拉拉邦土地改革法令（修正案）》（1972 年）（1972 年喀拉拉邦法字第 17 号）

75.《中央邦农业用地最高限额法令（修正案）》（1972 年）（1974 年中央邦法字第 12 号）

76.《中央邦农业用地最高限额法令（第二次修正案）》（1972 年）（1974 年中央邦法字第 13 号）

77.《迈索尔土地改革法令（修正案）》（1973 年）（1974 年卡纳塔克邦法字第 1 号）

78.《旁遮普邦土地改革法令》（1972 年）（1973 年旁遮普邦法字第 10 号）

79.《拉贾斯坦邦强制实施最高土地限额法令》（1973 年）（1973 年拉贾斯坦邦法字第 Ⅱ 号）

80.《古达鲁尔詹马姆地产（废除产权和改行莱特瓦尔制度）法令》（1969 年）（1969 年泰米尔纳德邦法字第 24 号）

81.《西孟加拉邦土地改革法令（修正案）》（1972 年西孟加拉邦法字第 12 号）

82.《西孟加拉邦地产征用法令（修正案）》（1964 年）（1964 年西孟加拉邦法字第 22 号）

---

① 根据《宪法（第二十九修正案）法令》（1972 年）新增附表九第六十五条和第六十六条。

② 根据《宪法（第三十四修正案）法令》（1974 年）新增附表九第六十七条至第八十六条。

83.《西孟加拉邦地产征用法令(第二次修正案)》(1973年)(1973年西孟加拉邦法字第33号)

84.《孟买租佃制与农业用地法(古吉拉特修正案)》(1972年古吉拉持法字第5号)

85.《奥里萨邦土地改革法令(修正案)》(1974年奥里萨邦法字第9号)

86.《特里普拉邦土地税与土地改革法令(第2次修正案)》(1974年)(1974年特里普拉邦法字第7号)

87.已根据《宪法(第四十四修正案)法令》(1978年)删除;①

88.《工业(发展与管理)法令》(1951年)(1951年中央法字第65号)

89.《不动产的征购与征用法令》(1952年)(1952年中央法字第30号)

90.《矿藏与矿产(管理与开发)法》(1957年)(1957年中央法字第67号)

91.《垄断与限制性商业活动法令》(1969年)(1969年中央法字第54号)

92.已根据《宪法(第44修正案)法令》(1978年)删除(1979年6月20日生效)

93.《制焦用煤煤矿(紧急条款)法令》(1971年)(1971年中央法字第64号)

94.《制焦用煤煤矿(国有化)法令》(1972年)(1972年中央法字第36号)

95.《一般保险业(国有化)法令》(1972年)(1972年中央法字第57号)

96.《印度铜矿公司(收购经营权)法令》(1972年)(1972年中央法字第58号)

97.《丝织工业(接管)法令》(1972年)(1972年中央法字第72号)

98.《煤矿(接管)法令》(1973年)(1973年中央法字第15号)

99.《煤矿(国有化)法令》(1973年)(1973年中央法字第26号)

100.《外汇管理条例》(1973年)(1973年中央法字第46号)

101.《阿尔考克阿什当有限公司(收购经营权)法令》(1973年)(1973年中央法字第56号)

102.《煤矿(保护与开发)法令》(1974年)(1974年中央法字第28号)

103.《额外报酬(强迫储蓄)法令》(1974年)(1974年中央法字第37号)

104.《外汇保存与防止走私活动法令》(1974年)(1974年中央法字第52号)

105.《丝织工业(国有化)法令》(1974年)(1974年中央法字第57号)

106.《马哈拉施特拉邦农业用地(最高限额)法令(修正案)》(1964年)(1964年马哈拉施特拉邦法字第16号)

107.《马哈拉施特拉邦农业用地(最高限额)法令(修正案)》(1965年)(1965年马哈拉施特拉邦法字第32号)

108.《马哈拉施特拉邦农业用地(最高限额)法令(修正案)》(1968年)(1968年马哈拉施特拉邦法字第16号)

109.《马哈拉施特拉邦农业用地(最高限额)法令(第二次修正案)》(1968年)(1968年马哈拉施特拉邦法字第33号)

110.《马哈拉施特拉邦农业用地(最高限额)法令(修正案)》(1969年)(1969年马哈拉施特拉邦法字第37号)

111.《马哈拉施特拉邦农业用地(最高限额)法令(第二次修正案)》(1969年)(1969年马哈拉施特拉邦法字第38号)

112.《马哈拉施特拉邦农业用地(最高限额)法令(修正案)》(1970年)(1970年马哈拉施特拉邦法字第27号)

113.《马哈拉施特拉邦农业用地(最高限额)法令(修正案)》(1972年)(1972年马哈拉施特拉邦法字第13号)

114.《马哈拉施特拉邦农业用地(最高限额)法令(修正案)》(1973年)(1973年马哈拉施特拉邦法字第50号)

115.《奥里萨邦土地改革法令(修正案)》(1965年)(1965年奥里萨邦法字第13号)

116.《奥里萨邦土地改革法令(修正案)》(1966年)(1966年奥里萨邦法字第8号)

117.《奥里萨邦土地改革法令(修正案)》(1967年)(1967年奥里萨邦法字第13号)

118.《奥里萨邦土地改革法令(修正案)》(1969年)(1969年奥里萨邦法字第13号)

119.《奥里萨邦土地改革法令(修正案)》(1970年)(1970年奥里萨邦法字第18号)

120.《北方邦强制实施最高土地限额法令(修正案)》(1972年)(1973年北方邦法字第18号)

121.《北方邦强制实施最高土地限额法令(修正案)》(1974年)(1975年北方邦法字第2号)

122.《特里普拉邦土地税与土地改革法令(第三次修正案)》(1975年)(1975年特里普拉邦字第3号)

---

① 根据《宪法(第三十九修正案)法令》(1975年)新增附表九第八十七条至第一百二十四条。

123.《达德拉和纳加尔阿维利土地改革条例》（1971年）（1971年第3号）

124.《达德拉和纳加尔阿维利土地改革条例（修正案）》（1973年）（1973年第5号）

125.《机动车辆法令》（1939年）（1939年中央法字第4号）第四A章第六十六A节①

126.《基本商品法》（1955年）（l955年中央法字第10号）

127.《走私者与操纵外汇者（没收财产）法令》（1976年）（1976年中央法字第13号）

128.《依附农制度（废止）法令》（1976年）（1976年中央法字第19号）

129.《外汇保存与防止走私活动法令（修正案）》（1976年）（1976年中央法字第20号）

130.已根据《宪法（第四十四修正案）法令》（1978年）删除

131.《征收糖价平衡基金法令》（1976年）（1976年中央法字第31号）

132.《城市土地（最高限额与管理）法令》（1976年）（1976年中央法字第33号）

133.《联邦帐户分部核算（人员调动）法令》（1976年）（1976年中央法字第59号）

134.《阿萨姆邦固定土地最高限额法令》（1956年）（1957年阿萨姆邦法字第1号）

135.《孟买租佃制与农业用地（维达尔巴地区）法令》（1958年）（1958年孟买法字第99号）

136.《古吉拉特邦私有林地（征购）法令》（1972年）（1972年古吉拉特邦法字第14号）

137.《哈里亚纳邦最高土地限额法令（修正案）》（1976年）（1976年哈里亚纳邦法字第17号）

138.《喜马偕尔邦租佃制与土地改革法令》（1972年）（1974年喜马偕尔邦法字第8号）

139.《喜马偕尔邦村庄公用土地的授予与利用法令》（1974年）（1974年喜马偕尔邦法字第18号）

140.《卡纳塔克邦土地改革法令（第二次修正案与其他规定）》（1974年）（1974年卡纳塔克邦法字第31号）

141.《卡纳塔克邦土地改革法令（第二次修正案）》（1976年）（1976年卡纳塔克邦法字第27号）

142.《喀拉拉邦防止驱逐佃农法令》（1966年）（1966年喀拉拉邦法字第12号）

143.《交纳"蒂鲁普瓦拉姆"地租（废止）法令》（1969年）（1969年喀拉拉邦法字第19号）

144.《斯雷帕达姆土地解放法令》（1969年）（1969年喀拉拉邦法字第20号）

145.《斯雷潘达拉瓦卡土地（授予与解放）法令》（1971年）（1971年喀拉拉邦法字第20号）

146.《喀拉拉邦私有森林（授予与转让）法令》（1971年）（1971年喀拉拉邦法字第26号）

147.《喀拉拉邦农业工人条例》（1974年）（1974年喀拉拉邦法字第18号）

148.《喀拉拉邦坚果工厂（征购）法令》（1974年）（1974年喀拉拉邦法字第29号）

149.《喀拉拉邦单据条例》（1975年）（1975年喀拉拉邦法字第23号）

150.《喀拉拉邦表列部落（限制转让土地与转让土地归还）法令》（1975年）（1975年喀拉拉邦法字第31号）

151.《喀拉拉邦土地改革法令（修正案）》（1976年）（1976年喀拉拉邦法字第15号）

152.《废除"卡那姆"租佃制法令》（1976年）（1976年喀拉拉邦法字第16号）

153.《中央邦最高土地限额法令（修正案）》（1974年）（1974年中央邦法字第20号）

154.《中央邦最高土地限额法令（修正案）》（1975年）（1975年中央邦法字第2号）

155.《西坎德什"麦哈瓦西"地产（废除所有权）条例》（1961年）（1962年马哈拉施特拉章字第1号）

156.《马哈拉施特拉邦将土地归还表列部落法令》（1974年）（1975年马哈拉施特拉邦法字第14号）

157.《马哈拉施特拉邦农业用地（降低最高土地限额兼修正案）法令》（1973年）（1975年马哈拉施特拉邦法字第21号）

158.《马哈拉施特拉邦私有森林（征用）法令》（1975年）（1975年马哈拉施特拉邦法字第29号）

159.《马哈拉施特拉邦农业用地（降低最高土地限额兼修正案）修正法令》（1975年）（1975年马哈拉施特拉邦法字第47号）

160.《马哈拉施特拉邦农业用地最高限额法令（修正案）》（1975年）（1976年马哈拉施特拉邦法字第2号）

161.《奥里萨邦地产权废除法令》（1951年）（1952年奥里萨邦法字第1号）。

162.《拉贾斯坦邦拓殖法》（1954年）（1954年拉贾斯坦邦法字第27号）

163.《拉贾斯坦邦土地改革与地主地产征用法令》（1963年）（1963年拉贾斯坦邦法字第11号）

164.《拉贾斯坦邦强制实施最高土地限额法令（修正案）》（1976年）（1976年拉贾拉贾斯坦邦法字第8

---

①　根据《宪法（第四十修正案）法令》（1976年）新增附表九第一百二十五条至第一百八十八条。

号)

165.《拉贾斯坦邦租佃法(修正案)》(1976 年)(1976 年拉贾斯坦邦法字第 12 号)

166.《泰米尔纳德邦土地改革(降低最高土地限额)法令》(1970 年)(1970 年泰米尔纳德邦法字第 17 号)

167.《泰米尔纳德邦土地改革(固定最高土地限额)修正法令》(1971 年)(1971 年泰米尔纳德邦法字第 41 号)

168.《泰米尔纳德邦土地改革(固定最高土地限额)修正法令》(1972 年)(1972 年泰米尔纳德邦法字第 10 号)

169.《泰米尔纳德邦土地改革(固定最高土地限额)第二次修正法令》(1972 年)(1972 年泰米尔纳德邦法字第 20 号)

170.《泰米尔纳德邦土地改革(固定最高土地限额)第三次修正法令》(1972 年)(1972 年泰米尔纳德邦法字第 37 号)

171.《泰米尔纳德邦土地改革(固定最高土地限额)第四次修正法令》(1972 年)(1972 年泰米尔纳德邦法字第 39 号)

172.《泰米尔纳德邦土地改革(固定最高土地限额)第六次修正法令》(1972 年)(1974 年泰米尔纳德邦法字第 7 号)。

173.《泰米尔纳德邦土地改革(固定最高土地限额)第五次修正法令》(1972 年)(1974 年泰米尔纳德邦法字第 10 号)

174.《泰米尔纳德邦土地改革(固定最高土地限额)修正法令》(1974 年)(1974 年泰米尔纳德邦法字第 15 号)

175.《泰米尔纳德邦土地改革(固定最高土地限额)第三次修正法令》(1974 年)(1974 年泰米尔纳德邦法字第 30 号)

176.《泰米尔纳德邦土地改革(固定最高土地限额)第二次修正法令》(1974 年)(1974 年泰米尔纳德邦法字第 32 号)

177.《泰米尔纳德邦土地改革(固定最高土地限额)修正法令》(1975 年)(1975 年泰米尔纳德邦法字第 11 号)

178.《泰米尔纳德邦土地改革(固定最高土地限额)第 2 次修正法令》(1975 年)(1975 年泰米尔纳德邦法字第 21 号)

179.《北方邦土地法(修正案)》(1971 年)(1971 年北方邦法字第 21 号)与《北方邦土地法(修正案)》

(1974 年)(1974 年北方邦法字第 34 号)对《北方邦废除柴明达尔与土地改革法令》(1950 年)(1951 年北方邦法字第 1 号)所作的修正。

180.《北方邦强制实施最高土地限额法令(修正案)》(1976 年)(1976 年北方邦法字第 20 号)

181.《西孟加拉邦土地改革法令(第 2 次修正案)》(1972 年)(1972 年西孟加拉邦法字第 28 号)

182.《西孟加拉邦转让土地归还法令》(1973 年)(1973 年西孟加拉邦法字第 23 号)

183.《西孟加拉邦土地改革法令(修正案)》(1974 年)(1974 年西孟加拉邦法字第 33 号)

184.《西孟加拉邦土地改革法令(修正案)》(1975 年)(1975 年西孟加拉邦法字第 23 号)

185.《西孟加拉邦土地改革法令(修正案)》(1976 年)(1976 年西孟加拉邦法字第 1 号,第 2 号)

186.《新德里拥有土地(最高限额)修正法令》(1976 年)(1976 年中央法字第 15 号)

187.《果阿、达曼和第乌芒德卡斯(保护其免受驱逐)法令》(1975 年)(1975 年果阿、达曼和第乌法字第 1 号)

188.《本地治里土地改革(固定最高土地限额)法令》(1973 年)(1974 年本地治里法字第 9 号)

189.《阿萨姆(暂时安置用地)租赁法》(1971 年)(1971 年阿萨姆法字第 23 号)①

190.《阿萨姆(暂时安置用地)租赁法(修正案)》(1974 年)(1974 年阿萨姆邦法字第 18 号)

191.《土地改革的比哈尔(固定最高土地限额和收购剩余土地)(修订)法令》(1974 年)(1975 年比哈尔邦法字第 13 号)

192.《土地改革的比哈尔(固定最高土地限额和收购剩余土地)(修订)法令》(1976 年)(1976 年比哈尔邦法字第 22 号)

193.《土地改革的比哈尔(固定最高土地限额和收购剩余土地)(修订)法令》(1978 年)(1978 年比哈尔邦法字第 7 号)

194.《土地征用(比哈尔邦修订)法令》(1979)(1980 年比哈尔邦法字第 2 号)

195.《关于土地控股(修订)法令》(1977)(1977 年哈里亚纳邦法字第 7 号)

196.《泰米尔纳德邦土地改革(关于固定最高土地限额)修正法》(1978)(1978 年泰米尔纳德邦法字第 25 号)

197.《泰米尔纳德邦土地改革(关于固定最高土地限额)修正法》(1979)(1979 年泰米尔纳德邦法字第

---

① 根据《宪法(第四十七修正案)法令》(1984 年)新增附表九第一百八十九条至第二百零二条(1984 年 8 月 26 日生效)。

11 号)

198.《北方邦土地管辖制废除法律(修订)法令》(1978 年)(1978 年北方邦法字第 15 号)

199.《西孟加拉邦恢复异化土地法(修正案)法令》(1978 年)(1978 年西孟加拉法字第 24 号)

200.《西孟加拉邦恢复异化土地法(修正案)法令》(1980 年)(1980 年孟加拉法字第 56 号)

201.《在果阿、达曼和第乌农业租赁法》(1964 年)(1964 年果阿、达曼和第乌法字第 7 号)

202.《在果阿、达曼和第乌农业租约法(第五次修订)》(1976)(1976 年果阿、达曼和第乌法字第 17 号)

203.《安得拉邦地区的土地转让计划的条例》(1959)(1959 年安得拉邦的第 1 号条例)①

204.《安得拉邦表列地区的法律和修订条例》(1963)(1963 年安得拉邦第 2 号条例)

205.《安得拉邦地区的土地转让计划(修订)条例》(1970)(1970 年安得拉邦第 1 号条例)

206.《安得拉邦地区的土地转让计划(修订)条例》(1971)(1971 年安得拉邦第 1 号条例)

207.《安得拉邦地区的土地转让计划(修订)条例》(1978)(1971 年安得拉邦第 1 号条例)

208.《比哈尔租赁法》(1885)(1885 年比哈尔邦法字第 8 号)

209.《焦达那格浦尔租赁法》(1908 年)(1908 年孟加拉法字第 6 号)(第八章的第四十六条、第四十七条、第四十八条、第四十八 A 条、第四十九条以及第十章第七十一条、第七十一 A 条及第七十一 B 条和第十八章的第二百四十条、第二百四十一条和第二百四十二条)

210.《圣扎帕甘那(Santhal Parganas)租约(补充规定)法》(1949)(1949 年比哈尔邦法字第 14 号)除第五十三条外。

211.《比哈尔表列地区的条例》(1969)(1969 年比哈尔邦法字第 1 号)

212.《比哈尔土地改革(固定最高土地限额和收购剩余土地)(修订)法令》(1982 年)(1982 年比哈尔邦法字第 55 号)

213.《古吉拉特伊纳姆废除法令》(1969 年)(1969 年古吉拉特法字 16 号)

214.《古吉拉特租赁法(修订)法令》(1976 年)(1976 年古吉拉特法第 37 号)

215.《古吉拉特农用地限额(修订)法令》(1976)(1976 年总统令第 43 号)

216.《古吉拉特伊纳姆废除(修订)法令》(1977)(1977 年古吉拉特法字第 27 号)

217.《古吉拉特租赁法(修订)法令》(1977)(1977 年古吉拉特法字第 30 号)

218.《孟买的土地收益(古吉拉特第二次修正)法令》(1980)(1980 年古吉拉特法字第 37 号)

219.《孟买土地税收法和土地使用权废除法律(古吉拉特修订)法令》(1982)(1982 年古吉拉特法字第 8 号)

220.《喜马偕尔邦土地交易(管理)法令》(1968)(1969 年喜马偕尔邦法第 15 号)

221.《喜马偕尔邦土地交易(管理)(修订法令)(1986)(1986 年喜马偕尔邦法第 16 号)

222.《卡纳塔克邦贱民和贱民部落(禁止对某些土地转让)法令》(1978)(1979 年卡纳塔克法字第 2 号)

223.《喀拉拉邦土地改革法(修正案)》(1978)(1978 年喀拉拉邦法字第 13 号)

224.《喀拉拉邦土地改革法(修正案)》(1981)(1981 年喀拉拉邦法字第 18 号)

225.《中央邦的土地税收法(第三次修正)法令》(1976)(1976 年中央邦法字第 61 号)

226.《在中央邦的土地税收法(修订)法令》(1980)(1980 年中央邦法字第 15 号)

227.《中央邦 Akrishik Jot Uchchatam Seema Adhiniyam》(1981)(1981 年中央邦法第 11 号)

228.《中央邦农业控股限额(第二次修正)法令》(1976)(1984 年中央邦法字第 1 号)

229.《中央邦农业控股限额(修正)法令》(1984)(1984 年中央邦法字第 14 号)

230.《中央邦农业控股限额(修正)法令》(1989)(1989 年中央邦法字第 8 号)

231.《马哈拉施特拉邦土地税收法》(1966 年)(1966 年马哈拉施特拉字第 41 号)第三十六条、第三十六 A 条及第三十六 B 条

232.《马哈拉施特拉邦土地收益和马哈拉施特拉修复表列部落土地(第二次修正)法令》(1976)(1977 年马哈拉施特拉法字第三十条)

233.《马哈拉施特拉废除在某些土地的采矿专业权法》(1985)(1985 年马哈拉施特拉法字第 16 号)

234.《奥里萨邦表列地区转移不动产(表列部落)条例》(1956)(1956 年奥里萨邦第 2 号条例)

235.《奥里萨邦土地改革(第二次修正)法令》(1975)(1976 年奥里萨邦法第 29 号)

236.《奥里萨邦土地改革法(修正案)法令》(1976)(1976 年奥里萨邦法第 30 号)

237.《奥里萨邦土地改革(第二次修正)法令》

---

① 根据《宪法(第六十六修正案)法令》(1990)新增附表九第二百零三条到第二百五十七条。

世界各国宪法文本翻译与研究系列丛书◎世界各国宪法文本汇编(亚洲卷)

(1976)1976 年奥里萨邦法第 44 号)

238.《拉贾斯坦邦殖民地(修订)法令》(1984)(1984 年拉贾斯坦法字第 12 号)

239.《拉贾斯坦邦租赁法(修正案)法令》(1984)(1984 年拉贾斯坦法字第 13 号)

240.《拉贾斯坦邦租赁法(修正案)法令》(1987)(1987 年拉贾斯坦法字第 21 号)

241.《泰米尔纳德邦土地改革(关于土地最高限额)(第二次修正)法令》(1979)(1980 年法泰米尔纳德邦法字第 8 号)

242.《泰米尔纳德邦土地改革(关于土地最高限额定)修正法令》(1980)(1980 年法泰米尔纳德邦法字第 21 号)

243.《泰米尔纳德邦土地改革(关于土地最高限额定)修正法令》(1981)(1981 年法泰米尔纳德邦法字第 59 号)

244.《泰米尔纳德邦土地改革(关于土地最高限额)(第二次修正)法令》(1983)(1984 年法泰米尔纳德邦法字第 2 号)

245.《北方邦土地法(修订)法令》(1982 年(1982 年北方邦法字第 20 号)

246.《西孟加拉邦土地改革法(修订)法令》(1965)(1965 年西孟加拉邦法字第 18 号)

247.《西孟加拉邦土地改革法(修订)法令》(1966)(1966 年西孟加拉邦法字第 11 号)

248.《西孟加拉邦土地改革(第二次修正)法令》(1969 年)(1969 年西孟加拉邦法字第 23 号)

249.《西孟加拉邦村征用(修正)法案》(1977)(1977 年西孟加拉法字第 36 号)

250.《西孟加拉邦土地控股的税收法案》(1979)(1979 年西孟加拉邦法字第 44 号)

251.《西孟加拉邦土地改革法(修正案)》(1980)(1980 年西孟加拉邦法字第 41 号)

252.《西孟加拉邦土地控股和税收(修订)法令》(1981)(1981 年西孟加拉邦法字第 33 号)

253.《加尔各答萨卡租赁(购置和管理)法令》(1981)(1981 年西孟加拉邦法第 37 号)

254.《西孟加拉邦土地控股和税务(修订)法令》(1982)(1982 年西孟加拉邦法第 23 号)

255.《加尔各答萨卡租赁(购置和管理)(修正)法令》(1984)(1984 年西孟加拉邦法第 41 号)

256.《马埃岛的土地改革法》(1968)(1968 年本地治里法第 1 号)

257.《马埃岛土地改革法(修正案)》(1980)(1980 年本地治里法第 1 号)

257A.《泰米尔纳德邦落后阶层、表列种姓和表列部落(在教育机构和国家公务职位的保留)法令》(1993)(1994 年泰米尔纳德邦法第 45 号)①

258.《比哈尔特权人士的宅基地租赁法》(1947)(1948 年比哈尔法第 4 号)②

259.《比哈尔邦的合并和防止分裂法》(1956)(1956 年比哈尔邦法第 22 号)

260.《比哈尔邦的合并和防止分裂(修订)法》(1970)(1970 年比哈尔邦法第 7 号)

261.《比哈尔特权人士的宅基地租赁(修订)法》(1970)(1970 年比哈尔邦法第 9 号)

262.《比哈尔邦的合并和防止分裂(修订)法》(1975)(1975 年比哈尔邦法第 27 号)

263.《比哈尔邦的合并和防止分裂(修订)法》(1982)(1982 年比哈尔邦法第 35 号)

264.《比哈尔土地改革(固定最高土地限额和收购剩余土地)(修订)法令》(1987)(1987 年比哈尔邦法第 21 号)

265.《比哈尔特权人士的宅基地租赁(修订)法》(1989)(1970 年比哈尔邦法第 11 号)

266.《比哈尔土地改革法(修正案)》(1989)(1990 年比哈尔邦法第 11 号)

267.《卡纳塔克邦表列种姓和表列部落(禁止某些土地的转让)(修订)法令》(1984)(1984 年卡纳塔克法第 3 号)

268.《喀拉拉邦土地改革法(修正案)》(1989)(1989 年喀拉拉邦法第 16 号)

269.《喀拉拉邦土地改革(第二次修正)法令》(1989)(1990 年喀拉拉邦法第 2 号)

270.《奥里萨邦土地改革法(修正案)》(1989)(1990 年奥里萨邦法第 9 号)

271.《拉贾斯坦邦租赁法(修正案)》(1979)(1979 年拉贾斯坦法第 16 号)

272.《拉贾斯坦邦殖民地法(修订)法令》(1987)(1987 年拉贾斯坦法第 2 号)

273.《拉贾斯坦邦殖民地法(修订)法令》(1989)(1989 年拉贾斯坦法第 12 号)

274.《泰米尔纳德邦土地改革(关于固定最高土地限额)(修订)法令》(1983)(1984 年法泰米尔纳德邦第 3 号)

275.《泰米尔纳德邦土地改革(关于固定最高土地限额)(修订)法令》(1986)(1986 年法泰米尔纳德邦第 57 号)

---

① 根据《宪法(第七十六修正案)法令》(1994)新增。

② 根据《宪法(第七十八修正案)法令》(1995)新增第二百五十八条到第二百八十四条。

276.《泰米尔纳德邦土地改革(关于固定最高土地限额)(第二次修订)法令》(1987)(1988年法泰米尔纳德邦第4号)

277.《泰米尔纳德邦土地改革(关于固定最高土地限额)(修订)的修正案》(1989)(1989年泰米尔纳德邦法第20号)

278.《西孟加拉邦土地改革法(修正案)》(1981)(1981年西孟加拉邦法第50号)

279.《西孟加拉邦土地改革法(修正案)》(1986)(1986年西孟加拉邦法第5号)

280.《西孟加拉邦土地改革(第二次修正)法令》(1986)(1986年西孟加拉邦法第19号)

281.《西孟加拉邦土地改革(第三次修正)法令》(1986)(1986年西孟加拉邦法第35号)

282.《西孟加拉邦土地改革法(修正案)》(1989)(1989年西孟加拉邦法第23号)

283.《西孟加拉邦土地改革法(修正案)》(1990)(1989年西孟加拉邦法第24号)

284.《西孟加拉邦土地改革法庭法》(1991)(1991年西孟加拉邦法第12号)

[解释条款]

根据《拉贾斯坦租赁法》(1955)(1955年拉贾斯坦邦法令第3号)作出的任何收购,若与第三十一A条第一款第二项规定相抵触,则在抵触的范围内无效。

附表十①

[第一百零二条第二款及第一百九十一条第二款]
因脱党取消资格的条款

1. 解释

在本附表中,除另有规定外,

(a)"议会"是指联邦议会的任何一院、人民院、各邦议会的任何一院大会,视情况而定;

(b)"立法政党"是指根据第二或第四条,属于任何政党的议会成员,该团体包括按照上述规定,当时该院属于此政党的所有成员;

(c)"原始政党"指一个议会成员属于第二条第一款所指的情况;

(d)"条"是指本附表的条。

2. 根据背叛取消资格的条款

(1)根据第四条和第五条的规定,议会的成员属于任何政党,当出现以下情况时应被取消担任议员的资格:

(a)若他已主动放弃该政党的;或

(b)若他在议会的投票中作出了任何违背其所属政党的意图的赞成或弃权票,在其作出投票后的十五

日内未得到该党的原谅。

[解释条款]

本款的宗旨:

(a)当议院的议员被该党选举为候选人时应被视为属于政党;

(b)在议院获提名的成员应当:

(i)他被该政党提名的日期,视其加入该政党;

(ii)在任何其他情况下,依据本宪法第九十九条或视情况而定,根据本宪法第一百八十八条的要求占有席位之日起算六个月届满前,他被视为属于该政党。

(2)当选为议会成员者应作为提名他为候选人的政党当选,如果他在当选后加入其他政党,则其丧失议员的资格。

(3)依据第九十九条或视情况而定,根据第一百八十八条的要求占有席位之日起算六个月届满前,被提名的议员加入其他政党,则其丧失议员的资格。

(4)无论上述作出何种规定,若其在《宪法(第五十二修正案)法令》(1985)生效时的议员(无论当选或获提名),应当:

(i)根据本条第一款的规定,若他在生效前是一个政党的成员,则其被视为已由该党选举或推荐为议员;

(ii)任何情况下,根据本条第二款的规定,视为已经由任何政党选举为候选人,或视情况而定,根据本条第三款的规定被视为已经由议会提名。

3. 根据《宪法(第九十一修正案)法令》(2003年)删除。

4. 因脱党被取消资格不适用于政党合并的情况

(1)当议会的议员的原始政党与其他政党合并,该议员得依据第二条第一款而取消资格,同时他可以宣告他和他所属的原始政党的其他成员:

(a)已经为其他任何政党,或成为已经合并后的新政党;

(b)已对合并提出反对,同时选择成立新团体;

并且从上述合并之日起,该新的政党或团体将依据第二条第一款被视为政党。

(2)依据第二条第一款,新合并的政党因被视为已由三分之二以上的立法团体同意该合并。

5. 例外情况

无论该附表规定了任何情况,任何当选为人民院议长或副议长、联邦院主席或副主席、邦立法会议议长或副议长、邦立法理事会主席或副主席,根据本条不得因以下情况而取消其资格:

(a)当其当选该职位时,应自动放弃他当选前所属的政党,且在其任职期间不得重新加入该政党或其他

---

① 根据《宪法(第五十二修正案)法令》(1985)新增(1985年3月1日生效)。

政党；

(b)当其放弃该职位时，他停止该职务时可重新加入他当选前所属的政党。

6. 因脱党而丧失资格的决定

(1)无论任何议员根据本附表出现因脱党而丧失资格的情况，应由该院的议长或主席决定，且他的决定为最终的决定。

但是，若该院的议长或主席出现此类情况时，则该院应推选一位成员决定，且他的决定为最终决定。

(2)本条第一款所规定的所有程序应视为与第一百二十二条所规定的议会程序，或第二百一十二条邦议会立法程序相同。

7. 对司法权的限制

无论本宪法作出何规定，就议员因脱党而丧失资格的决定，任何法院没有管辖权。①

8. 规则

(1)依据本条第二款的规定，议长或主席应根据本附表专门制定的规则，并不得对上述事项有任何歧视，这些规则应规定：

(a)保留该院所属政党的登记或其他记录。

(b)为立法机构中的政党领袖提供根据第二条第一款第(b)项所提及的该党成员的报告。

(c)政党应提供关于同意加入其的议会成员的报告和负责完成此类报告的人。

(d)根据第六条第一款决定相关问题的程序。

(2)根据本条第一款由议长或主席制定的所有程序，应置于议会，包括在一个会期或两个或两个以上的连续会期达到三十日方可生效，但若其经议会立即通过或不加修正地通过，则该程序规则生效。

(3)议长或副议长应不加歧视地对待第一百零五条、第一百九十四条，对其他行使宪法赋予权力的人故意违背本节的情形，则应以违背议院特权相同的方式处理。

附表十一②

(第二百四十三G条)

1. 农业，包括农业推广。

2. 土地改良，土地的改革，实施土地巩固和水土保持。

3. 小型水利工程，水资源管理和流域开发。

4. 畜牧业，奶业和家禽。

5. 渔业。

6. 社会林业和农场林业。

7. 林产品。

8. 小规模的行业，包括食品加工等行业。

9. 印度土布，村和家庭手工业。

10. 农村住房。

11. 饮用水。

12. 燃料和饲料。

13. 道路、涵洞、桥梁、渡口、水路和其他方式的交通。

14. 农村电气化，包括电力分配。

15. 非传统能源来源。

16. 扶贫方案。

17. 教育，包括小学和中学。

18. 技术培训和职业教育。

19. 成人教育和非正规教育。

20. 图书馆。

21. 文化活动。

22. 市场和集市。

23. 健康和卫生，包括医院，初级保健中心和药房。

24. 家庭福利。

25. 妇女和儿童的发展。

26. 社会福利，包括福利，伤残及弱智迟缓。

27. 福利的弱势群体，特别是对表列种姓和表列部落。

28. 公共分配系统。

29. 维护社区资产。

附表十二③

(第二百四十三W条)

1. 城市规划包括城市规划。

2. 调控土地使用和建筑。

3. 规划经济和社会发展。

4. 道路和桥梁。

5. 供水、住宅、工业和商业用途。

6. 公共健康、卫生保护机构和固体废物的管理。

7. 消防服务。

8. 城市绿化、保护环境和促进生态方面的保护。

9. 维护社会的弱势群体的利益，包括残疾人和弱智。

10. 贫民窟改造与升级。

11. 城市扶贫。

12. 提供城市设施，如公园、花园设施、操场。

13. 促进文化，教育和审美方面。

---

① 根据第三百六十八条第二款但书规定，在 Kihoto Hollohon vs. Zachilhu and others(1992)一案中宣布无效。

② 根据《宪法(第七十三修正案)法令》(1992)新增(1993年4月24日生效)。

③ 根据《宪法(第七十四修正案)法令》(1992)新增(1993年6月1日生效)。

910

14. 殡葬及墓地;火葬及火葬场及电动火葬场。

15. 牛栏;防止虐待动物。

16. 重要统计数据,包括出生和死亡登记。

17. 公共设施,包括街道照明、停车场、巴士站和公厕。

18. 屠宰场和皮革厂的条例。

印度尼西亚共和国宪法[*]

(1945 年 8 月 18 日颁布实施,更新至 2004 年修正)

宪法序言

鉴于独立是所有国家不可剥夺的权利,因此,一切违背人性与公正的殖民政策都应被废除;印度尼西亚独立斗争的光明时刻已经到来,它将带领印度尼西亚人民走向独立、联合、自治、公正与繁荣;感谢全能的神和对自由国民生活的向往,印度尼西亚人民在此宣告独立。

此后,为了成立一个旨在保护印度尼西亚全体人民、维护民族独立和领土完整的印度尼西亚政府,为了促进公共福利,教化公民,参与建立以自由、持久和平与社会正义为基础的世界秩序,兹此,印度尼西亚的独立应载入印度尼西亚宪法,且应将印度尼西亚共和国建设成为一个以信仰唯一真主,崇尚正义、人道,维护印度尼西亚统一,确保民主政治,为印度尼西亚全体人民实现社会正义的主权国家。

第一章 主权与国家的形式

第一条

1. 印度尼西亚的国家形式为单一制的共和国。
2. 主权在民,主权依本宪法行使。
3. 印度尼西亚是建立于法治原则之上的国家。

第二章 人民协商会议(印度尼西亚语之人民协商会议,简称 MPR)

第二条

1. 人民协商会议由经普选产生的人民代表会议代表以及地方代表会议的代表组成,并依法律行使权力。

2. 人民协商会议至少每五年在首都召开一次。
3. 所有人民协商会议的决定均应获多数投票通过。

第三条

1. 人民协商会议有权修改及颁布宪法。
2. 人民协商会议为总统及/或副总统举行就职典礼。
3. 人民协商会议仅可依宪法在总统及/或副总统任期内对其进行罢免。

第三章 执行权

第四条

1. 印度尼西亚共和国总统依本宪法行使政府权力。
2. 副总统协助总统履行职责。

第五条

1. 总统有权向人民代表会议提交法案。
2. 为执行法律之需要,总统有权发布政府条例。

第六条

1. 总统或副总统候选人应为出生于印度尼西亚,且从未依个人意愿获得过其他公民身份,从未有过任何叛国行为及在精神上及身体上均有能力履行总统或副总统的职责的本国公民。

2. 与总统或副总统相关的其他事项由法律具体规定。

第六 A 条

1. 总统及副总统由人民通过一人一票制的直接选举产生。

2. 总统及副总统候选人,由参与大选的政党或政党联盟提前推荐给大选组委会。

3. 总统及副总统候选人如在大选中获得选票总

---

[*] 1945 年 8 月 18 日颁布实施,1949 年 12 月和 1950 年 8 月先后为《印尼联邦共和国宪法》和《印尼共和国临时宪法》替代。1957 年 7 月 5 日恢复实行,1999 年首次修改,2000 年第二次修改,2001 年第三次修改,2002 年第四次修改。王秀楠译,郑涛、邵自红校。英文文本选自印度尼西亚驻美国大使馆网站。(http://www.embassyofindonesia.org/about/pdf/IndonesianConstitution.pdf)

数半数以上的支持，并且获得印度尼西亚国内超过半数的省的选票的百分之二十以上的支持，始得当选总统及副总统。

4. 如遇无总统及副总统候选人的情况，则大选中获得第一及第二多数选票的两名候选人应交由人民直接选举，获得最多选票者宣誓就职为总统及副总统。

5. 总统及副总统的选举组织程序由法律具体规定。

第七条

总统及副总统每届任期五年，可连任一次。

第七A条

总统及/或副总统在其任期内若经证明其犯有以下罪行——叛国、腐败、行贿受贿或其他严重刑事犯罪，或由于精神上的堕落使得其不再适合担任总统及/或副总统，得由人民代表会议提议，由人民协商会议给予罢免。

第七B条

1. 任何罢免总统及/或副总统的提议均由人民代表会议向人民协商会议提出，在此之前，人民代表会议应先向宪法法院提请对总统及/或副总统的调查、审判，并发布一项裁决，表明总统及/或副总统是基于以下原因进入罢免程序——叛国、腐败、行贿受贿或其他严重刑事犯罪，或精神上的堕落使得其不再适合担任总统及/或副总统。

2. 人民代表会议关于总统及/或副总统触犯法律或不再适合担任其职务的意见，需在人民代表会议履行监督职责的过程中形成。

3. 非在由人民代表会议全体代表三分之二以上出席的全体会议并获得出席代表的三分之二多数支持，人民代表会议向宪法法院的提案不得通过。

4. 宪法法院有义务在其收到人民代表会议的提案后九十日以内，对人民代表会议提请的事项进行调查、展开诉讼程序并作出最公正的判决。

5. 如果宪法法院最终裁决，认定总统及/或副总统犯有以下罪行——叛国、腐败、行贿受贿或其他严重刑事犯罪，或精神上的堕落使得其不再适合担任总统及/或副总统，则人民代表会议应召开全体会议以便向人民协商会议提请弹劾总统及/或副总统。

6. 人民协商会议应在收到人民代表会议的提案后30日内召开会议就该提案作出决定。

7. 对于弹劾总统及/或副总统的提案，人民协商会议应召开由四分之三以上代表参加的全体会议作出决定，在总统及/或副总统在全体会议中进行辩解之后，如提案获得出席会议的代表三分之二以上多数支持，罢免决定始得作出。

第七C条

总统不得冻结及/或解散人民代表会议。

第八条

1. 如遇总统在任期内逝世、请辞、遭罢免或无法履行其职责的情形，由副总统代替行使职权直至总统任期结束。

2. 如遇副总统职位空缺的情形，人民协商会议应在六十日内召开会议，从总统提名的两位副总统候选人中选举产生正式的副总统。

3. 如遇任期内总统及副总统同时逝世、请辞、遭罢免，或永久性无法工作及履行其职责的情形，总统职责由外交部长、内政部长及国防部长联合行使。人民协商会议应于此后的三十日内召开会议，从由政党或政党联盟提名的，在上次总统选举中获得第一及第二多数票的候选人中，选举产生新任总统及副总统，其任期为该届政府的剩余任期。

第九条

1. 就任前，总统及副总统应依其所信仰的宗教进行宣誓，或在人民协商会议或人民代表会议前进行庄严宣誓，誓词内容应包括：

总统（副总统）的宗教誓言：

"我在上帝面前宣誓，我将尽我所能，公正地履行我作为印度尼西亚总统（副总统）的职责，全心全意拥护宪法，尽职尽责地执行所有法规及规章，为服务于国家与国民奉献自己。"

总统（副总统）的宣誓誓词：

"我庄严宣誓，我将尽我所能，公正地履行我作为印度尼西亚总统（副总统）的职责，全心全意拥护宪法，尽职尽责地执行所有法规及规章，为服务于国家与国民奉献自己。"

2. 如遇人民协商会议或人民代表会议无法召开会议的情形，总统及副总统应在最高法院负责人的见证下，在人民协商会议之负责人前，依自己的宗教信仰进行宣誓或（在无宗教信仰时）进行庄严宣誓。

第十条

总统是陆海空三军的最高统帅。

第十一条

1. 总统在获得人民代表会议的支持下，可宣布战争与和平，及与其他国家缔结条约。

2. 总统欲缔结的其他涉及国家财政负担或法律的修改与实施的国际协定，如将对人民生活产生根本的、深远的影响，则必须获得人民代表会议的支持方可缔结。

3. 有关国际协定的具体条款由法律进行规定。

第十二条

总统得宣布国家进入紧急状态，宣布条件及后续措施由法律进行规定。

第十三条

1. 总统有权任命外交大使及领事。

2. 对外交大使的任命,总统应参考人民代表会议的建议。

3. 总统有权接受他国任命的外交大使,并在此过程中参考人民代表会议的建议。

第十四条

1. 总统有赦免及复权的权力,在行使此权力时,应参考最高法院的意见。

2. 总统可宣布特赦及撤诉,在行使此权力时,应参考人民代表会议的意见。

第十五条

总统依法可对公民授予头衔、勋章及其他荣誉。

第十六条

总统有权建立咨询委员会,咨询委员会的职责是向总统提供建议和经深思熟虑的意见,具体规则由法律进行规定。

第四章 最高咨询委员会

已取消。

第五章 国务部长

第十七条

1. 总统由各部部长协助其履行职责。

2. 部长的任免权由总统行使。

3. 各部部长对其在政府活动中所掌管的具体领域的事务负责。

4. 各部部长的产生、更换及去职由法律具体规定。

第六章 地方权力

第十八条

1. 印度尼西亚共和国由若干省组成,省由若干区和市组成,各级地方当局的权力由法律具体规定。

2. 省、市、区的地方当局依地方自治和协助义务原则管理本辖区事务。

3. 省、市、区的地方当局应分别有各自经普选产生的地方人民代表会议(DPRD)。

4. 省长、市长、区长分别是省、市、区地方当局的负责人,由民主选举产生。

5. 除法律特别规定由中央政府管辖的以外的其他事务,地方当局享有广泛的自治权。

6. 地方当局有权制定地方法规以及为实现自治及履行协助义务所需的其他地方法规。

7. 地方当局的构成及行政机制由法律规定。

第十八 A 条

1. 中央政府与各省、市、区地方当局的关系,省与其所辖市区当局的关系应根据各地方的特殊情况及多样性由法律进行调整。

2. 在财政、公共服务、自然资源及其他资源的使用上,中央政府及各地方当局的关系应依据法律,按照公正与公平原则进行处理。

第十八 B 条

1. 国家依法承认和尊重特殊的、不同的地方政权的联合体。

2. 国家依法承认并尊重传统的社团及传承下来的传统的习惯性权利,只要其符合社会的发展和印度尼西亚共和国国家统一的原则。

第七章 人民代表会议

第十九条

1. 人民代表会议的代表经由普选产生。

2. 人民代表会议的组织结构由法律规定。

3. 人民代表会议每年至少召开一次会议。

第二十条

1. 人民代表会议有权制定法律。

2. 任一法案非经人民代表会议及总统讨论,并获得二者的联合支持,不得通过。

3. 如某一法案未能获得联合支持,则该法案在同一人民代表会议的会期内不得被再次提请讨论。

4. 获得联合支持的法案由总统签署方可生效。

5. 如总统在三十日内未签署获得联合支持的法案,则该法案依法生效并应予以公布。

第二十 A 条

1. 人民代表会议履行立法、预算及监督职能。

2. 为履行其职能及其他依宪法条款所享有的权力,人民代表会议享有质询权、调查权及发表意见权。

3. 除宪法其他条款所赋予的权利外,任一人民代表会议的代表都享有质询权、提出建议和意见的权利以及豁免权。

4. 有关人民代表会议的权力及其代表的权利,具体条款由法律规定。

第二十一条

人民代表会议的代表享有提案权。

第二十二条

1. 因紧急情况所需,总统有权制定政府规章以代替法律。

2. 前款规定的政府规章需在人民代表会议的下一次会议上获得通过。

3. 如未获得通过,则该政府规章应被废除。

第二十二 A 条

有关立法程序的后续条款由法律进行规定。

第二十二 B 条

人民代表会议代表的卸任条件及程序,由法律规定。

第七 A 章　地方代表会议(DPD)

第二十二 C 条

1. 地方代表会议的代表由各省普选产生。

2. 各省地方代表会议的代表总数相同,且地方代表会议的代表总数不得超过人民代表会议代表总数的三分之一。

3. 地方代表会议每年至少召开一次会议。

4. 地方代表会议的结构及组成由法律规定。

第二十二 D 条

1. 地方代表会议有权就以下事项向人民代表会议提出议案——地方自治,中央政府与地方政府的关系,地区的设置、扩张及合并,自然资源及其他经济资源的管理,中央与地方间的财政平衡。

2. 地方代表会议应当参与讨论有关地方自治的法案:

中央政府与地方政府的关系,地区的形成、扩张及合并,自然资源及其他经济资源的管理,中央与地方间财政平衡的法案;并向人民代表会议就有关国家预算、税收、教育或宗教的法案提出经深思熟虑的意见。

3. 地方代表会议可监督有关以下事项的法律的实施——地方自治、地区的设置、扩张及合并,中央政府与地方政府的关系,自然资源及其他经济资源的管理,国家预算、税收、教育或宗教,并向人民代表会议以具体资料的形式汇报监督结果,以便作进一步的考量。

4. 地方代表会议代表的卸任程序及具体要求由法律规定。

第七 B 章　普选

第二十二 E 条

1. 普选以直接、广泛、免费、不记名投票、诚实及公平的方式每五年举行一次。

2. 普选用以选举产生人民代表会议代表,地方代表会议代表,总统及副总统,地方人民代表会议委员会(DPRD)。

3. 产生人民代表会议及地方人民代表会议委员会代表的普选之参与者为政党。

4. 产生地方代表会议代表之普选的参与者为个

人。

5. 组织普选的机构为具有国家性、永久性和独立性的普选委员会。

6. 有关普选的具体条款由法律规定。

第八章　财政

第二十三条

1. 作为国有资金管理基础的国家预算,应每年由相关法律进行确定,并以公开的、可说明的方式予以执行,以便在最大程度上增进人民福祉。

2. 有关国家预算的法案由总统提出,交由人民代表会议参考地方代表会议的意见后决定。

3. 如遇人民代表会议拒绝通过总统提出的国家预算的法案,政府应执行前一年度的国家预算。

第二十三 A 条

所有为国家需要而进行的强制性的税收由法律规定。

第二十三 B 条

本国货币的形式及面额由法律规定。

第二十三 C 条

其他有关国家财政的事务皆由法律规定。

第二十三 D 条

国家设立中央银行,其结构、组成、权力、责任及独立性由法律规定。

第八 A 章　最高审计委员会

第二十三 E 条

1. 设置完全独立的最高审计委员会,由其对国家财政的管理及其详情进行监管。

2. 对国家财政情况的调查结果提交人民代表会议、地方代表会议以及地方人民代表会议依其职权进行审查。

3. 任何据此调查结果所采取的行动,由相关的机构及/或团体分别依法进行。

第二十三 F 条

1. 最高审计委员会的组成人员由人民代表会议甄选产生,并应参考地方代表会议的意见,由总统进行任命。

2. 最高审计委员会的领导从该委员会成员中自行选举产生。

第二十三 G 条

1. 最高审计委员会设立于国家首都,并在各省设立代理机构。

2. 有关最高审计委员会的具体条款由法律规定。

世界各国宪法文本翻译与研究系列丛书 ◎ 世界各国宪法文本汇编(亚洲卷)

第二十四条

1. 司法权独立并包括组织司法系统以实施法律、进行审判的权力。

2. 司法权由最高法院、宪法法院及包括公共法院、宗教事务法院、军事法院、国家行政法院等在内的司法机构行使。

3. 其他具有司法职能的机构由法律规定。

第二十四 A 条

1. 最高法院享有终审权、对违反法律的法规与规章进行审查的权力以及法律赋予的其他权力。

2. 最高法院的法官需具有正直的品性、高尚的人格,公正、专业并具有法律实务经验。

3. 最高法院的法官候选人由司法委员会向人民代表会议进行提名,获得通过后,由总统任命。

4. 最高法院的院长及副院长由最高法院从本院的组成人员中自行选举产生。

5. 有关最高法院的结构、地位、组成人员、审判程序及附属审判机构的条款由法律规定。

第二十四 B 条

1. 设置独立的司法委员会,其有权提议将被任命为最高法院法官的候选人,并有权确保法官的荣誉、尊严及行为不受侵犯和干扰。

2. 司法委员会的成员应有专业的法律知识及实务经验,并具有高尚正直的人格。

3. 总统在获得人民代表会议同意的情况下,对司法委员会的成员予以任免。

4. 司法委员会的结构、组成及成员资格由法律进行规定。

第二十四 C 条

1. 宪法法院有权对案件进行初审及终审、就法律是否违宪进行审查并作出最终裁决、就依宪法授予权力的国家机构间的权属争议进行裁决、决定政党的解散与否、对大选结果的争议进行裁决。

2. 宪法法院有权就人民代表会议针对总统及/或副总统违宪的指控作出裁决。

3. 宪法法院由总统任命的九名法官组成。其中,三人由最高法院提名,三人由人民代表会议提名,三人由总统提名。

4. 宪法法院的院长及副院长由宪法法院从该院九名宪法法官中自行选举产生。

5. 宪法法官需具有高尚、正直的人格,公正判案,以宪法和社会公益为准则,并不得担任任何行政职务。

6. 宪法法官的任免、司法程序及其他有关宪法法院的具体条款由法律规定。

第二十五条

法官的任免由法律规定。

第九 A 章　国家领土

第二十五 A 条

印度尼西亚共和国是一个统一的群岛国家,其边界和领土主权由法律确认。

第十章　公民与居民

第二十六条

1. 印度尼西亚公民由本国各族人民和原为外国人但依法获得印度尼西亚公民资格者组成。

2. 印度尼西亚居民由居住在印度尼西亚境内的印度尼西亚公民及外国国民组成。

3. 有关印度尼西亚公民与居民的事务由法律规定。

第二十七条

1. 所有印度尼西亚公民在法律与政府面前一律平等,并被要求无一例外地遵守印度尼西亚的法律、尊重印度尼西亚政府。

2. 每一位印度尼西亚公民都有工作权和获得人道的生活的权利。

3. 每一位印度尼西亚公民都有保卫国家的权利和义务。

第十 A 章　人权

第二十八条

集会、结社、言论、出版等自由由法律规定。

第二十八 A 条

每个人都享有生存以及捍卫其生活的权利。

第二十八 B 条

1. 每个人都有组建家庭以及在建立合法婚姻关系的基础上繁育后代的权利。

2. 每个儿童都有生存、成长与发展的权利,并且享有受到保护以远离暴力和歧视的权利。

第二十八 C 条

1. 每个人都有满足自身基本需求以求得发展的权利、受教育的权利,从科学与技术、艺术与文化中受益的权利,从而改善其自身的生活质量,增进人类的福祉。

2. 每个人都有通过集体斗争的方式来促进他/她所属的社会、民族和国家的发展,从而寻求自身发展的权利。

第二十八 D 条

1. 每个人都享有在公正的法律面前获得认可、保护的权利以及在法律面前受到平等对待的权利。

2. 每个人都有工作的权利,以及从工作中获取公正且适当的酬劳和待遇的权利。

3. 每个公民都享有公平参与国家治理的机会。

4. 每个人都有获得公民身份的权利。

第二十八 E 条

1. 每个人都有自由选择参与宗教活动,选择其教育、工作、公民身份,在国家领土内的居住地并自由离开与返回的权利。

2. 每个人都有自由选择宗教信仰的权利、自由表达与其智力状况相符的观点与想法的权利。

3. 每个人都有自由结社、集会和表达看法的权利。

第二十八 F 条

每个人都有基于自身及社会环境的发展之目的而进行交流和获取信息的权利,也有通过各种可能的渠道进行搜寻、获取、保有、储存、改进和传递信息的权利。

第二十八 G 条

1. 每个人都有保护自己、家庭、荣誉、尊严和财产的权利,享有为获得自身安全、反抗威胁而采取或不采取行动的人权。

2. 每个人都有权不受虐待及其他不人道的、屈辱的待遇,并有权获得来自其他国家的政治庇护。

第二十八 H 条

1. 每个人都有享受身心健康生活,组建家庭,以及享受良好、健康的社会环境及获得医疗救治的权利。

2. 为了达到平等与公正,每个人都有为实现机会和利益均等而获得便利和特殊待遇的权利。

3. 每个人都有使自己充分发展为一个有尊严的人而获得社会保障的权利。

4. 每个人都享有拥有财产的权利,该财产不能被任何主体以非公正的方式占用。

第二十八 I 条

1. 生命权、不受虐待权、思想意识自由权、宗教自由权、不受奴役权、在法律面前获得承认权、不受具有溯及力的法律的追诉的权利,以上诸项权利为任何情况下均不受限制的人权。

2. 每个人都有权不受基于任何情况的歧视待遇,并有权采取保护措施以免受此类歧视待遇。

3. 传统团体的文化身份及权利随时间的推移和文明的发展而受到尊重。

4. 对人权的保护、发展、维护以及满足是国家,尤其是政府的责任。

5. 为遵循民主法治国家的原则,出于对人权保护的目的,人权的实施应由法律及条例予以明示、保障及规范。

第二十八 J 条

1. 每个人在有序的社会、民族及国家生活中都应尊重他人的人权。

2. 为实现个人的权利与自由,每个人都有义务接受基于法律的约束,而这些约束的目的就是为了保障、承认及尊重他人的权利与自由,以及满足一个民主社会基于道德、宗教价值、安全和公共秩序考量的正义要求。

第十一章　宗教

第二十九条

1. 国家建立在对唯一真主的信仰之基础上。

2. 国家保障所有人依其各自自由信教的权利。

第十二章　国防与安全

第三十条

1. 每位公民都有权利和义务参与国家的防御,保障国家的安全。

2. 国家的防御及安全通过全民防御及安全体系来实现,由印度尼西亚国家军队(TNI)和印度尼西亚国家警察(POLRI)作为主力,人民作为辅助力量。

3. 由陆海空三军组成的印度尼西亚国家军队,作为国家机器,其有责任防御、保护以及维持国家的统一与主权。

4. 印度尼西亚国家警察,作为保护公共秩序及安全的国家机器,其有责任保护、保卫及服务于人民,维护法律尊严。

5. 国家军队和国家警察的组织结构与地位,二者之间因执行各自职责而产生的权力关系,公民参与国家防御和安全保卫的条件及其他与国防及安全有关的事务,由法律规定。

第十三章　教育

第三十一条

1. 每位公民都有接受教育的权利。

2. 每位公民都有接受基础教育的义务,政府负有对基础教育提供资金的义务。

3. 政府应管理及组织国家唯一的教育系统,以提高国民精神信仰、虔诚以及道德品质的水平,其具体内容由法律进行规定。

4. 国家应优先保证至少国家预算及地方预算的百分之二十应专用于教育,以满足开展国家教育的需求。

5. 政府在充分尊重宗教价值和维护国家统一的

基础上发展科学与技术，以促进为人类的繁荣与文明的进步。

第三十二条

1. 国家通过保障社会自由和发展本国文化的价值，促进印尼文化立于世界文化之林。

2. 国家应尊重和保护作为国家文化财富的地方语言。

第十四章　国家经济与社会福利

第三十三条

1. 经济的规划应作为建立在家庭体系原则基础上的社会的共同努力。

2. 对国家具有重要意义、对人民生活产生重大影响的生产部门，应置于国家权力的监督下。

3. 土地、水以及各种自然资源由国家进行管理监督，并最大限度地增进人民的福祉。

4. 国家经济的组织与管理，应在经济民主的基础上，保障团结、公正及效率、延续性、环境的持续发展、自给自足、在国家经济的发展与统一的过程中保持平衡。

5. 有关实施此条的具体条款由法律进行规定。

第三十四条

1. 穷人及被遗弃的儿童由国家照顾。

2. 国家建立面向全体人民的社会保障体系，依人性的尊严之要求，授予需帮助的及社会底层的人以特殊的权利。

3. 国家有责任提供充足的医疗及社会服务设施。

4. 有关实施此条的具体条款由法律进行规定。

第十五章　国旗、语言、国徽与国歌

第三十五条

印度尼西亚国旗由红白两色组成。

第三十六条

官方语言为印度尼西亚语。

第三十六 A 条

国徽由班查希拉（Pancasila）鹰和异中有同的箴言组成。

第三十六 B 条

印度尼西亚国歌为《伟大的印度尼西亚》（Indo-nesia Raya）。

第三十六 C 条

有关国旗、语言、国徽及国歌的具体条款由法律规定。

第十六章　宪法的修改

第三十七条

1. 如果人民协商会议全体代表的三分之一以上提出了修改宪法条款的提议，则该提议应列入人民协商会议的议事日程。

2. 任何有关宪法条款修改的提议应以书面形式提出，并须详细列明要修改的条款及修改的原因。

3. 对于宪法条款的修改，人民协商会议要求至少应有全体代表三分之二以上出席会议。

4. 对于宪法条款修改的决定，至少应有人民协商会议全体代表过半数的同意。

5. 有关印度尼西亚共和国的单一制国家形式的条款，不得修改。

临时条款

第一条

在新的国家机构未依该宪法产生之前，为实施本宪法之目的，所有现存的国家机构仍继续存在并继续履行其职责。

第二条

在新的法律及条例未依该宪法生效之前，所有现存的法律及条例仍有效。

第三条

宪法法院应于 2003 年 8 月 17 日之前建立，在此之前，由最高法院执行其职能。

补充条款

第一条

根据人民协商会议在 2003 年会期所作的决议，人民协商会议有义务审查自己颁布的法令的内容及其法律地位。

第二条

随着该宪法修正案的颁布，印度尼西亚共和国宪法由序言及正文条款组成。

约旦哈希姆王国宪法[*]

（1952 年 1 月 1 日批准公布，经 1954 年 4 月 17 日、1955 年 10 月 16 日、
1958 年 5 月 4 日、1958 年 9 月 1 日、1960 年 2 月 16 日、1965 年 4 月 1 日、
1973 年 4 月 8 日、1974 年 11 月 10 日、1976 年 2 月 7 日、1984 年 1 月 9 日修正）

朕，约旦哈希姆王国的国王塔拉勒一世，依照宪法第二十五条，按照参议院和众议院的决定，特此批准此修正之宪法，并予以公布。

第一章　国家与政体

第一条

约旦哈希姆王国是独立自主的阿拉伯国家。王国不可分割或让渡，其任何部分均不得割让。约旦人民是阿拉伯民族的一部分。约旦的政体是王位世袭的议会制。

第二条

伊斯兰教是国教，阿拉伯语为官方语言。

第三条

安曼（Amman）是王国之首都，但得通过特别法而迁都。

第四条

约旦国旗的样式和规格如下："旗帜长度为宽度的两倍，由三条平行的、比例相等的横条组成，上条黑色，中条白色，下条绿色。靠旗杆部分有一个红色三角形，其底边和旗宽相等，其高为旗长的一半。三角形内有一颗白色七角星，其大小正好能容纳于直径为旗长十四分之一的圆内，其中心位于三角形的角平分线的交叉点上，通过其一角的轴线和三角形的底边平行。"

第二章　约旦人的权利和义务

第五条

约旦国籍由法律确定。

第六条

（一）约旦人在法律面前一律平等。不得因种族、语言和宗教而加以歧视。

（二）政府在其可能的范围内保障所有约旦人的工作和教育，并保障他们的安定和机会均等。

第七条

人身自由受保障。

第八条

非依据法律之规定，任何人不受拘留或监禁。

第九条

（一）任何约旦人不得被驱逐出境。

（二）除法律规定的情况外，不得限制任何约旦人的居住自由，也不得强迫任何约旦人居住在某一特定处所。

第十条

住宅不受侵犯，除非在法律规定的情形并依照法律规定的方式，不得擅自闯入住宅。

第十一条

除非出于公用事业的需要并按照法律规定公正补偿，不得征用任何人的财产。

第十二条

除非依据法律，不得强迫摊派集资，不得征用任何动产或不动产。

第十三条

不得强迫任何人从事强制劳役，但在下列情况下可以依照法律规定要求任何人作任何工作或提供任何服务：

1. 在紧急状态下，如战争状态、发生公共危险、火灾、水灾、饥荒、地震、危害人畜的严重流行病、动物瘟疫、虫灾、鼠疫及其他类似灾害，或出现任何其他危害全体或一部分人民安全的情况。

2. 被法院定罪的人，但是应在官方权力机关监督下劳动和服务，任何私人公司或公共团体不得雇用或安置定罪者。

第十四条

国家保障依照王国风俗习惯自由举行各种形式

---

*　译自约旦国王办公室网站所载的官方英文版（http://www.kinghussein.gov.jo/constitution_jo.html）。译者：王建学。

919

的礼拜和宗教仪式，但以不违反公共秩序和道德者为限。

第十五条

（一）国家保障意见自由。任何约旦人都有以口头、书面、图像及其他方式表达自己意见的自由，但不得违反法律。

（二）在法律规定的范围内，新闻与出版自由应受保障。

（三）非依据法律之规定，不得勒令报刊停刊或予以取缔。

（四）在宣布戒严令或紧急状态时，可以依法就关系到公共安全和国防的问题对报刊、书籍和广播实行有限度的检查。

（五）对报刊资金来源实施的监督应由法律予以规定。

第十六条

（一）约旦人有在法律范围之内集会的权利。

（二）约旦人有建立社团和政党的权利，但其宗旨必须合法，其活动方式必须是和平的，且其章程不得同本宪法之规定相抵触。

（三）关于成立社团和政党的手续和对其资金来源的实施监督的办法由法律规定。

第十七条

约旦人有按照法律规定的方式和条件就任何有关自身或有关公共事务的事项向政府机关请愿的权利。

第十八条

一切邮政、电报、电话的通讯秘密均受保护，除法律有明确规定的情况外，不得检查或扣留。

第十九条

教会有权设立和维持各自的学校，以便对各自的会众进行教育，但须遵守法律的一般规定并在课程内容和办学方针方面接受政府的监督。

第二十条

约旦人必须接受强制性初等教育，并可免费进入政府办的学校。

第二十一条

（一）政治避难者不得因其政治信仰或对自由的捍卫而被引渡。

（二）普通罪犯的引渡应依照国际协定和国际法。

第二十二条

（一）约旦人有权依照法律或法规规定的条件被任命担任公职。

（二）政府及其附属机构的任何职位，以及市政机关的任何职位，无论是常设的还是临时的，都必须根据才能和资格予以任命。

第二十三条

（一）工作是每个公民的权利，国家通过指导国民经济并提高其水平向所有公民提供就业的机会。

（二）国家根据下列原则保护劳工并制定法规：

1. 劳动者应得到与其劳动质量和数量相称的工资。

2. 每周的劳动小时数应予限定。劳动者享有每周或年度的带薪休假。

3. 对有家庭负担的劳动者因裁员、疾病、年老和劳动性质而发生急难时应给予特殊补助。

4. 对妇女和青少年的就业予以特殊照顾。

5. 工厂和工场必须符合卫生规范。

6. 在法律规定的范围内可以组织自由工会。

第三章　国家权力之总则

第二十四条

（一）人民是一切权力的源泉。

（二）人民依照本宪法规定的方式行使其权力。

第二十五条

立法权同时属于国民议会和国王。国民议会由参议院和众议院组成。

第二十六条

行政权属于国王，国王通过各部大臣依照本宪法的规定行使其权力。

第二十七条

司法权由各级法院行使，所有判决依据法律作出，并以国王的名义宣布。

第四章　行政权

第一节　国王及其特权

第二十八条

哈希姆王国的王位由阿卜杜拉·伊本·侯赛因（Abdullah Ibn Al-Hussein）国王的直系男性后嗣按以下规定继承：

1. 王位由王位占有者传于其长子，再传于长子之长子，依此次序类推。如果长子在国王传位前死亡，王位应由死亡长子的长子继承，不管死亡的长子是否有兄弟。但是国王有权从死亡长子的兄弟中挑选一人作为法定继承人，在此种情况下，王位继承权则属于该法定继承人。

2. 如果王位继承人死亡时无后嗣，则王位应传于他的最年长的兄弟。如果王位占有者已无兄弟，王位传于最年长兄弟的长子，如果最年长兄弟无子，王位传于按年龄顺序的其他兄弟的长子。

3. 如果没有任何兄弟和侄辈，王位由叔父及其后裔按照上述第二款规定的次序继承。

4. 如果最后一位世袭国王死亡时无任何上述后裔,由国民议会从阿拉伯起义①的倡导者——已故国王侯赛因·伊本·阿里的后裔中推选一人继承王位。

5. 继承王位者必须是穆斯林,智力健全,为合法婚姻所生之子,且父母均为穆斯林。

6. 因不适任而被敕令取消继承资格的人不得继承王位。上述取消继承资格并不自行包括其后裔。但取消继承资格的敕令由首相和包括司法大臣和内政大臣在内的四名大臣签署。

7. 按照伊斯兰历计算,国王年满十八周岁为成年。如果王位由未成年者继承,国王之权力由摄政或摄政委员会行使,摄政或摄政委员会由现任国王以敕令任命,但是如果国王在去世前未予任命,则由内阁任命。

8. 如果国王因病不能行使其权力,应由摄政或摄政委员会代行国王权力。上述摄政或摄政委员会须由国王以敕令任命。如果国王已无能力任命,则由内阁任命。

9. 如果国王要出国,应在出国前以敕令任命摄政或摄政委员会在其出国期间代行其权力。摄政或摄政委员会必须遵守敕令中规定的条件,如果国王出国超过四个月并且众议院在休会期间,应立即召集众议院开会研究此事。

10. 摄政、总督、摄政委员会或王位委员会的成员在就职前须依照本宪法第二十九条的规定,在内阁面前举行宣誓。

11. 如果摄政、总督、摄政委员会或王位委员会的成员死亡或不能履行其职责,内阁应任命合适人选接替。

12. 摄政、总督、摄政委员会或王位委员会的成员按伊斯兰历计算必须至少年满三十周岁。但是,国王的任何男性亲属年满十八周岁时即可被任命担任上述职务。

13. 如果国王因患精神病而无法执政时,内阁在获得证实后应即召开国民议会。国民议会在确证其病情后,应通过决议废黜国王,并根据本宪法的规定将王权移交其继承人。如果当时众议院业已解散或任期届满而新届众议院尚未选出,应召集上届众议院参加国民议会会议共商此事。

第二十九条

国王即位时应在参议院议长主持召集的国民议会会议上宣誓尊重和奉行宪法并忠于国家。

第三十条

国王为国家元首,豁免一切义务和责任。

第三十一条

一切议会法律均由国王批准并公布。国王得下令制定为实施议会法律所必需的法规,但这种法规不得同该项法律的条款相抵触。

第三十二条

国王为陆海空三军的最高统帅。

第三十三条

(一)国王宣布战争,缔结和约,批准条约和协定。

(二)涉及国库承担财政义务和影响约旦人民的公共权利或个人权利的条约和协定,非经国民议会批准不得生效。在任何情况下,条约或协定所包含的秘密条款不得同公开宣布的条款相抵触。

第三十四条

(一)国王依照法律的规定发布众议院大选令。

(二)国王依照本宪法的规定召集众议院并宣布开会、休会和闭会。

(三)国王得解散众议院。

(四)国际得解散参议院或将参议员解职。

第三十五条

国王任免首相或接受其辞职。国王根据首相的建议任免大臣或接受其辞职。

第三十六条

国王任命参议员,并从参议员中任命参议院议长并接受参议员或议长的辞职。

第三十七条

(一)国王创设、授予和剥夺文武官员之衔级、勋章和荣誉称号,并得以特别法将此项权力委托给他人行使。

(二)货币以国王的名义依法铸造。

第三十八条

国王有权宣布特效或免罪减刑,但大赦必须由特别法决定。

第三十九条

死刑判决非经国王核准后不得执行。一切死刑判决均应由内阁签注意见转呈国王。

第四十条

国王以敕令行使赋予他的权力。一切敕令均须由首相和有关大臣签署,然后由国王在其他大臣签署之上签名以示同意。

第二节 大臣

第四十一条

内阁由首相和若干名大臣组成,首相任内阁主

---

① 阿拉伯起义(阿拉伯语:Al-Thawra al-'Arabiya),是第一次世界大战期间原奥斯曼帝国境内阿拉伯民族反抗土耳其人统治的民族解放斗争,发生于1916年至1918年之间,由侯赛因·伊本·阿里(Sherif Hussein ibn Ali)领导,目标是使阿拉伯人脱离土耳其统治,建立一个阿拉伯国家。——译者注

席,大臣的名额根据需要和公共利益的要求而定。

第四十二条

非约旦人不得被任命为大臣。

第四十三条

首相和各大臣在就职前须在国王面前作如下宣誓:

"我以全能的真主的名义宣誓,忠于国王,维护宪法,为国家服务,忠诚地履行赋予我的职责。"

第四十四条

任何大臣不得购买和租借政府的财产,即使在公开拍卖中出售和租借亦在禁止之列。大臣在任职期间不得担任任何公司董事会的董事,不得参与任何公司的财务或从任何公司领取薪金。

第四十五条

(一)内阁被授予管理国家一切内政外交事务的职责,但由本宪法或其他法律授权其他人或其他机构处理的事务除外。

(二)首相、大臣和内阁的职责由内阁制订的并经国王批准的法规予以规定。

第四十六条

大臣得依照委任令的规定掌管一个部或数个部。

第四十七条

(一)任一大臣负责处理他所分管的部的一切事务。对于不属其管辖范围的事务,应提请首相处理。

(二)首相处理其权力和管辖范围内的一切事务,其他事项应提交内阁处理。

第四十八条

内阁的一切决定应由首相和大臣签署,并依照本宪法的规定或根据本宪法制定的法律和法规的规定呈请国王核准,然后由首相和各大臣按照各自的职权范围予以执行。

第四十九条

国王之口头或书面命令不得解除大臣之责任。

第五十条

如果首相辞职或被免职,应视为全体大臣辞职或被免职。

第五十一条

首相和各部大臣应就国家的公共政策对众议院负集体责任。同时,各部大臣应就各该部的活动对众议院负个人责任。

第五十二条

身为众议员或参议员的首相或大臣在其所属议院有表决权并在两院均有发言权。但非两院议员的大臣在两院只有发言权而无表决权。

第五十三条

(一)众议院得对内阁或任何一名大臣提出不信任案。

(二)若众议院以全体议员的绝对多数对内阁投不信任票,则内阁应辞职。

(三)若不信任案涉及个别大臣,则该大臣应辞职。

第五十四条

(一)应首相请求或十名以上众议员的联名请求,众议院应召开会议审议对内阁或个别大臣的不信任投票。

(二)应有关大臣或内阁的请求,对内阁或个别大臣的信任投票可以推迟举行,但不得超过十日。在此期间不得解散众议院。

(三)如果正值众议院开会,每届新内阁应在其组成后的一个月内向众议院报告施政方针,并请求就此报告进行信任投票。如果正值众议院休会或者已被解散,国王在议会开幕时所作的演说应视为本条所指称的施行方针报告。

第五十五条

被指控在履行职务期间犯罪的大臣应由特别高等法庭(High Tribunal)审判。

第五十六条

众议院有权弹劾大臣,但弹劾案须有该议院全体议员的三分之二多数赞同才能成立。众议院应从其成员中委派代表将弹劾案递交特别高等法庭并出庭起诉。

第五十七条

特别高等法庭应由参议院议长和另外八名成员组成,由参议院议长任庭长,其中三名成员由参议院从参议员中选举产生,另五名成员从最高民事法院的法官中按照资历顺序遴选产生。在必要之时,其成员也可以从下级法院的院长中按照资历顺序予以补充。

第五十八条

特别高等法庭对于现行刑法典中有明确规定的犯罪应适用现行刑法典。如果大臣负有责任的罪行在现行刑法典中没有规定,应由特别法予以规定。

第五十九条

特别高等法庭之判决须以六票多数方得作出。

第六十条

在特别法制定以前,特别高等法庭应自行制定审判大臣的程序规则。

第六十一条

经众议院起诉的大臣应中止职务,直至特别高等法庭作出判决。若该大臣辞职,并不停止对他的刑事起诉或审判的继续进行。

第五章　立法权国民议会

第六十二条

国民议会由两院组成:参议院和众议院。

第一节　参议院

第六十三条

参议院的参议员数包括议长在内,不得超过众议院的众议员的半数。

第六十四条

除本宪法第七十五条规定的条件外,参议员必须年满四十周岁,并须具备下列身份之一:现任或曾任首相或大臣、曾任大使或全权公使、众议院议长、最高上诉法院或民事和伊斯兰教教法上诉法院的院长或法官、中将以上的退役军官、曾当选两次以上的众议院议员以及其他有功于民族和国家而为众望所归的人员。

第六十五条

(一)参议员任期四年,参议员职务每四年重新任命一次。任期届满的参议员可被重新任命而连任一届。

(二)参议院议长任期两年,但得被重新任命。

第六十六条

(一)参议院和众议院应同时召开,且两院的会期亦应相同。

(二)若众议院被解散,参议院之会期应中止。

第二节　众议院

第六十七条

众议院由依照选举法的规定以普遍、直接和秘密投票方式选出的议员组成。选举法应确保下列原则:

1. 选举的廉正性。

2. 候选人有权监督选举的过程。

3. 对恶劣影响选民意志的人实行制裁。

第六十八条

(一)众议院议员任期四年,自政府公报公布大选结果之日起算。国王得以敕令延长众议院的任期,但延长期限不得少于一年,也不得超过两年。

(二)大选应在众议院任期届满前四个月中举行,如果大选因故延期至众议院任期届满后举行,该届众议院应任职至新届众议院选出时为止。

第六十九条

(一)众议院应在每次常会开始时以秘密投票方式选出议长。议长任期一年,连得续任。

(二)若众议院举行特别会议而无议长时,众议院应选出议长,其任期到下次常会开始时为止。

第七十条

除本宪法第七十五条规定的条件外,众议院议员须年满三十周岁。

第七十一条

众议院有权对众议员选举是否有效作出裁决。

每一个选民都有权在他所在地区的选举结果公布后十五日内,陈情于众议院秘书处,陈述他认为议员选举无效的正当理由。非经众议院以全体议员的三分之二多数通过决议,不得宣布选举无效。

第七十二条

众议员得以书面形式向众议院议长提出辞职,议长应将辞呈提交众议院决定是否接受辞职。

第七十三条

(一)若众议院被解散,必须举行大选,新一届众议院必须在上届众议院解散后四个月内召开特别会议。上述特别会议应视同本宪法第七十八条所指称的常会,并应按照该条的规定延长会期或休会。

(二)若四个月限届满而选举尚未结束,已解散的众议院应恢复行使宪法赋予的一切权力,并如同未经解散那样立即召集会议,并行使职能至新一届众议院选出时为止。

(三)在任何情况下,上述特别会议不得在 9 月 30 日后而应在 9 月 30 日前闭会,以便众议院第一次常会得于 10 月 1 日召开。若特别会议是在 10 月或 11 月召开的,则应视为众议院第一次常会。

(四)虽有第一款与第二款之规定,若有不可抗力事件发生以致内阁认为大选不可能,则国王得推迟大选之举行。

(五)若第四款规定的不可抗力事件持续,国王得基于内阁之决定恢复并召集被解散的众议院。此众议院应行使宪法赋予的一切权力,并应遵守本宪法之规定,包括其关于众议院任期与解散之规定。众议院在此情形下之会期,无论其于何日举行,均应视为众议院第一次常会。

(六)若内阁认为在本条所规定的不可抗力事件持续的情况下有至少一半之选区可能举行大选,国王得命令上述选区举行选举。上述选区当选之众议员,若其三分之二多数即构成众议院之有效会议,则其应为未能举行选举之选区代为选出不超过一半的议员,但此代选举应以三分之二以上之多数,并应符合本宪法第八十八条之规定及方式。可举行选举选区当选之议员与依本款规定被代选之议员应共同依本款之规定为上述未能举行选举的选区选出剩余的议员。

第七十四条

若众议院以某种理由被解散,新届众议院不得以同一理由被解散。凡主动争取提名参加竞选的大臣,至迟应在提名开始前十五日辞去其职务。

第三节　议会两院通则

第七十五条

(一)任何人若有下列情形之一,则不得成为参议员或众议员:

1. 非约旦人。

2. 申请外国国籍或外国保护者。

3. 依法宣判为破产而仍未清偿债务者。

4. 被禁止担任议员而且禁令尚未解除者。

5. 因非政治性犯罪被判处一年以上徒刑而且未被赦免者。

6. 在与政府的任何部门的任何契约——土地与地产合同或租约除外——中有物质利益者,但本项规定不适用于十人以上的公司的任何股东。

7. 精神病与痴呆症患者。

8. 同国王有亲属关系,其亲等在特别法规定的等数以内者。

(二)参议员或众议员若在任期内成为不合格议员,或在当选后出现上款规定的一种或若干种情形,其议员资格得由其所属议院以全体议员三分之二多数之决议予以撤销,其议席即为空缺。但上述决议如为参议院所通过者,应呈请国王核准。

第七十六条

除本宪法第五十二条另有规定者外,任何人不得在担任参议员或众议员的同时兼任公职。本条所说的公职指其担任者从公共基金中领取薪金的一切职位,包括市政机关职位。同理,一个人不得同时兼任两院的议员。

第七十七条

在遵守本宪法关于解散众议院的规定的前提下,国民议会应在其任期内每年举行一次常会。

第七十八条

(一)国王应在每年10月1日召集国民议会常会,如适逢法定假日,则顺延至次日即法定假日后的第一天召开。但国王可以通过在政府公报上发布救令延期召集国民议会,并在救令中另行规定开会日期,但延期不得超过两个月。

(二)如果未依照上款的规定召集国民议会,国民议会得自行召集如同奉命召集。

(三)国民议会常会应依照前两款规定的召集日期开始,会期为四个月,但众议院在会期届满前被国王解散者除外。国王得延长常会会期以紧急处理悬而未决的事项,但延长期限不得超过三个月。四个月会期或其上述延长期限届满时,国王应宣布闭会。

第七十九条

国王主持国民议会常会开幕式并向参众两院发表演说。国王得委托首相或大臣代表国王主持开幕式并代为发表演说。众议院和参议院应各自呈上报告,对国王的演说表明态度。

第八十条

参议员或众议员在就职前须在其所属议院作如下宣誓:

"我以全能的真主的名义宣誓,忠于国王和国家,维护宪法,为民族服务,忠诚地履行赋予我的职责。"

第八十一条

(一)国王得以救令宣布国民议会休会,但不得超过三次。如果国王曾依照第七十八条第二款的规定推迟国民议会的召开,则宣布休会不得超过两次。但在任何一次会期,其延长的时间累计不得超过两个月。计算会期时,休会时间不应计算在内。

(二)参议院和众议院得按照各自的议事规则随时休会。

第八十二条

(一)国王可以根据需要随时召集国民议会特别会议,会期不定,处理宣布召集的救令专门规定的事项。特别会议的休会应以救令宣布。

(二)国王得应众议院绝对多数议员的请求而召集国民议会特别会议,上述请求应包括在对希望讨论的事项作出详细说明的请愿书中。

(三)国民议会特别会议只讨论在召集该次特别会议的救令中明确规定的事项。

第八十三条

参议院和众议院应分别制定内部议事规则以支配和组织各自活动,并呈报国王核准。

第八十四条

(一)参议院或众议院的会议非有各院三分之二的议员出席不得认为合法,嗣后只要有绝对多数议员出席,则应继续认为有效。

(二)参议院和众议院的决议须以不包括议长的出席议员的多数票方得通过。除本宪法另有规定者外,议长不参加投票。若表决结果赞成和反对票数相等,则取决于议长。

(三)若是有关宪法的投票或是对内阁或个别大臣的信任投票,须举行唱名表决。

第八十五条

参议院和众议院的会议公开举行。但是应政府或者五名参议员或众议员的请求,可以举行秘密会议。参议院或众议院应对上述请求作出接受或拒绝的决定。

第八十六条

(一)在国民议会举行会议期间,任何参议员或众议员不受拘留或审判,但由参议院或众议院以多数通过决议认定对该议员的拘留或审判是有充分理由的,或因现行犯罪而被逮捕者,不在此限。若议员为现行犯而被逮捕,应立即通知其所属议院。

(二)如果参议员或众议员因某种原因在国民议会休会期间被拘留,首相应在国民议会重新开会时将对该议员的指控连同必要的说明通知参议院或众议院。

第八十七条

每一个参议员或众议员在参议院或众议院议事规则规定的范围内有发表演说和表达意见的完全自由，议员在议会会议期间的投票、发言或演说一概不受追究。

第八十八条

参议院或众议院的议席如因议员死亡、辞职或其他原因而出缺，应自各该议院通知内阁之日起两个月内补缺，如参议员出缺，通过任命补缺，如众议员出缺，则举行补选。补缺的参议员或众议员的任期至其前任任期届满时为止。

但若任一选区的众议院议员由于任何原因而出缺，且由于不可抗力事件而使内阁认为补缺选举不可能，众议院应在被通知后的一个月内以其议员之绝对多数从上述出缺选区的居民中选举补缺议员，该补缺之议员适用本宪法之规定，其选举以参议院认为适当之方式进行。

第八十九条

（一）除本宪法第三十四条、第七十九条和第九十二条规定的情况参议院和众议院可以举行联席会议以外，两院也可以应首相的请求举行联席会议。

（二）若参议院和众议院举行联席会议，会议应由参议院议长主持。

（三）参议院和众议院合法举行的联席会议必须有各院的绝对多数成员出席才被视为有效。联席会议的决议须以出席的参议员和众议员的过半数通过，议长不参加投票，但若赞成和反对的票数相等，则取决于议长。

第九十条

参议员或众议员非经其所属议院作出决定不得罢免，但依照本宪法及选举法规定因不合格或兼职而应撤销议员资格者不在此限。罢免参议员或众议员的决定应由议院以全体议员的三分之二多数作出。如果是罢免参议员的决定，则应呈请国王核准。

第九十一条

首相有权向众议院提出法案，众议院有权通过、修正或否决该法案，但不论何种情况，众议院应将该法案送交参议院，只有经参议院和众议院通过并经国王核准，法案才能作为法律颁布。

第九十二条

如果某项法案被两院的任何一院两次否决，而为另一院以修正或其他形式所通过，则两院应在参议院议长主持下举行联席会议讨论分歧点。联席会议应以出席的参议员和众议员的三分之二多数通过决议。如果法案依照上述方式被否决，不得在同一会期再次向众议院提出。

第九十三条

（一）经参议院和众议院通过的法案应呈请国王核准。

（二）经国王核准的法律自其在政府公报上公布之日起三十天后开始生效，但该项法律本身规定有生效日期者除外。

（三）若国王认为不宜同意某项法律，得自法律呈请核准之日起六个月内将法律连同拒绝同意的理由书退还众议院。

（四）在上款规定期限内迟还的法案（宪法除外）如由参议院和众议院分别以全体议员的三分之二多数再度通过，则该项法律应予公布。如果法律草案未在上述第三款规定期限内连同国王批复退还，应视为业已公布并生效。如果法律草案未能得到三分之二多数通过，不得在同一会期再次提出，但国民议会可以在其下次常会上重新审议此项法案。

第九十四条

（一）在国民议会闭会或被解散期间，经国王同意后，内阁有权就刻不容缓需要采取紧急措施的事项或为批准不容迟延的紧急开支而公布暂行法，上述暂行法在不违背本宪法规定的情况下具有法律效力。但应在议会下次会期开始时提交议会审批，议会得予以追认或加以修正。如果上述暂行法被否决，内阁在呈报国王核准后应即宣布予以撤销，并自宣布撤销之日起停止生效，但根据该项暂行法所签订的合同或获得的权利不因该项暂行法的撤销而受影响。

（二）临时法具有依照本宪法第九十三条第二款规定颁布的法律所具有的同等效力。

第九十五条

（一）参议员或众议员十人或十人以上联名得提议制定法律。此项提议应送交众议院的有关委员会征求意见。如果众议院认为该提议可以接受，应将其送交政府草拟法案，然后在本次会期或下次会期提交众议院审议。

（二）参议员或众议员依照上款规定提出的法律提案如为参议院或众议院所否决，不得在同一会期再次提出。

第九十六条

参议员或众议员依照参议院或众议院议事规则的规定，得就任何一般事项向大臣们提出询问或质询。此类问题应在大臣收到八日后开始讨论，但情况紧急并经有关大臣同意缩短上述期限者除外。

第六章　法院

第九十七条

法官独立。法官在行使司法职能时只服从法律的权威。

第九十八条

民事法院和伊斯兰教教法法院（Sharia Courts）的法官依照法律的规定以敕令任免。

第九十九条

法院应分三类：

1. 民事法院；

2. 宗教法院；

3. 特别法院。

第一百条

法院的种类、级别、部门、管辖权限和如何行政，均按特别法确定，条件是该特别法规定设有最高法院。①

第一百零一条

（一）人民都有向法院提起诉讼的权利，法院事务不受任何干涉。

（二）法院审判公开进行，但法院得出于公共秩序和善良风俗的考虑秘密审判。

第一百零二条

约旦哈希姆王国的民事法院对全体人民的一切民刑事案件，包括由政府提出的诉讼和对政府的起诉，均享有管辖权，但依照本宪法或现行法律的规定应由宗教法院或特别法院审理的案件除外。

第一百零三条

（一）民事法院依照王国现行法律行使其民刑事案件管辖权，但是涉及外国人个人身份的案件或其他民事和商事案件按国际惯例应适用他国法律时，应当按照法律规定的方式予以适用。

（二）关于个人身份的案件指当事人都是穆斯林、按法律规定专属伊斯兰教教法法院管辖的案件。

第一百零四条

宗教法院分为：

1. 伊斯兰教教法法院；

2. 其他宗教团体的法院。

第一百零五条

伊斯兰教教法法院按其专门法律对下列案件行使排他管辖权：

1. 关于穆斯林个人身份的案件。

2. 当事人双方都是穆斯林或虽一方不是穆斯林但经当事人双方同意由伊斯兰教教法法院审理的被杀害者家属索赔（Diya）案件。

第一百零六条

伊斯兰教教法法院依照伊斯兰教教法的规定审理案件。

第一百零七条

穆斯林宗教基金会（Waqfs）的组织及其财务管

理和其他有关事项由特别法规定。

第一百零八条

宗教团体之法院系指政府业已承认或将予承认在约旦哈希姆王国内设立的非穆斯林宗教法院。

第一百零九条

（一）宗教团体法院应根据有关的专门法律的规定设立。该项专门法律应规定此类法院对关于个人身份案件和为有关宗教团体利益而建立的宗教基金会的案件的管辖权。任何此类团体的个人身份案件和伊斯兰教教法法院管辖的穆斯林案件相同。

（二）上述专门法律应规定宗教团体法院应遵循的程序。

第一百一十条

特别法院依照为其设立而制定的法律的规定行使管辖权。

第七章　财政

第一百一十一条

非通过法律不得征收任何税捐。税捐不包括国库根据政府部门为公众提供服务而征收的各种费用，也不包括国有资产上缴国库的收益。政府应根据累进税原则征税，以实现平等和社会公正。但是征税不得超过纳税人的负担能力或超过国家经费的需要。

第一百一十二条

（一）关于国家收支的总预算法案至迟应在下一个财政年度开始的一个月前，按照本宪法的规定提交国民议会讨论。

（二）对预算的表决应逐项进行。

（三）非依据法律不得将总预算支出部分的拨款项目转入另一项目。

（四）国民议会在讨论总预算法案或与之有关的临时法案时，得根据它认为的公共利益需要削减各项支出，而不得通过修正或提出单独的提案增加支出，但是国民议会可以在讨论之后提出规定新的支出的法案。

（五）讨论总预算时，不得接受任何要求废除现行税或开征新税或减少根据现行财政法规征收的税的提案，也不得接受任何要求修改合同规定的收支的提案。

（六）每个财政年度的国家收支概算应以总预算法核准，但是该法可以规定跨年度的专项拨款。

第一百一十三条

如果总预算法不能在新的财政年度开始前公布，

---

① 由于本文的英文表述存在疑难，因此由朱威烈教授根据阿拉伯语原文直接译出。

支出按上年度每月支出额的十二分之一的比例按月继续拨款。

第一百一十四条

内阁经国王批准得制定法规，就控制公共基金的拨付和支出以及公营商店的组织作出规定。

第一百一十五条

一切税收所得和一切其他来源的政府收入均应交入国库，并列入政府预算，但法律另有规定的除外。除依法批准者外，国库基金的任何部分均不得调拨或支出。

第一百一十六条

国王的年俸由总收入中开支并在总预算法中予以规定。

第一百一十七条

开矿或利用矿产及公共设施的特许权，一律须经法律批准。

第一百一十八条

除法律另有规定者外，不得免除任何人的纳税义务。

第一百一十九条

依照法律规定设立审计署，负责审核国家的收入、支出和开销方式：

1. 审计署应在众议院每次常会开始时或应众议院的要求，向众议院提交一份总报告，其内容应包括审计署的看法和意见，并指明任何违章行为及由此产生的责任。

2. 法律应规定国家审计长的豁免权。

第八章 一般条款

第一百二十条

约旦哈希姆王国的行政区划、政府部门的设立及其分工、名称和工作计划、对公务员的任命方式、公务员的免职和惩戒，以及公务员的职权和业务范围的确定，均需由内阁发布并经国王批准的法规予以规定。

第一百二十一条

市政和地方议会的事务由市政和地方议会依照特别法进行管理。

第一百二十二条

本宪法第五十七条规定的特别高等法庭根据内阁的请求或参众两院任何一院以绝对多数通过的决议，有权对本宪法的条款进行解释，此种解释在政府公报上公布后即得实施。

第一百二十三条

（一）特别法庭（Diwan Khass）应首相的请求，得对任何未经法院解释的法律条文作出解释。

（二）特别法庭之组成，应由最高民事法院院长作为法庭庭长，并由内阁任命的两名最高民事法院法官和一名高级行政官员作为法官。若待解释事项涉及内阁某部，则还应包括一名由该部大臣委派的该部高级官员。

（三）特别法庭以多数票作出判决。

（四）特别法庭作出的判决在政府公报上公布后具有法律效力。

（五）其他有关法律解释的问题由法院于发生时作按常处理。

第一百二十四条

因紧急情况需要保卫王国时，应制定称作国防法的法律，赋予该法所确定的人员根据保卫王国的需要采取行动和措施的权力，包括中止执行国家普通法律的权力。经内阁决定并以敕令公布，国防法即行生效。

第一百二十五条

（一）如果紧急情况极其严重，依照本宪法上款规定采取的行动尚不足以保卫王国时，国王得根据内阁的决议发布敕令，宣布全国或部分地区实施戒严令。

（二）宣布戒严令后，国王可以不受任何现行法律的规定的限制，通过敕令发布保卫王国所必需的命令。负责执行上述命令的人员，对其依据此种法令采取的行动不负法律责任。直到为此目的颁布的特殊法解除其上述责任时为止。

第一百二十六条

（一）本宪法关于法案提案过程的规定适用于任何修宪法案，但是任何宪法修正案须由参议院和众议院分别以全体议员的三分之二多数通过。依照本宪法第九十二条规定举行两院联席会议时。宪法修正案须以两院议员的三分之二多数通过，但是，不论以何种方式通过宪法修正案，均须经国王核准方得生效。

（二）在摄政时期不得通过任何涉及国王及其继承人的权利的宪法修正案。

第一百二十七条

军队的义务限于保卫国土和国家安全：

1. 军队征兵、军队的组织和军人的权利与义务均由法律规定。

2. 警察和宪兵的组织、它们的权力及管辖范围均由法律规定。

第九章 法律的实施与废止

第一百二十八条

所有在本宪法生效之日在约旦哈希姆王国施行的现行法律、法规和其他立法，在依照立法程序予以废止或修订以前，继续有效。

第一百二十九条

（一）1946 年 12 月 7 日公布的约旦宪法及其全部修正案特此废除。

（二）1922 年颁布的巴勒斯坦枢密院令及其全部修正案特此废除。

（三）以上两款所提到的废除不应影响任何在本宪法的规定生效以前依据前两款所说的宪法或法令制定的任何法律或法规或据以采取的任何行动的有效性。

第一百三十条

本宪法之规定自其在政府公报上公布之日起生效。

第一百三十一条

内阁应负责本宪法之施行。

1952 年 1 月 1 日　塔拉勒

越南社会主义共和国宪法*

（1992 年 4 月 15 日通过，国民议会主席黎光道①签署，2001 年 12 月 25 日修改）

序　言

历经数千年的历史，勤劳、智慧、英勇善战的越南劳动人民为了建设国家、保卫国家，发扬民族的团结、正义和坚强不屈的传统，创造了越南光辉灿烂的文化。

自 1930 年始，在胡志明主席创建和训练的越南共产党的领导下，我们越南人民进行了长期艰苦的革命斗争，付出了极大的牺牲，最终取得了八月革命的胜利。1945 年 9 月 2 日，胡志明主席宣读了《独立宣言》，越南民主共和国从此诞生。此后几十年来，我国各族人民在世界各国，特别是各社会主义国家和友邻国家的协助下继续战斗，并取得了举世瞩目的成绩，特别是在具有历史意义的奠边府战役和胡志明战役中，战胜了殖民主义和帝国主义的侵略，解放了祖国，统一了祖国，完成了民族革命和人民民主革命。1976 年 7 月 2 日重新统一后的国民议会决定将国家名称改为越南社会主义共和国。越南开始步入社会主义过渡时期，开始建设祖国，坚强地保卫祖国并履行自己的国际义务。

在抵抗侵略和国家建设时期，我国已有了 1946 年宪法、1959 年宪法和 1980 年宪法。

从 1986 以来，由越南共产党第六次全国代表大会提出的全面改革事业已经取得了至关重要的初步成果。国民议会决定对 1980 年宪法进行修改，以适应新的形势和任务。

这部宪法规定了越南社会主义共和国的政治制度、经济制度、文化与社会制度，也规定了我国的国防、安全、公民的基本权利和义务、各国家机关的组织与活动原则，明确了作为国家领导者的党、作为国家主人的人民和作为管理者的国家之间的关系。

在马克思列宁主义、胡志明思想的指导下，为实现社会主义过渡时期的纲领，越南人民发扬爱国主义传统、团结一心、坚持自力更生，建设祖国，奉行独立、自主、和平、友好、合作的对外关系原则，严格遵守宪法，在建设祖国、保卫祖国和改革事业中取得巨大成就。

第一章　政治制度

第一条　［独立与主权］

越南社会主义共和国是一个独立的主权国家，坚持和维护领土完整，其领土包括大陆本土、岛屿、领海和领空。

第二条　［法治、人民国家、国家权力］

1. 越南社会主义共和国是实行法治的、人民当家作主的、坚持民治和民享原则的国家。越南社会主义共和国的一切权力属于人民，越南社会主义共和国以工人阶级、农民阶级和知识分子联盟为基础。

2. 国家权力统一，并由各国家机关分别行使，立法机关、行政机关和司法机关在行使权力时相互配合。

第三条　［国家目标］

国家保证并不断促进人民在一切方面行使当家作主的权利，以实现人民富裕、国家强大、社会公平、民主和文明，保证每个公民能够享受富足、自由和幸福的生活，并有条件全面提高生活水平，严厉打击一切侵害国家和人民利益的行为。

第四条　［共产党］

1. 践行马克思列宁主义、胡志明思想的越南共产党是越南工人阶级的先锋队，是工人阶级、劳动人民及各族人民利益的忠实代表，是国家和社会的领导力量。

2. 党的一切组织必须在宪法和法律的范围内活动。

＊　本文本译自英文文本，英文文本出自越南社会主义共和国驻美国大使馆网站（http://www.vietnamembassy-usA.org/learn_about_vietnam/politics/constitution/），并参照 ICL 网站的文本（http://www.servat.unibe.ch/icl/vm00000_.html）。其中，各条的名称系 ICL 网站编辑所加。译者：李楠。郑涛参照英文文本校。

①　黎光道（Le Quang Dao）。

第五条 ［民族］

1. 越南社会主义共和国是生活在越南领土内的各民族人民的统一的国家。

2. 国家实行各民族平等、团结、互助的政策，严禁一切歧视、分裂民族的行为。

3. 各民族有权使用本民族的语言、文字，保持本民族的民族特色和风俗习惯，保持和发扬本民族的优良文化传统。

4. 国家采取措施促进各民族全面发展，逐步提高少数民族同胞的物质、精神生活水平。

第六条 ［民主集中制］

1. 人民通过国民议会、地方各级人民议会行使自己当家作主的权利，国民议会和地方各级人民议会代表人民的意志和愿望，由人民选举并对人民负责。

2. 国民议会、地方各级人民议会和其他国家机关按照民主集中制原则活动。

第七条 ［选举］

1. 国民议会代表、地方各级人民议会代表的选举按普遍、平等、直接和不记名投票的原则进行。

2. 当国民议会代表失去人民的信任时，国民议会或选民可以将其罢免，各级人民议会代表失去人民的信任时，各级人民议会或选民可以将其罢免。

第八条 ［机关、干部及职员的义务］

各国家机关、干部、国家职员必须尊重人民，全心全意为人民服务，密切联系群众，倾听群众的意见，接受群众的监督；同腐败、浪费、各种形式的官僚主义行为、作威作福思想及强权主义现象进行坚决的斗争。

第九条 ［越南祖国阵线］

1. 越南祖国阵线是各社会政治团体、各阶级阶层、各民族、宗教和海外越南同胞的联合统一战线组织。

2. 越南祖国阵线及其成员组织是人民政权的政治基础。祖国阵线发挥团结全民的传统，加强全民在政治和思想上的统一，参加建设和巩固人民政权，同国家一道关心和保卫人民的正当利益，动员人民行使当家作主的权利，严格遵守宪法和法律，监督国家机关、国民议会代表、各级人民代表和国家干部、官员和职员的活动。

3. 国家为祖国阵线及其成员组织有效活动创造各种条件。

第十条 ［工会］

工会是工人阶级和劳动人民的政治社会组织，同国家机关、经济组织、社会团体一道，关心和维护干部、工人、职员和其他劳动者的权益；参加国家和社会的管理，监督国家机关、经济组织的活动；教育干部、工人、职员和其他劳动者为国家建设和防卫努力工作。

第十一条 ［公民参与］

公民在各自的岗位上参与国家和社会事务，行使自己当家做主的权利，保护公共财产，维护公民的合法权益，维护国家安全、社会秩序，参与公共生活。

第十二条 ［法治］

1. 国家依照法律管理社会，不断加强社会主义法制。

2. 各国家机关、经济组织、社会团体、人民武装部队和一切公民必须严格遵守宪法和法律，预防犯罪，同各种犯罪行为和违反宪法和法律的行为作斗争。

3. 一切侵害国家利益、集体和公民合法权益的行为都要受到法律制裁。

第十三条 ［祖国不受侵犯］

1. 越南国家神圣不可侵犯。

2. 一切危害祖国独立、主权、统一和领土完整，破坏越南社会主义祖国的建设和防御的行为，都要受到法律的严厉制裁。

第十四条 ［对外关系的原则］

1. 越南社会主义共和国实行和平、友好的外交政策，在相互尊重独立、主权和领土完整，互不干涉内政，平等互利的基础上扩大同世界各国的交流与合作，而不论其政治制度和社会制度如何；加强同各社会主义国家和邻近国家的团结友好和合作关系；积极拥护和支持世界各国人民为争取和平、民族独立、民主和社会进步而进行的斗争。

第二章 经济制度

第十五条 ［经济制度的基本原则］

1. 国家在充分利用国内资源、整合国际资源的基础上发展独立自主的国民经济，努力实现国家的工业化和现代化。

2. 国家在社会主义的方向下按市场机制发展多种成分的商品经济。多种成分的经济组织可进行多样化、多种形式的生产经营。所有制形式可分为全民所有制、集体所有制和私人所有制，其中，全民所有制和集体所有制是基础。①

第十六条 ［经济政策和经济部门的目的］

1. 国家制定经济政策的目的通过解放生产力，充分挖掘包括国有经济、集体经济、个体经济、私营经济、国家资本经济及多种形式的外国资本经济等各种

---

① 本条依 ICL 网站的宪法文本译出，越南社会主义共和国驻美国大使馆网站的宪法文本中没有第二款。

经济成分的潜力,促进物质、技术基础的建设,扩大同世界各国的经济技术合作和贸易,实现民富国强,满足人民群众日益增长的物质和精神需求。

2. 各种经济成分均为社会主义市场经济的重要组成部分,各经济成分的组织、个人可以依法在不为法律所禁止的领域、行业从事商业或生产活动,以及共同实现长期发展、合作及良性竞争。

3. 国家促进各种社会主义市场的形成、发展和逐步完善。

第十七条 〔全民所有制〕

土地、森林、河流、湖泊、水源、地下资源、海洋资源、大陆架上的资源和领空内资源、国家投资到经济、文化、科教、外交、国防、社会安宁等领域的财产和资金及法律规定属于国家的其他财产都属于全民所有。

第十八条 〔土地的管理〕

1. 国家按法律和规划统一管理全部土地,保证按既定目的并富有成效地使用土地。

2. 国家得将土地交付各组织个人长期稳定使用。

3. 上述组织和个人有责任保护、合理开发使用、节约土地,可依法转让土地使用权。

第十九条 〔国有经济〕①

1. 国有经济,特别是关键部门和领域的国有经济必须得以巩固和发展,以保持其在国民经济中的主导地位,并与集体经济共同构成日益坚固的国民经济的基础。

2. 国营经济在组织生产、经营中享有自主权,并保证其生产经营有成效。

第二十条 〔集体经济〕

1. 集体经济由公民集资、出力合作生产经营,在自愿、民主和互利的原则基础上开展多种形式的生产经营活动。

2. 国家创造有利条件以巩固和扩大各集体经济的生产经营活动。

第二十一条 〔私有经济〕

1. 个体经济,私营经济可以在法律不限制经营的、有利于国计民生的各部门、行业范围内成立,可自由选择生产、经营形式。

2. 国家鼓励家庭经济的发展。

第二十二条 〔企业的权利与责任〕

1. 各种经济成分的生产经营组织都必须向国家履行义务,它们在法律面前一律平等,它们的合法财产和资金受国家法律保护。

2. 各种经济成分的组织可依法同国内外的个人或经济组织合资或合作经营。

第二十三条 〔财产,征收〕

1. 个人、组织的合法财产不得被国有化。

2. 在由于国防、安全和国家利益等确有必要的情况下,国家得按市场价格有偿征购或征用个人或组织的财产。

3. 征购、征用方式由法律规定。

第二十四条 〔对外经济关系〕

国家统一管理和扩大对外经济活动,在相互尊重独立、主权和互利的原则基础上发展同各国的多种形式的经济关系,并保护和促进国内生产。

第二十五条 〔外国投资,在国外的越南人〕

1. 国家鼓励外国组织或个人在遵守越南法律、国际法和国际惯例的基础上到越南进行资金和技术的投资;国家保障外国组织或个人的合法财产所有权和其他权利。保障外资企业不被国有化。

2. 国家鼓励海外越南同胞回国投资,并为其创造有利条件。

第二十六条 〔国家对经济的管理〕

国家通过法律、计划和政策调控国民经济;国家建立分工负责,分级管理的管理体制,实现国家利益、集体利益和个人利益的协调。

第二十七条 〔精简原则〕

一切国家管理活动、经济活动、社会活动都要厉行精简原则。

第二十八条 〔对经济的保护〕

1. 一切非法生产经营活动、一切破坏国民经济基础的行为,损害国家利益、一切损害集体或公民的合法权益的行为,都要依法受到公正、严厉的制裁。

2. 国家制定政策保护生产者和消费者的权益。

第二十九条 〔保护环境〕

1. 国家机关、人民武装部队、经济组织、社会团体和个人必须遵守国家关于合理使用自然资源和保护环境的各项规定。

2. 严禁一切浪费资源和破坏环境的行为。

第三章 文化、教育、科学、技术

第三十条 〔文化〕

1. 国家和社会保护、发展越南的文化,使它具有现代性而又深受民族特征的影响,继承各民族有价值的文化传统,发扬胡志明的思想、道德和风格;吸收人类文化的精华;展现越南人民的创造才能。

2. 国家统一管理文化事业。严禁传播反动、腐朽的文化思想;破除迷信和旧习俗。

---

① 此条依越南社会主义共和国驻美国大使馆网站的宪法文本译出。ICL版本中仅有第一款而无第二款。

第三十一条　[教育]

国家为公民全面发展创造有利条件,发展公民教育,培养公民依照宪法和法律生活和工作的意识,组建幸福和谐的家庭,倡导爱国主义、热爱社会主义以及同世界各民族友好合作的国际主义精神。

第三十二条　[艺术]

1. 文学、艺术要为培养越南人民的个性与高尚情操作贡献。

2. 国家投资发展文化、文学、艺术,创造有利条件使人民能够欣赏有价值的文学、艺术作品;鼓励文学、艺术创作。

3. 国家发展多种形式的文化、艺术活动,鼓励、支持群众性的文学艺术活动。

第三十三条　[媒体]

国家发展通讯、报纸、广播、电视、电影、出版、图书馆事业和其他大众传播媒体。严禁危害国家利益,败坏人格、道德和越南人民优良生活方式的文化、通讯活动。

第三十四条　[文化遗产]

1. 国家和社会保护和发展各民族文化遗产;重视文化遗产的保存、收藏、修缮工作,保护和发挥各革命历史遗迹、各文化遗产、各艺术工程和名胜古迹的作用。

2. 严厉禁止任何破坏历史遗迹、革命遗址,艺术作品、风景名胜区的行为。

第三十五条　[与教育相关的事项及教育的目的]

1. 发展教育是国家的一项基本国策。

2. 国家发展教育的目的在于提高人民的智力水平、培训人才。

3. 教育的目标是培养和造就公民的人格、品质和能力;使劳动者具有专业技能和创造性,有民族自豪感,有道德,有为民富国强作贡献的愿望,能够适应建设和保卫祖国的需要。

第三十六条　[对教育的管理]

1. 国家统一管理国民教育活动,确立国民教育的目标、章程、内容、教育计划、教员标准、考试规则和文凭授予标准。

2. 国家保证学前教育、基础教育、职业教育、大学教育和研究生教育的平衡发展;普及中等教育;建立公办、民办及其他形式的学校。

3. 国家优先投资发展教育,并鼓励其他方式投资教育。

4. 国家优先发展山区、少数民族地区和特别贫困地区的教育事业。

5. 各人民团体,尤其是胡志明共产主义青年团,各社会团体,各经济组织、家庭和学校有责任教育儿童和青少年。

第三十七条　[科学和技术]

1. 发展科学和技术是重要的国策。科学和技术在发展国家的社会经济事业中起着关键的作用。

2. 国家制定和实施有关发展科学、技术的政策;努力掌握先进的科学、技术;同时引进和吸收世界选进的科技成果,制定目标、政策和法律;改进工艺、发展生产力,提高管理水平,保障经济发展的速度和质量及为巩固国防提供技术支持。

第三十八条　[国家支持科学]

国家投资并鼓励其他资金形式投资科学研究;优先投资尖端科技;注重培养和合理使用科技干部队伍,特别是高技术人员、熟练工人和艺人;国家为科学家的发明创造提供条件;发展多种形式的科研组织、科研活动,把科研和社会经济发展的需求结合起来,确保产、学、研的良性互动。

第三十九条　[公共健康]

国家对人民健康的投资进行保障,促进健康事业的发展,并对健康事业实行统一管理,组织一切社会力量建设和发展越南医学。以预防为主,防治并重,把传统医学和现代医学结合起来,发展公办医疗和民办医疗,实行医疗保险,以保障人民健康。

国家优先实施保护山区和少数民族同胞健康的政策。

严禁单位或个人无证行医,违反规定生产、销售药品损害人民健康。

第四十条　[家庭]

国家、社会、家庭和公民有责任保护关心妇女儿童,实行计划生育和家庭计划。

第四十一条　[体育]

1. 国家和社会发展民族的、人民的、科学的体育事业和体育文化。

2. 国家统一管理体育事业,在教育体系中建立义务体育教育制度,鼓励和扶持人民自由进行的各种体育活动,为群众性体育活动的不断发展创造条件,同时重视专业体育活动,培养体育人才。

第四十二条　[旅游]

国家和社会发展旅游业,发展国内和国际旅游活动。

第四十三条　[国际合作]

国家在文化、通讯、文学、艺术、科学、工业、教育、医疗及体育等领域扩大国际间的交流与合作。

第四章　保卫越南社会主义共和国

第四十四条　[国防]

1. 全体人民都应致力于保卫祖国、维护国家安全。

2. 国家依靠人民以巩固国防,保障人民安全,人民武装部队是捍卫领土完整的核心和中坚力量。

3. 各国家机关、经济组织、社会团体和公民必须履行法律规定的国防义务。

第四十五条 ［武装部队的义务］

各人民武装部队必须绝对忠于祖国和人民，随时准备着为维护祖国的独立、主权、统一和领土完整、国家安宁和社会秩序，保卫社会主义制度及其革命成果而战斗，同全国人民一道建设祖国。

第四十六条 ［军队］

国家建设一支革命性的、正规化的、训练有素的、逐步实现现代化的人民军队，建设预备部队和民兵自卫力量，把建设祖国和保卫祖国结合起来，把人民武装力量和全民力量结合起来，把民族团结抗击外国侵略的传统力量和社会主义制度的力量结合起来。

第四十七条 ［警察］

国家建设一支革命性的、正规化的、训练有素的、逐步实现现代化的人民警察部队，人民警察是为保卫国家安宁，维护社会秩序和政治稳定，保护公民的民主自由权利及保卫社会主义财产和公民的生命财产而同犯罪行为作斗争的骨干力量。

第四十八条 ［国防政策的基本原则］

国家充分发扬人民的爱国主义精神和革命英雄主义精神，对全民进行国防和安全教育，实施义务兵役制和拥军政策，建设国防工业，保障部队的武器装备供给，把巩固国防和发展经济结合起来，保障、提高军官、战士，国防工业的工人、职员的物质、精神生活水平，建设强大的人民武装力量，不断提高保卫祖国的能力。

第五章　公民的基本权利和义务

第四十九条 ［公民资格］

越南社会主义共和国的公民是具有越南国籍的自然人。

第五十条 ［人权］

在越南社会主义共和国，每个公民在政治、民事、经济、文化和社会方面的人权受到尊重，这些权利包含于公民权利之中并由宪法和法律作出规定。

第五十一条 ［权利和义务的不可分性］

1. 公民的权利与义务密不可分。

国家保障公民的权利，公民也要对国家和社会履行自己的义务。

2. 公民的权利和义务由宪法和法律规定。

第五十二条 ［平等］

全体公民在法律面前一律平等。

第五十三条 ［参与的权利］

公民有参与国家和社会管理、参加国家和地方重大问题的讨论、向国家机关提出建议的权利，有向国家机关请愿的权利、当国家组织征求民意时进行表决的权利。

第五十四条 ［选举权］

全体公民，不分民族、性别、社会地位、宗教信仰、文化程度、职业、居住期限，年满十八周岁即有选举权，年满二十一周岁即依法有权被选为国民议会、地方人民议会代表。

第五十五条 ［劳动的权利和义务］

1. 劳动是公民的权利和义务。

2. 国家和社会有计划地为劳动者提供更多就业机会。

第五十六条 ［劳动保障］

1. 国家颁行劳动保护的各项政策、法令。

2. 国家规定国家职员和劳动工人的劳动时间、工资制度、休假制度和社会保险制度，鼓励并促进益于劳动者的多种形式的社会保险。

第五十七条 ［自主经营权］

公民依法享有自主经营权。

第五十八条 ［所有权，继承］

1. 公民对自己的合法收入、储蓄、住房、动产、生产资料、在企业或其他经济组织中的合法资产享有所有权，对于国家交付使用的土地按本法第十七条和第十八条执行。

2. 国家保护公民合法的所有权和继承权。

第五十九条 ［受教育权］

1. 受教育是公民的权利和义务。

2. 初等教育是义务教育，免交学费。

3. 公民有权获得多种形式的通识教育和职业教育。

4. 国家和社会给有特殊禀赋的学生创造学习条件以发展他们的才能。

5. 国家制定学费、奖学金方面的政策。

6. 国家和社会为残疾儿童和其他处于特殊困难条件下的儿童获得适当的通识教育和职业教育创造必需的条件。

第六十条 ［科学、艺术的自由，知识产权的保护］

公民有进行科学技术交流、发明创造、改进技术、合理化生产，文学创作、文艺批评和参加其他文化活动的权利，国家保护著作权、专利权。

第六十一条 ［医疗、公共保健、禁止吸毒］

1. 公民有权获得健康保护制度规定的各项待遇。

2. 国家规定住院费制度及住院费的减、免制度。

3. 公民有义务遵守关于疾病预防和公共卫生的各项规定。

4. 严禁生产、运输、销售、储藏、非法使用鸦片和其他麻醉品。国家制定强制戒毒和免费治疗社会危险疾病的制度。

第六十二条 〔建筑〕

公民有权依法律和规划建造住房。承租者和房主的权利受法律保护。

第六十三条 〔性别平等〕

1. 男女公民在政治、经济、文化、社会和家庭等方面享有同样的权利。

2. 严禁一切歧视妇女、侮辱妇女的行为。

3. 妇女和男性同工同酬,妇女有享受产假的权利。妇女是国家工作人员和工薪职工的,在产假期间,依法享有正常的工资待遇和补助。

4. 国家和社会为提高妇女在各方面的素质创造条件,不断发挥妇女在社会中的作用,关心发展妇幼保健和其他福利事业,以减轻妇女的家庭负担,为妇女积极参加生产、劳动、学习、享受医疗休假和哺育子女创造条件。

第六十四条 〔保护家庭,婚姻自由〕

1. 家庭是社会的基本组成单位。

2. 婚姻和家庭受国家保护。

3. 婚姻遵循自愿、进步、一夫一妻、夫妻平等的原则。

4. 父母有责任把子女教养成为良好公民。子女、孙子女有义务尊重、关心父母、祖父母。

5. 国家和社会不得歧视儿童。

第六十五条 〔保护儿童〕

儿童受国家、社会和家庭的保护、关心和教育。

第六十六条 〔青年的进步〕

国家、社会和家庭为青年学习,劳动,娱乐,发展体力、智力等创造条件,培养其道德感、民族传统、公民意识和社会主义理想,使其积极投身于建设和保卫祖国的伟大事业中。

第六十七条 〔伤残军人、老人、残废人、孤儿〕

1. 伤残军人、患病军人、烈士家属享受国家优待政策。国家为伤残军人的身心康复提供条件。

2. 国家奖励和关心对国家有功的个人和家庭。

3. 不能获得赡养或抚养的老人、残疾人、孤儿受国家和社会的帮助。

第六十八条 〔迁徙自由〕

公民有在国内自由迁徙和居住的权利,有依法出国和从国外返回的权利。

第六十九条 〔言论、出版、通信、集会、结社和游行示威的权利〕

公民依法享有言论自由、出版自由,通信自由、集会自由、结社自由和游行示威的权利。

第七十条 〔宗教、信仰自由〕

1. 公民有信仰自由和宗教自由(freedom of belief and of religion),他可以信仰任何宗教或不信仰任何宗教。各种宗教在法律面前一律平等。

2. 各种宗教信仰的祭祀场所受法律保护。

3. 任何人不得侵犯他人的信仰自由或宗教自由,也不得利用宗教活动进行违反国家法律和政策的活动。

第七十一条 〔人身不受侵犯,对人身的法律保障,禁止酷刑〕

1. 公民的人身、生命、健康、名誉和人格尊严受法律保护,不可侵犯。

2. 非经人民法院的决定或非经人民检察院决定或批准,任何人不受逮捕,但正在实施犯罪的情况除外。逮捕和监禁须依法律进行。

3. 严禁一切形式的逼供、肉刑或侵犯公民人格尊严和名誉的行为。

第七十二条 〔无罪推定,赔偿及救济〕

1. 在人民法院的判决生效前,任何人不被视为有罪或应承担刑罚。

2. 受违法逮捕、监禁、起诉、审判而遭受损害的人,有权获得物质赔偿并恢复名誉。对逮捕、监禁、起诉、审判过程中因违法造成他人损害的行为,必须严肃处理。

第七十三条 〔住宅不受侵犯,通讯秘密的保护〕

1. 公民的住宅不受侵犯。

2. 任何人非经允许不得侵入他人住宅,法律允许的情况除外。

3. 公民的书信、电话、电报的安全和秘密受法律保护。

4. 检查公民的住宅、书信、电话、电报必须由有权机关依法进行。

第七十四条 〔申诉、控告权〕

1. 公民对国家机关、经济组织、社会团体、人民武装部队和任何个人的违法行为,有权向有管辖权的国家机关进行申诉、控告。

2. 对公民的申诉和控告,有管辖权的国家机关必须在法律规定的期限内审查并解决。

3. 一切侵害国家利益、集体和个人的合法权益的行为必须严肃、及时处理,受害人有权要求物质赔偿和恢复名誉。

4. 严禁打击报复申诉、控告人或利用申诉、控告权诬告、陷害他人的行为。

第七十五条 〔在外国的越南人〕

1. 海外越南同胞是越南民族共同体的一个组成部分。国家保护定居国外的越南人的正当权益。

2. 国家为定居在外国的越南人保存其文化传统,同其家庭、家乡保持密切联系创造条件,以便让他们为建设家乡、建设祖国作贡献。

[ICL版本] 国家为定居国外的越南人创造有利条件以使其能保持越南文化特征,同其家庭、家乡保持密切联系,以有利于让他们为建设家乡、建设祖国作贡献。

第七十六条　[忠诚义务]

1. 公民必须忠于祖国。

2. 背叛祖国是最严重的犯罪。

第七十七条　[国防义务]

1. 保卫祖国是公民的高尚权利和神圣义务。

2. 公民必须履行服兵役义务和全民国防义务。

第七十八条　[尊重国家财产和公共利益]

1. 公民有尊重和保护国家财产及公共利益的义务。

第七十九条　[遵守法律和规则的义务]

公民有遵守宪法和法律、保卫国家安全、维护社会秩序、保守国家机密和遵守公共生活规则的义务。

第八十条　[纳税义务]

公民有依法纳税和参加公益劳动的义务。

第八十一条　[居住于国内的外国人的权利与义务]

在越南居住的外国人必须遵守越南社会主义共和国的宪法和法律,其生命、财产和正当权益受越南法律的保护。

第八十二条　[庇护]

对于为争取自由和民族独立、为社会主义理想、为民主、和平事业、为科学事业奋斗而受到迫害的外国人,越南社会主义共和国可给予其庇护的权利。

第六章　国民议会

第八十三条　[国民议会]

1. 国民议会是越南社会主义共和国的最高权力机关,是人民的最高代表机关。

2. 国民议会是唯一享有制宪权和立法权的机关。

3. 国民议会制定对内、对外的基本政策,制订社会经济发展计划,制订国土防卫计划,确定国家机构的组织和活动原则和规范社会关系和公民活动的原则。

4. 国民议会享有对国家全部活动的最高监督权。

第八十四条　[义务与权力]

国民议会具有下列义务和权力:

(1)制定和修改宪法;制定和修改法律;明确立法和法令颁行的程序;

(2)对宪法、法律和国民议会决议的执行情况实施最高监督权;审议国家主席、国民议会常务委员会、中央政府、最高人民法院和最高人民检察院的工作报告;

(3)制订国家社会经济发展计划;

(4)制定国家财政、货币政策;编制国家财政预算和分配国家财政预算,批准国家财政决算;决定、修改或废除某些税种;

(5)制定国家的民族和宗教政策;

(6)规范国民议会、国家主席、政府、人民法院、人民检察院和地方行政机关的组织和活动;

(7)选举或罢免国家主席、国家副主席、国民议会主席、国民议会副主席、国民议会常务委员会委员、政府总理、最高人民法院院长、最高人民检察院检察长;批准国家主席关于成立国防与安全委员会的建议;批准政府总理对政府副总理、部长及其他成员的补任、免任或革职建议;

(8)决定政府各部及同级机关的设置或撤销;决定省、中央直辖市的行政区划的设立、合并、分立和调整;决定经济特区的设置或撤销;

(9)废止国家主席、国民议会常务委员会、政府、政府总理、最高人民法院和最高人民检察院制定的违反宪法、法律和国民议会决议的各种文件;

(10)宣布特赦;

(11)规定人民武装部队的衔级制度,规定外交人员和其他人员的衔级制度;规定国家勋章、徽章和荣誉称号;

(12)决定战争与和平问题;决定进入紧急状态和其他国防和国家安全的特别措施;

(13)决定对外关系的基本政策;批准或废止根据国家主席的建议签订或参加的国际条约;

(14)举行全民公决。

第八十五条　[任期]

1. 国民议会每届任期五年。

2. 每届国民议会任期结束前两个月,新一届国民议会必须选举完毕。国民议会代表选举办法和数额由法律决定。

3. 在特别情况下,有国民议会代表总数的三分之二以上的代表表决赞成,国民议会可决定缩短或延长本届国民议会的任期。

第八十六条　[会议]

1. 国民议会每年举行两次会议,由国民议会常务委员会召集。

2. 在国家主席、政府总理建议或三分之一以上国民议会代表提议时,或根据自己的决议,国民议会常务委员会得召集国民议会特别会议。

3. 每一届新产生的国民议会第一次会议至迟在国民议会选举产生后的两个月内召开,并由现任国民议会主席主持,直至选出新一届国民议会主席为止。

第八十七条 ［提出法律草案］

1. 国家主席、国民议会常务委员会、国民议会民族委员会和国民议会其他委员会、政府、最高人民法院、最高人民检察院、越南祖国阵线及其成员组织有权向国民议会提出法律草案。

2. 国民议会代表有权向国民议会提出关于法律和法律草案的建议。

3. 向国民议会呈递法律草案和呈递关于法律建议的程序由法律规定。

第八十八条 ［法律和决议的通过］

1. 国民议会制定的法律和作出的决议，必须获得半数以上的国民议会代表赞成方可生效。本法第七条规定的罢免国民议会代表、第八十五条规定的缩短或延长国民议会任期、第一百四十七条规定的修改宪法的决定，至少获得三分之二以上国民议会代表赞成方能生效。

2. 国民议会制定的法律和作出的决议必须在通过之日起十五日内公布。

第八十九条 ［资格审查委员会］

国民议会选举国民议会代表资格审查委员会并根据国民议会代表资格审查委员的决定确认国民议会代表的资格。

第九十条 ［常务委员会］

1. 国民议会常务委员会是国民议会的常设机关。

2. 国民议会常务委员会包括：

——国民议会主席；

——国民议会副主席若干名；

——国民议会常务委员会委员若干名。

3. 国民议会常务委员会的成员由国民议会决定，国民议会常务委员会的成员不得同时担任政府成员。

4. 每届国民议会的国民议会常务委员会执行自己的任务，履行自己的职权，直到新一届国民议会的常务委员会选举产生为止。

第九十一条 ［常务委员会的义务与权力］

国民议会常务委员会的义务和权力如下：

(1)下令举行和主持国民议会的选举；

(2)准备、召集并主持国民议会会议；

(3)解释宪法、法律、法令；

(4)根据国民议会授权，就有关问题颁行法令；

(5)监督宪法、法律和国民议会决议的实施；监督法令和国民议会常务委员会决议的实施；监督政府、最高人民法院和最高人民检察院的活动；决定废止政府、政府总理、最高人民法院和最高人民检察院作出的违反宪法、法律和国民议会决议的各种文件并向国民议会报告；决定废止政府、政府总理、最高人民法院和最高人民检察院作出的违反法令和国民议会常务委员会决议的各种成文命令；

(6)监督和指导地方人民议会的活动；废止省、中央直辖市人民议会作出的错误决定和决议；当省、中央直辖市的人民议会严重损害人民利益时，国民议会常务委员会有权将其解散；

(7)指导、协调、配合民族委员会和国民议会各专门委员会的活动；指导国民议会代表履职并保证其履职条件；

(8)在国民议会闭会期间，批准政府总理对副总理、部长和其他成员的补任、免任或革职的建议，并向最近的一次国民议会会议报告；①

(9)在国民议会闭会期间，当国家遭受侵犯时决定并宣布战争状态，并向最近的一次国民议会提请批准；②

(10)决定总动员或局部动员；宣布全国或局部区域进入紧急状态；③

(11)实施国民议会的对外关系政策；④

(12)根据国民议会的决定组织全民公决。⑤

第九十二条 ［国民议会主席］

1. 国民议会主席主持国民议会会议，签署国民议会通过的法律和决议，主持国民议会常务委员会工作，组织实施国民议会的对外关系政策，同国民议会代表保持联系。

2. 国民议会副主席根据国民议会主席的分工协助国民议会主席工作。

第九十三条 ［常务委员会的法律和决议］

国民议会常务委员会的法令、决议必须经国民议会常务委员会半数以上委员赞成方可生效。国民议会常务委员会的法令、决议至迟必须在通过之日起15日内公布，但被国家主席呈请国民议会重议的情况除外。

第九十四条 ［民族委员会］

1. 国民议会选举由主席、副主席及委员组成的民族委员会。

---

① 越南社会主义共和国驻美国大使馆网站上的版本有该款，ICL 版本中没有本款。

② ICL 版本为第八款。

③ ICL 版本为第九款。

④ ICL 版本为第十款。

⑤ ICL 版本为第十一款。

2. 民族委员会研究民族问题并就民族问题向国民议会提出建议,对山区和少数民族地区的社会经济发展计划、章程及民族政策的实施进行监督。

3. 政府在作出有关民族政策的决定之前,必须参考民族委员会的意见。

4. 民族委员会主席得参加国民议会常务委员会以及政府举行的讨论关于实施民族政策的会议。

5. 民族委员会享有本法第九十五条规定的国民议会各专门委员会的各项权利并承担相应的义务。

6. 民族委员会应当由一部分人员负责处理特定的事项。

第九十五条 〔选举专门委员会〕

1. 国民议会选举国民议会各专门委员会。

2. 国民议会各常务专门委员会研究、审查法律草案,对法律、法令草案和其他草案、国民议会或国民议会常务委员会的报告提出建议,向国民议会或国民议会常务委员会提出立法建议,在法律规定的权限范围内实施监督权;就本委员会负责范围内的问题提出建议。

3. 各专门委员会应当由一部分人员负责处理特定的事项。

第九十六条 〔获得信息〕

1. 民族委员会和各专门委员会有权要求政府成员、最高人民法院院长、最高人民检察院检察长和有关国家职员向其报告特定事项或提供与之相关的文件,被要求者有义务满足民族委员会和各专门委员会的要求。

2. 各国家机关有义务研究民族委员会和各专门委员会提出的建议并作出答复。

第九十七条 〔代表的义务〕

1. 国民议会代表是人民愿望、意志的代表,不仅代表选举单位的人民,而且代表全国人民。

2. 国民议会代表必须密切联系选民,并接受选民的监督;倾听人民的意见和愿望并忠实地向国民议会和有关国家机关反映;密切联系选民并向选民报告自己和国民议会的活动;答复选民的质询和建议;检查、督促和跟踪公民提出的申诉和控告的解决,并指导、协助公民行使权利。

3. 国民议会代表应宣传、动员人民遵守宪法、法律和国民议会决议。

第九十八条 〔代表的权利〕

1. 国民议会代表有权对国家主席、国民议会主席、政府总理、部长及其他政府成员、最高人民法院院长、最高人民检察院检察长提出质询。

2. 被质询人必须在国民议会会议上答复质询,在需要进一步调查的情况下,国民议会可决定让其在国民议会常务委员会或后续会议上答复质询或作出

书面答复。

3. 国民议会代表有权要求国家机关、社会团体、经济组织和人民武装部队就国民议会代表关心的问题作出答复,上述单位的负责人有责任在法律规定的期限内作出答复。

第九十九条 〔豁免权〕

1. 在国民议会开会期间,非经国民议会同意,在国民议会闭会期间,非经国民议会常务委员会同意,国民议会代表不受逮捕和起诉。

2. 国民议会代表如因现行犯被拘留,执行拘留的机关必须立即报告国民议会或国民议会常务委员会由其审查并作出决定。

第一百条 〔代表的权利和义务〕

1. 国民议会代表必须留出必需的时间致力于其工作。

2. 国民议会常务委员会、政府总理、部长及其他政府成员和其他国家机关有责任向国民议会代表提供必要的材料并创造必需的条件,以便于国民议会代表履行职务。

3. 国家保障国民议会代表的活动经费。

第七章 国家主席

第一百零一条 〔国家主席〕

国家主席是国家的元首,对内、对外代表越南社会主义共和国。

第一百零二条 〔选举,责任〕

1. 国家主席由国民议会从国民议会代表中选举产生。

2. 国家主席对国民议会负责并向国民议会报告工作。

3. 国家主席的任期与国民议会任期相同,国民议会任期结束后,国家主席继续履行职务直到新一届国民议会选出新的国家主席为止。

第一百零三条 〔义务与权力〕

国家主席有下列义务和权力——

(1)公布宪法、法律、法令;

(2)统领全国人民武装部队,担任国防与安全委员会主席;

(3)建议国民议会选举、罢免国家副主席、政府总理、最高人民法院院长和最高人民检察院检察长;

(4)根据国民议会或国民议会常务委员会的决议,任命或罢免政府副总理、部长及其他政府成员;

(5)根据国民议会或国民议会常务委员会的决议,宣布战争状态、决定赦免;

(6)根据国民议会常务委员会的决议,下令全国总动员或局部动员;宣布全国进入紧急状态或局部地

区进入紧急状态；

（7）在国民议会常务委员的法令、决议通过后的十日内，建议国民议会常务委员会就本法第九十一条第八款和第九款规定的问题对已通过的法令、决议重新进行审查，国民议会常务委员会对上述法令、决议重新审查后，经表决再次赞成通过的，如国家主席仍不同意的，可将其提交最近一次国民议会决定；

（8）任命、罢免最高人民法院副院长、审判长，最高人民检察院副检察长、检察员职务；

（9）决定授予人民武装部队高级军官的军衔、级别，外交人员及其他国家机关人员的官衔、级别；决定授予国家勋章、徽章、国家奖励、国家荣誉及国家殊勋；

（10）任命、召回越南的特别使节或全权大使；接受外国的特别使节或全权大使；以越南社会主义共和国的名义同外国国家元首谈判、签订国际条约；将其直接签署的条约提交国民议会批准，决定批准或加入国际条约，但必须呈请国民议会决定的除外；

（11）授予、解除或剥夺越南国籍；

（12）宣布赦免。

第一百零四条 ［国防与安全委员会］

1. 国防与安全委员会由主席、副主席和其他委员组成。

2. 国防与安全委员会的成员由国家主席提名并呈请国民议会批准。国防与安全委员会的成员可以不是国民议会代表。

3. 为实现国防目的，国防与安全委员会得调动国家的所有武装力量及民兵预备力量。

4. 在遇到战争的情况时，国民议会可授予国防与安全委员会特别的义务与权力。

5. 国防与安全委员会按民主集中制原则开展工作，并按多数意见作出决定。

第一百零五条 ［出席会议的权利］

1. 国家主席有权出席国民议会常务委员会的一切会议。

2. 在其认为必要时，国家主席可参加政府的各种会议。

第一百零六条 ［命令与决定］

为履行其职责，国家主席得颁布命令、决定。

第一百零七条 ［国家副主席］

1. 国家副主席由国民议会在国民议会代表中选举产生。

2. 国家副主席协助国家主席工作，也可接受国家主席的委托，代替国家主席完成一定的工作任务。

第一百零八条 ［国家副主席的权力］

1. 当国家主席在较长的时间内不能履职时，国家副主席代行主席职权。

2. 当国家主席出现空缺时，由国家副主席代行

其职权，直到国民议会选出新的国家主席为止。

第八章　政府

第一百零九条 ［中央政府］

1. 中央政府是国民议会的执行机关，是越南社会主义共和国的最高行政机关。

2. 中央政府统一管理国家的各种政治、经济、文化、社会、国防、安全和对外事务；从中央到地方保证国家机器的运转；保证宪法和法律的遵守和实施；在建设和保卫祖国事业中促进人民群众行使当家做主的权利；保障人民物质和文化生活水平的稳定和提高。

3. 中央政府对国民议会负责并向国民议会、国民议会常务委员会和国家主席报告工作。

第一百一十条 ［政府成员］

1. 政府由总理、副总理、部长和其他成员组成。除总理外，其他成员可以不是国民议会代表。

2. 政府总理对国民议会负责并向国民议会、国民议会常务委员会和国家主席报告工作。

3. 副总理根据总理的要求协助总理工作。当总理不能履职时，由总理委托一名副总理代为领导政府工作。

第一百一十一条 ［委员会主席出席会议］

越南祖国阵线中央委员会主席、越南总工会主席及其他人民团体负责人可应邀参加政府讨论有关问题的会议。

第一百一十二条 ［政府的义务和权力］

政府具有下列义务和权力：

1. 领导各部及部级机关、各级人民政府，建立、健全从中央到地方的统一的国家行政系统；指导、监督地方人民议会执行上级国家机关指示的活动；给地方各级人民议会依法履行职责权限创造条件；选拔、培养国家公务员队伍；

2. 保障宪法和法律在各国家机关、经济组织、社会团体、人民武装部队和公民中的实施；组织和领导宪法和法律在社会中的宣传、教育工作；

3. 向国民议会或国民议会常务委员会提交法律、法令草案和其他草案；

4. 统一管理国民经济的建设和发展；执行国家财政、货币政策；确保全民所有财产的管理和有效使用；发展文化、教育、医疗、科学和技术事业；执行国家财政预算方案和社会经济发展计划；

5. 采取措施保护公民的合法权益，为公民行使权利和履行义务创造条件；保护国家财产和利益，保护环境；

6. 巩固和加强国防、保障人民安全；保障国家安

全和社会秩序;建设人民武装力量;执行国家动员令、国家紧急状态令及其他必要的保卫国家的措施;

7. 组织和领导国家统计工作、国家监督监察工作,反对国家机构内部的官僚主义和贪污行为,处理公民的申诉和控告;

8. 统一管理国家的外交活动,代表政府签订、参加、批准国际条约,领导越南社会主义共和国签订的或参加的国际条约的实施,保卫国家利益,保护越南公民及组织在国外的合法利益;①

9. 执行社会政策、民族政策、宗教政策;

10. 决定省、中央直辖市以下的行政区划的调整;

11. 配合越南祖国阵线和各人民团体行使各自的权利,履行各自的义务,为各组织的有效活动创造条件。

第一百一十三条 ［政府的任期］

政府每届任期与国民议会的任期相同。国民议会任期届满时,政府继续履行职责到新一届国民议会组建新的政府为止。

第一百一十四条 ［政府总理的义务和权力］

政府总理行使以下权力并承担相应的义务:

(1)领导政府、政府各成员和地方各级人民议会的工作,主持政府各种会议;

(2)向国民议会建议设置或撤销部或部级机关;建议任命或罢免副总理、部长或其他政府成员并呈请国民议会批准,在国民议会闭会期间呈国民议会常务委员会批准;

(3)任命或罢免副部长或同等职务官员,批准省及中央直辖市政府主席、副主席的选举、调动或罢免;

(4)停止执行或废止部长及其他政府成员,省、中央直辖市人民政府或人民议会主席的违反宪法和法律和违反上级国家机关文件的决定、指示、通知;

(5)停止施行省、直辖市人民议会的违反宪法和法律及上级国家机关文件的决议,同时建议国民议会常务委员会废止;

(6)通过各种通讯设施对政府要解决的重要问题定期向人民报告。

第一百一十五条 ［立法权］

1. 根据宪法、法律和国民议会的决议,国民议会常务委员会的法令、决议,国家主席的命令、决定,中央政府总理有权颁布法令,政府总理有权发布决定和指示并监督其实施。

2. 属于政府权限范围内的重要事项必须经集体讨论并以少数服从多数的原则作出决定。

第一百一十六条 ［政府组成人员的义务与权力］

1. 部长及其他政府成员在全国范围内负责本领

域、本部门的工作;保证基层自治组织依法享有的生产、经营自主权。

2. 根据宪法、法律和国民议会的决议,国民议会常务委员会的法令、决议,国家主席的命令和决定,政府和政府总理的各种命令,部长及其他政府成员有权作出决定,指示和通知并监督其在本部门、本区域和基层组织的实施。

第一百一十七条 ［政府成员的责任］

部长和其他政府成员就本领域、本部门的工作对政府总理和国民议会负责。

第九章　地方各级人民政府和人民议会

第一百一十八条 ［行政区域划分］

越南社会主义共和国的行政单位划分如下:

国家分为省、中央直辖市。

省分为县、省辖市和市;中央直辖市分为县和市。

县分为乡、镇;省辖市、市分为街道、镇。

各行政区域依法成立各级人民议会和人民政府。

第一百一十九条 ［地方人民议会］

地方人民议会是地方国家行使权力机关,代表本地方人民的意志、愿望和当家做主的权利,由本地方人民选举,对本地方人民和上级国家机关负责。

第一百二十条 ［地方人民议会的权力］

根据宪法、法律和上级国家机关的正式成文命令,地方各级人民议会为保障宪法、法律在地方的严格实施有权作出决议,有权对社会经济发展计划和预算的执行作出决议;有权对本地方的国防、安全作出决议,有权对稳定和提高人民生活水平、履行上级机关委托的职权交给的任务、履行对整个国家所负的义务作出决议。

第一百二十一条 ［人民议会的代表］

1. 地方人民议会的代表代表本地方人民的愿望、意志;代表们必须密切联系选民,接受选民的监督,同选民接触,向选民报告人民议会和自己的活动,对选民的要求、建议作出答复;督促解决人民的申诉和控告。

2. 地方人民议会代表有义务督促人民遵守法律、政策和人民议会的决议,鼓励人民参与国家管理。

第一百二十二条 ［代表的权利］

1. 地方人民议会代表有权质询人民议会主席、人民政府主席及其他政府成员、人民法院院长,人民检察院检察长及人民政府其他各机关首长。

---

① 本款依越南社会主义共和国驻美国大使馆网站提供的英文版本译出。

被质询的官员必须在法定期限内作出答复。

2. 地方人民议会代表有权向地方国家机关提出建议,各机关负责人有义务接待议会代表,并审查、落实人民议会代表提出的建议。

第一百二十三条　[人民政府]

地方人民政府由地方人民议会选举产生,是地方人民议会的执行机关,是地方国家行政机关,负责执行宪法、法律和上级国家机关的各种正式成文文件,执行同级人民议会的决议。

第一百二十四条　[人民政府及主席的权力]

1. 地方人民政府在法律规定的范围内,有权作出决定、指示并对决定和指示的实施进行监督。

2. 人民政府主席领导、主持人民政府的工作。

3. 当决定本地方的重大问题时,人民政府必须集体讨论并按少数服从多数的原则作出决定。

4. 地方人民政府主席有权决定停止实施或废止本级政府及下级人民议会的错误决定;有权停止实施下级人民议会的错误决议,同时建议同级人民议会废止上述错误决议。

第一百二十五条　[出席人民政府的权利]

1. 地方越南祖国阵线委员会主席和地方各人民团体负责人,有权应邀参加同级地方人民议会和同级人民政府讨论有关问题的会议。

2. 地方人民议会、人民政府有义务向同级越南祖国阵线委员会、各人民团体定期通报本地区各方面情况,听取他们关于地方政权建设和社会经济发展的建议,通力合作引导人民为发展地方经济、保卫国家安全而共同努力。

第十章　人民法院和人民检察院

第一百二十六条　[机关职责]

越南社会主义共和国人民法院和人民检察院在自己的职责范围内,维护社会主义法制,保卫社会主义制度,保障人民当家做主的权利,保护国家和集体的财产,保护公民的生命、财产、自由、名誉和人格权利。

第一节　人民法院

第一百二十七条　[人民法院的设置]

1. 最高人民法院、地方各级人民法院、军事法院和法律规定的其他专门法院是越南社会主义共和国的审判机关。

2. 在特殊情况下,国民议会可以决定成立特别法院。

3. 在基层依法成立适当的机构以解决轻微违法行为和轻微纠纷。

第一百二十八条　[任期]

最高人民法院院长的任期与国民议会任期相同。审判员的任期、任命、罢免以及各级人民法院的审判委员会的任期和选举制度由法律规定。

第一百二十九条　[审判]

人民陪审员、军事陪审员依法参与人民法院、军事法院的审判。

第一百三十条　[法官独立]

审判员和陪审员依法独立行使审判权,只服从法律。

第一百三十一条　[公开审判,多数原则]

1. 人民法院依法公开审判,法律另有规定的除外。

2. 人民法院审判实行合议制,依照少数服从多数的原则作出判决。

第一百三十二条　[被告的权利]

1. 被告的辩护权受到保护,被告可自行辩护或委托他人辩护。

2. 建立律师组织协助被告及其他当事人维护自己的合法权益,维护社会主义法制。

第一百三十三条　[选择语言的自由]

人民法院保障各民族公民使用本民族语言和文字参加诉讼的权利。

第一百三十四条　[最高人民法院]

1. 最高人民法院是越南社会主义共和国的最高审判机关。

2. 最高人民法院监督和指导地方各级人民法院和军事法院的审判工作。

3. 最高人民法院监督、指导特别法院和其他法院的审判,国民议会成立特别法院时另有规定的除外。

第一百三十五条　[最高人民法院院长]

1. 最高人民法院院长对国民议会负责并向其报告工作,国民议会闭会期间,向国民议会常务委员会和国家主席报告工作。

2. 地方各级人民法院院长对同级人民议会负责并向人民议会报告工作。

第一百三十六条　[判决和裁定的拘束力]

人民法院作出的、已生效判决和裁定,必须受到各级国家机关、经济组织、社会团体、人民武装部队和全体公民的尊重,有关单位和个人必须严格执行。

第二节　人民检察院

第一百三十七条　[义务]①

1. 最高人民检察院负责监督政府各部、部级机

---

① 本条依越南社会主义共和国驻美国大使馆网站版本译出。ICL版权为"最高人民检察院有权提起公诉,监督法律的实施,从而保障法律的严格、统一实施"。

关和其他机关、地方各级政府机关、经济组织、社会团体、人民武装部队和全体公民遵守法律情况,行使公诉权,保障法律的严格、统一实施。

2. 地方各级人民检察院、军事检察院在法律规定的范围内监督法律的实施,行使公诉权。

第一百三十八条 ［检察长,多数原则,任期］

1. 人民检察院实行检察长负责制。下级人民检察院检察长接受上级人民检察院检察长的领导。地方各级人民检察院检察长,各级军事检察院检察长接受最高人民检察院检察长的统一领导。

2. 检察委员会的成立、人民检察院检察长有权决定的事项由检察委员会讨论并决定的重大事项,由法律具体规定。

3. 最高人民检察院检察长的任期与国民议会的任期相同。

4. 地方各级人民检察院和各军区军事检察院的检察长、副检察长和检察员,由最高人民检察院检察长任免。

第一百三十九条 ［向国民议会报告工作］

最高人民检察院检察长对国民议会负责并向国民议会报告工作,在国民议会闭会期间,向国民议会常务会员会和国家主席报告工作。

第一百四十条 ［地方各级人民检察院检察长的职责］

地方各级人民检察院检察长向同级人民议会报告本地方法律的执行情况,答复人民议会代表的质询。

第十一章　国旗、国徽、国歌、首都、国庆日

第一百四十一条 ［国旗］

越南社会主义共和国的国旗为长方形,长宽比例为三比二,红底,中间有一颗黄色五角星。

第一百四十二条 ［国徽］

越南社会主义共和国国徽为圆形,红底,中间有一颗黄色五角星,周围有谷穗,下方有半个齿轮,并有"越南社会主义共和国"字样。

第一百四十三条 ［国歌］

越南社会主义共和国国歌为《进军歌》。

第一百四十四条 ［首都］

越南社会主义共和国的首都是河内。

第一百四十五条 ［国庆日］

每年9月2日为越南社会主义共和国的国庆日。

第十二章　宪法的效力和宪法的修改

第一百四十六条 ［宪法的效力］

越南社会主义共和国宪法是国家的根本法,具有最高法律效力。

一切法律文件都不得与宪法相抵触。

第一百四十七条 ［宪法的修改］

只有国民议会有权修改宪法,修改宪法的决定须有全体国民议会代表三分之二以上赞成方可生效。

中华人民共和国宪法[*]

(1982 年 12 月 4 日第五届全国人民代表大会第五次会议通过。1982 年 12 月 4 日全国人民代表大会公告公布施行。根据 1988 年 4 月 12 日第七届全国人民代表大会第一次会议通过的《中华人民共和国宪法修正案》、1993 年 3 月 29 日第八届全国人民代表大会第一次会议通过的《中华人民共和国宪法修正案》、1999 年 3 月 15 日第九届全国人民代表大会第二次会议通过的《中华人民共和国宪法修正案》和 2004 年 3 月 14 日第十届全国人民代表大会第二次会议通过的《中华人民共和国宪法修正案》修正)

目 录

序 言
第一章 总纲
第二章 公民的基本权利和义务
第三章 国家机构
　第一节 全国人民代表大会
　第二节 中华人民共和国主席
　第三节 国务院
　第四节 中央军事委员会
　第五节 地方各级人民代表大会和地方各级
　　　　人民政府
　第六节 民族自治地方的自治机关
　第七节 人民法院和人民检察院
第四章 国旗、国歌、国徽、首都

序 言

中国是世界上历史最悠久的国家之一。中国各族人民共同创造了光辉灿烂的文化,具有光荣的革命传统。

一八四〇年以后,封建的中国逐渐变成半殖民地、半封建的国家。中国人民为国家独立、民族解放和民主自由进行了前仆后继的英勇奋斗。

二十世纪,中国发生了翻天覆地的伟大历史变革。

一九一一年孙中山先生领导的辛亥革命,废除了封建帝制,创立了中华民国。但是,中国人民反对帝国主义和封建主义的历史任务还没有完成。

一九四九年,以毛泽东主席为领袖的中国共产党领导中国各族人民,在经历了长期的艰难曲折的武装斗争和其他形式的斗争以后,终于推翻了帝国主义、封建主义和官僚资本主义的统治,取得了新民主主义革命的伟大胜利,建立了中华人民共和国。从此,中国人民掌握了国家的权力,成为国家的主人。

中华人民共和国成立以后,我国社会逐步实现了由新民主主义到社会主义的过渡。生产资料私有制的社会主义改造已经完成,人剥削人的制度已经消灭,社会主义制度已经确立。工人阶级领导的、以工农联盟为基础的人民民主专政,实质上即无产阶级专政,得到巩固和发展。中国人民和中国人民解放军战胜了帝国主义、霸权主义的侵略、破坏和武装挑衅,维护了国家的独立和安全,增强了国防。经济建设取得了重大的成就,独立的、比较完整的社会主义工业体系已经基本形成,农业生产显著提高。教育、科学、文化等事业有了很大的发展,社会主义思想教育取得了明显的成效。广大人民的生活有了较大的改善。

中国新民主主义革命的胜利和社会主义事业的成就,是中国共产党领导中国各族人民,在马克思列宁主义、毛泽东思想的指引下,坚持真理,修正错误,战胜许多艰难险阻而取得的。我国将长期处于社会主义初级阶段。国家的根本任务是,沿着中国特色社会主义道路,集中力量进行社会主义现代化建设。中国各族人民将继续在中国共产党领导下,在马克思列宁主义、毛泽东思想、邓小平理论和"三个代表"重要思想指引下,坚持人民民主专政,坚持社会主义道路,坚持改革开放,不断完善社会主义的各项制度,发展社会主义市场经济,发展社会主义民主,健全社会主义法制,自力更生,艰苦奋斗,逐步实现工业、农业、国防和科学技术的现代化,推动物质文明、政治文明和精神文明协调发展,把我国建设成为富强、民主、文明的社会主义国家。

在我国,剥削阶级作为阶级已经消灭,但是阶级斗争还将在一定范围内长期存在。中国人民对敌视

---

[*] 版本来源于中华人民共和国全国人民代表大会网站。

和破坏我国社会主义制度的国内外的敌对势力和敌对分子,必须进行斗争。

台湾是中华人民共和国的神圣领土的一部分。完成统一祖国的大业是包括台湾同胞在内的全中国人民的神圣职责。

社会主义的建设事业必须依靠工人、农民和知识分子,团结一切可以团结的力量。在长期的革命和建设过程中,已经结成由中国共产党领导的,有各民主党派和各人民团体参加的,包括全体社会主义劳动者、社会主义事业的建设者、拥护社会主义的爱国者和拥护祖国统一的爱国者的广泛的爱国统一战线,这个统一战线将继续巩固和发展。中国人民政治协商会议是有广泛代表性的统一战线组织,过去发挥了重要的历史作用,今后在国家政治生活、社会生活和对外友好活动中,在进行社会主义现代化建设、维护国家的统一和团结的斗争中,将进一步发挥它的重要作用。中国共产党领导的多党合作和政治协商制度将长期存在和发展。

中华人民共和国是全国各族人民共同缔造的统一的多民族国家。平等、团结、互助的社会主义民族关系已经确立,并将继续加强。在维护民族团结的斗争中,要反对大民族主义,主要是大汉族主义,也要反对地方民族主义。国家尽一切努力,促进全国各民族的共同繁荣。

中国革命和建设的成就是同世界人民的支持分不开的。中国的前途是同世界的前途紧密地联系在一起的。中国坚持独立自主的对外政策,坚持互相尊重主权和领土完整、互不侵犯、互不干涉内政、平等互利、和平共处的五项原则,发展同各国的外交关系和经济、文化的交流;坚持反对帝国主义、霸权主义、殖民主义,加强同世界各国人民的团结,支持被压迫民族和发展中国家争取和维护民族独立、发展民族经济的正义斗争,为维护世界和平和促进人类进步事业而努力。

本宪法以法律的形式确认了中国各族人民奋斗的成果,规定了国家的根本制度和根本任务,是国家的根本法,具有最高的法律效力。全国各族人民、一切国家机关和武装力量、各政党和各社会团体、各企业事业组织,都必须以宪法为根本的活动准则,并且负有维护宪法尊严、保证宪法实施的职责。

第一章　总　纲

第一条

中华人民共和国是工人阶级领导的、以工农联盟为基础的人民民主专政的社会主义国家。社会主义制度是中华人民共和国的根本制度。禁止任何组织或者个人破坏社会主义制度。

第二条

中华人民共和国的一切权力属于人民。

人民行使国家权力的机关是全国人民代表大会和地方各级人民代表大会。

人民依照法律规定,通过各种途径和形式,管理国家事务,管理经济和文化事业,管理社会事务。

第三条

中华人民共和国的国家机构实行民主集中制的原则。

全国人民代表大会和地方各级人民代表大会都由民主选举产生,对人民负责,受人民监督。

国家行政机关、审判机关、检察机关都由人民代表大会产生,对它负责,受它监督。

中央和地方的国家机构职权的划分,遵循在中央的统一领导下,充分发挥地方的主动性、积极性的原则。

第四条

中华人民共和国各民族一律平等。国家保障各少数民族的合法的权利和利益,维护和发展各民族的平等、团结、互助关系。禁止对任何民族的歧视和压迫,禁止破坏民族团结和制造民族分裂的行为。

国家根据各少数民族的特点和需要,帮助各少数民族地区加速经济和文化的发展。

各少数民族聚居的地方实行区域自治,设立自治机关,行使自治权。各民族自治地方都是中华人民共和国不可分离的部分。

各民族都有使用和发展自己的语言文字的自由,都有保持或者改革自己的风俗习惯的自由。

第五条

中华人民共和国实行依法治国,建设社会主义法治国家。

国家维护社会主义法制的统一和尊严。

一切法律、行政法规和地方性法规都不得同宪法相抵触。

一切国家机关和武装力量、各政党和各社会团体、各企业事业组织都必须遵守宪法和法律。一切违反宪法和法律的行为,必须予以追究。

任何组织或者个人都不得有超越宪法和法律的特权。

第六条

中华人民共和国的社会主义经济制度的基础是生产资料的社会主义公有制,即全民所有制和劳动群众集体所有制。社会主义公有制消灭人剥削人的制度,实行各尽所能、按劳分配的原则。

国家在社会主义初级阶段,坚持公有制为主体、多种所有制经济共同发展的基本经济制度,坚持按劳分配为主体、多种分配方式并存的分配制度。

第七条

国有经济，即社会主义全民所有制经济，是国民经济中的主导力量。国家保障国有经济的巩固和发展。

第八条

农村集体经济组织实行家庭承包经营为基础、统分结合的双层经营体制。农村中的生产、供销、信用、消费等各种形式的合作经济，是社会主义劳动群众集体所有制经济。参加农村集体经济组织的劳动者，有权在法律规定的范围内经营自留地、自留山、家庭副业和饲养自留畜。

城镇中的手工业、工业、建筑业、运输业、商业、服务业等行业的各种形式的合作经济，都是社会主义劳动群众集体所有制经济。

国家保护城乡集体经济组织的合法的权利和利益，鼓励、指导和帮助集体经济的发展。

第九条

矿藏、水流、森林、山岭、草原、荒地、滩涂等自然资源，都属于国家所有，即全民所有；由法律规定属于集体所有的森林和山岭、草原、荒地、滩涂除外。

国家保障自然资源的合理利用，保护珍贵的动物和植物。禁止任何组织或者个人用任何手段侵占或者破坏自然资源。

第十条

城市的土地属于国家所有。

农村和城市郊区的土地，除由法律规定属于国家所有的以外，属于集体所有；宅基地和自留地、自留山，也属于集体所有。

国家为了公共利益的需要，可以依照法律规定对土地实行征收或者征用并给予补偿。

任何组织或者个人不得侵占、买卖或者以其他形式非法转让土地。土地的使用权可以依照法律的规定转让。

一切使用土地的组织和个人必须合理地利用土地。

第十一条

在法律规定范围内的个体经济、私营经济等非公有制经济，是社会主义市场经济的重要组成部分。

国家保护个体经济、私营经济等非公有制经济的合法的权利和利益。国家鼓励、支持和引导非公有制经济的发展，并对非公有制经济依法实行监督和管理。

第十二条

社会主义的公共财产神圣不可侵犯。

国家保护社会主义的公共财产。禁止任何组织或者个人用任何手段侵占或者破坏国家的和集体的财产。

第十三条

公民的合法的私有财产不受侵犯。

国家依照法律规定保护公民的私有财产权和继承权。

国家为了公共利益的需要，可以依照法律规定对公民的私有财产实行征收或者征用并给予补偿。

第十四条

国家通过提高劳动者的积极性和技术水平，推广先进的科学技术，完善经济管理体制和企业经营管理制度，实行各种形式的社会主义责任制，改进劳动组织，以不断提高劳动生产率和经济效益，发展社会生产力。

国家厉行节约，反对浪费。

国家合理安排积累和消费，兼顾国家、集体和个人的利益，在发展生产的基础上，逐步改善人民的物质生活和文化生活。

国家建立健全同经济发展水平相适应的社会保障制度。

第十五条

国家实行社会主义市场经济。

国家加强经济立法，完善宏观调控。

国家依法禁止任何组织或者个人扰乱社会经济秩序。

第十六条

国有企业在法律规定的范围内有权自主经营。

国有企业依照法律规定，通过职工代表大会和其他形式，实行民主管理。

第十七条

集体经济组织在遵守有关法律的前提下，有独立进行经济活动的自主权。

集体经济组织实行民主管理，依照法律规定选举和罢免管理人员，决定经营管理的重大问题。

第十八条

中华人民共和国允许外国的企业和其他经济组织或者个人依照中华人民共和国法律的规定在中国投资，同中国的企业或者其他经济组织进行各种形式的经济合作。

在中国境内的外国企业和其他外国经济组织以及中外合资经营的企业，都必须遵守中华人民共和国的法律。它们的合法的权利和利益受中华人民共和国法律的保护。

第十九条

国家发展社会主义的教育事业，提高全国人民的科学文化水平。

国家举办各种学校，普及初等义务教育，发展中等教育、职业教育和高等教育，并且发展学前教育。

国家发展各种教育设施，扫除文盲，对工人、农民、国家工作人员和其他劳动者进行政治、文化、科学、技术、业务的教育,鼓励自学成才。

国家鼓励集体经济组织、国家企业事业组织和其他社会力量依照法律规定举办各种教育事业。

国家推广全国通用的普通话。

第二十条

国家发展自然科学和社会科学事业,普及科学和技术知识,奖励科学研究成果和技术发明创造。

第二十一条

国家发展医疗卫生事业,发展现代医药和我国传统医药,鼓励和支持农村集体经济组织、国家企业事业组织和街道组织举办各种医疗卫生设施,开展群众性的卫生活动,保护人民健康。

国家发展体育事业,开展群众性的体育活动,增强人民体质。

第二十二条

国家发展为人民服务、为社会主义服务的文学艺术事业、新闻广播电视事业、出版发行事业、图书馆博物馆文化馆和其他文化事业,开展群众性的文化活动。

国家保护名胜古迹、珍贵文物和其他重要历史文化遗产。

第二十三条

国家培养为社会主义服务的各种专业人才,扩大知识分子的队伍,创造条件,充分发挥他们在社会主义现代化建设中的作用。

第二十四条

国家通过普及理想教育、道德教育、文化教育、纪律和法制教育,通过在城乡不同范围的群众中制定和执行各种守则、公约,加强社会主义精神文明的建设。

国家提倡爱祖国、爱人民、爱劳动、爱科学、爱社会主义的公德,在人民中进行爱国主义、集体主义和国际主义、共产主义的教育,进行辩证唯物主义和历史唯物主义的教育,反对资本主义的、封建主义的和其他的腐朽思想。

第二十五条

国家推行计划生育,使人口的增长同经济和社会发展计划相适应。

第二十六条

国家保护和改善生活环境和生态环境,防治污染和其他公害。

国家组织和鼓励植树造林,保护林木。

第二十七条

一切国家机关实行精简的原则,实行工作责任制,实行工作人员的培训和考核制度,不断提高工作质量和工作效率,反对官僚主义。

一切国家机关和国家工作人员必须依靠人民的

支持,经常保持同人民的密切联系,倾听人民的意见和建议,接受人民的监督,努力为人民服务。

第二十八条

国家维护社会秩序,镇压叛国和其他危害国家安全的犯罪活动,制裁危害社会治安、破坏社会主义经济和其他犯罪的活动,惩办和改造犯罪分子。

第二十九条

中华人民共和国的武装力量属于人民。它的任务是巩固国防,抵抗侵略,保卫祖国,保卫人民的和平劳动,参加国家建设事业,努力为人民服务。

国家加强武装力量的革命化、现代化、正规化的建设,增强国防力量。

第三十条

中华人民共和国的行政区域划分如下:

(一)全国分为省、自治区、直辖市;

(二)省、自治区分为自治州、县、自治县、市;

(三)县、自治县分为乡、民族乡、镇。

直辖市和较大的市分为区、县。自治州分为县、自治县、市。

自治区、自治州、自治县都是民族自治地方。

第三十一条

国家在必要时得设立特别行政区。在特别行政区内实行的制度按照具体情况由全国人民代表大会以法律规定。

第三十二条

中华人民共和国保护在中国境内的外国人的合法权利和利益,在中国境内的外国人必须遵守中华人民共和国的法律。

中华人民共和国对于因为政治原因要求避难的外国人,可以给予受庇护的权利。

第二章 公民的基本权利和义务

第三十三条

凡具有中华人民共和国国籍的人都是中华人民共和国公民。

中华人民共和国公民在法律面前一律平等。

国家尊重和保障人权。

任何公民享有宪法和法律规定的权利,同时必须履行宪法和法律规定的义务。

第三十四条

中华人民共和国年满十八周岁的公民,不分民族、种族、性别、职业、家庭出身、宗教信仰、教育程度、财产状况、居住期限,都有选举权和被选举权;但是依照法律被剥夺政治权利的人除外。

第三十五条

中华人民共和国公民有言论、出版、集会、结社、游行、示威的自由。

第三十六条

中华人民共和国公民有宗教信仰自由。

任何国家机关、社会团体和个人不得强制公民信仰宗教或者不信仰宗教,不得歧视信仰宗教的公民和不信仰宗教的公民。

国家保护正常的宗教活动。任何人不得利用宗教进行破坏社会秩序、损害公民身体健康、妨碍国家教育制度的活动。

宗教团体和宗教事务不受外国势力的支配。

第三十七条

中华人民共和国公民的人身自由不受侵犯。

任何公民,非经人民检察院批准或者决定或者人民法院决定,并由公安机关执行,不受逮捕。

禁止非法拘禁和以其他方法非法剥夺或者限制公民的人身自由,禁止非法搜查公民的身体。

第三十八条

中华人民共和国公民的人格尊严不受侵犯。禁止用任何方法对公民进行侮辱、诽谤和诬告陷害。

第三十九条

中华人民共和国公民的住宅不受侵犯。禁止非法搜查或者非法侵入公民的住宅。

第四十条

中华人民共和国公民的通信自由和通信秘密受法律的保护。除因国家安全或者追查刑事犯罪的需要,由公安机关或者检察机关依照法律规定的程序对通信进行检查外,任何组织或者个人不得以任何理由侵犯公民的通信自由和通信秘密。

第四十一条

中华人民共和国公民对于任何国家机关和国家工作人员,有提出批评和建议的权利;对于任何国家机关和国家工作人员的违法失职行为,有向有关国家机关提出申诉、控告或者检举的权利,但是不得捏造或者歪曲事实进行诬告陷害。

对于公民的申诉、控告或者检举,有关国家机关必须查清事实,负责处理。任何人不得压制和打击报复。

由于国家机关和国家工作人员侵犯公民权利而受到损失的人,有依照法律规定取得赔偿的权利。

第四十二条

中华人民共和国公民有劳动的权利和义务。国家通过各种途径,创造劳动就业条件,加强劳动保护,改善劳动条件,并在发展生产的基础上,提高劳动报酬和福利待遇。

劳动是一切有劳动能力的公民的光荣职责。国有企业和城乡集体经济组织的劳动者都应当以国家主人翁的态度对待自己的劳动。国家提倡社会主义劳动竞赛,奖励劳动模范和先进工作者。国家提倡公民从事义务劳动。

国家对就业前的公民进行必要的劳动就业训练。

第四十三条

中华人民共和国劳动者有休息的权利。

国家发展劳动者休息和休养的设施,规定职工的工作时间和休假制度。

第四十四条

国家依照法律规定实行企业事业组织的职工和国家机关工作人员的退休制度。退休人员的生活受到国家和社会的保障。

第四十五条

中华人民共和国公民在年老、疾病或者丧失劳动能力的情况下,有从国家和社会获得物质帮助的权利。国家发展为公民享受这些权利所需要的社会保险、社会救济和医疗卫生事业。

国家和社会保障残废军人的生活,抚恤烈士家属,优待军人家属。

国家和社会帮助安排盲、聋、哑和其他有残疾的公民的劳动、生活和教育。

第四十六条

中华人民共和国公民有受教育的权利和义务。

国家培养青年、少年、儿童在品德、智力、体质等方面全面发展。

第四十七条

中华人民共和国公民有进行科学研究、文学艺术创作和其他文化活动的自由。国家对于从事教育、科学、技术、文学、艺术和其他文化事业的公民的有益于人民的创造性工作,给以鼓励和帮助。

第四十八条

中华人民共和国妇女在政治的、经济的、文化的、社会的和家庭的生活等各方面享有同男子平等的权利。

国家保护妇女的权利和利益,实行男女同工同酬,培养和选拔妇女干部。

第四十九条

婚姻、家庭、母亲和儿童受国家的保护。

夫妻双方有实行计划生育的义务。

父母有抚养教育未成年子女的义务,成年子女有赡养扶助父母的义务。

禁止破坏婚姻自由,禁止虐待老人、妇女和儿童。

第五十条

中华人民共和国保护华侨的正当的权利和利益,保护归侨和侨眷的合法的权利和利益。

第五十一条

中华人民共和国公民在行使自由和权利的时候,不得损害国家的、社会的、集体的利益和其他公民的合法的自由和权利。

第五十二条

中华人民共和国公民有维护国家统一和全国各民族团结的义务。

第五十三条

中华人民共和国公民必须遵守宪法和法律,保守国家秘密,爱护公共财产,遵守劳动纪律,遵守公共秩序,尊重社会公德。

第五十四条

中华人民共和国公民有维护祖国的安全、荣誉和利益的义务,不得有危害祖国的安全、荣誉和利益的行为。

第五十五条

保卫祖国、抵抗侵略是中华人民共和国每一个公民的神圣职责。

依照法律服兵役和参加民兵组织是中华人民共和国公民的光荣义务。

第五十六条

中华人民共和国公民有依照法律纳税的义务。

第三章　国家机构

第一节　全国人民代表大会

第五十七条

中华人民共和国全国人民代表大会是最高国家权力机关。它的常设机关是全国人民代表大会常务委员会。

第五十八条

全国人民代表大会和全国人民代表大会常务委员会行使国家立法权。

第五十九条

全国人民代表大会由省、自治区、直辖市、特别行政区和军队选出的代表组成。各少数民族都应当有适当名额的代表。

全国人民代表大会代表的选举由全国人民代表大会常务委员会主持。

全国人民代表大会代表名额和代表产生办法由法律规定。

第六十条

全国人民代表大会每届任期五年。

全国人民代表大会任期届满的两个月以前,全国人民代表大会常务委员会必须完成下届全国人民代表大会代表的选举。如果遇到不能进行选举的非常情况,由全国人民代表大会常务委员会以全体组成人员的三分之二以上的多数通过,可以推迟选举,延长本届全国人民代表大会的任期。在非常情况结束后一年内,必须完成下届全国人民代表大会代表的选举。

第六十一条

全国人民代表大会会议每年举行一次,由全国人民代表大会常务委员会召集。如果全国人民代表大会常务委员会认为必要,或者有五分之一以上的全国人民代表大会代表提议,可以临时召集全国人民代表大会会议。

全国人民代表大会举行会议的时候,选举主席团主持会议。

第六十二条

全国人民代表大会行使下列职权:

(一)修改宪法;

(二)监督宪法的实施;

(三)制定和修改刑事、民事、国家机构的和其他的基本法律;

(四)选举中华人民共和国主席、副主席;

(五)根据中华人民共和国主席的提名,决定国务院总理的人选;根据国务院总理的提名,决定国务院副总理、国务委员、各部部长、各委员会主任、审计长、秘书长的人选;

(六)选举中央军事委员会主席;根据中央军事委员会主席的提名,决定中央军事委员会其他组成人员的人选;

(七)选举最高人民法院院长;

(八)选举最高人民检察院检察长;

(九)审查和批准国民经济和社会发展计划和计划执行情况的报告;

(十)审查和批准国家的预算和预算执行情况的报告;

(十一)改变或者撤销全国人民代表大会常务委员会不适当的决定;

(十二)批准省、自治区和直辖市的建置;

(十三)决定特别行政区的设立及其制度;

(十四)决定战争和和平的问题;

(十五)应当由最高国家权力机关行使的其他职权。

第六十三条

全国人民代表大会有权罢免下列人员:

(一)中华人民共和国主席、副主席;

(二)国务院总理、副总理、国务委员、各部部长、各委员会主任、审计长、秘书长;

(三)中央军事委员会主席和中央军事委员会其他组成人员;

(四)最高人民法院院长;

(五)最高人民检察院检察长。

第六十四条

宪法的修改,由全国人民代表大会常务委员会或者五分之一以上的全国人民代表大会代表提议,并由全国人民代表大会以全体代表的三分之二以上的多数通过。

法律和其他议案由全国人民代表大会以全体代表的过半数通过。

第六十五条

全国人民代表大会常务委员会由下列人员组成:

委员长,

副委员长若干人,

秘书长,

委员若干人。

全国人民代表大会常务委员会组成人员中,应当有适当名额的少数民族代表。

全国人民代表大会选举并有权罢免全国人民代表大会常务委员会的组成人员。

全国人民代表大会常务委员会的组成人员不得担任国家行政机关、审判机关和检察机关的职务。

第六十六条

全国人民代表大会常务委员会每届任期同全国人民代表大会每届任期相同,它行使职权到下届全国人民代表大会选出新的常务委员会为止。

委员长、副委员长连续任职不得超过两届。

第六十七条

全国人民代表大会常务委员会行使下列职权:

(一)解释宪法,监督宪法的实施;

(二)制定和修改除应当由全国人民代表大会制定的法律以外的其他法律;

(三)在全国人民代表大会闭会期间,对全国人民代表大会制定的法律进行部分补充和修改,但是不得同该法律的基本原则相抵触;

(四)解释法律;

(五)在全国人民代表大会闭会期间,审查和批准国民经济和社会发展计划、国家预算在执行过程中所必须作的部分调整方案;

(六)监督国务院、中央军事委员会、最高人民法院和最高人民检察院的工作;

(七)撤销国务院制定的同宪法、法律相抵触的行政法规、决定和命令;

(八)撤销省、自治区、直辖市国家权力机关制定的同宪法、法律和行政法规相抵触的地方性法规和决议;

(九)在全国人民代表大会闭会期间,根据国务院总理的提名,决定部长、委员会主任、审计长、秘书长的人选;

(十)在全国人民代表大会闭会期间,根据中央军事委员会主席的提名,决定中央军事委员会其他组成人员的人选;

(十一)根据最高人民法院院长的提请,任免最高人民法院副院长、审判员、审判委员会委员和军事法院院长;

(十二)根据最高人民检察院检察长的提请,任免最高人民检察院副检察长、检察员、检察委员会委员和军事检察院检察长,并且批准省、自治区、直辖市的人民检察院检察长的任免;

(十三)决定驻外全权代表的任免;

(十四)决定同外国缔结的条约和重要协定的批准和废除;

(十五)规定军人和外交人员的衔级制度和其他专门衔级制度;

(十六)规定和决定授予国家的勋章和荣誉称号;

(十七)决定特赦;

(十八)在全国人民代表大会闭会期间,如果遇到国家遭受武装侵犯或者必须履行国际间共同防止侵略的条约的情况,决定战争状态的宣布;

(十九)决定全国总动员或者局部动员;

(二十)决定全国或者个别省、自治区、直辖市进入紧急状态;

(二十一)全国人民代表大会授予的其他职权。

第六十八条

全国人民代表大会常务委员会委员长主持全国人民代表大会常务委员会的工作,召集全国人民代表大会常务委员会会议。副委员长、秘书长协助委员长工作。

委员长、副委员长、秘书长组成委员长会议,处理全国人民代表大会常务委员会的重要日常工作。

第六十九条

全国人民代表大会常务委员会对全国人民代表大会负责并报告工作。

第七十条

全国人民代表大会设立民族委员会、法律委员会、财政经济委员会、教育科学文化卫生委员会、外事委员会、华侨委员会和其他需要设立的专门委员会。在全国人民代表大会闭会期间,各专门委员会受全国人民代表大会常务委员会的领导。

各专门委员会在全国人民代表大会和全国人民代表大会常务委员会领导下,研究、审议和拟订有关议案。

第七十一条

全国人民代表大会和全国人民代表大会常务委员会认为必要的时候,可以组织关于特定问题的调查委员会,并且根据调查委员会的报告,作出相应的决议。

调查委员会进行调查的时候,一切有关的国家机关、社会团体和公民都有义务向它提供必要的材料。

第七十二条

全国人民代表大会代表和全国人民代表大会常务委员会组成人员，有权依照法律规定的程序分别提出属于全国人民代表大会和全国人民代表大会常务委员会职权范围内的议案。

第七十三条

全国人民代表大会代表在全国人民代表大会开会期间，全国人民代表大会常务委员会组成人员在常务委员会开会期间，有权依照法律规定的程序提出对国务院或者国务院各部、各委员会的质询案。受质询的机关必须负责答复。

第七十四条

全国人民代表大会代表，非经全国人民代表大会会议主席团许可，在全国人民代表大会闭会期间非经全国人民代表大会常务委员会许可，不受逮捕或者刑事审判。

第七十五条

全国人民代表大会代表在全国人民代表大会各种会议上的发言和表决，不受法律追究。

第七十六条

全国人民代表大会代表必须模范地遵守宪法和法律，保守国家秘密，并且在自己参加的生产、工作和社会活动中，协助宪法和法律的实施。

全国人民代表大会代表应当同原选举单位和人民保持密切的联系，听取和反映人民的意见和要求，努力为人民服务。

第七十七条

全国人民代表大会代表受原选举单位的监督。原选举单位有权依照法律规定的程序罢免本单位选出的代表。

第七十八条

全国人民代表大会和全国人民代表大会常务委员会的组织和工作程序由法律规定。

第二节 中华人民共和国主席

第七十九条

中华人民共和国主席、副主席由全国人民代表大会选举。

有选举权和被选举权的年满四十五周岁的中华人民共和国公民可以被选为中华人民共和国主席、副主席。

中华人民共和国主席、副主席每届任期同全国人民代表大会每届任期相同，连续任职不得超过两届。

第八十条

中华人民共和国主席根据全国人民代表大会的决定和全国人民代表大会常务委员会的决定，公布法律，任免国务院总理、副总理、国务委员、各部部长、各委员会主任、审计长、秘书长，授予国家的勋章和荣誉称号，发布特赦令，宣布进入紧急状态，宣布战争状态，发布动员令。

第八十一条

中华人民共和国主席代表中华人民共和国，进行国事活动，接受外国使节；根据全国人民代表大会常务委员会的决定，派遣和召回驻外全权代表，批准和废除同外国缔结的条约和重要协定。

第八十二条

中华人民共和国副主席协助主席工作。

中华人民共和国副主席受主席的委托，可以代行主席的部分职权。

第八十三条

中华人民共和国主席、副主席行使职权到下届全国人民代表大会选出的主席、副主席就职为止。

第八十四条

中华人民共和国主席缺位的时候，由副主席继任主席的职位。

中华人民共和国副主席缺位的时候，由全国人民代表大会补选。

中华人民共和国主席、副主席都缺位的时候，由全国人民代表大会补选；在补选以前，由全国人民代表大会常务委员会委员长暂时代理主席职位。

第三节 国务院

第八十五条

中华人民共和国国务院，即中央人民政府，是最高国家权力机关的执行机关，是最高国家行政机关。

第八十六条

国务院由下列人员组成：

总理，

副总理若干人，

国务委员若干人，

各部部长，

各委员会主任，

审计长，

秘书长。

国务院实行总理负责制。各部、各委员会实行部长、主任负责制。

国务院的组织由法律规定。

第八十七条

国务院每届任期同全国人民代表大会每届任期相同。

总理、副总理、国务委员连续任职不得超过两届。

第八十八条

总理领导国务院的工作。副总理、国务委员协助总理工作。

总理、副总理、国务委员、秘书长组成国务院常务会议。

总理召集和主持国务院常务会议和国务院全体会议。

第八十九条

国务院行使下列职权：

（一）根据宪法和法律，规定行政措施，制定行政法规，发布决定和命令；

（二）向全国人民代表大会或者全国人民代表大会常务委员会提出议案；

（三）规定各部和各委员会的任务和职责，统一领导各部和各委员会的工作，并且领导不属于各部和各委员会的全国性的行政工作；

（四）统一领导全国地方各级国家行政机关的工作，规定中央和省、自治区、直辖市的国家行政机关的职权的具体划分；

（五）编制和执行国民经济和社会发展计划和国家预算；

（六）领导和管理经济工作和城乡建设；

（七）领导和管理教育、科学、文化、卫生、体育和计划生育工作；

（八）领导和管理民政、公安、司法行政和监察等工作；

（九）管理对外事务，同外国缔结条约和协定；

（十）领导和管理国防建设事业；

（十一）领导和管理民族事务，保障少数民族的平等权利和民族自治地方的自治权利；

（十二）保护华侨的正当的权利和利益，保护归侨和侨眷的合法的权利和利益；

（十三）改变或者撤销各部、各委员会发布的不适当的命令、指示和规章；

（十四）改变或者撤销地方各级国家行政机关的不适当的决定和命令；

（十五）批准省、自治区、直辖市的区域划分，批准自治州、县、自治县、市的建置和区域划分；

（十六）依照法律规定决定省、自治区、直辖市的范围内部分地区进入紧急状态；

（十七）审定行政机构的编制，依照法律规定任免、培训、考核和奖惩行政人员；

（十八）全国人民代表大会和全国人民代表大会常务委员会授予的其他职权。

第九十条

国务院各部部长、各委员会主任负责本部门的工作；召集和主持部务会议或者委员会会议、委务会议，讨论决定本部门工作的重大问题。

各部、各委员会根据法律和国务院的行政法规、决定、命令，在本部门的权限内，发布命令、指示和规章。

第九十一条

国务院设立审计机关，对国务院各部门和地方各级政府的财政收支，对国家的财政金融机构和企业事业组织的财务收支，进行审计监督。

审计机关在国务院总理领导下，依照法律规定独立行使审计监督权，不受其他行政机关、社会团体和个人的干涉。

第九十二条

国务院对全国人民代表大会负责并报告工作；在全国人民代表大会闭会期间，对全国人民代表大会常务委员会负责并报告工作。

第四节　中央军事委员会

第九十三条

中华人民共和国中央军事委员会领导全国武装力量。

中央军事委员会由下列人员组成：

主席，

副主席若干人，

委员若干人。

中央军事委员会实行主席负责制。

中央军事委员会每届任期同全国人民代表大会每届任期相同。

第九十四条

中央军事委员会主席对全国人民代表大会和全国人民代表大会常务委员会负责。

第五节　地方各级人民代表大会和地方各级人民政府

第九十五条

省、直辖市、县、市、市辖区、乡、民族乡、镇设立人民代表大会和人民政府。地方各级人民代表大会和地方各级人民政府的组织由法律规定。

自治区、自治州、自治县设立自治机关。自治机关的组织和工作根据宪法第三章第五节、第六节规定的基本原则由法律规定。

第九十六条

地方各级人民代表大会是地方国家权力机关。

县级以上的地方各级人民代表大会设立常务委员会。

第九十七条

省、直辖市、设区的市的人民代表大会代表由下一级的人民代表大会选举；县、不设区的市、市辖区、乡、民族乡、镇的人民代表大会代表由选民直接选举。

地方各级人民代表大会代表名额和代表产生办法由法律规定。

第九十八条

地方各级人民代表大会每届任期五年。

第九十九条

地方各级人民代表大会在本行政区域内，保证宪法、法律、行政法规的遵守和执行；依照法律规定的权限，通过和发布决议，审查和决定地方的经济建设、文化建设和公共事业建设的计划。

县级以上的地方各级人民代表大会审查和批准本行政区域内的国民经济和社会发展计划、预算以及它们的执行情况的报告；有权改变或者撤销本级人民代表大会常务委员会不适当的决定。

民族乡的人民代表大会可以依照法律规定的权限采取适合民族特点的具体措施。

第一百条

省、直辖市的人民代表大会和它们的常务委员会，在不同宪法、法律、行政法规相抵触的前提下，可以制定地方性法规，报全国人民代表大会常务委员会备案。

第一百零一条

地方各级人民代表大会分别选举并且有权罢免本级人民政府的省长和副省长、市长和副市长、县长和副县长、区长和副区长、乡长和副乡长、镇长和副镇长。

县级以上的地方各级人民代表大会选举并且有权罢免本级人民法院院长和本级人民检察院检察长。选出或者罢免人民检察院检察长，须报上级人民检察院检察长提请该级人民代表大会常务委员会批准。

第一百零二条

省、直辖市、设区的市的人民代表大会代表受原选举单位的监督；县、不设区的市、市辖区、乡、民族乡、镇的人民代表大会代表受选民的监督。

地方各级人民代表大会代表的选举单位和选民有权依照法律规定的程序罢免由他们选出的代表。

第一百零三条

县级以上的地方各级人民代表大会常务委员会由主任、副主任若干人和委员若干人组成，对本级人民代表大会负责并报告工作。

县级以上的地方各级人民代表大会选举并有权罢免本级人民代表大会常务委员会的组成人员。县级以上的地方各级人民代表大会常务委员会的组成人员不得担任国家行政机关、审判机关和检察机关的职务。

第一百零四条

县级以上的地方各级人民代表大会常务委员会讨论、决定本行政区域内各方面工作的重大事项；监督本级人民政府、人民法院和人民检察院的工作；撤销本级人民政府的不适当的决定和命令；撤销下一级人民代表大会的不适当的决议；依照法律规定的权限决定国家机关工作人员的任免；在本级人民代表大会闭会期间，罢免和补选上一级人民代表大会的个别代表。

第一百零五条

地方各级人民政府是地方各级国家权力机关的执行机关，是地方各级国家行政机关。

地方各级人民政府实行省长、市长、县长、区长、乡长、镇长负责制。

第一百零六条

地方各级人民政府每届任期同本级人民代表大会每届任期相同。

第一百零七条

县级以上地方各级人民政府依照法律规定的权限，管理本行政区域内的经济、教育、科学、文化、卫生、体育事业、城乡建设事业和财政、民政、公安、民族事务、司法行政、监察、计划生育等行政工作，发布决定和命令，任免、培训、考核和奖惩行政工作人员。

乡、民族乡、镇的人民政府执行本级人民代表大会的决议和上级国家行政机关的决定和命令，管理本行政区域内的行政工作。

省、直辖市的人民政府决定乡、民族乡、镇的建置和区域划分。

第一百零八条

县级以上的地方各级人民政府领导所属各工作部门和下级人民政府的工作，有权改变或者撤销所属各工作部门和下级人民政府的不适当的决定。

第一百零九条

县级以上的地方各级人民政府设立审计机关。地方各级审计机关依照法律规定独立行使审计监督权，对本级人民政府和上一级审计机关负责。

第一百一十条

地方各级人民政府对本级人民代表大会负责并报告工作。县级以上的地方各级人民政府在本级人民代表大会闭会期间，对本级人民代表大会常务委员会负责并报告工作。

地方各级人民政府对上一级国家行政机关负责并报告工作。全国地方各级人民政府都是国务院统一领导下的国家行政机关，都服从国务院。

第一百一十一条

城市和农村按居民居住地区设立的居民委员会或者村民委员会是基层群众性自治组织。居民委员会、村民委员会的主任、副主任和委员由居民选举。居民委员会、村民委员会同基层政权的相互关系由法律规定。居民委员会、村民委员会设人民调解、治安保卫、公共卫生等委员会，办理本居住地区的公共事务和公益事业,调解民间纠纷,协助维护社会治安,并且向人民政府反映群众的意见、要求和提出建议。

第六节　民族自治地方的自治机关

第一百一十二条

民族自治地方的自治机关是自治区、自治州、自治县的人民代表大会和人民政府。

第一百一十三条

自治区、自治州、自治县的人民代表大会中,除实行区域自治的民族的代表外,其他居住在本行政区域内的民族也应当有适当名额的代表。

自治区、自治州、自治县的人民代表大会常务委员会中应当有实行区域自治的民族的公民担任主任或者副主任。

第一百一十四条

自治区主席、自治州州长、自治县县长由实行区域自治的民族的公民担任。

第一百一十五条

自治区、自治州、自治县的自治机关行使宪法第三章第五节规定的地方国家机关的职权,同时依照宪法、民族区域自治法和其他法律规定的权限行使自治权,根据本地方实际情况贯彻执行国家的法律、政策。

第一百一十六条

民族自治地方的人民代表大会有权依照当地民族的政治、经济和文化的特点,制定自治条例和单行条例。自治区的自治条例和单行条例,报全国人民代表大会常务委员会批准后生效。自治州、自治县的自治条例和单行条例,报省或者自治区的人民代表大会常务委员会批准后生效,并报全国人民代表大会常务委员会备案。

第一百一十七条

民族自治地方的自治机关有管理地方财政的自治权。凡是依照国家财政体制属于民族自治地方的财政收入,都应当由民族自治地方的自治机关自主地安排使用。

第一百一十八条

民族自治地方的自治机关在国家计划的指导下,自主地安排和管理地方性的经济建设事业。

国家在民族自治地方开发资源、建设企业的时候,应当照顾民族自治地方的利益。

第一百一十九条

民族自治地方的自治机关自主地管理本地方的教育、科学、文化、卫生、体育事业,保护和整理民族的文化遗产,发展和繁荣民族文化。

第一百二十条

民族自治地方的自治机关依照国家的军事制度和当地的实际需要,经国务院批准,可以组织本地方维护社会治安的公安部队。

第一百二十一条

民族自治地方的自治机关在执行职务的时候,依照本民族自治地方自治条例的规定,使用当地通用的一种或者几种语言文字。

第一百二十二条

国家从财政、物资、技术等方面帮助各少数民族加速发展经济建设和文化建设事业。

国家帮助民族自治地方从当地民族中大量培养各级干部、各种专业人才和技术工人。

第七节　人民法院和人民检察院

第一百二十三条

中华人民共和国人民法院是国家的审判机关。

第一百二十四条

中华人民共和国设立最高人民法院、地方各级人民法院和军事法院等专门人民法院。

最高人民法院院长每届任期同全国人民代表大会每届任期相同,连续任职不得超过两届。

人民法院的组织由法律规定。

第一百二十五条

人民法院审理案件,除法律规定的特别情况外,一律公开进行。被告人有权获得辩护。

第一百二十六条

人民法院依照法律规定独立行使审判权,不受行政机关、社会团体和个人的干涉。

第一百二十七条

最高人民法院是最高审判机关。最高人民法院监督地方各级人民法院和专门人民法院的审判工作,上级人民法院监督下级人民法院的审判工作。

第一百二十八条

最高人民法院对全国人民代表大会和全国人民代表大会常务委员会负责。地方各级人民法院对产生它的国家权力机关负责。

第一百二十九条

中华人民共和国人民检察院是国家的法律监督机关。

第一百三十条

中华人民共和国设立最高人民检察院、地方各级人民检察院和军事检察院等专门人民检察院。

最高人民检察院检察长每届任期同全国人民代表大会每届任期相同,连续任职不得超过两届。

人民检察院的组织由法律规定。

第一百三十一条

人民检察院依照法律规定独立行使检察权,不受行政机关、社会团体和个人的干涉。

第一百三十二条

最高人民检察院是最高检察机关。最高人民检察院领导地方各级人民检察院和专门人民检察院的工作,上级人民检察院领导下级人民检察院的工作。

第一百三十三条

最高人民检察院对全国人民代表大会和全国人民代表大会常务委员会负责。地方各级人民检察院对产生它的国家权力机关和上级人民检察院负责。

第一百三十四条

各民族公民都有用本民族语言文字进行诉讼的权利。人民法院和人民检察院对于不通晓当地通用的语言文字的诉讼参与人,应当为他们翻译。

在少数民族聚居或者多民族共同居住的地区,应当用当地通用的语言进行审理;起诉书、判决书、布告和其他文书应当根据实际需要使用当地通用的一种或者几种文字。

第一百三十五条

人民法院、人民检察院和公安机关办理刑事案件,应当分工负责,互相配合,互相制约,以保证准确有效地执行法律。

第四章　国旗、国歌、国徽、首都

第一百三十六条

中华人民共和国国旗是五星红旗。

中华人民共和国国歌是《义勇军进行曲》。

第一百三十七条

中华人民共和国国徽,中间是五星照耀下的天安门,周围是谷穗和齿轮。

第一百三十八条

中华人民共和国首都是北京。

图书在版编目(CIP)数据

世界各国宪法文本汇编.亚洲卷/朱福惠,王建学主编. —厦门:厦门大学出版社,2012.11
(世界各国宪法文本翻译与研究系列丛书/朱福惠总主编)
ISBN 978-7-5615-4477-8

Ⅰ.①世…　Ⅱ.①朱…②王…　Ⅲ.①宪法-汇编-亚洲　Ⅳ.①D911.09

中国版本图书馆 CIP 数据核字(2012)第 273543 号

厦门大学出版社出版发行

(地址:厦门市软件园二期望海路 39 号　邮编:361008)

http://www.xmupress.com

xmup @ xmupress.com

厦门集大印刷厂印刷

2012 年 11 月第 1 版　2012 年 11 月第 1 次印刷

开本:787×1092　1/16　印张:60　插页:4

字数:1980 千字　印数:1~1 500 册

定价:300.00 元

本书如有印装质量问题请直接寄承印厂调换